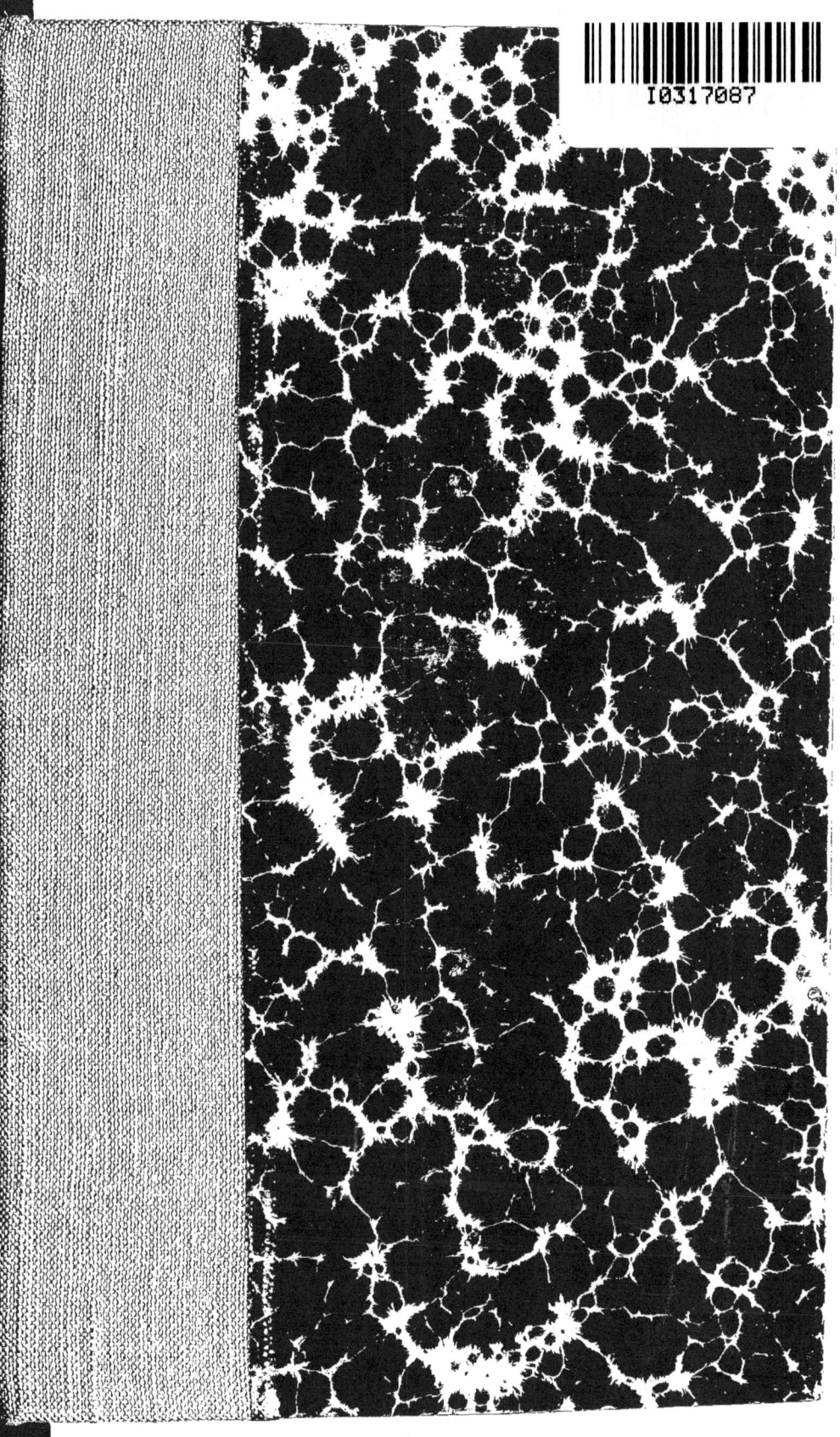

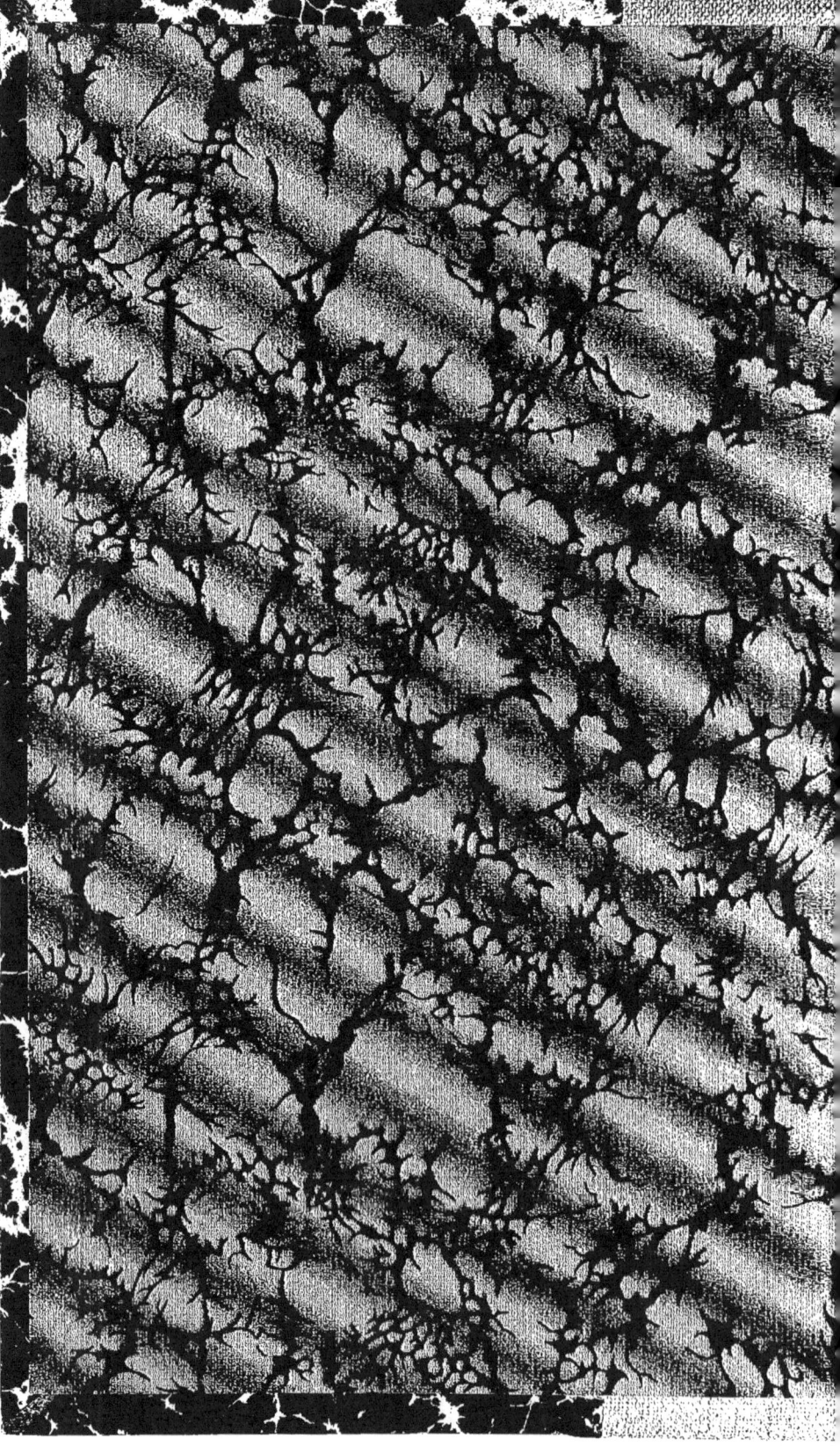

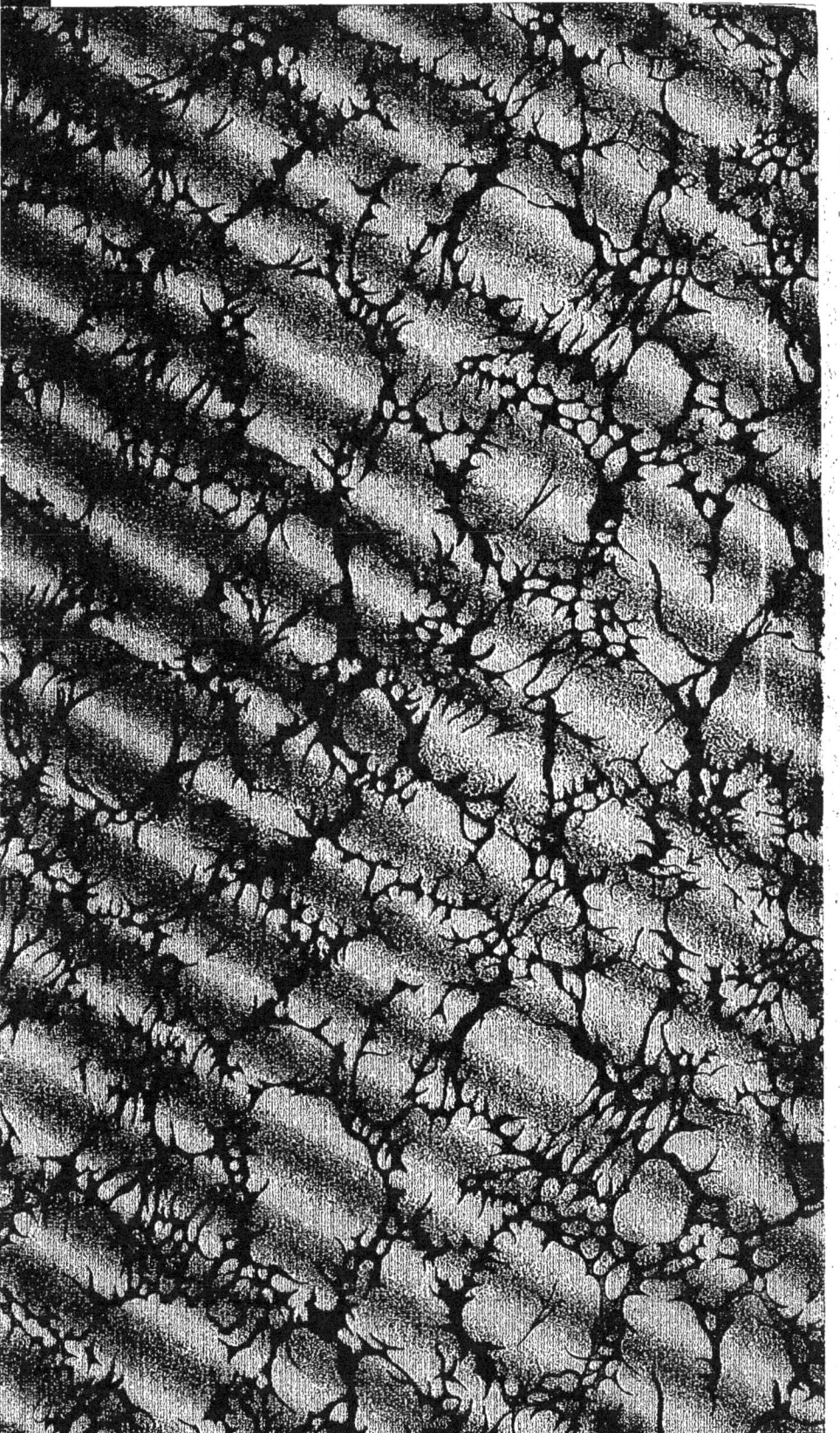

BIOGRAPHIE
UNIVERSELLE
DES HOMMES QUI SE SONT FAIT UN NOM

PAR LEUR GÉNIE, LEURS TALENTS, LEURS VERTUS, LEURS ERREURS,
OU LEURS CRIMES.

PAR F.-X. FELLER.

REVUE ET CONTINUÉE JUSQU'EN 1860;

Par l'abbé SIMONIN, Chanoine,

Ancien Directeur du grand Séminaire de Nevers ; auteur de plusieurs ouvrages.

TOME PREMIER.

A — BL

J. B. PÉLAGAUD, IMPRIMEUR-LIBRAI
DE N. S. P. LE PAPE.

LYON,   PARIS
GRANDE RUE MERCIÈRE,   RUE DE TO
Nº 48.   Nº

BIOGRAPHIE UNIVERSELLE.

1.

Les principaux articles ajoutés à cette nouvelle édition sont ceux de Cavour, Czartorisky, Lacordaire, Proudhon et Scribe.

BIOGRAPHIE

UNIVERSELLE

DES HOMMES QUI SE SONT FAIT UN NOM

PAR LEUR GÉNIE, LEURS TALENTS, LEURS VERTUS, LEURS ERREURS,
OU LEURS CRIMES.

PAR F.-X. FELLER.

REVUE ET CONTINUÉE JUSQU'EN 1866;

Par l'abbé SIMONIN, Chanoine,

Ancien Directeur du grand Séminaire de Nevers, auteur de plusieurs ouvrages.

TOME PREMIER.

A - BL

J. B. PÉLAGAUD, IMPRIMEUR-LIBRAIRE
DE N. S. P. LE PAPE.

LYON,	PARIS,
GRANDE RUE MERCIÈRE,	RUE DE TOURNON,
N° 48.	N° 5.

1867.

PRÉFACE
DE L'ÉDITEUR.

La première édition de la *Biographie universelle* de Feller, publiée, il y a six ans, par M. l'abbé Simonin, ayant été classée par ordre chronologique, nous devons expliquer les motifs qui nous ont engagé à revenir à l'ordre alphabétique. Le système de l'ordre chronologique a été accueilli avec une grande faveur par les savants, par les hommes qui s'occupent d'études spéciales; il est évidemment le plus ingénieux et le meilleur en théorie; mais la classe de lecteurs auquel il convient est la moins nombreuse; elle ne forme qu'une très-petite minorité. En général, on achète un *Dictionnaire historique* pour le consulter au sujet d'un nom, pour vérifier une date ou un fait, pour satisfaire la curiosité du moment, tout au plus pour faire une recherche instructive, mais accidentelle, et non pour s'occuper d'un travail suivi, sérieux ou de longue haleine : c'est un passe-temps qu'on veut se procurer. En conséquence, on préfère l'édition la plus commode; or, le système de l'ordre alphabétique possède évidemment cette qualité : par son moyen, on trouve immédiatement, sans hésiter, le mot que l'on cherche, et sans être obligé de consulter une Table générale qui fait partie d'un volume et qui vous renvoie à un autre volume. Il ne s'agissait pas pour nous d'examiner si l'on a tort ou raison, mais de constater le désir du plus grand nombre et de nous y conformer.

Nous ferons maintenant quelques réflexions sur l'excellence du travail de Feller et sur l'esprit qui a dirigé ses continuateurs. Sa *Biographie*, publiée il y a plus d'un demi-siècle, a reçu la sanction du temps; toute tentative pour lui en opposer une nouvelle qui ne partageât pas sa doctrine et ses jugements a échoué ou échouerait : on n'en veut pas d'autre. Les écrivains de notre temps peuvent la continuer; ils ne doivent pas songer à la remplacer. Or, nous affirmons, sans craindre qu'on nous prouve le contraire, qu'aucune édition de la *Biographie* de Feller n'a été continuée et améliorée dans un esprit aussi conforme à celui de l'auteur que celle de l'abbé Simonin; cet écrivain, ainsi que MM. Collombet et Degalmer se sont identifiés avec lui, et leurs jugements, nous n'en doutons pas, sont les mêmes que ceux qu'il aurait portés s'il vivait encore.

BIOGRAPHIE UNIVERSELLE.

AAG — AAR

AA (Pierre van der), géographe et libraire de Leyde, a donné un Atlas de 200 cartes faites sur les voyages de long cours, depuis 1246 jusqu'en 1690 : on les trouve séparément, ou jointes à un grand nombre de figures, représentant des villes, des maisons de campagne, des cérémonies de différents peuples, des plantes, des animaux, et sous le titre de : *Galerie agréable du Monde*, où l'on voit en un grand nombre de cartes et de figures les empires, royaumes, républiques, provinces, villes des quatre parties du monde, Leyde, 66 vol. in-fol. qui se relient en 35. Ce grand recueil n'a de mérite que par son immensité ; on désirerait surtout dans les cartes plus de clarté et d'exactitude. Cet éditeur a encore publié diverses collections de voyages, écrites en hollandais, grand nombre de cartes géographiques, plusieurs ouvrages intéressants sur la botanique, entre autres le *Botanicon parisiense* de Vaillant. Van der Aa mourut vers l'an 1750. La liste de ses nombreux ouvrages géographiques se trouve dans son catalogue, qui parut à Amsterdam en 1729.

AACCA (Erasme), Sicilien, florissait dans le 17e siècle, et a donné des ouvrages qui montrent qu'il s'était appliqué à la littérature, à la philosophie et à la médecine ; tels sont : *Histoire de l'incendie du mont Etna*, 1669, en italien ; *Poëme latin didactique des Fièvres* ; *Brevis expositio in Psalmos et in Canticum canticorum* ; *la Jérusalem délivrée du Tasse*, en vers latins.

AAGARD (Nicolas et Christian), deux frères nés à Wibourg en Danemark vers le commencement du 17e siècle, sont connus dans la littérature : le premier, par quelques ouvrages de philosophie et de physique, tels que : *De stylo Novi Testamenti* ; *De ignibus subterraneis* ; *De nido Phœnicis*, etc.; le second, par des poésies latines pleines de douceur et de pureté, rassemblées dans le *Recueil des poètes danois*.

AAGESEN (Svend), historien danois, de la fin du 12e siècle, connu sous le nom de *Sueno Agonis*. On a de lui une histoire de Danemark sous ce titre : *Compendiosa historia regum Daniæ*, inférieure pour le style à celle de *Saxo Grammaticus*, mais préférable pour la critique historique, qui est plus conforme à la tradition des Islandais. Il a publié encore : *Historia legum castrensium regis Canuti magni*. Ces deux ouvrages ont été insérés dans le recueil intitulé : *Suenonis Agonis filii*. Son histoire de Danemark se trouve encore dans les *Scriptores de Langebek*.

AARON, premier pontife des Juifs, frère aîné de Moïse, de la tribu de Lévi, naquit en Egypte trois ans avant son frère, l'an 1574 avant J.-C. Lorsque Dieu voulut délivrer son peuple de la captivité des Egyptiens, il l'associa à Moïse pour cette importante mission. Aaron accompagna toujours Moïse, et, comme il s'exprimait avec beaucoup plus de facilité, ce fut lui qui, dans plusieurs circonstances, porta la parole au peuple et à Pharaon. Les deux frères se rendirent à la cour du roi d'Egypte, et opérèrent une infinité de prodiges pour toucher le cœur endurci de ce prince. Après le passage de la mer Rouge, pendant que Moïse était sur la montagne de Sinaï, Aaron eut la faiblesse de céder aux instances d'un peuple infidèle, qui demandait un Dieu visible, et voulait qu'on lui fit un veau d'or. Les larmes de son repentir et les prières de Moïse lui méritèrent le pardon de sa faute : Dieu le choisit même pour exercer la souveraine sacrificature. Coré, Dathan et Abiron, jaloux de cette préférence, se révoltèrent, et entraînèrent le peuple dans leur révolte ; mais ils furent abîmés avec leurs familles dans la terre qui s'entr'ouvrit. Cette terrible punition fut suivie de plusieurs autres non moins effrayantes. Deux cent cinquante hommes du parti des rebelles ayant eu la témérité d'offrir de l'encens à l'autel, il en sortit un feu qui les consuma. Comme la sédition ne cessait point encore, le feu du ciel enveloppa cette multitude révoltée, en dévora plus de quatorze mille, et l'eût exterminée entièrement, si Aaron ne se fût mis, l'encensoir à la main, entre les morts et les vivants, pour apaiser la colère de Dieu. De nouveaux miracles confirmèrent le sacerdoce d'Aaron. Moïse ordonna qu'on mît dans le tabernacle les verges des douze tribus, et on convint de déférer la souveraine sacrificature à la tribu dont la verge fleurirait. Le lendemain, celle de Lévi parut chargée de fleurs et de fruits. Enfin le feu du ciel consuma l'holocauste d'Aaron à la vue de tout le peuple, qui en loua le Seigneur. Il soutint avec Hur les bras de Moïse qui priait pendant que Josué combattait les Amalécites. Il mourut l'an 1452 avant J.-C., à 123 ans, sur la montagne d'Hor, à la vue de la terre promise, dans laquelle il ne put entrer, en punition de sa défiance, lorsque Moïse frappa le rocher dans le désert de Cadès. Les Juifs ont eu 86 grands-prêtres jusqu'à l'entière destruction du temple.

AARON-BEN-ASER, rabbin célèbre du 5ᵉ siècle. On lui attribue, ainsi qu'à Ben-Nephthali, l'invention des points et des accents qui facilitent l'étude et la connaissance de la langue hébraïque.

AARON ou AHRON d'Alexandrie, prêtre et médecin, vivait sous le règne d'Héraclius, au commencement du 7ᵉ siècle (vers l'an 622). Il écrivit, sous le titre de *Pandectes*, et en syriaque, un ouvrage composé de trente livres. Ce fut le premier traité de médecine que les Arabes possédèrent dans les idiomes de l'Orient. Il fut traduit vers l'an 683 en arabe, par un juif de Bassora, nommé Badekjawaïch, qui voulut le mettre à la portée de tout le monde. Les *Pandectes* d'Aaron ne sont point parvenues jusqu'à nous; mais Rhazes nous en a conservé des fragments qu'on trouve dans l'*Histoire de la médecine*, du savant Sprengel. Aaron est le premier auteur qui fasse mention de la petite vérole, dont Paul d'Égine, son contemporain, ne parle pas, et dont on a mal à propos attribué la première description à Rhazes.

AARON ou HAROUN, surnommé Al-Réchyd ou *le Juste*, cinquième calife de la race des Abbassides, et l'un des princes les plus célèbres de sa dynastie, naquit à Rey l'an 765 de J.-C. Une grande partie de l'Asie, de l'Afrique et de l'Europe fut soumise à sa domination. Huit grandes victoires remportées en personne, les arts et les sciences ranimés, les gens de lettres protégés, ont rendu son nom illustre. Il l'eût été encore davantage, si à la bravoure et à la magnificence il n'eût allié la perfidie et l'ingratitude; mais les brillantes qualités de ce prince ont été ternies par beaucoup de vices et de grands crimes. Il usa de la plus noire perfidie à l'égard d'Yahya, qui avait soigné sa jeunesse, et sacrifia sans raison la famille des Barmécides, à qui il devait une partie de sa gloire. Sa prétendue dévotion à Mahomet était feinte, et sa générosité tenait plus à l'orgueil qu'à la grandeur d'âme. Il imposa un tribut de 70,000 pièces d'or (environ un million) à l'impératrice Irène, fit trembler jusque dans Constantinople Nicéphore, qui lui succéda, le vainquit plusieurs fois, et étendit plus loin qu'aucun calife les bornes de son empire. Aaron envoya, en 807, une ambassade à Charlemagne, qu'il regardait comme le seul prince digne d'être en correspondance avec lui. Parmi les présents qu'il lui fit offrir, on remarquait une horloge d'eau ou clepsydre, qui fut regardée comme un prodige, un jeu d'échecs, dont les restes se voient à la bibliothèque royale où ils ont été déposés en 1793, et des plants de fruits et de légumes alors peu cultivés, ou la plupart inconnus en France. Aaron mourut l'an 809, après un règne de 23 ans, et à l'âge de 47 ans. Il eut pour successeur Amyn son fils.

AARON-ARISCON, rabbin Caraïte, médecin à Constantinople en 1294, auteur d'un savant *Commentaire sur le Pentateuque*, qui se trouve manuscrit à la bibliothèque du roi, et de plusieurs *Commentaires sur les prophètes*.

AARTSEN, ou AERTSEN (Pierre), surnommé *Pietro Longo* et *Lange Pier* à cause de sa grande taille, peintre, né à Amsterdam en 1507, mort dans cette ville en 1573. Il fut d'abord l'élève d'Allart Klaassen, peintre distingué d'Amsterdam, puis de Jean Mandyn, artiste connu d'Anvers. Dès l'âge de 18 ans, il se rendit célèbre par sa manière hardie et fière, qui n'appartient qu'à lui seul. L'académie d'Anvers s'empressa de le mettre au nombre de ses membres. Il entendait les fonds, l'architecture et la perspective. Il était extraordinaire dans les draperies et les ajustements de ses figures, qui ressemblaient quelquefois à des masques; cette singularité paraissait lui être propre. Ses premiers ouvrages furent des cuisines avec leurs ustensiles, qu'il rendait avec une vérité capable de faire illusion. Il n'excella pas moins à peindre l'histoire, et s'y fit admirer. Le tableau représentant *la mort de la sainte Vierge*, qu'il peignit pour la ville d'Amsterdam, et celui qu'il fit aussi pour le grand autel de l'église neuve de la même ville, étaient des morceaux inestimables. Malheureusement ce dernier, d'un mérite rare, ainsi que quelques autres que ce peintre avait faits, furent détruits en 1566 par les hérétiques durant les guerres qu'ils excitèrent dans les Pays-Bas. Aertsen, jaloux de laisser à la postérité ses productions, conçut beaucoup de chagrin de les voir ainsi périr sous ses yeux. Il reste encore assez de ses ouvrages pour juger de son mérite qui consistait surtout dans un pinceau vigoureux et un coloris plein de force.

ABACUC. (Voyez HABACUC.)

ABAD I (Mohhammed-Ben-Ismaël-Aboul-Cacim-Ben), premier roi maure de Séville, vers l'an 1015. Les discordes politiques qui déchiraient l'Espagne depuis la chute des Ommyades avaient lassé les habitants de Séville, qui reconnurent Abad pour leur souverain. Ce prince affermit sa puissance, et ajouta à son royaume celui de Cordoue, dont il fit mourir le roi. Il mourut l'an 1041, laissant la couronne à son fils Abou-Amrou Ben-Abad, qui recula encore les bornes de son royaume.

ABAD III (Mohhammed-al-Motamed-al-Allah-Ben), petit-fils d'Abad I, succéda l'an 1068 à son père Abou-Amrou, roi de Séville. Alfonse VI, roi de Castille, après lui avoir fait la guerre, rechercha son alliance, et obtint sa fille en mariage, avec plusieurs places pour dot. Cette alliance fut, suivant quelques auteurs, la cause de sa perte. Les rois ses voisins, alarmés de son alliance avec un chrétien, sollicitèrent l'appui de Youçouf-Tachefyn, roi de Maroc, qui marcha contre Alfonse, et le défit en bataille rangée; ensuite il prit Cordoue, assiégea Séville, et se préparait à donner l'assaut, lorsqu'Abad, sacrifiant sa couronne et même sa liberté pour sauver ses sujets de l'horreur du pillage, vint se remettre, avec sa famille, à la discrétion du vainqueur, qui le fit charger de chaînes, et l'envoya finir ses jours dans une prison d'Afrique, où ses filles étaient obligées de travailler de leurs mains pour nourrir leur père et leurs frères. L'infortuné Abad vécut quatre ans dans cette prison; il y composa, dans ses longs loisirs, des poésies qu'on a conservées, où il console ses filles, rappelle sa grandeur passée, et se donne en exemple aux rois qui osent compter sur la fortune. En lui finit la dynastie des Abadytes, qui avait régné soixante ans sur l'Andalousie.

ABAGA ou ABAKA, roi des Tartares, soumit les Perses, se rendit redoutable aux chrétiens de la Terre-Sainte par sa puissance et sa valeur, et envoya des ambassadeurs au second concile général de Lyon, en 1274. Ces ambassadeurs furent reçus avec beaucoup de pompe, dans la troisième session, le 4 juillet 1274. Ils étaient au nombre de seize, et remirent au pape des lettres de leur souverain, publiant la puissance de leur nation par des discours pompeux et pleins de l'emphase de l'éloquence orientale. Ils ne venaient pas pour reconnaître la foi des chrétiens, mais pour faire alliance avec eux contre les musulmans.

ABAILARD ou ABÉLARD (Pierre), religieux de l'ordre de saint Benoît, devenu fameux par ses amours avec Héloïse, et plus encore depuis que Bayle a voulu le présenter comme une victime de la haine et de la jalousie, et que Pope a redit ses malheurs en beaux vers, naquit à Palais, près de Nantes, en 1079, d'une famille noble. Il était l'aîné de ses frères; il leur laissa tous les avantages de son droit d'aînesse pour se livrer entièrement à l'étude. La dialectique était la science pour laquelle il se sentait le plus d'attrait et de talent. Dévoré par la passion d'embarrasser par ses raisonnements les hommes les plus déliés de l'Europe, il se rendit à Paris auprès de Guillaume de Champeaux, archidiacre de Notre-Dame, et le plus grand dialecticien de son temps. Abailard chercha d'abord à s'en faire aimer, et n'eut pas de peine à réussir; mais l'avantage qu'il eut dans plusieurs disputes, entre autres sur le système de l'existence métaphysique d'une nature universelle, joint à sa présomption et à sa jactance, lui attira l'inimitié de son maître et de ses condisciples. Ce redoutable athlète se sépara d'eux pour aller soutenir des assauts ailleurs. Il ouvrit d'abord une école à Melun, ensuite à Corbeil, enfin à Paris. Son nom devint si célèbre, que tous les autres maîtres se trouvèrent sans disciples. Le successeur de Guillaume de Champeaux dans l'école de Paris lui offrit sa chaire, et ne rougit pas de se mettre au nombre des siens. Abailard devint le docteur à la mode; et son imprudence croissant avec sa vanité, il ne se défia pas d'une liaison avec une jeune personne de qualité, nièce de Fulbert, chanoine de Paris. Les suites en furent telles, que l'oncle, devenu furieux, fit mutiler le docteur, quoique lié depuis avec la nièce par les liens d'un mariage secret. Abailard alla cacher son opprobre dans l'abbaye de Saint-Denis en France, où il se fit religieux; Héloïse prenait en même temps le voile à Argenteuil. Les disciples d'Abailard le pressaient de reprendre ses leçons publiques; il ouvrit d'abord son école à Saint-Denis, et ensuite à Saint-Ayoul-de-Provins. L'affluence des étudiants fut si grande, que quelques auteurs en font monter le nombre jusqu'à trois mille. Cependant son *Traité de la Trinité* fut condamné au concile de Soissons, vers 1122. Saint Bernard lui écrivit pour l'engager à se rétracter et à corriger ses livres; il refusa, et voulut attendre la décision du concile de Sens, qui était près de s'assembler, et demanda que saint Bernard y fût présent. L'abbé de Clairvaux s'y trouva en effet; il produisit des propositions extraites des ouvrages d'Abailard, et le somma de les justifier ou de les rétracter. Celui-ci ne fit ni l'un ni l'autre; il en appela au pape, et se retira. Par respect pour son appel, le concile se contenta de condamner ses propositions, et ne nota point sa personne. On dit, pour l'excuser, qu'il vit bien que saint Bernard et les évêques du concile de Sens étaient prévenus contre lui, et que sa justification n'eût servi de rien; mauvais prétexte, dont un opiniâtre peut toujours se servir, quand il le veut. S'en rapporter au jugement du concile, en appeler ensuite avant même qu'il soit prononcé, est un trait de révolte et de mauvaise foi. Les évêques étaient ses juges légitimes; en refusant de se justifier, il méritait condamnation. En effet, il fut condamné à Rome aussi bien qu'à Sens. Innocent II confirma les décrets de ce concile, et ordonna que les livres d'Abailard fussent brûlés, et que leur auteur fût enfermé, avec défense d'enseigner. Abailard, aussi malheureux en écrits qu'en amours, publia son apologie, et, croyant devoir poursuivre son rappel au Saint-Siége, il partit pour Rome. En passant à Cluny, Pierre le Vénérable, abbé de ce monastère, homme éclairé et compatissant, le retint dans sa solitude, et entreprit sa conversion. Il en vint à bout par sa douceur et sa piété. Il peignit son repentir au pape, et obtint son pardon. Il travailla en même temps à le réconcilier avec saint Bernard, et y réussit. Quoique Abailard fût entré dans le cloître plutôt par dépit que par piété, ses lettres à Héloïse semblent attester qu'il ne tarda pas à prendre l'esprit de cet état. Cette tendre amante était alors au Paraclet: c'était un oratoire que son amant avait bâti près de Nogent-sur-Seine en 1122, à l'honneur de la Trinité. Héloïse y vivait saintement avec plusieurs autres religieuses. Abailard trouva dans le monastère de Cluny la paix de l'âme, que les plaisirs et la gloire n'avaient pu lui procurer. Devenu très-infirme, il fut envoyé au monastère de Saint-Marcel, près de Chalon-sur-Saône, et y mourut en 1142, à l'âge de 63 ans. Héloïse demanda les cendres d'Abailard, et les fit enterrer au Paraclet. Pierre le Vénérable honora son tombeau d'une épitaphe. Quelques éloges que l'on donne à Abailard, on ne peut nier qu'il n'ait eu une présomption extrême. Avec moins d'amour-propre, il aurait été moins célèbre et plus heureux. Des écrivains protestants ont dit qu'il fut condamné et persécuté, non pour ses erreurs, mais pour avoir soutenu aux moines de Saint-Denis que leur saint n'était pas le même que saint Denis l'Aréopagite : c'est une imposture. Ce point ne fut mis en question ni à Soissons, ni à Sens, ni à Rome. Abailard fut condamné pour des erreurs qu'il avait enseignées sur la Trinité, sur l'Incarnation, sur la Grâce et sur plusieurs autres chefs. On peut en voir la censure dans le recueil de ses ouvrages, publiés à Paris en 1616 (le frontispice porte quelquefois la date de 1616 et quelquefois celle de 1626) en 1 gros vol. in-4°, sur les manuscrits de François d'Amboise. Cette collection offre : 1° plusieurs *Lettres*; la première est un récit des différentes infortunes de l'auteur jusque vers le temps du concile de Sens; la troisième, la cinquième et la huitième sont adressées à Héloïse; 2° des *Sermons*; 3° des *Traités dogmatiques*. L'*Hexameron in Genesim* d'Abailard est imprimé dans le tome III du *Trésor des Anecdotes* de Martenne. On trouve dans ces différents ouvrages de l'imagination, du savoir et de l'esprit; mais on y voit encore plus d'idées singulières, de vaines subtilités, d'expressions barbares. Dom Gervaise donna en 1720, en 2 vol. in-12, la *Vie d'Abailard et d'Héloïse*. Trois ans après, il fit imprimer en 2 vol. in-12 les véritables *Lettres* de ces deux amants, avec des notes historiques et critiques, et une traduction qui n'est qu'une longue paraphrase où l'on rencontre assez souvent des expressions libres et légères. On a publié, sous les noms d'Abailard et d'Héloïse, différentes *Lettres* qui sont purement romanesques. (Voyez POPE et COTARDEAU.) La meilleure édition des véritables *Lettres* d'Abailard et d'Héloïse est celle de Londres, 1718, in-8°, en latin; elle a été revue sur les meilleurs manuscrits, et n'est pas commune. On en a donné de belles éditions en 1782, 2 vol. in-12, avec une traduction nouvelle par Bastien, et en 1796, 3 vol. in-4°, avec la Vie des auteurs par Delaulnaye et la traduction ou paraphrase de dom Gervaise; mais toutes ces éditions, faites pour réhabiliter la mémoire de ces deux amants, faire l'apologie de leurs amours et donner de la célébrité aux déréglements de leur jeunesse, ne sont connues que des frivoles lecteurs de romans.

ABANO (Pierre d') médecin et astrologue, naquit en 1250, près de Padoue, au village d'Abano, dont le nom latin est *Aponus*, d'où on l'a souvent appelé *Petrus de Apono* et *Aponensis*. Après avoir voyagé dans l'Orient pour apprendre le grec, et avoir passé quelques années à Paris, où il fut reçu docteur en philosophie et en médecine, il revint professer cet art à Padoue où une chaire fut fondée pour lui. Il acquit, comme médecin, une grande réputation dont on prétend qu'il abusa pour satisfaire son avarice, en exigeant des sommes considérables de ses malades. Pierre d'Abano mêlait à des connaissances réelles les rêveries de l'astrologie judiciaire; et il se vit deux fois accusé d'hérésie et de magie par des médecins, et d'autres ennemis jaloux de sa réputation. Son *Elucidarium necromanticum*, et d'autres écrits dont quelques-uns ont été recueillis avec ceux de Corneille Agrippa, donnaient du poids à l'accusation de magie. Quoi qu'il en soit, après avoir échappé une première fois à l'inquisition par le crédit de ses amis, il y échappa une seconde fois par la mort qui l'enleva en 1316, à l'âge de 66 ans. Cependant l'inquisition acheva son procès, et l'ayant jugé coupable d'hérésie, ordonna aux magistrats de Padoue d'exhumer son cadavre, pour qu'il fût brûlé publiquement. Mais sa servante ayant secrètement déterré son corps, pour le placer dans un autre lieu, on se contenta de lire en public la sentence et de brûler le mort en effigie. Ses concitoyens, en 1420, placèrent son buste sur la porte de leur palais public avec ceux de quelques autres personnages célèbres. Frédéric, duc d'Urbain, plaça aussi la statue de Pierre d'Abano parmi celles des hommes illustres. Son *Conciliator differentiarum philosophorum, et præcipuè medicorum*, imprimé à Venise, 1476, lui a fait donner le nom de conciliateur, parce qu'il tâche d'y concilier, chose assez peu facile, les opinions des philosophes. Il a laissé encore d'autres ouvrages dont quelques-uns se trouvent à la Bibliothèque-Nationale, à Paris.

ABASCAL (don Jose Fernando), né à Oviédo en 1743, entra à 19 ans dans le régiment de Majorque-infanterie, en qualité de cadet, et se fit remarquer dans la guerre contre les Anglais en 1762. Charles IV l'éleva au grade de colonel, et peu après à celui de brigadier; enfin, il fut envoyé en 1796, avec le titre de lieutenant du roi, dans l'île de Cuba, pour défendre la Havane contre les attaques des Anglais. Le commandement général et l'intendance du royaume de la nouvelle Galice furent la récompense des services qu'il rendit dans cette circonstance. Les Indiens s'étant réunis au nombre de trente mille pour s'emparer du pays, il marcha contre eux et les repoussa dans leurs limites. Il s'occupa ensuite de l'administration du pays et de l'instruction publique. Il établit plusieurs nouvelles écoles, et fit de grands embellissements à la ville de Guadalaxara, capitale du pays. En 1804, il fut élevé au grade de maréchal-de-camp et pourvu de la vice-royauté du Pérou. Il s'était embarqué pour s'y rendre, lorsqu'il fut pris par les Anglais et conduit à Lisbonne; mais il parvint à s'échapper et fit treize cents lieues par terre pour regagner Lima. Dans cette nouvelle résidence, il s'occupa du bonheur de ses administrés; et par la justice de son administration, non-seulement il parvint à retenir cette colonie dans le devoir, mais il ranima le commerce du Pérou, appauvri par des pertes énormes; il secourut Buenos-Ayres envahi par les Anglais, et envoya des secours au général Liniers, qui le mirent en état de forcer les ennemis à capituler. Enfin, lorsqu'il apprit la nouvelle de l'invasion de l'Espagne par les troupes françaises, il fit passer dans la Péninsule de fortes sommes d'argent, du salpêtre, de la poudre, pour l'aider dans la guerre de l'indépendance, et il s'occupa de fortifier et d'approvisionner les villes les plus importantes de son gouvernement. Il créa aussi un régiment appelé les *Volontaires de l'union espagnole du Pérou*, pour maintenir l'union entre les Espagnols et les Américains. Les cortès, satisfaits de sa conduite, lui accordèrent, par un décret du 30 mai 1812, le titre de marquis, avec la dénomination qu'il avait donnée à son régiment. Il fut remplacé, en 1816, dans son gouvernement par Pezuela; celui-ci voulut l'obliger, suivant l'usage, de rendre compte de son administration avant son départ; mais tous les habitants s'opposèrent à cette mesure, et il s'embarqua à Callao pour revenir dans sa patrie. Il mourut à Madrid le 31 juin 1821. Il joignait aux talents militaires et administratifs une modération bien rare dans les dissensions civiles. Pendant tout le temps de son gouvernement, il n'infligea aucun châtiment pour des matières politiques, et il ne versa du sang que sur les champs de bataille.

ABAUZIT (Firmin), né à Uzès, de parents calvinistes qui l'emmenèrent de bonne heure à Genève, fut bibliothécaire de cette dernière ville, où il vécut dans une assez grande obscurité. Il se retira sur la fin de ses jours dans une petite solitude, à portée de Genève; c'est là qu'il termina sa carrière au commencement de 1767. On a de lui quelques ouvrages en faveur de l'Arianisme; entre autres un *Commentaire sur l'Apocalypse*, où les erreurs de cette secte sont défendues avec une ardeur bien peu assortie à la philosophie que l'auteur affectait. Si l'abbé Bergier s'est occupé à le réfuter, ce n'est pas qu'il le regardât comme un adversaire fort redoutable, mais parce que l'enthousiasme avec lequel J. J. Rousseau avait parlé de ce fanatique, auquel il avait fait plusieurs plagiats, eût pu le faire prendre pour un homme important. Le compilateur Manuel en parle sur le même ton dans son *Année française*. Abauzit a donné aussi une nouvelle édition de l'*Histoire de Genève* de Jacques Spon, 1730, 2 vol. in-4º et 4 vol. in-12.

ABBA, célèbre canoniste, qui florissait en 1250, a commenté les cinq livres des *Décrétales*, in-folio, Venise, 1588.

ABBADIE (Jacques), célèbre ministre calviniste, naquit à Nay en Béarn, en 1657. Après avoir étudié à Sédan, voyagé en Hollande et en Allemagne, il exerça les fonctions de son ministère, d'abord en France, puis à Berlin et ensuite à Londres: de là, il passa en Irlande, où il fut fait doyen de Killalow. Il mourut en 1727, à Sainte-Mary-le-Bone, près de Londres, à l'âge de 70 ans. La pureté de ses mœurs, la droiture de son caractère et l'éloquence de ses sermons lui avaient fait beaucoup d'amis dans cette ville, parmi les grands et les gens de lettres. Il était versé dans les langues, dans l'Ecriture et dans les Pères. Il a rendu de grands services à la religion par ses ouvrages. (Voy. les *Mémoires de Nicéron*, tome 33.) Ses *Traités de la vérité de la religion chrétienne*, en 2 vol. in-12, de la *Divinité de Jésus-Christ*, in 12, et l'*Art de se connaître soi-même*, formant en tout 4 vol. in-12, traduits en différentes langues, écrits avec beaucoup de force dans le raisonnement, et d'énergie dans le style, eurent le suffrage des catholiques et des protestants. L'*art de se connaitre soi-même* a été fondu presque tout entier dans l'*Encyclopédie*, sans qu'on ait daigné le citer, même dans les articles qu'on en a tirés mot à mot. Sa *Vérité de la religion chrétienne réformée*, en 2 vol. in-8, ne fut pas également applaudie, et passa même chez les savants de la réforme pour un ouvrage faible et une apologie très-incomplète. Les gens sensés de toutes les communions se moquèrent également du *Triomphe de la Providence et de la religion dans l'ouverture des sept sceaux par le Fils de Dieu*, 1714, en 4 vol. in 12; ouvrage plus digne d'un visionnaire ou d'un fanatique sectaire que d'un théologien sage. Voltaire prétend que cette production fit tort à son *Traité de la religion chrétienne*, comme si un homme qui démontre une chose ne pouvait déraisonner dans une autre. Le même Voltaire avance qu'Abbadie est mort fou, anecdote démentie par des témoins oculaires: tous les hommes qui témoignent de l'attachement à la religion chrétienne, doivent, au jugement de ce cynique, passer pour des insensés. On a encore d'Abbadie: un volume de *Sermons*, 1680, in-8, moins connu que son *Traité sur la religion*; la *Défense de la nation Britannique*, contre l'auteur de l'*Avis important aux réfugiés*, 1692, in-8 : ce livre n'est pas commun; les *Caractères du chrétien et du christianisme*, 1685, in-12. Abbadie avait la mémoire la plus heureuse. Il composait ses ouvrages dans sa tête, et ne les écrivait qu'à mesure qu'il les faisait imprimer. Cet avantage de retenir tout le plan d'une composition nous a privés de deux livres importants, dont l'un était une *Nouvelle manière de démontrer l'immortalité de l'âme*. — Un autre Abbadie, chanoine de Comminges, a donné une *Dissertation touchant le temps auquel la religion chrétienne a été établie dans les Gaules*, Toulouse, 1703, in-12. Il soutient qu'elle y fut prêchée avant le milieu du second siècle.

ABBAS, oncle de Mahomet, d'abord son ennemi, ensuite son apôtre et un de ses généraux. Il sauva la vie à son neveu à la bataille de Honaïn, que le prophète aurait perdue, si Abbas n'eût rappelé les fuyards. Sa mémoire est révérée chez les mahométans, qui l'ont mis dans la première classe de leurs docteurs et de leurs saints.

ABBAS, fils du précédent, fut regardé par les musulmans comme leur *Rabbani*, c'est-à-dire, comme le docteur des docteurs; c'est le titre qu'on lui donna à sa mort, arrivée en 687. La dynastie des 37 califes Abbassides qui détrônèrent les califes Ommiades, descendait de ces deux Abbas. Leur domination dura 524 ans. Longtemps despotes dans la religion comme dans le gouvernement, ces nouveaux califes furent dépossédés à leur tour par les Tartares.

ABBASSA (A'bbaçah), sœur d'Haroun-Al-Réchyd, 5ᵉ calife Abbassyde. Sa beauté, ses talents pour la poésie, et surtout ses malheurs, la rendirent célèbre. Elle fut donnée en mariage par son frère au grand-visir Giafar, chef de la famille des Barmécides, et ami du calife; mais Haroun y mit l'étrange condition qu'ils ne se considéreraient point comme époux, et borneraient leur liaison à la simple amitié. La jeunesse et une passion mutuelle eurent plus de pouvoir que la volonté tyrannique du monarque. Abbassa devint mère et donna le jour à un fils que Giafar et elle envoyèrent élever secrètement à la Mecque. Le fait parvint à la connaissance du calife, qui fit périr Giafar avec tous les Barmécides, et ne se montra pas moins cruel envers sa sœur, en la chassant de son palais et en l'exposant à toutes les horreurs de l'indigence. Abbassa cultivait la poésie, et quelques-uns de ses vers conservés par les Arabes annoncent un cœur passionné.

ABBON de *Fleury*, ABBO *Floriacensis*, né au milieu du 10e siècle, à Orléans, se livra avec une égale ardeur à tous les arts et à toutes les sciences, grammaire, arithmétique, poésie, rhétorique, musique, dialectique, géométrie, astronomie, théologie. Après avoir brillé dans les écoles de Paris et de Reims et à l'abbaye de Ramsey en Angleterre, il fut élu abbé du monastère de Fleury, dont il était moine. Il essuya bien des traverses de la part de quelques évêques, contre lesquels il soutenait les droits de l'ordre monastique. Ses ennemis lui attribuèrent quelques violences envers ses persécuteurs. Il écrivit, pour s'en justifier, une *apologie* qu'il adressa aux rois Hugues et Robert. Il dédia, quelque temps après, aux mêmes princes un *Recueil de canons* sur les devoirs des rois et ceux des sujets. Le roi Robert l'ayant envoyé à Rome pour apaiser Grégoire V, qui voulait mettre le royaume en interdit, le pape lui accorda tout ce qu'il voulut. Abbon, de retour de ce voyage, alla travailler à la réforme de l'abbaye de la Réole, en Gascogne. Il y retourna une seconde fois, quelque temps après, toujours pour le même motif. Une querelle, qui s'éleva entre ses domestiques et les Gascons, lui coûta la vie. Pendant qu'il tâchait de réunir les esprits, et qu'il donnait même tort à ses domestiques, un Gascon le perça d'un coup de lance dont il mourut en 1004. Sa sainteté ayant été attestée par des miracles, on l'honora comme martyr. Sa fête est marquée au 13 novembre dans les martyrologes de France, et dans celui des bénédictins. Le *Recueil* de ses lettres fut publié en 1687, in-folio, sur les manuscrits de Pierre Pithou à la suite du *Codex canonum vetus*, ainsi que quelques autres de ses ouvrages. Aimoin, son disciple, a écrit sa vie et y a inséré quelques fragments de ses écrits. On trouve le tout dans le tome 8 des *Acta Sanctorum ordinis sancti Benedicti*.

ABBON, surnommé *le Courbe* (*Abbo Cernuus*), moine de Saint-Germain-des-Prés, fit en vers latins barbares la *Relation* du siége de Paris par les Normands, vers la fin du 9e siècle (l'an 896). Ce versificateur oublié, qui lui-même était normand, fut témoin de ce siége; et s'il n'est pas bon poëte, il est historien exact. Il entre dans les plus grands détails, et paraît assez impartial. Son poëme contient plus de 1200 vers dans les deux livres qu'on en a publiés. Le troisième, qui ne contient rien d'intéressant, et dont le manuscrit est imparfait, n'a jamais vu le jour. On trouve le poëme d'Abbon dans le tome 2 de la collection de Duchêne, et il a été réimprimé beaucoup plus correct, avec des notes, dans les *Nouvelles annales de Paris*, publiées par dom Toussaint-Duplessis, bénédictin de la congrégation de Saint-Maur, en 1753, in-4°. On a encore d'Abbon une *lettre* dans la *Bibliotheca Patrum*, tome 5, et des sermons dans le 9e volume du *Spicilegium* d'Achéry.

ABDALLAH, père de Mahomet, était de la tribu de Coréich, et conducteur de chameaux. Les mahométans, pour relever l'origine du fils, disent que le père fut recherché en mariage par une reine de Syrie. Il mourut à Yatreb, aujourd'hui Médine, ne laissant pour héritage à son fils que 5 chameaux et 4 esclaves.

ABDALLATIF (Abdel-Lathyf), historien arabe, né à Bagdad en 1161, s'adonna d'abord à la médecine qu'il professa jusqu'en 1185; mais bientôt, avide de plus vastes connaissances, il quitta sa patrie, voyagea sous la protection du grand Saladin, qui lui assigna une pension sur son trésor, parcourut toute l'Egypte, et se fixa enfin à Damas. Il mourut en 1231, dans un pèlerinage de la Mecque, laissant un grand nombre d'ouvrages, dont deux particulièrement l'ont mis au nombre des plus célèbres historiens modernes de l'Orient. Le premier, qui est perdu pour l'Europe, était une *Description de l'Egypte*, dans laquelle l'auteur avait rassemblé tout ce qu'il avait vu, et tout ce que les anciens avaient écrit sur cette contrée. L'autre, qui est intitulé : *Instruction et réflexions sur les objets et les évènements vus en Egypte*, se divise en deux parties. La première parle de la situation et du climat de l'Egypte, de ses plantes, de ses animaux, des monuments, des édifices, etc. La seconde traite du Nil et de ses particularités. Sylvestre de Sacy a donné en 1810, in-4°, une traduction française de cet ouvrage, avec des notes.

ABDALONYME, prince sidonien, fut

contraint de travailler à la terre pour gagner sa vie, quoiqu'il fût issu du sang royal. Alexandre-le-Grand, qui faisait des rois et qui les détrônait à son gré, ôta le sceptre à Straton, roi de Sidon, pour le mettre dans les mains d'Abdalonyme. Alexandre ayant ensuite demandé au nouveau roi comment il avait pu supporter sa misère, Abdalonyme lui répondit : *Plaise à Dieu que je supporte de même la grandeur ! je n'ai jamais manqué de rien tant que je n'ai rien possédé ; mes mains ont fourni à tous mes besoins.* Alexandre, charmé de cette réponse, ajouta à ses États une contrée voisine, et lui fit donner une partie du butin fait sur les Perses.

ABDEL-MELEK, roi de Fez et de Maroc, demanda des troupes au sultan Salim, pour se défendre contre Mahomet son neveu, qui l'avait détrôné. Mahomet, dans le même temps, fut secouru par dom Sébastien, roi de Portugal, qui débarqua avec près de 800 bâtiments au royaume de Fez. Le vieux roi africain livra bataille en 1578 au jeune Portugais, et défit complètement son armée. Trois rois périrent dans cette journée : les deux rois maures, l'oncle dans sa litière, le neveu dans un marais, et dom Sébastien, dont on ne put retrouver le corps.

ABDÉNAGO. (Voyez ANANIAS.)

ABDÉRAME I. ou ABDOUL-RAHAMAN, surnommé *le Juste*, premier calife Ommiade d'Espagne, n'avait que 18 ans, lorsqu'il échappa aux massacres des princes de sa famille qui régnaient à Damas. Les Sarrasins, informés de son existence, et révoltés contre leur roi Joseph, l'appelèrent en Espagne l'an 754. Il remporta plusieurs victoires sur ce prince et lui ôta la vie dans la dernière. Il fit la conquête de la Castille, de l'Arragon, de la Navarre, du Portugal, et prit le titre du roi de Cordoue. Il s'occupa constamment du bonheur du peuple soumis à son autorité ; et ce pays, naguère le théâtre de la désolation, passa rapidement, sous son règne, à un état d'aisance et de prospérité. Il encouragea l'agriculture et le commerce, protégea les arts et les sciences, et se montra, en toute occasion, digne du trône. Il embellit, fortifia sa capitale, y construisit un palais superbe avec des jardins délicieux, et commença la grande mosquée qui fait encore aujourd'hui l'admiration des voyageurs. Réunissant, en sa qualité de calife, l'empire et le sacerdoce, il en régla les cérémonies, et les fit célébrer avec toute la pompe, toute la magnificence des souverains de Damas. Ennemi du christianisme, et comptant beaucoup de chrétiens parmi ses sujets, il ne le persécuta point, mais il priva les villes de leurs évêques, les églises de leurs pasteurs ; il encouragea les mariages entre les Maures et les Espagnols, et fit plus de mal à la religion, par sa prudente tolérance, qu'il n'en eût fait par une cruelle rigueur. Ce prince mourut l'an 787, après en avoir régné 32, laissant la couronne à son fils Hackam, le troisième de ses onze enfants. Il a laissé des poésies très-estimées des Arabes.

ABDÉRAME II, surnommé *le Victorieux*, quatrième calife Ommiade d'Espagne, fils d'Al-Hakem, auquel il succéda en 822, à l'âge de 30 ans. A son avènement au trône, Abdoullah, son grand oncle, voulut lui ravir la couronne, et prit les armes contre lui. Abdérame l'attaqua, le défit, et le força à s'enfermer dans Valence, où il mourut de chagrin. Après ce premier succès, il eut de nouvelles guerres à soutenir. Les Français occupaient la Catalogne ; les pirates normands pillaient Lisbonne et l'Andalousie, et les Espagnols des Asturies menaçaient ses frontières. Abdérame chassa les premiers de Barcelone, et obligea les Normands à repasser la mer ; mais ces succès furent balancés par des revers : deux armées, envoyées contre Ramire, roi de Léon et des Asturies, furent repoussées, et plusieurs villes qui étaient sous sa domination se révoltèrent. Cependant il parvint à les soumettre, conclut un traité avec Ramire, et ne songea plus qu'à jouir des avantages de la paix. Cordoue fut embellie, ornée de beaux édifices, et entourée de forteresses ; des colléges furent fondés, et il ouvrit des écoles pour tous les arts connus. Abdérame favorisa les lettres, encouragea les savants ; mais il fut l'irréconciliable ennemi des chrétiens. Il permit aux Musulmans, par un édit, de tuer sur-le-champ tout chrétien qui parlerait mal du Coran ou de Mahomet. Malgré sa haine et sa puissance, ce fut précisément sous son règne que les chrétiens commencèrent à balancer la puissance musulmane. Ramire le vainquit, l'Aragon eut ses souverains, la Navarre devint un royaume, et tout le nord de l'Espagne se déclara contre le calife de Cordoue. Abdérame mourut d'une attaque d'apoplexie, l'an 852, à l'âge de 62 ans. Il a composé en arabe des *Annales sur l'Espagne*, qui se conservent à la bibliothèque de l'Escurial. Mohammed, l'aîné de ses enfants, lui succéda.

ABDÉRAME III, 8e calife Ommiade d'Espagne, était neveu d'Abdoullah, calife de Cordoue. A la mort de ce prince, les Arabes intervertirent l'ordre de succession, et écartèrent du trône le fils d'Abdoullah, en faveur d'Abdérame qu'ils placèrent sur le trône l'an 912 Ce prince, dont le nom chéri des Musulmans semblait être d'un heureux présage, prit le titre d'*Emir-el-Moumenyn*, qui signifie prince des vrais-croyants. Il commença son règne par des victoires. Les rebelles, que ses prédécesseurs n'avaient pu réduire, furent défaits, les factions dissipées, l'ordre et le calme rétablis. Attaqué bientôt par les chrétiens, Abdérame implora les secours des Maures d'Afrique, et soutint de longues guerres contre les rois de Léon et les comtes de Castille, qui lui enlevèrent la ville de Madrid, peu considérable alors. Battu souvent, quelquefois vainqueur, mais toujours grand et redouté, il sut réparer ses pertes et profiter de sa fortune. Politique profond, habile capitaine, il entretint les divisions parmi les princes espagnols, porta douze fois les armes jusque dans le centre de leurs Etats; et, créateur d'une marine, il s'empara de Ceuta, sur les côtes d'Afrique. Malgré les guerres éternelles qui l'occupèrent pendant tout son règne, malgré les dépenses énormes, ses flottes, les secours qu'il achetait en Afrique, Abdérame étalait à sa cour un luxe, une magnificence dont les détails nous paraîtraient des fables, s'ils n'étaient attestés par tous les historiens. Les arts ajoutèrent un nouvel éclat à son règne. Les palais, les jardins qu'il construisait, les fêtes magnifiques de sa cour, attiraient de toute part les architectes, les artistes de tout genre. Cordoue était le centre de l'industrie et de l'asile des sciences. La géométrie, l'astronomie, la chimie, la médecine y avaient des écoles célèbres : les poètes, les philosophes, les médecins étaient si renommés, qu'Alfonse-le-Grand, roi des Asturies, fit venir de Cordoue deux précepteurs pour son fils, malgré sa haine pour les Musulmans; et que Sanche-le-Gros, roi de Léon, attaqué d'une hydropisie, qu'on regardait comme mortelle, n'hésita pas à venir à Cordoue, chez Abdérame son ennemi, pour se livrer à ses médecins. Sanche fut guéri. Ce trait singulier fait autant d'honneur aux savants arabes, qu'à la générosité du calife et à la confiance du roi chrétien. Abdérame occupa le trône plus de 50 ans avec gloire; rien ne prouve mieux, peut-être, combien ce prince était au-dessus des autres rois, que l'écrit qu'on trouva dans ses papiers après sa mort. Voici cet écrit tracé de sa main : « Cinquante ans se sont écoulés depuis « que je suis calife. Richesses, honneurs, « plaisirs, j'ai joui de tout, j'ai tout épuisé. « Les rois mes rivaux m'estiment, me « redoutent et m'envient. Tout ce que « les hommes désirent m'a été prodigué « par le ciel. Dans ce long espace « d'apparente félicité, j'ai calculé le « nombre de jours où je me suis trouvé « heureux : ce nombre se monte à quatorze. « Mortels, appréciez la grandeur, « le monde et la vie. » Abdérame mourut l'an 951, à l'âge de 73 ans. Son fils aîné, Aboul-Abbas-el-Hakkam II lui succéda, et prit aussi le titre d'Emir-el Moumenyn

ABDIAS, l'un des douze petits prophètes. On ne sait rien de son pays ni de ses parents. On ignore le temps auquel il a vécu. Quelques-uns le font contemporain d'Isaïe; d'autres croient qu'il a écrit depuis la ruine de Jérusalem par les Chaldéens. Saint Jérôme parle de son tombeau, que sainte Paule vit à Samarie. On n'a de ce prophète qu'un seul chapitre, qu'il a composé contre les Iduméens.

ABDON, douzième juge du peuple d'Israël, successeur d'Ahialon, gouverna pendant huit ans. Il laissa 40 fils et 30 petits-fils, qui le suivaient toujours, montés sur 70 ânes ou ânons. Il mourut l'an 1148 avant J.-C. Il y a eu trois autres Abdon, dont l'un, fils de Micha, fut envoyé par le roi Josias à la prophétesse Holda pour lui demander son avis sur le livre de la loi, qui avait été trouvé dans le temple.

ABEILLE (Gaspard), prieur de Notre-Dame de la Mercy, naquit à Riez en Provence, en 1648. Dans sa première jeunesse il vint à Paris, où il se fit rechercher par l'enjouement de son esprit. Le maréchal de Luxembourg se l'attacha en qualité de secrétaire. Le poète suivit le héros dans ses campagnes. Le maréchal lui donna sa confiance pendant sa vie, et à sa mort il le recommanda à ses héritiers comme un homme estimable. Le prince de Conti et le duc de Vendôme l'honorèrent de leur familiarité. Il leur plaisait par sa conversation vive et animée. Les bons mots qui auraient été communs dans la bouche d'un autre, il les rendait piquants par le tour qu'il leur donnait et les grimaces dont il les accompagnait. Un visage fort laid et plein de rides, qu'il arrangeait à son gré, lui tenait lieu de différents masques. Quand il lisait un conte ou une comédie, il se servait fort plaisamment de cette physionomie mobile, pour faire distinguer les personnages de la pièce qu'il récitait. Abeille eut un prieuré; il fut reçu à l'Académie française le 11 août 1704, à la place de Charles Boileau, abbé de Beaulieu. Nous avons de lui des odes sur *la valeur, les sciences, la prudence*, et contre *les stoïciens;* des épîtres sur *le bonheur*, sur *l'amitié*, sur *l'espérance;* plusieurs tragédies, *Angéline, reine de Thessalie, Coriolan, Lyncée, Hercule, Silanus* et la *Mort de Caton;* une comédie, *Crispin bel-esprit*, et deux opéras, *Hésione* et *Ariane*. Un prince disait de sa tragédie de *Caton*, que si Caton d'Utique ressuscitait, il ne serait pas plus Caton que celui de l'abbé Abeille. On peut ajouter que si l'auteur de *Caton* revenait au monde, il n'y serait reçu ni comme un Racine, ni comme un Corneille. Il savait bien ce qui fait le bon poëte, mais il ne l'était pas. Son style est faible, lâche et languissant. Il ne mit point dans sa versification la noblesse qu'il avait dans son caractère. Il mourut à Paris en 1718. Il a eu part à la traduction de *Justin* par Ferrière, dont la première édition est de 1693.

ABEILLE (Louis-Paul), né à Toulouse le 2 juin 1719, mort à Paris le 28 juillet 1807. Il fit partie des Etats de Bretagne en 1757, et fonda la société d'agriculture de cette province. Ses grandes connaissances en économie politique le firent nommer inspecteur général des manufactures de France et secrétaire du bureau de commerce. Lorsqu'on forma à Paris, en 1780, une société d'agriculture, il en fut un des membres les plus laborieux, et il publia successivement un grand nombre de brochures sur des objets relatifs à l'économie politique, aux finances, au commerce et à l'agriculture; mais aucune ne porte son nom. Les principales sont : *Réflexions sur la police des grains en Angleterre et en France*, 1764, in-8, qui fit une grande sensation; *Effets d'un privilége exclusif sur les droits de la propriété*, 1785, in-8; *Principes sur la liberté du commerce des grains*, 1768, in-8; *Observations de la société royale d'agriculture sur l'uniformité des poids et mesures*, 1790, in-8. Il a publié avec Montaudoin, négociant de Nantes : *Corps d'observations de la société d'agriculture, de commerce et des arts établie par les Etats de Bretagne*, Rennes, 1760 et 1762, 2 vol. in-8. On voit dans cet ouvrage qu'il avait adopté les principes des écrivains connus alors sous le nom d'*Economistes*. Il a été éditeur des *Observations de M. de Malesherbes sur l'histoire naturelle générale et particulière de MM. de Buffon et d'Aubenton*, Paris, 1796, 2 vol.

ABEL, second fils de nos premiers parents, offrait à Dieu les premiers nés de ses troupeaux; Caïn son frère, jaloux de ce que ses offrandes n'étaient pas aussi agréables au ciel, le tua l'an 3874 avant J.-C. Les rêveries que les rabbins ont écrites sur la conduite d'Abel ne méritent aucune attention. Le récit simple et naïf de l'Ecriture donne lieu à plusieurs réflexions : 1° Le sort des deux frères dut faire sentir à nos premiers parents les suites horribles de leur péché, l'excès des misères auxquelles était condamnée leur postérité; 2° La destinée d'Abel démontre que les récompenses de la vertu ne sont pas de ce monde. Dieu avait dit à Caïn pendant qu'il méditait son crime : « Si tu fais bien, n'en recevras-tu pas la « récompense? Si tu fais mal, ton péché « s'élèvera contre toi. » Abel reçoit pour toute récompense de sa piété une mort violente et prématurée. Dieu a donc accompli sa promesse dans une autre vie. Selon saint Paul, Abel, *par sa foi*, a offert de meilleurs sacrifices que Caïn; par-là il a mérité le nom de *Juste*. « Dieu lui-« même, dit cet apôtre, a rendu témoi-« gnage à ses offrandes, et par cette foi « il parle après sa mort. » *(Fide plurimam hostiam Abel, quàm Caïn, obtulit Deo; per quam testimonium consecutus est esse justus, testimonium perhibente muneribus ejus Deo; et per illam defunctus adhuc loquitur.)* Quelle a pu être la foi d'Abel, sinon une ferme croyance à la vie future? Le témoignage que Dieu lui a rendu serait illusoire, si la piété d'Abel était frustrée de toute récompense. L'indulgence avec laquelle Dieu traite Caïn après son crime serait un nouveau sujet de scandale. L'Eglise cite souvent le sacrifice d'Abel comme le modèle d'un sacrifice saint, pur, désintéressé, et agréable odeur, particulièrement dans le canon de la Messe : *Sicut accepta habere dignatus es munera pueri tui justi Abel*. Gessner a fait un poëme allemand sur la mort d'Abel; il a été traduit plusieurs fois en français, en prose et en vers. Legouvé a donné sur ce même sujet une tragédie en trois actes.

ABEL (Charles-Frédéric), célèbre musicien du roi de Pologne. Les malheurs de la guerre ayant réduit cette cour à une rigoureuse économie, il quitta Dresde, et parcourut l'Allemagne dans un état voisin de la détresse; enfin il se rendit en Angleterre, où il devint directeur de la chapelle de la reine par la protection du duc d'Yorck. Il était moins renommé pour la composition que pour l'exécution; ses morceaux, cependant, furent très-répandus en Angleterre et souvent joués dans les fêtes publiques. Il passait pour le plus habile violon de son temps. Ses œuvres ont été gravées à Londres et publiées depuis à Paris, à Berlin et à Amsterdam. La passion qu'il avait pour le vin a probablement abrégé ses jours. Il mourut à Londres le 22 juin 1788.

ABÉLARD. (Voyez ABAILARD.)

ABELIN (Jean-Philippe), historien, né à Strasbourg, mort vers 1646, et plus connu sous le nom de Louis GOTTFRIED ou GOTHOFREDUS, qu'il a mis à la tête de la plupart de ses ouvrages. Les plus répandus sont : *Theatrum europœum*. Il n'a publié sous son véritable nom que le premier volume, qui contient l'histoire de l'Europe, depuis 1617 jusqu'à la fin de 1628. La meilleure édition de cette énorme compilation, écrite en allemand, est celle de Francfort, 1718, 21 vol. in-fol. Les volumes composés par Abelin, Schléder et Schneider sont bien supérieurs à ceux de leurs nombreux continuateurs. Les tomes 17, 18, 19 et 20 du *Mercurius gallo-belgicus*, ouvrage écrit en latin, et où l'on trouve la relation des événements qui se sont passés en Europe depuis 1628 jusqu'en 1636. Les premiers volumes sont de Gothard Arthus. *Description du royaume de Suède*, en allemand, Francfort, 1632, in-fol.; *Chronique historique* ou *Description de l'histoire depuis le commencement du monde jusqu'en 1619*, en allemand, avec un grand nombre de figures gravées par Mathieu Mérian, Francfort, 1632, in-fol. Le 12ᵉ et dernier volume de l'Histoire des Indes orientales, sous ce titre : *Historiarum orientalis Indiæ tom.* XII ; *J.-Lud. Gothofredus ex anglico et belgico sermone in latinum transtulit, etc.*, ouvrage rare et précieux lorsqu'il est complet ; *P. Ovidii Nasonis Metamorphoseon plerarumque historica, naturalis, moralis ecphrasis*, Francfort, 1619, in-8°.

ABELLI (Louis), grand-vicaire de Bayonne, curé de Paris, et ensuite évêque de Rhodez, naquit dans le Vexin français, en 1603. Il se démit en 1664, de son évêché trois ans après sa nomination, pour vivre en solitaire dans la maison de Saint-Lazare, à Paris. Il y mourut en 1691, après avoir publié plusieurs ouvrages. Les principaux sont: *Medulla theologica*, in-12, qui lui a fait donner, par Boileau, le titre de *moelleux Abelli (Lutrin, ch.* IV*)*, ce qui n'empêche pas que l'ouvrage ne soit bon. La *Vie de saint Vincent de Paul*, in-4°. Il se déclare ouvertement contre les disciples de l'évêque d'Ypres, et surtout contre l'abbé de Saint-Cyran. M. Collet en a donné une plus étendue en 2 vol. in-12; mais celle d'Abelli, aujourd'hui très-rare, lui est bien supérieure par le ton simple, touchant et onctueux, que l'auteur a su y répandre. On s'occupait de la réimprimer. *La tradition de l'Eglise, touchant le culte de la sainte Vierge*. Les ministres calvinistes l'ont souvent citée contre le grand Bossuet, à cause de certaines expressions exagérées et inexactes qui semblaient justifier les reproches faits aux catholiques. Des *Méditations* en 2 vol. in-12, très-répandues. Enfin quelques autres ouvrages également propres à nourrir la piété. L'auteur était un homme rempli de toutes les vertus sacerdotales et pastorales. (*V. Mémoires* de Nicéron, tome 41.)

ABENDANA (Jacob), Juif espagnol, mort en 1685, préfet de la synagogue de Londres. On a de lui un *Spicilége* d'explications sur plusieurs endroits de l'Ecriture sainte, Amsterdam, 1685, in-fol., et d'autres ouvrages estimés par les hébraïsants.

ABEN-HEZRA (Abraham), célèbre rabin espagnol, que les Juifs ont surnommé *le Sage, le Grand* et *l'Admirable*, titre qu'il ne justifie pas toujours par ses écrits. Il naquit à Tolède, en 1119. Philosophe, astronome, médecin, poëte, cabaliste, commentateur, il embrassa tous les genres, et réussit dans plusieurs. On a de lui beaucoup d'ouvrages, parmi lesquels on distingue ses *Commentaires*. Le premier, il renonça aux allégories si familières aux docteurs de sa nation, et s'attacha au sens grammatical des mots et à l'explication littérale du texte. C'est lui aussi qui le premier osa soutenir que les Hébreux n'avaient pas traversé la mer Rouge par un miracle, mais que Moïse avait profité d'une basse marée pour traverser le golfe à son extrémité. Cette opinion fausse et erronée ne fit pas fortune, et elle est si opposée aux paroles du texte que nous n'en dirions rien, si les protestants modernes n'accréditaient cette opinion hardie, et toutes celles qui expliquent les miracles de l'Ecriture sainte par des raisons naturelles. Voyez *Lettres de quelques Juifs, etc.*, par l'abbé Guénée. Son livre, intitulé *Jésud-Mora*, est fort rare. C'est une exhortation à l'étude du *Talmud*, dont peu de gens profiteront. On a encore de lui *Elegantiæ grammaticæ*, Venise, 1546, in-8°, et quelques autres ouvrages sur la médecine, l'astronomie et la morale, dont le catalogue se trouve dans Bartholocci, avec une notice sur sa vie. Il mourut à Rhodes vers l'an 1174, à l'âge d'environ cinquante-cinq ans.

ABENZOAR. (Voyez AVENZOAR.)

ABERCROMBY (Sir Ralph), habile général anglais, né en Ecosse vers 1740, d'une ancienne famille de ce pays, servit d'abord en qualité de cornette dans les gardes-du-corps. Il se trouva à l'attaque du camp de Famars, en 1793, aux actions sanglantes qui eurent lieu devant

Dunkerque, et dirigea une partie du siége de Valenciennes. Pendant la campagne de 1794, il commanda l'avant-garde de l'armée anglaise, et dans l'hiver de 1796, il sauva, quoique blessé, les restes des troupes de sa nation. Commandant de l'armée anglaise en Irlande, puis en Hollande sous le duc d'Yorck (1799), il montra de la sagesse et de la modération dans le premier de ces emplois, de l'intelligence et de la bravoure dans le second, où il échoua, parce qu'on méprisa ses conseils. Il fut choisi, en 1800, pour commander en chef l'expédition contre l'Egypte, occupée alors par une armée française ; il y débarqua le 9 mars 1801, prit le fort d'Aboukir, et marcha contre Alexandrie. L'armée française l'attaqua le 21 dans ses retranchements, et Abercombry, blessé mortellement dans cette affaire, mourut sept jours après, à bord d'un vaisseau qui le transporta à Malte, où il fut inhumé avec tous les honneurs dus à son rang et à son mérite.

ABERLI (Jean-Louis), peintre de paysages, né à Winterthur en 1723, mort en 1786. Ses *Paysages suisses* coloriés ont fait époque dans l'histoire de la peinture.

ABERNETHY (Jean) naquit en 1763 dans la ville d'Abernethy en Ecosse. Au sortir de l'école, il étudia la médecine sous la direction de Blick, chirurgien en chef de l'hôpital de Saint-Barthélemy, et devint ensuite l'élève et l'ami de l'illustre Hunter dont il adopta les doctrines médicales. Ayant été nommé chirurgien en chef adjoint à l'hôpital de Saint-Barthélemy, il fit des cours publics qui eurent un grand succès et établirent sa réputation. Abernethy rendit à la chirurgie des services importants, non-seulement par ses grandes connaissances, mais encore par l'habileté avec laquelle il pratiqua certaines opérations que personne avant lui n'avait osé entreprendre. Quoiqu'il admît les idées spiritualistes de Hunter, il était partisan de la doctrine de Gall et de Spurzheim. La singularité de son caractère explique cette inconséquence. Parmi les ouvrages nombreux qu'il a publiés, nous citerons : ses *OEuvres chirurgicales*, 1827, 2 vol. in-8°; *Traité de physiologie*, 1821, in-8°; *Traité sur la théorie et la pratique de la chirurgie*, 1830.

ABÉZAN, né de la tribu de Juda, dixième juge d'Israël, qui succéda à Jephté. Après sept ans de gouvernement, il mourut à Bethléem, laissant trente fils, trente filles, et autant de belles-filles et de gendres.

ABGARE, nom que plusieurs rois d'Edesse ont porté. Le plus connu est celui qui écrivit, dit-on, à Jésus-Christ, et auquel ce divin législateur envoya son portrait avec une lettre ; mais on n'ajoute pas beaucoup de foi à ces faits, qu'on croit communément avoir été imaginés dans des temps postérieurs. La lettre d'Abgare, avec la réponse qu'on attribue à Jésus-Christ, se trouve dans Eusèbe. Tillemont, et autres savants, les regardent comme véritables ; mais outre que le sentiment commun est que Jésus-Christ n'a rien écrit, il est certain que cette lettre, loin d'être distinguée, comme elle aurait dû l'être, dès les premiers temps de l'Eglise, a été rejetée et mise au rang des apocryphes par un concile de Rome, sous le pape Gélase, en 494.

ABIA, chef de la huitième des 24 classes des prêtres Juifs, selon la division qui en fut faite par David. C'est à cette classe qu'appartenait Zacharie, père de saint Jean-Baptiste.

ABIA, ABIAM ou ABIAS, fils et successeur de Roboam, roi de Juda, fut en guerre avec Jéroboam, roi d'Israel. Ayant assemblé ses troupes sur la montagne de Sémeron, dans la tribu d'Ephraïm, il leur adressa un discours pour les engager à combattre vaillamment. Cependant Jéroboam disposait les siennes de manière à cerner son ennemi ; mais les soldats d'Abia, s'en étant aperçus, firent entendre des cris effroyables, et le Seigneur jetant l'épouvante dans l'armée de Jéroboam, elle fut mise en déroute. Abia poursuivit les vaincus et s'empara de plusieurs villes. Il mourut l'an 955 avant J.-C., laissant 22 fils et 16 filles.

ABIATHAR, fils d'Ophni et petit-fils d'Héli, grand-prêtre, succéda à son aïeul dans cette dignité avec Achitob, fils de Phinées. L'exercice de la grande sacrificature leur fut attribué alternativement d'année en année ; mais la judicature fut confiée à Samuel, prophète et prêtre de la tribu de Lévi.

ABIATHAR, grand-prêtre des Juifs, échappa à la vengeance de Saül, qui fit massacrer son père Achimélech (*voyez l'article Achimélech*), et lui succéda dans la grande sacrificature. Mais ayant voulu dans la suite mettre Adonias sur le trône de David, Salomon l'en priva, et le relégua à Anathoth, vers l'an 1014 avant J.-C. Ce fut ainsi que Dieu accomplit ce qu'il avait fait prédire à Héli, plus de 100 ans auparavant, qu'il ôterait à sa maison la souveraine sacrificature, pour la transporter dans une autre.

ABIGAIL, femme de Nabal, homme d'une avarice extrême. David fit demander à Nabal quelques rafraîchissements, qu'il refusa avec dureté. Ce prince, irrité, allait se venger de ce refus, lorsque Abigaïl lui apporta des vivres pour calmer sa colère. David fut si touché de sa libéralité, de sa beauté et de ses grâces, qu'il l'épousa après la mort de Nabal, l'an 1060 avant J.-C.

ABILD-GAARD (Pierre-Chrétien), célèbre médecin et naturaliste Danois, contribua à fonder l'école vétérinaire de Copenhague. Il eut aussi beaucoup de part à l'établissement de la société d'histoire naturelle à laquelle on doit plusieurs mémoires très-intéressants. Abild-Gaard a donné, en même temps que Cuvier, une description du fameux *Megathcrium*, et publié plusieurs mémoires particuliers dans ceux de l'Académie des sciences, dont il était secrétaire, et dans ceux de la société d'histoire naturelle. Il mourut en 1808.

ABIMÉLECH, fils naturel de Gédéon, après la mort de son père, massacra soixante et dix de ses frères. Joatham, le plus jeune, échappa seul au carnage. Abimélech usurpa la domination sur les Sichimites; la cruauté qu'il avait exercée contre ses frères, il l'exerça contre ses nouveaux sujets, qui, trois ans après, se révoltèrent contre lui et le chassèrent. Abimélech les vainquit, prit leur ville et la détruisit de fond en comble. De là il alla mettre le siège devant Thèbes, où il fut blessé à mort par un éclat de meule de moulin qu'une femme lui jeta du haut d'une tour. Abimélech, honteux de mourir par la main d'une femme, se fit ôter la vie par son écuyer, l'an 1233 avant J.-C.

ABIMÉLECH (en hébreu *Père-Roi*), roi de Gérare, contemporain d'Abraham, fit enlever Sara, que ce patriarche faisait passer pour sa sœur. (Voyez SARA.) Mais Abraham, dans la crainte qu'on ne la lui prît ou qu'on ne le tuât à cause d'elle, ne disait pas que c'était sa femme. Dieu menaça de la mort Abimélech qui rendit aussitôt Sara et lui fit de grands présents. Il s'excusa sur l'ignorance où il était qu'elle fût la femme d'Abraham. Il fit avec ce patriarche une alliance avantageuse; le lieu où elle fut jurée s'appela *Ber-sabée* ou le *Puits du serment*. Cette conduite de la part d'Abimélech prouve combien le lien conjugal était respecté dans ces temps simples, qu'une philosophie corrompue ose regarder comme barbares. Cette observation devient plus sensible encore sous Abimélech son fils. Isaac ayant également appelé Rebecca sa sœur, selon l'usage des Hébreux qui appelaient *sœurs* leurs cousines, le roi ayant découvert que c'était son épouse, lui en fit des reproches, dans la crainte que quelqu'un de ses sujets ne se rendît coupable d'un grand crime : *Induxeras super nos grande peccatum* ; et il ordonna, sous peine de la vie, de respecter l'épouse de l'étranger : *Præcepitque omni populo, dicens : Qui tetigerit uxorem hominis hujus morietur.* Gen. 26. Dans la suite, jaloux de la prospérité d'Isaac, il le chassa : mais voyant que Dieu était avec ce patriarche, il renouvela l'alliance qu'avait jurée son père.

ABIRON, petit-fils de Phallu, fils de Ruben, conspira contre Moïse et Aaron, avec Coré et Dathan; mais leur révolte et leurs murmures furent sévèrement punis : car s'étant présentés avec leur encensoir devant l'autel, la terre s'ouvrit, et les dévora tout vivants, avec 250 de leurs complices, l'an 1489 avant J.-C.

ABISAG, jeune Sunamite, que David s'associa dans sa vieillesse, mais avec laquelle il vécut dans la continence. Après la mort de ce roi, Adonias demanda cette vierge en mariage, s'imaginant par là se frayer un chemin au trône ; mais Salomon, démêlant ses vues, le fit mourir. Saint Jérôme, s'attachant au sens allégorique des saintes lettres, a vu dans Abisag, jeune, belle et chaste, une image de la sagesse, qui devient la seule et fidèle compagne de la vieillesse de l'homme juste, après que tous les avantages de la nature l'ont abandonné : sa beauté incomparable, la douceur de ses entretiens, ses chastes embrassements fortifient et raniment son âme, et empêchent qu'elle ne se ressente du froid et de la faiblesse du corps.

ABISAI, frère de Joab, et l'un de ces héros qui se rendirent recommandables sous le règne de David par leur valeur et leur attachement à ce prince, tua 300 hommes, mit en fuite plusieurs milliers d'Iduméens, et massacra un géant philistin, armé d'une lance dont le fer pesait 300 sicles.

ABLANCOURT (d'). Voyez PERROT.

ABLAVIUS, ou ABLABIUS, préfet du prétoire depuis l'an 326 jusqu'en 337, gagna les bonnes grâces de Constantin-le-Grand, qui le nomma, en mourant, pour servir de conseil à son fils Constance; mais cet empereur, loin de suivre les volontés de son père, le priva de cet emploi, sous prétexte de céder aux instances des soldats. Ablavius se retira dans une maison de plaisance en Bithynie, où il vivait en philosophe. Constance, redoutant le pouvoir que lui avait donné son ancien crédit, lui envoya des officiers de l'armée, qui lui remirent une lettre par laquelle il semblait l'associer à l'empire; mais comme il demandait où était la pourpre qu'on lui envoyait, d'autres officiers entrèrent et le tuèrent. Ce meurtre indigna d'autant plus contre le lâche et fanatique Constance, que la violence y fut mêlée avec la perfidie. Il laissa une fille, nommée Olympiade, qui devait épouser l'empereur Constant. Mais ce prince ayant été tué en 350, Constance fit épouser, en 360, à Olympiade le roi d'Arménie, Arsace I.

ABNER, général des armées de Saül, son cousin germain, servit ce prince; mais ce fut par sa négligence que Saül fut surpris endormi dans sa tente au désert de Ziph. Après la mort du roi, il fit donner la couronne à Isboseth son fils. Quelque mécontentement l'engagea ensuite à se ranger du parti de David, qui lui témoigna beaucoup d'amitié; Joab, jaloux de sa faveur, et voulant d'ailleurs venger la mort de son frère Azaël, le tira à part, et le tua lâchement. David, cruellement affligé de cette perte, lui fit dresser un magnifique tombeau, et l'honora d'une épitaphe, l'an 1048 avant J.-C.

ABOU-BEKR (ce qui veut dire *père de la vierge*), beau-père et successeur de Mahomet. Après la mort de son gendre, les chefs de l'armée l'élurent calife, c'est-à-dire, *vicaire du Prophète*. Ali, gendre de Mahomet, à qui cet imposteur avait légué l'empire, en ayant été frustré, attendit dans l'Arabie des circonstances heureuses. Abou-Bekr, son rival, se fixa d'abord à Cusa, puis à Bagdad, où il ramassa les feuilles éparses du Coran, et régla la partie de la discipline. Il mena ensuite les musulmans en Palestine, et remporta une victoire contre le frère de l'empereur Héraclius. Il mourut peu de temps après, et fut enseveli à Médine, l'an de J.-C. 634, à l'âge de 63 ans, et après un règne de deux ans et quatre mois. Les partisans d'Abou-Bekr le regardent comme un héros et un saint, et ceux d'Ali comme un brigand et un usurpateur.

ABOUGIAFAR. (Voyez ALMANSOR.)

ABOU-HADJAD ou MAHOMET VIII, que les Espagnols appellent *Mahomet Guadix*, succéda à Mahomet VI, dit *le Vieux*, qui avait été replacé sur le trône après Mahomet VII, et fut le meilleur et le plus sage des rois qui gouvernaient les Maures en Espagne. Uniquement occupé du bonheur de ses sujets, il voulut les maintenir dans cette paix dont ils avaient si rarement joui. Pour se l'assurer, il commença par fortifier ses places, par lever une forte armée, par s'allier avec le roi de Tunis, dont il épousa la fille. Prêt à la guerre, il envoya des ambassadeurs au roi de Castille pour lui demander son amitié. Don Juan, occupé de ses querelles avec le Portugal, signa volontiers le traité : Abou-Hadjad n'y manqua jamais, et s'occupa constamment de faire fleurir l'agriculture, le commerce et les beaux-arts dans ses États. Il éleva plusieurs monuments à Grenade, et surtout à Guadix qu'il aimait de prédilection, et fit de sa cour l'asile des talents et de la politesse. Après avoir occupé le trône pendant 13 ans, il mourut l'an 1392, laissant ses États florissants à son fils Joseph, qui lui succéda sans contradiction.

ABOU-HANYFEH (El-Noman-Ben-Tsabit), né à Koûfah l'an 699 de J.-C., et mort en prison à Bagdad, l'an 767, fut le chef des Hanéfytes, l'une des quatre sectes principales du mahométisme. Ce musulman fournit à sa secte des leçons et des exemples. Un brutal lui ayant donné un soufflet, ce mahométan répondit ces paroles dignes d'un chrétien, et qu'on ne remarque que parce qu'il ne l'était pas : *Si j'étais vindicatif, je vous rendrais outrage pour outrage; si j'étais un délateur, je vous accuserais devant le calife; mais j'aime mieux demander à Dieu qu'au jour du jugement, il me fasse entrer au ciel avec vous.* Ces infidèles connaissaient les livres, les dogmes et les maximes des chrétiens, et s'en paraient assez maladroitement et par lambeaux, comme avait fait Mahomet; c'est pour cela que leurs sentences sont la plupart supérieures à celles des anciens philosophes. (Voyez MAHADI.) Abou-Hanyfeh avait été mis en prison, parce que dans un conseil d'oulémas ou docteurs, il s'opposa, lui seul, à un acte de tyrannie d'Abdàllah II. Il avait été tisserand dans sa jeunesse; il étudia le droit, et fut nommé cadhy ou juge à Bagdad, mais il refusa cette charge. Il mourut empoisonné. Partisan de la maison d'Ali, il s'était élevé plusieurs fois contre l'usurpation des Abbassides. Son principal ouvrage est intitulé : *Mesned* ou *Appui*.

ABOU-MANSOUR (Yahya-Ben-Aly-Ben-Aby-Mansour, dit Mouneddjem, ou l'Astronome) naquit l'an 855 de J.-C. C'est lui qui fut chargé de diriger les observatoires de Bagdad et de Damas. Il s'occupait aussi de littérature, et a composé un recueil des vies des poètes arabes, qui commence à Bachar-Ben-Berd, et finit à Mérowan-Ben-Aby-Hafasah.

ABOU-MOSLEM, gouverneur du Khoraçan, fit passer la dignité de calife, en 746, de la race des Ommiades à celle des Abbassides. On dit qu'il causa, par cette révolte, la mort de plus de 60,000 hommes. Il fut puni de sa rébellion, et massacré par l'ordre du calife Mansour en 755.

ABOU-NOWAS (Abou-Aly-Al-Haçan), poëte arabe du premier rang, naquit à Bassorah ou dans l'Ahwâs, vers l'an 744; il fut appelé à la cour d'Aaron-Al-Réchyd, poëte lui-même et protecteur des poëtes. Ce monarque versificateur le reçut avec distinction, et lui donna un appartement dans son palais. Après la mort d'Abou-Nowas, arrivée en 810, ses poésies furent recueillies, et on en possède plusieurs manuscrits en Europe.

ABOUL-FARADJ-ALY, célèbre auteur arabe, naquit à Ispahan l'an 897. La jurisprudence, la médecine, et surtout l'histoire et la poésie, furent l'objet de ses études. On a de lui un *Recueil des anciens chants* ou *Poésies arabes*, en 4 vol. in-folio; monument précieux pour l'histoire de la littérature arabe. La Bibliothèque nationale en possède un exemplaire qui fut rapporté d'Egypte par la commission des savants français en 1801, et qu'on a lieu de soupçonner incomplet. Aboul-Faradj composa encore quelques autres ouvrages. Il mourut à Bagdad le 20 novembre 967.

ABOUL-FÉDA (Ismaël), prince de Hamah, et tout à la fois historien et géographe, naquit en 1273 à Damas, où l'approche des Tartares avait forcé sa famille de se retirer. Il se distingua aux siéges de Tripoli, de Saint-Jean-d'Acre, et dans presque toutes les affaires qui eurent lieu contre les croisés. Appelé par la mort d'un de ses parents à la principauté de Hamah, il s'en vit dépouillé par l'ambition de ses deux frères et par l'injustice du sultan. Cependant, après onze ans d'une injuste détention, Aboul-Féda monta sur le trône en 1312, comblé des bienfaits et des faveurs du sultan d'Egypte. Il mourut en 1331, laissant après lui la réputation d'un prince doué des qualités les plus éminentes et d'un talent supérieur. Au milieu des troubles qui agitèrent sa patrie et des incursions fréquentes des Tartares, il cultiva les lettres avec ardeur, s'appliqua à l'étude de l'astronomie, de la médecine, du droit, de la botanique, de l'histoire et de la géographie. Deux ouvrages sur ces dernières sciences ont établi sa réputation. Le premier, qui a pour titre : *Histoire abrégée du genre humain*, traite de l'histoire des Hébreux, des quatre dynasties des anciens rois de Perse, des rois de la Grèce, des empereurs romains, des rois d'Arabie, de l'histoire de Mahomet et de son empire jusqu'en 1328. Cette histoire ne brille pas par le style, mais elle a un mérite essentiel, l'exactitude des faits et la précision. Plusieurs parties en ont été traduites avec ou sans le texte. Sa géographie, intitulée : *Vraie situation des pays*, a été aussi publiée par parties, et n'est pas moins estimée que l'ouvrage précédent, sous le rapport des descriptions et des mœurs, mais non sous celui de la topographie.

ABOUL-OLA, le prince des poëtes arabes, naquit à Moarrah en 973, et y mourut en 1059. Ce poëte, aveugle comme Milton, a comme lui des descriptions pleines de feu. La petite-vérole lui fit perdre la vue à l'âge de quatre ans. Des musulmans l'accusèrent d'irréligion et de libertinage, et il avait mérité ce reproche. Fabricius et Golius ont publié, le premier en 1638, le second en 1656, des extraits de ses poésies.

ABRABANEL (Isaac) naquit à Lisbonne en 1437. Les généalogistes juifs le font descendre de David, comme les Turcs font descendre Mahomet d'Ismaël ; mais ces généalogies hébraïques et turques sont la plupart aussi fabuleuses que quelques-unes des nôtres. Il eut une place dans le conseil d'Alphonse V, roi de Portugal, et ensuite dans celui de Ferdinand le Catholique, roi de Castille ; mais en 1492, lorsque les juifs furent chassés d'Espagne, il fut obligé d'en sortir avec eux. Enfin, après avoir fait différentes courses à Naples, à Corfou et dans plusieurs autres villes où sa nation errante et superstitieuse était soufferte, il mourut à Venise en 1508, à l'âge de 71 ans. L'auteur des *Lettres juives*, qui l'appelle *Abarbanel*, dit qu'il fut enterré à Padoue. Les rabbins le regardent comme un de leurs principaux docteurs, et lui donnent des titres honorables. Il leur a laissé des *Commentaires* sur tous les livres hébreux de l'Ancien Testament, qui sont fort estimés par ceux qui s'attachent à l'étude de la langue hébraïque. Il est fort littéral et très-clair, mais un peu diffus, comme tous les glossateurs. On a encore de lui un *Traité de la création du monde*, Venise, 1592, in-4°, contre Aristote, qui le croyait éternel ; un *Traité des principes de la religion* en hébreu, traduit en latin par G.-H. Vorstius, Amsterdam, 1638, in-4°, et quelques autres *Traités* où il parle des chrétiens avec toutes les préventions du rabbinisme. C'était un homme vain et orgueilleux. (Voyez les *Mémoires de Niceron*, tome 41.)

ABRADATE, roi de Suse, se livra avec son armée à Cyrus, pour reconnaître la générosité de ce prince à l'égard de sa femme, faite prisonnière dans une victoire remportée sur les Assyriens. Abradate ne fut pas d'un grand secours à ce roi; à la première bataille, il fut renversé de son char et mis à mort par les Egyptiens. Sa femme Panthée se tua de désespoir sur le corps de son mari. Cyrus fit ériger un mausolée à ces deux époux; il a fourni un épisode touchant à l'auteur de la *Cyropédie*.

ABRAHAM, père de la nation juive, naquit à Ur, ville de Chaldée, l'an 1996 avant J.-C. Son père Tharé était adonné au culte des étoiles, genre de superstition beaucoup plus excusable que l'idolâtrie, comme le dit l'auteur du livre de la *Sagesse*, ch. 13. Le fils, ennemi de cette erreur, et adorant le vrai Dieu, en reçut l'ordre de quitter son pays. Il se rendit à Haram en Mésopotamie, où il perdit son père. Un nouvel ordre de Dieu le tira de ce pays; il vint se fixer à Sichem avec Sara sa femme et Loth son neveu. La famine l'obligea d'aller en Egypte, où Pharaon lui enleva sa femme, croyant qu'elle était sa sœur, et la lui rendit ensuite avec des présents (événement qui se renouvela plus tard, avec les mêmes circonstances, à Gérare, avec le roi Abimélech). Abraham sortit de l'Egypte, vint à Béthel avec Loth son neveu, dont il se sépara, parce que cette contrée ne pouvait contenir leurs nombreux troupeaux. Le neveu alla à Sodome, et l'oncle resta dans la vallée de Mambré. Quelque temps après, Loth ayant été fait prisonnier par Chodorlahomor et trois autres rois, Abraham arma ses domestiques, poursuivit les vainqueurs, les défit, et délivra Loth. Ce patriarche, avant de quitter Mambré, eut une vision dans laquelle Dieu lui apparut, changea son nom d'Abram en celui d'Abraham, lui promit un fils de sa femme Sara, et lui prescrivit la circoncision, comme le sceau de l'alliance qu'il faisait avec lui. Abraham se circoncit à l'âge de près de cent ans, et circoncit toute sa maison. Un an après naquit Isaac, que Sara mit au monde, quoique âgée de 90 ans. Lorsque cet enfant eut atteint l'âge de 25 ans, Dieu ordonna à son père de le lui offrir en sacrifice. Abraham, sans raisonner sur un ordre qui devait lui paraître extraordinaire, et qui en effet n'était qu'une épreuve, allait obéir avec autant de promptitude que de courage; mais Dieu, content de sa soumission, lui arrêta le bras levé pour frapper cette victime chérie, et mit à la place d'Isaac un bélier qu'Abraham lui offrit. Sara, mère d'Isaac, mourut douze ans après; on l'enterra dans la caverne d'Ephron, qu'Abraham avait achetée pour sa sépulture. Après la mort de sa femme, Abraham épousa Céthura, dont il eut six fils. Il avait déjà pris pour femme, du temps de Sara, Agar, sa servante, mère d'Ismaël. Enfin, après avoir vécu 175 ans, il mourut l'an 1821 avant J.-C. Il fut enseveli près de Sara. La vivacité de sa foi, son attachement sincère au culte du vrai Dieu, lui ont mérité le nom de *Père des croyants*. Barbeyrac, ce détracteur acharné des Pères de l'Eglise et de tous les grands hommes qui se sont distingués par l'amour de la religion, s'est particulièrement attaché à déchirer la mémoire d'Abraham par des censures aussi injustes que puériles, que Bergier a solidement réfutées dans son *Dictionnaire théologique*. Pour juger sainement de la conduite des patriarches, il faut se placer dans les mêmes circonstances, se mettre au ton des mœurs et des usages qui régnaient dans les premiers temps. Saint Ambroise montre, avec autant de raison que d'éloquence, que dans la droiture et la simplicité de ce saint patriarche il y a plus de véritable grandeur que dans tout l'étalage des vertus philosophiques: *Minus est quod illa finxit quàm quod iste gessit*. La fameuse maxime d'un des sept Sages de la Grèce: *Sequere Deum*, qui pour le fastueux philosophe n'était qu'un apophthegme de parade, exprime en quelque sorte toute la vie d'Abraham, fidèle à ses différentes vocations, et n'hésitant jamais à suivre la voix de Dieu jusque dans le plus amer des sacrifices: *Hoc itaque quod pro magno inter septem Sapientium dicta celebratur, perfecit Abraham, factoque Sapientium dicta prævertit*. On ne s'arrêtera point à rapporter les contes dont les rabbins ont chargé l'histoire d'Abraham; on sait que les hommes crédules et superstitieux ont mêlé de tout temps la vérité avec le mensonge. On lui a faussement attribué un traité intitulé: *Jezira, ou de la Création*, Mantoue, 1562, in-4, et Amsterdam, 1642, in-4. Ce livre est, à ce qu'on croit, du rabbin Akiba. Ce qui est certain, c'est que l'auteur n'avait pas la tête bien saine. Son ouvrage ne contient qu'une feuille ou deux d'impression. Les commentaires de cinq rabbins, qui accompagnent l'édition de Mantoue, ne la rendent pas plus intelligible.

ABRAHAM USQUE, Portugais, juif d'origine et de croyance, quoique Arnauld l'ait cru chrétien, se joignit à Tobie Athias pour traduire, dans le 16e siècle, la Bible en espagnol. Voici le titre de cette fameuse version: *Biblia en lengua espanola, traduzida palabra por palabra de la verdad hebraïca; por muy excellentes letrados en Ferrara* 1553, in-fol., caractères gothiques. Quoique les noms et les verbes y soient traduits selon la rigueur grammaticale, cette version n'est regardée que comme une compilation de Kimchi, de Rasci, d'Aben-Ezra, de la paraphrase chaldaïque, et de quelques anciennes gloses espagnoles. Cette version est très-rare et très-recherchée. On en fit une autre édition à l'usage des chrétiens espagnols, qui n'est ni moins rare ni moins recherchée. Les curieux les rapprochent toutes deux, pour pouvoir les comparer. Malgré leur conformité apparente, on peut en reconnaître les différences aux interprétations diverses de plusieurs passages, selon la croyance de ceux pour qui elles furent imprimées. Une marque plus sensible et plus facile pour les reconnaître, c'est la dédicace. La version à l'usage des juifs, qui est la plus recherchée, est adressée à la senora Gracia Naci, et souscrite d'Athias et d'Usque; l'autre est dédiée à Hercule d'Est, et signée par Jérôme de Vargas et Duarte Pinel.

ABRAM (Nicolas), né en Lorraine en 1589, jésuite en 1616, mort professeur à Pont-à-Mousson en 1655, publia un vol. in-8° de *Notes* sur Virgile, et un savant Commentaire en deux gros vol. sur quelques Oraisons de Cicéron. On a détaché de cet ouvrage les analyses de ces Oraisons, qui, formant un volume d'un usage plus fréquent et plus commode, ont fait tomber le Commentaire. Elles ont été imprimées in-4°, à Pont-à-Mousson, en 1633. On a encore de lui des *Questions théologiques*, bon ouvrage, plein d'érudition et de critique, mais intitulé singulièrement : *Pharus Veteris Testamenti, sive sacrar. quæstion. libr.* 14; à Paris, 1648, in-fol. Il a donné en outre un traité en latin : *de la Vérité et du Mensonge ;* un abrégé des *Rudiments de la langue hébraïque*, en vers latins, etc. De tous ses ouvrages, le plus digne d'être connu, suivant Simon, est son *Commentaire sur la paraphrase de saint Jean*, en vers grecs, par Nonnus.

ABRANTÈS (Comnène, femme Junot, duchesse d'), naquit en Corse, et eut dans son enfance des rapports avec Napoléon qui, devenu empereur, lui fit épouser l'un de ses généraux. Dans les hautes positions que son mari occupa, elle fit preuve d'un esprit fort remarquable et qui avait été cultivé par une excellente éducation. Après la mort du duc d'Abrantès, l'empereur de Russie, Alexandre, lui proposa de la faire rentrer en possession de ses domaines, à condition toutefois qu'elle perdrait sa qualité de française; mais cette condition empêcha toute possibilité d'arrangement. Ayant perdu les débris de sa fortune, elle quitta Versailles pour venir habiter Paris, où elle vécut de sa plume. Le succès de ses *Mémoires* lui rendit une partie de son opulence; elle put comme autrefois se livrer à sa générosité naturelle. Mais, consultant plus la bonté de son cœur que l'étendue de ses ressources, elle finit par les épuiser. Après avoir vu saisir et vendre ses meubles par ses créanciers, elle se retira dans une maison de santé (Sainte-Perrine), à Chaillot, où une courte maladie, causée par le chagrin, l'enleva le 7 juin 1838. De tous les anciens frères d'armes de son mari, un *seul* assista à ses obsèques; et parmi tant de littérateurs qu'elle avait obligés du temps de sa splendeur, pas un ne trouva des paroles de regrets à prononcer sur sa tombe. On lui doit, outre plusieurs *Romans*, des *Mémoires sur le consulat, l'empire et la restauration*, 1831-1834, 12 vol. in-8°.

ABRANTÈS, (Voyez Junot.)

ABRESCH (Frédéric-Louis), habile critique, né à Hombourg en 1699, mort en 1782 à Zwol, où il remplissait les fonctions de recteur du collége. On a de lui : *Animadversionum ad Æschylum libri duo*, Middelbourg, 1743. in-8, où l'on trouve beaucoup d'observations neuves et utiles ; une édition des *Lettres d'Aristenète*, Zwol, 1749, in-8, à laquelle il a joint deux livres de notes critiques : c'est la meilleure édition que nous ayons de cet écrivain; un *Supplément* à ces lettres, Amsterdam, 1752, in-8; *Dilucidationum thucydidearum*, Utrecht, 1753 et 1755, 2 parties in-8 avec un *Supplément*, Zwol, 1753. Abresch n'est pas toujours heureux dans les éclaircissements et les interprétations du texte de cet historien: aussi cet ouvrage est plus recherché pour l'étude de divers auteurs dont il est parlé que pour celle de Thucydide même; une édition considérablement augmentée du *Gazophylacium Græcorum*, de Philippe Cattier; un grand nombre d'articles fort estimés sur divers auteurs grecs, insérés dans les *Miscellaneæ observationes*, publiées à Amsterdam.

ABREU (dom Joseph-Antonio) a donné la *Collection de tous les traités des souverains d'Espagne avec tous les Etats de l'Europe*, 12 vol. in-fol., ouvrage qui fut terminé en 1751.

ABRIAL (André-Joseph, comte), pair de France, né le 19 mars 1750 à Annonay, fut reçu avocat au parlement de Paris, où ses plaidoiries obtinrent quelque succès. A l'époque de la suppression du parlement, sous le chancelier Mau peou, Abrial quitta Paris et se rendit au Sénégal, où il fut chargé de la direction d'un de nos comptoirs. A la suite d'une maladie il revint en Europe, et reprit son ancienne profession. Nommé commissaire du roi près le tribunal du sixième arrondissement de Paris, il fut appelé peu après à remplir les mêmes fonctions près le tribunal de cassation. Il échappa par sa prudence aux orages de la révolution, et ne prit part à aucun des excès de cette époque. En 1800, Abrial fut chargé d'aller organiser à Naples le gouvernement républicain, et il s'acquitta de cette mission avec tant de sagesse, que le roi des Deux-Siciles a plus tard rendu lui-même justice à son administration, et maintenu quelques-unes des réformes qu'il avait introduites. Après le 18 brumaire, Abrial, qui était rentré de nouveau au tribunal de cassation, fut nommé par le premier consul ministre de la justice, et il montra dans cette haute position une rare capacité. Il rétablit l'ordre dans l'administration de la justice, réorganisa les corps judiciaires, et imprima une direction sage et uniforme à la jurisprudence des tribunaux, qui flottait incertaine entre les dispositions des lois anciennes et celles des lois nouvelles. Lorsque le premier consul eut fait soumettre aux délibérations du conseil d'État les projets des nouveaux codes, Abrial prit une part importante aux discussions qui eurent lieu. En 1802, il quitta le ministère et fut créé sénateur. Appelé peu de temps après à la sénatorerie de Grenoble, il reçut le titre de grand-officier de la Légion-d'Honneur, et ne cessa depuis lors d'appartenir à la majorité du sénat, qui votait sans opposition les mesures proposées par l'empereur. Le gouvernement le chargea en 1808 d'aller en Piémont, à Gênes et à Milan organiser l'ordre judiciaire sur de nouvelles bases. En 1814, Abrial vota la déchéance de l'empereur, et fut compris dans la liste des nouveaux pairs créés par Louis XVIII. A son retour de l'île d'Elbe, Napoléon l'exclut de la Chambre haute; mais, en 1815, le gouvernement du roi l'y réintégra : il prit part dès-lors à toutes les délibérations législatives. Nommé rapporteur lors de la discussion du projet de loi sur l'abolition du divorce, il présenta avec beaucoup de force et d'éloquence les motifs qui devaient faire accueillir par la Chambre le projet du gouvernement. En 1818, il fit encore un rapport sur une loi qui concernait la contrainte par corps pour cause civile et pour dettes commerciales. Quoique affligé d'une cécité presque absolue, il continuait cependant de prendre part aux travaux de la Chambre, lorsqu'il mourut le 14 novembre 1828, au moment même où il venait de recouvrer la vue. Abrial était un homme sage et modéré, un jurisconsulte habile, un administrateur intègre et éclairé; il aimait les sciences et les lettres, et faisait partie de plusieurs sociétés savantes. Le plus grand reproche qu'on puisse lui adresser est d'avoir manqué de fermeté et de courage dans les moments difficiles.

ABSALON, fils de David et de Maacha, surpassait tous les hommes de son temps par les agréments de sa figure. Ses desseins ambitieux et ses dérèglements ternirent ses belles qualités. Il massacra Amnon, un de ses frères, dans un festin, et ne se servit de la bonté que David eut de lui pardonner que pour faire révolter le peuple contre lui. Ce fils indigne força son père de quitter Jérusalem. Il abusa ensuite publiquement de toutes les femmes dans une tente dressée sur la terrasse de son palais. Cet inceste exécrable et ses autres crimes furent bientôt punis. Le roi son père ayant levé une armée dont il donna le commandement à Joab, celle de son fils fut taillée en pièces dans la forêt d'Ephraïm. Absalon ayant pris la fuite, et ses cheveux s'étant embarrassés dans les branches d'un chêne auquel il resta suspendu, Joab le perça de sa lance, contre la défense de David, l'an 1023 avant J.-C. Ce père tendre regretta aussi sincèrement cet enfant incestueux et rebelle que s'il n'avait pas eu à s'en plaindre.

ABSALON ou AXEL, suivant son véritable nom, archevêque de Lunden en Scanie, primat des royaumes de Danemark, Suède et Norwège, ministre et général sous les rois Waldemar I et Canut VI, naquit en 1128 à Finsler, village de l'île de Zélande. Issu d'une famille illustre et alliée à la maison régnante, il fut élevé avec le jeune prince Waldemar, et termina ses études dans l'université de Paris, regardée alors comme la première école du monde. En 11.8, il fut élu évêque de Roeskild, et devint premier ministre et général des armées de Waldemar, qui venait de monter sur le trône. Le Danemark fut redevable à sa valeur, à sa prudence et à la sagesse de ses conseils, de plus d'un demi-siècle de prospérité et de gloire. A la tête des armées, Absalon réduisit les Wendes, s'empara d'Arcona, leur capitale, y établit la religion chrétienne, et y fonda une église sur les ruines d'un temple fameux où ce peuple adorait une idole grotesque. Ce ne fut pas la seule conquête d'Absalon; devenu archevêque de Lunden de la manière la plus honorable et la plus glorieuse pour lui, il soumit les Scaniens révoltés; et, après l'avénement de Canut VI au trône, il repoussa le duc de Poméranie, son rival, et aida le roi son maître à conquérir le Mecklembourg et l'Esdonie. Les affaires de l'Etat et les guerres qu'il se crut permis de soutenir, suivant les mœurs de son siècle, ne l'empêchèrent cependant pas de s'occuper des intérêts de la religion; il rédigea le *Code ecclésiastique de Zélande*, convoqua en 1187 un concile national pour régler les cérémonies de l'Eglise et le chant des offices, travailla à la conversion des peuples qu'il soumit, fonda plusieurs monastères, et y fit refleurir la régularité et la ferveur. Absalon aima et favorisa les lettres, et chargea le fameux Saxo Grammaticus de composer l'histoire du Danemark. Enfin, après une longue carrière, utile à la religion et à sa patrie, il mourut en 1210. Sa vie a été écrite par Wandal.

ABSIMARE-TIBERE fut salué empereur d'Orient, en 698, par les soldats de Léonce, qu'il confina dans un monastère après lui avoir fait couper le nez et les oreilles. Justinien-le-Jeune implora le secours du prince des Bulgares contre l'usurpateur. S'étant rendu maître de Constantinople par le moyen d'un aqueduc, il traita Absimare avec ignominie. Un jour de spectacle, il ordonna qu'on amenât dans l'hippodrome Absimare et Léonce son prédécesseur. Il les fit coucher à terre, et leur tint le pied sur la gorge pendant une heure. Le peuple, qui encense jusqu'aux défauts des souverains, se mit à crier, à la vue de ce spectacle ridicule et barbare : « Vous marchez sur « l'aspic et sur le basilic, et vous foulez « aux pieds le lion et le dragon. » Cette comédie eut un dénouement tragique pour Absimare et Léonce : Justinien leur fit trancher la tête en 705.

ABSTEMIUS (Laurent), en italien ABSTEMIO, né à Macerata, ville de la Marche d'Ancône, dans le 15e siècle, se fit un nom dans le temps de la renaissance des lettres en Europe. Le duc d'Urbin, Guido Ubaldo, dont il avait été le maître, le nomma son bibliothécaire. Abstemius dédia à son disciple ses *Annotationes variæ*, qui sont un commentaire de quelques passages obscurs d'Ovide et de Valère-Maxime, et qu'on trouve dans le tome I du *Thesaurus* de Gruter avec le titre emphatique de *Lampas*. Il y a encore de lui un recueil de 220 fables, intitulé *Hecatomythia*, où il se trouve des traits aussi ridicules qu'indécents contre le clergé, surtout dans trois ou quatre qui méritent ce reproche. Ces fables sont à l'index à Rome. On les trouve dans l'édition des fables d'Esope, Francfort, 1580.

ABUCARA (Théodore), métropolitain de la province de Carie dans le 9e siècle, fut d'abord partisan de Photius; mais s'en étant repenti, le concile de Constantinople, tenu en 869, lui accorda séance dans ses assemblées. Génébrard et Gretzer ont traduit en latin ses *Traités* contre les juifs, les mahométans et les hérétiques, à Ingolstadt, 1606, in-4°. On les trouve aussi dans le supplément de la *Bibliothèque des Pères*, de l'édition de Paris de 1624. On a encore de lui un traité *De unione et incarnatione*, Paris, 1685.

ABULFARAGE (Grégoire), fils d'un médecin chrétien et médecin lui-même dans le 13e siècle, naquit à Malasia, ville d'Arménie. Nous avons de lui une histoire universelle depuis Adam jusqu'à son siècle, très estimée des Orientaux, mais peu consultée par nos historiens occidentaux, à l'exception de la partie qui regarde les Sarrasins, les Mogols et les conquêtes de Gengis-Khan. Pocock donna en 1663 et 1672, à Oxford, en 2 vol. in-4°, une traduction latine de cette histoire, et y joignit un supplément pour les princes orientaux qui vaut mieux que l'ouvrage. On a accusé cet historien-médecin d'avoir quitté le christianisme; c'est une calomnie dont Pocock a démontré la fausseté. Il mourut évêque d'Alep et primat des jacobites, l'an 1286, à 60 ans. Il y a encore trois poëtes arabes de ce nom, fort célèbres en Asie, mais peu connus en Europe.

ABULOLO-AMED. (Voyez ABOULOLA.)

ABUNDIUS, évêque de Come en Italie, mort en 469, fut envoyé légat au concile de Constantinople par saint Léon, et fit adopter, par les Pères de cette assemblée, la *Lettre à Flavien*. Ce prélat avait beaucoup de piété et de lumière.

ABYDÈNE (ou *Habitant d'Abyde*), historien célèbre, auteur de l'*Histoire des Chaldéens et de celle des Assyriens*, dont il ne nous reste que quelques fragments dans la *Préparation évangélique* d'Eusèbe, dans l'ouvrage *contre Julien* de saint Cyrille, et dans la *Chronologie* du Syncelle; ces fragments ont été recueillis par Scaliger. On y trouve des passages admirablement conformes au récit de l'Ecriture sainte, comme ce qu'il dit du déluge, de la tour de Babel, etc. On ignore l'époque où florissait Abydène. Maltebrun pense que cet auteur était un prêtre égyptien attaché au temple d'Osiris à Abydos, et qu'il vivait du temps des premiers Ptolémée. Mais J. G. Vossius, dans son ouvrage sur les historiens grecs, pense qu'*Abydenus* souvent écrit *Abudinus* et *Abidinus*, est un nom propre d'homme. Abydène avait pris pour base de son travail l'*Histoire Babylonienne* de Bérose dont il n'eut que des fragments.

ACACE, évêque de Bérée en Palestine, né vers l'an 322, embrassa l'état monastique : il fut ami de saint Epiphane et de saint Flavien, mais il n'eut pas toujours une conduite irréprochable. On le blâme surtout d'avoir été le persécuteur de saint Chrysostôme, dont il avait été l'ami; mais il reconnut sa faute. Nous avons de lui trois *Lettres* qu'on trouve dans le *Recueil* des conciles d'Ephèse et de Chalcédoine, par le père Lupus, ermite de saint Augustin. Acace remplit plusieurs missions à Rome, où il défendit la doctrine des *deux natures* de Jésus-Christ, devant le pape Damase. En 381, il assista au concile de Constantinople, et ses négociations avec le pape Sirice mirent un terme au schisme de l'Eglise d'Antioche.

ACACE, surnommé *le Borgne*, père des Acaciens, branche des Ariens, avait des talents, dont il ne se servit que pour satisfaire son ambition et semer ses erreurs. Cet homme turbulent et dangereux fit déposer saint Cyrille, eut part au bannissement du pape Libère, et causa d'autres maux. Il écrivit la vie d'Eusèbe de Césarée, dont il était le successeur et le disciple, sans qu'il soit absolument décidé si son maître a été dans les mêmes sentiments que lui. Il mourut vers l'an 365.

ACACE, successeur de saint Gennade dans la chaire de Constantinople, en 471. Ce prélat ambitieux, voulant avoir la supériorité sur les autres patriarches orientaux, persuada à l'empereur Zénon, par les plus viles adulations, qu'il pouvait se mêler des questions de la foi. Ce prince publia l'*Hénoticon*, édit favorable aux eutychiens. Félix III, irrité contre Acace, prononça anathème contre lui dans un concile de Rome. Cette excommunication ayant été rendue publique à Constantinople, le patriarche se sépara de la communion du pape, et persécuta les catholiques. Il mourut en 489. Son nom fut rayé des dyptiques de Constantinople, trente ans après sa mort. Saint Gélase, successeur de Félix, refusa sa communion à ceux qui faisaient difficulté de condamner les erreurs d'Acace.

ACADÉMUS ou HÉCADÉMUS, citoyen d'Athènes du temps de Thésée, dont la maison servit à enseigner la philosophie, ce qui lui valut l'honneur de donner son nom à une secte de philosophes ou plutôt à trois sectes qui portèrent le nom d'*Académiques* ; la vieille Académie avait Platon pour chef ; la seconde, Arcésilas; la troisième, Carnéade. Cicéron avait donné le nom d'*Académie* à une de ses maisons de campagne, située près de Pouzzole, où l'on voyait des portiques et des jardins plantés d'arbres, à l'imitation de l'Académie d'Athènes.

ACAMAPIXTLI, premier roi des Astèques ou anciens Mexicains, qui, après avoir été longtemps en guerre avec le roi de Caluacan, leur voisin, élevèrent à cette dignité Acamapixtli, petit-fils de Caluacan; il fut reconnu l'an 1380, et jura, en recevant la couronne, de veiller sans relâche à la sûreté et au bonheur de son royaume. Sous son empire, les Mexicains, jusqu'alors séparés en tribus, furent réunis ; des lois sages furent établies, et le bon ordre régna parmi les peuples qui n'avaient encore connu qu'une liberté farouche. Acamapixtli embellit sa capitale, Ténochtitlan, aujourd'hui Mexico, l'orna de monuments et de temples, fit construire des ponts, creuser des canaux, et élever des aqueducs qui firent, deux siècles après, l'admiration des Espagnols. Il soutint une longue guerre contre Azafazalco roi de Tépéacan, pour affranchir son peuple d'un tribut onéreux, et s'il ne put les en dégager, il parvint du moins à l'alléger. Il mourut en 1420, après un règne de 40 ans.

ACARQ (d'), professeur à l'Ecole royale militaire, et membre des académies d'Arras et de la Rochelle, mort vers la fin du 18e siècle. Il a publié une *Grammaire française philosophique*, Genève et Paris, 1760-61, 2 vol. in-12 ; des *Observations sur Boileau, Racine, Crébillon, Voltaire, et sur la langue française en général*, Bruxelles, 1770, in-8 [3 fr.] ; un *Plan d'éducation*, Paris, 1775, in-8 ; *Balance philosophique*, Amsterdam, 1763-64, 3 part. in-8 ; les *Vies des hommes et femmes illustres d'Italie, depuis le rétablissement des sciences et des beaux-arts*, traduites de l'italien de San-Séverino, Paris, 1767, 2 vol. in-12, et le *Portefeuille hebdomadaire*, 1770, in-8, ouvrage périodique dont il n'a paru que le premier cahier. Ces ouvrages ne sont pas sans mérite. On y trouve de la justesse, de la profondeur ; mais on lui reproche, avec raison, d'avoir employé un jargon philosophique, ridicule surtout dans des ouvrages de grammaire.

ACCIAIOLI ou ACCIAIUOLI (Ange) cardinal-légat et archevêque de Florence sa patrie, mort en 1407, a composé un ouvrage en faveur d'Urbain VI. Il retint les Florentins dans l'obéissance à ce pontife, dont le cardinal de Prat roulait les détacher, pour les soumettre à Clément VII. L'ouvrage du cardinal Acciaioli a pour but de trouver les moyens d'éteindre le schisme qui désolait alors l'Église.

ACCIAIUOLI (Reinier), d'une famille noble et ancienne de Florence, fit la conquête d'Athènes, de Corinthe et d'une partie de la Béotie, au commencement du XV° siècle. Sa femme Eubois ne lui ayant point laissé d'enfant mâle, il laissa Athènes aux Vénitiens, Corinthe à Théodore Paléologue, qui avait épousé l'aînée de ses filles, et donna la Béotie avec la ville de Thèbes à Antoine, son fils naturel, qui s'empara d'Athènes; mais Mahomet II la reprit sur ses successeurs en 1455.

ACCIAIUOLI (Donat), savant illustre et bon citoyen, rendit de grands services à Florence sa patrie, qui lui avait confié différents emplois. Il était né en 1428, de Nevio Acciaiuoli, petit-fils de Reinier. On a de lui quelques *Vies de Plutarque*, traduites en latin, Florence 1478, in-fol.; les *Vies d'Annibal, de Scipion et de Charlemagne*; des *Notes* sur la *Morale* et la *Politique* d'Aristote, qu'il devait en partie à Argyrophile son maître. Il mourut en 1478, âgé de 50 ans. La république dota ses filles pour reconnaître les services du Père. Sa probité et son désintéressement étaient admirables.

ACCIOLIN. (Voyez BLANCHE DE PADOUE.)

ACCIUS (Lucius), poète tragique latin, né l'an 170 avant J.-C., avait pour père un affranchi. Les anciens le préféraient, pour la force du style, l'élévation des sentiments et la variété des caractères, à Pacuvius son contemporain, qui connaissait mieux son art, mais qui avait moins de génie. Tacite, Quintilien, Horace, Ovide, etc., le citent avec éloge. Il ne nous reste de ses tragédies que les titres, comme *Philoctète, Andromaque, Atrée, Clytemnestre, Médée, Andromède*, et deux comédies, le *Mariage* et le *Marchand*. Nous n'avons pas non plus les vers qu'il fit en l'honneur de Decimus Brutus. Ce héros romain fut si sensible à ses louanges, qu'il les fit afficher sur la porte des temples et sur les monuments qu'on lui éleva après la défaite des Ibères. Accius avait aussi composé des annales en vers; elles sont citées par plusieurs auteurs latins. Il mourut dans un âge avancé vers l'an 100 avant J.-C. Pline rapporte qu'Accius, quoique de petite taille, se fit élever une très-grande statue dans le temple des Muses.

ACCOLTI (Benoît), jurisconsulte célèbre, né à Arezzo, en 1415, d'une famille noble, remplaça le Pogge dans l'emploi de chancelier de la république de Florence en 1459. Il a laissé une histoire bien écrite, intitulée : *De bello à christianis contra barbaros gesto, pro Christi sepulchro et Judæa recuperandis, libri quatuor*, à Venise, 1532, in-4; à Florence, 1623, in-8, avec des commentaires de Scotus ; ouvrage qui servit comme de texte au Tasse pour sa *Jérusalem délivrée*, mais qui était peu propre à l'inspirer ; *De præstantiâ virorum sui ævi*, à Parme, 1689, in-12. Sa mémoire était si heureuse, dit-on, qu'ayant un jour entendu la harangue latine prononcée par un ambassadeur du roi de Hongrie devant le sénat de Florence, il la répéta ensuite mot pour mot. Il mourut en 1466.

ACCOLTI (François), frère du précédent, appelé le *Prince des jurisconsultes* de son temps, naquit à Arezzo, en 1418, et fut professeur de jurisprudence dans plusieurs académies. Il était d'une éloquence victorieuse dans les disputes publiques, et d'un conseil excellent dans le cabinet. La considération dont il jouissait était si grande, qu'à l'avénement de Sixte IV au trône pontifical, il se flatta d'obtenir la pourpre ; elle lui fut refusée, mais le pontife crut devoir au moins couvrir son refus d'un prétexte bien honorable, en déclarant qu'il la lui aurait volontiers accordée, s'il n'eût craint que sa promotion, en l'enlevant à ses disciples, ne nuisit aux progrès de la jurisprudence. Ce fait, rapporté par un historien italien, n'est pas bien avéré. C'est aussi sans preuves qu'on l'accuse d'avarice : il ne dut ses richesses qu'à son talent. On raconte qu'ayant voulu prouver à ses disciples les avantages d'une bonne réputation et les inconvénients d'un mauvais cœur, il alla voler de la viande aux bouchers qui accusèrent deux de ses élèves mal famés ; il alla ensuite déclarer quel était le voleur, et le but qu'il avait eu en agissant ainsi. Il mourut en 1483. On a de lui quelques *livres* sur la jurisprudence, et des *traductions* peu estimées de plusieurs ouvrages de saint Chrysostome. Cet auteur est plus connu sous le nom d'*Arétin* ou François d'Arezzo, qu'il avait du lieu de sa naissance, que sous celui d'*Accolti*, qu'il tenait de sa famille.

ACCOLTI (Bernard), fils de Benoît et frère de François, naquit à Arezzo et cultiva la poésie avec tant de succès qu'on le surnomma l'*Unico Aretino*. Ses ouvrages furent imprimés à Florence, 1513, et, à Venise, 1519 ; mais il paraît qu'on se plut à lui faire une plus grande célébrité que celle qu'il eût pu acquérir par son propre génie. Le cardinal Bembo parle avec éloge des compositions d'Accolti, et l'Arioste les mentionne dans son 4ᵉ chant.

ACCOLTI (Benoît), connu sous le nom de *cardinal de Ravenne*, eut pour père un 3ᵉ fils de Benoît l'historien, nommé Michel. Il naquit à Florence en 1497. Il avait étudié la langue latine avec tant de succès, qu'il fut surnommé le *Cicéron* de son temps. Il fut abréviateur apostolique et évêque de Cadix sous Léon X. Clément VII le nomma son secrétaire, et le créa cardinal dans sa promotion du 3 mai 1527. En 1532, il fut envoyé en qualité de légat dans la Marche d'Ancône. Il eut sous Paul III une fâcheuse affaire qui le fit mettre au château Saint-Ange, et il ne recouvra sa liberté que par le sacrifice d'une somme de 59 mille écus d'or. Il mourut à Florence en 1549. Il a laissé quelques ouvrages latins et des poésies insérées dans le recueil *Quinque illustrium poetarum*, Florence, 1562, et depuis dans le t. 1ᵉʳ des *Carmina illustrium poetarum italorum*, Florence, 1719, in-8.

ACCORSO. (Voyez Accurse).

ACCURSE (François), né à Florence en 1151, et professeur en droit à Bologne. Il fut surnommé l'*Idole des jurisconsultes*, et ne serait certainement pas celle des bons latinistes de nos jours. Sa *Glose continue* sur le droit, écrite en style barbare, mais plus méthodique que celles des glossateurs qui avaient écrit avant lui, eut beaucoup de succès dans un temps où il fallait peu de mérite pour réussir. Ce commentateur a été ensuite commenté lui-même. La vie privée d'Accurse offre peu de détails intéressants; il mourut, âgé de 78 ans, à Bologne, en 1229. Ceux qui fixent l'époque de sa mort en 1260, etc., confondent le père avec un de ses fils qui portait le même prénom, qui se distingua aussi dans le droit et professa à Toulouse. Les *Commentaires d'Accurse* sont imprimés avec le *Corps du droit*, en 6 vol., à Lyon, 1589, in-fol.

ACCURSE ou Accorso (Marie-Ange), né à Aquila, ville du royaume de Naples, est compté parmi les critiques les plus savants et les plus ingénieux du 16ᵉ siècle. Il possédait les langues grecque, latine, française, espagnole, etc. Il demeura à la cour de Charles-Quint pendant 33 ans; et cet empereur l'employa à des missions importantes auprès de plusieurs cours du Nord. Il enrichit le Capitole d'un grand nombre de monuments antiques. Ses *Diatribes sur quelques auteurs anciens et modernes*, imprimées à Rome en 1524, in-fol., sont un témoignage de son érudition et de son discernement. La république des lettres lui est redevable de l'*Ammien-Marcellin* d'Augsbourg, en 1533, augmenté de 5 livres, et de la première édition des *Lettres de Cassiodore*. Ce savant critique fut accusé de s'être approprié les notes de Fabricio Verano sur Ausone, dans ses *Diatribæ in Ausonium, Solinum et Ovidium*, livre rare, publié à Rome en 1524, in-fol. Mais il se défendit contre cette accusation de plagiat avec autant d'ardeur que s'il avait été question de l'enlèvement d'un trésor, et s'en purgea par serment. Ses *Diatribæ* sont accompagnées de la gravure des monuments antiques, comme l'Apollon du Belvédère, une Minerve, etc.

ACERBI (Henri) naquit en 1785. Après avoir terminé ses études médicales à l'université de Pavie, il devint médecin-suppléant du grand hôpital de Milan et professeur d'histoire naturelle aux lycées de Porte-Neuve et de Saint-Alexandre. Acerbi est mort le 5 décembre 1827 d'une phthisie pulmonaire. Il a publié plusieurs ouvrages parmi lesquels nous citerons: *Doctrine theorico-pratique de la fièvre péléchiale*. Il était en outre un des collaborateurs de la *Bibliotheca italiana* de Milan, et a laissé des *Traductions*, des *Éloges*.

ACERBO (François), né à Nocera, en 1606, jésuite et poëte, publia en 1666, à Naples des poésies intitulées: *Ægro corpori à musa solatium*, in-4. Ce recueil, qui charma ses maladies, est très-estimé par les gens pour qui la langue de Virgile et d'Horace n'est point un objet de mépris.

ACESIUS, évêque de Constantinople et disciple de Novatus, soutint au concile de Nicée (en 325) que l'on devait exclure de la pénitence ceux qui étaient tombés après le baptême. Constantin, en présence de qui cet enthousiaste avançait cette opinion, fâché de ce qu'il fermait le paradis à tant de monde, lui répondit: « Acesius, faites une échelle pour vous, et montez tout seul au ciel. »

ACHAB, fils de Cholias, un des deux faux prophètes qui séduisaient les Israélites à Babylone, et que le Seigneur menaça, par Jérémie, de livrer à Nabuchodonosor, pour les faire mourir aux yeux de ceux qu'ils avaient séduits; de sorte, dit Jérémie, xxix, 22, que tous ceux de Juda qui seront à Babylone se serviront de leurs noms lorsqu'ils voudront maudire quelqu'un, en disant: *Que le Seigneur vous traite comme il traita* Achab *et* Sédécias, *que le roi de Babylone fit frire dans une poêle ardente.* Quelques-uns croient qu'Achab fut un des vieillards qui essayèrent de corrompre la chaste Suzanne.

ACHAB, fils et successeur d'Amri, se distingua, parmi tous les rois d'Israël, par ses impiétés. Il épousa Jézabel, fille du roi des Sidoniens, femme impérieuse, cruelle et digne d'un tel époux. C'est à la prière de cette princesse qu'il éleva un autel à Baal, idole des Sidoniens. Elle lui prédit qu'une sécheresse de trois ans et demi désolerait son pays. Le prophète ajouta de nouveaux prodiges qui ne le touchèrent pas davantage; le feu du ciel consuma sa victime en présence de 850 prêtres de Baal, qui, ayant demandé inutilement à leur fausse divinité le miracle que le vrai Dieu avait opéré à la prière d'Elie, furent massacrés par le peuple. Achab remporta ensuite, avec une petite armée, deux victoires signalées sur Benadad, roi de Syrie, qui était venu mettre le siége devant Samarie, avec des troupes innombrables. Ce prince, ingrat à ce bienfait du Très-Haut, continua ses dérèglements et ses injustices : il s'empara, pour agrandir ses jardins, de la vigne de Naboth, contre lequel Jézabel suscita de faux témoins pour le faire mourir. Achab perdit bientôt lui-même la vie dans une bataille contre le roi de Syrie. Les chiens léchèrent le sang qui avait coulé de ses blessures, comme ils avaient léché celui de Naboth, vers l'an 898 avant J.-C.

ACHAIE ou ACHAIUS, roi d'Ecosse. Ses vertus lui méritèrent le choix du peuple, qui le porta au trône l'an 788. Son premier soin fut de rétablir l'union parmi la noblesse. Il repoussa les Anglais et les Irlandais qui venaient souvent faire des incursions en Ecosse, et contracta une alliance avec Charlemagne. Il mourut l'an 819, après avoir régné 31 ans avec beaucoup de prudence et de bonheur.

ACHAINTRE (Nicolas-Louis), littérateur modeste et laborieux, né à Paris le 19 novembre 1771, mort à Evreux le 3 juin 1836, se destina d'abord à l'état ecclésiastique. Atteint par la réquisition, il fit plusieurs campagnes dans les armées du Nord et du Rhin, et resta quelque temps prisonnier en Hongrie. De retour en France, il se livra tout entier à son goût pour les lettres. On a de lui : une *Traduction de l'Histoire de la guerre de Troye*, attribuée à Dictys de Crète; *Cours d'humanités*; *Traduction d'un manuscrit grec de saint Jean-Damascène sur la musique*; diverses *Traductions* dans les *Classiques latins* de Lemaire.

ACHAN, fils de Charmi, de la tribu de Juda, cacha, à la prise de Jéricho, 200 sicles d'argent, un manteau d'écarlate et une règle d'or, contre la défense expresse que Dieu en avait faite. Ce péché fut fatal aux Israélites, qui furent repoussés au siége d'Haï. Achan, ayant été convaincu par le sort, Josué le fit lapider avec sa femme et ses enfants, et Haï fut prise.

ACHARD, abbé de Saint-Victor-les-Paris, puis évêque d'Avranches en 1161, naquit au comté de Domfront en Normandie, vers le commencement du 12° siècle. On lui attribue plusieurs traités restés manuscrits, entre autres, *de Tentatione Christi*, et *de Divisione animæ et spiritûs*. Henri II, roi d'Angleterre, avait pour lui une estime particulière, quoiqu'il fût l'ami intime de saint Thomas de Cantorbéry. Il tint sur les fonts baptismaux Aliénor fille de ce prince, depuis épouse d'Alphonse IX, roi de Castille, et mourut en odeur de sainteté en 1171.

ACHARD (François-Charles), chimiste distingué, né à Berlin le 22 avril 1754, et mort à Cummern, en Silésie, le 22 avril 1821, est particulièrement connu par la fabrication du sucre de betterave, qu'il a le premier exécuté en grand et avec succès. Il a publié à Berlin plusieurs ouvrages écrits presque tous en allemand. Les principaux sont : *Mémoires physiques et chimiques*. Berlin in-8°, 1780; *Leçons de physique expérimentale*, Berlin, 4 v. in-8°, 1791-92; *Analyse de quelques pierres précieuses*, trad. par Dubois, Paris, 1783, in-8°; *Recherches sur les propriétés des alliages métalliques*, Berlin, 1788, in-4°; *Instruction sur la culture et la récolte des betteraves, sur la manière d'en extraire le sucre et le sirop*, traduite en français par Copin, Paris, 1812. Achard a concouru aussi à la publication d'un *Dictionnaire de technologie*, et a donné un grand nombre de mémoires dans les journaux de physique et de chimie, qui se publient en Allemagne.

ACHARDS (Eléazar-François de la BAUME des), né à Avignon en 1679, fut nommé évêque d'Halicarnasse, et envoyé par Clément XII, en qualité de vicaire apostolique, pour terminer les différends élevés entre les missionnaires des divers ordres religieux qui étaient en Chine : il mourut à Cochin en 1741. L'Abbé Fabre, d'abord son secrétaire, et ensuite provisiteur de la même mission, a fait imprimer, en 3 vol. in-12 une *Relation* de sa mission et des *Lettres sur la visite de M. des Achards*; ouvrage dicté par l'esprit de parti, et condamné par un décret du saint Office, le 16 juin 1746.

ACHARIUS (Éric), botaniste de Stockholm, mort dans cette ville au mois de février 1820, a publié: *Lichenographiæ Sueciæ Prodromus*, 1798, in-8; *Methodus quâ omnes detectos Lichenes, secundùm organa carpomorpha ad genera, species et varietates redigere, atque observationibus illustrare tentavit Acharius*, 1803, 2 vol. in-8°, fig.; *Lichenographia universalis, in quâ Lichenes omnes detectos, adjectis observationibus et figuris horum vegetalium, etc.*, 1810, in-4°, avec 14 planches coloriées.

ACHATES, compagnon d'Énée et son inséparable ami, célèbre dans Virgile. Son nom est devenu une espèce d'antonomase pour désigner un compagnon fidèle.

ACHAZ, roi de Juda, fils et successeur de Joathan, surpassa en impiété tous ses prédécesseurs. Son armée fut défaite par Razin, roi de Syrie, qu'il avait vaincu d'abord, et par Phacée, roi d'Israël. Il implora le secours du roi d'Assyrie, Théglath-Phalassar, et fit faire un autel sacrilége pour lui plaire. Théglath-Phalassar rentra dans Jérusalem, obtint d'Achaz ce qu'il y avait de plus précieux dans le temple, et le contraignit à lui payer un tribut. Ce prince mit le comble à ses impiétés, en faisant fermer les portes du temple, et en défendant au peuple d'y aller offrir ses victimes et ses prières. Il mourut vers l'an 725 avant J.-C. et fut privé de la sépulture des rois. Sous le règne de ce prince, il est fait mention dans l'Écriture sainte d'un gnomon ou cadran solaire, qui est le plus ancien dont parle l'histoire.

ACHENWAL (Godefroy), né à Elbing, en Prusse, le 20 octobre 1719, est regardé comme le créateur de la science appelée *statistique*. Il était très-versé dans l'histoire de la nature et dans le droit des gens, qu'il enseigna dans plusieurs États de l'Allemagne. Dans les voyages qu'il avait faits dans les différents États de l'Europe, il en avait examiné les forces, les ressources intérieures, et les intérêts réciproques. Le résultat de ses observations fut un ouvrage auquel il donna le titre de *Statistique* ou *Science de l'État*, dont il publia, en 1748, le premier plan raisonné; dans l'année suivante, il en fit paraître le Manuel. Tout ce qui n'était auparavant connu que comme des faits épars et des matériaux mal combinés ensemble, il l'a réuni dans un seul corps, et l'a soumis à des règles, à des principes, à un plan tout-à-fait systématique, et il en a formé une science qu'on peut appeler *Dynamique* ou *Traité d'énumération des forces*. Achenwal a donné d'autres ouvrages sur *l'histoire des États de l'Europe*, sur *le droit public*, etc., sur *l'économie publique*. Le dernier qu'il publia a pour titre: *Observations sur les finances de la France*. Ce studieux publiciste mourut à Gœttingue le 1er mai 1772. Le célèbre Schlœtzer fut son disciple et son successeur dans la chaire qu'il occupait à cette université.

ACHERY (dom Jean-Luc d'), né à Saint-Quentin, en Picardie, en 1609, fit profession dans l'abbaye des bénédictins de sa ville, puis il alla à Vendôme où il entra dans la congrégation de Saint-Maur, et s'y rendit recommandable par un savoir profond, joint à une tendre piété. Son soin principal, après ses premières études, fut de chercher toutes les pièces d'antiquité qui pouvaient être de quelque utilité aux écrivains modernes. Les morceaux qu'il a trouvés sont dans son *Spicilége*, 13 vol. in-4° réimprimé en 1723, par les soins de M. de la Bare, 3 vol. in-fol. C'est une collection où l'on rencontre beaucoup d'histoires, de chroniques, de vies de saints, d'actes, de chartes, de lettres, qui n'avaient pas encore vu le jour. Il orna ce *Recueil*, fait avec choix, de préfaces pleines d'érudition. On lui doit encore, l'*Epître* attribuée à saint Barnabé, imprimée en 1645; les *Œuvres de Lefranc*, en 1648, in-fol.; celles de *Guibert*, abbé de Nogent, in-fol., en 1651; *Regula solitariorum*, 1653, in-12; un *Catalogue* in-4°, des ouvrages ascétiques des Pères, en 1648 et 1671. Voyez un *Recueil* de ses lettres au cardinal Bona, et de celles que ce prélat lui écrivit, imprimé en 1755. Il mourut à Saint-Germain-des-Prés, en 1685 à l'âge de 76 ans, avec la consolation d'avoir consacré toute sa vie à la retraite et à l'étude. Alexandre VII et Clément X l'honorèrent de leur estime, et lui en donnèrent des marques. Ce savant religieux ne connut l'antiquité que pour en mieux imiter les vertus. Plusieurs personnes pieuses se mirent sous sa conduite, et beaucoup de savants eurent recours à ses lumières. Il sanctifia les premiers, et éclaira les autres. On trouve l'éloge d'Achéry dans le *Journal de Trévoux*, 26 novembre 1685. Celui de M. Maugendre qui remporta le prix d'éloquence au jugement de l'académie d'Amiens, est plus détaillé et plus complet. Il a été imprimé en 1775.

ACHIAB, ou AQUIAB, neveu d'Hérode-le-Grand. Pendant la maladie de son oncle, il empêcha la reine Alexandra, mère de Marianne, de s'emparer d'une des forteresses de Jérusalem, dont il était gouverneur, en faisant avertir à propos le roi de ce qui se tramait. Il sauva plusieurs fois la vie à son oncle. Un jour entre autres, ce prince demanda une pomme et un couteau pour la peler ; mais Achiab, s'étant aperçu que c'était pour se percer, lui arracha le couteau, et prévint l'exécution de ce suicide.

ACHILLÉE (L. Epidius *Achillœus*), général romain en Egypte, sous Dioclétien, se fit reconnaître empereur à Alexandrie en 292, et se maintint sur le trône pendant plus de cinq années. Dioclétien se mit enfin en marche avec une armée formidable; et le tyran ayant été défait, se renferma dans Alexandrie, où il se défendit en homme désespéré. Cette ville n'ayant été emportée qu'au bout de huit mois, Dioclétien irrité se livra à toutes les fureurs de la vengeance. Achillée fut condamné à être dévoré par les lions : Alexandrie éprouva toutes les horreurs du pillage, et le reste de l'Egypte fut abandonné aux proscriptions et aux meurtres. Expédition peu assortie aux éloges que certains écrivains ont faits de la prétendue modération de cet empereur.

ACHILLINI (Alexandre), natif de Bologne, professa la philosophie et la médecine avec beaucoup d'éclat. Toute l'Europe lui envoyait des écoliers. Il mourut dans sa patrie en 1512, à 49 ans, avec le surnom fastueux de *second Aristote*, après avoir fait imprimer différents ouvrages d'anatomie et de médecine. Il est avec Mundinus le premier qui ait profité de l'édit de Frédéric II pour disséquer à Bologne. On lui attribue la découverte du marteau et de l'enclume, deux osselets de l'organe de l'ouïe : Morgagni lui refuse l'honneur de cette découverte. On lui attribue aussi celle du nerf olfactif. Il avait adopté les sentiments d'Averroës, et fut le rival de Pomponace. Ces deux philosophes se décriaient mutuellement, suivant l'usage établi depuis longtemps parmi les doctes. Ses *Annotationes anatomicæ*, Bologne, 1520, in-4°, et Venise, 1521, in-4°, se distinguent par une loquacité scholastique qui n'est que leur moindre défaut; cependant on y trouve des remarques qui ne sont pas sans intérêt. Ses ouvrages philosophiques furent recueillis in-fol. à Venise, 1545, 1568 et 1608. Voici le titre de cette collection : *Opera omnia, videlicet, de intelligentiis libri V, de orbibus, de universalibus, de physico auditu, de elementis, de subjecto physionomiæ et chiromantiæ; de subjecto medicinæ; de primâ potestate syllogismi; de distinctionibus; de proportione motuum, cum annotationibus Pamphili Montii Bononiensis.*

ACHILLINI (Philothée), frère d'Alexandre, auteur d'un poëme intitulé : *il Viridario*, où l'on trouve l'éloge de plusieurs littérateurs italiens et quelques leçons de philosophie morale, imprimé à Bologne, 1513, in-4°.

ACHILLINI (Claude), petit-neveu d'Alexandre, né à Bologne en 1574, et mort en 1640, fut un homme très-savant en philosophie, en médecine, en théologie, et particulièrement en jurisprudence. Il professa cette dernière science pendant plusieurs années avec une grande réputation, d'abord à Parme, ensuite à Ferrare, et en dernier lieu à Bologne sa patrie. Sa vaste érudition était si admirée, que, de son vivant même, on plaça dans les écoles publiques une inscription à sa gloire. Achillini tint aussi une place distinguée parmi les poëtes de son temps. Ami et partisan déclaré du cavalier Marini, il chercha à se former sur ce modèle, et il y réussit ; c'est-à-dire qu'on trouve dans ses poésies ce mauvais goût de métaphores, d'enflure et de pointes, qui s'était emparé de la poésie italienne dans le 17e siècle. Le sonnet très-connu qu'il fit à l'occasion des conquêtes de Louis XIII en Piémont : *Sudate o fuochi a preparar metalli*, etc., et une pièce de vers sur la naissance du Dauphin, lui obtinrent, dit-on, du cardinal de Richelieu une chaîne d'or de la valeur de mille écus. Des ouvrages beaucoup meilleurs ont été bien moins récompensés, ou sont restés sans récompense.

ACHILLIUS (V. AQUILIUS.)

ACHIMAAS, fils et successeur du grand-prêtre Sadoc. Pendant la révolte d'Absalon, il résolut, avec son frère Jonathas, d'aller informer David qui fuyait, des résolutions qu'on prenait contre lui. Absalon, ayant découvert leur dessein, les fit poursuivre ; mais, étant arrivés à Bathurim, ils se cachèrent dans un puits, d'où ils sortirent, lorsque ceux qui les cherchaient furent retournés. Ils arrivèrent heureusement au camp de David. Achimaas épousa dans la suite Sénac, une des filles de Salomon.

ACHIMÉLECH, grand-pontife des Juifs, successeur d'Achitob son père, donna à David les pains de proposition et l'épée de Goliath. Saül, poussé par sa jalousie contre ce prince, eut la cruauté de faire mourir le grand-prêtre, avec 85 hommes de sa tribu. Doëg l'Iduméen, qui avait été le délateur de l'action du charitable pontife, se chargea de cet affreux assassinat, dont l'infamie est vivement exprimée dans un des plus beaux psaumes de David. Abiathar, l'un des fils d'Achimélech, échappa seul à ce massacre.

ACHIOR, chef des Ammonites, déplut à Holopherne, en vantant les mœurs, les lois, le caractère des Israélites, et la protection de Dieu sur ce peuple. Ce général, irrité, le fit conduire à Béthulie, dans le dessein de le punir plus sévèrement après la prise de la ville; mais ses gardes, craignant les assiégés, le lièrent à un arbre. Les Israélites le détachèrent, et le menèrent à Béthulie, où, après la victoire de Judith sur Holopherne, il embrassa la religion des Juifs, vers l'an 705 avant J.-C.

ACHIS, roi de Geth, chez lequel David, fuyant Saül, se réfugia deux fois, remporta la victoire où périrent Saül et ses enfants, vers l'an 1055 avant J.-C.

ACHITOB, grand-prêtre, fils de Phinées et petit-fils du grand-prêtre Héli, fut père d'Achias, qui fut aussi souverain pontife. Phinées ayant été tué à la malheureuse journée où l'arche du Seigneur fut prise par les Philistins, Achitob succéda à Héli son aïeul.

ACHITOPHEL, natif de Gilo, après avoir été le conseiller de David, entra dans la révolte d'Absalon. Il conseilla à ce fils dénaturé d'abuser publiquement des femmes de son père. David connaissait la méchanceté et la malignité de ses conseils, et pria le Seigneur de ne pas permettre qu'on les suivit. Lorsque Achitophel voulut engager Absalon à poursuivre sans délai le roi fugitif, ce qui eût été un parti décisif, il ne fut pas écouté, et David eut le temps de se reconnaître et de se fortifier; le grand arbitre de la politique humaine exauçant ainsi la prière de ce prince humilié : *Infatua, quæso, Domine, consilium Achitophel.* Désespéré de voir ses avis méprisés, Achitophel se pendit vers l'an 1033 avant J.-C.

ACHMET II, empereur des Turcs, fils du sultan Ibrahim, monta sur le trône après son frère Soliman III en 1691. Son grand vizir Oglu Kiuperli perdit la bataille de Salankemen, en Hongrie, le 19 août de la même année, et y fut tué. Le prince Louis de Bade, général de l'armée impériale, fut vainqueur en cette journée. Le changement perpétuel des ministres, sous le règne d'Achmet II, jeta une telle confusion dans les affaires de l'Etat, que tout lui réussit mal. Il mourut en 1695, avec la réputation d'un prince indolent, mais aimable. Il était d'une humeur gaie, bon poète, musicien, et jouait de plusieurs instruments. Outre les pertes considérables qu'il essuya contre les Impériaux, d'autres malheurs signalèrent le règne d'Achmet II. Il y eut une révolte dans son sérail, que suivirent la famine, la peste, plusieurs incendies dans Constantinople, et un violent tremblement de terre à Smyrne. Les Arabes, après avoir pillé la caravane de la Mecque, ce qui parut aux Musulmans le plus grand de tous les désastres, obligèrent Achmet à leur payer un tribut. Tant de chagrins conduisirent Achmet au tombeau : il n'y avait que quatre ans qu'il était monté sur le trône.

ACHMET III, fils de Mahomet IV, fut nommé empereur en 1703, après la déposition de son frère Mustapha II. Les séditieux qui l'avaient élevé à l'empire l'obligèrent d'éloigner la sultane sa mère, qui leur était suspecte. Il leur obéit d'abord; mais las de dépendre de ceux qui lui avaient donné la couronne, il les fit tous périr les uns après les autres, de peur qu'un jour ils ne tentassent de la lui ôter. Dès qu'il se vit affermi sur le trône, il s'appliqua à amasser des trésors. C'est le premier des Ottomans qui ait osé altérer la monnaie, et établir de nouveaux impôts; mais il fut obligé de s'arrêter dans ces deux entreprises, de crainte d'un soulèvement. Charles XII, après sa défaite de Pultawa, chercha un asile auprès d'Achmet, qui le reçut avec beaucoup d'humanité. Le sultan, d'après les idées du roi de Suède, fit la guerre aux Russes, aux Persans et à la république de Venise, à laquelle il enleva la Morée. Moins heureux dans sa guerre contre l'empereur d'Allemagne, il fut battu deux fois en Hongrie par le prince Eugène, perdit Témeswar, Belgrade, une partie de la Servie, de la Bosnie et de la Valachie. La paix ayant été conclue avec l'empire, il se préparait à tourner ses armes contre les Persans, lorsqu'une révolution le renversa du trône en 1730, et y plaça son neveu Mahomet V : ce prince était en prison, quand on lui apporta la couronne. Achmet fut enfermé dans la même retraite, et mourut le 23 juin 1736, d'un coup d'apoplexie. Il existait, en 1789, une de ses filles à Paris. Achmet, dit-on, la confia à une esclave chrétienne, nommée Fatmé, qui trouva le moyen d'enlever sa pupille après l'avoir baptisée : les cérémonies du baptême lui furent suppléées à Gênes. Lorsqu'elle eut atteint sa 16e année, Fatmé lui révéla le mystère de sa naissance, et la princesse n'en fut que plus attachée à la religion qu'elle avait embrassée, et dont elle continua à suivre les lois avec l'exactitude la plus exemplaire. On a publié son histoire sous le titre de : *Cécile, fille d'Achmet III*, Paris, 1787, 2 vol. in-12; ouvrage romanesque.

ACHMET-GIEDICK, ou *le Brèchedent*, grand-vizir de Mahomet II, né dans l'Albanie, fut l'un des plus grands généraux de l'empire ottoman. Il prit Otrante, en 1480, et quelques autres places. Après la mort de Mahomet II, arrivée en 1482, il se déclara pour Bajazet II et l'éleva sur le trône. Zizim, frère de Bajazet, légitime héritier de la couronne, fut obligé de se retirer à Rhodes. Bajazet II, oubliant les obligations qu'il avait à Achmet, le fit mourir quelque temps après.

ACILIUS (Caius), vaillant soldat de l'armée de Jules-César, se signala dans un combat naval, près de Marseille. Ayant porté la main droite sur un vaisseau des ennemis, qui la lui coupèrent, il imita le fameux Cynégire, soldat athénien, et, s'élançant de la gauche sur le tillac, il fit reculer tous ceux qui osèrent se présenter devant lui.

ACILIUS GLABRIO, consul sous Domitien, l'an de J.-C. 91, avec M. Ulpius Trajan, depuis empereur, fut forcé par Domitien de descendre dans l'amphithéâtre pour y combattre les bêtes féroces. Il eut le bonheur de tuer un lion des plus grands, sans en avoir été blessé; mais cette adresse lui devint funeste. La jalousie qu'en conçut l'empereur le porta à bannir Acilius Glabrio sous un autre prétexte. Il le fit même mourir quatre ans après, comme coupable d'avoir voulu troubler l'Etat.

ACINDYNUS (Septimius), consul romain l'an 414 de J.-C., est connu par un trait singulier auquel il donna occasion. Etant gouverneur d'Antioche, il fit enfermer un homme qui ne payait pas les impôts, et le menaça de le faire pendre, s'il ne s'acquittait pas à un jour marqué. Un très-riche particulier offrit à la femme de ce prisonnier la somme qu'il devait pour prix de ses faveurs. La femme consulta son mari qui, plus ennuyé de sa prison que jaloux de son honneur, lui ordonna d'acheter sa liberté aux dépens de sa vertu. Le libertin, s'étant satisfait, donna à cette femme une bourse où il n'y avait que de la terre. Acindynus, instruit de cette fourberie, condamna cet avare débauché à payer au fisc la somme due par le prisonnier, et adjugea à son épouse le champ d'où il avait tiré la terre qui remplissait cette bourse. Saint Augustin nous a transmis ce trait d'histoire, mais Bayle l'a accusé faussement d'avoir approuvé l'action de la femme et le consentement du mari; il regarde seulement la complaisance de l'épouse comme moins criminelle que si elle eût été commise par débauche.

ACKERMANN (Conrad), acteur célèbre, mort en 1771 à Hambourg, est regardé par les Allemands comme le créateur de leur théâtre.

ACOLUTH, savant orientaliste et professeur de théologie à Breslau, naquit à Bernstadt en 1654 et mourut en 1704. Il a fait quelques chapitres du Koran en quatre langues. Il croyait que l'arménien était l'ancien égyptien.

ACOMINATUS. (Voyez NICÉTAS.)

ACONCIO (Jacques), dont le véritable nom est *Giacomo Contio*, né à Trente au commencement du 16e siècle, se rendit célèbre comme philosophe, jurisconsulte et théologien. Il quitta la religion catholique pour se faire protestant, et se retira en Suisse, puis à Strasbourg et de là en Angleterre. Il fut protégé par la reine Elisabeth, qui voulut bien accepter la dédicace de son livre *De stratagematibus Satanæ in religionis negotio, per superstitionem, errorem, hæresim, odium, calumniam, schisma, etc.*, *libri VIII*, Basileæ, 1565, in-8, loué par quelques protestants et blâmé par d'autres plus raisonnables. Salden lui a appliqué ce qu'on a dit d'Origène : *Ubi benè, nemo melius; ubi malè, nemo pejus*. Le but de l'auteur était de réduire à un très-petit nombre les dogmes nécessaires à la religion chrétienne, et d'établir une tolérance réciproque entre toutes les sectes qui divisent le christianisme. C'est un système d'indifférence en matière de religion, ou, si l'on veut, un plan de pacification, publié sans sanction et sans autorité, le législateur des chrétiens n'étant point intervenu pour corriger ou modifier son ouvrage. Du reste, ce livre est écrit avec méthode, et d'une bonne latinité, quoique le style en soit quelquefois un peu affecté. Cet apostat mourut en Angleterre vers 1565. On a encore du même auteur deux traités : l'un *De la méthode d'étudier*; l'autre *De la manière de faire des livres*, ouvrage inutile à ceux à qui la nature n'a pas donné ce talent et peu utile à ceux qui l'ont.

ACOSTA (Joseph), provincial des jésuites au Pérou, né à Medina del Campo vers l'an 1529, mourut à Salamanque en 1600, âgé d'environ 60 ans. Il avait quatre frères aussi jésuites, Jérôme, Jacques, Christophe et Bernard; mais Joseph fut le plus célèbre. Il donna en espagnol l'*Histoire naturelle et morale des Indes*, 1590, in-8, qui a été traduite en français par Robert Regnault, et un traité *De procuranda Indorum salute*, Salamanque,

1589, in-8, qui peut être utile aux missionnaires. Il travailla longtemps, et avec succès, à la conversion des Indiens. (Voir le tome 30 des *Mémoires de Nicéron.*) Jean d'Acosta, de la même société, mourut pour la foi, à Nangasaki, en 1633.

ACOSTA (Uriel), d'abord chrétien, puis matérialiste, ensuite juif, était fils d'un gentilhomme portugais. Il naquit à Oporto vers la fin du 16e siècle. Cet homme, dominé par une de ces imaginations ardentes qui mènent à la démence ou au génie, au lieu de se borner à pratiquer l'Évangile, eut la témérité de le vouloir soumettre à son examen. Il fut puni de sa hardiesse en tombant dans le matérialisme. Accablé de doutes dans le christianisme et de remords dans sa nouvelle opinion, il crut mettre fin à ses peines en se faisant circoncire. Les juifs d'Amsterdam l'unirent à eux par ce lien; mais à peine l'opération était faite, qu'il lui fut aussi difficile de se soumettre aux observances de l'ancienne loi qu'il le lui avait été de plier sa raison au dogme de la nouvelle. Il ne put garder le silence, et se fit excommunier par la synagogue. Il publia un livre, afin de démontrer qu'il fallait rejeter les rites et les traditions des pharisiens pour s'attacher aux saducéens, dont il avait embrassé les dogmes. Les juifs le firent passer pour un athée, et un médecin de cette nation réfuta son système. Acosta publia alors son *Examen traditionum pharisaïcarum ad legem scriptam*, où il attaque l'immortalité de l'âme, sous le prétexte que Moïse n'a parlé ni du paradis ni de l'enfer. Les juifs lui répondirent d'abord à coups de pierres, ensuite en le faisant emprisonner. La liberté lui fut rendue en payant une amende. Acosta crut alors devoir cacher ses erreurs, qui lui attiraient des disgrâces, et, pensant que toutes les religions étaient indifférentes, il rentra dans celle des Juifs. La loi de Moïse n'était, selon lui, qu'une pure fiction des hommes, et non pas l'ouvrage de Dieu. Il ne la suivait qu'en public. On l'accusa de ne point observer les autres préceptes judaïques, ni dans les repas, ni sur d'autres points aussi importants. Ce fut la source d'un nouveau chagrin. La synagogue l'excommunia de nouveau, et lui imposa une rude pénitence: il fut fouetté par le maître-chantre d'Amsterdam, ensuite absous par le prédicateur de l'assemblée, et foulé aux pieds par son auditoire, suivant les rites hébraïques. Ce qu'il croyait et ce qu'il ne croyait pas ne servant qu'à l'inquiéter, il mit fin à toutes ces variations en se faisant sauter la cervelle d'un coup de pistolet vers l'an 1647.

ACOSTA (Jean d'), savant orientaliste, né au Bengale en 1775, vint fort jeune à Paris, où il fit ses études. Etant retourné dans l'Inde, il publia dans les journaux de Calcutta des articles de science. Il se livra ensuite au commerce; mais il éprouva des revers de fortune, et renonça aux affaires pour se consacrer aux travaux scientifiques. Lorsque l'Inde tomba au pouvoir des Anglais, la position de d'Acosta ne fut pas changée, et il préféra rester à Chandernagor, où il habitait, plutôt que de revenir en Europe. En 1816, il devint propriétaire de l'imprimerie et de la gazette *le Times*, qui se publiait à Calcutta. Il est mort en 1822, lorsqu'il se préparait à faire imprimer à Paris des morceaux de littérature asiatique. Il a publié en 1803: *Projet d'assurances commerciales*. Il a été l'un des collaborateurs du *Magasin de Calcutta*.

ACREL (Olaüs), chirurgien et médecin suédois, né près de Stockholm au commencement du dix-huitième siècle. Après avoir visité les universités et les écoles les plus fameuses, il se fixa à Stockholm en 1745, et il s'y fit en peu de temps une grande réputation. Il fut d'abord nommé directeur général de tous les hôpitaux du royaume, puis créé chevalier de Wasa, et enfin nommé commandeur de cet ordre. Il a publié: un *Traité sur les plaies récentes*, 1745; des *Observations de chirurgie*, 1750; une *Dissertation sur l'opération de la cataracte*, 1766. Il est mort en 1807, dans un âge très-avancé.

ACRON ou ACRO, médecin d'Agrigente, qui vivait vers l'an 444 avant J.-C., fit allumer le premier, selon Plutarque, de grands feux pour purifier l'air avec des parfums, et par là mettre fin à la peste qui affligeait Athènes. Cette pratique était, au rapport de Suidas, déjà depuis longtemps en usage en Egypte. Pline est tombé dans l'erreur, lorsqu'il a regardé Acron comme le fondateur de la secte des empiriques, qui ne commença que 200 ans plus tard.

ACROPOLITE (Georges) est un des auteurs de l'*Histoire byzantine*; il vivait dans le 13e siècle, et eut l'emploi de logothète (1) à la cour de Michel Paléologue, ce qui lui a fait donner le nom de Logothète, sous lequel il est très-connu. C'est presque tout ce qu'on sait de cet auteur. Son *Histoire*, découverte en Orient par Douza, fut publiée en 1614; mais l'édition donnée au Louvre en 1651, in-fol., est fort supérieure et très-rare. Cet ouvrage commence où finit Nicétas et com-

(1) On appelait ainsi le chancelier et le surintendant des finances, à la cour de l'empereur de Constantinople.

prend depuis l'année 1205 jusqu'à l'expulsion des empereurs français en 1265. Il manque de méthode, et le style en est souvent obscur ; mais il est particulièrement recommandable pour l'exactitude des faits, l'auteur ayant écrit les événements qui se sont passés sous ses yeux. Léon Allatius et Douza ont commenté cet historien. C'était un homme de mérite qui cultiva les mathématiques avec succès. Il eut un fils appelé Constantin, qui devint grand logothète de Constantinople, à qui nous devons les *Vies* de quelques Saints et d'autres ouvrages plus considérables.

ACTON (Joseph), premier ministre de Ferdinand IV, roi de Naples, naquit le 1er octobre 1737, à Besançon, où son père, Irlandais de naissance et baronnet, exerçait la médecine. Après avoir reçu une bonne éducation, il entra dans la marine, où il éprouva des désagréments qui l'obligèrent de quitter la France. Il parcourut d'abord une partie de l'Italie, et se fixa ensuite en Toscane, où il obtint le commandement d'une frégate. Dans une expédition contre les Barbaresques, il eut le bonheur de sauver plusieurs milliers d'Espagnols. Cette action d'éclat fut l'occasion de sa fortune. Le roi de Naples l'appela à son service, et il parvint en peu de temps au ministère de la marine, ensuite à celui de la guerre; enfin il devint premier ministre. Sa haine contre la France éclata dans toutes les occasions, et il résista longtemps aux manœuvres qui furent employées pour le faire disgracier. Ce ne fut qu'en 1798, après que la cour de Naples eut été obligée de faire la paix avec la France, qu'il fut renvoyé sur la demande de son ministre. Il se retira en Sicile, où il mourut en décembre 1808, laissant des richesses immenses. Acton ne manquait pas de talents ; il était adroit, dissimulé, insinuant, ferme cependant dans ses projets, et connaissant surtout parfaitement les hommes. On s'accorde généralement à dire que cet homme, qui gouvernait tout, se laissait gouverner à son tour par des subalternes qui lui firent commettre de grandes fautes.

ACTUARIUS (Jean), médecin grec, qui donna le premier, dans le 13e siècle, l'analyse des purgatifs doux, tels que la casse, la manne, le séné, etc. Henri Etienne fit, en 1557, une édition de ses ouvrages in fol., traduits par différents auteurs, dans l'édition des *Medicæ artis principes*. Ce médecin avait beaucoup de goût pour les systèmes et pour la médecine raisonnée. Il joignait cependant l'expérience à la théorie. Le mot Actuarius désignait un office de la cour des empereurs : tous les médecins attachés au palais ont porté ce titre.

ACUSILAS, ancien historien grec d'Argos, vivait avant la guerre du Péloponèse. Quelques écrivains l'ont mis au nombre des 7 sages. Il est souvent cité par les anciens.

ADA, dernière reine de Carie, régna pendant sept ans, après la mort d'Artémise, conjointement avec Hydriéus qui, selon la coutume des Cariens, était à la fois son frère et son époux. Après la mort d'Hydriéus, elle régna seule pendant quatre ans. Alors Pexodarus, le plus jeune de ses frères, ayant emprunté l'appui d'Orontobatès, favori de Darius roi de Perse, attaqua cette reine et lui enleva ses Etats, à l'exception de la forteresse d'Alinde où elle se défendit jusqu'à l'arrivée d'Alexandre-le-Grand, dont elle implora et obtint la protection, et que, suivant Arrien, elle adopta pour son fils, après avoir recouvré la couronne. Après la mort d'Ada, la Carie fut réunie à la Perse.

ADAD, fils du roi de l'Idumée orientale, qui s'enfuit en Egypte avec les serviteurs du roi son père, dans le temps que Joab, général des troupes de David, exterminait tous les mâles de l'Idumée. Il vint d'abord à Madian, de là à Pharan, d'où il passa en Egypte; il y fut bien reçu par Pharaon qui lui donna un logement, lui assigna une terre, et pourvut à l'entretien de sa maison. Il gagna même tellement l'affection de ce prince, qu'il lui fit épouser la sœur de la reine, dont il eut un fils. Après la mort de David et de Joab, Adad retourna en Idumée, recouvra le trône de ses pères, fit la guerre à Salomon, et servit d'instrument à la vengeance divine pour punir ce prince de son idolâtrie.

ADALARD, ou ADELARD, ou ADALHART, né vers l'an 753, eut pour père le comte Bernard, fils de Charles Martel, et fut par conséquent cousin-germain de Charlemagne. Ce prince ayant répudié Ermengarde, fille de Didier, roi des Lombards, Adalard fut si sensible à ce divorce, qu'il quitta la cour pour prendre l'habit religieux à Corbie, en 772. L'empereur le nomma à cette abbaye, et lorsqu'il établit Pépin roi d'Italie, en 796, il lui donna Adalard pour son premier ministre. Bernard, roi d'Italie et neveu de l'empereur Louis-le-Débonnaire, s'étant révolté en 817, Wala, prince du sang, qui avait eu beaucoup de part au gouvernement, devint suspect à cet empereur, et fut exilé. Adalard, frère de Wala, fut enveloppé dans sa disgrâce, et relégué dans l'île de Héro, aujourd'hui Noirmoûtier. Il fut rétabli au bout de sept ans dans son abbaye, en 821; l'empereur le fit même revenir à la cour. Adalard fonda en 823 la célèbre abbaye de Corwey, ou la Nouvelle-Corbie, en Saxe. Sa mort, arrivée le 2 janvier 826, à 72 ans, causa de vifs regrets aux gens de bien et aux savants. Il possédait la langue latine, la langue tudesque et la langue française. On l'appelait l'*Augustin* de son temps. Il ne nous reste que des fragments de ses écrits. Son principal ouvrage était un *Traité touchant l'ordre ou l'état du palais et de toute la monarchie française*. Mabillon, qui devait donner une édition de ses œuvres, a fait la liste des sommaires qui sont au nombre de 52. Il est honoré comme saint, et ses reliques se conservent à Corbie en Picardie; mais son nom n'est point dans le Martyrologe romain. Paschase Radbert a écrit sa *Vie*, ainsi que saint Gérard; celle-ci n'est que l'abrégé de l'autre.

ADALBÉRON, célèbre archevêque de Reims, chancelier de France, se distingua comme prélat et comme ministre sous le roi Lothaire. Il mourut le 5 janvier 988, après avoir comblé de bienfaits l'église de Reims et le chapitre de Reims.

ADALBÉRON (Ascelin) fut ordonné évêque de Laon, l'an 977. Prélat ambitieux et bas courtisan, il eut la lâcheté de livrer à Hugues Capet, Arnoul, archevêque de Reims, et Charles, duc de Lorraine, compétiteur de Hugues, auxquels il avait donné un asile dans sa ville épiscopale. Il mourut l'an 1030. Il est auteur d'un poëme satirique, en 430 vers hexamètres, dédié au roi Robert. Adrien Valois en a donné une édition en 1663, in-8°, à la suite du panégyrique de l'empereur Béranger. On y trouve quelques traits d'histoire curieux.

ADALBERT I, fils de Boniface II, comte de Lucques, marquis et duc de Toscane, fut rétabli dans ce duché en 847, après la mort de son père, qui en avait été chassé par l'empereur Lothaire I. Adalbert régna dans les commencements avec gloire, et devint le feudataire le plus puissant de toute l'Italie. Fier du rang qu'il occupait, il intervint dans les querelles de Jean VIII et de Carloman. Ce pape croyait devoir transmettre la couronne impériale à Charles-le-Chauve, qu'il protégeait. Adalbert, qui suivait le parti opposé, leva une forte armée, et, secondé par son beau-père Lambert, duc de Spolette, marcha contre Rome, qu'il remplit d'épouvante et de deuil, força Jean VIII à se réfugier dans la Basilique de Saint-Pierre, et, au mépris de l'excommunication que ce pape avait lancée contre lui, arracha des Romains le serment de fidélité qu'il leur fit prêter à Carloman. Ce prince mourut vers l'an 887.

ADALBERT II, duc de Toscane, fils d'Adalbert I, rendit sa cour la plus brillante et la plus somptueuse de toute l'Italie, protégea les sciences et les arts, qui, à cette époque, commençaient à refleurir; mais cet état de prospérité ne fut pas de longue durée. La maison des Carlovingiens venait de s'éteindre, et les seigneurs italiens se disputaient les deux couronnes de Lombardie et de l'empire. Parmi un grand nombre de prétendants, les rivaux les plus redoutables étaient Guido, duc de Spolette, et Bérenger, duc de Frioul. Quoique Adalbert eût pu faire valoir les mêmes prétentions que les autres feudataires, il aima mieux ne s'occuper que de la sûreté et de l'indépendance de ses États, en tenant la balance entre les différents compétiteurs. Il s'attacha d'abord à Guido, qui était son oncle; mais il le quitta ensuite, et suivit successivement tous les divers partis dans lesquels l'entraînait son inconstance ou une fausse politique, et passa ainsi de malheur en malheur. Arnolphe, roi d'Allemagne, le fit arrêter en 894. Lambert, fils de Guido, le battit en 898, près St-Denino, et le fit prisonnier. Il recouvra sa liberté par une forte rançon; et s'étant attaché à Louis de Provence, qu'il avait appelé en Italie en 900, la perfidie et l'ingratitude de ce prince forcèrent Adalbert à l'abandonner. Haï de tous les partis, et souvent persécuté, il traîna une misérable existence jusqu'à sa mort, arrivée, à ce que l'on croit, en 917. Les trois dernières années de sa vie et le sort de sa famille sont presque entièrement ignorés. Muratori le regarde comme un des ancêtres de la maison d'Este, dont la ligne masculine s'éteignit dans la personne d'Hercule Renaud duc de Modène. Béatrix, princesse d'Este, sa fille, et épouse de l'archiduc Ferdinand, mort en 1812, est mère de l'archiduc François, duc de Modène et de Reggio.

ADALBERT, imposteur. (Voyez ALDEBERT.)

ADALBERT ou ADELBET, roi d'Italie, fils de Bérenger II, naquit à Paris, en 930. Son père l'associa au trône, mais il ne partagea pas son autorité avec lui. En 961, Adalbert, ayant réuni une armée de 60,000 hommes, s'avança sur l'Adige, pour s'opposer à Othon I, qui avait entrepris la conquête de l'Italie. Mais les chefs de cette armée, qui haïssaient Bérenger, ainsi que tous les sujets de ce prince injuste et farouche, refusèrent de se battre, à moins que Bérenger n'abdiquât en faveur de son fils. Ce monarque s'y refusa, et l'armée se dispersa sur-le-champ. Othon, ne trouvant aucune résistance, se rendit maître de l'Italie en peu de jours. Bérenger s'enferma dans la forteresse de San-Leo, tandis qu'Adalbert parcourait l'Italie sous divers déguisements, cherchant en vain à ranimer le zèle de ses sujets. Il se réfugia enfin auprès de Nicéphore Phocas, empereur de Constantinople, et il mourut dans cette ville vers l'an 974.

ADAM, le premier des hommes et le père de tous les autres. Il fut formé le sixième jour de la création du monde. Dieu le plaça dans le Paradis terrestre, dont il lui accorda une pleine jouissance, en exceptant seulement le fruit d'un arbre, dont il lui défendit de manger. Adam, tenté par Eve, désobéit à son Créateur, qui le chassa du Paradis, et l'assujettit à la mort, à laquelle il n'était pas destiné, s'il eût été obéissant. Père et représentant de toute sa postérité, il l'entraîna dans le même malheur. Comme l'infortune d'un roi dépossédé, comme la disgrâce d'un ministre se communique à leur famille, la chute du premier homme les perdit tous. Des misères de tout genre, les maladies du corps et de l'esprit furent une suite de cette fatale dégradation de la nature humaine. Toutes les contradictions physiques et morales observées dans les choses créées prennent leur dénoûment et leur explication dans la chute d'Adam et dans ce que nous appelons *péché originel*. C'est de l'ignorance de cette source féconde d'explications satisfaisantes que sont nés le manichéisme, le fatalisme et d'autres systèmes erronés. (Voyez le *Catéch. philos.* n° 458.) Dieu, après avoir annoncé son arrêt à Adam, lui promit un Messie rédempteur. Adam eut trois fils après son péché : Caïn, Abel et Seth, et plusieurs autres enfants dont l'Ecriture ne dit pas les noms. Il mourut à l'âge de 930 ans. On ne doit pas ajouter foi aux fables dont les rabbins ont chargé l'histoire d'Adam, et on doit s'en tenir à ce qu'en rapportent les livres saints. C'est une chose révoltante, que le soin avec lequel les rédacteurs anglais de la nouvelle *Histoire universelle* ont recueilli toutes ces extravagances. L'histoire d'Adam a passé, non sans être défigurée, dans les annales de toutes les nations ; partout la tradition et les vieux livres en ont conservé quelques traits. « N'oublions « pas, dit Voltaire au sujet des Indiens, « qu'ils ont un Paradis terrestre, et que « les hommes qui abusèrent des bienfaits « de Dieu furent chassés de ce Paradis : « la chute de l'homme dégénéré est le fon- « dement de la théologie de presque toutes « les anciennes nations..... Ce qu'il y a « de plus singulier encore, c'est que le « *Vedam* des anciens brachmanes en- « seigne que le premier homme fut *Adi-* « *mo*, et la première femme *Procriti*. « *Adimo* signifiait *seigneur*, et Procriti « voulait dire la *vie*, comme *Heva*, chez « les Phéniciens et les Hébreux, signifiait « aussi la *vie* ou le *serpent*. Cette con- « formité mérite une grande attention. » (*Essai sur les Mœurs*, disc. prél.) L'Ecriture ne dit rien de la vie et de la mort d'Adam. Mais c'est avec grande raison que nous croyons, dit saint Augustin, que les deux premiers hommes, ayant mené après leur péché une vie sainte, parmi les travaux et les misères dont ils étaient accablés, ont été délivrés des supplices éternels. L'histoire d'Adam, qui est simple et laconique dans la Genèse, a fourni une ample matière aux conjectures des commentateurs, aux erreurs des hérétiques et aux objections des incrédules ; mais, à la considérer en elle-même, et sans faire aucun effort pour dissiper les difficultés qu'elle présente, elle est infiniment satisfaisante en comparaison de tout ce que la philosophie a imaginé sur l'origine des hommes. Les anciens athées, qui disaient que les hommes étaient fortuitement sortis du sein de la terre, comme les champignons ; les matérialistes modernes, qui pensent que la naissance de l'homme a été un effet nécessaire du débrouillement du chaos ; les savants physiciens qui ont calculé et fixé les époques de la nature, sans nous apprendre comment les hommes, les animaux et les plantes ont pu éclore d'un globe de verre enflammé dans son origine, sont aussi peu sages les uns que les autres. Leurs rêves sublimes disparaissent devant le récit simple et naturel de l'auteur sacré : « Au commencement, « Dieu créa le ciel et la terre... Il dit : « *Que la lumière soit*, et la lumière fut. Il « dit : *Faisons l'homme à notre image et* « *à notre ressemblance*, et l'homme fut « fait à l'image de Dieu. » (Gen., I.) Par ce peu de paroles, l'homme apprend ce qu'il est, ce qu'il doit à Dieu et à soi-même, ce qu'il a lieu d'attendre de la bonté de son Créateur. (Voyez MOÏSE.) Le nom d'*Adamites* a été donné à quelques sectaires cyniques et abominables qui dans leurs assemblées se mettaient nus, comme Adam et Eve l'étaient dans l'état d'innocence. Quant aux *Préadamites*, voyez au mot PEYRÈRE.

ADAM de Brême, chanoine dans sa patrie, vivait sur la fin du 11ᵉ siècle. On a de lui une *Histoire ecclésiastique* qu'il composa dans sa jeunesse, divisée en quatre livres. Il y traite de l'origine, de la propagation de la foi dans les pays septentrionaux, et en particulier dans les diocèses de Brême et de Hambourg, depuis le règne de Charlemagne jusqu'à celui de Henri IV, empereur. Il est encore auteur d'un petit *Traité de la situation du Danemark*, imprimé à la suite de son *Histoire* dont la meilleure édition est celle de Helmstad en 1670, in-4°. Lindenbruch avait publié l'un et l'autre de ces ouvrages avec d'autres traités, dès l'an 1595, Leyde, in-4°.

ADAM de Saint-Victor, chanoine régulier de l'abbaye de Saint-Victor-les-Paris, mourut en 1177, et fut inhumé dans le cloître de cette abbaye, où l'on voit son épitaphe en quatorze vers, qu'il composa lui-même. Il a fait aussi quelques traités de dévotion, entre autres une prose en l'honneur de la Sainte-Vierge, dont on trouve une traduction française dans le *Grand Martial de la Mère de vie*, Paris, 2 vol. in-4°, le premier gothique et sans date, le deuxième en lettres rondes et de 1359.

ADAM, dit l'*Ecossais*, parce qu'il était de ce pays, ou le *Prémontré*, parce qu'il avait embrassé l'institut de cet ordre vers 1158, était docteur en théologie et célèbre par les progrès qu'il avait faits dans cette science. Il enseigna l'Ecriture sainte et la tradition dans l'abbaye de l'Etang-Vert, de son ordre, en Ecosse. L'église de Withern, dans le même pays, siége épiscopal, étant devenue régulière et ayant été unie à l'ordre de Prémontré, Adam en fut élu abbé et évêque. Il est auteur de quelques *Traités ascétiques* et de cent *Sermons*. On lui attribue aussi un traité intitulé *Soliloquium*, que d'autres néanmoins croient être l'ouvrage ou d'Adam-le-Chartreux, ou d'Adam de Saint-Victor. L'époque de la mort d'Adam est restée ignorée.

ADAM de la Hale ou de la Halle, poëte français du 13ᵉ siècle, qui peut être considéré comme un de nos premiers auteurs dramatiques, a fait de petites pièces dialoguées et mêlées de chant, et assez semblables à nos vaudevilles. Le plus connu de ces *jeux* est celui de *Robin et de Marion*, dont Legrand-d'Aussy a donné un extrait. La bibliothèque nationale possède en manuscrit plusieurs pièces de vers d'Adam, parmi lesquelles on remarque des *chansons*, des *rondeaux* et des *motets*. Ce poëte licencieux et débauché se retira dans un couvent, où il mourut.

ADAM, savant et pieux chartreux de Londres, florissait en 1340. On a de lui: *Vie de saint Hugues de Lincoln*, publiée avec des notes par D. Bernard Pez, *Bibliot. ascetica*, tom. 10, p. 3; deux *Traités sur les avantages de la tribulation*, Londres, 1530; *Scala cœli*; *De sumptione Eucharistiæ*; *Speculum spiritualium*, qui sont restés manuscrits.

ADAM d'Orleton, né à Héréford, devint évêque de cette ville, puis de Worchester et de Winchester. Il était d'un caractère intrigant, qui occasionna beaucoup de troubles en Angleterre. On prétend que des factieux (partisans de l'ambitieuse Isabelle, femme d'Edouard II et chef des révoltés) l'ayant consulté sur le sort qu'ils destinaient au roi, Adam leur fit cette réponse ambiguë, qui coûta la vie à Edouard II: *Edwardum regem occidere nolite timere bonum est*, qu'on peut expliquer de ces deux façons : *Ne tuez pas le roi Edouard; il est bon de craindre*; ou: *N'ayez point de crainte de tuer le roi Edouard; c'est une bonne action*. Adam mourut aveugle et dans un âge avancé, en 1375.

ADAM (Melchior), né en Silésie dans le 16ᵉ siècle, recteur du collége d'Heidelberg, publia plusieurs ouvrages, parmi lesquels on remarque la *Vie des philosophes, théologiens, jurisconsultes et médecins du 16ᵉ siècle et du commencement du suivant*. Cet ouvrage a été réuni à un autre du même auteur sous le titre de : *Dignorum laude virorum, quos musa vetat mori, immortalitas*, 5 vol. in-8°, ou 1 infol. C'est une compilation mal dirigée et mal écrite, où l'auteur n'a admis, à l'exception de quelques Allemands, que des prétendus réformés, et dont Bayle s'est beaucoup servi.

ADAM (Jean), jésuite limousin, professeur de philosophie et prédicateur, mourut supérieur de la mission professe de Bordeaux en 1684. Il est connu par son zèle contre les prétendus disciples de saint Augustin et contre les calvinistes. Il fut envoyé par Louis XIV à Sedan pour y travailler au rétablissement de la foi catholique. On a de lui : le *Triomphe de l'Eucharistie contre le ministre Claude*; la *Vie de saint François de Borgia*; *Calvin défait par soi-même et par les armes de saint Augustin qu'il avait usurpées*; une traduction de l'*Office de l'Eglise, qu'il opposa aux Heures de Port-Royal*; des *Sermons pour l'Avent*, Bordeaux, 1685, in-8°, et plusieurs autres livres. On lit dans le *Menagiana* qu'un seigneur de la cour dit à la reine Anne d'Autriche, après avoir entendu un de ses sermons où Adam comparait les

Parisiens aux Juifs, la reine à la Sainte-Vierge, le cardinal Mazarin à saint Jean l'Evangéliste, qu'il était préadamite. La reine lui demanda ce que cela voulait dire : « C'est que je ne crois pas, répondit-il, que le père Adam soit le « premier homme du monde. »

ADAM (Lambert-Sigisbert), sculpteur célèbre, né à Nancy en 1700, mort le 14 mai 1759, de l'ancienne académie de Saint-Luc à Rome et de l'académie de Clémentine à Bologne, se distingua par la beauté de son ciseau. Il passa dix ans dans la première de ces villes, et restaura douze statues en marbre, dites *la Famille de Lycomède*, qu'on avait trouvées à deux lieues de Rome, dans les ruines du palais de Marius. Il fut souvent employé pour embellir les maisons royales, et s'en acquitta avec autant de zèle que de gloire. On a aussi de lui un *Recueil des sculptures antiques, grecques et romaines*, Paris, 1754. Ce recueil, dont il avait fait les dessins, est encore fort estimé. Il a eu deux frères, Nicolas-Sébastien et François-Gaspard, tous les deux excellents sculpteurs. Ces trois frères étaient fils de Jacob-Sigisbert Adam, né à Nancy en 1670, excellent sculpteur aussi, connu par plusieurs ouvrages en bronze et en plomb d'une grande beauté, et par ses modèles en terre.

ADAMAN, abbé de Hy, vivait vers l'an 690, et a publié une description de la Palestine sous ce titre : *De locis Terræ sanctæ, et de situ Jerusalem*. Cet ouvrage, composé de 3 livres, et publié par Gretzler, Ingolstadt, 1619, in-4°, a longtemps joui d'une grande réputation, et a contribué puissamment à faire naître le désir de voir ces contrées. Une *Vie de saint Colomban*, abbé de Luxeuil.

ADAMS (John), le plus célèbre des présidents des Etats-Unis depuis Washington, et qui avait sur lui l'avantage de l'éloquence et de la littérature, naquit à Braintrée le 19 oct. 1735, et fut un des principaux promoteurs de la fameuse révolution du 4 juillet 1776, qui déclara les colonies d'Amérique « Etats libres, souverains et indépendants. » Avant la révolution, il exerçait la profession d'homme de loi, dans laquelle il avait acquis une grande réputation. Il parut avec Franklin à la cour de Versailles pour négocier un traité d'alliance entre la France et les États-Unis. De retour en Amérique, il occupa deux fois la place de vice-président; et à la troisième élection de Washington pour la présidence, celui-ci ayant annoncé son intention de se retirer des affaires publiques, il fut porté à la magistrature suprême, malgré les efforts du parti républicain. Il eut, pendant son administration, des contestations très-vives avec le Directoire de France. Devenu vieux, il se retira des affaires, et mourut à New-York, dans un âge très-avancé. Cet homme d'État eut de l'habileté et de la modération. On le louerait davantage, si, avant de prodiguer des éloges aux auteurs des révolutions, on n'avait à flétrir le résultat de leur conduite, qui est toujours un attentat contre l'ordre établi, et un crime que rien ne saurait excuser. John Adams a laissé plusieurs écrits : *Défense des constitutions américaines*, factum qui parut à Londres pour la première fois en 1787, 2 vol. in-8, et dont une traduction française fut publiée en 1792; une *Histoire des Républiques*, contre toutes les républiques, sans excepter la sienne. Il prouve que la démocratie pure est le père de tous les gouvernements. Il rend hommage à la religion; il la défend, non seulement dans plusieurs de ses discours, mais encore dans quelques belles pages de ses *Constitutions*, et il a dit, dans une lettre à Jefferson : « La religion et l'État, c'est tout un. » Personnellement, John Adams et son fils faisaient partie de la secte religieuse dite *des unitaires*. Il a laissé d'autres écrits relatifs à l'insurrection américaine, tels qu'une *Histoire de la querelle contre l'Amérique et la mère patrie*. Il mourut en 1829, après avoir vu la présidence donnée à son fils.

ADANSON (Michel), botaniste, né à Aix en Provence le 7 avril 1727. Après avoir fait de brillantes études, il se livra entièrement à l'étude de la nature, où il lut son auteur, et s'est trouvé l'adversaire habile de Linné et le réhabilitateur de Tournefort. Entraîné par le désir de faire de nouvelles découvertes dans cette science, il entreprit à ses frais un voyage au Sénégal, où il recueillit des richesses immenses dans les trois règnes de la nature, et leva des plans détaillés des contrées qu'il parcourut. A son retour, il publia son *Histoire naturelle du Sénégal*, en 1 vol. in-4°, avec une carte, suivie d'une nouvelle classification des *testacées* ou animaux à coquilles. Il donna ensuite une nouvelle méthode pour apprendre à connaître les différentes familles de plantes, en 2 vol. in-8°, qui renferme des connaissances immenses; cependant cet ouvrage n'eut pas tout le succès qu'il méritait. On ne peut le considérer, il est vrai, comme livre élémentaire; mais il peut être d'une grande utilité à ceux qui ont vaincu les premières difficultés. Il serait à désirer qu'une main habile y fît les changements et additions que l'auteur se proposait d'y faire. On a encore d'Adanson plusieurs Mémoires inscrits dans le *Recueil de l'Académie des sciences*, où l'on trouve de bonnes observations sur l'histoire naturelle des plantes. Son *Mémoire sur le baobab*, qui est un chef-d'œuvre, fut d'abord inséré dans les Mémoires des savants étrangers et ensuite dans ceux de l'Académie, pour l'année 1761. Il travaillait à un ouvrage immense sur l'histoire naturelle qu'il ne put terminer, étant au-dessus des forces d'un homme, lorsque la mort vint l'enlever, le 3 août 1806. C'est lui qui le premier a constaté dans les fleurs une suite et un ensemble de familles, admirées par Cuvier. Il a lu en 1770 un Mémoire à l'Académie, où il démontre, dit Macquer, dans son *Manuel du Naturaliste*, que les espèces particulières ont reçu, au moment de la création, la vertu de se perpétuer sans altération jusqu'à la fin du monde. Et il est mort en disant à ses amis qui lui parlaient de sa gloire : « L'immortalité n'est pas dans ce monde. »

ADAOUST (P. Aug. d'), né à Aix le 10 février 1751, mort dans la même ville le 7 septembre 1819. On a de lui : *l'Air*, poème en quatre chants ; une *Traduction* en vers de l'*Art poétique d'Horace ;* une *Ode sur l'électricité ;* et quelques autres *Pièces* insérées dans divers recueils littéraires.

ADAREZER, roi de la Syrie de Soba qui s'étendait depuis le Liban jusqu'à l'Oronte, du midi au septentrion. David défit ce prince dans deux grandes batailles.

ADDISSON (Joseph) naquit à Miston en Angleterre, l'an 1672. Ses talents pour la littérature, la poésie et la philosophie se développèrent de bonne heure. Il lut avec un goût infini tous les auteurs de l'antiquité, grecs et latins. Il était encore étudiant dans l'université d'Oxford, lorsqu'il fit imprimer ses *Musæ anglicanæ*, production qu'un poète d'un âge plus avancé n'aurait pas désavouée. Son beau poëme à l'honneur de Guillaume III, en 1695, lui valut une pension de 400 livres sterling. Les autres pièces qu'il fit pour chanter les victoires de sa nation le firent aimer du peuple et connaître des grands. Il fut nommé secrétaire-d'État ; mais il se démit de cette place, pour se livrer entièrement aux belles-lettres. Il mourut à Holland-House le 17 juin 1719. Cet auteur est le premier anglais qui ait fait une tragédie écrite avec une élégance et une noblesse soutenues. Son *Caton* est une des plus belles pièces qui aient paru sur le théâtre de Londres, mais les monologues sont trop longs ; on y admire cependant un morceau pathétique et sublime sur l'immortalité de l'âme, qui vaut seul une bonne pièce. La barbarie de Shakespeare se fait encore un peu sentir dans la régularité d'Addisson. Ce poëte ne s'est pas moins illustré par ses productions de morale et de critique : il a plusieurs morceaux de lui dans le *Spectateur* et dans le *Curateur*, où la raison et le bon goût sont embellis par l'esprit et par les grâces. Les pièces qu'il inséra dans le *Babillard* de Richard Steele ne sont pas moins estimées. Parmi ses ouvrages de poésie, on distingue son *Poëme sur la bataille de Hochstet*. On lui reproche seulement de n'y avoir pas assez respecté les têtes couronnées qui étaient en guerre avec les Anglais ; défaut qu'il peut avoir imité des écrivains Français qui ont écrit les guerres de leur nation. Addisson aurait dû rendre dans ses vers et dans sa prose plus de justice à Louis XIV qui, pour être un voisin dangereux, n'en était pas moins un grand roi. Il reçut le nom de *Sage*, pour avoir cherché dans tous ses écrits à plier le génie anglais à l'ordre, aux règles et aux convenances. Il le mérita aussi par son caractère et sa conduite. Il montra dans la littérature toute la politique d'un courtisan. Il détestait Pope dans le fond du cœur ; mais il prenait sur lui de le ménager au-dehors. On dit qu'il devait donner une tragédie sur la mort de Socrate, un dictionnaire anglais, un traité de la religion ; mais que sa place et ses infirmités l'en empêchèrent. Addisson respecta toujours la religion : tous ses écrits en respirent la vérité et les salutaires influences ; ils contiennent d'excellentes réflexions contre les erreurs de la philosophie moderne, mais ses préventions contre les catholiques font tort à son jugement et à sa philosophie. Ses ouvrages ont été imprimés à Londres, 1726, 3 vol. in-12, et réimprimés à Basherville en 4 vol. in-4°, 1761. Le *Spectateur* dont il fut le créateur, qui a été traduit dans toutes les langues et qui a contribué à sa célébrité plus qu'aucune autre de ses productions, a été réimprimé en 1797, en 8 vol. in-8°. Sa *Vie* a été écrite par des Maiseaux, Londres 1733, in-12, en anglais.

ADDO, prophète du royaume de Juda, écrivit les actions des règnes de Roboam et d'Abia. (II Paral. XIII, 22.) Il y a apparence qu'il avait aussi écrit quelques prophéties contre Jéroboam fils de

Nabath, dans lesquelles on trouvait une partie de la vie de Salomon. Josèphe, et plusieurs autres après lui, croient que c'est Addo qui fut envoyé à Jéroboam, lorsqu'il était à Béthel, et qu'il y dédiait un autel aux veaux d'or; et que c'est lui qui fut tué par un lion, III Rois, XIII; Josèphe, Antiq. liv. 8, c. 3.

ADÉLAIDE, marquise de Suze, épousa, après la mort de son premier époux, un duc de Souabe; ensuite un marquis de Montferrat, puis un comte de Maurienne. Chacun de ces mariages, promptement dissous par la mort, augmenta son marquisat de Suze, qui devint, entre ses mains, un des fiefs les plus importants de l'Italie. Elle gouverna avec sagesse et fermeté, et partagea avec Mathilde, comtesse de Toscane, l'admiration de son siècle. Elle mourut l'an 1091. Sa fille Berthe, qu'elle avait eue du comte de Maurienne, épousa l'empereur Henri IV.

ADÉLAIDE ou ALIX de Savoie, fille de Humbert II, comte de Mayence, épousa Louis VI, dit le Gros, roi de France. Pendant 22 ans que dura leur union, rien n'en troubla la paix; et après la mort de ce monarque dont elle avait eu six fils et une fille, elle contracta un second mariage avec le connétable Matthieu de Montmorency, dont elle eut une fille qui fut mariée à Gaucher de Châtillon. Yves de Chartres la peint comme une princesse dont la piété et les mœurs étaient recommandables. Après avoir vécu 15 ans avec son second mari, elle se retira à l'abbaye de Montmartre, qu'elle avait fondée, et y mourut l'année suivante, en 1154, à l'âge d'environ 60 ans.

ADÉLAIDE (Madame), fille aînée de Louis XV, et tante de Louis XVI, née le 3 mai 1732, mérita, par sa piété, la pureté de ses mœurs et son attachement pour la famille royale, l'estime et le respect de toute la cour. Le 19 février 1791, elle obtint la permission de quitter Paris avec sa sœur, Madame Victoire. Ces deux princesses arrivèrent heureusement à Rome, après avoir été arrêtées plusieurs fois sur leur route. En 1796, ne se croyant point en sûreté, elles se retirèrent à Naples. Elles habitèrent le château de Caserte jusqu'au 23 décembre 1798, que l'approche des Français les força de quitter ce séjour. Elles passèrent à Foggia, de là à Cérignole, ensuite à Bari, où elles s'embarquèrent sur une misérable tartane, pour joindre une frégate dépêchée par l'amiral russe pour les recevoir. Elles séjournèrent quelque temps à Corfou, d'où elles se rendirent à Trieste. Madame Victoire, qui était dangereusement malade avant son départ de Naples, y succomba le 8 juin 1799, et Madame Adélaïde ne lui survécut que peu de temps. Elle termina ses jours le 18 février de l'année suivante.

ADÉLARD (Voyez ADALARD.)

ADELBOLD, 19ᵉ évêque d'Utrecht, né à la fin du 10ᵉ siècle, et issu d'une famille noble de l'évêché de Liége, se consacra dès sa jeunesse au service des autels dans la collégiale de Saint-Ursmart, à Laubes; mais il n'y embrassa pas l'état monastique comme quelques-uns l'ont cru. Il étudia néanmoins dans le monastère sous l'abbé Folcuin ou Hériger, son successeur, et fréquenta les écoles de Liége et de Rheims; dans cette dernière, il eut pour maître le célèbre Gerbert, qui fut pape sous le nom de Sylvestre II. Ses succès dans les sciences divines et humaines furent tels que, dès 996, il était rangé parmi les savants les plus célèbres de ce temps, et que sa réputation s'était étendue jusqu'à la cour de Henri II, roi de Germanie, depuis empereur, et mis ensuite au rang des saints. Ce prince appela Adelbold près de lui, et le fit son chancelier. L'évêché d'Utrecht étant venu à vaquer par la mort de saint Alfred, le roi y fit placer Adelbold. Ses premiers soins furent de faire réparer les lieux saints, la plupart tombés en dégradation; il rebâtit l'église de Saint-Martin, l'une des principales de sa ville épiscopale, en releva plusieurs autres, et fonda la collégiale de Rhiel de Dicé, sous l'invocation de Sainte-Walburge. Il se crut obligé de prendre part à quelques expéditions guerrières pour défendre les biens de l'Eglise et les préserver du pillage; usage que l'oubli de la discipline de l'Eglise et les mœurs guerrières de ce temps-là faisaient tolérer. Il mourut estimé et regretté, le 27 novembre 1027, après dix-neuf ans d'épiscopat. On a de lui : *Vie de saint Henri* (Henri II, dont il est question dans cet article), monument précieux, qui malheureusement n'est point entier; ce qui en reste a été inséré dans les *Vies des saints de Bamberg*, données par Gretzer, en 1611, et dans le premier volume de *Scriptores rerum Brunswic*, de Leibnitz; *De ratione inveniendi crassitudinem sphæræ*, avec une lettre adressée à Sylvestre II, son ancien maître (Dom Bernard Pèze a imprimé ce traité dans le troisième volume de son *Thesaurus anecdotorum*); une *Vie de sainte Walburge*, et quelques autres ouvrages de piété. On trouve dans les écrits d'Adelbold une élégance, une beauté et une clarté de style rare dans le siècle où il vivait.

ADELGREIFF (Jean-Albert), né dans un village voisin d'Elbing, se distingua par sa folie, et aurait peut-être formé une secte fougueuse, si on l'avait laissé dogmatiser à son aise. Il disait que sept anges lui avaient révélé qu'il tenait la place de Dieu en terre, pour extirper tout le mal du monde, et pour châtier les souverains avec des verges de fer. C'est pourquoi il se donnait ces titres : « Nous Jean Albrech Adelgreiff, Syrdos, Amade, Canamata, Kihi Schmalkilmandis, Elioris, Archi-Souverain Pontife, Empereur, Roi de tout le royaume divin, Prince de paix de tout l'univers, Juge des vivants et des morts, Dieu et Père, dans la gloire duquel Christ viendra au dernier jour pour juger le monde, Seigneur de tous les seigneurs, et Roi de tous les rois. » L'an 1636, on le mena prisonnier à Kœnigsberg : il avoua qu'il avait été fouetté en Transylvanie pour cause d'adultère. On joignit l'accusation d'hérésie à celle de magie, et il fut condamné au dernier supplice, le 28 octobre de la même année. Quand on lui lut la sentence, il l'écouta sans la moindre émotion et dit : Puisque la chose ne pouvait être autrement, il fallait qu'elle arrivât. Il soutint qu'il ressusciterait le troisième jour.

ADELMAN, chanoine et écolâtre de l'église de Liége, évêque de Brescia dans le 11° siècle, écrivit à l'hérétique Bérenger une lettre sur l'Eucharistie où il défend le mystère avec une sagesse et une modération dignes de la vérité. On trouve cette lettre dans une collection sur l'Eucharistie publiée à Louvain en 1561, in-8, et dans la *Bibliothèque des Pères*. Il avait aussi composé un poëme rhythmique *De viris illustribus sui temporis*; ce poëme est appelé *Alphabétique*, parce que chacun des tercets qui le composent commence par une des lettres, rangées dans l'ordre où elles sont dans l'alphabet. Il a été publié par Mabillon, *Analecta*, tome I. Il mourut vers 1062.

ADELME, fils de Kentred, frère d'Inas, roi des Saxons occidentaux, premier évêque de Sherburn (aujourd'hui Sarisbourg), dans le 7e siècle, a laissé divers ouvrages en vers et en prose, imprimés à Mayence en 1601. Il passe pour le premier Anglais qui apprit à sa nation l'usage de la langue latine et les règles de la poésie. Sa vie a été écrite par Guillaume de Malmesbury, et se trouve dans les *Acta Sanctorum*. Avant d'être évêque, il avait été abbé de Malmesbury.

Adelme a écrit sur la nature des êtres insensibles, sur l'arithmétique, l'astronomie, la discipline des philosophes, et sur les huit vices principaux. Ses traités sont intitulés : *De laude virginum; De celebratione paschatis*. Il mourut en 709.

ADELPHE, philosophe platonicien qui adopta les principes des *gnostiques*, qui n'étaient que le développement du platonisme. Il ramassa plusieurs livres d'Alexandre le Lybien et de prétendues révélations de Zoroastre, qu'il mêla avec les maximes du platonisme et avec celles des gnostiques. Il composa de ce mélange un corps de doctrine qui séduisit beaucoup de monde dans le 3° siècle. Il prétendait avoir pénétré plus avant que Platon dans la connaissance de l'Être suprême. Plotin le réfuta dans ses leçons, et écrivit contre lui.

ADELSTAN. (Voyez ATHELSTAN.)

ADELUNG (Jean-Christophe), grammairien allemand, né le 30 août 1734 à Spantekow en Poméranie, mort en 1805 à Dresde, où il était bibliothécaire de l'électeur. On lui doit un *Dictionnaire grammatical et critique de la langue allemande*, en 5 vol. in-4°, réimprimé en 4 avec des augmentations qui ont donné du prix à cet ouvrage, mais qui n'effacent pas encore les défauts du premier plan. Outre des lacunes, on reproche à l'auteur sa partialité dans le choix de ses autorités. On a encore de lui : *Glossarium manuale ad scriptores mediæ et infimæ latinitatis*, 6 vol. in-8 : c'est un abrégé du glossaire de Du Cange ; un *Traité du style allemand*, 2 vol., plusieurs fois réimprimé ; *Histoire des folies humaines*, 7 parties; *Tableau de toutes les sciences, arts et métiers qui ont pour objet de satisfaire aux besoins de la vie*, 4 parties : cet ouvrage, un des meilleurs de l'auteur, est un modèle de précision et de clarté ; *Essai d'une histoire de la civilisation du genre humain*, 4 vol.; *Histoire de la Philosophie*, 3 vol.; un *Traité* fort étendu sur l'orthographe allemande, et plusieurs *Grammaires* et autres ouvrages.

ADELUNG (Frédéric d'), né en 1768, mort à Berlin au mois d'août 1842, a publié : *Notices et Extraits d'anciens poëtes allemands*, 2 vol. in-8 ; *Sur l'ancienneté de quelques poëmes septentrionaux ; Rapports entre la langue sanscrite et la langue russe*, 1811, in-8; *Bibliotheca Glottina*, in-4 ; divers travaux sur les antiquités scandinaves et germaniques.

ADENEZ-LE-ROI, appelé aussi ADAM, ménestrel du 13e siècle, attaché à la cour de Henri III, duc de Flandre et de Brabant, a composé plusieurs romans, entre autres celui de *l'Enfance d'Ogier le Da-*

nois, mis en rimes par ordre de Guy, comte de Flandre : il en existe plusieurs traductions en prose, imprimées dans le 16e siècle; celui de *Cléomadis*, mis en rimes par ordre de Marie de Brabant, et traduit en prose par Philippe Camus; le roman d'*Aymeri de Narbonne*; le roman de *Guillaume d'Orange*, dont quelques extraits se trouvent dans l'*Histoire du Languedoc* par Catel; le roman de *Pepin et Berthe, sa femme*, ouvrage où la tradition historique est respectée par l'auteur; le roman de *Buenon de Commarchis*. Adenez remporta un grand nombre de couronnes à l'occasion de ses poésies, ce qui sans doute lui fit donner le surnom de *Roi*.

ADÉODAT, pape. (Voir DIEUDONNÉ.)

ADER (Guillaume), médecin de Toulouse, auteur d'un traité imprimé en 1620, sous ce titre : *Enarrationes de œgrotis et morbis in Evangelio*. Il y examine si l'on aurait pu guérir par la médecine les maladies dont J.-C. délivrait par miracle. Il décide que non, et que les infirmités que le Messie avait guéries étaient incurables. Mais, quand ces maladies eussent été du ressort de la médecine, la guérison n'en serait pas moins miraculeuse, puisqu'elle s'opéra dans un moment et par quelques paroles. Ader vivait au commencement du 17e siècle. C'était un homme savant; il a laissé deux poëmes en langue gasconne et en honneur d'Henri IV, et quelques ouvrages de médecine.

ADHÉMAR de Monteil, évêque du Puy en Velay, issu d'une ancienne famille du Dauphiné, se croisa un des premiers pour l'expédition de la Terre-Sainte. Urbain II le nomma chef de l'expédition, et le choisit pour son légat auprès des croisés, auxquels il rendit les plus grands services, en entretenant l'union, la discipline et la bravoure dans une armée aussi nombreuse. Lui-même se distingua dans plusieurs combats livrés aux Sarrasins, et surtout au siége d'Antioche, où il prouva qu'il joignait à la bravoure toutes les qualités d'un chef expérimenté. Il mourut, le 1er août 1098, peu après la prise d'Antioche, d'une maladie contagieuse qui s'était mise dans l'armée.

ADHÉMAR (Guillaume), gentilhomme provençal, célèbre par son esprit, mérita l'estime et l'amitié de l'empereur Frédéric Barberousse, et de l'impératrice Béatrix son épouse. Il dédia à cette princesse un *Traité des Femmes illustres*, en vers. Il laissa d'autres pièces de poésie, et mourut vers l'an 1190.

ADHERBAL, célèbre général carthaginois. Il commandait en Sicile pendant la première guerre punique, et remporta sur les Romains, l'an 250 avant J.-C., la victoire navale la plus complète dont aient jamais pu se glorifier les Carthaginois.

ADHERBAL, fils de Micipsa, roi de Numidie, ayant été vaincu par Jugurtha, implora le secours des Romains. Le sénat donna la basse Numidie à Adherbal et la haute à Jugurtha; mais celui-ci, n'étant pas satisfait de ce partage, mit le siége devant Cirta, capitale des Etats d'Adherbal, prit la ville, et mit à mort le roi, l'an 113 avant J.-C.

ADIMANTUS, général athénien, vivait dans le 5e siècle avant J.-C. Philoclès avait proposé de couper aux prisonniers le pouce droit, afin qu'ils ne pussent plus porter la lance; Adimantus fut le seul qui s'opposa à cet acte de cruauté. A la bataille d'Ægos-Potamos, il fut aussi le seul prisonnier que les Lacédémoniens ne mirent pas à mort. C'était son humanité qui lui avait valu cette distinction. Conon prétendit qu'il la devait à la trahison, mais cette accusation n'eut pas de suite, et Xénophon ne paraît pas croire à sa culpabilité.

ADIMARI (Alexandre), né en 1579, d'une famille patricienne de Florence, différente de celle de Raphaël, étudia avec soin les lettres grecques et romaines, et cultiva avec succès la poésie. On a de lui une traduction, en vers italiens, des *Odes de Pindare*, qu'il accompagna de bonnes observations. Cette traduction, estimée des Italiens à cause des notes, parut à Pise en 1631, in-4°. Adimari mourut en 1649.

ADIMARI (RAPHAEL), né à Rimini sur la fin du 16e siècle, consacra sa plume à l'histoire de sa patrie. Elle parut à Brescia, en 1616, 2 vol. in-4°, sous ce titre : *Sito Reminese*. Elle est assez estimée, quoique les Italiens lui préfèrent celle de Clementini.

ADLUNG (Jacques), célèbre organiste et professeur au gymnase d'Erfurth, né en 1699, mort en 1762, a laissé entre autres un traité curieux *de l'Orgue* en latin, Berlin, 1768, in-4°, avec des notes de S.-G. Albrecht.

ADMAN (Samuel), savant théologien non conformiste, né le 25 décembre 1750 à Wieslanda, fut professeur de théologie et directeur du séminaire à Upsal; il est mort à l'âge de 80 ans, le 20 octobre 1829. On a de lui : *Recueil des sujets concernant l'histoire naturelle pour éclaircir la sainte Bible*, Upsal, 1785-1794, 4 vol. in-8°, *Dictionnaire géographique sur les écrits du nouveau Testament*, Upsal, 1799, in-8°; *Essai sur l'Apocalypse de saint Jean*, Upsal, 1803 in-8°; *Traduction de l'Evangile de saint Mathieu, avec des observations philologiques*, Stockholm 1814, in-8°. Adman cultivait aussi la musique, et il a laissé plusieurs compositions religieuses parmi lesquelles on cite: *Le Sauveur à Golgotha*, oratorio; *Le Sauveur sur le mont Olivet*, oratorio.

ADMIRAL (Henri L'), né à Auzelles (Puy-de-Dôme) en 1744, de parents pauvres, fut d'abord domestique chez le ministre Bertin, et obtint, par son crédit, la place de directeur de la loterie de Bruxelles, que la révolution vint lui ravir. Désesperé et sans ressource, il forma le projet d'assassiner Robespierre et Collot d'Herbois qu'il regardait comme les principaux auteurs des maux de la France. La difficulté de parvenir jusqu'au premier lui fit attaquer le second, au moment où il rentrait chez lui. Il lui tira un coup de pistolet, mais il le manqua. Il fut arrêté et conduit au comité de sûreté générale, où il répondit avec fermeté. Quoiqu'il n'eût aucun complice, on prétendit trouver dans son projet les preuves d'une conspiration ourdie par l'étranger pour renverser la république, et on y impliqua 52 personnes, parmi lesquelles se trouvaient les deux Sombreuil, de Sartine fils, la princesse de Rohan-Rochefort et un de ses fils âgé de 24 ans. Tous portèrent leur tête sur l'échafaud révolutionnaire. L'Admiral conserva son sang-froid jusqu'à la fin. Il regrettait seulement d'avoir compromis autant de braves gens, et mourut en disant: « J'ai conçu seul mon projet, et « j'ai voulu servir ma patrie. »

ADOLPHE, de Nassau, fut élu empereur d'Allemagne, en 1292. Il n'était qu'un pauvre gentilhomme d'une famille illustre, il est vrai, mais sans crédit: il ne dut son élévation qu'au désir qu'avaient les électeurs de se rendre indépendants du chef de l'empire. Il n'avait pas de quoi faire face aux frais de son couronnement, et comme il ne put extorquer des juifs ce dont il avait besoin, ce fut l'électeur de Mayence qui lui fit les avances nécessaires. Pour chercher de nouvelles ressources, Adolphe se mit à la solde d'Édouard I contre Philippe-le-Bel, auquel il écrivit insolemment. Quoiqu'il eût reçu une forte somme, il n'agit pas contre la France. Il dépouilla quelques-uns des seigneurs de l'Allemagne; l'on ne vit bientôt en lui qu'un vil spoliateur. Il fut cité devant une diète électorale, accusé de beaucoup de crimes, et déposé le 23 juin 1298. Albert d'Autriche, au préjudice duquel il avait été élu, lui livra bataille auprès de Spire, le 2 juillet 1298. Ils se joignirent au fort de la mêlée, et Albert d'Autriche lui porta dans l'œil un coup d'épée dont il mourut.

ADOLPHE X, comte de Clèves, est célèbre par l'institution de l'ordre des Fous, en 1380. Trente-cinq seigneurs ou gentilshommes entrèrent dans cette société, qui ne paraît avoir été formée que pour entretenir l'union entre les nobles du pays de Clèves. On les reconnaissait à un *fou* d'argent, en broderie, qu'ils portaient sur leurs manteaux. Le dimanche après la fête de Saint-Michel, tous les frères s'assemblaient à Clèves, et se régalaient à frais communs. La société s'appliquait ensuite à terminer les différends survenus entre les confrères. Cet ordre ne subsiste plus depuis longtemps. Adolphe X était le second fils d'Adolphe IX, comte de la Marche, et de Marguerite fille de Théodoric X, comte de Clèves. Il fut, bien jeune encore, nommé à l'évêché de Munster, en 1357, et, cinq ans après, en 1362, créé, par Urbain V, archevêque de Cologne. Accusé de prodigalité et d'inconduite, il devait comparaître devant le pape, qui siégeait alors à Avignon; mais ne se fiant peut-être pas à ses moyens de défense, il se démit de son archevêché, et épousa Marguerite, fille de Gérard, comte de Juliers. Il hérita du comté de Clèves par la mort du prince Jean, et eut aussi le comté de la Marche, comme successeur de son frère aîné, Engelberg. Il mourut à Clèves l'an 1394, laissant plusieurs enfants, dont l'aîné, Adolphe, fut le premier duc de Clèves.

ADOLPHE II, prince d'Anhalt et évêque de Mersbourg, né en 1458, mort en 1526, passait pour grand prédicateur et un habile théologien. Il fut d'abord très-opposé à Luther; mais on assure que dans la suite il goûta sa doctrine, parce qu'il la trouvait commode et assortie à ses inclinations.

ADOLPHE, fils de Gérard, comte de Holstein, fut investi, en 1440, par Christophe III, roi de Danemarck, du duché de Slewigh, et s'occupa constamment du bonheur de ses sujets, dont il étouffa l'esprit de révolte en leur donnant des lois. Après la mort de Christophe, la couronne de Danemark lui fut offerte par les grands et le peuple; mais il la refusa, exemple bien rare parmi les princes, en disant: « que ce fardeau « était au-dessus de ses forces ». Il mourut en 1459. Il avait montré, dès son enfance, une sagesse prématurée et un mépris profond pour le luxe. Marguerite, reine de Danemark, ayant voulu enrichir sa parure d'un collier de perles, il le rejeta avec une espèce d'horreur.

ADOLPHE-FRÉDÉRIC II, de Holstein-Eutin, roi de Suède, né le 14 mai 1710, fut couronné en 1751, après la mort de Frédéric de Hesse-Cassel, qui mourut sans postérité, et dont il avait été nommé successeur par la diète dès l'an 1743; il était auparavant évêque de Lubeck. Ce prince commença par réformer les lois, à l'exemple du roi de Prusse, dont il avait épousé la sœur en 1745; mais son autorité étant extrêmement limitée, il ne put faire tout le bien qu'il eût voulu. Ami des talents autant que de la justice, il les protégea et les encouragea. Il fit fleurir le commerce, et à sa mort, arrivée en 1771, ses sujets le pleurèrent comme un père. En 1755, il avait fait élever à Tornéo, dans la Bothnie occidentale, une pyramide destinée à servir de monument aux opérations qu'avaient faites plusieurs académiciens français pour déterminer la figure de la terre. Il établit à Stockholm, la même année, à la recommandation de la reine, une académie des inscriptions et belles-lettres. L'année d'après fut marquée par un événement funeste. Des amis du roi formèrent le projet de rétablir le pouvoir absolu, auquel la reine Ulrique, sœur de Charles XII, avait renoncé; leur complot fut découvert, et plusieurs de ceux qui y étaient entrés périrent sur l'échafaud. Gustave son fils, qui lui succéda, rétablit de concert avec les Etats, en 1772, l'autorité royale, en renfermant dans de justes bornes celle des sénateurs. Dans la diète de 1789, ces bornes ont été plus resserrées encore; la noblesse y a perdu plusieurs prérogatives; l'ordre des paysans et celui des bourgeois ont acquis plus de considération, et le roi jouit du droit de faire la paix et la guerre.

ADON (saint), archevêque de Vienne en Dauphiné en 860, avait été élevé, dès sa plus tendre jeunesse, dans l'abbaye de Ferrières. Il parut avec éclat dans divers conciles, et en tint lui-même plusieurs à Vienne pour maintenir la pureté de la foi et des mœurs. Mais les actes de ces conciles sont perdus, et il ne nous reste plus qu'un fragment de celui qui fut tenu par ce saint, en 870. Lorsque le roi Lothaire, dégoûté de la reine Thietberge, voulut la renvoyer, Adon s'éleva contre ce divorce, et fit au prince les plus fortes représentations pour l'en détourner. Il eut beaucoup de part aux affaires publiques qui se traitèrent de son temps, et la religion trouva toujours en lui un zélé défenseur. Le pape Nicolas I, Charles-le-Chauve et Louis de Germanie l'estimaient autant pour sa prudence que pour sa sainteté, et déféraient avec confiance à ses avis. Il mourut le 16 décembre 875, à 76 ans. L'Eglise l'honore d'un culte public, et son nom se trouve dans le Martyrologe romain. (Voyez sa *Vie* dans Mabillon.) L'embarras des affaires ne nuisit pas à son recueillement, et n'empêcha pas qu'il ne trouvât du temps pour la prière et pour l'étude. Ce prélat est auteur d'une *Chronique universelle*, depuis Adam, citée par les auteurs les plus exacts. Elle fut imprimée à Paris en 1512, 1522, in-fol., en caractères gothiques, avec une partie de Grégoire de Tours, 1561, in-8°, et l'a depuis été à Rome, 1745, in-fol. L'auteur l'a divisée en six âges, et l'a poussée jusqu'à son temps, en commençant à la création du monde. D'un *Martyrologe*, dont le Père Rosweide, jésuite, donna une édition très-estimée, Anvers, 1613, in-f°. Georgi, secrétaire de Benoît XIV, en aurait donné une plus correcte encore, avec des notes et des dissertations savantes.

ADONIAS, 4° fils de David et d'Aggith, ayant projeté de se faire roi, fut appuyé inutilement par Joab. Il se retira au pied de l'autel, pour échapper au ressentiment de Salomon, qui lui pardonna; mais ayant aspiré une seconde fois à la royauté, ce roi lui fit ôter la vie vers l'an 1014 avant J.-C.

ADONIBÉSECH, roi de Bésech, dans la terre de Chanaan, était un prince puissant et cruel qui, ayant vaincu soixante-et-dix rois, leur avait fait couper l'extrémité des pieds et des mains, et leur donnait à manger, sous sa table, les restes de ce qu'on lui servait. Les Israélites, l'ayant vaincu, lui firent le même traitement, vers l'an 1430 avant J.-C.

ADONISÉDEC, roi de Jérusalem, unit ses armes à celles de quatre rois ses voisins, pour combattre les Israélites. Josué leur livra bataille, les vainquit, et les força de se retirer dans une caverne, où ils furent pris et mis à mort. Ce fut dans cette journée que Dieu arrêta le soleil à la prière de Josué. *Voyez* ce nom.

ADORNO, doge de Gênes, fut élevé à cette dignité dans un moment où cette ville était en proie aux factions les plus cruelles. Ses ennemis, acharnés contre lui, l'obligèrent plusieurs fois à fuir, pour faire place à ceux qu'on lui opposait; mais le zèle de ses amis parvint toujours à le rétablir sur le trône ducal. Né avec un cœur généreux, et doué d'un génie vaste et profond, il sut faire respecter son nom par tous les princes de l'Europe. Le pape Urbain VI, assiégé dans le château de Nocéra par Charles III, roi de

Naples, lui dut sa délivrance. Il envoya à son secours une flotte puissante, qui le ramena à Gênes avec ses cardinaux. Il s'occupa ensuite de punir les Maures de leur brigandage, et leur enleva l'île de Gerbi. Il entra encore dans l'expédition contre le roi de Tunis, qui fut obligé de rendre tous les chrétiens captifs, de payer un tribut aux Génois, et de promettre qu'à l'avenir ses sujets n'exerceraient plus de brigandages. Enfin pour déjouer les projets du Duc de Milan, qui excitait les factions de Gênes, afin de s'emparer plus facilement de cet Etat, il se détermina à mettre sa patrie sous la protection de Charles VI, roi de France, qui s'engagea, par un traité signé le 25 octobre 1396, à respecter tous les priviléges des Génois, qui reconnurent sa suzeraineté. Adorno renonça au titre de doge, et prit celui de vicaire ou gouverneur royal. Il mourut de la peste l'année suivante.— Il y a eu plusieurs autres personnages du même nom et de la même famille qui ont été doges de Gênes. Leur rivalité avec les Frégosi fit répandre beaucoup de sang, et précipita successivement la république sous le joug du duc de Milan, des Français et de l'empereur.

ADORNO (François), jésuite, d'une ancienne famille de Gênes, fécond en grands hommes, mort en 1586, à 56 ans, composa, à la prière de saint Charles, dont il était confesseur, un savant *Traité de la discipline ecclésiastique*.

ADORNO (Jean-Augustin), frère du précédent, fondateur de la Congrégation des clercs réguliers-mineurs, mort à Naples en odeur de sainteté, l'an 1590. Il voulut qu'il y eût toujours quelqu'un de ses clercs devant le Saint-Sacrement.

ADRAMAN, fils d'un boucher de Marseille, ayant été dans son enfance fait prisonnier par les Turcs, devint pacha de Rhodes, et grand amiral de la Porte. Ses ennemis l'accusèrent d'avoir incendié une partie de Constantinople; quoique innocent, il fut étranglé en 1706. Il laissa 22 enfants, dont quelques-uns se distinguèrent par leur valeur.

ADRASTE, petit-fils de Midas, roi de Phrygie. Ayant tué par mégarde son frère, il fut obligé de quitter sa patrie, et alla chercher un asile à la cour du roi de Lydie. Crésus, l'ayant reçu et purifié de son meurtre, le combla de bienfaits, le retint dans son palais, et lui donna tout ce qui était nécessaire pour vivre d'une manière convenable à son rang. Il le chargea, dans la suite, de veiller à la conservation de son fils. Le prince étranger, ravi de trouver l'occasion de témoigner sa reconnaissance à son bienfaiteur, reçut avec joie cet emploi; mais il eut bien lieu de s'en repentir. Dans la fameuse chasse du sanglier qui ravageait les champs des Mysiens, l'infortuné Adraste, ayant lancé son javelot sur la bête, la manqua, et tua de ce même coup Atys, ce jeune prince qui avait été confié à sa garde. Alors détestant la vie, et se regardant comme un instrument funeste de malheurs inévitables, il se donna lui-même la mort sur le tombeau du jeune Lydien.

ADRASTE, roi d'Argos, leva une armée contre Ethéocle, qui avait chassé du trône de Thèbes, en Béotie, Polynice son gendre et frère d'Ethéocle. Cette guerre fut appelée l'*Entreprise des sept Preux*, parce que l'armée était composée de sept princes. Ils périrent tous au siège de Thèbes, à l'exception d'Adraste. Ce roi inspira aux enfants des princes qui avaient été tués la vengeance dont il était animé. Il forma une nouvelle armée de sept jeunes princes, que l'on nomma *des Epigones*; c'est-à-dire, de ceux qui avaient survécu à leurs pères. Ils vainquirent les Thébains, et ils échappèrent tous à la mort, à l'exception d'Egialée, fils d'Adraste. Ce père trop tendre ne survécut point à la douleur que lui causa la mort de son fils. Ces évènements arrivèrent vers l'an 1251 avant J.-C.

ADRETS (François de Beaumont, baron des) naquit en 1513, d'une ancienne famille du Dauphiné. Il avait un esprit ardent, et il était fait pour être chef de parti. Il se mit du côté des huguenots en 1562, par ressentiment contre le duc de Guise. Il prit Valence, Vienne, Grenoble, Lyon, et se signala autant par sa valeur et par sa célérité, que par l'atrocité de ses vengeances. Il tuait, brûlait, et saccageait avec une cruauté qui faisait frémir ses officiers même. Son seul aspect, son regard farouche, son nez recourbé, son visage décharné et marqué de taches de sang noir, tel qu'on peint Sylla, imprimaient l'effroi aux plus intrépides. Son caractère atroce se montre tout entier dans le barbare plaisir qu'il se donna sous les rochers de Mornas, au pays du Rhône, puis à Montbrison en Forez. Ayant réduit ces postes, il s'amusait, après son dîner, à voir sauter, l'un après l'autre, les soldats et les officiers de la garnison catholique, soit du haut des rochers, soit de la plateforme des tours, dans le fossé où ses gens les recevaient sur leurs piques. Il sortit néanmoins de son caractère dans l'une de ces rencontres, et, pour la première fois, son cœur s'ouvrit à la pitié.

Un de ces malheureux ayant pris deux fois son essor, et s'arrêtant chaque fois au bord du précipice : « Lâche, lui cria des Adrets, voilà deux fois que tu recules. — Et moi je vous le donne en dix, brave général », lui répliqua le soldat. Cette force d'âme, dans une situation si capable de l'étouffer, plut au tyran, et obtint la grâce au proscrit. Il fut à l'égard des catholiques ce que Néron avait été à l'égard des premiers chrétiens. Il recherchait, il inventait des supplices bizarres, et goûtait la barbare satisfaction de les faire endurer à ceux qui tombaient entre ses mains. Ce monstre, voulant rendre ses enfants aussi cruels que lui, les força de se baigner dans le sang des catholiques, dont il venait de faire une sanglante boucherie, et ces horreurs avaient l'approbation des chefs du parti ; l'amiral de Coligni disait « qu'il fallait se servir de lui comme d'un lion furieux, et que ses services devaient faire passer ses insolences. » On donna cependant le gouvernement du Lyonnais à un autre. Des Adrets, piqué, voulut se faire catholique ; mais on le fit saisir à Romans, et il aurait péri par le dernier supplice, si la paix qui se fit alors ne lui eût sauvé la vie. Il exécuta ensuite son dessein, et mourut le 2 février 1586, abhorré des catholiques et méprisé des huguenots.
« Les horreurs exercées par le baron
« des Adrets, dit un écrivain moderne,
« suffisent seules pour justifier les me-
« sures les plus sévères qu'on pourrait
« dans quelques pays contre l'introduc-
« tion des sectes et des dogmatisants
« anti-catholiques. Que d'affreux spec-
« tacles la France se fût épargnés, si
« elle avait veillé, comme l'Italie et l'Es-
« pagne, à écarter ou éteindre dans sa
« naissance un fléau qui devait en pro-
« duire tant d'autres, et qui, en établis-
« sant le règne des erreurs par le fer et
« le feu, a mis la monarchie à deux
« doigts de sa perte ! Peut-être toutes
« les suites de ce malheur ne sont-elles
« pas encore calculées, et le philosophis-
« me, qu'on peut considérer comme le
« produit des dernières hérésies, nous
« apprendra dans peu à quelle somme
« elle se monte. » Cet homme féroce et vénal laissa des fils et une fille qui n'eurent point de postérité. César de Vaussète, son gendre, se maria en secondes noces, après avoir hérité de la fille du baron des Adrets, sa première femme ; et c'est de ce mariage que sont descendus les barons des Adrets, du nom de Vaussète. Sa *Vie* a été écrite par Gui Allard, à Grenoble, 1675, in-12. Elle est d'un style simple, mais les faits sont vrais.

Une autre *Vie* du baron des Adrets a été publiée par J. C. Martin, 1803, in-8°.

ADRIAN ou ADRIANSEN (Corneille), de l'ordre de Saint-François, né à Dordrecht en 1521, et mort en 1581, prêcha avec tant de zèle et de succès à Bruges, qu'il fut appelé l'apôtre de cette ville. Les hérétiques, dont il était le fléau, tâchèrent de le perdre de réputation par tous les moyens imaginables. Van Meteren, dans son *Histoire des Pays-Bas*, a rassemblé diverses calomnies contre ce religieux, que M. de Thou, qui ne le copie que trop pour les affaires des Pays-Bas, répète après lui. Jean Boileau, dans son *Historia Flagellantium* accuse aussi Adrian. Les *Sermons* publiés sous son nom sont remplis de turlupinades, et même d'expressions obscènes que les hérétiques y ont ajoutées après sa mort, dans le dessein de rendre sa mémoire méprisable et odieuse. C'est ce que nous apprennent Sanderus et Valère André, beaucoup mieux instruits de ces sortes d'objets que van Meteren, dont le jugement est presque toujours offusqué par le fanatisme de secte. On lisait dans l'église des récollets de Bruges, dans celle de l'hôpital de Saint-Jean de la même ville, où Adrian fut inhumé, et dans celle des frères-mineurs, des épitaphes honorables à sa mémoire ; ce qui rend encore plus invraisemblables les calomnies de ses ennemis, répétées par plusieurs biographes.

ADRIAN (Adrien), jésuite né à Anvers, mort en 1581 dans la maison de Louvain qu'il gouverna pendant plusieurs années. Il a publié en flamand le *Mont de piété*, 1548 ; *sur l'Oraison dominicale* ; *sur l'Inspiration ou le Langage intérieur de Dieu*, 1570, trad. en latin par G. Brunesius, Cologne, 1601 ; *de la Vie active* ; *des Biens temporels* ; *des OEuvres de miséricorde* ; *de l'Origine et des Progrès de la vie cénobitique*, 1570 ; *de la Pauvreté évangélique*, 1571 ; *de l'Obéissance*, 1571 ; *de la Confession*, 1573 ; *de la Communion fréquente ou seulement annuelle, et s'il y a mérite de s'abstenir de la communion.*

ADRIANI (Marcel-Virgile) occupait la chaire de belles-lettres et la place importante de chancelier de la république de Florence. Il était très-versé dans la littérature, et appelé par Varchi l'homme le plus éloquent de son temps. Sa traduction latine de Dioscoride *(De materiâ medicâ)*, qu'il dédia au pape Léon X, lui fit tant d'honneur, qu'on l'appelait *li Dioscoride florentin*. Il mourut en 1521, âgé de 57 ans.

ADRIANI (Jean-Baptiste), fils de Marcel-Virgile, né à Florence, d'une famille noble, en 1513, secrétaire de la république, mort en 1579. On a de lui l'*Histoire de son temps* depuis l'an 1536, où finit celle de Guichardin, jusqu'en 1574, in-4°. Cette suite ne dépare point l'ouvrage de ce célèbre historien. De Thou, qui s'en est beaucoup servi dans son histoire, l'estimait à cause de son exactitude. On croit que Côme, grand-duc de Toscane, lui avait fourni ses Mémoires. Adriani fit l'Oraison funèbre de Côme I et celles de Charles V et de l'empereur Ferdinand, où il y a de l'éloquence et autant de vérité qu'on peut en mettre dans des panégyriques.

ADRIANI (Marcel), fils de Jean-Baptiste, fut, comme lui, professeur de belles-lettres à Florence, et membre de l'académie de cette ville, dont il fut censeur et quatre fois conseiller. Il a laissé en manuscrit : *Traduction italienne des Œuvres morales de Plutarque*, dont il y avait une copie dans la bibliothèque de Florence, et dont plusieurs auteurs ont fait l'éloge ; *Traduction du Traité de l'Elocution de Démétrius de Phalère*, imprimée en 1738 par les soins de Gori, avec une savante préface, où l'on trouve beaucoup de détails sur la vie et les écrits de l'auteur. On a de lui deux *Leçons sur l'éducation de la noblesse florentine* dans le 4ᵉ vol. des *Proses florentines*. Il mourut en 1604.

ADRICHOMIUS (Christian), né à Delft en 1533, ordonné prêtre en 1561, mourut en 1585 à Cologne, où il s'était retiré après avoir été chassé de son pays par les protestants. Son ouvrage le plus célèbre est le *Theatrum terræ sanctæ*, avec des cartes géographiques, à Cologne, 1643, in-fol. On a encore de lui *Veteris Jerosolymæ descriptio*, in-8, et une *Chronique de l'Ancien et du Nouveau Testament*, qui manque quelquefois de critique, Cologne, in-fol.; 1682. Il était meilleur géographe qu'historien. Sa *Géographie sainte* est très-estimée ; Bonfrerius en a corrigé les cartes. Son nom de famille était Adrichem, dont il fit Adrichomius. (Voyez Nicéron, tome 38.)

ADRIEN (Ælius), empereur romain, né selon Eutrope à Italica, près de Séville, en Espagne, et à Rome selon Spartien, était cousin-germain de Trajan, qui l'adopta, et auquel il succéda sur le trône impérial en 117. Il eut pour père Ælius Adrianus Afer, parent de Trajan, et pour mère, Domitia Paulina, d'une famille illustre de Cadix. Il servit longtemps en Espagne dans les légions romaines, puis il en commanda une qu'il conduisit en Mésie sous le règne de Dioclétien. Il avait eu pour tuteur Trajan; il épousa sa petite nièce Julia Sabina. Nommé questeur et chargé des registres du sénat, il quitta bientôt ce poste pour marcher avec l'empereur contre les Daces. Après avoir passé successivement des fonctions civiles aux charges de l'armée, après avoir été consul, tribun, préteur, il commandait l'armée impériale, lorsque Trajan mourut. On ne peut affirmer qu'il ait été adopté par ce prince, dont il avait reçu le diamant que Nerva lui avait donné à lui-même à l'époque de son adoption. Les uns pensent qu'il avait été, en effet, adopté depuis plus d'un an; d'autres disent que les lettres d'adoption envoyées au sénat étaient supposées. Dès qu'il fut sur le trône, son premier soin fut de faire la paix avec les Parthes, et de maintenir la discipline militaire. De retour à Rome, il ne voulut pas accepter l'honneur du triomphe, et le fit accorder à l'image de Trajan. Un an après, Adrien marcha contre les Alains, les Sarmates et les Daces, dont il arrêta les hostilités. Il visita ensuite les provinces de son empire, s'arrêta quelque temps en Espagne, revint à Rome, recommença ses voyages, et fixa les bornes de l'empire. Il s'éleva, quelque temps après, une sanglante persécution contre les chrétiens, dont un grand nombre fut immolé à la fureur des païens dans toutes les provinces de l'empire; mais sur les remontrances de Quadrat et d'Aristide, Adrien fit enfin cesser le massacre. Il bâtit une ville en Egypte à l'honneur d'Antinoüs, objet infâme d'une luxure que Dieu a autrefois punie par le feu du ciel. Jérusalem fut relevée par ses soins et par ceux des Juifs, qui, malgré leurs fréquentes révoltes, contribuèrent à ce rétablissement qu'ils croyaient devoir leur être favorable. Ce n'était pourtant pas pour eux qu'on rebâtissait Jérusalem. Ces malheureux s'étant révoltés de nouveau sous les étendards d'un prétendu messie nommé **Barchochébas**, il leur fut défendu d'entrer dans Jérusalem, dont le nom fut changé en celui d'Ælia Capitolina, et même de la regarder de loin. On mit un pourceau de marbre sur la porte qui regardait Bethléem : et comme les chrétiens, qui n'avaient point du tout songé à se révolter, lui étaient, on ne sait pourquoi, aussi odieux que les Juifs, Adrien éleva une idole de Jupiter à l'endroit de la résurrection de Jésus-Christ, et une de Vénus en marbre au Calvaire, fit planter un bois en l'honneur d'Adonis à Bethléem, et lui consacra la caverne où le Sauveur était né. Adrien devint plus cruel que jamais sur la fin de son règne, et fit mourir injustement plusieurs personnes de distinction. Il fut attaqué d'une hydropisie à son palais de Tibur. Les remèdes ne lui procurant aucun soulagement, il tomba dans le désespoir : souvent il demanda du poison ou une épée pour terminer sa vie ; il offrit même de l'argent, et promit l'impunité à ceux qui voudraient lui rendre ce prétendu service. Son médecin se tua lui-même, de peur d'être forcé de lui donner du poison. Enfin, un esclave nommé Mastor, qui s'était fait connaître par sa force et sa hardiesse, se détermina, tant par menaces que par promesses, à obéir à l'empereur ; mais quand il fallut en venir à l'exécution, il fut saisi d'une si grande frayeur qu'il prit la fuite. Le malheureux Adrien se lamentait nuit et jour de ne pouvoir trouver la mort, lui qui l'avait donnée à tant d'autres. Il se la donna cependant à lui-même, en mangeant et en buvant des choses contraires à sa maladie. Il expira en disant : « Les médecins ont tué l'empereur, *Turba medicorum Cæsarem perdidit.* » (Dion Cass. et Spartien, *in Adriano.*) Il mourut en 138, dans la 62e année de son âge, et la 21e de son règne. Ælius Spartianus nous a conservé ces vers qu'il fit avant de mourir, et qui marquent son inquiétude sur l'état de son âme après sa mort : inquiétude que la philosophie, malgré son scepticisme, s'efforce en vain de dissimuler :

Animula vagula, blandula,
Hospes comesque corporis,
Quæ nunc abibis in loca
Pallidula, rigida, nudula.
Nec, ut soles, dabis jocos.

Il avait une passion extrême pour tout ce qui était extraordinaire, et une connaissance peu commune des mathématiques, de l'astrologie judiciaire, de la physique, de la musique, et généralement de tous les arts de curiosité. « Mais, « dit Bacon, c'était en lui un travers d'es« prit, de vouloir tout comprendre, et « négliger ce qu'il y a de plus utile dans « la sphère des connaissances humai« nes ». Il s'appliqua sérieusement à la magie, et voulut être initié dans tous les mystères de la Grèce. Julien, dans ses *Césars*, le raille avec justice, sans penser qu'il traçait son portrait plutôt que celui d'un de ses prédécesseurs. Il s'amusa avec les gens qui se moquaient de lui, et l'engagèrent dans plus d'une fausse démarche, flattant ses vices et applaudissant à tous ses caprices. Favorin, un des principaux courtisans, répondit à un de ses amis qui lui reprochait d'avoir cédé mal à propos à l'empereur : « Voulais-tu que je ne cédasse pas à un homme qui a trente légions d'armées ? » Il parvint cependant à connaître cette espèce d'hommes, et les chassa tous, comme avait déjà fait Vespasien, sans excepter Favorin, qui abusa étrangement de l'ascendant qu'il avait pris sur lui. Sa vanité allait si loin, qu'il faisait mettre à mort ceux qui osaient se donner pour ses rivaux dans quelque art ou dans quelque science. On loue ce prince pour deux choses qui, au commencement de son règne, le rendirent vraiment recommandable. 1° Ayant été élevé à l'empire, dit Spartien, il se défit de ses haines particulières, oublia les injures qu'il avait reçues, au point que quand il eut été fait empereur, il dit à un de ses plus grands ennemis : « Vous n'avez plus rien à craindre présentement ! » 2° Un jour qu'il passait, une femme se mit à crier : « Ecoutez-moi, César. » Et comme il répondit qu'il n'avait pas le temps, cette femme lui répliqua : « Ne soyez donc pas empereur ! » (*Noli ergo imperare*). Frappé de ces paroles, il s'arrêta et entendit les plaintes qu'on lui portait. Adrien composa lui-même l'histoire de sa vie et de ses principales actions, et la fit publier sous le nom d'un de ses domestiques. Cette histoire, qui n'était apparemment qu'un panégyrique, comme celle que des philosophes de nos jours ont publiée de leur vie, n'existe plus et donne lieu de croire que celles-ci n'existeront pas longtemps. Les hommes même vertueux et amis de la vérité qui ont écrit leur histoire, ont mal réussi dans ce genre d'ouvrage, où l'égoïsme vient se placer sans que l'écrivain s'en aperçoive. Adrien éleva un grand nombre de monuments : on lui attribue le pont du Gard, l'arène de Nîmes, le pont sur le Tibre qu'on appelle le pont Saint-Ange, le mausolée ou môle d'Adrien, maintenant le château Saint-Ange, sur le sommet duquel étaient autrefois un char et la statue de cet empereur, et sur lequel on voit maintenant un ange en bronze tenant une épée.

ADRIEN (saint) servait comme officier dans les armées romaines, et persécuta les chrétiens sous le règne de Maximilien-Galère ; mais il fut si touché de leur courage et de leur patience, qu'il embrassa leur religion. Ayant été arrêté à son tour, il souffrit d'horribles supplices, et reçut à Nicomédie la couronne du martyre, vers l'an 306, dans la dernière persécution générale. Saint Adrien est nommé sous le 4 de mars dans le martyrologe dit *de saint Jérôme*, ainsi que dans le romain. Sa fête est encore marquée au 8 de septembre, qui est le jour de la translation de ses reliques à

Rome, où il y a une église fort ancienne de son nom.

ADRIEN, auteur du 5ᵉ siècle, a composé en grec une *Introduction à l'Ecriture sainte*, imprimée à Augsbourg, en 1602, in-4°.

ADRIEN (saint), africain de naissance, fut d'abord abbé de Nérida, près de Naples. Le pape Vitalien, qui lui connaissait une grande science de l'Ecriture sainte, et une expérience consommée dans les voies intérieures de la piété, le choisit pour remplacer dignement saint *Deus-dedit*, archevêque de Cantorbéry. L'humble religieux représenta au souverain pontife qu'il serait du bien de l'Eglise d'élire en sa place Théodore, parce qu'il était beaucoup plus capable que lui de remplir les devoirs d'une charge aussi importante. Vitalien se rendit, mais après avoir obtenu qu'Adrien aiderait Théodore de ses avis, et qu'il porterait une partie du fardeau. Adrien, devenu abbé du monastère de Saint-Pierre et de Saint-Paul, près de Cantorbéry, s'y montra très-zélé pour l'étude des saintes Lettres et pour la pratique de tous les exercices capables de conduire les moines à la perfection qu'exige leur état. Il mourut le 9 janvier 710. Il y avait trente-neuf ans qu'il édifiait l'Angleterre par le spectacle de ses vertus, et qu'il l'éclairait par la lumière de sa doctrine toute céleste. — Il ne faut pas le confondre avec saint Adrien, évêque de Saint-André, en Ecosse, martyrisé en 874.

ADRIEN I, pape, né à Rome d'une ancienne famille, joignit aux vertus du christianisme le génie ferme des anciens Romains et le caractère prudent et adroit des Romains des temps modernes. Il fut élu pape après la mort d'Etienne III, en 772. Charlemagne le vengea des vexations de Didier, roi des Lombards, que ce prince détrôna. Le roi de France, venu à Rome pendant le siège de Pavie, confirma au souverain pontife la donation de Pépin, et y fit de grandes augmentations. Le second concile de Nicée ayant été convoqué contre les iconoclastes, il y envoya ses légats, qui y eurent la première place. Ce pontife mourut en 795, après avoir enrichi de beaucoup d'ornements l'église de Saint-Pierre. Les Romains, qu'il avait secourus dans une famine occasionnée par un débordement du Tibre, le pleurèrent comme leur père. Charlemagne, ami d'Adrien, partagea leur douleur, et lui fit une épitaphe. Adrien avait fait présent à ce prince du recueil des *Canons*, des *Lettres des Papes* et des *Décrétales*, et avait accompagné ce don d'un petit poëme dédicatoire dont chaque vers commençait par une lettre du nom de Charlemagne.

ADRIEN II, Romain, fut élevé malgré lui au souverain pontificat après la mort du pape Nicolas I, en 867. Il tint un concile à Rome contre Photius, et envoya dix légats à Constantinople contre le même patriarche, qui y fut déposé et soumis à la pénitence publique, en 869. Ce pape, qui avait agi de concert avec l'empereur grec et le patriarche Ignace, se brouilla ensuite avec l'un et l'autre au sujet de la Bulgarie, que celui-ci prétendait être de son patriarcat. Il eut encore quelques démêlés avec Charles-le-Chauve, roi de France, au sujet d'Hincmar, évêque de Laon, qui avait appelé au saint-siége d'une sentence lancée contre lui par le concile de Verberie. Adrien mourut en 872, en odeur de sainteté. On a de lui plusieurs lettres.

ADRIEN III, Romain de naissance, élu pape en 884, après Marin I ou Martin II, ne garda la tiare qu'un an et quatre mois. Sa vertu, son zèle, sa fermeté, promettaient beaucoup. Il ne put que se déclarer contre Photius.

ADRIEN IV, né en Angleterre, fils d'un clerc nommé Robert, qui se fit moine à Saint-Alban, subsista quelque temps des aumônes de ce monastère. Il erra longtemps de pays en pays avant de pouvoir être reçu en qualité de domestique chez les chanoines de Saint-Ruf, qui l'agrégèrent ensuite à leur ordre. Enchantés de son caractère aimable, de son esprit vif, de son intelligence accompagnée de réserve et de raison, ils le choisirent pour leur abbé et pour général de leur ordre. L'état où on l'avait vu lui fit des ennemis de tous ceux qui prétendaient à la supériorité; ils l'accusèrent de divers crimes dont il se justifia pleinement devant le pape Eugène III, qui le créa cardinal et évêque d'Albano, et l'envoya légat dans le Danemark et dans la Norwége. A son retour, le sacré collége l'éleva au pontificat le 3 décembre 1154. Il s'en montra aussi digne par l'élévation de ses sentiments que s'il eût été de la plus haute naissance. Il excommunia les Romains jusqu'à ce qu'ils eussent fait mourir l'hérétique Arnauld de Brescia, enthousiaste turbulent. Il lança une autre excommunication contre Guillaume, roi de Sicile, qui avait usurpé les biens de l'Eglise. Il redemanda à l'empereur Frédéric I les fiefs de la comtesse Mathilde, le duché de Spolette, la Sardaigne et la Corse; il n'en put rien obtenir alors. Ce pape, si jaloux de soutenir les droits de son siége, ne le fut point d'enrichir sa famille ; il laissa sa mère dans la pauvreté. Il mourut à Anagni, l'an 1159, avec la réputation d'un pontife sage et zélé pour l'Eglise. On trouve de ses lettres dans la *Collection des Conciles.*

ADRIEN V, pape en 1276, était né à Gênes. C'est lui qui répondit à ses parents, étant sur le point de mourir : « J'aimerais bien mieux que vous me vissiez cardinal en santé que pape mourant. » Il mourut à Viterbe un mois après son élection. On a prétendu qu'il n'avait jamais été sacré évêque, ni même ordonné prêtre ; mais ce conte n'a aucune vraisemblance.

ADRIEN VI (Adrien Florent Boyers) naquit à Utrecht, en 1459, d'un père nommé *Florent Boyers*, que les uns font tisserand, les autres constructeur de vaisseaux, et quelques-uns, valet d'un pilote. Il fut fait professeur de théologie, doyen de l'église de Saint-Pierre, et chancelier de l'université de Louvain, dans laquelle il n'avait été d'abord que pensionnaire gratuit. L'empereur Maximilien I le choisit pour être précepteur de son petit-fils l'archiduc Charles. Ce fut Marguerite d'Angleterre, sœur d'Edouard IV et veuve du duc de Bourgogne Charles-le-Téméraire qui fit les frais de son doctorat. Ferdinand V, roi d'Espagne, auprès duquel il avait été ambassadeur, lui donna l'évêché de Tortose, en Catalogne. Après la mort de Ferdinand, il partagea la régence d'Espagne avec le cardinal Ximenès, homme qui devait, comme lui, tout à son mérite. Il demeura enfin seul vice-roi pour Charles I, depuis Charles-Quint, lorsque celui-ci alla en Allemagne l'an 1520. Pendant cette régence orageuse qui vit naître en Espagne contre Charles-Quint la *ligue sainte*, occasionnée par le mécontentement général d'une partie de la noblesse, du clergé et du peuple, froissés par les préférences accordées aux Flamands, Adrien se conduisit avec faiblesse, et ce ne fut pas par ses soins que finit l'insurrection. Quelque temps après, en 1522, il fut élu pour succéder à Léon X, qui l'avait fait cardinal. Adrien s'appliqua à réformer le clergé et la cour romaine. La qualité de réformateur, jointe à celle d'étranger, l'empêcha d'être aussi cher aux Romains qu'il pouvait se promettre de l'être par ses bonnes qualités. A sa mort, arrivée en 1523, quelques furieux écrivirent sur la porte de son médecin : *Au libérateur de la patrie.* « Il mourut,
« dit l'abbé Bérault, révéré partout pour
« ses vertus, et haï des Romains : ils lui
« reprochaient la dureté, l'épargne sor-
« dide et la bassesse des sentiments ; ce
« qui ne signifiait dans leur bouche que
« la régularité, la frugalité et la mo-
« destie ». Ce pontife eut beaucoup de traits de ressemblance avec Adrien IV. L'un et l'autre ne firent rien pour leur famille, et tous les deux furent fâchés d'avoir accepté la tiare. Adrien VI était aussi simple dans ses mœurs, et autant économe que son prédécesseur (Léon X) avait été prodigue et fastueux. Lorsque les cardinaux le pressaient d'accroître le nombre de ses domestiques, sa réponse était qu'il voulait avant tout acquitter toutes les dettes de l'Eglise. Les palefreniers de Léon X lui ayant député l'un d'entre eux pour lui demander de l'emploi : *Combien le feu pape avait-il de palefreniers ?* lui demanda Adrien. *Cent*, lui répondit l'orateur : sur cela le pontife fit le signe de la croix et lui dit : *J'en aurais bien assez de quatre; mais j'en garderai douze, afin d'en avoir quelques-uns de plus que les cardinaux.* Ce pape a un rang parmi les écrivains ecclésiastiques, par son *Commentaire sur le quatrième livre des Sentences*, Paris, 1512, in-fol. Ce livre, imprimé d'abord lorsqu'il professait à Louvain, fut réimprimé sans sa participation, lorsqu'il fut à la tête du monde chrétien. On y a remarqué cette proposition : *Que le pape peut errer, même dans ce qui appartient à la foi ;* proposition qui ne prouve rien en faveur des théologiens français qui l'ont répétée souvent pour attaquer l'infaillibilité du souverain pontife, puisqu'elle peut s'entendre des opinions particulières des papes, et ne s'applique point essentiellement à leurs décisions solennelles, moins encore à leurs décrets acceptés par le corps des évêques. On a encore de lui *Quæstiones quodlibeticæ*, 1531, in-8°. Gaspard Burman publia en 1727 à Utrecht, in-4°, la vie de ce pontife. Dans ce siècle, où l'histoire de toutes les nations a essuyé les atteintes les plus affligeantes, on a vu un abbé Millot s'élever contre la mémoire de ce pontife, et essayer de le ravaler au rang des pédants. Il n'en faut pas davantage pour apprécier le mérite de ce faiseur d'Eléments d'histoire générale.

ADRIEN, chartreux ingénieux et savant, est auteur du traité intitulé : *Liber utriusque fortunæ*, qu'on avait attribué à Pétrarque, et dont la première édition, publiée à Cologne, 1471, in-4°, est rare et recherchée.

ADRIEN dit Corneto, cardinal, ainsi nommé du lieu de sa naissance, de la famille des Castellesi suivant quelques-uns, et suivant d'autres, d'une origine obscure, fit à Rome d'excellentes études, et devint très-versé dans les sciences humaines. Innocent VIII l'envoya nonce en Angleterre et en Ecosse. Il plut si bien à Henri VII, que ce monarque lui donna les évêchés d'Héréford, de Bath et de Wels. Alexandre VI le rappela à Rome, le fit son secrétaire, le chargea de différentes nonciatures, et enfin le décora de la pourpre romaine. Échappé à un complot d'empoisonnement tenté par ce pape et César Borgia son fils, contre lui et plusieurs cardinaux, pour s'emparer de leurs richesses, il chercha un asile sur le territoire de Trente, où il resta jusqu'à l'exaltation de Léon X; mais bientôt après, impliqué dans la conspiration du cardinal Pétrucci contre Léon, il fut de nouveau obligé de s'enfuir. On ignore où il se retira et ce qu'il devint; on a présumé qu'un de ses domestiques l'avait tué pour le voler. Il a laissé un ouvrage intitulé : *De verâ philosophiâ*, plein d'érudition et écrit avec élégance : c'est un traité de religion; un autre traité *De sermone latino et modis latinè loquendi*, dédié à Charles-Quint, Rome, 1515, in-fol. Il y donne d'excellentes règles pour rétablir dans sa pureté primitive la langue latine corrompue au moyen-âge.

ADRY, oratorien, né en 1749 à Vincellotte près Auxerre, mort le 20 mars 1818, donna successivement de nouvelles *Éditions* de différents ouvrages de Cicéron, de Juvénal, de Montesquieu et autres auteurs, qu'il a enrichies de *Préfaces* et de *Notes* savantes. Il a publié plusieurs articles dans le *Magasin encyclopédique*, et fourni la partie hébraïque dans les *Essais de traductions interlinéaires* en cinq et six langues, publiés par Boulard.

ADSON (Hermerius), 36° abbé de Luxeuil en 960, était né au commencement du 10° siècle dans les environs de Condat, aujourd'hui St-Claude (département du Jura.) Il a écrit un livre des *Miracles de saint Wandalbert*, troisième abbé de Luxeuil, dans lequel on désirerait un peu plus de critique. Il jouit, pendant sa vie, d'une très-grande considération, et fut consulté des évêques et des rois. Les premiers le chargèrent d'organiser des écoles dans leurs diocèses. On lui attribue aussi un *Traité sur l'Antechrist*, composé, dit-on, à la demande de la reine Gerberge, femme de Louis d'Outremer. On le trouve dans les *OEuvres* d'Alcuin et de Raban-Maure. Il ne faut pas le confondre avec Adson, abbé de Deuvres, au diocèse de Bourges, qui mourut en 992, et dont on a les *Vies* de saint Bercaire, de saint Fredtbergt et de saint Mansuet. Quelques biographes, entre autres le savant auteur de l'article Adson dans la *Biographie universelle*, attribuent à l'abbé de Luxeuil la vie de saint Mansuet.

ÆELRÉDE, ou ETHELRÈDE, abbé de Reverby, puis de Riéval, en Angleterre, contemporain de saint Bernard, est auteur du *Miroir de la charité*; ouvrage dans lequel ce père aurait reconnu son caractère et son style. On a encore de lui un *Traité de l'amitié* et quelques livres historiques, peu connus aujourd'hui, quoique le jésuite Gibbon ait publié ses ouvrages à Douai, 1631, in-fol. Il mourut en 1166, en réputation de savoir et de piété.

ÆGIDIUS, bénédictin, natif d'Athènes, florissait dans le 8° siècle. On lui attribue un poème sur les *venins*, sur les *urines*, et sur la *connaissance du pouls*, ouvrage qui, selon quelques critiques, aurait été traduit par un autre Ægidius (Gilet de Corbeil), qu'on fait aussi bénédictin et médecin de Philippe Auguste, roi de France, et qui, selon d'autres, aurait pour auteur l'Ægidius français. Quoi qu'il en soit, ce dernier livre eut tant de vogue qu'on le lisait dans les écoles avec les écrits d'Hippocrate. On l'imprima à Paris en 1528, in-4°.

ÆGIDIUS, diacre, poëte et grammairien, florissait à Paris vers la fin du 13° siècle. On a de lui *Carolinus*, ou *Instruction puérile à Louis, fils du roi de France*, en latin; *Histoire de la première expédition de Jérusalem*, insérée dans la collection des historiens de Duchesne. Il a enrichi d'un commentaire l'*Aurora* de Pierre de Riga (voyez ce mot); c'est un abrégé de la Bible en vers élégiaques.

ÆLIANUS MECCIUS ou MÉVIUS l'Italien, médecin loué par Galien qui fut son disciple, vivait dans le 2° siècle sous le règne de l'empereur Adrien. Il employa, le premier (pendant une peste qui ravagea l'Italie), la thériaque comme remède et préservatif; c'est ce qu'atteste Galien, qui lui attribue en outre un traité sur la dissection des muscles. Ce médecin joignait à de grandes lumières beaucoup d'urbanité.

ÆLIUS SEXTUS POETUS CATUS, jurisconsulte romain, digne des premiers siècles de la république, par la rigidité de ses mœurs, sa sobriété, son désintéressement et son horreur pour le luxe. Il fut successivement édile, consul et censeur. Il est auteur d'un livre nommé le *Triparti*. Ce livre contient les éléments du droit, on l'appelle le droit *Ælien*; il l'a intitulé *Triparti*, parce qu'il est composé de la Loi des 12 Tables, de l'Interprétation des jurisconsultes, et des

Actions de la Loi. Il vécut pendant la deuxième guerre punique.

ÆNEAS SYLVIUS. (Voyez PIE II.)

ÆPINUS (François-Marie-Ulrich-Théodore), célèbre physicien russe, né le 13 décembre 1724 à Rostock, mort à Dorpt en Livonie en 1802. Il est le premier qui ait fait des expériences exactes sur l'électricité de la tourmaline, qu'Adanson avait découverte le premier, et il a publié ses recherches sur ce sujet, dans un ouvrage imprimé à Saint-Pétersbourg en 1762, avec celles de quelques autres physiciens, sous ce titre : *Recueil de différents mémoires sur la tourmaline*, in-8°. Il a publié, la même année : *Réflexions sur la distribution de la chaleur sur la surface de la terre*, in-4°, trad. en françois par Raoul de Rouen ; mais l'ouvrage qui a le plus contribué à sa réputation est son *Tentamen theoriæ electricitatis et magnetismi*, Pétersbourg, 1 vol. in-4°, dont Haüy a donné un abrégé in-8°, 1787. Ce n'est point une traduction, comme on l'a prétendu, mais un exposé succinct de la doctrine de l'auteur. Son travail laisse encore beaucoup à désirer ; néanmoins il a rendu un grand service aux sciences, en représentant, dans leurs plus petits détails, une foule de faits sur lesquels on n'avait que des idées très-vagues, et en montrant la manière dont on pouvait appliquer le calcul à ces sortes de questions ; enfin, il peut être regardé comme le véritable inventeur du condensateur électrique et de l'électrophore, deux appareils dont il a donné complètement la théorie. Il a encore publié plusieurs Mémoires intéressants dans les volumes de l'académie de Pétersbourg. Ce qui distingue particulièrement ses ouvrages, c'est une grande sagacité dans les expériences, unie à une grande rigueur de raisonnement dans les démonstrations.

ÆSCHINE. (Voyez ESCHINE.)

ÆSCHINES, fanatique d'Athènes, suivit les erreurs des montanistes. Il enseignait que les apôtres étaient inspirés par le Saint-Esprit, et non par le Paraclet ; que le Paraclet promis avait dit, par la bouche de Montan, plus de choses et des choses plus importantes que l'Evangile.

ÆSCHYLE. (Voyez ESCHYLE.)

ÆSOPE. (Voyez ESOPE.)

AËRIUS, hérésiarque du 4° siècle, sectateur d'Arius et né dans le Pont, fut auteur de la secte des aériens. Aërius ajoutait aux erreurs de son maître que l'évêque n'était point supérieur au prêtre, que la célébration de la Pâque, les fêtes, les jeûnes, etc., étaient des superstitions judaïques. Il condamnait aussi les prières pour les morts. Aërius était moine. L'élévation de son ami Eustache sur le siége de Constantinople excita sa jalousie, et fut la première origine de son opinion de l'égalité des prêtres et des évêques. Ses sectateurs, ne pouvant être admis dans aucune église, s'assemblaient dans les bois, dans les cavernes, en pleine campagne, où ils étaient quelquefois couverts de neige. Leur chef vivait du temps de saint Epiphane, et sa secte subsistait encore du temps de saint Augustin.

AETHERIUS, architecte, vivait au commencement du 6° siècle, sous le règne d'Anastase I, empereur d'Orient. Son mérite lui procura l'entrée du conseil de ce prince, et il y occupa même une des premières places. Il construisit dans le grand palais de Constantinople un édifice nommé *Chalcis*, et l'on croit que ce fut aussi lui qui bâtit cette forte muraille, depuis la mer jusqu'à Selymbria, du Pont-Euxin à la Propontide, pour empêcher les courses des Bulgares et des Scythes. Il florissait vers l'an 500 de J.C.

AËTION, peintre grec, se rendit très-célèbre par ses tableaux, entre autres par celui des *Amours de Roxane et d'Alexandre-le-Grand*. La beauté de celui-ci, exposé publiquement aux jeux olympiques, mérita les applaudissements de tous les spectateurs ; et le président des jeux, homme fort riche et d'une grande considération, en fut tellement enchanté qu'il donna sa fille en mariage à cet artiste.

AËTIUS, surnommé l'*Athée*, d'abord chaudronnier, puis charlatan, ensuite sophiste, enfin diacre, évêque et patriarche de Constantinople sous Julien l'Apostat, naquit dans la Célé-Syrie. Il embrassa les erreurs d'Arius, les soutint avec chaleur, et y en ajouta de nouvelles. Suivant lui, Dieu ne demandait de nous que la foi ; les actions les plus infâmes étaient des besoins de la nature. Saint Epiphane nous a conservé 47 propositions erronées de cet hérétique, recueillies d'un traité où il y en avait plus de 300. Il avait été interdit par Léonce, après que cet évêque arien l'eut ordonné diacre. Chef d'anoméens, il fut ensuite excommunié par eux. Les eusébiens le condamnèrent dans les conciles d'Ancyre, de Séleucie, de Constantinople ; il fut dégradé par les acaciens et exilé à Cilicie par Constance. Enfin, Julien l'Apostat étant parvenu à l'empire, le rappela et le combla d'honneurs. Il mourut à Constantinople l'an 366.

AËTIUS, comte de l'empire, gouverneur des Gaules, était né à Dorostore, dans la Mœsie ; son père Gaudence, Scy-

trois grandes victoires sur Gondicaire, roi des Bourguignons, et une autre, en 455, sur Attila, roi des Huns, dont l'armée de quatre cent mille hommes fut totalement mise en déroute dans les champs Catalauniques, près de Châlons-sur-Marne. Il laissa échapper Attila ; mais lorsque ce guerrier barbare menaça en 458 l'Italie, le nom d'Aétius suffit pour l'arrêter. Le sénateur Maxime, dont la femme avait été outragée par l'empereur Valentinien, cherchait alors à venger cet affront. Il craignait la fidélité d'Aétius ; il le perdit auprès du prince, qui le tua lui-même de son épée. L'assassinat de ce grand homme fut regardé comme une calamité publique. Un courtisan, à qui Valentinien demandait son sentiment sur ce meurtre, eut le courage de lui répondre : « Vous vous êtes coupé la main droite avec le glaive que vous teniez de la gauche. » Ce fut l'an 454 de J.-C. Ce grand capitaine était le rempart de l'empire contre les barbares qui l'inondaient de tous côtés. S'il ne poursuivit pas sa victoire contre Attila, ce fut, dit-on, par la crainte de rendre trop puissantes les nations qui avaient partagé les honneurs de cette journée.

AFFRE (Denis-Auguste), fils d'un avocat au Parlement de Toulouse, naquit à Saint-Rome-de-Tarn le 27 septembre 1793. Il fut élevé dans la maison paternelle, et eut un ecclésiastique pour précepteur ; il alla terminer ses études au collége de Saint-Afrique. Il fut ensuite emmené à Paris par l'abbé Frayssinous, qui était son parent, et il entra au séminaire de Saint-Sulpice, dont l'un des directeurs, l'abbé Boyer, était son oncle. Il n'avait alors que 14 ans ; le supérieur-général, le célèbre abbé Emery, le prit en grande affection ; et lorsque ce vénérable prêtre mourut, deux ans après, ce fut le jeune Affre qui prononça son Oraison funèbre devant la communauté. Quand il eut terminé ses études théologiques, il fut envoyé à Nantes pour enseigner la philosophie ; sa santé le força de revenir à Paris : il fut ordonné prêtre, entra au noviciat de Saint-Sulpice, et devint professeur de théologie ; mais sa santé le contraignit encore de quitter l'enseignement. Il fut alors nommé aumônier de l'hospice des Enfants-Trouvés, s'occupa de travaux littéraires et de controverse, fonda, de concert avec M. Laurentie, la *France littéraire*, et donna des articles aux *Tablettes du clergé*. En 1821, M. Soyer, nouvel évêque de Luçon, l'emmena avec lui ; mais en 1823 il devint grand-vicaire de M. de Chabons, évêque d'Amiens. Là, il s'occupa activement de l'administration diocésaine, fit rétablir les retraites pastorales, les synodes, les conférences, et provoqua l'établissement d'écoles chrétiennes pour les garçons et les filles. Il publiait en même temps son grand ouvrage, intitulé : *Traité de l'administration temporelle des paroisses*. En 1834, il vint à Paris, et l'archevêque, M. de Quélen, le nomma son grand-vicaire ; le 9 décembre 1839, il fut nommé coadjuteur de Strasbourg, sur la demande de l'évêque, M. de Trevern. M. de Quélen étant mort peu de temps après, M. Affre fut nommé vicaire-général capitulaire ; c'est en cette qualité qu'il complimenta le roi Louis-Philippe à l'occasion du 1ᵉʳ mai 1840. On remarqua, dans son discours, les paroles suivantes : « Si les richesses et l'influence du clergé servirent souvent à la double gloire de l'Eglise et de l'Etat, elles contribuèrent aussi fréquemment à paralyser un ministère qui, pour être exercé avec succès, commande une si grande abnégation. » Cette phrase fut considérée à tort comme une flatterie à l'adresse du pouvoir temporel ; le gouvernement en conclut lui-même que l'abbé Affre serait un prélat souple et facile à conduire, il le nomma à l'archevêché de Paris le 26 mai. Cette promotion ne fut pas vue avec plaisir par les habitants du faubourg Saint-Germain ; ils étaient habitués aux grandes manières de M. de Quélen, et ils croyaient que l'archevêque de Paris devait être nécessairement un grand seigneur, et ils n'accordaient que dans des bornes étroites leur concours à leur nouveau pasteur. Mais peu à peu les préventions se dissipèrent devant le zèle et l'habileté de M. Affre. Sans s'opposer, d'une manière aussi éclatante que son prédécesseur, au mauvais vouloir du gouvernement dans les questions religieuses, il ne se conduisit pas avec moins de fermeté que lui. Il appuya toutes les démarches faites par ses collègues et par les catholiques en général, en faveur de la liberté d'enseignement ; il s'opposa aux projets du roi à l'égard du Chapitre de Saint-Denis. C'est à lui qu'on doit la réorganisation de la Faculté de Théologie et l'établissement d'une maison de hautes études ecclésiastiques dans l'ancien couvent des Carmes. En 1848, lorsque l'insurrection du mois de juin eut éclaté, il prit la glorieuse détermination, avec l'assentiment du gouvernement, de se rendre au milieu des barricades, de porter aux révoltés des paroles de clémence et de paix aux risques de sa propre vie. Il pénétra dans le faubourg Saint-Antoine, accompagné de deux de ses grands-vicaires, et précédé d'un garde national habillé en ouvrier, portant une branche d'arbre et demandant le silence. Le prélat était arrivé devant la principale barricade, il venait d'étendre la main et de prononcer ces paroles : *Mes amis! mes amis!* lorsqu'il tomba mortellement frappé d'une balle : il survécut pendant quelques jours et mourut le 27 juin. Son dévoûment et son courage héroïque l'ont fait regretter de tous les partis, même de celui des rangs duquel est parti le coup qui l'a frappé. Outre l'ouvrage que nous avons cité, on a de lui : *Nouveau Traité des écoles primaires*, in-8 ; *Essai historique et critique sur la suprématie temporelle du Pape et de l'Eglise*, in-8 ; *Traité de la propriété des biens ecclésiastiques*, in-8 ; *Lettres pastorales sur les études*, in-8 ; *Introduction philosophique à l'étude du Christianisme*, in-18 ; *Traité de l'appel comme d'abus*, in-8.

AFRICAIN (Sexte-Jules), historien chrétien, né à Nicopolis, dans la Palestine, écrivit, sous l'empire d'Héliogabale, une Chronographie, pour convaincre les païens de l'antiquité de la vraie religion et de la nouveauté des fables du paganisme. On a des fragments d'un livre qu'on lui attribue, mais dont on ne sait pas s'il est réellement l'auteur, intitulé : *Les Cestes*. Ces fragments, imprimés dans les *Mathematici veteres*, à Paris, 1693, in-fol., ont été traduits en français par Guiscard, dans ses *Mémoires critiques et historiques sur plusieurs points d'antiquités militaires*, Berlin, 1774, 4 vol. in-8.

AGABUS, un des 72 disciples de J.-C., prédit la prison de saint Paul, et la famine qui désola la terre sous l'empereur Claude. Il fut martyrisé à Antioche, selon les Grecs.

AGAG, roi des Amalécites, auquel Saül fit grâce contre l'ordre de Dieu, et que Samuel coupa en morceaux à Galgala, devant l'autel du Seigneur. C'est à tort que les philosophes modernes ont accusé ce grand-prêtre de cruauté. Il n'était que le ministre de la justice de Dieu, qui lui avait ordonné expressément de faire mourir Agag, prince impie et barbare. En général, les tyrans dévoués au glaive des Israélites étaient les fléaux des nations voisines, des monstres de sang et de carnage. C'est ordinairement la peine du talion qui est exécutée contre eux. (Voyez ADONIBESECH, CHANAAN, JOSUE, DAVID, etc.)

AGAMEMNON, roi d'Argos et de Mycènes, général de l'armée des Grecs contre les Troyens, sacrifia à Diane, dans l'Aulide, sa fille Iphigénie, et fut forcé de rendre à Achille Briséis qu'il lui avait enlevée. Ce héros, de retour dans ses Etats, fut tué par Egisthe, amant de Clytemnestre, sa femme, l'an 1183 avant J.-C. Oreste, son fils, vengea sur tous deux la mort de son père.

AGAPET Ier (saint), Pape en 535, après Jean II, avait beaucoup de vigueur dans le caractère, et se montrait pénétré de l'importance et des rigoureux devoirs de sa place. Il alla à Constantinople, tant pour satisfaire aux instances de Théodat, roi des Goths, qui craignait une guerre de la part de l'empereur, que pour s'opposer aux hérétiques et à la protection que leur accordait Justinien. Ce prince, qui eut la faiblesse de vouloir décider en théologie, et de troubler l'Eglise en détournant l'autorité impériale des objets qui lui étaient propres, pour l'employer dans des choses qui étaient d'un tout autre ressort, menaça le Pape de l'exil, pour l'obliger de communiquer avec l'eutychien Anthyme ; il lui répondit : *Je croyais avoir affaire à un empereur catholique ; mais c'est, à ce que je vois, à un Dioclétien*. La fermeté du pontife en imposa à l'empereur et aux eutychiens. Anthyme, devenu patriarche de Constantinople, par les intrigues de l'impératrice Theodora, retourna à son évêché de Trébizonde, de peur d'être obligé de recevoir le concile de Chalcédoine. Ce Pape le déclara excommunié, à moins qu'il ne prouvât sa catholicité en souscrivant à ce concile. Mennas, aussi recommandable par son savoir que par sa piété, fut élu patriarche. Le Pape le sacra lui-même. Les catholiques lui ayant porté plusieurs plaintes contre Sévère et quelques autres évêques du parti des eutychiens, il se proposa de les faire examiner dans un concile ; mais il tomba malade, et mourut à Constantinople, le 17 avril 536, après avoir siégé onze mois et trois semaines. Son corps fut porté à Rome, et enterré dans l'église de Saint-Pierre du Vatican, le 20 du mois de septembre suivant, jour auquel on honore sa mémoire. Les Grecs font sa fête le 17 avril.

AGAPET II succéda au pape Marin II ou Martin III, en 946. Il appela à Rome l'empereur Othon contre Bérenger II, qui voulait se faire roi d'Italie, et régla le différend qui était entre l'église de Lorche et celle de Salzbourg, touchant le droit de métropole. Il mourut en 956 avec la réputation d'un pontife recommandable par sa charité et par son zèle.

AGAPIUS, moine grec du mont Athos, dans le 17e siècle. On a de lui un *Traité* intitulé : *Le Salut des pécheurs*, dans lequel il enseigne bien expressément le dogme de la transsubstantiation, tel qu'il est dans l'Eglise latine. Ce livre fut imprimé à Vienne en 1641 et 1664. Il est en grec vulgaire.

AGAR, Égyptienne, servante de Sara, qui la donna pour femme du second ordre à Abraham. Elle fut mère d'Ismaël, qu'elle maria à une femme de sa nation, après avoir été chassée de la maison d'Abraham par ordre de Dieu. Sans doute que ses contestations avec Sara, et les troubles qui en résultaient, provoquèrent cet ordre sévère. Il paraît, par le texte de la Genèse, qu'elle se proposait de contester à Isaac son héritage, et le droit de primogéniture en faveur d'Ismaël. Cependant la providence veilla sur elle et sur son fils, qui, près de mourir de soif dans le désert, fut sauvé par une source d'eau vive qu'un ange indiqua à la mère.

AGASIAS, célèbre sculpteur d'Éphèse, auteur de la statue connue sous le nom de *gladiateur de la villa Borghèse*, et qu'on voyait au musée de Paris en 1814. Elle fut trouvée avec l'*Apollon du Belvédère*, à Nettuno, autrefois *Antium*, lieu de la naissance de Néron. Cette statue paraît remonter à la plus haute antiquité. Elle est parfaitement conservée, à l'exception du bras droit, habilement restauré par l'Algarde. Toutefois, on reconnaît aujourd'hui qu'elle ne représente point un gladiateur, mais qu'elle devait appartenir à un groupe. L'action et l'attention de la figure semblent se porter vers quelque objet plus élevé, comme si elle allait soutenir l'attaque d'un cavalier, ou comme si elle se préparait à monter à un assaut. Les traits du gladiateur sont d'un style moins idéal, mais non moins parfait que celui de l'Apollon du Belvédère. Winckelmann s'exprime ainsi, en parlant de cette statue, que l'on juge d'ailleurs antérieure à l'introduction des jeux barbares des gladiateurs en Grèce : « Elle est un assemblage des beautés « seules de la nature dans un âge par- « fait, sans aucune addition de l'imagi- « nation. »

AGASICLÈS, ou HÉGÉSICLÈS, fils d'Archidamus, roi de Lacédémone, de la seconde branche des Héraclides de Sparte, vers l'an 580 av. J-C., célèbre par la réponse qu'il fit à quelqu'un qui lui demandait comment un roi pouvait vivre tranquille : *C'est en traitant ses sujets comme un père traite ses enfants*. Quelqu'un disait à ce prince qu'il s'étonnait de ce qu'étant avide de s'instruire, il ne faisait pas venir auprès de lui Philophane, sophiste très-éloquent du temps. *Je veux*, répondit-il, *être le disciple de ceux dont je tiens le jour*. Plusieurs auteurs anciens citent cette réponse d'Agasiclès, et entre autres les *Apophthegmes laconiques*, attribués à Plutarque ; il faut cependant observer que, à cette époque, il n'y avait pas encore des sophistes dans la Grèce.

AGATHANGELUS, historien arménien du 4ᵉ siècle, est auteur d'une *Histoire de l'introduction du christianisme en Arménie*, qui a été traduite et imprimée en grec.

AGATHARCIDES, célèbre géographe et historien grec, né à Gnide, fut dans sa jeunesse lecteur de l'historien Héraclide Lembus. Il est le premier qui ait donné la description du rhinocéros. Cette description est très-différente de la figure de l'animal qui porte aujourd'hui ce nom. Il vivait vers l'an 150 avant J.-C. Strabon, Josèphe et Photius le citent avec éloge. Il nous reste de lui des fragments de quelques-uns de ses ouvrages, savoir : *De Mari Rubro; De Asia*, en dix livres ; *Europiaca*, dont Athénée cite les livres 28, 34 et 38.

AGATHE (sainte), vierge de Palerme, noble d'extraction, d'une beauté rare, mourut en prison après avoir souffert divers tourments pour n'avoir pas voulu condescendre à l'amour de Quintianus, gouverneur de Sicile, l'an 251 de J.-C. Son supplice fut affreux : après avoir eu le visage meurtri, elle fut le lendemain soumise à la question ; mais ayant résisté à la douleur la plus aiguë, on lui arracha le sein, et elle fut jetée toute nue sur des charbons ardents. Les actes grecs de son martyre ont été corrompus. Ceux que nous avons en latin sont moins défectueux, et sont d'ailleurs d'une très-haute antiquité ; Tillemont en a donné l'abrégé, tome III, pages 409 et suivantes. Nous avons de plus deux panégyriques de sainte Agathe, écrits, l'un dans le 7ᵉ siècle par saint Adhelme d'Angleterre, et l'autre dans le 9ᵉ siècle par saint Méthodius, patriarche de Constantinople, et deux hymnes composées en son honneur. On en trouve une parmi les poésies du pape Damase ; l'autre, qui est de saint Isidore de Séville, a été publiée par Bollandus. Son nom se trouve dans le Canon de la messe. Le musée de Paris possède un tableau de Sébastien del Piombino qui représente le martyre de sainte Agathe.

AGATHIAS (le Scolastique), natif de Myrine, ville éolienne de l'Asie, au 6ᵉ siècle, exerçait la profession d'avocat à Constantinople. Il est auteur d'une *His-*

toire sur cette ville, qui peut servir de suite à celle de Procope; elle a été traduite en français par le président Cousin dans le 2e vol. de son *Histoire de Constantinople*. Il était aussi poëte, et fit un *Recueil* d'épigrammatistes grecs depuis Auguste, qui est une suite des *Anthologies* précédentes. Brunck, dans le 3e vol. de ses *Analecta*, a recueilli plusieurs épigrammes d'Agathias.

AGATHOCLES, né à Reggio en Italie, d'un potier de terre, tyran de Sicile, vainquit les Carthaginois en différentes occasions, et fut empoisonné par Archagathe, vers l'an 290 avant J.-C., après un règne orageux de 28 ans. Son habileté et sa valeur ont été effacées par ses perfidies et sa cruauté. Il affectait cependant de la modestie. On dit que, pour ne pas oublier sa naissance, il se faisait servir en vaisselle d'or et vaisselle de terre.

AGATHON, poëte tragique et comique, contemporain de Platon, dont il nous reste quelques fragments dans Aristote et Athénée. On rapporte que ses actions valaient mieux que ses pièces. Après la représentation de sa première tragédie, il donna un festin splendide aux principaux spectateurs, sans doute afin que les plaisirs de la table les dédommageassent de l'ennui du théâtre. Il vivait l'an 368 avant J.-C.

AGATHON (saint), pape, naquit en Sicile, et se rendit principalement recommandable par une humilité profonde, une douceur admirable de caractère, et une inclination à faire du bien. La manière dont il remplit, pendant plusieurs années, la place de trésorier de l'Eglise romaine, le fit juger digne de succéder au pape Domnus, en 678. L'année suivante il présida, par ses légats, au sixième concile général convoqué à Constantinople contre les *monothélites*, par les soins de l'empereur Constantin Pogonat. Il écrivit à ce prince une belle lettre, dans laquelle il réfutait le monothélisme par la constante tradition de l'Eglise romaine. « L'univers catholique, dit-il, reconnaît cette Eglise pour la mère et la maîtresse de toutes les autres. Sa primauté vient de saint Pierre, le prince des apôtres, auquel Jésus-Christ confia la conduite de tout son troupeau, avec promesse que sa foi ne faillirait jamais. » Cette lettre ayant été remise aux Pères du concile, ils la reçurent avec respect, et déclarèrent unanimement que *Pierre avait parlé par la bouche d'Agathon*. Ce saint pape procura le rétablissement de saint Wilfrid sur le siége d'Yorck, abolit le tribut que les empereurs exigeaient des papes à leur élection, et combla de bienfaits le clergé et les églises de Rome. Il mourut en 682, après avoir siégé deux ans et demi. Le grand nombre de miracles qu'il fit lui mérita, suivant Anastase, le surnom de *Thaumaturge*. Il est honoré par les Grecs et par les Latins qui célèbrent sa mémoire le 10 janvier.

AGELLIO (Antoine), évêque d'Acerno, dans le royaume de Naples, vit le jour à Sorrente, et mourut en 1608. Il publia des *Commentaires sur les Psaumes*, imprimés à Rome, in-fol.; sur *Jérémie*, in-4°, et sur *Habacuc*, in-8°, assez estimés. Il fut employé par le pape Grégoire XIII à l'édition grecque des Septante. Ses *Commentaires sur les Psaumes* sont ce qu'il a fait de mieux.

AGELNOTH, archevêque de Cantorbéry, en 1020, est auteur d'un *Panégyrique* de la Vierge, d'une *Lettre* sur saint Augustin, etc.

AGÉSANDRE, Rhodien, fit, sous l'empereur Vespasien, avec deux autres sculpteurs (Polydore et Athénodore), le groupe de *Laocoon*, un des plus beaux restes de l'antiquité trouvé dans les bains de Titus, sous le pontificat de Jules II, par Félix de Frédis. On le voyait à Rome dans la cour du Belvédère au Vatican. Il fut transporté à Paris, où il était encore en 1815. Pline en fait un grand éloge au 36° livre de son *Histoire naturelle*. Il y en a en France plusieurs belles copies, et une plus belle encore dans les galeries de Florence, faite par un chevalier de Saint-Jacques. Le *Laocoon* rendu, en 1815, à l'Italie, se trouve aujourd'hui au Musée du Vatican.

AGÉSILAS II, roi de Sparte, était le second fils d'Archidamus. Agis, son frère aîné, étant mort, il entreprit de faire déclarer illégitime Léotychide, fils de ce prince, et de régner à sa place. Les soupçons exprimés par Agis lui-même sur les liaisons de Timœa sa femme avec Alcibiade, semblaient appuyer les prétentions d'Agésilas. Un oracle avait menacé Sparte de grands malheurs, lorsqu'on y verrait un règne boiteux. Agésilas, qui était boiteux, pouvait craindre qu'on ne lui appliquât ces paroles. Mais Lysandre, tout-puissant à Sparte, soutint que le règne boiteux annoncé par l'oracle aurait lieu, si l'un des deux rois n'était pas légitime. Agésilas l'emporta et monta sur le trône l'an 397 avant J.-C. Ce roi, disgracié de la nature, petit, de mauvaise mine, réparait par les qualités de l'âme les défauts de sa figure. Sparte alors était au plus haut degré de sa puissance. Athènes vaincue par elle avait été obligée d'abattre ses murs, et presque toute la Grèce lui était soumise, ainsi qu'une partie de l'Asie mineure. Agésilas fit la guerre aux Perses qui, jaloux de la puissance de Sparte, cherchaient à en arrêter les progrès en Asie. Il s'embarqua à Aulis avec 8,000 hommes, l'an 395 avant J.-C. La plus grande partie de l'Asie mineure tomba en sa puissance, et ses succès eussent été plus grands encore, si une ligue ne s'était pas formée en Grèce contre Sparte. Agésilas se hâta de venir arrêter les Athéniens et les Béotiens, qui désolaient sa patrie. Sa marche fut si rapide, qu'il fit en trente jours le chemin que Xerxès n'avait fait qu'en un an. Il tailla en pièces l'armée ennemie à Coronée. Il fit ensuite la conquête de Corinthe. C'est après ces avantages qu'il fit la paix avec les Perses, l'an 387 avant J.-C., par l'entremise d'Antalcidas dont le traité porta le nom. On vit renaître alors la tranquillité dans la Grèce, mais elle ne fut pas de longue durée. L'an 382 avant J.-C., Phébidas, spartiate, s'empara par trahison de la citadelle de Thèbes, se rendit maître de la ville, et en exila tous ceux qui lui faisaient ombrage. Mais Thèbes fut reprise par Pélopidas, et une guerre, à laquelle toute la Grèce prit part, s'alluma entre les deux peuples. Sparte fut vaincue à Leuctres, 371 ans avant J.-C. Après cette bataille où il n'avait pas assisté, Agésilas, pour ne pas être obligé de punir les nombreux déserteurs qui avaient pris la fuite, ordonna que les lois seraient suspendues pendant un jour. Bientôt Epaminondas vint avec une armée victorieuse ravager la Laconie et assiéger Sparte. Mais Agésilas le força de se retirer, et refusa la paix qui lui était offerte. La fameuse bataille de Mantinée, gagnée peu après par les Thébains, affaiblit les Spartiates, mais les délivra d'un ennemi redoutable, Epaminondas, qui fut tué dans cette journée. Une suspension d'armes fut conclue, pendant laquelle Agésilas passa en Egypte, pour soutenir Tachos qui s'était révolté contre le roi de Perse, et qu'il abandonna bientôt pour se mettre au service de Nectanébus, cousin de Tachos et son compétiteur. Agésilas assura la victoire à Nectanébus et l'affermit sur le trône. En revenant, Agésilas relâcha au port de Ménélas dans la Cyrénaïque, où il mourut l'an 361 avant J.-C., âgé de 84 ans. Ce roi ne voulut pas qu'on lui dressât de statue; la postérité lui en a élevé, et il eut pour historien son ami Xénophon. Plutarque, Diodore de Sicile, et Cornélius Népos, ont encore écrit la vie de ce roi, dont Barthélemy fait un bel éloge dans *Anacharsis*. Cynisca, sa sœur, fut la première femme qui remporta le prix de la course aux jeux olympiques, sur des chevaux qu'elle avait dressés elle-même, à la prière d'Agésilas.

AGÉSIPOLIS, roi de Lacédémone, digne collègue d'Agésilas II, par son courage et ses vertus guerrières. Il ravagea l'Argolide, ruina Mantinée, et pilla les Olynthiens. Il mourut vers l'an 380 avant J.-C.

AGGÉE, l'un des douze petits prophètes, encouragea les Juifs au rétablissement du temple, en leur prédisant que le second serait plus illustre que le premier: allusion qui désignait l'arrivée de Jésus-Christ dans ce nouveau temple; car il est bien certain qu'à tous autres égards il était très-inférieur au premier. Aggée prophétisait vers l'an 500 avant l'ère chrétienne.

AGIER (Jean Pierre), ancien avocat au parlement de Paris, né dans cette ville le 28 décembre 1748, fut nommé député suppléant aux états-généraux, membre de la commune en 1789, et rapporteur dans les enquêtes sur les conspirateurs du 14 juillet et sur ceux des 5 et 6 octobre. Dans le compte qu'il rendit de cette dernière affaire, il avança cette maxime révolutionnaire: « Que les ordres « du roi ne pouvaient servir d'excuse aux « exécuteurs de commandements tyran- « niques. » Vers la fin de 1790, il fut élu juge du second arrondissement de Paris, et il en remplit les fonctions de président jusque dans les premiers mois de 1793, qu'il fut écarté de toute fonction publique. En janvier 1795, il fut choisi pour présider le tribunal révolutionnaire, et ce fut sous sa présidence que Fouquier-Tainville et ses complices furent condamnés à mort. En 1800, il refusa la place de président du tribunal criminel; mais il accepta celle de juge à la cour d'appel. Il en devint vice-président en 1802, et mourut le 23 décembre 1823. Ce magistrat appartenait à la même école que Mey, Maultrot et Jabineau; cependant la constitution civile du clergé occasionna quelque refroidissement entre lui et ses amis. Ceux-ci se déclarèrent contre les innovations; pour lui, il signa, en 1790, une consultation en faveur de la compétence de l'assemblée constituante dans les matières spirituelles. Il marcha dans la même ligne pendant la révolution, et se montra toujours attaché à l'église constitutionnelle. On a de lui: le *Jurisconsulte national*, ouvrage formé de la réunion de trois brochures qu'il avait publiées depuis 1787 jusqu'en 1789 *Vues sur la réformation des lois civiles*. 1793, in-8; *Traité sur le mariage* ses *rapports avec la religion et les lois nouvelles de France*, 1801, 2 vol. in-8 : dans cet ouvrage, il cherche à prouver que le concile de Trente n'est point reçu en France, ni quant à la discipline, ni quant à la doctrine, et qu'il n'a aucun caractère d'œcuménicité ; ainsi il transporte à la puissance civile toute l'autorité sur le mariage ; *Psaumes nouvellement traduits en français sur l'hébreu, et mis dans leur ordre naturel, avec des explications et des notes critiques*, 1809, 3 vol. in-8 ; *le même livre en latin*, in-18, 1818 ; *Justification de Fra-Paolo Sarpi*, traduit de l'italien, 1811, in-8 ; *Vues sur le second avénement de Jésus-Christ* ou *Analyse de l'ouvrage de Lacunza, jésuite espagnol, sur cette importante matière*, 1818, in-8 ; *Prophéties concernant Jésus-Christ et l'Église, éparses dans les livres saints, avec des explications et des notes*, 1819, in-8 ; les *Prophètes nouvellement traduits sur l'hébreu, avec des explications et des notes critiques* : *Isaïe*, 1820, 2 vol. in-8 ; *Jérémie*, 1821, 2 vol. in-8 ; *Ezéchiel*, 1821, 2 vol. in-8 ; *Daniel*, 1822, in-8 ; les *Petits Prophètes*, 1822, 2 vol. in-8 ; *Commentaire sur l'Apocalypse*, 1823, 2 vol. in-8. Tous ces écrits sont remplis d'allusions malignes contre les papes, les évêques, les jésuites, les missionnaires et les ultramontains. L'auteur y suit les errements des appelants les plus fameux : dans ses *Prophéties éparses*, il donne ses conjectures sur la conversion des Juifs, sur le jugement dernier, et il se déclare pour le millénarisme. Il a eu part à la *Chronique religieuse* qui a paru de 1818 à 1821, en 6 vol. in-8, et a fourni plusieurs articles à la nouvelle édition de Denizart.

AGILULPHE, duc de Turin, roi des Lombards, mourut en 616, après avoir soumis toute l'Italie, à l'exception de Ravenne. Dans les dernières années de sa vie, il maintint la paix dans ses Etats, et il en profita pour embellir et fortifier Ferrare, qui jusqu'alors n'avait été qu'un simple village.

AGIS I, fils d'Eurysthène, roi de Sparte, 980 ans avant J.-C., réduisit, dit-on, en captivité les enfants d'Hélos (Ilotes). Sous son règne, les Lacédémoniens envoyèrent un grand nombre de colonies. Les rois de sa branche prirent le nom d'Agides.

AGIS II, roi de Sparte, vainquit les Athéniens et les Argiens, et se distingua dans la guerre du Péloponèse. On lui attribue une sentence très-connue et très-vraie : *Les envieux sont bien à plaindre d'être tourmentés par la félicité des autres, autant que par leurs propres malheurs*. On rapporte qu'il dit à un orateur qui lui demandait une réponse pour ceux qui l'avaient envoyé : *Dis-leur que tu as eu bien de la peine à finir, et moi à t'entendre*. Il mourut vers l'an 397 avant J.-C.

AGIS III, fils d'Archidamus et petit-fils d'Agésilas, de la deuxième branche des Héraclides, succéda à son père, et monta sur le trône de Sparte, l'an 338 avant J.-C. Il fut un des princes qui défendirent avec le plus de zèle la liberté de son pays contre l'ambition d'Alexandre. Envoyé, dans sa jeunesse, comme ambassadeur à Philippe de Macédoine, ce roi le voyant seul, tandis que les autres Etats de la Grèce le faisaient complimenter par plusieurs députés, s'écria : « Quoi ! Sparte ne m'envoie qu'un ambassadeur ! — Il suffit pour un seul homme. » lui répondit Agis laconiquement. Sa haine pour les Macédoniens était irréconciliable, et il n'attendait qu'une occasion propice pour la faire éclater. Après la bataille d'Issus, il enrôla 8,000 hommes parmi les Grecs mercenaires, et à la solde du roi de Perse, qui se retiraient dans leurs pays. Darius s'étant engagé à pourvoir à tous les frais, Agis équipa une flotte, fit voile vers l'île de Crète, et en subjugua une grande partie. Lors de son retour à Sparte, Alexandre venait de gagner la bataille d'Arbelles, où Darius fut entièrement défait. Agis ne se découragea point, il excita différents Etats de la Grèce à s'affranchir du joug des Macédoniens, leva un armée de 20,000 hommes et de 2,000 chevaux, et marcha contre Antipater, qui venait le combattre avec 40,000 soldats. Les Lacédémoniens ne furent pas effrayés par la supériorité du nombre des ennemis, et ils se battirent avec leur courage accoutumé. La bataille fut sanglante, et Agis blessé grièvement. Au moment où quelques-uns de ses soldats l'emmenaient dans sa tente, il fut sur le point d'être enveloppé par les ennemis. Agis leur ordonna de l'abandonner et de conserver leurs jours pour la défense de la patrie. Il resta seul ; et quoique ses forces fussent presque entièrement épuisées, il combattit à genoux jusqu'à ce que, atteint par un dard, il expira, étendu sur son bouclier. Ce roi était brave, juste et éclairé.

AGIS, poëte d'Argos, un des plus mauvais versificateurs, mais un des plus flatteurs de son temps, eut plus de crédit auprès d'Alexandre-le-Grand que ses généraux mêmes. Il ne cessait de répéter à ce prince qu'Hercule, Bacchus,

Castor et Pollux n'auraient rien de plus pressé, lorsqu'il paraîtrait dans l'Empyrée, que de lui céder leur place.

AGNAN (saint) fut, selon l'opinion commune, originaire de Vienne dans la Gaule, et vécut quelque temps reclus dans une cellule près de cette ville. Il se rendit ensuite à Orléans, où il fut attiré par la réputation du saint évêque Euverte. Ayant été ordonné prêtre, il eut la conduite du monastère de St-Laurent-des-Orgerils, situé dans le faubourg d'Orléans, et qui n'est plus qu'un prieuré de Cluny. Saint Euverte, qui sentait sa fin approcher, le demanda pour successeur, ce qui lui fut accordé; il quitta l'administration de son diocèse, et mourut peu de temps après, c'est-à-dire, le 7 septembre 391. Saint Agnan justifia par sa conduite le choix qu'on avait fait de lui. Il fit rebâtir avec plus de magnificence l'église de Sainte-Croix fondée par son prédécesseur. Il y avait près de 40 ans qu'il était évêque, lorsque les Huns, conduits par Attila, vinrent mettre le siége devant Orléans. Il avait prévu l'orage et avait fait le voyage d'Arles pour demander du secours au général Aétius. Cependant les barbares pressaient le siége. Saint Agnan encourageait son peuple et l'exhortait à mettre en Dieu sa confiance. Tous s'adressèrent au ciel par de ferventes prières, dans l'attente du secours qui leur avait été promis. Enfin, lorsque tout semblait désespéré, les Romains, auxquels s'étaient joints les Visigoths, vainquirent et dispersèrent les barbares. On attribua cette victoire encore plus aux prières et à la prudence du saint évêque, qu'à la bravoure d'Aétius qui, presque seul, soutenait l'empire romain sur le penchant de sa ruine. On met la mort de saint Agnan le 17 novembre 453. On l'enterra dans l'église de Saint-Laurent-des-Orgeris, d'où son corps fut depuis transféré dans celle de Saint-Pierre, qui a pris le nom du saint. Il est nommé en ce jour dans les anciens martyrologes. Les huguenots pillèrent sa châsse en 1562, et brûlèrent ses reliques avec celles de plusieurs autres saints qui reposaient dans le même lieu. On lui attribue l'obtention du privilége qu'ont les évêques d'Orléans de délivrer tous les prisonniers à leur entrée dans la ville, en conséquence de la guérison qu'il obtint du gouverneur de la ville, par ses prières. Ce privilége est du moins fort ancien. Yves de Chartres en parle comme d'un usage qui, de son temps, avait déjà passé en coutume.

AGNANI (Juvénal d') embrassa l'ordre des capucins dans la province du Tyrol, où il obtint les emplois les plus honorables, et se fit une réputation rare par l'austérité de ses vertus et l'étendue de ses connaissances. Il est auteur des ouvrages suivants: *Manuductio neophyti, seu clara et simplex instructio novelli religiosi*, Vienne, 1680, in-8°; *Necessaria defensio contra injustum aggressorem*, in-8°: c'est une réfutation de l'ouvrage du prédicant hessois Scheilbert, contre les miracles; *Solis intelligentiæ lumen indeficiens*, Vienne, 1686, in-4°; *Brevissimus nucleus theologiæ moralis practicus*, in-4"; *Artis magnæ sciendi synopsis, seu mentis humanæ fœcundatæ commonitorium*, Saltzbourg, 1689, in-4°; *Theologia rationalis ad hominem et ex homine*, etc., Vienne 1703, in-4°.

AGNEAUX de Vienne (Jean-Baptiste d'), bénédictin de la congrégation de Saint-Maur, né en 1728, fit profession à Séez, et mourut en 1792. On a de lui plusieurs ouvrages, qui parurent avant la révolution, dont il adopta les idées: *Lettre en forme de dissertation contre l'incrédulité*, 1756, in-12; *Point de vue concernant la défense de l'état religieux*, 1757, in-12, nouv. éd., 1771; *Histoire de la ville de Bordeaux*, 1771, 2 vol. in-4°; *Histoire d'Artois*, 1785-1787, in-8°; *Plan d'éducation*, etc., 1769; *Dissertation sur la religion de Montaigne*, 1769.

AGNELLO (André), de Ravenne, vivait dans le 9ᵉ siècle; il a fait dans un esprit peu favorable à l'autorité pontificale l'histoire des évêques et archevêques de sa ville natale, publiée par le P. Bacchini en 1708, sous le titre suivant: *Agnelli qui et Andreas, abbatis S. Mariæ ad Blachernas, liber Pontificalis*, etc., 2 vol. in-4°.

AGNÈS (sainte), vierge qui, selon saint Augustin et saint Ambroise, fut, à l'âge de 12 à 15 ans, martyrisée à Rome au commencement du 4ᵉ siècle, l'an 303, sous l'empereur Dioclétien. Prudence en parle dans l'hymne 14, et saint Ambroise dans son livre de *Virginitate*. « Tous les peuples, dit saint Jé-
« rôme, se réunissent pour célébrer
« dans leurs discours et dans leurs écrits
« les louanges de sainte Agnès, qui ont
« triompher de la faiblesse de son âge,
« comme de la cruauté du tyran, et qui
« couronna la gloire de la chasteté par
« celle du martyre. » Son nom se trouve dans le Canon de la messe. L'église Latine célèbre sa fête le 21 janvier. Deux beaux tableaux de sainte Agnès enrichissent le Musée national: l'un, au moment où elle rend la vue à un jeune homme; l'autre, dans l'instant où elle va recevoir le coup mortel.

AGNÈS, dame romaine, se consacra au service des pèlerins, et fonda les Hospitalières de Saint-Jean. Paschal II approuva cet établissement en 1113.

AGNÈS de France, impératrice d'Orient, naquit en 1171. Accordée, à l'âge de 8 ans, au jeune Alexis, fils de l'empereur Manuel Comnène, elle partit sur-le-champ pour Constantinople, où elle fut fiancée avec grande pompe en 1180. Cette princesse était fille de Louis-le-Jeune et sœur de Philippe Auguste. Agnès n'avait encore que 11 ans, lorsqu'elle vit périr sous ses yeux Alexis, massacré par l'ordre d'Andronic Comnène. Alexis venait de monter sur le trône, et sa faiblesse avait enhardi l'ambition de son meurtrier. Le cruel Andronic épargna Agnès, mais il la contraignit de devenir son épouse. Il ne naquit point d'enfant de cette horrible union. Andronic fut à son tour assassiné quatre ans après; et Agnès, qui demeura toujours à Constantinople, épousa, en 1205, et au bout de 20 années de veuvage, Théodore Branas, gouverneur d'Andrinople. Elle en eut une fille qui fut belle-mère de l'historien Guillaume de Villehardouin.

AGNÈS d'Autriche, fille de l'empereur Albert I, et petite-fille de Rodolphe, comte de Hapsbourg, premier empereur de cette maison en Allemagne, naquit en 1280. Son nom est devenu trop fameux par l'horrible vengeance qu'elle tira de l'assassinat de l'empereur Albert, enveloppant sans discernement dans la même proscription l'innocent et le coupable. Dieu toucha enfin son cœur, et la porta au repentir et à la pénitence. Devenue veuve d'André, roi de Hongrie, qu'elle avait épousé en 1296, elle fonda un monastère sur le lieu même où son père avait été assassiné. Libre de tout lien, elle y passa plus de 50 ans, se livrant aux exercices de la mortification la plus austère, et mourut en 1354.

AGNÈS de Montépulciano (sainte) se dévoua à Dieu à l'âge de 15 ans dans le couvent des Dominicaines à Procéno, dans le comté d'Orviète, et mourut à Montépulciano sa patrie, le 20 avril 1317, âgée de 40 ans. Ses vertus et les prodiges dont Dieu l'illustra pendant sa vie et après sa mort la firent canoniser par Benoît XIII, en 1726.

AGNESI (Marguerite-Gaétane-Angélique-Marie), née à Milan le 16 mars 1718, annonça dès sa plus tendre enfance les plus rares talents; à l'âge de 9 ans, elle savait déjà le latin. Le grec, l'hébreu, le français, l'allemand et l'espagnol ne furent qu'un jeu pour son extrême facilité. Ayant abandonné les langues pour se livrer à l'étude des mathématiques et de la philosophie, elle obtint du pape Benoît XIV la permission de remplacer son père dans la chaire de l'université de Bologne. Se sentant bientôt après appelée de Dieu à une sublime perfection, elle quitta le monde et les sciences pour se vouer au service des malades. Elle a laissé plusieurs ouvrages, parmi lesquels on remarque : *Instituzioni analitiche*, 1748, 2 vol. in-4°, traduits en français par d'Antelmy, avec quelques notes de l'abbé Bossut, et sous ce titre : *Traité élémentaire du calcul différentiel et du calcul intégral*, 1775, in-8°; *Traité sur les vertus et les mystères de J.-C.*; deux *Paraphrases* : l'une, du traité de saint Laurent Justinien, *de sacro Connubio*; l'autre, du traité de saint Bernard, *de Passione Christi*. Quelques *Observations* sur un ouvrage du marquis Gorini-Corio. Elle mourut en odeur de sainteté à Milan, dans un établissement fondé pour des femmes pauvres, âgée de 81 ans, le 9 janvier 1799.

AGNOLO (Gabriel d'), architecte napolitain, naquit vers l'an 1480. Son émulation étant excitée par le talent et la renommée de Novello di San Lucano et de Gio Francesco Mormando, il contribua ainsi que ses deux rivaux à ramener dans l'architecture le bon goût qu'il avait puisé dans les restes des monuments romains. On lui doit le palais Gravine, que les troubles de Naples empêchèrent d'achever. Les églises de Sainte-Marie-Egyptienne et de Saint-Joseph, et divers autres monuments, lui assurent un nom célèbre parmi les architectes de son pays. Agnolo mourut vers l'an 1510, dans un âge très-avancé.

AGNONIDE, orateur, chassé d'Athènes par Antipater après la mort d'Alexandre, obtint son rappel par l'entremise de Phocion. Cependant il osa se porter accusateur de cet homme vertueux et le fit condamner à mort; déjà il avait eu l'audace d'intenter contre Théophraste une accusation d'impiété, que le peuple repoussa avec indignation. Agnonide reçut le châtiment qu'il méritait; il fut à son tour condamné au dernier supplice.

AGOBARD, archevêque de Lyon, prit inconsidérément le parti de Lothaire, révolté contre l'empereur Louis-le-Débonnaire, et fit même une apologie, que nous avons encore, de sa conduite et de celle des autres princes rebelles. Il fut déposé au concile de Thionville l'an 835; mais s'étant réconcilié avec Louis, il fut rétabli, et mourut auprès de lui en 840 considéré par sa piété et son zèle. Il nous reste de ce prélat plusieurs ouvrages, dont Papyre Masson donna la première édition de 1606. Ce savant les acheta d'un relieur, qui voulait en couvrir des livres. Baluze en a donné ensuite une plus belle édition en 1666, pleine de notes savantes, en 2 vol. in-8°. Ils ont été réimprimés dans le t. 14 de la Bibliothèque des Pères. Agobard écrivit contre Félix d'Hugel, contre les Juifs, contre les épreuves judiciaires, les duels ; contre l'opinion des peuples de son temps, qui attribuaient toutes les tempêtes aux sorciers. Son *Traité du Sacerdoce* est particulièrement estimé. Dans le *Livre sur les images*, il ne se déclara pas pour le culte qu'on leur rend, quoiqu'il se tînt éloigné de l'hérésie des iconomaques. Il est honoré à Lyon d'un culte public, ainsi qu'en Saintonge, où il est appelé saint Aguebaud.

AGORACRITE, natif de Pharos, fit pour les Athéniens une Vénus qui était un chef-d'œuvre. Ce sculpteur mourut vers l'an 150 avant J.-C.

AGOSTINI.(Voy. AUGUSTIN LÉONARD.)

AGOUB (Joseph) naquit au Caire le 18 mars 1795. Il vint en France à l'âge de six ans, à la suite de l'expédition d'Égypte. Après avoir terminé ses humanités avec succès à Marseille, il se livra à l'étude de l'arabe, sa langue maternelle, et occupa bientôt une place distinguée parmi les orientalistes de notre époque. Nommé professeur d'arabe au collége royal de Louis-le-Grand à Paris, il devint en outre membre de plusieurs sociétés savantes. En 1831, il perdit sa chaire et retourna à Marseille, où son frère avait une maison de commerce. Le chagrin qu'il ressentit de l'injustice dont il avait été victime, porta une atteinte grave à sa santé, et il mourut au mois d'octobre 1832. Il avait traduit *Bidpaï*, qu'il se proposait de publier avec un texte plus pur et plus exact. On a de lui : *Discours historique sur l'Egypte*, Paris, 1823, in-8° ; ce discours sert d'introduction à l'*Histoire d'Egypte sous Mohammed-Ali*, par Mengin, Paris, 1823 ; *Discours sur l'expédition des Français en Egypte, considérée dans ses résultats littéraires ; des Règles de l'arabe vulgaire ; le sage Heycar*, conte arabe qui a été inséré dans la traduction des *Mille et une Nuits* de Gautier. Il a, en outre, fourni divers morceaux dans la *Revue encyclopédique*, le *Journal de la société asiatique*, le *Bulletin universel des sciences*. Agoub était poëte, et une des dernières pièces de vers qu'il ait composées a été adressée à Casimir Delavigne et à de Pongerville.

AGOULT (CHARLES-CONSTANCE-CÉSAR-LOUP-JOSEPH-MATTHIEU D'), évêque de Pamiers, né à Grenoble en 1749, d'une famille très-ancienne et très-illustre de Provence. Il avait été sacré le 13 mai 1787, et pendant son trop court épiscopat il fonda un hôpital et se fit chérir par la manière pleine de charmes dont il recevait, obligeait, conseillait et consolait les malheureux de toutes les classes. Pendant la tenue des états-généraux, il reçut les témoignages les plus honorables de l'estime publique, et on déféra presque constamment à ses avis dans les circonstances les plus importantes. Il se retira à Soleure en Suisse dès 1789, après avoir adhéré, avec la grande majorité de l'épiscopat, à l'*Exposition des principes*, de l'archevêque d'Aix. Il passa ensuite en Angleterre, où il eut des relations avec le célèbre Edmond Burke. En 1801, il rentra en France, après avoir donné sa démission de l'évêché de Pamiers sur l'invitation du pape. A l'époque de la restauration, en 1814, il adressa plusieurs *Mémoires* à S. M. Louis XVIII, qui le fit sonder pour savoir s'il consentirait à rentrer dans les affaires publiques; mais il refusa constamment. Il mourut à Paris le 21 juillet 1824, sincèrement regretté de tous ceux qui l'avaient connu. On a de lui, entre autres : *Avertissement pastoral au clergé et aux fidèles du diocèse de Pamiers, pour les prémunir contre le schisme ; Conversation avec E. Burke sur l'intérêt des puissances de l'Europe ; Projet d'une banque nationale ; Réponse aux objections faites contre ce projet ; Lettres à un Jacobin, ou Réflexions politiques sur la constitution d'Angleterre et la charte royale*. Dans l'appendice qui fait suite à ces lettres, l'auteur a eu la prétention de préciser tous les principes de l'ancienne constitution française. L'évêque de Pamiers a publié quelques autres brochures de circonstance, et a laissé plusieurs manuscrits.

AGRA. (Voyez FOLLEVILLE.)

AGRAIN (EUSTACHE D'), croisé célèbre de la première croisade, partit du Languedoc en 1096 avec Raimond, comte de Toulouse. Ses brillants exploits, joints à ses belles qualités, lui méritèrent du roi Baudouin les dignités de prince de Sidon et de Césarée, de connétable et vice-roi de Jérusalem. Nommé vice-roi d'Acre, pendant la captivité de Baudouin, ses succès contre le soudan d'Egypte le firent surnommer *l'épée et le bouclier de la Palestine*. — Son petit-fils, Hugues d'Agrain, fut chargé par Amaury, roi de Jérusalem, d'une ambassade au Caire, qu'il remplit avec distinction. Cette famille, originaire du Vivarais, s'est alliée à des maisons souveraines, et avait obtenu le droit de porter l'épée nue à la procession de Notre-Dame au Puy. Il existe encore deux branches de cette maison.

AGREDA (MARIE d'), religieuse cordelière, de la famille Coronel, supérieure du couvent de l'Immaculée Conception à Agreda en Espagne, naquit dans cette ville en 1602. Cette fille s'imagina avoir eu une vision, dans laquelle Dieu lui donna des ordres exprès d'écrire la vie de la Sainte-Vierge. Elle commença ce journal en 1637; mais un confesseur éclairé, qui la dirigeait pendant l'absence de son confesseur ordinaire, lui ordonna de le jeter au feu. Celui-ci, étant de retour, lui fit recommencer son ouvrage. Marie d'Agreda lui obéit avec empressement, et ce fruit de ses méditations, ou plutôt de ses rêveries, parut après sa mort sous ce titre : *La mystique cité de Dieu, miracle de sa Toute-puissance, abîme de la grâce de Dieu, histoire divine ou la vie de la très-Sainte-Vierge Marie, mère de Dieu, manifestée dans ces derniers siècles par la Sainte-Vierge à la sœur Marie de Jésus, abbesse du couvent de l'Immaculée Conception de la ville d'Agreda*. On trouve cette production toute écrite de sa main, avec une attestation que tout ce qui y était contenu lui avait été révélé. La lecture en fut défendue à Rome; et le P. Crozet, récollet, de Marseille, en ayant publié la première partie en français, la Sorbonne la censura très-vivement, l'an 1696, quoiqu'elle eût été approuvée en Espagne. La traduction entière de ce franciscain parut à Bruxelles, 1717, en 8 in-12, et en 3 in 4°. Ses ouvrages ayant été mûrement examinés, selon les règles établies dans la savante dissertation de Benoît XIV, la congrégation des Rites publia, en 1774, un décret pour imposer silence sur la béatification de cette religieuse. L'année suivante, il se tint encore une congrégation à ce sujet, après laquelle le pape devait donner le décret de *non procedendo ulteriùs*, qui cependant est encore resté suspendu. Il n'est pas possible qu'un homme sensé, qu'un chrétien solidement instruit dans sa religion, soutienne la lecture du livre de Marie d'Agreda, sans des mouvements de pitié envers cette bonne fille, et d'indignation contre les promoteurs et les éditeurs de ces prétendues révélations. Elle mourut le 24 mai 1665.

AGRÈVE. (Voyez LACOMBE.)

AGRICOLA CNEIUS JULIUS), natif de Provence, gouverneur de la Grande-Bretagne sous Vespasien, s'y rendit illustre par sa valeur. Il soumit le premier l'Écosse et l'Irlande aux Romains; il réduisit les Bretons et conserva ses conquêtes par ses vertus et par le maintien de la discipline militaire. Ses victoires furent l'objet de la jalousie de Domitien qui le rappela. Cet empereur lui ordonna d'entrer de nuit à Rome, pour qu'il n'eût pas les honneurs du triomphe. Agricola, trop sage pour témoigner son ressentiment à ce monstre, se retira chez lui, et y vécut dans un repos honorable, simple dans son extérieur, poli dans ses discours, et se bornant à deux ou trois amis. On dit que Domitien hâta la fin de ses jours par le poison; mais il ne faut pas toujours croire les crimes, quelque facilité que les hommes, et des hommes tels que Domitien, aient à les commettre. Tacite, gendre d'Agricola, nous a laissé une *Vie* de son beau-père, digne de l'un et de l'autre.

AGRICOLA, ou mieux HUESMANN (Rodolphe), professeur de philosophie à Heidelberg, l'un des restaurateurs des sciences et des lettres en Europe, naquit en 1444, à Baffeln près de Groningue, d'une famille obscure. Après avoir étudié sous Thomas à Kempis, il voyagea dans la France et l'Italie, et s'arrêta pendant quelque temps à Ferrare, où le duc Hercule d'Est, le bienfaiteur des gens de lettres, fut aussi le sien, et où il eut pour maître de philosophie Théodore de Gaze. Après bien des courses au milieu desquelles il vit Erasme jeune encore dont il prédit la célébrité, il fut nommé syndic de Groningue, envoyé en cette qualité à la cour de l'empereur, et ensuite professeur à Heidelberg, où il mourut en 1485. Il fut enseveli en habit de cordelier, comme il l'avait demandé. Ce savant possédait les langues, la peinture, la musique, l'art oratoire, la poésie et la philosophie. On recueillit tous ses ouvrages en 2 vol. in-4°, à Cologne, en 1529, parmi lesquels on distingue son *Abrégé de l'histoire ancienne* et ses trois livres *De inventione dialecticâ*. Les savants de son temps lui ont donné des éloges un peu outrés. On a dit que, lorsqu'il écrivait en vers latins, c'était un autre Virgile, et en prose, un autre Politien. Erasme, son ami, lui prodigue les plus grandes louanges. (Voyez les Mémoires de Nicéron, tom. 23.)

AGRICOLA, ou mieux SCHNITTER, *moissonneur* (JEAN ISLEBIUS), ainsi nommé parce qu'il était d'Eisleben, où il naquit en 1490 ou 1492, dans le comté de Mansfeld; compatriote et contemporain de Luther, il fut aussi son disciple.

Il soutint d'abord les sentiments de son maître avec beaucoup de zèle; mais il les abandonna ensuite, et devint son ennemi déclaré. Après mille variations dans sa foi, il renouvela une erreur que Luther avait été obligé d'abandonner, et devint chef d'une secte qu'on appela secte des *Antinomiens*. Luther avait enseigné que nous étions justifiés par la foi, et que les bonnes œuvres n'étaient pas nécessaires pour le salut. Agricola conclut de ce principe que, lorsqu'un homme avait la foi, il n'y avait plus de loi pour lui; qu'elle était inutile, soit pour le corriger, soit pour le diriger, parce qu'étant justifié par la foi, les bonnes œuvres étaient inutiles; et parce que, s'il n'était pas juste, il le devenait en faisant un acte de foi. Luther s'éleva contre cette doctrine: Agricola la rétracta plusieurs fois, et la reprit autant. Mais Luther n'abandonnant jamais ses principes sur la justification, et les admettant avec Agricola, il ne pouvait le réfuter solidement, ni le détromper, puisque les conséquences de l'un étaient évidemment liées aux principes de l'autre. Comme Agricola rejetait toute espèce de loi, on appela ses disciples *Antinomiens*, c'est-à-dire, sans lois. Craignant le ressentiment de Luther, il se retira à Berlin où il obtint, en 1540, la place de premier prédicateur de la cour. Il fut un des théologiens choisis pour rédiger l'*Interim* d'Augsbourg, qui ne satisfit ni les catholiques ni les protestants. Agricola mourut en 1566. On a de lui des Commentaires sur saint Luc, in-8; *Historia Passionis J.-C.* 1543, in-fol.; une traduction allemande de l'*Andrienne de Térence* et un *Recueil* de 750 proverbes allemands. (Voyez sur cet hérétique l'Histoire ecclésiastique de Mosheim.)

AGRICOLA (GÉORGES), ou mieux BAUER, médecin allemand, naquit à Gleuchen dans la Misnie, en 1494. La connaissance qu'il avait des métaux et des fossiles le mit bien au-dessus de tous les anciens dans cette partie. Ce fut en visitant les mines, surtout celles de Chemnitz, en Saxe, et en conversant avec les mineurs, qu'il acquit ces connaissances. La plupart de ceux qui ont écrit depuis sur cette matière l'ont copié. Ce n'est qu'à la fin du 18e siècle que cette science a fait des progrès rapides. Ce qu'il avance est en général exact, et son style est d'une élégance peu commune. Parmi les différents ouvrages qu'il a composés, on distingue son traité *De re metallicâ*, en 12 livres, à Bâle, 1561, in-fol. Agricola mourut à Chemnitz l'an 1555. Les luthériens, pour lesquels il avait marqué beaucoup d'éloignement, le laissèrent cinq jours sans sépulture. On joint ordinairement à son traité *De re metallicâ*, celui qui est intitulé: *De ortu et causis subterraneorum*, Bâle, en 1558, in-fol.

AGRIPPA - LANATUS (MENENIUS), consul romain vers l'an 503 avant J.-C., vainquit les Sabins et les Samnites, et triompha pour la première fois à Rome. Ce héros était éloquent, et ce fut lui que le sénat députa au peuple qui s'était retiré sur le Mont-Sacré: il le gagna par l'apologue des membres du corps humain révolté contre l'estomac. Ce bon citoyen mourut, lorsqu'on célébrait la réunion du sénat et du peuple. Ses emplois, loin de l'enrichir, ne lui laissèrent pas de quoi le faire enterrer. Le peuple paya ses funérailles, et fit donner une somme d'argent à ses enfants.

AGRIPPA (MARCUS-VIPSANIUS), d'une famille obscure, parvint, par ses vertus civiles et militaires, aux plus grandes dignités de l'empire: trois fois au consulat, deux fois au tribunat avec Auguste, et une fois à la censure. Il donna des preuves éclatantes de sa bravoure, aux fameuses journées de Philippes et d'Actium qui assurèrent l'empire à Auguste. Ce prince, qui lui devait ses succès, lui demanda s'il devait abdiquer le gouvernement. Agrippa lui répondit avec le zèle d'un républicain et la franchise d'un soldat: il lui conseilla de rétablir la république. Mais les avis de Mécène l'emportèrent sur ceux de ce citoyen généreux. Auguste l'engagea à répudier sa femme, fille de la sage Octavie, et lui donna en mariage sa propre fille Julie, dont les dérèglements ne sont que trop connus. Agrippa passa ensuite dans les Gaules, soumit les Germains, dompta les Cantabres, et fit plus que de remporter des victoires, il refusa le triomphe. Outre le temps qu'il avait employé à la guerre, il en avait passé une partie à embellir Rome par des thermes, des aqueducs, des chemins publics, et d'autres édifices, parmi lesquels on distinguait le fameux Panthéon, temple consacré à tous les dieux, qui subsiste encore sous le titre de *Notre-Dame de la Rotonde*. Sa mort, arrivée vers l'an 12 avant J.-C., fut pleurée par Auguste et par les Romains, comme celle du plus honnête homme, du plus grand général, du meilleur citoyen et de l'ami le plus vrai. Auguste le fit mettre dans le tombeau qu'il s'était destiné à lui-même.

AGRIPPA - LE - JEUNE ou AGRIPPA-POSTHUME, dernier fils d'Agrippa Marcus-Vipsanius et de Julie, né après la mort de son père, 12 ans avant J.-C., fut adopté par Auguste qui lui donna la robe virile à l'âge de 17 ans. Ayant tenu des propos vrais, mais indiscrets, contre ce prince, son bienfaiteur, il fut exilé dans la Campanie, ensuite relégué comme un criminel d'Etat dans l'île de Planasie. Livie ne contribua pas peu à irriter Auguste contre son petit-fils, et ayant appris que ce prince voulait, après 8 ans d'exil, le rappeler auprès de lui, elle fit, dit-on, empoisonner son époux, et envoya, de concert avec Tibère, un centurion pour tuer Agrippa. Ce prince fut surpris sans armes; il n'en défendit pas moins sa vie, et ne succomba qu'après avoir été percé de plusieurs coups. Ce fut ainsi que le dernier des petits-fils d'Auguste périt à l'âge de 26 ans. Il était d'un naturel farouche et d'un caractère emporté. La force du corps lui tenait lieu de tout mérite. Il avait pris le nom de Neptune, parce qu'il passait son temps sur la mer, s'exerçant à ramer, à pêcher et à nager.

AGRIPPA I (Hérode), fils d'Aristobule, et petit-fils d'Hérode-le-Grand, passa une partie de sa jeunesse à Rome, où Tibère lui donna la conduite de son petit-fils. Mais Agrippa paraissant plus attaché à Caïus Caligula, fils de Germanicus, et Tibère le soupçonnant d'avoir souhaité sa mort, il fut mis en prison. Il en sortit six mois après par ordre de Caligula, devenu empereur, qui lui fit présent d'une chaîne d'or aussi pesante que celle de fer qu'il avait traînée dans son cachot, lui donna le titre de roi, avec les tétrarchats de Philippe et de Lysanias, qui pour lors étaient vacants. L'an 41 de J.-C., l'empereur Claude ajouta de nouvelles donations à celles que Caligula lui avait faites; en sorte que tout le pays précédemment possédé par Hérode fut mis sous la domination du nouveau roi. La cour d'Agrippa devint brillante, et l'appareil de la royauté fut plus magnifique que jamais dans toutes les provinces de sa dépendance. Il professait cependant la loi de Moïse; et comme s'il en eût été un des plus ardents zélateurs, il suscita une persécution sanglante contre les disciples de Jésus. Il savait bien que par-là il gagnerait l'affection des Juifs. Il profita donc du voyage qu'il fit de Césarée à Jérusalem, dans le dessein d'y célébrer la fête de Pâques de l'année 43, pour leur témoigner le désir qu'il avait de leur plaire. Saint Jacques fut la première victime de sa cruelle politique. L'ayant fait arrêter quelques jours avant la fête, il lui fit trancher la tête. Après cela, il voulut pleinement satisfaire les Juifs en emprisonnant saint Pierre, qui devait être exécuté après Pâques, lorsque Dieu le tira miraculeusement de ses mains. Mais il ne tarda pas à éprouver les effets de la vengeance divine. La fête de Pâques passée, il retourna à Césarée, dans le dessein d'y donner des jeux publics en l'honneur de Claude. Il y fut suivi par un nombreux cortége de personnes de considération, tant de ses propres Etats, que des pays voisins. Le second jour des jeux, il parut sur le théâtre avec une robe tissue en argent, dont l'habileté de l'artiste relevait encore la richesse. Elle tirait un nouvel éclat des rayons du soleil, qui, venant à se réfléchir, éblouissaient les spectateurs. Ceux-ci, de leur côté, marquaient une sorte de respect qui tenait de l'adoration. Agrippa fit un discours fort éloquent aux députés des Tyriens et des Sidoniens, qui étaient venus lui demander pardon d'une faute pour laquelle leur nation avait, quelque temps auparavant, encouru sa disgrâce. Quand il eut cessé de parler, les ambassadeurs et ces flatteurs qui environnent ordinairement les princes, firent entendre des acclamations réitérées. *Ce n'est point*, s'écriaient-ils, *la voix d'un homme, c'est la voix d'un Dieu*. Le roi, enivré de ces louanges impies, et entraîné par l'orgueil, oublia qu'il était né mortel; il fut frappé dans l'instant par l'ange vengeur de la souveraine majesté de Dieu, déchiré par de cruelles douleurs et mangé par les vers, la septième année de son règne, et la quarante-troisième de Jésus-Christ.

AGRIPPA II, dernier roi des Juifs, était fils d'Agrippa Hérode. L'empereur Claude lui ôta son royaume, ou comme on ôte une dignité, et le lui échangea pour d'autres provinces, auxquelles Néron ajouta quatre villes. La Judée devint alors province romaine et eut des gouverneurs. A la mort de son oncle Hérode, roi de Chalcis, il obtint la surintendance du temple, le droit de nommer le grand-prêtre et le royaume de Chalcis au préjudice d'Aristobule, fils d'Hérode. Les Hébreux s'étant attiré la vengeance des Romains, Agrippa se joignit à ceux-ci pour les châtier. Il reçut une blessure au siège de Gamala; il se trouva au siège mémorable de Jérusalem avec Titus. Il mourut sous Domitien, l'an 90 de J.-C. Ses mœurs n'étaient pas à l'abri de soupçon, puisqu'on l'accusa même d'un commerce incestueux avec sa sœur Bérénice. C'est en sa présence que saint Paul plaida sa cause à Césarée. Rien de plus remarquable que la confiance avec laquelle cet apôtre cita Agrippa lui-même, comme ayant pleine connaissance des faits étonnants qui remplissent l'histoire de Jésus-Christ. Agrippa, bien loin d'en disconvenir, assura que peu s'en fallait qu'il n'embrassât le christianisme; mais sa vie était une mauvaise préparation à un changement de cette nature. Le récit de cette affaire, telle qu'on la lit au chap. 26 des *Actes des Apôtres*, est des plus intéressants.

AGRIPPA DE NETTESHEIM (Henri-Corneille), médecin et philosophe, naquit à Cologne, en 1486, d'une famille distinguée. Il fut d'abord secrétaire de Maximilien 1, et ensuite servit dans les armées de cet empereur. Son inconstance lui fit quitter le métier des armes pour le droit et la médecine, entre lesquels il se partagea. Sa plume insolente lui suscita bien des querelles; il en eut de très vives avec les cordeliers à Dôle où il était professeur d'hébreu, à Paris et à Turin avec les théologiens. Ces querelles l'obligèrent de fuir en différents pays. Il fut vagabond et presque mendiant en Allemagne, en Angleterre et en Suisse. Il s'arrêta pendant quelque temps à Lyon, où était alors Louise de Savoie, mère de François I. Cette princesse l'honora du titre de son médecin; mais elle le chassa d'auprès d'elle, pour avoir refusé de prédire, par le cours des Astres, dans lesquels Agrippa prétendait lire, les affaires de France. Ce médecin vagabond alla ensuite dans les Pays-Bas, où son *Traité de la Vanité des sciences*, et sa *Philosophie occulte* le firent mettre en prison. Il fut encore enfermé à Lyon pour un libelle contre Louise de Savoie, son ancienne protectrice. Après avoir passé une partie de sa vie dans les cachots, il mourut, suivant le Naudeana, à Lyon en 1534; et suivant d'autres biographes, à Grenoble, en 1535, dans un hôpital, aussi détesté que l'Arétin. Agrippa fut au nombre de ces écrivains, aujourd'hui plus communs que jamais, qui attribuent toutes leurs infortunes à la jalousie de leurs ennemis, plutôt qu'à leur caractère et à leur conduite. On a imprimé ses ouvrages en 2 vol. in-8°, *apud Beringos fratres*, en lettres italiques et sans date. Il prétendait que les sciences sont pernicieuses aux hommes : assertion soutenue avec beaucoup d'éloquence par J.-J. Rousseau, et qu'on ne peut nier être vraie à certains égards, surtout par rapport à la généralité des hommes, qui certainement n'est pas en état de s'occuper des sciences, moins encore d'en faire un bon usage. Son *Traité de la philosophie occulte*, traduit en français, en 1727, en 2 vol. in-8°, le fit accuser d'être sorcier. — Il eut un jour l'impudence de proposer à Charles-Quint de lui procurer d'immenses trésors par le secours de la magie ; mais, pour réponse, il reçut ordre de sortir de ses Etats. La déclamation de l'*Excellence des femmes au-dessus des hommes (De præstantiâ sexûs feminini)* prouve qu'il n'y avait point de paradoxe qui ne pût passer par sa tête. Il la composa pour flatter Marguerite d'Autriche. On a encore d'Agrippa une dissertation sur le péché originel, dans laquelle il avance que la chute de nos premiers parents ne provient pas de leur désobéissance à l'égard du fruit d'un arbre, mais d'un commerce charnel : opinion absurde, réfutée par le texte même de la Genèse, qui ordonna aux époux de couvrir la terre de leur postérité (Voyez Beverland, Ryssen).) On a dit de cet écrivain : *Nullis hic parcit ; contemnit, scit, nescit, flet, ridet, irascitur, insectatur, carpit omnia. Ipse philosophus, dæmon, heros, deus et omnia.* *(Voyez Paul Jove, Elog. doct. vir.)*

AGRIPPINE, fille de M. Vipsanius Agrippa et de Julie, fille d'Auguste, épousa Germanicus, qu'elle suivit dans toutes ses expéditions en Germanie et en Syrie. Elle montra une noble fermeté lors de la révolte des légions romaines en Pannonie, et ne céda qu'avec peine aux instances de Germanicus qui la priait de quitter le camp et de se mettre en sûreté. Après la mort funeste de son mari, Agrippine retourna à Rome, portant les cendres de son époux. La douleur que causa cette perte fut universelle. Agrippine en profita pour accuser Pison, qu'on soupçonnait d'avoir hâté la mort de Germanicus. L'indignation du peuple contre Pison, jointe aux vives poursuites d'Agrippine, l'inquiéta tellement, qu'on le trouva mort dans son lit. Tibère, jaloux de l'amour du peuple pour Agrippine, l'exila dans l'île de Pandataire, aujourd'hui *santa Maria*, où il la laissa mourir de faim, l'an 32 de J.-C. Cette femme se montra supérieure à ses malheurs. Elle fut aussi intrépide à la cour de Tibère et dans le lieu de son bannissement, qu'elle avait été tranquille à la tête des armées. Du nombre de neuf enfants qu'elle laissa, les plus connus sont Caligula, qui fut empereur, et Agrippine, mère de Néron. S'il fallait juger par ce qu'ils furent des sentiments que leur inspira la mère, et du genre d'éducation qu'elle leur donna, il faudrait conclure qu'elle était elle-même un monstre.

AGRIPPINE, fille de la précédente et mère de Néron, joignit aux mœurs d'une prostituée la cruauté d'un tyran. Après deux mariages, elle épousa Claude, dont l'indolence allait jusqu'à la stupidité. Cette femme d'une ambition démesurée, et d'un esprit pénétrant, connut bientôt le caractère de son époux, et ne manqua pas d'en profiter. Ce ne furent que bassesses, rapines, cruautés, prostitutions: Agrippine employa tout pour s'élever au comble de la grandeur, et assurer l'empire à son fils; voulant ajouter à la qualité de fille, de sœur, d'épouse d'empereur, celle de mère. Comme on lui disait que Néron lui donnerait la mort un jour : *N'importe*, répondit-elle, *pourvu qu'il règne*. Il régna effectivement. Agrippine empoisonna son époux avec des champignons, et fit proclamer son fils empereur : Néron, élevé par Sénèque et par Burrhus, parut d'abord digne de tels maîtres ; mais il oublia bientôt les services de sa mère. Agrippine, qui s'était attribué l'autorité impériale, employa toutes sortes d'artifices pour se la conserver : intrigues, caresses, complot, plaisirs; on croit même qu'elle commit un inceste avec son fils pour le gagner. Elle était accoutumée à ce crime; on l'avait déjà accusée d'un commerce galant avec son frère Caligula. Néron, irrité de ses complots, et insensible à ses caresses, la fit massacrer dans sa chambre, l'an 59 de J.-C. Un centurion lui ayant déchargé un coup de bâton sur la tête, elle lui dit, en lui montrant son sein : *Frappe plutôt cette partie de mon corps*, *puisqu'elle a donné le jour à un monstre tel que Néron*. Cette princesse avait beaucoup d'esprit et d'agréments; mais elle ternit ces qualités par les crimes que lui firent commettre son ambition et son orgueil. Ce fut pour satisfaire ses passions, plutôt qu'en vue du bien du genre humain, qu'à l'imitation de tant d'illustres scélérats de tous les siècles, qui veulent couvrir leurs forfaits par quelque action de bien, elle établit une colonie à Ubium sur le Rhin, lieu de sa naissance, qu'elle nomma *Colonia Agrippina*, aujourd'hui Cologne. On lit dans Tacite que cette princesse avait laissé des *Mémoires*, qui lui ont beaucoup servi à écrire ses *Annales*.

AGUADO (Alexandre-Marie), marquis de Las Marismas, célèbre et riche banquier, né en 1784 à Gijon dans les Asturies, où il est mort le 11 avril 1842. Après la guerre d'Espagne, en 1804, il vint en France avec le grade de colonel, fut naturalisé, et se fixa à Paris, où il a rendu de grands services à la haute banque. Ce fut lui qui, en 1832, négocia l'emprunt grec. Aguado aimait les arts. Il avait formé à Paris un musée remarquable, dont il faisait lui-même les honneurs aux étrangers avec une politesse toute française.

AGUESSEAU (Henri-François d') naquit à Limoges, en 1668, d'une ancienne famille de Saintonge. Son père, intendant de Languedoc, fut son premier maître. Le jeune d'Aguesseau naquit avec les plus heureuses dispositions. La société des gens d'esprit, et surtout celle de Racine et de Boileau, avait des charmes infinis pour lui. Il cultivait comme eux la poésie, en avait le talent, et il le conserva jusqu'à ses derniers jours. Reçu avocat-général de Paris en 1691, il y parut avec tant d'éclat, que le célèbre Denis Talon, alors président-à-mortier, dit qu'il voudrait finir comme ce jeune homme commençait. Après avoir exercé dix ans cette charge, avec autant de zèle que de lumières ; il fut nommé procureur-général en 1700, à 32 ans. C'est alors qu'il déploya tout ce qu'il était. Il régla les juridictions qui étaient du ressort du parlement, entretint la discipline dans les tribunaux, traita l'instruction criminelle d'une manière supérieure, et fit plusieurs règlements autorisés par des arrêts. Il fut chargé de la rédaction de plusieurs lois par le chancelier de Pontchartrain, qui lui prédit qu'il le remplacerait un jour. L'administration des hôpitaux fut l'objet le plus cher de ses soins. On lui conseillait un jour de prendre du repos : « Puis-je me reposer, répondit-il généreusement, tandis que je sais qu'il y a des hommes qui souffrent ? » La France n'oubliera jamais le fameux hiver de 1709; d'Aguesseau fut un de ceux qui contribuèrent le plus à la sauver des extrémités de la famine. Il fit renouveler des lois utiles, réveilla le zèle de tous les magistrats, et étendit sa sollicitude à toutes les provinces. Sa vigilance et ses recherches découvrirent tous les amas de blé qu'avait faits l'avarice, pour s'enrichir du malheur public. Après la mort de Louis XIV, le chancelier Voisin n'ayant survécu à ce prince que deux ans, le régent jeta les yeux sur d'Aguesseau, et le nomma pour lui succéder. Au commencement de la régence, lorsqu'il n'était encore que procureur-général, il fut appelé à un conseil, où le système de Law fut proposé. Il fut d'avis qu'on le rejetât ; et ce projet, dont il montra les dangers et les avantages, fut, en effet, rejeté pour lors. Depuis, les choses changèrent. L'intérêt, soutenu par l'intrigue, l'emporta

sur la prudence. On vint à bout de séduire le prince; mais on désespéra de fléchir la résistance de d'Aguesseau, qui était alors chancelier. Le régent lui reprit les sceaux en 1718, et lui ordonna de se retirer à sa terre de Fresnes. En 1720, il reçut un ordre d'en revenir, sans l'avoir demandé, et les sceaux lui furent rendus. On les lui ôta pour la seconde fois en 1722, et il retourna à Fresnes. Il en fut rappelé au mois d'août 1727, par les soins du cardinal de Fleury, mais les sceaux ne lui furent remis qu'en 1737; on les avait donnés à Chauvelin. Le parlement lui fit une députation, avant que d'enregistrer les lettres du nouveau garde-des-sceaux. D'Aguesseau répondit qu'il voulait donner l'exemple de la soumission. Ces sentiments étaient dignes d'un homme qui n'avait jamais demandé ni désiré aucune charge. Les honneurs étaient venus le chercher. Au commencement de la régence, il refusa de faire des démarches pour son élévation, quoiqu'il fût presque assuré du succès. « A Dieu ne plaise, dit-il, que j'occupe jamais la place d'un homme vivant! » Paroles simples, mais qui ont tout le sublime d'un sentiment vertueux. Lorsqu'il eut été élevé aux premières charges, il n'aspira qu'à être utile, sans jamais penser à s'enrichir; il ne laissa d'autres fruits de ses épargnes que sa bibliothèque, encore n'y mettait-il qu'une certaine somme par an. Pendant les deux séjours qu'il fit à Fresnes, temps qu'il appelait les beaux jours de sa vie, il se partagea entre les livres sacrés, le plan de législation qu'il avait conçu, et l'instruction de ses enfants. Les mathématiques, les belles-lettres et l'agriculture formaient ses délassements. Le chancelier de France se plaisait quelquefois à bêcher la terre. Ce fut dans ce temps qu'il fit, sur la législation, des réflexions qui produisirent un grand nombre de lois, depuis 1729 jusqu'en 1749. Son dessein était d'établir une entière conformité dans l'exécution des anciennes lois, sans en changer le fond, et d'y ajouter ce qui pouvait manquer à leur perfection. Il n'était étranger dans aucun pays ni dans aucun siècle. Il savait la langue française par principes, le latin, le grec, l'italien, l'espagnol, l'anglais et le portugais. Il n'était pas moins honoré des savants étrangers que de ceux de son pays. L'Angleterre le consulta sur la réformation de son calendrier. La réponse du chancelier de France, pleine de réflexions utiles, détermina cette nation à un changement, qu'elle n'aurait pas dû tant tarder à faire. D'Aguesseau reçut des marques non moins distinguées de la confiance du roi, lorsque sa majesté alla se mettre à la tête de son armée. Elle le chargea d'assembler chez lui, toutes les semaines, les membres des conseils des finances et des dépêches. Il rendait compte des objets discutés par une lettre, sur laquelle le roi écrivait sa décision. La sobriété et l'égalité d'âme lui conservèrent, jusqu'à l'âge de 82 ans, une santé vigoureuse; mais dans le cours de l'année 1750, des infirmités douloureuses l'avertirent de quitter sa place. Il s'en démit, se retira avec les honneurs de la dignité de chancelier, et une pension de 100,000 liv. Il en jouit peu de temps, et ne fut plus occupé qu'à faire usage, dans ses douleurs, des expressions de l'Ecriture Sainte qui lui étaient toujours présentes, n'ayant passé aucun jour depuis son enfance sans la lire. « Les préceptes que la religion renferme, disait-il, sont la route assurée pour parvenir à ce souverain bien que les anciens philosophes ont tant cherché, et qu'elle seule peut nous faire trouver. (t. 1, Instruction I). C'est elle, ajoutait-il, qui doit animer tous nos travaux, qui en adoucit la peine, et peut seule les rendre véritablement utiles; (tom. 1, Instr. IV); » d'où il tirait cette conséquence foudroyante pour les esprits forts et les cœurs corrompus, que la religion est la vraie philosophie. Il mourut le 9 février 1751. Ses œuvres composent 13 vol. in-4°. Elles avaient été imprimées à Yverdun en 12 vol. in-8°, mais cette édition n'est pas complète. On les a réimprimées depuis dans le format in-8°. L'éditeur de l'in-4° a placé dans le 13e volume, imprimé après la mort de l'auteur, un avertissement, des remarques et des extraits en faveur du Jansénisme, qui sont entièrement déplacés dans cette collection, d'Aguesseau n'ayant jamais été partisan des jansénistes, qu'il appelle des Novateurs et des Révoltés. Ces extraits sont en outre écrits avec un ton aigre et tranchant, qui contraste trop avec la réserve et la modération de l'illustre auteur, à l'abri duquel on semble vouloir les faire passer; tant il est vrai que l'esprit de secte cherche à répandre partout son venin; et c'est ce qui doit mettre en garde contre les éditions imprimées après la mort des auteurs. « L'éloquence
« de d'Aguesseau, pour se former, dit
« Thomas, avait emprunté le secours
« de tous les arts et de toutes les sciences.
« La logique lui prêtait la méthode in-
« ventée par ce génie aussi hardi que
« sage, qui a été le fondateur de la phi-

« losophie moderne. La géométrie lui
« donnait l'ordre et l'enchaînement des
« vérités; la morale, la connaissance
« du cœur humain et des passions. L'his-
« toire lui fournissait l'exemple et l'au-
« torité des grands hommes; la juris-
« prudence, les oracles de ses lois. La
« poésie enfin répandait sur ses discours
« le charme du coloris, la chaleur du
« style et l'harmonie du langage. Ainsi,
« dans M. d'Aguesseau, aucune science
« n'était oisive, toutes combattaient
« pour la vérité. » Le style de d'A-
guesseau est très-châtié; mais on y désirerait quelquefois plus de chaleur. Un jour il consulta son père sur un discours qu'il avait extrêmement travaillé, et qu'il voulait retoucher encore. Son père lui répondit, avec autant de finesse que de goût : « Le défaut de votre discours est d'être trop beau, il le serait moins si vous le retouchiez encore. » Les discours qu'il prononça, étant avocat ou procureur-général, ne nous laissent rien envier aux orateurs d'Athènes et de Rome. On y admire une éloquence naturellement proportionnée au sujet, une érudition choisie, et une profondeur de raisonnement parée de toutes les grâces de l'élocution. Ses autres ouvrages portent l'empreinte du même génie, surtout ses *Instructions pour les magistrats*, son *Essai sur le droit public*, ses *Écrits sur les belles-lettres*, ses *Instructions pour l'éducation de son fils*. Tout ce qu'il discute porte avec soi le caractère d'une sagacité qui étonne. Dans ses mercuriales, on trouve une suite de tableaux où l'homme de loi est forcé de puiser la plus haute idée de sa profession et l'amour de ses devoirs; l'homme d'État, les leçons de la saine politique et les moyens de la rendre utile et respectable; le littérateur, les finesses de son art et les solides beautés qui peuvent l'embellir; tous les hommes, le respect des lois, les règles de la vertu et les charmes qui la font aimer. On a recueilli ses meilleurs discours et ses instructions à son fils, en 2 vol. in-12, sous le titre d'*OEuvres choisies de d'Aguesseau*. Il avait épousé, en 1694, Anne le Febvre d'Ormesson. C'est à son sujet que Coulanges avait dit qu'on avait vu, pour la première fois, les grâces et la vertu s'allier ensemble. Elle mourut à Auteuil le 1er décembre 1735, laissant six enfants. La douleur de d'Aguesseau égala sa tendresse pour elle. Cependant à peine avait-il essuyé ses larmes, qu'il se livra aux fonctions de sa place. « Je me dois au public, disait-il, et il n'est pas juste qu'il souffre de mes malheurs domes-

tiques. » Il voulut être enterré auprès d'elle dans le cimetière d'Auteuil, pour partager, même après sa mort, l'humilité chrétienne d'une femme digne de lui. On voit, au pied d'une croix que leurs enfants ont fait placer auprès de leur sépulture, l'inscription suivante :

Christo servatori
Spei credentium,
In quo crediderunt et speraverunt
Henricus-Franciscus d'Aguesseau,
Galliarum Cancellarius.
Et Anna le Febvre d'Ormesson.
Ejus conjux,
Eorum liberi
Juxta utriusque parentis exuvias
Hanc crucem
Dedicavere;
Anno reparatæ salutis
M. DCC. LIII.

Louis XV donna les marbres et les bronzes qui servirent à la construction d'un obélisque funéraire. Ce monument, détruit pendant la révolution, a été relevé en 1800. M. Pardessus a donné une nouvelle édition des *OEuvres complètes de d'Aguesseau*, 1812-1820, 16 vol. in-8°, et M. Rives a publié en 1823 ses lettres inédites. Plusieurs critiques se sont exercés sur l'appréciation des divers talents du chancelier d'Aguesseau, « qui pensait en philosophe et parlait en orateur. » Nous avons cité un passage de Thomas, en voici un autre qui ne sera point suspecté d'exagération : nous l'empruntons à M. Villemain. « Il n'est peut-être, dit-il, aucun nom plus justement et plus universellement honoré que celui du chancelier d'Aguesseau; grand magistrat, ministre intègre et vertueux, savant profond, orateur célèbre, il a réuni les plus beaux titres d'illustration. Il semble même que la renommée, dont les erreurs ne sont jamais plus excusables que lorsqu'elle exagère le talent d'un homme de bien, a porté la réputation de son éloquence au-delà des bornes de la vérité. En effet, lorsqu'on lit les ouvrages du chancelier d'Aguesseau, en les comparant à la gloire dont il a joui dans son siècle et surtout en les opposant au génie de ses illustres contemporains, on regrette de n'y pas trouver cet éclat de talent, cette élévation originale qui caractérisait dans des genres et quelquefois à des degrés différents, les grands hommes parmi lesquels il a vécu, et dont il semblait l'égal. Les ouvrages purement oratoires de d'Aguesseau, en portant l'empreinte d'une savante littérature et d'un travail ingénieux, ne sont pas en effet exempts de pompe et d'affectation. Son style, qui, pour le fond du langage, tient à la meilleure époque de notre idiome, est mêlé de faux ornements; il porte la symétrie de l'élégance jusque dans la gravité des plus hautes fonctions du barreau, et trop souvent manque à la fois de naturel et de grandeur. Cependant ce privilége qu'eut le chancelier d'Aguesseau de représenter presque seul, pour ses lecteurs, notre ancienne éloquence parlementaire, lui a conservé une place éminente dans les traditions du barreau et même de la littérature. Les défauts que le goût peut reprocher à ses discours publics, à ses harangues d'apparat, s'expliquent au reste presque toujours par la différence qui se trouvait entre la situation d'un avocat-général au parlement de Paris, et les souvenirs de la tribune antique dont le talent de d'Aguesseau s'était nourri. Privé d'un grand sujet, et n'ayant pas, il est permis de le croire, cet instinct profond de naturel qui appartenait aux vrais hommes de génie de son temps, d'Aguesseau eut plutôt les artifices que les inspirations de l'éloquence, et fut un écrivain habile, mais non pas un grand écrivain. Toutefois cette infériorité que l'on doit reconnaître dans les productions où probablement il plaçait sa gloire, disparaît dans les morceaux moins importants qui sont sortis de sa plume sans prétention et sans efforts. Lorsqu'il s'entretient avec son fils sur des sujets de littérature ou de philosophie, lorsqu'il écrit de simples mémoires sur la vie de son père, dans ses lettres enfin, il ne laisse plus voir que l'excellent goût de son siècle, et les lumières d'un esprit formé par les plus purs modèles; alors il est écrivain supérieur, précisément parce qu'il ne cherche pas la réputation de bien écrire. Un enjouement aimable, une sorte d'urbanité gracieuse tempèrent la gravité surnaturelle de son esprit, et donnent plus de charmes à ses vertus. Comme orateur, il est bien loin de Cicéron, mais dans ses lettres il l'égale quelquefois. A l'occasion de l'*Histoire du droit de propriété*, publiée en 1841, par M. E. Laboullaye, un écrivain a dit : « Nos admirables jurisconsultes du 16e siècle étaient tous les compulsateurs assidus de nos chroniques et de nos monuments. Depuis eux ces traditions ont été tout-à-fait perdues, et d'Aguesseau, le dernier magistrat de France, le dernier honneur et la gloire du barreau, se plaignait déjà de la médiocrité triste et ingrate des hommes de son temps, et déplorait que la science fût négligée et l'histoire ignorée. Que dirait-il donc, de nos jours, et quel serait son langage en présence de ces avocats que peut-être l'on vante au palais, dont toute la science se renferme dans le Code, et qui ne savent point remonter au-delà de 89 ? En vain leur dit-on que par de là ces époques où leurs regards peuvent atteindre, dans ces temps que l'on est convenu de nommer d'odieuse féodalité et d'horrible barbarie, il y avait une civilisation certaine et une législation quelconque; en vain assure-t-on que cette législation était plus sage souvent que la nôtre, et que cette civilisation, peut-être, répandait sur une plus grande masse d'individus une plus grande somme de bien-être, ils n'y veulent point entendre, ils persévèrent à prétendre comprendre quelque chose aux lois d'un peuple sans savoir rien de son histoire, rien de ses mœurs, ni rien de ces éléments qui ont formé ces lois, et de toute la hauteur de leur superbe, ils traitent de pédants barbouillés de grec, ces hommes d'admirable génie, qui étudièrent et éclairèrent nos origines. Pour du grec j'avoue qu'au même siècle l'usage en est fréquent; mais si notre ignorance veut bien pardonner sur ce point, je demande où trouver un style plus noble, plus ferme, plus simple et plus largement agencé qu'au traité des Offices de Loyseau, etc. Ces gens-là, ce me semble, ne sont pas si pédants qu'on nous veut faire croire, et tel de nos avocats futile et lourd a plus de morgue. (Voyez COCHIN Henri.)

AGUILA (C.-J. E.-H. D'), mort à Paris en mai 1815, a publié : *Causes anciennes et nouvelles des événements de la fin du dix-huitième siècle*, 4 vol. in-8°; *Découverte de l'orbite de la terre; du point central de l'orbite du soleil; leur situation et leur forme; de la section du zodiaque par le plan de l'équateur, et du mouvement concordant des deux globes.* Paris, 1805, in-8°, avec huit planches; *Histoire des événements mémorables du règne de Gustave III, roi de Suède, des Goths, etc., pour servir à l'histoire politique et morale de l'Europe pendant le dix-huitième siècle*, Paris, 1807, 2 vol. in-8°, reproduite en 1815, avec quelques pièces préliminaires, sous le titre d'*Histoire du règne de Gustave III*.

AGUILLE (Voyez BOYER.)

AGUIRRE (Joseph Saenz d'), né à Lognono dans la Vieille-Castille le 24 mars 1630, fut un des ornements de l'ordre de Saint-Benoît, dans le dernier siècle. D'abord, premier interprète des livres saints dans l'université de Salamanque, ensuite censeur et secrétaire du tribunal du saint Office, il fut honoré de la pourpre par Innocent XI, l'an 1686, en récompense de son zèle pour l'affermissement de l'autorité du saint Siége. Il mourut à Rome en 1699. Ses principaux ouvrages sont : une *Collection des Conciles d'Espagne*, 4 vol. in-fol., fort recherchée, quoiqu'on puisse y désirer plus de critique. On en a donné une nouvelle édition, Rome 1753, 6 vol. in-fol. La meilleure est de 1693 et 1694. *La Théologie de saint Anselme*, 3 vol. in-fol.; *Défense de la Chaire de saint Pierre, contre la déclaration du clergé de France*, Salamanque, 1683, in-fol. Tous ces ouvrages sont en latin. Ce cardinal a encore composé quelques livres moins connus. Nous ne citerons plus que son *Histoire des Conciles d'Espagne*, qui avait précédé sa collection, et ses *Ludi Salmanticenses*, qui sont des dissertations théologiques, qu'il avait faites, selon l'usage de l'université de Salamanque, avant de recevoir le bonnet de docteur. La modestie, vertu devenue si rare parmi les savants de nos jours, était celle de ce cardinal. Il avait mérité de la part de Bossuet, son adversaire, cet éloge qui le peint en entier en peu de mots : « Le cardinal d'Aguirre, disait « l'évêque de Meaux, est la lumière de « l'Eglise, le modèle des mœurs, l'exem- « ple de la piété. »

AGYLÉE, *Agylœus* (Henri), homme de lettres, natif de Bois-le-Duc, né en 1533, mort en 1595, âgé de 62 ans, a traduit le *Nomocanon* de Photius avec plus de fidélité que d'élégance. En outre, il a publié la traduction latine des *Novelles* de Justinien par Holoandre, avec des corrections et des variantes, Paris, 1560, in-4°. *Justiniani edicta; Justini, Tiberii, Leonis Philosophi constitutiones, et Zenonis una*, Paris 1560, in-8. Il possédait parfaitement la langue grecque. Il avait pris part aux troubles politiques de son temps, fut député aux Etats-généraux, conseiller au conseil suprême, et avocat fiscal en 1586.

AHIAS, prophète de Silo, prédit à Jéroboam qu'il serait roi de dix tribus; que son fils Abia mourrait, et que sa famille serait détruite, pour le punir de son ingratitude et de son idolâtrie.

AHMED-KHAN, ou Nicodar, ou Nycoudar, fut le premier empereur mogol qui embrassa le mahométisme. Il monta sur le trône l'an 1282 (681 de l'hégire); il était le 9e prince de la race de Gengiskan (Djenguyz-Khan). Cette révolution religieuse et les réformes qui en furent la suite excitèrent contre lui une conjuration qu'il réprima par la mort des chefs. Dans sa famille on se révolta aussi; à la tête de la rébellion était le fils de son frère, auquel il avait succédé (Arghoun-Khan, fils d'Abaca-Khan), qui regardait son oncle comme un usurpateur.

Après une défaite dans laquelle ce jeune guerrier fut fait prisonnier, il parvint à réunir une forte armée avec laquelle il s'empara de l'empereur. Ahmed fut détrôné, et périt en 1284, après deux ans et neuf mois de règne.

AHRENDT, antiquaire, né à Altona, dans la Basse-Saxe, en 1769, mort en 1824, fut envoyé en Norwége comme botaniste par le gouvernement danois, et prit subitement le goût des antiquités scandinaves. Pour étudier l'ensemble de ces monuments, il parcourut successivement la Suède, le Danemark, l'Italie, la France et l'Espagne, toujours à pied et mal vêtu, bravant l'intempérie des climats, étudiant sans cesse les monuments runiques, et se livrant à la recherche des alphabets des 9e, 10e et 11e siècles. Son originalité et la singularité de son extérieur lui attirèrent quelques aventures fâcheuses.

AICHER (dom Othon), religieux bénédictin à l'abbaye de Saint-Lambert en Styrie, diocèse de Saltzbourg, naquit vers 1629, et se rendit célèbre par des talents et une étendue de connaissances qui le placèrent parmi les personnages les plus érudits de l'ordre de Saint-Benoît. Il professa dans l'université de Saltzbourg les humanités, la rhétorique, la poésie, l'histoire, et laissa un grand nombre d'excellents ouvrages dont les principaux sont : *Commentaires sur les Philippiques de Cicéron et sur la 1re décade de Tite-Live*, ouvrage fort estimé; *Theatrum funebre exhibens epitaphia nova et antiqua, seria, jocosa*, etc., Saltzbourg, 1675, 4 v. in-4°; *Hortus variarum inscriptionum veterum et novarum*, etc., ib., 1676, in-8; *De comitiis Romanorum*, ib., 1678, in-8; *Iter oratorium*, ib., 1673; *Iter poeticum*, ib.; *De principiis cosmographiæ*, ib., 1678; *Ephemerides ab anno 1687 usque ad 1699*. Il laissa en outre un grand nombre de traités et de dissertations dont il est fait mention dans l'*Histoire de l'université de Saltzbourg*, par un religieux de l'abbaye de Saint-Blaise, et dans les *Lettres apologétiques* de dom Bernard Pèse. Il mourut à Saltzbourg en 1705.

AIGNEAUX (les frères Robert et Antoine) naquirent à Vire, et se distinguèrent, sur la fin du 16e siècle, par leurs poésies. L'ouvrage qui contribua le plus à leur réputation est une *Traduction en vers de Virgile et d'Horace* qu'ils composèrent en commun, et dans laquelle on remarque, chose rare à cette époque, le retour alternatif des rimes masculines et féminines. Robert mourut à 49 ans, et Antoine à 52.

AIGUILLON (Armand de Vignerod du

Plessis-Richelieu, duc d'), pair de France, né en 1720. Il parut avec éclat à la cour de Louis XV, qui, par des motifs de jalousie, l'envoya à l'armée d'Italie. Il se distingua en 1742 à l'attaque de Château-Dauphin, où il fut blessé, et il fut ensuite nommé successivement gouverneur de l'Alsace et commandant de la Bretagne. Le parlement de cette province ayant résisté à quelques édits bursaux, il déploya un appareil et une sévérité qui excitèrent contre lui la haine des Bretons, et la cour fut obligée de le remplacer pour mettre fin aux débats scandaleux qui eurent lieu entre lui et le parlement, qui l'accusait d'exaction et d'infidélité. Louis XV avait d'abord paru vouloir étouffer l'affaire; mais cédant aux plaintes qui se renouvelaient, le procès fut évoqué au parlement de Paris, et cette cour rendit un décret qui le déclarait « prévenu de faits « qui entachaient son honneur, et suspen-« du des fonctions de la pairie jusqu'à son « ugement. » D'Aiguillon usa alors de la protection de la comtesse Dubarry, et toutes les pièces de la procédure furent enlevées du greffe; ainsi elle se trouva anéantie. L'année suivante, il contribua à l'exil de Choiseul, et il lui succéda dans le ministère des affaires étrangères. Son début dans la carrière politique fut signalé par le partage de la Pologne contre les intérêts de la France, et Louis XV ne put s'empêcher de dire à cette occasion: « Si Choiseul eût été ici, le partage n'aurait pas eu lieu. » La suite de ses opérations ne fut guère plus heureuse; néanmoins, peu de temps avant la mort de Louis XV, il réunit le département de la guerre à celui des affaires étrangères; mais l'avénement de Louis XVI fut le signal de sa disgrâce. Il fut exilé en 1775, et mourut en 1780, avec la réputation d'un courtisan plein d'esprit et de dextérité, mais dépourvu des talents et des vues profondes si nécessaires à un homme d'État.

AIKIN (Jean), médecin anglais, né en 1747 à Kilworth, comté de Leicester, vint s'établir en 1792 à Londres, où il s'adonna presque exclusivement à la littérature. Il mourut le 7 décembre 1822, après avoir publié en anglais un très-grand nombre d'ouvrages écrits avec élégance, et qui prouvent beaucoup de connaissances et de facilité, et en même temps un esprit sage, réfléchi et un goût délicat. Les principaux sont: des *Pièces diverses*, en prose, 1773, in-12, qu'il donna avec sa sœur, mistriss Barbauld, qui s'est fait aussi une réputation en Angleterre par ses écrits; *Essai sur l'application de l'histoire naturelle à la poésie*, 1777, in-8°, souvent réimprimé; *Esquisses anglaises*, 1788, in-8°; *Poëmes*, 1791, in-8°; les *Soirées au logis*, 1795-1796, 6 vol. in-12, qu'il a données avec sa sœur, mistriss Barbauld: cet ouvrage, particulièrement destiné pour la jeunesse, a été souvent réimprimé et traduit en français en 6 vol. in-12; *Lettre d'un père à son fils sur différents sujets relatifs à la littérature et à la conduite de la vie*, 1793-1800, 2 vol. in-8°; *Biographie générale*, ou *Vie des personnes remarquables de tous les siècles et de tous les pays*, qu'il a publiée avec le docteur Enthfield, son ami, et Th. Morgan, Nicholson et W. Johnston, 1799-1815, 10 vol. in-4°; *Annales du règne de George III, depuis son avénement au trône jusqu'à la paix générale de 1815*, 2 vol. in-8°; 2ᵉ édition, 1820, continuée jusqu'à la fin du règne de George. III, 3 vol in-8°; *Revue annuelle et Histoire de la littérature*, ouvrage périodique, qu'il publia depuis 1801 jusqu'à sa mort. Enfin, il a donné grand nombre d'*Éditions* d'ouvrages anglais, accompagnées d'*Essais critiques*. Aikin a laissé plusieurs enfants qui cultivent également la littérature avec succès.

AILHAUD (Jean), chirurgien, né à Lourmian en Provence en 1674, mort à Aix en 1756, est particulièrement connu par les poudres purgatives auxquelles il a donné son nom et dont il se disait l'inventeur. On a de lui: *Traité de l'origine des maladies et des effets de la poudre purgative*, en latin et en français, 2ᵉ édition augmentée, 1742, in-8°. La poudre d'Ailhaud n'était qu'une combinaison de résine, de scammonée et de suie. Ce docteur réussit, à force de charlatanisme et d'intrigues, à faire une fortune considérable.

AILLAUD (l'abbé P.-Touss.), né à Montpellier le 1ᵉʳ novembre 1759, mort à Montauban à la fin de 1826. Ses principaux ouvrages sont: l'*Egyptiade*, poëme sur la campagne du général Buonaparte en Egypte, calqué sur le plan de la *Jérusalem délivrée* du Tasse, mais où on ne trouve rien de ce qui constitue un poëme épique; les *Argonautes de l'humanité*, poëme en onze chants; le *Triomphe de la révélation*, poëme en quatre chants; le *nouveau Lutrin* ou les *Banquettes*, poëme héroï-comique en huit chants; *Tableau politique, moral et littéraire de la France, depuis le règne de Louis-le-Grand jusqu'en 1815*, Montauban et Paris, 1823, in-8°.

AILLY (Pierre d') naquit à Compiègne en 1350, d'une famille pauvre. Il fut reçu docteur de Sorbonne en 1380. Ensuite il fut élu chancelier de l'université

Paris, confesseur et aumônier de Charles VI, qui le nomma aux siéges du Puy et de Cambrai. Dès qu'il eut ce dernier évêché, il se démit de sa charge de chancelier en faveur du fameux Gerson. Son zèle pour l'extinction du schisme qui désolait alors l'Eglise l'a rendu célèbre. Il fit diverses courses à Rome et à Avignon pour cet effet. Il eut des conférences avec les différents papes qui se disputaient alors la tiare. Il prêcha, en 1405, devant l'antipape Pierre de Lune sur la Trinité; et il parla sur ce mystère avec tant d'éloquence, que ce pontife en institua la fête. Il ne se distingua pas moins au concile de Pise. Jean XXIII, qui connaissait tout son mérite, l'éleva à la dignité de cardinal en 1411. D'Ailly alla en cette qualité au concile de Constance, et y brilla également par son zèle et par son éloquence. Il revint ensuite à Avignon, où, selon la plus commune opinion, il termina ses jours le 9 août 1449. Martin V l'avait fait son légat en cette ville. Fleury dit qu'il mourut à Cambrai le 28 août 1425. Moréri et Ladvocat le font mourir en Allemagne. Le collége de Navarre, qui le reconnaît pour son second fondateur, qui l'avait eu au nombre de ses boursiers, et dans le sein duquel il avait acquis le titre d'*Aigle des docteurs de la France* et de *Marteau des hérétiques*, hérita de ses livres et de ses manuscrits. Le plus connu de ses ouvrages est le *Traité de la réforme de l'Eglise*, divisé en six chapitres, et publié avec les ouvrages de Gerson, son disciple : « Au lieu « de déclamations insultantes, dit l'abbé « Bérault, il donna des conseils précis, « pratiques et très-engageants. Il s'éleva « même avec force contre ses réforma- « teurs subalternes, qui déprisaient au- « tant la dignité que la conduite des pré- « lats du premier ordre, et dit qu'ils fe- « raient beaucoup mieux d'écarter la « poutre qui couvre leurs yeux, que d'ob- « server malignement la paille qui gêne « l'œil de leurs frères, ou plutôt de leurs « pères et de leurs maîtres. Il proteste « ensuite que le sacré collége s'est déclaré « plus hautement que personne pour la « réforme, et que l'Eglise romaine est dis- « posée à se prêter à tous les règlements « que l'esprit de sagesse et de vérité sug- « gérera au concile. » La plupart de ses autres écrits ont paru à Strasbourg, 1490, in-fol., et quelques-uns ont été imprimés séparément à Paris, à la fin du 15ᵉ siècle. Tels sont les suivants : *Concordantia astronomiæ cum theologiá*, 1490, in-4º. ; *De Animá* ; Paris, 1494, in-4º; *De vitâ Christi*, Paris, 1483, in-4º, et plusieurs autres ouvrages, la plupart de scholastique ou de piété, et quelques-uns concernant l'astrologie judiciaire, et dont ce prélat faisait plus de cas qu'il ne convenait à son état et à ses lumières. Ce fut du reste un homme savant, irréprochable dans ses mœurs, attentif à maintenir la discipline de l'Eglise.

AIMOIN, bénédictin de l'abbaye de Fleury-sur-Loire, né à Villefranche en Périgord, composa une *Histoire de France* en cinq livres. Les deux derniers furent finis après sa mort par une main étrangère. Ce n'est qu'une compilation pleine de fables et de faux miracles. Les légendes sont les sources où il a puisé. On trouve cette histoire dans le tome III de la *Collection* de Duchesne, et de dom Bouquet. Il écrivait aisément, mais sans élégance. Il mourut en 1108. Il est aussi l'auteur d'une *Vie de saint Abbon* dont il était l'élève : cet ouvrage est important.

AIMON, prince des Ardennes, fut le père de ces quatres preux qu'on appelle communément *les quatre fils Aimon*. Le prince Renaud, l'aîné de ces quatre fils, après avoir porté les armes sous Charlemagne, se fit moine à Cologne, et mourut martyr, à ce que prétendent quelques légendaires allemands. Les *quatre fils Aimon* ont donné matière à un roman qui fait partie de la *Bibliothèque bleue*.

AIMON, HAIMON ou HEMNON, évêque d'Halberstadt dans le 9ᵉ siècle, fut disciple d'Alcuin, se trouva, en 858, au concile assemblé à Mayence contre Gotescalc, et mourut le 27 mars de l'an 863. Il écrivit des *Commentaires* sur les Psaumes, sur Isaïe, et sur l'Apocalypse; des *Sermons* sur les évangiles des dimanches et fêtes de l'année, imprimés à Cologne en 1536, et un abrégé de l'histoire sacrée, intitulé *De christianarum rerum memoriá*.

AIMON, moine de l'abbaye de Savigny, de l'ordre de Cîteaux, était Breton et natif de Landacob. Il prit l'habit de religieux dans l'abbaye de Savigny, au diocèse d'Avranches en Normandie, différente de l'abbaye de ce nom qui est dans le diocèse de Lyon, de l'ordre de Saint-Benoît. Il écrivit divers ouvrages de piété, et mourut en odeur de sainteté vers l'an 1174.

AINSWORTH (Henri), Anglais, célèbre commentateur de l'Ecriture-Sainte au commencement du 17ᵉ siècle, a laissé des *Notes* sur le Pentateuque, les Psaumes et le Cantique des Cantiques. Il a fait la traduction du Pentateuque ; ses *Notes*, utiles et curieuses, ont été imprimées pour la dernière fois en 1639, in-fol.; elles sont rares.

AIRAULT, plutôt AYRAULT (Pierre), célèbre avocat de Paris, ensuite lieutenant-criminel à Angers, naquit dans cette dernière ville en l'an 1536. Il y exerça la charge de président par *interim* pendant les troubles funestes de la Ligue, qu'il ne favorisa jamais, contre laquelle même il se déclara. Il mourut à Angers en 1601. On a de lui deux bons ouvrages : le *Traité de l'ordre et instruction judiciaires*, dont les anciens Grecs et Romains ont usé en accusation publique, conféré à l'usage de la France; Paris, 1598, in-8°, livre plein de recherches; celui *De la puissance paternelle*, in-4°, fait à l'occasion d'un de ses fils, qui s'était fait jésuite sans son consentement. Ménage, son petit-fils, a publié sa vie en latin, in-4°, 1675.

AIRENTI (Joseph-Vincent), né le 20 juin 1767 à Duceldo près Albenga, entra dans l'ordre des Dominicains, et fut successivement évêque de Savone et de Noli et archevêque de Gênes. Il mourut le 3 septembre 1831. On a de lui : *Recherches historiques sur la tolérance religieuse des anciens Romains*, 1814 in-8°; et une *Explication de la table de Peutinger*, qui a du mérite.

AISSÉ (Mlle), née en Circassie en 1693 ou 1694, morte en 1733, fut vendue à l'âge de 4 ans au comte de Ferréol, ambassadeur de France à Constantinople, par un marchand d'esclaves. Le comte l'amena en France, et la confia à sa belle-sœur. Les *Lettres* de Mlle Aïssé n'ont été publiées que longtemps après sa mort, en 1787, 1 vol. in-12, et en 1806 avec celles de mesdames de Villars, La Fayette et de Tencin, 3 vol. in-12. Elles contiennent des anecdotes assez intéressantes sur la cour et sur plusieurs personnes célèbres de son temps. Sa manière de narrer est facile et piquante; mais le ton n'est pas habituellement celui d'une femme de bonne compagnie.

AISTULFE, ou bien ASTOLFE ou ATHAULF, roi des Lombards, après avoir enlevé l'exarchat de Ravenne aux Romains, se disposait à s'emparer des terres de l'Eglise. Le pape Etienne II, défenseur de ses peuples et de ses domaines, passa en France pour demander du secours au roi Pépin. Ce prince le reçut avec beaucoup de distinction, et partit pour le venger. Aistulfe, ayant mis le siége devant Rome, fut d'abord forcé de l'abandonner, puis de se reconnaître vassal du roi de France, qui était venu l'assiéger dans Pavie, et qui, après s'être rendu maître de l'exarchat, le donna au pape. Aistulfe mourut en 756.

AITZÉMA (Léon van) naquit à Dolkum, en Frise, en 1600, d'une famille noble. A l'âge de seize ans, il publia ses *Poemata juvenilia*. Les villes anséatiques le firent leur résident à La Haye, où il mourut, en 1669, avec la réputation d'un honnête homme, d'un bon politique, et d'un savant aimable. Il nous reste de lui une *Histoire des Provinces-Unies*, en Hollandais, en 7 vol. in-fol. et 15 vol. in-4°. Elle est recommandable par les actes publics qu'elle renferme, depuis 1621 jusqu'en 1669. Elle est en général fidèle et exacte, surtout dans la partie que l'auteur a faite sur des mémoires que lui ont fournis des personnes instruites. Ses compatriotes l'accusent de montrer dans son ouvrage du mépris pour la religion. On a donné une continuation de cette histoire en 3 vol. in-fol., qui vient jusqu'en 1692. C'est en partie dans Aitzéma qu'est puisée l'*Histoire des Provinces-Unies*, 8 vol. in-4°; Paris, 1750-1770. On a encore de cet écrivain une *Histoire latine de la paix de Munster*, in-4°, estimée pour l'exactitude, mais non pas pour la diction.

AJALA, ou plutôt AYALA (Martin Perez de), archevêque, né dans le diocèse de Carthagène en 1504, de parents obscurs, enseigna d'abord la grammaire pour nourrir sa famille. Ayant ensuite été ordonné prêtre, et s'étant fait connaître à Charles V, cet empereur l'envoya en qualité de théologien au Concile de Trente, et lui donna successivement deux évêchés, et enfin l'archevêché de Valence. Ce prélat savant et zélé gouverna son diocèse en digne pasteur, et mourut l'an 1566. On a de lui un traité latin *des Traditions apostoliques*, en dix livres, Paris, 1562, in-8°, et *De verâ ratione christianismi instructio*, Cologne, 1554, in-12. C'est une instruction chrétienne adressée à un docteur juif nouvellement converti, suivie d'une dissertation pleine de savoir et d'onction sur l'invocation des saints, leurs prières pour nous, le jeûne, etc.

AJAX, fils de Télamon, disputa à Ulysse les armes d'Achille. Irrité de ce que son rival les avait obtenues par le jugement des principaux capitaines grecs, il fit un carnage horrible des troupeaux de l'armée, s'imaginant massacrer ses compagnons et surtout Ulysse; mais étant ensuite revenu de son délire, il se tua avec l'épée dont Hector lui avait fait présent. Ces deux guerriers avaient combattu l'un contre l'autre avec une valeur égale.

AKERBLAD (J.-D.), philologue suédois, mort à Rome en 1819. Il s'est adonné à la recherche des antiquités égyptiennes, et a donné la clef d'une écriture cursive des Cophtes, inconnue jusqu'alors. On a de lui : *Inscriptionis Phœniciæ Oxoniensis nova interpretatio*, Paris 1802, in-8°, traduite sous le titre de *Lettre sur l'inscription égyptienne de Rosette*, adressée à M. P. Sylvestre de Sacy, 1802, in-8°.

AKIBA, rabbin, et un des principaux docteurs hébreux du collège de Tibériade, dans le 1er siècle de J.-C., garda des troupeaux jusqu'à l'âge de 40 ans; mais la fille de son maître lui ayant promis de l'épouser s'il devenait savant, l'amour le fit docteur. Ce rabbin, fanatique comme la plupart de ses confrères, se jeta dans le parti du faux messie Barchochebas, et lui appliqua cette prophétie de Balaam : *Orietur stella ex Jacob*, etc. Il excita les Juifs à la révolte, en leur citant les Prophètes, et commit avec eux des cruautés qui le firent condamner à mort par l'empereur Adrien, l'an 135 de J.-C. Il fut écorché vif. Selon les Juifs, il avait alors 120 ans. Sa femme, ses enfants et ses disciples furent aussi massacrés. Les rabbins lui attribuent le *Livre de la création*, qu'il mit sous le nom d'Abraham.

ALABASTER (Guillaume), théologien anglican, né à la fin du 16e siècle à Hadleigh, dans le comté de Suffolck, se fit catholique, redevint anglican, et fut prébendé de Saint-Paul-de-Londres dans le 17e siècle. L'étude de la cabale le jeta dans des opinions absurdes. Il est auteur d'un lexique hébreu, in-fol. et de quelques autres livres intitulés ridiculement et composés de même. Tels sont : *Tractatus in revelationem Christi, modo cabalistico explicatum*, Antuerpiæ, 1602, in-4°; *Tractatus de bestia apocalyptica*, Delphis, 1621, in-12 ; *Spiraculum tubarum seu fons spiritualium expositionum ex æquivocis Pentaglotti significationibus. Ecce sponsus venit, seu tuba pulchritudinis*, etc. Alabaster mourut en 1640.

ALAGON (Claude), de Mérargues en Provence, procureur syndic de cette province, ayant rêvé que son nom d'Alagon était le même que celui d'Aragon, et qu'il appartenait à cette maison illustre, médita, avec le secrétaire de l'ambassadeur d'Espagne, d'introduire les Espagnols dans Marseille. Un forçat de galères, à qui il avait communiqué son dessein, le découvrit au duc de Guise. Alagon, convaincu de son crime, eut la tête tranchée à Paris, en 1605. Elle fut envoyée à Marseille, dont Alagon devait être viguier l'année suivante, pour être exposée sur une des portes de la ville.

ALAIN DE LILLE, évêque de Lille en Flandre, florissait en l'université de Paris, au milieu du 12e siècle. Il avait pris l'habit de Saint-Bernard du vivant de ce saint, fut premier abbé de la Rivour, dans le diocèse de Troyes, et ensuite en 1151, évêque d'Auxerre. Il quitta l'épiscopat en 1167, pour se retirer dans la solitude, et mourut à Clairvaux, en octobre 1181. Il avait plus de 100 ans. Il a laissé quelques ouvrages, entre autres *Vita sancti Bernardi*; elle est dans le tome 2 des OEuvres de ce Père, édition de 1690 ; *Testamentum suum*, dans le recueil de Nicolas Camusat ; *Explanationes in prophetias Merlini angli*: ces prophéties faisaient beaucoup de bruit sous le règne de Louis-le-Jeune.

ALAIN DE L'ISLE naquit, d'après l'abbé Le Bœuf, soit à Lille de Médoc, soit à Lille dans le comtat Venaissin, fut surnommé *le docteur universel*, et acquit une réputation de savoir si brillante, que l'on disait de lui : *Sufficiat vobis vidisse Alanum*. Il mourut à Cîteaux, vers le commencement du 13e siècle. Rien de plus obscur que la vie de cet Alain, qu'on a confondu avec Alain de Lille, et sur lequel on a débité mille fables. Dom Brial, ancien bénédictin, a lu à l'Institut un mémoire curieux sur Alain ; il le fait naître à Lille en Flandre. On remarque parmi ses ouvrages l'*Anti-Claudianus, seu de viro optimo et in omni virtute perfecto ; De planctu naturæ contra Sodomiæ vitium ; contra Albigenses, Valdenses*, etc. *Dicta de lapide philosophico*. Tous les ouvrages d'Alain ont été recueillis par le P. Charles de Visels, Anvers, 1654, in-fol.

ALAMANNI (Louis), gentilhomme florentin, et célèbre poëte italien, naquit à Florence le 28 octobre 1475. Etant entré dans une conspiration contre le cardinal Jules de Médicis (depuis pape sous le nom de Clément VII), qui gouvernait alors la république de Florence, il fut obligé de se réfugier en France. Il y fut bien accueilli de François Ier, qui le combla de bienfaits, et le choisit pour son ambassadeur auprès de Charles-Quint, en 1544. Il fut également en faveur auprès de Henri II, fils et successeur de François Ier, qui l'employa en diverses négociations, pour lesquelles Alamanni n'avait pas moins de talent que pour la poésie. Il mourut en 1556 à Amboise, où était la cour. Nous avons de lui le poëme de *Girone il Cortese*, qui n'est qu'une traduction en vers du roman de Giron le Courtois : l'édition la plus recherchée est celle de Paris, 1548, in-4°. Un autre poëme, *Della coltivazione*, Paris, 1544, in-4°, que les Italiens mettent à côté des

Géorgiques. Des poésies de divers genres, rassemblées sous le titre d'*Opere toscane*, dans un recueil en 2 vol. in-8º, dont la meilleure édition est de Florence chez les Juntes, en 1532, pour le 1ᵉʳ tome; et pour le 2ᵉ, de Lyon, chez Gryphe, même année. On a aussi de lui *Antigone*, tragédie; *Flore*, comédie; *Avarchide*, ou *Siége de Bourges*, poëme en 24 chants, Florence, 1570, in-4º; cent vingt-deux *Epigrammes*. On trouve dans toutes ces poésies une versification facile, un style mâle et pur, et beaucoup d'imagination; « mais, dit Ginguené, elles manquent trop souvent d'élévation et de force. On peut être indifférent sur le plus grand nombre, mais on ne devait pas l'être en France sur le *Poëme de l'Agriculture*, écrit et publié en France, rempli d'imitations élégantes des *Géorgiques* de Virgile, de traductions en beaux vers des meilleurs préceptes donnés en gros par Columelle, Varon, Pline et d'autres auteurs; d'indications curieuses des procédés d'agriculture particuliers à l'Italie, des descriptions aussi vraies que poétiques des beautés champêtres de l'Italie et de la France; d'éloges du roi qui protégeait le poëte et du pays où il avait trouvé un asyle... En considérant enfin dans tout ce poëme combien il offre de beautés solides et réelles, je m'étonne qu'un si bel ouvrage soit réduit à une sorte de succès d'estime, et ne soit pas, autant que d'autres chefs-d'œuvre italiens, entre les mains de tout le monde. Il devait être mis surtout entre celles de la jeunesse, qui pourrait y étudier sans danger ni pour le goût, ni pour les mœurs, les richesses de la langue italienne. » — Il y a un autre ALAMANNI, parent de Louis, dont il vient d'être question. Il est auteur de poésies burlesques qui ont été imprimées avec celles du Burchiello et autres, à Florence, en 1552, in-8º.

ALAMIR, prince de Tarse, prit le nom de calife dans le 9ᵉ siècle. Il entra dans les provinces de l'empire à la tête d'une formidable armée de Sarrasins qui y firent de grands ravages. André le Scythe, gouverneur du Levant, voulant s'opposer à leur furie, ce prince barbare lui envoya dire que, s'il lui donnait la bataille, *le Fils de Marie* ne le sauverait pas de ses mains. Ce blasphème ne demeura pas impuni; car, le jour du combat, ce gouverneur prit la lettre du Sarrasin, et l'ayant fait attacher à une image de la Vierge pour servir d'étendard, son armée, enflammée par le double motif de la vengeance et de la religion, vainquit les ennemis et en fit un affreux carnage. Alamir fut pris et eut la tête tranchée.

ALAMUNDAR, roi des Sarrasins, fit des courses dans la Palestine, l'an 509, et fit mourir plusieurs solitaires qui vivaient dans le désert. Les miracles qu'il vit ensuite opérer par les chrétiens le touchèrent si fort, qu'il demanda d'être reçu parmi eux. Pendant qu'on le préparait à recevoir le baptême, les acéphales, hérétiques eutychiens, résolurent de l'attirer à leur secte. Ces hérétiques confondaient les deux natures en Jésus-Christ, d'où il s'ensuivait que la nature divine avait souffert, et était morte sur la croix. Ils envoyèrent à Alamundar des évêques de leur parti, pour l'engager à recevoir le baptême de leurs mains; mais le catéchumène méprisa leurs sollicitations, et se servit d'un trait ingénieux pour rendre leur erreur sensible. Il feignit d'avoir reçu des lettres par lesquelles on lui apprenait la mort de l'archange saint Michel, et leur envoya des gens pour apprendre d'eux ce qu'ils pensaient de cette nouvelle. Comme elle leur parut autant impossible qu'elle semblait ridicule, il leur dit: « S'il est donc vrai qu'un ange « ne saurait ni souffrir ni mourir, com- « ment voudriez-vous que Jésus-Christ « soit mort sur la croix, puisque, selon « vous, il n'a qu'une nature, qui, étant « divine, est impassible » ?

ALARIC Iᵉʳ fut appelé *le hardi* et *l'entreprenant* par les Goths ses sujets: il était, en effet, l'un et l'autre. Après avoir embrassé le christianisme, il se jeta dans l'arianisme, l'an 375. Ses premiers exploits furent en Grèce, où il détruisit l'idolâtrie. Il se fit ensuite proclamer roi, et s'avança vers Rome pour la saccager. Il s'en éloigna après avoir exigé de fortes rançons; mais il revint ensuite, défit les Romains, fit reconnaître Attale pour empereur, entra dans Rome, en 409, comme un vainqueur irrité, et permit à ses soldats de se livrer à toutes les abominations que des barbares qui ne sont retenus par aucun frein peuvent commettre, leur ordonnant néanmoins de respecter les églises et ceux qui les auraient prises pour asile. C'est à ce sac de Rome que Bossuet, dans l'*Explication de l'Apocalypse*, rapporte une des principales prophéties de ce livre divin (chap. VXIII.) Saint Jérôme représente cette capitale du monde *comme devenue le tombeau de ses habitants*. Saint Augustin, Paul Orose, etc., en parlent de la même manière. Alaric ne sortit de Rome que pour aller faire la conquête de la Sicile et d'une partie de l'Afrique; mais une tempête ayant brisé le plus grand nombre de ses vaisseaux, il se retira dans la Calabre, et fut frappé de mort subite peu de temps après, en 410, à Cosenza. Ses soldats, pour le dérober à la vengeance des Romains, l'enterrèrent au milieu de la rivière de Vafento, avec des richesses prodigieuses.

ALARIC II, roi des Visigoths, fils d'Euric, qui avait conquis l'Espagne, lui succéda l'an 484. Il régnait non seulement sur la Péninsule, mais encore sur tout le pays qui est entre le Rhône et la Garonne. Clovis, fâché que de si belles contrées fussent possédées par des barbares, attaqua Alaric, et le tua de sa propre main, à Vouillé en Poitou, l'an 507. Les Visigoths ne conservèrent plus dans la Gaule que la Septimanie et la Provence. Amalaric son fils lui succéda. Théodoric, roi d'Italie, gouverna l'Espagne comme tuteur du jeune prince. Le recueil des lois connu sous le nom de *Code Alaric*, tiré en partie du *Code Théodosien*, fut publié par les ordres de ce roi.

ALAVA-ESQUIVEL (Diégo), canoniste de Vittoria, fut évêque d'Astorgat, puis d'Avila, et ensuite de Cordoue. Il assista au concile de Trente, et mourut en 1562. On a de lui : *De conciliis universalibus, ac de his quæ ad religionis et christianæ reipublicæ reformationem instituenda videntur;* très bon ouvrage, plein de vues sages et pures.

ALBANE (François I*ʳ*), peintre célèbre, né à Bologne, d'un marchand de soie, le 17 mars 1578, fut élève de Denis Calvart ainsi que le Dominicain qui était son ami. Les progrès qu'il fit sous ce maître habile furent rapides. Il acheva de se former à Rome, le dépôt des chefs-d'œuvre des peintres anciens et modernes, et le rendez-vous des artistes de toute l'Europe. L'étude des belles-lettres ne contribua pas peu à lui donner des idées riantes. Revenu à Bologne, il se maria en secondes noces à une très belle femme, dont il eut douze enfants ressemblant à leur mère. L'Albane n'eut pas besoin de sortir de sa maison pour peindre Vénus, les Amours, les divinités poétiques du ciel, des eaux et de la terre; il n'eut qu'à copier sa famille. Mais, comme il n'eut qu'elle sous les yeux, ses têtes et ses figures se ressemblent presque toutes : les grâces écloses sous son pinceau sont trop uniformes. Il a été surnommé l'Anacréon de la peinture. L'Albane jouit d'une vie heureuse pendant 83 ans. Il mourut en 1660. Ses principaux ouvrages à fresque sont à Rome et à Bologne : le roi de France possède plusieurs de ses tableaux. Il y en a aussi quelques-uns dans la collection du Palais-Royal. Les plus remarquables de ces tableaux sont : *Vénus endormie*, *Diane au bain*, *Danaé couchée*, *Galatée sur la mer*, *Europe sur le taureau*, les *Quatre Éléments*.

ALBANÈSE, célèbre chanteur italien, mort à Paris vers 1800. Il habitait la France depuis 1747; il entra à la chapelle du roi à 17 ans, et fut nommé premier chanteur au concert spirituel, où il eut beaucoup de succès. Il a composé plusieurs airs et des duos pleins de grâce et de mélodie, qui ont été gravés et ont eu longtemps beaucoup de vogue.

ALBANI (Jean-Jérôme), naquit en 1504 à Bergame, d'une famille noble d'Albanie, qui se réfugia en Italie après l'invasion des Turcs, et dont une branche se retira à Bergame, l'autre à Urbin. Il se consacra à l'étude du droit canonique et civil. Pie V, qui l'avait connu lorsqu'il était inquisiteur à Bergame, ne fut pas plus tôt élevé à la papauté, qu'il l'honora de la pourpre en 1570. Albani était veuf et avait des enfants; ce fut la crainte qu'il ne s'en laissât gouverner, qui empêcha le conclave de l'élire pape, après la mort de Grégoire XIII. Il mourut en 1591. Nous avons de lui plusieurs ouvrages de jurisprudence canonique. Les principaux sont : *De immunitate ecclesiarum*, 1553; *De potestate papæ et concilii*, 1558; *De cardinalibus, et de donatione Constantini*, 1594, in-fol.

ALBANI (Alexandre), célèbre cardinal et bibliothécaire du Vatican, de l'ancienne famille Albani et de la branche d'Urbin, naquit à Urbin le 15 octobre 1692. Il était neveu du pape Clément XI, et fut élevé au cardinalat par Innocent XIII en 1721, après avoir été nonce extraordinaire auprès de l'empereur d'Allemagne. Doué d'un goût exquis, il aimait et cultivait les arts et les lettres. Il mourut aveugle le 11 décembre 1779, âgé de 87 ans, et laissant des écrits historiques et littéraires très-estimés.

ALBANI (Joseph), cardinal, né le 13 septembre 1750, à Rome, d'une famille illustre, entra dans la carrière ecclésiastique et remplit successivement plusieurs fonctions dans la prélature. Nommé cardinal par Pie VII, dans le consistoire du 23 février 1801, il partagea ses malheurs, et en 1809 il le suivit en France, où il résida pendant quelques années. Le cardinal Albani fut employé par tous les souverains pontifes qui se sont succédé sur le siége de Rome. Pie VII l'avait fait préfet du bon gouvernement, Léon XII le nomma secrétaire des brefs et légat à Bologne. Pie

VIII lui donna la charge de secrétaire d'État, et sous Grégoire XVI il devint commissaire extraordinaire dans les légations de Bologne, Ferrare, Ravenne et Forli, tout en conservant celles d'Urbin et de Pesaro. Le cardinal avait en outre le titre de protecteur de l'empire d'Autriche et des États du roi de Sardaigne. Il est mort à Pesaro le 8 décembre 1834.

ALBANI (Voyez CLÉMENT XI).

ALBANY (née Marie-Thérèse Pesoult, femme), morte en 1821 à Saint-Germain-en-Laye, âgée de 66 ans, a publié : *Scila, fille de Jephté*, 1801, 2 vol.; *Jeanne d'Arc*, poème, 1819 et 1824, 2 vol.

ALBATEGNIUS, ou ALBATENIUS (dont le nom propre est Mohammed-Ben-Djabir-Ben-Senan, al Battani, al-Harrany), astronome arabe, faisait ses observations vers l'an 887. Il mourut en 929. On a imprimé son traité *De scientiâ stellarum*, à Nuremberg, 1537, in-8°, et à Bologne, en 1645, in-4°, traduit en latin barbare par Plato Tiburtinus, et commenté par Regiomontanus. On trouve dans ce livre une trigonométrie très-différente de celle des Grecs, et la première notion des tangentes, dont les Arabes se servaient dans leur gnomonique. Ils en avaient fait des tables qui leur fixaient la hauteur du soleil par la longueur de l'ombre, *et vice versâ*. L'original arabe, qui n'a jamais été mis sous presse, est à la bibliothèque du Vatican. Albategnius a fait sur la précession des équinoxes et d'autres questions astronomiques des observations adoptées, un peu trop légèrement peut-être, par les modernes. On a bâti sur ce fondement diverses hypothèses : en comparant nos tables avec les siennes, on a cru découvrir des retards, des accélérations; d'où l'on est allé jusqu'à calculer l'époque de la destruction de la terre, ou du moins d'une étrange révolution par sa conjonction avec la lune. Mais tout cela paraîtra très-hasardé, si l'on considère combien étaient défectueuses les observations des anciens, qui n'avaient ni méthodes, ni nos instruments. Au reste, si Albategnius était bon observateur, il paraît avoir été un calculateur très-médiocre. « Halley, dit
« un physicien moderne, a cru apercevoir une accélération dans le mouvement de la lune, en comparant les observations des Babyloniens, celles d'Albategnius, savant arabe, à celles des modernes. Newton, pour expliquer cette accélération, suppose que la masse de la terre augmente par le changement de l'eau en terre, et que les vapeurs des queues des comètes se condensent et se convertissent en eaux, et ensuite en terre, en sels, en *soustes*, en pierres, en coraux, etc. Voilà comme se font les découvertes dans ce siècle de lumières. Je me contenterai d'observer, 1° que cette explication suppose que l'eau se change en terre, ce qui, en bonne physique, est regardé comme une erreur populaire; 2° que diverses causes que nous ne pouvons même soupçonner, et qu'il est inutile de deviner, peuvent produire cette accélération sans le secours des comètes. Il serait pour le moins tout aussi naturel d'en chercher le principe dans la lune que dans la terre; plus d'un astronome a cru le trouver dans l'atmosphère du soleil, dont la résistance, disent-ils, ralentit le mouvement projectile de la lune, fait prévaloir la force attractive de la terre, et contraint la lune de se rapprocher de la terre, en raccourcissant le diamètre de l'orbite lunaire; 3° que cette accélération n'est rien moins que certaine : car, d'où sommes-nous assurés de l'exactitude des observations astronomiques des Babyloniens ? quels instruments avaient-ils ? Il est donc à croire que la lune, comme le reste du monde planétaire, continue à aller son train. »

ALBE (le duc d'), voyez Tolède (Ferdinand-Alvarez de).

ALBEMARLE. (Voyez Monck).

ALBER ou ALBÈRE (Erasme) naquit près de Francfort. Luther fut son maître dans l'académie de Wittemberg, où il fut reçu docteur en théologie. C'est lui qui recueillit, dans le livre des *Conformités de saint François avec Jésus-Christ*, les inepties les plus remarquables pour en composer le livre connu sous le titre d'*Alcoran des cordeliers* : (Voyez ALBIZI). Il fit imprimer ce recueil en allemand, en 1531, sans nom de ville ni d'imprimeur; puis en latin, à Wittemberg, en 1542, in-4°, et il l'intitula *Alcoran*, prétendant calomnieusement que les franciscains estimaient autant les *Conformités*, que les Turcs leur *Coran*. Luther honora d'une préface la compilation de son disciple. Conrad Badius l'augmenta d'un second livre, le traduisit en français, et l'imprima en 1556, 1 vol. in-12; puis à Genève en 1560, 2 vol. in-12. Les hérétiques ainsi que les incrédules ont, dans tous les temps, fait un triomphe des sottises de quelques catholiques inconsidérés; pauvre ressource, que la vérité dédaigne, mais que l'erreur saisit avidement, n'en ayant pas d'autre. On a encore d'Albert: *Judicium de spongiâ Erasmi*, et plusieurs autres ouvrages en latin et en allemand. Il mourut à Neubrandebourg en 1553, le 5 de mai.

ALBERGOTTI (Augustin), évêque d'Arezzo, né dans cette ville le 25 novembre 1755, d'une famille ancienne et distinguée. Il fut ordonné prêtre le 10 août 1779, et se rendit à Rome pour s'y perfectionner dans les diverses branches des sciences ecclésiastiques, mais il s'appliqua encore plus à se former à la piété. Devenu chanoine de Florence, il fit un voyage dans la Haute-Italie, en 1785, et il visita avec soin les bibliothèques, les musées et tous les monuments de la religion et des arts. Il fut ensuite nommé grand-vicaire, et remplit pendant quatorze ans cet emploi avec prudence et avec zèle, s'efforçant de combattre les nouveautés qu'on cherchait à introduire en Toscane. Lorsque Pie VI fut conduit à Florence en 1798, il lui donna les plus grandes marques de dévouement, et s'efforça d'adoucir la situation des prêtres français et romains que les circonstances amenèrent en cette ville. L'année 1799, la Toscane fut occupée par les Français, et Albergotti fut arrêté et conduit à Livourne pour y être embarqué pour la France; mais il trouva moyen de s'échapper, et en 1801 il fut nommé à l'évêché d'Arezzo. Ses premiers soins furent pour les séminaires; il s'efforça ensuite de propager la piété par ses lettres, ses homélies, ses mandements et plusieurs visites pastorales qu'il fit dans son diocèse, où il prêchait toujours. En 1807, il établit une maison de passionistes pour les missions et les exercices spirituels; mais il fut ensuite obligé de la dissoudre pour se conformer aux décrets de Buonaparte contre les monastères. Dans la nouvelle invasion de la Toscane, il eut souvent à lutter contre l'esprit d'une administration ombrageuse et tyrannique; il parvint cependant à conserver les deux sanctuaires du Mont-Alverne et de Camaldule, si chers à la piété des peuples par les plus respectables souvenirs. Il se rendit à Rome en 1814, pour féliciter Pie VII sur son retour et son heureuse délivrance. Plusieurs fois son humilité le porta à renoncer à l'épiscopat; mais ce pontife lui ordonna de n'y point penser. Il continua à donner tous ses moments à l'administration de son diocèse et aux œuvres de charité qui furent toujours pour lui un objet de prédilection. Il érigea sur le Mont-Alverne un hospice pour les pè-lerins, et dans les années de disette il redoublait ses largesses et donnait abondamment pour les couvents, pour les prêtres exilés, pour les missions étrangères. L'esprit de pénitence lui faisait en même temps pratiquer des austérités qu'il avait soin de cacher à tout le monde. Une maladie de langueur, pendant laquelle il donna des marques extraordinaires de patience, l'enleva le 6 mai 1825. Parmi ses ouvrages qui sont nombreux, on remarque son écrit sur la *Vie et le Culte de saint Donat;* son ouvrage sur la *Dévotion au Sacré-Cœur*, qui fut approuvé par le célèbre cardinal Gerdil, et son livre sur *la Vie et le Culte de la Sainte-Vierge*.

ALBERIC ou ALBERT, fut chanoine et gardien de l'église d'Aix-la-Chapelle, et selon d'autres, d'Aix en Provence. N'ayant pu suivre les premiers Croisés dans leur expédition, il entreprit d'en écrire l'histoire sur les relations des témoins oculaires. Elle s'étend depuis 1095 jusqu'à 1120, sous le titre de *Chronicon Hierosolymitanum*, Helmstadii 1584, 2 vol. in-4°, rare, et dans les *Gesta Dei per Francos*, 1611, 2 vol. in-fol. Il mourut, vers l'an 1120, âgé d'environ 60 ans.

ALBERIC, religieux du Mont-Cassin, nommé cardinal, se distingua, vers l'an 1050, par ses écrits contre Bérenger.

ALBERIC de ROSATE, ou ROXIATI, de Bergame, ami de Barthole, et l'un des plus savants jurisconsultes du 14e siècle, a fait des *Commentaires* sur le 6e livre des *Décrétales*. On a de lui un *Dictionnaire de droit*, un traité *de Statutis*, des *Commentaires* sur le *Code de Justinien*, sur les *Pandectes*, etc.

ALBERONI (Jules), né à Plaisance en 1664, d'un père jardinier, cultiva comme lui la terre jusqu'à l'âge de 14 ans; pour le bien de l'humanité et le repos de l'Europe, il eût été à souhaiter qu'il l'eût cultivée toujours. Le jeune homme crut avoir fait sa fortune en obtenant une place de clerc-sonneur à la cathédrale de Plaisance. On le fit prêtre, et son évêque lui donna l'intendance de sa maison, et un canonicat de son église. Quelque temps après, ayant obtenu un bénéfice plus considérable, le poëte Campistron, qui avait été volé, se réfugia chez lui. Albéroni l'accueillit avec beaucoup d'humanité, l'habilla, et lui prêta même de l'argent pour aller à Rome. Ce petit événement fut l'origine de sa fortune. Campistron, secrétaire du duc de Vendôme, ayant suivi son maître en Italie, se souvint de son bienfaiteur, et en parla à ce prince, qui se servit de lui pour découvrir les grains que les habitants tenaient cachés. Ce service l'attacha à ce général. Il le suivit à Paris, où l'on voulut lui donner la cure d'Anet. Albéroni la refusa, aimant mieux être à la suite de son protecteur qu'à la tête d'une paroisse. Le duc, nommé général des armées en Espagne, eut besoin de lui pour entretenir sa correspondance avec la princesse des Ursins, qui, par ses intrigues et son esprit, s'était mise à la tête des affaires d'Espagne. Madame des Ursins protégea, dès ce moment, Albéroni. Ce fut par son crédit qu'il eut le titre d'agent du duc de Parme à la cour de Madrid. Il proposa à cette favorite d'engager Philippe V à épouser Elisabeth Farnèse, héritière de Parme, de Plaisance et de la Toscane. La princesse des Ursins, espérant de perpétuer son règne sous le nom de la nouvelle reine, détermina le roi à cette union. Albéroni fut chargé de suivre la négociation, et s'en acquitta avec succès. La reine, à laquelle ses grâces et son esprit donnaient beaucoup d'ascendant sur son époux, fit nommer Albéroni cardinal, grand-d'Espagne et premier ministre. Pour parvenir à la pourpre, il avait flatté le pape, en faisant rendre à son nonce, en Espagne, la clé et les papiers de la nonciature, qui lui avaient été ôtés. Il envoya en même temps des escadres pour défendre l'Italie menacée par les Turcs, qui assiégeaient l'île de Corfou. Elevé aussi rapidement que Richelieu, dès qu'il fut à la tête du gouvernement, il voulut, à son exemple, donner quelques secousses à l'Europe. Au milieu de la paix il forma les desseins de s'emparer de la Sardaigne et de la Sicile. Pour empêcher les puissances intéressées de déranger ses projets, il s'unit avec Pierre-le-Grand, avec Charles XII, et avec la Porte-Ottomane. Son dessein était d'armer le Turc contre l'empereur; le Czar et le roi de Suède contre les Anglais; de rétablir le prétendant sur le trône de ses pères, par les mains de Charles XII; d'ôter la régence de France au duc d'Orléans, et de rendre l'Italie indépendante de l'Allemagne. Tous ces projets se dissipèrent comme ils s'étaient formés. Le duc d'Orléans les découvrit par le moyen d'une courtisane, et en instruisit le roi Georges. Ces deux princes s'unirent ensemble contre l'Espagne, lui déclarèrent la guerre en 1718, et ne firent la paix qu'à condition qu'Albéroni serait renvoyé. Ce ministre, obligé d'abandonner l'Espagne, après s'être vu sur le point de jouer le rôle le plus brillant en Europe, se rendit à Gênes, où le pape le fit arrêter comme coupable d'intelligence avec le Turc. Il l'était effectivement, et c'est sans doute le premier cardinal qui ait invité les infidèles à répandre le sang chrétien. Innocent XIII fit examiner, par des commissaires du sacré collège, la conduite de leur confrère. Albéroni fut enfermé un an chez les jésuites de Rome; mais son esprit remuant ne le quitta pas. On connaît son entreprise sur la petite république de St-Martin, qui ne lui réussit pas plus que celles qu'il avait tentées sur des royaumes plus puissants. « L'inaction est mortelle pour « un ambitieux, et celui-là, dit l'auteur « des mémoires de Brandebourg, eût « voulu deux mondes pour avoir le fu- « neste plaisir de les bouleverser. » Est-ce bien l'auteur des Mémoires de Brandebourg, Frédéric II, roi de Prusse, qui a pu faire une pareille réflexion ? Ce cardinal mourut en 1752, âgé de 87 ans. Le testament politique, publié sous son nom après sa mort, ne lui appartient pas; il est de Maubert de Gouvest. Jean Rousset a écrit sa *Vie*, en un vol. in-12. On trouve aussi des détails curieux touchant son caractère, dans les *Mémoires* du duc de St-Simon. On y lit une anecdote singulière, touchant une dispute qu'eut le cardinal avec le marquis de Villena, qui le régala de coups de bâton.

ALBERT (le Bienheureux), patriarche de Jérusalem, naquit d'une famille noble d'Italie, à Castro di Gualteri, dans le diocèse de Parme. Il entra de bonne heure chez les chanoines religieux de Mortara, dans le Milanais, et fut élevé, en 1183, sur le siège épiscopal de Verceil. Sa prudence, sa droiture et son habileté dans les affaires engagèrent le pape Clément III et l'empereur Frédéric Barberousse à le choisir pour arbitre de leurs différends. Henri VI, successeur de Frédéric, le créa prince de l'empire, et, en sa considération, accorda diverses faveurs à l'église de Verceil. Le pape Célestin III le combla aussi de bienfaits. Innocent III, qui pensait à son égard comme ses prédécesseurs, l'employa avec succès dans des négociations importantes. La réputation du B. Albert était parvenue jusqu'en Orient; Monaco, onzième patriarche latin de Jérusalem, étant mort en 1204, les chrétiens de la Palestine nommèrent l'évêque de Verceil pour lui succéder. Innocent III applaudit à ce choix, persuadé qu'Albert était plus propre que personne à conduire une église qui se trouvait dans des conjonctures fort critiques. Il le fit venir à Rome, confirma son élection, et lui donna le *pallium*. Le serviteur de Dieu se rendit d'autant plus volontiers à ce que le souverain pontife exigeait de lui, que le patriarcat l'exposait à des persécutions, peut-être au martyre. Le nouveau patriarche vécut en Palestine dans un martyre continuel. Il joignait aux travaux et aux persécutions du dehors les austérités de la pénitence, et consacrait à la prière tous les moments qu'il pouvait dérober à ses occupations extérieures. Si les chrétiens l'honoraient et l'aimaient comme leur père, les Sarrasins ne pouvaient s'empêcher de le respecter à cause de son éminente sainteté. Entre autres bonnes œuvres qu'il fit, il donna une règle aux carmes. Ces religieux étaient primitivement des ermites qui vivaient sur le mont Carmel. Ils regardaient le prophète Elie comme leur fondateur et leur modèle, parce qu'il avait vécu sur la même montagne, ainsi qu'Elisée son disciple. Un nommé Berthold réunit ses ermites en corps de communauté. Brocard, qui en était supérieur en 1204, ou plutôt en 1209, s'adressa au patriarche Albert, pour lui demander une règle. Le saint homme dressa pour cet ordre des constitutions pleines de sagesse. Il y était ordonné aux frères de prier nuit et jour dans leurs cellules, à moins qu'ils n'en fussent dispensés par des occupations légitimes; de jeûner tous les jours, excepté les dimanches, depuis l'exaltation de la Croix, jusqu'à Pâques; de ne jamais manger de viande, de s'appliquer au travail des mains, de garder le silence depuis vêpres jusqu'à tierce du lendemain, etc. Les commissaires nommés par le pape Innocent IV, en 1246, firent des additions à cette règle, qu'ils adoucirent en quelques points. Le nouvel ordre s'accrut considérablement en peu de temps. Quelques écrivains ont essayé de prouver que, depuis Elie et ses successeurs, les enfants des prophètes, il y avait toujours eu des ermites sur le mont Carmel, jusqu'à la venue du Messie; qu'ils embrassèrent avec ardeur la religion chrétienne; qu'ils continuèrent le même genre de vie qu'auparavant, jusqu'aux 12e et 13e siècles; qu'ayant alors obtenu une règle du patriarche Albert, ils introduisirent en Europe leur ordre, connu sous le nom de Carmes. Le P. Papebroch, l'un des continuateurs de Bollandus, traita de chimère cette antiquité, et soutint qu'il n'y avait point eu d'ermites sur le mont Carmel avant le 12e siècle. Les Carmes tâchèrent, par divers écrits, de venger la gloire de leur ordre, qu'ils croyaient attaquée. Le P. Papebroch, qui garda d'abord le silence, leur fit une réponse dont ils ne furent pas contents. La contestation devint si vive, que l'affaire fut portée devant Innocent XI et Innocent XII. Ces deux papes ne décidèrent rien sur l'authenticité des monuments produits par les carmes. Enfin, Innocent XII donna un bref, le 29 novembre 1698, par lequel il défendit d'agiter cette matière à l'avenir. (Voy. PAPEBROCH.) Lorsque les divers ordres religieux placèrent dans l'église du Vatican les statues de leurs fondateurs, les carmes ne manquèrent pas d'y placer celle d'Elie, mais sans y mettre d'inscription; ils vainquirent cet obstacle, et on y lit aujourd'hui : *Universus Carmelitarum ordo Fundatori suo Eliæ.* Le B. Albert avait été invité, par le pape Innocent III, au concile général de Latran, qui se tint en 1215; mais il ne put y assister. Il fut assassiné dans la ville d'Acre, le 14 septembre 1214, étant à la procession de la fête de l'Exaltation de la sainte croix. Il reçut le coup mortel des mains d'un scélérat qu'il avait repris et menacé pour ses crimes. Il est honoré en ce jour parmi les saints de l'ordre des carmes.

ALBERT Ier, fils de l'empereur Rodolphe de Habsbourg, et premier duc d'Autriche, naquit en 1248, et fut couronné empereur après avoir remporté une victoire éclatante sur Adolphe de Nassau, son compétiteur, et l'avoir percé de sa main, en 1298, à Gelheim entre Worms et Spire. Ce fut sous ce prince que se forma la république des Suisses. La Suisse, quoique dépendante de la maison d'Autriche, avait conservé quelques priviléges : Albert voulut les lui ôter. Les gouverneurs qu'il avait établis traitaient si durement le peuple, qu'il se révolta. Telle est la narration ordinaire de cet événement; mais elle n'est pas d'accord avec tous les historiens. Plusieurs donnent aux Suisses tous les torts dans la contestation qui s'éleva entre eux et les princes autrichiens. (Voy. TELL.) Albert se préparait à réduire le peuple, lorsque son neveu Jean, duc de Souabe, le tua sur le bord de la rivière de Reuse, en 1308.

ALBERT V, duc d'Autriche, fut élu empereur en 1428, et fut connu, dans cette dignité, sous le nom d'Albert II. Sa douceur, sa générosité, promettaient beaucoup. Albert était resté orphelin à l'âge de 7 ans, sous la tutelle de trois cousins de son père : Ernest, Guillaume et Léopold, fils de ce Léopold qui avait dépouillé Albert III de presque tous ses États. Délivré enfin de ces tuteurs ambitieux, il se fit aimer de ses sujets. Il punit sévèrement des courtisans spoliateurs, établit une sage administration, et fit succéder la paix intérieure aux troubles qu'avaient excités ses tuteurs. Devenu gendre de l'empereur Sigismond, auquel il succéda ensuite, il se réunit à lui pour combattre les hussites. Il contint les Moraves, délivra l'Autriche de tous ses ennemis. En 1437, il fut élu roi de Bohême après la mort de Sigismond ; quelque temps après, les Hongrois le proclamèrent leur souverain. Lors de la lutte qui s'éleva entre le pape Eugène IV et le concile de Bâle, Albert montra assez de modération. Il était allé s'opposer à l'invasion d'Amurat II, petit-fils de Bajazet ; mais, attaqué par la fièvre épidémique, qui avait détruit son armée, il mourut en Hongrie, en 1439, âgé de 42 ans. Sa femme Élisabeth était enceinte à sa mort ; quatre mois après, elle donna le jour à un prince nommé Ladislas le Posthume.

ALBERT, archiduc d'Autriche, gouverneur, puis souverain des Pays-Bas, né en 1559, était le sixième fils de l'empereur Maximilien II et de Marie d'Autriche. En 1577, Grégoire XIII lui conféra le chapeau de cardinal, et Philippe II, l'archevêché de Tolède. Il eut, en 1583, le gouvernement du Portugal, et sa conduite plut tellement à Philippe II, roi d'Espagne, qu'il le nomma gouverneur des Pays-Bas dont les sept provinces unies venaient de se séparer. Il arriva à Bruxelles au mois de février 1596 ; peu après il prit la ville de Calais, puis Ardres, et ensuite Hulst, qui se rendit le 15 août de la même année. Porto-Carero, gouverneur de Dourlens, surprit Amiens le 11 mars 1567 ; mais le roi Henri IV s'en ressaisit le 5 septembre suivant. Albert renonça à la pourpre romaine pour épouser, en 1598, Elizabeth-Claire-Eugénie d'Autriche, fille de Philippe II et d'Elizabeth de France. Cette princesse lui porta en dot les Pays-Bas catholiques et la Franche-Comté. La paix entre la France et l'Espagne, conclue à Vervins, lui fit renouveler la guerre contre les Hollandais, qui ne voulaient point rentrer sous la domination autrichienne. Il y eut une bataille donnée le 2 juillet 1600, près de Nieuport. L'archiduc tua d'abord 8 ou 900 hommes chargés de la garde d'un pont ; et sans laisser reprendre haleine à ses soldats, il alla affronter ses ennemis ; mais le comte Maurice de Nassau le reçut vigoureusement, et le défit ; cependant le vainqueur fut obligé de lever le siége de Nieuport, comme si l'archiduc avait eu l'avantage. Quelque temps après, Albert fit assiéger Ostende, qui ne fut prise que le 22 septembre 1604.

Ce siège si mémorable dura trois ans, trois mois et trois jours : et Albert n'eut pour fruit de sa victoire qu'un monceau de cendres qui avait coûté la vie à plus de 100,000 hommes, des sommes immenses, et la perte de deux villes bien fortifiées ; car Maurice, pendant le siége, avait pris l'Ecluse et Grave. L'archiduc, fatigué d'une guerre sans résultat, songea à la paix ; elle commença par une trêve de huit mois, en 1607, et continua par une autre de douze ans, en 1609. Il employa ce temps de repos au bien de ses provinces, où sa bonté et sa douceur lui avaient gagné le cœur de tout le peuple. Il mourut sans postérité, en 1621 à 62 ans, avec des sentiments de piété qu'il avait exprimés dans toute sa conduite. Ce prince avait refusé deux fois la couronne impériale. L'histoire de sa vie a été imprimée à Cologne, 1690.

ALBERT I, L'OURS, surnommé aussi *le Beau*, fils d'Othon-le-Riche, prince d'Anhalt, fut le fondateur de la maison de Brandebourg. L'empereur Conrad III lui donna le duché de Saxe qu'il ne put réunir aux margraviats de Luzace et de Salzwédel dont il avait fait l'acquisition. Henri-le-Généreux retenait cette seigneurie : à sa mort, Albert voulut l'enlever de force ; mais Henri-le-Lion, fils du dernier duc, fut secouru par les princes saxons, et Albert fut chassé de la Saxe et même de ses propres Etats. Il recouvra par un traité ses fiefs, reçut de Conrad le titre d'électeur et de margrave de Brandebourg, vers l'an 1150, à la place de la maison de Stader, alors éteinte. Le Marche de Brandebourg n'était presque qu'une grande forêt : Albert la fit défricher, et bâtit des villes, des églises et des colléges. Il fut en guerre avec les Venèdes; puis avec Jazko, roi de Pologne, qui lui prit ses États, mais qu'Albert reconquit ensuite. Il fit le pèlerinage de Jérusalem : à son retour, il construisit plusieurs villes, parmi lesquelles plusieurs historiens comptent Berlin, Francfort sur l'Oder, Landsberg, etc. Il mourut l'an 1170, honoré de l'estime de tous les princes d'Allemagne.

ALBERT, surnommé *le Grand*, non parce qu'il naquit dans un siècle où les hommes étaient petits, comme le dit un écrivain célèbre, mais parce que son nom de famille était *Groot*, qui signifie *Grand* en Allemand, était né à Lawingen en Souabe en 1205, d'une famille illustre. Il entra chez les dominicains, où il fut provincial. Le pape Alexandre IV, qui connaissait les succès qu'avait eus Albert à Fribourg, à Ratisbonne, à Cologne, à Paris, l'appela à Rome, lui donna l'oftice de maître du sacré palais, et quelque temps après l'évêché de Ratisbonne; mais il ne le garda que trois ans, pendant lesquels il veilla avec soin au temporel et au spirituel. Il renonça à la crosse, pour vivre dans sa cellule en simple religieux. Il n'interrompit pas sa retraite de Cologne que par ses leçons publiques. Le pape Grégoire X l'appela au concile général tenu à Lyon en 1274. Il mourut en 1280, à Cologne, âgé de 87 ans. Le plus illustre de ses disciples est saint Thomas d'Aquin. Ses ouvrages, de l'édition de Lyon de l'an 1651, sont en 21 gros vol. in-fol. On pourrait lui appliquer ce que Cicéron disait d'un auteur volumineux, *qu'on aurait pu brûler son corps avec ses seuls écrits*. Quelques-uns ne méritaient guère de lui survivre. On n'y voit que de longs commentaires sur Aristote, sur saint Denis l'Aréopagite, sur le Maître des Sentences, dans lesquels il y a de bonnes choses ; mais quel homme aurait le courage de lire 21 vol. in-fol., pour ne recueillir que quelques pensées justes, revêtues d'un latin grossier ? Albert était recommandable comme religieux et comme évêque ; mais il ne l'est guère comme écrivain. Il étendit la logique au-delà de ses bornes, en y mêlant mille subtilités barbares, et beaucoup de choses étrangères. C'était l'esprit et le goût de son siècle ; c'était à qui argumenterait le mieux sur les choses les plus abstraites. (Voy. DUNS.) On a dit qu'Albert-le-Grand avait fait une tête d'airain, qui répondait sans hésiter à toutes les questions ; comme si une tête artificielle pouvait faire des raisonnements suivis. Mais s'il s'agit précisément d'une tête automatique d'où sortaient quelques sons articulés, on ne peut douter que la chose ne soit possible; depuis les deux têtes parlantes que l'on a vues à Paris en 1783. On a raconté encore qu'un jour des Rois, Albert changea l'hiver en été, pour mieux recevoir Guillaume, comte de Hollande et roi des Romains, qu'il avait invité à dîner. Ce qui veut dire apparemment qu'il fit servir des fleurs et des fruits conservés : image de l'été, que des imbéciles ont prise à la lettre. On lui a attribué de ridicules recueils de *Secrets*, auxquels il n'a pas eu la moindre part. On y trouve même des indécences et des recherches aussi vaines que peu dignes d'un religieux.

ALBERT (Charles d'), duc de Luynes, né en 1578, d'une maison ancienne, à Mornas dans le comté Venaissin, fut page et gentilhomme ordinaire de Louis XIII et gagna les bonnes grâces de ce prince. Après la mort du maréchal d'Ancre, d'Albert jouit de la confiscation de ses biens, et fut mis à la tête des affaires de l'Etat en 1617. Quatre ans après, il reçut l'épée de connétable le 22 avril 1621, en présence des princes du sang et de tous les grands du royaume. On se régla, pour le cérémonial, sur ce qui s'était pratiqué, lorsque Charles d'Albret fut fait connétable par Charles VI. La conformité des noms d'Albert et d'Albret flattait la vanité de ce favori. Louis XIII, quelque temps après, se dégoûta de lui. Il l'avait élevé par caprice ; par un autre caprice, il devint jaloux des honneurs qu'on lui rendait. Voyant un ambassadeur qui allait chez le connétable: « Il s'en va, dit-il, à l'audience du roi « de Luynes. » Le favori, averti des discours du monarque, parut s'en inquiéter si peu qu'il disait devant tout le monde : « J'ai su gagner ses bonnes grâces, je « saurai bien les conserver. Il est bon « de temps en temps que je lui donne de « petits chagrins ; cela réveille l'amitié. » Les huguenots ne pouvant se résoudre à demeurer tranquilles, et donnant tous les jours de nouvelles scènes et de nouvelles inquiétudes, de Luynes persuada à Louis XIII de les mettre hors d'état de renouveler les anciennes tragédies. On porta les armes contre eux en 1621. De Luynes se saisit de toutes leurs places depuis Saumur jusqu'aux Pyrénées, mais il échoua devant Montauban. Il mourut la même année, d'une fièvre pourprée, au camp de Longuetille près de Monheurt, le 15 décembre, âgé de 43 ans. Ses équipages et ses meubles furent pillés avant qu'il eût rendu l'esprit, et il ne resta pas un drap pour l'ensevelir. L'abbé Ruccellai et un nommé Contade eurent la générosité de donner ce qu'il fallut pour embaumer son corps. On le fit transporter à Maillé, bourg à deux lieues de Tours, érigé, l'an 1619 en duché-pairie sous le nom de Luynes où il fut inhumé.

ALBERT (le père), capucin, né à Paris, a publié : *Conférences sur le Symbole des Apôtres*, dans lesquelles toutes les principales vérités de la religion sont expliquées, et les décisions des conciles sur chaque article sont rapportées familièrement par dialogues, de la même manière qu'elles ont été prononcées dans les missions et ailleurs, Paris 1688, in-12 ; voyez *Journal des savants*, 1689, p. 167, première édition. On a encore de lui : *Manière de prêcher selon l'esprit de l'Evangile*, nouvelle édition, Paris, 1701, in-12, et Lyon, 1730.

ALBERT (Joseph-Jean-Baptiste), lieutenant-général, né le 28 août 1771 dans les Hautes-Alpes, entra au service, en 1790, dans le premier bataillon de ce département, et devint capitaine-aide-de-camp du maréchal Augereau en 1795. Il se distingua aux Pyrénées, en Italie, en Allemagne; fut nommé colonel en 1802, et se trouvait chef de brigade au siége de Dantzick. Dans la guerre contre la Russie, il se signala au passage de la Dwina, et fut nommé général de division sur le champ de bataille de la Bérésina. La campagne de 1813 lui fournit de nouvelles occasions de déployer sa capacité militaire : avec moins de six mille hommes il résista à un corps russe cinq fois plus nombreux. En 1814, il arrêta la marche victorieuse d'un corps russe qui marchait sur Bonn, et il le repoussa avec perte. Le 8 juillet de la même année, il fut nommé chevalier de Saint-Louis; pendant la campagne de 1815, il commandait une division de l'armée du Rhin. A l'époque de la Restauration, le général Albert fut appelé au commandement de la dix-neuvième division militaire à Lyon, et il fixa l'attention du duc d'Orléans, qui le choisit pour son premier aide-de-camp. Il est mort en 1822.

ALBERTET ou ALBERT, mathématicien et poëte provençal, au 13ᵉ siècle, né à Sisteron. Il eut une dame de ses pensées, suivant la coutume de son siècle, et fit toute sa vie des vers pour elle; et en mourant, il laissa ses vers à un de ses amis, pour les remettre à sa maîtresse; mais cet infidèle ami les vendit à un rimailleur d'Uzès, qui les publia sous son nom. Ce plagiat ayant été découvert, le plagiaire fut fouetté : c'était alors la peine de ces larcins littéraires.

ALBERTI ou DE ALBERTIS (Léon-Baptiste), architecte, peintre, sculpteur et mathématicien, né à Florence, d'une noble et ancienne famille, vers la fin du 14ᵉ siècle, fut surnommé par quelques écrivains le *Vitruve florentin*. Après avoir reçu une excellente éducation, il entra dans les ordres, et en 1447 il était chanoine de la cathédrale de Florence. Il a écrit sur la peinture, la sculpture et l'architecture. Son ouvrage le plus considérable et le plus connu est un traité *De architecturâ, seu de re œdificatoriâ*, en 10 livres, dont il y a eu plusieurs éditions. Ce livre, trop loué peut-être par ses contemporains, est encore estimé. Son *Traité sur la peinture*, en 3 livres, a été réimprimé à la suite du *Vitruve d'Amsterdam*, 1649, in-fol. Parmi ses ouvrages d'architecture, on cite comme un chef-d'œuvre l'église de Saint-François-de-Rimini. Il a aussi été un excellent littérateur et un bon jurisconsulte, et on a de lui un traité *De jure*; un dialogue intitulé : *Momus* ou *De principe*; *Hecatomphile*, poëme en prose; un livre de cent *Fables* ou *Apologues*; un *Traité sur la vie et les mœurs de son chien*, ouvrage satirique. Comme sculpteur, il a publié un traité en Italien sous le titre *Della statua*. L'année de sa mort est aussi incertaine que celle de sa naissance. On croit qu'il mourut vers 1480. Sa vie a été écrite par Porretti.

ALBERTI (Léandre), né à Bologne en 1479, fut provincial des dominicains, parmi lesquels il s'appliqua à faire fleurir la science et la piété. Il a publié une *Histoire des hommes illustres de son ordre*, 1517, in-fol.; une *Description de toute l'Italie*, 1596, in-4°, pleine de recherches, mais faite sans critique; quelques *Vies particulières*; l'*Histoire de Bologne sa patrie*, imprimée avec les cinq livres d'additions de Cacciancmici, à Bologne, in-4°. Il mourut en 1552, à l'âge de 74 ans. Kiriander a traduit en latin sa *Description de l'Italie*.

ALBERTI (Jean), plus connu sous le nom de *Widmanstadius*, de Widmanstadt, lieu de sa naissance, jurisconsulte, très-savant dans les langues orientales, au 16ᵉ siècle, donna, en 1543, un *Abrégé de l'Alcoran*, avec des notes critiques, ouvrage qui lui mérita le titre de chancelier d'Autriche et de chevalier de Saint-Jacques que lui conféra l'empereur Ferdinand. Il publia, in-4°, en 1556, un *Nouveau Testament*, en syriaque, à l'usage des jacobites, aux dépens de l'empereur Ferdinand 1. On n'y trouve point la 2ᵉ épître de saint Pierre, la 2ᵉ et la 3ᵉ de saint Jean, celle de saint Jude, ni l'Apocalypse. Il composa encore une *Grammaire syriaque*, dont la préface est curieuse : il mourut en 1559.

ALBERTINI (François), Calabrois, se démit d'une riche abbaye pour se faire jésuite. Il mourut en 1619. Nous avons de lui une *Théologie*, en 2 in-fol., où il veut concilier la théologie avec la philosophie; un traité *De angelo custode*, où il avance cette étonnante assertion, « que les animaux ont des anges gardiens. »

ALBICUS, archevêque de Prague, avait été élevé à cette dignité par Sigismond, roi de Bohême. Il fit autant de tort à l'Eglise par sa facilité à l'égard de l'hérésiarque Jean Hus et des autres disciples de Wiclef, que son prédécesseur Stincon lui avait fait de bien par sa vigilance à s'opposer aux erreurs de cette secte dangereuse. L'avarice d'Albicus était si grande, qu'il ne voulait même pas confier la clef de sa cave à qui que ce fût. Il n'avait pour tout domestique qu'une vieille servante qu'il laissait mourir de faim. Il a composé trois traités de médecine sous les titres suivants : *Praxis medendi* ; *Regimen sanitatis* ; *Regimen pestilentiæ*, imprimés à Leipsick, 1484, in-4°, longtemps après la mort de l'auteur.

ALBIN Bernard. (Voyez Albinus.)

ALBINOVANUS, poète latin, contemporain d'Ovide, qui lui donnait le titre de *Divin*. Il nous reste de lui trois élégies que Jean Le Clerc fit imprimer en 1703, in-8°, et 1712, in-12, à Amsterdam, sous le nom de *Théodore Goralle*, avec les notes des *Variorum*, et un fragment d'un poëme intitulé : *Voyage de Germanicus*.

ALBINUS (Decimus Claudius), né à Adrumette, en Afrique, d'une famille illustre, reçut une excellente éducation, et porta les armes de bonne heure. Marc-Aurèle le mit à la tête de ses troupes, et l'honora du consulat : fait douteux, puisque les fastes consulaires ne citent pas son nom. A cette époque, Commode l'ayant fait général des légions des Gaules, il remporta plusieurs victoires qui lui méritèrent le gouvernement de la Grande-Bretagne. Enfin Septime-Sévère le nomma César. Albinus ne se contenta pas de ce titre ; il se fit couronner empereur dans les Gaules, où il avait passé avec son armée, ou bien il fit proclamer la république. Sévère marcha contre lui et l'atteignit. Une sanglante bataille, donnée près de Trévoux, le 19 février 197, décida de l'empire de l'univers entre ces deux puissants rivaux. Albinus fut défait et contraint de se donner la mort. Le vainqueur, après avoir foulé aux pieds son cadavre, le fit porter à Rome, pour qu'il y fût mangé par les chiens. Tous ses amis et ses parents périrent du dernier supplice. Cet usurpateur était digne d'un meilleur sort : il avait quelques vertus et du courage. Il menait une vie retirée, sans faste, sans débauche ; mais la solitude rendait son caractère mélancolique, et son humeur difficile et brusque. On dit qu'il mangeait prodigieusement. Son règne ne fut que d'environ quatre ans. Son extrême blancheur lui avait fait donner le nom d'*Albinus*.

ALBINUS (Pierre), poëte et historien allemand, du 16e siècle, naquit à Scheneberg, dans la Misnie. Son nom était *Weiss*, c'est-à-dire *Blanc* en allemand ; mais il le changea en celui d'*Albinus*. Il fut professeur de poésie et de mathématiques dans l'académie de Wittemberg, puis secrétaire de l'électeur à Dresde, où il donna, en 1599, in-fol., une seconde édition de sa *Chronique de Misnie*, qu'il avait déjà publiée à Wittemberg, en 1580, avec succès. Il est encore auteur de quelques autres ouvrages historiques estimés des Allemands : *Scriptores varii de Russorum religione*, Spire, 1582. Ses poésies latines sont imprimées à Francfort, 1612, in-8°.

ALBINUS (Bernard), médecin allemand, peut-être de la même famille que Pierre ALBINUS, naquit à Dessaw le 7 janvier 1653, et se rendit célèbre en exerçant et en enseignant son art. Il eut l'honneur d'être médecin du roi de Prusse depuis 1697 jusqu'en 1702, qu'il alla remplir avec succès jusqu'à sa mort arrivée le 7 septembre 1721, la chaire de médecine à Leyde. Haller et Carrière ont donné la liste des nombreuses dissertations académiques d'Albinus. Hermann Boerhaave a raconté les principaux détails de la vie de ce docteur dans un éloge historique qui a été imprimé.

ALBITTE (ANTOINE-LOUIS), né à Dieppe, venait de se faire recevoir avocat, lorsqu'il fut député, en septembre 1791, à l'assemblée législative. Au commencement de 1792, il dénonça les ministres Narbonne et Bertrand de Molleville, et demanda leur mise en accusation. Il fut aussi un des principaux auteurs de la journée du 10 août, et dès le lendemain il fit décréter que les statues des rois seraient renversées et remplacées par une statue de la liberté. Nommé député à la convention, il se montra disposé à seconder tous ses excès. Le 21 décembre, il s'opposa à ce que Louis XVI pût se choisir un conseil, et il vota la mort sans sursis et sans appel. Il fut envoyé successivement en mission auprès de l'armée de Lyon, à l'armée du Midi, à Marseille, à Toulon, dans les départements de l'Ain et du Mont-Blanc, et partout il exerça les plus grandes rigueurs et les actes les plus arbitraires. Nommé sous-inspecteur aux revues, il suivit l'armée française à Moscou. Excédé de fatigues, de froid et de faim, il mourut pendant la retraite.

ALBIZZI ou DE ALBIZZIS, appelé autrement Barthélemi de Pise, naquit dans le 14e siècle à Rivano, en Toscane. Il se fit cordelier, et s'illustra dans son ordre par son livre des *Conformités de saint François avec Jésus-Christ*. Le chapitre général, assemblé à Assise en 1399, auquel il présenta cette production singulière, lui fit don de l'habit que le saint fondateur avait porté pendant sa vie. Ces bons religieux n'ont considéré, dans l'ouvrage, que l'honneur de leur fondateur et la consolation de ses enfants: ils n'ont pas prévu ce qu'une critique sévère et littérale en dirait un jour, moins encore le scandale que les hérétiques s'empresseraient d'en faire naître. (Voyez ALBER Erasme.) Albizzi mourut à Pise en 1401. La première édition de son fameux ouvrage fut faite à Venise, in-fol. sans date et sans nom d'imprimeur, sous ce titre : *Liber conformitatum sancti Francisci cum Christo*. La seconde, de 1510, en caractères gothiques, à Milan, in-fol., est de 256 feuillets. François Zéno ou Zéni, vicaire-général des franciscains italiens, l'orna d'une préface. La troisième édition fut encore imprimée à Milan, en 1513, in-fol., caractères gothiques, avec une nouvelle préface de Jean Marpelli, cordelier. Ces trois éditions sont rares, et l'on n'en trouve guère d'exemplaires qui ne soient mutilés. Jérémie Bucchi, autre cordelier, en donna une nouvelle édition à Bologne en 1590; mais il y fit des retranchements, et ajouta à la fin un *Abrégé historique des hommes illustres de l'ordre de Saint-François*. Cette édition n'ayant pas été vendue, on la reproduisit en 1620, et, pour la masquer, on changea les deux premiers feuillets. Ce même livre fut réimprimé à Cologne en 1623, in-8º, sous le titre de : *Antiquitates franciscanæ, sive Speculum vitæ beati Francisci et sociorum*, etc. On fit dans cette édition des changements très-considérables. Le P. Valentin Marée, récollet, en a donné une édition refondue et retouchée, à Liége, 1658, in-4º, sous ce titre : *Traité des conformités du disciple avec son maître*, c'est-à-dire, *de saint François avec Jésus-Christ en tous les mystères de sa naissance, vie, passion, mort, etc.* Quoique ce récollet ait encore fait de grands retranchements, il s'en faut de beaucoup qu'il n'en reste plus à faire. On attribue encore à Barthélemi Albizzi : six livres *de la Vie et des louanges de la Vierge*, ou *les Conformités de la Vierge avec Jésus-Christ*, 1596, Venise, in-4º; des *Sermons pour le carême, sur le mépris du monde*, Milan, 1498, in-8º; enfin *la Vie du bienheureux Gérard*, laïc, manuscrit. Tous ces ouvrages sont en latin.

ALBIZZI (François), de Césène, cardinal, mourut en 1684, âgé de 61 ans. Il dressa la bulle contre le livre de Jansénius, sous Urbain VIII.

ALBON (Jacques d'), marquis de Fronsac, connu dans l'histoire sous le nom de *Maréchal de St-André*, descendait d'une ancienne famille du Lyonnais. Henri II, qui l'avait connu étant dauphin, et qui n'avait pu le connaître sans l'aimer, tant à cause de sa valeur, que des agréments de son caractère et de sa figure, le fit maréchal de France en 1547, et premier gentilhomme de sa chambre. Il avait donné des preuves de son courage au siége de Boulogne, et à la bataille de Cérisoles en 1544. François de Bourbon, comte d'Enghien, qui commandait l'armée, jaloux des louanges qu'on donnait à la bravoure de St-André, acharné à poursuivre les ennemis, dit à ses officiers : « Ou qu'on le fasse retirer, ou qu'on me permette de le suivre. » Le maréchal s'illustra encore plus en Champagne, où il eut le commandement de l'armée en 1552 et 1554. Il eut beaucoup de part à la prise de Marienbourg; il ruina Cateau-Cambrésis, et se couvrit de gloire à la retraite du Quesnoi. Il se distingua à la bataille de Renti, et fut moins heureux à celle de Saint-Quentin en 1557, où il fut fait prisonnier. Il contribua beaucoup à la paix de Cateau-Cambrésis. Ce maréchal, sur la fin de ses jours, se jeta dans le parti des Guises, et combattit avec eux en 1562, à la bataille de Dreux, où il fut tué d'un coup de pistolet par un nommé Aubigni ou Bobigni, à qui, suivant Brantôme, *il avait fait autrefois déplaisir*. Les calvinistes, qui ne l'aimaient pas, l'appelaient l'*Arquebusier du Ponant*. Le maréchal de St-André aimait le jeu, la bonne chère, le luxe, les femmes, enfin, tous les plaisirs; ce qui préjudiciait quelquefois à ses qualités guerrières, et diminuait les succès qu'il eût pu se promettre. Sa politesse égalait l'urbanité grecque et romaine. Il fut un des triumvirs, qui, après la mort de Henri II, furent les maîtres du gouvernement pendant quatre ou cinq ans, malgré Catherine de Médicis. Il n'eut de son mariage avec Marguerite de Lustrac, qu'une fille, morte fort jeune au monastère de Longchamp, dans le temps qu'on la destinait à épouser Henri de Guise, qui, depuis, fut tué à Blois. Antoine d'Albon, son parent, fut comme lui gouverneur de Lyon, et s'y distingua par son zèle contre les calvinistes. Il eut plusieurs abbayes, et devint archevêque d'Arles, puis de Lyon. Il mourut en 1574.

ALBON (Camille-Goeric, comte d'), né à Lyon en 1753, fut doué d'une grande facilité d'écrire, et embrassa une multitude d'objets sur lesquels il a raisonné d'une manière intéressante par son impartialité et la sagesse de ses réflexions. Quoique dans ses *Discours sur l'histoire, le gouvernement, les usages, la littérature et les arts de plusieurs nations de l'Europe*, 4 vol. in-12, il rapporte le pour et le contre, les lieux communs de la philosophie du jour, et les observations qui les combattent, on voit sans peine que son suffrage est pour les bons principes, puisqu'il a le courage de les développer et de les appuyer avec une force qui ne peut émaner que de la persuasion. Il mourut dans sa terre de Franconville, âgé de 36 ans. Il prenait le nom de roi d'Yvetot. Son enrôlement dans la secte des économistes l'a entraîné dans quelques erreurs de spéculation et de calcul, lui a fait prendre quelquefois un ton d'enthousiasme qui n'honorait pas son jugement, et a rendu même sa conduite ridicule par des démarches inconsidérées, telles que l'érection d'un pompeux mausolée à l'empirique Court de Gébelin, mort au baquet de Mesmer. Son *Éloge de François Quesnay* est plein d'idées romanesques, écrit avec le ton exalté qu'inspire l'esprit de parti. Il y a plus de sagesse dans son *Dialogue entre Titus et Alexandre*, où il plaide la cause de l'humanité contre les fureurs des conquérants. On a encore de lui un *Poëme sur la paresse*, traduction supposée du grec, où l'on trouve de la chaleur et de l'imagination, et quelques autres pièces fugitives.

ALBORNOS (Gilles Alvarez Carillo), issu des maisons royales de Léon et d'Aragon, naquit à Cuenza, en Espagne, fut archevêque de Tolède. Alphonse II, roi de Castille, lui eut de grandes obligations dans la guerre contre les Maures; mais son successeur, Pierre-le-Cruel, les reconnut mal. Albornos, qui lui avait déplu par son zèle contre ses mœurs déréglées, fut obligé de se retirer à Avignon auprès de Clément VI, qui l'honora de la pourpre. Dès qu'il fut cardinal, il se démit de son archevêché, disant *qu'il serait aussi blâmable de garder une épouse qu'il ne pouvait pas servir, que l'était le roi don Pierre de quitter sa femme pour une maitresse.* Le pape Innocent VI l'ayant envoyé comme général et comme légat dans l'Italie, qui avait secoué l'autorité des papes pendant leur séjour à Avignon, il la remit sous l'obéissance du saint Siége, et fit revenir à Rome son successeur Urbain V. Ce pape lui ayant demandé un jour à quoi il avait employé les grandes sommes qu'il lui avait fait tenir pour la conquête de l'Italie, le cardinal ne lui répondit qu'en faisant amener un chariot chargé de clefs et de serrures. *Voilà*, lui dit-il, *à quoi j'ai fait servir votre argent. Je vous ai rendu maître de toutes les villes dont vous voyez les clefs et les serrures dans ce chariot.* Albornos alla passer le reste de ses jours à Viterbe, où il mourut en 1367. Le collége des Espagnols à Bologne est de sa fondation. La vie politique d'Albornos a été écrite par Sépulvéda, sous ce titre : *Historia de bello administrato in Italiâ per annos XV, et confecto ab Æg. Albornosio*, Bologne, 1623, in-fol. Il est prouvé par cette histoire que ce fut par le zèle et le courage d'Albornos que les donations faites à l'Eglise par Pépin et Charlemagne reçurent leur entier accomplissement. Le chevalier de Lescale publia, en 1629, un ouvrage assez curieux intitulé : *La vertu ressuscitée*, ou la *Vie du cardinal Albornos*, surnommé *le Père de l'Eglise*, et dédié à monseigneur le cardinal de Richelieu, surnommé *Père de la France;* avec les portraits d'Albornos et de Richelieu couronnés par les anges, et ces deux devises : *Duo lucida sidera cœlis:* — *Duo numina prospera terris.*

ALBRET (Charles, sire d') refusa d'abord la place de connétable que Charles VI lui donna, et ce n'était point sans raison : il n'avait ni l'expérience, ni la capacité nécessaires pour un si grand emploi. La faction de Bourgogne le lui fit perdre en 1412. Celle d'Orléans le rétablit en 1414. L'année suivante, Henri V, roi d'Angleterre, ayant assiégé Harfleur, place assez bien fortifiée, à l'embouchure de la Seine, cette ville fut prise d'assaut après deux mois de siége, parce que le connétable ne la fit pas secourir à temps. D'Albret fit encore une plus grande faute. Les vainqueurs affaiblis proposèrent de réparer les dommages qu'ils avaient causés, pourvu qu'on leur permît de se retirer à Calais. Cette offre, toute raisonnable qu'elle était, fut rejetée par le connétable, qui ne doutait pas de leur entière défaite. En effet, les Français étant six contre un, la bataille ne pouvait pas se perdre, si les chefs qui les commandaient, avaient été aussi habiles que les soldats étaient vaillants. Mais d'Albret et ses lieutenants ne surent ni ranger leurs troupes ni donner les ordres à propos. L'armée française combattit confusément, et fut entièrement défaite près du village d'Azincourt, le 25 octobre 1415. Il demeura sur la place 12,000 Français, parmi lesquels on trouva le connétable. Ce général n'était ni craint ni aimé, et il n'était pas fait pour l'être.

ALBUFÉRA. (Voyez SUCHET.)

ALBUMAZAR, dont les véritables noms sont Djafar-Ben-Mohammed-Ben-Omar (ABOU-MACHAR), est né à Balkh, dans le Khoraçan, l'an 806 de J.-C.

Il fut philosophe, médecin et astrologue du 9ᵉ siècle. Il fit ses études en Afrique. Ses ouvrages ont été imprimés en latin, à Venise, 1506, in-4°. Celui de la *Révolution des années*, connu sous le titre de *Milliers d'années*, l'a fait regarder comme un des grands astronomes de son temps. Albumazar y soutient que le monde a été créé, quand les 7 planètes se sont trouvées en conjonction dans le 1ᵉʳ degré du bélier, et qu'il finira, lorsqu'elles se rassembleront dans le dernier des poissons.

ALBUQUERQUE (Alphonse, duc d'), vice-roi des Indes orientales, sous dom Emmanuel, roi de Portugal, établit la domination de ce prince dans le pays où il avait été envoyé. Il conquit successivement Goa, Malaca, Adem, et se rendit maître d'Ormus dans le golfe Persique. Ses belles actions lui firent donner le nom de *Grand*. Il mourut au port de Goa dans un vaisseau, à 63 ans, au retour de son expédition d'Ormus, en 1515. Il tirait son origine des enfants naturels des rois de Portugal. Tranquille au centre de ses conquêtes, il rétablit l'ordre dans toutes les colonies, affermit la discipline militaire, et parut toujours actif, prévoyant, sage, humain, juste et désintéressé.

ALCAÇAR (Louis d'), jésuite espagnol, né en 1554, est mort à Séville, sa patrie, en 1613. On publia, en 1614, à Anvers, avec ses autres ouvrages, un gros commentaire, en 2 vol. in fol., sur l'*Apocalypse*. Le premier volume a pour titre : *Vestigatio arcani sensûs in Apocalypsi*; et le second: *In eas veteris Testamenti partes quas respicit Apocalypsis*. Son ouvrage a eu plusieurs éditions. Les écrivains postérieurs, et Bossuet en particulier, en ont fait grand usage. Les anciens croyaient que l'Apocalypse n'annonçait que des choses très éloignées, et ne pouvaient par conséquent trouver d'explication que dans un avenir qu'ils ne connaissaient pas. Alcaçar, ayant découvert le rapport de l'Apocalypse avec l'histoire des premiers siècles de l'Eglise, trouva, dans cette découverte, la source des explications les plus naturelles. De nouvelles recherches ont répandu sur cet objet de nouvelles lumières, qui ont dissipé en grande partie les ténèbres qui couvraient ce livre mystérieux; de manière que Bossuet a eu raison de dire que dans un grand nombre de chapitres on croyait lire une histoire, plutôt qu'une prophétie.(Voy. ST-JEAN et HOLZHAUSER).

ALCAMÈNE, neuvième roi de Sparte, connu dans l'histoire par ses apophthegmes, vivait vers l'an 747 avant J.-C. Il disait que, pour conserver la république, il ne fallait rien faire en vue de l'intérêt. Comme on lui demandait pourquoi il vivait en monarque pauvre, quoiqu'il fût riche, il répondit : « Qu'un homme riche acquerrait plus de gloire en suivant la raison, qu'en s'abandonnant à sa cupidité. » Ces sentences avaient apparemment plus de sel en grec qu'elles n'en ont en français.

ALCAMÈNE, sculpteur athénien, célèbre chez les anciens par sa *Vénus* et son *Vulcain*, vivait vers l'an 429 avant J.-C.

ALCÉE, de Mytilène, contemporain de Sapho, inventeur des vers alcaïques, s'adonna aux armes avant de cultiver la poésie. Il nous reste de lui quelques fragments assez agréables dans le *Recueil des neuf Poëtes grecs*, Plantin, 1568, in-8°, et dans le *Corpus Poetarum*, 1606 et 1614, 2 vol. in-fol. Il nous y apprend que s'étant trouvé dans une bataille, et tremblant comme un poëte, il prit la fuite. Il déclamait contre les tyrans Periander et Pittacus avec une véhémence qui ne peut plaire qu'à des républicains outrés, et que des gens modérés traiteront de grossièreté et d'indécence. On dit que Pittacus le paya de ses vers en le faisant mourir, vers l'an 604 avant J.-C. Un autre Alcée d'Athènes, différent du lyrique, inventa la tragédie, à ce que dit Suidas.

ALCENDI, *Alchindus* (Jacques), médecin arabe, était en réputation vers l'an 1145. Peut-être est-il le même que ce fameux péripatéticien du même nom, qui vivait sous le règne d'Almansor, roi de Maroc; mais il est certainement différent de cet *Alchindus*, également médecin arabe et astrologue, qui vivait après le 12ᵉ siècle, puisque Averrhoès fait mention de lui, et qu'il a été fort suspect de magie. On leur attribue divers ouvrages, dont on peut voir les titres dans la *Bibliothèque ancienne et moderne* de M. Carrère.

ALCIAT (André), jurisconsulte, naquit à Milan, le 8 mai 1492; les uns le croient fils d'un marchand, les autres lui donnent une naissance plus illustre. Il s'adonna à l'étude de la jurisprudence, dès l'âge le plus tendre. Après avoir fait ses humanités à Milan, il alla étudier le droit à Pavie et à Bologne. A 22 ans, il obtint le grade de docteur, et, dans la même année, il fit paraître l'explication et la correction des termes grecs qui se trouvent dans le *Digeste*, connu sous le titre de *Paradoxes du Droit civil*. Cet ouvrage, qu'il avait composé à l'âge de 15 ans, le plaça aussitôt au premier rang des jurisconsultes. Nommé, en 1521, professeur de droit à l'université d'Avignon, il obtint dans cette ville de si grands succès, que l'on compta jusqu'à 800 personnes dans son auditoire ; mais le peu d'exactitude qu'on mit dans le paiement de ses honoraires le détermina à retourner à Milan. François I*er* le fixa dans ses Etats par ses bienfaits, et lui donna la chaire de Bourges, avec une pension de 600 écus, qui fut doublée l'année suivante. Alciat était avare, et l'argent fut toujours le meilleur moyen de se l'attirer. François Sforce, duc de Milan, le réclama; et, connaissant sa passion, le menaça de confisquer ses propriétés s'il ne revenait. Une pareille menace, accompagnée à la vérité d'offres de présents, de pensions considérables, et de la dignité de sénateur, détermina Alciat à retourner dans sa patrie. Il enseigna successivement à Ferrare, à Bologne et à Pavie, et il mourut dans cette dernière ville en 1550, d'un excès de bonne chère. Il fut le premier, après la renaissance des lettres, qui embellit les matières que ses prédécesseurs avaient traitées dans un style barbare. « Il avait, dit un historien, la gravité et « la modération des anciens dans les ré« ponses qu'il donnait sur les causes ; et « il était beaucoup plus réservé qu'eux « dans celles qu'il faisait aux objections « de ses disciples. » Ses *Emblèmes* ont fait mettre ce jurisconsulte au rang des poëtes. La morale y est ornée des agréments de l'esprit. On y trouve de la douceur, de l'élégance et de la force; mais on y souhaiterait quelquefois plus de justesse et de naturel. On les a traduites en plusieurs langues. Ce fut Peutinger qui les publia, pour la première fois, à Augsbourg, 1531, in-8°; mais l'édition la plus recherchée est celle de Padoue, 1661, in-4°, avec des commentaires. Ses ouvrages de jurisprudence furent imprimés en 1571, en 6 vol. in-fol. On ne trouve pas dans ce recueil : *Responsa*, Lugduni, 1561, in-fol. ; *Historia mediolanensis*, in-8°, 1625, réimprimée dans le *Thesaurus antiquitatum Italiæ* de Grævius ; *de Formulâ romani imperii*, in-8°; *Epigrammata*, 1539, in-8°.

ALCIAT (François), de Milan, cardinal, élève et neveu du précédent, fut comme lui un des plus grands ornements du droit qu'il enseigna à Pavie dans la même chaire qu'André, et où il eut saint Charles Borromée pour disciple. Le cardinal le fit venir à Rome, où le pape Pie IV, après l'avoir pourvu d'un évêché, se servit de lui dans l'emploi de dataire, et ensuite le nomma cardinal. Muret assure, dans une de ses *Oraisons* qu'il fit sur l'excellence des sciences, que les cardinaux Alciat et Sirlet étaient « l'ornement du siècle, le soutien des lettres et les véritables modèles de la vertu et de l'érudition. » Le cardinal Alciat mourut à Rome l'an 1580, âgé de 58 ans, et fut enterré dans l'église des Chartreux, où l'on voit son portrait et son épitaphe. Il avait été protecteur de leur ordre et de celui de Saint-François.

ALCIBIADE, fils de Clinias, Athénien, fut élevé par Socrate, et profita si bien des leçons de son maître, qu'il en eut les vertus et les vices. Son caractère se pliait à tout : philosophe, voluptueux, guerrier; débauché à Athènes, sobre à Sparte, fastueux à la cour de Tissapherne, héros à la tête des armées; Alcibiade ne laissa échapper aucune occasion de se distinguer. Il remporta plusieurs prix aux jeux olympiques. Son éloquence détermina les Athéniens à envoyer une flotte en Sicile. Nommé général d'une escadre, il se rendit maître de Catane par surprise ; mais il ne put pousser plus loin ses exploits, ayant été rappelé par les Athéniens, pour être jugé sur une accusation d'impiété et de sacrilége qu'on avait inventée contre lui. Ce héros fut condamné à mort par contumace ; et comme on lui porta cette nouvelle, il dit : « Je ferai bien voir que je suis encore en vie ». Il jugea pourtant à propos de disparaître, et se réfugia chez les Spartiates, qui le reçurent à bras ouverts. Arrivé à Sparte, il changea sa façon de vivre, et prit celle des Lacédémoniens, se baignant dans l'eau froide, ne prenant que des nourritures grossières, et paraissant ne plus se souvenir des cuisiniers et des parfumeurs d'Athènes qu'il quittait. Socrate, son maître, n'aurait plus eu raison de lui dire : « Que s'il se comparait avec les jeunes gens de Lacédémone, il serait un enfant à leur égard. » Alcibiade servit les Lacédémoniens contre sa patrie avec la vivacité que donne le ressentiment. Il fit révolter l'île de Chio et plusieurs autres villes d'Ionie. Les généraux spartiates, jaloux de cet étranger, inspirèrent tant de méfiance aux magistrats, que ceux-ci ordonnèrent de le faire mourir. Alcibiade, averti de cet ordre injuste, se réfugia auprès de Tissapherne, satrape du roi de Perse, et négocia en même temps son retour à Athènes. Le peuple Athénien, léger et inconstant, le reçut avec enthousiasme, après l'avoir condamné à perdre la vie. Il l'honora d'une couronne d'or, lui rendit ses biens, et ordonna aux prêtres et aux prêtresses de combler de bénédictions celui contre qui ils avaient fait prononcer des anathèmes. Avant de rentrer dans sa patrie, il avait obligé les Lacédémoniens à demander la paix, et s'était emparé de plusieurs villes sur les frontières d'Asie. Quelque temps après, les Athéniens le nommèrent généralissime de leurs troupes. Antiochus, son lieutenant, ayant perdu une bataille navale contre les Lacédémoniens, Alcibiade, à qui on attribua ce mauvais succès, fut déposé. Pharnabaze, satrape persan, lui offrit un asile, qu'il accepta; mais Lysandre, roi de Sparte, ayant prié le satrape de se défaire d'un génie aussi supérieur que dangereux, le Persan eut la lâche cruauté de le faire tuer à coups de flèches, vers l'an 404 avant J.-C. à l'âge de 50 ans. « L'histoire ancienne et « moderne, dit un auteur, n'offre pas « un caractère aussi étonnant que celui « d'Alcibiade; c'est un assemblage uni-« que et presque monstrueux de talents « et de défauts, qu'aucun autre homme « ne paraît avoir jamais rassemblés au « même degré. Son ambition démesurée « était toujours prête à sacrifier le bien « de l'Etat à sa propre grandeur; plein « de vanité et d'orgueil, il ne pouvait « souffrir la moindre contradiction, le « moindre obstacle à ses désirs; il vou-« lait tout emporter par la force : il bra-« vait les lois et la religion; au sein d'une « république et dans une ville libre, il « se croyait fait pour commander à ses « concitoyens. Son luxe insolent excitait « l'indignation des honnêtes gens; ses « mœurs corrompues, ses débauches pu-« bliques faisaient gémir la vertu. Sans ca-« ractère et sans principes, fourbe, ar-« tificieux, il se pliait avec une souplesse « perfide aux goûts et aux usages de tous « les peuples chez lesquels il se trouvait, « et il excellait dans l'art de flatter les « hommes pour les subjuguer et les faire « servir à ses desseins : austère et frugal « à Sparte; efféminé, voluptueux dans « la Perse; chasseur infatigable et bu-« veur déterminé dans la Thrace, c'était « un protée, qui, suivant l'occasion, « prenait toutes les formes ».

ALCIDAMAS, philosophe et rhéteur, natif de la ville d'Elée, en Grèce, vivait vers l'an 424 avant J.-C. On lui attribue *Liber contradicendi magistros*, dans *Oratorum collectio et rhetorum*, gracè, Venise, 1513, 3 vol. in-fol. Cet orateur, disciple de Gorgias, ne s'était pas borné à imiter servilement son maître, il avait eu l'ambition de s'élever au-dessus de lui par une façon de parler encore plus guindée et plus embarrassée d'ornements; ce qui fait douter que la harangue attribuée à Alcidamas soit véritablement de lui, par la raison qu'on n'y trouve rien de ce qui caractérisait l'élocution du disciple de Gorgias.

ALCIME, grand prêtre des Juifs, qui usurpa cette souveraine dignité, soutenu des forces du roi Antiochus Eupator. Alcime ayant entrepris d'abattre le mur du parvis intérieur du temple, bâti par les prophètes, Dieu l'en punit en le frappant de paralysie, dont il mourut après trois ou quatre ans de pontificat.

ALCIME (ou plutôt Latinus Alcimus Aléthius), historien, orateur et poëte, natif d'Agen, dans le 4e siècle, avait écrit l'*Histoire de Julien l'Apostat*, et celle de *Salluste*, consul et préfet des Gaules sous le règne de cet empereur, que nous n'avons plus; il ne nous reste de lui qu'une épigramme sur Homère et Virgile, dans le *Corpus poetarum* de Maittaire. Londres, 1715, 2 volumes in-folio.

ALCINOUS, philosophe platonicien, et qui florissait, à ce que l'on croit, au commencement du 2e siècle, est auteur d'un ouvrage intitulé : *Introduction à la philosophie de Platon*, traduit en latin par Marsile Ficin, et sur lequel Jacques Charpentier fit un bon commentaire. Paris, 1573, 2 vol. in-4°.

ALCIPHRON, auteur grec, qui nous a laissé quelques *Lettres*, dont la plupart sont censées écrites par des courtisans et des parasites. Elles sont propres à faire voir le point de corruption, de mollesse et d'avilissement où étaient arrivés les Grecs. Ce compilateur était un génie faible et imitateur. Quoique l'époque où il a vécu ne soit pas bien déterminée, on pense que Lucien lui a servi de modèle et d'original. Nous avons une traduction latine de ses *Lettres*, par Etienne Bergler, Leipsick, 1715, in-8°. On comprend que le traducteur n'a pas rendu un grand service à la littérature ni aux mœurs; mais on ne comprend pas même comment il s'est trouvé, en 1785, un écrivain assez mal avisé pour faire passer dans la langue française un amas de bagatelles et d'obscénités où l'on ne voit ni traits d'histoire, ni sentiments moraux, ni rien qui puisse contribuer à perfectionner l'esprit et le cœur. — Il ne faut pas le confondre avec un autre Alciphron, philosophe de Maguésie, qui vivait du temps d'Alexandre-le-Grand.

ALCIPPE, Lacédémonien, fut exilé de sa patrie par la cabale de quelques envieux, qui l'accusèrent de vouloir renverser la constitution de la république. Sa femme Damocréta, qui avait dessein de le suivre, en fut empêchée par le magistrat qui fit vendre ses biens pour lui ôter le moyen de marier deux filles qu'elle avait, de peur qu'elles ne donnassent la vie à des enfants qui pussent un jour venger le tort qu'on faisait à leur aïeul. Les deux filles d'Alcippe furent néanmoins recherchées à cause de la grande réputation du père ; mais ses ennemis firent défendre qu'on les demandât en mariage. Damocréta, outrée de désespoir, épia le temps où les femmes les plus considérables de la ville étaient dans un petit temple pour célébrer une fête. Alors, ramassant plusieurs morceaux de bois, qu'on avait préparés pour des sacrifices, elle y mit le feu, voulant brûler à la fois, et le temple, et toutes les personnes qui étaient dedans. Lorsqu'elle vit le peuple accourir pour éteindre l'incendie et en punir les auteurs, elle se tua avec ses deux filles.

ALCMAN, un des plus anciens poètes grecs et le premier qui ait fait des vers galants, mourut de la maladie pédiculaire. Athénée nous a conservé quelques petits fragments de ses poésies. Il vivait sous Ardys, roi des Lydiens, l'an 655 avant J.-C.

ALCON, chirurgien, appelé par Pline *Medicus vulnerum*, avait fait un si grand gain dans sa profession, qu'après avoir payé à l'empereur Claude une amende d'un million de nos livres, il gagna en peu d'années une pareille somme. Il était très-expert dans l'art de traiter les hernies par l'incision, et dans celui de réduire les fractures.

ALCUIN (Flaccus Albinus), écrivain connu du 8ᵉ siècle, naquit dans le Yorkshire, auprès de Londres ; il fut élève de Bède et d'Ecbert. Il était diacre de l'église d'York, où il enseignait les sciences ecclésiastiques, lorsqu'il fut appelé en France par Charlemagne, qui le prit pour son maître et qui lui donna, pour le fixer près de lui, plusieurs bénéfices considérables et le fit même son aumônier. Ce prince écoutait ses leçons en disciple qui veut s'instruire. Il paraît être le fondateur de l'école *Palatine*, ainsi nommée parce qu'elle se tenait dans le palais de Charlemagne. L'université de Paris s'y rattache par une succession de maîtres non interrompue. Alcuin y joignit une sorte d'académie, dont chaque membre empruntait le nom d'un personnage de l'antiquité. Charlemagne avait le nom de David, et Alcuin celui de Flaccus Albinus. Alcuin retourna en Angleterre d'où il revint au bout de trois ans. C'est alors qu'il fonda sous les auspices de Charlemagne plusieurs écoles, à Aix-la-Chapelle, à Tours, etc., et fit renaître les lettres dans les vastes Etats de ce prince. Charlemagne l'honora de sa familiarité, et s'en servit dans plusieurs négociations. Il l'engagea à écrire contre l'hérésie de Félix et d'Elipand. Il mourut dans son abbaye de Saint-Martin de Tours, en 804. Ses œuvres ont été publiées à Paris, en 1617, par André Duchêne, in-fol. ; mais la meilleure édition est celle de Ratisbonne, 1777, 2 vol. in-fol., avec des notes et des dissertations. Le père Chifflet a aussi publié un écrit intitulé : *La Confession d'Alcuin*, 1656, in-4°, que le Père Mabillon prouve être de ce savant. Il y a dans ses œuvres de la théologie, de la philosophie, des histoires, des épîtres, des poésies ; on y découvre sans peine une science plus étendue que profonde. Alcuin avait plus de génie que de goût, plus d'érudition que d'élégance, et il était plus disert qu'éloquent ; son style est surchargé de paroles inutiles, ses pensées sont communes ; ses ornements affectés, et, malgré l'art de sa dialectique, ses raisonnements allongés manquent de nerf, quelquefois de justesse ; ce qui n'empêche pas que l'on n'ait toujours beaucoup estimé ses ouvrages. Sa doctrine est très-saine sur tous les points de la foi, et il saisit avec empressement toutes les occasions de réfuter les erreurs des hérétiques.

ALDANA (Bernardin), capitaine espagnol, était gouverneur de Lippa, sur les frontières de la Hongrie. Les Turcs ayant assiégé Temeswar, en 1552, Aldana s'imagina qu'après ce siége ils viendraient l'attaquer. Dans cette crainte, il envoya quelques-uns de ses gens pour apprendre des nouvelles des ennemis. Ils lui en venaient rendre compte, lorsque par hasard ils furent suivis par quelques troupeaux, qui formaient en marchant de gros nuages de poussière. Les sentinelles, ayant aperçu ces tourbillons, en avertirent Aldana, qui, se laissant surprendre par une terreur panique, fit brûler l'arsenal, le château et la ville de Lippa. Les Turcs, informés de ce qui s'était passé dans cette malheureuse place, sur laquelle ils n'avaient formé d'abord aucun dessein, y vinrent avec diligence, éteignirent le feu, et la rétablirent. Aldana fut arrêté et condamné à mort ; mais Marie, reine de Bohème, femme de Maximilien, qui fut depuis empereur, obtint de Ferdinand son beau-père qu'en considération de la nation espagnole, on changerait la peine du coupable en une prison perpétuelle. Aldana en sortit par la faveur de la même princesse. Il eut depuis de l'emploi dans la guerre d'Afrique, à l'expédition de Tripoli, et fit oublier sa lâcheté passée. On la regarda comme une terreur passagère, causée par les cruautés atroces que les Turcs venaient d'exercer contre les garnisons de Vesprim, de Temeswar et d'autres places, malgré des capitulations solennellement jurées. (Voy. Istuanfi, *de redd. Pann.* l. 17 et 18). L'impuissance d'ailleurs où était Ferdinand de défendre la Hongrie, le mauvais état des places, la certitude de n'être point secouru, et de recevoir, pour prix d'une belle, mais inutile défense, une mort indigne et cruelle, semble diminuer la faute d'Aldana.

ALDEBERT, ou ADALBERT, ou ADELBERT, est le nom d'un imposteur, français de naissance, qui séduisait le peuple par le récit de ses rêveries dans le 8e siècle. Il affecta une dévotion particulière pour être élevé à l'ordre de prêtrise, et devint évêque à force d'argent. Il employait surtout le secours des visions, pour insinuer ses erreurs. Il disait avoir une lettre écrite par Jésus-Christ, et tombée du ciel à Jérusalem, d'où elle lui avait été rapportée par l'archange saint Michel. Il se vantait encore de posséder des reliques d'une vertu admirable, qu'il distribuait au peuple abusé, avec des rognures de ses cheveux et de ses ongles. Il remettait les péchés sans confession, se moquait des églises et des pèlerinages, faisait bâtir des oratoires à la campagne, et dressait des croix au bord des fontaines et dans les bois. Il voulait qu'on y priât Dieu, et s'y faisait invoquer lui-même. Il fut déposé, et ses erreurs furent condamnées dans le concile de Soissons, assemblé par Pépin en 744, et depuis, dans un autre, convoqué à Rome par le pape Zacharie en 747 ou 748.

ALDEGRAFF ou ALDEGRÈVE(Henri), peintre et graveur, né en 1502, à Soest en Westphalie, mort en 1558 dans la même ville, se rendit célèbre par un pinceau correct et un burin plein de légèreté. Son dessein cependant tient un peu de la manière gothique. Cet artiste mourut pauvre et laissant une *OEuvre*, composée de 390 pièces, vendue en 1805 pour 660 francs, chez M. de Saint-Yves.

ALDERÈTE (Diego-Gracian d'), fils d'un grand-officier de la maison de Ferdinand et d'Isabelle, naquit à la fin du 15e siècle. Envoyé à Louvain pour y faire ses études, il s'y distingua par de brillants succès, fut choisi par Charles-Quint pour être son secrétaire, fonction qu'il occupa aussi auprès de Philippe II, et obtint une place parmi les littérateurs espagnols, par plusieurs *Traductions*, par une *Histoire* de la conquête de la ville d'Afrique sur les côtes de la Barbarie, etc., et mourut à l'âge de 90 ans, sous le règne de Philippe II.

ALDOBRANDIN (Voyez Clément VIII).

ALDRIC (saint), évêque du Mans, issu d'une famille distinguée par sa noblesse, mort en 856, avait composé un *Recueil de Canons*, tirés des conciles et des décrétales des papes. Cette compilation si utile s'est perdue. Il reste de lui trois *Testaments* et un *Réglement* pour le service divin, dans les *Analectes* de Mabillon et dans les *Miscellanea* de Baluze. Cet évêque était aussi pieux que savant. Ce n'est point, comme quelques-uns l'avancent, du temps de saint Aldric que l'usage des orgues fut inventé. Cet instrument, décrit par Cassiodore et même par Claudien, est d'une origine plus ancienne; mais il est vrai que ce n'est que de son temps qu'on en a placé dans les églises. On ne connaissait pas cet instrument en France avant l'année 757, que le premier orgue y fut apporté de Constantinople par les ambassadeurs que Constantin Copronyme envoya à Pépin. Les Français furent ravis d'entendre les orgues dans les églises. Valafride Strabon rapporte qu'une femme en fut tellement extasiée, qu'on ne put la faire revenir à elle-même, et qu'elle en mourut:

> Dulce melos tantùm vanas deludere mentes
> Cœpit, ut una, suis decedens sensibus, ipsam
> Femina perdiderit, vocum dulcedine, vitam.

ALDROVANDUS, ou ALDROVANDI (Ulysse), professeur de médecine et de philosophie à Bologne, né en cette ville le 11 septembre 1527, de la famille noble de ce nom. Il s'occupa toute sa vie de recherches sur l'histoire naturelle, dont il embrassa toutes les parties avec un zèle infatigable. De longs voyages entrepris pour cet objet, des appointements considérables payés par lui, pendant longtemps, aux plus célèbres artistes, pour avoir des figures exactes des substances des trois règnes, altérèrent tellement sa fortune, que, quoique aidé dans ses dépenses par plusieurs souverains zélés pour les progrès des sciences, par le sénat de Bologne, par le cardinal de Montalte, son neveu, il se trouva à la fin de ses jours réduit à l'indigence. Plusieurs écrivains assurent que cet homme illustre mourut à l'hôpital; mais est-il croyable que les souverains qui avaient contribué à son entreprise, que le sénat de sa patrie auquel il laissa, par testament, une immense collection d'histoire naturelle, l'aient laissé mourir dans un tel abandon ? Quoi qu'il en soit de cette anecdote, propre à prouver que le monde n'est pas plus fidèle ni plus conséquent dans l'accueil qu'il fait à la science, que dans celui qu'il fait quelquefois à la vertu, Aldrovandus mourut aveugle à Bologne le 4 mai 1605, âgé de 83 ans, et fut inhumé avec pompe, ce qui cependant ne détruit pas ce qu'on raconte de sa pauvreté. Ce ne serait pas le premier homme de mérite, totalement oublié, que la mort aurait rappelé au souvenir et à l'admiration de ses concitoyens. Le recueil de ses ouvrages d'*Histoire naturelle* est en 13 vol. in-fol. Il n'y a que les six premiers dont il soit vraiment auteur; les autres ont été faits sur son plan, et avec les matériaux qu'il avait rassemblés, par divers savants, à cet effet pensionnés du sénat de Bologne. On trouve dans le recueil de ce naturaliste beaucoup de superfluités, de choses étrangères à son objet, peu de choix et de méthode; mais c'est le fumier d'Ennius, et malgré tous ces défauts, l'histoire naturelle lui a les plus grandes obligations. La description de son cabinet des métaux, réuni à celui de Cospean, a été donnée en italien à Bologne, 1677, in-fol. Il avait déjà paru seul, 1698, ibid., in-fol.

ALEANDRE (Jérôme), né le 13 février 1480, à La Motte, petite ville sur les confins du Frioul et de l'Istrie, enseignait les humanités à 15 ans, dans un âge où on les étudie encore. Les souverains connurent ses talents, et les récompensèrent. Louis XII l'appela en France, et le fit recteur de l'université de Paris. Léon X l'envoya nonce en Allemagne, où il signala son éloquence contre Luther, à la diète de Worms, en 1549. Clément VII le fit archevêque de Brindes et nonce en France. François I le mena avec lui, en 1525, à la bataille de Pavie, où ils furent faits prisonniers l'un et l'autre. Paul III l'honora de la pourpre. Il mourut à Rome en 1542. Nous avons de lui : *Lexicon græco-latinum*, Parisiis, 1512, in-folio; *Grammatica græca*, Argentorati, 1515, in-8º.

ALEGAMBE (Philippe), jésuite de Bruxelles, né en 1592, fut d'abord attaché au duc d'Ossone en Espagne et en Sicile : il prit l'habit de jésuite à Palerme, fit sa théologie à Rome et enseigna la philosophie à Gratz. Devenu gouverneur du jeune prince d'Eggemberg, il parcourut avec lui toute l'Europe ; enfin, il revint à Rome où il fut préfet de la maison professe de son ordre, et où il mourut à 60 ans, l'an 1651. Il a augmenté et continué la *Bibliothèque des écrivains de la société*, que Ribadeneira avait fait imprimer en 1608, in-8º, en 1 petit vol., dont le père Alegambe fit un gros in-folio, imprimé à Anvers en 1643, par les soins de Bollandus, et réimprimé à Rome, et considérablement augmenté par le P. Nathanael Sotwell en 1676, in-fol. Le savant P. Oudin a laissé une *Bibliothèque des auteurs jésuites*, plus ample et plus exacte que celle d'Alegambe. On a de ce dernier plusieurs autres ouvrages où la piété est réunie à l'érudition, entre autres de petits *Traités* sur les vanités des honneurs et des plaisirs du monde ; ils sont élégamment écrits, pleins de philosophie chrétienne, et bien propres à détromper l'homme des illusions qui l'égarent. On lui doit encore : *Mortes illustres et gesta eorum qui, in odium fidei, ab hæreticis vel aliis occisi sunt*, Romæ, 1657, in-fol., ouvrage qui formerait un résultat bien honorable à la religion, si on le faisait contraster avec le caractère de ces gens dont Cicéron a dit : *Philosophi in suis lectulis plerique moriuntur.*

ALEGRAIN (Jean), d'Abbeville, célèbre cardinal et patriarche de Constantinople, sous Grégoire IX, fut ensuite légat *à latere* en Espagne et en Portugal, et mourut en 1237. On a de lui quelques ouvrages peu estimés.

ALÈGRE (Yves, baron d'), chambellan de Charles d'Anjou, roi de Naples et de Sicile, de l'illustre et ancienne maison d'Alègre en Auvergne, se signala de bonne heure par son courage. Il suivit, à la conquête du royaume de Naples, Charles VIII, qui le fit gouverneur de la Basilicate, et Louis XII qui lui donna le gouvernement du duché de Milan ; il eut celui de Boulogne en 1512, et fut tué la même année à la bataille de Ravenne, au gain de laquelle il contribua beaucoup. La maison d'Alègre a produit d'autres personnes illustres, dont plusieurs ont été chambellans des rois de France.

ALÈGRE (le Père d'), prêtre de la doctrine chrétienne. On ignore l'époque de sa mort. Il a laissé des *Sermons nouveaux sur les vérités les plus intéressantes de la religion*, qui ont obtenu un grand succès. On y trouve de la méthode, de la clarté, des figures, des mouvements, une imagination étendue et brillante, d'heureuses apostrophes, une expression noble et pompeuse, mais quelquefois trop recherchée ; une foule d'images, de portraits et une application ingénieuse des plus beaux endroits de l'Ancien et du Nouveau Testament.

ALEMAN (Louis), connu sous le nom de cardinal d'Arles, naquit, en 1390, au château d'Arbent, seigneurie du pays du Bugey, qui appartenait à son père. Il fut nommé archevêque d'Arles, et ensuite cardinal et vice-camerlingue de l'Eglise. Il fut président du concile de Bâle, à la place du cardinal Julien ; le pape Eugène fut déposé dans ce concile, et l'on élut à sa place Amédée de Savoie, qui prit le nom de Félix V. Eugène IV, irrité de ce procédé schismatique, dégrada le cardinal d'Arles de la pourpre ; mais Nicolas V, son successeur, le rétablit et l'envoya légat en Allemagne. Il mourut à Salon, ville de son diocèse, en 1450. Il s'est élevé une sorte de dispute entre plusieurs auteurs, tant français qu'italiens, pour savoir si le cardinal Aleman s'est repenti, avant sa mort, de tout ce qu'il avait fait durant le schisme. Les uns, comme Garnefeld, dans la *Vie* du cardinal; Saussay, dans le *Martyrologium gallicanum*; Sponde, à l'année 1450; d'Attichi, dans *Flores card.*; et Oderic Rainaldi, prétendent qu'il témoigna un repentir sincère, et qu'il demanda pardon au pape Nicolas V; d'autres disent qu'il n'existe aucune preuve authentique de ce repentir. Ce qu'il y a de certain, c'est que le pape Clément VII béatifia cet archevêque en 1527.

ALEMAN (Mathieu), de Séville, fut l'un des surintendants et contrôleurs des finances en Espagne, sous Philippe II, et quitta de bonne heure les affaires pour se livrer aux lettres. *Gusman d'Alfarache* étendit et consolida pour toujours sa réputation. Cet ouvrage, qui eut en peu de temps six éditions espagnoles, fut traduit en plusieurs langues. On le regarde comme le précurseur du fameux *Don Quichotte*, et notre Lesage l'imita heureusement.

ALEMBERT (Jean LE ROND dit, on ne sait pourquoi, d'), aussi plusieurs écrivent-ils DALEMBERT. Il naquit à Paris le 16 novembre 1717, et fut exposé sur les marches de l'église connue sous le nom de Saint-Jean-le-Rond, située près de Notre-Dame, et détruite maintenant. Le commissaire de police du quartier ne voulut pas le faire porter aux Enfants-Trouvés, soit qu'il eût reçu quelque avis particulier de la part des parents, soit que l'état de l'enfant exigeât des soins assidus. Il le mit entre les mains de la femme d'un pauvre vitrier, qui conçut pour lui la tendresse d'une mère, et chez laquelle cet enfant anonyme, mais que l'on nomma Jean-le-Rond, du lieu où il avait été trouvé, passa plus de trente ans. La naissance de Jean-le-Rond fut très-longtemps un mystère pour le public ; mais enfin ce voile impénétrable a été déchiré, et l'on sait aujourd'hui que cet homme, qui prit le surnom de d'Alembert, et qui l'a rendu si célèbre, était fils naturel d'un nommé Destouches, et de cette dame de Tencin si fameuse par son esprit philosophique, sa beauté et le déréglement de ses mœurs. Ce Destouches n'était pas le poëte, comme on le répète encore dans une compilation récemment publiée ; il était commissaire provincial d'artillerie, et on le surnommait *Canon* pour le distinguer du poëte Néricault Destouches ; et il assura une pension de douze cents livres à son bâtard. Dès l'âge de quatre ans, le petit Jean-le-Rond fut mis en pension, et y resta jusqu'à l'âge de dix. Telle était la précocité de son intelligence, qu'il avait alors épuisé toute la science de son maître, homme de mérite et de probité, qui lui déclara qu'il n'avait plus rien à lui apprendre. Ce ne fut néanmoins qu'à l'âge de 12 ans, c'est-à-dire en 1730, qu'il fut mis au collége Mazarin, où il entra en seconde, et fit deux années de rhétorique. Un de ses maîtres, que l'on dit janséniste outré, crut voir dans le jeune élève un homme destiné à relever l'honneur du parti, et chercha à tourner vers la controverse son esprit qui se montrait plus disposé à cultiver les lettres et surtout la poésie latine. Ses efforts, ainsi que ceux du professeur de philosophie, n'eurent que peu ou point de succès, et ne produisirent qu'un *Commentaire sur l'Epître de saint Paul aux Romains*, que d'Alembert composa pendant qu'il faisait sa philosophie. C'est ce travail qui fait dire à Condorcet que d'Alembert commença comme Newton avait fini. D'Alembert fut reçu maître ès-arts en 1735, quitta le collége, étudia le droit, et se fit recevoir avocat en 1738. Il laissa le barreau pour la médecine, qu'il laissa aussi pour se livrer aux sciences exactes. Il avait commencé au collége Mazarin à étudier les mathématiques ; un penchant invincible l'avait toujours ramené à cette étude. Il cultiva exclusivement les sciences depuis cette époque, et simultanément les lettres depuis 1752. L'Académie française le reçut dans son sein en 1754. Déjà, en 1746, il avait été nommé par acclamation membre de celle de Berlin. Il était de l'Académie des sciences de Paris, depuis 1741 ; il fut aussi de celle de Pétersbourg, et l'Académie française le nomma son secrétaire perpétuel. Il vécut toujours à Paris ; refusa la présidence de l'Académie de Berlin ; résista aux pressantes sollicitations de Catherine II, impératrice de Russie, qui voulait lui confier l'éducation de son fils ; eut une correspondance très-étendue ; obtint successivement pour quatorze mille livres de pensions : et, après avoir passé les dernières années de sa vie dans des infirmités douloureuses, il mourut de la pierre le 29 octobre 1783, à l'âge de 66 ans. Peu d'auteurs ont joui d'une réputation plus distinguée, quoique le vrai fondement n'en ait jamais été bien déterminé. Les gens de lettres s'accordaient à le regarder comme un grand géomètre, et les géomètres le regardaient comme un grand littérateur. Maintenant, on est fixé sur le mérite de d'Alembert; on reconnaît qu'il occupe un rang distingué parmi les géomètres, et que, comme écrivain, il n'est pas au-dessus du médiocre. Il fut l'un des agents les plus actifs, et peut-être le plus adroit, de la secte philosophique; considéré comme tel, il ne mérite que le mépris des gens de bien, puisqu'il tourna contre le ciel les dons qu'il en avait reçus, et fit servir pour le mal des talents qu'il pouvait si utilement employer. On a de lui plusieurs *Mémoires* publiés en 1739-40, dont l'un sur la *Réfraction des corps solides* et un sur le *Calcul intégral*, lui ouvrirent les portes de l'Académie des sciences en 1746; *Traité de dynamique*, in-4°, 1743 ou 1758, qui fut le fondement de sa réputation comme mathématicien. « Il ajouta, dit Condorcet, un nouveau « calcul à ceux dont la découverte avait « illustré le siècle précédent, et de nou- « velles branches de la science du mou- « vement à celle de Galilée et de Newton. » *Traité de l'équilibre et du mouvement des fluides*, in-4°, 1744 ou 1770; *Réflexions sur la cause générale des vents*, in-4°, 1747. C'est cette dissertation, où se trouve le germe de l'application rigoureuse de l'analyse au mouvement des fluides, qui valut à l'auteur le prix de 1,200 livres proposé par l'Académie de Berlin, et en même-temps (1746) l'honneur d'être admis parmi les membres de cette société. Alors le roi de Prusse, qui avait gagné des batailles contre les Autrichiens, venait de terminer ses campagnes par une paix glorieuse. D'Alembert profita de cette heureuse circonstance pour dédier son ouvrage à ce prince par ces trois vers latins :

<small>Hæc ego de ventis, dum ventorum ocior alis
Palantes agit Austriacus Fredericus et orbi,
Insignis lauro, ramum prætendit olivæ.</small>

Flatté de cette dédicace, le monarque le remercia par une lettre des plus gracieuses, et lui donna dans la suite une pension de douze cents livres. *Recherches sur la précession des équinoxes et sur la nutation de l'axe de la terre*, in-4°, 1749; *Essai d'une nouvelle théorie sur la résistance des fluides*, in-4°, 1752; *Recherches sur différents points importants du système du monde*, 3 vol. in-4°, 1754, 1755: *Opuscules mathématiques*, 8 vol. in-4°. Il écrivit quelques autres écrits sur les mêmes matières. Les uns ont fondé, les autres ont étendu sa réputation. « Il partagea avec Eu- « ler l'honneur d'être un des plus célèbres « géomètres de son siècle; peut-être même « le placerait-on au premier rang, a dit « M. Lacroix, quand on considère les dif- « ficultés qu'il a vaincues, la valeur des « méthodes qu'il a inventées, et la finesse « de ses aperçus, si son exposition était « toujours lumineuse et facile, si son style « était en harmonie avec ce qu'il écrit, « si la trop grande finesse de ses aperçus « ne le jetait souvent dans des voies dé- « tournées, et s'il avait soigné les détails « de ses ouvrages mathématiques. Aussi « les découvertes de d'Alembert ont pris « dans les écrits de ses successeurs une « forme nouvelle, qui détourne de plus « en plus de la lecture des traités où « elles ont paru pour la première fois ; « et ses œuvres mathématiques, peu re- « cherchées, n'ont pas été réunies en « collection. » La littérature et la philosophie, qui semblaient devoir être étrangères à un auteur enfoncé dans les profondes méditations des sciences abstraites, devinrent tout-à-coup (en 1754) le sujet de ses études et de ses productions. Il commença sa carrière littéraire par son *Discours préliminaire de l'Encyclopédie*. Ce morceau ou plutôt cet ouvrage où l'auteur a fait une généalogie savante et bien raisonnée des sciences et des connaissances humaines, et où se trouvent réunies la force et la clarté des idées, l'élégance et la précision du style, est le seul titre incontestable qu'il offre à la postérité comme écrivain. L'auteur fut beaucoup loué et beaucoup critiqué ; mais toutes les préventions ont disparu, et le *Discours préliminaire de l'Encyclopédie* est le morceau le plus remarquable de cette énorme compilation. En attachant son nom à ce grand ouvrage, et en se chargeant, pour ainsi dire, du vestibule de ce vaste édifice, d'Alembert s'imposa l'obligation de travailler à son succès. Il en rédigea la partie mathématique, et quelques articles d'histoire et de belles-lettres ; et il eût sans doute travaillé plus longtemps à la nouvelle Babel, sans le refroidissement qui survint entre lui et Diderot. En général, ses productions littéraires, à l'exception de quelques morceaux, n'offrent rien de bien remarquable, et quelques-unes même portent l'empreinte d'une imagination stérile et d'une prétentieuse recherche. Passons-les rapidement en revue selon l'ordre suivant. Ses *Éléments de philosophie* sont inférieurs au *Discours préliminaire de l'En-*

cyclopédie, en raison de la disproportion des objets ; mais ils sont également d'un esprit judicieux et d'un écrivain élégant. Les *Mémoires sur Christine* et son *Essai sur les gens de lettres* sont, en général, d'une raison ingénieuse, quoiqu'il parle quelquefois des lettres avec un ton où la fierté va jusqu'à l'orgueil, et des grands avec une aigreur qui ressemble à la haine plutôt qu'à la justice. Sa *Traduction* de quelques fragments de *Tacite* conserve assez la brièveté de l'original, mais n'en rend pas la force, la couleur et le mouvement, ni même quelquefois le sens ; mais la pureté et la netteté de la diction rendront toujours cet essai utile à ceux qui voudront s'exercer à traduire. Tous ces morceaux, considérés dans leur généralité, sont d'un littérateur estimable, quoique fort loin d'être supérieur. Jusqu'ici l'auteur ne s'était point écarté de la sévérité de goût et de style qui convient à un littérateur philosophe ; mais il ne soutint pas toujours cette sagesse, l'ambition de dominer dans la littérature l'égara. Ses écrits devinrent une suite de petits aperçus, qui tantôt sont fins, tantôt n'ont que l'intention de la finesse, ou l'affectation de la malice. On n'y trouve que de petites idées communes, ambitieusement décomposées ou aiguisées en épigrammes ; de vieilles anecdoctes rajeunies, de vieux adages renouvelés ; mais tout cela est loin de suffire pour faire un législateur dans les choses d'imagination et de goût ; et d'Alembert voulut l'être, quoique, pour cette entreprise très-tardive, le goût lui manquât comme la force. Ses *Mélanges de littérature, d'histoire et de philosophie*, 5 vol. in-12, 1759-1765, sous le rapport littéraire, ne sont pas exempts de reproches ; et ils en méritent de plus graves sous le rapport moral. L'ouvrage intitulé : *De la destruction des jésuites en France*, et *la Lettre* qui lui sert de supplément, 1767, 1 vol. in-12, est, suivant la *Biographie universelle*, ce qu'il y a de plus impartial sur les jésuites et leurs adversaires ; mais quiconque l'a lu, a pu se convaincre que, sous prétexte de se moquer tour à tour des jésuites et des jansénistes, il a tourné la religion en ridicule ; et voilà sans doute pourquoi Voltaire l'engageait à continuer sur le même ton, et applaudissait à ce genre d'attaque. Ses *Éloges des académiciens*, 6 vol. in-12, 1779-87, où l'on trouve plus de réserve que dans ses *Mélanges*, perdent ce mérite par les notes qu'il y a insérées. Parmi les premiers qu'il composa, on distingue ceux de Montesquieu, de Dumarsais, de Bernouilli. Dans l'*Éloge* de ce dernier, au risque d'effacer lui-même son propre nom de la liste des grands hommes, il dit avec une vérité qui n'a pas assez frappé les esprits, les étonnantes paroles que voici : « On pourrait produire aisément, « dit-il, la liste des grands hommes qui « ont regardé la religion *comme l'ouvrage* « *de Dieu* ; liste capable d'ébranler, même « avant l'examen, les meilleurs esprits ; « mais suffisant au moins pour imposer « silence à une foule de *conjurés*, *enne-* « *mis impuissants* de quelques vérités nécessaires aux hommes, que Pascal a dé- « fendues, que Newton croyait, que Des- « cartes a respectées. » En général, dans ce recueil d'*Éloges*, on voit de l'enflure dans le style, un certain apprêt, et un désir trop marqué de faire de l'effet, par une pensée fine ou délicate. Cependant on en supporte la lecture, quoiqu'ils soient bien inférieurs à ceux de Fontenelle. Au reste, n'ayant pu dire tout ce qu'il voulait dans le texte des *Éloges*, il s'est mis à l'aise dans les *Notes*, où il donne un plus libre cours à sa malignité, quelquefois même aux dépens de la vérité. On sait les liens qui l'attachaient à Voltaire ; mais d'Alembert, d'un caractère moins vif que le patriarche de l'incrédulité et de l'insolence, mit dans son zèle plus de circonspection, de prudence et de lenteur ; il condamnait les blasphèmes révoltants, et ne voulait rien qui blessât les bienséances. Système qu'il n'a pas constamment suivi, comme on n'en peut maintenant douter. Afin de soutenir cette modération factice, il donna un ouvrage sur l'*Abus de la critique en matière de religion*, où sans condamner ceux qui n'en ont pas, il blâme ceux qui se glorifient de cette privation avec trop de bruit. Par là, il a servi le parti d'une manière plus efficace et plus sûre. En s'attachant les jeunes gens par des encouragements et des recommandations, en asservissant à l'empire des erreurs dominantes les talents naissants, en employant habilement son influence sur la distribution des palmes et des places académiques, en envoyant des gouverneurs et des instituteurs dans toutes les provinces de l'Europe, il a mérité que le philosophisme le regardât comme une de ses plus heureux propagateurs. Un jour qu'il dit dans une grande compagnie : « La philosophie a abattu bien « des arbres dans la forêt des préjugés ; » une dame illustre (Madame du Deffant) lui répondit : « C'est pour cela, sans doute, « que vous nous débitez tant de fagots. » Nous parlerons ci-après de la *Correspondance* de d'Alembert avec Voltaire et le roi de Prusse. Ses productions *mathématiques* que nous n'avons pas toutes mentionnées, forment 17 vol. in-4 ; presque toutes sont aujourd'hui complètement oubliées ; quoiqu'il ait la gloire d'avoir découvert un nouveau calcul, ses ouvrages ne sont plus que des documents qui ne pourront que servir à l'histoire des sciences au 18e siècle. On publia, en 1799, ses *OEuvres posthumes*, 2 vol. in-12. Tous les ouvrages *philosophiques*, *historiques* et *littéraires* de d'Alembert furent réunis et publiés en 18 vol. in-8, chez Bastien ; Paris, 1805. On y trouve des morceaux inédits, et la *Correspondance* de d'Alembert avec Voltaire et Frédéric II. Lié avec tous les écrivains qui, vers le milieu du dernier siècle, firent la guerre au christianisme, d'Alembert partagea leurs sentiments et leurs projets ; et comme il était même un des coryphées du parti, à la mort de Voltaire, il obtint ou plutôt *il usurpa*, suivant l'expression de Grimm, *la souveraineté de l'illustre Eglise dont Voltaire avait été le chef et le soutien*. Cependant d'Alembert n'était pas un frondeur hardi de la religion ; il n'eut jamais, comme on l'a vu ci-dessus, l'emportement du philosophe de Ferney. Il se peignait lui-même dans sa correspondance comme un homme *qui donne des soufflets en faisant semblant de faire des révérences*. La modération dont il faisait parade n'était qu'une ruse de guerre, et il dérogea plus d'une fois à ce système de perfidie et de duplicité, comme on peut s'en convaincre par ses *Lettres* du 16 juin et du 18 octobre 1760. Son âme tout entière se montre dans sa *Correspondance* avec Voltaire et le roi de Prusse, qui avait été écrite, à ce qu'il paraît, pour la postérité ; l'auteur avait fait faire deux copies de la première : l'une fut confiée à Condorcet, et l'autre à Watelet. Cette précaution annonce assez qu'il la destinait au public, et que la divine Providence l'aveuglait jusqu'à lui faire élever ce monument honteux de son audacieuse impiété. « Là, « dit un auteur peu suspect, M. Lacretelle, « d'Alembert et Voltaire firent un déplo« rable assaut de mépris pour la religion « chrétienne. Un grand poëte et un grand « géomètre semblent s'y donner le di« vertissement de jouer une conspiration. « Une pensée domine dans leurs *Lettres*, « c'est celle de réunir contre la révélation « toutes les forces de l'esprit philosophi« que. » D'Alembert, dans ses *Lettres*, donne à son ami des conseils et des renseignements utiles à leur cause ; il le met au fait de tout ce qui se passait à Paris, lui indique les sujets à traiter, les hommes à tourner en ridicule, applaudit à ses sarcasmes, et paraît tout dévoué au triomphe de la philosophie. La *Correspondance* avec le roi de Prusse n'a pas un esprit différent ; tantôt il recommande au roi des sujets à placer, de jeunes philosophes à favoriser ; tantôt il le presse de chasser les jésuites, et Frédéric est obligé de lui reprocher son acharnement ; tantôt il le sollicite de demander au Grand-Seigneur la réédification du temple de Jérusalem, « pour les embarras de la Sorbonne et « les menus plaisirs de la philosophie. « Cette réédification, écrivait-il, est ma « folie comme celle de la destruction de « la religion chrétienne est celle du pa« triarche de Ferney. » (*OEuvres de d'Alembert*, tom XVIII, p. 309). Au milieu de tant de sarcasmes, des aveux étonnants échappent à sa plume : il se plaint, il s'indigne « de l'incroyable démence et sottise de l'auteur du *Système de la Nature* ; » et ce n'est pas, ajoute-t-il, la première fois que la philosophie a été menteuse et absurde. (*Lettre* du 16 février 1783.) Lorsqu'il était au lit de mort, ses amis se relevaient pour le garder dans ses derniers instants, et l'empêcher de démentir les principes qu'il avait professés ; ils se vantèrent, après sa mort, d'avoir mis obstacle à ce qu'il ne fît le plongeon, et La Harpe écrivait qu'un d'eux lui avait dit que d'Alembert faisait le couard. Grimm le traite assez mal : suivant lui, « il était « accusé d'affecter très-passionnément la « gloire d'être le chef du parti encyclo« pédiste, et d'avoir commis pour l'inté« rêt de cette gloire plus d'une injustice, « plus d'une noirceur littéraire. Ce qu'on « ne saurait nier, c'est que les passions « qu'inspirent l'esprit de parti étaient « bien sûrement celles dont il pouvait « être plus susceptible. » Parlant ensuite du titre de chef qu'on lui donnait après la mort de Voltaire : « Cette dénomination, « dit-il, ne fut jamais universellement « reconnue. Aux yeux de beaucoup de « gens, il l'avait plutôt usurpée que con« quise ; et aux yeux même du grand « nombre, la supériorité de ses titres lit« téraires contribua bien moins à l'y « maintenir que la subtilité de ses intri« gues et de sa politique. » (*Correspondance*, t. 2, p. 373). Ce portrait de d'Alembert ressemble assez à celui qu'un autre critique en a fait : « Si l'on jette un « coup d'œil sur la charlatanerie du phi« losophe, on verra, sous le masque de la « modération, toutes les convulsions d'un « amour-propre outré et vindicatif, tous « les excès de la haine la plus bilieuse et « la plus satirique, l'affectation de la « gravité et le goût le plus puéril des « plus malignes espiègleries, une gran« de apparence de zèle pour la vérité « et pour la gloire des lettres, et, dans « le fonds, toutes les astuces de la faus-

« seté la plus raffinée, toute la morgue
« d'une réputation usurpée qui veut en
« imposer, toutes les supercheries de
« la faiblesse qui veut cacher son impuis-
« sance, toutes les petites vanités d'un
« mérite de coterie et de la gloriole acadé-
« mique. » Comme Voltaire, Rousseau et
la plupart des héros de l'incrédulité,
d'Alembert rendait de temps à autre aux
dogmes de la religion des témoignages
qui renversent de fond en comble tout
l'édifice du philosophisme. Dans l'*Éloge
de M. de Sacy*, il établit avec force et
avec sentiment la croyance de l'immortalité de l'âme, qu'il dit être moins un système et un effort du génie, qu'une éma-
nation du cœur. C'est ainsi que la pauvre
philosophie, qui se glorifie de montrer le
bonheur en ce monde, est obligée, pour
se consoler elle-même, de porter ses regards au-delà du tombeau, et de s'unir
à la religion pour réclamer l'immortalité.
Mais ce n'est point là le seul témoignage
que d'Alembert a rendu en faveur du
christianisme, ce n'est point un trait
échappé à l'orateur. Comme rien n'honore
autant la religion que les éloges qu'en ont
faits ceux mêmes qui passent pour avoir
été ses ennemis, nous croyons devoir
transcrire une lettre qu'il écrivait à l'impératrice, et que l'on trouve dans les
Mémoires secrets de Madame de Tencin :
« Quelques prétendus esprits forts disent
« que le christianisme est gênant : c'est
« avouer qu'on est incapable de porter le
« joug des vertus qu'il commande. Il est
« nuisible, disent-ils : c'est fermer les
« yeux aux avantages les plus sensibles,
« les plus indispensables qu'il procure à
« la société. Ses devoirs excluent ceux du
« citoyen : c'est le calomnier manifeste-
« ment, puisque le premier de ses pré-
« ceptes est de remplir les devoirs de son
« état. Il favorise le despotisme, l'auto-
« rité arbitraire des princes : c'est mé-
« connaître son esprit, puisqu'il déclare,
« dans les termes les plus énergiques,
« que les souverains, au tribunal de Dieu,
« seront jugés plus rigoureusement que
« les autres hommes, et qu'ils payeront,
« avec usure, l'impunité dont ils auront
« joui sur la terre. La foi qu'exige le chris-
« tianisme contredit et humilie la raison :
« c'est insulter à l'expérience et à la rai-
« son même, que de regarder comme hu-
« miliant un joug qui soutient cette rai-
« son toujours vacillante, toujours in-
« quiète, quand elle est abandonnée à
« elle-même. Que deviendrait donc le
« monde, Madame, que deviendraient
« ceux qui l'habitent, si, par la douceur
« de ses consolations, par l'attrait de ses
« espérances, par les compensations ines-
« timables qu'elle offre aux malheureux,
« la religion n'adoucissait pas, dans cette
« vie, les maux inévitables à chaque in-
« dividu, et plus encore aux gens de bien?
« C'est surtout dans l'inégalité des condi-
« tions, dans l'inexacte distribution des
« honneurs et des récompenses, que cette
« religion fait connaître la douceur de
« son empire et la sagesse de ses lois,
« qui tempèrent et réparent, autant qu'il
« est possible, les adversités humaines.
« Comme l'ordre de la société exige, pour
« son propre soutien, de la subordina-
« tion, de la dépendance, de la fatigue;
« comme la corruption de l'humanité ré-
« pand, sur le général et sur le particu-
« lier, des peines, des travaux, des op-
« pressions, des injustices, quel homme
« pourrait se soumettre aux rigueurs d'un
« partage si cruel à la nature, sans une
« lumière qui lui apprend à supporter
« les amertumes de son sort, sans un
« contrepoids qui réprime les soulève-
« ments d'une sensibilité trop souvent
« juste, sans une loi de soumission qui
« lui fait accepter, par des vues surhu-
« maines, tout ce qui peut blesser son es-
« prit et révolter son cœur? Le mal du
« chrétien n'est aux yeux de la foi, qu'un
« mal passager, et toujours propre a lui
« mériter des récompenses éternelles. Le
« mal du philosophe est un aiguillon pour
« sa malice, un sujet pour ses révoltes,
« un ferment pour son humeur, un mo-
« tif d'injustice et d'iniquité. Par la reli-
« gion seule, les maux cessent d'être ce
« qu'ils sont : par elle seule, souffrir est
« un moindre mal, que de goûter les dou-
« ceurs de la vie, au préjudice de sa con-
« science et de ses devoirs; par elle seule,
« l'homme élevé au-dessus de lui-même,
« se dérobe, en quelque sorte, aux mau-
« vais traitements, à la persécution, à l'i-
« niquité, pour se reposer sous ses aus-
« pices, dans un centre de bonheur et
« de paix au-dessus de tous les revers. »
Comme plusieurs trouveront le jugement
des ouvrages de cet écrivain un peu sévère et trop superficiel, nous croyons devoir faire observer qu'il est, en général,
celui qu'en a porté La Harpe. Nous le
compléterons ou le justifierons par quelques passages que nous emprunterons à
ce même critique et à d'autres. « Les con-
« naissances de d'Alembert en littérature
« proprement dites, dit La Harpe, n'é-
« taient ni profondes, ni étendues, ni
« mûries par le travail : des études d'un
« autre genre s'y opposaient. La littéra-
« ture était la parure de son esprit, et
« n'en était pas la richesse.... Dans ses
« commencements, les bonnes études de
« sa jeunesse lui suffirent pour être au

« ton de la bonne littérature, qu'il eut « la prudence de suivre d'assez près ; « mais plus confiant depuis, à mesure « qu'il eût dû être plus circonspect, il se « laissa aller trop au souvenir des para- « doxes qu'il avait entendus dans la so- « ciété de Fontenelle et de Marivaux, et « qui se laissent trop apercevoir dans les « différents morceaux qu'il lut successi- « vement à l'Académie, surtout dans ses « derniers *Éloges*.... Les jésuites, ayant « été bannis de France et de quelques au- « tres États, parurent à d'Alembert un « objet digne de l'attention de la philo- « sophie, et l'était réellement; mais « l'exécution ne répondit pas au sujet. « Ils avaient joué un assez grand rôle « pour que le livre de la *Destruction des* « *jésuites* méritât d'être écrit avec la « plume de l'histoire, et d'Alembert, ad- « mirateur de Tacite, aurait dû la pren- « dre de ses mains. Mais la sienne est « celle d'un anecdotier spirituel et saty- « rique. Son ouvrage n'est qu'un pam- « phlet, où l'on a distribué en bons mots « et en facéties toute la substance d'un « chapitre du *Siècle de Louis XIV*, celui « du jansénisme : les emprunts sont mê- « me quelquefois si peu déguisés, qu'ils « pourraient passer pour des plagiats.... « Mais ce qui a fait à sa mémoire un tort « irréparable, c'est la publication pos- « thume de sa *Correspondance*, qui a « manifesté ses opinions et ses sentiments « sur un objet dont dépendra toujours « essentiellement l'existence morale de « l'homme en ce monde, comme sa des- « tinée dans l'autre...... Il se montre, « dans ses lettres, tel qu'il était.... S'il « eût été témoin de ce que nous avons « vu..... il se serait rappelé, non pas « avec repentir, mais avec désespoir, « le rôle qu'il avait joué si long-temps « avec Voltaire, dont sans cesse il pous- « sait le bras pour l'exciter au mal « que lui-même n'osait pas faire; rôle « ignoble d'un complice subalterne. » — « Avec infiniment d'adresse et de ma- « nége, d'Alembert eût trouvé moyen de « jouer dans la littérature un personnage « très-important, dit Palissot (*Mémoire* « *sur la littérature*); mais, pour sa gloire, « il eût dû se renfermer dans les sciences « exactes. Ses *Réflexions* sur l'abus de la « critique en matière de religion, son « *Essai* sur les gens de lettres, ses *Élo-* « *ges*, et principalement sa *Préface* pour « l'Encyclopédie, lui firent, dans leur « temps, une réputation qui commence « à décroître.... Sa *Correspondance* avec « Voltaire détruit, non-seulement l'idée « avantageuse qu'il était parvenu à don- « ner de lui comme homme de lettres,

« mais elle laisse sur son caractère moral « une tache ineffaçable, en prouvant, « pour ne rien dire de plus, qu'il n'était « pas moins charlatan en philosophie « qu'en littérature. » —« Il faut l'avouer, « dit M. J. Chénier (*Tab. de la littérat.* « *franç.*), d'Alembert, malgré tout son « mérite, a peu réussi dans sa *Traduction* « *des fragments choisis de Tacite* : même « il y est constamment sec, mais en géo- « mètre et non pas en grand écrivain ; « d'ailleurs souvent infidèle au texte, et « plus souvent au génie de Tacite. » — « Ses *Éléments de philosophie*, ses *Dis-* « *sertations sur plusieurs points de litté-* « *rature*, ses *Éloges des académiciens*, « ses *Essais de traduction*, sont en géné- « ral, dit Dussault (*Annal. littér.*), des « ouvrages très-médiocres, estimés par « la clarté de la diction, et quelquefois « par la justesse des idées, mais sans ca- « ractère, sans originalité et sans force. » — « La portion du *Discours préliminaire* « *de l'Encyclopédie*, qui a rapport aux « sciences exactes, dit M. de Barante « (*De la Littérat. en France pendant le* « 18e *siècle*), est d'un homme qui plane « de haut sur la science qu'il professe. « Mais l'autre partie est loin de don- « ner une aussi haute idée de d'A- « lembert. Quand il vient à rechercher « les sources et les principes des autres « divisions des connaissances humaines, « il se montre alors incomplet et super- « ficiel. S'il avait une connaissance ap- « profondie des sciences qui classent et « comparent nos perceptions, il était loin « de connaître celles qui consistent à dé- « crire les impressions de l'âme. »

ALENÇON. (Voy. FRANÇOIS de France.)

ALEOTTI (Jean-Baptiste), architecte italien, né près de Ferrare, mort en 1630, était dans une si grande pauvreté, qu'il fut obligé, pendant sa jeunesse, de servir les maçons en qualité de manœuvre; mais il apporta en naissant de si heureuses dispositions pour l'architecture, qu'à force d'en entendre parler. il en apprit toutes les règles, ainsi que celles de la géométrie, et fut même en état de publier des ouvrages sur ces sciences. Il prit beaucoup de part à ces fameuses disputes sur l'hydrostatique, qui s'élevèrent au sujet des trois provinces de Ferrare, de Bologne et de la Romagne, lesquelles sont très exposées aux inondations. C'est à lui que l'on doit la citadelle de Ferrare. Mantoue, Parme et Venise renferment des monuments qui font honneur à son nom.

ALER (Paul), né à Saint-Guy, petite ville du duché de Luxembourg, le 9 novembre 1656, entra chez les jésuites, et se distingua par son zèle et ses lumières, particulièrement à Trèves et à Cologne, où sa mémoire a été longtemps en vénération. Il a publié un grand nombre d'ouvrages, dont on peut voir le catalogue dans la *Bibliotheca coloniensis* du P. Hartzheim, pag. 264. Ils ont pour objet la théologie, la philosophie, la morale, la piété, les belles-lettres. Ce savant et estimable religieux mourut à Dueren, dans le comté de Juilliers, le 2 mai 1727. (Parmi ses ouvrages celui qui a pour titre *Gradus ad Parnassum* est devenu livre élémentaire pour ceux qui étudient la poésie latine. On a aussi du P. Aler plusieurs tragédies latines, comme *Joseph, Tobie*, etc.)

ALÈS ou HALÈS (Alexandre de), prit son nom d'un village d'Angleterre, où il naquit. Il enseigna à Paris la philosophie et la théologie, avec beaucoup d'éclat, dans l'école des frères mineurs chez lesquels il avait pris l'habit en 1222. Ses contemporains, qui aimaient les titres emphatiques, lui prodiguèrent ceux de *Docteur irréfragable* et de *Fontaine de vie*. Ceux qui liront sa *Somme de théologie*, imprimée à Nuremberg en 1484, et à Venise en 1575, en 4 vol. in-fol., n'y trouveront qu'une *Fontaine d'ennui;* non qu'il n'y ait de fort bonnes choses, mais parce qu'il faut y mettre trop de temps et de peines pour les découvrir. Alès mérite peut-être plus de considération par sa piété et ses vertus, que par sa science. Il fait paraître plus de subtilité que de connaissance d'antiquité ecclésiastique. Il mourut à Paris, le 27 août 1245; on voit dans l'église des Cordeliers son épitaphe en vers, où il est appelé :

<small>Gloria doctorum, decus et flos philosophorum.</small>

ALÈS, *Alesius* (Alexandre), théologien de la confession d'Augsbourg, né à Edimbourg en 1500, fut d'abord catholique; mais en voulant convertir Patrice Hamilton, seigneur écossais, luthérien, il le devint lui-même. Il mourut en 1565. Il était ami de Mélanchthon, et Bèze l'appela l'ornement de l'Ecosse. On a de lui des *Commentaires sur saint Jean*, in-8°; sur les *Epîtres de Timothée*, 2 vol. in-8°; sur l'*Epître à Tite*, in-8°; sur celle *aux Romains*, in-8°. Lors du schisme de Henri VIII, il passa à Londres, où il enseigna sous la protection de Cranmer ; mais cet archevêque ayant été disgracié, Alesius se rendit en Allemagne et professa la philosophie à Francfort-sur-l'Oder. L'électeur de Brandebourg le députa en 1541 aux conférences de Worms ; le cardinal de Granvelle, qui y présidait pour Charles-Quint, ne lui permit pas de disputer. En 1554, il assista avec Mélanchthon aux conférences de Macbourg et à celle de Nauenbourg, contre les disciples d'Osiander.

ALÈS DE CORBET (le vicomte P. Alexandre d'), des académies d'Angers et de Marseille, et lieutenant des maréchaux de France, né le 18 avril 1721, mort vers la fin du 18e siècle, a publié : *Dissertation sur les antiquités d'Irlande*, 1749, in-12; *Nouvelles Observations sur les deux systèmes de la noblesse commerçante ou militaire*, Paris, 1758, in-12 ; l'*Origine de la noblesse française*, Paris, 1766, in-12; *de l'Origine du mal*, 1758, 2 vol. ; *Recherches historiques sur l'ancienne gendarmerie française*, Avignon, 1759, in-12. Sa sœur, Mlle d'Alès du Lude, a publié *Abrégé de la vie de M. Le Pelletier*, mort à Orléans en odeur de sainteté en 1756, Orléans, 1760, in-12.

ALÉSIO (Mathieu-Pierre d'), né à Rome, mort en 1600, se distingua également par son pinceau et son burin. Il était élève de Michel-Ange, et avait su très-bien saisir le genre de son maître. De toutes ses productions, la plus curieuse et la plus correcte est le *saint Christophe* qu'il peignit à fresque dans la grande église de Séville, en Espagne. Chaque mollet des jambes de cette figure colossale a une aune (4 pieds) de large : qu'on en juge par-là des autres proportions du corps. Simple et modeste, cet artiste était le premier à rendre justice à ses rivaux.

ALESSI (Galéas), le plus célèbre architecte de son siècle, né à Pérouse en 1500, mourut en 1572. Sa réputation s'étendit dans presque toute l'Europe. Il fournit à la France, à l'Espagne, à l'Allemagne, des plans non-seulement pour des palais et des églises, mais encore pour des fontaines publiques et des salles de bains, où il montra la fécondité de son génie. Plusieurs villes de l'Italie sont aussi ornées des édifices qu'il a construits ; mais il n'en est aucune où l'on en trouve autant qu'à Gênes. Alessi était encore, dit-on, très instruit dans d'autres sciences, et très-capable de traiter les affaires les plus importantes. (Voyez la *Vie des peintres, des sculpteurs, et des architectes modernes*, de Léon Pascoli, Rome, 1730, 1736, 2 vol. in-4°.)

ALEXANDRE-LE-GRAND, fils de Philippe, roi de Macédoine, né à Pella le 20 septembre, 356 ans avant J.-C., la même nuit où le temple de Diane, à Ephèse, fut incendié. Ce prince annonça de bonne heure ce qu'il serait un jour. Les amusements de sa jeunesse furent des prodiges de force et d'adresse, ou des méditations sérieuses sur la politique et la force des autres nations. Il dompta le cheval Bucéphale, qu'aucun écuyer n'avait pu réduire: « Qu'on me donne, disait-il, des rois pour rivaux, et je disputerai le prix aux jeux olympiques. » Il gémissait des victoires de Philippe, et se plaignait *qu'il prenait tout, et qu'il ne lui laissait rien à faire*. Lorsque des ambassadeurs perses vinrent en Macédoine, il les interrogea non sur les frivolités qui d'ordinaire occupent l'enfance, mais sur l'administration, l'emplacement, les ressources de la Perse et des pays environnants. Une imagination exaltée de cette sorte ne pouvait manquer de devenir fatale au repos du monde. Philippe ne négligea rien pour cultiver ses dispositions, et lui donna pour gouverneur Léonidas, parent d'Olympias, homme d'une grande sévérité de mœurs, et pour précepteur Aristote, qui lui fit parcourir tout le cercle des connaissances humaines. A l'âge de 16 ans, Alexandre gouverna la Macédoine en l'absence de son père qui était allé porter la guerre aux Bysantins; il défit les Médares qui s'étaient révoltés, les chassa de leur ville, et la repeupla en lui donnant son nom. Il vainquit ensuite les Thébains à Chéronée et mérita les éloges de son père qui lui dit en l'embrassant : « Mon fils, cherche un autre royaume, celui que je te laisserai est trop petit pour toi. » Cependant Alexandre, ayant pris ouvertement la défense de sa mère Olympias répudiée par Philippe, fut obligé de se retirer en Epire pour se soustraire au ressentiment de son père. Mais il ne tarda pas à obtenir son pardon, et il eut l'honneur de sauver les jours de Philippe dans un combat contre les Triballes, Philippe ayant été assassiné l'an 337 avant J.-C., Alexandre, qui n'avait pas encore 20 ans, monta sur le trône. Après avoir puni les meurtriers de son père, il se rendit dans le Péloponèse, et se fit décerner le commandement général pour l'expédition de Perse. Mais avant de marcher contre l'Asie, il soumit les Illyriens et les Triballes qui paraissaient vouloir se soulever de nouveau. Sur le bruit de sa mort, les Thébains prirent les armes; Alexandre, après les avoir vainement exhortés à se soumettre, les défit et rasa la ville de Thèbes; la maison du poëte Pindare fut seule épargnée. Cet exemple effraya les Athéniens qui avaient paru disposés à partager la révolte des Thébains. Alexandre, moins rigoureux à leur égard, se borna à leur demander l'exil de Charimède un des orateurs les plus acharnés contre lui. Bientôt tout étant prêt pour l'expédition d'Asie, il nomma Antipater son lieutenant en Europe. Après avoir été confirmé dans son commandement à Corinthe et avoir recueilli de ses généraux de sages conseils à Ægé, il partit à l'âge de 22 ans, l'an 334, avec 35 mille hommes. Il mit 20 jours pour arriver à Sestos où il il traversa l'Hellespont. Il offrit à Ilium un sacrifice en l'honneur de Minerve, et couvrit de fleurs la tombe d'Achille. Il défit l'armée de Darius au passage du Granique. Il conquit la Lydie, l'Ionie, la Carie, la Pamphylie et la Cappadoce, en moins de temps qu'il n'en aurait fallu à un autre pour les parcourir. Ensuite, après avoir coupé le nœud gordien, il s'avança vers le *Cydnus* où il se baigna tout couvert de sueur: imprudence qui mit ses jours en danger, mais qui lui donna l'occasion de montrer tout l'héroïsme de son caractère. Au moment où Philippe son médecin allait lui présenter un breuvage, ce prince reçoit une lettre de Parménion, annonçant que, gagné par Darius, Philippe doit empoisonner son maître. Alexandre remet la lettre à son médecin, et en même temps il avale le breuvage salutaire. Cette noble confiance fut suivie d'une prompte guérison. A peine rétabli, Alexandre s'avança vers la Cilicie. Il battit une seconde fois l'armée de Darius à Issus; et dans cette journée, il s'empara de ses trésors, fit prisonniers sa mère, sa femme et ses enfants. Il les reçut avec la bonté d'un père et la magnificence d'un roi. Il se transporta dans leur tente, accompagné d'Ephestion son favori. Les reines, s'étant prosternées devant celui qu'elles prenaient pour le roi, lui en firent des excuses, après avoir aperçu leur erreur. « Non, ma mère, répondit le conquérant à Sysigambis, mère de Darius, vous ne vous êtes point trompée, celui-ci est un autre Alexandre. » La bataille d'Issus fut suivie de la reddition de plusieurs villes, et surtout de Tyr, qu'il ne put réduire qu'en joignant au continent, par une digue, l'île où elle était bâtie. Après le siège de cette ville, il passa en Judée, pour punir les Juifs qui lui avaient refusé des secours que leur liaison avec les Perses ne leur permettait pas de lui accorder. Jaddus, leur grand sacrificateur, vint avec beaucoup de pompe au-devant du monarque irrité, qui, changeant tout-à-coup de résolution, descendit de cheval, et adorant le nom du vrai Dieu, écrit sur la tiare du pontife, assura les Juifs de sa protection. Jaddus lui montra les prophéties de Daniel, où il était dit qu'un prince grec renverserait l'empire des Perses; et Alexandre, étant entré dans le temple de Jérusalem, offrit un sacrifice au souverain dispensateur des victoires et des couronnes, dans le livre auquel sont écrites les destinées des peuples et des empires. Il marcha ensuite du côté de l'Égypte, où il s'arrêta pour bâtir la ville d'Alexandrie, qu'il voulait rendre le centre du commerce de toutes les nations. Il alla sacrifier au temple de Jupiter Ammon dans la Libye, pour faire répondre à l'oracle qu'il était fils de ce Dieu. Darius lui avait fait faire des propositions fort avantageuses qu'il refusa. Parménion ayant dit, dans cette occasion, qu'il les eût acceptées, s'il avait été à la place d'Alexandre : « Et moi aussi, lui répondit son maître, si j'étais Parménion ». Il ne songea plus qu'à aller chercher son ennemi ; il se dirigea par la Phénicie vers l'Assyrie où Darius avait réuni, selon Justin, 500 mille combattants, et, selon d'autres, plus d'un million d'hommes : il les défit à la bataille d'Arbelles, l'an 330 avant J.-C. La journée d'Issus lui avait ouvert la Phénicie et l'Égypte ; et la victoire d'Arbelles lui ouvrit le reste de la Perse. Il entra à Persépolis, capitale de l'empire. Ici finissent les jours les plus glorieux d'Alexandre. Ce héros, naguère si sobre et si tempérant, devient l'esclave de ses passions, se livre à l'orgueil et à la débauche, et se montre ingrat et cruel envers ses amis, après avoir, dans l'égarement de l'ivresse, mis le feu au palais royal de Persépolis. Honteux de ses excès, il sort de cette ville et se met à la poursuite de Darius. Mais il ne rencontra que les restes inanimés de ce prince que Bessus venait d'assassiner sur les confins de la Bactriane dont il était satrape. Bientôt Alexandre fit mettre à mort Philotas et Parménion son père, comme complices d'une conspiration qui éclata dans son armée. Il alla attaquer les Scythes dans leurs déserts, et pénétra jusque dans l'Inde, où il combattit Porus, de tous les rois de ce pays, le plus digne de lutter contre lui. Alexandre le vainquit et le rétablit ensuite sur son trône, le rendant néanmoins son tributaire, ainsi que les autres rois des Indes, où il envoya plusieurs colonies grecques, et fit bâtir près de 70 villes. Ce fut avant de passer l'Hydaspe pour combattre Porus, que, frappé du danger de ce passage, il dit ces mots qui le font connaître tout entier : « O Athéniens ! à quels dan-« gers je m'expose pour être loué de « vous ! » De retour à Babylone, il y mourut d'un excès de vin, l'an 324 avant J.-C., à l'âge de 32 ans. On a dit, dans tous les temps, beaucoup de bien et beaucoup de mal d'Alexandre. Si on ne le regarde que comme un ambitieux, qui a fait tuer un grand nombre d'hommes, qui a porté le fer et le feu chez des nations paisibles, il doit être odieux, ainsi que tous les conquérants. Mais cette impression de haine s'affaiblit, si l'on fait attention que ce vainqueur de l'Univers était, même dans le cours de ses conquêtes, poli et libéral ; qu'il faisait des lois après ses victoires, établissait des colonies, faisait fleurir le commerce, protégeait les arts, envoyait à son précepteur Aristote une somme considérable pour perfectionner l'histoire naturelle ; si l'on fait attention qu'il fut aussi habile à conserver ses conquêtes qu'heureux à les faire. « Dans la rapidité de ses actions, dans le feu de ses passions même, dit Montesquieu, il avait une saillie de raison qui le conduisait. » S'il est vrai que la victoire lui donna tout, il fit aussi tout pour se procurer la victoire, ne laissant rien derrière lui ni contre lui, n'éloignant point de sa flotte son armée de terre, se servant admirablement bien de la discipline contre le nombre. Il cimenta toutes les parties de son nouvel empire, en réunissant les Grecs et les Perses, et en faisant perdre les distinctions du peuple conquérant et du peuple vaincu. La mort de Darius son ennemi, massacré par un traitre, lui arracha des larmes. La famille de ce malheureux roi reçut tant de bontés prévenantes de sa part, qu'elle pleura sa mort, comme celle du meilleur des pères. Le meurtre de Clitus son ami, son amour pour l'eunuque Bagoas, qu'il laissa régner en son nom, la manie de vouloir passer pour le fils d'un dieu, la vengeance outrée qu'il exerça contre les Tyriens qui avaient tué ses envoyés, et contre d'autres peuples dont le seul crime était une défense aussi juste que courageuse, sa cruauté envers le brave Bétis, gouverneur de Gaze, etc., sont des taches bien grandes à sa réputation. La colère, le vin, l'orgueil, les femmes, l'amour contre nature, etc., se réunirent, vers la fin de ses jours, pour rendre sa mémoire méprisable et odieuse. Les historiens nous ont peint Alexandre d'une taille moyenne, le cou un peu penché, les yeux à fleur de tête, et le regard fier. Quelques anecdotes serviront à faire connaître son caractère, tel qu'il était quand les passions ne le dominaient pas. Un poëte lui ayant présenté de mauvais vers, il le fit payer très-libéralement, mais à condition qu'il ne se mêlerait plus d'en faire. Un autre de ces flatteurs qu'on appelle historiens, lui lisait, en traversant un fleuve, la description d'une de ses conquêtes, où la vérité était altérée par des exagérations ridicules : le conquérant indigné jeta l'ouvrage dans l'eau. Son amour pour les lettres et les arts se signala dans plusieurs occasions. Il lisait continuellement Homère, et l'avait toujours sous le chevet de son lit. Sur la simple prière d'un philosophe (Anaximène) qui avait eu quelque part à son éducation, il pardonna à une ville (Lampsaque) qu'il avait juré de détruire. Il eut le bonheur peu commun d'avoir des amis tendres. Il est vrai que son attachement pour Ephestion fut soupçonné d'être peu honnête : mais l'histoire ne rapportant de ce favori que des actions louables et courageuses, il semble mériter qu'on n'ajoute point une entière foi à cette accusation, quoique, sous le règne du paganisme et de la philosophie profane, ce genre d'abomination ne fût que trop commun. La veille de la bataille d'Arbelles, on vint lui dire que plusieurs de ses soldats avaient comploté de prendre et de garder pour eux ce qu'ils trouveraient de meilleur dans les dépouilles des Perses : « Tant mieux, dit-il, c'est une marque qu'ils ont envie de se bien battre. » Il était d'une générosité rare, et on a évalué à 300 millions les dons faits à ses soldats. Un jour, en regardant arriver des mulets chargés d'argent qu'on lui envoyait, il aperçut un des conducteurs, dont l'animal était mort en chemin, qui s'avançait avec peine sous le poids d'un sac qu'il apportait sur son dos ; il lui fit présent du sac. Une autre fois, s'étant arrêté un peu derrière sa troupe, au milieu d'une marche, dans une montagne couverte de neige, il rencontra un simple soldat à qui le froid et la fatigue avaient fait perdre connaissance ; il le prit dans les bras, le rapporta lui-même dans l'endroit où les autres l'attendaient avec du feu, et ne le quitta point qu'il ne l'eût vu parfaitement rétabli. Ces actions estimables sont balancées sans doute par un grand nombre de mauvaises ; mais elles n'en sont pas moins remarquables dans un prince privé des lumières de la vraie religion, dénué des principes d'une morale sûre et conséquente, qui était aveuglé au point de prendre pour la vraie et seule gloire l'injustice et la barbarie des conquêtes. L'histoire d'Alexandre a été écrite en latin par *Quintus Curtius Rufus*, avec plus d'éloquence que de vérité ; mais les faits principaux ne paraissent pas pouvoir être révoqués en doute. Plusieurs autres écrivains ont traité ce même sujet ; leurs différents récits ont été savamment discutés par de Sainte-Croix, dans son ouvrage intitulé : *Examen critique des anciens historiens d'Alexandre*.

ALEXANDRE, fils d'Amyntas I, roi de Macédoine, monta sur le trône l'an 501 avant J.-C. Il avait, jeune encore et du vivant de son père, tué de sa propre main des ambassadeurs persans qui avaient insulté sa mère et ses sœurs. Son attachement pour les Grecs se montra dans diverses circonstances : forcé de suivre Xerxès dans son expédition contre la Grèce, il fut envoyé par Mardonius auprès des Athéniens pour les détacher des autres Grecs, et leur offrir les plus grands avantages qu'ils refusèrent. Un jour que Pausanias allait être attaqué, Alexandre eut soin de l'en prévenir pour qu'il se tînt sur ses gardes. Enfin, l'année de son avènement au trône, il se présenta aux jeux olympiques : comme on ne voulait point le recevoir sous le prétexte qu'il n'était pas Grec, il prouva qu'il était originaire d'Argos. Ses liaisons avec le grand roi lui avaient procuré des richesses immenses : il en profita pour enrichir Delphes et Olympie par des présents précieux. Pindare fut attiré à sa cour. Alexandre mourut l'an 468 avant J.-C., laissant Perdiccas son fils pour successeur.

ALEXANDRE, tyran de Phères, dans la Thessalie, vaincu par Pélopidas, général des Thébains, l'an 364 avant J.-C., fut assassiné quelques années après par sa femme, aidée de ses trois frères, Tisiphon, Lycophron et Pitholaüs. Il s'était rendu redoutable par ses cruautés.

ALEXANDRE I BALAS, roi de Syrie, qui régna quelque temps après la mort d'Antiochus Epiphane, dont il se disait fils, ne fut qu'un imposteur. Il fit alliance avec les Juifs, qui lui donnèrent du secours contre Démétrius Soter.

ALEXANDRE II, fils d'Amyntas II, roi de Macédoine. Pendant la tyrannie d'Alexandre de Phères, il s'empara de plusieurs villes de la Thessalie ; sans doute il aurait étendu ses conquêtes et les aurait conservées, s'il n'avait été obligé de comprimer la révolte de Ptolémée Aloritès. Ce fut Pélopidas qui lui enleva ces places et qui vint ensuite à son secours. Mais à peine le général thébain eut-il rétabli l'ordre et emmené à Thèbes pour ôtage le jeune Philippe frère du roi, que celui-ci fut tué par Ptolémée Aloritès dans un festin, et ce qui est à peine croyable, d'après les conseils de sa mère Euridice dont cet assassin était l'amant : c'était vers l'an 364 avant J.-C.

ALEXANDRE (Jannée), roi des Juifs, fils de Jean Hircan et frère d'Aristobule, régna en tyran, et périt d'un excès de vin, l'an 102 avant J.-C. Un jour qu'il faisait un festin à ses concubines, il fit crucifier 800 de ses sujets, qu'il avait faits prisonniers dans une révolte, et fit massacrer devant eux leurs femmes et leurs enfants.

ALEXANDRE - POLYHISTOR, né à Milet l'an 85 avant J.-C., écrivit quarante-deux *Traités de grammaire*, *de philosophie et d'histoire*, dont nous n'avons plus que quelques fragments dans Athénée, Plutarque, Eusèbe et Pline. On y trouve une concordance remarquable avec l'histoire sainte, surtout dans ce qu'il dit du déluge, de la tour de Babel, etc. : fruit de la tradition primitive encore subsistante, ou de la connaissance des livres inspirés qu'une version beaucoup plus ancienne que celle des Septante, et dont parle Eusèbe dans sa *Préparation évangélique*, avait répandue parmi les nations.

ALEXANDRE, fils d'Aristobule II, roi de Judée, acquit une sorte de célébrité par les efforts qu'il fit pour arracher la Judée aux Romains, après la conquête de Pompée. Sa résistance fut funeste aux Juifs; battu par Gabinius au pied du mont Thabor, Alexandre tomba peu de temps après entre les mains de Métellus Scipion, qui lui fit trancher la tête à Antioche, l'an 49 avant J.-C.

ALEXANDRE I (saint), successeur de saint Evariste dans le siége de Rome, l'an 109 de J.-C., mourut le 3 mai 119. Son pontificat fut de dix ans. Nous ne trouvons dans l'antiquité aucun détail sur sa vie. Il est compté parmi les martyrs dans le Canon de la messe. Il a aussi le nom de *martyr* dans le *Sacramentaire* de Grégoire-le-Grand, dans l'*Ancien Calendrier* publié par le P. Fronteau, et dans tous les *Martyrologes*. Les *Épîtres* qu'on lui attribue sont supposées.

ALEXANDRE II, auparavant nommé *Anselme* de Badage ou de Baggio, était de Milan; on le tira du siége de Lucques, pour le placer sur celui de Rome en 1061. Cette élection ayant été faite sans la participation de l'empereur Henri IV, ce prince, violent et simoniaque, opposa au nouveau pape un homme très-corrompu dans les mœurs, Cadaloüs, évêque de Parme, qui prit le nom d'*Honorius II*. Alexandre l'emporta sur son concurrent, le chassa de Rome, et le fit condamner dans plusieurs conciles. Hildebrand, connu depuis sous le nom de *Grégoire VII*, l'engagea à citer à son tribunal l'empereur Henri IV, qui fomentait le schisme. Ce fut par les soins d'Hildebrand que le pape, soutenu des armées de la comtesse Mathilde, se fit rendre les terres que les princes normands avaient enlevées au saint Siége. Nous avons de ce pape plusieurs *Épîtres*, parmi lesquelles on distingue celle qu'il écrivit aux évêques de France, à l'occasion des malheurs qu'essuyaient les Juifs. Plusieurs chrétiens, indignes de ce nom, avaient alors l'étrange dévotion de massacrer ces malheureux, s'imaginant gagner la vie éternelle par ces meurtres. Alexandre loue beaucoup les évêques de France de ne s'être pas prêtés à ces cruautés, contre un peuple autrefois chéri de Dieu, et que sa justice a dispersé sur la terre. La lettre qu'il écrivit à Harold, roi de Norwége, n'est pas moins remarquable, et prouve la puissance religieuse qu'exerçait alors pour le bien de l'humanité le pontife romain, dans les glaces du Nord comme dans les sables brûlants du Midi. « Comme vous êtes « encore peu instruit, lui écrivait-il, « dans la foi et la sainte discipline, c'est « à nous, qui avons la charge de toute « l'Eglise, de vous éclairer par de fré- « quentes instructions ; mais la lon- « gueur du chemin nous empêchant de « le faire par nous-mêmes, nous en avons « donné la commission à l'archevêque « de Brême, notre légat. Soyez donc « assuré qu'en suivant sa voix, c'est au « saint Siége même que vous rendez « obéissance. » Il mourut le 20 avril 1073.

ALEXANDRE III, natif de Sienne, était cardinal et chancelier de l'Eglise romaine. Après la mort d'Adrien IV en 1159, tous les cardinaux le choisirent pour lui succéder à l'exception de trois cardinaux dyscoles, dont deux nommèrent l'antipape Victor IV, qui eut la brutalité d'arracher la chappe des épaules du vrai pape, pour s'en revêtir. L'empereur Frédéric-Barberousse assembla, l'an 1160, à Pavie un conciliabule, qui jugea en faveur de Victor. Alexandre III, retiré à Anagni, excommunia l'empereur. Quelque temps après, le pape se réfugia en France, où l'empereur le poursuivit. Victor ensuite étant mort en 1164, Frédéric fit sacrer un autre pontife, sous le nom de Paschal III, et l'obligea de canoniser Charlemagne. Alexandre, quittant la France, où il avait été très-bien accueilli par le roi Louis-le-Jeune, passa en Italie pour armer les Vénitiens contre l'empereur. Frédéric, lassé de tous ces troubles et obligé de fuir, offrit la paix au pontife. On se donna un rendez-vous à Venise, où l'empereur baisa les pieds de celui contre lequel il s'était armé. Callixte III, successeur de l'antipape Paschal III, abjura le schisme. Le sage et pacifique Alexandre le reçut avec la bonté d'un père et le fit manger à sa table. Rien de plus opposé que le caractère de ce pape à la fable qui raconte qu'il mit le pied sur la gorge de l'empereur Frédéric, en disant : *Super aspidem et basiliscum ambulabis*. Les plus grands ennemis du saint Siége avouent que c'est un conte destitué de toute vraisemblance. Alexandre rentra à Rome, et y convoqua le troisième concile général de Latran en 1179, et mourut deux ans après, le 30 août, chéri des Romains et respecté de l'Europe. Ce pontife abolit la servitude, et en rendant la liberté aux sujets, il sut aussi apprendre la justice aux rois : il obligea celui d'Angleterre, Henri II, à expier le meurtre de saint Thomas de Cantorbéry. Il a été le premier pape qui s'est réservé la canonisation des saints ; réglement profondément sage, et nécessaire, non-seulement pour rendre la canonisation respectable et la faire généralement recevoir, mais surtout pour remédier aux abus et à la légèreté avec laquelle la plupart des métropolitains procédaient à un jugement d'une telle importance. Plusieurs de ses prédécesseurs avaient déjà tâché de remédier à ce désordre, mais leurs efforts n'avaient pas complètement réussi. (Voyez saint ULRIC.) La canonisation de saint Gautier, abbé de Pontoise, faite par l'archevêque de Rouen en 1153, est le dernier exemple que l'histoire fournit des saints qui n'ont pas été canonisés par les papes. Alexandrie de la Paille fut bâtie en son honneur. Lucius III fut son successeur.

ALEXANDRE IV, évêque d'Ostie, de la maison des comtes de Signi, fut élu pape après Innocent IV, en 1254. Son premier soin fut de s'opposer à Mainfroy, fils naturel de l'empereur Frédéric, qui avait inquiété ses prédécesseurs. Il donna l'investiture du royaume de Sicile, dont ce tyran s'était emparé, à Edmond, fils du roi d'Angleterre. Alexandre favorisa, comme son oncle Grégoire IX, les religieux mendiants. Il accorda plusieurs bulles aux frères prêcheurs, contre l'université de Paris. Il condamna le livre fanatique de Guillaume de Saint-Amour sur *les périls des derniers temps*, et l'*Evangile éternel* composé par les franciscains. Le roi saint Louis l'ayant prié d'établir l'inquisition en France, le pape lui envoya des inquisiteurs en 1255. Vers ce temps il réunit en un seul corps cinq congrégations d'ermites, deux de St-Guillaume, et trois de St-Augustin. Alexandre travaillait à réunir l'Eglise grecque avec la latine, et à armer les princes chrétiens contre les infidèles, lorsqu'il mourut à Viterbe le 25 mai 1261, regardé comme un bon prince et un pontife zélé. Urbain IV lui succéda.

ALEXANDRE V naquit dans l'île de Candie, de parents très-pauvres, qu'il ne connut jamais. Cet homme, qui devait un jour être pape, mendia de porte en porte. Un cordelier, qui remarqua dans ce jeune homme beaucoup de dispositions, l'instruisit et lui donna l'habit de son ordre ; ce qui lui procura les moyens d'aller aux universités d'Oxford et de Paris. De retour en Lombardie, Galéas de Visconti, duc de Milan, le fit précepteur de son fils, et sollicita pour lui l'évêché de Vicence, celui de Novarre, et enfin l'archevêché de Milan. Innocent VII l'honora de la pourpre, et le nomma son légat en Lombardie. Au concile de Pise, en 1409, il fut proclamé pape, et il y présida depuis la 19e session. Alexandre V, devenu pontife, n'oublia pas son ancien état, et son caractère parut assez élevé pour assortir ses sentiments et sa conduite à une si haute dignité. Il avait coutume de dire qu'*il ne pouvait être tenté, comme ses prédécesseurs, d'agrandir ses parents, puisqu'il n'avait jamais connu ni père, ni mère, ni frère, ni sœur, ni neveu.* Cependant sa reconnaissance lui fit accorder aux religieux mendiants de grands privilèges. Il mourut en 1410, après avoir confirmé le concile de Pise.

ALEXANDRE VI naquit à Valence en Espagne. La plupart des auteurs italiens, presque toujours excessifs, soit en louange, soit en satire, n'ont point épargné ce pontife. Ils racontent qu'il acheta la tiare après la mort d'Innocent VIII, en 1492. Il était de la famille de Lenzuoli par son père, et de celle de Borgia par sa mère. Il prit ce dernier nom, lorsque son oncle maternel Callixte III fut fait pape. Callixte le fit cardinal en 1455, puis archevêque de Valence, et vice-chancelier. Sixte IV l'envoya légat en Espagne, où il fit paraître beaucoup d'esprit et de dérèglement. Il eut (à ce qu'on prétend) d'une dame romaine, nommée Vénoza, quatre fils et une fille, tous dignes de leur père. César, le second de ses enfants, fut un monstre de débauche et de cruauté. La voix publique l'accusait, lui et son frère aîné, le duc de Candie, de s'être disputé les faveurs de leur sœur Lucrèce. On l'accusait d'avoir tué son rival, et de l'avoir jeté dans le Tibre. Alexandre VI, qui l'idolâtrait, malgré tous ses vices, employa toutes sortes de moyens pour hâter son élévation. Il n'y a point de forfaits dont on ne l'ait chargé dans cette vue : meurtre, assassinats, empoisonnements, simonie, on lui impute tous les crimes. Ce pontife si décrié ne laissa pas d'être lié avec tous les princes de son temps ; mais il les trompa presque

tous. Il engagea Charles VIII à venir conquérir le royaume de Naples, et dès que ce prince s'en fut rendu maître, il se ligua avec les Vénitiens et avec Maximilien, pour lui arracher sa conquête. Louis XII, le père de son peuple, rechercha l'alliance de ce pape dont il avait besoin pour faire casser son mariage avec la fille de Louis XI. Alexandre, continuant toujours à combler de bienfaits son fils César de Borgia, lui fournit des troupes pour conquérir la Romagne, et ne fut payé que d'ingratitude. Il finit, dit-on, une vie infâme par une mort honteuse. On raconte qu'en 1503, le pape et son fils César, voulant hériter du cardinal Corneto et de quelques autres cardinaux, prirent, par mégarde, le poison qu'ils leur avaient préparé ; que le premier en mourut, et que Borgia son fils n'échappa à la mort qu'en se faisant mettre dans le ventre d'une mule. Ce récit de la mort d'Alexandre VI est de Guichardin, auteur contemporain ; mais Voltaire, qu'on ne soupçonnera pas de trop de zèle pour défendre la mémoire des papes, a donné quelques raisons d'en douter, dans sa *Dissertation sur la mort de Henri IV*.
« J'ose dire à Guichardin, dit-il : l'Europe est trompée par vous, et vous l'avez été par votre passion ; vous étiez l'ennemi du pape, vous en avez trop cru votre haine et les actions de sa vie. Il avait, à la vérité, exercé des vengeances cruelles et perfides contre des ennemis aussi perfides et aussi cruels que lui. De là vous concluez qu'un pape de 74 ans n'est pas mort d'une façon naturelle ; vous prétendez, sur des rapports vagues, qu'un vieux souverain, dont les coffres étaient remplis de plus d'un million de ducats d'or, voulut empoisonner quelques cardinaux pour s'emparer de leur mobilier. Mais ce mobilier était-il si important ? Ces effets étaient presque toujours enlevés par les valets de chambre avant que les papes pussent en saisir quelques dépouilles. Comment pouvez-vous croire qu'un homme prudent ait voulu hasarder, pour un aussi petit gain, une action aussi infâme, une action qui demandait des complices, et qui, tôt ou tard, eût été découverte. Ne dois-je pas croire le journal de la maladie du pape, plutôt qu'un bruit populaire ? Ce journal le fait mourir d'une fièvre double-tierce : il n'y a pas le moindre vestige de preuve de cette accusation intentée contre sa mémoire. Son fils Borgia tomba malade dans le temps de la mort de son père ; voilà le seul fondement de l'histoire du poison. » Les protestants ont souvent reproché aux catholiques les vices d'Alexandre VI, comme si la dépravation d'un pontife pouvait retomber sur une religion sainte, et que le christianisme, pour être l'ouvrage de Dieu, dût anéantir, dans ses ministres, le germe des passions humaines. Ce n'est point la tiare qui a rendu Alexandre VI vicieux, c'est son caractère. Il l'aurait été également, quelque place qu'il eût occupée. (Voyez JEAN XII.) La Providence permit que ses crimes ne troublassent pas l'Eglise, et que, dans ce temps critique, elle n'eût ni schismes ni hérésies à combattre. « Si Dieu a permis, dit un auteur moderne, que les chefs d'une religion sainte ne fussent pas toujours des hommes sans reproches et sans vices ; c'est parce que la conservation de la religion chrétienne ne dépend pas de la sagesse et de la vertu de ses pontifes, mais de la parole de Jésus-Christ et de l'effet immuable de la promesse solennelle qu'il a faite de conserver son Eglise jusqu'à la fin des siècles. Le sort des empires de la terre dépend de la sagesse et de la conduite de leurs monarques ; il ne faut qu'un prince faible ou vicieux pour les précipiter du faîte de la gloire dans la confusion et le néant. Les péchés des princes et des peuples, dit l'*Ecclésiastique* (ch. 10, v. 8), renversent les Etats, et en donnent la possession à des peuples étrangers. Si donc les faiblesses, les scandales, l'imbécillité ou l'imprudence de quelques papes n'ont pu ébranler les fondements de la vraie Eglise, c'est que Dieu lui-même les a affermis, et leur a donné une consistance que les hommes et le temps ne peuvent ébranler. (*Dan.* 2, v. 44.) Telle est la conclusion qu'on doit tirer de quelques endroits humiliants de l'histoire de l'Eglise. » C'est principalement depuis ce pontife, que les papes ont commencé à jouer un rôle dans le monde comme princes séculiers. Ceux qui l'ont comparé à Néron ne savent pas que la politique d'Alexandre VI fut aussi adroite que celle de cet empereur fut insensée. La bulle *Inter cœtera*, qui partage les terres nouvellement découvertes entre les rois d'Espagne et de Portugal, a donné lieu à bien de gauches déclamations sur le pouvoir temporel du pape. Outre que ce pouvoir était alors une opinion reçue, il est tout naturel de ne voir dans cette bulle qu'une décision conciliatoire propre à prévenir des disputes et des guerres entre deux puissants princes.

Ce qui semble avoir le ton d'une véritable concession, n'est que le langage d'un arbitre qui parle dans un différend, et qui fixe les lois des contendants. Au lieu de blâmer un tel décret, ne faudrait-il pas plutôt regretter le temps où les pontifes, d'une parole, cimentaient la concorde des rois; où, à la voix du père commun des chrétiens, s'évanouissaient, sans résistance et sans bruit, les semences des plus longues et des plus sanglantes contestations? Alexandre Gordon a écrit la *Vie* de ce pape en anglais. Cet ouvrage curieux, et assez impartial, a été traduit en français, en 1732, in-12, 2 vol. J. Burchard avait aussi publié la *Vie* d'Alexandre VI en latin, Hanovre, 1607, in-4°. Tout le monde connaît ce distique latin, au sujet de la simonie reprochée à ce pape :

Vendit Alexander claves, altaria, Christum;
Vendere jure potest, emerat ille prius.

ALEXANDRE VII naquit à Sienne, en 1599, de l'illustre maison de Chigi. D'abord inquisiteur à Malte, vice-légat à Ferrare, nonce en Allemagne, évêque d'Imola et cardinal, il fut enfin pape en 1655, après la mort d'Innocent X. Il commença son pontificat par des réformes qui donnèrent une grande idée de lui. Un de ses premiers soins fut d'approuver la bulle d'Innocent X, son prédécesseur, contre les cinq propositions de l'évêque Jansénius, et il prescrivit le fameux formulaire de 1665, devenu indispensable pour distinguer les sectaires d'avec les catholiques. Les jansénistes ne manquèrent pas d'en parler comme d'une tyrannie odieuse, d'une violence exercée sur les esprits et les consciences, et ils cabalèrent dans les cours et les tribunaux civils, pour se mettre à l'abri d'un moyen qui les décélait et les démasquait. Ce moyen pourtant a toujours été en usage dans l'Eglise de Jésus-Christ; il a fait, depuis la fondation du christianisme, la sauvegarde de la doctrine catholique; sans lui, l'arianisme devenait la religion du monde entier; et après lui, le nestorianisme eût joui du même triomphe; tous les symboles, toutes les professions de foi eussent échoué dans l'épreuve qui devait distinguer les fidèles des sectaires, les uns et les autres les récitant avec un empressement égal. L'hérésie a imaginé, dans tous les temps, des subtilités que les déclarations générales d'orthodoxie, et même l'énumération ordinaire des articles de la croyance catholique, ne combattaient pas d'une manière formelle. Ainsi les sectaires se mêlaient à la société des fidèles, la troublaient et la corrompaient, sans qu'on pût effectuer une séparation essentielle à la pureté de la foi, et même à la tranquillité de l'Etat. Dans ces circonstances, l'Eglise exigeait des déclarations si précises et si directement opposées à l'erreur, qu'il n'y avait pas moyen de tergiverser. Le mot *Omousios*, et quelque temps après le mot *Theotocos*, ont étouffé les deux plus grandes hérésies qui aient désolé l'Eglise de Dieu. Les symboles les plus orthodoxes, les professions de foi les plus claires, n'avaient pu ôter le masque à l'erreur, jusqu'à ce qu'on eût touché le point formel et précis d'une manière qui ne se prêtait à aucune équivoque. Il fallait jurer la consubstantialité, la maternité divine, comme l'expression exclusivement sûre de l'orthodoxie. On disait anathème à quiconque hésitait un moment, et c'est par cette prudente sévérité que la pureté de la doctrine de Jésus-Christ est parvenue jusqu'à nous. L'usage des formulaires, les serments particulièrement dirigés contre quelque erreur tortueuse et habile à tromper la vigilance des pasteurs, sont donc autorisés dans l'Eglise de Dieu. Le droit d'employer ces moyens ne peut être enlevé aux évêques; il leur appartient de droit divin. Ils sont, selon l'expression de saint Paul, les gardiens du dépôt de la foi. Les empêcher d'y veiller d'une manière efficace, c'est anéantir leur ministère. Quelques années après, Alexandre eut une affaire très-sérieuse avec la France. Le duc de Créqui, ambassadeur de cette couronne, ayant refusé de se conformer à la loi qui abrogeait des franchises nuisibles à l'ordre public, et faisant le maître dans Rome, fut insulté par la garde corse. Quoique le pape fût lui-même dans le cas de demander satisfaction, Louis XIV, devenu singulièrement absolu à l'égard de tous les souverains de l'Europe, le contraignit de casser cette garde, d'élever dans Rome une pyramide avec une inscription qui contenait l'outrage et la satisfaction, et d'envoyer le cardinal Chigi, son neveu, en qualité de légat *à latere*, à la cour de Versailles, pour y faire des excuses de la conduite des Corses. Louis XIV le força encore à rendre Castro et Ronciglione au duc de Parme, et à donner des dédommagements au duc de Modène, pour ses droits sur Comacchio. Alexandre VII, sorti de cette dispute, ne songea qu'à embellir Rome. Il protégea les gens de lettres, et conversa avec eux. Ce pape avait des talents qui le rendaient digne de leur entretien. En 1650, on publia au Louvre un vol. in-fol. des *Poésies* qu'il avait faites dans sa jeunesse, lorsqu'il était de l'Académie des *Filomati* de Sienne. Son amour pour les lettres se signala par les sommes qu'il donna pour achever le collège de la Sapience, qu'il orna d'une belle bibliothèque. Il mourut l'an 1667. Clément IX lui succéda.

ALEXANDRE VIII, né à Venise, en 1610, du grand-chancelier de la république, Marc Ottoboni, étudia d'abord à Padoue, et ensuite à Rome, où il fit éclater son génie pour les affaires ecclésiastiques. Il fut successivement évêque de Bresse et de Frascati, puis cardinal. Il fut élevé sur la chaire de saint Pierre, en 1689, après la mort d'Innocent XI. Louis XIV, qui avait eu des démêlés avec son prédécesseur, lui rendit Avignon. Mais ce pape n'en publia pas moins une bulle contre les quatre articles de l'assemblée du clergé de France, de l'année 1682, et continua de refuser des bulles aux prélats qui avaient été de cette assemblée. Dans cette bulle, datée du 4 août 1690, il parle en homme très-convaincu de l'obligation de condamner lesdits articles : *Nos qui jurium ecclesiasticorum assertores in terris à Domino constituti sumus, dies noctesque in amaritudine animæ nostræ cogitantes, manus nostras cum lacrymis et suspiriis levavimus ad Dominum, eumque toto cordis affectu rogavimus, ut nobis potenti gratiæ suæ auxilio adesset, quo ardua hac in re commissi nobis apostolici muneris partes salubriter exequi valeremus, eaque consideratione adducti, ac ne supremo judici rationem villicationis nostræ reddituri, negligentiæ in credita nobis administratione argueremur,* etc. Ce pontife secourut l'empereur Léopold I et les Vénitiens, par de grandes sommes, pour combattre plus avantageusement les Turcs. Il mourut le 1er février 1691. Il rétablit, en faveur de ses parents, la plupart des dignités que Innocent XI avait abolies. Il fut moins désintéressé que ce pontife; mais il eut des qualités que l'autre n'avait pas : l'activité, la prudence, la politique et la modération. Il ne répandit pas moins de bienfaits sur les pauvres que sur ses parents. Innocent XII lui succéda.

ALEXANDRE de Paphlagonie, né à Abonotique, était un charlatan dans le genre d'Apollonius de Thyane. Il courut le monde avec une vieille femme, à qui il ne s'attachait que pour ses richesses, et qu'il abandonna dès qu'elle fut ruinée. Il revint alors dans sa province, et de magicien s'érigea en prophète, au moyen de quelques oracles des sibylles, vrais ou supposés, qu'il arrangeait à sa fantaisie. Il avait de l'esprit, du savoir-faire et de l'intrigue, et surtout l'avantage d'une taille et d'une figure imposante, qui n'était pas son moindre mérite aux yeux du vulgaire abusé. Il annonça l'avénement prochain du dieu Esculape. Quelques jours après, il montra un petit serpent qu'il tenait caché dans un œuf, et en fit le lendemain voir un autre beaucoup plus grand, qu'il donna pour le même. Cet animal était d'une privauté admirable, et faisait mille tours amusants. Il n'en fallait pas davantage pour en faire croire un dieu. On lui offrit des sacrifices et des dons précieux, on lui éleva des statues d'argent, on accourut de toutes parts pour entendre ses oracles; car il fallait bien qu'on rapportât quelque chose, pour tout ce qu'on lui présentait. Marc-Aurèle, qui se laissait aisément amuser par des cajoleries philosophiques, ne fut pas le dernier à être la dupe du charlatan, qui fut honorablement introduit à sa cour. Le préfet du prétoire eut la faiblesse de le faire consulter sur le sort d'une bataille. Le nouvel oracle promit la victoire, à condition qu'on jetterait un lion dans le Danube. La condition fut remplie et la bataille perdue. Le prophète ne se démonta point pour une prédiction qu'il prétendait avoir été mal entendue. Il ne fallut rien moins que sa mort, arrivée vers 178, pour arrêter la superstition, d'autant plus qu'il avait assuré qu'il vivrait 110 ans, et qu'il mourut à 70, d'un ulcère à la jambe. Lucien nous a laissé son histoire et son portrait.

ALEXANDRE-SÉVÈRE (Marcus-Aurelius Severus-Alexander), empereur romain, fut adopté par Héliogabale, qui lui donna le nom d'Alexandre. Cet empereur, fâché que le jeune César ne copiât pas toutes ses extravagances, forma le dessein de lui ôter la vie ; mais connaissant l'amour des soldats pour Alexandre, il n'osa pas en venir à l'exécution. Alexandre, proclamé Auguste et empereur l'an 222, après la mort tragique d'Héliogabale, retrancha tous les abus du règne précédent. La félicité de ses peuples fut son principal objet. Il passait ses jours entre des savants et des amis éclairés, pour s'instruire avec les uns et consulter les autres. Il orna Rome de nouvelles écoles pour les beaux-arts et les sciences. Il payait non-seulement les professeurs qui les enseignaient, mais encore les pauvres écoliers qui avaient du goût pour l'étude. Il donnait un logement dans son palais aux gens de lettres distingués. Il savait récompenser et punir à propos. Un certain Turinus, vendant le crédit qu'il avait auprès de l'empereur, à ses protégés, Alexandre ordonna qu'il fût lié à un poteau, et qu'on allumât autour de lui du foin et du bois vert, tandis qu'un hérault crierait : *Le vendeur de fumée est puni par la fumée.* A son avénement, le palais impérial était un gouffre où s'engloutissaient tous les revenus de l'empire. Il y avait beaucoup de charges inutiles ; il les supprima. Il ne garda, pour le service journalier, que les personnes nécessaires. Le luxe des équipages, et surtout celui des tables, fut proscrit. On ne servait sur celle d'Alexandre-Sévère, les jours de cérémonies, que deux faisans et deux poulardes. Pour faire un bon choix des personnes destinées aux emplois publics, il les annonçait avant de les y nommer; tous les particuliers pouvaient dire alors ce qu'ils savaient pour et contre eux. Quand les magistrats étaient nommés, il leur accordait toutes sortes d'honneurs, s'ils en étaient dignes, jusqu'à les faire monter avec lui dans sa litière. Il arrêta les fureurs des païens contre la religion chrétienne, et donna même un édit en faveur de ceux qui la professaient. On trouve dans ce rescrit cette maxime : *Qu'il est plus important que Dieu soit adoré, de quelque façon que ce soit, qu'il ne l'est que des négociants aient plutôt un lieu qu'un autre pour la facilité de leur commerce;* maxime que, dans ce siècle, on lit d'une manière absolument inverse. C'était à l'occasion d'une place destinée à une église, que les païens voulaient enlever aux chrétiens, qu'Alexandre rendit cet arrêt en faveur de ceux-ci. Son bon esprit lui avait fait comprendre la sagesse de leur morale, et son bon naturel la lui faisait goûter. Lampride rapporte qu'il adorait Jésus-Christ en son particulier, et qu'il plaça son image dan son *Lararium* ou chapelle domestique. Il n'eut cependant pas le bonheur d'embrasser la foi chrétienne, au moins n'en existe-t-il point de preuve. La conversion des princes est si difficile, leurs lumières sont combattues par tant de moyens de séduction, l'esprit de l'Evangile est si loin du faste, de l'orgueil et de la corruption des cours, qu'il n'y a pas de quoi s'étonner, si les spécieuses apparences et les plus favorables dispositions sont si rarement couronnées par l'évènement. Obligé de faire la guerre à Artaxercès, il le vainquit, et se distingua autant par le maintien de la discipline, que par son courage. Les Gaulois, accoutumés à la licence, se soulevèrent contre lui. Un de ses officiers, nommé Maximin, le fit assassiner avec sa mère, près de Mayence, en 235. Il n'avait alors que 26 ans. Le sénat décerna l'apothéose à l'un et à l'autre. Cet empereur avait toujours refusé de son vivant les titres de *Seigneur* et de *Dieu*, que l'impiété païenne avait prodigués à tant d'empereurs qui n'avaient mérité que ceux de *tyran* et de *monstre*.

ALEXANDRE DE ALÈS. (Voyez ALÈS.)

ALEXANDRE d'APHRODISÉE, surnommé par les Grecs le *Commentateur*, vivait au commencement du 3e siècle. On cite parmi ses nombreux ouvrages un *Commentaire* sur les météores d'Aristote, à Venise, Alde, 1537, in-fol.; un *Traité de l'âme et du destin*, avec le *Thémistius* d'Alde, 1534, in-fol.; un *Traité des figures, des sens et des paroles*, avec les *Rhetores græci* d'Alde, 1508 et 1509, 2 vol. in-fol. Hervet a traduit en latin son *Traité de l'âme*, Bâle, 1548, in-4. Donat l'a aussi traduit, Rostock, 1618, in-4.

ALEXANDRE (saint), évêque de Jérusalem, fut persécuté sous l'empereur Sévère, vers le commencement du 3e siècle. Narcisse l'ayant choisi pour son coadjuteur dans le siège de Jérusalem, il quitta celui de Cappadoce, qu'il avait eu d'abord. Ce saint prélat défendit Origène, qu'il avait ordonné prêtre, contre Démétrius d'Alexandrie. Il mourut en prison sous l'empereur Dèce, en 249. Il laissa une très-belle bibliothèque à Jérusalem.

ALEXANDRE (saint), évêque d'Alexandrie, lieu de sa naissance, succéda, en 313, à saint Achillas. Il prononça anathème contre Arius qu'il n'avait pu ramener à la foi orthodoxe, et qui avait eu des prétentions sur ce siége. Saint Alexandre assista au concile de Nicée dans un âge fort avancé, et mourut en 326. Il assura, avant que d'expirer, comme par un esprit prophétique, que saint Athanase lui succéderait. On lit, dans Ruffin, que saint Athanase, encore enfant, ayant baptisé quelques enfants de son âge, avec lesquels il jouait sur le bord de la mer, saint Alexandre approuva ce baptême comme valide, supposant que le jeune Athanase avait eu l'intention sérieuse de baptiser; mais Hermant, Tillemont et plusieurs autres savants regardent ce fait comme une fable. Il n'est fondé que sur l'autorité de Ruffin, auteur peu exact; et d'ailleurs il ne s'accorde point avec la chronologie de l'histoire de saint Athanase.

ALEXANDRE (saint), fondateur des *Acœmètes*, né dans l'Asie-Mineure, d'une famille noble, se retira du monde, après avoir occupé une charge dans le palais de l'empereur. *Acœmètes*, mot grec, signifie des gens qui ne dorment point, parce que des six chœurs de solitaires dont sa communauté était composée, il y en avait toujours un qui veillait pour chanter les louanges du Seigneur. Il mourut vers l'an 430, sur les bords du Pont-Euxin. Quelques auteurs ont mal-à-propos confondu les acœmètes avec les moines scythes, qui prétendaient faire approuver la proposition *Unus de Trinitate passus est.* Les acœmètes, au contraire, voulaient la faire condamner, ce qui les fit regarder comme favorables à Nestorius, tandis que les moines scythes étaient suspects d'eutychianisme. Il est à croire que les uns et les autres étaient orthodoxes dans le fond, mais qu'ils disputaient trop et s'entendaient trop peu. (Voy. HORMISDAS et JEAN II, papes.

ALEXANDRE TRALLIEN, *Trallianus*, ou de Tralles, ville de l'Asie mineure, médecin et philosophe célèbre au 6e siècle. On le regarde, d'après Arétée, comme le meilleur médecin qu'aient eu les Grecs depuis Hippocrate. Il voyagea, pour s'instruire, dans les Gaules, en Espagne, et se fixa à Rome, où il fit des cures merveilleuses. Pierre du Châtel, évêque de Mâcon, grand aumônier de France, communiqua à Jacques Goupil le manuscrit qu'il possédait, pour la publication des ouvrages qui nous restent de lui, Paris, 1548, in-fol. On a traduit ses *Notes* du grec en latin. Le baron de Haller a donné une édition de cette version, Lausane, 1748, 2 vol. in-8.

ALEXANDRE I, roi d'Ecosse, fils de sainte Marguerite et de Malcolm III, succéda en 1107 à son frère Edgar. L'impétuosité de son caractère lui fit donner le surnom de *farouche*. Il pacifia, par son courage, les troubles qui s'élevèrent au commencement de son règne. Il bâtit et dota divers monastères et plusieurs églises, une entre autres dans l'île d'Emona en l'honneur de saint Colm. L'église St-André ressentit principalement les effets de sa libéralité. Il mourut en 1124, après avoir régné 17 ans. Il ne s'était pas marié, et laissa le trône à David, son frère puîné.

ALEXANDRE de Bernay, surnommé *de Paris*, né à Bernay en Normandie, était un poète renommé du 12e siècle. Il composa un poème d'*Alexandre-le-Grand*, en vers de douze syllabes, qui ont été nommés depuis alexandrins. Cet ouvrage rimé était passable pour son siècle. Alexandre a composé aussi les romans d'*Elène de Brison*, d'*Atys* et *Prophilias*. Ce dernier fait partie des manuscrits de la bibliothèque royale sous le n° 7191.

ALEXANDRE NEWSKY, grand-duc des Russies, était fils de Yaroslaf et arrière-neveu de George I. Il obtint du vivant de son père, sur le bord de la Newa, une pleine victoire sur les chevaliers de l'ordre Teutonique, renforcés du secours des Suédois. Il succéda à son père, l'an 1244, son frère aîné étant mort subitement en 1232, le jour de ses noces. Alexandre gouverna toujours ses États avec beaucoup de prudence et de valeur, jusqu'à ce qu'il fut attaqué d'une très-rude maladie à son retour de la Crimée. Il choisit dès-lors la vie monastique, et changea son nom d'Alexandre en celui d'Alexis, et mourut en 1261 ou, comme d'autres veulent, en 1263. Les Russes disent qu'il opéra des miracles après sa mort, et le révèrent comme un saint. L'empereur Pierre I a fait bâtir à son honneur une église et un couvent, et l'impératrice Catherine I a fondé en 1725, pour conserver sa mémoire, un ordre de chevalerie qui se nomme l'*Ordre de Saint-Alexandre*. Sans rien prononcer sur les vertus et les miracles attribués à Alexandre, nous nous contenterons d'observer avec les Bollandistes (*Act. SS. maj.*, art. 1. *Ephem. græc. et mosc. n.* 20), qu'il ne faut pas aisément rejeter les anciens saints des Russes; que le schisme de ces peuples ne fut consommé que longtemps après celui des Grecs; qu'ils ont été autrefois zélés catholiques et unis à l'Eglise de Rome; qu'ils reçurent la foi sous saint Ignace, patriarche de Constantinople et ensuite plus généralement par la prédication de Reinsbern, évêque de Colberg, sous le duc Wlodomir, etc.

ALEXANDRE DE MÉDICIS, premier duc de Florence, en 1530, était fils naturel de Laurent de Médicis, surnommé *le Jeune*, et neveu du pape Clément VII. Il dut son élévation aux intrigues de son oncle, et aux armes de Charles-Quint. Ce prince, s'étant rendu maître de Florence, après un siége opiniâtre, convaincu qu'il était plus glorieux de donner des couronnes que de les recevoir, disposa de la souveraineté de cette ville en faveur d'Alexandre, et lui donna ensuite Marguerite d'Autriche, sa fille naturelle, en mariage. Suivant la capitulation accordée aux Florentins, le nouveau duc ne devait être qu'un doge héréditaire. Son autorité était tempérée par des conseils qui leur laissaient au moins un simulacre de leur ancienne liberté. Mais Alexandre ne fut pas plutôt installé qu'il gouverna en tyran, ne connaissant d'autres règles que ses caprices; livré d'ailleurs aux passions les plus brutales, il se faisait un jeu de déshonorer les familles, et de violer même l'asile des cloîtres pour satisfaire sa lubricité. Parmi les confidents de ses débauches était Laurent de Médicis, un de ses parents. Ce jeune homme, âgé seulement de 22 ans, à l'instigation de Philippe Strozzi, zélé républicain, animé d'ailleurs d'une jalousie violente contre Alexandre, conçut le projet de l'assassiner, et l'exécuta la nuit du 5 au 6 janvier 1537. Alexandre n'était âgé que de 26 ans. Sa mort ne rendit point aux Florentins la liberté qu'ils réclamaient, et le crime de Laurent leur devint inutile. Le parti des Médicis prévalut, et Côme succéda à Alexandre. Il est vrai que son gouvernement fut aussi juste et aussi modéré que celui de son prédécesseur avait été violent et tyrannique.

ALEXANDRE-FARNÈSE, duc de Parme, parent de Charles-Quint par sa mère, et du pape Paul III par son père, eut un rang distingué parmi les grands capitaines du 16e siècle. Sa valeur à la journée de Lépante, au siége d'Anvers, qu'il prit en faisant une espèce de digue ou de pont sur l'Escaut (Ce n'était ni une digue ni un pont proprement dit, c'était une estacade vaste et magnifique, couronnée de deux forts, et dont le milieu était occupé par 42 vaisseaux : en barrant le fleuve, ce grand ouvrage servait encore aux transports et aux communications nécessaires ; et, en ce sens, c'était un véritable pont) pour empêcher les secours des Hollandais qui firent de vains efforts pour le détruire, et dans un grand nombre de siéges et de batailles, lui fit beaucoup de réputation. Les catholiques de France ayant demandé de l'assistance à Philippe II, ce prince leur envoya le duc de Parme avec une armée considérable. Alexandre secourut les parisiens contre Henri IV, mais les Hollandais l'obligèrent de rentrer en Flandre. S'étant présenté une seconde fois en France, il obligea Henri IV de lever le siége de Rouen. Une blessure qu'il reçut à la prise de Caudebec fut la cause de sa mort, arrivée en 1592, à Arras. Son corps fut transporté à Parme et déposé aux Capucins, à côté de son épouse Marie de Portugal, morte en 1577. Ses deux fils, Odoard et Ranuce, y firent graver une épitaphe qui finit par ces mots :

Heu ! quale, Roma, amittis et quantum decus !

C'était un prince sage, vertueux, d'une activité et d'une prudence singulières. Tandis qu'il soumettait une partie des Pays-Bas à Philippe par ses victoires, il ramenait les provinces wallonnes par ses bonnes façons. C'en était fait de la république de Hollande, si ses avis avaient été constamment suivis, et surtout si le ministère d'Espagne, jaloux peut-être de la gloire du jeune prince, ne l'avait laissé toujours manquer d'argent. Marnix de Sainte-Aldegonde, lors de la reddition d'Anvers qu'il avait inutilement défendue, rendit un témoignage public à sa générosité, à sa bonne foi, à l'extrême fidélité dans ses engagements et ses promesses, à toutes les qualités qui font l'habile général, l'honnête homme et le grand prince. Ses mœurs répondaient à ses autres vertus. Après la prise de Nuys, il ne voulut pas même voir la femme du gouverneur, dont on lui vantait la beauté, et lui procura une retraite sûre. Un auteur latin, qui en a parlé avec autant de vérité que d'éloquence, observe que la religion dirigeait et animait toutes ses opérations.

ALEXANDRE de Saint-Elpide, général des ermites de Saint-Augustin, archevêque d'Amalfi, est auteur d'un *Traité de la juridiction de l'empire, et de l'autorité du pape*, imprimé à Rimini en 1624. Il vivait au commencement du 14e siècle.

ALEXANDRE (Noël), né à Rouen en 1639, dominicain en 1655, successivement professeur de philosophie et de théologie dans son ordre, docteur de Sorbonne en 1675, et provincial en 1706, mourut à Paris en 1724 à l'âge de 86 ans. Ses grands travaux usèrent sa vue, et il l'avait entièrement perdue quelques années avant sa mort. La Faculté de théologie de Paris assista à ses funérailles. Le pape Benoît XIII ne l'appelait que son maître, quoique quelques-uns de ses ouvrages eussent été proscrits, en 1684, par un décret de l'inquisition de Rome, contre lequel il se justifia avec autant de modestie et de calme, que de dignité et de force. En 1704, il souscrivit au fameux cas de conscience, et fut exilé à Châtellerault, mais sa rétractation le fit rappeler. Ses principales productions sont: *Historia ecclesiastica veteris novique Testamenti*, Paris, 1699, 8 vol. in-fol. et 25 vol. in-8. Cette histoire a été réimprimée à Lucques, en 1754, avec des notes de Constantin Roncaglia, qui rectifient ou éclaircissent plusieurs passages. On estime surtout les dissertations nombreuses dont elle est enrichie ; *Theologia dogmatica et moralis*, en 11 vol. in-8, et en 2 vol. in-fol., Paris, 1703, estimée, quoiqu'un peu diffuse. Bien qu'attaché aux sentiments des théologiens de son ordre, il était juste et modéré à l'égard de ceux qui ne les adoptaient pas. « Je ne puis souffrir, dit-il, dans son « *Histoire ecclésiastique*, ceux qui, à « l'exemple de Jansénius, censurent té- « mérairement des opinions qui ne sont « point condamnées dans l'Eglise, et qui, « faisant de mauvais parallèles de la doc- « trine moliniène avec les erreurs des « pélagiens, blessent la vérité, violent la « charité, troublent la paix de l'Eglise. » Sa latinité est aisée, coulante, et d'une lecture agréable ; quoiqu'elle ne soit pas toujours pure, elle n'a rien de la barbarie de certains scolastiques ; des *Commentaires sur les Evangiles et sur les Epitres de saint Paul*, 1703 et 1710, 2 vol. in-fol. en latin ; une *Apologie des Dominicains missionnaires à la Chine*, in-12, etc. On a donné un catalogue raisonné de tous ses ouvrages, à Paris, 1716, 1 vol. in-4.

ALEXANDRE (Paulowitz), czar ou empereur de toutes les Russies et roi de Pologne, fils aîné de Paul I et de sa seconde femme Sophie-Dorothée-Marie de Wurtemberg-Stuttgard, naquit le 22 décembre 1777. Son père ne prit aucune part à son éducation ; il se contentait de l'assujétir, ainsi que ses frères, à toute la rigueur du service militaire ; mais son aïeule, Catherine II, voulant lui donner une éducation conforme aux grandes vues qu'elle avait sur lui, en confia le soin au colonel Laharpe, du pays de Vaud, qui chercha à communiquer à son élève les idées philosophiques dont il était imbu, et s'attacha particulièrement à lui transmettre le système politique de Catherine, qui seule pouvait achever l'ouvrage immense que Pierre-le-Grand n'avait pu qu'ébaucher. Alexandre fut marié, le 9 octobre 1793, à Louise-Marie-Auguste de Baden, connue sous le nom d'Elisabeth Alexiowna, et fut couronné empereur à Moscou le 27 septembre 1801. Le même jour, il publia un ukase portant exemption de recrutement pour l'armée, diminution d'impôts, défense de faire aucune poursuite pour le paiement des amendes, ordre de mettre en liberté les individus détenus pour dettes, et amnistie pour les déserteurs. Il rappela de l'exil une foule de personnes que des actes arbitraires avaient privées de leur liberté ; enfin, l'administration de la justice éprouva par ses soins de grandes améliorations. Il ordonna des peines pécuniaires contre les juges qui prononceraient des sentences iniques, et contre les particuliers qui soutiendraient des procès injustes ; en matière criminelle, il décida que l'unanimité des voix serait nécessaire pour une condamnation à mort, et la confiscation des biens héréditaires fut abolie, quelle que fût la nature du crime pour lequel on aurait condamné le coupable. Paul I s'était attribué le titre de grand-maître de l'ordre de Malte ; il y renonça solennellement. Pour favoriser le commerce, il donna à la noblesse le droit de l'exercer en gros sans déroger. Il supprima aussi la censure, et il voulut que tous les livres français pussent entrer dans ses Etats sans aucun examen : mais plus tard il se vit obligé de modifier cette disposition. Ami des sciences et des arts, il dépensa des sommes considérables pour l'impression d'ouvrages utiles ; il acheta la collection minéralogique de Forster, le beau cabinet de la princesse Jablonoswska, et il entretint à grands frais beaucoup de savants voyageurs. Il donna aussi à plusieurs hommes célèbres des marques de sa munificence. En 1804, il établit à Téflis une école d'enseignement public ; il ouvrit l'université de Wilna, fonda celle de Cherson, un séminaire pour les clercs catholiques, et il créa, dans la capitale, une école de marine. Il rendit aussi une ordonnance pour l'organisation de l'enseignement de la médecine, de la chirurgie, et des fonds considérables furent affectés pour ces divers établissements : on les évalue à plus de quatre millions de roubles. Il s'occupa encore de changer l'organisation du sénat et du ministère, et l'on peut dire en quelque sorte qu'il a donné une nouvelle constitution à la Russie. Depuis son avénement au trône, Alexandre avait maintenu la paix qu'il avait trouvée établie entre la France et ses Etats. Après la rupture du traité d'Amiens, il offrit sa médiation entre la France et l'Angleterre, qui n'eut aucun résultat et fut suivie d'une rupture. Le comte de Markoff, après des explications très-vives, quitta Paris, et l'empereur Alexandre s'allia avec les cours de Londres, de Vienne et de Stockholm, et quelque temps après avec la Prusse. Nous passerons sous silence les premières guerres où il prit parti ; elles sont détaillées dans l'article Bonaparte, et l'on a pu remarquer qu'il ne parut sur le terrain qu'après la défaite de ses alliés, soit par la lenteur des préparatifs, soit par l'activité prodigieuse de l'empereur des Français qui avait dérangé tous les calculs ; cependant ses troupes ne se retirèrent qu'après avoir soutenu plusieurs combats meurtriers et la résistance la plus opiniâtre. Le czar se décida alors à traiter avec Bonaparte, et conclut la paix de Tilsitt. Ce traité est un acte politique qui tient une place importante dans la vie d'Alexandre, et il est difficile de connaître les vrais motifs qui l'ont dirigé à cette époque. Le jeune monarque russe s'est-il laissé surprendre par l'ambition de partager le monde avec un autre prince ou, dupe de sa duplicité, s'est-il laissé entraîner par l'espoir de conserver la paix européenne ? c'est ce qu'il ne sera peut-être jamais possible d'éclaircir. Quoi qu'il en soit, ce traité fut vivement censuré, même par son premier ministre Beklechoff, qui lui écrivit à cette époque, « que cette paix

« ne pouvait être considérée que comme « un armistice qui serait plus ou moins « prolongé, suivant les vues ambitieuses « de Napoléon, » et il lui conseillait en même temps les précautions qu'il avait à prendre. Alexandre persista néanmoins dans son système, et publia une déclaration contre l'Angleterre à l'occasion du bombardement de Copenhague ; il déclara ensuite la guerre à la Suède à cause de ses relations avec la cour de Londres, et il s'empara de la Finlande, province convoitée depuis longtemps par la Russie. Vers la fin de septembre 1808, il eut une nouvelle entrevue avec Bonaparte, et il lui fit encore de nouvelles concessions dont il ne tarda pas à se repentir. L'homme qui aspirait à la monarchie universelle ne dissimulait plus ses projets ; il voulut prescrire à la Russie de se conformer à son système de blocus continental, et le czar ne le pouvait plus sans danger. Des plaintes s'élevaient de toutes parts sur l'état déplorable du commerce en Russie, occasionné par la cessation des affaires avec les Anglais ; il ne pouvait donc plus leur fermer ses ports, et il commença par apporter au système continental des restrictions que commandaient d'aussi puissants intérêts. Bonaparte s'en plaignit avec amertume, et l'empereur Alexandre essaya encore une fois de négocier pour arrêter les malheurs de la guerre ; mais déjà son adversaire était sur la Vistule avec une armée de plus de cinq cent mille hommes, la plus belle que la France eût encore mise sur pied. Réduit à se défendre dans ses Etats, il se décida aux plus grands sacrifices pour conserver son indépendance, et dès le commencement de la campagne, il proclama la résolution de se retirer, devant un ennemi puissant, jusqu'aux limites glacées de son empire, si cela était nécessaire, mais de ne point traiter avec cet ennemi tant qu'il aurait un pied sur l'empire. Dès lors le résultat de la campagne fut prévu par les hommes qui réfléchissent. C'est ainsi qu'avec le secours de l'espace et du temps, il parvint à anéantir la force de volonté la plus puissante des temps modernes, et donna à l'Europe humiliée les moyens de recouvrer son indépendance et son honneur. Sa première démarche fut d'ouvrir ses ports aux Anglais devenus ses alliés et les seuls qui lui restaient. Tous les rois qu'il avait secourus s'étaient déclarés contre lui. Son armée soutint d'abord avec beaucoup de courage les premières attaques des Français. Les batailles de Smolensk et de la Moskowa furent sanglantes, et le succès longtemps incertain. Obligée de se retirer, elle fit sa retraite sur Moscou qu'elle abandonna ensuite, après avoir livré aux flammes toutes les ressources que Bonaparte avait cru y trouver. Une résolution aussi étonnante ne put être que l'effet du désespoir, ou plutôt d'une politique profonde. On assure que le gouverneur de Moscou avait reçu l'ordre d'incendier cette ville à l'approche des Français, afin de leur enlever toutes les ressources dont ils avaient besoin dans des pays presque déserts. Cet ordre, ponctuellement exécuté, déconcerta tous les projets de Bonaparte. En général habile, celui-ci pouvait encore se retirer avec honneur ; mais son orgueil ne lui permit pas de céder à la force des événements : il espérait que l'empereur Alexandre lui ferait demander la paix, et il ne voulait pas perdre le fruit de ses conquêtes. Il persista, malgré l'avis de son conseil, à rester sur les ruines de Moscou, et il n'ordonna la retraite que lorsque le froid excessif la rendit impraticable. Son armée presque entière périt dans les glaces de la Lithuanie. C'est alors que le czar publia à Varsovie, le 22 février 1813, un appel énergique à tous les rois et à tous les peuples. L'armée prussienne donna la première l'exemple de la défection, et détermina toutes celles qui eurent lieu dans la suite. Cependant Bonaparte reparut en Allemagne à la tête d'une armée nombreuse, et parvint jusqu'au cœur de la Saxe sans éprouver de résistance. La bataille de Lutzen qu'il gagna lui ouvrit les portes de Dresde. Quelques jours après, il resta encore maître du champ de bataille à Vurtschen, et il poursuivit ses succès jusqu'à Breslau. Alexandre se signala particulièrement à Lutzen, où il déploya un courage qui l'exposa aux plus grands dangers, et dans sa retraite, sagement combinée avec Frédéric-Guillaume, il ne laissa en arrière ni un blessé ni un caisson. Il demanda néanmoins un armistice pour donner à l'Autriche et à la Bavière le temps de se déclarer. Bonaparte, qui ne sut pas deviner le but secret de cette suspension d'armes, y consentit ; et, pendant les quarante jours qu'elle dura, Alexandre et le roi de Prusse ne perdirent pas un moment, et déterminèrent l'empereur d'Autriche à les seconder de tous ses moyens. Ces trois princes réunis firent marcher leurs forces sur Dresde qui était occupé par les Français. Là se donna une bataille mémorable qui ne fut pas à l'avantage des alliés. Le célèbre général Moreau y fut tué dans les rangs de l'armée russe, et l'empereur Alexandre fut très-sensible à sa perte. La bataille de Leipsick qui vint ensuite fut la plus sanglante de toutes celles qui eurent lieu pendant cette campagne. Bonaparte y perdit pour la seconde fois les deux tiers de son armée, tout son matériel ; et il serait infailliblement tombé au pouvoir de ses ennemis, sans les manœuvres savantes du maréchal Ney et l'extrême bravoure du peu de troupes qui lui restaient, lesquelles battirent, dans les défilés de Hanau, l'armée bavaroise qui voulait leur fermer le passage. Des conditions de paix lui furent encore proposées, mais il les refusa ; alors Alexandre, qui se trouvait en quelque sorte le chef de la coalition, pénétra en France par la Suisse et l'Alsace, et se montra toujours à la tête de ses troupes. Il assista à plusieurs batailles, où il donna l'exemple du courage. Dans toutes les villes françaises où il passa, il se fit admirer par sa magnanimité et la grâce touchante de ses manières. Pour diminuer les malheurs de la guerre, il entretenait la plus sévère discipline dans son armée, et il rendait une prompte justice à tous les habitants qui avaient des réclamations à lui adresser. Ce fut par ses conseils que les armées alliées opérèrent le mouvement décisif qui les rendit maîtresses de Paris. Les maires de cette ville s'étant présentés au quartier-général des souverains alliés, après la capitulation, l'empereur Alexandre leur adressa ces paroles mémorables : « Le « sort de la guerre m'a conduit jusqu'ici. « Votre empereur, qui était mon allié, « est venu jusque dans le cœur de mes « Etats y apporter des maux dont les « traces dureront longtemps. Une juste « défense m'a amené jusqu'à Paris, et je « suis loin de vouloir rendre à la France « les maux que j'en ai reçus. Je suis « juste, et je sais que ce n'est pas le « tort des Français. Les Français sont « mes amis, et je veux leur prouver que « je veux leur rendre le bien pour le « mal. Napoléon est mon seul ennemi. « Je promets ma protection spéciale à la « ville de Paris. Je protégerai, je conserverai tous les monuments publics. « Je n'y ferai séjourner que des troupes « d'élite, je conserverai votre garde nationale qui est composée de l'élite de « vos citoyens. C'est à vous à assurer « votre bonheur à venir. Il faut vous « donner un gouvernement qui vous procure le repos et qui le procure à l'Europe. C'est à vous à émettre votre vœu ; « vous me trouverez toujours prêt à seconder vos efforts. » Ce fut le 31 mars 1814 qu'il fit son entrée à Paris par le faubourg Saint-Martin. Quelques jours après, le sénat vint lui présenter l'abdication de Napoléon Bonaparte, et il lui renouvela l'expression de son affection pour la nation française, et le désir de l'avoir pour alliée ; « et pour preuve de « cette alliance, ajouta-t-il avec émotion, « je lui rends tous les prisonniers qui « sont en mon pouvoir. » Et il fit aussitôt mettre en liberté tous ceux qu'il avait faits récemment. Ce prince magnanime fut l'objet de toutes les conversations pendant son séjour à Paris. Son portrait se trouvait partout, et on citait chaque jours ses bons mots, où l'on remarquait à la fois l'expression heureuse de sa bonté, et la vivacité d'un esprit aimable et cultivé. Il visita successivement les Tuileries, le Musée, les monuments et les établissements les plus remarquables de la capitale. En passant devant la colonne de la place Vendôme, il jeta ses regards sur la statue de Bonaparte, et s'adressant à ceux qui l'entouraient, il leur dit : « Si j'étais placé si haut, je craindrais d'en être étourdi. » Lorsque Louis XVIII débarqua en France, Alexandre partit de Paris pour aller au-devant de ce monarque ; il se rendit ensuite en Angleterre, où des fêtes magnifiques l'attendaient, et de là à Saint-Pétersbourg, où il reçut avec beaucoup de modération les hommages multipliés de la reconnaissance publique. Le sénat voulait lui décerner le nom de *Béni* ; il le refusa, en disant : « que la modestie et l'humilité étaient des vertus dans les souverains comme dans les sujets. » Quelques jours après, il s'arracha à l'amour de son peuple pour se rendre au congrès de Vienne, où se trouvaient réunis les rois de Prusse, de Danemarck et de Wurtemberg. Pendant toute la durée du congrès, il travailla avec beaucoup d'assiduité aux travaux de cette diète ; et, fidèle aux principes que les Français avaient admirés en lui, il montra une politique généreuse, et il s'attacha toujours à proposer des moyens conciliatoires propres à accorder les différentes puissances dont les intérêts se trouvaient en opposition ; il ne perdit cependant pas de vue les siens. Avant tout, il s'occupa de la réunion de la Pologne à l'empire de Russie, avec le titre de royaume, et il eut beaucoup de peine à obtenir l'assentiment du congrès ; il fut même obligé de déclarer qu'il soutiendrait ses prétentions les armes à la main. Cette même année il conclut, avec le roi de Perse, un traité par lequel on lui cédait plusieurs gouvernements et provinces qui lui assuraient la domination sur toute la mer Caspienne. Le congrès était près de se séparer, et il se disposait à retourner dans ses Etats, lorsqu'il apprit le débarquement de Bonaparte au port de Cannes, sa marche rapide sur Paris, et la facilité avec laquelle il avait ressaisi les rênes du gouvernement. Alors fut signé un nouveau traité entre les souverains alliés, par lequel ils s'engageaient à réunir toutes leurs forces pour marcher sur Paris. L'empereur Alexandre, après avoir rassemblé des forces considérables, se mit en route; mais déjà Wellington l'avait devancé, et la sanglante bataille de Waterloo avait décidé du sort de Bonaparte, qui se vit obligé de quitter la France en fugitif. Le 11 juillet, Alexandre arriva à Paris, et il s'efforça de faire cesser les actes de violence commencés par les autres troupes alliées. En cette circonstance, il se montra l'ami véritable et le plus utile des Bourbons et de la nation française. On ne connaît pas encore tous les services qu'il lui rendit à cette époque. Les princes allemands voulaient reprendre l'Alsace; mais il détourna le coup en soutenant que cette province devait revenir à l'Autriche; ce qui fit naître une contestation entre les vainqueurs, et l'Alsace resta à la France. Il contribua aussi à faire alléger les contributions qu'on voulait exiger, et pendant tout le temps que ses troupes restèrent en France, il maintint parmi elles la plus exacte discipline, et il préféra leur faire distribuer les approvisionnements de ses magasins, plutôt que de consommer les dernières ressources des habitants. Plus tard, il accorda à son amitié pour le duc de Richelieu la réduction de l'occupation militaire. Lorsqu'il eut terminé les arrangements définitifs de la pacification, il se rendit à Bruxelles pour assister au mariage de sa sœur, la duchesse de Mecklembourg, avec le prince royal des Pays-Bas. De là il partit pour la Pologne, où il prit possession de la partie de ce royaume réunie à l'empire russe; enfin, il retourna à Saint-Pétersbourg, et il donna ses premiers soins à l'administration qu'il avait été obligé de perdre de vue depuis si longtemps. Le 1er janvier 1816, il rendit un ukase pour l'expulsion des Jésuites, qui étaient accusés d'avoir cherché à faire des prosélytes; et l'on croit que cette mesure lui fut arrachée, et qu'il ne tarda pas à s'en repentir, parce qu'elle privait tout-à-coup sa capitale et plusieurs provinces de maîtres habiles, dans un pays où l'instruction publique était loin d'être florissante. Le 27 du même mois, il publia un manifeste qui a été traduit dans toutes les langues, et qui fait connaître sa politique et sa haine profonde pour les désordres des révolutions et les excès de la tyrannie. Ce prince, qui s'occupa toujours du bonheur de ses sujets, sentit qu'il lui était impossible d'entretenir un million de soldats qu'il avait sous les armes sans accabler l'empire par des contributions immenses; il sollicita donc ses généraux les plus expérimentés de lui proposer un plan qui pût alléger le sort de ses peuples sans l'exposer à perdre son influence militaire sur l'Europe, et il adopta, à l'instar des Romains, le plan des colonies ou villages militaires, où chaque paysan chef de famille est tenu de loger un soldat de l'armée régulière, qui doit, à son tour, l'aider dans la culture de son champ. Le premier essai en fut fait aux environs de Moscou, sur les frontières de la Turquie, de la Perse et de la Pologne, et il est à présumer qu'une pareille institution doit puissamment influer sur les destinées futures de la Russie, et peut-être sur celles de l'Europe. L'empereur Alexandre s'occupa aussi beaucoup du sort des Polonais, qu'il chercha à attirer à son empire en les flattant. Enfin, il fit des règlements pour encourager l'agriculture et l'industrie, sources inépuisables de richesses dans un Etat, et il chercha à améliorer le sort des paysans, en empêchant les vexations exercées contre eux par les seigneurs; et pour faciliter le commerce avec l'étranger, il conçut le projet d'ouvrir des ports francs sur la Mer-Noire, et il commença par celui d'Odessa, qui a procuré à cette ville un accroissement considérable; il fit aussi venir d'Angleterre un quaker, renommé par ses connaissances dans l'économie rurale, et il le chargea de dessécher et de défricher les marais aux environs de St-Pétersbourg, et d'exploiter la tourbe dont jusqu'alors on n'avait fait aucun usage. Enfin, depuis la guerre de la coalition, chaque année de son règne fut marquée par des projets utiles et par des actes de bienfaisance. On n'a point oublié tout ce que le bon cœur de ce monarque lui inspira, lors des ravages causés par l'inondation de Saint-Pétersbourg. En 1816 il entreprit, pour remédier aux malheurs de la guerre, un voyage dans les parties de son empire qui en avaient le plus souffert; il fit aussi plusieurs autres voyages qui eurent pour but l'amélioration des moyens de gouvernement et le soulagement des peuples de son empire. Il s'occupa également de maintenir la tranquillité de l'Europe, et d'y étouffer les germes des révolutions. Les congrès d'Aix-la-Chapelle, Laybach et Vérone ont prouvé qu'il était pénétré des principes de conservation et d'ordre, qui peuvent seuls assurer la tranquillité des États. S'il refusa de prendre ouvertement la défense des Grecs, pour lesquels il montra d'abord beaucoup d'intérêt, c'est parce qu'il crut y voir des principes d'insurrection qui pouvaient avoir des suites fâcheuses, et dans la crainte de troubler de nouveau la paix de l'Europe. Nous ne devons pas passer sous silence un des actes les plus remarquables de son règne : ce fut celui par lequel il ordonna, en 1822, la dissolution de toutes les sociétés secrètes dans l'empire de Russie et dans le royaume de Pologne. L'année suivante, il adopta des mesures très-sévères pour empêcher la circulation des livres étrangers dont les principes politiques seraient en contradiction avec la Sainte-Alliance. Il paraît qu'il jugeait très-urgents les moyens de répression, et qu'il avait connaissance d'une conspiration qui existait depuis longtemps au sein même de sa capitale, et qui a éclaté après sa mort. On attribue même au chagrin qu'il en éprouvait la dernière maladie qui l'a enlevé à ses sujets; mais il paraît plus vraisemblable qu'elle fut occasionnée par son dernier voyage, entrepris également pour le bonheur du pays qu'il parcourait. « Quand on se rappelle, a dit un journaliste, la nature du pays que l'empereur Alexandre est allé visiter, on ne saurait être étonné de la maladie qui a terminé ses jours, et qui, selon les meilleurs rapports, a dû être une fièvre bilieuse et putride. La mer d'Azoff, plus justement nommée *Palus-Méotides*, est, dans plusieurs de ses parties, un marais infect, répandant au loin des miasmes et des brouillards. L'empereur, en entrant dans la Crimée, a dû longer en grande partie le bras de mer appelé *Mer-Putride*, séjour perpétuel des fièvres de marais. Quelques jours avant le voyage de Crimée, Alexandre avait été visiter le pays des Cosaques, et spécialement Tcherkask, ville située dans un immense marais boueux, et où plusieurs voyageurs en passant ont éprouvé des attaques de fièvre très-dangereuses. De plus, les eaux, dans une grande partie de ces contrées, sont dures, saumâtres et tellement mauvaises, que les habitants mêmes éprouvent des inconvénients en les buvant. C'est en s'exposant à tous ces dangers, dépeints dans les voyages de Pallas, que l'empereur s'est attiré la maladie dont il est mort, et l'on peut dire que ce grand homme a sacrifié sa vie au bonheur de ses peuples. » D'autres écrivains donnent à sa mort une cause plus ancienne. Plusieurs années auparavant, il avait fait une chute d'un drowski; et par suite un érysipèle s'était déclaré à la jambe et avait rapidement gagné la cuisse. On avait craint un moment d'être obligé d'en venir à l'amputation, lorsque cinq plaies s'ouvrirent dans les parties malades et sauvèrent l'empereur. Il refusa de mettre un cautère à la suite de cet accident qui avait reparu depuis plusieurs mois et formait une plaie : le froid aura fait remonter tout-à-coup cette humeur, et dès lors le mal est devenu mortel. Quoi qu'il en soit, il se sentit indisposé dans son voyage de Crimée, et il revint à Taganrog le 18 novembre. Il espéra d'abord que son indisposition n'aurait pas de suite, et il refusa les secours des médecins jusqu'au 26, qu'il consentit à les recevoir. Le même jour, il fut administré, et le 27 il perdit la connaissance et la parole. Le 28, des remèdes très-actifs lui rendirent l'usage de tous ses sens; mais bientôt le mal reprit sa violence, et il expira le 1er décembre 1825, âgé de 48 ans. Une entrevue du célèbre prince de Hohenlohe avec l'empereur Alexandre, à Vienne, le 24 septembre 1822, et qui se prolongea depuis sept heures et demie du soir jusqu'à onze heures moins un quart, semblerait permettre d'espérer que l'empereur de Russie est mort dans le sein de l'Église catholique. Le vénérable évêque de Sardique raconte dans ses *Lichtlichen und Ergebnissen* l'entretien intéressant qui a donné lieu à cette pieuse espérance. Un journal a avancé que ses *facultés intellectuelles avaient subi, depuis quelque temps, une assez forte altération;* mais il paraît certain qu'il a conservé jusqu'à sa fin la même fermeté de raison et de volonté. L'administration intérieure de son vaste empire l'a toujours trouvé laborieux, attentif, et son génie n'a succombé devant aucune difficulté. Il venait de créer un comité pour l'amélioration de l'état des villes de l'empire, et afin de prouver aux habitants du Taganrog sa bienveillance particulière, il venait de leur accorder la remise du dixième des droits de douane qu'on percevait pour les réparations du port et la construction des bâtiments nécessaires et proportionnés à l'importance de son commerce. L'air de cette ville est très-sain; elle est située à cinq cents lieues de Saint-Pétersbourg, et sept d'Azoff, à l'entrée des *Palus-Méotides*, et sur la Mer-Noire. Alexandre voulait y bâtir un château de plaisance, afin de venir y passer tous les étés. « Ce prince, dit un des historiens de sa vie, avait de sa mère la taille, la beauté, la douceur et la bienfaisance; il avait de

Catherine, son aïeule, une grandeur de sentiments et une égalité d'humeur inaltérable, un esprit juste et pénétrant, et une discrétion rare; il montra dans sa jeunesse une retenue et une circonspection qui n'étaient point de son âge, et qu'on aurait prises pour de la dissimulation, si elles n'avaient pas été l'effet de la position gênée où il se trouvait entre son père et sa grand'mère, plutôt que de son cœur, naturellement franc et ingénu. Dès ce temps, il était adoré du soldat à cause de sa bonté, admiré de l'officier à cause de sa raison; il était le médiateur entre l'autocrate et les malheureux, qui, pour quelques légers délits, provoquaient la colère et la vengeance impériale; d'un caractère heureux, mais passif, il manquait de hardiesse et de confiance pour chercher l'homme de mérite; toujours modeste et retenu, il se laissait trop aller aux impulsions étrangères, et s`abandonnait pas assez à celles de sa raison et de son cœur. Quand on lui eut donné une cour particulière, et qu'on eut éloigné de lui certains personnages de mérite, il fut le plus mal entouré et le plus désœuvré des princes; mais lorsqu'il parvint à l'empire, il s'adonna entièrement aux affaires, et pendant tout son règne il fit lui seul tout le travail de la guerre. Son ministre n'était que son commis : il travaillait dans un cabinet où toutes les cartes des différentes parties du monde étaient exposées, et il connaissait par leur nom tous les officiers de son armée. » — « De tous les princes de son temps, il était, dit un politique, celui qui faisait le plus de choses par lui-même. Dominé par un ardent amour du bien, il ne lui suffisait pas que son vaste empire jouît d'un repos garanti par l'affection de ses peuples et la sagesse de son gouvernement, sa sollicitude s'étendait à toute l'Europe civilisée; le moindre ébranlement qui en menaçait la tranquillité l'alarmait comme s'il se fût agi d'une révolution en Russie. Comme homme privé, Alexandre réunissait toutes les qualités propres à le faire chérir; comme empereur, les événements qui remplissent sa vie sont dans la mémoire de tout le monde. C'est l'histoire de l'Europe; il en a fait douze ans la destinée. L'esprit de parti pourra contester les services qu'il a rendus; mais la nation russe le mettra certainement au rang de ses plus grands souverains. Jamais il n'eut de fantaisie de luxe, et il fut toujours sobre. Il rehaussait les qualités les plus rares par cette bonté de cœur, ces mœurs sans faste, et cette simplicité si admirable dans la puissance; la modération était le trait dominant de son caractère, et sa magnanimité fut louée par ses plus grands ennemis. Il se laissa entraîner dans ses premières années aux illusions du libéralisme, et il pencha vers le mysticisme allemand; mais ses idées se rectifièrent ensuite d'une manière consolante. » Alexandre ne laissa point d'enfants de son mariage avec la princesse de Baden. Il avait trois frères : le grand-duc Constantin, le grand-duc Nicolas et le grand-duc Michel. Le premier ayant renoncé à l'empire, Nicolas lui a succédé.

ALEXANDRINI (JULES), médecin et philosophe célèbre, né à Trente, en 1506, fut partisan enthousiaste de Galien et eut à soutenir contre Argenterio une dispute dans laquelle la victoire ne fut pas de son côté. L'empereur Ferdinand I le choisit pour son médecin; il occupa la même place auprès de Maximilien II et de Rodolphe II, qui ajoutèrent encore aux honneurs et aux titres dont il était revêtu, en lui conférant des titres de noblesse, et en l'autorisant à prendre le nom de *Neustain*. Il mourut dans sa patrie le 25 août 1590, laissant, outre la traduction d'une partie des œuvres de Galien et d'Actuarius, plusieurs ouvrages pour éclaircir le texte de Galien ou défendre le système qui porte ce nom, et ceux dont voici les titres : *De medicinâ et medico dialogus*, Zurich, 1557, in-4; *De sanitate tuendâ*, Cologne, 1575, in-fol.; *Concilia medica*, dans la collection de Scholzius; *Pædotrophia*, Zurich, 1539, in-8. Cet ouvrage est en vers, etc. Alexandrini est le premier qui indiqua le rapport intime qui existe entre les modifications de l'âme et l'organisation physique du corps : idée dont plus tard on a abusé.

ALEXIS, poète comique grec, oncle de Ménandre, vivait du temps d'Alexandre-le-Grand, vers l'an 336 avant J.-C. On trouve des fragments de ce poëte dans *Vetustissimorum Græcorum bucolica gnomica*, etc., Crispin, 1570, in-16. Coupé en a donné une traduction dans ses *Soirées littéraires*.

ALEXIS ARISTÈNE, diacre de l'Église de Constantinople, dont on a des notes sur un recueil de Canons, qui sont dans les *Pandectæ Canonum* de Bévéridge.

ALEXIS I COMNÈNE naquit à Constantinople l'an 1048, de Jean Comnène, frère de l'empereur Isaac Comnène. Ayant reçu une excellente éducation, il fit de grands progrès dans l'état militaire, et fut regardé comme un héros dans sa jeunesse. Nommé général contre les Turcs avec son frère Isaac, il les engagea à faire alliance avec l'empire. Il se distingua par plusieurs actions de valeur, avant de monter sur le trône de Constantinople, qu'il usurpa sur Nicéphore Botoniate, après l'avoir cloîtré en 1081. Proclamé empereur par les troupes, il battit les Turcs, et les força à faire la paix. Après cette expédition contre les Musulmans, il fut obligé de se défendre contre Robert Guiscard, qui le battit d'abord, et sur lequel ensuite il remporta deux victoires. Cette guerre fut suivie d'une irruption des Scythes, qu'il tailla en pièces dans une bataille générale. Peu de temps après, il vit arriver dans ses Etats une multitude innombrable de croisés, qui l'alarmèrent beaucoup. Il craignit que Boëmond, fils de Guiscard, et par conséquent son ennemi déclaré, ne profitât de cette guerre sainte pour lui arracher la couronne. Il prit le parti de dissimuler, et de faire un traité avec l'armée croisée, par lequel il promettait de la secourir par terre et par mer. Les Latins disent qu'il l'observa mal, et les Grecs soutiennent au contraire qu'il en remplit toutes les conditions avec une ponctualité, que les croisés, disent-ils, ne méritaient pas. Il est sûr qu'il se présenta pour les secourir au siège d'Antioche; mais il n'est pas moins vrai qu'il se retira, lorsqu'il vit que les affaires devenaient sérieuses. Les Français furent indignés de cette retraite; mais il les gagna ensuite en rachetant leurs prisonniers, et en les recevant avec magnificence, lorsqu'ils revinrent à Constantinople. Boëmond fut le seul qui voulut rester en guerre avec lui; mais il en triompha bientôt, et le contraignit de demander la paix. Il pacifia aussi son empire en traitant avec les Turcs, et mourut en 1118, âgé de 70 ans. La plupart des historiens peignent ce prince avec les couleurs les plus noires. Sa fille Anne lui a donné les éloges les plus outrés, dans l'histoire qu'elle a écrite de son père. Il y a un milieu à tenir entre le panégyrique et la satire. Si l'on doit blâmer Alexis d'avoir trop songé à l'agrandissement de sa famille, de n'avoir pas respecté le droit de propriété, de s'être cru non l'administrateur, mais le maître de la fortune publique; on ne peut que le louer de sa sobriété, de son amour pour les lettres, et de son affabilité envers le peuple. « Sa mésintelligence avec les « pèlerins armés de l'Occident, dit l'abbé « Berault Bercastel, et la mauvaise foi « qu'on lui a reprochée, vraisemblable- « ment avec hyperbole, ne l'empêchaient « pas d'être soumis au Saint-Siége. Il « envoyait souvent des présents à l'E- « glise romaine, au Mont-Cassin, et jus- « qu'à Cluny. Il employait régulièrement « une partie du jour à lire les Livres « saints, et à s'entretenir avec de pieux « docteurs. Son zèle pour la conversion « des hérétiques allait jusqu'à passer des « nuits entières avec eux, pour les ra- « mener de leurs égarements. »

ALEXIS II Comnène, né l'an 1168, était fils de Manuel Comnène, empereur de Constantinople, et de Marie, fille de Raymond, prince d'Antioche. Il succéda à son père, à l'âge de 12 ans, en 1180. Trop jeune et trop dépourvu d'expérience et d'esprit pour tenir les rênes de l'empire, il fut mis sous la tutelle de Marie, sa mère, et d'Alexis Comnène, son oncle. Injuste, ambitieux, avide d'argent, il irrita le peuple par ses exactions. Sur ces entrefaites arrive Andronic Comnène, qui profite du mécontentement général pour faire chasser les tuteurs du jeune Alexis, et se mettre en leur place. Ce malheureux enfant se vit forcé par Andronic de signer l'arrêt de mort de sa sœur et de sa mère, et bientôt après d'associer à l'empire le bourreau de sa famille; mais celui-ci, ayant fait déclarer aussitôt son collègue incapable de régner, le fit étrangler en avril 1182. Le corps de ce malheureux prince ayant été apporté sous ses yeux, il le poussa du pied en disant *que son père avait été un parjure, sa mère une impudique, et lui un imbécile;* ensuite il le fit jeter dans la mer.

ALEXIS (le faux), imposteur qui, profitant de sa ressemblance avec Alexis II, fils de l'empereur Manuel Comnène, voulut se faire passer pour lui en 1191. Il avait rassemblé en Asie 8,000 hommes, presque tous musulmans : ils commirent d'affreux ravages dans les pays voisins du Méandre. Un prêtre d'Asie, voulant venger le pillage et la profanation des temples chrétiens, pénétra un jour dans l'appartement du faux empereur, et ayant saisi une épée suspendue au chevet du lit, il lui trancha la tête pendant qu'il dormait.

ALEXIS III, frère d'Isaac l'Ange, empereur de Constantinople, conspira contre lui, le détrôna en 1195, et le fit enfermer dans une prison, après qu'on lui eut crevé les yeux. Le nouvel empereur était un débauché avare, un lâche despote. Ayant abandonné le gouvernement à Euphrosine sa femme, il se laissa battre par les Turcs et les Bulgares, et il ne termina cette guerre honteuse, qu'en achetant bassement la paix à force d'argent. Les peuples murmuraient, l'impératrice Euphrosine faisait tous ses efforts pour suppléer à la faiblesse de son époux. Isaac l'Ange avait un fils qui s'était retiré en Allemagne, auprès de l'empereur Philippe, son beaufrère. Ce prince engagea une armée de croisés, composée de Français et de Vénitiens, à le rétablir sur le trône de ses pères. Le siége fut mis devant Constantinople, qui se rendit en juillet 1203. Alexis l'Ange, voyant sa capitale au pouvoir de son ennemi, prit la fuite pendant la nuit. Il erra longtemps dans la Grèce : Murtzuphle vint se joindre à lui ; mais il lui fit crever les yeux, ne voyant en lui qu'un rival de plus. Enfin, ayant perdu toutes ses ressources, il tomba au pouvoir de Boniface marquis de Montferrat, alors maître d'une grande partie de l'empire, et fut relégué en Lombardie. Il obtint sa liberté après la mort de l'empereur Boniface. Il vint en Asie l'an 1210 : son but était de détrôner, par les soins du sultan d'Iconium, le vaillant Lascaris, qui devait sa couronne à sa valeur. Celui-ci tua le sultan, vainquit Alexis, lui fit crever les yeux, et l'enferma dans un monastère, où il mourut vers 1220.

ALEXIS IV, le Jeune, empereur de Constantinople, neveu du précédent, et fils d'Isaac l'Ange, tira son père des fers, et tout aveugle qu'il était, lui remit le sceptre, et se contenta d'être son collègue. Mais, comme il fallait des sommes très considérables pour repousser les Sarrasins, les peuples furent foulés. Il s'éleva un nouveau tyran, qui détrôna Alexis IV, et le fit étrangler en 1204. (Voyez l'article suivant.)

ALEXIS V, surnommé Ducas Murtzuphle, ayant d'abord été grand-maître de la garde-robe, sous Isaac l'Ange et Alexis IV, détrôna ce dernier prince et le fit étrangler. Au lieu de repousser les infidèles qui lui enlevaient ses provinces l'une après l'autre, il commença son règne, en janvier 1204, par une guerre contre les croisés, qui mirent le siége devant Constantinople, et donnèrent le premier assaut le 9 avril de la même année 1204. La ville fut prise et pillée. Théodore Lascaris fut élu empereur par les Grecs, et Baudouin par les Latins. Ce dernier poursuivit Murtzuphle, lui fit crever les yeux, et les Français, irrités contre lui, le précipitèrent du haut de la colonne que Théodose-le-Grand avait fait élever à Constantinople sur la place appelée Taurus. Cet événement eut lieu en juin 1204. Le surnom de Murtzuphle lui avait été donné, parce que ses sourcils se joignaient et lui tombaient sur les yeux. Il ne régna qu'environ trois mois. Tour à tour artificieux, dissimulé, avare et cruel, il dépouilla presque tous les grands seigneurs de la cour, et s'appropria leurs richesses, qui lui appartenaient, disait-il, par la loi du plus fort. Ayant disgracié les hommes de mérite qui étaient dans le ministère, il leur substitua ses parents et ses amis, la plupart aussi avides qu'incapables. Un historien judicieux observe que, depuis le schisme des Grecs, le trône de cet empire a presque toujours été occupé par des imbéciles ou des tyrans.

ALEXIS (Guillaume), religieux bénédictin dans l'abbaye de Lyre, puis prieur de Bussi au Perche, vivait en 1505, et a laissé différentes poésies, bonnes pour le temps. Les principaux ouvrages qu'on connaît de lui sont : quatre *Chants royaux* présentés aux jeux du Puy à Rouen, in-4, sans date ; *Le Passe-temps de tout homme et de toute femme*, Paris, in-8 et in-4, sans date ; l'auteur dit l'avoir traduit d'un ouvrage d'Innocent III : c'est un livre de morale sur la misère de l'homme depuis sa naissance jusqu'à sa mort ; le *Grand Blason des fausses amours*, in-16 et in-4, plusieurs fois réimprimé ; on le trouve encore dans beaucoup d'éditions de la *Farce de Pathelin* et des *Quinze joies du mariage :* c'est un dialogue sur les maux qu'entraîne l'amour.

ALEXIS MICHAELOWITZ (c'est-à-dire fils de Michel), czar de Moscovie, fut père de Pierre-le-Grand, et naquit en 1630. Il eut une guerre avec la Pologne, qui finit par une paix glorieuse. Il défendit ensuite les Polonais contre les Turcs. Il présenta son fils pour disputer le trône de Pologne à Jean Sobieski ; mais ce général, qui l'avait gagné par des victoires, l'emporta sur le czar. Alexis mourut quelque temps après, en 1677. Il protégea le commerce, veilla à la discipline de ses armées et à l'exécution des lois de son royaume ; il augmenta ses États par la conquête de Smolensko, de Kiovie et d'une partie de l'Ukraine, et favorisa la population dans le pays de ses conquêtes.

ALEXIS-PÉTROWITZ, fils de Pierre-le-Grand, czar de Russie, et d'Eudoxie Fédérowna Lapouchin, épousa Charlotte de Brunswick Wolfenbutel. Loin de marcher sur les traces de son père, il condamnait par ses discours, et encore plus par ses mœurs et par ses actions, tout ce que Pierre-le-Grand entreprenait pour l'agrandissement de la Russie. Le czar witz Alexis menait une vie obscure ; il avait un caractère un peu sauvage, un attachement excessif aux anciens usages de la nation et un profond mépris pour les établissements nouveaux. Il était presque toujours enfermé avec une finlandoise nommée Euphrosine, qui l'entretenait dans une vie oisive. Pierre résolut de le déshériter. Le czarowitz parut consentir à ce que le czar projetait; cependant, à peine son père eut entrepris son second voyage en Europe, qu'il alla chercher un asile auprès de l'empereur, dont l'épouse était sa belle-sœur. La cour impériale lui ordonna de se tenir caché dans Vienne, et l'engagea bientôt à chercher une autre retraite. Le czarowitz se retira à Inspruck, capitale du Tyrol, et ensuite à Naples. Le czar découvrit la demeure de son fils et l'engagea à revenir à Moskou, lui promettant de ne pas le punir. Le prince obéit sans retard ; mais dès qu'il fut arrivé, Pierre fit environner par des gardes le château où il était ; on lui ôta son épée, et il fut conduit comme un criminel devant son père. Les principaux de la noblesse et le clergé étaient assemblés. Le czar le déclara indigne de sa succession, et l'y fit renoncer solennellement. Les confidents du czarowitz et ceux qui l'avaient suivi dans sa fuite furent arrêtés, et la plupart périrent par les supplices. Son confesseur même fut appliqué à la question pour révéler la confession du fils, et eut la tête tranchée. La czarine Eudoxie, sa mère, fut transférée dans un monastère près du lac de Ladoga; et la princesse Marie, sœur du czar, impliquée dans cette funeste affaire, fut enfermée dans le château de Schlusselbourg. Le czar retenait toujours son fils prisonnier, et le traitait comme coupable de lèse-majesté. On instruisit son procès, et il fut jugé à la dernière rigueur : on le condamna à mort. Son arrêt et sa grâce, qui lui furent annoncés presque en même temps, lui causèrent une révolution si violente, qu'il mourut le lendemain, en 1719. Il avait un fils qui monta sur le trône après la mort de l'impératrice Catherine. Lamberti, historien contemporain, « le plus « impartial de tous et le plus exact » suivant Voltaire, rapporte que le czar coupa lui-même la tête de ce fils infortuné, après lui avoir donné le knout. Il y a des historiens qui justifient Alexis sur plusieurs reproches qu'on lui a faits, et qui attribuent ses malheurs à l'impératrice Catherine, seconde femme de Pierre, qui voulait faire régner son propre fils, mort quelque temps après Alexis.

AL-FARABI, premier philosophe musulman du 10ᵉ siècle, a perdu beaucoup de temps à l'explication des rêveries de l'Alcoran ; mais il s'occupa aussi des arts utiles et agréables. On dit qu'il excellait dans la musique, et qu'au son du luth, il faisait rire ou pleurer, danser ou dormir. Après avoir parcouru diverses contrées, il s'établit à Damas, où le prince de cette ville, Seif-ed-Daulah, le retint à sa cour et lui assigna 4 drachmes par jour. Al-Farabi mourut l'an 950 de J.-C. Casiri nous a donné la nomenclature de ses ouvrages dans sa *Bibl.-arab. hisp.* tom. 1, part. 1, 190. On a imprimé son traité *De Intelligentiis* dans les OEuvres philosophiques d'Avicenne, et son traité *De causis* dans celles d'Aristote, avec les commentaires d'Averroès. Il avait composé, dit-on, des ouvrages sur toutes les sciences.

ALFENUS VARUS, célèbre jurisconsulte romain. Il quitta, jeune encore, la boutique de son père, cordonnier à Crémone, pour venir étudier à Rome sous Servius Sulpicius, dont il fut dans la suite le successeur. Sa réputation de probité et de savoir lui valut la dignité de consul. On lui doit les premières collections du droit civil auxquelles il donna le nom de *Digestes*, qui sont renfermées dans 40 livres dont le jurisconsulte Paulus a fait l'abrégé. Cet Alfénus Varus est, suivant M. Dacier, le même que celui dont il est question dans une des épigrammes de Catulle ; mais cette opinion est peu fondée. Horace a parlé de lui avec ironie dans une de ses satires :

..... Alfenus vafer, omni
objecto instrumento artis, etc.

Enfin toute c'est au consul Alfénus que Virgile dut la conservation de ses biens. Ses concitoyens l'honorèrent encore après sa mort, et ses funérailles furent célébrées aux dépens de la république.

AL-FERGAN (Ahmed-Ben-Kotaïr. Al-Farganensis) ou AL-FRAGANIUS, astronome arabe, florissait du temps du calife Al-Mamoun, qui mourut l'an 833 de J.-C. On a de lui une *Introduction à l'astronomie*, dont Abulfarage fait un grand éloge. Golius la fit imprimer à Amsterdam, en 1669, in-4, avec des notes curieuses.

ALFIÉRI (Victor), célèbre poète italien, né à Asti en Piémont en 1749, de parents nobles, honnêtes et riches. Ayant perdu son père, lorsqu'il n'avait pas encore un an, il eut pour tuteur son oncle Pellegrino-Alfiéri. Des maladies presque continuelles firent négliger son éducation;

il entra cependant, en 1758, au collége des nobles à Turin. Mais la perte qu'il fit de son tuteur deux ans après, l'ayant rendu maître de sa fortune, il sortit du collége à peu près dans l'état d'ignorance où il y était entré. Sa première passion fut celle des voyages : il parcourut, en moins de deux ans, une partie de l'Europe; mais guidé seulement par la curiosité, il n'en rapporta aucun fruit. Une inclination qu'il eut à Turin lui inspira du goût pour la poésie ; il se livra dès lors à l'étude et fit des progrès très-rapides. *Philippe II* et *Polynice* furent ses deux premières tragédies ; il en donna ensuite un grand nombre d'autres qui eurent un succès prodigieux. Celles qui le méritèrent le mieux sont *Virginie*, *Antigone*, *Saül*, *Mérope* et *Agamemnon*. Plusieurs de ses pièces renferment des idées républicaines qui étaient un peu les siennes, au moins au commencement de la Révolution française ; mais, lorsqu'il eut connu la conduite des monstres qui en étaient les chefs, il prit en horreur la France, qu'il habitait depuis plusieurs années, et s'empressa d'en sortir. On commit, après son départ, l'injustice de le traiter en émigré; ses meubles et ses livres furent confisqués, ainsi que la plus grande partie de sa fortune qu'il avait placée sur l'Etat. On a recueilli son Théâtre qui contient dix-neuf tragédies, en 6 volumes in-8; il a été traduit en français par Petitot, en 4 volumes in-8. On lui reproche de la sécheresse et de la raideur ; mais l'action de ses pièces est toujours d'une noble simplicité ; elle est une, et marche rapidement ; ses caractères ont de l'énergie. Il parle rarement au cœur ; mais il est éloquent et nerveux dans les passions fortes. Son dialogue est parfois un peu dur, à force d'être concis; il est souvent un modèle de précision et de justesse. Alfiéri a le mérite encore d'avoir supprimé dans ses pièces les confidents et presque tous les personnages secondaires. Outre son Théâtre, on a encore de lui : *Opere varie filosofico-politiche*, 4 vol. in-12, et des *OEuvres posthumes*, 13 vol., contenant quelques traductions de pièces grecques, des comédies, une traduction de *Salluste* très-estimée, une traduction des *Comédies de Térence*, celle de l'*Énéide de Virgile*, et enfin sa *Vie*. Ses *OEuvres complètes* ont été imprimées en 1809, en 22 v. in-16; on y remarque, outre ses tragédies, ses *Odes*, ses *Sonnets* et quelques autres petites pièces ; ses *Satires* et ses *Comédies* ne sont pas dignes de sa plume. Comme prosateur, il mérite encore des éloges : il est un des premiers qui aient débarrassé la langue italienne des gallicismes bizarres introduits par plusieurs écrivains du siècle dernier ; et il lui a rendu toute son énergie, sa grâce et sa pureté. Il mourut à Florence le 8 octobre 1803, et fut enterré dans l'église de Sainte-Croix, où sa veuve lui fit élever un tombeau magnifique par le célèbre Canova.

ALFORD. (Voyez GRIFFITH.)

ALFRED, ou ELFRED, appelé *le Grand*, avec plus de justice que tant d'autres monarques, succéda, dans le royaume d'Angleterre, à son frère Ethelred en 871, et à l'âge de 23 ans. Ce fut le 6e roi d'Angleterre de la dynastie saxonne; il était le plus jeune des cinq fils du roi Ethelwolf. Dès sa jeunesse il avait été à Rome, où il avait reçu sa première éducation sous les auspices de Léon IV. Ce pontife l'avait marqué de l'onction sainte, et l'appelait son *fils chéri*. De retour à Rome, avec son père, il y perfectionna ses connaissances, et revint en Angleterre avec toutes les qualités qui constituent un grand monarque. Les Danois, maîtres de presque tout son pays, le vainquirent d'abord ; mais Alfred, après être resté caché six mois sous l'habit de berger, ayant rassemblé ses troupes, tailla en pièces ces usurpateurs, et leur imposa les conditions qu'il voulut. Gitro, leur roi, fut obligé de recevoir le baptême, et Alfred, reconnu souverain par les Anglais et les Danois, le tint sur les fonts. Il marcha ensuite contre Londres, l'assiégea, la prit et la fortifia, et y fit construire des vaisseaux de guerre plus propres à la manœuvre que ceux des Danois. Après avoir conquis son royaume, il le policia, fit des lois, établit des jurés, et divisa l'Angleterre en comtés, dont chacun contenait plusieurs centaines de familles. Il encouragea le commerce, protégea les négociants, leur fournit des vaisseaux, et fit succéder la politesse et les arts à la barbarie qui avait désolé son royaume. L'Angleterre lui doit l'université d'Oxford. Il fit venir des livres de Rome pour former sa bibliothèque, et ressuscita les sciences, les arts et les belles-lettres. Les prêtres anglais de son temps savaient peu de latin ; il l'apprit le premier et le fit apprendre. Il s'adonna en même temps à la géométrie, à l'histoire, à la poésie même. On peut le compter au nombre des rois auteurs. Parmi divers ouvrages qu'il composa, on distinguat un *Recueil de chroniques* ; les *Lois des Saxons occidentaux*; des *Traductions de l'histoire d'Orose*, de celle *de Bède*, *du Pastoral* et *des Dialogues de saint Grégoire*, *de la Consolation de la Philosophie* de Boèce, des *Psaumes de David*,

etc. Assuérus Ménévensis, auteur contemporain, a écrit son histoire : on la trouve dans *Historiæ britannicæ scriptores*, de Calle, Oxford, 1687 et 1691, 2 vol. in-folio. La manière dont il partagea son temps lui donna le moyen de vaquer à tout, aux affaires, à l'étude et à la prière. Il divisa les vingt-quatre heures du jour en trois parties égales : l'une pour les exercices de piété ; l'autre pour le sommeil, la lecture et la récréation ; et la troisième pour les soins de son royaume. Comme il n'y avait point encore d'horloge, il fit faire six cierges qui brûlaient chacun quatre heures, et ses chapelains l'avertissaient tour à tour lorsqu'il y en avait un de consommé. A la fleur de son âge, et au plus haut point de sa gloire, il avait fait vœu de garder fidèlement cette distribution de temps, et il n'y manqua jamais. Ce grand roi mourut l'an 900, regretté comme un père et comme un héros par son peuple, dont il avait été le législateur et le défenseur. Jamais prince n'eut plus d'affabilité pour ses sujets, et plus de valeur contre ses ennemis, et peut-être n'y eut-il jamais de preuve plus frappante de ce que peut la religion sur les rois et les peuples, pour la gloire et la prospérité des Etats. L'Angleterre, avant lui, sauvage et agitée de troubles continuels, devint un séjour de paix et de justice. On dit même que la sûreté publique y était si grande, qu'ayant suspendu des bracelets d'or sur un chemin public, pour éprouver les passants, personne n'y toucha. Alfred réunissait les qualités qui caractérisaient le saint, le guerrier, l'homme d'Etat. Il est nommé parmi les saints, sous le 26 d'ctobre, dans deux calendriers saxons, dont il est fait mention dans une note de la traduction saxonne du Nouveau-Testament. Son nom se trouve aussi dans quelques autres calendriers particuliers, ainsi que dans le Martyrologe anglais de Wilson, sous le 28 d'octobre. Il ne paraît cependant pas que l'Eglise lui ait jamais décerné un culte public. Henri Spelman, transporté d'une espèce d'enthousiasme, le peint ainsi (Col. conc. Brit.) « O Alfred ! la
« merveille et l'étonnement de tous les
« siècles! Si nous réfléchissons sur sa
« religion et sa piété, nous croirons
« qu'il a toujours vécu dans un cloître ;
« si nous pensons à ses exploits guer-
« riers, nous jugerons qu'il n'a jamais
« quitté les camps; si nous rappelons son
« savoir et ses écrits, nous estimerons
« qu'il a passé sa vie dans un collége ; si
« nous faisons attention à la sagesse de
« son gouvernement et aux lois qu'il a
« publiées, nous serons persuadés que
« ces objets ont été son unique étude. »

ALGARDI (Alexandre), sculpteur et architecte bolonais, eut Louis Carrache pour maître, et fut ami du Dominiquin, qui le produisit à Rome, où il mourut, en 1654, âgé de 61 ans. L'Eglise de Saint-Pierre du Vatican conserve de lui un bas-relief très-estimé, représentant saint Léon qui vient au-devant d'Attila. On voit encore de lui un excellent *groupe* de la décollation de saint Paul, dans l'église de ce nom à Bologne. Les Italiens, en faisant l'éloge de cet artiste, disent que c'est un Guide en sculpture ; il est certain qu'il a toute la pureté et la finesse de dessin de ce grand peintre.

ALGAROTTI (François), né à Venise, d'une famille honnête, en 1712, après avoir fait ses premières études à Rome et dans sa patrie, fut envoyé par ses parents à Bologne, où il étudia pendant six ans la philosophie, la géométrie, l'astronomie, la physique expérimentale et l'anatomie. Il voyagea de bonne heure, autant par curiosité que par le désir de perfectionner ses talents. Il était encore fort jeune, lorsqu'il vint, en 1735, à Paris, où il composa, en italien, la plus grande partie de son *Newtonianisme pour les dames*, ouvrage superficiel, qui, effectivement, n'est propre qu'à l'enseignement des dames, et de ceux qui, en matière de physique, n'en veulent pas savoir plus que le beau sexe n'est tenté d'en apprendre. Le jeune philosophe, après avoir fait un séjour assez long en France, passa en Angleterre, et de là en Allemagne et en Pologne. Le roi de Pologne, Auguste III, auprès duquel il s'était fixé, l'honora du titre de conseiller intime pour les affaires de la guerre. Ayant quitté la cour de ce prince pour revoir sa patrie, la mort vint le frapper à Pise, le 23 mai 1764. Il se fit élever un mausolée, et dicta lui-même son épitaphe, qui marque bien la bonne opinion qu'il avait de ses écrits : *Hic jacet Algarottus, sed non omnis*. Le roi de Prusse lui fit élever, dans le *Campo-Santo* de Pise, un magnifique monument, avec cette seconde inscription : *Algarotto Ovidii æmulo, Newtonis discipulo, Fridericus rex*. Le recueil de ses ouvrages a été publié, en italien, sous ce titre : *OEuvres du comte Algarotti, chambellan du roi de Prusse*, à Livourne, chez Marc Coltellini, 1765, 1 vol. in-8. On les a traduits en français, Berlin, 1772, 8 vol., et 1784, 10 vol. in-8.

ALGASIE, dame gauloise, illustre par sa piété, était liée d'amitié avec Hédibie autre dame gauloise. Saint Jérôme avait alors une grande réputation parmi les interprètes de la Bible; elles lui envoyèrent à Bethléem un jeune homme, nommé Apodème, pour le consulter. Algasie lui fit onze questions sur divers endroits de l'Evangile et de saint Paul, et Hédibie lui en proposa douze, qui roulent toutes sur des endroits importants du Nouveau-Testament. On voit, par ces questions, que ces deux dames étudiaient l'Ecriture-Sainte avec beaucoup d'assiduité et de réflexion; mais on n'en doit pas conclure que ce serait une bonne étude pour les dames de nos jours; il faudrait pour cela qu'elles fussent des Algasies. (Voyez EUSTOCHIUM.)

ALGÉRUS, natif de Liége, fut d'abord chanoine et doyen de la collégiale de Saint-Barthélemi, puis chanoine de la cathédrale de la même ville. Il renonça à ces dignités pour aller finir ses jours tranquillement à Cluny, où il se fit moine. Il mourut vers l'an 1130. Il fut en grande relation avec les personnes les plus distinguées de son temps. On a de lui un traité *De misericordiá et justitiá*, inséré dans le *Trésor des anecdotes* de Dom Martène, p. 1020; *De veritate corporis et sanguinis Domini in Eucharistiá*, contre Bérenger de Tours. Erasme faisait tant de cas de cet ouvrage, qu'il en fit faire une édition à Anvers qu'il soigna lui-même; on l'a depuis réimprimé à Louvain en 1561, et inséré dans la *Bibliothèque des Pères*, tome 6. Bellarmin y a trouvé cependant quelques inexactitudes.

AL-HAZEN, auteur arabe qui a composé, vers l'an 1100 de J.-C., un *Traité sur l'optique*, et d'autres ouvrages en latin, imprimés à Bâle 1572, in-fol.

ALHOY (Louis), ancien oratorien, né à Angers en 1755, mort en 1826, remplaça l'abbé Sicard à l'école des Sourds-Muets pendant le règne de la terreur. On a de lui : *Les Hospices*, poëme, Paris, 1804, in-8; *Promenades poétiques dans les hospices et hôpitaux de Paris*, 1826, in-8.

ALI, ou ALY-BEN-ABY-THALEB, cousin-germain et gendre de Mahomet, devait succéder à ce prophète; mais, Abou-Bekr ayant été élu calife, il se retira dans l'Arabie. Son premier soin fut de faire un recueil de la doctrine de son beau-père, dans lequel il permettait beaucoup de choses que son rival avait proscrites. La douceur de sa morale disposa les esprits à lui donner le califat; et après le massacre du calife Othman, Ali fut mis à sa place, vers le milieu du 7ᵉ siècle. Les Egyptiens, les Mecquois et les Médinois le reconnurent, mais un parti contraire s'étant élevé contre lui, il fut assassiné l'an de J.-C. 660, après avoir remporté quelques victoires. Son meurtrier s'était dévoué à la Mecque, avec deux autres, pour assassiner les chefs de parti Ali, Moavia et Amrou. Les Persans suivent Ali, en maudissant Abou-Bekr, Omar, et les autres interprètes de l'Alcoran. (Voyez MAHOMET, OMAR, etc.)

ALI-EFFENDI, né à Philippopolis (Bulgarie), vivait sous le règne du sultan Sélim Iᵉʳ et fit l'*Histoire* des quatre sultans Mahomet II, Bajazet II, Sélim Iᵉʳ et Soliman II. Cet ouvrage, dans lequel on remarque un ton de modération peu ordinaire chez les écrivains mahométans à l'égard des chrétiens, est estimé et rare.

ALI-TEBELEN, pacha de Janina, naquit à Tébélen dont il prit le surnom, en 1744, d'une famille opulente, mais nombreuse. Son père, Ali-Bey, parcourut longtemps l'Albanie à main armée, et s'enrichit en rentrant dans sa patrie de vive force et en massacrant ses frères. Ali débuta par voler des chèvres et des moutons, et à l'âge de 14 ans il se joignit à une bande de jeunes vagabonds qui parcouraient les routes, pillaient et assassinaient les voyageurs. Bientôt il se trouva en état, au moyen de ses rapines, de solder un parti assez considérable; mais il montra peu de courage dans ses premières expéditions, et sa troupe fut plusieurs fois dispersée. Enfin, s'étant marié à la fille de Capelan, pacha de Delvino, surnommé le Tigre, il devint d'abord grand-prévôt des routes d'Italie, et enfin pacha de Janina vers la fin de 1788, ce qui lui donnait un rang parmi les grands de l'empire ottoman. Il serait trop long de détailler tous les crimes et tous les meurtres qu'il commit pour arriver jusque-là. Nous nous bornerons aux principaux : il dénonça son beau-père, qui fut décapité par ordre du sultan; il fit égorger Ali, pacha d'Argyro, époux de sa sœur; enfin, il dénonça et assassina lui-même, en vertu d'un firman de la Porte, Soliman, pacha de Delvino, chez lequel il était reçu comme un fils. A cette époque, il s'empara de Cormovo, où il avait été retenu prisonnier avec sa mère dans des temps moins heureux, et pour satisfaire sa vengeance, il fit massacrer les hommes, vendre les femmes et les enfants et brûler les maisons. Pour complaire à sa sœur et la venger de quelques injures personnelles, il fit également détruire la ville de Cardiki, et périr tous ses habitants par les supplices les plus horribles. Ces attentats le rendirent redoutable à ses voisins : Ibrahim, pacha de Bérat, lui déclara la guerre ; mais elle se termina par des négociations et par une alliance dont il fut victime peu de temps après. Ali, en adoptant la tactique européenne, avait acquis un grand avantage sur ses voisins, et il avait répandu parmi eux l'effroi et le découragement. Un grand nombre de pachas et de vayvodes vinrent figurer à sa cour; mais son ambition n'était pas encore satisfaite : il méditait de se rendre indépendant, et c'est dans cette vue qu'il chercha à s'allier avec les Français, lorsqu'ils prirent possession de l'archipel ionien en vertu du traité de Campo-Formio. En 1797, il obtint leur protection, et par leur moyen il étendit son pouvoir et ses cruautés sur divers points de la côte où il n'avait pas encore pénétré. Il signala aussi sa fureur contre les Souliotes, qui, jusque-là, avaient résisté à ses armes, et contre les chrétiens de Nivitza et de Vesili, qu'il fit tous massacrer pendant qu'ils assistaient au service divin. Cependant, effrayé de la terreur que son nom inspirait, et de quelques soulèvements occasionnés par la barbarie de ses exécutions, et peut-être par le désir d'augmenter sa puissance, il chercha à se procurer des alliances et des points d'appui même chez les nations éloignées. Il envoya des présents au gouvernement anglais, qui, à son tour, lui expédia un train complet d'artillerie. Il chercha à renouer avec la France, qu'il avait trahie en diverses occasions, et qu'il abandonna encore après les désastres de Moscou ; mais ces mesures qu'il croyait devoir affermir son autorité occasionnèrent sa perte. La cour ombrageuse de Constantinople en conçut des soupçons, et le somma de se rendre à Constantinople sous peine d'être déclaré coupable de lèse-majesté au premier chef, et comme relaps au ban de l'empire. Comme on s'attendait à sa résistance, une armée fut rassemblée et mise aux ordres d'Ismaël-Pacha-Bey, son mortel ennemi, qui avait provoqué sa condamnation, et qui fut investi du pachalik de Janina. Les troupes de cette expédition, en traversant la Grèce, commirent toutes sortes de désordres, lesquels donnèrent lieu aux Grecs de prendre les armes pour secouer le joug des Ottomans, qui, depuis longtemps, leur était insupportable. Ali crut devoir tirer parti de ce premier mouvement, et assembla les principaux chefs des Turcs et des chrétiens, auxquels il adressa les protestations hypocrites d'un attachement commandé par la nécessité. Il publia en même temps, pour les chrétiens d'Albanie, une proclamation où il annonçait qu'il allait donner une *Charte constitutionnelle ;* ce qui fit répandre le bruit qu'Ali-Pacha allait se faire chrétien, et contribua puissamment à faire éclater et à propager l'insurrection générale des Hellènes. Mais telle est la puissance de la religion sur l'esprit des Musulmans, que tout le pays sur lequel Ali-Pacha régnait depuis si longtemps se soumit sans combat aux lieutenants du sultan : le plus grand nombre de ses soldats et ses fils même l'abandonnèrent. Réduit à se défendre avec un petit nombre de troupes qui lui étaient entièrement dévouées, il se retira dans sa capitale, où il avait réuni ses trésors, et, après avoir bien pourvu les forts de vivres et de munitions, il brûla la ville qui aurait pu gêner sa défense. Plusieurs mois se passèrent en combats sans résultat. Cependant la Porte, fatiguée d'une si longue résistance, transféra le commandement de l'armée au séraskier Khourschild, pacha, vieillard expérimenté, qui le réduisit bientôt à se renfermer dans le dernier de ses châteaux, où il se défendit encore longtemps, en menaçant de mettre le feu à deux cents milliers de poudre qui s'y trouvaient, et de se faire sauter avec tous ses trésors si on entreprenait de l'y forcer. On savait qu'il était homme à exécuter sa menace. On se crut donc obligé de se tenir à une distance respectueuse. Alors Khourschild imagina d'employer la ruse et la trahison contre son redoutable adversaire ; il lui fit offrir, par un de ses officiers, sa grâce de la part du sultan, avec la liberté de se retirer avec ses trésors dans telle partie de l'Asie-Mineure qu'il indiquerait, à condition qu'il se rendrait à Constantinople pour se prosterner aux pieds de son maître qui avait juré de se contenter de cet acte de soumission, et que provisoirement il se rendrait dans l'île du Lac pour en conférer avec lui. Soit aveuglement, soit fatalité, Ali, qui avait souvent usé de pareils moyens, se laissa prendre à cette ruse avec d'autant plus de facilité, que presque tous ses soldats venaient de déserter par suite d'un retranchement de vivres que son avarice venait de leur faire supporter. Cependant, pour sûreté de sa personne, il avait confié à Sélim, son lieutenant et son ami, la garde du château, avec ordre de tenir continuellement une mèche allumée ; et pour éviter toute surprise ou tout ordre qu'on pouvait lui arracher, il était convenu qu'il ne se rendrait qu'autant qu'on lui rapporterait la moitié d'une bague qu'il avait partagée avec lui. Effectivement, après plusieurs conférences, Khourschild lui annonça qu'il avait reçu l'acte de son pardon, mais qu'il exigeait, avant de le lui remettre, qu'il donnât l'ordre à Sélim d'éteindre sa mèche, et à la garnison d'évacuer le château. A cette proposition, Ali commença à soupçonner la trahison; mais un peu rassuré par les protestations les plus fortes et par le serment sur l'Alcoran que ses jours seraient respectés, sentant d'ailleurs que son habileté ne pouvait changer sa position, moitié résolu, moitié défiant, il se décida à remettre la moitié de la bague. Sélim, à cette vue, éteignit sa mèche et fut aussitôt poignardé. Enfin, Ali voyant entrer plusieurs officiers de Khourschild avec un air sombre, et ne doutant plus qu'il est trahi, se lève avec impétuosité, et, mettant la main sur ses pistolets, demande d'une voix tonnante quelle nouvelle on lui apporte. Le firman du grand-seigneur, lui répond Hassan-Pacha, qui demande votre tête. « Ma tête, repliqua Ali en fureur, ne se livre pas si aisément! » Et, en prononçant ces mots, il brise la cuisse d'Hassan d'un coup de pistolet. Il en tire deux autres qui tuent chacun leur homme ; enfin, en mettant en joue son tromblon rempli de chevrotines, il tombe percé de deux balles le 5 février 1822. Ses gardes, qui jusque-là avaient fait la plus vive résistance, prennent la fuite. On lui coupa la tête, qui fut expédiée le lendemain à Constantinople, et exposée à la grande porte du sérail. Ses trois fils périrent de la main du bourreau, avec deux de ses petits-fils, au fond de l'Asie-Mineure ; mais sa veuve obtint grâce de la vie. Telle fut la fin de l'homme le plus féroce que nous présente l'histoire moderne. On trouva dans son château des richesses immenses, acquises par ses vexations, dont la cour ottomane profita. Sa *Vie* a été publiée en juillet 1822 par Alphonse de Beauchamp, mais on lui reproche beaucoup d'inexactitudes.

ALI-BEY, appelé aussi *Castillo*, et dont le vrai nom était *Badia-y-Leblich*. Il naquit en 1766 en Espagne, et fit d'excellentes études dans l'université de Valence. Il s'adonna ensuite avec une ardeur toute particulière à l'étude de l'arabe et des usages des Musulmans, et il obtint du prince de la Paix, ministre de Charles IV, l'autorisation de voyager en Asie et en Afrique, pour l'exécution de plans secrets très-avantageux à l'Espagne. Il se rendit d'abord à Londres, prit le costume musulman, et afin de mieux réussir dans ses projets, il se fit circoncire pour pouvoir, au besoin, réclamer les droits d'un vrai disciple de Mahomet. Il quitta Londres en 1803 avec des lettres de crédit pour la valeur d'environ trois millions, et arriva en Afrique sous le nom d'Ali-Bey, prince de la race des Abbassides. Le luxe qu'il déployait, les titres qu'il était parvenu à se fabriquer pour constater sa prétendue origine, se disant fils d'Othman-Bey, l'extrême facilité avec laquelle il s'exprimait en arabe, tout accréditait son mensonge : aussi fut-il accueilli avec toutes sortes d'honneurs et de distinctions par l'empereur de Maroc, les pachas de Tripoli, le chérif de la Mecque, les beys du Caire, et il fut même d'observer, dans le plus grand détail, toutes les cérémonies secrètes du mahométisme. Il revint en Europe en passant par Constantinople, et n'apprit qu'à Munich l'abdication de Charles IV. Quittant alors le costume musulman, il se rendit à Bayonne auprès de Bonaparte, qu'il instruisit de la mission secrète dont il avait été chargé, et l'on prétend qu'il ne lui demandait que vingt mille hommes pour lui soumettre les régences barbaresques. Le roi Joseph le nomma, en 1809, à l'intendance de Ségovie, et en 1810 à la préfecture de Cordoue. Lorsque les Français furent obligés d'évacuer Séville, il se rendit à Paris où il maria sa fille à Delisle de Salles en 1815. Après la mort de ce dernier, il entreprit un nouveau voyage en Syrie, sous le nom d'*Ali-Othman*, et il mourut subitement à Alep vers la fin de 1819. On soupçonna qu'il avait été reconnu et qu'il avait été empoisonné. Le pacha de Damas s'empara de ses papiers et de tout ce qui lui appartenait. Il avait publié, en 1814, le récit de son premier voyage sous ce titre : *Voyage d'Ali-Bey en Asie et en Afrique pendant les années 1804 à 1807*, 3 vol in-8, avec un Atlas de 89 vues, plans et cartes géographiques. On y trouve des détails curieux et des conjectures sur l'Atlantide et sur l'existence d'une mer intérieure en Afrique.

ALIBAUD (Louis), né à Nîmes le 2 mai 1810, fut placé d'abord au lycée de cette ville, entra ensuite dans la marine en qualité de novice, et s'engagea enfin dans un régiment d'infanterie. Ayant réussi à se faire réformer, il quitta le service en 1834. Après avoir essayé vainement d'entrer dans une maison de commerce, il alla à Barcelone pour y faire incorporer dans la légion étrangère ;

mais n'ayant pu obtenir le grade d'officier qu'il demandait, il revint en France. Réduit bientôt à la plus profonde misère, et imbu d'idées révolutionnaires, il conçut le projet d'assassiner le roi Louis-Philippe. Il chercha, dès-lors, l'occasion d'exécuter son crime. Le 25 juin 1836, sachant que le roi devait sortir des Tuileries à six heures du soir pour retourner à Neuilly, il alla se placer près du guichet du Pont-Royal. Louis-Philippe étant sorti avec la reine et madame Adélaïde, ainsi qu'il l'avait prévu, il s'approcha de la voiture, et appuyant sur la portière le fusil-canne dont il était armé, il lâcha la détente : le coup partit, mais le roi ne fut pas atteint. Arrêté immédiatement, Alibaud déclara n'avoir pas de complice. Traduit devant la cour des pairs, il osa y faire l'apologie du régicide, fut condamné à mort, et exécuté le 12 juillet 1836.

ALIBERT (Jean-Louis), célèbre médecin, né à Villefranche (Aveyron) le 12 mai 1766, entra dans la congrégation des pères de la Doctrine chrétienne. Rendu à la vie civile après l'abolition des couvents, sous la Convention, Alibert étudia la médecine et s'y fit bientôt une brillante réputation. Il est mort le 12 août 1837. On a de lui : *Nouveaux Eléments de thérapeutique et de matière médicale*, 5ᵉ édition, Paris, 1826, 3 vol. in-8 ; *Clinique de l'hôpital Saint-Louis, ou Traité complet des maladies de la peau*, nouvelle édition entièrement refondue, Paris, 1832, in-8 ; *Traité des fièvres pernicieuses*, Paris, 1820, in-8 ; *Précis historique sur les eaux thermales*, 1826, in-8 ; *Précis théorique et pratique des maladies de la peau*, 1835, 2 vol. in-8; *Physiologie des passions*, Paris, 1837, 2 vol. in-8 ; *Nosologie naturelle, ou Maladies du corps humain distribuées par familles*, Paris, 1838, in-4 ; ouvrage posthume.

ALIGNAN (Benoît), évêque de Marseille, né à la fin du 12ᵉ siècle, à Alignan, village de la généralité de Montpellier, était issu d'une famille noble, et avait été élevé chez les bénédictins. Il rendit de grands services à Louis VIII, dans la guerre des Albigeois, lorsqu'il était abbé de la Grasse, dans le diocèse de Carcassonne. Il fut nommé évêque de Marseille en 1229, et se croisa pour la Terre-Sainte en 1239. Il assista au concile de Lyon en 1245, retourna en Palestine en 1260, et se démit de son évêché en 1266, pour entrer chez les Frères mineurs, dont la règle était plus austère que celle des bénédictins. Il mourut en 1268. Il a laissé quelques ouvrages de théologie qui sont restés manuscrits.

ALIPE, d'Antioche, architecte, ingénieur et géographe dans le 4ᵉ siècle, dédia à l'empereur Julien une géographie, que Bayle dit n'être pas de lui, parce qu'il est difficile de croire qu'il y aurait parlé, comme il le fait, de l'Angleterre sur le rapport d'autrui, tandis qu'il avait été longtemps lieutenant-gouverneur dans cette province. Il n'est pas sûr non plus que cette géographie soit celle que Jacques Godefroi a publiée en grec et en latin, Genève, 1628, in-4. C'est à lui que Julien avait donné la commission de faire rebâtir le temple de Jérusalem.

ALIPIUS, évêque de Tagaste, fut l'ami et le disciple de saint Augustin, qui en fait une mention touchante dans ses *Confessions*. Il alla visiter la Palestine, et y vit saint Jérôme, avec lequel il se lia étroitement. A son retour en Afrique, il fut fait évêque de Tagaste, vers l'an 393. Il aida beaucoup saint Augustin dans tout ce qu'il fit ou écrivit contre les donatistes et les pélagiens. Il assista à plusieurs conciles, entreprit divers voyages, et travailla avec un zèle infatigable pour la gloire de Dieu et de l'Eglise. On voit qu'il était âgé en 429, par une lettre que saint Augustin lui écrivit en cette année, et dans laquelle il l'appelle vieillard. On croit qu'il mourut peu de temps après. Il est nommé, dans le Martyrologe romain, au 15 août.

ALIX, 4ᵉ fille de Thibault IV, comte de Champagne, fut épouse de Louis VII, roi de France, et mère de Philippe-Auguste. Elle faisait, par ses grâces et son amabilité, les charmes de la cour de Champagne, lorsqu'elle s'unit au roi de France, devenu veuf, en 1160, de Constance de Castille, sa seconde épouse qui mourut sans avoir donné d'héritier au trône. Ce ne fut qu'après quatre années de mariage qu'Alix mit au monde, en 1165, un fils surnommé *Dieu-Donné*, parce qu'il fut le fruit des prières et des vœux de tout le peuple. Il régna glorieusement sous le nom de Philippe-Auguste. Louis VII étant mort, son fils n'ayant encore que 14 ans et demi, Alix réclama la régence ; mais Philippe déclara qu'il voulait gouverner par lui-même ; et par un acte de politique inouï à son âge, il déjoua tous les projets de sa mère, qui avait imploré l'appui du roi d'Angleterre Henri II, afin de s'emparer du gouvernement de l'Etat. En 1190, ayant résolu d'aller combattre dans la Palestine, il assembla tous les grands de l'Etat, et nomma, de leur consentement, Alix pour gouverner en son absence ; elle administra avec beaucoup de sagesse, et mourut à Paris le 4 juin 1206, respectée des grands et regrettée des peuples. L'histoire de France parle de plusieurs autres princesses du nom d'Alix ; celle dont nous venons de parler est la plus célèbre.

ALKMAAR (Henri d'), poëte du 15ᵉ siècle, traduisit en allemand le poëme gaulois *Raignier le Renard*, composé d'abord en prose par Pierre de Saint-Cloud, et mis en vers en 1290, par Jaquemars Giclée, de Lille en Flandre. C'est une satire où l'on critique d'une manière souvent très-plaisante et pleine de sel les mœurs du moyen-âge, et où les gens d'église entre autres ne sont pas épargnés. Gottsched en a donné une belle édition en allemand, enrichie de figures et de quelques dissertations préliminaires. La *Fable du Renard* a été traduite en latin, et en plusieurs langues vivantes. La traduction française a pour titre *le Renard ou le Procès des bêtes*, Bruxelles, 1739, in-8, réimprimée à Paris, en 1788, sous le titre de : *Les Intrigues du cabinet des rats*, avec 22 planches en taille-douce. Du reste, le véritable nom d'Alkmaar est Nicolas Baumann, jurisconsulte à Juliers.

ALLACCI (Léon), ou ALLATIUS, naquit dans l'île de Chio, l'an 1586, d'une famille schismatique grecque. Amené à Rome en 1600, il se perfectionna dans la philosophie et la théologie, et mérita par ses succès la confiance de Bernard Giustiniani, évêque d'Anglona. Grégoire XV l'envoya en Allemagne en 1622, pour faire transporter la bibliothèque d'Heidelberg, que l'électeur de Bavière avait donnée à ce pontife. Allacci fut grand-vicaire d'Anglona, puis bibliothécaire du cardinal François Barberin et enfin du Vatican sous Alexandre VII. Les ouvrages que l'on a de lui, et le genre de personnages qu'il approcha, prouvent assez qu'il était revenu de l'erreur dans laquelle il naquit ; mais il ne voulut jamais s'engager dans les ordres. Alexandre VII lui demanda un jour pourquoi il ne voulait pas les recevoir: « C'est, lui répondit Allacci, pour pouvoir me marier quand je voudrai. — Mais, ajouta le pontife, pourquoi ne vous mariez-vous donc pas ? — C'est, répliqua-t-il, pour pouvoir prendre les ordres quand il me plaira. » Il était donc doué d'une mémoire extrêmement heureuse, et sa facilité, jointe au goût du travail, en fit en peu de temps un des hommes les plus instruits et un des meilleurs littérateurs de l'Italie. On a de lui un très-grand nombre d'ouvrages, la plupart de théologie et de liturgie ; ceux qui se font le plus remarquer sont : *De Ecclesiæ orientalis et occidentalis perpetuâ consensione*, Cologne, 1648, in-4 ; *De utriusque Ecclesiæ in dogmate de purgatorio consensione*, Rome, 1655, in-8 ; *Græciæ orthodoxæ scriptores*, Rome, 1652 et 1657, 2 vol. in-4 ; *De libris ecclesiasticis Græcorum*, Paris, 1645, in-8 ; *De templis Græcorum recentioribus*, Cologne, 1645, in-8 ; *Philo-Byzantinus de septem orbis spectaculis*, græc. et lat., *cum notis*, Rome, 1640, in-8 ; *Eustathius archiepiscopus antiochenus in Hexameron*, etc., Lyon, 1629, in-4 : dans cet ouvrage, rempli d'érudition, Allacci soutient que ce ne fut point l'âme de Samuel qui apparut à Saül, mais que cette apparition ne fut que l'effet des prestiges du diable et de la pythonisse ; *Symmicha, sive opusculorum græcorum et latinorum vetustiorum et recentiorum libri duo*, Cologne, 1653, in-fol ; *De mensurâ temporum antiquorum et præcipuè Græcorum*, Cologne, 1645, in-8 ; *Concordia nationum christianarum Asiæ, Africæ et Europæ, in fide catholica ; ¿e octavâ synodo Photii*, Rome, 1662 ; *De patriâ Homeri*, Lyon, 1640, in-8. L'auteur, natif de l'île de Chio, veut prouver dans cet ouvrage qu'Homère y naquit aussi ; il joint à cette production une pièce de vers intitulée *Natales Homerici, Apes urbanæ*, qui contient l'énumération de tous les savants qui ont illustré Rome et le pontificat d'Urbain VIII, depuis 1630 jusqu'en 1632 ; la *Dramaturgia, ou Catalogue de tous les ouvrages dramatiques italiens publiés jusqu'à son temps*, réimprimée à Venise en 1755, in-4, avec des notes et des additions jusqu'à l'année de la réimpression ; *Poeti antichi raccolti da codici manoscritti della bibliotheca vaticana e Barberini*, Naples, 1661, in-8 ; *Recueil précieux d'anciennes poésies italiennes jusqu'alors inédites*. Allacci mourut au mois de janvier 1669, à l'âge de 83 ans. On assure que, pendant quarante années de suite, il s'est servi de la même plume, et que, l'ayant perdue, il fut sur le point d'en pleurer de chagrin. On ajoute qu'en une seule nuit il copia le *Diarium romanorum pontificum*, qu'un moine cistercien lui avait prêté. Son latin est pur, et son grec encore plus. Cet écrivain mettait le nom d'Allacius à la tête de ses livres ; mais dans l'usage ordinaire on le nommait Allacci. On trouve le catalogue de ses ouvrages, que nous n'avons pas tous indiqués, dans les *Mémoires* de Nicéron, t. 8 et 10, et dans la *Bibliothèque des auteurs ecclésiastiques* de Dupin.

ALLADE, roi des Latins, surnommé *le Sacrilége*, à cause de ses impiétés. On dit qu'il contrefaisait le tonnerre avec des machines de son invention, et qu'il périt par la foudre du ciel, vers l'an 855 avant J.-C. Ce crime et cette punition sont exactement les mêmes que présente l'histoire ou la fable de Salmonée, décrite par Virgile au sixième livre de l'*Enéide*.

ALLAINVAL (l'abbé Léonord-Jean-Christine-Soulas d'), né à Chartres, mort à Paris le 2 mai 1753, donna au Théâtre-Français quelques comédies qui eurent peu de succès, et au Théâtre-Italien, l'*Embarras des richesses*, qui fut mieux accueilli; le *Jour du carnaval*, et quelques autres pièces. Son *École des bourgeois* est celle qui se rapproche le plus des pièces de Molière. On a encore de lui: *Lettre à Milord ****, au sujet de Baron et de la demoiselle Le Couvreur; *Anecdotes de Russie sous Pierre I*er, 1645, in-12; *Connaissance de la mythologie*, 1762, in-12. Ce dernier ouvrage est assez méthodique et bien fait; mais il n'en fut que l'éditeur. Il est d'un jésuite qui l'avait donné à M. Boudot. L'auteur de l'*Embarras des richesses* l'éprouva peu pendant sa vie et encore moins à sa mort, qui vint à la suite d'une paralysie, pour laquelle il fut porté à l'Hôtel-Dieu, par les soins d'une personne charitable.

ALLAIS (Denys Vairasse d') est ainsi nommé de la ville d'Allais en Languedoc, où il naquit; il passa en Angleterre dans sa jeunesse. Il se trouva, en 1665, sur la flotte commandée par le duc d'York. Il revint en France, où il enseigna l'anglais et le français. Ses ouvrages sont: une *Grammaire française méthodique*, 1681, in-12; un *Abrégé* de cette grammaire en anglais, 1683, in-12; l'*Histoire des Sevarambes*, dernière édition, Hollande, 1716, 2 vol. in-12, réimprimée dans la *Collection des voyages imaginaires*, in-8. Elle a été traduite en plusieurs langues. C'est un roman politique, dangereux pour les esprits faibles, et qui, en beaucoup d'endroits, n'est que plat et ridicule. Il renferme plusieurs allusions malignes ou impies. On a encore d'Allais d'autres ouvrages peu estimés. Cet écrivain était un génie inquiet et frondeur.

ALLAMAND (Jean-Nicolas-Sébastien), professeur de philosophie et d'histoire naturelle, né à Lausanne en 1716, mort à Leyde en 1787. On lui doit: *Sermons sur divers sujets*, traduits de l'anglais sur la 3e édition de Foster, Leyde 1739, tome 1: il n'a donné que ce volume; *Éléments de chimie*, traduits du latin de Boerhaave, et augmentés par Tarin, Paris, 1754, 6 vol. in-12; *Essai sur l'histoire naturelle des Corallines*, traduit de l'anglais d'Ellis, La Haye, 1756, in-4; *Histoire naturelle du Gnow, du Grand-Gerba et de l'Hippopotame*, Amsterdam, 1776, in-4, insérée dans l'*Histoire naturelle* de Buffon, publiée à Amsterdam, 1766-79, 38 vol., in-4; *Essai sur les comètes*, traduit de l'anglais d'Olivier, Amsterdam, 1777, in-8; *Nouvelle description du Cap-de-Bonne-Espérance*, avec un *Journal historique d'un voyage de terre sous le commandement du capitaine Henri Hop*, traduite du hollandais, Amsterdam, 1778, in-8. Il a eu part à la traduction du *Livre de Job* et des *Proverbes de Salomon*, traduit du latin de Schultens, et il a été l'éditeur du *Dictionnaire historique et critique* de Prosper Marchand et de l'*Introduction à la philosophie de s'Gravesande*.

ALLARD (Gui), avocat, et auteur de plusieurs ouvrages sur l'*Histoire générale et particulière du Dauphiné*, mourut en 1716, âgé d'environ 70 ans. Ses livres sont estimés par les familles de cette province, qui lui ont fourni des généalogies, et les curieux recherchent son *Nobiliaire du Dauphiné avec les armoiries*, Grenoble, 1714, in-12. Ce livre n'est pas commun, non plus que son *Histoire des maisons dauphinoises*, 1672, 1682, 4 vol. in-4.

ALLARD (Joseph-Félix), mort à Paris le 28 octobre 1821, à l'âge de 30 ans, avait été professeur de rhétorique au petit séminaire de Marseille. Il a publié en 1827 une nouvelle *Traduction* de l'*Apologétique* de Tertullien, avec une longue *Introduction*. Allard était attaché au clergé de Saint-Eustache, à Paris.

ALLARDE (Marie-François-Denis-Thérèse LE ROY, baron d'), connu au théâtre sous le nom de FRANCIS, né à Besançon, le 12 mars 1778, mort à Paris le 8 octobre 1841, s'est fait une réputation par ses *chansons* et ses *vaudevilles*.

ALLART (Mary Gay, femme), née à Lyon vers 1750, d'une famille anglaise, morte à Paris en 1821, possédait plusieurs langues. Mariée fort jeune, et ne pouvant attendre aucun secours de celui qui aurait dû être son soutien, elle fut obligée pour vivre de recourir à sa plume; elle traduisit plusieurs romans anglais, et en composa un sous le titre d'*Albertine de Sainte-Albe*, Paris 1818, 2 vol. in-12, qui eut un grand succès. Si des travaux frivoles, quand ils ne sont pas dangereux, peuvent avoir un mérite, il est permis de dire que les romans de madame Allart sont écrits avec élégance.

ALLATIUS. (Voyez ALLACCI.)

ALLECTUS, tyran en Angleterre, dans le 3e siècle, s'était attaché à Carausius, général romain, qui avait usurpé la pourpre impériale dans cette île. Carausius le fit son lieutenant, et se déchargea sur lui d'une partie des soins de l'empire. Allectus, naturellement avare et ambitieux, fit des exactions criantes et commit beaucoup d'injustices. Craignant d'en être puni, il assassina Carausius, et se fit déclarer empereur en 294. Asclépiodore, général de Constance Chlore, qui avait dans son partage l'Angleterre, lui livra bataille; et le tyran, après avoir vu périr une partie de son armée, fut tué en 297. Cette victoire fit rentrer la Grande-Bretagne sous la domination des Romains, dix ans après qu'elle en eut été détachée. On ignore la famille et la patrie d'Allectus. Cet usurpateur avait quelques talents pour la guerre, obscurcis par de grands vices.

ALLEGRAIN (Christophe-Gabriel), sculpteur, naquit à Paris en 1710. Il ramena le bon goût dans la sculpture française, et mérita, soit par son talent, soit par l'heureuse influence qu'il exerçait sur son siècle, d'être reçu à l'Académie. Il mourut en 1795.

ALLÈGRE (Antoine), chanoine de Clermont, né à La Tour, en Auvergne, traduisit de l'espagnol d'Antoine de Guevara, évêque de Mondonedo, et confesseur de Charles-Quint, le *Mépris de la cour et la louange de la vie rustique*, Lyon, 1545, in-8, édition recherchée des curieux, et Paris, 1551, in-16; *Décade contenant les vies de dix empereurs* (Trajan, Adrien, Antonin-le-Pieux, Commode, Pertinax, Julien, Sévère, Caracalla, Héliogabale, Alexandre-Sévère), Paris, 1356, in-4. Cette *Décade* est plutôt une imitation qu'une traduction de Guevara. Il y en a une seconde édition, Paris, 1567, in-8, qui se joint au Plutarque Amyot, publié par le même imprimeur, Vascosan. Le même ouvrage se trouve aussi dans les éditions de Plutarque données par Brottier, Vauvilliers et Clavier.

ALLEGRI (Alexandre), poëte italien, né à Florence, vivait vers la fin du 16e siècle. Il donna dans le genre burlesque, fort en vogue de son temps, et surtout en Italie. Ses productions ne sont pas dépourvues d'agrément; on y voit briller partout cet esprit et cette aimable facilité que l'auteur avait puisés dans la société des hommes les plus instruits de son temps. Ses poésies, recueillies après sa mort, ont été imprimées par fragments, la première partie à Vérone, 1605; la 2ᵉ *ibid.* 1607; la 3ᵉ à Florence, 1608, et la 4ᵉ à Vérone, 1613. Toutes ces poésies sont précédées de morceaux en prose extrêmement spirituels et facétieux. On les trouve ordinairement réunies en un seul volume, et précédées de trois lettres adressées, l'une à Bembo, l'autre à Boccace, et la troisième à Pétrarque; elles ont pour titre : *Lettere di ser poi pedante*; et sont suivies de la *Fantastica vision di Parri da Pozzolatico*. Dans ces lettres, l'auteur tourne en ridicule les pédants, en empruntant leur style. Allegri avait aussi composé d'autres poésies, entre autres une tragédie d'*Idoménée, roi de Crète*, dont Carlo Dati, qui l'avait lue, faisait de grands éloges; mais elles se sont perdues entre les mains de sa famille, qui en avait hérité. Le *Recueil des poètes latins*, publié à Florence, 1719, contient des poésies latines d'Allegri, qui prouvent la variété de son talent.

ALLEGRI (Grégoire), célèbre compositeur de musique et chanteur de la chapelle du pape, né à Rome vers l'an 1587, mort le 6 février 1640, eut Nanini pour maître, et se montra bientôt son rival. Il était prêtre, et ses vertus égalaient son génie. On parle beaucoup d'un *Miserere* de sa composition, dont la musique était si parfaite que le pape avait défendu, sous des peines sévères, de le copier. On assure cependant que Mozart le retint après l'avoir entendu deux fois seulement. Dès lors le veto fut levé, et le pape l'envoya au roi Georges III, en 1773, bien qu'il eût été gravé à Londres dès 1771. Ce *Miserere* a été gravé à Paris, en 1810, dans la *Collection des classiques* de Choron.

ALLEMAND (Jean), né le 19 novembre 1799, se livra à l'étude des langues orientales dans le but de mieux connaître l'Ecriture-Sainte. Après qu'il eut été ordonné prêtre, il fut nommé professeur d'Ecriture-Sainte dans le séminaire romain. Consulteur de la congrégation de l'*index* et censeur de l'Académie de la religion catholique, il était encore un des rédacteurs des *Annales des sciences religieuses*. Il avait une grande érudition, et comme il connaissait tous les systèmes d'*exégèse* des savants de l'Allemagne, il savait discerner le vrai d'avec le faux. Allemand unissait à la science une grande piété, et sa mort prématurée, arrivée le 9 août 1833, fut attribuée à ses mortifications non moins qu'aux fatigues de l'étude. On a de lui une *Dissertation sur le purgatoire*, contre Dudley, et une *Lettre à un de ses disciples* dans laquelle il le met en garde contre les découvertes hiéroglyphiques de Champollion, qu'il ne considère pas comme d'une grande utilité pour l'interprétation de la Bible. Cet écrit a été publié en 1834 sans nom d'auteur.

ALLEN (Ethan), naquit à Salisbury dans le Connecticut, vers 1752. Il se montra de bonne heure opposé au gouvernement anglais, et ayant pris une part active à la révolte des *enfants des montagnes vertes*, il fut exilé, puis condamné à mort. Allen se cacha; 500 guinées avaient été offertes à celui qui apporterait sa tête; mais nul américain n'aurait voulu le livrer. Après la bataille de Lexington, premier signal de l'indépendance américaine, Allen s'empara de Ticondérago et du lac Champlain, de concert avec le général Arnold. Ayant formé le projet d'enlever aux Anglais le Canada qu'ils venaient de prendre à la France, il attaqua Montréal, fut repoussé et tomba successivement entre les mains des sauvages et des Anglais. Ces derniers en usèrent à son égard avec plus de cruauté que les Canadiens. Rendu à la liberté vers 1778, il se retira de la scène politique, et mourut subitement en 1780. Seul de tous les chefs de la révolution américaine, il affectait du mépris pour les croyances religieuses; et cependant il croyait à la métempsycose et aux rêveries pythagoriciennes. Il avait écrit un pamphlet satirique contre Moïse et les oracles, sous ce titre: *Théologie d'Allen, ou les Oracles de la raison*, 1786. Un jour, le même homme montrait à ses amis un cheval blanc en leur disant: *Regardez ce cheval blanc! eh bien! c'est là le corps qui attend mon âme, quand je sortirai de cette vie...!*

ALLENT (Pierre-Alexandre-Joseph), conseiller d'Etat, pair de France, historien et économiste, naquit à Saint-Omer le 4 août 1772, et mourut le 11 juillet 1837. Simple canonnier au bombardement de Lille, il fut admis au corps du génie dans lequel il devint capitaine en 1795; il fut employé à des opérations topographiques le long des côtes qui s'étendent de Dunkerque au fort Louis, opérations qui lui acquirent le grade de chef d'état-major de génie. En 1799, il dirigea comme ingénieur la traversée du Saint-Gothard. Allent, qui avait refusé pendant les cent-jours toutes les offres de Napoléon, reprit avec empressement son service au retour de Louis XVIII. Il a laissé: *Mémoire sur la réunion de l'artillerie et du génie*, 1801; *Essais sur les connaissances militaires*, 1804; *Histoire du corps impérial du génie, des sièges et des travaux qu'il a dirigés et des changements que l'attaque, la construction et l'administration des forteresses ont reçus depuis son origine jusqu'à nos jours*: la première partie seule a paru; *Précis de l'histoire des Arts et des institutions militaires en France depuis les Romains*, Paris, 1808.

ALLETZ (Ponce-Augustin), avocat, né à Montpellier, et mort à Paris en 1785, âgé de 80 ans, est auteur d'un grand nombre d'ouvrages qui ont tous pour objet des matières utiles: la religion, la morale, l'histoire, l'éducation. L'Université de Paris en a adopté quelques-unes, et l'on a fait de nombreuses éditions de quelques autres, tels que le *Catéchisme de l'âge mur*, solide, clair et méthodique. On distingue encore parmi ses ouvrages l'*Esprit des journalistes de Trévoux*, 4 vol. in-12, bon abrégé de la collection de cet estimable ouvrage; un *Dictionnaire théologique*; les *Vies des papes, depuis saint Pierre jusqu'à Clément XIV*; *Tableau de la doctrine des Pères et docteurs de l'Eglise*; *Précis de l'Histoire sacrée, par demandes et par réponses*, 1747-81, 1805, in-12, etc., etc.; *Dictionnaire portatif des conciles*, 1758, in-8, ouvrage exécuté sur un mauvais plan, et à cause de cela peu utile; l'*Agronome ou Dictionnaire portatif du cultivateur*, 2 vol. in-8, 1760-1764-1799; *Tableau de l'histoire de France*, 2 v. in-12, 1784; les *Ornements de la mémoire ou les Traits brillants des poëtes français les plus célèbres*. M. Alletz a peu créé; mais il avait l'art d'extraire et de recueillir les pensées de divers auteurs, de les disposer avec ordre, et d'en former un tout qui ne doit jamais sans doute dispenser de recourir aux sources, mais qui peut conduire sur la route.

ALLETZ (Edouard), écrivain religieux, mort à Barcelone le 16 février 1850. Sa vie s'est consommée à poursuivre un but essentiellement catholique; pour lui les formes sociales étaient un moyen, la religion devait guider la civilisation, et la fin de l'homme était le but de son existence. Le dévouement des médecins français, à l'occasion de la peste de Barcelone, fut sa première inspiration et ouvrit sa carrière littéraire. Le poëme qu'il composa sur ce sujet fut couronné par l'Académie française en 1822, et ce même triomphe attendait, un peu plus tard, ses *Esquisses de souffrances morales*, que suivirent les *Maladies du siècle*. Il publia ensuite l'*Essai sur l'homme*, où il démontre de l'accord de la véritable philosophie et de la religion; deux volumes de vers, les *Esquisses poétiques et morales*, où il fait des applications du christianisme à toutes les affections de l'âme et à tous les sentiments du cœur; et enfin *la Démocratie nouvelle*, ouvrage assez important où il développe un système démocratique en harmonie avec le catholicisme. Il avait d'abord été consul de France à Gênes; mais, après avoir perdu ses deux fils, il désira son changement; il fut transféré à Barcelone où il est mort de la petite vérole, après avoir supporté de grandes souffrances avec la foi et la résignation d'un vrai chrétien.

ALLEYN (Guillaume), anglais de nation, après avoir flotté quelque temps entre les diverses erreurs répandues dans sa patrie au sujet de la religion, se fixa enfin à l'église anglicane, et publia en sa faveur plusieurs ouvrages qui ont été imprimés en 1707, in-fol. Il a paru, comme traduit de lui : un *Traité politique*, où l'on soutient que tuer un tyran n'est pas un meurtre. Ce livre est attribué à M. de Marigny, gentilhomme français, et fut dédié ironiquement à Cromwel, dont on peignait les traits sous des couleurs empruntées.

ALLIATA (Rainier), archevêque de Pise, né le 29 mai 1752, commença ses études au collége des Nobles de Bologne, tenu par les jésuites, et alla les terminer à l'Université de Pise. Après avoir été ordonné prêtre, il fut nommé chanoine de la cathédrale de Pise. Choisi par un prélat, sans doute par l'archevêque de Pise, pour être son conseil et son théologien dans l'assemblée des évêques de Toscane provoquée par l'influence de Ricci, en 1787, Alliata s'y prononça contre les nouveautés dangereuses. Le grand-duc Ferdinand le nomma en 1794 à l'évêché de Volterra, et Marie-Louise, infante d'Espagne, qui fut quelques années reine d'Etrurie, le fit passer en 1806 à l'archevêché de Pise. Placé dans des circonstances difficiles, il montra une sage fermeté qui lui attira l'estime même des grands. La grande-duchesse de Toscane, sœur de Napoléon, admira son caractère, et appelé deux fois lui-même à la cour impériale, il ne s'avilit point par d'indignes faiblesses. Monseigneur Alliata assista au concile de Paris en 1811, et il éleva la voix pour réclamer l'observation des canons du concile de Trente. Lorsque le pape eut été rétabli sur son siége, l'archevêque de Pise fut un des premiers à le féliciter et à l'assurer de sa parfaite soumission. Il favorisa le rétablissement des pieuses institutions, et eut la plus grande part à la restauration de l'Université de Pise. Par ses soins, des missionnaires furent envoyés dans les différentes parties du diocèse, et de bons livres furent répandus. Il consacra des sommes abondantes au soutien de ses pauvres et à la décoration des églises, particulièrement de la cathédrale. On dut aussi à son inépuisable charité une institution pour les sourds muets. Dans sa vieillesse, Dieu l'éprouva par des infirmités et des chagrins. Il perdit un frère qui était auditeur du pape et sur le point d'être cardinal. A d'autres peines domestiques vint se joindre une longue cécité, puis de grandes maladies. Sa piété le soutint au milieu des souffrances, et il est mort dans les sentiments de la plus tendre dévotion le 8 août 1836, à l'âge de 84 ans.

ALLIER (Claude), curé de Chambonas, près Uzès, concourut en 1790 à l'organisation du *Camp de Jalès*. Décrété d'accusation le 18 juillet 1792, par l'assemblée législative, il fut arrêté l'année suivante, traduit à Mende devant le tribunal criminel, condamné à mort, et exécuté le 5 septembre.

ALLIER (Achille), né dans le Bourbonnais en 1808, a donné, par l'influence de son talent, une puissante impulsion aux études artistiques en province. Ses dispositions naturelles furent développées par son père, qui voulut diriger lui-même son éducation d'après une méthode spéciale. Nourri dans l'amour de son pays, il songea de bonne heure à lui faire le sacrifice de son repos et de sa fortune. Il fonda, très-jeune, à Montluçon, un journal dans lequel il déposa ses premiers essais, vers et prose, tous empreints de couleurs locales et de recherches sur le Bourbonnais. Il publia ensuite dans les *Esquisses bourbonnaises* plusieurs *Notices* remarquables sur des monuments de sa province, qu'il concourut à préserver de la destruction dont les menaçaient les bandes de spéculateurs, qui semblaient avoir pour but de niveler la France et d'effacer jusqu'aux moindres vestiges de son antique civilisation. C'était le prélude de sa grande publication historique, *l'Ancien Bourbonnais*, ouvrage qui se recommanda, dès son début, par une savante érudition, embellie de tous les charmes d'un style plein de poésie. La mort prématurée d'Allier ne lui a pas permis de voir terminer ce bel ouvrage, qui suffit pour lui assurer une place parmi les antiquaires les plus distingués. Il pensait à composer, sous le titre de *France religieuse*, une histoire de tous les monuments que le christianisme a élevés dans les provinces. On lui doit la fondation du journal *l'Art en province*.

ALLINI (Le chevalier Jean), membre de l'Institut de Milan et de plusieurs Académies, naquit à Bologne en 1762, et mourut à Milan le 17 janvier 1833. Il se livra, dès sa jeunesse, à l'étude de la physique. Ses expériences sur le moyen de rendre incombustibles le bois et autres matières, si curieuses, furent accueillies avec faveur à Londres, à Vienne et à Paris. L'Institut de France lui accorda, en 1830, le prix de 8,000 francs sur le fond du legs de Monthyon ; l'Académie de Londres lui décerna la grande médaille d'or, et l'empereur d'Autriche le décora de la couronne de fer. On a de lui : *Recherches sur l'application de la vapeur au devidage des cocons de vers à soie*, 1818 ; *Expérience sur le lévier hydraulique*, 1811 ; *sur le Flux de la mer considéré comme moteur des métiers* ; *Précis d'expériences galvaniques*, Paris, 1803, in-8 ; *Extrait historique et expérimental sur le galvanisme*, Paris, 1830, in-8 ; *Art de se préserver de la flamme*, Paris, 1830, in-8. Il a encore laissé plusieurs articles dans différents recueils scientifiques, français et italiens.

ALLIONI (Charles), médecin et professeur de botanique à l'Université de Turin, né en 1725 et mort en 1804, à l'âge de 79 ans. Il faisait partie de l'Institut de Bologne et des sociétés royales de Montpellier, de Londres, de Goittingue, de Madrid, etc. Il a laissé plusieurs ouvrages, entre autres : *Pedemontii stirpium rariorum specimen primum*, Augustæ Taurinorum, 1755, in-4, avec 12 planches ; *Tractatio de millarium origine, progressu, naturâ et curatione*, Augustæ Taurinorum, 1758, in-8 : cet ouvrage de médecine est très-estimé ; *Stirpium præcipuarum littoris et agri nicœensis enumeratio methodica cum elencho aliquot animalium ejusdem maris*, Parisiis, 1757, in-8 ; *Flora pedemontana, sive enumeratio methodica stirpium indigenarum Pedemontii*, Augustæ Taurinorum, 1785, 3 vol. in-folio : c'est le plus important des ouvrages d'Allioni ; *Auctuarium ad Flora Pedemontana*, Taurini, 1789, tab. 2. Cet ouvrage est le complément du précédent. Allioni doit être placé parmi les botanistes du second ordre qui ont fait faire des progrès à la science, en ajoutant un petit nombre de plantes à celles qui étaient déjà connues. Lœffling lui a consacré un genre sous le nom d'*Allionie*.

ALLIX (Pierre), natif d'Alencon, d'abord ministre à Rouen, puis à Charenton, mourut l'an 1717 en Angleterre, trésorier de l'église de Salisbury. Il s'était réfugié dans cette île après la révocation de l'édit de Nantes. On a de lui : des *Réflexions sur tous les livres de l'Ancien et du Nouveau-Testament* ; la *Clef de l'Epitre de S. Paul aux Romains* ; *Jugement de l'ancienne Eglise Judaïque contre les unitaires*, 1699, in-8 : ce dernier ouvrage, écrit en anglais, est recherché et mérite de l'être ; l'auteur y prouve le mystère de la Trinité par une multitude de passages de l'Ancien-Testament ; une *Traduction* du *Traité* de Ratramne *du corps et du sang de Jésus-Christ*, Rouen, 1672, in-12 ; *De Messiæ duplici adventu*, 1701, in-12 ; Allix prétendit dans cet ouvrage que Jésus-Christ devait revenir en 1720 ou 1736. L'abbé de Longuerue a publié une *Dissertation* sur la Transsubstantiation qu'on a faussement attribuée à Allix, mais qui ne se ressent que trop des erreurs des sacramentaires. Allix avait une grande influence dans son parti ; mais c'est en vain qu'il essaya pendant long-temps de réunir les deux sectes principales de Luther et de Calvin.

ALLORI (Alexandre, dit LE BRONZINO), né en 1535, peintre florentin, excella dans le portrait et dans l'histoire. Son pinceau a des grâces. Rome et Florence possèdent ses principaux ouvrages. Il fut l'élève d'Angélo Bronzino son oncle, et maître du fameux Civoli. L'étude particulière qu'il fit de l'anatomie le rendit très-habile dans le dessin ; il entendait bien le nu. Il mourut en 1607, à 72 ans. Le Musée national de Paris possède son tableau de l'*Apparition de J.-C. ressuscité à Magdeleine*. — ALLORI, Christophe, fils d'Alexandre, né en 1577, et mort à 42 ans, s'est distingué à Florence par le charme et la vivacité de son coloris. L'amour des plaisirs et la brièveté de sa vie l'ont empêché d'exécuter beaucoup d'ouvrages, mais ses élèves servirent à sa réputation en multipliant les copies de ses meilleurs tableaux.

ALLUTIUS, prince des Celtibériens en Espagne, connu dans l'histoire par le trait de générosité que Scipion l'Africain exerça à son égard, après l'avoir vaincu, l'an 210 avant J.-C. On amena à ce héros une fille d'une rare beauté ; mais ayant su qu'elle était fiancée au jeune Allutius, il lui dit : « Je vous l'ai « gardée avec soin, pour que le présent « que je voulais vous en faire fût digne « et de vous et de moi. Soyez ami de la « république, voilà toute la reconnais- « sance que j'exige de vous. » Il ajouta ensuite à ce don, comme une seconde dot, la somme d'argent que les parents de cette jeune fille lui avaient obligé de prendre pour sa rançon. (Voy. SCIPION.)

ALMAGRO (Diégo d'), ainsi nommé d'une ville de Castille, où il avait été trouvé dans les rues en 1463, en sorte qu'on n'a jamais connu son père, accompagna François Pizarre, qui découvrit et conquit le Pérou en 1525. Almagro marcha à Cusco, à travers des milliers d'Indiens qu'il fallut écarter. Il pénétra jusqu'au Chili, par-delà le tropique du Capricorne, avec 15,000 Indiens et 600

Espagnols, et signala partout son courage. Charles-Quint, pour le récompenser, le nomma, en 1534, *adelantado*, ou gouverneur; il prit ensuite le titre de marquis du Pérou. Sa juridiction comprenait 200 lieues. Les Péruviens, gouvernés par Pizarre, s'étant révoltés, il marcha contre eux en 1536, moins pour apaiser la révolte que dans l'espoir de voir succomber son rival; il s'empara de Cusco par surprise, fit arrêter les frères de Pizarre, et se fit proclamer *adelantado* du Pérou. Pizarre rassembla une armée à Lima, arriva sous les murs de Cusco, et battit Almagro le 25 avril 1638. Celui-ci, fait prisonnier, fut condamné à mort, et étranglé dans sa prison; il était âgé de 75 ans. Son fils unique Diégo le vengea dans la suite. Il fit assassiner Pizarre, mais il périt aussi de la mort de son père en 1542, avec 40 de ses partisans. Les deux Almagro étaient d'un caractère dur et turbulent. On accuse le premier d'avoir été lui seul l'auteur du supplice d'Atabalipa, usurpateur du Pérou, et meurtrier d'Huescar. (Voyez ATABALIPA.)

ALMAIN (Jacques), né à Sens, docteur de Sorbonne, écrivit en faveur de Louis XII contre Jules II, défendit l'autorité des conciles contre le cardinal Cajetan, et mourut en 1515. Les principes qu'il établit sont aussi contraires à l'autorité royale, qu'à celle des pontifes. Richer de Dominis, et d'autres novateurs, les ont adoptés, en y ajoutant de nouvelles erreurs, qui en découlent comme des conséquences naturelles. C'était un grand scoliaste. Ses œuvres furent imprimées à Paris en 1517, in-fol. 4 à 5 fr. Le calviniste Goldast a inséré son commentaire sur Occam dans sa *Monarchia imperii romani*.

ALMAMON ou ALMAIMOUN, ou ABDALLAH III, 7e calife de la maison des Abbassydes, était fils d'Aaron al-Réchyd. Il remporta plusieurs victoires sur les Grecs, se rendit maître d'une partie de la Candie, et s'illustra encore davantage par son goût pour les lettres. Il fit traduire en arabe les meilleurs ouvrages des philosophes grecs et en orna sa bibliothèque, qu'il avait formée lui-même à grands frais. Il aimait les savants, les récompensait, et l'était lui-même. Il établit des espèces d'académies, auxquelles il assistait quelquefois. Il ne haïssait pas les chrétiens, et rendait justice à ceux d'entre eux qui se distinguaient par leurs lumières et leurs vertus. Il mourut en 833.

ALMANSOR ou ADMANSOR. Il y a plusieurs princes mahométans de ce nom, dont ceux qui ont joué les plus grands rôles sont les trois suivants. Le premier était roi de Cordoue, et mourut l'an 1002, après avoir pris Barcelone, et fait sentir aux chrétiens, dans plus d'une rencontre, la supériorité de ses armes. — Le second, Joseph Almansor, était roi de Maroc, et fut défait par les Espagnols, l'an 1158 de J.-C. — Le troisième, Jacob Almansor, fils de Joseph, se rendit maître de Maroc, et gagna la fameuse bataille d'Alarcos en Castille. Le pape Innocent III lui adressa un bref, en 1199, pour faciliter le rachat des esclaves chrétiens. Almansor, étant retourné en Afrique, prit une seconde fois Maroc, et fit mourir les habitants, contre la foi promise; de quoi ayant été repris par un marabout, il alla errant par le monde, et mourut, dit-on, boulanger à Alexandrie. — Abougiaffar, célèbre par la fondation de Bagdad, où il transporta le siège de son empire, porta aussi le surnom d'Almansor. Il était aïeul d'Aaron al-Réchyd. (Voy. ce nom.)

ALMEIDA (François), comte d'Abrantès et premier gouverneur des Indes orientales, où le roi de Portugal Emmanuel l'envoya en 1505. Toutes les difficultés de cette conquête furent heureusement surmontées par la valeur et par la sage conduite des chefs, entre lesquels François Alméida se signala. Il défit, en 1508, l'armée navale de Campson, sultan d'Egypte, et il remporta sur lui, dans la suite, d'autres avantages considérables. N'ayant pu se soumettre à l'autorité d'Albuquerque dans les Indes, il résigna sa vice-royauté, et partit pour le Portugal. Son vaisseau relâcha dans la baie de Saldanha près du cap de Bonne-Espérance, et ce fut là qu'il mourut percé d'une flèche, dans une querelle qu'avaient eue les gens de son équipage avec les Cafres, habitants de la contrée; c'est l'an 1509 qu'il fut enlevé à son roi et à ses concitoyens, qui versèrent tous des larmes sur sa mort.

ALMEIDA ou ALMEYDA (Théodore), oratorien, né à Lisbonne en 1722, mort en 1803, fut le premier en Portugal qui enseigna les sciences physiques d'après la nature elle-même consultée par des expériences et des observations. Son attachement au Saint-Siège lui attira la haine de Pombal, et le força de se retirer en France, où il resta jusqu'à la disgrâce de ce ministre. De retour dans sa patrie, l'Académie royale des sciences de Lisbonne, nouvellement établie, l'admit parmi ses membres. On lui doit: *Récréations philosophiques*, 1751, 5 vol. in-8; l'*Heureux indépendant*, roman moral, traduit en français sur une version espagnole, par l'abbé Jamet, sous le titre de : *l'Homme heureux dans toutes les situations de la vie*, ou *les Aventures de Misseno*, poëme portugais, Caen, 1829, 2 vol. in-12 ; *Harmonie de la Raison et de la Religion, ou Réponse philosophique aux arguments des incrédules*, traduite par l'abbé Remard, curé de Saint-Jacques-du-Haut-Pas, Paris, 1823, 2 vol. in-12 ; *Trésor de patience caché dans les plaies de Jésus-Christ*, traduit par l'abbé Jamet, Lyon, 1825, in-18 ; *Entretien sur la dévotion au Cœur de Jésus*, 1826, in-18.

ALMÉON, prince arabe et mathématicien, vivait dans le 11° siècle, ou dans le 10°, selon quelques auteurs. Il y a un autre ALMÉON, surnommé *Almanzor*, que quelques-uns confondent avec le premier, qui a laissé des *Observations astronomiques sur le soleil*. Le dernier a composé des *Aphorismes* ou *Maximes d'astrologie*, intitulées : *Almanzoris aphorismi, seu propositiones et sententiæ astrologicæ ad Saracenorum legem*. Hervatius les publia, en 1530, à Bâle, avec Julius Firmicus et quelques autres.

ALMICI (Pierre-Camille), né le 2 novembre 1714 à Brescia, y mourut le 30 décembre 1779. Il était très-versé dans la connaissance des Pères de l'Eglise, et fit sa principale étude du texte des saintes Ecritures ; il possédait en outre la chronologie, l'histoire, les antiquités, la critique, la diplomatique, la science liturgique, et l'on venait en foule le consulter sur toutes sortes de matières. Il était accessible à tout le monde, et recevait avec affabilité tous ceux qui s'adressaient à lui. On lui doit des *Réflexions critiques sur le livre de Febronius*, intitulé : *De statu Ecclesiæ et legitimâ potestate romani pontificis* ; *Dissertation sur la manière d'écrire la vie des grands hommes*, suivie d'un *appendice sur la manière d'écrire sa propre vie* ; *Observations sur les Italiens et les Français comparés entre eux* ; *Méditation sur la vie et les écrits de Fra-Paolo Sarpi*, et quelques autres ouvrages.

ALMODOVAR (le duc d'), ambassadeur d'Espagne en Portugal et en Angleterre, mort à Madrid en 1794, a publié une espèce de journal sous le titre de *Decada epistolen*, et une *Traduction de l'Histoire philosophique et politique des Indes*, où il a supprimé ce que ce livre contient de dangereux.

ALMOGAVER (Voyez BOSCAN.)

ALMON (Jean), libraire anglais, qui s'est rendu célèbre par la publication de ses pamphlets, naquit à Liverpool en 1758, et vint, à l'âge de 24 ans, s'établir à Londres où il est mort le 12 décembre 1805. Il avait déjà publié plusieurs ouvrages, lorsque Jean Wilkes eut engagé la lutte contre le ministre de lord Bute ; alors il lança un pamphlet sur les jurés et sur les libelles, pour lequel il fut traduit au tribunal du banc du roi ; mais cette affaire criminelle n'eut pas de suite. En 1770, parurent les fameuses *Lettres de Junius*, qui firent tant de bruit et dont on n'a pu jusqu'ici parvenir à connaître l'auteur ; on poursuivit les libraires qui en avaient vendu des exemplaires ; Almon fut condamné à payer une amende de dix marcs, et à donner une caution pour sa conduite durant deux ans. Il fonda, en 1774, le *Parliamentary Register*, journal destiné à reproduire les débats des deux chambres et qui continue de paraître. Almon a donné avant sa mort une nouvelle édition des *Lettres de Junius*, avec des observations et des anecdotes nécessaires pour l'intelligence de plusieurs passages de ces lettres. Il a aussi publié les écrits de Jean Wilkes avec une notice sur la vie de ce fougueux écrivain. Almon s'était montré toute sa vie le partisan des wighs les plus exagérés.

ALOADIN, 7° prince des Ismaéliens, plus connu sous le nom du *Vieux de la Montagne*, chef des Assacides ou assassins, succéda à son père Djelaleddyn, l'an 1221 de J.-C. Son premier acte fut de faire massacrer tous les amis et les ministres de son père, sous prétexte qu'ils avaient voulu l'empoisonner. Ayant à ses ordres une troupe de jeunes gens que rien n'effrayait, lorsqu'il s'agissait d'exécuter ses ordres, il fit trembler les souverains de l'Asie et même quelques-uns de l'Europe, qui eurent la faiblesse de lui envoyer de riches présents pour n'être pas assassinés par ses émissaires. Ainsi, par la terreur qu'il avait répandue, il augmenta ses trésors, qui n'auraient pu suffire à ses prodigalités, passant sa vie dans les plaisirs, et laissant le soin du gouvernement à des femmes et aux compagnons de ses débauches. Son fis, qui avait été l'objet de sa haine, le fit assassiner dans son lit, vers l'an 1272.

ALOISIO-LILIO, habile mathématicien de Vérone, auteur du *Traité des Epactes*, dont le système prévalut pour la réforme des temps et la rectification de l'*Histoire universelle*, dans le *Calendrier grégorien*, admiré par Delambre. Il figure le premier dans la célèbre bulle de 1582.

ALP-ARSLAN (Lhaz-ed-Dyn-Abou-Chudjaa), second sultan de la dynastie des Seldjougydes de Perse, monta sur le trône de Khoraçan après la mort de Daoud son père, et sur celui de Perse après celle de Thoghrol-Beyg son oncle, l'an 1063 de J.-C. Il remporta un grand nombre de victoires, et mourut à Méru dans le Khoraçan, en 1072, dans son expédition pour la conquête du Turkestan. On lit à Méru cette épitaphe sur son tombeau : *Vous tous qui avez vu la grandeur d'Alp-Arslan élevé jusqu'aux cieux, venez à Méru et vous la verrez ensevelie sous la cendre.*

ALPHONSE I, surnommé le *Catholique*, roi d'Oviédo et des Asturies, vainquit en plusieurs occasions les Musulmans, et leur enleva plus de trente villes. Il agrandit par là son royaume, et rendit le nom chrétien redoutable aux infidèles. Il mourut en 757, à Cangas. Il était fils de don Pédro, duc de Biscaye, descendait du roi Récaredo, et était cousin de don Pélage. Il se réunit à ce prince pour défendre ce qui restait aux chrétiens après la conquête des Maures en 713. Alphonse épousa Hermesinda, fille de Pélage; et de ce mariage sortirent tous les rois chrétiens qui ont régné pendant plusieurs siècles en Espagne, et dont les Etats se réunirent sous Isabelle et Ferdinand. Favila, fils de Pélage, étant mort sans enfants, Alphonse fut élu roi des Asturies, en 739.

ALPHONSE II, surnommé *le Chaste*, roi des Asturies, remporta plusieurs victoires sur les Maures. Il s'empara de Lisbonne et mourut en 842, après un règne de 53 ans, dans un âge très-avancé. Il eut le nom de *Chaste*, parce qu'il vécut en continence avec son épouse, et qu'il abolit le tribut infâme de cent filles que les chrétiens livraient au sérail de Cordoue. Il envoya, en 797, une ambassade à Charlemagne, dont il fut l'ami et l'allié contre les infidèles; tandis qu'il attaquait ceux d'Aragon, Charlemagne combattait les infidèles dans la Catalogne.

ALPHONSE III, dit *le Grand*, roi de Léon et des Asturies, succéda à Ordogno, son père, en 866, à l'âge de 18 ans. Son règne fut illustré par un grand nombre de victoires qu'il remporta sur les Maures; il eut aussi à essuyer plusieurs révoltes de ses sujets. Mais la plus sensible à son cœur fut celle où il vit s'élever contre lui son propre sang. Garcie, son fils aîné, à la tête des rebelles, est battu, fait prisonnier, puis remis en liberté au bout d'un an. Alors Alphonse abdique la couronne en faveur de ce fils, qui avait voulu la lui enlever; et par une tendresse aveugle pour Ordogno, son deuxième fils, il divise ses Etats, et donne à celui-ci la Galice avec la partie de la Lusitanie qu'il avait conquise. L'an 912, Alphonse, avec une armée qu'il obtint de ses fils, entre sur les terres des Maures, y met tout à feu et à sang, et revient chargé de dépouilles à Zamora, où il mourut le 20 décembre, après avoir régné 46 ans jusqu'à son abdication. Il joignit à la valeur l'amour des lettres. On a de lui une *Chronique des rois d'Espagne*, depuis Vamba jusqu'à Ordogno, père de l'auteur.

ALPHONSE IV, surnommé *le Moine*, roi de Léon et des Asturies, était fils d'Ordogno II auquel il succéda en 924. Trois ans après il abdiqua en faveur de son frère Ramire au préjudice de son fils Ordogno, et se retira ensuite dans le couvent de Sahagun. Mais bientôt il s'ennuya de la vie monastique, réclama sa couronne, et entra dans la ville de Léon qui s'étaitt déclarée pour lui. Ramire l'y assiégea : au bout d'un an les habitants se rendirent et livrèrent Alphonse qui eut les yeux crevés, et qui fut renfermé dans le monastère de Ruiforco près de Léon, où il mourut un an après (933).

ALPHONSE V, roi de Léon et de Castille, n'avait que cinq ans, lorsqu'il succéda, l'an 999, à son père Bermude II, sous la régence de doña Elvire, sa mère. Le soin de son éducation fut continué à don Mélando Gonzalès, comte de Galice, à qui le feu roi l'avait confié. On trouve peu d'exemples d'une administration plus sage que celle de la régence, durant la minorité de ce prince, qui fut élevé avec tant de soins, qu'il devint un des plus sages et des meilleurs rois de son temps. Par reconnaissance pour son gouverneur, il épousa doña Elvire, fille de ce seigneur, princesse d'une grande vertu, que son humilité surtout fit extrêmement aimer. Après son mariage, Alphonse prit les rênes du gouvernement, et son premier soin fut de rétablir les villes ruinées par la guerre, et de repeupler les terres qu'on avait abandonnées. En peu d'années, les murs de Léon et de Zamora étant rétablis, il crut devoir profiter des dissensions des Maures pour marcher contre eux; il passa le Duero en 1027, à la tête d'une armée bien disciplinée, et vint former le siége de Visée. Etant monté à cheval, sans cuirasse à cause des grandes chaleurs, pour reconnaître l'endroit par où il serait plus à propos de donner l'assaut, il fut blessé mortellement d'une flèche tirée des remparts, et mourut dans sa tente le 5 mai 1027, dans la 34ᵉ année de son âge, sincèrement regretté de ses sujets, dont il était universellement aimé à cause de sa piété, de sa libéralité et de son courage.

ALPHONSE VI, *le Vaillant*, roi de Léon et de Castille, fut tiré du cloître pour être mis à la place de Sanche son frère, tué au siége de Zamora en 1070. Ils étaient fils de Fernand ou Ferdinand I de ce nom, fils de Sanche II, roi de Navarre, et de Nugna de Castille. Alphonse, aidé par le Cid, si célèbre par sa bravoure, prit la ville de Tolède le 25 mai de l'an 1085 ; il en fit la capitale de ses Etats, s'y fit même donner le titre d'empereur, et y mit sur le siége épiscopal Bernard, religieux de l'ordre de Saint-Benoît. Il soumit encore Talavera, Huescar, Madrid, Médina-Cœli, et plusieurs autres villes considérables qu'il prit sur les Maures. Il fit épouser sa fille Thérèse, qu'il avait eue de Chimène de Gusman, à Henri de Bourgogne, arrière-petit-fils de Hugues Capet, qui l'avait secouru contre les Sarrasins, et qui fut le premier roi de Portugal, selon quelques auteurs. Il contribua d'une grande somme d'argent pour bâtir l'église de Cluny. On ajoute qu'il avait dessein de prendre l'habit de religieux de cet ordre, si saint Hugues, qui en était abbé, ne lui eût conseillé de vivre sur le trône, où il pouvait travailler avec plus d'utilité pour le bien de la religion. Il mourut le 1er juillet 1109, âgé de 70 ans, après en avoir régné 34.

ALPHONSE VII ou VIII, roi de Castille et de Léon, fils d'Urraque, infante de Castille, et de Raymond, comte de Bourgogne, resta seul possesseur du trône par la mort de sa mère en 1126, n'étant âgé que de 20 ans. Son premier soin fut d'apaiser les troubles qui agitaient ses Etats depuis longtemps, et il y parvint facilement. Il tourna ensuite ses armes contre les Maures d'Afrique, qui désolaient les environs de Tolède. Plusieurs victoires qu'il remporta sur eux, et sa conduite noble et généreuse qui le porta à secourir ses voisins et ses alliés contre les Maures, leurs ennemis communs, lui mérita la reconnaissance des princes chrétiens, qui lui décernèrent le titre d'Empereur des Espagnes. Les rois de Navarre et de Portugal, jaloux de cet honneur, quoiqu'ils eussent contribué à le lui conférer, se liguèrent contre lui ; mais il les força bientôt à demander la paix, et la leur accorda à des conditions qui prouvent la modération du conquérant jaloux de prévenir l'effusion du sang chrétien, et de se réserver ses forces pour agir contre les Musulmans. Il fit encore sur eux quelques conquêtes, et les battit complètement près de Jaen ; mais une maladie qui le surprit l'empêcha de tirer parti de ses succès. Il mourut en 1157, après un règne de 31 ans, regretté des princes chrétiens qu'il avait presque toujours conduits à la victoire. On le place avec raison au rang des rois qui ont le plus illustré l'Espagne. On lui reproche trop de penchant pour les titres fastueux, pour l'éclat de la représentation, et surtout d'avoir partagé ses États entre ses deux fils Sanche et Ferdinand : ce qui livrait bien plus facilement ses États aux incursions des Maures, qui avaient besoin d'un chef puissant pour les contenir.

ALPHONSE IX, roi de Léon et de Castille, surnommé le Noble et le Bon, monta sur le trône à l'âge de quatre ans en 1158. Il reconquit tout ce que ses voisins avaient usurpé sur lui pendant son enfance. Aucun roi ne suivit aussi constamment que lui le projet de chasser les Maures d'Espagne ; mais il fut défait par ces barbares, et blessé à la cuisse dans une grande bataille en 1195. Cet échec ralentit contre eux l'effort de ses armes, qu'il porta ailleurs. Enfin, il eut sa revanche l'an 1212, à la bataille de Muradad, où les Sarrasins, dit-on, perdirent près de 50 mille hommes. Ce prince mourut en 1214, à 60 ans. Les larmes que la Castille répandit sur son tombeau étaient une juste récompense des travaux auxquels il se livra pour défendre son royaume, l'agrandir, et y faire naître le goût des sciences. On lui reproche de n'avoir pas profité de ses divers succès ; mais on ne peut lui refuser la gloire d'avoir réparé les revers qu'il avait essuyés, avec une fermeté supérieure aux événements.

ALPHONSE X, roi de Léon et de Castille, surnommé le Sage et l'Astronome, fils de Ferdinand III, et son successeur en 1252. Après la mort de son père, il dissipa tous les efforts que la Navarre et l'Aragon firent contre lui. Il fut élu empereur en 1257 par une faction de princes allemands, qui comptaient s'enrichir des trésors qu'il répandrait parmi eux. Il fit des actes de souverain d'Allemagne, en Castille. Il donna l'investiture du duché de Lorraine à Frédéric ; mais lorsque Rodolphe d'Habsbourg eut été élevé au trône impérial, il se contenta de protester contre l'élection. Don Sanche, son fils, connaissant le caractère pacifique de son père, se révolta contre lui et le détrôna. Alphonse le Sage se ligua avec les Mahométans contre ce fils dénaturé, le combattit et le vainquit ; mais il ne put profiter de ses premiers avantages, et mourut de chagrin en 1284. Les Tables alphonsines, dressées à grands frais par les Juifs de Tolède, et fixées au 1er juin, jour de son avénement à la couronne, lui ont acquis plus de gloire que ses combats. Son Recueil de Lois prouve qu'il veillait à la justice comme sur les lettres. Quelques auteurs l'ont accusé d'impiété, pour avoir dit que s'il avait été du conseil de Dieu, dans le temps de la création, *il lui aurait donné de bons avis sur le mouvement des astres*. Mais les historiens ne s'accordent pas sur ce propos, qui, de quelque manière qu'on l'envisage, ne peut jamais être sorti d'une tête sensée. Ce prince avait lu, dit-on, quatorze fois la Bible avec ses gloses, et l'avait fait traduire en espagnol. Mariana a fait cette antithèse sur son règne : *Dumque cœlum considerat observatque astra, terram amisit* : « En contemplant les cieux, il a perdu la terre ». Mariana fait allusion à la perte de l'empire et à la révolte des Castillans. Il est certain que son attachement à l'astronomie lui fit faire de grandes fautes dans la politique.

ALPHONSE XI, roi de Léon et de Castille, successeur et fils de Ferdinand IV, en 1312, livra bataille aux Maures avec le roi de Portugal, et en fit périr 60,000 en 1340. On prétend que cette boucherie couvrit de cadavres tous les chemins à plus de trois lieues à la ronde, et que le butin immense qu'on y ramassa, fit baisser d'un sixième le prix de l'or. Il mourut de la peste en 1350, au siége de Gibraltar, place fatale à tant de guerriers.

ALPHONSE I, roi d'Aragon et de Navarre, surnommé *le Batailleur*, succéda en 1104 à son frère Pierre I. Il passait pour un des princes les plus accomplis et les plus braves de son temps ; c'est ce qui engagea Alphonse VI, roi de Castille, à lui donner en secondes noces sa fille unique et son héritière, doña Urraque, qu'il épousa en 1109. Ce mariage, qui semblait promettre aux chrétiens d'Espagne de très-grands avantages en réunissant plusieurs royaumes, et par là, facilitant la défense contre les infidèles, plongea l'Espagne dans toutes sortes de malheurs : quelques mois après le mariage, la mésintelligence se mit entre le roi et la reine, et il s'en suivit une guerre longue et cruelle. Alphonse fut obligé de renoncer à Urraque et à la Castille. Il tourna alors ses armes contre les Maures, et prit, en 1118, la ville de Saragosse où il établit sa cour. Il leur enleva plusieurs autres villes et remporta sur eux deux grandes victoires. Il les avait repoussés jusqu'aux confins de la Catalogne, lorsqu'il fut battu complètement et obligé de se retirer dans le monastère de la Pegna, où il mourut de chagrin huit jours après, laissant la monarchie beaucoup plus étendue qu'il ne l'avait trouvée. Malgré son humeur guerrière, c'était un des monarques les plus doux et les plus affables qui aient jamais occupé le trône.

ALPHONSE II, roi d'Aragon, fils de Raymond, comte de Barcelone, monta sur le trône en 1162 par l'abdication de la reine Pétronille sa mère, qui se démit en sa faveur du gouvernement pour s'occuper uniquement d'œuvres de piété et de charité. C'était un prince éclairé et habile ; il se concilia tous les cœurs en respectant les priviléges des Aragonais, et ne négligea aucune occasion d'étendre sa puissance au dehors. Il prit plusieurs places aux Maures, et mourut à Perpignan en 1196, après avoir réuni deux provinces de France à l'Aragon.

ALPHONSE III, roi d'Aragon, succéda, en 1285, à son père Pierre III, sans avoir juré, selon l'usage, le maintien des priviléges de la noblesse et du peuple ; aussi le mécontentement fut général. Alphonse, croyant pouvoir l'apaiser, en occupant ses sujets à la guerre, attaqua son oncle Jacques, roi de Minorque, et le dépouilla de son royaume, pour le punir de s'être uni aux Français, dans une guerre que son père eut à soutenir contre eux. Il fit encore quelques autres expéditions, et se rendit enfin à Saragosse, pour se faire couronner ; mais les Cortès d'Aragon, confédérés sous le titre d'*Union*, le forcèrent de maintenir leurs priviléges, et mirent des bornes à l'autorité royale. Les rois de France, de Naples et de Castille se liguèrent contre lui, et le réduisirent à accepter un traité honteux. Alphonse prit part aux troubles qui agitaient ce dernier royaume, fut excommunié par le pape Nicolas IV, et se réconcilia ensuite avec le Saint-Siége. Il était sur le point d'épouser Éléonore d'Angleterre, lorsqu'il mourut, au mois de juin 1291, à l'âge de 26 ans, laissant la couronne à son frère Jacques. Ce fut sous son règne que la noblesse arma le grand-justicier d'un pouvoir extraordinaire, en l'investissant du droit de citer le roi devant les états-généraux, et de le faire déposer, s'il touchait aux priviléges de la nation.

ALPHONSE IV, fils de Jacques II, roi d'Aragon, succéda à son père, en 1327, et fut surnommé *le Débonnaire*, à cause d'une bonté qui dégénérait souvent en faiblesse. A l'époque de son couronnement, il jura de n'aliéner aucun des biens de la couronne, promesse que les Cortès exigèrent de lui, afin de mettre des bornes à sa prodigalité. La donation que le pape lui fit de la Sardaigne entraîna une guerre désastreuse qui fournit cependant aux Aragonais l'occasion de former une marine à laquelle l'Espagne dut plus tard une partie de sa grandeur. Alphonse mourut le 24 juin 1336, laissant son royaume à son fils don Pédro, qui lui succéda sous le nom de Jean IV.

ALPHONSE V, roi d'Aragon, surnommé le *Magnanime*, mort en 1458, à 74 ans, avait été reconnu roi de Sicile en 1442, après s'être rendu maître de Naples. Il était fils de Ferdinand-le-Juste, auquel il succéda en 1416. Généreux, libéral, éclairé, bienfaisant, intrépide, affable, politique, Alphonse fut le héros de son siècle. Il accueillit dans ses Etats les Muses, bannies de Constantinople, établit la domination espagnole en Italie, ne tira presque rien de ses Etats d'Espagne, et ne songea qu'à faire des heureux. Ce prince allait volontiers sans suite et à pied dans les rues de sa capitale. Comme on lui faisait un jour des représentations sur le danger auquel il exposait sa personne : *Un père*, répondit-il, *qui se promène au milieu de ses enfants, n'a rien à craindre*. On connaît le trait suivant de sa libéralité. Un de ses trésoriers était venu lui apporter une somme de 10,000 ducats : un officier, qui se trouvait là dans le moment, dit tout bas à quelqu'un : *Je ne demanderais que cette somme pour être heureux*. — *Tu le seras!* dit Alphonse qui l'avait entendu, et il lui fit emporter les 10,000 ducats. Ce bon roi avait, ainsi que Salomon, signalé le commencement de son règne par un jugement remarquable. Une jeune esclave affirmait, devant lui, que son maître était le père d'un enfant qu'elle avait mis au monde, et demandait en conséquence sa liberté, suivant une ancienne loi d'Espagne. Le maître niait le fait, et soutenait n'avoir jamais eu aucun commerce avec son esclave. Alphonse ordonna que l'enfant fût vendu au plus offrant. Les entrailles paternelles s'émurent aussitôt en faveur de cet infortuné, et lorsque les enchères allaient commencer, le père reconnut son fils, et mit sa mère en liberté. Ce prince ne pouvait souffrir la danse, et il disait assez plaisamment *qu'un fou ne différait d'un homme qui danse, que parce que celui-ci restait moins longtemps dans sa folie*. Cicéron avait dit à peu près la même chose ; mais la folie ne se guérit pas par des propos sensés. On a imprimé en 1765, in-12, le *Génie* de ce monarque guerrier, mais sage. L'auteur, l'abbé Méri de la Canourgue, y a recueilli les pensées et les faits les plus remarquables de sa vie. Il a tiré tous les traits qu'il a fait entrer dans ce tableau, d'Antoine de Palerme, précepteur et historiographe d'Alphonse.

ALPHONSE I, roi de Portugal, naquit à Guimaraens, au mois de juillet de l'an 1110, et selon d'autres 1094. Il était fils de Henri de Bourgogne, de la maison de France, et de Thérèse de Castille. En 1139, il défit cinq rois ou généraux maures à Ourique, près de la rivière du Tage. Après cette victoire, il fut salué et couronné roi de Portugal le 27 juillet de la même année, et emporta Lisbonne après un siège de cinq mois. Le titre de roi lui fut confirmé par le pape Alexandre III. Il eut à soutenir avec Alphonse VII, roi de Castille, une cruelle guerre qu'il finit avec honneur, aussi bien que celle qu'il eut pour la ville de Badajoz contre Ferdinand II, roi de Léon. Ce fut lui qui fonda les monastères de Coïmbre, d'Alcobace et de Saint-Vincent près de Lisbonne. Il mourut à Coïmbre le 7 novembre 1185.

ALPHONSE II, surnommé *le Gros*, roi de Portugal, succéda, en 1211, à son père Sanche I. Il vainquit les Maures d'Espagne en plusieurs rencontres, et notamment à Al-Cazar-do-Sal, où il avait pour auxiliaires une troupe de croisés, que les vents avaient forcés de relâcher à Lisbonne en allant à la Terre-Sainte. Il mourut en 1223, après un règne de 12 ans. Alphonse fit rédiger un code de lois, et ordonna que les sentences de morts ne fussent exécutées que vingt jours après le jugement. Il laissa la couronne à Sanche II, son fils.

ALPHONSE III, roi de Portugal, second fils d'Alphonse II, né à Coïmbre en 1240, voyageait dans le nord de la France et se trouvait à Boulogne-sur-mer, lorsqu'il apprit que plusieurs seigneurs, mécontents du gouvernement faible de Sanche II, son frère, voulaient le détrôner. Il se rendit aussitôt en Portugal, se mit à leur tête et s'empara de la régence. Sanche II se réfugia en Castille, et sa mort, arrivée en 1248, assura la couronne à Alphonse. Ce prince effaça la honte de son usurpation par une administration sage et bienfaisante, qui le rendit cher à son peuple. Il acheva de conquérir les Algarves sur les Musulmans en 1254, et il fut le premier roi de Portugal qui prit le titre de roi des Algarves. Alphonse, durant son séjour à Boulogne, avait épousé Mathilde, qui en était comtesse ; il la répudia pour cause de stérilité, et épousa une fille naturelle d'Alphonse l'Astronome, roi de Castille, Béatrix de Gusman, qui lui apporta en dot plusieurs villes. Alphonse eut aussi à lutter contre le clergé de son royaume ; et les mêmes causes qui avaient troublé le Portugal sous le règne de son père le troublèrent encore sous le sien. Deux fois le Portugal fut mis en interdit ; mais Alphonse se réconcilia avec l'Eglise, et fit dans sa dernière maladie, un legs au pape, auquel il donna le titre de *Seigneur de son âme et de son corps*. Il mourut le

16 février 1279, à l'âge de 69 ans. Denys, son fils, lui succéda. Le Portugal acquit sous ce prince à peu près l'étendue qu'il a de nos jours.

ALPHONSE IV, roi de Portugal, surnommé *le Brave* ou *le Fier*, et non *le Justicier* comme l'ont avancé quelques biographes, était fils du roi Denys. Il lui succéda en 1325. Après une guerre longue et sanglante avec le roi de Castille son gendre, il s'unit sincèrement à lui pour repousser les Maures, et il se signala à la fameuse bataille de Salado, où il périt, dit-on, 200,000 de ces infidèles. Il mourut en 1356, laissant sa couronne à son fils Pierre I. Selon les historiens portugais, ce fut un prince brave, libéral et habile guerrier, mais l'inexorable histoire doit le signaler comme fils ingrat, frère injuste et père cruel : il fit périr Inès de Castro, dame extrêmement belle, que son fils don Pedro avait épousée en secret.

ALPHONSE V, roi de Portugal et des Algarves, naquit à Sintra, au mois de janvier de l'an 1432. Edouard, son père, mourut en 1438, laissant ce jeune prince, à l'âge de six ans, sous la tutelle de sa mère, Eléonore d'Aragon, fille de Ferdinand IV; mais les Etats ayant refusé de lui obéir, Pierre, duc de Coïmbre, fils de Jean I et oncle d'Alphonse, fut élu régent du royaume. Ce roi, étant venu en âge, prit lui-même soin des affaires, et fut nommé *l'Africain* pour avoir pris Tanger, Arzile, Alcaçar-Ceguer, villes d'Afrique, en 1471. Il perdit une bataille à Toro contre Ferdinand V, roi d'Aragon, le premier mars 1476, et fit la paix avec lui, au mois d'octobre 1479. Dès l'année 1447, il avait épousé Elisabeth de Portugal, fille de son tuteur, Pierre, duc de Coïmbre, qu'il tua dans une bataille, en 1449, après qu'il se fut révolté. Ses sujets, ayant découvert la Guinée, y firent connaître la religion chrétienne et y formèrent divers établissements. Alphonse épousa en secondes noces, en 1475, Jeanne de Castille, sa nièce, prétendue fille d'Henri IV dit *l'Impuissant* : ce fut par une dispense de Sixte IV; mais ce pape se plaignit, depuis, qu'il avait été surpris, et fit mettre cette princesse dans un monastère, où elle vécut plusieurs années. Alphonse mourut âgé de 49 ans, le 24 août 1481.

ALPHONSE VI, roi de Portugal, fils et successeur de Jean IV, de Bragance, en 1646, eut d'abord quelques avantages sur les Espagnols, et fut ensuite chassé de son trône comme un imbécile, par sa femme, amoureuse de don Pèdre, son frère cadet. Il mourut dans l'île de Tercère en 1683.

ALPHONSE DE ZAMORA travailla à l'édition de la Polyglotte du cardinal Ximenès. Ce juif converti est encore auteur d'un ouvrage intitulé : *Introductiones hebraïcœ*, Compluti, 1526, in-4. Il mourut l'an 1530.

ALPIN, ALPINUS (Corneille), poëte contemporain d'Horace, qui lui reproche l'enflure du style.

ALPINI (Prosper), professeur de botanique à Padoue, né à Marostica dans l'État de Venise, en 1553, et mort à Padoue en 1617, voyagea en Égypte pour perfectionner la botanique. On a de lui : *De præsagiendá vitá et morte*, in-4, 1601, que l'illustre Boërhaave a fait imprimer à Leyde, 1710, in-4; ouvrage dans lequel Alpin montre une connaissance très-approfondie de la médecine grecque, et où il a recueilli et exposé, dans un ordre méthodique, toutes les observations des anciens sur les signes qui annoncent la terminaison des maladies : ce qui lui a mérité le titre de *Père de la séméiotique*; *De medicinâ Ægyptiorum*, Venise et Padoue, in-4, Paris, 1646, in-4, avec le Traité de J. Bontius *De medicinâ Indorum*, Leyde, 1718, in-4, avec un excellent Traité *De balsamo*, par Alpin; autre édition, Leyde, 1745, in-4, ouvrage fort curieux, exact en ce qui touche l'état de la médecine au temps où il fut écrit; mais qui, malgré l'érudition qui y est répandue, n'est point d'une grande ressource pour ceux qui veulent étudier la médecine des anciens Égyptiens; *De plantis Ægypti*, Venise, 1592, in-4, et à Leyde, 1535, in-4; *De plantis exoticis*, Venise, 1627, in-4; cette édition a quelquefois des titres de 1629 et 1656 ; *Medicina methodica*, Padoue, 1611, in-fol., Leyde, 1719, in-4; *De Rhapontico*, Padoue, 1612, in-4; un excellent *Traité du baume*, qui se trouve dans *Medica Ægyptiorum*, Leyde, 1718, in-4. Ses ouvrages renferment des recherches curieuses, qui l'ont tiré de la foule des botanistes. André Doria, prince de Melphe, avait voulu l'avoir pour son médecin ; mais la république de Venise le fixa à Padoue par des emplois honorables.

ALSTEDIUS (Jean-Henri), professeur de philosophie et de théologie à Herborn, ensuite à Albe-Pile, mourut à 50 ans dans cette dernière ville en 1638. Il laissa un grand nombre d'ouvrages, qui prouvent beaucoup d'application, mais peu de génie. Ils sont faits, pour la plupart, dans le goût des compilations allemandes. Les principaux sont : *Methodus formandorum studiorum; Encyclopædia*, Lyon,

1640, 2 vol. in-fol., recueil informe, et qui ne fera jamais un vrai savant, avant-coureur de cette massive *Encyclopédie*, encore plus mal digérée, de l'aveu même de son principal auteur, et qui a écrasé la littérature et les sciences; *Philosophia restituta; Elementa mathematica;* un Traité *De mille annis*, 1027, in-8, ouvrage qui défend le système des millénaires. Il avait une fille qui adopta les mêmes sentiments.

ALTER (François-Charles), philologue allemand, né en Silésie, mort à Vienne le 29 mars 1804. Il était entré chez les jésuites, où il resta jusqu'à leur suppression. On lui doit un grand nombre de dissertations, particulièrement consacrées aux recherches d'érudition, et plusieurs ouvrages dont on peut voir les titres dans l'*Allemagne savante* de J. G. Meusel. On lui doit encore une édition critique du *Nouveau-Testament*, 2 vol. in-8, basée sur le *Codex Vindebonensis*.

ALTHUSIUS ou ALTHUSEN (Jean), jurisconsulte du 16e siècle. Il eut la hardiesse de soutenir que la souveraineté des États appartenait au peuple : erreur renouvelée par les philosophes modernes, et dont les conséquences n'ont pas besoin d'explication.

ALTILIUS (Gabriel), précepteur de Ferdinand, roi de Naples, fut ensuite évêque de Policastro, où il mourut en 1501. On a de lui quelques vers latins dans le premier volume des *Deliciæ poetarum italorum*. Ils offrent de la facilité, et quelquefois trop d'abondance. Son morceau le plus célèbre est un *Epithalame* pour le mariage d'Isabelle, fille d'Alphonse II, d'Aragon, avec Jean-Galéas Sforce, duc de Milan. Il était l'ami de Pontanus et de Sannazar, qui fit son épitaphe. On la trouve dans l'*Italia sacra*, tome 7, par Ughelli.

ALTING (Henri), né à Embden en 1583, précepteur du prince électoral palatin, directeur d'un collège à Heidelberg, soutint le parti des gomaristes au synode de Dordrecht, où il était député de la part du palatinat. Lorsque Heidelberg fut pris, en 1622, par les catholiques, sous la conduite de Maximilien de Bavière, on chercha Alting comme un boute-feu de secte et un des tyrans du fanatisme qui alors incendiait l'Allemagne; mais il échappa à ceux qui le cherchaient, par le moyen d'une équivoque. Il occupa ensuite la chaire de théologie à Groningue, jusqu'à sa mort, arrivée en 1664. Ce protestant a laissé beaucoup d'ouvrages imprimés et manuscrits, où ceux qui s'en tiennent à la simplicité de la foi et à l'unité de l'Eglise n'ont rien à gagner.

ALTING (Jacques), fils de Henri, professeur d'hébreu, et ensuite de théologie dans l'Université de Groningue, naquit à Heidelberg en 1618. Il eut de vives disputes avec le ministre Samuel Desmarets, théologien zélé pour la méthode scolastique, en général très-nécessaire contre les ergoteurs, mais qu'on a vue quelquefois trop dépouillée de l'autorité de l'Ecriture et des Pères. Alting mourut en 1679. Ses ouvrages ont été publiés à Amsterdam, en 5 vol. in-fol., en 1687. On y voit que ce docteur avait lu toutes sortes d'écrivains, et surtout les rabbins, et que sa tête en avait reçu quelque fâcheuse commotion. Ses adversaires le regardaient comme un prosélyte du judaïsme.

ALTMANN (Jean-Georges), professeur de morale et de langue grecque à Berne, né à Zoffingen en 1697, mort en 1758. Il était curé d'un village du canton de Berne, et a publié l'*Etat et les délices de la Suisse, en forme de relation critique*, Amsterdam, 1730, 4 volumes in-12; nouvelle édition entièrement refondue et plus exacte que les précédentes, Neuchâtel, 1778, 2 volumes in-4; la *Description des glaciers de l'Helvétie*, Zurich, 1754-55, fig., en allemand; *Meletemata philologica-critica*, 1753, 3 vol. in-4; *Principia ethica*, Zurich, 1753; *Exercitatio de linguâ Italorum antiquissimâ*, Berne, 1721, et un grand nombre de *Mémoires* concernant la géographie, l'histoire et les antiquités de la Suisse. Il a rédigé, conjointement avec Breitinger, le recueil intitulé : *Tempe helvetica*, Zurich, 1735-43, 6 vol. in-8.

ALTON (Richard comte d'), Irlandais de naissance, parvint au grade de général par la faveur dont il jouit sous l'empereur Joseph II, en appuyant ses systèmes de réforme par la terreur des armes. Il contribua beaucoup à contenir les Hongrois, mais il fut moins heureux aux Pays-Bas, qu'il fut obligé de quitter avec toutes ses troupes en 1789. Il mourut à Trèves, le 15 février 1790, dans des sentiments de piété et de regret, disgracié et désavoué par l'empereur, qui, mourant cinq jours après, ouvrit son cœur au même repentir. Une partie de sa correspondance avec Joseph a paru dans les *Recueils des réclamations belgiques*, puis en entier en 1791, in-4 et in-8.

ALUNNO (frère), religieux Italien, dans le 16e siècle, renferma tout le Symbole des Apôtres avec le commencement de l'Evangile de saint Jean, dans un espace grand comme un denier. Il présenta son petit chef-d'œuvre à l'empereur Charles-Quint et au pape Clément VIII, qui admirèrent son industrie autant que sa patience. Cependant ce chef-d'œuvre de petitesse n'est rien en comparaison de quelques autres dont l'imagination même ne peut saisir la subtilité. Tel est celui dont parle le cardinal Pazman, qui assure avoir vu 300 vases d'ivoire, à bords dorés, renfermés dans un grain de poivre. Ce grain se conservait alors dans le cabinet de Rodolphe II à Prague (Voyez BOVERICK). Alunno était en outre un mathématicien habile, et a laissé des ouvrages de philologie fort estimés. Les principaux sont des *Observations sur Pétrarque*, Venise, 1539; *Richesses de la langue italienne*, 1543, in-fol.; *la Fabrique du monde*, 1546, in-fol., etc.

ALVA Y ASTORGA (Pierre de), Espagnol, prit l'habit de Saint-François au Pérou. De retour en Espagne, il voyagea en différents endroits de l'Europe, et mourut dans les Pays-Bas, en 1667, après avoir été qualificateur de l'inquisition et procureur à la cour de Rome. On a de lui une *Vie de saint François* qu'il a intitulée : *Naturæ prodigium, gratiæ portentum, etc.*, à Madrid, 1651, in-fol. Elle n'est recherchée que pour sa rareté. Il est rempli d'idées bizarres, à cause de 4000 conformités que l'auteur a cherché à établir entre le Sauveur du monde et le fondateur de son ordre. Il composa aussi un ouvrage sous ce titre : *Funiculi nodi indissolubiles de conceptu mentis et conceptu ventris... ab Alexandro Magno VII, pont. max. solvendi aut scindendi*, Bruxelles, 1661, in-8; 1663, in-4, 5 fr.; dans lequel il expose toutes les opinions sur la conception de la sainte Vierge.

ALVARADO (don Pedro d'), capitaine espagnol, né à Badajoz en 1492, accompagna Fernand Cortès en 1518, et partagea la fortune et la gloire de ce fameux conquérant. Il fut nommé gouverneur de Mexico en 1520, et chargé de la garde de Montézuma, tandis que Cortès marchait contre Narvaëz. L'avidité insatiable d'Alvarado donna lieu à une insurrection générale parmi les Mexicains ; mais Cortès arriva à temps pour le délivrer. Lorsque ce dernier fut obligé de battre en retraite, le 1er juillet de cette même année 1520, Alvarado commandait l'arrière-garde. Poursuivi par les ennemis, il ne dut son salut qu'à sa valeur et à son extrême agilité. Les Américains avaient fait une ouverture à la grande digue de Tlacapan, afin de l'arrêter dans sa marche; mais Alvarado, appuyé sur sa lance, la franchit d'un saut ; les autres Espagnols, voulant l'imiter, périrent misérablement dans le précipice. Il contribua beaucoup à la réduction du Mexique, et soumit plusieurs provinces. Il aida Pizarro dans la conquête du Pérou, et retourna ensuite à Guatimala, dont Charles-Quint le fit gouverneur. Incapable de repos, il s'embarqua pour la Californie, parcourut près de 350 lieues d'un pays sauvage et inconnu, et revint au Mexique. Peu de temps après, il marcha contre les *Xaliscoaos*, peuple indien qui s'était révolté. En poursuivant l'ennemi, il fut atteint d'une pierre énorme qui le tua sur-le-champ, en 1541. (Voyez *Historia de la Conquista de Mejico*, par D. Antonio de Solis).

ALVAREZ (François), né à Coïmbre en Portugal, chapelain d'Emmanuel, roi de Portugal, et aumônier de l'ambassade que ce prince envoya en 1515 à David, empereur d'Ethiopie ou d'Abyssinie. Après six ans de séjour dans ces contrées, Alvarez revint avec la qualité d'ambassadeur du roi d'Ethiopie, et avec les lettres de ce monarque pour le roi don Juan, qui avait succédé à Emmanuel son père, et pour Clément VII. Il rendit compte de son voyage à ce pontife, en présence de l'empereur Charles-Quint, à Bologne, en 1533. On a de lui une *Relation* de son voyage, en portugais, imprimée à Lisbonne en 1540, in-fol. Damien Goez, chevalier portugais, la traduisit en latin dans son ouvrage qu'il dédia au pape Paul III; *Fides moresque Æthiopum*, dont nous avons une traduction française, intitulée *Description de l'Ethiopie*, etc. et imprimée à Anvers, chez Plantin, en 1558, in-8. Alvarez est le premier qui ait donné quelque connaissance sûre de l'*Ethiopie* : mais n'ayant pas tout vu de ses yeux, il n'est pas toujours exact. On préfère avec raison celle de Jérôme Lobo. Alvarez mourut en 1540, regardé comme un prêtre sage et vertueux qui réunissait les talents d'un négociateur au zèle de l'apostolat.

ALVAREZ (Emmanuel), né dans l'île de Madère en 1526, entra dans la société des jésuites, et devint recteur des collèges de Coïmbre, d'Evora et de la maison professe de Lisbonne. Il mourut au collége d'Evora, en 1582, avec la réputation d'un savant humaniste très-versé dans les langues grecque et hébraïque, et surtout dans la littérature latine. On a de lui une excellente grammaire latine, intitulée *De institutione grammaticâ*, 1599, in-4, et divisée en trois livres. Il y en a eu plusieurs éditions in-12, et c'est certainement la meilleure qu'on puisse employer à l'usage des colléges; toutes celles qu'on a récemment essayé de lui substituer ne sont que des recueils informes, faits par des gens qui, eux-mêmes, ont grand besoin d'apprendre la grammaire d'Alvarez. Les vers techniques qui facilitent la mémoire des préceptes sont aussi naturels que la matière le comporte, et l'on doit en savoir d'autant plus gré à l'auteur, que la grammaire est presque la seule science où cette sorte de vers puisse être de quelque secours (Voyez BUFFIER).

ALVAREZ (Diégo), dominicain espagnol, né à Rio-Seco, dans la vieille Castille, professeur de théologie en Espagne et à Rome, ensuite archevêque de Trani, dans le royaume de Naples. Il soutint, avec Lemos son confrère, la cause des thomistes contre les molinistes, dans la congrégation *de auxiliis*. Il mourut en 1635, après avoir publié plusieurs traités sur la doctrine qu'il avait défendue. On a de lui *De auxiliis divinæ gratiæ*, Lyon, 1611, in-fol; *Concordia liberi arbitrii cum prædestinatione*, Lyon, 1622, in-8; un *Commentaire sur Isaïe*, 1615, in-fol. sur la *Somme* de saint Thomas, in-fol., etc.

ALVAROTTO (Jacques), professeur en droit à Padoue, sa patrie, où il mourut en 1452. Son traité le plus connu est intitulé *Commentaria in libros feudorum*, à Francfort, 1587, in-fol. Il est souvent cité par les jurisconsultes italiens.

ALVIANO (Barthélemi), général des Vénitiens, fut fait prisonnier par Louis XII, à la bataille de Ghiaradadda, en mai 1509. Il perdit aussi celle de la Motte, sans déchoir de la réputation qu'il s'était acquise dans ses autres expéditions, notamment en 1497, sous le duc de Candie, fils aîné d'Alexandre VI, et, en 1508, contre l'empereur Maximilien. Les Vénitiens s'étant alliés aux Français contre les Espagnols, Alviano contribua beaucoup à la victoire de Marignan, en 1515. Il mourut de maladie dans cette même année, âgé de 60 ans. Il était si pauvre que le sénat fut obligé de faire une pension alimentaire à son fils, et de marier ses filles.

ALY (Voyez ALI.)

ALYATES, fils de Sadyates, roi de Lydie, père de Crésus, monta sur le trône, vers l'an 619 avant J.-C. Étant en guerre avec Cyaxares, roi des Mèdes, une éclipse de soleil survenue au commencement d'une bataille, étonna si fort les deux armées, qu'elles se retirèrent pour faire la paix. Cette éclipse, suivant Hérodote, avait été prédite par Thalès de Milet. Alyates mourut vers l'an 562 avant J.-C.

ALYPIUS (Voy. ALIPIUS.)

AMAJA (François), d'Antequera, professeur en droit à Ossuna et à Salamanque, mourut à Valladolid vers 1640. On a de lui en latin des *Commentaires sur les trois derniers livres du Code*, Lyon, 1639, in-fol., et d'autres ouvrages dont on fait cas en Espagne.

AMALARIC, fils d'Alaric II, roi d'Italie, devint roi des Visigoths, par la mort de Théodoric, son aïeul maternel, en 526. La conduite de ce prince avec Clotilde sa femme, qu'il voulut forcer d'embrasser l'arianisme, fut la cause de sa ruine. Childebert, roi de Paris, voulant venger sa sœur, entra sur les terres d'Amalaric, qui tenait alors sa cour à Narbonne. On en vint aux mains, Amalaric fut défait, et prit la fuite pour se sauver en Espagne; mais comme il voulait rentrer dans Narbonne, pour enlever ses trésors, il fut tué en 531, près de la porte de cette ville, par un soldat français, et, selon d'autres, par des Visigoths, que Theudis, gouverneur d'Espagne, avait apostés. Le trône des Visigoths, qui jusqu'alors avait été regardé comme héréditaire, devint électif après sa mort.

AMALARIUS-FORTUNATUS, bénédictin de l'abbaye de Madéloc, diocèse de Trèves, devint archevêque de cette ville. Charlemagne l'envoya en ambassade près de Michel Curopalate, empereur d'Orient, et se servit de lui dans plusieurs occasions importantes. Il écrivit la *Relation* de son ambassade, mais il paraît que cet ouvrage est perdu. On a de lui un *Traité du sacrement de baptême*, qu'il dédia à Charlemagne, et qui se trouve imprimé sous le nom et dans les *OEuvres d'Alcuin*. Il mourut en 814, à son retour de Constantinople.

AMALARIUS SYMPHOSIUS, diacre, puis prêtre de l'église de Metz, ensuite abbé de Hornbac, au même diocèse, avait étudié sous Alcuin, et eut ensuite, sous Louis-le-Débonnaire, la direction des écoles du palais. Il fut archevêque de Lyon. Il était savant dans les liturgies. Quelques-uns le confondent mal à propos avec le précédent, dont il était contemporain. Il est l'auteur d'un traité des *Offices ecclésiastiques*, ouvrage précieux pour ceux qui aiment à s'instruire des antiquités de l'Eglise, quoiqu'il s'applique plus à les expliquer mystiquement que littéralement. On a encore de lui quelques écrits de ce genre dans la Bibliothèque des Pères. Il mourut en 837, à Saint-Arnoult de Metz, où l'on voyait son tombeau, et où il était honoré comme saint.

AMALASONTE, fille de Théodoric

roi des Ostrogoths, et mère d'Athalaric, fit élever son fils à la manière des Romains, ce qui déplut fort aux Goths. Cette reine, digne de régner sur un peuple plus poli, avait toutes les qualités propres à former un grand roi. Pleine de génie et de courage, elle maintint ses Etats en paix, fit fleurir les arts et les sciences, et appela les savants auprès d'elle. Elle savait les différentes langues des peuples qui s'étaient emparés de l'empire, et traitait avec eux sans interprète. Après la mort de son fils, arrivée en 534, elle mit sur le trône Théodat son cousin, qui eut l'ingratitude et la barbarie de la faire étrangler dans un bain, sous prétexte d'adultère. Justinien, informé de cette perfidie et pénétré de respect pour Amalasonte, déclara la guerre à son meurtrier, et le fit châtier par Bélisaire, son général. Les grandes qualités de cette princesse prennent leur source dans l'excellente éducation qu'elle reçut dans les beaux temps du règne de Théodoric, son père, lorsque les sages et les savants remplissaient une cour qu'on ne prévoyait pas alors devoir être un jour celle d'un tyran. D'après les historiens les plus exacts, Théodat exila Amalasonte, en 535, dans une île du lac de Bolsena, et permit à ceux qui avaient quelque vengeance à exercer sur elle de la poursuivre et de l'étrangler; ce que ses satellites exécutèrent.

AMALRIC (Arnaud), général de l'ordre de Cîteaux, inquisiteur en Languedoc contre les albigeois, et ensuite archevêque de Narbonne, réunit les princes d'Espagne contre les Maures. Ces barbares furent vaincus dans une bataille donnée en 1212, dont Amalric, témoin oculaire, nous a laissé une relation. Ce prélat mourut en 1225. Le pape Innocent III lui dédia un volume de ses sermons. Quelques historiens l'ont accusé d'avoir étalé trop de luxe et d'avoir manqué de douceur; mais ses dignités ne lui permirent pas de conserver la pauvreté de son premier état, et les albigeois ne furent traités avec sévérité, qu'après qu'on eut épuisé à leur égard toutes les voies de la douceur. (Voyez saint DOMINIQUE, MONTFORT (Simon de), RAIMOND VI et VII, comtes de Toulouse.

AMALRIC (Augeri), historien ecclésiastique du 14° siècle, dédia au pape Urbain V, élu en 1362, une histoire des papes, sous le titre de *Chronicon Pontificale*, pour laquelle il se vantait d'avoir consulté plus de deux cents écrivains. Cette histoire va jusqu'au pape Jean XXII.

AMALRIC (François de Sales d'), né à Sigues (Var), en 1749, d'une famille noble, embrassa l'état ecclésiastique et devint grand-vicaire de l'évêque de Tulle. Il commençait à se faire un nom comme prédicateur, et avait été désigné pour prêcher à la cour le carême de 1793; mais les tristes événements de cette époque, en bouleversant tout, le laissèrent sans ressources. Pour se soustraire aux persécutions, il fit le serment; ensuite il se maria, puis il sollicita son pardon à la cour de Rome qui le rendit à l'état séculier. On a de lui : *Oraison funèbre de madame Louise, religieuse carmélite*, Paris, 1789, in-4; *Appel à la sagesse sur les événements et les hommes de la révolution*, 1804, in-8 ; *Cours de morale pour les jeunes demoiselles, à l'usage des maisons d'éducation d'Ecouen et de Saint-Denis*, 1803, 2 vol. in-12 ; 2e édition, 1808 ; le *Missionnaire selon l'Evangile*, Paris, 1820, in-12, fig. ; plusieurs morceaux de poésie, de politique et de littérature dans divers journaux. Il fut longtemps un des rédacteurs de la *Clef des cabinets des souverains*. Il est mort le 12 novembre 1834.

AMALTHÉE, sibylle de Cumes, présenta à Tarquin *le Superbe* neuf livres de prédictions sur le destin de Rome. Tarquin en acheta trois, après avoir consulté les augures. On commit deux patriciens à la garde de ces prophéties, et pour être plus assuré de leur conservation, on les enferma dans un coffre de pierre, sous une des voûtes du Capitole. Servatius Gallæus a donné les *Oracles Sibyllins*, avec des *Dissertations*, Amsterdam, 1688, et 1689, 2 vol. in-4 ; mais un grand nombre de ceux qu'il a recueillis ont été fabriqués après coup, dans les premiers siècles du christianisme, ce qui cependant ne doit pas détruire la considération que l'on a toujours eue pour ces oracles en général; plusieurs saints Pères ont considéré les sibylles comme des prophétesses que la Providence avait suscitées au milieu du paganisme, ou plutôt comme des vierges que le Saint-Esprit avait quelquefois inspirées, pour préparer les nations à la publication de l'Evangile, et à la connaissance du Messie. Les passages que Virgile et d'autres païens nous en ont conservés ne peuvent sans violence et sans des interprétations ridicules s'appliquer à d'autres objets. (Voyez la savante *Dissertation* du P. Noël Alexandre sur les Sibylles. *Hist. Eccles. Sec. I*, *Diss.* 22.)

AMALTHEO (Paul, Marc-Antoine et François), trois frères, nés à Pordenone, dans le Frioul, se distinguèrent dans la carrière des lettres, et surtout dans la poésie latine. Au commencement du 16ᵉ siècle, François, le dernier d'entre eux se maria en 1505, et de ce mariage sortirent les trois Amalthéo qui ont donné le plus d'illustration à cette famille.

AMALTHEO (Jérôme, Jean-Baptiste et Corneille), tous trois fils de François Amalthéo. Le premier, à la fois médecin, philosophe et poëte latin, enseigna plusieurs années la médecine et la philosophie morale à Padoue, et dans plusieurs autres villes jusqu'en l'année 1574, qu'il mourut âgé de 64 ans. Le savant Muret l'élevait au-dessus de tous les médecins et de tous les poëtes de son temps. On remarque dans ses poésies, recueillies avec soin par Jean-Matthieu Toscanus, ce madrigal célèbre que Muratori trouvait si parfait, qu'il ne pouvait s'empêcher de le croire traduit du grec (*Della perfetta poesia*, tom. 2, pag. 411) :

Lumine Acon dextro, capta est Leonilla sinistro;
Et polis est forma sincere uterque heos.
Porve puer, lumen quod habes concede parenti;
Sic tu cæcus amor, sic erit illa Venus.

— Jean-Baptiste Amalthéo cultiva avec succès l'étude des langues grecque, latine et italienne, la théologie et la jurisprudence. D'abord secrétaire de la république de Raguse, il mourut à Rome, où le pape Pie IV l'avait appelé pour l'attacher à sa personne. On a de lui des poésies qui ne le cèdent en rien à celles des auteurs de son temps. — Corneille Amalthéo, le dernier des trois, est principalement connu pour avoir rédigé, dans le latin le plus pur, le *Catéchisme romain*. Ses poésies, recueillies avec celles de ses deux frères, par Jean-Matthieu Toscanus, lui assurent une place honorable parmi les poëtes de l'Italie. Il mourut l'an 1606.

AMAMA (Sixtinus), professeur d'hébreu dans l'académie de Francker, naquit dans la Frise, et mourut en décembre l'an 1629. Ce théologien protestant portait une haine singulière à la Vulgate, qui, malgré quelques défauts, est infiniment supérieure à toutes les versions des sectaires, non-seulement par l'autorité que lui donnent le long usage qu'on en a fait dans l'Eglise de Dieu, le suffrage des saints Pères, les décrets des conciles, etc., mais encore par son énergie, par sa noble et touchante simplicité, que tous les raffinements des hébraïsants et hellénistes modernes n'ont pu remplacer. Amama commença par critiquer la version du Pentateuque, et il finit par un recueil de dissertations critiques contre les traductions adoptées par les catholiques. Ce recueil parut sous le titre d'*Antibarbarus biblicus*, 1656, in-4 ; critique aussi grossière que mal fondée, dans laquelle l'auteur s'abandonne à une colère brutale contre le concile de Trente.

AMAN, Amalécite, fils d'Amadath, et favori d'Assuérus, roi de Perse, voulut se faire adorer à la cour de son maître. Le juif Mardochée refusa de lui rendre ces honneurs. Aman, choqué de ce refus, résolut de perdre tous les Juifs, et obtint un arrêt de mort contre eux. Il avait déjà fait dresser une potence pour Mardochée, lorsqu'Assuérus apprit que ce juif avait découvert autrefois une conspiration contre lui. Le roi, reconnaissant d'un service qui n'avait pas été récompensé, ordonna à Aman de conduire Mardochée en triomphe par toute la ville. Cet insolent favori, ayant irrité contre lui son maître, par sa jalousie et sa cruauté, fut ensuite attaché au gibet qu'il avait fait élever pour son ennemi. L'histoire d'Aman est regardée par les saints Pères comme un des monuments les plus frappants des excès et des délires de l'orgueil, des malheurs et des humiliations dont la Providence a coutume de punir ce vice odieux.

AMANDUS (Cnéius Salvius), général romain, fit révolter les Gaules, vers l'an 285, sous Dioclétien, avec Aulus Pomponius Ælianus, qui, après la mort de Carinus, s'était mis à la tête d'une troupe de voleurs, d'esclaves fugitifs et paysans ruinés par les impôts. Ces paysans s'appelaient Bagaudes, et tiraient leur nom d'un château à une lieue de Paris, appelé depuis Saint-Maur-des-Fossés. Amandus et Elien, s'étant fait donner le titre d'empereurs, portèrent la désolation partout, ravageant les campagnes, brûlant les villages, rançonnant les villes, etc. L'empereur Dioclétien envoya contre eux Maximilien-Hercule, qui, les ayant affaiblis par plusieurs petits combats, les força de se renfermer dans une espèce de citadelle près de Paris. On se rendit maître de cette forteresse, qui fut rasée, et tous ceux qui s'y trouvèrent furent livrés à la mort. Amandus périt dans le cours de cette guerre. Quant à Elien, on ignore comment il finit ses jours. Celui-ci était d'une famille obscure des Gaules; mais il avait de l'audace, et savait saisir à propos toutes les occasions de se signaler.

AMANTON (Claude-Nicolas), né à Villers-les-Pots, près d'Auxonne, mort à Meudon le 28 septembre 1835, âgé de 70 ans, alliait la culture des lettres à l'étude de la jurisprudence. On lui doit, outre plusieurs *Mémoires* et plusieurs *Notices biographiques et bibliographiques : Lettres bourguignones; Recherches sur les monnaies* de sa province; une excellente édition du *Virgile bourguignon* de Dumay et Petit; et plusieurs *Articles* insérés dans plusieurs journaux.

AMAR naquit à Paris en 1765, et y mourut le 25 janvier 1837. Pendant la révolution il se livra à des travaux littéraires, et présenta même au Théâtre-Français une tragédie, *Catherine II*, que les circonstances empêchèrent d'être jouée. Sa réputation bien méritée le fit nommer, en 1804, par de Champagny, ministre de l'intérieur, sous-bibliothécaire à la bibliothèque Mazarine; en 1809 il en devint bibliothécaire en chef. Cet homme aimable autant que savant a laissé plusieurs articles, préfaces, insérés, soit dans les journaux, soit en tête de quelques belles éditions de nos classiques; il a coopéré à la rédaction de la *Biographie universelle*, de la *Bibliothèque latine* de Lemaire ; enfin il a traduit *Térence*, une partie de *Virgile* et d'*Horace*, dans la *Bibliothèque latine-française* de Panckouke. On a encore de lui quelques *Traductions* d'ouvrages anglais et italiens, et une *Collection elzévirienne des auteurs classiques latins*.

AMARAL (André d') ou DE MERAIL, Portugais de nation, chancelier de l'ordre de Saint-Jean-de-Jérusalem, et prieur de Castille, a rendu son nom à jamais infâme, pour avoir trahi son ordre, et livré Rhodes à Soliman. Ce scélérat fut puni de mort en 1522. Amaral avait du courage et des talents militaires, mais sa fierté excessive indisposa contre lui tous ses confrères. Dans une expédition (en 1510) contre le soudan d'Égypte, il eut pour collègue, dans le commandement des galères de la Religion, le commandeur Villiers de l'Isle-Adam, qui, plus modéré, céda aux avis d'Amaral. La victoire que celui-ci obtint fut complète; cependant, et malgré les prétentions d'Amaral, ce fut l'Isle-Adam qui, peu de temps après, fut élu grand-maître. Le premier, dans sa colère, dit que l'Isle-Adam serait le dernier grand-maître qui régnerait à Rhodes. Ce propos et les dépositions d'un domestique servirent de base à l'accusation qui fut intentée contre lui. « Les « services qu'Amaral avait rendus à la « religion (dit Vertot), sa fermeté au « milieu des plus cruels tourments de la « question, tout cela aurait pu faire ba- « lancer la déposition d'un domestique, « et peut-être qu'on n'aurait pas traité « si rigoureusement le chancelier de « l'ordre, si, quand il s'agit du salut « public, le seul soupçon n'était pas, « pour ainsi dire, un crime que la poli- « tique ne pardonne guère. »

AMASA, fils de Jétra et d'Abigaïl, sœur de David, fut général d'Absalon, lorsque celui-ci se révolta contre son père. Étant rentré dans son devoir après la mort de ce rebelle, David lui conserva sa charge; ce qui donna tant de jalousie à Joab, qu'il prit Amasa à la barbe, sous prétexte de l'embrasser, et le tua d'un coup d'épée.

AMASIAS, prêtre des veaux d'or qui était à Béthel, avertit Jéroboam, roi d'Israël, des prédictions qu'avait faites contre lui et contre le temple des idoles le prophète Amos, et voulut empêcher ce dernier de manifester à Béthel les vérités funestes qu'il lisait dans l'avenir. Amos lui prédit qu'il serait mené captif en Syrie, où il terminerait ses jours; qu'on abuserait de sa femme au milieu de la place de Samarie, et que ses fils et ses filles seraient tués par les soldats de Salmanasar.

AMASIAS, 8ᵉ roi de Juda, fils et successeur de Joas, eut d'abord un règne heureux. Il vengea le meurtre de son père, vainquit les Iduméens, leur enleva leurs idoles et les adora. Un prophète vint le menacer de la part de Dieu; mais ce roi ne lui répondit qu'en le menaçant lui-même de le priver de la vie. Son orgueil était à son comble : il écrivit à Joas, roi d'Israël, que, s'il ne se rendait pas son sujet avec tout son peuple, ses armes l'en feraient repentir. Joas lui envoya en réponse l'*Apologue du cèdre du mont Liban*, dont un vil chardon veut épouser la fille. Amasias, piqué de cette réponse, déclara la guerre au roi d'Israël, qui le défit et le fit prisonnier. Ses propres sujets le poignardèrent ensuite dans une conspiration, l'an 810 avant J.-C.

AMASIS, de simple soldat devenu roi d'Égypte, vers 569 avant J.-C., gagna le cœur de ses sujets par son affabilité et sa prudence. Il policia son royaume, y attira des étrangers, fit des lois, parmi lesquelles on en remarque une qui prescrit à chaque particulier de rendre compte tous les ans à un magistrat, de la manière dont il subsistait. Il construisit plusieurs ouvrages magnifiques, et mourut après un règne de 44 ans, l'an 525 avant J.-C.

AMAURI I, roi de Jérusalem, en 1165, après la mort de Baudouin III, son frère, était un jeune prince de 27 ans, qui, entre plusieurs bonnes qualités, avait de très-grands défauts. L'avarice qui le dominait lui fit entreprendre, dans l'Égypte, une guerre très-heureuse dans les commencements, mais bien funeste dans la suite. Il chassa deux fois de toute l'Egypte Siracon, prit Damiette, et aurait pu emporter avec la même facilité le Grand-Caire, si la crainte qu'il eut que son armée ne profitât du pillage de cette ville, ne l'eût porté à écouter les propositions du calife. Le général mahométan, instruit de la passion lâche d'Amauri, l'amusa si longtemps, sous prétexte de lui amasser deux millions d'or, que l'armée de Noradin, sultan d'Alep, qu'il attendait, arriva, et fit lever le siège. Amauri fut obligé de retourner dans son royaume, avec la honte d'avoir perdu sa peine, son honneur, et le tribut que les Égyptiens lui payaient. Saladin, successeur de Siracon son oncle, uni avec Noradin, pressa vivement les chrétiens. Amauri ne négligea rien pour rompre leurs mesures, et, soutenu d'une puissante flotte de l'empereur grec, il mit le siège devant Damiette ; mais les pluies et la famine le contraignirent de le lever. Cependant Saladin entra dans la Palestine, prit Gaza, et fit un horrible ravage dans le temps que Noradin en faisait autant vers Antioche. Amauri, qui s'opposait avec un courage invincible aux efforts de tant d'ennemis, mourut le 11 juillet 1173, âgé de 38 ans. Son fils Baudoin IV lui succéda.

AMAURI II, de Lusignan, roi de Chipre, succéda à Guy son frère, roi de Jérusalem, en 1194. Isabelle, seconde fille d'Amauri I, disputa à Amauri II le titre de roi de Jérusalem, qu'elle porta à Henri II, comte de Champagne, son troisième mari. Mais ce dernier étant mort d'une chute, en 1194, Amauri II, qui était veuf, épousa Isabelle, et fut couronné roi de Jérusalem. Il fit d'Acre sa résidence. Ses projets contre les Sarrasins, maîtres de la sainte cité, furent inutiles. Il mourut en 1205, avec le regret de d'avoir imploré en vain les secours des princes de l'Europe.

AMAURI, clerc, natif de Bène, village du diocèse de Chartres, professa la philosophie avec distinction au commencement du 13e siècle ; mais l'esprit de dispute, de système et de nouveauté, le jeta dans d'étranges erreurs, qui d'abord furent généralement repoussées et qui ensuite trouvèrent des partisans. Il soutenait que le christianisme consistait à se croire membre de Jésus-Christ ; que le paradis, l'enfer et la résurrection des corps étaient des rêves. Amauri, condamné par l'Université de Paris, en appela au pape Innocent III qui l'anathématisa. Craignant d'être puni rigoureusement, il se rétracta et se retira à Saint-Martin-des-Champs, où il mourut de chagrin et de dépit. Ses disciples ajoutèrent à ses erreurs, que les sacrements étaient inutiles, et que toutes les actions dictées par la charité, même l'adultère, ne pouvaient être mauvaises, et d'autres extravagances ; ils furent condamnés dans un concile de Paris en 1209. On en brûla plusieurs, et l'on déterra le corps de leur chef pour le jeter à la voirie. (Voyez DAVID de Dinant.

AMBIORIX, roi des Éburons ou des Nerviens, vers le pays de Liège, régnait conjointement avec Cativulcus, quand César commença la conquête des Gaules, l'an 58 avant J.-C. Il prit les armes contre les Romains, et les ayant fait donner dans une embuscade, défit une légion commandée par deux lieutenants de César. Depuis, il attaqua en vain une autre légion commandée par Quintus Cicéron, frère de l'orateur, l'an de Rome 710, et avant J.-C. 53. Il se souleva dans la suite, et fut encore vaincu. César le défit avec près de 60,000 Gaulois. Il se retira dans un château, où il pensa être pris par l'armée romaine. S'étant sauvé de là, il se réfugia dans les Ardennes, et courut quelque temps dans la forêt avec quatre cavaliers, n'osant se fier à un plus grand nombre, sans qu'on sache précisément comment il a terminé sa carrière.

AMBOISE (Georges d'), de l'illustre maison d'Amboise, ainsi appelée parce qu'elle possédait la seigneurie d'Amboise, fut ministre d'État sous Louis XII. Il se fit aimer de ce prince, lorsqu'il n'était encore que duc d'Orléans, et ne perdit point son amitié, lorsqu'il fut monté sur le trône. Ce roi le fit son premier ministre, et n'eut pas à s'en repentir. Ce n'était point un grand homme, mais ses vertus suppléaient à ses lumières. Il rendit les Français heureux par la sagesse de son administration ; et ce qui est remarquable, malgré plusieurs campagnes en Italie, dont le commencement fut brillant et la fin désastreuse, les impôts qu'il avait engagé Louis XII à diminuer à son avénement au trône, ne furent jamais augmentés pendant son règne : c'est en cela que consiste particulièrement la gloire du ministre. Il fit encore de grandes réformes dans la législation pour abréger les procès et prévenir la corruption des juges. On lui reproche les campagnes d'Italie ; mais il est probable que Louis XII, qui lui avait abandonné le gouvernement du royaume, le consultait peu sur les affaires militaires, et qu'il n'était pas au pouvoir du cardinal, quand même il en aurait eu la volonté, d'engager Louis XII à renoncer à ses prétentions sur le Mila-

nais, et d'arrêter la fougue de la jeunesse française, qui ne voyait qu'en Italie un théâtre digne de ses exploits. Louis-le-Maure, oncle et feudataire de Maximilien, était alors en possession du Milanais; les Français l'en dépouillèrent. Ils en furent chassés bientôt après, et le reprirent encore, mais ne le conservèrent point. D'Amboise, nommé légat du pape, fut reçu à Paris en cette qualité avec beaucoup de magnificence. Il travailla, pendant sa légation, à la réforme de plusieurs ordres religieux, des jacobins, des cordeliers, des moines de Saint-Germain-des-Prés. Son désintéressement le rendit aussi recommandable que son zèle. Il ne posséda jamais qu'un seul bénéfice, dont il consacra les deux tiers à la nourriture des pauvres et à l'entretien des églises. Après avoir gouverné les diocèses de Montauban et de Narbonne, il se contenta de l'archevêché de Rouen, sans vouloir y ajouter d'abbayes. Ayant remarqué que ses chanoines étaient charmés de le voir au chœur dans le même habit qu'eux, il n'y parut plus autrement, tout légat qu'il était, hors les jours où il célébrait pontificalement. Il combla de présents sa cathédrale, et remplit son diocèse de monuments, tous marqués au coin de la grandeur de son âme et de son génie. Un gentilhomme de Normandie offrant de lui revendre une terre à vil prix, pour marier sa fille, il lui donna la dot de la demoiselle et lui laissa la terre. Ses vertus, et la grande réputation qu'il s'était acquise dans toute l'Europe, lui firent donner le chapeau de cardinal; et l'on prétend qu'après la mort de Pie III il eût été élevé sur la chaire de saint Pierre, sans l'opposition des Vénitiens. Ce qu'un historien ajoute, que le cardinal irrité engagea Louis XII à leur faire la guerre, est un conte ridicule, une calomnie absurde contre le roi et le prélat. La France perdit le cardinal d'Amboise en 1510 : il mourut à Lyon dans le couvent des Célestins, à l'âge de 50 ans. On dit qu'il répétait souvent au frère infirmier qui le servait dans sa maladie : *Frère Jean, que n'ai-je été toute ma vie frère Jean!* « Le cardinal d'Am-
« boise, dit l'abbé Bérault, sans avoir
« au suprême degré toutes les vertus qui
« ont signalé les évêques du premier
« âge de l'Eglise, en eut toutefois qui,
« dans tous les temps, feront désirer
« des prélats qui lui soient comparables;
« il réunit d'ailleurs toutes les qualités
« sociales et politiques, qui font les ministres et les citoyens précieux. Magnifique et modeste, libéral et économe, habile et vrai, aussi grand
« homme de bien que grand homme
« d'Etat, le conseil et l'ami de son roi,
« tout dévoué au monarque et très-zélé
« pour la patrie, ayant encore à concilier les devoirs du légat du Saint-
« Siége avec les priviléges et les libertés
« de sa nation, les fonctions paternelles
« de l'épiscopat avec le nerf du gouvernement, et le caractère même de réformateur des ordres religieux avec le
« tumulte des affaires et la dissipation
« de la cour, partout il fit le bien, réforma les abus, et captiva les cœurs
« avec l'estime publique. » (Voyez sa *Vie* par l'abbé Le Gendre, 1721, in-4, et en 2 vol. in-12; et ses *Lettres à Louis XII*, Bruxelles, 1712, 4 volumes in-12.)

AMBOISE. (Voyez CHAUMONT.)

AMBOISE (Aimery d'), grand-maître de l'ordre de Saint-Jean de Jérusalem, successeur de Pierre d'Aubusson en 1503, était frère du précédent. La victoire navale qu'il remporta, en 1510, sur le soudan d'Egypte, près de Monte-Negro, lui fit un nom dans son ordre et dans l'Europe. Il ne vécut que deux ans après cet événement, étant mort le 8 novembre 1512, en sa 78e année. « C'était, dit
« l'abbé de Vertot, un prince sage dans
« le gouvernement, heureux dans toutes
« ses entreprises, qui enrichit son ordre
« des dépouilles des infidèles, sans s'enrichir lui-même; qui mourut pauvre,
« et n'en laissa point dans l'île. »

AMBOISE (François d'), fils d'un chirurgien de Charles IX, fut élevé par les soins de ce prince, au collége de Navarre. Il eut ensuite une charge de maître des requêtes et de conseiller d'Etat. Lorsque Henri III fut élu roi de Pologne, il suivit ce monarque dans ce pays. Il mourut en 1620. C'est à lui qu'on attribue l'édition des *OEuvres d'Abailard*, en 1616, in-4. On a de lui une comédie plaisante, intitulée les *Néapolitaines*, Paris, 1584, in-16.

AMBOISE (Adrien d'), frère du précédent, fut curé de Saint-André à Paris, et évêque de Tréguier en 1604; il mourut à son siége en 1616. Il est auteur de la tragédie d'*Holopherne*, 1580, in-8.

AMBOISE (Jacques d'), frère des littérateurs François et Adrien, docteur en médecine et recteur de l'université de Paris. Ce fut sous son rectorat que l'université prêta serment à Henri IV, et commença le procès contre les jésuites: il mourut de la peste en 1606. On a de lui: *Orationes duæ in senatu habitæ pro universis academiæ ordinibus, in Claromontenses, qui se jesuitas dicunt*, Paris, 1595, in-8; et quelques autres questions citées dans la *Bibliothèque de la médecine ancienne et moderne*, par Carrère.

AMBOISE (Michel d'), sieur de Chevillon, fils naturel de Michel d'Amboise, amiral de France, naquit à Naples, et mourut en 1547. La famille d'Amboise le fit élever, et lui procura le moyen de vivre; mais un mariage fait contre le vœu de cette famille, et un crime auquel il participa, et pour lequel il fut mis en prison, lui attirèrent son ressentiment, et le réduisirent à la misère. On a de lui divers ouvrages où il prend le nom d'*esclave fortuné*, entre autres les *Contre-Épîtres d'Ovide*, le *Babylon*, etc., qu'on ne lit plus, et qui ne méritent que l'oubli profond dans lequel ils sont ensevelis.

AMBRAY. (Voyez DAMBRAY.)

AMBROISE, diacre d'Alexandrie, homme de qualité, riche et mari de sainte Marcelle, fut converti à la foi catholique par Origène, qu'il était allé entendre par curiosité. Le disciple plut au maître par son esprit et son éloquence. Nous lisons dans saint Jérôme, que l'occupation d'Ambroise, tant le jour que la nuit, était de faire succéder la lecture à la prière et la prière à la lecture. C'est à ses soins et à ses libéralités, ajoute le même Père, que nous sommes redevables des commentaires d'Origène sur l'Écriture, lesquels lui sont presque tous dédiés. La fureur des païens lui fournit plusieurs fois l'occasion de souffrir pour le nom de Jésus-Christ. Ayant été arrêté durant la persécution de Maximin, il fut traité avec ignominie, et dépouillé de ses biens. On le conduisit en Germanie, où l'empereur faisait la guerre. Mais la Providence lui sauva la vie, ainsi qu'à Protoctete, qui avait été arrêté avec lui. De retour à Alexandrie, il engagea Origène à réfuter Celse, philosophe épicurien, qui avait attaqué la religion chrétienne. Ambroise mourut vers l'an 251.

AMBROISE (saint), docteur de l'Église et archevêque de Milan, naquit vers l'an 340; il comptait parmi ses aïeux des consuls et des préfets. Son père, gouverneur des Gaules, de l'Angleterre, de l'Espagne, et d'une partie de l'Afrique, le laissa en mourant à une mère qui cultiva avec soin son cœur et son esprit. Alexis Probus, préfet du prétoire, le mit au nombre de ses conseillers, et lui donna ensuite le gouvernement de l'Émilie et de la Ligurie, en lui recommandant de se conduire dans cet emploi plutôt en *évêque* qu'en *juge*. Ce conseil fut comme une prédiction de ce qui arriva dans la suite. Après la mort d'Auxence, évêque de Milan, Ambroise fut élu, pour lui succéder, par le peuple qui le proclama d'une voix unanime; et ce choix fut confirmé par l'empereur Valentinien. Ambroise n'était que catéchumène; on le baptisa, on l'ordonna prêtre, et on le sacra le 7 décembre 374. L'Église d'Italie était alors affligée de deux fléaux bien différents. Les ariens avaient tout infecté de leurs doctrines, et les Goths, qui avaient pénétré jusqu'aux Alpes, avaient commencé leurs ravages. Ambroise eut la fermeté et le courage qu'il fallait dans ces temps malheureux. L'impératrice Justine, maîtresse de l'empire sous son fils Valentinien II, voulait que les ariens eussent au moins une église; mais Ambroise, qui savait que l'audace des sectaires croissait à mesure du peu de résistance qu'on leur opposait, fut ferme à ne leur rien accorder. Callogone, préfet de la chambre de l'empereur, menaça le saint évêque de lui ôter la vie, s'il n'obéissait à son maître : « Dieu veuille, répondit
« Ambroise, que vous exécutiez vos me-
« naces! Si vous vous comportez en
« spadassin, je me comporterai en évê-
« que. Je ne crains point vos menaces;
« vous ne pouvez faire mourir que le
« corps : mon âme est au-dessus de vo-
« tre pouvoir. En m'arrachant la vie
« temporelle, vous ne porterez aucune
« atteinte au mérite de mon ministère.
« L'âme est tout entière dans le pouvoir
« de Dieu seul. Croiriez-vous me faire
« quelque mal? Vous me rendriez, au
« contraire, un grand service; en me
« faisant perdre la vie de ce monde,
« vous m'en procurez une éternelle.
« Que ne peut-il se faire que le Seigneur
« délivre l'Église de ses ennemis en di-
« rigeant tous leurs traits contre moi
« seul, afin que leur fureur soit rassasiée
« de mon sang! » — « Certainement,
« dit-il en écrivant à l'empereur Valen-
« tinien, soit que nous consultions les
« oracles des saintes Écritures, soit que
« nous jetions nos regards vers l'histoire
« de l'antiquité, nous reconnaîtrons
« qu'en matière de foi, c'est aux évêques
« qu'il appartient de juger les empe-
« reurs chrétiens, et non pas à ceux-ci
« de faire la loi à ceux-là. Il viendra,
« s'il plaît à Dieu, un jour où, jouissant
« d'une paisible vieillesse, vous désap-
« prouverez vous-même la conduite
« d'un évêque qui abandonnerait aux
« laïques le pouvoir sacerdotal. Votre
« père, que Dieu avait fait parvenir à
« une vieillesse avancée, avait coutume
« de dire : *Il n'appartient pas à moi de*

« *juger les différends des évêques.* » La ville de Thessalonique s'était révoltée contre son gouverneur, qui fut tué dans la sédition. L'empereur Théodose, pour venger sa mort, fit massacrer sept mille habitants de cette malheureuse ville ; l'évêque de Milan, instruit de cette barbarie, le mit en pénitence publique, et lui refusa l'entrée de l'église. L'empereur, qui savait apprécier la force toute chrétienne du saint prélat, se soumit à cet arrêt sans se plaindre. Exemple également admirable de la part du saint et de la part de l'empereur, qui apprend aux évêques que la foi et le zèle purs ont plus de force que le trône et le sceptre, et qui avertit les princes de la terre que leur véritable grandeur consiste à s'humilier devant le Roi des rois. (Voyez saint BASILE) Sa magnanimité n'ôta rien à sa charité. Il racheta tous les captifs que les Goths avaient faits, et vendit même, à cet effet, les vases de l'Eglise. Les ariens le lui ayant reproché, il leur dit qu'il valait mieux conserver à Dieu des âmes que l'or. Ce saint prélat mourut la veille de Pâques, en 397, à l'âge de 57 ans. Les Bénédictins de la congrégation de Saint-Maur ont donné en 1686 et 1690, ou 1691, une édition de ses ouvrages, en 2 vol. in-fol., divisée en deux parties. La première renferme ses *Traités sur l'Ecriture-Sainte*, la seconde, ses écrits sur différents sujets. En 1787, on a donné à Dusseldorf, une édition de ses *Epistolæ ad principes*, in-12, monument précieux de la dignité et de la fermeté épiscopale. Tous les écrits de saint Ambroise ont cet avantage, qu'ils plaisent et instruisent en même temps ; autant remplis de majesté, de force et de vivacité, que d'agréments, de douceur et d'onction. Il y a peu de vérités importantes de la religion qui ne s'y trouvent solidement établies et développées avec netteté ; ce qui les a fait mettre, presque aussitôt qu'ils ont été rendus publics, au nombre des livres que l'Eglise consulte dans les matières de foi. On a une traduction française de ses *Lettres*, 1741, en 3 vol. in-12 ; de son *Traité de la virginité*, 1729, 1 vol. in-12 ; de son *Traité des offices*, par Bellegarde, 1689, 1 vol. in-12. On lui attribue la composition du *Te Deum*, conjointement avec saint Augustin, son disciple et sa plus illustre conquête. On dit que, dans l'enthousiasme d'une piété tendre et sublime, ces deux docteurs prononcèrent alternativement les versets de ce majestueux cantique ; d'autres prétendent qu'il est exclusivement de saint Ambroise, et le nom d'*Hymnus Ambrosianus*, que l'usage lui donne, est une preuve de cette opinion. D'un autre côté, le ton et la marche du cantique semblent favoriser le premier sentiment. « Car, dit un critique éclairé, ce qui « distingue ce cantique de tant d'autres, « très-respectables d'ailleurs, et tenant « à juste titre une place dans la liturgie, « ce n'est pas seulement ce groupe d'i- « dées vastes, grandes, profondes, su- « blimes, qui en composent le fond, « mais encore la manière dont cela est « rassemblé, ou, si l'on veut, jeté avec « une négligence de génie infiniment « supérieure aux efforts de l'art. Ce pas- « sage rapide du ciel à la terre, et de la « terre au ciel, et de la redoutable ma- « jesté de l'Eternel aux misères et aux « besoins de l'homme ; adoration, ter- « reur, amour, espérance, affections « vives et tendres, apostrophes d'admi- « ration et de respect, de confiance et « de gratitude ; langage animé et en « désordre, chutes brusques et inéga- « les, vers sans mètre, sans nombre et « sans cadence ; tout exprime un enthou- « siasme nourri au feu de la divinité, et « vérifie la manière subite, et pour ainsi « dire inspirée, dont une ancienne tra- « dition nous apprend que cette hymne « inimitable fut composée par deux « grands docteurs de l'Eglise... Les pro- « testants, qui ont fait main basse sur « tant de choses catholiques, n'ont eu « garde de se départir de celle-ci ; ils ont « senti qu'elle ne souffrait point de rem- « placement. » Il est également remarquable qu'on ne l'a jamais traduite en aucune langue avec quelque apparence de succès, preuve d'une beauté originale et inimitable. (Voyez saint AUGUSTIN.) Paulin, prêtre de Milan, a écrit sa *Vie*. Daillé, Barbeyrac et Le Clerc se sont attachés à critiquer la doctrine de ce Père ; le dernier surtout, socinien de croyance, n'a pu lui pardonner son zèle contre les ariens ; il va jusqu'à taxer de fourberie ce que saint Ambroise raconte, comme témoin oculaire, des corps des saints martyrs Gervais et Protais. (Voyez GERVAIS.) Son nom seul, et l'idée générale qu'il produit dans l'esprit des chrétiens depuis 15 siècles, suffisent pour réfuter les mauvaises critiques et les impudentes calomnies. En général, toutes les injures que les novateurs disent aux Pères de l'Église ne sont autre chose qu'une preuve décisive de l'opposition de l'ancienne doctrine à celle des sectes ; ne pouvant s'appuyer de l'autorité de ces respectables dépositaires de la tradition, il ne leur reste que la triste et humiliante ressource de les dénigrer.

AMBROISE le camaldule, général de son ordre en 1431, naquit en 1378 de l'illustre famille des Traversari, de Ravenne, à Portico, dans la Romagne. Eugène IV l'envoya au concile de Bâle. Il brilla ensuite à ceux de Ferrare et de Florence, et il dressa le *décret* d'union entre l'Église grecque et l'Église latine. On admira sa facilité à s'énoncer en grec. Ambroise fut recherché par les savants de son temps, qui aimaient en lui un homme de lettres enjoué et un religieux aimable, quoique sévère pour lui-même. Il dit, à l'occasion de Laurent Valla et du Pogge Florentin, qu'il n'avait pu réconcilier, *qu'on devait faire peu de cas des savants qui n'ont ni la charité d'un chrétien, ni la politesse d'un homme de lettres;* maxime qui humilierait étrangement bien des gens du premier nom, si elle pouvait être reçue dans ce siècle. Il mourut en 1439. Nous avons de lui plusieurs *Traductions* des Pères grecs; une *Chronique du Mont-Cassin;* des *Harangues;* des *Lettres* et autres ouvrages. Ses *lettres* contiennent beaucoup de faits concernant l'histoire civile et littéraire. On les trouve dans la collection de don Martène. On a aussi de lui *Hodœporicon*, ou *Visite des monastères de son ordre*, Florence, 1680, in-4.

AMBROISE de LOMBEZ, pieux et savant capucin, dont le nom de famille était La Peyrie, né à Lombez, le 20 mars 1708, entra en religion le 25 octobre 1724, fut successivement professeur de théologie, gardien, définiteur, etc., et travailla avec beaucoup de zèle à la direction des âmes, fonction pour laquelle il avait des talents rares. Il fut l'instrument dont Dieu se servit pour convertir un grand nombre de pécheurs, pour affermir les justes dans la pratique des vertus, pour consoler les pusillanimes, et rassurer ceux qui étaient d'une conscience trop timorée. On a de lui : *Traité de la paix intérieure*, 1 vol. in-12, plusieurs fois imprimé. Cet ouvrage, chef-d'œuvre en son genre, écrit avec netteté, élégance et précision, plein de maximes solides, de principes lumineux, de sentiments remplis d'onction, prouve la connaissance que l'auteur avait du cœur humain ; *Traité de la joie de l'âme*, 1 vol. in-12, écrit dans le même esprit et avec le même succès que le précédent; *Lettres spirituelles sur la paix intérieure*, etc., 1 vol. in-12. Il mourut à Saint-Sauveur, près de Baréges, en 1778.

AMBROSINI (Barthélemi), professeur de médecine, et directeur du jardin botanique de Bologne, sa patrie, vers 1620, fut, dans le même temps, préposé par le sénat de cette ville au cabinet d'histoire naturelle de la république. Outre plusieurs volumes d'Aldrovandi qu'il a publiés , il a donné *Panacea ex herbis quæ à sanctis denominantur*, Bononiæ, 1630, in-8; *Historia capsicorum cum iconibus*, ibid., 1630, in 12 ; *Theorica medicina*, ibid., 1632, in-4, etc. Il mourut en 1657.

AMBROSINI (Hyacinthe), frère et successeur du précédent dans la direction du jardin botanique à Bologne, est auteur des ouvrages suivants : *Hortus Bononiæ studiorum consitus*, etc., Bononiæ, 1654-1657, in-4 ; *Phytologia, hoc est de plantis*, ibid., 1666-1667, in-fol. Ce dernier contient les différents noms et les synonymes avec les étymologies des plantes découvertes dans le 17e siècle. La mort de l'auteur a laissé imparfait cet ouvrage, qui devait avoir plusieurs volumes. La partie qui a été terminée peut être quelquefois consultée pour les synonymes, mais elle est superficielle, et les étymologies qu'elle donne sont généralement très-hasardées.

AMÉDÉE, proche parent de l'empereur Conrad III, embrassa, après avoir été marié, la vie religieuse dans l'abbaye de Bonnevaux, et demanda d'être employé aux plus bas offices de la maison. L'abbé lui accorda sa demande, afin de lui fournir l'occasion de pratiquer l'humilité et la pénitence. Le comte d'Albion son oncle, l'étant venu voir un jour, le trouva tout en sueur , occupé à nettoyer les souliers des moines, et si fortement appliqué à la prière, qu'il ne fut point aperçu de lui. La comparaison qu'il fit de ce spectacle avec l'état que son neveu avait eu dans le monde, le toucha de la manière la plus vive. Il quitta Bonnevaux, pénétré d'admiration, et alla publier à la cour le prodige d'humilité qui s'était offert à ses yeux. Amédée fonda quatre monastères de son Ordre, du nombre desquels fut celui de Tamiès dans la Tarentaise. Pendant qu'on bâtissait ces monastères, il se mêlait lui-même parmi les ouvriers et travaillait avec eux. Il mourut à Bonnevaux en odeur de sainteté, l'an 1140. — Son fils, nommé aussi *Amédée*, qu'il avait fait élever dans la piété, passa quelques années à la cour de l'empereur ; il prit ensuite l'habit à Clairvaux, sous saint Bernard, et mourut évêque de Lausanne.

AMÉDÉE V, dit *le Grand*, comte de Savoie en 1285, défendit en 1315 l'île de Rhodes contre les Turcs, qui voulaient la reprendre. Ce fut en mémoire de cette expédition qu'Amédée et ses descendants ont pris pour armes une croix de Malte, avec cette devise en quatre lettres, F. E. R. T., qu'on explique ainsi : *Fortitudo ejus Rhodum tenuit*. On dit que ce prince fit trente-deux siéges, et qu'il fut toujours vainqueur. Il mourut à Avignon en 1322. Il s'était rendu dans cette ville pour porter Jean XXII à faire prêcher une croisade contre les infidèles, en faveur d'Andronic, empereur d'Orient, qui épousa sa fille.

AMÉDÉE VI, surnommé *le Comte-Vert*, parce qu'il parut à un tournoi avec des armes vertes, fut comte de Savoie en 1343. Il alla en Grèce secourir Jean Paléologue, et l'arracha des mains du roi de Bulgarie. Il donna du secours au roi de France contre celui d'Angleterre. On le regarda comme l'arbitre de l'Italie et le défenseur des papes. Il mourut de la peste en 1383. Amédée est l'instituteur de l'ordre du *Lac d'amour*.

AMÉDÉE VIII, successeur d'Amédée VII en 1391, fut surnommé *le Pacifique* et *le Salomon de son siècle*. Il sut conserver la paix pendant que tous les potentats ses voisins se faisaient la guerre. Après avoir fait ériger la Savoie en duché en 1416, il quitta ses Etats et ses enfants, et se retira avec plusieurs seigneurs de sa cour au prieuré de Ripaille, près Thonon. Il y bâtit tout auprès un beau palais auquel il donna le nom d'*Ermitage*; et, dans une assemblée des grands de ses Etats, il y institua, l'an 1434, l'ordre de chevalerie séculière de l'*Annonciade*, qui n'était qu'une réforme de celui du *Lac d'amour*, établi en 1355 par le comte Amédée dit *le Vert*. Tous ceux qui étaient admis dans ce séjour tranquille, embelli des charmes de la nature et de la piété, étaient abondamment pourvus de tout ce qui rend la vie aisée et décente. Leur habit était moins rude que celui des religieux : c'était un drap gris très-fin, un bonnet d'écarlate, une ceinture d'or, et une croix au cou de la même matière. Amédée jouissait d'un repos précieux, ne connaissant que les plaisirs honnêtes et décents, lorsque les Pères du concile de Bâle lui donnèrent la tiare l'an 1439, et l'opposèrent à Eugène IV. Le cardinal d'Arles fut député pour lui apprendre son élection. Amédée vint au-devant de lui avec ses ermites et ses domestiques, et consentit à être pape, après avoir témoigné quelques regrets de quitter son ermitage. Il prit le nom de Félix V. Après la mort d'Eugène, Nicolas V ayant été élu, Félix abdiqua la tiare en 1449 par esprit de paix, et se contenta du chapeau de cardinal. Il faut lire sur ces évènements un ouvrage curieux, imprimé à Paris chez Cramoisy, 1626, in-8 : *Amedeus pacificus, seu de Eugenii IV et Amedei Sabaudiæ ducis, in sua obedientia Felicis papæ Vnuncupati, controversus commentarius, jussu serenissimi ducis ab ejus historiographo digestus*. Il mourut quelque temps après à Genève en 1451, âgé de 69 ans, en philosophe chrétien, qui a sacrifié à la tranquillité de l'Eglise une dignité acceptée malgré lui. « Duclos et Voltaire, dit
« le protestant auteur de l'*Histoire Litté-*
« *raire de Genève*, se sont accordés à ca-
« lomnier la conduite pieuse de ce prince
« à Ripaille, parce qu'un proverbe du pays
« peint une vie de plaisir par ces mots
« *faire ripaille* ; mais ils n'ont pas ré-
« fléchi que cette expression n'est rela-
« tive qu'à la situation riante de cet er-
« mitage et à la vie heureuse que les er-
« mites y menaient, en comparaison de
« la vie dure et austère de la plupart des
« religieux. Tous les auteurs du temps
« font l'éloge d'Amédée. Le satirique
« Poggio en parle avantageusement.
« Æneas Silvius donne une idée intéres-
« sante de la vie régulière de ce prince.
« Monstrelet, qui aime à médire, Ray-
« naldus, etc., approuvent tout ce qu'il
« fit. Le suffrage des contemporains doit
« imposer silence aux détracteurs de nos
« jours. »

AMÉDÉE IX, né à Thonon, en 1435, succéda à Louis, duc de Savoie, en 1465. Il joignait la valeur d'un héros à toutes les vertus d'un chrétien. Ses ennemis l'éprouvèrent plus d'une fois; mais il usait généreusement de la victoire. Il chérissait les pauvres comme ses enfants. On lui dit un jour que ses aumônes épuisaient ses finances : *Hé bien!* dit-il, *voici le collier de mon Ordre, qu'on le vende, et qu'on soulage mon peuple*. Amédée mourut saintement, en 1472, emportant les regrets de son peuple et de ses voisins. Il avait épousé Yolande de France, qui le seconda dans toutes ses bonnes œuvres. Les vertus de ce prince lui ont mérité le titre de *Bienheureux*.

AMEILHON (Hubert-Pascal), né à Paris en 1730, fut chargé, après la mort du savant Lebeau, de continuer son *Histoire du Bas-Empire*. Il acheva le 22e vol. que l'auteur avait laissé imparfait, et publia successivement les tomes 23, 24, 25, 26 et 27 qui complètent cet ouvrage précieux; pour lui donner un mérite de plus, on y a joint une *Table* par ordre alphabétique, en 2 vol. in-12. On a encore d'Ameilhon plusieurs *Mémoires* et *Dissertations* savantes insérés dans les *Mémoires* de l'académie des inscriptions et belles-lettres, dont il était membre. Chargé d'organiser la bibliothèque publique de l'Arsenal, et de faire connaître par des extraits les manuscrits de la grande bibliothèque, il se chargea spécialement de tirer de l'obscurité une collection de manuscrits grecs désignés sous le nom de *Chemici veteres*. Ce savant laborieux termina sa carrière en 1811.

AMELGARD, prêtre à Liége, vivait à la fin du 15ᵉ siècle, et a écrit *De rebus gestis Caroli VII historiarum libri V; et de rebus gestis Ludovici XI, Francorum regis, historiarum libri L*. Les deux ouvrages sont inédits : le manuscrit en est encore conservé à la bibliothèque nationale de Paris. Charles VII chargea Amelgard de la révision du procès de Jeanne d'Arc, lorsque les Anglais se furent retirés du royaume, et celui-ci composa un *livre de l'examen de cette œuvre d'iniquité*.

AMÉLINE (Claude), prêtre de l'Oratoire, grand archidiacre de l'église de Paris, où il est né, en 1635. Il suivit d'abord le barreau, qu'il abandonna pour entrer dans la congrégation de l'Oratoire. Nommé grand-chantre de l'église de Paris, il permuta sa place de grand-diacre avec Claude Joli. On a de lui : un *Traité de la volonté*, Paris, 1684, in-12; *Traité de l'amour du souverain bien*, Paris, 1699, in-12. On lui attribue l'*Art de vivre heureux*, que quelques-uns croient être de Louis Pascal. Améline mourut à Paris, en 1706, âgé de 71 ans.

AMÉLINE (Jean-François) naquit à Caen le 28 août 1763. Après avoir étudié la chirurgie, il s'embarqua sur un bâtiment marchand en qualité de chirurgien, et se rendit à Saint-Domingue, où il séjourna pendant quelque temps. De retour en France, il étudia la clinique et l'anatomie sous le célèbre Desault. En 1806 il fut nommé professeur d'anatomie à l'école de Caen. Obligé de préparer lui-même les pièces anatomiques dont il avait besoin pour ses cours, il réunit une collection précieuse qui est fort estimée des savants. Il est mort à Caen à l'âge de 72 ans, le 3 décembre 1835.

AMELOT de LA HOUSSAYE (Abraham-Nicolas), né à Orléans en 1634, et mort à Paris en 1706, dans un état peu au-dessus de l'indigence. C'était un esprit dur et un homme austère. Il est connu par son talent pour la politique. Il s'était formé sous le président de Saint-André, ambassadeur à Venise, qui le prit pour son secrétaire. Nous avons de lui plusieurs ouvrages, parmi lesquels on distingue : sa *Traduction de l'Histoire du concile de Trente*, de Fra-Paolo, 1683, in-4, assez estimée avant que celle de Le Courayer parût. Cette version lui fit des ennemis : on trouva mauvais qu'il se fût avisé de traduire l'ouvrage d'un moine factieux qui, suivant la remarque de Bossuet, couvrait sous un froc l'esprit et les sentiments de Calvin, et qui n'avait eu d'autre but que de rendre odieuse cette grande assemblée de prélats catholiques. (Voyez SARPI.) Une *Traduction du prince* de Machiavel, en 2 vol. in-12. Il s'efforce vainement d'y justifier cet écrivain des justes reproches qu'on lui a faits d'avoir donné des leçons d'assassinat et d'empoisonnement. « Machiavel (dit un auteur estimé), enseignant une politique destructive de toute espèce de bonne foi, méritait plutôt d'être réfuté que traduit. La morale des princes, comme celle des particuliers, ne saurait être vraiment respectable et solidement utile, qu'autant qu'elle est fondée sur l'équité. »; la *Version de l'homme de cour*, de Gracian, in-12, avec des remarques morales et politiques ; celle des *Annales de Tacite*, en 4 vol. in-12, sèche et plate, mais estimée à cause des notes politiques dans lesquelles il a noyé son auteur ; l'*Histoire du gouvernement de Venise*, 3 vol. in-12, 1714, avec l'examen de la liberté originelle de Venise, traduit de l'italien. Cette histoire déplut au sénat qui s'en plaignit à la cour de France : on dit que l'auteur fut enfermé à la Bastille ; la *Morale de Tacite*, extraite de ses *Annales*, in-12. Cet ouvrage est encore recherché aujourd'hui. Amelot avait beaucoup médité sur cet écrivain ; mais si cette étude approfondie forma son génie à la politique, elle ne perfectionna pas sa manière d'écrire. *Factum* servant de réponse au livre intitulé : *Procès fait aux juifs de Metz, accusés d'avoir tué un enfant chrétien*, Paris, 1670, in-12. Ce petit écrit est fort rare. Ses *Mémoires historiques, politiques, critiques et littéraires*, en 3 vol. in-12, sont, de tous ses écrits, le plus inexact et le plus répandu ; ils sont remplis d'une quantité d'anecdotes, dont la plupart sont fausses, et les autres si communes, que ce n'était pas la peine d'en faire un livre particulier. Il ne faut pas oublier que plusieurs auteurs ont puisé dans cet ouvrage bien des petits faits qu'ils nous ont donnés ensuite, d'un air avantageux, comme des découvertes.

AMELOT (Sébastien-Michel), né à Angers le 5 septembre 1741, était fils du marquis de Chailloux, colonel d'infanterie. Après avoir été ordonné prêtre à Angers, il devint grand-vicaire à Lavaur et ensuite à Aix. En 1772, Amelot fit partie de l'assemblée du clergé ; en 1774, le roi le nomma à l'évêché de Vannes et le chargea, quelques années après, de surveiller la direction de l'Ecole de marine établie dans cette ville. Amelot ne prêta pas serment à la constitution civile, et eut la consolation de voir la plus grande partie de son clergé imiter sa courageuse fidélité à la cause de l'Eglise. Appelé à comparaître devant l'assemblée constituante pour rendre compte de sa conduite, on lui assigna son logement pour prison, avec ordre de se présenter à la première réquisition. Après la session, il se retira en Suisse. Lors du Concordat, il fut un des trente-six évêques qui refusèrent au pape leur démission ; mais, à leur exemple, il la donna sous la restauration, lorsque Louis XVIII la demanda. Amelot, de retour en France et devenu aveugle, ne pouvait plus s'acquitter des fonctions du ministère ; mais il continua à se livrer à la pratique des bonnes œuvres. Il est mort en 1829, à l'âge de 88 ans.

AMELOTTE (Denis), né à Saintes en 1606, prêtre de l'Oratoire en 1650, mourut à Paris en 1678. Il écrivit contre les théologiens de Port-Royal, quoiqu'il ait partagé en quelques points leurs sentiments. Nicole lui répondit. Nous avons de lui la *Vie du père Condren*, in-4, pleine de minuties ; *Traduction du Nouveau-Testament*, en français, avec des notes, 2 vol. in-4, et 4 vol. in-8. Cette version, imprimée aussi en 1 vol. in-8 et in-12, sans notes, est très-répandue. Dans la première édition, le Père Amelotte assurait qu'il avait eu les manuscrits de la Bibliothèque vaticane : vingt manuscrits de France et d'Espagne, tous ceux d'Italie, d'Angleterre, des pays du Nord et du fond de la Grèce. C'est une ruse d'auteur. Il n'avait jamais eu en main aucun de ces manuscrits ; il l'avait avoué lui-même à ses confrères. Il était d'ailleurs ridicule de supposer que cet oratorien eût trouvé dans ces manuscrits, soit réels, soit imaginaires, de quoi réformer ou le texte ou le sens des livres saints. Deux protestants, Daillé le fils et Conrart, accommodèrent cette traduction, en se servant de celle de Mons, à leurs opinions, et la firent imprimer à Paris, chez Louis Vendôme, in-12, 1671, en petits caractères. Mais à peine cette édition parut-elle, qu'elle fut supprimée, ce qui l'a rendue très-rare ; un *Abrégé de théologie*, in-4 ; *Harmonie des quatre évangélistes*, en français, in-12, 1669, et en latin, 1670.

AMÉNOCLÈS, ou AMINOCLÈS, Corinthien, construisit, au rapport de Thucydide, de Diodore et de Pline, les premières *trirèmes* qu'on ait vues dans la Grèce. Cependant quelques auteurs en attribuent l'invention aux Sidoniens. Aménoclès florissait vers l'an 850 avant J.-C.

AMERBACH (Jean), natif de Rutlingen, en Souabe, imprimeur du 15e siècle, s'établit à Bâle, et s'y distingua par des éditions correctes. Il publia, en 1506, les ouvrages de saint Augustin, avec des caractères ronds qu'il substitua aux italiques et aux gothiques ; et ces caractères portent encore dans les imprimeries le nom de *saint Augustin* qu'ils doivent à cette circonstance particulière. Il avait commencé une édition de saint Jérôme ; mais la mort, qui l'enleva en 1515, l'empêcha de l'achever. — Boniface, son fils, fut jurisconsulte à Bâle ; il mourut en 1562. Il existe de lui un ouvrage imprimé en 1659, à Bâle, in-4, *Bibliotheca Amerbachiana* ; cet ouvrage peu commun est du nombre de ceux qui servent à l'histoire de l'imprimerie.

AMÉRIC-VESPUCE, ou AMÉRIGO-VESPUCCI, naquit à Florence, d'une famille ancienne, en 1431. Son goût pour la physique, pour les mathématiques et pour les voyages maritimes, se développa de bonne heure. Dès qu'il eut appris que Colomb venait de découvrir le Nouveau-Monde, il brûla du désir de partager sa gloire. Ferdinand, roi d'Espagne, lui fournit quatre vaisseaux, avec lesquels il partit de Cadix le 10 mai 1497. Il revint un an après, le 15 octobre 1498, amenant avec lui 222 prisonniers. Améric, dans cette navigation, avait découvert de nouvelles terres, comme l'île Sainte-Marguerite, etc. Il parcourut le golfe de Parias, côtoya la terre ferme pendant plus de 400 lieues. Il fit, en 1499, une seconde course aussi heureuse que la première, d'où il apporta des pierreries, et beaucoup d'autres choses d'un grand prix. Emmanuel, roi de Portugal, l'enleva à Ferdinand, en 1501, et fit armer, en sa faveur, trois vaisseaux qui lui servirent à découvrir quelques îles. Ferdinand se l'attacha encore, et lui donna une flotte avec ordre de tirer vers le sud par la côte du Brésil. C'est là l'époque de ses grandes découvertes. Il jouit de la gloire de donner son nom à la moitié du globe. « Dans le 8e « et le 9e siècle, dit un auteur célèbre « c'étaient des barbares qui venaient faire « des incursions chez des peuples policés ; « dans ce siècle, ce sont des peuples po- « licés qui vont subjuguer des barbares. » Améric mourut en 1516 aux îles Tercères. Nous avons de lui une *Relation* de quatre de ses voyages. Le roi de Portugal, au service duquel il mourut, fit suspendre, dans l'église métropolitaine de Lisbonne,

\\s restes de son vaisseau nommé *la Victoire*. L'abbé Bandini publia sa *Vie*, en 1745, à Florence, in-4. Il accuse mal à propos Pluche et Charlevoix d'avoir ôté à Améric la gloire de la découverte de l'Amérique ; il est exactement vrai que cette gloire appartient proprement à Christophe Colomb. De la découverte des îles à celle du continent, il n'y avait qu'un pas à faire, et il est plus que vraisemblable qu'indépendamment des travaux de Vespuce, l'Europe n'eût guère tardé à jouir des suites toutes naturelles des connaissances que lui avait données Colomb. (Voy. BÉHAIM.)

AMES (Guillaume), théologien anglais, né à Norfolk en 1576, était zélé calviniste, et fut professeur de théologie à Franeker. Ames a écrit en latin sur les cas de conscience, et a fait plusieurs ouvrages de controverse contre Bellarmin, etc., 5 volumes in-12, Amsterdam, 1658. Il mourut à Rotterdam, en 1634, à 57 ans.

AMES (Joseph), secrétaire de la société des antiquaires de Londres, mort en 1759. On lui doit les *Antiquités typographiques d'Angleterre, d'Ecosse et d'Irlande*, Londres, 1749, in-4, fig., 2ᵉ édition, par Will. Herbert, 1785-90, 3 vol. in-4, fig., réimprimé en 1810 et années suivantes, et revue par le célèbre Dibdin. Cette édition, dont le 4ᵉ vol. a paru en 1819, est exécutée avec beaucoup de luxe.

AMES (Ficher), l'un des plus éloquents orateurs des États-Unis, grand homme d'Etat, né à Dedham, petite ville du Massachussets, vers 1750, devint membre de la convention de ce district, et se fit remarquer par son talent pour les discussions politiques. En 1789 il fut appelé à la législature comme premier représentant de sa province, et il porta la parole pendant huit années de suite comme principal orateur. Il mourut en 1808.

AMFREVILLE (François - Guyot des Loges d') naquit le 18 juillet 1771 à Eu en Normandie. Entré au service à l'âge de quinze ans, il sut se concilier l'estime et l'attachement de ses camarades, et conserva au milieu des camps la piété que l'on avait remarquée en lui dès son enfance. Il émigra à l'époque de la Révolution, et servit sous le prince de Condé jusqu'en 1795. Il fut blessé dans une affaire, et reçut la croix de Saint-Louis. Lorsqu'on eut perdu tout espoir pour le succès de la cause royale, il entra dans l'état ecclésiastique, et devint successivement prédicateur à Passau, curé de Strasvalken, et aumônier d'un hôpital militaire à Presbourg. Pendant qu'il était dans cette ville, la peste s'y étant déclarée, il se consacra au secours des malades avec le plus grand dévouement ; et il fut atteint lui-même par le fléau d'une manière si grave, qu'on le crut mort ; sans un de ses amis il eût même été enseveli. L'abbé d'Amfreville continua à résider en Allemagne, et fut appelé à prêcher devant la cour d'Autriche. Après son retour en France, il fut nommé curé de Semelay, et prêcha souvent à Autun ; l'évêque de cette ville, pour le récompenser de son zèle, l'appela plus tard à la cure de S.-Marcel à Châlons. En 1829, il se retira à Autun, où il prêcha le carême en 1830 ; il donna la station de l'année suivante à Bordeaux. En 1833, il prêcha à Lyon ; ce fut pendant le cours de cette dernière station qu'il sentit s'aggraver un mal dont il souffrait déjà, et aux atteintes duquel il succomba au mois d'octobre de la même année. On a de lui des *Sermons* en allemand, qui sont imprimés, et *l'Ami des citoyens chrétiens*, aussi en allemand. Il se proposait de traduire ses *Sermons* et de les publier en français, lorsque la mort l'a enlevé.

AMICO (Bernardin), franciscain, prieur de son ordre à Jérusalem en 1596, a écrit en langue italienne un *Traité des plans et images des édifices sauvés de la Terre-Sainte*, dessinés à Jérusalem, Florence, 1620. Les gravures de ce livre sont du célèbre Callot.

AMIENS (Jean-Louis d'), capucin de la province de Paris, est auteur de différents ouvrages de chronologie et d'histoire ; tels sont : *Atlas temporum in 4 libris*, etc., Paris, 1635 ; *Epitome historiarum omnium, à Christo nato ad octogesimum annum supra millesimum sexcentesimum, cum omnibus characteribus usque ad consummationem seculi*, Paris, 1585, in-fol. — Il ne faut pas le confondre avec Georges d'Amiens, également capucin, qui se fit une réputation distinguée entre les érudits du 17ᵉ siècle ; on a de lui : *Tertullianus redivivus, scholiis et annotationibus illustratus*, etc. Il s'est fait à Paris trois éditions de cet ouvrage ; la première est de 1646, in-fol. ; *Trina sancti Pauli theologia, positiva, moralis et mystica* ; *Omnigena in sancti Pauli apostoli epistolas commentaria*, Paris, 1649, 3 vol. in-fol.

AMILCAR, nom commun à plusieurs Carthaginois. Le plus connu est le père d'Annibal, qui fut surnommé Barca. Amilcar, très-jeune encore, commanda en Sicile, d'où il partit pour ravager l'Italie ; il en revint chargé de dépouilles. Après une paix éphémère conclue avec les Romains par le général Hannon, Amilcar retourna en Afrique, défit les mercenaires et les Numides qui assiégeaient Carthage. Il se rendit ensuite en Espagne, subjugua plusieurs nations, et fonda Barcelonne, du nom *Barca* de la famille d'Amilcar ; on dit qu'il approcha de ces plages avec neuf barques, *nona*, ce qui donna d'abord à la ville le nom de *Barcanona*. Il fut tué l'an 228 avant J.-C., dans une bataille qu'il livra aux Vectones, peuples de la Lusitanie. Il avait amené avec lui, en Espagne, son fils Annibal âgé de 9 ans. Ce fut Hannon, et non Amilcar (comme l'ont dit quelques biographes), qui fut vaincu dans un combat naval près de Drépani, par le consul Lutatius, l'an 242 avant J.-C. Amilcar fit jurer à Annibal son fils une haine éternelle contre le nom romain, et il le laissa avec ses deux frères, comme trois lions qui devaient déchirer le sein de Rome jusqu'à leur dernier soupir.

AMIN-BEN-HAROUN, sixième calife de la maison des Abbassides. Son nom était Mohammed, et son surnom Amin, qui signifie *le Fidèle*. Il succéda à son père Aaron al-Réchyd, l'an de J.-C. 809. Al-Mamon, son frère, était subrogé au califat, par une déclaration expresse, qu'Aaron, leur père, avait fait attacher au temple de la Mecque. Ce prince avait ordonné en même temps que le gouvernement et l'armée du Khoraçan, avec tous les meubles de la maison impériale, demeureraient après sa mort à ce cadet. Amin, proclamé calife, n'observa aucun des ordres que son père lui avait donnés, se souciant fort peu d'exécuter sa dernière volonté. Il ôta d'abord à son frère tous les meubles, dont il devait seul avoir la possession, et fit venir à Bagdad toutes les troupes du Khoraçan. Mamon arma contre son frère, le vainquit et le fit mourir l'an 822 de J.-C. La nonchalance de ce prince fut en partie cause de sa mort. L'armée de Mamon ayant assiégé Bagdad, et pris un poste considérable, on le trouva jouant paisiblement aux échecs. On le pressa de prendre les armes, pour ranimer le courage des assiégés : *Laissez-moi en repos*, leur répondit-il, *car je suis près de faire un beau coup, et de donner échec et mat à mon adverse partie*. Un de ceux qui étaient présents, et qui entendit ces paroles d'Amin, ne put s'empêcher de dire que le bon sens et la bonne fortune allaient ordinairement de compagnie. Amin, privé déjà du premier, ne tarda pas à perdre l'autre.

AMINADAB, lévite, habitant à Cariathiarim, chez lequel on déposa l'Arche, après qu'elle eut été ramenée du pays des Philistins. Ce saint homme en donna le soin à son fils Eléazar, qui la garda jusqu'à ce que David la fît venir à Jérusalem.

AMIOT (le Père), jésuite et missionnaire à la Chine, né à Toulon en 1718, mort à Pékin en 1794. On lui doit : la traduction d'un poëme chinois, intitulé : *Éloge de la ville de Moukden*; un *Dictionnaire tatar-mantchcou-français*, 3 vol. in-4, Paris, 1789 ; plusieurs ouvrages sur la Chine, insérés dans les *Mémoires sur les Chinois*, 15 vol. in-4.

AMIOT. (Voyez AMYOT.)

AMMAN (Jean-Conrad), médecin suisse du dernier siècle, mort à Amsterdam, s'était appliqué particulièrement à apprendre à parler aux sourds de naissance. Il fit admirer son talent dans son pays, en France et en Hollande. Il publia les moyens dont il se servait, dans un petit traité curieux et recherché, sous le titre de *Surdus loquens*, Harlemii, 1692, in-8, et dans un autre ouvrage imprimé à Amsterdam, en 1700, sous le titre de *Dissertatio de loquelá*. L'abbé de l'Epée et l'abbé Deschamps, devenus célèbres dans ce siècle par l'art de faire parler les muets, ont beaucoup profité de ses ouvrages. Longtemps avant le médecin Amman, Jean Wallis avait exercé avec beaucoup de succès le même art, qu'un religieux, nommé Ponce, avait déjà fait connaître en Espagne.

AMMANATI (Barthélemi), sculpteur et architecte célèbre, né à Florence en 1511, mort vers l'année 1589, fut employé dans sa patrie à plusieurs édifices considérables, où il fit preuve de talent. Les portiques de la cour du palais Pitti sont de lui, ainsi que le pont de la Trinité, l'un des plus beaux qui aient été faits depuis la naissance des arts. On voit aussi plusieurs de ses ouvrages à Rome, tels que la façade du collège Romain, le palais Ruspoli sur le cours, et autres. Cet architecte composa un grand ouvrage intitulé *La Citta*, qui comprenait les dessins de tous les édifices publics, nécessaires à une grande ville. Ce livre, après avoir passé successivement en plusieurs mains, fut donné dans le siècle dernier au prince Ferdinand de Toscane, et l'on ignore aujourd'hui ce qu'il est devenu. Ammanati avait eu le bonheur de trouver dans une femme aimable le même goût qu'il avait pour les belles-lettres. Cette femme, appelée Laura Battiferi, fit des poésies italiennes très-estimées, qu'on imprima à Florence, en 1560, sous le titre d'*Opere toscane*.

AMMIEN-MARCELLIN, grec de naissance, servit d'abord sous Constance, Julien et Valens, et vint jouir des délices de Rome, l'an 378, après la mort de cet empereur. Il y travailla à son *Histoire*, qu'il commença à la fin du règne de Domitien, à l'époque où Tacite avait fini la sienne, et qu'il finit au règne de Valens. Les frères Valois en donnèrent une édition avec des notes, l'an 1636. On en a aussi une bonne édition de Paris, 1681. Gronovius la fit réimprimer à Leyde, en 1693, in-fol., et l'embellit de plusieurs remarques savantes et curieuses. L'abbé de Marolles en publia une *Traduction* en 1672, 3 vol. in-12. On en a une meilleure imprimée en 1775 à Berlin, aussi en 3 vol. in-12. Cette *Histoire*, qui était d'abord en 31 livres, et dont nous n'avons plus que 18, n'est point écrite avec l'élégance de Quinte-Curce, ni avec la précision de Salluste. Le style en est dur ; mais les faits sont intéressants, et racontés avec assez d'impartialité. L'empereur Julien y est flatté, mais c'est l'effet des circonstances, et de l'influence qu'elles eurent sur la liberté de l'historien. Cependant Ammien-Marcellin ne dissimule pas les événements les plus favorables à la religion chrétienne, que Julien détestait ; il rapporte les vains efforts qu'il fit pour rétablir le temple de Jérusalem, et la manière miraculeuse dont ce projet fut anéanti. En général, le christianisme n'est pas maltraité dans son ouvrage comme dans ceux d'autres païens.

AMMIRATO (Scipion) naquit à Lecce, ville du royaume de Naples, le 27 septembre 1531. Après avoir séjourné à Venise, à Rome et à Naples, il alla se fixer à Florence, d'après l'invitation de Côme 1. Ce prince l'engagea à écrire l'*Histoire de Florence*; et Ammirato, qui s'en acquitta à son gré, eut pour récompense un canonicat de la cathédrale. Il mourut en 1600. On a encore de lui des *Discours sur Tacite*, Florence, 1598, in-4, traduits en français, Lyon, 1619, in-4 ; des *Harangues*; des *Opuscules*; des *Poésies* et d'autres ouvrages assez faibles. La meilleure édition de son *Histoire*, qui est très-estimée, est celle de Florence, 1641-1647, en 3 vol. in-fol. Elle fut publiée par son fils adoptif, qui avait aussi pris le nom d'Ammirato. Il continua cet ouvrage, que son père avait terminé à l'année 1574. Il a laissé aussi les *Généalogies* des familles nobles de Florence, 1615 ; et celles des familles napolitaines, 1651, in-fol.

AMMON, fils de Loth et de sa fille cadette, fut père des Ammonites, peuple qui fit souvent la guerre contre Israël.

AMMON, appelé *Amoün* par les Egyptiens, naquit en Egypte d'une famille noble et riche. Lorsqu'il eut atteint l'âge de 22 ans, en 308, ses tuteur et curateur l'obligèrent de se marier. Mais le jour même de son mariage, il lut à sa femme l'éloge que fait saint Paul de la virginité, et lui persuada facilement de s'engager avec lui à vivre dans une continence perpétuelle. Ammon fut le premier solitaire qui habita la montagne de Nitrie. Il y passa 22 ans, et la rendit fort célèbre par sa sainteté, ainsi que par les nombreux ermitages qu'il forma et qu'il remplit de disciples dignes de lui. Saint Athanase, dans la *Vie* de saint Antoine, en parle avec de grands éloges. Il est nommé sous le 4 d'octobre, dans la plupart des ménologes des Grecs.

AMMONIUS, philosophe d'Alexandrie, fut élevé dans le christianisme. Il commença par porter du blé dans des sacs, ce qui le fit surnommer *Saccas* ; mais ayant quitté ce métier, il fit de grands progrès dans la philosophie éclectique, ou des nouveaux platoniciens, et il l'enseignait avec succès en 243. Origène, Plotin, furent ses disciples. Saint Jérôme loue beaucoup sa *Concorde des évangélistes* : elle se trouve dans la *Bibliothèque des Pères* (V. ZACHARIE de Goldsborough.) Cette concordance est composée uniquement du texte sacré, sans y ajouter et sans en omettre un seul mot. Il est des auteurs qui lui refusent le mérite d'avoir composé cet ouvrage, et qui l'attribuent à un évêque nommé comme lui *Ammonius*. Ammonius ne fut pas moins estimé des auteurs païens que des chrétiens : Plotin, Longin, Porphyre et Hiéroclès en faisaient beaucoup de cas.

AMMONIUS, fils d'Hermias, philosophe péripatéticien, disciple de Proclus, a fleuri dans le 5e siècle. Son ouvrage *De differentiâ vocum*, se trouve dans un dictionnaire grec publié in-fol., à Venise, en 1497, et il est imprimé avec d'autres anciens grammairiens, Leyde, 1739, 2e partie, in-4 ; *Commentarius in librum Aristotelis de interpretatione*, grœcè, Venise, 1546, in-8, est encore de cet auteur.

AMNON, fils aîné de David, conçut un amour si violent pour Thamar sa sœur qu'il abusa d'elle malgré sa résistance. Il la chassa ensuite avec outrage. Absalon, frère de Thamar, pour venger cet inceste, fit inviter Amnon à un festin, et dès qu'il fut ivre, il le fit assassiner, vers l'an 1030 avant J.-C.

AMOLON succéda à Agobard sur le siège de Lyon, en 840, et mourut en 852. Il fut aimé du roi Charles-le-Chauve et du pape Léon IV. Il est auteur de quelques *opuscules* sur la grâce et la prédestination, qui se trouvent dans les tomes 13 et 14 de la *Bibliothèque des Pères*, et dans l'*Appendice* aux *OEuvres* d'Agobard, par Baluze. On trouve aussi au même endroit sa lettre à Théobalde, évêque de Langres. Il mandait à ce prélat d'ôter de l'église et d'enterrer décemment certaines reliques dont on ne pouvait constater l'authenticité. Il appuyait ce qu'il disait sur la conduite que saint Martin avait tenue en pareil cas, et sur le décret du pape Gélase. Quant aux prétendus miracles de quelques femmes qui tombaient en convulsions et qui souffraient en présence de ces reliques, il disait qu'il fallait les rejeter et les mépriser. « Les vrais miracles, ajoute-t-il, rendent souvent la santé aux malades, mais ils ne l'ôtent jamais : » réflexion applicable aux farces dont la secte janséniette a prétendu faire des œuvres divines. (Voyez PARIS et MONTGERON.) Il avait pris quelque temps la défense de Gotescalc, qu'il tâcha d'excuser dans les commencements, ne le connaissant pas bien; mais il rejeta toujours les erreurs que l'on condamnait en lui.

AMON, roi de Juda, fils et successeur de Manassès, fut aussi impie que son père, et ne revint pas de ses erreurs comme lui. Ses officiers lui donnèrent la mort après deux ans de règne, vers l'an 641 avant J.-C.

AMONTONS (Guillaume) naquit à Paris, l'an 1663, d'un avocat originaire de Normandie. Une surdité considérable dont il fut attaqué dans sa jeunesse l'empêcha de jouir de la société des hommes, il commença de s'amuser aux machines. Il apprit le dessin, l'arpentage, et fut employé dans plusieurs ouvrages publics. En 1687, n'ayant encore que 24 ans, il présenta à l'Académie des sciences un nouvel *hygromètre*, qui fut fort approuvé. On n'applaudit pas moins à ses *Remarques sur une nouvelle clepsydre et sur les baromètres*, dédiés à la même Académie, qui se l'associa en 1699. Ce livre, mis au jour en 1695, est presque dans l'oubli aujourd'hui. Amontons a laissé aussi une *Théorie des frottements*, qui se trouve dans les *Mémoires* de l'Académie des sciences. Son thermomètre, quoique défectueux, en ce que le résultat dépendait en partie de la pesanteur de l'air, a paru très-ingénieux. Il mourut en 1705, d'inflammation d'entrailles. Le fonds de son caractère était la retenue, la droiture et la franchise. On croit Amontons le premier inventeur du *télégraphe*; il en fit deux fois l'expérience devant la famille royale.

AMORT (Eusèbe), chanoine régulier de l'ordre de saint Augustin, se distingua en Bavière par ses observations astronomiques et un grand nombre d'écrits sur différents sujets. C'était un homme sage, modeste, et profondément savant. On a de lui, entre autres ouvrages : *Philosophia pollingena*, Augsbourg, in-fol., 1730. Il y a à la fin de ce volume un traité fort étendu contre le mouvement de la terre, intitulé : *Notitia accurata de systemate ac partibus universi*, ouvrage que les astronomes modernes regardent comme suranné, et qui contient néanmoins plusieurs observations qui peut-être n'ont pas encore été suffisamment éclaircies ; un *Traité historico-théologique des indulgences*, in-fol.; un *Supplément au Dictionnaire des cas de conscience*, de Pontas; des *Règles tirées de l'Écriture-Sainte, des conciles et des Pères, touchant les apparitions, visions*, etc., 1744, 2 vol. in-4; une *Dissertation* qui restitue à son vrai auteur le précieux livre de l'*Imitation de Jésus-Christ*. Cet ouvrage, plein d'érudition et d'une critique lumineuse, dissipe entièrement les doutes que les gersénistes avaient tâché de répandre sur l'auteur de cet excellent traité de morale. Quoique les dissertations de l'abbé Ghesquière et de l'abbé Desbillons contiennent la même démonstration, et ajoutent même de nouvelles lumières à celles d'Amort, un avantage particulier de cette dernière est l'expression exacte des caractères des différentes versions que les gersénistes ont prétendu être antérieures au temps de Thomas à Kempis. Il conste, par la seule inspection de cette écriture, que la prétendue antiquité de ces manuscrits n'existe que dans l'imagination de quelques critiques que le préjugé, ou je ne sais quel esprit de parti, a engagés à défendre un paradoxe historique qui ne soutient pas la première vue d'un lecteur impartial. (Voyez NAUDÉ, GERSEN, KEMPIS, DESBILLONS.) Tous ces ouvrages sont écrits en latin. Eusèbe Amort mourut le 25 novembre 1775, à l'âge de 82 ans. On a gravé son portrait avec cette inscription : *Litterarum, maximè sacrarum, per Bavariam restaurator*.

AMOS, l'un des douze petits prophètes, était un berger de la ville de Thécué, comme il le dit lui-même au commencement de sa prophétie. Saint Jérôme l'appelle *pastor et rusticus, et ruborum mora distringens*. Il vivait sous les règnes d'Ozias, roi de Juda, et de Jéroboam II, roi d'Israël. Ses *Prophéties*, renfermées dans neuf chapitres, sont écrites avec beaucoup de simplicité. On y trouve bien des comparaisons tirées de sa profession; elles n'en sont que plus expressives et plus pittoresques. Amazias, prêtre de Béthel, le fit mourir vers l'an

785 avant J.-C. L'auteur de la *Vie des Prophètes*, attribuée à saint Épiphane, saint Clément d'Alexandrie, et quelques auteurs modernes, ont cru que ce prophète était le même qu'Amos, père du prophète Isaïe; mais saint Augustin, saint Jérôme, saint Basile, saint Isidore, etc., rejettent avec raison ce sentiment. Le père du prophète Isaïe était un homme de qualité de la ville de Jérusalem, et le prophète Amos avoue lui-même qu'il était berger. Outre cela, on écrivait ces noms diversement, quoique les Latins n'y fissent point de différence.

AMOUR (Guillaume de SAINT-) naquit à Saint-Amour, bourg de la Franche-Comté, au commencement du 13ᵉ siècle. Il eut un canonicat à Beauvais, et prit le bonnet de docteur en Sorbonne. Les privilèges accordés aux religieux mendiants ayant offensé l'université de Paris, Saint-Amour fut député à Rome et remplit sa mission avec une ardeur qui tenait du fanatisme. Son livre *Des périls des derniers temps*, composé à cette occasion, est une déclamation contre les religieux dominicains. « L'estime et la faveur, dit l'abbé « Bérault, que les personnes les plus « illustres témoignèrent à ces religieux « leur attirèrent bien des reproches et « des injures. On les chargea de toutes « les imputations qu'on a renouvelées si « souvent depuis, et qu'on ne se lassera « jamais de répéter contre les nouveaux « venus, dont le zèle et les talents feront « ouvrir les yeux sur la dégradation et « l'inutilité de leurs prédécesseurs dans « la jouissance de la considération pu- « blique. » Alexandre IV, auquel les religieux portèrent contre Saint-Amour l'accusation d'avoir mal parlé du souverain pontife, condamna Guillaume, et le priva de tous ses bénéfices. Saint-Amour ayant fait l'apologie de son livre dans un voyage qu'il fit à Rome, le pape le renvoya absous. A peine fut-il parti, que ce même pontife, mieux instruit de son génie inquiet et tracassier, lui écrivit qu'il lui défendait d'entrer en France, d'enseigner et de prêcher. Saint-Amour fut obligé de rester dans sa ville natale jusqu'après la mort d'Alexandre. Il revint alors à Paris, et y fut bien accueilli. Clément IV, successeur d'Alexandre, à qui ce docteur fit tenir son livre, ne dit rien contre l'ouvrage, se contentant de traiter l'auteur avec indifférence. Saint-Amour mourut en 1272. Ses ouvrages ont été publiés en 1632, in-4. Ils sont au nombre de trois; le premier a pour titre: *De pharisæo et publicano*; le 2ᵉ *De periculis novissimorum temporum*; le 3ᵉ *Collationes Scripturæ sacræ*. Il attaque dans tous ces écrits les ordres mendiants, avec un enthousiasme qui le rend plaisant. Saint Thomas d'Aquin et saint Bonaventure, religieux l'un et l'autre, soutinrent avec plus de dignité la cause de leur état. Le premier surtout se distingua dans ce travail. Il prononça à Anagni, en présence du pape, une longue apologie, où, avec la force et la précision qui caractérisent tous ses écrits, il défendit ces religieux contre les allégations diverses de leur injurieux agresseur. Sa seule personne, sa conduite, ses lumineux écrits, étaient une apologie permanente de l'institut qu'il avait embrassé, par les plus héroïques sacrifices.

AMPÈRE (Marie-André), célèbre mathématicien, membre de l'Académie des sciences, inspecteur-général de l'Université, professeur au collège de France, né à Lyon le 20 janvier 1775, mort à Marseille le 9 juin 1836, se livra de bonne heure à l'étude de la chimie, de la physique et des mathématiques. Il s'y distingua, et fut choisi pour professeur à l'école centrale du Rhône. En 1802, il publia une *Théorie mathématique du jeu*, qui commença sa réputation. Dans ce travail, dont l'Institut fit un grand éloge, Ampère évaluait, d'après le calcul des probabilités, les dangers auxquels s'expose le joueur qui livre habituellement une partie notable de sa fortune aux chances des jeux de hasard. Voici le résumé de l'ouvrage: « Lorsque deux joueurs au jeu le plus égal commencent une série indéfinie de parties, la possibilité de tenir plus longtemps donne au plus riche des deux un avantage d'autant plus grand qu'il y a plus de différence entre leur fortune. Cet avantage deviendrait infini, si l'une des fortunes pouvait l'être; le joueur le moins riche serait alors sûr de se ruiner; par conséquent, c'est courir à une ruine certaine que de jouer indifféremment contre tous ceux qui se présentent dans la société: on doit, en effet, les considérer comme un seul adversaire dont la fortune serait infinie; et, dans ce cas, la probabilité d'être ruiné après un coup augmente rapidement avec le nombre des parties. » On voit que l'ouvrage d'Ampère serait capable de guérir les joueurs, s'ils étaient quelque peu mathématiciens. Ampère fut d'abord suppléant, puis professeur titulaire d'analyse mathématique à l'École polytechnique. A la création de l'Université, il fut nommé inspecteur-général des études, fonctions qu'il a remplies jusqu'à sa mort. La chaire de physique au collège de France, étant venue à vaquer, lui fut donnée; son cours était suivi avec beaucoup d'intérêt à cause de ses idées ingénieuses sur une foule de sujets. Ampère, extrêmement laborieux, n'a cessé de pousser ses investigations dans le champ des mathématiques, de la physique et de la chimie, et il en a publié les résultats dans les mémoires et ouvrages dont on trouvera le détail à la fin de cet article. Lorsque le physicien danois, OErsted, eut ouvert une nouvelle carrière aux physiciens par la découverte de l'électro-magnétisme, Ampère fut un des premiers en France à s'occuper de cet important objet, et c'est en grande partie à ses ingénieuses recherches que l'on doit ce que cette branche si féconde de la science présente déjà d'intérêt. Par de nombreuses et importantes expériences il est parvenu à en fonder la théorie, et les appareils qu'il a imaginés sont une des acquisitions les plus intéressantes que la physique ait faites en ce genre. En chimie, s'écartant de la voie suivie par les cristallographes, il osa le premier étudier les cristaux par la synthèse. Il publia encore dans les *Annales des sciences naturelles* des considérations philosophiques sur la détermination du système solide et du système nerveux des animaux articulés. Dans une brochure qu'il composa sur la théorie de la terre, il s'éleva contre l'opinion d'un feu central. « Si le globe était composé, dit-il, « comme des faits nombreux tendent à « le faire croire, d'une masse incan- « descente liquéfiée par la chaleur, et « d'une croûte solide, le liquide devrait « éprouver des mouvements analogues « au flux et reflux de la mer par les « attractions combinées du soleil et de « la lune, et alors on comprendrait difficilement comment l'enveloppe solide « pourrait résister aux oscillations de « cette masse énorme de liquide. » Les travaux d'Ampère, qu'il nous serait impossible de mentionner tous ici, répandirent rapidement sa réputation en Europe, et il fut successivement nommé membre de la société royale de Londres, de la société helvétique, de la société philosophique de Cambridge, de celle de physique et d'histoire naturelle de Genève, des académies des sciences de Bruxelles et de Lisbonne. Ses relations et sa correspondance avec tous les savants de tous les pays ont eu une grande influence sur le développement général des sciences. L'immense variété de ses connaissances en avait fait un esprit presque universel, et il était aussi profond qu'étendu : en même temps que sa haute intelligence embrassait toutes les sciences mathématiques et physiques, il cultivait la littérature ancienne, l'histoire et la philosophie ; il se livrait aux agréments de la poésie latine. Ampère était sans doute l'homme le plus éminent de l'Institut ; égal, peut-être supérieur à Cuvier. Son esprit était tellement absorbé par les objets de ses études, qu'il avait d'incroyables distractions, et que souvent il ne s'apercevait ni de ce qu'il faisait, ni de ce qui se passait le plus près de lui. Un jour qu'il faisait une lecture à la tribune de l'Académie des sciences, présidée par Monge, Bonaparte entra ; aussitôt mouvement général ; chacun se lève, Bonaparte réprime à l'instant le mouvement par un geste, fait rasseoir tout le monde, s'assied à la première place vacante (c'était celle d'Ampère), et la lecture se poursuit sans que le lecteur se soit aperçu de ce qui se passait. La lecture achevée, Ampère retourne à son fauteuil et le trouve occupé. *Monsieur le président*, dit-il, *voici un étranger qui s'est permis d'entrer ici et de prendre ma place.* Un sourire général accueillit ces paroles de l'académicien distrait, et Bonaparte lui dit avec bienveillance : *Monsieur Ampère, vous ne m'avez pas reconnu. Vous voyez que j'ai eu raison de vous faire quelquefois le reproche de venir trop rarement aux Tuileries.* Ampère n'exerça aucunes fonctions politiques, et sa vie fut partagée entre ses travaux scientifiques, ses devoirs universitaires et ses exercices de piété, car l'illustre savant était bon chrétien ; les habitants de la paroisse Saint-Etienne-du-Mont savent avec quelle exactitude il assistait aux exercices religieux. Cette haute intelligence ne dédaignait pas de prendre place auprès des plus simples fidèles pour écouter les instructions paroissiales. Ajoutons, pour compléter le portrait d'Ampère, qu'une simplicité modeste, une grande douceur de caractère, une bonhomie spirituelle le faisaient aimer de tous ceux qui le connaissaient. En 1836 il voulut, malgré l'affaiblissement de sa santé, faire sa tournée d'inspecteur. Il était accompagné de Matter, lorsque, arrivé à Marseille, ses forces défaillirent, et il succomba à une courte maladie le 9 juin. Il a laissé un fils dont l'enseignement de littérature française à la Sorbonne a de la réputation. Voici la liste de ses ouvrages : *Recherches sur l'application des formules générales du calcul des variations aux problèmes de la mécanique*, 1803 ; *Essai d'une classification naturelle pour les corps simples*, 1816 ; *Mémoire contenant l'application de la théorie exposée dans le dix-septième cahier du Journal de l'Ecole polytechnique à l'intégration des équations aux différences partielles du premier et du second ordre*, 1819; *Mémoire sur l'action mutuelle de deux courants électriques, sur celle qui existe entre un courant électrique et un aimant ou le globe terrestre, et celle de deux aimants l'un sur l'autre*, 1821; *Recueil d'observations électro-dynamiques*, 1822; *Exposé méthodique des phénomènes électro-dynamiques et des lois de ces phénomènes*, 1823; *Description d'un appareil électro-dynamique construit par M. Ampère*, 1824; *Mémoire sur une nouvelle expérience électro-dynamique, sur son application à la formule qui représente l'action mutuelle de deux éléments de conducteurs voltaïques et sur de nouvelles conséquences déduites de cette formule*, 1825; *Précis d'un mémoire sur l'électro-dynamique*, 1825; *Théorie des phénomènes électro-dynamiques, uniquement déduite de l'expérience*, 1826. Les travaux ci-après ont paru dans le *Journal de l'École polytechnique*, dans les *Mémoires des savants étrangers* et dans les *Mémoires de l'Institut*: *Recherches sur quelques points de la théorie des fonctions dérivées, qui conduisent à une nouvelle démonstration de la série de Taylor et à l'expression finie des termes qu'on néglige, lorsqu'on arrête cette série à un terme quelconque*, 1806; *Mémoire sur les avantages qu'on peut retirer dans la théorie des courbes, de la considération des paraboles osculatrices, avec des réflexions sur les fonctions différentielles dont la valeur ne change pas lors de la transformation des axes*, 1806; *Démonstration générale des principes de vitesse virtuelle, dégagée de la considération des infiniment petits*, 1808; *Considérations générales sur les intégrales des équations aux différences partielles*, 1815; *Intégrations des équations aux différences partielles du second ordre*; *Transformation des équations aux différences partielles du second ordre, et manière de les intégrer dans quelques cas particuliers*, 1820.

AMPHILOQUE (saint), issu d'une famille noble de Cappadoce, fut fait évêque d'Icone vers l'an 544. Il avait d'abord fréquenté le barreau. Il obtint de l'empereur Théodose des lois très-sévères contre les hérétiques, lui faisant connaître les troubles que l'esprit de secte ne manque jamais d'exciter dans la constitution de l'État comme dans celle de la religion. On dit que ce saint, fâché de ce que ce prince écoutait favorablement les ariens, alla au palais, fit quelques caresses au jeune Arcadius comme à un autre enfant, mais affecta de ne lui rendre point le respect qu'il lui devait. L'empereur, irrité, ordonnait qu'on le chassât, lorsque Amphiloque lui dit: *Seigneur, vous ne voulez pas qu'on manque de respect à votre fils, et vous vous emportez contre ceux qui lui font une telle injure: comment voulez-vous donc que le Dieu de l'univers traite ceux qui blasphèment contre son Fils unique ?* Cette seule réponse, dont la force et la sagesse furent goûtées par Théodose, détermina cet empereur à punir les ariens. Saint Amphiloque assista au premier concile général de Constantinople en 381, présida au concile de Side, et fit admirer son zèle dans l'un et dans l'autre. Il n'est plus fait mention de lui après l'année 394. Il paraît qu'il mourut vers ce temps-là. Saint Grégoire de Nazianze appelle saint Amphiloque « un « pontife irréprochable, un ange, un « héros de la vérité. » Nous savons, par le témoignage du même Père, que le saint évêque d'Icone procura la guérison à des malades par l'invocation de la sainte Trinité, et par l'oblation du Sacrifice. Il nous reste de lui des fragments de divers ouvrages, qu'on trouve dans la *Bibliothèque des Pères*; et une *Lettre sur les Synodes*, publiée par Cotelier. Le père Combefis donna une bonne édition de ce que nous avons de saint Amphiloque, à Paris, 1614, in fol., en grec et en latin; mais les huit sermons que Combefis lui attribue sont évidemment d'un auteur qui vécut plus tard. Peut-être sont-ils d'Amphiloque de Cyzique, ami de Photius, lequel florissait en 860. La *Vie de saint Basile*, attribuée à saint Amphiloque d'Icone, paraît être l'ouvrage d'un grec moderne, et ne mérite aucune confiance.

AMRI, roi d'Israël, fut proclamé souverain par l'armée, après la mort d'Ela. Il bâtit Samarie, et mourut, après un règne rempli d'impiétés, l'an 918 avant J.-C. Son fils Achab, digne de lui, fut son successeur.

AMROU-BEN-AL-AS, un des plus grands capitaines des premiers musulmans, conquit l'Égypte, la Nubie, et une grande partie de la Lybie. Il bâtit la ville de Fosthat ou Fustat, auprès de l'ancienne Babylone d'Égypte; il assiégea Jérusalem et la prit. Amrou eut un fils nommé Abdallah-Ben-Amrou, qui recueillit les *Ahadith*, c'est-à-dire, les *Histoires dont la tradition musulmane est composée*.

AMSDORF (Nicolas), de Misnie, prit Luther pour maître, et écrivit, comme lui, avec beaucoup de fiel contre les catholiques et le pape. Luther sacra son disciple évêque de Naümbourg, quoique cet hérésiarque ne fût que simple prêtre. Ce prélat luthérien soutenait que les bonnes œuvres étaient pernicieuses au salut, lorsqu'on les regardait comme des moyens d'y parvenir. Ses sectateurs furent appelés *amsdorfiens*. Il mourut à Magdebourg en 1546, date de Moréri. La *Biographie universelle* prolonge sa vie jusqu'au 14 mai 1565, le fait évêque en 1542, et dit qu'il concourut à la fondation de l'université d'Iéna.

AMULIUS, roi des Latins, chassa du trône son frère Numitor, et fit vestale Rhéa Sylvia, sa nièce, dont les enfants auraient pu rentrer dans les droits de leur aïeul; mais ses précautions furent inutiles. Cette princesse mit au jour Rémus et Romulus, qui tuèrent Amulius et rendirent la couronne à Numitor, vers l'an 754 avant J.-C.

AMURAT I, empereur des Turcs, appelé l'*Illustre* par un peuple chez qui la valeur militaire efface tous les crimes, succéda à Orcan, son père, l'an 1360. Il prit sur les Grecs la Thrace, Gallipoli et Andrinople, dont il fit le siège de son empire; il vainquit les Serviens et les Bulgares, et conquit la Basse-Mysie. L'empereur Paléologue, pressé par ce conquérant, fit un traité avec lui, glorieux pour le vainqueur, et honteux pour le vaincu. Amurat, irrité contre son fils rebelle, lui fit crever les yeux, et exerça des cruautés encore plus horribles contre ceux qui avaient favorisé sa révolte. Plusieurs se donnèrent la mort de leurs propres mains, pour s'arracher à la douleur de voir verser le sang d'un père ou d'un fils. Amurat remporta 37 victoires, et périt dans la dernière, en 1389, assassiné en trahison par un soldat de l'armée des Serviens, qu'il avait mise en déroute. Amurat établit la milice des Janissaires, et lui donna la forme qu'elle a conservée jusqu'en 1826.

AMURAT II, empereur des Turcs, fils et successeur de Mahomet I, commença à régner en 1422, et porta, comme ses prédécesseurs, la guerre dans l'empire grec; mais il fut obligé de lever le siége de Constantinople. Il réussit mieux devant Thessalonique, qu'il prit d'assaut sur les Vénitiens. Le prince de Bosnie, et Jean Castriot, prince d'Albanie, père du fameux Scanderberg, furent bientôt après ses tributaires. Le dernier lui ayant donné ses cinq fils en otage, le Turc les fit circoncire contre sa promesse, et en fit tuer quatre. Amurat poussa ses conquêtes jusqu'en Hongrie. Ladislas, qui en était roi, fit un traité de paix avec lui. A peine en avaient-ils juré l'exécution, l'un sur l'Alcoran, l'autre sur l'Évangile, qu'on apprit les mouvements que faisaient les Grecs, les Vénitiens et autres nations alliées de Ladislas, pour venir à son secours. Dans ces circonstances, le cardinal Julien Césarini, légat du pape en Allemagne, persuada à Ladislas de le rompre, alléguant que, lié avec des princes chrétiens, il n'avait pu traiter sans eux. (Voyez CESARINI.) Les Hongrois reprirent les armes; le roi et le célèbre Huniade se mirent à leur tête; mais Amurat leur ayant livré bataille à Varne, en 1444, les défit entièrement. Ladislas mourut percé de coups; le cardinal Julien périt, on ne sait comment; Huniade fut entraîné, malgré sa bravoure, par la déroute de ses troupes. La victoire fut longtemps douteuse. Amurat aurait pris la fuite au commencement du combat, si ses officiers ne l'avaient menacé de le tuer. On dit que, dans un moment où ses soldats allaient plier, il tira de son sein le traité de paix conclu avec les chrétiens, et qu'il s'écria : *Jésus ! voici l'alliance que les chrétiens ont jurée avec moi par ton saint nom. Si tu es Dieu, comme les tiens le disent, venge ton injure et la mienne.* Cette victoire fut suivie d'une autre qu'il remporta l'année suivante sur Huniade, auquel il tua plus de 20 mille hommes. Scanderberg, jadis otage d'Amurat, vengea Huniade : il défit plusieurs fois Amurat, et le força à lever le siége de Croye, capitale de l'Albanie. Amurat, piqué de l'affront qu'il avait reçu devant cette ville, alla s'enfermer chez des moines mahométans. Il avait abdiqué en faveur de son fils aîné, Mahomet II; mais l'ambition l'emporta sur l'amour de la retraite, il revint assiéger inutilement Croye, et mourut d'une maladie de cerveau près d'Andrinople, dans sa 47e année, après 29 ans de règne, en 1451. Ce prince turc était à la fois philosophe et conquérant; mais sa philosophie ne le rendit pas meilleur.

AMURAT III, empereur des Turcs, fils et successeur de Sélim II, monta sur le trône en 1575. Il augmenta ses États, fit étrangler ses frères, prit Raab en Hongrie, et Tauris en Perse. Les Croates de l'empereur Rodolphe II mirent ses troupes en déroute. Amurat sut réprimer les janissaires. Un jour qu'ils vinrent demander en tumulte la tête du grand trésorier, il fondit sur eux le sabre à la main, en tua plusieurs, et fit trembler les autres. Ils se révoltèrent avec plus de succès, quelques années après; ce qui, joint à d'autres disgrâces, le fit mourir de chagrin, en 1595, à l'âge de 50 ans. Il avait ce courage mêlé de cruauté que l'on voit dans presque tous les héros turcs; il ne fut pas moins livré à la débauche, la luxure et les vices crapuleux qui accompagnent presque toujours la cruauté.

AMURAT IV, empereur des Turcs, surnommé l'*Intrépide*, monta sur le trône après Mustapha en 1623. Il prit d'assaut Bagdad en 1638, et secourait, dans le même temps, le grand-Mogol Cha-Goan, contre son fils Aurengzeb. Il contint les janissaires, en les occupant à combattre des peuples qui ne songeaient point à l'inquiéter, et à envahir des provinces sur lesquelles il n'avait aucun droit. A l'ambition d'un conquérant, il joignait la valeur, la cruauté et la débauche. Il mourut d'un excès de vin, tout musulman qu'il était, en 1640, âgé de 31 ans.

AMY (N.), avocat au parlement d'Aix, mort en 1760, est connu par quelques ouvrages de physique: *Observations expérimentales sur les eaux des rivières de Seine, de Marne*, etc., 1749, in-12; *Nouvelles fontaines filtrantes*, 1750, in-12; *Réflexions sur les vaisseaux de cuivre, de plomb et d'étain*, 1751, in-12. Tous ces ouvrages sont remplis d'observations utiles, et par-là préférables à tout ce qui n'a que de vains ornements.

AMYNTAS I, roi de Macédoine, succéda à son père Alcétas, vers l'an 507 avant J.-C. Son histoire est peu connue. On cite seulement un trait remarquable de son fils, nommé Alexandre. Il fit massacrer les députés persans qui étaient venus demander le feu et l'eau, c'est-à-dire, la soumission à Darius leur maître, parce qu'à la suite d'un festin, ils s'étaient permis, échauffés par le vin, de demander des dames pour les insulter. Ce jeune homme avait eu l'adresse de substituer aux princesses macédoniennes des jeunes gens travestis en femmes, et armés de poignards, qui firent main-basse sur les seigneurs persans et toute leur suite. Il sauva ainsi l'honneur de sa famille. Cette exécution ne resta pas ignorée à Suze; mais Alexandre, à force de présents, étouffa l'affaire, et elle n'eut point de suites fâcheuses.

AMYNTAS II ou III, roi de Macédoine, successeur de Pausanias, n'est placé dans l'histoire que parce qu'il fut le père de Philippe et l'aïeul d'Alexandre. Les Illyriens et les Olympiens défirent son armée. Il mourut après un règne de 24 ans, l'an 374 avant J.-C.

AMYOT (Jacques) naquit à Melun, le 30 octobre 1513, de parents plus vertueux qu'opulents. Son père était, selon quelques-uns, marchand mercier, et non boucher, comme dit de Thou. La prodigieuse fortune qu'il fit a rendu les littérateurs fort curieux de savoir l'état de sa famille. Ce qu'on sait de certain, c'est qu'elle était très-obscure. Amyot commença comme Sixte V. Un cavalier qui le trouva au milieu des champs, dans la Beauce, le porta en croupe à l'hôpital d'Orléans. Amyot, qui avait quitté sa maison pour éviter un châtiment, se rendit à Paris et y mendia. Une dame, qui le trouva d'une figure fort aimable, le prit pour accompagner ses enfants au collège. Amyot profita de cette occasion pour se former; il recueillit les fleurs et les fruits de la littérature, et brilla dès lors à Paris. Il quitta cette ville peu de temps après, parce qu'on l'accusait d'être favorable aux nouvelles erreurs. Il se retira chez un gentilhomme de Berri, Jacques Colin, lecteur du roi et abbé de saint Ambroise, qui lui confia l'éducation de ses neveux. Henri II ayant passé en Berri, Amyot fit une épigramme grecque, que ses élèves présentèrent au roi. Le chancelier de L'Hôpital fut si enchanté de ce petit ouvrage, qu'il dit à Henri que l'auteur était digne de veiller à l'éducation des enfants de France. Ces vers grecs furent, selon quelques auteurs le premier degré qui fit monter Amyot aux plus grandes dignités; mais cette origine de sa fortune parait un peu romanesque, et est contredite par les dates. Les historiens les plus judicieux s'accordent tous à dire qu'Amyot étudia d'abord à Paris, au collège du cardinal Lemoine; qu'il fut ensuite précepteur de Guillaume de Saci-Boucherel, alors secrétaire d'Etat. Ce ministre le recommanda à Marguerite, sœur de François Ier; et ce fut par le crédit de cette princesse qu'il eut la chaire de lecteur public, en grec et en latin, dans l'Université de Bourges. Amyot traduisit les *Amours de Théagène et de Chariclée*, roman grec d'Héliodore d'Emèse, qui, dit sagement l'abbé Lebœuf, aurait été bien remplacé par la traduction d'un père grec; mais sous François Ier, qui, en fait de mœurs, n'y regardait pas de si près, cette plate et dégoûtante lubricité lui valut l'abbaye de Bellozane. Le même esprit lui fit traduire les *Amours de Daphnis et Chloé*, de Longus, conte plus obscène encore, qui a paru en 1718, avec des figures gravées par Audran. Après la mort de François Ier, Amyot suivit en Italie Morvilliers. Il eut occasion d'y voir le cardinal de Tournon et Oder de Selves, ambassadeur à Venise. Ce fut dans cette ville qu'il reçut ordre

de Henri II de porter au concile de Trente une lettre de ce prince, où il se plaignait de ce qu'il ne pouvait envoyer les évêques à Trente, à cause de la guerre qu'on lui faisait en Italie. Amyot, à son retour, eut l'honneur d'être fait précepteur des enfants de France. Charles IX, son élève, le nomma son grand-aumônier, et lui donna, quelque temps après, l'abbaye de St-Corneille de Compiègne, et l'évêché d'Auxerre. Il succéda, sur ce siège, à Filbert Babou, cardinal de la Bourdaisière, mort à Rome le 26 février 1570; mais ne put en prendre possession, à cause des difficultés survenues entre le souverain Pontife et le roi de France, que le 3 mars 1571. Amyot avait alors 58 ans; il se fit rendre tous les honneurs ecclésiastiques et seigneuriaux attachés à ce siège, et contribua d'assez bonne grâce, malgré sa parcimonie, à restaurer la cathédrale, qui avait été pillée par les huguenots. N'ayant encore étudié que les auteurs profanes, il avoua qu'il n'était ni théologien ni prédicateur. Il se mit avec ardeur à étudier l'Ecriture et à lire les Pères; il eut de fréquentes conférences avec les docteurs, et parvint à posséder parfaitement la *Somme* de saint Thomas; enfin il se hasarda à prêcher devant son troupeau. Ses débuts l'encouragèrent, et il ne se passait aucune solennité qu'il ne montât en chaire. Il débitait ses sermons en français, quoiqu'il les composât en latin. Depuis son avénement à l'épiscopat, il se levait à cinq heures du matin, en toutes saisons, récitait d'abord son office de la nuit, et puis, enfermé dans son cabinet jusqu'à l'heure de la grand'messe, il se livrait à l'étude. Pendant le dîné qui suivait la grand'messe, il s'entretenait, avec les docteurs invités à sa table, de matières littéraires et édifiantes. Sa table était vraiment une école de piété et de science. Cette conversation durait une heure après le repas, puis le prélat rentrait dans son cabinet jusqu'au soir. Il attirait près de lui de savants prédicateurs, qu'il envoyait dans les villes et autres endroits où la prétendue réforme avait répandu le venin de ses erreurs. Charles IX étant mort, Henri III, qui avait aussi été disciple d'Amyot et qui l'appelait aussi son maître, lui conserva la grande aumônerie, et y ajouta l'ordre du Saint-Esprit, en considération de ses talents et de ses services. Des courtisans murmurèrent en voyant élever à un tel honneur, un homme qui n'avait point de parchemins pour titres de noblesse : le roi leur ferma la bouche par deux paroles. Amyot, voulant établir un collège à Auxerre, acheta un grand terrain et y fit construire un corps-de-logis considérable. Son dessein était de confier l'enseignement aux pères jésuites, mais diverses circonstances empêchèrent qu'il ne fût exécuté de son vivant. Ce dessein, qui à nos yeux n'est pas un des moindres titres de gloire de Jacques Amyot, excite la haine de Trahy, gardien des cordeliers d'Auxerre; et cette haine éclata dans l'occasion que nous allons dire. Amyot était à Blois, lorsque le duc de Guise y fut assassiné par l'ordre de Henri III, qui favorisait la ligue protestante ; Trahy, considérant qu'Amyot était du conseil du roi, s'imagina qu'il avait eu connaissance de ce lâche assassinat et l'avait même conseillé ; il publia partout, même dans la chaire, ses téméraires accusations. Toute la ville, qui soutenait la ligue catholique, se souleva contre l'évêque, qui n'osa revenir à Auxerre que lorsqu'il crut les esprits un peu plus calmes. Toute sa prudence ne put le préserver du danger de perdre la vie en approchant d'Auxerre, le 29 mars 1589. Il n'y entra pas, et l'orage soulevé par la haine fanatique de Trahy ne fut apaisé qu'environ un an après cette date. De Thou, historien souvent prévenu, accuse Amyot d'ingratitude et d'infidélité envers Henri III ; mais cette accusation, qu'aucun fait n'appuie, est démentie, au contraire, par les faits. Les sentiments du prélat ne protestent pas moins contre elle. On peut voir, à ce sujet, l'histoire de sa vie et les *Mémoires* de Lebeuf. Mais il est vrai que, après la mort de Henri III, il se montra, dans quelques occasions, favorable à la ligue. « Il fut obligé, dit Lebeuf, de con-
« descendre en quelque chose aux idées
« de son peuple ; il aurait souhaité que
« le cardinal de Bourbon eût été roi, et
« il appréhendait la ruine de la catholicité
« en France. » Jacques Amyot mourut le 6 février 1593, à l'âge de 79 ans. Le plus célèbre de ses ouvrages est sa *Traduction* des *OEuvres* de Plutarque, qui est très-estimée encore aujourd'hui, malgré tant d'autres, écrites en langage moderne. « Tant qu'un style simple et naïf aura
« de quoi plaire, dit l'auteur des *Trois*
« *Siècles*, elle sera lue avec plaisir par
« ceux qui aiment à retrouver les traces
« de l'ancienne aménité française. » On en a beaucoup moins loué l'exactitude : elle fourmille de contre-sens et de fautes. Quelques savants même ont voulu persuader qu'Amyot avait traduit *Plutarque* sur une version italienne de la bibliothèque du roi ; mais quelle apparence qu'un professeur de langue grecque, qu'un homme qui faisait assez bien des vers dans la même langue, ne sût

pas assez de grec pour traduire sur l'original? On a encore d'Amyot *sept livres de Diodore de Sicile*, et quelques *tragédies grecques*, etc. La bonne édition de *Plutarque* est de Vascosan, 1567 et 1574, 13 vol. in-8 : 6 pour les *Vies*, 7 pour les *OEuvres morales*, avec la table. Il faut prendre garde, si, dans le tome 6 des *Vies*, celles d'Annibal et de Scipion, par l'Ecluse, s'y trouvent. Le même Vascosan a donné une édition de *Plutarque*, en 4 vol. in-fol. ; et Cussac, à Paris, en a publié une belle édition en 22 vol. in-8, 1783. *Les OEuvres morales et mêlées de Plutarque*, traduites par Amyot, furent imprimées à Lyon, 1611, 2 vol. in-8. La version de *Plutarque* a de grands défauts sans doute; « mais, dit Auger, elle n'a « pu être effacée par aucune de celles « qui ont paru depuis. Personne, dit-il « encore, n'a rendu plus de services qu'A-« myot à la langue française. » Deux siècles auparavant : « Quelle obligation « ne lui a pas notre langue, écrivait avec « admiration Vaugelas! Tous ses maga-« sins et tous ses trésors sont dans les *OEu-« vres* de ce grand homme. » Il n'est pas de grammairien ni de littérateur qui n'ait adopté ce jugement. Et de son temps même, Montaigne lui a consacré ces lignes remarquables : « Je donne avec raison, « ce me semble, la palme à Jacques « Amyot sur tous nos écrivains français, « non-seulement pour la naïveté et pureté « du langage, en quoi il surpasse tous les « autres, ni pour la constance d'un si « long travail, ni pour la profondeur de « son savoir ayant pu développer si heu-« reusement un auteur si épineux et « serré ; mais surtout je lui sais bon gré « d'avoir su trier et choisir un livre si di-« gne et si à propos, pour en faire un « présent à son pays (Amyot est le pre-« mier qui ait entièrement achevé de tra-« duire *Plutarque* en quelque langue que « ce soit). Nous autres ignorants étions « perdus, si ce livre ne nous eût retirés « du bourbier. Sa merci, grâce à lui, « nous osons à cette heure et parler et « écrire ; les dames en régentent les maî-« tres d'école ; c'est notre bréviaire. » C'est encore de même aujourd'hui, à l'exception que les dames, au lieu de lire le *Plutarque-Amyot*, qui leur offre mille délices honnêtes, puisent l'erreur et la corruption dans d'insipides romans. « Plu-« tarque était une sorte de catholique an-« ticipé, dit M. Madrolle : un évêque pou-« vait le faire entendre à la France. Sa « version de *Plutarque* est bien plus re-« marquable, comme littérature que les « *Provinciales*, puisqu'elle les précéda « de plus d'un siècle, et qu'elle est en-« core lisible aujourd'hui, avec un bien « autre intérêt que ces *Lettres* arides. » On ne peut parler d'Amyot sans parler aussi de Montaigne ; nous venons de le citer, ni sans se rappeler Charron, la Boétie, Lhôpital, Bodin, qui ont avec eux et comme eux, par l'importance et l'originalité de leurs écrits, donné à leur siècle un caractère qui lui est propre. Il est douteux que, sans Amyot, ils méritassent cet éloge. François de Neuchâteau a dit : « Un travail très-utile pour la con-« naissance de la langue française serait « d'extraire d'Amyot les passages les plus « frappants où se trouvent des mots qui « ne sont pas dans le *Dictionnaire de* « *l'Académie*, soit parce qu'on les a omis, « soit parce qu'on n'avait jamais fait le « dépouillement de ce trésor fondamen-« tal de nos expressions françaises.» Sans doute ce travail serait très-utile, et nous sommes étonnés qu'il ne soit pas fait ; mais si on l'entreprenait, il ne faudrait pas se borner à Amyot. Un pareil travail est bien digne d'un académicien.

AMYOT (Edme) naquit à Villemée dans l'Auxerrois, commença ses études dans cette ville et les termina chez les jésuites à Nevers. Il prit l'habit des récollets, et, l'ayant quitté, il reçut à Paris le bonnet de docteur de Sorbonne, malgré le nonce du pape, qui le nota de quelques censures. Il fut nommé, en 1632, doyen du chapitre d'Auxerre, et composa quelques ouvrages, parmi lesquels nous citons : *le Sacrifice de la loi nouvelle*, Paris, 1663.

AMYRAULT, ou plutôt AMIRAUT (Moïse), naquit à Bourgueil en Touraine, l'an 1596. Son père voulut le consacrer à la jurisprudence; mais Amyrault préféra la théologie, et vint l'étudier à Saumur. Cette ville, où le parti protestant avait une académie florissante, se félicita d'un tel élève, et bientôt Amyrault fut professeur lui-même. En 1631, le synode de Charenton, auquel il avait été député, le nomma pour haranguer le roi, qui le reçut comme un homme que sa modération distinguait parmi ses collègues. Il mourut en 1664, regretté des protestants, estimé de la plupart des catholiques. Nous avons de lui un *Traité de la prédestination*, dans lequel l'auteur, disciple de Cameron, s'éloigne moins de la doctrine catholique que les autres théologiens protestants ; une *Apologie* de sa religion, 1647, in-8 ; une *Paraphrase sur le Nouveau-Testament*, 12 vol. in-8 ; une autre *sur les Psaumes*, in-4 ; la *Vie de Lanoue*, dit *Bras de fer*, Leyde, 1661, in-4 ; une *Morale chrétienne*.

ANACHARSIS, philosophe Scythe,

disciple de Solon, s'illustra à Athènes par son savoir, son désintéressement, sa prudence et ses mœurs austères. De retour dans sa patrie, il voulut y introduire les dieux et les lois de la Grèce ; mais il fut tué par le roi des Scythes, vers l'an 550 avant J.-C. Parmi plusieurs sentences triviales qu'on lui attribue, il y en a quelques-unes qui méritent d'être rapportées. *La vue de l'ivrogne est la meilleure leçon de sobriété.* Anacharsis, voyant qu'à Athènes les grandes affaires étaient décidées par la multitude assemblée, et souvent très-mal, disait : *Les gens de bon sens proposent les questions, et les fous les décident.* On dit qu'il comparait les lois qui ne sont observées que par le peuple, tandis que les grands les violent ou s'en moquent, aux toiles d'araignées qui ne prennent que les mouches. On rapporte encore que ce philosophe, étant sur mer, demanda au pilote de quelle épaisseur étaient les planches du vaisseau ; et que celui-ci ayant répondu *de tant de pouces*, le philosophe scythe lui répliqua : *Nous ne sommes donc éloignés de la mort que d'autant.* C'est sans doute ce qui a donné lieu à ces vers de Juvénal :

.... Digitis à morte remotus
Quatuor, aut septem si sit latissima tæda.

Un Grec lui ayant reproché qu'il était Scythe : *Je sais*, lui répondit-il, *que ma patrie ne me fait pas beaucoup d'honneur; mais vous déshonorez la vôtre.* Ceux qui ont attribué à Anacharsis l'invention de la roue des potiers de terre, ne savent point qu'Homère, qui l'avait précédé de quelques siècles, en parle dans ses poëmes. Phèdre le met à côté d'Esope parmi les barbares qui se sont fait un nom immortel par leur esprit :

Thrax Æsopus potuit, Anacharsis Scytha
Condere æternam famam ingenio suo.

L'abbé Barthélemi a publié, en 1788, sous le titre de *Voyage d'Anacharsis*, 7 vol. in-8, un tableau de la Grèce, où il nous retrace les usages, les mœurs et le génie des anciens, et où l'on trouve des applications souvent heureuses aux mœurs et aux hommes d'aujourd'hui. C'est une des meilleures productions du 18e siècle. (Voyez BARTHÉLEMI.)

ANACLET ou CLET (saint), natif d'Athènes, ayant entendu prêcher saint Pierre, se convertit et s'attacha à cet apôtre, qui l'ordonna diacre et prêtre peu après. Il succéda dans le pontificat à saint Lin, en 78 ou 79. Des *Martyrologes* très-anciens lui donnent le titre de martyr. Quelques auteurs disent que saint Anaclet succéda à saint Clément ; mais l'opinion commune, conforme au canon de la messe, le place après saint Lin. On a prétendu aussi distinguer saint Anaclet de saint Clet, et cette assertion n'est pas sans autorité ; mais il paraît que le sentiment le plus commun est le plus vrai.

ANACLET (PIERRE de LÉON), antipape, était parvenu à se faire élire par ses richesses et la puissance de sa famille originairement juive. Il tirait son nom du pape Léon IX, qui avait converti et baptisé son père. Après avoir passé une jeunesse libertine en France, il s'était fait moine à Cluny. Etant venu à Rome, il fut fait cardinal par le crédit de sa famille, puis employé en plusieurs légations, où l'on reconnut, avec le dernier scandale, que la profession religieuse n'avait pu que suspendre en lui le débordement de ses mœurs. Dès qu'on lui eut déféré le titre de pape, il marcha bien accompagné à Saint-Pierre et autres églises, et les dépouilla de ce qu'il y avait de précieux et même de sacré. On dit qu'il ne put trouver aucun chrétien qui osât briser les calices, afin d'en appliquer l'or à l'usage qu'il en voulait faire, et qu'il fut obligé, pour cela, de recourir aux gens de la religion de ses pères. Au moyen des largesses qu'il se mit en état de faire par ce brigandage sacrilége, il acheva de gagner le peuple et la plupart des grands. Il fut excommunié dans plusieurs conciles tenus en France, et enfin dans celui de Pise, tenu l'an 1134. Il mourut l'an 1138, après la défaite de Roger, duc de Sicile, auquel il avait donné sa sœur et accordé le titre de roi de Naples et de Sicile. (Voyez INNOCENT II.)

ANACRÉON, né à Téos en Ionie, florissait vers l'an 532 avant J.-C. Polycrate, tyran de Samos, l'appela à sa cour, et trouva en lui un fidèle compagnon de volupté. Hypparque, fils de Pisistrate, le fit venir à Athènes, dans un vaisseau de 50 rames qu'il lui envoya. Ce poëte, livré à la débauche la plus infâme, n'a chanté dans ses poésies que l'amour et le vin. Les glaces de la vieillesse ne furent pas capables d'éteindre l'ardeur de ses passions, et il porta son intempérance jusqu'à l'âge de 85 ans. Dans cette décrépitude, il soutenait sa langueur par des raisins secs ; et un pepin, qui s'arrêta à son gosier, l'étrangla. Nous n'avons pas tous les ouvrages de ce grec ; ce qui nous reste a été publié par Henri Etienne, qui y joignit une version latine digne de l'original. Corneille Paw, dans l'édition qu'il donna en 1732, in-4, des *OEuvres* d'Anacréon, prétend que les poésies que nous avons sous son nom sont un recueil de pièces de différents poëtes de l'antiquité. Il a entassé beaucoup d'érudition pour prouver ce paradoxe; mais il ne faut qu'une simple réflexion sur l'uniformité du style des *Œuvres* d'Anacréon, pour le détruire entièrement. Les éditions les plus estimées de ce poëte sont celles de Josué Barnes, a Cambridge, 1705, in-12, Londres, 1706, in-8, Utrecht, 1732, in-4. Beaucoup de traducteurs se sont exercés sur Anacréon; il est peu de poëtes français qui n'aient imité quelques-unes de ses pièces.

ANANIA (JOANNES de). Jean d'Ananie ou d'Agnany, jurisconsulte aussi pieux qu'érudit, vivait dans le 15ᵉ siècle, et mourut en 1458, dans un âge avancé. Il professa le droit civil et le droit canonique, à Bologne, où il fut fait archidiacre. Il a laissé des *Commentaires sur le 5ᵉ livre des Décrétales*, et un vol. de *Consultations*, deux ouvrages qui sont particulièrement estimés; *De revocatione feudi alienati*, Lugduni, 1546, in-4 ; *De Magiá et Maleficiis*, Lugduni, 1669, in-4.

ANANIAS, MISAEL, AZARIAS, trois jeunes Hébreux, compagnons de Daniel, qui furent condamnés aux flammes pour n'avoir pas voulu adorer la statue de Nabuchodonosor ; mais ils n'y périrent point. Dieu les tira miraculeusement de la fournaise où ils avaient été jetés. Leurs noms chaldaïques étaient *Sidrach, Misach, Abdenago*.

ANANIE, fils de Nebédée, fut souverain pontife des Juifs, l'an 49 de J.-C; ayant été accusé d'avoir voulu soulever le peuple contre les Romains, et envoyé prisonnier à Rome, pour se justifier devant l'empereur, il y réussit, et revint absous. Après son retour, il fit mettre saint Paul en prison, et le fit souffleter. L'Apôtre lui dit, dans un mouvement d'esprit prophétique : *Dieu vous frappera, muraille blanchie* (Act. 23, 3). Ananie en effet fut massacré dans Jérusalem, au commencement de la guerre des Juifs contre les Romains, ainsi que l'avait prédit saint Paul.

ANANIE, juif des premiers convertis, eut la hardiesse de mentir au Saint-Esprit, et de vouloir tromper saint Pierre sur le prix de la vente d'un champ. Il fut puni de mort avec sa femme Saphire, qui eut part à son crime. Quant aux suites qu'eut leur faute par rapport à l'éternité, c'est un point sur lequel les Pères ne sont pas d'accord. Les uns espèrent qu'ils se sont repentis à la voix de saint Pierre, et qu'en conséquence leur faute leur aura été pardonnée : vu surtout qu'ils l'expièrent par un châtiment temporel ; telle est l'opinion d'Origène, de saint Jérôme et de saint Augustin ; d'autres, avec saint Chrysostôme, saint Basile, etc., craignent qu'ils ne soient morts dans l'impénitence.

ANANIE, disciple des Apôtres, qui demeurait à Damas, eut ordre de Jésus-Christ qui lui apparut, d'aller trouver saint Paul nouvellement converti, ce qu'il exécuta. On ne sait aucune autre circonstance de sa vie ; il fut enterré à Damas dans une église dont les Turcs ont fait une mosquée, et ils ne laissent pas de conserver beaucoup de respect pour son tombeau.

ANASTASE I (saint), Romain de naissance, succéda au pape Sirice en 398. Il dut son élévation à la gloire que ses travaux et ses combats lui avaient acquise. Saint Jérôme l'appelle *un homme d'une vie sainte, d'une riche pauvreté, et d'une sollicitude apostolique*. Il s'opposa fortement aux progrès de l'origénisme, et condamna la traduction du *Périarchon* d'Origène, par Rufin, comme tendant à affaiblir notre foi, fondée sur la tradition des apôtres et de nos pères. Ce sont les termes dont il se servit dans la lettre qu'il écrivit à ce sujet à Jean, évêque de Jérusalem. Quant à Rufin, il ne condamna point sa personne, et laissa à Dieu le soin de juger de l'intention qu'il avait eue en traduisant le *Périarchon*. (Voyez Rufin.) Dans la même lettre, le saint pontife promet de veiller au maintien de la foi, et de prémunir contre l'erreur toutes les nations de la terre, qu'il appelle les parties de son corps. On trouve dans le recueil d'Isidore Mercator, deux décrétales attribuées faussement à ce pape. Saint Anastase mourut le 14 décembre 401, après avoir siégé trois ans et dix jours. Selon saint Jérôme, il fut enlevé de ce monde, parce que Dieu voulut lui épargner la douleur de voir le sac de Rome, par Alaric, roi des Goths, lequel arriva en 410. Il s'est fait plusieurs translations de ses reliques, dont la plus grande partie est présentement dans l'église de Sainte-Praxède. Le *Martyrologe* romain le nomme, sous le 27 d'avril, qui fut apparemment le jour d'une translation dont nous avons parlé.

ANASTASE II, Romain, élu pape le 23 novembre 496, après la mort de Gélase I, écrivit à l'empereur Anastase en faveur de la religion catholique contre l'arianisme, et à Clovis pour le féliciter sur sa conversion. Il mourut le 17 novembre 498.

ANASTASE III, pape en 911, après Sergius III, gouverna l'Église avec sagesse, et ne fut que deux ans sur le Saint-Siége.

ANASTASE IV, pape, le 9 juillet 1153, après Eugène III, se distingua par sa charité dans une grande famine. Il mourut le 2 décembre 1154.

ANASTASE, antipape, s'éleva contre Benoît III, élu pape en 855, et fut ensuite chassé par ses partisans.

ANASTASE-SINAITE, ainsi appelé, parce qu'il était moine du Mont-Sinaï, florissait à la fin du 6ᵉ siècle. Il sortit souvent de sa retraite pour la défense de l'Église. Étant dans la ville d'Alexandrie, il confondit publiquement les hérétiques Acéphales, et leur montra, avec la dernière évidence, qu'ils ne pouvaient condamner saint Flavien, sans condamner en même temps tous les Pères de l'Église. Ses raisons furent si convaincantes, que le peuple témoigna une grande indignation contre ces hérétiques, et pensa même les lapider. Le saint prit ensuite la plume, et composa le livre intitulé : *Odegos*, ou *le Guide du vrai chemin*. Il y réfute les Eutichiens, connus sous le nom d'*Acéphales*, et y établit des règles fort judicieuses contre toutes les hérésies. On ignore l'année de sa mort, il est certain qu'il vivait encore en 578. Outre le livre dont nous venons de parler, il composa plusieurs ouvrages ascétiques qui sont parvenus jusqu'à nous : les *Considérations anagogiques sur l'Hexaméron*, ou l'ouvrage des six jours de la création, expliqué dans un sens mystique et allégorique ; les 154 *Questions* : ce n'est, pour ainsi dire, qu'une compilation des passages des Pères et des conciles sur la vie spirituelle; le discours de la *Synaxe*, ou de l'assemblée des fidèles : il y est parlé de l'obligation de confesser ses péchés aux prêtres, du respect avec lequel on doit assister à la messe, du pardon des injures, etc.; Canisius et Combefis en conseillent fortement la lecture aux prédicateurs, et à ceux qui sont chargés de la conduite des âmes; deux *Discours* sur le psaume 6. On attribue encore à saint Anastase quelques autres écrits, dont plusieurs n'ont jamais été imprimés. Les ouvrages de ce saint respirent partout la plus tendre piété.

ANASTASE (saint), patriarche d'Antioche, s'opposa à l'empereur Justinien qui soutenait cette branche d'eutychiens qu'on appelait les *incorruptibles*, et mourut à Antioche en 598. Nicéphore et quelques écrivains modernes ont confondu ce saint avec Anastase le Sinaïte.

ANASTASE, bibliothécaire de l'Église romaine, assista, en 869, au 8ᵉ concile général de Constantinople, où il aida beaucoup les légats du pape. Il traduisit en latin les *Actes* de ce concile. A la tête de sa version, il y a l'*Histoire du schisme de Photius et du concile*, en forme de préface. Anastase possédait également bien les deux langues. Il a traduit encore du grec en latin les *Actes* du 7ᵉ concile ; un *recueil* de différentes pièces sur l'*Histoire des monothélites* ; plusieurs autres *monuments de l'Église orientale*. On a encore de lui les *Vies des Papes*, depuis saint Pierre jusqu'à Nicolas I, publiées à Rome par Bianchini, 1718, 4 vol. infol. On ne sait pas précisément en quel temps mourut cet auteur. Ce qu'il y a de sûr, c'est qu'il vivait encore sous le pontificat de Jean VIII, qui fut élu en 872 et mourut en 882.

ANASTASE I, empereur de Constantinople, appelé *le Silenciaire*, parce qu'il fut tiré du corps des officiers chargés de faire garder le silence dans le palais, était né en 430, à Dyrrachium en Illyrie, d'une famille obscure. Il fut mis sur le trône en 491, par Ariadne, veuve de Zénon, dernier empereur, et maîtresse du nouveau. Tout retentit d'abord des louanges que l'on prodiguait à l'impératrice, pour avoir fait donner la couronne à un prince dont la douceur et la justice promettaient au peuple le bonheur et la tranquillité ; mais Anastase ne tarda pas à lever le masque ; il se déclara contre les catholiques, et exila le patriarche Euphémius. On ne sut jamais de quelle religion il était, et il vécut en prince qui n'en avait aucune. Il insulta les députés du pape Symmaque, qui l'excommunia quelque temps après. Ce prince, altier et arrogant avec les prêtres, fut de la dernière bassesse avec les ennemis de l'empire. Il acheta la paix des Bulgares et des Perses. Il y eut plusieurs séditions sous son règne, mais il sut les apaiser par son hypocrisie et par son adresse. Dans la dernière, il parut au cirque en habit de suppliant, dépouillé de tous ses ornements impériaux, et protesta qu'il allait sacrifier ses intérêts particuliers à l'intérêt public. Cette comédie attendrit le peuple, qui le pria de reprendre le gouvernement. Il mourut subitement en 518 (d'un coup de foudre, selon quelques-uns), âgé de 88 ans, regardé comme un prince qui, malgré ses défauts, avait fait plusieurs réglements utiles. Il donna gratuitement les charges aux personnes les plus capables de les remplir, et abolit les spectacles où l'on voyait les bêtes se repaître de sang humain.

ANASTASE II, empereur d'Orient, dont l'origine est ignorée, avait été secrétaire de l'empereur Philippicus Bardanes. Après la déposition de ce prince, sa piété, ses lumières, ses qualités civiles et militaires le firent placer sur le trône par le peuple en 713. Il rétablit la milice et sut tenir les Musulmans en respect. Les soldats s'étant révoltés, parce qu'on avait mis à leur tête un diacre nommé Jean, massacrèrent leur général ecclésiastique et élurent un nouvel empereur. Anastase quitta la pourpre pour l'habit religieux en 716; et quelque temps après, ayant voulu la reprendre, il obtint un secours des Bulgares, avec lequel il vint investir Constantinople. Mais Léon l'Isaurien qui régnait alors, ayant gagné les chefs de l'armée bulgarienne, ils lui livrèrent Anastase, auquel il fit trancher la tête, l'an 719.

ANATOLIUS (saint), né à Alexandrie, évêque de Laodicée, ville de Syrie, l'an 269, cultiva avec succès l'arithmétique, la géométrie, la physique, l'astronomie, la grammaire et la rhétorique. Il nous reste de lui quelques ouvrages, entre autres un *Traité de la Pâque*, imprimé dans *Doctrina temporum* de Bucherius, à Anvers, 1634, in-fol.

ANATOLIUS, patriarche de Constantinople après Flavien, en 449, assista au concile de Chalcédoine, où il fit insérer trois canons sur la prééminence de son siége; mais les légats de saint Léon s'y opposèrent. Anatolius avait été ordonné par l'hérésiarque Dioscore à la place de Flavien que celui-ci avait déposé, parce qu'il s'opposait à ses erreurs. De plus, il avait ordonné ensuite lui-même Maxime évêque d'Antioche, à la place de Domnus, aussi injustement déposé que Flavien. Cette double irrégularité rendait Anatolius indigne de son siége, et par cette raison saint Léon pouvait le faire déposer; mais, pour le bien de la paix, il usa d'indulgence à son égard, en considération de ce qu'Anatolius avait abandonné le parti de Dioscore : indulgence qui marque bien clairement la juridiction du Saint-Siége. « Quoiqu'il ait abandonné l'erreur de « ceux qui l'ont ordonné, écrit le pape « à l'empereur Marcien, il devait avoir « soin de ne pas troubler par son ambi- « tion ce qu'on sait qu'il a acquis par « notre indulgence; car nous avons été « plus indulgent que juste à cet égard. « La dispension m'est confiée; et je me « rendrais coupable, si je permettais « qu'on violât la foi de Nicée. » Saint Léon déclare ensuite que, « si le patriar « che persiste dans son entreprise, il l « séparera de la paix de l'Église univer « selle. » Anatolius se rendit encor suspect, en déplaçant l'archidiacre Aé tius, dont la foi était irréprochable pour lui substituer un nommé André ami d'Eutichès, et qui s'était porté pou délateur contre Flavien. Saint Léon l reprit de cette prévarication, et Anatc lius répara sa faute en rétablissant Aé tius. Anatolius mourut en 458.

ANAXAGORE ou ANAXAGORAS surnommé *l'Esprit*, parce qu'il ensei gnait que l'Esprit divin était la cause d cet univers, naquit à Clazomène, dan l'Ionie, vers l'an 500 avant J.-C. Il eu pour maître Anaximène de Milet, qu en fit un de ses meilleurs disciples. 20 ans, Anaxagore voyagea en Egypte et s'appliqua uniquement à étudier le ouvrages de l'Être suprême sans se mê ler des querelles des hommes. Il fut auss indifférent pour ses intérêts particulier que pour les intérêts publics. Un jou que ses parents lui reprochaient qu' laissait dépérir son patrimoine, il leu répondit en philosophe : *J'ai employé former mon esprit le temps que j'aurai mis à cultiver mes terres.* Athènes fut l théâtre où il brilla le plus. Le fameu Périclès fut au nombre de ses élèves Dans la suite, il l'aida de ses conseil dans les affaires les plus importantes. ne se croyait pourtant pas né pour pren dre part à ce qui se passait dans sa pa trie. Il répondit à quelqu'un qui lui de mandait pourquoi il était venu sur l terre : *Pour contempler le soleil, l lune et les étoiles.* Tout ce qu'il débit sur ses observations, prouve le peu d progrès qu'avaient alors fait en Grèc l'astronomie et la physique. Il enseigna que la lune était habitée (Voyez HART SOEKER); que le soleil était une mass de matière enflammée, un peu plu grande que le Péloponèse; il admetta autant de principes que de corps com posés; car il supposait que chaque c pèce de corps était composée de plu sieurs petites parties semblables, qu' appelait *homœoméries* ou *homogénéité* Comme on lui reprochait qu'il ne se sou ciait pas de sa patrie : *Au contraire*, ré pondit-il en montrant le ciel, *j'en fai un grand cas.* Le plaisir qu'il prenait regarder le ciel passait, chez ses con patriotes, pour une espèce de folie mais c'était dans la réalité un sentimer bien raisonnable, et qu'on goûterait plu généralement, si l'on avait l'esprit et l cœur moins embarrassés par des soin et des prétentions d'un jour. Un astro nome célèbre ne regardait jamais le ciel paré de toutes ses étoiles, dans le calme d'une belle nuit, sans le saluer avec respect, en l'appelant dans une admiration ravissante, *la cité du grand roi* (civitas regis magni. *Ps.* 47.) Anaxagore eut de grands et d'injustes ennemis. On l'accusa d'impiété, quoiqu'il reconnût une intelligence suprême, qui avait débrouillé le chaos, et on le condamna à mort par contumace. Anaxagore se retira à Lampsaque, où ses écoliers vinrent le chercher, et où il passa le reste de ses jours. Ses amis lui demandèrent, dans sa dernière maladie, s'il souhaitait qu'on portât son cadavre dans son pays : *Cela est inutile*, répondit-il ; *le chemin qui mène aux enfers est aussi long d'un lieu que de l'autre.* On éleva sur son tombeau deux autels : l'un consacré au bon sens, et l'autre à la vérité. Mais si l'on fait attention que ce philosophe eut une conduite bizarre et un esprit singulier, on ne saura à quelles divinités ces autels devaient être dédiés. Socrate n'estimait pas beaucoup les livres d'Anaxagore, parce qu'il avait négligé les causes finales, si propres à donner de l'intérêt à l'étude de la nature et à diriger les observations des vrais philosophes. Mais si, dans ses écrits, Anaxagore a négligé les causes finales, il n'en est pas moins certain qu'il en a reconnu l'existence ; l'idée qu'il avait de Dieu et du ciel le suppose évidemment. Malgré ses écarts, ce philosophe est un des plus raisonnables de l'antiquité. La seule notion d'un esprit auteur de l'univers lui a épargné une infinité d'extravagances et de systèmes absurdes qui ont gravement occupé les plus fameuses têtes de la Grèce et de Rome. Plutarque lui reproche néanmoins avec raison d'avoir dit « que la sagesse et la supériorité de « l'homme viennent *uniquement de ce* « *qu'il a des mains et non des pattes*; « tandis qu'il pouvait dire, ce qui est « bien plus vrai, que si l'homme a des « mains, c'est parce qu'un être ingé- « nieux et raisonnable devait être pour- « vu d'instruments propres à exercer « son industrie. » Helvétius a reproduit cette vieille erreur d'Anaxagore dans son livre de l'*Esprit*. Ce philosophe mourut l'année 428 avant J.-C., à l'âge de 72 ans, trois ans après avoir fixé son séjour à Lampsaque. — L'histoire parle encore de trois autres *Anaxagore* : l'un fut orateur et disciple d'Isocrate ; l'autre, disciple de Zénon, fut un grammairien célèbre ; le troisième, né à Egine, se distingua dans la sculpture, et a mérité les louanges de Vitruve, qui parle avec admiration de sa statue de Jupiter, que les Grecs firent élever à Elis, après la bataille de Platée, l'an 492 avant J.-C.

ANAXANDRE, roi de Sparte, vainqueur des Messéniens, répondit à quelqu'un qui lui demandait pourquoi les Lacédémoniens n'avaient point de trésor : « C'est afin qu'on ne corrompe pas ceux qui en auraient les clefs. » Il vivait vers l'an 684 avant J.-C.

ANAXANDRIDES, roi de Sparte, monta sur le trône vers l'an 550 avant J.-C., et soumit les Tégéates. Il fut le premier qui, à la sollicitation des éphores et du sénat, et par un abus dont on n'avait poin. d'exemple à Lacédémone, eut deux femmes à la fois.

ANAXANDRIDES, poëte rhodien, vivait du temps de Philippe, père d'Alexandre. Suidas dit que c'est lui premier qui ait introduit sur le théâtre les amours des hommes et les ruses de la galanterie. Ce poëte s'étant mêlé d'attaquer le gouvernement d'Athènes, on le condamna à mourir de faim. Si cette police subsistait chez nous, quels ravages ne ferait-elle pas parmi nos auteurs dans tous les genres ?

ANAXARQUE, philosophe d'Abdère, fut le favori d'Alexandre-le-Grand, et lui parla avec liberté. Ce prince, qui prétendait être dieu, et se disait fils de Jupiter Ammon, s'étant blessé, Anaxarque lui montra du doigt la blessure : « Voilà » du sang humain, lui dit-il, et non pas » de celui qui anime les dieux. » Un jour que le roi lui demandait, à table, ce qu'il pensait du festin, il répondit qu'il n'y manquait qu'une seule chose, la tête d'un grand, dont on aurait dû faire un plat ; et dans le même instant il jeta les yeux sur Nicocréon, tyran de Chypre. Après la mort d'Alexandre, Nicocréon voulut aussi faire un plat du philosophe ; il le fit mettre dans un mortier, et broyer avec des pilons de fer. C'est à ce supplice que Voltaire a fait allusion, lorsqu'il a dit : « Je ne voudrais pas avoir affaire avec » un prince athée qui aurait intérêt à me » faire piler dans un mortier ; je suis bien » sûr que je serais pilé. » Anaxarque dit au tyran d'écraser tant qu'il voudrait son corps, mais qu'il ne pourrait rien sur son âme. Alors Nicocréon le menaça de lui faire couper la langue... « Tu ne le feras point, petit efféminé, » lui dit Anaxarque ; et aussitôt il la lui cracha au visage, après l'avoir coupée avec ses dents. Anaxarque était sceptique.

ANAXIDAME, roi de Lacédémone, vers l'an 684 avant J.-C., eut pour collègue Anaxandre. Il était fort éloigné de despotisme qui fait de la royauté le règne du caprice et de la violence. Un homme lui ayant demandé « qui avait l'autorité » dans Sparte, » il répondit : *Les lois.*

ANAXIMANDRE, philosophe, natif de Milet, fut disciple de Thalès, fondateur de la secte ionique, et succéda à son maître en l'école de Milet, vers l'an 545 avant J.-C. Il se distingua dans l'astronomie et la géographie. Il observa le premier l'obliquité de l'écliptique. Il enseigna que la lune recevait sa lumière du soleil. Il soutint que la terre est ronde et semblable à une colonne, et inventa les cartes géographiques. Ayant divisé le ciel en différentes parties, il construisit une sphère, pour représenter ses divisions. Il croyait que le soleil est une masse de matière enflammée aussi grosse que la terre. Quelques-uns lui attribuent l'invention du gnomon, c'est-à-dire, la manière de connaître la marche du soleil par l'ombre d'un style ; d'autres en font honneur à son disciple Anaximène. On prétend qu'il reconnaissait le mouvement de la terre. Ce qu'il y a de certain, c'est qu'il expliqua, fort bien pour le temps, comment la terre peut se soutenir au milieu de l'espace sans tomber. Il regardait l'infini comme le principe de toutes les choses : il n'en déterminait cependant pas la nature, mais il le croyait éternel, incorruptible, qui engendre et absorbe tout, dont les parties sont mobiles, et l'ensemble immuable. Toutes ces connaissances écloses tout à coup, dans un homme isolé, au milieu d'une société où elles n'existaient pas, prouvent la fausseté du système de Bailly, sur la lenteur des progrès des sciences. (Voyez ANICH.)

ANAXIMÈNE, de Milet, fut à la tête de l'école de cette ville, après la mort d'Anaximandre, son ami et son maître. L'air était, selon lui, le principe de toutes choses. Il croyait que l'infini est la Divinité. L'infini était, selon lui, la somme des êtres qui composent le monde. Ce sont des substances inanimées, sans aucune force par elles-mêmes ; mais le mouvement dont elles sont douées leur donne la vie, et une vertu presque infinie. Voilà tout ce qu'on sait d'exact sur ce philosophe. Pline dit qu'il inventa le cadran solaire, et que les Spartiates, à qui il le montra, admirèrent cette merveille ; mais l'histoire d'Ezéchias prouve qu'il est beaucoup plus ancien.

ANAXIMÈNE, de Lampsaque, se distingua dans l'éloquence et dans l'histoire. Philippe, père d'Alexandre-le-Grand, le choisit pour donner des leçons de belles-lettres à son fils. Le précepteur suivit son élève dans la guerre contre les Perses. Il sauva sa patrie qui s'était jetée dans le parti de Darius. Il prit un tour très-ingénieux pour obtenir sa grâce. Alexandre avait juré qu'il ne ferait point ce qu'Anaximène lui demanderait. Le rhéteur le pria de détruire Lampsaque. Ce héros, désarmé par cette ruse, pardonna à la ville. Anaximène avait composé les *Vies de Philippe et d'Alexandre*, et une *Histoire ancienne de la Grèce*, en 12 livres ; mais il ne nous reste rien de tous ses ouvrages.

ANCHARANO (Pierre d'), de la famille des Farnèse, naquit à Bologne en 1330. Balde fut son maître dans le droit civil canonique. Son disciple se rendit digne de lui. Il fut choisi, en 1409, par le concile de Pise, pour le défendre contre ceux qui désapprouvaient cette assemblée. Il démontra, contre les ambassadeurs du duc de Bavière, que ce concile était légitimement convoqué ; qu'il avait droit de procéder contre Grégoire XII et Benoît XIII. Il mourut à Bologne en 1417, après avoir commenté les *Décrétales* et les *Clémentines*, et publié quelques autres ouvrages. On le nomma dans son épitaphe, *Juris canonici speculum, et civilis anchora*. Il ne faut pas le confondre avec Jacques d'ANCHARANO, plus connu sous le nom de *Palladino* (Jacques). (Voyez ce nom.) Vers le milieu du 16ᵉ siècle, deux autres Ancharano se distinguèrent en Italie : l'un prêtre, l'autre jurisconsulte ; tous deux poètes, et connus par plusieurs ouvrages estimés.

ANCHIETA (Joseph d'), missionnaire portugais, travailla avec succès à la conversion des sauvages du Brésil en Amérique, dont ses compatriotes s'étaient emparés en 1500. Il était natif des Canaries, entra chez les Jésuites de Coïmbre, et mourut au Brésil le 9 juin 1597, à l'âge de 64 ans, dont il avait passé une grande partie dans les travaux des missions. Il fut toute sa vie un modèle accompli d'humilité, de patience, de douceur et de charité. (Voyez sa *Vie* par le P. Pierre Rotérigius, et par le P. Sébastien Bérétarius.) Il y a des choses étonnantes, mais qui, précisément pour la raison qu'elles ne sont pas ordinaires, ne seront pas rejetées légèrement par les personnes instruites dans l'histoire de l'Eglise, et qui savent par quels moyens Dieu a secondé le ministère de ses apôtres et des hommes destinés à la conversion des peuples.

ANCILLON (David), né à Metz en 1617, étudia à Genève, où il fit sa philosophie et sa théologie. On le pourvut, après son retour, du ministère de l'Eglise protestante de Charenton en 1641, puis de celle de Meaux, qu'il garda jusqu'en 1613. Il revint à Metz où il resta jusqu'à la révocation de l'édit de Nantes, en 1685. Il alla demeurer à Francfort, puis à Berlin, où il mourut en 1692. Parmi ses ouvrages, qui sont peu nombreux, ses partisans citaient une *Apologie de Luther, de Zwingle, de Calvin, et de Bèze*, Hanau, 1666 ; livre au-dessous du médiocre et digne du sujet.

ANCILLON (Charles), fils du précédent, né à Metz le 28 juillet 1659, et mort à Berlin en 1715, s'occupa beaucoup de littérature et de bibliographie. Il est auteur d'une *Histoire de l'établissement des Français réfugiés dans les Etats de Brandebourg*, Berlin, 1690, in-8, 2 fr. ; *Mélanges critiques de littérature*, Bâle, 1698, 3 vol. in-8, 6 à 7 fr.; la *Vie de Soliman II*, 1706, in-8; *Traité des eunuques*, 1707, in-12 ; *Mémoires sur plusieurs gens de lettres*, 1709, in-12. Son *Traité des eunuques* fut publié sous le nom de C. Ollincan, qui est l'anagramme de C. Ancillon. Il y a dans ses ouvrages autant d'inexactitude que de liberté ; on y découvre souvent un écrivain sans principes fixes, et qui parle suivant les idées du moment. — Il ne faut pas le confondre avec ANCILLON, pasteur de l'Eglise française de Berlin, auteur d'un excellent traité sur cette question : *Quels sont, outre l'inspiration, les caractères qui assurent aux livres saints la supériorité sur les livres profanes?*

ANCILLON (Jean-Pierre-Frédéric), né à Berlin le 30 avril 1776, et mort dans cette ville le 19 avril 1837, descendait d'une famille française de Metz qui se réfugia en Allemagne, après la révocation de l'édit de Nantes. Il consacra sa première jeunesse au ministère évangélique, fit un voyage en France, au commencement de la révolution et entretint des liaisons intimes avec Mirabeau. De retour en Prusse, un discours qu'il prononça en 1791 pour la bénédiction d'un mariage devant le prince Henri à Rheinsberg, fut le commencement de sa fortune. Son *Tableau des révolutions du système politique de l'Europe depuis la fin du 15° siècle*, 4 vol in-8, qu'il publia en 1806, fixa sur lui l'attention du monde savant et le plaça au nombre des grands écrivains du siècle. Ancillon fut, à cette époque, nommé membre de l'académie de Berlin, historiographe du royaume, puis gouverneur du prince royal et conseiller d'état. L'*Oraison funèbre* de la reine Louise, dans laquelle les allusions contre Napoléon n'étaient point épargnées, ajouta un nouveau lustre à sa réputation littéraire. En 1814 il accompagna en France les deux princes ses élèves, et se lia avec plusieurs personnages célèbres de l'époque. Parvenu à l'apogée de sa fortune politique, il ne tarda pas à prendre part au gouvernement, et se trouvait, à sa mort, chargé du portefeuille des affaires étrangères. Ancillon a laissé plusieurs ouvrages, tant en français qu'en allemand. Les principaux sont : une *Histoire de la révolution des Belges, sous Philippe II*, 4 vol. ; *Mélanges philosophiques et littéraires*, 1801, 2 vol. in-8 ; *Souveraineté et constitution de l'Etat; Méditation des opinions*, etc.

ANCKARSTROEM (Jean-Jacques), gentilhomme suédois, l'assassin de Gustave III, naquit en 1759. Lorsque le roi proposa à la diète de 1789 la suppression du sénat, avec quelques autres mesures qui tendaient aussi directement à accroître les droits du trône, Anckarstroëm se prononça de la manière la plus violente. Il ne tarda pas à se lier avec les nobles les plus irrités contre la cour, et il fut admis dans des conférences secrètes, où il s'agissait de rétablir le sénat et d'assassiner Gustave. Le roi recevait souvent des avis sur le péril qui le menaçait, et avant le bal masqué qui fut donné à Stockolm dans la nuit du 16 mars 1792, on lui écrivit un billet par lequel on l'engageait vivement à ne point s'y rendre. Ce prince ne tint pas plus compte de cet avis que des premiers. Au moment où il traversait la salle, appuyé sur le comte d'Essen, le comte de Horn s'avança vers lui et lui dit : *Bonjour, beau masque*. A ce signal convenu, Anckarstroëm tire sur Gustave un coup de pistolet, chargé de deux balles et de plusieurs clous. Gustave, blessé à mort, tomba dans les bras de son favori. Anckarstroëm refusa de faire connaître ses complices. Plus de deux cents personnes furent compromises dans cette affaire. Le 29 avril 1792, Anckarstroëm fut décapité à Stockolm, après avoir été battu de verges pendant trois jours, et avoir eu la main coupée.

ANCOURT. (Voyez DANCOURT.)

ANCRE. (Voyez CONCINI.)

ANCUS-MARTIUS, 4° roi des Romains, monta sur le trône après Tullus Hostilius, l'an 641 avant J.-C. Il déclara la guerre aux Latins, triompha d'eux, vainquit les Véiens, les Fidénates, les Volsques et les Sabins. De retour de ses conquêtes, il embellit Rome, et bâtit le temple de Jupiter-Férétrien, joignit le Mont-Janicule à la ville, creusa le port d'Ostie, et y établit une colonie romaine. Il mourut l'an 616 avant J.-C., après en avoir régné 24. Il aima la paix et les arts, fruits de la paix, et rendit ses sujets heureux.

ANDELOT. (Voyez COLIGNI.)

ANDERSON ou ANDREÆ (Laurent), premier ministre de Gustave Wasa, roi de Suède, naquit de parents pauvres, et se tira de son obscurité par des talents dirigés par l'ambition, à laquelle il sacrifia sa religion et l'honneur de l'état ecclésiastique qu'il avait embrassé. Il obtint l'archidiaconé de Strengnes. N'ayant pu parvenir à l'épiscopat, il s'attacha à la cour. Gustave le fit son chancelier. Il pensa dès lors à introduire le luthéranisme en Suède, et il exécuta ce projet. Il appuya si efficacement les propositions de Gustave aux Etats de Vesteras (en 1527), qu'il obtint tout ce qu'il voulut. Il est mort en 1552.

ANDERSON (Edmond), jurisconsulte anglais sous Elisabeth, qui le fit chef justicier des communs plaidoyers en 1582. Il mourut en 1604. On a de lui plusieurs ouvrages de jurisprudence estimés des Anglais.

ANDERTON (Jacques), célèbre controversiste anglais, naquit à Lostock, dans la province de Lancastre, dans la seconde moitié du 16e siècle. Afin d'échapper aux lois pénales de son pays contre les catholiques, il déguisa son véritable nom dans tous ses ouvrages, sous celui de Jean BREERELEY. Le plus fameux de tous est son *Apologie des protestants pour la religion romaine*, 1604, in-4. Son but est de prouver la vérité de la religion catholique par le témoignage des auteurs protestants. Le docteur Morton, chapelain du roi, et depuis évêque de Durham, fut chargé de répondre à l'*Apologie*. Anderton lui répliqua d'une manière péremptoire, dans des notes ajoutées à la seconde édition de son ouvrage, publié en 1688, et traduit en latin par Guillaume Reyner, chanoine de Paris, en 1615. Les autres principaux ouvrages d'Aderton sont : *Explication de la liturgie de la messe, sur le sacrifice et la présence réelle*, en latin, Cologne, 1620, in-4, et la *Religion de saint Augustin*, 1680, in-8. Il expose la méthode dont se servit saint Augustin dans les controverses, et l'applique au point de difficulté entre les catholiques et les protestants. Ce grand défenseur de la foi, si digne de figurer dans les rangs du sanctuaire, mourut simple laïque.

ANDIER DES ROCHES (Jean), graveur du roi, né à Lyon, s'établit à Paris, où il mourut en 1741, dans un âge fort avancé. Il a gravé quelques sujets de la Fable, surtout d'après le Corrége. Mais son plus grand ouvrage est une longue suite de portraits en buste des personnes distinguées, par leur naissance, dans la guerre, dans le ministère, dans la magistrature, dans les sciences et dans les arts. Cette suite monte à plus de sept cents portraits, avec des vers au bas.

ANDIGNÉ DE MAYNEUX (Louis-Jules-François), évêque de Nantes, né d'une famille ancienne de l'Anjou, vers 1750, était grand-vicaire de Châlons-sur-Marne lorsque la révolution éclata. A l'époque du concordat, Mgr de Boulogne, évêque de Troyes, l'appela auprès de lui comme grand-vicaire de son diocèse. En 1811, lorsque ce prélat eut été enfermé à Vincennes, l'abbé Andigné reçut l'ordre de cesser ses fonctions. En 1817, il fut nommé évêque de Nantes; mais il ne prit possession de son siège que deux ans après, en 1819. Mgr Andigné est mort à la suite d'une violente attaque, le 2 février 1822.

ANDOCIDES, orateur athénien, né vers l'an 468 avant l'ère chrétienne, se distingua par son éloquence, qui cependant était simple, et presque entièrement dénuée de figures et d'ornements. On lui pardonnerait d'avoir été un orateur médiocre, s'il eût été honnête homme; mais sa religion et ses mœurs sont fort suspectes. Il fut accusé d'avoir mutilé les statues de Mercure, et profané les mystères de Cérès, et il n'évita la peine due à ce sacrilége, qu'en dénonçant tous ses complices; mais il ne recouvra la liberté qu'à condition qu'il ne reparaîtrait plus dans la place publique ni dans les temples. Il nous reste de lui quatre *Discours* qui furent publiés par Guillaume Canterus, à Bâle, 1566, in-fol. Ils se trouvent aussi dans les *Oratores Græci* d'Etienne, 1575, in-fol. L'abbé Auger les a traduits en français avec ceux de Lycurgue, d'Isée et de Dinarque, Paris, 1783, 1 vol. in-8. Le plus curieux de ces discours est celui où il accuse Alcibiade : on y trouve des traits qui dévoilent le caractère fougueux et tyrannique de ce fameux citoyen, qui fit tant de bien et tant de mal à sa patrie.

ANDRA (Joseph) naquit à Lyon en 1714; il professa la philosophie dans cette ville, et devint ensuite professeur d'histoire à Toulouse. Grand admirateur de Voltaire, il puisait ses leçons dans l'*Essai sur l'Histoire générale* dont il fit un abrégé. Le premier vol. parut en 1770. On faisait encore alors attention à ce qui pouvait compromettre les principes religieux, et on craignait de corrompre l'éducation en mettant de pareils ouvrages entre les mains de la jeunesse ; on porta des plaintes contre le livre et les leçons. L'ouvrage fut condamné, le professeur perdit sa place, et mourut peu de temps après. Voltaire parle de lui dans sa *Correspondance*, et s'épanche en regrets sur le sort d'un disciple victime de son zèle pour la philosophie.

ANDRADA (Antoine) jésuite, né vers 1580, entra fort jeune dans la société de Jésus et se distingua par son zèle dans les missions des Indes et de la Tartarie, en 1624. Il pénétra dans le Thibet, totalement inconnu alors des Européens. Il a confondu le pays qu'il avait découvert avec le grand Cathay ou la Chine. La relation de son voyage porte ce titre : *Relation de la découverte du grand Cathay, ou royaume du Thibet*, Paris, 1628, in-8, 3 fr. Il mourut empoisonné le 19 mars 1634.

ANDRADA (Diégo Payva de), d'une des plus illustres familles de Portugal, né à Coïmbre, en 1528, se distingua parmi les théologiens de l'Université de cette ville. Sébastien, roi de Portugal, l'envoya au concile de Trente, où ce docteur parut avec éclat. Il mourut en 1577. Nous avons de lui la *Défense* du concile de Trente contre Chemnitius ; *Defensio tridentinæ fidei*, etc., Lisbonne, 1578, in-4, qui est rare, mais peu recherchée, 4 fr. L'édition d'Ingolstadt, 1580, in-8, est encore beaucoup moins rare. Cet ouvrage est bien écrit. Le 6° livre, qui traite de la concupiscence et de la conception immaculée de la sainte Vierge, est curieux et intéressant : on y trouve les systèmes, opinions, explications d'une multitude de savants sur ces matières. Il est auteur d'un bon *Traité* contre le même Chemnitius, dont l'édition de Venise, 1564, in-8, est peu commune. Il a pour titre : *Orthodoxæ explicationes de religionis christianæ capitibus, adversùs hæreticos*. On a encore de lui 7 vol. de sermons portugais, où il y a de très-bonnes choses, et d'autres qui prêtent à la critique. Il prétendait que les anciens philosophes ont pu se sauver par une connaissance vague du Rédempteur. (Voyez PLATON.) Il faut pour cela leur supposer les lumières et la grâce de la foi, sans quoi cette opinion semblerait se rapprocher de celle de Zwingle. D'ailleurs tout ce que nous savons de ces anciens philosophes, les notions qui nous restent de leur conduite, de leurs fastueuses et impuissantes maximes, ne sont pas de nature à nous faire augurer favorablement de leur salut. (Voyez COLLIUS, LUCIEN, ZÉNON, etc.) On a publié aussi une harangue latine prononcée par Andrada devant le concile de Trente, le second dimanche après Pâques, 1562.

ANDRADA (François de), frère du précédent, historiographe de Philippe III, roi d'Espagne, écrivit l'*Histoire de Jean III*, roi de Portugal. Cet ouvrage fut publié à Lisbonne, en 1523, in-4, 3 f. On a encore de lui l'*Expédition des Portugais contre les Turcs*, en langue portugaise, ainsi que le précédent, Coïmbre, 1589, in-4, 3 fr.

ANDRADA (Thomas de), frère des deux personnages dont nous venons de parler, nommé dans son ordre, *Thomas de Jésus*, commença la réforme des Augustins déchaussés en 1578. Il suivit le roi don Sébastien en Afrique, et fut pris à la malheureuse bataille d'Alcaçar, donnée le 4 août de la même année ; les infidèles le jetèrent dans une basse-fosse, où il ne recevait le jour que par les fentes de la porte. Ce fut par le secours de cette faible clarté qu'il composa un ouvrage de piété que nous avons de lui, sous le titre de : *Travaux de Jésus*, ou *Trabalhos de Jésus*, en portugais ; car c'est dans cette langue que le père Thomas de Andrada l'écrivit en deux volumes, dont le premier fut imprimé à Lisbonne l'an 1602, et le second en 1609. Cet ouvrage est plein d'onction et respire une tendre piété. L'auteur le divisa en quatre parties ; mais il ne put achever la dernière, que le P. Jérôme Romain, de son ordre, y ajouta depuis. Christophe Ferreira le traduisit en espagnol, et il fut imprimé en 1624 et 1631. C'est au P. Alléaume, de la compagnie de Jésus, que nous devons la traduction française qui a pour titre : *Les souffrances de Notre-Seigneur Jésus-Christ*. Il y a des éditions en 2, 3 ou 4 vol. ; mais on n'y remarque aucune différence. Plusieurs sont ornées d'une Notice sur le P. Thomas de Jésus. Sa sœur, Yolande de Andrada, comtesse de Dinharez, lui envoya de l'argent pour acheter sa liberté ; mais il aima mieux s'occuper, dans les fers, à consoler les chrétiens qui souffraient avec lui. Il mourut l'an 1582, en odeur de sainteté. On a encore de lui une *Instruction aux confesseurs*.

ANDRADA (Alphonse de), jésuite, né à Tolède en 1590, fut nommé, très-jeune encore, professeur de philosophie. A l'âge de 22 ans, il abandonna la chaire qu'il occupait avec beaucoup d'éclat, pour entrer chez les jésuites. Il fut professeur de théologie morale, quelque temps après *qualificateur* de l'inquisition, et travailla aux missions d'Espagne pendant près de 50 ans. Il mourut à Madrid en 1672. On a de lui en espagnol : *Itinéraire historique*, Madrid, 1657, 2 vol. in-4, 5 à 6 fr.; *Méditations pour tous les jours de l'année*, 1660, 4 vol. in-16, 2 à 3 fr.; *Vies des jésuites illustres*, 1664 et 1667, 2 vol. in-fol., 6 à 9 fr.; *Traduction de cinq livres ascétiques* du cardinal Bellarmin, 1650, in-8, et d'autres livres de piété dont il est fait mention dans la *Bibliothèque des écrivains jésuites*, de Sotwell.

ANDRADA (Hyacinthe-Freire de), né à Beja vers l'an 1597, est auteur d'une *Vie de don Jean de Castro*, 4° vice-roi des Indes, Lisbonne, 1651, in-fol. 6 fr.; Paris, 1818. in-12, 6 fr. Elle passe pour l'ouvrage le mieux écrit qu'on ait en portugais. Il termina sa carrière à Lisbonne en 1657.

ANDRADA (Ruy-Freyre d'), général, a donné une *Relation* et une *Description d'Ormus et des côtes de Perse et d'Arabie*, publiée avec des commentaires par Paul Craesbeck, Lisbonne, 1637, in-4, en portugais.

ANDRAU (L'abbé), prévôt du chapitre de la cathédrale de Valence, vicaire-général, membre de la Légion-d'Honneur, était chanoine de la collégiale de Montélimart, son pays natal, lorsque la révolution éclata. Prêtre soumis et fidèle, l'abbé Andrau refusa le serment et émigra en Italie. Rentré en France dès que les temps le permirent, il fut nommé chanoine titulaire de Valence, à l'époque du rétablissement de ce siège, en 1802. Son talent oratoire le fit choisir pour prédicateur dans les différentes cérémonies religieuses qui, sous l'empire, furent souvent réclamées des évêques. A la mort de Mgr Bécherel, l'abbé Andrau fut élu l'un des vicaires capitulaires, et eut sa part de cette longue administration qui mit en relief les talents et le mérite de l'abbé Devie, depuis évêque de Bellev. Le conseil général de la Drôme avait demandé pour lui la croix-d'honneur, en reconnaissance des services constants et désintéressés qu'il avait rendus pendant longtemps à la prison. L'abbé Andrau est mort à Valence au mois de mai 1837, à l'âge de 82 ans.

ANDRÉ (saint), apôtre, frère de saint Pierre, naquit à Bethsaïde. Il suivit d'abord saint Jean-Baptiste, qu'il quitta ensuite pour s'attacher à Jésus-Christ. André lui amena son frère Simon ou Pierre, pêcheur comme lui. Ils se trouvèrent aux noces de Cana, et furent témoins du premier miracle de Jésus-Christ. Quelque temps après, le Sauveur les ayant rencontrés qui pêchaient, il leur promit de les faire pêcheurs d'hommes. Lorsque Jésus-Christ nourrit miraculeusement cinq mille personnes, André l'avertit qu'il n'avait que cinq pains d'orge et deux poissons. On ne sait rien de bien certain sur la prédication de cet apôtre. D'anciens auteurs, tels que Sophrone, Théodoret, Eusèbe, saint Jérôme, saint Grégoire, disent qu'il prêcha l'Evangile dans la Sogdiane, la Colchide, la Grèce, etc. Saint Paulin assure qu'il fut envoyé dans la ville d'Argos, où il confondit l'éloquence et les raisonnements des sophistes. Mais il ne nous est resté aucun détail bien avéré de ses travaux apostoliques, non plus que de ceux des autres apôtres, comme l'observe saint Jean Chrysostôme. (Voyez la réflexion qui termine l'article saint JACQUES-le-Majeur). A la fin, saint André vint à Patras, ville d'Achaïe, lieu de son martyre. Il fut condamné à être attaché en croix, comme l'assurent les prêtres et les diacres de l'Achaïe, auteurs des *Actes* de son martyre. Quoique Tillemont et Baillet aient peine à donner à ces *Actes* une pleine autorité, il est sûr qu'ils sont fort anciens : ils sont écrits avec une noble simplicité, et n'ont pas le ton ordinaire des légendes factices. Ils ont été reconnus par saint Pierre Damien, Yves de Chartres, saint Bernard, Baronius, le P. Alexandre, etc. Du Saussay, évêque de Toul, a répondu à toutes les objections. L'opinion la plus commune est que la croix de saint André était formée de deux pièces de bois qui se croisaient obliquement par le milieu, et qu'elle représentait la figure de la lettre X. Il est certain qu'on a quelquefois fait usage de ces sortes de croix, comme l'ont prouvé Gaspar Sagittarius, c. 8, p. 45; Gretser, *de Cruce*, liv. 1, c. 2. Oper., t. 1, et Ughelli, *Ital. sacra*, t. 7. Suivant les archives du duché de Bourgogne, la croix de saint André qu'on apporta de l'Achaïe fut placée dans le monastère de Weaume, près de Marseille. On l'en retira pour la transporter à l'abbaye de Saint-Victor de la même ville, avant l'année 1250; et on l'y voit encore. Philippe-le-Bon, duc de Bourgogne et de Brabant, en obtint une partie qu'il renferma dans un reliquaire de vermeil, lequel fut porté à Bruxelles. Ce prince institua, en l'honneur du saint apôtre, l'ordre des chevaliers de la Toison-d'Or, qui ont pour marque distinctive la croix dite de *Saint-André* ou *de Bourgogne*. L'Ecosse honore saint André comme son patron.

ANDRÉ, prétendu messie, qui se donna pour libérateur des Juifs du temps de Trajan. Il ranima leur enthousiasme qui paraissait assoupi. Il leur persuada qu'ils seraient agréables au Seigneur, et qu'ils rentreraient enfin victorieux dans Jérusalem, s'ils exterminaient tous les infidèles dans les lieux où ils avaient des synagogues. Les Juifs, séduits par cet homme, massacrèrent, dit-on, plus de 220 mille personnes dans la Cyrénaïque et dans l'île de Chypre. Dion et Eusèbe disent que, non contents de les tuer, ils mangeaient leur chair, se faisaient une ceinture de leurs intestins, et se frottaient le visage de leur sang. Effet terrible de l'aveuglement dont Dieu avait frappé ce peuple ingrat de l'esprit de fureur et de rage qui s'en empara et le ravala au rang des bêtes féroces ; et en même temps, accomplissement visible de la prédiction de Jésus-Christ, touchant les faux messies, qui viendraient tromper le peuple infidèle et ingrat qui avait refusé de reconnaître le véritable. (Voy. BARCOCHEBAS.)

ANDRÉ, dit *de Crète*, parce qu'il était archevêque de cette île, ou le *Jérosolymitain*, parce qu'il s'était retiré dans un monastère de Jérusalem, était de Damas, et mourut en 720, ou selon d'autres en 723. Il a laissé des *Commentaires* sur quelques livres de l'Ecriture, et des *Sermons*. Le P. Combefis en a donné une édition, ornée d'une traduction en latin, de notes, et accompagnée des *OEuvres* de saint Amphiloque et de Méthodius ; le tout imprimé à Paris, 1644, in-fol. Il ne faut pas le confondre avec un autre ANDRÉ *de Crète*, qui se distingua par son zèle pour la défense des saintes images, et souffrit le martyre le 17 octobre 761.

ANDRÉ I, roi de Hongrie, était prince du sang royal, cousin de saint Etienne, fils aîné de Ladislas-le-Chauve, et concurrent de Pierre I, dit l'*Allemand*. Contraint, à l'avénement de ce dernier, en 1044, de quitter la Hongrie, et de se retirer en Russie, avec ses frères Béla et Leventha, il fut rappelé trois ans après par des seigneurs mécontents du gouvernement de Pierre ; et, soutenu par eux, il parvint à s'emparer de la couronne. Il obligea ses sujets d'abandonner leur religion qui était l'idolâtrie, pour embrasser le christianisme. André fit couronner son fils Salomon âgé de 5 ans, au préjudice de son frère Béla, à qui l'hérédité du trône avait été assurée par une convention. Béla rassembla ses partisans, obtint en outre des secours de la Pologne et déclara la guerre à André. Celui-ci, appuyé par l'empereur d'Autriche et le duc de Bohême, vint livrer bataille à Béla, sur les bords de la Teysse, en 1061. Abandonné par ses soldats au moment où l'action s'engageait, André fut bientôt fait prisonnier. Il s'évada et se réfugia dans la forêt de Boxon, où il mourut de chagrin et de misère. Béla fut couronné après lui.

ANDRÉ II, roi de Hongrie, partit pour la Terre-Sainte en 1217. Il s'y distingua par sa valeur, ce qui lui acquit le surnom de *Jérosolymitain*. C'est à ce prince que les gentilshommes hongrois doivent la charte de leurs priviléges. On y lit cette clause : *Si moi ou mes successeurs, en quelque temps que ce soit, veulent enfreindre vos priviléges, qu'il vous soit permis, en vertu de cette promesse, à vous et à vos descendants, de vous défendre, sans pouvoir être traités de rebelles*. C'était une espèce de pacte réciproque entre le prince et les sujets ; mais, sous le règne de Marie-Thérèse, cette clause a été retranchée du code hongrois, et son successeur n'a pas manqué de se prévaloir de ce retranchement. Il est difficile, au reste, de dire à quel point une telle convention est raisonnable et utile ; si elle paraît nécessaire contre un prince violent et injuste, elle peut causer aussi de grands troubles sous un bon prince par les intrigues des hommes ambitieux et inquiets. (Voy. BURLAMAQUI.) André fut heureux dans toutes les guerres qu'il entreprit ou qu'il soutint. Il mourut l'an 1235.

ANDRÉ DE PISE, sculpteur et architecte, natif de Pise, comme son surnom le désigne, en 1270, fut employé à la construction de divers édifices par les Florentins, dont ses talents le firent tellement chérir, qu'ils lui accordèrent le droit de bourgeoisie et l'admirent aux charges de la république. On prétend que l'arsenal de Venise fut bâti sur ses dessins. Il mourut à Florence, âgé de 60 ans. C'était aussi un peintre, un assez bon poëte, un excellent musicien.

ANDRÉ DE HONGRIE, fils de Charles II, roi de Hongrie, épousa Jeanne Ire, reine de Naples, sa cousine. André, né avec un naturel grossier, que l'éducation hongroise n'avait pas corrigé, ne put jamais se faire aimer de sa femme. Ce prince voulait être maître, et Jeanne prétendait qu'il fût seulement le mari de la reine, sans prendre la qualité de roi. Un frère Robert, franciscain, qui voulait faire tomber toutes les dignités de l'État sur les Hongrois, ne contribua pas peu à entretenir la désunion. Il gouvernait André ; Jeanne était conseillée de son côté par la fameuse Catanoise, qui, de lavandière, était devenue gouvernante des princesses. Cette femme, jalouse du crédit du frère Robert, et connaissant l'aversion de Jeanne pour son époux, prit la résolution de le faire étrangler. Louis, prince de Tarente, amant de Jeanne, d'autres princes du sang, les partisans de la reine, et, selon quelques-uns, la reine elle-même, eurent part à ce meurtre exécuté en 1345. André n'avait encore que dix-neuf ans.

ANDRÉ (Jean d'), né à Bologne, devint professeur de droit dans cette ville, où il mourut de la peste en 1348. On a de lui des *Commentaires sur les Clémentines*, 1471, in-fol., Mayence et Lyon, 1575; sur les six livres des *Décrétales*, Mayence, 1455, in-fol., et Venise, 1581. Il professa pendant 45 ans le droit canon à Pise, à Padoue, et surtout à Bologne. Il eut de son mariage deux filles. L'aînée, appelée *Novella*, et mariée à Jean Calderino, était si bien instruite dans le droit, que, lorsque son père était occupé, elle donnait des leçons à sa place; mais elle avait, dit-on, la précaution de tirer un rideau devant elle, de peur que sa beauté ne donnât des distractions aux écoliers. C'est en son honneur que Jean André intitula son commentaire sur les Décrétales, *Novellæ*. André était le plus célèbre canoniste du 14e siècle.

ANDRÉ (Jean), né à Xativa dans le royaume de Valence, était fils d'un alfaqui, et alfaqui lui-même. Il quitta la secte de Mahomet pour la religion de Jésus-Christ en 1487, et reçut l'ordre de prêtrise. Il publia, après sa conversion, la *Confusion de la secte de Mahomet*, Séville, 1537, in-8, traduite de l'espagnol en diverses langues. Nous en avons une version française sur l'italien, par Guy le Febvre de la Boderie, 1574. Ceux qui écrivent contre le mahométisme peuvent y puiser des choses utiles.

ANDRÉ DEL SARTO, DIT VANNUCHI, peintre célèbre, naquit à Florence, en 1488, d'un tailleur d'habits. François 1er, sous le règne duquel il vint en France, voulut s'attacher cet artiste qu'il visitait souvent dans son atelier; mais sa femme le rappelait en Italie. François 1er lui fit promettre de revenir avec sa famille, lui donna de l'argent pour acheter des tableaux; mais André, l'ayant dissipé, n'osa plus reparaître. On loue son coloris, les agréments de ses têtes, la correction de son dessin, la délicatesse de ses draperies; on lui reproche seulement un air froid et uniforme. Il mourut en 1530, âgé de 42 ans. Un des principaux talents d'André del Sarto était de copier si fidèlement les tableaux des grands maîtres que tout le monde s'y trompait. Sa copie du portrait de Léon X par Raphaël fut prise pour l'original par Jules Romain, quoique ce peintre en eût fait les draperies.

ANDRÉ AVELLINO (saint). Voyez AVELLINO.

ANDRÉ (Jacques), chancelier et recteur de l'Université de Tubingen, naquit dans le duché de Wittemberg, en 1528. Il apprit d'abord le métier de charpentier; mais on le tira de sa boutique pour lui faire étudier la philosophie, la théologie et les langues. Il s'illustra dans le parti luthérien, unit les princes de la confession d'Augsbourg et fut employé par plusieurs d'entre eux. Il mourut en 1590. Son ouvrage le plus connu est intitulé : *De la Concorde*, 1582, in-4. On a dit que sur la fin de ses jours il fut éclairé sur la fausseté de sa religion, et qu'il embrassa la véritable.

ANDRÉ (Valère), surnommé *Desselems*, du bourg de Deschel, dans le Brabant, où il naquit en 1588. Il professa le droit à Louvain, et eut la direction de la bibliothèque de l'Université. Sa *Bibliotheca belgica, de Belgis vita scriptisque claris*, passe avec raison pour un des meilleurs ouvrages qu'on ait donnés en ce genre. Il aurait pu néanmoins retrancher quelques minuties, et corriger quelques inexactitudes. Il la publia en 1642. On l'a depuis réimprimée en 1739, 2 vol. in-4, avec des additions de Foppens. On a encore de Valère André : *Synopsis juris canonici; De togâ et sago*; et les *Fastes de l'Université de Louvain*. Il mourut, selon quelques auteurs, le 29 mars 1655. Mais son portrait et Foppens placent sa mort en 1656.

ANDRÉ (Yves Marie), né en 1675 à Quimper dans la Basse-Bretagne, patrie du Père Hardouin et du Père Bougeant, entra comme eux chez les jésuites. La chaire de professeur royal des mathématiques le fixa à Caen. Il remplit ce poste avec autant de fruit que d'applaudissement, depuis 1726 jusqu'en 1759. Il était alors âgé de 84 ans, et c'était bien le temps de prendre du repos. Sa vie laborieuse se termina le 26 février 1764. La nature l'avait doué d'un tempérament heureux, et il le conserva par l'uniformité de sa vie et par la gaieté de son caractère. Aucun genre de littérature ne lui était étranger; il avait fait des vers pleins de grâces : mais il est principalement connu par son *Essai sur le Beau*, plusieurs fois réimprimé. Le recueil de ses ouvrages est en 5 vol. in-12, 1766. Ce livre, plein d'ordre et de goût, offre de la nouveauté dans le sujet, de la noblesse dans la diction et de la force dans le raisonnement. « C'est dans cette « source, dit un littérateur éclairé, que

« la plupart de nos auteurs didactiques
« d'aujourd'hui ont puisé les bons pré-
« ceptes qu'ils ont donnés, et c'est d'a-
« près ces préceptes que les jeunes litté-
« rateurs doivent travailler pour obtenir
« de véritables succès. L'imitation de la
« nature, voilà le but essentiel auquel
« il faut tendre. Le P. André nous dé-
« veloppe ce principe avec un ordre, un
« discernement, une clarté, qui ne lais-
« sent rien à désirer. Il définit toutes les
« espèces de beau avec précision, avec
« justesse. Le chapitre qui regarde le
« beau dans les ouvrages d'esprit est
« plein de réflexions profondes, instruc-
« tives, lumineuses; il semble y être
« l'interprète des muses et de la nature.
« Dans le chapitre qui concerne le beau
« dans les mœurs, la raison, le senti-
« ment, la vérité ne sont jamais mieux
« exprimés que par sa plume; on y voit
« briller une philosophie supérieure qui
« connaît aussi bien les passions du cœur,
« que les ressorts de la politique hu-
« maine. Si la philosophie substituait
« des maximes aussi utiles à ses folles
« déclamations, elle aurait véritablement
« droit à la reconnaissance et au res-
« pect. » On estime aussi le *Traité sur
l'homme*, où il parle en philosophe judicieux de l'union de l'âme et du corps,
des sons, etc., de même que des *Discours*
sur plusieurs matières intéressantes.

ANDRÉ DE ST-NICOLAS, religieux
carme, né à Remiremont, en Lorraine,
vers 1650, mort à Besançon, en 1713,
a publié : *De lapide sepulchrali, antiquis Burgundo-Sequanorum comitibus,
Vesuntione, in S. Joannis Evangelistæ Ba-
silicâ, recens positâ*, Besançon, 1693,
in-12 : c'est la Critique d'une inscription
récemment placée sur le tombeau des
anciens comtes de Bourgogne, qu'on
voyait dans l'église cathédrale de Besançon; *Lettre en forme de dissertation sur
la prétendue découverte de la ville d'Antre
en Franche-Comté*, Dijon, Micard, 1698,
in-12. Le P. Dunod, jésuite, venait d'annoncer qu'il avait découvert la véritable
position de l'ancienne ville d'Avenches
(Aventicum), et il la plaçait près du lac
d'Antre, aux environs de Moirans. Cette
opinion insoutenable avait cependant
trouvé des partisans. Le P. André la
combattit avec autant de chaleur que de
raison; mais, comme on le pense bien,
il ne put parvenir à convaincre son adversaire. Le P. André a laissé plusieurs
ouvrages manuscrits, concernant l'*Histoire ecclésiastique de Besançon*, conservés dans la bibliothèque publique de
cette ville. Le P. Lelong attribue au
même auteur une *Histoire généalogique*
*de la maison royale de Bourbon, ancienne
et moderne*. Le P. André a coopéré à
l'*Histoire de l'église de St-Étienne de
Dijon*, par l'abbé Fiot. Il a travaillé aussi
à l'*Histoire de l'abbaye de Cluni*.

ANDRÉ ou ANDREÆ (Jean-Valentin),
né à Herremberg, dans le duché de Wurtemberg, en 1606, fut ministre luthérien
et aumônier du duc de Wurtemberg. On
a de lui un très-grand nombre d'ouvrages, dont quelques-uns, à cause de leurs
allusions mystérieuses, l'ont fait soupçonner d'être le fondateur du fameux ordre
des Rose-Croix. On ne peut, du reste,
rien affirmer de certain là-dessus. Ce que
l'on sait à n'en pouvoir douter, c'est qu'à
la fin de sa vie, il avait entièrement renoncé à ce genre d'association, qui ne lui
parut point apparemment propre à seconder ses vues systématiques sur la ré-
génération des sciences et de la morale.
Il mourut en 1654, âgé de 48 ans. Ses
productions sont au nombre de cent.

ANDRÉA (Jean), évêque d'Aléria en
Corse, naquit à Vigevano en 1417. Son
nom de famille était *Bussi* ou *Bossi*. Il
vivait peu de temps après la découverte
de l'imprimerie, pendant que les deux
célèbres imprimeurs, Conrad Sweigh-
nheym et Arnould Pannartz, donnaient
à Rome leurs premières éditions de plusieurs auteurs latins. Andréa fut chargé
par le pape Paul II de les diriger dans
leurs travaux, et c'est à ses soins qu'elles
doivent en grande partie la réputation
dont elles jouissent. Les principaux ouvrages à l'impression desquels il a contribué, ajoutant à chacun des préfaces
et des épîtres dédicatoires, sont les *Epîtres* de saint Jérôme, 2 vol.; les *Epîtres*
et les *Oraisons* de Cicéron; les *Commentaires* de César, Lucain, Aulu-Gelle,
Apulée, Pline, Quintilien, Suétone,
Strabon, Virgile, Ovide, Silius-Italicus,
Tite-Live, etc. Les dates de ces éditions
s'étendent depuis 1468 jusqu'en 1474.
Andréa, après avoir langui quelques
années à Rome dans un état de dénûment et de pauvreté, s'attacha au cardinal de Cusa, obtint par son crédit le
titre de secrétaire de la bibliothèque
apostolique, puis l'évêché d'Accia, et
enfin d'Aléria. Il mourut dans un âge
avancé.

ANDRÉA PISANO (Voyez ANDRÉ de
Pise).

ANDRÉA (Voyez ANDERSON, Laurent).

ANDRÉA (Voyez ANDRÉ-JEAN-VALEN-
TIN).

ANDREINI (Isabelle), née à Padoue,
et de l'académie des *Intenti* de cette ville,
fut la plus célèbre comédienne de son
temps. Après avoir brillé quelques années

sur les théâtres d'Italie, elle vint en France, où elle se distingua par la sagesse de sa conduite, chose remarquable parmi les gens de sa profession. Elle était en même temps auteur, et s'exerça avec succès en différents genres d'ouvrages. On a d'elle des *sonnets*, des *madrigaux*, une *pastorale*, etc., etc. Elle mourut à Lyon en 1604, d'une fausse couche, à 42 ans. Le corps municipal de cette ville honora sa sépulture par des marques de distinction; et son mari, François ANDREINI, lui fit une épitaphe où il célèbre ses talents et ses vertus. On a de lui *La Bravure del Capitan Spavento*, Venise, 1607, in-4, traduit en français, Paris, 1618, in-12.

ANDREINI (Jean-Baptiste), fils d'Isabelle et de François, est auteur d'un grand nombre de pièces de théâtre, qui ne sont ni trop bonnes, ni trop rares. On recherche cependant son *Adamo*, Milan, 1613, in-4, parce qu'on prétend que Milton a pris l'idée de son *Paradis perdu* dans cette tragédie. Mais s'il est vrai que le poëte anglais a profité de quelque ouvrage, il est plus apparent que c'est de la *Sarcothée de Masénius*. On a encore d'Andreini trois *Traités* en faveur de la comédie et des comédiens, publiés à Paris en 1625, ils sont peu connus, et ne méritent pas de l'être davantage.

ANDRELINUS ou plutôt ANDRELINI (PUBLIO FAUSTO, PUBLIUS FAUSTUS), auteur latin du 15ᵉ siècle, naquit à Forli dans la Romagne. Il fut honoré à 22 ans de la couronne de laurier que l'Académie de Rome donnait à ceux qui avaient remporté le prix. Ce poëte vint à Paris sous le règne de Charles VIII, et fut, pendant trente ans, professeur de belles-lettres et de mathématiques dans le collège de l'Université. Il se donnait le titre de poëte du roi et de la reine, Louis XII et Anne de Bretagne. On a de lui plusieurs ouvrages poétiques, tous vides de choses et remplis de mots. Ses différentes *poésies* ont été imprimées in-4 et in-8, séparément, depuis 1492 jusqu'en 1519, et dans *Deliciæ poetarum italorum*. Ses productions en prose ne sont pas plus estimées. Il mourut en 1518. Ses mœurs n'étaient pas trop pures, si l'on en croit Érasme. Ses déclamations contre les théologiens catholiques ne font honneur ni à son jugement ni à son goût. On raconte que, outre ses pensions, il recevait de riches présents de Charles VIII; et qu'un jour, ayant récité devant ce prince un *Poëme* sur la conquête de Naples, Charles VIII lui donna un sac d'or qu'il pouvait à peine porter sur ses épaules. En tout temps la flatterie a eu des succès auprès des rois.

ANDREOSSI (François), mathématicien et ingénieur, naquit à Paris le 10 juin 1633 et mourut à Castelnaudary en 1688. L'invention du canal du Languedoc, qui, jusqu'à nos jours, avait été attribuée à Riquet, a été réclamée en faveur de François Andréossi, par le général comte d'Andréossi, son arrière petit-fils, dans un recueil de diverses pièces, intitulé: *Histoire du canal du Midi*, 2 vol. in-4, 1800. Cette question, traitée par M. de Caraman, dans son *Histoire du Languedoc*, et approfondie par M. Allent dans l'*Histoire du corps du génie*, paraît conduire à cette solution: que si François Andréossi n'a point la gloire d'avoir inventé le susdit canal, il a néanmoins celle d'avoir contribué à l'exécuter. On doit à cet ingénieur une *Carte* du même canal, 3 feuilles in-fol., 1669. Il fut directeur du canal après la mort de Riquet.

ANDRÉOSSI (Antoine-François, comte d'), arrière petit-fils du précédent, naquit à Castelnaudary (Aude), le 6 mars 1761. Il entra de bonne heure au service, et fit ses premières armes en Hollande. Lieutenant d'artillerie en 1787, il fut fait prisonnier par les Prussiens, qui, bientôt après, le mirent en liberté, en vertu d'un cartel d'échange. Ayant servi dans les premières guerres de la Révolution, il était arrivé au grade de général d'artillerie, lorsque Bonaparte se l'attacha et l'emmena avec lui dans l'expédition d'Égypte. Nommé membre de l'Institut qui s'était établi au Caire, Andréossi prit une part importante aux travaux de la commission scientifique qui accompagnait l'armée. Il revint en France avec le général en chef, qui, après le 18 brumaire, lui confia l'administration supérieure de l'artillerie et du génie. Andréossi fut encore nommé commandant de l'artillerie de Strasbourg, et en 1800 général de division et commandant de Mayence. En 1801, le premier consul l'appela à la direction générale du département de la guerre. Après la conclusion du traité d'Amiens, Andréossi entra dans la carrière diplomatique, et devint successivement ambassadeur à Londres, à Vienne, et, plus tard, à Constantinople. En 1814, il fut rappelé en France, et reçut la croix de Saint-Louis. Appelé à la pairie et à la présidence de la section de la guerre pendant les Cent-Jours, il fut un des commissaires qui, après le désastre de Waterloo, se rendirent auprès des alliés pour tenter des négociations. Après le second retour des Bourbons, Andréossi rentra dans la vie privée, et ne parut de nouveau sur la scène politique qu'en 1827. A cette époque, il fut élu député par le département de l'Aude, et il siégea à la

Chambre sur les bancs de l'opposition; mais après la session il tomba malade, et mourut en 1828 à Castelnaudary. Andréossi était membre de l'Institut, et avait des connaissances solides et étendues. On a de lui: *Relation de la campagne sur le Mein et le Reidnitz*, etc., 1802, in-8.; *Mémoire sur l'irruption du Pont-Euxin dans la Méditerranée*; *Histoire du canal du Midi, connu précédemment sous le nom de* canal du Languedoc, Paris, 1800; *Mémoire sur l'ensemble des nombreux conduits employés en Turquie pour la distribution de l'eau, et sur le système des eaux qui abreuvent Constantinople*; *Mémoire sur le lac Menzaleh, sur la vallée du lac Nathron, sur le fleuve sans eau*.

ANDRÈS CARLOS. (Voyez ANDRÈS.)

ANDRÈS (l'abbé DON JUAN), savant jésuite espagnol, né à Valence en 1727, mort à Venise en 1803. Il commença à se faire connaître avantageusement en 1776 par un *Essai sur la philosophie de Galilée*, ouvrage qui se fait remarquer par la profondeur des pensées et la plus sage critique. Il publia ensuite en italien son livre intitulé: *Dell' origine del progresso et dello stato attuale d'ogni litteratura*, 7 vol., in-4, dont il donna le premier volume à Parme en 1782. Cette vaste entreprise prouve une grande érudition et un esprit très-pénétrant, joint à la délicatesse du goût le plus épuré. Son style est pur, concis et élégant. Cet ouvrage a été traduit en espagnol par don Carlos Andrès son frère. Le premier volume seulement a été traduit en français par Ortolani, dont la mort a interrompu la suite de cette traduction.

ANDREW (James), né à Édimbourg en 1773, fut nommé professeur de mathématiques et directeur principal de l'École militaire pour le génie et l'artillerie. Andrew est mort dans sa patrie le 13 juin 1833, regretté par les savants. On lui doit: une *Grammaire* et un *Vocabulaire de la langue hébraïque*; *Système de chronologie sacrée*; *Tables nautiques*.

ANDREZEL (Barthélemi-Philibert d'), né à Salins en 1757, d'une famille ancienne et distinguée, devint vicaire-général de Bordeaux, et fut député en 1785 à l'assemblée du clergé. Ayant refusé le serment, il se retira en Angleterre à la fin d'août 1792, et rentra en France en 1803, mais il ne reprit point ses fonctions. En 1809, il fut nommé inspecteur-général de l'Université; en 1815, inspecteur-général des études; et en 1820, membre de la commission de censure. Dans les dernières années de sa vie, il avait repris l'habit ecclésiastique et les fonctions de son état. Il est mort le premier janvier 1826 à Versailles, où il s'était retiré depuis environ deux ans. Il a publié: l'*Histoire des derniers rois de la maison de Stuart*, traduite de l'anglais de Fox, à laquelle les censeurs de Bonaparte firent des suppressions, 2 vol. in-8, Paris, 1809; *Excerpta è scriptoribus græcis ad usum studiosæ juventutis in rhetoricâ et in secundâ audientis accommodata*, 3° édition, 1825.

ANDRIEU (Bertrand), célèbre graveur en médailles, né à Bordeaux le 4 novembre 1761. Il vint de bonne heure à Paris, et se fit bientôt connaître par une foule de productions qui ont pris rang parmi les chefs-d'œuvre de la numismatique, et le font regarder comme le restaurateur de la gravure en médailles, qui était déchue depuis le règne de Louis XIV. Il a gravé une grande partie de la collection des médailles du cabinet et de la bibliothèque du roi, et il fut toujours choisi par le gouvernement pour exécuter les médailles des événements les plus mémorables. Il avait terminé, au milieu des souffrances qui l'assiégeaient depuis plusieurs années, la grande médaille que le préfet de la Seine l'avait chargé d'exécuter pour la ville de Paris, à l'occasion de la *naissance du duc de Bordeaux*, lorsque la mort l'enleva le 6 décembre 1822, après avoir reçu les consolations de la religion dans de grands sentiments de piété. Il était chevalier de l'ordre de Saint-Michel.

ANDRIEUX (François-Guillaume-Stanislas), professeur de belles-lettres au collége de France, secrétaire perpétuel de l'Académie française, chevalier de la Légion-d'Honneur, né le 6 mai 1759, mort à Paris le 11 mai 1833, fut, après ses études classiques, placé chez un procureur pour y suivre la carrière du droit. Il venait d'être reçu avocat en 1781, lorsqu'on lui proposa la place de secrétaire du duc d'Uzès, qu'il accepta. Mais il s'aperçut bientôt que cette place exigeait une souplesse de caractère qui n'allait nullement à l'indépendance du sien. Il se livra donc à la littérature, vivant dans l'intimité de Picard et de Collin d'Harleville, et suivant le même genre qu'eux. Il avait, dès 1782, fait représenter *Anaximandre*, comédie en un acte et en vers, sujet grec traité avec beaucoup d'esprit. En 1787, il fit jouer *les Étourdis*, qui eurent un grand succès. En 1790, il donna *Louis IX en Égypte*, opéra qui ne réussit pas. Andrieux voulait s'élever trop haut; il ne devait espérer de succès que dans le genre spirituel, fin, comique, et non dans le genre dramatique, comme le prouva de nouveau, plus tard, sa tragédie de *Junius Brutus*, représentée en 1830. La révolution, avec laquelle il sympatisa vivement, lui ouvrit la carrière des emplois. Il entra dans la magistrature, et ne tarda pas à devenir membre du tribunal de cassation. En 1798, il donna sa démission pour siéger au conseil des cinq-cents, d'après le choix des électeurs de la Seine. Il y fit un rapport sur l'instruction primaire, et parla dans la discussion sur l'assassinat des plénipotentiaires français à Rastadt. Après le 17 brumaire, il fit partie du tribunat, fut nommé secrétaire, puis président de section. Bonaparte, dont il contrariait les projets, le destitua et le fit sortir entièrement du tribunat. La nomination de professeur de belles-lettres à l'École polytechnique le consola de cette disgrâce. Il conserva cette place jusqu'en 1815. Dès la fondation de l'Institut, il en avait été nommé membre; il avait reçu aussi de Bonaparte la croix de la Légion-d'Honneur. En 1814, il fut appelé à la chaire de littérature du collége de France. Il remplit ce professorat avec zèle et succès pendant vingt-neuf ans. Son cours était très-suivi, intéressant, semé d'anecdotes piquantes et gracieuses. Andrieux était un causeur élégant, correct, un improvisateur agréable, léger, spirituel. « Cependant, dit un de « ses biographes, en avouant que son « enseignement avait de l'attrait, nous « devons ajouter qu'Andrieux fut un « apôtre très-ardent de l'impiété, et « qu'il tournait en ridicule la religion et « le clergé avec un zèle qui allait pres« qu'au fanatisme. Ceux qui ont suivi « son cours savent avec quelle affecta« tion maligne il recherchait les occa« sions de se faire applaudir par ses « épigrammes philosophiques. C'est sans « contredit un des hommes qui ont le « plus contribué de nos jours à égarer « la jeunesse, qu'attiraient à ses leçons « ses saillies piquantes, déguisées sous « une apparence de bonhomie. Les idées « philosophiques avaient en effet séduit « la jeunesse d'Andrieux, qui fut, « comme l'a dit Tissot sur sa tombe, le « disciple de Voltaire et l'héritier de ses « doctrines. » En 1829, après la mort d'Auger, Andrieux devint secrétaire perpétuel de l'Académie française. Outre les productions que nous avons citées, on a de lui: *l'Enfance de J.-J. Rousseau*, comédie, 1794; *Contes et opuscules en vers et en prose*, 1800; *la Suite du Menteur*, 1803; *le Trésor*, comédie, 1804; *le Souper d'Auteuil*, comédie, 1804; *Cours de grammaire et de belles-lettres à l'usage de l'École polytechnique*, 1807; *la Comédienne*, comédie en vers, 1816; *le Manteau, ou le Rêve du mari*, comédie en vers, 1826; et quelques autres pièces. Andrieux a été l'un des rédacteurs de la *Décade philosophique* et de la *Revue encyclopédique*. Il a donné des éditions de divers auteurs, accompagnées de *Notes*.

ANDRIEUX (Matthieu), inspecteur de l'académie de Limoges, né à Tournon (Lot-et-Garonne), le 6 avril 1784, mourut à Limoges en 1838. Aussi savant que modeste et bon, Andrieux se fit aimer de tous les jeunes gens qui l'approchèrent. On a de lui: *Éloge de Blaise Pascal*, discours présenté à l'académie des jeux floraux de Toulouse, 1813, in-8; *Notice biographique sur Pétrarque*; *Discours sur l'étude des anciens et particulièrement sur celle de l'Ecriture-Sainte*, Limoges, 1821, in-4; *Rhétorique française*, Paris, 1825, in-8, souvent réimprimée. Andrieux fut encore l'un des plus constants et l'un des plus laborieux collaborateurs du *Journal d'institut historique*.

ANDRISCUS, homme obscur de la ville d'Adramiste dans l'Asie-Mineure, se dit fils de Persée, roi de Macédoine, parce qu'il lui ressemblait beaucoup, par la taille et par le visage. Cet imposteur l'ayant persuadé aux Macédoniens, il se mit à la tête de leur armée, et vainquit Juventius, préteur de la république dans la Macédoine. Q. Cæcilius Metellus marcha contre cet aventurier, le défit, et en orna son triomphe, vers l'an 148 avant J.-C. Deux autres séditieux voulurent relever le parti de cet usurpateur; mais ils eurent le même sort que lui. Le sénat mit alors la Macédoine au nombre des autres provinces romaines.

ANDROMAQUE, fille d'Ection, roi des Ciliciens du Mont-Ida, épousa en premier lieu Hector, prince troyen, qu'elle aima d'un amour tendre. En ayant été malheureusement privée par Achille qui le tua dans un combat singulier, elle vit bientôt tomber et réduire en cendres sa ville, dont il était l'unique appui, et fut livrée au fils de son meurtrier, à Pyrrhus, qui la força de lui donner sa main. Enfin elle eut pour troisième époux Hélénus, frère de son premier mari, avec qui elle mena une vie paisible en Epire, dont il fut roi; mais elle ne put oublier son cher Hector ni la ville de Troie, qu'elle avait fait construire en petit dans ses nouveaux domaines, suivant le plan et dans une situation analogue à celle de cette ville malheureuse. Énée, ayant débarqué en Épire, se réjouit avec elle en voyant cette espèce de reproduction de leur commune patrie :

    ....Parvam Trojam, simulataque magnis
    Pergama, et arentem Xanthi cognomine rivum
    Agnosco, Scææque amplector limina portæ. III æn.

Elle eut de son premier mari Astyanax, Mollossus du second, et Cestrinus du dernier. Racine a fait d'Andromaque le sujet d'une des plus touchantes de ses pièces.

ANDROMAQUE, ou plutôt ANDROMACHUS, de Crète, médecin de l'empereur Néron, est moins connu par ce titre que par l'invention de la *thériaque*, qu'il chanta en vers grecs élégiaques adressés à Néron. Moïse Charas publia une *Traduction* de ce poème curieux en 1668, in-12. Andromaque introduisit un usage inconnu avant lui, en prenant le titre d'*Archiater*, ou premier médecin des empereurs. Galien inséra le poème d'Andromachus dans son *Traité de la thériaque*. — Andromachus, fils du précédent, fut aussi *Archiater* de Néron et écrivit sur la médecine.

ANDRONIC I COMNÈNE était né en 1110, d'Isaac Comnène, troisième fils d'Alexis I. Il avait servi avec distinction sous Manuel Comnène, qui le fit mettre aux fers pour crime de rébellion. Ayant recouvré, par des moyens extraordinaires, sa liberté et ses premières dignités, il enleva l'empire de Constantinople à Alexis II, son pupille, qu'il fit étrangler en 1183. Il commença son règne par des cruautés inouïes contre les habitants de Nicée. Au siège de Pruse, il se distingua par des inhumanités encore plus singulières. Il faisait couper aux uns les pieds ou les mains, ou crever les yeux, et il s'amusait sur d'autres, en ne leur coupant qu'un pied ou une main, ou en ne leur arrachant qu'un œil. Les Grecs, indignés de ce que cet usurpateur souillait la majesté du trône par ses barbaries, transportèrent la couronne sur la tête d'Isaac l'Ange. Andronic prit la fuite, mais le peuple, l'ayant atteint, le lia à un poteau dans la grande cour du palais, et lui rendit ce qu'il avait fait aux autres. On lui brisa les dents, on lui arracha les cheveux, on le pendit par les pieds, on le mutila ; enfin des soldats italiens le percèrent de plusieurs coups, et mirent fin à ses tourments, le 11 septembre 1185. « Ainsi périt, dit un historien, un des plus abominables princes dont l'histoire fasse mention. Sa seule figure représentait si bien l'atrocité de son caractère, que l'empereur Manuel en avait présagé tout le mal qu'il ferait à l'empire. Il avait le regard farouche, l'œil et le sourcil d'un homme abîmé dans ses pensées atrabilaires et ses projets sinistres, la démarche altière, les manières artificieuses quand il s'observait, mais hors de là, farouches et brutales. » On a cherché à lui trouver quelques bonnes qualités ; on a observé qu'un jour il diminua quelques impôts ; mais pourquoi affaiblir l'horreur et la haine que la postérité a conçues envers les princes vicieux et cruels ? A quoi bon étaler quelques opérations utiles dans une longue suite d'excès détestables ? Quel est le monstre qui n'ait fait quelque bien ? Quand Néron faisait servir de flambeaux les chrétiens enduits de poix, on voyait clair dans les rues de Rome. Si quelque chose peut diminuer l'horreur que le nom d'Andronic inspire, c'est qu'il parut soutenir son malheur avec une fermeté chrétienne, et ne dit autre chose, dans la continuité de ses tourments, que ces paroles édifiantes : *Seigneur, ayez pitié de moi*. Merveille bien consolante de la divine miséricorde, si, dans ces derniers moments, il perdit l'habitude de feindre et de jouer la religion.

ANDRONIC II (Paléologue), né vers l'an 1258, de Michel VIII, succéda à son père en 1282. Son règne est fameux par les invasions des Turcs dans l'empire. Il leur opposa les armes des Catalans, qui firent encore plus de dégât que les Musulmans. Andronic, connaissant sa faiblesse, associa au trône son fils aîné Michel IX, en 1294. Ce prince étant mort, en 1320, Andronic-le-Jeune, son fils, partagea l'autorité avec son aïeul, dont les manières dures l'engagèrent à se révolter. Il se rendit maître de Constantinople en mai 1328, fit descendre Andronic-le-Vieux du trône, et lui donna le palais impérial pour prison. L'empereur détrôné aima mieux s'enfermer dans un monastère, où il finit ses jours en 1332. Ce prince avait surtout les défauts opposés au génie de Michel, un esprit léger, une âme dépourvue de toute élévation, une faiblesse pitoyable, une dévotion imbécile qui allait jusqu'à la superstition et au ridicule. La première chose qu'il fit en montant sur le trône fut de s'abandonner à la conduite de la princesse Eulogie sa tante, autre tête malsaine, vraie dévote de secte, et toujours l'arc-boutant du schisme, malgré le bannissement où l'avait réduite l'empereur son frère. Elle flatta surtout l'imbécillité de son neveu, en affectant de pleurer d'une manière inconsolable sur le sort de l'empereur défunt, parce qu'étant mort, disait-elle, dans l'hérésie des Latins, il avait indubitablement encouru la damnation éternelle. Elle fut secondée par Théodore Musalon, grand chancelier et grand fourbe qui, ayant toujours été schismatique opiniâtre dans l'âme, et catholique simulé sous le dernier règne, fit tout ce qu'on peut attendre de la lâcheté et du fantôme de religion qui flotte ainsi à tout vent de fortune. Livré à ces deux guides, Andronic demanda et subit la pénitence publique, pour avoir souscrit à la réunion avec les Latins. Le reste des affaires allait à proportion, et l'Etat fut aussi mal en ordre que l'Eglise. Andronic chargea son peuple d'impôts pour acheter la paix. Il altéra tellement la monnaie, qu'elle n'eut plus de cours chez les étrangers; ce qui fit tomber le commerce et languir l'empire. Enfin, en laissant dépérir la marine, il donna lieu aux Génois et aux Vénitiens de faire des descentes jusqu'au port de Constantinople, et à d'autres nations de faire des incursions dans la Thrace.

ANDRONIC III (Paléologue), ou ANDRONIC-LE-JEUNE, petit-fils d'Andronic II, eut plus de vertus et de talents que son aïeul. Forcé de quitter Constantinople par suite d'une aventure galante, où périt son fils, Manuel Despote, et par les dégoûts que lui donnait Andronic-le-Vieux, il leva une armée; mais il ne s'en servit que pour combattre les Bulgares, et pour amener son aïeul à une réconciliation. De retour à Constantinople, ayant eu encore à souffrir de nouveaux désagréments, il en partit de rechef, revint, s'empara de la ville, et éloigna du trône le vieux et soupçonneux Andronic. Devenu maître absolu de l'empire, il se fit craindre de ses ennemis et chérir de ses sujets. Guerrier habile, protecteur de l'innocence, père de son peuple, il diminua les impôts et fut accessible dans tous les temps au pauvre comme au riche. Malgré sa valeur, il ne put empêcher les progrès des Turcs, qui s'approchèrent de Constantinople, en transférant le siège de leur monarchie de la ville de Pruse dans celle de Nicée. Une fièvre maligne enleva ce prince à ses sujets, qui le chérissaient, en juin 1341; il avait 45 ans, et en avait régné seul environ treize. L'abbé Langlet, dans ses *Principes de l'histoire*, l'appelle mal à propos Andronic II.

ANDRONIC Paléologue, fils aîné de l'empereur Jean V, fut associé par son père à la puissance souveraine, vers l'an 1355. Ce prince, d'un caractère perfide, d'un esprit inquiet, voulut détrôner son père, qui lui fit d'abord crever un œil, et qui l'obligea ensuite de renoncer à l'empire en 1373, et de céder ses droits à son frère Manuel. Après son abdication, il finit obscurément ses jours dans le lieu où il avait été exilé.

ANDRONIC, de Cyrrhestes, architecte et astronome à Athènes, construisit en marbre une tour octogone, appelée la *Tour-des-Vents*, et grava, sur chaque côté, des figures qui représentaient les huit vents principaux. Un triton d'airain, tournant sur son pivot avec une baguette à la main, la fixait sur le vent qui soufflait. Les coqs de nos clochers sont venus de là. Vitruve rapporte ainsi les noms de ces vents désignés par Andronic : *Solanus*, *Eurus*, *Auster*, *Africus*, *Favonius*, *Corus*, *Septentrio* et *Aquilo*. Cette tour subsiste encore, et sert de mosquée à des derviches.

ANDRONICUS (Livius), le plus ancien poëte comique latin, florissait sous le consulat de Claudius Centho, l'an 240 avant J.-C. Sa première pièce fut représentée alors. Les acteurs, dans les commencements de l'art du théâtre, montaient sur des tréteaux et jouaient eux-mêmes. Andronicus, s'étant enroué en répétant ses vers, les fit réciter par un esclave, tandis qu'il faisait les gestes: ce fut l'origine de la pantomime chez les Romains. Ce qui nous reste des pièces d'Andronicus ne nous fait pas regretter ce qui en a été perdu. Son style était grossier, ainsi que son siècle. On trouve quelques-uns des fragments dans les *Comici latini*, Lyon, 1603, Leyde, 1520, et dans le *Corpus poetarum*.

ANDRONICUS, commandant des armées d'Antiochus Epiphanes, dans la Judée, fit tuer en trahison le souverain sacrificateur Onias; mais la mort de ce saint homme fut vengée par Antiochus, qui fit tuer Andronicus dans le même lieu où il avait commis le meurtre, l'an 166 avant J.-C.

ANDRONICUS de Rhodes, philosophe péripatéticien, vivait à Rome du temps de Cicéron, 36 ans avant J.-C. Il fit connaître le premier dans Rome les ouvrages d'Aristote, que Sylla y avait apportés. On trouve *Andronici rhodii et ethicorum Nichomacheorum paraphrasis*, grec et latin, Cambridge 1679, in-8, qui se joint aux auteurs *cum notis variorum*.

ANDRONICUS, de Thessalonique, un des savants qui se réfugièrent en Italie après la prise de Constantinople, enseigna la langue grecque à Rome, à Florence et à Paris, du temps de Louis XI. Il mourut en 1478. Andronicus eut pour disciples Politien, Pannonius et Valla. Il a laissé un *Traité des Passions*, en grec, imprimé en 1593, in-8; et à la suite de la paraphrase des *Morales à Nicée*. 1617-1673.

ANDROUET DU CERCEAU (Jacques), né à Orléans, ou selon quelques écrivains à Paris, fameux architecte de la fin du 16ᵉ siècle, est auteur de plusieurs ouvrages sur son art. Il continua, par ordre de Henri IV, en 1596, la grande galerie du Louvre à Paris. Le Pont-Neuf, les hôtels de Sully, de Mayenne, des Fermes, de Carnavalet, etc., etc., sont de lui. Il mourut dans les pays étrangers, où il s'était retiré pour exercer plus tranquillement la religion calviniste qu'il avait embrassée. On a de lui : *Architecture*, 1559, in-fol., réimprimée en 1611; *Les plus excellents bâtiments de France*, 1576; *Leçons de perspective*, Paris, 1576, in-fol.

ANDRY (Nicolas), surnommé *Boisregard*, né d'un marchand à Lyon, en 1658, vint étudier la philosophie à Paris au collège des Grassins où il professa. Il eut l'intention d'entrer dans l'état ecclésiastique, prit la tonsure et étudia deux ans la théologie; mais il tourna ses vues vers la médecine ; et c'est alors, 1690, qu'il prit le surnom de *Boisregard*. Il fut nommé, en 1701, professeur-adjoint au collège royal, titulaire en 1717, et en 1725, doyen de la Faculté de médecine, et mourut le 14 mai 1742. On a de lui plusieurs ouvrages de littérature qui ne lui ont pas survécu. Il est auteur des *Réflexions* ou *Remarques critiques sur l'usage présent de la langue française*, 1692, et des *Sentiments de Cléarque sur les Dialogues d'Eudoxe et de Philante*. Ce médecin avait un caractère aigre et porté à la satire. Il eut des démêlés très-vifs avec Hecquet sur la saignée. Entêté de la ridicule prééminence de la médecine sur la chirurgie, il employa une partie de sa vie et tout son crédit à persécuter et à humilier les chirurgiens de son temps. Ayant été associé à la compagnie du *Journal des savants*, depuis augmentée de deux autres médecins, il en fit, de concert avec ses confrères, un répertoire qui ne pouvait être utile qu'à eux. Cet ouvrage, livré à la Faculté, allait mourir, lorsque l'abbé des Fontaines le ressuscita vers l'an 1724. Andry a laissé aussi plusieurs ouvrages de médecine : *De la génération des vers dans le corps humain*, Paris, in-12, ouvrage estimé, dont la 3ᵉ édition est de 1740 ; *Le régime de carême, considéré par rapport à la nature du corps et des aliments*, Paris, in-12, critique du *Traité des dispenses de carême*, par Hecquet, dont la 3ᵉ édition est de 1730 ; *Remarques sur la saignée, la purgation et la boisson*, Paris, 1710, in-12, encore contre Hecquet ; *Examen de divers points d'anatomie, etc.*, 1725, in-12, contre Petit ; *Cléon à Euxode, touchant la prééminence de la médecine sur la chirurgie*, 1739, in-12; *l'Orthopédie, ou l'Art de prévenir et de corriger dans les enfants les difformités du corps*, 1741, 2 v. in-12., qui est le meilleur ouvrage de ce docteur; *Traité sur la peste*, dicté au collège royal, imprimé après la mort de l'auteur, par les soins de Dionis, son gendre, selon Barbier.

ANDRY (Charles-Louis-François), médecin, né à Paris, le 6 juillet 1741, mort le 8 avril 1829, a laissé les ouvrages suivants : *Manuel du jardinier*, traduit de l'italien de Mandirola, Paris, 1765, in-8; *Matière médicale*; extrait des meilleurs auteurs et des leçons de Ferrein, Paris, 1770, 3 vol. in-12 ; *Recherches sur la rage*, Paris, 1781, in-8 ; *Observations et recherches sur l'usage de l'aimant en médecine*, Paris, 1783, in-8; *Recherches sur la mélancolie*, Paris, 1786, in-4.

ANEAU (Barthélemi), né à Bourges vers le commencement du 16ᵉ siècle, fut principal du collège de la Trinité à Lyon. En 1565, une pierre fut jetée d'une fenêtre de ce collège sur le prêtre qui portait le saint Sacrement en procession le jour de la Fête-Dieu. Les catholiques, irrités de cette action, entrèrent sur-le-champ dans le collège, et ayant trouvé Aneau qu'on regardait comme un calviniste secret, l'assommèrent et le mirent en pièces. On a de lui des *Chants royaux*, un *Mystère de la Nativité*, 1559, in-8; *Lyon marchand, satire française*, 1542, in-16, et plusieurs autres ouvrages en vers et en prose. Les curieux recherchent son *Alector ou le Coq, histoire fabuleuse*, Lyon, 1560, in-8.

ANGE DE CLAVASIO, franciscain génois, mort à Coni en Piémont, l'an 1495, est auteur d'une Somme des cas de conscience avec le titre de : *Summa angelica*, Venise, 1437, in-fol. Benoît XIV a approuvé le culte qu'on rendait à ce saint religieux.

ANGE-DE-SAINT-JOSEPH (le P.), carme déchaussé de Toulouse, dont le vrai nom était *La Brosse*, resta longtemps dans la Perse en qualité de missionnaire apostolique; le séjour qu'il fit dans ce royaume lui donna lieu d'en apprendre la langue. Cette connaissance l'engagea à entreprendre une traduction latine de la *Pharmacopée persane*, qui vit le jour à Paris en 1681, in-8. Le docteur Hyde attribue cette traduction au Père Matthieu. Il y a encore de lui : *Gazophylacium linguæ Persarum*, Amsterdam, 1684, in-fol., ouvrage recommandable par la justesse des remarques et par divers traits historiques, quoique défiguré par d'assez nombreuses inexactitudes. L'auteur y explique les termes en latin, en français et en italien, pour rendre son livre d'un usage plus général aux nations les plus éclairées de l'Europe. Il avait été provincial de son ordre en Languedoc, et mourut à Perpignan l'an 1697.

ANGE-DE-SAINTE-ROSALIE, augustin déchaussé et savant généalogiste, naquit à Blois en 1655, et mourut à Paris en 1726. Il préparait une nouvelle édition de l'*Histoire de la maison de France et des grands officiers de la couronne*, commencée par le Père Anselme, lorsqu'il fut subitement frappé de mort, laissant après lui la mémoire d'un savant laborieux. Le Père Simplicien, son associé dans ce travail, la publia en 9 vol. in-fol., Paris, 1726-1733, avec les corrections et additions de M. du Fourny. Le père Ange a aussi composé l'*État de la France*, en 5 vol. in-12. Son nom de famille était Vaffard. Il y a des inexactitudes dans l'*Histoire de la maison de France*; mais quel ouvrage de ce genre en est exempt? C'est d'ailleurs un répertoire très-utile pour l'*Histoire de France* qui a demandé bien des recherches.

ANGELI (Pierre degli), ou ANGELICO, célèbre littérateur et poète latin, né en 1517 à Barga, petite ville de la Toscane, d'où il a été communément surnommé *Bargeo*. Tandis qu'il étudiait à Bologne, quelques vers satiriques qu'il fit contre le mari d'une dame de distinction de cette ville, dont il était amoureux, l'obligèrent à s'en éloigner. Il se rendit à Venise où il fut généreusement accueilli par l'ambassadeur de France, qui l'occupa pendant trois ans à corriger les manuscrits grecs qu'il faisait copier par ordre de François Ier. Un autre ambassadeur français l'emmena à Constantinople, et visita avec lui l'Asie mineure et la Grèce. En 1543, il se trouvait sur la flotte que le Grand-Seigneur envoyait, sous les ordres de Barberousse, contre l'empereur Charles-Quint. Il se trouva au siége de Pise par les Français. Un duel dans lequel il tua son adversaire l'obligea à fuir; et étant arrivé à Gênes, il reçut des secours du célèbre marquis del Vasto, général de Charles-Quint. Après avoir enseigné pendant quelque temps les langues grecque et latine à Breggio en Lombardie, sa réputation le fit appeler à Pise par Côme I, duc de Florence, pour y professer les belles-lettres. Il occupa cette chaire pendant plusieurs années avec beaucoup de succès, et passa ensuite, dans la même université, à une autre où s'enseignaient la morale et la politique d'Aristote. En 1554, durant la guerre de Sienne, Pierre Strozzi s'étant approché de Pise avec son armée, la ville se trouva sans défense. Ce professeur, qui n'avait pas moins de courage que de savoir, rassembla tous les écoliers de l'Université, se mit à leur tête, et les encouragea si bien par son exemple, qu'il tint l'armée ennemie en respect, et donna le temps au duc de Florence d'y envoyer du secours. Le cardinal Ferdinand de Médicis l'appela à Rome en 1576, et l'emmena à Florence quand il fut proclamé grand-duc. Chargé d'honneurs et de richesses, il se retira à Pise, où il mourut en 1596, âgé de 79 ans. Angeli est principalement connu par deux poèmes latins : l'un qui a pour titre *Cynegeticon*, ou *De la chasse*, en 6 livres, fut imprimé, avec ses *Poésies*, en 1568, in-8. Il en conçut la première idée, et en forma le plan à une partie de chasse où il accompagna Henri II. Cet ouvrage, qui lui coûta vingt années de travail, est estimé. L'autre poëme est intitulé : *Syrius* ou *l'expédition de Godefroi de Bouillon pour le recouvrement de la Terre-Sainte*, en 12 livres, Florence, 1591, in-4. M. Osmont le fait naître à Berges, et l'éditeur de Ladvocat à Barges : c'est une petite erreur, il faut lire Barga.

ANGELI (Étienne), jésuite, fut, dit Montucla, un géomètre distingué dans son temps, et très-fécond. Il publia, dans l'intervalle des années 1658 à 1662, un grand nombre d'ouvrages concernant tous des sujets de la géométrie transcendante. L'ordre des jésuites ayant été supprimé en 1668, Angeli vécut en particulier, et professa les mathématiques à Padoue, où il vivait encore à la fin du 17e siècle. Cornélius à Beughem, dans sa *Bibliographia mathematica*, donne les titres des ouvrages d'Angeli, au nombre de neuf.

ANGELICO (Jean), dominicain et peintre, naquit à Fiésole. Le pape Nicolas V lui donna sa chapelle à peindre, et lui offrit l'archevêché de Florence pour récompenser sa modestie et ses talents; mais ce religieux le refusa. On dit qu'il laissait toujours quelques fautes grossières dans ses meilleures compositions, de peur que son amour-propre ne fût trop flatté des louanges qu'on lui aurait données. Il ne peignit jamais que des tableaux de dévotion. Il mourut en 1455, à 68 ans.

ANGELIERI (Bonaventure), moine de l'ordre des frères mineurs de Saint-François, naquit à Marsalla (Sicile), devint, à Madrid, vicaire général de son ordre, qu'il quitta pour celui de l'Observance, publia deux volumes dont le premier a pour titre : *Lux magica*, etc., *Cœlestius terrestrium et inferorum origo, ordo et subordinatio cunctorum, quoad esse, fieri, et operari,* ... *pars prima,* etc., Venise, 1686, in-4, sous le nom de : *Livio Betani;* et le second : *Lux magica academica, pars secunda, primordia rerum naturalium sanabilium, infirmarum et incurabilium continens,* etc., Venise, 1687, in-4, sous le nom de l'auteur. Ces deux volumes sont les premiers d'une collection de vingt-quatre, que l'auteur se proposait de publier successivement sur les mêmes matières. Nous ignorons ce que sont devenus les manuscrits des vingt-deux autres, qu'il avait préparés. Il mourut après l'an 1707.

ANGELIS (Jérôme), né, en 1567, à Castro-Giovanni en Sicile, entra à l'âge de 17 ans dans la compagnie de Jésus, et fut envoyé en 1595, en qualité de missionnaire, aux Indes et au Japon. Une violente tempête ayant jeté son vaisseau sur les côtes du Brésil, il fut fait prisonnier par des corsaires, et amené en Angleterre. Délivré presque aussitôt, il retourna en Portugal, se fit ordonner prêtre, et repartit pour le Japon, où il arriva en 1602. Il s'était déjà signalé par des conversions éclatantes, lorsqu'en 1614, un édit du souverain proscrivit les missionnaires jésuites dans toute l'étendue de ses Etats. Angelis obtint de ses supérieurs la permission de quitter l'habit de son ordre, et continua de prêcher la foi dans les différentes provinces de l'Ile. Il porta ses pas à Meaco, à Osacka, etc., où il restait à peine 1,000 chrétiens qu'on y avait relégués, et dans peu de temps on en compta 11,000. Quand la persécution de 1623 éclata dans le Japon, Angelis, pour délivrer son hôte que sa charité à recevoir le ministre de Dieu allait conduire à l'échafaud, reprit les habits de son état, et se présenta courageusement devant les tyrans, qui le firent périr par le supplice du feu, le 24 décembre de cette même année. On apprend de l'auteur de la *Bibliothèque des Jésuites,* que ce laborieux missionnaire avait écrit une courte *Relation du royaume d'Yesso.* Une de ses *Lettres,* sur le même sujet, se trouve dans l'histoire de ce qui s'est passé dans le royaume de la Chine et du Japon, tirée de lettres écrites de 1619 à 1621, traduite de l'italien, par Pierre Morin, in-4.

ANGELIS (François-Antoine), né à Sorrento, en 1567, entra chez les jésuites en 1583, fut envoyé, en 1602, dans l'Inde, et deux ans après, en Ethiopie, où il prêcha l'Evangile pendant dix-huit ans. Il mourut en 1623 ; il avait traduit, dans une des langues de l'Ethiopie, plusieurs ouvrages, entre autres les *Commentaires de Jean Maldonat sur les Evangiles de saint Matthieu et de saint Luc.*

ANGELIS (Alexandre) naquit à Spolette, et entra dans la compagnie de Jésus en 1581. Il fut professeur de philosophie et de théologie, et mourut à Florence, où l'avait appelé le cardinal Serra. Il a publié un ouvrage en cinq livres contre les astrologues, dont la seconde édition parut à Rome en 1615, in-4. Il avait entrepris des *Commentaires* sur la philosophie et la théologie universelle ; mais il ne put les achever.

ANGELIS (Mutius), né à Spolette, mort en 1597, à trente-neuf ans, après avoir professé pendant seize ans la philosophie et la théologie, a laissé des *Commentaires* sur presque tous les *Livres* d'Aristote, sur la *Somme* de saint Thomas, des *Notes* sur les *Epîtres* de saint Paul, etc.

ANGELIS (Dominique), historiographe du royaume de Naples, chanoine et grand-pénitencier de Lecce, sa patrie, mort en 1718. Il a laissé : un *Discours historique* en italien, sur cette ville, Lecce, 1705, in-4 ; *Della patria d'Ennio,* in-8 ; *le Vite de letterati Salentini,* 1710 et 1713. Il y a plusieurs autres savants de ce nom.

ANGELOME, diacre et religieux bénédictin de l'abbaye du Luxeuil, au commencement du 9ᵉ siècle, se distingua, dans ces temps d'ignorance, par son goût pour l'étude. Ses talents le firent connaître de l'empereur Lothaire, qui tenta vainement de l'attirer à sa cour. Il avait écrit, en latin, un grand nombre d'ouvrages qui se sont perdus. On conservait dans la bibliothèque du Luxeuil ses *Commentaires* sur la *Genèse,* sur le *Cantique des Cantiques,* et sur les *Livres des Rois.* Son *Commentaire* sur le *Cantique des Cantiques* a été imprimé à Cologne, en 1530, in-12; celui sur le *Livre des Rois,* à Rome, Paul Manuce, 1565, in-fol., suivant Ciaconius. Ces deux ouvrages, qui portent l'empreinte de l'esprit bizarre et grossier du 9ᵉ siècle, avaient été imprimés ensemble à Cologne, 1538, in-4. Angelome mourut à Luxeuil en 854.

ANGELONI (François), historien et antiquaire du 17ᵉ siècle, né à Terni, dans le duché de Spolette, est mort à Rome en 1652. Son principal ouvrage est une *Histoire auguste par les médailles, depuis Jules-César jusqu'à Constantin-le-Grand,* dont la meilleure édition est celle de Rome, 1685, in-fol. Il es encore auteur d'une *Histoire de Terni*, sa patrie, imprimé en 1646, in-4, qui n'est pas commune. On lui a attribué assez généralement l'ouvrage intitulé : *Il Bonino, ovvero avvertimenti al Tristano, intorno gli errori nelle medaglie del primo tomo di suoi Commentarii istorici*, in-4; mais il est prouvé qu'il est de J. P. Bellori, neveu et disciple d'Angeloni. Angeloni a écrit aussi des épîtres et des comédies, dont deux ont été imprimées : *Gl' Irragionevoli amori*, Venise, 1611, in-12; *La Flora*, Padoue, 1614, in-12. Ses principales épîtres sont *Lettere di buone feste, scritte da principe a principe*. Ce sont des lettres écrites par l'auteur, au nom du cardinal Aldobrandini dont il était le secrétaire, à divers princes aux fêtes principales de l'année, suivant l'usage des Italiens. Elles font regretter vingt volumes de lettres qui n'ont point encore vu le jour.

ANGENNES (Charles), d'une ancienne maison du Perche, est plus connu sous le nom de cardinal de Rambouillet. Il obtint l'évêché du Mans de Charles IX, et la pourpre de Pie IV, auprès duquel il avait été envoyé en ambassade. Sixte-Quint lui donna le gouvernement de Corneto. Il y mourut en 1587, à 56 ans, de poison suivant quelques-uns. Ce prélat, propre aux grandes affaires, avait paru avec éclat au concile de Trente. Ce fut sous son épiscopat que les calvinistes prirent la ville du Mans, et pillèrent l'église cathédrale de Saint-Julien.

ANGENNES (Claude), frère de Charles le cardinal, né à Rambouillet, en 1538, devint conseiller-clerc au parlement de Paris en 1565. Envoyé, trois ans après, vers Côme de Médicis, grand duc de Toscane, il fut honoré du titre de conseiller d'état, et nommé évêque de Noyon en 1577, puis du Mans en 1588, à la place de son frère Charles. Il y établit un séminaire, et y mourut en 1601, aimé et respecté. On a de lui une *Lettre* contre l'action de Jacques Clément, 1589, in-8; elle est jointe à une *Réponse* d'un docteur en théologie, qu'on croit être Jean Boucher. Il a également publié une *Remontrance du clergé de France*, 1585, in-8; une seconde, 1589, idem; *Avis de Rome*, tirés des *Lettres* de l'évêque du Mans à Henri de Valois, 1589, in-8; dans cet écrit, l'auteur se prononce fortement contre Henri III. Enfin une *Lettre à Henri III*, dans laquelle il lui rend compte de sa mission à Rome, relative à la mort du cardinal de Guise.

ANGERS (François d'), capucin de la province de Paris, joignait aux vertus attachées à sa profession un amour ardent pour les lettres. L'on a de lui, entre autres ouvrages : *Historia missionis capucinorum ad regnum Marochii in Africâ*, etc., Madrid, 1644, in-8; *Vita Patris Josephi Leclerc, capucini*, Paris, 1645, in-4.

ANGILBERT (saint), neustrien, étudia avec Charlemagne sous Alcuin, qui lui fut attaché comme un père l'est à son fils. Charlemagne lui donna Berthe sa fille, le fit gouverneur de la France maritime, depuis l'Escaut jusqu'à la Seine, et ministre principal de Pépin son fils, qu'il avait couronné roi d'Italie. Angilbert quitta le ministère et sa femme, pour se faire moine, en 790, dans le monastère de Centule ou de Saint-Riquier, dont il devint abbé peu d'années après. Il fut obligé de sortir très-souvent de son monastère, pour des intérêts d'État, ou pour des affaires ecclésiastiques. Il fit quatre voyages à Rome. Dans le dernier, il accompagna Charlemagne qui l'appelait son Homère. Il le vit couronné empereur d'Occident, et mourut l'an 814. Nous n'avons de lui que peu d'ouvrages, Ce sont des *poésies*. On en trouve quelques-unes dans le *Recueil des historiens de France*, dans Alcuin, dans le *Spicilège*. On a aussi l'histoire qu'il a écrite de son monastère. L'ouvrage d'Angilbert, 1741, in-8, intitulé *Histoire des premières expéditions de Charlemagne pendant sa jeunesse et avant son règne*, composé pour l'instruction de Louis-le-Débonnaire, n'est qu'un roman rédigé par Dufresne de Francheville. (Voyez le *Dictionnaire des anonymes*, tom. 4, page 73.)

ANGIOLELLO (Jean-Marie) naquit à Vicence, dans les États de la république de Venise. Ayant été fait esclave, il suivit en Perse, l'an 1473, Mahomet II, dont il écrivit la *Vie*. Le sultan récompensa l'auteur, et accueillit bien l'ouvrage. Angiolello a aussi écrit la *Vie d'Ussum Cassan*, roi de Perse, qui a été insérée dans le second volume des *Voyages*, publiés à Venise par Ramusio.

ANGLÈS (Le comte), ministre d'État, né à Grenoble vers 1780, de Charles-Grégoire Anglès, député et président de la cour royale de Grenoble, étudia d'abord le droit, et renonça à la carrière du barreau pour entrer dans l'administration des pays conquis, en qualité d'auditeur au conseil d'État. En novembre 1809, il fut nommé maître des requêtes, et peu après il entra au ministère de la police, où il fut chargé de la correspondance du troisième arrondissement qui comprenait les départements au-delà des

Alpes. En avril 1814, le gouvernement provisoire lui confia le ministère de la police, et lui donna ensuite le titre de conseiller d'État. Il prêta serment au roi le 3 août, et suivit Louis XVIII à Gand dans le mois de mars 1815. Ce prince le nomma, le 26 juillet, président du collége électoral des Hautes-Alpes, qui l'élut membre de la chambre des députés. Il remplaça De Cazes dans le mois de septembre à la préfecture de police de Paris, et conserva cette place jusqu'en 1821. Il est mort le premier janvier 1828, dans sa terre de Cornillon, près de Roanne, des suites d'une inflammation d'estomac, après avoir demandé et reçu tous les secours de la religion. Le roi lui avait accordé des lettres de noblesse et le titre de comte, qui déjà lui avait été donné par Bonaparte.

ANGLUS (Thomas), prêtre catholique anglais, du 17ᵉ siècle, se déguisa sous les noms de *Candidus*, *Albius*, *Bianchi* et *Richworth*; on croit que son vrai nom était *White* (Le Blanc), mais il est plus généralement connu sous celui d'Anglus. Il résida longtemps à Paris et à Rome, et fut successivement principal d'un collége à Lisbonne, et sous-principal de celui de Douai. Il adopta les sentiments de Kenelm Digby sur la philosophie d'Aristote, et entreprit d'expliquer, par elle, les mystères les plus impénétrables de la religion, tels que la prédestination, le libre arbitre et la grâce. Il a écrit, sur ces divers sujets, des ouvrages dont l'obscurité est comparée par Baillet à celle des anciens oracles. Anglus répondit à ce reproche d'obscurité d'une manière assez remarquable : « Ou les savants « m'entendent, dit-il, ou ils ne m'en« tendent pas. S'ils m'entendent, et qu'ils « trouvent que je me trompe, il leur est « aisé de me réfuter; s'ils ne m'enten« dent point, ils ont tort de s'élever con« tre ma doctrine. » Plusieurs de ses écrits ont été censurés à Rome, en 1658, par la congrégation de l'*Index*, et les théologiens de Douai ont condamné vingt-deux propositions extraites de ses *Institutions sacrées*. Descartes, qui l'appelle *M. Vitus*, essaya de lui faire adopter son système; mais ils ne purent s'entendre. Anglus mourut quelque temps après le rétablissement de Charles II. Ses principaux ouvrages sont : *Institutiones peripateticæ*; *Appendix theologica de origine mundi*; *Tabulæ suffragiales de terminandis fidei litibus ab Ecclesiâ catholicâ fixæ*; *Tesseræ Romanæ evulgatio*; *Statera morum*; *De medio animarum statu*, etc.

ANGOULÊME (Charles de Valois duc d'), fils naturel de Charles IX et de Marie Touchet, frère utérin de la marquise de Verneuil, maîtresse de Henri IV, naquit le 28 avril 1573. Destiné dès son enfance à l'ordre de Malte, il en sortit en 1591 pour se marier et occuper le comté d'Auvergne, qui lui avait été légué par Catherine de Médicis. Marguerite de Valois, ayant fait cesser cette donation en 1606, il n'en continua pas moins d'en porter le titre jusqu'en 1619, où Louis XIII lui donna le duché d'Angoulême. Charles de Valois combattit avec gloire sous les drapeaux de Henri IV, aux journées d'Arques, d'Ivry et de Fontaine-Française. Impliqué dans l'affaire de Biron, il fut mis à la Bastille, puis gracié; mais peu après, ayant conspiré avec la marquise de Verneuil, il fut condamné à mort en 1604, et gracié encore une fois par Henri IV, qui commua sa peine en une prison perpétuelle. Il n'en sortit qu'en 1616, et se trouva, en 1617, au siége de Soissons. Charles de Valois fut envoyé en ambassade, en 1620, près de l'empereur Ferdinand II. Il ouvrit, le 10 août 1628, le siége de la Rochelle, où il commanda en chef jusqu'à l'arrivée du roi. Il mourut à Paris, le 24 septembre 1650, après avoir vécu sous cinq rois. Il a laissé : *Mémoires très-particuliers du duc d'Angoulême, pour servir à l'histoire des règnes de Henri III et Henri IV*, 1662, in-12. Ces Mémoires forment le tome 1ᵉʳ des *Mémoires particuliers, pour servir à l'histoire de France*, 1756, 4 vol. in-12, et le tom. 3 des *Pièces fugitives, pour servir à l'histoire de France*, publié par le marquis d'Aubais et Menard, 1759, 3 vol. in-4; les *Harangues prononcées en l'assemblée de MM. les princes protestants d'Allemagne*, par le duc d'Angoulême, 1620, in-8; la *Générale et fidèle Relation de tout ce qui s'est passé en l'île de Ré, envoyée par le roy à la royne sa mère*, 1627, in-8; une traduction française de la *Relation de l'origine et succès des schérifs, et de l'état des royaumes de Maroc, Fez et Tamdant*, de l'espagnol de Diégo de Torrès, Paris, 1636, in-4; traduction qui se trouve aussi dans le 3ᵉ vol. de l'*Afrique de Marmol*, etc., 1667, 3 vol. in-4. Henri, comte de Béthune, a publié la *Relation de l'ambassade de M. le duc d'Angoulême*, 1667, in-fol.

ANGOULÊME (Louis-Antoine de Bourbon, duc d'), fils aîné de Charles X et de Marie-Thérèse de Savoie, né à Versailles le 6 août 1775, fut nommé grand-prince de France en 1776, et chevalier de l'ordre du Saint-Esprit en 1777. Il eut pour précepteur le duc de Sérent, et montra, dès son enfance, un caractère doux et bon. Le bailli de Suffren, dont les succès sur les mers d'Asie avaient augmenté l'illustration du pavillon français, de retour à Versailles, visita les enfants du comte d'Artois au moment où le duc d'Angoulême lisait une des *Vies de Plutarque*. « Je lisais l'histoire d'un héros, s'écria le prince en embrassant Suffren, j'en vois un maintenant. » En 1789, il accompagna son père en émigration, et fit un séjour de plus d'une année à Turin, auprès du roi de Sardaigne, son aïeul. Après avoir fait dans cette ville, avec son frère le duc de Berri, un cours d'artillerie pratique, il alla en Allemagne commander un corps d'émigrés; il se rendit ensuite avec son père à Edimbourg, de là à Blankembourg, et enfin à Mittau, où il épousa, le 10 juin 1799, Marie-Thérèse Charlotte de France, fille unique de Louis XVI. En 1800, accompagné de sa femme, il suivit Monsieur à Varsovie et y resta jusqu'au moment où les hésitations de la cour de Berlin décidèrent les princes Français à retourner en Russie, que, bientôt après, ils furent obligés de quitter, à la suite du traité de Tilsitt. Louis XVIII, ayant alors acheté une terre à Hartwel près de Londres, se détermina à l'aller habiter et fut accompagné par Louis-Antoine. Vers le mois de Janvier 1814, le duc d'Angoulême se rendit sur la côte orientale d'Espagne, au moment où Wellington allait pénétrer en France, et entra lui-même à Bordeaux le 12 avec Beresford, visita Toulouse, arriva le 27 à Paris, où il rejoignit la famille royale, et revint dans les provinces méridionales avec sa femme. A peine arrivées à Bordeaux, LL. AA. RR. apprirent le débarquement de Napoléon. Le duc d'Angoulême, sur l'ordre du roi, partit pour Toulouse, se mit à la tête d'un corps d'armée, et prit une grande part au combat qui eut lieu à Montélimart, entre les troupes royalistes et celles de Napoléon. Abandonné de la plupart de ses soldats, il fut obligé de capituler, fut conduit à Cette par le général Radet, et s'embarqua pour l'Espagne. Arrivé à Barcelonne, il se rendit sur les frontières de France, où il rentra au moment où Louis XVIII arrivait à Paris. En 1823, le duc d'Angoulême fut nommé généralissime de l'armée française, et réussit à relever le trône de Ferdinand VII. Si dans cette campagne le prince français n'eut pas à déployer les talents d'un général d'armée, il fit preuve en toute circonstance de courage, de fermeté, de prudence et de sagesse. Le duc d'Angoulême était appelé à régner un jour sur la France, mais les évènements de juillet 1830 vinrent le priver de la couronne qui lui était destinée; le 30 juillet il abdiqua avec son père Charles X en faveur du duc de Bordeaux. Obligé de reprendre le chemin de l'exil, il soutint cette haute infortune avec noblesse et dignité. Il se retira d'abord avec sa famille à Holyrood en Ecosse, puis à Goritz en Allemagne, où il est mort en juin 1844, à la suite d'une longue et douloureuse maladie. Le duc d'Angoulême était un prince d'une haute piété, sincèrement attaché à ses devoirs de chrétien, bon, charitable, affectueux; il était aimé de tous ceux qui, dans l'exil comme au temps de ses grandeurs, l'avaient approché.

ANGOULÊME (Marie-Thérèse Charlotte, DUCHESSE D'), fille de Louis XVI et de Marie-Antoinette, naquit à Versailles, le 19 décembre 1778. Elle passa ses premières années à Versailles, où elle reçut une éducation grave et religieuse. La jeune princesse n'avait pas 12 ans, lorsque la Révolution éclata, et, à partir de ce moment, sa vie ne fut qu'une longue suite d'épreuves. Dès le 6 octobre 1789, elle fut exposée, avec toute sa famille, aux outrages et aux menaces d'une population égarée; plus tard elle dut suivre le roi et la reine dans leur fuite, fut arrêtée avec eux à Varennes et ramenée à Paris. Après l'insurrection du 10 août, elle fut enfermée au Temple, y fut soumise à toutes sortes de mauvais traitements, vit successivement périr sur l'échafaud son père, sa mère et sa tante, et ne fut rendue à la liberté, après une captivité de près de 5 années, que le 26 décembre 1795; l'empereur d'Autriche s'était enfin souvenu de la petite-fille de Marie-Thérèse, et l'avait échangée contre plusieurs conventionnels qu'il avait faits prisonniers. Arrivée à Vienne, elle y resta près de 4 années, vivant des revenus d'un legs que la duchesse de Saxe-Teschen, sa tante, lui avait fait; elle se rendit ensuite à Mittau, où elle épousa, le 10 juin 1799, son cousin le duc d'Angoulême. Elle suivit le prince son époux à Varsovie, revint à Mittau en 1805, et passa l'année suivante en Angleterre où elle resta jusqu'en 1814. Rentrée à Paris le 27 mai de cette année, elle se mit bientôt à voyager dans les provinces pour s'efforcer de gagner l'esprit des populations à sa famille; elle se trouvait à Bordeaux, lorsque le 19 mars 1815 elle reçut la nouvelle du débarquement de Napoléon à Cannes. Loin de se laisser abattre par un tel évènement, elle montra, au contraire, beaucoup de courage et de résolution : elle commença par écrire au Comte d'Artois, son beau-père, une lettre dans laquelle elle l'invitait à se mettre à la tête de l'armée pour combattre Napoléon; puis elle passa en revue les troupes qui étaient à Bordeaux, les visita dans leur caserne, et ne négligea rien pour les retenir dans le devoir. Mais tous ses efforts furent inutiles, et elle dut bientôt aller rejoindre le roi Louis XVIII à Gand. Elle rentra dans Paris avec le prince le 8 juillet de la même année, puis se rendit à Bordeaux, où le duc son mari allait présider le collége électoral, et y fut reçue avec enthousiasme, tant à cause des sentiments royalistes de la population, qu'en souvenir de la fermeté héroïque qu'elle avait montrée. A l'avènement au trône du roi Charles X, la duchesse d'Angoulême prit le titre de Dauphine, et commença dès lors, si l'on en croit certaines assertions, à exercer quelque influence dans les conseils de la couronne. Il y a lieu toutefois de penser que la part qu'elle put prendre aux affaires politiques fut beaucoup moindre qu'on ne le prétendait; il est certain, dans tous les cas, qu'elle ne fut pas consultée au sujet des ordonnances de Juillet. Elle était aux eaux, lorsque la nouvelle lui en arriva, et elle dut regagner précipitamment Saint-Cloud, à l'aide d'un déguisement, pour échapper aux menaces et aux insultes. Après l'abdication de Charles X et du Dauphin, elle suivit ces deux princes à Cherbourg et s'embarqua avec eux pour l'Angleterre. Le séjour qu'elle fit à Holyrood fut de courte durée; au bout de quelques mois, elle partit pour Vienne, puis pour Prague, où la famille royale vint la retrouver. Enfin elle se retira à Goritz, où elle présida à l'éducation de son neveu le Comte de Chambord; elle y est morte le 19 octobre 1851, sous le nom de Comtesse de Marne, qu'elle avait pris depuis son départ de France. D'un caractère noble et élevé, cette princesse avait trouvé en outre, dans les principes d'une vraie et solide piété, la force de supporter avec dignité ses longues épreuves; aussi elle s'était concilié le respect et l'admiration de tous. C'est d'elle que Châteaubriand a dit : « Une femme de douleur a surtout « été chargée du fardeau le plus lourd « comme la plus forte; il n'est cœur qui « ne se brise à son souvenir : ses souf- « frances ont monté si haut, qu'elles « sont devenues une des grandeurs de « la Révolution. »

ANGRIANI (Michel), Bolonais, docteur de Paris, général des Carmes, mourut en 1416. Nous avons de lui un Commentaire sur les Psaumes, qui a pour titre : *Incognitus in Psalmos*, 1626, 2 vol. in-fol.

ANICET (saint), Syrien, fut élevé sur la Chaire de saint Pierre l'an 157, après saint Pie. Il fut visité à Rome par saint Polycarpe de Smyrne. Ces deux grands hommes agitèrent ensemble plusieurs questions, qui faisaient alors du bruit dans l'Eglise. Ils discutèrent aussi la coutume où étaient les Asiatiques de célébrer la Pâque avec les Juifs, le quatorzième jour de la première lune qui se rencontre après l'équinoxe du printemps; mais tout se fit de part et d'autre avec la plus grande modération. La diversité de sentiments par rapport à la célébration de la Pâque ne rompit point les liens de la paix. Chacun s'en tint à ce qui se pratiquait dans son église : Anicet céda même à Polycarpe l'honneur d'offrir le sacrifice. Ce saint pape sut garantir son troupeau du poison de l'erreur, et conserver le dépôt de la foi dans toute sa pureté. Il empêcha par sa vigilance les funestes ravages des hérésies de Valentin et de Marcion. Il mourut l'an 168, durant la persécution de Marc-Aurèle. S'il ne répandit pas son sang pour la foi, il fut au moins exposé à beaucoup de dangers et de souffrances; ce qui l'a fait qualifier de *martyr*. Il est nommé avec ce titre dans divers *Martyrologes*, et surtout dans le romain.

ANICHINI (Louis), graveur en creux, né à Ferrare, s'illustra dans le 16e siècle par la délicatesse et la précision de son burin. Ses médailles de Paul III et de Henri II sont fort recherchées. Michel-Ange, les ayant vues, s'écria que cet art avait atteint la perfection. Il s'était fixé à Venise.

ANICIUS-PROBUS (Sextus), préfet du prétoire, et consul romain, se fit aimer par son humanité, et s'illustra par sa sagesse. Les deux philosophes perses, qui vinrent voir saint Ambroise à Milan en 590, passèrent exprès à Rome pour jouir de la conversation d'Anicius-Probus. Il avait alors quitté sa charge de préfet du prétoire, et il se préparait à finir en saint une vie illustrée par toutes les vertus chrétiennes. Sa femme *Proba-Falconia* s'est également distinguée par sa piété.

ANIEN, jurisconsulte du temps d'Alaric II, roi des Visigoths, publia, par l'ordre de ce prince, un *Abrégé* des seize livres du *Code Théodosien*, en 506. C'est encore à lui que nous devons le seul ouvrage qui nous reste de Julius Paulus, tant vanté pour l'étendue de ses connaisances, et qui a pour titre : *Receptarum sententiarum libri quinque.* Anien mourut, à ce que l'on croit, dans la bataille où Alaric fut tué par Clovis.

ANIEN, diacre pélagien, a fait la *Traduction latine* de quelques homélies de saint Jean Chrysostôme.

ANISSON-DUPERRON, imprimeur à Lyon, fut obligé de quitter, le 10 août 1792, l'établissement qu'il avait enrichi et illustré à l'exemple de ses ancêtres. En 1794 il fut arrêté, traduit devant le tribunal révolutionnaire, et condamné à mort. On a de lui : *Premier Mémoire sur l'impression en lettres, suivi de la description d'une nouvelle presse*, 1784, in-4, lu à l'Académie des sciences le 3 mars 1785, et imprimé dans le tome 10 des *Mémoires de mathématiques et de physique des savants étrangers*. Anisson s'y donne comme inventeur de la presse à un coup ; mais MM. Didot lui ont disputé cette invention.

ANJOU. (Voyez CHARLES, LOUIS, MARGUERITE, etc., d')

ANNAT (François), né à Rhodez en 1607, jésuite, professeur de philosophie et de théologie dans son ordre pendant treize ans à Toulouse, assistant du général, ensuite provincial, fut fait confesseur de Louis XIV en 1654. Nous avons de lui plusieurs ouvrages en latin, Paris, 1666, 3 vol., in-4, et d'autres en français, contre les nouveaux disciples de saint Augustin. Dans le nombre, on distingue ses *Observations sur le miracle qu'on dit être arrivé à Port-Royal*. Les écrivains jansénistes ont prouvé par les vains efforts qu'ils ont faits pour réfuter ses ouvrages, le cas que l'on doit faire de ses talents. Pascal lui a adressé ses deux dernières provinciales. Annat mourut à Paris en 1670. Il avait perdu sa place de confesseur dans les commencements de l'inclination de Louis XIV pour la duchesse de la Vallière. Des représentations, qu'un confesseur ne peut se dispenser de faire en pareille occasion, déplurent à ce prince, quoique en général très-docile aux leçons de la religion ; et le père Annat fut renvoyé.

ANNAT (Pierre), supérieur de la Congrégation de la doctrine chrétienne, dont on a : *Apparatus ad positivam theologiam methodus*, Paris, 1714, 2 vol. in-4, mis à l'*Index* le 12 de septembre 1714.

ANNE, femme d'Elcana. Dieu touché de ses prières, lui ayant promis qu'elle serait mère, elle accoucha de Samuel l'année d'après, environ 1155 ans avant J.-C. Anne signala sa reconnaissance par un cantique d'actions de grâces, plein d'idées sublimes et magnifiques de la Divinité, de sa providence, et de sa terrible et admirable justice. Quand on réfléchit que c'est une femme qui a dit tout cela dans un cantique que toutes les traductions dégradent, sept à huit siècles avant que les sages de la Grèce aient balbutié quelques sentences éparses sur ces grandes vérités, peut-on ne pas avoir pitié de la philosophie profane, et de ces fastueux pédagogues, qui à peine auraient compris quelque chose aux leçons de la bonne Anne ? (Voyez DÉBORA, MARIE, mère de Jésus.)

ANNE, femme de Tobie. (Voy. TOBIE.)

ANNE (sainte), épouse de Joachim, et mère de la sainte Vierge. Saint Epiphane est le premier Père de l'Eglise qui nous ait appris son nom. Les Pères des trois premiers siècles n'en parlent dans aucun endroit de leurs ouvrages. Saint Jean Damascène a fait de grands éloges de ses vertus. L'empereur Justinien I fit bâtir à Constantinople une église sous l'invocation de sainte Anne, vers l'an 550 : on lit dans Codinus que l'empereur Justinien II en fonda une autre en 705. Le corps de la sainte fut apporté, dit-on, de la Palestine à Constantinople en 740 ; et c'est depuis ce temps-là que plusieurs églises d'Occident se vantent d'avoir quelques portions de ses reliques.

ANNE, la Prophétesse, fille de Phanuel, fut témoin de l'humilité ineffable de la Sainte-Vierge, quand cette mère sans tache vint après ses couches, selon la loi, se purifier au temple : alors Anne, cédant aux vifs transports de sa joie, annonça, avec le vieillard Siméon, les merveilles du Messie.

ANNE COMNÈNE, fille de l'empereur Alexis Comnène I, née le 1er décembre 1083, et morte en 1148, conspira, après la mort de son père en 1118, pour arracher la couronne à son frère Jean. Elle voulait la donner à son époux Nicéphore Brienne, qui avait la faiblesse d'une femme, tandis que Anne montrait la vigueur et la fermeté d'un héros. L'indolence de Nicéphore fit échouer ses desseins. Cette princesse s'appliqua de bonne heure à l'histoire et à l'étude sans négliger ses autres devoirs. Tandis que les courtisans s'abandonnaient aux plaisirs, elle conversait avec les savants de Constantinople, et se rendait leur rivale par la *Vie de l'empereur Alexis Comnène*, son père, qu'elle composa. Cet ouvrage, divisé en 15 livres, est écrit avec feu ; le style a un coloris très-brillant. On lui a reproché le portrait trop flatteur qu'elle a fait de son père, ses parallèles trop fréquents des anciens avec les modernes, l'inexactitude des dates et des détails aussi inutiles qu'ennuyeux. Elle ne manque pas de marquer la figure et la taille de tous ses personnages. Elle s'emporte contre le pape ; elle ne l'appelle qu'un *évêque, qui selon l'insolente prétention des Latins, se dit pontife souverain et universel de toute la terre*. On dit que, malgré son aversion pour les princes croisés, Boëmond, fils de Robert Guiscard, lui avait plu. Le président Cousin a donné une version française de la *Vie d'Alexis*, aussi exacte qu'élégante. On la trouve dans le 4° vol. de l'*Histoire Byzantine*. David Hoeschelius en a publié une édition avec de savantes notes, 1651, in-fol.

ANNE de Savoie, fille d'Amédée V, comte de Savoie, devint impératrice de Constantinople en 1327, par son mariage avec Andronic-le-Jeune. L'empereur étant mort, elle devint la régente de son fils Jean-Paléologue, trop jeune pour régner. Elle avait éloigné du gouvernement le vertueux Cantacuzène, que les troupes la forcèrent de rappeler : une seconde fois elle voulut le déposer, mais un parti se forma en faveur de ce général, qui repoussait les ennemis de l'empire, et qu'on voulait placer sur le trône. Ce parti finit par forcer Anne à partager avec Cantacuzène les honneurs impériaux. Cette princesse avait été dirigée dans toutes ces affaires par un intrigant, le protovestiaire Apocauque, qui fut assassiné pendant la guerre de Cantacuzène contre l'impératrice, mais que sa veuve vengea, d'après les conseils d'Anne, de la manière la plus barbare. L'impératrice se voua aux discussions théologiques, qu'elle abandonna toutefois pour servir de médiatrice entre son fils Jean-Paléologue et Cantacuzène. Les troubles ne cessèrent que par l'abdication de ce dernier. Peu de temps après Anne mourut.

ANNE de Russie, fille de Jaroslaw, épousa en 1044 Henri I, roi de France. On dit que ce fut pour éviter les censures de l'Eglise, qui défendait tout mariage entre parents, que ce prince alla chercher une femme loin des cours avec lesquelles il était en relation. Quoi qu'il en soit, c'est la première et la seule fois qu'il est question de la Russie dans les annales françaises. Ce ne fut qu'au bout de neuf ans qu'elle eut un fils qui devint roi sous le nom de Philippe 1ᵉʳ, elle eut depuis deux fils et une fille. Après la mort de Henri I, elle se retira d'abord à Senlis, puis elle donna la main à Raoul comte de Crépi en Valais. Ce mariage devait être attaqué, car Raoul était le parent de Henri I ; d'ailleurs il était marié, et son divorce n'avait pas été approuvé par l'Eglise : Raoul bra-va d'abord les censures ecclésiastiques, ensuite il répudia sa femme, qui retourna en Russie où elle mourut.

ANNE, fille de Louis XI, roi de France, fut mariée à Pierre II, duc de Bourbon. Elle mourut au château de Chantelle, à 60 ans ou environ, en 1522. C'était une femme habile, qui gouverna l'Etat dans le bas âge de Charles VIII, avec autant de prudence que de fermeté. Elle n'était pas moins vindicative. Louis, duc d'Orléans, qui depuis fut le roi Louis XII, n'ayant point répondu à l'amour qu'elle avait pour lui, et voulant prendre au gouvernement la part que lui donnait sa naissance, elle ne cessa de le persécuter, et le tint longtemps en prison. Peut-être y serait-il mort, si Charles VIII, qui était las d'être traité comme un enfant par cette impérieuse tutrice, ne fût allé lui même à Bourges le tirer de captivité, plus par dépit contre elle, que par affection pour lui. La maligne jalousie de cette princesse fut la première cause des funestes querelles qu'eut François I avec le connétable de Bourbon.

ANNE DE BRETAGNE, reine de France, fille et héritière du duc François II, et de Marguerite de Foix, naquit à Nantes le 26 janvier 1476. Quoiqu'elle eût été promise à Maximilien d'Autriche, qui l'avait même épousée par procureur, elle fut mariée à Charles VIII, roi de France, en 1491. Pendant l'expédition de ce prince en Italie, Anne gouverna le royaume avec une prudence et une sagesse peu communes. Après la mort de Charles, elle fut deux jours sans manger, couchée par terre, et pleurant sans cesse. Elle en prit le deuil en noir, quoique les reines l'eussent porté en blanc jusqu'alors. Louis XII, successeur de Charles VIII, vint à bout de la consoler. Il épousa Anne, qu'il avait aimée, lorsqu'il n'était encore que duc d'Orléans. Cette princesse mourut au château de Blois, le 9 janvier 1514, regardée comme la mère des pauvres. Elle laissa plusieurs fondations, qui font honneur à sa mémoire. Anne avait plus de grandeur d'âme que d'esprit, plus d'agrément que de beauté. Elle voulut gouverner son second époux, et y réussit. Lorsqu'on lui disait que sa femme prenait trop d'empire sur lui, il répondit : *Il faut souffrir quelque chose d'une femme, quand elle aime son mari et son honneur*. Louis XII lui résista pourtant dans quelques occasions ; et l'on connaît la fable *des biches qui avaient perdu leurs cornes pour s'être égalées aux cerfs*, que ce prince lui cita très à propos. C'est la première des reines de France qui ait eu auprès d'elle des filles de qualité, appelées depuis les *filles d'honneur de la reine*. Elles furent remplacées, dès 1673, par les *dames du palais*, et celles-ci par les *dames d'honneur*. On sait, du reste, que le mariage d'Anne avec Louis XII fut précédé du divorce de ce prince avec Jeanne, fille de Louis XI, qu'il avait été contraint d'épouser. (Voy. LOUIS XII.)

ANNE D'AUTRICHE, reine de France, fille aînée de Philippe II, roi d'Espagne, femme de Louis XIII (le 25 décembre 1615), et mère de Louis XIV (le 5 septembre 1638). Tout le temps que Louis XIII vécut, elle fut constamment éloignée du gouvernement par l'adresse et la politique du cardinal de Richelieu qui, pour régner plus en sûreté, alla jusqu'à compromettre la reine dans une conspiration de Chalais (Voy. ce nom). On vit alors une reine de France publiquement accusée d'entretenir des correspondances avec les ennemis de l'Etat, et obligée de répondre aux interrogations du chancelier; mais l'innocence triompha, et un heureux rapprochement avec le roi qui depuis longtemps l'abandonnait, fit taire ses ennemis; elle devint enceinte et donna le jour à Louis XIV. A peine le roi eut-il fermé les yeux, qu'elle se vit sans rival à la tête des affaires. Cette régence ne fut guère moins agitée que celle de Marie de Médicis : les symptômes en furent les mêmes. On vit le royaume se diviser, et, sous les mêmes prétextes, les princes demandant à main armée la réformation de l'Etat, puis surpris et emprisonnés; les parlements faire schisme entre eux, tenir les uns pour le roi, les autres contre le cardinal Mazarin, autant ou plus haï alors en France que ne l'avait jamais été le maréchal d'Ancre. Mais étant venue à bout de rappeler tous les sujets à l'obéissance, Anne en goûta les premiers fruits, et l'on ne peut rien ajouter à l'heureuse tranquillité qui accompagna le reste de ses jours. Elle n'eut ni à souffrir du roi son fils devenu majeur, ni à se reprocher le choix qu'elle avait fait du premier ministre. L'un lui fut soumis, et l'autre toujours dévoué; tous deux ne décidaient rien sans la consulter, et par un juste retour d'égards et de complaisance, elle ne voulait jamais que ce qu'ils jugeaient à propos d'ordonner. Elle fit bâtir la magnifique église du *Val-de-Grâce*, et mourut, en 1666, d'un cancer, âgée de 64 ans. Anne d'Autriche faisait l'amour des peuples et les délices de la cour. Elle était fille, sœur, femme, mère de roi, et elle soutint dignement tous ses titres; c'est ce qui a donné lieu à l'épitaphe bonne ou mauvaise qu'on voit sur son tombeau :

Et soror, et conjux, et mater, natoque regum,
Nulla unquam tanto sanguine digna fuit.

ANNE, reine d'Angleterre, fille de Jacques II, roi de la Grande-Bretagne, dernier rejeton de la famille des Stuarts, naquit en 1664. Elle fut élevée dans la religion protestante, quoiqu'elle dût le jour à des parents catholiques. On la maria au prince Georges de Danemark, qu'elle gouverna entièrement. Après la mort du roi Guillaume d'Orange, époux de Marie, sa sœur aînée, les Anglais l'appelèrent au trône en 1702. Anne leur en témoigna sa reconnaissance en entrant dans toutes leurs vues. Elle donna des secours à l'empereur Léopold et à Charles d'Autriche, contre la France. Le duc de Marlborough, son favori et son général, acquit une gloire immortelle par ses victoires dans la guerre de la succession d'Espagne. La reine Anne fut une des premières à entrer dans les négociations pour la paix; et dans celle qui se conclut à Utrecht, elle ne négligea ni sa gloire, ni les intérêts de sa nation. Elle mourut le 20 juillet 1714, après avoir fait assurer à la maison d'Hanovre la succession au royaume d'Angleterre. Elle avait pris d'abord, mais en vain, quelques mesures pour rouvrir à son frère, Jacques III, le chemin au trône, et, après sa mort, Georges d'Hanovre fut proclamé roi aussi paisiblement que s'il n'y avait plus eu de Stuarts au monde. Si cette princesse n'avait pas le génie de la fameuse Elisabeth, elle n'en eut pas non plus les vices : elle avait une bonté de caractère qui vaut mieux, pour les sujets, que toutes les prétentions à l'esprit, qui n'excluent ni l'injustice ni la cruauté. Elle était fort religieuse, et avait autant de piété qu'on peut en avoir hors de la vraie Eglise. Son règne est un des plus éclatants qu'on voie dans les annales de la Grande-Bretagne. Jusqu'à sa mort, elle s'est vue l'arbitre et en quelque sorte la maîtresse du sort de l'Europe.

ANNE IWANOWNA, impératrice de Russie, née en 1693. Elle était fille d'Iwan, ou Jean, empereur de Russie, frère du czar Pierre I, épouse du duc de Courlande; elle succéda au czar Pierre II, en 1730. Elle sut, en maintenant les forces de terre et de mer sur un pied respectable, favoriser le commerce de ses sujets, se faire rechercher tour à tour de l'empereur, des Polonais, des Turcs, des Persans et des Chinois, sans prendre part à leurs querelles, excepté la guerre qu'elle eut contre le Grand-Seigneur, depuis 1737 jusqu'en 1740. Elle mourut le 28 octobre de la même année, à l'âge de 47 ans, laissant la couronne à son petit-neveu Iwan.

ANNE de Hongrie, fille de Ladislas VI, et sœur de Louis II, roi de Hongrie, épousa l'empereur Ferdinand d'Autriche en 1527, et lui apporta les couronnes de Hongrie et de Bohême. Sa beauté et son courage, plus que son rang social, en ont fait un personnage historique. Pendant le siège de Vienne, par Soliman, empereur des Turcs, et par Jean Zopolya, vayvode de Transylvanie, qui s'était fait couronner roi de Hongrie, on la vit se défendre avec ardeur comme le guerrier le plus intrépide. Plus tard la Hongrie fut partagée entre les deux concurrents, et depuis cette époque seulement la maison d'Autriche a la couronne de Hongrie. Anne mourut à Prague le 27 janvier 1547. Marie de Médicis et Anne d'Autriche étaient ses petites-filles.

ANNE de Gonzague, dite la *Princesse palatine*, fille de Charles de Gonzague, duc de Nevers et de Rethel, puis duc de Mantoue, en 1627, et de Catherine de Lorraine, épousa, le 24 avril 1645, le prince Edouard, comte palatin du Rhin, cinquième fils de Frédéric V, électeur palatin, et d'Elisabeth Stuart, fille de Jacques II, roi d'Angleterre, dont elle eut trois filles : elle mourut à Paris, le 6 juillet 1684, âgée de 68 ans, célèbre par son esprit, par sa piété et par sa charité envers les pauvres. Elle avait longtemps vécu dans la dissipation, et, séduite par une fausse philosophie, elle était même tombée dans l'incrédulité ; mais elle revint de ses erreurs d'une manière aussi extraordinaire que touchante et instructive ; on trouve les détails de sa conversion dans son *Oraison funèbre*, prononcée par Bossuet. Les *Mémoires* qui ont paru sous son nom, en 1786, ont été composés par Senal de Meilhan.

ANNIBAL ou HANNIBAL, fils d'Amilcar, général carthaginois, jura à son père une haine éternelle contre Rome. A l'âge de neuf ans, il commença son apprentissage militaire en Espagne. Il se forma, en joignant les fatigues du soldat aux études du général. Dès l'âge de 26 ans, 221 avant J.-C., il commanda l'armée des Carthaginois qui lui avaient confié leur vengeance, et prit Sagonte en Espagne, ville alliée des Romains. D'Espagne, il songea à passer aussitôt en Italie, franchit les Pyrénées, dissipa une armée de Gaulois, parvint au Rhône, et, du bord de ce fleuve, s'avança en dix jours jusqu'au pied des Alpes, dans les défilés desquels il battit en plusieurs rencontres les belliqueux Allobroges. Le passage de ces montagnes lui causa des fatigues incroyables. Tite-Live raconte qu'il se vit obligé de faire sauter des rochers avec du vinaigre. Mais ce fait, par lui-même invraisemblable, n'est apparemment fondé que sur l'impossibilité que l'on voyait, deux siècles après, de traverser les mêmes défilés avec des éléphants et tout l'attirail d'une grande armée, impossibilité qui ne provenait que de l'éboulement des terres et des rochers qui, en peu de temps, changent l'état des grandes montagnes. Après neuf jours de marche, Annibal se vit au sommet des Alpes. Cinq autres jours suffirent pour traverser la partie qui regardait l'Italie. Il entra dans la plaine, et la revue qu'il fit alors de ses troupes, lui apprit que son armée, de 50,000 hommes de pied et de 9,000 chevaux, était réduite à 20,000 hommes et à 6,000 chevaux. Le général carthaginois, malgré ses pertes, prit d'abord Turin, défit le consul Cornélius Scipion sur le bord du Tésin, et quelque temps après Sempronius, près de la rivière de Trébie, l'an 218 avant J.-C. Cette bataille fut meurtrière. Les vaincus y perdirent 26,000 hommes ; et les vainqueurs, accablés du froid le plus rigoureux, n'eurent pas la force de se réjouir de leur victoire. A cela près, tout réussissait à Annibal. Il avait pour alliés, dans son armée, les Gaulois cisalpins et plusieurs milliers d'Espagnols. L'année suivante, il vainquit Cnéius Flaminius, près du lac de Trasimène. Le général romain resta mort sur le champ de bataille, 15,000 ennemis périrent, 6,000 furent faits prisonniers, et Annibal, ne sachant que faire de tant de captifs, renvoya sans rançon les Latins, et ne garda que les Romains. La république, affligée de tant de pertes, chercha à les réparer, en élisant pour dictateur Q. Fabius Maximus. Ce grand capitaine, qui acquit le surnom de *Temporiseur*, ne s'appliqua qu'à observer les mouvements d'Annibal, à lui cacher les siens, et à le fatiguer par des marches multipliées, plutôt qu'à s'exposer à en venir à un combat désavantageux. Fabius Maximus, que ses ruses et ses délais auraient dû faire aimer des Romains, ne s'attira que des plaintes. On partagea l'autorité du commandement entre lui et Minutius Félix, qui se laissa envelopper par le général carthaginois, et qui aurait péri sans le secours de son collègue. Le temps de la dictature de Fabius étant expiré, Terentius Varro et Paul Emile eurent le commandement des armées.

L'un et l'autre furent vaincus à la bataille de Cannes, l'an 216 avant J.-C.; 60,000 hommes de pied et 6,000 de cavalerie restèrent sur la place, avec le consul Paul-Emile. On dit qu'Annibal envoya à Carthage un boisseau d'anneaux pris aux chevaliers qui périrent dans ce combat. Il paraît qu'Annibal aurait dû peut-être profiter des avantages que lui offraient ses victoires, et marcher droit à Rome; mais il se peut qu'il y voyait des obstacles que les historiens n'ont pas fait connaître, et qu'aujourd'hui on s'efforcerait en vain de deviner; peut-être aussi son habileté, sa prudence, son courage, se démentirent-ils dans l'ivresse de ses succès. « Le sort des empires, « dit un philosophe, est si admirable- « ment calculé dans les dispositions et « les arrangements de la Providence, « qu'on serait tenté de croire que la « science des généraux, la sagesse des « ministres et des rois, ne sont que des « moyens de réaliser le plan éternel, et « que pour cela elles essuient des vicis- « situdes, des variations nécessaires à « son exécution. » Annibal résolut de passer l'hiver à Capoue, et les délices de cette ville firent autant de mal à ses soldats, que ses armes avaient causé de terreur aux généraux romains. Cependant de graves historiens assurent que l'armée africaine, fidèle à son chef, ne perdit point sa discipline à Capoue, et que, pendant douze ans qu'elle se maintint encore en Italie, elle affronta tous les dangers avec la même bravoure. En effet, ce qui la perdit, ce fut la constance des Romains, les succès que les Scipions obtinrent en Espagne, l'activité du sénat de Rome qui, dans une seule année, leva dix-huit légions. En vain marcha-t-il du côté de Rome pour l'assiéger, l'an 211 avant J.-C.: les Romains en furent si peu effrayés, qu'ils vendirent la terre où Annibal campait, et envoyèrent le même jour un secours considérable en Espagne. La pluie, les orages et la grêle l'obligèrent de décamper, sans avoir eu le temps, pour ainsi dire, de voir les murailles de Rome. Le consul Marcellus en vint ensuite aux mains avec lui dans trois différents combats, mais il n'y eut rien de décisif; et comme il en présentait un quatrième, Annibal se retira en disant : « Que faire « avec un homme qui ne peut demeu- « rer ni victorieux ni vaincu ? » Cependant Asdrubal, frère d'Annibal, s'avançait en Italie pour secourir son frère; mais Claude Néron, lui ayant livré bataille, l'an 207 avant J.-C., tailla son armée en pièces, et le tua lui-même.

Néron, rentré dans son camp, fit jeter à l'entrée de celui d'Annibal la tête sanglante d'Asdrubal. Le Carthaginois, en la voyant, dit qu'il ne doutait plus que le coup mortel n'eût été porté à sa patrie. Carthage, pressée de tous les côtés, songea à rappeler Annibal. Dès que ce héros fut arrivé en Afrique, il pensa qu'il valait mieux donner la paix à son pays, que lui laisser continuer une guerre ruineuse. Il y eut une entrevue entre lui et Scipion; mais le général romain n'ayant voulu entendre à aucune négociation, qu'auparavant le sénat de Carthage n'eût fait des réparations à celui de Rome, ils ne purent convenir de rien. On en vint encore à une bataille près de Zama, l'an 201 avant J.-C. Annibal la perdit, après avoir combattu avec autant d'ardeur que dans ses premières victoires : 40,000 Carthaginois furent tués ou faits prisonniers. Cette journée fut un nouveau motif pour les Carthaginois de demander la paix. Annibal lui-même la leur conseilla. Telle fut la fin de la deuxième guerre punique, après dix-huit ans de combats les plus sanglants. Annibal conserva néanmoins tout son crédit, et fut mis à la tête d'une armée dans l'intérieur de l'Afrique. Mais Rome exigea son rappel. Devenu préteur, il réforma plusieurs abus, jusqu'à ce que la faction des Hannon, son ennemie, l'ayant accusé auprès des Romains, d'entretenir des liaisons secrètes avec Antiochus, roi de Syrie, il fut exilé de Carthage. Il se réfugia d'abord chez Antiochus, roi de Syrie, qu'il engagea à faire la guerre aux Romains. Après la défaite de ce prince, il se retira chez Prusias, roi de Bithynie. Mais ne se voyant nulle part en sûreté contre les recherches et les perquisitions des Romains, et craignant d'être livré entre leurs mains, il avala un poison subtil, qu'il portait depuis longtemps dans le chaton de sa bague, l'an 183 avant J.-C., âgé de 64 ans. « Délivrons, dit-il, les Ro- « mains de la terreur que je leur inspi- « re ; ils eurent autrefois la générosité « d'avertir Pyrrhus de se précautionner « contre un traître qui le voulait empoi- « sonner ; et ils ont aujourd'hui la bas- « sesse de solliciter Prusias à me faire « périr. » Tite-Live nous le représente d'une cruauté inhumaine, et d'une perfidie plus que carthaginoise, sans respect pour la sainteté du serment, et sans religion. Sans vouloir dissimuler qu'il lui restait quelque chose du caractère et des vices de sa nation, nous croyons cependant que les traits prêtés à Annibal par l'historien latin sont grossis, et qu'ils partent de la haine que lui portaient les Romains. Un courage mêlé de prudence, une fermeté que rien ne troublait, une connaissance parfaite de l'art militaire, une activité sans égale, ont mis Annibal au premier rang des grands généraux de tous les siècles. Turpin de Arissé, le considérant dans son exil et ses disgrâces, le trouve plus grand que le fameux Caton, qui désespéra si légèrement du salut public. « Annibal, dit-il, « qui fuit de contrées en contrées pour « soulever contre Rome de nouveaux « ennemis, se consolant de vivre par « l'espoir de venger sa patrie, abaissant « sa fierté jusqu'à devenir le courtisan « d'un roi, me paraît plus grand que « Caton, qui se donna la mort, lorsqu'il « peut opposer au génie et à la fortune « de César son propre génie, son cou-« rage et son nom. » — Il y a deux autres généraux carthaginois de ce nom. Annibal, fils de Giscon, qui se distingua dans une expédition contre la Sicile, l'an 409 avant J.-C., et qui mourut de la peste trois ans après. — Annibal l'*Ancien*, dans la première guerre punique, 264 ans avant J.-C., ravagea les côtes de l'Italie, et fut tué par ses soldats, pour s'être laissé surprendre par les Romains.

ANNICÉRIS de CYRÈNE, philosophe grec, disciple d'Aristippe, contemporain et ami de Platon, racheta celui-ci lorsqu'il fut vendu comme esclave par Denis-le-Tyran. Il épura la doctrine cyrénaïque en la rapprochant du platonisme.

ANNIUS de VITERBE ou Jean NANNI, dominicain et maître du sacré palais, sous Alexandre VI, qui en faisait beaucoup de cas, mourut à Rome en 1202, à l'âge de 70 ans. On a de lui des *Commentaires* sur plusieurs livres de l'Ecriture-Sainte, et 17 livres d'antiquités, Rome, 1498, in-fol.; Paris, 1512, in-fol.; Anvers, 1552, in-8, compilés sans jugement, dans des temps où il n'y avait pas de critique. Il y entasse tous les écrits supposés, qu'on a attribués aux anciens auteurs, comme à Xénophon, à Philon, etc. Il paraît que ceux qui l'ont accusé de la fabrication de ces ouvrages se sont trompés, et qu'Annius n'a fait qu'adopter des écrits que l'imposture avait enfantés avant lui. On peut consulter sur ce sujet le *Voyage d'Italie* du P. Labat, tom. 7, p. 95, où ce dominicain fait une digression fort ample en faveur de son confrère. (Voyez MÉGASTHÈNE.) On peut encore consulter une *Apologie* d'Annius, par Didime Ropaligero, Vérone, 1679, in-fol., en italien.

ANNON (saint), sorti d'une famille noble, prit, dans sa jeunesse, le parti des armes. Un pieux chanoine de Bamberg, son oncle, lui ayant parlé de la vanité des biens du monde, il y renonça, et résolut de se consacrer à Dieu dans l'état ecclésiastique. Ses vertus et son devoir le firent connaître à la cour de l'empereur Henri III, dit *le Noir*. Ce prince le fit venir auprès de sa personne. Quelque temps après, il le nomma prévôt de Groslar, dans la Basse-Saxe. Il l'éleva sur le siége archiépiscopal de Cologne en 1056. Après avoir réformé tous les monastères de son diocèse, il en fonda deux de chanoines réguliers à Cologne, et trois de l'ordre de Saint-Benoît en d'autres lieux. Henri III étant mort, l'impératrice Agnès le fit nommer régent et premier ministre, pour gouverner durant la minorité de Henri IV. Ce jeune prince, séduit par les flatteurs et les compagnons de ses débauches, ne voulut plus souffrir les remontrances du saint archevêque; il lui ôta même le gouvernement de l'Etat. Mais les injustices et les exactions de ceux auxquels il donnait sa confiance excitèrent un mécontentement général. Annon fut rappelé, et il reprit l'administration des affaires en 1072. Il mourut le 4 décembre 1705, jour auquel on lit son nom dans le *Martyrologe* romain.

ANONYME de SAINT-GAL (l'), moine de l'abbaye de ce nom, a écrit l'*Histoire de Charlemagne*, à la sollicitation de l'empereur Charles-le-Gros. Le style de cet historien est dur et obscur; mais il rend compte de faits qu'on ne trouve pas ailleurs, et qui font regretter la perte d'une partie de son ouvrage.

ANOT (Pierre-Nicolas), chanoine et grand pénitencier de l'église de Reims, docteur en théologie, né en 1762 à Saint-Germain-du-Mont en Champagne, mort le 24 octobre 1823, émigra. Après le concordat de 1802, il revint à Reims, où il se livra à ses fonctions et aux bonnes œuvres avec le plus généreux dévouement. On lui doit: le *Guide de l'histoire*, ou *Annales du monde depuis la dispersion des hommes jusqu'en* 1801, in-fol., 1804, réimprimé en 1816, avec des augmentations considérables ; *Les deux Voyageurs*, ou *Lettres sur la Belgique*, *la Hollande*, *l'Allemagne*, *la Pologne*, *la Prusse*, *l'Italie*, *la Sicile et Malte*, *écrites selon l'ordre des temps*, 1303, 2 vol. in-12; *Tableau de l'Histoire universelle*, ouvrage qui sert de texte et de développement aux *Annales du monde*; 1817-1822, 6 vol. in-12 ; des *Sermons*, imprimés séparément de 1821 à 1823, où l'on trouve autant de goût que de solidité; *Discours prononcés dans les assemblées de l'association de la Providence établie à Reims*, 1823, deux parties in-12.

ANQUETIL (Louis-Pierre), frère aîné d'Anquetil du Perron, né à Paris en 1723, entra de bonne heure dans l'ordre des chanoines réguliers de Ste-Geneviève. Nommé directeur du séminaire de Reims, il y composa l'*Histoire* de cette ville, 1756, 3 vol in-12. En 1766, il obtint le prieuré de Château-Renard, près de Montargis, qu'il échangea, au commencement de la révolution, contre la cure de la Villette, près Paris. Pendant le règne de la Terreur, on le traduisit dans les prisons de Saint-Lazare, d'où il sortit, après plusieurs mois, par la protection de ses amis. Lors de la formation de l'Institut, il fut élu membre de la seconde classe, et, peu après, attaché au ministère des relations extérieures. Sa vie entière fut consacrée à la composition de divers ouvrages. La mort l'enleva à ses travaux, le 6 septembre 1808. On a de lui : l'*Esprit de la Ligue*, ou *Histoire des troubles de la France pendant les 16e et 17e siècles*, 1767 et 1783, 3 vol. in-12, qui obtint un succès mérité par la manière sage dont elle est écrite; *Intrigue du cabinet sous Henri IV et sous Louis XIII*, 1780, 4 vol. in-12, ouvrage inférieur au précédent, et qui ne remplit point le but de son titre; *Vie du maréchal de Villars*, 1787 et 1792, 4 vol. in-12 : ce n'est qu'un extrait des Mémoires écrits par M. de Villars lui-même, la fidélité en fait le seul mérite; *Louis XIV, sa cour et le Régent*, 1789, 4 vol. in-12 : espèce de continuation des deux premiers ouvrages contenant des anecdotes recueillies, sans liaison et sans choix, qu'on ne lit plus depuis la publication des Mémoires particuliers d'où elles étaient tirées; *Précis de l'Histoire universelle*, 1797, 9 vol. in-12; 1801, 12 vol. in-12, et, depuis, plusieurs fois réimprimé. C'est son meilleur ouvrage, et il lui assure un rang distingué parmi nos meilleurs historiens. Il a été traduit en anglais et en italien. Il ne doit être lu cependant qu'avec précaution, étant un abrégé de l'*Histoire universelle des Anglais*. — *Histoire de France*, 14 vol. in-12, plusieurs fois réimprimée, qu'il entreprit à près de 80 ans. Elle est faible de style comme de pensées, et se ressent beaucoup de l'âge de l'auteur et de la précipitation avec laquelle elle fut faite.

ANQUETIL du Perron, frère du précédent, né à Paris, où il mourut le 17 janvier 1805. Il était membre de l'Académie des inscriptions et belles-lettres, et interprète de France pour les langues orientales. Son goût pour les sciences l'avait engagé à passer dans les Indes en 1754. Il y resta jusqu'en 1762, où il revint à Paris avec un grand nombre de manuscrits et d'objets rares. Il a publié : *Zend-Avesta* ou *Recueil des livres sacrés des Perses*, 1701, 3 vol. in-4, auquel il joignit une relation curieuse de ses voyages et une savante vie de Zoroastre; *Législation orientale*, 1778, in-4; *Recherches historiques et géographiques sur l'Inde*, 1785, 2 vol. in-4; *De la dignité du commerce et de l'état du commerçant; l'Inde en rapport avec l'Europe*, 2 vol. in-8; *Oupnekhat* ou *Upanischada*, c'est-à-dire, *secrets qu'il ne faut pas révéler*, 2 vol. in-4; *Traduction latine de Persan*, dans laquelle il fait connaître pour la première fois les *Extraits des Védas*. Quand la mort le surprit, il revoyait une *Traduction du Voyage du P. Paulin de St-Barthélemy dans l'Inde*, ouvrage qui parut en 1808, 3 vol. in-8, par les soins de Sylvestre de Sacy.

ANSALONI (Giordano), missionnaire sicilien, que l'Eglise du Japon compte au nombre de ses martyrs. Il naquit à Saint-Angelo, ville du diocèse d'Agrigente, et entra de bonne heure dans l'ordre de Saint-Dominique; après son noviciat, il fut envoyé à Salamanque en Espagne, pour y achever ses études. Bientôt, son zèle lui fit tourner ses vues vers les missions, et il obtint de ses supérieurs la liberté de s'y consacrer. Il fut du nombre des missionnaires de cet ordre qui partirent, en 1625, pour les Philippines, où ils se rendirent par la route du Mexique. Arrivé à Manille, le père Ansaloni se dévoua au service des malades dans les hôpitaux, et donna le reste de son temps à l'étude du chinois. Lorsqu'il put entendre les livres écrits en cette langue, il entreprit un *Recueil des superstitions chinoises*, pour se mettre lui-même en état de les combattre avec plus de succès, s'il arrivait que son ministère l'appelât à la conversion des peuples de cet empire; mais il n'eut pas le temps de finir cet ouvrage qui ne fut jamais publié : la Providence lui avait marqué une autre destination. Il reçut de ses supérieurs l'ordre de se rendre au Japon. Accompagné d'un de ses confrères, il y pénétra, en 1632, dans le temps où la persécution contre les chrétiens y éclatait avec plus de violence. Les dangers, qui environnaient de toutes parts le vertueux missionnaire, ne l'empêchèrent pas de se livrer à toutes les fonctions de son ministère. Il échappa aux recherches pendant deux ans; mais il fut enfin saisi, ainsi que son collègue. Soixante-neuf chrétiens, arrêtés avec eux, furent décapités, et les deux missionnaires, condamnés au supplice de la fosse, y consommèrent leur martyre, le 18 novembre 1634. Pendant le séjour que le père Ansaloni fut forcé de faire au Mexique, il y employa ses loisirs à une traduction latine des *Vies des Saints* de son ordre, écrites en espagnol par Ferdinand Castillo; le manuscrit de cette version, qu'on dit être très-élégante, se conserve encore à Séville.

ANSART (André-Joseph), né en Artois, mourut vers 1790. On a de lui : *Histoire de saint Maur*, 1772, in-12; *Esprit de saint Vincent de Paul*, 1780, in-12; *Histoire de saint Fiacre*, 1784, in-12; *Bibliothèque littéraire du Maine*, in-8.

ANSCHAIRE ou ANSGAIRE (saint), *Anscharius* (ou plutôt *Ansgarius*, comme il paraît par une charte de Louis-le-Débonnaire), surnommé *l'Apôtre du septentrion*, premier évêque de Hambourg et de Brême, naquit en Picardie l'an 801, et fut élevé dans le monastère de Corbie. L'an 821, il passa du monastère de Corbie en Picardie dans celui du même nom en Saxe, qui avait été bâti par Louis-le-Débonnaire, sur le Weser, y ayant été envoyé par Adelard, abbé de l'ancienne Corbie. Il fut nommé, par Louis-le-Débonnaire, pour gouverner ce monastère. Les Danois et les Suédois ayant demandé des prêtres pour leur prêcher l'Evangile, l'an 836, le pape Grégoire IV y envoya Anschaire qui en convertit un grand nombre, et qui fut fait, l'an 842, évêque de Hambourg, pour travailler plus commodément à la conversion des peuples septentrionaux. On croit qu'il pénétra jusqu'en Islande, et, selon quelques auteurs, jusqu'au Groënland. Il mourut à Brême, l'an 864. Cette église avait été unie à celle de Hambourg en 849. Sa *Vie*, que dom Mabillon a publiée avec de savantes remarques, a été écrite par saint Rembert, son successeur. Saint Anschaire nous a laissé une *Vie de saint Willehad*, premier évêque de Brême, qui mourut en 789 ou 791. C'est un ouvrage écrit avec beaucoup de sagesse et d'élégance. Il est précédé d'une préface, que l'on regardera comme un chef-d'œuvre, si l'on considère surtout le temps où vivait son auteur. Surius donna un assez mauvais extrait de cette *Vie*, qui fut imprimée en entier à Cologne, en 1642. Le père Mabillon l'a publiée de nouveau. Fabricius l'a fait aussi réimprimer dans ses *Historiens de Hambourg*, tome 2.

ANSE. (Voyez VILLOISON.)

ANSEAUME (J.), né à Paris vers l'an 1722, y mourut en 1784. D'abord souffleur au théâtre Italien, il fut, de 1755 à 1757, sous-directeur de l'Opéra-Comique de la Foire, auquel il avait donné naissance. Souffleur de nouveau en 1758, il donna au théâtre *le Peintre amoureux*, opéra-comique qui est resté longtemps au répertoire. En 1766, il publia son *Théâtre* en 3 vol. in-8, dans lequel on remarque des pièces qui ne sont pas sans mérite. Pour former ces trois volumes, on s'est contenté de recueillir les pièces imprimées séparément dans leur nouveauté. Anseaume est auteur d'un grand nombre d'autres pièces qui ne sont point dans ce recueil, parmi lesquelles on remarque le *Tableau parlant*, farce divertissante, la meilleure de ce genre.

ANSEGISE ou ANSIGISE (saint), issu du sang royal, embrassa l'état monastique; mais Charlemagne, ne voulant pas que ses talents fussent ensevelis dans la retraite, le nomma intendant d'Aix-la-Chapelle, et lui conféra en titre de bénéfice l'abbaye de Saint-Germer-en-Flex, qu'il réédifia. Il avait eu auparavant les abbayes de Saint-Sixte, près de Reims, et de Saint-Mémie de Châlons, qu'il quitta pour gouverner celle de Germer. Louis-le-Débonnaire lui conféra celles de Luxeuil et de Fontenelle. Il fut employé avec succès dans différentes ambassades, et mourut en 834. On lui doit un recueil des *Capitulaires* de Charlemagne et de Louis-le-Débonnaire, imprimé par les soins de Pierre et François Pithou, en 1588, 1603 et 1620. Baluze en donna une nouvelle édition en 1677, 2 vol. in-fol. Quelques auteurs prétendent qu'Ansegise fut aussi abbé de Lobbes ; ce qui peut très-bien être, les hommes distingués par leurs lumières et leurs vertus ayant, durant ces siècles, fréquemment passé du gouvernement d'une abbaye à une autre pour y maintenir ou rétablir la régularité; quelques-uns l'ont confondu avec un autre Ansegise, abbé de Saint-Michel, qui est le suivant.

ANSEGISE, prêtre du diocèse de Reims, abbé de Saint-Michel, fut élevé à l'archevêché de Sens, le 21 juin 871. Charles-le-Chauve, qui ambitionnait la dignité d'empereur, l'envoya au pape Jean VIII, pour s'assurer de son suffrage; ce pontife le fit primat et vicaire dans les Gaules et dans la Germanie. Cette dignité donna un nouvel éclat à l'église d'Ansegise, qui voulut se faire reconnaître comme primat dans un concile où Charles-le-Chauve se trouva, en 876. Mais plusieurs prélats s'y opposèrent, et entre autres Hincmar de Reims, qui avait publié un écrit contre cette primatie. A son retour du second voyage à Rome, Ansegise se trouva, en 878, au concile de Troyes, où le pape était présent; et l'année d'après (879), il sacra, dans l'abbaye de Ferrière en Gatinais, les rois Louis III et Carloman, fils de Louis-le-Bègue. Il mourut en 883.

ANSELME, chanoine, et ensuite doyen de l'église de Liége, issu d'une famille noble, florissait au 11e siècle. Son mérite le rendit cher à Wason, évêque de Liége en 1041, et à Théoduin, qui lui succéda en 1048. Il fit avec celui-ci le voyage de Jérusalem. Il continua, par l'ordre de ses supérieurs, c'est-à-dire de l'archevêque de Cologne, l'*Histoire des évêques de Liége*, commencée par Hérigère, abbé de Lobbes en 991 et déjà continuée par un nommé Alexandre, chanoine aussi de la cathédrale de Liége, qui avait entrepris ce travail à la sollicitation de la bienheureuse Ide, abbesse de Sainte-Cécile de Cologne. Dom Martène et dom Durand, de la congrégation de Saint-Maur, ont donné une édition de celui d'Anselme, dans leur *Amplissima collectio*. Anselme vécut au moins jusqu'en 1036, année à laquelle il a publié son ouvrage.

ANSELME DE GEMBLOUX, en latin *Gemblacum*, fameuse abbaye du Brabant, y entra jeune, et y fit profession de la règle de Saint-Benoît. Il y eut pour maître Guérin, son parent, religieux de l'abbaye, sous lequel il fit de grands progrès dans les saintes lettres. Sa réputation engagea l'abbé de Hautvillers en Champagne à le demander pour donner des leçons à ses jeunes religieux. Après avoir enseigné à Hautvillers, il fut appelé à l'abbaye de Lagny, pour rendre les mêmes services. De retour à Gembloux, il continua d'y professer, et fut chargé de la Bibliothèque. Il y exerça ce dernier emploi en homme qui aime les livres, et qui est capable d'en apprécier le mérite. Il les revoyait, et quand l'occasion s'en présentait, il en corrigeait les fautes. *Bibliothecæ assiduus scrutator erat, et ubi utilitas poscebat, eam, emendando, et augendo, meliorabat*, disent les écrits du temps. L'abbaye ayant vaqué en 1113, il fut élu d'un consentement unanime. Il a continué la *Chronique* de Sigebert, religieux du même monastère, depuis 1112 que mourut cet écrivain, jusqu'en 1137. Il a eu trois continuateurs anonymes, tous trois de l'Ordre de Saint-Benoît: le premier, religieux de Gembloux, a poussé la *Chronique* depuis 1137 jusqu'en 1148; le deuxième, religieux d'Affighem, jusqu'en 1135, et le troisième, religieux d'Achin, jusqu'en 1224. Cette *Chronique*, avec sa continuation, a été publiée par Aubert Le Myre, à Anvers, chez Verdussen, 1608, in-4. Il existait à Anchin un poëme latin manuscrit, à la louange de saint Bernard, abbé de Clairvaux et de ce monastère, avec cette inscription: *Venerabili abbati Clarovallensi Bernardo Anselmus*, qu'on pourrait attribuer à Anselme de Gembloux, à moins que peut-être ces vers ne soient d'Anselme, moine de St-Médard de Soissons, puis abbé de St-Vincent de Laon, aussi contemporain de saint Bernard, qui concourut à son élévation sur le siége épiscopal de Tournai. Anselme de Gembloux mourut le 20 mars de l'an 1137 ou 1138, si l'on fait commencer l'année au mois de janvier. (Voy. SIGEBERT.)

ANSELME (saint), archevêque de Cantorbéry, naquit à Aost en Piémont, en 1033. Il vint au monastère du Bec, en Normandie, attiré par le nom du célèbre Lanfranc, s'y fit bénédictin, et en fut prieur, puis abbé en 1078. On le nomma archevêque de Cantorbéry, l'an 1093. Guillaume-le-Roux, roi d'Angleterre, à qui il reprochait ses dérèglements et ses injustices, conçut de l'aversion pour lui. Ce prince était dans le parti de l'antipape Guibert, tandis qu'Anselme soutenait le vrai pape Urbain II. Le saint prélat, exilé sous ce prétexte, se retira à Rome, où Urbain II le reçut comme il le méritait. Il soutint la procession du Saint-Esprit contre les Grecs, dans le concile de Bari, en 1098. Il partit ensuite pour la France, et s'arrêta à Lyon, jusqu'à la mort du monarque, son persécuteur. Henri I, successeur de Guillaume, rappela l'archevêque de Cantorbéry; mais il ne jouit pas longtemps de la paix que son rappel semblait lui promettre. La querelle des investitures le mit mal avec le roi. Il fut obligé de revenir en France et en Italie, jusqu'à ce que le feu de ces disputes fût assoupi. Anselme retourna à Cantorbéry, et y mourut en 1109, à l'âge de 76 ans. Dom Gerberon a publié, en 1675, une très-bonne édition de ses *Œuvres*, in-fol., faite sur les meilleurs manuscrits de France et d'Angleterre. Il en a une autre, donnée à Venise, en 1744, en 2 vol. in-fol. Saint Anselme fut un des plus célèbres docteurs de son temps, et le premier qui allia avec la théologie cette précision dialectique et cette méthode scolastique qui donne de la force aux preuves de la vérité, et qui confond l'erreur en découvrant ses sophismes. Il est vrai que, dans les siècles suivants, on a quelquefois abusé de cette méthode; on a fait de la théologie une espèce de logique contentieuse, et quelquefois une audacieuse métaphysique, qui s'exerçait fort inutilement ou fort témérairement sur des questions où la simple foi répand plus de lumières que toutes les spéculations; mais cela ne prouve rien contre la théologie scolastique en elle-même. Elle est nécessaire, à un certain point, pour confondre toutes les espèces d'hérétiques, mais surtout ceux qui, comme les ariens, s'arment de la subtilité du raisonnement plutôt que de l'autorité des livres saints. (Voy. CRELLIUS, SUAREZ, PETAU, saint THOMAS, etc.) Quant à ses ouvrages ascétiques, ils sont instructifs, édifiants, pleins d'onction et d'une certaine tendresse d'amour pour Dieu, qui échauffe les cœurs les plus insensibles. Un style simple, naturel, clair et concis fait le principal mérite de ses lettres. On juge par les vers qui nous restent de lui, qu'il n'avait pas le génie poétique dans le plus haut degré. Jean de Salisbury, et Eadmer, moine de Cantorbéry, ont écrit sa vie, sur laquelle on peut aussi consulter Guillaume de Malmesbury, *De gestis pontificum anglorum*.

ANSELME (Mantuan), évêque de Lucques, en Italie, en 1061, quitta son évêché, parce qu'il se reprochait d'en avoir reçu l'investiture de l'empereur Henri IV. Grégoire VII le força de le reprendre, et le fit son vicaire-général en Lombardie. Il mourut en 1086, hors de son diocèse, dont il avait été chassé par son clergé, qu'il avait voulu réformer. Il était d'une vaste érudition ; il savait par cœur toute l'Ecriture-Sainte, et lorsqu'on l'interrogeait sur quelque passage, il disait aussitôt comment chaque saint Père l'avait expliqué. On a de lui plusieurs ouvrages, entre autres : *Apologie pour Grégoire VII* ; *Explication des lamentations de Jérémie* ; *Explication des Psaumes*, qu'il entreprit pour la princesse Mathilde, dont il était directeur, et que la mort l'empêcha d'achever ; *Collection de canons*, en 13 vol. ; *Réfutation des prétentions de l'antipape Guibert*. On trouve ses écrits, en très-grande partie dans la *Bibliotheca Patrum*.

ANSELME, de Laon, doyen et archidiacre de cette ville, mort en 1117, professa avec réputation dans l'Université de Paris, et ensuite dans le diocèse de Laon. On a de lui une *Glose interlinéaire sur sa Bible*, imprimée avec celle de Lira. Abailard en parle comme d'un arbre qui avait quelquefois de belles feuilles, mais qui ne portait point de fruits. On a aussi de lui des *Commentaires* sur saint Matthieu et sur saint Jean.

ANSELME DE SAINTE-MARIE (Pierre de Guibours, communément appelé le *Père*), augustin déchaussé, connu par son *Histoire généalogique et chronologique de la Maison de France et des grands officiers de la couronne*, 1674, 2 vol. in-4, mourut à Paris, sa patrie, âgé de 69 ans, en 1694. « Cet écrivain a beaucoup « contribué, dit l'auteur des *Trois siècles*, « à fournir des lumières à ceux qui ont « travaillé sur l'*Histoire de France*. On « ne peut le regarder que comme ceux « qui découvrent les mines, en laissant « aux autres le soin d'épurer les métaux. « qu'on en tire, et de les mettre en va- « leur. » Son ouvrage, imparfait dans sa naissance, est devenu meilleur sous les plumes de Du Fourny, des révérends Pères Ange et Simplicien, continuateurs de cette histoire. Elle est actuellement en 9 volumes in-fol., 1726, et années suivantes. On y trouve des recherches abondantes et curieuses. Il y a certainement beaucoup de fautes; mais quelle compilation en est exempte? (V. ANGE DE SAINTE ROSALIE et FOURNY.) On a encore de lui : la *Science héraldique*, 1675, in-4 ; *Le Palais de l'honneur*, contenant les généalogies historiques des illustres maisons de Lorraine et de Savoie, et de plusieurs nobles familles de France, 1663, 1668, in-4 ; *Le Palais de la gloire*, contenant les généalogies historiques des illustres maisons de France, et de plusieurs nobles familles de l'Europe, 1664, in-4.

ANSELME (Antoine), né à l'Ile-en-Jourdain, petite ville de l'Armagnac, l'an 1652, d'un chirurgien, embrassa l'état ecclésiastique, se distingua dans l'étude des belles-lettres, et fut couronné deux fois par l'académie des jeux Floraux de Toulouse. Ses *Odes* se trouvent dans le *Recueil* de cette compagnie, et on ne les a guère vues ailleurs. Le marquis de Montespan, charmé de ses *Sermons*, le chargea de veiller à l'éducation de son fils , le marquis d'Antin. L'abbé Anselme vint avec son élève à Paris. La capitale applaudit à son éloquence. Ses *Panégyriques* surtout, et ses *Oraisons funèbres* firent sa réputation. Le duc d'Antin fit revivre pour lui la place d'historiographe des bâtiments. L'académie de peinture et celle des inscriptions et belles-lettres l'admirent, en qualité d'associé, dans leur corps. L'abbé Anselme se retira, sur la fin de ses jours, dans son abbaye de Saint-Sever en Gascogne. Il y vécut en philosophe chrétien, partageant son temps entre ses livres et ses jardins. Il mourut en 1737, à 86 ans. Nous avons de lui : un *Recueil de Sermons*, *Panégyriques* et *Oraisons funèbres*, en 7 vol. in-8. Les *Sermons*, qui forment 4 de ces volumes, ont été réimprimés en 6 vol.

in-12 ; ils n'ont pas soutenu la réputation que l'auteur avait acquise en les débitant : car ils firent alors la plus vive impression, même sur ceux qui étaient prévenus contre lui. «J'ai été ce matin, écrivait « Mme de Sévigné, à une très-belle Pas- « sion, à Saint-Paul; c'était l'abbé An- « selme. J'étais prévenue contre lui. Je « le trouvais gascon, et c'était assez pour « m'ôter la foi en ses paroles. Il m'a forcé « de revenir de cet injuste jugement, et « je le trouve un des bons prédicateurs « que j'aie jamais entendus. De l'esprit, « de la dévotion, de la grâce, de l'élo- « quence, en un mot, je n'en préfère guère « à lui. » Plusieurs *Dissertations* dans les *Mémoires de l'académie des inscriptions;* on y découvre un sage érudit et un bon littérateur.

ANSELMI (Joseph), né à Chevasco en Piémont, mort le 18 août 1842, a laissé : *Traité d'instruction publique*, 1818, in-8 ; *Grammaticale generale e grammaticale italiana*, 1821, 2 vol. in-12; *Corso di letture per l'infancia e prima puerizia*, 1834, 2 vol. in-12; *Compendio della storia e della morale de'libri santi*, 1834, in-12.

ANSELMO (Antoine), né à Anvers, où il fut échevin pendant plusieurs années et avocat fiscal de l'évêque, mourut en 1668, presque octogénaire. Il a beaucoup écrit sur le droit belgique. On a de lui : un *Recueil d'ordonnances*, en flamand, 4 vol. in-fol., Anvers, 1648; *Codex belgicus*, Anvers, 1649, in-fol.; *Tribonianus belgicus*, Bruxelles, 1692, in-fol.; *Commentaria ad perpetuum edictum*, Anvers, 1656, in-fol.; *Consultationes*, etc., Anvers, 1671, in-fol. Ces ouvrages sont écrits avec méthode, et sont recherchés des jurisconsultes.

ANSER, poète latin, ami de Marc-Antoine, chanta les actions de ce général, qui paya ses louanges par le don d'une maison de campagne à Falerne. Virgile n'avait pas grande opinion de ses talents, s'il est vrai qu'il fait allusion à ce poète, en disant dans sa 9e églogue:

<small>Nam neque adhuc Varo videor neque dicere Cinna
Digna, sed argutos inter strepere Anser olores.</small>

ANSIAUX (Joseph), peintre d'histoire, né à Liége en 1764, vint jeune à Paris, où il entra dans l'atelier de Vincent, qui le distingua bientôt parmi ses nombreux élèves. Il fut chargé de différents travaux pour des églises. On lui doit en outre un grand nombre de *Portraits* et plusieurs compositions gracieuses, parmi lesquelles on cite surtout *Angélique et Médor, Renaud et Armide, Léda*, etc. Ansiaux mourut à Paris en octobre 1840.

ANSON (Georges), né à Stafford en Angleterre, d'une famille noble et ancienne, se dévoua, dès sa plus tendre enfance, au service de mer. Ce fut par les dangers qu'il courut dans sa première course, qu'il commença d'apprendre le grand art de commander une armée navale. Monté sur une frégate armée par la famille de sa mère, il affronta sans crainte des périls effrayants. Poursuivi par deux corsaires, il leur échappa malgré la disproportion des forces et les horreurs d'une tempête furieuse. La cour de Londres, informée de la valeur du jeune marin, le nomma en 1723 capitaine d'un vaisseau de guerre de 60 canons. Son courage, accompagné de prudence, brilla dans toutes les occasions et lui acquit un nom célèbre. En 1739, la guerre s'étant élevée entre l'Espagne et l'Angleterre, le ministère britannique destina Anson à porter la guerre sur les possessions des Espagnols. On lui donna six navires qui portaient environ 1,400 hommes d'équipage. La saison était si avancée, quand cette escadre partit, que ce ne fut qu'à force de fatigues qu'elle parvint à doubler le cap Horn vers la fin de l'équinoxe du printemps de 1740. Des six vaisseaux, il n'en restait plus que deux et une chaloupe, lorsqu'on fut arrivé à la latitude de ce cap. Le reste avait été dispersé par les vents ou submergé par la tempête. Anson, après avoir réparé ses deux navires dans l'île fertile et déserte de Juan-Fernandez, osa attaquer la ville de Payta, une des plus riches places des Espagnols dans l'Amérique méridionale. Il la prit en novembre 1741, la réduisit en cendres, et partit avec un butin considérable. La perte pour l'Espagne fut de plus de 1,500,000 piastres; le gain pour les Anglais fut d'environ 180 mille. Le vainqueur s'éloigna de Payta, presque aussitôt qu'il en eut assuré la possession à l'Angleterre. Il fit voile vers les îles des Larrons, avec le *Centurion*, le seul de ses vaisseaux qui fût encore en état de tenir la mer. Mais, avant d'y arriver, un scorbut, d'une nature affreuse, lui avait enlevé les deux tiers de son équipage. La contagion s'étendait sur ce qui lui restait de matelots et de soldats, lorsqu'il vit les rivages de l'île de Tinian. Le voisinage des Espagnols ne lui permettait point de s'arrêter dans ces parages ; il prit la route de Macao. Il y arriva en 1742, radouba son vaisseau et se remit en mer. Quelques jours après, il rencontra un navire espagnol richement chargé ; il l'attaqua, quoique son équipage fût fort inférieur en nombre, le prit et rentra dans le port qu'il venait de quitter. Le navire espagnol portait 1500 mille piastres en argent, avec de la cochenille et d'autres marchandises. La célérité de cette expédition lui acquit tant de gloire, qu'il fut reçu avec distinction par le vice-roi de Macao, et dispensé des devoirs que l'empereur de la Chine exige de tous les étrangers qui entrent dans ses ports. Mais ce qui ne donne pas des Chinois une idée aussi brillante que la plupart des voyageurs et des philosophes modernes voudraient nous en faire concevoir, c'est que ces lâches et cruels spectateurs de la victoire d'Anson ne purent comprendre qu'il n'eût pas massacré tous les Espagnols au moment de la prise du vaisseau. Anson, ayant vengé l'honneur de sa nation, retourna par les îles de la Sonde et par le cap de Bonne-Espérance, et aborda en Angleterre le 4 juin 1744, après un voyage de trois ans et demi. Il fit porter à Londres en triomphe, sur 32 chariots, au son du tambour et des trompettes, et aux acclamations de la multitude, toutes les richesses qu'il avait conquises. Ses différentes prises se montaient, en or et en argent, à 10 millions, qui furent le prix de sa valeur, de celle de ses officiers, de ses matelots et de ses soldats, sans que le roi entrât en partage du fruit de leurs fatigues et de leur bravoure. Le titre de contre-amiral du Bleu fut la première récompense d'Anson: il l'obtint en 1744; et, l'année d'après, il fut honoré de la place de contre-amiral du Blanc. L'action qui contribua le plus à sa célébrité, après son voyage, fut son combat contre de La Jonquière, qui ramenait en Europe une escadre de six vaisseaux de guerre et de quatre vaisseaux revenant des Indes orientales. Le ministère britannique nomma le vainqueur vice-amiral d'Angleterre, et peu de temps après, premier lord de l'amirauté. L'Angleterre, en guerre avec la France depuis les hostilités commencées en 1755, méditait depuis longtemps une descente sur les côtes. Anson, chargé de la seconder, couvrit la descente des Anglais à Saint-Malo, en 1758, reçut sur ses vaisseaux les soldats échappés aux Français et les ramena en Angleterre. Il mourut à Londres en 1762. La gloire de l'amiral Anson ne fut pas seulement fondée sur le succès de ses armes, sur sa valeur, sur son intrépidité : il fut homme de bien ; il respecta l'humanité, lors même que son bras s'armait pour détruire. Nous avons son *Voyage autour du Monde*, traduit en français, un vol. in-4, Amsterdam, 1749, et réimprimé en 4 vol. in-12.

ANSPACH (Elisabeth de Berkeley, margrave d'), née à Spring-Garden en décembre 1750, morte le 15 janvier 1828 dans une campagne voisine de Rome, voyagea en France, en Italie, en Autriche, en Pologne, en Russie, en Turquie, et fut partout accueillie avec le plus grand empressement. On a d'elle : des *Comédies*; des *Voyages*; *Anecdoctes modernes de l'ancienne famille des Kinkervankos-Darsprakent-Golchdern*, raillerie spirituelle sur la morgue des petites cours allemandes ; des *Traductions*; des *Mémoires* ; des *Lettres*.

ANTÉNOR, prince troyen, était frère de Priam. Virgile le fait venir en Italie avec une troupe de ses concitoyens, et lui fait fonder la ville de Padoue, qui paraît être bien moins ancienne que lui ; ce qui n'empêche pas que les Padouans ne montrent aux voyageurs le tombeau de leur fondateur Anténor.

ANTÈRE (saint), *Anteros*, grec de naissance, succéda à saint Pontien sur le siége de Rome, l'an de J.-C. 235. Son pontificat fut très-court, puisqu'il ne siégea que quarante jours. Bède, Adon et le nouveau *Martyrologe* romain lui donnent le titre de *martyr*.

ANTÉSIGNAN (Pierre) naquit à Rabasteins, au diocèse d'Albi, dans le 16e siècle. Sa *Grammaire grecque* fut imprimée plusieurs fois, et a continué d'être estimée des savants, même après celle de Port-Royal, à laquelle elle a beaucoup servi. Il fit ensuite une *Grammaire universelle* : compilation confuse et compliquée, dont il est impossible d'extraire un résultat sûr et net. Son édition de Térence est chargée d'érudition ; on peut même dire qu'il y en a trop. C'était le goût des savants de son siècle, hommes à recherches et à pénibles études, aussi rassis et appliqués que nous sommes lestes et légers. On a encore de lui : *Thematis verborum investigandi ratio*, et *Praxis præceptorum linguæ græcæ*.

ANTHELME (saint), évêque de Belley, d'une famille noble de Savoie, occupa les deux premières dignités des chapitres de Genève et de Belley. Dégoûté du monde, il se fit chartreux, et fut élu prieur de la grande Chartreuse en 1141. Pendant le schisme de Victor IV, il fit déclarer tout l'ordre des Chartreux en faveur d'Alexandre III, qui avait été élu selon les formes canoniques, et en faveur duquel se déclarèrent bientôt la France, l'Espagne et l'Angleterre. On le choisit en 1163, pour remplir le siége épiscopal de Belley. Mais il fallut un ordre du pape pour l'obliger d'acquiescer à son élection. Il commença la réformation de son diocèse par celle du clergé. Les voies de douceur ne lui ayant pas réussi, il employa les censures ecclésiastiques. Il montra une fermeté inflexible dans les contestations qu'il eut avec Humbert, comte de Savoie, touchant les droits de son église. Cette fermeté n'ayant pas eu le succès qu'il en attendait, il quitta son évêché ; mais le pape l'obligea de retourner à son église. Ce comte se réconcilia depuis sincèrement avec lui. Le saint évêque visitait souvent les monastères, et surtout la grande Chartreuse. Il recherchait les pécheurs, et les recevait avec bonté, lorsqu'ils étaient touchés de leurs désordres. Il avait aussi une grande tendresse pour les pauvres, et leur procurait des secours abondants. Il mourut le 26 de juin 1178. Son corps fut trouvé entier en 1630, lorsque Jean de Passelaigue, évêque de Belley, fit la révélation de ses saintes reliques pour les transporter avec pompe dans une chapelle qu'il décora richement, et où elles furent exposées à la vénération des fidèles sur un autel de marbre et dans une châsse d'argent. Le concours des fidèles, qui venait implorer sa protection, était prodigieux, surtout les jours qui précédaient sa fête. Ces jours-là, les hôtels et les maisons particulières suffisaient à peine pour recevoir les personnes qui venaient le visiter. On a publié, en un vol. in-12, la *Vie* de saint Anthelme, accompagnée des pièces originales qui constatent l'authenticité des restes de ce saint rendus à la vénération des fidèles. Cette *Vie*, qui offre le tableau le plus parfait des vertus réunies du cloître et de l'épiscopat, fait honneur à la plume et au bon esprit de l'écrivain qui, dans un siècle aussi frivole, a consacré ses veilles à recueillir les faits les plus authentiques sur ce saint évêque, pour ranimer la piété des fidèles pour ses précieuses reliques profanées pendant la révolution, qui ne respecta ni les ossements des morts ni les vertus les plus éminentes. Cependant, par une grâce spéciale du ciel, elles ont été replacées dans l'église paroissiale de St.-Jean-Baptiste de la ville de Belley, où l'on célèbre sa fête comme autrefois, le 26 juin. La plupart de ceux qu'un aveugle égarement avait poussés à profaner son saint corps, ont été touchés d'un repentir sincère et sont morts dans des sentiments chrétiens. Les miracles que fit saint Anthelme, pendant sa vie et après sa mort, ne laissent aucun doute sur le bonheur dont il jouit ; comme il paraît que, si la ville de Belley n'a pas souffert davantage des fureurs anarchiques, elle en est uniquement redevable à sa protection.

ANTHELMI (Nicolas); premier chanoine et vicaire-général de Fréjus, syndic-général du clergé, naquit dans la dernière moitié du 16ᵉ siècle ; il rendit de grands services à son chapitre, et assista aux assemblées du clergé qui se tinrent en 1605 et 1606. Ce fut lui qui fournit aux frères Gaucher et Louis de Sainte-Marthe le catalogue des évêques de Fréjus pour leur *Gallia christiana*. On a de lui des *Adversaria*, cités à la page 170 du Traité de Pierre Anthelmi *De initiis ecclesiæ foro-juliensis*. Il mourut le 2 mars 1646.

ANTHELMI (Pierre), neveu de Nicolas et oncle de Joseph, chanoine de Fréjus, fit à Paris ses études en théologie et en droit, et fut reçu docteur dans deux Facultés. D'abord, lié avec le célèbre Peiresc, il se livra comme lui à la recherche des antiquités. Il abandonna ensuite cette étude pour ne s'occuper que de théologie. On a de lui : *De initiis ecclesiæ foro-juliensis*, Aix, 1680, in-4 ; *Leontius episcopus et martyr suis foro-juliensibus restitutus*. Il mourut le 27 novembre 1648.

ANTHELMI (Joseph), chanoine de Fréjus en Provence, publia plusieurs *Dissertations* latines sur l'*Histoire ecclésiastique* de cette ville, Aix, 1680, in-4 ; sur le *Symbole* de saint Athanase, 1693, in-8 ; saint Eucher, 1726, in-12 ; sur quelques ouvrages attribués à saint Léon, en particulier les livres de la *Vocation des gentils*, qu'il prétend, contre le père Memel, être de saint Prosper : prétention qui n'est pas favorisée par le style de l'ouvrage. (Voyez saint LÉON, tom. 1, page 77.) Son dernier ouvrage est une *Lettre* au père Pagi, touchant les actions et la mort de saint Martin de Tours. Il mourut à Fréjus, le 24 juin 1697, à l'âge de 49 ans. Il règne dans tous ses écrits une modération et une honnêteté dignes d'un vrai savant.

ANTHÉMIUS (Procopius), né à Constantinople, de la famille du tyran Procope, qui avait pris la pourpre sous Valens, se distingua par sa valeur. L'empereur Marcien lui fit épouser Flavia Euphémia, sa fille unique, et le nomma général des troupes de l'Orient. Anthémius, ayant repoussé les Goths et les Huns, fut envoyé en Italie avec le titre de César, et proclamé auguste en avril 467, par le sénat et le peuple. Le général Ricimer dominait alors dans l'Occident ; Anthémius crut se l'attacher en lui donnant sa fille en mariage. Ce bienfait n'empêcha point ce barbare de venir mettre, quelque temps après, le siège devant Rome, où Anthémius était enfermé. La terreur qu'il répandait lui fit ouvrir les portes de cette ville, qui fut livrée à la fureur des soldats. Anthémius fut assassiné par ordre de son gendre en 472, après un règne de 5 ans. Ce prince joignit la piété au courage; il était zélé pour la justice et la religion, compatissant envers les malheureux, et n'ayant, ni dans son caractère, ni dans son extérieur, rien de la fierté que le trône inspire.

ANTHÉMIUS, architecte, sculpteur et mathématicien, né à Tralles en Lydie, inventa, dit-on, sous l'empereur Justinien, au 6ᵉ siècle, divers moyens d'imiter les tremblements de terre, le tonnerre et les éclairs. Il existe un recueil de machines qu'on lui attribue. On y voit entre autres le miroir ardent, tel que Kircher et Buffon ont cru qu'avait été celui d'Archimède. Un manuscrit de ce recueil est à la bibliothèque de l'empereur. C'est le 229ᵉ de la quatrième partie du catalogue que Nessel a fait des manuscrits de cette bibliothèque. Il en est un autre dans celle du roi de France. Cet architecte est appelé pour l'ordinaire *Anthemius Trallianus*, du nom de sa patrie.

ANTHOINE (Antoine-Ignace, baron de Saint-Joseph) naquit le 21 septembre 1749, à Embrun, d'une famille de magistrature. Son goût pour les voyages le porta à se rendre en Turquie, où il établit une maison de commerce. De là il passa en Prusse, où il reçut de Catherine II un bienveillant accueil, et obtint d'elle l'autorisation de fonder à Cherson un établissement qui parut bientôt d'une grande prospérité. Il revint en France en 1786, où il est mort le 22 juillet 1826. On a de lui : *Essai historique sur le commerce et la navigation de la mer Noire*.

ANTIGÈNES, Macédonien, un des capitaines d'Alexandre-le-Grand, eut le second des prix que ce prince fit distribuer aux huit plus braves capitaines de son armée. Antigènes ne méritait pas celui de la probité. Il eut la bassesse de livrer Eumènes à Antigone, vers l'an 315 avant J.-C.; mais il reçut bientôt le salaire de sa perfidie, car Antigone le fit brûler tout vif dans une cage de fer.

ANTIGÉNIDE ou ANTIGÉNIDAS, célèbre musicien de Thèbes en Béotie. On dit qu'exécutant un jour sur sa flûte le nom ou l'air du *Char*, en présence d'Alexandre-le-Grand, il le mit tellement hors de lui, que, se jetant sur ses armes, peu s'en fallut qu'il ne chargeât les convives.

ANTIGONE se distingua parmi les généraux d'Alexandre-le-Grand. Après la mort de ce héros, il remporta une victoire sur Eumènes, qu'il fit mourir. Il défit Ptolémée Lagus, bâtit Antigonie, et fut tué dans un combat contre Cassandre, Séleucus et Lysimaque, qui s'étaient unis pour opposer une digue à ses desseins ambitieux. Il s'était fait couronner roi d'Asie, et aurait voulu l'être de tout l'univers. Sa défaite arriva l'an 301 avant J.-C., à l'âge de 80 ans. Comme on était surpris que, dans sa vieillesse, il eût acquis plus de douceur dans le caractère, il répondit qu'*il voulait conserver par la douceur ce qu'il avait acquis par la force*. Il disait communément que *la royauté est une honnête servitude* ; ce qui revient à la belle pensée d'un roi de ce siècle : que *les rois sont les premiers domestiques de leurs sujets*. Antigone ajoutait que, *si l'on savait ce que pèse une couronne, on craindrait de se la mettre sur la tête*. On raconte qu'un poëte lui ayant donné le titre de Dieu, il répondit sèchement: *Mon valet de chambre sait bien le contraire*. Antigone ternit ce qu'il avait de belles qualités par son avarice. Il employait toutes sortes de moyens pour se procurer de l'argent, et lorsqu'on lui représentait qu'Alexandre se comportait bien différemment : *Alexandre*, avait-il coutume de répondre, *moissonnait, mais moi je ne fais que glaner*. Un cynique se présenta devant Antigone, et lui demanda une drachme : *Ce n'est pas assez pour un prince*, répondit-il. — *Donnez-moi donc un talent*. — *C'est trop*, reprit Antigone, *pour un cynique*.

ANTIGONE GONATAS, fils de Démétrius Poliorcète, était ainsi surnommé, parce qu'il était né à Gonnuse dans la Thessalie. Lorsque son père eut été fait prisonnier par Séleucus, roi de Syrie, il ne négligea rien pour lui faire rendre la liberté, et s'offrit à prendre sa place. Après la mort de Lysimaque et de Séleucus, Antigone crut l'occasion favorable pour reprendre la Macédoine ; mais il fut défait par Ptolémée Céraune. Ce dernier ayant été tué par les Gaulois, Antigone se fit reconnaître roi de Macédoine, 277 ans avant J.-C. Il en fut chassé par Pyrrhus, quelques années après ; mais ce prince ayant été tué lui-même en entrant à Argos, Antigone remonta sur son trône. Alexandre, fils de Pyrrhus, entra dans les Etats d'Antigone pour venger la mort de son père ; ce prince, qui faisait alors la guerre dans le Péloponèse, se hâta de voler à la rencontre de l'ennemi. Mais il fut abandonné par les siens qui reconnurent Alexandre pour roi. Antigone retourna dans la Grèce, laissant dans la Macédoine, Démétrius, son fils, qui la fit rentrer sous son obéissance, et il s'empara par trahison de la citadelle de Corinthe; peu de temps après, Aratus reprit cette place. Antigone Gonatas mourut, âgé d'environ 80 ans, 241 avant J.-C., laissant deux fils Alcyonéus et Démétrius. Alcyonéus, quand Pyrrhus fut tué, porta la tête de ce prince à son père, qui lui en témoigna son vif mécontentement.

ANTIGONE, surnommé DOSON, parce qu'il promettait beaucoup et ne donnait guère, avait pour père Démétrius second, fils de Démétrius Poliorcète. Les Macédoniens le choisirent pour roi, l'an 231 avant J.-C., après la mort de Démétrius, fils d'Antigone Gonatas, qui laissait un fils nommé Philippe, encore enfant. Il soumit les Dardaniens, les Thessaliens et les Mésiens qui s'étaient soulevés. Ses propres sujets, s'étant aussi révoltés, l'assiégèrent dans son palais. Il se présenta sur-le-champ devant eux, et, après leur avoir rappelé tous les services qu'il avait rendus à l'Etat, il leur jeta sa robe de pourpre et son diadème, en leur disant de choisir un roi qui valût mieux que lui. Sa fermeté apaisa la sédition ; pressé de reprendre le diadème, il n'y consentit qu'à condition qu'on livrerait au supplice les chefs de la révolte. Il alla ensuite au secours des Achéens, contre les Lacédémoniens, défit Cléomènes et s'empara de Sparte. Il traita les Grecs avec générosité, et se lia étroitement avec Aratus dont les conseils lui furent souvent utiles. Il mourut l'an 221 avant J.-C., laissant le trône à Philippe son petit-neveu.

ANTIGONE de Cariste vivait sous les deux premiers Ptolémées, et a laissé *Historiæ memorabiles*, grec et latin, publiées par Jean Meursius, Leyde, 1619, in-4, et par Beckmann, *Lipsiæ*, 1791, in-4. Cette compilation, faite sans goût et sans jugement, n'est pas digne du siècle de Ptolémée.

ANTIGONE SOCHOEUS, juif, ainsi surnommé parce qu'il était natif de Socho, vivait environ trois siècles avant J.-C., du temps d'Eléazar, fils d'Onias, et fut le fondateur de la secte des *Saducéens*. Il soutint que les hommes devaient servir Dieu par une piété toute désintéressée. Deux de ses disciples, enchérissant sur leur maître, enseignèrent qu'on ne devait attendre aucune récompense future, et qu'ainsi il n'y aurait point de résurrection des morts. De leurs noms Baithos et Sadoc, on appela les sectaires Baithosiens et Saducéens.

ANTIGONE, roi des Juifs et fils d'Aristobule II, fit couper les oreilles à Hyrcan son oncle, qu'il voulait empêcher d'être grand sacrificateur ; mais Hérode, qui avait épousé Marianne, petite-fille de Hyrcan, s'étant rendu maître de Jérusalem, envoya Antigone à Marc-Antoine, qui lui fit couper la tête l'an 37 avant J.-C.

ANTILLON (Isidore), professeur d'astronomie, de géographie et d'histoire au séminaire royal des nobles à Madrid, quitta cette ville dans le mois de mai 1808, à l'époque de l'invasion des Français, et se retira dans sa province, où il fit partie de la junte populaire de Ternel. Lorsque les Français pénétrèrent dans l'Andalousie, il suivit la junte centrale à Cadix, et fut presque aussitôt nommé juge à la cour royale de Majorque, où il publia l'*Aurore patriotique*, journal dirigé contre les Français, et destiné à défendre les principes libéraux des Cortès. Les Aragonais le choisirent, en 1813, pour les représenter, et il se rendit aussitôt à Cadix, où se trouvait le gouvernement; il y défendit avec énergie et véhémence les nouveaux principes, ce qui lui attira beaucoup d'ennemis. Dénoncé pour ses opinions à la rentrée de Ferdinand VII, il fut arrêté étant malade pour être conduit et jugé à Sarragosse, mais il mourut pendant le trajet. Il a composé plusieurs cartes géographiques et un grand nombre d'écrits sur la politique et sur les sciences. Les principaux sont : des *Leçons de géographie générale*, et des *Eléments de la géographie astronomique*, où il a relevé un grand nombre d'erreurs que les géographes étrangers ont commises en se copiant les uns les autres, relativement à la Péninsule.

ANTINE (dom Maur-François d'), savant religieux de Saint-Maur, naquit en 1688, à Gonrieux, dans le diocèse de Liége, et professa la philosophie à Saint-Nicaise de Reims. Ses sentiments au sujet des décrets de l'Eglise et du jansénisme passant pour suspects; M. de Mailly, archevêque de Reims et cardinal, exigea qu'il sortît de son diocèse. Les supérieurs de la Congrégation l'appelèrent à Saint-Germain-des-Prés, où il travailla d'abord à la collection des *Décrétales*, et ensuite à la nouvelle édition du *Glossarium mediæ et infimæ latinitatis* de Ducange, dont il donna plusieurs volumes avec dom Carpentier, son confrère. Recherché de nouveau pour le même sujet qui l'avait fait exiler de Reims, il fut, en 1734, exilé à Pontoise. Rappelé à Paris en 1737, il travailla avec dom Bouquet à la *Collection des Histoires des Gaules et de la France*. Il s'était chargé de la partie des croisades, et contribua aussi à l'*Art de vérifier les dates*, 1740, in-4. On a de lui, en outre, une *Traduction des psaumes sur l'hébreu, avec des notes tirées de l'Ecriture-Sainte et des saints Pères, pour en faciliter l'intelligence*, 1738, in-18 ; 1739 et 1740, in-12. Dom d'Antine mourut d'une attaque d'apoplexie le 3 novembre 1746.

ANTINOUS, jeune homme Bithinien, fut aimé par l'empereur Adrien, avec une fureur peu propre à honorer le nom de philosophe que ce prince affectait. On dit que ce Ganymède se noya dans le Nil l'an 129 de J.-C. D'autres prétendent qu'il s'immola dans un sacrifice, célébré pour prolonger la vie de l'empereur. Adrien pleura l'objet de ses infâmes amours, lui éleva des temples, lui donna des prêtres, des prophètes et un oracle. Il fit frapper des médailles à son honneur. Nous en avons encore quelques-unes, où il est représenté en Bacchus. Tel était la philosophie de ces siècles ; peu d'hommes célèbres étaient exempts de ces lâches horreurs, qui disparurent sous l'empire des mœurs chrétiennes, et qui renaissent à mesure que le christianisme s'éteint parmi nous.

ANTIOCHUS I, surnommé *Soter*, c'est-à-dire *Sauveur*, fils de Séleucus-Nicanor, roi de Syrie, eut le caprice d'aimer sa marâtre Stratonice, et l'épousa du consentement de Séleucus ; genre d'inceste qui étonna dans ces temps mêmes de corruption, où les mœurs avaient perdu tous leurs ressorts. De concert avec son père il soumit la plupart des pays situés entre la mer Caspienne et l'Indus, et rétablit plusieurs des villes qu'Alexandre y avait fondées. Après la mort de Séleucus, il remporta des victoires sur les Bythiniens, les Macédoniens et les Galates, et fut tué dans un combat près d'Ephèse l'an 262 avant J.-C. Stratonice était morte avant lui, on leur rendit des honneurs divins. Tribut d'adulation ordinaire chez ces peuples lâches et aveugles.

ANTIOCHUS II, surnommé *Théos* ou *le Dieu* (car l'extravagance du paganisme changeait en blasphèmes les noms des rois), succéda à son père Antiochus Soter, et fit la guerre à Ptolémée Philadelphe : il la termina en épousant Bérénice, quoiqu'il eût déjà deux fils de Laodice, qui l'empoisonna l'an 247 avant J.-C., et fit mettre sur le trône Séleucus Callinicus son fils, par l'artifice d'un certain Artémon. Ces rois-dieux n'étaient pas à l'abri des plus lâches trahisons, et les provoquaient souvent par la haine qu'ils inspiraient. Laodice fit ensuite poignarder Bérénice, avec le fils que cette princesse avait eu d'Antiochus. Mais sa cruauté ne demeura pas impunie : elle fut tuée elle-même dans la guerre que Ptolémée Evergète entreprit pour venger sa sœur Bérénice.

ANTIOCHUS-LE-GRAND, roi de Syrie, fils de Séleucus Callinicus, et successeur de son frère Séleucus Céraune, l'an 223 avant J.-C., fut vaincu par Ptolémée Philopator dans un combat meurtrier donné près de Raphia. Il ne tarda pas à réparer cette défaite ; il prit Sardes, réduisit les Mèdes et les Parthes, subjugua la Judée, la Phénicie et la Célésyrie, et méditait de plus grandes conquêtes, lorsque Smyrne, Lampsaque et les autres villes de la Grèce asiatique demandèrent du secours aux Romains. Le sénat envoya des ambassadeurs à Antiochus, pour le sommer de rendre à Ptolémée Epiphanes le pays qu'il lui avait enlevé, et de laisser en paix les villes de la Grèce. Antiochus n'ayant donné aucune réponse favorable, Rome lui déclara la guerre l'an 192 avant J.-C. Ce prince, qui avait alors Annibal chez lui, animé par les discours de ce général, crut pouvoir la soutenir ; mais Acilius Glabrion lui prouva bientôt le contraire. Il le força de quitter la Grèce, et Scipion l'Asiatique défit entièrement son armée. Antiochus, forcé de demander la paix, ne l'obtint qu'à des conditions dures. Il fut obligé de renoncer à toutes ses possessions d'Europe, et à celles qu'il avait en deçà du mont Taurus en Asie. Quelque temps après il fut tué dans l'Elymaïde, où il allait piller le temple de Jupiter-Bélus, l'an 187 avant J.-C. Les Juifs se louent beaucoup des priviléges que ce prince leur accorda. Il fournissait l'argent qu'il fallait pour les sacrifices, et il leur permit de vivre selon leurs lois dans toute l'étendue de ses vastes Etats. Ce prince avait d'excellentes qualités, mais elles ne se soutinrent pas. « Jusqu'à l'âge de cin-
« quante ans, dit un historien, il s'était
« conduit dans ses affaires avec une va-
« leur, une prudence et une application
« qui avaient fait réussir toutes ses en-
« treprises, et lui avaient mérité le titre
« de *Grand*. Mais, depuis ce temps, sa
« sagesse avait fort décliné, et ses affai-
« res avaient pris le même train. Sa con-
« duite dans la guerre contre les Romains,
« le peu d'usage ou plutôt le mépris qu'il
« fit des conseils d'Annibal, la paix hon-
« teuse qu'il fut obligé d'accepter, terni-
« rent l'éclat de ses premiers succès ; et
« sa mort, causée par une entreprise im-
« pie et sacrilège, imprima à son nom
« une tache ineffaçable. »

ANTIOCHUS III, fils du précédent, prit le surnom d'*Epiphanes*, c'est-à-dire *illustre*. Il méritait bien davantage celui d'*Epimanes*, que quelques-uns lui donnèrent, et qui veut dire *furieux* et *insensé*.

Autant son père avait été favorable aux Juifs, autant il s'en déclara l'ennemi. Après avoir assiégé et pris Jérusalem, il déposa le grand prêtre Onias, profana le temple par le sacrifice qu'il y offrit à Jupiter-Olympien, emporta tous les vases sacrés et fit mourir les sept frères Machabées et le vieillard Eléazar. Ce prince sacrilége avait usurpé le trône de Syrie sur Démétrius son neveu; il voulut aussi s'emparer de l'Egypte sur Ptolémée Philométor son autre neveu, mais sa tentative fut vaine. Mathathias et Judas Machabée défirent ses armées; lui-même fut mis en déroute dans l'Elymaïde, pays renommé pour la richesse de ses temples, où l'avait attiré l'ardeur effrénée du pillage. Il était peu éloigné d'Ecbatane, lorsqu'il apprit que Judas Machabée avait défait Lysias, qu'il s'était emparé des places fortes de la Judée, et qu'il avait renversé l'idole placée dans le temple. Transporté de fureur, il dit qu'il allait lui-même à Jérusalem, et qu'il en ferait le tombeau des Juifs. Il commanda donc à celui qui conduisait son char de toucher sans cesse et de hâter son voyage. Mais à peine eut-il prononcé ces paroles, que Dieu le frappa d'une maladie incurable : il se sentit tout-à-coup attaqué d'une douleur effroyable dans les entrailles et d'une colique qui le tourmentait cruellement. Transporté d'une nouvelle fureur contre les Juifs, il donna des ordres pour que l'on précipitât encore davantage son voyage. Mais lorsque ses chevaux couraient avec impétuosité, il tomba de son char et eut le corps tout meurtri de cette chute. « Ainsi, dit l'Ecriture, celui qui, s'élevant par son orgueil au-dessus de la condition de l'homme, s'était flatté de pouvoir même commander aux flots de la mer, se vit porter tout mourant dans une chaise, attestant publiquement la toute-puissance de Dieu, qui éclatait en sa propre personne. Il sortait des vers de son corps, et les chairs lui tombaient par lambeaux, avec une odeur si infecte que l'armée n'en pouvait souffrir la puanteur. Cet homme, qui s'imaginait auparavant être capable d'atteindre jusqu'aux étoiles du ciel, se trouvait dans un tel état, que personne ne pouvait plus le porter, à cause de l'infection horrible qu'il répandait. » Etant devenu insupportable à lui-même, il fit venir ses amis et leur dit : « Le sommeil
« est éloigné de mes yeux; mon cœur est
« tout abattu, et je me sens défaillir, à
« cause du grand chagrin dont je suis
« saisi. J'ai dit au fond de mon cœur :
« A quelle affliction suis-je réduit, et en
« quel abîme de tristesse me vois-je plon-
« gé, moi qui auparavant étais si heu-
« reux et si chéri au milieu de la puis,
« sance qui m'environnait. Je me sou-
« viens présentement des maux que j'ai
« faits dans Jérusalem..... Je reconnais
« donc que c'est pour cela que je suis
« tombé dans tous ces maux; et l'excès
« de ma tristesse me fait maintenant pé-
« rir dans une terre étrangère. » Il promet de rendre Jérusalem libre, de lui accorder les plus beaux priviléges, de l'égaler à la ville d'Athènes. Il s'engage à orner de dons précieux le temple, qu'il avait pillé auparavant, à y augmenter le nombre des vases sacrés; à fournir de ses revenus les dépenses nécessaires pour les sacrifices, et même à se faire juif et à parcourir toute la terre pour publier la toute-puissance de Dieu. Mais son repentir n'était fondé que sur des motifs temporels; ce qui a fait dire à l'écrivain sacré : « Cet impie priait le Seigneur, de
« qui il ne devait point recevoir miséri-
« corde. » Il mourut 164 ans avant l'ère chrétienne. Polybe rapporte de ce prince les plus révoltantes extravagances qui prouvent qu'il était aussi insensé que cruel et impie. On le voyait souvent confondu dans des ateliers avec des artisans, ou dans des tavernes avec des débauchés. Il sortait presque toujours ivre, et passait de cette gaieté dissolue à un emportement furieux et insensé. Les courtisanes furent ses ministres. Faut-il s'étonner qu'un prince de ce caractère fût ennemi de Dieu et de son peuple?

ANTIOCHUS V, surnommé *Eupator*, succéda, à l'âge de 9 ans, à son père Antiochus Epiphanes, l'an 164 avant J.-C. Il entra en Judée par le conseil de Lysias, son général, avec une armée de 110 mille hommes de pied, 5 mille chevaux, 22 éléphants et 300 chariots de guerre. Mais ayant appris que sa capitale avait été prise par un ennemi dont il ne se défiait pas, il fit la paix à des conditions avantageuses aux Juifs, et s'en retourna dans son royaume, où ses propres soldats le livrèrent à Démétrius, son cousin-germain, qui le fit mourir l'an 161 avant J.-C.

ANTIOCHUS VI, surnommé *Dionysius* ou *Bacchus*, était fils d'Alexandre Balas. Démétrius Nicanor s'étant fait détester de ses sujets par ses rapines, Tryphon amena de l'Arabie Antiochus, encore enfant, et le fit reconnaître roi, vers l'an 144 avant J.-C. Quelques victoires furent remportées sur les généraux de Démétrius; mais bientôt Tryphon, las de gouverner sous le nom d'un autre, se débarrassa de ce jeune prince, en lui persuadant qu'il avait la pierre, et en lui faisant faire l'opération par des chirurgiens gagnés, qui le firent périr. Antiochus n'avait régné que deux ans.

ANTIOCHUS VII, surnommé *Evergètes* ou *Sidètes*, fils de Démétrius Soter, épousa Cléopâtre, femme de Démétrius Nicanor, son frère, après que celui-ci eut été fait prisonnier par les Parthes, et fut reconnu roi à Antioche, l'an 140 avant J.-C. Il battit l'usurpateur Tryphon, assiégea Jérusalem, soumit les Juifs qui avaient secoué le joug, et contraignit le grand-prêtre à lui payer un tribut. Il alla ensuite attaquer les Parthes, pour les forcer de relâcher son frère, et les défit dans trois combats ; Phaatès, leur roi, renvoya Démétrius avec un corps d'armée pour disputer le trône à Antiochus. Ce dernier, ayant disséminé ses troupes dans leur quartier d'hiver, les Parthes le défirent à son tour. Cependant Cléopâtre étant retournée à son premier mari, il forma l'étrange projet d'épouser la déesse d'Elymaïs, afin de pouvoir s'emparer de ses immenses richesses. Lorsqu'il fut entré dans le temple, les prêtres qui jusque-là n'avaient fait aucune opposition, l'accablèrent à coups de pierres avec toute sa suite, l'an 127 avant J.-C.

ANTIOCHUS VIII, surnommé *Epiphanes* et *Grypus*, ou *Nez crochu*, et **ANTIOCHUS IX**, surnommé *Philopator* ou *Cyzicénus*, étaient tous les deux fils de Cléopâtre, et avaient pour pères, le premier Démétrius Nicanor, et le second Antiochus Sidètes. Cette reine, ayant fait mourir Séleucus, son fils aîné, vers l'an 125 avant J.-C., donna la couronne à Grypus qu'elle espérait gouverner. Mais ce prince après avoir épousé Thryphanée, fille de Ptolémée-Physcon, et fait périr Alexandre Zabinas, voulut régner par lui-même. Cléopâtre tenta de l'empoisonner ; mais il l'obligea de prendre le breuvage qu'elle avait préparé pour lui. Huit ans après, ayant conçu de l'ombrage contre son frère Antiochus Philopator qui était à Cyzique, il essaya aussi de s'en défaire par le poison. Mais ce dernier, devenu l'époux de Cléopâtre, fille de Ptolémée-Physcon, rassembla une armée et prit Antioche. Antiochus-Grypus reprit cette ville, où se trouvait Cléopâtre, que Tryphanée, sa sœur, fit mettre à mort, malgré son mari. Antiochus Philopator, ayant bientôt repris l'avantage, vengea sur Thryphanée la mort de sa femme. Les deux frères se réconcilièrent et régnèrent l'un sur la Syrie, l'autre sur la Célésyrie. Bientôt la guerre recommença et Grypus fut tué, l'an 97 avant J.-C., par un certain Héracléan, qu'il avait comblé de faveur. Il laissa cinq fils : Séleucus VI, Antiochus XI, Philippe, Démétrius III, et Antiochus XII. Antiochus Philopator, vaincu par Séleucus VI, se tua l'an 95 avant J.-C., laissant un fils, Antiochus X.

ANTIOCHUS IX. (Voy. l'article précédent.

ANTIOCHUS X, surnommé *Eusèbe* ou le Pieux et *Philopator*, fils d'Antiochus de Cyzique, s'enfuit d'Antioche après la mort de son père (95 ans avant J.-C.), leva une armée, continua la guerre contre Séleucus VI, fils d'Antiochus-Grypus, le défit, et, après la mort de ce prince, attaqua ses deux frères Antiochus XI et Philippe qu'il vainquit. Mais, l'an 92, il fut battu à son tour par ce même Philippe et par son frère Démétrius III ; il se retira chez les Parthes, et mourut l'an 75 avant J.-C., laissant deux fils, Antiochus XIII et Séleucus Cybiosactes.

ANTIOCHUS XI, surnommé *Epiphanes* et *Philadelphe*, fils d'Antiochus VIII, partagea la couronne avec son frère Philippe, après la mort de Séleucus VI, leur aîné, qu'ils vengèrent en massacrant les habitants de la ville de Mopsueste, où il avait été brûlé vif. Antiochus X les vainquit tous deux, Antiochus XI, en fuyant après cette défaite, tomba dans l'Oronte où il se noya (93 ans avant J.-C.)

ANTIOCHUS l'Asiatique, XIIIe du nom, fils d'Antiochus X et de Séléné. Lucullus, ayant vaincu Tigrane, rendit à Antiochus une grande partie de la Syrie ; mais Pompée, qui succéda à Lucullus, l'en dépouilla l'an 64 avant J.-C., et la Syrie devint une province romaine.

ANTIOCHUS, roi de Comagène, royaume d'Asie au pied du mont Taurus, se réunit d'abord à Tigrane contre les Romains, et l'abandonna après sa défaite. Lucullus lui accorda la paix ; mais s'étant joint à Mithridate, il fut vaincu par Pompée, qui cependant lui laissa le gouvernement des Etats de son allié vaincu. Ce fut pour lui témoigner sa reconnaissance qu'Antiochus lui envoya des troupes contre César. Après la mort de Pompée, il se rangea du côté des Parthes dont le roi Orode avait épousé sa fille, mais il fut battu par Ventidius, lieutenant de Marc-Antoine, puis par Marc-Antoine lui-même, qui lui accorda la paix à des conditions honorables (36 ans avant J.-C.). Peu de temps après il mourut, laissant deux fils qui se disputèrent le trône.

ANTIOCHUS II, fils du précédent, eut pour rival son frère Mithridate ; celui-ci sollicita les secours des Romains : mais Antiochus fit tuer son ambassadeur.

Auguste le fit venir à Rome pour rendre raison de cet attentat. Antiochus fut condamné à mort l'an 27 avant J.-C.

ANTIOCHUS d'ASCALON, philosophe stoïcien, fut disciple de Carnéade et maître de Cicéron. Lucullus l'attira à Rome, et lui donna son amitié. Il suivit d'abord les opinions de Platon, auxquelles il préféra ensuite celles de Zénon. On ne sait s'il finit par se tenir à celles-ci, rien n'étant bien fixe dans les pensées ni dans la conduite de ces vieux sages. — Il ne faut pas le confondre avec un autre Antiochus, philosophe cynique, qui reçut de grands bienfaits des empereurs Sévère et Caracalla, dignes de récompenser les leçons et les exemples du cynisme.

ANTIOCHUS, moine de Seba dans la Palestine, composa en grec, à la prière d'Eustache, abbé d'un monastère près d'Ancyre, et pour ce religieux, un abrégé moral de l'Écriture-Sainte, intitulé : *Pandectæ divinæ Scripturæ in centum nonaginta distinctas homilias*, una cum exomologesi, lequel contenait tout ce qui était nécessaire au salut. Tillemont, chartreux de Paris, l'a traduit du grec en latin, et le père Fronton Le Duc a publié le texte original : cet ouvrage est divisé en 190 chapitres ou homélies. Dans le 107ᵉ, l'auteur parle de la prise de Jérusalem par Chosroës, l'an 614, de la manière dont la ville fut saccagée, le bois de la sainte croix enlevé, etc. Il y a joint un poëme dans lequel il déplore la perte de la vraie croix, que les Perses avaient, dit-on, emportée avec leur butin. On trouve le poème d'Antiochus en grec et en latin dans la *Bibliotheca Patrum*. Antiochus vivait dans le 17ᵉ siècle.

ANTIPAS, martyr, fut un des premiers disciples du Sauveur, et souffrit le martyre à Pergame, dont il était évêque. L'histoire de sa vie rapporte qu'il fut enfermé dans un taureau d'airain tout ardent de feu ; mais ces actes, quoique anciens, ne sont pas authentiques. Ce qui n'empêche pas que son martyre ne soit indubitable, étant formellement attesté dans l'*Apocalypse*, chap. 2, v. 13, où Jésus-Christ l'appelle *un témoin fidèle*. Le lieu de son martyre y est également exprimé.

ANTIPATER, disciple d'Aristote et général d'Alexandre, avait le talent de la guerre et celui des lettres. Il réduisit les Thraces et défit les Lacédémoniens. Alexandre lui ôta le gouvernement de la Macédoine pour plaire à sa mère Olympias. On dit qu'Antipater s'en vengea, en empoisonnant son maître. « Ce qu'il « y a de sûr, dit un historien, c'est que « jamais il ne put se laver de cette tache, « et que, tant qu'il vécut, les Macédo- « niens le détestèrent comme le traître « qui avait empoisonné Alexandre. » Il mourut l'an 321 avant J.-C.

ANTIPATER, roi de Macédoine et frère de Philippe III, fit mettre à mort Thessalonice sa mère, et fut tué par Lysimaque l'an 237 avant J.-C.

ANTIPATER de Tarse était stoïcien, et disciple de Diogène le Babylonien ; il eut des démêlés très-vifs avec Carnéades, qu'il consigna dans ses écrits. Sénèque nous a conservé plusieurs de ses sophismes.

ANTIPATER de Sidon, stoïcien, cultivait la philosophie et la poésie, environ l'an 136 avant J.-C. Il nous reste de lui plusieurs épigrammes dans l'*Anthologie*. Cicéron vantait son extrême facilité à faire les vers. Au rapport de Pline et de Valère-Maxime, ce philosophe avait tous les ans, le jour de sa naissance, une fièvre éphémère, et ce jour fut, dit-on, celui de sa mort.

ANTIPATER (Lœlius Cœlius), historien latin, environ 124 ans avant J.-C., écrivit une *Histoire de la seconde guerre punique*. L'empereur Adrien le préférait à Salluste, comme il préférait Ennius à Virgile. Nous avons quelques fragments de ses ouvrages. Antoine Augustin les a recueillis avec des fragments d'autres historiens ; ils ont été imprimés à Anvers, 1511.

ANTIPATER, Iduméen, et fils du gouverneur de l'Idumée, embrassa le parti d'Hyrcan, et le fit remonter sur le trône de Judée. Antipater jouit de tout le crédit que méritaient ses services. Il eut la conduite des affaires et se rendit agreable aux Romains, par son attachement à leurs intérêts. César, à qui il avait beaucoup servi dans la guerre d'Égypte, lui donna le droit de bourgeoisie romaine et le gouvernement de la Judée. Il fut empoisonné, l'an 49 avant J.-C., par un juif de ses amis, qui le soupçonnait de vouloir se faire roi. Hérode-le-Grand, son fils, bâtit en son honneur la ville d'Antipatride.

ANTIPHANES de Rhodes, ou, selon quelques autres, de Caryste ou de Smyrne, poëte comique, célèbre dans l'antiquité, fut contemporain d'Alexandre. Fabricius nous a laissé le catalogue de 280 *comédies* de cet auteur ; et on prétend qu'il en composa 365.

ANTIPHILE, peintre égyptien, contemporain d'Apelles, dont il était le rival. Pline parle d'un autre Antiphile qui peignit un garçon soufflant le feu, dont la lueur faisait briller sa beauté. Comme les tableaux de nuit étaient alors une espèce de merveille, Pline admirait beaucoup celui-ci.

ANTIPHON, orateur athénien, naquit à Rhamnus dans l'Attique; ce qui lui donna le surnom de *Rhamnusien*. On dit que ce fut le premier qui réduisit l'éloquence en art, et qui plaida pour de l'argent. On avait de lui plusieurs ouvrages. Il nous est parvenu seize *Oraisons* qui lui sont communément attribuées, et qui se trouvent dans la *Collection des anciens orateurs grecs* d'Etienne, 1575, in-fol. Elles tiennent plus de la déclamation que de la véritable éloquence, et ne justifient pas les éloges que les anciens rhéteurs lui ont prodigués. Il mourut vers l'an 411 avant J.-C. Thucydide fut son disciple; Photius dit, son maître. Vossius distingue deux Antiphon, l'un de Rhamnus, plus ancien que Thucydide, l'autre postérieur.

ANTISTHÈNES, philosophe athénien, chef des cyniques, donna d'abord des leçons de rhétorique. La philosophie de Socrate l'ayant enlevé à l'éloquence, il renvoya ses disciples en leur disant : *Allez chercher un maître; pour moi j'en ai trouvé un.* Cela n'empêcha pas qu'il ne se fit une secte à part. Pour philosopher plus à son aise, il vendit tous ses biens, et ne garda qu'un manteau, encore était-il déchiré. Socrate, qui s'en aperçut, lui dit : *Je vois ta vanité à travers les trous de ton manteau.* Il méprisait la noblesse et les richesses, pour s'attacher à la vertu qui n'était, selon lui, que le mépris des choses dont les hommes font cas. Quelqu'un lui ayant demandé à quoi la philosophie lui avait été utile : *A vivre avec moi,* répondit-il avec l'orgueil ordinaire à ces vieux sages. On eût peut-être pu répliquer : *Prenez garde que vous ne viviez avec un méchant homme.* Ce philosophe enseignait l'unité de Dieu, mais d'une manière timide et inconséquente. (Voyez STILPON, PLATON, etc.) Il joignait d'ailleurs à cette vérité la doctrine erronée du suicide. *L'âme,* disait-il, *paie trop chèrement le séjour qu'elle fait dans le corps: ce séjour la ruine, la décrédite, et on ne peut trop tôt la renvoyer à sa véritable patrie.* Diogène, son disciple, profita assez bien de ses leçons de vanité, et le surpassa dans celles de cynisme. Antisthènes vivait vers l'an 404 avant J.-C. Voici à peu près ce qu'il a dit de plus raisonnable; car on a recueilli comme des choses merveilleuses les moralités les plus communes échappées à ces anciens pédagogues. *Il vaut mieux tomber entre les griffes des corbeaux, qu'entre les mains des flatteurs : ceux-là ne font de mal qu'aux morts; ceux-ci dévorent les vivants... Les envieux sont consumés par leur propre caractère, comme le fer par la rouille... Il est absurde qu'on sépare le froment de l'ivraie, qu'on chasse d'une armée les soldats inutiles, et qu'on ne purge pas la société des méchants qui la corrompent... Le seul bien qui ne puisse nous être enlevé est le plaisir d'avoir fait une bonne action...* Ses *Lettres* sont imprimées avec celles des autres philosophes socratiques, Paris, 1637, in-4. — Il ne faut pas le confondre avec un autre Antisthène, dont on trouve les *Discours* dans les orateurs grecs d'Albe, 1513, in-fol. Phlégon parle d'un Antisthène historien et philosophe péripatéticien; peut-être est-ce le même que l'auteur des discours dont nous venons de faire mention.

ANTOINE (Marc), l'orateur, d'une famille distinguée de Rome, s'illustra dans le barreau par son éloquence, et dans la république, par l'intégrité qu'il fit paraître en tous ses emplois. Il fut questeur en Asie, préteur en Sicile, proconsul en Cilicie, consul à Rome, et enfin censeur. Son éloquence rendit, suivant Cicéron, l'Italie rivale de la Grèce. Il fut massacré pendant les guerres civiles de Marius et de Sylla. Sa tête fut exposée sur la tribune aux harangues, lieu qui avait retenti de sa voix éloquente. Les bons citoyens de Rome la regrettèrent, comme le modèle des honnêtes gens. Il vivait environ un siècle avant J.-C.

ANTOINE (Marc), fils de l'orateur, mourut de chagrin pour avoir mal réussi dans la guerre de Crète. Il n'en fut pas moins surnommé le *Crétique :* ce qui, vu l'usage des Romains de donner aux vainqueurs le nom des provinces conquises, devenait un sarcasme amer. Il laissa de Julie, sa seconde femme, Marc-Antoine, le triumvir. (Voyez l'article qui suit.)

ANTOINE (Marc), le triumvir, fils du précédent, après avoir donné à Rome le spectacle de ses bonnes qualités et de ses dérèglements, se retira dans la Grèce pour s'y former dans l'art de la parole et de la guerre. Gabinius, qui allait combattre Aristobule, chef des Juifs qui tentaient de secouer le joug de Rome, lui ayant donné le commandement de la cavalerie, il signala son courage dans cette guerre. Le même général le mena en Égypte au secours du roi Ptolémée : il n'y acquit pas moins de gloire. Revenu à Rome, il fut tribun du peuple et augure, et embrassa avec Curion, son ancien compagnon de débauche, le parti de César, qui faisait alors la guerre dans les Gaules. La chaleur avec laquelle il parla pour cet illustre accusé le brouilla avec le sénat. Il échappa aux poursuites qu'on faisait de sa personne, en allant, déguisé en esclave, rejoindre César. Ce fut par son conseil que ce général se détermina à porter la guerre en Italie; et dès qu'il s'en fut rendu maître, il en donna le gouvernement à Marc-Antoine. A la bataille de Pharsale, il commanda l'aile gauche de son armée, et contribua à la défaite de Pompée. L'année d'après, 44 avant J.-C., César ayant été élu dictateur, donna le commandement général de la cavalerie à Marc-Antoine, et le fit ensuite son collègue dans le consulat. Antoine lui en marqua sa reconnaissance par les plus basses adulations. Un jour que César assistait à la fête des Lupercales, assis dans une chaise d'or, Antoine, ayant écarté la foule, s'avança vers son tribunal, et lui présenta un diadème entouré d'une couronne de laurier. Ce jeu concerté, dit-on, entre eux deux, hâta la mort de Jules César, déjà préparée par Brutus. Antoine, qui vit sa fortune dérangée par ce meurtre, en conçut la douleur la plus vive. « C'est ainsi, « dit un auteur, que, dans les courtisans, « la cupidité, l'ambition, l'intérêt per- « sonnel et le dur égoïsme prennent l'ap- « parence de l'amitié et de l'affection, « qui ne trouvent jamais entrée dans ces « cœurs-là. » Antoine tâcha de dissimuler son dépit, mais il éclata tout à coup. Il soutint vivement la mémoire de César contre Brutus, qui allait le déclarer tyran. Il prononça son éloge funèbre, et excita le peuple à punir les assassins. Son parti devint plus considérable de jour en jour; et il aurait pu remplacer César, si l'orateur Cicéron ne lui eût opposé Octave, appelé ensuite Auguste. Sa haine contre ce jeune homme, héritier de César, le rendit odieux aux Romains. Déclaré ennemi de la république, il se retira dans les Gaules. On envoya Octave et les consuls Pansa et Hirtius pour le combattre. Après des succès balancés de part et d'autre, se donna la bataille de Mutina, aujourd'hui Modène. Antoine fut vaincu, et forcé de se retirer auprès de Lépidus. Pansa fut tué à cette journée; il conseilla, en mourant, à Octave de s'unir à Antoine. Ce conseil fut suivi quelque temps après, lorsque Antoine, qui avait levé six légions dans les Gaules, parut en Italie avec 23 légions et dix mille chevaux. Ce fut alors que commença le triumvirat entre Lépidus, Octave et Antoine. Ils en stipulèrent les conditions dans une petite île formée par le *Rhenus* (Reno), près de Bologne, et les triumvirs se livrèrent l'un à l'autre la vie de leurs ennemis. Un des premiers fruits de ce célèbre brigandage fut la mort de Cicéron, dont la tête fut portée à Antoine, qui eut la lâcheté de l'insulter. Les triumvirs, ayant cimenté leur puissance du sang des plus illustres citoyens, se déterminèrent à poursuivre Brutus et Cassius, meurtriers de César, qui prétendaient à la gloire de rétablir la liberté. Antoine les atteignit à Philippes, leur livra bataille et les défit. Après la mort de ces soutiens du nom républicain, les tyrans de Rome en partagèrent entre eux l'empire. Antoine eut la Grèce, la Macédoine, la Syrie et l'Asie. Il fut obligé de combattre les Parthes; mais il ne le fit que par ses généraux, et ne se montra dans aucune de ces occasions l'élève de César. Il ne pensait plus qu'à jouir de ses exactions, à arracher d'une main et à prodiguer de l'autre. Cléopâtre, reine d'Egypte, qui craignait ses armes, tenta de l'assujettir par sa beauté, ne pouvant le réduire par la force. Cette princesse l'enivra de plaisirs, et dans les délices où elle le plongea, elle obtint de lui tout ce qu'elle voulut. Il la déclara reine d'Egypte, de Chypre et de Célésyrie, d'une portion de la Cilicie, de l'Arabie et de la Judée. Les deux fils qu'il avait eus d'elle furent déclarés rois des rois. On leur donna des habits royaux, et on y ajouta tout le faste de la royauté. Les Romains, irrités de ce qu'on démembrait l'empire pour une femme et pour des étrangers, résolurent de prendre les armes contre lui. Un autre motif de le combattre venait de s'y joindre. Antoine, marié avec Octavie, sœur d'Octave, avait quitté son épouse et ses enfants pour sa Cléopâtre. C'est en vain que cette femme vertueuse était venue voir Marc-Antoine, pour rétablir la paix entre son frère et son époux : celui-ci ne voulut point la recevoir, et lui ordonna de retourner à Rome. C'est ainsi que le libertinage et les autres passions des chefs mettaient tout l'empire en feu. Il prit pour prétexte de sa retraite de Rome, *qu'il perdait toujours, à quelque jeu de hasard qu'il jouât contre Octave.* Celui-ci marcha contre lui. Leurs flottes se rencontrèrent près d'Actium, l'an 31 avant J.-C. Antoine, vaincu dans cette fameuse journée, n'eut d'autre recours que dans la fuite. Cléopâtre avait déjà pris ce parti avec 60 vaisseaux qu'elle avait amenés à Antoine. A peine eut-il atteint cette princesse, qu'il apprit la défection de son armée de terre. Dans la douleur où le jeta cette nouvelle, il essaya tous les moyens pour se distraire, tantôt se livrant à la solitude, tantôt s'abandonnant aux excès les plus honteux et les plus extravagants. L'année suivante, Octave entra en Egypte, et se rendit maître de Péluse. Antoine, se réveillant un moment, attaqua la cavalerie de son ennemi et la mit en déroute. Ce premier succès lui en promettait de plus grands, si son armée et sa flotte ne se fussent rendus à Octave. Antoine se voyant alors au comble du malheur, furieux et désespéré, envoya défier son ennemi à un combat particulier; mais celui-ci répondit froidement qu'*Antoine avait pour sortir de la vie d'autres chemins que celui d'un combat singulier.* Cléopâtre s'était retirée dans une tour, et avait fait dire à Antoine qu'elle s'était donné la mort. Cet amant le crut. Honteux d'avoir été prévenu par une femme, dans une action qui passait alors pour une généreuse ressource dans les grands malheurs, et que des philosophes forcenés travaillent à nous faire considérer de la même manière, il s'adressa à un de ses affranchis, nommé Eros, pour le prier de terminer par un même coup sa vie et ses tourments. Mais Eros se poignarda lui-même, et jeta, en tombant, le poignard à son maître. *Est-il possible*, s'écria Antoine, *que j'apprenne mon devoir d'une femme et d'un affranchi?* En prononçant ces mots, il se frappa du poignard. Un moment après, on vint lui dire que Cléopâtre était encore vivante. Aussitôt, malgré la quantité de sang qu'il avait perdue, il se fit porter à la tour où était la reine. Cléopâtre ne voulut point faire ouvrir les portes, pour éviter toute surprise; mais elle parut à une fenêtre haute, et jeta en bas des cordes et des chaînes; et la princesse, aidée de deux femmes, qui étaient les seules qu'elle eût menées avec elle dans cette tour, le tira à elle. (Voyez CLÉOPATRE.) Il expira peu de temps après, l'an 30 avant J.-C., âgé de 56 ans. Antoine eut le courage de César, et sa fureur pour les plaisirs; mais il poussa plus loin encore que lui cette dernière passion. Elle causa ses défaites, lui enleva l'empire, et fit presque oublier à la postérité sa valeur, son activité, ses talents et son zèle pour ses amis. Il avait l'âme élevée d'un général et les goûts rampants d'un homme vulgaire. Après avoir paru en conquérant sur la scène de l'univers, il allait se mêler à ces troupes de libertins effrénés qui mettaient leurs plaisirs dans les querelles, les aventures nocturnes, et la fréquentation des lieux infâmes. Ce triumvir laissa deux fils de Fulvie sa première femme. L'aîné portait le nom de son père, ou celui d'*Antoine-le-Jeune*;

Auguste le fit assassiner dans un temple érigé par Cléopâtre à la mémoire de Jules-César, dont cet infortuné embrassait la statue. Le second, appelé *Jules Antoine*, fut mis à mort par ordre du sénat. « Quand on réfléchit, dit un phi-
« losophe, que le siècle de la philoso-
« phie, de la politique, de la tactique,
« des belles-lettres, fut précisément
« celui des assassinats, des folies,
« des plus révoltantes scènes de cruauté
« et de luxure, on n'aura pas de peine à
« se persuader qu'il faut chercher ail-
« leurs des leçons et des moyens de bon-
« heur. »

ANTOINE (Primus), Gaulois, surnommé *Becco*, l'un des grands capitaines de son siècle, remporta une victoire signalée pour Vespasien sur Vitellius, près de Crémone, l'an 69 de J.-C. Il était de Toulouse.

ANTOINE (saint), surnommé *l'Ermite*, instituteur de la vie monastique, né au village de Come en Egypte, l'an 251. Ayant entendu ces mots de l'Evangile : *Si vous voulez être parfait, allez, vendez tout ce que vous avez, donnez-le aux pauvres, puis venez et me suivez, et vous aurez un trésor dans le ciel*, il résolut de se retirer du monde. Il vendit ses biens, en donna le prix aux pauvres, et s'enfonça dans la solitude. L'esprit tentateur se présenta à lui sous différentes formes, et l'affligea de toutes les façons, pour l'engager à retourner dans le monde. Montesquieu croit que ce que l'histoire rapporte des spectres effrayants qui troublaient le repos du saint, doit s'entendre métaphoriquement des impressions du vice, et des tentations qui le suivirent dans le désert. Mais puisque l'Ecriture enseigne que, durant les ténèbres d'Egypte, les esprits infernaux augmentèrent la terreur des habitants par des illusions effroyables (*Sap.* 17), rien n'empêche qu'on n'entende littéralement les spectres qui troublèrent la solitude d'Antoine. Les païens ont également reconnu, sans doute sur le témoignage des Livres saints, l'extrême variété des figures hideuses dont le démon pouvait se revêtir. Il paraît que c'est cette persuasion qui a donné lieu à ces vers du 4ᵉ livre des *Géorgiques*

...Variæ illudent species atque ora ferarum.
Fiet enim subitò sus horridus, atraque tigris,
Squamosusque draco, et fulvâ cervice leæna....
Omnia transformat sese in miracula rerum :
Ignemque, horribilemque feram, fluviumque liquentem.

Antoine passa 20 ans dans des combats continuels qui lui méritèrent le don des miracles. Une foule de disciples vint s'offrir à lui. Il fut obligé de faire bâtir plusieurs monastères dans le désert; ce

n'étaient que des huttes, des cabanes éparses. La prière, le chant des psaumes, la lecture, le travail des mains, occupaient tout le temps de ces solitaires. Antoine soutenait ses frères par ses vertus et par ses leçons : il leur donnait l'exemple de la mortification et de l'humilité. Il ne sortit que deux fois de sa retraite : la première, pendant la persécution de Maximin, en 312, pour donner des secours aux chrétiens qui versaient leur sang pour l'Evangile ; et la seconde, en 355, à la prière de saint Athanase, afin de défendre la foi contre les ariens, qui osaient publier qu'il suivait la même doctrine qu'eux. Constantin lui écrivit plus d'une fois, en le traitant de *père*, et en lui demandant comme une faveur quelques mots de réponse à sa tendresse filiale. A la première de ses lettres, le saint avait rassemblé les solitaires et leur avait dit, sans montrer aucune sorte d'émotion : « Les maîtres du siècle nous
« ont écrit; mais quelle relation peut-il
« y avoir entre eux et des hommes qui ,
« étrangers pour le monde, en ignorent
« jusqu'au langage ? Si vous admirez la
« condescendance d'un empereur, formé
« de poussière aussi bien que nous, et
« qui doit pareillement retourner en pous-
« sière, quel doit être votre étonnement
« de ce que le Monarque éternel nous a
« tracé la loi de sa propre main, et nous
« a parlé par son propre Fils ! » Cependant les frères lui ayant représenté qu'un empereur si chrétien méritait les plus grands égards, et qu'il pourrait se scandaliser d'un détachement dont il ne pénétrerait pas le motif, il ouvrit la lettre, et y fit réponse. Mais à la nouvelle des troubles et des périls de l'église d'Alexandrie, il ne fallut pas le presser de solliciter en faveur du saint évêque Athanase, si nécessaire à son peuple et à tout l'Orient. Il écrivit avec zèle, et Constantin lui répondit avec bonté et distinction. Ce patriarche des moines mourut, l'an 356 de Jésus-Christ, âgé de 105 ans. Nous avons de lui sept *Lettres* écrites en égyptien, traduites en grec et en latin ; mais il ne nous en reste que cette dernière version. Quelques-uns même lui attribuent une *Règle* et des *Sermons*. Ces différents ouvrages sont dans la *Bibliothèque des Pères*. Saint Athanase, auquel il donna en mourant son manteau et une de ses tuniques, écrivit sa *Vie*, qui a été traduite par Evagre. Son corps, ayant été découvert en 561, fut transféré avec beaucoup de solennité à Alexandrie. Les Sarrasins s'étant emparés de l'Egypte, vers l'an 635, on le porta à Constantinople. De cette ville il fut transporté dans le diocèse de Vienne en Dauphiné, à la fin du 10° siècle, ou au commencement du 11°, vers l'an 980. Un seigneur de cette province, nommé Josselin, auquel l'empereur de Constantinople en avait fait présent, le déposa dans l'église prioriale de la Motte-Saint-Didier, laquelle devint dans la suite le chef-lieu de l'ordre de Saint-Antoine. Cet ordre, fondé par Albert de Bavière, comte de Hainaut, afin de faire la guerre aux Turcs, a été supprimé et incorporé à celui de Malte, par deux bulles en date des 17 décembre 1776, et 7 mai 1777. (Voyez saint PAUL, l'ermite.)

ANTOINE (saint), dit *de Padoue*, né à Lisbonne en 1195, d'une famille distinguée, prit l'habit de Saint-François, qui vivait encore. Le désir d'obtenir la couronne du martyre le fit embarquer pour l'Afrique ; mais un coup de vent l'ayant jeté en Italie, il s'adonna à la théologie et à la prédication. Ses sermons eurent un succès prodigieux. Le pape Grégoire IX, qui y assista en 1227, en fut si frappé, qu'il appela Antoine *l'Arche du Testament*, voulant dire qu'il était rempli et pénétré d'idées saintes. Ils sont, à la vérité, pleins d'allégories et d'allusions mystiques, selon le goût du siècle ; mais ils contiennent d'excellentes leçons, et respirent la piété la plus vive. Antoine professa ensuite à Montpellier, à Toulouse, à Padoue, et mourut dans cette dernière ville en 1231, à l'âge de 35 ans. Grégoire IX le canonisa dès l'an 1232. Voici comment le pape s'exprime dans sa bulle datée de Spolète : « Ayant
« vu les preuves authentiques des mira-
« cles de cet homme vénérable ; ayant
« de plus connu par nous même sa sainte
« vie, et ayant eu le bonheur de con-
« verser avec lui ; après avoir pris l'avis
« de nos frères et de tous nos prélats
« assemblés avec nous, nous l'avons mis
« au nombre des saints. » Il avait dit auparavant, dans la même bulle : « Saint
« Antoine, qui présentement habite dans
« le ciel, est honoré sur la terre par plu-
« sieurs miracles que l'on voit tous les
« jours s'opérer à son tombeau, et dont
« la vérité nous a été certifiée par des
« pièces dignes de foi. » Trente-deux ans après la mort du saint, on fit bâtir à Padoue une église magnifique, dans laquelle ses reliques furent déposées. On trouva que toutes les chairs de son corps étaient consumées ; mais sa langue n'avait aucune marque de corruption, et elle paraissait encore aussi vermeille que si ce serviteur de Dieu eût été vivant. Saint Bonaventure alors général des franciscains, qui était à la cérémonie de la

translation, la prit dans ses mains, la baisa respectueusement et dit fondant en larmes : « O bienheureuse langue, qui « ne cessez de louer Dieu, et qui l'avez « fait louer par un nombre infini d'âmes! « il paraît présentement combien vous « êtes précieuse devant celui qui vous « avait formée pour servir à une fonc- « tion si noble et si sublime. » Cette langue se garde dans l'église dont nous venons de parler; et est celle des franciscains conventuels de Padoue. On voit aussi dans la même église le mausolée du saint qui est d'un ouvrage très-fini et orné d'un bas-relief qui excite l'admiration de tous les connaisseurs. Ses *Sermons* écrits en latin, ainsi que sa *Concorde morale de la Bible*, furent réimprimés à Venise en 1575, et à Paris en 1641, in-fol. Le P. Antoine Pagi a donné quelques autres *Sermons* du même saint, écrits aussi en latin. Ils parurent à Avignon en 1684. (Voyez *S. Antonii Paduani et S. Francisci Assisiatis opera omnia*, Pedeponti, 1739, 2 tomes in-fol.) L'édition que le P. Jean de La Haye donna à Paris en 1649, des ouvrages de saint François et de saint Antoine, n'est point complète. Le P. Wadding publia à Rome, en 1624, les *Sermons sur les saints*, avec l'*Exposition mystique des Livres divins* et la *Concorde morale de l'Ecriture*. (Voyez un trait éclatant de sa fermeté, art. EZZÉLINO.)

ANTOINE de Messine, appelé aussi *Antonello*, apprit de Jean de Bruges l'art de peindre à l'huile. Ce secret le mit en réputation ; mais Jean Bellin, le lui ayant enlevé adroitement, le rendit public. Antoine florissait vers l'an 1430; il mourut à Venise, et on lui fit une épitaphe où il est dit qu'il a enseigné le premier en Italie la manière de peindre à l'huile.

ANTOINE-NEBRISSENSIS, ou de LEBRIXA, ou Lebrija, naquit dans le bourg d'Andalousie qui porte ce nom, en 1445. Il professa, pendant 20 ans, dans l'Université de Salamanque, et ensuite dans celle d'Alcala, où il enseigna jusqu'à sa mort, arrivée en 1522. Le cardinal Ximenès, qui l'avait attiré dans cette dernière Université, le fit travailler à l'édition de sa *Polyglotte*. Antoine publia plusieurs ouvrages sur l'histoire, les langues, les belles-lettres, les mathématiques, la jurisprudence, la médecine, la théologie, entre autres : deux *Décades de l'Histoire de Ferdinand et Isabelle*, Grenade, 1545, in-fol. ; des *Lexicons* ou *Dictionnaires de droit civil, de médecine, etc.*, Grenade, 1545, in-fol. ; des *Explications de l'Ecriture-Sainte* dans les *Critici sacri*; des *Commentaires* sur Virgile, Perse, Juvenal, Pline ; une *Rhétorique*, tirée d'Aristote, de Cicéron et de Quintilien ; des *Méthodes* pour apprendre le latin, le grec, l'hébreu; des *Poésies latines*, publiées par Vivamo en 1491. Il mourut à Alcala de Henarès, le 11 juillet 1522 à 77 ans. C'était un homme aussi profondément érudit que modeste et vertueux. L'estime qu'en faisait le cardinal Ximenès est un sûr garant de son mérite.

ANTOINE (don), prétendant à la couronne de Portugal, eut pour père Louis, second fils du roi Emmanuel, et pour mère Yolande de Gomez. Il servit de bonne heure, et fut pris à la bataille d'Alcaçar, où il signala sa valeur. Un esclave lui ayant donné le moyen de recouvrer sa liberté, il vint faire valoir ses droits au trône de Portugal. Il prétendait que Louis son père avait épousé sa mère secrètement; mais le public ne le regardait que comme bâtard; d'ailleurs son père et ses descendants avaient été déclarés déchus du droit de succession. La populace de Lisbonne ne laissa pas de le proclamer roi. Philippe II, héritier du Portugal par sa mère Isabelle, leva une armée qu'il confia au vieux duc d'Albe, vint se faire couronner à Lisbonne en 1598, et promit 80 mille ducats à qui lui livrerait don Antoine. Battu par le duc d'Albe et abandonné de tout le monde, il implora le secours de la France. On lui donna 6,000 hommes avec 60 petits vaisseaux, qui furent dissipés par une flotte espagnole. Don Antoine échappa aux poursuites, passa sur un navire flamand, erra en Hollande, en France, en Angleterre, et revint à Paris où il mourut en 1595, à l'âge de 64 ans. Il céda ses prétendus droits à Henri IV; mais ce prince ne fit jamais usage de ce legs, persuadé que les droits d'Antoine n'étaient par fondés. On a imprimé sous son nom une *Paraphrase des Psaumes de la Pénitence*, in-12.

ANTOINE de Palerme, ou le *Panormitain*, naquit à Palerme, d'une famille distinguée. Alphonse d'Aragon, roi de Naples, au service duquel il était, l'envoya, en 1451, demander aux Vénitiens l'os du bras de Tite-Live, qu'il obtint. On dit qu'Antoine vendit une de ses terres pour acheter un exemplaire de cet historien, copié par le Pogge. Ce savant eut des querelles fort vives avec Laurent Valla. Suivant l'usage établi depuis longtemps parmi les gens d'esprit, ils empruntèrent des crocheteurs de leur temps toutes les injures dont ils purent se charger, et qu'un homme célèbre a tâché d'introduire dans le style littéraire du 18ᵉ siècle. On peut même ssurer que ni Valla ni Antoine de Palerme n'ont imaginé d'aussi grossières injures que le chef des philosophes modernes. Il mourut à Naples en 1471, âgé de 78 ans. Nous avons du Panormitain : cinq livres d'*Epîtres* ; deux *Harangues* : ces ouvrages, ainsi que ses *Epigrammes* et ses *Satires* contre Laurent Valla, parurent à Venise en 1553, in-4 ; un *Recueil* d'apophthegmes d'Alphonse son maître, en latin, Pise, 1484, Bâle, 1538, in-4. Antoine se distingua dans la poésie autant que dans la jurisprudence et l'éloquence.

ANTOINE, roi de Navarre, fils de Charles de Bourbon, duc de Vendôme, et père de Henri IV, naquit en 1518, et épousa à Moulins en 1548, Jeanne d'Albret, qui lui apporta en mariage la principauté de Béarn, et le titre de roi de Navarre. Ce prince, né dans un temps où l'intrépidité était indispensable, eut une conduite irrésolue et sans vigueur. Il voulut avoir la régence du royaume après la mort de François II ; mais Catherine de Médicis, aussi hardie qu'il était faible, lui en fit signer la cession. Il se contenta d'être déclaré lieutenant-général du royaume. Il devint alors catholique, de protestant qu'il était, et forma, avec le duc de Guise et le connétable de Montmorency, l'union que les réformés appelèrent le *triumvirat*. L'an 1562, Antoine, qui commandait l'armée, se rendit maître de Blois, de Tours et de Rouen. C'est durant ce dernier siége qu'il reçut dans la tranchée un coup d'arquebuse à l'épaule gauche, comme il satisfaisait à un besoin naturel. Lorsqu'on eut pris cette ville, il y entra victorieux, fut porté dans son lit, et mourut à Andelys le 17 novembre, n'ayant pu passer outre, le 35° jour de sa blessure, la même année 1562.

ANTOINE (Paul-Gabriel), théologien jésuite, vit le jour à Lunéville en 1679, et mourut à Pont-à-Mousson en 1743, après y avoir professé avec distinction la philosophie et la théologie. Nous avons de lui : *Theologia universa dogmatica*, à Paris, 1740, 7 vol. in-12, réimprimée à Mayence par les soins du Père Offermann, qui l'a augmentée et réduite à une meilleure forme. Dans le 3° tome, on trouve une bonne réfutation des erreurs de Fébronius. *Theologia moralis*, à Paris, 1744, en 4 vol. in-12. La *Morale* du Père Antoine est plus estimée que sa *Théologie dogmatique*, quoique celle-ci ne soit pas sans mérite. Benoît XIV ordonna qu'on se servît de la *Morale* dans le collége de la Propagande. Il s'éloigne, dans la décision des cas de conscience, des opinions relâchées de quelques membres de sa société. Sa piété répondait à son savoir. Il a été l'éditeur des *Œuvres spirituelles* du Père Caussade, son confrère, et a publié quelques ouvrages de piété.

ANTOINE, Sicilien, prisonnier de Mahomet II, à la prise de l'île de Négrepont, mit le feu à l'arsenal de Gallipoli, et se préparait à brûler tous les vaisseaux qui étaient dans le port, lorsque les flammes, qui s'étendaient de tous côtés, l'obligèrent d'aller se cacher dans un bois. Les Turcs, l'y ayant découvert, le menèrent devant le Grand-Seigneur. Antoine lui dit fièrement qu'il avait mis le feu à son arsenal, n'ayant pu lui mettre le poignard dans le sein. Mahomet le fit scier, avec ses compagnons, par le milieu du corps. Le sénat de Venise donna une pension considérable au frère de ce malheureux, et maria sa sœur.

ANTOINE DE GÊNES (Antonius Genuensis) se distingua par l'étude de la philosophie et de la théologie dans l'académie de Naples. Benoît XIV estimait son savoir, et lui écrivit deux lettres, où il fait l'éloge de ses ouvrages. Ils sont écrits en latin, d'un style assez dur, et quelquefois obscur. Les principaux sont : *Institutiones theologicæ*, réimprimées à Cologne, 1778, 2 tomes réunis en 1 vol. in-4 ; *Elementa artis logico-criticæ ; Elementa metaphysica*, où le Père Storchenau, savant professeur de Vienne, trouva matière à quelques solides critiques. Il est mort vers 1770.

ANTOINE (Jacques-Denis), architecte distingué, né à Paris, mort en 1801 à 68 ans. La voûte et le grand escalier du Palais-de-Justice, l'hôtel des Monnaies à Paris, celui de Berlin, l'hôtel de Bervick à Madrid, sont ses principaux ouvrages.

ANTOINE (Anne-Nicolas-Charles Saulnier de Beauregard), abbé de la Trappe, à la Melleraye, né à Joigny, diocèse de Sens, le 20 août 1764, d'une famille distinguée par son rang et son ancienneté. Il montra de bonne heure beaucoup d'intelligence et une grande facilité. A l'âge de sept ans, il fut spécialement consacré au service de l'autel, reçut la tonsure cléricale et fut pourvu d'un petit bénéfice. Après avoir terminé ses études au collége de sa ville natale, à l'âge de 14 ans, il fut nommé chanoine de Sens. Lorsqu'il eut terminé son stage dans la cathédrale de cette ville, il entra au séminaire de Saint-Firmin à Paris, tenu par les prêtres de la communauté de Saint-Lazare, pour y achever ses études ecclésiastiques ; il y passa cinq années, au bout desquelles il obtint le bonnet de docteur. A l'étude de la théologie il voulut joindre celles du droit et des sciences naturelles, et il acquit ainsi des connaissances variées, dont plus tard il sut faire usage. Enfin, le 11 janvier 1789, il fut ordonné prêtre, et deux ans après il était obligé de quitter la France pour échapper à la rigueur des lois rendues contre les prêtres qui avaient refusé le serment. Jeté sur un sol étranger, sans autres ressources que l'instruction qu'il avait acquise, l'abbé Saulnier accepta une place de précepteur des enfants de la Bourdonnaye de Blassai, réfugié alors à Bruxelles, où il demeura quelque temps, et de là il passa à Londres avec la famille à laquelle il était attaché. Il habitait cette ville depuis cinq mois à peine, lorsqu'il entendit parler des religieux de la Trappe, établis à Lulworth. A cette nouvelle, il se sentit intérieurement pressé de se retirer au milieu d'eux, et, s'arrachant brusquement à ses amis, il courut se cacher dans leur solitude. Après avoir subi les épreuves sévères auxquelles sont soumis les postulants, l'abbé Saulnier prit l'habit de novice avec le nom de frère Antoine, sous lequel il a été connu depuis. La vie des religieux de Lulworth était dure et pénible ; ils manquaient souvent des choses les plus nécessaires. Le vénérable fondateur de leur couvent, Weld, n'avait pourvu qu'imparfaitement à leurs besoins, et ils ne pouvaient subvenir à leur existence que par un travail continu et persévérant. Le frère Antoine, malgré la faiblesse de sa santé, partagea toutes les fatigues de ces pieux cénobites ; il se fit surtout remarquer par son obéissance et sa soumission aux ordres quelquefois sévères de son supérieur. Cependant l'abbé Saulnier avait fait ses vœux le 15 juin 1796 ; sa famille, avec laquelle il ne lui était pas permis de correspondre, s'inquiétait de la résolution qu'il avait prise, et des conséquences qu'elle pouvait avoir pour sa santé. Son père avait écrit plusieurs lettres au supérieur du couvent, qui enfin permit au frère Antoine de lui donner lui-même de ses nouvelles. Le pieux religieux lui écrivit une lettre dans laquelle il exprime à la fois les sentiments d'affection qu'il a conservés pour sa famille, et la joie qu'il ressent de vivre loin du monde dans son austère retraite. Après avoir été, pendant quinze ans, un modèle accompli de toutes les vertus religieuses, le P. Antoine fut désigné par le P. Maur pour lui succéder, et en 1840 il devint supérieur de l'abbaye de Lulworth. Sous son administration, le nombre des novices, qui, précédemment étaient devenus très-rares, augmenta, et beaucoup persévérèrent. En 1815, le P. Antoine fut soumis à de pénibles épreuves ; une accusation calomnieuse fut portée contre lui et ses religieux par un apostat qui, après avoir passé trois ans dans son couvent, en sortit pour inculper son bienfaiteur de la manière la plus grave. Le P. Antoine n'eut pas de peine à se justifier, mais la présence des Trappistes inquiétait les protestants, et le ministre anglais signifia au digne supérieur qu'il ne devait plus compter à l'avenir sur la protection qui jusque-là lui avait été accordée, et exigea même qu'il prît l'engagement de retourner dans sa patrie, dès que les circonstances le lui permettraient. Le P. Antoine dut s'occuper dès lors de chercher en France un lieu convenable pour y établir sa communauté. Une ancienne abbaye, la Meilleraye, à dix lieues de Nantes, lui fut indiquée ; il la visita, et comme elle lui parut remplir les conditions qu'il pouvait désirer, il s'en rendit acquéreur. Le P. Antoine retourna en Angleterre, et, après avoir obtenu du gouvernement français qu'une frégate de l'Etat serait mise à sa disposition pour le transport de ses religieux, il vendit tous les objets qu'il ne pouvait emporter. S'étant embarqué avec ses pieux confrères le 10 juillet 1817, il aborda en France le 20 du même mois, et se dirigea immédiatement vers le lieu dont il avait fait choix. Bientôt la nouvelle abbaye arriva à un haut degré de prospérité. En 1817, elle ne comptait que cinquante-sept religieux ; douze ans après, elle en avait cent quatre-vingt-douze. Les soins de l'habile supérieur se portèrent surtout sur l'agriculture, et les succès qu'il obtint déterminèrent le gouvernement à envoyer vingt-quatre élèves à la Meilleraye pour s'y former aux meilleures pratiques de l'horticulture et de l'agriculture. Dom Antoine dirigeait tout par lui-même, et les détails d'une si vaste administration, qui auraient absorbé le temps d'un homme ordinaire, ne l'empêchaient pas de vaquer à ses devoirs religieux, d'entretenir seul sa correspondance de chaque jour, et de recevoir les hôtes les plus distingués qui venaient le visiter. En 1820, la réputation qu'il s'était acquise fit désirer à Mgr l'évêque de Nantes qu'il prononçât l'oraison funèbre du duc de Berri. Les usages s'y opposaient, et dom Antoine aurait voulu se soustraire à cette honorable mission ; mais il crut devoir céder aux instances qui lui furent faites, et il prononça dans la cathédrale de Nantes l'éloge du prince qui venait d'être frappé par le fer d'un assassin. L'assistance était nombreuse et composée de l'élite de la société; le discours du révérend père abbé produisit un grand effet. Il n'aurait pu, sans trahir les devoirs de son ministère, louer toute la vie du prince; il sut habilement porter l'attention sur sa mort, qui en effet avait été sincèrement chrétienne. Les services que le P. Antoine avait rendus, son mérite, ses talents le firent choisir, en 1827, par le Pape, pour être supérieur-général de toutes les maisons de Trappistes, et il s'acquitta de ces nouvelles et importantes fonctions avec le même zèle qu'il avait toujours montré; il visita en cette qualité tous les couvents de son ordre, et envoya un rapport au souverain Pontife sur l'état de chacun d'eux. En 1831, la paix dont il jouissait depuis son retour en France fut troublée, et il eut à supporter les plus cruelles tribulations. Des dénonciations calomnieuses furent portées contre lui : on l'accusa d'avoir pris part avec ses religieux au soulèvement insurrectionnel qui eut lieu, à cette époque, en Bretagne. Les pieux solitaires dont il était le chef furent chassés de leur couvent, et un petit nombre d'entre eux seulement obtint la permission d'y demeurer. Dès lors il fallut renoncer aux travaux agricoles si heureusement conduits jusque-là, et il se vit contraint de louer ses terres au lieu de les cultiver lui-même avec l'aide de ses religieux. Peu de temps après, il crut devoir donner sa démission de supérieur-général des maisons de Trappistes; mais il conserva le titre et les fonctions d'abbé de la Meilleraye. Le P. Antoine est mort dans son couvent presque subitement, au milieu de ses frères, le 6 janvier 1836, à l'âge de 75 ans. Dom Antoine était doué d'un esprit supérieur ; il joignait aux vertus de son état des talents et un mérite qui le faisaient rechercher de tous ceux avec qui il avait été mis en rapport. Il jouissait, à la cour du roi Charles X, d'une grande considération, et il fut plusieurs fois admis à l'audience de ce prince et de ses ministres; on le consultait dans les affaires difficiles qui concernaient la religion, et son avis était d'un grand poids. Ses nombreuses occupations l'obligèrent souvent à sortir de son couvent; mais il ne se crut jamais dispensé, alors même qu'il était en voyage, de pratiquer la règle austère de son ordre, et il a été dans tous les temps un modèle et un exemple pour les religieux qu'il dirigeait. On a publié la *Vie* du R. P. D. Antoine, rédigée par deux de ses amis, sur des notes fournies par les religieux de la Meilleraye, Paris, 1810, in-8.

ANTOINETTE d'Orléans, fille d'Éléonore d'Orléans duc de Longueville, et de Marie de Bourbon, fut mariée à Charles de Gondi, qui fut tué en 1596, au mont Saint-Michel, qu'il voulait surprendre. Dégoûtée des illusions du monde, elle entra chez les feuillantines à Toulouse en 1599, et ensuite, à la sollicitation du Pape, dans l'ordre de Fontevrault qu'elle édifia par la régularité de ses vertus, sans jamais vouloir consentir à en devenir l'abbesse. Animée du désir d'une vie plus austère, elle quitta cet ordre, fonda la congrégation du Calvaire, et mourut en odeur de sainteté en 1618.

ANTON (Conrad-Gottlob), né à Lauban dans la Haute-Alsace, le 29 novembre 1745, fut d'abord professeur de morale à l'Université de Wittemberg, puis professeur de langues orientales à la même Université. Il est mort le 4 juillet 1814. On a de lui : *Dissertatio de metro Hæbreorum antiquo*, Leipsick, 1770, in-4; *Traduction*, en allemand, *du Cantique des Cantiques*, Leipsick, 1772, in-8 ; *Traduction fidèle*, en allemand, *de poésies hébraïques, grecques et latines;* une édition de *Pétrone*, où son travail, comme éditeur, se réduit à peu de chose, Leipsick, 1784, in-8 ; *De linguá russicá ex eâdem cum sanscredamicá matre orientali prognatá; adjectæ sunt observationes de ejusdem linguæ cum aliis cognatione et de primis Russorum sedibus*, Leipsick, 1809, in 8 ; *Phædri Aug. lib. fabularum æsopicarum libri V et Publii Syri aliorumque veterum sententiæ ex rec. Bentlei passim codd. mss. auctoritate necnon vetri et rhythmi musici ope refecti; præmissa est dissertatio de rhythmo musico à veteribus Romanis, nominatim à Phædro, et auctoribus sententiarum à P. Syro collectarum et comparandis versibus observato*, Zittau, 1817, in-8; cette édition a été donnée par son fils après sa mort.

ANTONELLI (Nicolas), cardinal, né en 1697 ou 1698, à Sinigaglia, dans le duché d'Urbin, se distingua par une rare et profonde érudition. Il était surtout versé dans la connaissance des langues orientales. Ayant embrassé l'état ecclésiastique, il occupa à Rome différentes charges dans la prélature, et obtint la pourpre sous Clément XIII. Il succéda au cardinal Passionei, dans la charge de secrétaire des brefs, et mourut le 24 septembre 1767. Il a publié une dissertation latine : *De titulis quos S. Evaristus romanis presbyteris distribuit*, Romæ,

1725, in-8; *Ragioni della sede apostolica sopra il ducato di Parma e Piacenza, esposte a sovrani e principi catolici dell' Europa*, 1742, 4 vol. in-4, imprimés à Rome, sans nom d'auteur; *Sancti Athanasii, archiepiscopi Alexandriæ, interpretatio Psalmorum*, Romæ, 1746, in-fol.; *Vetus Missale romanum præfationibus et notis illustratum*, Romæ, 1756, in-4; des *Poésies italiennes*.

ANTONELLI (Léonard), cardinal, né à Sinigaglia le 6 novembre 1730. Il était neveu du cardinal Nicolas, et fut un des membres les plus distingués du sacré collége. Après avoir rempli diverses charges à Rome, il fut fait cardinal le 24 avril 1775, puis préfet de la Propagande; enfin il devint doyen du sacré collége en 1797. Il avait toute la confiance de Pie VII, et il l'accompagna dans le voyage qu'il fit à Paris en 1804. Lorsque les Français pénétrèrent à Rome en 1808, il fut enlevé de cette ville, conduit à Spolette, puis à Sinigaglia, où il mourut en 1811. Ce cardinal était savant, pieux, zélé et universellement estimé pour sa sagesse et ses lumières. On a de lui une *Lettre aux évêques d'Irlande*; elle démontre que ce prélat n'était pas aussi intolérant que le supposent quelques biographes modernes, qui semblent ne lui avoir consacré un article que pour le calomnier.

ANTONI (le chevalier A. V. Papacino d'), directeur de l'école d'artillerie de Turin, né à Villefranche, dans le comté de Nice, en 1714, s'éleva, par sa bravoure, du rang de simple canonnier au grade de lieutenant-général, et mourut en 1788. On lui doit : *Examen de la poudre*, traduit de l'italien par le vicomte de Flavigny, Paris, 1773, in-8; *Principes fondamentaux de la construction des places, avec un nouveau système de fortifications*, traduit de l'italien par le même, Paris, 1775, in-8; *Cours de mathématiques, d'artillerie et d'architecture militaire*, traduit de l'italien par Montrozard, 1777, in-8 ; *Institutions physico-mécaniques à l'usage des écoles royales d'artillerie*, traduites par le même, Strasbourg, 1777, 2 vol. in-12, fig.; *Du service de l'artillerie à la guerre*, traduit par le même, Paris, 1780, in-8, fig; *De l'usage des armes à feu*, traduit par le marquis de Saint-Auban, Paris, 1785, in-8, avec 6 planches; l'*Architecture militaire pour les écoles royales théoriques d'artillerie et de fortifications*, tome 1er, 1797, in-8, avec 23 planches.

ANTONI (Vincenzo Berni degli), jurisconsulte italien, né le 25 avril 1747 à Bologne, fit ses études avec beaucoup de succès dans sa ville natale, et alla à Rome les terminer. Nommé ensuite professeur de droit à l'Université de Bologne, il devint successivement auditeur de chambre de deux légats du Pape. En 1798, ayant refusé de prêter serment au gouvernement établi par les Français, il fut privé de sa chaire et exilé. En 1799, le gouvernement autrichien le nomma membre de la régence qu'il avait établie à Rome. Lors de la seconde invasion des Français, Antoni crut devoir accepter les fonctions qui lui furent offertes, et il fut d'abord commissaire général des finances; puis, en 1806, lorsque l'empereur eut formé le nouveau royaume d'Italie, il devint procureur du roi près le tribunal de cassation, et reçut en même temps la croix de chevalier de la Couronne-de-Fer. Après le retour du Pape, en 1814, Antoni fut désigné par Pie VII pour présider le tribunal d'appel; mais l'état de sa santé ne lui permit pas d'accepter cette place honorable. Il est mort quelques années après. On lui doit plusieurs ouvrages de jurisprudence très-estimés. Il a aussi publié quelques *Poésies*, et même des *Comédies*.

ANTONIA, fille de Marc-Antoine et d'Octavie, sœur puînée d'une autre Antonia, aïeule de l'empereur Néron, fut une des plus vertueuses femmes de son temps, quoique son père fût le plus débauché des Romains. Elle épousa Drusus, fils de Livie et frère de Tibère, et après l'avoir perdu, quoique dans un âge peu avancé, elle ne voulut jamais se remarier. Drusus lui laissa trois enfants : deux fils, Germanicus, père de Caligula, et Claude, depuis empereur, et une fille nommée *Livie*, fameuse par ses débauches. Attachée uniquement à l'éducation de ses enfants, elle fit de Germanicus un héros, qui devint l'idole de l'empire; mais elle eut la douleur de se voir enlever ce prince à la fleur de son âge. Ce fut elle qui découvrit à Tibère les desseins de Séjan son favori. Antonia reçut d'abord quelque satisfaction de Caligula son petit-fils, qui lui fit décerner, par un décret du sénat, les mêmes honneurs qu'on avait accordés auparavant à l'impératrice Livie; mais il la traita ensuite avec beaucoup d'inhumanité; l'on prétend même qu'il la fit empoisonner l'an 38 de J.-C.

ANTONIANO (Sylvio) naquit à Rome, d'une famille pauvre en 1540. Ses talents éclatèrent dès son enfance. Le duc de Ferrare, charmé de son esprit, le fit élever avec soin par les plus habiles maîtres. A l'âge de dix ans, il faisait à l'instant des vers *impromptu* sur tel sujet qu'on lui proposait. Un jour, un cardinal lui donna un bouquet, en le priant de le présenter à celui de la compagnie qui serait pape; et cet enfant l'offrit au cardinal de Médicis, avec un éloge en vers qu'il débita sur-le-champ. Médicis, devenu souverain Pontife, s'en souvint et le fit professeur de belles-lettres dans le collége Romain. Il fut ensuite secrétaire du sacré collége sous Pie V, et secrétaire des brefs sous Clément VIII, qui récompensa son mérite de la pourpre en 1598. Le travail abrégea ses jours, et il mourut cinq ans après, à l'âge de 63 ans, recommandable par toutes les vertus du sacerdoce, surtout par la chasteté qu'il conserva sans tache. Il nous reste de lui des *Lettres*, des *Commentaires*, des *Vers*, des *Sermons*, et un *Traité de l'éducation chrétienne des enfants*; des *Dissertations sur l'obscurité du soleil à la mort du Christ, sur la primauté de saint Pierre, sur la succession des apôtres*, etc.

ANTONIANUS (Jean), savant dominicain de Nimègue, se livra spécialement à l'étude des Pères, et donna quelques éditions de leurs ouvrages les plus connus; savoir, suivant Harzheim: *Liber D. Gregorii Ep. Nysseni de creatione hominis, Supplementum Hexameri Basilii Magni, interprete Dionysio Romano exiguo*, etc., Cologne, in-fol.; *D. Paulini Nolani quotquot exstant opera omnia, H. Grævii studio restituta et ill.*, Cologne, in-8; *Epistolarum D. Hieronymi Decas I, ad Henric. Grævio priore quondam suo recensita et ill.*, Anvers, in-8; plus, suivant Jocher, l'édition de *Gregorii Nysseni lib. de philosophiâ, et mystica mosaicæ vitæ narratio*, du même; *Basilii magni Tr. de differentiâ usiæ et hypostasis; Gregorii Nanzianz. or. in laudem Gregorii Nysseni*, et un sermon du même: *De moderandis disputationibus*.

ANTONI (Jacques d'), professeur de droit canon et vicaire-général de l'évêché de Cambrai, né à Middelbourg au 15e siècle, a laissé un traité *De præcellentiâ potest. imper.*, Anvers, 1502, et Rome, 1503, in-4.

ANTONIDES (Jean, van der Goes), poëte Zélandais, né en 1647 et mort à la fleur de son âge en 1684. On donna une édition de ses ouvrages à Amsterdam en 1714, in-4, 3 à 4 fr. On remarque dans toutes ses poésies beaucoup de facilité, de feu et de hardiesse. Son meilleur poëme est celui dans lequel il chanta la rivière de l'Y, sur laquelle Amsterdam est bâtie.

ANTONIN-LE-PIEUX (Titus Aurelius Fulvius Antoninus Pius), empereur romain, né de parents originaires de Nîmes, vit le jour en Italie, dans la ville de Lanuvium ou Lavinium, le 19 septembre, l'an 86 de J.-C. Créé d'abord proconsul d'Asie, puis gouverneur d'Italie, et consul l'an 128 de J.-C., il se montra dans ces premiers emplois ce qu'il fut sur le trône impérial, doux, sage, prudent, modéré, juste. Adrien l'adopta et il fut son successeur en 137. Il rendit d'abord la liberté à plusieurs citoyens arrêtés par les ordres d'Adrien, qui les destinait à la mort. Le sénat, enchanté du commencement de son règne, lui décerna le titre de *Pieux*, et ordonna qu'on lui érigeât des statues; Antonin les méritait. Il diminua les impôts; il défendit qu'on opprimât personne pour la levée des subsides; il écouta les plaintes de ceux qui étaient surchargés; il consuma son patrimoine entier en aumônes. Son nom fut aussi respecté par les étrangers que par ses sujets. Plusieurs peuples lui envoyèrent des ambassadeurs; d'autres voulurent qu'il leur donnât des souverains. Des rois même vinrent lui faire hommage. Plus attentif à rendre ses peuples heureux par la paix, qu'à les accabler d'impôts en voulant étendre sa domination, il sut éviter la guerre, et son nom seul contint les barbares. Rome et les provinces de l'empire ne furent jamais aussi florissantes que sous son règne. Si l'une de ses villes éprouvait quelques calamités, il la consolait par ses largesses. Si quelque autre était ruinée par le feu, il la faisait rebâtir des deniers publics : c'est ainsi qu'il en usa à l'égard de Rome, de Narbonne, d'Antioche, et de plusieurs autres villes. Dans les inondations, dans les famines, il donnait tous les secours que ces fléaux exigeaient. Il orna plusieurs villes de monuments magnifiques et utiles. Il ne voulut point que le sénat recherchât des malheureux qui avaient conspiré contre lui. Lorsqu'on lui vantait les conquêtes de ces illustres meurtriers qui ont désolé la terre, il disait comme Scipion l'Africain : *Je préfère la vie d'un citoyen à la mort de mille ennemis*. Cependant les chrétiens étaient tous les jours immolés à la fureur des païens, et ces exécutions sanglantes se faisaient au nom de l'empereur. Saint Justin lui fit parvenir une apologie, qui eut l'approbation de ce prince. Il donna un édit en faveur des chrétiens, où il s'étend sur la constance avec laquelle ils supportaient leurs supplices; sur les victoires qu'ils remportaient sur leurs persécuteurs, en bravant la mort pour la défense de leur foi; sur la confiance qu'ils ont dans l'Etre qu'ils adorent, et leur attachement à son culte. Il l'appelle simplement *Dieu et l'Eternel*. Il est apparent que cet édit fit cesser la persécution, du moins dans les provinces d'Asie auxquelles il est adressé. Jules Scaliger a prétendu que cet édit, qu'Eusèbe nous a conservé, était une pièce supposée; d'autres critiques, en le reconnaissant pour authentique, l'ont attribué à Marc-Aurèle, mais ils se trompent. L'édit est réel, et il est d'Antonin. On peut voir la dissertation de Tobie Godefroi Hégelmayer, imprimée à Tubingen en 1776, 1 vol. in-4. Cependant cet édit n'empêcha pas qu'il n'y eût encore plusieurs chrétiens martyrisés. Ce prince faible et timide n'avait pas le courage de se déclarer le protecteur des fidèles, tout innocents qu'ils étaient, ni de prendre leur défense contre la fureur de la populace ou la malice des gouverneurs de provinces. Antonin mourut l'an 161 de J.-C., emportant les regrets des Romains. Ses bonnes qualités avaient été cependant obscurcies par plusieurs vices, et principalement par l'amour des femmes, qui avaient tant d'empire sur son esprit, qu'elles disposaient à leur gré des honneurs et des charges, souvent en faveur de ceux qui en étaient les plus indignes. Julius Capitolinus nous apprend que Repentinus fut de ce nombre. On ne peut aussi dissimuler l'indolence extrême avec laquelle il souffrit le libertinage forcené de sa femme, et la folie sacrilége à laquelle il se livra après la mort de cette princesse débauchée, en lui faisant décerner les honneurs divins et en lui consacrant un temple; c'est sur cela que l'empereur Julien, lors même qu'il loue la sagesse de son gouvernement, le blâme avec force et le tourne en ridicule. Ce qu'il y a d'également révoltant, c'est l'étrange dessein de faire rendre les mêmes honneurs à l'empereur Adrien, prince détestable, autant par sa cruauté que par sa mauvaise administration, et dont le sénat voulait flétrir la mémoire. Voici un trait qui caractérise bien sa modération, ainsi que la morgue des philosophes de ce temps-là. Antonin, étant proconsul d'Asie, fut logé, en arrivant à Ephèse, dans la maison du philosophe Polémon, alors absent. Lorsque celui-ci fut de retour, il fit tant de bruit, qu'il obligea le proconsul de sortir de son logis au milieu de la nuit. Antonin étant devenu empereur, Polémon vint à Rome, et alla lui faire sa cour. Antonin lui dit d'un air riant: *J'ai ordonné qu'on vous logeât dans mon palais; vous pourez prendre votre appartement, sans craindre qu'on vous chasse à minuit.* Mais les courtisans ne purent s'empêcher d'observer qu'il n'y a rien de si lâche ou de si insolent que les philosophes, suivant les circonstances.

ANTONIN: c'est le nom de l'auteur d'un *Itinéraire* et d'un *Iter britannicum*, quelquefois attribués à l'empereur Antonin, et d'autres fois à Marc-Antonin; mais qui ne sont ni de l'un ni de l'autre. Quelques critiques pensent que l'*Itinéraire* a été écrit du temps de l'empereur Antonin Caracalla; d'autres le datent de l'an 337.

ANTONIN (saint), né à Florence en 1389, dominicain, et ensuite archevêque de Florence, se distingua par sa piété et par son savoir. Eugène IV, qui l'avait placé sur ce siége, à la prière des Florentins, n'eut pas à s'en repentir. Antonin, devenu évêque malgré lui, eut toutes les vertus de son nouvel état, et conserva, sous la mitre, toute l'austérité du cloître. Ses diocésains étaient ses enfants; il se privait de tout pour fournir à leurs besoins. La peste et la famine, qui désolèrent successivement son diocèse, lui donnèrent occasion de signaler son courage et sa charité. Il disait « que les re-
« venus ecclésiastiques étaient le patri-
« moine des pauvres, et n'étaient pas
« faits pour entretenir le luxe et la mol-
« lesse des prélats. » Il mourut en 1459, à 70 ans. Le Saint-Siége eut toujours pour lui tant d'estime et de respect, que le pape Eugène IV voulut mourir entre ses bras, que Pie II (Æneas-Sylvius) assista à ses funérailles, et qu'Adrien VI s'empressa de le canoniser. Le second de ces pontifes a consigné dans ses ouvrages l'histoire édifiante des vertus de cet illustre archevêque. Nous avons de saint Antonin: *Historiarum opus trium partium historialium seu chronica libri* 24, Venise, 1480, Bâle, 1491, 3 vol. in-fol. L'édition de Lyon, 1517, contient une lettre du rabbin Samuel au rabbin Isaac, sur les prophéties de l'Ancien-Testament qui ont rapport à la destruction de la loi judaïque. Cette lettre curieuse n'est point dépourvue d'une certaine bonne foi et d'une certaine impartialité. *Summa theologiæ moralis, partibus 4 distincta*. Cet ouvrage a eu plusieurs éditions à Venise, à Strasbourg, à Bâle, etc. Celle de Venise, 1582, 4 vol. in-4, a pour titre: *Juris pontificii et cæsarei summa*, etc. Le Père Mamachi en a donné une édition dans la même ville en 1751, 4 vol. in-4, avec des notes très-estimées. C'est l'ouvrage le plus soigné de saint Antonin. *Summula confessionis*, imprimée peu de temps après l'invention

des caractères, sous le titre de : *Tractatus de instructione simplicium confessorum*, in-fol., sans date ni nom de lieu, et réimprimée à Venise en latin, 1473, in-4, sous le titre de *Confessionale*; un *Traité* sur l'excommunication et les autres censures ecclésiastiques; un autre sur les *Vertus*; une *Lettre* écrite sur les disciples allant à Emmaüs, et quelques *Notes* sur la donation de Constantin. (Voyez le Père Échard, *De script. ord. prædicat.*, tom. 1, p. 818 : et le Père Fouron, *Vie des hommes illustres de l'ordre de saint Dominique*.)

ANTONINUS-HONORATUS, évêque de Constantine en Afrique, vivait au 5ᵉ siècle. Dans la persécution suscitée par Genséric, roi des Vandales, contre les catholiques, en faveur des ariens, Antoninus écrivit à Arcade, pour le consoler dans son exil, et le soutenir dans la foi; sa lettre, pleine de sentiments généreux et chrétiens, a été écrite vers l'an 435, et se trouve dans la *Bibliotheca Patrum*.

ANTONIO (Nicolas), chevalier de l'ordre de Saint-Jacques, agent de Philippe IV, roi d'Espagne, à Rome, chanoine de Séville, naquit dans cette ville en 1617, et mourut en 1684. On a de lui : *Bibliotheca hispana vetus, ad annum* 1500, Romæ, 1696, 2 vol. in-fol.; *eadem, curante Fr. Perezio Bayerio, qui prolog., etc.*, Matriti, Ibarra hæredes, 1788, 2 vol. in-fol., 30 à 35 fr.; *Bibliotheca hispana nova, ab anno* 1500 *ad annum* 1684, Romæ, 1672, 2 vol. in-fol.; — *eadem*, Matriti, 1783, 2 vol. in-fol., 30 à 35 fr.; dans cet ouvrage estimé, il sait assez bien démêler le vrai d'avec le faux. Il écrit avec pureté, avec ordre, avec exactitude, mais il prodigue les éloges, il les exagère; il ne traite pas son sujet en critique sévère des opinions et des talents. Antonio est auteur de quelques autres ouvrages, parmi lesquels on distingue un traité *de Exilio*, Anvers, 1641, in-fol., 1659, in-fol., 8 fr.; *Censura de historias fabulosas, obra postuma*, Valence, 1742, in-fol., orné de cartes, et publié par B. Grégoire Mayanz-y-Siscar, 10 à 12 fr.

ANTONIUS LIBERALIS, auteur grec, dont on ne connaît que l'ouvrage intitulé: *Métamorphoses*, inséré dans les *Mythologi græci*, Londres, 1676, et Amsterdam, 1688, 2 vol. in-8. Les *Métamorphoses* d'Antonius ont été imprimées séparément à Leyde, en 1774, in-8.

ANTRAIGUES (Emmanuel-Louis-Henri de Launey, comte d'), fut élu député de la noblesse aux États-généraux, et prit parti d'abord pour les idées nouvelles; mais effrayé bientôt par les excès révolutionnaires, il émigra et se retira auprès des princes, et fut envoyé ministre en Italie par Monsieur. Quelques années après, en 1803, l'empereur de Russie le nomma conseiller de légation à Dresde; d'Antraigues passa ensuite en Angleterre, où il fut assassiné en 1812 avec sa femme, par un domestique anglais, que les feuilles de Londres firent passer pour un Italien. On a de lui : *Mémoires sur les États-généraux*, 1788; *sur la Régence de Louis-Stanislas-Xavier*, 1792, in-8.; *Observations sur la conduite des premiers coalisés*, 1795, in-8; *Adresse à la noblesse française sur les effets d'une contre-révolution*. D'Antraigues est aussi l'auteur de quelques morceaux de *Poésie*.

ANVARI ou ANWÉRI, surnommé *le roi de Khoraçan*, non pas qu'il fût prince, mais parce qu'il devint le premier poète de son pays. Il était encore au collège, lorsqu'il présenta une pièce au sultan Sangiar, qui se l'attacha. Raschidi était son rival. Ces deux poètes furent, pendant quelque temps, de deux partis différents. Anvari était au camp de Sangiar, lorsqu'il assiégeait Atsiz, gouverneur, puis sultan des Kouaresniens, avec lesquels Raschidi s'était enfermé. Pendant que les deux sultans donnaient et repoussaient des assauts, les deux versificateurs se battaient à leur manière, se décochant l'un à l'autre des vers attachés au bout d'une flèche. Ce poète était en même temps astrologue; mais ses prédictions ne lui valurent pas autant que ses vers. Ses ennemis s'en servirent pour lui faire perdre l'amitié du sultan, et il fut obligé de se retirer dans la ville de Balk, où il mourut l'an 1200 de J.-C. Ce versificateur persan retrancha de la poésie de son pays les libertés qu'elle se permettait contre le bon goût et contre les mœurs.

ANVILLE (Jean-Baptiste Bourguignon d'), premier géographe du roi de France, pensionnaire et membre de l'Académie des inscriptions et belles-lettres, secrétaire du duc d'Orléans, etc., né en 1702, mort le 28 janvier 1742, possédait la géographie dans un degré supérieur, et a beaucoup contribué à ses progrès. Ses cartes, qui sont en grand nombre, sont estimées, surtout celles de la géographie ancienne, malgré les fautes qu'on y trouve ; ce genre d'ouvrage ne comportant guère une exactitude parfaite. On en a plusieurs recueils, entre autres pour les *Histoires ancienne et romaine* de Rollin et de Crevier. Son *Atlas de la Chine*, in-folio, 1737, est aussi estimé, parce que, malgré ses défauts, il serait difficile d'en faire un meilleur. On a encore de lui : *Géographie ancienne abrégée*, 176*, 3 vol.

in-12 : il faut joindre à cet ouvrage la *collection* des cartes de l'auteur pour le monde ancien, forme atlantique; *Traité des mesures itinéraires anciennes et modernes*, 1769, in-8 : ouvrage plein de recherches; *Proposition d'une mesure de la terre*, 1735, in-12; *Mesure conjecturale de la terre sur l'équateur*, 1736, in-12; *Eclaircissements géographiques sur l'ancienne Gaule*, 1741, in-12; *Analyse géographique de l'Italie*, 1744, in-4 ; *Dissertation sur l'étendue de l'ancienne Jérusalem*, 1747, in-8 ; *Mémoire sur l'Egypte ancienne et moderne, avec une description du golfe Arabique*, 1766, in-4 ; *Analyse de la carte intitulée: Les côtes de la Grèce et de l'Archipel*, 1757, in-4 ; *Etats formés en Europe après la chute de l'empire romain en Occident*, 1771, in-4 : ouvrage utile pour lire l'histoire de cette partie du monde, depuis le 5ᵉ siècle jusqu'au 12ᵉ; *Notice de l'ancienne Gaule, tirée des monuments romains*, 1761, in-4, etc.

ANYTUS, rhéteur d'Athènes, fut l'ennemi déclaré de Socrate, après la mort duquel il se sauva à Héraclée, où il fut assommé à coups de pierres, environ l'an 366 avant J.-C. C'était (comme nous avons eu l'occasion de l'observer dans plusieurs articles) la coutume du mobile et fantasque peuple d'Athènes, de tourner sa rage tantôt contre l'accusé, tantôt contre les accusateurs, de condamner à mort, et de déifier ensuite le condamné. Les panégyristes de Socrate sont parvenus à imprimer une espèce d'horreur au nom d'Anytus; mais on sait que dans les enthousiasmes d'admiration et de haine, il y a toujours beaucoup à rabattre. (Voyez MÉLITUS et SOCRATE.)

AOD, jeune homme de la tribu de Benjamin, plein de courage et d'adresse, tua Eglon, roi des Moabites, qui, durant 18 ans, avait fait gémir les Hébreux sous la plus cruelle tyrannie. Ayant averti ses concitoyens de ce qu'il venait de faire, ils prirent les armes, chassèrent les Moabites, et choisirent pour juge celui qui les avait délivrés, vers l'an 1325 avant J.-C. Le gouvernement d'Aod fut long et heureux. Comme il tua le tyran en trahison, son action a essuyé des critiques; mais il ne faut pas juger sur les règles ordinaires la conduite des Hébreux à l'égard des anciens habitants de la Palestine. (Voyez JOSUÉ.)

APACZAI (Jean), né en Transylvanie, florissait dans le 17ᵉ siècle. Envoyé à Utrecht aux frais du gouvernement de son pays, il s'y distingua tellement dans les langues orientales, la philosophie et la théologie, qu'on lui offrit une chaire de professeur; mais il crut devoir à ses concitoyens une instruction qu'il tenait de leur générosité. On le plaça au collége de Weissembourg pour y professer la géographie, la physique et l'astronomie. Zélé partisan de Descartes et de plusieurs opinions des presbytériens, il se fit un grand nombre d'ennemis, et fut condamné à être précipité du haut d'une tour. De puissants amis le sauvèrent; mais de nouveaux orages l'attendaient à Clausembourg où il se retira, et où la faveur de Jean Bethlem lui procura la place de professeur. Sa mort, arrivée en 1659, prévint la catastrophe. On a de lui : *Dissertatio continens introductionem ad philosophiam sacram*, avec des *Lettres à Leusden, Glandorps, Gelder*, Utrecht, 1650; *Magyar encyclopœdia*, etc. (encyclopédie en hongrois), Utrecht, 1653 ; *Magyar logica* (logique en hongrois), Weissembourg, 1656 ; *Oratio de studio sapientiæ*, etc., Utrecht, 1655; *Dissertatio de politicâ ecclesiasticâ*, Clausembourg, 1658, et quelques *discours* inédits.

APCHON DE CORJENON (Claude-Marc-Antoine d') naquit à Montbrison en 1722, prit d'abord le parti des armes qu'il ne tarda pas de quitter pour se consacrer à l'Eglise. Après avoir donné des preuves de son zèle, il fut nommé à l'évêché de Dijon en 1755, et passa à l'archevêché d'Auch en 1776; il déploya toutes les vertus des évêques qui illustrèrent la primitive Eglise, et mourut à Paris en 1783. On ne peut se rappeler, sans être attendri, les vertus héroïques dont il a donné tant d'exemples. Ainsi on le vit, dans un incendie, proposer d'abord cent louis, ensuite deux cents louis à celui qui délivrerait deux enfants qui allaient être la proie du feu; personne ne s'étant présenté, il prit lui-même une échelle, entra par la fenêtre, alla chercher ces deux enfants à travers les flammes, et les rapporta sur ses épaules, un instant avant que la maison ne s'écroulât. On raconte qu'étant descendu heureusement avec son fardeau, il dit aux assistants : « Je pense qu'on ne me disputera point d'avoir gagné la somme « que j'avais promise ? Eh bien ! j'en dispose en faveur de ces deux enfants. » Lorsqu'il prit possession de son archevêché, il trouva le pays ruiné par une épizootie; sa charité répara ces pertes en achetant sept mille bêtes à cornes, dont il fit présent aux paysans. Les *Instructions pastorales* qu'il a données sont pleines de cette onction qui caractérisait tous ses discours. On a beaucoup parlé d'une prédiction qui lui fut faite dans sa jeunesse, où on lui annonçait qu'il serait le troisième évêque de Dijon, quoique alors il n'y eût pas d'évêque dans cette ville, et qu'il ne s'agit point de l'ériger en évêché.

APEGHA (Malachia), moine arménien du 13ᵉ siècle, a laissé une *Histoire de l'invasion des Tartares en Arménie*.

APEL (Jean), *Apellus*, naquit à Nuremberg dans le 15ᵉ siècle, fut professeur à l'Université de Wittemberg, et travailla, comme la plupart de ses collègues, à accréditer et à propager les idées de Luther. Il était chanoine, mais, s'étant marié à une religieuse, l'évêque le fit enfermer; la liberté ne lui fut rendue qu'au prix de sa démission de tous ses emplois. Il obtint ou conserva jusqu'à sa mort, arrivée à Nuremberg, les titres de jurisconsulte de cette ville et de conseiller de l'électeur de Brandebourg. Ses ouvrages sont: *Defensio Jo. Apelli pro suo conjugio, cum præfat. Lutheri ad Jo. Crojum*, Wittemberg, 1523, in-4, c'est-à-dire, l'apologie de l'infamie dont il s'était rendu coupable; *Methodica dialecticos ratio, ad jurisprudentiam accommodata*, 1535, in-4; *Traité du droit romain*, ou plutôt *Logique* appliquée à l'étude du droit, dégagée de cette manie allégorique qui infestait alors les écoles: on la trouve dans la *Cynosura* de Nic. Reusner; *Brachylogus juris civilis, sive corpus legum*, abrégé qu'on a longtemps cru être une production du 6ᵉ siècle, et qu'on a même attribué à l'empereur Justinien.

APELLES, fils de Pythius et disciple de Pamphile, était de l'île de Cos. Alexandre-le-Grand, sous lequel il vivait, ne voulut être peint que de sa main: il joignit aux récompenses dont il le combla, des marques d'amitié encore plus flatteuses. Après la mort de ce prince, Apelles, retiré dans les Etats de Ptolémée, roi d'Egypte, fut accusé d'avoir conspiré contre ce monarque. Il allait être condamné à mort, malgré son innocence, si l'un des complices ne se fût avoué coupable, et n'eût déchargé Apelles de toute accusation. Ce peintre, ne trouvant que des chagrins en Egypte, se retira à Ephèse; ce qui l'a fait quelquefois appeler *Ephésien*. C'est là qu'il peignit son fameux tableau de la *Calomnie*, image de la force des passions, et le chef-d'œuvre de l'antiquité. Mais il est bon de savoir qu'en fait de peinture, les chefs-d'œuvre de l'antiquité seraient aujourd'hui des ouvrages très-minces. Pline le naturaliste, qui a parlé en détail des ouvrages d'Apelles, admirait encore le portrait d'Antigone fait de profil, pour cacher un côté du visage de ce prince, qui avait perdu un œil: celui de *Vénus* sortant de la mer; ceux d'*Alexandre*, de la *Victoire*, de la *Fortune*; et celui d'un *Cheval*, si bien imité, que des chevaux hennirent, dit-on, en le voyant. Anecdote qui, si elle est vraie, ne prouve pas que l'ouvrage fût bien extraordinaire. Les anciens plaçaient Apelles à la tête de tous leurs peintres, soit pour les coups de génie, soit pour les grâces de son pinceau. Sa touche était si délicate, relativement aux autres, que sur la vue de quelques traits tracés sur une toile, Protogène de Rhodes, peintre célèbre, connut qu'Apelles seul pouvait en être l'auteur. Cet artiste, justement admiré dans ce temps-là, n'avait pas négligé ses talents: le proverbe, *Nulla dies sine lineâ* (aucun jour sans quelque trait), fut fait à son occasion. On dit qu'il exposait ses ouvrages au public, pour mieux connaître les défauts. Un jour un cordonnier ayant critiqué la chaussure de quelqu'une de ses figures, Apelles corrigea ce défaut sur-le-champ; mais l'ouvrier ayant voulu pousser la censure jusqu'à la jambe, le peintre l'arrêta par cette répartie: *Ne sutor ultra crepidam*, qui est devenue en proverbe. Un peintre se glorifiait devant lui de peindre fort vite: *On s'en aperçoit bien*, lui répondit Apelles. Un autre artiste lui montrait Vénus revêtue d'habillements superbes, et lui demandait, d'un air content, ce qu'il en pensait? *Je crois*, lui dit Apelles, *que n'ayant pu faire la Vénus belle, tu l'as faite riche*. Mégabyse, un des satrapes les plus considérables de Perse, eut un jour la curiosité d'aller voir travailler Apelles; mais s'étant avisé fort mal-à-propos de vouloir raisonner sur la peinture devant ce maître de l'art, Apelles, pour l'humilier et le confondre, se contenta de lui dire: *Tandis que tu as gardé le silence, je te croyais bonnement supérieur aux autres hommes; mais depuis que tu as parlé, je te mets au-dessous des enfants qui broient mes couleurs*. Cet artiste mettait toujours au bas de ses tableaux, quelque achevés qu'ils fussent, *faciebat*, pour marquer par ce mot, qu'il ne les croyait pas achevés, et qu'il se proposait d'y revenir. Il ne mit le mot *fecit* qu'à trois de ses ouvrages. Tous ces tableaux ne seraient point placés aujourd'hui dans les cabinets de Dusseldorf et de Florence. Les anciens ignoraient la peinture à l'huile, connaissaient très-peu la perspective et les ombres.

APELLES, hérétique du 2ᵉ siècle, disciple de Marcion, répandit ses erreurs vers l'an 145 de J.-C. Il n'admettait qu'un seul principe éternel et nécessaire, qui avait donné à un ange de feu le soin de créer notre monde; mais comme ce créateur était mauvais, son ouvrage l'était aussi. Buffon, dans ses *Epoques de la nature*, a essayé de renouveler cette doctrine d'Apelles, à cela près que, dans son système, le soleil aidé d'une comète tient la place de l'ange de feu, et produit tout ce qui existe dans la nature. Apelles rejetait tous les livres de Moïse et des Prophètes; il niait la résurrection corporelle. Il disait que Jésus-Christ s'était formé un corps de toutes les parties des cieux par lesquelles il avait passé en descendant; et il ajoutait qu'en remontant, il avait rendu à chaque ciel ce qu'il en avait pris. (Voyez saint ÉPIPHANE, *Hær.* 44; Tertull. *De Præscrip.* cap. 30 et 31.

APELLICON de Téos, philosophe péripatéticien, acheta les livres d'Aristote, de quelques ignorants, héritiers de Nélée, à qui Théophraste, successeur d'Aristote, les avait laissés en mourant. Ceux-ci les avaient cachés dans une fosse, où ils restèrent plus de cent-trente ans, et où l'humidité et les vers les endommagèrent beaucoup. Apellicon voulut réparer les lacunes, mais comme il n'avait pas le génie de l'auteur qu'il suppléait, il mit beaucoup d'inepties dans les endroits où Aristote avait mis apparemment quelque chose de mieux. Ce barbouilleur de livres mourut à Athènes. Il s'était lié avec Athénion, tyran de cette ville, qui lui donna des troupes pour aller piller les trésors du temple d'Apollon, dans l'île de Délos. Le gouverneur romain l'ayant surpris et battu, il fut fort heureux d'échapper à la mort par la fuite. Lorsque Sylla se rendit maître d'Athènes, il s'empara de la bibliothèque d'Apellicon, et la fit transporter à Rome. Tyrannion, aussi mauvais grammairien que grand partisan d'Aristote, eut alors occasion de copier des livres de ce philosophe; mais comme ces manuscrits furent confiés à de mauvais copistes qui ne prenaient pas la peine de les comparer avec les originaux, les livres du précepteur d'Alexandre passèrent à la postérité avec mille erreurs, ajoutées à celles qui lui appartiennent en propre. Strabon remarque qu'Apellicon, tout philosophe qu'il était, n'aimait que les livres et non la science. C'était un bibliomane et non pas un savant. Quand l'argent lui manquait pour acheter des livres, il les dérobait. C'est ainsi que la vanité, l'ignorance et la fourberie ont de tout temps déshonoré le nom de philosophe.

APER (Marcus), orateur latin, Gaulois de nation, alla à Rome où il fit admirer son génie et son éloquence. Il fut successivement sénateur, questeur, tribun et préteur. On le croit auteur du *Dialogue des orateurs* ou *de la corruption de l'éloquence*, attribué autrefois à Tacite ou à Quintilien, et mis à la fin de leurs Œuvres. Giry, de l'Académie française, donna en notre langue une *Traduction* de ce dialogue, Paris, 1626, in-4, précédée d'une préface de Godeau, traduit depuis par Maucroix, Paris, 1710, in-12; par Bourdon de Sigrais, Paris, 1782, et par Dureau de la Malle, dans la seconde édition de sa *Traduction de Tacite*, Paris, 1809, 5 vol. in-8. Aper mourut vers l'an 85 de J.-C. — Il ne faut pas le confondre avec Arrius APER, qui tua l'empereur Numérien, en 284, et fut tué lui-même par Dioclétien. Une magicienne druide ayant prédit à celui-ci qu'il serait empereur lorsqu'il aurait tué le *sanglier*, on ne manqua pas d'appliquer cette prédiction au meurtre d'*Aper*.

APHTONE ou APHTONIUS, rhéteur d'Antioche au 3e siècle, dont nous avons une *Rhétorique*, à Upsal 1670, in-8, imprimée dans les *Rhetores Græci* d'Alde, 1508-1509 et 1523, 3 vol. La meilleure édition que l'on ait de cette *Rhétorique*, traduite en latin, est celle d'Amsterdam, 1645, in-12, sous ce titre: *Aphtonii progymnasmata, partim à Rodolpho Agricolà, partim à Joc-Maria Cataneo latinitate donata, cum scholiis R. Lorichii*. On a encore d'Aphtone des *Fables* qui se trouvent à la suite de celles d'Ésope, Venise, 1505, in-fol., Francfort, 1610, in 8.

APIARIUS, prêtre de Sicca, ville de Numidie, excommunié par Urbain, son évêque, se pourvut devant le pape Zozime, qui le reçut à sa communion. Les évêques d'Afrique regardèrent cet appel comme contraire à l'usage et aux canons de leur église, et particulièrement aux décrets du concile de Milet, qui ordonnaient que les causes des prêtres et des clercs inférieurs fussent absolument terminées dans la province, et défendaient l'appel au-delà des mers. Zozime envoya des légats en Afrique, où l'on assembla un concile en 418. Les légats, selon les instructions qu'ils avaient reçues, alléguèrent les canons du concile de Nicée. On reconnut qu'ils n'étaient pas de ce concile, mais de celui de Sardique. On ne peut cependant pas accuser Zozime de mauvaise foi, comme les centuriateurs de Magdebourg et de plusieurs hérétiques l'accusent; parce que le concile de Sardique était considéré comme une appendice du concile de Nicée: il avait été tenu pour le même sujet, sous un même président (Osius); on les joignait ensemble, et la coutume romaine était de n'en faire qu'un. Le pape Zozime étant venu à mourir avant que cette affaire fût terminée, les Pères d'Afrique écrivirent au pape Boniface, que l'évêque Urbain avait corrigé ce qu'il devait corriger, et qu'Apiarius, ayant demandé pardon de ses fautes, avait été rétabli dans l'exercice de son ordre, mais hors de l'église de Sicca. Apiarius, retiré à Tabarque, tomba dans des crimes qui le firent derechef déposer par le concile de la province. Il en appela de nouveau au pape Célestin, qui envoya Faustin en Afrique pour assembler un nouveau concile, où Apiarius, pressé par les remords de sa conscience, confessa, au moment qu'on s'y attendait le moins, les fautes dont il était coupable. Les évêques confirmèrent sa condamnation, et la contestation avec le Saint-Siége fut terminée. C'est faussement que quelques écrivains ont prétendu que les évêques d'Afrique contestaient alors le droit d'appel au Saint-Siége; ils étaient mécontents du légat, qui avait paru trop favorable à Apiarius, et prièrent Célestin de ne pas facilement recevoir ces sortes d'appels : « Demande, dit l'abbé Berault, « qui fait une nouvelle preuve de leur « soumission quant au fond du droit. » (Voy. saint ATHANASE, INNOCENT I.)

APICIUS. Il y a eu trois Romains de ce nom, à qui la gourmandise, à la honte des bonnes mœurs, a acquis une espèce de célébrité. Le second, le plus connu de tous, publia un traité : *De obsoniis et condimentis, sive de arte coquinariâ, libri* 10, Amsterdam, 1709, in-12. Pline l'appelle *nepotum omnium altissimus gurges*. Il fut l'inventeur des gâteaux qui portaient son nom, et le chef d'une académie de gourmandise. Après avoir fait des dépenses prodigieuses pour sa bouche, il crut que 250 mille livres qui lui restaient ne pourraient jamais suffire à son appétit, et il s'empoisonna. Le troisième, contemporain de Trajan, se signala, dit-on, par l'invention d'un secret pour conserver les huîtres dans leur fraîcheur. Il en envoya à cet empereur dans le pays des Parthes, éloigné de la mer de plusieurs journées. Aujourd'hui, sans aucun secret, on les fait parvenir très-fraîches à plus de 100 lieues de la mer. Pour apprécier la découverte de cet Apicius, il faudrait savoir dans quelle saison, dans quel degré de température froide ou chaude, avec quelle célérité ces huîtres ont été transportées, et enfin à quelle distance précise de la mer se trouvait alors Trajan; car le pays des Parthes s'est singulièrement étendu ou rétréci, selon les victoires ou les défaites des Romains.

APIEN (Pierre), natif de Misnie, professeur de mathématiques à Ingolstadt, mourut dans cette ville le 21 avril 1551, à l'âge de 56 ans. Il est auteur d'une *Cosmographie*, de l'*Astronomicum cæsareum*, Ingolstadt, 1540, et de plusieurs autres ouvrages. On trouve dans le privilége accordé à ce dernier la liste d'une foule d'écrits sur l'astronomie et les mathématiques, qu'Apien se proposait de publier; mais on n'y voit pas deux ouvrages qui passent pour lui appartenir et qui ont pour titre, le 1er : *Instructiones SS. Vetustatis, non illæ quidem romanæ, sed totius verè orbis*, Ingolstadt, 1554; le 2e : *Tabulæ directionum perfectionumque*, Wittemberg, 1606. Il fut un des premiers à proposer l'observation des mouvements de la lune pour découvrir les longitudes; il veut pour cela qu'on observe la distance de la lune à quelque étoile fixe peu éloignée de l'écliptique, et c'est encore la manière que l'on suit actuellement. L'empereur Charles-Quint fit imprimer à ses dépens sa *Cosmographie* en 1548, in-fol., et ajouta à cette gratification celle d'anoblir l'auteur. Cette *Cosmographie* a été réimprimée à Anvers, 1548, in-4.

APIEN (Philippe), fils du précédent et aussi habile que son père, naquit à Ingolstadt l'an 1521, et mourut à Tubingen en 1589. Nous avons de lui un *Traité des cadrans solaires*, et d'autres écrits. L'empereur Charles-Quint prenait plaisir à s'entretenir avec lui. Apien était valétudinaire, et sa mauvaise santé lui inspira le dessein d'étudier la médecine, qu'il cultiva avec succès.

APION, grammairien, natif d'Oasis en Égypte, vint de fixer de bonne heure à Alexandrie. Cette ville le nomma chef de l'ambassade qu'elle envoya à Caligula, pour se plaindre des Juifs, l'an 40 de J.-C. Le député appuya beaucoup sur le refus que faisaient les Juifs de consacrer des images à cet empereur et de jurer par son nom. Apion composa une *Histoire d'Égypte*, suivie d'un *Traité* contre le peuple hébreu, dans lequel il employait toute sorte d'armes pour le battre. L'historien Josèphe le réfuta avec le plus grand succès; ce qui n'a pas empêché un des plus bruyants philosophes du 18e siècle, de répéter avec effronterie ses mensonges. Aulu-Gelle lui reproche sa vanité. Tibère l'appelait *Cymbalum mundi*, et il méritait bien ce titre. Les esprits vains et faux ont toujours débité leurs contes avec beaucoup de fracas, et fait plus de bruit que les vrais savants.

APOLLINAIRE (Claude), évêque d'Hiéraple en Phrygie, fut une des plus brillantes lumières du 2e siècle de l'Eglise.

Nous ne savons presque rien du détail de ses actions; mais l'éloge que les anciens auteurs font de lui ne permet pas de douter qu'il n'ait eu toutes les vertus qui caractérisent les saints évêques. Les hérétiques trouvèrent toujours en lui un ennemi redoutable. Il composa de savants *Traités* où il réfutait sans réplique leurs systèmes impies; et afin de leur ôter tout subterfuge, il montrait dans quelle secte de philosophes chacun avait puisé ses erreurs. Vers 177, il présenta à Marc-Aurèle une *Apologie* pleine de raison et d'éloquence pour les chrétiens, que cet empereur philosophe persécutait cruellement. C'est dans cette *Apologie* qu'il rappelle à ce prince lui-même le miracle de la légion Mélitine, comme un fait dont il avait été témoin, et où il était le premier intéressé. (Voyez MARC-AURÈLE.)

APOLLINAIRE, dit l'*Ancien*, pour le distinguer de son fils de même nom, était prêtre et professeur de grammaire à Laodicée de Syrie. Socrate écrit qu'il était originaire d'Alexandrie, et qu'après la mort de sa femme il se fit prêtre et vint enseigner à Béryte, puis à Laodicée. Lorsque Julien eut interdit aux chrétiens l'étude des belles-lettres, il composa, de concert avec son fils, des ouvrages en prose et en vers pour remplacer les auteurs profanes.

APOLLINAIRE-LE-JEUNE, *Apollinaris* ou *Apollinarius*, fils du précédent, évêque de Laodicée en Syrie, eut d'abord l'amitié de saint Athanase et de saint Basile. Il la perdit par ses erreurs sur la personne de Jésus-Christ. Saint Athanase l'anathématisa dans le concile d'Alexandrie en 362, et écrivit contre lui: le pape Damase le condamna également. Voici quelles étaient ses principales erreurs: « Il enseignait que Jésus-Christ « n'avait point pris une âme humaine, « mais seulement la chair, c'est-à-dire, « un corps avec l'âme sensitive; que la « personne divine lui avait tenu lieu de « l'âme humaine, ce qu'il prétendait « prouver par ces paroles, *le Verbe a été* « *fait chair*; que l'âme humaine étant « un principe de péché, on ne pouvait « dire que Jésus-Christ l'eût prise. Il « suivait de là que Jésus-Christ ne s'était « point fait homme, puisqu'il n'avait « pris qu'un corps qui est la partie la « moins noble de la nature humaine. « Apollinaire enseignait encore que le « corps de Jésus-Christ venu du ciel, « était impassible; qu'il était descendu « dans le sein de la vierge Marie; qu'il « n'était point né d'elle; qu'il n'avait « souffert et n'était mort qu'en appa- « rence. Il faisait revivre aussi l'hérésie « des millénaires, et avançait encore « d'autres erreurs sur la Trinité. » Deux de ses disciples, Vital et Timothée, furent évêques de la secte, l'un à Antioche, l'autre à Alexandrie. Les conciles tenus dans ces deux villes reçurent les décrets de Damase contre Apollinaire; ils furent aussi reçus par le concile général de Constantinople. Cet hérésiarque parvint à un âge fort avancé, et mourut vers 381. Il est auteur, conjointement avec son père, de plusieurs ouvrages en vers et en prose, sacrés et profanes. Nous avons, dans la Bibliothèque des Pères, son *Interprétation des Psaumes*, en vers, qui contient des sentiments erronés sur Jésus-Christ. Elle a aussi été imprimée séparément à Paris, 1612, in-8. On trouve dans les *OEuvres* de saint Grégoire de Nazianze, une *Tragédie de Jésus-Christ souffrant*, qu'on croit être de lui. Apollinaire avait composé ces pièces, afin que les chrétiens pussent se passer des auteurs profanes pour apprendre les belles-lettres. Il écrivit en vers héroïques, et à l'imitation d'Homère, l'*Histoire sainte* jusqu'à Saül, divisée en 24 livres, suivant l'ordre de l'alphabet grec : intention louable, quoique le succès n'y ait pas répondu, et qu'il eût été plus heureux pour lui de se tenir en garde contre l'erreur, que de chercher à en préserver les autres.

APOLLODORE d'Athènes, grammairien célèbre vers l'an 150 avant J.-C., était disciple d'Aristarque. Nous n'avons plus de lui que trois livres de sa *Bibliothèque*, publiés pour la première fois à Rome, en 1550, in-8, et ensuite à Saumur, par Lefèvre, en 1661, in-12, en grec et en latin. On en a donné deux éditions à Gættingue, la première, 1782, 1783, 4 vol. in-12; la seconde, 1803, 2 vol. in-8. On y trouve des choses curieuses. Passerat en a donné une traduction française, 1605, in-8, qui a vieilli. Son ouvrage sur l'*Origine des Dieux*, qui était en plus de vingt livres, est totalement perdu. Plusieurs savants croient que c'est le même ouvrage que sa *Bibliothèque*. D'autres pensent, au contraire, que sa *Bibliothèque* n'est pas de lui, et n'est qu'un abrégé de ses ouvrages. C'est l'opinion de Clavier, qui en a donné une traduction avec le texte à côté, 1805, 2 vol. in-8. Les anciens citent quelques autres ouvrages de cet écrivain.

APOLLODORE, peintre d'Athènes, eut un talent particulier pour peindre la nature avec ses agréments : on assure qu'il possédait même à un certain point la science des ombres. Zeuxis, son disciple, l'éclipsa.

APOLLODORE, de Damas, architecte célèbre sous le règne de Trajan. Cet empereur lui fit construire le *Forum* qui portait son nom, sur l'emplacement d'une montagne qu'on abaissa de 144 pieds, et au milieu duquel s'élevait la *colonne Trajane*, une grande bibliothèque, un odéum, la basilique Ulpienne, des thermes, des aqueducs, et le pont construit sur le Danube dans la basse Hongrie, qui avait 21 arches, larges de 170 pieds, et dont les piles s'élevaient à la hauteur de 150 pieds. Ce pont était un ouvrage très-remarquable, à cause de l'extrême rapidité du Danube et de sa prodigieuse largeur dans cet endroit; on en voit encore des restes à quelques lieues au-dessous d'Orsova. Marsigli en a donné une description dans le 2ᵉ tome de son *Opus danubianum*. Apollodore avait tellement l'esprit et l'enthousiasme de son art, qu'il ne savait flatter ceux qui n'y entendaient rien. Un jour, comme Trajan s'entretenait avec lui sur quelque édifice, l'architecte dit à Adrien, qui se mêlait de dire son avis : *Allez peindre vos citrouilles*. Il critiqua avec la même hardiesse le temple de Vénus, qui était un des ouvrages de ce prince : *Le temple n'est pas assez dégagé*, écrivit-il à cet empereur ; *il est trop bas, et les statues des déesses trop grandes ; si elles veulent se lever pour sortir, elles ne le pourront pas*. Cette franchise lui coûta la vie, l'an 130 de J.-C. On voit qu'Adrien était bien moins tolérant en fait de critique que Denys le Tyran.

APOLLON, ou APOLLOS, juif originaire d'Alexandrie, possédait le talent de l'éloquence. Étant arrivé à Éphèse pendant l'absence de saint Paul, il parla hardiment dans la synagogue, et montra que Jésus était le Christ. Aquila et Priscille, l'ayant ouï, le retirèrent chez eux, et l'on croit que ce fut alors qu'il reçut le baptême. Quelque temps après, étant allé à Corinthe, il y fit beaucoup de conversions, et convainquit les Juifs par les Écritures. Mais l'attachement que ses disciples avaient pour lui causa presque un schisme, les uns disant : Je suis à Paul; d'autres : Je suis à Apollon ; et d'autres : Je suis à Céphas. Cependant, cette division n'empêcha pas que Paul et Apollon ne fussent unis dans un même esprit par les liens de la charité ; et l'Apôtre donne, à cette occasion, aux chrétiens d'admirables leçons sur la pureté et l'indivisibilité des motifs de leur foi, qui, les attachant à Jésus-Christ, doit exclure toute considération humaine, même des attachements personnels et trop naturels à ses ministres. Les Grecs, dans leurs *Ménologes*, font Apollon évêque de Duras ; et dans leurs *Menées*, ils le font second évêque de Coloplias, en Asie. Ferrarius le fait évêque de Cone ou d'Icone, en Phrygie ; d'autres, évêque de Césarée.

APOLLONIS, native de Cyzique, épousa Attale I, roi de Pergame. Quoique d'une famille peu distinguée, elle fut couronnée reine et conserva toutes les prééminences de la souveraineté jusqu'à la fin de ses jours. Douée d'une âme élevée et incapable d'artifices, elle ne descendit à aucune de ces viles caresses, qui siéent si peu à d'honnêtes femmes : sa vertu seule, sa bonté et sa modestie lui gagnèrent le cœur de son époux. La mort l'ayant frappé le premier, Apollonis sut se consoler de cette perte, le voyant revivre dans quatre enfants qu'elle aima tous avec une égale tendresse, et qu'elle ne cessa de former à la vertu. Cette princesse, digne du rang où son mérite l'avait élevée, vécut encore quelque temps, heureuse, chérie de ses enfants et de ses sujets.

APOLLONIUS, de Perge en Pamphylie, disciple d'Eubulide, qui avait étudié sous Euclide, composa plusieurs *Traités* sur les mathématiques. Nous n'avons plus que les huit livres des *Sections coniques*, dont il donna le premier la théorie. Cet ouvrage a été traduit et commenté bien des fois par les modernes, auxquels cet ancien a fourni beaucoup de lumières. La meilleure édition de ce livre est celle d'Oxford, 1770, in-fol. Les savants n'eurent d'abord que les quatre premiers livres de cet ouvrage, jusqu'en 1658. Ce fut en cette année que Jean-Alphonse Borelli trouva dans la bibliothèque des Médicis un manuscrit arabe, avec cette inscription latine : *Apollonii Pergæi libri octo*. On le traduisit en latin, et Borow le publia à Londres en 1675, in-fol. Robert Simpson en a fait une nouvelle édition ; une plus récente en a été donnée par Halley, en 1710. Apollonius florissait sous le règne de Ptolémée Evergète, roi d'Égypte, comme nous l'apprend Héraclius dans la *Vie d'Archimède*, l'an 224 avant J.-C. Cardan, dans son traité *De subtilitate*, le met entre les esprits les plus fins ou les plus subtils, et lui donne le 7ᵉ rang. On peut aussi consulter l'ouvrage de Camerer qui a pour titre : *Apollonii Pergæi, de Tactionibus quæ supersunt, ac maximè luminata Pappi in hos libros cum observationibus*, Gotha, 1795, in-8.

APOLLONIUS de Rhodes, originaire d'Alexandrie, mais surnommé *Rhodien*, parce qu'il enseigna longtemps à Rhodes, et qu'il mourut dans cette ville, était contemporain d'Apollonius de Perge. Il fut disciple de Callimaque, et successeur d'Eratosthène dans la garde de la bibliothèque d'Alexandrie. Il a écrit plusieurs ouvrages, dont le plus célèbre est son *Poëme sur l'expédition des Argonautes*, Leyde, in-8, 1641; Florence, 1596, in-4; Venise, avec des commentaires grecs, 1521. Ce *Poëme*, selon Quintilien, tient le milieu entre l'élévation et la bassesse; la marche en est tempérée et uniforme. Longin en porte le même jugement.

APOLLONIUS, de Rhodes, statuaire, fit de concert avec Tauriscus, 300 ans environ avant J.-C., le groupe connu sous le nom de *Taureau-Farnèse*, dont Pline parle dans ses ouvrages. Il a été trouvé à Rome, dans les ruines des thermes de Caracalla, et se voit maintenant à Florence. Il a existé un autre statuaire nommé Apollonius; il était Athénien, et on lui doit le fameux fragment antique connu sous le nom de *Torse de Belvédère*, dont Michel-Ange faisait un si grand cas.

APOLLONIUS de Tyane, bourg de Cappadoce, naquit quelques années avant Jésus-Christ. La philosophie de Pythagore le charma dès son enfance, et il en fit profession toute sa vie. Il ne se nourrissait que de légumes, s'abstenait du vin et des femmes, donnait son bien aux pauvres, vivait dans les temples, apaisait les séditions, etc. Apollonius, vivant de cette manière, et ne parlant que par sentences pleines d'emphase et d'obscurité, dut faire impression sur le vulgaire, que les dehors séduisent toujours. Tout le monde le suivait, les artisans même quittaient leurs métiers; les villes lui envoyaient des députés; les oracles chantaient ses louanges, apparemment afin que ce sophiste chantât les leurs à son tour. Cet imposteur se fit partout des disciples. Il conversa avec les Brachmanes des Indes, les Mages des Perses, les Gymnosophistes d'Égypte, et s'en fit admirer. A Ninive, à Éphèse, à Smyrne, à Athènes, à Corinthe, et dans d'autres villes de la Grèce, Apollonius parut en prédicateur du genre humain, condamnant les spectacles, visitant les temples, corrigeant les mœurs, et prêchant la réforme de tous les abus. A Rome, où il était venu *pour voir de près*, disait-il, *quel animal c'était qu'un tyran*, il parla avec beaucoup de force contre les bains. Il prétendit bientôt faire des miracles. Ayant rencontré le convoi funèbre d'une jeune fille de famille consulaire, il s'approcha du lit sur lequel on la portait, la toucha, et dit quelques paroles tout bas; voilà que la fille qu'on croyait morte, s'éveille, parle à tout le monde, et retourne à la maison de son père. Cette farce, concertée sans doute avec des gens qui favorisaient ses impostures, n'en fit pas moins d'impression sur la multitude. (Huet et d'autres savants ont réfuté ce prétendu miracle dans toutes les règles d'une bonne critique.) Il y eut une éclipse de soleil, accompagnée de tonnerres; Apollonius regarda le ciel, et dit d'un ton prophétique: *Quelque chose de grand arrivera et n'arrivera pas*. Trois jours après, la foudre tomba sur la table de Néron, et fit tomber la coupe qu'il portait à sa bouche: le peuple ne manqua pas de croire qu'Apollonius avait voulu dire qu'il s'en faudrait peu que l'empereur ne fût frappé. C'était faire un commentaire absurde sur des paroles ridicules. L'empereur Vespasien, qui n'aurait pas dû penser comme le peuple, regardait pourtant cet imposteur comme un homme divin, et lui demandait des conseils. Domitien résolut de le faire mourir, lorsqu'il fut élevé à l'empire, parce qu'il avait voulu soulever contre lui Nerva, auquel il avait prédit l'empire; mais il disparut de sa présence par le secours d'un démon, qui le transporta, dit-on, à Pouzzol, et lui fit faire trois journées de chemin en une demi-journée. Étant à Éphèse, et haranguant le peuple, il s'arrêta tout court, en s'écriant, avec un visage égaré: *Frappe le tyran, frappe le tyran!* ajoutant qu'on avait tué Domitien: ce qui se trouva véritable. Il mourut vers la fin du premier siècle; les uns disent en 97, les autres en 99. On dressa des statues, et on rendit les honneurs divins à cet homme, dont le nom serait peut-être inconnu aujourd'hui, sans un nommé Damis, fidèle compagnon de ses impostures, qui écrivit sa *Vie*, et sans Philostrate, que l'impératrice Julia Domna, femme de Septime-Sévère, princesse très-déréglée et curieuse du merveilleux, chargea, 200 ans après, de recueillir tout ce que la crédulité a débité sur le compte de cet imposteur. Dupin, dans un livre intitulé: *l'Histoire d'Apollonius de Tyane, convaincue de faussetés et d'impostures*, prouve 1° que l'histoire de ce fourbe célèbre est destituée de témoins dignes de foi; 2° que Philostrate n'a fait qu'un roman; 3° que les miracles attribués à Apollonius ont des caractères visibles de

fausseté, et qu'il n'y en a pas un seul qu'on ne puisse attribuer à l'adresse, au hasard ou à la supercherie ; 4° enfin, que la doctrine de ce philosophe est contraire à la droite raison ; qu'ainsi Dieu n'a pu l'appuyer d'aucun miracle. A cela on doit ajouter qu'Apollonius n'a point prétendu instituer de religion ; qu'il ne s'est point donné pour envoyé de Dieu ; qu'il n'a rien fait par l'invocation du nom de Dieu ; que sa mémoire et celle de ses prétendus prodiges s'est perdue chez tous les peuples ; qu'il n'en reste aucun vestige, aucun monument, aucune tradition, même populaire, aucun effet enfin et aucun événement qu'on puisse leur attribuer. C'est donc insulter au bon sens que d'opposer, à l'exemple d'Hiéroclès, ces impostures aux miracles de Jésus-Christ, à des faits dont l'authenticité a passé tant de fois par le plus rigoureux examen, qui ont converti le monde, et qui ont paru à tous les hommes attentifs l'opération de la Divinité. « Tandis que Paul, dit l'abbé Bé-
« rault, prêchait avec éclat le nom de
« Jésus-Christ, l'enfer voulait opposer
« un rival, non-seulement à l'apôtre,
« mais à son adorable Maître. Il sortit
« tout-à-coup de Tyane en Cappadoce
« un homme extraordinaire, le plus il-
« lustre suppôt de la philosophie profane
« et du paganisme, comme aussi le plus
« propre à leur donner du crédit. » Et après avoir rapporté les diverses farces du magicien ou du charlatan, il ajoute :
« Quoi qu'il en soit du fond des choses,
« le prophète du paganisme ne put tenir
« devant l'apôtre de Jésus-Christ dans le
« même temps et les mêmes provinces.
« L'œuvre de Dieu, dont Paul était
« chargé, subsiste après plus de dix-
« sept siècles ; au lieu qu'après deux
« siècles, seulement, on se souvenait à
« peine d'Apollonius. » (Voyez PHILOSTRATE.)

APOLLONIUS. (Voyez JUDAS.)

APOLLONIUS, que saint Jérôme nomme un personnage très-savant, vivait sur la fin du 2ᵉ siècle ou au commencement du 3ᵉ. Il écrivit contre Montan et ses disciples, et tourna en ridicule leur doctrine et leurs prophéties. Saint Jérôme nomme cet ouvrage *insigne et longum volumen*. Tertullien, qui avait donné dans les erreurs de Montan, vit avec chagrin l'ouvrage d'Apollonius, qui les montrait à découvert ; et, pour parer le coup, il écrivit sept *Traités* contre l'Église : dans le dernier, il tâcha d'éluder la force des arguments d'Apollonius, qu'il traitait d'emporté et de calomniateur. Il ne nous reste de l'ouvrage d'A-
pollonius qu'un fragment rapporté par Eusèbe. — Il ne faut pas le confondre, comme l'a fait Nicéphore, avec APOLLONIUS, sénateur romain, qui prit la défense de la religion chrétienne en plein sénat, et mérita par là la couronne du martyre, vers l'an 186.

APOLLONIUS, fils d'Archibius, né à Alexandrie, ou qui y a vécu dans l'école de Didyme, s'est fait connaître vers la fin de la république romaine, ou sous les premiers empereurs, par son *Lexicon græcum Iliadis et Odysseæ*, dont de Villoison a donné la première édition, avec la traduction, Paris, 1773, 2 vol. in-4 ; une autre édition en grec parut à Bath, en 1788, in-8 ; ouvrage fort utile pour l'intelligence d'Homère, et qui a beaucoup de rapport avec celui d'Hésychius.

APOLLONIUS, philosophe stoïcien, natif de Chalcis, dans l'île d'Eubée, et selon d'autres, de Calchédon en Bithynie, vint à Rome à la prière d'Antonin, pour être précepteur de Marc-Aurèle, fils adoptif de ce prince. Dès que l'empereur le sut arrivé, il lui envoya dire qu'il l'attendait avec impatience. Apollonius, qui joignait à la grossièreté d'un pédant l'orgueil d'un philosophe, lui fit répondre « que c'était au disciple à ve-
« nir trouver le maître, et non pas au
« maître à aller au-devant du disciple. »
Antonin, aussi doux que ce stoïcien était brutal, répondit en souriant, « qu'il
« était bien étrange qu'Apollonius, arrivé
« à Rome, trouvât le chemin de son lo-
« gis au palais plus long que celui de
« Chalcis à Rome. » Et sur-le-champ ce prince, plus honnête qu'il ne fallait dans cette circonstance, envoya Marc-Aurèle à son précepteur, dont il eût été plus expédient d'abaisser l'orgueil, que de le nourrir par des égards qu'il ne méritait pas.

APOLLONIUS COLLATIUS (Pierre), prêtre de Novarre, au 15ᵉ siècle, est auteur d'un *Poëme* sur le siége de Jérusalem par Vespasien, en 4 livres, Milan, 1481, in-4. ; du *Combat de David avec Goliath*, et de quelques autres ouvrages de poésie, *ib.* 1692, in-8. Il mêle dans ses poèmes le nom du vrai Dieu avec celui des divinités profanes, genre de contraste également proscrit par la religion et le bon goût.

APOLLONIUS (Lævinus), né dans un village entre Bruges et Gand, vivait au 16ᵉ siècle, et s'est fait un nom par sa Description du Pérou, et le Voyage des Français à la Floride, imprimés en latin sous ces titres : *De navigatione Gallorum in terram Floridam, deque clade anno*

1565 ab Hispanis acceptâ, Anvers, 1568, in-8, ouvrage curieux; *Libri 5 de Peruviæ, regionis inter novi orbis provincias celeberrimæ, inventione, et rebus in eâdem gestis*, Anvers, 1567.

APOLLOPHANES, médecin d'Antiochus-le-Grand, se rendit célèbre par un exemple de dévouement bien rare parmi ceux qui fréquentent le palais des rois. Hermias, ministre d'Antiochus, exerçait des concussions et des violences qui répandaient partout la désolation; personne n'osait en porter ses plaintes au roi, tant on craignait la vengeance du ministre oppresseur. Apollophanes, au risque de compromettre sa fortune, découvrit à Antiochus le mécontentement général, et apprit aux médecins l'usage qu'ils doivent faire du libre accès qu'ils ont auprès des princes. Le ministre prévaricateur fut dévoilé et mis à mort l'an 220 avant J.-C.

APONIUS, auteur ecclésiastique du 7e siècle, dont nous avons un *Commentaire sur le Cantique des cantiques*, Fribourg, 1538, in-fol., et dans la *Bibliothèque des Pères* : c'est une allégorie soutenue de l'alliance de Jésus-Christ avec l'Eglise. Les commentateurs qui sont venus après lui en ont beaucoup profité. (Voyez SALOMON.)

APONO. (Voyez ABANO.)

APOSTOOL (Samuel), prédicateur de l'Eglise des mennonites, à Amsterdam, donna son nom à la secte des apostoliens, appelés autrement waterlandiens, parce qu'ils se répandirent principalement dans le Waterland, contrée de la Nord-Hollande, en 1664; ces mennonites, appelés aussi mennonites relâchés (*grossières*), pour les distinguer des mennonites flamands, se divisèrent en deux partis, dont l'un avait pour chef le médecin Galenus Abraham, de Haan, et fut appelé celui des galénistes; et l'autre, appelé celui des adhérents, eut à sa tête Samuel Apostool. Galenus admettait dans sa société tous ceux qui, à la croyance des Livres saints, joignaient des mœurs pures et une intacte probité. Samuel Apostool, tout en défendant les dogmes caractéristiques des mennonites, sur l'absurdité du baptême des enfants, sur l'inutilité des magistrats dans le royaume de Dieu, maintenait l'orthodoxie sur tous les autres points de la doctrine des réformateurs. Vainement on tâcha depuis de réunir ces deux branches d'une même secte; les apostoliens et les galénistes firent longtemps deux partis distincts, que l'indifférence des dernières années a presque réunis. On n'a de Samuel Apostool qu'un petit catéchisme, sous le titre de : *Veritatis exercitatio*, qu'il composa conjointement avec Samuel de Deyl.

APPARENT. (Voyez COCHON.)

APPIANI (André), peintre italien, né dans le Milanais vers 1750, d'une famille ruinée, montra dès sa jeunesse un goût déterminé pour la peinture, et, quoique sans fortune, il parvint, à force de travail, à égaler tous ses contemporains. Il s'était formé un style original qui n'appartenait qu'à lui, et dont les principaux caractères sont la grâce et la beauté. Son coloris est agréable, harmonieux et délicat, quelquefois même vif. Ses principaux ouvrages se trouvent à Milan, où il fut chargé des plus grandes entreprises, et notamment de peindre à fresque la coupole du chœur de Sainte-Marie. Il travailla aussi beaucoup aux décorations du palais de Milan, et mourut d'une attaque d'apoplexie en 1818. Outre ses peintures à fresque, qui sont ses plus grands ouvrages, il a composé plusieurs tableaux à l'huile, parmi lesquels on distingue : l'*Olympe*, l'*Entrevue de Jacob et de Rachel*, *Renaud dans les jardins d'Armide*.

APPIEN, historien grec, naquit à Alexandrie, d'une famille distinguée. Il florissait sous Trajan, Adrien et Antonin-le-Pieux, vers l'an 203 de J.-C. Il plaida quelque temps à Rome; puis il eut l'intendance du domaine des empereurs. On a de lui une *Histoire romaine*, composée, non pas année par année, comme celle de Tite-Live; mais nation par nation. Cet ouvrage estimé était en 24 livres, depuis la ruine de Troie jusqu'à Trajan. Il ne nous en reste que ce qui regarde les guerres d'Afrique, de Syrie, des Parthes, de Mithridate, d'Ibérie ou d'Espagne, d'Annibal, des fragments de celles d'Illyrie, cinq livres des guerres civiles, et quelques fragments de plusieurs autres, que Henri de Valois a recueillis. Les meilleures éditions de cette *Histoire* sont celle d'Amsterdam, en 2 vol. in-8, 1670, et celle publiée par Schweighæuser, Leipsick, 1782 et 1785, 3 vol. in-8. La première version latine qui ait paru, fut imprimée à Venise en 1472, in-fol.; elle est rare. Nous avons une traduction en français de cette *Histoire*, Odet-Philippe sieur de Marès, Paris, 1659, in-fol. Les cinq livres des guerres civiles ont été traduits séparément par Combes-Dounous, Paris, 1808, 3 vol. in-8.

APPIUS CLAUDIUS, l'un des Décemvirs. Il fut employé à la rédaction des Lois des douze Tables : on eut beaucoup d'égard à son sentiment, et il eut la meilleure part à ce grand ouvrage. Après l'expulsion des rois, il s'éleva une contestation entre les patriciens et les plébéiens au sujet de la police : les uns soutenaient qu'il était plus avantageux de vivre sous l'autorité des magistrats ; les autres sous celle des rois. Dans cette diversité d'opinions, le peuple romain suivit longtemps des coutumes particulières. Mais comme le droit de ces coutumes était plus incertain que celui des lois, on choisit dix hommes considérables et habiles pour recueillir, parmi les lois de la Grèce, celles qui étaient les plus propres et les plus convenables à l'état de Rome ; on fit graver sur des tables d'ivoire les lois qu'ils approuvèrent ; on exposa ces mêmes tables sur la tribune aux harangues, afin qu'elles fussent en vue à tout le monde ; et parce qu'on donna pendant la première année à ces dix hommes, qui furent nommés décemvirs, un plein pouvoir de corriger et d'interpréter ces lois s'ils le jugeaient nécessaire, ces législateurs, ayant reconnu qu'il y manquait quelque chose, y ajoutèrent de nouvelles tables l'année suivante, et on nomma toutes ces lois, les *Lois des douze Tables*.

APULÉE (Lucius), natif de Madaure en Afrique, d'une famille distinguée, vivait au 2ᵉ siècle, sous Antonin et Marc Aurèle. Il fit ses études à Carthage, à Athènes et à Rome. Il dépensa presque tout son bien à faire des voyages pour satisfaire sa curiosité et perfectionner sa philosophie. De retour de ses courses, il plaida à Rome pour échapper à la misère. Il épousa ensuite une riche veuve qui répara ses affaires. Les parents de sa femme l'accusèrent de s'être servi de la magie pour avoir son cœur et sa bourse, et d'avoir fait mourir Pontianus, fils de cette dame ; mais il se défendit contre cette double accusation devant le proconsul d'Afrique, par une *apologie*, que nous avons encore et que saint Augustin appelle un discours éloquent et fleuri. Le peuple ne persista pas moins à croire que c'était un magicien, et cette idée, longtemps attachée à son nom, n'est pas encore entièrement effacée. Le temps a épargné peu d'ouvrages d'Apulée, quoiqu'il en eût beaucoup composé en vers et en prose. Le plus connu de ceux que nous avons est sa *Métamorphose* ou *l'Ane d'or*, en onze livres. « L'objet de l'auteur, dit le savant « Warburton, a été de prouver l'utilité « des mystères du paganisme. » Ce qui ne donne pas une grande idée de ses jugements ni de ses mœurs. D'autres critiques ne croient pas que ce fût là le but d'Apulée, et regardent son *Ane d'or* comme un vain amusement, un recueil de contes de vieilles. Quelques-uns ont cru qu'Apulée racontait sérieusement des faits magiques comme des vérités, et ont prétendu les opposer, comme les prestiges d'Apollonius, aux miracles de Jésus-Christ, prétention dont saint Augustin, dans les livres de *la Cité de Dieu*, parle avec la pitié qu'elle mérite. Les autres productions d'Apulée roulent sur la philosophie platonicienne que l'auteur avait embrassée. Ses *Œuvres* sont imprimées à Goudes, 1650, in-8 ; *ad usum Delphini*, 1688, 2 vol. in-4. Les éditions de *l'Ane d'or* en français, de 1623, 1631 et 1648, in-8, sont recherchées à cause des figures. La traduction italienne d'Agnolo-Firenzuoala, Venise, 1567, in-8, est rare, ainsi que la première édition de l'original, Rome, in-folio. Nous avons une assez bonne traduction française de cet ouvrage par l'abbé de Saint-Martin, en 2 vol. in-12. En 1787, il en a paru une nouvelle édition, avec des notes qui se ressentent de la légèreté, de l'ignorance, de l'esprit de compilation et de plagiat, qui caractérisent la fin du 18ᵉ siècle.

APRIÈS, roi d'Egypte, succéda, dit-on, à son père Psammis, se rendit maître de l'île de Chypre et de la ville de Sidon, et fut tué après un règne de 25 ans. On croit que c'est le même qui, dans l'Ecriture-Sainte, est appelé *Ephrée* ou *Ophra*, et dont il est dit dans Jérémie : « Je vais « livrer Pharaon Ephrée, roi d'Egypte, « entre les mains de ses ennemis, entre « les mains de ceux qui cherchent à lui « ôter la vie. » Toute cette partie de l'histoire d'Egypte, et en général l'histoire profane de ces siècles, est couverte de ténèbres, et ce n'est que par l'Ecriture-Sainte qu'on en saisit par intervalle le fil qu'on est obligé de lâcher, dès qu'elle cesse de nous diriger.

APSÉE fut auteur de la révolte des Palmyréens, qui, peu de temps après la prise de leur ville par Aurélien, élurent pour empereur, au refus de Marcellin, gouverneur d'Orient, un certain Achilléé, ou Antioque selon d'autres, parent de la reine Zénobie. Aurélien vint droit à Palmyre, prit cette ville, la rasa, et y fit tout passer au fil de l'épée, hors le prétendu empereur, qu'on dit qu'il épargna par mépris, l'an de J.-C. 273 ou 274.

AQUAVIVA (André-Matthieu d'), duc d'Atri, prince de Téramo et comte de Conversano, dans le royaume de Naples, né vers l'an 1456, protégea ceux qui cultivaient les sciences et les arts, et les cultiva lui-même. Il servit d'abord sous Ferdinand V, roi d'Aragon, se trouva à deux batailles perdues, et fut fait prisonnier dans la dernière ; mais après avoir été délivré, il crut devoir préférer le repos du cabinet au tumulte des armes. Le seul ouvrage de lui qui soit connu est un commentaire sur une traduction latine du *Traité de la vertu morale*, par Plutarque, Naples, 1526, in-fol. Paul Jove, dans l'éloge d'André-Matthieu Aquaviva, lui attribue un ouvrage intitulé : *Encyclopédie*, sans en rien dire de plus : plusieurs écrivains en ont parlé d'après cet historien. Il mourut en 1528, âgé de 72 ans.

AQUAVIVA (Octavio), de la famille du précédent, référendaire de l'une et de l'autre signature, vice-légat du patrimoine de saint Pierre, ensuite cardinal, puis légat de la Campagne de Rome, enfin légat d'Avignon, place alors difficile par les troubles que les hérétiques ne cessaient d'exciter dans la province, et qu'Aquaviva calma par sa fermeté et sa prudence. Devenu archevêque de Naples, il se distingua par toutes les vertus d'un bon pasteur, cultiva les lettres, protégea les savants, et mourut, en 1612, dans sa 52ᵉ année.

AQUAVIVA (Claude), encore de la même maison, né en 1543, général des jésuites en 1581, mourut en 1615, âgé de 72 ans. C'est lui qui fit dresser la fameuse ordonnance connue sous le nom de *Ratio studiorum*, Rome, 1586, in-8; ordonnance qui fut supprimée par l'inquisition, et vue de mauvais œil par les jésuites. On la réimprima, mais mutilée, en 1591. Aquaviva ordonnait à ses religieux, dans ce célèbre règlement, d'enseigner la gratuité de la prédestination, en leur permettant en même temps d'adoucir ce système par le *congruisme*. Nous avons d'Aquaviva : des *Epîtres* au nombre de seize, Rome, 1615, in-8; des *Méditations*, en latin, *sur les psaumes* 44 et 98, Rome, 1615, in-12; *Directorium exercitationum sancti Ignatii; Industriæ pro superioribus societatis ad curandos animæ morbos*, Venise, 1611, in-12; Anvers, 1635, in-8; ouvrage qui annonce une grande connaissance du cœur humain. Il en a paru une traduction française sous le titre de : *Manuel des supérieurs ecclésiastiques et réguliers*, Paris, 1776, in-12; *Oratio de Passione Domini*, 1641, in-12 : il prononça ce discours devant le pape Grégoire XIII, en 1573. Aquaviva était un homme de caractère, qui voulait avec constance et fermeté tout ce qui lui paraissait juste et raisonnable : il ne se décidait pas légèrement, mais son parti une fois pris, il y tenait une espèce de roideur suffisamment justifiée par les inconvénients d'une excessive facilité.

AQUIAB. (Voyez Achiab.)

AQUILA, surnommé *le Pontique*, parce qu'il était originaire du Pont, contrée d'Asie. Ce fut chez lui que saint Paul logea, lorsqu'il vint d'Athènes à Corinthe. Cet apôtre le convertit avec sa femme Priscille. Ils lui rendirent de très-grands services à Ephèse, jusqu'à exposer leurs têtes pour sauver la sienne. Saint Paul en parle avec de grands éloges dans son *Epître aux Romains*. On ne sait ni le temps ni le lieu de leur mort. Les *Martyrologes* d'Usuard et d'Adon la mettent dans l'Asie-Mineure, au 8 juillet.

AQUILA de Sinope, dit aussi *le Pontique*, parce qu'il était originaire du Pont, contrée d'Asie, embrassa le christianisme sous l'empire d'Adrien, vers l'an 129 de J.-C. Mais son attachement opiniâtre aux rêveries de l'astrologie judiciaire l'ayant fait chasser de l'Eglise, il passa dans la religion des Juifs. Devenu rabbin, il acquit une connaissance exacte de la langue hébraïque, et s'appliqua à traduire l'Ancien-Testament d'hébreu en grec. Quoique sa version, dont il ne reste plus que des fragments, fût faite mot à mot sur le texte hébreu, on vit bien que le dessein de cacher la honte de son apostasie l'avait engagé à détourner le sens des passages favorables au christianisme. « Aqui-« la, dit M. Bossuet, fit sa version exprès « pour contredire celle des Septante, dont « les églises se servaient, à l'exemple des « apôtres, et pour affaiblir les témoigna-« ges qui regardaient Jésus-Christ. » Justinien en défendit la lecture aux Juifs; cependant saint Jérôme dit, qu'en examinant continuellement la traduction d'Aquila, il y trouve tous les jours plusieurs choses qui sont favorables à notre créance : ce qui prouve seulement qu'Aquila n'a pas tout altéré, que bien des choses ont échappé à sa mauvaise intention, et que la vérité, comme il arrive toujours, s'est fait jour à travers les artifices de l'erreur.

AQUILANO (Sérafino), ainsi appelé du nom de sa patrie, Aquila, ville de l'Abruzze, où il naquit en 1466, se fit un nom par ses poésies italiennes, imprimées à Rome, 1503, in-8, et qui consistent en *Sonnets, Eglogues, Epîtres, etc.* Il fut le contemporain et l'émule du Cariteo, de l'Altissimo et de Thebaldeo da Ferrara. Ces poètes furent des premiers à secouer le joug de la barbarie qui, dans ce siècle, défigurait la poésie italienne; mais toute leur réputation s'éclipsa, lorsque Sannazar et Bembo parurent. Aquilano mourut à Rome en 1500, à l'âge de 44 ans. Son nom de famille était *Cimino*. Aquilano fut successivement attaché au cardinal Ascagne Sforce, à Ferdinand II, duc de Calabre, à François de Gonzague, marquis de Mantoue, et enfin à César Borgia, duc de Valentinois.

AQUILIUS-GALLUS, savant jurisconsulte, orateur et ami de Cicéron, florissait vers l'an 65 avant J.-C. Son équité et sa sagesse parurent dans l'affaire de Vitellius Varro. Cet homme, qui vivait en commerce de galanterie avec une maîtresse, étant tombé malade, avait ordonné, par testament, qu'après sa mort on payât à cette femme une certaine somme qu'il reconnaissait lui devoir. Lorsqu'il fut revenu en santé, la femme lui demanda cette somme, disant qu'elle la lui avait prêtée, et se servait de son aveu pour prouver que c'était une dette réelle. Aquilius découvrit sa mauvaise foi; et, afin de pourvoir à un cas aussi captieux et à plusieurs autres de semblable espèce, il composa un traité : *De dolo malo*. Il en laissa aussi d'autres : *De posthumorum institutione : De stipulatione*, etc., que nous voyons souvent cités dans le *Code* et dans le *Digeste*, mais dont l'ensemble est perdu.

AQUILIUS (Manius), consul et collègue de Marius, l'an 101 avant J.-C. Il fut envoyé en Sicile pour combattre les esclaves révoltés sous les ordres d'Athénion. Ses efforts n'ayant point suffi pour les soumettre la première fois, il y fut renvoyé l'année d'après, en qualité de proconsul. Le combat s'engagea, mais la victoire demeura longtemps incertaine; les deux généraux, lassés de voir périr tant de monde, s'avancèrent l'un contre l'autre, afin de vider la querelle dans un combat particulier. Les deux armées étant en présence, ils en vinrent aux mains, et Athénion, contraint de céder à la force et à la valeur de son rival, tomba mort à ses pieds. Les Romains, profitant de la victoire de leur général, se précipitèrent sur les révoltés, et en massacrèrent un grand nombre. Il n'en restait plus que dix mille qui aimèrent mieux s'entretuer que de se soumettre ou d'aller servir de triomphe à un vainqueur odieux. Aquilius, à son retour, fut honoré de l'ovation. Accusé de même convaincu de concussion par L. Furius, il ne dut qu'à ses anciens services d'échapper au supplice qui l'attendait. Il mourut d'une mort moins honteuse dans la guerre contre Mithridate.

AQUIN (Philippe), juif et rabbin, natif de Carpentras, reçut le baptême à Aquino, dans le royaume de Naples : ce qui lui fit donner le nom d'*Aquino*, au lieu de celui de *Mardocai* ou *Mardochée* qu'il portait auparavant. Ce juif converti enseigna ensuite l'hébreu à Paris, et y mourut en 1630. Le célèbre Le Jai le chargea de l'impression et de la correction des textes hébreu et chaldéen de sa Polyglotte. Son principal ouvrage est un dictionnaire hébreu, rabbinique et thalmudiste, qui a pour titre : *Dictionarium hebraïco-chaldæo-thalmudico-rabbinicum*, Paris, 1629, in-fol., 12 à 15 fr. On a encore de lui : *Racines de la langue sainte*, Paris, 1620, in-fol., 8 à 9 fr.; *Explication des treize moyens dont se servaient les rabbins pour entendre le Pentateuque, recueillis du Thalmud; Traduction italienne des apophthegmes des anciens docteurs de l'Eglise judaïque; Aquinatis hebrææ linguæ professoris lacrymæ in obitum illustr. cardinalis de Berulle*; il déplore dans cet ouvrage la mort du cardinal, son bienfaiteur et son appui : *Interprétation de l'arbre de la cabale des Hébreux*, Paris, in-8, sans date.

AQUIN, de Château-Lyon, (Pierre-Louis d'), né à Paris, vers l'an 1721, et mort en 1796, reçut le grade de bachelier en médecine, mais s'adonna particulièrement à la littérature. On a de lui : *Contes mis en vers par un petit cousin de Rabelais*, Paris, 1775, in-8. 3 fr.; *Lettres sur les hommes célèbres dans les sciences, la littérature et les arts, sous le règne de Louis XV*, ibid. 1752, 2 vol. in-12, à 3 fr., reproduit en 1753 sous le titre de : *Siècle littéraire de Louis XV; La Pléïade française*, ou *l'Esprit des sept plus grands poètes*, ibid, 1751, 2 v. in-12, 2 à 3 fr.; *Semaine littéraire*, 1759, 4 vol. in-12, 3 à 4 fr., en société avec de Caux ; *Idée du siècle littéraire présent, réduit à six vrais auteurs*, Gresset, Crébillon, Trublet, Fontenelle, Montesquieu et Voltaire, in-12, sans date ; *Almanach littéraire*, ou *Étrennes d'Apollon*, Paris, 1777, 1806, 22 vol. in-42, et d'autres ouvrages aussi médiocres que les précédents.

ARAGO (Dominique-François) naquit le 26 février 1786 à Estagel, près de Perpignan. A l'âge de 17 ans, il fut admis à l'Ecole polytechnique, à la suite d'un brillant examen. Au sortir de cette école, il fut attaché à l'Observatoire comme secrétaire du Bureau des longitudes. En 1806, le gouvernement impérial lui donna la mission de continuer avec M. Biot et deux commissaires espagnols, l'opération géodésique de Delambre et Méchain, pour donner une mesure plus parfaite de l'arc du méridien terrestre. En 1807, ce travail difficile était presque entièrement terminé, lorsque la guerre éclata entre la France et l'Es pagne. Arago, qui était alors en Catalogne, dut se retirer précipitamment avec ses instruments; mais il fut pris en route, et ce ne fut qu'à la suite de plusieurs incidents de voyage où sa vie fut souvent menacée, qu'il put regagner le sol natal en 1809. Pour le récompenser de ses travaux, l'Académie des sciences le reçut dans son sein, quoiqu'il n'eût encore que 23 ans; ce qui était contraire aux règlements. A la même époque, l'Empereur le nomma professeur à l'Ecole polytechnique, où il continua son enseignement pendant près de vingt années. Arago avait surtout le talent d'exposer avec une grande clarté les notions scientifiques les plus abstraites, et c'est par là qu'il s'est distingué plus encore que par ses découvertes. Cependant on lui doit des travaux importants sur l'Optique et l'Electro-magnétisme, ainsi que l'invention de plusieurs appareils ingénieux pour déterminer avec toute la précision possible les diamètres des planètes. Il n'a pas eu le temps de réunir ses travaux en un seul corps d'ouvrage; ils sont disséminés en plusieurs recueils. Nous citerons quelques-uns de ses principaux Mémoires : *Sur les chronomètres ; Sur les quantités de pluie qui tombent à diverses hauteurs au-dessus du sol ; Table des températures extrêmes observées à Paris et en divers lieux : Sur la lune rousse ; De la rosée ; Sur les explosions des machines à vapeur ; Sur les étoiles multipliées ; Sur les puits forés, connus sous le nom de Puits artésiens; Sur la dernière apparition de la comète de Colley ; Sur l'éclipse totale de soleil du 8 juillet 1842,* etc. Ces divers Mémoires se trouvent dans l'*Annuaire du Bureau des longitudes*. Nous citerons encore les *Eloges* de Fourier, Condorcet, Ampère, Carnot et de plusieurs autres savants, qu'il a prononcés devant l'Académie des sciences dont il était secrétaire perpétuel depuis 1830. Arago s'occupait de politique ; ce qui ne contribua pas peu à accroître sa popularité, car il se plaça dès l'abord dans les rangs de l'opposition. Dans les journées de 1830, il se rendit avec Lafitte, Dupont de l'Eure et d'autres, auprès du Maréchal de Raguse qu'il connaissait particulièrement, pour l'engager à cesser le feu. Après la révolution, quoiqu'il se fût montré favorable à l'avènement de Louis-Philippe, il reprit son rôle d'opposition et devint bientôt l'un des plus ardents adversaires du nouveau régime. En 1832, il proclama le premier la *Réforme électorale* et le *Droit au travail*; dans la discussion sur les fortifications de Paris, il parla contre les forts détachés ; bientôt, non content de combattre à la Chambre des députés, dont il faisait partie, la plupart des mesures proposées par le gouvernement, il se prononça ouvertement pour le régime républicain, et fonda, avec Ledru-Rollin, le journal *la Réforme*. En 1848, il devint membre du gouvernement provisoire, ministre de la guerre et de la marine ; mais effrayé des périls que courait la société, il se rangea dans le parti modéré, et fut un des premiers à comprimer l'insurrection de juin. Ses forces morales et physiques commençaient à s'épuiser ; il continua de siéger à l'Assemblée législative, mais sans prendre une part active aux discussions. Lors de l'avènement de Louis-Napoléon au trône impérial, il refusa le serment qu'il devait prêter comme directeur du Bureau des longitudes; le gouvernement consentit à faire une exception en sa faveur, et il fut maintenu dans sa place qu'il a conservée jusqu'à sa mort arrivée au mois d'octobre 1853.

ARANDA (Don Pedro Pablo, Abarca de Bolea, comte d'), né en 1719 d'une des familles les plus distinguées d'Aragon, embrassa d'abord la profession des armes ; mais Charles III, ayant reconnu en lui un esprit observateur, le nomma son ministre auprès du roi de Pologne, son beau-père, où il resta près de sept ans. A la suite de l'émeute de Madrid, le roi, qui avait senti la nécessité de mettre à la tête de l'administration un homme d'un caractère vigoureux, y plaça d'Aranda, qui justifia son choix. Mais il ternit sa mémoire en concourant à l'expulsion des Jésuites. Aranda était du conseil privé dans lequel se tramait ce coup d'Etat, et l'on sait qu'il enjoignit à Azara, ambassadeur à Rome, de ne pas souscrire à la sécularisation des Jésuites, mais d'exiger l'expulsion pure et simple. A la même heure, dans tous les lieux de l'Espagne, ils furent arrêtés avec une barbarie dont on a vu peu d'exemple, et envoyés en exil en Italie. Quelque temps après, il fut disgracié ; il obtint cependant un exil honorable, et fut envoyé en ambassade en France, où il resta pendant neuf ans. Les liaisons qu'il y forma avec les apôtres de la philosophie moderne doivent le rendre très-suspect aux amis de la religion. Il fut rappelé à Madrid en 1784, avec le titre honorifique de conseiller d'Etat. En 1792, il eut encore un moment de faveur ; mais il fut de courte durée, il fut remplacé dans le ministère par Manuel Godoy, depuis si connu sous le nom de Prince de la paix. Quelque temps après il fut exilé dans ses terres d'Aragon, où il termina sa carrière en 1794.

ARANZI ou ARANZIO, *Arantius* (Jules-César), habile anatomiste du 16ᵉ siècle, naquit à Bologne vers 1530, étudia les sciences médicales et anatomiques sous le célèbre Barthélemi Maggi, son oncle, et sous Vesale, plus célèbre encore; fut professeur de médecine, de chirurgie et d'anatomie à Bologne, pendant environ 33 ans; fit plusieurs découvertes anatomiques, et mourut en 1589, laissant des opuscules qui eurent du succès et qui sont encore utiles. On en trouve la plus grande partie jointe à ses *Observationes anatomicæ*, Venise, 1587 1591, in-4; *Conseils et lettres de médecine*, en latin, dans le recueil de Scholzius; un *Commentaire* sur le livre *De vulneribus capitis* d'Hippocrate, Lyon et Leyde.

ARATOR, Ligurien, c'est-à-dire, né sur la côte de Gènes, fut secrétaire et intendant d'Athalaric, et naquit, dit-on, en 490. Ayant embrassé l'état ecclésiastique, il devint sous-diacre de l'église de Rome, et présenta, en 544, au pape Vigile, les *Actes des apôtres* mis en vers latins, qu'on trouve avec d'autres poëmes latins, Venise, 1502, in-4, dans la *Bibliothèque des Pères*, et séparément. Si l'on ne peut dire que ses vers sont beaux, on ne peut pas non plus les traiter de *plats*, comme ont fait certains critiques qui, dans un poëme purement historique, où, si l'on veut dans une *Histoire versifiée*, ont sans doute prétendu trouver l'esprit de l'*Enéïde*. Dans un siècle où la langue latine était mieux connue qu'aujourd'hui, le pape Vigile les trouva dignes d'être lus dans l'Eglise. Le père Sirmond a publié une *Lettre en vers*, écrite par Arator à Parthénius. Ce poëte était aussi négociateur; il jouissait de la confiance et de la considération publique, et fut, selon plusieurs auteurs, envoyé en ambassade, par Athalaric, auprès de l'empereur Justinien.

ARATUS, de Sicyone, échappé aux meurtriers de son père Clynias, conçut, dès sa plus tendre jeunesse, le dessein de chasser les tyrans de sa patrie. Il s'associa quelques-uns de ses compatriotes animés du même esprit que lui, courut avec eux mettre le feu au palais de Nicoclès, tyran de Sicyone, et le contraignit de prendre la fuite. Aratus, ayant procuré à ses concitoyens le plus grand bien qu'il crut pouvoir leur faire, la liberté, leur proposa d'entrer dans la confédération des Achéens, composée de treize villes, qui en tirèrent bien d'autres de l'esclavage, après l'avoir secoué elles-mêmes. Aratus fut général de cette ligue, et surprit la forteresse de Corinthe, en chassa le roi de Macédoine, délivra Argos de la tyrannie, réunit plusieurs villes à sa république, et mérita que Sicyone lui élevât une statue, avec le titre de *Sauveur*. Philippe, roi de Macédoine, le fit empoisonner, après se l'être attaché par une feinte amitié. Aratus supporta l'effet du poison, sans se plaindre, comme une maladie ordinaire. Un jour seulement ayant craché du sang en présence d'un ami qui était dans sa chambre: *Voilà*, dit-il, *le fruit de l'amitié des rois*. Il mourut l'an 214 avant J.-C.

ARATUS, poëte et astronome du temps de Ptolémée Philadelphe, naquit à Soles, dans la Cilicie, et fut un des courtisans d'Antigone Gonatas, roi de Macédoine. Son poëme sur l'astronomie, intitulé les *Phénomènes*, a été fort applaudi des anciens, quoique les vers soient négligés, et qu'Aratus soit plutôt versificateur que poëte. On sait que, dans les poëmes didactiques, on ne demande ni l'élévation des pensées, ni la force et l'élégance des expressions qu'on s'attend à trouver dans un poëme épique, et qu'on s'attache plutôt à l'utilité des leçons qu'aux agréments du style: c'est ainsi que l'*Art poétique* d'Horace, dont les vers sont quelquefois durs et prosaïques, n'en jouit pas moins d'un suffrage général. Le poëme d'Aratus peut se diviser en trois parties. La première a pour objet l'énumération des constellations célestes, leur position respective, l'éclat plus ou moins grand dont elles brillent; dans la seconde, Aratus traite des principaux cercles de la sphère; dans la troisième, il détaille les constellations qui montent sur l'horizon, ou qui descend au-dessous, lorsque chacun des douze signes commence à paraître. Trois anciens auteurs ont traduit le poëme d'Aratus en vers latins: le premier est Cicéron. Il était jeune, quand il fit cette traduction sous le titre: *Aratea;* mais la quantité de vers qu'il en cite dans son second livre *De naturâ deorum*, prouve que dans un âge avancé il ne désavouait pas ce fruit de sa jeunesse. Il n'en est parvenu jusqu'à nous qu'environ les trois quarts; Grotius a suppléé à ce qui manque. Le second traducteur d'Aratus fut Germanicus César; le troisième, Festus Aviénus qui écrivait sous le règne des fils de l'empereur Constantin, ou peut-être même sous celui de Théodose I. Cet ouvrage a généralement emporté les suffrages de l'antiquité, et l'on connaît le vers d'Ovide, qui ne craignait pas d'assurer à Aratus une renommée égale en durée aux objets qu'il a chantés :

Cum sole et lunâ semper Aratus erit.

On sait que saint Paul, dans le magnifique *Discours sur la Divinité*, qu'il prononça dans l'Aréopage, a cité le poète Aratus : *Sicut et quidam vestrorum poetarum dixerunt : Ipsius enim et genus sumus*. (Act. XVII, 28.) C'est au commencement du poëme qu'on trouve le passage cité. Les meilleures éditions de son poëme sont celles que Grotius publia en 1600, in-4, à Leyde ; et celle d'Oxford, 1672, in-8. Peigné, célèbre astronome, et bibliothécaire de Sainte-Geneviève, a donné une traduction française des *Aratées* de Cicéron, avec de bonnes notes, à la suite des *Astronomiques* de Manilius, Paris, 1786, 2 vol. in-8; mais la plus complète de ces éditions est celle qu'a donnée J. Th. Buhle, Leipsick, 1793-1801, 2 vol. in-8.

ARBELLES (André d'), né à Montluel près de Lyon, frère de l'évêque de Quimper, émigra en 1792, et servit dans l'armée des princes, où il fut connu sous le nom de Montluel. De retour en France en 1798, il fut employé dans la rédaction du journal le *Messager du soir*, et ensuite au ministère des relations extérieures, dont il reçut plus tard le titre d'*historiographe ;* ce qui le mit dans le cas de publier divers écrits pour justifier la politique de Bonaparte. Sous la restauration, il fut préfet de la Mayenne, puis de la Sarthe. Il périt au Mans, d'un coup de pied de cheval, le 28 septembre 1825, après avoir reçu les secours de la religion, à laquelle il faisait profession d'être attaché. Il a publié : *De la Politique et des Progrès de la puissance russe*, Paris, 1807, in-8 ; *Tableau historique de a politique de la cour de Rome*, 1810, in-8 : ouvrage demandé par le gouvernement français, à l'époque de l'occupation des États romains par Bonaparte ; *Précis des causes et des événements qui ont amené le démembrement de la Pologne*.

ARBÉTION ou ARBITION, soldat de fortune, s'éleva des plus bas degrés de la milice jusqu'au consulat, qu'il exerça sous l'empire de Constance en 355. On lui donna le commandement d'une armée contre les Allemands, qu'il vainquit dans un combat réglé. Jaloux de la réputation de Silvain, fils de Bonitus, capitaine, Franc de nation, il contribua à le faire choisir pour général dans les Gaules, ayant le dessein de faire naître par-là quelque occasion de le perdre ; ce funeste artifice lui réussit. En 357, il fut lui-même soupçonné de rébellion ; mais il se tira d'affaire par le crédit des eunuques. Il fut envoyé ensuite, par l'empereur Constance, contre les Perses en 361 ; puis contre Julien l'Apostat, qui s'était révolté. Ce prince, étant parvenu à l'empire, le fit un des membres de la chambre de justice, établie à Chalcédoine contre les ministres de l'empereur Constance. Arbétion vivait encore sous l'empereur Valens, qu'il servit utilement contre Procope. C'était un esprit pernicieux, malfaisant, et dont l'envie s'acharnait sur tous les gens de bien.

ARBOGAST (Louis-François-Antoine), professeur de mathématiques à l'école d'artillerie de Strasbourg, et ensuite à l'école centrale du Bas-Rhin, né à Mutzig, petite ville du département du Bas-Rhin, en 1759, mort le 8 avril 1803. Il fut député du département du Bas-Rhin à l'assemblée législative et à la convention nationale où il vota pour la détention du roi jusqu'à la paix. Après la session, il se livra exclusivement à l'étude des mathématiques. On a de lui : un *Rapport sur l'uniformité des poids et mesures ;* un *Traité du calcul des dérivations*, Strasbourg, 1800, in-4 : beaucoup de signes nouveaux rendent pénible la lecture de son livre.

ARBORIO DE GATTINARA (Mercurien), né à Verceil en 1465, habile jurisconsulte et diplomate, chancelier de Charles-Quint, fut chargé de dresser les articles de pacification entre ce prince et le pape Clément VII, qui le nomma cardinal en 1529. Il fit également la même année un traité pour l'Italie, qui est un chef-d'œuvre de politique, et mourut en 1530.

ARBOUSE (Marguerite Veny d') naquit en Auvergne. Louis XIII la tira du monastère de Saint-Pierre de Lyon, où elle était religieuse, pour lui donner l'abbaye de Notre-Dame-du-Val-de-Grâce, à Paris. Sa première pensée en y entrant fut d'y établir la réforme, et de la maintenir par de sages règlements. Elle se démit elle-même de son abbaye, en faveur de l'abbesse triennale, qui fut élue en 1626. Elle mourut en odeur de sainteté, la même année, à Sery, près de Dun-le-Roi, où elle était allée pour rétablir la régularité dans un monastère. L'abbé Fleury a écrit sa *Vie*, in-8, 1685.

ARBRISSEL (Robert d'), ainsi appelé d'un petit bourg de Bretagne où il prit naissance, fut archidiacre de Rennes. Il combattit dans ce diocèse la simonie et l'incontinence du clergé, deux vices très communs dans son siècle. Il se retira ensuite à Angers, et de là dans la forêt de

Craon, où il fonda une communauté de chanoines réguliers. Il sortit, quelque temps après, de sa solitude, sans se fixer nulle part, prêchant partout, et partout avec fruit. Le pape Urbain II, que le projet d'une croisade avait fait venir en France, et qui se trouvait à Angers pour la dédicace de l'église abbatiale de Saint-Nicolas, voulut connaître cet homme dont la renommée publiait tant de merveilles. Il l'entendit prêcher le jour de la cérémonie avec une telle satisfaction, qu'il lui donna le titre de *Missionnaire apostolique*, avec plein pouvoir d'annoncer l'Evangile par toute la terre. La multitude de ses disciples augmentait tous les jours, et les femmes qui le suivaient dans le fond des déserts, ne pouvant éviter d'être mêlées avec les hommes, il chercha un lieu où elles pussent habiter avec bienséance, sans exciter la critique du public, formalisé de cette nouvelle manière de prêcher et d'écouter l'Evangile. Il trouva ce lieu à l'extrémité du diocèse de Poitiers, dans un endroit appelé **Fontevrault** : c'est là qu'il établit sa nouvelle famille. On fit, d'abord, des cabanes pour se garantir des injures de l'air; Robert sépara ensuite les femmes d'avec les hommes, destinant celles-là à la prière et ceux-ci au travail. Ses disciples devaient porter le nom de *Pauvres de Jésus-Christ*, et obéir aux femmes qui en étaient les servantes. Ces pauvres ne tardèrent pas d'être riches; mais ces richesses étaient le fruit de leur travail; ils avaient défriché des marais, des landes et des bois. Outre le principal monastère, Robert en fonda plusieurs autres en diverses provinces. Mais comme le bien ne se fait pas sans contradiction, ses succès firent des envieux. On tâcha de calomnier son zèle et sa vertu. Quelques personnes même estimables se laissèrent prévenir jusqu'à lui en écrire, pour qu'il se justifiât; entre autres Geoffroi, abbé de Vendôme, et Marbode, évêque de Rennes; mais la vérité ne tarda pas à triompher. Geoffroi et Marbode se rendirent dans la suite ses apologistes et les coopérateurs de son zèle, et l'on ne comprend pas comment il s'est trouvé parmi les modernes des auteurs assez corrompus pour tenter de ressusciter ces anciennes calomnies, confondues dans le temps même par tout ce qu'il y avait de gens dignes de foi. (Voyez l'*Histoire de l'ordre de Fontevrault*, la *Vie du B. Robert d'Arbrissel*, et l'*Institut de l'Ordre*, par le P. Picquet, jésuite, Paris, 1642, et Angers, 1686, in-4, et la *Dissertation apologétique pour le B. Robert d'Arbrissel contre Bayle*, par le P. Soris, in-8, Anvers, 1701. Robert mourut le 24 février 1117, au prieuré d'Orsan, près de Linières en Berri. Léger, archevêque de Bourges, conduisit son corps à Fontevrault, et y fit les cérémonies de ses funérailles, avec Raoul de Tours, Renaud d'Angers, et grand nombre de personnes de qualité. Louise de Bourbon, abbesse de Fontevrault en 1633, fit transporter le corps du fondateur dans un tombeau de marbre, que l'on orna d'une épitaphe qui exprime ses vertus d'une manière pittoresque et touchante : elle est très-bien faite pour ce temps-là; en voici quelques vers :

> Attrivit lorica latus, sitis arida fauces,
> Dura fames stomachum, lumina dura vigil.
> Indulsit raro requiem sibi, rarius escam,
> Guttura pascebat gramine, corda Deo.
> Legibus est subjecta caro dominæ rationis,
> Et sapor unus ei, sed sapor ille Deus.

En 1644, l'évêque de Poitiers fit l'examen de plusieurs miracles opérés par son intercession. Il est honoré, depuis sa mort, sous le titre de *Bienheureux*, et l'on trouve son nom dans les *Litanies* de son ordre. Il n'a cependant pas d'office particulier, et l'on dit la messe de la Trinité le jour de sa fête.

ARBUTHNOT (Alexandre) naquit en Ecosse, l'an 1538, d'une famille illustre. Après avoir fait son droit à Bourges, sous le fameux Cujas, il fut fait principal ou régent du collége royal d'Aberdeen. Il s'était fait protestant peu de temps auparavant, et joua un rôle dans les troubles que cette religion suscita en Angleterre. Il fut deux fois membre des assemblées générales. On a de lui des *Discours*, en latin, *sur l'origine et l'excellence du droit*, Edimbourg, 1572, in-4, et l'édition de l'*Histoire d'Ecosse*, de Buchanan son ami, dont il adoptait les maximes et le fanatisme de secte. Il mourut à Aberdeen en 1583, âgé de 46 ans. C'était un esprit faux et inconstant, propre à l'intrigue et aux petits manéges de parti.

ARBUTHNOT (Jean), l'un des hommes les plus instruits et les plus spirituels qui florissaient en Angleterre sous le règne de la reine Anne. Il naquit d'un ministre à Arbuthnot, près de Montrose, en Ecosse, à une époque incertaine. Après avoir reçu le bonnet de docteur en médecine à l'Université d'Aberdeen, il vint à Londres, où il se fixa; mais il s'y fit moins connaître comme médecin que comme possédant d'autres sciences, surtout les mathématiques, qu'il enseigna d'abord pour subsister. Cependant, s'appliquant aussi à l'art de guérir, il finit par se faire une grande réputation. La Société royale des Sciences l'admit dans son sein ; il fut nommé médecin extraordinaire du prince Georges de Danemarck, l'un des médecins de la reine Anne, et agrégé, vers l'an 1710, au collége des médecins. Il mourut à Londres en 1735. Il avait été, jusqu'à la fin de sa vie, l'ami et le rival de Pope, Swift et Gay, les hommes les plus célèbres de l'époque. Swift disait de lui : « Il a plus d'esprit que nous tous, et « son humanité égale son esprit. » — « En 1714, dit un biographe, il conçut « avec Pope et Swift le plan d'une *Sa-* « *tire* sur les abus de l'érudition, pré- « sentée sous la forme ironiquement sé- « rieuse d'un personnage infatué de la « manie qu'ils voulaient combattre. Ce « projet ne reçut pas une entière exé- « cution. Il ne parut de cette *Satire* « qu'une partie publiée dans les *OEuvres* « de Pope, sous le titre de : *Mémoires de* « *Martin Sclibrerus.* » Elle est presque entièrement attribuée au docteur Arbuthnot, surtout pour ce qui concerne l'anatomie, la logique et les mœurs et coutumes des anciens. La profonde érudition qui s'y montre, les idées ingénieuses et le sel dont elle est semée, en font une des productions les plus originales qui soient écrites en anglais. Arbuthnot fit d'autres écrits satiriques ; mais, comme ils sont confondus avec ceux de ses amis, on ne peut les indiquer avec certitude. Cependant on lui attribue généralement l'*Histoire de John Bull*, roman allégorique, dans lequel la nation anglaise est parfaitement caractérisée. « L'expression « *John Bull* signifie littéralement Jean « Taureau, et indique à la fois, dit un « écrivain, la violence et la brusquerie « des mouvements, l'indomptable obsti- « nation et l'indépendance sauvage dont « un peuple ne s'est jamais départi. » Cet ingénieux roman a été traduit en français par l'abbé Velly. Les ouvrages sérieux d'Arbuthnot sont : un *Essai sur l'histoire naturelle de la terre*, contre l'opinion de Woodward, *sur le Déluge*, Londres, 1697 ; un *Discours sur l'utilité des mathématiques*, ibid., 1700 ; un *Opuscule sur la régularité des naissances des deux sexes*, lu à la Société royale des Sciences, et dans lequel, après avoir prouvé sa proposition par divers documents, il en déduit des conséquences morales et pratiques ; un *Essai sur la nature et le choix des aliments*, Londres, 1731-32-37, in-8, traduit en français par Boyer de Prébandier, 1741 et 1755, 2 vol. in-12 (même édition, quoique sous deux dates différentes). On lui attribue : une *Table des monnaies, poids et mesures des anciens* ; un *Traité sur la manière de quereller chez les anciens* ; et un *Art de mentir en politique*. On a publié, en 1751, les *OEuvres* mêlées du docteur Arbuthnot ; mais ce recueil renferme plusieurs pièces qui, dit-on, ne sont pas de lui.

ARCADIUS, empereur d'Orient, fils de Théodose-le-Grand, fut revêtu de la pourpre par son père, à l'âge de sept ans, en 383, et lui succéda en 395. Honorius, son frère, eut l'empire d'Occident. Ruffin, préfet du prétoire, le gouverna d'abord, et seconda son zèle contre les païens et les ariens ; mais n'ayant pu le déterminer à être son gendre, il ouvrit l'Orient aux Barbares. Ce traître ayant fini par une mort tragique, Arcadius plaça sa confiance encore plus mal. Eutrope, eunuque, qu'il fit son grand chambellan, d'abord esclave, ensuite valet, et parvenu peu à peu, le conduisit comme une bête, selon l'expression de Zozime. Arcadius, après s'être reposé de tout sur son eunuque, se reposa ensuite sur Eudoxie, sa femme, à laquelle il sacrifia saint Jean Chrysostôme. (Voyez ce mot.) Arcadius ne survécut pas longtemps à cette illustre victime de sa criminelle complaisance. Le premier jour de l'an 408, ce prince religieux et faible, doux et inconstant, timide et borné, à la fleur de son âge, n'ayant que trente ans, alla rendre compte du mal qu'il avait fait, ou plutôt qu'il avait laissé faire, pendant un règne de treize ans, abandonné à la conduite de sa femme et de ses eunuques : heureux s'il a pu trouver son excuse dans la faiblesse de son courage, ou dans les bornes de ses lumières !

ARCELLAZI (Etienne) naquit à Canzo, sur la Brianza, en 1768. Il suivit la carrière de la magistrature, fut juge à Modène sous la domination française, et sous le gouvernement autrichien préteur à Varèze, où il mourut le 27 avril 1835. On lui doit : *Commenti al codice penali*.

ARCHAMBAULT, doyen du barreau de Paris, né dans cette ville en 1752, fut électeur et juge aux tribunaux du district, avant 1790. Il se trouva, en 1797, président de l'une des sections de Paris insurgées contre la Convention. Après la journée du 13 vendémiaire, le parti victorieux le fit juger par une commission militaire et condamner à mort ; mais les mesures révolutionnaires commençaient à effrayer, et on craignit de rappeler les excès de 1793. Aussi, la plupart des condamnations qui suivirent l'affaire du 13 vendémiaire furent sans effet. Archambault, profitant de l'insouciance de l'autorité, parvint à se soustraire par la fuite à la condamnation. Deux ans après, s'étant présenté au tribunal criminel du département de la Seine, il fut acquitté à l'unanimité. Il reprit immédiatement sa profession d'avocat, où il se fit une brillante réputation, autant par sa probité que par son talent et par sa science. Il est mort au mois de septembre 1838.

ARCÈRE (Louis-Etienne), prêtre de l'Oratoire, né à Marseille et mort en 1782, dans un âge avancé, est particulièrement connu par son *Histoire de la ville de la Rochelle et du pays d'Aunis*, 2 vol. in-4, écrit avec clarté et qui offre des recherches curieuses. On a encore de lui : l'*État de l'agriculture des Romains, dans ses rapports avec le gouvernement, les mœurs et le commerce*, in-8; plusieurs *Mémoires*, insérés dans le recueil de l'académie de la Rochelle ; et plusieurs morceaux de poésie, répandus dans différents recueils, où l'on trouve du feu et de l'élévation. Il a légué à la bibliothèque de l'Oratoire de Marseille des manuscrits qui composent 4 vol. in-folio.

ARCÉSILAS, le premier qui ait peint sur la cire et l'émail, florissait vers l'an 420 avant J.-C.

ARCÉSILAUS ou ARCÉSILAS, de Pitane en Éolide, disciple et successeur de Crantor dans l'école platonique, forma la secte appelée *la seconde Académie*. Ses principes étaient : qu'il fallait douter de tout, et ne rien affirmer. Ce système qui, réduit à ses justes bornes, est peut-être le seul raisonnable, devenait le renversement de toutes les sciences, de la façon qu'Arcésilas l'enseignait. Il est solidement réfuté dans le livre de Cicéron, intitulé : *Lucullus*, lib. 4, *Acad. quæstion.* « Comment, y est-il dit, peut-on « s'engager dans une secte qui confond « le vrai avec le faux, qui nous ôte tout « usage de la raison et du jugement, « qui nous défend de rien approuver, et « qui nous dépouille de tous les sens? « Encore ces peuples Cimmériens qu'on « dit ne voir jamais le soleil, ont-ils « quelque feu et quelque crépuscule qui « les éclaire. Mais ces philosophes, au « milieu des profondes ténèbres dont ils « nous environnent, ne nous laissent aucune étincelle dont la lueur puisse « nous éclairer. Ils nous tiennent comme « garrottés par des liens qui ne nous « permettent pas de faire aucun mouvement. Car enfin nous défendre, « comme ils le font, de donner notre « consentement à quoi que ce puisse « être, c'est réellement nous ôter tout « usage de l'esprit, et nous interdire en « même temps toute action. » Arcésilaüs ne laissa pourtant pas d'avoir beaucoup de disciples, quoique sa conduite fût peu propre à lui donner de la considération et à inspirer de la confiance en ses leçons. Il passait de la lecture à la débauche et à la crapule, et n'avait d'autre règle de vie que le caprice et le goût du moment. On rapporte qu'il mourut d'un excès de vin, à l'âge de 75 ans, l'an 300 avant J.-C. Quelqu'un lui ayant demandé pourquoi tant de disciples quittaient les sectes de leurs maîtres pour embrasser celle d'Epicure, tandis qu'aucun épicurien n'abandonnait la sienne pour se jeter dans une autre, il répondit : « Parce que des hommes on peut « en faire des eunuques, mais que des « eunuques on ne peut point en faire « des hommes. » Il eût été plus clair de répondre qu'un homme peut bien s'abrutir, mais qu'une fois abruti, il ne saurait guère revenir à son premier état. (Voyez PYRRHON.)

ARCHAGATUS, médecin grec, le premier de cette nation qui vint s'établir à Rome, 200 ans avant J.-C. Le peuple romain, soit par admiration pour ses talents, soit pour les services qu'il attendait de son art, lui acheta une boutique dans le faubourg d'Elius, et lui fit accorder le titre de citoyen. Il employa d'abord une méthode fort douce dans l'exercice de la chirurgie, qu'il pratiqua avec succès : aussi le nomma-t-on *Vulnerarius*, guérisseur de plaies ; mais forcé bientôt d'employer des agents plus violents, comme le fer et le feu, on lui donna le nom de *Bourreau*, et on prit la médecine en horreur. Cependant, quelques années après, la guérison qu'opéra le célèbre Asclépiade réconcilia le peuple romain avec cet art aussi difficile qu'il est nécessaire.

ARCHÉLAUS, fils naturel de Perdiccas, ou, selon quelques-uns, d'Alexandre, prédécesseur de Perdiccas, s'empara de la couronne de Macédoine, après en avoir fait mourir l'héritier légitime. Cet usurpateur, à la cruauté près, se conduisit en grand prince : il disciplina ses armées, fortifia ses places, équipa des flottes, et protégea les lettres et les arts. Les plus grands écrivains et les plus habiles artistes vinrent en foule à sa cour. Socrate y fut appelé ; mais il répondit qu'il ne pouvait se résoudre à aller voir un homme de qui il recevrait des biens qu'il ne pourrait lui rendre. On croit que ce philosophe avait un autre motif de son refus : le gouvernement dur de ce prince et les caprices redoutables des tyrans. Un de ses favoris l'assassina l'an

398 avant J.-C., après un règne de 14 ans. L'histoire de Macédoine, à cette époque, n'est pas bien sûre dans ses détails.

ARCHÉLAUS, fils d'Archélaüs qui commanda en chef les troupes de Mithridate, obtint de Pompée le pontificat de la déesse de Comane dans l'Arménie. Il servit quelque temps dans l'armée des Romains, en Grèce. Archélaüs, non content de posséder, comme grand-prêtre de Comane, un vaste territoire, beaucoup de richesses, des esclaves, et d'avoir presque l'autorité d'un roi, se rendit en Egypte, où il se fit passer pour fils de Mithridate, et, sous ce faux titre, il épousa Cléopâtre, fille de Ptolémée, qu'on venait de chasser, et auquel il succéda. Il fut défait et tué par les troupes de Gabinius, général romain, vers l'an 56 avant J.-C.

ARCHÉLAUS, arrière petit-fils d'Archélaüs général de Mithridate, fut fait roi de Cappadoce par Marc-Antoine. Il secourut ce général à la bataille d'Actium contre Auguste, et ne laissa pas de se maintenir sous cet empereur. Tibère, moins indulgent, voulut se venger de ce qu'il ne lui avait rendu aucun devoir pendant son séjour à Rhodes, et l'invita à venir à Rome, sous les plus belles promesses; mais à peine Archélaüs fut-il arrivé, qu'il le fit enfermer dans une dure prison, où il mourut, la 16ᵉ année de J.-C. Son royaume fut déclaré province de l'empire.

ARCHÉLAUS, fils d'Hérode-le-Grand, lui succéda dans le royaume de Judée, l'an 3 de J.-C. Il commença son règne en faisant assassiner 3,000 Juifs mécontents de ce qu'on avait mis à mort ceux qui avaient arraché un aigle d'or qui était sur le portail du temple. Il partit ensuite pour Rome. Auguste confirma sa royauté; mais il ne lui donna que la moitié des Etats de son père, et sur les plaintes qui s'élevèrent contre lui, il l'exila à Vienne dans les Gaules. Il y mourut l'an 6 de Jésus-Christ. C'est cet Archélaüs dont il est parlé au chapitre 2 de saint Matthieu, et dont saint Joseph connaissait sans doute la cruauté, lorsque, apprenant qu'il avait succédé à son père, il jugea qu'il était prudent de ne pas retourner en Judée.

ARCHÉLAUS de Milet, ou, suivant d'autres, d'Athènes, philosophe grec, disciple d'Anaxagore, enseigna la doctrine de son maître avec quelques changements. Il erra dans la physique et la morale, quoiqu'on lui eût donné le surnom de *Physicien*, parce qu'il apporta le premier la physique de l'Ionie à Athènes, où il eut, dit-on, pour disciples Euripide et Socrate. Il soutenait, comme Anaxagore, que tout se forme par des parties semblables; que toutes les actions sont indifférentes, et qu'elles ne sont justes ou injustes, que parce que les lois ou la coutume les ont rendues telles; erreur que les philosophes du dernier siècle ont essayé de ressusciter, et qui renverse le fondement de toute morale. Il vivait vers l'an 444.

ARCHÉLAUS, célèbre sculpteur, fils d'Apollonius, était de Priène, ville d'Ionie. Il fit en marbre l'*Apothéose d'Homère*, sous l'empereur Claude, à ce que l'on croit. Ce monument fut déterré, en 1658, dans une campagne appartenant aux princes Colonne, et où l'on prétend que l'empereur Claude avait eu une maison de plaisance.

ARCHÉLAUS, évêque de Cascar ou Casghar, dans la Mésopotamie, s'illustra autant par sa piété que par son savoir. Il confondit Manès, l'an 277, dans une conférence dont la relation subsiste encore en latin, traduite par Zacagni sur le grec. Cette relation ne fut point écrite par Archélaüs, comme quelques auteurs l'ont avancé. Saint Jérôme croyait qu'elle avait été traduite en grec par Hégémoine; mais Photius prouve qu'Hégémoine en est l'auteur. Ce point d'histoire a été fort bien éclairci par Joseph Assémani (*Append. ad tom. 1. Biblioth. orient.* page 45.)

ARCHÉMOR, fils de Lycurgue, roi de Némée, fut mis par sa nourrice sur une plante d'ache, tandis qu'elle était à montrer une fontaine aux princes qui allaient assiéger Thèbes. Un serpent le piqua, et il mourut de cette blessure. Lycurgue voulut punir de mort la négligence de la nourrice; mais les Argiens la prirent sous leur protection. Ce fut en mémoire de cet accident que furent institués les jeux Néméens, qui se célébraient de trois en trois ans. Les vainqueurs se mettaient en deuil et se couronnaient d'ache.

ARCHIDAMUS II, fils de Zeuxidamus, de la seconde branche des rois de Sparte, monta sur le trône, l'an 476 avant J.-C. et succéda à Léotychide, son grand-père, que les Lacédémoniens avaient exilé. De violents tremblements de terre désolèrent la Laconie vers la 12ᵉ année de son règne, et peu après les Messéniens se révoltèrent et se fortifièrent sur le mont Ithome. Archidamus alla les assiéger et leur permit, après dix ans de guerre, de se retirer où ils voudraient. Archidamus, après s'être opposé vainement à la guerre du Péloponèse, fit, à la tête de l'armée dont il prit le commandement, plusieurs invasions dans l'Attique et s'empara de la ville de Platée, alliée des Athéniens. Il mourut l'an 428 avant J.-C.

ARCHIDAMUS III, fils et successeur d'Agésilas II, roi de Sparte, vainquit les Arcadiens, repoussa les attaques d'Epaminondas contre Lacédémone, secourut les Tarentins, et fut tué par les Lucaniens l'an 338 avant J.-C. Ce fut un prince digne des plus grands éloges par ses belles actions dans la guerre, et par les autres circonstances de sa vie. Les anciens nous ont conservé plusieurs de ses bons mots. Quelqu'un demandait à Archidamus jusqu'où s'étendait le domaine des Lacédémoniens ? il répondit : *Partout où ils peuvent étendre leurs lances ;* maxime affreuse, mais malheureusement mise en pratique dans tous les siècles et chez tous les peuples. Il écrivit à Philippe de Macédoine, fier du succès de ses armes, « que s'il regardait son ombre au soleil, « il ne la trouverait pas plus grande qu'a- « vant la victoire. »

ARCHILOQUE, poëte grec, né à Paros, florissait vers 664 ou 684 avant J.-C. C'était le poëte le plus satirique de l'antiquité. Quand il était las de déchirer ses amis ou ses ennemis, il médisait de lui-même. Ce sont ses vers qui nous apprennent qu'il était né d'une mère esclave, que la faim l'obligea de quitter son pays, qu'il se fit détester partout où il put se faire connaître, et qu'il était livré à toutes sortes de déréglements. Il se déchaîna avec une rage si envenimée contre Lycambe qui, contre sa parole, avait promis sa fille à un concurrent plus riche, que le bon homme se pendit de désespoir. Sa fureur s'étendit jusque sur la famille de ce malheureux imbécille, et avec tant de violence qu'elle ne voulut pas survivre aux satires de cet enragé. Archiloque fut aussi licencieux dans ses vers, que médisant. Lacédémone défendit à ses citoyens de lire ses poésies ; et l'empereur Julien, en faisant une comparaison des mœurs chrétiennes avec celles des païens, bien honorable au christianisme, dit à un des pontifes « que le « moyen d'imiter les chrétiens est d'évi- « ter les lectures obscènes, en particu- « lier celle des écrits d'Archiloque. » On en trouve des fragments dans les poëtes grecs, Genève, 1606 et 1614, 2 vol. in-fol. Il fut un des premiers qui se servit des vers ïambes. Son style est plein de force, de hardiesse, de feu, de véhémence et d'énergie. On l'a comparé à un philosophe célèbre de nos jours qui, pour la véhémence et l'atrocité des injures, ainsi que par la licence de ses écrits, peut être considéré comme l'Archiloque du 18e siècle. Ce satirique assassin fut assassiné lui-même : on se vengea, par le fer, du poignard que ses ïambes enfonçaient dans le cœur.

ARCHIMÈDE de SYRACUSE, d'une famille illustre, et parent d'Hiéron qui en était roi, préféra l'étude des mathématiques à l'élévation que sa naissance lui promettait. Hiéron, son ami et son souverain, conversait journellement avec lui sur la théorie et la pratique des sciences qu'il cultivait. On prétend qu'un jour, comme il expliquait à Hiéron les effets des forces mouvantes, il osa lui dire que, s'il avait une autre terre que notre globe pour placer ses machines, il lèverait celle-ci à son gré. Ce trait, que plusieurs historiens racontent, a été regardé comme une fable par quelques modernes, on ne sait pourquoi; car l'assertion d'Archimède est très-raisonnable et très-vraie; il ne faudrait pas même que ces machines fussent d'une grande force pour produire cet effet. Quant à sa sphère de verre, dont on dit que les cercles suivaient les mouvements de ceux du ciel, c'était sans doute une espèce de planétaire, moins parfait peut-être que ceux d'aujourd'hui. L'histoire des miroirs ardents dont il se servit pour brûler les vaisseaux de Marcellus, qui assiégeait Syracuse, a été traitée de conte par Descartes; cependant le P. Kircher en a fait voir la possibilité. « Supposons, dit ce sa- « vant physicien dans sa *Magia catoptri-* « *ca*, les principes suivants : 1° Plus un « miroir droit a de surface, plus il réflé- « chit de lumière sur le plan qu'on lui « oppose; n'a-t-il qu'un pied de surface, « il n'enverra qu'un pied de lumière sur « la muraille, encore faut-il qu'elle soit « près ; l'expérience nous apprend qu'il « ne lui enverrait que le quart de cette « quantité, s'il en était à 100 pieds : « 2° Cette lumière est composée d'une « infinité de rayons réfléchis par les « différents points de la surface du mi- « roir. Dirigez donc un second miroir « plan vers le même endroit que le pre- « mier, la lumière et la chaleur qu'il y « aura, seront doubles ; elles seraient « triples, si vous dirigiez de la même ma- « nière un miroir plan, et ainsi des au- « tres à l'infini : 3° Pour prouver que « l'intensité de la lumière et de la cha- « leur est en raison directe des surfa- « ces réfléchissantes, j'ai pris cinq mi- « roirs; je les ai exposés au soleil, et « j'ai éprouvé que la lumière réfléchie « par le premier me donnait moins de « chaleur que la lumière directe du so- « leil; avec deux miroirs, la chaleur

« augmentait considérablement : trois
« miroirs me donnaient une chaleur à
« peine supportable ; et celle que me
« causaient cinq miroirs dirigés vers
« un même point était tout-à-fait insup-
« portable. J'ai donc conclu qu'en mul-
« tipliant et en dirigeant de cette ma-
« nière les miroirs plans, non-seulement
« j'aurais de plus grands effets que ceux
« que l'on a au foyer des miroirs para-
« boliques, hyperboliques et elliptiques ;
« mais j'aurais ces effets à une plus
« grande distance ; cinq miroirs me les
« ont donnés à 100 pieds. Quels phéno-
« mènes terribles n'aurait-on pas, si
« l'on employait mille miroirs ! Je prie
« donc instamment les mathématiciens
« qui s'adonnent à la catoptrique, de
« tenter avec soin cette expérience ; ils
« éprouveront qu'il n'est point de ma-
« chine catoptrique aussi propre que
« celle-ci, à brûler à une certaine dis-
« tance. » De Buffon a suivi et perfectionné cette théorie du jésuite. Son miroir est composé d'environ 400 glaces
planes, d'un demi-pied en carré. Il
fond le plomb et l'étain à 140 pieds de
distance, et allume le bois beaucoup
plus loin. Ainsi celui d'Archimède, qui
brûlait à la portée du trait, c'est-à-dire
à 150 ou 200 pieds, ne doit pas être regardé comme une chimère. Une autre
gloire de ce célèbre mathématicien est
d'avoir inventé des machines et des batteries, soit pour l'attaque, soit pour la
défense des villes, dont sa patrie se servit avec avantage. On met encore au
nombre des inventions d'Archimède la
vis sans fin et la vis creuse, dans laquelle l'eau monte par son propre poids.
Ses connaissances n'étaient pas bornées
aux mathématiques seules. Un orfèvre
ayant mêlé du cuivre avec de l'or dans
une couronne d'or pour le roi, il trouva
le secret (alors inconnu, aujourd'hui très-
commun) de découvrir la fraude; il so-
quittant de joie de cette découverte, qu'il
sortit brusquement du bain, sans s'apercevoir qu'il était nu, en criant : *Je l'ai
trouvé ! je l'ai trouvé !* Marcellus, ayant
enfin, après un long siége, surpris Syracuse, ordonna, en entrant dans la ville,
que l'on épargnât Archimède; mais l'application de ce mathématicien à ses études lui coûta la vie. Fortement occupé
de la solution d'un problème, il ne sut
la prise de la place, que lorsqu'un soldat se présenta à lui, pour lui ordonner
de venir parler à son général. Le philosophe le pria d'attendre un moment,
jusqu'à ce qu'il eût fini son opération
géométrique; mais le soldat, ne comprenant rien à ce qu'il lui disait, le perça
de son épée l'an 212 avant J.-C. La mort
de ce mécanicien causa une douleur
bien vive au général romain ; il traita
ses parents avec une distinction marquée, et lui fit élever un tombeau, sur
lequel on voyait un cylindre et une sphère. Cicéron, questeur en Sicile, découvrit ce monument de la vénération de
Marcellus pour ce mathématicien. Nous
avons de lui quelques Traités, dont nous
sommes redevables aux Grecs qui se réfugièrent en Italie, après la prise de
Constantinople. Les éditions les plus recherchées sont celles de Londres, in-4,
en 1675, et celle de Paris, 1615, in-fol.,
qui est la meilleure. Les *OEuvres* d'Archimède ont été traduites en allemand
par Sturmius, et en français par Peyrard,
1807, in-4, et 1808, 2 vol. in-8. (Voyez
les Recherches sur la vie d'Archimède,
par Melot, dans le 14e vol. des *Mémoires de l'Académie des Inscriptions et
Belles-Lettres.)*

ARCHINTO (le comte Charles), fils
d'Octave, né à Milan le 30 juillet 1669,
mort le 17 décembre 1732, institua une
académie qui embrassait dans ses travaux les sciences et les beaux-arts, et
fut revêtu des premières dignités dans
sa patrie. C'est lui que l'on doit la célèbre Société palatine, qui donna tant
d'éditions précieuses, en commençant
par la grande collection de Muratori,
Scriptores rerum italicarum. Il a laissé
un grand nombre de manuscrits qui ont
pour objet la philosophie et les sciences.

ARCHITAS de TARENTE embrassa
la philosophie de Pythagore, et fut son
huitième successeur dans la profession
de cette secte; il était contemporain de
Platon. Egalement profond dans la géométrie et la mécanique, il enrichit celle-
ci de la vis et de la poulie, et rendit
service aux hommes en appliquant les
mathématiques aux choses d'usage. Eu-
tochius rapporte qu'il trouva la dupli-
cation du cube, découverte plus utile
que celle d'un *Pigeon volant* qu'on prétend qu'il fit. Ses exercices de l'école ne
l'empêchèrent pas d'être un grand homme d'état et un bon général d'armée. Il
eut différents emplois, et les remplit
tous avec autant d'intelligence que d'industrie. Ce philosophe pythagoricien fut
trouvé mort sur les côtes de la Pouille,
où un naufrage l'avait jeté. Il florissait
l'an 408 avant J.-C. Porphyre nous a
conservé un fragment d'Archytas. Jean
Gramm, Danois, nous en a donné une
édition, avec la traduction latine. Il l'a
ornée d'une belle dissertation sur ce philosophe guerrier et politique, in-4., à
Copenhague.

ARCHON (Louis), chapelain de Louis XIV, naquit à Riom en Auvergne en 1645, où il mourut en 1717. On a de lui l'*Histoire de la chapelle des rois de France*, Paris, 1704-1711, 2 vol. in-4, plein de recherches curieuses. Ce n'est pas une simple liste des officiers de cette chapelle, mais une histoire édifiante de leur piété, et un récit historique de leurs vertus, de leur libéralité et de leur mort.

ARÇON (Jean-Claude-Éléonore Lemiceaud d'), général de division, inspecteur des fortifications et membre du sénat conservateur, né à Pontarlier, mort à Paris le 1er juillet 1800, âgé de 67 ans. On lui doit l'invention d'une nouvelle manière de lavis à la sèche avec un seul pinceau, beaucoup plus expéditive et produisant plus d'effet que le lavis ordinaire. Il a laissé plusieurs ouvrages sur les fortifications, où l'on remarque une abondance d'idées et de traits de génie, qui, malgré quelques néologismes et des incorrections, en rendent la lecture intéressante. M. Girod-Chantrans, officier du génie, a fait imprimer à Besançon 1801, in-12, une *Notice* sur M. d'Arçon.

ARÇONS (César d'), natif de Viviers en Gascogne, étudia le droit, fut avocat au parlement de Bordeaux, s'occupa de sciences étrangères à son état, et mourut en 1681. Ses ouvrages, qui ont pour objet la physique et la philologie sacrée, sont : *Du flux et du reflux de la mer, et des longitudes*, Rouen, 1655, in-8, Bordeaux, 1667, in-4 ; plusieurs *Traités* de physique, Bordeaux, 1668, dans lesquels il se montre conciliateur d'Aristote et de Descartes ; *Dissertation sur la dispute entre saint Pierre et saint Paul..... sur l'endroit où Jésus-Christ établit saint Pierre son vicaire*,.... *sur la généalogie de Jésus-Christ*, Bruxelles, 1680, in-4 ; et l'*Eschantillon* ou *Prospectus* d'un ouvrage sur l'*Apocalypse*, Paris, 1658, in-4. Cet ouvrage, qui devait avoir trois volumes, n'a point été publié. D'Arcons avait eu la confiance du nonce Bargellini dans l'affaire de la paix de Clément IX. Il a laissé, dans un *Mémoire*, le détail des conférences qu'ils eurent ensemble sur ce sujet.

ARCONVILLE (Mme Geneviève-Charlotte d'Artus Thiroux d'), née le 17 octobre 1720, se livra par goût à la culture des lettres, et publia successivement un très grand nombre d'ouvrages ; mais elle garda constamment l'anonyme le plus absolu, trouvant si ridicule la conduite de tant de femmes savantes, qu'elle aurait eu honte de leur être assimilée. Elle était belle-sœur du vertueux Angran-d'Alleray, et était liée avec les Macquer, les Jussieu, les Anquetil, les Lavoisier, les Malesherbes ; mais elle conserva toujours avec eux l'ingénieuse simplicité d'un timide élève avec ses maîtres. Elle est morte le 13 décembre 1805. Ses principaux ouvrages, la plupart traduits de l'anglais, sont : *Avis d'un père à sa fille*, traduit d'Halifax, Paris, 1756 : ouvrage plein de sagesse et de solidité ; *Leçons de chimie propres à perfectionner la physique, le commerce et les arts*, traduites de Shaw, 1759, in-4 ; *Traité d'ostéologie du docteur Monro*, 1759, 2 vol. in-fol. ; *Pensées et Réflexions morales sur divers sujets adressés à Madame Angran-d'Alleray*, Paris, 1760, 2e édition, augmentée, 1766, petit in-12 ; *De l'Amitié*, 1761, in-8 ; *Des Passions*, 1764, in-8 ; *Mélanges de poésies anglaises*, 1764, in-12, renfermant l'*Essai sur la poésie* de Buckingham ; *le Temple de la renommée* de Pope ; *Henri et Emma* ; *Méditations sur les tombeaux*, traduction d'Hervey, 1771, in-12 ; *la Vie du cardinal d'Ossat*, avec son *Discours sur la Ligue*, Paris, 1771, 2 vol. in-8, l'un de ses meilleurs ouvrages ; la *Vie de Marie de Médicis*, 1774, 3 vol. in-8, où l'on trouve beaucoup de recherches ; *Mélanges de littérature, de morale et de physique*, publiés par Rossel, 1775, 7 vol. in-12 ; *Histoire de François II, roi de France*, 1783, 2 vol. in-12, et plusieurs *romans* traduits de l'anglais.

ARCQ (Philippe-Augustin de Sainte-Foy, chevalier d'), fils naturel du comte de Toulouse, naquit à Paris, et mourut en 1779 à Tulle, où il avait été exilé. Il cultiva les lettres avec beaucoup de goût. On a de lui : *Mes loisirs*, 1755, in-12, traduits en allemand, Helmstadt, 1759. C'est un recueil de pensées, la plupart agréables et instructives, et quelques-unes paradoxales. Ce qui n'est pas un petit éloge pour un homme du monde du 18e siècle, c'est d'y avoir non-seulement respecté la religion, mais encore de s'y être élevé avec zèle contre ses ennemis ; *le Palais du silence*, 1754, in-12, roman écrit avec délicatesse dont le but est d'inspirer l'horreur du vice et l'amour de la vertu. « Il « serait à souhaiter, dit un critique es- « timé, que les trois-quarts des auteurs « modernes allassent faire un peu de sé- « jour dans ce temple » ; *Lettres d'Osman*, roman ; *la Noblesse militaire*, 1756, in-12, qu'il opposa à la *Noblesse commerçante* de l'abbé Cover ; *Histoire générale des guerres*, 1756, in-4, 2 volumes qui devaient être suivis de plusieurs autres. Quoique bien écrit, cet ouvrage, un peu superficiel, n'a pas été bien accueilli ; *Histoire du commerce et de la navigation des anciens et des modernes*, 1758,

2 vol. in-12, pleine de recherches, de vues sages et utiles.

ARCUDIUS (Pierre), prêtre grec de l'île de Corfou, vint étudier à Rome. Grégoire XIV l'envoya en Pologne et en Russie pour travailler à l'extinction du schisme des Grecs dans ces régions. Au retour de son voyage, qui fut assez heureux, mais dont les fruits ne subsistèrent pas long-temps, il s'attacha au cardinal Borghèse, et mérita sa protection et son estime. Nous avons de lui un ouvrage savant intitulé : *De concordiâ Ecclesiœ occidentalis et orientalis, in septem sacramentorum administratione*, Paris, 1619, in-4 ; *Utrùm detur purgatorium ?* Rome, 1632, in-4 ; *De purgatorio igne*, ibid., 1637, in-4 ; *Opuscula de processione Spiritûs Sancti*, ibid., 1630. Le fonds de ces ouvrages et de quelques autres du même auteur est très-estimé ; mais l'ordre y manque quelquefois, et le style en est un peu négligé. Ils sont surtout propres à défendre l'Eglise romaine et sa croyance contre le schisme des Grecs ; et c'est ce qui l'a rendu odieux au parti de la *petite Eglise*, et lui a attiré plus d'une sorte de sarcasmes de la part des écrivains de cette secte. Léon Allatius, auteur érudit, et grec lui-même, zélé pour l'union, lui rend plus de justice : il paraît cependant l'accuser d'un excès de zèle, en disant qu'il « haïssait jusqu'au nom des novateurs » ; mais en réfléchissant bien sur les fruits de l'esprit d'innovation, et sur ce qu'on appelle *novateurs*, on se persuadera que ce jugement est plutôt un éloge qu'une critique. L'abbé Renaudot semble l'accuser de « s'être proposé de décrier l'Eglise grecque » ; mais quoi qu'il en soit de cette intention supposée, comme il s'agit des Grecs tombés dans le fanatisme, l'ignorance et la superstition, il est à croire qu'Arcudius ne leur a pas fait grand tort. Il mourut vers l'an 1634, dans le collège des Grecs, où il s'était réfugié. Il vivait encore en 1633, lorsque Léon Allatius publia ses *Apes urbanœ* ; mais il était mort en 1637, quand Pantaléon Ligaridius imprima son traité *De purgatorio*.

ARCULPHE, théologien français, qui vivait vers l'an 640, entreprit, vers l'an 670, un voyage en Orient, et visita la Terre-Sainte, Constantinople et d'autres lieux. Comme il revenait en France, il fut jeté par une tempête sur la côte occidentale de la Grande-Bretagne, et reçu avec hospitalité par l'abbé Adaman. D'après ses conversations, Adaman mit par écrit le détail de ses voyages et une description des lieux saints. L'ouvrage forme trois volumes, et fut publié par Séranius sous le titre de *Libri de situ terrœ sanctœ*, Ingolstadt, 1619. Des extraits de son ouvrage furent recueillis par Bède ; et Mabillon les a fait imprimer dans les *Acta Benedictor.*

ARDANT (Isaac-Philibert), né à Taunay, département de la Nièvre, en 1765. Il était avocat au conseil avant la révolution, et fut nommé maître des requêtes au retour du roi. Il est mort à Paris le 26 février 1827. On lui doit : *Projet de code rural et forestier*, Paris, 1819, in-8 ; *Essais de philosophie physique et astronomique sur quelques phénomènes de la nature et du globe*, Paris, 1826, 2 vol. in-8 ; plusieurs *Mémoires* sur différentes matières. Il a laissé en manuscrit un ouvrage sur les *Monnaies anciennes*.

ARDSCHIR Badeghan ou ARTAXERCÈS, premier roi de la dynastie des Sassanides en Perse, reprit la couronne de ses ancêtres sur Ardavan qui l'avait usurpée. Il vainquit et mit à mort le père et le fils ; et cette victoire le fit roi l'an 223 de J.-C. Il nous a laissé un journal exact de ses actions particulières et publiques ; il est à croire qu'il n'est pas toujours scrupuleusement vrai, et qu'il ne dit pas tout, quoiqu'il rapporte quelques fautes qui lui sont échappées. Il ne négligea ni l'utile, ni l'agréable. Il enrichit son état des plus beaux monuments d'architecture. Il joignit à l'histoire de sa vie un ouvrage intitulé : *Règles pour bien vivre*, adressées aux princes et aux sujets. Les maximes de ce monarque étaient : « Que le peuple est plus obéissant, quand « le roi est juste... Que le plus méchant « de tous les princes est celui que les « gens de bien craignent, et duquel les « méchants espèrent. » Il voulait que les peines fussent proportionnées aux fautes, et il répétait souvent à ses officiers : *N'employez pas l'épée, quand la canne suffit.* Il mourut l'an 238, après 15 ans de règne.

ARDUIN (marquis d'Yvrée) fut appelé au trône par les Italiens l'an 1002, après la mort d'Othon III. Mais Henri, duc de Bavière, ne le laissa pas jouir en paix du royaume : voulant soutenir les droits des Othon sur la couronne d'Italie, il se fit son concurrent sous le nom de Henri II. Appuyé dans ses prétentions par les Allemands et ses sujets, et par une grande partie des seigneurs Italiens, il se fit sacrer à Pavie en 1004, et visita toutes les villes de la Lombardie. Arduin s'enferma dans sa forteresse d'Yvrée, et laissa ses nouveaux sujets se disputer à quel roi ils devaient obéir : tranquille spectateur des querelles des peuples, il abandonnait à la valeur de ses partisans le soin de lui assurer l'empire; mais une seconde invasion de Henri II, en 1013 et 1014, acheva de l'abattre : il tomba malade, et déposa ses ornements royaux sur l'autel du couvent de Fructérie, au diocèse d'Yvrée. Il mourut le 30 octobre de l'an 1015, après avoir pris l'habit religieux.

ARDUINI (Pierre), botaniste, né à Véronne, vers l'an 1728, a publié : *Animadversionum botanicarum specimen*, in-4, où l'on trouve des observations et des remarques intéressantes; *Memorie di osservazioni e d'esperienze sopra la coltura, e gli usi di varie piante che servir possono all'economia*, in-4.

ARDUINI (Louis), fils de Pierre, né à Padoue, mort le 3 février 1833, étudia d'abord le droit; mais, saisi tout-à-coup d'un ardent amour pour les sciences agricoles, il s'y adonna avec tant de succès qu'à vingt ans il était suppléant de la chaire d'économie rurale occupée par son père à l'Université. On lui doit un grand nombre d'ouvrages relatifs à l'agriculture.

ARDYS, roi de Lydie vers l'an 678 avant J.-C., était fils de Gygès; il prit les armes contre les Ioniens, s'empara de la ville de Priène, et fit plusieurs irruptions dans le pays de Milet. Il eut à son tour à repousser l'invasion des Cimmériens. Ces peuples, chassés des bords du Bosphore par les Scythes nomades, s'emparèrent de la ville de Sardes, capitale de la Lydie, et forcèrent Ardys à se réfugier dans la citadelle. Lassés par la résistance du roi, ces guerriers vagabonds se retirèrent, laissant Ardys maître de son royaume, qu'il maintint dans une paix profonde jusqu'à sa mort, arrivée la 49e année de son règne. Sadyatte son fils lui succéda.

ARELLANO (Juan de), peintre espagnol, natif de Torcas, près Tolède, en 1607, fut élève de Jean de Solis, et se distingua surtout dans la peinture des fleurs. Il mourut à Madrid, en 1670, à l'âge de 63 ans. L'église de Notre-Dame-de-Bon-Conseil de cette ville possède quatre de ses tableaux. — On compte encore quatre ARELLANO : le premier (Gil Ramirez d'), président de l'inquisition, a composé un traité *De privilegiis creditorum*, et un ouvrage intitulé : *El memorial de la grandeza del conde de Aguilar*. Le second (Ramirez) a composé en espagnol un traité sur l'*orthographe*. Le troisième (J. Salvador Baptiste), moine espagnol au 17e siècle, a écrit : *Antiquitates urbis Carmonæ ejusque historiæ compendium ; De origine imaginis sanctæ Mariæ; De reliquiis Justæ et Rufinæ*. Le quatrième enfin (Michel Gomez de Arellano), fut chevalier de Saint-Jacques, et membre du conseil des affaires de l'Inde; il a écrit : *Opera juridica tripartita*, Anvers, 1651, in-4 ; *Juris canonici antilegomena; Theoremata pro immaculatá conceptione sanctæ Mariæ; Supplicatio ad Innocentium*, au sujet de la Conception.

ARELLI. (Voyez AURELLI.)

AREMBERG (Antoine d'), comte de Seneghem, fils de Charles, duc de Croy, d'Arschot, d'Aremberg, etc., et d'Anne duchesse de Croy, et princesse de Chimay, entra chez les capucins le 4 mars 1616, à l'âge de 23 ans, prit le nom de Charles, et se distingua dans différents emplois pendant 40 ans. Il a écrit: *Flores seraphici*, où il trace rapidement la vie de ceux qui ont illustré son ordre, depuis 1525 jusqu'en 1580 : les gravures dont cet ouvrage est orné furent faites aux dépens de sa famille; *Seraphicus clypeus*, Cologne, 1643, 5 vol.

ARÉNA (Antoine d'), jurisconsulte et poëte, naquit à Sollier, dans le diocèse de Toulon. Il fit d'abord quelques mauvais livres sur la jurisprudence, et se consola du peu de vogue qu'ils eurent, par ses vers macaroniques. On sait que cette poésie, que Merlin Coccaie rendit célèbre en Italie, consiste à enfiler confusément des mots moitié latins, moitié français, moitié provençaux, et d'en faire un mélange d'un goût barbare. Le principal ouvrage du poëte provençal, dans ce genre, est sa *Description de la guerre de Charles-Quint en Provence*, imprimée à Avignon, en 1537, édition rare, réimprimée en 1747, in-8, à Paris, sous le nom d'Avignon. Il y a encore d'autres poésies macaroniques du même auteur : *De Bragardissima villa de Soleriis*, etc., 1670, in-12. Il mourut en 1544, étant juge de Saint-Remi, près d'Arles. Pour donner une idée du style barbare de cet auteur, nous transcrirons le titre de son *Histoire* de Charles-Quint : « *Meygra entreprisa catholiqui imperatoris quandò, an 1536, veniebat per Provensam benè carrossatus in postam prendere Fransam cum villis de Provensa*, etc. ; et on lit à la fin : « *Scribatum estando cum gaillardis paysanis per boscos, montagnas, forestas de Provensa*, etc. »

ARÉNA (Joseph), né dans l'île de Corse, devint adjudant-général en 1793, et se trouva au siége de Toulon en 1797 ; il fut député au corps législatif et nommé ensuite chef de brigade de gendarmerie, place dont il se démit en 1800. Accusé de vouloir attenter aux jours du premier consul, il fut arrêté le 10 octobre 1801, au Grand-Opéra, et condamné à mort le 30 janvier 1802.

ARESI (Paul), né à Crémone vers 1574, se distingua dans l'ordre des Théatins, et fut ensuite évêque de Tortone, dans le Milanais. Il cultiva et protégea les lettres. On a de lui des *Sermons* en latin, des *Livres* de philosophie, de théologie, de mysticité, et un savant ouvrage sur les *Devises sacrées*, en italien, in-fol. et in-4., Milan, 1625, 8 tomes. Ce prélat mourut dans sa ville épiscopale en 1644.

ARETAS, roi des Arabes, était beau-père d'Hérode Antipas et un des plus ardents persécuteurs des premiers chrétiens. Un de ses officiers faillit enlever saint Paul à Damas, en faisant garder toutes les portes, pour que le saint apôtre ne pût lui échapper; mais le zèle ingénieux des fidèles rendit ses recherches vaines. Ils descendirent saint Paul des murs de la ville dans une corbeille, et le sauvèrent ainsi des mains de ses ennemis, l'an 41 de J.-C. C'est l'apôtre lui-même qui raconte ce danger imminent, dans le touchant tableau qu'il a fait de ses souffrances, deuxième Épître aux Corinthiens, chap. 11.

ARETAS, évêque de Césarée en Cappadoce, au 10ᵉ siècle (comme le prouve Bernard de Monfaucon, *Palæographia græca*, pag. 43 et 275), est auteur d'un *Commentaire* sur l'Apocalypse, qui a été imprimé en grec et en latin, à Paris, 1621, in-fol. Il se trouve en latin dans la *Bibliothèque des Pères*.

ARETÆUS, de Cappadoce, médecin grec de la secte des pneumatiques, vivait sous le règne de Néron. On a de lui divers traités de *médecine*. Le principal est celui des *maladies aiguës*. Boerhaave en a donné une édition grecque et latine, à Leyde, en 1735, in-fol., avec de savantes notes; celle de Wigan, à Oxford, en 1723, in-fol., est aussi fort estimée. Ce médecin étudiait la nature plus que les livres. Son style est concis et serré comme celui d'Hippocrate.

ARETIN (François), voyez ACCOLTI.

ARETIN (Guy) vit le jour à Arezo. Il entra dans l'ordre de Saint-Benoît, et devint abbé. Il substitua aux six lettres de l'alphabet romain, dont on se servait dans le plain chant grégorien, les syllabes *ut, re, mi, fa, sol, la*, qu'il tira des trois premiers vers de l'hymne : *Ut queant laxis*, etc., composée par Paul Diacre, et simplifia tellement l'art du chant, qu'il apprenait dans un an, à un enfant, ce qu'un homme dans un âge avancé pouvait à peine apprendre dans dix et vingt. Le pape Jean XIX admira son invention, et le fit venir à Rome. (Voyez dans le *Dictionnaire de musique* de Brossard, l'analyse des ingénieuses découvertes de Guy Arétin.) Ce bénédictin florissait vers l'an 1028. Il laissa deux livres sur la musique. (Voyez MURS Jean.)

ARETIN (Léonard), ainsi appelé parce qu'il était né à Arezzo en 1370. Son nom de famille était Bruni. Après avoir fait ses premières études dans sa patrie, il alla à Florence, où il s'appliqua avec beaucoup d'ardeur à la jurisprudence et à la politique. Il apprit la langue grecque sous Emmanuel Chrysoloras. La réputation de ses talents et de son savoir, secondée des bons offices du Pogge, son intime ami, lui mérita, dans un âge encore peu avancé, la place de secrétaire des brefs sous Innocent VII, qu'il remplit avec distinction pendant le règne de ce pontife et de quatre de ses successeurs. Il se trouva au concile de Constance en 1415, avec Jean XXIII. Ce pape y ayant été déposé, Arétin jugea qu'il y avait peu de sûreté à Constance pour ceux qui avaient suivi son parti, et s'enfuit secrètement de cette ville. Il retourna à Florence, où il consacra entièrement à son goût pour les lettres, et à la composition de divers ouvrages, le loisir que lui laissaient ses différentes charges. Il fut employé à plusieurs ambassades par sa république, dont il était chancelier, et mourut en 1444. De magnifiques obsèques lui furent faites aux dépens du public; on prononça son oraison funèbre, pendant laquelle son corps étant déposé dans l'église, l'orateur, par ordre des magistrats, le couronna de lauriers. Léonard Arétin doit être regardé comme un des plus beaux génies de son siècle, et l'un de ceux qui furent époque à la renaissance des lettres. Historien, orateur, polygraphe, traducteur, il ne réussit pas également dans tous ces genres; mais il surpassa la plupart de ses contemporains, surtout dans l'histoire. On a de lui un grand nombre d'ouvrages imprimés; les principaux sont : *Trois livres de la guerre punique*, qu'il a presque tous pris de Polybe, et qui peuvent servir de supplément à quelques-uns de ceux qui nous manquent dans Tite-Live, 1537, in-8; *Histoire de l'ancienne Grèce fabuleuse et de Rome*, sous le titre d'*Aquila volante*, Venise, 1548, in-8; *De bello Italico adversùs Gothos gesto libri* 4, 1470, in-fol.; *Historiarum florentinarum libri* 12, 1610, in-8, qu'il traduisit en italien, 1476, in-fol.; *Traduction latine* de quelques *Vies* de Plutarque, et des *Economiques* d'Aristote; *De studiis et litteris*, réimprimé en 1642 par les soins de Naudé; *Epistolæ*. Ce dernier ouvrage est fort estimé, tant pour le style qu'à cause de diverses notices importantes pour l'histoire de ce temps-là. L'abbé Mehus en donna à Florence, en 1741, une nouvelle édition, 2 vol. in-8, avec des notes et la *Vie* de l'auteur.

ARÉTIN (Pierre l'), bâtard de Louis Bacci, gentilhomme d'Arezzo, né le 20 avril 1492, fit l'essai de son talent poétique par un *sonnet* contre les indulgences qui le fit chasser d'Arezzo. Il se réfugia à Pérouse, où il exerça pendant quelque temps le métier de relieur, et se rendit à Rome ; il parvint, dit-on, à être attaché, sans qu'on puisse dire à quel titre, aux papes Léon X et Clément VII. Les infâmes *sonnets*, qu'il fit pour les figures obscènes gravées par Marc-Antoine Raimondi d'après les dessins de Jules Romain, le firent chasser de Rome en 1525, et il se trouva trop heureux de pouvoir accepter les offres que lui fit Jean de Médicis, connu dans les guerres d'Italie sous le nom de *chef de bandes noires*, qui l'appela auprès de lui, se l'attacha par ses bienfaits, et lui fournit aussi l'occasion de se faire connaître à François I*er*. Après la mort de son protecteur, avec lequel il avait vécu dans la plus grande intimité, l'Arétin se retira à Venise, où il pouvait en toute liberté faire imprimer ses écrits scandaleux. Là, tantôt il provoqua la libéralité des princes et des rois par les plus basses adulations, et tantôt il les outragea avec une hardiesse si brutale, qu'il fut appelé *le fléau des princes*. Charles V et François I*er* furent assez bons pour payer à ce poëte le silence qu'ils auraient dû lui imposer d'une autre manière. Des princes d'Italie, moins complaisants que ces deux rois, n'employèrent que le bâton pour le faire taire, et s'en trouvèrent mieux. Les présents, loin de le calmer, ne faisaient qu'augmenter sa rage poétique. Charles-Quint, à son retour d'Afrique, lui envoya, pour l'engager à se taire, une chaîne d'or de la valeur de cent ducats : « Voilà, dit le satirique, un bien petit don pour une si grande sottise.» Il se vantait « que ses libelles faisaient plus de « bien au monde que les sermons. » On disait de lui « que sa plume lui avait as-« sujetti plus de princes, que les princes « n'avaient subjugué de peuples. » Il fit courir une médaille où son buste était gravé d'un côté avec ces mots : *Il divino Aretino*; de l'autre on le voyait sur un trône, recevant les envoyés des princes. Cet homme *divin* était le plus lâche et le plus bas de tous les adulateurs, lorsqu'il manquait de pain. Ses panégyriques alors étaient aussi outrés que ses satires. Personne n'était plus importun que lui, quand on lui avait donné quelque espérance, ni plus insolent, quand il avait obtenu ce qu'il demandait. Il répondit à un trésorier de la cour de France qui venait de lui payer une gratification : « Ne soyez pas surpris si je garde le si-« lence. J'ai usé mes forces à demander, « il ne m'en reste plus pour remercier.» L'Arétin, pour mieux parvenir à ses fins, usait du secret des charlatans. Il se vantait beaucoup, moyen plus sûr d'en imposer à la multitude. On peut même le regarder comme un prodige d'effronterie à cet égard. Après avoir passé en revue dans ses écrits les poëtes de son temps, il conclut qu'il n'appartient qu'à lui de louer les héros : « A moi, dit-il, qui sais « donner du relief aux vers et du nerf à « la prose, et non à ces écrivains dont « l'encre est parfumée, et dont la plume « ne fait que des miniatures... L'éloge « que j'ai fait de Jules III, écrit-il ail-« leurs, respire quelque chose de divin. « Ces vers, par lesquels j'ai sculpté les « portraits de Jules, de Charles, de Ca-« therine et de François, s'élèvent comme « des colosses d'or et d'argent, au-dessus « des statues de marbre et de bronze « que les autres érigent à leur gloire. « Dans ces vers, dont la durée égalera « celle du soleil, on voit comme toutes « les parties sont arrondies ; on remar-« que le relief des muscles et tous les « replis des passions cachées. Si j'avais « prêché Jésus-Christ comme j'ai loué « l'empereur, j'aurais amassé plus de « trésors dans le ciel que je n'ai de dettes « sur la terre.» Croyant avoir à se plaindre du Tasse, il répondit *à cet homme* une lettre dont voici quelques lignes : « Pourquoi avez-vous répandu, au moyen « de la presse, l'indiscrète arrogance « dont je me plains ? Dans le style épisto-« laire, vous êtes mon imitateur, et vous « marchez derrière moi pieds nus ; « vous ne pouvez imiter ni la facilité de « mes phrases, ni l'éclat de mes méta-« phores. Ce sont des choses que l'on « voit mourir et languir dans vos pages, « et qui naissent vigoureuses dans les « miennes... Ne savez-vous pas qui je « suis, moi?... J'ai forcé tout ce qu'il y « a de grand sur la terre, les princes, « monarques et ducs à devenir tributai-« res de mon talent ! A travers le mon-« de, la renommée ne s'est occupée « que de moi. En Perse et dans l'Inde, « mon portrait se trouve, et mon nom est « estimé. Mesurez-vous donc, mon pau-« vre Torquato Tasso, et cessez de vous « élever au-dessus des étoiles en rabais-

« sant des hommes tels que moi. Je sais
« que vous êtes occupé à mettre des ro-
« mans en vers (la Jérusalem délivrée);
« mais si beaucoup de personnes blâ-
« ment votre manière d'écrire, ce n'est
« point par envie, et si quelques-uns la
« louent, c'est par charité. » L'Arétin se
déshonora encore plus par ses *Ragionamenti*, divisés en trois parties ; par ses
lettres et par ses sonnets sur les postures les plus indécentes. Tout ce que la
lubricité la plus raffinée peut inventer de
plus abominable, se trouve dans ces infâmes ouvrages. Les turpitudes de la dépravation la plus outrée y sont dévoilées
avec une impudence qui révolte et contre le peintre et contre le poëte. Il mourut à Venise, vers 1557, à l'âge de 66
ans. On raconte, d'après Laurent Politien, que l'Arétin se mit si fort à rire en
écoutant les lubricités de ses deux sœurs,
qui menaient une vie scandaleuse à Venise, qu'il renversa la chaise sur laquelle
il était assis, se cassa la tête en tombant,
et mourut sur l'heure. Dans le *Discours
sur la liberté des écrivains*, qui fait partie des *Épîtres latines* du chancelier de
L'hôpital, on trouve de très-beaux vers
qui semblent nous apprendre que l'Arétin finit ses jours par la corde, à Venise,
cette république étant sans doute de
moins bonne composition que les monarques qui le laissaient parler à son
aise.

Nuper Aretinus Venetæ se clauserat urbis
Mœnibus ; unde, velut celsa sublimis in arce,
Omnes Europæ reges figebat acutis
Incessens jaculis et diræ verbere linguæ,
Atque illum missis omni regione tyranni
Placabant donis, tantùm mala vatis ovari
Lingua potest ! at ei claræ tutela nec urbis
Profuit, Ionis longè regnantis in alto,
Non circumfusæ miserum texêre paludes,
Quin meritas læso pœnas exsolveret orbi
Terrarum, dignum vel haberet carmine funem.

Apostolo Zeno a nié ce genre de mort de
l'Arétin, par la raison que ses ennemis
ne s'en sont pas prévalus pour insulter
à sa mémoire. Mais on sait qu'à Venise
ces sortes d'exécutions ne sont pas publiées à son de trompe. Un versificateur
italien lui a fait l'épitaphe suivante :

« Qui giace l'Aretin, poeta tosco,
« Di tu ti disse mal, fuor che di christo
« Scusandosi con dir. Non lo cognosco. »

qu'on a rendue ainsi en français :

Le temps par qui tout se consume,
Sous cette pierre a mis le corps
De l'Arétin, de qui la plume
Blessa les vivants et les morts.
Son encre noircit la mémoire
Des grands monarques, dont la gloire
Est vivante après le trépas ;
Et s'il n'a pas contre Dieu même
Vomi quelque horrible blasphème,
C'est qu'il ne le connaissait pas.

Ceux qui voudront connaître plus particulièrement cet écrivain odieux peuvent
consulter sa *Vie*, imprimée en 1750, in-
12, à Paris ; ou *la Vita di Pietro Aretino*, écrite par Mazzuchelli, Padoue, 1741,
in-8. Il y a moins de détails minutieux
dans celle de Paris. On peut voir la liste
des principaux ouvrages de l'Arétin dans
le *Dictionnaire des livres rares*, par Osmont. On y trouve, après une longue
suite d'abominations, une *Vie* de sainte
Catherine de Sienne, une *Paraphrase*
des Psaumes de la pénitence, et d'autres
ouvrages de piété, qui ont fait croire à
quelques auteurs que l'Arétin avait pris,
à la fin de ses jours, des sentiments honnêtes et chrétiens ; d'autres disent que
ces ouvrages ne prouvent autre chose,
sinon que cet homme corrompu passait
du sacré au profane, avec la même facilité qu'il passait de la médisance à l'adulation. On trouve dans l'*Histoire d'Italie*,
par Ginguené, un examen détaillé des
principaux ouvrages de ce poëte infâme.

ARÉTIN (Jean-Christophe, baron d'),
né à Munich le 2 décembre 1773, mort
le 16 août 1822, fut nommé en 1304 vice-
président de l'académie de Munich, et
quelque temps après premier conservateur de la bibliothèque de cette ville. Il
a publié beaucoup d'opuscules, presque
tous en allemand : *Discours sur les plus
anciens monuments de l'art typographique
en Bavière*, in-8 ; *Histoire des Juifs
en Bavière*, in-8 ; *Théorie abrégée de la
Mnémonique*, in-8.

ARETIUS (Bénédict), théologien et
botaniste, naquit à Berne, au commencement du 16e siècle. Occupé surtout des
plantes des Alpes, il en a découvert et
fait connaître environ 40, qui sont très-
rares, et qu'il a brièvement décrites.
Arétius a publié la description de deux
montagnes du bas Symmenthal, dans le
canton de Berne, le Niesen et le Stok-
horn, remarquables par leur hauteur et
le grand nombre de végétaux qui y
croissent. C'est un petit ouvrage, en
forme de lettre, Strasbourg, 1561. Conrad Gessner fait l'éloge d'Arétius dans
son *Hortus germanicus*, et dans plusieurs autres de ses ouvrages, et il a
nommé *Arétia* une des plantes qu'il avait
fait connaître le premier. Arétius a aussi
publié quelques ouvrages de théologie,
entre autres un *Examen de Théologie*
qui a eu de nombreuses éditions ; une
Vie de l'hérésiarque Gentilis, et des
Sermons. Enfin, embrassant à la fois
tous les genres, il a donné un catalogue
des comètes calculées jusqu'au temps
où il vivait ; des *Commentaires* sur Pindare ; les tables d'une *Grammaire hébraïque*, etc.

AREZZO (Thomas), cardinal, évêque
de Sabine et vice-chancelier de la Sainte-
Église, naquit à Orbitello en Toscane le

17 septembre 1756. Entré à l'académie ecclésiastique en 1777, le jeune Arezzo se livra avec ardeur à l'étude du droit civil et du droit canon. Elevé à la prélature par Pie VI, il fut successivement vice-légat de Bologne, gouverneur de Ferrare, de Perouse et de Macerata. Les talents qu'il déploya dans ces différentes fonctions, et les services qu'il y rendit le recommandèrent à l'attention de Pie VII, qui le chargea d'une mission extraordinaire près la cour de Russie, et le nomma archevêque de Séleucie. En 1808, lors de l'occupation de Rome par les Français, Arezzo fut fait pro-gouverneur de cette ville; il accepta ce poste difficile par dévouement pour le Saint-Siége, dont il espérait pouvoir servir la cause; mais, peu de mois après, il fut déporté et enfermé dans la citadelle de Bastia en Corse. Arezzo parvint à s'en échapper, en octobre 1813, avec le secours de quelques hommes dévoués, traversa la Corse déguisé en matelot, et après avoir surmonté de nombreux obstacles, il arriva au détroit de Saint-Boniface, où il s'embarqua pour Cagliari. Il fut accueilli avec une grande bienveillance par le roi de Sardaigne, Victor-Amédée, qui lui offrit l'évêché de Novarre; mais il le refusa comme il avait déjà refusé l'archevêché de Palerme. De retour sur le continent, il apprit à Gênes la délivrance du souverain Pontife, et se hâta de se rendre auprès de lui. En 1815, il fut envoyé en mission à Florence et réussit dans les négociations dont il était chargé. Pie VII le nomma, en 1816, cardinal et légat de Ferrare. Arezzo gouverna cette légation pendant quatorze ans, jusqu'en 1830, époque où il fut nommé vice-chancelier. En 1820, il avait quité son titre de *Saint-Pierre-ès-liens* et avait été fait évêque de Sabine. Ses talents, ses qualités aimables, son application aux affaires, ses largesses dans les temps de calamités lui concilièrent l'estime de toutes les classes. Il rétablit le collége des jésuites à Ferrare, et montra toujours beaucoup de zèle pour le bien de la religion. En 1824 il avait eu une légère attaque d'apoplexie, dont les atteintes avaient laissé des traces. Dans les premiers jours de janvier 1833, il fut attaqué d'une maladie de poitrine dont il est mort le 3 février suivant, après avoir reçu tous les sacrements de l'Eglise. C'était un esprit droit, ami des lettres, d'une piété sage et éclairée; sa conduite, dans les circonstances difficiles où il s'est trouvé, est digne de tout éloge : il a su joindre beaucoup de prudence et de modération à une grande fermeté.

ARGAIZ (Grégoire d'), bénédictin espagnol, dont on a : *Histoire ecclésiastique de l'Espagne*, tirée des écrits de saint Grégoire, évêque de Grenade, et de la Chronique d'Autbert, moine espagnol, 2 vol. in-fol. Garcias de Molina l'accuse, on ne sait sur quel fondement, d'avoir travaillé seulement d'imagination, et d'avoir supposé la Chronique d'Autbert lui-même; *Histoire de Notre-Dame de Mont-Serrat*. Dans cet ouvrage, Argaiz prétend que les *Exercices spirituels* ne sont point de saint Ignace, mais d'un religieux du Mont-Serrat. Après la mort de dom Antoine d'Yèpes, il fut chargé de continuer les *Chroniques* de l'Ordre, commencées par ce savant. Tous ces ouvrages forment une collection de 14 vol. in-fol.

ARGENS (Jean-Baptiste de Boyer, marquis d') naquit le 24 juin 1704 à Aix en Provence, du procureur général au parlement de cette ville. Son père voulut en vain le consacrer à la magistrature. Il prit le parti des armes à l'âge de 15 ans. Il a donné, dans ses *Mémoires*, l'histoire de son impétueuse jeunesse. De retour de Constantinople, il fut obligé, pour obéir à son père, de suivre le barreau, mais il rentra dans le service militaire en 1733; il se trouva au siége de Kell, où il fut blessé légèrement en 1734. Après le siége de Philipsbourg, il fit une chute de cheval, qui l'obligea de renoncer au service. Il passa en Hollande, et trouva une ressource dans sa plume. Frédéric II, étant parvenu au trône de Prusse, l'appela auprès de lui et se l'attacha en qualité de Chambellan. Après avoir passé environ 25 ans à Berlin, il s'y maria à une actrice nommée Cochois; mais à l'insu de Frédéric, il tourna ses regards vers sa patrie, et revint à Aix, où il vécut en philosophe. Il mourut le 11 janvier 1771. Sa conversation plaisait par une vivacité pétillante, et des saillies tout-à-fait originales. Il avait du penchant à l'hypocondrie; mais il était d'ailleurs bon époux, bon ami et bon maître. Il avait, comme il le disait lui-même, des dogmes qui dépendaient des saisons : aussi laissait-il courir sa plume avec une liberté qui tenait de la licence. Bayle était son modèle, et sans doute la source de ses combats contre la religion. Il avait une ardeur de savoir, qui s'étendait à tout. Il possédait plusieurs langues; il se mêlait de chimie et d'anatomie, il peignait assez bien. Ses principaux ouvrages qui eurent dans leur temps une sorte de vogue, sont aujourd'hui oubliés. Les principaux sont : les *Lettres juives*, les *Lettres chinoises* et les *Lettres cabalistiques*, qu'on a réunies avec la *Philosophie du bon sens*, sous le titre de : *OEuvres du marquis d'Argens*, 1768, 24 vol. in-12. La religion est peu respectée dans ce recueil, et ses ministres y sont déchirés avec un acharnement non-seulement peu convenable, mais révoltant. Il y a d'ailleurs de l'érudition, des recherches, quelques bonnes réflexions; mais le style est trop diffus et manque de nerf. Sa plume était plus facile qu'énergique. On remarque partout un homme qui n'a aucun principe fixe, et qui flotte entre les opinions les plus opposées. Un grand nombre de *romans* mal imaginés, et écrits d'une manière lâche et incorrecte. Le seul dont on se souvienne est celui qu'il publia sous le titre de : *Mémoires du marquis d'Argens*. Les faits qui y sont racontés n'immortaliseront jamais leur auteur, et ne méritent guère de passer à la postérité. Les *Traductions*, du grec en français, d'*Ocellus Lucanus* et de *Timée de Locres*, l'une et l'autre in-12 et in-8. Les mêmes auteurs ont été traduits avec plus d'exactitude par l'abbé Batteux. Il a aussi mis en français le *Discours* de Julien *sur le christianisme*, ouvrage contraire à la religion, et qu'on a réimprimé à Genève avec des notes téméraires et indécentes. Le marquis d'Argens avait deux frères : l'un était prêtre; l'autre, le président d'Éiguille, faisait aussi l'esprit fort. Un jour, le marquis s'entretenait avec ce dernier aux dépens de leur frère, à cause de ses sentiments religieux, qu'ils tournaient en dérision; et il arriva au marquis de dire au président : « Eh bien! mon frère, nous « nous moquons de sa simplicité, et ce-« pendant, si j'avais un dépôt à confier, « ce ne serait pas à toi, ce serait à lui. » A la fin de sa vie, le marquis d'Argens parut revenir de son scepticisme, et se rapprocher de la religion de ses pères, qu'une vaine ostentation de philosophie lui avait fait abandonner. Il portait sur lui le Nouveau-Testament, qu'il lisait lorsqu'il était seul, comme l'a attesté un de ses domestiques qui était protestant. Dans le dernier voyage qu'il fit en Provence, étant à Éiguille, chez M. le président d'Éiguille, son frère, qui alors avait eu la sagesse de se convertir, il était toujours le premier à lui parler religion, et à faire ses objections. Le président, qui joignait à l'âme la plus grande la foi la plus éclairée et la plus généreuse, mais qui avait la prudence de ne pas trop presser son frère, se contentait de résoudre ses difficultés, et de lui faire sentir qu'elles ne provenaient que des fausses idées qu'il avait sur la religion. Ce qui fit aussi une singulière impression sur son esprit, fut la société de deux ecclésiastiques respectables, son frère l'abbé d'Argens et M. l'abbé de Monvalon, qui étaient avec lui à la campagne, et qui joignaient aux qualités de l'esprit cette belle simplicité que donne la solide vertu, et qui est toujours la plus frappante pour les courtisans. En partant de la campagne, il dit à son frère : « Je ne crois pas encore, il est vrai, mais je t'assure que je « ne décrois pas non plus. » Une maladie acheva de le déterminer. Ce fut près de Toulon, chez Madame la baronne de la Garde, sa sœur, qu'étant tombé malade, il demanda les sacrements de l'Église, et témoigna son repentir de tous les ouvrages qu'il avait écrits. Le fait est constaté par un procès-verbal qui a été inséré dans les registres des délibérations capitulaires du chapitre de la cathédrale de Toulon. Il était également consigné dans l'inscription d'un mausolée que le roi de Prusse avait fait dresser au marquis d'Argens dans l'église des Minimes à Aix-en-Provence. Il y était dit expressément qu'avant sa mort, il était revenu à la religion de ses pères. Mais ce témoignage était trop favorable au christianisme, pour que l'impie vandalisme, qui attaqua tous les monuments religieux pendant la Révolution, l'ait laissé subsister. Il l'a détruit avec le monument où on le lisait. Tous les ouvrages du marquis d'Argens sont tombés maintenant dans un oubli dont ils ne seront sans doute jamais tirés. Il faut reconnaître que, par une contradiction dont presque tous les philosophes du 18e siècle ont donné l'exemple, le marquis d'Argens s'est élevé avec force contre les incrédules. Sa *Critique du siècle*, dans ses *Lettres juives*, en est une belle preuve. Il rend hommage, dans ces mêmes *Lettres*, au fondateur et aux premiers prédicateurs du christianisme. Voici ses paroles : « Les premiers Naza-« réens, qu'on peut citer ici avec assu-« rance, ont prêché une doctrine si con-« forme à l'équité et si utile à la société « que leurs plus grands adversaires con-« viennent aujourd'hui que leurs pré-« ceptes moraux sont infiniment au-« dessus de ceux des plus sages philoso-« phes de l'antiquité.... La foi des Na-« zaréens, telle que la prêchent leurs « docteurs de la première classe, a en-« core plus de brillant que la nôtre; ils « ont tous nos premiers principes; mais « il semble qu'ils en aient épuré les sui-« tes. La nôtre a quelque chose de fa-« rouche; la leur semble dictée par la « bouche divine. La bonne foi, la can-« deur, le pardon des ennemis, toutes « les vertus que l'esprit et le cœur peu-

« vent embrasser leur sont étroitement
« commandées. Un véritable Nazaréen est
« un philosophe parfait. Dans les autres
« religions, l'homme, vil esclave, sem-
« ble ne servir Dieu que par intérêt; les
« Nazaréens sont les seuls qui aient le
« cœur d'un vrai fils pour un si bon Père. »
On trouve, dans l'esprit qu'on a publié
de ses ouvrages, de belles reconnaissances ecclésiastiques, et notamment celle-ci:
« Il faut conserver les jésuites et les pères
« de l'oratoire, comme gens utiles et né-
« cessaires pour l'instruction de la jeu-
« nesse. On déclarerait, de l'avis des deux
« partis, les miracles du diacre Paris nuls
« et abusifs; on bâtirait, avec les revenus
« des Bernardins, un hôpital destiné à la
« guérison des convulsionnaires ; on
« abandonnerait les luthériens, les ana-
« baptistes, les sociniens, etc., contre les-
« quels il serait permis d'écrire pour
« évacuer leurs humeurs noires. »

ARGENSON (Voy. VOYER.)

ARGENTAL (Charles - Augustin de
FERRIOL, comte d'), né à Paris le 20 décembre 1700, était fils de M. de Ferriol,
président au parlement de Metz, frère de
Pont-de-Veyle, et neveu de Madame de
Tencin. Ce qui le fit particulièrement
connaître, est sa liaison intime avec Voltaire, dont Marmontel l'appelle, dans ses
Mémoires, l'AME DAMNÉE. Sa maison
était un des rendez-vous des philosophes,
et il prenait un grand intérêt au succès
de cette cause. Voltaire, dit-on, le consultait sur tous ses ouvrages, et il avait
beaucoup de confiance dans ses avis. Il
avait le titre de *ministre de l'Infant duc
de Parme* en France, et mourut le 5 janvier 1788. Il lui est échappé un petit nombre de vers qui ne manquent ni de sentiment, ni de grâce. On prétend qu'il travailla à plusieurs romans de Madame de
Tencin, et qu'il est le véritable auteur
du *Comte de Comminges*, que cette dame a
publié comme son ouvrage. On a trouvé
dans ses papiers des fragments d'un autre
roman de sa tante, intitulés : *Anecdocte de
la cour d'Édouard*, entièrement écrits et
raturés de la main du neveu ; c'est ce qui
a fait qu'on l'a soupçonné d'être l'auteur
du *Comte de Comminges*.

ARGENTERIO, ou ARGENTERIUS, AR-
GENTIER, L'ARGENTIÈRE (Jean) naquit à
Castel-Nuovo, district de Quiers en Piémont, vint à Lyon, où demeurait son
frère aîné Barthélemi, qui y exerçait la
médecine; et s'adonnant, à son exemple,
à cet art, il fit de brillants progrès. Il
quitta Lyon, et se rendit à Anvers, en
1543, et alla ensuite en Italie, où il enseigna la médecine, à Naples et à Pise.
Emmanuel Philibert duc de Savoie, l'appela et le chargea, en 1559, d'enseigner
cette science à l'Université de Mondovi ;
et cette Université ayant été transférée à
Turin, Argenterio fixa sa demeure dans
cette ville, et y mourut le 13 mai 1572.
Doué d'un esprit subtil et d'un jugement
solide, Argenterio fut l'un des premiers
et des plus puissants antagonistes du ga-
lénisme. Il acquit une grande célébrité
comme professeur et comme érudit; mais
il fut, suivant Huarte, un fort mauvais
praticien. Il paraît qu'il n'était bon que
pour le cabinet; quand il fallait qu'il appliquât ses remarques dans la pratique, sa
mémoire ne les lui fournissait pas. Il censura les écrits de Gallien avec amertume,
peut-être, et c'est ce qui lui mérita le
titre de *Censeur des médecins*. (Voyez
ALEXANDRINI). Presque tous ses ouvrages ont eu plusieurs éditions. Son fils
Hercule les réunit et les publia à Venise,
1592, in-fol., 2 tomes. Cette collection
fut réimprimée plusieurs fois : Venise,
1606 ; Hanau, 1610; et Francfort, 1615.

ARGENTINA (Thomas d'), nommé
aussi *Thomas de Strasbourg*, parce qu'il
était né dans cette ville, savant et pieux
général des Augustins en 1345. On a de
lui des *Commentaires sur le Maître des
sentences*, Strasbourg, 1490, in-fol., et
d'autres ouvrages qui furent recherchés.
Il mourut à Vienne en Autriche, après
avoir gouverné son ordre avec sagesse
pendant douze ans.

ARGENTINO (François) fut d'abord
jurisconsulte ; mais s'étant attaché au cardinal Jean de Médicis, il parvint par sa
protection aux premières dignités. Elevé
au cardinalat par Jules II, il mourut en
1511. On a de lui : *De Immunitate ecclesiasticâ*, et d'autres ouvrages.

ARGENTRÉ (Bertrand d'), né à Vitré
en 1519, se fit estimer, dans le 16e siècle,
par sa probité et son pouvoir. Il s'adonna
beaucoup à la jurisprudence et à l'histoire. C'était un bon citoyen. Il mourut
en 1590, à 71 ans, du chagrin, dit-on,
de voir sa patrie en proie aux guerres
civiles que le calvinisme y avait excitées.
On a de lui des *Commentaires sur la
coutume de Bretagne*, Paris, 1621, in-
fol., en latin, et l'*Histoire de Bretagne*,
Rennes, 1582, in-fol. Cet ouvrage, fait à
la hâte, sur les *Mémoires* de Pierre Le
Baud, qui écrivait vers l'an 1480, était
plein de fautes. L'auteur s'en aperçut,
retoucha son ouvrage, et en donna une
nouvelle édition, Paris, 1588.

ARGENTRÉ (Charles du Plessis d')
naquit en 1673, du doyen de la noblesse
de Bretagne. Il prit le bonnet de docteur
de Sorbonne en 1700, et eut la place
d'aumônier du roi en 1709. Il fut nommé

évêque de Tulle en 1723. Il édifia son diocèse par ses vertus, et l'éclaira par son savoir. Malgré ses occupations pastorales, il étudiait sept heures par jour. On a de lui plusieurs ouvrages : le plus connu est en 3 vol. in-fol., publié à Paris en 1728, sous ce titre : *Collectio judiciorum de novis erroribus, qui ab initio seculi 12 ad annum 1725, in Ecclesiâ proscripti sunt et notati;* compilation pleine de recherches savantes. On a encore de lui des *Éléments de théologie,* en latin, Paris, 1702, in-4, et une *Explication des sacrements,* 3 vol. in-12 ; enfin des *Sermons* et d'autres livres de théologie et de piété. Ce prélat mourut en 1740, regretté des pauvres, dont il était le père, et des gens de biens, dont il était la lumière et l'exemple.

ARGENTRÉ (Charles d'), sieur de la Boissière, fils de Bertrand, revit l'ouvrage de son père et en donna une édition corrigée, Paris, 1612, in-fol. Nicolas Vignier, d'abord protestant, ensuite catholique, relève avec un peu trop d'amertume les fautes de cette histoire, dans son ouvrage intitulé : *De l'ancien état de la Petite-Bretagne,* Paris, 1619, in-4 ; et traite de calomnies ce qui n'est peut-être que trop vrai.

ARGENVILLE. (Voyez DEZALLIER.)

ARGIE, fille d'Adraste, roi des Argiens, se fit un nom célèbre dans l'antiquité, par sa tendresse pour son mari Polynice, tué au siège de Thèbes. Elle rechercha son cadavre parmi les morts, malgré l'édit de Créon, qui le défendait sous peine de la vie, et lui rendit les derniers devoirs. Créon irrité qu'elle eût transgressé ses ordres, et insensible au cri de la nature, la rejoignit à son époux. Ces événements furent antérieurs à la guerre de Troie.

ARGOLI (André), mathématicien, né en 1570 à Tagliacozzo, dans le royaume de Naples, essuya dans sa patrie des désagréments qui l'obligèrent de se retirer à Venise. Le sénat, connaissant tout son mérite, le nomma professeur de mathématiques dans l'Université de Padoue, et lui donna le titre de chevalier en 1636. Il mourut en 1653. On a de lui : *De diebus criticis,* 1652; *Ephemerides, ab anno 1620 ad 1700; Astronomicorum libri* 3; *Problemata astronomica :* ouvrages exacts pour ce temps-là, et dont les astronomes postérieurs ont beaucoup profité.

ARGOLI (Giovanni), fils d'André, naquit à Tagliacozzo dans l'Abbruzze, vers l'an 1609. Dès son enfance, il montra une inclination décidée pour la poésie. A 'âge de 15 ans, il fit imprimer une *Idylle* sur le ver à soie. Peu de temps après, enflammé d'émulation par les applaudissements prodigués à l'auteur du licencieux poëme d'Adonis, il entreprit d'en composer un du même genre. S'étant enfermé dans une chambre où l'on n'entrait que pour lui apporter à manger, il acheva en 7 mois, à l'âge de 17 ans, un poëme en 12 chants, intitulé *Endymion.* Cet ouvrage fut goûté des mêmes lecteurs qui avaient approuvé le modèle. (Voyez MARINI.) Il est auteur de plusieurs autres poésies, tant italiennes que latines, dont la plupart sont restées manuscrites. Son goût pour les belles-lettres ne l'avait pas empêché de se livrer à l'étude de la jurisprudence, qu'il professa pendant quelques années à Bologne. Argoli a composé aussi des ouvrages sur la philologie et l'archéologie. Il mourut vers 1660.

ARGONNE (dom Bonaventure d'), né à Paris en 1640, mourut chartreux à Gaillon, en 1704, âgé de 64 ans. Son esprit et son savoir lui avaient procuré des amis illustres, avec lesquels il entretenait un commerce réglé de littérature, qui charmait sa retraite, et remplissait les moments que la piété et les devoirs de la règle lui laissaient libres. On a de lui un *Traité de la lecture des Pères de l'Eglise,* écrit avec discernement et avec goût. La meilleure édition est de 1697, in-12, donnée par M. Pellhestre, qui l'a beaucoup augmentée. On en a fait une traduction latine, Turin, 1742 ; des *Mélanges d'histoire et de littérature,* publiés sous le nom de Vigneul de Marville, réimprimés en 1725, en 3 vol. in-12, dont l'abbé Bauier a fait presque tout le dernier ; cette édition est préférable aux autres : c'est un recueil curieux et intéressant d'anecdotes littéraires et de réflexions critiques, souvent justes, mais qui, quelquefois, prêtent elles-mêmes à la critique; l'*Education, Maximes et Réflexions avec un Discours du sel dans les ouvrages d'esprit,* donné sous le nom de Moncade, Rouen, 1691, Il a laissé quelques ouvrages manuscrits.

ARGOTE (Jérôme-Contador d'), savant théatin portugais, né en Estramadure, en 1676, mort en 1749, est connu par un ouvrage intitulé : *De Antiquitate conventûs Bracarugustani libri* 4, 1738, très-curieux pour la recherche des monuments historiques; par ses *Règles de la langue portugaise;* par ses *Sermons,* , etc., etc.

ARGOU (Gabriel), natif du Vivarais, avocat au parlement de Paris, aussi estimable par ses mœurs que par son savoir, mourut au commencement du 18ᵉ siècle. Il est auteur d'une *Institution au droit français*, en 2 vol. in-12, très-bien dirigée. L'*Institution au droit ecclésiastique*, par l'abbé Fleury, son ami, le porta à composer cet ouvrage. La dernière édition est de 1788. « D'Argou, dit M. Madrolle, est le plus élémentaire, c'est-à-dire, le plus habile des jurisconsultes de l'ancien droit civil français, qui n'a guère été modifié qu'en apparence dans les Codes. »

ARGUES (Gérard des), géomètre du 17ᵉ siècle, naquit à Lyon en 1597, et y mourut en 1661. Il était ami de Descartes; cette amitié fut utile à tous les deux; Descartes instruisit son ami, et des Argues défendit son maître. Nous avons de lui un *Traité de perspective*, in-fol.; *Traité des sections coniques*, in-8.; *Pratique du Trait*, in-8.; un très-bon ***Traité de la coupe des pierres***, in-8.

ARGYRE (Isaac), moine grec, habile mathématicien, florissait au 14ᵉ siècle. Il est auteur de plusieurs écrits de *géographie* et de *chronologie*, et de quelques autres traités sur diverses matières.

ARGYROPHILE ou ARGYROPULO (Jean), né à Constantinople, passa en Italie vers l'an 1434, et demeura quelque temps à Padoue. De retour à Constantinople, il en sortit encore après la prise de cette ville par Mahomet II, en 1453. S'étant rendu une seconde fois en Italie, Côme de Médicis, chef de la république de Florence, lui donna une chaire de professeur en grec, et le fit précepteur de son fils. La peste l'ayant obligé de quitter la Toscane, il alla donner à Rome des leçons de philosophie sur le texte grec d'Aristote. Il y mourut vers 1474 d'un excès de melon. Jean Lascaris, qui avait été son disciple, lui a fait en grec une épitaphe fort honorable. On dit qu'il mangeait beaucoup, et que le produit de ses livres et ses autres revenus suffisaient à peine à la dépense de sa table. Il a laissé une *Traduction* de la *Morale* et de la *Physique* d'Aristote, dédiée à Côme de Médicis. On dit que Théodore de Gaze, son ami, la lui céda, et l'engagea à supprimer une version moins bonne qu'il préparait. On a encore de lui un Traité *De regno*, et *Consolatio ad imperatorem Constantinopolitanum*, etc. Il eut pour disciple le célèbre Politien. Hody a publié la *Vie* d'Argyropulo avec celles d'autres savants grecs, 1742, in-4.

ARIADNE, fille de l'empereur Léon I et de Vérine, fut mariée avec Zénon qui monta sur le trône impérial l'an 474 de l'ère chrétienne. Cette princesse fut soupçonnée d'avoir une intrigue avec Anastase le Silenciaire. Zénon, selon Jornandès, donna ordre à un de ses officiers de la tuer; mais l'impératrice, en ayant été avertie, se réfugia dans la maison d'Acace, évêque, qui représenta l'atrocité de ce forfait à Zénon; ce prince consentit à ce qu'elle revînt au palais. Si l'on en croit quelques auteurs, elle se vengea de son mari; l'empereur étant tombé dans une syncope violente, après un excès de table (d'autres disent que c'était un accès d'épilepsie), elle le fit enfermer dans un tombeau où il mourut. Mais ce récit n'a pas, à beaucoup près, assez d'authenticité pour être cru sans aucun doute. Ce qui est plus certain, c'est qu'Ariadne fit proclamer Anastase empereur, et n'attendit que 40 jours, après la mort de Zénon, pour épouser ce nouveau monarque. Elle mourut l'an 515.

ARIARATHE I, roi de Cappadoce, commença à régner conjointement avec son frère Holopherne, et, selon quelques-uns, Orophernes, l'an 370 avant J.-C. Il se joignit à Ochus, roi de Perse, dans l'expédition d'Égypte; il acquit beaucoup de gloire, s'en retourna triomphant dans son royaume, et mourut peu de temps après.

ARIARATHE II, fils d'Holopherne ou Orophernes (Voyez ARIARATHE I), fut obligé de défendre ses Etats, que Perdiccas, l'un des successeurs d'Alexandre-le-Grand, et tuteur du jeune roi Philippe, prétendait lui être échus en partage. Le malheureux Ariarathe fut défait, et attaché en croix avec ses principaux officiers, par l'ordre du vainqueur, vers l'an 321 avant J.-C. Il avait alors 84 ans. Quelques-uns disent qu'il se donna lui-même la mort, mais ce récit est moins vraisemblable.

ARIARATHE III, fils d'Ariarathe II, s'était sauvé en Arménie dans le temps du supplice de son père. Ayant appris la nouvelle de la mort de Perdiccas et d'Eumènes, il rentra dans la Cappadoce, remporta une victoire contre Amyntas, général macédonien, et monta sur le trône vers l'an 300 avant J.-C. Ariamnès, son fils aîné, lui succéda.

ARIARATHE IV posséda la couronne après Ariamnès. Ce prince régna quelques années, conjointement avec son père. Il avait épousé Stratonice, fille d'Antiochus Théos. Il mourut après un règne de 28 ans, vers l'an 220 avant J.-C. La chronologie et les diverses circonstances de ce règne, ainsi que des trois précédents, ne sont pas bien sûres ni rapportées uniformément par les historiens.

ARIARATHE V, successeur et fils d'Ariarathe IV, épousa Antiochide, fille d'Antiochus-le-Grand. Il donna du secours au roi de Syrie contre les Romains; mais son beau-père ayant été vaincu, il envoya des ambassadeurs à Rome, chargés de ses excuses. Il fut condamné à payer une somme de 200 mille écus, dont le sénat lui rendit depuis la moitié, à la prière du roi de Pergame. Ariarathe se ligua ensuite avec Eumènes contre Pharnaces, roi de Pont, qui, ayant refusé la médiation des Romains, paya ce refus assez cher, et fut obligé de conclure un traité désavantageux. Antiochide, épouse d'Ariarathe, désespérant d'avoir des enfants, lui avait supposé deux fils, Ariarathe et Holopherne ou Orophernes; mais elle devint grosse ensuite, et eut Mithridate et un autre Ariarathe. Le roi envoya le premier à Rome pour y être élevé à la manière des Romains; l'autre lui succéda. Ariarathe secourut les Romains contre Persée, et mourut après un long règne avec la réputation d'un prince inconstant dans son amitié et ses alliances, l'an 166 avant J.-C.

ARIARATHE VI, surnommé *Philopator*, à cause de son attachement pour un père qui voulait lui donner la souveraineté de son vivant, et que ce fils ne voulut point accepter, prit le sceptre l'an 166 avant J.-C. Ce roi renouvela l'alliance que son père avait entretenue avec les Romains. Il indisposa contre lui Démétrius, roi de Syrie, par le refus qu'il fit d'épouser sa sœur. Démétrius suscita contre Ariarathe Holopherne ou Orophernes qui se prétendait son frère. Ariarathe fut renversé de son trône et obligé de se retirer à Rome. Le sénat ordonna le partage entre les deux concurrents; mais Attale, roi de Pergame, secourut Ariarathe, et le rétablit dans ses Etats. Ce prince se joignit aux Romains contre Aristonie, usurpateur du royaume de Pergame; il périt dans cette guerre, l'an 130 avant J.-C., et laissa six enfants. Laodice, veuve d'Ariarathe et régente du royaume, craignant de perdre son autorité, fit périr cinq de ses enfants par le poison; le sixième (Ariarathe VII) se sauva à l'aide de ses parents. Le peuple fit mourir cette mère cruelle.

ARIARATHE VII, surnommé *Epiphanes*, fut proclamé roi l'an 130 avant J.-C. Ce prince épousa Laodice, sœur de Mithridate *Eupator*, dont il eut deux fils. Son beau-frère le fit assassiner. Laodice donna sa main et la couronne à Nicomède, roi de Bithynie. Mithridate chassa ce nouveau roi, et restitua la couronne à son neveu, fils du même Ariarathe qu'il avait fait tuer.

ARIARATHE VIII, surnommé *Philométor*. Mithridate voulut l'obliger de faire venir à sa cour Gordius, le meurtrier de son père. Ce prince leva une armée contre son oncle. Celui-ci attira Ariarathe à une conférence, le poignarda à la vue des deux armées, et fit régner à sa place son propre fils âgé de 8 ans. Les Cappadociens se soulevèrent, et mirent sur le trône Ariarathe, frère du dernier roi.

ARIARATHE IX. Mithridate, le cruel persécuteur de cette famille, chassa le nouveau roi, qui mourut bientôt après de chagrin, et rétablit son fils. Alors Nicomède, roi de Bithynie, craignant pour ses propres Etats, intéressa les Romains dans cette affaire. Le sénat voulut rendre les Cappadociens libres; mais ce peuple demanda un roi. Les Romains lui donnèrent Ariobarzane, vers l'an 91 avant J.-C.

ARIARATHE X, appelé *Philadelpho*, devint possesseur du royaume de Cappadoce, par la mort d'Ariobarzane III, son frère, vers l'an 42 avant J.-C. La couronne lui fut disputée par Sisinna, fils aîné de Glaphyra, concubine d'Archélaüs, grand-prêtre de Bellone à Comane, dans la Cappadoce. Marc-Antoine se déclara en faveur de Sisinna. Cependant Ariarathe remonta sur le trône, et fut obligé d'en descendre encore pour l'abandonner à Archélaüs, second fils de Glaphyra, l'an 36 avant J.-c.

ARIAS-MONTANUS (Benoît) naquit à Frexenal, en Estramadure, en 1527. Il était fils d'un notaire, et étudia à Alcala, où il fit des progrès dans les langues anciennes et modernes. Il prit l'habit de l'ordre de Saint-Jacques, et en 1562, l'évêque de Ségovie le mena au concile de Trente, où il parut avec beaucoup de distinction. A son retour, il se retira à l'ermitage de Notre-Dame-des-Anges, près d'Aracena, pour être tout à ses livres. Philippe II le tira de sa retraite, et le chargea d'une nouvelle édition de la *Bible polyglotte*. Elle fut imprimée à Anvers, par les Plantin, depuis 1569 jusqu'en 1572, en 8 vol. in-fol. Elle est plus chère que celle d'Angleterre, quoique moins parfaite. Arias-Montanus augmenta cet ouvrage de paraphrases chaldaïques, et de plusieurs fautes qu'il ajouta à la version de Pagnin fautive elle-même. Philippe lui offrit un évêché pour récompense de son travail; mais cet écrivain, aussi pieux que savant, refusa ce fardeau et n'accepta qu'une commanderie de Saint-Jacques, et une place de chapelain du roi. Il mourut dans sa patrie, en 1598. Ses ouvrages roulent presque tous sur l'Ecriture-Sainte. Ses 9 livres des *Antiquités judaïques* sont les plus estimés, Leyde, 1596, in-4. Ils se trouvent aussi dans la *Polyglotte d'Anvers*, et dans les grands *Critiques d'Angleterre*. Arias a mis encore en vers latins le *Psautier*, 1574, in-4. Richard-Simon a parlé de cet auteur avec beaucoup d'humeur. Il ne faut pas s'en tenir à l'idée qu'il donne de ses ouvrages, quoique plusieurs de ses observations critiques soient fondées. On a encore d'Arias-Montanus : *Humanæ salutis monumenta*, Anvers, 1571, in-4, traduction latine de l'*Itinéraire* de Benjamin de Tudèle; *Historia naturæ*, 1601, in-4; une excellente *Rhétorique* en 4 livres, avec des notes de morale.

ARIAS (François), jésuite de Séville, mourut en 1605, âgé de 72 ans, en odeur de sainteté. Ses ouvrages de piété avaient le suffrage de saint François de Sales, qui en recommande la lecture dans son *Introduction à la vie dévote*. Ils ont été traduits d'espagnol en latin, en français et en italien.

ARIBERT I, fils de Gundoald, duc d'Asti, fut choisi, en 653, par l'assemblée des Etats-généraux convoqués à Milan, pour succéder à Radoald, roi des Lombards. Il proscrivit l'arianisme et établit définitivement la religion catholique dans ses Etats. Il mourut en 661, après avoir partagé son royaume entre ses deux fils Pertharite et Godebert.

ARIBERT II, roi des Lombards, était fils de Ragimbert, duc de Turin, qui avait usurpé la couronne de Lombardie sur Luitbert dont il avait épargné les jours. Aribert le fit périr, ainsi que Rotharis, duc de Bergame, qui avait pris les intérêts du roi détrôné. En 707, il restitua à l'Eglise les biens qu'elle avait possédés dans les Alpes Cottiennes. On dit qu'il aimait la justice, et qu'il sortait déguisé, pendant la nuit, pour apprendre la manière dont ses officiers exerçaient leurs emplois, et connaître par lui-même les plaintes du peuple. Ansprand, tuteur de Luitbert, qu'il avait chassé au commencement de son règne, revint, en 712, l'attaquer avec une forte armée de Bavarois, et le battit complètement. Aribert, voyant son armée en pleine déroute, prit tout l'or qu'il put ramasser, et se sauva déguisé pour se rendre en France ; mais en voulant passer le Tésin à la nage, l'or dont il était chargé le fit aller au fond de l'eau, et fut cause qu'il se noya.

ARIBON, premier abbé du monastère de Schlecdorf en Bavière, dont on rapporte la fondation à l'an 753, fut élevé sur le siége de Freisingen l'an 760, et mourut en 783. Nous avons de lui : la *Vie de saint Emmeran*, que Surius a publiée. Canisius l'a donnée dans son *Thesaurus*, tom. 3 ; la *Vie de saint Corbinien*, premier évêque de Freisingen, publiée par Surius, et insérée dans le 3ᵉ vol. des *Actes* de dom Mabillon.

ARIBON, archevêque de Mayence, florissait au 11ᵉ siècle, et fut archi-chapelain de l'empereur Henri III. Il couronna l'empereur Conrad II en 1024. Il était grand zélateur de la discipline ecclésiastique. On a de lui divers ouvrages, entre autres des *Commentaires* sur les quinze psaumes graduels, dédiés à Bernon, abbé Richemon. Cet archevêque mourut le 13 avril de l'an 1031.

ARIEH (Jacob-Juda), rabbin de la synagogue d'Amsterdam, plus connu sous le nom de Léon de Modena, était fils d'Isaac, rabbin de Venise et recteur de la synagogue. Il est auteur d'une savante *Description du Tabernacle*. Il y en a plusieurs éditions in-4, en espagnol, en hébreu, en flamand, en latin. Ce juif florissait dans le 17ᵉ siècle, et mourut en 1654.

ARIMASE, souverain d'une partie de la Sogdiane, s'enferma dans un château bâti sur la pointe d'un rocher, pour échapper aux armes d'Alexandre-le-Grand. Ce prince l'ayant fait sommer de se rendre, il reçut avec hauteur cette proposition, et, outre plusieurs autres paroles d'insulte, il demanda *si Alexandre qui pouvait tout, pouvait aussi voler, et si la nature lui avait subitement donné des ailes*. Alexandre, s'étant emparé du château, le fit mourir cruellement avec sa famille, vers l'an 328 avant J.-C.

ARINGHI (Paul), prêtre de l'Oratoire à Rome, sa ville natale, où il est mort en 1676, est principalement connu par ses travaux, en latin, sur l'ouvrage d'Antoine Bosio intitulé : *Roma sotterranea*, écrit en italien, et publié, après la mort de l'auteur, avec des additions considérables de Jean Severani, par les soins de Charles Aldobrandini, à Rome, 1632, format d'atlas ; mais cet ouvrage était très-incomplet. Aringhi l'a porté à un tel degré de perfection que tous ceux qui ont parlé de son travail en ont fait l'éloge. On y trouve des recherches importantes sur les antiquités ecclésiastiques. On a encore d'Aringhi : *Monumenta infelicitatis, sive Mortes peccatorum pessimæ*, Rome, 1664, 2 vol. in-fol.;

et *Triumphus pœnitentiœ, seu Selectœ pœnitentium mortes*, Rome, 1670, in-fol. Le chevalier Artaud a donné un extrait de Rome souterraine, dans son *Voyage aux catacombes de Rome*. (Voyez BOSIO.)

ARIOBARZANE, gouverneur de la Perside pour Darius, repoussa Alexandre, et lui empêcha l'entrée dans sa province ; mais ce prince, s'étant fait conduire par un berger qui connaissait le pays, surprit Ariobarzane, lequel, après avoir été défait, voulut se retirer à Persépolis, capitale de son gouvernement ; mais les habitants lui en fermèrent les portes, ce qui l'obligea de retourner contre l'ennemi, et de lui livrer un combat dans lequel il périt les armes à la main, l'an 330 avant J.-C.

ARIOBARZANE I, roi de Cappadoce, fut élu par les Cappadociens l'an 94 avant J.-C., du consentement des Romains, qui leur avaient offert la liberté dont ils ne pouvaient, disaient-ils, s'accommoder. Il fut chassé de son royaume par Tigranes, roi d'Arménie ; mais Pompée le rétablit l'an 66 avant J.-C. Il abdiqua, quelques années après, en faveur de son fils Ariobarzane II, qui se trouva malheureusement engagé dans les guerres civiles qui agitèrent l'Orient après la mort de César. Cassius le fit surprendre dans ses Etats, qui furent ravagés, et il fut tué par ordre du même Cassius, l'an 42 avant J.-C. Cicéron en parle avec beaucoup d'intérêt, comme d'un fidèle allié du peuple romain, dans sa belle oraison *Pro lege Manilia*.

ARION, musicien et poëte grec, naquit dans l'île de Lesbos. On dit qu'il fut l'inventeur du dithyrambe, et qu'il excellait dans la poésie lyrique. Périander, roi de Corinthe, l'eut longtemps parmi ses courtisans. Le poëte musicien passa delà en Italie et en Sicile, où s'étant enrichi, il résolut d'aller jouir de ses biens dans sa patrie. Les matelots du vaisseau sur lequel il s'était embarqué, voulant le dépouiller, il s'élança, dit-on, à la mer ; et un dauphin, que les charmes de sa lyre avait attiré, le porta sur son dos jusqu'au camp de Ténare. Périandre, chez qui le musicien se réfugia, fit mourir les matelots, et éleva un tombeau au dauphin qui avait sauvé Arion, vers l'an 616 avant J.-C.

ARIOSTE (Louis l') naquit à Reggio d'une famille noble, le 8 septembre 1474. Son père, ayant longtemps été au service d'Hercule I, fut fait par ce duc juge du premier tribunal de Ferrare. Louis, l'aîné de dix enfants, montra de bonne heure ses talents pour la poésie.

« Son père désapprouvait ce goût précoce, est-il dit dans une de ses *Notices biographiques*, et, comme Ovide, l'Arioste faisait des vers en promettant qu'il n'en ferait plus. » Sachant à peine qu'il existât des règles pour l'art dramatique, il composait déjà des tragédies ; et, en l'absence de son père, il les faisait représenter par ses frères et sœurs, qu'il ajustait, tant bien que mal, à l'antique, avec tous les costumes qui tombaient sous sa main. L'anecdote suivante nous offre un de ces traits de caractère qui décèlent un penchant inné. Le jeune l'Arioste avait entrepris sa comédie de la *Cassaria*, qui plus tard fut représentée à la cour de Ferrare. Un jour, comme il travaillait à cette pièce, son père survint, et lui fit une sévère mercuriale sur une faute qu'il n'avait pas commise. Lodovico pouvait, d'un seul mot, se justifier ; il écouta son père jusqu'au bout sans l'interrompre. Un de ses frères, qui avait été présent à la réprimande, manifesta son étonnement d'une telle conduite, aussitôt que le père fut sorti. « Pourquoi donc, dit-il à Lodovico, quand il était si facile de désabuser notre père, as-tu soutenu son courroux avec tant d'impassibilité ? — Dans ma pièce, répondit le jeune poëte, un père réprimande son fils ; j'avais besoin d'un modèle ; mon père, sans qu'il s'en doute, vient de me servir à merveille, et je me serais bien gardé de l'interrompre, quand il me fournissait une situation excellente pour ma comédie. » Tandis qu'une vocation irrésistible portait ainsi l'Arioste vers l'étude des lettres, son père le poussait vers celle des lois. Ses progrès furent nuls dans une carrière à laquelle il n'était point propre et dont la nature le détournait ; il y perdit cinq années, dont lui-même, dans ses satires, regrette beaucoup l'emploi. Cependant, au milieu d'un travail ingrat, l'instinct puissant de la poésie reprenait le dessus, et le ramenait sans cesse aux chefs-d'œuvre que l'antiquité nous a laissés, et surtout à Horace, son auteur favori ; il était soutenu en cela par le savant Grégoire de Spolète, qui l'aidait de ses conseils. Dans ces entrefaites, la mort de son père le laissa libre de se livrer au culte des Muses. Il plut au cardinal Hippolyte d'Est ; mais ayant refusé de l'accompagner en Hongrie, en 1518, à cause de sa faible santé, il perdit la protection du cardinal. Son frère, Alphonse I, duc de Ferrare, l'appela à sa cour, le nomma son gentilhomme, et le fit entrer dans tous ses divertissements. Il le chargea, pendant quelque temps, du gouvernement d'une province de l'Apennin qui s'était révoltée et qu'infestaient des bandits et des contrebandiers. L'Arioste apaisa tout ; il acquit dans la province un grand empire sur les esprits, et en particulier sur les voleurs. Un jour le gouverneur poëte, plus rêveur que de coutume, étant sorti en robe de chambre d'une forteresse où il faisait sa résidence, tomba entre leurs mains. Un d'entre eux le reconnut, et s'écria : *C'est l'Arioste !* et aussitôt tous ces brigands tombèrent à ses pieds et le reconduisirent jusqu'à la forteresse, en lui disant que la qualité de *poëte* leur faisait respecter, dans sa personne, le titre de *gouverneur*. La conversation de l'Arioste était un plaisir délicieux pour le duc de Ferrare. Ce poëte possédait parfaitement la langue latine ; mais il préféra écrire en italien. Le cardinal Bembo le voulut dissuader de se servir de cet idiome ; il lui représenta qu'il acquerrait plus de gloire en écrivant en latin, langue plus sonore et plus étendue : « J'aime mieux, lui répondit l'Arioste, « être le premier des écrivains italiens « que le second des latins. » Ce poëte avait bâti une maison à Ferrare, et y avait joint un jardin, qui était ordinairement le lieu où il méditait et où il composait. Cette maison respirait la simplicité d'un sage. On lui demanda pourquoi il ne l'avait pas rendue plus magnifique, lui qui avait si noblement décrit, dans son *Roland*, tant de palais somptueux, tant de beaux portiques et d'agréables fontaines ? Il répondit « qu'on « assemblait bien plus tôt et plus aisé- « ment des mots que des pierres. » Sa droiture et sa probité étaient si connues, qu'un vieux prêtre qui possédait trois ou quatre riches bénéfices, et qui craignait d'être empoisonné par quelqu'un de ceux qui attendaient sa succession, choisit l'Arioste, préférablement à tous ses parents et à tous ses amis, pour demeurer avec lui. L'Arioste, d'une santé délicate et faible, fut obligé souvent d'avoir recours à l'art des médecins. Il mourut le 6 juin 1533, à l'âge de cinquante-neuf ans. Ses restes furent déposés dans l'église des bénédictins à Ferrare ; ils y obtinrent, en 1578, un mausolée digne d'eux. Le Titien, dans un portrait de ce grand poëte, nous a transmis une ressemblance parfaite de ses traits. L'Arioste s'est rendu célèbre par des *Satires*, des *Comédies*, des *Sonnets*, des *Madrigaux*, des *Ballades*, des *Chansons*, et surtout par son poëme de *Roland-le-Furieux*, sur lequel la louange et la critique se sont réciproquement exercées. « Si « l'on veut mettre, sans préjugé, dit un « bel esprit, l'*Odyssée* d'Homère avec le « *Roland* de l'Arioste dans la balance, « l'italien l'emporte à tous égards. Tous « deux ayant le même défaut, l'intem- « pérance de l'imagination, et le roma- « nesque incroyable, l'Arioste a racheté « ce défaut par des allégories si vraies, « par des satires si fines, par les grâces « du comique qui succèdent sans cesse à « des traits terribles, enfin par des beau- « tés si innombrables en tout genre, qu'il « a trouvé le secret de faire un monstre « admirable. » Blair, dans son *Cours de rhétorique*, dit que « l'Arioste, le rival « du Tasse dans la poésie italienne, ne « peut être raisonnablement mis au nom- « bre des poëtes épiques, » et il prétend le prouver. Buttura, au contraire, a cru devoir combattre cette opinion ; mais l'a-t-il détruite ? Le grand talent de l'Arioste est cette facilité de passer tour à tour du sérieux au plaisant et du plaisant au sublime. Les poëtes de son temps puisaient leurs fictions dans les livres de chevalerie et dans les romans. De là ces épisodes qui ne tiennent point au sujet, ces fables dont le merveilleux révolte. On a dit de lui *qu'il parlait bien, mais qu'il pensait mal* ; et on a dû le dire. On a dit encore que le tombeau de Roland était dans la Jérusalem délivrée ; et cela est vrai : car la célébrité de l'Arioste s'est fort affaiblie, depuis que le Tasse a fixé sur lui l'attention des littérateurs italiens. Le genre de leurs ouvrages est, à la vérité, très-différent, et ne paraît pas susceptible de parallèle ; mais, par-là même, l'Arioste, qui se signalait dans le burlesque, a dû céder la place à celui qui, au talent de la poésie, joignait la gravité et la raison. On dit que le cardinal d'Est, à qui il dédia son poëme, lui dit en riant : « Messire Louis, où diable avez-vous pris « tant de sottises ? » La Fontaine y a puisé quelques *contes*. Le mélange monstrueux du sacré et du profane, qu'il a eu la témérité de faire dans son ouvrage, le peu de respect qu'il a eu pour la décence et les mœurs, éloigneront toujours les gens de bien de cette lecture. La première édition de l'*Orlando furioso* parut à Ferrare en 1516. Léon X occupait le trône pontifical depuis trois ans ; mais, bien que l'Arioste l'eût connu avant son élection, il borna ses bienfaits envers le poëte, à lui accorder une bulle par laquelle il permettait l'impression de son ouvrage. La seconde édition, perfectionnée et augmentée de plusieurs chants, fut publiée en 1521. L'édition italienne la plus recherchée est celle de Venise, in-fol., 1584, avec les notes de Ruscelli, et les figures de Porro : mais la plus belle est celle de Paris, 1772, 4 vol. in-8, imprimée par Baskerville, et ornée de figures par d'habiles maîtres. On a réuni tous les ouvrages de l'Arioste en 2 vol. in-fol., Venise, 1730. Ginguené, dans son *Histoire d'Italie*, a fait l'examen et l'analyse des diverses productions de ce poëte. Nous avons plusieurs traductions du poëme de *Roland*: les meilleures sont celle de Mirabaud, de l'Académie française, imprimée à Paris, sous le titre de *La Have*, en 1741, en 4 vol. in-12, avec une *Vie* abrégée de l'auteur; et celle que MM. Panckoucke et Framery ont donnée en 1787, Paris, 10 vol. in-8, avec le texte. Voltaire a parlé de l'Arioste et de son poëme, mais d'une manière bien peu approfondie, comme tout ce qu'il a traité. « Il m'est, dit-il, arrivé plus d'une fois, après avoir lu tout entier le roman de l'Arioste, de n'avoir d'autre désir que d'en recommencer la lecture... Ce prodigieux ouvrage est à la fois l'*Iliade*, l'*Odyssée* et *Don Quichotte;* car son principal chevalier errant devient fou comme le héros espagnol et est infiniment plus plaisant. » — « Où Voltaire a-t-il donc vu cela? répond Ginguené; dans toutes les descriptions de la folie de Roland il n'y a pas une seule plaisanterie. L'Arioste se garde bien de le rendre plaisant. C'est partout un fou terrible que l'on fuit, mais dont on ne rit pas. Non-seulement sa démence est l'effet d'une passion profonde, elle est encore une punition divine. Un seul rire du lecteur détruirait ce caractère; mais ce rire, qu'un trait d'extravagance pourrait quelquefois appeler est toujours repoussé par un acte de violence qui frappe de terreur. La terreur et la pitié sont les seuls sentiments que le poëte ait voulu exciter, et qu'il excite en effet dans ce tableau sublime et entièrement neuf en poésie. Comparer Roland à Don Quichotte, c'est prendre, comme Don Quichotte, les objets pour ce qu'ils ne sont pas. » — « Le fond du poëme, dit Voltaire, est précisément celui de notre roman de *Cassandre;* la plupart des héros et des princesses qui n'ont pas péri pendant la guerre, se retrouvent dans Paris, après mille aventures, comme les personages du roman de *Cassandre* se trouvent dans la maison de Polémon. » — « Le fond du poëme de *Roland* n'est point du tout cela, reprend Ginguené. Il est tel que j'ai tâché de le faire entendre, et il est inconcevable qu'ayant relu tant de fois ce poëme, un tel lecteur ne l'ait pas mieux entendu. » — « Il y a dans l'*Orlando furioso*, dit Voltaire, un mérite inconnu à toute l'antiquité; c'est celui de ses exordes. » — Ginguené excepte Lucrèce, et ajoute : « que le Boiardo qui avait fourni à l'Arioste le fonds de sa fable, lui avait encore donné le modèle de cet embellissement. » — « L'Arioste fut le maître du Tasse, dit encore Voltaire. L'Armide est d'après l'Alcine. Le voyage des deux chevaliers qui vont désenchanter Renaud est absolument imité du voyage d'Astolphe. » — « Voltaire confond Roger avec Roland, dit Ginguené ; c'est Roger que l'on va chercher dans l'île d'Alcine, et c'est à Roland qu'Astolphe rend la raison. Son voyage n'a certainement aucun rapport avec celui des deux chevaliers du Tasse; ils vont en bateau aux îles Fortunées, et lui, dans la Lune sur l'Hippogriffe. L'île enchantée d'Armide est imitée de celle d'Alcine, cela est très-vrai.... Le voyage des deux chevaliers qui vont désenchanter Renaud est imité non du voyage aérien d'Astolphe, mais des voyages de Mélisse, sous qui la figure d'Atlant va trouver Roger dans l'île d'Alcine, etc. »

ARIOSTE (Alexandre), religieux de l'ordre de Saint-François, vivait au commencement du 16e siècle, et fit imprimer à Paris, 1514, à l'usage des confesseurs et directeurs des âmes, un ouvrage sur les cas de conscience, intitulé : *Interrogatorium pro animabus regendis*, réimprimé à Lyon, en 1540, et à Bresse en Italie, en 1579, sous le titre d'*Enchiridion, seu Summa confessariorum.*

ARIOVISTE, roi des Suèves dans la Germanie, avait soumis les Séquanais et autres tribus de la Gaule ; ce qui irrita contre lui les Romains dont il était allié. Jules-César allait le combattre; mais ses soldats, craignant le courage d'Arioviste, furent saisis d'une terreur panique, et il ne dut sa victoire qu'aux superstitions de ce peuple barbare. Leurs devineresses leur avaient prédit qu'ils perdraient la bataille, s'ils combattaient avant la nouvelle lune. Jules-César le sut, les attaqua aussitôt, les surprit, et en tua 80 mille. Cette défaite eut lieu l'an 58 avant J.-C. Deux des femmes d'Arioviste périrent dans la fuite, et de deux filles qu'il avait, l'une fut tuée et l'autre faite prisonnière. Il ne manquait ni de talent pour la guerre, ni de courage ; mais il était d'une hauteur et d'une fierté qui lui nuisaient beaucoup.

ARISTACRIDAS, capitaine spartiate, s'illustra par sa bravoure. Lorsque Antipater, lieutenant d'Alexandre, eut défait les Lacédémoniens, et tué Agis leur roi, 330 ans avant J.-C., Aristacridas, ayant entendu un homme qui s'écriait : « Malheureux Spartiates, vous serez donc « esclaves des Macédoniens! » répondit fièrement : « Eh quoi! le vainqueur « pourra-t-il empêcher les Lacédémo- « niens d'échapper à l'esclavage par une « belle mort, en combattant pour leur pa- « trie ? »

ARISTAGORE, gouverneur de Milet pour Darius, voulant se soustraire à la puissance de son maître, tenta vainement de faire prendre les armes aux Spartiates. Il fit goûter aux Athéniens et aux autres Grecs ce qu'il ne put persuader à Lacédémone. On lui donna 25 navires, avec lesquels il fit des courses dans le pays ennemi, prit et brûla Sardes. Le roi Darius, irrité contre ce traître, ordonna que tous les jours on lui rappelât qu'il avait une injure à venger. Les généraux persans attaquèrent les rebelles, les battirent en plusieurs rencontres, dans l'une desquelles Aristagore fut tué l'an 498 avant J.-C.

ARISTANDRE, fameux devin, était de Telmèse, ville de Lycie. Il exerça son emploi dans la cour de Philippe, et ensuite dans celle d'Alexandre-le-grand, dont il se fit aimer par les prédictions les plus flatteuses. Philippe rêva qu'il appliquait sur le ventre de la reine un cachet où la figure d'un lion était gravée; le devin courtisan ne manqua pas de soutenir, contre ses confrères, que ce songe marquait que la reine accoucherait d'un fils qui aurait le courage d'un lion. Dans un combat contre les Perses, Aristandre fit remarquer aux troupes un aigle qui planait sur la tête d'Alexandre; ce présage heureux encourageait les soldats, et n'était pas inutile au devin.

ARISTARQUE DE SAMOS, astronome, est un des premiers qui ait soutenu que la terre tourne sur son centre, et qu'elle décrit tous les ans un cercle autour du soleil. Mais ce système était informe, sans preuve et sans ensemble. Nicolas de Cusa, Copernic, Galilée, Descartes, Newton, l'ont successivement soutenu par leurs arguments. On dit qu'il inventa une horloge solaire; mais il est certain que cette invention en général est fort antérieure. (Voyez EZÉCHIAS.) On a de lui un traité *De la grandeur et de la distance du soleil et de la lune*, publié en grec à Pesaro, 1572, in-4, traduit et commenté en latin, par Frédéric Commandin; on le trouve dans le 3ᵉ vol. de la collection des *OEuvres de Wallis*, Oxford, 1595 à 1699. Le *Système du monde*, qui a paru sous son nom, est de Roberval. On ne sait pas exactement en quel temps Aristarque a vécu; mais il était antérieur à Archimède.

ARISTARQUE, de Samothrace, disciple d'Aristophane le grammairien, fut précepteur du fils de Ptolémée Philométor, et naquit l'an 160 avant J.-C. Il publia neuf livres de *Corrections* sur l'*Iliade* d'Homère, sur Pindare, sur Aratus, et sur bien d'autres poëtes. Il discuta surtout les ouvrages d'Homère avec une exactitude incroyable, mais peut-être trop sévère; car dès qu'un vers ne lui convenait pas, il le traitait de supposé. On croit que c'est lui qui divisa l'*Iliade* et l'*Odyssée* en autant de livres qu'il y a de lettres dans l'alphabet. Horace, dans son *Art poétique*, donne une idée fort avantageuse de sa critique; il l'appelle un homme de bien, un homme prudent, préférant la vérité à la flatterie. Il mourut dans l'île de Chypre, à 72 ans, d'une hydropisie. Ne pouvant en guérir, il se laissa mourir de faim. On a donné son nom aux censeurs pénétrants et sévères.

ARISTARQUE, disciple et compagnon de saint Paul, était de Thessalonique, mais juif de naissance. Il accompagna cet apôtre à Éphèse, et demeura avec lui pendant les deux ans qu'il y fut, partageant ensemble les dangers et les travaux de l'apostolat. Dans le tumulte qu'un orfèvre de cette ville excita au sujet de la statue de Diane, il manqua de périr avec Caïus. Il sortit d'Ephèse avec saint Paul, et l'accompagna à Corinthe. Il le suivit encore dans le voyage qu'il fit à Jérusalem et s'embarqua avec lui, lorsqu'il fut conduit à Rome, l'an 60. Saint Paul, écrivant aux Colossiens, témoigne qu'il était avec lui, et l'appelle le compagnon de sa captivité, *concaptivus meus*. On ne sait point ce qu'il devint après la mort de saint Paul. Les Grecs l'honorent sous le titre d'*apôtre* et de *martyr* le 14 avril, et les Latins font mention de lui le 4 août.

ARISTÉE le *Proconésien*, historien et poëte grec, florissait du temps de Cyrus et de Crésus, vers l'an 556 avant J.-C. On lui attribue un poëme épique en trois livres, sur *la guerre des Arimaspes* ou Scythes Hyperboréens. Cet ouvrage s'est perdu. Longin en rapporte six vers dans son *Traité du Sublime*, et Tzetzès six autres. Aristée avait encore composé un livre en prose sur la *Théogonie*, ou l'*Origine des dieux*. Cet ouvrage n'est point parvenu jusqu'à nous, et on doit le regretter plus que ses vers.

ARISTÉE, que Pappus a surnommé l'*Ancien*, vivait vers le temps d'Alexandre-le-Grand. Euclide avait tant d'estime et d'attachement pour lui, qu'il ne voulut pas écrire sur un sujet qu'avait traité son ami, de crainte de nuire à la réputation qu'Aristée s'était acquise. On avait de lui deux ouvrages qui roulaient sur la géométrie sublime ; mais l'injure des temps en a privé la postérité.

ARISTÉE, officier de Ptolémée Philadelphe, roi d'Égypte, était juif d'origine. Ce prince l'envoya demander au grand-prêtre Eléazar des savants pour traduire la loi des Juifs d'hébreu en grec. Eléazar en choisit soixante-douze, six de chaque tribu, qui firent cette traduction appelée des *Septante*. On prétend qu'Aristée composa l'*Histoire* de cette version. Nous en avons une, à la vérité, qui porte son nom ; mais il est difficile de décider quel degré de croyance elle mérite. Bellarmin, La Bigne, et quelques autres, ont cru qu'elle était la même que citaient saint Jérôme, Eusèbe et Tertullien ; mais Louis Vivès, Alphonse Salmeron, Scaliger, etc., ne doutent pas que ce ne soit une pièce supposée par quelque juif ; et il semble qu'on n'en doive plus douter, après ce que Henri de Valois a écrit dans ses notes sur Eusèbe. Elle a été publiée sous ce titre : *Historia de sanctæ Scripturæ interpretibus*, Oxford, 1692, in-8, et dans la *Bible* de Rome, 1471, 2 vol. in-fol. Van Dale a donné une *Dissertation* sur cet ouvrage, Amsterdam, 1705, in-4.

ARISTENÈTE, auteur grec du 5ᵉ siècle, périt dans un tremblement de terre qui renversa la ville de Nicomédie. Nous avons de lui des *Lettres* ingénieuses, Paris, 1610, in-8, traduites en français, in-12.

ARISTIDE, surnommé *le Juste*, avait pour rival à Athènes le célèbre Thémistocle. Ces deux hommes, élevés ensemble dès leur enfance, avaient des qualités différentes : l'un, si l'on en croit les partisans d'Aristide, fut plein de candeur et de zèle pour le bien public; l'autre, artificieux, fourbe et dévoré d'ambition. Mais il est plus naturel de croire qu'ils allaient tous les deux au même but, celui de l'autorité suprême, par des voies différentes, assorties à leur caractère. Aristide aurait voulu éloigner son rival du gouvernement; mais il fut lui-même condamné à l'exil par le jugement de l'ostracisme, vers l'an 483 avant J.-C. Les Athéniens, peuple volage et inconstant dans sa haine comme dans son affection, le rappelèrent quelque temps après avec tous les exilés. Il engagea les Grecs à se réunir contre les Perses, et se distingua aux batailles de Salamine et de la Platée, comme il avait fait à celle de Marathon. Il fit établir une caisse militaire pour soutenir la guerre. Le désintéressement, avec lequel il leva la taxe imposée à cette occasion, fit appeler *siècle d'or* le temps de son administration. Il mourut si pauvre que la République fut obligée de faire les frais de ses funérailles, de doter ses filles et de donner quelques biens à ses fils. Lysimachus, fils de l'une de ses filles, gagnait sa vie à expliquer des songes dans les carrefours. On ignore le lieu et le temps de la mort d'Aristide. Le surnom de *Juste* lui fut donné plusieurs fois de son vivant. Mais pour bien apercevoir ces sortes d'épithètes, il faut sans cesse se rappeler l'état où étaient la justice et toutes les vertus chez ces nations vaines et corrompues. L'homme qui se garantissait tant soit peu, ne fût-ce qu'en apparence, des vices de la multitude, passait pour un phénomène de sagesse. Théophraste assure qu'Aristide ne connaissait plus d'équité ni de vertu, lorsque la politique l'exigeait ; qu'il déliait les Athéniens du serment de fidélité, et se chargeait seul du parjure du peuple entier. Il se faisait un devoir et un système de s'opposer aux conseils de Thémistocle, lors même qu'ils étaient d'une utilité sensible, et le haïssait au point de dire que la République était détruite, s'il n'était jeté dans un précipice. Cette haine, fatale aux Athéniens, prenait sa source, selon quelques-uns, dans une rivalité d'amour, et non dans un zèle patriotique.

ARISTIDE, de Milet, historiographe, vivait longtemps avant J.-C. Il se rendit célèbre par ses *Milésiaques*, contes romanesques et souvent licencieux. Apulée, auteur de l'*Ane d'or*, avertit, dans sa préface, qu'il va écrire des contes *à la Milésiaque* : ce qui prouve que ces ouvrages devaient avoir du succès. Plutarque le cite souvent dans ses petits parallèles.

ARISTIDE, peintre de Thèbes, fut le premier, dit-on, qui mit sur la toile les mouvements de l'âme et les passions qui l'agitent. Pline le naturaliste dit qu'Attale offrit jusqu'à 6,000 sesterces d'un de ses tableaux. Il vivait du temps d'Apelles.

ARISTIDE (saint), d'Athènes, philosophe, vivait dans le 2ᵉ siècle. S'étant fait chrétien, il ne changea point de profession, et soutint par sa philosophie l'Évangile de Jésus-Christ; car il composa pour les chrétiens une excellente *Apologie* remplie de passages choisis des philosophes. Il la présenta lui-même à l'empereur Adrien, lorsqu'il était à Athènes, vers le même temps où Quadratus lui présentait la sienne. Elle ne produisit point tout son effet, mais elle adoucit au moins les lois portées contre les chrétiens. Saint Jérôme dit qu'elle subsistait encore de son temps.

ARISTIDE (Ælius), orateur grec, prêtre de Jupiter, né à Hadriani dans la Mysie, vers l'an 129 de J.-C., prit le surnom de *Théodore*, qui veut dire *grâce* ou *don de Dieu*, en mémoire d'une guérison qu'il avait reçue, et qu'il crut surnaturelle. Les plus grands maîtres lui donnèrent des leçons d'éloquence. Il passa sa vie à haranguer et à voyager. Lorsque Smyrne fut ruinée par un tremblement de terre, il écrivit une lettre si touchante à Marc-Aurèle, que ce prince ordonna sur-le-champ de la rétablir. Les habitants érigèrent, en reconnaissance, une statue à Aristide. Il mourut dans sa patrie à l'âge de 60 ans. On a de lui des *Hymnes* en prose à l'honneur des dieux et des héros; des *Panégyriques*, des *Oraisons funèbres*, des *Apologies*, des *Harangues*, où il soutient le pour et le contre. Samuel Jepp, savant médecin anglais, nous en a donné une excellente édition, en 2 vol. in-42, grecque et latine, à Oxford, en 1722 et 1730, avec des notes pleines d'érudition, recueillies de Camer, Paulmier, Spanheim, Normann, Tristan, Lefèvre, Louis Bar, auxquelles l'éditeur a joint aussi les siennes.

ARISTIPPE de CYRÈNE, disciple de Socrate, fondateur de la secte *cyrénaïque*, quitta la Libye, dont il était originaire, pour aller entendre ce philosophe à Athènes. Le fonds de sa doctrine était que la volupté est le souverain bien de l'homme pendant cette triste vie. Une philosophie si commode eut beaucoup de partisans. Les grands seigneurs l'aimèrent; Denys le tyran la recherca. Il couvrit, à la cour de ce prince, le manteau de philosophe de celui de courtisan. Il dansait et s'enivrait avec lui. Il donnait sa décision sur tous les plats; les cuisiniers prenaient ses ordres pour la préparation et la délicatesse des mets. Sa conversation était piquante par une infinité de bons mots. Denys le tyran lui ayant demandé pourquoi les philosophes assiégeaient les portes des grands, tandis que ceux-ci n'allaient jamais chez les philosophes : *C'est*, répondit Aristippe, *que les philosophes connaissent leurs besoins, et que les grands ne connaissent pas les leurs.* D'autres disent qu'il lui répondit plus simplement : *C'est que les médecins vont ordinairement chez les malades.* On voit, par ces réponses, que de tout temps les philosophes, même les épicuriens, ont eu une très-forte dose de suffisance et d'orgueil; ils ont toujours affiché le titre de *précepteurs du genre humain*. Le désordre des mœurs d'Aristippe égalait sa vanité, mais elle était sujette à de singulières inconstances. Un jour le même prince lui donna le choix de trois courtisanes. Le philosophe les prit toutes trois, disant : *Que Pâris ne s'en était pas mieux trouvé pour avoir jugé en faveur d'une déesse contre deux autres déesses.* Il les mena ensuite jusqu'à sa porte et les congédia. Les philosophes de ce temps-là, comme ceux du nôtre, se plaisaient à s'injurier réciproquement. *Si Aristippe pouvait se contenter de légumes*, disait Diogène le cynique, *il ne s'abaisserait pas à faire lâchement la cour aux princes.*—*Si celui qui me condamne*, répliquait Aristippe, *savait faire la cour aux princes, il ne se contenterait pas de légumes.* Comme on lui demandait ce que la philosophie lui avait appris : *A bien vivre avec tout le monde*, répondit-il, *et à ne rien craindre.*—En quoi les philosophes sont-ils au-dessus des autres hommes ?—*C'est*, disait-il, *que, quand il n'y aurait point de lois, ils vivraient comme ils font :* rodomontades dont personne n'est la dupe. Il avait coutume de dire « qu'il valait mieux être pauvre « qu'ignorant, parce que le pauvre n'a « besoin que d'être aidé d'un peu d'ar-« gent, au lieu qu'un ignorant a be-« soin d'être humanisé. » Il ne songeait pas que l'humanité est bien plus souvent la qualité des idiots que des savants de parade. On dit qu'il fut le premier qui exigea des récompenses de ses disciples. Ayant demandé cinquante drachmes à un père pour instruire son fils : *Comment, cinquante drachmes*, s'écria cet homme, *il n'en faudrait pas davantage pour avoir un esclave.*—*Eh bien !* repartit le philosophe plein de l'importance de ses leçons, *achète-le, et tu en auras deux*. Il vivait vers l'an 400 avant J.-C. Il avait composé des livres d'histoire et de morale, que nous n'avons plus, et il est à croire que la perte n'est pas grande. Il avait un fils et une fille; il abandonna le premier, parce qu'il ne voulait pas être philosophe, et prit un grand soin de la seconde, appelée *Arétée*, qui devint célèbre, et qui eut un fils auquel il donna le nom d'Aristippe. Wielan a publié un ouvrage intitulé : *Aristippe et quelques-uns de ses contemporains*, que Coiffier a traduit en français, 1802-1805, 7 vol. in-12.

ARISTIPPE, dit *le Jeune*, petit-fils du précédent, devint un des plus zélés défenseurs de la secte de son grand-père, vers l'an 364 avant J.-C. Il admettait pour principe de toutes les actions, deux mouvements de l'âme : la douleur et le plaisir.

ARISTIPPE, tyran d'Argos, vivait dans les frayeurs, suites de la tyrannie. Ce roi, après son souper, fermait toutes les portes de son appartement, quoiqu'elles fussent gardées par un grand nombre de soldats, et il montait ensuite, par une échelle, dans une chambre écartée, avec sa maîtresse. La mère de la fille retirait aussitôt l'échelle, l'enfermait sous la clef, et le lendemain matin venait la remettre à la trappe pour ouvrir leur prison. Aristippe, malgré ces précautions, fut assassiné par un Crétois, l'an 242 avant J.-C.

ARISTOBULE, de la race des sacrificateurs juifs, était précepteur de Ptolémée, roi d'Egypte. La synagogue de Jérusalem lui écrivit une belle lettre, pour lui donner avis des grâces que Dieu avait faites à la nation, en la délivrant du cruel Antiochus, de l'oppression des Macédoniens, et en découvrant aux Solymitains le feu sacré caché depuis si longtemps. Elle le suppliait, lui et tous les Juifs qui étaient en Egypte, de célébrer en actions de grâces, avec pompe et solennité, la fête de la *Scénopégie*.

ARISTOBULE I, prince juif, succéda, vers l'an 103 avant J.-C., comme grand-prêtre, à son père Jean Hircan, qui avait disposé de l'autorité souveraine en faveur de son épouse, quoique cette autorité fût ordinairement réunie à la dignité de grand-prêtre. Aristobule la fit enfermer, et prit le titre de Roi. Ayant entrepris une expédition contre les Ituréens qu'il soumit en grande partie, il tomba malade, et laissa à Antigone son frère le soin de terminer cette conquête. Son épouse, profitant de l'absence d'Antigone pour le calomnier, fit entendre à son mari qu'il cherchait à s'emparer de son autorité; à son retour, Aristobule le fit tuer par ses gardes. Ce meurtre lui ocasionna des remords qui aggravèrent encore sa maladie. Il mourut après avoir régné une année.

ARISTOBULE II. (Voyez l'article HIRCAN II.)

ARISTOBULE, juif et philosophe péripatéticien, dédia des livres qui contenaient des *Commentaires* sur les livres de Moïse, à Ptolémée Philadelphe, selon Eusèbe, *Hist. ecclés.*, liv. 7.

ARISTOGITON, jeune Athénien, d'une condition obscure, conspira contre Hipparque, tyran d'Athènes. Il se joignit à Harmodius, et délivra son pays du fléau de la tyrannie. Hippias, frère d'Hipparque, que les conspirateurs avaient déjà tué dans une émeute, fit mettre inutilement plusieurs accusés à la torture, entre autres, une courtisane, qui se coupa la langue avec les dents, plutôt que de découvrir la conspiration. Aristogiton, mis à la torture à son tour, accusa de complicité les amis d'Hippias, qui furent tous mis à mort. Comme le tyran lui demandait s'il n'y en avait plus : « Il n'y a plus que toi, lui répondit en « souriant Aristogiton, qui sois digne « de mort. » (Voyez ZÉNON d'Elée, auquel on attribue le même trait.) Dans la suite, les Athéniens firent élever, dans la place publique, des statues à leur libérateur : honneur qui, auparavant, n'avait été accordé à personne. Une petite fille d'Aristogiton fut mariée et dotée aux dépens de la république. Les tyrans furent chassés d'Athènes la même année que les rois le furent de Rome, l'an 513 avant J.-C.

ARISTOMÈNE I, ou ARISTODÈME, roi des Messéniens dans la Morée, épuisa tellement Lacédémone de citoyens, dans une guerre qu'il eut contre cette république, que l'armée lacédémonienne renvoya à Sparte les nouveaux soldats, et leur prostitua les femmes et les filles pour repeupler le pays. Ceux qui naquirent de ce commerce furent appelés *Parthéniens;* ils se bannirent ensuite eux-mêmes de Sparte, et allèrent, sous la conduite d'un certain Phalante, s'établir à Tarente en Italie. Aristomène se tua sur le tombeau de sa fille, qu'il avait sacrifiée pour faire cesser une peste qui ravageait sa patrie, vers l'an 724 avant J.-C.

ARISTOMÈNE II, général des Messéniens, souleva son pays contre Sparte l'an 685 avant J.-C. Ceux d'Argos, d'Elide, de Sicyone, favorisèrent la révolte. Aristomène battit les Lacédémoniens, s'introduisit à Sparte pendant la nuit, et attacha à la porte du temple de Minerve un bouclier qui alarma le peuple de cette ville. Les Messéniens, après quelques succès, furent abandonnés de leurs alliés, vaincus et obligés de se retirer dans une place forte sur le mont Ira. Aristomène soutint le siége pendant onze ans. Mais enfin obligé de céder, il se réfugia dans l'île de Rhodes. Il fut tué quelque temps après, ou, selon d'autres, il mourut de maladie, l'an 640 avant J.-C. On dit que lorsqu'on ouvrit son corps, on lui trouva le cœur tout velu.

ARISTON, fils et successeur d'Agasiclès, vers l'an 560 avant J.-C., dans le royaume de Lacédémone, est connu dans *Plutarque* par ses réparties. Quelqu'un lui ayant dit que le devoir d'un roi était de faire du bien à ses amis, et du mal à ses ennemis, il répondit « qu'il « convenait bien plus à un roi de con- « server ses anciens amis, et de savoir « s'en faire de nouveaux de ses plus « grands ennemis. » Ayant appris que l'on avait fait un éloge funèbre des Athéniens qui avaient été tués en combattant contre les Lacédémoniens, il dit : « S'ils honorent tant les vaincus, quel « honneur méritent donc les vain- « queurs ? » Il eut pour fils Démarate, qui lui succéda.

ARISTON, de l'île de Chio, surnommé *Sirène*, et disciple de Zénon, abandonna son premier maître, dont la rigueur des principes stoïques le rébutait, et s'attacha à Palémon, dont la morale s'accommodait très-bien avec sa douceur naturelle. Il se fit une doctrine particulière ; il disait qu'un sage ressemble à un bon comédien, qui fait également bien le rôle d'un roi et celui d'un valet. Le souverain bien, selon lui, était dans l'indifférence pour tout ce qui est entre le vice et la vertu. Il comparait ingénieusement les arguments des logiciens aux toiles d'araignée, fort inutiles, quoique faites avec beaucoup d'art. Il rejetait la logique, parce que, disait-il, elle ne mène à rien ; et la physique, parce qu'elle est au-dessus des forces de notre esprit. Quoiqu'il n'eût pas absolument rejeté la morale, il la réduisait à peu de chose. Il ne reconnaissait qu'une seule vertu qu'il appelait santé, et à laquelle toutes les autres devaient se rapporter. Aussi finit-il par la volupté, après avoir commencé par la philosophie : sort commun à tous ceux qui ne sont philosophes que par ostentation et pour le vain plaisir de débiter des maximes sonores. Il florissait vers l'an 236 avant J.-C. On dit qu'il était fort chauve, ce qui lui fit donner le surnom de *Phalantus*, et qu'ayant été frappé à la tête d'un coup de soleil, cet accident fut cause de sa mort.

ARISTON (Titus), jurisconsulte romain, sous l'empire de Trajan, cherchait la récompense de la vertu dans la vertu même : ce qui est une espèce d'absurdité, car la vertu doit avoir un principe et un motif différent d'elle-même. Ayant été attaqué d'une longue maladie, il pria ses amis de demander aux médecins s'il pouvait espérer sa guérison, en leur déclarant que, s'il n'y avait pas d'espérance, il se donnerait la mort ; mais que, si son mal n'était point incurable, il se résoudrait à souffrir et à vivre pour sa femme, sa fille et ses amis. Pline-le-Jeune en fait un bel éloge ; mais n'eût-il eu que la faiblesse du suicide, il est clair qu'il en faut beaucoup rabattre.

ARISTONICUS, fils d'Eumènes et d'une concubine d'Ephèse, irrité de ce qu'Attale III avait donné le royaume de Pergame aux Romains, leva des troupes pour s'en emparer et s'y maintenir, et défit le consul Lucinius Crassus, l'an 121 avant J.-C. La même année, le consul Perpenna le prit, et l'ayant fait conduire à Rome, il y fut étranglé en prison par ordre du sénat. Ce prince fut le dernier des Attalides, qui occupèrent le trône de Pergame l'espace de 154 ans.

ARISTOPHANE, poète comique grec, fit retentir le théâtre d'Athènes des applaudissements qu'on donna à ses pièces. On lui décerna par un décret public une couronne de l'*olivier sacré*, en reconnaissance des traits qu'il avait lancés contre ceux qui étaient à la tête de la république, et qui paraissaient avoir besoin de cette correction. Il avait composé 54 *comédies* ; il ne nous en reste que onze. Ce qui le distingue parmi les comiques grecs, est le talent de la raillerie. Il saisissait les ridicules avec facilité, et les rendait avec vérité et avec feu. Platon a jugé favorablement de ce poète, puisqu'il lui donne, dans son *Banquet*, une place distinguée, où il le fait parler suivant son caractère. On rapporte que le même Platon envoya à Denys le tyran un exemplaire de cet auteur, en l'exhortant à le lire avec attention, s'il voulait connaître à fond l'état de la république d'Athènes. Les philosophes se sont déchaînés contre lui ; et la raison de cet acharnement, c'est qu'ils prétendent que sa comédie des *Nuées* a causé la mort de leur patron Socrate ; mais Voltaire est de tous celui qui l'a le moins épargné : car il a été jusqu'à dire « que ce poète comique, qui n'est ni « comique ni poète, n'aurait pas été ad- « mis parmi nous à donner ses farces à « la foire de St-Laurent. » Il était tout simple qu'une telle assertion excitât la colère des savants ; aussi Brunck, un des plus habiles critiques de nos jours, pour la littérature grecque, n'a-t-il pu se dispenser de témoigner son indignation ; il prétend que Voltaire n'avait lu Aristophane en grec ; qu'Aristophane ne voulait pas plus la mort de Socrate, que celle d'Alcibiade, de Cléon, de Périclès, de Phryné, d'Eurypide, et autres, qu'il a joués, sans influer sur la mort ni des uns, ni des autres. Le reproche le plus fondé qu'on puisse lui faire, ce sont les obscénités grossières, les plates et ordurières bouffonneries dont il a parsemé ses pièces. Julien l'Apostat, écrivant à un de ses pontifes et lui indiquant les moyens de rapprocher les mœurs des païens de celles des chrétiens, ne manque pas de lui suggérer la défense de lire les ouvrages d'Aristophane. Ludolphe Kuster a donné une édition magnifique des *Comédies* d'Aristophane, en grec et en latin, avec de savantes notes, Amsterdam, 1710, in-fol. L'édition de Kuster a été réimprimée à Leyde en 1760, en 2 vol. in-4, par les soins de Burmann, *cum notis variorum;* mais cette réimpression, quoique bien exécutée, n'a rien diminué du mérite de l'édition originale. Les comédies d'Aristophane sont : *le Plutus*, *les Oiseaux*, toutes deux contre les dieux et les déesses; *les Nuées*, contre Socrate, où la vanité et le genre de fanatisme propres à ce philosophe ne sont pas mal joués; *les Grenouilles; les Chevaliers; les Acarniens, les Guêpes; la Paix; les Harangueuses: les Femmes au Sénat,* et *Lysistrate.* Nous avons une traduction française du *Plutus* et des *Nuées* par Mad. Dacier, et des *Oiseaux* par Boivin le cadet. Poinsinet de Sivry a donné le *Théâtre d'Aristophane traduit en français, partie en vers, partie en prose*, Paris, 1784, 4 vol. in-8.

ARISTOPHANE de Byzance, disciple d'Eratosthène et célèbre grammairien, mérita la place de surintendant de la bibliothèque d'Alexandrie, que le roi Ptolémée Evergète lui donna. Il mourut dans un âge fort avancé, vers l'an 220 avant J.-C.

ARISTOTE, surnommé le *Prince des philosophes*, naquit à Stagire, ville de Macédoine, l'an 384 avant J.-C. Son père Nicomachus était médecin, et descendait, dit-on, d'Esculape. Aristote, l'ayant perdu fort jeune, dissipa son bien, se livra à la débauche, prit le parti des armes, et le quitta ensuite pour la philosophie. L'oracle de Delphes lui ordonna d'aller à Athènes; il s'y rendit, entra dans l'école de Platon, et en devint l'âme et la gloire. On dit qu'il fut obligé, pour vivre, d'exercer la pharmacie. Continuellement livré au travail, il mangeait peu, et dormait encore moins. Diogène Laërce rapporte que, pour ne pas succomber à l'accablement du sommeil, il étendait hors du lit une main, dans laquelle il tenait une boule d'airain, afin que le bruit qu'elle ferait en tombant dans un bassin le réveillât. Après la mort de Platon, Aristote se retira à Atarne, petite ville de la Mysie, auprès de son ami Hermias, usurpateur de ce pays. Ce prince ayant été mis à mort par ordre du roi de Perse, Aristote épousa sa sœur qui était restée sans biens. Quand Alexandre-le-Grand eut atteint environ 14 ans, Philippe son père appela Aristote pour le lui confier. La lettre qu'il lui écrivit, à l'occasion de sa naissance, fait honneur au prince et au philosophe : « Je vous apprends, lui « disait-il, que j'ai un fils. Je remercie « les dieux, non pas tant de me l'avoir « donné, que de me l'avoir donné du « temps d'Aristote. J'espère que vous en « ferez un successeur digne de moi et « un roi digne de la Macédoine. » Les espérances de Philippe ne furent pas trompées. Le maître apprit à son disciple les sciences qu'il possédait, et cette sorte de *philosophie qu'il ne communiquait à personne*, comme dit Plutarque; ce qui ne donne pas de cette philosophie une bien bonne idée, car le vrai sage ne songe qu'à répandre ses lumières : on est allé jusqu'à croire que cette philosophie était celle de Machiavel. L'usage qu'on en a fait Alexandre confirme cette idée. Philippe lui érigea des statues, et fit rétablir sa ville natale ruinée par les guerres. Lorsque son élève se disposa à ses conquêtes, Aristote, qui préférait le repos au tumulte des armes, retourna à Athènes. Il y fut reçu avec les honneurs dus au précepteur d'Alexandre, et au premier philosophe de son temps. Les Athéniens, auxquels Philippe avait accordé beaucoup de grâces à sa considération, lui donnèrent le Lycée pour y ouvrir son école. Il donnait ordinairement ses leçons en se promenant; ce qui fit appeler sa secte, la *secte des Péripatéticiens*. Le succès de la philosophie d'Aristote ne fut pas ignoré d'Alexandre. Ce prince lui écrivit de s'appliquer à l'histoire des animaux, lui envoya 800 talents pour la dépense que cette étude exigeait, et lui donna un grand nombre de chasseurs et de pêcheurs, pour faire des recherches. Aristote, au comble de sa gloire, ne fut pas au-dessus des passions et des folies qui en sont l'effet naturel. Son amour pour la courtisane Pythaïs devint une espèce de fureur, qui le porta à l'ériger en divinité, et à lui rendre après sa mort le même culte que les Athéniens rendaient à Cérès. Eurymédon, prêtre de cette déesse, l'accusa de ne pas y croire. Aristote se retira à Chalcis, dans l'île d'Eubée (aujourd'hui Négrepont), pour empêcher qu'on ne commît une injustice contre la philosophie; mais il aurait eu plus de bonne philosophie à ne pas diviniser l'objet de ses folles amours. C'est sans fondement que quelques critiques modernes ont nié cette anecdote, comme si la vérité de l'histoire devait être sacrifiée à la gloire des hommes célèbres. Aristote mourut à 63 ans, l'an 322 avant J.-C., deux années après la mort d'Alexandre. Les Stagyrites lui dressèrent des autels, et lui consacrèrent un jour de fête. Il ne paraît cependant pas trop qu'il dût exciter tant d'admiration par ses vertus, ni par sa doctrine religieuse et morale. Sans parler des crimes dont Diogène Laërce et Athénée le disent coupable avec Hermias, de sa conduite insensée et impie envers Pythaïs, on connaît les efforts qu'il fit pour décrier tous ceux qui avaient acquis quelque réputation, les médisances et les injures avec lesquelles il les opprima, les faussetés manifestes qu'il leur imputa, la manière dont il abandonna Hermias dans ses disgrâces, ses jalousies contre Speusippe, ses animosités contre Xénocrate, les troubles qu'il fomenta dans la cour de Philippe et d'Alexandre-le-Grand; enfin sa perfidie envers ce même Alexandre son bienfaiteur, découvre assez quel était le fond de son cœur. Xiphilin nous apprend que l'empereur Caracalla fit brûler tous les livres de ce chef des péripatéticiens, en haine du conseil détestable qu'il avait donné à Antipater d'empoisonner Alexandre. Il prétendait que Dieu était sujet aux lois de la nature, sans prévoyance, sourd et aveugle pour tout ce qui regarde les hommes, croyait le monde éternel, et, selon l'opinion commune de ses commentateurs, l'âme mortelle. Il tourna en ridicule ceux qui voulurent ramener les hommes à la croyance d'un seul Dieu, disant que cette manière de penser était, il est vrai, d'un sage et d'un homme de bien, mais qu'elle manquait de prudence, puisqu'en agissant ainsi, ils nuisaient à leurs propres intérêts, et s'exposaient au ressentiment des polythéistes. Belle morale et digne d'un chef des philosophes! (Voyez PLATON, STILPON.) Si nous en croyons Diogène Laërce, sa mort fut semblable à sa vie: il s'empoisonna, pour se soustraire à la colère de Médon. Mais saint Grégoire de Nazianze, saint Justin et d'autres écrivains disent qu'il se précipita dans l'Euripe. Il laissa de Pythaïs une fille qui fut mariée à un petit-fils de Démaratus, roi de Lacédémone. Il avait eu d'une autre concubine un fils, nommé *Nicomachus*, comme son aïeul; c'est à lui qu'il adressa ses livres de *Morale*. Le sort d'Aristote, après sa mort; n'a pas été moins singulier que durant sa vie. Il a été longtemps le seul oracle des écoles, et on l'a trop dédaigné ensuite. Le nombre de ses commentateurs, anciens et modernes, prouve le succès de ses ouvrages. Quant aux variations que sa mémoire a éprouvées, elles lui sont communes avec tous les fondateurs des sectes philosophiques, et tiennent autant aux caprices de la postérité qu'à la nature des systèmes enseignés. Diogène Laërce rapporte quelques-unes de ses sentences qui n'ont rien de bien extraordinaire, et dont quelques-unes sont outrées ou fausses, d'autres trop recherchées. « Les sciences ont des racines « amères; mais les fruits en sont doux... « Il y a la même différence entre un sa-« vant et un ignorant, qu'entre un hom-« me vivant et un cadavre... L'amitié est « comme l'âme de deux corps... Il n'y a « rien qui vieillisse sitôt qu'un bienfait... « L'espérance est le songe d'un homme « éveillé... Soyons amis de Socrate et de « Platon, et encore plus de la vérité... « Les lettres servent d'ornement dans la « prospérité, et de consolation dans « l'adversité. » Aristote confia en mourant ses écrits à Théophraste, son disciple et son successeur dans le Lycée; mais ils ne sont pas parvenus en entier et sans altération jusqu'à nous. (Voyez APELLICON.) Les plus estimés sont sa *Dialectique*, sa *Morale*, son *Histoire des animaux*, sa *Poétique* et sa *Rhétorique*. Le précepteur d'Alexandre montra, dans ce dernier ouvrage, que la philosophie est le guide de tous les arts. Il creusa avec sagacité les sources du bel art de persuader. Il fit voir que la dialectique en est le fondement, et qu'être éloquent, c'est savoir prouver. Tout ce qu'il dit sur les trois genres, le délibératif, le démonstratif et le judiciaire, sur les passions et les mœurs; sur l'élocution, sans laquelle tout languit; sur l'usage et le choix des métaphores, mérite d'être étudié. Aristote fit cet ouvrage suivant les principes de Platon, sans s'attacher servilement à la manière de son maître. Celui-ci avait suivi la méthode des orateurs; son disciple crut devoir préférer celle des géomètres. Sa *Poétique* est un traité digne du précédent; l'un et l'autre furent composés pour Alexandre. Quant à la philosophie, il mêle à des vues justes et profondes des erreurs grossières et des obscurités qui ont donné bien de l'exercice à ses commentateurs. Un de ses principes favoris est que l'âme acquiert ses idées par les sens; principe combattu par de célèbres métaphysiciens, et qui, dans le sentiment même d'Aristote, doit s'entendre *occasionnellement*, comme s'exprimaient les Arabes, c'est-à-dire que les sens sont l'occasion des idées que l'âme se forme elle-même des choses matérielles. « Mais il y a, dit un philosophe, « bien des idées dont les sens ne sau-« raient même être *l'occasion*. Il n'y a « rien que nous concevions plus distinc

« tement que notre pensée même, ni de
« proposition qui puisse nous être plus
« claire que celle-ci : *Je pense, donc je
« suis*. Qu'on nous dise, si l'on peut,
« par quel sens sont entrées dans notre
« esprit les idées de l'être et de la pen-
« sée. » Sa *Rhétorique* a été traduite en
français par Cassandre, sa *Poétique* par
Dacier et Le Batteux, ses *Politiques* par
Champagne, 1797, par Millon, 1803,
et plus anciennement par L. Leroi, et
Regius; dans le même volume sont la
République et le *Phédon* de Platon, traduits aussi en français par le même,
Paris, 1600, in-fol. L'*Histoire des animaux* a été traduite avec le texte grec à
côté, et des notes, 1783, in-4. Le traité
de Mundo, attribué à Aristote, se trouve
en grec et en français dans l'*Histoire
des causes premières* de Le Batteux, Paris, 1765, in-8. (Voyez ces articles.) La
meilleure édition des ouvrages d'Aristote est celle de Paris, au Louvre, 1619,
donnée par Duval, en 2 vol. in-fol.,
grec et latin. On peut consulter un ouvrage de Jean de Launoi : *De variâ
Aristotelis fortunâ* ; celui de Patricius,
Peripateticæ discussiones ; et un traité
du P. Rapin, *Comparaison de Platon et
d'Aristote*.

ARISTOTIME, tyran d'Élide, vivait
du temps de Pyrrhus, roi des Épirotes.
Après avoir exercé des cruautés inouïes,
il fut tué dans un temple de Jupiter, par
Thrasibule et Lampis, auxquels Hella-
nicus en avait inspiré le dessein. Sa
femme et ses deux filles se pendirent de
désespoir avec leurs ceintures.

ARISTOXÈNE de Tarente, en Italie,
s'adonna à la musique et à la philosophie, sous Alexandre-le-Grand, et sous
ses premiers successeurs. Des 453 volumes dont Suidas le fait auteur, il ne
reste que ses *Éléments harmoniques*, en
3 livres, qui est le plus ancien traité de
musique qui soit parvenu jusqu'à nous.
Meursius le publia à Leyde, en grec, en
1616, in-4. Il avait déjà paru en latin avec
les *Harmoniques* de Ptolémée, par Antonin Gogavin, Venise, 1561, in-4. L'ouvrage d'Aristoxène reparut bien plus correct dans le *Recueil des musiciens grecs*,
de Marc Meibomius, 2 vol. in-4, à Amsterdam, 1652, avec de savantes notes.

ARIUS, chef et fondateur de la secte
arienne, naquit en Libye, ou, selon
d'autres, à Alexandrie. Achillas, évêque de cette ville, le fit prêtre dans un
âge assez avancé, et le chargea de la
prédication et du gouvernement d'une de
ses églises. Son éloquence, ses mœurs
austères, son air mortifié, semblaient
le rendre digne du sacré ministère ;
mais son ambition le perdit. Après la
mort du saint évêque Achillas, le prêtre
Arius, irrité de n'avoir pas été son successeur, combattit la doctrine catholique sur la divinité du Verbe. Il soutenait que le nom de Dieu ne convenait
pas au Fils ; que ce fils était une créature tirée du néant, capable de vertu et
de vice ; qu'il n'était pas véritablement
Dieu, mais seulement par participation
comme toutes les autres à qui on donne
le nom de Dieu. En avouant qu'il existait avant tous les siècles, il affirmait
qu'il n'était point coéternel à Dieu. Saint
Alexandre, évêque d'Alexandrie, l'anathématisa dans deux conciles, en 319
et en 321. L'hérésiarque, retiré en Palestine, gagna des évêques, parmi lesquels Eusèbe de Nicomédie et Eusèbe
de Césarée furent les plus ardents (quoique ce dernier trouve quelques défenseurs
parmi les critiques). Arius travaillait en
même temps à répandre ses erreurs
parmi le peuple ; il les mit en chansons :
son poëme intitulé *Thalie* (nom emprunté d'une pièce efféminée de Sotade,
poëte égyptien), composé sur des airs
infâmes, n'est qu'un tissu d'impiétés et
de louanges fades qu'il se donnait à lui-
même. Eusèbe de Nicomédie assembla
un concile formé de la plus grande partie des évêques de la Bithynie et de la
Palestine, qui leva l'excommunication
prononcée contre Arius. Il voulut aussi
faire entendre à l'empereur Constantin
que cette question n'était qu'une vaine
subtilité ; imposture que les philosophes
modernes ne cessent de répéter, et qui
n'en est pas moins le comble de l'absurdité comme de l'impiété, puisque la divinité de Jésus-Christ, fondée sur la
consubstantialité du Verbe, est le dogme fondamental du christianisme, et
que, si ce dogme n'est pas vrai, Jésus-
Christ a établi une religion fausse. Il
est clair, d'ailleurs, que si les trois personnes divines, le Père, le Fils et le
Saint-Esprit, ne sont pas un seul Dieu,
dans le sens le plus exact et le plus rigoureux, le christianisme, tel qu'il subsiste dans toutes les communions qui ne
sont pas ariennes ou sociniennes, est un
véritable polythéisme, puisque nous ren-
dons à ces trois personnes divines le
même culte suprême. Entre les païens
et nous, il n'y aura point de différence,
sinon qu'ils admettaient un plus grand
nombre de dieux, et que nous savons
déguiser notre polythéisme par des subtilités qui leur étaient inconnues. Enfin,
Jésus-Christ a déclaré qu'il était venu
dans le monde pour apprendre aux hommes à rendre à Dieu le culte d'adoration

en esprit et en vérité ; or. il veut que tous honorent le Fils comme ils honorent le Père. S'il n'est pas un seul Dieu avec le Père, ce culte est-il juste et légitime ? C'est une profanation et une impiété. (V. Eutychès, Nestorius.) Constantin comprit sans peine l'importance de la vérité qu'Arius attaquait ; il assembla à Nicée en Bithynie, l'an 325, un concile œcuménique, où l'hérésiarque fut convaincu de ses erreurs, excommunié par les Pères, et condamné au bannissement par le prince : décision qui prouve, contre les sociniens, combien la foi de la divinité de Jésus-Christ était constante et générale avant le concile de Nicée, puisqu'elle y fut unanimement reconnue comme une vérité ancienne et incontestable, et l'opinion contraire rejetée comme un blasphème. (Voyez Paul de Samosate.) On remarque de plus que le concile, en condamnant Arius, anathématise nommément sa *Thalie* : ce qui prouve qu'on n'avait alors aucun doute sur l'infaillibilité de l'Eglise en matière de faits dogmatiques. Après trois ans d'exil, Constantin, à l'instigation d'un prêtre arien, rappela Arius et ceux de son parti, qui avaient été anathématisés par le concile de Nicée. Cet hypocrite présenta à l'empereur une profession de foi composée avec tant d'art, qu'il était difficile d'y apercevoir les erreurs qu'on y avait cachées sous le masque de la vérité. Arius revint triomphant à Alexandrie ; mais Athanase, successeur d'Alexandre, ne voulut pas le recevoir à sa communion. Il assista ensuite, en 335, au concile de Tyr, auquel il présenta sa profession de foi captieuse, qui fut approuvée. Les Pères écrivirent même en sa faveur à l'Eglise d'Alexandrie. Il retourna dans cette ville où le peuple, préservé du venin de l'erreur par saint Athanase, refusa de le recevoir. Constantin, instruit du trouble que sa présence avait causé à Alexandrie, l'appela à Constantinople ; il lui demanda s'il suivait la foi de Nicée. Arius le jura, en lui présentant une nouvelle profession de foi où l'hérésie était couverte par des paroles tirées de l'Ecriture. Constantin, ne soupçonnant point que l'hérésiarque le trompât, fit ordonner à Alexandre, évêque de Constantinople, de l'admettre à la communion des fidèles. Mais cet ordre resta sans effet, par un événement qui, en faisant triompher les catholiques, donna au monde entier une preuve éclatante des arrêts secrets et redoutables de la justice divine. « On avait choisi un di-
« manche, dit un historien qui rapporte
« la chose avec le plus intéressant détail,
« pour le rétablissement de cet impie,
« afin de le rendre plus éclatant. Le sa-
« medi sur le soir, comme saint Alexan-
« dre continuait de prier, l'orgueil im-
« patient des hérétiques leur fit conduire
« Arius par la ville comme en triomphe
« et lui-même, enchérissant sur leur os-
« tentation, se répandit en discours in-
« solents. La foule était innombrable, e
« grossissait de rue en rue. Comme on
« approchait de la place dite *Constanti-*
« *nienne*, et qu'on apercevait au fond d
« cette place le temple où l'hérésiarque
« devait être rétabli, il pâlit à la vue d
« tout le monde, éprouva une soudain
« frayeur et de violents remords. Il sen
« tit en même temps quelque besoin na
« turel. Il entra dans un des lieux public
« multipliés dans la nouvelle Rome ave
« autant de magnificence que tous le
« autres édifices. Il y expira dans le
« plus cruelles douleurs, en rendant un
« grande abondance de sang, avec un
« partie de ses entrailles, l'an 336 d
« J.-C. Digne fin d'un impie, trop sem
« blable, pendant sa vie, au perfide Ju
« das, pour ne pas lui ressembler dan
« les circonstances de sa mort. Ce dé
« nouement effrayant, et qui passa pou
« miraculeux, causa autant d'abbate
« ment aux ariens que d'espoir aux fidè
« les orthodoxes. Le lieu de cette tragi
« que scène devint l'horreur publique
« et par la suite un arien l'acheta, afi
« d'effacer ou d'affaiblir, en le conver
« tissant en un autre usage, la mémoir
« de cet opprobre. » Il s'en faut bien qu
son hérésie mourût avec lui. On est surpris et effrayé de toutes les scènes horribles que présente l'histoire de l'arianisme. L'impiété, l'hypocrisie, la dissimulation, la malice, la perfidie des ariens, paraîtraient incroyables, si elles n'étaient appuyées sur le témoignage de tous les historiens du temps, et de saint Athanase lui-même. L'arianisme, timide dans ses commencements, mit en œuvre la souplesse et l'artifice. Soutenu par la puissance impériale, il s'enhardit, et ne connut plus de bornes dans ses orgueilleuses prétentions. Il semblait menacer l'Eglise d'une destruction entière ; mais il ne réussit point, parce que celui qui a fondé cette Eglise lui a promis que les *portes de l'Enfer ne prévaudraient point contre elle*. (Voyez Athanase.)

ARIUS, roi de Sparte, fit alliance avec Onias, grand-prêtre des Juifs, et lui écrivit une belle lettre dans une feuille carrée, et scellée d'un cachet où était empreinte la figure d'un aigle qui tient un serpent dans ses serres. Il lui faisait savoir qu'ils avaient trouvé dans leurs archives, que les Juifs et les Lacédémoniens n'avaient qu'une même origine, étant descendus d'Abraham ; et qu'ainsi ils devaient n'avoir que les mêmes intérêts. (Voyez le premier livre des Machabées, chap. 12.)

ARK (Ildephonse), historien suisse, né en 1756, mort le 16 octobre 1834 à Saint-Gall, s'est principalement distingué par son excellente *Histoire de Saint-Gall*. On lui doit la découverte de plusieurs importants manuscrits du moyen-âge.

ARKWRIGHT (sir Richard), célèbre manufacturier anglais, né dans une condition pauvre, prit d'abord le métier de barbier, qu'il quitta pour exercer la profession de marchand de cheveux. Doué d'un esprit inventif, il avait conçu l'idée d'une mécanique qui devait réaliser le problème du mouvement perpétuel ; mais il fut détourné, dit-on, de ce projet par un horloger nommé John Kay, qui l'engagea à appliquer son invention aux filatures de coton, en lui faisant entrevoir qu'il en pourrait tirer de bien plus grands avantages. Arkwright, après différentes tentatives infructueuses et des obstacles sans nombre que lui suscitèrent des envieux, jaloux de ses premiers essais, réussit complètement ; il donna aux fabriques anglaises une grande supériorité sur celle du continent. En 1786, il fut créé chevalier, et mourut le 3 août 1792, laissant à sa famille une fortune immense.

ARLAND (François-Soulange) quitta la France, sa patrie, lors de la tourmente révolutionnaire, et se retira à Gottingen, où il devint professeur. En 1807, lorsque Napoléon fit occuper le Hanovre pour en former une province du royaume de Westphalie, Arland fut un des premiers qui, par leurs écrits, intercédèrent auprès du vainqueur pour les établissements littéraires et scientifiques, et parvinrent à les faire respecter, même dans les franchises les plus contraires aux idées des nouveaux administrateurs. Cet homme, qui a rendu de véritables services à nos compatriotes qui allèrent à Gottingen pour y faire leurs études, est mort en mai 1837. On a de lui : *Histoire de la révolution de Danemarck* en 1660, traduite de l'allemand de Spiltler ; *Manuel d'histoire naturelle*, traduit de l'allemand de Blumembach. Il a encore traduit plusieurs ouvrages de *Sartorius* et de *Meiners*, et donné plusieurs articles au *Magasin encyclopédique*.

ARLAUD (Jacques-Antoine) naquit à Genève, en 1668. Il fut peintre de fort bonne heure, et fut lui-même son maitre. Dès l'âge de vingt ans, il passa en France, où son pinceau délicat et son coloris brillant lui firent une grande réputation. Le duc d'Orléans, régent du royaume, se l'attacha, et le gratifia d'un appartement dans son château de Saint-Cloud, où Arlaud lui donna des leçons. Arlaud se retira ensuite à Genève, où il mourut en 1747. Il légua à la bibliothèque de cette ville une collection de livres rares et curieux, et plusieurs bons tableaux anciens et modernes.

ARLES, le cardinal. (Voyez ALEMAN.)

ARMAGNAC (Jean d'), cardinal, fils naturel de Jean II, comte d'Armagnac, et frère de Jean III, et de Bernard, connétable de France, fut fait archevêque d'Auch, par Clément VII, en 1391 ; puis conseiller-d'Etat en 1401, par le roi Charles VI ; et enfin cardinal par Pierre de Lune, en 1409. Il mourut peu de temps après.

ARMAGNAC (Bernard, comte d'), frère du précédent, fut un seigneur du premier mérite. Il avait fait la guerre pendant vingt ans avec distinction. La reine, femme de Charles VI, le fit venir à la cour, pour le mettre du parti des Orléanais : c'est de là qu'ils furent nommés *Armagnacs*. Le comte se fit acheter bien cher ; car outre l'épée de connétable qu'il reçut presque en arrivant, il se fit encore donner le commandement absolu des troupes et des finances. La liaison de la reine et du connétable ne fut pas de longue durée. Le comte d'Armagnac, homme fort rigide, désapprouvait publiquement la conduite de cette princesse, qui, pour s'en débarrasser, s'unit avec ses ennemis. La reine, voyant que le connétable avait juré sa perte, et que le roi, prévenu contre elle, allait l'exiler, prit la fuite, et alla se mettre sous la protection du duc de Bourgogne. Ce prince arma pour sa défense. Le connétable laissa surprendre Paris le 29 juin 1418. Il eut beau se cacher, il fut décelé par un maçon, chez qui il s'était sauvé. Les Bourguignons ne firent d'autre mal au connétable, que de le mettre en prison, dans l'espérance qu'il avouerait où étaient ses trésors. Mais à quelques jours de là, sur le bruit qui se répandait que lui et le chancelier en seraient quittes pour de l'argent, le peuple en fureur alla les tirer de la conciergerie, et les massacra sur-le-champ dans la cour du palais.

ARMAGNAC (Jean I, comte d'), fils et successeur de Bernard VI, comte d'Armagnac, descendait de Clovis par les ducs d'Aquitaine et les ducs de Gascogne. En 1336, il seconda le comte d'Eu, connétable de France, dans la guerre contre les

Anglais. Nommé, en 1335, commandant du Languedoc par le roi Jean, il présida les Etats de cette province, et refusa de passer sous la domination anglaise, après le traité de Bretigny. Des intérêts de famille le brouillèrent avec le comte de Foix, qui le fit prisonnier, et exigea pour sa rançon 50,000 livres. Il prit ensuite les armes en Espagne en faveur de Pierre-le-Cruel, et soumit le Limousin à la France. Il mourut en 1373.

ARMAGNAC (Jean III, comte d'), petit-fils de Jean I, fit en 1391, à la tête de quinze mille aventuriers, une expédition dans le Milanais contre Galéas Visconti; mais il tomba dans une embuscade, et fut tué près d'Alexandrie-de-la-Paille, dont il avait formé le siége; son armée fut presque entièrement détruite.

ARMAGNAC (Jean V, comte d'), le dernier de ces comtes qui ait joui des droits régaliens. Ayant épousé sa propre sœur, il fut chassé de ses Etats par Charles VII, à la sollicitation du pape, indigné de cet inceste. Il se réfugia en Espagne avec sa sœur, dont on ne parla plus. Louis XI, qui prenait à tâche de défaire tout ce que son père avait fait, rétablit le comte d'Armagnac dans ses Etats; mais celui-ci étant entré dans la ligue du *Bien public*, le roi, sous divers prétextes, confisqua ses domaines, et envoya contre lui un corps de troupes, qui l'assiégea dans Lectoure. Pendant un pourparler, la place fut prise d'assaut, et le comte tué dans son palais, en 1473. — Charles I, son fils, qu'il avait eu de la sœur du comte de Foix, fut amené prisonnier à Paris en 1483. Il fut rétabli dans ses droits, mais seulement pour l'utile, et fut privé de la souveraineté. Charles termina ses jours, en 1497, sans enfants légitimes. Il institua son héritier le duc d'Alençon, qui mourut sans lignée, en 1525; ses possessions furent réunies à la couronne. L'Armagnac passa cependant à Henri d'Albret, roi de Navarre, qui avait épousé la duchesse d'Alençon. Henri était grand-père de Henri IV, roi de France, qui réunit l'Armagnac à la couronne.

ARMAGNAC (Jean d'), maréchal de France, seigneur de Gourdon, chevalier et chambellan du roi Louis XI, était fils naturel de Jean IV, comte d'Armagnac. Il fut l'un des principaux favoris de Louis XI, qui lui donna le gouvernement du Dauphiné. Il mourut en 1471, avec une réputation très-médiocre de capacité et de valeur. Il ne dut le bâton qu'à la faveur de Louis XI; car il n'avait jamais servi.

ARMAGNAC (Jacques duc d'). Voyez NEMOURS.

ARMELLE, fille célèbre par sa piété, née en 1606 à Campénac, dans le diocèse de Saint-Malo, et morte à Vannes en 1671, fut obligée d'entrer en condition. Elle passa les 35 dernières années de sa vie chez un gentilhomme, qui rendit compte de tous les exemples de vertu que cette fille lui avait donnés, des lumières extraordinaires qu'elle avait en matière de religion, des sentiments rares et sublimes qu'on ne supposerait point dans son état. Les savants profanes ne conçoivent pas cette espèce de phénomène, mais les hommes instruits dans les voies de Dieu n'y voient rien d'étonnant. « J'entends une bonne âme qui
« me parle de Dieu (dit le P. Bourda-
« loue); je suis surpris, en l'écoutant,
« de la manière dont elle s'explique.
« Quel feu anime ses paroles! quelle
« onction les accompagne ! elle s'énonce
« avec une facilité que rien n'arrête ;
« elle s'exprime en des termes, qui,
« sans être étudiés ni affectés, me font
« concevoir les plus hautes idées de
« l'Etre divin, des grandeurs de Dieu,
« des mystères de Dieu, de ses miséri-
« cordes, de ses jugements, des voies
« de sa providence, de sa conduite à
« l'égard des élus, de ses communica-
« tions intérieures. J'admire tout cela,
« et je l'admire d'autant plus, que la
« personne qui me tient ce langage si
« relevé et si sublime n'est quelquefois
« qu'une simple fille, et qu'une domes-
« tique, qu'une villageoise. A quelle
« école s'est-elle fait instruire ? Quels
« maîtres a-t-elle consultés ? quels livres
« a-t-elle lus ? Ah! mon Dieu, il n'y a
« pas eu pour cette âme d'autre maître
« que vous-même et que votre esprit. Il
« n'y a pas eu pour elle d'autre école
« que la prière, où elle vous a ouvert
« son cœur avec simplicité et avec hu-
« milité. Il ne lui a point fallu d'autres
« livres ni d'autres leçons qu'une vue
« amoureuse du crucifix, qu'une conti-
« nuelle attention à votre présence,
« qu'une dévote fréquentation de vos sa-
« crés mystères, qu'une pleine confor-
« mité à toutes vos volontés, et qu'un
« désir sincère de les accomplir. Voilà
« par où elle s'est formée; ou plutôt,
« voilà, mon Dieu, par où elle a mérité,
« autant qu'il est possible à la faiblesse
« humaine, que votre grâce la formât,
« l'éclairât, l'élevât. » Sa *Vie* a été écrite par une Ursuline de Vannes, nommée sœur Jeanne de la Nativité. Poiret la fit réimprimer en 1704, in-12, sous ce titre : *L'Ecole du pur amour de Dieu*. On y raconte qu'Armelle croyait voir les diables sous des figures horribles (Voyez saint ANTOINE, ermite); qu'ayant

sans cesse l'esprit préoccupé de l'objet sacré de sa flamme, elle serrait ce qu'elle rencontrait sous ses mains, et qu'elle demandait : « N'est-ce pas vous qui cachez le bien-aimé de mon cœur ? » On dit qu'elle mourut d'un excès d'amour divin. On ne peut douter que sa piété ne fût fort vive, sa vertu pure et constante; et c'est mal à propos que des personnes, qui ont de la peine à goûter ce qui est de l'ordre ordinaire des choses, se sont formalisées de quelques singularités dont les âmes fortement émues ne peuvent toujours se défendre, ou par lesquelles il plaît à Dieu de les distinguer. On ne saurait cependant trop inculquer à ceux qui écrivent les vies des Saints ou des personnes illustrées par une piété particulière, le sage avis que leur donne un homme très-judicieux. « La conduite de Dieu à l'é-
« gard des âmes à qui il fait part de ses
« communications les plus intimes, a
« des mystères cachés qu'il est inutile et
« quelquefois dangereux [de dévoiler
« aux yeux du public. Outre que peu de
« personnes sont en état de les com-
« prendre, et que ce n'est pas dans les
« livres, mais à l'école du Saint-Esprit,
« qu'on peut s'en instruire, ils devien-
« nent souvent des pierres de scandale
« pour ceux auxquels Dieu n'en a pas
« donné l'intelligence. On ne saurait
« trop, selon l'avertissement du saint
« conducteur de Tobie, publier les œu-
« vres par lesquelles le Seigneur veut
« bien manifester au monde sa puissance
« et sa bonté; mais il est certains se-
« crets qu'il révèle rarement et unique-
« ment aux âmes en qui il juge à propos
« d'établir son règne d'une façon toute
« mystique, qu'il n'est pas, ordinaire-
« ment parlant, à propos de divulguer.
« *Sacramentum regis abscondere bonum*
« *est; opera autem Dei revelare et confi-*
« *teri honorificum est*, Tob. 12. » C'est encore à cette observation qu'on peut rapporter ces paroles de Jésus-Christ : *Nemini dixeritis visionem*, Matth. 17; et celles de saint Paul : *Audivit que arcana verba quæ non licet homini loqui*, 2. Cor. 12. (Voyez CATHERINE de Sienne (sainte), RUSBROCH, TAULÈRE). Duché de Vancy a inséré un abrégé de la *Vie* d'Armelle dans ses *Histoires édifiantes*. Le nom d'*Armello* lui a été donné en baptême (il y a en Bretagne des saints qui ont porté le nom d'*Armel*). Ses parents étaient Georges-Nicolas et Françoise Néant, pauvres villageois, dont elle ne reçut qu'une éducation chrétienne.

ARMINIUS, ou mieux encore HERMANN, l'un des chefs de la première noblesse des Chérusques, peuples germaniques, naquit l'an 18 avant J.-C. Il était jeune encore, lorsqu'il forma le projet de délivrer sa patrie du joug de Rome, où il avait été élevé. Auguste lui avait conféré le titre de *chevalier*, et il servait dans ses armées. Plein de bravoure, fécond en ressources, d'un esprit pénétrant et dissimulé, il s'insinua adroitement dans la confiance de Varus, général romain, qui commandait dans la Germanie, tandis que, dans l'ombre du mystère, il fit révolter les cantons les plus éloignés du pays. Le crédule Varus, qui ignorait la conspiration, marcha avec trois légions contre les rebelles; mais s'étant engagé imprudemment dans un défilé de bois et de montagnes, il aperçut trop tard qu'il était trahi, et en fut la victime. Arminius, qui, avec ses troupes, le suivait sous prétexte de le soutenir, attaqua subitement les Romains, les tailla en pièces, et, par un excès de cruauté, fit égorger ou attacher en croix tous ceux qui avaient été faits prisonniers. Ce barbare vainqueur défendit encore pendant quelque temps la liberté de ses compatriotes, et sut se défendre contre le célèbre Germanicus ; mais, ébloui par ses succès, il voulut en devenir l'oppresseur, et les assujettir à sa domination. La défaite de Varus par Arminius remplit Rome de terreur. Auguste en fut si affligé que, au dire de Suétone, il déchira ses vêtements et criait de toutes parts, comme un forcené : *Varus, Varus, rends-moi mes légions*. Les Bructères et les Marses, peuple de la Westphalie, combattaient sous Arminius. Il aurait fait trembler longtemps les Romains; mais ayant enlevé la fille de Sigeste, ce chef germain appela Germanicus pour l'opposer à Arminius, qui fut enfin défait par l'illustre général romain. Cette défaite entraîna sa mort : il fut assassiné dans une conjuration en sa trente-septième année, vers l'an 18 de J.-C. On voit dans la cathédrale d'Hildesheim un pilier nommé *Irminsaul*, qu'on croit être une pierre consacrée à Arminius, ou peut-être la base de sa statue. Cette pierre était une idole des anciens Saxons dispersés par Charlemagne. Il est assez vraisemblable que le nom de la ville de Hermanstadt en Transylvanie, habitée par des Saxons, dérive d'*Arminius*, que les lexicographes allemands traduisent par *Herman* ou *Herrman* (chef d'armée), et c'est sous ce nom que le poète Klopstock a célébré Arminius dans ses vers.

ARMINIUS (Jacques), proprement *Harmensen*, chef de la secte des *armi-*

niens ou remontrants, naquit à Oude-Water, ville de Hollande, en 1560. Il fit une partie de ses études à Genève, aux frais des magistrats d'Amsterdam. Il fut obligé de sortir de Genève, parce qu'il marqua trop d'ardeur à soutenir la philosophie de Ramus. Après diverses courses en Italie et en Suisse, il fut ministre durant quinze ans. On le choisit ensuite pour remplir la chaire de théologie à Leyde, en 1603. Les leçons qu'il donna sur la prédestination, l'universalité de la rédemption, etc., mirent la division parmi les protestants. Ne pouvant pas concevoir Dieu tel que Calvin le peignait, c'est-à-dire, prédestinant les hommes au péché comme à la vertu, il donna dans un autre extrême : il affaiblit les droits de la grâce, et releva trop ceux de la liberté. On le cita à la Haye pour rendre compte de sa doctrine. Les chagrins qu'il essuya, les fatigues de ses voyages, l'accablèrent au point qu'il en mourut en 1609. Il laissa plusieurs disciples, appelés *Arminiens*, et condamnés par les calvinistes rigoristes à Dordrecht, en 1618. Mais cette condamnation se tourna contre leurs adversaires, et leur fit beaucoup plus de mal qu'aux arminiens. « Ceux-ci, dit Mosheim, at« taquèrent leurs antagonistes avec tant « d'esprit, de courage et d'éloquence, « qu'une multitude de gens fut persua« dée de la justice de leur cause. Quatre « provinces de Hollande refusèrent de « souscrire au synode de Dordrecht ; ce « synode fut reçu en Angleterre avec « mépris, parce que les anglicans té« moignaient du respect pour les an« ciens pères, dont aucun n'a osé met« tre des bornes à la miséricorde divine. « Dans les églises de Brandebourg et de « Brême, à Genève même, l'arminia« nisme a prévalu. » Mosheim ajoute que les calvinistes de France s'en rapprochèrent aussi, afin de ne pas donner trop d'avantages aux théologiens catholiques contre eux; mais il oublie l'acceptation formelle des décrets de Dordrecht, faite dans le synode de Charenton, en 1623. Ou cette acceptation ne fut pas sincère, ou les calvinistes ont rougi dans la suite de l'aveuglement de leurs docteurs : ce qu'il y a de sûr, c'est que l'inconséquence des calvinistes assemblés à Dordrecht a couvert la prétendue réforme d'un opprobre éternel. Après avoir posé pour maxime fondamentale de cette réforme, que l'Ecriture-Sainte est la seule règle de foi, le seul juge des contestations en fait de doctrine, il était bien absurde de juger et condamner les arminiens, non par le texte seul de l'Ecriture-Sainte, mais par les gloses, les commentaires, les explications qu'il plaisait aux gomaristes d'y donner. Quand on jette les yeux sur les passages allégués par ces derniers dans le synode de Dordrecht, on voit qu'il n'y en a presque pas un seul à la lettre duquel ils n'ajoutent quelque chose, et que la plupart peuvent avoir un sens tout différent de celui qu'y donnent les gomaristes. Les arminiens en alléguaient de leur côté, auxquels les adversaires ne répondirent point; de quel front peut-on dire qu'ici c'est l'Ecriture-Sainte qui décide la contestation pendant que c'est le fond même sur lequel on dispute? (Voyez GOMAR, VORSTIUS). On a d'Arminius plusieurs ouvrages publiés sous le titre de : *Opera theologica*, à Francfort, 1634 ou 1635, in-4; *Dissertatio ad Romanos*, etc.

ARNAUD, de Brescia en Italie, disciple d'Abailard, prit l'habit de moine pour débiter plus facilement ses erreurs. Il rejetait le sacrifice de la messe, les prières pour les morts, le baptême des enfants, le culte de la croix, etc. Il soutenait que les évêques et les moines qui possédaient des terres ne pouvaient manquer d'être damnés, et que les biens de l'Eglise appartenaient aux princes. Cette doctrine, prêchée dans un siècle où les brigands n'étaient pas rares, lui fit beaucoup de disciples, contre lesquels on fut obligé de prendre les armes. Le Pape Innocent II le condamna dans le concile général de Latran, 1139. Arnaud anathématisé se réfugia dans les montagnes de la Suisse avec ses disciples. Il entretenait toujours un parti puissant en Italie, et dans lui-même l'esprit inquiet et factieux de tous les sectaires. Il revint à Rome en 1141, excita une sédition contre le Pape, le fit chasser, abolit la dignité de préfet de Rome, obligea les principaux citoyens de se soumettre au patrice, et fit piller le palais des cardinaux. Le Pape Eugène III, après plusieurs combats contre ce fanatique, fut enfin reçu à Rome. Arnaud fut arrêté quelque temps après par le cardinal Gérard, et malgré les efforts des vicomtes de Campanie, qui l'avaient remis en liberté, il fut conduit à Rome et condamné à mort en 1155. Mosheim, apologiste déclaré de tous les hérétiques, dit « qu'Arnaud de Brescia était un homme « d'une érudition immense et d'une aus« térité étonnante, mais d'un caractè« re turbulent et impétueux; qu'il ne « paraît avoir adopté aucune doctrine « incompatible avec l'esprit de la véri« table religion ; que les principes qui

« le firent agir ne furent répréhensibles que parce qu'il les poussa trop loin, et qu'il les exécuta avec un degré de véhémence qui fut aussi criminel qu'imprudent; qu'à la fin il fut victime de la vengeance de ses ennemis, et que l'an 1155 il fut crucifié et jeté au « feu. » Mosheim a sans doute oublié qu'Arnaud de Brescia était moine et qu'il n'a laissé aucun ouvrage qui prouve son érudition ; il ne fallait donc pas lui en supposer, après avoir peint tous les moines de ce temps-là comme des ignorants. Celui-ci condamnait le baptême des enfants, le sacrifice de la messe, etc. Il voulait qu'on dépouillât les ecclésiastiques des biens qu'ils possédaient légitimement; Il excita des séditions : nous reconnaissons là les principes et l'esprit des prétendus réformateurs. Mais est-il compatible avec l'esprit de la véritable religion, qui défend de troubler l'ordre public, surtout à un moine sans autorité? Mosheim eût-il trouvé bon qu'un zélateur de la pauvreté évangélique lui eût ôté les deux abbayes qu'il possédait ? Arnaud de Brescia ne fut donc pas victime de la vengeance de ses ennemis, mais justement puni comme séditieux, et perturbateur du repos public ; il ne fut point crucifié, mais attaché à un poteau, étranglé et brûlé.

ARNAUD de VILLENEUVE, médecin du 13ᵉ siècle, était né vers l'an 1235; il s'adonna aux langues et aux sciences. Après avoir voyagé dans différents pays pour se perfectionner, il se fixa à Paris, où il exerça la médecine et l'astronomie. Il se mit à publier que la fin du monde arriverait infailliblement vers le milieu du 14ᵉ siècle ; il en fixa même l'année à 1335 ou 1345. Il soutenait en même temps que le démon avait perverti tout le genre humain, et fait périr la foi; que les moines seraient tous damnés, et que Dieu n'a menacé du feu éternel que ceux qui donnent mauvais exemple. Il ajoutait à ces rêveries d'autres erreurs. L'Université de Paris l'ayant condamné, il se retira en Sicile auprès de Frédéric d'Aragon. Quelque temps après, ce prince l'ayant renvoyé en France pour traiter Clément V, alors malade, il périt avec le vaisseau qui le portait, et fut enterré à Gênes en 1314. Quinze propositions tirées de ses ouvrages furent condamnées après sa mort par l'inquisition de Tarragone, parce qu'elles avaient des sectateurs en Espagne. Ses ouvrages ont été imprimés à Lyon en 1504 et 1505, et à Bâle en 1585, in-fol., avec sa Vie, et des notes de Nicolas Taurellus. On a cru que le Villanovanus, auquel Postel attribue le livre *De tribus impostoribus*, était Arnaud de Villeneuve ; mais La Monnaye prouve que c'est Michel Servet qui a publié quelques ouvrages sous le nom de Villanovanus. Ce livre, du reste, n'est pas plus de l'un que de l'autre. (Voyez FRÉDÉRIC II, empereur.) Ce médecin est le premier qui ait eu la folie d'essayer la génération humaine par la chimie. Paracelse, qu'on regarde ordinairement comme l'auteur de cet absurde projet, lui est postérieur de plus de deux siècles. On croit communément qu'Arnaud trouva l'esprit de vin, l'huile de térébenthine et les eaux de senteur; il découvrit les trois acides sulfurique, muriatique et nitrique. (Voyez sa *Vie*, publiée à Aix, 1749, in-12, sous le nom de Pierre Joseph : elle est d'un littérateur provençal, nommé de Haitze).

ARNAUD DE NOBLEVILLE (Louis-Daniel), médecin, né à Orléans en 1701, mourut le 1ᵉʳ mars 1778. On a de lui : le *Manuel des dames de charité*, ou *Formules de médicaments faciles à préparer*, 1747, in-12, réimprimé plusieurs fois et traduit en plusieurs langues; *Adologie*, ou *Traité du rossignol franc ou chanteur*, 1751, in-12 ; avec Salerne, *Histoire naturelle des animaux, pour servir de suite à la matière médicale de Geoffroy*, 1756, 9 vol. in-12 ; *Description des plantes usuelles employées dans le Manuel de charité* (avec le même collaborateur), 1767, in-12; *Cours de médecine pratique rédigé d'après les principes de Ferrein*, 1769 et 1781, 3 vol.

ARNAUD DE RONSIL (Georges), docteur en médecine et chirurgien, né à Paris, se retira à Londres où il jouit d'une grande réputation, et mourut le 27 février 1774, à l'âge de 71 ans. Ses principaux ouvrages écrits en anglais sont : *Traité des hernies ou descentes*, 1749, 2 vol. in-12 ; *Instructions simples et aisées sur les maladies de l'urètre*, 1763, in-8; *Discours sur l'importance de l'anatomie*, in-8; *Mémoires de chirurgie, avec quelques remarques sur l'état de la médecine et de la chirurgie en France et en Angleterre*, Londres et Paris, 1768, 2 vol. in-4. Il y a une édition complète de tous ses ouvrages traduits en français, 2 vol. in-4 ; on y trouve de la clarté et de la profondeur.

ARNAUD (François-Thomas-Marie de BACULARD D'), né à Paris le 15 septembre 1718, d'une famille originaire du comtat Venaissin. Il débuta très-jeune par trois tragédies qui ne furent point jouées: *Idoménée*, *Didon*, *Coligny*; cette dernière fut imprimée en 1740. Ces divers ouvrages lui procurèrent la connaissance de Voltaire, qui le prit en amitié et lui fit compter diverses sommes pour l'aider à suivre son penchant pour les lettres. Il l'aidait de ses conseils, et contribua, dit-on, à sa liaison avec Frédéric, roi de Prusse, qui le fit pendant deux ans son correspondant littéraire à Paris, et l'appela ensuite à Berlin. Il revint à Paris au bout d'un an, son caractère indépendant ne pouvant s'assujettir aux principes de Frédéric qui professait ouvertement l'athéisme. D'Arnaud vécut, d'abord, fort répandu dans la société; mais il s'en retira peu à peu pour s'occuper de la composition de ses nombreux ouvrages. Les principaux sont: les *Epreuves du sentiment*, 12 vol. in-12; *Délassements de l'homme sensible*, 12 vol. in-12; les *Loisirs utiles*: ce sont des recueils d'anecdotes, de nouvelles et de contes, « qui, suivant La Har« pe, ne sont pas des contes bleus, mais « des contes noirs, la plupart tirés de « l'anglais, et surchargés d'une décla« mation prolixe, qui est le genre d'é« loquence de l'auteur». L'abbé Sabathier de Castres le juge plus favorablement : « Ses productions, dit-il, sont « autant de cours de morale mise en « action de la manière la plus propre à « faire impression, et qui peuvent être « utiles à toutes les nations policées»; et il ajoute que « presque tous ses ouvra« ges réunissent à la morale et au sen« timent la chaleur et la correction du « style ». Il faut avouer cependant qu'à force de vouloir exciter la sensibilité, il la torture et l'épuise, et qu'il donne aux passions un empire dont l'exemple est toujours dangereux. Les *Epoux malheureux*, 2 vol. in-12 ; ses *OEuvres dramatiques*, 2 vol. in-12; les *Lamentations de Jérémie*, odes sacrées, in-4 et in-8. Il mourut le 8 novembre 1805, dans sa 89° année.

ARNAUD (françois), né à Aubignan le 17 juillet 1721, embrassa de bonne heure la carrière ecclésiastique, mais négligea la science de son état pour se livrer entièrement à la littérature. Il vint à Paris en 1752, et, dix ans après, ses talents lui ouvrirent l'entrée de l'Académie des inscriptions et belles-lettres. L'avocat Gerbier, son ami, ayant plaidé en 1665 une cause pour le clergé de France, contre l'ordre des bénédictins, la gagna et demanda, en reconnaissance de son travail, l'abbaye de GrandChamp pour l'abbé Arnaud. Celui-ci fut reçu à l'Académie française en 1771, obtint quelque temps après le titre de *lecteur et historiographe de Monsieur*, et mourut à Paris en 1784. Il avait débuté dans la carrière des lettres par un ouvrage intitulé : *Lettres sur la musique, au comte de Caylus*. Il travailla à quelques ouvrages périodiques, et composa encore plusieurs écrits médiocres qui ne profitèrent pas beaucoup à sa réputation littéraire. Arnaud avait de la facilité qui, jointe à un naturel paresseux, l'empêcha de rien approfondir.

ARNAULD, abbé de Bonneval, ordre de Saint-Benoît, diocèse de Chartres, nommé aussi Arnauld de Chartres, était ami de saint Bernard, qui lui écrivit sa dernière lettre, peu de jours avant sa mort. Arnauld est auteur du second livre de la *Vie* de saint Bernard, attribué mal à propos, comme l'a prouvé dom Mabillon, à un autre Arnauld, abbé de Bonneval, en Dauphiné. Il passe pour être le véritable auteur des douze traités *De operibus Christi cardinalibus*, attribués par quelques-uns, sans fondement, à saint Cyprien. Ils sont adressés au pape Adrien IV. On a encore lui : *Tractatus de septem verbis Domini in cruce; Sermo de Laudibus B. Mariæ*, dans la Bibliothèque des Pères : le père Titelman, cordelier, et le père Scott, jésuite, les ont publiés l'un et l'autre ; *Tractatus de operibus sex dierum*, publié par Denys Pertonnet, de Melun, théologal d'Auxerre.

ARNAULD (Antoine), fils aîné d'Antoine Arnauld, avocat-général de la reine Catherine de Médicis, naquit à Paris en 1560. Il fut reçu avocat au parlement et s'y distingua par plusieurs plaidoyers. De toutes les causes qu'il plaida, il n'y en eut point de plus célèbre que celle où Henri IV et le duc de Savoie assistèrent. Il s'agissait d'une femme qui accusait un jeune homme du meurtre de son fils; Arnauld, avocat de la mère, gagna cette cause. Son plaidoyer contre les jésuites en faveur de l'Université de Paris, en 1594, lui acquit encore plus de célébrité. « Les circonstances dans lesquelles il fut « fait, dit l'auteur des *Trois siècles*, con« tribuèrent beaucoup à le mettre en « vogue chez les ennemis de la société. Si « on le lit aujourd'hui de sang-froid, on y « remarquera plutôt ce ton de chaleur et « d'emportement qui naît de la préven« tion, que le caractère de cette véritable « éloquence qui réunit la vérité des faits « à la force de l'expression. » Il a été réimprimé en 1717, in-12, avec un plaidoyer de M. Chevalier, avocat au parlement, de l'an 1610. Il publia un autre ouvrage contre la société de Jésus ; il a pour titre : *Le franc et véritable discours du roi, sur le rétablissement qui lui est demandé pour les jésuites*, in-8. Henri

IV, auquel il était adressé, n'en fit aucun cas, et ne laissa pas que de rétablir les jésuites. Parmi ses autres ouvrages, on citait dans le temps *L'Anti-Espagnol*. et les deux *Philippiques*, contre Philippe II, roi d'Espagne; *La fleur de lis*, 1595, in-8; *La délivrance de la Bretagne*; *La première Savoisienne*, 1601, in-8, réimprimée à Grenoble, en 1630, avec la seconde; un *Avis au roi Louis XIII pour bien régner*, 1615, in-8. Arnauld mourut en 1619, âgé de 59 ans. Il eut de Catherine Marion 22 enfants, dont douze moururent en bas âge, et parmi les dix autres étaient 6 filles qui furent toutes religieuses à Port-Royal. On l'accusait d'être huguenot. Il est vrai qu'il était fort opposé à la ligue; mais on prétend qu'il ne l'était pas moins à la religion prétendue réformée.

ARNAULD D'ANDILLY (Robert), fils aîné de l'avocat-général Antoine Arnauld, naquit à Paris en 1589. Il parut à la cour de bonne heure, et y eut des emplois qu'il remplit avec distinction. Il y eut beaucoup de crédit, et n'en fit usage que pour rendre service à ses amis. Balzac disait de lui, « qu'il ne rougissait « point des vertus chrétiennes, et ne ti- « rait point vanité des vertus morales ». A l'âge de 55 ans, il quitta le monde pour se retirer dans la solitude de Port-Royal-des-Champs. Il dit, en prenant congé de la reine-mère, « que si S. M. entendait « dire qu'on faisait des sabots à Port- « Royal, elle n'en crût rien; mais que si « on lui rapportait qu'on y cultivait des « espaliers, elle le crût, et qu'il espérait « en faire manger des fruits à Sa Ma- « jesté. » Il lui en envoyait tous les ans, que Mazarin appelait, en riant, des fruits bénits. « L'anecdote des sabots, dit un « auteur, paraît néanmoins bien cons- « tatée; ce n'était pas là, d'ailleurs, une « imputation dont des solitaires humbles « et mortifiés dussent se défendre. Si le « fameux Pâris a passé une partie de sa « vie à faire des bas au métier, pour- « quoi d'autres saints du parti auraient- « ils rougi de faire des sabots? » Il mourut en 1674, à 85 ans. Son esprit et son corps conservèrent toute leur vigueur jusqu'à ses derniers instants. On a de lui plusieurs ouvrages : la *Traduction des Confessions de saint Augustin*, in-8 et in-12 ; de l'*Histoire des Juifs de Josèphe*, 5 in-8 et in-12, plus élégante que fidèle, au jugement de plusieurs savants, et en particulier du père Gillet, génovéfain, dernier traducteur de cet historien: la meilleure édition est celle d'Amsterdam, 1681, 2 in-fol., avec figures; des *Vies des saints Pères du désert*, et de quelques saintes, écrites par des Pères de l'Eglise, 5 in-8; de l'*Echelle sainte de saint Jean Climaque*; des OEuvres de *sainte Thérèse*, in-4, 1670; de celle du *B. Jean d'Avila*, in-fol. Ces traductions ont été bien accueillies, et l'on ne peut nier qu'elles n'aient contribué à entretenir parmi les chrétiens l'esprit de piété et de foi. Celles qui sont faites sur le latin sont plus exactes que celles qui sont faites sur le grec. Elles sont en général écrites d'un style clair et aisé. *Mémoires de sa vie*, écrits par lui-même, 2 in-12, imprimés en 1734. Ces sortes d'écrits sont toujours le fruit de l'égoïsme, et quelque raffiné que soit l'amour-propre, on l'y reconnaît toujours (Voyez la fin de l'article ADRIEN, empereur). *Poëme sur la vie de J.-C.*, petit in-12; *OEuvres chrétiennes en vers*, et plusieurs autres ouvrages. L'auteur du *Projet de Bourg-Fontaine* a cru que les lettres initiales A. A. de la *Relation de Filleau* désignaient Arnauld d'Andilly. (Voyez FILLEAU.)

ARNAULD (HENRI), frère du précédent, naquit à Paris, en 1597. Après la mort de Gournay, évêque de Toul, le Chapitre de cette ville élut unanimement pour son successeur l'abbé Arnauld, alors doyen de cette église. Le roi lui confirma cette nomination, à la prière du fameux père Joseph, capucin; mais les querelles que le droit d'élire occasionna l'empêchèrent de l'accepter. En 1645, il fut envoyé extraordinaire de France à Rome, pour calmer les contestations survenues entre les Barberins et Innocent X. L'abbé Arnauld montra beaucoup de zèle pour les intérêts de sa patrie et pour ceux des Barberins. Cette maison fit frapper une médaille en son honneur, et lui éleva une statue. Arnauld, de retour en France, fut fait évêque d'Angers, l'an 1649. Il ne quitta qu'une seule fois son diocèse, et ce fut pour convertir le prince de Tarente, et pour le réconcilier avec le duc de la Trémouille, son père. La ville d'Angers s'étant révoltée, en 1652, ce prélat calma la reine-mère, qui s'avançait pour la punir, et lui dit un jour, en la communiant : « Recevez, madame, votre Dieu, qui a « pardonné à ses ennemis en mourant « sur la croix. » Cette morale était autant dans son cœur que sur ses lèvres. On disait de lui « que le meilleur titre pour « en obtenir des grâces était de l'avoir « offensé. » Il était le père des pauvres et la consolation des affligés. La prière, la lecture, les affaires de son diocèse, occupaient tout son temps. Quelqu'un lui représentant qu'il devait prendre un jour de la semaine pour se délasser, il lui dit: « Oui, je le veux bien, pourvu que vous me donniez un jour où je ne sois pas évêque. » Il fut fidèle au roi dans la guerre des princes. Il signa le formulaire après l'avoir refusé, et fit sa paix, non sans quelque subterfuge, avec Clément IX (Voyez ce nom). « Il ne faut pas juger « trop sévèrement, dit un théologien « judicieux et modéré, quelques hommes « célèbres qui, dans les premiers temps « du jansénisme, ont témoigné du goût « pour cette hérésie naissante. Elle avait « alors tellement réussi à prendre les « dehors de la piété, de l'austérité, du zè- « le, et même de l'attachement à l'Eglise « catholique, que bien des personnes ont « pu être les dupes de l'hypocrisie. Les « scènes scandaleuses de Saint-Médard, « les farces sacriléges des secouristes, le « schisme formel de la prétendue église « d'Utrecht, n'avaient pas encore eu « lieu. Le jugement de l'Eglise s'est ma- « nifesté par des décisions plus formelles « et plus soutenues, par des décrets « pontificaux, solennellement et univer- « sellement reçus, par la conviction « complète et générale de tous les catho- « liques; tous les subterfuges du parti, « toutes les subtilités des dogmatisants « opiniâtres dans l'erreur ont été con- « fondus; les apparences de la piété ont « fait place au libertinage et au philo- « sophisme. L'illusion qui a pu exister « d'abord s'est dissipée; et il ne faut pas « douter que bien des gens qui ont « paru favorables au parti se garderaient « bien de l'être aujourd'hui. » On sent bien que cette réflexion ne regarde pas les fondateurs, les chefs et les principaux agents. Arnauld mourut en 1692, à l'âge de 95 ans. Il avait perdu la vue 5 ans auparavant. Ses négociations à la cour de Rome et en différentes cours d'Italie ont été publiées à Paris en 1748, 5 in-12, longtemps après sa mort. On y trouve beaucoup d'anecdotes curieuses, et des particularités intéressantes, défigurées quelquefois par l'esprit de prévention.

ARNAULD (Antoine), frère de Henri, né en 1612, fit ses humanités et sa philosophie aux colléges de Calvi et de Lisieux. Il prit ensuite des leçons de théologie sous Lescot, qui dictait le *Traité de la grâce*, et s'éleva contre son professeur. Dans son *Acte de tentative*, soutenu en 1635, il mit en thèse des sentiments sur la grâce entièrement opposés à ceux qu'on lui avait dictés, et les défendit avec une vivacité qui annonçait ce qu'il ferait plus tard. Il prit le bonnet de docteur de Sorbonne, en 1641; et, en prêtant le serment ordinaire dans l'église de Notre-Dame sur l'autel des martyrs, il jura de défendre la vérité jusqu'à l'effusion de son sang, promesse que firent depuis tous les docteurs. Deux ans après, il publia avec l'approbation de quelques évêques, et de 24 docteurs en Sorbonne, son livre *De la fréquente Communion*, auquel il aurait pu donner un titre tout opposé. Ce traité fut vivement attaqué par ceux contre lesquels il paraissait être écrit; mais il fut défendu encore plus vivement. Les disputes sur la grâce lui donnèrent bientôt occasion de déployer son éloquence sur une autre matière. Un prêtre de Saint-Sulpice ayant refusé l'absolution au duc de Liancourt, qui s'était extraordinairement signalé dans la défense du livre de Jansénius, Arnauld écrivit deux lettres à cette occasion. On en tira deux propositions qui furent censurées par la Sorbonne en 1656. Arnauld, n'ayant pas voulu souscrire à la censure, fut exclu de la Faculté. Quelque temps auparavant, il avait pris le parti de la retraite; il s'y ensevelit plus profondément depuis cette disgrâce, il n'en sortit qu'à la prétendue paix de Clément IX, en 1668. (Voyez CLÉMENT IX.) Il fut présenté au nonce, à Louis XIV et à toute la cour. On l'accueillit comme le méritaient ses talents et le désir qu'il faisait paraitre de jouir du repos que donne la soumission à l'Eglise. Il travailla dès lors à tourner contre les calvinistes les armes dont il s'était servi contre la Sorbonne et les évêques. Ces temps heureux produisirent la perpétuité de la foi, le renversement de la morale de J.-C. par les calvinistes, et plusieurs autres ouvrages de controverse qui le firent redouter des protestants. Il semblait que la tranquillité fût revenue pour toujours; mais la démangeaison de dogmatiser troubla bientôt ce calme passager. Arnauld, devenu suspect par les visites nombreuses qu'il recevait, et cru dangereux par Louis XIV, se retira dans les Pays-Bas en 1679, loin de l'orage qui le menaçait. Son *Apologie du clergé de France et des catholiques d'Angleterre*, contre le ministre Jurieu, fruit de sa retraite, souleva la bile du prophète protestant. Cet écrivain lança un libelle intitulé *l'Esprit de M. Arnauld*, dans lequel il maltraitait étrangement ce docteur, qui refusa d'y répondre, mais qui n'y fut pas moins sensible. Une nouvelle querelle l'occupa bientôt. Le P. Malebranche, qui avait embrassé des sentiments différents sur la grâce, les développa dans un *Traité*, et le fit parvenir à Arnauld. Ce docteur, sans répondre à Malebranche, voulut arrêter l'impression de son livre ; ce qui n'était point un procédé bien généreux. N'ayant pu en venir à bout, il ne pensa plus qu'à lui déclarer la guerre. Il fit le premier acte d'hostilité en 1683. Il y eut plusieurs écrits de part et d'autre, assaisonnés d'expressions piquantes et de reproches très-vifs. Arnauld n'attaquait pas le *Traité de la nature et de la grâce*, mais l'opinion que l'on voit tout en Dieu, exposée dans la *Recherche de la vérité*, qu'il avait lui-même vantée autrefois. Il intitula son ouvrage : *Des vraies et des fausses idées*. Il prenait ce chemin, qui n'était pas le plus court, pour apprendre, disait-il, à Malebranche à se défier de ses plus chères spéculations métaphysiques, et le préparer par-là à se laisser plus aisément désabuser sur la grâce. Malebranche se plaignit de ce qu'une matière dont il n'était nullement question avait été choisie, parce qu'elle était la plus métaphysique, et par conséquent la plus susceptible de ridicule aux yeux de la plupart du monde. Arnauld en vint à des accusations certainement insoutenables : que son adversaire met une étendue matérielle en Dieu, et veut artificieusement insinuer des dogmes qui corrompent la pureté de la religion. On sent que le génie d'Arnauld était tout-à-fait guerrier, et celui de Malebranche fort pacifique. Arnauld avait un parti nombreux, qui chantait victoire pour son chef, dès qu'il paraissait dans la lice. Ses *Réflexions philosophiques et théologiques sur le Traité de la nature et de la grâce*, publiées en 1685, le rendirent vainqueur dans l'esprit de ses partisans ; mais Malebranche le fut aussi aux yeux de ses disciples, et même au jugement des gens qui n'avaient aucun intérêt dans la querelle. Cette dispute dura jusqu'à la mort d'Arnauld, arrivée à Bruxelles en 1694. Malebranche lui avait déclaré « qu'il était las de donner au monde un spectacle, et de remplir le *Journal des savants* de leurs pauvretés réciproques. » Les partisans de Jansénius perdirent le plus habile défenseur qu'ils aient eu. Son cœur fut apporté à Port-Royal, puis transféré à Palaiseau. Santeuil et Boileau lui firent chacun une épitaphe, l'un en latin et l'autre en français. Personne n'était né avec un esprit plus philosophique, mais sa philosophie fut corrompue par la faction qui l'entraîna. Cette faction dangereuse plongea, pendant 60 ans, dans les controverses toujours longues et souvent inutiles, et dans les malheurs attachés à l'opiniâtreté, un esprit fait pour éclairer les hommes. Arnauld vécut jusqu'à 82 ans dans une retraite ignorée, inconnu, sans fortune, même sans domestique, lui dont le neveu avait été ministre d'Etat, lui qui, si l'on en croit ses disciples, aurait pu être cardinal, et cela pour des opinions qu'il ne croyait pas lui-même. (Voyez JANSÉNIUS.) Le plaisir d'être chef de parti lui tint lieu de tout. Il avait si grande peur d'être reconnu en Flandre, et qu'on exigeât de lui une soumission parfaite aux décrets de l'Eglise, que, sentant approcher sa dernière heure, il aima mieux expirer entre les bras du P. Quesnel, son disciple, qui lui administra le viatique et l'extrême-onction, quoiqu'il n'eût pas ces pouvoirs, que d'appeler un prêtre approuvé de l'ordinaire. On a sous son nom environ 140 vol. en différents formats, dont un grand nombre est l'ouvrage de ses disciples, qui ont voulu en faire l'honneur à leur chef, ou leur assurer la vogue par l'autorité d'un grand nom. On peut le diviser en cinq classes : la première, composée des livres de belles-lettres et de philosophie : *Grammaire générale et raisonnée*, avec Lancelot, publiée de nouveau, en 1756, sous ce titre : *Grammaire générale et raisonnée, contenant les fondements de l'art de parler, etc.*, par MM. de Port-Royal, nouvelle édition, augmentée des notes de Duclos, de l'Académie française, et d'un supplément par l'abbé Froment, in-12 ; *Élément de géométrie* ; la *Logique, ou l'Art de penser*, avec Nicole : livre fort méthodique, propre à faire saisir les règles d'une bonne logique ; *Réflexions sur l'éloquence des prédicateurs*, à Paris, en 1695, adressées à Dubois, membre de l'Académie, qui, dans la préface d'un *Traité* traduit de saint Augustin, avait avancé que les prédicateurs doivent renoncer à l'éloquence ; *Objections sur les méditations de Descartes* ; *le Traité des vraies et des fausses idées*, à Cologne, en 1683. La deuxième classe, des ouvrages sur les matières de la grâce, dont on trouve une liste fort longue dans le *Dictionnaire* de Moreri. Le principal est celui dont nous avons parlé plus haut, sous le titre de : *Réflexions philosophiques et théologiques*. La plupart des autres ne roulent que sur des disputes particulières, si l'on en excepte la traduction des livres de saint Augustin, de la *correction*, de la *grâce*, etc. La troisième, des livres de controverse contre les calvinistes : *La perpétuité de la foi*, ouvrage auquel il avait eu, dit-on, beaucoup de part, et qu'il publia sous son nom, comme Nicole son coopérateur l'avait désiré. Clément IX, à qui il fut dédié, Clément X et Innocent XI lui firent écrire des lettres de remercîment. Plusieurs écrivains ont assuré que cet ouvrage est entièrement de Nicole, et qu'il ne fut attribué à Arnauld, ainsi que plusieurs autres, que pour rehausser la célébrité et l'autorité du chef du parti, place qu'il paraissait être particulièrement propre à remplir, étant frère de l'évêque d'Angers, d'Arnauld d'Andilly, de la mère Angélique, et cousin du duc de Liancour; et l'on ne peut douter que sa grande réputation ne fût l'ouvrage de sa secte, bien plus que celui de sa science. Les jansénistes ne l'appelaient que le *grand Arnauld* : caractère particulier de l'hérésie; dont le propre a toujours été d'élever jusqu'au ciel ses fauteurs et ses sectateurs, et d'abaisser jusqu'au néant ceux qui osaient l'attaquer et le combattre; le *Renversement de la morale de J.-C. par les calvinistes*, en 1672, in-4; l'*Impiété de la morale des calvinistes*, en 1675, l'*Apologie pour les catholiques*; *Les calvinistes convaincus de dogmes impies sur la morale; le Prince d'Orange, nouvel Absalon, nouvel Hérode, nouveau Cromwel*. La quatrième, des écrits contre les jésuites, parmi lesquels on distingue la *Morale pratique des Jésuites*, en 8 vol. qui sont presque tous d'Arnauld, à l'exception du premier, et d'une partie du second. Il y a dans cet ouvrage peu de choses vraies, beaucoup d'altérées, et un plus grand nombre d'exagérées. On peut mettre dans cette quatrième classe tous les écrits contre la morale relâchée, dont il était un des plus ardents ennemis. (Voyez PONTCHASTEAU.) La cinquième, des écrits sur l'Ecriture sainte : *Histoire et Concorde évangélique*, en latin, 1653; la *Traduction du Missel*, en langue vulgaire, autorisée par l'Ecriture sainte et par les Pères, faite avec De Voisin; *Défense du Nouveau-Testament de Mons, contre les sermons de Maimbourg*, avec Nicole; et quelques autres écrits sur la même matière, etc., etc. On a imprimé après sa mort neuf volumes de *Lettres*, qui peuvent servir à ceux qui voudront écrire sa *Vie*. On trouve dans le troisième volume de ses *Lettres* une réponse aux reproches qu'on lui avait faits de se servir de termes injurieux contre ses adversaires; elle a pour titre : *Dissertation selon la méthode des géomètres, pour la justification de ceux qui, en certaines rencontres, emploient en écrivant des termes que le monde estime durs*. Il veut y prouver, par l'Ecriture et par les Pères, qu'il est permis de combattre ses adversaires avec des traits vifs, forts et piquants. Il ne songeait pas que ses adversaires n'étaient pas, pour l'ordinaire, ceux de l'Ecriture et des Pères, et qu'un zèle enflammé contre les ennemis de Dieu est très-différent de celui qui brûle pour des opinions et l'honneur d'un parti. Cette apologie ne pouvait donc justifier son style âpre et insultant. Nous finirons ce long article par une réflexion du pieux réformateur de la Trappe, M. de Rancé. « Enfin voilà M. Arnauld mort (écrivait-« il à l'abbé Nicaise, chanoine de Dijon); « après avoir poussé sa carrière aussi loin « qu'il a pu, il a fallu qu'elle se soit ter-« minée. Son érudition et son autorité « étaient d'un grand poids pour le parti. « Heureux qui n'en a point d'autre que « celui de J.-C. ! » Le Père Quesnel a publié la *Vie* d'Arnauld, avec des pièces relatives et des écrits posthumes (Voyez JANSÉNIUS, PARIS, MONTGERON, ROCHE Jacques.)

ARNAULD (Henri-Charles), plus connu sous le nom de l'*abbé de Pompone*, naquit en 1662, à la Haye, où le marquis de Pompone était ambassadeur. Dès l'âge de 15 ans, l'abbé de Pompone fut pourvu de l'abbaye de Saint-Maixent; neuf ans après, le roi l'ayant nommé à celle de Saint-Médard, il remit la première. En 1699 il perdit son père. Louis XIV voulut bien soulager sa douleur, en la partageant; ce prince lui dit : « Vous perdez un père que vous retrouverez en moi, et moi je perds un ami que je ne trouverai plus. » L'abbé de Pompone, nommé ambassadeur à Venise, soutint l'honneur de la France au milieu des malheurs, comme au milieu des succès. La fermeté faisait son caractère. Dans la charge de commandeur, chancelier, garde-des-sceaux et surintendant des finances et des ordres du roi, qu'il obtint ensuite, il s'attacha à se rendre utile, et eut le bonheur d'y réussir. L'abbé de Pompone fut élu membre de l'Académie des inscriptions en 1743, et, quoique dans un âge avancé, il n'avait point renoncé au commerce des Muses. Il mourut en 1756.

ARNAULD (Marie-Angélique), de Sainte-Magdeleine, née en 1591, sœur d'Antoine Arnauld, abbesse de Port-Royal-des-Champs à 14 ans, mit la réforme dans son abbaye à 17. Elle fit revivre dans cette maison l'ancienne discipline de l'ordre de Saint-Bernard. La réforme de l'abbaye de Maubuisson, gouvernée par la sœur Gabrielle d'Estrées, lui causa bien des sollicitudes, parce qu'elle voulait y accréditer en même temps les nouvelles erreurs qu'elle avait introduites à Port-Royal. Elle mourut en 1661. — Sa sœur, la mère AGNÈS, publia 2 livres, l'un intitulé : *L'Image de la religieuse parfaite et imparfaite*, Paris, 1665, in-12; et l'autre : *Chapelet secret du Saint-Sacrement*, 1662, in-12, accusé d'erreurs par quelques docteurs, et supprimé à Rome. La mère Agnès mourut en 1671. Elles étaient cinq sœurs religieuses dans le même monastère, toutes très-opposées à la signature du formulaire, et fortement occupées des disputes sur la grâce. Comme si « la simple foi, dit Bossuet, ne valait pas mieux que tout cela, » surtout pour des filles et plus encore pour des filles consacrées à Dieu, dont l'humilité et la docilité doivent être les premières qualités. On attribue aussi à la mère Agnès les *Constitutions de Port-Royal*. La mère de ces deux abbesses, la mère Angélique de Saint-Jean a écrit des *Relations*, des *Réflexions* et des *Conférences*. Elle eut une grande part au *Nécrologe de Port-Royal*, et mourut en 1684.

ARNAULT (François), seigneur de Laborie, gentilhomme de Périgord, né au commencement du 16° siècle, embrassa l'état ecclésiastique, et s'y distingua par ses mérites et ses emplois. Il fut doyen de Carennac, prieur de Lurcy, archidiacre de Bordeaux, et chancelier de l'Université de cette ville. Il mourut à Périgueux, en 1607, dans un âge avancé. On a de lui : les *Antiquités du Périgord*, 1577, ouvrage fort rare; l'*Anti-Drussac*, Toulouse, 1564 : c'est une apologie des femmes nobles, bonnes et honnêtes; *Traité des anges et des démons*, traduit du latin de Jean Maldonat, Rouen, 1619, in-12.

ARNAULT (Antoine-Vincent), membre et secrétaire perpétuel de l'Académie française, né à Paris le 22 janvier 1766, mort dans la même ville en 1834, fit ses études au collége des Oratoriens de Juilly. Il avait, à la Révolution, une charge dans la maison de Monsieur, depuis Louis XVIII. Il la perdit lors de l'émigration de ce prince, et se livra entièrement à la littérature. En 1791, le Théâtre-Français joua une tragédie de lui : *Marius à Minturnes*, qui réussit. De 1792 à 1798, il donna successivement *Lucrèce*, tragédie; *Horatius Coclès*, opéra; *Phrosine et Mélidore*, drame lyrique; *Quintus Cincinnatus*, et *les Vénitiens*, deux tragédies. Ces différentes pièces eurent du succès. Lors de l'expédition d'Egypte, il s'embarqua sans avoir de fonctions; mais il fut obligé de s'arrêter à Malte pour soigner un ami malade, et de Malte il repartit pour la France sur un bâtiment qui fut capturé par les Anglais. Toutefois il ne tarda pas à revoir sa patrie. Il fut nommé, en 1800, chef de la division de l'instruction publique par le ministre de l'intérieur. Quand Lucien Bonaparte fut envoyé comme ambassadeur à Madrid, Arnault l'accompagna et se fit nommer membre de l'Académie de cette ville. Lors de la création de l'Université, il échangea son titre de chef de l'instruction publique contre celui de conseiller honoraire et de secrétaire-général de l'Université. A la Restauration, il perdit ses emplois, et aux Cent-Jours, il se prononça avec ardeur pour le gouvernement impérial. Il reprit alors ses précédentes fonctions, se présenta aux élections de Paris et fut nommé membre de la Chambre des représentants. A la seconde Restauration, il fut exilé et se retira à Bruxelles; mais rappelé à la fin de 1819, le gouvernement lui donna une pension de retraite. Napoléon lui légua 100,000 francs par son testament; l'Académie française admit Arnault dans son sein en 1829, et le choisit en 1833 pour son secrétaire perpétuel. Outre les pièces de théâtre dont nous avons parlé, cet écrivain a laissé : *Don Pèdre* ou *le Roi laboureur*, tragédie; *la Rançon de Duguesclin*, tragédie; *Germanicus*, tragédie; un recueil de *Fables* fort bien faites; *Cantate sur la naissance du roi de Rome*; *Guillaume de Nassau*, tragédie; *de l'Administration des établissements d'instruction publique et de la réorganisation de l'enseignement*; *Poésies*; *les Loisirs d'un banni*; *Scipion, consul*, drame; *Chant lyrique* pour l'inauguration de la statue votée à l'empereur par l'Institut; *Vie politique et militaire de Napoléon*; *Mémoires*; *Notice sur Chénier*. Arnault a coopéré à la rédaction de plusieurs journaux belges pendant son séjour à Bruxelles, puis à la *Minerve*, au *Miroir des spectacles*, à l'*Opinion*, et à la *Biographie des contemporains*.

ARNAVON (François), né à l'Isle, petite ville du comtat Venaissin, vers 1740, fit ses études en Sorbonne, fut nommé chanoine de la collégiale de l'Isle, et prieur-curé de Vaucluse. Le comte de Provence, depuis Louis XVIII, étant venu visiter la fontaine de Vaucluse en 1777, Arnavon l'y accompagna. Cette circonstance lui inspira le projet de décrire la célèbre fontaine et ses environs, d'éclaircir l'histoire de Pétrarque et de Laure, et de justifier celle de leurs amours. En 1790, il fut député par l'Assemblée représentative du comtat Venaissin, auprès du pape Pie VI, pour traiter des affaires de ce pays. Nommé, après le Concordat de 1802, chanoine titulaire de l'Eglise de Paris, il mourut doyen du chapitre de cette métropole, le 25 novembre 1824. Il reste de lui : *Discours apostolique de la religion chrétienne*, au sujet de plusieurs assertions du *Contrat Social*, et contre les *Paradoxes* des faux politiques du siècle, 1773, in-8; trois *Écrits* sur Vaucluse et Pétrarque, qui ont été réunis en un seul, avec de nouveaux frontispices, sous la date de 1814, et augmentés d'une dédicace à Louis XVIII. (Voyez l'abbé de SADE.)

ARNDT (Jean), *Arndtius*, un des mystiques de la religion réformée, naquit à Ballenstadt, dans le duché d'Anhalt, en 1555. Il étudia d'abord en médecine; mais cette science ne l'ayant pas empêché d'être dangereusement malade, il fit vœu de s'appliquer à la théologie, s'il guérissait. Il fut successivement ministre dans son pays, à Quedlimbourg et à Brunswick. Les erreurs qu'on lui attribua l'obligèrent de se retirer à Isleb. Georges, duc de Lunebourg, l'en tira trois ans après, en 1611, pour lui donner la surintendance de toutes les églises du duché de Lunebourg. Il mourut à Zell en 1621. On a de lui un ouvrage célèbre, intitulé : *Du vrai christianisme*, traduit en latin, Londres, 1708, deux in-8, et en français, par Samuel de Beauval; il veut y prouver que le dérèglement des mœurs qui régnait alors parmi les protestants ne venait que de ce qu'ils rejetaient les bonnes œuvres, et qu'ils se contentaient d'une foi stérile. Il avait beaucoup lu, beaucoup médité Taulère, Thomas à Kempis, saint Bernard, et les autres auteurs ascétiques. Il eût fallu commencer par embrasser la vraie foi, que ces écrivains professaient, et ne chercher ensuite qu'à recueillir chez eux les lumières mystiques. Luc Osiander, théologien de Tubingen, l'attaqua avec vivacité dans son *Judicium theologicum*.

ARNDT (Josué), professeur de logique à Rostock, prédicateur de la cour, et conseiller ecclésiastique du duc de Mecklembourg, mourut à Gustrou, lieu de sa naissance, le 5 avril 1687, à 61 ans. On a de lui: *Miscellanea sacra*, 1648, in-8; *Anti-Vallembourg*, Gustrou, 1664, in-4; *Clavis antiquitatum judaïcarum*, Leipsick, 1707, in-4. Il avait des connaissances très-étendues dans l'histoire et les sciences.

ARNDT (Ernest-Maurice), professeur de philosophie à Greifswald en Poméranie. Il fut un des chefs de l'association connue en Allemagne sous le nom de *Société d'union pour les vertus*, qui a beaucoup contribué à la délivrance de la Prusse, et qui porta toute l'Allemagne à se soulever en masse, après les désastres de l'armée française à Moscou, pour secouer le joug qu'elle subissait depuis si longtemps. Arndt y a beaucoup contribué par ses écrits. Ils lui ont acquis une grande réputation par les talents littéraires qu'on y remarque, et par l'indépendance de ses opinions. Son *Esprit du temps* fit surtout beaucoup de sensation. On y trouve des vues intéressantes sur l'issue de la guerre; il conseillait, comme un moyen sûr de renverser Bonaparte, de lui opposer ses propres armes. Ses autres ouvrages sont: *Essai historique sur l'état des serfs en Poméranie et dans l'île de Rugen, avec une introduction sur le droit de la glèbe*, Berlin, 1803, in-8; *la Germanie et l'Europe*, Altona, 1803, in-8; *Fragments sur la civilisation*, 1803, in-8; *Idées sur un aperçu général des langues considérées sous le rapport historique*, 1805, in-8. Les persécutions qu'il éprouva à Naples comme suspect de carbonarisme avancèrent sa mort qui arriva en 1824.

ARNE (Thomas-Augustin), musicien, né en 1710, fit la musique de l'opéra de *Rosamonde*, d'Adisson; du *Comus*, de Milton; et de la *Mascarade d'Alfred*, de Mallet. C'est dans cette dernière pièce que parut, pour la première fois, le fameux chant *Rulle Britannia*, etc. Il mourut en 1778, et voulut être assisté par un prêtre catholique, ayant été élevé dans la religion romaine.

ARNIM (Louis-Achim d'), né à Berlin en 1781, mort le 21 janvier 1831, commença par se livrer à l'étude des sciences physiques. Il publia un ouvrage estimé, sous le titre de : *Théorie des phénomènes de l'électricité*. Les voyages qu'il entreprit ayant plus tard changé la direction de ses idées, il cultiva la poésie. Il publia, de concert avec Clément Brentuno, son ami, la *Corne miraculeuse du petit garçon*, recueil d'anciennes poésies nationales, qui excita l'intérêt des Allemands. On trouve dans Arnim beaucoup d'imagination et un vrai talent d'observation. Outre les deux ouvrages ci-dessus, nous citerons parmi ses productions : le *Jardin d'hiver*, nouvelles, 1809; *Pauvreté, richesses, fautes et repentir de la comtesse Dolores*, 1810, 2 vol.; *Théâtre*, 1813; *Gazette des solitaires*, 1809; *Halle et Jérusalem, aventures d'un pèlerin*, 1811. D'Arnim a coopéré à la rédaction de divers recueils littéraires.

ARNISOEUS (Henningus) naquit près d'Alberstadt, et mourut en 1636. Il professa la médecine dans l'Université de Helmstadt; il voyagea en France et en Angleterre. Le roi de Danemarck, Christian IV, l'appela à sa cour, et le fit son conseiller et son médecin. On a de lui plusieurs ouvrages de politique, de jurisprudence et de médecine : *De auctoritate principum in populum semper inviolabili,* Francfort, 1612, in-4. Il y enseigne cette maxime si favorable à la paix des gouvernements, que le peuple ne peut en aucun cas porter atteinte à l'autorité du prince. *De jure majestatis,* 1610, in-4; *De jure connubiorum,* 1613, in-4 ; *De la subjection et de l'exemption des clercs,* in-4 ; *Leçons politiques,* in-4; *Observations anatomiques,* 1610, in-4, etc., etc.

ARNKIEL (Trogillus), surintendant des églises luthériennes du Holstein, a publié divers ouvrages, dont nous indiquerons : *De Philosophiâ et Scholâ Epicuri*, Kiel, 1671, in-4; une *Histoire de la conversion des peuples du Nord, accompagnée d'un tableau de leurs mœurs,* etc., en allemand; un *Traité*, aussi en allemand, *de la Religion des Cimbres païens*, dont la dernière édition parut à Hambourg en 1763, in-4. Ses autres ouvrages sont de controverse et de piété. Il mourut en 1713.

ARNKIEL (Frid), fils de Trogillus Arnkiel, fut bourgmestre d'Appenrade, dans le Holstein, et publia une histoire de l'*Etablissement du christianisme dans le Nord*. Cette histoire, qui est intéressante, offre une sorte de polémique contre l'historien Arnold.

ARNOBE-L'ANCIEN (*Arnobius*), fameux rhéteur, enseigna la rhétorique à Sicca, en Afrique, sa patrie. Lactance fut son disciple. Il se fit chrétien sous l'empire de Dioclétien, et signala son entrée dans la religion par ses *Livres contre les Gentils*, Rome, 1542, in-fol., Amsterdam, 1651, in-4. La meilleure édition est celle de Paris, 1666, à la suite des *OEuvres de saint Cyprien*. Il n'était pas encore baptisé, lorsqu'il composa cet ouvrage ; et ne pouvant pas être parfaitement instruit de nos mystères, il lui échappa quelques méprises. Dom Le Nourry et dom Cellier l'ont justifié sur plusieurs articles. Le père Pétau a jugé trop sévèrement quelques-unes de ses expressions touchant le mystère de la Trinité. Ce qu'il dit contre le paganisme est assez solide ; ses preuves pour le christianisme sont moins heureuses. Il a dans son style la véhémence et l'énergie des Africains; mais il écrit souvent en professeur de rhétorique. Il emploie des termes durs, emphatiques, et des phrases obscures et embarrassées. Saint Jérôme raconte qu'avant sa conversion il était un des plus ardents sectateurs du paganisme ; qu'il était très-habile dans la théologie païenne, et très-ennemi du christianisme, auquel il fut appelé, ajoute ce Père, par des avertissements que le ciel lui donna en songe (*somniis compulsus*).

Les historiens les plus estimés rapportent divers exemples de conversions qui s'opérèrent dans ces temps orageux pour l'Eglise, en conséquence des songes ou des visions envoyés d'une manière surnaturelle. On peut voir nommément ce que dit Eusèbe, liv. 6, chap. 5, de saint Basilide, soldat. Mais rien de plus remarquable que ce qu'en écrit le savant et solide Origène (*Lib. contra Celsum*). « Plu« sieurs, dit-il, ont embrassé le christia« nisme par l'esprit de Dieu, qui frap« pait leurs âmes d'une impression subite, « et qui leur envoyait des visions tant le « jour que la nuit, en sorte qu'au lieu « de rejeter la parole divine, ils deve« naient disposés à y conformer leur vie. « J'en ai vu plus d'un exemple..... Je « prends Dieu à témoin que mon but est « de faire aimer la religion de Jésus-« Christ, non par des contes inventés à « plaisir, mais par la vérité et par le récit « de ce qui est arrivé en ma présence. » Arnobe mourut vers 326. Trithème a eu tort de lui attribuer un *Commentaire sur les Psaumes*; il est d'Arnobe-le-Jeune, qui suit.

ARNOBE-LE-JEUNE, que l'on croit Gaulois d'origine, était, dit-on, moine de Lérins, vers 460, ou, selon d'autres, un de ces prêtres de Marseille qui attaquèrent quelques points de la doctrine de saint Augustin et de ses disciples dans le 5° siècle. Il est auteur d'un *Commentaire* sur tout le texte du *Psautier*, qui parut à Bâle, 1537 et 1560, in-8 ; à Paris, 1539, in-8, et enfin dans la Bibliothèque des Pères. Les autres ouvrages qu'on lui attribue ne sont pas de lui. Le semi-pélagianisme, reproché à cet auteur, est particulièrement fondé sur le passage suivant : *De même que la grâce précède la volonté, la volonté précède aussi la grâce; car vous n'êtes pas baptisé avant de vouloir croire*. Les auteurs de l'Eglise gallicane remarquent qu'on peut donner à ces paroles un sens catholique; d'autres en ont jugé moins favorablement.

ARNOLD (Geofroi), ministre de Perleberg, l'un des plus ardents défenseurs de la secte des *piétistes*, secte protestante d'Allemagne qui se pique d'être plus régulière que les autres. Il mourut en 1714. On a de lui une *Histoire de l'Eglise et des hérésies*, Leipsick, 1700, 2 vol. in-fol., et augmentée à Schaffouse, 1740, 3 vol. in-fol., qui lui attira beaucoup de traverses. Son *Histoire de la théologie mystique* est presque le seul ouvrage qu'il ait écrit en latin. Il en a composé beaucoup d'autres en allemand, qui ne sont lus que par ceux dont l'imagination n'est pas mieux réglée que celle de l'auteur.

ARNOLD (Benoît), général américain, l'un des plus fameux qui aient figuré dans la guerre de l'indépendance de l'Amérique. La prise de Ticondérago commença sa réputation, mais l'attaque de Québec et la marche savante qu'il exécuta pour y arriver au milieu des glaces de l'hiver et dans d'affreux déserts, le couvrirent de gloire. Cependant, blessé à l'assaut, il fut obligé de quitter l'armée, et les Américains forcés de se retirer; mais à peine guéri, il revint à la tête de ses troupes, et battit d'abord les Anglais sur le lac Champlain, et à la suite de deux autres batailles sanglantes il contraignit les ennemis de l'indépendance à déposer les armes. En 1778, il fut nommé commandant de Philadelphie, et dès cette époque sa conduite changea totalement. Ses dépenses, son luxe, ses exactions et ses dédains pour l'autorité civile le firent dénoncer par les habitants à l'assemblée de Pensylvanie, qui le condamna à une réprimande publique. Il parut d'abord se repentir de sa conduite passée, et chercha à regagner la confiance de ses concitoyens, qui lui donnèrent le commandement d'une place importante, non loin des avant-postes anglais. C'est alors que, pour exécuter les projets de vengeance qu'il méditait depuis longtemps, il entreprit des négociations avec le général anglais Clinton, par l'entremise du major André, qui, ayant été surpris par les gardes avancées américaines, paya sa perfidie de sa tête. Arnold parvint à s'échapper, et fut nommé brigadier-général au service de l'Angleterre. Alors il tourna ses armes contre sa patrie, qu'il avait défendue avec tant d'ardeur, et partout où il put pénétrer, la dévastation accompagna ses pas, jusqu'au moment où l'indépendance de l'Amérique fut reconnue. Alors il se retira en Angleterre, où il mourut en 1801. Il manifesta dans ses derniers moments de vifs regrets sur sa trahison, et fut enterré à Westminster, où les Anglais lui ont élevé un superbe monument.

ARNOLD (Georges-Daniel) naquit le 18 février 1780 à Strasbourg. Après avoir suivi les leçons des savants professeurs qui enseignaient dans sa ville natale, il alla étudier le droit dans plusieurs Universités d'Allemagne et particulièrement à Gœttingue. En 1806, il fut nommé professeur de droit civil à l'école de Coblentz, qui alors était une ville française. Appelé, en 1811, à occuper la chaire de droit romain à la Faculté de Strasbourg, il y fit preuve d'une érudition remarquable, et joignit à ces leçons, des cours de droit des gens, de diplomatie et d'histoire de la jurisprudence. En même temps Arnold, qui était très-laborieux, se livrait à la culture des lettres et de la poésie allemande. Il était devenu doyen de la Faculté de droit, lorsqu'il est mort à la suite d'une longue attaque d'apoplexie foudroyante, le 18 février 1829. On a de lui: *Elementa juris civilis Justinianei, cum codice Napoleoneo et reliquis legum codicibus collata*, Strasbourg, 1812, in-8. Il a fourni plusieurs articles de jurisprudence au *Magasin encyclopédique*, à la *Thémis* et à divers autres recueils encyclopédiques.

ARNOLDUS (Nicolas), ministre protestant, né à Lesna, en Pologne, en 1618. Après avoir parcouru différentes villes, croyant, par ces sortes de pèlerinages, perfectionner ses talents, il fut recteur, en 1639, de l'école de Jablonow. Nommé, en 1651, professeur de théologie à Franecker dans la Frise, et trois ans après, prédicateur académique, il se fit une certaine réputation par ses sermons, et mourut en 1680. On a de lui: *Réfutation du Catéchisme des sociniens;* un *Commentaire sur l'Epître aux Hébreux;* un ouvrage intitulé: *Lux in tenebris, etc.*, Leipsick, 1698, in-8. C'est une explication des passages de l'Ecriture dont les sociniens abusaient. Ce qu'il y a d'estimable dans les écrits de ce prédicant, c'est qu'au lieu de s'acharner, à l'exemple de ses confrères, contre l'Eglise catholique, il tourne presque toujours ses armes contre les ennemis de la divinité de Jésus-Christ.

ARNOLPHE, célèbre architecte italien, mort à Florence en 1300, à l'âge de 68 ans. Il contribua à faire renaître le bon goût et construisit une foule de *palais*, de *châteaux forts*, et d'autres monuments. Celui qui lui fit le plus d'honneur est la *cathédrale* de Florence, l'un des plus vastes édifices modernes, qu'il n'eut pas le temps d'achever, et qui suppose, dans celui qui en donna le plan, un génie hardi et qui avait devancé son siècle.

ARNON, chanoine régulier, florissait dans le 12e siècle. Il fut doyen de la communauté de Reicherspergh en Bavière, et mourut le 30 janvier 1175. C'était un homme recommandable par sa piété, sa science et son zèle pour la réforme des congrégations des chanoines réguliers, comme on le voit dans un ouvrage intitulé: *Scutum canonicorum*, où il parle de la façon de vivre, des coutumes et des observances des chanoines réguliers de son temps. Il y a beaucoup de piété et d'onction dans cet écrit; il y soutient que l'état de chanoine régulier peut être aussi parfait que celui de moine. Ce n'est pas une des moindres pièces du recueil publié par Raimond Duelli sous le titre de *Miscellanea*, Augsbourg, 1723, in-4. Arnon ne fut pas moins zélé pour la doctrine de l'Eglise et contre ceux qui l'attaquent. Il composa un bon ouvrage contre Folmar, prévôt de Treiffestein en Franconie, qui débitait des erreurs touchant l'Eucharistie. On peut voir sur cet ouvrage la *Bibliothèque des Pères*, édition de Cologne, tome 13, et l'*Auctuarium* d'Aubert Le Mire.

ARNOUL, fils naturel de Carloman, roi de Bavière et d'Italie, duc de Carinthie l'an 880, fut déclaré roi de Germanie l'an 887, et couronné empereur à Rome en 896. Il avait passé en Italie pour s'emparer de la succession de son oncle, Charles-le-Gros. Il eut à soutenir plusieurs guerres contre Guy, roi d'Italie, qu'il vainquit; aidé par les Hongrois, il défit Zwentebold, roi de Moravie. Couronné empereur par le pape Formose, le concile de Rome, en 898, annula son élection. Arnould se vit alors contraint à soutenir de nouvelles guerres; il mit le siége devant Spolette. On prétend qu'une femme lui fit prendre un breuvage empoisonné par un de ses domestiques, et que ce poison le mina lentement. Ce qu'il y a de sûr, c'est qu'il repassa les Alpes pour la troisième fois avec un corps malade, un esprit inquiet et une armée délabrée. Il mourut en 899, devant Fermo, dont il faisait le siége. Il laissa l'Allemagne dans une grande confusion. Son fils, Louis IV, lui succéda; et sa fille Ghismonde fut mère de Conrad I.

ARNOUL (saint), évêque de Metz, l'an 614, exerça plusieurs emplois à la cour de Théodebert II, roi d'Austrasie. Après la mort de son épouse, il entra dans l'état ecclésiastique, et fut nommé à l'évêché de Metz. Clotaire II ayant divisé ses Etats en 622, et fait son fils Dagobert roi d'Austrasie, mit saint Arnoul avec Pépin de Landen à la tête du conseil du jeune prince. Tant que le saint eut part aux affaires, Dagobert régna avec autant de vertu que de gloire et de bonheur. Mais Arnoul, ne pouvant résister au désir qu'il avait de ne plus s'occuper des choses de la terre, alla se cacher dans les déserts des Vosges. Saint Arnoul avait eu de Dode, sa femme, deux fils, dont l'un, nommé Anchise, fut père de Pépin de Héristel qui eut pour fils Charles Martel, duquel les rois de France de la seconde race sont descendus. La *Vie* de ce saint évêque a été écrite avec fidélité par son successeur. — Un autre ARNOUL, dont la vie nous est presque entièrement inconnue, prêcha la foi parmi les Francs, après que le roi Clovis eut été baptisé par saint Rémi. Ses travaux apostoliques furent traversés par de grandes contradictions. Il reçut la couronne du martyre dans la forêt d'Yveline, entre Chartres et Paris. Son culte est fort célèbre à Paris, à Reims et dans toute la France.

ARNOUL évêque de Lisieux dans le 12e siècle, défendit hautement Alexandre III et saint Thomas de Cantorbéry. Il fit le voyage de la Terre-Sainte avec Louis-le-Jeune en 1147, et revint deux ans après. Sur la fin de ses jours, il se démit de son évêché, et mourut l'an 1184, dans l'abbaye de Saint-Victor de Paris, où il s'était retiré. On a de lui un volume d'*Epîtres* écrites avec assez d'élégance; elles sont surtout remarquables par les particularités sur l'histoire et sur la discipline de son temps. Turnèbe en donna une édition à Paris en 1586, in-8. On a encore de lui des *poésies* imprimées avec ses *lettres*. On les trouve aussi dans la *Bibliothèque des Pères*.

ARNOUL (François), dominicain, natif du Maine, projeta, vers le milieu du dernier siècle, d'ériger un ordre de chevalerie propre au sexe, et qui étendit le culte de la sainte Vierge. Anne d'Autriche, régente de France, à qui il communiqua son dessein, lui donna son agrément. Le nouvel instituteur publia en 1647, à Paris et à Lyon, le projet de son ordre du *Collier céleste du sacré rosaire, composé de 50 demoiselles;* mais il ne put trouver de chevalières. N'ayant pu être fondateur, il voulut être du moins de quelque utilité. Ayant fait l'essai de divers remèdes qui avaient produit de bons effets, il les publia sous le titre de: *Révélations charitables de plusieurs remèdes*, Lyon, 1651, in-12 ; il eut soin auparavant de les faire approuver par des gens de l'art.

ARNOUL ou ARNULPH, évêque de Rochester, naquit à Beauvais, vers l'an 1050, et mourut en 1124. Il laissa un livre intitulé : *Textus Roffensis*, et quelques autres Traités dans le *Spicilège :* ces écrits sont intitulés : *De incestis nuptiis ;* des *Réponses à diverses questions de Lambert, abbé de Munster, principalement sur le corps et le sang de Notre-Seigneur Jésus-Christ*, etc.

ARNOULD (Ambroise-Marie), député aux conseils des anciens et des cinq-cents, puis membre du tribunat, s'occupa particulièrement des finances, et se fit peu remarquer dans les discussions politiques jusqu'au moment de la réélection des deux tiers des conventionnels. Il s'opposa vivement à cette mesure, et devint un des principaux moteurs des événements de la journée du 13 vendémiaire an IV. Echappé aux proscriptions qui la suivirent, il reparut en 1798, et fut élu au conseil des anciens. L'année suivante, il passa à celui des cinq-cents, et devint, dans les journées des 18 et 19 brumaire, membre des commissions législatives chargées de donner à la France une nouvelle constitution. Il espérait le portefeuille des finances, mais il fut seulement nommé membre du tribunat, et il en devint le rapporteur habituel dans les projets de finance. En 1804, il se prononça en faveur du gouvernement impérial, et en 1807 il fut nommé maître des comptes. Il est mort en 1812. Ses principaux ouvrages sont : *De la Balance du commerce et des Relations commerciales extérieures de la France, dans toutes les parties du globe*, 2e édition, Paris, 1695, 2 vol. in-8, avec cartes et tableaux, ou 1 vol. in-4; la première édition était de 1791, et il en avait reproduit un extrait en 1794, sous ce titre : *Point de terrorisme contre les assignats*, in-8 ; *Système maritime politique des Européens pendant le dix-huitième siècle*, 1797, in-8; *Mémoires sur différents sujets relatifs à la marine*, 1799, in-8; *Histoire générale des finances depuis le commencement de la monarchie*, 1806, in-4.

ARNOULD (Sophie), née à Paris, où elle mourut en 1802, fameuse actrice de l'Opéra. Elle est plus fameuse encore par ses bons mots terribles. Elle a aussi son côté religieux. Quand le divorce fut établi, sa fille en profita ; Arnould la blâma, et lui dit : « Le divorce est le « sacrement de l'adultère. » Et puis elle confia ses repentirs au curé de Saint-Germain l'Auxerrois, qui l'administra.

ARNTZÉNIUS (Jean), fils de Henri Arntzénius né à Vezel en 1702, mort en 1759, joignit l'étude de la jurisprudence à celle des lettres, prit à Utrecht le degré de docteur en droit, soutint à cette occasion, en juillet 1726, une thèse : *De nuptiis inter fratrem et sororem*. Il fut nommé, en 1728, professeur d'histoire et d'éloquence à l'Athénée de Nimègue ; puis, en 1742, à l'Université de Franecker. Ce philologue estimable a laissé plusieurs ouvrages: *Dissertationes de colore et tincturâ comarum, et de civitate Romanâ apostoli Pauli*, Utrecht, 1725, in-8 ; *Oratio de delectu scriptorum qui juventuti in scholis prælegendi sunt*, Nim., 1726, in-4 ; *Oratio de causis corruptæ eloquentiæ*, Nim., 1728, in-4; une édition du *Panégyrique de Pline*, Amst., 1738, in-4 ; une édition du *Panégyrique de Pacatus*, Amst., 1753, in-4. Il a dirigé une réimpression des *Semestria de Faur de Saint-Jory*, Franecker, 1757, in-fol.; ses *Poëmes* latins et trois *Discours* ont été publiés après sa mort, par son fils.

ARPE (Pierre-Frédéric), né en 1682 à Kiel, capitale du duché de Holstein, s'occupa une partie de sa vie à faire des éducations particulières, fut lié avec Bayle et Basnage, remplit pendant quelques années une place de professeur en droit dans sa patrie, et se retira ensuite à Hambourg où il mourut en 1748. Ses principaux ouvrages, dont quelques-uns annoncent des sentiments très hétérodoxes, sont curieux et recherchés. Voici le titre de quelques-uns : *Bibliotheca fatidica sive Museum scriptorum de Divinitate*, 1711, in-8; *Apologia pro Julio Cæsare Vanino*, 1712, réimprimé en 1718, in-8; *Theatrum fati, sive Notitia scriptorum de providentiâ, fortunâ et fato*, 1712, in-8; *Diatriba de prodigiosis naturæ et artis operibus, talismata et amuleta dictis cum recensione scriptorum hujus argumenti*, 1717, in-8; *Laicus veritatis vindex, sive de jure laicorum præcipuè Germanorum in promovendo religionis negotio*, 2e édit., 1720, in-4; *Feriæ æstivales, sive scriptorum historia*, 1726, qui est le catalogue des ouvrages qu'Arpe avait publiés, ou se proposait de publier; *Themis cimbrica, sive de Cimbrorum et vicinarum gentium antiquissimis institutis*, 1737, in-4. On attribue à cet auteur une réponse à la dissertation de La Mounaye sur le livre des *Trois Imposteurs*; et M. Renouard le regarde comme l'auteur de l'ouvrage publié en français sous le titre de : *Traité des trois Imposteurs;* mais c'est sans fondement. Il paraît que cet écrit, qui circule en France depuis 1769, n'est autre que l'esprit de Spinosa, imprimé à la suite de sa *Vie* en 1719, in-8.

ARPHAXAD, fils de Sem, né deux ans après le déluge, eut pour fils Caïnan, suivant les Septante. Josèphe croit qu'il passa le Tigre, et qu'il se fixa dans le pays appelé d'abord Arphaxatide, et depuis la Chaldée.

ARPHAXAD, roi des Mèdes, dont il est parlé dans le livre de *Judith*, est, suivant la commune opinion, le même que Phraortès, fils et successeur de Déjocès, roi des Mèdes. Hérodote dit qu'il assujettit premièrement les Perses, et qu'ensuite il se rendit maître de tous les peuples de l'Asie, passant successivement d'une nation à l'autre ; mais qu'enfin étant venu attaquer Ninive et l'empire des Assyriens, il fut vaincu et mis à mort par Nabuchodonosor, la 22ᵉ année de son règne. L'autorité d'Hérodote est à la vérité très-faible ; mais son récit paraît ici s'accorder avec le livre de Judith, où il est dit qu'il bâtit Ecbatane, et qu'il fut vaincu dans la plaine de Ragau.

ARPINO (Joseph-César d'), né au château d'Arpin en 1560, est connu dans l'école de peinture sous le nom de *Josepin*. Son père le plaça, dès l'âge de 18 ans, auprès des peintres que Grégoire XIII employait pour peindre les loges du Vatican. On le faisait servir à préparer les palettes et broyer les couleurs. Il montra des dispositions si heureuses, que le Pape ordonna que, tant qu'il travaillerait au Vatican, on lui payât un écu d'or par jour. Le pape Clément VIII ajouta de nouveaux bienfaits à ceux de Grégoire XIII. Il le fit chevalier du Christ, et le nomma directeur de Saint-Jean-de-Latran. Arpino suivit en 1600 le cardinal Aldobrandini, nommé légat à l'occasion du mariage de Henri IV avec Marie de Médicis. Il fut fait chevalier de Saint-Michel. Caravage, son ennemi et son rival, l'ayant attaqué, Arpino refusa de se battre avec lui, parce qu'il n'était point chevalier. Il fallut, pour lever cet obstacle, que Caravage allât à Malte se faire recevoir chevalier servant. Arpino mourut à Rome en 1640. Peu de peintres ont mis autant d'esprit dans leurs idées. Mais son coloris est froid, et ses expressions forcées. Il en est de l'esprit en peinture comme en littérature, rarement il s'accorde avec la liberté et le feu du génie. Les morceaux d'histoire romaine qu'on voit de lui au Capitole sont ce qu'il a fait de mieux. Sa *Bataille entre les Romains et les Sabins* est un de ses meilleurs ouvrages. Le roi de France possède trois de ses tableaux: une *Nativité*, *Diane et Actéon*, et l'*Enlèvement d'Europe*. Arpino gravait aussi à l'eau forte.

ARRAES (Amador), portugais, né en 1530, à Béja, dans l'Alentejo, entra chez les carmes déchaussés à Lisbonne en 1545, se fit un nom par ses leçons de théologie et ses sermons, et gagna les bonnes grâces du cardinal don Henri, archevêque d'Evora, qui le fit son coadjuteur. En 1581, Philippe II le nomma à l'évêché de Portalègre; il y vécut en saint évêque. Sur la fin de ses jours, ne voulant plus songer qu'aux choses éternelles, il se retira dans le couvent de son ordre à Coïmbre, où il mourut en 1600. On a de lui des *Dialogues moraux* en portugais, Coïmbre, 1589 et 1604.

ARRHACHION ou ARRHICHION, fameux athlète, né en Arcadie, avait terrassé deux fois à Olympie, dans la 42ᵉ et la 43ᵉ Olympiade (612 et 608 avant J.-C.), tous ses adversaires au pancrace. La dernière fois il ne lui restait plus à vaincre qu'un adversaire qui avait eu un doigt du pied rompu. Celui-ci, ayant déclaré qu'il était hors de combat, surprit Arrhachion, qui avait cessé de le presser et se jeta sur lui avec tant de violence, que lui serrant en forcené la gorge avec ses doigts, il l'étrangla. Les Éléens, témoins de cette ruse perfide, adjugèrent le prix au cadavre d'Arrhachion, qui fut déclaré vainqueur après sa mort. Que penser des nations qu'on nous représente tous les jours comme vertueuses et sages, et dont la plus douce satisfaction était de se repaître de ces scènes de meurtre et d'horreur? Et combien cette pensée devient plus affligeante, en considérant que, dans les siècles éclairés par le christianisme, on a renouvelé ces spectacles dans les joutes chevaleresques, dans les tournois, où presque toujours l'arène était teinte du sang des combattants? Que penser encore de ces duels journaliers, que les gouvernements semblent autoriser en les tolérant? La manie de ces affreux spectacles est souvent le fruit du débordement des mœurs, toujours suivi de plaisirs sanguinaires et atroces. (Voyez NÉRON.)

ARRIAGA (Roderic d'), né à Logrono en Espagne, l'an 1592, jésuite en 1606, professa la théologie à Salamanque, et puis à Prague en Bohème. Il mourut dans cette dernière ville en 1667; on a de lui plusieurs ouvrages : un *Cours de philosophie*, imprimé à Anvers en 1632, in-fol. On y voit une grande force de raisonnement, quelquefois un peu de subtilité, mais plusieurs questions agitées de son temps en demandaient (Voyez DUNS). Il y a, d'ailleurs, des vues solides et favorables aux progrès des sciences. Il fait l'éloge de ceux qui cherchent à étendre les lumières par de nouvelles découvertes. Une *Théologie*, 8 in-fol. L'auteur travaillait au 9ᵉ, lorsqu'il mourut. Pour être long, il n'est pas toujours clair; voulant mettre ses assertions à l'abri de toute attaque, il allonge ses preuves, et les noie dans les moyens trop multipliés de les défendre contre les aggresseurs. Sa *Logique* et sa *Métaphysique* sont excellentes, mais l'Ecriture et les Pères sont un peu négligés.

ARRIAGA (Paul-Joseph d'), jésuite espagnol, passa au Pérou, et fut le premier qui y enseigna la rhétorique. Il eut un grand soin des missions, et en établit en plusieurs endroits. Il fut recteur du collège de Lima pendant 24 ans en divers temps. En 1622, s'étant embarqué pour repasser en Europe, son vaisseau fit naufrage près de la Havane, et il y périt. On a de lui plusieurs ouvrages de piété et un traité fort utile aux missionnaires, *Sur la manière de travailler à la conversion des infidèles*, Lima, 1621, in-4.

ARRIE, dame romaine, célèbre dans l'antiquité par son courage. Cecinna Pœtus, son époux, lié avec Scribonien, qui avait fait soulever l'Illyrie contre l'empereur Claude, fut condamné à la mort pour cet attentat, l'an 42 de J.-C. Voyant qu'elle ne pouvait sauver la vie de son mari, elle s'enfonça un poignard dans le sein; puis le retirant: *Tiens*, dit-elle, *Pœtus, cela ne fait aucun mal*. Et ce romain se donna la mort à l'exemple de sa femme. Il y a une belle épigramme de Martial sur cette héroïne forcenée.

ARRIEN, poëte, qui vivait du temps de l'empereur Auguste et de Tibère, vers l'an 14 de J.-C. On le croit auteur d'un poëme en 24 livres, dont Alexandre-le-Grand est le héros.

ARRIEN (Flavius), historien grec, natif de Nicomédie, se fit un nom célèbre sous Adrien, Antonin et Marc-Aurèle, par son savoir et son éloquence. On l'appelait le nouveau Xénophon. Adrien le fit gouverneur de la Cappadoce. Il battit les Alains et arrêta leurs courses. Il nous reste de lui 7 livres de l'*Histoire d'Alexandre-le-Grand*, Leyde, 1704, in-fol.; Amsterdam, 1668, in-8, *cum notis variorum*. On en a une traduction française par d'Ablancourt, in-12. Il est moins éloquent, mais on le croit plus véridique que Quinte-Curce. Son ouvrage est très-estimé, parce qu'il avait eu recours aux histoires d'Alexandre composées par Ptolémée, fils de Lagus, et par Aristobule. Arrien paraît également versé dans la science militaire et dans la politique. Son style est moins doux que celui de Xénophon, auquel on le comparait. Epictète, philosophe stoïcien, avait été son maître. Le disciple publia quatre livres des *Discours* de ce philosophe, Cologne, 1595, in-8, Londres, 1739, 2 vol., in-4. On a encore de lui le *Périple du Pont-Euxin*, celui de la *mer Rouge*, une *Tactique* et un *Traité de la chasse*. Ces derniers ouvrages ont été imprimés en grec et en latin avec l'*Enchiridion d'Epictète*, Amsterdam, 1683, et réimprimés en 1750, in-8. C'est Arrien qui avait dressé cet *Enchiridion*. Son *Traité de la chasse* a été traduit en français par Fermat, Paris, 1690, in-12. Arrien écrivit beaucoup d'autres ouvrages; mais ayant été perdus pour nous, il est inutile d'en donner la nomenclature. Sa *Tactique* a été traduite en français par le colonel Guischard, et inséré dans ses *Mémoires militaires sur les Grecs et les Romains*, 1760, 2 vol. in-8.

ARROWSMITH (Jean), professeur à Cambridge en 1660, est auteur de plusieurs bons ouvrages. On estime surtout sa *Tactica sacra*, Cambrige, 1647, in-4.

ARRUBAL (Pierre), né en 1559, à Cénicéros, en Espagne, jésuite en 1579, professeur de théologie à Salamanque et à Rome, fut chargé de soutenir le molinisme dans les congrégations *de auxiliis*, à la place de Valentia, qui était tombé malade pendant le cours de cette guerre théologique. Il mourut en 1603 à Salamanque. On a de lui 2 vol. *de Deo uno et trino, et de Angelis*, écrits avec précision et clarté.

ARSACES I, roi et fondateur de la monarchie des Parthes, issu d'une condition très-basse, fut élevé sur le trône vers l'an 252 avant Jésus-Christ, et devint aussi renommé parmi les Parthes que Cyrus chez les Perses. Il chassa les Macédoniens, battit les généraux de Séleucus, et ce prince lui-même, qu'il fit prisonnier. Enfin il établit solidement cet empire d'Orient, qui balança toujours la puissance romaine, et fut une barrière d'airain, que les vainqueurs des nations ne purent forcer. Les successeurs de ce roi furent appelés *Arsacides*.— Arsaces II, son fils, le remplaça sur le trône.

ARSACES TIRANUS, roi catholique d'Arménie, fut obligé par Julien l'Apostat de l'accompagner contre les Perses. Après la mort de cet empereur, Arsace combattit ces peuples avec assez de bonheur; mais Sapor l'attira sous prétexte d'alliance. Il l'invita même à un festin, et au milieu de la fête, il le fit charger de chaînes d'argent et enfermer dans la tour de *l'Oubli*, à Ecbatane. Il y fut ensuite assassiné par ordre de Sapor, l'an 269 de J.-C., et l'Arménie devint une province de la Perse.

ARSÈNE, diacre de l'église romaine, d'une naissance illustre et d'un rare mérite, fut choisi en 383, par le pape Damase, pour être précepteur d'Arcadius, fils aîné de Théodose. Ce prince le pria de regarder son élève comme son propre fils, et de prendre sur lui l'autorité d'un père. Un jour l'empereur étant entré dans la chambre de son fils pour assister à ses études, il le trouva assis, et Arsène levé. Il commanda à celui-ci de s'asseoir et à son fils d'être debout. Il ordonna, en même temps, qu'on lui ôtat tous les ornements impériaux, ajoutant qu'il le croirait indigne du trône, s'il ne rendait à chacun ce qui lui est dû. Cet avis ne changea pas le jeune prince; et Arsène, n'osant plus se flatter de réformer son naturel superbe et opiniâtre, se sauva de la cour, et alla se cacher dans le désert de Scéthé. On dit qu'Arcadius, après la mort de Théodose, voulant réparer les fautes qu'il avait commises à l'égard de son maître, lui fit offrir des présents considérables qu'il refusa. Le désintéressement était une des vertus principales de cet ecclésiastique. Un officier lui ayant apporté le testament d'un de ses parents, qui le nommait son héritier, Arsène lui demanda depuis quel temps son parent était mort? L'officier ayant répondu: *Depuis peu de mois.* — *Il y a bien plus longtemps que je suis mort moi-même*, répliqua Arsène; *comment donc pourrais-je être son héritier?* Son humilité égalait son mérite. Avec un grand fonds de science, beaucoup de talent pour la parole, un extérieur imposant par la grandeur de sa taille, ses cheveux tout blancs, et sa barbe qui lui descendait jusqu'à la ceinture, il avait toute la réserve et la modestie des plus jeunes solitaires. Il ne voulait jamais traiter de grandes questions de l'Écriture. *A quoi me sert*, disait-il, *toute ma science mondaine? Ces bons Égyptiens ont acquis les plus hautes vertus dans leurs exercices rustiques*. Comme il consultait un vieillard vertueux, mais simple, un des frères lui dit: *Père Arsène, comment recourez-vous à un pareil guide, vous qui possédez toutes les sciences des Grecs et des Romains?* Il répliqua: *J'ai sans doute beaucoup étudié les sciences de Rome et d'Athènes, mais je ne sais pas encore l'alphabet de ce bon vieillard.* Lorsqu'il se ressouvenait des jours qu'il avait passés à la cour, il ne pouvait retenir ses larmes, et rien ne pouvait l'arracher à sa solitude ; il évitait même la société de ses frères : « Je me suis toujours repenti, disait-il, d'avoir conversé avec les hommes, et jamais d'avoir gardé le silence. » Voyant approcher son heure dernière, il fondait en larmes : « Vous craignez donc de mourir, lui dit un de ses disciples? — J'avoue, répondit-il, que je suis saisi de crainte, et que cette crainte ne m'a point quitté, depuis que je suis dans le désert. » Il mourut en 445, âgé de 95 ans.

ARSÈNE, moine du mont Athos, fut patriarche de Constantinople en 1255. Avant excommunié l'empereur Michel Paléologue, qui avait fait crever les yeux au jeune Jean Lascaris, confié à sa tutelle, il fut déposé, l'an 1260, et relégué dans l'île de Proconèse, où il mourut l'an 1264. On a de lui un *Nomocanon*, ou *Recueil des canons*, divisé en 141 titres, avec les lois impériales, auxquelles ils sont comparés; un *Testament* publié par Cotelier, grec et latin, dans le 2º tome des Monuments de l'église grecque.

ARSÈNE, moine grec du 17º siècle, a écrit une lettre contre Cyrille-Lucar (Voyez ce nom), insérée dans les *Actes* du concile où Parthénius, patriarche de Constantinople, fit condamner la confession de foi de Cyrille-Lucar en 1642. On a encore de lui un recueil d'*Apophthegmes* grecs, et un recueil de *Scolies* sur les tragédies d'Euripide.

ARSÈS, le plus jeune des fils d'Artaxercès Ochus, roi de Perse, régna après lui, et fut empoisonné par Bagoas, qui l'avait placé sur le trône. Il mourut vers l'an 336 avant J.-C.

ARSINOÉ, nom de plusieurs princesses, dont les principales sont : Arsinoé, mariée vers l'an 300 avant l'ère chrétienne à Lysimaque, roi de Thrace; et ensuite à Ptolémée Céraune, son frère, qui la relégua dans l'île de Samothrace, et fit assassiner ses deux neveux pour régner à leur place. Arsinoé, sœur de la précédente, qui épousa aussi son propre frère Ptolémée-Philadelphe, roi d'Égypte, lequel l'aima si tendrement, qu'il aurait fait bâtir un temple en son nom, si la mort ne l'en eût empêché. Arsinoé, femme de Magas, de Cyrène, connue par son amour pour Démétrius, frère du roi de Macédoine, qu'elle épousa depuis. Enfin Arsinoé, sœur de Cléopâtre, reine d'Égypte, que Marc-Antoine fit tuer à la prière de sa maîtresse.

ARSLAN. (Voy. ALP-ARSLAN.)

ARTABAN, frère de Darius fils d'Hystaspes, et oncle de Xercès, donna au prince son neveu des conseils sages et modérés, et tâcha inutilement de le détourner de la guerre contre les Grecs. Il s'était efforcé aussi en vain d'empêcher Darius, son frère, de faire la guerre aux Scythes. Xercès crut ne pouvoir confier le gouvernement de l'État pendant son absence à un homme plus fidèle et plus sage qu'Artaban. — Un autre ARTABAN ou ARTAPAN, Hircanien d'origine, capitaine des gardes de Xercès, étrangla ce prince dans son lit, l'an 473 avant J.-C. Il persuada à Artaxercès, fils du même Xercès, que Darius son frère était l'auteur de cet attentat. Ce prince donna la mort à son frère ; mais la même année, ayant connu la perfidie d'Artaban, qui voulait se mettre sur le trône, il le tua en faisant semblant de vouloir changer de cuirasse avec lui. Il y a aussi quatre rois des Parthes qui ont porté ce nom, et qui ont combattu longtemps contre les Romains. La trahison d'Artaban a inspiré au célèbre Métastase le sujet de son

Artaxercès, qui a été imité ou traduit en français, et joué au théâtre de ce nom.

ARTABASDE ou ARTAVASDE, gendre de l'empereur Léon III, l'Isaurien, et général de ses armées, était gouverneur d'Arménie, lorsque Constantin Copronyme monta sur le trône de Constantinople, en 741. Ce prince, qui connaissait ses projets ambitieux, ayant voulu le faire mourir, Artabasde se fit proclamer empereur, en octobre 742. Constantin marcha contre lui, le vainquit en bataille rangée, prit, en septembre 743, Constantinople, où l'usurpateur s'était réfugié, et après lui avoir fait crever les yeux, il l'envoya en exil avec son fils Nicéphore. Artabasde avait su se rendre agréable au peuple, pendant sa courte administration, par la protection qu'il avait accordée aux catholiques contre les iconoclastes, et par ses manières affables.

ARTABASE ou ARTAVASDE, roi d'Arménie, fils et successeur de Tigrane. On a de lui des tragédies, des discours et des livres d'histoire. Ayant trahi Antoine dans la guerre des Parthes, il devint son prisonnier, et servit à son triomphe en Egypte. Cléopâtre lui fit trancher la tête l'an 28 avant J.-C.

ARTABASE, fils de Pharnace, capitaine de Xercès, accompagna ce prince dans son expédition contre les Grecs. Il le suivit jusqu'à l'Hellespont, avec 60,000 hommes d'élite. Après la bataille de Platée, où l'imprudent Mardonius s'était engagé contre l'avis d'Artabase, ce sage général se retira avec 40,000 hommes qu'il commandait, et qu'il sauva par cette retraite. Pour faciliter celle de Mardonius, il publia sur toute la route qu'il était vainqueur, afin qu'on le laissât passer sans l'attaquer.

ARTABASE, fils de Pharnabaze et d'Apamée, fille d'Artaxercès Mnémon, déclara la guerre à Ochus, son roi, l'an 356 avant J.-C., à la tête d'un parti de mécontents. Il se fortifia dans la Lybie, et appela à son secours les Athéniens. Charès, amiral de la république d'Athènes, joint à Artabase, remporta une victoire signalée sur l'armée d'Ochus. Le sénat d'Athènes ayant ensuite rappelé son armée, Artabase, assisté par les Thébains, défit entièrement les Perses. Il obtint ensuite sa grâce, revint en Perse, fut fidèle à Darius Codoman, et le servit contre Alexandre-le-Grand. Après la mort de Darius, le conquérant macédonien le reçut amicalement, et le fit satrape de la Bactriane, vers l'an 330 avant J.-C. Artabase avait alors 95 ans. Il présenta neuf de ses enfants à Alexandre, qui leur fit le même accueil qu'au père ; et comme ce héros allait le plus souvent à pied, il fit amener deux chevaux : un pour lui, et l'autre pour Artabase, de peur que ce satrape, dont il honorait la vieillesse, n'eût honte de se voir seul à cheval.

ARTALIS ou ARTALE (Joseph), poëte italien, né en 1628, à Mazareno, en Sicile, aima également les muses et les armes. Au sortir de ses études, n'ayant encore que quinze ans, il blessa mortellement un satirique qu'il avait déjà bâtonné, et se déroba aux poursuites de la justice en allant à Candie, dans le temps que les Turcs en faisaient le siège. Il s'y distingua tellement qu'il mérita d'être fait chevalier de l'ordre militaire de saint Georges. Il mourut à Naples en 1679. On a de lui beaucoup d'écrits en vers et en prose.

ARTAUD (Pierre-Joseph), né en 1706, à Bonieux, dans le comtat Venaissin, alla de bonne heure à Paris, et remplit avec distinction les différentes chaires de la capitale. Devenu curé de Saint-Méry, il édifia son troupeau et l'instruisit. Son mérite lui valut, en 1756, l'évêché de Cavaillon. Il mourut en 1760, à 54 ans, avec la réputation d'un prélat exemplaire et d'un homme aimable. On a de lui : *Panégyrique de saint Louis*, 1754, in-4; *Discours sur les mariages*, à l'occasion de la naissance de M. le duc de Bourgogne, 1757, in-4; quelques *Mandements et Instructions pastorales*. Il règne dans tous ses ouvrages une éloquence solide et chrétienne. Ses prônes étaient des modèles dans le genre familier.

ARTAUD (Antoine-Marie-François), antiquaire, né en 1767 à Avignon, quitta le commerce pour se livrer entièrement à son goût pour les arts, et se fit bientôt connaître par ses talents comme peintre et comme dessinateur. S'étant établi à Lyon, il devint conservateur du Musée, puis directeur de l'école des beaux-arts de cette ville. Il mourut à Orange en 1838. Ses principaux ouvrages sont : *Description d'une mosaïque, représentant des jeux du cirque, découverte à Lyon en 1806*, grand in-fol., fig. ; *Description de la mosaïque de M. Macon*, 1806, in-8 ; *Notice des antiquités et des tableaux des musées de Lyon*, 1808, in-8 ; *Mosaïque de Lyon et des départements méridionaux de la France*, 1825 et années suivantes, in-fol., fig.

ARTAVASDE. (Voyez ARTABASDE.)

ARTAVEL. (Voyez ARTEVELDE.)

ARTAXERCÈS, surnommé *Longuemain*, fils et successeur de Xercès dans l'empire de Perse, ne parvint au trône qu'après avoir détruit deux factions puissantes qui le lui disputaient. Il tua son frère Darius, qu'Artaban, meurtrier de son père, accusait de ce crime, et tua ensuite le meurtrier lui-même, après avoir reconnu la vérité, et découvert la conspiration que cet Artaban avait faite pour le détrôner. Les parents et les amis d'Artaban formèrent un puissant parti contre lui, amassèrent des troupes et lui livrèrent une bataille qu'ils perdirent. (Plusieurs écrivains ont confondu cet Artaban avec l'oncle de Xercès.) Il remporta ensuite une victoire contre Hystaspe, son frère, et ruina entièrement son parti. Il tourna ses armes contre les Bactriens et les vainquit. Thémistocle, retiré à sa cour, fut comblé d'honneurs et de présents. Il lui donna deux cents talents, et lui assigna cinq villes pour son entretien. L'Egypte s'étant révoltée, il la fit rentrer dans le devoir et en chassa les Athéniens qui étaient venus la secourir. On croit que ce prince est l'Assuérus de l'Ecriture, qui épousa Esther et qui permit à Esdras de rétablir la république et la religion des Juifs, et de rebâtir Jérusalem. C'est à la 20ᵉ année de son règne (en y comprenant le temps qu'il a régné avec son père, et la 7ᵉ depuis qu'il régnait seul), que commencent les septante semaines de Daniel, après lesquelles le Messie devait être mis à mort. Il mourut l'an 426 avant J.-C., après avoir fait la paix avec les Athéniens.

ARTAXERCÈS MNÉMON, appelé ainsi par les Grecs à cause de sa grande mémoire, succéda à Darius II son père, l'an 405 avant J.-C. Cyrus, frère de ce prince, jaloux de le voir en possession du trône, attenta à sa vie. Son projet fut découvert, et son arrêt de mort prononcé; mais Artaxercès eut la faiblesse généreuse de lui pardonner, après avoir fait la paix avec les Athéniens. Cet ingrat leva des troupes sous différents prétextes, et vint présenter bataille à son frère avec 113,000 hommes : elle fut donnée à Cunaxa, à 25 lieues de Babylone; Cyrus y fut tué de la main de son frère. Parysatis sa mère, jalouse du crédit de Statira sa belle-fille, empoisonna cette princesse, et troubla le règne d'Artaxercès. Le roi se contenta de la confiner à Babylone, où elle demanda à se retirer. Ochus, le troisième des enfants qu'il avait eus de Statira, voulant aussi être roi, fit périr deux de ses frères, Arsame et Ariaspe. Ce malheureux n'épargna pas même son père. Artaxercès mourut de la main de son propre fils, l'an 361 avant J.-C., après un règne de 43 ans. C'était un prince doux, humain, libéral, qui aimait ses peuples. Il porta loin la gloire de ses armes, terrassa entièrement la puissance de Lacédémone, et conquit sur elle les villes et les îles grecques de l'Asie. Sa vie est ternie par le mauvais exemple qu'il donna le premier en épousant deux de ses filles.

ARTAXERCÈS III, Ochus, fils et successeur d'Artaxercès Mnémon, monta sur le trône 361 avant J.-C. Il cacha pendant dix mois la mort de son père, pour s'affermir en agissant au nom du prince défunt. Peu de tyrans ont été plus cruels. Ayant conçu le projet de tarir tout le sang royal, il fit enterrer vive sa propre sœur Ocha, dont il avait épousé la fille. Un de ses oncles fut égorgé par ses ordres, avec cent de ses fils ou petits-fils. Tous les principaux seigneurs persans subirent le même sort. Un seul, nommé Dathames, échappé à cette boucherie, se fit un parti dans la Cappadoce et la Paphlagonie. Ochus, ne pouvant le vaincre, lui envoya des assassins sous le titre d'ambassadeurs. Dathames, les ayant démasqués, leur fit à tous éprouver le traitement qu'ils lui réservaient. Ce brave homme se laissa tromper par un malheureux qui, ayant gagné son amitié, le perça de plusieurs coups de poignard. Les généraux et les gouverneurs d'Artaxercès étaient dignes de leur maître; ils tyrannisaient tous les pays qui étaient de leur dépendance. L'Egypte et quelques autres provinces s'étant révoltées, Artaxercès marcha contre elles, s'empara de l'île de Chypre, força les Sidoniens à mettre le feu à leur ville, prit Péluse, et de là se répandit dans toute l'Egypte. Il souilla ses victoires par des cruautés inouïes, ravagea les villes, pilla les temples, fit tuer le bœuf Apis, enleva les livres de la religion et les annales de la monarchie. L'eunuque Bagoas, Egyptien, dépositaire de sa puissance, irrité du traitement qu'Artaxercès avait fait au dieu Apis, le fit empoisonner par son premier médecin, l'an 338 avant J.-C. Le meurtrier mit la couronne sur la tête d'Arsès, le plus jeune des fils d'Artaxercès, après avoir fait périr tous les autres. On croit que c'est sous son règne que Bagoas (terme qui signifie *eunuque*) profana le Temple, et imposa aux Juifs un tribut de cinquante drachmes, payables aux dépens du public, pour chaque agneau qu'ils offraient en sacrifice, ainsi que le rapporte Josèphe. Sulpice-Sévère a cru que cet Artaxercès était le Nabuchodonosor de l'Ecriture, sous le règne duquel arriva l'histoire de Judith; mais il est bien plus vraisemblable que ce Nabuchodonosor est Chiniladan, roi d'Assyrie.

ARTAXIAS I, général d'Antiochus-le-Grand, se rendit maître de l'Arménie, du consentement de ce prince, et le partagea avec un autre général. Annibal, retiré à sa cour, lui conseilla de bâtir Artaxate sur le fleuve Araxe. Artaxias en fit la capitale de son empire. Ce prince avait soumis son royaume aux Romains, après la défaite d'Antiochus. Il fut ensuite défait lui-même par Antiochus-Epiphanes l'an 179 avant Jésus-Christ.

ARTEAGA (Etienne), né en 1744, en Espagne, entra chez les jésuites peu de temps avant qu'éclatât la fatale conjuration qui les supprima. Obligé de quitter son couvent et l'Espagne, il se retira en Italie, refuge de tous les jésuites de sa nation. Le cardinal Albergati, qui le vit à Bologne, se l'attacha. C'est là qu'il se lia avec le chevalier Azar, qu'il suivit à Paris, où il mourut le 30 octobre 1799, sans avoir pris les ordres. On a de lui plusieurs ouvrages, entre autres : *Traité sur le beau idéal*, en espagnol; *Les révolutions du théâtre musical en Italie, depuis son origine jusqu'à nos jours*, en italien, Venise, 1785, in-8; on a fait en français un extrait de cet ouvrage, Londres, 1802, in-8, de 182 pages; plusieurs *Dissertations* savantes, qu'il se proposait de publier.

ARTEDI (Pierre), médecin suédois, né en 1805, dans la province d'Angermanland, se lia d'une amitié très-étroite avec Charles Linnée ; ils s'aidèrent mutuellement des lumières qu'ils acquéraient. Linnée travailla à la botanique, Artédi s'appliqua à la recherche de la nature des animaux quadrupèdes, des poissons, des amphibies et des pierres. Il était près de publier ses ouvrages, quand il se noya dans un des canaux d'Amsterdam, l'an 1735, à l'âge de 30 ans. Linnée les a fait imprimer sous les titres suivants : *Bibliotheca ichthyologica*, Leyde, 1738, in-8 ; *Philosophia ichthyologica*, ibid., 1738, in-8. Il mit aussi une préface à chaque traité, et la fit précéder d'une *Vie* de son ami. Rien de plus touchant que le tableau qu'il fait de leur amitié mutuelle.

ARTEMIDORE, d'Ephèse, nommé ordinairement *Daldien*, parce que sa mère était de Daldis, ville de Lydie, florissait sous Antonin-le-Pieux. On a de lui un *Traité des songes et de la chiromancie*, matière qu'il avait beaucoup étudiée. Son ouvrage, à travers bien des choses minutieuses et absurdes, offre des traits d'érudition. Alde Manuce le publia en grec à Venise, en 1518; et Rigaud en grec et en latin, à Paris, 1603, in-4, avec de savantes notes. Le texte grec a été réimprimé à Leipsick en 1805, in-8; il a été traduit en italien et en français, par Dumoulin, avec le traité de Nephus sur les augures, Rouen, 1664, in-12.—Strabon et Pline parlent avec éloge d'un autre ARTÉMIDORE qui vivait avant J.-C., et qui est auteur d'une *Description de la terre*. On trouve des fragments de cet ouvrage dans les *Géographes secondaires de la Grèce*, par Hudson (1er vol.), Oxford, 1703.

ARTEMISE, reine d'Halicarnasse et fille de Ligdamis, se trouva à l'expédition de Xercès contre les Grecs, et se signala surtout à la bataille de Salamine, l'an 480 avant J.-C. Un vaisseau athénien la poursuivant, elle fit ôter le pavillon de Perse, attaqua un vaisseau de la flotte de Xercès, commandé par Damasithymus, roi de Calynde, avec lequel elle avait eu une querelle, et le coula à fond. Les Athéniens cessèrent alors de la poursuivre, dans la pensée qu'elle était de leur parti. Xercès dit, à cette occasion, « que dans le combat les hommes « avaient été des femmes, et les femmes « des hommes. » Les Athéniens, informés de la ruse d'Artémise, promirent une récompense à ceux qui la leur amèneraient vivante; mais elle eut le bonheur d'échapper à leurs recherches. Sa statue fut placée à Sparte parmi celles des généraux perses. Artémise s'empara de la ville de Latmus, où elle était entrée sous le prétexte d'y célébrer la fête de *la mère des dieux*. On dit qu'ayant un amour violent pour un jeune homme d'Abydos, qui n'y répondit pas, elle lui creva les yeux et se précipita ensuite du haut d'un rocher. Mais cette époque de l'histoire de la Grèce n'est pas assez éloignée des temps fabuleux, pour pouvoir compter sur tous les événements qu'elle présente.

ARTÉMISE, fille d'Hecatomus, reine de Carie, sœur et femme de Mausole, s'est immortalisée par sa tendresse conjugale. Son époux étant mort en 355 avant J.-C., elle lui fit élever un monument superbe, compté parmi les sept merveilles du monde. Il avait, dit-on, 63 pieds du midi au septentrion, et son tour était de 411 pieds ; il avait 36 pieds et demi de hauteur, et 36 colonnes dans son enceinte. Pline a pris plaisir à en faire la description, aussi bien qu'Aulu-Gelle. Les tombeaux qu'on a distingués dans la suite par des ornements d'architecture et de sculpture ont pris leur nom de Mausole, et ont été appelés mausolées. Artémise fit proposer dans toute la Grèce des prix considérables pour ceux qui réussiraient le mieux à faire l'oraison funèbre de son époux. Elle en recueillit les cendres, qu'elle mêlait avec sa boisson, voulant en quelque sorte lui servir de tombeau. Artémise ne survécut pas longtemps à son mari. Elle mourut auprès du monument qu'elle lui avait fait élever, l'an 351 avant J.-C. Au lieu des pleurs où la plupart des écrivains plongent Artémise durant sa viduité, il y en a qui lui font faire des conquêtes considérables. Il paraît, par une harangue de Démosthène, qu'on ne la regardait point à Athènes comme une veuve désolée, qui négligeait les affaires de son royaume. Le courage avec lequel elle se soutint contre les efforts des Rhodiens, et la ruse qu'elle employa, au rapport de Vitruve, pour se saisir de leur flotte et de leur ville, prouve qu'elle savait joindre la douleur amère d'une veuve avec les devoirs d'une reine, et que les affaires lui tinrent lieu de consolation : *Negotia pro solatiis accipiens*, Tacite.

ARTÉMON de CLAZOMÈNE, mécanicien célèbre, suivit Périclès au siége de Samos, et y inventa le *bélier*, la *tortue*, et les autres machines de guerre.

ARTEVELDE (Jacques Van), nommé *Sire*, noble bourgeois de Gand, fut commis, en 1337, par ceux de cette ville, au gouvernement de Flandre, et gouverna ce pays assez heureusement l'espace de sept ans. Mais étant soupçonné de vouloir faire élire comte de Flandre le fils aîné d'Édouard, roi d'Angleterre, des mécontents l'assaillirent dans sa maison et le massacrèrent au mois de juillet 1344. Philippe Artevelde, son fils, s'étant mis à la tête de près de 60 mille Flamands, fut tué à la bataille de Rosebecq, en 1382.

ARTHUR. (Voyez ARTUR.)

ARTORIUS, chevalier romain, s'étant engagé dans un portique du temple durant le siège de Jérusalem, pour éviter d'être consumé par les flammes, proposa à Lucius, son ami, de le recevoir entre ses bras, lorsqu'il se jetterait du haut en bas, et s'engagea de le faire son héritier. Lucius le reçut heureusement et lui sauva la vie ; mais accablé par la chute rapide d'un tel poids, il mourut lui-même à l'instant, victime de sa généreuse hardiesse.

ARTOXARÈS, eunuque de Paphlagonie, entra de bonne heure à la cour d'Artaxercès I, vers l'an 440 avant J.-C. Il n'avait que 20 ans, lorsque ce prince l'envoya, avec les plus grands de l'État, en Syrie, pour engager Mégabyze, qui s'y était révolté, à se soumettre sans réserve. Il obtint ensuite le gouvernement de l'Arménie, et fut un de ceux qui forcèrent Darius Ochus de prendre la couronne. Ce prince, paisible possesseur de l'empire, témoigna sa reconnaissance à Artoxarès, en lui donnant le premier rang parmi les eunuques. Ces honneurs, loin de satisfaire ses désirs ambitieux, ne firent que les irriter. Il se lassa d'être sujet, et voulut monter sur le trône. Comme la qualité d'eunuque éloignait de lui les mécontents, il se fit faire une barbe postiche. Ce mauvais artifice ne trompa que ceux qui voulurent l'être. Ses desseins ayant été découverts, avant qu'il ait pu pourvoir à sa sûreté, on l'arrêta, et la reine Parysatis, qui gouvernait avec une autorité absolue, lui fit souffrir les plus cruels et les plus honteux supplices.

ARTUR ou ARTHUS, roi de la Grande-Bretagne, après son père Uther, qu'on a surnommé *Pendragon*. On prétend qu'il vainquit les Saxons, et qu'il soumit l'Écosse, l'Hibernie, avec toutes les îles voisines. Ces victoires pourraient avoir quelque fondement ; mais ce qu'on ajoute est tout à fait fabuleux. Ce prince, dit-on, défit Lucius, capitaine romain, ravagea la plus grande partie des Gaules, et institua, à son retour, l'ordre des chevaliers de la *Table ronde*, qu'on montre encore aujourd'hui au château de Winchester, avec le nom de ces prétendus chevaliers. On dit encore qu'étant attaqué par Mordelus et Calvinus, fils de Lothus, roi des Pictes, il fut blessé dans la bataille et disparut aux yeux de son armée, sans que l'on pût depuis avoir de ses nouvelles. Henri II, sur les indices qu'en donnaient d'anciennes chansons bretonnes, ayant eu la curiosité de faire chercher son tombeau dans le cimetière de Glastenbury, l'y trouva avec un reste d'ossements, et l'inscription qu'on y avait mise. On croit que ce prince est mort dans l'île d'Avalon, vers l'an 542.

ARTUS I, duc de Bretagne, un des princes les plus aimables de son siècle, fut proclamé duc, quoique encore au berceau, après la mort de Geoffroi son père. Jean-Sans-Terre, roi d'Angleterre, son oncle, le tua, dit-on, de sa propre main, à Rouen, l'an 1202.

ARTUS III, dit *le Justicier*, auparavant comte de Richemont, et connétable de France, naquit en 1393, de Jean V, duc de Bretagne. C'était un petit homme, mais plein de bravoure. Il contribua à relever le trône de Charles VII, se signala à la malheureuse bataille d'Azincourt, battit les Anglais en Normandie et en Poitou, remporta deux victoires, l'une à Patay en Beauce, l'an 1429, et l'autre à

Formigny, l'an 1450. Dans la dernière, après leur avoir donné de fausses alarmes pendant deux jours, il feignit de se retirer ; mais retournant sur ses pas durant la nuit, il les surprit au point du jour, et les défit totalement. Son neveu, Pierre, dit *le Simple*, duc de Bretagne, étant mort en 1456, sans laisser d'enfants, lui succéda. Depuis cette époque, il fit toujours porter deux épées nues devant lui : l'une comme duc de Bretagne, et l'autre comme connétable. Il ne régna que 15 mois, et mourut dans sa 66ᵉ année, en 1458, regretté de ses peuples, qu'il gouvernait avec douceur ; estimé, mais haï des troupes, dont il réprimait les brigandages avec sévérité. C'était un prince sobre, chaste, ennemi des plaisirs, exact à rendre la justice, zélé pour la religion, grand négociateur, et plus grand homme de guerre. La paix d'Arras fut son ouvrage.

ARTUSI (Jean-Marie), né à Bologne, dans le milieu du 16ᵉ siècle, chanoine régulier de la congrégation de Saint-Sauveur, étudia les mathématiques, et surtout la partie qui concerne l'harmonie. On lui doit un excellent *Traité du contrepoint*, en italien ; livre peu commun et où, malgré les progrès qu'on a faits depuis dans l'art agréable de la musique, on trouve à s'instruire. Il fut imprimé à Venise en 1586, 2 vol. in-fol.

ARUMÆUS (Dominique), ou van ARUM, né à Leuwarde en 1579, se donna entièrement à l'étude du droit. Il mourut à Iéna en 1637. On a de lui un grand nombre d'ouvrages sur le droit, dont le meilleur est : *Discursus academici de jure publico imperii*, Leipsick, 1623, 5 vol. in-4.

ARUNDEL (Thomas), fils de Robert, comte d'Arundel, d'une illustre maison d'Angleterre, fut élevé à l'âge de 22 ans sur le siége d'Ely, sous Edouard III, et transféré par le Pape, en 1388, à l'archevêché d'Yorck, où il dépensa des sommes considérables à bâtir le palais archiépiscopal. Il fut grand-chancelier d'Angleterre, et posséda cette dignité jusqu'en 1396, lorsqu'il passa à l'archevêché de Cantorbéry. C'est le premier qui ait quitté le siége d'Yorck pour celui de Cantorbéry. A peine en eut-il pris possession qu'il encourut la disgrâce du roi Richard II. Accusé de haute trahison, il fut condamné, sous peine de mort, à sortir du royaume. Arundel alla d'abord en France et à Rome, où Boniface IX le reçut très-bien, et le nomma à l'archevêché de Saint-André en Ecosse. Ce prélat contribua beaucoup à engager Henri de Bolinbroke, duc de Lancaster, qui régna depuis sous le nom d'Henri IV, à envahir l'Angleterre et à détrôner Richard II. Il fit paraître un grand zèle contre Wiclef et les Lollards, surtout contre le chevalier Jean Oldcastle, lord Cobhan. Il mourut en 1414. C'est peut-être le premier qui ait défendu de traduire l'Ecriture-Sainte en langue vulgaire. Il semble avoir pressenti l'abus que les sectaires des siècles suivants feraient de cette lecture ; mais dans tous les siècles il doit être défendu aux particuliers de publier des versions de l'Ecriture sans la permission et l'approbation des évêques : sans cette sage précaution, les erreurs de toutes les sectes circuleraient parmi le peuple chrétien, sous l'autorité de la parole de Dieu. On lit dans la *Vie de Ximénès*, par Fléchier, un passage bien propre à faire sentir la profonde sagesse qui dirigea ce règlement de l'évêque Arundel. « Ximénès croyait que, dans
« ces siècles si éloignés de la foi et de
« la docilité des premiers chrétiens, rien
« ne convenait moins que de mettre indifféremment entre les mains de tout
« le monde ces oracles sacrés, que Dieu
« fait concevoir aux âmes pures, et que
« les ignorants, selon l'apôtre saint
« Pierre, corrompent et tournent à leur
« propre perte ; que c'était la nature des
« petits esprits de ne pas estimer ce qu'ils
« ont toujours devant les yeux, et de révérer les choses cachées et mystérieuses ; que les peuples les plus sages
« avaient toujours éloigné des secrets de
« leur religion le profane vulgaire ; et
« que Jésus-Christ lui-même, qui est la
« sagesse du Père, n'avait si souvent
« parlé par figures et par paraboles, que
« pour cacher aux troupes grossières,
« ce qu'il voulait révéler en particulier
« à ses disciples. Il ajoutait qu'il était bon
« de publier dans la langue du pays des catéchismes, des prières, des explications
« solides et simples de la doctrine chrétienne, des recueils d'exemples édifiants, et autres écrits propres à éclairer l'esprit des peuples, et à leur inspirer l'amour de la religion, tels qu'il
« avait dessein de donner au public au
« premier loisir qu'il aurait. Mais pour
« plusieurs endroits de l'Ancien et du
« Nouveau-Testament, qui demandaient
« beaucoup d'attention, d'intelligence et
« de pureté de cœur et d'esprit, il valait
« mieux les laisser dans les trois langues
« que Dieu avait permis qu'on eût comme consacrées sur la tête de Jésus-Christ mourant ; qu'autrement l'ignorance en abuserait, et que ce serait un
« moyen de séduire les hommes charnels
« *qui ne comprennent pas ce qui est de*
« *Dieu*, et les présomptueux qui croient

« entendre ce qu'ils ignorent. On eût dit
« qu'il prévoyait dès lors l'abus que les
« dernières hérésies devaient faire de
« l'Ecriture. Ceux qui étaient de l'avis
« contraire eurent peine à se relâcher
« là-dessus ; mais il fallut déférer aux
« raisons et aux remontrances du pré-
« lat, qui donnait beaucoup de poids et
« d'autorité à ses opinions. » (Voyez
EUSTOCHIUM.)

ARVIEUX (Laurent), né à Marseille en 1635, fut emmené dans le Levant par un de ses parents, consul de Seïde, en 1653. Pendant 12 ans de séjour dans différentes villes de la Syrie et de la Palestine, il apprit les langues orientales, et s'appliqua à la connaissance de l'histoire ancienne et moderne des peuples du Levant. Revenu en France, il fut envoyé en 1668 à Tunis, pour y négocier un traité. Il y procura la liberté à 380 esclaves français, qui, en reconnaissance, lui envoyèrent une bourse de six cents pistoles, qu'il refusa. Il fut ensuite consul d'Alger, puis d'Alep, en 1679. Il y fit fleurir le commerce, respecter le nom français, et répandre la religion catholique. Innocent XI lui envoya un bref, par lequel il le nommait à l'évêché de Babylone ; et en cas de refus, il lui permettait de faire choix du sujet qui lui plairait. Arvieux refusa en effet, et usant de la liberté que le Pape lui avait accordée, il présenta pour cet évêché le père Pidou, carme déchaussé. Il mourut en 1703, après avoir reçu d'autres marques d'estime de ce pontife. Le père Labat (Voyez ce nom) a publié à Paris, en 1735, en six vol. in-12, les *Mémoires du chevalier Arvieux*, contenant ses voyages à Constantinople, dans l'Asie, etc. Le *Voyageur d'Arabie*, par la Roque, imprimé à Paris, 1717, in-12, a été fait sur un de ses manuscrits : la vie d'Arvieux se trouve à la tête de cet ouvrage.

ARVISENET (Claude), chanoine et vicaire-général de Troyes, né à Langres le 8 septembre 1755, mort à Gray le 17 février 1831. Après avoir pris ses degrés et reçu l'ordre de prêtrise, il fut nommé par Mgr de La Luzerne, chanoine et archidiacre du diocèse. Il en exerça les fonctions dans l'archidiaconé de l'Auxois jusqu'à l'époque de la révolution. N'ayant pas voulu prêter le serment, il se retira en Suisse, dans le canton de Lucerne, et sut y employer ses loisirs d'une manière utile à l'Eglise, en y composant plusieurs ouvrages de piété, notamment le *Memoriale vitæ sacerdotalis*, répandu dans toute l'Europe catholique, et qui a mérité à l'auteur les éloges de Pie VII. En 1803, Mgr de La Tour-du-Pin, archevêque-évêque de Troyes, lui offrit un canonicat et le nomma membre du conseil ecclésiastique avec le titre de grand-vicaire, fonctions dans lesquelles il a été maintenu par les successeurs de ce prélat. (Voy. BOULOGNE.) Il était supérieur de plusieurs communautés religieuses, et dirigeait un grand nombre de personnes ; mais les infirmités l'avaient forcé peu à peu de se retirer du tribunal sacré. L'abbé Arvisenet avait une haute piété, une grande connaissance des voies spirituelles, et se distinguait par sa charité envers les pauvres. Indépendamment du *Memoriale vitæ sacerdotalis*, il reste de cet auteur : *Sapientia christiana*, 2 vol. traduits en français par l'auteur en 1803, et par l'abbé Ogier en 1817, in-12 ; *Manuductio juvenum ad sapientiam*, 1 vol. in-24, également traduit en français par l'auteur, sous le titre de : *Guide de la jeunesse dans les voies du salut* ; *Mémorial des disciples de Jésus-Christ*, 1 vol. in-12 ; *Maximes et devoirs des pères et mères ; la Vertu angélique*, etc., etc.

ARZACHEL, ou ELZARACHEL (Abraham), célèbre astronome juif du 12ᵉ siècle, naquit à Tolède et se distingua parmi les savants de son temps. Il fut un des principaux auteurs des *Tables alphonsines*, publiées par Alphonse-le-Savant de Castille. On a de lui un livre sur l'*obliquité du zodiaque*, qu'il fixa à 23° 34'. Il détermina l'apogée du soleil par 402 observations. Ses connaissances astronomiques paraîtraient aujourd'hui très-imparfaites et fort erronées ; mais on doit toujours de la reconnaissance aux savants dont les travaux, quoique défectueux, ont néanmoins contribué aux progrès des sciences.

ASA, roi de Juda, fils et successeur d'Abia, l'an 955 avant J.-C., abattit les autels élevés aux idoles, rétablit le culte du vrai Dieu, ôta à sa mère Maacha les marques de la royauté, parce qu'elle avait fait une idole consacrée à Astarté, remporta une victoire sur l'armée des Madianites, vainquit Zara roi d'Ethiopie (voyez ce nom), et se rendit maître de plusieurs villes d'Israël. Bénadad, roi de Syrie, l'avait secouru dans cette dernière guerre. Asa fit transporter les matériaux de la ville de Rama, que Baasa, roi d'Israël, avait fait élever, et les employa à bâtir la ville de Gabaa. Le prophète Ananus lui reprocha d'avoir eu recours à un prince étranger, au lieu de mettre sa confiance dans le Seigneur. Asa, irrité contre ce saint homme, le fit mettre en prison. L'Ecriture lui reproche aussi de n'avoir pas détruit les hauts lieux que le peuple, par une dévotion mal entendue, avait consacrés au Seigneur, et où il offrait des sacrifices, au lieu de les offrir, selon la loi, dans le temple; mais quelques auteurs croient que les circonstances rendaient la réforme de cet abus difficile. Dieu le punit en l'affligeant de la goutte, et l'on croit que sa piété se réveillant dans l'état de souffrance, il se repentit de ses fautes, et surtout de ce qu'il avait fait contre le prophète; car l'Ecriture lui rend en général un témoignage favorable, en disant qu'il *fit ce qui était juste devant le Seigneur*. Cependant ayant mis, durant sa maladie, plus de confiance dans les médecins que dans Dieu, il mourut l'an 914 avant J.-C., après avoir régné 41 ans. Il eut Josaphat pour successeur.

ASAEL. (Voyez AZAEL.)

ASAN III, roi de Bulgarie, était petit-fils d'Asan II, par Marie sa mère. A peine eut-il été reconnu, par les soins de Michel Paléologue son beau-père, que Terter, homme illustre, se révolta contre lui. Pour le gagner, on lui donna une sœur d'Asan en mariage, avec le titre de *despote*. Cette faveur distinguée ne put assouvir son ambition, et ne l'empêcha pas de travailler tous les jours à grossir son parti. Asan s'en étant aperçu, et préférant une vie privée et tranquille aux troubles auxquels la royauté l'exposait, feignit d'aller faire une visite à son beau-père. Il emporta tous ses trésors à Constantinople, où il vécut depuis, content du titre de despote de Romanie. Ce prince, bon philosophe, fut la tige d'une famille illustre, qu'on appela des *Asanites*. Les événements que nous venons de rapporter doivent être placés entre 1275 et 1280 : on ne sait pas la date précise.

ASAPH, fils de Barachias, de la tribu de Lévi, chantre de David, et très-habile musicien. On lui attribue quelques psaumes; mais plusieurs interprètes pensent que son nom n'est mis à la tête de ces psaumes, que parce qu'il les avait mis en musique, et qu'il les chantait lui-même dans le temple avec un talent qui lui était propre. Dans la distribution que David fit des lévites pour chanter dans le temple, il ordonna que la famille de Gerson, dont était Asaph, tiendrait la droite.

ASARADON. (Voyez ASSABHADDON.)

ASARIAS. (Voyez AZARIAS.)

ASCELIN, né en Poitou, fut moine de l'abbaye du Bec, et non de Saint-Evroult, comme quelques auteurs l'ont dit. Il combattit, à l'exemple de Lanfranc son maître, les erreurs de Béranger, et disputa si vivement contre lui à la conférence tenue l'an 1050, à Brionne, qu'il le réduisit au silence. On a de lui une *Lettre* à cet hérétique sur la présence réelle : elle se trouve dans la *Collection des conciles*, du Père Labbe.

ASCÈNES, premier fils de Gomer et petit-fils de Japhet. On conjecture qu'il est le père des Ascantes, peuples qui demeuraient aux environs du Tanaïs et du Palus-Méotide. Josèphe le nomme *Ascanaxès*, et assure qu'il est le chef des Ascanaxiens ou Rhéginiens, peuples de la Grèce; mais l'on comprend que tout ce qui remonte à de si anciennes origines est peu certain.

ASCHAM (Roger), secrétaire, dans la langue latine, de la reine Elisabeth, était de Kirckbywish dans la province d'York. Il mourut à Londres en 1568, à 53 ans, et laissa un livre utile, intitulé : *le Maître d'école*; ouvrage écrit en anglais; des *Lettres latines*, Oxford, 1703, in-8, écrites avec assez d'élégance ; *De rebus in Germaniâ gestis*.

ASCHARI, docteur musulman, chef des Aschariens, opposés aux Hanbalites. Ceux-ci soutenaient que Dieu agit toujours par des volontés particulières, et fait toutes choses pour le bien de chaque créature, au lieu que les Aschariens croyaient que l'Être suprême ne suit que les lois générales qu'il a établies. « Peut-« être dans ceci, dit un critique, comme « dans beaucoup d'autres matières de ce « genre, ce n'est qu'une dispute de mots, « et que les deux sentiments sont vrais. « Les lois générales existent sans doute, « elles s'exécutent sans interruption et « sans désordre ; mais elles sont d'une « docilité, d'une flexibilité incompréhen-« sible dans la main de Dieu qui les a « dessinées, et qui les dirige sans en « abandonner la conduite un seul instant. « Leur combinaison, avec une infinité de « circonstances, produit ou ne produit « pas tel effet, opère ou n'opère pas tel « événement, suivant les vues générales « ou particulières d'une Providence, qui « agit encore, à chaque moment, avec « autant de force et de sagesse sur la « nature que lorsqu'elle créa la nature. » Vu cependant le penchant général des Musulmans vers la doctrine de la fatalité ou du destin absolu, on peut croire que cette explication, quoique très sage et solide, est trop favorable au système d'Aschari. Il mourut à Bagdad, l'an 940 de J.-C.

ASCLÉPIADE ou ASCLÉPIADES, historien grec, vivait du temps de Ptolémée Epiphanes, vers l'an 200 avant J.-C. Les anciens lui attribuent une *Histoire d'Alexandre-le-Grand*, une de *Bithynie*, et on *Traité des illustres grammairiens;* mais ces ouvrages ne sont point parvenus jusqu'à nous.

ASCLÉPIADE ou ASCLÉPIADES, médecin, natif de Prnze en Bithynie, refusa les offres de Mithridate, qui l'appelait auprès de lui, et exerça son art à Rome du temps de Pompée-le-Grand, vers l'an 110 avant J.-C. Il avait été rhéteur; mais il trouva qu'on gagnait plus à guérir les hommes qu'à les instruire. Il n'employa presque aucun des principes d'Hippocrate, dont la doctrine n'était, selon lui, que la *méditation de la mort.* Il proscrivit presque tous les remèdes, et n'en fut que plus à la mode. Il permit à certains malades l'usage du vin et de l'eau froide. Il adoucit les remèdes rebutants, et en donna de moins difficiles à prendre. Pline les réduit à cinq: *l'abstinence des viandes, l'abstinence du vin* dans certaines occasions, *les frictions, la promenade* et *la gestation,* c'est-à-dire les différentes manières de se faire voiturer. Asclépiade, voulant prouver la bonté de sa théorie, fit gageure de n'être jamais malade; il la gagna, et mourut d'une chute dans un âge avancé, l'an 96 avant J.-C. Il nous reste quelques fragments des ouvrages de ce médecin dans Aétius, *Malagmata hydropica,* etc., et qui ont paru corrigés et augmentés à Weimar, 1794, in-8. Il ne faut pas le confondre avec un autre Asclépiade, médecin sous Trajan, ni avec quelques autres médecins qui ont porté le même nom.

ASCLÉPIADE, philosophe platonicien, natif de Phliase, ville du Péloponèse. Après avoir suivi quelque temps la doctrine de Platon, il choisit pour son maître Stilpon de Mégare. Ménédème, qu'il attira à cette école, se lia avec lui si étroitement, qu'ils ne purent se séparer. Leur indigence était telle, que, n'ayant pas même le nécessaire, ils furent réduits à servir de manœuvres à des maçons. Ils se louèrent ensuite à un boulanger, où ils passaient les nuits à moudre du blé. L'Aréopage, ayant appris leur misérable état, donna 200 drachmes à chacun d'eux. Ils s'étaient promis réciproquement de vivre dans le célibat; mais cet état leur pesant trop, ils se marièrent. Ménédème épousa la mère, et Asclépiade la fille. Celle-ci étant morte, son ami lui céda sa femme, et en prit une autre fort riche. Tel était alors l'état des mœurs et le respect que l'on portait aux plus saints engagements, à ceux même qui fondent le bonheur des familles comme celui des royaumes. Asclépiade mourut dans un âge très-avancé, quelque temps après la mort d'Alexandre, vers l'an 320 avant J.-C.

ASCLÉPIADE, auteur des vers qui portent son nom et que l'on appelle aussi *choriambiques.*

ASCLÉPIODORE, peintre estimé par Apelles. Mnazon, roi d'Elate dans la Grèce, acheta de cet artiste douze portraits des dieux, 300 mines chacun.

ASCLÉPIODOTE, Lesbien, l'un des généraux de Mithridate-le-Grand, conspira contre ce prince avec Miricon, Philotime et Aristhènes. Mais sur le point d'exécuter cette entreprise, il la révéla à Mithridate, qui lui pardonna, et fit mourir ses complices dans les tourments, l'an 84 avant J.-C.

ASCLÉTARION, astrologue du temps de Domitien, s'étant avisé de faire le prophète sur l'empereur, ce prince lui dit: *Mais toi, qui sais le moment de ma mort, connais-tu le genre de la tienne?* — *Oui,* repartit l'astrologue, *je serai dévoré des chiens.* Domitien, pour le faire mentir, ordonna qu'on le tuât et que son corps fût brûlé; mais un grand orage survenu ayant éteint le bûcher, les chiens mirent le cadavre en pièces et le mangèrent. C'est Suétone qui rapporte cette histoire ou cette fable. Dion Cassius en fait aussi mention.

ASCOLI. (Voyez LÈVE.)

ASCONIUS-PÉDIANUS (Quintus), natif de Padoue, habile grammairien et ami de Virgile, mourut vers le commencement de l'empire de Néron. Tite-Live en faisait beaucoup de cas. Ses *Commentaires* sur les Harangues de Cicéron lui acquirent de la célébrité. Le peu qui nous en reste peut servir de modèle en ce genre. On les trouve dans le *Cicéron* de Gronovius, publié en 1692, 2 vol. in-4. La première édition des *Commentaires* d'Asconius, publiée à Venise en 1477, in-fol., est aussi rare que recherchée. On estime celle de Leyde, 1644, in-12. — Il ne faut pas le confondre avec un autre Asconius Pédianus, qui mourut sous Vespasien, comme nous l'apprenons par la chronique d'Eusèbe. Il est cependant des critiques qui pensent que cette chronique pourrait être bien fautive quant à cette date, et que les deux Asconius n'en font peut-être qu'un. Dans la *Vie* de Virgile, il est fait mention d'un Asconius Pédianus, comme d'un ami de ce poëte, ce qui ne peut regarder que le premier.

ASDRUBAL, général des Carthaginois, gendre d'Amilcar et beau-frère d'Annibal, se distingua dans la guerre de Numidie, et revint en Espagne où il prit le commandement de l'armée après la mort de son beau-père. Il soumit l'Espagne et la gouverna avec prudence. Il y bâtit Carthagène, pour servir de boulevard et de place d'armes aux Carthaginois, et fut tué en trahison, l'an 224 avant J.-C., par un esclave gaulois, dont il avait fait mourir le maître.

ASDRUBAL-BARCA, fils d'Amilcar et frère d'Annibal, général des Carthaginois en Espagne, reçut l'ordre de passer avec son armée en Italie, pour rejoindre son frère. Les généraux romains le poursuivirent dans sa marche, et remportèrent sur lui une victoire complète, l'an 219 avant J.-C. Mais, réuni à son frère Magon et à Masinissa, roi des Numides, il défit en deux combats différents les deux Scipion, qui y perdirent la vie l'an 213 avant J.-C. Quelque temps après, s'étant frayé un passage dans les Alpes, le consul Néron vint le surprendre, comme il s'avançait pour se joindre à son frère. Il y eut près de la rivière de Métaure une bataille sanglante que Tite-Live compare à celle de Cannes. L'armée carthaginoise fut taillée en pièces, et Asdrubal mourut les armes à la main. Par un barbare abus de la victoire, sa tête fut jetée par ordre du vainqueur dans le camp d'Annibal. A cette vue, le Carthaginois, attendri et consterné, s'écria : *En perdant Asdrubal, j'ai perdu tout mon bonheur, et Carthage toute son espérance.* Ce combat meurtrier, donné l'an 207 avant J.-C., coûta aux vaincus 56,000 hommes, et aux vainqueurs près de 20,000 tant Romains qu'alliés. Horace a fait sur cette victoire du consul Néron une de ses plus belles odes, et a rendu ainsi les paroles d'Annibal :

>Carthagini jam non ego nuntios
>Mittam superbos : occidit, occidit
>Spes omnis et fortuna nostri
>Nominis, Asdrubale interempto.

ASDRUBAL, général carthaginois, fils de Giscon, commandant en Espagne avec le frère d'Annibal, attira dans son parti Syphax, roi des Numides, passionnément amoureux de sa fille Sophonisbe. Les secours que lui donna ce prince, joints aux troupes qu'il avait déjà, firent échouer le projet de Scipion sur Utique, l'an 204 avant J.-C. Mais, l'année suivante, le général romain ayant battu les Carthaginois et les Numides en un même jour, Asdrubal retourna à Carthage, où, selon Appien, il fut crucifié ; mais, d'après Tite-Live, il parvint au contraire à détourner le sénat de faire avec les Romains des propositions déshonorantes, marcha de nouveau à la tête des troupes carthaginoises et numides contre Scipion, qui le vainquit entièrement. Asdrubal mourut peu de temps après, vers l'an 201 avant J.-C.

ASDRUBAL, autre général carthaginois, dernier suffète de Carthage, d'une autre famille que les *Barca*, fit des efforts inutiles pour défendre sa patrie contre les Romains dans la troisième guerre punique. Une armée de 20,000 hommes qu'il commandait ne cessa de harceler les troupes qui assiégeaient Carthage. Asdrubal traitait inhumainement tous ceux qu'il pouvait surprendre. Scipion-le-Jeune, qui était à leur tête, poursuivit le général carthaginois; celui-ci, ne pouvant tenir contre les Romains, se renferma dans la ville. Scipion s'en étant rendu maître, l'an 146 avant J.-C., Asdrubal se retrancha avec les transfuges de l'armée romaine, sa femme et ses enfants, dans le temple d'Esculape. Ce temple, situé heureusement, donnait quelque espérance aux assiégés ; mais Asdrubal les abandonna bientôt, et alla se jeter aux pieds de Scipion pour lui demander grâce. Le général romain le montra aux transfuges dans cette posture; et ceux-ci, plus courageux ou plus furieux que lui, mirent le feu au temple. La femme d'Asdrubal se para magnifiquement, et, après avoir vomi mille imprécations contre son mari, elle égorgea ses deux enfants, et se précipita avec eux et les transfuges indignés au milieu des flammes.

ASELLE, dame romaine, fut aussi recommandable par sa piété que distinguée par sa naissance et son savoir. Elle s'était consacrée à Dieu dès l'âge de dix ans, et vieillit dans un monastère de Rome, où elle avait la conduite de plusieurs vierges. Elle mourut entre 404 et 410. Saint Jérôme en fait un éloquent éloge dans l'*Epître* 15, adressée à Marcelle. Le *Martyrologe romain* fait mention d'Aselle au 6 décembre.

ASELLI ou ASELLIUS (Gaspard), médecin de Crémone, découvrit les vaisseaux lactés dans le mésentère. Il publia sa dissertation *De lactibus, seu lacteis venis, quanto vasorum mesaraicorum genere*, où sa découverte est consignée. La première édition de cet ouvrage curieux est de 1627, Milan, où il mourut en 1626; mais on le réimprima ensuite à Bâle, 1628, 1640, in-4, et Leyde, 1645. L'auteur professait l'anatomie à Pavie vers 1620, avec un succès distingué. Sa dissertation fut réunie aux *OEuvres* de Spigel, Amsterdam, 1645, in-fol., et insérée dans la *Bibliothèque anatomique* de Leclerc et Manget, p. 636, Genève, 1685, in-fol. Cet opuscule, fort estimé, quoiqu'il renferme trois ou quatre erreurs, peut être placé au premier rang parmi les travaux anatomiques du 17e siècle.

ASENAPHAR, roi d'Assyrie, qui envoya les Guthéens dans le pays des dix tribus, après en avoir emmené captifs tous les habitants. C'est le nom que lui donne cette colonie d'Assyriens dans la lettre qu'elle écrivit à Artaxercès, pour empêcher le rétablissement du Temple que les Israélites avaient entrepris sous la conduite d'Esdras, après le retour de la captivité de Babylone. Il y en a qui croient que cet Asénaphar est le même qu'Assarhaddon. (Voyez son article.)

ASENETH, fille de Putiphar, épouse de Joseph, fut mère d'Ephraïm et de Manassé. La plupart des commentateurs croient que ce Putiphar n'est pas le même qui avait acheté Joseph, et qui, trompé par les calomnies de sa femme, le fit mettre en prison, mais un prêtre d'Héliopolis, différent du premier. Cependant saint Jérôme, l'abbé Rupert, Tostat et quelques autres sont d'un avis contraire.

ASER, né de Jacob et de Zelpha, servante de Lia sa femme, vécut 126 ans. Il fut chef d'une des douze tribus, eut quatre fils et une fille. Son père, par sa bénédiction, lui promit qu'il serait *les délices des rois*, voulant désigner la fertilité du pays que sa tribu occuperait. Le partage de ses enfants fut dans une contrée féconde, entre le mont Liban et le mont Carmel ; mais cette tribu, soit par faiblesse ou par négligence, ne put jamais se mettre en possession de tout le terrain qui lui avait été assigné.

ASFELD (Claude-François BIDAL, marquis d'), fils du baron d'Asfeld, fut nommé lieutenant-général en France en 1704, envoyé la même année en Espagne, où il réduisit plusieurs villes. On lui dut en partie le gain de la bataille d'Almanza, en 1707. Il prit ensuite Xativa, Denia et Alicante, et s'illustra jusqu'à la fin de la guerre par ses talents pour l'attaque et la défense des places. En 1715, il fut fait chevalier de la Toison-d'Or, directeur général des fortifications de France et conseiller au conseil de guerre de la marine. En 1734, après la mort du maréchal de Berwick, il eut le commandement en chef de l'armée d'Allemagne, fut fait maréchal de France le 14 juin, et prit Philisbourg le 18 juillet d'après. Il mourut à Paris en 1743.

ASFELD (Jacques-Vincent BIDAL d'), né en 1664, abbé de la Vieuville en 1688, docteur de Sorbonne en 1692, mourut à Paris l'an 1745. Il s'était démis de son abbaye en 1706. On lui a attribué plusieurs ouvrages ; mais on prétend qu'ils se bornent à la préface du livre des *Règles pour l'intelligence des saintes Ecritures*, par M. Duguet ; aux 4ᵉ, 5ᵉ et 6ᵉ tomes de l'*Explication d'Isaïe* ; aux trois volumes in-12 de celle des *Rois* et des *Paralipomènes*, et à quelques autres écrits sur les disputes du temps, qui lui occasionnèrent des chagrins. Il eut une lettre de cachet en 1721, à cause de son attachement au jansénisme. Il ne donna cependant pas, comme quelques-uns du parti, dans la folie des convulsions ; au contraire, il provoqua et signa la consultation qui les condamnait. On le dit auteur de l'écrit intitulé : *Les vains efforts du mélangiste confondus*, 1738, où Poncet et Bourdier sont réfutés. Ses conférences à la paroisse de Saint-Roch lui avaient acquis beaucoup de réputation à Paris. Son style est froid, mais pur et élégant.

ASHBY (sir John), célèbre amiral anglais. Il fut chargé, sous Jacques II, d'éloigner les escadres françaises de l'Irlande, où le vœu des catholiques rappelait la maison de Stuart, et il s'acquitta de cette commission avec autant d'activité que de bonheur. Il se distingua aussi à la fameuse bataille de la Hogue (1692) ; mais on l'accusa de n'avoir pas poursuivi avec assez de vigueur les restes de la flotte, et de l'avoir laissé rallier dans la rade de Saint-Malo. Cependant il fut déchargé de l'accusation, et reçut les témoignages les plus honorables de l'estime publique. Il mourut vers 1730.

ASHMOLE (Elie), antiquaire, surnommé aussi le *Mercuriophile anglais*, né à Litchfield, d'une famille noble, fut élevé à Oxford. Il obtint, sous Charles II, la charge de hérault d'armes et celle d'antiquaire, et mourut en 1692, à 75 ans. Le *Musæum ashmoleanum* d'Oxford a tiré son nom de ce savant, qui l'avait enrichi de plusieurs raretés. On donne particulièrement ce nom au théâtre de chimie, qui occupe la partie supérieure du musée, bâti en 1683. On a de lui : le *Théâtre chimique britannique* ; l'*Histoire et les statuts de l'ordre de la Jarretière*, Londres, 1672, in-fol., dont on a fait un abrégé in-8, 1715 ; l'édition de l'ouvrage d'un inconnu sur la pierre philosophale, intitulé : *Chemin à la félicité*, et dont le véritable titre devrait être : *Chemin à la démence*. On se fera une idée juste de l'état où se trouvait quelquefois la tête du pauvre Ashmole, en lisant le journal de sa vie, écrit par lui-même, et imprimé à Londres en 1754 : en voici un passage qui peut faire juger du reste : « L'an 1646, le 20 avril, à cinq heures « après midi, une grande forme, en « tombant sur mon pied, m'a foulé le « gros orteil. — 22 septembre, il m'est « venu un mal de dents qui a duré trois « jours. — 1670, 5 juillet, j'ai eu une « indigestion ; mais, grâce à Dieu, j'en

« ai été guéri le lendemain. — 1674, 18
« décembre, M. Lilly est tombé malade ;
« on l'a saigné au pied gauche. Il y avait
« eu nouvelle lune le jour précédent, et
« éclipse de soleil. — 1675, ma femme
« est tombée de cheval près de Farnham-
« Castle ; elle s'est démis la main et l'é-
« paule gauche. — 1684, 11 avril, j'ai
« pris ce matin une forte dose d'élixir;
« j'ai pendu trois araignées à mon cou :
« tout cela a emporté ma fièvre, *Deo
« gratias.* »

ASINIUS POLLIO, consul et orateur romain, se fit un grand nom sous l'empire d'Auguste par ses exploits et par ses écrits. Il défit les Dalmates, et servit utilement le triumvir Marc-Antoine durant les guerres civiles. Virgile et Horace, ses amis, l'ont célébré dans leurs poésies. Il avait fait des *Tragédies*, des *Oraisons* et une *Histoire* en 17 livres. Nous n'avons plus rien de tout cela : il ne reste que quelques-unes de ses *Lettres*, qu'on trouve parmi celles de Cicéron. On dit qu'il forma le premier une bibliothèque publique à Rome. Auguste l'honorait de son amitié. Ce prince ayant un jour fait des vers contre Pollio, et ses amis voulant l'engager à répondre : *Je m'en donnerai*, dit-il, *bien de garde ; il est trop dangereux d'écrire contre un homme qui peut proscrire*. Il mourut à Frescati, à 80 ans, l'an 4 de J.-C.

ASIOLI (Boniface), musicien, né à Corregio le 28 avril 1769, mort dans cette ville le 26 mars 1832, commença à étudier la musique dès l'âge de cinq ans. Avant d'avoir atteint sa huitième année, il écrivit trois *Messes*, vingt *Morceaux* différents de musique d'église, un *Concerto* pour le piano avec accompagnement d'orchestre, deux *Sonates* à quatre mains et un *Concerto* pour le violon. En 1787, Asioli se rendit à Turin, où il demeura neuf ans. Il y écrivit neuf *Cantates*, qui lui acquirent une brillante réputation. En 1798, il accompagna la marquise Gherardini à Venise, et y resta jusqu'en 1799, époque à laquelle il alla s'établir à Milan. Lors du mariage de Napoléon avec Marie-Louise, en 1810, Asioli vint à Paris; mais, en 1813, il se retira dans sa ville natale. On a de lui les ouvrages suivants : *Principii elementari di musica ; l'Allievo al cimbalo*, Milan ; *Primi elementi per il canto ; Elementi per il contrabasso ; Trattato d'armonia e d'accompagnamento*.

ASMONÉE ou ASSAMONÉE, de la tribu de Lévi, père de Simon, donna son nom aux Machabées ou descendants de Mathatias son petits-fils, qui furent appelés aussi Asmonéens. Cette famille gouverna la Judée pendant 126 ans, et y soutint la religion et la liberté. Le dernier, qui porta la couronne, fut Antigone qui eut la tête tranchée : le trône des Juifs passa, après sa mort, à Hérode, prince étranger.

ASPAR. (Voy. LÉON I.)

ASPASIE, de Milet dans l'Ionie, courtisane et sophiste. Sa beauté et son éloquence la rendirent si fameuse, que Socrate même venait à son école ; ce qui ne semble pas trop bien assorti à la dignité de cet homme si grave. Périclès l'aima passionnément, et quitta sa femme pour la posséder. Ce héros s'en laissa gouverner, tant elle eut d'ascendant sur son esprit comme sur son cœur ! On dit que c'est elle qui fit entreprendre la guerre de Samos, pour venger les habitants de Milet ses compatriotes. Les Mégariens ayant enlevé deux filles de sa suite, elle décida qu'il fallait les combattre, décision digne d'une courtisane : de là la guerre de Mégare, d'où naquit celle du Péloponèse. Elle fut accusée devant l'Aréopage, en même temps que le philosophe Anaxagore, de ne pas croire aux dieux, et ce ne fut qu'à force de prières et de larmes que Périclès parvint à la faire absoudre, laissant le philosophe se débrouiller comme il pourrait ; ce qui tourna fort mal à celui-ci. « Il ne
« soupçonnait pas, dit l'auteur de la *Dé-
« cadence des lettres et des mœurs*, que
« cette Aspasie, qu'il aimait si éperdu-
« ment, n'attendait que l'occasion de pas-
« ser dans les bras d'un homme de la
« lie du peuple (ce qu'elle fit immédiate-
« ment après la mort de Périclès, en 428
« avant J.-C.). Tel est le caractère de ces
« femmes méprisables : les circonstances
« décèlent la bassesse de leur âme, et
« leurs malheureuses victimes, après
« avoir tout sacrifié pour elles, repos, for-
« tune et liberté, ne sont payées de tant
« et de si grands sacrifices que par l'infi-
« délité, la perfidie, l'ingratitude et l'ou-
« bli. » Aspasie, par son crédit, éleva son nouvel amant aux premiers emplois de la république. Son nom devint si fameux dans toute l'Asie, que Cyrus, frère d'Artaxercès Mnémon, le fit porter à sa maîtresse, nommée auparavant *Milto*.

ASPENDIUS, célèbre joueur de lyre, prit son nom de la ville d'Aspende en Pamphylie, où il vit le jour. Il ne se servait que de la main gauche pour toucher les cordes, et il le faisait avec tant de délicatesse, qu'il n'était presque entendu que de lui seul. De là ce proverbe, par lequel les Grecs lui comparaient ceux qui ne songeaient qu'à leurs intérêts particuliers : *C'est*, disait-on, *le musicien d'Aspende ; il ne joue que pour lui.*

Ils appelaient aussi les larrons *joueurs aspendiens*, parce qu'ils font toujours en sorte de n'être entendus de personne quand ils veulent voler.

ASSAMONÉE. (Voy. ASMONÉE.)

ASSARHADDON, nommé ASSARADINUS dans Ptolémée, et OSNAPAR dans Esdras, succéda à son père Sennachérib, au royaume d'Assyrie, l'an 710 avant J.-C. Il réunit les royaumes de Ninive et de Babylone, s'empara d'Asoth, attaqua l'Egypte, le pays de Chus et l'Idumée, fit la guerre à Manassès, roi de Juda, prit Jérusalem et emmena à Babylone le roi, et tout ce qu'il rencontra des dix tribus qu'il remplaça par des colonies. Assarhaddon mourut l'an 668 avant J.-C. Il est nommé dans Isaïe, *Sargon* ou *Saragon*. Le nom d'*Assarhaddon* a paru à M. Fréret ressembler si fort à celui de *Sardanapale*, qu'il n'a pas balancé à croire que l'un n'est pas différent de l'autre. Les yeux et les oreilles des savants ont sans doute un degré de finesse que ceux du vulgaire ne peuvent atteindre. Il est vrai cependant que quelques chronologistes ont cru que ces deux noms différents désignaient le même prince ; mais il paraît qu'ils se trompent.

ASSAROTTI (Octave-Jean-Baptiste), né à Gênes, le 25 octobre 1753, entra dans la société des Piaristes, ou Pères des écoles pies. Appelé à professer la théologie dans cette congrégation célèbre par sa régularité et par les savants qu'elle a produits, il s'acquit l'estime de ses confrères par la manière dont il s'acquitta de cette fonction et de plusieurs autres qui lui furent confiées. Animé de la même pensée que l'abbé de l'Epée, il porta sa sollicitude sur la position si intéressante des sourds-muets, et bientôt il forma le projet de fonder un établissement où il réunirait ces infortunés pour aider au développement de leur intelligence, leur apprendre un métier, les instruire dans la religion et dans la pratique de la piété. En 1802, il obtint l'assentiment de l'autorité, et il organisa à Gênes un institut selon le plan qu'il avait arrêté. Le succès couronna ses efforts ; il rédigea pour ses jeunes élèves plusieurs ouvrages, et en particulier une *Grammaire raisonnée* qui avait pour but d'exercer leur jugement et de lui donner de la rectitude. Assarotti, qui avait consacré aux sourds-muets son temps, ses talents et sa fortune, les a encore institués ses héritiers. Il est mort à Gênes, le 29 janvier 1828, laissant après lui les plus beaux exemples de charité, de piété et de douceur.

ASSAS (Nicolas, chevalier d'), capitaine français, servait dans le régiment d'Auvergne, et le 16 octobre 1760 commandait à Clostercamp, près de Gueldre, une avant-garde. Sorti du camp au point du jour pour reconnaître les postes, il tombe entre les mains d'une colonne ennemie, qui l'entoure et le menace de la mort s'il dit un seul mot ; il y allait du salut de l'armée. D'Assas recueille ses forces et s'écrie : *A moi, Auvergne, voilà l'ennemi*, et à l'instant il tombe percé de coups ; mais son cri d'alarme sauva les Français. Ce trait auquel Voltaire a donné la publicité dont il jouit a été récompensé dans la famille de d'Assas par une pension de 1,000 livres reversibles à perpétuité sur les aînés portant son nom. La révolution n'a fait que suspendre cette marque de la bienveillance de nos rois pour cette noble famille.

ASSEDI ou ASSADI, poëte persan, né dans le Khoraçan, est auteur d'un poëme où il démontre les avantages de la nuit sur le jour. Ses poésies sont pleines de sentiment : c'est à peu près tout le mérite qu'elles ont. On y lit celle-ci : *La vie de ce monde n'est qu'un voyage qui se fait de gîte en gîte.* Il florissait du temps de Mahmoud, et avait été le maître de Ferdousi. Il ne faut pas le confondre avec SADI, ou SAADI, postérieur près de deux siècles. (Voyez ce dernier nom.)

ASSELIN, moine. (Voyez ASCELIN.)

ASSELIN, bourgeois de Caen, fit dans le 11ᵉ siècle un coup de vigueur que l'histoire nous a transmis. Guillaume-le-Conquérant étant mort à Rouen, l'an 1087, son corps fut apporté à Caen, suivant sa dernière volonté, pour être enterré dans l'abbaye de Saint-Etienne, qu'il avait fondée. Au moment qu'on allait l'inhumer, Asselin se présenta au milieu de l'assemblée, et d'une voix forte : « Je déclare devant Dieu, dit-il, « que cette terre où vous voulez déposer « ce corps, m'appartient légitimement ; « c'était un champ que le prince usurpa « sur mon père, lorsqu'il fit bâtir cette « abbaye, sans lui en vouloir faire au- « cune satisfaction : c'est pourquoi je « réclame ce fonds ; et je vous défends, « en vertu d'une clameur de haro, d'en- « terrer ce corps dans mon héritage. » Tous les assistants restèrent dans le silence et l'étonnement ; mais Henri, le plus jeune des fils de ce prince, qui assistait à ses funérailles, instruit des droits du requérant, lui fit donner sur-le-champ 100 livres d'argent, qui étaient la valeur du terrain qu'il réclamait.

Henri Spelman regarde cette aventure, et plusieurs autres également singulières qui accompagnèrent l'enterrement de Guillaume, comme un effet de la profanation des églises et des choses saintes, qu'il n'épargnait pas dans sa fureur, quoiqu'il eût d'ailleurs du zèle pour la religion.

ASSELIN (Gilles-Thomas), docteur de Sorbonne, et proviseur du collége d'Harcourt, était né à Vire en 1682. Il fut l'élève de Thomas Corneille, et l'ami de La Motte-Houdard. Il mourut à Issy le 11 octobre 1767, à 85 ans. Il avait remporté le prix de poésie à l'Académie française, en 1709, et ceux de l'idylle et du poëme aux Jeux floraux, en 1711. On a de lui une *Ode*, estimée, *sur l'existence de Dieu*, et une *sur l'immortalité de l'âme*, et d'autres pièces de vers. Ses OEuvres ont été recueillies en un volume in-8, Paris, 1725.

ASSELINE (Jean-René), évêque de Boulogne, né à Paris en 1742, succéda, quoique fort jeune, à l'abbé Ladvocat dans la chaire d'hébreu, fondée en Sorbonne par le duc d'Orléans, pour expliquer le texte de l'Ecriture. Il occupa cette place pendant 30 ans, et devint grand-vicaire de MM. de Beaumont et de Juigné. Sa modestie, son désintéressement, ses lumières, sa vie laborieuse et occupée, lui attirèrent l'estime et la confiance générale, et le rendaient digne d'un poste plus élevé. M. de Pompignan, ministre de la feuille des bénéfices, le choisit en 1789 pour occuper l'évêché de Boulogne, à la mort de M. de Pressy. La révolution éclata peu de temps après, et enleva à son diocèse et à la France ce digne prélat qui promettait tant de bien. Son *Instruction pastorale*, du 24 octobre 1790, *sur l'autorité spirituelle de l'Eglise*, fut adoptée par l'archevêque de Paris et par 40 évêques français. Pendant son exil en Allemagne, il donna d'autres instructions et mandements relatifs aux affaires du temps. Il refusa sa démission lors du concordat de 1801, et fut auteur des réclamations des évêques non démissionnaires en 1803 et 1804. Après la mort de l'abbé Edgewort, Louis XVIII appela auprès de lui Asseline, et le choisit pour son confesseur. Le prélat obtint en même temps la confiance de Mgr le duc d'Angoulême et de Madame, et fut d'un grand secours à la famille royale jusqu'à sa mort, qui eut lieu le 10 avril 1813, à Aylesbury, près d'Hartewel. Outre ses mandements et ses lettres pastorales, il a composé dans son exil un grand nombre de livres de piété. Les principaux sont : *Considé- rations sur les principaux mystères de la foi, tirées des divines Ecritures et des ouvrages des saints Pères*, Lyon, 1806, in-12; *Exposition abrégée du Symbole des Apôtres*, Paris, 1806, in-12; *Pratiques et prières tirées des lettres de saint François Xavier*, etc. Il a laissé encore plusieurs manuscrits qui traitent de la théologie. L'abbé de Prémort publia les OEuvres choisies de ce prélat, Paris, 1823, 6 vol. in-12.

ASSELIUS. (Voyez ASELLI.)

ASSEMANI (Joseph-Simon), syrien maronite, archevêque de Tyr, chanoine du Vatican, né en 1687, mort à Rome, octogénaire, le 14 janvier 1768. Il était très-versé dans les langues orientales. On a de lui plusieurs excellents ouvrages, entre autres une *Bibliothèque orientale*, dans laquelle il a fait imprimer un grand nombre de manuscrits syriaques, arabes, perses, avec la *Vie* des auteurs. Cet ouvrage est intitulé : *Bibliotheca orientalis clementino-vaticana*, Romæ, 1719-1728, 4 vol. in-fol. On a encore de lui : *Sancti Ephrem syri opera omnia quæ exstant, græcè, syriacè et latinè, in sex tomos distributa ad manuscriptos codices vaticanos aliosque castigata, multis aucta, novâ interpretatione, præfationibus, notis, variantibus, lectionibus illustrata*, Romæ, 1732-1754, 6 vol. in-folio ; *Acta martyrum orientalium et occidentalium, edente Stephano, Evadio Assemano*, Romæ, 1748, 2 vol. in-fol. ; *Kalendaria Ecclesiæ universæ*, Romæ, 1755, 6 vol. in-4 ; *Italicæ historiæ scriptores ex bibliothecâ vaticanâ, etc, collegit et præfat. notisque illustravit*, Romæ, 1751-1753, 4 vol. in-4. Etienne-Evode et Joseph-Moïse Assemani nous ont également donné beaucoup de choses intéressantes qui regardent les Orientaux. Nous devons au premier, qui fut évêque d'Apamée et succéda à son oncle dans la charge de préfet de la bibliothèque du Vatican : *Catalogus codicum mss. orientalium bibliothecæ mediceæ laurentianæ et palatinæ, curante Ant.-Fr. Gorio*, Florence, 1742, 2 tom. in-fol.; il a publié conjointement avec son oncle Jos.-Simon Assemani, *Bibliothecæ apostol. vaticanæ codd. mss. catalogus*, Romæ, 1756-1758-1759, 3 vol. in-fol. Cet ouvrage devait avoir un 4e vol. dont il n'y a eu d'imprimé que 40 feuilles. Le second, professeur de syriaque à la Sapience et au collége de la Propagande, mourut en 1782, après avoir publié *Codex liturgicus Ecclesiæ*, 1749-1763, 12 vol. in-4; *Dissertatio de sacris ritibus*, 1757, in-4 ; *Commentaria de ecclesiis, earum reverentiâ et asilo*, 1766, in-fol.; *Commentaria de catholi-*

cis seu patriarchis Chaldæorum et Nestorianorum, 1775, in-4.

ASSEMANI (Simon), l'abbé, savant maronite, professeur de langues orientales au séminaire de Padoue, et de la même famille que les célèbres orientalistes de son nom, naquit à Tripoli de Syrie, le 14 mars 1749. Il fut conduit à Rome en 1756, et entra au collége des Maronites, dirigé par les Jésuites. Après avoir fait sa philosophie et sa théologie, dans le collége romain, il retourna dans l'Orient, et s'y appliqua pendant 12 années à l'œuvre des missions. Rappelé à Rome par ses oncles, il fut depuis attiré à Vienne, et employé quelque temps à la bibliothèque impériale. De là il passa à Padoue, où une fluxion de poitrine l'a enlevé aux sciences et aux lettres, le 7 avril 1821. On lui doit en italien ou en latin la *Description d'un globe céleste arabe, chargé d'inscriptions cuphiques, provenant du musée Borgia*, Padoue 1790, in-fol.; *Description du Musée cuphique de Nani à Venise*, Bononiæ, 1785, in-4, vend. 14 fr.; *Catalogue raisonné des manuscrits orientaux de la même bibliothèque*, Padova, 1787, 2 vol. in-4, vend. 40 fr; *Dissertations sur des monuments arabes en Sicile et à Vienne;* et beaucoup de morceaux sur divers sujets de littérature. Simon Assémani était membre de plusieurs académies, et en correspondance avec un grand nombre de savants. Tiraboschi parle de lui avec éloge, et les mémoires de l'Institut de France ont mentionné honorablement plusieurs de ses ouvrages.

ASSER, célèbre rabbin, composa en 476, avec l'aide d'Hammaï, son confrère, le *Talmud de Babylone*, ainsi appelé, parce qu'il fut fait dans cette ville. Ce recueil de visions, commenté par le rabbin Maïr, vers l'an 547, et depuis par un autre Asser, mort en 1328, a été imprimé à Leyde, chez Elzevir, 1630, in-4, et avec tous ses *commentaires* à Amsterdam, 1744, en 12 vol. in-fol. Bossuet observe que toutes ces imaginations, rêves, visions, commentaires, paraphrases des rabbins, sont l'effet et en même temps la cause de l'aveuglement persévérant des Juifs; que l'Écriture-Sainte en est obscurcie, détournée à des sens impropres, ou même ridicules, etc.

ASSERETO. (Voyez AXERETO.)

ASSÉRIUS, né au pays de Galles, bénédictin, précepteur d'un fils du roi Alfred, fut nommé par ce prince évêque de Salisbury. Il mourut selon quelques uns, en 909, selon d'autres, en 883; mais cette dernière opinion est peu probable. On a de lui une *Histoire d'Angleterre*, et la *Vie d'Alfred*, imprimée pour la première fois à Zurich en 1575. L'estime que ce grand roi faisait d'Assérius est un éloge complet de ce savant religieux.

ASSOUCY ou D'ASSOUCY (Charles COYPEAU, sieur d'), appelé le *Singe de Scarron*, naquit à Paris en 1604, d'un avocat au parlement. Il était dans sa neuvième année, lorsqu'il s'échappa de la maison paternelle, se rendit à Calais, où il se donna pour un fils de César Nostradamus. S'étant mêlé de vouloir guérir, il vint à bout de rendre la santé à un malade d'imagination. Le peuple de Calais, croyant qu'il devait sa médecine à la magie, voulait le jeter dans la mer. Il se réfugia alors en Angleterre, et ensuite à Turin, où il entra au service de la duchesse de Savoie, fille d'Henri IV, comme joueur de luth. De retour en France, il fut employé en cette qualité auprès de Louis XIII, et de Louis XIV enfant; mais ses satires et son inconduite le firent chasser de la cour. Il lui en arriva autant à Turin, où il était retourné. Après plusieurs autres courses à Londres et dans d'autres villes, il vint à Montpellier, où son amour déréglé pour deux pages manqua de lui attirer un châtiment exemplaire. Il erra ensuite de pays en pays, et arriva enfin à Rome, où ses satires contre cette cour le firent mettre à l'inquisition. Revenu en France, il fut mis à la Bastille, et, après être sorti de cette nouvelle prison, il fut conduit au Châtelet avec ses deux pages, pour le même crime qui avait fait enfermer à Montpellier. Ses protecteurs le firent sortir six mois après. Cet homme vicieux et méchant mourut en 1679. Ses poésies ont été recueillies en 3 vol. in-12, 1678. On y trouve une partie des *Métamorphoses* d'Ovide, traduites sous le titre d'*Ovide en belle humeur*. C'est une version burlesque dans laquelle il y a mille platitudes et mille grossièretés à côté d'une bonne plaisanterie. On y trouve encore *Le ravissement de Proserpine*, de Claudien, dans lequel il fait parler à cette déesse le langage des harengères. « D'Assoucy, dit un critique, avait choisi « le plus pitoyable de tous les genres, « sans avoir les mêmes talents que Scar- « ron pour se le faire pardonner. Sa vie, « comme sa prose et ses vers, ne fut « qu'un mélange de misère, de burles- « que et de platitude. Tous les pays par « où il passa, et il en vit beaucoup, furent « marqués par ses disgrâces. » D'Assoucy a publié ses aventures d'un style bouffon: on peut le voir dans le *Dictionnaire critique* de Bayle. Le plus rare de ses écrits est un vol. in-12, 1678, qui contient ses *Pensées sur la Divinité*, ouvrage qui le fit sortir des prisons du saint Office. Ses mœurs étaient totalement corrompues, comme Chapelle le prouve dans son *Voyage du Languedoc*, et comme on doit le conclure de *Ses Aventures*.

ASSUERUS, roi de Perse, épousa Esther, parente du juif Mardochée, après avoir répudié Vasthi. On ne sait point quel est cet Assuérus. On croit communément que c'est Artaxercès-Longuemain. C'est le sentiment de Nicéphore, Zonaras, Suidas, Louis Vivès, Bellarmin, Cajétan, Menochius, etc. Ussérius croit que c'est Astyages, père de Cyaxares, aïeul maternel de Cyrus; ce qui est peu vraisemblable. Sérarius tâche de prouver que c'est Artaxercès III ou Ochus; d'autres croient que c'est Artaxercès-Mnémon. Cette opinion est celle de saint Jérôme de Bède. Marsham soutient que c'est le même que Darius le Mède. Enfin, quelques autres critiques, entre autres dom Calmet, veulent que ce soit Darius, fils d'Hystaspes, et disent qu'Atossa, fille de Cyrus, est la Vasthi de l'Ecriture. (Voyez ESTHER.)

ASTÉRIUS, orateur distingué, parut avec éclat dans le barreau, qu'il abandonna pour entrer dans l'état ecclésiastique. Il fut élevé sur le siége d'Amasée, dans le Pont, après la mort d'Eulalius, et il s'illustra par toutes les vertus pastorales. Il paraît qu'on doit mettre sa mort après l'an 400. Il mourut fort avancé en âge. Il parle de la persécution de Julien en homme qui en a été témoin, et qui connaissait à fond le caractère faux et les artifices de cet apostat. Les *Homélies*, qui nous restent de saint Astérius, sont un monument éternel de son éloquence et de sa piété. Les réflexions sont justes et solides, l'expression naturelle, élégante et animée; la vivacité des images y est jointe à la beauté et à la variété des descriptions; on y découvre une imagination forte et féconde, un génie pénétrant et maître de son sujet, et le talent si rare d'aller au cœur par des mouvements puisés dans la nature. Son *Homélie* sur Daniel et Susanne est un chef-d'œuvre. Celle qu'il a faite sur saint Pierre et saint Paul est également remarquable. « Il
« y enseigne que la juridiction spéciale
« qu'a reçue le prince des apôtres s'étend
« sur tous les fidèles de l'Orient et de
« l'Occident; que Jésus-Christ l'a établi
« son vicaire, et qu'il l'a constitué le
« père, le pasteur et le maître de tous
« ceux qui devaient croire l'Evangile. »
Dans le Panégyrique de saint Phocas, martyr de Sinope, il s'exprime comme le fait encore aujourd'hui l'Eglise catholique, sur l'invocation des saints, sur le culte des reliques, sur les miracles opérés par leurs vertus. Ces *Homélies* ont été publiées par Combefis et Richard. Les quatorze premiers sont du saint docteur, de l'aveu de tous les critiques. L'authenticité de la plupart des dernières est fort douteuse. Elles pourraient être l'ouvrage d'Astérius, évêque de Scythopolis, dont parle saint Jérôme dans son Catalogue des hommes illustres. Maucroix les a traduites en français, 1695, in-12.

ASTÉRIUS, évêque de Pétra en Arabie, dans le 4e siècle, après avoir été engagé dans le parti des ariens, abjura leurs erreurs, l'an 347, au concile de Sardique, et se joignit aux catholiques. Sa constance le fit ensuite bannir dans la haute Lybie, où il eut beaucoup à souffrir pour la foi. Il assista, en 362, au concile d'Alexandrie sous Julien, et y fut député pour porter la lettre synodale adressée à l'église d'Antioche. Il y a apparence qu'il mourut vers ce temps, car l'histoire n'en fait plus mention. Les Grecs et les Latins en font mémoire le 10 juin. Saint Athanase fait l'éloge de sa foi dans sa *Lettre aux Solitaires*.

ASTOLFE. (Voyez AISTULFE.)

ASTROS (Paul-Thérèse-David D') cardinal, archevêque de Toulouse, naquit à Tourves en Provence, le 15 octobre 1772. Son père, avocat au parlement d'Aix, avait épousé la sœur du célèbre Portalis, ministre des cultes sous Napoléon. Dès le plus bas âge, le jeune d'Astros se fit distinguer par la douceur de ses mœurs et l'aménité de son caractère. Une vocation irrésistible l'entraînait vers le sanctuaire, et, à l'âge de huit ans, il reçut la tonsure des mains de l'archevêque d'Aix. La Révolution ne fit que retarder de quelques années le moment où il devait entrer dans le sacerdoce, et sitôt que des jours meilleurs eurent reparu, il fut ordonné prêtre à Marseille, dans une chambre particulière, par l'évêque de Grasse. Appelé à Paris par son oncle Portalis, il ne tarda pas à gagner la confiance du cardinal de Belloy, qui le nomma chanoine de la Métropole et membre de son Conseil. Après la mort du Cardinal, en 1808, l'abbé d'Astros fut nommé par le Chapitre vicaire capitulaire pendant la vacance du siége; l'inflexibilité de ses principes, la fermeté de son caractère et son attachement aux règles sacrées l'avaient désigné au choix de ses collègues, qui n'eurent qu'à se louer de la confiance qu'ils avaient mise en lui. Les circonstances étaient difficiles; le Pape, prisonnier à Savone, re fusait de donner l'institution canonique à l'archevêque nommé par l'Empereur, Le cardinal Maury n'en avait pas moins pris en mains l'administration du diocèse. L'abbé d'Astros protesta autant qu'il était en son pouvoir contre cette usurpation de fonction, et, pour montrer qu'il ne reconnaissait pas les pouvoirs du cardinal, il s'abstenait d'assister au chœur toutes les fois que Maury officiait à l'église métropolitaine. Cette conduite commença à indisposer le gouvernement impérial contre lui ; bientôt on apprit qu'il avait communiqué à plusieurs diocèses un Bref que le Pape venait d'adresser au cardinal Maury, et, au sortir d'une réception officielle aux Tuileries, il fut arrêté et conduit à Vincennes, puis au château d'Angers où il resta jusqu'en 1814. Rendu à la liberté après le retour de Louis XVIII, il fit partie, avec le cardinal de Bausset et l'abbé de Boulogne, d'une commission qui proposa plusieurs mesures favorables à la religion, et entre autres l'affranchissement des petits séminaires du joug de l'Université. Le zèle qu'il déployait pour la cause de l'Eglise et la persécution qu'il avait soufferte le désignèrent à l'épiscopat. Proposé dès 1817 pour l'évêché d'Orange et ensuite pour celui de Saint-Flour, il fut enfin nommé, trois ans après, à Bayonne. Dès qu'il eut pris possession de son siège épiscopal, il s'efforça de relever dans son diocèse les études ecclésiastiques, et d'y créer des œuvres propres à ranimer la foi religieuse. En même temps qu'il donnait tous ses soins à l'administration de son diocèse, il n'oubliait pas les affaires générales de l'Eglise, et il fut un des premiers à signaler les tendances funestes de l'auteur de l'*Essai sur l'indifférence*; le Mémoire qu'il publia à cette occasion fit une profonde sensation dans les rangs de l'épiscopat. Quoiqu'il fût fort attaché à ses diocésains et qu'il eût refusé plusieurs fois de s'en détacher, il se décida, peu avant 1830, à accepter, sur les instances pressantes de Charles X, l'archevêché de Toulouse. Il continua à donner sur ce nouveau siège l'exemple de toutes les vertus, et il s'acquit ainsi à un si haut degré l'estime et la vénération de tous, qu'un des premiers actes de Louis-Napoléon, en arrivant au pouvoir, fut de réparer les fautes de l'Empereur son oncle en le désignant pour le cardinalat. Mais l'âge et le travail avaient épuisé ses forces, et il venait à peine de revêtir la pourpre romaine, lorsqu'il mourut en 1851. Le Saint-Siège n'avait pas eu d'enfant plus soumis et plus respectueux, et les Papes qui s'étaient succédé sur le Siège de saint Pierre lui avaient donné de nombreuses marques d'estime et d'affection.

ASTRUC (Jean), docteur de la Faculté de Montpellier, né à Sauve, dans le diocèse d'Alais, le 19 mars 1684. Il fut envoyé à Montpellier pour y faire sa philosophie, et s'agissant du choix d'un état, il préféra la médecine. Il fut reçu docteur en 1703, et choisi par Chirac pour le remplacer durant une longue absence, alla concourir à Toulouse où il obtint la chaire d'anatomie, revint à Montpellier professer la médecine à la place de Châtelain. Une faveur royale (une pension de 700 livres) alla lui révéler quelle estime avait de lui Louis XV; ce fut en 1720. Neuf ans après, Auguste II, roi de Pologne, le nomma son premier médecin; mais se trouvant trop gêné à la cour de ce prince, Astruc la quitta et vint à Paris. Toulouse, en 1730, le nomma capitoul; et en même temps Louis XV le mit au nombre de ses médecins consultants. L'année suivante, il fut nommé professeur au collège de France à la place de Geoffroi, et la Faculté de Paris l'adopta en 1743. Les étrangers, que l'ardeur d'apprendre attirait à Paris, s'empressaient de se procurer une place dans son école: la foule des auditeurs la rendit souvent trop petite. Ce médecin mourut à Paris le 5 mai 1766. Sa modestie, son humeur bienfaisante, sa sagesse et sa modération le rendaient aussi recommandable que son savoir. Ses principaux ouvrages sont: *Origine de la peste*, 1721, in-8; *De la contagion de la peste*, 1721, in-8; *De motu musculari*, 1710, in-42; *Mémoire pour servir à l'histoire naturelle du Languedoc*, 1737, in-4; *De morbis venereis libri sex*. Cet ouvrage n'avait d'abord paru qu'en un volume in-4, en 1736 ; mais les exemplaires ayant été rapidement enlevés, l'auteur en fit faire, peu d'années après, une seconde édition (*libri IX*) en 2 vol., et Jault le traduisit en français, 2ᵉ édit., Paris, 1743, 4 vol. in-12, 3ᵉ édit., avec des augment., par Astruc, et des remarques par Ant. Louis, 1755, 4 v. in-12, 5ᵉ édit., par Louis, 1777, 4 v. in-12. « Cet ouvrage est le fondement « le plus solide de la célébrité d'Astruc. « Il conserva longtemps à son auteur la « réputation d'un homme de grande lec- « ture, et d'un écrivain qui a travaillé « utilement pour la science médicale. » L'auteur est absolument convaincu que le mal vénérien est nouveau; assertion que M. Gardanne vient de réfuter avec beaucoup de force. En convenant que cette maladie a pris des accroissements extraordinaires et proportionnels à l'extrême corruption de nos mœurs, on ne peut se dispenser de croire que la nature en existe depuis un très-grand nombre de siècles. M. Gardanne le prouve par des observations de tous les genres, particulièrement par les lois qui ordonnaient le bannissement ou la séquestration des vérolés. Mais il semble que l'ancienneté des Livres saints suffit pour décider l'âge de ce genre de contagion. On y trouve plusieurs passages qu'on ne peut guère entendre d'une maladie différente, par exemple : *Qui se jungit fornicariis, putredo et vermes hæreditabunt illum*, Ecc. 19; *Recede à malo, sanitas quippe erit umbilico tuo*, Prov. 3; *Ne attendas fallaciæ mulieris, ne fortè gemas in novissimis, quandò consumpseris carnes tuas et corpus tuum*, Prov. 5. On peut voir, outre l'ouvrage de M. Gardanne, une excellente *Dissertation* de Guillaume Becket, chirurgien de Londres, insérée dans les *Transact. Phil.*, t. 30, n° 357, et t. 31, n° 365, 366. *Traité des maladies des Femmes*, où l'on a tâché de joindre à une théorie solide la pratique la plus sûre et la mieux éprouvée, avec un catalogue chronologique des médecins qui ont écrit sur ces maladies, 6 vol. in-12, 1761, 1765. On y trouve, ainsi que dans le précédent, beaucoup de méthode, jointe à une instruction complète sur les différents maux qui affligent le beau sexe. *L'Art d'accoucher réduit à ses principes*, où l'on expose les pratiques les plus sûres et les plus usitées dans les différentes espèces d'accouchements, avec l'*Histoire sommaire de l'art d'accoucher*, et une *Lettre* sur la conduite qu'Adam et Ève durent tenir à la naissance de leurs premiers enfants, 1766, in-12. Ce traité purement élémentaire et à la portée des sages femmes, pour lesquelles il est destiné, est le résultat des leçons que l'auteur fit en 1745, 1746 et 1747, aux Ecoles de médecine, pour les sages-femmes de Paris (Voyez Hecquet et Hiérophile). *Theses de phantasiâ, de sensatione, de fistulâ ani, de judicio, de hydrophobiâ, de motûs fermentativi causâ*, 1702, in-12; *Mémoire sur la digestion*, 1714, in-8; *Tractatus pathologicus*, 1766, in-8, et *Tractatus therapeuticus*, 1743, in-8; *Traité des tumeurs*, 1759, 2 vol. in-12. (Voyez Condamine); des *Dissertations* sur différentes matières médicales, et sur d'autres qui n'y ont aucun rapport, telles que ses *Conjectures sur les mémoires originaux qui ont servi à Moïse pour écrire la Genèse*, Paris, 1753, in-12; et sa *Dissertation sur l'immatérialité et l'immortalité de l'âme*, Paris, 1755, in-12. Les ouvrages de ce savant ne sont point de vaines compilations; ils sont remplis de choses curieuses et agréablement variées. Il y a de l'érudition et de la critique, et dans le style de la noblesse et de la chaleur. Ce qui les rend surtout précieux, c'est qu'ils respirent l'ardeur et le zèle d'un médecin ami de l'humanité, et d'un philosophe chrétien ; mais il y a inséré des idées systématiques et des imaginations peu propres à renforcer le prix des choses vraies qu'ils renferment. On a publié, après sa mort, des *Mémoires pour servir à l'Histoire de la Faculté de médecine de Montpellier*, in-4, 1767.

ASTYAGES, fils de Cyaxares, fut le dernier roi des Mèdes, suivant Hérodote. Cet historien, et Justin longtemps après lui, rapportent que, pendant la grossesse de Mandane, sa fille, mariée à Cambyse, il vit en rêve une vigne qui sortait de son sein, et qui étendait ses rameaux dans toute l'Asie. Les mages lui assurèrent que ce songe signifiait que l'enfant qui naîtrait de Mandane subjuguerait plusieurs royaumes. Cette princesse ayant accouché de Cyrus, Astyages ordonna à Harpage, son confident, de le faire mourir ; mais Harpage ne put exécuter cet ordre barbare. Ce monarque, irrité de sa désobéissance, lui fit manger la chair de son propre fils. On dit qu'Harpage vengea plus tard cette sanglante injure en appelant Cyrus, qui détrôna son grand-père, l'an 559 avant J.-C. Ce récit d'Hérodote ne paraît qu'un conte. Celui de Xénophon n'a pas plus de réalité. Il dit que Cyrus était fils d'un roi de Perse, qui lui donna une bonne éducation ; qu'Astyages, son grand-père, l'appela à sa cour de bonne heure ; que, pendant son séjour de quatre ans, il amusa le vieillard par ses saillies, et le charma par sa douceur et sa libéralité ; que Cyrus vécut toujours très-bien avec Astyages, et avec Cyaxarès son successeur. Cette partie de l'histoire appartient encore, à quelques égards, aux temps fabuleux, et plusieurs circonstances en échappent aux recherches de la plus vigilante critique. (Voy. Cyrus.)

ASTYANAX, fils unique d'Hector et d'Andromaque, perdit très-jeune son père. Sa mère le cacha soigneusement, parce que les Grecs avaient répandu que cet enfant vengerait la mort de son père. Ulysse, l'ayant découvert, le fit précipiter du haut des murailles de Troie. On connaît la touchante exclamation de cette mère désolée, à la vue du jeune Ascagne, fils d'Énée, qui lui retraçait l'image du sien :

O mihi sola mei super Astyanactis imago!
Sic oculos, sic ille manus, sic ora ferebat.

ATAHUALPA, ou ATABALIBA, était fils

d'Huana-Capac, douzième incas, et d'une princesse de Quito, royaume dont il hérita en 1517 : son frère aîné Huescar eut le Pérou. Une sanglante guerre s'établit entre les deux héritiers, dans laquelle Huescar succomba. Atahualpa le fit massacrer avec toute la race des incas. Intimidé par l'arrivée des Espagnols, que Huescar avait appelés à son secours, il demanda une entrevue à Pizarre, et se rendit à Catamalca avec une troupe de domestiques qui avaient caché des armes sous leurs habits, dans le dessein de massacrer le général espagnol. Xerez, Zarate, Herrera et les meilleurs historiens d'Espagne rapportent ce fait d'une manière uniforme; il répond d'ailleurs parfaitement à la perfidie et à toutes les mauvaises qualités de l'usurpateur fratricide, et tout ce que raconte le péruvien Garcilasso dans l'histoire de son pays, est en opposition avec le récit des autres historiens. Pizarre fit faire le procès à son prisonnier, qui fut étranglé à un poteau l'an 1533. Il faut convenir qu'il ne méritait pas un meilleur sort; mais on a trouvé à redire, parce qu'on ne l'a pas envoyé en Espagne, comme il l'avait demandé, et qu'on a allégué, dans la sentence de mort, les victimes humaines, et autres horreurs qui étaient en usage chez cette nation lâche et abominable, mais dont Atahualpa ne paraissait pas devoir être personnellement responsable. On a dit encore que les Espagnols n'avaient aucun droit de s'ingérer dans les affaires du Pérou ; mais ne pourrait-on pas croire que l'état des peuples sauvages, sanguinaires, anthropophages, etc., ne doit pas être envisagé comme une propriété sacrée? La raison, l'humanité, condamnent de telles institutions; subjuguer ces peuples pour en faire des hommes ne paraît point être un exploit contraire à la justice ni à la bienfaisance. « Il sera toujours « beau, dit Montesquieu, de gouverner « les hommes pour les rendre heureux. » (Voyez CORTEZ, MANCOCAPAC, MONTÉZUMA).

ATAULPHE, roi des Visigoths, succéda à Alaric, son beau-frère, assassiné l'an 415, et se déclara ouvertement en faveur des Romains. Son attachement pour eux venait de l'ascendant que Placidie, fille du grand Théodose et sœur d'Honorius, avait acquis sur sa personne. Après la prise de Rome, où il signala sa valeur, il l'avait emmenée captive, et il forma le projet de l'épouser; mais il chercha à obtenir le consentement de son frère même. Pour y parvenir, il lui envoya des secours pour combattre Constantin, et marcha lui-même contre Jovin, un de ses ennemis, qu'il battit, et dont il lui envoya la tête. Néanmoins Honorius refusa son alliance. Ataulphe, piqué du refus, ravagea la Provence et épousa publiquement Placidie à Narbonne qu'il rendit ensuite aux Romains, à la prière de cette princesse. Pour lui complaire encore, il tourna ses armes contre les Suèves, les Alains et les Vandales qui avaient envahi l'Espagne. Déjà il avait franchi les Pyrénées et surpris, au nom de l'empereur, la ville de Barcelone, lorsqu'un de ses officiers l'assassina, gagné par Singéric, qui usurpa le trône peu après la mort d'Ataulphe. Son règne ne dura que quatre ans.

ATAYDE (Dom Alvare d'), gouverneur de Malaca pour le roi de Portugal Jean III, se rendit odieux par ses exactions et ses violences. Il s'opposa fortement au voyage que saint François Xavier voulut faire en Chine, se saisit du vaisseau de Jacques Pereyra, qui devait l'y conduire, et multiplia tellement les obstacles, que l'apôtre des Indes mourut dans l'île de Sancian, à la vue de la Chine, avant de pouvoir y porter la foi. Le vice-roi des Indes, sur les plaintes qu'on lui fit de la tyrannie et de l'avarice de don Alvare, le priva du gouvernement de Malaca, et, l'ayant fait amener à Goa comme prisonnier d'État, l'envoya en Portugal sous bonne garde. Là, tous ses biens furent confisqués à la chambre royale, et, pour lui, il fut condamné à une prison perpétuelle.

ATAYDE (Georges), comte de Castanheira, portugais, assista, en qualité de théologien, au concile de Trente. Après la septième session, il se retira à Rome, où il fut employé à la réformation du bréviaire. Il fut ensuite fait évêque de Vizeu en 1568. Après avoir rempli avec zèle tous les devoirs d'un bon évêque, il quitta son siége pour ne vaquer qu'à son salut, et refusa depuis constamment les archevêchés d'Evora et de Lisbonne. Il ne put néanmoins se défendre d'accepter la dignité de grand-aumônier que le cardinal don Henri lui offrit, et cette dignité l'engagea à recueillir les priviléges accordés à la chapelle royale, qui furent imprimés en 1609. Philippe II l'honora aussi de son estime, et le nomma président du conseil de conscience. Il mourut en 1611, âgé de 76 ans.

ATHALARIC, roi d'Italie, obtint le trône après la mort de Théodoric son aïeul maternel, en septembre 526. Il était fils d'Eutharic et d'Amalasonte, laquelle lui donna une éducation digne de sa naissance. Les Goths, craignant que les maltres qu'on lui donnait n'énervassent son courage, demandèrent que ce prince fût formé par eux aux exercices militaires. Le jeune Athalaric, livré à lui-même se corrompit aisément au milieu d'une cour de guerriers dissolus. S'étant abandonné à la débauche, il mourut d'une maladie de langueur, âgé à peine de 16 ans, en 534. Les catholiques le regrettèrent. Ils avaient trouvé auprès de lui justice et protection. Le pape Félix III s'étant plaint de ce que les Goths obligeaient les clercs de plaider devant les juges séculiers, Athalaric donna un édit solennel en faveur des libertés et priviléges de l'Eglise.

ATHALIE, fille d'Achab et de Jézabel, épousa Joram, roi de Juda. Après la mort de ce prince, elle fit massacrer tous les enfants que son fils Ochosias avait laissés. Jocabed, sœur de ce dernier, sauva Joas, que le grand-prêtre Joïada fit reconnaître pour roi par les soldats et par le peuple. Athalie, accourue au bruit du couronnement, fut mise à mort par les troupes, l'an 878 avant J.-C. Saint Jérôme dit qu'Athalie n'est nommée fille d'Achab que par imitation, c'est-à-dire, par ses crimes et ses impiétés qu'elle imita parfaitement; et cela parce qu'elle est aussi nommée fille d'Amri; mais Athalie était réellement fille d'Achab, et petite-fille d'Amri. On sait que, dans l'Ecriture-Sainte, le nom de *fils* se donne à l'égard des ancêtres même les plus reculés.

ATHANAGILDE, roi des Visigoths d'Espagne, monta sur le trône vers l'an 564, à la suite d'une élection populaire. Pour faire triompher sa cause, il appela d'Italie les troupes de Justinien qui lui envoya en effet une armée conduite par Libérius, élève de Bélisaire. Athanagilde avait promis à l'empereur une grande partie de son royaume, c'est-à-dire toutes les places qui sont sur la Méditerranée, depuis Valence jusqu'à Gibraltar. Les troupes de Justinien, réunies à celles d'Athanagilde, défirent près de Séville l'armée d'Agila qui fut tué par ses propres soldats. Athanagilde, reconnu roi, s'empressa de tenir ses promesses en remettant aux Romains les places qu'il était convenu de céder. Mais plusieurs villes, n'ayant point voulu de la domination d'un arien, se livrèrent d'elles-mêmes aux Romains: peu s'en fallut que l'Espagne entière ne devînt une province de l'empire. La faiblesse de Justinien et la révolte de Narsès empêchèrent cette réunion. Athanagilde se contenta de repousser l'invasion des Romains qu'il ne put entièrement chasser. Le reste de son règne ne présente aucun événement intéressant. Son administration fut sage: il mourut à Tolède où il avait fixé sa résidence, l'an 567, après treize ans de règne. On assure qu'il était arien seulement en apparence et catholique au fond de l'âme. La crainte de déplaire aux Visigoths fut la cause de cette espèce d'hypocrisie.

ATHANARIC, chef des Goths, le plus puissant de cette nation, fit la guerre à l'empereur Valens en 369, qui le contraignit de demander la paix. Mais il fallait convenir d'un lieu pour traiter. Athanaric ne voulut jamais passer sur les terres des Romains, prétendant que son père le lui avait défendu: de sorte que, pour ne rien faire contre la dignité de l'empire, on mit sur le Danube des bateaux, où Athanaric d'un côté, et Valens de l'autre, vinrent conclure la paix. Ce Goth était païen, et exerça d'horribles cruautés envers les chrétiens; il en fit brûler une multitude pour n'avoir pas voulu adorer une statue qu'il faisait porter de maison en maison. Ses propres sujets s'élevèrent contre sa tyrannie. Réduit à implorer le secours de Théodose, il fut reçu de cet empereur avec bonté, le 11 janvier 381, et mourut, le 25 du même mois, des excès auxquels il se livra à la table de l'empereur.

ATHANASE (saint), né à Alexandrie d'une famille distinguée, fut élevé au diaconat par saint Alexandre, évêque de cette ville. « Dieu, dit un historien, qui « le destinait à combattre la plus terrible « des hérésies, armée tout à la fois « des subtilités de la dialectique et de « la puissance des empereurs, avait « mis en lui tous les dons de la nature « et de la grâce qui pouvaient le rendre « propre à remplir cette haute destina- « tion. » Il accompagna son évêque au concile de Nicée, et s'y distingua par son zèle et son éloquence. Saint Alexandre le choisit pour lui succéder l'année suivante, en 326. Il signala son entrée dans l'épiscopat en refusant de recevoir Arius à sa communion. Les sectateurs de cet hérétique inventèrent contre celui qu'ils n'avaient pu gagner mille impostures, espèce d'armes que les sectaires de tous les temps ont employées contre les défenseurs de la foi. L'empereur Constantin indiqua un concile à Césarée pour le condamner ou pour l'absoudre; mais le saint évêque refusa de s'y trouver, parce que ses ennemis auraient été ses juges. On assembla un autre concile à Tyr, en 335; les ariens et les manéciens le composaient presque entièrement. Ces imposteurs l'accusèrent de trois crimes: le premier, d'avoir

violé une vierge ; le deuxième, d'avoir tué l'évêque Arsène ; et le troisième, d'avoir gardé sa main droite pour des opérations magiques. Le premier chef d'accusation fut confondu par la prétendue vierge elle-même, qui, ayant paru au concile pour accuser le saint prélat, s'adressa au prêtre Timothée, qui s'était présenté à la place d'Athanase, et lui fit voir qu'elle ne connaissoit pas même l'accusé de vue. Les deux autres calomnies furent réfutées par Arsène qui se montra plein de vie avec ses deux mains. Cela n'empêcha pas cette assemblée factieuse de condamner Athanase. On le déposa. Le saint prélat s'adressa à Constantin ; mais cet empereur, prévenu contre lui par les ariens, qui l'avaient accusé d'empêcher la sortie des blés d'Alexandrie pour Constantinople, le relégua à Trèves. Ce prince ordonna, dans sa dernière maladie, qu'on le fît revenir, malgré les oppositions d'Eusèbe de Nicomédie, évêque courtisan, homme de lettres factieux, et sectateur déclaré d'Arius. Son fils, Constantin-le-Jeune, ayant rappelé, en 338, les évêques catholiques chassés de leurs siéges, fit revenir saint Athanase. En 340, le concile d'Alexandrie, composé de cent évêques, écrivit une lettre synodale à tous les prélats catholiques, pour le laver des nombreuses infamies qu'on avait vomies contre lui ; mais ses ennemis ne cessant d'en inventer de nouvelles, à mesure que les anciennes étaient détruites, il alla à Rome, où le pape Jules, auquel il en avait appelé, convoqua un concile de cinquante évêques, qui le déclara innocent. Le concile de Sardique, assemblé cinq ans après, en 347, confirma la sentence de celui de Rome, et déposa de l'épiscopat l'usurpateur de son siége. Athanase y fut rétabli en 349, à la sollicitation de l'empereur Constant. Après la mort de ce prince, Constance, prince d'un caractère faible, léger, inconstant, dissimulé, opiniâtre dans l'hérésie arienne qu'il soutint par toutes sortes de cruautés, l'exila de nouveau, après l'avoir fait condamner par des évêques de sa secte. Athanase, poursuivi par ses ennemis, délaissé par ses amis, prit le parti de s'enfoncer dans le désert. Il y visita les monastères, et les édifia. Le pape Libère, traité avec inhumanité dans l'exil que lui avait attiré sa fermeté contre les ennemis d'Athanase, consentit enfin à sa condamnation. Ce ne fut pas un des coups les moins sensibles pour ce saint évêque. Les ariens mirent sur le trône patriarcal d'Alexandrie un certain Grégoire, qui le posséda jusqu'à la mort de l'empereur Constance. Saint Athanase, rendu à son peuple, fut obligé de le quitter de nouveau. Les païens l'ayant rendu odieux à Julien, ce prince aussi crédule que superstitieux, nourrissant d'ailleurs dans son cœur une haine formelle contre J.-C., ordonna qu'on chassât d'Alexandrie ce défenseur de sa divinité. Athanase se cacha une seconde fois ; mais dès que Jovien fut monté sur le trône impérial, il reparut dans Alexandrie, où son troupeau le reçut comme un pasteur qui avait souffert pour lui. Il assembla un concile des évêques d'Egypte, de la Thébaïde et de la Libye, au nom duquel il adressa une lettre à Jovien, dans laquelle on proposait la formule de foi du concile de Nicée, comme règle de la foi orthodoxe. Il se rendit lui-même auprès de ce prince à Antioche. Les ariens, qui étaient venus pour le noircir dans l'esprit de l'empereur, se retirèrent, confus de le voir l'objet de l'amitié et de l'estime de ce prince, tandis qu'eux-mêmes étaient un objet d'horreur et de mépris. Valens, successeur de Jovien, fut moins favorable à la saine doctrine. Athanase se vit obligé de prendre la fuite pour la quatrième fois, et de s'enterrer quatre mois de suite à la campagne, dans un petit bâtiment construit sur le tombeau de son père. L'empereur l'ayant rappelé, le saint évêque ne s'occupa plus qu'à préserver son peuple du venin de l'hérésie, et à se préparer à la mort. Il mourut enfin très-paisiblement dans les bras de son peuple, le 2 mai 373, après quarante-six ans au moins d'épiscopat, passés dans une agitation perpétuelle. « Il termina sa vie,
« dit saint Grégoire de Nazianze, dans
« un âge fort avancé, pour aller se
« réunir à ses pères, aux patriarches,
« aux prophètes, aux apôtres, aux
« martyrs, à l'exemple desquels il avait
« généreusement combattu pour la vé-
« rité. Je dirai, pour renfermer son
« épitaphe en peu de mots, qu'il sor-
« tit de cette vie mortelle avec beau-
« coup plus d'honneur et de gloire qu'il
« n'en avait reçu, à Alexandrie, lors-
« qu'après ses différents exils il y rentra
« de la manière la plus triomphante.
« Qui ne sait, en effet, que tous les gens
« de bien pleurèrent amèrement sa mort,
« et que la mémoire de son nom est res-
« tée profondément gravée dans leur
« cœur ? Puisse-t-il du haut du ciel abais-
« ser sur moi ses regards, me favoriser,
« m'assister dans le gouvernement de
« mon troupeau, conserver dans mon
« Eglise le dépôt de la vraie foi ! Et si,
« pour les péchés du monde, nous devons

« éprouver les ravages de l'hérésie, puis-
« se-t-il nous délivrer de ces maux, et
« nous obtenir par son intercession la grâ-
« ce de jouir avec lui de la vue de Dieu! »
Quelques incrédules ont peint ce grand
homme comme un zélateur imprudent,
comme un boute-feu, un fanatique. La
vérité est qu'il n'opposa jamais que la
patience, la prudence et la force de la
vérité à une persécution de cinquante
ans. Son caractère se montre dans ses ouvrages : il n'injurie point ses adversaires, il ne cherche point à les aigrir, il
les accable par l'autorité de l'Ecriture-
Sainte et par la force de ses raisonnements. « Il avait, dit l'abbé de la Blet-
« terie, dans son éloquente *Histoire de*
« *Jovien*, l'esprit juste, vif et pénétrant,
« le cœur généreux et désintéressé ; un
« courage de sang-froid, et, pour ainsi di-
« re, un héroïsme uni, toujours égal, sans
« impétuosité ni saillies ; une foi vive,
« une charité sans bornes, une humilité
« profonde, un christianisme mâle, sim-
« ple et noble comme l'Evangile ; une
« éloquence naturelle, semée de traits
« perçants, forte de choses, allant droit
« au but, et d'une précision rare dans
« les Grecs de ce temps-là. L'austérité
« de sa vie rendait sa vertu respecta-
« ble; sa douceur dans le commerce le
« faisait aimer. Le calme et la sérénité
« de son âme se peignaient sur son visage.
« Quoiqu'il ne fût pas d'une taille avan-
« tageuse, son extérieur avait quelque
« chose de majestueux et de frappant.
« Il n'ignorait pas les sciences profanes,
« mais il évitait d'en faire parade. Ha-
« bile dans la lettre des Ecritures, il en
« possédait l'esprit. Jamais ni Grecs ni
« Romains n'aimèrent autant la patrie
« qu'Athanase aima l'Eglise, dont les
« intérêts furent toujours inséparables
« des siens. Une longue expérience l'a-
« vait rompu aux affaires ecclésiasti-
« ques. L'adversité, qui étend et raffine
« le génie, lorsqu'elle ne l'écrase pas,
« lui avait donné un coup-d'œil admi-
« rable pour apercevoir des ressources,
« même humaines, quand tout parais-
« sait désespéré. Menacé de l'exil, lors-
« qu'il était dans son siége, et de la
« mort, lorsqu'il était en exil, il lutta
« près de cinquante ans contre une ligue
« d'hommes subtils en raisonnements,
« profonds en intrigues, courtisans dé-
« liés, et maîtres du prince, arbitres de
« la faveur et de la disgrâce, calomnia-
« teurs infatigables, barbares persécu-
« teurs. Il les déconcerta, les confon-
« dit, et leur échappa toujours, sans leur
« donner la consolation de lui voir faire
« une fausse démarche ; il les fit trem-
« bler, lors même qu'il fuyait devant
« eux, et qu'il était enseveli tout vivant
« dans le tombeau de son père. Il lisait
« dans les cœurs et dans l'avenir. Quel-
« ques catholiques étaient persuadés que
« Dieu lui révélait les desseins de ses
« ennemis : les ariens l'accusaient de
« magie, et les païens prétendaient qu'il
« était versé dans la science des augu-
« res, et qu'il entendait le langage des
« oiseaux : tant il est vrai que sa pru-
« dence était une espèce de divination.
« Personne ne discerna mieux que lui
« les moments de se produire ou de se
« cacher, ceux de la parole ou du si-
« lence, de l'action ou du repos. Il sut
« fixer l'inconstance du peuple (des
« Alexandrins, c'est tout dire), trou-
« ver une nouvelle patrie dans les lieux
« de son exil et le même crédit à l'ex-
« trémité des Gaules, dans la ville de
« Trèves, qu'en Egypte et dans le sein
« même d'Alexandrie; entretenir des cor-
« respondances, ménager des protec-
« tions, lier entre eux les orthodoxes,
« encourager les plus timides, d'un fai-
« ble ami ne se faire jamais un ennemi,
« excuser les faiblesses avec une cha-
« rité et une bonté d'âme qui font sen-
« tir que, s'il condamnait les voies de
« rigueur en matière de religion, c'était
« moins par intérêt que par principes
« et par caractère. Julien, qui ne per-
« sécutait pas les autres évêques, du
« moins ouvertement, regardait comme
« un coup d'état de lui ôter la vie, croyant
« que la destinée du christianisme était
« attachée à celle d'Athanase. » Nous
avons diverses éditions des *OEuvres* de
ce saint. Celle de Commelin, en 1600,
et celle de Paris en 1627, avec les corrections de Pierre Nannius, sont belles ;
mais la meilleure est celle de dom de Montfaucon, en 3 vol. in-fol., 1698, corrigée sur tous les anciens manuscrits,
enrichie d'une version nouvelle, d'une
Vie du saint, de plusieurs ouvrages qui
n'avaient point vu le jour, et de quelques
opuscules attribués à saint Athanase :
on y joint ordinairement du même dom
de Montfaucon, *Collectio nova Patrum
græcorum*, Paris, 1706, 2 vol. in-fol.
Les principaux ouvrages de ce Père sont:
sa *Défense de la Trinité et de l'Incarnation*; ses *Apologies*; ses *Lettres*; ses *Traités contre les ariens, les méléciens, les
apollinaristes* et *les macédoniens*. Le
style de saint Athanase n'est ni au-dessus ni au-dessous du sujet qu'il traite,
tour à tour noble, simple, élégant, clair,
pathétique. « On y trouve, dit Photius,
« le meilleur critique des écrivains de
« sa langue, avec une diction nette, fa-

« cile, abondante, une force et une fi-
« nesse inimitables. Tout ce qu'il avan-
« ce, et qu'il présente sous le jour le
« plus avantageux, porte sur une logi-
« que solide, et en même temps suscep-
« tible de termes nobles et des ornements
« de la haute éloquence. Mais son plus
« grand art consiste à cacher l'art même,
« et rien ne paraît si simple et si natu-
« rel que les traits les plus victorieux.
« Il s'insinue dans les esprits, couvert
« de ces moyens qui font disparaître sa
« personne : ce n'est pas l'auteur, c'est
« la raison même qui domine le lec-
« teur ; et celui-ci se trouve persuadé
« sans s'être aperçu qu'on le voulût fai-
« re ; docteur et orateur d'une sagesse
« extrême, d'un goût exquis, d'une jus-
« tesse unique dans l'expression, partout
« il proportionne exactement le tour du
« discours au sujet qu'il traite et aux per-
« sonnes qui l'écoutent. » Erasme était
grand admirateur du style de saint Athanase, et il le préférait à celui de tous les
autres Pères. Il trouvait qu'il n'était
point dur et difficile comme celui de
Tertullien, point gêné et embarrassé
comme celui de saint Hilaire, point recherché comme celui de saint Grégoire
de Nazianze, point entortillé comme
celui de saint Augustin. Il est partout,
selon le même auteur, facile, élégant,
orné, fleuri, et admirablement adapté
aux différents sujets que traite le saint
docteur ; et si quelquefois ils n'ont pas
tout le poli qu'on pourrait désirer, il faut
s'en prendre aux embarras des affaires
et aux persécutions qui ne permettaient
pas à saint Athanase de mettre la dernière main à tous ses ouvrages. Un ancien moine, nommé Côme, avait coutume de dire : » Quand vous trouverez
« quelque chose des ouvrages de saint
« Athanase, si vous n'avez pas de papier,
« écrivez-le sur vos habits. » *Prat. spi-
rit.*, c. 40. On ne connaît pas l'auteur du
Symbole qui porte son nom ; mais la
plupart des savants pensent qu'il n'est pas
de lui, quoiqu'il soit l'exacte expression du dogme pour lequel il a tant
souffert. Quesnel l'attribue à Virgile de
Tapse, Antelmi à Vincent de Lérins ;
l'abbé Le Clerc publia une dissertation
en 1730, tendant à prouver que ce *Symbole* est réellement de saint Athanase.
Nous avons une *Vie* de saint Athanase,
par Godefroi Hermant, en 2 vol. in-4,
très-propre à faire connaître ce défenseur de la divinité de Jésus-Christ et
ses adversaires.

ATHANATUS, homme d'une force
prodigieuse, se promenait, au rapport
de Pline le Naturaliste, sur un théâtre, revêtu d'une cuirasse de plomb, pesant
500 livres, et chaussé avec des brode-
quins qui en pesaient autant. Quoique
Pline passe pour exagérateur, on n'a pas
plus sujet de douter de ce fait que de ce
qu'on a raconté de Milon de Crotone.

ATHÉAS, roi des Scythes, combattit
les Triballiens, les Istriens, et promit à
Philippe, roi de Macédoine, de lui léguer
sa couronne, s'il lui donnait du secours.
Les troupes de Philippe étant venues trop
tard, le Scythe les renvoya. Ce fut la
source d'une guerre, dans laquelle Athéas
fut tué à 90 ans, 340 avant J.-C. On dit
que, dans les courses que ses gens faisaient sur les Macédoniens, ils prirent
un célèbre musicien. Athéas le fit chanter ; et comme ses sujets, tout farouches
qu'ils étaient, l'écoutaient avec complaisance : *Pour moi*, dit Athéas, *j'aime
mieux entendre hennir un cheval, que
d'ouïr chanter cet homme-là*. Cela nous
paraît bien barbare; il se pourrait cependant qu'il y eût là quelque chose qui
tînt de près à la bonne philosophie, ou
tout ou moins au génie d'un guerrier,
insensible à tout ce qui peut faire des
impressions molles et sensuelles.

ATHELSTAN, huitième roi d'Angleterre de la dynastie saxonne, fils aîné et
successeur d'Edouard, surnommé *l'Ancien* ou *le Vieux*, et petit-fils du grand
Alfred, monta sur le trône en 925, régna 16 ans, et se signala par sa prudence et son courage. Ses deux frères aînés,
admirant ses qualités rares, lui cédèrent
tous leurs droits, quoiqu'ils fussent enfants légitimes, tandis que lui était fils
naturel d'Edouard. Le père ayant détruit
le royaume des Danois parmi les Est-An-
gles, le fils chassa ces peuples du No-
thumberland, et força les Gallois à lui
payer chaque année un tribut considérable. Il vainquit aussi les Ecossais en 938,
et mourut en 941, après avoir fait à
l'Eglise et à l'Etat tout le bien que peut
leur faire un prince bon, juste et chrétien.

ATHÉNAGORAS ou ATHÉNAGORE,
d'Athènes, philosophe chrétien, adressa
à Marc-Aurèle, et à son fils, Commode,
associé à l'empire, une *Apologie*, dans
laquelle il décharge les chrétiens de toutes les calomnies qu'on imaginait contre
eux. On voit par cette *Apologie*, que les
païens les accusaient de trois crimes principaux, d'athéisme, de tuer et de manger un enfant dans leurs assemblées, de
s'y livrer ensuite à l'impudicité. Accusations absurdes, qu'Athénagoras n'eut pas
de peine à réfuter, et qui prouvent autant la parfaite innocence des Chrétiens,
que la haine aveugle de leurs ennemis,
haine qui se manifestait dans tous les

procédés des païens contre les enfants de l'Evangile. « Pourquoi, demande « Athénagore, sous le règne de deux « princes philosophes, et naturellement « équitables, n'accorde-t-on pas aux « chrétiens, qui font profession d'hono- « rer la Divinité, la même liberté dont « jouissent les superstitions les plus ab- « surdes? Pourquoi ne procède-t-on pas « contre des hommes dont les mœurs « sont innocentes, dans la même forme « juridique que contre des malfaiteurs « coupables des plus grands crimes? » Questions qui trouvent une réponse toute naturelle dans l'opposition essentielle qu'il y aura toujours entre la perversité et la corruption du monde, et la religion de Jésus-Christ; conformément à ce divin oracle : *Eritis odio omnibus propter nomen meum. Nolite mirari si vos odit mundus.* Conrad, Gesner et Suffridus Petri ont traduit du grec en latin cette *Apologie.* On a encore de lui un *Traité sur la résurrection des morts.* Ces deux ouvrages sont écrits avec pureté; on les trouve dans la *Bibliothèque des Pères*, et à la suite des *OEuvres* de saint Justin dans l'édition des *Bénédictins*. Ils ont été imprimés plusieurs fois séparément. La meilleure édition de ces deux *Traités* est celle d'Oxford, 1706, in-8, sous le titre de *Legatio pro Christianis.* « Quel- « ques critiques protestants, dit un théo- « logien, font plusieurs reproches con- « tre la doctrine d'Athénagore, et l'accu- « sent d'y avoir mêlé trop d'idées plato- « niciennes. Mais il faut faire attention « que cet écrivain parlait à des empe- « reurs qui faisaient profession de phi- « losophie, et qui, sans doute, respec- « taient Platon : c'était un trait de pru- « dence de se conformer à leur goût, et de « leur alléguer en plusieurs choses l'au- « torité de ce philosophe. Quand même « Athénagore aurait conservé, après sa « conversion, les opinions platoniciennes « qui lui paraissaient conciliables avec « les dogmes du christianisme, nous ne « voyons pas où serait le crime. De « là même il s'ensuit que notre religion, « dès sa naissance, n'a pas redouté l'exa- « men des philosophes. » — Martin Fumée, seigneur de Genillé, s'avisa de mettre sous le nom *d'Athénagoras*, le roman *du vrai et parfait Amour*, contenant les *Amours honnêtes de Théagène et de Chariclée*, en 1599 et 1612, in-12 ; mais cet ouvrage n'a jamais existé avant lui, ou du moins avant son siècle. L'abbé Lenglet l'attribue à Philander. Quelque mince que soit le mérite de cet ouvrage, on peut louer l'intention de l'auteur, qui voulait l'opposer au roman obscène des *Amours de Théagène et Chariclée.* (Voyez HÉLIODORE d'Emèse.)

ATHENAS (Pierre-Louis) naquit à Paris, le 3 février 1752. Après avoir fait de brillantes études chez les Oratoriens à Soissons, il s'appliqua d'une manière spéciale à la chimie et à la physique. Vers 1786 il se rendit en Bretagne, et établit successivement une fabrique de sonde à extraire du sel marin, une teinturerie, une distillerie ambulante, une fabrique d'acide sulfurique. Ces diverses entreprises ne réussirent pas, et, en 1795, il accepta la direction de la monnaie de Nantes. A l'étude des sciences chimiques Athenas joignait celle de l'archéologie ; il parcourut à pied toute la Bretagne, et en décrivit les monuments. Il se livra aussi à des travaux sur l'agriculture et sur l'économie rurale, et inventa une charrue d'une nouvelle espèce, connue sous le nom de *défricheur Athenas*. Il dota le département de la Loire-inférieure de l'herbe de Guinée, appelée *Panicum altissimum*. Athenas est mort à Nantes le 22 mars 1829. On a de lui un assez grand nombre de *Mémoires*, de *Dissertations* et de *Rapports* lus pour la plupart à la société académique de Nantes, parmi lesquels nous citerons : *Rapports sur les fouilles faites à Nantes de 1805 à 1807; Notice sur l'état de la Loire au septième siècle et sur les îles d'Indre et d'Indret ; sur la Tour d'Oudon et sur la cathédrale de Nantes ; Mémoires sur des armes celtiques ; Mémoire sur la tour d'Elven; sur l'Histoire de Bretagne manuscrite de dom Bonnard, sur les Autels druidiques; sur le Pays des soldats carnotes; sur les Pierres frites; sur l'Histoire de Bretagne de M. Daru.*

ATHÉNÉE, médecin de Cilicie, florissait du temps de Pline. Il soutenait que le feu, l'air, l'eau et la terre n'étaient pas les vrais éléments; mais le chaud, le froid, le sec et l'humide, et un 5e, qu'il ne savait comment définir : il l'appelait *Esprit*, en grec *Pneuma*; ce qui fit donner à ses sectateurs le nom de *Pneumatiques*. On voit que, dans le choix des quatre éléments, Athénée prenait des effets pour des causes et des principes.

ATHÉNÉE, grammairien, appelé le *Varron des Grecs*, né à Naucratis en Egypte, vivait dans le 2e siècle, sous Marc-Aurèle. Son érudition était profonde, et sa mémoire prodigieuse. De tous les ouvrages qu'il avait composés, il ne nous reste que les *Deipnosophistes*, c'est-à-dire *les Sophistes à table*, en 15 livres, dont les deux premiers, une partie du troisième et presque tout le dernier, nous manquent. Le nombre infini de citations et de faits curieux rendent cet ouvrage intéressant à tous ceux qui aiment à connaître les mœurs de l'antiquité. L'auteur aurait pu se dispenser de faire égayer ses philosophes par des médisances et des obscénités. Noël Le Comte (*Natalis Comes*) l'a traduit en latin, et c'est sur cette version que l'abbé de Marolles l'a mis en francais. Ces deux traductions sont peu fidèles. L'édition d'Athénée donnée par Casaubon, 1624, 2 vol. in-fol., avec la traduction latine de Daleschamps, est préférable à toutes les autres. Une nouvelle traduction latine par Jacobs, savant professeur de Munich, a paru à Iéna en 1809, in-8.

ATHÉNÉE, de Byzance, ingénieur sous Gallien, fut employé par cet empereur pour fortifier les places de Thrace et d'Illyrie, exposées aux incursions des Scythes. Il est auteur, à ce qu'on croit, d'un *Livre sur les machines de guerre*, imprimé dans le *Recueil* des ouvrages des anciens mathématiciens, Paris, 1693, in-fol., grec et latin.

ATHÉNODORE, philosophe stoïcien, précepteur et ami d'Auguste, avait été choisi par César pour veiller à l'éducation de ce prince. Le philosophe donna souvent de très-bons avis à son disciple, qui en profita quelquefois. Auguste aimait les femmes. Parmi les dames qu'il cultivait, il y avait la femme d'un sénateur, ami d'Athénodore. Celui-ci, étant allé le voir, le trouva baigné de pleurs. Ayant su la cause de sa tristesse, il prit lui-même des habits de femme, s'arma d'un poignard, se mit dans la litière qu'Auguste envoyait à sa maîtresse; et, s'étant présenté à Auguste, étonné de ce déguisement, il lui dit : « A quoi « vous exposez-vous, seigneur? Un « mari au désespoir ne peut-il pas se « déguiser et laver dans votre sang la « honte que vous lui prépariez ? » Auguste ne fut pas fâché de cette leçon; elle le rendit plus circonspect et plus équitable. Athénodore, ayant obtenu la permission de se retirer à Tarse, sa patrie, conseilla en partant à son élève, pour calmer son naturel bouillant, de compter les 24 lettres de l'alphabet des Grecs, avant de suivre les mouvements de sa colère; mais il paraît qu'il ne les compta pas longtemps. Ce philosophe mourut à l'âge de 82 ans, pleuré de ses compatriotes qui, par une reconnaissance absurde, lui décernèrent des sacrifices comme à un dieu. Athénodore avait fait plusieurs ouvrages qui ne sont point parvenus jusqu'à nous, entre autres un *Traité de la noblesse*, un *du travail et du délassement*. Quelques critiques croient que c'est le même Athénodore qu'Auguste, au rapport de Suétone, chargea de l'éducation de Claude qui, depuis, parvint à l'empire. Brucker (*Hist. crit. de la philosoph.*) adopte cette opinion; mais l'abbé Sévin (*Mémoires de l'Acad. des belles-lettres*, t. 12, p. 54) prouve assez bien qu'Athénodore, précepteur d'Auguste, était mort avant la naissance de Claude. —Pline-le-Jeune parle d'un philosophe ATHÉNODORE, auquel un spectre apparut avec des circonstances effrayantes; mais l'ensemble de cette histoire n'en favorise pas la croyance, et Pline lui-même ne sait dans quel sens et jusqu'à quel point on peut l'adopter.

ATHIAS (Isaac), rabbin espagnol, est auteur d'une *Explication des différents préceptes de la loi mosaïque*.

ATHIAS (Joseph), juif, imprimeur d'Amsterdam, publia en 1661 et 1667, deux éditions de la *Bible hébraïque*, en 2 vol. in-8, qui lui méritèrent une chaîne d'or, et une médaille, dont les Etats-généraux lui firent présent. Ces éditions étaient recherchées par les savants, avant celle d'Amsterdam, 1705, 2 vol. in-8. Il mourut en 1700. La *Bible* d'Athias conjointement avec la *Polyglotte* d'Alcala et de Bamberg ont servi comme de base à l'édition de Reineccius, réimprimée en 1783, par les soins du savant Dorderlin.

ATKINS (sir Robert), l'un des plus grands magistrats et l'un des hommes les plus éloquents de l'Angleterre, sous les règnes de Charles II et de Guillaume. Fils d'un lord, baron de l'échiquier, il fut l'un des douze juges des communs plaids, par le premier de ces rois. C'est dans l'interrègne qu'il était redevenu simple avocat, et bientôt orateur, c'est-à-dire, président de la chambre des communes. Sir Robert Atkins s'est immortalisé par la défense de Russell, avant et après sa mort. C'est là qu'il s'écriait, avec autant de religion que de courage : « Dieu préserve ma patrie de la honte « de voir de tels accusés condamnés sur « la foi de tels témoins... Je demande « de toute mon âme au Dieu tout-puis- « sant, avec une humble ferveur, que « ceux qui ont donné tant de preuves de « leur amour pour la vraie religion et « les droits légitimes de leur pays, puis- « sent paraître innocents... Le roi est « gardé par la protection spéciale de la « toute-puissante Providence qui a voulu « qu'il régnât, et dont il est ici-bas le « représentant. Le roi a autour de lui « une garde invisible que lui forment « les anges du ciel. Il est gardé par « l'amour de ses sujets, sa plus sûre

« garde, après Dieu. Les juges eux-mêmes qui ont prononcé sur l'infortuné Russel, étaient les gardes du roi ; mais ils étaient aussi les gardes de Russell contre les faux témoins, et les torrents d'une éloquence employée à de si malheureuses fins... » Lally Tollendal pleurait en citant ce magnifique torrent de l'éloquence de sir Atkins lui-même. Atkins fut encore un des partisans les plus zélés et des instruments les plus actifs de la révolution de 1688, qui chassa du trône Jacques II. Le roi Guillaume, en récompense, le nomma en 1689 lord-chef baron ou premier président de la cour de l'Echiquier. La même année, la chambre des lords le choisit pour orateur à la place du marquis d'Halifax. Il se démit de cette fonction en 1693, et se retira dans ses terres de Glocestershire, où il mourut à 88 ans, en 1709. On a de lui : *Traités parlementaires et politiques*, 2 vol. in-8, qui peuvent être utiles à ceux qui veulent connaître la constitution de l'Angleterre et les vraies causes de la révolution de 1688; *Dissertation sur l'élection des membres du parlement*, et un *Discours*, très-applaudi dans le temps, qui contient une violente diatribe contre Louis XIV, et qui dénonce toute la corruption du gouvernement anglais.

ATOSSE, fille aînée de Cyrus, roi de Perse, épousa d'abord Cambyse son propre frère, ensuite le mage Smerdis. Elle fut mariée en troisièmes noces, l'an 321 avant J.-C., à Darius, dont elle eut Xerxès, qui succéda à son père dans le royaume des Perses. Atosse, selon Ussérius, est la même qui est appelée Vasti dans l'Ecriture. Il ne faut pas s'attendre à trouver quelque chose d'exact et d'uniforme chez les écrivains sur cette époque de l'histoire profane : ce n'est qu'en la combinant avec l'Histoire sainte qu'on trouve quelque point d'appui pour se décider, mais cette combinaison même est un ouvrage pénible et incertain. (Voyez ASSUÉRUS.)

ATRÉE, roi d'Argos et de Mycènes, fils de Pélops et père d'Agamemnon et de Ménélas, vivait l'an 1294 avant J.-C. Thyeste, son frère, s'étant fait aimer de sa femme Erope et craignant le ressentiment d'Atrée, se retira dans un lieu de sûreté. Atrée feignit de s'être réconcilié avec lui, et lui fit manger dans un festin deux enfants, fruit de son crime. Sénèque, Crébillon et Voltaire ont mis ces horreurs sur le théâtre. Mais quel peut être le but de telles représentations, sinon de noircir le caractère national, de le familiariser avec les forfaits, d'exalter l'imagination par des images atroces, et d'irriter les cœurs par des commotions aussi inutiles que dangereuses ? Horace, dans son *Art Poétique*, semble avoir voulu proscrire ce sujet de la scène :

<small>Nec humana palàm coquat exta nefarius Atreus.</small>

On dira qu'il n'a condamné que la représentation de la catastrophe ; mais quel est donc le choix des dramatistes, qui se déterminent pour des sujets dont l'action principale n'est pas représentable ?

ATRONGE, simple berger qui se fit roi de Judée, tandis qu'Archélaüs demandait à Rome cette couronne pour lui. Le roi berger, s'étant soutenu quelque temps avec le secours de quatre de ses frères aussi vaillants que lui, fut pris enfin par Archélaüs. Ce prince lui mit sur la tête une couronne de fer, le fit promener sur un âne par toutes les villes de son royaume, et lui fit ensuite ôter la vie.

ATTALE I, roi de Pergame, était fils d'un autre Attale, frère de Philétère. Eumènes, son cousin, étant mort sans enfants, Attale prit le gouvernement de Pergame, vers l'an 241 avant J.-C. Il défit les Gaulois qui ravageaient depuis longtemps l'Asie-Mineure, et, pour les empêcher de recevoir à chaque instant de nouvelles recrues, il les força à abandonner les bords de la mer et à se retirer dans l'intérieur du pays, où ils fondèrent un état et ne cherchèrent plus à troubler le repos des autres nations voisines. Attale, après cette victoire, prit le titre de roi, ce que n'avaient pas osé faire ses deux prédécesseurs ; il profita de la captivité de Séleucus Callinicus pour s'emparer de toute l'Asie en deçà du mont Taurus. Ces conquêtes lui furent presque toutes enlevées par Achæus ; mais il en reprit une partie avec l'aide d'un corps de Gaulois qu'il avait fait venir de l'Europe ; il s'allia ensuite avec Antiochus-le-Grand pour faire la guerre à Achæus qui s'était révolté. Il fit aussi une alliance avec les Romains contre Philippe, roi de Macédoine. Toujours fidèle à ses engagements, il contracta la maladie dont il mourut, en faisant un discours aux Béotiens pour les exhorter à se réunir aux Romains contre Philippe ; il parla avec tant de véhémence qu'il tomba en faiblesse ; on le transporta à Pergame, où il mourut l'an 197 avant J.-C. Il était âgé de soixante-douze ans, et en avait régné quarante-quatre ; il laissa quatre fils, Eumènes, Attale, Philétère et Athénée, qu'il avait eus d'Apollonis de Cysique.

ATTALE II (Philadelphe), roi de Pergame et frère d'Eumènes II, prit la couronne, et la fit passer ensuite sur 'a tête de son neveu, dont il était le tuteur. Il défit Antiochus, donna du secours aux Romains, arrêta les irruptions de Démétrius, et fonda Attalie, Philadelphie et d'autres villes. Il mourut de poison l'an 139 avant J.-C., âgé de 82 ans. Ce prince était fort lié avec les philosophes de son temps, particulièrement avec Polémon, chez lequel cependant il n'y avait pas grande sagesse à puiser. C'est à cet Attale que les Romains écrivirent en faveur des Juifs. (*I. Mach.* 16.)

ATTALE III, roi de Pergame, surnommé *Philométor*, fils d'Eumènes et de Stratonice, commença son règne par ôter la vie à plusieurs de ses amis et de ses parents. Il donnait pour prétexte à ses atrocités, de vouloir venger, tantôt la mort de sa mère, tantôt celle de son épouse Bérénice. Ce qu'il y a de certain, c'est que ce prince était tombé en démence, et qu'il ne lui restait que peu d'éclairs de raison. Il abandonna ensuite le soin de ses affaires, pour s'occuper entièrement de son jardin. Il y cultivait des plantes salutaires et des poisons, tels que l'aconit et la ciguë, qu'il envoyait quelquefois en présent à ses amis. Ce prince bizarre quitta le jardinage, pour se livrer à la fonte des métaux. Il avait entrepris d'élever un tombeau à sa mère, mais ayant trop longtemps travaillé au soleil, il contracta une fièvre, et mourut l'an 134 avant J.-C., sans laisser d'enfants de Bérénice sa femme. On lui attribue l'invention des tapisseries. Il laissa les Romains ses héritiers. *Populus romanus meorum hæres esto*, portait son testament en vertu duquel la république prit possession de son royaume.

ATTALE (Priscus), né dans l'Ionie, s'avança à la cour des empereurs d'Occident, et obtint le rang de sénateur. Il était préfet de Rome, en 409, lorsqu'Alaric se rendit maître de cette ville. Ce prince le fit reconnaître empereur par le sénat et le peuple Romain; mais étant ensuite mécontent de lui, il le dépouilla en 410 de la pourpre impériale, qu'il envoya à l'empereur Honorius. Attale, obligé de suivre Alaric comme un simple particulier, devint la risée de la cour de ce roi qui le revêtit encore, peu de temps après, des habits impériaux, pour avilir de plus en plus la majesté romaine. On prétend qu'un jour Alaric le poursuivit en public habillé en empereur, et le lendemain il le fit paraître à sa suite avec une robe d'esclave. Ce fantôme d'empereur reprit, après la mort d'Alaric, la pourpre dans les Gaules; mais comme il n'avait ni argent, ni soldats, ni province, il fut errant jusqu'en 416, qu'il fut pris par le général Constance et envoyé à Honorius qui était pour lors à Ravenne. Ce prince le laissa vivre, et se contenta de lui faire couper la main qui avait porté le sceptre; il publia même un édit par lequel il pardonnait aux gens de guerre qui l'avaient suivi. Attale mourut dans l'île de Lipari, où Honorius l'avait relégué.

ATTALIOTA (Michel), juge et proconsul vers l'an 1070 de J.-C., a composé un *Manuel de Droit*, qu'il a dédié à l'empereur Michel Ducas. Cet ouvrage se trouve dans le second volume du *Jus Græco-Romanum*, de Leunclavius.

ATTARDI (Bonaventure), religieux augustin, né à Saint-Philippe d'Argyre en Sicile, professeur d'histoire sacrée à l'Université de Catane, nommé, en 1738, provincial de son ordre en Sicile et à Malte, fut l'un de ceux qui attaquèrent vivement Muratori, lorsqu'il eut soutenu qu'un chrétien n'était pas obligé de verser son sang pour défendre l'opinion de l'immaculée conception de la Sainte-Vierge. On a de lui : *Bilancia della verità*, Palerme, 1738, in-4. C'est une réponse au livre intitulé : *Paulus apostolus in Mari, quòd nunc venetus sinus dicitur, naufragus*, par le bénédictin Ignace Giorgi. La question était de savoir ce que c'était que l'île appelée en latin *Melita*, où aborda saint Paul après son naufrage. L'opinion la plus commune voulait que ce fût l'île de Malte, entre la Sicile et l'Afrique, tandis que d'autres soutenaient que c'était une île de la Dalmatie, dite aujourd'hui *Melada*. Le père Giorgi avait écrit en faveur de cette dernière opinion. Attardi soutint victorieusement la première. On a encore de cet augustin : *Lettera scritta ad un suo amico, in prova che San Filippo d'Argira fu mandato dal principe degli apostoli San Pietro*, Palerme, 1738, in-4; *La Riposta senza maschera al sig. Lodovico Antonio Muratori*, Palerme, 1742.

ATTAVANTI (Paul), religieux servite, plus connu sous le nom de *frère Paul de Florence*, né dans cette ville en 1419, se distingua dans son ordre par ses vertus, son savoir et ses prédications. Il mourut en 1499. On a de lui : *Vita B. Joachimi ordinis servorum*, insérée dans les *Actes des Saints*, de Bollandus; *Quadragesimale de reditu peccatoris ad Deum*, Milan, 1479, in-4; *Breviarium totius juris canonici*, 1478, in-fol., plusieurs fois réimprimé; *Expositio in psalmos pænitentiales*, 1479, in-4; *De origine ordinis Servorum beatæ Mariæ dialogus*. Il a laissé, en outre, plusieurs ouvrages manuscrits.

ATTEIUS CAPITO vivait sous le règne d'Auguste, et fut un des plus habiles jurisconsultes de Rome. Il devint tribun avec Aquilius Gallus, consul avec Germanicus, l'an 765 de Rome, et obtint, sous Tibère, des emplois considérables. Atteius laissa plusieurs ouvrages qui se sont perdus, et dont plusieurs auteurs anciens ont fait l'éloge. Ce jurisconsulte romain mourut l'an 23 avant J.-C.

ATTERBURY (François) naquit à Midleton, dans la province de Buckingam, le 6 mars 1662. Ses premières études, faites aux colléges de Westminster et d'Oxford, annoncèrent ses talents. Dès l'âge de 22 ans, il mit en vers latins l'*Absalon* et l'*Achitophel* de Driden, poëte anglais. En 1687, année de son doctorat, il écrivit une *Apologie pour Martin Luther*, contre les catholiques ; ouvrage peu digne de ses lumières, et dont l'enthousiasme de secte fait tout le mérite. Le roi Guillaume le fit son chapelain. Il eut la même charge sous la reine Anne, fut doyen de Westminster, évêque de Rochester en 1713. Après la mort de cette princesse, Atterbury, s'étant déclaré pour le prétendant, fut enfermé dans la tour de Londres en 1722, et banni l'année suivante du royaume. Cet évêque anglican, retiré en France, fut l'ami des gens de lettres ; il s'en fit rechercher par son érudition et par son goût, et aimer par sa politesse et les agréments de son commerce. Il mourut à Paris en 1732, âgé de 71 ans. On a de lui des *Sermons* en anglais, 4 vol. in-8. Ce sont le plus considérable de ses ouvrages. Le docteur Blair en cite un en entier dans son excellent traité de rhétorique : (*Lectures on rhetoric and belles-lettres*, ch. XXX ;) des *Lettres latines*, dignes des meilleurs littérateurs : on les trouve dans le recueil des pièces de littérature, par l'abbé Granet ; des *Réflexions sur le caractère de Japis dans Virgile*.

ATTERSOL (Guillaume), savant anglais, vivait au commencement du 17ᵉ siècle. Il a composé plusieurs ouvrages : le plus connu est son *Commentaire en anglais sur le livre des Nombres*, 1618, in-fol.

ATTICUS (Titus Pomponius), chevalier romain, fils d'un père qui cultivait les lettres, et qui lui inspira ce goût, dut son surnom à son séjour à Athènes ; il fut étroitement uni avec Cicéron, son contemporain. Les proscriptions de Cinna et de Sylla l'obligèrent de se retirer à Athènes. Il y apprit la langue grecque avec tant de succès qu'il la parlait aussi facilement que la latine. Les troubles de Rome étant calmés, Atticus revint dans sa patrie, emportant les regrets de tous les Athéniens. Un de ses oncles lui laissa près d'un million, dont il ne se servit que pour se faire des amis. Le célèbre orateur Hortensius et tout ce qu'il y avait de plus distingué à Rome furent étroitement liés avec lui. Durant les guerres civiles de Pompée et de César, de Marc-Antoine et de Brutus, il se comporta si bien, qu'il fut aimé de tous, sans inspirer aucun ombrage. Quoiqu'Atticus ne se fût point montré partisan d'aucune des factions qui déchiraient Rome, quand il apprit que Brutus était forcé de quitter l'Italie, il lui envoya 100,000 sesterces, et donna ordre qu'on lui en remît 300,000 en Épire. Comptant de partager sa vie entre les plaisirs de l'esprit et ceux du cœur, il refusa constamment toutes les charges. Il composa des *Annales*, des *Éloges des hommes illustres*, en vers, et divers autres écrits grecs et latins. Parvenu à l'âge de 77 ans, sans avoir eu aucune maladie, il ressentit les faiblesses de la philosophie, et n'eut pas le courage de supporter les infirmités de la vieillesse ; il se laissa mourir de faim, quoique son ami Cicéron se fût efforcé de lui faire comprendre que la vraie philosophie proscrivait toute espèce de suicide, et qu'il n'était pas permis à l'homme de quitter à volonté le poste où Dieu l'avait placé. *Piis omnibus retinendus est animus in custodiâ corporis, nec injussu ejus à quo ille datus est, ex vitâ migrandum est.* Il mourut l'an 33 avant J.-C. Cicéron lui a adressé les deux beaux traités *de Amicitiâ* et *de Senectute*, et écrit un grand nombre de lettres, dans lesquelles il lui fait part des affaires de la république et de ses affaires domestiques. L'abbé Montgault les a traduites en français, avec des notes, 6 vol. in-12. (Voyez ce nom.)

ATTICUS (Hérode), fils d'Atticus préfet de toute l'Asie sous Nerva, l'an 97 de J.-C., descendait de Miltiade, avait un de ses ancêtres consul à Rome, et fut lui-même consul l'an 143. Disciple de Favorin et de Polémon, il fut le maître de l'empereur Vérus ; mais cette éducation, à en juger par ses fruits, lui fit peu d'honneur. Son père lui avait laissé des richesses immenses ; mais il préféra à tous ses trésors la gloire de parler sur-le-champ d'une manière éloquente. On disait de lui, qu'*il était la langue grecque elle-même*, *et le roi du discours*. Il avait composé divers ouvrages, mais il ne reste de lui que sa réputation. Il mourut dans un âge avancé.

On prétend que, dans sa vieillesse, il répondit à un homme puissant qui le menaçait : *Ne sais-tu pas qu'à mon âge on ne craint plus ?* Cette réponse, qui renferme un sens profond, et qui devrait être vraie, est contredite néanmoins par la pusillanimité ordinaire aux vieillards. Dans le 16ᵉ siècle, on a trouvé un monument grec qui fait mention de cet Atticus. C'est une colonne de marbre avec une inscription que Saumaise a publiée avec des notes.

ATTICUS, moine de Sébaste en Arménie, n'étant encore que prêtre, servit de témoin contre saint Jean Chrysostôme, lorsque celui-ci fut chassé de Constantinople. Il succéda à Arbène sur le siège patriarcal de Constantinople, en 406, du vivant de saint Jean Chrysostôme, pasteur légitime. Le pape Innocent I, et divers évêques d'Orient désapprouvèrent cette élection. Innocent envoya ses légats pour rétablir saint Jean Chrysostôme, mais ils furent maltraités par le parti d'Atticus, sans qu'il soit certain qu'Atticus y eût part, tout se faisant par ordre de l'impératrice Eudoxie, qui régnait despotiquement. Ce qui peut en faire douter, c'est qu'après la mort de saint Jean, le Pape lui accorda sa communion, à condition qu'il remettrait le nom du saint patriarche dans les diptiques ; ce qu'Atticus exécuta sans répugnance. Devenu possesseur légitime de son siége, il édifia son troupeau et l'instruisit. Il composa un traité *De fide et virginitate*, pour les princesses filles de l'empereur Arcadius. Saint Cyrille et le pape saint Célestin font son éloge, et se servent de son témoignage contre les erreurs de Nestorius. Les conciles d'Ephèse et de Chalcédoine citent ses écrits, pour en composer, avec les témoignages des autres Pères, une chaîne de traditions contre les nestoriens et les eutychiens. Saint Prosper loue le zèle avec lequel il opposa aux pélagiens l'antiquité de la foi. Il mourut en 437.

ATTILA, prince scythe et idolâtre, surnommé le *fléau de Dieu*, roi des Huns, était fils de Mandras, et succéda à son oncle Roas, en 434. Il régna d'abord avec son frère Bléda, qu'il fit ensuite assassiner, attribuant ce meurtre à une inspiration du ciel. Afin de mieux se concilier le respect des Huns, il leur fit accroire qu'il avait trouvé l'épée de leur divinité tutélaire, avec laquelle il pouvait prétendre à l'empire de l'Univers. De la Hongrie et de la Scythie où il se trouvait avec ses peuples barbares, il commença par désoler la Thrace et l'Orient, et imposa un tribut à l'empereur Théodose-le-Jeune. Il s'avança ensuite du côté du Danube et du Rhin, mit tout à feu et à sang, entra dans les Gaules, saccagea Trèves, Worms, Mayence, Tongres, Arras, etc. Troyes fut délivrée par son évêque. (Voyez SAINT LOUP). Il fondit sur Orléans, l'an 451. Aétius, Théodoric et Mérovée, qui avaient joint leurs troupes contre ce monstre altéré de sang, le chassèrent de devant cette ville. Ils lui livrèrent bataille peu de temps après dans les plaines de Châlons, et lui tuèrent, dit-on, plus de 200 mille hommes ; mais il est bon de se rappeler toujours, à l'occasion des anciennes batailles, que le nombre de tués y est toujours exagéré, comme celui des combattants. Attila, frémissant de fureur et de rage, craignit pour la première fois. Il avait fait dresser au milieu de son camp un large bûcher, où il devait se précipiter avec tous ses trésors, en cas de désastre. C'était fait de lui, si Aétius, qui appréhendait que la défaite des Huns n'augmentât trop la puissance de Thorismond, roi des Goths, fils de Théodoric, tué dans la bataille, n'eût empêché ce prince de forcer le camp des barbares, et de les massacrer tous. Attila eut le temps de se retirer vers le Rhin. De là il passa dans la Pannonie, pour recruter ses troupes et rassembler ses forces contre l'Italie, où il entra en 452. La ville d'Aquilée fut la première dont il se rendit le maître. Après en avoir enlevé toutes les richesses et égorgé les habitants, il la livra aux flammes. Comme elle ne fut ni rétablie ni démolie depuis, et que le feu épargna tout ce qui n'était pas combustible, ses ruines présentent encore aujourd'hui un aspect imposant et bien propre à fixer les regards d'un voyageur philosophe. Milan, Padoue, Véronne, Mantoue, Plaisance, Modène, Parme, et presque toute la Lombardie et la Vénitie, essuyèrent à peu près le même traitement. Il avait pris pour prétexte de cette nouvelle guerre le refus qu'on lui avait fait de lui remettre Honoria, sœur de Valentinien III. Cette princesse avait eu la lâcheté de réclamer les secours d'Attila contre sa famille. Elle lui avait aussi demandé d'être reçue au rang de ses épouses. Attila, en feignant de défendre la beauté persécutée, exigeait avec la main d'Honoria la moitié de l'empire. Le pape saint Léon, craignant que Rome et son troupeau ne fussent la proie de ce conquérant barbare, eut le courage de l'aller trouver, et lui persuada, au grand étonnement de son armée, de rebrousser chemin. Baronius rapporte, d'après un écrivain du 8ᵉ siècle, qu'Attila vit deux personnes vénérables, qu'on a crues être saint Pierre et saint Paul, à côté du pape

Léon, pendant qu'il parlait. Ce qu'il y a de sûr, c'est que la rétrogradation subite de ce barbare, à la voix d'un prêtre, est une merveille plus grande que toutes les apparitions. Il repassa le Danube avec un butin immense. L'année suivante, il revint dans les Gaules; mais Thorismond l'en ayant chassé, Attila n'osa plus se montrer. Il épousa, peu de temps après, une fille du roi des Bactriens, nommée Ildico, se livra avec tant d'emportement aux plaisirs de la table et du lit, le soir et la nuit de ses noces, que, s'étant endormi, il lui prit un saignement de nez qui l'étouffa l'an 453. C'est ainsi que mourut ce conquérant, ou plutôt ce dévastateur, qui joignait à un courage impétueux la férocité, l'artifice et la fourberie. Il prenait dans ses lettres et ses édits les titres suivants: *Attila, filius Bendemi, nepos magni Nemrod, nutritus in Engaddi, Dei gratiâ rex Hunnorum, Medorum, Gothorum, Dacorum, metus orbis et flagellum Dei.* « Attila, fils de Bendemus, « petit-fils du grand Nemrod, élevé et « nourri dans Engaddi, par la grâce de « Dieu roi des Huns, des Mèdes, des « Goths, des Daces; la terreur de l'U- « nivers et le fléau de Dieu. » Il avait coutume de dire, « que les étoiles tom- « baient devant lui, que la terre trem- « blait, et qu'il était un marteau pour le « monde entier. » *Stellas præ se cadere, terram tremere, se malleum esse universi orbis.* Il fut occupé, pendant vingt ans, de l'ambition de subjuguer la terre, et il n'enleva la plus grande partie des richesses des palais des rois, que pour les distribuer à ses soldats. Après ses expéditions, il se reposait dans une cabane, où on lui servait à manger dans des plats de bois. Tel devait être le caractère d'un homme destiné à châtier la mollesse et la corruption des Romains. Attila était petit, mais très-robuste; il avait la voix forte et sonore; les rois qui suivaient sa cour disaient qu'ils ne pouvaient supporter la sévérité de ses regards.

ATTILIUS, poëte latin, a écrit quelques tragédies, et entre autres *Electra*, qu'il avait traduite de Sophocle, comme le remarque Cicéron, qui trouvait ses vers durs. Suétone fait aussi mention de cette pièce. Il vivait vers l'an de Rome 615.

ATTIRET (Jean-Denis), frère jésuite et peintre distingué de la mission de Pékin, était né à Dôle en 1702, et mérita l'affection de l'empereur Kien-Long par sa douceur, sa simplicité, et surtout son extrême complaisance à se prêter à tous ses goûts dans les tableaux qu'il fit pour lui, au risque de gâter ses ouvrages. L'empereur le visitait souvent dans son atelier, et voulut lui donner une preuve de son estime en le créant mandarin; mais l'humble religieux eut le courage de refuser cet honneur. Il mourut à Pékin le 8 décembre 1768, épuisé par le travail. Kien-Long l'honora publiquement de ses regrets, et donna une somme considérable pour ses funérailles.

ATTIRET (Claude-François), neveu de Jean-Denis, né à Dôle le 14 décembre 1728, mort à l'hôpital de cette ville le 15 juillet 1804, apprit la sculpture à l'école de Pigalle, fut envoyé à Rome pour se perfectionner; de retour à Paris, il fut reçu à l'Académie de peinture et de sculpture, demeura ensuite à Dijon où il exerça son ciseau, et revint enfin dans sa ville natale.

ATTO, ou ATTON, surnommé *Second*, fut fait évêque de Verceil, en 945. Il remplit avec zèle tous les devoirs de l'épiscopat, et gagna la confiance du roi Lothaire, qui le fit un de ses conseillers. Il ne vécut pas au-delà de l'an 960. On a de cet évêque un *Capitulaire*, distribué en cent chapitres, inséré dans le *Spicilége* de dom d'Achéry; des *Sermons*, des *Lettres*, des *Commentaires*, etc. Charles Barontius, chanoine de Verceil, a donné une édition de tous ses ouvrages, à Verceil en 1768, en 2 vol. in-fol. — Il ne faut pas le confondre avec ATTO, qui a écrit la *Vie de saint Jean Gualbert*, en latin, Rome, 1612, in-4.

ATWOOD (Georges), célèbre physicien anglais, né en 1742, mort en 1807. Le célèbre Pitt, qui avait assisté à un cours de physique qu'il faisait, conçut une si grande idée de ses talents, qu'il l'employa dans le ministère des finances et lui fit une pension jusqu'à la fin de sa vie. Ses principaux ouvrages sont: *Traité sur le mouvement rectiligne et la rotation des corps, avec une description d'expériences relatives à ce sujet*, 1784; il inventa pour ces expériences une machine qui porte son nom, qui sert à démontrer par expérience les lois de la chute des corps; *Analyse d'un cours sur les principes de la physique, fait à l'Université de Cambridge*, 1784, in-8; *Recherches fondées sur la théorie du mouvement pour déterminer les temps de vibration des balanciers des horloges.*

AUBAIS (Charles de BASCHI, marquis d'), né au château de Beauvoisin en Languedoc, le 20 mars, en 1686, mort au château d'Aubais en 1777, a laissé un recueil de *Pièces fugitives pour servir à l'Histoire de France*, Paris, 1759, 3 vol.

in-4, qui ont servi à guider beaucoup d'auteurs dans leur travail. Aubais travailla aux *Pièces fugitives* conjointement avec le sieur Ménard. Le premier publia seul une *Géographie historique*, 1761, in-8.

AUBERT (Guillaume), sieur de Massoignes, né à Poitiers vers l'an 1534, fut reçu avocat au parlement de Paris en 1553, mourut vers 1601. On distingue, parmi ses ouvrages, celui auquel il donna le nom singulier de : *Les Retranchements*, Paris, 1585, in-8, qui est le recueil choisi de ses pièces qu'il jugeait dignes de passer à la postérité; un *Traité*, en prose, de *la connaissance de soi-même*, qui ne vaut pas celui d'Abbadie sur le même sujet; des *Vers* dédiés au chancelier de Lhôpital; *Histoire des guerres faites par les chrétiens contre les Turcs, sous Godefroy de Bouillon*, Paris, 1559, in-4.

AUBERT (Jean-Louis), abbé, professeur de langue française au collège royal, né à Paris, en 1731, fut chargé pendant plusieurs années, de la rédaction du *Journal de Trévoux*. On a de lui un *Recueil de fables*, estimé. Ses autres poésies décèlent un auteur quelquefois élégant et facile. On a recueilli ses *Fables* et ses *Œuvres diverses* en 2 vol. in-8.

AUBERTIN (Edme), ministre de Charenton, né à Chalon-sur-Marne en 1595, mort à Paris en 1652, est auteur d'un livre estimé dans sa communion, sous le titre de *l'Eucharistie de l'ancienne Église*, 1633, in-fol. Cet ouvrage a été victorieusement réfuté par Arnauld, dans la *Perpétuité de la foi*. Bayle accuse M. Olier, fondateur de la congrégation de Saint-Sulpice, d'avoir tourmenté ce ministre à sa mort. Tous ceux qui connaissent le genre de vertu de cet illustre ecclésiastique savent ce qu'il faut penser de cette accusation d'un philosophe.

AUBERY ou AUBRY (Jean), *Albericus*, natif du Bourbonnais, médecin du duc de Montpensier, vivait au commencement du 17e siècle. On a de lui l'*Apologie de la médecine*, en latin, Paris, 1608, in-8; et en français, un autre ouvrage qui a pour titre : l'*Antidote de l'amour*; plus, un *Discours de la nature et des causes d'icelui, et les remèdes pour se préserver et guérir des passions amoureuses*, 1599, in-12. Cet ouvrage curieux et savant fut remis sous presse en 1663, in-12, à Delft. Un médecin bibliographe dit que ce livre est plus utile que le titre ne paraît le promettre.

AUBERY (Antoine), avocat de Paris, écrivain infatigable, se levait à 5 heures tous les jours, et étudiait sans relâche jusqu'à 6 heures du soir, qu'il allait chez quelqu'un de ses amis. Il ne faisait guère de visites, et en recevait encore moins. Quoiqu'il eût prêté le serment d'avocat au conseil, il préférait le commerce tranquille de ses livres au tumulte des affaires. Les *Remarques* de Vaugelas étaient son seul livre de récréation. Il mourut d'une chute, en 1695, à plus de 78 ans. On a de lui plusieurs ouvrages, qui sont presque tous au-dessous du médiocre pour le style, mais dans lesquels on trouve des recherches. Les principaux sont: l'*Histoire des cardinaux*, en 5 vol. in-4, 1642, composée sur les *Mémoires* de Naudé et de Dupuy; *Mémoire pour l'histoire du cardinal de Richelieu*, 1650, 2 vol. in-folio; 1657, 5 vol. in-12. Ces *Mémoires* sont très-curieux, et renferment une infinité de pièces, de lettres, d'actes, de négociations propres à faire connaître l'état des affaires sous le règne de Louis XIII. L'*Histoire* du même Ministre, 1660, in-folio; 1665, 2 vol. in-12. Les matériaux en sont bons; si l'historien est un peu trop louangeur envers le cardinal, il s'en faut bien qu'il le soit à l'égard de plusieurs seigneurs, dont il s'est trouvé dans le cas de parler. On dit que la reine-mère répondit au libraire Bertier, qui lui témoignait la crainte qu'il avait, que certaines personnes de la cour, dont l'historien ne parlait pas avantageusement, ne lui fissent de la peine : « Allez, travaillez en paix, lui dit-elle, et faites tant de honte au vice, qu'il ne reste que de la vertu en France.»—« Paroles, dit un auteur esti-« mé, qui caractérisent l'esprit d'un gou-« vernement sage, et que les princes ne « sauraient trop répéter, pour l'encou-« ragement de ceux qui ne craignent pas « de s'élever contre l'erreur et l'iniquité, « les plus redoutables ennemis des rois « et des nations.» Aubery est un de ceux qui doutaient que le Testament, publié sous le nom du cardinal de Richelieu, fût réellement de ce ministre, mais on sait aujourd'hui qu'il se trompait (voyez PLESSIS-RICHELIEU); l'*Histoire du cardinal Mazarin*, en 1654, 4 vol. in-12, ouvrage moins estimé que le précédent; *Histoire du cardinal de Joyeuse*, Paris, 1654, in-4, accompagnée d'un grand nombre de pièces justificatives ; un *Traité historique de la prééminence des rois de France*, 1649, in-4; un *Traité des justes prétentions du roi de France sur l'empire*, 1667, in-4, qui le fit mettre à la Bastille, parce que les princes d'Allemagne crurent que les idées d'Aubery étaient celles de Louis XIV; peut-être ne se trompaient-ils pas; mais dans ce moment malheureux pour Aubery, le monarque ne jugea pas à propos d'en convenir.

AUBERY (Louis), sieur du Maurier, suivit son père dans son ambassade de Hollande, d'où il passa à Berlin, en Pologne et à Rome. Revenu à Paris, il acquit la faveur de la reine-mère; mais cette faveur ne lui servant de rien pour s'avancer, il se lassa d'être courtisan, et alla jouir du repos dans ses terres: il y mourut en 1687. On a de lui des *Mémoires pour servir à l'histoire de Hollande*, Paris, 1688, in-12, avec les notes d'Amelot de La Houssaye, 1754, 2 vol. in-12: les Hollandais les accusèrent d'une partialité outrée. Son petit-fils a donné, en 1737, des *Mémoires de Hambourg*, in-12, qui sont aussi de lui. Il a publié l'*Histoire de l'exécution de Cabrières et de Mérindol*, Paris, 1645, in-4, écrite par Jacques d'Aubery, lieutenant-civil au Châtelet de Paris, et depuis ambassadeur extraordinaire en Angleterre, pour traiter de la paix l'an 1555. (Voyez l'article OPÈDE, où cette expédition est représentée sous son vrai jour.)

AUBERY (Jean-Henri), jésuite, poète latin, né à Bourbon, enseigna les belles-lettres dans sa société pendant 20 ans, avec beaucoup de réputation, et mourut à Auch le 27 novembre 1652. Entre ses écrits, on distingue: *Missus poeticus, sive varia carmina, elegiæ, poemata epica, lyrica*, Toulouse, 1617, in-4; *Cyrus, tragœdia; Theogonia, seu de diis gentium*, Toulouse, 1634; *Leucata triumphans; Thomæum, sive sancti Thomæ Aquinatis gloriosum sepulcrum*, Tolosæ. La plupart de ses poésies ont été imprimées dans le *Parnassus societatis Jesu*, Francfort, 1654.

AUBESPINE (Claude de l'), d'une famille originaire de Bourgogne, baron de Châteauneuf-sur-Cher, secrétaire-d'état, et employé dans différentes affaires importantes, sous François I, Henri II, François II, et Charles IX. Il servit l'Etat jusqu'au dernier moment de sa vie; car la reine Catherine de Médicis, qui prenait son conseil dans toutes les occasions, alla le consulter au chevet de son lit, le jour de la bataille de Saint-Denys. Il mourut le lendemain, 11 novembre, en 1567. C'était le bouleversement des affaires de l'Etat qui avait causé sa maladie, et surtout l'impossibilité de ramener les huguenots à des conditions raisonnables. Il avait eu récemment une conférence avec les chefs du parti, qui le traitèrent avec la hauteur et la morgue que les factieux ne manquent jamais de prendre, quand ils ont de quoi faire valoir leurs prétentions.

AUBESPINE (Gabriel de l'), évêque d'Orléans, né le 24 janvier 1579 d'une famille féconde en diplomates habiles et originaires de Beaune, succéda sur le siège d'Orléans à son oncle Jean de l'Aubespine, n'ayant encore que 20 ans; il fut sacré à Rome par Clément VIII en 1604. Il joignit aux études d'un savant laborieux le zèle d'un pasteur vigilant, et servit en même temps l'Etat dans des occasions importantes. Henri IV et Louis XIII employèrent utilement ses conseils. Il mourut à Grenoble en 1620, âgé de 52 ans. On a de lui: *De veteribus Ecclesiæ ritibus*, in-4, en 1622, ouvrage qui respire l'érudition la plus profonde, et la connaissance la plus vaste des antiquités ecclésiastiques; un *Traité de l'ancienne police de l'Eglise, sur l'administration de l'Eucharistie*, très-savant. On a encore de lui des *Notes* sur les conciles, sur Tertullien, sur Optat de Milève.

AUBESPINE (Charles de l'), marquis de Château-Neuf, remplit diverses ambassades avec une distinction, qui lui mérita les sceaux en 1630. Il présida, 2 ans après, au jugement du Maréchal de Marillac, et à celui du duc de Montmorency. Le cardinal de Richelieu, qui lui avait procuré les sceaux, les lui fit ôter, et le fit emprisonner en 1633. On prétend que ce fut pour avoir dansé aux violons pendant une maladie qui mit le ministre à l'extrémité; d'autres en donnent des raisons tout-à-fait invraisemblables. Anne d'Autriche le tira de prison dix ans après, au commencement de sa régence. Elle lui rendit les sceaux en 1650; mais, dès l'année suivante, on fut obligé de les lui ôter, parce que cet homme impérieux, loin d'avoir de la déférence pour le cardinal Mazarin, ne cessait de le décrier et de cabaler contre lui. Château-Neuf mourut en 1653, âgé de 73 ans. C'était un grand ministre, un négociateur habile; mais son orgueil était extrême. On a dit de lui, qu'il avait plutôt les manières d'un grand-visir, que du ministre d'une cour chrétienne: si c'était alors un crime insolite, il est devenu bien commun depuis.

AUBESPINE (Magdeleine de l'), femme de Nicolas de Neuville de Villeroi, secrétaire d'état. Son esprit et sa beauté la rendirent un des ornements de la cour de Charles IX, de Henri III et de Henri IV. Ronsard la célébra. Elle mourut à Villeroi, en 1569. Bertaud, évêque de Séez, fit son épitaphe. On lui attribue une *Traduction des Epîtres d'Ovide*, et d'autres ouvrages en vers et en prose.

AUBETERRE. (Voyez BOUCHARD et LUSSAN, François).

AUBIGNÉ. (Voyez MAINTENON).

AUBIGNÉ (Théodore-Agrippa d'), né en 1550 à Saint-Maury, près de Pons, dans la Saintonge, fit des progrès si rapides sous les habiles maîtres qu'on lui donna, qu'à 8 ans il traduisit, dit-on, le *Criton* de Platon; mais l'on sait que ces essais des savants précoces sont presque toujours, au moins en grande partie, l'ouvrage des instituteurs, occupés à se faire une réputation par celle de leurs élèves. Son père, qu'il perdit dès l'âge de 13 ans, ne lui ayant laissé que son nom et des dettes, le jeune orphelin crut que l'épée l'avancerait plutôt que la plume. Il s'attacha à Henri, roi de Navarre, qui le fit gentilhomme de sa chambre, maréchal-de-camp, gouverneur des îles et du château de Maillezais, et vice-amiral de Guyenne et de Bretagne, et ce qui valait encore mieux, son favori. D'Aubigné perdit sa faveur par le refus qu'il fit de servir les passions de son maître, et surtout par une inflexibilité de caractère que les rois n'aiment pas, et que les particuliers souffrent avec peine. Il quitta la cour, et ensuite le royaume, pour se réfugier à Genève, où il mourut en 1621, à 80 ans. Cette république l'avait comblé d'honneurs et de distinctions. La générosité de ses sentiments égalait son courage. Henri IV lui reprochait son amitié pour la Trémouille, exilé et disgracié. « Sire, « lui répond d'Aubigné, la Trémouille est « assez malheureux d'avoir perdu la fa-« veur de son maître; pourrais-je lui re-« fuser mon amitié, dans le temps qu'il « en a le plus besoin ?... » Le principal ouvrage de d'Aubigné est son *Histoire universelle depuis* 1550 *jusqu'en* 1601, avec une *Histoire abrégée de la mort de Henri IV*, en 3 vol. in-fol., imprimée à St-Jean-d'Angely, quoique le titre porte à Maillé, en 1616-1618-1620, et réimprimée en 1626, avec des augmentations et des corrections. « Cette histoire, dit l'au-« teur des *Trois Siècles*, porte l'emprein-« te de son âme, c'est-à-dire, qu'elle est « écrite avec beaucoup de liberté, d'en-« thousiasme et de négligence. Il était « né pour la satire et la plaisanterie, « comme on en peut juger par un de ses « autres ouvrages, qui a pour titre : *Con-« fession de Sancy* (satire amère de ce sei-« gneur, auquel il donne le rôle de *Mercu-« re de Henri IV*.) » A peine le premier volume de l'*Histoire universelle* eut-il paru, que le parlement de Paris le fit brûler. Henri III y joue un rôle qui inspire le mépris et l'horreur. On y conte, sur son caractère et sur ses mœurs, mille particularités curieuses, qui peuvent être vraies, mais dont la publicité ne peut produire aucune espèce de bien. Le détail des opérations de guerre qu'on trouve dans cette histoire, est ce qu'il y a de mieux. On a encore de lui : Les *Tra-*

giques, 1616, in-4, et in-8 ; *Petites œuvres mêlées*, Genève, 1630, in-8; son *Baron de Fœneste*, 1731, in-12, et plein de grossièretés, et fort inférieur à la *Confession de Sancy*. Sa *Vie*, écrite par lui-même, est un de ces égoïsmes que les auteurs ne devraient jamais se permettre. Il y règne d'ailleurs une licence qui ne donne pas de l'écrivain une idée bien favorable. Constant d'Aubigné, père de Madame de Maintenon, était fils de Théodore Agrippa.

AUBIGNY, le maréchal d'. (Voyez STUART Robert.)

AUBIGNY. (Voyez FOSSE, Antoine de la.)

AUBLET (Jean-Baptiste-Christophe FUSÉE), né à Salon en Provence le 4 novembre 1720, mort à Paris le 6 mai 1778, s'échappa de la maison paternelle pour aller étudier la science des plantes à Montpellier. Après un voyage dans les colonies espagnoles d'Amérique, il fut envoyé dans l'Ile-de-France pour y fonder une pharmacie et un jardin de botanique. Il visita ensuite la Guiane et Saint-Domingue, enrichit la botanique d'une très grande quantité de plantes, et rapporta à Paris, en 1765, des matériaux précieux. En 1775 parut son ouvrage des *Plantes de la Guiane*, 4 vol. in-4, qui lui mérita l'estime des savants et surtout celle de Jussieu. Les plantes y sont rangées suivant la méthode de Linnée. L'abbé Rosier lui a dédié un genre; Linnée et Gaertner lui ont rendu le même honneur.

AUBRIET (Claude), célèbre dessinateur d'histoire naturelle, naquit à Châlon-sur-Marne en 1651, et mourut à Paris en 1743. C'est d'après ses dessins qu'ont été gravées les planches du *Botanicon parisiense* de Vaillant. On a réuni en 5 vol. in-fol. ce que cet artiste avait fait de mieux en plantes et en papillons.

AUBRIOT (Hugues), intendant des finances, et prévôt de Paris sous Charles V, était natif de Dijon. Il décora Paris de plusieurs édifices pour l'utilité et l'agrément. Il fit bâtir la Bastille, en 1369, pour servir de forteresse contre les Anglais, le pont Saint-Michel, le pont au Change, les murs de la porte Saint-Antoine, et le petit Châtelet, pour réprimer les excès des étudiants de l'Université. En ayant fait arrêter quelques-uns, l'Université, dont les privilèges se trouvaient blessés, se déchaîna contre lui, et avec l'appui du duc de Berry (ennemi de la maison de Bourgogne qui le protégeait), elle lui fit faire son procès, et Aubriot fut renfermé à la Bastille comme coupable d'hérésie. Des séditieux, nommés *maillotins*, l'en tirèrent en 1381, pour le mettre à leur tête ; mais Aubriot, les ayant quittés dès le soir même, se retira en Bourgogne, ne voulant servir ni de prétexte ni d'encouragement aux troubles publics. Il mourut en 1382. — Jean AUBRIOT, de la même famille, fut évêque de Châlons-sur-Saône, depuis 1342 jusqu'en 1350.

AUBRY (Jean), prêtre, né à Montpellier, docteur en droit, abbé de Notre-Dame-de-l'Assomption, fit une étude particulière de la chimie. Décoré du titre de *médecin ordinaire du roi*, il exerça son talent à Paris, et fit ensuite un voyage en Orient pour convertir les infidèles. Mais, peu content de ses succès, il revint en France dans le dessein d'y trouver un remède qui pût lui donner de la célébrité par ses effets. Il en trouva un dont il fit un grand débit, avec des suites bonnes et mauvaises. Il mourut vers 1667, laissant plusieurs ouvrages singuliers par leur titre : *La merveille du monde, ou la Médecine véritable ressuscitée*, Paris, 1655, in-4 ; *Le triomphe de l'archée, et le désespoir de la médecine*, ibid., 1656, in-4. Ces deux ouvrages réunis ont reparu sous ce titre : *La Médecine universelle et véritable, pour toutes sortes de maladies les plus désespérées*, in-4 ; *Abrégé des secrets de Raimond Lulle*, in-4, etc. On a encore de lui un livre plein d'enthousiasme qui commence par ces mots : *Au public, à l'honneur et gloire de Dieu ; je commencerai la trompette de l'Evangile*.

AUBRY (Jacques-Charles), digne émule de Cochin et de Normant, fut reçu avocat au parlement de Paris, sa patrie, en 1707, et plaida avec le plus grand succès. Son principal talent était l'art de manier l'ironie : figure en général odieuse, et qui, lorsqu'elle est trop répétée, est aussi peu favorable à la vraie éloquence qu'elle est peu propre à honorer le caractère de l'orateur. On a de lui un grand nombre de consultations et de mémoires imprimés, mais épars dans différentes bibliothèques. Ceux qui ont fait le plus de bruit sont ses deux *Consultations* pour Soanen, évêque de Senez, la première souscrite par 20 avocats, et la seconde par 50 ; ces consultations d'avocats, dans une affaire de dogme et purement ecclésiastique, ne produisirent aucun effet. Tout le monde fut surpris de voir un avocat s'élever contre les décisions de l'Eglise universelle, et ériger en saints les réfractaires à ses décrets. Il mourut en 1739.

AUBRY (Jean-Baptiste), né en 1736 à Deyvillier, près d'Epinal, mort à Commercy le 4 octobre 1809, entra chez les bénédictins de Saint-Vannes, à Moyen-Moutier. Dom Remi Ceillier, qui avait donné l'*Histoire des auteurs sacrés et ecclésiastiques*, étant mort, Aubry, avec un de ses confrères, fut chargé de la continuer ; mais son travail ne vit pas le jour. Après la suppression des ordres religieux, il se trouva réduit à vivre de sa plume. On a de lui : l'*Ami philosophe*, 1774, in-8 ; *Théorie sur l'âme des bêtes*, 1780 et 1790 ; *Questions philosophiques sur la religion naturelle*, 1783, in-8. Les abbés Ribaillier et Bergier et les philosophes Dalembert et Lalande ont loué également ce livre, quoique les systèmes et les objections de l'incrédulité moderne s'y trouvent victorieusement réfutées. L'abbé Guinot, dans ses *Leçons philosophiques*, ayant essayé d'en faire la critique, Aubry y répondit par l'ouvrage intitulé : *Lettres critiques sur plusieurs questions de la métaphysique moderne*, 1783 ; *Leçons métaphysiques à un mylord incrédule, sur l'existence et la nature de Dieu*, 1790 ; l'*Anti-Condillac, ou Harangue aux philosophes modernes*, 1801 ; *Nouvelle théorie des êtres*, 1804, ouvrage maltraité dans le *Journal des Débats*, auquel l'auteur répondit par son *Aubade ou Lettres apologétiques et critiques à MM. Geoffroy et Mongin* ; le *Nouveau Mentor*, 1807, ouvrage contenant des notions courtes et claires sur les sciences, les belles-lettres et les beaux-arts.

AUBRY DES GOUGES (Marie-Olympe), née à Montauban en 1755, vint à Paris où ses succès en littérature ne répondirent pas à sa soif de célébrité. Elle fut la seule femme qui eut le courage de s'offrir pour défendre Louis XVI. C'est elle encore qui forma la société populaire des femmes nommées *tricoteuses*. Elle publia un grand nombre de brochures politiques, entre autres contre Robespierre et Marat celle intitulée : *Les trois règnes ou le Salut de la patrie*, dont le succès causa sa perte. Arrêtée en juillet 1793, et conduite à l'Abbaye, elle fut condamnée à mort par le tribunal révolutionnaire, et exécutée en novembre suivant. Ses *Œuvres politiques et littéraires* ont été réunies en 3 vol. in-8. *Les Vœux forcés* et l'*Heureux Naufrage*, drames joués aux Français en 1789, qui passent pour ses meilleures productions, sont bien médiocres ; mais tout s'efface devant son *Mémoire en faveur de Louis XVI*.

AUBUSSON (Pierre d'), grand-maître de l'ordre de Saint-Jean de Jérusalem, naquit dans la Marche, d'une famille très-distinguée, en 1425. Son courage se développa de fort bonne heure. Les Turcs dévastaient alors la Hongrie. Aubusson suivit Albert, duc d'Autriche, gendre et général de Sigismond ; et dans une bataille gagnée sur les infidèles, il rallia l'infanterie chrétienne qui pliait; il la ranima tellement, qu'elle tua dix-huit mille ennemis, et mit en fuite le reste. Le jeune guerrier revint dans sa patrie, et se fit aimer du dauphin, fils de Charles VII. Il l'accompagna au siége de Montereau Faut-Yonne, dont ce prince avait la direction, et y donna les mêmes preuves de valeur qu'il avait données en Hongrie. Le dauphin s'étant ensuite révolté contre son père, d'Aubusson eut assez de pouvoir sur son esprit, pour le porter à mettre bas les armes. Charles VII, qui eut occasion de le connaître, dit de lui: « qu'il était rare de voir ensemble tant « de feu et de sagesse. » Le récit des beaux exploits de Huniade, et des barbaries exercées par les Turcs, enflammèrent son imagination. Il alla se faire recevoir chevalier à Rhodes. En 1457, le grand-maître de Milli envoya d'Aubusson, déjà commandeur, pour implorer le secours du roi de France contre l'ennemi du nom chrétien. Il s'acquitta de cette ambassade avec succès. A son retour, il fut élu premier bailli, et ensuite grand-prieur d'Auvergne: dignité qu'il quitta en 1470, après la mort de J.-B. des Ursins, pour gouverner la religion en qualité de grand-maître. D'Aubusson, à la tête de son ordre, s'occupa à le faire respecter au-dehors, et à régler les affaires du dedans. Il fit fermer le port de Rhodes d'une grosse chaîne, bâtit des tours et des forts, et prépara tout ce qu'il fallait pour repousser les efforts du Grand-Seigneur, qui menaçait Rhodes depuis longtemps. Sa flotte parut devant l'île en 1480, forte de 160 voiles et de cent mille hommes. Mais la vigoureuse résistance des Rhodiens, et surtout la valeur éclairée du grand-maître, qui y reçut cinq blessures considérables, obligèrent les Turcs, deux mois après, de lever le siége, laissant 9,000 morts, et emmenant 15,000 blessés. Les relations de ce siége mémorable nous apprennent « qu'un saint cordelier, nommé Antoine « Fradin, contribua beaucoup à soute- « nir le courage des Rhodiens, parmi « lesquels il faisait le personnage que le « bienheureux Capistran avait fait à Bel- « grade ». Mahomet II, l'année d'après, se préparait à assiéger de nouveau Rhodes; mais la mort dérangea tous ses projets. Bajazet son fils aîné, et Zizim son cadet, se disputèrent l'empire; le dernier, n'ayant pu monter sur le trône de son père, demanda un asile à Rhodes. D'Aubusson le lui accorda en 1482, et ordonna qu'on le traitât en fils d'empereur et en roi. Au bout de trois mois, il fit passer ce prince en France pour le soustraire aux embûches de son frère, et il le faisait garder à vue par des chevaliers dans la commanderie de Bourgneuf en Poitou. Plusieurs souverains le demandèrent pour le mettre à la tête de leurs armées contre Bajazet. D'Aubusson le remit par préférence entre les mains des agents d'Innocent VIII (Voyez ZIZIM). En reconnaissance, ce Pape, qui avait donné au grand-maître les noms de *Bouclier de l'Église*, et de *Libérateur de la Chrétienté*, l'honora de la pourpre, et renonça au droit de pourvoir aux bénéfices de l'ordre. « Les infidèles, dit un « historien, avaient si bien conçu qu'à « son sort était attaché celui de la place, « qu'ils soudoyèrent deux scélérats trans- « fuges pour l'assassiner; mais le Ciel ne « permit pas un crime, dont les suites, « dans ces tristes conjonctures, eussent « été funestes à tout le monde chrétien ». Bajazet ne put s'empêcher de l'estimer et de le respecter. Il lui fit témoigner qu'il ne troublerait jamais la paix, et lui donna pour gage de son amitié la main de saint Jean qui avait baptisé Jésus-Christ. D'Aubusson, n'ayant pu obtenir une croisade, tomba dans une mélancolie, qui l'emporta en 1503, à l'âge de 80 ans. L'ordre n'a pas eu de chef plus accompli. Sa vie avait été celle d'un héros, et ses derniers jours furent ceux d'un saint. Le chapitre général de Rhodes ordonna que la religion lui élèverait de ses deniers publics un magnifique mausolée en bronze, avec une épitaphe pour consacrer ses exploits. Il en a écrit lui-même la relation sous ce titre: *Petri Aubussoni Rhodiorum militum magistri, de servatâ urbe præsidioque suo et insigni contra Turcas victoriâ, ad Fredericum III Relatio;* elle se trouve dans le tome 2 de *Rerum Germanicarum scriptores* de Freher. Le père Bouhours a publié sa *Vie* en 1677, in-4 et in-12.

AUBUSSON (François, vicomte d'), duc de la Feuillade, pair et maréchal de France, se distingua à la bataille de Rhétel, en 1650, aux siéges de Mouzon, de Valenciennes, de Landrecies, et à celui d'Arras en 1654, où il força des premiers les retranchements des ennemis. Il ne signala pas moins sa valeur au combat de St-Gothard contre les Turcs. Il suivit le roi à la conquête de la Franche-Comté en 1674. Il emporta le fort Saint-Étienne l'épée à la main. Il fut nommé ensuite vice-roi de Sicile, cette île ayant subi le joug de l'Espagne; mais la conduite de ses habitants lui ayant fait soupçonner leur sincérité, il les abandonna la même année, et sauva les troupes qu'il avait avec lui, par une retraite qui lui fit beaucoup d'honneur. C'est lui qui ayant acheté l'hôtel de Senneterre, le fit abattre, et y fit élever en 1686 une statue pédestre de Louis-le-Grand, dans une place qui fut appelée *Place des Victoires*. Il mourut subitement en 1691, et n'eut que le temps de s'écrier : *Que n'ai-je fait pour Dieu ce que j'ai fait pour le roi!*

AUDÉBERT (Germain), jurisconsulte d'Orléans, disciple d'Alciat, parcourut l'Italie, et fit en vers l'*Eloge de Venise*, qui, en reconnaissance, le fit chevalier de Saint-Marc, et lui envoya la chaîne d'or de l'ordre avec la médaille du doge. Henri III l'anoblit avec permission de porter des fleurs-de-lis en chef. Il mourut en 1598, âgé de plus de 80 ans. Ses poésies sont, entre autres, trois poëmes : *Roma*, Paris, 1555, in-4 ; *Venetiœ*, Venise, 1583, in-4, dont nous venons de parler ; *Parthenope*, Paris, 1585, in-4, recueillis à Hanovre en 1603, in-8. Sévole de Sainte-Marthe a fait son éloge parmi ceux des hommes illustres.

AUDEBERT (Jean-Baptiste), peintre et naturaliste, né à Rochefort en 1759, mort à Paris en 1800. Il est le premier qui ait imaginé de faire imprimer en couleur, avec une seule planche, les figures d'histoire naturelle ; il est même parvenu à y imprimer de l'or, dont il varia les couleurs de manière à imiter les plus brillants effets de ses modèles. Le premier ouvrage qu'il publia en ce genre est : l'*Histoire naturelle des singes, des makis et des galéopithèques*, 1 vol. grand in-fol., figures imprimées en couleur, Paris, 1800, qui fit une grande sensation parmi les naturalistes, et fut accueilli d'une manière distinguée par les professeurs du Muséum d'histoire naturelle de Paris. Il publia ensuite, et suivant le même procédé, l'*Histoire des colibris, des oiseaux-mouches, des jacamars et des promérops*, 1vol. grand in-fol., Paris, 1802 : ouvrage regardé comme le plus parfait qui ait paru en ce genre. Les descriptions dont il est lui-même l'auteur sont dignes de l'ouvrage ; il travaillait à l'*Histoire des grimpereaux et des oiseaux de paradis*, lorsque la mort l'enleva aux sciences. Cet ouvrage fut terminé avec la même perfection de l'auteur, et publié en 1802, en 1 vol. in-fol., par Vieillot, naturaliste distingué, qui a voyagé et étudié ces oiseaux vivants, dans leur pays natal. C'est à Audebert que les *Oiseaux d'Afrique* de Le Vaillant ont dû leur succès ; il a donné les moyens d'éviter l'enluminure, et a dirigé l'impression des figures jusqu'à la treizième livraison. Les autres branches de l'histoire naturelle, et surtout la botanique, ont beaucoup profité de ses découvertes. Il s'occupait par délassement à empailler les animaux, et il a formé lui-même son cabinet.

AUDEBRAND (Etienne), moine de Saint-Allire de Clermont, après avoir été prieur de Turet en Auvergne, et ensuite trésorier et grand-camerlingue de l'Eglise romaine, fut élu évêque de Mont-Cassin, de Saint-Pons, et enfin archevêque de Toulouse en 1331. L'histoire de son élévation est remarquable. Lorsqu'il était dans son prieuré de Turet, il arriva que Pierre Roger, moine de la Chaise-Dieu, venant de faire ses études à Paris, fut volé dans la forêt de Randans en Auvergne, en sorte que les voleurs ne lui laissèrent qu'une simple tunique. En cet état, il prit le chemin de Turet, et fut bien reçu du prieur, qui lui donna un habit et fournit à ses besoins. Roger, pénétré de reconnaissance, dit au prieur : *Quand pourrai-je reconnaître la grâce que vous m'avez faite ?* —*Quand vous serez pape*, répondit Audebrand. Roger étant devenu pape, sous le nom de Clément VI, se souvint de cette réponse, appela auprès de lui son bienfaiteur, et le combla de biens et d'honneurs. Cette anecdote est exprimée dans l'épitaphe d'Audebrand, qu'on lisait dans l'église de Notre-Dame d'Entre-Saints à Clermont, et qui a été imprimée par Etienne Baluze, dans son livre intitulé : *Antifrisonius.*

AUDÉE ou AUDIE, chef des *audiens*, hérétiques du 4ᵉ siècle, était de Mésopotamie. Un zèle ardent et amer le jeta dans l'erreur et dans le schisme. Cet orgueilleux atrabilaire commença par déclamer contre quelques membres de l'Eglise qui excitaient son envie, et finit par s'en séparer. Il enseignait à ses disciples qu'on devait célébrer la pâque comme les Juifs ; que Dieu avait une figure humaine; que les ténèbres, le feu et l'eau n'avaient point de cause, et étaient éternels. Il affectait des mœurs fort austères, comme tous les chefs de sectes. Il avait une aversion invincible pour toute espèce de condescendance, qu'il appelait du nom odieux de *respect humain*. Ayant trouvé beaucoup de partisans parmi les esprits faibles et les caractères inquiets, il fut exilé en Scythie, loin de ses prosélytes. Il passa de là dans le pays des Goths, et s'y forma un nouveau troupeau. Il établit des monastères, où la virginité et la vie solitaire étaient en vigueur. Sa secte fut gouvernée après sa mort par divers évêques qu'il avait établis ; mais ces évêques étant morts avant l'an 377, les audiens se trouvèrent réduits à un petit nombre ; ils se retirèrent vers l'Euphrate, dans le territoire de Chalcide, où , selon Théodoret (*Hist. eccl.*, lib. 4, cap. 9), ils dégénérèrent bientôt de leur première austérité, et menaient même une vie très licencieuse. Ils donnaient l'absolution aux pénitents, sans aucune satisfaction canonique, se contentant, par un rit fort ridicule, de les faire passer entre les livres sacrés et les livres apocryphes. Le P. Pétau prétend que saint Augustin et Théodoret n'ont pas bien saisi les sentiments des audiens, et qu'ils n'ont pas compris ce qu'en dit saint Epiphane, qui, selon lui, ne leur attribue autre chose que de croire que la ressemblance de l'homme avec Dieu consistait dans le corps. Mais il paraît que ce sentiment même exprime l'anthropomorphisme, à moins de supposer que cette ressemblance corporelle ne regardât directement Jésus-Christ, conformément à ces vers de Prudence :

Christus imago Patris, nos Christi forma et imago.
Fingimur in faciem, Domini bonitate supernâ,
Venturi carne in nostrâ post secula Christi.

Cette secte n'existait plus vers la fin du 5ᵉ siècle.

AUDIFFREDI (Jean-Baptiste), né à Saorgio, près de Nice, en 1714, entra dans l'ordre des dominicains, et devint bibliothécaire du collège de la Minerve, à Rome, en 1765. Il est mort en 1794. On lui doit : *Catalogus historico - criticus Romanarum editionum seculi XV*, 1783, in-4.; *Catalogus editionum italicarum*, 1794, in-4; *Catalogus bibliothecæ Casanatensis librorum typis impressorum*, 1761-1788, 4 vol. in-fol.: l'ouvrage n'est pas terminé ; *Phænomena cœlestia observata, investigatio parallaxis solis, exercitatio Dadei Ruffi*, anagramme de son nom, 1765, in-4.

AUDIFFRET (Hercule), de Carpentras, pieux et savant général de la congrégation des Pères de la doctrine chrétienne, oncle et maître de Fléchier, fut effacé par son disciple. Il naquit le 16 mai 1603, et mourut en 1659. On a de lui : *Oraisons funèbres ; Questions spirituelles et curieuses sur les Psaumes*, 1668, in-12. La chaire était livrée de son temps au style guindé des Italiens et des Espagnols. Il fut un des premiers qui s'attachèrent à proportionner les expressions aux pensées, et les mots aux choses : il traça ainsi la route de la véritable éloquence.

AUDIFFRET (Jean-Baptiste d'), gentilhomme de Draguignan en Provence, ou, selon d'autres, de Marseille ; envoyé extraordinaire à la cour de Mantoue, de Parme, de Modène et de Lorraine, mourut à Nancy, en 1733, à 76 ans. On a de lui une *Géographie ancienne, moderne et historique*, en 2 vol. in-4, 1689 et 1690, et en 3 vol. in-12, 1694, qui ne contient que quelques parties de l'Europe. L'accord heureux que l'auteur fait de la géographie et de l'histoire a fait regretter qu'il n'ait pas achevé son ouvrage.

AUDOUIN (François-Xavier), né à Limoges le 18 avril 1766, était fort jeune à l'époque de la révolution. Il avait embrassé l'état ecclésiastique, quoique sans doute il eût peu de vocation pour cette sainte profession. Ayant adopté avec ardeur les principes de la révolution, il prêta serment à la constitution civile du clergé, et devint vicaire de la nouvelle paroisse de Saint-Thomas-d'Aquin. Audouin fut porté sur la liste des électeurs en 1792. Bientôt il se lança dans la politique, fut envoyé dans la Vendée comme commissaire du pouvoir exécutif, et épousa, en 1793, la fille de Pache, alors ministre de la guerre. Bouchotte, qui succéda à Pache, le choisit pour son adjoint. Audouin était un des plus violents orateurs du club des jacobins, dont il faisait partie. Poursuivi en 1795, comme révolutionnaire, et mis en prison, il en sortit par suite d'une réaction, en octobre 1795. Il fut quelque temps journaliste, et devint ensuite juge au tribunal de cassation. Après le 18 brumaire, on le comprit dans une liste de déportation; mais cette mesure fut bientôt révoquée. Audouin devint en 1801 secrétaire-général de préfecture, et en 1802 il se fit porter sur la liste des avocats de Paris. On a de lui une brochure sous le titre d'*Avis au clergé* ; une *Oraison funèbre de Mirabeau*, prononcée au Champ-de-Mars ; une *Histoire de l'administration de la guerre*, 1811, 4 vol. in-8 ; et divers écrits politiques. Audouin est mort le 24 juillet 1837, à la suite d'une attaque d'apoplexie.

AUDOUIN (Pierre), graveur, né en 1768, mort à Paris en 1822. On lui doit un très-grand nombre de *Portraits* et beaucoup de sujets d'histoire et autres d'après les plus grands maîtres. Le *Christ au tombeau*, la *Vierge* dite *la Belle-Jardinière*, la *Charité*, sont cités comme les meilleurs morceaux de son burin. On estime aussi son *Portrait en pied de Louis XVIII*, d'après Gros.

AUDOUIN (Jean-Victor), né à Paris le 27 avril 1797, étudia d'abord le droit qu'il quitta bientôt pour les sciences naturelles. Le célèbre Vogel lui enseigna la chimie, et lui donna quelques notions médicales. Après avoir été reçu docteur-médecin en 1816, il s'adonna tout entier à son goût pour la botanique, et visita le littoral de la France en herborisant. En 1822 il fonda, avec quelques autres jeunes gens, la Société d'histoire naturelle de Paris, et fut choisi en 1823 par les quatre académies pour remplir les fonctions de bibliothécaire ; en 1824, il fonda les *Annales d'histoire naturelles*, et suppléa Lamarck et Latreille au professorat du Jardin-des-Plantes. C'est après cette époque qu'il s'occupa de continuer la partie d'histoire naturelle du grand ouvrage sur l'Egypte. Membre de l'académie des sciences de Paris, Audouin faisait encore partie des principales sociétés savantes de l'Amérique et de l'Europe. On a de lui grand nombre d'articles et *Mémoires* insérés dans divers recueils, et *Recherches pour servir à l'histoire naturelle du littoral de la France; Voyages à Saint-Malo, à Grandville*, etc., Paris, 3 vol. in-8, avec Edward.

AUDOUL (Gaspard), provençal, avocat au parlement de Paris, conseiller ordinaire du duc d'Orléans. Il est auteur d'un *Traité de l'Origine de la royale et des causes de son établissement*, Paris, 1708, in-4. On voit dans cet ouvrage, divisé en huit livres, entre autres, une *Dissertation* par laquelle il prétend prouver contre Baronius, Bellarmin, et plusieurs autres habiles écrivains, même français, l'authenticité du canon 22, distinct. 63 de la première partie du droit canonique, et le synode dont il est fait mention. Cet ouvrage fut condamné par un bref du pape Clément XI, du 18 janvier 1710, qui fut supprimé par le parlement. Audoul mourut l'an 1691.

AUDRAN (Girard) naquit à Lyon, en 1640, d'un graveur. Ses talents se perfectionnèrent à Rome, dans un séjour de deux ans. Revenu à Paris, Le Brun le choisit pour graver les *Batailles d'Alexandre*, ouvrage digne de ce héros, qui immortalise également Le Brun et Audran. On a encore de lui de grands morceaux gravés d'après Le Poussin, Mignard et autres. Tous ces ouvrages sont remarquables par la correction du dessin, la force de son burin, le grand goût de sa manière. Ses plus belles pièces, après les *Batailles d'Alexandre*, sont *six feuilles* de la coupole du Val-de-Grâce, gravées sur les dessins de Mignard. Il mourut à Paris en 1703, âgé de 63 ans, considéré comme le plus célèbre graveur qui ait existé dans le genre d'histoire.

AUDRAN (Claude), frère du précédent, né à Lyon comme lui, mourut à Paris, en 1684 à 42 ans, professeur de l'académie de peinture. Il fut employé par Le Brun, dans plusieurs ouvrages, et surtout dans les quatre grands tableaux des *Batailles d'Alexandre*. Il était peintre d'histoire, et il ne faut pas le confondre avec Claude, son neveu, mort en 1734, peintre en décorations.

AUDRAN (Jean), né à Lyon en 1667, mort en 1756, obtint de Louis XIV le titre de son graveur, et fut reçu, en 1708, membre de l'académie de peinture.

AUFIDIUS, nom de plusieurs grands hommes d'une illustre famille romaine, dont les plus connus sont 1° T. AUFIDIUS, orateur du temps de Sylla ; 2° Cnéius AUFIDIUS, savant historien, vers l'an 400 avant J.-C.; 3° AUFIDIUS Bassus, historien sous Auguste; 4° Lusco AUFIDIUS qui trouva la manière d'engraisser les paons : découverte qui lui apporta un profit très-considérable, dans un temps où l'austérité républicaine avait fait place au luxe et aux délices de la table.

AUFRERI (Etienne), jurisconsulte du 15e siècle, président du parlement de Toulouse, s'est fait un nom par ses ouvrages. Tels sont : *De officio et potestate judicis ordinarii. Accessit tractatus de potestate secularium super ecclesiis ac personis et rebus ecclesiasticis. Item de potestate ecclesiasticis*, etc., Paris, 1514, et dans le recueil intitulé *Tractatus tractatuum juris*, etc., Venise, 1584. Les droits des juridictions ecclésiastique et civile y sont bien distingués. L'auteur avait bien étudié ces matières, ayant été longtemps official; *Decisiones curiæ archiepiscopalis tolosanæ*, Lyon, 1616, in-4. Cet ouvrage traite principalement de la forme de procéder dans les cours d'église ; *Tractatus de recusationibus*.

AUGÉ (Daniel d'), né à Villeneuve-l'Archevêque, au diocèse de Sens, professeur royal en grec, en 1578, mourut en 1595, avec la réputation d'un bon littérateur. On a de lui l'*Institution d'un prince chrétien*, traduit du grec de Synésius, avec une harangue *de la vraie noblesse*, traduite de P. Philon, Paris, 1554; quatre *Homélies* de saint Macaire, traduites, Lyon, 1689 ; une édition du poëme de Sannazar *de morte Christi*, avec des notes, 1557, in-4; *Gregorii Nyssæ pontificis, de immortalitate animæ dialogus, antehàc nec græcè neque latinè excusus*, Paris, 1557, in-8.

AUGÉ (Antoine-Jean-Baptiste), l'abbé, naquit à Beauvais en 1757. Après avoir terminé ses études au collége Louis-le-Grand, où il connut le vertueux Decalogne, et eut pour disciple le terrible Robespierre, il fut ordonné prêtre, et il devint maître des conférences pour la philosophie et la théologie dans cette même maison. Il prit ses grades avec distinction, et fit partie de la célèbre licence en Sorbonne, où l'on compta Asseline, Fournier et tant d'autres ecclésiastiques éminents. Asseline, évêque de Boulogne, l'appela près de lui et le nomma supérieur de son petit séminaire, où il resta jusqu'aux troubles de la révolution. A l'exemple de Mgr Asseline et de la presque totalité du clergé du diocèse de Boulogne, il refusa le serment imposé par la nouvelle constitution, et partit pour l'exil à la suite de son saint évêque. Pendant son émigration et son séjour à Halswart en Westphalie, il travailla conjointement avec l'abbé Coquatrix, grand-vicaire de Mgr Asseline, au célèbre et si pieux ouvrage connu sous le nom de *Miroir du clergé*, aussi bien qu'à un autre non moins estimé : les *Conférences sur la Pénitence*. L'abbé Augé coopéra à l'établissement du pensionnat d'Halswart, que dirigèrent M. Nafré et plusieurs autres prêtres émigrés du diocèse de Boulogne. On sait que le vénérable Asseline, leur évêque, s'était retiré à Hartwell, où il mourut. Quand les agitations et les troubles sanglants de la France eurent permis le retour dans la patrie, l'abbé Augé et ses compagnons revinrent à Boulogne. A l'époque du concordat, l'évêque d'Arras le nomma grand-vicaire résident à Boulogne, dont le diocèse rentrait dans la circonscription nouvelle. L'abbé Augé ne conserva pas longtemps ces fonctions. Ne trouvant pas suffisantes les rétractations peu sincères et restrictives des prêtres constitutionnels admis dans la composition du nouveau clergé, il donna sa démission et revint à Paris. L'abbé Augé s'unit alors avec l'abbé Froment à M. Liautard, pour fonder l'établissement qui porte aujourd'hui le nom de *Collège Stanislas*. D'abord il y remplit les fonctions d'économe, puis il alla diriger l'établissement de Gentilly, qui était un démembrement de la *Pension Liautard*. C'est là, et à Stanislas ensuite, où il succéda au premier fondateur, quand M. Liautard se retira et devint curé de Fontainebleau, que l'abbé Augé montra toutes les qualités rares et difficiles d'un directeur de la jeunesse, et qui supposent une égale portion de fermeté, de douceur, de tact, de finesse, de bonté et de manières à la fois engageantes et dignes. Plus tard, il donna sa démission en choisissant pour son successeur l'abbé Buquet, dont il restait l'ami, le conseil et le sage modèle. La retraite à laquelle il s'était voué ne put durer longtemps.

Frappé presque coup sur coup par les morts très-rapprochées de MM. Boudot et Salandre, ses grands-vicaires, Mgr de Quelen songea *aux cheveux blancs du vénérable abbé Augé* pour remplacer le premier, et à la *studieuse mansuétude* de M. Morel pour succéder au second. L'un et l'autre devinrent ensuite les collègues de Mgr Affre dans l'administration capitulaire. Lorsqu'il fut nommé, en 1840, au siège de Paris, Mgr. Affre s'empressa de rendre à l'abbé Augé le titre de *premier archidiacre*, et lui continua jusqu'à la fin les témoignages de vénération et de justes égards dus à ses vertus ecclésiastiques, à ses travaux dans l'éducation, et au zèle qu'il mit toujours à favoriser les vocations ecclésiastiques. Ses talents et ses succès lui valurent la décoration de la Légion-d'Honneur, et les titres honorifiques de *vicaire-général de Beauvais et de Saint-Flour*. Entouré de l'estime, de l'affection, de la reconnaissance de tous ceux qui le connaissaient, l'abbé Augé parvint à un âge avancé, sans en connaître les infirmités, et mourut à Paris, le 12 novembre 1844, dans sa 87° année.

AUGEARD (Mathieu) fut reçu avocat au parlement en 1703, et secrétaire du sceau sous Chauvelin, qui fut garde-des-sceaux depuis 1727 jusqu'en 1757. En 1753, il acheta une charge de secrétaire du roi du grand collège, et mourut le 27 décembre 1751. Il a donné au public un *Recueil d'arrêts* des différents tribunaux du royaume, en 3 vol. in-4, dont le premier parut en 1710, et le troisième en 1718. Ce recueil a été réimprimé en 1756, in-fol., 2 vol.

AUGER (Edmond), jésuite, né en 1515, à Allemans, village du diocèse de Troyes, prit l'habit de jésuite à Rome, sous saint Ignace. Il enseigna les humanités en Italie avec beaucoup de succès, et ne se distingua pas moins en France par son zèle pour la conversion des hérétiques. Le barbare des Adrets, l'ayant arrêté à Valence, le condamna à être pendu. Auger était déjà sur l'échelle, lorsqu'un ministre attendri par son éloquence, espérant de pouvoir le gagner à son parti, obtint sa grâce. Auger n'en fut que plus ardent à ramener les hérétiques dans le sein de l'Eglise. Son zèle le fit surtout admirer en Auvergne et dans Lyon, au milieu des ravages d'une cruelle peste. Il eut le bonheur de rétablir l'exercice de la religion catholique dans cette grande ville. Henri III le nomma son prédicateur et son confesseur; poste dangereux alors et désagréable, parce qu'on attribuait, quoique très-mal à propos, au confesseur toutes les momeries du pénitent, les processions auxquelles ce prince inconséquent assistait vêtu d'un sac, les confréries, etc. C'est le premier jésuite qui ait été confesseur des rois de France. Une de ses maximes était que, « dans les disputes de religion, le calme et la modération faisaient autant d'impression sur les adversaires que les meilleurs arguments. » Il mérita les éloges des écrivains les plus connus de son siècle, de Florimond de Rémond, de Chopin de Ronsard, d'Aurat, de Pasquier lui-même, qui, dans ses lettres, rend hommage à son éloquence. L'historien Matthieu, qui assurément n'était pas l'ami des jésuites, l'appelle « le Chrysostôme de la France, le plus « éloquent et le plus docte prédicateur de « son siècle, et tel que, si la religion donnait des statues aux orateurs, il faudrait que la sienne fût avec une langue « d'or comme celle de Bérose : prêchant « avec passion le service de Henri III, « supportant avec patience les mouvements de la ligue, il allait de maison en « maison à Lyon, après l'exécution de « Blois (le massacre des Guises), pour fortifier les cœurs dans l'obéissance du « prince, que ce coup commença à ébranler. » Henri IV l'honora de son amitié et de son estime. Il mourut à Côme en 1591, dans la 61ᵉ année de son âge. On a de lui plusieurs ouvrages de controverse, où il y a autant de zèle que de force de raisonnement ; un *catéchisme* très estimé, dont on a donné des éditions en latin et en grec ; *Métanéologie sur le sujet de la congrégation des pénitents et de toutes les autres dévotieuses assemblées en l'Eglise sainte*, Paris, 1584, in-4, devenu fort rare ; *Le pédagogue d'armes à un prince chrétien, pour entreprendre et achever heureusement une bonne guerre, victorieuse de tous les ennemis de son état et de l'Eglise*, 1568. On lui a reproché d'y avoir conseillé la proscription des hérétiques ; mais indépendamment de toute considération de zèle et d'orthodoxie, il voyait la nécessité absolue de réprimer leurs fureurs et leurs ravages : la suite l'a bien justifié. Le père Doriny a écrit sa *Vie*, in-12, 1751. Une lettre violente et calomnieuse de M. Mercier, abbé de Saint-Léger, contre le père Auger, insérée dans le *Journal général de France* (1788, n° 67), a été solidement réfutée dans le même Journal (n° 85).

AUGER (Athanase), né à Paris le 24 décembre 1734, professeur de rhétorique au collège royal de Rouen, grand-vicaire de Lescar, s'est distingué par des discours et des traductions qui d'abord ont été applaudis, puis jugés plus sévèrement. Deux de ces discours roulent sur l'éducation, et ont été imprimés à Rouen, 1775, in-8. Le premier traite de l'*Influence du corps sur l'esprit et sur le cœur*. C'est l'alliance de l'éducation physique avec l'éducation morale, conformément à ces paroles de l'Ecriture : *Corpus enim quod corrumpitur, aggravat animam*. Les notes qui servent de commentaire à ce discours sont d'une prolixité extrême et comprennent 17 pages ; une seule, qui est toute transcrite de la *Nouvelle Héloïse*, en remplit 18. Le second discours est consacré à l'éducation du cœur. L'auteur s'annonce dans l'un et dans l'autre avec un peu trop d'emphase, et malgré une espèce de prétention qu'il n'est pas difficile d'apercevoir, les mots prennent souvent la place des choses. Il s'y déclare l'ennemi de la langue latine pour des raisons très-peu satisfaisantes, peut-être ne les a-t-il pas toutes publiées. Mais s'il n'aimait pas le latin, il était grand et zélé helléniste. Ce qui lui a fait le plus de réputation, c'est sa *Traduction* des *Œuvres de Démosthènes*, 6 vol. in-8, qui a reçu autant d'éloges des uns, qu'elle a essuyé de critiques de la part des autres. Elle est exacte, soignée ; mais elle manque de vie, de chaleur et de noblesse. On n'y trouve pas ce feu dans les idées, cette véhémence d'expression, cette éloquence entraînante, qui échauffaient le cœur des Athéniens, et les faisaient courir aux armes. On vient d'en publier une nouvelle édition en 10 vol. in-8, revue par M. Plaucher, avec le texte en regard. Il a traduit aussi les *Œuvres d'Isocrate et d'Eschyne*, les *Discours de Lycurgue, d'Andocides, d'Isée*, etc., des *Harangues tirées d'Hérodote, de Thucydide*, etc. Quelques savants ont prétendu que ces diverses *Traductions* n'avaient pas été faites sur le grec, mais sur d'anciennes versions latines ou françaises. Le reproche est trop grave pour être jugé légèrement, puisqu'il prouverait que le traducteur ne devait pas avoir plus d'affection pour le grec que pour le latin. La révolution de France a ouvert un nouveau champ au génie de l'abbé Auger : il s'est signalé dans la défense de la nouvelle église constitutionnelle, et il est douteux qu'un autre ecclésiastique ait mis dans cette tâche autant de chaleur et de persévérance. Il a combattu dans cette arène jusqu'à sa mort, arrivée à Paris en 1792. Quelques symptômes avaient paru annoncer qu'un jour il s'y distinguerait, s'il avait occasion d'y descendre. Un ecclésiastique qui n'aime pas le latin ; un professeur qui viole la loi de l'Université, ordonnant pour les discours publics la langue romaine, loi saintement observée jusque-là; un grand-vicaire dans un diocèse, dont l'évêque, tantôt richériste, tantôt millénaire, prophétise des choses étranges et contraires à la nature de l'Eglise, substitue dans ses sermons et discours publics d'autres versions latines à la Vulgate, etc., promettait bien de ne pas se perdre dans la foule des prêtres du Seigneur, quand l'orage, grondant sur le sanctuaire, en disperserait les ministres.

AUGER (Louis-Simon), membre de l'Académie française, naquit à Paris le 29 décembre 1772. Après avoir occupé une place dans l'administration des vivres à Mézières, il entra dans les bureaux du ministère de l'intérieur, il consacra à la littérature les loisirs que lui laissait cet emploi. Il composa d'abord quelques pièces de théâtre qui eurent du succès, et devint ensuite le collaborateur de plusieurs journaux, particulièrement de la *Décade Philosophique*, du *Mercure*, du *Spectateur*, et du *Journal de l'Empire*. Il concourut aussi pour les prix de l'Académie française, fut couronné en 1805 pour son *Eloge de Boileau*, et obtint un accessit en 1808 pour celui de Corneille. Lorsque les éditeurs de la *Biographie universelle* firent paraître le premier volume de cet important ouvrage, Auger fut chargé d'en écrire le *Discours préliminaire*. Cette introduction devint le sujet d'une polémique entre notre auteur et Mad. de Genlis, et plusieurs brochures assez piquantes furent publiées de part et d'autre à cette occasion. En 1812, Auger quitta les bureaux du ministère de l'intérieur, et fut adjoint à la commission de l'Université, chargée de l'examen et de la composition des livres classiques. En 1814, il reprit son emploi au ministère de l'intérieur, l'abandonna de nouveau en 1815, et fut nommé censeur royal. Vers la même époque, il renonça à la collaboration du *Journal des Débats* pour prendre la rédaction du *Journal général de France*, dans lequel il publia des articles politiques qui furent remarqués, et assurèrent le succès de cette feuille. La hardiesse avec laquelle il osa, pendant les Cent-Jours, exprimer ses opinions, le compromirent auprès de la police impériale; il fut arrêté et détenu pendant trois jours à la préfecture. Le courage qu'il avait déployé reçut sa récompense au second retour des Bourbons : Auger obtint une pension, et lors de la réorganisation de l'Institut, en 1816, il fut compris dans la liste des membres de l'Académie française. En 1820, il fut encore nommé censeur royal; mais il conserva peu de temps cette place qui lui parut peu compatible avec la dignité et l'indépendance de l'écrivain. Vers les dernières années de sa vie, Auger était affecté d'une maladie nerveuse qui le faisait cruellement souffrir. Le 2 janvier 1829, il demanda un congé à l'Académie, et fit ses adieux à ses amis, en leur annonçant son départ pour l'Italie. Le soir il avait disparu, et son corps ne fut retrouvé qu'un mois après dans les filets de Saint-Cloud. On ignore la cause véritable de cette mort tragique. Fut-elle le résultat d'un suicide? On le crut généralement. Cependant, pour l'honneur de sa mémoire, il est permis de penser que la maladie dont il était atteint a déterminé un accès subit d'aliénation mentale. On a de lui quelques comédies, et des *Mélanges philosophiques et littéraires*. Il a, en outre, publié des éditions d'un grand nombre d'auteurs, qu'il a fait précéder de *Notices* sur leur vie, et suivre de *Notes* sur leurs écrits, qui sont d'excellents morceaux de critique.

AUGEREAU (Pierre-François-Charles), duc de Castiglione, maréchal de France, né à Paris le 11 novembre 1757, d'une famille d'artisans, s'engagea dans les troupes de Naples, et se fixa dans cette ville en qualité de maître en fait d'armes, jusqu'en 1792 qu'il fut forcé d'en sortir par une mesure générale qui en chassait tous les Français suspects. De retour en France, il s'enrôla comme simple volontaire, et s'avança promptement, quoique sans instruction; mais il avait du courage et de l'audace, et cela suffisait à cette époque. Il était déjà général de division, lorsqu'en 1796 il emporta les gorges de Millesimo, chassa les ennemis des positions environnantes, et enveloppa une division autrichienne commandée par le général Provéra. Dans tout le cours des guerres d'Italie, il se signala par son intrépidité et son intelligence, et, songeant à sa fortune comme à sa gloire, il en remporta d'immenses richesses. Après la prise de Mantoue, il fut choisi par Bonaparte pour porter au directoire les drapeaux enlevés à l'ennemi. Il obtint ensuite le commandement de la dix-septième division (Paris). Comme il était entièrement dévoué à la cause de la révolution, le directoire crut pouvoir l'opposer à Pichegru, dont la conspiration venait d'être découverte. Dans cette occasion, il servit parfaitement les intentions des triumvirs, qui le comblèrent d'éloges, mais ne remplirent pas l'espérance qu'ils lui avaient donnée de remplacer un directeur déporté. Augereau laissa échapper son mécontentement; mais on se hâta de l'éloigner en le nommant général en chef des armées de Rhin-et-Moselle et de Sambre-et-Meuse. Ayant été accusé de vouloir, malgré la paix, révolutionner la Souabe, il fut rappelé de l'armée d'Allemagne. En 1799 il devint membre du conseil des Cinq-Cents, et seconda encore, à cette époque, de tout son pouvoir le parti directorial. Lorsque Bonaparte revint d'Egypte, il parut d'abord peu disposé à favoriser ses vues; mais lorsqu'il le vit à la tête de la force armée, il crut devoir encore céder aux circonstances et s'attacher à son char qu'il n'abandonna plus jusqu'au moment de sa chute. Dans les différentes guerres d'Allemagne, de Prusse et de Russie, il eut plusieurs commandements, et se distingua particulièrement aux batailles d'Iéna, d'Eylau et de Leipsick. Avec des talents militaires, il passait pour n'être pas propre à commander en chef; aussi ne brilla-t-il qu'au second rang, et lorsqu'il s'agissait de faire une action d'éclat. En 1814, il commandait à Lyon et fut obligé de capituler, ne pouvant résister aux Autrichiens qui s'étaient portés en force sur cette ville. En se retirant sur Valence, il adressa un ordre du jour aux soldats pour les engager à reconnaître Louis XVIII, et parut dévoué à la cause royale. Il obtint la croix de Saint-Louis, et fut nommé pair de France le 4 avril. Au retour de Bonaparte, Augereau, toujours prêt à embrasser tous les partis, et voulant conserver ses titres, n'importe à quel prix, essaya de se rattacher à son premier maître par des proclamations pleines de zèle. Il n'y put réussir et n'obtint que des marques de mépris; il fut même exclu de la chambre des pairs. Au retour du roi, il se retira dans sa terre de la Houssaye, en vertu d'ordres supérieurs, et y mourut le 12 juin 1816, d'une hydropisie de poitrine.

AUGURELLO (Jean-Aurèle), né à Rimini, en 1441, professa avec succès les belles-lettres à Venise et à Trévise. Il se fit une réputation distinguée comme poëte, quoiqu'il manquât d'enthousiasme et de chaleur. Il se mêlait aussi d'alchimie, et a célébré la pierre philosophale par un poëme intitulé *Chrysopéia*. Léon X, à qui il le présenta, lui donna, dit-on, une grande et belle bourse vide, en lui disant : « Celui qui « sait faire l'or n'a besoin que d'un en-« droit pour le mettre. » Il mourut à Trévise, vers 1524, âgé de 83 ans. Ses *Poésies* parurent à Vérone en 1491, in-4, et à Venise, 1505, in-8. Ce sont des *élégies*, des *vers ïambes* et des *odes*. Sa *Chrysopée* est la meilleure de ses pièces. On a aussi de lui des *Harangues* éloquentes et d'une bonne latinité, mais verbeuses et trop dénuées de choses. Jules Scaliger les a jugées trop sévèrement. Paul Jove disait d'Augurello, qu'il avait un grand génie dans un petit corps.

AUGUSTE (Caïus Julius César Octavianus, originairement appelé CAIUS OCTAVIUS), fils d'Octavius édile du peuple, et d'Attia, fille de Julie, sœur de Jules-César, naquit à Rome, pendant le consulat de Cicéron, le 23 septembre, l'an 62 avant J.-C. Sa famille était originaire de Velletri, dans le pays des Volsques, et sa branche tenait à l'ordre équestre. Il n'avait que 4 ans, lorsqu'il perdit son père, et 18 seulement, lorsque César fut assassiné au milieu du sénat. Il était alors à Apollonie en Grèce : il partit sur-le-champ pour aller recueillir la succession de son grand oncle, qui l'avait fait son héritier, et l'avait adopté pour son fils. Il s'attacha les sénateurs par ses souplesses, et la multitude par des libéralités, des jeux et des fêtes. Le sénat, qui voulait l'opposer à Antoine déclaré ennemi de la république, lui fit élever une statue, et lui donna la même autorité qu'aux consuls. Octave s'en servit heureusement. Antoine fut défait à la bataille de Modène, et les deux consuls Hirtius et Pansa, qui commandaient l'armée, ayant péri dans cette journée, Octave resta seul à la tête des troupes. Pansa, mourant, déclara au jeune général le dessein du sénat, qui était d'affaiblir Octave et Antoine l'un par l'autre, et de confier ensuite l'autorité aux partisans de Pompée. Il commença dès lors à négocier avec son rival, devenu plus fort, depuis que Lépidus s'était joint à lui. Ces trois généraux eurent une entrevue, dans laquelle ils firent cette ligue connue sous le nom de *triumvirat*, et convinrent de partager entre eux toutes les provinces de l'empire, et le pouvoir suprême pendant 5 ans, sous le titre de *triumvirs réformateurs de la république, avec la puissance consulaire*. Ces réformateurs jurèrent en même temps la perte de tous ceux qui pouvaient s'opposer à leurs projets ambitieux. (Voyez MARC-ANTOINE.) On disputa longtemps sur ceux qui devaient être proscrits. Ils s'abandonnèrent enfin l'un à l'autre leurs amis et leurs parents. La tête de Cicéron, à qui Octave était redevable de tant de services, et qu'il avait accablé de caresses, fut donnée en échange de celle de l'oncle d'Antoine et du frère de Lépidus. Ce traité de sang fut cimenté par une promesse de mariage entre Octave et

Claudia, belle-fille d'Antoine. Les tyrans conjurés arrivent à Rome, affichent leur liste de proscription, et la font exécuter. Il y eut plus de 300 sénateurs et plus de 2,000 chevaliers massacrés. Des fils livrèrent leurs pères aux bourreaux, pour profiter de leurs dépouilles. Octave ne fut pas le moins barbare des trois. Un citoyen qu'on menait au supplice par son ordre lui demanda de faire, au moins, accorder à son cadavre les honneurs de la sépulture : *Ne t'en inquiète pas*, lui répondit-il, *les corbeaux en auront soin*... Antoine et Octave, ayant assouvi leur rage à Rome, marchèrent contre Brutus et Cassius, meurtriers de César, qui s'étaient retirés en Macédoine. Ils leur livrèrent bataille dans la plaine de Philippes. Brutus remporta un avantage considérable sur les troupes d'Octave, qui, ce jour-là, était au lit, pour une maladie vraie ou feinte. Antoine répara le désordre, et s'étant joint à Octave, ils battirent Brutus, qui se tua la nuit après ce second combat. Octave s'étant fait apporter la tête de ce dernier soutien de la république, l'accabla d'outrages, et la fit embarquer pour Rome, avec ordre de la jeter au pied de la statue de César. Il ajouta à cette basse vengeance celle de faire mourir les prisonniers les plus distingués, après les avoir insultés. Il revint en Italie pour distribuer aux soldats vétérans les terres qu'on leur avait promises en récompense de leurs services. A cet effet, il fit dépouiller les habitants des plus beaux pays de l'Italie. Cette tyrannie souleva tout le monde. Octave emprunta pour faire cesser le cri universel ; mais ces emprunts ne suffisant point, il ferma les oreilles à l'indignation publique, et ne les ouvrit plus qu'aux louanges de Virgile, qui, pour quelques arpents de terre qui ne lui furent point ravis, mit Octave au-dessus de tous les héros. Fulvie, femme d'Antoine, voulant faire revenir à Rome son mari, retenu en Egypte, dans les liens de Cléopâtre, conspira sourdement contre Octave, qui, pour s'en venger, répudia Claudia sa fille, et la força elle-même de sortir d'Italie. Lucius, son beau-frère, qui avait pris les armes à la sollicitation de cette femme audacieuse, fut vaincu et fait prisonnier par Octave. Antoine quitta alors sa maîtresse pour mettre une digue aux progrès de son compétiteur. La mort de Fulvie renoua leurs liens, et l'amant de Cléopâtre se détermina à épouser Octavie, sœur d'Octave. Ils se partagèrent ensuite l'empire du monde : l'un eut l'Orient, et l'autre l'Occident. Octave, après avoir chassé de Sicile le jeune Pompée, voulut réunir l'Afrique à ses possessions ; il en dépouilla Lépidus, qu'il exila, et à qui il ne laissa que le titre de grand-pontife. Son pouvoir fut sans bornes à Rome, depuis ses victoires sur ces deux Romains. On lui décerna les plus grands honneurs, qu'il n'accepta qu'en partie. Il abolit les taxes imposées pendant les guerres civiles. Il établit un corps de troupes chargées d'exterminer les brigands qui infestaient l'Italie. Il décora Rome d'un grand nombre d'édifices pour l'utilité et pour l'agrément. Il distribua aux vétérans les terres qu'on leur avait promises, n'employant cette fois-ci que des fonds appartenant à la république. Il fit brûler, dans la place publique, des lettres et d'autres écrits de plusieurs sénateurs, trouvés dans les papiers du dernier Pompée, et dont il aurait pu se servir contre eux. Le peuple romain conçut l'espoir d'être heureux, il créa Octave tribun perpétuel. Le refus que fit Antoine de recevoir sa femme Octavie, joint à d'autres motifs, ralluma la guerre. Elle fut terminée, après quelques petits combats, par la fameuse bataille navale d'Actium, l'an 31 avant J.-C. Cette journée donna à Octave l'empire du monde. Sa clémence envers les officiers et les soldats vaincus, à qui il fit grâce, aurait fait beaucoup d'honneur à son caractère, si les cruautés de sa vie passée ne l'avaient fait attribuer à sa politique. Octave fut cruel lors de la proscription, et après la bataille de Philippes, parce qu'il n'était pas encore le maître et qu'il voulait l'être ; il fut clément après celle d'Actium, parce qu'étant parvenu, par cette journée, au plus haut degré de puissance, il fallait le conserver par la douceur. Octave s'avança ensuite vers Alexandrie, la prit, fit grâce aux habitants, et permit à Cléopâtre de faire de magnifiques funérailles à Antoine dont il pleura la mort, quoiqu'il dût voir avec plaisir la chute d'un si puissant ennemi. Le vainqueur, de retour à Rome, l'an 29 avant J.-C., reçut trois triomphes différents : l'un pour une victoire sur les Dalmates, dans laquelle il avait été blessé ; l'autre pour la bataille d'Actium, et le troisième pour celle d'Alexandrie. On vit dans ce triomphe le portrait de Cléopâtre mourante, qu'Octave destinait à être attachée derrière son char, si elle ne s'était fait mordre par un aspic. On ferma le temple de Janus, qui depuis 205 ans avait toujours été ouvert. On conféra le titre *d'empereur* à perpétuité à celui qui avait fait couler des flots de sang pour en obtenir le pouvoir. On multiplia les jeux et les fêtes en son honneur. On lui éleva des temples et des autels. Le sénat lui donna le nom d'*Auguste*. On dit que cet empereur voulait renoncer à l'empire, et qu'ayant consulté Agrippa et Mécène, le premier le lui conseilla, et le second l'en détourna. Ce qu'il y a de certain, c'est qu'Auguste annonça au sénat qu'il voulait se démettre de la souveraine puissance, qu'on le pria de garder; mais ce n'était qu'un jeu de sa politique. Il devint tout-puissant, et réunit en lui à la fois le pouvoir d'*Imperator*, de proconsul, de tribun perpétuel, de censeur et de souverain pontife; exerçant ainsi son autorité sur l'armée, les provinces, le peuple, les mœurs et la religion. « Sylla, homme emporté, mena violemment les Romains à la liberté (dit un auteur moderne); Auguste, tyran rusé, les conduisit doucement à la servitude. Pendant que la république, sous Sylla, reprenait des forces, tout le monde criait à la tyrannie; et pendant que, sous Auguste, la tyrannie se fortifiait, on ne parlait que de liberté. » Il fut surnommé le *Père de la patrie*. On remarque que presque tous les surnoms donnés aux princes par la flatterie sont des antiphrases ou des contre-vérités. « Au sein de la corruption, dit un philosophe, où les Romains étaient parvenus, le sentiment de la liberté et celui de l'esclavage n'existaient plus. L'essor des âmes se bornait à demander *panem et circenses*. Le spectacle d'une danseuse ou de quelque farceur remplissait mieux les vœux du public que la prospérité de l'Etat et le salut des citoyens. » Revêtu de la dignité de grand pontife, huit ans avant J.-C., il fit brûler les livres des Sibylles, peut-être parce qu'ils contenaient des choses qu'il interprétait à son désavantage, et corrigea dans le Calendrier quelques erreurs que Jules-César avait laissé subsister. (Voyez *Macrobe*, liv. 1. ch. 14.) C'est alors qu'il donna son nom au mois appelé auparavant *Sextilis*, nommé depuis *Augustus* (août). Enfin, après avoir fait des lois, bonnes ou mauvaises, et supprimé des abus fictifs ou réels, il associa Tibère à l'empire (choix qui suffirait seul pour rendre sa mémoire odieuse), et mourut à Nole, âgé de 76 ans, l'an 14 de J.-C. Sur le point d'expirer, il dit à ses amis qu'il « avait trouvé Rome bâtie de briques, et qu'il la laissait bâtie de marbre. » S'il avait été bon politique et vrai philosophe, il eût senti que c'était là même un symptôme de sa décadence. Se sentant défaillir de plus en plus, il demanda un miroir, et se fit peigner, trouvant ses cheveux trop négligés. Après quoi il dit à ceux qui étaient autour de son lit : *N'ai-je pas bien joué mon rôle ?* On lui répondit que oui. — *Battez donc des mains*, répliqua-t-il, *la pièce est finie*. Tant il est vrai que les sages et les héros du monde regardent eux-mêmes le tableau de leurs actions comme une farce qui finit avec eux ! Outre les vices que nous venons de relever dans cet heureux tyran, et que ses dernières années ont en partie fait oublier, on lui reproche de s'être livré à la volupté et aux caprices de Livie son épouse, qui le tournait à son gré. Le siècle d'Auguste est compté parmi ceux qui ont fait le plus d'honneur à l'esprit humain : ce qui prouve jusqu'à un certain point la vérité de l'observation de J.-J. Rousseau, que les lettres n'adoucissent pas les mœurs, et ne les rendent pas plus honnêtes. Virgile, Horace, Ovide, Properce, Tite-Live, etc., fleurirent dans cet âge célèbre. Les deux premiers reçurent de ce prince des récompenses, et le payèrent par les flatteries les plus outrées et les plus basses.

AUGUSTE, duc de Brunswick et de Lunebourg, cultiva et protégea les lettres, et mourut en 1666, à 87 ans. Il est auteur de plusieurs ouvrages, et entre autres d'une *Harmonie évangélique*, en allemand, estimée par les protestants. La *Stéganographie*, qui parut sous le nom de *Gustave Sélénus*, Lunebourg, 1624, in-fol., est aussi de lui.

AUGUSTI (Frédéric-Albert) naquit en 1696, à Francfort-sur-l'Oder, de parents juifs; fut, en 1722, converti au christianisme par le luthérien Reinhard; devint, en 1734, pasteur à Eschenberg, dans le duché de Gotha, et y mourut, en 1782, laissant de bonnes apologies de la religion chrétienne, contre les Juifs, et des ouvrages utiles : *Dissertatio de adventûs Christi necessitate, tempore templi secundi*, 1794, in-4; *Aphorismi de studiis Judæorum hodiernis*, Gotha, 1734, in-4; *Mystères des Juifs, concernant le fleuve miraculeux Sambathion, et les Juifs rouges pour l'explication du verset 12 du chapitre XVII du second livre des Rois*, à Erfurt, en 1748, in-8, en allemand; *Notice sur les Karaïtes*, ibid., 1752, in-8, en allemand; *Dissertationes historico-phil., in quibus Judæorum hodiernorum consuetudines, mores et ritus, tam in rebus sacris, quàm civilibus exponuntur*, ibid., 1753, in-8. Ses écrits sont tous indiqués dans le 1er vol., pag.

118 du *Répertoire des auteurs allemands morts*, de 1750 à 1800, par J.-G. Meusel.

AUGUSTIN, *Aurelius Augustinus* (saint), né à Tagaste en 354, de Patrice et de sainte Monique, étudia d'abord dans sa patrie, ensuite à Madaure et à Carthage. Ses mœurs se corrompirent dans cette dernière ville, autant que son esprit s'y perfectionna. Il eut un fils nommé Adéodat, fruit d'un amour criminel, mais né avec le génie de son père. La secte des manichéens fit d'Augustin un prosélyte qui en devint bientôt un apôtre. Il professa ensuite la rhétorique à Tagaste, à Carthage, à Rome, à Milan, où le préfet Symmaque l'envoya. Ambroise était alors évêque de cette ville. Augustin, touché de ses discours et des larmes de Monique sa mère, pensa sérieusement à quitter le déréglement et le manichéisme. Il fut baptisé à Milan, à la Pâque de 387, dans la 32ᵉ année de son âge. Il renonça dès lors à la profession de rhéteur, et se borna à celle d'observateur exact de l'Évangile. De retour à Tagaste, il se consacra au jeûne, à la prière, donna ses biens aux pauvres, forma une communauté avec quelques-uns de ses amis. Quelque temps après, s'étant rendu à Hippone, Valère, qui en était évêque, le fit prêtre malgré lui, au commencement de l'an 391. Il lui permit, par un privilége singulier et inouï jusqu'alors en Afrique, d'annoncer la parole de Dieu. L'année suivante, Augustin confondit Fortunat, prêtre manichéen, dans une conférence publique, et avec d'autant plus de succès, qu'il avait connu le fort et le faible de cette secte. Un an après, en 393, il donna une explication si savante du *Symbole de la foi*, dans un concile d'Hippone, que les évêques pensèrent unanimement qu'il méritait d'être leur confrère. Un autre concile, convoqué en 395, le donna pour coadjuteur à Valère dans le siége d'Hippone. Ce fut alors qu'on vit éclater toutes les vertus et tout le génie d'Augustin. Il établit dans sa maison épiscopale une société de clercs, avec lesquels il vivait. Il s'appliqua de plus en plus à confondre l'erreur. Félix, manichéen célèbre, du nombre de leurs élus (c'est-à-dire de ceux qui se souillaient de toutes les abominations de la secte), vaincu dans une conférence publique, abjura bientôt sa doctrine entre les mains de son vainqueur. Augustin ne fit pas moins admirer sa pénétration et son éloquence dans une conférence des évêques catholiques et donatistes à Carthage, en 411. Il y déploya son zèle pour l'unité de l'Église, et le communiqua à tous ses collègues. Les livres *de Civitate Dei* ne tardèrent pas à paraître. La philosophie, l'érudition, une logique exacte, la religion, la piété, tout se trouve réuni dans ce grand ouvrage. Il l'entreprit pour répondre aux plaintes des païens, qui attribuaient les irruptions des Barbares et les malheurs de l'empire à l'établissement de la religion chrétienne et à la destruction des temples. On a vu un empirique prétendre que cet ouvrage admirable avait été tiré des livres de Varron, et que ces livres avaient été brûlés par ordre d'un Pape, pour cacher le plagiat d'Augustin; mais ce conte absurde, démenti par la nature de l'ouvrage, ne peut nuire qu'à son auteur. L'an 418, il y eut un concile général d'Afrique à Carthage contre les pélagiens; Augustin, qui avait déjà réfuté leurs erreurs, dressa neuf articles d'anathèmes, et montra un zèle si ardent contre cette hérésie pernicieuse, que la postérité lui a donné le titre de *Docteur de la grâce*. Consumé de travaux et d'austérités, il mourut en 430 à l'âge de 66 ans, dans la ville d'Hippone, assiégée depuis plusieurs mois par les Vandales. Ce grand homme vivait, pour ainsi dire, des succès de la religion et de la gloire de l'Église; c'était là la seule mesure de sa joie, comme les malheurs de l'Église étaient pour lui la seule source de chagrin et d'une tristesse profonde : *Dominicis lucris gaudens et damnis mœrens*. Possidonius, évêque de Calame, son ami intime, écrivit sa *Vie*. Dans la pépinière des grands hommes que nourrissait alors l'Église d'Afrique, il n'en est point qui ait un nom aussi célèbre qu'Augustin. Son historien compte 1030 de ses ouvrages, en y comprenant ses *Sermons* et ses *Lettres*. On remarque dans tous un génie vaste, un esprit pénétrant, une mémoire heureuse, une force de raisonnement admirable, un style énergique, malgré les mots impropres et barbares dont il se sert quelquefois. Les pointes et les jeux de mots dont il est semé, surtout dans ses *Homélies*, ont fait sentir combien il était au-dessous de la plupart des Pères pour l'éloquence. Il s'arrête sur des détails de peu de conséquence, commente des nombres et des mesures, dont le résultat ne peut présenter rien de solidement instructif; ce qui a fait dire à Calvin, qui respectait d'ailleurs ce Père plus que tous les autres (parce qu'il le croyait, très-mal à propos, favorable à son système de prédestination) : *In scrutandis numeris curiosior est Augustinus*. Il est admirable dans quelques morceaux particuliers; mais il fatigue par ses antithèses, quand on le lit de suite. On a donné plusieurs éditions particulières et générales de ses ouvrages, parmi lesquelles on distingue celle d'Anvers, 1574, et celle des bénédictins de la congrégation de St-Maur, en 11 vol. in-fol., qui se relient en 8, et qui parurent successivement depuis 1679 jusqu'en 1700. Celle-ci est aujourd'hui la plus estimée : on lui reproche néanmoins des fautes, dont quelques-unes sont importantes. Elle fut entreprise par le conseil du docteur Antoine Arnault, et fut confiée à dom Blampin. Dom Mabillon, son confrère, fit l'*Épître dédicatoire* en l'état où nous l'avons ; ce n'est pas un des moindres morceaux de cette édition, qui a été réimprimée à Amsterdam, en 1703, avec des notes de J. Le Clerc, très-injurieuses au saint docteur. Le 1ᵉʳ volume renferme les ouvrages qu'Augustin composa avant que d'être prêtre, avec ses *Rétractations* et ses *Confessions*, qui sont comme la préface de cet immense recueil. Les *Confessions* ont été traduites par Arnauld d'Andilly et Dubois, in-8, et in-12. L'abbé Grou, dans la *Morale tirée des Confessions de saint Augustin*, à Paris, 1786, 2 vol. in-12, a bien fait sentir la profonde sagesse de ce livre. C'est celui de tous ses ouvrages, si on en excepte ses *Soliloques*, qui est le plus empreint de cette piété vive et sincère, pleine d'onction et de feu, qui fait le caractère de la sainteté d'Augustin. Le 2ᵐᵉ est occupé par ses *Lettres*, disposées selon l'ordre chronologique, depuis l'an 586, jusqu'à sa mort, en 430. Il y en a en tout 230, qui forment une collection précieuse pour ceux qui s'appliquent à l'histoire, au dogme, à la morale, à la discipline de l'Eglise. Dubois les a traduites en français, en 6 vol. in-8, et in-12, avec beaucoup d'élégance. Ces deux premiers volumes ayant été réimprimés avec quelques changements, les curieux en recherchent la première édition. Le 3ᵉ est consacré à ses *Traités sur l'Ecriture*. Le 4ᵉ, à son *Commentaire sur les Psaumes*, plus allégorique que littéral. Le 5ᵉ, à ses *Sermons*. Le 6ᵉ, à ses *ouvrages dogmatiques*, sur divers points de morale et de discipline. Le 7ᵉ, à l'ouvrage de la *Cité de Dieu*, son chef-d'œuvre, traduit en français par Lombert, en 2 vol. in-8, ou 4 vol. in-12. Le 8ᵉ, à ses *Traités* contre différents hérétiques. Le 9ᵉ, à ceux contre les donatistes. Le 10ᵉ, à ses *Traités* contre les pélagiens. Le dernier, à sa *Vie*, traduite en latin sur le français de M. de Tillemont. On a imprimé un *Appendix* à Anvers, 1703, in-fol. Eugippius a donné *Thesaurus ex sancti Augustini operibus*, Bâle, 1542, 2 tom. en 1 vol. in-fol., qui n'est pas commun. St Augustin fait éclater beaucoup de modération à l'égard des auteurs qu'il combat ; mais la manière pleine de force dont il attaque les erreurs a donné quelquefois à son triomphe une étendue où les droits de la vérité ont paru compromis. Plusieurs théologiens ont cru que son zèle pour la saine doctrine lui avait quelquefois fait perdre de vue ce milieu si difficile à déterminer avec précision, qui se tient à une distance égale des extrêmes. Cependant les principes qu'il a établis contre les erreurs des pélagiens, savoir : l'existence et les effets du péché originel, et la nécessité de la grâce, même pour le commencement des bonnes œuvres, sont regardés par l'Eglise comme des dogmes incontestables ; et c'est à cet égard que ses écrits passent pour être dépositaires de la doctrine catholique. Ceux qui ont osé attribuer à ce Père une espèce d'infaillibilité sont réfutés par lui-même ; car, dans plus d'un endroit, il approuve qu'on doute de la vérité de ses assertions ; et ceux qui ont avancé que tous ses écrits avaient la sanction de l'Eglise, sont en opposition avec la déclaration formelle de Célestin I et d'Innocent XII. (Voyez SACOLET, CÉLESTIN I.) C'est aussi une exagération blâmable de dire que saint Augustin a été le plus illustre et le plus savant des Pères de l'Eglise. Il est sûr qu'il n'était pas fort habile dans les langues, et qu'il avait moins lu les anciens que saint Jérôme, saint Basile, et d'autres Pères. Il n'avait ni la pureté de langage, ni l'élégance, ni l'énergie de Tertullien, de saint Cyprien, de saint Jérôme, etc. Il a certainement illustré l'Eglise ; mais Athanase, martyr de la divinité de Jésus-Christ ; Chrysostôme, le plus éloquent des Pères grecs ; Léon, aussi grand pontife que grand homme, écrivain solide, judicieux, plein de dignité et de grâces, etc., lui ont fait autant d'honneur qu'Augustin. Berti, dans la *Vie* de ce Père, lui attribue la composition du *Te Deum*, conjointement avec saint Ambroise, cantique admirable, dont le célèbre Atterbury mettait l'énergique simplicité au-dessus de toutes les fleurs de la poésie et de la rhétorique. (Voyez AMBROISE.)

AUGUSTIN (saint), premier archevêque de Cantorbéry, fut envoyé par saint Grégoire-le-Grand, en 596, prêcher le christianisme en Angleterre, qui le regarde comme son apôtre. Ce pontife lui associa, pour cette mission, quelques bénédictins du monastère de Saint-André de Rome, dont il était prieur. Augustin convertit, l'année d'après, Ethelbert, roi de Kent, qui lui donna un établissement à Cantorbéry. Il passa ensuite en France pour y être consacré évêque, et conférer sur divers articles avec les prélats de ce royaume. A son retour, il baptisa plus de dix mille personnes, le jour de Noël. Le christianisme se répandant de plus en plus, le Pape établit plusieurs nouveaux évêchés, dont il le fit métropolitain, avec l'usage du *pallium*. La rapidité de ses conversions était non-seulement l'effet du zèle du saint missionnaire et du spectacle de ses vertus, mais encore celui de merveilles que Dieu opérait par son ministère. Le bruit s'en répandait dans toute l'Europe : et saint Grégoire lui donna, à cette occasion, des avis d'autant plus remarquables, qu'ils servent à constater la notoriété et la certitude de ces merveilles. « Prenez garde, lui disait-il, « de tomber dans l'orgueil et la vaine « gloire, à l'occasion des miracles et des « dons célestes que Dieu fait éclater au « milieu de la nation qu'il a choisie. « Parmi les choses que vous faites à l'ex-« térieur, ayez soin de vous juger vous-« même intérieurement. Tâchez de bien « comprendre ce que vous êtes person-« nellement, et quelle est l'excellence de « la grâce accordée à un peuple, pour la « conversion duquel vous avez reçu le « pouvoir de faire des miracles. Ayez « toujours devant les yeux les fautes que « vous pouvez avoir commises par pa-« roles ou par actions, afin que le sou-« venir de vos infidélités étouffe les mou-« vements d'orgueil qui voudraient s'éle-« ver dans votre cœur. Au reste, vous de-« vez vous persuader que le don des mi-« racles que vous recevez ou que vous avez « déjà reçu, est une faveur accordée non « à vous, mais à ceux dont Dieu veut le « salut. » Quelques écrivains protestants, tel que Rapin de Thoiras, ont cru que leur haine contre la religion catholique les dispensait d'être justes envers celui qui l'avait établie en Angleterre. Ils ont parlé d'Augustin d'une manière injurieuse ; ils ont calomnié son caractère, ses actions et ses vues. Mais laissant à part ses lumières et ses vertus, il a pour lui les faits qui feront son éloge au jugement même de la philosophie. « On ne « peut qu'avoir la plus haute idée de « saint Augustin et de ses coopérateurs, « dit un historien moderne, lorsqu'on « examine le merveilleux changement « qu'ils opérèrent en Angleterre. Avant « l'arrivée des saints missionnaires, les « Anglais étaient livrés à toutes sortes « de vices, et plongés dans la plus gros-« sière ignorance. Ce qui surtout « cette ignorance, c'est quand ils débar-« quèrent dans la Bretagne, ils ne con-« naissaient point l'usage des lettres, et « tout le progrès qu'ils firent dans les « sciences jusqu'au temps de saint Au-« gustin, se borna à emprunter l'alphabet « des Irlandais. Les Northumbres, selon « Guillaume de Malmesbury, vendaient « leurs enfants comme esclaves, inhuma-« nité qu'on ne trouve point dans les nè-« gres d'aujourd'hui. Mais la lumière de « l'Evangile n'eut pas plus tôt brillé aux « yeux de ces peuples, qu'ils devinrent « des hommes nouveaux et de vrais dis-« ciples du Sauveur. Frappés de la vie « évangélique de leurs apôtres, ils se « portèrent avec ardeur à l'imitation de « leur détachement du monde, et de leur « zèle pour la pratique des conseils. Les « nobles et les princes bâtirent des égli-« ses et des monastères qu'ils dotèrent « richement. » On ignore l'année précise de la mort de saint Augustin. Il mourut le 26 mai, selon les uns, en 607 ; selon d'autres, en 604. Warthon, dans son *Anglia sacra*, prouve cette dernière date par plusieurs autorités.

AUGUSTIN (Antoine), un des plus savants jurisconsultes et des plus illustres prélats de l'Espagne, fut successivement auditeur de rote, évêque d'Alise, puis de Lérida, et enfin archevêque de Tarragone. Il naquit à Saragosse, de parents illustres, l'an 1516, et mourut dans son siége archiépiscopal l'an 1586, à l'âge de 70 ans. Il se trouva au concile de Trente en 1562, et s'y distingua beaucoup. A l'âge de 25 ans, il fit paraître ses *Emendationum et opinionum juris civilis libri quatuor*, où, l'un des premiers, il fait servir les antiquités romaines à l'intelligence du *droit* de ce même peuple, aussi éclairé qu'ambitieux. Paul III, Jules III, Paul IV, et le roi d'Espagne Philippe II, l'honorèrent de leur estime et de leur confiance. « Jamais, dit un auteur, personne ne fit « paraître dans toute la conduite de sa « vie plus d'intégrité, plus de constance « et plus de grandeur d'âme que cet il-« lustre archevêque. Il vivait dans une « abstinence et une chasteté exemplaires, « et distribuait ses biens aux pauvres « avec tant de libéralité, qu'après sa « mort on ne trouva pas dans ses coffres « de quoi l'enterrer suivant sa qualité. » Ses lumières égalaient ses vertus. Il nous reste de lui plusieurs ouvrages, dont on peut voir le catalogue à la fin de l'édition *De emendatione Gratiani*, in-8, 1672, donnée par Baluze avec des notes : livre savant, profond, et nécessaire aux jurisconsultes. L'édition originale de Tarragone, in-4, 1587, est fort recherchée. On a de lui : *Antiquæ collectiones decretalium*, Paris, 1621, in-fol., avec des notes estimées ; cinq livres des *Constitutions de l'église de Tarragone*, en latin, imprimées dans cette ville, chez Mey, en 1580, in-4, cette édition est fort recherchée ; *Canones pœnitentiales*, imprimé chez le même deux ans après, in-4: ce livre est rare ; ses *Dialogues sur les médailles*, Tarragone, 1587, in-4, en espagnol, le sont encore davantage. Il y en a plusieurs traductions italiennes, in-4, et in-fol., et une latine, 1617, in-fol. Il faut prendre la traduction italienne, in-4, pour avoir les médailles des dialogues de trois à huit, parce qu'elles ne sont pas dans l'édition de 1587. Etienne Baluze en a donné une édition avec des notes ; *Epitome juris pontificis*, tom. 1, à Tarragone, 1587, t. 2 et 3, Rome, 1614, in-fol. ; *De propriis nominibus Pandectarum florentinarum*, Tarragone, 1578, in-fol., très-rare ; l'édition qui porte le titre : *Barcinone*, 1592, est la même. Tous les savants de son temps ont rendu justice à son profond savoir, même ceux dont l'égoïsme et les prétentions pouvaient voir de mauvais œil la gloire dont il se couvrait. Vossius disait que c'était un des plus grands hommes du monde. Il admirait surtout les *notes* sur Festus. Celles qu'il fit sur Varron ne furent pas moins applaudies. « Vous excellez, lui écrivait Paul Manuce, « dans la belle littérature, et si je suis « quelque chose à l'égard des autres, « étant comparé à vous, je ne suis rien. » Le seul Fra-Paolo, moine vain et ambitieux, osa dire qu'il n'était pas versé dans l'histoire ecclésiastique : cet apostat en froc, qui travaillait alors à introduire le luthéranisme à Venise, voulait par-là affaiblir la preuve que les écrits de l'illustre archevêque fournissaient contre les novateurs. André Schott a publié son *Eloge*, Anvers, 1586, qui a été inséré dans l'édition des *Dialogues*, avec des notes, par Etienne Baluze. Augustin publia encore d'autres ouvrages, tous estimés.

AUGUSTIN (Léonard), ou plutôt AGOSTINI, né dans l'Etat de Sienne au 17e siècle, vieillit parmi les antiques, où il prit un goût exquis et joignit l'esprit à l'érudition. Son ouvrage intitulé : *Le gemme antiche figurate*, a été imprimé et traduit plusieurs fois ; la 1re édition fut donnée à Rome, en 1657 et 1669, 2 vol. in-4. La 2e dans la même ville, en 1686. Celle-ci, préférable à la première pour l'ordre, lui est inférieure pour la beauté des planches, qui furent gravées par Jean-Baptiste Galtruzzi, dessinateur et graveur habile. Ce recueil fort estimé, ainsi que le discours préliminaire qui le précède, a été redonné au public par Maffei, en 1707, 4 vol. in-4. Gronovius l'a traduit en latin, et on fit deux éditions de cette traduction : l'une à Amsterdam, en 1685, recherchée ; et l'autre à Franecker, en 1694, beaucoup moins belle que la précédente.

AUGUSTIN (Jean-Baptiste-Jacques), célèbre peintre en miniature et sur émail, né en août 1779 à Saint-Diez (Vosges), mourut à Paris du choléra, le 15 avril 1832. Ses émaux, ses miniatures offraient une perfection jusqu'alors inconnue, et on lui doit les progrès que cet art a faits en France. En 1819, il avait été nommé premier peintre en miniature du roi, et avait fait alors les portraits de la cour de Louis XVIII. Depuis plusieurs années, Augustin avait des infirmités qui le condamnaient à ne plus cultiver son art. Parmi ses meilleurs ouvrages on cite : les *Portraits de Napoléon et de Joséphine, de la reine Hortense, du roi de Hollande, de la reine de Naples, de Louis XVIII, des ducs de Berri et d'Orléans, de la duchesse d'Angoulême, du duc de Richelieu*, etc.

AUGUSTULE, fils d'Oreste, patrice et général des armées romaines dans les Gaules. Romulus Augustus était son vrai nom ; mais presque tous les auteurs lui ont donné celui d'*Augustulus*, soit par dérision, soit à cause de sa jeunesse. Oreste, son père, ayant excité une révolte en 475, aima mieux faire proclamer son fils empereur, que de prendre pour lui-même le sceptre. Odoacre roi des Hérules, appelé par la noblesse romaine, fit périr Oreste, dépouilla son fils des marques impériales, l'exila dans la Campanie, avec un revenu de 6,000 livres d'or, et se rendit souverain de l'Italie sous le titre de roi. Ce fut ainsi que finit l'empire d'Occident. Rome fut obligée de se soumettre à un prince d'une nation barbare, et dont le nom était une insulte dans les temps florissants de la république. Cette révolution arriva l'an 476 de J.-C., 507 après la bataille d'*Actium*. On a regardé comme une singularité, que le dernier empereur ait été appelé *Auguste*, comme le premier, et que son prédécesseur ait porté le nom de *Jules*.

AULISIO (Dominique), savant Italien, né à Naples en 1649, s'appliqua à l'étude des langues, des belles-lettres, du droit, de la médecine, de l'architecture, et de presque toutes les sciences : il mourut en 1717, après avoir enseigné le droit à Naples, et gouverné l'école d'architecture militaire. Il était très-attaché aux sentiments et aux écrits de Platon, ce qui lui attira quelques critiques. Ses écrits sont : *De gymnasii constructione ; De mausolœi architecturâ ; De harmoniâ timaicâ, et numeris medicis*, imprimés ensemble en un volume in-4, à Naples, 1694; *Historia de ortu et progressu medicinæ*; *Delle scuole sacre*, in-4, 1723. Sa *Vie* se trouve à la tête de cet ouvrage ; des *Commentaires sur les Pandectes*, 3 vol. in-4.

AULU-GELLE (Aulus Gellius), grammairien latin, florissait à Rome, sa patrie, vers l'an 130, et mourut au commencement du règne de Marc-Aurèle. Il publia un ouvrage en 20 livres, intitulé *Les Nuits attiques*, qu'il nomma ainsi, parce qu'il l'avait composé à Athènes, pendant les longues soirées d'hiver. C'est un recueil de beaucoup de matières différentes. Il peut servir à éclaircir les monuments et les écrivains de l'antiquité : on y trouve quantité de fragments des anciens auteurs. Le compilateur aurait dû se dispenser d'y entasser tant de remarques minutieuses de grammaire, et il aurait pu mettre plus de pureté et de clarté dans son style. « Ce n'est, dit un « critique, qu'un grammairien de peu « de goût, sans élévation, idolâtre des « rides de l'antiquité, et qui, rempli de « citations d'Ennius, de Caton le Cen- « seur, de Claudius Quadrigarius, ne « nomme pas une seule fois Horace, « Tite-Live, ni Tacite. » Cette collection qu'Aulu-Gelle fit pour ses enfants a eu plusieurs éditions. On estime celle du Père Proust, *ad usum Delphini*, Paris, 1680, in-4, et celle de *Leyde* par Gronovius, 1706, in-4; on a encore l'*Elzévir*, 1651, in-12. En 1776 il en a paru une traduction française par l'abbé de V..., Paris, 3 vol. in-12. La première édition de l'original est de 1469, in-fol.

AUMONT (Jean d') se distingua, dès sa jeunesse, par sa bravoure, sous le maréchal de Brissac en Piémont. Henri III le fit maréchal de France en 1579. Il se signala à la bataille d'Ivry, et mourut en 1595, à 73 ans, d'un coup de mousquet qu'il reçut à Comper près de Rennes. Son courage soutint toutes les épreuves auxquelles on le mit; mais il était plus vaillant que rusé. Ses manières dures et impolies le faisaient passer à la cour pour un *franc Gaulois;* c'était d'ailleurs un sujet fidèle, un citoyen zélé, un homme d'honneur, également ferme et habile. Il s'opposa en 1588 à l'assassinat du duc de Guise, ordonné par Henri III, et fut d'avis qu'on lui fît son procès dans les règles; mais lorsque les volontés arbitraires ont remplacé la justice et les lois, de tels conseils ne sont plus de saison.

AUNGERVILLE (Richard), ou DE BURY, gouverneur d'Edouard III, roi d'Angleterre, fonda la bibliothèque d'Oxford, et mourut en 1345. On a de lui *Philobiblos*, ou *Discours sur le véritable usage des livres*, publié à Spire, en 1483, in-4; réimprimé plusieurs fois à Paris, à Oxford et à Francfort, in-8.

AUNOY (Marie-Catherine Jumelle de Berneville, comtesse d'), veuve du comte d'Aunoy, mourut en 1705. Elle écrivait facilement dans le genre romanesque. Les gens frivoles lisent encore aujourd'hui ses *Contes des fées*, 4 vol. in-12, et surtout ses *Aventures d'Hippolyte, comte de Duglas*, in-12. Ses *Mémoires historiques de ce qui s'est passé de plus remarquable en Europe, depuis* 1672 *jusqu'en* 1679, sont pleins de fautes, de même que ses *Mémoires de la cour d'Espagne*, en 2 vol., où elle avait vécu quelque temps avec sa mère. On y trouve des imputations injurieuses à cette nation estimable, et surtout des contes calomnieux sur l'inquisition. L'auteur avait trop bien profité des leçons de madame des Loges, sa tante, qui était protestante, et qui lui avait inspiré cette haine si naturelle à ceux de cette secte contre un tribunal si redoutable à l'erreur. Tous ces romans, fruit d'un peu d'esprit et de beaucoup de galanterie, ne peuvent plaire qu'à la paresse ou à la corruption. Son mari, le comte d'Aunoy, accusé du crime de lèse-majesté par trois Normands, manqua de perdre la tête. Un des accusateurs le déchargea par un remords de conscience.

AURÈLE (saint), évêque de Carthage en 388, fut lié d'une étroite amitié avec saint Augustin, de qui il reçut de sages avis sur la conduite qu'il devait tenir à l'égard des donatistes. Il montra un grand zèle pour ramener ces schismatiques au centre de l'unité; il assembla divers conciles pour discuter les difficultés qu'ils proposaient, et prit tous les moyens qui lui parurent les plus propres à rétablir la paix dans l'Eglise. Son zèle ne brilla pas avec moins d'éclat dans l'affaire des pélagiens. Il fut le premier qui condamna Célestius, disciple de Pélage; et cette condamnation se fit dans un concile tenu en 412. Quatre ans après, il condamna Pélage lui-même dans un autre concile. Il anathématisa la doctrine de cet hérésiarque, avant que saint Augustin se fût mis sur les rangs pour la combattre. Ce saint évêque mourut en 423. Saint Fulgence lui donne de grands éloges. Il est nommé sous le 20 juillet dans le Calendrier d'Afrique, qui est du cinquième siècle.

AURÉLIEN (Lucius-Domitius-Aurelianus) naquit dans un village de Pannonie, d'une famille obscure. Après avoir passé par tous les grades de la milice, il fut tribun et défit les Francs à Mayence. Valérien, qui connaissait son zèle pour la discipline, lui confia le soin de veiller sur tous les quartiers des troupes, pour l'y établir, ou pour l'y maintenir. Un soldat ayant fait violence à une femme, il le fit écarteler, en l'attachant à deux branches d'arbres courbées de force. Les querelleurs, les ivrognes, les maraudeurs, étaient fouettés sur-le-champ. « Enrichissez-vous, disait-il à « ses soldats, des dépouilles de l'enne- « mi, et non des larmes des citoyens. » Il fut élevé au consulat en 258, et Valérien, qui ne l'appelait que le *Libérateur de l'Illyrie et des Gaules* et l'*Imitateur des Scipions*, voulut faire les frais de sa promotion. Ulpius Crinitus, dont il avait été lieutenant dans la Thrace, l'adopta; et Claude II, qui aimait et estimait sa valeur et sa sagesse, le fit général de l'Illyrie et de la Thrace. Après la mort de cet empereur, arrivée en 270, tous les suffrages se réunirent en faveur d'Aurélien. Élu par l'armée, il fut confirmé par le sénat et par le peuple. Il vainquit les Goths, et les chassa de la Pannonie, et battit les Vandales, les Marcomans et les Sarmates, assura la paix au dehors et la tranquillité au dedans. On lui reprocha d'avoir terni ses victoires, en punissant trop sévèrement, et même avec cruauté, de légers propos tenus à Rome sur ses défaites. Il quitta bientôt la capitale de l'empire pour aller conquérir l'Orient sur Zénobie. Il traversa l'Esclavonie et la Thrace, tailla en pièces les barbares, passa en Asie, prit Tyane en Cappadoce, et jura pendant le siège de cette ville qu'il n'y laisserait pas un chien en vie; mais lorsqu'il s'en fut rendu maître, il se calma, et dit aux soldats qui voulaient la mettre à feu et à sang, « qu'il leur permettait seulement » de tuer tous les chiens qu'ils rencon- « treraient. » Après avoir vaincu deux fois Zénobie, il la poursuivit jusqu'à Palmyre, où il l'assiégea. Cette reine, qui avait conduit elle-même ses armées, n'encouragea pas moins fortement les assiégés; elle se défendit en grand capitaine et en femme piquée. Aurélien, impatient d'entrer dans la ville, lui écrivit pour l'inviter à se rendre. Zénobie se contenta de lui répondre « que c'é- « tait par la valeur, et non par des pro- « messes, qu'on forçait un ennemi à « ouvrir ses portes. » Cette réponse ne fit qu'augmenter l'envie d'Aurélien de prendre la place. Elle se rendit bientôt après, l'an 273. Zénobie avait tenté de se réfugier en Perse; mais Aurélien la fit arrêter et charger de chaînes. Palmyre, qui s'était révoltée quelque temps après, fut rasée, et les habitants passés au fil de l'épée. Aurélien, avant cette révolte, avait déjà fait périr plusieurs partisans de Zénobie, entre autres le fameux philosophe Longin, auquel il attribuait la lettre fière de cette princesse. Il marcha ensuite contre Firmius qui s'était fait proclamer empereur en Égypte pour venger Zénobie, le défit et lui ôta la vie par des tourments recherchés. De là il vint attaquer Tétricus qui dominait dans les Gaules, et qui mit fin à la guerre en se soumettant. Aurélien, vainqueur de tant de peuples, orna son triomphe de captifs Goths, Alains, Roxelans, Sarmates, Francs, Suèves, Vandales, Allemands, Éthiopiens, Arabes, Indiens, Bactriens, Géorgiens, Sarrasins et Perses. Zénobie et Tétricus suivirent le char de triomphe. La première obtint des terres dans le territoire de Tivoli, et le second eut le gouvernement d'une partie de l'Italie. Aurélien lui dit, en le lui donnant, « Qu'il valait mieux « gouverner les beaux pays de l'Italie, que de régner au-delà des Alpes. » Aurélien, tranquille à Rome, l'embellit, la réforma, fit distribuer aux pauvres du pain et de la viande, abandonna tout ce qui était dû au trésor public, fixa le nombre des eunuques, et défendit d'avoir des concubines, si ce n'est une esclave. Il était en marche contre les Perses, lorsque Mnestée, l'un de ses affranchis, le fit tuer, près d'Héraclée, en 275. Ainsi mourut cet empereur admiré et haï. Il ne laissa aucun ennemi aux Romains, qui ne l'en regrettèrent pas davantage. Sa cruauté dans les châtiments fit dire de lui « qu'il était bon médecin, « mais qu'il tirait un peu trop de sang. » On prétendu que, dans ses différentes batailles, il avait tué de sa main plus de neuf cents hommes. Il assistait souvent au supplice des soldats condamnés à la mort ou au fouet. C'est surtout contre les chrétiens que son humeur barbare s'est signalée; il en fit périr un très-grand nombre dans toute l'étendue de l'empire. Il fit cependant à leur égard un acte de justice, lors des troubles que l'hérésie de Paul de Samosate occasionna à Antioche, en donnant gain de cause à ceux qui étaient dans la communion de l'évêque de Rome, qu'il regardait comme le chef et le grand-pontife de cette religion, et en obligeant l'hérésiarque d'abandonner la maison épiscopale à celui à qui le Pape adressait ses lettres. « C'é- « tait, dit un historien, une de ces âmes « brutes et grossièrement fières, pour qui « tout objet d'orgueil est bon, même le

« triomphe sur une femme. Naturelle-
« ment dur et sans pitié, il n'avait
« que rarement cette sensibilité appa-
« rente que l'amour-propre affiche un
« moment pour tromper l'opinion pu-
« blique, et se livrer ensuite avec plus de
« sécurité à des penchants atroces. »
Il fut le premier empereur qui prit le diadème.

AURELIEN (saint) fut placé sur le siége d'Arles en 546. Il envoya demander au pape Vigile le *pallium* et la qualité de vicaire du Saint-Siége; des lettres de recommandation du roi Childebert sollicitaient la même grâce en sa faveur. Le Pape l'accorda, et en conséquence lui donna le pouvoir de terminer, assisté d'un certain nombre d'évêques, les différends qui pourraient naître entre les prélats soumis à sa juridiction. « Mais
« si, ce qu'à Dieu ne plaise, dit-il, il
« s'élève des disputes sur la foi, ou s'il
« se présente quelque autre cause ma-
« jeure, après avoir vérifié les faits et
« dressé votre rapport, réservez-en le ju-
« gement et la décision au Siége apostoli-
« que; car nous trouvons dans les archi-
« ves de l'Eglise romaine, que c'est ainsi
« qu'en ont usé à l'égard de nos prédéces-
« seurs, ceux des vôtres qui ont été ho-
« norés de la qualité de vicaires du Saint-
« Siége. » Le saint évêque fit plusieurs établissements utiles et édifiants; il instruisit avec zèle, et avec cette force que donne l'esprit de Dieu, le peuple et les rois, et donna une règle pleine de sagesse aux religieux d'un grand nombre de monastères qu'il avait fondés à Arles. Il mourut saintement le 12 avril 553, comme le prouve, contre quelques historiens, une inscription découverte en 1308, sur son tombeau, dans l'église de Saint-Nizier de Lyon. Aurélien est un des évêques d'Occident qui furent le plus alarmés de ce que Vigile avait signé la condamnation des trois chapitres; ce Pape lui écrivit une lettre pleine de modération et de raison pour le tranquilliser. (Voyez VIGILE.)

AURÉLIUS-VICTOR (Sextus), Africain, vivait dans le 4ᵉ siècle, sous l'empire de Constance et de Julien l'Apostat. Né dans la pauvreté, il s'éleva par son mérite aux premiers emplois de l'empire. Il fut gouverneur de la seconde Pannonie en 361, préfet de Rome et consul avec Valentinien en 369. Il composa, dit-on, une *Histoire romaine*, que nous avons perdue, et dont il ne nous reste qu'un abrégé. Du moins la sécheresse de ce précis, qui ne contient presque que des dates, a fait conjecturer à quelques savants qu'il n'était pas de lui, et qu'il avait composé un ouvrage plus étendu. Nous avons une édition de cet abrégé par madame Dacier, à l'usage du Dauphin, Paris, 1681, in-4. Les éditions, *cum notis variorum*, d'Utrecht, 1696, in-8, et d'Amsterdam, 1733, in-4, sont estimées. On le trouve aussi dans les *Scriptores historiæ romanæ minores*, 1789, in-8. Les ouvrages qu'on attribue à cet auteur sont : *Origo gentis romanæ; De viris illustribus urbis Romæ ; De Cæsaribus historia, ab Augusto Octavio, id est, à fine Titi Livii, usque ad consulatum decimum Constantii Augusti, et Juliani Cæsaris tertium ; De vitâ et moribus imperatorum romanorum excerpta, à Cæsare Augusto usque ad Theodosium imperatorem.* Caperonnier a donné ses soins à une bonne édition d'*Aurelius-Victor*, par Barbou, Paris, 1793, in-12. Elle est à la suite d'*Eutrope*.

AURÉLIUS (Cornélius), né à Gouda en Hollande, chanoine régulier de Saint-Augustin, et précepteur d'Erasme, fut honoré par l'empereur Maximilien I de la couronne de poëte. Son disciple devint plus célèbre que lui. Aurélius est auteur de deux Traités ; l'un est intitulé : *Defensio gloriæ batavinæ;* et l'autre : *Elucidarium variarum quæstionum super batavinâ regione.* Bonaventure Vulcanius publia, depuis, ces deux Traités sous le titre : *De situ et laudibus Bataviæ.* On ne sait point en quelle année il mourut. On croit qu'il vivait encore en 1520.

AURELLI ou plutôt ARELLI (Jean-Muzio), poëte latin du 16ᵉ siècle. Ses poésies sont dans les *Délices des poëtes latins d'Italie*. Il se proposa Catulle pour modèle, et ne s'éloigna que de ses obscénités. On trouve dans ses poésies de l'harmonie, de la délicatesse, de l'enjouement et de l'élégance. Le pape Léon X ayant donné le gouvernement d'une place à Aurelli, il fut trouvé mort, quelque temps après, avec sa mule, au fond d'un puits. Les habitants, que ce gouverneur opprimait, tirèrent de lui cette cruelle vengeance, en 1520.

AURENG-ZEB, grand-mogol, se ligua avec un de ses frères contre son père Schah-Géhan, et l'enferma dans une dure prison, en 1660. Il se défit ensuite de son complice, et fit étrangler les deux autres frères qui lui restaient. Son père étant tombé malade, il lui envoya un médecin, ou, pour mieux dire, un empoisonneur, qui le fit mourir. Devenu paisible possesseur de l'empire, il crut expier ses atrocités, en se bornant au pain d'orge, aux légumes et à l'eau. Ce scélérat fut heureux dans toutes ses expéditions. Il conquit les royaumes de Décan, de Visapour, de Golconde, et presque toute cette grande presqu'île que bordent les côtes de Coromandel et de Malabar. Il campait ordinairement au milieu de son armée, de crainte que ses enfants ne le traitassent comme il avait traité son père. Il mourut en 1707, âgé de près de cent ans; vie longue pour un homme agité sans cesse par l'image de ses crimes, qui en portait les vengeurs dans son cœur, et qui, dans ses enfants même, ne croyait voir que ses bourreaux. (Voyez l'*Histoire de l'empire du Grand-Mogol*, par le P. Catrou.)

AURÉOLE (Manus-Acilius-Aureolus), né dans la Dacie, fils d'un berger, et berger lui-même, s'enrôla dans la milice romaine, et devint général de l'empire sous Valérien. En 262, il délivra ce prince des Macrin; mais sa fidélité se démentit sous Gallien. Cet empereur étant parti pour aller faire la guerre aux Goths, Auréole, qui commandait à Milan, se fit donner la pourpre impériale à la fin de 267. Gallien revint sur ses pas, et vainquit l'usurpateur dans une bataille rangée; mais ce prince ayant été assassiné sur ces entrefaites, Auréole se maintint encore quelque temps. Claude II, successeur de Gallien, tâcha de l'attirer hors de Milan, où il s'était réfugié, et lui ayant livré bataille, il le fit prisonnier. Le vainqueur voulut, par un mouvement de magnanimité, lui laisser la vie; mais les soldats, irrités de sa rébellion, le tuèrent en avril 268. Claude respecta cependant sa mémoire, donna des éloges à ses talents supérieurs pour les armes, et lui fit élever un tombeau. Claude fit aussi bâtir un pont sur l'Adda, auquel il donna le nom de *Pons Aureoli*, duquel tire son nom le village de *Pontirol* entre Milan et Bergame.

AURIA (Vincent), né à Palerme en 1625 et mort dans la même ville en 1710, abandonna le barreau pour la littérature. Il fut assez mal partagé des biens de la fortune; mais il se consola avec les muses. On a de lui un grand nombre d'ouvrages en italien, et quelques-uns en latin. Les premiers sont plus estimés que les seconds. Parmi ceux-là on compte une *Histoire*, assez recherchée, *des grands hommes de Sicile*, à Palerme, 1704, in-4, et une *Histoire des vice-rois de Sicile*, ibid. 1697, in-fol.

AURIBEAU (L'abbé Pierre-Hermivy d'), né à Digne le 25 février 1756, était d'une famille qui comptait parmi ses membres Gassendi et le cardinal de Beausset. Lors de la révolution, il abandonna sa patrie et se retira en Italie, où il rencontra Madame Adélaïde de France, et à laquelle il donna des leçons de langue latine. En 1800, il assista à l'élection de Pie VII comme conclaviste du cardinal Caraffa, ce qui lui valut un canonicat d'honneur à Sainte-Marie *in viâ latâ*. Rentré en France, il se fixa à Paris, où il exerça sa plume à des matières ecclésiastiques. On a de lui : *Éloges de Pie VI, de Louis XVI, de Gerdil*; *Mélanges sur Massillon et l'éloquence de la chaire*; *Discours aux Romains sur les prodiges par lesquels le Seigneur a manifesté sa toute-puissance pour la défense et la gloire de son Église dans les derniers temps*; *Tableau des bienfaits de Pie VI et des États romains envers les Français*; *Témoignages contre le serment de haine à la royauté*; une éloquente *Philippique* imprimée à Venise la dernière année du dix-huitième siècle (comme pour en finir avec ce siècle), intitulée: *Paris, rends tes comptes, 1799*; *Mémoires pour servir à l'histoire de la persécution française, recueillis par les ordres de Pie VI*; *Journée pittoresque des édifices antiques de Rome et de ses environs*, traduit de Uggeri, Rome 1804 et années suivantes, 5 vol. in-4; *Journal sur les médailles antiques inédites*, par Alexandre Visconti, traduit de l'italien, Rome 1806, in-4.

AURIFICUS, ou ORIFICUS BONFILIUS (Nicolas), carme de Sienne, a laissé divers ouvrages de morale et de piété. C'est lui qui a publié les *Œuvres de Thomas Waldensis*. Il vivait encore l'an 1590, le 60° de son âge. Sa principale production, qui traite de l'*antiquité et du cérémonial de la messe*, parut à Venise en 1572.

AURIOL (Blaise d'), natif de Castelnaudary, doyen de l'église de Pamiers, et professeur du droit canon à Toulouse. Il demanda à François Ier, en 1533, à son passage par cette ville, d'accorder à l'Université le titre de *noble*, et aux professeurs le privilège de faire des chevaliers; ce prince le lui accorda. Pierre Daffis, docteur régent et comte-ès-lois, titre qu'on donnait aux docteurs qui avaient régenté 20 ans, mit à Blaise d'Auriol les éperons dorés, la chaîne d'or au cou et l'anneau au doigt, et fit un beau compliment au docteur-chevalier. Voltaire, d'après Bodin et René Herpin, prétend que des astrologues ayant prédit un nouveau déluge, Blaise d'Auriol, craignant de périr, fit faire une grande arche pour lui, ses parents et ses amis. Il mourut vers l'an 1540. Il se mêlait de poésie; nous connaissons sa *Départie d'Amours*, imprimée à la suite de la *Chasse d'Amours*, d'Octavien de Saint-Gelais, Paris, 1533.

in-4. *Les joies et douleurs de Notre-Dame*, en vers et en prose, Toulouse, 1520, in-4. Le premier ouvrage est fait d'après les poésies de Charles, duc d'Orléans, père de Louis XII, dont le manuscrit est à la bibliothèque du roi de France. On a encore d'Auriol quelques ouvrages de *jurisprudence*, peu connus aujourd'hui ; mais le nom de l'auteur est toujours en vénération dans l'Université de Toulouse. Il donna aussi l'*Interpretatio de capite de rescriptione in antiquis*.

AURISPA (Jean), un des restaurateurs de la littérature grecque et latine dans le 15ᵉ siècle, naquit à Noto en Sicile vers l'an 1369. Il apprit le grec à Constantinople, où il passa en 1418, et d'où il vint en Italie avec 238 manuscrits précieux, parmi lesquels on trouvait l'*Histoire* de Procope, les *Poésies* de Callimaque, de Pindare, d'Oppien et celles qu'on attribue à Orphée ; toutes les *Œuvres* de Platon, de Proclus, de Plotin, de Xénophon, de Lucien ; les *Histoires* de Dion, de Diodore de Sicile, et la *Géographie* de Strabon, etc., etc. Après avoir occupé à Bologne et à Florence la chaire de littérature grecque, il fut successivement employé comme secrétaire dans les cours de Nicolas III, duc de Ferrare, et des papes Eugène IV et Nicolas V. Il mourut à Ferrare en 1460, âgé de 90 ans. On a de lui la *Traduction* d'Archimède, celle du *Commentaire* d'Hiéroclès sur les vers dorés de Pythagore, Bâle, 1543, in-8 ; *Philisci consolatoria ad Ciceronem, dum in Macedoniâ exularet, è græco Dionis Cassii, lib. 38. Hist. Rom., in latinum versa*, Paris, 1510, in-8.

AUROGALLUS (Matthæus), natif de Bohême, professeur des langues dans l'académie de Wittemberg, mourut en 1543. Il publia une *Grammaire hébraïque et chaldaïque*, à Bâle, 1539, in-8, et une *Géographie de la Terre-Sainte*. Il avait travaillé à la version de la *Bible allemande* donnée par Luther.

AUROUX-des-POMMIERS (Matthieu), grand magistrat et habile jurisconsulte du XVIIIᵉ siècle, oublié par la *Biographie universelle*. Il a commenté la *coutume du Bourbonnais*, mieux, peut-être, que Pothier celle d'Orléans. Son autorité est encore grande aujourd'hui, même à Paris. Il est le maître de l'habile jurisconsulte Chabrol, dont les fils se sont distingués de nos jours dans toutes les sortes d'administration. Auroux-des-Pommiers s'éleva jusqu'à un *Traité de la nécessité de s'instruire de sa religion*, in-12, 1742.

AUSANNET. (Voyez Auzanet.)

AUSONE (Jules), père du poëte de ce nom, natif de Basas en Aquitaine, vers l'an 287, premier médecin de l'empereur Valentinien I, se fraya des routes nouvelles dans son art qu'il exerçait gratuitement. Il était philosophe, mais sans faste, sans passions, sans désir ambitieux ; jouissant, dans la médiocrité, d'une paix précieuse. Il se vit élever aux honneurs, sans les rechercher. Il fut préfet de l'Illyrie, et sénateur honoraire de Rome et de Bordeaux. Il mourut dans une heureuse vieillesse, à l'âge de 90 ans. Son fils l'a célébré dans ses vers. Nous n'avons plus les livres de médecine d'Ausone le père.

AUSONE (Decius Magnus), fils du précédent, professait la grammaire et la rhétorique à Bordeaux, où il naquit vers l'an 309, lorsque Valentinien I le fit venir à Trèves, où était sa cour, et le choisit, en 367, pour précepteur de Gratien son fils, qui était alors Auguste. Il fut élevé aux premières dignités de l'empire : à celle de préfet du prétoire par Valentinien, et à celle de consul par Gratien. Après la mort de ce dernier prince, arrivée en 383, il revint à Bordeaux. Il y mourut en 394, dans un âge fort avancé. Ausone avait de l'esprit, de la facilité et une tournure de génie faite pour la poésie. La plupart de ses ouvrages manquent cependant de goût, et de ces autres qualités qui rendent estimables les productions de l'esprit. On a de lui des *Epigrammes*, des *Idylles*, dont le *Poëme de Moselle* fait partie ; des *Eglogues*, des *Lettres* en vers, et un *Discours à Gratien*. C'est faussement que l'on a conclu d'un passage de sa 16ᵉ épître, qu'il avait composé une histoire romaine depuis la fondation de Rome jusqu'à son consulat. Ce qu'il a fait de meilleur, ce sont ses petits poëmes, et surtout sa dixième idylle, qui est une *Description de la Moselle*. Cette pièce a été publiée séparément avec de longs commentaires par Marquad Fréher. Si Ausone eût mieux parlé latin, son *Panégyrique de Gratien* serait quelque chose d'achevé. Son but, dans ce discours, est de remercier le prince de ce qu'il l'avait élevé au consulat, en 378. Quelques auteurs ont prétendu qu'Ausone était idolâtre ; mais il est prouvé qu'il était chrétien, par son idylle sur la fête de Pâques, ainsi que par son *Ephemeris*, qui est un poëme où il enseigne à ses disciples la manière de faire saintement toutes les actions de la journée. Les obscénités répandues dans quelques-uns de ses ouvrages montrent qu'il était peu pénétré de l'esprit de sa religion. On croit qu'il se convertit sur la fin de ses jours, et qu'il y fut excité par l'exemple et les lettres de saint Paulin. Ce grand homme avait été son disciple, et n'oublia jamais le soin qu'il avait pris de son éducation ;

il lui exprima sa reconnaissance de la manière la plus forte et la plus tendre, en lui donnant les noms de *précepteur*, de *patron* et de *père*, et en déclarant qu'il lui devait tout. La meilleure édition des *OEuvres* d'Ausone est celle qui est connue sous le titre de : *Ad usum Delphini*, et qui fut publiée, en 1730, par l'abbé Souchai et par l'abbé Fleury, chanoine de Chartres. L'abbé Jaubert en a donné une traduction, 1779, 4 vol. in-12. Ausone avait composé les *Fastes consulaires* jusqu'à l'an 383 ; mais cet ouvrage est perdu.

AUSPICE (saint), évêque de Toul dans le 5ᵉ siècle, était, selon saint Sidonius Apollinaris (*lib.* 4, *ep.* 17), l'un des plus illustres prélats des Gaules. Sa science profonde, son éloquence, sa foi, ses œuvres, tout le rendait extrêmement recommandable. Le comte Arbogaste, ayant demandé à saint Sidonius quelques explications des livres saints, celui-ci le renvoya à saint Loup, de Troyes, ou à saint Auspice, de Toul, comme à des prélats plus capables que lui de satisfaire à sa demande. Il ne vécut guère au-delà de l'an 474. On trouve son nom au 8ᵉ jour de juillet, dans le *Martyrologe* de Baronius, et dans celui de du Saussai. On a de lui une *Lettre* en vers, adressée au comte Arbogaste, alors gouverneur de Trèves, et depuis, selon quelques auteurs, évêque de Chartres. Elle se trouve dans la *Collection* de Duchesne, tom. 1ᵉʳ. Il y a une lettre de saint Sidonius à saint Auspice, pour lui recommander un nommé *Pierre* ; elle est la 10ᵉ ou la 11ᵉ du livre des *Lettres* de Sidonius ; mais Baronius croit qu'il s'agit là d'un autre saint Auspice.

AUSSUN (Pierre d'), grand capitaine, d'une famille noble et ancienne de Bigorre, servit pendant quarante ans avec beaucoup de réputation, et se distingua surtout à la bataille de Cérisoles en 1544. Il fut moins heureux à celle de Dreux en 1562. Le nombre des fuyards fut d'abord si grand, qu'il fut emporté par eux ; mais revenant sur ses pas, il se rangea près du duc de Guise, et contribua beaucoup à la victoire des Catholiques. Cependant la douleur d'avoir fui devant l'ennemi le toucha tellement, qu'il en mourut la même année à Chartres, suivant les uns, et à Paris, suivant d'autres.

AUSTREGESILE (saint), vulgairement appelé *saint Outrille*, archevêque de Bourges, né en cette ville l'an 551, mourut en 624, après avoir gouverné saintement son église pendant 12 ans. Avant que d'embrasser l'état ecclésiastique, il répondit à ses parents, qui voulaient le marier : « Si j'avais une bonne « femme, je craindrais de la perdre ; si « j'en avais une mauvaise, je craindrais « de ne pouvoir m'en défaire. » Le roi Gontran le respectait comme son père, et avait souvent recours à ses lumières. Un nommé Bettelin, qui avait détourné les finances du roi, en rejeta le crime sur ce saint. Celui-ci soutint son innocence. Le prince, ne pouvant éclaircir l'affaire, en remit la décision à ce que l'on appelait dans ce temps-là le *jugement de Dieu* ; mais le jour même où ce jugement devait avoir lieu, Bettelin tomba de cheval, et mourut misérablement ; ce qui fut regardé généralement comme un effet de la vengeance divine, qui voulait épargner au saint prélat cette épreuve judiciaire. Sa *Vie*, écrite par un auteur contemporain, a été publiée par Mabillon et par les Bollandistes.

AUTCAIRE. (Voyez Oger.)

AUTEL, ou plutôt Autelz (Guillaume des), poète français et latin, naquit à Charolles en Bourgogne, en 1529, et mourut vers 1580. Il savait le grec et le latin, et en farcissait ses vers. On a aussi de lui quelques ouvrages en prose de très-médiocre mérite, par exemple : *Fanfreluche et Gaudichon*, mythistoire baragouine, de la valeur de dix atomes, pour la récréation de tous bons Fanfreluchistes, faite à l'imitation du *Pantagruel*; plusieurs recueils de poésies, comme le *Mois de mai* ; *Récréation des tristes* ; *La paix venue du ciel*, en vers héroïques ; plus : *Le tombeau de Charles-Quint*, en 12 sonnets, Paris, 1558 ; Anvers, 1559 ; et en latin : *Encomium Galliæ Belgicæ, accesserunt ejusdem alii versiculi*, Antuerpiæ, 1569, etc. Des Autelz avait une Iris réelle ou feinte, comme tous les poëtes de son temps. Il l'appelait *sa sainte*, et déclare qu'il n'a eu pour elle qu'un amour pur, détaché des sens ; on sait que ces amours romanesques ont été longtemps de mode. (Voyez Pétrarque et Noves.) Ce fut à cette époque qu'un certain Meygret, de Lyon, publia un ouvrage sur la nécessité de réformer l'orthographe française. Autelz le critiqua, et il s'établit une polémique où chacun prit part ; il y eut dès lors des meygretistes et des anti-meygretistes ; ces derniers furent les vainqueurs.

AUTHIER de SISGAU (Christophe d'), né à Marseille en 1609, bénédictin de l'abbaye de Saint-Victor, dans la même ville, institua à l'âge de 23 ans, en 1632, la congrégation des *Prêtres du Saint-Sacrement*, pour les missions et la direction des séminaires. Authier fut fait évêque de Bethléem, en 1651 ; il gouverna son institut, confirmé en 1647 par Innocent X, jusqu'à sa mort arrivée à Valence en 1667. Borely, prêtre de sa congrégation, a écrit sa *Vie*, Lyon, 1703, in-12, qui est un tableau des principales vertus religieuses et sacerdotales.

AUTHVILLE DES AMOURETTES (Charles-Louis d'), né à Paris en 1716, entra au service et parvint au grade de colonel des grenadiers royaux. Il a publié : *Essai sur la cavalerie tant ancienne que moderne*, Paris, 1756, in-4; *Relation navale de 1759*, in-4; l'*Antilégionnaire français*, Wesel, 1772, in-12. Il a aussi donné de nouvelles éditions : des *Mémoires des deux dernières campagnes de Turenne en Allemagne*, de Deschamps, 1756, in-12, réimpr. dans l'*Histoire de Turenne*, par Ramsay, Paris, 1773, 4 vol. in-12 ; du *Parfait capitaine*, par Henri, duc de Rohan ; édition revue et augmentée de notes, Paris, 1757, in-12 ; *de la Politique militaire, ou Traité de la guerre*, par Paul Hay du Chastelet, avec des augmentations, Paris, 1757, in-12. Il a encore fourni plusieurs morceaux à l'*Encyclopédie* in-fol. Il est mort vers 1772.

AUTOLYCUS, célèbre mathématicien, né à Pitane en Asie, florissait vers l'an 340 avant J.-C. Il a laissé quelques *Traités d'astronomie*, que Joseph Auria, de Naples, a mis en latin, sous ces titres : *De sphærâ* et *De siderum ortu*.

AUTOMNE (Bernard), né en 1587 dans l'Agénois, avocat au parlement de Bordeaux, est auteur d'une *Conférence du droit français avec le droit romain*, dont la 3ᵉ édition a paru en 1629; il avait alors 44 ans. Son *Commentaire sur la coutume de Bordeaux*, 1644, 2 vol. in-fol., a été imprimé avec les *Observations du père Dupin*, Bordeaux, 1728, in-fol. Il mourut en 1666.

AUTON ou AUTUN (Jean d') et non pas ANTON, comme quelques-uns ont écrit, Augustin, abbé de l'Angle et historiographe de France sous Louis XII, écrivit l'*Histoire*, depuis l'an 1499 jusqu'en 1508, avec la fidélité d'un témoin qui dépose. Théodore Godefroy a fait imprimer les quatre premières années de cette *Histoire* en 1620, in-4, et les deux dernières qui avaient paru dès 1615, in-4, avec l'*Histoire de Louis XII*, par Seyssel ; les trois autres n'ont pas encore vu le jour. Il mourut en 1527.

AUTPERT ou AUSBERT, natif de Provence, bénédictin, abbé de Saint-Vincent de Voltorne dans l'Abruzze, fit sur les *Psaumes*, sur le *Cantique des cantiques* et sur l'*Apocalypse*, des *Commentaires* qu'on trouve dans la *Bibliothèque des Pères*, et dans la *Collection de Martenne*. Il mourut en 778. Il demanda au Pape l'approbation de ses ouvrages, persuadé que rien n'était plus propre à constater l'orthodoxie d'un ouvrage, que le jugement du chef de l'Eglise.

AUTREAU (Jacques d') naquit à Paris en 1656. Peintre par besoin et poëte par goût, et constamment attaché à ces deux professions, il mourut dans la pauvreté à l'hôpital des Incurables de Paris, en 1745. D'Autreau, d'un caractère sombre et mélancolique, a composé des comédies qui ont fait rire et qui amusent encore, comme le *Port-à-l'Anglais ; Démocrite prétendu fou*, etc. Il avait près de 60 ans, lorsqu'il s'adonna au théâtre. Ses intrigues sont trop simples ; on prévoit trop facilement le dénouement, et on perd le plaisir de la surprise. Les OEuvres de d'Autreau ont été recueillies en 1749, en 4 vol. in-12. Le plus connu des tableaux de ce peintre est celui de *Diogène, la lanterne à la main, cherchant un homme, et le trouvant dans le cardinal de Fleuri*. D'Autreau vivait fort retiré, méprisant tout ce que les autres estiment, et ne s'accordant avec le public que dans le peu de cas qu'il faisait de lui-même.

AUTROCHE (Claude Deloynes d'), né à Orléans le premier janvier 1744, mort le 17 novembre 1823, crut pouvoir se permettre comme littérateur le pèlerinage de Fernay. Il disait, à cette occasion, qu'il en était sorti plus chrétien qu'il n'y était entré. Autroche avait une piété profonde, et il répandait tous les ans d'abondantes aumônes. Il publia successivement des *Traductions* en vers : des *Odes d'Horace*, de l'*Enéide de Virgile*, du *Paradis perdu de Milton*, de la *Jérusalem délivrée* du Tasse, des *Psaumes*. Dans tous ces ouvrages sa verve n'offre rien de brillant ; mais elle est facile, abondante, et prouve la fécondité de son talent. On a encore de lui : *Mémoire sur l'amélioration de la Sologne*, 1787, in-8.

AUTUN, le Père Jacques d'. (Voyez CHEVANNES.)

AUVERGNE (Antoine d'), surintendant de la musique du roi, né à Clermont-Ferrand, mort à Lyon le 12 février 1797. Il excellait sur le violon, et a publié un œuvre de *Trio*, et divers *Motets* exécutés au concert spirituel, parmi lesquels on distingue son *Te Deum*, son *de Profundis* et son *Miserere* qui sont autant de chefs-d'œuvre. Il a donné à l'Opéra *Enée et Lavinie*, et *Hercule mourant*, qui offrent des beautés du premier ordre.

AUVERGNE (Jean-Baptiste), archevêque d'Iconium, vicaire apostolique d'Hiérapolis et délégué du Saint-Siége auprès des catholiques de Syrie, né dans le diocèse de Nîmes en 1788, fut un dés premiers membres de la société des missionnaires formée par l'abbé de Rauzan. Il donna des missions dans plusieurs villes, et fut attaché pendant quelque temps à l'église Sainte-Geneviève. En 1830, il quitta la France et se retira à Rome. C'est là que la Propagande fit choix de lui pour l'envoyer comme délégué et visiteur auprès des catholiques de Syrie et d'Egypte. Il fut sacré à Rome le premier mai 1833, sous le titre d'Archevêque d'Iconium ; il était, en outre, vicaire apostolique d'Hiérapolis. Après son sacre, il vint en France, et partit de Toulon le 2 novembre 1833, sur une corvette de l'Etat. Mgr Auvergne résidait habituellement à Antoura, mais il voyageait beaucoup pour visiter les lieux soumis à sa juridiction. L'influence que ce prélat exerçait était très-grande : à son entrée dans une ville ou dans un village, les populations en masse, catholiques, hérétiques, grecs et turcs s'empressaient sur son passage ; au Caire, les honneurs militaires lui furent rendus. Méhémet-Ali honorait en lui le représentant du souverain Pontife, et Ibrahim consentit à lui accorder solennellement la grâce d'un chrétien renégat converti. On trouve dans les *Annales de la propagation de la Foi* plusieurs lettres de l'archevêque d'Iconium, dans lesquelles il rend compte de la situation des missions du pays. Le zèle de Mgr Auvergne, son activité, sa sagesse faisaient présager qu'il rendrait les plus grands services à la religion dans ces contrées, lorsqu'il est mort à l'âge de 48 ans, à Diarbékir en Syrie, vers la fin de l'année 1836.

AUVIGNY (Jean du Castre d'), né dans le Hainaut en 1712, entra dans les chevau-légers de la garde, et fut tué au combat d'Ettingen en 1743. On a de lui : les prétendus *Mémoires de Madame de Barneveldt*, 2 vol. in-12 ; un *Abrégé de l'Histoire de France et de l'Histoire romaine, par demandes et par réponses*, 1759, 2 vol. in-12, qui peut être utile à la jeunesse ; les trois premiers volumes et la moitié du quatrième de l'*Histoire de Paris*, jusqu'en 1730, 1745, en 5 vol. in-12 ; les huit premiers volumes des *Vies des hommes illustres de la France*, in-12. Le neuvième et le dixième ont été publiés en 1744, par son frère, chanoine prémontré. Il a des anecdotes curieuses et des faits peu connus ; mais l'auteur a préféré les ornements du style à l'exactitude historique.

AUVITY (Jean-Abraham), médecin, ancien membre du collége et de l'Académie de chirurgie, a été, pendant cinquante ans, chirurgien en chef de l'hôpital des Enfants-Trouvés. Il est mort à Paris en 1828. Il a laissé une *Dissertation sur le muguet*, sorte de maladie particulière aux enfants.

AUVRAY (Félix), peintre d'histoire, l'un des élèves de Gros, né à Valenciennes, mort à 33 ans en 1833, se fixa en 1826 à Florence. Ce fut à Rome qu'il composa le *Festin* où Damoclès a l'épée nue suspendue au-dessus de sa tête, et *Saint Paul prêchant aux Corinthiens*, exposés en 1828 avec le *Déserteur spartiate*.

AUXENCE, arien, de Cappadoce, intrus dans le siége de Milan par l'empereur Constance, fut condamné dans un concile de 93 évêques, à Rome, en 372. Il était né pour être plutôt homme d'affaires qu'évêque. Il ne savait pas le latin, il ne connaissait que l'intrigue. Il posséda pourtant cet évêché jusqu'en 374, année de sa mort. — Il ne faut pas le confondre avec AUXENCE, surnommé *le Jeune*, qui voulut disputer, vers l'an 385, le siége de Milan à saint Ambroise, et que les ariens reconnurent pour évêque. On voit dans les écrits de saint Ambroise un beau *Sermon* que ce saint docteur fit contre cet usurpateur.

AUXILIUS, prêtre, ordonné par le pape Formose, publia en 907 trois *Traités* contre le pape Sergius III, pour soutenir la validité des ordinations faites par Formose. Deux de ces *Traités* sont dans le *Traité des ordinations* du Père Morin. Ils sont écrits avec beaucoup de fermeté et de liberté. L'auteur y démontre la validité des ordinations faites par des évêques illégitimes, pourvu cependant qu'ils soient véritablement évêques ; que Formose, pour avoir été transféré d'un siége sur un autre, ne laisse pas d'être évêque légitime. Le Père Mabillon les a fait imprimer tous trois dans ses *Analectes*, in-fol.

AUZANET (Barthélemy), d'autres disent Pierre AUZANNET, naquit en 1591, et fut reçu avocat en 1609. Il avait une place au conseil établi en 1665 pour la réformation de la justice. On le fit à cette occasion conseiller d'Etat. Il mourut en 1673, âgé de 82 ans, avec la réputation d'un magistrat éclairé et intègre. On a de lui des *Notes sur la Coutume de Paris*, des *Mémoires*, des *Arrêts*, etc. Le recueil de ses ouvrages a été publié en 1708, in-fol.

AUZOUT (Adrien), célèbre mathématicien du 17e siècle, né à Rouen, mourut en 1691, membre de l'Académie des sciences de Paris. Il inventa, en 1667, le micromètre à fils mobiles, sur lequel il publia un *Traité*, imprimé au Louvre, dans le *Recueil de l'Académie des sciences*, in-fol., 1693. Quelques Anglais lui disputèrent la gloire de cette invention. Il eut encore la première idée d'appliquer le télescope au quart de cercle astronomique, dont quelques savants ont fait honneur à Picard, qui perfectionna cette idée.

AVALON (Irénée d'), né en Bourgogne, entra chez les capucins, et travailla avec beaucoup de zèle et de succès à la conversion des calvinistes. Outre un livre apologétique en faveur des seigneurs de Passade, de Mazel, et autres gentilshommes qui abjurèrent leurs erreurs entre ses mains, il a publié : *Libri tres controversiarum contra calvinistas, huguenotos et anabaptistas*, Lyon, 1628, 3 vol., in-4. Le titre montre assez qu'on mettait alors quelque différence entre les huguenots et les calvinistes ; mais il n'est pas facile de dire en quoi elle consistait, parce que la véritable origine du mot *huguenot* n'est pas bien connue, malgré tout ce que les érudits ont écrit sur ce sujet.

AVALOS (Ferdinand-François d'), marquis de Pescaire, d'une des maisons les plus distinguées du royaume de Naples, originaire d'Espagne, se fit remarquer de bonne heure par son esprit et par sa valeur. Ayant été fait prisonnier en 1512, à la bataille de Ravenne, il consacra le temps de sa prison à composer un *Dialogue de l'Amour*, qu'il dédia à son épouse, Vittoria Colonna, dame également illustre par sa beauté, sa vertu et son esprit, dont les *Poésies* parurent en 1538, in-8. Dès qu'il eut sa liberté, il s'en servit avantageusement pour l'empereur Charles-Quint. Il eut beaucoup de part au gain de la bataille de la Bicoque, au recouvrement du Milanais, et à la victoire de Pavie, l'an 1525. Clément VII et les princes d'Italie, alarmés des progrès de l'empereur, proposèrent au marquis de Pescaire d'entrer dans la ligue qu'ils voulaient opposer à ses conquêtes. On dit que d'Avalos, à qui le Pape promettait l'investiture du royaume de Naples, goûta ces propositions, mais que l'empereur l'ayant su, il se défendit en disant que c'était une feinte de sa part pour avoir le secret des ennemis. Cependant les historiens les mieux instruits assurent qu'à l'instance de sa sage et vertueuse épouse, il rejeta ces offres, et resta fidèle à son armée. « Le Pape, dit Macquer *(Abrégé « chronologique de l'histoire d'Espagne)*, « les Vénitiens, les Florentins, et même « François Sforce, duc de Milan, formè- « rent une confédération contre l'empe- « reur ; ils offrirent au marquis de Pes- « caire le royaume de Naples, s'il vou- « lait se mettre à la tête de la confédéra- « tion ; mais ce seigneur instruisit de « tout l'empereur, et par ses ordres se « mit en devoir de punir l'ingratitude « du duc de Milan. Il l'assiégea dans sa « capitale, et se rendit maître des au- « tres places de son duché. Le marquis « de Pescaire mourut sur la fin de l'an- « née, non sans soupçon d'être la vic- « time de ses ennemis, quoique les fati- « gues considérables d'une campagne la- « borieuse aient pu avoir précipité la fin « d'une vie qu'il rendit célèbre par ses « exploits militaires, et recommandable « par son inviolable attachement à son « souverain. (Voyez Victoire COLONNE). » Il mourut sans postérité, à Milan, le 4 novembre 1525. C'était un des protecteurs des lettres, dans un siècle qui en eut beaucoup. Il était lui-même très-instruit, ayant eu un excellent instituteur. — Paul Jove a écrit sa *Vie*.

AVALOS (Alphonse d'), marquis de Guast, héritier des biens de Ferdinand-François, son cousin, fut fait lieutenant général des armées de Charles-Quint en Italie. Il avait suivi, en 1535, cet empereur à l'expédition de Tunis. Il fut chargé ensuite d'une ambassade à Venise, et, quelque temps après, il fit lever le siège de la citadelle de Nice, formé par Barberousse et par le duc d'Enghien, en 1543. Ce dernier général le battit l'année suivante, dans la journée de Cérisoles, où il prit des premiers la fuite. La mort de Frégose et de Rinçon, envoyés de François Ier, tués dans une embuscade, lui faisaient appréhender de tomber entre les mains des Français. Deux jours avant que « de partir de Milan, dit Brantôme, « pour aller livrer cette bataille (de Cé- « risoles), il brava fort, et menaça « de tout battre, vaincre et renverser ; « dont en ayant fait un festin aux dames « de la ville ; car il était fort dameret, « s'habillant toujours fort bien, et se « parfumant fort, tant en paix qu'en « guerre, jusqu'aux selles de ses che- « vaux..... On dit même qu'il avait fait « faire deux charrettes toutes pleines de « menottes, qui se trouvèrent par après, « pour enchaîner et faire esclaves tous « les pauvres Français qui seraient pris, « et aussitôt les envoyer aux galères. Il « arriva le contraire à son penser et dire ; « car il perdit la bataille, et au lieu de « maltraiter les prisonniers ennemis, « les nôtres lui firent très-honnête et « bonne guerre ». Le même Brantôme raconte qu'il s'arracha la moitié de la barbe de dépit et de tristesse, et que ses équipages ayant été pris, son bouffon disait aux soldats qui les fouillaient: *Cherchez bien, vous ne trouverez pas ses éperons, il les a pris avec lui.* Mais cette relation de Brantôme est contraire en beaucoup de choses à l'idée que tous les historiens du temps, nommément Paul Jove, nous donnent d'Alphonse Avalos. Ce qu'il dit des chaînes préparées pour les Français est un conte ridicule ; et ce qu'il ajoute des galères est plus absurde encore. Il n'était certainement pas au pouvoir d'Avalos d'envoyer aux galères des prisonniers de guerre. Cette conduite, opposée à toutes les maximes et usages de la cour d'Espagne, lui aurait attiré une punition éclatante. Le récit de Brantôme n'est qu'une répétition de ces contes et de ces chansons burlesques, qui ne manquent jamais de circuler parmi le petit peuple, après quelque victoire. Quant à Frégose et Rinçon, en temps de guerre on tue les ennemis sans demander leurs passeports. Ils allaient d'ailleurs susciter de nouveaux ennemis à ceux auxquels ils faisaient la guerre, ils n'avaient garde d'annoncer leurs qualités et le but de leur voyage furtif, Avalos les traita en espions, en embaucheurs ; il n'y a pas matière à grands reproches entre deux nations armées l'une contre l'autre (Voyez BRANTÔME.) Avalos mourut, en 1546, à 42 ans.

AVANCINUS (Nicolas), jésuite, originaire du Tyrol, fut professeur de rhétorique, de morale et de philosophie à Gratz, et de théologie morale et scolastique à Vienne. Il a écrit un assez grand nombre d'ouvrages, dans lesquels on remarque : *Imperium Romano-Germanicum, sive Elogia L. Cæsarum Germanorum*, Vienne, 1663, in-4 ; *Vita et doctrina J.-C.*, Vienne, 1667-1674, in-12, traduit en français, Paris, 1713 ; *Poesis lyrica*, Vienne, 1670, Amst., 1711 ; *Poesis dramatica*, Cologne, 1675-79.

AVANTIO (Jean-Marie), né en 1564, se fit admirer à Ferrare et à Rovigo par l'étendue de ses connaissances dans le droit. Mais son frère ayant été assassiné dans cette dernière ville, et lui même ayant couru grand risque de l'être, il se retira à Padoue, où il mourut le 2 mars 1622. On a de lui en manuscrit: *Consilia de rebus civilibus et criminalibus*, et une *Histoire ecclésiastique* depuis Luther. Le seul ouvrage dont jouisse le public est le poëme qu'il dédia à l'archiduc Ferdinand, depuis empereur, qui lui en témoigna hautement sa reconnaissance.

AVARAY (Antoine-Louis-François, comte d'), fils du marquis d'Avaray, député de la noblesse d'Orléans aux états-généraux, servait avant la révolution comme colonel du régiment de Boulonnais. Monsieur, depuis Louis XVIII, qui avait en lui une entière confiance, le chargea des préparatifs de son voyage, lorsqu'il se décida à quitter la France en 1790. Il y avait de grands dangers à courir. Le comte d'Avaray, qui s'était procuré des passeports sous des noms anglais, accompagna le prince dans sa fuite. Lorsqu'ils furent arrivés à Avesnes, craignant d'être obligé de coucher à Maubeuge où ils pouvaient être reconnus, il obtint adroitement du postillon de le conduire jusqu'à Mons sans passer par Maubeuge, en lui disant qu'une de ses sœurs, dangereusement malade à Soissons, ne voulait recevoir de secours que d'un médecin de Mons en qui elle avait toute confiance, et qu'il était urgent, pour la sauver, d'emmener de suite ce médecin. L'humanité et quelques pièces d'or décidèrent le postillon à tourner Maubeuge, et ils parvinrent ainsi à gagner la frontière. Ces détails sont consignés dans la *Relation du voyage à Bruxelles*, écrite par Louis XVIII lui-même, imprimée en 1823, et que l'auguste prince crut devoir dédier au comte d'Avaray, comme un tribut qu'il payait à l'amitié. Ce service important lui valut la place de capitaine de ses gardes, et après la mort de Louis XVII, celle de capitaine des gardes du roi. Il lui accorda, en outre, le droit de porter sur ses armes celles de France, et d'y joindre pour devise la date du jour où il avait sauvé son maître. Depuis ce temps, il l'accompagna en Italie, en Allemagne, en Russie, en Pologne, en Angleterre, et il remplissait auprès de lui les fonctions de ministre et de maître de la garde-robe; mais l'humidité et l'air épais de ce dernier pays ne convenant point à sa santé, il fut obligé, pour obéir aux instances du roi, d'aller respirer un air plus salubre à Madère, où il termina ses jours en 1810, en exprimant le regret de mourir sur un sol étranger. La douleur de Louis XVIII fut inexprimable; il composa lui-même une épitaphe latine pour être placée sur le monument qu'il lui fit élever; et lorsque des circonstances plus favorables vinrent mettre un terme à l'exil de nos princes, pour satisfaire en quelque sorte au désir de celui qu'il appelait son fidèle ami, il fit envoyer à Madère un bâtiment du roi pour rapporter en France sa dépouille mortelle et la pierre tumulaire qui la couvrait. La cérémonie fut exécutée avec beaucoup de pompe, et le corps fut placé dans une chapelle de l'église d'Avaray, en attendant le moment d'être déposé dans la sépulture particulière de la famille.

AVAUR. (Voyez MESME, Claude.)

AVED (Jacques-André-Joseph), peintre, fils d'un médecin de Douai, naquit en 1702, et mourut d'apoplexie à Paris le 4 mai, en 1766. Il resta orphelin dès l'enfance. Après avoir parcouru la Flandre, il vint à Paris en 1721, puiser dans les leçons des meilleurs artistes les principes dont il avait besoin. Il entra comme élève à l'Académie royale de peinture en 1729, et en fut reçu membre en 1754. L'ambassadeur de la Porte, Méhémet-Effendi, voulant offrir son portrait à Louis XV, choisit Aved, comme le meilleur peintre. Le succès qu'eut ce tableau lui procura l'honneur de peindre le roi lui-même, qui l'avait fait appeler à la cour. Aved avait le secret si rare de rendre dans ses portraits, non-seulement la figure, mais encore le génie et le caractère de la personne qu'il peignait.

AVEIRO (Don Joseph-Mascarenas, duc de LANCASTRE d'), était un des plus grands seigneurs de Portugal, par sa naissance, par ses biens et par son crédit. Il était extrêmement considéré pendant le règne de Jean V. A l'avénement de Joseph I au trône, sa faveur diminua beaucoup. En 1758, le roi se rendant incognito, dans la voiture de son valet de chambre, auprès de la marquise de Tavora, sa maîtresse, reçut deux coups de mousquet qui le blessèrent grièvement. Carvalho, ministre, depuis marquis de Pombal, accusa d'Aveiro d'avoir trempé dans ce complot, et le fit condamner à mort comme criminel de lèse-majesté. Cet infortuné duc fut rompu vif, ainsi que le marquis de Tavora, dont presque toute la famille périt par divers supplices, le 13 janvier 1759. Les ténèbres qui ont couvert assez longtemps cette affaire se sont dissipées depuis la disgrâce et l'exil du marquis de Pombal, par l'innocence déclarée des prétendus complices, que la reine Marie-Françoise a rétablis dans leurs droits et leur honneur, et enfin par la sentence qui condamne l'oppresseur de tant d'illustres victimes. (Voyez TAVORA, POMBAL, etc.)

AVELLINO (Saint-André), né en 1521, à Castro-Nuovo, petite ville du royaume de Naples, embrassa la règle des clercs réguliers, appelés Théatins, et se retira en 1556, dans leur maison de Naples, qui faisait l'édification de toute la ville; elle était encore animée de l'esprit et de la ferveur de saint Gaëtan, mort en 1547. Il quitta le nom de Lancelot, qu'il avait porté jusque-là, et prit celui d'André. Pour se mettre dans la sainte nécessité de devenir parfait, il fit deux vœux particuliers qu'on ne doit pas facilement permettre, d'après les règles de la prudence chrétienne, parce qu'ils peuvent devenir un principe de scrupules ou de transgressions; mais ils lui furent suggérés par un mouvement extraordinaire de la grâce. Le premier fut de combattre toujours sa propre volonté; le second, de faire tous les jours quelques progrès dans la vertu. Ce second vœu, qui n'est pas plus sans inconvénient que le premier, et qui semble présenter des vues, des calculs et des mesures que l'élan de la piété et de l'amour ne connaît pas, a reçu une espèce d'approbation dans l'oraison que l'Église récite le jour de sa fête : *Deus, qui in corde beati Andreæ confessoris tui per arduum quotidie in virtutibus proficiendi votum, admirabiles ad te ascensiones disposuisti.* S. Charles Borromée avait pour lui une estime particulière, et lui demanda quelques sujets formés de sa main, pour fonder à Milan une maison de Théatins. Épuisé de fatigues et cassé de vieillesse, il tomba d'apoplexie au pied de l'autel, lorsqu'il commençait la Messe. Il répéta trois fois ces paroles : *Introibo ad altare Dei*, et ne put aller plus loin. On lui administra les Sacrements de l'Eucharistie et de l'Extrême-Onction, qu'il reçut avec la plus tendre piété. Il expira le 10 novembre 1608, dans sa quatre-vingt-huitième année. On garda son corps à Naples dans l'église des Théatins de Saint-Paul. Il fut béatifié seize ans après sa mort. Clément XI le canonisa en 1712. La Sicile et la ville de Naples l'ont choisi pour un de leurs patrons. Il a laissé plusieurs ouvrages de piété qui ont été imprimés en 5 vol. in-4, à Naples, 1733 et 1734.

AVENDANO (Diégo d'), né à Ségovie, se fit jésuite à Lima au Pérou; il s'y consacra aux missions, fut deux fois recteur du collège de Lima, provincial, etc. On a de lui plusieurs ouvrages; le plus considérable est *Thesaurus Indicus pro regimine conscientiæ in iis quæ ad Indios spectant*, Anvers, 1668, 2 vol. in-fol.

AVENTIN (Jean), fils d'un cabaretier d'Abensberg en Bavière, et auteur des *Annales* de ce pays, mourut en 1534, à l'âge de 68 ans. Son ouvrage ne vit le jour qu'en 1554, par les soins de Jérôme Ziegler, qui en retrancha les déclamations contre les ecclésiastiques, et la plupart des fables dont cet historien avait rempli ses *Annales*. Elles ont été réimprimées en 1710, in-fol. Le cardinal Baronius en parle désavantageusement. Cet ouvrage est défendu par l'*Index* du concile de Trente.

AVENZOAR ou ABEN-ZOAR, c'est-à-dire fils de Zoar, médecin, surnommé *le Sage* et *l'Illustre*, naquit dans l'Andalousie, et fut contemporain d'Avicenne et d'Averrhoës. Il s'adonna à la médecine, ensuite à la pharmacie, enfin à la chirurgie, qui de son temps n'était exercée que par des esclaves. Il réussit dans ces arts, et se fit un grand nom. On a de lui : *Rectificatio medicationis et regiminis*, Lyon, 1531, in-8; *Traité sur les fièvres*, Venise 1576, in-folio.

AVERANI (Benoît), né à Florence en 1645, et mort à Pise, professeur de belles-lettres en 1707, avait reçu de la nature les dispositions les plus heureuses : philosophie, théologie, jurisprudence, littérature, géométrie, mathématiques, astronomie, il possédait à un certain point toutes ces sciences. Sa mémoire était prodigieuse : sans avoir fait d'extraits des auteurs, il en citait assez exactement les passages dans ses leçons, et les trouvait souvent sous sa main à l'ouverture du livre. Comme il avait beaucoup de goût pour les poésies latines et italiennes, il était peu de poëtes dans ces deux langues qu'il ne sût en partie par cœur. On publia à Florence, en 1716 et 1717, le recueil de ses ouvrages latins, en 3 vol. in-fol. Ce recueil contient des *Dissertations* sur plusieurs auteurs grecs et latins; des *Traductions*, des *Discours*, des *Lettres*, et des *Poésies*.

AVERRHOËS (Aboul-Vélyd-Mohammed, ou régulièrement IBN-ROCHD), philosophe et médecin arabe, fut surnommé le *Commentateur*, parce qu'il traduisit, le premier, Aristote en arabe, et qu'il le commenta. Il naquit à Cordoue en Espagne, dans le 12ᵉ siècle d'une famille illustre. Manzor, roi de Maroc, lui donna la charge de juge de Maroc, et de toute la Mauritanie; mais Averrhoès la fit exercer par des subdélégués, pour ne pas quitter Cordoue. On l'accusa d'hérésie auprès de ce prince qui, en ayant vu les preuves, l'obligea de se rétracter à la porte de la mosquée, et à recevoir sur le visage les crachats de tous ceux qui y entreraient. Il mourut en 1198. Il cultiva la poésie dans sa jeunesse, et fit même quelques vers galants; mais il les brûla dans un âge plus avancé. Un docteur juif de Cordoue, philosophe, médecin et astrologue, lui fut dénoncé comme poëte lascif. Averrhoès le réprimanda, et le menaça de le punir : « ce « qui, dit un critique, ne s'accordait « pas avec les principes d'impiété dont « il a fait parade dans quelques occasions « et dans quelques-uns de ses écrits; car « quel intérêt les mœurs auraient-elles « pour un homme qui se range avec la « brute, et qui croit qu'en mourant il « s'ensevelit tout entier dans la ma- « tière ? » Les historiens de la philosophie l'ont mis à la tête des philosophes arabes, à cause de sa subtilité ; mais le grand nombre de ses erreurs est une nouvelle preuve de l'affinité de l'esprit subtil avec l'esprit faux. Sa *traduction* d'Aristote, quoique infidèle, fut mise en latin : les Espagnols l'apportèrent en France, d'où elle se répandit dans toute l'Europe. Nous n'eûmes longtemps que cette version latine, très-inexacte, et faite sur une copie arabe qui ne l'était pas moins. Le pape Nicolas V en fit faire une autre en 1448. On a de lui d'autres ouvrages : *De naturâ orbis* ; *De remediis* ; *De theriacâ*, etc. Gilles de Rome rapporte qu'étant auprès de l'empereur Frédéric II, il y trouva deux fils d'Averrhoès qui durent sans doute être bien reçus dans cette cour, s'il est vrai que cet empereur soutenait (comme le pape Grégoire IX l'en accusait publiquement) que le monde avait été séduit par trois imposteurs, Moïse, Jésus-Christ et Mahomet. Averrhoès et ses deux fils étaient dans de tels principes ; et le même écrivain rapporte que ce philosophe appelait la religion chrétienne une *religion impossible*, à cause du mystère de l'eucharistie, dont son esprit ergoteur et sa mince physique ne reconnaissaient pas la possibilité, même dans les vues et les moyens de Dieu (ce qui prouve au moins que les chrétiens d'alors admettaient la transsubstantiation); qu'il nommait celle des Juifs une *religion d'enfants*, à cause des différents préceptes et des observances légales, ignorant la sagesse des raisons qui les avaient dictés; qu'enfin il avouait que la religion des Mahométans, bornée aux plaisirs des sens, était une *religion de pourceaux*; et qu'ensuite faisant une parodie impie d'un passage de l'Ecriture, il s'écriait : *Moriatur anima mea morte philosophorum!* Il serait difficile de dire quel attrait il trouvait dans ce qu'il appelait *mort des philosophes*. Toutes celles que nous avons vues dans ce siècle, où les exemples n'en ont pas manqué, n'ont rien eu de bien attirant. Les uns se tuent, les autres meurent enragés, la plupart se rétractent. (Voyez VOLTAIRE, ROUSSEAU, D'ARGENS, LA METTRIE, BOULANGER, etc.) « Averrhoès, dit « un auteur moderne, alliait à la vanité « du savoir et à la morgue philosophique « tout le ridicule des pédants. Il parlait

« avec ce ton d'apophthegme qui annonce la suffisance, et qui en même temps décèle un homme convaincu de son insuffisance et de son peu de solidité. » On cite encore d'Averrhoès des *Commentaires sur les canons d'Avicenne*, Venise, 1484, in-fol. La liste des ouvrages d'Averrhoès se trouve dans l'ouvrage du savant Casiri, intitulé : *Bibl. arab. hispana*.

AVESNES (Baudouin d'), frère de Jean, comte de Hainaut, vivait vers l'an 1289. On a de lui une *Chronique des comtes de Hainaut*, qui a été imprimée à Anvers, en 1693, in-fol., avec des notes historiques, par Jacques Le Roi.

AVESNES (François d'), né à Fleurance, dans le bas Armagnac, disciple du fanatique Simon Morin, se signala par des ouvrages pleins d'extravagances. Il y prédit l'arrivée du jugement dernier, le renouvellement du monde. Il l'annonce aux pontifes et aux rois; et il l'annonce en homme qui n'a plus de tête. Ses ouvrages les plus singuliers sont : *Les huit béatitudes des deux cardinaux* (Richelieu et Mazarin) *confrontées à celles de J.-C.* ; *La Phiole de l'ire de Dieu, versée sur le siége du dragon et de la bête, par l'ange et le verbe de l'Apocalypse* ; *Factum de la sapience éternelle au parlement* ; plusieurs autres ouvrages dans le même genre et le même goût. On croit qu'il mourut avant son maître, en 1662. Il avait été emprisonné en 1651, et relâché l'année suivante.

AVIAU (Charles-François d'), archevêque de Bordeaux, pair de France et commandeur de l'ordre du Saint-Esprit, né le 7 août 1736, au château du Bois de Sanzay, diocèse de Poitiers, fut reçu docteur à la Faculté de théologie, d'Angers, ensuite chanoine de la collégiale de Saint-Hilaire à Poitiers, puis de la cathédrale, et enfin grand-vicaire du diocèse. Nommé en 1789 à l'archevêché de Vienne, il fut sacré le 3 janvier 1790. Le nouveau prélat protesta contre la constitution civile du clergé, adhéra à l'*Exposition des principes* des évêques, et refusa le serment. Obligé de sortir de France, il y rentra en 1796 avec des pouvoirs pour l'administration des siéges de Die et de Viviers, et il parcourut les montagnes du Dauphiné, du Vivarais, du Forez, portant partout les secours et les consolations de la religion, quoique ce fût encore un temps où la profession de la religion conduisait à l'échafaud. A l'époque du Concordat, en 1801, il donna la démission de son archevêché, et fut placé, l'année suivante, sur le siége de Bordeaux, qu'il gouverna pendant 24 ans, et où il créa un grand et un petit séminaires. Il acheta aussi le bel édifice qu'occupe aujourd'hui le petit séminaire de Bazas, et qui peut contenir plus de 250 jeunes ecclésiastiques. Mais ce n'était pas assez pour son zèle d'assurer par ces fondations pieuses les destinées futures de son diocèse, l'ardeur de sa foi travaillait sans cesse à lui procurer d'abondants secours spirituels. Ainsi de zélés missionnaires allaient, par ses ordres, renouveler la ferveur des fidèles et répandre dans les campagnes les bienfaits de la religion ; ainsi il rétablit le pèlerinage célèbre et révéré de Notre-Dame-de-Verdelais, où le roi Louis XIII avait offert autrefois ses vœux et ses prières ; ainsi il fonda près de Bordeaux un monastère de religieux-trappistes ; dans Bordeaux et aux environs, de nombreuses réunions de religieuses carmélites, ursulines, et d'autres ordres institués pour s'immoler sans réserve à l'éducation de la jeunesse, au soulagement des pauvres, à l'adoration, à la prière, à la pratique de toutes les bonnes œuvres et de toutes les vertus. Sa vie fut un holocauste perpétuel. Indulgent pour tous, sévère pour lui seul, se refusant tout à lui-même, donnant tout aux pauvres, son zèle était toujours selon la science, sa modération charitable toujours accompagnée d'une noble fermeté. La France chrétienne se souviendra à jamais de sa noble résistance aux volontés impériales, de sa courageuse obéissance à l'Eglise, de son attachement inviolable au centre de l'unité catholique et au vicaire de Jésus-Christ. Il vota en 1811 pour l'incompétence du concile assemblé à Paris, et refusa sa signature à la lettre de créance des députés au Pape captif. Pie VI disait que c'était un prélat *digne des premiers siècles*, et Pie VII l'appelait un prélat *saint et savant*. En effet, la piété la plus aimable, la charité la plus tendre pour les malheureux, une admirable simplicité de mœurs s'unissaient chez lui aux qualités propres d'un ecclésiastique et aux lumières du théologien. Mgr d'Aviau succomba à une maladie longue et douloureuse, le 11 juillet 1826, et fut sincèrement regretté et pleuré de tout son peuple. Ces détails sont tirés d'une notice consacrée à sa mémoire par le comte de Marcellus, insérée dans le n° 1250 de l'*Ami de la religion et du roi*. Son oraison funèbre a été prononcée à Poitiers par l'abbé Lambert, grand-vicaire du diocèse, et imprimée chez Barbier, imprimeur du roi. On a de lui : neuf *Lettres à l'occasion de différents faits relatifs à la déclaration de* 1682, insérées dans le *Mémorial catholique*, mai et juin 1827, et imprimées

séparément en forme de petite brochure pour répondre aux vœux d'un grand nombre d'ecclésiastiques qui désiraient se les procurer. « Quelques-uns de mes collè-
« gues dans l'émigration, écrivait-il à un
« ami, me faisaient amicalement la guerre
« sur mon ultramontanisme ; je m'y en-
« fonce de plus en plus, à mesure que je
« considère où se laissent emporter les
« meilleurs esprits qui ne se sont point
« assez tôt déliés des systèmes gallicans; » *Mélanie et Lucette*, ou *les Avantages de l'éducation religieuse*, ouvrage utile aux jeunes personnes de l'un et de l'autre sexe, Poitiers 1811, in-12 ; nouvelle édition, Paris 1823, in-18. Quelques personnes lui ont attribué *la pieuse Paysanne*, mais cet ouvrage n'est pas de lui.

AVICENNE, ou correctement IBN-SINA (Abou-Aly-Hocéin), philosophe et médecin arabe de Bokhara en Perse, naquit à Afchanah, bourg dépendant de Chyraz, dont son père était gouverneur, l'an 980 de J.-C., avec des dispositions si heureuses, qu'à l'âge de 10 ans il savait le Coran par cœur. Il apprit les belles-lettres, la philosophie, les mathématiques et la médecine, avec la même facilité. Il s'adonna ensuite à la théologie, et commença par la Métaphysique d'Aristote. Il la lut, dit-on, quarante fois sans l'entendre, et il n'est pas encore bien décidé s'il l'a entendue plus tard, quoiqu'il en ait paru persuadé. Ses études furent finies dès l'âge de 18 ans. Il fut ensuite médecin et vizir du sultan Cabous. Il mourut l'an 1037 après J.-C., à 37 ans, des suites d'un poison subtil qu'un esclave, avide de ses richesses, mêla dans une potion qu'il prenait pour calmer ses attaques d'épilepsie. Nous avons de lui plusieurs ouvrages de médecine et de philosophie, imprimés d'abord à Rome, en arabe, l'an 1593, in-fol. Ils ont été traduits en latin, à Venise, 1564, 2 vol. in-fol., de même en 1595 et 1608. Il y en a une traduction de Vopiscus Fortunatus, Louvain, 1658, in-fol.; et ils ont été commentés par différents auteurs. Il y a eu 28 éditions de ses divers ouvrages. On trouve beaucoup de détails sur Avicenne dans la *Biblioth. arab. hisp.* de Casiri ; et on y remarque quelques observations utiles au milieu de beaucoup de minuties.

AVIÉNUS (Rufus Festus), poëte latin, florissait vers l'an 400, sous Théodose l'Ancien. On a de lui une *Traduction* en vers des *Phénomènes d'Aratus*, Venise, 1599, in fol.; de la *Description de la terre*, de Denys d'Alexandrie, et de quelques *fables d'Esope*, fort au-dessous de celles de Phèdre, pour la pureté et les grâces du style. On trouve sa *Traduction* d'Eso-pe en vers élégiaques, dans le *Phèdre de Paris*, 1747, in-12. Il avait mis aussi en vers iambes tout *Tite-Live*, travail ridicule de son temps, mais qui à présent pourrait suppléer en partie à ce qui nous manque de cet historien.

AVILA Y ZUNIGA (Louis d'), espagnol, natif de Placentia, fut général de la cavalerie pour Charles-Quint, au siége de Metz, en 1552. Il a écrit des *Mémoires historiques* de la guerre de cet empereur contre les protestants d'Allemagne, imprimés pour la première fois en espagnol l'an 1549.

AVILA (Jean d'), né à Almodovar del Campo, bourg de l'archevêché de Tolède, vers l'an 1500, fut surnommé l'*Apôtre de l'Andalousie*. Dominique Soto fut son maître de philosophie à Alcala. Après la mort de ses parents, il distribua tous ses biens aux pauvres. Il exerça le ministère de la prédication avec tant de zèle, qu'il opéra des conversions sans nombre. François de Borgia et Jean de Dieu lui durent la leur. Sainte Thérèse lui fut aussi redevable d'avoir décidé sa vocation. « On peut le regarder, dit un ha-
« giographe, comme le père de tant de
« saints qui parurent en Espagne dans le
« 16e siècle. Il mérita par sa doctrine,
« par son zèle et par ses autres vertus,
« d'être l'édification, le soutien et l'ora-
« cle de l'Église. C'était un génie uni-
« versel, un directeur éclairé, un pré-
« dicateur célèbre, un homme révéré de
« toute l'Espagne, connu de tout l'uni-
« vers chrétien, un homme enfin dont la
« réputation était parvenue à un point
« que les princes se soumettaient à ses dé-
« cisions, et que les savants lui deman-
« daient le secours de ses lumières. » D'Avila passa les 17 dernières années de sa vie dans des infirmités continuelles et les douleurs les plus aiguës ; il s'écriait souvent: *Seigneur, augmentez mes douleurs, mais augmentez aussi ma patience*. Il mourut le 10 mai 1569. On a de lui des *Lettres spirituelles* et des *Traités de piété*, traduits en français par Arnauld d'Andilly. Martin Ruiz a publié sa *Vie et ses Œuvres*, Madrid, 2 vol. in-4.

AVILA (Sanche d'), ainsi appelé de la ville de son nom, en Espagne, qui fut son berceau, l'an 1546, sortit d'une famille distinguée. Sa naissance l'illustra moins que sa science et ses prédications, qui eurent un grand succès. Il fut confesseur de sainte Thérèse. On lui donna l'évêché de Murcie ou de Carthagène, puis celui de Siguenza, et enfin de Placentia, où il mourut le 6 décembre 1625. Il a laissé des *Sermons*, des *Traités de piété* et les *Vies de S. Augustin et de S. Thomas*.

AVILA (Gilles Gonzalès d'), historiographe du roi d'Espagne pour la Castille, vit le jour dans la ville dont il portait le nom, et mourut en 1658, âgé de plus de 80 ans. Il publia en espagnol l'*Histoire des antiquités de Salamanque*, le *Théâtre des églises d'Espagne et celui des Indes*, etc.

AVILA, Didace Sanche d' (Voyez THOMAS DE JÉSUS.)

AVILER (Augustin-Charles d') naquit à Paris en 1653. Le goût de l'architecture l'engagea à s'embarquer à Marseille, pour aller perfectionner ses talents à Rome. La felouque sur laquelle il était monté fut prise par les Algériens. Mené à Tunis, il donna le dessin de la superbe mosquée qu'on y admire. D'Aviler n'eut sa liberté que deux ans après, et ne s'en servit que pour aller admirer et étudier les chefs-d'œuvre de Rome. De retour en France, il éleva à Montpellier une porte magnifique, à la gloire de Louis XIV, en forme d'arc de triomphe. Les états du Languedoc créèrent pour lui un titre d'Architecte de la Province, en 1693. Cet emploi l'engagea à se marier à Montpellier. Il y mourut en 1700, n'étant âgé que de 47 ans. On a de lui un *Cours d'architecture*, 2 vol. in-4, qui est estimé. Cet ouvrage a été imprimé plusieurs fois à Paris et à La Haye, avec des augmentations. L'édition la plus belle et la plus complète est celle de 1750 et 1755. Mariette y joignit plusieurs nouveaux dessins, et un grand nombre de remarques utiles. D'Aviler avait auparavant traduit de l'italien le 6e livre de l'*Architecture de Scamozzi*.

AVIRON (Jacques Le Batelier d'), avocat au présidial d'Evreux, l'un des meilleurs jurisconsultes de son temps, composa, vers 1587, des *Commentaires sur la coutume de Normandie*. Après sa mort, le premier président Groulard les ayant fait imprimer, sans mettre le nom de l'auteur à la tête, on crut qu'il voulait se les attribuer, et on le lui reprocha. « Ce livre est tant beau, dit-il, qu'il « ne peut être que l'œuvre de Jacques « Le Batelier, ne connu sous un autre « nom. » Les *Commentaires* d'Aviron ont été réimprimés avec ceux de Bérauld et de Godefroi, à Rouen, 1684, 2 vol. in-fol.

AVITUS (Marcus-Auxilius), natif d'Auvergne, d'une famille illustre, préfet du prétoire des Gaules sous Valentinien, maître de la cavalerie sous Maxime, se fit proclamer empereur à Toulouse en juillet 455, et repoussa les Vandales et les Suèves. Le général Ricimer, auquel il avait donné sa confiance, parvint à une autorité si absolue, qu'il fit révolter l'armée à la tête de laquelle Avitus l'avait placé. Ce prince était alors dans les Gaules; Il passa en Italie pour se maintenir. Mais Ricimer, l'ayant surpris dans Plaisance, le dépouilla de la pourpre impériale en octobre 456, après un règne de 14 mois. Il fut ordonné évêque de Plaisance ; et comme il appréhendait d'être tué par Ricimer, il résolut d'aller achever sa carrière en Auvergne, mais il mourut en chemin, et son corps fut apporté à Brioude.

AVITUS (Sextus Alcimus), neveu de l'empereur Avitus, fut élevé sur le siège de Vienne, en Dauphiné, après la mort de saint Mammert. Son éminente vertu le fit respecter par Clovis, roi de France, et par Gondebaud, roi de Bourgogne, quoique le premier fût encore idolâtre, et que le second fût infecté de l'hérésie arienne. Ayant eu une conférence à Lyon avec les évêques ariens, il les confondit et les réduisit au silence. Le roi de Bourgogne, qui était présent, fut si frappé du triomphe de la foi catholique, qu'il l'aurait embrassée, s'il n'eût craint de choquer ses sujets. Sigismond, fils et successeur de Gondebaud, fut plus courageux que son père; il se rendit aux sollicitations de saint Avit qui le pressait d'abjurer l'arianisme. Lorsque ce prince eut trempé ses mains dans le sang de Sigeric, son fils, que sa belle-mère avait accusé d'un crime supposé, Avitus lui fit sentir toute l'indignité de sa conduite, et lui inspira des sentiments de pénitence. Il présida, en 517, au célèbre concile d'Épaone, où l'on fit quarante canons de discipline, puis à celui de Lyon, en 525. Il se plaignit, au nom de toute l'Eglise des Gaules, de ce que le concile de Palme s'était mêlé de juger le pape Symmaque, et dit : « Comme Dieu « nous ordonne d'être soumis aux puis- « sances de la terre, aussi n'est-il pas « aisé de comprendre comment le supé- « rieur peut être jugé par les inférieurs, « et principalement le chef de l'Eglise. » Il mourut l'an 525, en odeur de sainteté. Il est nommé, le 5 février, dans le *Martyrologe* romain. On l'honore le 29 d'août, dans l'église collégiale de Notre-Dame de Vienne, où il fut enterré. Ses *Ouvrages* ont été publiés à Paris, in-8, en 1643, avec des notes, par le Père Sirmond. Son style est embrouillé, et défiguré par des pointes. Cependant la manière serrée avec laquelle il presse les ariens dans quelques-unes de ses lettres doit nous faire regretter les autres ouvrages qu'il avait composés contre ces hérétiques.

AVOND (Jacques), originaire de Die

(Dauphiné), d'après Goujet et Chalvet. Tout ce qu'on sait de lui, c'est que né dans la religion réformée, et ayant embrassé le culte romain, il prit l'état ecclésiastique, et défendit le célibat des prêtres, dans un ouvrage intitulé: *Poëme à l'honneur du sacré vœu de virginité et de continence*, etc., Grenoble, 1651, in-4. Goujet convient que cet ouvrage prouve plus de zèle que de talent.

AVRIGNY (Hyacinthe-Robillard d'), né en 1675, à Caen, jésuite en 1719. La régence des basses classes ayant beaucoup affaibli sa santé, naturellement délicate, on le fit procureur du collége d'Alençon, où il resta comme inconnu malgré ses talents. On a de lui: *Mémoires chronologiques et dogmatiques, pour servir à l'histoire ecclésiastique, depuis 1600 jusqu'en 1716*, avec des réflexions et des remarques critiques, 4 vol in-12. On s'est plaint que dans cet ouvrage les remarques critiques sont poussées quelquefois jusqu'à la satire; et c'est sans doute ce qui l'a fait supprimer à Rome par un décret du 2 septembre 1727. Mais ce défaut est compensé par des avantages qu'on trouve rarement réunis dans les livres de ce genre. Il n'est guère possible de traiter ensemble l'histoire et les dogmes de la religion avec plus d'ordre et d'intérêt; *Mémoires pour servir à l'histoire universelle de l'Europe, depuis 1600 jusqu'en 1716*, à Paris; 1725, 4 vol. in-12, et réimprimés en 1757, en 5 vol., avec des additions et des corrections, par le P. Griffet. Le discernement des faits, l'exactitude des dates, le choix des matières, l'élégante précision du style, ont fait comparer cet ouvrage aux meilleurs abrégés chronologiques que nous ayons. Le seul défaut qu'on puisse lui reprocher est une partialité outrée, qui passe tout ce qu'on peut imaginer en fait de préjugés nationaux.

AVRIGNY (Charles-Joseph-Louis L'OEILLARD D'), né à la Martinique vers 1762, passa en France, et vint se fixer à Paris, où il est mort le 17 septembre 1823. Il a composé plusieurs pièces pour l'Opéra-Comique, et divers morceaux de poésie sur des sujets patriotiques, ou à la louange de Bonaparte, imprimés sous le titre de *Poésies nationales*; une tragédie de *Jeanne d'Arc à Rouen*, en cinq actes et en vers: c'est sa meilleure production. On a encore de lui un *Tableau historique des commencements et des progrès de la puissance britannique dans les Indes orientales*, inséré dans l'*Histoire de l'empire de Mysore*, par Michaud.

AVRIL (Jean-Jacques), graveur en taille-douce, mourut en décembre 1832, à l'âge de 87 ans. Doué d'une singulière facilité d'exécution, plein de l'amour de son art, Avril avait une fécondité que peu de graveurs ont égalée. Ses *OEuvres* se composent de cinq cent quarante planches, parmi lesquelles on distingue la *Famille de Darius* et la *Mort de Méléagre*, d'après Lebrun; des grands sujets d'histoire grecque et romaine, d'après Lebarbier l'aîné; beaucoup d'autres d'après Raphaël, l'Albane, Le Sueur, G. Vernet, Rubens, Vandermeulen, Vanderwerff, Berghem, etc. La collection des *OEuvres* de ce graveur forme deux vol. in-fol.

AVRILLON (Jean-Baptiste-Elie), né à Paris, en 1652, minime distingué par ses sermons et sa piété, mourut à Paris, en 1729, âgé de 78 ans. On a de lui plusieurs ouvrages. Les principaux sont: *Méditations et sentiments sur la sainte communion*, in-12; *Retraite de dix jours pour tous les états*, in-12; *Conduite pour passer saintement le temps de l'Avent*, in-12; — *pour passer saintement le temps du carême*, in-12; — *pour passer saintement les octaves de la Pentecôte, du Saint-Sacrement et de l'Assomption*, in-12; *Commentaire affectif sur le psaume Miserere, pour servir de préparation à la mort*, in-12; *L'année affective, ou Sentiments sur l'amour divin, tirés du Cantique des cantiques*, in-12; *Réflexions théologiques, morales et affectives sur les attributs de Dieu*, in-12; *Commentaire affectif sur le grand précepte de l'amour de Dieu*, in-12; *Réflexions pratiques sur la divine enfance de J.-C.*, in-12; *Sentiments d'un solitaire en retraite pendant l'octave du Saint-Sacrement*, in-24; *Traité de l'amour de Dieu à l'égard des hommes, et de l'amour du prochain*, in-12; *Pensées sur divers sujets de morale*, in-12. Tous ces ouvrages sont très-estimés par les hommes versés dans les voies spirituelles, et dans la connaissance des cœurs. Ils sont écrits avec beaucoup d'onction, d'une manière attachante et persuasive. Le style est clair, noble et naturel.

AXA, fille de Caleb, fut promise à celui qui emporterait la ville de Cariath-Sepher, qui lui était échue en partage; ce que Othoniel ayant exécuté, il obtint Axa.

AXEL. (Voyez ABSALON.)

AXERETO, ou ASSERETO (Blaise), général des galères de Gênes, gagna, en 1435, la fameuse bataille navale près l'Ile de Ponce, où il fit prisonnier Alphonse V, roi d'Aragon, et plusieurs autres princes. Il se signala aussi contre les Vénitiens.

AXIOTHÉE, femme d'esprit, disciple de Platon, se déguisait en homme pour aller entendre son maître. D'autres femmes, qui voulurent l'imiter, donnèrent lieu à beaucoup de bruits défavorables à la vertu du *divin* Platon.

AYALA. (Voyez AJALA.)

AYLON (Luc Vasquès d'), espagnol, conseiller du tribunal supérieur établi en 1509 à Saint-Domingue, s'est rendu célèbre par ses expéditions dans le Nouveau-Monde. Vélasquès, gouverneur de Cuba, avait fait un grand armement contre Fernand Cortès, qui lui envoya d'Aylon pour traiter d'un accommodement. Mais celui-ci, n'ayant rien gagné sur l'esprit de Vélasquès, passa au Mexique avec Narvaès, amiral de la flotte de Vélasquès; et voyant qu'il rejetait aussi toute voie de conciliation, il lui fit intimer, sous peine de la vie, une défense de passer outre, sans en avoir reçu les ordres de l'audience royale. Pour prévenir les suites de ce coup d'autorité, Narvaès fit embarquer d'Aylon sur une caravelle qu'il envoyait à Cuba; mais d'Aylon engagea le patron de la mener droit à Saint-Domingue. En 1520, il fit une expédition dans la Floride, où il fut gouverneur de la province de Chicora, et où il se ruina par ses dépenses. On croit qu'il périt dans un second voyage de la Floride.

AYMAR (Jacques), paysan de Saint-Véran, en Dauphiné, se vantait de découvrir, par le moyen de la baguette divinatoire, les trésors, les métaux, les bornes des champs, les larrons, les homicides, les adultères. On dit qu'il les poursuivait à la piste, conduit par la seule agitation de la baguette qu'il tenait à la main, et par les émotions violentes qu'il ressentait dans les endroits par lesquels ils avaient passé. Quelques savants ont traité cette vertu occulte de chimère et d'imposture; d'autres ont soutenu qu'elle était naturelle; d'autres enfin y ont soupçonné de la magie : si les faits qu'on en raconte étaient vrais, il n'y aurait que ce dernier parti à prendre, comme l'a prouvé, par des observations multipliées, le Père Le Brun, dans son *Histoire critique des pratiques superstitieuses*, tom. 1. Le Père Kircher, qui a profondément traité la matière des sympathies, du magnétisme, et tous les secrets de la physique corpusculaire, observe également qu'aucune explication naturelle ne peut rendre raison des phénomènes de la baguette : *Ac proinde omnes ridendi sunt, qui virgulas illas bifurcatas manibus apprehensas à tam subtili halituum vi concitari sibi posse imaginantur (Mund. subt. liv.* 10. *sect.* 2, *cap.* 7.) La réputation qu'Aymar s'était faite dans sa province ne s'est pas soutenue à Paris, où l'on assure qu'il a échoué à l'hôtel de Condé, en 1693; ce qui a donné lieu à un auteur estimé de faire une observation applicable à une multitude de phénomènes de ce genre, en particulier à tout ce que l'on raconte des magnétiseurs et des hydroscopes : « Une cause naturelle, dit-il, doit toujours agir de la même manière dans « les mêmes circonstances physiques, et « son effet ne peut dépendre des vues « différentes des hommes; donc le tournoiement de la baguette n'est pas l'effet d'une cause physique et naturelle ; « il ne peut être que l'effet d'une cause « capable de se contredire. Dieu l'ordonne ainsi, afin qu'on puisse se détromper, et que le mensonge ne prenne « pas la consistance de la vérité, conformément à ce qui est écrit dans Isaïe : *Ego Dominus irrita faciens signa divinorum, et ariolos in furorem vertens.* » (Voyez VALLEMONT.)

AYMER DE LA CHEVALERIE (Henriette) naquit le 27 août 1767, au château de la Chevalerie, en Poitou. Elle reçut une éducation chrétienne et soignée. A 11 ans, elle devint chanoinesse dans l'ordre de Malthe. Sous la terreur elle fut mise en prison avec sa mère pour avoir caché un prêtre; mais grâce à la bienveillance des magistrats, l'époque de sa mise en jugement fut retardée, et la chute de Robespierre vint la rendre à la liberté. Des dames pieuses s'étaient associées à Poitiers pour travailler aux bonnes œuvres, sans cependant quitter leur position dans le monde. Henriette entra dans cette société en mai 1795. Deux ans après, elle conçut le projet d'une réunion de dames qui mèneraient la vie commune. Elle réalisa cette pensée, et, quoique bien jeune, elle fut choisie, en juillet 1797, pour supérieure. Henriette se distinguait par une haute vertu, une piété tendre, une charité ardente et un grand attrait pour les mortifications et les austérités. Le 17 octobre 1800, la réunion des dames qu'elle avait formée fut autorisée par les grands-vicaires de Poitiers, qui confirmèrent son élection comme supérieure. Henriette se proposa d'établir dans son institut *l'adoration perpétuelle et la dévotion aux Cœurs de Jésus et de Marie.* De là le nom que prit la nouvelle association; dès 1800, l'adoration perpétuelle y fut établie, et depuis elle n'a pas cessé. L'institut se livrait en outre à l'éducation, tant pour les jeunes personnes de la classe aisée que pour les pauvres, qui recevaient l'instruction gratuitement. En 1802, Mgr de Chabot, ancien évêque de Saint-Claude, fut nommé à l'évêché de Mende; il était oncle de Henriette. Il engagea sa nièce à venir établir une succursale de sa maison dans son diocèse; elle y consentit, et vint à Mende avec plusieurs de ses filles. Le nouvel établissement eut tant de succès, qu'en 1803 elle put former une autre maison à Cahors. En 1804, Mgr de Chabot donna sa démission et vint à Paris avec l'abbé Coudrin, son grand-vicaire, qui était directeur de la pieuse fondatrice du nouvel institut. Henriette ne voulut pas quitter son oncle, elle le suivit à Paris, et en 1805 elle loua l'ancien couvent des religieux de Picpus, au faubourg Saint-Antoine, et y forma une maison. Le 10 janvier 1817, l'institut fut approuvé par un décret du souverain Pontife, et solennellement confirmé par une bulle du 17 novembre suivant. Le nombre des établissements s'accrut successivement, et en 1829 on en comptait déjà seize. A cette époque, Henriette Aymer fut frappée d'une apoplexie foudroyante, et elle resta paralysée du côté droit. Obligée de garder le lit, elle conserva toute sa tête et continua de gouverner la maison avec ce calme et cette sagesse qui lui étaient propres; ses infirmités ne firent que manifester davantage son courage et sa vertu. En juillet 1830, la maison courut de grands dangers, et, au mois de février 1831, le séminaire de l'abbé Coudrin, contigu à la maison des dames, fut mis au pillage; mais Henriette Aymer fut respectée. En 1834, une dernière fondation fut faite à Châteaudun; on acheta une maison dite le Paradis, pour y établir les dames. Ce fut le dernier acte de l'administration de la vénérable supérieure. On vit ses forces diminuer, elle rendit le dernier soupir le 23 novembre 1834, au milieu des larmes de ses pieuses compagnes.

AYMON (Jean) naquit en Dauphiné, où il fut curé pendant quelques années. Il accompagna à Rome l'évêque de Maurienne, en qualité d'aumônier, alla à Genève, où il embrassa le calvinisme, puis se maria à La Haye. Quelques années après, il feignit de vouloir rentrer dans l'Eglise romaine. Clément, garde de la bibliothèque du roi, lui obtint un passe-port pour revenir en France. Le cardinal de Noailles lui fit avoir une pension, et le mit au séminaire des missions étrangères. Pendant ce temps-là, Clément lui donna une entière liberté dans la bibliothèque du roi; mais par la plus noire ingratitude pour tous les services qu'il en avait reçus, il vola plusieurs livres, entre autres l'original des *Actes du Synode de Jérusalem*, tenu en 1672 et 1673. Il fit imprimer ce manuscrit en Hollande, avec les *Lettres* de Cyrille Lucar, et quelques autres pièces sous ce titre : *Monuments authentiques de la religion grecque, et de la fausseté de plusieurs confessions de foi*, 1718, in-4. Cet ouvrage a été vivement réfuté par l'abbé Renaudot, qui prouve l'ignorance crasse et la mauvaise foi de l'auteur. On a encore d'Aymon les *Synodes nationaux des églises réformées de France*, imprimés en 1710, 2 vol. in-4; *Tableau de la cour de Rome*, 1707, in-12, ouvrage où il déploie tout le fanatisme des nouvelles sectes; une mauvaise *Traduction des Lettres et Mémoires* du nonce Visconti, 1719, 2 vol. in-12. On ignore quand mourut Aymon.

AYNÉS (François-David), né à Lyon, consacra toute sa vie à l'éducation de la jeunesse, ou à composer des livres à leur usage. Il fut quelque temps principal du collége de Villefranche, ensuite il revint à Lyon, où il publia successivement plusieurs ouvrages élémentaires jusqu'en 1811, où des agents de police vinrent se saisir de sa personne et de ses papiers, parmi lesquels se trouvait un petit livre du *Chemin de la Croix*, un *Tite-Live* latin, et un livre de comptes en grande partie en papier blanc. On lui laissa les deux derniers; mais on lui enleva le *Chemin de la Croix*, qui lui eût été plus utile, dit-il, dans la solitude de son cachot où on le tenait au secret. Pour se distraire cependant, il entreprit la traduction des *Narrations de Tite-Live*, mais il lui fallait de l'encre; il en fit avec du marc de café et la suie de son poêle. Quant au papier, il en trouva dans les feuillets de son *agenda*. Il était accusé d'avoir fait imprimer la *Correspondance* du Pape avec le gouvernement français, ainsi que le *Manifeste* de la nation espagnole à l'Europe, et soupçonné d'avoir contribué à faire connaître en France la bulle d'excommunication du pape Pie VII contre l'empereur Napoléon. Sur ces soupçons et sur la simple déclaration d'un libraire étranger qui avoua qu'il lui avait envoyé la *Correspondance* du Pape, il avait été enlevé à sa famille et conduit à Paris dans la prison de la Force, d'où il ne sortit qu'après onze mois de la détention la plus rigoureuse, quoiqu'il n'y eût aucune preuve matérielle contre lui, et qu'il eût des amis puissants qui s'intéressaient à son élargissement. Encore ne put-il recouvrer entièrement la liberté. Il fut exilé à Avignon, où il éleva une maison d'éducation, et ne rentra dans sa patrie qu'après la restauration. Le Pape lui envoya, à cette époque, son portrait comme une marque de son estime. A l'époque même des Cent-Jours, il perdit l'usage de la parole, tant il fut effrayé des événements qui se préparaient. Il est mort à la fin de décembre 1827, à l'âge de 61 ans. On lui doit : *Nouveau Dictionnaire universel de géographie ancienne et moderne*, Lyon, 1814, 3 vol. in-8 ; *Grammaire latine de Lhomond, disposée dans un ordre plus conforme aux principes de la langue française*, 16e édition, Lyon et Paris, 1827 ; *Grammaire française de Lhomond*, revue par Aynès, 14e édition, Lyon, 1828 ; *Grammaire française*, 3e édition, in-12 ; quelques autres ouvrages élémentaires ; *Narrations choisies des histoires de Tite-Live, avec le texte en regard, suivies d'une dissertation sur le passage du Rhône par Annibal*, Lyon, 1822, 2 vol. in-12. Il a donné de plus une édition. du *Bréviaire romain*, du *Graduel* et de l'*Antiphonaire romain*. L'autorité ecclésiastique lui avait accordé sa confiance entière pour les améliorations à faire dans tous les ouvrages de liturgie de l'église de Lyon. C'est lui qui a fait les meilleures *Traductions* des hymnes et des proses.

AZADE (saint), eunuque de Sapor II, roi de Perse, fut une des victimes de la cruelle persécution contre les chrétiens, ordonnée par ce prince en 341. Ce tyran ignorait qu'Azade était chrétien, ou bien il ne croyait pas qu'on oserait commencer l'exécution de son édit par les gens de son palais. Il fut si vivement touché de la mort d'Azade, qu'il estimait pour sa fidélité et sa vertu, qu'il publia un autre édit, par lequel il restreignait la persécution aux évêques, aux prêtres, aux moines et aux religieuses. Il y eut, en cette occasion, une multitude innombrable de martyrs de tout sexe et de tout âge, dont on ne sait pas les noms. Sozomène en compte seize mille; mais un ancien écrivain persan en fait monter le nombre jusqu'à deux cent mille. On ne cessa de massacrer les chrétiens depuis la sixième heure du Vendredi-Saint, jusqu'au dimanche de la Pentecôte. « La croix, dit saint « Maruthas, qui a écrit l'histoire de cette « persécution, germa sur le bord des « ruisseaux de sang. La vue de ce signe « salutaire fit tressaillir de joie la sainte « troupe des fidèles ; elle les remplit « d'un nouveau courage qu'ils inspirè- « rent aux autres. Enivrés des eaux fé- « condes du divin amour, ils enfantè- « rent une race spirituelle digne de leur « succéder. » Assemani a publié les actes de saint Azade et d'autres martyrs persans, durant cette persécution, dans le premier tome des *Acta mart. Orient.*

AZAEL, frère de Joab, était si léger à la course, qu'on le comparait aux chevreuils. Il fut tué par Abner vers l'an 1053 avant J.-C.

AZAEL, roi de Syrie. (Voyez HAZAEL.)

AZAIS (Pierre-Hyacinthe), né à Sorrèze en 1766, mort à Paris au mois de janvier 1845, à 79 ans. Il avait été successivement, dans sa jeunesse, professeur de chimie au collège de Tarbes, et secrétaire de l'évêque d'Oleron, qui fit de vains efforts pour l'engager à entrer dans les ordres. La révolution le surprit organiste d'un couvent de Bénédictins dans les Cévennes. Peu de temps après, il fut obligé de se cacher dans l'hôpital de Tarbes ; et c'est là que, témoin des infirmités humaines et des soins pieux qui les adoucissaient, il conçut et rédigea son *Traité des compensations*. Il vint à Paris en 1806, professa l'histoire et la géographie au prytanée de Saint-Cyr, fit un cours à l'Athénée, devint inspecteur de la librairie à Avignon, fut transféré à Nancy, et finit par se fixer à Paris, où il travailla au *Mercure*, puis à l'*Aristarque*, et enfin aux *Annales politiques*. On a de lui : *Essai sur le monde*, Paris, 1806, in-8 ; *Un mois de séjour dans les Pyrénées*, ibid., 1809, in-8 ; *Système universel*, ibid., 1810-12, 8 vol. in-8 ; *De Napoléon et de la France*, Nancy, 1815, in-8 ; *La raison vengée de l'inconséquence*, Paris, 1817, in-8 ; *Situation politique et morale de la France à la fin de la session de 1815*, ibid., 1819, in-8 ; *Jugement impartial sur Napoléon*, ibid., 1819, in-8; *Du sort de l'homme dans toutes les conditions, etc.*, ibid., 1820-21, 3 vol. in-12 ; *Cours de philosophie générale*, ibid., 1823-24, 8 vol. in-8 ; *Inspirations religieuses*, ibid., 1824, in-18. fig. ; *Le nouvel ami des enfants*, ibid., 1825, 24 vol. in-18, fig. ; *Des compensations dans les destinées humaines*, ibid., 1825, 3 vol. in-8 ; *Explication universelle*, ibid., 1826-27, 4 vol. in-8 ; *Cours d'explication universelle*, ibid., 1833, in-8 ; *Idée précise de la vérité première, et de ses conséquences générales*, ibid., 1834, in-8 ; *Physiologie du bien et du mal, etc.*, ibid., 1836, in-8 ; *Jeunesse, maturité, religion, philosophie*, ibid., 1837, in-8 ; *De la phrénologie, du magnétisme et de la folie*, ibid., 1839, 2 vol. in-8; *Constitution de l'univers, ses conséquences philosophiques*, ib., 1839, in-8.

AZARA (Don Joseph-Nicolas d'), ministre d'Espagne à Rome et en France, né à Barbunales en Aragon, le 28 mars 1731, fut envoyé à Rome en 1765, sous le pontificat de Clément XIII, comme agent des affaires ecclésiastiques auprès de la daterie. C'était à lui que d'Aranda, lorsqu'il tramait la destruction des Jésuites, faisait passer toutes ses dépêches, et il eut le malheur de réussir dans sa funeste commission. L'ambassadeur Grimaldi étant mort, il le remplaça avec le titre de ministre seulement. Pendant un séjour de trente années à Rome, il reçut des Papes, notamment de Pie VI, des marques de confiance; entretint d'intimes relations avec les personnages les plus remarquables, tels que les cardinaux de Bernis, Albani, etc.; s'entoura des célèbres antiquaires Winkelmann, Visconti, et des grands artistes Pickler, Canova, Volpato, Angelica Kauffmann, Gawit, Hamilton, etc. Quoique auteur en partie de la destruction des Jésuites, il admit dans sa société les Pères André, Requeno, Eximeno, Clavigero, Ortiz et Arteaga, dont les talents lui faisaient oublier ses préjugés contre un ordre qui renfermait un si grand nombre d'hommes du même mérite. Il protégea le peintre Mengs, et à sa mort publia ses *OEuvres* en y ajoutant une *Notice* sur la vie de l'auteur. Son goût pour les antiquités le porta à faire entreprendre à Tivoli, à la Villa ou maison de campagne des Pison, des fouilles très-coûteuses. La révolution française ayant éclaté, Pie VI le choisit pour porter à Bonaparte des paroles de paix. Depuis ce moment, Azara fut très-lié avec ce général. Il parvint à se faire nommer ambassadeur à Paris, où il mourut disgracié en 1804. Il laissa les ouvrages suivants : *Vie de Cicéron*, par Middleton, Madrid 1790, 4 vol. in-8, traduction estimée à cause de la pureté du style; *Histoire naturelle et géographie physique de l'Espagne*, traduite de Bowels, imprimée deux fois à Madrid; *Éloge de Charles III;* la belle édition d'Horace Bodoni, 1791, 2 vol. in-fol., et la *Religion vengée de Bernis*, 1795, in-fol., ont été imprimées par ses soins. Bourgoin a publié une *Notice sur la vie d'Azara*, Paris, 1804. On y aperçoit un philosophe qui en loue un autre.

AZARIAS, ou Osias, monta sur le trône de Juda après le meurtre de son père Amasias, l'an 810 avant J.-C. Il marcha contre les Philistins avec une armée de 300 mille hommes, et remporta de grands avantages sur eux. Il vainquit ensuite les Arabes et les Ammonites. Il fit abattre les murs de Geth, de Jamnie et d'Azot. Ses victoires lui enflèrent le cœur ; il voulut offrir de l'encens sur l'autel des parfums et s'attribuer les fonctions des prêtres, enfants d'Aaron. Il fut tout-à-coup couvert de lèpre. Cette maladie l'obligea de renoncer aux fonctions de la royauté, et de demeurer hors de la ville jusqu'à sa mort; il pleura son péché et mourut l'an 759 avant J.-C. Il fut enterré dans les champs où étaient les tombeaux des rois, mais dans un endroit séparé, parce qu'il était lépreux. Josèphe dit que, lorsque Azarias entreprit d'offrir l'encens dans le temple, on sentit un grand tremblement de terre, et que le temple s'étant ouvert par le haut, un rayon de lumière frappa le front du roi, et qu'aussitôt il fut couvert de lèpre. Il ajoute que le tremblement de terre fut si violent, qu'une partie de la montagne, qui est à l'occident de Jérusalem, se détacha et roula l'étendue de quatre stades, et que par là les jardins du roi furent endommagés par les terres qui y furent amoncelées.

AZARIAS, fils d'Obed, prophète, fut envoyé par le Seigneur au-devant d'Asa, roi de Juda, qui venait de remporter une victoire signalée sur Zara, roi de Chus. Il l'exhorta à demeurer ferme dans le culte du vrai Dieu. Le discours du prophète fit tant d'impression sur le roi, qu'il fit exterminer tout ce qui restait d'idoles dans ses Etats.

AZARIAS. (Voyez ANANIAS.)

AZARIAS de Rubeis, rabbin d'Italie, auteur d'un livre hébreu intitulé : *La lumière des yeux*, Mantoue, 1574, in-fol., dans lequel il discute plusieurs points d'histoire et de critique. Les livres des chrétiens, qu'il connaissait beaucoup, y sont souvent cités, et l'on y trouve une histoire de la version des Septante, d'après celle d'Aristée.

AZARIAS, capitaine juif, à qui la garde de Jérusalem fut confiée, avec un autre capitaine nommé Joseph, par Judas Machabée. Ces deux officiers, ayant appris l'heureux succès des armes de Judas, voulurent aussi rendre leur nom célèbre en allant combattre les ennemis ; mais ils furent bien trompés dans leur attente, car ils furent vaincus par Gorgias, près de Jamnia, et perdirent 2 mille hommes pour avoir combattu sans ordre et sans cet esprit qui donne la victoire sur les ennemis de Dieu. Aussi l'Ecriture-Sainte nous dit-elle qu'ils n'étaient pas du nombre de ceux par les mains desquels le Seigneur voulait opérer le salut d'Israël. (I. *Mach* 5.)

AZE (le rabbin) compila le Talmud de Babylone, l'an 500 ou 600, suivant le P. Morin.

AZEVEDO (Ignace), jésuite, naquit à Porto, en 1527. Nommé, à l'âge de 26 ans, recteur du collége de Saint-Antoine à Lisbonne, puis recteur des jésuites de Brague, il s'embarqua quelque temps après pour le Brésil, où il se livra sans relâche à la conversion des infidèles. De retour à Lisbonne, il sentit se réveiller tout son zèle pour la propagation de la foi, et fut choisi pour être chef d'une troupe de 39 missionnaires qui s'embarquèrent en 1570 pour la conversion des sauvages du Brésil. Souri, corsaire de Dieppe, s'étant rendu maître du navire qui les portait, les immola tous aux mânes de Calvin dout il avait embrassé les dogmes. L'élégant auteur du *Theatrum crudelitatis* fait observer que les hérétiques, non contents d'une criminelle indifférence à l'égard de l'instruction des barbares, empêchaient encore, par des cruautés atroces, les catholiques de leur porter la lumière de la foi. Le P. de Beauvais, jésuite, a écrit la *Vie du Père Azevedo, l'histoire de son Martyre et celui de ses 39 compagnons*, 1744, in-12. On y voit le décret du pape Benoît XIV, du 21 septembre 1732, préparatoire à leur béatification.

AZON (Azon Portius), jurisconsulte du 12e siècle, surnommé *le Maître du droit et la source des lois*, professeur de jurisprudence à Bologne et à Montpellier. Après que l'on eut retrouvé les *Pandectes*, l'école de Bologne devint fameuse par les leçons d'Irnerius, qui vint enseigner le droit dans cette ville. Ses disciples, Martin, Bulgare, Pileus, soutinrent cette réputation ; mais Azon, élève de ce dernier, la rendit encore plus illustre. Il était si ardent dans la dispute, qu'un jour il tua son adversaire d'un coup de chandelier. On ajoute que, pendant sa prison, il s'écriait : *Ad bestias, ad bestias!* pour qu'on eût recours à la loi qui porte ce titre, et qui ordonne qu'on modère la peine d'un coupable qui a excellé dans quelque art. Ses juges, fort ignorants, s'imaginant qu'Azon les appelait par le nom qu'ils méritaient, le condamnèrent à mort, vers l'an 1200, et le privèrent des honneurs de la sépulture. Cependant quelques historiens, fondés sur les auteurs contemporains, ne conviennent point de cette fin funeste d'Azon, qu'ils traitent de fable. Nous avons de lui une *Somme* et des *Commentaires* sur le *Code* et les *Institutes*, Spire, 1482, in-fol. ; mais on ne les consulte plus à présent.

AZON, religieux et architecte célèbre, qui florissait en 1750, a bâti la cathédrale de Séez en Normandie.

AZOR (Jean), jésuite espagnol, professeur à Alcala et à Rome, mourut dans cette dernière ville en 1603. Il laissa des *Institutions morales* et d'autres ouvrages. Ces institutions jouissaient du suffrage de Bossuet, qui en recommande la lecture dans ses *statuts synodaux*. Clément VIII en a autorisé l'impression par un bref rapporté au commencement du premier volume. On en a fait différentes éditions à Rome, à Venise, à Cologne, à Lyon, etc.

AZPILCUETA (Martin), surnommé *le Navarre* (ou *Navarrais*), parce qu'il était né dans le royaume qui porte ce nom, fit ses études en France, à Cahors et à Toulouse. Devenu prêtre et chanoine régulier de Saint-Augustin, il enseigna la jurisprudence à Toulouse, à Salamanque et à Coïmbre, et était consulté de toutes parts, comme l'oracle du droit. Son ami Barthélemi Caranza, dominicain, archevêque de Tolède, ayant été mis à l'inquisition à Rome, sur des accusations d'hérésie, Navarre partit à 80 ans pour le défendre. Le Pape le fit pénitencier. Il était d'une santé très-délicate, mangeait peu, et avait une si grande charité pour les pauvres, qu'il n'en rencontrait jamais sans leur donner l'aumône ; on remarquait que sa mule s'arrêtait, lorsqu'elle en voyait venir. Il mourut à Rome le 21 juin 1580, à 93 ans. Le recueil de ses ouvrages a été imprimé en 6 vol. in-fol. à Lyon, en 1597, et à Venise en 1602. On y trouve plus de savoir que de précision, mais partout d'excellents principes, une raison droite et saine. Il était oncle de saint François-Xavier, par sa sœur, Marie Azpilcueta, mère du saint. Il voulut accompagner son neveu dans le voyage des Indes, et se consacrer à la conversion des Infidèles ; mais ce courage était au-dessus de ses forces.

AZUNI (Dominique-Albert), savant jurisconsulte, né à Sassari en Sardaigne vers 1760. Il s'adonna particulièrement à la législation maritime. Ses grandes connaissances en ce genre le firent appeler à Nice, où il devint sénateur et juge au tribunal de commerce et maritime de cette ville. Azuni fut ensuite successivement président à la cour impériale de Gênes, membre du corps législatif en France, juge au tribunal suprême du consulat de Cagliari, président à la bibliothèque de l'Université royale de cette ville et membre de plusieurs académies. Lorsque Gênes cessa d'appartenir à la

France, il se retira à Nice, où il s'occupa uniquement de ses travaux littéraires et scientifiques. Il est mort à la fin de janvier 1827. On a de lui plusieurs ouvrages estimés : *Système universel des principes du droit maritime de l'Europe*, en italien, qui a eu deux traductions françaises : la première par Digeon, Paris, 1797, 2 vol. in-8; la deuxième faite sous les yeux de l'auteur, Paris, 1801, 2 vol. in-8.; *Histoire géographique, politique et naturelle de la Sardaigne*, 2ᵉ édition, Paris, 1802, 2 vol. in-8; *Dissertation sur l'origine de la boussole*, 2ᵉ édition, Paris, 1809, in-8 ; *Origine et progrès du droit et de la législation maritime, avec des observations sur le consulat de la mer*, Paris, 1810, in-8; *Mémoire pour servir à l'histoire des voyages maritimes des anciens navigateurs de Marseille*, Gênes, 1813, in-8 ; *Recherches pour servir à l'histoire de la piraterie, avec un précis des moyens propres à l'extirpation des pirates barbaresques*, Gênes, 1816, in-8; *Système universel des armements en course et des corsaires en temps de guerre, suivi d'un précis des moyens propres à diminuer les dangers de la navigation des neutres*, Gênes, 1817, in-8; un *Dictionnaire universel raisonné de jurisprudence commerciale*, en italien; et plusieurs autres ouvrages aussi en italien, et publiés en Italie.

AZZOLINI (Laurent), né à Fermo dans le duché d'Urbin, devint évêque de Narni en 1630, et secrétaire d'Urbain VIII. Il eut bien de la peine à quitter son église pour accepter cet emploi ; mais le Pape voulait l'avoir auprès de sa personne, et l'aurait élevé au cardinalat, s'il n'était mort à la fleur de l'âge, l'an 1632. Il a laissé des *Satires*, en toscan, Venise, 1686, in-8, sagement écrites, et pleines de bonne morale; il y a de la vivacité et de l'élévation surtout dans sa *Satire contre la luxure*.

AZZOLINI (Décius), né à Fermo dans la Marche d'Ancone, le 23 avril 1623, fut nommé cardinal-diacre par Innocent X, le 9 mars 1650. La reine Christine, qui avait fixé son séjour à Rome, eut pour lui des attentions et une confiance extraordinaires. Alexandre VII l'avait donné à cette princesse pour régir ses affaires, fort dérangées par ses profusions et par le peu d'exactitude qu'on avait à lui payer ses pensions. D'abord elle fut peu contente de cette précaution, mais elle en comprit ensuite la nécessité et la sagesse. Elle fit d'Azzolini son ami et son héritier; mais il ne jouit que 50 jours de cette succession. Il mourut en 1689, à 67 ans. Avant d'être cardinal, il avait été secrétaire des brefs *ad principes*, et s'était distingué tellement dans cet emploi par sa belle latinité, par la délicatesse et la sublimité de ses pensées, qu'Innocent X l'appelait l'*Aigle*.

B

BAAN (Jean de), peintre de Harlem dans le 17ᵉ siècle, se distingua par ses portraits, faits dans le goût de ceux de Vandick. Il mourut à La Haye en 1702, âgé de 69 ans. Baan est, dans son genre, un des bons peintres que la Hollande ait produits. Il y a peu de cours qui n'aient quelques portraits de sa main. Celui du prince Nassau-Ziégen est regardé comme son chef-d'œuvre. — Jacques de Baan son fils, qui suivit la même carrière avec de grands succès, mourut à Rome en 1700, à l'âge de 27 ans.

BAARDT (Pierre), poëte latin et flamand du 17ᵉ siècle, est auteur d'un poëme estimé qui a pour titre : *Agriculture pratique de Frise*. Il a décrit ce que la Frise offre de plus agréable et de plus riant. Ce sont des Géorgiques flamandes. Les gens de son pays l'ont comparé à Virgile ; mais les étrangers, sans mépriser Baardt, l'ont mis un peu au-dessous. On a encore de lui un poëme intitulé : *Le Triton de Frise*, ou la description de la prise de la ville d'Olinda au Brésil. Il était aussi médecin. Nous ignorons l'année de sa mort.

BAASA, fils d'Ahias, usurpa la couronne d'Israël après avoir tué Nadab, fils de Jéroboam, et extermina toute la race de ce prince. Baasa déclara ensuite la guerre à Asa, roi de Juda, et se livra à toutes sortes de déréglements. Dieu lui envoya le prophète Jéhu pour le menacer de ses châtiments, s'il ne se corrigeait pas ; mais ce roi ne répondit aux reproches du prophète qu'en lui donnant la mort. Il mourut lui-même peu de temps après, et Dieu exécuta ses menaces contre la postérité de cet impie, par le ministère de Zambri, qui en détruisit toute la race. Ela, son fils, lui succéda l'an 930 avant J.-C.

BABEK, imposteur persan, chef d'une secte qui autorisait le libertinage, le vol et même le meurtre, trouva néanmoins un grand nombre de partisans, parce que, quelque absurde que fût sa doctrine, elle favorisait les passions. Il la propagea les armes à la main, et résista pendant 20 ans aux généraux des califes. Enfin, vaincu et fait prisonnier l'an 837, il fut conduit à Bagdad, où le calife lui fit couper les bras et les jambes. Son corps ainsi mutilé resta plusieurs jours exposé sur la place publique. Ses partisans se dispersèrent et se confondirent avec les différentes sectes nées dans l'islamisme.

BABEUF (François-Noël), né à Saint-Quentin, d'une famille peu fortunée, fut d'abord domestique, ensuite clerc, puis commissaire à terrier. Un faux qu'il commit le fit condamner aux fers; mais il trouva le moyen de s'échapper, et vint à Paris, où il se montra un des plus chauds partisans de la révolution, et se fit connaître par un journal incendiaire intitulé : *Le tribun du Peuple, par Gracchus-Babeuf*. Un complot qu'il trama contre le gouvernement directorial le fit condamner à mort, à l'âge de 34 ans. Pour éviter l'échafaud, il chercha à se donner la mort par plusieurs coups de stylets; mais ses blessures ne furent point mortelles. Il fut exécuté le 25 mai 1797.

BABIN (François), né à Angers, d'un avocat, en 1651, chanoine, grand-vicaire et doyen de la Faculté de théologie de cette ville, mort le 19 décembre 1724, à 83 ans, enseigna avec célébrité la théologie pendant 20 ans, se distingua par ses grandes lumières et ses vertus. Il fut le rédacteur des 18 premiers volumes de l'édition en gros caractères des *Conférences du diocèse d'Angers*, ouvrage fort estimé et fort répandu. La suite n'est point de lui. Le style de Babin est tel qu'il le faut pour ces sortes d'ouvrages : net, clair, méthodique, et ne sentant point la barbarie de l'école. Les continuateurs ne l'ont pas égalé; ils n'ont ni sa netteté ni sa précision. Les *Conférences d'Angers* renfermaient 28 volumes in-12, que l'on a réduits à 14, petit caractère, et auxquels on a ajouté, depuis, 5 vol. On en publia une édition en 24 vol. in-12, 1785, qui fut la plus estimée et la seule recherchée; mais deux éditions faites vers 1829 à Besançon et à Paris, in-8 et in-12, ont rendu cet ouvrage plus commun. Babin publia, en 1679, une *Relation* de ce qui s'était passé dans l'Université d'Angers au sujet du jansénisme.

BABINI (Matthieu), excellent musicien, né à Bologne, en 1754, d'une famille pauvre, montra fort jeune de grandes dispositions pour son art. Il suivit, pendant quelque temps, les cours de la Faculté de médecine et de chirurgie; mais, laissé absolument sans asile ni ressources à la mort de ses parents, il fut recueilli par une de ses tantes mariée au fameux ténor Arcangelo Cortonis qui, charmé des heureuses dispositions de son neveu, se fit un plaisir de lui communiquer tous les secrets et toutes les finesses de son art. Aussi bon acteur que célèbre musicien, Babini excita le plus vif enthousiasme dans toutes les capitales de l'Europe, où les princes et les rois même ne dédaignèrent pas d'accompagner quelques-uns des airs qu'il chantait. Nommé, par l'impératrice Catherine, musicien de sa chambre, vivant dans une espèce d'intimité avec Frédéric II, il eut, pendant son séjour à Paris, l'honneur de chanter un *duo* avec la reine Marie-Antoinette. Engagé en 1789 au théâtre de Venise, il fit jouer avec les costumes antiques l'opéra des *Horaces* de Cimarosa : c'est à Babini que l'Italie est redevable de cette heureuse innovation. Après avoir perdu, dans des spéculations commerciales, une partie de la fortune qu'il avait laborieusement amassée, il se retira à Bologne, où il mourut en 1816. Babini ne se recommandait pas moins par les qualités du cœur que par celles de l'esprit.

BABINOT (Albert), l'un des premiers disciples de Calvin, était né en Poitou; il habitait Poitiers et y professait le droit dans l'Université. Calvin étant venu dans cette ville, en 1536, y sema ses erreurs. Babinot les embrassa. Calvin séduisit aussi quelques autres docteurs de l'Université, et plusieurs officiers du présidial, et Babinot fit la folie de quitter sa chaire, le seul moyen qu'il eût de subsister, pour aller prêcher, de ville en ville, la doctrine de son maître. Il se faisait appeler *le Bon homme*. On le nomma depuis le *Ministre*, parce que la salle dans laquelle il faisait, à Poitiers, ses leçons de droit, s'appelait la *Ministrerie*, et « de là est venu, dit Mainbourg, le nom de *ministre* qu'on donne aux pasteurs protestants; étymologie néanmoins qu'on peut contester. » Babinot, voué à cette vie errante, mourut dans la misère. Pendant longtemps il fut, dit-on, obligé de vendre des caques de harengs pour subsister. Il est auteur d'un ouvrage intitulé : *la Christiade*, recueil d'odes, sonnets et cantiques chrétiens, Poitiers, 1560; le tout infecté du poison des opinions nouvelles.

BABO (Joseph-Marie), auteur dramatique, né à Munich, où il est mort le 5 février 1822. Il était membre de l'Académie des sciences de cette ville, et il a donné plusieurs *Tragédies*, parmi lesquelles on cite celle d'*Othon Witesbach* comme un chef-d'œuvre : elle a été plusieurs fois réimprimée. Babo était, en 1804, un des rédacteurs du journal intitulé : *Aurora*.

BABOIS (Marguerite-Victoire), née en 1761 à Versailles, morte en 1839, était belle-mère de Ducis, qui lui porta constamment le plus tendre intérêt. Outre quelques *Pièces de vers* publiées séparément et qui n'ont point été recueillies, on a de cette dame des *Élégies et Poésies diverses*, dont la troisième édition, Paris, 1828, 2 vol. in-8, est enrichie de sa *Correspondance* avec Ducis. Les *Élégies* de madame Babois, inspirées par la douleur maternelle, sont pleines d'une sensibilité vraie, et remarquables par l'élégance et la pureté de la versification.

BACCALAR-Y-SANNA (don Vincent), marquis de Saint-Philippe, né dans l'île de Sardaigne, d'une ancienne famille originaire d'Espagne, s'est fait un nom dans la littérature par son érudition, et dans le monde par les emplois importants, dont Charles II et Philippe V le chargèrent en Sardaigne. Après la mort de Charles II, don Vincent servit utilement le duc d'Anjou, son successeur. Lorsque la Sardaigne se déclara contre ce prince, il se comporta en sujet fidèle et en homme habile. Philippe V le récompensa, en le faisant marquis de Saint-Philippe. Il mourut à Madrid en 1726, estimé et aimé du prince et des sujets. Ses principaux ouvrages sont : une *Histoire de la monarchie des Hébreux*, traduite en français, en 2 vol. in-4, et en 4 vol. in-12. « Cet ouvrage, dit un critique, « sagement et profondément écrit, a eu « d'abord le plus grand succès ; mais « l'esprit du siècle s'étant tourné vers « des objets tout différents, et l'*Histoire* « *sainte* ayant perdu sa considération « sous le règne du philosophisme, ce « succès n'a pas été durable. » M. l'abbé A. F. James a plusieurs fois cité cet ouvrage dans la savante *Histoire de l'Ancien-Testament* qu'il a récemment publiée (1836-39), soit en lui empruntant quelques réflexions, soit en relevant quelques-unes de ses erreurs. *Mémoires pour servir à l'histoire de Philippe V, depuis 1699 jusqu'en 1725*, 4 vol. in-12, aussi traduits en français. On y trouve plusieurs particularités curieuses, que le marquis de Saint-Philippe raconte avec beaucoup de vérité et d'exactitude.

BACCARELLES (Gilles), d'Anvers, célèbre paysagiste, ainsi que Guillaume son frère, vivait au commencement du 17e siècle. Leur famille a produit plusieurs bons peintres.

BACCHIARIUS, philosophe chrétien, florissait au 4e siècle. On a de lui une lettre écrite à l'évêque Januarius, touchant l'incontinence d'un moine ; cette lettre est très-bien écrite, et se trouve dans la *Bibliothèque des Pères* : on y voit autant de prudence que de zèle, autant de sévérité que de charité. Il y a plusieurs applications heureuses des cérémonies et histoires de l'Ancien-Testament. On a encore de lui une apologie dans les *Anecdota* de Muratori. Gennade rapporte que Bacchiarius changeait souvent de demeure, pour être plus à Dieu et avoir moins d'attache pour ce monde, en réalisant sans cesse la sentence de saint Paul : *Non enim habemus hic manentem civitatem*, Eph. 13.

BACCHIDES, général des troupes de Démétrius Soter, et gouverneur de la Mésopotamie, fut d'abord envoyé en Judée pour établir Alcime grand sacrificateur, que l'Écriture appelle l'*Impie*. Il revint, quelque temps après, en Judée avec l'élite de ses troupes pour combattre Judas Machabée qui venait de remporter une grande victoire sur Nicanor. Judas, abandonné de la plupart des siens, l'attaqua avec huit cents hommes qui lui restaient ; mais en poursuivant l'aile droite qu'il avait rompue, il fut enveloppé et tué par l'ennemi, après avoir fait des prodiges de valeur. Jonathas fut élu général des Juifs à la place de son frère Judas, et s'opposa généreusement à Bacchides, qui essaya plusieurs fois de le faire saisir et tuer en trahison. Bacchides, ayant été obligé de lever le siége de Bethbessen, se retira à Antioche, après la mort d'Alcime, et laissa la Judée paisible.

BACCHILLE, évêque de Corinthe, sur la fin du 2e siècle, écrivit un traité touchant la célébration de la fête de Pâques, en suite de la question qui s'émut de son temps sur ce sujet ; ce fut sous le pontificat de saint Victor. Sa lettre était écrite au nom des évêques d'Achaïe ; ce qui fait croire qu'il assembla un synode, pour l'éclaircissement de cette controverse.

BACCHINI (dom Benoit), religieux du Mont-Cassin, né à San Donino, dans le Parmesan, en 1651, se distingua par l'étendue de ses connaissances dans la théologie, l'histoire ecclésiastique et la littérature. Il s'adonna aussi à la prédication, et y eut des succès; mais sa santé délicate l'obligea d'y renoncer. Il apprit le grec et l'hébreu, pour s'en aider dans le dessein qu'il avait de se livrer à des recherches scientifiques. Ses principaux ouvrages sont : *Giornale de' letterati*, 9 vol. in-4; *De sistrorum figuris ac differentiâ... ob sistri romani effigiem communicatam dissertatio*, Bologne, 1691, in-4; et dans les *Antiquités romaines* de Grævius, tom. 6; *Anonymi dialogi tres : De constantiâ, de dignitate tuendâ, de amore erga rempublicam*, Modène, 1691, in-12; *Dell' istoria del monastero di San Benedetto di Polirone, nello stato de Mantova, libri cinque*, Modène, 1696, in-4; *De ecclesiasticæ hierarchiæ originibus dissertatio*, Modène, 1705, in-4, ouvrage plein d'érudition, etc. Le Marquis Scipion Maffei se glorifiait d'être disciple de Bacchini; mais il surpassa son maître.

BACCHYLIDE, poëte lyrique de l'île de Céa, florissait l'an 450 avant J.-C. Il ne nous reste de ses poésies que très-peu de chose. Elles étaient remplies de morale. Une de ses maximes était : *Que la chasteté est le plus grand ornement d'une belle vie*. Julien l'Apostat qui, à l'exemple de tous les anciens philosophes, aimait les apophthegmes, faisait un cas particulier des sentences morales de ce poëte. On dit qu'Hiéron, roi de Sicile, préférait les poésies de Bacchylide à celles de Pindare, quoique celui-ci passât pour le chef des lyriques.

BACCI ou BACCIUS (André), né à Saint-Elpidio dans la Marche d'Ancône, professeur de médecine à Rome, et premier médecin du pape Sixte V, se rendit célèbre par ses talents. On a de lui : *De Thermis libri septem*, in-fol., Venise, 1571-1588, et Padoue, 1711, in-folio; *De naturali vinorum historiâ, et de conviviis antiquorum*, Rome, 1596, in-folio, édition très-rare; *De venenis et antidotis*, Rome, 1586, in-4; *De gemmis ac lapidibus pretiosis, in Sacr. Script. relatis*, Rome, 1587, in-8; *Tabula simplicium medicamentorum*, Rome, 1577, in-4; *Notizie dell'antica città Cluna*, Macerata, 1716, in-4. Ces ouvrages lui firent une grande réputation : on y trouve beaucoup de recherches, et une physique bien supérieure à celle que les savants de notre siècle ont coutume de supposer à celui de Baccius. Il mourut le 24 octobre 1606. On rapporte que la pratique médicale de Bacci était loin d'être toujours heureuse, et qu'elle lui fournissait à peine les moyens d'exister ; on ajoute que, pour se mettre à l'abri de ses créanciers, il fut obligé d'aller se réfugier chez le cardinal Ascagne Colonna. C'était pourtant un savant homme, et ses ouvrages attestent plus d'un genre de mérite. Il en a composé et publié d'autres que ceux dont on vient de lire les titres ; nous indiquerons : *Tabula in quâ ordo universi et humanarum scientiarum prima monumenta continentur*, etc., 1581, in-4; plusieurs *opuscules* sur les bains et sur la thériaque. L'édition de l'ouvrage intitulé *De thermis*, faite à Padoue en 1711, était la sixième ; elle contient des additions et des observations de Valisnieri, et un huitième et dernier livre où sont résumées les opinions de divers auteurs sur les bains. La première édition de l'*Histoire naturelle des vins*, etc., est de Rome, 1596 ; après la seconde, qui est marquée ci-dessus, on en fit une 3e, aussi à Rome, l'année suivante, c'est-à-dire en 1598, et une 4e à Francfort, 1607, toutes in-fol.

BACCIO della Porta, peintre connu sous le nom de Frère Barthélemi de Saint-Marc. né dans la terre de Savignano, près de Florence, en 1469, fut disciple de Léonard de Vinci et de Raphaël. Son dessin est correct, ses figures gracieuses, son coloris doux et agréable. A la fin d'un sermon qu'il entendit sur l'importance et la dignité des mœurs chrétiennes, il se détermina à faire jeter publiquement dans le feu tous les livres qui traitaient de l'amour profane, avec les sculptures, les peintures et les dessins, tant de lui que ceux qu'il possédait des grands maîtres, où il y avait des nudités. Il entra dans l'ordre des dominicains à Prato, en 1500, résolu de ne plus s'occuper que de son salut ; mais ses supérieurs l'obligèrent à continuer l'exercice de ses talents et de son art. Il ne voulut pas être fait prêtre, par un sentiment d'humilité, et se contenta d'être diacre. Il mourut le 8 octobre 1517, âgé de 48 ans.

BACCIOCHI. (Voyez Bonaparte, Marie-Anne-Elisa.)

BACH (Jean-Sébastien), né à Eisenach, le 21 mai 1685, mort en 1754, fit ses études à Lunebourg, fut successivement musicien du duc de Weimar, organiste à Mulhausen, et maître de chapelle du prince d'Anhalt-Cœthen, jusqu'en 1737, où il obtint, à Leipsick, le titre de compositeur de la cour de l'électeur de Saxe, roi de Pologne. Comme organiste et claveciniste, Sébastien Bach n'avait, de son temps, aucun rival. Il a laissé plusieurs morceaux de musique d'église, et beaucoup de musique de piano. Il eut onze fils, tous distingués dans leur art, mais dont quatre surtout s'y sont acquis un grand nom. — 1° Guillaume Friedmann, l'aîné, né en 1710 à Weimar, maître de chapelle titulaire du duc de Hesse-Darmstadt, mort à Berlin le 1er juillet 1784, passait pour un des harmonistes les plus savants, et des organistes les plus habiles de l'Allemagne ; il publia, en 1778, *six Fugues pour le piano* : c'était aussi un bon mathématicien. — 2° Charles-Philippe-Emmanuel, né en 1714, entra, en 1738, dans la musique du prince royal de Prusse, depuis Frédéric II, et fut appelé à Hambourg, en 1767, pour y remplir la place de directeur d'orchestre, vacante par la mort de Telemann : il s'en acquitta avec succès jusqu'à sa mort, arrivée le 14 décembre 1788. Ses compositions, pleines d'originalité et de science, sont fort goûtées par les Allemands ; il exécutait sur le piano avec un rare talent, et ce qu'il a écrit sur ce sujet est fort estimé : *Essai sur la véritable manière de jouer du piano, avec des exemples et six sonates*, deux parties in-4, 1753-61 et 87. Il a composé un grand nombre de morceaux de musique, entre autres des *Airs pour les cantiques sacrés de Gellert*, Berlin, 1759; 5e édition, Leipsick, 1784. — 3° Jean-Christophe-Frédéric, né en 1732, maître de chapelle de Guillaume, comte de la Lippe-Schaumbourg, passa sa vie entière à Buckebourg, où il mourut le 26 février 1795, après avoir joui de toute la faveur de ce prince. Une simplicité noble et ferme est le caractère des compositions de cet artiste : il l'a déployée surtout dans sa musique d'église, où un sentiment profond et énergique brille sans charlatanerie, et qui renferme une grande richesse de motifs originaux; il avait sur le piano un doigté excellent. Parmi ses ouvrages publiés, on remarque : *Cantiques sacrés de Munter*, deux collections, Leipsick, 1773-74, in-4 ; *six Sonates pour clavecin, violon et basse*, Riga, 1777 ; *trois grands Concertos pour le clavecin*, Francfort-sur-le-Mein, in-fol., etc. — 4° Jean Christian, surnommé l'*Anglais*, né à Leipsick en 1735, fit ses études en musique à Berlin, auprès de son frère Charles-Philippe-Emmanuel. Il s'y fit remarquer de bonne heure par plusieurs compositions pleines de grâce, et alla, en 1754, à Milan, où il ne tarda pas à obtenir la place d'organiste dans une église. En 1759, il se rendit à Londres, où il fut nommé maître de chapelle de la reine, avec un traitement de 1800 écus, fonction qu'il remplit avec succès jusqu'à sa mort, arrivée en 1782 : il avait été comblé des bienfaits de la cour. Il a composé plusieurs opéras : *Caton, Orion, Orphée, Thémistocle*, etc., et un grand nombre de morceaux de musique qui ont été gravés, soit à Berlin, soit à Amsterdam, soit à Paris, entre autres, *quinze Symphonies* pour 8 voix, *dix-huit Concertos* pour le piano, avec accompagnement, *trente Sonates*, etc.

BACH (Jean-Auguste), célèbre jurisconsulte allemand, naquit à Hohendorp, en Misnie, le 17 mai 1721. Il suivit les leçons de Gesner, Ritter, etc.; et, pendant plusieurs années, donna à Leipsick, où il avait fait ses études, des cours particuliers d'histoire, d'éloquence, d'antiquité et de droit. Nommé, en 1750, professeur extraordinaire de jurisprudence ancienne dans cette même Université, il joignit à cette place, en 1753, celle d'assesseur du consistoire ecclésiastique. A la plus vaste érudition, il réunissait des mœurs simples et pures. Il a publié plusieurs excellents ouvrages, tels que : *De mysteriis Eleusinis*, Leipsick, 1745, in-4. Ce traité, avec onze autres dissertations sur des sujets de jurisprudence, ont été publiés par Klotz, sous le titre de : *Opuscula ad historiam et jurisprudentiam spectantia*, Halle, 1767, in-8 ; *Comment. de divo Trajano, sive de legibus Trajani*, Leipsick, 1747, in-8 ; *Historia jurisprudentiæ romanæ*, livre devenu classique, lequel a eu plusieurs éditions, dont la meilleure est celle qui est enrichie des observations de M. Stockmann, Leipsick, 1806, in-8; *Critique impartiale des ouvrages de droit* (en allemand), 6 vol. in-8, etc. Bach a donné encore une bonne édition de l'*Economique*, de l'*Apologie*, de l'*Agésilas*, de l'*Hiéron* et du *Banquet* de Xénophon, avec des notes savantes, Leipsick, 1749. Ce savant jurisconsulte mourut le 6 décembre 1750, à l'âge de 38 ans.

BACHAUMONT (François LE COIGNEUX de), né à Paris en 1624, d'un président à mortier au parlement, fut conseiller-clerc de la même compagnie. Il cabala comme plusieurs autres durant les troubles de la Fronde, et le cardinal de Retz s'en servit plusieurs fois utilement. Bachaumont quitta le rôle d'intrigant, pour se livrer à une oisiveté voluptueuse, égayée par les vers, l'amour et le vin. Le fameux Chapelle tint le premier rang dans son cœur. C'est avec cet ami qu'il fit ce voyage célèbre par la relation heureuse et facile qu'ils nous en ont laissée en vers et en prose, in-12. Bachaumont eut beaucoup de part aux plus jolies tirades de cette description. Il ne nous reste de lui que cet ouvrage. Il avait fait bien des chansons et de petits vers de société, que nous n'avons plus. Il mourut en 1702, âgé de 78 ans, dans des dispositions très-chrétiennes. Sa vieillesse était aussi réglée que sa jeunesse avait été dissipée.

BACHAUMONT (Louis PETIT de) naquit à Paris vers la fin du 17e siècle. Ce fut un de ces hommes du monde beaucoup plus occupés de leurs plaisirs que des lettres et de leurs affaires, et qui ne consacrent à l'étude que ces rapides moments que n'enlève pas la frivolité : aussi ne nous reste-t-il de cet aimable paresseux que quelques bons mots, quelques épigrammes, etc., dont la malignité du public a soutenu longtemps le succès. Elles sont insérées dans les *Mémoires secrets pour servir à l'Histoire de la république des lettres*. Bachaumont en rédigea les 4 premiers volumes et la moitié du cinquième. L'ouvrage a depuis été continué par Pidansat de Mairobert, Mouffle, d'Augerville et autres; il a été imprimé plusieurs fois en 36 volumes in-12. On connaît l'origine de cette compilation. (Voy. DOUBLET, femme réputée bel-esprit.) Outre les *Mémoires*, on a encore de Bachaumont quelques autres écrits, comme des *Critiques sur le Louvre, sur l'Opéra, sur la Place Louis XV*, un *Essai sur la peinture, la sculpture et l'architecture*, 1751, in-8, et la *Vie de l'abbé Gédoyn*, son parent. Bachaumont est mort en 1771.

BACHELIER (Nicolas), né dans le 16e siècle à Toulouse, d'une famille originaire de Lucques, étudia à Rome, sous Michel-Ange, la sculpture et l'architecture. De retour dans sa patrie, il y fit régner le bon goût, et en bannit la manière gothique qui y avait été en usage jusqu'alors. Ses ouvrages de sculpture, qui subsistent encore dans plusieurs églises de cette ville, se font toujours admirer, quoiqu'on les ait présentement dorés pour la plupart, ce qui leur a ôté cette grâce et cette délicatesse, que cet habile homme leur avait données. Il n'en reste que quelques débris. Il travaillait encore en 1553.

BACHELOT (Jean-Alexis-Augustin), membre de la société de Picpus et préfet apostolique des îles Sandwich, né en 1790 près de Mortagne. Après avoir terminé ses études au séminaire de Picpus, il professa successivement les humanités dans les séminaires de Picpus, de Laval et de Cahors; ensuite il professa la théologie à Paris et à Tours. Ses vertus et ses talents le firent nommer préfet apostolique des îles Sandwich par le pape Léon XII, en août 1826. Il s'embarqua à Bordeaux au mois de septembre de la même année, et arriva à Honolalu-Ouhu le 7 juillet 1827. Il était accompagné de deux autres prêtres qui devaient l'aider dans le service de la mission. L'abbé Bachelot fut accueilli favorablement par le chef du gouvernement du pays, qui lui accorda la permission de commencer ses travaux apostoliques, et lui prodigua même ainsi qu'à ses compagnons les soins les plus bienveillants. Mais ce premier succès ne fut qu'un lucre pour les catholiques, qui ne tardèrent pas à se trouver sans protection et bientôt même repoussés. En 1829, on fit défendre aux naturels du pays d'assister aux exercices religieux des pieux missionnaires. Malgré cette prohibition, les indigènes, qui leur étaient déjà très-attachés, s'efforcèrent de se rapprocher d'eux; les instructions recommençèrent, mais vers la fin de 1829 la défense fut renouvelée. Au commencement de 1831, on insinua à l'abbé Bachelot qu'il eût à quitter l'île; mais les devoirs sacrés qu'il avait à y remplir ne lui permettant pas d'obéir à cette première intimation, il ne se retira que lorsque la violence eut été employée contre lui et ses compagnons. Embarqués par ordre des chefs du gouvernement de l'île, sur le brick *Waverley*, les trois missionnaires furent jetés sur les côtes de la Californie, et ils y restèrent jusqu'en 1837, époque à laquelle ils revinrent aux îles Sandwich. Mais à peine furent-ils arrivés qu'ils devinrent de nouveau l'objet de la haine et des vengeances des missionnaires protestants, et bientôt ils se virent contraints d'abandonner l'île une seconde fois. L'abbé Bachelot, voyant qu'il ne pouvait réussir sur ce point, se proposait d'entreprendre un voyage vers les îles du midi de l'Océan pacifique, afin de chercher parmi les sauvages et les canibales un abri qu'on lui refusait sur la terre d'Owythie, civilisée par l'Evangile. Avant son départ, l'abbé Bachelot, éprouva une maladie qui épuisa ses forces, au point de lui faire craindre de ne pouvoir supporter un voyage par mer; lorsqu'il fit ses adieux à un de ses intimes amis, avant de s'embarquer, il ne lui cacha pas ses pressentiments, et il mourut en effet pendant la traversée, en 1838.

BACHERIUS ou BAKER (Pierre), né à Gand en 1517, entra chez les dominicains en 1538, étudia sous Soto, fut reçu docteur en théologie en 1548, se distingua comme professeur et comme prédicateur, et mourut en 1604, âgé de 84 ans. Il est auteur d'un ouvrage singulier intitulé : *Jurgium conjugale contra reformatorum gentem*, 1585, in-4. On a de lui en outre,

In missœ osores, Gand, 1506; *De Christianæ militiæ disciplinâ*, Louvain, 1562, réimprimé sous le titre de : *Speculum militiæ christianæ*, Cologne, 1572 ; des *Homélies*, etc.

BACHOVIUS, ou BACHOV (Reinier), né à Cologne en 1544, unit le négoce à l'étude des lettres, se fit luthérien et se retira à Leipsick. Il s'appliqua aux langues, à la jurisprudence et à la théologie, et composa quelques écrits dans ces deux derniers genres. Il fut obligé de quitter Leipsick pour avoir abandonné le luthéranisme et embrassé le calvinisme. Bachovius se retira à Heidelberg, où il exerça divers emplois. Il mourut en cette ville en 1614. — Son fils, professeur de jurisprudence dans l'académie de cette ville, jusqu'à l'époque où le duc Maximilien de Bavière cassa cette Université en 1622, fut ensuite longtemps sans emploi ; mais s'étant fait catholique par conviction en 1629, le duc, qui avait rétabli l'Université, lui rendit sa place de professeur en droit. On a de lui : *Exercitationes de erroribus interpretum et de interpretibus juris*, 1624, in-fol. ; *De Pignoribus et Hypothecis*, 1627, en latin ; *Observationes ad Paponis Arresta*, Francfort, 1520, in-fol. ; *Commentarii in libros Institutionum*, Francfort, 1665, in-4.

BACHUSIUS, ou BACHUISEN (Guillaume), longtemps lié, ainsi que Van-Espen, avec le parti d'Arnauld et de Quesnel, et revenu ensuite à la docilité que l'on doit aux décisions de l'Eglise, a laissé un traité intéressant sur Van-Espen, Quesnel et Erkel, intitulé : *De Zegero Bernardo Van-Espen*, etc. On voit dans ce traité tout le mal que la nouvelle secte a fait dans la mission de Hollande. Bachusius est mort chanoine de Bruges en 1779.

BACICCI (Jean-Baptiste GAULI), surnommé le peintre, né à Gênes en 1639, passa à Rome dès l'âge de 14 ans. Il se mit chez un marchand de tableaux, où il eut occasion de voir Le Bernin, de qui il reçut des conseils pour son art et des secours pour sa fortune. Ses premiers coups d'essai furent des coups de maître. Le Bacicci fut dès lors employé à de très grands ouvrages, entre autres à la coupole du Jésus, à Rome, grande machine, qu'on ne peut se lasser d'admirer. Il excellait dans le portrait, et fit celui d'un homme mort depuis 20 ans. Il crayonna d'abord une tête d'imagination, puis réformant peu à peu son ouvrage, suivant les avis de ceux qui avaient vu la personne vivante, il parvint à en faire un portrait des plus ressemblants. Bacicci peignait avec une si grande facilité, que sa main suivait en quelque sorte l'impétuosité de son génie. Il avait des idées grandes et hardies, quelquefois bizarres ; ses figures ont un relief étonnant. Il était bon coloriste, et excellait à rendre les raccourcis. Ses dessins sont pleins de feu, d'une touche légère et spirituelle, mais souvent incorrects ; il manque quelquefois de goût dans ses draperies ; mais ses ouvrages en général sont très-estimés. Le Bacicci était fort spirituel et enjoué dans la conversation ; mais son caractère vif et emporté causa le malheur de sa vie. Ayant un jour donné un soufflet à son fils en présence de ses camarades, le jeune homme, outré de cet affront, alla se précipiter dans le Tibre. Cette perte rendit le père inconsolable, et lui fit négliger, pendant quelque temps, l'exercice de son art. Il mourut en 1706.

BACHIÈNE (Guillaume-Albert), ministre et professeur d'astronomie et de géographie à Maëstricht, mort en 1783, a publié en hollandais plusieurs ouvrages : une *Description de la Palestine* assez exacte, en 9 cahiers, avec 12 cartes, 1765 ; une *Géographie ecclésiastique* en 5 cahiers, avec des cartes, 1778, moins exacte que l'ouvrage précédent ; une *Topographie de la Hollande* en plusieurs volumes, pour faire suite à la géographie de Rusching.

BACKER (Jacques), né à Harlingen en Frise, en 1608 ou 1609, cultiva la peinture à Amsterdam, et excella surtout dans les portraits. Il mourut dans cette ville en 1641. Il y a eu plusieurs autres peintres de ce nom.

BACLER D'ALBE (Louis-Albert-Ghislain, baron), peintre et ingénieur-géographe, né à Saint-Pol en Artois le 22 octobre 1762, partit à 20 ans pour visiter l'Italie, et s'arrêta dans les Alpes. Le cours des événements ayant apporté la guerre dans la vallée de Chamouny, il se fit militaire. Des reconnaissances exécutées avec bravoure, des dessins exacts de machines de guerre, fixèrent l'attention de Bonaparte, qui se l'attacha avec le titre de Directeur du bureau topographique. Bacler d'Albe prit part à toutes les actions de la campagne de 1796 ; il se distingua notamment à la bataille d'Arcole, dont il fit, en 1804, le sujet d'un grand tableau. L'Italie, toujours morcelée, ne pouvait offrir aucune carte générale suffisante pour les opérations de la guerre. Après la paix de Campo-Formio, Bonaparte chargea Bacler d'Albe de l'exécuter. Nommé directeur du dépôt de la guerre de la république cisalpine, il y poursuivit l'achèvement de sa carte. Napoléon, revenu d'Egypte, retrouva Bacler au dépôt central de la guerre à Paris il se l'attacha de nouveau avec le titre de Directeur de son cabinet topographique, et dès lors il l'emmena avec lui dans toutes ses campagnes, à compter de celle d'Austerlitz, jusqu'en 1814 que Bacler revint à Paris prendre la direction du dépôt de la guerre. C'est à ses soins que l'on doit d'avoir conservé les cuivres de la *Carte de France* par Cassini, longtemps mais inutilement cherchés par les généraux étrangers. Le général Bacler d'Albe perdit sa place de Directeur du dépôt de la guerre en 1815. Retiré à Sèvres, l'amour des arts et l'exiguité de sa fortune lui firent reprendre le crayon et le pinceau. Il mourut le 12 septembre 1824. Pendant qu'il était simple chef de section au dépôt central de la guerre, il fournit à cet établissement d'excellents *Mémoires sur la gravure des cartes*; il prit rang, particulièrement par ses *gouaches*, parmi nos premiers paysagistes. *La Bataille d'Arcole* et *la Veille d'Austerlitz* sont ses plus importants tableaux. Ses livres sont des collections de vues dessinées, gravées ou lithographiées. Nous citerons en ce genre : *Vues pittoresques du Haut-Faucigny*, gravures coloriées ; *Ménales pittoresques et historiques des paysagistes*; *Souvenirs pittoresques du général Bacler d'Albe*, ou *Vues lithographiées de la Suisse, du Valais, de la France, de l'Italie et surtout de l'Espagne ; Promenades dans Paris et ses environs*.

BACMEISTER (Hartman-Louis-Christian) contribua beaucoup aux progrès des lettres et des sciences en Russie, et mourut en 1806. On a de lui : un *Abrégé de géographie de l'empire russe ; un Recueil de mémoires et de pièces authentiques sur l'histoire de Pierre I; une Bibliothèque russe*, 11 vol. Ces ouvrages, écrits en allemand, font connaître la Russie sous plusieurs rapports intéressants.

BACON (Roger), franciscain anglais, naquit en 1214, à Ilchester, dans la province de Sommerset. Il fut appelé le *Docteur admirable*, à raison des grands progrès qu'il fit dans l'astronomie, la chimie et les mathématiques. Son général, craignant qu'il ne fit un mauvais usage de ses talents, lui défendit d'écrire et le fit enfermer quelque temps après. Mais Bacon dissipa cette inquiétude prématurée, et convainquit ses supérieurs de sa prudence comme de son orthodoxie. Il proposa, en 1267, la correction du Calendrier au pape Clément IV; mais la difficulté de l'ouvrage, qui ne réussit qu'avec beaucoup de peine plusieurs siècles après, empêcha le Pape d'acquiescer à ce projet. Bacon fit de grands progrès dans la mécanique. On vit sortir de ses mains des miroirs ardents. Il proposa des idées qui mettaient sur la voie de la découverte des lunettes, des télescopes et des microscopes ; mais il ne paraît pas qu'il ait connu ces instruments tels que nous les avons aujourd'hui. Quelques écrivains ont voulu lui faire honneur de l'invention de la poudre à canon. Il est constant que cette funeste découverte ne tarda pas à se faire, mais on doute qu'il faille attribuer à Bacon ce nouveau fléau du genre humain. Il connaissait les effets du salpêtre, mais le salpêtre seul ne compose pas la poudre. (Voyez SCHWARTZ Berthold.) Quoi qu'il en soit, Bacon méritait le titre *d'admirable*, et son nom peut être mis à côté de ceux de Newton et de Leibnitz, surtout si l'on considère le temps où il a vécu, et les grands avantages que les savants plus modernes et plus bruyants ont eus sus lui. Avec un très-beau génie, il ne put se mettre au-dessus de quelques puérilités de son siècle; car tous les siècles ont les leurs. Il s'occupa de la pierre philosophale, de l'astrologie judiciaire, de la baguette divinatoire, et d'autres grands secrets de cette espèce, comme nous nous passionnons pour le magnétisme animal, l'inoculation, les aérostats, etc. Quelques auteurs ont écrit que Bacon avait fait une très-belle tête d'airain qui répondait aux questions qu'on lui faisait : ce qui, à un certain point, peut être vrai. (Voyez ALBERT-LE-GRAND.) On a de lui : *Specula Mathematica et Perspectiva*. Il tâche d'y résoudre divers problèmes sur les foyers des verres et des miroirs sphériques. On y trouve des réflexions sur la réfraction de la lumière des astres, et sur la grandeur apparente des objets, etc. Ces réflexions ne contribuèrent pas peu au progrès de l'optique; les savants postérieurs, Newton surtout, en ont fait grand usage; *Speculum alcimiæ ; De mirabili potestate artis et naturæ; Epistolæ cum notis; Opus majus*, in-folio, à Londres, 1733. Cet ouvrage renferme toutes les vues de Bacon sur les sciences, et l'on y trouve des idées très-heureuses. Il mourut à Oxford en 1294. Naudé a pris la peine inutile de le justifier de l'accusation de magie, qui avait été intentée contre lui par ses confrères, sans doute à raison de son alchimie et de son astrologie judiciaire, et de quelques autres idées qui sortaient des règles de la bonne physique.

BACON, ou BACONTHROP (Jean), provincial des carmes, docteur de Sorbonne, naquit à Baconthrop dans la province de Norfolk, en Angleterre, et mourut à Londres vers l'an 1349. On a de lui des *Commentaires sur le Maître des sentences*, Milan, 1611, in-fol., et un *Traité de la règle des carmes*. On l'appela le *Docteur résolu*, à raison de la facilité et de la solidité avec lesquelles il décidait les questions proposées. C'était l'usage, dans ces siècles, de distinguer les docteurs célèbres par des noms de caractère. De là le *docteur subtil*, le *docteur profond*, etc.

BACON (Nicolas), né dans le comté de Kent, d'une famille illustre, fournit avec succès la carrière des sciences et celle des affaires. La reine Elisabeth le fit secrétaire d'Etat, et ensuite chancelier d'Angleterre. Un jour que cette princesse allait dans sa maison d'Hertfort, elle lui dit en riant : « Voilà une mai- « son bien petite pour un homme « comme vous. — Madame, répondit le « chancelier, c'est la faute de votre « majesté, qui m'a fait trop grand pour « ma maison. » Bacon mourut en 1579, à l'âge de 69 ans. On peut lui reprocher justement d'avoir eu une grande part à l'établissement du protestantisme en Angleterre. Il en fut récompensé par le don de plusieurs domaines provenant du monastère de Saint-Edmundsbury.

BACON (François), baron de Vérulam, né à Londres le 22 janvier 1561, de sir Nicolas Bacon, garde du grand sceau sous la reine Elisabeth, descendait de l'ancienne famille des Suffolk. Dès son enfance, il se distingua par un esprit peu ordinaire, même chez les hommes instruits et judicieux. Placé au collége de la Trinité à Cambridge, il fit des progrès étonnants dans toutes les sciences ; on voyait bien qu'il deviendrait un homme supérieur, mais on ne pouvait atteindre par la pensée à ce qu'il devait être un jour. Il n'avait pas encore seize ans, qu'il fut frappé des vices de la philosophie d'Aristote; il fit, dès cette époque, un écrit pour la combattre, et jeta ainsi les fondements de la méthode générale qui l'a immortalisé. Il avait compris et cherchait à faire comprendre aux autres la nécessité de reconstituer sur de nouvelles bases tout le système des connaissances humaines; tâche immense qu'il avait le noble courage de vouloir remplir lui-même, malgré l'empire d'une longue habitude, la tyrannie des vieux préjugés, et les obstacles de toute nature qui devaient surgir à chaque instant. Bientôt, et malheureusement, il se laissa entraîner par son ambition dans une carrière où il devait épuiser plus d'une fois le calice d'amertume. Il était né pour les lettres et pour les sciences, et il voulut entrer dans les affaires. A peine âgé de dix-sept ans, il suivit sir Amias Pawlet, ambassadeur d'Elisabeth à la cour de France, et fut, malgré sa jeunesse, chargé par lui d'une mission secrète auprès de sa souveraine. Il la remplit avec le plus grand succès ; et, de retour à Paris, visita plusieurs provinces de France. Etant à Poitiers, et n'ayant que dix-neuf ans, il composa pour lui un écrit sur l'*Etat de l'Europe* ; il y commença aussi son ouvrage sur *la vie et la mort ;* et ces observations physiques dont il s'est toujours occupé. Rappelé en Angleterre par le décès de son père, et forcé, par la médiocrité de son héritage, à chercher les moyens de satisfaire ses goûts de magnificence, il se livra avec ardeur à l'étude du droit. Il eut bientôt sondé toutes les profondeurs de cette science, et parut au barreau avec tant d'éclat, que la reine le nomma son conseil extraordinaire. Il avait alors vingt-neuf ans ; il obtint aussi, par la protection de lord Burleigh, la survivance de la place de greffier de la chambre étoilée, dont il ne fut en possession que longtemps après, et fut nommé membre de la Chambre des communes. Mais toutes ces fonctions étaient plus honorifiques que lucratives, et Bacon désirait surtout posséder de grandes richesses. Au milieu de ses travaux pour l'avancement de sa fortune, il s'occupait de son projet de réformer les études scolastiques ; et ce fut là un prétexte dont on se servit pour le représenter à la reine comme un homme tout spéculatif dont la tête était remplie d'idées philosophiques, mais qui n'avait aucune connaissance positive des affaires. Ce fut pour le dédommager de ce défaut de succès causé par l'inimitié qui régnait entre les comtes de Salisbury et d'Essex, que celui-ci, qui était son plus zélé protecteur et qui avait fait vainement tous ses efforts pour lui faire obtenir la place fort avantageuse de solliciteur général, lui fit présent d'une terre. « On gémit, dit un écrivain philosophe, en pensant de quelle manière Bacon reconnut cette générosité. Le souvenir de son ingratitude est une tache ineffaçable à sa mémoire : il eut la lâcheté de dresser, quelque temps après ce bienfait reçu, l'acte d'accusation dans le procès à la suite duquel le comte d'Essex porta sa tête sur l'échafaud. Cette honteuse condescendance ne servit guère qu'à le flétrir dans l'opinion publique, car la reine ne fit rien pour sa fortune.» La conduite de Bacon offre ici une de ces contradictions dont les philosophes ne donnent que trop d'exemples, et qui ne s'expliquent que par l'égoïsme : on ne pourrait, sans ce funeste mobile des actions humaines, concilier la monstrueuse ingratitude qui fit abhorrer Bacon, avec la noble indépendance, qui auparavant l'avait fait admirer au parlement, lorsque, au service de la cour, il votait néanmoins avec le parti populaire. Bacon, objet du mépris public, voulut quitter sa patrie, pour aller s'ensevelir, sans doute, dans quelque pays étranger; mais quelques amis (il lui en restait!) l'en empêchèrent. Dès que Jacques I eut la couronne d'Angleterre, le philosophe Bacon fut un de ses flatteurs, et il reçut pour prix de ses adulations le titre de *chancelier*, après avoir exercé la charge de procureur-général. Il n'y a point de bassesses qu'il ne fît pour parvenir à cette place. Il caressa le duc de Buckingham, il encensa les autres ministres, il dénigra ses concurrents. C'est par ses indignes manœuvres qu'il réunit les titres de *chancelier* et de *garde-des-sceaux* en 1617, et ceux de *baron de Vérulam* et de *comte de Saint-Alban,* quelques années après. Bacon, esclave du roi et de son ministre, scella des édits qui ordonnaient des exactions exorbitantes. Le peuple cria contre des impôts si injustes et si réitérés. « Accusé, dit l'auteur de sa *Vie*, par le parlement, de vénalité et de corruption, il se vit obligé de faire une réponse particulière à tous les chefs de l'accusation intentée contre lui; ce qu'il fit le 1er mai 1621, en confessant, dans les termes les moins équivoques, le crime de corruption dont il était chargé, en vingt-huit articles différents, en s'abandonnant entièrement à la merci des juges. Il fut condamné à une amende de quarante mille livres sterling; à être enfermé dans la tour, pour y rester à la volonté du roi; déclaré en outre, pour toujours, incapable de posséder aucune charge ni aucun emploi dans la république, avec défense de siéger jamais au parlement, et de reparaître de sa vie dans le ressort de sa cour. Ainsi, il perdit le grand privilége de la pairie; sévérité qu'on n'éprouve jamais que dans le cas de trahison ou de corruption. » On a cherché à le justifier, du moins en partie; on fait retomber ses torts, d'un côté sur ses domestiques qui, dit-on, vendaient sa protection et l'engageaient dans des actes illicites; et de l'autre sur le duc de Buckingham, favori du roi, auquel il devait presque tout son avancement, et dont, par sa vénalité et ses exactions, il ne faisait que servir la cupidité. Mais que penser de ce philosophe, de ce grand génie qui, cette fois, se montre reconnaissant, mais qui ne se montre tel que par de criminelles complaisances; qui se plie honteusement sous le joug de ses valets, et se fait leur complice responsable ? D'ailleurs, il est hors de doute que, artisan de tous ces infâmes trafics, il avait sa part de leurs produits. Le roi ne vit ou ne voulut voir dans la conduite de cet homme qu'une excessive faiblesse de caractère, ne le laissa que peu de temps en prison, lui fit remise plus tard du reste de l'amende qui était encore de trente-deux mille livres sterling, et, à la fin de sa vie, le réhabilita et lui rendit le droit de siéger au parlement. Ainsi le roi lui accorda tout ce qu'un souverain peut accorder; mais rien n'a pu laver les taches dont Bacon souilla sa vie. Sa honte comme homme d'Etat est aussi éternelle que sa gloire comme savant. Lorsqu'il fut sorti de prison, il se retira dans une de ses terres, non point dénué de tous biens de la fortune, comme on l'a dit, mais sans posséder les grandes richesses qu'il avait toujours enviées; il se consacra tout entier à rédiger ou à réviser ses écrits, et mourut en 1626, âgé de 66 ans. Il mit dans son testament, « qu'il laissait son nom et « sa mémoire aux nations étrangères : car « mes concitoyens, ajouta-t-il, ne me con- « naîtront que dans quelque temps. » Cette proposition insérée dans une pièce où l'on s'occupe naturellement de la mort et d'objets graves, a paru une vanité déplacée et peu digne de la vraie philosophie. Un écrivain, considérant Bacon sous le rapport des services qu'il a rendus aux sciences, s'exprime en ces termes, où il y aurait bien quelque chose à rectifier, peut-être; mais que nous rapportons néanmoins, malgré leur couleur philosophique : « Bacon, dit-il, fut un de ces rares génies faits pour étonner le monde qu'ils viennent éclairer. Lorsque celui-ci parut, Aristote régnait despotiquement sur les écoles; tous les esprits étaient asservir par les formes stériles de sa logique. Bacon entreprit de briser les chaînes sous le poids desquelles était abattu l'entendement humain. Cette idée, conçue dès sa jeunesse, l'occupa toute sa vie et fut l'âme de tous ses travaux. Dans la philosophie scolastique, les notions générales, considérées comme comprenant les idées particulières dans leur extension, étaient la base de toutes nos connaissances et la source de toute vérité et de toute certitude. D'après ce système, on s'accoutumait à se passer de l'évidence, et à mettre les mots à la place des choses; l'esprit humain était arrêté et devenait incapable de tout progrès. Bacon démontra que les principes généraux sont fondés sur les faits particuliers;

qu'il fallait non seulement observer la nature, mais encore l'interroger par l'expérience, pour s'élever par degrés, d'induction en induction, aux axiômes les plus généraux. C'est de cette manière qu'il pensait que devait être comprise la véritable interprétation de la nature. Il signala et combattit tous les préjugés, toutes les causes d'erreurs, montra que le doute devait présider à l'examen de toutes les théories et notions reçues; qu'il fallait faire de son âme une table rase, et revenir sur ses pas, pour examiner de nouveau toutes les connaissances particulières qu'on croit avoir acquises; enfin il prononça qu'on ne devait espérer de voir renaître les arts et les sciences qu'autant qu'abandonnant les notions abstraites, les spéculations métaphysiques, on refondrait entièrement les premières idées, et que l'expérience serait le flambeau qui nous guiderait dans les routes obscures de la vérité. Il compara le savoir humain à une pyramide, dont l'observation et l'expérience forment la base, et la métaphysique ou les principes généraux le sommet. En même temps, placé par son génie à cette hauteur, d'où il planait sur toutes les sciences, Bacon les embrassa d'un coup d'œil général, assignant à chacune sa place générale dans l'ordre universel, et indiquant les progrès qui lui restaient à faire. Il fit plus, il créa les procédés les meilleurs pour parvenir au but qu'il signalait. Ce grand homme est reconnu par tous les savants comme l'auteur de la saine méthode, qui doit nous diriger dans l'étude de toutes les branches de connaissance comme le père de la philosophie expérimentale. Quelques uns de ses prédécesseurs ou de ses contemporains avaient reconnu les vices de la philosophie d'Aristote; mais ils ne substituèrent rien aux erreurs qu'ils avaient signalées. D'autres, tels que Copernic, Harvey, Galilée, firent des découvertes immortelles en suivant la marche préconisée par Bacon; mais la lumière ne tombait que sur quelques parties du vaste tableau des sciences. Doué d'une force de tête prodigieuse, et unissant la méthode à une immense étendue d'esprit, Bacon seul donna l'idée d'un plan général, universel, qui comprît toutes les branches de l'arbre scientifique, et pût diriger sûrement dans les recherches dont elles devaient être l'objet. Soit qu'il ne soit pas donné au génie le plus élevé de réunir tous les genres de gloire, d'embrasser toute la science et de faire des découvertes particulières, soit que les occupations politiques l'aient empêché de se livrer aux recherches nécessaires pour se distinguer dans cette seconde carrière, Bacon se borna à montrer la voie qui devait conduire à la connaissance de la vérité, sans s'y avancer lui-même. Cependant il entrevit avec une étonnante sagacité plusieurs découvertes : il avait imaginé une espèce de machine pneumatique, au moyen de laquelle il paraît avoir soupçonné l'élasticité et la pesanteur de l'air, qui furent dévoilées par Galilée et Toricelli; il indiqua assez clairement l'attraction newtonienne, pour qu'on ait dit de lui qu'il avait été le prophète des vérités révélées par Newton. Il eut des vues profondes sur la métaphysique, la morale, la législation. Il exposa assez nettement le principe aperçu par Aristote, et développé depuis par Locke et Condillac (voyez ces noms), qu'il n'y a rien dans l'entendement qui n'ait passé par les sens, principe dont toute sa philosophie n'est, du reste, qu'une application. Bacon ne fit pas de système général; son esprit sage le retint et du moins l'empêcha de s'égarer, comme le fit après lui Descartes qui eut la folle ambition de vouloir remplacer l'édifice fantastique qu'il venait de détruire, et qui ne substitua qu'un édifice non moins fantastique. Il dédaigna ainsi le titre de chef de secte, et ce ne fut que long-temps après lui qu'on reconnut sa gloire. Il était trop supérieur à son siècle pour en être apprécié. Bacon le sentait; il avait la conscience de sa force, connaissait toute l'importance et la grandeur de ses idées, et en appelait à la postérité, comme lui devant une reconnaissance éternelle. Toutefois, on peut lui reprocher d'avoir adopté quelques-unes des formes de la philosophie scolastique qu'il combattait, d'avoir fait des divisions et des subdivisions trop multipliées, ce qui rend la lecture de ses écrits fatigante. Enfin, on doit dire qu'étranger aux sciences mathématiques, il combattit le système de Copernic. Bacon aurait été trop au-dessus de l'humanité, s'il n'eût payé par quelques points un tribut à son siècle. — Bacon a présenté sur la médecine, qu'il avait particulièrement étudiée, des vues non moins grandes que sur les autres sciences. Il a indiqué ce qui lui manquait, et les méthodes susceptibles de lui faire faire des progrès. Voici quelques-unes de ses principales idées sur ce sujet, toutes exposées dans son traité *De dignitate et augmentis scientiarum*, lib. IV, cap. 2. La délicatesse et la complication des parties dont se compose le corps humain le rendent très-susceptible d'être rétabli, lorsqu'il est dérangé, mais en même temps expose beaucoup à l'erreur quant au choix du remède à appliquer. Ajoutez à ces causes naturelles de dérangement les modifications nombreuses qu'éprouve l'économie par l'influence d'aliments variés, du climat, des genres d'exercices, des affections de l'âme, du sommeil et de la veille; c'est ce qui fait que la médecine est un art très-conjectural. Bacon reproche aux médecins de n'avoir pas étudié d'assez près la nature, de s'en être trop rapporté à des idées, à des théories générales, qui, même fussent-elles vraies, auraient l'inconvénient d'éloigner de l'observation des cas particuliers. Il regarde la médecine comme une science à peine ébauchée, parce que les travaux des médecins ont roulé dans le même cercle, qu'ils ont plutôt répété les mêmes recherches qu'ils n'en ont ajouté de nouvelles. Cette dernière division n'a pas été envisagée avec l'importance qu'elle mérite, et a été confondue à tort avec les autres. » Il parle ensuite de l'hygiène et fait de nouveaux reproches aux médecins ; de l'anatomie, et ce sont encore des reproches et des enseignements, etc., etc. Il faut lire, sur Bacon et sa philosophie, les *deux chanceliers*, par M. Ozanam, et le *Traité*, posthume, du comte de Maistre. Il y a plus d'un homme dans Bacon, et chacun de ceux qu'on y peut découvrir est en contradiction avec lui-même : l'homme d'État et l'homme privé, le philosophe et le chrétien, offrent tour-à-tour cet étrange spectacle. Bacon était protestant, et il a fait plus d'un acte de foi catholique ; il blâmait l'opposition que ses co-religionnaires faisaient aux institutions de l'Eglise Romaine, et craignait que leurs innovations n'aboutissent à la déchirer, ainsi qu'on avait commencé de le faire. Deluc, son disciple, a rapporté, dans ses *Lettres* sur le Christianisme, un passage où sont exprimés ces blâmes et ces craintes. Que d'autres s'identifient avec les erreurs philosophiques de Bacon, erreurs qu'il eût désavouées, s'il eût pu les reconnaître ; pour nous, opposons à ces philosophes sensualistes et incrédules quelques passages de Bacon. Ce grand génie a débuté, dans son *Instauratio magna*, par une invocation de Dieu : Il le priait « de ne point permettre que les « nouvelles connaissances qu'il pourra « procurer aux hommes préjudicient aux « connaissances divines, ni qu'en ouvrant la voie des sens, et en donnant « plus d'éclat au flambeau naturel, elles « répandent de l'incertitude sur la révélation : *Deum illud, supplices rogamus*, etc. » Il se prononce, au nom de la science, contre l'incrédulité : « Loin que les causes physiques éloignent les « hommes de reconnaître un Dieu et « une providence, il est arrivé, au contraire, que les philosophes qui se sont « occupés de la recherche de ces causes « n'ont point trouvé d'issue au bout de « leur travail, qu'en reconnaissant enfin « un Dieu et une providence. Quant à « ce qui regarde la physique, je ne crains « point de soutenir qu'un peu de philosophie naturelle, et de médiocres progrès dans cette science, qui n'auraient « conduit que jusqu'à sa porte, font « pencher les opinions vers l'athéisme ; « mais qu'une connaissance plus étendue, de cette même philosophie, qui « nous aurait permis de pénétrer jusque « dans son fonds, ramène les esprits à « la religion. Ainsi, l'athéisme, sous « quelque point de vue qu'on l'envisage, paraît être convaincu d'être l'enfant de l'ignorance et de la folie. » Voici, dans l'extrait suivant, des actes de foi à plusieurs dogmes chrétiens : « La « théologie naturelle est la connaissance « de Dieu, acquise par les lumières de la « raison. Les païens imaginèrent une « chaîne d'or par où Jupiter attirait les « hommes au ciel, au lieu de descendre « lui-même sur la terre. Ainsi on s'élève « à connaître la gloire et la puissance de « Dieu par la voie de la nature ; les merveilles de l'univers expriment la puissance du Créateur..... La lumière naturelle est ce langage que toutes les « créatures tiennent à notre esprit, et « cet autre langage qu'un instinct secret « tient à notre cœur, c'est le flambeau de « la raison et celui de la conscience, qui « servent à diriger nos pensées et nos « actions. Mais cette lumière nous reproche plutôt nos fautes, qu'elle ne nous « instruit de nos devoirs. Il fallait donc « une révélation pour achever de perfectionner nos mœurs et nos idées. « Dieu a des prérogatives et des droits « singuliers sur l'homme, celui de soumettre sa volonté, malgré le penchant, « et celui de faire plier sa raison, malgré sa résistance. Si l'on ne cède qu'à « l'évidence, quand Dieu parle, quel « hommage lui rend-on que n'obtienne « le témoin le plus suspect ? L'incrédulité « est donc un attentat contre la puissance et l'autorité de Dieu, comme le désespoir est un outrage fait à sa bonté.....» Il croyait aux miracles de Moïse, des prophètes, et des saints, aussi bien qu'à ceux de Jésus-Christ, dont il a confessé perpétuellement la divinité ; « mais « Dieu, dit-il, n'a jamais fait de miracles pour convaincre les incrédules qui « résistent aux preuves qui suffisent pour « dissiper les doutes. Le premier pas de

« la philosophie, ajoute-t-il, peut mener
« à l'athéisme, parce qu'on passe aisé-
« ment de l'extrême imbécillité qui croit
« tout, à l'extrême audace qui ne croit
« rien, ou que le désordre apparent des
« causes secondes fait oublier la cause
« première ; mais la véritable philoso-
« phie, qui embrasse l'enchaînement des
« parties et leur dépendance d'un souve-
« rain moteur, conduit *nécessairement*
« à la religion. Les vrais athées, s'il y
« en a, sont des hypocrites qui ont abusé
« de la religion et de ses mystères : l'en-
« durcissement vient à la suite de la pro-
« fanation. » (Cette pensée si juste et si
vraie est éminemment catholique, et elle
n'est juste et vraie que parce qu'elle est
catholique.) « Les portes de l'athéisme
« sont la tolérance de toutes les reli-
« gions... » Il y a encore du catholicisme
dans cette proposition. On dirait sans doute qu'il n'y est pas explicite, eh bien!
qu'on lise ce qui suit, extrait de la dixième de ses *Considérations sacrées*, à l'endroit où il parle sur ce texte : *Vous les
protégerez, Seigneur, dans votre tabernacle, contre la contradiction des langues :*
« La contradiction des langues, dit-il à
« tous les dissidents, se rencontre *par-
« tout hors du tabernacle de Dieu* (c'est-
« à-dire hors de l'Eglise, paroles par
« lesquelles il confesse la vérité de cette
« maxime : *Hors de l'Eglise point de sa-
« lut!*) ; aussi, de quelque côté que vous
« vous retourniez, vous ne trouverez
« point de fin à toutes les controverses, à
« moins que vous ne vous refugiez dans
« le tabernacle. Vous me direz, peut-
« être : cela est vrai si vous entendez par
« là qu'il faut entrer dans l'unité de l'E-
« glise ; mais je réponds : prenez garde,
« le tabernacle renfermait l'arche, et
« l'arche était dépositaire du *Témoignage*
« ou des tables de la loi.... Le taberna-
« cle n'avait été construit que pour gar-
« der et pour qu'on prît de là le *Témoi-
« gnage* ; et c'est ainsi que le corps des
« Ecritures a été confié à l'Eglise pour
« qu'elle le gardât soigneusement et qu'on
« le reçut des Anciens. » Reconnaître
qu'ainsi le corps des Ecritures a été confié à l'Eglise, c'est reconnaître que l'Eglise
Romaine seule est juge, et juge in-
faillible du sens des Ecritures, et des questions qui intéressent la foi. Protestants,
l'illustre Bacon n'était point des vôtres.
Il vous a dit avec l'évêque Etienne Gar-
diner, grand défenseur de l'Eglise Romaine : « Que vous appuyant, vous, sur
« l'Ecriture, vous ressembliez à ces mes-
« sagers qui portent la vérité dans leurs
« lettres et le mensonge dans leurs bou-
« ches. » Et maintenant, pour qu'on sache comment Bacon à composé tant de
pages scientifiques et religieuses, nous
devons dire que c'est en faisant chaque
jour cette *prière* célèbre, terminée comme
les prières de l'Eglise Romaine : « O Père,
« qui avez commencé vos œuvres par la
« création de la lumière visible, et qui les
« avez terminées par la création de la lu-
« mière intellectuelle, qui eut lieu quand
« vous soufflâtes sur la face de l'homme,
« ce chef-d'œuvre de vos mains, daignez
« diriger et protéger mes travaux qui,
« ayant eu votre bonté pour principe, doi-
« vent avoir votre gloire pour fin. Lors-
« que vous vous retournâtes pour con-
« templer les œuvres que venaient de
« produire vos mains, vous vîtes qu'elles
« étaient parfaitement bonnes, et vous
« entrâtes dans votre repos ; mais lors-
« que l'homme a voulu se retourner pour
« considérer ses propres œuvres, il a vu
« que toutes étaient vanité et affliction
« d'esprit, et il n'est point entré dans le
« repos. Voilà pourquoi j'ose espérer que,
« si je fais mon étude constante, ainsi
« que je me le suis proposé, de la consi-
« dération de vos œuvres, vous voudrez
« bien me faire entrer en participation
« du plaisir que vous donna leur con-
« templation, et du repos que vous goû-
« tâtes ensuite... Je vous supplie, ô no-
« tre Père ! de maintenir en moi cette
« bonne volonté ; et, par mes mains,
« ainsi que par les mains de ceux à qui
« vous inspirez une volonté semblable,
« d'enrichir la famille des hommes de
« nouvelles lumières et de nouveaux se-
« cours. Nous attendons cette faveur de
« votre amour éternel, par notre Sau-
« veur Jésus, votre Christ, Dieu avec
« vous. » Il a été parlé ci-dessus du Testament de Bacon ; or, dans cette même
pièce il se reprochait d'avoir « plus écrit
pour la cité que pour le temple. » Dans
les manuscrits qu'il a laissés, on lit aussi
des méditations pieuses, des élévations de
l'esprit et du cœur à Dieu, d'autres professions de foi catholique. « J'ai aimé vos
assemblées, dit-il au Seigneur, j'ai pleuré
sur les divisions de l'Eglise, j'ai chéri
l'éclat de votre sanctuaire.... Vos créatures ont été mes livres ; mais vos saintes
Ecritures l'ont été encore davantage. Je
vous ai cherché dans les cours, dans les
campagnes, dans les jardins ; mais c'est
dans vos temples que je vous ai trouvé. »
Et bien certainement ce n'était pas dans
des temples élevés par les mains protestantes. Voici les titres des principaux ouvrages de Bacon, non dans leur ordre
chronologique, mais dans celui de ses
propres idées : *Instauratio magna*, ou
Grand renouvellement des sciences, Lon-

dres, 1620, in-fol. Cet ouvrage, dans lequel l'auteur examine l'état des sciences et montre la nécessité d'ouvrir une nouvelle route à l'esprit humain, est le plan de la réforme qu'il avait dessein d'opérer. Ce plan est divisé en six parties : la 1re, *partitiones scientiarum*, est le tableau méthodique de la division des sciences ; la 2e, *novum organum*, a pour but de fournir les moyens d'arriver à la découverte de la vérité (ces deux premières parties sont exécutées, mais les quatre suivantes ne le sont pas) ; la 3e, *phænomena universi, sive historia naturalis et experimentalis ad condendam philosophiam*, qui devait comprendre la connaissance des phénomènes de l'univers, acquise par l'observation et l'expérience, et base de la philosophie ; la 4e, *scala intellectûs*, dans laquelle il se proposait de développer, à l'aide d'exemples choisis et variés, par quels degrés l'entendement humain doit s'élever pour atteindre d'une manière sûre et régulière à la découverte des vérités ; partie qui n'eût été qu'une application des principes émis dans la seconde, et à laquelle se seraient rapportés d'autres ouvrages, tels que le *Traité des vents*, l'*Histoire de la vie et de la mort*, etc.; la 5e, *prodromi*, qu'il devait composer de recherches faites d'après la manière commune de philosopher, et eût servi à comparer l'ancienne méthode avec la sienne ; la 6e, *philosophia secunda, seu scientia activa*, qui devait couronner tout l'ouvrage, eût été une conséquence ou un complément des cinq autres parties, et eût présenté une suite de principes fournis par une induction sévère, et formant un système philosophique complet. — *On the advancement of learning*, c'est-à-dire, *De l'avancement des sciences*, Londres, 1605, in-4, traduit en latin sous le titre : *De dignitate et augmentis scientiarum*, Paris, 1624, in-8, traduit également en français par Maugard, Paris, 1624, in-12, puis par le sieur de Golefer, ibid., 1632, in-4. Cet ouvrage remplit la 1re partie du plan exposé dans l'*Instauratio magna* ; l'auteur y examine l'état et le degré où étaient, de son temps, toutes les connaissances humaines ; il les range sous trois classes, suivant qu'elles se rapportent à l'une des trois principales facultés de l'âme : la mémoire, l'imagination et la raison, d'où la grande division des arts et des sciences, en histoire, en poésie et en philosophie. Les écrivains français connus sous le nom d'*encyclopédistes* voulurent reproduire cette division. C'est, en effet, le plan d'une *Encyclopédie* raisonnée, liée et dépendante dans toutes ses parties, dont l'exécution serait bien différente de la compilation alphabétique qu'on nous a donnée sous ce titre, espèce de *gouffre*, comme l'exprime Diderot lui-même, chef et directeur de cette entreprise, « où des chiffonniers « jetèrent pêle-mêle une infinité de cho- « ses mal vues, mal digérées ; bonnes, « mauvaises, détestables ; vraies, fausses, « incertaines, et toujours inconséquen- « tes et disparates. » Bacon indique aussi dans cet ouvrage ce qui a été fait pour chaque branche des connaissances humaines, et les parties qui manquent dans le système général ; il y signale les vices des méthodes qui se sont opposées à leur progrès, et jette sur chacune d'elles ces grandes vues qui ont déterminé ou en quelque sorte prophétisé l'avancement ou la création de plusieurs sciences. La traduction latine de cet ouvrage supérieur, où des observations neuves et profondes sont ornées des agréments de l'imagination, fut souvent réimprimée : Strasbourg, 1635, in-8 ; Londres, 1638, in-fol. ; Leyde. 1645, et 1652, in-12 ; Amsterdam, 1625, in-16, et 1662, in-12. *New organon, or new method of employing the reasoning faculties in the pursuits of truth*, c'est-à-dire, *Nouvelle méthode de diriger l'entendement dans la recherche de la vérité*, Londres, 1620, in fol., traduit en latin sous ce titre : *Novum organum, sive indicia vera de interpretatione naturæ*, en deux livres, Leyde, 1645, in-16, ouvrage, fruit de dix-huit années de méditation, le plus important de ceux que composa l'auteur, faisant suite au traité *De augmentis scientiarum*, et remplissant la seconde partie du plan de réforme conçu par Bacon. Il lui donna le titre d'*Organon*, pour l'opposer à la logique d'Aristote, connue sous ce nom. C'est dans cet écrit qu'il proposa la nouvelle méthode qu'il convenait de suivre dans l'étude de la nature pour acquérir des connaissances positives ; qu'il fournit les moyens de s'élever aux principes généraux à l'aide de l'induction appuyée sur l'observation et l'expérience. C'est ce livre qui l'a fait appeler « le Père de la physique expérimentale, » parce que c'est, en effet, un recueil d'idées neuves et justes, sur ce qui peut, principalement, perfectionner la physique, et qu'on les a suivies. Les autres éditions latines de cet ouvrage, outre celle que nous avons indiquée, sont de Leyde, 1650, in-12 ; Amsterdam, 1660, in-12 ; Venise, 1775, in-8 ; Wurtzbourg, 1779, in-12 ; et Oxford, 1813, in-8. *De sapientiâ veterum*, Londres, 1610, in-4, Leyde, 1633 et 1657, in-12, ouvrage dans lequel l'auteur cherche à expliquer la mythologie des anciens, qui, suivant lui, eurent le dessein de cacher, sous le voile de leurs fables, tous les sens, physique, moral ou politique ; ce sentiment ne paraît pas être absolument vrai ni absolument faux. L'auteur, pour établir son opinion, montre une grande sagacité, une profondeur et une variété de connaissances extraordinaires. *Historia vitæ et mortis*, Londres, 1613, in-8, mal traduit en français par J. Baudoin, Paris, 1650. Bacon suppose dans les corps animés l'existence d'un principe ou esprit plus pur que l'air, moins actif que le feu, enchaîné par des particules visqueuses ; c'est peut-être, distingué de l'ame, le principe vital des physiologistes. Le principe supposé par Bacon, en consumant peu à peu ses liens, finit par s'exhaler ; c'est là la cause de la mort naturelle. On doit espérer de prolonger la vie, si l'on s'attache à modérer l'action, à éviter l'impression de l'air, à réparer les humeurs, à invisquer l'esprit ou principe vital, et à boucher les pores par lesquels il tend à s'exhaler. On parvient à ce but par le repos, par un régime débilitant, par l'usage du nitre et de l'opium. Bacon rapporte des exemples de longévité observés chez les hommes et les animaux, et les présente à l'appui de sa théorie ; il montre que les animaux qui ont une longue gestation, qui s'accroissent lentement, qui se nourrissent de chair, vivent le plus longtemps ; enfin il décrit les périodes de la vie, et expose les phénomènes de la mort. *Essays or counsels civil and moral*, c'est-à-dire, *Essais ou maximes civiles et morales*, Londres ; traduits en latin sous ce titre : *Sermones fideles, ethici, politici, œconomici*, Leyde, 1644, 1659, in-12. Ces essais de morale sont, de tous les ouvrages de Bacon, celui qui eut le plus de succès de son temps, et ils conservent encore leur réputation. Il augmenta considérablement cet ouvrage sur la fin de ses jours ; il en donna même à la fois deux éditions : l'une en anglais, l'autre en latin. Ce sont des vues profondes et des observations fines sur la nature humaine présentées avec les couleurs d'une imagination brillante, et l'éclat d'un style énergique, précis et animé. *Historia Regni Henrici VII, Angliæ regis*, Londres, 1622, in-fol.; Leyde, 1642, in-12 ; ibid., 1647, in-12 ; Amsterdam, 1662, in-12. Cette histoire, très-estimée d'ailleurs, n'est souvent qu'un panégyrique. Bacon n'a pas toujours la simplicité du style historique, et il n'est pas exempt des défauts que l'on reproche aux beaux esprits de son siècle : l'enflure et le phébus. *Collection des actes et des faits arrivés au parlement d'Angleterre, sous le règne d'Elisabeth*, 2 vol. in-fol., en anglais. Un petit traité *De justitiâ universali*, Paris, 1752, chez Vincent, in-16 ; et plusieurs autres ouvrages. M. Deleyre a donné l'*Analyse de la philosophie de Bacon*, en 2 vol. in-12. Cet abrégé suffit pour donner une idée des qualités et des défauts de Bacon dans sa manière d'écrire. Hume, en comparant Bacon avec Galilée, a attribué la supériorité à celui-ci ; mais il faut avoir étrangement le goût des comparaisons pour comparer Bacon avec un astronome, et chercher des rapports entre deux hommes, pour avoir le plaisir de dire qu'il n'y en a pas. On a aussi d'Emery le *Christianisme de Bacon*, an 7 (1799), 2 vol. in-12. Bertin a donné sa *Vie*, traduite de l'anglais, Paris, 1788, in-12. Quelque éloge qu'on y donne à Bacon, on n'y tait point ses vices ; et il n'y a guère de lecture plus propre à prouver combien la philosophie est faible contre un caractère lâche et corrompu. A la fin de cette *Vie* on trouve un recueil des maximes de Bacon. La plus remarquable déjà citée est « qu'une philosophie superficielle peut « engendrer l'athéisme, mais qu'une phi-« losophie profonde conduit à la religion : « *Leves gustus in philosophiâ movere pos-« se ad atheismum, sed pleniores haustus « ad religionem reducere* » (*De augm. scient.*, lib. 1.) Bacon a publié plus de 20 ouvrages sur presque toutes les matières. Ses *OEuvres* complètes ont été platement traduites par Antoine Lasalles, avec des notes critiques et littéraires, Dijon, 1799-1802, 15 vol. in-8. Les principales éditions des *OEuvres* complètes de Bacon, en anglais et en latin, sont 1° : les anglaises : *The works of Francis Bacon*, faites toutes à Londres, 1740, 4 in-fol.; 1753, 3 in-fol.; 1765, 5 in-4 ; 1778, 5 in-4 ; 1803, 10 in-8 ; et 2°, les latines : *Opera omnia*, Londres, 1638, in-fol.; Francfort, 1665, in-fol.; Amsterdam, 1684, 6 in-12 ; Copenhague, 1694, in-fol.; Amsterdam, 1695, 1730, 7 in-12.

BACON (Jonh), sculpteur anglais, né à Londres en 1740. Il exerça d'abord la profession de peintre en porcelaine, et s'adonna ensuite à la sculpture, où il fit des progrès très-rapides. Il remporta, en 1768, le premier prix qui ait été donné par l'Académie royale, et fut ensuite reçu membre de cette Académie. Il fut chargé d'exécuter plusieurs monuments considérables, entre autres celui de lord Chatam, qui est un de ses plus grands ouvrages, et qui a essuyé bien des critiques. Ses meilleurs ouvrages sont des figures isolées. On lui reproche un style peu correct et dépourvu de noblesse. Ses draperies sont travaillées avec soin, mais elles manquent de grâce. Bacon s'occupait aussi de littérature ; il a publié des *Fables* et des *Epitaphes* assez médiocres. Il mourut en 1799.

BACOUE, ou BACOVE (Léon), né en 1600, à Castelgeloux en Gascogne, ayant reconnu les erreurs de la religion protestante, entra dans l'ordre de St-François, et en fut tiré pour être placé sur le siége de Glandève, et ensuite sur celui de Pamiers, où il mourut en 1694, âgé de 94 ans. Son poëme sur l'éducation d'un prince, 1671, in-4, lui a fait un nom parmi les poëtes latins. Il y a de très-beaux morceaux. Il le publia en 1670, à Toulouse, sous ce titre : *Delphinus, seu de primâ principis institutione, libri VI*, in-4, réimprimé à Paris en 1685, in-8, avec des notes, et on y joignit quelques odes du même auteur. On a encore de lui : *Carmen panegyricum*, Toulouse, 1637, in-4, dédié au pape Clément IX. En 1635, il avait donné une traduction in-fol. de la *Somme de théologie* du P. Villalobo, franciscain.

BACQUET (Jean), avocat du roi en la chambre du Trésor, à Paris, savant dans le droit français et dans les lois romaines, est auteur de plusieurs *Traités* commentés par Ferrière, dont la dernière a paru à Lyon en 1744, 2 vol. in-fol. Sa mort, arrivée en 1597, fut causée par le chagrin qu'il eut d'avoir vu rompre en place de Grève son gendre Charpentier, lecteur et médecin en l'Université de Paris, fameux ligueur.

BADE (Herman I de), fils de Berthold I, duc de Zæhringen et de Carinthie, épousa Judith, fille d'Adelbert, comte de Calw, ou Calb, qui lui apporta en dot les biens du comté d'Uffgau, pays qui forme le territoire de Bade. On le trouve mentionné dans les chartes d'Allemagne, en 1052, sous le titre de *marquis*. Il se retira à la fin de sa vie, dans l'abbaye de Cluny, et y mourut le 25 avril 1074.—Son fils, Herman II, prit, pour la première fois, le titre de *margrave*, ou *marquis de Bade*, à la diète de Bâle, tenue au mois de février 1130. C'est de cette époque que datent ce titre et le nom illustre de la maison de Bade. Herman II mourut en 1130.

BADE-BADE (Louis-Guillaume Ier, margrave de), arrière petit-fils d'Edouard Ier, dit le *Fortuné*, naquit à Paris le 8 avril 1655. Il fut tenu sur les fonts baptismaux par Louis XIV. A l'âge de trois mois, il fut emmené par son père et son aïeul, pour être élevé au milieu des peuples qu'il devait gouverner. Il parcourut l'Europe, afin de perfectionner son éducation, et fit ses premières armes sous Montécuculli, dans la campagne d'Alsace, où Turenne fut tué. Il força les Français dans leur retraite jusqu'au moment où le grand Condé vint en prendre le commandement. Le duc de Lorraine s'étant mis à la tête de l'armée, à la place de Montécuculli, qui avait donné sa démission, le prince de Bade servit sous ses ordres jusqu'à la paix de Nimègue, en 1678. Lors de la guerre des Turcs contre l'Autriche, il contribua à délivrer la ville de Vienne, qui était assiégée, et se fit remarquer honorablement à Barckan, à Vicegrade et à Bude. Il se lia, dans ses campagnes, avec le jeune prince Eugène de Savoie, dont le mérite et la valeur naissante lui inspirèrent de l'intérêt ; il remporta seul sur les Turcs, en 1689, la victoire de Nissa, et le 19 août 1691, celle de Salenckemen : en 1693, il fut appelé en Souabe, pour s'opposer aux Français qui y faisaient des progrès rapides. Le grand Dauphin et le duc de Lorges ne purent forcer son camp ; il reprit ensuite Heidelberg, puis se rendit en Angleterre pour concerter avec le roi Guillaume les opérations de la guerre contre la France. Le prince Louis ouvrit la campagne par une irruption sur l'Alsace, où il déconcerta les mesures du duc de Lorges. Il se mit, mais en vain, sur les rangs pour la couronne de Pologne, laissée vacante par la mort de Sobieski. La guerre de la succession d'Espagne vint lui offrir encore de nouvelles palmes à cueillir. Il parut à la tête de l'armée impériale, prit Landau, mais fut battu à Friedlingen. Ce fut lui qui fit construire, en 1703, les fameuses ligues de Stollhofen, qui s'étendaient depuis la Forêt-Noire jusqu'à Stollhofen et au Rhin, et qui firent admirer son talent pour les fortifications et les retranchements. Il mourut à Rastadt, le 4 janvier 1707, à l'âge de 52 ans. Il avait fait vingt-six campagnes, commandé à vingt-cinq siéges et livré treize batailles. Aussi habile que courageux, son nom demeurera célèbre dans les fastes de l'histoire, à côté de tous les grands généraux français et étrangers qui illustrèrent le beau siècle de Louis XIV.

BADEN (Jacques), professeur d'éloquence à l'Université de Copenhague, né en Zélande en 1755, fut un des fondateurs de la littérature danoise. Ses principaux ouvrages sont : *Le Journal critique*, un des recueils les plus estimables et les plus utiles que le 18e siècle ait vus naître ; *Dict. latin et danois, et danois et latin*, 2 vol. in-8 ; *Annales de*

Tacite, trad. en danois; *OEuvres d'Horace*, trad. en danois, 2 vol.; la *Cyropédie*, trad. en danois.

BADIUS (Josse), surnommé *Ascensius*, parce qu'il était né à Assche, gros bourg entre Bruxelles et Alost, en 1462, étudia en Flandre et en Italie, et alla ensuite professer le grec à Lyon. Jean Treschel, imprimeur de cette ville, le fit correcteur de son imprimerie, et lui donna sa fille en mariage. Robert Gaguin, dont il avait imprimé l'*Histoire de France* à Lyon, l'attira à Paris. C'est de sa presse que l'on a tant parlé sous le nom de *Prælum Ascensianum*. Il publia plusieurs auteurs classiques qu'il commentait lui-même, entre autres Horace, Virgile, Lucain, Juvénal, Salluste, Quintilien. Il mourut à Paris, en 1535, âgé de 73 ans, après avoir composé plusieurs ouvrages, outre ses Commentaires ; tels sont : *Sylva moralis contra vitia*; *Psalterium B. Mariæ Virginis* ; *Epigrammata* ; *Vita Thomæ à Kempis* ; *De grammaticâ; De conscribendis epistolis* ; *Navicula stultarum mulierum*, 1502.

BADIUS (Conrad), fils de Josse, se fit calviniste, et se retira à Genève, où il se distingua comme imprimeur et comme auteur. Robert Etienne, son beau-frère, protestant comme lui, le suivit trois ans après. Ils y publièrent de concert plusieurs éditions fort recherchées. Il mourut vers 1570. Badius traduisit en français le 1er vol. de l'*Alcoran des Cordeliers*, l'augmenta d'un 2e, et l'accompagna de notes, 1560, in-12, Amsterdam, 1734, 2 vol. in-12, avec fig. de Bernard Picard. Ces notes sont courtes, mais fort vives, souvent outrées, au jugement même de Prosper Marchand, qui n'est pas lui-même un auteur fort modéré. (Voyez ALBER Erasme et ALBIZZI.)

BAECK (Abraham), né en Suède en 1713, et mort en 1795. Des connaissances profondes en médecine, et une conduite toujours dirigée par prudence et le désir d'être utile, lui firent obtenir une grande considération. Il devint premier médecin du roi, président du conseil de médecine, chevalier de l'étoile polaire, et membre de l'Académie des sciences de Stockholm. Cette société le chargea de faire les éloges d'Hasselquist, d'Olaüs-Celsius, et de Linnée avec lequel il avait eu des relations étroites, et qui lui avait dédié un genre de plantes, sous le nom de *Bæchea*. Bæck a laissé, sur divers sujets d'histoire naturelle, plusieurs *Mémoires* insérés dans les *Mémoires* de l'Académie de Suède.

BAENGIUS (Pierre), né à Helsingbourg en Suède, l'an 1633, enseigna la théologie à Abo, devint ensuite évêque de Wybourg, où il mourut en 1696. On a de ce prélat luthérien : un *Commentaire sur l'épitre de saint Paul aux Hébreux*, Abo, 1671, in-4 ; *Vie de saint Anschaire* ; *Historiæ Sueco-Gothicæ ecclesiasticæ;* une *Chronologie sacrée;* des *Ouvrages polémiques*. Ils sont tous écrits en latin, mais remplis de préjugés de secte. On dirait que l'auteur a voulu faire la parodie de tout ce qui a été dit sur ces matières par les catholiques.

BAERT (François), jésuite, né à Ypres, en 1651, fut envoyé à Anvers, en 1681, pour travailler aux *Acta Sanctorum*. Il donna les actes de plusieurs saints de Bretagne qui étaient difficiles à débrouiller. Le *Commentaire* qu'il donna sur la *Vie* de saint Basile-le-Grand fait connaître son érudition. Il parcourut les bibliothèques d'Allemagne, et en rapporta des monuments utiles. Il mourut le 27 octobre 1719.

BAERT (Charles-Alexandre-Barthélemi-François de). Il était originaire de Saint-Omer, et il entreprit en 1787 et 1788 un voyage en Angleterre, pour y étudier les mœurs et les coutumes des habitants. De là il passa en Espagne, et se trouvait à Gibraltar en 1789. Revenu dans sa patrie, il embrassa la cause de la révolution, et fut élu député du Pas-de-Calais à l'assemblée législative, en 1794. Il y vota avec la saine minorité, et rédigea même, à cette époque, un journal intitulé l'*Indicateur*, qui combattait les idées exagérées qui prévalaient en ce moment. Après le 10 août, il se retira de l'assemblée et revint dans son pays natal, d'où il passa aux Etats-Unis d'Amérique. En 1815, il fut nommé à la Chambre des députés par le département du Loiret, et il y vota avec la minorité. Il est mort à Paris le 23 mars 1825. On lui doit : *Tableau de la Grande-Bretagne, de l'Irlande et des possessions anglaises dans les quatre parties du monde*, Paris, 1800, 4 vol. in-8, cartes et fig. : ouvrage estimé pour l'exactitude, et le plus complet que nous ayons en notre langue ; l'*Extrait d'un voyage entrepris, en 1784, dans la partie de la Russie qui avoisine le Caucase*, inséré dans les *Mémoires historiques et géographiques sur les pays situés entre la Mer-Noire et la Mer-Caspienne*, Paris, 1796, in-4.

BAGARATO, jurisconsulte bolonais du 15e siècle, dont on trouve, dans le *Tractatus universalis juris*, 1584, t. 3, deux *Traités* sur le reproche des témoins et les déclinatoires.

BAGETTI (Le chevalier Joseph-Pierre), peintre paysagiste, né à Turin en 1764, mort dans la même ville au mois de mai 1831, s'adonna à l'architecture et à la peinture à l'aquarelle, dans laquelle il devait se faire une brillante réputation. Bagetti se rendit à Paris en 1807, et y fut honorablement accueilli par le ministre Clarke, qui l'attacha au dépôt de la guerre, le chargeant spécialement d'exécuter à l'aquarelle des tableaux représentant des victoires des armées françaises; les événements de 1814 empêchèrent leur entière exécution. Dans l'espace de huit ans, il termina plus de quatre-vingts *Tableaux*, dont le plus remarquable, sans contredit, est une *Vue générale de l'Italie*, partant des Alpes jusqu'à Naples. Un bas-relief figurant les Alpes et tout le Piémont jusqu'aux limites de la Lombardie, et plusieurs tableaux de batailles en l'honneur des héros de la Savoie, occupèrent ses loisirs pendant les dernières années de sa vie. Bagetti, non moins habile théoricien qu'artiste distingué, a publié en italien : l'*Analyse de l'unité de l'effet dans la peinture et de l'imitation dans les beaux-arts*, ouvrage qui jouit d'une estime méritée.

BAGGESEN (Jens-Emmanuel), l'un des poëtes les plus célèbres et les plus spirituels du Danemarck, né à Corsoer, dans l'île de Seeland, le 15 février 1764, d'une famille bourgeoise sans fortune, reçut la première instruction dans une école publique, et fut admis, en 1784, au nombre des étudiants de l'Université de Copenhague. Dès 1786, il débuta par un volume de *Contes en vers*, qui fut suivi en 1791 d'un *Recueil de poésies*, en 2 vol. sous le titre d'*Ouvrages de ma jeunesse*, qui obtint un succès prodigieux. Depuis il négligea sa langue maternelle pour publier divers ouvrages en allemand, qui ont obtenu également un grand succès : *Mélanges poétiques*, Hambourg, 1803, 2 vol.; *Parthenaïos* ou *Voyages aux Alpes*, idylle. Hambourg, 1806, 2ᵉ édit.; Amsterdam, 1807, traduit en français par M. Fauriel; Paris, 1810, in-12; *Fleurs de Bruyères*, Amsterdam, 1808.

BAGLIVI (Georges), célèbre médecin, né à Raguse (et non pas à Lecce, ni à Naples), d'une famille originaire d'Arménie. Orphelin dès son bas âge, il fut conduit, par le jésuite Michel Mondegai, à Lecce, chez un de ses parents qui était médecin, lui donna les premières notions de l'art de guérir, et, mourant, lui laissa un héritage assez considérable. Georges, après la mort de son respectable et généreux parent, continua de se livrer avec ardeur à l'étude, ne tarda pas à recevoir de l'Université de Salerne (ou de Padoue, suivant un auteur) le bonnet de docteur en philosophie et en médecine. Après avoir ensuite étudié dans les Universités de Naples et de Bologne, et acquis déjà par ses travaux une grande renommée, il alla se fixer à Rome. Il y exerçait son art avec distinction, quand le pape Clément XI lui confia la chaire de médecine théorique au collége de la Sapience, et, peu de temps après, celle d'anatomie et de chirurgie. Il occupa l'une et l'autre avec beaucoup d'éclat; et sa réputation, devenue européenne, s'agrandissait de jour en jour, lorsque la mort le précipita dans le tombeau le 17 juin 1707, à l'âge de 38 ans. « Baglivi, dit un historien des médecins, fut un de ces esprits originaux dont la nature est si avare. Dès ses premiers pas dans la carrière, il fut frappé des vices des théories dominantes et de leur funeste influence sur la pratique de la médecine. Il reconnut que la seule manière de parvenir à la meilleure méthode de guérir les maladies, était d'observer la nature d'après les règles prescrites par Hyppocrate, et généralement négligées. Il fit en Italie, et dans le même temps, ce que Sydenham faisait en Angleterre. » — « C'était, dit M. Madrolle, le *Sthal romain*, c'est-à-dire plus que le Sthal allemand. Il définissait la médecine : *la théologie de la santé.* » On a de Baglivi plusieurs ouvrages estimés; celui qui l'est le plus est son traité : *De praxi medicâ libri 11, ad priscam observandi rationem revocandâ*. Tous furent réunis, et ce recueil a eu un grand nombre d'éditions; les meilleures sont la septième et les suivantes : Lyon, 1701; Paris, 1711; Anvers, 1715; Venise, 1721, 1752; Lyon, 1765, toutes in-4. Baglivi était membre de la Société royale de Londres.

BAGNATI, jésuite napolitain, né en 1651, mort en 1727, s'était destiné à la prédication. Il a laissé des *Sermons*. des *Panégyriques*, l'*Art de bien penser*, l'*Ame dans la solitude*, et quelques autres ouvrages.

BAGNOLI (Jules-César), né à Bagna-Cavallo dans le Ferrarais, se distingua parmi les poëtes italiens. Michel Peretti, prince de Venafre, neveu de Sixte V, le combla de bienfaits. Il mourut vers 1600. La *Tragédie des Aragonais*, et le *Jugement de Pâris*, ont encore quelques lecteurs en Italie. Le travail se fait trop sentir dans ces ouvrages.

BAGOAS, eunuque Egyptien, général et favori du roi de Perse Artaxercès Ochus, empoisonna son maître, pour venger la mort du bœuf Apis, dieu d'Egypte, que ce prince avait fait apprêter par son cuisinier. Après avoir fait périr Ochus par le poison, il donna son corps à manger à des chats, et fit faire de ses os des manches de couteaux et des poignées d'épées. Il plaça sur le trône Arsès, le plus jeune des fils du roi mort, qui, ne voulant pas se laisser gouverner par son eunuque, fut assassiné comme son père. Il mit ensuite la couronne sur la tête de Darius Codoman, dont il voulut encore se défaire; mais ce roi le prévint en le faisant mourir, vers l'an 336 avant J.-C.—Alexandre-le-Grand eut aussi un favori du même nom. Il est à propos de remarquer que *Bagoas* n'est pas tant un nom propre d'homme qu'un nom qui signifie un eunuque; c'est pour cela qu'on le trouve souvent dans les histoires de l'Orient.

BAGOT (Jean), jésuite, né à Rennes en 1590, enseigna successivement la philosophie et la théologie, fut censeur des livres à Rome, ensuite supérieur de la maison professe à Paris, où il mourut le 22 août 1664. On a de lui un ouvrage intitulé : *Apologeticus fidei*, 2 in-fol., Paris, 1645, livre savant, mais diffus; *Defensio juris episcopalis*, Paris, 1655, in-8; Rome, 1655, in-8, en français, 1655, in-8. Ce livre fut déféré à l'assemblée du clergé de 1655, pour quelques propositions qui blessaient les principes admis en France sur la hiérarchie et l'administration du sacrement de pénitence. L'assemblée dressa des articles sur ces propositions; mais la publication en fut arrêtée. L'auteur avait donné des explications qui parurent suffisantes.

BAHIER (Jean), prêtre de l'Oratoire, natif de Châtillon, mort secrétaire de sa congrégation en 1707, eut un nom parmi les poëtes latins. On peut voir un de ses morceaux dans les *Poésies diverses*, recueillies par Loménie de Brienne. Son poëme *Fuquetius in vinculis*, composé lorsque le surintendant Fouquet fut arrêté, eut du cours dans son temps.

BAHRDT (Charles-Frédéric), théologien protestant né à Bischoffswerda, dans la Haute-Saxe, en 1741, d'un ministre, acheva ses études dans l'Université de Leipsick, où son père était professeur. On lui confia d'abord l'emploi de catéchiste. De là il passa à celui de suppléant de son père, et de professeur de philosophie sacrée. Il ne manquait ni du savoir, ni du talent nécessaires pour remplir ces places; mais, dès ses premiers écrits, et notamment dans celui qu'il publia en 1763, à l'âge de 22 ans, sous ce titre : *Le vrai Chrétien dans la solitude*, il manifesta une tournure d'esprit qui le portait aux nouveautés et aux opinions singulières. A ces torts il joignit celui de donner prise sur ses mœurs, et une aventure scandaleuse l'obligea de quitter Leipsick. Il passa à Erfurt, où on le nomma professeur d'antiquités bibliques, et alla prendre le bonnet de docteur à Erlangen. L'Université de Wittemberg, qui prit connaissance de ses principes, le condamna comme hérétique. Dès lors il erra de pays en pays, et se fit recevoir francmaçon en Angleterre. Il avouait, au reste, avoir perdu entièrement, dans la société des incrédules, les principes religieux dont il avait été imbu. Pendant son absence, on obtint contre lui un décret impérial qui le suspendait de toutes fonctions ecclésiastiques, jusqu'à ce qu'il eût rétracté publiquement ses erreurs. Il aima mieux se retirer en Prusse, et alla s'établir à Halle, où il ouvrit une école d'athéisme. Soit inconstance naturelle, soit que son école ne lui offrît que de trop modiques moyens de subsistance, il imagina d'établir une auberge dans une campagne à portée de la ville. Elle fut bientôt fréquentée par de nombreux disciples qu'attiraient la curiosité et l'attrait d'une doctrine qui favorisait les passions. Ayant eu l'imprudence de ridiculiser l'édit de religion du roi de Prusse dans une comédie, et publié un plan d'association assez semblable à celle des illuminés, on le condamna à la prison. Il revint ensuite dans son auberge de Halle, où il mourut le 24 août 1792. Né avec d'heureuses dispositions, écrivant avec facilité et élégance, parlant d'une manière séduisante, et prêchant, dit-on, avec beaucoup de feu, il ternit toutes ses belles qualités par de mauvaises mœurs et une étrange bizarrerie d'esprit. Ses principaux ouvrages sont : *Recueil de sermons sur les vérités fondamentales de la religion*, Leipsick, 1764, in-8; *Essai d'un système de dogmatique biblique*, 2 vol., in-8, Gotha et Erfurt, 1769-1770; *Idées pour servir à l'explication et à la défense de la doctrine de notre Eglise*, Riga, 1771, in-8; *Considérations sur la religion, pour les lecteurs pensants*, Halle, in-8; les *Nouvelles révélations de Dieu, en lettres et en récits*, 4 vol. in-8, Riga, 1773-1774; *Apologie de la raison, appuyée sur les principes de l'Ecriture*, Zullichau, 1781, in-8; *Exposé complet des dogmes de la religion, fondé sur la doctrine pure et sans mélange de Jésus*, Berlin, 1787, in-8; *De la liberté de la presse et de ses limites*, Zullichau, 1797, in-8; *Histoire de sa vie, de ses opinions et de ses destinées*, écrite par lui-même, à Magdebourg pendant sa détention, 4 vol. in-8

Bibliothèque de théologie universelle, Mittau, 1774-1775, 4 vol. in-8, etc. Le but de ces nombreux écrits est de saper tous les fondements de la révélation, et d'établir un déisme pur où les miracles sont rejetés, et qui n'a pour appui que la seule raison.

BAIF (Jean-Antoine de), fils naturel de l'abbé de Grénetière, né à Venise en 1532 pendant l'ambassade de son père, fit ses études avec Ronsard. Ils s'adonnèrent l'un et l'autre à la poésie française, mais ils la défigurèrent tous les deux par un mélange barbare de mots tirés du grec et du latin. Baïf voulut introduire dans les vers français la cadence et la mesure des vers grecs et latins; mais ses efforts furent inutiles. « Ce rimeur était un fort bon homme, suivant le cardinal du Perron, mais un fort mauvais poëte »; sa versification est dure, incorrecte et rampante. C'est le premier qui établit à Paris une espèce d'académie de musique : Charles IX et Henri III s'y trouvaient très-souvent. Baïf mourut en 1592. Il y a de tout dans ses ouvrages, qui parurent à Paris, en 1752, 2 vol. in-8, du sérieux, du comique, du sacré, du profane, plus d'abondance et de variété que de jugement.

BAIL (Louis), docteur de Sorbonne, et sous-pénitencier de Paris, né à Abbeville, et auteur de plusieurs ouvrages dont quelques-uns sont estimés : l'*Examen des confesseurs*, livre inexact, 3 in-12; une *Bibliothèque des Prédicateurs*, en latin, sous ce titre : *Sapientia foris prædicans*, où il donne en abrégé la vie des plus célèbres prédicateurs, et montre dans quel genre ils ont excellé; *Summa Conciliorum*, Paris, 1672, 2 vol. in-fol.; *De beneficio crucis*, Paris, 1652, in-8, où il combat victorieusement les erreurs de Jansénius; *Philosophie affective*, 1657, in-12. Il mourut à Paris en 1669.

BAILLET (Adrien), né en 1649 à la Neuville, village près de Beauvais, d'une famille obscure, fit ses premières études dans un couvent de Cordeliers voisin de sa patrie. Il étudia ensuite au collége de la ville de Beauvais, et y régenta les humanités. Quelque temps après, il fut fait prêtre et curé; mais il quitta sa cure, pour se livrer tout entier à l'étude. Lamoignon, à qui il fut recommandé par Hermant, le fit son bibliothécaire. Il mourut chez ce magistrat en 1706, à l'âge de 57 ans. Toute sa vie fut remplie par la lecture ou par la composition. On a de lui plusieurs écrits, dont les principaux sont : *Jugements des savants sur les principaux ouvrages des auteurs*, qui parut en 9 vol. in-12, en 1685 et 1686.

Il y a de très-bonnes règles de critique dans le premier volume; mais l'auteur ne les suit pas toujours. Les 3 volumes suivants roulent sur les imprimeurs, les auteurs de dictionnaires, les traducteurs français et latins. Il publia ensuite 5 vol. sur les poëtes. Ménage, qu'il avait critiqué assez vivement, lui opposa l'*Anti-Baillet* en 2 vol. in-12, à La Haye. Si l'on en croit l'auteur des *Trois siècles*, le tort n'était pas du côté de Baillet. « Cette « compilation, dit ce critique, lui attira « beaucoup d'ennemis, comme s'il n'é- « tait pas permis d'apprécier les produc- « tions des auteurs, quand ils les sou- « mettent au jugement du public par la « voie de l'impression. Ménage surtout « fut offensé de la liberté, ou, pour mieux « dire, de la justice avec laquelle il s'é- « tait expliqué à son sujet, mais les lec- « teurs furent du parti de Baillet, et se- « ront toujours de celui de quiconque, « sans humeur et sans partialité, fera « connaître les défauts de chaque écri- « vain, sans lui rien dérober de la gloire « qu'il mérite pour ce qu'il a composé « de bon. » Baillet répliqua à Ménage par les *Anti* ou les *Satires personnelles*. Les *Auteurs déguisés*, les *Enfants devenus célèbres*, furent publiés à peu près dans le même temps. La Monnaie a rassemblé tous ces différents morceaux dans son édition des *Jugements*, Paris 1722, 7 vol. in-4, Amsterdam 1725, 17 vol. in-12. L'éditeur a revu, corrigé et augmenté cet ouvrage, inexact dans beaucoup d'endroits, quoique plein partout d'une érudition profonde. Les critiques que Baillet essuya l'empêchèrent de continuer ses *Jugements*. Nous n'en avons que la première partie, et le premier article de la seconde. Il en avait promis six, qu'il laissa en manuscrit. *De la dévotion à la sainte Vierge, et du culte qui lui est dû*, in-12. Ce livre excita quelque rumeur dans sa naissance : il y désapprouve bien des pratiques que l'Église semble autoriser ou du moins tolérer; mais comme il peut y avoir dans cette matière, comme dans toute autre, des abus et des excès, l'ouvrage de Baillet était, à bien des égards, propre à les corriger ou à les prévenir. On l'a peut-être jugé un peu trop sévèrement, sans doute par la crainte que d'une extrémité il n'entraînât dans une autre. La *Vie de Descartes*, in-4, pleine de recherches minutieuses. Il en publia un abrégé, in-12, où il y avait moins de ces bagatelles savantes, qu'il avait entassées dans le grand ouvrage. Les *Vies des Saints*, en 4 vol. in-folio, 10 vol. in-4, ou 17 vol. in-8, un pour chaque mois, deux pour les fêtes mobiles, un pour la chronologie des saints, un pour la topographie, un pour les saints de l'Ancien-Testament. Ce livre, écrit d'un style inégal, diffus et peu correct, mécontenta les dévots, et déplut à quelques égards à plusieurs savants, qui trouvèrent que Baillet avait poussé trop loin la guerre qu'il faisait aux Légendes. Les Bollandistes l'appellent un critique outré (*hypercriticus*); et l'on ne peut disconvenir que plusieurs de ses observations n'aient un air de raffinement qui tient de la chicane. Les *Vies de Richer*, de *Godefroi Hermant*, de *Saint Etienne de Grammont*, chacune in-12; l'*Histoire des démêlés du pape Boniface VIII, avec Philippe-le-Bel, roi de France*, in-12, savante et curieuse; le *Catalogue*, en 32 vol. in-fol., de la bibliothèque confiée à ses soins : il n'a jamais été imprimé; *Relation curieuse et nouvelle de Moscovie*, in-12, Paris, 1698; *Histoire de Hollande*, depuis la trêve de 1609, où finit Grotius, jusqu'à la paix de Nimègue, sous le nom de *la Neuville*, en 4 vol. in-12, 1693; *De la conduite des âmes*, 1695.

BAILLET (Paul-Félix-Joseph), ancien curé de Saint-Séverin, à Paris, né dans le diocèse de Troyes, était le contemporain et l'ami de l'abbé Herbeison, auteur de divers ouvrages et mort en 1811. Ils avaient été ordonnés prêtres en même temps, et avaient souscrit l'un et l'autre le formulaire; mais, séduits par des partisans du jansénisme, ils rétractèrent cet acte de soumission et renoncèrent aux fonctions du ministère. L'abbé Baillet se montra favorable à la révolution, et défendit la constitution civile du clergé par deux écrits dont les titres sont : *Légitimité du serment civique*, in-8; *la Légitimité du serment civique justifiée d'erreur*, mars 1791. L'auteur s'y montre assez subtil, et prend la défense des actes de l'assemblée constituante relatifs à la religion. Il assista aux deux conciles de 1797 et de 1801, et fut nommé curé constitutionnel de Saint-Etienne-du-Mont. A l'époque du concordat, Portalis exigea qu'il fût nommé à la cure de Saint-Séverin, où le troupeau des jansénistes se rallia immédiatement autour de lui. En 1820, Mgr de Périgord, archevêque de Paris, voulant s'assurer des sentiments de l'abbé Baillet, lui demanda une rétractation de ses anciennes erreurs; mais celui-ci s'y refusa obstinément, et fut contraint de donner sa démission. Il est mort le 9 novembre 1831, sur la paroisse de Saint-Gervais, dont le curé lui administra les sacrements. Il avait fait, avant de mourir, une profession générale de soumission à l'Eglise catholique.

BAILLI (Roch), connu sous le nom de *la Rivière*, premier médecin de Henri IV, naquit à Falaise, et mourut à Paris en 1605. On a de lui un traité intitulé *Demonsterion sive* 300 *Aphorismi continentes summam doctrinæ Paracelsicæ*, et un Traité de la peste en 1580. Ces ouvrages sont peu connus, même par les gens de l'art. Son *Demonsterion*, contenant la doctrine du visionnaire empirique Paracelse, fut traduit en français et imprimé à Rennes en 1578, in-4. Cette traduction est rare.

BAILLON, naturaliste français, mort à Abbeville en 1802, s'adonnait particulièrement à l'ornithologie. C'est à lui que l'on doit presque tous les oiseaux de mer et de rivage que l'on voit dans le muséum d'histoire naturelle. Il a donné : une *Description du barnache*, oiseau que Buffon n'avait décrit que très-imparfaitement; un *Mémoire sur les causes du dépérissement des bois et les moyens d'y remédier*, 1791, in-4; et un autre *sur les Sables mouvants qui couvrent les côtes du département du Pas-de-Calais, et les moyens de s'opposer à leur invasion*. Ces *Mémoires*, qui offrent des faits nouveaux et curieux, ne laissent rien à désirer sur les sujets qu'ils traitent.

BAILLOT (Pierre-Marie-François de Sales), célèbre violoniste et compositeur, né à Passy près Paris en 1771, étudia sous Sainte-Marie et Polidori, artistes français. Ayant fait un voyage à Rome, il suivit quelque temps les leçons de Pollani; puis, de retour à Paris en 1791, il fut attaché à l'orchestre du théâtre de Monsieur. Présenté au Conservatoire en 1795, il y fut admis, d'abord comme suppléant de Rode, et enfin comme professeur en titre à la place de ce dernier. C'est alors qu'il rédigea la *Méthode de violon* et celle de *violoncelle*, adoptées dans cette institution. Après une interruption de trois ans, pendant lesquels il avait visité la Russie et l'Allemagne, Baillot reprit ses fonctions au Conservatoire en 1805 et ne les quitta plus. Il mourut le 15 septembre 1842. On lui doit encore quarante OEuvres pour violon et violoncelle.

BAILLOU (Guillaume de), médecin de Paris, né au Perche, vers 1538, et mort en 1616. Henri IV lui donna le titre de premier médecin du dauphin son fils. Il argumentait avec tant de force, qu'on l'appelait le *Fléau des Bacheliers*. La médecine lui eut de grandes obligations. C'est un des premiers qui l'aient réduite à ce qu'elle a d'utile. Nous avons de lui : *Consiliorum Medicinalium libri tres*, à Paris, 1635, in-4. Ce recueil renferme un traité *De calculo*, que l'on consulte encore. Ses *OEuvres* ont été réimprimées à Genève en 1762, 4 vol. in-4. Baillou était un vrai philosophe, et il préféra toujours les douceurs de la vie privée aux honneurs dangereux de la cour.

BAILLU (Pierre), graveur, né à Anvers, où il florissait vers 1640. On estime ses estampes, d'après Rubens, le Guide, Annibal Carrache et autres maîtres. Ses portraits, d'après Van-Dyck, et celui de saint Athanase, d'après Rembrandt, sont surtout recherchés.

BAILLY (Sylvain), académicien de Paris, débuta dans le monde littéraire par son *Histoire de l'astronomie ancienne*, Paris 1766, in-4; mauvais roman de physique, imaginé pour donner au monde une antiquité contraire à tous les monuments sacrés et profanes, à la nature et à l'aspect du globe. Il place tout bonnement la Sibérie sous la zône torride pendant je ne sais combien de siècles, et croit y trouver les restes d'un peuple nommé *Tschuden*, père de tous les arts. Il ne raisonne pas mieux dans ses *Lettres sur l'origine des sciences*, 1777, in-8, et dans ses *Lettres sur l'Atlantide*, 1779, in-8; et il se rendit plus ridicule encore par son *Histoire de l'astronomie indienne*, 1786, in-4. Ses creuses imaginations, qu'on appelait *les Féeries de M. Bailly*, furent l'objet des divertissements et des plaisanteries des gens sensés: peu d'écrivains les jugèrent dignes d'être réfutées. J'ai cru devoir faire une exception à ce mépris, raisonnable si l'on veut, et certainement commode; il est des gens crédules qui lisent machinalement, et pour lesquels tout est bon; c'est pourquoi j'ai, dans l'occasion, relevé des erreurs dont les conséquences ne m'ont pas paru indifférentes. *Journ. hist. et littér.*, 1 juin 1776, pag. 171. — 15 juin 1777, pag. 260. — 15 avril 1779, pag. 562. — 15 mai 1780, pag. 125. — 15 septembre 1787, pag. 95. *Examen impartial des Epoques*, n° 67, 164, 178, 186; tout l'ouvrage renverse les fondements de sa physique romancière. Cependant l'auteur de l'*Histoire de la Révolution de France* (Montjoye) donne une autre raison du silence que les critiques ont gardé. « Comme il ne donnait, dit-il, ses livres « au public qu'après en avoir longtemps « confié le manuscrit à ceux qui diri- « geaient l'opinion, et leur avoir laissé « la liberté d'y faire tous les changements « qu'ils jugeraient à propos, il arrivait « que, lorsque ces livres paraissaient, « chacun de ceux qui auraient pu les cri- « tiquer, les regardant comme sa propre « production, la satire n'ôtait rien à la « gloire de l'auteur. » Mais que penser d'un auteur qui n'a point d'idées en propre, et qui abandonne ses écrits aux caprices de ceux qui dirigent l'opinion? Le même historien en fait le portrait suivant. « L'extérieur de Bailly est l'i- « mage de son caractère. Toutes les par- « ties de son visage, toutes les formes « de son corps sont dessinées avec rai- « deur et à longs traits. Sa chevelure « longue et touffue surcharge plus qu'elle « n'orne sa tête; son front se développe « sans grâce; ses yeux noirs sont sans « feu, ses joues sans couleur, sa bouche « sans expression; et cet ensemble pré- « sente une physionomie inanimée. Je « ne doute point que si le célèbre phy- « sionomiste de ce siècle, si l'observa- « teur Lavater eût vu Bailly, il ne se fût « écrié: *Voilà l'image de la stupidité.* » Rebuté de se voir la fable et le jouet des vrais savants, il voulut jouer un rôle sur un autre théâtre, et intrigua si bien qu'il devint maire de Paris en 1789, au commencement de la révolution. Il présida aux premiers massacres, et se conduisit au milieu de ces scènes atroces avec une indifférence cérémonielle et un ton patelin, qui décelait une âme froidement scélérate. S'étant enrichi des dépouilles des malheureux, au point d'acheter une terre de 600,000 livres, il attira l'attention des sans-culottes. Arrêté au Mans, il fut conduit à Paris, où accusé d'être entré dans quelques vues contraires à la république, il périt sous la guillotine le 12 novembre 1793. Un poëte, qui peut-être croyait à ses féeries, lui a fait cette épitaphe:

De l'Atlantide il sut deviner les désastres,
Et prédire le sort au globe destiné,
Mais il ne sut pas lire, en consultant les astres,
Qu'il devait être, hélas! un jour guillotiné.

Pour donner une idée plus précise des productions de M. Bailly, nous croyons devoir citer ici le jugement qu'en a porté M. Sabatier de Castres. « Le public lui « doit une *Histoire de l'astronomie an- « cienne*, ouvrage systématique, mais « qui annonce un esprit profond, un dia- « lecticien habile, et un écrivain exercé « et plein de goût. Ses *Lettres sur l'ori- « gine des sciences* offrent une érudition « aussi vaste que variée, et sont écrites « avec une clarté et un agrément sans « recherches; ses *Lettres sur l'Atlantide*, « pour servir de suite à l'ouvrage précé- « dent ne lui cèdent en rien du côté du « style, qui en est vif, animé, rapide « et plein de chaleur; mais quelquefois « défiguré par une affectation d'esprit « qui approche du précieux. » Les idées paradoxales qu'il y développe ont été combattues par des critiques judicieux ; mais qui l'ont traité un peu sévérement.

BAILLY (Louis), professeur de théologie à Dijon, né à Bligny, près de Beaune, se retira en Suisse au commencement de la révolution, et il y resta jusqu'à l'époque du concordat. De retour en France, on lui offrit une place de grand-vicaire, qu'il refusa pour se consacrer tout entier au service des pauvres dans l'hospice de Beaune, où il mourut en 1808. On lui doit : *Tractatus de verâ religione ad usum seminariorum*, 2 vol. in-8; *Tractatus de Ecclesiâ*, 2 vol. in-8; *Theologia dogmatica et moralis*, 8 vol. in-12, plusieurs fois réimprimés et adoptés dans la plupart des séminaires; les *Principes de la Foi catholique*, qu'il publia en Suisse, et dont l'édition fut enlevée très-rapidement.

BAIUS ou BAY (Michel de) naquit à Melin, dans le territoire d'Ath, en 1513. L'empereur Charles-Quint le choisit pour professer l'Ecriture-Sainte dans l'Université de Louvain, en 1551. Il fut ensuite chancelier de ce corps, conservateur de ses priviléges, et inquisiteur général. L'Université fit choix de lui, de concert avec le roi d'Espagne, pour le députer au concile de Trente, ainsi que Hessels, avec lequel il avait lié une étroite amitié, cimentée par l'analogie de leur manière de penser. Une partie de ses *Opuscules* avait déjà été publiée. Dès 1552, Ruard Tapper, Josse Ravestein, Richtou, Conner, et d'autres docteurs de Louvain s'élevèrent contre Baïus et Hessels, qui répandaient les premières semences de leurs opinions. En 1560, deux gardiens des cordeliers de France en déférèrent dix-huit articles à la Faculté de théologie de Paris, qui les condamna par la censure du 27 juin de la même année. En 1567 parut la bulle de Pie V, du 1er octobre, portant condamnation de soixante-seize propositions qu'elle censurait *in globo*, mais sans nommer Baïus. Le cardinal de Granvelle, chargé de l'exécution de ce décret, l'envoya à Morillon, son vicaire général, qui le présenta à l'Université de Louvain le 29 décembre 1567. La bulle fut reçue avec respect, et Baïus parut d'abord s'y soumettre ; mais ensuite il écrivit une longue apologie de sa doctrine, qu'il adressa au Pape avec une lettre du 8 janvier 1569. Pie V, après un mûr examen, confirma, le 13 mai suivant, son premier jugement, et écrivit un bref à Baïus, pour l'engager à se soumettre sans tergiversation. Baïus, à l'exemple de tous les novateurs, hésita quelque temps, et se soumit enfin, en donnant à Morillon une révocation des propositions condamnées. Ses principales erreurs étaient que, « depuis la chute d'Adam, toutes les œuvres des hommes, faites sans la grâce, sont des péchés. Que la liberté, selon l'Ecriture-Sainte, est la délivrance du péché; qu'elle est compatible avec la nécessité. Que les mouvements de cupidité, quoique involontaires, sont défendus par le précepte, et qu'ils sont un péché dans les baptisés, quand ils sont retombés en état de péché. Que le péché mortel n'est point remis par une contrition parfaite qui renferme le vœu de recevoir le baptême ou l'absolution, si on ne les reçoit réellement. Qu'on peut mériter la vie éternelle avant d'être justifié, etc. » Après la mort de Josse Ravestein, arrivée en 1570, Baïus et ses disciples remuèrent de nouveau. Grégoire XIII, pour mettre fin à ces troubles, donna une bulle le 29 janvier 1579, en confirmation de celle de Pie V, son prédécesseur, et choisit, pour la faire accepter par l'Université de Louvain, François Tolet, jésuite, et depuis cardinal. Alors Baïus rétracta ses propositions, et de vive voix et par un écrit signé de sa main, daté du 24 mars 1580. Dans les huit années suivantes, jusqu'à la mort de Baïus, les contestations se réveillèrent, et ne furent assoupies que par un corps de doctrine dressé par les théologiens de Louvain, et adopté par ceux de Douai. Jacques Janson, professeur de théologie à Louvain, voulut ressusciter les opinions de Baïus, et en chargea le fameux Cornélius Jansénius, son élève, qui, dans son ouvrage intitulé *Augustinus*, a renouvelé les principes et la plupart des erreurs de Baïus. Quesnel a répété ensuite mot pour mot, dans les *Réflexions morales*, un grand nombre de propositions condamnées par Pie V et Grégoire XIII. Baïus aimait les opinions singulières ; car, dans son *Traité sur le péché originel*, il s'efforce de prouver que si, entre les hommes, les uns ont des passions plus fortes que les autres, c'est qu'en naissant ils ont participé davantage au péché originel, et l'on peut dire que tout l'ensemble de son système prouve la singularité de son esprit et de son goût pour les paradoxes. Ce système est un composé bizarre de pélagianisme, quant à ce qui regarde l'état de nature innocente, de luthéranisme et de calvinisme pour ce qui concerne l'état de nature tombée. Quant à l'état de nature réparée, les sentiments de Baïus sur la justification, l'efficacité des sacrements et le mérite des bonnes œuvres, sont directement opposés à la doctrine du concile de Trente ; ils ne pouvaient éviter les différentes censures qu'ils ont essuyées. Baïus mourut le 19 septembre 1589. Il fonda un collége par son testament; c'est là son meilleur ouvrage. On a recueilli ses *OEuvres* en 1696, in-4, à Cologne, c'est-à-dire en Hollande. Quesnel et le P. Gerberon en furent les éditeurs. Ce recueil fut condamné à Rome le 8 mai 1697. — Son neveu Jacques Baïus, aussi docteur de Louvain, et président du collége de Savoie, mort en 1614, a laissé un *Traité de l'Eucharistie*, imprimé en cette ville, in-8, 1605, dédié à saint François de Sales, et un *Catéchisme*, in-fol., Cologne, 1620. Il a fait aussi l'*Eloge* funèbre de son oncle, où il assure que le défunt lui a apparu dans un état de gloire. (Voyez l'*Histoire du Baïanisme*, par le P. du Chesne.)

BAJAZET I, empereur des Turcs, fils et successeur d'Amurat I, en 1389, fut appelé l'*Eclair*, à cause de la rapidité de ses conquêtes. Prévoyant que ses grands desseins l'obligeraient de s'éloigner de sa capitale, et ne voulant point que ses sujets profitassent de son absence pour donner l'empire à un autre, il fit étrangler Jacob son frère aîné; traitement qui, suivant Chalcondile, était déjà en usage parmi les princes de sa nation. Il enleva d'abord aux Chrétiens, en 1391-92 et 93, la Bulgarie, la Macédoine, la Thessalie; subjugua presque toutes les provinces des princes Asiatiques, et assiégea Constantinople qu'il ne put emporter. Sigismond, roi de Hongrie, à qui l'empereur Manuel Paléologue avait fait demander du secours, proposa une croisade contre Bajazet. La France se joignit à lui, et envoya Jean, comte de Nevers, cousin germain du roi avec 2000 gentilshommes. Mais cette armée chrétienne fut entièrement défaite l'an 1396, près de Nicopolis en Bulgarie. La plupart furent pris, tués ou noyés. Le comte de Nevers fut mené à Pruse chargé de fers. L'empereur Turc, enflé de ces avantages, alla s'opposer aux progrès du fameux Tamerlan. Ce héros lui envoya une ambassade, que le Turc reçut avec fierté. Tamerlan marcha contre lui et le défit près d'Angoury ou Ancyre, l'an 1402. Mustapha, aîné de Bajazet, fut tué en combattant; Bajazet lui-même fut fait prisonnier. Son vainqueur lui demanda ce qu'il aurait fait de lui, supposé qu'il eût été vaincu : *Je t'aurais enfermé*, lui dit le Turc, *dans une cage de fer*. — *Je suis donc en droit*, reprit le Tartare, *de t'y mettre aussi;* et tout de suite il l'y fit enfermer. Bajazet, aussi fier dans sa cage qu'à la tête de ses armées, comptait toujours que ses fils viendraient le délivrer; mais ses espérances étant frustrées, il se cassa la tête contre les barreaux de sa cage, en 1403. Petis de la Croix, fondé sur quelques auteurs arabes et persans, le fait mourir d'apoplexie, dans le camp de Tamerlan, en 1397; outre que ce récit renferme un anacronisme, il est contraire à tous les historiens grecs et latins. Voltaire s'est aussi élevé contre la narration de la cage de fer, pour des raisons que la saine critique regardera toujours comme des frivolités.

BAJAZET II, fils de Mahomet II, ou *Fatile*, succéda à son père en 1481. Zizim, son frère cadet, favorisé par la plupart des seigneurs, lui disputait la couronne, mais il le chassa de l'Asie, l'obligea de se réfugier en Occident, où il mourut, dit-on, de poison en 1495. Bajazet enleva quelques terres aux Vénitiens; mais il fut moins heureux en Egypte. Les janissaires, gagnés par son fils Sélim, l'obligèrent de lui céder le trône. Ce fils dénaturé, pour s'assurer encore mieux de la couronne, fit empoisonner son père en 1512, par son médecin qui était un juif. Il avait alors 60 ans. La réparation des murs de Constantinople, et des édifices superbes, sont des monuments de sa magnificence. La lecture des livres d'Averrhoès le détourna des affaires, sans lui inspirer un caractère plus doux et plus humain : il est vrai qu'elle n'était guère propre à produire cet effet.

BAJAZET, fils d'Achmet I et de la sultane Kiosens, était l'un des frères d'Amurath IV. Celui-ci n'avait pas d'enfants; mais il détestait le jeune Bajazet sur lequel se fixaient toutes les espérances de la nation, et plusieurs fois il avait songé à s'en défaire : il en donna l'ordre, par le messager qui vint à Constantinople annoncer la prise de Revan sur les Persans. Cette catastrophe a fourni à Racine le sujet d'une de ses belles tragédies. Bajazet fut étranglé l'an 1635.

BAKER (Thomas), auteur de la *Clef géométrique*, était anglais. Il menait une vie studieuse et retirée, et mourut l'an 1740, à l'âge d'environ 80 ans. Outre cet ouvrage, on a de lui d'autres livres qui ont rendu son nom respectable parmi les physiciens et les géomètres les plus éclairés. Nous mentionnerons : *Réflexions sur la science, où l'on démontre son insuffisance dans toutes ses branches, et l'utilité et la nécessité d'une révélation*, 1699-1738, 4 vol. in-8, traduit en français par Berger, sous le titre de: *Traité de l'incertitude des sciences*, 1714, in-12.

BAKHUISEN (Ludolf), peintre et graveur, né en 1631, dans la ville d'Embden, au cercle de Westphalie, mourut en 1709. Un goût naturel le guida dans ses premiers essais. Ses productions étaient dès lors recherchées, quoiqu'il n'eût pas encore appris les éléments de son art. Il cultiva ses talents, et d'habiles maîtres le dirigèrent dans ses études. Cet excellent artiste consultait beaucoup la nature, il la rendait avec précision dans ses ouvrages. Il a représenté des *marines*, surtout des *tempêtes*. Son coloris est suave et harmonieux, son dessin correct, ses compositions pleines de feu. On fait un cas infini de ses dessins; ils sont d'un effet piquant, et admirables par la propreté du lavis. Il a gravé, à l'eau forte, quelques vues maritimes.

BAKKER (Gerbrand), professeur à l'Université de Groningue, naquit à Enkhuisen dans la Nord-Hollande, le 1ᵉʳ novembre 1771. Distingué comme professeur et comme écrivain, il s'est surtout occupé de travaux anatomiques; ses cours d'accouchement étaient très-suivis. Dans une épidémie qui affligea la ville de Groningue en 1826, il montra un grand dévouement et beaucoup de désintéressement. Nous citerons de lui : *de Naturâ hominis liber elementarius*, 1827, 2 vol. in-8.

BALAAM, prophète, mais prévaricateur et infidèle; selon d'autres, faux prophète, jongleur et magicien, fils de Beor ou Bosor, était, selon la plus commune opinion, de Pethor ou Pathura sur l'Euphrate; il suivit les ambassadeurs de Balac, roi des Moabites, qui l'avait envoyé chercher pour maudire le peuple d'Israël. Un ange l'arrêta au milieu du chemin, tenant une épée nue. L'ânesse sur laquelle il était monté ne voulut plus avancer, parla miraculeusement pour condamner la cruauté de son maître qui l'assommait, et l'ange ordonna à Balaam de ne dire que ce que Dieu lui mettrait dans la bouche. Les incrédules ont fait des railleries insipides sur le langage de cette brute, qui n'est cependant pas bien difficile à expliquer. Celui qui donne le mouvement à toute la nature, l'imprima pour un instant à l'organe d'un animal, comme il eût pu l'imprimer à quelque être inanimé. On ne voit pas pourquoi il serait plus indigne de Dieu de faire parler un animal, que de faire entendre une voix en l'air ou de se servir d'un autre signe pour intimer ses volontés. « Je ne sais, dit un auteur, si « ceux qui ont plaisanté sur ce langage « d'un animal, ont réfléchi que nous fai« sons parler tous les jours les pies et les « merles : ils croient sans doute la divine « puissance moins efficace que nos le« çons. » L'apôtre saint Pierre remarque que Dieu choisit ce moyen d'avertir Balaam, comme le plus propre à faire rentrer en lui-même ce prophète aveugle et insensé, confondu par l'organe d'une brute. *Correptionem habuit suœ vesaniœ; subjugale mutum animal, voce hominis loquens, prohibuit prophetæ insipientiam*, II Pet. 2. Si ce furieux n'en parut point effrayé, c'est que sa colère lui ôta l'usage de la réflexion. Ceux qui le font magicien disent, qu'apprivoisé avec les opérations de l'art qu'il professait, il regarda d'abord cet événement comme l'effet de quelque puissance maligne évoquée par ses adversaires. Quoi qu'il en soit, Balaam étant arrivé chez Balac, ne prononça sur les Hébreux que des bénédictions, au lieu de malédictions que celui-ci avait demandées. Il prédit *qu'il sortirait une étoile de Jacob et un rejeton d'Israël*, etc. Le roi, trompé dans son attente, renvoyait le devin sans présent, lorsque cet homme avare lui conseilla d'engager les Israélites dans l'idolâtrie et l'impudicité, l'assurant qu'alors abandonnés des secours de Dieu ils deviendraient la proie de leurs ennemis. Ce conseil ne fut que trop suivi. Les filles Moabites invitèrent les Hébreux aux fêtes de Beelphegor, où livrés à tous les crimes, ils abandonnèrent Dieu et en furent abandonnés. Dieu ordonna à Moïse d'en tirer vengeance; les Israélites prévaricateurs furent mis à mort par leurs propres frères qui étaient demeurés fidèles, et Balaam fut enveloppé dans le carnage que l'on fit des Madianites, qui avaient été plus ardents que les Moabites à corrompre les Hébreux. Les savants ont pris occasion de l'histoire de Balaam, de traiter une question, qui est de savoir si Dieu peut se servir de personnages vicieux, même des infidèles et des idolâtres, pour prédire l'avenir. Plusieurs exemples allégués dans l'Ecriture-Sainte, prouvent que Dieu l'a fait par d'autres que par Balaam. Le prophète Michée (c. 3.) accuse quelques-uns de ses confrères de prophétiser pour de l'argent; il ne dit pas néanmoins que c'étaient de faux prophètes. Dans le livre de Daniel (c. 2), nous voyons que Dieu envoie un songe prophétique à Nabuchodonosor, prince idolâtre, quoiqu'il connût le vrai Dieu. Jésus-Christ (*Matt.* 7) dit qu'au jour du jugement il réprouvera des hommes qui se vanteront d'avoir prophétisé et fait des miracles en son nom. Saint Jean (c. 11) nous apprend que Caïphe, en qualité de pontife, prophétisa que Jésus-Christ mourrait non-seulement pour sa nation, mais pour rassembler les enfants de Dieu, prédiction qu'il fit probablement sans le vouloir, et sans en comprendre le sens.

BALACE, préfet de l'empereur Constance, persécuta cruellement les catholiques qui s'opposèrent à Grégoire le Cappadocien, usurpateur du siége d'Alexandrie, lors de l'expulsion de saint Athanase. On flagella les prélats qui eurent le courage de résister à l'hérésie et au schisme, et on les chargea de chaînes. Le saint évêque Potamon, qui avait perdu un œil pour la foi, sous la tyrannie des païens, fut si rudement frappé sur la tête, qu'il consomma son martyre peu de temps après. Les mêmes violences s'exercèrent dans les monastères de la Thébaïde; vierges et solitaires, tout fut traité sans humanité, comme sans pudeur. L'horreur du crime et l'esprit de Dieu saisirent saint Antoine; il écrivit à Balace d'un ton de prophète, qu'il voyait la vengeance divine prête à s'appesantir sur sa tête sacrilége, s'il ne cessait de persécuter les serviteurs de Jésus-Christ. L'impie fit un grand éclat de rire en lisant cette lettre, la jeta par terre, et cracha dessus, sans nul égard à la dignité de son propre rang. Puis s'adressant au porteur, il le chargea de dire au saint, que, puisqu'il prenait tant d'intérêt aux monastères, il allait le visiter lui-même. Cinq jours n'étaient pas écoulés, que la vengeance divine éclata; Balace se trouvait à cheval, à côté du vicaire d'Egypte; les deux chevaux commencèrent à jouer ensemble, et les maîtres s'en amusaient, loin d'en prendre aucune inquiétude. Tout à coup le cheval du vicaire se jeta sur Balace, le mordit à la cuisse, et la lui déchira avec acharnement. On l'enleva enfin à l'animal furieux, et on le reporta chez lui où il mourut le troisième jour.

BALADAN ou BALAD, ou MERODAC-BALADAN, roi ou gouverneur de Babylone, est, selon Ussérius et quelques autres critiques, le même que Belésis ou Nabonassar, dont il est parlé dans l'Ecriture. Mais cette opinion et toutes les autres qu'on forme sur ce prince ne sont fondées que sur des conjectures.

BALAGNI (Voyez MONTLUC).

BALAMI (Ferdinand), Sicilien, fut médecin du pape Léon X, de qui il reçut de grandes marques d'estime; il n'était pas moins instruit dans les belles-lettres que dans la médecine, et il cultivait la poésie et l'érudition grecque avec beaucoup de succès. Il florissait à Rome vers l'an 1555. Il a traduit du grec en latin plusieurs *Opuscules de Galien*, qui ont été imprimés séparément, et que l'on a réunis dans l'édition des *OEuvres* de cet ancien médecin, faite à Venise, en 1586, in-fol.

BALBATRE (Claude), habile organiste, né à Dijon en 1723. Il était élève de Rameau, et se fit en peu de temps une si grande réputation, qu'il obtint l'orgue de Saint-Roch, le meilleur de la capitale. On admirait surtout ses *noëls*, et il attira un si grand concours de monde, que l'archevêque de Paris crut devoir lui défendre de toucher l'orgue pendant les grandes fêtes de l'année. Ce fut lui qui le premier substitua le piano-forté au clavecin pour lequel il a composé plusieurs excellents morceaux. Il est mort à Paris le 9 avril 1799.

BALBIN (Decius Cœlius Balbinus) était d'une famille illustre. Le sénat l'élut empereur en 237, après avoir été deux fois consul et avoir gouverné plusieurs provinces. Les soldats, n'ayant point eu de part à cette élection, se soulevèrent, et le massacrèrent un an après. Balbin était bon et populaire, et réussissait dans la poésie et dans l'éloquence. Il avait 60 ans lorsqu'il obtint la couronne impériale, et possédait de grandes richesses, dont il ne fit pas toujours le meilleur usage possible. Son mérite lui avait procuré les gouvernements de l'Asie, de l'Afrique et de quelques autres provinces, où il se fit aimer par sa douceur, son équité et son attention à ne pas laisser accabler le peuple d'impôts.

BALBIN (Aloysius Boleslaüs), jésuite de Bohême, né à Kœnisgratz en 1611, écrivain très-laborieux et bon littérateur, mort en l'année 1689, a donné *Epitome historica rerum bohemicarum*, Prague, 1677, in-fol.; l'*Histoire de ce royaume*, en latin, en 10 vol. in-folio, 1679-1687. Dans le premier, il traite de l'histoire naturelle; dans le deuxième, de ses habitants; dans le troisième, de ses limites; dans le quatrième, des vies des saints de Bohême; dans le cinquième, des paroisses; dans le sixième, des archevêques de Prague; dans le septième, des rois et des ducs de Bohême; dans le huitième, il donne des documents; enfin, les neuvième et dixième contiennent les généalogies de ce royaume. « Tout ce que « Balbin, dit Drouet, a fait sur le royau-« me de Bohême est très-exact et très-« recherché. Il peut suffire lui seul pour « étudier l'histoire de cette monarchie. » On a encore de lui quelques ouvrages de poésie.

BALBIS ou de BALBIS (Jean), connu aussi sous le nom de *De Janua*, parce qu'il était de Gênes, dominicain, composa dans le 13ᵉ siècle des *Commentaires* et quelques autres ouvrages. Il mourut en 1298. Son *Catholicon, seu Summa grammaticalis*, fut imprimé à Mayence en 1617, par Furst et Schœffer. Cette espèce d'Encyclopédie classique, contenant une grammaire, une rhétorique et un dictionnaire, compilés çà et là, est un des premiers livres sur lequel on ait fait les essais de l'art de l'imprimerie. Il est très-cher et très-rare.

BALBIS (Jean-Baptiste), botaniste distingué, naquit en 1765 à Moretta, petit village du Piémont. Son goût pour la botanique se manifesta de bonne heure, et il fit dans cette science de rapides progrès sous la direction du célèbre Allioni. En 1797, il quitta le Piémont et servit dans l'armée française en qualité de médecin des hôpitaux militaires d'Italie. En 1798, il fut nommé membre du gouvernement provisoire de son pays, et après la bataille de Marengo on lui confia la chaire de botanique à l'Université de Turin. Ayant perdu cette place en 1814 à la suite des événements politiques de cette époque, il fut appelé en 1819 à la direction du jardin botanique de Lyon et à une chaire de professeur. En 1830, Balbis demanda sa retraite et retourna en Piémont, où il est mort le 13 février 1831. Il a laissé : *Enumeratio plantarum officinalium*, Turin, 1804, in-8 ; *Flora Taurinensis*, Turin, 1806, in-8 ; *Flore Lyonnaise*, Lyon, 1827-1828, 2 vol. in-8 ; *Miscellanea botanica prima et altera*.

BALBO. (Voyez BALBUS Pierre.)

BALBO (Jérôme), évêque de Goritz, mort à Venise en 1535, est auteur des ouvrages suivants : *De rebus Turcicis*, Rome, 1526, in-4 ; *De civili et bellicâ fortitudine*, 1526, in-4 ; *De futuris Caroli V successibus*, Bologne, 1529, in-4 ; *Carmina*, dans *Deliciæ poetarum italorum ; De coronatione principum*.

BALBO (Prosper, comte de), président de l'académie des sciences de Turin, était, en 1796, ambassadeur du roi de Sardaigne auprès de la république française. Lors de l'invasion du Piémont, le comte de Balbo se retira en Espagne, où il resta jusqu'à la révolution du 18 brumaire an VIII. Ministre des finances à son retour, il abandonna bientôt toute fonction politique pour s'occuper exclusivement de littérature et de recherches historiques. Il a publié plusieurs *Études* sur les hommes célèbres d'Italie, et quelques *Notices* sur des matières diverses. Il est mort le 24 mars 1837.

BALBOA (Vasco Nugnès de), Castillan, se fit connaître de bonne heure par ses expéditions maritimes. Il fut si heureux dans ses premières guerres contre les Indiens, qu'il ne leur donna jamais la paix qu'au prix de l'or. Il avait amassé une si grande quantité de ce métal précieux, qu'il en envoya trois cents marcs au roi d'Espagne pour son quint. De nouvelles découvertes et de nouvelles conquêtes mirent son nom à côté de ceux de Fernand Cortez et d'Améric Vespuce. Il s'embarqua en 1513 dans l'espérance de découvrir la mer du Sud, et un mois après son départ, il était en possession de cette mer. Il donna le nom de Saint-Michel au golfe où il débarqua. Il s'y plongea jusqu'à la ceinture, son épée d'une main et son bouclier de l'autre, disant aux Castillans et aux Indiens qui bordaient le rivage : « Vous m'êtes témoins que je « prends possession de cette mer pour « la couronne de Castille, et cette épée « lui en conservera le domaine. » L'année d'après il retourna à Sainte-Marie, chargé d'or et de perles. Un gouverneur espagnol, arrivé dans cette ville, fut bien surpris d'y trouver Balboa avec une simple camisole de coton sur sa chemise, un caleçon et des souliers de corde, faisant couvrir de feuilles une assez méchante case qui lui servait de demeure ordinaire. Ce gouverneur, jaloux du crédit qu'il avait dans la colonie, fit revivre un procès terminé depuis longtemps, accusa Vasco de félonie, et, quoiqu'il ne pût le lui prouver, lui fit couper la tête, en 1517, à l'âge de 42 ans. Ainsi périt, par le dernier supplice, un des plus grands capitaines de l'Espagne, bien digne d'un meilleur sort. (Voyez le P. Charlevoix, *Histoire de St-Domingue*.)

BALBUENA (Bernard de), né dans le diocèse de Tolède, docteur de Salamanque, et évêque de Porto-Rico en Amérique, mourut en 1627. Les Hollandais pillèrent sa ville épiscopale en 1625, et enlevèrent sa bibliothèque, double sujet de chagrin pour un pasteur et pour un homme de lettres. Il laissa plusieurs pièces de poésie, Madrid, 1604, et années suivantes. Elles sont pleines d'imagination, de feu, d'esprit et de grâce.

BALBUS (Lucius Lucilius), jurisconsulte romain, un siècle avant J.-C., se distingua par ses talents dans la jurisprudence.

BALBUS (Pierre), d'une des meilleures familles de Venise, évêque de Tropéa, mourut à Rome en 1479. Il s'est fait un nom en traduisant plusieurs ouvrages des Pères grecs en latin.

BALDE de UBALDIS (Pierre), de Pérouse, disciple et rival de Barthole, professa le droit à Pérouse, à Padoue et à Pavie. Arrivé dans cette dernière ville, on fut surpris de voir qu'un homme si célèbre eût un extérieur qui l'annonçait si peu. On s'écria, la première fois qu'il parut en public : *Minuit præsentia fa-*

mam. Mais Balde répondit spirituellement, quoique peu modestement : *Auge-bit cætera virtus* ; et l'on oublia sa figure pour ne faire attention qu'à ses talents. Il mourut de la morsure d'une chatte enragée, vers 1400, après avoir recommandé qu'on l'enterrât en habit de cordelier. On voit son tombeau dans l'église de ces religieux à Pavie. On a beaucoup d'ouvrages de ce jurisconsulte, 6 tom. en 3 vol. in-fol. Ses deux fils, dont Zénobius, l'aîné, fut évêque de Tiferme, excellèrent aussi dans la connaissance du droit.

BALDE, ou plutôt BALDI (Bernardin) naquit à Urbin en 1553. Il fut abbé de Guastalla en 1586, sans avoir demandé cette abbaye. Il avait d'abord travaillé sur les Mécaniques d'Aristote, sur l'histoire. Il avait fait des vers, mais dès qu'il fut abbé, il ne pensa plus qu'au droit canon, aux Pères, aux conciles et aux langues orientales. Il mourut en 1617. C'était un homme fort laborieux, qui possédait seize langues, et qui s'était surtout appliqué aux orientales. On a de lui un grand nombre de Traités sur les Mécaniques, dont quelques-uns dans le *Vitruve* d'Amsterdam, 1649, in-fol. *Versi e prose*, Venise, 1590, in-4. Crescimbeni a mis ses *Fables* en vers italiens, Rome, 1702, in-12 ; *De tormentis bellicis*, 1812 ; *Novæ Gnomonices*, 1505 ; *Horographium universale* ; *Paradoxa mathematica* ; *Templi Ezechielis descriptio*, etc. Il avait commencé une Description historique et géographique du monde dans toutes ses parties. Il n'eut pas le temps de finir ce grand ouvrage. Morhof, dans son *Polyhist*., tom. 1, l. 4, rapporte son éloge en ces termes : *Bernardinus Baldus, vir doctissimus fuit, multarum linguarum, multarum scientiarum. Scripsit et latina poemata omnis generis, in singulis, præcipuos imitatus. Edidit quoque varia mathematica et theologica, omnium regionum historiam ac descriptionem aggressus, absolvere non potuit.*

BALDE (Jacques), jésuite, né dans la haute Alsace en 1603, enseigna pendant six ans les humanités et la rhétorique, et se livra ensuite à la prédication. La cour de Bavière applaudit à ses *Sermons*, et l'Allemagne à ses *Poésies*. On l'appela l'*Horace* de son pays. Il mourut à Neubourg en 1668. Les sénateurs se disputèrent à qui serait l'héritier de sa plume ; et celui auquel échut ce bijou, le fit mettre dans un étui d'argent. Ses OEuvres furent imprimées à Cologne, in-4 et in-12, 1645 et 1660, en 4 vol. Il y a de tout dans ce recueil, des pièces de théâtre, des traités de morale, des odes, des panégyriques, des poëmes héroï-comiques. Balde était né avec le feu et le génie des bons poëtes ; il possédait toutes les richesses de la langue romaine, et les employait avec autant de facilité que de choix. Il a l'élévation de Pindare, et en même temps tout le désordre de l'enthousiasme lyrique. L'*Uranie victorieuse*, ou le *Combat de l'âme contre les cinq sens*, lui valut une médaille d'or de la part d'Alexandre VII. La *Batrachomiomachie d'Homère*, entonnée avec la *trompette romaine*, poëme héroï-comique en 6 chants, et le *Temple d'honneur*, *bâti par les Romains, ouvert par la vertu et le courage de Ferdinand III*, furent fort applaudis ; mais, depuis que les langues anciennes sont tombées en discrédit, ces poëmes ne sont lus que par quelques savants. Une édition nouvelle des *Poésies choisies* de Balde a été publiée à Turin en 1805, in-8.

BALDERIC ou BAUDRY, évêque de Noyon, auteur de la *Chronique des évêques d'Arras et de Cambrai* (que quelques-uns attribuent à Balderic, chanoine et chantre de l'église de Terouane, mourut en 1112.—Un autre BALDERIC, évêque de Dol, dans le même siècle, écrivit une *Histoire des Croisades*, qu'on trouve dans le *Gesta Dei per Francos*, de Bongars, 1611, in-fol. On a aussi de lui la *Vie de Robert d'Abrissel*, 1641, in-8. Elle a été traduite en français, 1647, in-8. On croit qu'il mourut en 1131.

BALDETTI (Marc-Antoine) naquit à Rome le 19 novembre 1663, était savant dans la langue hébraïque, fut nommé par Clément XI, gardien des cimetières de Rome, et chanoine de Sainte-Marie au-delà du Tibre ; puis mourut le 4 décembre 1749, laissant des *observations sur les cimetières des saints martyrs et des anciens chrétiens de Rome*, Rome, 1720, in-8.

BALDI (Camille), né à Bologne, vers l'an 1547, professa dans l'Université de cette ville la logique et les autres parties de la philosophie. Son père avait été, pendant 26 ans, professeur de cette science dans la même Université ; son fils marcha dignement sur ses traces, et mourut à l'âge de 87 ans, en 1634, dans sa patrie, d'où il n'était jamais sorti. On a de lui divers ouvrages, parmi lesquels on distingue : *In physiognomicâ Aristotelis commentarii*, etc., Bologne, 1621, in-fol. ; *Trattato come da una lettera missiva si conoscano la natura e qualità dello scrittore*, Carpi, 1622, in-4 ; et traduit en latin, Bologne, 1664, in-4 ; *Delle mentite e offese di parole come si possano accomodare*, etc., Bologne, 1623, in-8. Cet ouvrage a été réimprimé avec beaucoup d'additions et de corrections, après la mort de l'auteur, Venise, sans date; celle de l'épître dédicatoire porte 1633; *Trattato delle imprese annesso all' introduzione alla virtù morale*, etc., Bologne, 1624, in-8; *De humanarum propensionum ex temperamento prænotionibus tractatus*, Bologne, 1629 et 1644, in-4; *De naturali ex unguium inspectione præsagio commentarius*, Bologne, 1629 et 1664, in-4; *I congressi civili*, ouvrage posthume, qui ne fut imprimé qu'en 1681 et 1698, in-4.

BALDINGER (Ernest-Godefroy), médecin allemand, né près d'Erfurt le 13 mai 1738, mort à Marbourg, dans la 66ᵉ année de son âge, le 2 janvier 1804. Il étudia d'abord pour l'état ecclésiastique; mais dans le collége de Langensalz, il prit un goût décidé pour la médecine à laquelle il se voua dès lors tout entier. Il travailla longtemps dans les hôpitaux militaires, et se distingua particulièrement par son zèle à soigner les malades. Nommé professeur à Gœttingen en 1763, il fut ensuite premier médecin du landgrave de Hesse-Cassel. Frédéric II le fit aussi directeur-général de tous les établissements de médecine de la principauté. On lui doit plusieurs ouvrages sur son art et sur la botanique. Celui qui lui fait le plus d'honneur est son *Traité sur les maladies qui règnent dans les armées*, 1774, in-8.

BALDINI (Baccio), orfèvre et graveur à Florence, vivait dans le 15ᵉ siècle. Contemporain de Maso Finiguerra, auquel les Italiens attribuent l'invention de la gravure, ou, pour mieux dire, celle de l'imprimerie en taille-douce, Baldini s'empara promptement de cette précieuse découverte; et aidé de Sandro Boticelli qui lui composait des sujets, il eut bientôt surpassé l'inventeur. On trouve, dans une édition des ouvrages du Dante, imprimée à Florence en 1481, par Nicolo di Lorenzo della Magna, devenue très-rare, deux vignettes de la composition de Botticelli, qu'on présume avoir été gravées par Baldini.

BALDINI (Jean-François), de la congrégation des Somasques, né à Brescia le 4 février 1677, passa par toutes les dignités de son ordre, et mourut à Tivoli en 1765. On a de lui: *Lettera sopra le Forze viventi; Relazione dell' aurora boreale veduta in Roma li 6 décembre 1737, Venendo li 17, Rome, 1738; Descrizione sopra vasetti di Creta in gran numero trovati in una caverna sepolcrale,* etc. Il augmenta l'ouvrage de Vaillant, intitulé: *Numismata imperat. Roman.*, Rome, 1743, 3 vol. in-4.

BALDINUCCI (Philippe) était de Florence. Ayant acquis de grandes connaissances dans la peinture et la sculpture, et fait beaucoup de découvertes en étudiant les ouvrages des meilleurs maîtres, il se trouva en état de satisfaire le cardinal Léopold de Toscane, qui souhaita d'avoir une *Histoire complète des Peintres*. Baldinucci la fit remonter jusqu'à Cimabué, le restaurateur de la peinture; et il avait dessein de la poursuivre jusqu'aux peintres qui vivaient à la fin du dernier siècle. Son projet ne fut exécuté qu'en partie. Il donna 3 volumes de son vivant; et le reste qui n'était presque qu'ébauché, et où il se trouve de grands vides, n'a été publié qu'après sa mort, en 1702 et en 1728, à Florence. On a encore de lui un *Traité de la gravure sur cuivre*, avec la *Vie des principaux graveurs*, en italien, Florence, 1686, in-4, ouvrage estimé. Ce qu'il a écrit est d'un style pur, et il y a de l'exactitude dans les faits qui regardent les peintres de son pays. Il était de l'académie de la Crusca, qui le perdit en 1696, à l'âge de 72 ans.

BALDUCCI (François), poëte italien, né à Palerme, et mort en 1642 à l'hôpital de Saint-Jean-de-Latran à Rome, est, selon Crescembeni, l'inventeur des *oratorios* et des *cantates*. On a aussi de lui des poésies lyriques. La dernière édition est de Venise, 1663, in-12.

BALDUIN RITHOVIUS (Martin), natif du village de Rithove, dans le territoire de Bois-le-Duc, premier évêque d'Ypres, assista au concile de Trente en 156., et présida à celui de Malines en 1570, en l'absence du cardinal de Granvelle. Il tint un synode à Ypres, en 1577, dont il publia les ordonnances, et mourut de la peste à Saint-Omer, le 9 octobre 1583. Nous avons de lui un *Manuale Pastorum*. On regrette son *Commentaire sur le Maître des sentences*, qui n'a pas été imprimé.

BALDWIN, surnommé *Devonius*, moine de Cîteaux, archevêque de Cantorbéry, suivit le roi Richard Iᵉʳ, dans son expédition de la Terre-Sainte, et y mourut vers 1191. On a de lui: *De corpore et sanguine Domini... De sacramento altaris*, etc. Traités imprimés dans la Bibliothèque de Cîteaux du P. Tiffier.

BALECHOU (J.-J.), né à Arles, d'un marchand boutonnier, en 1715, mort subitement à Avignon, dans le mois d'août 1765, s'est rendu célèbre par ses gravures en taille douce, qui lui méritèrent une place dans l'académie de peinture de Paris. Il s'était fait une manière particulière de graver, qui unissait beaucoup de moelleux à une finesse de burin singulière. Il savait joindre, quand il voulait, au fini précieux d'Edelinck et de Nanteuil, les grands traits de Melan. Ses principales pièces sont : les belles *marines* qu'il a gravées d'après Vernet, parmi lesquelles on doit distinguer la *Tempête*; le *Portrait de Frédéric-Auguste*, électeur de Saxe et roi de Pologne. Ce portrait, chef-d'œuvre de gravure, fut la cause de tous ses malheurs, de son exclusion de l'Académie, et de sa retraite forcée à Avignon. Accusé d'avoir vendu à son profit plusieurs des premières épreuves, Baléchou ne put se laver de ce soupçon. Aussi les gens de goût, après avoir admiré à la tête du *Recueil de la galerie de Dresde*, ce morceau inimitable, apprennent avec peine, dans la préface de cette collection, que la probité de ce célèbre artiste n'était pas égale à ses talents; la *Sainte Geneviève*. Le talent de Baléchou n'était pas borné à la gravure. Il avait du goût et quelque talent pour la chimie, qu'il avait étudiée jusqu'à un certain point. Il est même assez vraisemblable qu'un remède chimique qu'il prit en trop forte dose, ou à contre-temps, ne contribua pas peu à sa mort subite et prématurée.

BALÉE (Robert), carme anglais, mort en 1505, a donné les *Annales* de son ordre, et la *Vie de saint Simon Stock*.

BALÉE ou BALÉUS (Jean), prêtre anglais, disciple de Wiclef, prêcha les erreurs de son maître, et y en ajouta de nouvelles. Il excitait à la sédition, en citant l'Evangile. Il comparait les magistrats et la noblesse à l'ivraie, qu'il fallait arracher par peur qu'elle n'étouffât le bon grain : enseignant au peuple de commencer cette bonne œuvre par les plus considérables d'entre eux. Ses sectateurs, suivant trop fidèlement les leçons de leur chef, massacrèrent le chancelier, le grand-trésorier, et réduisirent le roi à leur proposer une amnistie. Balée, leur apôtre, fut enfin pris et exécuté en 1384.

BALEN (Henri Van), peintre flamand, fut l'un des plus célèbres artistes de cette école. Natif d'Anvers, et disciple d'Adam van Oort, il fut le premier maître de van Dyck. Il alla étudier en Italie, où son assiduité à copier et à peindre d'après l'antique, fut couronnée d'un brillant succès. Ses ouvrages furent recherchés à cause de leur touche agréable, et se trouvent dans les cabinets les plus distingués. Il ne revint dans sa patrie qu'après une très-longue absence; mais il y revint enrichi par le fruit de ses talents : il mourut à Anvers, en 1632. Son dessin était correct, et sa couleur fort bonne. Ses principaux tableaux sont : un *Festin des Dieux;* un *Jugement de Paris;* un *Saint Jean dans le désert;* une *Annonciation*, et une *Sainte Famille dans le désert*.

BALESDENS (Jean), membre de l'Académie française, naquit à Paris vers la fin du 16e siècle. Il était avocat au parlement et au conseil, proto-notaire apostolique et titulaire du prieuré de Saint-Germain-d'Alluye. Il joignait à ces titres une charge d'aumônier du roi. Sa qualité de secrétaire du chancelier Séguier, protecteur de l'Académie française, fit que cette compagnie crut devoir au premier magistrat de lui demander lequel des deux candidats lui serait le plus agréable, de Corneille ou de Balesdens, qui se présentait pour la place vacante à la mort de Mainard; Balesdens eut le bon esprit d'écrire pour prier l'Académie de faire attention à la différence du mérite, et à l'éminente supériorité de son compétiteur. La délicatesse de Balesdens fut applaudie, et Corneille nommé. Deux ans après, Balesdens succéda à Molleville. Il mourut le 27 octobre 1675, dans un âge avancé. Il a publié divers ouvrages, les uns de lui, les autres dont il était seulement l'éditeur. On compte parmi les premiers : le *Miroir des pénitents*, traduit de l'italien, 1614, in-12; *Fables d'Esope*, traduites en français, avec des maximes morales et politiques pour l'instruction du roi, 1644, in-8; *Exercice spirituel*, 1645, in-12. Les ouvrages dont Balesdens a donné l'édition, sont : *Chartiludium logica* (jeu de cartes logique), *seu logica memorativa*, Th. *Murner, cum notis*, etc.; P. *Seguierii Rudimenta cognitionis Dei et sui; Elogia clarorum virorum Papiri Massonis*, etc., 1638, 2 vol. in-8; *Gregorii Turonensis opera pia, cum vitis PP. sui temporis*, 2 vol.; *Actes du transport du Dauphiné à la couronne de France; Lettres de sainte Catherine de Sienne avec sa Vie*, 1644; *Traité de l'eau-de-vie*, par Jean Brouault, médecin du roi, etc.

BALESTRA (Antoine), peintre véronais, naquit l'an 1666. A l'âge de 21 ans, il s'adonna à la peinture, et travailla à Venise sous Bellucci; il passa de là à Rome, et fut élève de Carle Maratte. Son dessin est pur, son pinceau a de la facilité, ses conceptions sont gaies et pleines de charmes. Il fit des élèves distingués, parmi lesquels on compte J.-B. Mariotti, Joseph Nogari, Charles Salis, et Baroni Cavalcabo. Comme tous les élèves de Maratte, il aimait sur ses tableaux une sorte de brouillard qu'on ne peut bien définir : quelquefois ce brouillard produit un effet désagréable ; d'autres fois, il jette sur ses tableaux un charme et une harmonie qui disposent à une douce mélancolie. On a comparé Balestra à Catulle, comme l'on compare l'Albane à Anacréon. On cite de lui la *Défaite des géants*, une *Annonciade* à Crémone, une *Cène* à Venise. On n'est pas d'accord sur l'époque de sa mort, arrivée, selon les uns, en 1734 ; selon d'autres, en 1740.

BALGUERIE-STULLEMBERG (Pierre), né à Bordeaux en 1779, d'un ancien négociant qui avait perdu la plus grande partie de sa fortune par les malheurs de la révolution, débuta jeune dans la carrière commerciale, et y acquit bientôt des richesses considérables et la plus haute considération. Il employa l'une et l'autre à former des associations appliquées à l'industrie, et il parvint à achever en peu de temps les ponts de Bordeaux et de Libourne, que l'administration publique n'aurait pu terminer qu'à l'aide des impôts et après une longue suite d'années. La ville de Bordeaux lui doit encore la construction d'un magnifique entrepôt, la fondation de la banque, des fonderies, des établissements de bateaux à vapeur, des bains publics, et des réparations précieuses sur les quais et les débarcadours de la ville. Il s'occupa aussi de jeter dans les départements voisins des ponts sur les rivières, d'y ouvrir des canaux, de creuser des mines, et de tout ce qui pouvait contribuer à la prospérité de sa ville natale. Son nom se retrouve dans toutes les entreprises de son temps qui furent utiles à la France, et plus particulièrement dans toutes celles qui furent utiles à sa province. Il s'occupait, depuis plusieurs années, de l'ouverture d'une communication entre Bordeaux et Rochefort, de l'ensemencement des dunes du golfe de Gascogne, et d'un canal dans les Landes, pour unir, à l'abri de la mer, Bordeaux avec Bayonne, lorsque la mort l'enleva le 19 août 1825.

BALGUY (Jean), théologien, né à Scheffield, dans le comté d'Yorck, en 1686, mort le 21 septembre 1748, se distingua dans la controverse bangorienne, où s'agitait avec beaucoup de chaleur la question de l'autorité de l'Eglise. Il écrivit aussi contre Shaftsbury et Tyndal, apologistes publics du déisme. Il joignait à l'élégance du style la profondeur des pensées. Il est auteur des ouvrages suivants : *Lettres à un déiste sur la beauté et l'excellence des vertus morales*, etc., 1726, in-8 ; *Fondement de la vertu morale, et recherche de l'origine de nos idées sur la vertu*, 1728 ; *Contre-recherches sur les perfections morales de Dieu, particulièrement en ce qui se rapporte à la création et à la providence*, 1730 ; *Essais sur la rédemption*, 1741 ; des *Sermons*.

BALINGHEM (le P. Antoine de), écrivain ascétique et prédicateur de la compagnie de Jésus, né en 1574, à Saint-Omer, mourut à Lille le 24 janvier 1630, à l'âge de 49 ans, laissant la réputation d'un homme pieux et instruit. Il a publié un grand nombre d'écrits dont les principaux sont : les *Plaisirs spirituels contre-quarrés aux sensuels du quaresme presnant ; Les après-dîners et propos de table contre l'excès au boire et au manger pour vivre longuement* ; *Zopedia, sive morum à brutis partita institutio, ordine alphabetico, tum virtutum, tum vitiorum*. Ce livre singulier peut avoir donné au P. Leroy l'idée de celui qu'il a intitulé : *La vertu enseignée par les oiseaux*. — *Scriptura sacra in locos communes morum et exemplorum digesta*, ouvrage très-utile aux ecclésiastiques en général, mais surtout aux prédicateurs ; cet ouvrage a eu plusieurs éditions.

BALLANCHE (Pierre-Simon), né à Lyon en 1776, mort à Paris le 12 juin 1847, était d'une famille honorablement connue dans le commerce de la librairie et de l'imprimerie. Il dirigea lui-même, jusqu'en 1813, une maison de ce genre ; à cette époque, il quitta les affaires pour se livrer entièrement à des études littéraires et philosophiques ; il fut reçu membre de l'Académie française en 1844. Il avait adopté les principes de De Maistre et De Bonald, en les modifiant ou plutôt les affaiblissant selon les inspirations de son esprit poétique et d'une imagination moins bien réglée que celle de ces grands écrivains. D'ailleurs il ne s'écarta jamais de son but qui fut toujours religieux, chrétien et catholique. Ses ouvrages sont presque tous des poëmes en prose ; les principaux sont : *Antigone*, *l'Homme sans nom*, *Orphée*, *la Synthèse*, *la Ville des Expiations*, *Essai sur les institutions sociales*, *le Vieillard et le jeune homme*, *Essais de palingénésie*, etc. Nous ne pouvons mieux faire connaître le système philosophique de Ballanche qu'en citant le jugement qu'en a porté Chateaubriand son ami : « La « philosophie de Ballanche est une théo- « sophie chrétienne ; selon cette philo- « sophie, une loi providentielle géné- « rale gouverne l'ensemble des destinées

« humaines depuis le commencement
« jusqu'à la fin. Cette loi générale n'est
« autre chose que le développement des
« deux dogmes générateurs, la dé-
« chéance et la réhabilitation, dogmes
« qui se retrouvent dans toutes les tra-
« ditions générales de l'humanité, et
« qui sont le christianisme même; le
« vif sentiment de ces deux dogmes pro-
« duit une psychologie qui explique les
« facultés humaines en rendant compte
« de la nature intime de l'homme, et
« qui se révèle dans la contexture des
« langues anciennes. L'homme, durant
« sa laborieuse carrière, cherche sans
« repos la route de la déchéance à la
« réhabilitation, pour arriver à l'unité
« perdue. »

BALLANTYNE (James), imprimeur écossais, né à Kelfa, dans le comté de Roxburg, mort à Edimbourg en 1833, fonda dans cette dernière ville une grande imprimerie. Ce fut de ses presses que sortirent tous les ouvrages de Walter Scott, et c'est au goût éclairé et aux connaissances littéraires de cet imprimeur que sont dus un grand nombre de changements dans les Œuvres de l'illustre romancier. Il rendit par là un grand service à Walter Scott qui regardait certaines corrections comme inutiles et minutieuses, quoiqu'elles eussent une véritable importance pour arrêter la critique. Ballantyne a longtemps dirigé le *Journal hebdomadaire d'Édimbourg*.

BALLERINI (Pierre et Jérôme), frères, nés à Vérone, le premier en 1698, le second en 1702, étaient tous deux prêtres et très-savants, surtout dans l'Histoire ecclésiastique. Unis par un goût commun pour les mêmes études, autant que par les liens du sang, ils étudiaient le plus souvent en société, et se partageaient le travail suivant leur talent particulier. Les matières purement théologiques et canoniques étaient du ressort de Pierre; les points d'histoire et de critique étaient la tâche de Jérôme. Pierre mourut en 1764; Jérôme lui survécut plusieurs années. Outre quelques bons ouvrages, on doit à leurs soins des éditions estimées de la *Somme théologique de saint Antonin* et de celle de *saint Raimond de Pegnafort;* des *Œuvres de saint Léon-le-Grand;* de celles de *Gilbert, évêque de Véronne;* une édition complète de tous les ouvrages du cardinal Noris, avec des notes, des dissertations, etc. imprimés à Vérone en 1732, 4 vol in-fol.; un petit traité intitulé : *Méthode d'étudier, tirée des ouvrages de saint Augustin*, traduite de l'italien par l'abbé Nicole de La Croix, Paris, 1760, in-12, une *Vie* du cardinal Noris.

BALLET (François), né à Paris, en 1702, fut prédicateur de la reine. On a imprimé en 12 vol. in-12, ses *Prônes* et divers ouvrages de piété, tels que : *Histoire des temples; De la dédicace des églises; Instructions sur la pénitence du carême; Vie de la sœur Boni*, etc. Il mourut à la fin du 18e siècle.

BALLEUR (le Père), cordelier, professeur de théologie, provincial de la province de Touraine Pictavienne, a laissé : *La religion révélée, défendue contre les ennemis qui l'ont attaquée*, Paris, 1757, 4 vol. in-12, ouvrage apologétique dans lequel l'érudition, le raisonnement, le style, la clarté se réunissent pour faire triompher la foi, soutenir et fortifier le fidèle, et ramener même l'incrédule à la soumission qu'il doit à Dieu et à l'Eglise.

BALLIN (Claude), né à Paris en 1615, d'un père orfèvre, devint orfèvre lui-même. Il commença à fleurir du temps du cardinal de Richelieu, qui acheta de lui quatre grands bassins d'argent, sur lesquels Ballin, âgé de peine de 19 ans, avait représenté admirablement les âges du monde. Le cardinal, ne pouvant se lasser d'admirer ces chefs-d'œuvre de ciselure, lui fit faire quatre vases à l'antique, pour assortir les bassins. Ballin porta son art au plus haut point. Il exécuta pour Louis XIV des tables d'argent, des guéridons, des canapés, des candélabres, des vases, etc. Mais ce prince se priva de tous ces ouvrages, pour fournir aux dépenses de la guerre qui finit par la paix de Ryswick. Il reste plusieurs morceaux de ce grand artiste à Paris, à Saint-Denys, à Pontoise, d'une beauté et d'une délicatesse uniques. Lorsqu'après la mort de Warin, il eut la direction du balancier des médailles et des jetons, il montra dans ces petits ouvrages le même goût qu'il avait fait paraître dans les grands, et sut réunir aux grâces modernes la sévérité de l'antique. Il mourut en 1674, à l'age de 63 ans.

BALLOCO. (Voyez, BALOCHI).

BALMÈS (Jacques), l'abbé, né le 28 août 1810 à Vich, en Catalogne, de parents peu fortunés, mais laborieux et remplis de foi et de piété. Pendant son enfance, sa mère le conduisait souvent au pied d'un autel dédié à saint Thomas d'Aquin, et suppliait ce grand docteur d'inspirer à son fils la science et la sainteté, et ses vœux furent exaucés. Il fit ses premières études dans sa ville natale; ses succès furent tels qu'à l'âge de 14 ans, il obtint un petit bénéfice ecclésiastique dont le modique revenu l'aida beaucoup à terminer son éducation. En 1826, son évêque lui accorda une demi-bourse au collége de San-Carlos, dans l'Université de Cervera. C'est là qu'il fit sa théologie : lire peu, bien choisir ses auteurs et beaucoup réfléchir, telle était la règle qu'il avait adoptée. Il passa donc quatre années entières à Cervera, sans lire autre chose que la *Somme de saint Thomas*, et ses *Commentaires*, par Bellarmin, Suarez et Cajetan ; il ne fit d'exception que pour le *Génie du Christianisme* de Chateaubriand. « Tout se trouve dans *Saint-Thomas*, disait-il, philosophie, religion, politique; c'est une mine inépuisable. » Cependant quand Balmès eut acquis par ce moyen un fond solide de philosophie, il comprit la nécessité de se perfectionner par la lecture des auteurs divers qui avaient traité à des points de vue plus ou moins différents toutes les questions dont il venait de s'occuper ; les bibliothèques de Vich et de Cervera lui fournirent toute facilité pour atteindre son but, et il devint un des hommes les plus érudits de son temps. Il avait pris successivement les grades de bachelier et de licencié en théologie; lorsqu'il eut été ordonné prêtre, son évêque, en administrateur habile, et devinant les progrès qu'il était capable de faire dans les sciences, le renvoya à l'Université pour y continuer ses études au lieu de l'occuper, suivant ses désirs, au ministère paroissial : deux ans après, Balmès était reçu docteur. Un journal de Madrid ayant mis au concours un Mémoire sur le célibat ecclésiastique, il concourut et remporta le prix ; son Mémoire fut imprimé dans ce journal : ce fut sa première publication. A cette époque, l'Espagne gémissait sous la tyrannie d'Espartero, dont le hasard seul avait fait un soldat heureux. Balmès qui, comme beaucoup d'âmes généreuses, avait applaudi au gouvernement constitutionnel établi en Espagne par Martinez de la Rosa, ne s'était pas aperçu tout de suite que ce gouvernement ne pouvait être avantageux que comme un moyen d'éviter un plus grand mal qu'il supposait dans les hommes de la vertu surtout, et faisait presque abstraction de leurs défauts, de leurs vices, et que son résultat était d'exciter toutes les ambitions et toutes les passions. Le parti révolutionnaire que favorisait Espartero réclamait avec violence la spoliation de l'Eglise. Balmès publia ses *Observations sociales, politiques et économiques sur les biens du clergé;* c'est ce qui a paru de mieux raisonné et de plus éloquent sur cette question. Peu de temps après, au mois d'août 1840, il faisait imprimer une nouvelle brochure : *Considérations politiques sur la situation de l'Espagne.* Il proposait, pour pacifier son pays, de marier la reine au fils de don Carlos, et de réunir ainsi les deux grands partis qui ensanglantaient l'Espagne. Les préoccupations politiques n'affaiblissaient nullement en Balmès les préoccupations religieuses. Les *Leçons sur l'histoire de la civilisation en Europe*, par M. Guizot, avaient produit en Espagne une impression fâcheuse sur ceux qui suivaient les errements des doctrinaires français. L'influence de l'Angleterre qui dirigeait Espartero avait donné de nouvelles chances à la propagande protestante. Balmès résolut d'opposer une digue au torrent qui menaçait de déborder ; c'est alors qu'il composa son beau livre : *Du protestantisme comparé au catholicisme.* Cet ouvrage fut publié à Barcelone en même temps que la traduction française, par M. de Blanche, paraissait à Paris; il eut en Espagne un grand succès, et il refoula jusqu'au-delà des frontières les doctrines protestantes et philosophiques qui avaient déjà commencé à les franchir. Au jugement des hommes compétents, depuis Bossuet, aucun écrivain n'avait attaqué le protestantisme avec autant de force et de succès. Balmès applaudit avec enthousiasme aux réformes politiques que Pie IX, élevé récemment au trône pontifical, venait d'introduire dans ses Etats. Il les loua, non point seulement comme un remède à une maladie, mais à cause de leur excellence intrinsèque. Il publia sur ce sujet un volume intitulé : *Pie IX, pontife et souverain.* Jamais il n'avait été si éloquent; toutefois cet ouvrage devint pour lui une source de chagrins ; plusieurs de ses meilleurs amis l'abandonnèrent, l'attaquèrent même avec violence. Ceux qui lui reprochaient de ne pas comprendre que ces réformes étaient un bienfait accordé à des ingrats ne tardèrent pas à trouver dans les malheurs de Pie IX une éclatante preuve à leurs allégations. Cependant Balmès aurait pu se consoler en pensant que, si la conduite de Pie IX avait compromis un moment sa souveraineté temporelle, elle avait épargné de grands maux à l'Eglise, et que, si la religion, en France et dans toute l'Europe, n'avait rien eu à souffrir de la révolution de 1848, elle en était redevable à la popularité si justement acquise du souverain Pontife. Balmès, dont la santé avait toujours été délicate, ne put supporter les secousses que lui imprimèrent tous ces événements, et il succomba, âgé de 39 ans à peine, à une maladie dont il avait déjà ressenti les atteintes dans sa première jeunesse.

BALOCHI, ou plus exactement BALLOCO (Louis), né à Verceil en 1766, étudia la jurisprudence dans le collége del Pozzo et fut reçu docteur en 1786. Dégoûté du droit, il débuta dans la carrière littéraire par un poëme intitulé : *il Merito delle donne*, imprimé à Milan. En 1802 il vint à Paris, travailla pour l'opéra italien, et mourut dans cette ville en avril 1832. On a de lui : des *Drames, Opéras, Romances, Cavatines, Cantates*, etc.

BALON (Narsès), évêque d'Ormus au 14e siècle, se retira auprès du Pape à Avignon. Il y accusa l'Eglise arménienne de 117 chefs d'hérésie, sur lesquels il fut statué dans un concile tenu à Sis en 1342. On a de lui un *Abrégé historique* des rois et des patriarches de l'Arménie, et une *Traduction* en arménien des vies des Papes et des empereurs, ouvrages manuscrits.

BALOUFEAU (Jacques), fils d'un avocat de Bordeaux, parut dans le monde sous le nom de *Baron de Saint-Angel*. Ses créanciers ayant contraint le baron gascon de prendre le bonnet vert, il se fit délateur en crime d'usure. Il courut ensuite différents pays, et épousa dans chacun une femme. Arrêté après son quatrième mariage, il s'évada de la prison de Dijon, vint à Paris, reçut 200 écus de récompense pour avoir dénoncé un Génois qui n'existait pas, comme auteur d'une conspiration contre le roi ; passa en Angleterre pour suivre le prétendu criminel, escamota 2000 livres au roi de la Grande-Bretagne, revint en France, fut reconnu pour un fourbe, et pendu en 1626.

BALSAMON (Théodore), diacre, garde des chartes de l'église de Constantinople, et ensuite patriarche d'Antioche pour les Grecs, commenta le *Nomocanon* de Photius, Oxford, 1672, in-folio, avec des notes de Béveridge. Il fit un *Recueil d'ordonnances ecclésiastiques*, Paris, 1661, in-folio, et *Réponses à plusieurs questions du droit canon*, dans lesquelles le patriarche grec s'emporte beaucoup contre l'Eglise Latine. Il mourut vers 1214. La *Bibliothèque du droit canonique* de Justel renferme les deux premiers ouvrages ; et le droit grec et romain de Leunclavius (Francfort, 1596) contient le dernier.

BALTHAZAR, dernier roi des Babyloniens, fils d'Evilmérodach, et petit-fils de Nabuchodonosor, selon la plus commune et la plus vraisemblable des opinions, quoiqu'il soit nommé par Daniel fils de Nabuchodonosor ; car on sait que l'usage de l'Ecriture est souvent de donner le nom de fils aux petits-fils. S'étant servi pour boire, lui et ses convives, des vases d'or et d'argent que son aïeul avait enlevés du temple de Jérusalem, dans un festin qu'il donnait à ses concubines, et aux seigneurs de sa cour, il vit une main qui traçait sur les murailles de la salle ces trois mots : *Mane, Thecel, Pharez*. Balthazar, à cet aspect, fut saisi d'un grand trouble, et fit venir tous les devins et les sages de Babylone pour lui expliquer ce qui venait d'être écrit sur la muraille ; mais les mages n'ayant pu le lui expliquer, le roi eut recours à Daniel et lui promit la troisième place dans son royaume ; Daniel refusa les présents, et promit néanmoins d'expliquer ces énigmes. Il dit au prince qu'elles signifiaient que ses jours étaient écoulés ; que ses actions venaient d'être pesées, et que son royaume serait divisé et deviendrait la proie des Mèdes et des Perses. Balthazar fut tué la même nuit, et Darius le Mède mis sur son trône, l'an 555 avant J.-C.

BALTHAZARINI, surnommé *Beaujoyeux*, célèbre musicien italien, vivait sous le règne de Henri III, roi de France, règne de la frivolité et de la mollesse. Le maréchal de Brissac envoya ce musicien au roi, avec toute la bande de violons dont il était le chef. La reine lui donna la charge de son valet-de-chambre, et Henri, à son exemple, lui accorda le même emploi dans sa maison. Balthazarini fit les délices d'une cour dissipée et corrompue, tant par son habileté à jouer du violon, que par ses inventions de ballets, de musique, de festins et de représentations. Ce fut lui qui composa, en 1581, le ballet des noces du duc de Joyeuse avec Mlle de Waudemont, sœur de la reine ; ballet qui fut représenté avec une pompe extraordinaire. On l'a imprimé sous le titre de : *Ballet comique de la reine, fait aux noces de M. le duc de Joyeuse et de Mlle de Waudemont*.

BALTUS (Jean-François), né à Metz en 1667, entra chez les jésuites. Cette société l'estima et l'employa. Il mourut bibliothécaire de Reims en 1743. On a de lui plusieurs ouvrages : *La réponse à l'Histoire des Oracles de Fontenelle*, Strasbourg, 1707 et 1708, in-8. Il paraît que le jésuite a profité de la réfutation de Van-Dale par Mœbius ; mais sa *Réponse* n'en est pas moins victorieuse. Fontenelle prit le parti du silence, regardant son ouvrage comme une production de sa jeunesse, qu'il convenait d'oublier, et que le P. Baltus avait foudroyée; il dit même assez plaisamment « que le diable avait gagné sa cause. » Basnage conseillait à Fontenelle de répliquer; mais ce dernier se contenta de lui répondre : « Je consens que le diable passe pour prophète, puisque Baltus le veut. » Du reste, il est certain que cette querelle n'intéresse point le christianisme, mais bien la vérité de l'histoire; on peut même dire en général que le fondement de toutes les histoires se trouve ébranlé, si les preuves de fait, les témoignages multipliés des auteurs contemporains, sages, instruits, judicieux et à tous égards respectables, pouvaient être anéantis par les spéculations modernes. Le Père Baltus a donné une suite à cette *Réponse* où il donne à ses preuves plus de développement et de force. Quant à la possibilité de ces oracles, voyez DELRIO, BROWN Thomas, de HAEN, MAFFEI Scipion, MÉAD, SPÉ. *Défense des SS. PP. accusés de Platonisme*, in-4, 1711 ; livre savant, dont M. l'abbé Morel, chanoine théologal de Paris, a donné, précédée d'une préface, une nouvelle édition, sous ce titre : *Pureté du christianisme, ou le christianisme n'a rien emprunté à la philosophie païenne*, Paris et Lyon, 2 vol. in-8, 1838 ; *La Religion chrétienne prouvée par l'accomplissement des prophètes*, in-4, 1728 ; traité moins parfait que celui de M. de Pompignan, archevêque de Vienne, sur la même matière; mais qui est plus original, et qu'on peut regarder comme la matière et la préparation de l'autre, etc. ; *Défense des prophéties de la religion chrétienne*, in-12, 3 vol., 1737 : les deux premiers sont contre Hugues Grotius, le 3ᵉ contre Richard Simon ; *Jugement des SS. Pères sur la morale de la philosophie païenne*, Strasbourg, 1749, in-4 ; les *Actes de saint Barlaam, traduits du grec en français, avec des remarques*, Dijon, 1722, in-12.

BALUE (Jean LA) était d'une famille très-obscure. Son père était tailleur, suivant les uns, cordonnier, selon d'autres. La plus commune opinion le fait naître au bourg d'Angle, en Poitou, dans l'année 1421. C'était un homme qui, à un esprit délié et artificieux, joignait la hardiesse et l'effronterie qu'il faut pour l'intrigue. Il fut attaché d'abord à Jean Juvénal des Ursins, évêque de Poitiers ; il devint ensuite grand-vicaire de l'évêque d'Angers. Jean de Melun, favori de Louis XI, le présenta au roi, qui lui donna la place d'aumônier, la charge d'intendant des finances, et ensuite l'évêché d'Evreux, en 1465. Deux ans après, il fut transféré au siége d'Angers, après avoir fait déposer Jean de Beauveau, son bienfaiteur. Le pape, Paul II, qui ne connaissait pas encore ses mauvaises qualités, l'honora de la pourpre la même année, pour le récompenser d'avoir fait abolir la *Pragmatique-Sanction*, que les Parlements et les Universités conspiraient à conserver. Le crédit qu'il avait sur l'esprit de Louis XI était extrême. Balue se mêlait de tout : des affaires de l'Eglise, de l'Etat, de la guerre, excepté de celles de son diocèse. On le voyait en camail et en rochet, à la tête des troupes, les faire défiler devant lui. C'est dans une de ces occasions que le comte de Dammartin dit à Louis XI, *de lui permettre d'aller à Evreux faire l'examen des ecclésiastiques, et leur donner les ordres : car voilà*, ajouta-t-il, *l'évêque qui, passant en revue les gens de guerre, semble m'autoriser à aller faire des prêtres*. Quoique ce bon mot couvrît de ridicule le prélat, il ne diminua point la faveur qu'il avait auprès de son maître. Balue n'en fut pas plus reconnaissant : cet homme, né dans la boue, concerta diverses intrigues avec les ducs de Bourgogne et de Berri contre le prince qui l'en avait tiré. Quelques-unes de ses lettres furent interceptées, et il fut mis en prison. Louis XI dépêcha deux avocats à Rome pour demander des commissaires qui lui fissent son procès en France; mais le Pape répondit qu'*un cardinal ne pouvait être jugé qu'en plein consistoire*. La justice de Louis XI était devenue plus que suspecte à toute l'Europe. Après onze ans de prison, Balue obtint sa liberté en 1480, à la sollicitation du cardinal de la Rovère, légat du Pape. Il alla intriguer à Rome, et acquit des honneurs et des biens qu'il ne méritait pas. Sixte IV l'envoya légat *à latere* en France, l'an 1484 ; et Balue y fut mieux reçu qu'on ne l'eût cru ; il paraît que le gros de la nation, et même le roi Charles VIII, ne le croyaient pas fort coupable. Ce légat, de retour à Rome, fut fait évêque d'Albano, puis de Palestrine, par le pape Innocent VIII. Il mourut à Ancône, en 1491.

BALUZE (Etienne), né à Tulle en 1631, fit imprimer, à l'âge de 22 ans, une *Critique de la Gallia Purpurata* de Frizon. Il fut invité en 1655 de venir à Paris, par de Marca, archevêque de Toulouse, digne d'être le protecteur de ce savant. Après la mort de cet illustre prélat, Colbert le fit son bibliothécaire. C'est à ses soins que la bibliothèque de ce ministre dut une partie de ses richesses. En 1670, le roi érigea, en sa faveur, une chaire de droit canon au collége royal. Il fut ensuite inspecteur du même collége, et obtint une pension. L'*Histoire généalogique de la maison d'Auvergne*, faite à la prière du cardinal de Bouillon, l'enveloppa dans la disgrâce de ce prélat, et lui fit perdre ses places et ses pensions. Il fut exilé successivement à Rouen, à Tours et à Orléans ; et il ne put obtenir son rappel, qu'après la paix d'Utrecht. Il mourut à Paris en 1718, à 87 ans. Les gens de lettres regrettèrent en lui un savant profond, et ses amis un homme doux et bienfaisant. Il ne ressemblait point à ces érudits avares de leurs lumières ; il communiquait volontiers les siennes, et aidait ceux qui s'adressaient à lui, de ses conseils et de sa plume. Il était né avec la facilité d'esprit et la mémoire qu'il fallait pour son travail. Peu de savants ont eu une connaissance plus étendue des manuscrits et des livres. Nous avons de lui un grand nombre d'éditions. Les plus importantes sont celles du livre de son bienfaiteur de Marca, *De concordiâ Sacerdotii et Imperii*, 1704, in-folio, avec la vie de l'auteur, un supplément et des notes, où l'on retrouve toute l'érudition de ce prélat ; mais on lui reproche avec raison de n'avoir pas eu égard aux volontés de celui-ci, qui, en mourant, lui avait recommandé divers changements à faire dans son ouvrage (Voyez MARCA) ; des *Capitulaires des rois de France*, rangés dans leur ordre, qu'il a augmentés des Collections d'Ansegise et de Benoît, diacre, avec de savantes notes, 2 in-folio, Paris, 1677 ; des *Lettres* du pape Innocent III, en 2 in-folio, 1682; de l'ouvrage de Marca, intitulé : *Marca Hispanica*, c'est-à-dire la Marche ou les limites de l'Espagne, 1688, in-folio; des *Vies* des papes d'Avignon, depuis 1305 jusqu'en 1376, 2 in-4, 1693, mises à l'*Index* par un décret du 22 décembre 1700. Cette censure n'empêche pas que Baluze ne soit, en général, fort respectueux envers le Saint-Siége. Des *Vies* de Salvien, de Vincent de Lérins, de Loup de Ferrière, d'Agobard, d'Amolon, de Leidrade ; d'un *Traité* de Flore, diacre; de quatorze *Homélies* de saint Césaire d'Arles ; des *Conciles* de la Gaule Narbonnaise, de Réginon ; de la *Correction* de Gratien, par Antoine Agostino ; de Marius Mercator, etc. ; 7 vol. in-8 de *Mélanges*, 1678 à 1710; un *Supplément* aux Conciles du P. Labbe, etc., 1683, in-fol.; *Historia Tutelensis*, 1717, 2 vol. in-4. Le latin des notes et des préfaces qui accompagnent ces ouvrages est assez pur ; on y reconnaît partout un homme qui possède l'histoire ecclésiastique et profane, le droit canon ancien et moderne, et les Pères de tous les siècles

BALZAC (Jean-Louis GUEZ, seigneur de), naquit à Angoulême en 1594, d'un gentilhomme languedocien. Il s'attacha d'abord au duc d'Épernon, et ensuite au cardinal de la Vallette, qui le fit son agent à Rome, où il resta pendant près de 2 ans. A son retour en France, son protecteur le produisit à la cour. L'évêque de Luçon, depuis cardinal de Richelieu, le goûta beaucoup. Dès qu'il fut ministre, il lui donna une pension de 2000 liv. et le brevet de conseiller d'état et d'historiographe du roi, que Balzac, ami de l'antithèse, appelait « de magnifiques bagatelles. » En 1624, on vit paraître le premier recueil de ses lettres. Le public, qui dans ce temps-là avait peu de bons livres, fit un accueil extraordinaire à cette production. Balzac était mis au-dessus de tous les écrivains anciens et modernes pour l'éloquence. Il eut une foule d'admirateurs, et s'il parut des critiques, ce ne fut qu'après que le premier enthousiasme fut passé. Un jeune feuillant, appelé don André de Saint-Denys, compara, dans une brochure contre Balzac, l'éloquence de cet écrivain à celle des auteurs du temps passé et du présent, et le mit au-dessous des uns et des autres. L'abbé Ogier défendit Balzac contre le jeune critique. Le général des feuillants, nommé Goulu, plaida pour son confrère contre Ogier et Balzac, dans deux gros volumes de lettres écrites sous le nom de *Philarque*. De la critique du style, on passa à celle des mœurs, et Balzac, pour des lettres qui n'avaient d'autre vice que l'enflure et quelques défauts semblables, fut attaqué comme si ses livres avaient été une école de libertinage. Le général Goulu, en critiquant les écrits, ne ménagea pas assez la personne. Las d'essuyer des censures à Paris, désabusé des grandeurs et de la gloire humaine, et voulant consacrer à Dieu le reste de sa vie, Balzac se retira dans sa terre, sur les bords de la Charente, aux environs d'Angoulême, qu'il édifia par ses vertus pendant plus de vingt ans. C'était là qu'il était lorsque, en 1634, il fut admis parmi les membres de l'Académie française. Balzac était pieux, et parce qu'il était pieux, il aimait les pauvres : il donna, de son vivant, 8,000 écus, pour être distribués en bonnes œuvres; et par son testament, il légua douze mille

livres aux pauvres de l'hôpital d'Angoulême. Par le même acte, il fonda un prix perpétuel de cent francs à l'Académie pour le meilleur discours *sur un sujet de piété*. Sa santé était assez mauvaise; quand il la sentit s'affaiblir encore, il songea plus sérieusement à sa dernière heure; il se fit, en conséquence, préparer deux chambres aux Capucins d'Angoulême, où il allait se recueillir plusieurs fois l'année. Il avait exprimé sa volonté d'être enterré dans l'hôpital « aux pieds des pauvres qui y étaient déjà inhumés. » Il mourut le 28 février 1654, et non 1655, et encore moins 1664, comme le dit M. J. Norvins, dans le *Dict. de la Conversation*. Le style de Balzac est en général plein, nombreux, arrondi; il y a même des pensées heureuses : mais on y trouve encore plus souvent des hyperboles, des pointes, et tout ce que l'on apelle *l'écume du bel esprit*. « Balzac, dit un critique, a enrichi la langue, il l'a subjuguée ; mais la recherche déplacée de son style le rend boursouflé ; la magnificence de l'expression le rend forcé et gigantesque; la délicatesse des tours le rend affecté ; l'usage immodéré des figures le rend ridicule ; enfin son affectation continue d'élégance et de noblesse, dans les choses qui en exigent le moins, le rend souvent absurde et pénible à la lecture. Ce défaut de goût l'a fait tomber dans une espèce de mépris, qu'on a poussé toutefois un peu trop loin. On doit lire avec plaisir quelques-unes de ses lettres, plusieurs de ses traités et surtout son *Aristippe*. Les réflexions excellentes répandues dans ce dernier ouvrage, les sages préceptes de morale et de politique, les exemples bien choisis y peuvent faire oublier les fautes du style, et fournir des instructions à ceux qui voudront instruire les autres. »
— « Les défauts de Balzac, après tout, sont trop marqués dans cet auteur, dit le chancelier d'Aguesseau, pour être bien dangereux, et ils peuvent être utiles, parce qu'ils nous montrent les écueils que ceux à qui la nature a donné beaucoup d'esprit, ont à éviter. Mais, en récompense, on y remarque un tissu parfait dans la suite et dans la liaison des pensées, un art singulier dans les transitions, un choix exquis dans les termes, une justesse rare et une précision très-dignes d'être imitées dans le tour et dans la mesure des phrases; enfin, un nombre et une harmonie qui semblent avoir péri avec Balzac, ou du moins avec Fléchier, son disciple et son imitateur. Les défauts de cet auteur ont donc fait un grand tort à ses vertus : trop admiré pendant sa vie il a été trop méprisé après sa mort. Mais le bon esprit consiste à savoir faire usage de tout; et pourquoi ne pas profiter de ce qu'un auteur a d'excellent, parce qu'on y trouve des fautes qu'on ne saurait excuser ? » — « Lorsque fatigué de l'incorrection et de la dureté des écrivains du 16e siècle, on arrive à Balzac, dit M. Villemain, et que l'on remarque la pompe majestueuse et savante de ses périodes, on explique, on justifie l'admiration de son siècle. Telle est la puissance de l'harmonie sur les organes des hommes, que, même déplacée, elle les subjugue et les enchante. Cependant le talent de Balzac a disparu dans la perfection même de la langue. L'heureuse combinaison des tours et la noblesse des termes sont entrées dans le trésor de la prose oratoire; l'exagération emphatique, le faux goût, la recherche, sont demeurés sur le compte de Balzac; et l'on n'a plus compris la gloire de cet écrivain, parce que les fautes seules lui restaient, tandis que ses qualités heureuses étaient devenues la propriété commune de la langue qu'il avait embellie. » — Néanmoins, c'est justice que de reconnaître avec M. Madrolle que « Balzac fut l'un des hommes les plus savants, les plus sages et les plus célèbres de son siècle. Il excellait dans tous les genres de littérature : la poésie latine et française, la morale, la politique et même la théologie; et puis, avec cela, il était noble, riche, admis à la cour, et presque ambassadeur à Rome. Aussi excita-t-il, on peut le dire, ajoute M. Madrolle, l'enthousiasme, à tel point que Descartes descendit des hauteurs de sa philosophie pour *critiquer* ses *Lettres*, qui sont aussi bien écrites, au moins, que les *Provinciales*, et qui parurent avant elles, dès 1624. Or, il faut apprendre à ceux qui l'ignorent que ces *Lettres* fameuses furent le début de Balzac qui s'éleva depuis, à plusieurs ouvrages où l'on croit quelquefois reconnaître la manière de Bossuet, notamment à un *Socrate Chrétien*, quelques années avant sa mort. Ce dernier ouvrage renferme des *pensées* aussi bien exprimées, et souvent plus justes (parce qu'elles ne sont pas détachées) que celles de Pascal. » — Nous voudrions citer quelques morceaux de Balzac; bornons-nous à celui-ci, qui a pour objet l'établissement de la religion chrétienne : Il ne paraît rien ici de l'homme, rien qui porte sa marque et qui soit de sa façon; je ne vois rien qui ne me semble plus que naturel dans la naissance et dans le progrès de cette doctrine; les ignorants l'ont persuadée aux philosophes. De pauvres pêcheurs se sont érigés en docteurs des rois et des nations, en professeurs de la

science du ciel. Ils ont pris dans leurs filets les poëtes, les jurisconsultes et les mathématiciens.—Cette république naissante s'est multipliée par la chasteté et par la mort : bien que ce soient deux choses stériles et contraires au dessein de multiplier. Ce peuple choisi s'est accru par les pertes et par les défaites; il a combattu, il a vaincu étant désarmé. Le monde, en apparence, avait ruiné l'Eglise, mais elle a accablé le monde sous ses ruines. La force des tyrans s'est rendue au courage des condamnés. La patience de nos pères a lassé toutes les mains, toutes les machines, toutes les inventions de la cruauté. — Chose étrange et digne d'une longue considération! reprochons-la plus d'une fois à la lâcheté de notre foi et à la tiédeur de notre zèle : en ce temps-là il y avait de la presse à se faire déchirer, à se faire brûler pour Jésus-Christ. L'extrême douleur et la dernière infamie attiraient les hommes au christianisme; c'étaient les appas et les promesses de cette nouvelle secte. Ceux qui la suivaient, et qui avaient faveur à la cour, avaient peur d'être oubliés dans la commune persécution; ils s'allaient accuser eux-mêmes s'ils manquaient de délateurs; le lieu où les feux étaient allumés et les bêtes déchaînées, s'appelait en langue de la primitive Eglise, *la place où l'on donne les couronnes.* — Voilà le style de ces grandes âmes, qui méprisaient la mort comme si elles eussent eu les corps de louage et une vie empruntée. — Je ne m'étonne point que les Césars aient régné, et que le parti qui a été victorieux ait été le maître. Mais si c'eût été le vaincu à qui l'avantage fût demeuré, si les déroutes eussent fortifié Pompée et rétabli sa fortune; si les proscriptions eussent grossi le parti d'un mort, et lui eussent fait naître des partisans; si un mort lui-même, si une tête coupée eût donné des lois à toute la terre, véritablement il y aurait de quoi s'étonner d'un succès si éloigné du cours ordinaire des choses humaines. Je trouverais étrange qu'après la bataille de Pharsale et plusieurs autres batailles de l'empire, les amis de Pompée eussent été empereurs de Rome à l'exclusion des héritiers de César. J'aurais de la peine à croire, quand le plus véritable et le plus religieux historien de Rome me le dirait, que des gens eussent triomphé autant de fois qu'ils furent battus, qu'une cause si souvent perdue eût toujours été suivie. Au moins me semble-t-il que ce n'est pas bien le droit chemin pour arriver à l'empire, et que d'ordinaire on se sert de tout autre moyen pour obtenir le triomphe. Ce n'est pas la coutume des choses du monde que les bons succès ne servent de rien, que la victoire soit décréditée et que le gain aille au malheureux. — Nous voyons pourtant ici cet événement irrégulier et directement opposé à la coutume des choses du monde. Le sang des martyrs a été fertile, et la persécution a peuplé le monde de chrétiens. Les premiers persécuteurs, voulant éteindre la lumière qui naissait et étouffer l'Eglise au berceau, ont été contraints d'avouer leur faiblesse, après avoir épuisé leurs forces. Les auteurs qui l'attaquèrent depuis ne réussirent pas mieux en leur entreprise. Et bien qu'il y ait encore en la nature des choses des inscriptions qui nous ont été laissées, pour avoir purgé la terre de la nation des chrétiens en toutes les parties de l'empire, l'expérience nous fait voir qu'ils ont triomphé à faux, et leurs marbres ont été menteurs. Ces superbes inscriptions sont aujourd'hui des monuments de leur vanité, et non pas de leur victoire. L'ouvrage de Dieu n'a pu être défait par la main des hommes. Et disons hardiment à la gloire de notre Jésus-Christ, et à la honte de leur Dioclétien : « Les tyrans passent, mais la vérité demeure. » (*Socrate chrétien,* 3ᵉ Discours) — Certes ce morceau est digne d'être cité; mais faut-il omettre la conclusion de celui sur les deux mots que le Sauveur a donnée de lui-même ? La voici : J'ai fini à peu près le discours que vous m'avez convié de faire. Mais après tant de paroles, oublierons-nous la conséquence qui en résulte; conséquence qui se tire sans art et sans peine; qui sort d'elle-même de l'EGO SUM de Jésus-Christ? Dites-moi, je vous prie, si son abaissement sur la terre est si redoutable, combien sera terrible son élévation dans les nuées? Si son humilité captive accable les hommes, qui pourra soutenir sa Majesté triomphante? Si ayant à être jugé, sa première réponse fait tant d'éclat, de quel ton prononcera-t-il le dernier arrêt, quand il viendra lui même pour en être le Juge? J'ai assez de cette réponse, pour répondre à toutes les demandes de votre voisin; pour réfuter toutes les objections de mes sens et de ma raison. Sans rhétorique, sans dialectique, ces trois syllabes me suffisent pour me persuader la Divinité de cet homme que j'adore. Et après l'effet de ces trois syllabes, et tant d'autres étranges effets, si bien et si nettement vérifiés, quand il s'élèvera en mon âme quelque petit mouvement de rébellion contre la Foi, à l'heure même je m'adresserai au Dieu de la foi, et prendrai la liberté de lui te-

nir le langage, que lui tenaient les anciens fidèles : « Si nous nous sommes éga-
« rés, mon Dieu, ç'a été en vous suivant.
« Si nous n'avons pas écouté notre rai-
« son, vos miracles en sont cause. Si
« nous avons adoré un homme, vous
« vous êtes entendu avec cet homme
« pour nous faire croire qu'il était Dieu.
« Vous lui avez prêté votre puissance
« pour nous obliger à lui rendre notre
« culte. Nous sommes excusables, mon
« Dieu, d'avoir reconnu celui qui ne sau-
« rait être que vous, si vous ne venez
« vous-même nous déclarer qu'il est un
« autre que vous. » Outre ses *Lettres*,
l'*Aristipe* et le *Socrate Chrétien*, Balzac a
publié son traité du *Prince*, ses *Relations
à Ménandre*, ses *Entretiens*, ses *Apologies*, etc.; des poésies latines et françaises.
Son *Christ victorieux*, et son *Amynthe*
sont encore lus par ceux qui aiment la
bonne poésie. Thomas Jolly recueillit et
publia à Paris, en 2 vol. in-fol., 1665, les
OEuvres complètes de Balzac, avec une
savante préface de l'abbé Cassagne, son
admirateur et son ami. M. Campenon a
donné, en 1806, un Choix des *Lettres* de
Balzac, de Voiture, de Boursault, en 2
vol. in-12. M. Marsan a publié, en 1807,
les *Pensées* de Balzac, en 1 vol. in-12, devenu rare, avec des *Observations* critiques sur cet écrivain; et en 1822,
M. Malitourne a fait paraître les *OEuvres choisies* de Balzac, en 2 vol. in-8.
(Voyez VOITURE.)

BALZAC (Honoré DE), romancier français, né à Tours le 20 mai 1799, mort à Paris le 20 août 1852. Après être sorti de l'étude d'un notaire où son père l'avait placé, il se mit à publier, dès 1822, plusieurs romans sous des noms supposés. En 1829, sa *Physiologie du mariage* appela sur lui l'attention, et à partir de ce moment le succès de ses romans alla toujours croissant. Il s'est proposé de peindre les passions plutôt que les caractères ou les mœurs, et c'est ce qui rend la lecture de ses ouvrages si dangereuse. Il a produit beaucoup, mais aux dépens de la qualité, et a plus cherché à plaire au public qu'à acquérir une bonne renommée littéraire. Il était marié depuis peu à une comtesse russe, lorsqu'il est mort, jeune encore, en 1852. Il avait fait lui-même réimprimer tous ses romans sous le titre de *Comédie humaine*.

BANCAL DES ISSARTS (Henri, député à la Convention. Notaire à Clermont-Ferrand avant la Révolution, il en embrassa la cause, fut revêtu de diverses fonctions publiques, et enfin nommé député par son département en 1792. Le 10 janvier 1793, il eut le courage de chercher à détourner la Convention du projet de juger Louis XVI, en exposant les malheurs dans lesquels cette mesure allait entraîner la France. N'ayant pu réussir sous ce point de vue, il vota pour l'appel au peuple, la détention et le bannissement jusqu'à la paix. Au mois de février suivant, il demanda l'expulsion de Marat de l'Assemblée, en alléguant qu'il était en état de démence, et proposant de le faire enfermer dans une maison de santé jusqu'à ce que son état mental fût constaté. Peu après il combattit la mesure impolitique de choisir les ministres parmi les membres de l'Assemblée, et il s'opposa de toutes ses forces à la création du comité de salut public, demandant au moins que ses attributions se bornassent à surveiller les opérations du conseil exécutif, et que ses membres fussent changés tous les quinze jours. Une opposition si généreuse aux empiétements de l'autorité tyrannique qui commençait à peser sur la France, aurait infailliblement perdu Bancal, s'il n'eût été compris au nombre des commissaires envoyés à l'armée pour notifier à Dumouriez l'ordre de venir rendre compte de sa conduite à la barre de l'Assemblée. On sait que ce général le fit arrêter et conduire en Autriche avec ses collègues. Ils y restèrent dans les prisons jusqu'en décembre 1795, qu'ils furent échangés contre la fille de Louis XVI. Alors Bancal entra au conseil des Cinq-Cents, et peu de temps après il en fut élu secrétaire. Le rapport qu'il fit de sa captivité fut imprimé et traduit dans toutes les langues par ordre de l'Assemblée. Il parut rarement à la tribune dans cette nouvelle session; cependant, le 10 janvier 1797, il sollicita l'abolition de la loi qui autorisait le divorce pour cause d'incompatibilité d'humeur, et deux ans après il demanda, mais sans succès, une loi contre les théâtres et les maisons de jeu et de débauche. Il sortit du corps législatif dans le mois de mai, et il se retira à Clermont pour y consacrer le reste de ses jours à l'étude des lettres. Il publia, dans le mois de décembre, un ouvrage intitulé : *Du nouvel ordre social fondé sur la religion*, dont il fit hommage aux deux conseils. Bancal est mort en juin 1826, dans de grands sentiments de piété.

BANCHI (Séraphin), dominicain de Florence, et docteur en théologie, vint d'abord en France pour faire ses études; il y revint, envoyé par Ferdinand Ier, grand-duc de Toscane, pour prendre des informations sur les troubles funestes qui désolaient alors ce pays. Banchi étant à

Lyon en 1593, Pierre Barrière, jeune homme de 27 ans, fanatique imbécile, lui communiqua le dessein qu'il avait d'assassiner Henri IV. Ce dominicain donna avis à Brancaléon, gentilhomme de la reine douairière, qui, ayant été trouver le roi à Melun, rencontra Barrière prêt à commettre son parricide. Le roi récompensa le zèle du dominicain en le nommant à l'évêché d'Angoulème ; mais il s'en démit en 1608, pour vivre en simple religieux dans le couvent de Saint-Jacques de Paris, où il mourut en 1622. On a de lui quelques ouvrages dans lesquels il se justifie d'avoir abusé de la confession de Pierre Barrière, qui ne l'était pas confessé : *Histoire prodigieuse du parricide de Barrière*, 1594, in-8, 40 pages ; *Apologie contre les jugements téméraires de ceux qui ont pensé conserver la religion catholique, en faisant assassiner les très-chrétiens rois de France*, Paris, 1596, in-8 ; *le Rosaire spirituel de la sacrée Vierge Marie*, etc., Paris, 1610, in-12.

BANCK, ou BUNCKINS (Laurent), protestant suédois, professeur de droit à Norkoping, sa patrie, mourut en 1662. Il a laissé plusieurs ouvrages de jurisprudence. Le plus connu est : *Taxes de la chancellerie romaine*, Franeker, 1652, in-8. On a aussi de lui un *Traité de la tyrannie du Pape*, 1669, dicté par un esprit nourri de préjugés. On a encore de lui : *Commentarii de Privilegiis militum, jurisconsultorum, mercatorum, mulierum*, etc., 1649-1651 ; *des Duels*, 1658, en italien ; *Bizarreries politiques*.

BANDARRA (Gonzalès), pauvre savetier portugais, joua dans son pays le rôle que Nostradamus avait joué en France. Il prophétisa, il se mêla aussi de faire des vers. Le Saint-Office, peu favorable à cette double manie, qui faisait dire quelquefois à Bandarra des choses fort étranges, le fit paraître dans un *auto-da-fé* avec un *sanbenito*, en 1541, et le renvoya libre. Il mourut en 1556, quelques-uns disent en 1560. On ne parlait plus de Bandarra en 1640, lorsque le duc de Brance monta sur le trône ; mais les politiques, s'étant imaginé que cette révolution avait été annoncée dans ses prophéties, les firent revivre. On les a imprimées à Nantes, en 1644, sous le titre de *Trovas do Bandarra*. Bandarra vécut sous les règnes d'Emmanuel III, Jean III et Sébastien. Quand les Espagnols occupèrent le Portugal, il s'y forma une espèce de secte appelée des *Sébastianides*, dont le livre sacré était le recueil des chansons de Bandarra. Ils prétendirent y trouver à la fois la prophétie de l'occupation des Espagnols et celle du rétablissement de la maison de Bragance.

BANDELLO ou BANDELLI (Vincent), général de l'ordre de Saint-Dominique en 1510, mourut en 1506, âgé de 70 ans, après avoir composé quelques ouvrages, entre autres, *De conceptione Jesu-Christi*, Pologne, 1481, in-4, fort rare, réimprimé depuis, in-12 ; *De veritate Conceptionis Beatæ Mariæ*, Milan, 1475, in-4. Dans l'un et dans l'autre, Bandello attaque la Conception immaculée de la Sainte-Vierge.

BANDELLO (Matthieu), dominicain, neveu de Vincent, est auteur d'un *Recueil de nouvelles*, qui montrent qu'il n'avait point l'esprit de son état, ni le goût des mœurs chrétiennes. Il naquit à Castelnuovo, dans le Milanais, vers la fin du 15° siècle. Lorsqu'après la bataille de Pavie, en 1525, les Espagnols se rendirent maîtres de Milan, les biens de sa famille, dévouée à la France, furent confisqués, et sa maison paternelle brûlée. Contraint de prendre la fuite sous un habit déguisé, il erra quelque temps de ville en ville. Il s'attacha enfin à César Frégose, qu'il suivit en France, et qui lui donna un asile dans une terre qu'il avait près d'Agen. L'évêché de cette ville étant venu à vaquer en 1555, il y fut nommé par Henri II, en considération des services de la famille Frégose. Bandello, nourri des fruits peu substantiels des poëtes anciens et modernes, s'appliqua beaucoup plus à faire d'inutiles écrits qu'au gouvernement de son diocèse. On ignore la date précise de sa mort, mais il est certain qu'il occupa le siége d'Agen pendant plusieurs années, et non pendant quelques mois, comme l'a écrit Joseph Scaliger. La meilleure édition des *Nouvelles de Bandello* est celle de Lucques, 1554, en 3 vol. in-4, auxquelles il faut joindre un 4° tome imprimé à Lyon en 1573, in-8. Boisteau et Belleforest en ont traduit une partie en français, 1616 et suiv., 7 vol. in-16. Quelques-uns ont supposé que ces *Nouvelles* n'étaient point de lui. On voudrait bien adopter cette opinion, pour sauver l'honneur d'un religieux et d'un évêque ; mais elle n'est guère vraisemblable. On a encore de lui un recueil de poésies intitulé : *Canti XI composti dal Bandello; delle lodi della Signora Lecrezia Gonzaga*, etc., imprimé à Agen en 1545, in-8, qui est excessivement rare.

BANDETTINI (Thérèse), célèbre poète improvisatrice, née à Lucques en 1756, composa, à 17 ans, son poème de la *Teseide*, qui fut bien accueilli. Quelques autres *Poésies* accrurent encore sa réputation, et lui méritèrent le titre d'*acadé-*

nicienne des *Arcades* de Rome et des *Apatistes* de Florence. Retirée à Lucques depuis 1813, elle y mourut le 6 avril 1836. Elle a laissé indépendamment du poëme déjà mentionné : *Odi tre*, Lucques, in-4; *Saggio di versi estemporanei*, Pise, in-8.

BANDIERA (Alexandre), né à Sienne en 1699, d'abord jésuite, quitta son ordre avec les permissions nécessaires pour entrer chez les Frères servites. On a de lui *Gierotrimerone*, in-8, ouvrage dans le genre du *Décaméron*, mais bien différent pour le fond. Toutes les histoires en sont morales, et les traits sont particulièrement tirés de l'*Histoire sainte*. On a encore de lui une édition du *Décaméron* de Boccace, purgé de tout ce qui est contraire aux bonnes mœurs, et des traductions en italien de *Cornelius Nepos*, et de divers ouvrages de Cicéron, avec des notes et des observations grammaticales utiles pour les Italiens qui veulent apprendre leur propre langue en même temps que la langue latine.

BANDINELLI (le chev. Baccio), né à Florence, en 1487, y mourut en 1559. Il se distingua dans la sculpture, dans la peinture et dans le dessin. Ses tableaux manquaient de coloris, quoique les dessins fussent presque dignes de Michel-Ange. Son ciseau valait mieux que son pinceau. On admire surtout sa copie du fameux *Laocoon*, qu'on voit dans le jardin de Médicis à Florence.

BANDINI (Ange-Marie), savant littérateur, né à Florence, y termina ses jours en 1800. Il consacra toute sa vie à l'étude, et en mourant, il laissa une très-jolie maison, qu'il possédait près de Fiezole, pour en faire une maison d'éducation publique, et il donna le reste de son bien pour des actes de bienfaisance. On lui doit : *Specimen litteraturæ Florentinæ sæculi XV*, 2 vol. in-8; *De obelisco Augusti Cæsaris*, in fol.; les *Vies d'Améric-Vespuce, de Philippe Strozzi et de Nicolas Prato;* plusieurs *opuscules* remplis d'érudition ; des éditions de plusieurs poëtes grecs, enrichies de notes et de variantes.

BANDINUS, un des plus anciens théologiens scolastiques. Ses ouvrages ont été imprimés à Vienne en 1519, in-fol.; à Louvain, en 1555 et 1557, in-8. La conformité de Bandinus avec Pierre Lombard a fait agiter la question : si Lombard était plagiaire de Bandinus, ou si celui-ci avait copié l'autre; un manuscrit du 3e siècle, conservé dans l'abbaye d'Ober-Altaich, a résolu cette question en faveur de tous les deux. Bandinus n'a prétendu qu'abréger l'ouvrage de Lombard, et ne doit pas être considéré comme plagiaire. Il porte en titre: *Abbreviatio magistri Bandini de libro Sacramentorum magistri Petri Parisiensis episcopi, fideliter acta*. Il se trouve cependant encore des critiques persuadés que Bandinus est antérieur à Pierre Lombard.

BANDURI (D. Anselme), bénédictin, né à Raguse en Dalmatie, l'an 1670, vint en France en 1702, et mourut en 1743, à l'âge de 72 ans. On a de lui : *Imperium Orientale, sive Antiquitates Constantinopolitanæ*, 1711, 2 vol. in-fol. avec fig., ouvrage savant et vainement attaqué par l'apostat Casimir Oudin. Banduri lui répondit de manière à le couvrir de confusion, dans la préface de l'ouvrage suivant : *Numismata Imperatorum Romanorum, à Trajano Decio à Paleologos Augustos*, 1718, 2 vol, in-fol. enrichie d'une bibliothèque numismatique, Hambourg, 1719, in-4, par les soins de Jean-Albert Fabricius, avec des dissertations de plusieurs savants sur les médailles. Banduri mérite d'être distingué de la foule des conspirateurs. (Voyez L. F. J. de LA BARRE.)

BANGIUS ou BANG (Pierre) naquit à Helsinburg (Suède), l'an 1633, fut professeur de théologie, puis évêque de Wiborg, et mourut en 1696. Lorsqu'il professait la théologie, il fit soutenir des thèses qui l'engagèrent dans une querelle très-animée avec Miltopœus, professeur de philosophie, et qui occasionnèrent un schisme dans l'Université d'Abo. On a de Bangius plusieurs ouvrages en latin parmi lesquels on distingue son *Commentaire sur l'Epitre aux Hébreux*, et son *Histoire ecclésiastique*. Ce dernier ouvrage, qui parut en 1675, contient des idées singulières. On y lit entre autres qu'Adam demeura quelque temps en Suède, et fut le premier évêque de ce pays.

BANIER (Antoine), né à Dalet près de Clermont en Auvergne, vint à Paris de bonne heure, et se chargea d'une éducation. Ses talents lui procurèrent des ressources honorables, et il mourut à Paris en 1741, âgé de 69 ans. Constant dans le travail, et fidèle aux devoirs de l'amitié, il mérita l'estime des savants et des gens de bien. On a de lui plusieurs ouvrages : l'*Explication historique des Fables*, 2 vol. in-12, qui lui méritèrent en 1714 une place à l'académie des Inscriptions. Il refondit cet ouvrage et le donna sous ce titre: *La Mythologie et les Fables, expliquées par l'Histoire*, 3 vol. in-12. Il y a peu de livres, sur cette matière, qui offrent autant d'érudition, de recherches, d'idées neuves et ingénieuses

es. La *Traduction des Métamorphoses* d'*Ovide*, 3 vol, in-12, assez exacte, mais roide et sèche, avec des remarques et les explications historiques, dans lesquelles on trouve le même fonds d'érudition que dans l'ouvrage précédent. Il en a une magnifique édition en latin et en français, 1732, in-fol., avec les figures de Picard. Elle a été effacée par celle de Paris, 1767, en 4 vol. in-4., figures. Plusieurs *Dissertations* dans les *Mémoires de l'académie des Inscriptions*. Une nouvelle édition des *Mélanges d'histoire et de littérature* de Vigneul-Marville, augmentés du tiers. Il a eu part à la nouvelle édition de l'*Histoire générale des cérémonies des peuples du monde*, 1741, en 7 vol. in-fol., etc. (Voyez PICARD.)

BANKES (Henri), né en 1757, mort à Tregothan dans le duché de Cornouailles, le 17 décembre 1834, est auteur d'une *Histoire civile et constitutionnelle de Rome, depuis sa fondation jusqu'au règne d'Auguste*, 1818, 2 vol, in-8.

BANKS (Sir Joseph), célèbre botaniste et voyageur, né en 1740 dans le comté de Lincoln, d'une famille noble de Suède, fixée en Angleterre. Son goût pour l'histoire naturelle le porta à faire plusieurs voyages à la côte de Labrador et de Terre-Neuve, à la terre de Feu et à Taïti. Il visita aussi l'Islande et les îles Hébrides. Sa maison était le rendez-vous de tous les savants nationaux et étrangers. Il est mort à Londres le 19 juin 1820, laissant une grande fortune qu'il a destinée à des établissements de bienfaisance et à l'encouragement des sciences. On lui doit un grand nombre de *Mémoires* consacrés à l'agriculture et aux arts.

BANNES (Dominique), jacobin espagnol, professeur de théologie à Alcala, Valladolid et à Salamanque, mourut à Medina del Campo, en 1604, âgé de 77 ans. Il fut le confesseur de sainte Thérèse. On a de lui un long *Commentaire* en 6 gros vol. in-fol. *sur la Somme de saint Thomas*, dont il défendit la doctrine avec chaleur. Il a aussi commenté Aristote; il n'avait pas l'art d'écrire avec précision et avec goût. C'était un homme très-pieux. On le regarde comme le père de la fameuse *Prédétermination physique*, système fort accrédité chez les Dominicains, pour allier la liberté de l'homme avec la grâce et la prescience de Dieu.

BANNIER (Jean-Gustawson), capitaine suédois, eut le commandement de l'infanterie sous le roi Gustave. Il fut défait deux fois par le général Papenheim, mais, devenu généralissime des armées suédoises, après la mort de son maître, il vainquit deux fois les Saxons, battit les Impériaux, et mourut le 10 mai 1641, âgé de 40 ans, après avoir fait plusieurs conquêtes. Bannier fut le plus illustre des élèves de Gustave-Adolphe, et celui qui soutint le mieux après lui la gloire des armées suédoises en Allemagne. Beauregard, ministre de France auprès de ce général, en a recueilli quelques maximes qui peuvent être utiles. Bannier parlait souvent, mais modestement, de ses faits de guerre. Il aimait surtout à répéter, qu'il n'avait jamais rien hasardé, ni même formé une entreprise, sans y être obligé par une raison évidente. Les volontaires de qualité ne lui étaient point agréables dans ses armées : « Ils « veulent trop d'égards et de ménage- « ments. Les exemptions des devoirs de « la discipline, qu'ils usurpent, ou qu'on « ne peut se dispenser de leur accorder, « sont d'un pernicieux exemple et gâtent « tous les autres... » Il avait secoué toute dépendance de sa cour pour les opérations militaires, et aurait abandonné le commandement, plutôt que d'en attendre les ordres. « Pourquoi croyez-vous, « disait-il à ses confidents, que Galas et « Piccolomini n'ont jamais pu rien faire « contre moi ? C'est qu'ils n'osaient rien « entreprendre sans le consentement des « ministres de l'empereur... » C'était un de ses principes, que les officiers subalternes devaient succéder à ceux qui les précédaient, à moins qu'ils ne s'en fussent rendus tout à fait indignes. « Outre, « disait-il, que rien n'anime plus à bien « faire, les habitudes que les officiers se « font dans leurs corps, les rendent ca- « pables d'y servir plus utilement que de « nouveaux officiers plus habiles... » Jamais il ne souffrait que ses soldats s'enrichissent. « Ils se débanderaient incon- « tinent, disait-il, et je n'aurais plus que « de la canaille. Leur accorder le pillage « des villes, c'est vouloir les perdre. » C'est pour cette raison qu'il ne voulut point prendre la capitale de la Bohême. Son système était le même avec les officiers, qu'il croyait suffisamment récompensés par les grades et les distinctions... Peu de généraux ont été plus avares du sang de leurs troupes. Il blâmait hautement ceux qui les sacrifiaient à leur réputation. Aussi ne s'attachait-il pas volontiers aux sièges, et il les levait sans répugnance, quand il y trouvait de trop grandes difficultés. Sans cette conduite, sa patrie aurait été bientôt épuisée d'hommes... Il estimait beaucoup les Allemands formés sous sa discipline, et les croyait les meilleurs soldats du monde... Bannier fut fidèle à ses principes jusqu'à la mort de sa femme. Elle le suivait dans toutes ses expéditions, et avait le talent de modérer ses passions, naturellement violentes. Son désespoir fut extrême, lorsqu'il la perdit. Cependant, en conduisant à Erfurt les cendres d'une personne si chérie, il prit une passion violente et désordonnée pour une jeune princesse de Bade, qu'il vit par hasard. Dès cet instant, la guerre, la gloire, la patrie, tout ce qui avait été l'objet de ses vœux, lui fut indifférent. Il ne pensa qu'à sa maîtresse ; il exposa témérairement sa personne pour aller au château d'Arolt, où elle était. De retour au camp, il ne fit autre chose que tenir table pour boire à la santé de la belle dont il était épris. Le jour qu'il reçut le consentement du marquis de Bade, son futur beau-père, il donna une fête magnifique, et fit tirer 200 coups de canon, dont le bruit se fit entendre jusqu'à Cassel. On y crut si certainement les armées aux mains, que le peuple et les ministres coururent à l'église se mettre en prières. Le mariage se fit ; Bannier ne fut plus occupé que de ses nouvelles amours, et laissa à ses lieutenants le soin de conduire les opérations militaires. Il ne survécut que quelques mois à des liens trop vifs pour son métier et son âge.

BAPTISTIN (Jean-Baptiste STUCK, dit) musicien, né à Florence, mort vers 1743, a donné trois opéras, savoir : *Méléagre*, *Manto la Fée*, *Polydore*. Sa réputation est principalement fondée sur les cantates. Celle de *Démocrite et Héraclite* est admirable par sa musique toute pittoresque. C'est lui qui le premier a fait connaître en France le violoncelle, instrument dont il jouait supérieurement.

BARABAS, insigne voleur, meurtrier et homme séditieux, que Pilate délivra à la prière des Juifs, préférablement à Jésus-Christ.

BARAC, juge des Hébreux, gouverna ce peuple avec le secours de Débora, vainquit Sisara vers l'an 1285 avant J.-C., et délivra par-là Israël de la servitude de Jabin, roi des Chananéens.

BARACHIAS, père du prophète Zacharie. C'est un nom commun à plusieurs autres juifs.

BARAGUAY D'HILLIERS (Louis), général français, né à Paris, en 1764, d'une famille noble, entra au service de bonne heure, et se trouvait lieutenant au régiment d'Alsace, lorsque la révolution éclata. Il s'en déclara le partisan, et devint capitaine en 1792. Il fut successivement aide-de-camp des généraux Crillon, La Bourdonnaye et Custine. Ce dernier, qui avait conçu pour lui la plus haute estime, lui procura un avancement rapide. Il fit sous lui la Campagne du Palatinat avec le titre de sous-chef d'état major-général de l'armée et de chef de brigade, et il montra de si grands talents en administration, qu'il fut proposé pour le ministère de la guerre. Tout porte à croire qu'il l'aurait obtenu, lorsque le général Custine fut appelé à Paris pour y rendre compte de sa conduite. Baraguay d'Hilliers accompagna son protecteur, et le défendit avec courage ; mais il ne put le sauver. Lui-même fut arrêté, et il ne recouvra sa liberté qu'après la chute de Robespierre. Il fut alors employé à l'armée de l'intérieur, d'où il passa à celle d'Italie avec le grade de commandant civil et militaire de la Lombardie. Il s'empara, par une ruse de guerre, de Bergame, et fit quatre mille prisonniers à la seconde bataille de Rivoli, avec une seule demi-brigade, et le lendemain il s'empara, avec cinq cents hommes du même corps, des batteries de Puisona, le seul point où les Autrichiens opposaient encore quelque résistance. Peu de temps après, il obtint le grade de général de division, et ensuite le titre de colonel-général des dragons. Il rendit encore d'importants services dans la guerre d'Allemagne en 1805, et plus tard en Espagne, où il enleva près de Figuières un convoi de douze cents voitures ; enfin il fit la malheureuse campagne de Russie, et parvint à échapper au désastre de l'armée ; mais il mourut, à son retour à Berlin.

BARALDI (Joseph), né à Modène le premier septembre 1778, fut ordonné prêtre en 1801, et devint bibliothécaire du duc de Modène, vice-chancelier et professeur de droit canon dans l'Université de cette ville. Il est mort le 29 mars 1832 à Florence, où il s'était retiré à la suite du mouvement insurrectionnel qui eut lieu en Italie après la révolution de 1830. Outre quelques *Traductions*, on a de lui : un *Abrégé de l'histoire de Modène* ; des *Lettres politiques à un ami*, et un *Essai de réfutation de Dupuis*. Mais ce qui le recommande surtout, ce sont les *Mémoires de religion, de morale et de littérature*, qu'il publiait depuis 1822, et où se trouvent des *Articles* historiques remarquables, et des *Notices* pleines d'intérêt sur un grand nombre de cardinaux, d'évêques et d'écrivains avec lesquels le plus souvent il avait été en relation. Il a laissé un grand nombre de manuscrits sur le style de l'Ecriture, sur les objections contre l'immatérialité de l'âme, et sur beaucoup d'autres sujets de science religieuse.

BARANTE (Claude-Ignace BRUYÈRES

DE), père de l'auteur de la *Littérature française dans le dix-huitième siècle*, de l'*Histoire des ducs de Bourgogne*, naquit à Riom au mois de septembre 1753. Après avoir fait ses études chez les Oratoriens, il vint à Paris, où il résida pendant plusieurs années. De retour dans sa province, il y exerça une charge de magistrature jusqu'à l'époque de la Révolution. Sous la terreur il fut incarcéré, puis mis en liberté. Le gouvernement consulaire lui confia le département de l'Aude, qu'il administra avec beaucoup de sagesse et d'habileté. Quelques troubles ayant éclaté à l'occasion de l'installation de l'évêque, il se compromit auprès de la population, et le gouvernement le nomma à la préfecture de Genève. De Barante montra dans l'administration de ce département, nouvellement réuni à la France, autant de prudence que de modération, et s'acquit l'affection et la reconnaissance des Genevois, qui supportaient la domination étrangère avec résignation, mais non sans regretter leur indépendance. Il exerçait ces fonctions depuis dix ans, lorsqu'il fut destitué. Il se retira alors à la campagne, où il est mort en 1814. Il paraît que les relations de société qu'il entretenait avec madame de Staël, alors exilée par l'empereur, ont été la seule cause de sa disgrâce. A l'habileté de l'administrateur, de Barante joignait une instruction solide et variée. On a de lui : *Introduction à l'étude des langues*, ou *Leçons de grammaire générale à l'usage des enfants*, 1791; *Eléments de Géographie*, 1796. Il a, en outre, fourni divers *Articles dans la Décade philosophique*, l'*Indicateur*, la *Biographie universelle*.

BARANZANO (Redemptus), religieux barnabite, né aux environs de Verceil dans le Piémont, en 1590, professeur de philosophie et de mathématiques à Annecy, vint à Paris où il se distingua comme philosophe et comme prédicateur. C'est un des premiers qui eut le courage d'abandonner Aristote. Il mourut à Montargis en 1622. Nous avons de lui : *Campus philosophicus*, in-8; *Uranoscopia, seu universa doctrina de cœlo*, 1617, in-fol.; *De novis opinionibus physicis*, in-8.

BARATIER (Jean-Philippe), enfant célèbre, né dans le margraviat d'Anspach en 1721, mort à Halle en 1740. Dès l'âge de 4 ans il parlait, dit-on, le latin, le français et l'allemand; à 6 ans, il possédait le grec, et à 9, l'hébreu, dont il donna, deux ans après, un *Dictionnaire des mots les plus difficiles*. Il avait appris les mathématiques et l'astronomie en moins de 3 mois, et au bout de 15 mois il avait soutenu une thèse sur le droit public. Ses études ne se bornèrent pas là; il avait embrassé en même temps l'architecture, la littérature ancienne et moderne, les médailles, les inscriptions, le déchiffrement des hiéroglyphes, les antiquités grecques, romaines et orientales. Il donna, en 1736, la *Notice exacte de la grande Bible rabbinique*, 4 vol. in-fol., et traduisit de l'hébreu l'*Itinéraire* de Benjamin de Tudèle, 1734, 2 vol in-8. En 1738, il envoya son travail sur *les longitudes et ses Tables astronomiques* à l'Académie des sciences de Paris. On a de lui encore plusieurs autres ouvrages..

BARATTIERI (Charles) naquit à Plaisance vers 1738, d'une famille illustre. Après avoir étudié les langues anciennes et les principales langues modernes de l'Europe, il parcourut l'Allemagne, l'Angleterre et la France. Les honneurs rendus à Newton excitèrent en lui le désir de se livrer à des travaux scientifiques, et la physique devint l'objet de ses études persévérantes. On sait que le système de Newton sur la lumière rencontra des adversaires; Barattieri se plaça au nombre de ces derniers, et publia à ce sujet un mémoire intitulé : *Conghietura sulla superfluità della materia colorata o de colori nella luce, e del supposto intrinseco suo splendore*. Il prétendait établir dans cet écrit qu'il n'y avait pas de couleur primitive, et que la couleur et l'éclat n'étaient pas inhérents à la lumière. Barattieri est mort en 1806.

BARAULT (Julien), né en 1766 à Chalonnes, dans le diocèse d'Angers, fit ses études au collège de Beaupréau, et entra plus tard au grand séminaire d'Angers où il se fit remarquer par ses talents et surtout par sa piété. Lorsque la Révolution éclata, il refusa le serment à la Constitution civile du clergé, mais continua cependant à exercer le ministère en secret. Traduit devant le tribunal révolutionnaire et condamné à la déportation, il se rendit à la Corogne, et devint aumônier de l'intendant de cette ville. Cette position ne pouvait suffire à son zèle apostolique. Après avoir pris conseil de ses supérieurs ecclésiastiques, il se décida à partir pour les missions de la Chine et se rendit à Londres, afin de s'embarquer. Après deux jours de navigation, son navire fut capturé par un vaisseau français, et lui-même fut ramené à Bordeaux. On l'enferma dans la prison dite les Orphelines, mais peu de temps après il recouvra la liberté. A la restauration du culte, il fut nommé vicaire de Saint-

Louis à Bordeaux; mais une compagnie de missionnaires s'étant formée sous la conduite de l'abbé Lambert, il se joignit à eux jusqu'à la dissolution de cette congrégation ordonnée par Napoléon. On le plaça alors en qualité de vicaire à Saint-Paul, où il se distingua par son zèle et sa régularité. Il n'avait pas perdu son goût pour les missions; mais toujours soumis à ses supérieurs, il obéit à Mgr d'Aviau qui ne voulut pas consentir à ce qu'il suivit Mgr Dubourg dans la Louisiane. Ce fut alors qu'il imagina de former une bibliothèque de bons livres, destinés à être prêtés aux fidèles. Cette *OEuvre de bons livres*, c'est ainsi qu'elle fut appelée, reçut les encouragements du Saint-Siége, qui accorda des indulgences et autorisa, par un rescrit du 22 mai 1822, l'érection de l'OEuvre en association religieuse. Soutenue et protégée par les archevêques de Bordeaux, elle prit bientôt les plus heureux développements. L'abbé Barault consacra la plus grande partie de son patrimoine à augmenter tous les ans sa bibliothèque. Il fit imprimer deux petits *Manuels*, l'un à l'usage des associés, l'autre pour les directeurs et les bibliothécaires. L'abbé Barault est mort le 2 mai 1839.

BARAZE (Cyprien), jésuite, célèbre missionnaire des Moxes, peuples alors presque inconnus de l'Amérique méridionale, vers le 13e degré de latitude. Ce zélé religieux, se faisant tout à tous, rendit toutes sortes de services à ces sauvages pour les gagner à Jésus-Christ; il commença par les rassembler en société, leur apprit à faire de la toile, et à exercer les arts les plus nécessaires à la vie; et pour pourvoir à leur subsistance, il entreprit le voyage de Sainte-Croix de la Sierra d'où il amena, aidé du quelques Indiens, deux cents vaches et taureaux. Il bâtit une église, et en civilisant cette nation, il lui enseigna la science du salut. Ses travaux apostoliques ne se bornèrent pas à ces peuples, il en chercha d'autres inconnus; il en trouva de si barbares qu'ils poursuivaient les hommes, comme on poursuit les bêtes fauves à la chasse : il parvint à les adoucir et à les soumettre au joug de Jésus-Christ. Avançant dans les terres par des travaux et des fatigues incroyables, en faisant toujours quelques conquêtes pour la religion, il trouva des sauvages qui se jetèrent sur lui, le percèrent de coups et lui fendirent la tête, le 16 septembre 1702, après plus de 27 ans de travaux apostoliques, et dans la 61e année de son âge : il avait baptisé lui seul plus de 40,000 idolâtres. (Voyez la relation de la vie et de la mort de ce missionnaire dans les *Lettres édifiantes*, tom. 8, nouv. édit., et tom. 10, anc. édit.

BARBADILLO (Alphonse-Jérôme de SALAS), né à Madrid, mort vers 1630, composa plusieurs comédies très-applaudies en Espagne. Son style pur et élégant contribua beaucoup à perfectionner la langue espagnole; il avait quelque chose de l'urbanité romaine. Ses pièces de théâtre sont pleines de morale et de gaîté. On a encore de lui : *Aventuras de D. Diégo de Noche*, 1624, in-8.

BARBANÇOIS (Charles-Hélion, marquis de), né au château de Villegongis en Berri, le 17 août 1760, est un des premiers qui aient tiré d'Espagne des moutons à laine superfine. Il a aussi introduit dans la culture des assolements nouveaux, et a obtenu en 1809 un des prix proposés, pour les irrigations intelligentes et fructueuses, par la société d'agriculture de Paris. Il est mort au commencement d'avril 1822. On lui doit plusieurs ouvrages, particulièrement sur l'agriculture et la physique; les principaux sont : *Mémoire sur les moyens d'améliorer les laines et d'augmenter le produit des bêtes à laine dans le département de l'Indre*, 1804, in-8; petit *Traité sur les parties les plus importantes de l'agriculture en France*, Paris 1812, in-8; *Mémoire relatif aux avantages qui résultent du mode de culture et de l'emploi des charrues de M. le marquis de Barbançois, et aux moyens d'en propager l'usage*; *Rapport sur un moyen pratique pour empêcher la coulure de la vigne et de hâter la maturité du raisin*.

BARBARO (Josaphat) naquit à Venise, d'une famille noble et ancienne. La plupart des grands de cette république se livraient alors au commerce. Barbaro suivit cette carrière, et fit, en 1436, un voyage à la Tana (aujourd'hui Asof), alors l'entrepôt principal des marchandises de la Chine et des Indes, et qui portait ce nom, parce qu'elle est à l'embouchure du Don, qu'on appelait alors le Tanaïs, et en italien *la Tana*. Barbaro resta seize ans en Tartarie, et s'y trouva lorsque les Mahométans, qui vivaient sur les bords du Ledil ou Wolga, soumirent toute cette contrée, et y firent adopter leur religion. Le consul vénitien l'envoya en ambassade vers le général mahométan, qui l'accueillit avec distinction, et lui accorda la protection qu'il sollicitait. Barbaro, de retour dans sa patrie, fut chargé d'une autre mission. En 1473, on l'envoya en Perse pour diriger Ussum-Cassan dans la guerre qu'il soutenait contre les Turcs. Après une absence de cinq ans, il revint à Venise jouir de la considération que lui méritait sa vie laborieuse et utile. Il mourut en 1494, dans un âge très-avancé. Barbaro termine en quelque sorte cette longue suite de voyageurs qui, depuis le 13e siècle jusqu'à la fin du 15e, parcoururent l'intérieur de l'Asie, qu'ils firent connaître aux Européens. Les relations de ses voyages donnent sur la Perse et la Géorgie des renseignements qu'on chercherait vainement ailleurs. Tout ce qu'il dit du *Khanat de Kaptchak* est du plus grand intérêt pour le tableau géographique de la Tartarie, au 15e siècle. Presque toutes ses observations sur les mœurs et les usages de ces contrées ont été confirmées par les voyageurs russes et allemands. La relation des voyages de Barbaro fut imprimée, pour la première fois, chez les fils d'Alde-Manuce, dans une petite collection, assez rare aujourd'hui, et qui a pour titre : *Viaggi fatti da Venezia alla Tana in Persia, India, e in Constantinopoli, con la Descrizione delle città, luoghi, siti, costumi, e della Porta del Grand Turco*, etc., Venezia, per Figliuoli d'Aldo, 1543 et 1545, in-8. Ramusio a inséré les *Voyages* de Barbaro dans sa collection.

BARBARO (François), noble vénitien, né à Venise vers l'an 1398, ne se distingua pas moins par son goût pour les belles-lettres, que par ses talents pour la politique et les négociations. Il fut employé plusieurs fois dans les affaires publiques de sa patrie, à laquelle il rendit des services signalés. Étant gouverneur de Brescia, en 1438, lorsque cette ville fut assiégée par les troupes du duc de Milan, il la défendit avec tant de courage, qu'après un long siége les ennemis furent obligés de se retirer. Il fut fait procurateur de Saint-Marc en 1452, et mourut en 1454. Il possédait fort bien les langues grecque et latine ; il avait été disciple, pour la première, du célèbre Guarino Véronèse, et non de Chrysoloras, comme l'a dit Fabricius. On a de cet homme illustre plusieurs ouvrages en latin, dont le plus connu est un traité : *De re uxoria*, Amsterdam, 1639, in-16, traduit en français sous le titre : *De l'état du mariage*, par Claude Joly, Paris, 1667, in-12. C'est un écrit moral qui renferme de très-bons avis. Il traite à la fin de l'éducation des enfants. On peut compter encore au nombre de ses ouvrages : l'*Histoire du siége de Brescia*, dont on vient de parler, laquelle, quoique sous un autre nom, passe assez généralement pour avoir été écrite par lui-même. Elle fut imprimée pour la première fois à Brescia, en 1728, in-4, sous ce titre : *Evangelistæ Manelmi Vicentini Commentariolum de obsidione Brixiæ*, anno 1438. Le cardinal Quirini a publié ses *Lettres* et sa *Vie* sous le titre de : *Gesta et Epistolæ Francisci Barbari*, Brixiæ, 1741-53, 2 vol. gr. in-4.

BARBARO (Hermolaüs), petit-fils du précédent, naquit à Venise l'année de la mort de son grand-père. Il fut auteur dans un âge où l'on est encore au collége, à 18 ans. Les Vénitiens lui donnèrent des commissions importantes auprès de l'empereur Frédéric et de Maximilien son fils. Il fut ensuite ambassadeur à Rome. Innocent VIII le nomma au patriarcat d'Aquilée : mais le sénat, irrité de ce qu'Hermolaüs avait accepté cette dignité, contre la défense expresse faite à tous les ministres de la République de recevoir aucun bénéfice, lui défendit de profiter de cette nomination, sous peine de voir ses biens confisqués. Hermolaüs, qui ne voulait pas renoncer à son patriarcat, mourut à Rome dans une espèce d'exil en 1493. On a de lui des *Paraphrases sur Aristote* ; une *Traduction de Dioscoride*, avec des notes ; et des *Exercitationes* sur *Pomponius Mela* et sur *Pline-le-Naturaliste*, dans lesquelles il corrigea, pour le premier, 300 passages et près de 5,000 pour le deuxième ; mais en voulant trop corriger, il en corrompit plusieurs, dont il avait mal saisi le sens. Cet ouvrage est en deux parties, Rome, 1492 et 1493, in-fol.

BARBARO (Daniel), neveu d'Hermolaüs, et coadjuteur du patriarcat d'Aquilée, né en 1513, se distingua par son savoir, et par sa capacité dans les affaires publiques, qui le fit choisir, en 1548, par le sénat de Venise, pour être ambassadeur de la République en Angleterre, où il resta jusqu'en 1551. Il mourut en 1570, et laissa plusieurs ouvrages estimés, dont les principaux sont : *Traité de l'éloquence, en forme de dialogue*, imprimé à Venise, en 1557, in-4 ; *Pratica della perspectiva*, Venise, 1568, in-fol. ; une *Traduction italienne de Vitruve, avec des commentaires*, Venise, 1556, in-fol., avec des figures en bois, très-belle édition ; une *Édition de Vitruve, avec des commentaires en latin*, Venise, 1567, in-fol., avec figures, préférable à toutes les éditions italiennes. Bayle, et plusieurs autres biographes qui l'ont suivi, se sont trompés lourdement sur les époques de la naissance et de la mort de cet homme illustre, ainsi que sur ses ouvrages.

BARBAZAN (Arnaud Guillaume de), chambellan du roi Charles VI, et général de ses armées, honoré par son maître du beau titre de *Chevalier sans reproche*, vainquit le chevalier de l'Escale dans un combat singulier, donné en 1404, à la tête des armées de France et d'Angleterre.

Charles VI lui fit présent d'un sabre après sa victoire, avec cette devise : *Ut casu graviore ruant*. Ce héros, trop peu connu, défendit Melun contre les Anglais. Il mourut en 1432, des blessures qu'il avait reçues à la bataille de Belleville, près de Nanci. On l'enterra à Saint-Denis, auprès de nos rois, comme le connétable du Guesclin, dont il avait eu la valeur. Charles VI lui permit de porter les trois fleurs-de-lys de France sans brisure, et lui donna, dans des lettres-patentes, le titre de *Restaurateur du royaume et de la couronne de France*.

BARBAZAN (Etienne), né à Saint-Fargeau, en Puisaye, diocèse d'Auxerre, en 1696, passa toute sa vie à lire les anciens auteurs français, et mourut en 1770, après avoir publié : *Contes et Fabliaux des anciens poëtes français du 12e et du 13e siècle*, 1766, 3 vol. in-12 : ce recueil est précédé d'une dissertation sur les poëtes, dont il présente les ouvrages, et suivi d'un vocabulaire; *Ordre de chevalerie* : c'est un recueil de plusieurs anciens contes, avec une dissertation sur la langue française, et un petit glossaire; le *Castoyement*, ou *Instruction d'un père à son fils*, 1760, in-8, précédé d'une dissertation sur la langue celtique; *Observations sur les étymologies*, avec un vocabulaire à la fin. Il a été éditeur, avec l'abbé de la Porte et Graville, du *Recueil alphabétique*, depuis la lettre C jusqu'à la fin de l'alphabet. Cet ouvrage, trop long de la moitié, avait été commencé par l'abbé Péreau; il est en 24 vol. in-12, 1745 et années suivantes. Il y a des pièces qu'on trouverait difficilement ailleurs.

BARBE, prêtre de la Doctrine chrétienne, auteur de six livres des *Fables nouvelles*, 1762, in-12; des *Fables et contes philosophiques*, 1776, in-12, périt victime des massacres de septembre 1792.

BARBÉ-MARBOIS (François, marquis de), né à Metz en 1745, entra jeune dans la diplomatie, et devint successivement chargé d'affaires de France en Bavière, consul-général aux Etats-Unis, intendant-général de la Colonie de Saint-Domingue, et enfin en 1792 ministre de France auprès de la diète germanique. Elu membre du conseil des anciens, il soutint dans cette assemblée des opinions modérées, qui le firent comprendre dans la proscription directoriale du 18 fructidor. Délivré par le 18 brumaire, il fut nommé par Bonaparte conseiller d'Etat et ministre du trésor. Il fut chargé, en cette dernière qualité, de négocier avec les Etats-Unis la vente de la Louisiane que les Anglais menaçaient d'enlever à la France. L'empereur désirait en avoir cinquante millions, son ministre en obtint quatre-vingts. A la suite d'une crise financière qui eut lieu pendant la campagne d'Allemagne, Barbé-Marbois quitta le ministère et fut nommé, en 1807, premier président de la cour des comptes. Le gouvernement de la Restauration le conserva dans ce haut emploi et l'appela à la pairie. En 1815, il occupa pendant quelques mois le ministère de la justice; mais il reprit bientôt sa place à la cour des comptes. En 1830, il adhéra au nouveau gouvernement; quelques années après, il consentit à résigner ses fonctions en faveur de Barthe, et fut nommé premier président honoraire. Il est mort à Paris, le 15 janvier 1837, à l'âge de 92 ans. Les ouvrages les plus remarquables qu'il ait publiés sont : l'*Histoire de la Louisiane*; le *Journal d'un déporté*; le *Complot du major Arnold*.

BARBEAU-DE-LA-BRUYÈRE, géographe, né à Paris en 1710, y mourut le 20 novembre 1781. Il a eu part à plusieurs cartes de Buache, et a publié, en 1750, une *Mappemonde historique*, tableau chronologique ingénieux, dans lequel on voit d'un coup-d'œil toutes les révolutions de chaque Etat, et leur situation politique depuis les temps historiques les plus anciens jusqu'en 1750. On a encore de lui : *Description de l'empire de Russie*, traduite de l'allemand, ouvrage peu estimé ; et des éditions des *Tablettes chronologiques de Lenglet Dufresnoy*, 2 vol. in-8, 1778 ; de la *Méthode d'étudier la géographie*, par le même, 1768, 10 vol. in-12 ; de la *Géographie moderne de Nicole de Lacroix*, 1774, 2 vol. in-12, avec des augmentations considérables, souvent réimprimée. (Voyez NICOLE DE LACROIX.)

BARBERI (Philippe), dominicain de Syracuse, inquisiteur en Sicile et dans les îles de Malte et de Gozo, est auteur d'un *Recueil d'observations sur les endroits de l'Ecriture-Sainte, que saint Augustin et saint Jérôme ont expliqués différemment*; et de quelques autres ouvrages, dont le plus intéressant est : *De animorum immortalitate*. Tous ses ouvrages ont été imprimés en 1500. Il vivait après le milieu du 15e siècle.

BARBERI (Jacques-Philippe), né en 1780 à Ajaccio, fit ses premières études à Rome. Nommé dans les Cent-Jours sous-préfet dans le département des Bouches-du-Rhône, il se rendait à son poste, lorsque la deuxième invasion le força de revenir à Paris, où il continua de vivre dans la retraite et mourut en 1829. On a de lui : *Grammaire des grammaires italiennes*, 1819, 2 vol. in-8 ; *petit Tré-*

sor des langues française et italienne, 1821, in-8; *Dictionnaire portatif français et latin*, 1822, 2 vol in-16; *grand Dictionnaire français-italien et italien-français, rédigé sur un plan entièrement neuf*, 1838, 2 vol. in-8.

BARBERINO (François) naquit à Barberino en Toscane, l'an 1264. C'est de lui que sont descendus les Barberins, maison illustre d'Italie. François alla s'établir à Florence, où il acquit beaucoup de gloire par ses talents pour la jurisprudence et pour la poésie. Il mourut en 1348. Nous avons de lui un poëme italien, intitulé : *Documenti d'amore*, imprimé à Rome, avec de belles figures, en 1640, in-4. C'est un ouvrage moral, qui ressemble par le titre à l'*Art d'aimer* d'*Ovide*, mais qui respire la sagesse et les bonnes mœurs. — Les hommes les plus illustres de cette famille sont : 1° François Barberino, cardinal et neveu du pape Urbain VIII, légat en France et en Espagne, père des pauvres et protecteur des savants, mort en 1679; 2° Antoine, son frère, cardinal et camerlingue de l'Eglise romaine, généralissime de l'armée papale contre les princes ligués, grand aumônier de France, où il s'était réfugié après l'élection d'Innocent X, ennemi des Barberins, mort archevêque de Reims en 1671. (Voyez URBAIN VIII.)

BARBEROUSSE Ier (Aruch), surnommé Barberousse de la couleur de sa barbe, originaire de Mitylène, ville de l'île de Lesbos, sicilien selon d'autres, se rendit maître d'Alger et se plaça sur le trône. Il déclara ensuite la guerre au roi de Tremecen, le vainquit en différentes occasions; mais il eut tué dans une embuscade. Poursuivi par les Espagnols, il employa, pour favoriser sa fuite, le même expédient dont se servit autrefois Mithridate, roi de Pont. Il fit semer sur le chemin son or, son argent, sa vaisselle, pour amuser les chrétiens, et avoir le temps de se sauver. Mais les Espagnols, méprisant ces perfides richesses, le joignirent de près : il fut obligé de faire face ; et après avoir combattu avec furie, il fut tué l'an 1518, à l'âge de 44 ans. Barberousse exerça bien des brigandages sur mer et sur terre, et se fit redouter partout.

BARBEROUSSE II (Chérédin), successeur de son père dans le royaume d'Alger, général des armées navales de Soliman II, s'empara de Tunis en 1535; mais il en fut chassé par Charles-Quint, qui rétablit Mulei-Hassen; il dévasta la Sicile, et se joignit à la flotte de France, pour assiéger Nice, en 1543, et mourut d'incontinence en 1547, âgé de 70 ans. On a publié sa *Vie*, Paris, 1781, in-12. Selon l'auteur, Barberousse serait né en France de la famille d'Anthon, établie dans la Saintonge, aurait changé de nom et de religion, pour s'associer à des corsaires, et serait ainsi parvenu chez les Turcs au poste d'amiral. Quoi qu'il en soit, Barberousse montra de grands talents pour la guerre : ses actions demanderaient qu'on le mît au nombre des hommes illustres; mais les crimes que son caractère naturellement féroce lui fit commettre, révoltent la nature et rendent sa mémoire odieuse. Il faisait périr ses victimes sans répugnance et sans remords; il traitait ses esclaves avec la dernière dureté. Avec cela, il était jusque dans l'extrême vieillesse le plus luxurieux des hommes. Une multitude de femmes ne pouvait lui suffire, nouvelle preuve des rapports intimes de cette passion avec la cruauté. Elles se sont presque toujours réunies dans les monstres qui ont désolé l'humanité. La luxure conduit naturellement l'homme à ne regarder ses semblables que comme de vils instruments de ses brutales jouissances, et éteint dans son âme corrompue tout germe de sensibilité. (Voyez NÉRON.)

BARBEROUSSE (Voyez FRÉDÉRIC.)

BARBÉSIEUX (Louis-François-Marie LE TELLIER de), secrétaire d'état de la guerre sous Louis XIV, naquit à Paris en 1668, du marquis de Louvois, dont il était le troisième fils. Il n'avait encore que 23 ans, lorsqu'il fut appelé à remplacer son père. Quoiqu'il eût à diriger une administration où Louvois avait épuisé toutes les ressources, il pourvut à l'entretien des armées d'Allemagne, de Flandre et de Piémont, et mit sur pied une armée de 100,000 hommes, à la tête de laquelle Louis XIV assiégea et prit Namur le 26 juin 1692. Le zèle du jeune ministre ne se soutint pas : l'amour des plaisirs lui fit négliger les affaires les plus importantes. Il mourut presque subitement dans sa 33e année, le 5 janvier 1701.

BARBEYRAC (Charles) naquit, en 1629, à Céreste en Provence, et mourut à Montpellier l'an 1699. Il était établi dans cette ville depuis sa jeunesse. Il y avait pris le bonnet de docteur en médecine dès 1649, et s'était fait un nom dans le royaume et dans les pays étrangers. Quoiqu'il professât la secte de Calvin, le cardinal de Bouillon lui donna le brevet de son médecin ordinaire, avec une pension de mille livres. Il n'employait que peu de remèdes, et n'en guérissait que plus de malades. Le philosophe Locke, ami de Sydenham et de Barbeyrac, qu'il avait connus à Montpellier, disait qu'il n'avait jamais vu deux hommes dont les manières et la doctrine ne se ressemblassent davantage.

BARBEYRAC (Jean), neveu de Charles et fils d'un ministre calviniste de Béziers, né dans cette ville en 1674, fut nommé à la chaire de droit et d'histoire de Lausanne en 1710, et ensuite à celle du droit public et privé à Groningue en 1717. Il traduisit et commenta le *Traité du Droit de la nature et des gens*; celui des *Devoirs de l'homme et du citoyen*, par Puffendorf; et l'ouvrage de Grotius sur les *Droits de la guerre et de la paix*. Les notes dont il a enrichi ces *Traités* seraient aussi estimées que la traduction, si l'on y remarquait moins de prévention contre la religion catholique. On ne fait pas moins de cas de la version du *Traité* latin de Cumberland *sur les lois naturelles*, avec des notes, 1744, in-4; ouvrage excellent, mais qui demande d'être médité. Il a aussi traduit plusieurs *Sermons* de Tillotson, et a donné au public différents ouvrages de son propre fonds. Les principaux sont: l'*Histoire des anciens Traités qui sont répandus dans les auteurs grecs et latins jusqu'à Charlemagne*, in-fol., 2 part., 1739; le *Traité du jeu*, en 3 vol. in-8; le *Traité de la morale des Pères*, in-4, 1728, contre dom Cellier, qui avait réfuté ce que Barbeyrac en avait dit dans sa préface sur Puffendorf. Il s'élevait dans sa préface, avec trop peu de ménagement, contre les allégories que saint Augustin et d'autres Pères ont trouvées dans l'Ecriture. (Voyez saint Grégoire le Grand). Il n'est pas plus circonspect dans la défense qu'il en entreprit. Il y laisse paraître un si grand mépris pour les docteurs de l'Eglise, il parle avec tant de dédain de leur éloquence et de leur dialectique, que tout critique sensé en est révolté : dom Cellier le réfuta pleinement dans son *Histoire générale des auteurs sacrés*. Il a encore été réfuté postérieurement par le protestant anglais William Reeves. Il mourut vers l'année 1747. Son style manque de grâce et de pureté, sa critique de justesse et d'équité. Son antipathie contre les Pères venait de ce qu'il les trouvait partout opposés aux dogmes des nouvelles sectes. Daillé, également embarrassé de cette opposition, a tâché aussi d'affaiblir leur autorité ; mais il y a mis plus de modération et de décence. La manière dont Barbeyrac a parlé d'Abraham, et d'autres hommes illustres, célébrés dans l'Ecriture-Sainte pour leurs vertus et leur foi, montre qu'il était plutôt déiste que protestant, et autant ennemi de toute religion que de la religion catholique.

BARBIÉ DU BOCAGE (Jean-Denis), géographe, né à Paris le 28 avril 1760. Élève de d'Anville, il fut d'abord attaché au ministère des affaires étrangères, puis à la bibliothèque du roi, où il eut occasion de nouer des rapports intimes avec le célèbre abbé Barthélemy, qui lui confia la rédaction de l'*Atlas du Voyage d'Anacharsis*, travail qui lui fit beaucoup d'honneur et décida, en quelque sorte, de sa carrière scientifique. Le 7 novembre 1807 il remplaça Anquetil à l'Institut, et le 6 mai 1809 il devint professeur à la Faculté des lettres de Paris et doyen de ladite Faculté en 1815. Il est mort d'une attaque d'apoplexie le 28 décembre 1825. Outre son *Atlas d'Anacharsis*, qu'il fit paraître en 1789, et qui sert encore maintenant de guide aux voyageurs, il a publié un grand nombre de *Cartes*, *Notices*, *Plans*, *Articles*, etc., et fut, pour la partie géographique, le collaborateur de Sainte-Croix, de Choiseul-Gouffier, de Pouqueville, etc.

BARBIER (Louis), plus connu sous le nom d'*Albé de la Rivière*, naquit à Montfort-l'Amaury, près de Paris, et y mourut en 1670. De professeur au collège du Plessis, il parvint à la place d'aumônier de Gaston, duc d'Orléans, et ensuite à l'évêché de Langres. Le cardinal Mazarin l'en gratifia, pour le récompenser de ce qu'il lui découvrait les secrets de son maître. Barbier avait obtenu une nomination au cardinalat ; mais elle fut révoquée. On dit que c'est le premier ecclésiastique qui osa porter la perruque : il laissa, par son testament, cent écus à celui qui ferait son épitaphe. La Monnaie lui fit celle-ci :

Ci-gît un très-grand personnage,
Qui fut d'un illustre lignage,
Qui posséda mille vertus,
Qui ne trompa jamais, qui fut toujours fort sage...
Je n'en dirai pas davantage,
C'est trop mentir pour cent écus.

BARBIER D'AUCOUR (Jean), avocat au parlement de Paris, né à Langres vers 1641, de parents pauvres, se tira de l'obscurité par ses talents. Il fut d'abord répétiteur au collège de Lisieux. Il s'adonna ensuite au barreau ; mais la mémoire lui ayant manqué dès le commencement de son premier plaidoyer, il promit de ne plus plaider, quoiqu'il eût pu le faire avec succès. Colbert le chargea de l'éducation d'un de ses fils. Il fut reçu de l'Académie française en 1683, et il mourut d'une inflammation de poitrine en 1694 à 53 ans, regardé comme un des meilleurs critiques de son siècle. Il n'était point ami des jésuites, et la plupart de ses ouvrages sont contre cette société, ou contre les écrivains de la société. Celui qui lui a fait le plus d'honneur est intitulé : *Sentiments de Cléanthe sur les Entretiens d'Ariste et d'Eugène*, par le P. Bouhours, jésuite, in-12. Ce livre a été souvent cité, et avec raison, comme un modèle de la critique la plus juste et la plus ingénieuse. D'Aucour y sème les bons mots et l'érudition, sans pousser trop loin la raillerie et les citations. Le jésuite Bouhours, quoique d'ailleurs homme d'esprit et bon écrivain, ne put se relever du coup que lui porta son adversaire. L'abbé Granet a donné, en 1730, une édition de cet ouvrage à laquelle il a joint deux *Factums*, qui prouvent que Barbier aurait été aussi bon avocat que bon critique. Les autres écrits de d'Aucour ne sont qu'un recueil de turlupinades : les *Gaudinettes*; l'*Onguent pour la brûlure*, contre les jésuites; *Apollon vendeur de Mithridate*, contre Racine; deux *Satires* en mauvais vers. On ne comprend point comment il a pu railler si finement Bouhours, et si grossièrement les autres. On dit que sa haine contre les jésuites venait de ce que se trouvant un jour dans leur église, où l'on avait exposé des tableaux énigmatiques, pour être expliqués par les assistants, et donnant une explication qui paraissait trop libre, un de ces Pères lui dit de se souvenir que *locus esset sacer*. D'Acour répondit tout de suite : *Si locus est sacrus, quare exponitis?* Cette épithète de *Sacrus* courut à l'instant de bouche en bouche. Les régents la répétèrent, les écoliers la citèrent, et le nom d'avocat *Sacrus* lui resta.

BARBIER (Antoine-Alexandre), savant bibliographe, né à Coulommiers en Brie, le 11 janvier 1765. Il embrassa l'état ecclésiastique, et fut placé d'abord en qualité de vicaire à Acy, puis à Dammartin. Séduit par les maximes de la révolution, il prêta le serment et fut nommé curé à la Ferté-sous-Jouare. Lorsque la terreur l'obligea de renoncer à son état, il vint à Paris comme élève de l'école normale, et peu de temps après il fut choisi pour faire partie de la commission temporaire des arts, qui fut chargée de recueillir dans les couvents et les établissements publics supprimés les livres et autres objets d'arts pour les placer dans les bibliothèques publiques. C'est ainsi qu'il contribua beaucoup à l'accroissement des bibliothèques Mazarine, de Sainte-Geneviève, du corps législatif, de l'école de médecine, etc. Vers 1794 il se maria ; mais on assure qu'il sollicita, après le Concordat, une dispense pour ce mariage. Dès lors il professa jusqu'à la fin de sa vie des principes religieux qui ne se démentirent pas un seul instant. Ses enfants furent élevés chrétiennement ; l'un d'eux a reçu son éducation à Saint-Acheul. Sa femme mourut peu de temps avant lui, dans les plus grands sentiments de piété. Dès 1798, François de Neufchâteau, alors ministre de l'intérieur, l'avait nommé conservateur du dépôt provisoire de la bibliothèque du directoire exécutif, qui fut ensuite donnée au conseil d'État, et dont Barbier resta le bibliothécaire. Il le devint aussi de la bibliothèque particulière de l'empereur, et il conserva sa place à la Restauration jusqu'en 1822, qu'il fut mis à la retraite. Cette disgrâce inattendue l'affligea vivement, et depuis il fut presque constamment malade. Il mourut d'un anévrisme le 5 décembre 1825. L'étendue et la variété de ses connaissances, jointes à une extrême obligeance, le firent rechercher des savants étrangers et nationaux, avec qui il entretint d'utiles correspondances. On a de lui : *Catalogue de la bibliothèque du conseil d'État*, in-fol. ; *Dictionnaire des ouvrages anonymes et pseudonymes*, Paris, 1806, 4 vol. in-8, 2ᵉ édition, 1822-1827, 4 vol. in-8 : on regrette qu'il ne soit pas rédigé dans un meilleur esprit ; *Dissertation sur soixante traductions françaises de l'Imitation de Jésus-Christ, suivie de Considérations sur l'auteur de l'Imitation*, Paris, 1812, in-12, où l'on trouve des détails curieux; *Examen critique et complément des dictionnaires historiques les plus répandus*, Paris, 1820 : cet ouvrage renferme quelques articles neufs et intéressants, mais on y trouve beaucoup de minuties et d'inexactitudes; l'auteur, d'ailleurs, y paraît plein d'indulgence pour les révolutionnaires et les novateurs, et d'une sévérité extrême pour les hommes les plus estimables et les plus zélés. Il a revu, pour la partie biographique, les deux premières livraisons du *Dictionnaire historique, ou Biographie universelle*, par le général Beauvais, et il a travaillé successivement au *Mercure de France*, au *Magasin*, aux *Annales* et à la *Revue encyclopédique*. Il a aussi refait ou retouché les *Notices* des principales éditions et traductions dans la collection des *Classiques latins* de Lemaire. On a encore de lui d'autres *Catalogues* et d'autres productions. Il est éditeur de plusieurs ouvrages.

BARBIER (Marie-Anne), née à Orléans, cultiva la littérature et la poésie, et vint se fixer à Paris, où elle publia plusieurs tragédies et quelques opéras, en un vol. in-12. On a dit qu'elle n'était que le prête-nom de l'abbé Pellegrin, mais on s'est trompé. Mlle Barbier avait des talents et des lumières, et l'abbé Pellegrin ne fut jamais que son conseil et son censeur. Elle mourut en 1742. Sa poésie est faible.

BARBOSA (Pierre), né dans le diocèse de Bragne en Portugal, premier professeur de droit dans l'Université de Coïmbre, mérita par son intégrité la dignité de grand chancelier du royaume. Il mourut vers 1596, après avoir publié un *Commentaire* sur le titre des digestes : *Soluto matrimonio, dos quemadmodum petatur*, et autres *Traités* de droit, en 3 vol. in-fol.

BARBOSA (Emmanuel), avocat du roi de Portugal, mort en 1638, à 90 ans, est auteur du traité *De potestate episcopi*, et de quelques autres livres.

BARBOSA (Augustin), fils d'Emmanuel, égala son père dans la connaissance du droit civil et canonique. Philippe IV lui donna l'évêché d'Ugento dans la terre d'Otrante, en 1648. Il mourut l'année d'après. Nous avons de lui : *De officio episcopi*. On croit que Barbosa ne fit que corriger ce livre. On ajoute que son domestique lui apporta du poisson dans une feuille de papier manuscrit; que Barbosa courut tout de suite au marché pour acheter les cahiers d'où on avait tiré cette feuille, et que ce manuscrit contenait le livre *De officio episcopi*; le *Répertoire du droit civil et canonique*; *Remissiones doctorum super varia loca concilii Tridentini*, etc. L'inquisition de Rome a trouvé dans ces deux ouvrages des endroits qui les ont fait mettre à l'*Index*. Ses ouvrages sont très-nombreux; ils ont été souvent imprimés en France, en Italie, en Espagne, dans les Pays-Bas, et recueillis à Lyon, sous le titre de *Opera omnia*, 1716 et années suivantes, seize tomes in-fol.

BARBOU (Hugues), fils de Jean Barbou, quitta la ville de Lyon, où son père était imprimeur, pour se retirer à Limoges, où, l'an 1580, il imprima, en très-beaux caractères italiques, les *Épitres de Cicéron à Atticus*, avec les corrections et les notes de Siméon Dubois, lieutenant-général de Limoges. Cette édition est estimée de l'abbé Olivet. L'emblème de Barbou était une main tenant une plume et un épi d'orge surmonté d'un croissant; sa devise était : *Meta laboris honor*. Ses descendants ont continué l'art de l'imprimerie avec beaucoup de succès à Limoges et à Paris. Le dernier des Barbou est mort à Paris en 1808, et son fonds a été vendu à Aug. Delalain.

BARBOU (Gabriel), lieutenant-général, né à Abbeville le 21 novembre 1761. Il s'enrôla comme soldat en 1789, et trois ans après il obtint par son mérite le grade d'officier. En 1797, il se trouvait déjà général de brigade dans l'armée de Sambre-et-Meuse, et il se distingua particulièrement à l'affaire d'Hettersdorff, où il eut un cheval tué sous lui. Sa campagne la plus glorieuse fut celle de 1799, dans la Nord-Hollande, sous le général Brune, à la suite de laquelle il fut nommé général de division. En 1801, il fut envoyé en Franconie sous les ordres du maréchal Augereau, et plus tard il remplaça en Suisse le maréchal Ney. En novembre 1804, il commanda une division du camp de Boulogne, et l'année suivante il succéda à Bernadotte dans le commandement de l'armée de Hanovre. N'ayant pas des forces suffisantes à opposer à l'ennemi, il se retira dans la place de Hameln, où il se maintint jusqu'à la paix de Presbourg. Alors il fut nommé commissaire auprès du gouvernement hanovrien, et, en 1810, il fut pourvu du gouvernement d'Ancône. A l'époque de la Restauration, il obtint la croix de Saint-Louis, et, peu de temps après, celle de grand-officier de la Légion-d'Honneur. Pour récompenser sa fidélité, le roi l'envoya commander la treizième division militaire en Bretagne. Il est mort le 8 décembre 1827.

BARCIA (André Gonzalez), de l'académie espagnole et auditeur du conseil suprême de la guerre, mort à Madrid en 1742, est auteur d'un *Essai chronologique pour l'histoire générale de la Floride*, Madrid, 1723, in-folio, qu'il publia sous le nom supposé de Gabriel de Cardenas.

BARCKAUSEN (Jean-Conrad), né à Horne dans le comté de la Lippe en 1636, s'appliqua à la chimie et à la pharmacie; parcourut une partie de l'Europe pour étendre ses connaissances, et fut nommé, en 1703, professeur de chimie à Utrecht; emploi qu'il remplit avec distinction, jusqu'à sa mort arrivée en 1723, après avoir légué à la bibliothèque publique de cette ville un choix de livres sur la botanique et sur différentes parties de l'histoire naturelle. C'était un homme plein de modestie et de probité, ami du travail et zélé pour le bien public. Ses écrits sont une preuve vivante de ses connaissances : ce sont *Pharmacopœus synopticus sive*, etc., Francfort-sur-le-Mein, 1690, in-12; Utrecht, 1696, in-8; Leyde, 1712 et 1715, in-4 ; *Elementa chimiæ quibus subjuncta est confectura lapidis philosophici imaginibus repræsentata*, Leyde, 1717, in-4 ; *Acroamata in quibus complura ad iatro-chemiam atque physicam spectantia jucundâ rerum varietate explicantur*, Utrecht, 1703, in-8, où il traite de l'antiquité de la chirurgie et de son utilité ; il y fait l'analyse du sang, et cherche à expliquer par la chimie les phénomènes de la digestion ; *De medicinæ origine et progressu dissertationes (XXVI), in quibus medicorum sectæ, institutiones, decreta, hypotheses, præceptiones, etc., ab initio medicinæ usque ad nostra tempora traduntur*, Utrecht, 1723, in-4. Daniel Le Clerc venait de traiter l'histoire de la médecine sous le rapport politique, littéraire et technique. Barckausen, considérant cet ouvrage comme suffisant, ne s'occupe dans le sien qu'à exposer les doctrines théoriques. « Quoique le livre de Barckausen laisse beaucoup à désirer, dit un autre historien de la médecine, on ne peut néanmoins s'empêcher de reconnaître qu'il n'a point été composé d'après des compilations, et que l'auteur a puisé presque toujours aux sources. *Collecta medicinæ practicæ generalis, quibus subjunctus est dialogus de optimâ medicorum sectâ*, Amsterdam, 1715, in-8. La secte que Barckausen regarde comme la meilleure est l'empirisme raisonné. Cet ouvrage offre de l'intérêt.

BARCLAY (Guillaume) naquit à Aberdeen en Ecosse. N'ayant pu s'avancer à la cour, il vint en France, et alla étudier à Bourges sous Cujas. Le père Edmon Hay, jésuite, le fit nommer professeur en droit dans l'Université de Pont-à-Mousson. Le duc de Lorraine lui donna une charge de conseiller d'Etat et de maître des requêtes ; mais ayant été desservi auprès de ce prince par les jésuites, à ce que dit Bayle, il repassa en Angleterre. Le roi Jacques Iᵉʳ lui fit des offres considérables, à condition qu'il embrasserait la religion anglicane. Barclay préféra revenir en France l'an 1604. Il eut une chaire de professeur de droit dans l'Université d'Angers, et y mourut l'année d'après. Son traité *De potestate Papæ*, Rome, 1610, in-8, traduit en français, 1688, in-12 ; et celui *De regno et regali potestate*, Paris, 1600, in-4, dédié à Henri IV, firent beaucoup de bruit dans le temps.

BARCLAY (Jean), fils de Guillaume et d'une demoiselle de la maison de Malleville, naquit à Pont-à-Mousson en 1582. Les jésuites, chez lesquels il fit ses études, voulurent l'agréger à leur société ; mais il aima mieux suivre son père en Angleterre. Un poëme latin, intitulé *Euphormion*, qu'il publia sur le couronnement du roi Jacques Iᵉʳ, le mit en faveur auprès de ce prince. Guillaume son père, craignant que le séjour de l'Angleterre n'ébranlât la religion de son fils, le ramena en France. Le jeune Barclay, l'ayant perdu quelque temps après, repassa à Londres, où Jacques Iᵉʳ lui donna des emplois considérables. Il y fit imprimer la suite de son *Euphormion*, satire latine en 2 livres, dans laquelle l'auteur déploie l'érudition et la morale. Les meilleures éditions de ce livre sont celles d'Elzévir, 1627, in-12, et de Leyde, 1674, in-8, *cum notis variorum*. Il a été traduit en français par l'abbé Drouet de Maupertuis, Anvers, 1711, 3 vol. in-12. Il publia vers le même temps le traité de son père, *De potestate Papæ*. Comme cet ouvrage, ainsi que celui sur la *Puissance des rois* par le même auteur, attaquait les sentiments de plusieurs théologiens, Bellarmin y répondit. Barclay lui répliqua, dans un écrit intitulé *Pietas*, in-4. Jean Eudemon, jésuite, répondit pour Bellarmin, mais avec peu de succès. Il accusa Barclay d'hérésie ; mais celui-ci prouva dans une *Apologie* qu'il avait toujours été bon catholique, dans la cour d'Angleterre même. Ennuyé de demeurer en Angleterre, il repassa en France, et de là il alla à Rome, sous le pontificat de Paul V. Il y mourut dans l'aisance en 1621, la même année que son adversaire Bellarmin. Barclay était d'une mélancolie qui le rendait singulier, passant tout le matin dans son cabinet, sans voir personne, et le soir cultivant son jardin. On a de lui, outre les ouvrages dont nous venons de parler : *Parænesis ad Sectarios*, Rome, 1617 ; Barclay, qui n'était pas théologien, n'y réussit pas trop bien ; *Argenis*, Leyde, 1630, in-12, et *cum notis variorum*, 1664 et 1669, 2 vol. in-8 : roman mêlé de prose et de vers, traduit par l'abbé Josse, chanoine de Chartres, 1732, trois vol. in-12, et beaucoup mieux par M. Savin, Paris, 1776, 2 vol. in-8. Cet ouvrage offre de l'étendue dans le plan, de la noblesse et de la variété dans les caractères, de la vivacité dans les images ; il est plus digne d'être lu que son *Euphormion*. Le style tient de celui de Pétrone, de Lucain et d'Apulée. C'est un tableau des vices et des révolutions des cours. La générosité franche, héroïque et sans détours, y est en contraste avec la fourberie habile et la marche artificieuse. *Trois livres de poésie*, in-4, inférieure à sa prose : on y trouve de l'enflure et du phébus ; *Icon animorum*, Londres, 1612, in-8, ouvrage qui réussit quoiqu'il n'y ait pas assez de profondeur. « L'*argenis*, dit M. Madrolle, qu'on lut dans toute la chrétienté comme on n'a peut-être rien lu depuis, qu'admiraient à la fois Grotius et Bellarmin, était, au fond, un panégyrique de Richelieu. » Barclay a laissé manuscrite une histoire de Jérusalem.

BARCLAY (Robert), né à Edimbourg, en 1648, d'une famille illustre, fut élevé à Paris, sous les yeux d'un de ses oncles, président du collége écossais de cette ville. Il retourna en Ecosse avec son père, qu'il perdit peu de temps après, en 1664. Les quakers avaient répandu leurs erreurs dans ce royaume (Voyez Fox Georges) : Barclai se laissa séduire par ces fanatiques, et publia plusieurs ouvrages pour leur défense. Non content de les servir par ses écrits, il passa en Hollande et en Allemagne, pour y faire des prosélytes. Après avoir essuyé bien des fatigues, il revint l'an 1690 mourir en Ecosse, dans sa 42e année. Les historiens de sa secte le peignent comme un homme de bien, supportant le travail et la peine avec plaisir, d'une humeur gaie et d'un caractère constant. Ce qu'il y a de certain, c'est que ses mœurs étaient régulières, et qu'il joignait à beaucoup d'érudition un esprit méthodique, des vues sages, et autant de modération que peut en avoir un enthousiaste. On a de lui plusieurs ouvrages, dans lesquels il réduit le quakérisme en système. Les principaux sont : *Catéchisme*, ou *Confession de foi dressée et approuvée dans l'assemblée générale des patriarches et des apôtres, sous la puissance de Jésus-Christ lui-même.* Il serait trop long d'analyser les principaux dogmes exposés dans ce livre. Nous nous bornerons aux points les plus importants de la morale des quakers. Il n'est pas permis, suivant eux, à un chrétien, 1° de donner aux hommes des titres flatteurs, comme *votre Sainteté*, *votre Eminence*, *votre Excellence*, *votre Grandeur*, *votre Seigneurie*, etc. ; ni de se servir de ces discours flatteurs, appelés communément *compliments* ; 2° de se mettre à genoux, ou de se prosterner eux-mêmes devant aucun homme, ou de courber le corps, ou de découvrir la tête devant eux ; 3° d'user de superfluités dans ses vêtements comme de gance au chapeau et de bouton aux manches ; 4° de se servir de jeux, de passe-temps, de divertissements, ou de comédies sous prétexte d'amusements nécessaires ; 5° de jurer, non-seulement dans les discours ordinaires, mais même en jugement devant le magistrat ; 6° de faire la guerre, ou de combattre dans aucun cas. *Theologiæ veræ christianæ apologia*, Amsterdam, 1676, in-4. Basnage de Beauval et le P. Nicéron disent qu'avant Gérard Croëse, personne n'a donné un détail des dogmes des quakers. Ils se trompent, puisque cet ouvrage singulier, fait par un membre de cette secte, les fait connaître parfaitement. Il a été traduit en plusieurs langues, et particulièrement en français, Londres, 1702, in-8. L'épître dédicatoire à Charles II contient, non des compliments mercenaires et de basses adulations, mais des vérités hardies et des conseils justes. « Tu as goûté (dit-il à Charles, à la fin « de cette épître) de la douceur et de l'a-« mertume, de la prospérité et des plus « grands malheurs. Tu as été chassé du « pays où tu règnes ; tu as senti le poids « de l'oppression, et tu dois savoir com-« bien l'oppresseur est détestable de-« vant Dieu et devant les hommes. Que « si, après tant d'épreuves et de béné-« dictions, ton cœur s'endurcissait, et « oubliait le Dieu qui s'est souvenu de « toi dans tes disgrâces, ton crime en « serait plus grand et ta condamnation « plus terrible. Au lieu donc d'écouter « les flatteurs de ta cour, écoute la voix « de ta conscience, qui ne te flattera ja-« mais. Je suis ton fidèle ami et sujet. » *Epistola ad legatos Noviomagi congressos*, 1678, in-4.

BARCLAY DE TOLLY, fils d'un pasteur livonien, embrassa le parti des armes, après avoir reçu une éducation distinguée, et mérita par sa valeur et sa bonne conduite un prompt avancement. Il était déjà général-major dans l'armée russe en 1806. En 1809, il fut nommé général d'infanterie, devint ministre de la guerre en 1810, et remplaça le général Koutouzoff dans le commandement en chef de l'armée. Ce fut lui qui dirigea, en 1813, les troupes qui combattirent à la bataille de Leipsick, et il ne cessa de diriger l'armée dans sa marche pénible jusque sous les murs de Paris. L'empereur Alexandre, pour reconnaître ses services, lui donna le grade de feld-maréchal, et après la campagne de 1815, le titre de prince. Louis XVIII, pour le récompenser de l'ordre et de la discipline qu'il avait maintenue parmi les troupes russes, lui envoya la décoration de commandeur de Saint-Louis. Il mourut à Insterbourg le 25 mai 1818.

BARCOCHEBAS (c'est-à-dire, fils de l'Etoile), brigand fanatique, se disait l'étoile prédite par Balaam, application que le docteur Akiba ne fit point difficulté de ratifier. (Voyez AKIBA.) Les

Juifs toujours prêts à cabaler, et qui, selon la parole de Jésus-Christ, devaient être les dupes de plusieurs faux messies (Voyez ANDRÉ), le crurent la lumière céleste, le vrai messie, et se soulevèrent, dans l'espérance que ce scélérat serait leur libérateur. Le nouveau prophète prit plusieurs forteresses, et massacra beaucoup de Romains et de chrétiens. L'empereur Adrien envoya contre ces furieux Julius Severus gouverneur de la Grande-Bretagne. Ce général, les ayant resserrés dans la ville de Bitter, s'en rendit maître, après 3 ans de siège. Cette guerre finit par la mort de Barcochebas et de ses sectateurs, et par le massacre de 580 mille Juifs, sans compter ceux qui périrent de faim ou de maladie, l'an 134 de J.-C. Bossuet, dans son *Explication de l'Apocalypse*, prouve, par les rapprochements les plus satisfaisants et un groupe de traits historiques saisis avec justesse, que Barcochebas est l'*Etoile* dont il est parlé dans le chap. 8 de cette sublime prophétie de saint Jean, et qui attira l'entière ruine des Juifs. « Cette étoile, dit-il, est le « faux messie Barcochebas, la seule « cause du malheur que saint Jean vient « de décrire. Le nom y convient, puis- « que le mot de *Cochebas* signifie *Etoile*, « mais la chose y convient encore mieux, « comme il paraît par l'histoire. Barco- « chebas se vantait d'être un astre des- « cendu du ciel pour le secours de sa « nation. »

BARCOS (Martin de), né à Bayonne, était neveu par sa mère du fameux abbé de Saint-Cyran, qui lui donna pour maître Jansénius, évêque d'Ypres, alors professeur de théologie à Louvain. Il le tira ensuite de cette Université, pour lui confier l'éducation du fils d'Arnauld d'Andilly. Le secrétaire de l'abbé de Saint-Cyran étant mort, son neveu alla prendre sa place auprès de son oncle. Après sa mort, la reine-mère donna en 1644 son abbaye de Saint-Cyran à Barcos, qui la rétablit et la reforma. Le roi, informé que le nouvel abbé dogmatisait, lui envoya un ordre qui l'exilait à Boulogne. L'abbé de Barcos aima mieux se cacher, que de se rendre à l'endroit de son exil. Il revint ensuite dans son abbaye, et y mourut en 1678, âgé de 78 ans. Ses liaisons avec Saint-Cyran et avec le docteur Antoine Arnauld lui firent jouer un rôle dans les disputes du jansénisme. Il enfanta plusieurs ouvrages qui ne lui ont guère survécu. Les principaux sont : *La grandeur de l'Eglise romaine, établie sur l'autorité de saint Pierre et de saint Paul*, in-4 ; *Traité de l'autorité de saint Pierre et de saint Paul, qui réside dans le Pape, successeur de ces deux apôtres*, 1645, in-4 ; *Eclaircissement de quelques objections que l'on a formées contre la grandeur de l'Eglise romaine*, 1646, in-4. Ces trois gros vol. furent composés par l'abbé de Barcos, pour défendre cette proposition, insérée par lui dans la préface de la *Fréquente communion*, et censurée par la Sorbonne : *Saint Pierre et saint Paul sont deux chefs de l'Eglise romaine, qui n'en font qu'un*, proposition qui, prise même grammaticalement, est d'une fausseté évidente; (où trouvera-t-on que deux chefs n'en font qu'un ?) et qui tend d'ailleurs à détruire la primauté de saint Pierre, le grand fondement de l'union catholique, contre lequel toutes les sectes viennent échouer. L'abbé de Barcos avait assez de courage pour se soumettre aux règles de la plus austère pénitence, mais non assez de docilité pour rétracter une erreur. Une *Censure du Prædestinatianismus du Père Sirmond*; *De la Foi, de l'Espérance et de la Charité*, 2 vol. in-12 ; *Exposition de la foi de l'Eglise romaine touchant la grâce et la prédestination*, in-8 ou in-12. Il avait travaillé au *Petrus Aurelius* avec son oncle. (Voyez SAINT-CYRAN.)

BARDANES. (Voyez NICÉPHORE I.)

BARDAS, frère de l'impératrice Théodora, rétablit les sciences dans l'empire, où elles étaient comme anéanties, depuis que le barbare Léon l'Isaurien avait fait brûler la bibliothèque de Constantinople. Bardas nommé César, et voulant acquérir plus d'autorité, massacra, en 856, Théoctiste, général des troupes de l'empereur Michel, et fut mis à sa place. Il fit ensuite cloîtrer l'impératrice sa sœur, répudia sa femme, pour vivre avec sa belle-fille, et fit chasser saint Ignace du siège patriarcal, qu'il donna à l'eunuque Photius, son neveu, en 858. Il eut plusieurs démêlés avec Basile le Macédonien, depuis empereur. Photius engagea Basile et l'empereur Michel à se réconcilier avec Bardas, et leur fit sceller, par le sang de Jésus-Christ, la promesse de ne pas lui nuire. Mais Basile, ayant conçu des soupçons contre les desseins de Bardas, l'assassina en 866.

BARDAXI DE AZARA (Denis), cardinal, né le 9 octobre 1760, dans le diocèse de Barbastro, en Espagne, mort le 3 décembre 1826. D'abord prieur de l'église de Sainte-Anne de Barcelonne, puis auditeur de rote pour l'Aragon, son dévouement au Pape le fit enfermer en 1809 au château Saint-Ange, d'où il fut déporté à Grenoble et au bout d'un an à Vienne, puis de nouveau à Grenoble;

il resta deux mois dans les prisons publiques de cette dernière ville, et fut transporté ensuite à l'hôpital à cause du mauvais état de sa santé. Au mois de mai 1812, on l'envoya au fort de Pierre-Châtel, où il demeura jusqu'en 1814. A cette époque, on le dirigea, par suite de l'approche des alliés, sur le château de Saumur; mais étant tombé malade à Nevers, il s'y arrêta, et bientôt il fut mis en liberté. De retour à Rome, il reprit les fonctions d'auditeur de rote. En 1816 Pie VII le nomma cardinal, en récompense de son dévouement et de la fermeté courageuse avec laquelle il avait supporté la persécution. Bardaxi a succombé aux attaques d'une maladie lente, pendant laquelle il montra beaucoup de résignation et de piété.

BARDET (Pierre), né à Montaguet en Bourbonnais, l'an 1591, mourut à Moulins en 1685, à 94 ans, avec la réputation d'un bon avocat. On a de lui un *Recueil d'arrêts*, en deux vol. in-fol., Paris, 1690, et Avignon, 1773, publiés par Berroyer son compatriote, qui l'accompagna de notes et de dissertations.

BARDI (Jérôme), prêtre et médecin, était de Rapallo, mais d'origine génoise. Il entra, en 1619, dans la compagnie de Jésus, d'où sa mauvaise santé l'obligea de sortir cinq ans après. Il alla ensuite à Gênes, où il reprit ses études, et fut reçu docteur en théologie et en médecine. Julien de Médicis, archevêque de Pise, lui donna la chaire de philosophie de la ville épiscopale. Elle n'empêcha point Bardi de cultiver toujours l'étude de la médecine, et même les muses. Étant allé à Rome en 1651, après la mort de son père, il obtint du pape Alexandre VII la permission d'exercer la médecine. On a de lui: *Prolusio philosophica habita in Pisarum celeberrimo athenæo*, 17 *mensis novembris*, 1633, Pise, 1634, in-4; *Medicus politico-catholicus*, etc., Gênes, 1643, in-8; *Theatrum naturæ iatro-chymicæ rationalis*, etc., Rome, 1654, in-4; *Xaverius peregrinans, pede pari et impari descriptus*, Rome, 1659, in-4; poëme qui valut à l'auteur, de la part d'Alexandre VII, une pension de 50 écus romains. On a de Bardi plusieurs autres ouvrages qui ne sont point imprimés.

BARDIN (Pierre), né à Rouen, en 1590, membre de l'Académie française, se noya en 1637 en voulant sauver M. d'Humières, dont il avait été gouverneur. Chapelain, dans une épitaphe faite par ordre de l'Académie, dit que « les vertus se noyèrent avec lui. » Ce fut à l'occasion du malheur arrivé à Bardin que l'Académie décida qu'elle ferait célébrer un service pour chaque membre qu'elle perdrait. Bardin laissa quelques ouvrages, écrits d'un style lâche et incorrect. Les principaux sont: *le grand Chambellan de France*, 1623, in-fol.; *Pensées morales sur l'Ecclésiaste*, 1629, in-8; *le Lycée*, ou *De l'honnête homme*, 2 vol. in-8.

BARDIN (Jean), peintre d'histoire, né en 1732 à Montbard, était fort jeune, lorsqu'il se sentit du goût pour son art. Lagrenée l'aîné, et Pierre premier peintre du roi, lui en donnèrent les leçons. Au concours de 1764, le premier grand prix lui fut décerné pour son tableau de *Tullie faisant passer son char sur le corps de son père*. Envoyé pensionnaire à Rome, en 1768, il séjourna quatre ans dans cette ville et revint à Paris, où son tableau de *sainte Catherine au milieu des docteurs* le fit admettre, en 1778, à l'académie de peinture. Nommé, en 1748, directeur de l'école de peinture nouvellement établie à Orléans, Bardin la soutint à ses frais pendant les troubles de la révolution. Il mourut au mois d'octobre 1809. Au nombre de ses ouvrages les plus estimés on cite: *Saint Nicolas, saint Bernard, l'Immaculée Conception, l'Extase de sainte Thérèse, l'Adoration des Mages, Andromaque pleurant sur les cendres d'Hector*, etc. Bardin fut le maître de Régnault et de David.

BARDON (François Dandré), peintre célèbre, né à Aix en Provence, en 1700, mort à Paris en 1783. Destiné à fréquenter le barreau, il fut envoyé par ses parents à Paris pour étudier le droit et s'y faire recevoir avocat. La peste, qui désolait alors sa patrie, l'y retint plus longtemps qu'il ne l'avait prévu, de sorte qu'il se trouva sans occupation. Doué d'un génie bouillant et plein de feu, il se sentit du goût pour le dessin. J.-B. Van-Loo, son compatriote, lui en donna les premières leçons; il entra ensuite chez de Troy, le fils, et y apprit à peindre. L'habitude qu'il contracta de jeter sur le papier tout ce que son imagination lui suggérait, le rendit bientôt compositeur aussi fécond que facile. Après avoir donné en Provence des preuves éclatantes de ses talents, il vint à Paris, et ne tarda pas à y être avantageusement connu. La mort de Lépicié ayant fait vaquer la place de professeur du cours d'histoire dans l'école des élèves, Bardon l'obtint aisément. Dès ce moment, il se consacra tout entier à l'instruction de ses élèves; il abandonna le pinceau et ne quitta plus la plume. Ce qu'il crut leur être plus utile fut un cours complet des usages et coutumes des différents peuples, dont la connaissance est si nécessaire à ceux qui cultivent les beaux-arts. Il voulut aussi leur apprendre à traiter convenablement chaque trait d'histoire, et l'ouvrage qu'il se proposait de faire à ce sujet devait avoir nombre de volumes. Il n'en a publié que trois, sous ce titre : *Histoire universelle, traitée relativement aux arts de peindre et de sculpter*, 1769, 3 vol. in-12. Il avait mis au jour auparavant un *Traité de peinture, suivi d'un Essai sur la sculpture, pour servir d'introduction à une Histoire universelle relative à ces beaux-arts*. Ces deux ouvrages auraient eu plus de succès, si l'auteur eût été moins prolixe, moins amoureux de ses propres idées, si son style eût été plus naturel et mieux préservé de la corruption générale, qui dans ce siècle de subversion ne fait pas plus de quartier au langage qu'aux choses. On lui doit cependant un ouvrage qui mérite d'être distingué par les recherches pénibles et curieuses qu'il suppose, intitulé : *Costumes des anciens peuples, à l'usage des artistes*, 1772 et 1776, in-4, considérablement augmenté par Cochin, et publié en 1784 et 1785, en 4 vol. in-4, fig., réimprimé en 1792. En 1770, après une attaque d'apoplexie, suivie d'une paralysie, il ne fit que végéter.

BARDOU (J.), curé, né à Poret, près de Sédan, en 1729, mort à Rilly-aux-Oyes, en 1813, a publié : *l'Esprit des apologistes de la religion chrétienne*, Bouillon, 1776, 3 vol. in-12 ; *Histoire de Laurent Marcel, ou l'Observateur sans préjugés*, Lille, 1770-81, 4 vol. in-12 ; *Amusement d'un philosophe solitaire*, Bouillon, 1783, 3 vol. in-8.

BARENTIN - DE - MONTCHAL (le vicomte de), lieutenant-général et grand'croix de St-Louis, né en 1737, fit la guerre de sept ans comme capitaine de cavalerie. Nommé ensuite officier supérieur dans la compagnie écossaise des gardes-du-corps de Louis XV et de Louis XVI, il émigra avec les princes, servit dans leur armée, puis dans celle de Condé ; enfin il commanda à Mittau le détachement qui servait de garde à Louis XVIII. Lors de son retour en France, malgré son grand âge, il reprit son rang dans la première compagnie des gardes-du-corps, et il fit son service jusqu'en 1816, qu'il fut obligé de prendre sa retraite. Il était aussi distingué pour sa piété que pour son dévouement, et il est mort dans le mois de mars 1824. On a de lui : *Voyage dans les Etats-Unis*, fait en 1784, traduit de l'anglais, de Smith, Paris, 1791, 2 vol. in-8 ; *Rapport fait à sa majesté Louis XVIII sur la monarchie française contre le tableau de l'Europe, de M. de Calonne*, 1797, in-8 ; *Géographie ancienne et historique composée d'après les cartes de d'Anville*, Paris, 1807, 2 vol. in-8 ; *Traité sur les haras, extrait de l'ouvrage italien de J. Brugone, traduit et rédigé à l'usage des haras de France et de toutes les personnes qui élèvent des chevaux*, 1807, in-8.

BARETTI (Joseph), littérateur et poëte italien, né à Turin, mort à Londres le 5 mai 1789. Ses principaux ouvrages sont: une *Traduction de Pierre Corneille*, imprimée à Venise, avec le texte original, 4 vol. in-4 ; un bon *Dictionnaire anglais et italien*, 2 v. in-4 ; une *Grammaire italienne et anglaise*, et plusieurs autres ouvrages pour l'étude des deux langues ; *Voyage de Londres à Gênes par l'Angleterre, le Portugal, l'Espagne et la France*, 4 vol. in-8, traduit en français par Henri Rieu, 4 vol. in-12 ; *les Italiens ou Mœurs et coutumes d'Italie*, traduit en français par Fréville, 1773, in-12.

BAR-JESU (Voyez ELYMAS.)

BARJAUD (J.-B.), né à Montluçon, vers 1784, fit ses études à Paris. Encouragé par le succès de divers ouvrages qu'il avait publiés fort jeune encore, il se livrait avec ardeur à l'achèvement d'un poëme en 20 chants, dont le héros était Charlemagne, lorsqu'en 1812 il perdit l'emploi qui assurait son existence. Dès lors Barjaud résolut, avant de terminer et de revoir ce dernier ouvrage, de suivre la carrière des armes. Il partit comme sous-lieutenant dans la grande armée ; mais peu fait aux fatigues de la guerre, aux marches forcées et aux privations qui en sont la suite, Barjaud, épuisé de lassitude, faillit plusieurs fois rester en route ; cependant son courage ne l'abandonna pas, et le désir de se signaler lui donna de nouvelles forces. Il arriva enfin, et les jeunes soldats qu'il commandait se firent remarquer par leur intrépidité. A la bataille de Bautzen, en mai 1813, il continua de se distinguer. Après l'armistice de Neumark, l'armée prit des cantonnements, et Barjaud profita de ce temps de repos pour composer plusieurs odes qu'il vint présenter au chef des armées françaises, lors d'une grande revue qui fut passée à Dresde. Ce chef, qui probablement avait entendu parler des ouvrages de Barjaud, dit au poëte guerrier, qu'il lui accordait une décoration. « Laquelle, demanda Barjaud, est-ce celle de la Légion-d'Honneur ou celle de la réunion ? — Celle que tu choisiras, répondit Bonaparte. » Barjaud choisit celle de la réunion. Pendant l'armistice, il vint à Dresde, et assista, le 28 août, aux combats de Hollendorf, de Kulm ; il était, le 16 octobre, à la bataille de

Wachau, et le 18 à celle de Leipsick. C'est là qu'après avoir fait des prodiges de valeur, il fut blessé mortellement. Outre le poëme de *Charlemagne*, divisé en seize chants, dont le dernier n'est point terminé, et dans lequel l'auteur, ainsi qu'il le disait lui-même, avait pris Homère et le Tasse pour modèles, et outre les comédies dont il a été parlé, ouvrages inédits, Barjaud a composé et fait imprimer : *Homère, ou l'Origine de l'Iliade et de l'Odyssée*, poëme d'environ mille vers, suivi de quelques fragments de celui de *Charlemagne* et autres poésies, Paris, 1811, in-12; deux recueils *d'Odes nationales*, à la suite desquelles on trouve des fragments de traductions en vers français de Juvénal, de Claudien, etc, Paris, 1812, in-8; une *Ode* à M. Lemaire, sur la mort inopinée de son fils, in-8. Ses ouvrages ont obtenu le plus grand succès.

BARLAAM, ermite, dont l'histoire, conjointement avec celle de Josaphat, fils d'un roi des Indes, a été écrite par saint Jean Damascène; au moins porte-t-elle son nom, quoique les manuscrits l'attribuent à différents auteurs. On ne croit pas que cette *histoire* soit vraie dans sa totalité, quoiqu'on ne puisse dire qu'elle soit absolument fausse. Voici le jugement qu'en porte Huet : « C'est un roman, « mais spirituel ; il traite de l'amour, « mais c'est de l'amour divin : l'on y voit « beaucoup de sang répandu ; mais c'est « du sang des martyrs..... Non que je « veuille soutenir que tout en soit sup- « posé : il y aurait de la témérité à désa- « vouer qu'il y ait jamais eu de Barlaam, « ni de Josaphat. Le témoignage du *Mar-* « *tyrologe* romain qui les met au nombre « des saints ne permet pas d'en douter... « Cet ouvrage, soit pour la manière dont « il est écrit, soit pour l'agrément de son « invention, soit pour la piété, a été si « fort goûté des chrétiens d'Egypte, qu'il « a été traduit en langue cophte, et qu'il « est aujourd'hui assez commun dans « leurs bibliothèques. » (Huet, *De l'origine des romans*, p. 87, Paris, 1685.)

BARLAAM, moine grec de l'ordre de Saint-Basile, né à Seminara dans la Calabre, se distingua au 14ᵉ siècle par son savoir dans la théologie, la philosophie, les mathématiques et l'astronomie. Etant passé en Orient pour y apprendre la langue grecque, il s'acquit les bonnes grâces d'Andronic-le-Jeune, empereur de Constantinople, qui le fit abbé de Saint-Sauveur. Ce prince, en 1339, l'envoya en Occident pour proposer la réunion de l'Eglise grecque avec la latine, et surtout pour implorer le secours des princes chrétiens contre les Mahométans. Ses *Lettres* à ce sujet sont imprimées à Ingolstadt, 1604, in-4. Barlaam, de retour en Orient eut de vives disputes avec Palamas, moine célèbre du mont Athos : c'était le chef d'une secte de quiétistes, qui, en appuyant leur barbe sur la poitrine, et fixant leurs regards vers le nombril, croyaient voir la lumière éclatante qui parut aux apôtres sur le Thabor. Ces visionnaires soutenaient qu'elle était incréée. Barlaam s'éleva contre eux de vive voix et par écrit; mais ayant été condamné par les sectateurs de ces contemplatifs, il abandonna l'Orient pour repasser en Occident. Etant à Constantinople, il avait écrit contre les latins; mais il reconnut sa faute, et écrivit fortement contre le schisme : ce qui a donné lieu à quelques auteurs de distinguer deux Barlaam. On trouve dans Canisius, les *Traités* de Barlaam pour prouver la procession du Saint-Esprit et la primauté de l'Eglise de Rome. Il obtint l'évêché de Géraci, transféré aujourd'hui à Locri, par le crédit de Pétrarque, à qui, dans le temps de son ambassade à Avignon, il avait montré un peu de grec. Barlaam mourut dans cet évêché, vers 1348.

BARLÆUS ou BAERLE (Gaspard), d'Anvers, d'abord ministre en Hollande, défendit Arminius et fut privé de ses emplois par les gomaristes. Il professa ensuite la philosophie à Amsterdam, où il mourut en 1648. « Par un effet de ses « études excessives, dit Tissot (*De la* « *santé de gens de lettres*), son cerveau « s'affaiblit, et il avait le délire de se « croire de beurre, ce qui lui faisait fuir « le feu. Lassé de ces terreurs conti- « nuelles, il se précipita dans un puits. » On a de lui un volume de harangues estimées pour le style, mais où il n'y a rien à apprendre. Ses *poésies* ont été imprimées à Leyde, en 1628 et 1631, in-8. On y trouve plus de génie que d'art, et plus de feu que de correction. On a encore de lui des *Lettres*, Amsterdam, 1667, 2 vol. in-12 ; et une *Histoire du Brésil*, Amsterdam, 1647, in-folio.

BARLÆUS (Lambert), frère de Gaspard, fut professeur de grec dans l'académie de Leyde. Il parlait, dit-on, le grec comme l'idiome maternel ; ce qui lui mérita de la part des Etats de Hollande la commission de traduire en cette langue, avec Jacques Revius, la *Confession des églises réformées*. Il mourut en 1655. On a de lui le *Timon de Lucien*, avec des notes utiles, et un bon *Commentaire sur la Théogonie d'Hésiode*.

BARLAND (Adrien), né dans l'île de Sud-Beveland, en 1448, professa l'éloquence à Louvain, et mourut vers 1542, après avoir publié plusieurs ouvrages. Les principaux sont : des *Notes sur Térence*, *sur Virgile*, *sur Pline-le-Jeune*, *sur Ménandre ;* un *Abrégé de l'histoire universelle*, depuis J.-C. jusqu'en 1532, in-8, 1603; la *Chronique des ducs de Brabant*, traduite en français, avec figures, 1603, in-fol. ; *De litteratis urbis Romæ principibus*, in-4 ; *De ducibus venetis ; De comitibus Hollandiæ; De Episcopis ultrajectinis*, etc.

BARLET, ou BARLETTA (Gabriel), religieux dominicain du 15e siècle, se fit un si grand nom par ses sermons, qu'on disait, par manière de proverbe: *Nescit prædicare, qui nescit Barletare.* Cependant ses sermons, tels qu'ils ont été donnés au public, sont si ridicules et si burlesques, le sacré est si indignement mêlé avec le profane, la bigarrure enfin dans tous les sens est si révoltante, que les savants doutent avec raison si le prédicateur dominicain a pu débiter en chaire tant de sottises : et il est apparent, comme l'a écrit Léandre Alberti, qu'un mauvais harangueur aura publié ses sermons sous le nom de *Barletta* pour leur donner de la vogue. On en a fait plus de vingt éditions, avec des remarques par D. Nicolas Hugues Menard. Les protestants qui, à défaut de bonnes raisons, croient bien défendre leur cause, en racontant quelques sottises des catholiques, n'ont pas manqué d'appeler à leur secours les sermons de Barlet. Henri-Etienne, surtout, a cru que cette découverte était un trésor pour son parti. Ce dominicain mourut vers l'an 1470. Les uns disent que le nom de *Barletta* lui est venu de Barletta, ville du royaume de Naples où il était né; d'autres disent que c'était le nom de sa famille, et qu'il est né à Aquino.

BARLETTI DE SAINT-PAUL (François-Paul), né à Paris, le 28 février 1734, eut pour maîtres, dans sa jeunesse, l'abbé Pluche et le Père Vinot de l'Oratoire. A peine sorti de ses études, il médita sur l'enseignement une sorte d'*Encyclopédie*, ou *Suite de traités sur les sciences, les arts et les langues mortes*. Il fut nommé en 1756, à l'âge de 22 ans, sous-instituteur des enfants de France. Mis à la Bastille pour une brochure contre de Sartines, qui n'avait pas été favorable à un livre sur l'éducation, que Barletti se proposait de publier, il en sortit par le crédit du cardinal de Rohan, et alla à Madrid, puis à Ségovie, où il fut nommé professeur de belles-lettres au collège des Cadets. De retour en France, il communiqua une invention qui diminuait de beaucoup les frais d'impression, et obtint pour cela une gratification considérable. Barletti, après avoir rempli pendant la révolution quelques charges administratives, mourut le 15 octobre 1809, à l'âge de 74 ans. Ses ouvrages sont : les volumes contenant la collection de son *Traité des sciences et des arts*, etc., déjà au nombre de 24, restés inédits à l'exception du 1er volume ; *Essai sur une introduction générale et raisonnée à l'étude des langues, et particulièrement des langues française et italienne*, 1 vol. in-12, dédié au Dauphin, fils de Louis XV : *Nouveau système typographique, ou Moyen de diminuer le travail et les frais de composition, de correction et de distribution*, découvert en 1774, por madame de... (par Barletti lui-même), Paris, 1774, in-4 ; quelques *Opuscules* sur l'éducation.

BARLOW (Thomas), théologien, né à Langhill dans le Westmoreland en 1607, étudia, à Oxford, au collége de la Reine, où on l'agrégea en 1637, et dont il devint ensuite président. Il fut nommé, en 1652, conservateur de la bibliothèque bodléienne, prit le bonnet de docteur en 1660, et obtint presque aussitôt une chaire de théologie : à ces places il joignit l'archidiaconé d'Oxford, et fut enfin pourvu de l'évêché de Lincoln. Ce calviniste rigide caressa tous les partis. C'était un grand défenseur de la doctrine d'Aristote. Il passait pour savant et casuiste habile. Il mourut en 1691, à l'âge de 85 ans. On a de lui : *De la tolérance en matière de religion*, 1660 ; *Origine des sinécures*, 1676 ; *Principes et doctrine de la cour de Rome sur l'excommunication et la déposition des rois*, traduits en français, 1679, in-8 ; *Cas de conscience résolus par Barlow, et publiés après sa mort*, 1691, in-8 ; *Exercitationes aliquot metaphysicæ de Deo*, publiées à Oxford, à la suite de la *Métaphysique* de Scheibler, et réimprimées en 1658. On trouve, dans les ouvrages de Barlow contre les catholiques, toutes les préventions de sa secte.

BARLOW (Edouard), prêtre catholique anglais, dont le véritable nom était *Booth*, faisait dans sa patrie les fonctions de missionnaire au péril de sa vie. C'est ce qui l'avait engagé à changer de nom. On recherchait alors soigneusement les prêtres catholiques, et quand ils étaient découverts, on ne les épargnait pas. Il fut assez heureux pour échapper à la persécution. Il est connu par un *Traité de l'Eucharistie*, 3 vol. in-4. Il mourut vers la fin de l'année 1716.

BARNABÉ (saint), de la tribu de Lévi, naquit dans l'île de Chypre. Ayant goûté la doctrine de Jésus-Christ, il vendit une terre, et en donna le prix aux apôtres.

Il fut envoyé à Antioche, pour affermir les nouveaux disciples. Il alla ensuite à Tarse en Cilicie, pour amener saint Paul à Antioche, où ils furent déclarés tous deux *Apôtres des Gentils*. Ils annoncèrent l'Evangile ensemble en divers lieux, jusqu'à ce qu'il alla en Chypre, avec saint Marc, où les Juifs de Salamine le lapidèrent, suivant la plus commune opinion. Nous avons une *Lettre* sous le nom de cet apôtre, publiée en 1645, in-4, par Dom Luc d'Achery. Tillemont ne croit pas que cette *Lettre* soit de saint Barnabé; mais ses raisons ne paraissent pas convaincantes. Le savant Lardner est d'un avis contraire, et soutient qu'elle est de lui. Saint Clément d'Alexandrie, Origène, Eusèbe, saint Jérôme l'ont citée sous le nom de *saint Barnabé*. Bergier (*Encyclop. Méthod.*) répond aux raisons qu'on oppose à son authenticité. Cette *Lettre* se trouve encore, en grec et en latin, dans le *Recueil des Pères apostoliques de Cotelier*, réimprimé à Amsterdam, en 1724, par les soins de Le Clerc.

BARNAUD (Nicolas), médecin protestant, né à Crest, en Dauphiné, dans le 16e siècle, s'occupa d'alchimie, et, par suite, de la recherche de la pierre philosophale. Il voyagea beaucoup, soit par goût, soit pour se soustraire aux persécutions que lui attirait de toute part sa hardiesse à manifester ses opinions religieuses. On a de lui un très-grand nombre d'écrits, qui ont été réunis dans un seul volume, le 3e du *Theatrum chimicum*, publié à Strasbourg en 1659. Barnaud était l'ami de Socin, et traduisit un de ses ouvrages, intitulé : *De l'autorité de la sainte Ecriture*, 1592. Retiré à Genève après la Saint-Barthélemy, il avait mis au jour, sous le nom d'Eusèbe Philadelphe, le *Réveille-matin des Français et de leurs voisins*, 1574, in-8; livre si incendiaire, qu'il fut blâmé même par les protestants. L'un d'eux, gentilhomme nommé *Lafin*, rencontrant Barnaud dans une rue de Bâle, lui donna un soufflet pour lui exprimer son mécontentement particulier, lui reprochant en même temps le tort qu'un pareil ouvrage ferait à la secte. Cet ouvrage était en deux dialogues : le premier, dirigé contre ceux auxquels il attribuait le massacre des protestants, avait paru en latin dès 1573. Un autre ouvrage, intitulé : *le Miroir des Français*, contenant l'état et le maniement des affaires de France, tant de la justice que de la police, mis en dialogue par Nicolas Montant, 1582, in-8, a été attribué à Barnaud. L'auteur de cet écrit, quel qu'il soit, a enlevé aux philosophes modernes le mérite d'avoir inventé leurs réformes et leurs constitutions; car il désire, pour le bien de la France, la vente des biens du clergé, la déportation des prêtres, leur mariage, la fonte des cloches, le *maximum*, et autres mesures dont nous avons éprouvé les salutaires effets.

BARNAVE (Antoine-Pierre-Joseph-Marie), avocat au parlement de Grenoble, né dans cette ville, et fils d'un procureur, était protestant, et fut député par le tiers-état aux états-généraux de 1789. Son éloquence le plaça bientôt au rang des premiers orateurs, où il se montra un des plus chauds partisans de la révolution. Fortement opposé aux partis de la cour, son exagération alla si loin, que les chefs de la révolution crurent devoir ralentir son ardeur. Pour faire connaître ses principes, il suffit de citer cette phrase qu'il prononça au sein même de l'assemblée, lorsqu'on vint annoncer la fin tragique de Foulon : « Le sang qui coule est-il donc si « pur, qu'on ne puisse en répandre quel- « ques gouttes ? » Il ne cessa de déclamer contre les ministres et la noblesse, jusqu'au moment de l'évasion du roi, qui fut arrêté à Varennes. Il avait été nommé avec Péthion et La Tour-Maubourg pour le ramener à Paris. Profondément ému à la vue des malheurs de cette famille, on remarqua dès ce moment un changement absolu dans sa conduite et dans ses opinions. Il défendit à la tribune l'inviolabilité de la personne du roi, et annonça les malheurs qui menaçaient la France, si l'on persévérait dans les mêmes dispositions. Mais le mal était fait, son discours ne produisit aucun effet. En changeant de parti, il avait perdu toute sa popularité. La session finie, il se retira à Grenoble, où il croyait pouvoir mener une vie tranquille. Après la journée du 10 août, il fut emprisonné, et après 15 mois de détention, conduit à Paris devant le tribunal révolutionnaire. Sa fermeté et son éloquence ne purent le sauver. Il fut condamné à mort et exécuté le 29 octobre 1793, à l'âge de 32 ans. Plusieurs de ses *Discours* et de ses *Rapports* ont été imprimés.

BARNES (Jean), né en Angleterre, se fit bénédictin à Douai, se retira ensuite à Paris, vers l'an 1624, pour éviter les poursuites de l'inquisition; mais ayant écrit avec peu de ménagement sur des matières délicates, il fut mené à Rome en 1627, et mis dans la prison de ce tribunal. Il y mourut 30 ans après. On a de lui un *Traité contre les équivoques*, en latin, imprimé en 1625, in-8, traduit la même année en français, et un autre intitulé : *Catholico-Romanus pacificus*, qui fut cause de ses disgrâces : on le trouve dans le *Fasciculus rerum expetendarum et fugiendarum* d'Ortwinus Gratius ; *Examen tropæorum congregationis prætensæ anglicanæ*, *ordinis Sancti Benedicti*, Reims, 1622, in-8 ; une *Traduction*, de l'espagnol, *du Combat spirituel*.

BARNES (Josué), professeur de grec à Cambridge, né à Londres en 1654, donna en 1710 une édition d'Homère. Il avait une connaissance parfaite de la langue grecque, qu'il écrivait et parlait avec facilité ; mais il ne put faire passer dans sa traduction les beautés et le sublime du poëte qu'il publiait. On a de lui : l'*Histoire d'Esther*, en vers grecs, avec la version latine, Londres, 1679, in-8 ; *Anacreon christianus*, Cambridge, 1705, in-12 ; la *Création du monde* et le *Cantique des cantiques*, en vers anglais, in-8. Barnes mourut en 1712.

BARNEVELDT (Jean d'Olden), avocat-général des états de Hollande, acquit l'estime de la république et des puissances étrangères dans ses négociations et dans ses ambassades. On peut le compter parmi les fondateurs de la république. Henri IV et la reine Elisabeth faisaient beaucoup de cas de cet habile négociateur. Barneveldt, ayant voulu restreindre l'autorité de Maurice d'Orange, opposa les Arminiens aux Gomaristes, partisans de ce prince. Maurice, pour se venger, fit assembler à Dordrecht un synode composé des députés de toutes les églises calvinistes de l'Europe, excepté de celles de France, en 1618 et 1619. Cette assemblée condamna les Arminiens avec autant de sévérité que s'ils n'avaient pas été de la même communion, et comme si les réformés n'avaient point ôté à l'Eglise le droit de décider les controverses. Barneveldt, jugé par 26 commissaires, eut la tête tranchée en 1619, sous prétexte d'avoir voulu livrer sa patrie à la monarchie espagnole, lui qui avait travaillé avec tant d'ardeur pour soustraire son pays à cette puissance. On prétend qu'il fut accusé d'avoir reçu 12,000 écus pour conclure la trêve de 12 ans ; mais cette trêve était aussi avantageuse à la Hollande qu'à l'Espagne, et il n'a jamais été prouvé que Barneveldt eût reçu cet argent. On lui envoya le ministre Walacus, pour le préparer à la mort : Barneveldt s'entretint avec lui sur quelques matières de religion, et ne cessa de protester de son innocence. Il renouvela sa protestation sur l'échafaud, déclarant « qu'il ne mourait point pour avoir été traître, mais pour avoir défendu les droits et la liberté du pays. » La France avait inutilement sollicité d'abord pour sa liberté, ensuite pour sa vie.—Ses deux fils, René et Guillaume, ayant formé le dessein de venger la mort de leur père, entrèrent dans une conspiration qui fut découverte. Guillaume prit la fuite ; René fut pris et condamné à mort. Son illustre mère demanda sa grâce au prince Maurice, qui lui répondit : « Il me paraît étrange que vous fassiez pour votre fils ce que vous avez refusé de faire pour votre mari ! » La dame, digne épouse et bonne mère, lui repartit avec indignation : « Je n'ai pas demandé grâce pour mon mari, parce qu'il était innocent ; mais je la demande pour mon fils, parce qu'il est coupable. »

BARO (Balthazar), de l'Académie française, né à Valence, en 1600, mourut en 1649. Il acheva l'*Astrée* de d'Urfé. On a de lui quelques pièces de théâtre. Sa *Parthénie* est le moins faible de ses ouvrages.

BAROCCI, ou BAROZZI (François), patricien de Venise et célèbre mathématicien, vivait dans le 16e siècle. On a de lui des ouvrages de mathématiques et des traductions d'ouvrages grecs sur ce même sujet. Tels sont : *Heronis liber de machinis bellicis*, Venise, 1572, in-4, avec des scolies et fig. ; *Procli in primum elementorum Euclidis libri quatuor*, Padoue, 1560, avec des scolies ; un Commentaire sur Platon *De numero geometrico*, Boulogne, 1556, in-4 ; une *Cosmographie*, Venise, 1585, in-4.

BAROCHE, ou BAROCCI (Frédéric), peintre, né à Urbin en 1528, mort dans la même ville en 1612, trouva dans sa famille les secours qu'il pouvait désirer pour son art. Son père, sculpteur, lui montra à modeler ; et il apprit de son oncle, qui était architecte, la géométrie, l'architecture et la perspective. Il représentait sa sœur pour les têtes des Vierges et son neveu pour les Jésus. Le cardinal de la Rovère prit sous sa protection ce célèbre artiste, qui n'avait pour lors que 20 ans, et l'occupa dans son palais. Ce peintre fut empoisonné dans un repas par un de ses envieux. Les remèdes qu'il prit aussitôt lui sauvèrent la vie ; mais il ne recouvra point entièrement sa santé, qu'il traîna languissante jusqu'à l'âge de 84 ans. Il ne pouvait travailler que deux heures par jour. Ses infirmités lui firent refuser plusieurs places honorables que lui présentèrent le grand duc de Florence, l'empereur Rodolphe II, et Philippe II, roi d'Espagne. On rapporte qu'à Florence, le duc François Ier, voulant savoir le jugement que Baroche porterait des tableaux qui ornaient son palais, le conduisit sous l'habillement de son concierge; l'interrogeant et jouissant du plaisir de pouvoir, par un dehors simple, mettre le peintre à son aise, et s'entretenir librement avec lui. Baroche a fait beaucoup de portraits et de tableaux d'histoire; mais il a surtout réussi dans les sujets de dévotion. Son usage était de modeler d'abord en cire les figures qu'il voulait peindre, ou bien il faisait mettre ses élèves dans les attitudes propres à son sujet. Il a beaucoup approché de la douceur et des grâces du Corrége; il l'a même surpassé pour la correction du dessin. Son coloris est frais; il a parfaitement entendu l'effet des lumières, ses airs de tête sont d'un goût riant et gracieux. Il montrait beaucoup de jugement dans ses compositions. Il serait à souhaiter qu'il n'eût pas outré les attitudes de ses figures, et qu'il n'eût point trop prononcé les parties du corps. On a des dessins de Baroche au pastel, à la plume, à la pierre noire et à la sanguine. L'on a gravé d'après ce grand maître; lui-même a fait plusieurs morceaux à l'eau-forte.

BARON (Eguinard), né à Saint-Pol-de-Léon, professa le droit à Bourges avec François Duaren son émule. Il mourut en 1550, âgé de 55 ans, et laissa quelques ouvrages, Paris, 1562, in-fol.

BARON (Vincent), dominicain du diocèse de Rieux, est auteur d'une *Théologie morale*, en latin, 5 vol. in-8, à Paris, 1666. Il mourut en 1674, à l'âge de 70 ans, après avoir occupé la place de provincial, et celle de définiteur-général au chapitre de 1656. Sa *Théologie* n'a guere eu de cours que parmi ses confrères.

BARON (François), né à Marseille en 1620, consul de France à Alep, rétablit le commerce du Levant, presque entièrement ruiné. Le grand Colbert, instruit des grands avantages qu'il avait procurés à Alep et dans toutes ses dépendances, voulant également favoriser le commerce des Indes orientales, l'envoya à Surate en 1671, et pendant 12 ans d'administration, il y fit fleurir le commerce de France, et le fit respecter des étrangers. Il y mourut en 1683, dans de grands sentiments de religion, honoré comme un modèle de droiture et de bienfaisance, par les gentils même et les mahométans, qui prient sur son tombeau. C'est de lui que Nicole tenait toutes les pièces justificatives de la doctrine des églises syriennes sur l'Eucharistie, dont il a enrichi la *Perpétuité de la Foi*.

BARON (Michel Boyron, dit), né à Paris, en 1653, fils d'un marchand d'Issoudun, qui se fit comédien, entra d'abord dans la troupe de Raisin, et quelque temps après dans celle de Molière. Baron quitta le théâtre en 1691, par dégoût ou par religion, avec une pension de mille écus que le roi lui faisait. Il y remonta en 1720, âgé de 68 ans, et il fut aussi applaudi, malgré son grand âge, que dans sa première jeunesse. Il mourut en 1729. On l'appela d'une commune voix le *Roscius* de son siècle.

BARON (Hyacinthe-Théodore), ancien professeur et doyen de la Faculté de médecine de Paris, sa patrie, mourut le 29 juillet 1758, âgé d'environ 82 ans. Il a eu beaucoup de part à la *Pharmacopée de Paris* de l'année 1732, in-4; et a donné, en 1759, une dissertation académique en latin, sur le chocolat : *An senibus chocolata potus?* Elle a été imprimée plusieurs fois.

BARONIUS (César) naquit, en 1538, à Sora, ville épiscopale du royaume de Naples. Les troubles de ce pays l'obligèrent de suivre son père à Rome, en 1557. Saint Philippe de Néri, fondateur de l'Oratoire d'Italie, l'agrégea à sa congrégation; et s'étant démis de sa charge de supérieur-général, il la lui fit donner. Il fut ensuite confesseur de Clément VIII, qui le fit cardinal en 1596, et bibliothécaire du Vatican. Dans le conclave où Léon XI fut élu, Baronius eut plus de trente voix pour lui. Son mérite aurait dû les réunir toutes, mais les Espagnols lui donnèrent l'exclusion. Il mourut en 1607. Ses *Annales Ecclesiastici*, depuis Jésus-Christ jusqu'en 1598, sont une grande preuve de sa capacité et de son amour pour le travail. Elles parurent en 12 vol. in-fol. 1593 et années suivantes. Son but dans cet ouvrage, commencé dès l'âge de 30 ans, fut d'opposer à la compilation indigeste des centuriateurs de Magdebourg, un livre de même nature, dans lequel l'Eglise catholique serait vengée des imputations dont la chargeaient ces hérétiques. L'exécution, quoique en général heureuse, ne répond pas toujours au zèle de l'auteur. Baronius ne savait qu'imparfaitement le grec, et sa critique n'était pas toujours assez sévère. De là ses méprises dans l'histoire des Grecs, et les faits apocryphes qu'il adopte. Il y a de la clarté et de l'ordre dans son style, mais ni pureté, ni élégance. Le Père Pagi, cordelier, Isaac Casaubon, le cardinal Noris, Tillemont, etc., ont relevé bien des fautes de cet annaliste. On a réuni la plupart des remarques de ces savants, dans une édition donnée à Lucques en 1735 et années suivantes, formant 28 vol. in-fol. On ne peut nier, en la parcourant, que Baronius ne se soit souvent trompé; mais quand on entre le premier dans une carrière immense et très-épineuse, il est pardonnable de faire des faux pas. On a encore de ce savant cardinal des *Notes sur le Martyrologe romain*, pleines d'érudition et d'une critique fort au-dessus de son temps. On joint ordinairement à ses *Annales*, la *Continuation* par Rainaldi, Rome, 1646 et suiv. 10 vol. in-fol. ; l'*Abrégé* du même, Rome, 1667, in-fol. ; la *Continuation* de Laderchis, Rome, 1728, 3 vol. in-fol. ; la *Critique* de Pagi, 4 vol. in-folio 1705 ; et *Apparatus*, Lucques, 1740, in-fol. La *Continuation* de Sponde, 3 vol. in-fol., n'est pas estimée, ni celle de Bzovius en 9 vol. On a traduit en français l'*Abrégé* de Baronius qu'on donné Sponde, 2 vol. in-fol., et la *Continuation* de Sponde, en 3 vol. in-fol.

BARRADAS (Sébastien), jésuite de Lisbonne, né en 1542, prêcha avec tant de succès, qu'on lui donna le titre d'*Apôtre du Portugal*. Il mourut en odeur de sainteté, l'an 1615. Ses ouvrages, imprimés à Anvers, 1617, et à Cologne en 1628, sont en 4 vol. in-fol., parmi lesquels on distingue son *Itinerarium filiorum Israël ex Ægypto in Terram repromissionis*, imprimé séparément à Paris, 1620, in-fol. Sa *Concordance des Évangiles* est aussi très-estimée ; elle est méthodique, claire, solide, pleine d'onction et bien écrite en latin; l'explication du sens littéral y est suivie d'excellentes réflexions morales.

BARRAL (L'abbé Pierre), né à Grenoble, alla de bonne heure à Paris, où il se chargea de quelques éducations, et mourut le 21 juillet 1772. « Pour tenir à
« quelque chose (dit dom Chaudon), il
« s'était fait janséniste ; et il était un de
« ceux qui parlaient et qui écrivaient
« avec le plus de violence contre les en-
« nemis de Port-Royal. Il développa ses
« sentiments dans son *Dictionnaire histo-*
« *rique, littéraire et critique des hommes*
« *célèbres*, 1759, 6 vol. in-8. L'enthou-
« siasme et l'animosité, ces deux pas-
« sions, si ridicules dans un homme de
« lettres, si dangereuses dans un histo-
« rien, ont dirigé l'auteur et l'ont égaré.
« Les éloges les plus outrés et les inju-
« res les plus atroces se présentent tour-
« à-tour à sa plume. Dans les articles des
« ennemis de la bulle, il emploie toutes
« les hyperboles des oraisons funèbres.
« On a dit avec quelque raison, que ce
« livre était le *Martyrologe du jansé-*
« *nisme fait par un convulsionnaire*. »

On peut voir une critique détaillée de ce Dictionnaire, dans l'avertissement du *Dictionnaire historique* de l'abbé Ladvocat, édition de Paris, 1764. A cette critique où règnent l'honnêteté et la modération, l'abbé Ladvocat a joint une liste des fautes ou bévues de toute espèce, dont fourmille le Dictionnaire de l'abbé Barral. Cette liste est suivie d'une autre qui indique les articles des hommes illustres omis dans cet ouvrage. On a encore de lui : *Sévigniana*, 1756, in-12. C'est un recueil de pensées tirées des *Lettres* de Mme de Sévigné, avec des notes calomnieuses. *Dictionnaire portatif de la Bible*, Paris, 1779, 2 vol. in-12. Compilation superficielle pleine de fautes de tous les genres, qui ne donnera certainement pas une idée juste des livres saints. On dirait que l'auteur s'est attaché de préférence aux traits qui, dans un état isolé, sans ensemble, peuvent alimenter l'esprit de dérision et de satire. Un théologien appelle ce Dictionnaire, *le Persifflage de l'Histoire sainte*. « Gémissons, ajoute-t-il, de ce que des
« ouvrages de cette nature, dont l'objet
« présente tant d'attraits à la piété et au
« zèle, sortent si souvent des mains de
« gens de parti qui ne peuvent que dis-
« serter ou narrer d'une manière froide
« et aride, pour lesquels l'onction, le
« langage de conviction et de sentiment
« sont des choses étrangères et ignorées,
« et qui n'ont d'ardeur et d'industrie
« que pour les marottes de sectes ». *Dictionnaire des Antiquités romaines*, 1766, 3 vol. in-8. C'est un abrégé du Dictionnaire de Pitiscus, qui est estimé.

BARRAL (Louis-Mathias de), docteur de la maison de Navarre, né à Grenoble, en 1746, d'une famille distinguée dans la magistrature, fut sacré en 1788 sous le titre d'évêque d'Isaure, et devint en 1790 titulaire du siège de Troyes par la démission de son oncle. Ayant refusé, à l'exemple d'un grand nombre d'évêques, de prêter serment à la constitution civile du clergé, il fut obligé de quitter son diocèse, et se retira à Constance, auprès de l'archevêque de Paris. Il passa ensuite en Angleterre, et ne rentra en France qu'en 1801. Après la publication du concordat, il fut nommé à l'évêché de Meaux, où il s'occupa avec zèle des travaux de son ministère, et donna plusieurs règlements sages qui eurent l'approbation générale. Le cardinal de Boisgelin, archevêque de Tours, étant mort le 22 août 1804, de Barral fut appelé à lui succéder, et fut préconisé pour le siège de Tours dans le consistoire que le Pape tint à Paris le 1er février 1805 ; il reçut le pallium le même jour. En 1806, il fut fait premier sénateur et nommé premier aumônier de Mme Murat. Depuis, sa faveur parut toujours aller en croissant. Il fut de toutes les assemblées ecclésiastiques tenues en France pour les affaires de l'Eglise, et de toutes les députations envoyées à Savone pour négocier avec le Saint-Père. Lorsque ce dernier fut conduit en France en juin 1812, de Barral fut envoyé à Fontainebleau pour aller le saluer et essayer de l'amener à quelque arrangement. Lors de la restauration, l'archevêque de Tours, en sa qualité de sénateur, fut conservé et nommé par le roi membre de la Chambre des pairs; mais il ne tarda pas à s'apercevoir que la faveur dont il avait joui sous le précédent gouvernement, et la conduite qu'il avait tenue dans les affaires de l'Eglise, avaient éloigné de lui ses collègues dans l'épiscopat. Néanmoins il consentit à siéger dans la Chambre des pairs pendant les Cent-Jours, en 1815, et il officia pontificalement à l'assemblée du Champ-de-Mai. au retour du roi, il fut rayé de la Chambre des pairs, et il donna sa démission de l'archevêché de Tours qui fut acceptée. Il survécut peu à cette disgrâce: une attaque d'apoplexie, qui le frappa subitement le 6 juin 1816, ne lui laissa pas le temps de recevoir les sacrements de l'Eglise. Il avait de l'esprit, de la finesse, de la facilité pour le travail, de l'aptitude aux affaires, et même des connaissances propres à son état. Ses mœurs étaient pures, son administration dans les deux diocèses qui lui furent confiés est digne d'éloge; mais sa conduite dans les affaires de l'Eglise, lors de la persécution du souverain Pontife, n'est pas à l'abri de tout reproche, il montra pour les volontés de l'empereur une condescendance excessive, et qui aurait pu avoir des conséquences fâcheuses, si ses collègues l'eussent imitée. On a de lui des *Fragments relatifs à l'histoire ecclésiastique des premières années du XIX° siècle*, qui sont loin de détruire les préventions qu'on a pu prendre à son égard. Les raisons qu'il donne pour motiver sa conduite dans des occasions délicates sont faibles. On y trouve, en outre, plusieurs altérations dans les faits; l'omission de quelques pièces importantes, qui, vraisemblablement, ne lui étaient pas favorables, et l'apologie de la conduite de celui dont il servit les vues avec tant de complaisance. On voit encore qu'il a cherché à trouver des faiblesses dans des personnages éminents par leur rang et leurs vertus, pour consoler sans doute ceux qui en ont trop montré eux-mêmes.

On a publié après sa mort: *Défense des libertés de l'Eglise gallicane et de l'assemblée du clergé de France tenue en 1682*, ou *Réfutation de plusieurs ouvrages récemment publiés en Angleterre sur l'infaillibilité du Pape*, 1 vol. in-4. On ne voit pas trop pourquoi l'archevêque avait mis tant de zèle à réfuter des écrits peu connus en France; il ne dit d'ailleurs rien de très-neuf sur cette matière: il a même recours à des arguments tout-à-fait faux, comme lorsqu'il essaie de prouver *que la Bulle*, Auctorem fidei, *n'est pas obligatoire pour l'Eglise gallicane, même dans les principes des ultramontains*, prétention bien singulière quand il s'agit d'une bulle doctrinale. Cet ouvrage n'est point achevé. Il est précédé d'une *Notice* sur la vie politique et les écrits de Mgr Barral. On a encore de lui une *Lettre à M. C. Butler* et plusieurs autres écrits dans lesquels il défend l'opinion où il était qu'on pouvait prêter le serment de liberté et d'égalité, et de fidélité à la constitution, sans cependant blâmer ceux qui prennent un parti contraire.

BARRAS (Paul-Jean-François-Nicolas, comte de), directeur, né en 1755 à Fohempoux, d'une famille *aussi ancienne que les rochers de la Provence*, entra au service, s'embarqua en 1775 pour l'Ile-de-France, alla ensuite dans l'Inde où il concourut à la défense de Pondichéry, et assista au combat naval de la Proya. Il dissipa à Paris son patrimoine. Ruiné, il embrassa les principes de la révolution, s'affilia au club des jacobins, et prit part aux événements du 10 août 1792. Il fut nommé administrateur du département du Var, puis juré de la haute-cour nationale à Orléans, enfin gouverneur du comté de Nice. Membre de la convention, il vota la mort de Louis XVI, sans appel ni sursis. Au mois de mai 1793, il se déclara contre le parti de la *Gironde*. Chargé d'une mission dans les Hautes et Basses-Alpes, il fut aussi l'un des commissaires de la convention auprès de l'armée du Var, dont il amena la plus grande partie devant Toulon qui venait d'ouvrir ses portes aux Anglais, et qui fut assiégé par Dugommier. De retour à Paris, Barras fut un des principaux acteurs des événements du 9 thermidor (27 juillet 1794). Il commandait la force armée dans cette journée mémorable où il s'empara de Robespierre, et repoussa les forces de Henriot. Le lendemain il se démit du commandement. Le 23 septembre, il dénonça Moïse Bayle et Granet comme auteurs des troubles du Midi, et les accusa, en outre, d'être les amis de Marat. Inculpé à son tour comme dilapidateur, il fut purgé par un décret. Successivement appelé à la présidence de la convention et au comité de sûreté générale (décembre 1794), il se jeta tout-à-fait dans le parti de la réaction contre les *montagnards*, et contribua à en terrasser les restes dans les journées des 1er et 4 prairial an III. Cette conduite le porta au commandement en chef des troupes réunies pour la défense de la convention, le 13 vendémiaire an IV (5 octobre 1795), journée où il fut si puissamment secondé par Bonaparte. Quelques jours après, Barras fut nommé l'un des cinq directeurs. Il conserva dans ce conseil une grande influence, quoiqu'il s'occupât beaucoup de ses plaisirs. Carnot et Barras se sont disputé l'honneur d'avoir donné le commandement de l'armée d'Italie à Bonaparte. Ce qu'il y a de certain, c'est que Barras parvint à enlever alors le portefeuille de la guerre à Carnot. C'était lui qui avait provoqué la célébration de l'anniversaire du supplice de Louis XVI, le 21 janvier 1795 ; on le chargea de prononcer, dans l'église de Notre-Dame, le discours d'usage : ce fut celui d'un frénétique. Barras, devenu l'objet des sarcasmes et des diatribes du parti *clichien*, s'en vengea sur l'abbé Poncelin qu'il fit fustiger au Luxembourg. Ayant abattu ce parti, il gouverna en maître jusqu'au 30 avril an VII (8 juin 1799), où Sieyes fut nommé directeur. Cependant Barras ne se laissa pas intimider ; il resta au directoire. Alors Pitt l'engageait à s'emparer de l'autorité souveraine. D'un autre côté, il entretenait des relations avec Louis XVIII. Le directeur s'engagea à rétablir le trône des Bourbons ; moyennant sûreté et indemnité ; Louis XVIII promit l'oubli de sa conduite révolutionnaire et 14 millions. Il paraît qu'il avait pris des mesures pour le succès, lorsque Bonaparte revint d'Egypte, instruit par son frère Lucien de l'état de la France. Barras l'informa de ses desseins ; mais Sieyes et Bonaparte travaillèrent dans un autre sens, et le vainqueur des Pyramides s'empara du pouvoir. Barras, redevenu simple citoyen, se retira à sa terre de Grosbois, puis à Bruxelles où il resta jusqu'en 1813. Accusé alors d'avoir tramé une conspiration contre le gouvernement impérial, il fut exilé à Rome qu'il quitta en 1814 pour venir à Montpellier, où une accusation du même genre fut encore dirigée contre lui. Sous la première restauration des Bourbons, Barras habita le midi de la France ; depuis leur deuxième retour, il se fixa à Chaillot, où il vécut dans l'obscurité. Il mourut le 29 janvier 1829, détourné par ses amis de demander à la religion le pardon de ses crimes. Le gouvernement s'empara de ses papiers après sa mort. On peut les considérer comme l'acte d'accusation à la fois de la convention, du directoire et de l'auteur.

BARRE (François Poulain de la) naquit à Paris en 1647. Il s'adonna à la philosophie, aux belles-lettres et à la théologie. Il joignit à ces études celle de l'Ecriture-Sainte et de la tradition ; mais il n'en profita guère pour sa conduite, et perdit par le déréglement de ses mœurs l'esprit de son état, et même de la vraie foi, qu'il abjura pour se marier à Genève, après avoir quitté la cure de la Flameingrie dans le diocèse de Laon, à laquelle il avait été nommé. Réduit à la misère, il enseigna la langue française aux jeunes étrangers, jusqu'à ce qu'il eût une classe dans le collège de Genève. Il y mourut en 1723. On a de lui un *Traité de l'égalité des deux sexes*, in-12, 1673. Il publia ensuite un *Traité de l'excellence des hommes, contre l'égalité des sexes*, in-12. Ce sont des espèces de plaidoyers où il y a quelquefois des réflexions qui dégénèrent en turlupinades, et d'ailleurs peu de choses solides à recueillir. Il a donné encore un *Traité de l'éducation des dames*, 1679, et le *Rapport de la langue latine avec la française*, 1672, in-12.

BARRE (Louis-François-Joseph de la), de l'académie des Inscriptions, naquit à Tournai en 1688, et mourut à Paris en 1738, après avoir publié plusieurs ouvrages : *Imperium orientale*, en 2 vol. in-fol., conjointement avec dom Banduri qu'il avait pris pour son second ; un *Recueil* de médailles des empereurs, depuis Dèce jusqu'au dernier Paléologue, autre ouvrage auquel dom Banduri eut beaucoup de part ; une nouvelle édition du *Spicilège* de dom d'Acheri, 1723, 3 vol. in-fol. : le 1er renferme les *traités dogmatiques, moraux et polémiques* ; le 2e les morceaux qui appartiennent à l'*Histoire ecclésiastique*, et le 3e ceux qui regardent l'*Histoire profane*. On doit cet ordre à l'éditeur, de même que la correction de bien des fautes et beaucoup de nouvelles pièces. Une édition du *Dictionnaire* de Moreri, de 1725 ; un volume in-4 de *Mémoires pour servir à l'Histoire de France et à celle de Bourgogne*, connu sous le nom de *Journal de Charles VI*, 1730. Ces *Mémoires* ont été recueillis par dom des Salles, bénédictin, et publiés par de la Barre. Une édition du *Secrétaire de la cour*, et du *Secrétaire du cabinet*, 2 vol. in-12, qui prouvent que la Barre avait plus d'érudition que de goût. Le discernement qu'il avait acquis pour les vieux manuscrits ne lui servait pas pour les ouvrages modernes.

BARRÉ (Jean-François le Fèvre de la), jeune gentilhomme d'Abbeville, s'étant gâté l'esprit et le cœur par la lecture des philosophes modernes, se porta aux excès les plus révoltants contre la religion : un Christ fut horriblement mutilé par lui après une partie de débauche. Il fut condamné par arrêt du Parlement de Paris, du 4 juin 1766, à avoir la tête tranchée, après avoir fait amende honorable, portant cet écriteau : *impie, blasphémateur, et sacrilège abominable et exécrable.* Le Parlement ordonna que le *Dictionnaire philosophique* de Voltaire, source principale de l'infortune de ce jeune homme, fût jeté dans le même bûcher qui consuma le corps de ce malheureux. En 1775, le philosophe entreprit de justifier son disciple dans un Mémoire intitulé : *Le cri du sang innocent*; mais les faits étaient trop récents et trop généralement connus, pour que le public n'aperçût pas les faussetés, et ne s'indignât pas contre les imputations odieuses dont cet écrit était rempli.

BARRÉ (Joseph), chanoine régulier de Sainte-Geneviève, et chancelier de l'Université de Paris, mort dans cette ville, le 23 juin 1764, âgé de 72 ans. Il entra jeune dans la congrégation, et y fit de grands progrès dans la piété, ainsi que dans les sciences ecclésiastiques et profanes. Plusieurs ouvrages, sortis de sa plume, ont rempli le cours de sa vie laborieuse. Les principaux sont : *Vindiciæ Librorum Deutero-canonicorum veteris Testamenti*, 1730, in-12 : livre qui offre beaucoup d'érudition ; *Histoire générale d'Allemagne*, 1748, en 11 vol. in-4. Cette histoire, pleine de recherches, est cependant très-inexacte, rarement élégante, et de plus, d'une partialité qui doit la rendre odieuse aux étrangers, surtout aux peuples qui ont eu quelque démêlé avec la France ; *Vie du maréchal de Fabert*, 1752, 2 vol. in-12. Cette histoire est curieuse; mais la diction n'en est pas assez pure, et les faits n'en sont pas toujours bien choisis. *Histoire des lois et tribunaux de justice*, 1755, in-4 ; c'est son meilleur ouvrage. Le père Barre a orné de notes l'édition des *OEuvres de Bernard Van-Espen*, donnée en 1755, 4 vol. in-fol., et faite avec l'abbé de Bellegarde.

BARRE de BEAUMARCHAIS. (Voyez BEAUMARCHAIS.)

BARRÉ (Nicolas), religieux minime, né à Amiens en 1621, entreprit de créer des espèces de séminaires pour former des maîtres et des maîtresses d'école. Un premier établissement eut lieu à Rouen en 1666, et un second à Paris, dans la paroisse de Saint-Jean-en-Grève, d'où il fut transporté sur la paroisse de Saint-Sulpice. Il fut le fondateur des écoles chrétiennes et charitables du saint Enfant Jésus, et c'est de lui que la congrégation des dames de Saint-Maur tire son origine. On a de lui des *Lettres spirituelles*, Rouen, 1697, in-12, à la tête desquelles on trouve un abrégé de sa *Vie*.

BARRÉ (Yves), ancien avocat au Parlement, fondateur et directeur du théâtre du Vaudeville, né à Paris le 17 avril 1749, mort dans la même ville le 3 mai 1832, donna en société avec de Piis, Radet, Desfontaines, Bourgueil, Maurice et Dupaty, une foule de *Pièces* en vaudevilles, toutes représentées avec plus ou moins de succès. Plusieurs de ces ouvrages ont eu jusqu'à quatre acteurs à la fois, ce qui présente une coopération compliquée et presque incompréhensible.

BARREAUX (Jacques VALLÉE, seigneur des), naquit à Paris en 1602, d'une famille de robe. Les liaisons qu'il eut avec Théophile Viaud le jetèrent dans l'irréligion et le libertinage. On trouva parmi les papiers de ce poëte des lettres latines de des Barreaux, dans lesquelles l'impiété se montrait sans masque. Sa jeunesse lui épargna un châtiment exemplaire. Les plaisirs sensuels étaient sa seule occupation. Il quitta une charge de conseiller au Parlement de Paris, pour goûter plus aisément les délices d'une vie voluptueuse : on raconte qu'étant chargé de rapporter un procès, et les parties pressant le jugement, il donna la somme contestée, plutôt que de se gêner en remplissant son devoir. Ses *vers*, ses *chansons* le faisaient rechercher dans toutes les compagnies, dont la licence n'était point bannie. Il porta le raffinement du plaisir jusqu'à changer de climat suivant les saisons. En hiver, il allait jouir du beau soleil de Provence; en été, il retournait à Paris. Il devint plus sage sur la fin de ses jours, et il mourut en chrétien à Châlons-sur-Saône, le meilleur air de la France, à ce qu'il disait, en 1673. On ne connaît de ce fameux épicurien, que le sonnet qu'il fit dans une maladie : *Grand Dieu, tes jugements*, etc. Voltaire prétend que ce sonnet, qu'il trouve fort médiocre, n'est pas de des Barreaux, mais de l'abbé de Laveau. Il paraît incontestable que des Barreaux en est le véritable auteur, et les gens de lettres y ont toujours trouvé beaucoup d'élévation et d'énergie. C'est une expression vive et rapide de ce sentiment profond que l'idée de Dieu, de sa justice et de sa miséricorde, fait naître dans le cœur de l'homme, sentiment que toute la fougue des passions, toute l'ivresse du libertinage, toutes les illusions d'une fausse philosophie ne sauraient anéantir, et qui ne manque pas de renaître dans les moments d'une raison calme.

BARREIROS (Gaspard), né à Viseu en Portugal, était neveu de l'historien Barros; il vécut pendant quelques années à Rome, où il s'acquit l'estime des cardinaux Pierre Bembo et Jacques Sadolet. Il devint ensuite inquisiteur et chanoine d'Evora, où il mourut, en 1610, avec la réputation d'un savant judicieux. Il a donné en portugais des examens critiques sur les fragments des *Origines* de Caton ; sur les livres attribués à Manethon ; sur le livre de Q. Fabius Pictor : *De aureo sæculo et origine urbis Romæ*; un *Traité* en latin *sur le pays d'Ophir* dont il est parlé dans l'Ecriture, Anvers, 1600, in-8, et au tom. 8 des grands critiques d'Angleterre. Il a donné ce traité sous le nom de *Varrerius*, de même que la critique des livres attribués à Bérose, qui se trouve dans l'édition de ces livres donnée à Angers en 1599.

BARRELIER (Jacques), dominicain et botaniste estimé. Après avoir fait de bonnes études, et pris le degré de licencié en médecine, il entra dans l'ordre des frères prêcheurs en 1635. Ses talents et sa prudence le firent élire, en 1646, assistant du général, avec lequel il parcourut la France, l'Espagne et l'Italie. Au milieu des occupations de cet emploi, et sans négliger ses devoirs, il trouva le moyen de s'appliquer à la botanique, pour laquelle il avait un goût naturel. Il recueillit un grand nombre de coquillages et de plantes, et en dessina beaucoup qui n'étaient point connues, ou ne l'étaient qu'imparfaitement. Il avait entrepris une histoire générale des plantes, qu'il devait intituler : *Hortus mundi*, ou *Orbis Botanicus*. Il y travaillait fortement, lorsqu'il fut étouffé d'un asthme en 1673, à l'âge de 67 ans. Ce qu'on a pu recueillir de cet ouvrage, a été publié par Antoine de Jussieu, sous ce titre : *Plantæ per Galliam, Hispaniam et Italiam observatæ et iconibus æneis exhibitæ*, Paris, 1714, in-folio.

BARREME (François), mort à Paris en 1703, s'est acquis quelque célébrité, par des livres d'un usage journalier. Tels sont : son *Arithmétique*, in-12; ses *Comptes faits*; ses *Changes étrangers*, 2 volumes in-8, etc. Son nom est devenu proverbial.

BARRÈRE (Pierre), médecin de Perpignan, mort en 1755, était fort bon pour la théorie et la pratique : il passait pour un observateur exact. On a de lui : *Relation et essai sur l'histoire naturelle de la France équinoxiale*, deux ouvrages, Paris, 1741 et 1743, tous deux in-12 ; *Dissertation sur la couleur des Nègres*, 1741, in-4 (Voyez PECHLIN) ; *Observations sur l'origine des pierres figurées*, 1746, in-8; *Observations anatomiques tirées des ouvertures d'un grand nombre de cadavres*, Perpignan, 2ᵉ édit. aug., 1753, in-4, avec onze planches, ouvrage dont Rayer fait un grand éloge dans l'*Hist. de l'anat. patolog*. Barrère a encore laissé quelques autres ouvrages.

BARRÈRE DE VIEUSAC (Bertrand), né à Tarbes. Sa famille jouissait d'une considération méritée; rien ne fut négligé pour son éducation. Reçu avocat au Parlement de Toulouse, il s'y distingua par ses talents ; nommé à l'académie des jeux Floraux, il préluda dans la carrière littéraire par les *Eloges* de Louis XII et de Michel L'Hospital. De tous les orateurs qui se sont distingués à la tribune de l'assemblée constituante et de la convention, aucun n'a occupé une si grande place que Barrère dans les procès-verbeaux de ces deux assemblées : la nomenclature de ses rapports et de ses opinions remplit 27 colonnes des tables du *Moniteur*. Son élocution était brillante et concise, elle commandait l'attention ; mais elle avait plus d'éclat que de profondeur. Il fonda le premier journal politique de la révolution, *le Point du Jour*, et prononça l'oraison funèbre de Mirabeau. Nommé député à la convention, Barrère fut envoyé en mission dans les départements de Hautes et Basses-Pyrénées. Son absence ne fut pas longue; il fut élu président de la convention le 29 novembre. Il dirigea les premiers débats du procès de Louis XVI, il vota pour la mort et s'opposa au sursis, il rédigea l'adresse aux Français *sur la mort du tyran*, et provoqua l'expulsion des Bourbons. Le 7 avril 1793, le premier comité de salut public fut organisé ; Barrère n'a point cessé d'en faire partie jusques et même après le 19 thermidor an II. Ses collègues s'étaient partagé la partie active du pouvoir, et ne lui avaient laissé que les rapports ; il n'était que l'organe des arrêtés de ce comité. Barrère eut une grande part au succès du 9 thermidor ; bientôt après il fut proscrit et frappé d'une accusation capitale. Barrère publia une défense remarquable par un rare talent de discussion. Un décret du 11 germinal an III le condamna à la déportation avec Collot-d'Herbois, Billaud-Varennes et Vadier. Après la journée du premier prairial, un nouveau décret rapporta le premier et renvoya Barrère, Collot-d'Herbois et Billaud devant le tribunal criminel de la Charente-Inférieure. Collot et Billaud étaient déjà partis pour la Guiane, Barrère seul était resté à l'île d'Oléron. Il fut transféré à Saintes. Désigné en 1805 candidat au sénat conservateur et au corps législatif, il ne fut pas agréé par le sénat. Depuis sa mise en liberté, il rédigea le *Mémorial anti-britanique*, publia plusieurs autres ouvrages politiques, et donna une *Traduction des Veillées du Tasse* et des *Nuits d'Young*. Il fut élu pendant les Cent-Jours à la chambre des représentants. Compris dans l'ordonnance d'exil du 24 juillet 1815, il se retira à Bruxelles. Il rentra en France après la révolution de 1830, et vécut dans l'oubli jusqu'à sa mort, arrivée vers 1843. — Son frère, BARRÈRE Jean-Pierre, né le 27 janvier 1758, fut d'abord gradué en droit canon, et exerça successivement les fonctions de président du bureau de conciliation, celles de grand-juré et de membre du conseil des Cinq-Cents. En 1815, il fut appelé à la vice-présidence du tribunal de Tarbes; enfin, après 1830, à la présidence qu'il occupa jusqu'à l'époque de sa mort, arrivée en 1837.

BARRETT (Jean-Jacques de), professeur de langue latine à l'école militaire, puis inspecteur-général des études dans cette école, né à Condom en 1717, mourut le 19 août 1798. On lui doit une *Histoire des deux règnes de Nerva et de Trajan*; un plat *Traité de la loi naturelle*, 1790, et plusieurs *Traductions* d'auteurs latins. Ce philosophe ne dédaignait pas de descendre jusqu'au roman. Il composait le *Grelot* et *Mlle Javotte*, 1762, in-12, comme Voltaire faisait ses *Contes*. Il lui dérobait *Foka ou les Métamorphoses*, 1777, 2 vol. in-12; et tandis que le patriarche chaussait le cothurne, Barrett publiait les *spectacles* de Paris, 1773, in-18.

BARRETT (John), né en 1753, était fils d'un ecclésiastique, et entra lui-même dans les ordres. Nommé membre du collège de la Trinité, à Dublin, il devint bibliothécaire et professeur de langues orientales. Doué d'une mémoire prodigieuse, il consacrait presque tout son temps à l'étude; il acquit ainsi une grande érudition. Il ne sortait guère du collège que pour aller prêcher le carême. Il est mort le 15 novembre 1807. Il a légué par testament près de 100,000 livres sterl. destinées à *nourrir ceux qui ont faim et à vêtir ceux qui sont nus*. On a de lui: *Evangelium secundùm Matthœum, ex codice rescripto in bibliothecâ collegii SS. Trinitatis juxta Dublin*; *Recherches sur l'origine des constellations qui composent le zodiaque et sur les usages auxquels elles furent destinées*, 1800; *Essai sur la première partie de la vie de saint Wift*.

BARREY (Claude-Antoine), médecin distingué, naquit le 29 juillet 1771 à Besançon, où il mourut le 27 octobre 1837. On lui doit: *Tableau comparatif des décès et des naissances qui ont eu lieu à Besançon pendant les vingt-cinq années qui ont précédé et suivi la découverte de la vaccine*, 1825, une feuille grand in-8; *Histoire impartiale de la vaccine*, 1831, in-8; *de la Vaccine et de ses effets*, 1808, in-8; *Mémoires sur les maladies épidémiques*, 1813, in-8; *De l'influence de l'air atmosphérique dans la production des maladies épidémiques*.

BARRI ou BARRY (Paul de), provincial des jésuites de la province de Lyon, mort à Avignon en 1661, à l'âge de 74 ans, étant né en 1587, publia plusieurs ouvrages de piété, où il y a plus de bonne morale que de bon goût; mais c'était le goût de son temps. La plupart furent traduits en latin, en italien et en allemand; c'était l'usage alors de donner aux livres des titres singuliers, et le Père Barri l'a scrupuleusement suivi. Ses divers ouvrages sont intitulés : *Les saints accords de Philagie avec le fils de Dieu... La riche alliance de Philagie avec les saints du paradis... La Pédagogie céleste... L'instruction de Philagie pour vivre à la mode des saints... Les cent illustres de la maison de Dieu... Les deux illustres amants de la mère de Dieu... L'heureux trépas des cent serviteurs de la mère de Dieu... Le Paradis ouvert à Philagie par cent dévotions à la mère de Dieu*, aisées à pratiquer aux jours de fêtes et octaves... *Le Pensez-y bien*. Ce dernier et quelques autres ont été réimprimés avec les corrections nécessaires faites au style suranné. Peut-être qu'on eût bien fait d'y changer aussi quelques expressions outrées, et quelques passages que des théologiens judicieux ont trouvés n'être pas trop d'accord avec une dévotion solide.

BARRIÈRE (Pierre), dit La Barre, natif d'Orléans, de matelot devenu soldat, conçut l'abominable dessein de tuer Henri IV. Barrière fut arrêté, tenaillé et rompu vif, le 26 août 1593. (Voyez BANCHI.) Varade, recteur des jésuites de Paris, que l'on accusa ensuite d'avoir conseillé cet horrible attentat à Barrière, était à Paris, lorsque le procès fut fait à ce scélérat; il y resta même après qu'Henri IV se fut rendu maître de la capitale; il en partit quelque temps après, muni de la permission du roi pour aller à Rome avec le légat. Ce ne fut qu'en 1595, deux ans après l'exécution de Barrière, que le Parlement s'avisa de faire le procès à Varade. Pasquier est le premier qui ait fait Varade complice de Barrière, sans citer d'autres preuves « que je l'ai appris d'un mien ami qui est un autre moi-même. » Tous les historiens qui inculpent le Père Varade n'apportent point d'autre garant que le *Catéchisme de Pasquier* (2ᵉ partie, p. 52.) Harlay, dans ses remontrances à Henri IV, rappela la même accusation. Mais Henri IV répondit « qu'il n'y avait eu aucune charge à l'encontre de Varade, et si aucune était, ajouta ce monarque judicieux, pourquoi l'auriez-vous épargné? Quant à Barrière, tant s'en faut qu'un jésuite l'ait confessé, comme vous dites, que je fus averti par un jésuite de son entreprise, et un autre lui dit qu'il serait damné, s'il osait l'entreprendre. » Henri IV devait être certainement mieux instruit de ce qui le regardait personnellement, que Pasquier et Harlay, puisqu'il s'agissait de la vie même de ce monarque. On peut consulter le *Mercure français* de 1604; Mathieu, historiographe et confident de Henri IV; les *Mémoires* de Villeroi, ministre d'état; Dupleix, auteur contemporain et historiographe de France; le *Plaidoyer* de Montholon; l'*Histoire de l'Université de Paris*, tom. 4, pag. 884.

BARRINGTON (John-Shute, lord vicomte de), fils d'un marchand, prit le nom de Barrington d'un Anglais qui l'avait fait son héritier. On le créa pair d'Irlande en 1720. On a de lui: *Miscellanea sacra*, réimprimé en 1770, 3 vol. in-8; *Les droits des protestants non-conformistes*, 1705, in-4; *Essai sur l'intérêt de l'Angleterre relativement aux protestants non-conformistes*, 1705, in-4; *Essai sur les diverses dispensations de Dieu sur le genre humain*, et d'autres ouvrages.

BARRINGTON (Daines), fils de John-Shute, vice-président de la Société royale et membre de celle des antiquaires, mort le 14 mars 1800, joignit à l'étude de la jurisprudence et de l'histoire de son pays celle de l'histoire naturelle. Il occupa plusieurs offices de judicature, dont il se démit pour se livrer avec plus de liberté à ses recherches littéraires. Ses principaux ouvrages sont : *Des Observations sur les statuts, spécialement les plus anciens*, etc., 1766, in-4, réimprimé la même année : ouvrage qui a eu, depuis, cinq éditions, qui jouit encore d'une grande réputation, et qui est très-souvent cité comme autorité par les meilleurs historiens et jurisconsultes anglais ; *le Calendrier du Naturaliste*, 1767, in-4, une édition d'*Orosius* avec la *traduction anglo-saxone*, d'Alfred-le-Grand, et une *Traduction anglaise accompagnée de Notes*, par Daines Barrington, 1773, in-8 ; ces *Notes* ont été vivement critiquées ; *Traité sur la probabilité d'atteindre au pôle septentrional*, 1775, in-4 ; *Expériences sur le chant des oiseaux* et *Essai sur leur langage*; *Voyage d'Othar*, ou *Eclaircissements sur la géographie du IXᵉ siècle*; *Recherches sur l'invasion de Jules-César*; *Mélanges sur divers sujets*, 1780, in-4 ; enfin un grand nombre de *Dissertations* insérées dans les *Mémoires* de la Société royale de Londres, et dans ceux de la Société des antiquaires de la même ville. Parmi ces *Dissertations* on cite celles qu'il a faites sur la fameuse médaille d'Apamée, que Bryant employait pour prouver l'universalité du déluge, tandis que Barrington en tirait des conséquences contraires, et que l'abbé Barthélemy et le doyen Miller en contestaient l'authenticité.

BARRIS (Pierre-Jean-Paul), président à la cour de cassation, naquit à Montesquiou en Gascogne le 30 juin 1759. Après avoir fait ses études à Toulouse, il se mit à voyager et parcourut une grande partie de l'Europe. De retour en France, il embrassa la carrière du barreau dans laquelle il se distingua. En 1790, il fut nommé commissaire du roi près le tribunal de Mirande, puis peu après il fut élu député à l'Assemblée législative. Il s'y fit remarquer par la sagesse de ses opinions et la part active qu'il prit à la discussion des projets de lois qui concernaient la jurisprudence. Pendant la terreur, il ne put échapper que par la fuite aux poursuites qui furent dirigées contre lui. En 1796, le collége électoral le nomma juge au tribunal de cassation, et le Directoire le chargea ensuite d'aller présider les tribunaux de révision dans les départements du Rhin. Nommé conseiller à la cour de cassation par le premier consul, il devint le 17 avril 1806, président de la section criminelle de cette cour. La Restauration le conserva dans ses fonctions ; il les exerçait encore, lorsqu'il est mort le 27 juillet 1824. Barris était un magistrat intègre, distingué par sa science et ses lumières ; il sut conserver sous le gouvernement impérial, comme sous celui de la Restauration, l'indépendance du caractère unie à la sagesse des opinions.

BARROS (Jean de), né à Viseu en 1496, fut élevé à la cour d'Emmanuel, roi de Portugal, auprès des infants. Il fit des progrès rapides dans les lettres grecques et latines. L'infant Jean, auquel il s'était attaché et dont il était précepteur, ayant succédé au roi son père en 1521, de Barros eut une charge dans la maison de ce prince. Il devint, en 1522, gouverneur de Saint-Georges-de-la-Mine, sur les côtes de Guinée, en Afrique. Trois ans après, le roi l'ayant appelé à la cour, le fit trésorier des Indes : cette charge lui inspira la pensée d'en écrire l'histoire. Pour l'achever, il se retira à Pombal, où il mourut en 1570, avec la réputation d'un savant estimable et d'un bon citoyen. De Barros a divisé son *Histoire de l'Asie et des Indes* en quatre décades. Il publia la première en 1552, la deuxième, en 1553, la troisième, en 1563 ; la quatrième ne vit le jour qu'en 1615, par les ordres du roi Philippe III, qui fit acheter le manuscrit des héritiers de Jean de Barros. Cette *Histoire* est en portugais. Possevin et le président de Thou en font de grands éloges. La Boulaye-le-Goux, dont le suffrage est peu de chose en comparaison des deux autres, dit que c'est plutôt du papier barbouillé qu'un ouvrage digne d'être lu. Barros a ramassé bien des faits qu'on chercherait vainement ailleurs, et mérite une place parmi les bons historiens. Divers auteurs ont continué son ouvrage, et l'ont poussé jusqu'à la treizième décade. Il y en a une nouvelle édition à Lisbonne, 1736, 3 vol. in-fol., puis une autre en 1774, 11 vol. in-8. Alphonse Ulloa l'a traduit en espagnol. Barros a encore composé plusieurs autres écrits, entre autres, une *Grammaire de la langue portugaise* ; un *Traité de la mauvaise honte* ; un *Dialogue moral*, etc.

BARROW (Isaac) naquit à Londres en 1630. Il fit plusieurs voyages en France, en Italie, à Constantinople. Il professa ensuite le grec à Cambridge, et, quelque temps après, la géométrie. Tillotson a donné une édition de ses *OEuvres* en 4 vol. in-fol., 1683 et 1687. On y trouve des *Sermons*, des *Ouvrages de mathématiques* et des *Traités de théologie*. Il mourut en 1677. Barow avait beaucoup de génie pour les mathématiques ; il fut le maître de Newton, et il ébaucha le calcul des infiniment petits. Il trouva, en 1666, une méthode de mener les tangentes, qui donna bientôt lieu à ce calcul. Malgré ses succès, il quitta l'étude aride de la géométrie, pour s'attacher à celle de la religion ; mais y ayant porté les préjugés de sa communion, il n'y trouva pas les ressources qu'elle promet à ceux qui cherchent sincèrement la pureté de la foi. Ses ouvrages en ce genre n'eurent que peu de succès, et ne font pas toujours honneur au jugement du théologien. Il est encore auteur de l'*Abrégé chronologique*, ou *Histoire des découvertes faites par les Européens dans les deux Indes*, traduit de l'anglais par R. Targe, 12 vol. in-12, Paris, 1766 ; de l'*Histoire nouvelle et impartiale d'Angleterre*, traduite de l'anglais, Paris, 1771, 15 vol.

BARRUEL (l'abbé Augustin), né le 2 octobre 1741, à Villeneuve-de-Berg en Vivarais, et mort à Paris le 5 octobre 1825, à 80 ans. Il venait d'entrer dans l'illustre Société des jésuites, lorsqu'elle fut supprimée en France, en 1762. Sa vie a été toute militante. Il avait beaucoup étudié, beaucoup vu, beaucoup voyagé, habité toutes les capitales : personne ne connaissait mieux que lui le cœur humain et le monde. De retour en France sur la fin du règne de Louis XV, il célébra par une *Ode* l'avénement de Louis XVI au trône. Il refusa tous les postes qui lui furent offerts, pour consacrer sa plume à la défense de la religion. Il s'associa d'abord à Fréron, et coopéra à l'*Année littéraire*. En 1788, il reprit dans un esprit nouveau le *Journal ecclésiastique*, commencé en 1760, par l'abbé Dinouard. La Révolution éclata, l'abbé Barruel, obligé de quitter la capitale, où sa vie était menacée, se rendit en Angleterre, et continua de s'y livrer à la défense de la religion. Après la chute du Directoire, l'abbé Barruel se déclara pour le parti de la soumission, engagea plusieurs ecclésiastiques à rentrer en France et y rentra lui-même : ce qui fait assez voir combien est peu fondé le reproche d'indocilité politique qu'on a adressé quelquefois à l'ordre dont l'abbé Barruel était membre. On a de l'abbé Barruel : *Ode sur le glorieux avénement de Louis-Auguste au trône ; Traduction* (en français et en vers) du poëme latin du P. Boscowch, intitulé : *les Eclipses*, Paris, 1779, in-4 ; les *Helviennes* ou *Lettres provinciales philosophiques*, 1784, 5 vol. in-12, contre les incrédules, que le fameux Grégoire lui-même admire dans sa prétendue *Histoire des Sectes*. Il y en a eu six éditions : la dernière de 1824, fort belle, a été enrichie d'un *Éloge de l'abbé Barruel*, par Dussault, célèbre rédacteur du *Journal des Débats* ; *Journal ecclésiastique*, depuis 1788 jusqu'au 10 août 1792, contre la constitution civile du clergé ; *Prône d'un bon curé pour le serment civique*, 1790, souvent réimprimé ; *Discours sur les vraies causes de la Révolution actuelle*, 1790, in-8 ; *Lettres sur le divorce*, 1790, in-8; *les vrais Principes sur les mariages, opposés au rapport de Durand de Maillane, et faisant suite aux Lettres sur le divorce*, 1790, in-8; *Histoire du clergé de France pendant la révolution*, Londres, 1794, 2 vol. in-12, réimprimés en 1 vol. in-8: cette *Histoire* ne va que jusqu'en 1792, et mérita l'approbation du souverain Pontife; *Mémoires pour l'histoire du jacobinisme*, Londres, 1796 et années suivantes, 5 vol. in-8; 2ᵉ édition en 1813; 6ᵉ édition en 1823, sans compter les contrefaçons et les traductions, qui s'élèvent à plus de vingt. L'auteur y prouve l'existence d'une secte depuis longtemps en état de conspiration contre le trône et l'autel. Il donna un précis de cet ouvrage sous le titre d'*Abrégé des Mémoires du jacobinisme*, 2 vol. in-12. On peut regarder ce livre extraordinaire comme un de ceux qui ont eu le plus d'influence et de lecteurs dans ce siècle; l'*Evangile et le clergé français, sur la soumission des pasteurs dans les révolutions des empires*, brochure de 87 pages; *Du Pape et de ses droits religieux, à l'occasion du concordat*, Paris, 1803, 2 vol. in-8; des *Lettres* insérées dans l'*Ami de la Religion*, etc. On a attribué à l'abbé Barruel la *Collection ecclésiastique*, ou *Recueil complet des ouvrages faits depuis l'ouverture des Etats-Généraux, relativement à la constitution civile du clergé*, 1791 et 1792, 14 vol. in-8. Il n'a fait qu'y prêter son nom. La plupart des ouvrages de l'abbé Barruel eurent un succès de vogue, et furent traduits en plusieurs langues étrangères; tous furent le fruit d'une grande expérience, unis à un zèle dont les écarts eux-mêmes seraient excusables.

BARRY (Marie-Jeanne Bécu, dite *de Vaubernier*, comtesse du), née à Vaucouleurs en 1744, était fille d'une couturière nommée *Bécu*, dite Cantigni, qui, dans la suite, épousa un commis aux barrières. Un ouvrage intitulé: *Anecdotes de Madame la marquise du Barry*, la nomme *Marie-Jeanne Gomart*. Elle entra d'abord chez une marchande de modes, école ordinaire de corruption, d'où elle passa dans une maison consacrée à la débauche, et fut connue sous le nom de Mˡˡᵉ *Lange*. Nous laissons de côté les désordres de ses premières années. Le comte Jean du Barry, ambitieux dépravé, vit dans cette beauté de quoi captiver les regards de Louis XV, et comme il lui fallait un époux pour pallier au moins la conduite du roi, Guillaume, frère du comte Jean, s'offrit, en 1769; la comtesse du Barry parut à la cour, devint le canal des grâces, et dirigée secrètement par d'Aiguillon et Maupeou, contribua puissamment à la chute de Choiseul et à la destruction des parlements. Après la mort du roi, elle se comporta avec décence, et vécut retirée dans sa maison de Lucienne; abandonnée de presque tous ceux qui avaient été ses flatteurs, elle n'imita pas leur ingratitude. A l'époque de la Révolution, loin d'en partager les principes, elle ouvrit sa maison aux appuis de la monarchie chancelante, et l'on prétend qu'elle ne fit courir le bruit qu'elle avait été volée qu'afin de pouvoir assurer aux émigrés la valeur de ses diamants, qu'elle leur porta elle-même en Angleterre. Ayant eu l'imprudence de revenir en France, elle fut arrêtée, traduite au tribunal révolutionnaire, et condamnée à mort le 7 décembre 1793, « comme cons- « piratrice, et pour avoir porté à Lon- « dres le deuil du tyran. » Conduite à l'échafaud, elle laissa éclater à cet instant une faiblesse peu digne de la cause pour laquelle elle mourait.

BARSABAS, surnommé *le Juste*, un des premiers disciples de Jésus-Christ, après l'ascension du Sauveur, fut présenté avec Mathias pour être mis à la place de Juda. On ne sait rien de particulier de sa vie ni de sa mort. — *Barsabas* est aussi le surnom de Jude, autre disciple dont il est parlé dans les Actes, qui fut envoyé avec quelques autres à Antioche, pour y porter la lettre où les apôtres rendaient compte de ce qui avait été décidé dans le concile de Jérusalem.

BART (Jean), né à Dunkerque, d'un simple pêcheur, est plus connu que s'il avait dû le jour à un monarque. Dès 1675, il était célèbre par plusieurs actions aussi singulières que hardies. Il serait trop long de les détailler toutes. Sa bravoure ayant éclaté en différentes occasions, il eut le commandement, en 1692, de sept frégates et d'un brûlot. Trente-deux vaisseaux de guerre, anglais et hollandais, bloquaient le port de Dunkerque. Il trouva le moyen de passer, et, le lendemain, il enleva quatre vaisseaux anglais, richement chargés qui allaient en Moscovie. Il alla brûler 86 bâtiments, tant navires qu'autres vaisseaux marchands. Il fit ensuite une descente vers Newcastle, y brûla environ 200 maisons et emmena à Dunkerque pour 500,000 écus de prises. Sur la fin de la même année 1692, ayant été croiser au Nord avec trois vaisseaux du roi, il rencontra une flotte hollandaise, chargée de blé. Elle était escortée par trois navires de guerre : Bart les attaqua, en prit un, après avoir mis les autres en fuite, et se rendit maître de seize vaisseaux de cette flotte. En 1693, il eut le commandement du vaisseau *le Glorieux*, de 66 canons, pour servir dans l'armée navale, commandée par Tourville, qui surprit la flotte de Smyrne. Bart, s'étant trouvé séparé de l'armée, rencontra proche de Faro six navires hollandais, tous richement chargés ; il les fit échouer et brûler. Le héros marin, actif, infatigable, partit quelques mois après avec six vaisseaux de guerre, pour amener en France, du port de Vlekeren, une flotte chargée de blé. Il la conduisit heureusement à Dunkerque, quoique les Anglais et les Hollandais eussent envoyé de grosses frégates pour l'empêcher. Au commencement de l'été de 1694, il se mit en mer avec les mêmes vaisseaux, pour aller chercher une flotte chargée de blé pour le compte du roi, qui était restée dans différents ports du Nord. Cette flotte était déjà partie au nombre de plus de cent voiles, sous l'escorte de deux vaisseaux danois et un suédois. Elle fut rencontrée entre le Texel et le Vlie par le contre-amiral de Frise, nommé Hides-de-Vries, qui commandait une escadre composée de huit vaisseaux de guerre, et n'eut point de peine à s'emparer de la flotte. Mais le lendemain, Bart le rencontra à la hauteur du Texel, et, quoique inférieur en nombre et en artillerie, il lui enleva sa conquête, prit le contre-amiral et deux autres vaisseaux. Cette grande action lui valut des lettres de noblesse. Deux ans après, en 1696, Jean Bart causa encore une perte considérable aux Hollandais, en se rendant maître d'une partie de leur flotte, qu'il rencontra à six lieues de Vlie ou Vlieland, île voisine du Texel. Son escadre était composée de huit vaisseaux de guerre et de quelques armateurs, et la flotte hollandaise de cent six vaisseaux marchands, escortée de quelques frégates : Bart l'attaqua avec vigueur, et aborda lui-même le commandant ; prit trente vaisseaux marchands, et quatre du convoi, sans avoir souffert que très-peu de perte. Il ne put néanmoins profiter de sa conquête. Ayant rencontré presque aussitôt douze vaisseaux de guerre hollandais, convoyant une flotte qui allait au Nord, il fut contraint de mettre le feu à sa prise, pour l'empêcher de retomber entre les mains des ennemis. Il ne se sauva lui-même qu'à force de voiles, de la poursuite de quelques autres vaisseaux. Ce célèbre marin mourut en 1702, à 51 ans, avec une grande réputation. Sans protecteurs et sans autre appui que lui-même, il devint chef d'escadre, après avoir passé par tous les degrés de la marine. Il était de haute taille, robuste, bien fait de corps, quoique d'un air grossier. Il ne savait ni lire, ni écrire, ayant seulement appris à mettre son nom. Il parlait peu et mal, ignorant les bienséances, s'exprimant et se conduisant partout en matelot. Le roi lui ayant dit : « Jean Bart, je viens de vous nommer chef d'escadre, » lui répondit fièrement : « Vous avez bien fait, Sire. » Lorsque le chevalier de Forbin l'amena à la cour, en 1691, les plaisants de Versailles se disaient : « Allons « voir le chevalier de Forbin qui mène « l'ours. » Il se présenta, dit-on, avec une culotte de drap d'or, doublée de drap d'argent ; et la gêne que cette doublure produisait, lui donnait une attitude assez plaisante. Jean Bart n'était bon que sur son navire. Il était très-propre pour une action hardie, mais incapable d'un projet un peu étendu. On a donné sa *Vie*, en 1782, in-12. Il en a paru une autre par Vanderest, in-8, de 324 pages, Paris, 1841. — Le nom de Jean Bart est passé en proverbe ; pour peindre un marin déterminé, on dit : C'est un Jean Bart. Brave jusqu'à la témérité, doué d'une inébranlable résolution, franc jusqu'à la rudesse, il semble le vrai type de l'officier de marine. Sa vie est remplie de traits d'audace, parmi lesquels il en est qu'on admire à regret ; tel est celui-ci : Jean Bart, croisant dans la Méditerranée, livre un combat à outrance à un corsaire anglais ; il crut remarquer, au milieu de la mêlée, de l'altération sur la figure de son fils, jeune enfant de dix ans. Frémissant à l'idée que jamais la peur pût entrer au cœur de son fils, il le fit attacher au pied du grand mât, et le laissa exposé à une grêle de balles pendant tout l'engagement. Le trait suivant peint l'exaltation éminemment française de Jean Bart. Appelé à croiser dans la Manche, il avait fait sur les ennemis des prises considérables, qu'il avait conduites à Bergen (Suède), port neutre où il restait pour se radouber. Un jour qu'il se promenait à terre, le capitaine d'un corsaire anglais l'aborde et lui demande s'il n'est pas monsieur Jean Bart. — « Oui, « répond celui-ci. — Eh bien ! reprend « l'Anglais, il y a longtemps que je vous « cherche ; je veux avoir une affaire avec « vous. — J'accepte, dit Jean Bart ; aus« sitôt mon navire réparé, nous nous « battrons en pleine mer. » Sur le point de quitter le port, l'Anglais l'invite à déjeuner à son bord. « Deux ennemis « comme nous, répond Jean Bart, ne « doivent plus se parler qu'à coups de « canon. » L'Anglais insiste, sollicite, et Jean Bart, confiant dans sa loyauté, accepte enfin. Après le déjeuner, le capitaine anglais lui déclare qu'ayant juré de l'amener mort ou vif à Plymouth, il le fait son prisonnier. Jean Bart, indigné de tant de lâcheté, saisit une mèche allumée, se précipite vers un baril à poudre qu'on avait monté sur le pont, et menace de faire sauter le navire, si on ne lui rend sur-le-champ la liberté. A la vue de tant d'audace, l'équipage entier reste muet d'effroi : les matelots français, qui étaient à peu de distance, entendant le cri de leur capitaine, volent à sa défense, et, malgré la neutralité du port, enlèvent à l'abordage et coulent bas le navire anglais. — Encore un trait, pour peindre son indomptable résolution. Ayant reçu mission de conduire à Elseneur le prince de Conti, élu roi de Pologne, il fut attaqué par les Anglais, et courut grand risque d'être pris. Après l'affaire, comme le prince lui exprimait sa joie d'avoir échappé : « Nous n'avions pas à craindre « d'être faits prisonniers, lui répondit « Jean Bart : mon fils était à la Sainte-« Barbe, prêt à nous faire sauter, s'il eût « fallu nous rendre. »

BARTAS (Guillaume de SALLUSTE du) naquit à Monfort, en 1544, d'un trésorier de France, et non pas dans la terre de Bartas en Armagnac. Henri IV, qu'il servit de son épée et qu'il chanta dans ses vers, l'envoya en Angleterre, en Danemarck et en Ecosse. Il eut le commandement d'une compagnie de cavalerie en Gascogne, sous le maréchal de Matignon. Il était calviniste, et mourut en 1590, à 47 ans. L'ouvrage qui a le plus contribué à rendre son nom célèbre est le poëme intitulé : *Semaine de la création du monde*, en sept livres, qui a été suivi de la *Seconde Semaine*, ou *l'Enfance du monde*. Pierre de l'Ostal dit (dans un mauvais sonnet adressé à du Bartas, que ce seigneur a mis à la tête de son poëme) que ce livre est plus grand que tout l'univers. On prétendit aussi que Ronsard lui avait fait présent d'une plume d'or, en lui disant qu'il avait plus fait en une semaine que lui, tout Ronsard qu'il est, en toute sa vie; mais l'impérieux Ronsard réfuta ce bruit en s'adressant à Dorat son ami et son ancien maître :

Ils ont menti, Dorat, ceux qui le veulent dire,
Que Ronsard, dont la plume a contenté les rois,
Soit moins que du Bartas et qu'il ait, par sa voix,
Rendu ce témoignage ennemi de sa lyre.

Le style de du Bartas est bas, lâche, incorrect et impropre; il emploie des images grotesques et des dénominations ridicules, comme lorsqu'il appelle le soleil, *le duc des chandelles*; les vents, *les postillons d'Éole*; le tonnerre, *le tambour des dieux*. Quoiqu'on rie aujourd'hui de ces expressions, on en trouve dans plusieurs écrivains à prétention qui leur ressemblent beaucoup ; et si la dégénération de l'éloquence et la corruption du goût continuent d'aller en croissant, la *Semaine de la création du monde* pourra servir de modèle à nos jeunes poëtes et même à nos orateurs. (Voyez le *Journal historique et littéraire*, 15 novembre 1785, pag. 409.) On a du seigneur du Bartas plusieurs autres ouvrages. Le plus singulier est un petit poëme composé pour l'accueil de la reine de Navarre, faisant son entrée à Nérac. Ce sont trois nymphes qui se disputent l'honneur de saluer sa majesté. La première débite ses compliments en vers latins, la deuxième en vers français, et la troisième en vers gascons. Bartas, quoique assez mauvais poëte, était homme de bien. Son livre de la *Semaine* eut la fortune des meilleurs ouvrages. On en fit, dans cinq ou six ans, plus de trente éditions. Il s'éleva de tous côtés des traducteurs, des commentateurs, des abréviateurs, des imitateurs et des adversaires. Il faut avouer que, malgré le style guindé de du Bartas, ses hyperboles et ses métaphores ridicules, il se trouve çà et là des tirades de vers naturels et coulants ; tels sont les suivants, où il rejette le système du mouvement de la terre, qui alors n'avait pas la vogue qu'il a eue depuis :

Il se trouve entre nous des esprits frénétiques,
Qui se perdent toujours dans les sentiers obliques;
Qui, sans cesse, créant des systèmes nouveaux,
Prouvent que la raison gît loin de leurs cerveaux.
Tels sont, comme je crois, ces écrivains qui pensent
Que ce ne sont les cieux ni les astres qui dansent
A l'entour de la terre, et que la terre fait
Chaque jour sur son axe un tour vraiment parfait ;
Que nous semblons ceux-là qui, pour courir fortune,
Tentent le dos flottant de l'azuré Neptune,
Et nouveaux cuident voir, lorsqu'ils quittent le port,
La nef demeurer ferme, et reculer le bord.

Ses *OEuvres* furent recueillies, en 1611, in-fol., à Paris, par Rigaud.

BARTENSTEIN (Laurent-Adam), né à Heldbourg, le 28 août 1717, fut professeur au collége de Cobourg, et mourut le 25 février 1766, laissant: *Religionis christianæ excellentia ex insigniter*, etc., Cobourg, 1757, in-4 ; *Rudiments simplifiés de la langue grecque*, 1778, in-8 ; *Cur Virgilius moriens Æneida comburi jusserit*, 1772.

BARTHE (Nicolas-Thomas), de l'académie de Marseille, né en cette ville en 1754, et mort à Paris, le 17 juin 1785, victime de son amour pour les plaisirs. Il se fit connaître avantageusement par sa petite pièce des *Fausses infidélités*, qui est restée au répertoire du Théâtre-Français. Il fut moins heureux dans le

Mère jalouse, et *l'Homme personnel* ou *l'Égoïste*, sujets qui, au-dessus de ses forces, furent l'écueil de son génie. Ses *Poésies fugitives* offrent des traits d'esprit, un langage assez correct ; mais on y trouve rarement cette douceur, ce naturel, cet agrément qui doivent être le caractère de ces sortes de productions.

BARTHEL (Jean-Gaspard), célèbre professeur de droit canon, et supérieur du séminaire de Vurtzbourg. Ses grandes connaissances en droit lui méritèrent successivement les plus hautes dignités dont puisse être revêtu un ecclésiastique séculier. Il devint vice-chancelier de l'Université, et mourut en 1771. Il avait été élevé chez les jésuites, et montra, suivant les biographes modernes, toujours le plus profond respect pour le Saint-Siège, et une haine bien prononcée contre le protestantisme. Cependant les *Mémoires* du temps l'accusent d'avoir enseigné les mêmes principes qu'Oberhausser et Zallwein, et d'avoir prélude aux réformes qu'on établit peu après en Allemagne. Ses principaux écrits sont : *Historia pacificationum imperii circa religionem consistens*, in-4 ; *De jure reformandi antiquo et novo*, in-4; *De restitutâ canonicarum in Germaniâ electionum politiâ*, in-4 ; *Tractatus de eo quod circà libertatem exercitii religionis ex lege divinâ, et ex lege imperii justum est*, in-4.

BARTHÉLEMI DE SAINT-MARC. (Voyez BACCIO.)

BARTHÉLEMY (saint), un des douze apôtres, pénétra jusqu'à l'extrémité des Indes, au rapport d'Eusèbe et de plusieurs autres anciens écrivains. Par les Indes, ces auteurs entendent quelquefois, non seulement l'Arabie et la Perse, mais encore l'Inde proprement dite. En effet, ils parlent des Brachmanes de ces pays, fameux dans l'univers pour leurs prétendues connaissances de la philosophie, et pour leurs mystères superstitieux. On lit dans Eusèbe, que saint Pantène ayant été dans les Indes, au commencement du 3ᵉ siècle, pour réfuter les Brachmanes, y trouva des traces de christianisme, et qu'on lui montra une copie de l'évangile de saint Matthieu en hébreu, qu'on lui assura avoir été apporté dans ce pays par saint Barthélemy, quand il y avait planté la foi. Le saint apôtre revint dans les pays situés au nord-ouest de l'Asie, et rencontra saint Philippe à Hiéropolis en Phrygie. De là il se rendit dans la Lycaonie, où saint Chrysostôme assure qu'il instruisit les peuples dans la religion chrétienne. Mais on ignore les noms de la plupart des contrées dans lesquelles il annonça la foi ; et en général les détails de sa vie et de ses saintes conquêtes, ainsi que les circonstances de sa mort, ne sont pas connues d'une manière authentique. Les historiens grecs modernes disent qu'il fut condamné à être crucifié par le gouverneur d'Albanopolis. D'autres prétendent qu'il fut écorché vif, ce qui n'exclut pas le crucifiement. La réunion de ce double supplice était en usage, non seulement en Égypte, mais encore chez les Perses ; et les Arméniens pouvaient avoir emprunté de ces derniers peuples, leurs voisins, un tel genre de barbarie. Il n'a rien laissé par écrit. Le faux évangile que quelques hérétiques avaient forgé sous son nom fut déclaré apocryphe par le pape Gélase. Théodore Lecteur rapporte que l'empereur Anastase ayant fait bâtir, en 508, la ville de Duras en Mésopotamie, il l'enrichit des reliques de saint Barthélemi. Saint Grégoire de Tours assure qu'on les porta dans l'île de Lipari près de Sicile, avant la fin du 10ᵉ siècle. On lit dans Anastase-le-Bibliothécaire, qu'en 800 elles furent transférées de Lipari à Bénévent, et elles le furent de Bénévent à Rome en 983, selon le cardinal Baronius. Depuis ce temps-là, elles sont restées dans un monument de porphyre, placé sous le grand autel de la célèbre église qui porte, à Rome, le nom du saint, et qui est dans l'île du Tibre. Un évêque de Bénévent envoya un bras du saint apôtre à saint Édouard-le-Confesseur, qui en fit présent à la cathédrale de Cantorbéry. Il est vraisemblable que saint Barthélemy est le même que NATHANAEL.

BARTHÉLEMY-DES-MARTYRS, dominicain, ainsi appelé de l'église de Notre-Dame-des-Martyrs, où il reçut le baptême en 1514. Il enseigna la théologie à don Antonio, neveu de Jean III, roi de Portugal, que l'on destinait à l'Église. La reine Catherine lui donna l'archevêché de Brague, en 1559, par le conseil de Louis de Grenade, son confesseur. Il parut avec éclat au concile de Trente. Il combattit ceux qui, par un respect mal entendu, ne voulaient point qu'on fît des règlements pour la réformation des cardinaux, et représenta fortement que plus une dignité ecclésiastique est éminente, plus il importe de mettre ceux qui en sont revêtus dans une sainte nécessité de mener une vie régulière. C'est dans cette occasion qu'il dit les paroles si connues : *Illustrissimi cardinales egent illustrissimâ reformatione*. Il soutint avec la même force que la résidence dans les pasteurs est de droit divin, et conséquemment indispensable. Il y avait longtemps qu'il avait fait connaître ses sentiments sur les devoirs des pasteurs. Faisant la visite de son diocèse, il vit un jour dans les champs un jeune berger qui ne quittait point son troupeau au milieu d'un violent orage ; il eût pu se mettre à l'abri dans une caverne voisine ; mais il ne voulut point s'éloigner, de peur que le loup ou les autres bêtes ne profitassent de son absence. Barthélemy-des-Martyrs fut singulièrement touché de ce qu'il voyait. « Quelle leçon, dit-il, pour un pasteur « des âmes ! Avec quel soin ne doit-on « pas veiller pour les garantir des piéges « du démon ! » Saint Charles Borromée voyait dans ce prélat un second lui-même, et lia une amitié très-étroite avec lui. L'Eglise perdit Barthélemy en 1590, dans le couvent du Viane, où il s'était retiré huit ans avant sa mort, après s'être démis de son archevêché. Il y fit beaucoup de bien, et dans tous les genres. Il disait que sa vie n'était pas à lui, mais à son troupeau. *Je suis*, ajoutait-il, *le premier médecin de 1,400 hôpitaux, qui sont les paroisses de mon diocèse*. On a de ce saint archevêque un livre intitulé : *Stimulus pastorum*, et plusieurs autres ouvrages de piété, recueillis à Rome en 2 vol. in-fol., 1744, par D. Malachie d'Inguimberti, depuis évêque de Carpentras. On y trouve d'excellentes règles pour la vie des pasteurs et des simples fidèles. Dans la partie historique de ses ouvrages, on voit un auteur quelquefois plus pieux qu'éclairé ; mais on en est dédommagé par la solidité des réflexions et une onction rare. La crédulité d'ailleurs est un défaut si peu considérable en comparaison de ceux des écrivains de notre siècle, qu'on serait presque tenté de la regarder comme une vertu. Ajoutons que la critique était encore faible, et n'avait pas éclairci une infinité de choses mieux connues depuis. Louis de Grenade a donné une *Relation* abrégée de ses vertus et de ses principales actions. Sa *Vie* a été écrite par trois auteurs graves qui étaient tous contemporains. C'est d'après leur récit, joint à quelques autres *Mémoires*, qu'a été composée la *Vie* française du saint archevêque de Brague, qui a été imprimée in-8 et in-4. Quelques auteurs ont attribué cet ouvrage aux Dominicains ; mais ils se sont trompés, et l'on ne doute point qu'il ne soit d'Isaac le Maistre de *Sacy*. Au reste, cette *Vie* de D. Barthélemy-des-Martyrs est très-estimée et mérite de l'être.

BARTHÉLEMY (Nicolas), bénédictin du 15e siècle, né à Loches, a fait des poésies latines, difficiles à trouver : *Epigrammata*, *Momiæ*, *Enneæ*, imprimées chez Badius, 1524, 3 vol. in-8 ; les deux premiers sans date ; le troisième, de 1531, contient des pièces qui roulent sur des sujets de dévotion : *De vitâ activâ et contemplativâ*, 1523, in-8, en prose ; *Christus xilonicus*, tragédie en quatre actes, 1531, in-8.

BARTHÉLEMY (Jean-Jacques), abbé, de l'Académie française et de celle des inscriptions, était né à Cassis, près Aubagne, le 20 janvier 1716. Après avoir fait ses premières études sous le Père Reynaud de l'Oratoire, il les continua chez les jésuites, et il se livra entièrement à l'étude des langues savantes. En 1744, il se rendit à Paris. Gros de Boze, alors garde du cabinet des médailles, l'accueillit avec intérêt, et se chargea de le diriger dans la science numismatique pour laquelle il montrait les plus heureuses dispositions. Il y fit de si grands progrès, que Louis XV le désigna pour succéder à ce savant, mort en 1753. L'abbé Barthélemy se livra alors avec une nouvelle ardeur à ses recherches, et il entreprit à cet effet un voyage en Italie. Le cabinet des antiques renfermait 20,000 médailles ; à force de constance et de soins, il parvint à doubler ce nombre, et à mettre dans cette collection un ordre que les savants venaient admirer de toutes les parties de l'Europe. Infatigable au travail, il entreprit son *Voyage d'Anacharsis*, recueil des plus intéressants sur l'histoire, la religion, le gouvernement et les arts des Grecs. Le style en est agréable et élégant ; c'est une des meilleures productions du XVIIIe siècle : elle n'est cependant pas exempte de diffusion, et renferme peut-être trop d'éloges et pas assez de critique. Il travailla à cet ouvrage pendant 30 ans. « Dans « cette composition, dit un bibliographe, « on ne sait ce qu'on doit admirer le « plus, ou de l'immense étendue des « connaissances qu'elle exigeait et qu'elle « renferme, ou de l'art singulier des « rapprochements et des transitions par « lesquels l'auteur a su lier impercep- « tiblement tant d'objets disparates, et « unir tant de contrastes, ou de l'élé- « gance continue et de l'agrément in- « fini de toutes les narrations, de toutes « les discussions qu'au premier coup- « d'œil on serait tenté de prendre pour « les jeux d'une belle imagination. » Comme toutes les productions de ce siècle, celle-ci renferme encore quelques symptômes de la philosophie du jour :

mais c'est un des ouvrages modernes où elle se montre avec le plus de retenue et de décence. Il y a même bien des réflexions dont les coryphées de la philosophie n'ont pas dû être contents. Barthélemy portait le titre et le costume d'abbé, mais il n'entra jamais dans les ordres. Quoiqu'il fût l'homme de lettres le plus riche de son temps, il vécut toujours dans la plus grande simplicité de mœurs, et employa une partie de sa fortune à avancer sa famille. Un de ses amis lui demandait un jour pourquoi il n'avait pas un équipage : « J'aurais pris, répondit-il, une voiture, si je n'avais pas « craint de rougir en trouvant sur mon « chemin des gens de lettres à pied qui « valaient mieux que moi. » La grande considération dont il jouissait ne le mit point à l'abri des coups de la révolution, il y avait perdu une grande partie de sa fortune ; sur une simple dénonciation *de suspect*, il fut arrêté et conduit à la prison des Magdelonettes. Mais son entrée fut pour lui un triomphe; les prisonniers, apprenant son arrivée, descendirent l'escalier et l'accueillirent avec les témoignages d'une vénération profonde et d'un attendrissement sincère. Les révolutionnaires eux-mêmes, sensibles pour la première fois à la vertu et au talent, lui rendirent la liberté le jour suivant ; et le ministre de l'intérieur, comme pour le dédommager de l'affront qui lui avait été fait, vint lui offrir la place de bibliothécaire. L'abbé Barthélemy la refusa sous prétexte de son grand âge; mais le dégoût de la vie fut, dit-on, le principal motif de ce refus. En effet, depuis ce moment, il se fit en lui un changement remarquable. « Déseni-« vré de la gloire, dit Ste-Croix, son « amour pour elle s'affaiblit chaque jour; « bientôt il ne s'embarrassa plus de « l'avenir pour lequel il avait tant vécu. » Il disait que la révolution était mal nommée, qu'il fallait l'appeler une révélation, faisant allusion à la terrible expérience qu'elle donnait aux hommes. Il mourut le 30 avril 1795. Outre son *Voyage d'Anacharsis*, ci-devant cité, dont il y a eu un très-grand nombre d'éditions de tous les formats, et qui a été traduit dans toutes les langues de l'Europe, on a de lui un grand nombre d'ouvrages, principalement sur les antiquités et les médailles, plusieurs *Mémoires et Dissertations* savantes dans les *Mémoires* de l'Académie des inscriptions. Ses *OEuvres* diverses ont été publiées par de Ste-Croix en 2 vol. in-8 , Paris, 1798. L'introduction de son *Voyage d'Anacharsis* a été imprimée en un vol. in-12 , sous le titre d'*Abrégé de l'Histoire grecque*. Les meilleures éditions de ce *Voyage* sont celles de 1789 et 1799 , 1 vol. in-4 ou in-8 , avec l'atlas. On doit encore distinguer l'édition stéréotype, Paris, 1809, 7 vol. in-18 , où se trouvent, comme dans celle de 1799, trois *Mémoires* de l'abbé Barthélemy, sur sa vie, sur le cabinet des médailles, et sur les Voyages d'Anacharsis. Il y a plusieurs abrégés de cette excellente production , en 2 vol. in-12. M. Seriéys a publié en 1802, sur les lettres originales de l'auteur , le *Voyage en Italie*, in-8 et in-18 , traduit en allemand la même année.

BARTHÉLEMY (François, marquis de), pair de France , neveu de l'auteur du *Voyage d'Anacharsis*, mort à l'âge de 80 ans , le 3 avril 1830 , entra de bonne heure dans la carrière de la diplomatie, et suivit le baron de Breteuil en Suisse et en Suède. Il devint à Stockolm et peu après à Londres secrétaire de légation, et étant resté dans cette dernière ville, en qualité de chargé d'affaires, pendant l'absence de l'ambassadeur qui fut rappelé en 1791, ce fut lui qui annonça au gouvernement anglais l'acceptation de la constitution par Louis XVI. Barthélemy fut envoyé à la fin de la même année, ministre plénipotentiaire en Suisse , et sut éluder les ordres qu'il avait reçus du comité de salut public concernant les mesures à prendre contre les prêtres et les émigrés réfugiés dans les cantons. Il réussit dans ses négociations pour la paix avec la Prusse, avec l'Espagne , et ensuite avec l'Electeur de Hesse; mais il fut moins heureux dans celles qu'il entreprit dans le même but avec l'Angleterre. Elu membre du directoire le 7 prairial an V (1797) , sous l'influence du parti royaliste , il fut enveloppé dans la proscription , et déporté après le 18 fructidor à la Guyane , d'où il s'évada avec quelques compagnons d'infortune. Il revint en France après la révolution du 18 brumaire an VIII (9 octobre 1799), en passant par les Etats-Unis et l'Angleterre, et devint successivement sénateur en 1800, commandant de la Légion-d'Honneur, vice-président du sénat et comte de l'empire. Barthélemy présidait en 1814 les séances du sénat où les Bourbons furent appelés. Louis XVIII le nomma pair et vice-président honoraire de la Chambre, et , après sa seconde rentrée , ministre d'Etat et marquis. En 1819, il proposa, contre le vœu du ministère, de modifier la loi d'élection; cette proposition ayant été admise à une grande majorité, Louis

XVIII fit une nombreuse promotion de pairs pour réformer la majorité. Barthélemy fut constamment sage et modéré ; on l'a seulement accusé de transiger, suivant l'occurrence, avec ses principes politiques.

BARTHÉLEMY (Antoine-Joseph) naquit en 1764. Son père était valet de chambre du baron de Stassart, qui fut depuis président du conseil de Namur. Après avoir terminé ses études de droit à l'Université de Louvain, il fut reçu avocat, et s'acquit bientôt au barreau de Bruxelles la réputation d'un habile jurisconsulte. En 1790, lors de la révolution belge, Barthélemy montra beaucoup de modération, et en 1794, après l'occupation de la Belgique par les armées françaises, il fit partie du conseil provisoire de Bruxelles. Mais son opposition aux prétentions du conventionnel Haussman le fit éliminer, et il ne rentra dans l'administration municipale qu'en 1806. On lui doit l'idée du canal de communication entre Bruxelles et Charleroi. Nommé membre de la seconde chambre des états-généraux en 1822, il fit partie de l'opposition belge, et en 1830 il vota dans le congrès national pour l'exclusion de la famille de Nassau. Nommé ministre de la justice par le régent, il défendit toutes les mesures qui avaient pour but de rétablir l'ordre. Élu de nouveau en 1831, membre de la Chambre des représentants, il en devint vice-président. Il se trouvait au château de Franc-Waret, chez le marquis de Crux, lorsqu'il mourut subitement le 10 novembre 1832. Barthélemy n'était pas un homme supérieur, mais il avait de la sagesse et de la rectitude dans les idées. On a de lui, outre plusieurs *Mémoires* sur d'importantes questions de droit : *Dissertation sur l'ancien et le nouveau système hypothécaire*, Bruxelles, 1866, in-8; *des Gouvernements passés et du Gouvernement à créer*, Bruxelles, 1815.

BARTHEZ (Paul-Joseph), né à Montpellier le 11 décembre 1734, obtint au concours une chaire à l'Université de cette ville, et y enseigna avec beaucoup de succès. Il contribua beaucoup à faire revivre la médecine d'Hippocrate. En 1780 il fut appelé à Paris comme médecin ordinaire du roi. Il mourut le 15 octobre 1806. Ses principaux ouvrages sont : *Nouveaux Éléments de la science de l'homme*, Montpellier 1778, in-8., et Paris 1806, 2 vol. in-8; *Nouvelle Mécanique des mouvements de l'homme et des animaux; Traité des maladies goutteuses*, 2 vol. in-8 ; *Consultations de médecine*, 2 vol. in-8. On lui reproche d'avoir accrédité les doctrines désolantes du matérialisme.

BARTHIUS (Gaspard), né à Custrin en 1587, mourut à Leipsick en 1658. Il mérite une place parmi les enfants précoces. A 12 ans, il traduisit les *Psaumes de David* en vers latins ; à 16, il fit imprimer une *Dissertation* sur la manière de lire les auteurs latins, depuis Ennius jusqu'aux critiques de son temps. On a encore de lui : ses *Adversaria*, gros volume in-fol. divisé en 60 livres, imprimé à Francfort en 1624 et 1648. C'est un recueil de notes sur différents écrivains sacrés et profanes, avec des éclaircissements sur les coutumes et les lois. Un *Commentaire* in-4, sur Stace, 1660 ; et un autre sur Claudien, Francfort, 1650, en un vol. in-4. L'érudition n'y est pas dispensée avec discernement. Tous ces savants prématurés ont plus de mémoire que de jugement, et l'on ne doit pas être surpris de ce que leurs ouvrages ne leur survivent pas. On peut juger du goût de Barthius, par la peine qu'il a prise de traduire une partie des ouvrages de l'Arétin.

BARTHOLE, jurisconsulte célèbre, né à Sasso-Ferrato, dans la Marche d'Ancône, en 1313, fut professeur de droit dans plusieurs Universités d'Italie. Il mourut à Pérouse en 1356, et laissa plusieurs ouvrages, Lyon, 1545, 10 vol. in fol., écrits du style de son temps, mais qui renferment des choses qu'on ne trouverait pas ailleurs. La santé de ce jurisconsulte était très-délicate, sa taille petite ; mais il avait été dédommagé des défauts du corps par les avantages de l'esprit et du caractère ; le sien était plein de candeur. Il savait cependant dans l'occasion flatter les rois, et ajuster la jurisprudence à la puissance ; comme lorsqu'il se décida si plaisamment pour la monarchie universelle des empereurs d'Allemagne. (Voyez FRÉDÉRIC 1).

BARTIMÉE, c'est-à-dire fils de Timée, aveugle de la ville de Jéricho, étant assis sur le chemin qui conduit de là à Jérusalem, pour demander l'aumône, entendit que Jésus-Christ passait, suivi de ses disciples et d'une grande foule de peuple, et se mit à crier : *Jésus, fils de David, ayez pitié de moi*. Ceux qui étaient présents lui imposaient silence ; mais il redoubla ses cris. Alors Jésus s'arrêta et le fit venir. Bartimée accourut, et Jésus lui dit : *Que voulez-vous que je vous fasse?* l'aveugle lui répondit : *Que je voie la lumière*. Jésus lui dit : *Allez, votre foi vous a sauvé*; et aussitôt il vit et se mit à la suite du Sauveur. *Marc*. 10. v. 46.

BARTOLI (Cosme), célèbre poëte du 16ᵉ siècle, naquit à Florence. Ses succès dans la poésie le firent nommer en 1540 membre de l'Académie *degli Umidi*, si célèbre sous le nom d'*Académie florentine*; c'est lui qui fut chargé d'en rédiger les règlements. Le grand-duc le nomma, en 1568, son résident à Venise. Trois ans après, Bartoli retourna dans sa patrie, où il fut fait prieur de la grande église de Saint-Jean-Baptiste. Ses principaux ouvrages sont: *Marsilio Ficino sopra l'amore, ovvero Convito di Platone, traslatato da lui dalla greca lingua nella latina, e appresso volgarizzato nella toscana*, Florence, 1641, in-8; *l'Architettura di Leon Battista Alberti, tradotta in lingua fiorentina coll' aggiunta de' disegni*, etc., Florence 1550, in-fol.; *Manlio Severino Boezio, della consolazione filosofica, tradotto in volgare*, Florence, 1551, in-8; *Vita di Federigo Barbarossa, imperatore romano*, Florence, 1556, in-8; *Discorsi istorici universali* (au nombre de 40), Venise, 1569, in-4. On ignore l'époque de sa mort.

BARTOLI (Daniel), savant et laborieux jésuite, né à Ferrare en 1608. Après avoir professé la rhétorique, et ensuite exercé longtemps avec applaudissement le ministère de la prédication, ses supérieurs le fixèrent à Rome en 1650. Depuis cette époque jusqu'à sa mort, il publia un grand nombre d'ouvrages, tant historiques que de divers genres, tous écrits en langue italienne. Le plus connu et le plus considérable est une *Histoire de sa compagnie*, imprimée à Rome depuis 1650 jusqu'en 1673, en 6 vol. in-fol., traduite en latin par le P. Giannini, et imprimée à Lyon, en 1666 et années suivantes, et à Rome. « Mais, « dit un critique, que l'on ne soupçon- « nera pas d'être trop favorable aux jé- « suites, quelque bonne que soit une « traduction, elle n'approche jamais « d'un original aussi beau que l'ouvrage « du P. Bartoli. » Tous ses autres ouvrages, ceux d'histoire exceptés, ont été rassemblés et publiés à Venise, en 1717, 3 vol. in-4. Les uns et les autres sont estimés, tant pour le fond que pour la pureté, la précision et l'élévation du style; et ce jésuite est regardé par ses compatriotes comme un des premiers écrivains de la langue italienne. Il mourut à Rome, en 1685, après s'être rendu aussi recommandable par ses vertus que par ses talents.

BARTOLOCCI (Jules), religieux de Citeaux, né à Celano, dans le royaume de Naples, en 1613, professeur de langue hébraïque au collége des Néophytes et Transmarins à Rome, mourut en 1687. On a de lui une *Bibliothèque rabbinique*, en 4 vol. in-fol., 1675. Le feuillant Imbonati, son disciple, ajouta un 5ᵉ vol. à cet ouvrage aussi curieux que savant. En voici le titre: *Bartolocci de Celano (D. Julii) Congregatio Sancti Bernardi Ref. Ord. Cisterciensis, Bibliotheca magna rabbinica de Scriptis Hebraïcis, ordine alphabetico hebraïcè et latinè digestis*, in-fol. 4. vol., Rome, 1675. Volf en a profité pour sa *Bibliothèque hébraïque*.

BARTOLOZZI (François), habile graveur au burin, né à Florence en 1725. Il quitta sa ville natale pour se rendre à Venise, et il s'y livra entièrement à la gravure. En 1764 il passa en Angleterre, et se fixa à Brompton, près Londres, où il exécuta un grand nombre de gravures qui étendirent sa réputation dans toute l'Europe. Un dessin savant, un faire agréable et un goût fin, caractérisèrent ses productions. Il a aussi gravé, tant d'après ses dessins que d'après ceux de Cipriani et autres, un grand nombre de vignettes et d'ouvrages de librairie qui sont fort recherchés des amateurs.

BARTON (Elisabeth), fille tourmentée par des convulsions, devenue célèbre sous le règne de Henri VIII, roi d'Angleterre, est considérée par quelques-uns comme une visionnaire, et par d'autres comme une personne pieuse qui eut le don de prédire quelquefois l'avenir. Sanderus la représente sous ce dernier point de vue, et assure qu'entre autres choses elle prédit que Marie règnerait avant Elisabeth. D'autres prétendent qu'elle prédit à Henri VIII des malheurs qui ne lui arrivèrent pas. Ce qu'il y a de sûr, c'est que ce prince, irrité de ses discours contre son mariage avec Anne de Boulen, la fit mourir. Le célèbre Morus et le vertueux Fischer, évêque de Rochester, furent enveloppés dans son malheur; et le sort de ces grands hommes ne donne point une idée favorable du tribunal qui condamna Elisabeth Barton.

BARTRAM (Willam), savant botaniste et voyageur anglais. Il fit, en 1773, un long voyage dans le nord du Canada; et, après avoir pénétré dans la Floride, la Caroline, la Géorgie, il se fixa à Delaware, où il cultivait les plantes les plus rares et les plus utiles de l'Amérique pour les répandre dans le commerce. Il a publié la relation de son voyage à Philadelphie, 1791, in-8, traduite en français par Benoist sous ce titre: *Voyage dans les parties du sud de l'Amérique septentrionale*, Paris, 1799, 2 vol. in-8. Il est mort en

1800. — Son père, Jean Bartram, né en Pensylvanie en 1710, voyagea aussi longtemps dans l'Amérique septentrionale. Ses observations sur la botanique et l'histoire naturelle de cette partie du monde ont été publiées à Londres en 1751, in-8, sous ce titre de *Voyage de la Pensylvanie à Onondago, au lac Ontario.*

BARUCH, prophète, d'une famille noble des Juifs, suivit Jérémie, son maître, en Egypte. Après la mort de ce saint homme, il alla à Babylone, faire part à ses frères captifs, des prophéties qu'il avait lui-même composées. On ne sait rien de bien certain sur le reste de la vie de Baruch. Son style a de la noblesse et de l'élévation, et ressemble assez à celui de Jérémie, dont il était le disciple et le secrétaire. Ses prophéties sont contenues en six chapitres ; nous ne les avons plus en hébreu, mais on ne peut pas douter qu'il n'ait écrit en cette langue : les fréquents hébraïsmes que l'on y trouve le font assez connaître.

BASAN (Pierre-François), graveur et marchand d'estampes, né à Paris en 1723, mort dans cette ville le 12 janvier 1797, a publié beaucoup de catalogues d'estampes, et un *Dictionnaire des graveurs anciens et modernes*, qui, malgré un grand nombre de fautes, est encore le meilleur que nous ayons. Cet ouvrage, imprimé en 1770 en 3 volumes in-12, a eu une seconde édition en 1789, en 2 vol. in-8, et a été réimprimé en 1809 avec une *Notice historique sur l'art de la gravure* par P. P. Choffard.

BASCHI (Matthieu) naquit dans le duché d'Urbin en Italie, et prit l'habit de frère mineur au couvent de Montefalconi. Une voix qu'il crut entendre, et qui l'avertit d'observer la règle de saint François à la lettre, l'engagea à se revêtir d'un habit semblable à celui du spectre qui lui était apparu. Il partit peu de temps après pour Rome, parut ainsi vêtu devant Clément VII, et dit à ce Pape : « Saint Père, je suis un frère mineur, « enfant de saint François ; je veux ob« server la règle de mon séraphique père, « comme il l'observait lui-même. Ce saint « ne portait qu'un habit simple et gros« sier, tel que celui que vous me voyez. » Le Pontife, après quelques difficultés, approuva sa réforme. Matthieu Baschi se fit des compagnons et des ennemis. Les frères mineurs le firent mettre en prison ; mais ayant eu sa liberté, il fut élu général du nouvel ordre. Il se démit de cette dignité deux mois après ; et ne pouvant obéir après avoir commandé, il sortit de son couvent, et continua de prêcher en divers endroits. Il mourut à Venise en 1552 (Voyez OCHIN). L'ordre des capucins, dont il est le fondateur, est un des plus nombreux et des plus laborieux de l'Eglise. Urbain VIII donna une bulle en 1627, par laquelle le titre de *vrais enfants de saint François* leur est assuré, titre qui leur était disputé par les cordeliers. Il y avait eu un semblable procès du temps de Paul V, qui décida, en 1608, que les capucins étaient véritablement frères mineurs, *quoiqu'ils n'aient point été établis du temps de saint François.* Ces dernières paroles rallumèrent la querelle. Les adversaires des capucins en concluaient qu'ils ne venaient pas en droite ligne de ce saint fondateur. Urbain VIII la termina en décidant « qu'il faut prendre « le commencement de leur institution « de celui de la règle séraphique, qu'ils « ont observée sans discontinuation. »

BASEDOW (Jean-Bernard), professeur luthérien, né à Hambourg en 1725, de parents obscurs. Après avoir fait ses études avec succès, il entra d'abord, en qualité de précepteur, chez M. de Quaalen, conseiller intime de Holstein ; il fut ensuite nommé professeur de morale et de belles-lettres à l'académie de Soroë en Danemarck, où il publia sa *Philosophie pratique pour toutes les conditions*, 2 vol. in-8, 1758 et 1777. On y trouve de bonnes choses sur l'éducation en général, et particulièrement sur celle des filles ; mais des propositions peu conformes à l'orthodoxie luthérienne lui firent perdre sa place, et il fut envoyé au gymnase d'Altona, où il continua de s'adonner à la théologie. Il travailla alors à sa *Philalethée*, qu'il publia en 1764, et qui lui attira de nouvelles persécutions : il fut privé de sa place, retranché de la communion ; le peuple même voulait le lapider. Basedow écrivit pour se justifier, et se donna de nouveaux torts, en avançant de nouvelles propositions condamnables, dont il aurait été la victime, s'il n'eût été fortement protégé. Enfin il abandonna la théologie pour s'occuper de l'éducation, et il conçut le projet de la réformer entièrement. Il publia à cet égard plusieurs ouvrages qui eurent quelque succès, et l'engagèrent à former un nouvel établissement à Dessau, sous le nom de *Philanthropinon*. Il s'associa au célèbre Campe pour cette entreprise, et ne tarda pas de se brouiller avec lui. Son inconduite le força de renoncer à son entreprise. Il était sujet à s'enivrer, et n'avait nul ordre dans ses affaires. Enfin, après avoir erré dans différentes villes, il inventa une nouvelle méthode d'apprendre à lire, qu'il publia à Hambourg en 1785, et il ouvrit une école à

Magdebourg, où il la mit en pratique. Il mourut dans cette ville en 1790. Outre les ouvrages que nous avons cités, il en a publié un grand nombre d'autres qui annoncent un talent réel et en même temps un esprit inquiet, turbulent, qui fit le malheur de sa vie et l'empêcha d'obtenir l'estime qui était due à son savoir et à ses travaux.

BASILE (saint), surnommé *le Grand*, naquit sur la fin de 329, à Césarée en Cappadoce, de Basile, homme généralement estimé pour ses vertus et pour son éloquence, et d'Emilie, appelée par Grégoire de Nazianze *la nourrice des pauvres*, laquelle eut dix enfants, dont trois furent élevés à l'épiscopat, savoir : saint Basile, saint Grégoire de Nisse et saint Pierre de Sébaste. Saint Basile, ayant reçu de son père les premiers éléments de la grammaire, alla continuer ses études à Césarée et à Constantinople, et de là vint à Athènes où il se lia d'une étroite amitié avec saint Grégoire de Nazianze. Il revint ensuite à Césarée, et y plaida quelques causes avec succès. Dégoûté du barreau et du monde, il alla s'ensevelir dans un désert de la province du Pont, où sa sœur Macrine et sa mère Emilie s'étaient déjà retirées. Cette sainte société mettait sa gloire à être inconnue, ses plaisirs à souffrir, et ses richesses à mépriser tous les biens. Saint Grégoire de Nazianze et plusieurs autres vinrent se former à la vertu dans cette solitude. Basile leur écrivit en divers temps plusieurs avis que la plupart des moines ont pris pour leur règle, et où les fondateurs des monastères occidentaux ont puisé bien des points de leurs constitutions. Après la mort de l'évêque de Césarée, en 369, Basile fut choisi et élu contre sa volonté pour lui succéder. L'empereur Valens, partisan fanatique des ariens, voulut l'engager dans cette secte. Il lui envoya Modeste, préfet d'Orient, pour le gagner par des promesses ou par des menaces ; mais rien ne put l'ébranler. Le préfet, surpris et irrité, lui dit qu'il devait craindre qu'on ne lui ravît ses biens, sa liberté, sa vie même. « Tout cela ne me regarde point, « lui répondit Basile, car celui qui n'a « rien eu à couvert de la confiscation ; « pour ce qui est de l'exil, je n'en con- « nais point pour moi, toute la terre est « un exil, et le ciel seul est ma patrie ; « quant aux tourments, quel empire « pourront-ils avoir sur moi, puisque je « n'ai point de corps, pour ainsi dire, « pour les souffrir ? Il n'y aura que le « premier coup qui trouve prise ; pour « ce qui est de la mort, je la regarde « comme une grâce, puisqu'elle me « mènera plus tôt à Dieu, pour qui seul « je vis. » Modeste, encore plus étonné, s'écria que personne n'avait jamais osé lui parler si hardiment. *Peut-être aussi*, lui répliqua Basile, *n'avez-vous jamais rencontré d'évêque*. Réponse pleine d'énergie, digne du caractère épiscopal, que les pasteurs ne devraient jamais perdre de vue, et qui, si elle leur avait toujours servi de règle dans des temps pénibles et difficiles, aurait préservé l'Eglise de tous les maux que la faiblesse, la pusillanimité, le respect humain, ont laissé accumuler sans résistance sur cette sainte épouse de Jésus-Christ. Les incrédules modernes lui ont fait un crime de cette résistance aux ordres de l'empereur ; s'il y avait obéi, ces mêmes censeurs l'accuseraient de lâcheté. (Voyez saint AMBROISE.) La magnanimité de Basile désarma pour quelque temps Valens. Les ariens voulurent le faire exiler ; ce prince faible y consentit. Quand il fallut signer l'ordre, la plume se rompit entre ses mains ; il en prit une seconde avec laquelle il ne put former une lettre ; il en essaya une troisième qui se rompit de même. Alors la main lui trembla, et saisi de frayeur il déchira le papier, révoqua l'ordre et laissa saint Basile en paix. Le saint évêque travailla ensuite à apaiser les différends qui divisaient les Eglises d'Orient et d'Occident, au sujet de Mélèce et de Paulin, tous deux évêques d'Antioche. Il mourut en 379. Il était fort, grand et sec ; et par ses jeûnes il avait réduit son corps, surtout dans les dernières années de sa vie, à l'état d'un squelette. Il avait un air pensif et parlait très-lentement. Son zèle était conduit par la prudence. Quelques censeurs emportés le traitèrent quelquefois de faiblesse ; mais les exemples que nous avons cités ne sont pas des preuves équivoques de sa fermeté. Dom Garnier et dom Prudent ont donné une très-belle édition de ses *OEuvres*, en 3 vol. in-fol., avec une traduction latine, 1721 et années suivantes. On y trouve des *homélies*, des *lettres*, traduites en français par l'abbé de Bellegarde, Paris, 1693, in-8 ; des *commentaires*, des *traités de morale*. L'abbé Auger a publié en 1788 une traduction de l'*Hexameron*, des *homélies* et des *lettres choisies*. L'*Hexameron*, ou Recueil de discours sur l'ouvrage des six jours de la création, regardé comme le chef-d'œuvre de saint Basile, est plein d'érudition et de variété. Ses lettres, écrites avec noblesse et pureté, sont un des ouvrages les plus curieux et les plus savants de l'antiquité. Le style de tous ses ouvrages est élevé et majestueux ; ses raisonnements profonds, son érudition vaste. Ses écrits étaient lus de tout le monde, même des païens. On le comparait aux plus célèbres orateurs de l'antiquité, et on peut l'égaler aux Pères de l'Eglise les plus éloquents. L'ordre de Saint-Basile, le plus ancien des ordres religieux, tire, selon la plus commune opinion, son nom de ce saint docteur. M. Hermant a écrit sa *Vie*, 2 vol in-4, 1674.

BASILE (saint), prêtre de l'église d'Ancyre, métropole de la Galatie, se signala par son attachement à la foi de Nicée. Les ariens, qui le regardaient comme le plus dangereux ennemi de leur secte, lui défendirent en 360 de tenir des assemblées; mais il n'eut aucun égard à cette injuste défense, et continua à combattre l'erreur, même en présence de l'empereur Constance. Pendant que Julien l'Apostat travaillait à rétablir l'idolâtrie sur les ruines du christianisme, Basile courait par toute la ville, pour exhorter les fidèles à combattre courageusement pour la cause de Dieu et à ne point se souiller par les cérémonies abominables des païens. Saturnin et Frumentin, officiers de Julien, lui firent souffrir des tourments inouïs. L'Apostat ordonna lui-même *qu'on levât chaque jour sept morceaux de sa peau, jusqu'à ce qu'il n'en restât plus*. Telle était la doucereuse philosophie de ce prince si admiré par les apostats modernes. Basile ne perdit rien de sa fermeté : « Julien, dit-il à Frumen-« tin, a renversé les autels sous lesquels il « trouva la vie, lorsque Constance le « cherchait pour le mettre à mort ; mais « Dieu m'a découvert que la tyrannie « sera bientôt éteinte avec son auteur. » N'étant pas mort des incisions qu'on lui avait faites, on lui enfonça dans le dos des pointes de fer toutes rouges. Il consomma son martyre par ce supplice, le 29 juin l'an 362.

BASILE, pieux et savant évêque de Séleucie en Isaurie, fut déposé, l'an 451, dans le concile général de Chalcédoine, pour avoir eu la faiblesse de souscrire le faux concile d'Ephèse, en faveur d'Eutychès; mais ayant bientôt reconnu sa faute, il fut rétabli et reçu à la communion des catholiques. On a de lui 40 *Homélies*, imprimées avec les ouvrages de saint Grégoire Thaumaturge, en 1626, in-folio, et dans la *Biblitohèque des Pères*.

BASILE I, le *Macédonien*, empereur d'Orient, né à Andrinople de parents très-pauvres, porta les armes en qualité de simple soldat, et fut fait prisonnier par les Bulgares. Echappé de sa prison, il vint à Constantinople, n'ayant qu'une besace et un bâton. L'empereur Michel le fit son écuyer, puis son grand chambellan, et l'associa à l'empire. Basile, de mendiant devenu empereur, voulut retirer Michel de ses désordres. Ce prince, ennuyé d'avoir un censeur dans un homme à qui il avait donné la pourpre résolut de le faire mourir. Basile le prévint, et jouit tout seul de l'empire en 867. Il donna ses premiers soins à fermer les plaies de l'Eglise et celles de l'Etat. Il remit sur le trône patriarcal Ignace, et en chassa Photius, génie inquiet et tortueux, qu'il rétablit un an après. Il se fit craindre des Sarrasins d'Orient, s'empara de Césarée, vainquit ceux qui osèrent lui résister, et força les autres à demander la paix. Il avait déjà réduit les Manichéens. Il mourut en 886, d'une blessure qu'un cerf lui fit à la chasse. « Ce « fut un malheur, pour ce prince, dit « l'auteur de l'*Histoire du Bas-Empire*, « d'être né dans ces temps d'atrocité « et de barbarie. Ses grandes qualités, « propres à faire un héros, furent altérées par la rouille de son siècle. On « peut cependant conjecturer que s'il eût « eu des successeurs semblables à lui, « l'empire eût réparé ses pertes. Il n'eut « que la gloire d'en avoir retardé la « chûte. Aussi laborieux que vigilant, il « fut toujours à la tête du gouvernement « ou de ses armées. Il aimait la vérité, et « n'espérant guère la trouver dans la « bouche de ses courtisans, il la cher-« chait dans l'histoire. Il prenait conseil « des exemples qu'elle lui présentait. A « ces yeux la haute vertu tenait lieu de la « plus éminente dignité ; il l'admettait « dans sa familiarité, il oubliait même « la majesté impériale, pour aller visiter « ceux qui portaient ce noble caractère. « Plein de tendresse pour ses sujets, il « apportait la plus grande précaution à « ne leur donner que des gouverneurs « et des magistrats qui fussent les dé-« fenseurs de ceux dont il était le père.» Photius le séduisit en lui dressant une généalogie par laquelle il le faisait descendre de parents illustres. C'est sous ce prince qu'on entendit les premières cloches à Constantinople ; c'était un présent que les Vénitiens lui avaient fait en 872. Le christianisme a fait, sous le même règne, de grands progrès en Russie ; Basile fit accepter à ce peuple un évêque ordonné par le patriarche Ignace. On a de lui quelques *Lettres* dans la *Bibliothèque des Pères*; et des *Avis* à son fils Léon dans l'*Imperium orientale* du P. Banduri. M. l'abbé Cavoleau en a donné une traduction libre, Nantes, 1782, in-12. Il y a de très-bonnes maximes, telle que la suivante : « Croyez sincèrement à la reli-

« gion et qu'elle soit en tout temps la rè-
« gle de votre vie. La foi est le premier
« de tous les biens ; c'est elle qui épure
« nos actions, et qui donne à la vertu le
« dernier degré de perfection. »

BASILE II, successeur de Zimiscès, l'an 976, dans l'empire d'Orient, était fils de l'empereur Romain-le-Jeune. Il naquit en 956. Il avait de la valeur, de l'équité, de la vertu; mais il se livrait souvent aux attraits d'une gloire mal entendue, et lui sacrifiait des intérêts solides. Il défit les Sarrasins, repoussa les Bulgares, en tua 5,000 dans une bataille en 1014, et en fit 15,000 prisonniers, qu'il traita avec une inhumanité singulière. Les ayant partagés par bandes de cent, il fit crever les yeux à 99 de chacune, et n'en laissa qu'un au centième, pour conduire les autres à leur roi, qui ne survécut que 2 jours à ce cruel spectacle. Basile mourut en 1025, à 70 ans ; il en avait régné 50. Il révoqua la loi de Nicéphore qui, pour borner les acquisitions du clergé, défendait de bâtir de nouveaux monastères, et de léguer des fonds aux églises.

BASILISQUE, frère de Vérine, femme de Léon I, empereur d'Orient, devint général d'armée, consul et patrice. Il usurpa l'empire sous Zénon l'Isaurien, à la fin de 475, et fut bien accueilli par le peuple inconstant de Constantinople. Mais au lieu de répondre à l'idée qu'on avait de lui, il gouverna en tyran, favorisant les ariens, protégeant les eutychéens, et persécutant les orthodoxes. Zénon, qui avait été obligé de prendre la fuite, revint à Constantinople avec une armée, et donna bataille, en août 477, à Basilisque, qui fut vaincu, et n'eut d'autre asile qu'une église des catholiques qu'il avait persécutés. Zénon se fit livrer l'usurpateur, avec sa femme et ses enfants, et les envoya renfermer dans une tour d'un château de Cappadoce, où la faim et le froid les fit périr l'hiver suivant : ils expirèrent en s'embrassant les uns les autres. Pendant sa courte administration, Basilisque ne fit usage de sa puissance, que pour piller les peuples et les accabler d'impôts. Il avait pour principe cette maxime si propre à encourager la tyrannie et à effacer la honte des tyrans, qu'*un roi qui veut gouverner avec autorité doit dévorer la haine que ses injustices inspirent*. Il fut assez infâme pour souffrir qu'Hermate, son neveu, entretint un commerce criminel avec Zénonide, sa femme. De son temps, une partie de Constantinople fut réduit en cendres, et l'on regretta surtout la bibliothèque publique qui renfermait, dit-on, plus de 120 mille volumes.

BASILOWITZ (Jean) affranchit sa nation de la domination des Tartares, et jeta les fondements du puissant empire de Russie. Il fut le premier qui prit le titre de Czar, et régna depuis 1450 jusqu'en 1505. Il avait toutes les qualités qui distinguent le conquérant, un génie entreprenant, une âme intrépide et un corps infatigable : il avait en même temps tous les vices d'un siècle barbare, et toute la férocité de son pays sauvage. Il eut pour successeur Basile Iwanowitz.

BASIRE (Isaac), théologien anglican, plein de zèle pour sa secte, naquit dans l'île de Jersey en 1607. Après avoir été chapelain de Charles Ier, et étant obligé de fuir les troubles de sa patrie, il alla propager l'anglicanisme en Morée, en Palestine et en Mésopotamie. Il séjourna longtemps à Alep, d'où il partit à pied pour Constantinople avec une vingtaine de Turcs, auprès desquels il sut se rendre recommandable par ses connaissances en médecine. Il alla jusque dans la Transylvanie, où Georges Ragotzi II, prince de cette contrée, l'accueillit favorablement, et le nomma professeur en théologie de l'Université de Weissembourg, nouvellement fondée. Après un séjour de sept ans dans ce pays, la nouvelle restauration le rappela en Angleterre. Il fut réintégré dans ses bénéfices, et nommé chapelain de Charles II. Il mourut en 1676, âgé de 69 ans. On a de lui, entre autres ouvrages : *Deo et Ecclesiæ sacrum, ou le Sacrilège jugé et condamné par S. Paul* (Rom., II, 22); *Diatriba de antiquâ Ecclesiæ britanicæ libertate*, Bruges, 1636, in-8 ; *Lettre à sir Richard Brown*, contenant la relation de ses voyages imprimée à la suite d'une traduction anglaise de l'ouvrage ci-dessus, Londres, 1661; in-8 ; *Histoire du presbytérianisme anglais et écossais*, Londres, 1659 et 1660, in-8.

BASKERVILLE (Jean), célèbre imprimeur anglais, mort en 1775, à Birmingham, dans la province de Warwick. Personne avant lui n'avait porté si loin la perfection de son art. Les éditions sorties de ses presses sont d'une rare beauté, celle surtout de son *Virgile* in-4, qui est un chef-d'œuvre de typographie. On dit que cet imprimeur gravait et fondait lui-même ses caractères. Il a été aussi l'inventeur d'une nouvelle manière de fabriquer le papier, dont il n'a jamais voulu communiquer le secret : on l'a fort vantée, et peut-être trop.

BASNAGE (Benjamin), ministre protestant à Carentan, sa patrie, né en 1580, fut considéré et employé dans sa communion. On a de lui un *Traité de l'Eglise*, estimé par ceux de son parti. Il mourut en 1652, âgé de 72 ans.

BASNAGE (Antoine), fils de Benjamin, ministre à Bayeux, puis à Zutphen en Hollande, où il se retira après la révocation de l'édit de Nantes, mourut en 1691, âgé de 81 ans.

BASNAGE du Fraquenai (Henri), fils puîné du ministre protestant Benjamin Basnage, naquit à Sainte-Mère-Eglise, au-dessus de Carentan, le 16 octobre 1615. Ayant embrassé le parti du barreau, il s'établit à Rouen, et y acquit la réputation d'un des meilleurs avocats de son siècle. Il n'en acquit pas moins par son intelligence dans les commissions importantes où il fut employé. Il mourut le 20 octobre 1695, à Rouen, âgé de 80 ans. Il est auteur d'un *Traité des hypothèques*, et d'un excellent *Commentaire sur la coutume de Normandie*, imprimés plusieurs fois.

BASNAGE de Beauval (Henri), né à Rouen, l'an 1657, fils de Henri Basnage du Fraquenai, fut avocat au parlement de Normandie, comme son père. Réfugié en Hollande, après la révocation de l'édit de Nantes, il s'y était annoncé par un *Traité de la tolérance*, 1684, in-12. Il mourut à La Haye, en 1710, à 53 ans. Bayle ayant discontinué ses *Nouvelles de la république des lettres*, Basnage leur fit succéder l'*Histoire des ouvrages des savants*. Ce journal, en 24 vol. in-12, fut commencé en septembre 1687, et finit au mois de juin 1709. Il y a de très-bons extraits; mais le style en est souvent recherché. On a encore de lui une édition de Furetière, en 3 vol. in-fol., 1701.

BASNAGE de Beauval (Jacques), fils puîné de Henri du Fraquenai, naquit en 1658, exerça le ministère à Rouen, sa patrie, et ensuite en Hollande, où il s'était retiré pour le même sujet que son frère. On a de lui divers ouvrages : Une *Histoire de l'Eglise*, en français, 2 vol. in-fol., à Rotterdam, 1699, qui est peut-être la meilleure de toutes celles qu'on a faites pour les protestants; elle est moins défigurée par les déclamations et les attributions oiseuses, dont l'esprit de parti a coutume de remplir ces sortes d'ouvrages, quoiqu'on y reconnaisse toujours le ministre de secte. L'*Histoire des églises réformées*, qui se trouve dans ce livre, a été donnée séparément, 1725, 2 vol. in-4; l'*Histoire des Juifs, depuis Jésus-Christ jusqu'à présent*, seconde édition, à La Haye, 1716, 15 vol. in-12. Ce livre, plein d'érudition, fut si applaudi dans sa naissance, que l'abbé Dupin ne fit pas difficulté de le faire imprimer à Paris, après y avoir fait quelques corrections. Les savants qui veulent s'instruire des dogmes, des cérémonies et de l'histoire de la nation juive, la lisent encore avec plaisir et avec fruit; la *République des Hébreux*, à Amsterdam, 1705, 3 vol. in-8; les *Antiquités judaïques*, 1713, 2 vol. in-8; *Dissertation sur les duels et la chevalerie*, 1720, 4 vol. in-8, imprimée aussi dans l'*Histoire des ordres de chevalerie*, 4 vol. in-8; les *Annales des Provinces-Unies, depuis la paix de Munster*, en 2 vol. in-folio, à La Haye, 1719 et 1726, assez bonnes, principalement pour la partie qui regarde les derniers temps de la République. C'est là apparemment l'ouvrage qui a donné occasion à cette antithèse d'un écrivain célèbre : « Que « Basnage était plus propre à être mi- « nistre d'Etat que d'une paroisse. » Un *Traité de la conscience*, 2 vol. in-8; des *Sermons* moins lus que ses ouvrages historiques. Il mourut en 1723. On a encore de lui l'*Histoire de l'Ancien et du Nouveau-Testament*, avec des figures, par Romain de Hogues, à Amsterdam, 1705, in-fol. Son style manque de légèreté et d'élégance.

BASNAGE (Samuel), de Flottemanville, fils d'Antoine, fut, comme son père, ministre à Bayeux et à Zutphen. Il a laissé des *Annales ecclésiastiques* en latin, 1706, 3 vol. in-fol., beaucoup moins estimées que l'*Histoire de l'Eglise*, de son cousin, Basnage de Beauval, et une *Critique des annales de Baronius*, in-4, pour servir de supplément à celle de Casaubon. Ce savant, né à Bayeux, mourut en 1721.

BASSAN (Jacques du Pont, ou le) naquit, en 1510, à Bassano, ville des Etats de Venise. Il peignit des paysages et des animaux, avec beaucoup de vérité. Il peignait également bien le portrait. Son pinceau n'est pas si vrai et si noble dans les sujets historiques, parce qu'il connaissait très-peu les beautés de l'antiquité. On voit plusieurs de ses tableaux dans le cabinet du roi de France, au Palais-Royal et à l'hôtel de Toulouse. Il mourut l'an 1592, laissant quatre fils tous peintres. François et Léandre furent ceux qui approchèrent le plus de leur père; mais ils héritèrent aussi de la folie dont leur mère était atteinte. Léandre s'imaginait toujours qu'on voulait l'empoisonner; il mourut à Venise, en 1623. François, s'étant persuadé qu'on ne cessait de le poursuivre, crut un jour qu'on enfonçait sa porte pour le saisir, se jeta par la fenêtre, et mourut en 1594. Les deux autres s'occupèrent presque uniquement à copier les tableaux de leur père, et parvinrent si bien à saisir sa manière aisée et naturelle, que leurs copies sont souvent prises pour les originaux.

BASSANO (Voyez MARET).

BASSELIN (Olivier), de Vire en Normandie, fit beaucoup de chansons à boire, modèles de celles qu'on a faites depuis, et auxquelles on a donné, par corruption, le nom de *Vaudeville*. Comme le chansonnier normand chantait ses vers au pied d'un côteau appelé *les Vaux*, sur la rivière de Vire, on les nomma *Vaux-de-Vire*. Ces *Chansons*, composées dans le 15e siècle, tenaient de la barbarie du style du temps, et de la grossièreté de l'auteur. Jean-le-Houx les corrigea le siècle d'après, et les mit dans l'état où nous les avons à présent. Dubois en a donné une nouvelle édition sous le nom de *Vaux-de-Vire d'Olivier Basselin*, Caen, in-8, 1821.

BASSEPORTE (Madeleine-Françoise), célèbre par le talent de peindre les plantes, les oiseaux, les animaux, née à Paris en 1701, morte en 1780, succéda en 1732 à Obriette, dans la place de peintre des jardins du roi. Louis XV la fit souvent appeler pour peindre des animaux singuliers. Elle fut liée avec l'abbé Pluche, auteur du *Spectacle de la nature*, et orna de quelques dessins cet excellent ouvrage.

BASSET (C.-A.) avait été bénédictin de l'abbaye de Sorrèze, où il professait la littérature avant la révolution. Il émigra et ne rentra en France qu'en 1801. Il est mort en 1828. On a de lui : *Essai sur l'éducation et sur l'organisation de quelques parties de l'instruction publique*, 1814 ; *Explication de Playfair sur la théorie de la terre, par Hutton, et examen comparatif des systèmes géologiques fondés sur le feu et sur l'eau, par M. Murray*, en réponse à l'explication de Playfair, traduits de l'anglais, et accompagnés de *Notes* et de *Planches*, in-8, 1815.

BASSEVILLE (Hugon de), l'un des rédacteurs du *Mercure National*, et très zélé partisan de la révolution, fut assassiné à Rome, où il s'était rendu en qualité d'envoyé de la république. On a de lui des *Eléments de mythologie avec l'analyse d'Ovide et des poëmes d'Homère et de Virgile*, in-12, plusieurs fois réimprimés, qu'il composa pour ses élèves. Se trouvant sans fortune, il se rendit à Paris en 1775, et il y vécut pendant plusieurs années, en faisant des éducations particulières.

BASSI (Laure-Marie-Catherine), née à Bologne, se rendit célèbre par son savoir. A 20 ans, elle soutint en public une thèse de philosophie contre les plus savants docteurs de l'Université, et obtint des applaudissements universels. Peu de temps après, elle reçut le grade de docteur et une chaire de philosophie, qu'elle enseigna pendant plusieurs années, mais plus particulièrement la physique pour laquelle elle avait un rare talent. Elle savait parfaitement le grec, et cultivait aussi la poésie italienne. On a frappé une médaille en son honneur. Elle mourut le 20 février 1778.

BASSINET (Alexandre-Joseph de), chanoine et archidiacre de Verdun, né en 1734, mort le 6 novembre 1813, à Chaillot, où il s'était retiré après avoir perdu toute sa fortune. Il a publié une édition des *Sermons de Ciceri*, en 6 vol., et une *Histoire de l'Ancien et du Nouveau Testament*, représentée par figures accompagnées du texte historique, Paris, 8 vol. in-8, avec 600 estampes. Le dernier volume n'est pas de lui.

BASSOMPIERRE (François de), colonel général des Suisses, et maréchal de France en 1622, naquit en Lorraine l'an 1579, d'une famille distinguée. Le cardinal de Richelieu, qui avait à se plaindre de lui, et qui craignait tous ceux qui pouvaient l'obscurcir, le fit mettre à la Bastille en 1631. Il passa le temps de sa prison à lire et à écrire. Il y a, comme dans la plupart des livres de ce genre, quelques anecdotes singulières, et beaucoup de minuties. Ils commencent en 1598, et finissent en 1631. Sa détention fut de 12 ans. Il n'eut sa liberté qu'après la mort de Richelieu. On a encore de lui une *Relation* de ses ambassades, estimée, 1665 et 1668, 2 vol. in-12 ; et des *Remarques* sur l'histoire de Louis XIII, par Dupleix, in-12, ouvrage un peu trop satirique, mais curieux. Bassompierre vécut jusqu'en 1646 ; on le trouva mort dans son lit. C'était un homme à bons mots, ou plutôt à mauvais mots. Le cardinal de Richelieu redoutait sa langue caustique. Quand il sortit de la Bastille, il était devenu extrêmement gros, faute d'exercice. La reine lui demanda : quand il accoucherait. — Quand j'aurai trouvé une sage-femme, répondit-il. Quoiqu'il eût été employé pour des ambassades, la négociation n'était pas son principal talent ; mais il avait d'autres qualités qui le rendaient très propre à la représentation. C'était un fort bel homme, d'un esprit présent, léger, vif et agréable, d'une politesse noble et d'une générosité rare. Il parlait toutes les langues de l'Europe aussi facilement que celle de son pays. Le jeu et les femmes étaient ses deux passions dominantes. Averti secrètement qu'il allait être arrêté, il se leva avant le our, et brûla plus de 6000 lettres qu'il avait reçues des dames de la ville et de la cour.

BASSUEL (Pierre), né à Paris en 1706, fut élevé dans les lettres. Il fréquenta de bonne heures les écoles de chirurgie. Les hôpitaux furent le champ de bataille du chirurgien ; le jeune Bassuel s'y exerça avec succès. L'académie des sciences et celle de chirurgie eurent le plaisir d'entendre la lecture de plusieurs de ses *Mémoires*, et quelques-uns ont été insérés dans les leurs. Il mourut en 1757, à 51 ans. Il n'avait pas l'art de se prôner ; son mérite faisait toute sa recommandation. Plein de franchise et de droiture, sa conversation était assez contentieuse, mais sans sortir des bornes de la politesse et de la modération. Ses écrits sont : *Mémoire sur l'action du cœur*, qu'il fit à l'âge de 25 ans, et où il prouve, contre Borelli, que le cœur se raccourcit, lorsque le sang est lancé dans les artères. Senac, dans son *Traité du cœur*, embrasse cette opinion. *Dissertation hydrolico-anatomique, ou Nouvel aspect de l'intérieur des artères, et de leur structure par rapport au cours du sang*, dans le t. I. des *Mém.* des savants étrangers ; *Mémoire sur la hernie crurale*, dans le *Mercure de France*, 1734 ; *Mém. historiq. et pratiq. sur la fracture de la rotule*, lu à l'académie roy. de chirurgie, en 1744 et 45 ; *Dissert. sur une tumeur salivale à la joue*, dans les *Mém.* de l'acad. des sciences, 1747.

BASSUS (Césius), poète latin sous Néron, dont on a des fragments dans le *Corpus poetarum*. C'est le même auquel Perse adresse sa 6ᵉ satire.

BASSUS. (Voyez VENTIDIUS-BASSUS.)

BASTA (Georges), originaire d'Épire, naquit à la Rocca, près de Tarente. Le duc de Parme, sous lequel il servit, fut très-content du succès de toutes les affaires qu'il lui confia. En 1596, il fit entrer des vivres dans la Fère, dont Henri IV faisait le siége. Cette entreprise fut exécutée avec un secret et une célérité qui lui firent beaucoup d'honneur. L'empereur l'eut ensuite à son service. Il se signala en Hongrie et en Transylvanie, vainquit les rebelles et les réduisit. Il mourut vers 1607, et laissa deux *Traités* sur la discipline militaire, qui sont estimés : l'un est intitulé : *Le maître-de-camp général*, Venise, 1606 ; et l'autre roule sur la *Manière de conduire la cavalerie légère*, Bruxelles, 1624, in-4. Ces deux ouvrages sont en italien.

BASTIDE (Marc), bénédictin de Saint-Maur, né à Saint-Benoît-du-Sault, en Berry, fit profession à Saint-Augustin de Limoges en 1616, et passa par toutes les charges de son ordre. Il est auteur de plusieurs ouvrages de spiritualité, comme des *Directions pour les novices*, des *Méditations* ; *Traité de l'esprit de la congrégation de Saint-Maur* ; le *Carême bénédictin*, etc. Il mourut à Saint-Denis le 7 mai 1668, dans de grands sentiments de piété.

BASTIDE (Dom Philippe), bénédictin, né à Saint-Benoît-du-Sault, vers 1620, successivement prieur de Saint-Nicaise de Reims, de Corbie et d'autres grands monastères. On lui permit de se retirer à l'abbaye de Saint-Denis, près de Paris, où il mourut le 23 octobre 1690. Extrêmement attaché à son ordre, il ne souffrait pas qu'on lui enlevât aucun des saints ou des personnages illustres portés dans ses catalogues. Parmi les ouvrages de dom Philippe Bastide, il y a trois *Dissertations* latines relatives à ces discussions. Elles ont été imprimées, mais ses autres ouvrages sont restés manuscrits ; ce sont : *De decimis et earum origine apud Judæos, gentiles et christianos; De organis è monachorum monasteriis eliminandis; De laude perenni in monasteriis; De jure et potestate monachorum in conferendis beneficiis; De causâ disciplinæ secularis inclinationis apud benedictinos;* une *Défense de la congrégation de Saint-Maur*.

BASTIDE (Louis), prédicateur du roi et professeur en droit sur la fin du 17ᵉ siècle et au commencement du 18ᵉ. Fléchier estimait ses *sermons* et a fait l'éloge de quelques-uns de ses *panégyriques*. On voit, dans la Correspondance de ce prélat, quelques lettres qu'il a écrites. Bastide a publié plusieurs ouvrages, entre lesquels on estime surtout sa réponse en deux volumes, au livre de Jurieu, intitulé : *De l'accomplissement des prophéties*. Ces deux vol. parurent en 1706 : le premier a pour titre : *l'Incrédulité des déistes confondue par Jésus-Christ* ; le second : *l'Accomplissement des prophéties que M. Jurieu ne croit pas encore accomplies*, et l'apologie de l'Eglise romaine contre les écrits de cet hérétique. L'auteur y prouve, contre le ministre protestant, qu'elles sont accomplies, et y fait l'apologie de l'Eglise romaine.

BASTIOU (Yves), né à Pontrieux, diocèse de Tréguier, le 19 mai 1754, mort le 8 mai 1814, fut nommé, après le concordat de 1801, aumônier du collége Louis-le-Grand, appelé alors *Prytanée*. On lui doit : *Association aux saints Anges, proposée à tous les fidèles zélés pour la gloire de Dieu*, Paris, 1780, in-

12; *Exposition des principes de la langue française*, Paris, 1798, in-12; *Eléments de logique pour servir d'introduction à l'étude de la grammaire et de l'éloquence*; *Grammaire de l'adolescence*; *Grammaire de l'enfance*; *Manuel chrétien des jeunes demoiselles*; *Manuel chrétien des étudiants*.

BASTON (Guillaume-André-René), né à Rouen, le 29 novembre 1741, mort à Saint-Laurent le 26 septembre 1825, occupa la chaire de théologie à Rouen. Une thèse qu'il fit soutenir en juillet 1778, sur le *Traité de l'Eglise*, lui attira dans les *Nouvelles ecclésiastiques* le reproche de moliniste et d'ultramontain : reproche qui se renouvela, quand il fit paraître ses *Traités de théologie dogmatique* (de 1779 à 1784), qui reparurent avec d'autres rédigés par l'abbé Tuvasche, sous le titre de *Lectiones theologicæ*, réimprimés à Rouen en 1818, 10 vol. in-12. En 1781, il devint vicaire-promoteur de l'officialité. La vogue qu'obtinrent les *Lettres attribuées à Clément XIV*, par Caraccioli, lui avait fourni le sujet des *Entrevues du pape Ganganelli*, servant de suite aux *Lettres* du même auteur, Anvers, 1777, in-12. Bientôt après parurent son *Voltairismeros*, Bruxelles, 1779, in-12, où Baston amuse ses lecteurs aux dépens de l'apôtre de l'impiété, et les *Narrations d'Omaï*, roman plein d'imagination. Sur ces entrefaites, la révolution éclata. Baston prit une part active aux délibérations du chapitre de Rouen, dont la déclaration fut conforme à celle du chapitre de Paris. Lorsque la constitution civile du clergé parut, il la combattit par de nombreux écrits. Quoiqu'il n'eût pas mis de nom à ses brochures, on en reconnut l'auteur qui fut exilé. Il choisit pour asile les Pays-Bas, et, après plusieurs émigrations, s'arrêta à Coesfeld, où il rédigea ses *Mémoires*. De retour à Rouen le 26 mai 1802, il y publia deux écrits, savoir : la *Branche d'olivier*, et les *Docteurs romains*, ou *Entretiens sur la démission des évêques*, etc. L'archevêque Cambacérès le nomma chanoine et grand-vicaire ; devenu cardinal, il l'emmena à Paris lors du sacre de Bonaparte. Baston y accompagna de nouveau ce prélat lors du concile de 1811. Bonaparte lui fit offrir l'évêché de Seez qu'il accepta. Il alla prêter serment, en avril 1813, entre les mains de l'impératrice régente ; mais Pie VII, consulté sur la validité des pouvoirs d'administrateur qu'il avait reçus, répondit que le chapitre n'avait pu les lui conférer. Le chapitre lui-même les révoqua, et Baston se retira à Saint-Laurent dans sa famille, où il composa un *Mémoire justificatif* qu'il eut le bon esprit de ne pas faire imprimer. Il se lia avec l'abbé Guillon, alors rédacteur du journal intitulé *La France catholique*, et qui fut l'éditeur, au moins pour le premier volume, des *Réclamations pour l'Eglise de France et pour la vérité*, contre l'ouvrage de M. de Maistre (intitulé *Du Pape*), 1821, in-8. Plusieurs mois après parut l'*Antidote contre les erreurs et la réputation de l'Essai sur l'indifférence en matière de religion*, 1823, in-8. A cet ouvrage succédèrent : *Concordance des lois civiles et des lois ecclésiastiques de France, touchant le mariage*, 1824, in-12 ; *Précis sur l'usure attribuée aux prêts de commerce*, 1825, in-8. Le successeur de Cambacérès sur le siége de Rouen avait nommé Baston grand-vicaire ; mais, à la mort de ce prélat, il cessa ses fonctions et se retira à Saint-Laurent, où il mourut. Actif, laborieux, attaché à la religion, il eut cependant des torts, parce que les circonstances l'avaient engagé dans une fausse route.

BATALLIER (Jean), religieux dominicain, né à Lyon, au 15ᵉ siècle, compléta la *Légende dorée*, par un volume traduit du latin de Vincent de Beauvais, qui fut publié en 1477. Cet ouvrage, un des premiers imprimés à Lyon, est fort rare.

BATES (Guillaume), docteur en théologie et prédicateur célèbre parmi les presbytériens anglais, naquit en 1625. Il était pasteur à Dustrans dans la partie méridionale d'Angleterre, lorsqu'il fut destitué de son emploi par l'acte de conformité en 1699. Il se retira à Hackney, où il mourut la même année. Son style est net et coulant. Quoique attaché aux sentiments de Calvin, il était modéré dans la dispute, et il l'est dans ses ouvrages. Les principaux sont : *Réflexions sur l'existence de Dieu et sur l'immortalité de l'âme, avec un discours sur la divinité de Jésus-Christ* ; l'*Harmonie des attributs divins dans la rédemption des hommes par Jésus-Christ* ; *Le souverain bonheur*, etc., recueilli en un vol. in-fol., à Londres, *Vitæ selectæ eruditorum virorum*, Londres, 1681, in-4.

BATES (John), compositeur organiste anglais, mort à Londres en 1799. Il touchait l'orgue avec beaucoup de talent ; et a publié : un *Traité de l'harmonie*, qui a été traduit en plusieurs langues ; un opéra de *Pharnace*, qui a obtenu peu de succès et des *Sonates pour le clavecin*, assez estimées.

BATHECOMBE (Guillaume), anglais, vivait vers 1420, sous le règne de Henri V, et fut un des plus habiles mathématiciens de son siècle comme ses ourages l'attestent. *De operatione astronbi; De sphærá concavá; De sphæræ hbricá et usu*, etc.

BATHILDE (sainte), épouse de Clovis I, eut trois fils, qui portèrent successivement la couronne : Clotaire III, Chilléric II, et Thierri. La mort lui ayant enlevé le roi, son époux, en 655, elle demeura chargée de la régence du royaume et de la tutelle de ses fils, dont l'aîné n'avait encore que cinq ans. Elle soutint ce double poids avec une capacité qui donna de l'admiration aux plus expérimentés d'entre les ministres. Sa rare prudence lui fit trouver le moyen de maintenir la paix dans l'Etat. Elle abolit l'usage des esclaves, qui subsistait encore, travailla, de concert avec saint Ouen, saint Eloi et plusieurs autres saints évèques, à bannir la simonie de l'église de France ; multiplia les hôpitaux, releva plusieurs monastères, entre autres, ceux de Saint-Martin, de Saint-Denis et de Saint-Mélard ; fonda deux célèbres abbayes : l'une d'hommes à Corbie, et l'autre de femmes à Chelles. Elle mourut dans celle-ci, en 680.

BATHILLE, pantomime d'Alexandrie, qui parut à Rome sous Auguste, fut affranchi de Mécène. Il s'était associé avec un certain Pylade. Ils inventèrent une nouvelle manière de danse, où l'on représentait par des postures et par des gestes le tragique et le comique. Pylade réussissait dans le premier genre. Bathille dans le second.

BATISTE, l'un des plus célèbres joueurs de violon qui aient paru en France, parcourut dans sa jeunesse l'Allemagne, la Pologne, l'Italie, et mourut vers l'an 1770.

BATSCH (Auguste - Jean - Georges - Charles), professeur de philosophie et naturaliste, né en 1761 à Iéna, où il fonda a *sociéé pour l'avancement des sciences naturelles*, dont il fut le directeur jusqu'à sa mort, arrivée le 29 septembre 1802. Il a publié, en allemand ou en latin, plusieurs ouvrages sur la botanique et sur l'histoire naturelle. Les principaux sont: *Elenchus fungorum, latinè et germanicè*, avec une suite, 1783 et 1784, in-4 ; *Analyse botanique des fleurs de divers genres de plantes*, en latin et en allemand, in-4 ; *Remarques sur la botanique*, 4 vol. in-4 ; *Botanique pour les dames et les amateurs de plantes*, in-8 , livre élémentaire qui a été traduit en français par Bourgoin.

BATTAGLINI (Marc), né en 1645, dans une petite ville du diocèse de Rimini, évêque de Nocera, et ensuite de Césène, mourut en 1717, à 71 ans. Il est auteur d'une *Histoire universelle des Conciles*, 1686, in-fol.; et des *Annales du sacerdoce et de l'empire du 15ᵉ siècle*, 1701 à 1711, 4 vol. in-fol. On a encore de lui des *Instructions aux curés* et des *Exercices spirituels*.

BATTE (Etienne-Hyacinthe de), astronome, né en 1725 à Montpellier, d'une famille noble, originaire de Bologne, montra de bonne heure un goût décidé pour les sciences et particulièrement pour les mathématiques ; mais la prédiction de Hallay, sur le retour de la comète de 1682, décida sa vocation pour l'astronomie. Il voulut participer à la recherche de cette comète, et il la découvrit un des premiers à sa sortie du rayon du soleil ; depuis, il a fait un grand nombre d'observations, et en particulier sur le passage de Vénus en 1761, qui servit de base à ses immenses calculs sur la parallaxe du soleil. Après la mort de son père, il se fit recevoir conseiller à la cour des aides de Montpellier, et pendant la terreur, il fut enfermé comme suspect ; cependant il eut le bonheur d'échapper à l'échafaud révolutionnaire. Lorsqu'il eut recouvré sa liberté, il se réunit à quelques amis des sciences, pour rétablir l'ancienne académie de Montpellier, et il en fut nommé le premier secrétaire perpétuel, et peu après, président. L'institut de France s'empressa aussi de l'admettre au nombre de ses membres associés. Il est mort le 15 avril 1805. Il a publié, de 1766 à 1778, les *Mémoires de la société royale de Montpellier*, qu'il a enrichis des éloges de plusieurs membres de cette académie, et de plusieurs dissertations intéressantes. Il a aussi fourni plusieurs articles importants au *Dictionnaire encyclopédique*, tels que froid, glace, gelée, etc.

BATTEUX (Charles), natif du diocèse de Rheims, membre de l'Académie française, de celle des inscriptions et belles-lettres, est mort à Paris, le 14 septembre 1780, laissant plusieurs ouvrages estimés, tels que *Les beaux arts réduits à un même principe*, un vol. ; un *Cours de belles-lettres*, ou *Principes de littérature*, 5 vol. Le premier est, sans contredit, le meilleur qui soit sorti de la plume correcte, élégante de l'abbé Batteux ; et l'on peut même dire que c'est ce que l'on a de mieux sur cette matière. Le second n'en est que le développement. L'un et l'autre peuvent infiniment servir à former le goût des jeunes gens, et à les mettre en garde contre les maximes modernes du faux bel esprit. On lui doit encore : *Les quatre poétiques*, d'Aristote, d'Horace, de Vida et de Boileau, avec la traduction des trois premières, et des remarques très-estimées. L'*Histoire des causes premières*, ou *Exposition sommaire des pensées des philosophes sur les principes des êtres*, 2 vol. in-8, 1769 ; une *Traduction d'Horace*, un peu froide mais exacte, avec de courtes notes, 2 vol.; la *Morale d'Epicure, tirée de ses propres écrits*, 1 vol. in-8, 1758 ; une dissertation *De gustu veterum in studiis litterarum retinendo* ; les *Traductions*, du grec en français, d'*Ocellus Lucanus* et de *Timée de Locres*, préférables à celles du marquis d'Argens; un *Discours sur la naissance de Monseigneur le duc de Bourgogne*; *In civitatem Rhemensem*, ode traduite en vers français par M. Saulx, 1739. Tous ces ouvrages respirent l'érudition, le bon goût et les bons principes. On a encore de lui le *Cours élémentaire à l'usage de l'école militaire*, 45 vol. in-42, qu'il rédigea, par ordre du comte de S. Germain avec Chompré, Monchablon et Philippe de Pretot. Cette compilation, qu'il exécuta dans moins d'un an, altéra sa santé et nuisit à la perfection de l'ouvrage dont le peu de succès avança, dit-on, le terme des jours de Batteux. Cet académicien joignit à des mœurs graves, mais sans rudesse, à un caractère ferme, à une conversation solide et instructive, les lumières d'un homme vieilli dans la lecture des auteurs grecs et latins. Il donnait quelquefois, mais bien rarement, dans des idées singulières, comme lorsqu'il se déclara pour les inscriptions en langue française, sans songer qu'indépendamment du génie de la langue latine, son universalité et son immutabilité étaient des raisons qui la rendaient exclusivement propre à cet usage (Voyez le *Journ. hist. et litt.*, 15 sept. 1784, p. 95, mars 1787, p. 389).

BAPTISTINO. (Voyez BAPTISTIN.)

BATTORI (Etienne), d'une illustre famille de Transylvanie, fut élu, en 1575, prince de cet État. Il gouverna ses sujets avec autant de sagesse que de bonté. Lorsque Henri III quitta le trône de Pologne, la réputation d'Etienne lui fit donner le sceptre. Il soutint la guerre contre les Moscovites, sur lesquels il eut divers succès. Il aurait voulu donner une nouvelle face à la Pologne; mais il se plaignit vainement du gouvernement de son royaume, où il trouvait un grand nombre de défauts. Il vécut trop peu pour les corriger, et mourut en 1586. La famille de Battori, qui a donné d'autres princes à la Transylvanie, s'éteignit en 1613, par la mort de Gabriel Battori; et ses biens passèrent à la maison de Ragotzki. (Voyez BETLEM-GABOR.)

BATZ (Pierre-Louis, baron de), né en 1755, grand-sénéchal du pays d'Albret, député de la noblesse de ce duché aux états-généraux de 1789, siégea au côté droit de l'assemblée constituante. En janvier 1793, il conçut le projet de délivrer Louis XVI, tandis qu'on le conduirait à l'échafaud. Abandonné de presque tous ses compagnons, il s'élance vers la voiture, lui quatrième, le sabre à la main, en criant: « A nous, Français ! à « nous ceux qui veulent sauver leur roi ! » Vain effort! Un corps de réserve fond sur de Batz et sur ses compagnons; deux sont massacrés ; de Batz et son secrétaire n'échappent qu'avec peine. Il tenta ensuite d'enlever les membres de la famille royale détenus au Temple, à l'aide de l'épicier Cortey et du municipal Michonis. Cette tentative, qui échoua comme la précédente, ne fut pas la dernière; car il voulut faire évader la reine de la Conciergerie. Arrêté à la suite des événements du 5 octobre 1795, il fut enfermé dans la prison du Plessis, parvint à s'échapper, passa en pays étranger, et ne rentra en France que sous le consulat. Nommé maréchal-de-camp après la Restauration, il mourut dans sa terre de Chadieu, près de Clermont, le 10 janvier 1822. C'était un homme extrêmement actif, ingénieux, souple, fécond en ressources, exposant facilement sa personne et celle de ses agents ; mais son activité prenait habituellement le caractère de l'intrigue, et son influence ne s'est jamais exercée au-dessus d'une région assez médiocre. On lui doit: *De la Journée appelée des Sections de Paris, ou des 12 et 13 vendémiaire an IV; Histoire de la maison de France et de son origine, du royaume et de la principauté de Neustrie*, 1815, in-8 : ce n'est qu'une introduction.

BAUD (Pierre Le), aumônier de la reine Anne de Bretagne, et doyen de Saint-Tugal de Laval, travailla à l'*Histoire de Bretagne*, et la reine Anne lui fit expédier des lettres pour avoir communication des archives des chapitres et abbayes du pays. Cet ouvrage ne parut qu'en 1638, in-fol., à Paris, par les soins de Pierre d'Hosier ; il s'étend jusqu'à l'an 1458. Le père Lobinaux, qui a donné une bonne histoire de Bretagne, loue beaucoup celle de Le Baud : d'autres disent que cet auteur n'est qu'un copiste servile qui a ramassé sans discernement toutes les fables qu'il a trouvées dans Geoffroy de Monmouth.

BAUDEAU (Nicolas), chanoine régulier de Chancelade et prieur de St-Lô, né à Amboise, le 25 avril 1730. Il s'attacha aux économistes, et pour ropager leurs principes, il publia un grand nombre d'ouvrages sur les finances, le commerce et l'agriculture. Il fut quelque temps attaché au dernier duc d'Orléans, et il mourut vers 1792, dans la démence la plus complète. Ses principaux ouvrages sont : *Idées d'un citoyen sur l'administration des finances du roi*, 1763, 3. vol. in-8 ; les *Ephémérides du citoyen*, ou *Chronique de l'esprit national et bibliothèque raisonnée des sciences*, etc., depuis 1765 jusqu'en mai 1768, avec le marquis de Mirabeau, continuées depuis 1768, jusques et compris le mois de mars 1772, par Dupont de Nemours, Paris, 1765 et années suivantes, environ 40 vol. in-12 ; *Avis au peuple sur son premier besoin*, ou *Petits traités économiques*, Paris, 1768, in-12 ; 2e édition, 1774 ; *Avis aux honnêtes gens qui veulent bien faire*, Paris, 1768, in-12, et Toulouse, 1769, in-8 ; *Première introduction à la philosophie économique*, 1771, in-8 ; *Nouvelles Ephémérides économiques*, 1774-1776, 19 vol. in-12 ; *Principes économiques de Louis XII et du cardinal d'Amboise*, 1785, in-8. Il avait annoncé une nouvelle édition en 12 vol. in-8; des *Economies royales de Sully*, avec des notes et remarques de quelques économistes, mais il n'en a paru que 2 volumes.

BAUDELOCQUE (Jean-Louis), le plus célèbre chirurgien accoucheur du XVIIIe siècle, naquit en 1746 au village d'Heilly en Picardie. Il reçut de son père, qui exerçait avec distinction la chirurgie dans le pays, les premiers principes de cet art, et vint ensuite à Paris, où, collègue, ami et émule de Desault, il appliqua en même temps à l'anatomie, à la chirurgie et à l'art des accouchements. Levret et Smellies avaient donné à cette dernière branche de l'art de guérir une direction nouvelle ; mais ils n'étaient plus. Solayrès étonnait par l'excellence de son enseignement, et Baudelocque allait puiser, dans les leçons de ce savant professeur, les éléments du génie qui devait à jamais l'illustrer. Cependant Solayrès fut atteint d'une maladie dont le premier symptôme était une altération de voix, et il confia le soin de terminer son cours au jeune Baudelocque, son disciple, qui s'en acquitta à la satisfaction de ses nombreux auditeurs. Ceux-ci se réunirent pour engager à continuer, l'année suivante, à faire des cours ; il céda à leurs instances souvent réitérées, et prit, de lui-même, rang parmi les professeurs. Déja ses brillants succès dans l'enseignement avaient éveillé la jalousie ; on voulut l'empêcher de continuer, en prétextant qu'il n'avait pas de titre légal ; mais le docteur Houstet, protecteur des jeunes gens studieux, sut éluder pour Baudelocque, dont le mérite avait gagné son amitié, l'opposition que l'on faisait aux glorieux essais du jeune professeur. Il fit mettre les cours sous son nom. Le succès couronna le zèle du protégé et la bienveillance du protecteur. Depuis ce temps, la réputation de Baudelocque n'a fait que s'accroître, non seulement comme professeur, mais encore comme praticien habile, observateur sage ; et ses confrères, même les plus anciens dans l'art des accouchements, l'appelèrent dans tous les cas difficiles. Il avait été agrégé au Collége de chirurgie en 1776, et nommé, peu de temps après, l'un des conseillers de cette compagnie. Les ouvrages qu'il publia furent traduits dans toutes les langues de l'Europe ; ils devinrent bientôt des livres classiques ; ils le placèrent au premier rang des accoucheurs, et les académies les plus célèbres s'empressèrent de se l'associer. Cependant le vandalisme révolutionnaire anéantit en France toutes les compagnies savantes ; Baudelocque, depuis lors exclusivement livré à la pratique de son art, et dont la réputation s'étendait sans cesse, ne put qu'avec peine, malgré son zèle et son activité, répondre aux consultations multipliées qu'on lui adressait de tous les points de la France et des pays étrangers. Quand on sentit la nécessité de rétablir les sociétés savantes, l'Ecole de santé fut créée sur les débris des Facultés de médecine et du collége de chirurgie ; Baudelocque fut chargé d'y enseigner l'art des accouchements, et en même temps appelé, comme chirurgien en chef et encore professeur d'accouchements, à l'hospice de la Maternité. « Il reprit avec plaisir les « fonctions de l'enseignement, dit Chaus- « sier, parce qu'elles lui fournissaient « l'occasion de faire du bien, d'instruire « les femmes, qui, par la délicatesse de « leurs mains, la sensibilité de leur « âme, la patience, la douceur si natu- « relle à leur sexe, lui paraissaient gé- « néralement plus propres que les hom- « mes à la pratique des accouchements. » (Discours de Chaussier sur la personne, l'enseignement et les ouvrages de Baudelocque, dans le *Recueil des Procès-verbaux de l'Ecole d'accouchement*, tom. 11, page 51. Voyez (même Recueil) Madame LACHAPELLE, sage-femme en chef du même établissement où Baudelocque faisait son cours.) Feller s'est récrié, dans quelques articles de ce Dictionnaire, contre l'usage qui a introduit des hommes pour soigner les femmes dans le travail de l'enfantement ; la présence des hommes auprès des femmes dans cet état est inconvenante ; il y a là quelque chose d'immoral. L'opinion de Baudelocque, embrassée par Chaussier, touchant l'aptitude des femmes pour l'art des accouchements, corrobore celle de Feller sur la moralité de l'usage dont il s'agit. Sans doute on fait des objections contre l'opinion de Baudelocque ; contre quoi n'en fait-on pas? mais ces objections nous paraissent, au fond, assez vaines ; et c'est pourquoi nous ne nous en occupons pas. Baudelocque ne put jouir tranquillement de sa gloire ; l'envie, toujours armée contre lui, le poursuivit avec plus de violence, et, désespéré de son impuissance, il appela la calomnie à son secours. Baudelocque fut attaqué même dans son honneur ; mais, d'un côté, le témoignage que les hommes consciencieux rendaient à ses talents, et de l'autre, l'estime publique et la justice le vengèrent des critiques injustes d'Alphonse Leroy et des atroces calomnies de Sacombe, et il mourut comblé de gloire à soixante-trois ans et quelques mois, le 1ᵉʳ mai 1810, objet des regrets universels, et peu de jours après avoir été désigné pour être l'accoucheur de l'impératrice Marie-Louise. Comme il était sur son lit de mort, il fit adresser à ses élèves plongés dans la douleur, ces touchantes paroles : « Dites-leur que la marque la plus chè-« re qu'elles puissent me donner en ce moment, est de prier pour moi. » Et aussitôt, « toutes, dit l'une d'elles, nous « nous précipitâmes en foule au temple « de l'Eternel ; pendant neuf jours, les « voûtes sacrées retentirent de nos ar-« dentes prières pour obtenir le retour « de la santé de notre protecteur, de « notre ami.... » (Recueil des Procès-verbaux, déjà cité, p. 7, 44). M. Camet de la Bonnardière, Mlle Legrand, M. Chaussier (même Recueil, p. 5, 11, 46), M. J.-J. Leroux (Recueil des séances de la Faculté de médecine) firent l'éloge de Baudelocque dans leurs assemblées. Leroux avait déjà prononcé sur la tombe de son illustre confrère un Discours qui se trouve à la tête de la 7ᵉ édition des *Principes sur l'art des accouchements*, ouvrage que nous mentionnerons ci-après. Le successeur de Baudelocque dans la chaire de professeur d'accouchement à la Maternité, fut Antoine Dubois, qui avait été son élève. Un autre de ses élèves méritait plus que Dubois, et à plus d'un titre, d'occuper cette chaire : on voit que nous voulons parler du docteur Deneux, qui, de plus, était le parent et le protégé de Baudelocque. (Voyez DENEUX.) Mais exerçant, depuis longtemps, le même art à Amiens, il résista aux instances que son protecteur lui avait souvent faites de revenir à Paris, quoiqu'il lui eût donné l'espérance d'être nommé professeur adjoint dans la chaire qu'il occupait. Il ne vint exercer à Paris qu'après la mort de Baudelocque ; « cet illustre professeur s'était dit à lui-même : Je veux être le premier accoucheur ; il le devint ; » (J.-J. Leroux) de même, M. Deneux, le prenant pour modèle, se fit la même volonté, et se plaça au premier rang des médecins accoucheurs de Paris. Les ouvrages de Baudelocque sont, outre sa thèse : *Principes de l'art des accouchements*, par demandes et par réponses, en faveur des élèves sages-femmes, Paris, 1775, in-12 avec figures ; septième édition, revue corrigée, augmentée, etc., Paris, 1838 in-12, avec trente planches ; l'*Art des accouchements*, Paris, 1781, 2 vol. in-8 ouvrage dont il s'est fait un plus grand nombre d'éditions que du précédent, soit en France, soit à l'étranger. (Nous ne parlons pas des contre-façons.) Des *Mémoires*, des *Dissertations*, *Rapports* sur les maladies des femmes, des enfants et sur les accouchements, insérés dans plusieurs Recueils périodiques, notamment dans celui de la Société de médecine de Paris, et celui de l'Académie royale de chirurgie. On trouva dans ses papiers plusieurs *Dissertations* manuscrites, et il s'occupait, encore à son lit de mort, d'un grand ouvrage, fruit des *observations* les plus importantes qu'il avait faites dans une pratique de plus de 40 ans ; et on regrette surtout que ces observations n'aient pas été publiées.

BAUDERON. (Voyez SENFÇAI.)

BAUDIER (Michel), languedocien historiographe de France sous Louis XIII était une des plus fécondes plumes de son siècle. Il laissa beaucoup d'ouvrages sans ordre et sans goût, mais dans lesquels on trouve des particularités qu'on chercherait vainement ailleurs. Les principaux sont : *Histoire générale de la religion des Turcs, avec la vie de leur prophète Mahomet et des quatre premiers califes, le livre et la théologie de Mahomet*, Paris, 1636, in-8, ouvrage traduit de l'arabe, copié par ceux qui l'ont suivi quoiqu'ils n'aient pas daigné le citer *Histoire du cardinal d'Amboise*, Paris 1651, in-8. Sirmond, de l'Académie française, un des flatteurs du cardinal de Richelieu, s'était proposé d'élever inistre aux dépens de ceux des siècles assés : il attaqua d'abord d'Amboise, et e manqua pas de le mettre au-dessous e Richelieu. Baudier, nullement coursan, vengea sa mémoire, et obscurt l'ouvrage de son détracteur. *Histoire 1 maréchal de Thoiras*, 1644, in-fol., ;66, 2 vol. in-12, curieuse et nécesire, quand on veut connaître à fond s règnes de Louis XIII et de Louis XIV. Ceux qui aiment le style précis et agréable, dit un critique équitable et judicieux, doivent bien se garder de lire ses ouvrages ; ceux qui savent démêler les traits d'érudition au milieu du verbiage et de l'ennui des dissertations, pourront y trouver de quoi étendre leurs connaissances. »

BAUDIUS (Dominique), professeur éloquence à Leyde, mourut dans cette le en 1613 ; il était né à Lille en 1561, avait été reçu avocat à La Haye en 87, après avoir fait quelque séjour à nève, pour y professer avec plus de erté le calvinisme, que ses parents aient embrassé. Il se distingua comme isconsulte et comme littérateur. Parles ouvrages latins en vers et en prose 'il laissa, on distingue ses poésies, et rtout ses vers ïambes, 1608, in-8. Il y lu feu et de la noblesse. On a encore de des *Harangues* et des *Épitres*, Ley-, 1650, in-12, où il montre beaup d'esprit et de vanité. L'amour du isir et du vin ternit sa réputation.

BAUDORY (Joseph du), né à Vannes 1719, d'une famille distinguée, entra ez les jésuites en 1724, et mourut à ris en 1749. Il fut nommé, à l'âge de ans, pour occuper la place du Père rée, et il eut le mérite de la remplir. a de lui des *OEuvres diverses*, dont la mière édition est de Paris, 1772, 12. On trouve dans ce recueil quatre *cours latins* et quatre *plaidoyers frans*. Les sujets des discours sont intéisants, les divisions nettes et simples. latinité, quelquefois un peu dure, en général très bonne. On peut lui rocher quelques pointes, quelques x de mots, qui gâtent presque tours notre latinité moderne, et qui ont né si longtemps dans le collége de uis-le-Grand ; mais l'on doit avouer il en a moins que ses prédécesseurs. plaidoyers sont aussi ingénieux que n choisis.

BAUDOT de JUILLI (Nicolas), né à ndôme, en 1678, mort en 1759, à ans. On a de lui quelques ouvrages toriques, écrits avec art et méthode : stoire *de Catherine de France*, *reine Angleterre*, qu'il publia en 1696. L'auteur lui-même estimait peu cet ouvrage qui, dans le fond, n'est qu'un roman, imaginé d'après quelques événements vrais. Ces productions éphémères sont recherchées un jour ou deux pour tomber ensuite dans un oubli d'où elles ne sortent plus ; *Germaine de Foix*, nouvelle historique qui parut en 1701 ; l'*Histoire secrète du connétable de Bourbon*, imprimée en 1706 ; la *Relation historique et galante de l'invasion d'Espagne par les Maures*, imprimée en 1722, 4 vol. in-12. Ces trois ouvrages sont du même genre que le premier, et ne sont propres qu'à amuser des esprits frivoles. Mais il y en a d'autres de lui plus solides, comme l'*Histoire de la conquête d'Angleterre*, *par Guillaume duc de Normandie*, 1701, in-12 ; l'*Histoire de Philippe-Auguste*, 1702, 2 vol. in-12, et celle de *Charles VII*, 1697, 2 vol. in-12. L'ordre en fait le principal mérite : l'auteur n'avait consulté que les livres imprimés. On a encore de lui : l'*Histoire des hommes illustres*, tirée de Brantôme ; l'*Histoire de la vie et du règne de Charles VI*, en 9 vol. in-12, 1753 ; l'*Histoire des révolutions de Naples*, 4 vol. in-12, 1757. Ces trois ouvrages ont paru sous le nom de Mlle de Lussan. Le style en est un peu négligé, et il manque souvent de précision.

BAUDOUIN I, comte de Flandre, s'étant croisé pour aller à la Terre-Sainte, fut élu empereur de Constantinople, après la prise de cette ville par les Français et les Vénitiens réunis, en 1204. On ne pouvait faire un meilleur choix. Baudouin était pieux, chaste, humain, prudent dans ses entreprises, courageux dans l'exécution, et possédait tous les talents militaires. Le nouvel empereur marcha vers Andrinople pour en faire le siège ; mais l'ayant levé pour aller à la rencontre des Bulgares qui venaient la secourir, il fut vaincu et fait prisonnier. Joannice, roi de ces barbares, le fit mourir cruellement en 1106. On lui coupa les bras et les jambes, et on le jeta dans une fosse où il vécut encore trois jours. Son cadavre fut abandonné aux bêtes féroces et aux oiseaux de proie ; une femme pieuse en recueillit les restes et leur donna la sépulture. Nous suivons ici le récit le plus probable, car les historiens ne sont pas d'accord sur toutes ces circonstances. Ils s'accordent davantage à attribuer la défaite des Latins aux excès, et surtout aux sacriléges commis à la prise de Constantinople, où l'on n'épargna ni les monastères ni les églises. Le motif de sa cruelle mort, tel que l'auteur de l'*Histoire du Bas-Empire* le rapporte, présente un grand et rare exemple de vertu. « Baudouin, dit-il, fut renfermé dans « un cachot, mourant presque de faim, « et n'ayant d'autre consolation que les « visites de la reine, plus importunes à « ce prince affligé, qu'une entière solitude. Cette princesse, tartare de nation, mais adroite et artificieuse, avait « obtenu de son mari, dont elle était « trop aimée, la permission d'aller, sous « prétexte de charité, porter quelque « consolation au malheureux prince. « Baudouin était beau, et la reine portée « à l'amour; elle devint passionnée pour « son prisonnier; et s'entretenant avec « lui: *Vous pouvez*, lui dit-elle, *sans* « *rançon délivrer deux captifs.* — *Et qui* « *sont-ils?* dit Baudouin. — *Vous!* répondit-elle, *et moi, que vous tirerez* « *de la servitude où je gémis sous la tyrannie d'un mari barbare. Si vous me* « *prenez pour épouse, nous serons libres* « *tous deux. Laissons à Joannice ce misérable empire de Constantinople, qui* « *ne peut plus subsister, et retournez* « *avec moi dans vos États. Je vous en* « *procurerai les moyens.* Baudouin frémit à cette déclaration tartare, et veut « lui faire entendre qu'un pareil mariage « serait un adultère criminel. Elle sort « furieuse, le menaçant de la mort; elle « revient le lendemain, et redouble ses « menaces. Baudouin ne lui rend que « des remontrances. Désespérée, elle va « trouver Joannice; elle accuse Baudouin « du crime dont elle était coupable. Joannice naturellement cruel, devenu encore plus féroce par la jalousie, invite « ses courtisans à un festin; il y fait « amener Baudouin, et le livre à leurs « insultes, etc. ».

BAUDOUIN II, dernier empereur latin de Constantinople, de la maison de Courtenay, fut élu en 1228. Assiégé par l'empereur Paléologue dans sa ville impériale, il l'abandonna à son concurrent, et s'enfuit en Occident. Il céda ses droits à Charles d'Anjou, et aux rois de Sicile ses successeurs. Il mourut en 1273. Il avait de l'esprit et de la valeur, mais il manquait de la vigilance et de l'activité nécessaires dans les circonstances difficiles où il se trouvait.

BAUDOUIN I, roi de Jérusalem, suivit Godefroi de Bouillon, son frère, dans la Palestine, où il posséda la principauté d'Edesse. Il fut mis sur le trône après son frère, l'an 1100. Il prit la ville d'Acre, l'an 1104, après un siège de vingt mois; mais il fut lui-même assiégé peu après dans Rama, qui fut emportée, et il eut bien de la peine à s'échapper. Il mourut l'an 1118, après un règne de 18 ans.

BAUDOUIN II, roi de Jérusalem, cousin et successeur de Baudouin I, roi de Jérusalem, avait partagé les travaux de la première croisade, et s'était fait chérir de ses compagnons d'armes par son courage et sa piété désintéressée. Il signala le commencement de son règne par plusieurs victoires sur les Turcs; mais ayant voulu reconnaître lui-même le camp des infidèles, il se trouva tout-à-coup enveloppé, et fut obligé de se rendre. Sa captivité jeta la consternation parmi les chrétiens qui avaient déjà eu le malheur de perdre Josselin de Courtenay, comte d'Edesse, fait prisonnier pendant les premières campagnes de Baudouin. Cependant Josselin parvint à s'échapper de sa prison, rassembla une armée, battit les infidèles et délivra Baudouin qui, de retour dans ses Etats, eut encore plusieurs guerres à soutenir contre les émirs de la Syrie. Il mourut l'an 1431, laissant son royaume à Foulques, comte d'Anjou, qui avait épousé Mélissante, sa fille aînée. Il fut vivement regretté des chrétiens. C'est sous son règne que les ordres militaires de Saint-Jean et du Temple ont été approuvés par le Pape.

BAUDOUIN III, roi de Jérusalem, succéda en 1142 à Foulques son père. Peu de temps après son avénement au trône, les chrétiens d'Orient perdirent la principauté d'Edesse. Ce revers réveilla en Europe l'ardeur des croisades. Louis VII, roi de France, et Conrad III, empereur d'Allemagne, passèrent en Palestine à la tête de leurs armées; celles des Allemands périt presque tout entière dans l'Asie mineure: l'armée des Français, après plusieurs échecs arriva à Jérusalem, et se porta ensuite sur Damas. Les croisés, ayant échoué devant cette ville, revinrent en Europe. Baudouin, resté seul aux prises avec des ennemis formidables, ne se laissa point abattre et ne craignit point de se mesurer avec le fameux Noradin, le plus redoutable ennemi des croisés. Après plusieurs combats mêlés de succès et de revers, il s'empara d'Ascalon, qui avait résisté aux efforts de ses prédécesseurs. Il mourut empoisonné l'an 1163. N'ayant point laissé d'enfants, le royaume de Jérusalem fut en proie aux discordes civiles, que le grand-maître de Malte parvint à apaiser en faisant reconnaître Amauri, pour successeur de Baudouin III.

BAUDOUIN IV, fils et successeur d'Amauri, né avec de grandes infirmités, ne put défendre son trône avec gloire. Son royaume fut constamment troublé par des factions, et menacé par des Sarrasins, qui s'emparèrent de Jérusalem, un an après la mort de Baudouin V, qui avait été désigné pour successeur de Baudouin IV, et qui ne régna que sept mois.

BAUDOUIN V. (Voy. BAUDOUIN IV.)

BAUDOUIN (Benoît), théologien d'Amiens où il était né, se fit un nom parmi les érudits par son traité *De la chaussure des anciens*, publié en 1615, in-8, sous le titre de : *Calceus antiquus et mysticus*. Cet ouvrage fit faussement imaginer qu'il était fils d'un cordonnier, qu'il l'avait été lui-même, et qu'il voulait faire honneur à son premier métier. Il mourut à Troyes en 1652.

BAUDOUIN (François) naquit à Arras, l'an 1520. Il fut professeur de droit à Bourges, à Angers, à Paris, à Strasbourg, à Heidelberg. Antoine de Bourbon, roi de Navarre, qui lui avait confié l'éducation d'un de ses fils naturels, l'envoya au concile de Trente, pour être son orateur. Henri III le fit conseiller d'Etat. Il mourut bon catholique, le 24 octobre 1573. Le P. Maldonat, jésuite, l'assista à la mort. Baudouin avait été assez lié avec Calvin, et quelques-uns de ses écrits se ressentent de cette liaison ; mais la lecture de Georges Cassander le dégoûta de la nouvelle secte. Il était versé dans les belles-lettres, dans la jurisprudence, qu'il a, l'un des premiers, traité avec noblesse, et dans l'histoire ecclésiastique ; il est l'éditeur de deux excellents ouvrages : *Sancti Optati libri de schismate donatistarum ; Victoris Uticensis de persecutione vandalicâ*, Paris, 1569. Il démontre, dans une préface très estimée, la conformité du schisme des calvinistes avec celui des donatistes. Les notes de Baudouin sur saint Optat ont passé, avec celles du savant Gabriel de l'Aubespine, dans l'édition des *OEuvres de ce Père*, 1631, in-fol. Joseph de Buininek, conseiller de l'électeur palatin, a publié la préface de Baudouin, retouchée et augmentée, Dusserdolf, 1763.

BAUDOUIN, ou BAUDOIN (Jean), naquit à Pradelle en Vivarais. Il fut lecteur de la reine Marguerite, et eut une place à l'Académie française. On a de lui de mauvaises *versions* de Tacite, de Suétone, de Lucien, de Salluste, de Dion Cassius, du Tasse, de Bacon, de Davila, et de beaucoup d'autres auteurs. Ces *versions* ne lui coûtaient guère. Lorsqu'il était pressé, il ne faisait que retoucher celles qu'on avait faites avant lui, sans se donner la peine de recourir à l'original. Il écrivit aussi une *Histoire de Malte*, 1559, 2 vol. in-fol., et publia quelques romans. Tous ses ouvrages furent dictés par la faim, et sont par conséquent très peu estimables. Le seul qui ne soit pas entièrement dédaigné, est son *Recueil d'emblèmes, avec des discours moraux qui servent d'explications*, Paris, 1638, 3 vol. in-8, ornés de figures gravées par Briot. On recherche aussi son *Iconologie*, Paris, 1636, in-fol., et 1643, in-4. Il mourut à Paris en 1650, à 66 ans.

BAUDOUIN (Louis-Marie), né le 2 août 1765 à Montaigu, diocèse de Luçon. Elevé chez les Lazaristes, il aurait voulu aller prêcher l'Evangile chez les infidèles; mais il en fut empêché par son évêque, qui refusa de l'y autoriser. Après avoir subi une courte détention en 1791, il quitta la France et se rendit en Espagne, où il vécut dans la retraite et se consacra à l'étude des Pères et de l'Ecriture-Sainte. Lorsque des jours plus calmes furent revenus, il se hâta de rentrer dans sa patrie, et vint s'établir aux Sables-d'Olonne, où il commença, de concert avec une ancienne religieuse dont il dirigeait la conscience, une œuvre qui devait avoir les plus heureux résultats. Il forma une petite communauté placée sous l'invocation du Verbe incarné, et destinée à donner l'éducation aux jeunes personnes, surtout dans les campagnes. Les autres occupations auxquelles il fut obligé de se livrer et diverses circonstances l'empêchèrent d'abord de donner à cette œuvre tous les développements qu'elle comportait ; mais il finit par donner à ces religieuses une organisation régulière, sous le nom de *Dames ursulines de Jésus;* la congrégation, autorisée par l'évêque de La Rochelle, prit, en peu d'années, de grands accroissements. L'abbé Baudouin est mort le 12 février 1835, à Chavagnes, où il s'était retiré.

BAUDOUIN (Frédéric). Voy. BALDUIN.)

BAUDRAND (Michel-Antoine), prieur de Rouvres et de Neuf-Marché, naquit à Paris, en 1633, et y mourut en 1700. Le P. Briet, professeur de rhétorique au collége de Clermont, sous lequel il étudia, lui ayant fait corriger les épreuves de sa Géographie ancienne et nouvelle, le disciple prit le goût du maître. On lui doit l'édition du *Dictionnaire géographique*, en 2 vol. in-fol. par le Père Philippe Ferrari, imprimé d'abord en latin, 1682, et en français, 1705. Guillaume Sanson, un des premiers géographes de France, reprocha bien des méprises à l'abbé Baudrand, dans une critique qu'il fit de la première édition. Ces fautes ne disparurent point à la seconde, et on n'estime guère ni l'une ni l'autre. Le *Dictionnaire géographique de Maty*, 1712, in-4, a été puisé en partie dans celui de l'abbé Baudrand; mais il est beaucoup plus exact.

BAUDRAND (Barthélemi), jésuite, né à Vienne en Dauphiné, mort le 3 juillet 1787. Après la suppression de son ordre, il se retira à Lyon, où il composa un grand nombre d'ouvrages estimés des ecclésiastiques et des personnes qui font profession de piété. L'auteur n'y mit point son nom. Ces ouvrages sont : *Histoires édifiantes et curieuses, tirées des meilleurs auteurs*, in-12 ; *l'Ame contemplant les grandeurs de Dieu, avec l'âme se préparant à l'éternité*, in-12 ; *l'Ame élevée à Dieu par les réflexions et les sentiments, pour chaque jour du mois*, en 1 et 2 vol. in-12 ; *l'Ame éclairée par les oracles de la sagesse, dans les paraboles et béatitudes évangéliques*, in-12 ; *l'Ame affermie dans la foi, ou Preuves abrégées de la religion, à la portée de tous les esprits et de tous les états*, in-12 ; *l'Ame intérieure, ou Conduite spirituelle dans les voies de Dieu*, in-12 ; *l'Ame sur le Calvaire, considérant les souffrances de Jésus-Christ et trouvant au pied de la Croix la consolation dans ses peines*, in-12 ; *l'Ame embrasée de l'amour de Dieu par son union aux sacrés cœurs de Jésus et de Marie, suivie de la neuvaine*, in-12 ; *l'Ame fidèle animée de l'esprit de Jésus-Christ*, in-12 ; *l'Ame sanctifiée, ou la Religion pratiquée par la perfection de toutes les actions de la vie*, in-12 ; *l'Ame religieuse élevée à la perfection par les exercices de la vie intérieure*, in-12 ; *l'Ame pénitente, ou le Nouveau Pensez-y bien*, in-24 ; *Gémissements d'une âme pénitente*, in-12 ; *Réflexions, sentiments et pratiques de piété, sur les sujets les plus intéressants de la morale chrétienne*, in-12.

BAUDRI, chantre de l'église de Térouanne dans le 11e siècle, né à Cambrai, vivait encore en 1095. Il avait été secrétaire sous plusieurs évêques de Cambrai, et passait pour un homme érudit : ce qui nous reste de ses écrits justifie cette réputation. On a de lui une *Vie de saint Gaucher ou saint Gery*, évêque de Cambrai. On la trouve dans les *Acta Sanctorum* du mois d'août. Une *Chronique* de l'église de Cambrai, estimée. Elle a été publiée par Couvenier, docteur en théologie de Douai, 1615.

BAUDRICOURT (Jean de), maréchal de France, gouverneur de Bourgogne, se signala à la bataille de Saint-Aubin-de-Cormier, en 1488, et aida Charles VIII à conquérir le royaume de Naples, en 1495. Il mourut quelques années après. — Son père, Robert de BAUDRICOURT, avait servi avec distinction : c'est lui qui envoya la Pucelle d'Orléans à Charles VII.

BAUDRILLART (Jacques-Joseph), agronome, né à Givron en Champagne le 20 mai 1774, fut admis en 1801 dans l'administration des eaux et forêts, et devint chef de division. Une nouvelle organisation administrative le plaça dans une position moins élevée ; il en conçut un profond chagrin, et mourut à Paris le 24 mars 1832. Il a publié : *Collection chronologique et raisonnée des arrêts de la cour de cassation en matière d'eaux et forêts depuis et compris l'an VII jusqu'en 1808 ; Code forestier, avec un Commentaire*, etc., 1827, 2 vol. in-12 ; *Traité général des eaux et forêts, chasses et pêches*, 1821-1828, 6 vol. in-4. et atlas ; *Instruction sur la culture des bois*.

BAUDUER (Arnaud-Gilles), né à Peyrusse-Massas, diocèse d'Auch, en mars 1744, mort en mars 1787, occupa la chaire de théologie au séminaire d'Auch, et s'appliqua à l'étude de l'hébreu. On a de lui une nouvelle *Version des Psaumes de David*, en français, Paris, 1783, 2 vol. in-12 ; la *Version de l'Ecclésiaste*, avec des réflexions morales et chrétiennes ; un *Traité* sur la question de savoir si l'Eglise pourrait aujourd'hui, sans inconvénient, faire l'office divin en langue vulgaire ; un *Plan raisonné d'une collection des monuments ecclésiastiques*, rédigé selon l'ordre du temps. L'auteur se propose d'y montrer : 1° quel a été l'enseignement de l'Eglise depuis les temps apostoliques jusqu'au concile de Constance ; 2° quelle a été la discipline ecclésiastique et quelles ont été les mœurs des temps jusqu'à cette époque.

BAUDUIN (Dominique), prêtre de l'Oratoire, né à Liége le 14 novembre 1742, mort le 3 janvier 1809, fut professeur à Maestricht. On a de lui : *Essai sur l'immortalité de l'âme*, Dijon, 1781, in-12 ; *La Religion chrétienne justifiée au tribunal de la politique et de la philosophie*, Liége, 1788, in-12, réimprimée en 1797 ; *Discours sur l'importance du ministère pastoral*, in-8 ; *Considérations sur les guerres du commerce*, in-8.

BAUER (Georges-Laurent), théologien, mort en 1806, à l'âge de 50 ans, se livra toute sa vie à l'étude des antiquités bibliques. Professeur de morale et de littérature orientale à l'Université d'Altdorf près Nuremberg, il occupa ensuite une chaire de théologie à Heidelberg. Mensel a donné, dans son *Gelehrte Deutschland* la liste de ses ouvrages, qui traitent tous de théologie, d'exégèse, d'antiquités bibliques et de grammaire.

BAUGÉ (Etienne de), dit *d'Autun*, parce qu'il fut fait évêque de cette ville en 1113, renonça dans un âge avancé à son évêché, pour se faire religieux dans l'abbaye de Cluny, où il mourut saintement entre les bras de Pierre *le Vénérable*, abbé de ce monastère. Il s'était fait connaître bien avantageusement par un *Traité* sur les ordres ecclésiastiques, les cérémonies de la messe et la réalité du Saint-Sacrement qui se trouve dans la *Bibliothèque des Pères*. Jean-Montéléon, chantre d'Autun, le publia l'an 1517, sous ce titre : *Tractatus de Sacramento altaris, et iis quæ ad illud, variosque ecclesiæ ministros pertinent.*

BAUGIER (Edme), seigneur de Beuvry, doyen du présidial de Châlons-sur-Marne, né vers l'an 1680, est connu par ses *Mémoires historiques de la province de Champagne*, 1721, 2 vol. in-8. C'est le meilleur ouvrage que nous ayons sur cette province.

BAUHIN (Jean) naquit à Amiens en 1511, étudia la médecine, et acquit dans cet art une réputation qui lui valut le titre de médecin de Catherine, reine de Navarre, et de Marguerite, sœur de François Ier. Il abandonna la religion de Jésus-Christ pour le système des novateurs, et fut obligé, pour professer l'erreur, de s'éloigner de sa patrie. Il se fixa à Bâle, où il exerça sa profession avec succès, et y mourut en 1582. Il ne laissa point d'ouvrages ; mais il fut le chef d'une famille célèbre, dont cinq générations successives se consacrèrent à l'exercice de la médecine.

BAUHIN (Jean), fils aîné de Jean Bauhin, mentionné ci-dessus, naquit à Bâle en 1541, et embrassa la même profession que son père ; mais il se livra spécialement à l'étude de la botanique. N'ayant encore que dix-huit ans, il était en correspondance avec le célèbre Conrad Gesner, le Pline de l'Allemagne ; il parcourut avec lui les Alpes, une partie de la Suisse et de la Rhétie ; il voyagea ensuite en Italie et en France, séjourna à Padoue et à Montpellier ; étant à Lyon, il se lia avec Dalechamps, qu'il aida quelque temps dans la composition de l'*Histoire des plantes*, entreprise par ce savant botaniste, et retourna à Bâle. Il fut choisi pour médecin par le duc de Wurtemberg-Montbéliard, en 1570. Il alla alors à Montbéliard, où il demeura plus de quarante ans, et où il mourut en 1613. Ses études et ses travaux en botanique furent favorisés par les goûts de ce prince qui aimait les sciences, et se plaisait à rassembler dans ses jardins les arbres et les plantes les plus rares. Il a laissé plusieurs ouvrages : *De Plantis à divis sanctisque nomen habentibus; De plantis, absinthii nomen habentibus; De aquis medicatis nova methodus;* un *traité* de la peste, en allemand, et un autre des secours contre ce fléau, en latin ; un *Prodrome de l'histoire des plantes*, en latin, et quelques autres ; mais le plus connu de tous, celui qui était le but et qui renferme le résultat de ses travaux est son *Historia plantarum universalis nova et absolutissima cum consensu et dissensu circa eas*, publié, longtemps après sa mort, par les soins de Chabrée et de Graffenried à Verdun, 1650-51, en 3 vol. in-fol. On y trouve réuni et disposé avec beaucoup de méthode et de goût, tout ce qui a été écrit sur les plantes depuis la plus haute antiquité.

BAUHIN (Gaspard), frère puîné de Jean, né à Bâle le 17 janvier 1560, fut destiné par son père à entrer dans le faux sacerdoce de la prétendue réforme ; mais, laissé libre dans son choix, il se détermina à entrer dans la carrière ouverte par son père et dans laquelle son frère s'était déjà distingué. Il étudia toutes les parties de la médecine, en Italie et en France, sous les professeurs qui avaient le plus de célébrité ; et même l'anatomie et la botanique, qui n'étaient pas alors enseignées publiquement. Il s'était mis en route pour visiter les Universités de l'Allemagne ; mais son père, se sentant près de mourir, le fit revenir à Bâle. Le collège de médecine le chargea d'enseigner l'anatomie et la botanique ; et on créa, peu de temps après, les chaires de ces sciences qu'il occupa le premier. Il fut placé par le duc de Wurtemberg au rang de ses premiers médecins, et mourut à Bâle le 5 décembre 1624. On a de lui un grand nombre d'ouvrages ; nous indiquerons : *De humani corporis partibus externis*, trois éditions, in-8, à Bâle, 1588,-91, 92; *De corporis humani fabricâ lib. IV*, aussi trois éditions, in-8, Bâle, 1590, 1600, et Francfort, 1605, bien que sous un autre titre : *Institutiones anatomicæ corporis virilis et muliebris historiam proponentes*, Bâle, 1592, in-8, et Lyon, 1597, in-8, qu'il ne faut point confondre avec ses *Institutiones anatomicæ Hippocratis, etc., auctoritate illustratæ*, Bâle, 1604, 9,-40, et Francfort, 1616 ; *De hermaphroditorum monstrosorumque partuum naturâ è theologorum, jurisconsultorum, medicorum, philosophorum et rabinorum, sententiâ, libri duo*, Oppeinheim, 1614, in-8; Francfort, 1629, in-8, Traité peu commun, mais qui, au jugement des médecins esprits-forts, fait peu d'honneur à la critique de l'auteur ; *Theatrum anatomicum, etc.*, Francfort, 1621, in-4, qui est l'extrait de tout ce que les anatomistes, prédécesseurs de Bauhin, avaient écrit, et qui, malgré les critiques de Riolan, n'en est pas moins très-recommandable par la vaste érudition qui y règne; *Pinax theatri botanici*, dont il s'est fait trois éditions, in-4, à Bâle, 1623-71-83, et qui fonde à juste titre la réputation de l'auteur comme botaniste. Il n'est cependant que la table d'un ouvrage beaucoup plus considérable, puisqu'il devait former douze volumes, et dont il n'a paru, sous le titre de *Theatrum botanicum*, que le premier volume, à Bâle, 1658, in-fol., et 1663, in-fol., par les soins de Jean Gaspard Bauhin, fils unique de l'auteur. Ce Jean Gaspard acquit une grande célébrité, en professant l'anatomie, la botanique et la médecine pratique, mais non par ses écrits qui ne consistent qu'en quelques dissertations. Il eut sept fils; quatre suivirent aussi la carrière médicale. Le troisième (Jérôme) écrivit et recueillit quelques dissertations. Il eut deux fils, qui composent la cinquième génération, à compter du premier Jean Bauhin; l'un d'eux se livra comme ses ancêtres à la médecine, l'exerça avec distinction, et mourut en 1705, sans avoir rien écrit.

BAULDRI (Paul), professeur d'histoire sacrée à Utrecht, né à Rouen en 1639, était gendre de Henri Basnage, père du célèbre Jacques Basnage. Il a donné au public un édition du Traité de Lactance : *De morte persecutorum*, avec des notes savantes, Utrecht, 1692. Il y justifie plus d'une fois Lactance contre les vaines critiques de Jacques Tollius ; il admet l'arrivée de saint Pierre à Rome, attestée ici par Lactance, et contestée si peu judicieusement par la plupart des protestants. Tout ce que renferme l'édition de Bauldri a passé dans le 2ᵉ volume de celle que Langlet du Fresnoy a donnée à Paris en 1748, 2 vol. in-4. Une nouvelle édition d'un petit ouvrage de Furetière, intitulé : *Histoire des derniers troubles arrivés au royaume d'éloquence*, Utrecht, 1703, in-12 ; *Syntagma kalendariorum*, etc., 1706, in-fol. : tout ce qui concerne les différents calendriers est ici rédigé en tables, par lesquelles on trouve facilement à quels jours sont arrivés les événements dont il est parlé dans l'histoire ; plusieurs *Dissertations* répandues dans différents journaux. Il mourut en 1706.

BAULOT ou BAULIEU (Jacques ou frère Jacques), célèbre lithotomiste, naquit en 1651 à l'Etendonne, hameau de la paroisse de Beaufort, au bailliage de Lons-le-Saunier en Franche Comté, de parents fort pauvres. Il les quitta de bonne heure pour prendre parti dans un régiment de cavalerie. Il servit quelques années, et fit connaissance avec un certain Pauloni, chirurgien empirique, très-connu pour tailler les malades attaqués de la pierre. Après avoir pris cinq ou six années des leçons sous cet opérateur ambulant, il se rendit en Provence. Ce fut là qu'il commença à porter une espèce d'habit monacal, qui ne ressemblait à aucun vêtement religieux, et il ne fut plus connu, depuis, que sous le nom de *frère Jacques*. De Provence il passa en Languedoc, ensuite dans le Roussillon, et de là dans les différentes provinces de la France, augmentant chaque jour sa réputation par des cures nouvelles. Enfin il se rendit à Paris en 1697, d'après le conseil d'un chanoine de Besançon qui lui donna une lettre de recommandation pour un chanoine de Notre-Dame. Ce dernier présenta le frère Jacques à M. de Harlay, premier président du Parlement, lequel, après avoir vu ses certificats, engagea les médecins et les chirurgiens de l'Hôtel-Dieu à examiner son procédé opératoire, et à lui en rendre compte. Il fallait d'abord trouver un sujet calculeux ; le frère partit aussitôt pour la Bourgogne, et ramena à ses frais un individu âgé de quarante ans, affecté de la pierre. L'opération, qui fut pratiquée à l'Hôtel-Dieu en présence d'un concours nombreux de gens de l'art, eut un plein succès et fut suivie d'une guérison prompte. Cette première opération ne parut pas suffisamment concluante ; et, pour concilier les opinions diverses qu'elle avait fait naître, M. de Harlay ordonna qu'on fît exécuter par le frère Jacques la même opération sur le cadavre, et chargea M. Méry de vérifier par la dissection les avantages que pourrait offrir la nouvelle manière de tailler. Les lenteurs qu'on mettait à faire connaître les résultats de cette sorte d'enquête décidèrent le frère Jacques à se rendre à Fontainebleau, où la cour se tenait alors. Il présenta des lettres de recommandation à Fagon et Félix, l'un médecin et l'autre chirurgien de Louis XIV, qui avaient eu déjà connaissance de ce qui s'était passé à l'Hôtel-Dieu. Tous les deux l'accueillirent favorablement, et lui fournirent l'occasion de pratiquer plusieurs opérations, qui furent toutes suivies de la guérison rapide des malades. Ce succès, connu de la cour, fit donner des ordres pour que le frère Jacques pût opérer, au printemps suivant 1698, les calculeux qui se présenteraient à l'Hôtel-Dieu et à la Charité. On en réunit quatre-vingt-deux dans ces deux hôpitaux, et si l'on en croit un écrit publié deux ans plus tard par Méry, sur les soixante malades que tailla le frère Jacques, vingt-cinq succombèrent. Qu'il y ait eu ou non exagération dans le rapport de ces épreuves, toujours est-il que les résultats en furent fâcheux; et, de l'aveu même des amis du frère Jacques, ils ne répondirent pas à ceux qu'il avait constamment obtenus jusque-là. Mais ce qui paraît non moins certain, c'est que la manière d'opérer du frère Jacques démontra aux gens instruits, sous les yeux desquels ces opérations furent pratiquées, que le chirurgien religieux ne possédait aucunes connaissances anatomiques, et qu'il n'était guidé que par une routine aveugle. Craignant qu'un plus long séjour dans la capitale ne compromît sa réputation, le frère Jacques se décida à recommencer ses excursions chirurgicales. Il visita successivement Orléans, Aix-la-Chapelle, Cologne, où il fit de nombreuses cures. Ses succès furent assez variés; non seulement sa méthode n'était pas uniforme, mais l'anatomie était inconnue à cet inciseur téméraire. Il ne voulait prendre aucun soin des malades après l'opération, disant : *J'ai tiré la pierre, Dieu guérira la plaie.* L'expérience lui ayant appris, depuis, que les pansements et le régime étaient nécessaires, ses traitements furent constamment plus heureux. Fagon, qui avait la pierre, engagea le frère Jacques à revenir à Versailles, vers la fin de 1700, et lui fit réitérer de nouvelles expériences sur les cadavres, sous les yeux de Duverney. En outre, trente-huit calculeux furent rassemblés, tant à la Charité royale de Versailles que dans la ville. Il les opéra, et tous guérirent parfaitement. Sur ces entrefaites, Fagon et plusieurs seigneurs de la cour envoyèrent le frère Jacques à Angers pour tailler M. de Pignerol, maître d'académie dans cette ville. L'opération réussit complètement, de même que celle qu'il pratiqua dans la ville sur quarante-neuf autres calculeux, qui guérirent tous, à l'exception de deux qui succombèrent. Hunauld, médecin célèbre de cette ville, qui l'aida de ses conseils et de ses lumières, avait assisté à toutes ses opérations, et répondit sur la critique amère publiée par Méry. Le frère Jacques revint ensuite à Versailles, dans la persuasion qu'il opérerait Fagon; mais ce dernier, détourné par les observations des chirurgiens de la cour, se fit tailler par Maréchal. Mécontent d'une préférence qu'il n'avait pu supposer, d'après les assurances que Fagon lui avait données, Baulot quitta Paris pour la seconde fois, en 1702. Malgré la résolution qu'il avait prise de n'y plus revenir, il ne put résister aux instances du maréchal de Lorges, qui l'y rappela vers la fin de novembre de la même année, pour se faire opérer. Le maréchal logea le frère Jacques dans son hôtel, et lui fit préparer un local où furent reçus vingt-deux calculeux de divers âges : le frère Jacques les tailla au commencement du printemps 1703, et leur guérison rapide acheva de décider le maréchal à se faire opérer; mais il succomba, quelques jours après l'opération, des suites d'une altération profonde dans la vessie. Quoique la véritable cause de sa mort fût généralement connue, cet accident n'en fut pas moins un coup de foudre pour le frère Jacques, qui résolut, pour la dernière fois, de quitter un pays dont le sort semblait lui préparer toujours quelque nouvelle disgrâce. Il se rendit d'abord dans sa famille; puis, reprenant la vie errante à laquelle il avait dû ses premiers succès et sa réputation, il parcourut successivement la Suisse, la Hollande, la Bretagne, les Pays-Bas, l'Allemagne, l'Italie, et revint en France en 1716. Mais à peine frère Jacques avait quitté la Hollande que sa méthode était passée en Angleterre, et avait été adoptée par Cheselden, qui la porta à sa dernière perfection : de là vient qu'elle fut appelée l'*Opération anglaise*, quoiqu'elle appartienne incontestablement aux Français. En reconnaissance des cures nombreuses que cet opérateur avait faites à Amsterdam, les magistrats de la ville firent graver son portrait, et frapper une médaille, sur la face de laquelle était son buste. Enfin, après avoir paru à la cour de Vienne et à celle de Rome, il choisit une retraite auprès de Besançon, pour ne plus s'occuper que de la religion et des vérités saintes dont il avait toujours été pénétré. Il y mourut le 7 décembre 1724, dans les sentiments d'un homme de bien, dont la vie avait été consacrée au soulagement de l'humanité. L'histoire de cet ermite a été écrite par M. Vacher, chirurgien-major des armées du roi, et imprimée à Besançon en 1756, in-12. « Le frère Jacques, dit un juste appréciateur auquel nous avons emprunté la plus grande partie de cet article, apporta de véritables perfectionnements dans l'opération de la taille, en latéralisant l'incision qu'il commençait à la même hauteur où finit celle qu'on pratiquait par le grand appareil. Cette modification importante rendait l'extraction de la pierre plus facile, puisque l'ouverture correspondait à l'écartement le plus grand du détroit inférieur du bassin ; il portait immédiatement l'incision sur la portion membraneuse de l'urètre, le col et le corps de la vessie qu'il incisait d'un même coup avec la prostate. Tout imparfaite qu'était encore sa méthode, le temps a prouvé, comme Raw l'avait dit, qu'elle pouvait offrir les plus grands avantages entre des mains habiles et instruites. Quant à l'opération de la hernie, il renonça dans la suite à la pratiquer, parce qu'il ne voyait pas le moyen d'opérer sans faire en même temps la castration, ainsi que Pauloni le lui avait enseigné. Cette dernière circonstance suffit pour prouver que le frère Jacques était vraiment étranger aux moindres connaissances anatomiques.

BAUME (Claude de la), neveu de Pierre, archevêque de Besançon, dont il fut le successeur, préserva son troupeau des erreurs de Calvin. Grégoire XIII le fit cardinal en 1578. Il mourut à Arbois en 1584. Les gens de lettres perdirent en lui un zélé protecteur.

BAUME (Jacques-François de la), chanoine de la collégiale de Saint-Agricole d'Avignon, naquit à Carpentras dans le Comtat-Venaissin, en 1704. Son goût décidé pour les belles-lettres l'entraîna à Paris. Après y avoir fait quelque séjour, il fit paraître une petite brochure intitulée : *Éloge de la paix*, dédiée à l'Académie française. C'est l'ouvrage d'un plat rhéteur. Il a la forme de sermon, d'ode et d'épopée, et n'a le mérite d'aucun de ces genres. Son peu de succès n'empêcha point cet écrivain de méditer un ouvrage de plus longue haleine. Il porta jusque dans sa province l'idée de son dessein, et c'est là qu'il l'acheva. La *Christiade*, dont nous voulons parler, occasionna à son auteur un second voyage à Paris. Il y retourna pour faire imprimer ce poème en prose, en 6 vol. in-12, 1753. L'ouvrage, bien exécuté quant à la partie typographique, est écrit d'un style pompeux et figuré, qui, loin d'échauffer le lecteur, le refroidit. Il y a d'ailleurs de très-grandes indécences, et l'Écriture-Sainte y est étrangement travestie : on y voit Jésus-Christ tenté par la Magdeleine. Cette bizarre production fut flétrie par arrêt du Parlement de Paris, et l'auteur condamné à une amende. Il mourut peu de temps après en 1756, dans cette même ville. Il a fait quelques autres opuscules, comme les *Saturnales françaises*, 1736, 2 vol. in-12, et il a travaillé pendant plus de dix ans au *Courrier d'Avignon*.

BAUME (Antoine), célèbre pharmacien de Paris, et professeur de chimie, de l'Académie des sciences, né à Senlis en 1728, , mort à Paris le 15 octobre 1804. Les arts lui doivent plusieurs découvertes utiles. C'est lui qui éleva le premier en France une manufacture de sel ammoniac, et il parvint, par un procédé de son invention à blanchir les soies jaunes sans les écruer. Il perfectionna la teinture écarlate des Gobelins, et donna un procédé économique pour la purification du salpêtre. La plupart de ses travaux sont consignés dans les *Mémoires* de l'Académie. Ses principaux ouvrages sont : *Eléments de pharmacie théorique et pratique*, 1762, in-8, réimprimés plusieurs fois ; la 6ᵉ édition a paru en 1797, en 2 vol. in-8 ; *Manuel de Chimie*, 1766, in-12 ; *Chimie expérimentale et raisonnée*, 1773, 3 vol. in-8.

BAUMER (Jean-Guillaume), médecin, né à Rehweller en Franconie en 1719. Il professa longtemps son art à Erfurt, puis à Giessen, et il mourut en 1788. Ses principaux ouvrages sont : une *Histoire naturelle du règne minéral, avec des observations particulières sur la Thuringe*, 2 vol. in-8, en allemand, Gotha, 1763, avec 20 planches; une *Histoire naturelle des pierres précieuses, ainsi que des terres et des pierres en usage dans la médicine*, Francfort, 1771, in-8, en latin; *Fundamenta geographiæ et hydrographiæ subterraneæ*, Giessen, 1779, in-8, avec 5 planches; une *Histoire naturelle du règne minéral*, aussi en latin, Francfort, 1780, in-8, avec 3 planches ; ouvrage savant, mais peu élémentaire.

BAUMES (Jean-Baptiste-Théodore), médecin et professeur à la Faculté de médecine de Montpellier, mort en 1828. Il a publié un grand nombre d'ouvrages : *Des convulsions des enfants, leurs causes et leur traitement*, in-8, 1789 ; nouvelle édition, augmentée, 1805 ; *Traité de la phthisie pulmonaire*, 2ᵉ édition, revue et augmentée, Paris, 1805, 2 vol. in-8; *Essai d'un système chimique de la science de l'homme*, 1798, in-8 ; *Fondements de la science méthodique des maladies, pour servir de suite à l'Essai d'un système chimique de la science de l'homme*, Montpellier, 1801, 4 vol. in-8, reproduit en 1816 sous le titre de *Traité élémentaire de pathologie* : l'auteur a voulu établir dans cet ouvrage une théorie pathologique fondée sur la chimie, mais son système a trouvé peu de partisans ; *Traité sur le vice scrofuleux et sur les maladies qui en proviennent*, 2ᵉ édition, 1803, in-8 ; *Histoire et Mémoires de la société de médecine-prati-*

que de *Montpellier*, année 1816, Montpellier, 1817, 4 vol. in-8 ; *Traité des fièvres rémittentes et des indications qu'elles fournissent pour l'usage du quinquina*, Montpellier, 1821, in-8; une *Edition* des ouvrages de *Sydenham*, à laquelle il a ajouté un grand nombre de *Notes*. On a encore de lui des *Eloges*, plusieurs *Mémoires* qui ont été couronnés par la Faculté de médecine de Paris, et quelques autres ouvrages. Il a aussi donné de nombreux articles au *Journal de la Société de Médecine* de Montpellier, dont il a été le fondateur et le rédacteur principal.

BAUMGARTEN (Jacques-Sigismond), théologien luthérien, né près Magdebourg en 1706, se livra particulièrement à l'étude de l'histoire ecclésiastique et des langues orientales. Partisan secret de Wolf, il fut accusé d'hétérodoxie par quelques-uns de ses confrères jaloux de sa réputation ; mais il parvint à se justifier. Il renonça néanmoins à toutes les fonctions civiles pour se vouer entièrement à la composition de ses ouvrages, qui contribuèrent au nouveau système de théologie qui prévalut bientôt dans l'Allemagne protestante. Les principaux sont : *Théologie morale*, in-8; *Abrégé de l'Histoire ecclésiastique*, 3 vol. in-8; *La doctrine évangélique*, 3 vol. in-4.

BAUMGARTEN (Alexandre - Théophile), philosophe, frère de Jac.-Sigism., né à Berlin le 17 juillet 1714, fut l'un des plus célèbres disciples de Wolf, et créa l'esthétique « en tant que *science* systématique », et inventa le mot qui la désigne. On dit que c'est une *science;* nous n'en croyons rien. Il en sera sans doute de l'esthétique comme de tous les autres *systèmes* philosophiques. On a beaucoup raisonné sur l'esthétique, on continuera peut-être, et plus on raisonnera, moins on s'entendra. Baumgarten fut professeur à Halle et à Francfort-sur-l'Oder. Il exposa ses idées sur l'esthétique dans un écrit académique intitulé : *Disput. de nonnullis ad poema pertinentibus*, Halle, 1735, in-4. Sa mort, qui arriva le 26 mai 1762, l'empêcha d'achever son *Esthetica*, dont il parut 2 vol. in-8, à Francfort en 1758.

BAUNE (Jacques de La) naquit à Paris en 1649. Il entra chez les jésuites, où il professa les humanités avec succès. Il mourut en 1726. On a de lui des *poésies* et des *harangues* en latin, un recueil des *ouvrages latins* du P. Sirmond, Paris, 1696, 5 vol. in-fol. (25 à 30 fr.); *Panegyrici veteres ad usum Delphini*, Paris, 1672, in-4 (7 à 8 fr.), **et d'autres** écrits.

BAUR (Jean-Guillaume), peintre et graveur de Strasbourg, mourut à Vienne en 1640, âgé de 30 ans. Il a excellé dans les paysages et dans les tableaux d'architecture. Ses sujets sont des vues, des processions, des marchés, des places. On a de lui : un recueil d'estampes sous le titre d'*Iconographie*, Augsbourg, 1632 ; des *Batailles*, 1635; des *Jardins*, 1636; des *Métamorphoses*, Vienne, 1641, in-fol. On trouve dans ses ouvrages du feu, de la force, de la vérité; mais ses figures sont courtes.

BAUR (Samuel), né à Ulm le 31 janvier 1768, mort le 25 mai 1832, a laissé entre autres ouvrages : *Tableaux intéressants de la vie des personnages mémorables du 18° siècle*, 1803-1821, 7 vol.; *Nouveau Dictionnaire, manuel historique, biographique et littéraire*, 1807-1816, 7 vol.; *Tableau des révolutions, des soulèvements, etc., les plus remarquables*, 1810-1818, 10 vol.

BAUSSET (Louis-François de), ancien évêque d'Alais et cardinal, né le 14 décembre 1748, à Pondichéry, où son père, le marquis de Bausset, était placé à la tête de l'administration avec le titre de *grand-voyer*. On le fit passer en France à l'âge de douze ans, et son oncle, l'évêque de Béziers, le plaça d'abord chez les jésuites du collége de la Flèche, ensuite au séminaire de Saint-Sulpice où il fit ses cours de philosophie et de théologie. A peine fut-il ordonné prêtre, que Mgr de Boisgelin, archevêque d'Aix, le nomma son grand-vicaire, et Mgr de Bausset conserva toujours pour lui la plus tendre reconnaissance. Il regardait comme un bonheur d'avoir passé plusieurs années à l'école de cet illustre prélat, et il a rendu compte lui-même, dans un écrit qu'il consacra à sa mémoire, des soins qu'il prit de former sa jeunesse, de lui inspirer le goût de l'étude et de lui apprendre à écrire avec pureté et avec méthode. En 1778, il fut envoyé comme administrateur dans le diocèse de Digne, sous le titre de vicaire-général, et il parvint à rétablir la paix dans ce diocèse qui était livré aux plus grands troubles ; enfin il fut sacré évêque d'Alais le 12 juillet 1784. Il siégea en cette qualité aux Etats de Languedoc, et il fut un des députés chargés de porter au pied du trône les cahiers des Etats. Il eut l'honneur de haranguer le roi et toute la famille royale. Ses discours, au nombre de sept, furent remarqués, particulièrement celui qu'il adressa à madame Elisabeth, sœur de Louis XVI, qui fut cité comme un modèle de goût et de délicatesse. On le trouve dans le *Conservateur* de 1787.

tome 2, page 273. Il assista aussi aux deux assemblées des notables de 1787 et 1788, mais il ne fut point appelé aux états-généraux comme l'ont avancé plusieurs biographes. Cette assemblée ayant décrété la suppression de l'évêché d'Alais, le prélat crut devoir déclarer, par une lettre du 12 juillet 1790, que ce décret ne pouvait briser les liens qui l'attachaient à son église. La même année il envoya son adhésion à l'*Exposition des principes sur la constitution civile du clergé*, par les évêques députés à l'assemblée nationale, et rédigée par Mgr de Boisgelin. Il publia même divers actes analogues dans lesquels il s'unissait aux principes et aux déterminations adoptées par la majorité de ses collègues. Vers la fin de 1791, il émigra en Suisse; mais il se détermina à revenir à Paris le mois de septembre suivant. Il y fut arrêté et renfermé au couvent de Port-Royal, transformé en prison; il eut cependant le bonheur d'échapper au tribunal révolutionnaire, et il recouvra sa liberté après le 9 thermidor. Alors il se retira dans une maison de campagne de madame de Bassompierre, située à Villemoisson, près Longjumeau, où il passait la plus grande partie de l'année, ne faisant à Paris que quelques voyages rares et courts pour visiter ses amis, et particulièrement l'abbé Emery qu'il avait choisi pour guide de sa conscience, et avec lequel il conserva toujours des rapports intimes. Lorsque Pie VII demanda aux évêques de France leur démission, l'évêque d'Alais s'empressa d'envoyer la sienne. Le 13 avril 1806, il fut nommé chanoine de Saint-Denis, puis conseiller titulaire de l'Université. Après le retour du roi, deux commissions d'évêques furent formées successivement pour s'occuper des affaires de l'Eglise, et Mgr de Bausset en fut membre. Il s'y distingua par sa sagesse et sa modération; mais ces deux commissions eurent peu de résultat. Le roi lui donna, le 17 février 1815, la présidence du conseil royal de l'instruction publique. Pendant les Cent-Jours, Napoléon nomma de nouveau Mgr de Bausset conseiller de l'Université, et au mois d'août 1815, Louis XVIII l'appela à la Chambre des pairs. En 1816, il fut admis à l'Académie française. Enfin il obtint le chapeau de cardinal dans le consistoire du 28 juillet 1817, et le roi attacha le titre de duc à la pairie du prélat. Il fut encore nommé commandeur de l'ordre du Saint-Esprit, et ministre d'Etat après la mort du cardinal de La Luzerne. La mort l'enleva le 21 juin 1824, et ses obsèques furent célébrées avec beaucoup de pompe, quoiqu'il eût demandé qu'elles fussent modestes. Son corps a été porté dans l'église des Carmélites de la rue de Vaugirard, pour être placé à côté de celui du cardinal de La Luzerne et du vertueux abbé Legris-Duval. Son éloge, lu à la Chambre des pairs, a été imprimé dans le *Moniteur*, et à part par ordre de la Chambre. Il y a aussi plusieurs *Notices* sur sa personne, parmi lesquelles on distingue celle imprimée à Paris chez Adrien Leclerc, 1824; et celle imprimée à Marseille, intéressantes surtout par les lettres du cardinal à l'auteur, qui s'y trouvent imprimées en grand nombre. On a de lui : une *Lettre à M. le curé de...*, 1790, in-8, par laquelle il adoptait l'*Instruction pastorale* de Mgr l'évêque de Boulogne, du 24 octobre, sur l'autorité de l'Eglise, où il ajoute quelques réflexions également solides et mesurées sur les nouveaux décrets, et dans laquelle il prend des mesures pour l'administration de son diocèse pendant le schisme; *Réflexions sur la déclaration exigée des ministres du culte par la loi du 7 vendémiaire an IV; Exposé des principes sur le serment de liberté et d'égalité, et sur la déclaration exigée des ministres du culte par la loi du 7 vendémiaire an IV*, publié avec un avertissement de l'abbé Emery, Paris, 1796, in-8; *Notice historique sur son Eminence Mgr le cardinal de Boisgelin, archevêque de Tours, par un de ses anciens grands-vicaires*, publiée par Mgr de Crouzeilles, évêque de Quimper, Paris, 1804, in-12 : cette *Notice* a été placée en tête des Œuvres du cardinal de Boisgelin; *Histoire de Fénélon, composée sur les manuscrits originaux*, Versailles, 1808, 3 vol. in-8; 3ᵉ édition, Paris, 1821, 4 vol. in-8; 4ᵉ édition, 1823, 4 vol. in-12. Cet ouvrage fut désigné en 1810, par l'Institut, comme méritant le second grand prix décennal de seconde classe pour le meilleur livre de biographie : « L'ouvrage, disait le jury, est écrit « partout avec le ton de noblesse et de « dignité qui est propre à l'histoire; on « y désirerait seulement un peu plus de « cette onction douce et pénétrante qui « convient à l'histoire de Fénélon. Le « style en est en général pur, correct et « élégant, quoiqu'on y puisse remar- « quer quelques taches. La narration « manque quelquefois de rapidité, mais « jamais de clarté, et rarement d'inté- « rêt; attachante par le ton de sincérité « qui y règne, elle est semée de réfle- « xions toujours justes, et jamais am- « bitieuses, qui servent à relever les dé- « tails et à jeter du jour sur les faits. »

Histoire de J.-B. Bossuet, évêque de Meaux, composée sur les manuscrits originaux, Paris, 1814, 4 vol. in-8; 2ᵉ édition revue et corrigée, 1819, 4 vol. in-8 ou in-12. Ce second ouvrage eut peut-être un succès moins brillant que le premier. Peut-être aussi est-il un peu moins travaillé et offre-t-il plus de longueurs ; mais il n'en est pas moins un beau monument élevé à la gloire d'un grand évêque, et il honore la sagesse et le talent de son auteur. *Notice sur la vie de l'abbé Legris-Duval, prédicateur ordinaire du roi*, en tête de ses *Sermons*, Paris 1820, 2 vol. in-12 ; *Notice historique sur son Em. Mgr A.-A. de Talleyrand, cardinal de Périgord, archevêque de Paris*, 1821, in-8 ; *Notice sur M. le duc de Richelieu*, qui fut lue par de Pastoret dans la séance de la Chambre des pairs du 8 juin 1822, Paris, in-8. Il se proposait de donner une *Histoire du cardinal de Fleury*, et il avait à cet effet réuni beaucoup de matériaux ; mais les accès de sa goutte, devenant plus fréquents et le mettant souvent dans l'impossibilité de faire usage de ses mains, le forcèrent de renoncer à ce travail.

BAUTRU (Guillaume), comte de Serrant, bel esprit du 17ᵉ siècle, et l'un des premiers membres de l'Académie française, naquit à Paris, l'an 1588, et y mourut en 1665. Il fut, dit-on, les délices des ministres, des favoris, et généralement de tous les grands du royaume, et jamais leur flatteur. A en juger néanmoins par les différents traits qu'on rapporte de lui, c'était une espèce de *Gorgibus*, un plaisant de profession. On cite plusieurs de ses bons mots, dont quelques-uns sont très-mauvais. Bautru, étant en Espagne, alla visiter la fameuse bibliothèque de l'Escurial, où il trouva un bibliothécaire fort ignorant. Le roi d'Espagne l'interrogea sur ce qu'il avait remarqué. « Votre bibliothèque est très-« belle, lui dit Bautru, mais votre Ma-« jesté devrait donner à celui qui en a « le soin l'administration de ses finan-« ces. — Et pourquoi ? — C'est, repartit « Bautru, qu'il ne touche point au dé-« pôt qui lui est confié. » Il disait d'un certain seigneur de la cour qui n'entretenait les gens de sa maison que de contes bas, qu'il était le *Plutarque des laquais*.

BAUVES (Jacques de), avocat au Parlement de Paris, dans le 17ᵉ siècle, composa, avec le célèbre Antoine Despeisses, un *Traité des successions*. Ces deux amis se proposèrent d'écrire sur toutes les matières de droit : mais Bauves, mort sur ces entrefaites, laissa à son confrère le soin d'exécuter cet utile projet. (Voyez DESPEISSES.)

BAUYN (Bonaventure), docteur de Sorbonne, chancelier de l'Université de Paris, évêque d'Uzès, né à Dijon, le 25 novembre 1699, d'une famille considérée, jouit très-jeune encore d'une sorte de célébrité, par les dispositions précoces de son esprit. On citait particulièrement son poëme en vers latins sur la paix, *Pax, carmen*, 1714, qui respire en effet le goût le plus pur, et fait regretter que l'auteur n'ait pas cru pouvoir, dans un âge plus mûr, concilier les devoirs de l'épiscopat avec la culture de la poésie. Il fut un évêque digne de la primitive Eglise par la pureté de ses mœurs, par la simplicité de son caractère et par son active charité. Il mourut dans son évêché, le 16 octobre 1779, à quatre-vingts ans.

BAUZA (Don Filippo) fut désigné à l'âge de 20 ans pour accompagner le célèbre Malaspina dans ses expéditions maritimes. De retour en Espagne, sa patrie, il fut nommé directeur du dépôt hydrographique de Madrid, et fit exécuter sous sa direction des *Cartes* de l'Amérique du Sud, qui sont de beaucoup supérieures à toutes celles qui avaient été publiées jusque-là. Obligé de quitter l'Espagne en 1823, Bauza se retira en Angleterre où il est mort en 1834.

BAVEREL (Jean-Pierre), prêtre, est mort à Besançon le 18 septembre 1822, à l'âge de 78 ans. On a de lui : *Réflexions d'un vigneron de Besançon sur un ouvrage qui a pour titre : Dissertation qui a remporté le prix de l'académie de Besançon en 1777, sur les causes d'une maladie qui attaque plusieurs vignobles de la Franche-Comté, par le P. Prudent, capucin*, 1778, in-8 ; *Observations sur l'ouvrage du P. Prudent touchant les maladies des vignes de Franche-Comté*, 1779 ; *Coup-d'œil philosophique et politique sur la main-morte*, 1785 ; *Notices sur les graveurs qui nous ont laissé des estampes marquées de monogrammes, chiffres, rébus, lettres initiales*, Besançon, 1820, 2 vol. in-8 ; et plusieurs manuscrits, que la bibliothèque publique de Besançon a achetés.

BAXTER (Richard), né en 1615, à Rowton dans le comté de Shrop, théologien anglais, non conformiste, chapelain du roi Charles II, refusa l'évêché d'Héréfort que ce prince lui offrait. Il mourut en 1691. Il a laissé des *Sermons*, une *Paraphrase sur le Nouveau-Testament*, et d'autres livres pleins de chaleur. Burnet l'estimait beaucoup, mais l'on sait que l'enthousiasme de secte était un grand mérite près de ce savant, qui en avait lui-même beaucoup.

BAXTER (Guillaume), né en 1650, neveu de Richard, est auteur d'un *Glossaire d'antiquités britanniques*, en latin, Londres 1733, in-8 ; et d'un autre d'*Antiquités romaines*, 1726, in-8. Il mourut en 1723.

BAYARD (Pierre du Terrail de), né en Dauphiné, d'une famille noble, fut d'abord page du gouverneur de cette province. Le roi Charles VIII, appelé en Italie par Alexandre VI, mena le jeune guerrier en 1495 à la conquête du royaume de Naples. Il s'y distingua partout, mais principalement à la bataille de Fornoue. Charles VIII étant mort, Bayard ne fut pas moins utile à Louis XII. Il contribua beaucoup à la conquête de Milan. Dans une bataille qui se donna en 1501 dans le royaume de Naples, il soutint seul, comme Coclès, sur un pont étroit, l'effort de 200 chevaliers qui l'attaquaient. A la prise de la ville de Bresse, il reçut une blessure dangereuse, et fit un acte de vertu héroïque. Son hôte lui ayant fait remettre 2,000 pistoles, en reconnaissance de ce qu'il l'avait garanti du pillage, il donna cette somme à ses deux filles qui la lui apportaient. Le trait suivant est encore plus remarquable. La rare beauté d'une jeune personne du sexe ayant fait sur lui une vive impression, il fit des propositions à la mère qui était pauvre et qui les accepta. Conduite chez le chevalier, la fille se jette à ses pieds, les arrose de ses larmes et lui dit : Monseigneur, vous ne déshonorerez pas une malheureuse victime de la misère, dont votre vertu devrait vous rendre le protecteur. — Levez-vous, ma fille, lui répond Bayard, touché jusqu'au fond du cœur ; vous sortirez de ma maison aussi sage et plus heureuse que vous n'y êtes entrée. Il la dota et la maria. C'est ainsi, dit un historien, que le bon chevalier « changea de vice à vertu. » En 1514, il eut la lieutenance-générale du Dauphiné. A la bataille de Marignan contre les Suisses, il combattit à côté de François Ier. C'est à cette occasion que ce roi voulut être fait chevalier de la main du héros, suivant les usages de l'ancienne chevalerie. Bayard défendit ensuite pendant six semaines Mézières, place mal fortifiée, contre une armée de 40,000 hommes et de 30,000 chevaux. Le conseil du roi avait résolu de brûler cette place, qui ne paraissait pas être en état de soutenir un siége. Bayard s'y opposa en disant à François Ier : « Il n'y a point de places faibles, là où il y a des gens de cœur pour les défendre. » L'amiral de Bonivet s'étant rendu en Italie, le chevalier Bayard le suivit en 1523. L'année d'après il reçut, à la retraite de Rebec, un coup de mousquet qui lui cassa l'épine du dos. Ce héros, blessé à mort dans cette déroute, ordonna, après avoir fait quelques prières et recommandé son âme à Dieu, qu'on le mît sous un arbre, le visage tourné vers l'ennemi, parce que, dit-il, n'ayant jamais tourné le dos, il ne voulait pas commencer dans ses derniers moments. Il pria ensuite d'Alègre d'aller dire au roi, que le seul regret qu'il avait en quittant la vie, était de ne pouvoir pas le servir plus longtemps. Le connétable Charles de Bourbon, qui l'estimait, l'ayant trouvé dans cet état, comme il poursuivait les Français, lui témoigna combien il le plaignait. Bayard lui répondit : « Ce n'est pas moi qu'il faut plaindre, mais vous, qui portez les armes contre votre roi, votre patrie et votre serment. » — « ... Ses pauvres servi-
« teurs domestiques estoient tous transis,
« entre lesquels estoit son pauvre maistre d'hostel, qui ne l'abandonna jamais
« et se confessa le bon chevalier à luy,
« par faute de prestre. Le pauvre gen-
« tilhomme fondoit en larmes, voyant
« son bon maistre si mortellement nas-
« vré, que nul remède n'y avoit ; mais
« tant doucement le réconfortoit nostre
« bon Chevalier, en luy disant : « Jac-
« ques, mon amy, laisse ton deuil ; c'est
« le vouloir de Dieu de m'oster de ce
« monde, j'y ai par la sienne grâce lon-
« guement demeuré, et y ai reçu des
« biens et des honneurs plus que à moy
« n'appartient ; tout le regret que j'ai à
« mourir, c'est que je n'ai pas si bien
« faict mon devoir que je devois, et il
« estoit mon espérance si plus longtemps
« eusse vécu, d'amender les faustes pas-
« sées ; mais puisque ainsi est, je sup-
« plie mon Créateur avoir pitié, par son
« infinie miséricorde, de ma pauvre
« ame ; et j'ai espérance qu'il le fera,
« et que, par sa grande et incompré-
« hensible bonté, n'usera point envers
« moy de rigueur. Je te prie, Jacques,
« mon amy, qu'on ne m'enlève point de
« ce lieu ; car quand je me remue, je
« sens toutes les douleurs que possible
« est de sentir, hors la mort, laquelle
« me prendra bientost. » Il demeura encore en vie deux ou trois heures, et
« par les ennemis luy fut rendu un beau
« pavillon et un lit de camp sur quoy il
« fut couché, et luy fut amené un pres-
« tre, auquel dévotement se confessa en
« disant ces propres mots : Mon Dieu !
« estant assuré que tu as dict que celui
« qui de bon cœur retournera vers toy,
« quelque pécheur qu'il ait été, tu es
« toujours près de le recevoir à merci et

lui pardonner. Hélas! mon Dieu, Créateur et Rédempteur, je t'ai offensé durant ma vie grièvement, dont il me déplaît de tout mon cœur : je connois bien que quand je serois aux déserts, mille ans au pain et à l'eau, encore n'est-ce pas pour avoir entré en ton royaume de paradis, si par ta grande et infinie bonté ne t'y plaisoit me recevoir ; car nulle créature ne peut mériter en ce monde si haut loyer. Mon Père et Sauveur! je te supplie qu'il te plaise n'avoir nul regard aux fautes par moy commises, et que ta grande miséricorde soit préférée à la rigueur de ta justice. » Sur la fin de ces paroles, le bon *chevalier sans peur et sans reproche* rendit son âme à Dieu. Il était âgé de quarante-huit ans. Nous avons *Vie* de cet homme illustre par Symphorien Champier, Paris, 1525, in-4; par un de ses secrétaires, 1619, in-4, avec des notes de Thomas Godefroy; par Lazare Bocquillot, prieur de Lonval, 1702, in-12; et par Guyart de Berville, 1760, in-12. Le style des deux premiers vieilli, et celui des deux autres manque un peu d'élégance. Quoique Bayard n'eût mais commandé en chef, les troupes regrettèrent comme si elles avaient perdu le meilleur des généraux. Plusieurs officiers et plusieurs soldats allèrent se rendre aux ennemis, pour avoir la consolation de voir encore une fois le chevalier. L'ennemi, aussi généreux qu'eux, ne voulut pas qu'ils fussent prisonniers. On remit son corps, après l'avoir embaumé, pour être porté à Grenoble, sa patrie. Le duc de Savoie lui fit rendre les honneurs qu'on rend aux souverains, et le fit accompagner par la noblesse jusque sur la frontière. On avait donné à ce grand homme le nom de *Chevalier sans peur et sans reproche*, et il le méritait bien. Il avait cette vertu naïve, et cet héroïsme plein de franchise, dont un siècle raffiné ne fournit plus d'exemples. Il savait que la valeur sans religion n'était qu'une espèce de fureur, dénuée des lumières qui doivent la rendre humaine et utile ; il donnait, en toute occasion, des preuves publiques de son attachement à la foi chrétienne. Dès qu'il eut été blessé, son premier mouvement fut de baiser la croix de son épée, n'ayant pas d'autre figure propre à retracer le signe de notre rédemption.

BAYARD (Jean-Baptiste-François), né à Paris le 24 juin 1750, mort le 2 août 1800, exerça la profession d'avocat jusqu'en 1791. Il remplit ensuite diverses fonctions de magistrature. Bayard n'est guère connu que comme principal auxiliaire de Camus (Armand Gaston), dans l'entreprise du *Nouveau Denisart* avec laquelle ils tentaient de faire dans les lois ce que l'*Encyclopédie* avait fait dans la philosophie, lorsque la révolution de 1789 est intervenue. Ces légistes (aidés de Soreau, Levasseur, etc.) avaient déjà publié 9 vol. in-4 ; ils en restèrent là. Calenge seul a donné 4 nouveaux volumes en 1805-1807, jusqu'à la lettre *Hom*. Bayard est aussi auteur des cahiers de l'Hôtel-de-Ville de 89 à 91, sous le titre d'*Annales de la révolution*.

BAYER (Jean), aïeul de Théophile, qui florissait dans les sciences au 18ᵉ siècle, naquit à Augsbourg, et fut un astronome habile. En 1605, il publia sous le titre d'*Uranometria*, une description des constellations, dans laquelle il indique chaque étoile par une lettre grecque ou latine ; méthode qui a été suivie depuis. Ce catalogue des étoiles a été successivement perfectioné, sans qu'on ait pu cependant savoir encore le nombre précis de ces flambeaux célestes. (Voyez FLAMSTÉED.)

BAYER (Théophile - Sigefroi), petit-fils de Jean Bayer, habile mathématicien, naquit en 1694. Son goût pour l'étude des langues anciennes et modernes le porta à apprendre même le chinois. Il alla à Dantzick, à Berlin, à Halle, à Leipsick, et en plusieurs autres villes d'Allemagne, et fit partout des connaissances utiles. De retour à Kœnigsberg, en 1717, il fut bibliothécaire. Il fut appelé en 1726 à Pétersbourg, où on le nomma professeur des antiquités grecques et romaines. Il était sur le point de retourner à Kœnigsberg, lorsqu'il mourut à Saint-Pétersbourg en 1738. On a de lui un grand nombre de *Dissertations* savantes ; principalement sur des monnaies anciennes et des inscriptions curieuses. Son *Museum sinicum*, imprimé en 1730, 2 vol. in-8, ouvrage d'une érudition singulière, montre dans son auteur beaucoup de sagacité. Son *Historia congregationis cardinalium de propaganda fide*, 1821, in-4, décèle contre l'Eglise catholique une haine poussée si loin, que les protestants même en furent indignés.

BAYER (François PEREZ), antiquaire espagnol, né à Valence en 1711, mourut le 26 janvier 1794. Ses ouvrages imprimés sont peu nombreux. Le premier qu'il publia en 1753 est une *Dissertation sur les rois de l'île de Tarse*. En 1756, il fit imprimer une dissertation intitulée : *Damasus et Laurentius Hispanis adserti et vindicati* ; enfin il publia, en 1781, une dissertation sous ce titre : *De nummis*

Hebræorum Samaritanis, in-4. Il avait employé une partie de sa vie à des recherches sur les antiquités pour lesquelles il fit plusieurs voyages, et à la composition du *Catalogue des manuscrits de l'Escurial*, qui forme 4 vol. in-folio. Il a laissé plusieurs autres manuscrits, et enrichi de notes une nouvelle édition de la *Bibliothèque espagnole* d'Antonio.

BAYEUX (Georges), avocat, né à Caen vers 1752, se distingua dans plusieurs causes importantes, fut nommé premier commis des finances sous Necker, puis commissaire du roi et procureur-général-syndic du département du Calvados. Accusé d'entretenir une correspondance avec les ministres Montmorin et de Lessart, qui étaient détenus à Orléans, il fut mis en prison et massacré par le peuple, le 6 septembre 1792. Il a laissé plusieurs ouvrages, parmi lesquels on distingue une traduction des *Fastes d'Ovide*, 1783-89, 4 vol. in-8, écrite avec assez d'élégance, mais estimée particulièrement pour le discours préliminaire et les notes qui l'accompagnent, remplies de recherches, de critique, d'histoire et de philosophie; *Réflexions sur le règne de Trajan*, 1787; *Essais académiques*, 1785, etc.

BAYLE (Pierre) naquit au Carlat, petite ville du comté de Foix, en 1647. Son père lui servit de maître jusqu'à l'âge de 19 ans, et l'éleva dans le calvinisme. Il l'envoya ensuite à Puylaurens, où était une académie de sa secte. Le curé de cette ville, aidé de quelques livres de controverse que le jeune philosophe avait lus, lui fit abjurer le protestantisme. Dix-sept mois après, il retourna à son ancienne communion. Un édit du roi, peu favorable aux relaps, l'obligea de sortir de sa patrie. Il se réfugia à Coppet, petite ville de Suisse, près de Genève, où il se chargea d'une éducation, et d'où il sortit quelque temps après. La chaire de philosophie de Sédan s'étant trouvée vacante en 1675, Bayle alla la disputer, et l'emporta sur ses concurrents. Ses succès dans ce poste ne furent point équivoques; mais l'académie de Sédan ayant été supprimée en 1681, Bayle se vit obligé de se retirer à Rotterdam. On érigea en sa faveur une chaire de professeur de philosophie et d'histoire. Il en fut destitué en 1696, par les efforts de Jurieu, ministre protestant, assez connu par ses prophéties et son fanatisme. Cet enthousiaste avait quelques sujets de ressentiment contre le philosophe, et celui-ci avait eu l'imprudence de lui donner les moyens de se venger; car il n'était pas difficile de faire comprendre aux réformés que Bayle était un ennemi de toutes les communions; ses écrits en fournissaient des preuves multipliées. On prétend cependant que, sans un motif politique qui intéressait l'Etat, Jurieu n'aurait point réussi. Halwin, bourgmestre de Dordrecht, était entré dans une espèce de négociation avec Amelot, ambassadeur de France en Suisse, pour faire la paix avec cette couronne à l'insu de l'Etat. Il fut arrêté pour ce sujet par l'ordre du roi d'Angleterre, qui ne voulait que la guerre, et condamné à une prison perpétuelle et à la confiscation de tous ses biens. Bayle fut soupçonné d'avoir, par ses écrits, fait entrer bien des personnes dans les vues du bourgmestre, et les magistrats de Rotterdam eurent ordre de lui ôter sa charge de professeur et sa pension: ils obéirent en cela au roi Guillaume dont ils étaient créatures. Il s'éleva contre Bayle une nouvelle tempête, lorsque son *Dictionnaire* parut en 1697. Jurieu dénonça au consistoire de l'église wallone ce qu'il y avait de répréhensible dans cet ouvrage, c'en était une partie très-considérable. Bayle fut obligé de promettre qu'il corrigerait les fautes qu'on lui reprochait. Les preuves d'impiété que ce livre fournissait contre lui, lui causèrent beaucoup d'inquiétude. On dit qu'il devait passer en France avec une pension de 6000 liv., lorsqu'il mourut à Rotterdam, d'une maladie de poitrine, âgé de 59 ans, en 1706; mais il n'y a pas d'apparence que Louis XIV fût disposé à récompenser un écrivain, dont l'irréligion était manifeste. Il en convenait lui-même sans détour; on sait la réponse qu'il fit à l'abbé de Polignac, depuis cardinal: « A laquelle des sectes qui règnent « en Hollande, êtes-vous le plus attaché, « lui demandait cet abbé? — Je suis pro- « testant, répondit Bayle. — Mais ce mot « est bien vague, reprit Polignac: Etes- « vous luthérien, calviniste, anglican? « — Non, répliqua Bayle: Je suis protes- « tant, parce que je proteste contre tout ce « qui se dit et ce qui se fait. » (Eloge du cardinal de Polignac par de Boze.) Les ouvrages sortis de sa plume sont: *Pensées diverses sur la comète qui parut en 1680*, 4 vol. in-12. Il avait commencé cet ouvrage à Sédan, et le finit en Hollande. Il y soutint, parmi d'autres paradoxes, qu'il est moins dangereux de n'avoir point de religion, que d'en avoir une mauvaise. On jugea, dès lors, que Bayle était un sophiste et un pyrrhonien. Après avoir sappé les fondements de toutes les religions dans ce livre, il veut anéantir la chrétienne. Il ose avancer que de véritables chrétiens ne formeraient pas un État qui pût subsister. On a cru qu'en soutenant ce paradoxe, il méconnaissait l'esprit de la religion : il ne le méconnaissait pas, mais il feignait de le méconnaître. Bayle se formait des fantômes pour les combattre : on ne le voit que trop dans cet ouvrage, à travers les digressions, les hors-d'œuvre et les passages dont il est parsemé. Il dessille les yeux sur l'influence des comètes, mais il mêle à cette vérité une infinité d'erreurs. Un de ses principaux artifices est d'attaquer les vérités les plus capitales en tout genre, par les erreurs que l'ignorance y a mêlées. En montrant qu'on les a mal soutenues, il croit les avoir renversées. Les chutes des savants font ses yeux chanceler toutes les sciences ; les méprises des uns sont des raisons, d'où il conclut l'incertitude des autres. Sur ce vain sophisme, il appuie les fondements pour établir l'édifice de son pyrrhonisme. Son style, qui plaît d'abord par sa clarté et par le naturel qui le caractérise, délaît à la fin, par une langueur, une mollesse et une négligence poussées un peu trop loin ; il en convenait lui-même. Mon style, disait-il, est assez négligé, il n'est pas exempt de termes impropres et qui vieillissent, ni peut-être même de barbarismes. Je l'avoue, je suis là-dessus presque sans scrupule. » Il rendait une exacte justice à ses ouvrages. Il dit dans une de ses lettres : On m'écrit que M. Despréaux goûte mon ouvrage. J'en suis surpris et flatté. Mon Dictionnaire me paraît à son égard un vrai ouvrage de caravane, où l'on fait 20 ou 30 lieues, sans trouver un arbre fruitier ou une fontaine. » Bayle écrivait aussi au P. de Tournemine : « Je ne suis que Jupiter Assemble-Nues. Mon talent est de former des doutes, mais ce ne sont pour moi que des doutes... » Il s'est peint lui-même l'article *Arcésilas*, où il fait le portrait de ce philosophe. A l'article *Euclide*, il se donne d'excellentes leçons dont il ne fait faire usage. Subtilisant sans cesse, condamne les auteurs qui subtilisent. Pouvait-il ignorer qu'Isocrate, dans le panégyrique d'Hélène, appelle ce talent un talent petit, médiocre et qui suppose peu de génie? » Les *Nouvelles de la république des lettres* depuis le mois de mars 1684, jusqu'au même mois, 1687. Ce journal eut un cours prodigieux. La critique en est saine dans bien des endroits, les réflexions justes, l'érudition variée. On est fâché d'y trouver quelquefois des plaisanteries déplacées, et des obscénités qui le sont encore plus.

Ce philosophe tenait souvent des discours très-libres, et dans des assemblées où le plus petit reste de décence eût dû le décontenancer : il parlait des matières les plus cachées de l'anatomie dans un cercle de femmes, comme les chirurgiens dans leurs écoles ; les femmes baissaient les yeux, ou détournaient la tête ; il faisait semblant d'en être surpris, et demandait tranquillement « s'il était tombé « dans quelque indécence ?... » *Commentaire philosophique sur ces paroles de l'Évangile:* CONTRAINS-LES D'ENTRER, 2 vol. in-12. C'est une espèce de *Traité de la tolérance*, qui intéressa vivement tous ceux qui en avaient besoin. Il y a beaucoup de dialectique, mais de celle qui fait des efforts pour confondre le faux avec le vrai, et pour obscurcir un bon principe par des conséquences mal tirées. *Réponses aux questions d'un provincial*, 5 vol. in-12 : ce sont des mélanges de littérature, d'histoire et de philosophie ; *Critique générale de l'histoire du calvinisme*, du P. Maimbourg ; des *Lettres*, en 5 vol. ; *Dictionnaire historique*, en 4 vol. in-fol., Rotterdam, 1720. Bayle l'aurait réduit, de son propre aveu, à un seul, s'il n'avait eu plus en vue son libraire que la postérité. Ce livre, d'un goût nouveau, est accompagné de grandes notes, dans lesquelles le compilateur a déchargé, avec plus de profusion que de choix tout ce qu'il avait pu recueillir de bon et de mauvais. De là une foule d'anecdotes hasardées, de citations fausses, de jugements peu justes, de sophismes évidents, d'ordures révoltantes. Bayle traite le pour et le contre de toutes les opinions. Il expose les raisons qui les soutiennent, et celles qui les détruisent ; mais il appuie plus sur les raisonnements qui peuvent accréditer une erreur, que sur ceux dont on étaie une vérité. Un écrivain fameux, grand admirateur de Bayle, a dit : « Qu'il était l'avocat-général des philosophes, mais qu'il ne donne point ses conclusions. » Il les donne quelquefois. Cet avocat-général est souvent juge et partie, et lorsqu'il conclut, c'est ordinairement pour la mauvaise cause. C'est presque toujours le doute qu'il s'efforce d'établir. Il est presque incroyable à quel point il avait porté le scepticisme, au moins apparent ; car on ne peut croire que, dans le fonds de son âme, il fût aussi peu affirmatif. Le Clerc nous apprend que, dans ses vieux jours, il voulait même « ergoter contre les démonstrations géo- « métriques. » On sait qu'à La Haye, dans une compagnie nombreuse, il soutint que les Français n'avaient point perdu la célèbre bataille de Hochstet, quoique toutes les gazettes l'eussent annoncé, que les suites de cette bataille fussent visibles, et qu'il se trouvât là-même présents deux officiers qui y avaient été faits prisonniers. Après cela, faut-il s'étonner si les mystères de la religion lui ont paru des problèmes? M. Dubois de Launay, dans une excellente *Analyse de Bayle*, Paris, 1782, 2 vol. in-12, montre par les paroles mêmes de Bayle que, si ce sceptique parle pour toutes les erreurs, il rend également hommage à toutes les vérités. Les meilleures éditions de son *Dictionnaire historique* sont celles de 1720 et 1740. Ses *OEuvres diverses* ont été recueillies en 4 autres vol. in-fol. Des Maiseaux a publié sa *Vie* en 2 vol. in-12, ouvrage qu'on aurait pu réduire à la moitié d'un, si l'historien s'était borné à l'utile. Ses principales erreurs ont été solidement réfutées par les auteurs de la *Religion vengée*, dans les six premiers volumes de cet ouvrage, et par le Père Le Fèvre dans son *Examen critique* de Bayle. Ceux qui veulent rassembler les portraits qu'on a faits de ce fameux pyrrhonien peuvent consulter Ramsay, Le Clerc, Crusaz, Saurin, le Père Porée, etc.; nous nous contenterons de rapporter celui qu'en a tracé un célèbre orateur de nos jours. « D'où « viennent, et comment se sont formés « parmi nous ces progrès si rapides du « libertinage et de l'athéisme ? Il s'est « trouvé un homme d'un génie supé-« rieur et dominant, à qui, de tous les « talents qui font les grands hommes, « il n'a manqué que le talent de n'en pas « abuser; esprit vaste et étendu, qui « n'ignora presque rien de ce qu'on peut « savoir, qui ne voulut apprendre que « pour rendre douteux et incertain tout « ce qu'on sait; esprit habile à tourner « la vérité en problème, à tourner, à « confondre la raison par le raisonne-« ment, à répandre du jour et des grâ-« ces sur les matières les plus sombres « et les plus abstraites, à couvrir de « nuages et de ténèbres les principes les « plus purs et les plus simples; esprit « uniquement appliqué à se jouer de « l'esprit humain; tantôt occupé à tirer « de l'oubli et à rajeunir les anciennes « erreurs, comme pour forcer le monde « chrétien à reprendre les songes et les « superstitions du monde idolâtre; tan-« tôt heureux à saper les fondements « des erreurs récentes : par une égale « facilité à soutenir et à renverser, il ne « laisse rien de vrai, parce qu'il donne « à tout les mêmes couleurs de la vérité; « toujours ennemi de la religion, soit « qu'il l'attaque, soit qu'il paraisse la « défendre, il ne développe que pour « embrouiller, il ne réfute que pour « obscurcir, il ne vante la foi que pour « dégrader la raison, il ne vante la rai-« son que pour combattre la foi : ainsi, « par des routes différentes, il nous « mène imperceptiblement au même ter-« me, à ne rien croire et à ne rien sa-« voir, à mépriser l'autorité, et à mé-« connaître la vérité; à ne consulter que « la raison, et à ne point l'écouter. » Que reste-t-il enfin dans l'esprit après qu'on a lu ses ouvrages ? dit un célèbre critique, et on peut en dire autant de tous les philosophes des 18e et 19e siècles : « Des objections en réponse à des objec-« tions; des doutes pour combattre d'au-« tres doutes; de l'incertitude, voilà le « fruit de son savoir, et l'unique présent « qu'il fait à son lecteur. Quelle gloire, « ajoute-t-il, pourrait donc tirer l'incré-« dulité d'un coryphée, qu'on nous prône « sans cesse, et qui s'est décrédité lui-« même par des incertitudes conti-« nuelles ? Ce ne sont pas des hommes « de cette trempe que la religion nous « présente dans ses maîtres et dans ses « défenseurs. Les Chrysostôme, les Au-« gustin, les Cyrille, les Athanase, les « Huet, les Abbadie, les Bossuet, les « Fénélon, les Bourdaloue, les Massil-« lon, un millier d'autres s'en tenaient « à quelque chose de fixe, et leur ma-« nière de raisonner supposait la vérité « dans leur esprit, comme elle en com-« munique la conviction à leur lecteur. « A quoi en serait réduit l'esprit humain, « s'il n'avait pour se conduire que ces « lumières incertaines qui l'abusent et « le fatiguent sans le fixer ? Les écrivains « du christianisme, en répandant la « clarté dans l'esprit, font sentir en « même temps une chaleur qui échauffe « et remplit le cœur; dans Bayle c'est « une lueur froide qui éblouit un ins-« tant les yeux, et vous laisse ensuite « dans l'obscurité. »

BAYLE (François), né au diocèse d'Auch, professeur en médecine de l'Université de Toulouse, mourut dans cette ville, en 1709, à 87 ans, avec la fermeté d'un philosophe chrétien. C'était un homme modeste, qui fermait les yeux sur son mérite, et qui n'en voyait que mieux celui des autres. Nous avons de lui des *Discours sur l'expérience et la raison*, Paris, 1675, in-12, dans lequel il démontre la nécessité de les réunir pour étudier la physique, la médecine et la chirurgie; *Problemata physica et medica*, Toulouse, 1677 et 1681, in-12; ouvrage composé d'après les principes de Descartes sur la physique; *Relation d-*

l'état de quelques personnes prétendues possédées, Toulouse, 1682-89-93, in-12; Institutions de physique, en latin, Toulouse, 1700, et d'autres ouvrages, qui, avec les précédents, forment la collection de ses *Opera omnia*, Toulouse, 1700 et 1701, 4 vol. in-4.

BAYLE (Le chevalier L.-A.-C.), né à Grenoble vers 1784, mort à Paris le 22 mars 1842, a laissé, sous le nom de *Stendhal*, plusieurs ouvrages écrits dans un mauvais esprit.

BAYLE (G.-L.), docteur en médecine, mort en 1817, a publié des *Recherches sur la phthisie pulmonaire*, qui sont fort estimées des gens de l'art. On a encore de lui des *Descriptions anatomiques des squirres*, des *Indurations des corps filtreux*, etc. Bayle a fourni plusieurs articles au *Dictionnaire des sciences médicales*.

BAYR (Georges), virtuose sur la flûte, né en 1773 à Boemischbrod, dans la Basse-Autriche, mort à Vienne en 1833, parvint à produire des sons doubles sur son instrument. Telle était l'habileté de Bayr dans l'art de jouer à deux parties sur une même flûte, qu'il soutenait un son dans le haut de l'instrument, pendant qu'il exécutait des passages rapides dans le bas, soit par degrés conjoints, soit par sauts, et ses sons étaient à volonté forts ou doux, coulés ou détachés. Cette découverte parut si extraordinaire, que des commissaires furent nommés à Vienne pour en vérifier la réalité : leur rapport ne laissa aucun doute à cet égard. Quelques personnes ont attribué à Bayr l'invention de la flûte recourbée, qui descend jusqu'au *sol* bas, et à laquelle on a donné le nom de *panaulon* ou *panaylon*. Cependant un facteur d'instruments de Vienne, nommé Trexler, est généralement considéré comme l'inventeur de celui-ci, qu'il peut-être seulement perfectionné. Les compositions gravées de Bayr consistent en plusieurs *Concertos pour la flûte*, *Solos*, *Rondeaux*, *Caprices*, *Polonaises*, *Airs variés*, douze *Landler*, cent et un *Exercices sur la gamme*, et une volumineuse *Méthode pour la flûte*.

BAZARD (Amand), l'un des fondateurs de la religion saint-simonienne, naquit en 1792. Il avait été, sous la Restauration, affilié à la Société du carbonarisme, et avait même contribué à son établissement en France. Initié plus tard aux doctrines de Saint-Simon, il profita des circonstances produites par la révolution de 1830 pour essayer de propager, sous une forme religieuse, les principes d'économie politique que son maître avait élaborés. Dès cette époque, Bazard se déclara avec Enfantin *père suprême de la religion saint-simonienne*, dont Olinde Rodrigues, l'un des adeptes, était considéré comme le *précurseur*. Deux membres de la Chambre des députés, Dupin et Mauguin, ayant accusé à la tribune nationale les nouveaux apôtres d'enseigner la communauté des biens et celle des femmes, Bazard et Enfantin firent imprimer au mois d'octobre 1830, sous le titre de : *Religion saint-simonienne*, une *Lettre à M. le président de la Chambre des députés*, dans laquelle, après avoir repoussé cette double incrimination, ils s'exprimaient en ces termes : « Oui, sans doute, les saints-simoniens « professent, sur l'avenir de la propriété « et sur l'avenir des femmes, des idées « qui leur sont particulières et qui se « rattachent à des vues toutes particu- « lières aussi et *toutes nouvelles* sur la « religion, sur la politique, sur le pou- « voir, sur la liberté; mais il s'en faut « de beaucoup que ces idées soient celles « qu'on leur attribue. » Ils déclaraient, en même temps, que le *partage égal de la propriété* leur semblait une injustice à laquelle ils ne pouvaient consentir, qu'au contraire, ils croyaient à *l'inégalité naturelle des hommes*, et voulaient qu'à l'avenir *chacun fût placé selon sa capacité, et rétribué selon ses œuvres*. En conséquence, ils demandaient seulement *la destruction de l'héritage*, de telle sorte que le père fût privé à l'avenir du droit de donner ou de léguer ses biens à ses enfants. Quant à leur doctrine sur la condition des femmes, voici comment ils la résumaient : « La sainte loi du ma- « riage proclamée par le christianisme « doit être respectée, et la religion de « Saint-Simon ne vient mettre fin qu'à « ce trafic honteux, à cette *prostitution légale* qui, sous le nom de *mariage*, etc. » Les deux pontifes terminaient leur programme religieux en protestant qu'ils n'étaient pas affiliés aux sociétés politiques, « qui ont, disaient-ils, une mis- « sion importante à remplir, celle de dé- « fendre en France la DESTRUCTION opé- « rée par les événements de Juillet, et de « déterminer le mouvement qui étendra « cette DESTRUCTION à toute l'Europe : « cette tâche, » prenaient-ils soin d'ajouter, afin sans doute de se concilier les faveurs du parti démocratique, « cette « tâche est GRANDE, elle est LÉGITIME, « etc. » La chambre des députés ne tint aucun compte de ce manifeste, qui n'avait d'importance que parce qu'il trahissait un grand malaise dans les esprits, et une profonde démoralisation sociale. Bientôt des temples de l'église nouvelle s'ouvrirent à Paris, à Lyon et dans d'autres villes. L'amour de la nouveauté, et aussi le talent des prédicateurs, attirèrent la foule ; on venait surtout entendre dans la salle Taitbout, à Paris, Eugène Barrault, dont l'éloquence chaleureuse et brillante savait émouvoir et intéresser son auditoire, plus sans doute qu'il ne le persuadait. La doctrine théologique du saint-simonisme était d'ailleurs obscure et mal définie : Dieu est *l'unité absolue de l'être*, l'humanité est un *être collectif*, et le genre humain un *grand individu* qu'il s'agit d'organiser en *association universelle*. Telles étaient les principales formules dont on faisait usage, et il était facile d'y reconnaître sous les nuages qui les recouvraient, une réminiscence du spinosisme, une sorte de panthéisme mystique absorbant l'individu dans l'humanité et l'humanité en Dieu : doctrine monstrueuse, contraire à la raison et au sens intime de la conscience individuelle ; mais spécieuse, parce qu'elle se prête merveilleusement à toutes les fantaisies de l'imagination, et permet à chacun de *diviniser* ses propres conceptions. Quant à la politique, les saint-simoniens faisaient profession de repousser le système républicain ; ils mettaient même en avant une doctrine toute contraire, ils prétendaient en effet faire revivre à leur profit le pouvoir théocratique des Papes au moyen-âge. Un ou deux pères suprêmes, quelques apôtres, devaient composer le gouvernement, et résumer en eux l'autorité tout entière. Ce tribunal souverain eût été chargé sans doute, car ils ne s'exprimaient pas clairement à cet égard, de *placer chacun selon sa capacité, et de le rétribuer selon ses œuvres*. On comptait du reste, parmi les sectateurs de ces étranges théories, des hommes sincères, d'une intelligence élevée, d'un talent incontestable, des médecins, des avocats, d'anciens élèves de l'Ecole polytechnique, des littérateurs ; plusieurs même avaient vendu leur patrimoine, et en avaient versé le prix tout entier dans la grande caisse du *fonds social universel* établi rue Taitbout, et *qui devait être exploité par* ASSOCIATION *et* HIÉRARCHIQUEMENT, *de manière que la tâche de chacun fût l'expression de sa capacité, et sa richesse la mesure de ses œuvres*. Bazard et Enfantin, qui avaient déjà fait paraître de nombreux écrits pour propager leur doctrine, crurent que le moment était venu d'avoir recours à une publicité plus étendue, à celle d'un journal. Le *Globe*, par son titre et aussi par les idées qu'il avait plus d'une fois émises, et qui n'étaient pas sans rapport avec les leurs, parut aux deux chefs réunir les avantages qu'ils cherchaient : ils l'achetèrent et en firent le principal organe de la secte. Cette feuille, qui fut distribuée gratuitement pendant près de trois années, ajouta dès-lors à son ancien titre celui de : *Journal de la religion saint-simonienne*, avec cette épigraphe : *A chacun selon sa vocation ; à chacun selon ses œuvres;* on lisait en outre, en tête de chaque numéro, ces suscriptions: *Association universelle; appel aux femmes; organisation pacifique des travailleurs.* A la prédication et aux écrits les saint-simoniens joignaient un autre mode de prosélytisme ; ils avaient loué dans la rue Monsigny un riche appartement, où ils donnaient des fêtes brillantes. Les femmes y étaient admises ; celles qui appartenaient à l'association portaient des rubans blancs au bras, en aiguillette. Tout d'ailleurs s'y passait avec décence ; on y étalait un grand luxe, ce qui était un principe de morale de la nouvelle religion. Les invités étaient reçus avec beaucoup de grâce et d'aménité par les adeptes, qui profitaient des intervalles de repos que laissaient la danse ou la musique, pour dogmatiser et exercer leur apostolat. A l'aide de ces divers moyens ils réussirent à attirer sur eux l'attention publique, et ils conçurent l'espoir de parvenir bientôt à mettre en pratique leurs dangereuses idées. Mais ce succès passager qu'ils ne devaient qu'à la curiosité et à l'inquiétude générale des esprits leur devint funeste ; dès qu'il fut question d'expérimenter la doctrine commune, le schisme s'introduisit parmi eux, et les deux pères suprêmes se divisèrent. Le *Globe* ne put dissimuler cette scission, et Michel Chevalier, rédacteur en chef de cette feuille, annonça par une circulaire de grands changements survenus dans la hiérarchie saint-simonienne. Bazard lui répondit aussitôt en ces termes : « Le « récit (des faits tels que les avait rap- « portés Michel Chevalier) est évidem- « ment erroné, et pour ce qu'il ne dit « pas, savoir les causes graves et pro- « fondes qui ont amené ce qui se passe « dans le sein de la doctrine saint-simo- « nienne, et encore pour ce qu'il dit, « particulièrement en ce qui touche la « détermination des personnes qui ont « cessé d'être en communion avec En- « fantin..... Leurs énergiques protesta- « tions contre les doctrines qui ont amené « la crise actuelle y sont complètement « passées sous silence. Quant à moi, je « n'ai jamais prétendu me *retirer*, me « *recueillir* ou m'*abstenir* après de longs « débats.... ; je me suis éloigné d'un milieu que moi-même j'avais en grande partie contribué à former.... Plusieurs membres de l'ancienne hiérarchie saint-simonienne sont aujourd'hui intimement unis dans le sentiment qui a déterminé ma conduite. Bien loin qu'aucun de nous *sente sa foi chanceler*, veuille rester dans le recueillement et s'abstenir, nous nous sentons au contraire une foi plus ardente que jamais ; tous nous sommes résolus à redoubler d'activité, etc. » La cause es dissentiments qui venaient de s'élever ans le sein de la Société était trop pronde, pour qu'on pût espérer une conciliation. Le débat fut porté devant tous es disciples de Saint-Simon réunis en ssemblée générale. Après une discusion vive et animée, Bazard, qui représentait le parti des modérés, fut déposé e son pontificat, et le père Enfantin fut léclaré, le 27 novembre 1831, seul père uprême. Cependant le schisme avait orté à la secte un coup fatal, et à partir le ce moment ses affaires déclinèrent apidement. Les grandes réunions et les rédications furent suspendues, le *Globe* cessa de paraître. L'argent manquait; in eut recours aux expédients, on annonça la vente des livres, sermons, journal, et de tout ce qui avait servi au nouveau culte. Le père suprême Enfantin pensa dès lors que pour lui aussi le temps était venu de se *retirer* et de se *recueillir*; l annonça solennellement sa retraite dans e désert, « qui, disait-il, serait bientôt « suivie comme celle de son *précurseur* « (c'est le Christ qu'il osait désigner ainsi) « d'un retour triomphant, et de la pré-« dication du nouvel évangile. » Le dernier numéro du *Globe* contint les adieux du pontife ; son allocution, qui était adressée au MONDE, commençait ainsi : « MOI, PÈRE DE LA FAMILLE NOUVELLE, « Dieu m'a donné mission d'appeler le « PROLÉTAIRE et la FEMME à une desti-« née nouvelle. » Puis, après avoir rappelé ses efforts pour *réaliser l'association universelle*, il s'écriait : « Je suis fort, « j'ai parlé, je veux agir. L'apostolat « est fondé ; je me retire avec quarante « de mes fils dans le lieu même où s'est « passée mon enfance, sur une des hau-« teurs qui dominent Paris (Ménilmon-« tant). Vous avez ma parole, vous au-« rez bientôt mes actes ; mais je veux me « reposer et me taire. » En même temps il institua dix apôtres, qu'il appela son collège. Ceux-ci, parmi lesquels se trouvaient Michel Chevalier, Duveyrier et Barrault, bien dignes de la confiance du maître, proclamèrent, par une parodie tout à la fois ridicule et sacrilége, le père Enfantin « MESSIE DE DIEU et ROI DES « NATIONS. Ses fils l'exaltent aujourd'hui, « s'écriaient-ils, et la terre l'exaltera un « jour..... Le monde voit en lui son « Christ.... Notre Verbe est au milieu de « vous...., vous l'incarnerez en vous.... « Le monde est à nous : un homme se « lèvera qui a un front de roi et des en-« trailles de peuples, parce qu'il a le « cœur d'un prêtre, et cet homme est « notre père, etc. » Ces choses se lisaient dans le dernier numéro du *Globe*, qui contenait encore la définition du véritable apôtre par Barrault : « Et d'abord, « écrivait-il, sachez ce que c'est qu'un « apôtre : l'apôtre, fidèle à l'orbite sou-« veraine du Messie, reflète au loin la « lumière de cet astre immense (Enfan-« tin), agrandie de ses propres rayons, « et lui-même il est centre.... Et comme « le révélateur dont il est satellite, il est « un monde. Il touche d'une main aux « grands de la terre, et de l'autre aux « masses frémissantes ; il est prince, il « est peuple. Écoutez, il prophétise.... « et voici que sa poésie, mettant un rayon « de miel sur ses lèvres, se balance sur « des ailes brûlantes. Applaudissez main-« tenant : orateur, il émeut une assem-« blée : à lui le désert, il est moine ! à « lui le château, il est gentilhomme ! à « lui la cité, il est homme de fête, de « plaisir et d'élégance ! à lui le voyage, « il est pèlerin ! à lui le danger, il est « soldat ! à lui le travail, il est prolé-« taire ! il aime le Messie comme un « *père*, il le vénère comme un *roi*, il le « sert comme un *maître* ; car il porte le « Messie de Dieu et le roi des nations. « Telle est la vérité. » Bientôt Enfantin et ses quarante fils se retirèrent, ainsi qu'il avait été annoncé, à Ménilmontant, et commencèrent à mener la vie commune. Chacun fut employé selon sa capacité : les uns étaient tailleurs, ceux-ci cordonniers, d'autres cuisiniers, etc. ; tous remplissaient quelques fonctions et travaillaient en chantant des hymnes qu'ils avaient eux-mêmes composées. Ils adoptèrent aussi un costume particulier, qui d'ailleurs ne manquait ni de grâce ni d'élégance, et ne rappelait nullement l'austérité de l'habit monastique. Le père suprême avait une marque distinctive, on lisait brodé sur sa poitrine ce grand mot : LE PÈRE. La nouveauté de ce genre de vie excita la curiosité publique, et la Chartreuse saint-simonienne devint le but des promenades du dimanche. Bientôt les rassemblements nombreux qui se formaient dans les environs inquiétèrent la police, et lui firent redouter quelques désordres. Le gouvernement, de son côté, craignit que, sous prétexte d'essayer une organisation nouvelle du travail, on ne répandît dans la classe ouvrière des idées dangereuses et attentatoires à la propriété ; les scellés furent apposés sur la demeure du père suprême et de ses fils, et peu après un procès criminel fut intenté contre eux. En conséquence, le 27 août 1832, Enfantin, Michel Chevalier, Barrault, Charles Duveyrier et Olinde Rodrigues comparurent en cour d'assises. Les débats publics qui eurent lieu ne tournèrent pas à l'avantage des accusés. Le père suprême surtout perdit tout son prestige : ayant voulu se défendre lui-même, il se leva, essaya de parler, s'efforça, mais en vain, de *s'inspirer du regard*, ainsi qu'il disait, et fut enfin obligé de se rasseoir, après avoir prononcé quelques paroles incohérentes qui excitèrent la risée de l'auditoire. Un arrêt de la cour ne tarda pas à intervenir. Enfantin, Chevalier et Duveyrier furent déclarés coupables d'avoir commis le délit d'*outrage à la morale publique par la publication d'écrits et discours proférés dans des lieux publics*, et ils furent condamnés à un an de prison et cent francs d'amende. Quant à Rodrigues et Barrault, la cour ne prononça contre eux qu'une simple amende de cinquante francs. Frappés par la justice et surtout par le ridicule que les journaux, le théâtre et leur propre conduite avaient jeté sur eux, les saint-simoniens perdirent l'espoir d'obtenir aucun succès dans leur patrie, et ils annoncèrent qu'ils allaient partir pour l'Orient, où, assuraient-ils, ils devaient trouver la femme libre. Ils se dirigèrent en effet vers le pays de l'islamisme. Mais au lieu d'essayer une réforme impossible, plusieurs d'entre eux, mieux conseillés, firent usage des connaissances qu'ils possédaient pour se mettre au service du roi d'Égypte qui les employa à divers travaux d'utilité publique, et plus tard ils revinrent en France désabusés des folles doctrines qui pendant quelque temps les avait égarés. Ainsi finit la secte saint-simonienne, qui ne dut son succès éphémère qu'à la nature des circonstances au milieu desquelles elle se produisit. Si, au lieu de prétendre établir une religion nouvelle, les hommes qui prirent part à cette entreprise avaient employé le talent dont plusieurs étaient doués, à propager quelques-unes des doctrines économiques de Saint-Simon, ils auraient pu rendre un service véritable à la société, et lui auraient évité dans tous les cas les scandales dont ils furent eux-mêmes les premières victimes. Quant à Bazard, que nous avons laissé après le schisme déclaré, il s'était retiré à la campagne, et persévéra à se tenir entièrement en dehors de la communion saint-simonienne. Homme d'un caractère passionné, d'une intelligence vive et ardente, Bazard rêva la réforme de la société, et poursuivit pendant plusieurs années, la réalisation de cette pensée avec une rare persévérance ; mais lorsqu'il vit les conséquences funestes que ses disciples voulaient tirer de ses doctrines, il recula épouvanté : sa conscience d'honnête homme paraît surtout s'être indignée, lorsqu'on voulut décidément établir dans la nouvelle association le dogme honteux de la communauté des femmes. D'ailleurs, il survécut peu à sa séparation d'avec ses anciens confrères, et n'eut pas même le temps de voir la ruine complète de la religion qu'il avait essayé de fonder. Il mourut en effet le 29 juillet 1832, à l'âge de 40 ans, à **Courtry**, près de Montfermeil, quelques jours avant le procès intenté au père Enfantin et à ses disciples. Une députation de saint-simoniens fut envoyée de Paris pour assister à ses funérailles ; mais la veuve du défunt s'opposa à cette démonstration, et refusa noblement des hommages qui n'eussent été qu'une occasion de proclamer sur une tombe de sacrilèges et détestables doctrines. Parmi les ouvrages publiés par les saint-simoniens, nous citerons : le *Catéchisme des industriels*, ouvrage de Saint-Simon qui fut réimprimé ; le *Tableau synoptique de la doctrine*, suivi de l'*Organisateur*, journal hebdomadaire des saint-simoniens, commencé en 1830, et qui forme 7 vol. in-8.

BAZIN. (Voy. BEZONS.)

BÉ (Guillaume LE), graveur et fondeur en caractères d'imprimerie, naquit à **Troyes**, en 1515, de Guillaume Le Bé, noble bourgeois, et de Magdeleine de Saint-Aubin. Elevé à Paris dans la maison de Robert Etienne, que son père fournissait de papier, il avait eu part à la composition des caractères de sa célèbre imprimerie. En 1545, il passa à Venise, et y grava pour Marc-Antoine Justiniani, qui avait élevé une imprimerie hébraïque, des assortiments de caractères hébraïques. De retour à Paris, il y exerça cet art jusqu'en 1598, époque de sa mort. Casaubon parle de lui avec éloge dans sa préface, à la tête des *Opuscules* de Scaliger.

BÉ (Henri LE), fils de Guillaume, fut imprimeur à Paris, où il donna en 1584 une édition in-4 des *Institutiones Clenardi in linguam græcam*. Ce livre, qui a été très-utile aux auteurs de la *Méthode grecque* de Port-Royal, est un chef-d'œuvre d'impression. Ses fils et petit-fils se signalèrent dans le même art. Le dernier mourut en 1685.

BÉATIE, ou plutôt BÉATTIE (James), célèbre poëte et littérateur écossais, né à Laurencekirk dans le comté de Kincardine, le 5 novembre 1735, d'un simple fermier qui cultivait la poésie. Il fut nommé professeur de grammaire latine, et ensuite de philosophie au collège Mareschal. Il publia successivement plusieurs ouvrages. Les principaux sont : un *Recueil de Poésies*, composé d'odes, d'élégies, de stances, et d'une *Traduction des églogues de Virgile*; *Essai sur la poésie et la musique*, ouvrage estimé et traduit en français; *Essai sur la nature et l'immutabilité de la vérité*; *Ménestrel* ou *les progrès du génie*, poëme qui lui fit une grande réputation; un *Traité du langage*, un de ses meilleurs ouvrages; un *Traité de l'évidence du christianisme*; *Eléments de la science morale*, ouvrage très-estimé, qui est un résumé de ses leçons à l'Université d'Aberdeen. On remarque dans ses écrits une grande pénétration, et plus de subtilité que de profondeur. Son style plein de chaleur et de mouvement contribua beaucoup à le répandre. Il mourut en 1803.

BEATOUN, cardinal, archevêque de Saint-André en Ecosse, né en 1492, fut assassiné en 1546 par les satellites de la prétendue réformation, durant les troubles que les hérésies du 16e siècle causèrent en Ecosse. Le fanatique Knox ne rougit pas de rapporter cet assassinat sous le titre de *Joyeuse narration*. (Voyez le *Dictionnaire universel* de John Watkins.)

BÉATRIX, femme de Frédéric I, et fille de Renaud, comte de Bourgogne, fut mariée à cet empereur en 1156. Elle eut la curiosité d'aller à Milan, pour voir cette ville. A peine y fut-elle arrivée, que la douleur que le peuple avait de se voir privé de son ancienne liberté, éclata contre sa personne d'une manière indigne. On savait, d'ailleurs, que Frédéric l'avait épousée contre les règles, en répudiant son épouse légitime. Les mutins, ayant pris cette princesse, la mirent sur une ânesse, le visage tourné du côté de la queue, qu'ils lui donnèrent en mains au lieu de bride, et la promenèrent en cet état par toute la ville. Un action si insolente ne demeura pas longtemps impunie. L'empereur, les ayant assiégés en 1162, prit et rasa leur ville jusqu'aux fondements, à la réserve des églises. Il la fit ensuite labourer comme un champ de terre, et par indignation, il y fit semer du sel au lieu de blé. Il y a même des auteurs qui ont écrit que ceux qui furent pris ne purent sauver leur vie qu'à une condition honteuse : c'était de tirer avec les dents une figue placée sous la queue de l'ânesse, sur laquelle l'impératrice avait été menée. Il y en eut, dit-on, qui aimèrent mieux souffrir la mort, qu'une telle ignominie. On croit que c'est de là qu'est venue cette sorte d'injure, qui est en usage encore aujourd'hui parmi les Italiens, lorsqu'en se mettant un doigt entre deux autres, ils disent par moquerie : *Voilà la figue*. Les historiens contemporains ne font aucune mention de ce fait, ce qui fait présumer qu'il a été inventé pour couvrir de honte cette cité qui avait soumis à sa puissance plusieurs villes voisines, et avait révolté les habitants par sa hauteur et son orgueil.

BEAU (Jean-Baptiste Le), né dans le Comtat-Venaissin, en 1602, se fit jésuite, se distingua par son érudition, et mourut à Montpellier, le 26 juillet 1670. On a de lui plusieurs dissertations savantes, qui ont trouvé place dans les Antiquités romaines de Grævius : *De veterum et recentium Gallorum stratagematibus*, Francfort, 1661 ; *Vie de François d'Estain, évêque de Rodez*, publiée en français et en latin ; *Vie de dom Barthélemy-des-Martyrs*, en latin ; le *Modèle des évêques dans la vie d'Alphonse-Torribius, archevêque de Lima*, en latin.

BEAU (Jean-Louis Le), professeur de rhétorique au collège des Grassins, de l'académie des Inscriptions, naquit à Paris le 8 mars 1721, et mourut le 12 mars 1766. Il remplit avec distinction les fonctions d'académicien et de professeur. Il est auteur d'un discours dans lequel, après avoir fait voir combien la pauvreté est nuisible aux gens de lettres, et quels sont les dangers qu'ils ont à redouter des richesses, il conclut que l'état d'une heureuse médiocrité est à peu près celui qui leur convient. Il a donné une édition d'*Homère*, grecque et latine, en 2 vol., 1746 ; et les *Oraisons de Cicéron*, en 3 vol., 1750. Il les a enrichies de notes.

BEAU (Charles Le), frère de Jean-Louis, professeur au collège royal, secrétaire perpétuel et pensionnaire de l'académie des Inscriptions, mourut à Paris le 13 mars 1778, à 78 ans. Une *Histoire du Bas-Empire*, 27 vol. in-12, qu'on peut regarder comme une suite de l'*Histoire ancienne de Rollin*. Il y règne une critique judicieuse et un style soigné. Le rhéteur s'y fait quelquefois un peu trop sentir ; mais en général on la lit avec plaisir et avec fruit. La manière de M. Le Beau n'a pas, à la vérité, autant d'intérêt que celle du célèbre recteur de l'Université ;

mais elle est en général plus correcte, elle ne manque que d'un peu de chaleur et de précision. Cet important ouvrage a été terminé par M. Ameilhon, et forme 28 vol. in-12. Les *Mémoires de l'académie des belles-lettres* sont enrichis de plusieurs *dissertations* savantes de Le Beau, et de divers *éloges historiques*, où le caractère des académiciens est saisi avec justesse et peint avec vérité. On a donné 4 vol. in-8 de pièces latines de M. Le Beau, Paris, 1782 et 1785. On n'y trouve point en général de grandes images, de pensées fortes, ni rien de ce qui annonce le sublime : mais l'auteur excelle dans le gracieux. Ses vers sont doux, faciles, élégants, harmonieux et d'une latinité pure.

BEAUCAIRE de PÉGUILLON (François), né dans le Bourbonnais, en 1514, d'une famille ancienne, fut précepteur du cardinal Charles de Lorraine, qu'il accompagna à Rome, et qui lui céda l'évêché de Metz. Il le suivit encore au concile de Trente, et s'y distingua par son zèle et son éloquence. Péguillon se retira dans le château de Creste en Bourbonnais, après s'être démis de son évêché. C'est là qu'il composa ses *Rerum Gallicarum commentaria, ab anno 1561 ad annum 1562*. Lyon, 1625, in-fol. On a encore de lui un *Traité des enfants morts dans le sein de leur mère*, 1567, in-8. Il mourut en 1561, avec la réputation d'un prélat savant et vertueux. Son *Histoire de France* ne parut qu'après sa mort, comme il l'avait désiré. Elle est bien écrite, et elle renferme les événements principaux. Il y défend avec chaleur les intérêts des Guises ; mais d'ailleurs il est assez exact.

BEAUCHAMP (Joseph), astronome, né à Vesoul en 1752, entra dans l'ordre des Bernardins en 1767, et se rendit en 1781 à Bagdad, auprès de M. Miroudot, son oncle, évêque et consul de France ; pour y remplir les fonctions de grand-vicaire. Pendant ce voyage, il fit plusieurs observations importantes en astronomie qui ont été insérées dans le *Journal des Savants*. En 1795, il fut nommé consul à Mascate en Arabie, et mourut à Nice le 19 novembre 1801. La plupart de ses ouvrages ont été imprimés dans le *Journal des Savants* et dans les *Mémoires* de l'académie des sciences. Les principaux sont : *Voyage de Bagdad à Bassora le long de l'Euphrate* ; *Relation d'un voyage en Perse fait en 1787* ; *Mémoires sur les antiquités babyloniennes qui se trouvent aux environs de Bagdad* ; *des Réflexions sur les mœurs des Arabes*.

BEAUCHAMP (Alphonse de), né à Monaco en 1767, d'origine française, vint passer quelque temps à Paris, et entra au service de Sardaigne en 1784 comme sous-lieutenant dans le régiment de la marine. Ayant refusé en 1792 de porter les armes contre la France, il fut mis en prison au fort de la Brunette, puis au château de la Ceva ; mais ayant recouvré la liberté en 1793, il rentra en France, où la nécessité le força d'accepter un emploi dans les bureaux du terrible comité de sûreté générale. En l'an III il passa dans les bureaux du ministère de la police, chargé de la surveillance de la presse et plus particulièrement de celle des journaux. Dans toutes ces différentes places, Beauchamp se fit remarquer par ses mœurs douces et sa bienveillance. Ayant publié en 1806 son *Histoire de la Vendée*, le ministre de la police Fouché, blessé dans la personne de ses anciens collègues les proconsuls, le destitua de sa place, sous prétexte qu'il s'était servi des renseignements qu'il avait trouvés dans les bureaux. La persécution fut poussée plus loin, Beauchamp fut exilé à Rheims ; ce ne fut qu'en 1811 qu'il lui fut permis de revenir dans la capitale, à la condition encore qu'il ne publierait rien sur la politique contemporaine. Employé dans les droits réunis et ayant peu de choses à faire, il se livra à des travaux littéraires. En 1814, il perdit encore cette place ; mais il fut décoré de la croix de la Légion-d'Honneur, et reçut une pension qu'il conserva jusqu'à sa mort arrivée le 1er juin 1832. On a de lui : *Le faux Dauphin*, 1803, 2 vol. in-12 ; *Histoire de la campagne du maréchal Souvarow en Italie*, formant le troisième volume des *Campagnes de Souvarow* ; *Histoire de la conquête et des révolutions du Pérou*, 1807, 2 vol. in-8 ; *Biographie des jeunes gens*, 1813, 3 vol. in-12 ; *Histoire des malheurs et de la captivité de Pie VII sous le règne de Napoléon Bonaparte*, 1812, in-12 ; *Vie politique, militaire et privée du général Moreau*, 1814, in-8 ; *Histoire du Brésil depuis sa conquête en 1500 jusqu'en 1810*, 1815, 3 vol. in-8 ; *Catastrophe de Murat*, 1815, in-8 ; *la duchesse d'Angoulême à Bordeaux*, 1815, in-8 ; *Histoire des deux faux Dauphins*, 1814, 2 vol. in-12 ou un vol. in-8 ; *Mémoires du comte de Rochecotte, rédigés sur ses papiers et les notes de ses principaux officiers*, 1816, in-8 ; *Vie de Ali, pacha de Janina*, 1822, in-8 ; *Histoire de la révolution du Piémont et de ses rapports avec les autres parties de l'Italie et avec la France*, 1822, in-8 ; *Seconde partie de la révolution du Piémont*, rédigée sur *des mémoires secrets*, avec une *Réfutation* de l'écrit intitulé : *de la Révolution piémontaise* (du comte de La Roba), 1823, in-8 ; *de la Révolution de l'Espagne et de son 10 août*, 1822, in-8 ; *Vie de Jules César*, suivie d'un tableau de ses campagnes, avec des observations critiques, 1823, in-8 ; *Vie de Louis XVIII, roi de France et de Navarre*, 1821, in-8 ; *Réfutation de l'écrit intitulé : Coup-d'œil sur l'état politique du Brésil*, 1824, in-8 ; *Critique historique avec des observations littéraires sur l'ouvrage du général Ségur*, intitulé : *Histoire de Napoléon*, 1825, in-8 ; *Mémoires de Fouché* ; *Mémoires de Fauche-Borel*. Ces deux derniers ouvrages ont été rédigés par lui ; les matériaux lui avaient été communiqués. Il en a été ainsi de l'*Histoire de l'Inde*, publiée sous le nom de Collin de Bar. Il a été l'éditeur de l'*Histoire du donjon et du château de Vincennes*, par Nougaret, 1807, in-8 ; de l'*Histoire de Bayard*, par Guyard de Berville, 1822 ; de la *Collection des mémoires relatifs à la révolution d'Espagne*, 1823-1825, 6 vol. in-8 ; des *Mémoires secrets inédits pour servir à l'histoire contemporaine*, 1825, in-8. Beauchamp a été collaborateur de la *Biographie de Michaud*, du *Moniteur universel*, dont il a publié les tables de plusieurs années ; de la *Biographie moderne*, 4 vol. in-8. Il écrivait trop vite ; ses ouvrages ont plutôt l'air d'entreprises de librairie que de véritables productions littéraires.

BEAUCHAMPS (Pierre-François GODARD de), né à Paris, mourut dans cette ville en 1761, à 72 ans. On a de lui : *Les amours d'Isménie et Isménias*, 1743, in-8 : c'est une traduction libre du roman grec d'Eustathius, grammairien, et auteur des fameux commentaires grecs sur Homère ; les *Amours de Dorante et Dosiclès*, autre ouvrage grec de Théodore Prodrome, traduit en français, 1746, in-12 ; *Recherches sur les théâtres de France*, 1735, in-4 : il y a plusieurs anecdotes qui peuvent paraître importantes à ceux qui s'intéressent aux affaires des histrions, quoique dans le fond très-indifférentes aux progrès des sciences utiles, et même étrangères à l'histoire dont la dignité ne comporte pas ces sortes de récits ; *Lettres d'Héloïse et d'Abailard*, en vers français, un peu prosaïques, 1737, in-8 ; plusieurs pièces de théâtre.

BEAUCHATEAU (François-Matthieu CHATELET de) naquit à Paris, d'un comédien, en 1645. Il fut mis, dès l'âge de 8 ans, au rang des poètes. La reine mère de Louis XIV, le cardinal Mazarin, le chancelier Séguier, et les premières personnes de la cour, se faisaient un plaisir de converser avec cet enfant, et de mettre son esprit en exercice. Il n'avait que 12 ans, lorsqu'il publia un recueil de ses poésies in-4, sous le titre de : *La lyre du jeune Apollon, ou la Muse naissante du petit de Beauchâteau*, avec les portraits en taille douce des personnes qu'il y a célébrées. C'est très-peu de chose ; l'âge de l'auteur peut seul lui donner une espèce de mérite. Environ deux ans après, il passa en Angleterre avec un ecclésiastique apostat. Cromwel, et les personnes les plus distinguées de cette île admirèrent le jeune poète. On dit que l'apostat, son compagnon, le mena ensuite en Perse, et que, depuis ce temps, on n'a pu découvrir ce qu'il était devenu.

BEAUCLAIR (P. L. de), né à l'Ile de France, devint conseiller du landgrave, à Darmstadt, et directeur d'un institut d'éducation. On a de lui : *Anti-contrat social, ou Réfutation du contrat social*, in-8 ; *Histoire de Mlle de Grisoles, écrite par elle-même*, in-8 ; *Histoire de Pierre III, empereur de Russie, avec plusieurs anecdotes singulières*, in-8, 3 vol. Beauclair est mort le 11 mai 1804.

BEAUDELOT DE DAIRVAL (Charles-César), né à Paris en 1648, fut reçu avocat au Parlement, et plaida quelque temps avec succès. Un procès l'ayant obligé d'aller à Dijon, il parcourut, dans ses moments de relâche, les bibliothèques et les cabinets des savants. Ce fut l'origine du *Traité de l'Utilité des voyages*, 1727, 2 vol. in-12, dans lequel il montre une grande connaissance des monuments de l'antiquité. Il fut nommé, en 1705, à une place de l'académie des belles-lettres. On a de lui plusieurs dissertations dans les *Mémoires* de cette compagnie. Il mourut en 1722.

BEAUFILS (Guillaume), jésuite, né à Saint-Flour en Auvergne, en 1674, mort à Toulouse, le 30 décembre 1757, âgé de 83 ans. Il a publié quelques *Oraisons funèbres* ; la *Vie de Madame d'Estonac, fondatrice de l'ordre des religieuses de Notre-Dame* ; celle de *Madame de Chantal, première supérieure des religieuses de la Visitation*, et des *Lettres sur la manière de gouverner les maisons religieuses*.

BEAUFORT (Henri), frère de Henri IV, roi d'Angleterre, fut fait évêque de Lincoln, ensuite de Winchester, chancelier d'Angleterre, ambassadeur en France, cardinal en 1426, et légat en Allemagne. En 1431, le cardinal de Winchester couronna le jeune Henri VI, roi d'Angleterre, comme roi de France, dans l'église de Notre-Dame de Paris. Il mourut à Winchester en 1447, après y avoir fondé un hôpital.

BEAUFORT (Marguerite), comtesse de Richemont et de Derby, fille et héritière de Jean de Beaufort, duc de Sommerset, née en 1441, eut de son premier mariage Henri VII, qui monta sur le trône d'Angleterre par la cession qu'elle lui fit de ses droits à la couronne. Sa vie et sa fortune furent consacrées à des œuvres de charité et à des fondations utiles. On lui attribue quelques ouvrages, entre autres, le *Miroir de l'âme pécheresse*, traduit sur la traduction française de l'ouvrage intitulé : *Speculum aureum peccatorum*, publié par R. Pinson. Elle mourut en 1609.

BEAUFORT (François de Vendôme, duc de), fils de César, duc de Vendôme, naquit à Paris au mois de janvier 1616. Il se distingua de bonne heure par son courage, et se trouva à la bataille d'Avein, en 1635 ; aux siéges de Corbie, en 1636, de Hesdin, en 1639, et d'Arras, en 1640. Il voulut jouer un rôle au commencement de la régence d'Anne d'Autriche. On l'accusa d'avoir attenté à la vie du cardinal Mazarin : il fut mis à Vincennes en 1643, et se sauva cinq ans après. C'était dans le temps de la Fronde ; il en fut le héros et le jouet. Les frondeurs se servirent de lui pour soulever la populace dont il était adoré, et dont il parlait le langage ; aussi fut-il appelé « le roi des halles. » Il était grand, bien fait, adroit aux exercices, infatigable, rempli d'audace. Il paraissait plein de franchise, parce qu'il affectait des manières grossières ; mais il était artificieux, et aussi fin que le peut être un homme d'un esprit borné. Le duc de Beaufort servit beaucoup le prince durant cette guerre civile, et se signala en diverses occasions. Lorsque les mécontents firent leur paix, il fit la sienne, et obtint la survivance de la charge d'amiral de France, que son père avait. Il passa ensuite en Afrique, où l'entreprise de Gigeri ne lui réussit pas ; mais l'année d'après, 1665, il défit les vaisseaux des Turcs, près de Tunis et d'Alger. Ces infidèles ayant assiégé Candie, en 1669, le duc de Beaufort, nommé généralissime des troupes, en retarda la prise de plus de trois mois. Il périt dans une sortie, le 25 juin, et on ne put retrouver son corps, dont les Turcs avaient coupé la tête. La Grange-Chancel prétend, dans une lettre à l'auteur de l'*Année littéraire*, que le duc de Beaufort ne fut point tué au siége de Candie, qu'il fut transféré aux îles de Lérins, et que c'est ce prisonnier si illustre et si ignoré, connu sous le nom de l'*homme au masque de fer*. Ses preuves ne sont rien moins que démonstratives : il ne s'appuie que sur un ouï-dire de M. de La Motte-Guérin, commandant de Sainte-Marguerite. Il se peut que cet officier ait fait des conjectures, comme tous les autres ; mais, de l'aveu de tous ceux qui l'ont connu, il n'a jamais rien assuré ; et comment aurait-il pu affirmer quelque chose sur un fait qu'il ne savait ni ne pouvait savoir ? La détention de cette victime de la politique était un secret d'État : pourquoi l'aurait-on découvert à un homme qui ne l'avait pas eu sous sa garde ? Cet illustre infortuné fut conduit, on ne sait en quelle année, à Pignerol, où M. de Saint-Mars était commandant. Lorsqu'il fut nommé à la lieutenance de roi de Sainte-Marguerite, il emmena avec lui son captif, qui y resta jusqu'au temps où il fut fait gouverneur de la Bastille. On disait alors que ce prisonnier inconnu était un homme d'environ 50 ans. C'est du moins ce que nous a assuré M. Audri, qui, de simple cadet était devenu commandant des îles de Lérins, et qui l'était encore en 1743. Il n'avait que 45 ans, lorsque le Masque de fer fut conduit à Sainte-Marguerite, et il avait souvent fait sentinelle à sa porte. Ce prisonnier n'avait que 50 ans dans ce temps-là : ce ne pouvait donc pas être le duc de Beaufort qui en aurait eu plus de 80. (Voyez MASQUE DE FER.)

BEAUFORT DE THORIGNY (Jean-Baptiste), lieutenant-général, né à Paris le 18 octobre 1761, fut nommé colonel après la bataille de Nerwinde, le 18 mars 1793, et général de division le 4 décembre de la même année. Il passa ensuite à l'armée des côtes de Cherbourg qu'il commanda en chef par *interim*, et il contribua puissamment à la défaite des Vendéens sous Granville. Il combattit aussi avec succès les insurgés de la Bretagne, et, contre l'usage de ceux qui l'avaient précédé, il montra en plusieurs occasions beaucoup d'humanité. Un féroce proconsul voulait faire incendier le château de Thorigny où se trouvaient incarcérés six cents habitants de Saint-Lô, accusés de royalisme ; il s'y opposa et leur rendit la liberté. Regardant cette action comme son plus beau titre de gloire, il voulut porter le nom de *Thorigny*. C'est lui qui commença à organiser le système de cantonnement que Hoche employa depuis avec tant de succès. Beaufort se couvrit de gloire aux Pyrénées, rétablit l'ordre le 13 vendémiaire, défendit le Directoire contre le corps législatif dans la journée du 18 fructidor, battit les Anglais au port d'Ostende, déjoua les tentatives qu'ils firent pour s'emparer des îles d'Aix, d'Oléron et de Ré, et les contraignit à une fuite honteuse. Réformé sous le gouvernement consulaire, il fut réduit à accepter, pour soutenir sa famille, une place d'inspecteur des droits réunis au fond du Cantal. A la Restauration, il revint à Paris où il vécut pauvre et oublié.

BEAUHARNAIS (Fanny, comtesse de), née en 1738, était fille d'un receveur-général des finances, qui lui fit épouser le comte de Beauharnais, oncle d'Alexandre et de François; mais elle fut obligée de s'en séparer, après quelques années de mariage, et elle se retira chez les religieuses de la Visitation. Elle avait reçu une brillante éducation, et était douée de beaucoup d'esprit naturel; son amour pour les arts l'engagea à faire un voyage en Italie en 1778. A son retour à Paris, elle se livra entièrement à la littérature, et sa maison fut bientôt le rendez-vous des savants et des hommes de lettres les plus distingués, du nombre desquels était l'illustre Buffon qui ne l'appelait que sa chère fille; mais elle recevait en même temps des écrivains obscurs ou connus par leur immoralité, tels que Rétif de la Bretonne et Dorat Cubière, ce qui nuisit considérablement à sa réputation. Elle est morte le 2 juillet 1813. On la citait particulièrement pour ses poésies. Ses *OEuvres* ont été publiées, Paris, 1772, 2 vol. in-8, et réimprimées sous ce titre: *Mélanges de poésies fugitives et de prose sans conséquence*, 1776, 2 vol. in-8. On a encore d'elle des poésies fugitives, in-8, 1801; l'*Ile de la Félicité*, poëme philosophique en 3 chants, suivi de quelques poésies fugitives; 2ᵉ édition, 1803; *Lettres de Stéphanie*, ou l'*Héroïsme du sentiment*, roman historique, Paris, 1778, 3 vol. in-8, et 5 vol. in-12, et plusieurs autres romans et pièces de théâtres qui ont obtenu peu de succès.

BEAUHARNAIS (François, marquis de), né à La Rochelle le 10 août 1756, fut nommé député suppléant aux étatsgénéraux en 1789, et il n'y siégea que lorsqu'ils furent constitués en assemblée nationale. Il y vota constamment du côté droit, et combattit avec force la proposition que le vicomte de Beauharnais, son frère (voyez BEAUHARNAIS Alexandre), qui siégeait au côté gauche, fit pour ôter le commandement des armées au roi. Quelques députés voulurent proposer des amendements, mais il s'écria qu'*il n'y avait point d'amendement avec l'honneur;* ce qui le fit surnommer *le féal Beauharnais sans amendement*. A la fin de la session, il protesta contre toutes les innovations qui avaient été décrétées, et il fit imprimer son compte-rendu à ses commettants. En 1792, il fut choisi avec le baron de Viomesnil pour diriger le second projet d'évasion de Louis XVI; mais il ne put être exécuté, et le marquis de Beauharnais se rendit auprès des princes, et fit ses premières campagnes dans l'armée de Condé en qualité de majorgénéral. Informé par les papiers publics que la convention allait faire le procès du roi, il écrivit au président de cette assemblée pour lui représenter l'énormité du crime qu'on allait commettre, et il termina sa lettre en demandant d'être au nombre de ses défenseurs; il s'offrit même pour un des otages. Lorsque Joséphine, sa belle-sœur, eut épousé Bonaparte, et que celui-ci eut été nommé premier consul, il lui écrivit « qu'il n'avait « qu'une gloire à acquérir, celle de ren- « dre le trône aux Bourbons. » Cette lettre l'empêcha longtemps de rentrer en France; cependant sa belle-sœur parvint à le rappeler auprès d'elle, lorsqu'elle fut impératrice. Bonaparte l'envoya, en 1805, comme ambassadeur en Etrurie, et ensuite en Espagne; mais s'étant déclaré en faveur du prince des Asturies contre Emmanuel Godoy, prince de la Paix, que Bonaparte protégeait, il fut rappelé et exilé dans la Sologne où il possédait un domaine. Après la Restauration, il revint à Paris où il reçut des témoignages d'estime de sa conduite, et il fut nommé pair de France. Il est mort il y a quelques années.

BEAUHARNAIS (Alexandre, vicomte de), né en 1760 à la Martinique, épousa Mademoiselle Tascher de la Pagerie, depuis femme de Bonaparte. Député de Blois à l'assemblée constituante, il se jeta dans le parti populaire, et présidait l'assemblée, lorsqu'elle apprit le départ du roi pour Varennes. Devenu ensuite adjudant-général de l'armée de Luckner, puis général en chef de celle de la Moselle, il y donna des preuves de courage et d'habileté. Appelé au ministère de la guerre, il refusa cette place. Traduit au tribunal révolutionnaire, cinq jours avant la chute de Robespierre, il porta sa tête sur l'échafaud, le 23 juillet 1794, à l'âge de 34 ans. On croit que, éclairé par les malheurs de sa patrie, il était revenu de ses erreurs. (Voyez BEAUHARNAIS François.)

BEAUHARNAIS (Joséphine-Rose TASCHER DE LA PAGERIE, vicomtesse de), impératrice, née à Saint-Pierre de la Martinique le 24 juin 1761, de parents distingués, fut amenée très-jeune à Paris pour épouser le vicomte de Beauharnais. (Voyez ce nom). Ce mariage avait été arrangé, pendant que celui-ci était gouverneur de Antilles. Il s'empressa de la présenter à la cour, et elle y fut bien accueillie ; mais sa conduite ne fut pas toujours à l'abri de la critique. Deux enfants, Eugène et Hortense, furent le fruit de ce mariage. Madame de Beauharnais retourna à la Martinique, en 1787, pour voir sa mère qui était âgée et malade. Elle y resta jusqu'au moment de la révolte des nègres, et ne dut son salut qu'à une prompte fuite. De retour en France, elle eut bientôt de nouveaux dangers à courir. Son époux, qui avait embrassé les principes de la révolution, était resté sur le territoire français, et avait même obtenu un commandement dans l'armée du Rhin ; mais le décret qui excluait les nobles des armées l'obligea de donner sa démission, et, peu après, la loi des suspects vint les atteindre l'un et l'autre ; arrêtés, conduits à Paris et jetés dans une prison, ils furent condamnés à mort. Son époux fut exécuté. Un profond évanouissement dans lequel elle tomba, lorsqu'elle le vit monter sur la fatale charrette empêcha de l'y placer elle-même ; et trois jours après, le monstre qui désolait la France périt sur l'échafaud. Tallien parvint à la faire sortir de prison, et Barras lui fit rendre une partie des biens de son mari. Elle parlait quelquefois de la prédiction qui lui avait été faite dans son enfance, qu'elle s'élèverait au rang suprême ; et sans doute elle était bien éloignée de croire alors que cette prédiction fût sur le point de se réaliser. Après la journée du 13 vendémiaire, où les sections furent vaincues par la convention, on avait ordonné le désarmement des citoyens. Eugène, fils de madame de Beauharnais, alors âgé de 14 ans, se présenta chez Bonaparte, et réclama avec énergie l'épée de son père, qui venait d'être saisie. L'épée lui fut rendue. Sa mère, reconnaissante, vint remercier le jeune général, qui fut épris des charmes de sa personne, et l'épousa le 9 mars 1796, puis l'emmena en Italie. Pendant le séjour de Bonaparte en Egypte, elle demeura à la Malmaison, et lorsque, à son retour, il fut nommé premier consul, Joséphine contribua au rappel des émigrés. Elevée à l'empire, elle seule pouvait calmer les emportements auxquels se livrait son époux, qui avait pour elle beaucoup d'affection. On dit que, lors de l'arrestation de l'infortuné duc d'Enghien, elle se jeta aux pieds de Bonaparte pour qu'il épargnât les jours de cette auguste victime. Elle fut plus heureuse à l'égard de MM. de Polignac et de Rivière qui lui durent la vie. Cependant quelques flatteurs insinuèrent à Bonaparte de répudier Joséphine, afin de donner un successeur à l'empire. Il parut d'abord rejeter ce conseil ; mais bientôt séduit par l'espoir d'obtenir une archiduchesse d'Autriche, il lui fit annoncer sa détermination, et pour l'adoucir il lui conserva le titre d'impératrice-reine. Joséphine parut soutenir cette disgrâce avec courage. Elle se retira d'abord au château de Navarre, puis à la Malmaison où elle se livra à la culture des sciences naturelles. Bonaparte l'y visitait de temps en temps, et l'on dit qu'elle fit tous ses efforts pour le détourner de la campagne de Moscou. Il paraît qu'elle conserva toujours pour lui de l'attachement, et que l'occupation de la capitale par les puissances coalisées contribua beaucoup à avancer sa mort ; cependant les princes lui témoignèrent beaucoup d'égards, particulièrement l'empereur Alexandre qui voulut lui faire une visite. Elle mourut peu de jours après, le 29 mai 1814, et fut universellement regrettée de tous les habitants de la Malmaison, à qui elle faisait beaucoup de bien. On a publié en 1819 des *Mémoires et correspondance de l'impératrice Joséphine*, que le prince Eugène a déclaré n'être point de sa mère. Barbier, dans son *Dictionnaire des anonymes*, les attribue à Regnault Warin.

BEAUHARNAIS (Eugène de), fils du vicomte de Beauharnais et de Joséphine Tascher de la Pagerie, depuis impératrice, naquit le 30 septembre 1780 en Bretagne, et fut élevé à Saint-Germain-en-Laye. Sa mère ayant épousé Bonaparte, il devint bientôt son aide-de-camp, et il le suivit en Italie et en Egypte. Au retour de ces deux campagnes, il fut nommé chef d'escadron des chasseurs de la garde, et, en 1804, il en obtint le commandement. Bonaparte lui donna le titre de *prince français*, lorsqu'il devint empereur ; et, peu de temps après, il le créa vice-roi de l'Italie septentrionale qu'il avait érigée en royaume. Enfin, le 12 janvier 1806, il l'adopta pour son fils, et parut vouloir en faire l'héritier de toute sa puissance. Le lendemain Eugène épousa la princesse Auguste-Amélie, fille du roi de Bavière. L'année suivante, les Etats Vénitiens furent réunis à son royaume, et Bonaparte ajouta à ses titres celui de *prince de Venise*. Il administra ses Etats avec sagesse, et se fit généralement chérir et estimer. Lors de la reprise des hostilités, en 1809, il marcha avec rapidité contre les Autrichiens, qu'il battit en plusieurs occasions, et qu'il força de rétrograder ; enfin il gagna l'importante bataille de Raab contre les Archiducs, et il contribua puissamment au succès de la journée de Wagram, où il se fit remarquer par sa valeur et son sang-froid. La campagne de Russie fut pour lui une nouvelle source de gloire ; il se signala aux combats d'Ostrowno, de Mohilow, ainsi qu'à la célèbre bataille de la Moskowa, et plus particulièrement à l'affaire de Viazma ; mais c'est surtout dans la retraite qu'il se fit remarquer par son dévouement, ses soins et ses attentions généreuses envers les soldats qu'il chercha à rallier à Magdebourg. Il voulut hasarder une nouvelle bataille, mais il la perdit. On le vit encore commander la gauche de l'armée à la bataille de Lutzen, et il s'y conduisit avec sa bravoure ordinaire. Bonaparte, soupçonnant la défection des Autrichiens, renvoya le vice-roi en Italie pour y organiser des moyens de défense ; et avec des troupes de nouvelles levées, et bien inférieures en nombre à celles de l'ennemi, il se défendit encore avec quelques succès ; mais la défection de Murat l'obligea de conclure un armistice avec le comte de Bellegarde. Eugène se retira alors à Munich auprès du roi de Bavière, son beau-père, qui lui donna le duché de Luchtemberg et le rang de prince de sa maison. A l'époque de la mort de sa mère, il se rendit à Paris, et il y fut très-bien accueilli par Louis XVIII. Il se rendit ensuite à Vienne, et il y fit d'inutiles efforts pour se faire comprendre dans la nouvelle organisation de l'Europe. Lors de l'invasion de Bonaparte dans le mois de mars 1815, sa présence donnant de l'inquiétude, il se vit obligé de se retirer à Bareuth, d'où il revint à Munich, et il y mourut d'une attaque d'apoplexie le 21 février 1824. Quoique la jouissance d'une grande autorité eût un peu enivré sa jeunesse, et qu'il ne fût pas toujours bien dirigé par son conseil, il parvint néanmoins à gagner l'esprit du peuple dans les premières années de sa vice-royauté ; mais dans la suite il sembla craindre de se populariser, peut-être pour ne point porter ombrage à Bonaparte, et dès lors on ne pouvait plus obtenir de lui que très-difficilement une audience. Pendant la campagne de 1813 et 1814, il acheva de mécontenter le peuple par des conscriptions et des réquisitions forcées, et surtout par les reproches de lâcheté qu'il adressa aux soldats Italiens, au point qu'il s'était aliéné tous les esprits. Il crut prudent à lui d'abandonner secrètement l'armée et de prendre l'habit d'un colonel autrichien pour traverser le Tyrol, parce qu'ayant fait fusiller plusieurs habitants notables du pays comme espions, il redoutait leur vengeance. Il emporta, dit-on, des sommes considérables, et il laissa vides toutes les caisses. On lui reproche aussi quelques abus de pouvoir. Quoiqu'en apparence il soit resté fidèle jusqu'à la fin à son père adoptif, on n'a pas laissé de jeter des doutes sur la sincérité de sa conduite, et l'on a assuré qu'il avait entretenu des intelligences suivies avec des agents autrichiens et anglais, et qu'il s'était engagé à faire cause commune avec Murat contre Napoléon et contre la France, sous la condition que les puissances alliées le reconnaîtraient roi d'Italie, et que les frontières de ce royaume seraient portées jusqu'aux Apennins. Des difficultés élevées à ce sujet et la marche rapide des événements ont seules pu empêcher la fin des négociations. Il est positif qu'en 1813 Bonaparte lui avait envoyé l'ordre de franchir les Alpes avec toutes les troupes qu'il avait à sa disposition pour venir se joindre à l'armée commandée par le maréchal Augereau, et cependant il retint ses troupes dans la Lombardie, dans l'espoir, dit-on, d'être reconnu roi d'Italie, d'après des promesses que les circonstances firent éluder. On l'a accusé d'un penchant décidé à la parcimonie, et de s'être laissé gouverner par ses ministres et ses courtisans, dont les actes n'étaient pas toujours dirigés par la justice.

BEAUHARNAIS Hortense. (Voyez SAINT-LEU.)

BEAUJEU (Humbert IV, sire de), connétable de France et Baron du Beaujolais, servit utilement les rois Philippe-Auguste et Louis VIII dans la guerre contre les Albigeois, et se distingua dans plusieurs campagnes. La paix conclue, il accompagna l'empereur Baudouin II, qui était son cousin, à Constantinople, avec plusieurs grands seigneurs, et il assista à son couronnement, qui eut lieu à Ste-Sophie. De retour en France, il partit avec saint Louis pour la Terre-Sainte, et il mourut dans cette expédition vers l'an 1248, après s'être illustré par sa sagesse et par sa valeur.

BEAUJEU (Pierre II de Bourbon, sire de), connétable de France pendant la vie de son frère Jean, qui mourut en 1488, et auquel il succéda dans tous les biens de la branche aînée de Bourbon, qui finit en lui, fut régent sous Charles VIII ; mais toute l'autorité était entre les mains d'Anne, son épouse, fille de Louis XI. Quoique le duc d'Orléans eût beaucoup à se plaindre des procédés rigoureux de cette princesse, il eut la générosité en montant sur le trône, au lieu de s'en venger, comme elle s'y attendait, de la combler de faveurs, ainsi que son époux. Pierre de Beaujeu mourut en 1503. Cette famille a produit plusieurs autres grands personnages.

BEAUJOUR (Félix, baron de), naquit à Fréjus en 1763. Il entra fort jeune dans la carrière diplomatique, et exerça pendant plusieurs années les fonctions de consul général en Suède et en Grèce. De retour en France, il publia un ouvrage intitulé : *Commerce de la Grèce*, dans lequel on trouve de judicieuses observations. Sous l'empire, il fut envoyé dans les Etats-Unis, où il défendit avec succès les intérêts de la France, et fit recouvrer au gouvernement des créances importantes. A la Restauration, il fut nommé inspecteur-général des établissements français dans le Levant, et continua à rendre des services qui furent récompensés en 1818 par le titre de baron. En 1832, il fut élu député de Marseille, et fut élevé plus tard à la pairie. Il est mort à Paris le 3 juillet 1836. On a de lui, outre l'ouvrage que nous avons cité : *Aperçu des Etats-Unis au commencement du dix-neuvième siècle*, 1814, in-8 ; *Théorie des gouvernements* : cet ouvrage, publié en 1823, produisit quelque sensation, particulièrement dans le monde diplomatique ; *Voyages militaires dans l'Orient*, avec l'*Histoire de l'expédition d'Annibal*. Le baron de Beaujour a laissé plusieurs fondations.

BEAUJOYEUX. (Voy. BALTHAZARINI.)

BEAULATON, né à Montargis, et mort en 1782, a publié une traduction en vers français du *Paradis perdu* de Milton, en 2 vol. in-8, 1778, qui n'a obtenu aucun succès. « Cette traduction, a dit « M. de Laharpe, a beaucoup de rapport « avec la *Pharsale* de Brébeuf ; c'est-à-« dire qu'on y trouve quelques morceaux « bien faits, noyés dans un déluge de « vers boursoufflés et baroques. »

BEAULIEU (Louis LE BLANC, seigneur de), professeur de théologie à Sédan, fit soutenir plusieurs thèses de théologie dans l'Académie des protestants qui furent publiées sous ce titre : *Theses sedanenses*, 1683, in-fol. Il examine dans ces thèses les points controversés entre les catholiques et les calvinistes, et il conclut toujours que les uns et les autres ne sont opposés que de nom. Si cela est, il faut que l'esprit de secte soit un fléau bien terrible, puisque sans aucun fondement réel de division, et précisément pour une opposition de mots, il a inondé de sang non-seulement la France, mais tous les royaumes de l'Europe, si l'on en excepte le Portugal, l'Italie et l'Espagne, que l'inquisition, dont on dit tant de mal, a préservés de ses ravages. Beaulieu était né en 1611 au Plessis-Marli, et il mourut en 1675.

BEAULIEU (Jean-Claude LEBLANC de), évêque de Soissons, né à Paris le 29 mai 1753, embrassa l'état ecclésiastique, et entra jeune encore dans la congrégation des chanoines réguliers de Sainte-Geneviève. Il fut du nombre de ceux qui applaudirent à une révolution dont on ne pouvait prévoir toutes les suites, et il fit le serment prescrit. En conséquence, il fut nommé, en 1791, curé de Saint-Séverin, à Paris, et c'est une justice de reconnaître qu'il se conduisit avec modération envers les prêtres qui refusèrent le serment. Gobel, évêque constitutionnel de Paris, ayant installé un prêtre assermenté et marié, dans une cure, il rédigea une réclamation énergique, et protesta contre cette installation avec trois autres curés constitutionnels ; ce qui lui valut une détention de plusieurs mois. Après le régime de la Terreur, il desservit l'église de Saint-Etienne-du-Mont, et le 18 janvier 1800 il fut sacré évêque constitutionnel de Rouen. Il assembla dans cette ville un synode dont il fit imprimer les Actes, ainsi que plusieurs écrits adressés à son clergé, dont la majorité refusait de le reconnaître. L'année suivante, il se rendit à Paris pour assister au concile national, où il se fit peu remarquer. Après la signature du Concordat, il donna sa démission, sur la demande qui lui en avait été faite. En 1802, il fut nommé à l'évêché de Soissons, et il refusa, dit-on, la rétractation que le légat du Pape demandait aux évêques constitutionnels. Cependant son administration fut sage et bien différente de celle de ses collègues, qui favorisaient leur parti avec autant d'éclat que d'imprudence ; bientôt même, par les conseils d'un ancien prieur du couvent des Dominicains et d'un grand-vicaire de son diocèse, qui lui fit connaître tous les brefs du Pape, dont il ignorait l'authenticité, n'ayant jamais lu que les écrits des constitutionnels, il se décida à écrire à Pie VII pour protester de sa soumission et témoigner son regret du passé. Ce pontife lui adressa un bref satisfaisant, et depuis il déclara, en plusieurs occasions, que non seulement il avait entièrement renoncé au parti constitutionnel, mais qu'il était complétement revenu de ses anciennes préventions en faveur du jansénisme. Craignant même que son exemple n'eût entraîné quelques personnes ans l'erreur, il écrivit un *Mémoire* pour faire part de sa démarche à plusieurs de ses amis, et des raisons qui l'y avaient décidé, et il eut la satisfaction de ramener un ecclésiastique qu'il affectionnait beaucoup, et qui, depuis, n'a cessé d'édifier tous ceux qui le connaissaient. Dans le concile de 1811, il témoigna tout haut son attachement au Pape, et il refusa son consentement au projet de décret qui tendait à rouvrir le concile. Invité de se rendre au Champ-de-Mai, il adressa au ministre de Bonaparte une lettre qui a été imprimée, et par laquelle il déclarait qu'il ne reconnaissait d'autre souverain légitime que Louis XVIII, qu'il lui avait promis fidélité, et qu'il était résolu de la lui garder constamment. Et il ajoutait : « Cette fidélité, je l'ai promise et gardée à Napoléon Bonaparte jusqu'au jour où lui-même, abdiquant l'empire, m'a, ainsi que toute la France, délié de mes serments et affranchi de mon obéissance pour toujours. » Prévoyant les dangers de sa démarche, il passa secrètement en Angleterre où il resta jusqu'après le retour du roi. En 1817, il fut nommé à l'archevêché d'Arles ; mais l'érection de cet archevêché n'ayant pas eu lieu, il continua de se livrer aux soins de son diocèse jusqu'en 1820, où ses infirmités le portèrent à donner sa démission. Le roi le nomma membre du chapitre de Saint-Denis. Jusqu'à la fin de sa vie, il continua à s'occuper d'exercices de piété et de charité. Il s'intéressait surtout à l'OEuvre des Savoyards. Une courte maladie l'enleva le 13 juillet 1825, dans le séminaire des Missions-Etrangères.

BEAULIEU (Claude-François), né à Riom en 1754, se rendit à Paris vers 1782, et travailla à plusieurs journaux, notamment aux *Nouvelles de Versailles* et au *Postillon de la guerre*. Arrêté, après le 10 août 1792, pour avoir défendu la cause de Louis XVI, il fut enfermé pendant environ un an, soit à la Conciergerie, soit au Luxembourg, et il y fut témoin des derniers moments de plusieurs victimes de la tyrannie. Après le 9 thermidor, il fut le principal rédacteur du *Miroir*, ce qui le fit comprendre dans la proscription du 18 fructidor ; mais il eut le bonheur de se soustraire à la déportation. Il s'attacha ensuite au préfet de l'Oise, qui l'employa aux archives de la préfecture, et le chargea de la rédaction du journal du département. Après la Restauration, il revint à Paris, où il s'occupa constamment de travaux littéraires. Il est mort à Marly dans le mois de septembre 1827. On lui doit : *Essais historiques sur les causes et les effets de la* *volution en France*, Paris, 1801-1803, 6 vol. in-8, où l'on trouve des renseignements très-curieux sur la révolution en France ; *Le Temps présent*, Paris, 1816, in-8 ; *La Révolution française considérée dans ses effets sur la civilisation des peuples*, Paris, 1820, in-8. Il a fourni quelques articles à la *Biographie universelle*, entre autres ceux de Danton, de Fouquier-Tainville et de Marat.

BEAUMANOIR (Philippe de) écrivit vers 1283 les *Coutumes de Beauvoisis*, dont La Thaumassière a donné une bonne édition, Bourges, 1690, in-fol.

BEAUMANOIR (Jean de), connu sous le nom de *Maréchal de Lavardin*, était d'une ancienne famille du Maine. Henri IV, auprès duquel il fut élevé, récompensa sa valeur et ses services par le gouvernement du Maine, en 1595, le collier de ses ordres et le bâton de maréchal de France. En 1602, Lavardin commanda l'armée en Bourgogne, et fut ambassadeur extraordinaire en Angleterre, l'an 1613. Il mourut à Paris, en 1614.

BEAUMARCHAIS (Antoine de la BARRE de), né à Cambrai, entra d'abord dans l'ordre régulier de la maison de Saint-Victor à Paris, qu'il abandonna ensuite pour se retirer en Hollande, où il se maria, et se mit aux gages des libraires pour subsister. Devenu veuf, il entra, dit-on, dans le sein de l'Eglise, et mourut vers 1750. Ses principaux ouvrages sont : *Histoire de Pologne sous le roi Auguste II*, 1733, 4 vol. in-12, publiée sous le nom de l'abbé de Parthenay ; la *Monarchie des Hébreux*, trad. de l'espagnol du marquis de Saint-Philippe, 1727, 4 vol. in-12 ; le *Hollandais*, ou *Lettres sur la Hollande ancienne et moderne*, 3 parties in-8 ; *Lettres sérieuses et badines sur les ouvrages des savants*, 12 vol. in-8.

BEAUMARCHAIS (Pierre-Augustin-Caron de), né à Paris le 24 janvier 1732, était fils d'un horloger distingué dans son art, qui lui inspira d'abord le goût. A 21 ans, il perfectionna le mécanisme de la montre par une nouvelle espèce d'échappement. Cette invention était heureuse sans doute, puisqu'elle lui fut contestée par un horloger célèbre qui la réclamait. Le différend fut porté devant l'académie des sciences qui prononça en faveur du jeune Beaumarchais. Il n'en renonça pas moins bientôt à son art, qui ne pouvait satisfaire son ambition et son penchant pour une vie dissipée. La musique était un de ses goûts les plus vifs ; elle fut aussi la source de sa fortune. Comme il jouait fort bien de plusieurs instruments, et surtout de la harpe, il était reçu dans les meilleures sociétés. Mesdames de France voulurent l'entendre : elles l'admirent à leurs concerts, où assistait quelquefois Louis XV, et ensuite dans leur société. Ces princesses le recommandèrent à M. Paris Duverney, qui l'initia dans les affaires, et en peu de temps il acquit une fortune considérable. Le crédit très-marqué dont il jouissait auprès de Mesdames, la disproportion de ce qu'il était né à ce qu'il était devenu, sa fierté naturelle, et une légèreté dans le ton et les manières, qui allaient quelquefois jusqu'à l'indiscrétion, formèrent bientôt contre lui un foyer de haines secrètes qui ne tendaient à rien moins qu'à le perdre entièrement, s'il n'eût pas été armé comme personne ne croyait qu'il pût l'être. Trois procès que la haine lui suscita, et qu'il défendit lui-même, augmentèrent sa réputation, et le firent redouter de ses ennemis. Beaumarchais se livra alors aux plus grandes spéculations, et le succès couronna presque toutes ses entreprises. Au commencement de la révolution, dont il partagea les premières espérances, comme beaucoup d'autres, il abandonna les grands et la cour, pour se ranger du côté du parti populaire; mais ni ses largesses, ni ses discours patriotiques ne purent le dérober aux soupçons. Il avait été de la première commune provisoire de Paris; il en fut exclu quelques jours après, sous prétexte vraisemblablement qu'il avait trop à perdre pour tenir de bonne foi à une révolution qui ôtait tout. Il fut aussi porté à l'assemblée nationale; mais il se retira presque aussitôt, quand il la vit entraînée hors de toute mesure, et qu'il reconnut qu'on n'en voulait qu'à sa fortune. Sa vie ne tarda pas à être menacée ; sa maison, sur un faux avis qu'il avait des armes cachées, fut entièrement bouleversée ; et il n'échappa que par la fuite à la fureur de la multitude. Tour-à-tour proscrit et absous, il passa successivement en Hollande et en Angleterre, et ne rentra en France qu'au moment où il crut pouvoir y reparaître sans aucun danger. Il s'occupait de réaliser les débris de son ancienne opulence, lorsqu'un coup de sang termina subitement ses jours dans la nuit du 19 mai 1799. On a de lui : Ses *Mémoires*, qui sont d'un genre et d'un ton qui ne pouvaient avoir de modèle, car il n'y en avait pas d'exemple ; aussi eurent-ils un succès prodigieux. Leur forme, aussi saillante qu'inusitée, offrit tout à la fois une plaidoirie, une satire, un drame, une comédie, une galerie de tableaux. Cette fécondité flexible et inépuisable est un des caractères du vrai talent qui tire parti de tout; mais une des armes les plus puissantes de Beaumarchais, c'est sa dialectique : il n'y en a pas de plus pressante, de plus ingénieuse, de plus diversifiée. Aucune induction ne lui échappe ; il n'y en a pas une qu'il ne saisisse avec justesse, et qu'il ne pousse aux dernières conséquences, pas une qu'il ne sache retourner sous plus d'une forme, et qu'il ne fasse ressortir et reparaître à propos, toujours avec un nouvel avantage. Ces *Mémoires* sont bien loin cependant de pouvoir être proposés pour modèle. On y trouve des inégalités frappantes et quelquefois choquantes, qui ont fait dire à ses ennemis qu'ils n'étaient pas de lui. Ces défauts ne prouvent autre chose si non qu'il n'avait pas fait d'assez bonnes études, et qu'il n'avait pas le tact assez sûr pour faire disparaître les taches de son style, les apostrophes et les exclamations trop multipliées, les figures déplacées, les expressions ou impropres ou recherchées, ou bizarres, les constructions ou embarrassées ou irrégulières, les phrases trop allongées, et qui le déparent. On a cherché à l'excuser à cet égard, en attaquant la précipitation avec laquelle on fait ces sortes de compositions : mais ces pièces de théâtre, travaillées tout à loisir, offrent les mêmes fautes; elles y sont même beaucoup plus marquées, ce qui prouve que ces défauts font partie de sa manière. Ses *Mémoires* sont encore plus défectueux sous le rapport de la morale, contraires à la décence publique, aux lois sociales et à l'honnêteté personnelle qui défend d'encadrer la vie entière d'un citoyen dans un tableau dont tous les traits étrangers à la cause sont autant de flétrissures mortelles, et qui présente toutes les bassesses sous les couleurs des ridicules. Trois drames : *Eugénie, Les deux Amis*, et *La Mère coupable*, qui ont contribué, comme toutes les productions de ce genre, à dégrader la scène française et à corrompre le goût ; le premier cependant eut du succès, qu'il dut à l'intérêt des situations et à une pantomime soutenue, et faite pour le théâtre. Le dernier est une composition sans art et sans goût, où l'immoralité des caractères et des situations est encore plus forte que dans son *Mariage de Figaro*, dont il est la suite. Deux comédies : *Le Barbier de Séville*, comédie d'intrigue, le mieux fait et le mieux conçu de ses ouvrages, où chaque acte offre une situation ingénieusement combinée, piquante et gaie dans les détails, mais où l'on trouve encore quelques-uns de ces quolibets et plaisanteries basses qui abondent dans son *Mariage de Figaro*. Cette comédie, si l'on jugeait de son mérite par son succès, tiendrait sans contredit la première place parmi les comédies du 18ᵉ siècle. Elle fut jouée deux ans de suite une ou deux fois par semaine, et rendit à son auteur 80,000 fr. Cette pièce cependant, dit Sabatier, n'est qu'un tissu de calembourgs, de proverbes, de coqs-à-l'âne, on y trouve beaucoup de bas comique usé et hors de mode, des situations rebattues que l'auteur a eu le secret de racunir, peu de vraisemblance, moins de conduite, de l'indécence dans les mœurs et une charge burlesque dans les caractères. En général, Beaumarchais avait comme philosophe la manie des phrases et des maximes, et celle des quolibets et des rébus, comme plaisant et facétieux. Cette double affectation rend son dialogue beaucoup plus vicieux que son style ne l'est par les incorrections du langage. *Tarare*, opéra en 5 actes, le seul ouvrage sans esprit qui soit sorti de sa plume. On a publié, en 1809, ses *OEuvres* en 7 vol. in-8.

BEAUME (Pierre de La), évêque de Genève en 1523, se vit chassé de son siége par les calvinistes en 1535. Cet évêché fut transféré à Annecy par Paul III, qui nomma La Baume cardinal et ensuite archevêque de Besançon : il mourut en 1544.

BEAUMELLE (Laurent ANGLIVIEL de La), né à Vallerauques, dans le diocèse d'Alais, en 1727, mort à Paris en novembre 1774, fut de bonne heure au rang des écrivains distingués. Appelé en Danemarck pour être professeur de belles-lettres françaises, il ouvrit ce cours de littérature par un Discours, qui fut imprimé en 1751 et bien accueilli. Mais son inconstance ne lui permit pas de s'attacher à cet emploi. Il quitta le Danemarck, avec le titre de conseiller et une pension. S'étant arrêté à Berlin, il y vit Voltaire, et quand ayant osé toucher à ses lauriers, il se brouilla irréconciliablement avec lui. L'histoire de ce démêlé qui occasionna tant de personnalités et d'injures, se trouve, malheureusement pour l'honneur des lettres, dans trop de livres. On sait qu'un passage dans une brochure de La Beaumelle, intitulée : *Mes Pensées*, en fut la première origine. Voici ce passage : « Qu'on parcoure l'his-
« toire ancienne et moderne, on ne trou-
« vera point d'exemple de prince qui ait
« donné sept mille écus de pension à un
« homme de lettres à titre d'homme de
« lettres ; il y a eu de plus grands poë-
« tes que Voltaire, il n'y en eut jamais
« de si bien récompensés, parce que le
« goût ne met jamais de bornes à ses
« récompenses ; le roi de Prusse comble
« de bienfaits les hommes à talents, pré-
« cisément par les mêmes raisons qui
« engagent un petit prince d'Allemagne
« à combler de bienfaits un bouffon ou
« un nain. » Cet ouvrage, fortement pensé, mais écrit avec trop de hardiesse, et rempli de choses répréhensibles, armèrent l'autorité contre lui ; et en arrivant à Paris en 1753, il fut enfermé à la Bastille. Il n'en sortit que pour publier ses *Mémoires de Maintenon*, qui lui attirèrent une nouvelle détention dans cette prison royale. La Beaumelle, ayant obtenu sa liberté, se retira en province, où il épousa la fille de M. Lavaysse, célèbre avocat de Toulouse. Une dame de la cour l'appela à Paris vers l'an 1772, et voulut l'y fixer en lui procurant une place à la bibliothèque du roi ; mais il n'en jouit pas longtemps : une fluxion de poitrine l'enleva à sa famille et à la littérature. Il a laissé un fils et une fille. Ses ouvrages sont : Une *Défense de l'Esprit des Loix*, contre l'auteur des *Nouvelles ecclésiastiques*, qui ne vaut point celle que le président de Montesquieu publia lui-même ; ni l'une ni l'autre ne peuvent satisfaire sur tous les points. *Mes Pensées*, ou le *Qu'en-dira-t-on ?* in-12 : livre dont la réputation ne s'est pas soutenue, quoiqu'il y ait beaucoup d'esprit ; sans doute parce qu'elle était principalement fondée sur les maximes téméraires et pernicieuses qu'il renfermait, et que ces sortes de réputations n'ont qu'un temps. Les *Mémoires de Mad. de Maintenon*, 6 vol. in-12, qui furent suivis de 9 vol. de *Lettres* (Voyez MAINTENON). On y hasarde plusieurs faits ; on en défigure d'autres ; on attribue à cette dame des propos parfaitement contradictoires à la manière de penser qu'elle a le plus constamment manifestée ; le style n'a ni la décence, ni la dignité qui conviennent à l'histoire. « Quand même il serait
« vrai, dit l'abbé Sabatier de Castre,
« que, dans ses *Mémoires*, M. de La Beau-
« melle n'a pas toujours eu l'exactitude
« historique et la discrétion convena-
« ble, on ne peut lui refuser une manière
« de raconter vive, intéressante, pitto-
« resque, énergique. Quelque temps
« avant sa mort, il se proposait de don-
« ner une nouvelle édition de cet ou-
« vrage ; il en aurait fait disparaître ce
« qu'il y a de défectueux, et l'eût rendu,
« à peu de frais, un des meilleurs que
« nous ayons en ce genre, comme il est
« un des plus curieux par les anecdotes
« qui y sont rassemblées ». *Lettres à M.*

de *Voltaire*, 1761, in-12, pleines de sel et d'esprit. L'auteur avait publié le *Siècle de Louis XIV* avec des notes, en 3 vol. in-12. Voltaire avait combattu ces remarques dans une brochure intitulée : *Supplément au Siècle de Louis XIV*. La Beaumelle donna en 1754 une *Réponse à ce supplément*, qu'il reproduisit en 1761, sous le titre de *Lettres*. *Pensées de Sénèque*, en latin et en français, in-12, dans le goût des *Pensées de Cicéron*, de l'abbé d'Olivet, qu'il a plutôt imité qu'égalé. *Commentaires sur la Henriade*, Paris, 1775, 2 vol. in-8. Il y a de la justesse, du goût, mais trop de minutie ; le style, à l'exception de quelques endroits négligés, en est noble, élégant et harmonieux. Une traduction manuscrite des *Odes d'Horace*. Des *Mélanges* aussi manuscrits, parmi lesquels on trouvera des choses piquantes. L'auteur était naturellement porté à la satire. Son caractère était franc, mais ardent et inquiet. Sa religion était si peu décidée que quelques-uns le font protestant, et d'autres catholiques. S'il fut un violent adversaire de Voltaire, ce n'est pas qu'il eût des principes fort différents de ceux de ce poëte. On a entendu dire à La Beaumelle : « Personne n'écrit mieux que Voltaire. — D'où vient donc, lui dit quelqu'un, que vous le déchirez ? — C'est, répondit-il, que mes ouvrages s'en vendent mieux, et qu'il ne m'épargne dans aucun des siens. » Réponse qui exprime admirablement les deux grands mobiles de toutes les démarches de nos bruyants écrivains : l'intérêt et l'orgueil.

BEAUMONT (François), né dans le comté de Leicester en 1585, mourut à la fleur de son âge en 1615, et fit plusieurs tragédies et comédies pour le théâtre anglais ; elles furent applaudies. Fletcher, son ami, l'aidait dans la composition de ses pièces. Ces deux hommes furent rivaux sans être jaloux. On a réuni leurs ouvrages dans une belle édition publiée en 1711, en 7 vol. in-8.

BEAUMONT (Guillaume-Robert-Philippe-Joseph-Jean de), curé de Saint-Nicolas de Rouen, sa patrie, mort au mois de septembre 1761, fut regretté de ses ouailles, qu'il édifiait et qu'il instruisait. On a de lui quelques ouvrages de piété, qui manquent quelquefois d'élévation, mais qui ne peuvent produire que des fruits de vertu. *De l'Imitation de la Sainte Vierge*, in-18; *Pratique de la dévotion du divin Cœur de Jésus*, in-12; *Exercice du parfait Chrétien*, 1757, in-24; *Vie des Saints*, en 2 vol; *Méditations pour tous les jours de l'année*, etc.

BEAUMONT (Christophe de), né au château de la Roque, dans le diocèse de Sarlat en 1703, d'une famille ancienne, contracta dès son enfance, par les soins de sa mère, l'amour de l'ordre, une grande sévérité de mœurs, et un respect profond pour tout ce qui tient à la religion. Ayant embrassé l'état ecclésiastique, il devint chanoine et comte de Lyon, évêque de Bayonne en 1741, et passa à l'archevêché de Vienne en 1745. Louis XV, l'ayant nommé en 1746 au siége de Paris, lui écrivit deux fois vainement pour le faire acquiescer à cette nomination, et le prélat n'obéit qu'à des ordres précis, qu'il regarda comme l'expression de la volonté de Dieu. Tout le monde sait de quelle manière il se conduisit dans ce poste délicat ; par quel mélange de douceur et de fermeté son zèle s'opposa, tantôt aux progrès alarmants de l'impiété, tantôt aux artifices d'une secte d'autant plus redoutable au repos de l'Eglise, qu'elle s'opiniâtre à rester en apparence dans son sein, pour le déchirer d'une manière plus sûre. Les principes qui dirigèrent invariablement les démarches de M. de Beaumont dans ces temps pénibles, lui conservèrent l'estime de ceux même auxquels il croyait devoir opposer toute la résistance du ministère chrétien. Il acheva de la gagner par la tranquillité et l'égalité d'âme avec lesquelles il supporta les divers exils qui furent la suite de son zèle et de son courage. Lorsqu'il subissait un de ses exils à la Trappe, Frédéric-le-Grand dit : Que n'est-il venu dans mes Etats ! j'aurais fait la moitié du chemin. Il savait qu'un jour il avait répondu à Madame de Marsan, qui avait vu sortir un homme de son cabinet, et lui disait : Vous ignoriez donc qu'il est l'auteur d'un libelle contre vous ? — Je le savais, madame. — Madame de Marsan, depuis, apprit que le pasteur avait prêté, c'est-à-dire, donné 15,000 liv. à l'homme en question. — Un jour que, se promenant vers Conflans, un vieux militaire vint lui dire son infortune : « Je n'ai pas d'argent sur moi, ni « à Conflans, venez dans huit jours à « l'archevêché. En attendant, voici ma montre. » Louis XV eut constamment pour cet illustre prélat un attachement tendre et vif ; les Anglais, malgré les préjugés du schisme et de l'hérésie, furent ses admirateurs ; le roi de Prusse fit de sa fermeté les plus grands éloges. Après diverses tempêtes, rendu à son diocèse, il s'occupa à maintenir la discipline ecclésiastique avec d'autant plus de vigueur, que le relâchement devenait plus général ; à veiller sans cesse sur ses ouailles chéries, à les instruire, à les défendre contre ceux qui se parent si mal-à-propos du nom de philosophes; à combattre sans ménagement l'erreur, et la foudroyer par les instructions les plus lumineuses et les censures les plus vigoureuses. On vit à sa mort, arrivée le 12 décembre 1781, un spectacle bien touchant : celui de trois mille pauvres assiégeant les portes de l'archevêché, demandant un père, et dont les cris et les gémissements annonçaient la grande perte que la capitale avait faite. On trouva plus de mille ecclésiastiques, et plus de 500 personnes qui ne subsistaient que les bienfaits de ce digne prélat. C'est surtout à l'égard des vierges qu'un souffle contagieux allait flétrir, qu'il prodiguait les soins charitables pour mettre leur vertu en sûreté; et à l'égard des jeunes gens, pour leur procurer une éducation chrétienne. Sa charité était si riche en ressources, que des gens qui le connaissaient peu, ont prétendu qu'il ne soulageait tant d'infortunés qu'aux dépens de son exactitude à satisfaire ses propres créanciers; et l'on a vu un citoyen riche et vertueux, offrir la plus grande partie de sa fortune, pour payer, disait-il, les dettes de son archevêque expirant, et pour préserver sa mémoire d'une tache qui aurait pu rejaillir sur la religion; mais il ne tarda pas à être détrompé. Le bon ordre qui régnait dans les affaires domestiques du prélat, son économie, sa frugalité, ses privations personnelles, tout cela empêcha que le trésor où il puisait sans cesse ne fût épuisé. M. d'Aguin de Château-Lion a tracé son portrait dans ces quatre vers :

Austère dans ses mœurs, vrai dans tous ses discours,
Plein de l'esprit de Dieu, qui l'anime et l'embrase,
Ou libre ou dans les fers, il sut joindre toujours
La fermeté d'Ambroise à la foi d'Athanase.

On a de lui un grand nombre d'*Instructions pastorales*, pleines d'onction et de force; on estime surtout celles où le prélat attaque les erreurs dominantes, et s'élève contre J.-J. Rousseau (Voyez ce nom), contre Voltaire, contre le *Bélisaire de Marmontel*, etc. On a donné le recueil de ses *Mandements et instructions pastorales*, en un gros vol. in-4. Recueil précieux, très-propre à maintenir les bons principes, l'autorité de l'Eglise, l'orthodoxie, et à démasquer les nouvelles erreurs. Il est malheureux qu'on en ait retranché une des instructions les plus essentielles, où les droits de l'Eglise sont supérieurement établis. M. Ferlet a fait son *Eloge funèbre*, Paris, 1784.

BEAUMONT (madame LE PRINCE de), née à Rouen le 25 avril 1711, morte à Paris en 1780, est très-avantageusement connue par un grand nombre d'ouvrages destinés à l'éducation et à l'instruction de la jeunesse, tels que le *Magasin des enfants;* le *Magasin des adolescentes;* le *Magasin des jeunes dames;* le *Magasin des pauvres; Lettres de madame Dumontier; Education complète ou Abrégé de l'histoire;* le *Mentor moderne;* les *Américaines* ou *la Preuve de la religion chrétienne par les lumières naturelles*, etc. Ce dernier ouvrage (6 v. in-12) contient des vues plus relevées et des observations plus sérieuses que les précédents; l'auteur s'y laisse quelquefois aller à des spéculations de systèmes, et semble se déplacer : mais en général ses vues sont saines, sages et utiles. Il y a dans la *Dévotion éclairée*, ou *Magasin des dévotes*, certaines choses qui peuvent prêter à la critique, et qu'un peu plus de circonspection aurait fait éviter.

BEAUMONT (Jean-Baptiste-Jacques-Elie de), né à Carentan en Normandie, en 1732, mort à Paris le 10 janvier 1786, ne réussit pas comme avocat-plaidant, et renonça à l'audience pour se renfermer dans son cabinet. Il s'est fait connaître, à la suite de Voltaire, par un *Mémoire* en faveur des Calas, Mémoire qui suppose toujours et reconnaît quelquefois le christianisme. Il parut en 1762, in-4, contribua à faire réhabiliter cette famille, fut suivi d'un grand nombre d'autres *Mémoires* ornés d'un style plein d'intérêt, de chaleur et de clarté. Cet homme, si ingénieux dans son cabinet, portait dans la société une bonhomie qui le rendait presque méconnaissable. Seigneur de Canon en Normandie, il y institua la fête connue sous le nom de *Fête des bonnes gens*. La religion était de la partie. C'est à Jacques-Elie de Beaumont que le barreau de Paris et la monarchie sont redevables de M. Desèze qu'il fit venir à Paris, et auquel il donna sa clientèle.

BEAUMONT (Jean François-Albanys) naquit à Chambéry vers 1750. Après avoir étudié les mathématiques à l'école de génie de Mézières, il fut nommé ingénieur en second en 1775. Ayant été ensuite chargé de l'éducation des enfants du duc de Glocester, il profita des loisirs que lui laissaient ces fonctions pour faire un travail sur la chaîne granitique qui s'étend du Var jusqu'en Carinthie, et en donner la description. En 1796, Beaumont retourna dans son pays, et se livra à l'étude des antiquités et de la statistique de la Savoie. Il est mort en 1812. On a de lui : *Voyage historique et pittoresque de la ville et du comté de Nice*, Genève, 1787; *Description des glaciers de Pramigny*, 1793; *Description des Alpes grecques et cottiennes du tableau historique et statistique de la Savoie*, Paris, 1802, 2 vol. in-4, et un atlas in-fol.; *Seconde partie du même ouvrage*, Paris, 1806, 2 vol. in-4; des *Mémoires sur la manière de défendre les camps*, publiés à Turin; des *Mémoires sur l'histoire naturelle, sur l'art de fonder solidement dans la mer et sur la possibilité d'établir une route du Chablais en Valais par Millerie*, inséré au *Moniteur* de l'année 1800.

BEAUMONT (Etienne-André-François de Paule Fallot de), né à Avignon le 1ᵉʳ avril 1750, d'abord grand-vicaire de Blois, fut ensuite nommé coadjuteur de Vaisson dans le Comtat, et sacré à Frascati le 23 décembre 1782, sous le titre d'évêque de Sébastopolis. On l'accusa, le 20 avril 1791, devant l'Assemblée constituante, d'avoir fait chanter un *Te Deum* après l'assassinat des patriotes; mais il prouva qu'il était à quatre lieues de l'endroit où l'assassinat avait été commis, et que le *Te Deum* n'avait pas été chanté. Son siège ayant été supprimé par la constitution civile du clergé, il se retira en Italie dans les Etats du Pape. Après le Concordat, il fut un des évêques qui consentirent à donner leur démission. En 1802 on le nomma à l'évêché de Gand, et en 1807 l'empereur l'appela à celui de Plaisance, afin qu'il répandît dans le pays les idées gallicanes. Il paraît qu'il s'acquitta de cette mission avec une complaisance coupable, et *n'omit rien*, dit le cardinal Pacca dans ses Mémoires, *pour déterminer les prêtres romains exilés dans son diocèse à prêter un serment réprouvé par le Pape*. Dans le concile de 1811, il défendit les intérêts du pouvoir impérial et fit partie de la députation des huit évêques envoyés à Savone vers le Pape pour essayer d'obtenir de lui quelques concessions. Promu en 1813 à l'archevêché de Bourges, il prêta serment entre les mains de l'impératrice Marie-Louise. Napoléon le chargea de plusieurs missions auprès du souverain Pontife, et quoiqu'elles n'aient eu aucun succès, il en a fait insérer une relation dans le tome premier de l'*Ami de la Religion*, pour répondre aux incriminations dont il avait été l'objet; le cardinal Pacca reconnaît dans ses *Mémoires* l'exactitude de ses allégations. De Beaumont s'était installé dans le diocèse de Bourges, quoique le Pape ne lui eût pas envoyé ses bulles; mais en 1814, ayant voulu officier le jour de Pâques dans la cathédrale, le chapitre s'y opposa, et obligé de quitter Bourges quelque temps après, il revint à Paris. Pendant les Cent-Jours, Napoléon le nomma son premier aumônier et membre de la Chambre des pairs. Il assista à la cérémonie du Champ-de-Mai, et ce fut lui qui présenta le livre des Evangiles à l'empereur pour la prestation du serment. Après le second retour des Bourbons, la nomination de Mgr de Beaumont à l'archevêché de Bourges fut regardée comme nulle. En 1816, ce prélat donna sa démission de l'évêché de Plaisance, et obtint une pension de l'archiduchesse. Depuis cette époque, il vivait à Paris où il ne voyait que sa famille et quelques amis, ne paraissant à aucune cérémonie ni dans aucune réunion d'évêques. Il est mort le 26 octobre 1835, à la suite d'une courte maladie. Il avait été assisté dans ses derniers moments par Mgr l'archevêque de Paris.

BEAUMONT-BRIVAZAC (Le comte de), né aux environs de Toulouse, était avant la révolution, chef d'escadron du régiment de cavalerie de la reine et chevalier de Saint-Louis. Il se retira à Londres, où il étudia à fond les affaires coloniales, sur lesquelles il a publié un ouvrage remarquable intitulé: *l'Europe et ses colonies en décembre 1819*, Paris 1820, 2 vol. in-8. On y trouve des détails précieux sur les Etats nouvellement indépendants de l'Amérique du Sud. De Beaumont est mort à Paris le 3 août 1824.

BEAUNE (Jacques de), baron de Samblançai, surintendant des finances sous François Iᵉʳ, les administra à la satisfaction de ce prince, jusqu'à ce que Lautrec eût laissé perdre le duché de Milan, faute d'avoir touché les sommes qui lui avaient été destinées. Le roi lui en faisant de vifs reproches, il s'excusa, en disant que le même jour que les fonds pour le Milanais avaient été préparés, la reine-mère avait été elle-même à l'épargne pour lui demander tout ce qui lui était dû de ses pensions, et des revenus du Valois, de la Touraine et de l'Anjou, dont elle était douairière, l'assurant « qu'elle avait assez de crédit pour le sauver, s'il la contentait; et pour le perdre, s'il la désobligeait. » Le roi ayant fait appeler sa mère, elle avoua qu'elle avait reçu de l'argent; mais elle nia qu'on lui eût dit que c'était celui qui devait passer à Milan. Samblançai fut la victime de son mensonge. La reine-mère poursuivit sa mort avec tant d'ardeur, qu'il fut pendu en 1527 au gibet de Montfaucon, pour crime de péculat. Il fut longtemps à l'échelle avant d'être exécuté, attendant toujours sa grâce; mais il l'espéra en vain. Sa mémoire fut justifiée quelque temps après. L'abbé Gervaise, dans la *Vie de saint Martin de Tours*, remarque que ce fut Samblançai (qu'il appelle *Fournier* au lieu de *Beaune*) qui conseilla à

François d'enlever le treillis qui fermait le tombeau de saint Martin, et ajoute : « Cinq ans après, le même jour que le « treillis avait été enlevé, sur une fausse « accusation, il fut condamné à être « pendu, et le fut en effet quelques jours « après à Montfaucon, dans le fief du « prieuré de Saint-Martin-des-Champs. »

BEAUNE (RENAUD de) naquit à Tours en 1527. Il prit d'abord le parti de la robe; mais étant entré ensuite dans l'état ecclésiastique, il fut nommé à l'évêché de Mende, à l'archevêché de Bourges, et ensuite à celui de Sens, en 1596. Clément VIII, irrité de ce que ce prélat avait absous Henri IV, sans la participation du chef de l'Eglise, et de ce qu'il avait proposé de faire un patriarche en France, lui refusa ses bulles et les lui accorda ensuite six ans après. De Beaune se distingua aux assemblées du clergé, aux Etats de Blois, où il présida en 1588, et surtout à la conférence de Surène, Il joignait à une mémoire prodigieuse beaucoup de pénétration dans l'esprit, et de fermeté dans le caractère. Le marquis de Paulmy d'Argenson (*Mélanges tirés d'une grande bibliothèque*, lettre T.) rapporte une singularité de la vie de ce prélat digne d'être recueillie. « Il avait, dit-« il, l'appétit le plus extraordinaire, était « obligé de faire six repas par jour, de « quatre heures en quatre heures, et avait « été forcé de prendre des dispenses « pour dire la messe moins à jeun que le « commun des prêtres. Loin que cette « quantité d'aliments appesantît son es-« prit, il ne se trouvait jamais la tête « pesante que quand il avait besoin de « manger. Il craignait de faire des exer-« cices de corps, parce qu'ils augmen-« taient son appétit; mais il se livrait au « travail de cabinet le plus assidu en sor-« tant de table. » Il mourut en 1606, grand aumônier de France, et commandeur des ordres du roi, à 79 ans. On a de lui le *Psautier traduit en français*, Paris, 1586, in-4.

BEAUNE (Jacques de La) naquit à Paris, en 1649, et entra chez les jésuites, où il professa les humanités avec succès. Il mourut en 1725. On a de lui des *poésies* et des *harangues* en latin, un *Recueil des opuscules* du Père Sirmond, 5 vol. in-fol., Paris, 1696, Venise, 1729, qu'il enrichit de la *Vie* de l'auteur; *Panegyrici veteres ad usum Delphini*, Paris, 1676, in-4, et d'autres écrits.

BEAUNIER (Louis-Antoine), né à Melun le 15 janvier 1779, inspecteur-général au corps royal des Mines, maître des requêtes au conseil d'Etat, est mort à Paris le 20 août 1835, à l'âge de 56 ans. On lui doit plusieurs institutions utiles, telle que l'Ecole des mineurs de Saint-Etienne. C'est lui aussi qui a présidé à l'exécution du premier chemin de fer qui ait été établi en France, à celui de Saint-Etienne à Lyon; enfin il a publié plusieurs *Mémoires* et *Rapports* sur les *Mines* du royaume, qui avaient été l'objet de ses investigations.

BEAUNOIR (Alexandre-Louis-Bertrand, ROBINEAU, dit), né à Paris le 4 avril 1746, mort en la même ville le 5 août 1823, a publié sous le nom de Beaunoir, qui est l'anagramme de Robineau, un grand nombre de pièces pour les petits théâtres, parmi lesquelles on peut citer *Fanfan et Colas*, petite pièce pleine de détails touchants et naïfs; *la Famille des Pointus*. Beaunoir introduisit sur les petits théâtres une certaine décence dont ils se sont affranchis depuis 1830. Il quitta la France en 1789, et se rendit en Belgique, où il publia un journal intitulé *le Vengeur*, dirigé contre les principes de la révolution française. Nous passons sous silence une foule de brochures politiques et de circonstance.

BEAURAIN (Jean de), né le 17 janvier 1696, à Aix-en-Issart, dans le comté d'Artois, tirait son origine des anciens châtelains de Beaurain, qui n'en est éloigné que de trois quarts de lieue. Dès l'âge de 18 ans, il vint à Paris, et s'appliqua à la géographie sous le célèbre Pierre Moulart Sanson, géographe du roi. Ses progrès furent si rapides, qu'à l'âge de 25 ans, il fut décoré du même titre. Un *Calendrier perpétuel* qu'il inventa, et dont Louis XV s'est amusé pendant une vingtaine d'années, lui procura l'honneur d'être connu de Sa Majesté, pour qui il fit nombre de plans et de cartes, dont l'énumération serait ici superflue. Mais ce qui mit le sceau à sa réputation, fut la *description topographique et militaire des campagnes de Luxembourg*, depuis 1690 jusqu'en 1694, Paris, 1756, 3 vol. in-fol. L'honneur qu'il eut de contribuer à l'éducation de M. le Dauphin lui procura une pension en 1756. Indépendamment de ses talents dans la géographie, il en avait pour les négociations. Le cardinal de Fleury et Amelot eurent plus d'une fois lieu de s'applaudir de l'avoir choisi dans les occasions délicates. Attaqué d'une rétention d'urine, en 1761, à Versailles, il fut si heureusement secouru par les médecins et chirurgiens du roi, que ce monarque lui envoya, que cette première attaque ne lui fut pas funeste; mais la cause du mal n'était pas détruite, il en mourut à Paris le 11 février 1771. C'est à son fils que l'on doit les *Cartes pour l'histoire de la campagne du grand Condé de 1764*, et celle de l'*histoire des quatre dernières campagnes de Turenne*, de 1672 à 1675, dont M. de Grimoard a fait le texte. Cet écrivain tâche vainement, dans ce dernier ouvrage, de faire regarder comme des fables les horreurs exercées dans le Palatinat. (Voyez le *Journal historique et littéraire*, 15 mars 1783, page 409.)

BEAUREGARD, évêque d'Orléans. (Voyez BRUMAULD.)

BEAUREGARD (Le Père), illustre orateur jésuite de la fin du XVIIIe siècle, né à Pont-à-Mousson, et mort au château de Groninck, chez la princesse Sophie de Hohenlohe, en 1804, à 73 ans, après avoir revu ses sermons, qu'il légua aux jésuites de Russie. La plupart des chaires de Paris et de province, de France et d'Allemagne retentirent de son éloquence, qui, comme celle de Brydaine, semblait gagner en énergie ce qu'elle perdait quelquefois en élocution. Dès 1786, le Père Beauregard « dont « le nom lui-même semble empreint de « prophétie, » comme l'a bien dit M. Madrolle, courait les églises de Paris, annonçant, comme un autre Jérémie, les malheurs qui devaient fondre sur la France. Les sermons du Père Beauregard n'ont point été imprimés; nous n'en avons que quelques fragments et analyses fidèles qui forment un petit vol. in-12. La haute vertu de cet illustre jésuite commandait le respect, et ajoutait aux fruits de ses prédications; aussi éloigné de briguer les applaudissements, qu'il était au-dessus des atteintes de l'ambition, il ne songea qu'à obtenir la plus solide des récompenses, celle du bien qu'il faisait, et il en fit beaucoup; il ne prêchait jamais son sermon sur les mauvais livres, qu'il ne vît plusieurs de ses auditeurs venir déposer à ses pieds quelques-uns de ces instruments de corruption. Voici quelques fragments des sermons du Père Beauregard, où l'on reconnaîtra sans peine un caractère prophétique incontestable : « Je vois... mais « vous, oh! vous n'avez pas vu les ef- « fets de la colère de Dieu; attendez, « vos pères ont vu, et plût à Dieu que « vous ne vissiez pas de vos propres « yeux, des malheurs publics, la fa- « mine, c'est-à-dire des enfants deman- « dant du pain à une mère affamée..... « Attendez, vos pères ont vu, et plût à « Dieu que vous ne vissiez pas de vos « propres yeux un fléau, la peste...; at- « tendez... un fléau plus terrible, parce « qu'il occasionne plus de crimes, la « guerre et ses horreurs, c'est-à-dire... « le temps où Dieu met dans les mains « de l'Ange exterminateur le glaive du « grand carnage. Mais pourquoi deman- « der aux siècles futurs ces formida- « bles exemples de la colère divine? « Les siècles passés nous les montrent... « Les siècles présents eux-mêmes ne « nous disent-ils point d'une voix forte « et terrible...? Le ciel semble ne pleu- « voir que des fléaux, la terre ne ger- « mer que des malheurs..... L'or et « l'argent semblent rentrés dans le sein « de la terre.... La hache et le marteau « sont dans les mains des philosophes; « ils n'attendent que le moment favo- « rable pour renverser le trône et l'au- « tel. Oui, vos temples seront dépouil- « lés et détruits, vos fêtes abolies, votre « nom blasphémé, votre culte proscrit. « Mais qu'entends-je? grand Dieu! que « vois-je? aux saints cantiques qui fai- « saient retentir les voûtes sacrées en « votre honneur, succèdent des chants « lubriques et profanes! Et toi, divinité « infâme du paganisme! impudique Vé- « nus! tu viens ici même prendre auda- « cieusement la place du Dieu vivant, « t'asseoir sur le trône du Saint des « saints, et recevoir l'encens coupable « de tes nouveaux adorateurs!.... » Ces derniers traits sont évidemment inspirés : c'est le culte rendu à la volupté, que l'orateur prédisait, au lieu même où il devait être rendu, dans l'église de Notre-Dame. Ce fut alors que « des hommes puissants, qui se crurent désignés par ces paroles, jetèrent les hauts cris, dit la *Biographie* de Michaud, et dénoncèrent le prédicateur comme un calomniateur et un ennemi des lumières. Condorcet, dans une *Note des Pensées de Pascal* le traita de *ligueur* et de *fanatique*. » — « On sait à présent, dit M. Madrolle, quel était le plus *ligueur* et le plus *fanatique* des deux. » — Dans son sermon *sur les spectacles*, le père Beauregard dit que « les philosophes opèrent « une séduction générale qui englou- « tira les provinces et la monarchie. » Un peu auparavant il s'était exprimé ainsi : « Mais, me dira-t-on, que pré- « tendez-vous? quoi! qu'on ferme, « qu'on abatte les théâtres? Et quand « mes prétentions iraient jusque-là, les « philosophes se proposent bien d'abo- « lir la religion, de renverser les au- « tels, et de congédier les prêtres! « Quand, à notre tour, nous tendrions « à détruire les théâtres, la troupe sa- « cerdotale doit-elle avoir des vues « moins grandes que la secte philoso- « phique? » Voici un dernier trait de la vie de l'orateur, raconté par Tréneuil : « Je tiens, dit-il, de plusieurs personnes de l'ancienne cour, que ce même père Beauregard, prêchant à Versailles, devant le roi, le dimanche de la Passion, en 1789, s'arrêta tout-à-coup au milieu de son discours, et qu'après un long silence, pendant lequel on voyait son visage animé d'une expression sinistre, il s'écria d'une voix tonnante : « France, France, France!.... ton heure « approche; tu seras confondue et bouleversée. » Ce qu'il y a de remarquable dans cette impétueuse et terrible apostrophe, c'est qu'elle n'avait aucune espèce de rapport avec la suite ni avec le commencement du sermon. » Lorsque de grands événements doivent arriver, la Providence ne manque jamais de les annoncer de toutes les façons, par tous les organes, et souvent malgré eux, afin de se montrer toute seule. M. Henri Dujardin a recueilli les divers traits prophétiques du Père Beauregard, auxquels il en a joint d'autres de même nature, et en a fait un tout suivi, pages 143-152 de son curieux ouvrage intitulé : *l'Oracle pour 1840 et les années suivantes*. (Voyez BEAUVAIS.)

BEAUREGARD. (Voyez BRAYER.)

BEAURIEU (Gaspard-Gaillard DE), né à Saint-Paul dans l'Artois, le 9 juillet 1728. Après avoir fait de bonnes études, il se livra à la culture des lettres, et devint admirateur de Locke, de J.-J. Rousseau, de Mably. Sa conversation était agréable et spirituelle ; mais une figure assez semblable à celle qu'on donne à Esope, et un costume grotesque, lui donnaient un air d'originalité que ne démentaient ni ses idées, ni sa manière de vivre, ni son caractère. Quand on lui reprochait son indifférence pour la fortune : « J'ai trop aimé l'honneur et « le bonheur, répondait-il, pour avoir « jamais pu aimer la richesse. » Il aimait beaucoup les enfants, et il s'occupa constamment de leur éducation. C'est ce qui le porta, à 67 ans, à se faire élève de l'école normale. Son projet favori était l'établissement d'une pépinière d'instituteurs, qui s'occuperaient du soin de propager les idées philosophiques jusque dans la classe la plus pauvre. Le comité d'instruction publique lui accorda des secours dans le mois de septembre 1795 ; mais il mourut le mois suivant, autant de misère que de maladie. Il a publié plusieurs ouvrages, entre autres : *l'Heureux Citoyen*, 1759, in-12; *Cours d'histoire sacrée et profane*, 1763, 2 vol. in-12 et 1770 ; *le Faux philosophe, discours à J.-J. Rousseau*, 1763, in-12; *Cours d'histoire naturelle*, 1770, 7 vol. in-12; *Variétés littéraires, galantes et amusantes*, Amsterdam, 1773, in-12 ; *de l'Allaitement et de la première éducation des enfants*, Genève, 1782, in-12 ; *l'Elève de la nature*, dont il publia la première édition sous le nom de J.-J. Rousseau; ce qui contribua beaucoup au succès du livre qui depuis a été réimprimé souvent en 3 vol. in-12, et à Genève, 1790, 2 vol. in-8. Cette édition diffère des autres en ce qu'on y a retranché le 3e vol. pour y substituer d'autres détails plus liés au corps de l'ouvrage; *l'Accord parfait*, ou *l'Equilibre physique et moral*, 1795, in-18.

BEAUSOBRE (Isaac de), né à Niort en 1659, d'une famille originaire de Provence, se réfugia en Hollande, pour éviter les poursuites qu'on faisait contre lui, en exécution d'une sentence qui le condamnait à faire amende honorable. Son crime était d'avoir brisé les sceaux du roi, apposés à la porte d'un temple, après la défense de professer publiquement la religion prétendue réformée. Il passa à Berlin en 1694. Il fut fait chapelain du roi de Prusse et conseiller du consistoire royal. Il mourut en 1738, après avoir publié plusieurs ouvrages : *Défense de la doctrine des réformés*, 1693 ; *Traduction du Nouveau-Testament*, accompagnée de notes en français, faites avec Lenfant, Amsterdam, 1718, et en 1746, 2 vol. in-4 ; elle est estimée dans son parti ; *Dissertation sur les Adamites de Bohême*. Il y montre qu'il connaissait peu cette secte, et fait de vains efforts pour la justifier des abominations que des gens mieux instruits lui ont reprochées. (Voy. PICARD et ZINZENDORF, *Histoire critique de Manichée (Manès) et du Manichéisme*, en 2 vol. in-4, 1734 et 1739. Il y a des recherches et de l'érudition, mais en même temps des vues fausses, des réflexions déplacées qui dérogent autant à l'exactitude du jugement, qu'à la sagesse des principes qui doivent diriger un historien, et enfin un esprit de système qui veut tout ramener à certaines idées. L'auteur trouve le manichéisme et les deux principes dans les écrits de ceux même qui n'y ont jamais songé. Il y a des reproches encore plus graves à lui faire. « Beausobre, dit un critique « célèbre, marque un grand mépris pour « les Pères grecs, et paraît ne vouloir « pas recevoir leur témoignage. Il ne « ménage pas plus saint Augustin. « Mais comment persuadera-t-il qu'un « docteur si éclairé, qui a vécu huit « ans parmi les Manichéens, n'a point « entendu leur doctrine, et qu'il leur « attribue des erreurs qui n'étaient qu'à « lui ? L'historien du manichéisme ne

« peut assurément manquer de plaire « à ses lecteurs; mais il faut le lire avec « précaution; et les esprits désintéressés « conviendront qu'il se serait fait plus « d'honneur, s'il eût été plus modéré « dans sa critique, et s'il eût traité les « Pères avec plus de décence. L'ardeur « de son imagination lui a fait commet- « tre des fautes et adopter des calomnies « qu'on ne lui reprocherait pas, si, com- « me il le pouvait et le devait, il eût pris « soin de se mieux instruire. » *Des Sermons*, 4 vol., in-8, où l'on trouve peu de profondeur, et une éloquence assez négligée; plusieurs *Dissertations* dans la *Bibliothèque germanique*, à laquelle il a travaillé jusqu'à sa mort. Ce n'est pas lui qui a continué avec Roques les *Discours historiques et critiques sur la Bible*, commencés par Saurin; c'est son fils aîné. Beausobre écrivait avec chaleur, prêchait de même. Son cœur était généreux, humain, compatissant; mais par un défaut de prudence, il se livrait à des vivacités et des emportements, qui troublaient son repos et celui des autres. Charles Bonnet admirait son *Discours sur l'authenticité des Evangiles*. Les philosophes ont regardé Beausobre comme agrégé à leur secte; mais quoiqu'il ait dit bien des choses qui semblent le prouver, il en a dit beaucoup d'autres qui peuvent être considérées comme une rétractation des premières. L'*Eloge funèbre* du Prince d'Anhalt-Dessau est rempli de vues chrétiennes, et de maximes très-opposées à l'incrédulité. Voici quelques lignes de ses nombreux *Sermons* sur le seul Lazare: « Quelle différence des historiens de l'Evangile aux historiens profanes! ceux-ci aiment le merveilleux et le cherchent: l'ont-ils trouvé, on voit leurs efforts pour égaler, par le tour et par l'expression, la grandeur de leur sujet; il ne leur échappe aucune des circonstances qui peuvent donner du lustre à leurs récits, et souvent même ils en ajoutent; toute leur imagination est occupée : elle travaille à orner l'événement, et l'on sent bien qu'ils cherchent à partager l'admiration qu'ils semblent ne vouloir attirer qu'à leur héros. Est-ce ainsi qu'écrivent les historiens sacrés ? Le simple et le naïf font leur caractère, tout éloigné d'eux le moindre soupçon d'affection, de supposition, de mensonge. Concluons donc que la foi du chrétien n'est point crédulité, simplicité, mais science; les objets de la foi sont absents, mais l'histoire les représente, et leurs historiens sont les plus dignes de foi qu'il y eût jamais. Pourquoi les incrédules font-ils la guerre à l'Evangile? à qui en veulent-ils ? à Jésus-Christ! Que les Juifs le crucifient; il sape leur règne, il leur enlève de trop chères espérances; à la place d'un règne mondain, il met un règne spirituel. Mais quel mal fait-il aux incrédules de notre siècle? Est-ce la morale de l'Evangile qui les choque? Cela peut être, mais ils doivent renfermer cette raison au fond de leur cœur ; plus elle est véritable, plus ils la doivent cacher: ce n'est pas assez de la cacher aux autres pour jouir paisiblement de leur incrédulité, il faut qu'ils se la cachent à eux-mêmes ; la conscience ne saurait la souffrir. Sont-ils choqués des promesses de l'Evangile, de l'immortalité? Mais si l'immortalité est véritable, comme on ne saurait le nier, chercher à la détruire, c'est ravir à l'homme le plus grand de ses biens; s'il est méprisable, elle le console, elle soutient son espérance dans l'adversité, elle lui adoucit l'idée de la mort, elle tempère ses affections; s'il est heureux, pourquoi lui ôter l'espérance de l'être toujours, et le plus grand motif de ne pas abuser de sa fortune? Ah! je vois bien ce qui, dans la religion de Jésus-Christ, déplaît aux incrédules; c'est l'enfer: cet objet importun se présente à l'esprit plus souvent qu'on ne voudrait, et ne se laisse pas oublier; il corrompt les plaisirs, et, malgré tout ce qu'on en dit, il se fait craindre. Grâce au ciel, la religion chrétienne n'est donc haïssable qu'au méchant, car lui seul peut et doit craindre l'enfer. » — Beausobre avait entrepris l'*Histoire de la réformation* ; mais cet ouvrage, objet principal de ses travaux, n'a pas été terminé. Ses recherches produisirent l'*Histoire du Manichéisme*, mentionnée ci-dessus, et dont l'auteur ne fit que le premier volume. Formey fit le deuxième sur les notes de Beausobre. Il devait y en avoir trois. La *Bibliothèque germanique*, tom. 46, p. 76, contient le détail fort long des ouvrages de Beausobre restés manuscrits. Pajon de Moncets a publié l'*Histoire de la réformation*, 4 vol. in-8, Berlin, 1785. Quoique Beausobre fût septuagénaire et occupé de travaux sérieux, il n'en céda pas moins à l'amour. La fille d'un ministre réformé conçut pour lui une passion dont elle lui donna des preuves prématurées ; il l'épousa et en eut deux fils.

BEAUSOBRE (Louis de), conseiller intime du roi de Prusse, directeur de la maison de charité à Berlin, membre de l'Académie royale des sciences de la même ville, mort le 3 décembre 1783, à la suite d'une attaque d'apoplexie, dans la cinquante-troisième année de son âge. Il était né à Berlin en 1730, d'Isaac de

Beausobre. Il était frère puîné de Charles-Louis de Beausobre. Frédéric, le roi philosophe, l'appelait *le petit Beausobre*, « parce que, dit M. Madrolle, il s'occupait plus d'économie commerciale que de philosophie. Cependant il est auteur d'une réfutation des *Pensées philosophiques*. » Il y a, dans ses divers ouvrages, qui lui ont fait un nom, des vues bonnes et mauvaises, des maximes fausses et vraies, conformément au caractère d'inconstance que le génie du siècle a imprimé à presque tous les esprits. Ses *Dissertations philosophiques sur la nature du feu*, 1753, in-12, présentent des observations justes, et des idées systématiques hasardées; le *Pyrrhonisme du sage*, 1754, in-12; *Dissertatio de nonnullis ad jus hierarchicum pertinentibus*, 1750. Il y a de l'érudition; mais il ne faut pas s'attendre à y trouver la justesse et l'exactitude d'une critique orthodoxe. *Songe d'Epicure*, 1756, in-8; *Introduction générale à l'étude de la politique, des finances et du commerce*, Amsterdam, 1763, 2 vol. in-8, Berlin, 1771, 3 vol. in-12, pleine de bonnes observations, de calculs assez exacts, de spéculations fausses et de préjugés.

BEAUSOBRE (Charles-Louis), fils aîné d'Isaac, ministre du saint évangile et conseiller d'Etat à Berlin, mourut en cette ville en 1753, continua avec Roques les *discours, histoire et crit. sur la Bible* commencés par Saurin, et composa *la partie du Nouveau-Testament*. Il est encore auteur d'une *Apologie des protestants*, et d'un ouvrage intitulé : *le Triomphe de l'Innocence*.

BEAUSOLEIL (Jean du CHATELET, baron de), allemand, astrologue et philosophe hermétique du 17ᵉ siècle, épousa Martine Berthereau, attaquée de la même folie que lui. Ils furent les premiers qui firent métier de trouver de l'eau avec des baguettes. Ils passèrent de Hongrie en France, cherchant des mines, et annonçant des instruments merveilleux pour connaître tout ce qu'il y a dans la terre : le grand compas, la boussole à sept angles, l'astrolabe minéral, le rateau métallique, les sept verges métalliques et hydrauliques, etc., etc. Martine Berthereau ne gagna, avec tous ces beaux secrets, que l'accusation de sortilége. En Bretagne on fit ouvrir ses coffres, et enlever des grimoires et diverses baguettes préparées avec soin sous les constellations requises. Le baron finit par être enfermé à la Bastille, et la baronne à Vincennes, vers **1641**.

BEAUVAIS (Nicolas-Dauphin), né à Paris en 1687, mort en 1763, a gravé plusieurs morceaux pour le sacre de Louis XV, pour le recueil de Crozat et pour la galerie de Dresde. Son burin est harmonieux, correct, varié avec intelligence, et sa manière expressive rend toujours le caractère des ouvrages des grands peintres qu'il a copiés.

BEAUVAIS (Gilles-François), jésuite, né en Bretagne, en 1693, mourut vers 1770, laissant une édition de la *Retraite pour les religieuses*, du P. Bélingan, 1746, in-12; une autre des *Epitres et Evangiles*, avec des réflexions qui sont de lui, 1752, 2 vol. in-12; *Considérations et élévations affectives de Notre-Seigneur Jésus-Christ au très saint Sacrement de l'autel*, Paris, 1753, in-12; *Lettres de M*** à sa fille, sur les motifs et les moyens de mener une vie plus chrétienne*, Paris, 1755, in-12, réimprimées sous le titre de : *Lettres morales et chrétiennes d'une dame à sa fille, sur les moyens de se conduire avec sagesse dans le monde*, Paris, 1758, in-12; *Education d'un grand roi*, poëme latin, 1759, in-12; *La France ecclésiastique*, ou *État présent, séculier et régulier des ordres religieux, militaires, et des Universités de France*, Paris, 1764-68, 4 vol. in-12; les *Vies* du Père Acevedo, du Père de Brito et de M. de Bretigny. Le plus important des ouvrages du P. Beauvais est l'*Art de bien parler et de bien écrire en français*, in-12, publié trois ans après la mort de l'auteur.

BEAUVAIS (Guillaume), membre de l'académie de Cortone, né à Dunkerque en 1698, mort à Orléans le 29 septembre 1773, s'appliqua toute sa vie à la science numismatique. On a de lui : *Dissertation sur la marque et contre-marque des médailles des empereurs romains*, in-4; *Manière de discerner les médailles antiques*, 1739, in-4; *Histoire abrégée des empereurs romains, par les médailles*, 1767, 3 vol. in-12. On recherche cet ouvrage pour les détails que l'auteur donne sur les médailles de chaque empereur dont il fait connaître la rareté et le prix. Plusieurs *Dissertations* sur les médailles, dans les journaux.

BEAUVAIS (Jean-Baptiste-Charles-Marie), évêque de Senez, naquit le 17 octobre 1731, à Cherbourg. Son père, avocat au parlement de Paris, s'appliqua lui-même à former ce fruit unique de son mariage, et les heureuses dispositions de cet enfant chéri répondirent parfaitement à ses soins et à sa tendresse. Il mourut, et le jeune de Beauvais trouva un autre père dans son oncle paternel, chef du bureau de l'agence générale et garde des archives du clergé. M. de Beauvais suivit avec soin l'éducation de son neveu ; il le destinait à être son survivancier, et se proposait de lui donner l'aînée de ses filles. Mais le jeune homme se sentait du goût pour l'état ecclésiastique, et les conseils de M. Léger, curé de Saint-André-des-Arcs, le décidèrent pour cette vocation. Il fit son cours de théologie au séminaire de Saint-Nicolas-du-Chardonnet, qui rappellera toujours des noms chers à la religion. Il alla dans sa patrie pour être ordonné prêtre, et par cette circonstance donner à sa pieuse et tendre mère une grande consolation. De retour à Paris, il entra dans la communauté de Saint-André-des-Arcs, qui était comme le séminaire de l'épiscopat. Bientôt, déployant ses talents pour l'éloquence, il fixa l'attention de la capitale et le public s'empressa de l'entendre. En 1761, il prêcha le sermon de la Pentecôte à la cour ; en 1765, le panégyrique de saint Augustin, devant l'assemblée du clergé ; l'année suivante, M. de Broglie, évêque de Noyon, le choisit pour un de ses vicaires-généraux, et lui donna ensuite un canonicat dans sa cathédrale ; en 1768, il prêcha l'Avent, et en 1773, le Carême devant le roi. A la suite de ce Carême, on lui proposa un canonicat de la Sainte-Chapelle ; mais, dans ces entrefaites, l'évêché de Senez vint à vaquer, et il y fut nommé. Il venait de l'être, lorsqu'il prêcha devant le roi, à Versailles, le sermon de la Cène ; profitant de la nouvelle autorité que lui donnait sa dignité nouvelle, il s'éleva avec plus de force contre le scandale de la cour, qu'il fit singulièrement contraster avec la misère du peuple. On remarqua surtout ce passage : « Sire, mon devoir de ministre d'un Dieu « de vérité m'ordonne de vous dire que « vos peuples sont malheureux, QUE « VOUS EN ÊTES LA CAUSE, et qu'on vous « le laisse ignorer. » C'est dans le même sermon que le célèbre orateur, inspiré sans doute, et paraphrasant ce texte de l'Ecriture : « Encore quarante jours et « Ninive sera détruite », prédit une mort que rien alors ne pouvait faire croire prochaine, la mort du roi. Louis XV mourut en effet au jour fixé. Le prophète avait qualité pour prononcer l'Oraison funèbre de ce monarque ; il fut effectivement choisi pour la prononcer, et il se montra prophète de rechef. Nous rapporterons bientôt les mouvements de sa double éloquence à jamais mémorable, et que la postérité la plus reculée, dit M. Madrolle, mettra à côté et même au-dessus des plus beaux mouvements, sans excepter ceux de Massillon, dans le sermon du petit nombre des élus, ou de Brydaine sur le Jugement dernier. En 1775 et 1782, M. l'évêque de Senez fut nommé député aux assemblées du clergé, et ce fut lui qui prononça le discours d'ouverture. M. de Beauvais honora son épiscopat par ses vertus, par une grande régularité, par sa charité envers les malheureux, et par son zèle pour la discipline ecclésiastique. Il aimait à ouvrir son palais aux pauvres villageois, qui aimaient eux-mêmes à le voir. On vit toujours régner entre lui et ses coopérateurs une concorde véritablement fraternelle. Il les honorait par des égards ; il ne cherchait à dominer sur eux que par les exemples ; il ne perdit jamais de vue que le respect qu'il portait à l'état pastoral ne pouvait qu'ajouter à celui qui était dû à la supériorité de son ordre. En 1783, il se démit de son évêché, vint à Paris, s'attacha à M. de Juigné, qui occupait le siège archiépiscopal de cette ville. En 1789, M. de Beauvais fut élu aux Etats-généraux par le bailliage de Paris *extra muros*. Il avait désiré cette députation dans l'unique dessein de se rendre utile à la religion et à l'Eglise, et il entra dans l'assemblée sans trop prévoir la déplorable issue qu'elle devait avoir. Il croyait à la réforme des abus, sans trop se douter que ce mot était le mot d'ordre des novateurs ; mais bientôt il ouvrit les yeux et mesura tout l'abîme qui s'ouvrait devant lui. Souvent il tenta de prendre la parole ; mais il n'eut pas la force de lutter avec des hommes qui se jouaient ouvertement de la justice, auprès desquels la raison devait toujours perdre sa cause ; ni de se faire entendre parmi les vociférations de la rage, et le déchaînement de toutes les passions rassemblées. Cette âme douce et pleine de candeur fut déconcertée à la vue d'un auditoire d'une si étrange espèce, et le même qui n'avait pas tremblé devant les rois, craignit de parler devant cette foule de souverains, aussi nouveaux par leurs prétentions que par leur langage. Ainsi sa simplicité et sa droiture furent, pour ainsi dire, prises au dépourvu ; et c'est ce qui explique son silence pendant le peu de temps qu'il fit partie de cette assemblée. Il fut, malgré son silence, signalé à la multitude, et il eut la gloire de partager à Versailles la lapidation de l'archevêque de Paris, qu'il s'agissait d'intimider, au moment où l'assemblée méditait la spoliation du clergé. Depuis cette scène, qui flétrit son âme, M. de Beauvais ne fit que languir, et il mourut dans le palais archiépiscopal de Paris, le 4 avril 1790, à l'âge de 59 ans. Quand M. de Beauvais commença à paraître, la

contagion de l'impiété exerçait déjà ses ravages. L'orage qui devait un jour creverser la France n'était alors qu'un point imperceptible qui se montrait au loin sur l'horizon, à travers les nuages, mais qui n'échappait pas au petit nombre des bons esprits. Les prédicateurs surtout, sentinelles toujours vigilantes, le signalaient à la France endormie et fascinée par ses sophistes. (Voy. POULE, ELISÉE, CHAMPION de Pontalier, BEAUREGARD, etc., etc.) Tandis que tout était muet, eux seuls sonnaient l'alarme; eux seuls, en annonçant les jours de deuil et de désolation, s'écriaient avec Jérémie : « Malheur à Babylone! malheur à Samarie! et malheur à Jérusalem! M. de Beauvais ne fut pas le moins courageux. Plus le torrent allait croissant, plus il redoublait de zèle; et l'on voit même, en plusieurs endroits de ses discours, jusqu'à quel point il prévoyait la catastrophe. C'est ainsi que, dans son panégyrique de saint Louis, prononcé le 25 août 1761, et au milieu même de l'Académie française, où se formait, avec autant d'audace que d'impunité, cette conspiration contre tous les principes reçus, il ne craint pas de montrer « les rapports qui existaient en-
« tre la révolution arrivée dans nos mœurs
« et celle qui présagea la chûte du plus
« puissant des empires. » C'est ainsi que, dans son sermon sur le *néant des choses humaines*, il s'écriait: « Quelles doivent être
« partout nos alarmes pour le sort futur
« de cette monarchie! Ce ne sont point
« quelques maux passagers qui nous ef-
« fraient, la fécondité de nos climats,
« l'industrie du peuple français, la va-
« leur de la nation, la sagesse de nos
« rois, peuvent réparer nos malheurs.
« Mais qui ne serait effrayé, à la vue de la
« révolution qui se fait dans nos mœurs,
« à la vue du faste de la mollesse, de la
« licence, de la corruption, de l'esprit
« de discorde et d'indépendance, et de
« tant d'autres symptômes de la déca-
« dence des empires? Cette monarchie,
« dont la durée a surpassé déjà celle de
« tous les empires connus, cette monar-
« chie qui parut monter le siècle dernier
« au plus haut degré de sa gloire, serait-
« elle donc arrivée à son âge de langueur
« et de caducité? » C'est ainsi que, dans l'Oraison funèbre de Louis XV, il s'écriait : « Quel esprit de vertige plus affli-
« geant que tous les troubles qui peuvent
« agiter les églises et les empires, a com-
« mencé sous le règne de Louis XV? Jus-
« qu'ici les novateurs les plus hardis s'é-
« taient bornés à combattre quelques-uns
« de nos dogmes; il était donc réservé au
« XVIII° siècle d'attaquer à la fois nos
« dogmes et toutes nos lois, en sapant
« leurs fondements sacrés : l'autorité de
« la révélation. Que dis-je ? les principes
« même de cette première loi que l'au-
« teur de la nature a gravés dans le cœur
« de tous les hommes ; les principes de
« l'honneur, de la justice, de la vertu,
« de l'honnêteté naturelle; les principes
« les plus essentiels pour l'ordre et la
« paix des sociétés humaines, ont-ils été
« respectés ? Et quels progrès ces déso-
« lants systèmes n'ont-ils pas faits parmi
« nous, et dans toutes les parties de
« l'Europe? L'impiété, suivant une pro-
« phétie qui semble regarder particuliè-
« rement ce dernier siècle, l'impiété croit
« donc être arrivée au moment d'un
« triomphe et d'une révolution générale;
« elle a dit dans sa pensée : Je vais chan-
« ger le temps, je vais changer les lois.
« Siècle dix-huitième, si fier de vos lu-
« mières et qui vous glorifiez entre tous
« les autres du titre de *siècle philosophe*,
« quelle époque fatale vous allez faire
« dans l'histoire de l'esprit et des mœurs
« des nations! Nous ne vous contestons
« point le progrès de vos connaissances;
« mais la faible et superbe raison des
« hommes ne pouvait-elle donc s'arrêter
« à son point de maturité ? Après avoir
« réformé quelques anciennes erreurs,
« fallait-il par un remède destructeur
« attaquer la vérité même? Il n'y aura
« donc plus de superstition, parce qu'il
« n'y aura plus de religion; plus de faux
« héroïsme, parce qu'il n'y aura plus
« d'honneur, plus de préjugés, parce
« qu'il n'y aura plus de principes; plus
« d'hypocrisie, parce qu'il n'y aura plus
« de vertu. Esprits téméraires, voyez,
« voyez les ravages de vos systèmes, et
« frémissez de vos succès. Révolution
« plus funeste encore que les hérésies
« qui ont changé autour de nous la face
« de plusieurs États! elles y ont du moins
« laissé subsister un culte et des mœurs;
« et nos neveux malheureux n'auront
« plus un jour, ni culte, ni mœurs, ni
« Dieu ! O sainte Eglise gallicane ! ô
« royaume très-chrétien ! Dieu de nos
« pères, ayez pitié de la postérité ! » Nous pourrions citer beaucoup d'autres passages de ce genre (tirés de l'Oraison funèbre du comte de Muy ; de Léger, curé de Saint-André-des-Arcs, etc., etc.) où l'orateur versait dans le sein de ses auditeurs ses tristes alarmes, qui ne font pas moins d'honneur à sa sagacité qu'à son courage. Les philosophes les traitaient de déclamations intéressées et d'exagérations fanatiques. Mais les événements ont montré si ceux qui parlaient ainsi étaient des déclamateurs ou des sages, des fana-

tiques ou des prophètes; et si c'était l'esprit de corps ou l'esprit public, l'intérêt ou la raison, l'amour d'eux-mêmes ou l'amour de leur pays, qui animaient leur zèle. — Les OEuvres (*sermons*, *oraisons funèbres* et *panégyriques*) de M. de Beauvais ont été recueillies et imprimées en 4 vol. in-12, Paris, 1806 ou 1807, avec une notice sur la vie et les ouvrages de l'auteur, par M. de Boulogne. Les plus connus de ses discours sont : le *Panégyrique de saint Louis*, qu'il prononça devant l'Académie française ; celui de *saint Augustin* ; l'*Oraison funèbre de l'infant don Philippe, duc de Parme*; celle du maréchal *de Muy*, et celle de *Louis XV*. Cette dernière, objet de la censure des courtisans, eut l'approbation de tous les hommes qui désirent dans les ministres de l'Évangile le langage de la franchise et de la fermeté. L'orateur y célèbre les vertus du monarque sans manquer à la vérité, et déplore ses malheurs sans manquer à sa mémoire. « Viens-je, dit-il, ne « faire retentir ici que des louanges ? « Viens-je renouveler dans ce temple du « Dieu de la vérité ces anciennes apo- « théoses, où Rome idolâtre élevait sans « distinction tous les princes au rang « des dieux, sitôt qu'ils avaient cessé « d'être hommes ? Loin d'ici une profane « adulation ! N'est-ce donc pas assez que « la flatterie ait assiégé les princes pen- « dant la vie, sans qu'elle vienne encore « se traîner à la suite de leurs funérailles « et ramper autour de leur tombeau ? « Louons les hommes illustres, célébrons « la gloire des héros et des rois; mais « osons déplorer aussi leurs malheurs « pour l'honneur de la vérité et pour l'in- « struction des générations qui leur sur- « vivent. » Toute la pièce est conçue sur ce ton : composition simple et fière, tableaux vrais et touchants, diction noble et facile, qui dédaigne ce luxe de métaphores, et ces tours apprêtés qui ne séduisent que les esprits sans goût. (Voyez le *Journal historique et littéraire*, octobre 1774, pag. 383, 445.) Les *Sermons* de M. de Beauvais, sans être de la même force que ses *Oraisons funèbres*, n'en méritent pas moins de figurer avec distinction parmi ceux qui honorent la chaire française. Sa manière est plutôt d'attacher par les peintures que par le raisonnement, et l'on sent que l'élévation et le courage des pensées, la noblesse et l'énergie des expressions, la vigueur et la vérité des tableaux, sont très-capables d'y suppléer. On lui a reproché de prodiguer l'apostrophe et l'exclamation ; mais le retour fréquent de ces figures est chez lui un effet de cette heureuse liberté qui conserve aux traits de l'imagination toute leur rapidité, et fait disparaître cette empreinte du travail, si contraire au pathétique. Les panégyriques et les éloges funèbres prononcés par M. de Beauvais avaient été publiés de son vivant. Il est à regretter que l'éditeur de ses *Discours* n'ait pas enrichi ce recueil du *Sermon de la Cène*, du *Panégyrique de saint Augustin*, qui avaient produit un si grand effet; ni des deux discours que prononça le prélat devant les assemblées du clergé auxquelles il fut député. La mort empêcha M. de Beauvais de poursuivre le projet qu'il avait formé de donner une *Bibliothèque des prédicateurs*. M. l'abbé de Galard (aux soins de qui on doit l'édition en 4 vol. des *OEuvres de M. de Beauvais*) prononça, dans une assemblée de la famille de M. de Juigné, archevêque de Paris, l'*Éloge funèbre de M. de Beauvais*. Cet *Éloge* a été imprimé. L'orateur semble y fondre son âme douce et sensible dans celle de son héros. La seule chose qu'on ait à regretter, c'est que la plume élégante de M. de Galard n'ait pas conduit cette esquisse jusqu'à la fin de la vie de M. l'évêque de Senez. M. J. Chénier (*Tableau de la littérature française*), Dussault (*Annales littéraires*), Villemain (*Essai sur l'Oraison funèbre*), ont apprécié le talent oratoire de M. de Beauvais.

BEAUVARLET-CHARPENTIER (Jacques-Marie), né à Lyon le 3 juillet 1766, eut pour maître de clavecin et de composition son père, à qui il succéda dans sa place d'organiste de Saint-Paul, de Lyon. Cet artiste mourut vers 1833 à Paris, où il était depuis quelques années organiste à Saint-Germain-des-Prés. On a de lui: *Victoire de l'armée d'Italie*, ou *Bataille de Montenotte*, 1796; *Bataille d'Austerlitz*, 1805; *Bataille de Iéna*, 1807; *Méthode d'orgue*, suivie de l'*Office complet des dimanches et d'un Te Deum pour les solennités*. On a encore de lui la partition de Gervais, ou *le jeune Aveugle*, opéra en un acte, 1802.

BEAUVAU (René-François de), issu d'une branche cadette de la maison de ce nom, établie depuis dans le Poitou, reçu docteur de Sorbonne à Paris, en 1694, fut porté par son mérite plutôt que par sa naissance à l'évêché de Bayonne, et ensuite à celui de Tournay, où à l'exemple de l'illustre évêque de Cambray, il fit de son palais un hôpital pour les blessés et les malades pendant le siège que cette ville eut à soutenir contre le prince Eugène. Après avoir vendu toute sa vaisselle et autres objets précieux, il emprunta huit cent mille francs pour faire subsister la garnison et nourrir les pauvres habitants. La ville ayant été obligée de capituler, il refusa au vainqueur de chanter le *Te Deum* et toutes les offres qui lui furent faites pour l'y engager. Le roi le nomma ensuite à l'archevêché de Toulouse, puis à celui de Narbonne. Il mourut le 4 août 1739. Président des États de Languedoc pendant 20 ans, il avait porté dans son administration politique la même sagesse et bienfaisance que dans son administration pastorale. C'est à ses encouragements que l'on doit l'*Histoire de Languedoc*, 5 vol. in-folio, publiée par les religieux de Saint-Maur, et la description géographique et l'histoire naturelle de cette province, par la société de Montpellier, dont il était membre honoraire.

BEAUVAU (Marc), prince de Craon, petit-fils du marquis Henri, né en 1679, fut gouverneur du duc François de Lorraine (depuis empereur d'Allemagne), et administrateur général du duché de Toscane, sous le titre de ministre plénipotentiaire, chef et président du conseil de régence. L'empereur Charles VI le nomma prince de Craon, en 1722, et Philippe V le fit grand d'Espagne en 1727. Il mourut en 1754, en Toscane, à l'âge de 75 ans.

BEAUVAU (Charles-Juste, maréchal de), fils du prince de Craon, né à Lunéville le 10 septembre 1720, entra au service de la France, et se distingua dès l'âge de 13 ans. Il en avait à peine 21, lorsqu'il obtint la croix de Saint-Louis, et de grade en grade il parvint bientôt à celui de lieutenant-général des armées. La loyauté et la bonté de son caractère ne le firent pas moins distinguer. En 1777, il fut nommé commandant d'une des premières divisions militaires, gouverneur de la Provence en 1782, et maréchal de France en 1783. Dans ces diverses fonctions, il donna des preuves de son zèle pour l'honneur de l'armée, et de son intégrité dans l'administration civile. Le maréchal de Beauvau, non moins dévoué à son prince qu'à sa patrie, accompagna Louis XVI, en volontaire dans sa marche pénible de Versailles à Paris le 16 juillet 1789, prêt à le couvrir de son corps au moindre danger. Le roi, qui connaissait son zèle et ses lumières, l'appela dans son conseil. Il y siégea pendant cinq mois, et l'on a répété plusieurs fois que « si ses avis avaient été suivis, beaucoup de malheurs auraient été évités. » Il est mort le 21 mai 1793. Il était de l'académie de la Crusca et de l'académie française. On a de lui, outre son *Discours* de réception, une *Lettre à l'abbé Desfontaines* sur une phrase de cent quatre-vingts mots d'un discours de l'abbé Hardion, à la réception de Mairan à l'*Académie française*.

BEAUVILLIERS (François de), duc de Saint-Agnan, de l'Académie française, né en 1607, remporta le prix fondé à Caen pour l'immaculée Conception. On a de lui quelques pièces de poésies détachées. Il mourut en 1687. Son fils aîné, PAUL, duc de Beauvilliers, fut gouverneur de monseigneur le duc de Bourgogne, et mourut en 1714. Il inspira à son élève ses sentiments de probité et de justice, et un grand zèle pour le public. A la cour, il fut vrai; il parla toujours en faveur des peuples : ses vertus avaient leur principal fondement dans la religion, qui était chez lui solide et sincère.

BEAUVILLIERS (François-Honorat de), évêque de Beauvais, frère de Paul. Lorsqu'il eut été nommé à cet évêché, Clément XI refusa d'abord de lui accorder des bulles, parce que, dans une de ses thèses, il avait soutenu les *quatre articles*. L'évêque de Beauvais se trouva ensuite dans quelques circonstances qui le déterminèrent à se démettre de son évêché. Il se retira à l'abbaye de Prémontré, et passa le reste de sa vie entièrement livré à l'étude et aux exercices de piété; il y mourut. Ce prélat est auteur d'un *Commentaire sur la Bible*, in-8, et de quelques autres ouvrages de piété.

BEAUXALMIS (Thomas), carme de Paris, docteur de Sorbonne, mourut en 1589. On ne sait où Amelot de la Houssaye a pris que ce carme avait eu la cure de Saint-Paul, et qu'il l'avait perdue pour n'avoir pas voulu que les mignons de Henri III fussent inhumés dans son église. On a de lui des *Commentaires sur l'harmonie évangélique*, Paris, 1650, 3 in-fol. et d'autres ouvrages.

BEAUZÉE (Nicolas), de l'Académie française et de celle *della Crusca*, de Rouen, de Metz et d'Arras, etc., secrétaire interprète de Mgr comte d'Artois, né à Verdun le 9 mai 1717, est mort à Paris le 25 janvier 1789. Les ouvrages auxquels il a consacré ses longs et constants travaux lui font autant d'honneur par le choix du sujet que par la manière dont ils sont exécutés. Sa *Grammaire générale*, ou *Exposition raisonnée des éléments nécessaires*, est le fruit d'un esprit également profond et méthodique. Sa *Traduction des Histoires de Salluste* aurait eu l'approbation de tous les gens de goût, sans des innovations en fait d'orthographe, qui en rendent la lecture extrêmement désagréable. Ce petit moyen de se faire remarquer était au-dessous de M. Beauzée, et l'on ne conçoit pas comment il a pu se résoudre à l'employer. La *Traduction de l'Optique de Newton*, publiée en 1786, a réuni tous les suffrages. Quoiqu'il paraisse qu'il n'en soit que l'éditeur, on ne peut guère douter qu'il n'ait eu grande part à cette traduction. Les libertés que le traducteur s'est données étaient convenables et nécessaires. On a encore de lui une *Histoire d'Alexandre-le-Grand*, traduite de Quinte-Curce, 1782, 2 vol. in-12, retouchée, 1789, et plusieurs fois réimprimée. Elle réunit l'exactitude et l'élégance. La juste indignation qu'il conçut contre un abbé Valart, qui avait défiguré et corrompu le précieux livre *De Imitatione Christi*, l'engagea à rétablir le texte primitif, et à en donner une très-belle et correcte édition en 1787, à Paris, chez Barbou. Son dernier ouvrage fut une nouvelle édition du *Dictionnaire des synonymes français* du P. de Livoy. Il avait donné, dès 1770, une édition des *Synonymes français* de l'abbé Girard. On a encore de lui : *Exposition abrégée des preuves historiques de la religion chrétienne*, et plusieurs articles de grammaire dans l'*Encyclopédie*.

BEAVER (Jean), bénédictin de Westminster, écrivit, dans le 14e siècle, une *Chronique des affaires d'Angleterre*, depuis l'invasion de Brutus jusqu'à son temps ; *de Rebus cœnobii Vestmonasteriensis*.

BEBEL, ou BÉBÉLIUS (Henri), naquit à Justingen en Souabe, d'un laboureur. Il fut fait professeur d'éloquence dans l'Université de Tubingen, où il répandit le goût de la bonne latinité. L'empereur Maximilien I l'honora de la couronne de poëte en 1501. Nous avons de lui des poésies sous le titre de : *Opuscula Bebeliana*, à Strasbourg, 1512, in-4. Ses vers paraissent le fruit d'une imagination fleurie. On a encore de lui un traité : *De animarum statu post solutionem à corpore*, dans le recueil latin sur cette matière, Francfort, 1692, 2 vol. ; et un autre *De magistratibus Romanorum*, où il y a de l'érudition et des recherches.— Il ne faut pas le confondre avec Balthazar BEBEL, qui a donné : *Dissertationes IV de theologiâ gentili ex nummis illustratâ*, Wittemberg, 1658, in-4 ; *Ecclesia antediluviana vera et falsa, ex antiquitatibus mosaïcis eruta*, Strasbourg, 1706, in-4 ; *Antiquitas IV sæculorum evangelicorum*, Strasbourg, 1669, 3 vol. in-4 ; *Antiquitates Germaniæ primæ, et in hac Argentoratensis Ecclesiæ evangelicæ*, Strasbourg, 1669, in-4.

BECAN (Martin), professeur de philosophie et de théologie chez les Jésuites, confesseur de Ferdinand II, naquit à Hilverembeck (Brabant), et mourut à Vienne en 1624, âgé de 65 ans. On a de lui une *Somme de Théologie*, in-fol. ; des *Traités de controverses*, une solide *Réfutation* de l'ouvrage du schismatique de Dominis, et plusieurs autres écrits. Celui qui est le plus lu et le plus généralement utile, est l'*Analogia veteris et novi Testamenti*, vol. in-8, où l'on montre les rapports de l'Évangile avec l'ancienne loi, et cet enchaînement admirable, qui réunit toutes les vérités révélées dans un seul corps de Doctrine, parfaitement d'accord et conséquent dans toutes ses parties. On a donné une collection de ses *Opuscules*, Paris, 1633, in-fol.

BECAN (Guillaume), jésuite, né à Ypres en 1608, et mort à Louvain le 12 décembre 1683. On a de lui des poésies estimées, entre autres une *Description de l'entrée du prince Ferdinand, infant d'Espagne, en Flandre*, ornée d'estampes magnifiques, dessinées par Rubens et exécutées par Corneille Galle, Anvers, 1626 ; des *Idylles* où l'on trouve cette naïveté ingénieuse qui fait le vrai caractère du poëme pastoral, Anvers, 1655 : on les a imprimées souvent avec les poésies de Sidronius Hoschius.

BECCADELLI (Louis) naquit à Bologne, en 1502, d'une famille noble. Après avoir fait ses études à Padoue, il se tourna du côté des affaires, sans cependant abandonner les lettres. Il s'attacha au cardinal Polus, qu'il suivit dans sa légation d'Espagne. Bientôt il fut envoyé lui-même en qualité de légat à Venise et à Augsbourg, après avoir assisté au concile de Trente. L'archevêché de Raguse fut la récompense de ses travaux. Cosme 1er, grand-duc de Toscane, l'ayant chargé en 1563 de l'éducation du prince Ferdinand son fils, il renonça à cet Archevêché, sur l'espérance qui lui fut donnée d'obtenir celui de Pise ; mais son attente ayant été trompée, il fut obligé de se contenter de la prévôté de la collégiale de Prato, où il finit ses jours en 1572. Ses principaux ouvrages sont: *la Vie*, en latin, *du Cardinal Polus*, que Maucroix a traduite en français (Voyez POLUS et PHILIPS) ; et celle de *Pétrarque*, en italien, plus exacte que toutes celles qui avaient paru jusqu'alors. Ce prélat était en relation avec presque tous les savants de son temps, Sadolet, Bembo, les Manuces, Varchi, etc.

BECCAFUMI (Dominique), nommé auparavant *Mecherino*, de Sienne, s'amusait, en gardant les moutons de son père, à tracer des figures sur le sable. Un bourgeois de Sienne, qui s'appelait Beccafumi, le tira de la bergerie, pour lui faire apprendre le dessin. Ce peintre reconnaissant quitta son nom de famille pour prendre celui de son bienfaiteur, qu'il porta depuis. Il mourut en 1549 à Gênes, âgé de 65 ans. Son *Saint Sébastien* est un des plus beaux tableaux qui se voient dans le palais Borghèse.

BECCARI (Augustin), né à Ferrare, est le premier poète d'Italie, qui ait fait des pastorales. Baillet s'est trompé, en disant que le Tasse est l'inventeur de ce genre de poésie. L'*Amynte* du Tasse n'est que de 1573, et la pastorale de Beccari : *Il sacrifizio, favola pastorale*, parut en 1555. Ce poëte mourut en 1590.

BECCARIA (Jean-Baptiste), religieux des Écoles-Pies, né à Mondovi, est mort à Turin le 22 mai 1781, professa d'abord à Palerme, puis à Rome, la philosophie et les mathématiques, et parvint par ses expériences et ses découvertes à jeter un grand jour sur la science naturelle, et surtout sur celle de l'électricité. Il fut ensuite appelé à Turin, pour y être professeur de physique expérimentale. Devenu l'instituteur des princes, Benoît, duc de Chablais, et Victor-Amédée de Carignan, le séjour de la cour, ni l'attrait des plaisirs ne le détournèrent point de l'étude, à laquelle il donnait tout son temps. Comblé d'honneurs et de bienfaits, il n'épargnait rien pour augmenter sa bibliothèque et se procurer les instruments nécessaires à son genre de travail. Il est auteur de plusieurs *Dissertations* sur l'électricité, qui auraient été plus utiles s'il se fût moins fortement attaché à quelques systèmes particuliers, et surtout à celui de M. Francklin. On a encore de lui un *Essai sur la cause des orages et des tempêtes*, où l'on ne voit rien de plus satisfaisant que ce qui a paru dans d'autres ouvrages sur cette matière; quelques *Écrits sur le Méridien de Turin*, et d'autres objets astronomiques et physiques. Le P. Beccaria était aussi recommandable par ses vertus que par ses connaissances. Dans les contestations qu'il eut avec MM. Cassini, Nollet, Wilson et autres, on reconnaît sans peine l'homme religieux et modeste, qu'une vaine science n'a point enflé, et qui est intimement persuadé que le dépit et la morgue, ces grands moyens des savants modernes, sont une ressource bien humiliante pour des gens de lettres.

BECCARIA (César-Bonesana, marquis de), né à Milan le 3 octobre 1735, fut, dès son jeune âge, animé, dit-il lui-même, par « l'amour de la réputation littéraire, celui de la liberté et celui de l'humanité; » et se livra à l'étude de la philosophie française, dont les résultats commencèrent à se faire plus largement sentir dès 1789. Il publia, en 1762, un écrit sur le *Désordre des monnaies dans l'État de Milan*, qui était d'un intérêt purement local. En société avec le comte Firmiani et d'autres, également animés par l'esprit philosophique, il fonda, en 1764, à l'instar du *Spectateur Anglais*, un recueil périodique intitulé *le Café*, auquel il donna, pendant les deux années qu'il parut, un grand nombre d'articles, dont le plus hardi a pour titre : *Recherches sur la nature du style*. Beccaria ose y poser cette thèse générale : « que tous les « hommes naissent pourvus d'une égale « portion de génie pour les lettres et « pour les arts, et que, formés par la « même éducation, ils raisonneraient « et écriraient tous également bien, soit « en vers soit en prose. » Ce paradoxe fut adopté, et défendu par Helvétius, qui même l'étendit aux animaux, ce philosophe ne doutant pas qu'ils ne pussent un jour écrire de forts beaux livres. Les recherches de Beccaria *sur la nature du style* furent traduites en français par l'abbé Morellet, 1772, in-12. Mais l'ouvrage par lequel Beccaria s'est acquis le plus de réputation, est son *Traité des délits et des peines*. Laissons, sur ce livre, parler M. E. de Chabrol. « Le but de ce *Traité*, dit-il, était de mettre en lumière des principes de législation criminelle, qui sont vulgaires aujourd'hui. Aussi fit-il dans le monde savant une révolution qui surprit son auteur lui-même. Accueilli avec enthousiasme par les philosophes français, dont Beccaria se proclamait le disciple, il fut traduit par l'abbé Morellet, commenté par Voltaire et Diderot, et loué par tous avec exaltation. Les éditions s'en épuisèrent avec rapidité. Son succès ne se borna pas à la France ; traduit dans toutes les langues de l'Europe, le fameux Lord Mansfield le présenta à l'Angleterre comme un chef-d'œuvre ; on le vit se populariser en Prusse, et passer dans les lois promulguées pour la Russie par l'Impératrice Catherine II. Jamais livre ne fit plus de bruit et n'eut une plus vaste renommée. Aujourd'hui que la philosophie a pénétré dans tous les esprits, et qu'aux sentiments vagues et instinctifs du XVIIIe siècle, a succédé une raison plus pure, plus nette et mieux éclairée, on a peine à se rendre compte du succès du *Traité des délits et des peines*. Qu'y trouve-t-on en effet? Un amour profond de l'humanité, une philanthropie estimable, sans doute, mais il faut le dire, peu ou point de science, point de cette philosophie qui approfondit les principes, les établit avec fermeté et soumet impitoyablement à l'épreuve d'une raison sévère les instincts et les sentiments d'un cœur passionné. En vain, y cherche-t-on des théories solides sur la société, le droit de penser, les limites de ce droit; on n'y trouve que des phrases parfois vives et éloquentes, des sentiments noblement exprimés, enfin, une âme remplie d'émotions généreuses, mais aucune preuve, aucune argumentation serrée. On va en juger par un exemple. La question qui, de nos jours, a exercé tant d'esprits supérieurs sans avoir été résolue, la peine de mort, n'a pas échappé à ce caractère général du livre de Beccaria; car voici à quoi peuvent se réduire les arguments qu'il fait valoir contre elle : 1° L'homme n'a pas le droit d'égorger son semblable, et la société, qui n'est que la collection de tous les hommes, ne peut pas avoir plus de droit que chacun d'eux; 2° la peine de mort d'ailleurs n'est d'aucune utilité, car elle n'arrête pas ceux qui seraient tentés de se livrer au crime. Qui ne voit toute la faiblesse de cette manière de raisonner ? La société peut-elle être mise sur la même ligne que l'individu ? N'a-t-elle pas évidemment une autre destination et un autre avenir ? Est-il donc juste, dès lors, de dire qu'elle n'a pas plus de droits que lui. On peut aussi très-bien contester que la peine de mort n'arrête pas le crime; car comment pouvoir soumettre cette proposition à des calculs exacts ? comment pouvoir descendre dans la conscience d'un criminel et apprécier les diverses impressions dont son âme est agitée ? L'idée fausse de Beccaria est de supposer que chaque homme a fait à la société le sacrifice d'une partie de sa liberté en échange de la protection qu'il en reçoit, attribuant ainsi à la société une origine humaine. Mais, s'il est vrai qu'elle a une destinée toute providentielle, les lois qui la régissent ont par conséquent une origine divine ; elles sont donc à la fois supérieures et antérieures à toute convention humaine, s'il en a existé aucune. Nous indiquons, sans les développer, les questions que fait naître la lecture du livre de Beccaria ; mais l'esprit général de son temps ne permettait pas qu'on se les adressât : et il faut reconnaître que, mis en rapport avec son siècle, le succès de ce livre s'explique parfaitement. » Beccaria commit d'autres erreurs : non content d'avoir dénoncé les vices de la législation moderne et d'en avoir indiqué les remèdes, il a voulu remonter jusqu'à leurs causes, et il s'est souvent égaré dans cette recherche, surtout lorsqu'il a avancé que l'esprit de famille est nécessairement en contradiction avec l'esprit public ; ce qui tendrait à dégrader les vertus de famille qui, chez différents peuples et dans différentes circonstances, ont contribué à sauver l'Etat. Ce chapitre renferme d'autres erreurs bien plus graves encore: l'auguste puissance des pères et la religieuse soumission des enfants y prennent la teinte d'une tyrannie injuste et d'une servitude craintive. Cette idée n'est malheureusement pas la seule dangereuse qui soit répandue dans cet ouvrage : l'auteur semble même douter du droit de propriété, en parlant des malheureux auxquels ce droit n'a laissé que la simple existence. « Le « droit de propriété, a-t-il écrit, « terrible et qui n'est peut-être pas néces- « saire. » On y trouve plusieurs autres opinions favorables à la philosophie du jour, qui excitèrent contre lui des hommes bien pensants, et lui attirèrent quelques désagréments ; mais le comte Firmiani, un des chefs du gouvernement, les fit cesser en déclarant qu'il prenait sous sa protection et le livre et l'auteur ; il fit même créer pour lui une chaire d'économie publique. Beccaria, qui aimait le repos, renonça à écrire et se borna à professer ; il voulait bien être l'apôtre de l'humanité, mais non pas le martyr, comme il l'écrivait lui-même naïvement à ses amis. Il mourut d'une attaque d'apoplexie en novembre 1793, après avoir eu la satisfaction de voir, de son vivant, s'introduire dans la législation quelques-uns des principes qu'il avait proclamés. Ses leçons ont été publiées, en 1804, sous le titre d'*Eléments d'économie publique*, et font partie de la *Collection des Economistes Italiens*, publiée à Milan. Son *Traité des délits et des peines* fut traduit dans toutes les langues. L'abbé Morellet fit dans l'ordre des matières quelques changements adoptés par l'auteur. Ce livre en a produit une foule d'autres sur le même sujet. et est aujourd'hui tenu pour médiocre. (*Voyez* MORELLY.) Longtemps après qu'il l'eut publié, et les malheurs dont il avait été pour lui l'occasion, Beccaria écrivait : « J'ai été accusé d'irréligion et « je ne le méritais pas (il le croyait), « car les erreurs elles-mêmes ont, dans « son livre, un caractère religieux ; « j'ai été accusé de sédition, et je ne le « méritais pas ; j'ai offensé le droit de « l'humanité (il avait permis à un créan- « cier de faire condamner son débiteur « au *travail forcé*), et personne ne m'en a fait un reproche. » (Voyez DRAGONETTI, MUYARD DE VOUGLANS.)

BECCHER (Jean-Joachim), né en 1645, à Spire, fut d'abord professeur en médecine, ensuite premier médecin de l'électeur de Mayence, puis de celui de Bavière. Il passa à Londres, où sa réputation l'avait précédé, et y mourut en 1685. On a de lui beaucoup d'ouvrages, parmi lesquels on distingue les suivants : *Physica subterranea*, Francfort, 1669, in-8, réimprimée à Leipsick, 1703, et en 1759, in-8 ; *Experimentum chymicum novum*, Francfort, 1671, in-8 ; *Character pro notitiâ linguarum universali*. Il prétendait y fournir une langue universelle, par le moyen de laquelle toutes les nations s'entendraient facilement ; *Institutiones chymicæ, seu Manuductio ad philosophiam hermeticam*, Mayence, 1662, in-4 ; *Institutiones chymicæ prodromæ*, Francfort, 1664, et Amsterdam 1665, in-12 ; *Experimentum novum ac curiosum de minerâ arenariâ perpetuâ*, Francfort, 1680, in-8 ; *Epistolæ chymicæ*, Amsterdam, 1673, in-8. Beccher était un homme d'un caractère vif, ardent et entêté, qui le jeta dans les rêveries de l'alchimie, et dans quelques autres spéculations creuses : ce qui ne l'empêcha pas d'être un excellent chimiste. Ses ouvrages sont recherchés et consultés par ceux qui s'adonnent à cette science.

BECCHETI, évêque de Città della Pieve, mort en 1814, à l'âge de 72 ans, fut un des premiers évêques nommés par Pie VII. Sa conduite dans les temps de trouble n'avait pas été exempte de reproches ; mais il eut le bonheur de reconnaître ses torts avant de mourir et de rétracter son serment et tout ce qu'il avait pu écrire de contraire aux droits du Saint-Siége. Il était très-savant, et a publié une *Continuation de l'Histoire ecclésiastique* d'Orsi.

BÉCHET (Antoine), chanoine d'Usez, est auteur de l'*Histoire du cardinal Martinusius*, publiée à Paris, in-12, 1715, ouvrage plein d'inexactitudes : souvent il ne fait que copier Fleury, qui lui-même a copié de Thou, et ce dernier a écrit sur de mauvais Mémoires presque tout ce qu'il rapporte de ce cardinal. On a encore de Béchet une *Traduction des Lettres* du baron de Bubesc. Il mourut en 1722, à 73 ans. Il était de Clermont en Auvergne.

BÉCHET (Jean-Baptiste) naquit en 1759 au village de Cernans, près de Salins. Après avoir terminé ses études avec succès, il entra au séminaire qu'il quitta bientôt pour devenir commissaire à terrier. Cette place ayant été supprimée à l'époque de la révolution, il se fit arpenteur. Ayant été élu plus tard membre de la première administration du Jura, il en fut nommé secrétaire-général, et montra dans l'exercice de ces fonctions une grande intelligence des affaires. Sous la Terreur il fut destitué et mis en prison. Rendu à la liberté après le 9 thermidor, il reprit ses fonctions de secrétaire-général du département du Jura, qu'il conserva jusqu'en 1816. A cette époque, il demanda sa retraite, et vint habiter Besançon. Élu membre de l'Académie de cette ville, il en devint plus tard secrétaire. Il est mort le 7 janvier 1830. On a de lui : *Annuaires du Jura*, de 1803 à 1812, 8 vol. in-12 ; *Recherches historiques sur la ville de Salins*, Besançon 1828, 2 vol. in-12 : c'est un résumé très-exact de l'histoire de cette ville. Bechet a encore publié quelques écrits littéraires, tel qu'un *Examen critique de la huitième satire de Boileau*.

BECK (Jean, baron de), gouverneur du duché de Luxembourg, lieutenant-général du roi d'Espagne, se distingua à la bataille de Thionville, où Piccolomini défit les Français en 1640 ; et prit ensuite la ville d'Aire, se trouva en 1642 à la bataille de Haunecourt, et en 1648 à celle de Lens ; il mourut d'une blessure qu'il y reçut, et que par un dépit guerrier il ne voulut pas laisser panser. Beck, avant d'embrasser le parti des armes, avait été postillon ; sa valeur et la sagesse de sa conduite l'élevèrent à une fortune qu'il méritait d'autant mieux, qu'il n'en abusa point et ne se méconnut jamais. Son épitaphe, qu'on voit dans l'église des Récollets à Luxembourg, atteste que le fameux Waldstein, ayant conjuré contre l'empereur Ferdinand II, fit tout au monde pour s'attacher le baron de Beck, mais que tous ses moyens échouèrent contre la vertu de ce général.

BECK (Dominique), bénédictin, né en 1732 dans un village près Ulm, mort le 20 février 1791, professa les mathématiques et l'histoire naturelle à Saltzbourg. Plein d'amour pour les sciences, il ne bornait pas ses leçons à des cours académiques ; il instruisit aussi des artistes et de simples ouvriers. Sa place d'inspecteur du musée physico-mathématique de Saltzbourg lui fournissait heureusement les moyens de joindre l'expérience à la théorie. On lui doit beaucoup d'ouvrages latins et autres, parmi lesquels on cite un *Essai abrégé d'une théorie de l'électricité*, et des *Éphémérides astronomiques*, etc.

BECK (François-Henri) naquit le 1ᵉʳ mai 1740, à Villé en Alsace. En 1765, il fut nommé professeur de philosophie au collége royal de Strasbourg, et trois ans après principal au collége de Metz. En 1772, le prince Clément de Saxe, électeur-archevêque de Trèves, l'appela auprès de lui, et le choisit peu de temps après pour son confesseur. L'abbé Beck exerça bientôt sur le prélat la plus heureuse influence, et obtint qu'il renonçât à la chasse et aux autres amusements mondains que se permettaient souvent les princes-évêques d'Allemagne. Ce fut par ses conseils que l'archevêque de Trèves montra de l'opposition aux plans de l'empereur Joseph II. L'abbé Beck dénonça en 1775, à l'assemblée du clergé de France et à la Sorbonne, le *Febronius* de Hontheim, et il prit une part active à la discussion qui s'éleva entre l'électeur de Trèves et son suffragant, au sujet de l'approbation donnée par celui-ci à l'*Essai sur la prophétie d'Emmanuel* par Isembeeh. En 1776, il fut nommé chanoine de Trèves, et, deux ans après, chanoine de la cathédrale d'Augsbourg; mais Joseph II, qui ne lui pardonnait pas d'avoir fait usage de son influence sur l'électeur pour contrarier ses desseins, refusa de confirmer sa nomination. En 1779, ayant été mis en relation avec l'archevêque janséniste d'Utrecht, il eut occasion de constater les rapports secrets que ce dernier entretenait avec des membres du clergé de la cour de Vienne. Nommé conseiller intime et grand-vicaire d'Augsbourg, l'abbé Beck fut chargé par l'électeur d'aller complimenter Pie VI à son passage en Allemagne. Mais la faveur dont il jouissait auprès de l'archevêque ne devait pas durer, et, à la suite d'intrigues de cour dirigées contre lui, il quitta l'Allemagne, et en 1782 il revint à Strasbourg. L'année suivante, l'occasion s'étant présentée de permuter son canonicat de Trèves contre une prébende de la cathédrale de Strasbourg, il en profita. Au commencement de la révolution, les biens du chapitre furent donnés au grand-duc de Bade. Ce prince lui fit alors une pension qui, jointe à celle de l'électeur, lui procurait une existence aisée. L'abbé Beck se retira à Ribeau-Villé, près de Colmar, où il avait des parents. Il s'acquit l'estime et l'affection de tous les hommes de bien par la régularité de sa conduite, sa charité envers les pauvres et les charmes de sa conversation. Il était instruit, et avait été lié avec Feller, avec l'abbé Pey et plusieurs personnages de distinction. Il est mort dans sa 88e année, le 13 janvier 1828.

BECK (Chrétien-Daniel), né le 22 janvier 1757 à Leipsick, où il mourut en novembre 1832, professa la philosophie, puis les littératures grecque et latine, devint directeur de la bibliothèque de l'Université, et fut chargé de la censure des livres imprimés à Leipsick. Beck s'est distingué par de savants travaux sur les langues et sur la grammaire, et par de bons ouvrages de philologie, parmi lesquels nous citerons : *Commentarii de litteris et auctoribus græcis atque latinis scriptorumque editionibus*, Leipsick 1790. Il a été l'éditeur des *Commentaires sur la société philologique de Leipsick*, et le rédacteur de la *Gazette littéraire* de cette ville.

BECKE (Elisabeth-Charlotte-Constance, baronne de LA), naquit en Courlande en 1756, et mourut à Dresde le 13 avril 1833. Douée d'un esprit délicat, d'une âme tendre, passionnée et portée au mysticisme, elle se sépara, au bout de six ans de mariage, du baron de La Becke qu'elle avait épousé en 1771, et dont le caractère ne sympathisait guère avec le sien. Retirée à Mittau, ce fut là qu'elle eut occasion de voir Cagliostro, qui acquit sur elle une grande influence. L'affaiblissement graduel de sa santé l'ayant obligée d'aller prendre les eaux à Carlsbad, la conversation des hommes sages et éclairés qu'elle rencontra dans cette ville dissipa le trouble cruel que cet imposteur avait jeté dans son âme. C'est en 1787 que parut son fameux ouvrage sur *Cagliostro*. Elle se rendit ensuite à Saint-Pétersbourg, où elle reçut le plus aimable accueil de l'impératrice Catherine; revint en Courlande; fit en 1806 un voyage en Italie, et depuis 1818 vécut à Dresde. On lui doit encore : *Voyage en Italie*, 1815; *Histoire de sa vie*, 1815; un livre de *Prières et Méditations religieuses*, 1826.

BECKER de WALHORN (Jean), né à Walhorn dans la province de Limbourg, en 1583, conseiller au conseil souverain de Brabant, mourut à Bruxelles l'an 1646. On a de lui : *Dissertationum juris et decisionum libri duo*. La meilleure édition de cet ouvrage estimable est celle de Bruxelles en 1686, in-fol. ; *Philosophus bonæ mentis*, Bruxelles, 1674, in-8.

BECKER (Léonard-Nicolas), comte de Mons, lieutenant-général, né en Alsace en 1770, fit d'assez bonnes études au collége de Strasbourg, entra au service dans le 6e régiment de chasseurs à cheval, et fit dans ce corps les premières campagnes de la révolution, d'abord à l'armée du Nord, ensuite à celle de la Vendée. Devenu adjudant-général, il négocia un arrangement auprès du général Stofflet ; et lorsque le calme fut rétabli dans ce pays, il passa en 1795 à l'armée de ambre-et-Meuse, et ensuite en Hollande où il parvint à calmer des troubles sans effusion de sang. Il alla ensuite à Saint-Domingue comme chef d'état-major de d'Hédouville; et après avoir aidé ce général à se maintenir dans cette colonie avec très-peu de troupes, il revint en France et se rendit à l'armée d'Italie, où il obtint le commandement d'une brigade, au moment où cette armée se trouvait dans la plus fâcheuse position (1799). Le général Becker commanda l'arrière-garde de la division de Serrurier, dans sa retraite de l'Adda; il eut deux chevaux tués sous lui, et fut fait prisonnier après s'être signalé par sa valeur. Rentré en France, Becker fut employé en 1805 sur le Danube, dans la division du général Suchet. Présent à la capitulation d'Ulm, il assista aussi à la bataille d'Austerlitz, et c'est là que le maréchal Lannes le fit nommer général de division. Il fit, en 1807, la campagne de Prusse, et montra la plus grande habileté et une valeur à toute épreuve aux combats de Halzielh et Pultusck. Devenu chef d'état-major du maréchal Masséna, il fit avec lui la guerre d'Autriche en 1809, se distingua particulièrement à la bataille d'Essling, et fut chargé vers le même temps de veiller sur l'exécution de la loi sur la conscription. Retiré dans sa terre de Mons en Auvergne, lors des événements de 1814, il offrit ses services au gouvernement des Bourbons; et étant nommé peu de temps après par le département du Puy-de-Dôme à la Chambre des représentants, il fut présenté à Napoléon pour lequel il se dévoua tout entier. Il se fit peu remarquer dans cette assemblée; mais le 28 juin il écrivit au président de la Chambre pour l'informer qu'étant chargé d'une mission extraordinaire de la part du gouvernement provisoire, il serait, pendant dix jours, privé de l'honneur de siéger. Cette mission était d'accompagner Napoléon jusqu'à son embarquement pour le garder à vue et pour veiller en même temps à la sûreté de sa personne. Becker se rendit effectivement à la Malmaison, d'où il partit le même jour avec Napoléon, et l'accompagna jusqu'à Rochefort, où il le quitta lorsqu'il fut à bord du Bellérophon. Après avoir rempli cette mission, Becker se retira en Auvergne et ne reparut plus sur la scène politique. Il mourut en 1840.

BECKET. (Voyez THOMAS.)

BECKMANN (Jean), célèbre professeur allemand, né dans l'électorat de Hanovre. Son père, qui était percepteur des contributions et maître de poste, lui fit faire toutes ses études. En 1762, il fut nommé professeur de physique et d'histoire naturelle au gymnase luthérien de Saint-Pétersbourg. Il passa ensuite dans l'Université de Gottingue, où ses leçons furent suivies par les personnages les plus distingués. Les *Notices* qu'il a publiées à différentes époques et qui ont été recueillies en 5 vol. in-8, sous le titre de *Fragments d'une histoire des découvertes dans les arts et dans les sciences*, sont du plus grand intérêt pour celui qui veut étudier l'origine et les progrès des arts. Ses autres ouvrages les plus importants sont: *De historiâ naturali veterum libellus primus*, 1766, in-8; *Eléments d'économie rurale*, 1790, in-8, 4e édition; *Bibliothèque physico-économique*, in-8, 20 vol.; *Opuscules relatifs à l'économie publique et domestique*, in-8, 12 vol. Tous ces ouvrages, à l'exception du premier, sont écrits en allemand. Beckmann mourut en 1811, après avoir été reçu de presque toutes les sociétés savantes de l'Allemagne et du nord.

BECLARD (Pierre-Augustin), médecin, né à Angers le 12 octobre 1785. Il s'adonna particulièrement à l'anatomie; et après avoir obtenu successivement à l'école de médecine de Paris les premiers prix d'anatomie, de physiologie, d'histoire naturelle médicale, de chimie et de physique, il fut nommé, au concours de 1811, professeur à la Faculté, et bientôt après chef des travaux anatomiques. A 30 ans, il devint chirurgien en second de l'hôpital de la Pitié, et en 1818 il obtint la chaire d'anatomie à la Faculté de Paris. Beclard possédait au plus haut degré le talent d'enseigner. Ses leçons comme ses écrits étaient surtout remarquables par la profondeur de l'érudition et par la clarté. Une fièvre cérébrale l'enleva le 16 mars 1825 à ses nombreux élèves, qui se disputèrent l'honneur de le porter à sa dernière demeure. On a de lui: *Traité des hernies*, traduit de l'anglais de Lawrence, Paris, 1818, in-8; *Additions à l'anatomie générale de X. Bichat*, 1821, in-8; *Eléments d'anatomie générale*, ou *Description de tous les genres d'organes qui composent le corps humain*, 1823, in-8; *Anatomie pathologique, dernier cours de Xavier Bichat, d'après un manuscrit autographe de P.-A. Beclard*, 1825, in-8. On a encore de lui des *Mémoires sur l'ostéose, sur l'embryologie, sur les blessures des artères*, insérés dans le *Journal de médecine* et dans le *Recueil de la société d'émulation médicale*. Il a fourni tous les articles d'anatomie du *Dictionnaire de médecine* jusqu'au onzième volume, et coopéré au *Journal de médecine*.

chirurgie, pharmacie, etc. Il a commencé avec Jules Cloquet la publication des *Fascicules et planches anatomiques* qui font tant d'honneur à ce dernier.

BECQUET (Antoine), célestin, bibliothécaire de la maison de Paris, mort en 1730 à 76 ans, publia l'*Histoire de la congrégation des Célestins de France, avec les éloges historiques des hommes illustres de son ordre*, en latin, in-4, 1721. Il savait beaucoup d'anecdotes littéraires, et il les communiquait avec plaisir.

BECTOZ (Claudine de), fille d'un gentilhomme du Dauphiné, née vers 1480, devint abbesse de Saint-Honoré de Tarascon, et fit de grands progrès dans la langue latine et les sciences, sous Denis Faucher, moine de Lérins et aumônier de son monastère. François Ier était si charmé des lettres de cette abbesse qu'il les portait, dit-on, avec lui, et les montrait aux dames de sa cour comme des modèles. Il passa d'Avignon à Tarascon avec la reine Marguerite de Navarre, pour converser avec cette savante. Elle mourut en 1547, après avoir publié plusieurs ouvrages, français et latins, en vers et en prose.

BEDA (Noël), principal du collége de Montaigu, et syndic de la Faculté de théologie de Paris, naquit en Picardie. Il publia une critique des *Paraphrases d'Erasme*, 1526, in-fol. Ce savant lui fit une réponse aussi emportée que la critique, et lui reprocha d'avoir avancé 131 mensonges, 210 calomnies et 47 blasphèmes. Béda fit ensuite des extraits des ouvrages d'Erasme, les dénonça à la Faculté, et vint à bout de les faire censurer. Ce fut lui qui empêcha la Sorbonne d'opiner en faveur du divorce de Henri VIII, roi d'Angleterre. Son opinion était la meilleure, mais il y mit trop de véhémence; et comme il lui échappa des expressions injurieuses au gouvernement, le Parlement de Paris le condamna à faire amende honorable devant l'église de Notre-Dame, pour avoir parlé contre le roi et contre la vérité. Il fut ensuite exilé à l'abbaye du Mont-Saint-Michel, où il mourut en 1536. Béda a écrit un traité, *De unicâ Magdalenâ*, Paris, 1519, in-4, assez bon ouvrage où il soutint l'opinion la plus vraisemblable sur ce point de critique, contre l'écrit de Le Fèvre d'Etaples, et de Josse Clicthoue. (Voyez MAGDELEINE.) Douze livres contre le *Commentaire* du premier, et plusieurs autres ouvrages, qui sont marqués au coin de la barbarie; on y remarque du zèle et de bonnes intentions, mais trop d'aigreur. Son latin n'est ni pur ni correct.

BEDDOER (Thomas), né en 1754, d'un riche tanneur anglais, fit de bonnes études qu'il dirigea vers la médecine et la chimie, et il professa le premier cette dernière science à l'Université d'Oxford. La violence de ses opinions politiques l'obligea de quitter cette place. Il fit alors un voyage en France, et à son retour il se fixa à Bristol où il exerça la médecine et s'acquit une réputation méritée. Il est mort en 1808. Ses principaux ouvrages sont : *Essai sur les causes, les préservatifs et les premiers signes de la consomption*, 1790, in-8 ; *Hygia*, ou *Essai de morale et de médecine sur les personnes de la classe moyenne*, Bristol, 3 vol. in-8; *Manuel de santé; Recherches sur la fièvre; Avis aux personnes de tout état sur leur santé et sur celle de leurs enfants*.

BÈDE (le vénérable) naquit en 673 dans le territoire du monastère de Warmouth, aux confins de l'Ecosse, où il fut élevé dès l'âge de 7 ans. Il s'adonna aux sciences et aux belles-lettres. Il apprit le grec, la versification latine, l'arithmétique, etc. Il fut ordonné prêtre à l'âge de 30 ans, et ce fut depuis qu'il s'appliqua à écrire, principalement sur l'Ecriture-Sainte. Il mourut étendu sur le pavé de sa cellule, en 735, âgé de 63 ans. On a imprimé ses ouvrages à Bâle et à Cologne, en 8 vol. in-fol. qui se relient ordinairement en 4. Ils sont rédigés avec un choix et une netteté, qu'on doit regarder comme un prodige pour son temps. Le plus connu est l'*Histoire ecclésiastique des Anglais*, depuis l'entrée de Jules-César dans la Grande-Bretagne jusqu'à l'an 731, imprimée séparément à Cambridge, 1644, in-fol. Elle manque de critique et d'exactitude, et on ne peut guère la consulter que pour ce qui s'est passé sous ses yeux. Ses autres ouvrages sont des *Commentaires sur l'Ecriture-Sainte*, qui, le plus souvent, ne sont que des passages des Pères, mais recueillis avec goût et beaucoup de méthode; *Martyrologium heroico carmine*, dans le tome X du *Spicilége* de D. d'Acheri, et avec les additions de Florus, dans le 2e tome du mois de mars des *Acta sanctorum*. Son livre des *Six âges du monde* lui suscita des tracasseries, parce qu'il avançait que Notre-Seigneur n'était pas venu au monde dans le 6e âge. Bède daigna faire son apologie, et soutint que l'opinion qui bornait la durée du monde au 6e millénaire n'était pas fondée. Le P. Petau, dans ses *Notes sur saint Epiphane*, a relevé plusieurs fautes chronologiques de Bède, et le jésuite Purulich, dans une dissertation imprimée

Tyrnau en Hongrie, a réfuté solidement son opinion touchant le jour de la mort de Jésus-Christ qu'il plaçait au 15 de la lune, un vendredi selon lui, et le lendemain de la Pâque, au lieu que le vendredi tombait cette année au 14, jour de la Pâque. Le style de Bède est peu éloquent et sans élévation, mais il est très-estimable pour le temps où il vécut. « On chercherait en vain dans ses
« livres, dit un auteur, les ornements
« de la rhétorique; on y trouve en ré-
« compense beaucoup de précision et de
« clarté; il y règne une aimable sim-
« plicité, avec un ton de franchise, de
« piété et de zèle qui intéressent le lec-
« teur. La candeur et l'amour de la vé-
« rité caractérisent ses livres historiques;
« et si l'on dit qu'il a porté quelquefois
« la crédulité trop loin, on doit au
« moins convenir qu'aucune personne
« judicieuse ne révoquera jamais en
« doute sa sincérité. Dans ses Commen-
« taires, il s'est souvent contenté d'a-
« bréger ou de ranger dans un ordre
« méthodique ceux de saint Augustin,
« de saint Ambroise, de saint Jérôme,
« de saint Basile, etc. Il n'en a point
« agi de la sorte pour éviter le travail,
« ni par défaut de génie, comme l'ont
« prétendu quelques modernes. Son but
« était de s'attacher plus étroitement à
« la tradition, en interprétant les livres
« saints. Dans ce que les Pères avaient
« laissé à faire, il suit toujours leurs
« principes, de peur de s'écarter de la
« tradition dans la moindre chose. Les
« meilleurs juges avouent que, dans les
« morceaux qui sont entièrement de lui,
« il ne le cède point en solidité et en
« jugement aux plus habiles d'entre les
« Pères. » Les Commentaires qu'il a faits sur les prophètes sont perdus. On lui attribue des ouvrages qui ne sont pas de lui : tels que Collectanea, Flores, les Vies des saints Arnould, Colomban et Patrice. — Il ne faut pas le confondre avec un autre Bède plus ancien, qui était moine de Lindisfarne.

BEDELL (Guillaume), évêque anglican, naquit en 1570, à Blacknotley (province d'Essex), suivit comme chapelain Wolton ambassadeur à Venise, se lia étroitement avec le fameux Fra-Paolo qui lui donna ses manuscrits de l'Histoire du concile de Trente, de celle de l'Inquisition et de celle de l'Interdit. En 1629, il fut évêque de Kilmore et d'Ardagh. Il se montra favorable aux Irlandais, qu'il protégea contre les Anglais, au péril de sa liberté et de sa vie. Il mourut le 7 février 1642. Les Irlandais qui le vénéraient lui rendirent de grands honneurs. La plus grande partie de ses manuscrits fut perdue dans les troubles de l'Irlande toujours si malheureuse et pourtant si fidèle. On a publié à Cambridge, en 1626, sa traduction latine de l'Histoire de l'Interdit de Venise. Ce prélat est surtout connu par un Traité de l'Inquisition, en latin, traduit de l'italien de Fra-Paolo, et une Traduction de la Bible, qu'il fit faire en irlandais, 1685, in-4, pour l'Ancien-Testament, et 1690, pour toute la Bible.

BEDETTI (Marien), archidiacre d'Ancône, né dans cette ville le 10 juin 1774, mort le 17 juillet 1833, y remplit la chaire d'éloquence au séminaire. Cet établissement ayant été fermé en 1798 et changé en caserne, Bedetti ne voulut pas s'en éloigner, et refusa des places avantageuses, attendant l'occasion de le rendre à sa première destination. On érigea pour ce savant une chaire d'histoire ecclésiastique. Outre plusieurs Articles dans les Mémoires de religion, de morale et de littérature de l'abbé Baraldi, on a de lui des Épigraphes latines, des Leçons sur ce genre de composition, des Opuscules religieux et littéraires, un Cours d'histoire ecclésiastique.

BEDFORT, ou BETFORD (Jean, duc de), 3° fils de Henri VI, commanda en 1422 l'armée des Anglais contre Charles VII. Il fut nommé régent de France, la même année, pour son pupille, qu'il fit proclamer roi de France à Paris et à Londres. Il défit la flotte française près de Southampton, se rendit maître de Crotoi, entra dans Paris avec ses troupes, battit le duc d'Alençon, et jeta l'épouvante dans tout le royaume. Il mourut à Rouen, l'an 1435. On dit que quelques gentilshommes, de la suite de Charles VIII, lui ayant conseillé de démolir son tombeau, ce roi leur répondit: Laissons en paix un mort qui pendant sa vie faisait trembler tous les Français.

BEDOYÈRE (Hugues-Charles-Marie HUCHET de la), avocat au Parlement de Paris, épousa la fille d'un comédien, malgré sa famille qui le déshérita, et fit annuler son mariage. Il publia à ce sujet, en 1745, in-12, des Mémoires remplis de chaleur et d'intérêt, qui ont eu une grande publicité. Il a aussi travaillé pour le théâtre, et a donné aux Italiens l'Indolente, comédie en trois actes et en vers. Sa vie fut une suite de longues traverses, et il ne parvint qu'à rentrer dans une faible portion de son héritage. Son fils, à son exemple, se maria sans son aveu, et il fit à son tour casser ce mariage, quoiqu'il eût combattu avec force, dans ses Mémoires, les abus de l'autorité paternelle.

BEDOYÈRE (Charles-Angélique-François Huchet, comte de la), né à Paris en 1786, d'une famille distinguée, était colonel d'un régiment d'infanterie au moment où les troupes étrangères pénétrèrent sur le territoire français après la déroute de Moscou. Il adhéra comme tous les chefs de l'armée au rétablissement des princes de la maison de Bourbon, et fut rétabli dans son grade, après être resté quelques mois sans emploi. Il se trouvait dans le Dauphiné, lorsque Bonaparte, débarqué à Cannes, pénétra jusqu'à Grenoble sans aucune résistance. Les autorités refusèrent d'ouvrir les portes: mais La Bedoyère, qui avait excité ses soldats à la révolte, les fit ouvrir de vive force, et donna le premier exemple de défection, qui fut bientôt suivi par tous les chefs de l'armée. Il avait préparé, dit-on, le retour de Napoléon, et il reçut pour récompense le grade de maréchal-de-camp et le titre de pair de France. Il accompagna l'empereur à Fleurus et à Waterloo, et après sa défaite il revint à Paris, où il s'énonça avec beaucoup de véhémence dans la Chambre des pairs pour faire reconnaître Napoléon II. Après la capitulation de Paris, le colonel La Bedoyère suivit l'armée au-delà de la Loire; mais ayant eu l'imprudence de venir à Paris, on ne sait trop pour quel motif, il fut arrêté presque aussitôt chez une amie de sa femme, traduit devant un conseil de guerre, et condamné, comme traître au roi et à la patrie, à être fusillé. Il subit sa peine avec courage et fermeté, après avoir reçu les consolations de la religion, à l'âge de 29 ans.

BEER (Michel), né à Berlin le 19 août 1800, mort à Munich en 1833, était fils d'un riche banquier juif et frère du célèbre compositeur Meyer-Beer. Son talent pour la poésie se révéla de bonne heure. A douze ans, il publia une *Traduction* en vers de l'*Aristodemo*, tragédie de Monti. A dix-huit ans, il publia sa première tragédie, *Clytemnestre*, qui fut généralement goûtée. Nous citerons encore le *Paria*, drame politico-religieux en un acte, et dont le but est d'attaquer l'autorité religieuse et l'inégalité des conditions; *Struensée*, tragédie remarquable, mais dont la cour de Danemarck empêcha la représentation, après qu'elle eut paru deux ou trois fois sur le théâtre de Munich.

BEERING. (Voyez BERING.)

BEETHOVEN (Louis Van) naquit en 1772 à Bonn, ville de l'électorat de Cologne, où son père était musicien de la chapelle de l'électeur. Il manifesta de bonne heure son goût pour la musique et son aptitude pour la composition. Avant d'avoir atteint sa douzième année, il s'était fait connaître par des sonates, une marche variée et des airs pour le piano. Tout imparfaits qu'ils étaient, ces essais annonçaient que leur auteur n'était pas un homme ordinaire. Beethoven les jugea plus sévèrement, car il les désavoua plus tard et compta comme sa première œuvre des trios de piano publiés à Vienne longtemps après. L'électeur de Cologne, qui avait deviné en lui l'homme supérieur, voulut lui procurer les moyens de perfectionner son talent, et l'envoya à Vienne en 1792 avec une recommandation pour Haydn et le brevet d'une pension suffisante pour son entretien. Haydn l'accueillit avec la bonté qui lui était naturelle, et commença à le diriger dans les nouvelles études qu'il avait à faire. Cependant il semble avoir méconnu le génie de Beethoven, car il se borna toujours à vanter son talent d'exécution; et lorsqu'on lui en citait avec éloge quelque composition, il répondait seulement: *C'est un grand claveciniste*. En 1801, Beethoven perdit son protecteur, l'électeur de Cologne, et avec lui les moyens d'existence qu'il en avait reçus jusqu'alors. L'état de gêne qui s'en suivit ne fit qu'irriter sa mauvaise humeur, déjà suffisamment excitée par la préférence que la cour montrait pour la musique italienne et particulièrement pour le compositeur Salieri. Il était donc décidé à quitter Vienne en 1809, pour aller occuper la place de maître de chapelle du roi de Westphalie, Jérôme Bonaparte, lorsque l'archiduc Rodolphe le fit renoncer à cette résolution, en lui assurant une pension de 4,000 florins, sous la seule condition de résider à Vienne, ou du moins en Autriche. Beethoven avait longtemps entretenu l'idée d'aller visiter l'Angleterre, ce que ses nouveaux protecteurs lui auraient certainement permis; mais une infirmité cruelle la lui fit abandonner. Dans ses dernières années, il était devenu sourd au point de ne point entendre un orchestre agissant près de lui. Un habile mécanicien adoucit l'amer chagrin que son infirmité lui causait, en lui procurant le plaisir d'entendre les sons de son piano, au moyen d'un appareil acoustique sous lequel il se plaçait. Cet état de choses avait beaucoup augmenté la mélancolie habituelle du grand artiste; il préférait au séjour de Vienne celui de Bœden qui en est peu distant, où il avait l'habitude de se promener seul et dans les endroits les plus écartés. Sa surdité ne l'empêchait pas de se livrer à la composition, à cause de la faculté qu'il avait déjà exercée de composer en marchant et de ne commencer à écrire un morceau que lorsqu'il était complètement achevé dans sa tête. En janvier 1827, il fut atteint d'une hydropisie dont il mourut le 27 février suivant, dans sa 55ᵉ année. Comme tous les hommes qui se frayent une route nouvelle et qui se font une manière indépendante des règles et des conventions, Beethoven eut d'abord des détracteurs acharnés et des admirateurs fanatiques. Insensiblement les esprits se sont calmés, et il a été mieux apprécié. Ce compositeur a pris aujourd'hui le rang qui lui appartient. On a reconnu que si l'originalité des idées brille dans toutes ses compositions, on y aperçoit souvent l'affectation et la recherche. Au milieu des incorrections de son harmonie, on a discerné l'élégance des accompagnements, la nouveauté des formes, la richesse de ses modulations. A côté de duretés intolérables, parmi des phrases incohérentes et bizarres, on a vu ressortir un plan sagement conçu, des idées simples et naturelles. Enfin on accorde généralement à Beethoven un génie musical hors ligne, avec quelques imperfections et des traces de mauvais goût. On a de lui : des *Symphonies*, des *Septuors*, *Sextuors*, *Quintetti*, *Quatuors*, *Trios*, *Concertos*, *Sonates*; des *Recueils de pièces détachées*, *Rondeaux*, *Andantes*, *Menuets*, etc.; de la *musique sacrée* et de la *musique dramatique*. Dans les deux derniers genres on distingue : *le Christ au jardin des Oliviers*, oratorio : ce n'est pas son chef-d'œuvre ; *Léonore* ou *Fidelio*, opéra en trois actes ; l'*Homme de Prométhée*, ballet; l'*Ouverture et les Entr'actes d'Egmont*, drame; *Adélaïde*; l'*Ouverture de Prométhée*; celle de *Coriolan*; la *Gloire de Wellington*. Les mœurs de Beethoven étaient mondaines ; ce qui ne l'empêcha pas de dire à l'heure de sa mort : *Plaudite, amici, comœdia finita est*. C'était un homme éminemment personnel.

BEFFARA (Louis François), né à Nonancourt, le 23 août 1751, mort à Paris, dans le mois de février 1838. Quoiqu'il eût été, pendant 25 ans, commissaire de police à Paris, fonction qui ne paraît guère compatible avec l'étude des lettres, il put se livrer à des travaux littéraires assez importants. Il a publié : *L'esprit de Molière, avec un abrégé de sa vie*, Paris, 1777, 2 vol. in-18 ; *Dissertation sur J. B. Poquelin de Molière, sur ses ancêtres, l'époque de sa naissance*, etc., Paris, 1821, in-8; *Recherches sur les époques de la naissance et de la mort de J. F. Regnard*, Paris, 1823, in-8. Il avait aussi l'intention de livrer à l'impression les ouvrages suivants qui sont restés en manuscrits : *Dictionnaire de l'Académie royale de musique, contenant l'Histoire de son établissement, la liste des auteurs et des musiciens, avec celle de leurs pièces*, 7 vol. in-4 ; *Dictionnaire des pièces non représentées sur le même théâtre*, 5 vol. in-fol. ; *Dictionnaire des opéras, cantates et oratorios exécutés et imprimés dans les pays étrangers, depuis la fin du 15ᵉ siècle*, 17 vol. in-4. Enfin, il a fait des recherches très intéressantes sur les familles de Boileau, Quinault, Sully, etc., 3 vol. in-4.

BEFFROY DE REIGNY (Louis-Abel), dit *le cousin Jacques*, né à Laon le 6 novembre 1757, mort à Charenton le 19 décembre 1811, se fit connaître par un grand nombre de petites productions, où l'on trouve de l'esprit, quelques saillies heureuses, et qui durent leur grand succès aux applications qu'on en fit aux événements politiques du temps, ainsi qu'aux titres bizarres qu'il leur donnait. Les principales sont : *Petites-Maisons du Parnasse*, 1783, qui commença sa réputation ; *Marlborough, Turlutu*, 3 vol. in-8; *les Lunes*, Paris 1785-1787, 24 vol. ; *le Courrier des planètes*, Paris, 1788-1790, 10 vol. ; *Précis historique de la prise de la Bastille*, Paris, 1789 ; *Histoire de France pendant trois mois*, 1789, in-8 ; *les nouvelles Lunes*, Paris 1791, in-8; *le Consolateur*, Paris, 1792, 3 vol, in-8; *la Constitution de la lune*, Paris, 1793: c'est une critique de la constitution nouvelle qu'on donna cette année à la France ; *Testament d'un électeur de Paris*, 1795, in-8 ; plusieurs petites comédies ou opéras, tels que l'*Histoire universelle*, qui fut jouée quatre-vingt-sept fois ; le *Club des bonnes gens*, qui eut cent dix-sept représentations à diverses reprises ; et *Nicodème dans la lune*, quatre cent quinze sur les théâtres de la rue de Bondy et de la Cité, etc.

BEGER (Laurent) naquit en 1653, d'un tanneur d'Heidelberg, et fut bibliothécaire de Frédéric-Guillaume, électeur de Brandebourg. Il se fit estimer des savants de son pays par plusieurs ouvrages. Les principaux sont : *Thesaurus ex Thesauro Palatino selectus, seu Gemmæ*, in-fol. 1685 ; *Spicilegium antiquitatis*, in-fol., 1692; *Thesaurus sive Gemmæ Numismata*, etc., 3 vol. in-fol., 1696 et 1701; *Regum et imperatorum romanorum Numismata, à Rubenio edita*, 1700, in-fol.; *De nummis Cretensium serpentiferis*, 1702, in-fol. ; *Lucernæ sepulchrales J. P. Bellorii*, 1702, in-fol.; *Numismata pontificum romanorum*, 1703, in-fol. ; *Excidium Trojanum*, Berlin,

1699, in-4, etc., etc. Il mourut à Berlin en 1705, membre de l'académie de cette ville. Beger avait fait un ouvrage pour autoriser la polygamie, à la prière de Charles-Louis, électeur palatin, qui voulait épouser sa maîtresse du vivant de sa première femme ; mais il le réfuta après la mort de ce prince Cette réfutation n'a pas paru. Le livre qui y avait donné occasion était intitulé : *Considération sur le mariage*, par Daphnæus Arcuarius, en allemand, in-4.

BEGON (Michel) naquit à Blois en 1638, d'une famille distinguée. Le marquis de Seignelai, son parent, l'ayant fait entrer dans la marine, il remplit successivement les intendances des îles françaises d'Amérique, des galères, du Hâvre, du Canada, et réunit celles de Rochefort et de la Rochelle, jusqu'en 1710, année de sa mort. Le peuple l'aimait comme un intendant des plus désintéressés, et les citoyens comme un des plus zélés et des plus attentifs. Les savants ne lui donnèrent pas moins d'éloges. Il les protégeait, les aimait, s'intéressait à leurs succès, leur ouvrait sa bibliothèque. Le goût avait présidé au choix de ses livres. Il avait un riche cabinet de médailles, d'antiques, d'estampes, de coquillages, et d'autres curiosités, rassemblées des quatre coins de l'univers. La plupart de ses livres portaient sur le frontispice : *Michaelis Begon et amicorum*. Son bibliothécaire lui ayant représenté qu'en les communiquant à tout le monde, il s'en perdrait plusieurs : « J'aime beaucoup mieux, répondit-il, perdre mes livres, que de paraître me défier d'un honnête homme. » Il fit graver les portraits de plusieurs personnes célèbres du 17e siècle. Il rassembla des *Mémoires* sur leurs vies ; et c'est sur ces matériaux que Perrault fit l'*Histoire des hommes illustres de France*.

BÈGUE DE PRESLE (Achille-Guillaume Le), né à Pithiviers près Orléans, se fit recevoir docteur à la Faculté de Paris, et mourut dans cette ville en 1807. Ses principaux ouvrages sont : *Manuel du naturaliste pour Paris et ses environs*, 1766, in-8 ; *Médecine d'armée*, traduit de l'anglais de Monro, avec beaucoup d'augmentations, 1768, 2 vol. in-8 ; *Économie rurale et civile*, 1789, 2 vol. in-8. Il a aussi coopéré à la *Bibliothèque physico-économique* de 1786 à 1792, 14 vol. in-12.

BEGUILLET (Edme), avocat au Parlement de Dijon, mort en 1786, s'adonna particulièrement à l'étude de l'économie domestique et à l'agriculture. Ses ouvrages en ce genre ne sont pas sans mérite. Il a publié en outre : une *Histoire des guerres des deux Bourgognes sous Louis XIII et Louis XIV*, 2 vol. in-12 ; fourni plusieurs articles à l'*Encyclopédie sur l'économie rurale*, et travaillé avec M. Poncelin à l'*Histoire de Paris et de ses monuments*.

BEHAIM (Martin), né d'une famille noble de Nuremberg, vers 1430, s'étant appliqué à la cosmographie et à la navigation, conçut la première idée de la découverte de l'Amérique. Il partit de Flandre vers l'an 1460, et son voyage répondit à son attente ; il découvrit l'île de Fayal, le Brésil, et poussa jusqu'au détroit de Magellan. Le roi de Portugal Jean II le créa chevalier en 1485. Ce récit a été traité de fable par des historiens mal instruits. En 1492, Behaim retourna dans sa patrie, et y construisit un globe de 20 pouces de diamètre, sur lequel il dessina ses nouvelles découvertes : on le conserve à Nuremberg, de même que plusieurs de ses manuscrits. Le célèbre Riccioli assure que Christophe Colomb fit usage des cartes marines de Martin Behaim ; Doppelmayer ajoute qu'elles ont servi à Magellan pour la découverte du détroit qui porte son nom. Enfin plusieurs auteurs assurent qu'il est le premier qui ait fait usage de la boussole dans la navigation. Il mourut à Lisbonne le 29 juillet 1506. On peut consulter Riccioli, *Geogr. reform.*, lib. 3 ; Freher, *Rerum germanicarum scriptores* ; Cellarius, *Notitia orbis*, page 213, etc.

BEHN (Aphara ou Astréa), dame anglaise, naquit à Contorbéry sous Charles Ier. Son père Johnson, nommé lieutenant-général dans les Indes, mena avec lui sa famille et mourut dans le trajet. Sa fille, de retour à Londres, après un séjour de quelque temps en Amérique, épousa M. Behn, riche marchand, originaire de Hollande. Charles II, qui connaissait l'esprit et le mérite de madame Behn, lui confia une négociation, au sujet de la guerre qu'il voulait faire aux Hollandais. Elle s'en acquitta à la satisfaction du roi. La jalousie qu'excitait son crédit auprès de ce monarque l'obligea de préférer les douceurs de la vie privée, au tumulte et aux écueils de la cour. Elle mourut en 1689, et fut enterrée dans le cloître de Westminster, parmi les tombeaux des rois. Le temps qu'elle n'employa pas aux plaisirs de la société fut consacré à la composition de plusieurs ouvrages écrits quelquefois avec plus de liberté qu'il ne convient à son sexe. On a d'elle 4 vol. in-8 de *Pièces de théâtres*, des *Nouvelles historiques*, des *Poésies diverses*, une *Traduction de la Pluralité des mondes.* Son ouvrage le plus connu est son *Oronoko*, qu'elle lut à Charles II, et qui a été traduit en français par M. de La Place, in-12, 1756. Ce roman historique a fourni le sujet d'une tragédie à un poëte anglais. Oronoko, le Héros de cette production, était fils d'un roi africain, vendu aux Anglais de Surinam. Ce prince nègre, devenu captif, et ne pouvant supporter cette humiliation, fit révolter ses compagnons d'esclavage et fut mis à mort. Madame Behn, témoin de ses infortunes, les écrivit, dès qu'elle fut de retour en Angleterre.

BEHR (Georges-Henri), médecin distingué, né à Strasbourg, le 16 octobre 1708, mort en la même ville, le 9 mai 1761. On a de lui : *Physiologia medica*, Strasbourg, 1736, in-4 ; *Lexicon physico-chymico-medicum reale*, ibid., 1738, in-4; *Fundamenta medicinæ anatomico-physiologicæ*, ibid., in-4 ; *Medicina consultatoria*, Augsbourg, 1751, in-4 ; un grand nombre de *Dissertations*, en latin, imprimées à Strasbourg, de format in-4, et plusieurs autres ouvrages, tant de médecine que d'histoire et de politique, écrits en allemand.

BEIRACTAR (Mustapha), grand visir en 1809, entreprit de changer la face de la Turquie. Il commença par essayer d'introduire dans les armées du grand-seigneur la discipline européenne, fit venir dans ce but des officiers allemands et français, forma un petit corps de jeunes soldats, destiné aux nouveaux exercices ; une école d'artillerie fut ouverte, et les mathématiques furent enseignées à Constantinople. Mais les janissaires, refusant d'adopter les nouvelles armes, et surtout la baïonnette, s'unirent à la multitude superstitieuse qui avait juré la perte du grand-visir. Ils attaquèrent le sérail défendu par les soldats formés aux nouveaux exercices : ceux-ci se défendirent, et l'eussent emporté sans doute sur les rebelles ; mais la flotte qui se trouvait dans le canal se déclara en faveur des janissaires, et dirigea son artillerie contre le sérail. Beiractar, ne voulant pas tomber vivant entre les mains de ses ennemis, fit sauter la partie du palais qu'il habitait.

BEISSON (Etienne), graveur, né à Aix en Provence en 1759, mort à Paris le 28 février 1820. Il est particulièrement connu par sa gravure des *jeunes Athéniens tirant au sort*, d'après Peyron, et par sa *Vierge au donataire* et sa *Sainte Cène*, d'après Raphaël.

BEK, ou plutôt BEEK (David), de Delft, peintre du roi d'Angleterre, disciple du chevalier Antoine Van-Dyck, égala son maître. Plusieurs souverains l'appelèrent pour faire leurs portraits. Il peignait avec tant de célérité que Charles Ier lui dit un jour : « Je crois que vous peindriez un cheval qui courrait la poste. » Ce prince lui avait accordé ses bonnes grâces. Il mourut à La Haye en 1656, à l'âge de 35 ans.

BEKA (Jean), chanoine de l'église d'Utrecht, mort l'an 1346, est auteur d'une *Chronique* de cette église, depuis saint Willibrod, son premier évêque, jusqu'à l'an 1345, continuée par Suffridus Pétri, jusqu'à l'an 1574, publiée par Bernard Furmer, Utrecht, 1612, in-4 ; Francfort, 1620, in-fol., et ensuite par Arnold Buchelius, Utrecht, 1643, in-fol.

BEKKER (Balthasar), né à Warthuisen, dans la province de Groningue, en 1634, fut ministre dans différentes églises, et mourut à Amsterdam en 1698. Son *Monde enchanté*, traduit du flamand en français, 4 vol. in-12, 1694, le fit dépouiller de la place de ministre dans cette ville. Ce livre, diffus et ennuyeux, est fait pour prouver qu'il n'y a jamais eu ni possédé, ni sorcier, et que les diables ne se mêlent pas des affaires des hommes, et ne peuvent rien sur leurs personnes. Benjamin Binet réfuta solidement cet ouvrage dans son *Traité des dieux du paganisme*, in-12, que l'on joint souvent à l'ouvrage de Bekker. On a encore de lui : des *Recherches sur les comètes*, in-8 ; la *Sainte Théologie* ; *Explication de la prophétie de Daniel*, etc.

BEKKER (Elisabeth Wolf, née), femme poëte, née à Flessingue en 1733, et morte en 1804, possédait le français, l'anglais et l'allemand. On a d'elle un grand nombre de poésies, parmi lesquelles il faut remarquer un poëme en quatre chants, intitulé : *Plaintes de Jacob sur le tombeau de Rachel*, 1779, in-8, et la *Chanson populaire*, 1781, in-8 ; plusieurs romans, entre autres l'*Histoire de Levend*, 8 vol. in-8, 1785 ; des *Traductions* de quelques romans anglais.

BEL (Jean-Jacques), conseiller au Parlement de Bordeaux, sa patrie, et membre de l'académie de cette ville, y naquit en 1693, et mourut à Paris en 1738, d'un excès de travail, à l'âge de 45 ans. Il avait une très-belle bibliothèque, qu'il voulait rendre publique avec des fonds pour l'entretien de deux bibliothécaires. On a de lui le *Dictionnaire néologique*, considérablement augmenté depuis par l'abbé des Fontaines. On y reprend, avec raison, beaucoup d'expressions nouvelles, de phrases alambiquées et de tours précieux : mais on a tort, en condamnant les termes inusités, d'en proscrire d'autres, accrédités par l'usage, ou dont l'indigence de la langue française autorise l'admission; une telle délicatesse est dénuée de raison. On a encore de Bel des *Lettres critiques sur la Mariamne* de Voltaire. Son *Apologie* de Houdart de la Motte, en quatre lettres, est une satire sous le masque de l'ironie.

BEL (Le), ministre de l'ordre de la Trinité, du couvent de Fontainebleau, publia une *Relation du meurtre de Monaldeschi*, poignardé par ordre de Christine, reine de Suède, princesse qui se disait philosophe. Cet écrit, imprimé avec plusieurs autres pièces curieuses, parut à Cologne en 1664, in-12. Le Bel assista ce malheureux dans ses derniers moments.

BÉLÉSIS, Chaldéen, le même, selon quelques auteurs, que Nabonassar et Balad an, fut le principal instrument de l'élévation d'Arbaces, roi des Mèdes, qui lui donna le gouvernement de Babylone l'an 770 avant J.-C. Cet homme adroit, après que Sardanapale, roi d'Assyrie, se fut brûlé dans son palais avec son or et son argent, obtint la permission d'en emporter les cendres, et enleva par ce moyen les trésors de ce malheureux prince. Mais tous ces détails appartiennent peut-être avec plus de droit à la fable qu'à l'histoire.

BELESTAT-DE-GARDOUCH (le Marquis de), d'une ancienne famille du Languedoc, né à Toulouse, en 1725, mourut aveugle en 1807, s'occupa de littérature et composa un *Éloge* de Clémence Isaure. Lié avec plusieurs écrivains célèbres et principalement avec Voltaire, il se brouilla avec ce dernier, en publiant sous ses propres initiales l'*Examen critique de l'histoire de Henri IV*, par La Baumelle, qui renferme une vive critique de l'auteur de la Henriade. L'ouvrage fut saisi par ordre du gouvernement. Mais Voltaire le fit réimprimer avec des notes dans l'Évangile du jour.

BELGRADO (Jacques), savant jésuite italien, né à Udine en 1704, devint confesseur du duc et de la duchesse de Parme, fut nommé mathématicien de cette cour, et contribua à la fondation de la colonie arcadienne de Parme. Il était de la plupart des académies d'Italie, et fut reçu en 1762 associé-correspondant de l'académie des sciences de Paris. La destruction de son ordre lui ayant fait perdre ses emplois à la cour, il se retira dans le sein de sa famille, où il s'adonna entièrement aux sciences. Il mourut le 7 avril 1789, après avoir publié un grand nombre d'ouvrages et d'opuscules scientifiques, en latin et en italien.

BELHOMME (dom Humbert), bénédictin de Saint-Vannes et de Saint-Hidulphe, ensuite abbé de Moyen-Moûtier, naquit à Bar-le Duc en 1653, et mourut en 1727. Il fit rebâtir son abbaye, l'orna d'une bibliothèque choisie avec goût, et en écrivit l'histoire en latin.

BÉLIDOR (Bernard Forest de), des académies des sciences de Paris et de Berlin, né en Catalogne en 1697, mort à Paris en 1761, professa les mathématiques aux écoles d'artillerie de La Fère. Son zèle lui valut la place de commissaire provincial d'artillerie; mais trop d'empressement pour s'avancer lui enleva à la fois ces deux postes. Le prince de Conti, qui connaissait son mérite, l'emmena avec lui en Italie, et ce voyage lui valut la croix de Saint-Louis. Cette faveur lui procura quelque considération à la cour. Le maréchal de Belle-Isle se l'attacha, et lorsqu'il fut ministre de la guerre, il le nomma inspecteur de l'artillerie. C'était un homme extrêmement laborieux, et qui a beaucoup écrit. On lui doit : *Sommaire d'un cours d'architecture militaire, civile et hydraulique*, 1720, in-12; *Nouveau cours de mathématiques à l'usage de l'artillerie*, 1757, in-8; *la Science des ingénieurs*, 1749, in-4; *le Bombardier français*, 1734, in-4; *Architecture hydraulique*, 1737, 4 vol. in-4; *Dictionnaire portatif de l'ingénieur*, 1768, in-8; *Traité des fortifications*, 2 vol. in-4. La plupart de ces ouvrages remplissent leur objet, quoique l'auteur ne fût pas un mathématicien de premier ordre. Son style est clair, mais diffus.

BELIN (dom Albert), évêque de Belley, né à Besançon, vers 1610, embrassa la règle de saint Benoit, se livra à la prédication, et fit à Paris des *Conférences sur les articles de la foi chrétienne*, qui lui acquirent de la réputation. Un service qu'il eut occasion de rendre à Colbert, en employant le crédit dont il jouissait dans sa congrégation pour faire élire l'un des fils de ce ministre prieur de la Charité, lui valut l'évêché de Belley, dont, après quelques difficultés, il fut mis en possession en 1667. Il mourut dans son évêché en 1677. La variété de ses ouvrages prouve celles de ses connaissances. On a de lui : *Traité des talismans*, dont la 4ᵉ édition, 1709, in-12, est augmentée du *Traité de la poudre de sympathie justifiée*; *Les conclusions du philosophe inconnu, en la recherche et invention de la pierre philosophale*, Paris, 1664 et 1674, in-12. Ouvrage curieux ; *Preuves convaincantes du christianisme*, ou *Principes de la foi démontrés par la raison*, Paris, 1658, in-4, et 1666 ; *Octave du Saint-Sacrement*, ou *Emblèmes eucharistiques*, Paris, 1647 et 1660, in-12 ; *Les solides Pensées de l'âme pour la porter à son devoir*, Paris, 1648, in-12.

BELIN (dom Alphonse), frère ou parent de dom Albert Belin, mentionné ci-dessus, à moins que, par une erreur dans le prénom, nous ne voyions deux personnages au lieu d'un seul. Dom Alphonse, bénédictin de l'ordre de Cluni, paraît être venu dans le Nivernais pour y travailler à la conversion des calvinistes. Il se fixa au monastère de la Charité-sur-Loire, où il y avait beaucoup de ces hérétiques, ainsi que dans les villages voisins. Il fut élu prieur claustral, et grand-vicaire du prieuré et de ses dépendances. Il est auteur de l'ouvrage dont voici le titre : *La vérité de la religion catholique, apostolique et romaine, et la fausseté de la religion prétendue réformée des calvinistes*, etc., Nevers, 1683, in-12 de 287 pages. Ce livre est dédié à Jacques Nicolas Colbert, archevêque de Carthage, coadjuteur de l'archevêché de Rouen, prieur et seigneur de la Charité. De l'aveu de l'auteur, il n'est pas écrit en style élégant ni recherché ; mais il y fait preuve d'instruction et de capacité pour convertir les calvinistes et affermir les fidèles.

BELIN (François), né à Marseille en 1672, vint de bonne heure à Paris, et devint bibliothécaire de la duchesse de Bouillon. Il a composé plusieurs tragédies, dont une seule mérite d'être citée, *Mustapha et Zéangir*, tragédie en 5 actes, représentée et imprimée en 1703. « Cette pièce, dit La Harpe, est faible« ment écrite ; mais on y trouve des « traits de ce naturel heureux qu'alors « on étudiait dans Racine. » Champfort a depuis traité le même sujet. Belin mourut vers l'an 1732.

BELIN de BALLU (Jacques-Nicolas), helléniste, membre de l'Académie des inscriptions et belles-lettres, naquit à Paris, le 28 février 1753. Placé quelque temps à la tête du prytanée de Saint-Cyr, il quitta cet emploi pour passer en Russie, où il fut employé dans l'instruction publique, et où il mourut en 1815. On a de lui : *Hécube*, tragédie d'Euripide, traduite en français avec des remarques, 1783, in-8 ; *Oppiani poemata de venatione et piscatione, cum interpretatione latinâ et scholiis*, Strasbourg, 1785, in-8 ; *La Chasse*, poëme d'Oppien, traduit en français, 1788, in-8 ; *OEuvres de Lucien, traduites en français avec des notes historiques et littéraires, et des remarques critiques sur le texte*, 1788, 6 vol. in-8 ; *Caractères de Théophraste et de La Bruyère, avec la traduction française de deux nouveaux caractères de Théophraste*, 3 vol., grand in-8 ; *Histoire critique de l'éloquence chez les Grecs et les Romains*, 1803, 2 vol. in-8.

BÉLISAIRE, général des armées de l'empereur Justinien, termina heureusement la guerre contre Cabade, roi de Perse, par un traité de paix conclu en 551. L'année d'après, il conduit l'armée navale destinée à conquérir l'Afrique, emporte Carthage, marche contre Gilimer, usurpateur du trône des Vandales, prend possession de son royaume à Carthage, et se fait servir par les officiers de ce prince. Les Maures le reconnurent ; et peu de temps après, il défit le reste des Vandales, prit Gilimer, et l'emmena à Constantinople. Ce malheureux prince fut un des ornements de son triomphe. C'est en lui que finit la monarchie des Vandales ariens. Bélisaire, ayant détruit ce royaume en Afrique, fut envoyé par Justinien pour détruire celui des Goths en Italie. Arrivé sur les côtes de Sicile avec sa flotte, il s'empara de Catane, de Syracuse, de Palerme et de plusieurs autres villes, par force ou par composition. Il courut ensuite à Naples, la prit ; de là il marcha vers Rome et en envoya les clefs à l'empereur. Théodat, roi des Goths, ayant été assassiné, Vitigès son successeur, vint assiéger Rome. Bélisaire le vainquit, l'obligea de se renfermer dans Ravenne, le prit et le mena à Constantinople, après avoir refusé la couronne que les vaincus offraient à leur vainqueur. Tout le peuple de Constantinople avait son nom dans la bouche, et ses grandes actions dans la mémoire. On le regardait comme le libérateur de l'empire. Il fut bientôt obligé de quitter cette capitale, pour aller combattre Chosroès I, roi de Perse. Après l'avoir mis en fuite, il retourna en Italie contre Totila, élu roi des Goths, l'empêcha de détruire entièrement Rome, rentra dans la ville et la répara. Il reprit encore les armes dans sa vieillesse contre les Huns, qui avaient fait une irruption dans l'empire en 558. Il les chassa et les fit rentrer dans leur pays. Les grands, jaloux de sa gloire, l'accusèrent en 561 auprès de Justinien, d'avoir voulu s'emparer du trône. L'empereur, ombrageux comme tous les vieillards, lui ôta la dignité de patrice, lui retrancha ses gardes, et l'accabla de mauvais traitements, qui le conduisirent peu après au tombeau. Cet homme digne d'un meilleur sort, après avoir été longtemps à la tête des affaires et des armées, et rendu des services signalés à sa patrie, fut obligé, suivant les historiens latins, de mendier son pain dans les rues de Constantinople. L'auteur de l'*Histoire mélangée* écrit que, l'année suivante, il fut rétabli dans ses dignités ; et Cédrène affirme qu'il mourut en paix dans Constantinople. Alciat est de ce sentiment, contre Crinitus, Volaterran, Pontanus, et quelques autres. Quoi qu'il en soit, on montre encore à Constantinople une prison que l'on appelle la *Tour de Bélisaire*. Cette prison est sur le bord de la mer, en allant du château des Sept-Tours au sérail de Constantinople. Les gens du pays disent qu'il pendait un petit sac attaché au bout d'une corde, comme font les prisonniers, pour demander sa vie aux passants, en leur criant : « Donnez une obole à Béli- « saire, que la fortune avait élevé si « haut, et que la jalousie a privé des « yeux. » Ce triste sort fut, selon quelques auteurs, la juste punition de sa complaisance sacrilége pour l'impératrice Théodora qui l'engagea à chasser le pape saint Silvère, pour élever Vigile en sa place. On croit que Bélisaire mourut en 565. On voit encore des médailles de Justinien, recevant Bélisaire triomphant de la guerre contre les Goths ; de l'autre côté de la médaille, se trouve l'image de Bélisaire, avec ces mots : *Bélisaire, l'honneur du nom Romain : BELISARIUS, GLORIA ROMANORUM.* Marmontel a donné le nom de ce célèbre général à un très-froid roman philosophique, digne de servir de pendant aux *Incas ;* et dans lequel il y a d'ailleurs des principes d'indifférentisme, qui conduisent au mépris de toute religion. Il fut condamné par la Sorbonne.

BÉLIUS (Mathias), né à Otsova, dans la Haute-Hongrie, en 1684, fit fleurir les belles-lettres dans plusieurs colléges des protestants, s'appliqua avec succès à l'histoire de Hongrie, et mourut l'an 1749. Ses principaux ouvrages sont : *De veteri litteratura Hunno-Scythica Exercitatio,* Leipsick, 1718, ouvrage savant ; *Hungariæ antiquæ et novæ Prodromus,* Nuremberg, 1723, in-fol. : il y donne le plan d'un grand ouvrage qu'il préméditait, et qu'il n'eut pas le loisir de publier ; *De peregrinatione linguæ Hungaricæ in Europam ; Apparatus ad Historiam Hungariæ, sive collectio miscella monumentorum ineditorum partim, partim editorum, sed fugientium,* Presbourg, en plusieurs vol. in-fol., 1735-1746 : cette collection d'histoire de Hongrie est ornée de préfaces savantes et bien écrites ; *Amplissimæ historico-criticæ præfationes in Scriptores rerum Hungaricarum veteres ac genuinos,* 3 vol. in-fol. ; *Notitia Hungariæ Novæ Historico-geographica,* Vienne, 1745, et années suivantes, 4 vol. in-fol., avec des cartes géographiques ; ouvrage rare et d'une grande exactitude.

BELKNAP (Jérémie), théologien américain, pasteur de l'église presbytérienne de Boston, né dans cette ville le 4 juin 1744, et mort en juin 1798, a laissé : *Histoire de Newhampshire,* 3 vol., 1784 à 1792 ; *Biographie américaine,* tom. I, 1794 ; tom. II, 1798, demeurée incomplète ; plusieurs *Sermons* imprimés séparément, etc.

BELLARMIN (Robert), né à Monte-Pulciano en 1542, se fit jésuite à l'âge de 18 ans. Sa Société le chargea d'enseigner la théologie à Louvain. On dit qu'il prêchait aussi dans cette ville avec tant de succès, que les protestants venaient d'Angleterre et de Hollande pour l'entendre. Après sept ans de séjour dans les Pays-Bas, il retourna en Italie. Grégoire XIII le choisit pour faire des leçons de controverse dans le collége qu'il venait de fonder. Sixte-V le donna ensuite, en qualité de théologien, au légat qu'il envoya en France, l'an 1590. Clément VIII le fit cardinal neuf ans après, et archevêque de Capoue, le 21 avril 1602. Paul V, ayant voulu le retenir auprès de lui, Bellarmin se démit de son archevêché, et se dévoua aux affaires de la cour de Rome jusqu'en 1621. Il mourut la même année, au Noviciat des Jésuites, où il s'était retiré dès le commencement de sa maladie. Grégoire XV alla visiter le cardinal mourant qui lui adressa ces paroles : *Domine, non sum dignus ut intres,* etc. Paroles qui marquent jusqu'à quel point le cardinal Bellarmin portait son respect pour le Vicaire de Jésus-Christ. Il n'y a point d'auteur qui ait défendu plus vivement la cause de l'Église et les prérogatives de la cour de Rome. Cependant il n'avait pas sur le domaine temporel le sentiment ordinaire des ultramontains de son temps ; il rejetait absolument le domaine direct, mais il soutenait l'indirect avec un zèle qui lui faisait envisager comme hérétiques ceux qui ne l'admettaient pas. Ce savant cardinal a enrichi l'Église de plusieurs ouvrages. Le plus répandu est son *Corps de controverses.* C'est l'arsenal où les théologiens catholiques ont puisé leurs armes contre les hérétiques. De tous les controversistes, il n'en est point qui ait fait autant de peine aux protestants. La plupart des théologiens de cette communion lui ont répondu. Presque tous ont avoué qu'il proposait leurs difficultés dans leur force ; et quelques-uns, qu'il les détruisait mieux qu'aucun autre écrivain catholique. Son style n'est ni pur ni élégant ; mais il est serré, clair, précis, sans cette sécheresse barbare qui défigure la plupart des scolastiques. S'il était venu de notre temps, sa critique eût été plus sûre, il n'aurait point cité d'auteurs apocryphes, et aurait un peu mieux distingué ce qui est véritablement dogme, d'avec ce qui peut être rangé parmi les opinions. La meilleure édition de ses *Controverses* était celle de Paris, qu'on appelle des *Triadelphes*, 4 in-fol., avant qu'on eût celle de Prague, 1721, qui est aussi 4 in-fol. Ses autres ouvrages ont été publiés à Cologne, 1619, 3 in-fol. On y trouve son *Commentaire sur les Psaumes*; ses *Sermons*; un *Traité des écrivains ecclésiastiques*, imprimé séparément, 1663, in-4; un autre sur l'*Autorité temporelle du Pape*, contre Barclay, à Rome, 1610, in-8 ; trois livres du *Gémissement de la colombe*, pleins de l'onction d'une morale persuasive et attendrissante ; *De ascensu mentis in Deum*, fruit d'une philosophie solide et profonde : les écrivains les plus illustres du 18e siècle, entre autres Buffon, en ont cité des passages intéressants; un écrit sur les *Obligations des Evêques*, dans lequel il les fait trembler pour leur salut, d'après des passages de saint Chrysostôme et de saint Augustin, et une *Grammaire hébraïque*. Il est aussi auteur de quelques hymnes, parmi lesquelles on distingue celle que l'Eglise a adoptée pour la fête de sainte Magdeleine : *Pater superni luminis*, etc. On a un recueil de ses *Lettres* in-8, et sa *Vie* traduite en français de l'italien, de Jacques Fuligati, 1625, in-8, et une en français, Nanci, 1708, in-4, par le P. Nicolas Frizon, jésuite, un peu diffuse, mais écrite d'une manière intéressante.

BELLART (Nicolas-François), chevalier de la Légion-d'Honneur et procureur-général près la cour royale, né à Paris le 20 septembre 1761, débuta dans la carrière du barreau vers 1786, et s'y fit bientôt remarquer par ses talents, ainsi que par la noblesse de ses sentiments et la délicatesse de ses procédés. En 1792, il se chargea de la défense de Lacoste, ministre de la marine, et parvint à faire prononcer son absolution. Le rare talent qu'il montra dans cette affaire le fit proposer par Tronchet, conseiller du roi, pour l'un des défenseurs de l'infortuné Louis XVI. Sa jeunesse seule lui fit préférer Desèze. Bellart crut devoir s'absenter du barreau pendant la terreur, et il ne reparut qu'après le supplice de Robespierre. Il se distingua de nouveau dans la cause de l'abbé Salomon, échappé aux massacres de septembre et prévenu de conspiration contre le directoire ; dans celle du tuteur de Mlle de Balainvilliers, et particulièrement dans celle de Mlle de Cicé, accusée d'avoir recelé les auteurs de la *machine infernale*, qu'il eut le bonheur de faire acquitter dans un temps où la piété dont elle faisait profession n'était pas un titre à l'indulgence des jurés. Le plaidoyer qu'il prononça en cette occasion est regardé comme le chef-d'œuvre de la défense en matière criminelle. Il rédigea aussi un *Mémoire* en faveur du général Moreau, qui a été inséré dans l'ouvrage ayant pour titre : *Proscription de Moreau*, Paris, 1814, in-8. La faiblesse de sa poitrine l'obligea alors de se renfermer dans les travaux du cabinet; mais bientôt, par le crédit du comte Frochot, il fut nommé membre du conseil-général du département de la Seine, et ensuite président habituel. En 1814 et au moment de l'entrée des troupes alliées à Paris, il se servit de son influence sur ses collègues pour les engager à se déclarer en faveur des Bourbons. Louis XVIII envoya à Bellart, ainsi qu'aux autres signataires de cette proclamation, la croix de la Légion-d'Honneur et des lettres de noblesse. Un des premiers actes de Bonaparte à son retour en France, en 1815, fut de mettre en jugement Bellart; mais il eut le temps de se réfugier en Angleterre, et il ne revint qu'après la seconde restauration. Alors il fut nommé procureur-général à la cour royale de Paris, porté à la Chambre des députés qui le choisit pour son premier vice-président. Il y remplit les fonctions du ministère public dans le procès du maréchal Ney, et conclut à la peine de mort. Après le prononcé du jugement il requit, au nom de la Légion-d'Honneur, que le condamné fût dégradé avant d'aller au supplice. Il ne montra pas moins d'énergie dans l'affaire de l'ex-directeur des postes Lavallette, et dans la conspiration dite *de La Rochelle;* enfin, non moins attaché à sa religion qu'à son prince, il fit paraître ses fameux réquisitoires contre les journaux *le Courrier français* et *le Pilote*, et contre les rédacteurs du *Constitutionnel*, accusés de tendances irréligieuses. Cette démarche lui fait d'autant plus d'honneur, qu'il devait prévoir à quelles haines il s'exposait. Il fit aussi plusieurs réquisitoires contre les mauvais livres. Quoique atteint d'une maladie grave, Bellart continua à s'occuper de ses diverses fonctions aussi longtemps qu'il le put. Cependant sentant que les progrès de sa maladie ne lui laissaient aucun espoir de guérison, il porta lui-même au roi sa démission, et il écrivit à ce sujet à un de ses amis qu'il était bien juste de mettre un intervalle entre la vie et la mort. Celui qui avait toujours protégé la religion devait en éprouver les consolations. Il eut le temps d'avoir de fréquents entretiens avec le curé de sa paroisse, et il montra dans toute sa maladie une patience et une résignation étonnantes. Pour ne laisser aucune incertitude sur ses sentiments avant de recevoir les derniers sacrements, il voulut faire à haute voix sa profession de foi qui prouve qu'il n'avait jamais douté des vérités de la religion. Il expira le 7 juin 1826 dans de grands sentiments de piété. Une rare activité d'esprit, une grande facilité d'élocution, l'habitude des affaires, lui donnaient dans le conseil du département où il assista, pendant plus de vingt ans, une influence dont il ne se servit que pour encourager tout ce qui lui paraissait utile. Non-seulement il défendit les intérêts de la ville de Paris, mais aussi ceux de la religion et de la morale, et il contribua beaucoup à la restauration de plusieurs églises. On a recueilli ses *OEuvres*, précédées d'une *Notice sur la vie de l'auteur* par Billecoq, Paris, 1826, 6 vol. in-8, avec un portrait.

BELLATI (Antoine-François), jésuite et célèbre prédicateur italien, né à Ferrare en 1665, se livra à la prédication, et obtint les plus brillants succès dans les principales chaires d'Italie. La faiblesse de sa santé l'obligea d'y renoncer de bonne heure. Il se retira à Plaisance, où il fut élu, en 1712, recteur du collége. Il mourut le 1er mars 1742. On a recueilli ses ouvrages en 4 vol. in-4. On y trouve des *Sermons*, des *Traités de morale*; des *Exhortations domestiques*, des *Lettres*, etc. Le P. Bellati est dans son genre un des meilleurs écrivains italiens du 18e siècle.

BELLAVÈNE (Jacques-Nicolas), général de division, né à Verdun le 20 octobre 1770, mort à Milly en Gâtinais dans le mois de février 1826, fut d'abord simple soldat, et parcourut rapidement tous les grades militaires jusqu'à celui de général de brigade. Chargé, en 1796, de reconnaître les bords du Rhin aux environs de Strasbourg, afin de déterminer les points d'attaque pour le passage de ce fleuve, il s'acquitta de cette commission avec beaucoup d'habileté, et se distingua particulièrement à Kinslig, au passage de Kehl et à la bataille de Rastadt, où il eut une jambe emportée par un boulet, ce qui l'obligea de prendre sa retraite. Il fut chargé de présenter au gouvernement les drapeaux pris sur l'ennemi dans cette campagne, et obtint d'abord une place au bureau topographique. Il devint ensuite successivement inspecteur aux revues, commandant extraordinaire de la quatrième division militaire près le congrès de Lunéville, administrateur-général des postes, et enfin directeur-général des écoles militaires; nommé général de division en 1807, il continua, jusqu'à la restauration, de former d'habiles officiers.

BELLAY (Guillaume Du), seigneur de Langey, d'une famille très-illustre, fut envoyé par François Ier en Piémont, en qualité de gouverneur. Il avait déjà donné plusieurs preuves de son courage et de sa prudence. C'était le premier homme de son temps pour découvrir ce qui se passait dans les cours étrangères. Il mourut à Saint-Symphorien, entre Lyon et Roanne, en 1543. Il a écrit des *Mémoires*, 1553, 7 vol. in-12, qui sont une *Apologie continuelle de François Ier, et une satire de l'empereur Charles-Quint.* On a encore de Du Bellay un *Epitome de l'histoire des Gaules*, imprimé avec ses opuscules, 1556, in-4. C'est un des premiers qui révoqua en doute le merveilleux de l'*Histoire de Jeanne d'Arc*.

BELLAY (Jean Du), cardinal, frère du précédent, fut successivement évêque de plusieurs églises, ensuite de celle de Paris en 1532. L'année d'après, Henri VIII, roi d'Angleterre, faisant craindre un schisme, Du Bellay, qui lui fut envoyé, obtint de lui qu'il ne romprait pas encore avec Rome, pourvu qu'on lui donnât le temps de se défendre par procureur. Du Bellay partit sur-le-champ, pour demander un délai au pape Clément VII. Il l'obtint sans peine, et envoya un courrier au roi d'Angleterre pour avoir sa procuration. Mais ce courrier ne revenant pas, Clément VII fulmina l'excommunication contre Henri VIII, et l'interdit sur ses Etats. Ceux qui ont accusé le Pape de précipitation ne sont guère instruits des circonstances de cette affaire (Voyez CLÉMENT VII). Du Bellay fut fait cardinal en 1535, par Paul III, successeur de Clément VII. Il remplit ensuite les siéges de Limoges, de Bordeaux et du Mans. Après la mort de François Ier, Du Bellay, persécuté par les Guises, se retira à Rome, et y mourut évêque d'Ostie en 1560. Les lettres lui durent beaucoup. Il se joignit à Budé, son ami, pour engager François Ier à fonder le collége royal. Rabelais avait été son médecin. On a de lui quelques *Harangues*, une *Apologie pour François Ier*, des *Elégies*, des *Epigrammes*, des *Odes*, recueillies, in-8, chez Robert Etienne, en 1546. Brantôme dit « que le « cardinal Du Bellay fut un des plus sa-« vants, éloquents, sages et avisés de « son temps; qu'il était pour tout, et un « des plus grands personnages en tout « et de lettres et d'armes qui fût. »

BELLAY (Martin Du), frère de Guillaume et de Jean, fut, comme ses frères, un bon négociateur, un grand capitaine et un protecteur des lettres. François Ier l'employa. Il nous reste de lui des *Mémoires historiques*, depuis 1513 jusqu'à l'an 1543, qui ont été réunis à ceux de Guillaume son frère. Quelque plaisir que les curieux trouvent à la lecture de ces *Mémoires*, ils se plaignent de la longueur des descriptions que l'auteur fait des batailles et des siéges où il s'était trouvé. Cet homme, aussi sage qu'habile, mourut au Perche en 1559. Il était prince d'Yvetot, par son mariage avec Elisabeth Chenu, propriétaire de cette principauté.

BELLAY (Joachim Du), né vers 1524, à Liré, bourg à 8 lieues d'Angers, accompagna à Rome le cardinal Du Bellay, son parent, qui voulait, dit-on, se démettre en sa faveur de l'archevêché de Bordeaux. De retour à Paris, Du Bellay fut fait chanoine de la cathédrale. Il mourut en janvier 1559 ou 1560. Ses *Poésies françaises* lui firent une réputation. Elles sont ingénieuses et naturelles. Il aurait été à souhaiter que l'auteur eût eu plus d'égard à la décence et aux convenances de son état, et qu'il eût imité les anciens dans ce qu'ils ont de bon et de sensé, et non dans les libertés qu'ils ont prises. Il publia aussi des *Poésies latines*; mais elles sont très-inférieures à ses vers français. Son ouvrage intitulé : *Défense et illustration de la langue française*, ne manque ni d'érudition ni d'une sorte d'éloquence. Il fut imprimé à Paris en 1549, in-8. Les poésies françaises de Du Bellay ont été recueillies par G. Aubert de Poitiers, qui en a donné une édition en 1573, 2 vol. in-8. Il en existe encore deux autres, Rouen, 1592-97, in-12. Ses poésies latines ont été publiées sous le titre de *Xenia et alia carmina*, 1569, in-4. Le P. Nicéron donne le détail des différentes pièces qui composent ces recueils. « Du Bellay, dit un écrivain, fut le premier auteur des Français qui, en appelant les poëtes à l'imitation des Grecs et Latins, fit abandonner la manière gauloise de ses prédécesseurs. Sa *Défense de la langue française* contribua puissamment à opérer ce changement... Il est certain que Du Bellay est le véritable fondateur de l'*école classique* à laquelle la langue française doit jusqu'ici tous ses chefs-d'œuvre. En effet, et indépendamment de ses préceptes en prose, les vers de Du Bellay sont d'une pureté et d'une correction fort remarquables; ses compositions ne manquent ni d'élévation ni de noblesse, et sont aussi éloignées de la trivialité gothique que de l'emphase pédante que Ronsard ne tarda pas à apporter dans le langage. » — « Ce fut Joachim Du Bellay, dit un autre écrivain, qui écrivit et lança dans le public le manifeste de la *Brigade*, devenue plus tard la *Pléiade de Ronsard*. Le caractère de ce manifeste, remarquablement écrit, non-seulement pour l'époque, c'est qu'en même temps qu'il défend l'idiôme français, la langue nationale, il demande qu'elle aille s'enrichir et se féconder dans les langues de l'antiquité. En même temps qu'il se déclare partisan passionné de la langue indigène, de cette langue qu'on sacrifiait à l'Italie, il prêche l'imitation des Grecs et des Latins. L'idée était élevée et juste. Mais comme il s'y joignait un violent esprit de réaction, et qu'en toute réaction on va au-delà de la pensée première, et comme en outre il n'y eut pas dans la *Brigade* un homme d'assez de génie pour réaliser la théorie de Du Bellay, et pour s'inspirer de l'antiquité sans cesser d'être français, il en résulta des poëtes moins français que Marot leur devancier, et d'infidèles traducteurs de l'antiquité plutôt que d'intelligents imitateurs... Quant à l'idiome national, tout le perfectionnement qu'y introduisirent Ronsard et la *Pléiade*, se réduisit à un mélange ridicule de tous les patois provinciaux, d'une foule de termes empruntés à des professions spéciales, de vocables normands, wallons, picards, cousus à ces formes pompeuses, à cette fausse noblesse, à ces tours ambitieux, misérable travestissement de la poésie antique. Tout cela forme une langue bariolée, pédante, inintelligible, vague, sans unité, sans analogie, pauvre et maigre par-dessous, par-dessus recouverte d'une façon de manteau antique; jargon mi-partie de patois vivants et de langues mortes, chargé d'épithètes homériques, descriptif à l'excès, novateur sans nécessité, sans choix et sans goût; courtisanesque et populacier, érudit et sauvage; vrai pêle-mêle d'audace et d'impuissance:

de stérilité et de facilité formidable, de puérilité et d'emphase, d'inexpérience grossière et de raffinement, de paresse et de labeur ; effet de ce vertige d'esprit qui ne manque guère de saisir les hommes dont le rôle est au-dessus de leurs talents, et à qui l'ivresse de l'importance tourne la tête... »

BELLAY (François-Philippe), médecin, né le 26 août 1772 à Lent, petite ville près de Bourg en Bresse, d'une famille honnête, mais peu riche, étudia la médecine avec succès, et fut reçu docteur par acclamation le 28 octobre 1790. Il s'établit d'abord à Chalamond auprès d'un oncle qui avait fait les frais de son éducation, et ensuite à Lyon, où il fut officier municipal pendant le siège. Obligé de fuir, il ne trouva un asile sûr qu'aux armées, et bientôt ses talents reconnus le firent admettre comme médecin militaire dans les armées des Alpes et d'Italie. Lorsque le retour de l'ordre lui permit de rentrer en France, il revint exercer la médecine à Lyon, et il mérita l'estime et l'affection de ses compatriotes. Il est mort à Macon le 28 septembre 1824, en revenant d'accompagner un de ses fils à Paris. Il avait été un des propagateurs les plus zélés de la vaccine. Son *Éloge* a été prononcé à la société de médecine de Lyon, dont il fut successivement secrétaire général et président. Il a publié avec le docteur Brion un excellent journal intitulé : *Le Conservateur de la santé, journal d'hygiène et de prophylactique*, Lyon 1799-1804, 5 vol. in-8, et depuis la cessation de ce journal jusqu'en 1813, diverses observations sous le titre de *Météorologie médicale*. On a encore de lui : la *Galatée des médecins*, traduite de Pasta ; une *Histoire raisonnée des maladies observées à Naples*, aussi traduite de l'italien de Sarconne, 1803-1805, 2 vol. in-8 ; et un *Tableau historique de la vaccine depuis le 3 avril 1801 jusqu'au 31 décembre 1809*, qu'il a publié avec Brion en 1810.

BELLE (Clément-Louis-Marie-Anne), peintre d'histoire, inspecteur de la manufacture des Gobelins pour la partie des arts, mort en 1806, produisit un assez grand nombre de tableaux, entre autres *la Réparation des saintes hosties.*

BELLE (Etienne de La), dessinateur et graveur, naquit à Florence en 1610. Les estampes de Callot, sur lesquelles il se forma, firent connaître son talent. Sa gravure est moins fine, son dessin moins précis ; mais sa pointe est légère et délicate. Il mourut à Florence, en 1664, comblé d'honneurs par le grand-duc.

BELLEAU (Remi) naquit à Nogent-le-Rotrou, dans le Perche, en 1528. Le marquis d'Elbeuf, général des Galères de France, le chargea de veiller à l'éducation de son fils. Il mourut à Paris en 1577. Ses *Pastorales* furent estimées par ses contemporains. Ronsard l'appelait *le Peintre de la nature*, Il fut un des sept poètes de la *Pléiade Française*. Son poème : *De la nature et de la diversité des pierres précieuses*, qui passait alors pour un bon ouvrage, fit dire de lui, à quelqu'un qui aimait apparemment les mauvaises pointes : *Que ce poète s'était bâti un tombeau de pierres précieuses*. Sa *Traduction d'Anacréon* est bien loin de l'original. Ses *OEuvres poétiques* furent recueillies à Rouen, 1604, 2 vol. in-12.

BELLEFOREST (François de), né au village de Sarzan, près de Samaten en Guienne, l'an 1530, mourut à Paris en 1583. Cet écrivain était si fécond, qu'on disait qu'il avait des moules à faire des livres ; mais on ne disait pas qu'il en eût à en faire de bons. Sa plume lui donna du pain. On a de lui une multitude d'ouvrages dont plusieurs sont in-fol. : *L'Histoire des neuf Rois de France qui ont eu le nom de Charles*. in-fol. ; les *Histoires tragiques*, 1616 et suiv., en 7 vol. in-16 ; les *Histoires prodigieuses*, à Lyon, 1678, 7 vol. in-16 ; les *Annales*, ou *l'Histoire générale de France*, Paris, 1600, 2 vol. in-fol. Il y a des choses curieuses, mais le style en est embrouillé, et il faut avoir beaucoup de courage pour chercher une paillette d'or dans ce tas de sable. Belleforest a poussé son *Histoire* jusqu'en 1574, et Gabriel Chapuis l'a continuée jusqu'en 1590. Cette suite se trouve dans l'édition que nous avons indiquée.

BELLEGARDE (Roger de SAINT-LARY, seigneur de), fut d'abord destiné à l'état ecclésiastique. On l'envoya étudier à Avignon, où il tua un de ses compagnons d'étude. Le maréchal de Termes, son grand-oncle maternel, le reçut auprès de lui, et l'employa. Il se distingua dans plusieurs batailles. Henri III le fit maréchal de France en 1574, lui donna le marquisat de Saluces, et plus de trente mille livres de rente, en biens d'églises ou en pensions, et l'éleva aux honneurs qui pouvaient flatter un courtisan. Brantôme dit qu'on ne l'appelait à la cour que le *Torrent de la faveur*. Ce fut par le conseil de ce maréchal, vendu au duc de Savoie, que Henri III lui restitua Pignerol, Savillan et la Pérouse. Bellegarde, ayant perdu sa faveur, se retira en Piémont dans son gouvernement en 1579, avec le projet de s'y rendre indépendant : ce qu'il exécutait en effet, sans que le roi, occupé pour lors d'affaires plus essentielles, plongé d'ailleurs dans la mollesse et les plaisirs, essayàt de l'en empêcher. Il était secrètement soutenu du roi d'Espagne et du duc de Savoie, qui lui fournissaient de l'argent. Il ne jouit pas longtemps de sa nouvelle souveraineté, étant mort à la fin de cette même année; non sans qn'on soupçonnât Catherine de Médicis de l'avoir fait empoisonner. Bellegarde avait épousé la veuve du maréchal de Termes, son oncle.

BELLEGARDE (Gabriel du Pac de), ancien chanoine comte de Lyon, né le 17 octobre 1717, au château de Bellegarde, près de Narbonne, mort à Utrecht le 13 décembre 1789. Lié de bonne heure avec Boursier et d'Etemare, il en adopta les principes, et fit plusieurs voyages en Hollande pour travailler plus à son aise à la propagation de sa doctrine. Dans les mêmes vues il se démit, en 1763, de son canonicat de Lyon, dont il avait été pourvu en 1761. Son zèle et son activité étaient extrêmes. Il assista à l'assemblée d'Utrecht en 1763, et ce fut lui qui en publia les décrets, que Clément XIII condamna. Il fit de fréquents voyages en France en 1774 et 1775, pour y soutenir le courage de ceux de son opinion, et parcourut l'Allemagne et l'Italie pour y faire de nouveaux prosélytes. On assure qu'il fit passer dans ce pays, pour des sommes considérables, les ouvrages des plus fameux Appelants. Il avait aussi des relations en Espagne et en Portugal, et était très au fait de tout ce qui se passait dans les Eglises étrangères. C'est lui qui fournissait aux *Nouvelles ecclésiastiques* les détails qu'on y trouve à cet égard. Son zèle se déploya surtout en faveur de l'Eglise d'Utrecht pour laquelle il avait une prédilection particulière. On a de lui : *Mémoires pour servir à l'histoire de la Bulle dans les Pays-Bas*, 4 vol. in-12 ; une seconde édition du *Journal de Dorsanne*, auquel il ajouta un sixième volume, écrit dans le même esprit; l'*Histoire de l'Eglise d'Utrecht*; un *Recueil de témoignages rendus à l'Eglise d'Utrecht*; un *Supplément aux OEuvres de Van-Espen*, qu'il fit précéder de la *Vie* de l'auteur, et qui forma le tome 5 de l'édition imprimée à Lyon en 1778, 4 vol. in-fol.; Une *Traduction française des Actes du synode de Pistoie*, 2 vol. in-fol. une édition des *OEuvres d'Antoine Arnaud*, qu'il fit imprimer à Lausanne en 45 vol. in-4, y compris les 5 vol. de la *Perpétuité de la Foi*. Les soins de cette édition furent confiés à l'abbé Hautesahe, l'un des rédacteurs des *Nouvelles ecclésiastiques*. L'abbé de Bellegarde fournit à Larrière les *Mémoires* avec lesquels celui-ci composa la vie d'Arnauld, qui accompagne cette édition.

BELLEGARDE (Octave de Saint-Lary de), archevêque de Sens, né en février 1587, mourut le 24 juillet 1646. Après avoir fait à Bordeaux et à Brouage ses études humanitaires, il alla étudier la philosophie et la théologie à Toulouse; et, n'étant encore que clerc, il fut pourvu, par Henri IV, de plusieurs riches abbayes, entre autres de celle de Saint-Germain d'Auxerre. Il fut évêque de Conserans; il établit dans ce diocèse un couvent de capucins, et fut porté au siége archiépiscopal de Sens. Il fonda dans ce diocèse un collége de jésuites et plusieurs communautés religieuses des deux sexes. En 1624, il assista à l'assemblée du clergé à Paris; il présida celle de 1627, à Fontenai-le-Comte, et celle de 1641, à Mantes. L'exil fut le prix de la fermeté avec laquelle il soutint les immunités du clergé et les droits de l'épiscopat. En 1639, il souscrivit, avec plusieurs autres prélats, la condamnation de deux ouvrages intitulés, l'un : *Traité des droits et libertés de l'Eglise gallicane* ; et l'autre : *Preuve des mêmes libertés* ; il partagea les sentiments du docteur Arnauld, et approuva son livre *De la fréquente Communion;* il en écrivit même à Urbain VIII. Il était versé dans la théologie, et savant dans les antiquités. Il fit imprimer et on lui attribua le *Sanctus Augustinus per se ipsum docens catholicos et vincens pelagianos*, dont il recommanda, par une lettre pastorale, la lecture aux fidèles de son diocèse, et principalement aux ecclésiastiques ; mais on a su que ce livre était du P. du Juanet, oratorien. Bellegarde mourut en 1646, et fut inhumé dans la cathédrale. Il légua ses biens à l'église de Sens et aux pauvres.

BELLEGARDE (Jean-Baptiste Morvan de), né en 1648, à Pihyriac, arrondissement de Savenay, dans le diocèse de Nantes, se fit jésuite et le fut pendant 16 ou 17 ans. On prétend que son attachement pour le cartésianisme, dans un temps où il n'était pas encore à la mode, l'obligea de sortir de la société. Depuis, il ne cessa d'enfanter volume sur volume. Il employait le produit de ses ouvrages à son entretien et à des aumônes. Il mourut dans la communauté des prêtres de Saint-François de Sales, en 1734. On a de lui plusieurs *Traductions* de Pères, de saint Jean-Chrysostôme, de saint Basile, de saint Grégoire de Nazianze, etc. Elles ne sont point, en général, assez fidèles. Ses *Versions* des auteurs profanes, d'Ovide et d'autres, sont peu estimées.

On a de lui encore divers ouvrages de morale : *Réflexions sur ce qui peut plaire et déplaire dans le monde;* sur le *Ridicule; Modèles de Conversations*, et d'autres *Écrits* moraux, qui forment 14 petits volumes. Ils se sentent de la précipitation avec laquelle l'auteur les composait; cependant l'abbé de Bellegarde avait de la facilité dans le style, et quelquefois de l'élégance.

BELLELLI (FULGENCE), pieux et savant théologien augustin, naquit dans le diocèse de Conza au royaume de Naples, devint général de son ordre et mourut en 1742, laissant *Mens Augustini de statu creaturæ rationalis ante peccatum*, in-4., 1713, ouvrage dénoncé l'année suivante à l'inquisition de Rome; mais on n'y trouva rien qui fût susceptible de censure. *Mens Augustini de modo reparationis creaturæ post lapsum adversùs Baianam et Jansenianam hæresim*, etc., dont le but est de concilier la bulle *Unigenitus* avec la doctrine de saint Augustin.

BELLEMARE (Jean-François), né le 1er mars 1768, à Ambenay (Eure), mort à Paris, le 16 novembre 1848. Il se destinait à l'état ecclésiastique et achevait ses études au séminaire d'Evreux, lorsque la Révolution éclata. Comme il n'était pas dans les ordres, il fut compris dans la grande levée de 18 à 25 ans, et incorporé dans un régiment de hussards. Il avait le grade de lieutenant, lorsque ses principes monarchiques, bien connus, le firent arrêter comme suspect, et conduire à la conciergerie, où il resta jusqu'au 9 thermidor. Il ne retourna point à son régiment, et il fonda le journal *le Grondeur*, où il attaquait les Jacobins avec véhémence; mais au 18 fructidor il fut compris parmi les journalistes condamnés à la déportation. Il put se soustraire à toutes les recherches, et s'embarquer à Hambourg pour les Etats-Unis où il resta jusqu'au 18 brumaire. A son retour, il travailla à la *Gazette de France;* ayant pu se faire recommander à Fouché, il fut nommé, en 1807, commissaire général de police à Anvers; il s'acquitta de ses fonctions à la satisfaction générale, et surtout des honnêtes gens, jusqu'en 1814. Il travailla de nouveau, à cette époque, à la rédaction de la *Gazette* dont il était un des principaux propriétaires. En 1828, il obtint un emploi au ministère de l'intérieur dans la section des lettres; il fut très-utile dans cette place aux écrivains nécessiteux. Il travaillait en même temps à *l'Ami de la Religion*, pour aider son ami Picot, et publiait des brochures de circonstances qui eurent un certain retentissement; il écrivait surtout en faveur des jésuites et contre l'enseignement universitaire qu'il accusait, avec raison, de n'être pas assez favorable au christianisme. Bellemare était un de ces hommes qui savent le mieux exciter l'intérêt en défendant les bonnes doctrines avec esprit et finesse sans les compromettre par l'acrimonie. Voici la liste de ses principaux ouvrages : *Le chevalier tardif de Cointac*, 5 vol. in-12, roman qui renferme des détails intéressants sur les Américains; *Le damné volontaire, ou les suites d'un pacte avec le diable*, 1821, 3 vol. in-12, fig. ; *Le conseiller des jésuites*, 1827, 3 vol. in-8 ; *La fin des jésuites et de bien d'autres*, 1828, in-8 ; *Le collége de mon fils*, 1827, in-8; *Les jésuites en présence des deux chambres*, 1828, in-8; *Le fléau de Dieu*, en 1832-1833, in-8; *Les Méditations de Charles X, suivies du rappel de deux jésuites*, 1833, in-8; *Les entretiens de Nancy, ou le troupeau sans pasteur*, 1834, in-12 ; *M. de Quelen, pendant dix ans*, 1840, in-8.

BELLENGER (François), docteur de Sorbonne, naquit en 1688 dans le diocèse de Lisieux, et mourut à Paris, en 1749, à 61 ans. On a de lui une *Traduction exacte de Denys d'Halicarnasse*, 1723, 2 vol. in-4, réimprimée en 6 vol. in-8 ; une *Traduction de la Suite des Vies de Plutarque* par Row ; un *Essai de critique* des ouvrages de Rollin , des traducteurs d'Hérodote, et du *Dictionnaire* de la Martinière, in-8, avec une suite. Cet ouvrage, quoique écrit pesamment, est estimé. Il résulte de la première partie, que Rollin n'entendait que faiblement le grec, et qu'il s'appropriait souvent les auteurs français sans les citer. Les deux autres parties sur les traducteurs d'Hérodote et sur la Martinière ne sont ni moins justes, ni moins savantes. Il a laissé en manuscrit une *Version* française d'Hérodote, avec des notes pleines d'érudition.

BELLENGHI (Philippe-Marie), archevêque de Nicosie, né le 22 novembre 1757, entra, dès l'âge de 15 ans, chez les camaldules de Sainte-Croix de l'Avellana, et y prit l'habit de Saint-Benoît. Après avoir terminé ses études à Rome avec succès, il alla professer la philosophie, puis la théologie et le droit canon à l'Avellana, et plus tard au monastère de Saint-Blaise, à Fabriano. Élu abbé en 1802, il gouverna successivement plusieurs monastères. Léon XII le fit archevêque de Nicosie *in partibus*, dans le consistoire du 23 juin 1828, et le nomma vicaire et visiteur apostolique. Après avoir rempli cette charge avec autant de zèle que de charité, il eut enfin la permission de rentrer dans son couvent, où il est mort le 2 mars 1839. Mgr Bellenghi joignait à une haute piété et à toutes les vertus de son état, des connaissances variées et un esprit cultivé. On a de lui : des *Observations critiques sur les devoirs de l'homme*; deux *Dissertations* sur des points de l'histoire profane, et d'autres sur l'histoire des Mages, sur les anciennes custodes pour l'Eucharistie, sur les anciens habits des moines, etc. On lui doit aussi quelques *Opuscules* sur la culture des arbres, sur la minéralogie et la géologie.

BELLEPIERRE DE NEUVE-EGLISE (Louis-Joseph), garde-du-corps du roi et lieutenant de cavalerie, né à Saint-Omer, le 24 août 1727. On ignore l'époque de sa mort. Il a publié, entre autres ouvrages : *Le Patriote artésien*, ou *Projet d'établissement d'une académie d'agriculture, de commerce, en la province d'Artois*, Paris, 1761, in-8; *Cours complet d'agriculture, du commerce et des arts et métiers de France*, 3 vol. in-8; *Boussole agronomique*, ou *le Guide des laboureurs*, Yvetot et Paris, 1762-1765, 4 part. in-8: *Catalogue hebdomadaire des livres nouveaux qui se publient en France et chez les étrangers*, 1763 et années suivantes, in-8; et plusieurs ouvrages d'agriculture.

BELLET, bénéficier de la cathédrale de Montauban et membre de l'académie de cette ville, né dans le Querci en 1702, et mort à Paris en 1771, avait débuté par le ministère de la prédication, où il obtint des succès ; mais ayant été interdit en 1734, il se livra à la composition de divers ouvrages. Il a remporté plusieurs prix aux académies de Bordeaux, de Pau, de Rouen, de Marseille et de Soissons. Outre ses discours académiques, on a de lui : *L'Adoration chrétienne dans la dévotion du rosaire*, in-12; *Des droits de la religion chrétienne et catholique sur le cœur de l'homme*, 2 vol. in-12. On fait l'éloge de la modération et de la clarté qui règnent dans ce dernier ouvrage.

BELLEVUE (ARMAND DE), religieux dominicain, né dans la Provence, fut attaché au pape Jean XXII, qui lui donna l'emploi de lecteur du sacré palais. On a de Bellevue : un *Dictionnaire des mots les plus difficiles de la philosophie et de la théologie*, plusieurs fois imprimé ; *Sermones per totum ferè annum derlamabiles*, Lyon, 1515, in-8; des *Conférences sur les psaumes*, Paris, 1519; des *Prières et des méditations sur la vie de Jésus-Christ*, Mayence, 1503.

BELLI, ou OMBELLI (Paul), naquit à Messine en 1588, se fit jésuite, remplit plusieurs emplois distingués dans cet ordre, et fut en faveur auprès du pape Innocent X, dont il était parent. Il mourut dans son lieu natal, le 15 janvier 1658. Il a laissé en latin quelques ouvrages de piété, tels que : l'*Histoire de la Passion, tirée des quatre évangélistes*; un *Recueil de mille éloges ou de mille traits à la louange de la Vierge Marie*, en 2 vol. in-fol., et en italien : *il Sacrifizio d'Abraamo, representazione tragicomica*, Rome, 1648, sous le nom de *Lelio Palombo*. Si ce nom est anagrammatique, comme on l'a dit, c'est une raison de croire qu'il ne s'appelait pas *Paolo Belli*, mais *Ombelli*, comme l'ont voulu quelques auteurs.

BELLIÈVRE, famille originaire de Lyon, a produit : 1° Un chancelier de France, sous Henri IV, qui avait servi sous cinq rois, et mort en 1607; 2° un premier président au Parlement de Paris, sous Louis XIV, mort en 1659, sans postérité : on lui doit l'établissement de l'hôpital-général de Paris ; 3° deux prélats qui aimaient les lettres et les cultivaient, et qui furent archevêques de Lyon.

BELLIN (Gentile), peintre de Venise, fut demandé par Mahomet II à la république. Bellin fit plusieurs tableaux pour cet empereur. On a parlé surtout de celui de la *Décollation de saint Jean-Baptiste*. On a raconté à ce sujet une anecdote qu'on trouve dans presque toutes les histoires des peintres, mais qu'un auteur célèbre a mise, je ne sais sur quelle preuve, au rang des contes improbables, car certainement le fait ne sort pas du caractère de Mahomet. Ce sultan trouva, dit-on, son ouvrage fort beau ; il lui parut seulement que les muscles et la peau du cou, séparés de la tête n'étaient point suivant l'effet de la nature. Il appela tout de suite un esclave auquel il fit couper la tête, pour donner une leçon au peintre. D'autres disent que Bellin empêcha cette barbarie, et qu'il dit au sultan : « Seigneur, dispensez-moi d'imiter la nature en outrageant l'humanité. » On ajoute que Bellin demanda son congé, de peur que sa tête ne servît de leçon un jour à quelque meilleur peintre que lui. Mahomet, que la cruauté n'empêchait pas d'aimer les arts, lui fit présent d'une couronne d'or de 3,000 ducats, et le renvoya avec des lettres de recommandation pour sa république, qui lui donna une pension, et le fit chevalier de Saint-Marc. Il mourut à Venise en 1501, à 80 ans.

BELLIN (Jean), frère du précédent, avait un pinceau plus doux et plus correct que Gentile. Ils travaillaient de concert à ces magnifiques tableaux qui sont dans la salle du conseil à Venise. Jean fut un des premiers qui peignit à l'huile. Il publia ce secret, qu'il avait surpris à Antoine de Messine, qui le tenait du célèbre Van-Dick. Il mourut en 1512, à 90 ans.

BELLIN (Jacques-Nicolas), ingénieur-géographe de la marine, membre de la société royale de Londres, né à Paris en 1703 et mort en 1772, a fait un grand nombre de cartes marines qui forment plusieurs recueils : le premier, sous le nom de *Neptune français*, comprend les côtes de France ; le second, sous celui de *Hidrographie française*, comprend toutes les côtes connues de notre globe. On a encore de lui : *Essais géographiques sur les îles Britanniques*, in-4 ; *Description géographique des îles Antilles*, in-4 ; *de la Guyane*, in-4 ; *de Venise et de la Morée*, in-4 ; *Le petit Atlas maritime*, 5 vol. in-4. C'était un auteur très-laborieux.

BELLING (Richard), irlandais, fut pendant les troubles qui agitèrent sa patrie, sous le règne de Charles I*er*, un des officiers les plus distingués des catholiques et se dévoua au service de son souverain. Il fut envoyé à Rome par le conseil des confédérés catholiques, établi à Kilkenni ; il y obtint des secours d'argent et revint dans son pays, accompagnant le nonce Rinuccini, archevêque de Fermo. Mais la division s'étant mise parmi les confédérés, et voyant que Cromwel mettait tout à feu et à sang, Belling fut obligé de se retirer en France, où il vécut jusqu'au rétablissement de Charles II, qui le fit rentrer dans la possession de ses terres. Il mourut à Dublin en 1677. Durant son séjour en France, il écrivit sous le nom supposé de *Philopator Irenæus, Vindiciarum Catholicorum Hiberniæ*, lib. 2. C'est l'histoire des affaires d'Irlande depuis 1641 jusqu'en 1649. Cet ouvrage ayant été critiqué, il en fit l'*Apologie*, Paris, 1654, in-8.

BELLINI (Laurent), né à Florence le 3 septembre 1643, mourut dans cette ville le 8 janvier 1704. Il étudia et professa les sciences médicales avec succès ; ayant à peine l'âge de dix-neuf ans, il publia des recherches intéressantes qu'il avait faites sur la structure des reins. L'année suivante, 1663, il fut nommé lecteur public de médecine théorique à l'Université de Pise, où il faisait ses études ; et obtint, peu de temps après, la chaire d'anatomie qu'il occupa pendant trente ans. Il fut le premier médecin du grand-duc Côme III, et premier médecin consultant du pape Clément XI. Ses ouvrages sont une *Dissertation anatomique de la structure et de l'usage des reins*, souvent imprimée ; des Traités *De urinis et pulsibus, de missione sanguinis, de febribus, de morbis capitis et pectoris*, imprimés ensemble et souvent ; divers *Opuscules* des urines, du mouvement du cœur, du mouvement de la bile, etc. etc., aussi imprimés ensemble, et plusieurs fois. Tous ces ouvrages réunis, *Opera omnia*, Venise, 1708 ; de plus ne faisant point partie de cette collection, quelques *Opuscules* en italien. Autres éditions des *Œuvres complètes*, Florence 1720, et 1747, in-4. Bellini s'occupa aussi, et avec succès, de littérature et de poésie : On cite, dans ce dernier genre, des *Rimes*, et un poëme : La *Bacchereide*, Florence, 1729, in-8.

BELLINI (Vincent), compositeur dramatique, né le 3 novembre 1802, à Catane en Sicile, vint à Naples où il donna plusieurs *Ouvertures* et *symphonies*, trois *Vêpres complètes* et quelques autres morceaux de *musique religieuse* qui eurent du succès. En 1833 il vint habiter Paris, où il donna *les Puritains*, qui est son œuvre capitale. Bellini mourut à Puteaux près Paris le 23 septembre 1835. On a de lui, outre les compositions dont nous avons parlé : *le Pirate, la Somnambule*, etc. Ses débuts l'avaient placé au premier rang, et ont fait regarder sa mort comme une perte pour l'art musical.

BELLOCQ (Pierre), né à Paris, en 1645, valet de chambre de Louis XIV, plaisait par son esprit, par ses saillies, par sa physionomie. Il était ami de Molière et de Racine. Il écrivit contre la *Satire des femmes* de Despréaux, mais se réconcilia ensuite avec lui. Ses *Satires contre les Petits-Maîtres et les Nouvellistes* eurent quelques succès, de même que son *Poëme sur l'Hôtel des Invalides*, 1702, in-fol. Il mourut en 1704.

BELLORI (Jean-Pierre), né à Rome, en 1615, et mort en 1696, à 80 ans, tourna ses études du coté des antiquités et de la peinture. Ses principaux ouvrages sont : l'*Explication des médaillons les plus rares du cabinet du cardinal Carpegna*, auquel Bellori était attaché, Rome, 1697, in-4, en italien ; les *Vies des peintres, architectes et sculpteurs modernes*, à Rome, 1672, in-4, en italien : cet ouvrage, que l'auteur n'achève pas, est estimé, quoiqu'il ne soit pas toujours exact, et il est devenu rare ; *Description des tableaux peints par Raphaël au Vatican*, à Rome, 1695, in-fol. en italien : livre curieux et recherché des peintres ; *Antiche Lucerne Sepolcrali*, avec figures, en italien, 1694, in-fol.; *Gli Antichi Sepolcri*, 1699, in-fol.; ou Leyde, 1718, in-fol.: Ducker a traduit ces deux ouvrages en latin, Leyde, 1702, in-fol.; *Veteres arcus Augustorum*, Leyde, 1690, in-fol.; *Admiranda Romæ antiquæ vestigia*, Rome, 1693, in-fol.; seconde édition de l'*Historia Augusta d'Angeloni*, Rome, 1685, in-fol.; *Fragmenta vestigii veteris Romæ*, 1673, in-fol.; *la Colonna Antoniniana*, in-fol.; *Pitture del Sepolcro de Nasoni*, 1680, in-fol., traduit en latin, Rome, 1738, in-fol. Tous ces ouvrages sont recherchés des antiquaires. La reine Christine lui confia la garde de sa bibliothèque et de son cabinet.

BELLOVÈSE, premier chef gaulois qui franchit les Alpes par la gorge de Turin; il défit les Toscans sur les bords du Tésin, remporta plusieurs victoires sur différents peuples, et alla fonder la ville de Milan, dans un marais appelé le *Champ des Insubriens*, vers l'an 550 avant J.-C., sous le règne de Tarquin-l'Ancien. Les nombreux soldats qui l'avaient suivi se répandirent dans le pays des Libuens, où sont maintenant les villes de Brescia et de Vérone. De nouvelles émigrations de Gaulois accourus au bruit des exploits de Bellovèse s'établirent successivement dans l'Etrurie, dans la Ligurie, et jusqu'aux pieds des Apennins. Bellovèse régna longtemps sur ces fertiles contrées qui prirent le nom de *Gaule Cisalpine*.

BELLOY (Pierre-Laurent BUYRETTE Du), de l'Académie française, mort en 1775, s'est distingué dans la carrière dramatique. Le *Siège de Calais*, tragédie qui offre un des événements des plus frappants de l'histoire de France, produisit une sensation très-vive sur les bons citoyens, et mérita des récompenses à l'auteur. Le roi lui fit donner une médaille d'or du poids de 25 louis, et une gratification considérable. Les magistrats de Calais lui envoyèrent des lettres de citoyen dans une boîte d'or; et son portrait fut placé à l'Hôtel-de-ville parmi ceux de leurs bienfaiteurs. Sa versification est dure et incorrecte, et l'auteur de la *Décadence des lettres et des mœurs* en a porté un jugement sévère. « Les « vers de Chapelain et de Pradon, dit-il, « ne sont rien au prix de ceux de Du « Belloy; cependant le malin vieillard de « Ferney lui écrivait au sujet de Zel- « mire : Vous aimez le style de Racine, « et vous avez vos raisons pour cela..... « vous joignez à la beauté des vers, le « mérite de l'action théâtrale. La beauté « des vers de Du Belloy! Oh! comme il « se moquait! Je suis sûr que ce bon « vieillard pouffait de rire, en écrivant « sa lettre. Du Belloy la rapporte avec « confiance, tant l'amour-propre est « aveugle! comme un titre qui l'égale à « Racine. Pour moi, je ne reviens point « de la beauté des vers de Du Belloy ». Ses autres tragédies, *Titus*, *Zelmire*, *Gabriel de Vergy*, *Gaston et Bayard*, *Pierre-le-Cruel* réussirent moins que le *Siège de Calais*, parce qu'avec les mêmes défauts, elles sont moins animées par l'enthousiasme patriotique qui fit valoir celle-ci. Elles ont, d'ailleurs, *Gabrielle de Vergy* surtout, une teinte noire, qui n'est pas du bon tragique, et qui a fait dire à l'auteur que nous venons de citer : « A quoi la scène française est- « elle en effet réduite aujourd'hui ? La « terreur et la pitié en sont bannies; « mais la sombre horreur y règne. Il « semble que les poëtes prennent à tâ- « che de dénaturer le genre tragique. « Comme ils ignorent l'art de remuer « les passions, de toucher, d'attendrir et « d'intéresser, ils se contentent de flé- « trir le cœur, de noircir l'imagination, « de forcer les spectateurs à détourner « les yeux des objets atroces qu'ils of- « frent à leurs regards. On dirait que « les poëtes, à l'envi, se disputent en- « tre eux à qui noircira le plus la scène. « Incapables d'atteindre à la charmante « et sublime simplicité de Racine, ils « n'ont que la misérable ressource de « franchir toutes les règles, de multi- « plier les coups de théâtre, d'augmen- « ter la pompe du spectacle, de frapper « les yeux, de laisser l'esprit vide et le « cœur dans une angoisse insupportable. « On n'a pas senti, qu'en admettant ce « genre barbare, on allait changer les « mœurs de la nation. Comment les « femmes, dont la douceur est le par- « tage, qui tressaillent à toute émotion, « dont les sensations sont vives et les « nerfs si délicats, ont-elles pu s'accou- « tumer à toutes ces horreurs tragiques « qui ne sont rachetées ni par la beauté « des vers, ni par le charme du style et « la richesse de l'expression, ni par la « noblesse et l'élévation des pensées ? « Quelques froides sentences, des maxi- « mes audacieuses et hardies en font le « seul mérite ». M. Gaillard, de l'Académie française, a donné une édition de ses *OEuvres*, en 6 vol. in-8.

BELLOY (Jean-Baptiste Du), archevêque de Paris, naquit près de Senlis le 9 octobre 1709, et mourut à Paris le 10 juin 1808, à l'âge de quatre-vingt-dix-huit ans huit mois. Il appartenait à une famille qui s'était distinguée par les armes; mais la douceur de son caractère le rendait peu propre à la même carrière. Il embrassa l'état ecclésiastique, devint vicaire-général, official et archidiacre de Beauvais, évêque de Glandève en 1741, député à l'assemblée du clergé en 1755, évêque de Marseille la même année, en remplacement de Mgr de Belsunce. Quand la révolution eut éclaté, Mgr Du Belloy, bien qu'octogénaire, quitta Marseille et se retira dans la province où il était né. On respecta son grand âge et ses vertus : on le laissa dans sa retraite où il ne fut pas inquiété. En 1801, il se rendit à Paris pour aplanir les difficultés élevées au sujet du Concordat, et le premier il donna sa démission d'évêque; mais peu de temps après il fut nommé archevêque de Paris, et l'année suivante le Pape l'honora de la pourpre. Le cardinal Du Belloy regardait comme une des principales obligations de son ministère de maintenir la paix, et croyait qu'il fallait tout lui sacrifier excepté le devoir. Modèle de la charité évangélique, il était le père des pauvres.

BELLUGA (Louis-Antoine de MONCADE de), savant et pieux cardinal, né au royaume de Grenade, en 1662. Sacré évêque de Carthagène, en 1705, il ne négligea rien de ce qui pouvait contribuer au maintien des mœurs et de la discipline et au progrès des sciences ecclésiastiques. En 1724, il se démit de son évêché, et vint se fixer à Rome. Il y mourut le 2 février 1743, sous le pontificat de Benoît XIV, qui l'avait aimé et estimé vivant, et qui honora sa mort de ses regrets. Belluga composa différents *Opuscules* et *Mémoires* sur les affaires ecclésiastiques, ainsi que divers *Traités* de théologie. Tous ses ouvrages sont restés manuscrits.

BELLUNE. (Voyez VICTOR.)

BELLUTI (Bonaventure), religieux franciscain, né à Catane, où il mourut en 1676, passa une grande partie de sa vie en voyages, et professa la philosophie à Cracovie et dans plusieurs villes d'Italie. On a de lui: *Mélanges de morale*; *Cours de philosophie*; une *Logique*; *Disputationes in organum Aristotelis*, in-8; plusieurs *Observations* sur les ouvrages d'Aristote, sur la physique, l'âme, le ciel, le monde, les météores, la génération et la corruption. Tous ses écrits sont en latin, et imprimés à Venise, en 1688.

BELMAS (Louis), évêque de Cambrai, naquit à Montréal, dans la province du Languedoc, le 11 août 1757. Orphelin de père et de mère dès l'âge le plus tendre, il fut envoyé d'abord dans les écoles de sa ville natale, puis placé au collège de Carcassonne, où il fit ses études avec succès. A la fin de 1772, il fut tonsuré par l'évêque de Carcassonne, qui lui donna, deux ans après, une bourse dans le séminaire de Toulouse, dirigé alors par les prêtres de l'Oratoire. Il fit chez eux sa philosophie et sa théologie, et reçut le grade de bachelier. Il retourna ensuite à Carcassonne, où il fut ordonné prêtre, dans les derniers jours de décembre 1781. Nommé vicaire dans une des paroisses de la ville épiscopale, il exerça, durant dix mois, les fonctions du ministère; en 1782, ses supérieurs le rappelèrent au séminaire diocésain pour y professer la théologie. L'abbé Belmas devint successivement chanoine de la collégiale de Montréal, et promoteur du diocèse, et plus tard curé desservant de Carlipa, petit village du Languedoc. Il occupait ces dernières fonctions, lorsque la révolution éclata. En 1791, après quelques hésitations, il prêta serment à la constitution civile du clergé, et peu de temps après il fut appelé à la cure de Castelnaudary, capitale du Lauraguais. En 1800, Besancelle, évêque constitutionnel du département de l'Aude, ayant désiré un coadjuteur, Belmas fut désigné par les suffrages populaires, et sacré en cette qualité, à Carcassonne, le 26 octobre de la même année. Après la mort de l'évêque constitutionnel de l'Aude, au mois de février 1801, Belmas lui succéda, et au bout de trois mois il partit pour Paris, où était convoqué un second concile national. Il ne paraît pas qu'il ait pris une part active aux travaux de cette assemblée; cependant, le dernier jour, il prononça un discours dans lequel il exprima le désir de voir les esprits se réconcilier et se réunir. Pendant son séjour dans la capitale, il prêcha dans presque toutes les églises, principalement à Saint-Étienne-du-Mont. Ses discours attirèrent la foule; il en avait écarté avec soin toute allusion aux questions religieuses et politiques qui étaient alors agitées. A l'époque du Concordat, Belmas donna sa démission, rétracta son serment à la constitution civile, et fut nommé à l'évêché de Cambrai. Il prit possession de ce nouveau diocèse le 26 mai 1802. Lorsque, trois ans après, le Pape vint à Paris pour le sacre de l'empereur, on éleva, dans l'esprit du souverain Pontife, quelques doutes sur la sincérité de la soumission de Mgr Belmas; mais celui-ci, conformément à la demande qui lui en fut faite, n'hésita pas à signer de nouveau une déclaration qui portait adhésion *pleine et entière* aux jugements du Saint-Siége sur les affaires ecclésiastiques de France. Dès son arrivée à Cambrai, Mgr Belmas s'occupa d'organiser son diocèse. Ses premiers soins se portèrent sur l'éducation cléricale, et il eut le bonheur, à l'aide de la seule charité des fidèles, sans aucun secours du gouvernement, d'établir un grand et un petit séminaire. Lui-même donna l'exemple du plus noble désintéressement, il créa deux bourses au grand séminaire, en même temps qu'il donnait à l'hôpital général six lits pour autant de vieillards de l'un ou l'autre sexe. En 1814, Mgr l'évêque de Cambrai, dont la sympathie pour la cause impériale était connue, fut vivement sollicité de donner sa démission, mais il refusa avec fermeté; on assure que lord Wellington, qui professait pour lui une estime particulière, intervint en sa faveur, et demanda à Louis XVIII qu'il fût maintenu dans son diocèse. En 1826, Mgr Belmas ayant enfin obtenu que le monument en l'honneur de Fénélon, depuis longtemps projeté, mais que l'on voulait élever sur la place publique, fût au contraire érigé dans la nouvelle cathédrale, présida à son inauguration, et prononça dans cette circonstance un discours qui fut remarqué. Après la révolution de juillet 1830, l'archevêché d'Avignon fut proposé par le nouveau gouvernement à Mgr Belmas; mais l'évêque de Cambrai ne voulut pas quitter un diocèse auquel il était vivement attaché, et il refusa l'offre qui lui était faite. Depuis, il n'a cessé de vaquer aux devoirs de l'administration pastorale; il était devenu le doyen de l'épiscopat français; lorsqu'il est mort, à l'âge de quatre-vingt-cinq ans, le 23 juillet 1841. Mgr Belmas avait l'esprit cultivé; ses connaissances dans la littérature, les sciences et les arts étaient étendues; sa conversation était pleine d'agrément et d'intérêt. On rapporte que, dans ses moments de délassement, il se livrait à la mécanique, dont Bréguet, son ami, lui avait donné les leçons. L'évêque de Cambrai avait eu le tort grave de prêter serment à la constitution civile du clergé, et plus tard on a pu lui reprocher de n'avoir pas assez hautement renié le schisme auquel il avait pris part. Cependant il avait de la piété, il se montra toujours attaché à ses devoirs de pasteur, et son administration a été sage, prudente et ferme; quelque temps avant sa mort, il a publié une *Instruction pastorale*, dans laquelle il lançait l'anathême contre un parti politique. Cette conduite, qui fut généralement blâmée, contrastait avec sa réserve habituelle, et doit sans doute être attribuée à des influences auxquelles son grand âge ne lui permettait pas d'échapper.

BELMONTI (Pierre), poëte et moraliste, né à Rimini en 1537, mourut en 1592. On a de lui en italien: *Traité sur les devoirs des épouses*, qu'il composa pour l'instruction de sa fille, et qui fut publié par les soins de Trajan, son fils, Rome, 1587, in-4. Ses *Poésies*, insérées dans plusieurs recueils du temps, n'ont point été accueillies.

BELON (Pierre), docteur en médecine de la Faculté de Paris, naquit, vers 1517, dans le Maine. Il voyagea en Judée, en Grèce, en Egypte, en Arabie, et publia, en 1555, in-4, une *Relation* de ce qu'il avait remarqué de plus considérable dans ces pays, que Charles l'Ecluse a traduite en bon latin, Anvers, 1589. C'est un itinéraire fort curieux : l'auteur n'y décrit rien qu'il n'ait observé de ses yeux. A la description des lieux, des monuments et des mœurs des peuples, il a ajouté la description des plantes et des animaux. Il composa plusieurs autres ouvrages peu communs, et qui furent recherchés, dans le temps, pour leur exactitude et pour l'érudition dont ils sont remplis. Les principaux en latin sont : *De arboribus coniferis*, Paris, 1553, in-4, figures; *De admirandâ veterum fabricarum structurâ; De medicato Funere;* en français : *Histoire des oiseaux*, 1553, in-fol.; *Portraits d'oiseaux*, 1557, in-4; *Histoire des poissons*, 1551, in-4, figures; *De la nature et diversité des poissons*, 1555, in-8; le même en latin, 1553, in-8, etc. Il préparait de nouveaux livres, lorsqu'un de ses ennemis l'assassina près de Paris, en 1564. Henri II et Charles IX lui avaient accordé leur estime, et le cardinal de Tournon son amitié.

BELOT (Jean), de Blois, avocat au conseil privé de Louis XIV, composa une *Apologie de la langue latine*, Paris, 1637, in-8, dans laquelle il voulait prouver qu'on ne devait pas se servir de la française dans les ouvrages savants. Cet écrit, de 80 pages, est dédié à M. Séguier, chancelier de France. Le sentiment de Belot n'est pas à beaucoup près aussi ridicule que Ménage l'a prétendu. L'universalité et l'immutabilité de la langue latine suffisent pour le justifier : d'ailleurs, les anciens ouvrages sur les sciences ne sont pas écrits en français, et il est évident que la multitude des modèles donne la facilité, la richesse, la variété et l'exactitude des expressions. Enfin, les ouvrages savants n'étant pas pour le peuple, il est déraisonnable de les écrire dans les langues populaires, surtout dans des langues mobiles et inconstantes, que le caprice change tous les jours, et qui d'un siècle à l'autre ne sont plus intelligibles.

BELOT (Madame), veuve d'un avocat au Parlement, épousa ensuite le président Durey de Meynières, et mourut à Chaillot en 1805, dans un âge très-avancé. Elle a traduit de l'anglais plusieurs romans, et l'*Histoire de la maison de Tudor de Hume*, ainsi que *celle de Plantagenet*; mais l'ouvrage qui fait le plus d'honneur à sa plume est les *Réflexions d'une provinciale sur le discours de J.-J. Rousseau, touchant l'inégalité des conditions*, 1756, in-8.

BELSUNCE (Henri-François-Xavier de), né au château de la Force en Périgord, le 4 décembre 1674, d'abord jésuite, ensuite évêque de Marseille en 1709, signala son zèle et sa charité durant la peste qui désola cette ville en 1720 et 1721. Il courait de rue en rue, pour porter les secours temporels et spirituels à ses ouailles. Ce nouveau Borromée sauva les tristes restes de ses diocésains par cette générosité héroïque. Il fit alors l'admiration de toute l'Europe, et Pope l'a célébré dans son *Essai sur l'homme*. Le roi l'ayant nommé, en 1723, à l'évêché de Laon (duché-pairie), il refusa une église si honorable, pour ne pas abandonner celle que le sacrifice de sa vie et de ses biens lui avait rendue chère. Il fut dédommagé de cette dignité, par le privilége de porter en première instance à la grande chambre du Parlement de Paris, toutes les causes qui regardaient les bénéfices de son diocèse. Le Pape l'honora du *pallium*. Il mourut saintement le 4 juin 1755, après avoir fondé à Marseille le collège qui porte son nom. On a de lui l'*Antiquité de l'Eglise de Marseille, et la succession des évêques*, Marseille, 1747-1751, 3 vol. in-4; des *Instructions pastorales et des ouvrages de piété*. Mais rien ne le peint mieux que la lettre écrite à l'évêque de Toulouse, le 22 octobre 1720, au plus fort de la peste. Cette lettre contient d'ailleurs des détails curieux sur la morale, les Rigoristes, les Appelants, l'esprit de la foi et de la charité: elle est surtout propre à démasquer une secte dont l'hypocrisie a fait tant de mal à l'Eglise. Voyez cette Lettre dans le *Journal historique et littéraire*, 1er août 1789, page 201.

BÉLUS, fils d'Assur et petit-fils de Sem, roi d'Assyrie, chassa les Arabes de Babylone, et y fixa le siège de son empire. Ninus, son fils et son successeur, fit rendre à son père les honneurs divins. Saint Cyrille prétend que Bélus lui-même s'était fait bâtir des temples, dresser des autels, offrir des sacrifices. Quelques auteurs croient que c'est le Bel ou Baal, dont il est parlé dans l'Ecriture. D'autres ont pris Bélus pour Nemrod, mais il paraît que celui-ci est fort antérieur.

BELZONI, célèbre voyageur, né à Padoue d'un pauvre barbier, était moine à Rome, lorsque les troupes françaises y établirent un simulacre de république. Entraîné par la passion des voyages, il visita divers pays de l'Europe, exploitant, pour vivre, son adresse et sa force. Il était d'une taille colossale et très-musculeux: on le vit attacher à son corps une vingtaine d'hommes qu'il portait ou traînait avec lui. Mais cette pauvre ressource ne pouvait le mener loin. Il imagina que des machines hydrauliques seraient d'un grand secours en Egypte, et il s'y rendit pour en construire. Il en exécuta une avec succès dans le jardin du pacha, malgré tous les obstacles que la jalousie lui suscita; mais une crainte superstitieuse, occasionnée par un accident arrivé à une des personnes chargées de faire mouvoir la machine, détermina Mehemed-Ali à ne pas faire usage de sa machine. Trompé dans son espoir, Belzoni se livra à la recherche des antiquités, et sa première opération fut de faire transporter de Thèbes à Alexandrie, et de là embarquer pour l'Angleterre le buste colossal connu sous le nom du *jeune Memnon*, entreprise que l'on avait crue inexécutable, et dont il vint à bout à force d'adresse et de patience. Ce premier succès lui ayant assuré la protection du consul anglais, il consacra dès ce moment à l'Angleterre tous les produits de ses excursions. Sa bravoure, son ardeur et surtout sa persévérance étaient à toute épreuve. Sa sagacité était si rare, qu'il semblait qu'un instinct particulier lui révélât les lieux qui recélaient les monuments les plus curieux. C'est à lui que sont dues les découvertes du magnifique temple d'Isamboul, du superbe tombeau en albâtre de Psammétique, et de l'intérieur d'une des pyramides. Il avait entrepris un nouveau voyage dans l'intérieur de l'Afrique; mais à peine arrivé à Gato près de Benin, il fut attaqué d'une dyssenterie incurable qui mit fin à sa vie le 3 décembre 1823. Il a publié en anglais la relation de son voyage en Egypte, qui a été traduite en français par Depping, sous ce titre: *Voyage en Egypte et en Nubie, suivi d'un voyage sur la côte de la Mer-Rouge, et à l'Oasis de Jupiter-Ammon*, Paris, 1821, 2 vol. in-8. On y joint quelquefois l'*Atlas* de l'édition originale de Londres.

BEMBO (Pierre), noble vénitien, naquit à Venise en 1470, de Bernard Bembo, gouverneur de Ravenne. Son père, ayant été nommé ambassadeur à Florence, fit venir auprès de lui le jeune Bembo, qui y acquit ce style élégant et pur qui caractérise ses ouvrages. Il alla ensuite en Sicile étudier la langue grecque, sous Augustin Lascaris. Il fit son cours de philosophie à Ferrare, sous Nicolas Leoniceno. Ce fut alors que ses poésies commencèrent à se répandre. On admira la douceur de ses vers; mais on le blâma d'y avoir mis la licence qui déshonorait sa conduite. Il eut trois fils et une fille, d'une femme qui était sa maîtresse. Dès que Léon X fut pape, il le tira de son cabinet pour le faire son secrétaire. Honoré de cette dignité, on le vit bientôt se livrer au tumulte des affaires, qu'il avait fui jusqu'alors avec tant de soin, et ce genre d'occupation eut de bons effets sur ses mœurs. Après la mort de ce pontife, Bembo se retira à Venise, où il se partagea entre ses livres et les gens de lettres. Paul III l'éleva au cardinalat en 1538; Bembo, qui ne s'attendait point à cet honneur, ne l'eût point accepté, si, lorsqu'étant entré dans l'église pour y faire ses dévotions et recommander cette affaire à Dieu, il n'eût pris garde qu'au moment où il s'approchait de l'autel, le prêtre y lisait ces paroles de Jésus-Christ : « Pierre, suivez-moi; » il crut que le fils de Dieu lui parlait à lui-même, et ne s'opposa plus au dessein du Pape. Il n'était pas encore lié aux ordres sacrés; car il écrivait à un de ses parents, le 24 décembre 1539 : « Je serai sacré, dit-il, à ces fêtes de Noël, et prendrai l'ordre de prêtrise. Admirez le changement que Dieu a eu la bonté de faire en moi. » Le Pape lui donna l'évêché d'Eugubio, puis celui de Bergame. Il se conduisit en digne pasteur. Il mourut à Rome en 1547, à 76 ans, et fut enterré à Sainte-Marie de la Minerve. Jérôme Quirini son ami, fils de Smerio (Ismérius) Quirini, lui fit élever un beau monument à Padoue, dans la célèbre église de Saint-Antoine. Nous avons de lui un grand nombre d'ouvrages en italien et en latin, en prose et en vers. Seize livres de *Lettres*, écrites pour Léon X. La manie qu'avait le secrétaire de ne parler qu'en phrases de Cicéron lui fit mettre dans la bouche du père des chrétiens, des expressions qui n'auraient convenu que dans celle d'un prêtre de Rome idolâtre. Par un pédantisme puéril, il faisait dire au Pape, annonçant sa promotion aux rois et aux princes : *Qu'il avait été créé pontife par les décrets des dieux immortels.* Il appelait Jésus-Christ un Héros, et la sainte Vierge une déesse (DEA LAURETANA.) Ce défaut se fait sentir dans tous ses ouvrages; et c'est sans doute ce singulier attachement aux locutions de l'ancienne Rome, qui a fait imaginer que Bembo n'avait que du mépris pour les *Epîtres* de saint Paul (Voy. saint PAUL) : imputation que Bayle lui-même a traitée de conte; l'*Histoire de Venise*, en 12 livres, Venise, 1551, in-fol., écrite purement en latin. Bembo la commença où Sabellicus l'avait finie, et la termina à la mort du pape Jules II, c'est-à-dire depuis l'an 1480 jusqu'à l'an 1513. Parata la continua jusqu'en 1552. Un *Poëme sur la mort de Charles son frère*, plein de sentiment, de douceur et de délicatesse; des *Harangues*, où l'on trouve de l'élégance sans élévation; *De Guidono Ubaldo Feretrio, deque Elizabethâ Gonzagâ, Urbini ducibus*, Rome, 1548, in-4. On a recueilli toutes ses *OEuvres*, tant latines qu'italiennes, à Venise, 1729, en 4 vol. in-fol.

BENABEN, né à Toulouse, mort à Paris en 1831, fut un des fondateurs de la *Minerve*. Il obtint de M. de Villèle des pensions, et ce ministre lui confia la direction de plusieurs journaux. Une attaque d'apoplexie le tua en 1831. Il a laissé, outre divers manuscrits : *Satires Toulousaines*, 1804; *Lettres de Phalaris, tyran d'Agrigente*, 1804; *Progrès de l'oligarchie contre la monarchie*, 1817.

BÉNADAD I, roi de Syrie, appelé Adad par Josèphe, était fils de Tabremon et petit-fils d'Hésion. Il envoya du secours à Asa, roi de Juda, contre Baasa, roi d'Israël, au prix des richesses du temple, et contraignit ce dernier à se retirer dans son royaume vers l'an 938 avant J.-C.

BENADAD II, roi de Syrie, fils de Benadad I, fut redouté par les princes voisins. Il tua Achab dans une bataille. Après quelques autres expéditions, le roi de Syrie étant tombé malade, et sachant qu'Elisée était à Damas, lui envoya demander par Hazaël s'il relèverait de sa maladie? Le prophète prédit à ce dernier qu'il serait roi, et qu'il ferait de grands maux aux Israélites. Hazaël, de retour, assura Benadad qu'il guérirait de sa maladie; mais le lendemain il l'étrangla, et se fit déclarer souverain.

BÉNADAD III succéda à Hazaël son père, l'an 836 avant J.-C. Il fut vaincu trois fois par Joas. Les Syriens de Damas rendirent des honneurs divins à ce roi et à Hazaël son père, parce qu'ils avaient orné leurs villes de temples magnifiques.

BENAT (François Gérard de), littérateur, né à Marseille. On a de lui : *Fragments choisis d'éloquence*, 1755, 2 vol. in-12, réimprimés sous ce titre : *l'Art oratoire réduit en exemples*, ou *Choix de morceaux d'éloquence tirés des plus célèbres orateurs du siècle de Louis XIV et de Louis XV*, 1760, 4 vol. in-12. On ignore la date de sa mort.

BENAVIDIO, ou BENAVIDIUS (Marcus Mantua), professeur de jurisprudence à Padoue, sa patrie. Il fut fait trois fois chevalier : en 1545, par l'empereur Charles V; en 1561, par Ferdinand I, et en 1564 par Pie IV. Ce jurisconsulte chevalier mourut le 28 mars 1582, à 93 ans. On a de lui : *Collectanea super jus cæsareum*, Venise, 1584, in-fol.; *Vitæ Virorum illustrium*, Paris, 1565, in-4, et d'autres ouvrages qui prouvent beaucoup d'érudition.

BENCE (Jean), un des prêtres de la congrégation de l'Oratoire de France, de la maison et la société de Sorbonne, naquit à Rouen, et mourut à Lyon en 1642, à 74 ans. On a de lui : un *Manuel sur le Nouveau-Testament*, en latin, Lyon, 1699, 4 vol. in-12; un ouvrage semblable sur les *Epîtres* de saint Paul, et les *Epîtres canoniques*, en latin. L'auteur avait de la piété et du savoir.

BENCI (François), jésuite italien, disciple de Muret, orateur et poëte, naquit à Acquapendente en 1542, et mourut à Rome en 1594. On a de lui beaucoup d'ouvrages en vers et en prose. Sa latinité est pure et riche.

BENCIVENNI (Joseph), né en Toscane, fut directeur de la galerie de Florence, et mourut en cette ville en 1808. On a de lui : une *Vie de Dante*, estimée; *Nouveaux dialogues des morts; Éloges des hommes illustres de la Toscane; Description de la galerie de Florence; Epoques de l'histoire florentine jusqu'en* 1792; des *Dissertations académiques*, et quelques autres morceaux qui n'ont point paru sous son nom.

BENDLOWES (Edouard), gentilhomme anglais fort riche, né en 1613, se ruina tellement par ses libéralités indiscrètes envers des flatteurs et des poètes qui lui dédiaient leurs ouvrages, qu'il fut mis en prison pour dettes, d'où il sortit, et mourut le 15 décembre 1676, à 75 ans. On a de lui : *Théophile*, ou le *Sacrifice de l'amour*, en anglais, Londres, 1652, in-fol.; *Sphinx theologica, seu Musica templi, ubi discordia concors*, Cambridge, 1662, in-12; beaucoup de pièces de poésie.

BENEDETTE (le), ou Benoît CASTIGLIONE, peintre né à Gênes en 1616, et mort à Mantoue en 1670. Il passa successivement dans les écoles de Pagi, de Ferrari et de Van-Dyck. Le disciple égala ses maîtres. Rome, Naples, Florence, Parme et Venise possédèrent tour à tour cet artiste. Le duc de Mantoue le fixa auprès de lui par une forte pension, et lui entretenait un carrosse. Benedette réussissait également bien dans l'histoire, le portrait et les paysages; mais son talent particulier et son goût étaient de représenter des pastorales, des marchés, des animaux. Sa touche est délicate, son dessin élégant, son coloris pétillant. Peu de peintres ont mieux entendu que lui le clair-obscur. Gênes possède ses principaux tableaux. Le Benedette gravait aussi : on a de lui plusieurs pièces à l'eau forte, pleines d'esprit et de goût.

BENEDETTI (Antoine), jésuite, né le 9 mars 1715, à Fermo, où il mourut en 1788, professa pendant plusieurs années la rhétorique dans le collège Romain. Le désir qu'il avait de faire entrer les meilleures comédies de Plaute dans l'éducation de la jeunesse l'engagea à en publier quatre, purgées de ce qui pouvait les rendre dangereuses pour les mœurs, et accompagnées de notes explicatives. La première des quatre parut sous ce titre : *Marci Plauti Aulularia emendatius edita et commentariis illustrata*, etc., Rome, 1754, in-8. Soit que cet essai n'eût point réussi, soit pour tout autre motif, il ne publia point les trois autres. Après la suppression des jésuites, Benedetti se retira dans sa patrie. Il possédait un cabinet très-riche d'antiquités et de médailles; il choisit les plus belles médailles grecques encore inédites, y en ajouta plusieurs tirées des cabinets de quelques-uns de ses amis, les expliqua par de savantes notes, y joignit celles de l'abbé Oderic, noble génois qui avait, comme lui, été jésuite, et donna au public un volume estimé des antiquaires, intitulé : *Numismata græca non antè vulgata, quæ Antonius Benedictus è suo maximè et ex amicorum museis selegit*, etc., Rome, 1777.

BENEDETTO, musicien célèbre, né à Venise, mort au commencement du 18ᵉ siècle, a mis en musique les 50 premiers *Psaumes*, où l'on trouve une véritable idée de cette noble simplicité qui était le caractère de la musique ancienne. Dans le 50ᵉ psaume surtout, il semble avoir réuni toutes les ressources de son vaste génie; il y a prodigué les traits les plus grands, les plus beaux et les plus pathétiques : dans les cantates de Timothée et de Cassandre, il a rendu toutes les passions de l'âme, il a peint les sentiments les plus délicats du cœur, il est même venu à bout de représenter à l'imagination des êtres inanimés; enfin il a su réunir à la sévérité de la musique ancienne les beautés de la moderne; mais ce sont des beautés fières, majestueuses, imposantes, dignes seulement de charmer les âmes capables de les sentir.

BENETTI (Jean), avocat et poëte, naquit à Naples vers 1798. Dans ses compositions poétiques comme dans ses écrits pour le palais, il affectait une sorte de dédain pour les mots, et semblait n'attacher d'importance qu'au développement des idées. Il avait eu des relations avec lord Byron, et professait pour lui une grande admiration. Malgré son goût pour la poésie, il plaidait et tenait un rang honorable au barreau de Naples, lorsqu'il est mort le 23 janvier 1825. Ses amis ont publié après sa mort un recueil de poésies sous ce titre : *Mélodies hébraïques*, dans lesquelles on remarque une paraphrase du psaume *Super flumina*, que Benetti récita à ses amis quelques jours avant sa mort.

BENEZET (saint), berger d'Avilat dans le Vivarais, né en 1165, se dit inspiré de Dieu à l'âge de 12 ans, pour bâtir le pont d'Avignon, dont l'usage devait être d'une grande utilité à tout le pays qui est sur les deux rives du Rhône, et prévenir la mort d'une multitude de personnes qui périssaient en voulant le passer : ouvrage d'une difficulté presque surhumaine, vu la rapidité de ce grand fleuve, et qui parut si inexécutable aux Romains, qu'ils prirent le parti de passer le Rhône à Tarascon, par le moyen d'un souterrain creusé sous son lit. Le pont fut achevé dans onze années. Il mourut en 1184, et fut enseveli dans une chapelle pratiquée sur un des éperons du pont qu'il avait construit. Une grande partie de ce pont étant tombée en 1669, on l'en retira; il fut trouvé sans aucune marque de corruption par le vicaire-général qui en fit la visite l'année suivante, durant la vacance du siège. Les entrailles étaient parfaitement saines, et la prunelle des yeux avait encore sa couleur, quoique les barres de fer qui entouraient le cercueil, fussent rongées par l'humidité. En 1674, le corps du saint s'étant trouvé dans le même état, l'archevêque d'Avignon le transporta solennellement dans l'église des Célestins. Il fut accompagné dans cette cérémonie par l'évêque d'Orange, et par la plus grande partie de la noblesse du pays. (Voyez dans les Bollandistes, l'*Histoire de la translation des reliques du Saint*, et les *Remarques* du P. Papebroch sur sa *Vie*.) De dix-neuf arches qu'avait ce fameux pont, il n'en subsiste plus que quatre entières. Magnus Agricola a écrit la *Vie* de saint Benezet.

BENGEL (Jean-Albert), théologien luthérien, né dans le Wurtemberg en 1687, fut pasteur et professeur à Denkendorf, et s'occupa particulièrement de l'étude des Pères de l'Eglise et du Nouveau-Testament. Il est le premier théologien de sa communion qui ait traduit en totalité la critique des livres du Nouveau-Testament. On a de lui : *Novum Testamentum græcum*, 1734, in-4, réimprimé en 1790, in 8; *Harmonie exacte des quatre Evangélistes*, in-8. Son travail est assez bien fait, mais ses réflexions et ses explications ne sont pas exemptes d'erreurs. Son esprit, naturellement porté à l'enthousiasme, l'égare quelquefois. *Explication des révélations de saint Jean*. On y trouve des idées singulières sur la fin du monde. Le comte de Maistre (*Soirées*, XIe Entretien, note 1re) fait à cet égard une curieuse remarque ; la voici : « Je ne saurais dire pourquoi les docteurs protestants ont, en général, un grand goût pour la fin du monde. Bengel, en comptant par les plus *doctes* calculs les années de la *bête* depuis l'an 1130, trouvait qu'elle devait être anéantie en l'année 1796. L'anonyme que je cite (auteur d'un livre allemand publié à Nuremberg en 1799) nous dit d'une manière bien autrement péremptoire : « Il ne s'agit plus de bâtir des palais et d'acheter des terres pour sa postérité ; *il ne nous reste plus de temps pour cela*. » Toutes les fois qu'on a fait, depuis la naissance de leur secte, un peu trop de bruit dans le monde, ils ont toujours cru qu'il allait finir. Déjà dans le 16e siècle un jurisconsulte allemand réformé (Matthieu Wesembec), dédiant un livre de jurisprudence (*Paratitlas*) à l'électeur de Bavière, s'excusait sérieusement, dans la préface, d'avoir entrepris un ouvrage profane *dans un temps où l'on touchait visiblement à la fin du monde.* » (Voyez STIFELS, LEOWITZ, STOFFLER, etc.) Autres ouvrages de Bengel: *Ordo temporum à principio per periodos œconomiæ divinæ. Cyclus, sive de anno magno solis, etc., ad incrementum doctrinæ propheticæ*, in-8. Bengel mourut en 1752.

BENGORION. (Voyez JOSEPH.)

BENI (Paul), né dans l'île de Candie vers 1552, et élevé à Gubio, dans le duché d'Urbin, fut choisi par la république de Venise, en 1599, pour professer les belles-lettres dans l'Université de Padoue. Il mourut en 1625. Il était sorti des jésuites, parce que ses supérieurs lui refusèrent de faire imprimer un *Commentaire* licencieux sur le *Festin* de Platon. On a de lui : une *Critique du Dictionnaire* de l'académie de la Crusca de Florence, sous le titre d'*Anti-Crusca*, pleine d'impertinences et de verbiage : c'est un vol. in-4; des *Commentaires sur la Poétique* d'Aristote, sur sa *Rhétorique*, 1625, in-fol. ; des *Notes* sur les 6 premiers livres de l'*Enéide*, sur *Salluste;* deux *Ouvrages* critiques sur l'Arioste et le Tasse, contre l'académie de la Crusca : il met le premier à côté d'Homère, et le second à côté de Virgile ; une *Théologie* tirée des écrits de Platon et d'Aristote, Paris, 1624, in-fol. ; *De Historiâ*, lib. 4, Venise, 1607 et 1611, in-4, et dans la Collection de ses ouvrages, Venise, 1622, 5 vol. in-fol. Cet ouvrage n'est peut-être pas aussi méprisable que l'a prétendu Naudé. L'auteur, quoique bilieux et bizarre, y est cependant quelquefois judicieux. Les deux premiers livres traitent de la manière d'écrire l'histoire ; le 3e de la manière de la lire, et il donne un détail des auteurs qu'il faut examiner pour l'histoire grecque et romaine ; le 4e traite de l'usage de l'histoire pour les autres sciences.

BENINCARA (André), auteur de 4 *Cartes géographiques* dressées en 1476, et qui représentent les quatre parties du monde, bien qu'à l'époque où elles ont paru l'Amérique n'eût pas été découverte ; ce qui porte à croire que l'auteur en soupçonnait l'existence, ou qu'il a voulu représenter l'île Atlantique dont parle Platon.

BENIVIENI (Jérôme), frère du médecin Antoine Benivieni, gentilhomme, poëte florentin, mort en 1542, à 89 ans, fut un des premiers à abandonner ce goût bas et trivial qui s'était emparé de la poésie italienne du 15e siècle, et qui caractérise entre autres le *Morgante* de Louis Pulci, et le *Ciriffo Calvaneo* de Luc Pulci son frère, pour se rapprocher du style et de la manière du Dante et de Pétrarque. La plupart de ses poésies traitent de l'amour divin. On fait beaucoup de cas de sa *Canzone dell' Amor celeste e divino*, où l'on trouve les idées les plus sublimes de la philosophie de Platon sur l'amour. Cet ouvrage fut imprimé à Florence, 1519, in-8, avec d'autres poésies du même auteur. Il y avait déjà eu une édition de ses *OEuvres*, Florence, in-fol., 1500, qui est très-rare. On a de lui un autre ouvrage intitulé : *Commento di Hieronymo Benivieni, Cittadino Florentino, sopra a piu sue Canzone e Sonetti dello amore, e della Belleza divina, etc.*, imprimé à Florence en 1500, in-fol., édition recherchée des curieux. Benivieni, homme aussi estimable par la pureté de ses mœurs que par ses talents, fut intimement lié avec le célèbre Jean Pic de la Mirandole, et voulut être inhumé dans le même tombeau que ce savant.

BENJAMIN CONSTANT. (Voyez CONSTANT.)

BENJAMIN, douzième et dernier fils de Jacob, naquit auprès de Bethléem, vers l'an 1758 avant J.-C. Lorsque Joseph, devenu ministre de Pharaon, vit ses frères en Egypte, il leur ordonna de lui amener Benjamin. Il fut attendri en le voyant, et lui donna une portion cinq fois plus grande qu'à ses autres frères. Benjamin fut chef de la tribu de son nom, qui fut presque entièrement exterminée par les autres pour venger la violence faite à la femme d'un lévite, dans la ville de Gabaa. Saint Paul était de cette tribu, et c'est à lui personnellement que saint Augustin applique ces paroles de la bénédiction et de la prophétie de Jacob mourant, en faisant allusion à la conversion de ce grand homme, et aux fruits de son apostolat : *Benjamin lupus rapax mane comedet prœdam, et vespere dividet spolia.* (Gen. 49.)

BENJAMIN, naquit à Tudela dans la Navarre, et mourut en 1173. Il parcourut toutes les Synagogues du monde, pour connaître les mœurs et les cérémonies de chacune. Il donna une *Relation de ses voyages* en hébreu, imprimée à Constantinople en 1543, in-8. Renaudot regarde cette édition comme la moins fautive, et prétend que les *Relations* de ce rabbin sont véritables : mais il se trompe grossièrement. La *Relation* de Benjamin est d'autant plus suspecte, qu'elle fourmille de fautes géographiques, de contes visiblement fabuleux, et de bévues absurdes sur les objets les mieux connus. Ces peuplades de Juifs indépendants, qu'il place dans des contrées très-éloignées pour en éviter la vérification, sont autant de fictions qui tendent à donner le démenti aux prophéties relatives au Messie et à l'état futur des Juifs. Nous avons, des *Voyages* de Benjamin, les *Versions* latines d'Arias Montanus, Anvers, 1375 ; et de Constantin l'empereur, Leyde, 1633, in-24. Jean-Philippe Baratier en a publié, en 1731, une *Traduction* française en 2 vol. in-8.

BENNATI, né à Mantoue en 1798, a publié plusieurs ouvrages estimés sur la médecine, parmi lesquels nous citerons : *Recherches sur les maladies des organes de la voix*, 1832, in-8 ; *Recherches sur le mécanisme de la voix*, etc. Il est mort à Paris au mois d'avril 1834.

BENNET (Christophe), savant médecin anglais, naquit vers 1617, dans le comté de Sommerset, et mourut à Londres le 1er mai 1655, de phthisie pulmonaire, maladie dont il s'était principalement occupé, et qui fait l'objet de son meilleur ouvrage. On a de lui : *Theatri tabidorum vestibulum*, etc., Londres, 1654, in-8, réimprimé sous ce titre : *Tabidorum theatrum, sive phthiseos, atrophiæ et hecticæ xenochium*, Londres, 1656, in-8, et sept fois depuis, notamment à Leyde. La dernière édition est de Florence, 1751, in-8. Cet ouvrage offre de l'intérêt; mais on l'eût recherché davantage, si le style était moins obscur, et s'il ne contenait de vaines théories. *Exercitationes diagnosticæ, cum historiis demonstrativis, quibus alimentorum et sanguinis vitia deteguntur in plerisque morbis*. Il a aussi corrigé et augmenté un *Traité* du docteur Moufet, intitulé : l'*Art d'améliorer la santé*, etc., Londres, 1655, in-4.

BENNET (Henri), comte d'Arlinghton, secrétaire d'Etat, chevalier, pair du royaume d'Angleterre, et grand-chambellan du roi Charles II, se distingua sous Charles I, Charles II et Jacques II. Ses *Lettres à Guillaume Temple* ont été traduites en français, Utrecht, 1701, in-12. Il mourut en 1685, âgé de 67 ans.

BENNET (Thomas), né à Salisbury en 1673, et mort à Londres en 1728, passe pour un bon théologien et un savant interprète de l'Ecriture-Sainte, dans la communion anglicane; mais les savants des autres pays n'en jugent pas de même. On a de lui beaucoup d'écrits de controverse contre les non-conformistes, les quakers et les catholiques. Les principaux sont : un *Traité du schisme*, 1702, in-8, et les *Ecrits* faits pour la défense de ce traité; *Réfutation du quakérisme*, 1705, in-8; *Histoire abrégée de l'usage public des Formulaires de prières*, 1708, in-8; *Discours sur les prières publiques ou communes*, imprimé la même année; *Les Droits du Clergé, de l'Eglise chrétienne*, Londres, 1711, in-8; *Essai sur les trente-neuf arrêtés en 1563, et revus en 1571*, Londres, 1765; *Grammaire hébraïque*, 1726, in-8. On lui attribue encore plusieurs autres ouvrages.

BENNET (Roclof-Gabriel), colonel-capitaine de la marine des Pays-Bas, mort le 11 février 1829, s'est fait connaître par une *Histoire des navigations néerlandaises*, et par un *Mémoire sur les découvertes des Néerlandais en Amérique, en Australasie, aux Indes et aux terres polaires*.

BENNINGSEN (le comte BANTELN LEVIN AUGUSTE-THÉOPHILE de), général en chef des armées russes, né en 1745 dans le pays de Hanovre, entra de bonne heure au service de Russie, et fut successivement brigadier des armées, commandant du régiment de cavalerie légère d'Isuni, général de cavalerie et gouverneur de la Lithuanie. Il se distingua dans plusieurs actions contre les Polonais pendant l'été de 1794, et reçut au mois d'octobre l'ordre de Saint-Georges de la troisième classe. Toutefois il fut congédié par Paul I, et il se disposait à quitter Saint-Pétersbourg, lorsque la mort de ce souverain le décida à reprendre du service, et il fut nommé gouverneur de la Lithuanie par l'empereur Alexandre. Dans la guerre de 1805 contre les Français, il commanda un corps d'armée; mais arrivé trop tard pour prendre part à la bataille d'Austerlitz, il retourna en Russie. Employé de nouveau en 1806, il fit d'inutiles efforts pour couvrir Varsovie, et il fut obligé d'abandonner cette ville. Le général Kamenski ayant été rappelé, il commanda en chef l'armée, et il se couvrit de gloire aux brillantes affaires de Pultusck et d'Eylau; alors il fut décoré de l'ordre de Saint-Georges de deuxième classe. Après la bataille de Friedland, où il commanda également en chef, et la paix de Tilsitt, il se retira du service; mais il reparut sur le théâtre de la guerre à la fin de 1813, et il commanda l'armée russe dite de Pologne. Enfin, dans la guerre des puissances alliées réunies contre la France, Benningsen fut chargé de diriger la droite de l'armée, destinée à manœuvrer vers les bouches de l'Elbe et du Weser, et il forma le blocus de Hambourg dont il s'empara par capitulation, après la chute de Bonaparte en 1814. L'empereur Alexandre lui envoya à cette occasion l'ordre de Saint-Georges de première classe, et cette faveur était d'autant plus flatteuse, que dans tout l'empire russe il n'y a qu'un seul chevalier de cette classe. Il le nomma ensuite général en chef d'une armée de cent vingt mille hommes sur les frontières de la Turquie. En 1816, il reçut aussi du roi de France la grand'croix de la Légion-d'Honneur. Le général Benningsen donna, en 1818, la démission de tous ses emplois à cause de son grand âge, et se retira dans son pays natal. Il est mort en 1826.

BENNON, écrivain allemand du 11e siècle, nommé cardinal par l'antipape Guibert, publia contre les papes Sylvestre II, Grégoire VI et Grégoire VII, des *Satires* dictées par l'animosité, et qui lui valurent, depuis, les éloges des protestants.

BENNON (saint), archevêque de Meissen, en Allemagne, mort en 1107, fut canonisé en 1523; ce qui donna lieu à Luther d'exercer sa bile dans un écrit intitulé : *la Nouvelle idole de Meissen*, réfuté par J. Emser.

BENOIT (saint) naquit, en 480, au territoire de Norcia, dans le duché de Spolette. Il fut élevé à Rome dès sa plus tendre jeunesse, et s'y distingua par son esprit et sa vertu. A l'âge de 16 ans, il se retira du monde où sa naissance lui promettait de grands avantages. Une caverne affreuse dans le désert de Subiaco, à 40 milles de Rome, fut sa première demeure : il y resta caché pendant trois ans. Ses austérités et ses vertus l'ayant rendu célèbre, une foule de gens de tout âge se rendit auprès de lui. Il bâtit jusqu'à 12 monastères. Ses succès excitèrent l'envie. Il quitta cette retraite et vint à Cassin, petite ville sur le penchant d'une haute montagne. Les paysans de ce lieu étaient idolâtres; à la voix de Benoît, ils devinrent chrétiens. Leur temple, consacré à Apollon, fut changé en église. On y vit bientôt s'élever un monastère, devenu le berceau de l'ordre bénédictin. Son nom se répandit dans toute l'Europe. Totila, roi des Goths, passant dans la Campanie, voulut le voir; et pour éprouver s'il avait le don de prophétie, comme on le disait, il lui envoya un de ses officiers, nommé Riggon, qu'il avait fait revêtir de ses habits royaux, et auquel il avait donné pour l'accompaguer, trois des principaux seigneurs de sa cour avec un nombreux cortège. Le saint, qui était pour lors assis, ne l'eut pas plutôt aperçu qu'il lui cria : *Quittez, mon fils, l'habit que vous portez; il n'est pas à vous*. Riggon, saisi de crainte et confus d'avoir voulu jouer ce grand homme, se jeta à ses pieds, avec tous ceux qui l'accompagnaient. Lorsqu'il fut de retour, il raconta au roi ce qui lui était arrivé. Totila vint alors visiter lui-même le serviteur de Dieu. Dès qu'il le vit, il se prosterna par terre et y resta jusqu'à ce que Benoît l'eût relevé. Il fut bien plus étonné, quand le saint lui parla de la sorte : « Vous faites beaucoup « de mal, et je prévois que vous en ferez « encore davantage. Vous prendrez Rome; vous passerez la mer, et régnerez « neuf ans; mais vous mourrez dans la « dixième année, et serez cité au tribu- « nal du Juge, pour lui rendre « compte de toutes vos œuvres. » Toutes les parties de cette prédiction furent vérifiées par l'événement. Totila, qui en avait été effrayé, se recommanda aux prières du saint, et fut moins cruel. Ayant pris, peu de temps après, la ville de Naples, il traita les prisonniers avec une humanité qu'on ne devait pas attendre d'un barbare. Benoît mourut l'année suivante, en 543, suivant le père Mabillon, et quelques années plus tard, suivant d'autres. Sa règle a été adoptée presque par tous les cénobites d'Occident. Sa *Vie* a été écrite par saint Grégoire-le-Grand dans le second livre de ses *Dialogues*. Paul Diacre, moine du Mont-Cassin, en a parlé aussi fort amplement dans l'*Histoire des Lombards*. Son ordre a été, sans contredit, un des plus étendus, des plus illustres, des plus riches. « Il fut longtemps, dit un écrivain célèbre, un asile ouvert à tous ceux qui voulaient fuir les oppressions du gouvernement goth et vandale. » Le peu de connaissances qui restaient chez les barbares fut perpétué dans les cloîtres. Les bénédictins transcrivirent beaucoup d'auteurs sacrés et profanes. Nous leur devons en partie les plus précieux restes de l'antiquité, ainsi que beaucoup d'inventions modernes. On a reproché à cet ordre célèbre ses grandes richesses ; mais on ne fait pas attention que c'est en défrichant avec beaucoup de peine des forêts incultes et des terres ingrates, qu'ils se les sont procurées. Telle ville qui est aujourd'hui florissante, n'était autrefois qu'un rocher nu, ou un terrain en friche devenu fertile sous des mains saintes et laborieuses. « De quoi, dit un critique « judicieux et équitable, auraient vécu « des troupes de solitaires, s'ils n'avaient « pas été très-laborieux ? On ne leur « donnait ni des terres cultivées, ni des « colons pour les faire valoir, puisqu'ils « se plaçaient tous dans les déserts. Mais « les censeurs de la vie monastique de- « mandent pourquoi renoncer aux affai- « res de la société, pour aller passer sa « vie dans la solitude... ? Pourquoi... ? « Pour se soustraire au brigandage des « tyrans et des guerriers qui ravageaient « tout, qui cependant respectaient en- « core les moines, dont la vie les éton- « nait et dont les vertus leur en impo- « saient. » Quant aux richesses qu'ils possédaient, et qui étaient le fruit de leur travail et de leur sage et judicieuse économie, quel usage en faisaient-ils ? On peut bien dire qu'ils ne les avaient que pour les répandre ; que, sobres et économes pour ce qui les regardait, ils n'étaient magnifiques que lorsqu'il s'agissait d'orner la maison de Dieu, d'enrichir des bibliothèques, de concourir à des établissements utiles, de porter des secours aux pauvres et aux affligés. Cette observation pouvait s'étendre à tous les religieux qui avaient conservé l'esprit de leur état. L'ordre de Saint-Benoît a produit une multitude de grands hommes dans tous les genres, sans que pour cela il soit vrai de dire qu'il a eu dans son sein 40 papes, 200 cardinaux, 50 patriarches, 1600 archevêques, 4600 évêques, 4 empereurs, 12 impératrices, 4 reines et 3600 saints canonisés. Ce détail, puisé dans la *Chronique* de l'ordre de Saint-Benoît, ne peut partir que d'un zèle outré et maladroit. C'est ne savoir pas louer, que d'avoir recours à l'exagération. Dom Bastide, bénédictin de Saint-Maur, fâché de ce que Mabillon, son confrère, avait retranché quelques saints dans le grand *Recueil des Actes des Saints de l'ordre de Saint-Benoît*, présenta contre lui une requête au chapitre général de 1677; mais ceux qui composaient cette assemblée n'y eurent aucun égard. (Voyez CAJETAN Constantin.) Depuis l'an 900, l'ordre de Saint-Benoît s'est divisé en plusieurs branches. C'est de là que sont sortis les camaldules, les cisterciens, les gilbertins, les sylvestrins, les moines de Fontevrault. Toutes ces observances ne sont que des réformes de l'ordre de Saint-Benoît, qui ont ajouté quelques constitutions particulières à la règle primitive. On compte parmi les bénédictins plusieurs congrégations, telles que celles de Cluny, de Sainte-Justine, de Savigny, de Tiron, de Bursfeld, de Saint-Maur, etc. La *Règle de saint Benoît* a été imprimée plusieurs fois, et notamment en 1734, en 2 vol. in-4, avec les *Commentaires* de dom Calmet; dom Mège a écrit sa *Vie* en 1 vol. in-4.

BENOIT (saint), abbé d'Aniane, dans le diocèse de Montpellier, était fils d'Aigulfe, comte de Maguelone. Après avoir servi avec distinction dans la maison et dans les armées de Pepin et de Charlemagne, il s'enferma dans un monastère, dont il devint abbé; il se retira ensuite dans une terre de son patrimoine, où il fonda l'abbaye d'Aniane. Ses réformes et son zèle lui firent un nom dans la France. Louis-le-Débonnaire l'établit chef et supérieur général de tous les monastères de son empire. Benoît mourut l'an 821. Il fut, en France et en Allemagne, ce que saint Benoît avait été en Italie, donnant des leçons, des exemples, labourant et moissonnant avec ses frères. On a de lui *Codex Regularum*, avec une *Concorde des Règles*, qui montre ce que la règle de saint Benoît a de commun avec celles des autres fondateurs. Sa *Vie*, écrite par Ardon Smaragdus, se trouve à la tête de la *Concorde des Règles* du même saint Benoît, que dom Hugues Menard fit imprimer avec des notes en 1638, in-4.

BENOIT I, surnommé *Bonose*, successeur de Jean III dans la chaire de saint Pierre, en 574, consola Rome affligée par deux fléaux, la famine et les Lombards, qui venaient d'envahir l'Italie. Il mourut le 30 juillet 578, après avoir tenu le Saint-Siége pendant quatre ans et deux mois. Pélage II lui succéda.

BENOIT II (saint), prêtre de l'église de Rome, pape en 684, après Léon II. Constantin Pogonat respecta tant sa vertu, qu'il permit au clergé d'élire les Papes, sans l'intervention de l'exarque ou de l'empereur. Il mourut en 685, n'ayant occupé la chaire pontificale que dix mois et douze jours.

BENOIT III, romain, Pape malgré lui en 855, après Léon IV, endura, sans murmurer, les mauvais traitements de l'antipape Anastase. Il mourut en 858. On a de lui deux *Lettres*: une à Hincmar, archevêque de Reims; et l'autre aux évêques du royaume de Charles-le-Chauve, contre Hubert, diacre, accusé de grands crimes. Tous les auteurs du temps en parlent comme d'un homme simple, humble et animé d'une véritable piété. Nicolas Ier lui succéda. C'est entre Léon IV et Benoît III que d'anciens chroniqueurs et quelques protestants modernes placent la prétendue papesse Jeanne, sous le nom de Jean VIII. (Voyez ce dernier mot et Léon IV.) C'était, selon ces bonnes gens, une fille déguisée en garçon, qui, étant parvenue à la tiare, s'avisa d'accoucher en habits pontificaux dans une procession au Colisée de Rome. Cette fable, racontée comme une vérité par 70 auteurs orthodoxes, entre lesquels il y a plusieurs religieux et des saints canonisés, n'est plus aujourd'hui adoptée de personne. Les calvinistes l'ont opposée longtemps aux catholiques; mais à présent ils rougissent de la citer. Bayle et Blondel leur ont ôté tous les moyens de la maintenir. Il est démontré que Benoît III succéda immédiatement à Léon IV, et que le siége ne fut vacant que quatre jours. Il est certain encore que, du temps de Hugues de Fleury qui florissait sous le règne de Louis-le-Gros, mort l'an 1137, la fable de la Papesse n'était pas encore inventée; car voici ce qu'il dit des Papes qui ont siégé immédiatement après la mort de Louis-le-Débonnaire, à laquelle finit sa *Chronique*, imprimée à Munster en 1638, in-4: *In Romanâ vero Cathedrâ memorato papæ Gregorio IV, Sergius II successit, et Sergio Leo IV, et Leoni Benedictus III, et Benedicto Nicolaus I.* Il est vrai que quelques manuscrits des *Vies des Papes* d'Anastase le bibliothécaire, qui vivait avant et après cette époque, et par conséquent plus ancien d'environ 250 ans que Hugues, rapportent cette prétendue histoire ; mais si l'on y fait attention, l'interpolation est manifeste : car Anastase, parlant de l'élection de Benoît III, dit expressément qu'elle se fit d'abord après la mort de Léon : *Leo quidem ubi hâc luce subtractus Præsul occubuit; mox omnis clerus istius Romanæ protectæ sedis, universique proceres, cunctusque senatus ac populus congregati sunt.... Divinitùs igitur æthereo tunc lumine inflammati, uno consensu, unoque cum conamine Benedictum, pro tantis quibus pollebat sacris operibus, pontificem, promulgaverunt eligere.* Et dans la *Vie* de Nicolas I : *Leone scilicet papâ defuncto, Benedictus, miræ beatitudinis vir et sacratissimus pontifex, superno protectus auxilio, Romanæ præponitur sedi* (ANASTASE, bibliothécaire, *Hist. de Vitis Rom. Pont.*, édit. du Louvre, 1649, in-fol., p. 200 et 208). Martin-le-Polonais, qui vivait plus de quatre siècles après lui, est regardé par la plupart des auteurs, comme le premier qui ait accrédité cette fable ; mais on peut assurer qu'elle est encore plus récente que la *Chronique* de Martin. Nous avons sous les yeux un beau manuscrit en parchemin de cet auteur, écrit de son temps, dans lequel ce passage est ajouté en marge par une main beaucoup plus récente. Fabricius, quoique protestant, insinue (*Bibl. med. et infim. latinit.* t. 5, p. 42) qu'il manque dans les manuscrits les plus anciens.

BENOIT IV, romain, élevé au pontificat après Jean IX, au mois de décembre 900, sage dans un temps de corruption, et père des pauvres, mourut au commencement d'octobre 903, après avoir siégé trois ans et environ deux mois. Il avait couronné empereur de Rome Louis III, dit *l'Aveugle*, que le cruel Bérenger traita si indignement dans la suite.

BENOIT V, souverain Pontife après la mort de Jean XII, en 964, durant le schisme de Léon VIII. Les Romains, qui l'avaient élu et qui avaient promis de le défendre contre l'antipape et l'empereur, furent contraints de l'abandonner à Othon I, qui le conduisit à Hambourg en Allemagne, où il mourut en 965. Son corps fut ramené à Rome. C'était un pontife savant et vertueux, d'une douceur et d'une patience égales à ses malheurs.

BENOIT VI, romain, fut élevé sur la chaire de saint Pierre en 972, après Jean XIII. Boniface, surnommé *Francon*, cardinal-diacre, le fit étrangler l'an 974, dans la prison où il avait été renfermé par Crescentius.

BENOIT VII, évêque de Sutri en Toscane, succéda, en 975, sur le siége pontifical, à Domnus II. Il mourut le 10 juillet 983, après avoir donné l'exemple de toutes les vertus pastorales, et gouverné sagement l'Eglise dans des temps malheureux.

BENOIT VIII, évêque de Porto, succéda à Sergius IV en 1012. La tyrannie de l'antipape Grégoire l'obligea d'aller en Allemagne, pour implorer le secours de l'empereur Henri II. Ce prince le fit rentrer à Rome, et vint s'y faire couronner avec Cunégonde son épouse. Le moine Glaber rapporte que Benoît donna à Henri une pomme d'or enrichie de deux cercles de pierreries croisés, et surmontés d'une croix d'or. La pomme représentait le monde; la croix, la religion; et les pierreries, les vertus. En 1016 les Sarrasins, venus par mer en Italie, menacèrent les domaines du Pape. Benoît, à la tête des troupes animées par sa présence et par le désir de défendre l'Eglise, les attaqua et les mit en fuite. Il battit aussi les Grecs qui étaient venus ravager la Pouille. Ce pontife politique et guerrier mourut en 1024, après avoir gouverné l'Eglise environ douze ans. Il tint un concile à Pavie, où il publia huit décrets. Il a écrit diverses *Epîtres* qui nous sont presque toutes inconnues, si nous exceptons celles qu'il écrivit en faveur du monastère du Mont-Cassin.

BENOIT IX, successeur de Jean XIX, monta sur le trône pontifical, à l'âge de 12 ans, en 1033. Son père Albéric, comte de Tusculum, le lui avait procuré à prix d'or. Le peuple Romain, lassé de ses infamies, le chassa de Rome. Il y rentra quelque temps après. Désespérant de s'y maintenir, il vendit le pontificat comme il l'avait acheté. Il reprit la tiare pour la troisième fois : mais, au bout de quelques mois, il y renonça pour toujours. Il mourut dans le monastère de la Grotte-Ferrée, en 1054, où il s'était retiré pour pleurer ses débauches et ses crimes. Durant ce pontificat scandaleux, l'Eglise jouit de la paix ; et le respect, que l'univers chrétien portait au siége de Pierre, ne souffrit aucune atteinte. « Il est remarquable, dit un historien, que sous quelques Pontifes vicieux, ou ineptes, il n'y ait eu ni troubles ni hérésies, et que l'Eglise ait joui d'une tranquillité qu'elle n'eut point sous les Pontifes les plus sages. Dieu veillait alors particulièrement sur son ouvrage, et suppléait en quelque sorte aux soins et aux qualités de celui auquel il était confié. »

BENOIT X, nommé *Jean*, fils de Gut Mincius, et évêque de Velletri, mis sur le siége de Rome, le 30 mars 1058, par une faction puissante, fut chassé quelques mois après par les Romains, qui élurent Nicolas II. Il mourut le 18 janvier 1059. Il est communément considéré comme antipape : mais puisque son nom est resté dans la liste des Pontifes, il faut que l'illégalité de son élection n'ait pas été généralement reconnue; et comme il mourut quelques mois après, et que par là Nicolas II resta dans la paisible et légale possession du siége, rien n'empêche qu'on ne les regarde tous les deux pour vrais Papes.

BENOIT XI (Nicolas-Bocasin), général de l'ordre des frères prêcheurs, fils d'un berger, ou, selon d'autres, d'un greffier de Trévise, fut fait Pape en 1303, après Boniface VIII. Il annula les bulles de son prédécesseur contre Philippe-le-Bel, et rétablit les Colonne. Il fut empoisonné, en 1304, par quelques cardinaux mécontents, si l'on en croit les bruits qui coururent alors. Benoît XI était sage et modéré. On raconte que sa mère étant venue le voir avec des habits superbes, il ne voulut jamais la recevoir qu'elle n'eût repris les habits de son premier état. Il a commenté quelques livres de l'Ecriture-Sainte, et a été béatifié en 1733.

BENOIT XII, appelé *Jacques-le-Nouveau*, surnommé *Fournier*, peut-être parce que, dit-on, son père était boulanger (ce qui paraît néanmoins très incertain), naquit à Saverdun, au comté de Foix. Il était docteur de Paris, cardinal-prêtre du titre de Saint-Prisque. On l'appelait le *Cardinal Blanc*, parce qu'il avait été religieux de Cîteaux, et qu'il en portait l'habit. Il fut élu unanimement l'an 1334, après Jean XXII. Comme sa naissance n'était pas bien illustre, les cardinaux furent tous surpris de ce choix unanime, et le nouveau Pape lui-même autant que les autres : *Vous avez choisi un âne*, leur dit-il. Il était profond dans la théologie et la jurisprudence. Il laissa subsister les anathèmes de ses prédécesseur contre Louis de Bavière, et excommunia les Fratricelli. Il publia une bulle pour la réforme de l'ordre de Cîteaux, voulant que les abbés ne fussent habillés que de brun et de blanc, et n'eussent point avec eux des *damoiseaux*, c'est-à-dire, de jeunes gentilshommes qu'ils avaient à leur suite comme les autres seigneurs. Il révoqua toutes les commandes données par ses prédécesseurs, excepté celles des cardinaux et des patriarches, et toutes les expectatives dont Jean XXII avait surchargé les collateurs des bénéfices. S'il remédia aux maux que l'avidité de Jean XXII avait causés dans l'Eglise, il ne négligea pas non plus de réparer le scandale qu'avait occasionné son opinion sur la vision béatifique. Il définit que « les âmes des bienheureux sont dans le Paradis, avant la réunion à leur corps et le jugement général, et qu'elles voient Dieu face à face. » Ce saint Pape mourut en 1342 à Avignon, où il jeta les fondements d'un palais qui subsiste encore. Il pensait que « les Papes devaient être comme Melchisédech, sans connaître leurs parents. » On a de lui quelques ouvrages.

BENOIT, antipape, appelé *Pierre de Lune*, s'adonna d'abord à la jurisprudence civile et canonique. Il quitta cette étude pour porter les armes, la reprit ensuite, et enseigna le droit dans l'Université de Montpellier. Grégoire XI le fit cardinal, et Clément VII, légat en Espagne, sa patrie. Après la mort de ce Pontife, les cardinaux d'Avignon élurent Pierre de Lune pour lui succéder, en 1394. Il prit le nom de Benoît XIII. Le cardinal avant son élection avait promis de se démettre, si on l'exigeait, pour mettre fin au schisme; mais le Pape oublia sa promesse. Il amusa pendant quelque temps Charles VI, le clergé de France, l'Université de Paris, et divers princes de l'Europe, et finit par déclarer qu'il n'en voulait rien faire. Les rois, dont il s'était joué, résolurent de l'obliger par force à céder la tiare. Charles VI le fit enfermer dans Avignon; mais Benoît trouva le moyen de s'échapper, et se retira à Château-Renard. Cet inflexible aragonais fut déclaré schismatique aux conciles de Pise et de Constance, et comme tel déposé de la papauté. C'est de lui que Gerson dit, dans le style de son temps, qu'*il n'y avait que l'éclipse de cette lune fatale, qui pût donner la paix à l'Eglise*... Benoît, anathématisé par les Pères des deux conciles, les anathématisa à son tour. Il se retira dans une petite ville du royaume de Valence, nommée *Péniscola*, et de ce trou il lançait ses foudres sur toute la terre. Il mourut en 1424, dans son obstination, à l'âge de 90 ans. Il obligea deux cardinaux qui lui restaient, à élire Gilles Mugnos, aragonais, chanoine de Barcelone, qui se crut Pape, sous le nom de Clément VIII.

BENOIT XIII, né à Rome en 1649, de la famille illustre des Ursins, prit en 1667 l'habit de Saint-Dominique à Venise, fut cardinal en 1672, archevêque de Manfrédonia, puis de Césène, ensuite de Bénévent, enfin Pape en 1724, le 29 mai. Il assembla un concile à Rome l'année d'après, pour confirmer la bulle *Unigenitus*. Benoît mourut le 21 février 1730. Sa mémoire est en bénédiction à Rome, qu'il édifia par ses exemples, et qu'il soulagea par ses bienfaits. Sa bonté pour le peuple parut en toute occasion, et il ne perdit aucun moyen de diminuer le poids des subsides. Sortant un jour de Rome, il aperçut qu'un paysan payait avec chagrin un droit d'entrée; il voulut savoir quel était ce droit, et, non content d'en exempter le paysan, il le supprima tout-à-fait, en avouant qu'on n'avait pas tort de s'en plaindre. Tous ses décrets ne respirent que la religion, la piété et le bon ordre. Sa *Vie* a été écrite par Alexandre de Borgia, archevêque de Fermo, en latin, Rome, 1741, in-4. Innocent XII avait été son prédécesseur, et Clément XII lui succéda.

BENOIT XIV, Pape, successeur de Clément XII, naquit à Bologne en 1675, de l'illustre famille de Lambertini. Après s'être distingué dans ses études, il fut fait successivement chanoine de la basilique de Saint-Pierre, consulteur du saint Office, votant de la signature de grâce, promoteur de la foi, avocat consistorial, secrétaire de la congrégation du concile, canoniste de la sacrée pénitencerie, archevêque titulaire de Théodosie en 1724, enfin cardinal en 1728. Clément XII le nomma à l'archevêché de Bologne en 1731. Après la mort de ce Pontife en 1740, Lambertini eut 44 voix pour lui, et fut élu Pape sous le nom de Benoît XIV. Chaque année de son pontificat a été marquée par quelque bulle pour réformer les abus, ou pour introduire des usages utiles. Il avait cultivé les lettres avant de monter sur le trône pontifical; il les protégea, dès qu'il y fut monté. Il fonda des académies à Rome; il envoya des gratifications à celle de Bologne; orna Rome de plusieurs monuments; honora de ses lettres divers savants, les encouragea, les récompensa; abolit divers impôts, supprima le papier timbré, remit le tabac dans le commerce, et se distingua par un grand désintéressement. En 1748, il fit déterrer le fameux obélisque horaire, dont parle Pline (*Hist. nat.*, ch. 9, 10 et 11), qui servait de méridienne pour marquer les ombres du soleil à midi, en divers temps de l'année, et par conséquent les différentes longueurs des jours qui dépendent de la longueur des ombres. Le mauvais état où se trouvait cet obélisque ne permit pas de l'élever dans sa hauteur qui était de 67 pieds. Il était rompu en 9 endroits.

Ces morceaux précieux furent placés dans une cour qui est derrière S. Lorenzo in Lucina, et sur le lieu où l'obélisque avait été découvert on mit une inscription qui consacre la mémoire de cette opération intéressante. On y lit entre autres choses: *Obeliscum hieroglyphicis notis eleganter inscriptum, ex strato lapide regulisque ex ære incisis ad deprehendendas solis umbras, dierumque ac noctium magnitudinem, in Campo Martio erectum, ac Soli dicatum, temporis et barbarorum injuriâ, confractum jacentemque terrâ, ac ædificiis obrutum, magnâ impensâ ac artificio eruit, publicoque rei litterariæ bono, propinquum in hortum transtulit.* Il mourut en 1758, et eut pour successeur Clément XIII. Les ouvrages de Benoît XIV sont en 16 vol. in-fol. Les 5 premiers ne traitent que de béatification et canonisation des saints. La matière y est épuisée, et on en a donné un *Abrégé* en français l'an 1759, in-12. Le 6e contient les *Actes* des saints qu'il a canonisés. Les deux tomes suivants renferment des suppléments et des remarques sur les volumes précédents. Le 9e est un *Traité du sacrifice de la messe.* Le 10e traite des fêtes instituées en l'honneur de Jésus-Christ et de la Sainte Vierge. Le 11e renferme les instructions et les mandements qu'il avait donnés avant d'être Pape. Le 12e est un *Traité sur le Synode*, c'est le plus répandu des ouvrages de ce Pontife, et un des meilleurs livres qu'on ait sur la discipline de l'Eglise, et surtout une excellente réfutation des nouveautés entreprises dans ses derniers temps par quelques prélats inquiets ou courtisans. Les 4 derniers sont un *Recueil* de ses brefs et de ses bulles. L'on remarque dans tous ses écrits une vaste érudition, et une profonde connaissance du droit civil et canonique, de l'histoire sacrée et profane. On a encore de lui un *Martyrologe*, et quelques autres ouvrages. A son intronisation, il eut un projet qui ne réussit point: c'était de faire signer un corps de doctrine, où, sans parler de Baïus, de Jansénius et de Quesnel, telle vérité serait prescrite, et telle erreur condamnée. Il croyait que, ce moyen, le jansénisme s'anéantirait sans résistance; mais il est plus qu'apparent que la secte, voyant ses erreurs réprouvées, n'aurait pas été plus docile pour voir épargner les noms de ses fondateurs. Benoît ne tarda pas à en être convaincu par les nouveaux troubles qu'il excita en France; et, dans un bref aux évêques de ce royaume, il décida qu'il fallait refuser les sacrements à quiconque serait reconnu opposant à la constitution

Unigenitus. La modération, l'équité, l'esprit de paix ont été l'âme de son gouvernement. Son pontificat fut heureux et généralement respecté. On a cru néanmoins que son humeur accommodante avait quelquefois trop accordé à la complaisance ou à des considérations passagères, et que la facilité de son caractère l'avait empêché de se raidir contre des systèmes naissants, dont ses successeurs ont vu mûrir les fruits amers. M. de Caraccioli a donné sa *Vie*, Paris, 1783, 1 vol. in-12; elle est intéressante, mais mal digérée, et contient quelques faits hasardés. M. Guizot, quoique protestant, déclare que Benoît XIV « se concilia l'estime et le respect de l'Europe entière. » Elisabeth de Russie appelait ce Pontife : « Le sage par excellence. » Voici comment Benoît XIV, dans une lettre au cardinal de Tencin, jugeait la philosophie française du 18e siècle, dont le chef, Voltaire, avait aspiré à lui dédier sa tragédie catholique de *Mahomet*. « Je gémis de ce que la France se remplit de beaux esprits qui affectent l'incrédulité, tandis que ses plus grands génies furent autrefois soumis à la religion. Je gémis de ce qu'on prend la honte même pour la gloire, des railleries pour des arguments, de ce qu'on regarde enfin ce siècle comme éclairé, parce qu'il est plus audacieux. En donnant à la terre ce qu'on ôte au ciel, à la nature ce que l'on soustrait à Dieu, on forme un chaos qu'il est impossible de débrouiller. L'homme n'est plus lui-même, si on l'isole d'un créateur, et le terme de son existence doit faire le supplice de sa vie. Vos auteurs ont vu qu'ils ne pouvaient prétendre à des réputations aussi brillantes que les anciens, et ils ont dit dans leurs cœurs : Ouvrons-nous un chemin à travers les paradoxes, et nous étonnerons par la singularité. La nation aimable, mais légère, les a crus sur parole, d'autant mieux qu'on se plaît à ne plus rien approfondir, et l'on a crié de toutes parts : Voilà nos oracles et nos dieux ; ils permettent tout, excepté l'assassinat et le vol : rien de plus commode, il faut les écouter. Quand les passions portent la bannière, on est sûr de voir une nombreuse procession. »

BENOIT (Jean), né à Verneuil en 1483, docteur en théologie de la maison de Navarre, mourut curé des Saints-Innocents en 1573 ; il a fait des notes marginales en latin sur la Bible, Paris, 1541, in-fol. On appelle cette Bible *de Benedicti* ; elle a été souvent réimprimée. Il a fini les *Scolies* de Jean de Gagny sur les Évangiles et les Actes des Apôtres, 1563, in-8.

BENOIT (Jean Baptiste), célèbre mathématicien, natif de Florence, vivait vers 1490. C'est lui, selon de Thou, qui a rétabli la gnomonique en Europe.

BENOIT (le Père) florissait dans ce siècle et nous a laissé une *Histoire des Albigeois et des Vaudois*, Paris, 1691, in-12.

BENOIT (Réné), angevin, doyen de la Faculté de théologie de Paris, curé de Saint-Eustache, confesseur de Marie, reine d'Ecosse, et ensuite professeur de théologie au collége de Navarre, fut choisi pour confesseur de Henri-le-Grand, à la conversion duquel il avait beaucoup contribué. Il fut nommé à l'évêché de Troyes ; mais sa *Traduction de la Bible*, 1566, in-fol., et 1568, 2 in-4, lui fit refuser les bulles par le Pape. Cette version fut supprimée par la Sorbonne en 1567, et condamnée par Grégoire XIII en 1575. Elle avait bien de la ressemblance avec celle de Genève, surtout dans les notes. Le Docteur refusa quelque temps d'acquiescer à sa condamnation. Il y souscrivit enfin en 1598. Sa mort arriva 10 ans après à Paris, le 10 mars 1608. On a de lui plusieurs autres ouvrages, des *Sermons*, des *Catéchismes*, des *livres de piété*.

BENOIT (Elie), ministre réformé, né à Paris l'an 1640, et réfugié en Hollande après la révocation de l'édit de Nantes. Il fut pasteur de l'église de Delft, et mourut en 1728. On a de lui plusieurs écrits estimés des protestants : *Histoire et Apologie de la retraite des Pasteurs*, 1688, in-12 ; *Histoire de l'édit de Nantes*, en 5 vol. in-4, Delft, 1693, pleines d'exagérations, de calomnies, et de ces fausses tournures que l'esprit de parti ne manque pas de donner aux relations qu'il inspire ; *Mélanges de remarques critiques, historiques, etc., sur deux Dissertations de Toland*, 1712, in-8. Benoît, obligé de quitter sa patrie, ne fut pas plus heureux en Hollande. Comme il accordait son amitié sans jugement et sans choix, il eut de prétendus amis qui abusèrent de sa facilité. Sa femme lui donna aussi beaucoup d'occupation, suivant ce qu'il en dit dans ses Mémoires manuscrits : *Vitiis omnibus, quæ conjugi pacem amanti gravia esse possunt, implicita : avara, procax, jurgiosa, inconstans et varia; indefessa contradicendi libidine, per annos quadraginta septem miserum conjugem omnibus diris affecit.*

BENOIT (Pierre), savant maronite, naquit à Gusta, ville de Phénicie, en 1663, d'une famille noble. Dès l'âge de 9 ans, il fut envoyé à Rome dans le collège des maronites, où, pendant 13 années consécutives, il s'appliqua avec le plus grand succès aux belles-lettres, aux langues orientales et à la théologie. Il retourna ensuite dans son pays, d'où il fut envoyé à Rome par les maronites d'Antioche, en qualité de député de leur église. Cosme III, grand-duc de Toscane, l'appela à Florence, le combla de ses grâces, et lui donna la place de professeur d'hébreu à Pise. A l'âge de 44 ans, Benoît se fit jésuite. Au sortir du noviciat, Clément XI le mit au nombre de ceux à qui il avait confié le soin de corriger les livres sacrés écrits en grec. Il mourut en 1742, âgé de près de 80 ans, regretté par les savants, par ses confrères et par ses amis. On a de lui les deux premiers volumes de l'édition de saint Éphrem, continuée et achevée par le savant Assemani. Le cardinal Quirini, qui lui devait la connaissance des langues orientales et une partie de son érudition, l'avait engagé à entreprendre cet ouvrage.

BENOIT GENTIEN, bénédictin de Saint-Denis, parut avec éclat au concile de Constance, et passe pour être l'auteur d'une *Histoire* anonyme de Charles VI, roi de France, dite *du moine de Saint-Denis*.

BENOIT (Guillaume), professeur en droit à Cahors, conseiller au Parlement de Bordeaux, ensuite à celui de Toulouse, a laissé un *Traité sur les Testaments*, 1582, in-fol. Il mourut en 1520.

BENOIT (née Françoise-Albine Puzin de la Martinière) vit le jour à Lyon en 1724, eut à cœur de justifier les femmes du reproche qu'on leur fait si souvent de se livrer aux sciences et aux lettres, et mourut vers 1789. On lui doit entre autres: *Mes Principes*, ou *la Vertu raisonnée*, 1759, 2 part. in-12 ; *Sophronie* ou *Leçons d'une mère à sa fille*.

BENOIT (Michel), jésuite français de la mission de Pékin, né à Autun le 8 octobre 1755, fit son cours de théologie au séminaire de Saint-Sulpice de Paris, et entra au noviciat de Nancy le 18 mars 1737. Il montra d'heureuses dispositions pour les sciences, et elles furent cultivées avec soin. Après avoir étudié à fond les mathématiques, l'astronomie et quelques parties de la physique, il sollicita et obtint la permission d'entrer dans les missions de la Chine. Ses supérieurs l'envoyèrent à Paris perfectionner ses connaissances astronomiques, et il arriva à Macao en 1744. L'année suivante, on l'appela à Pékin où il fut obligé d'établir sa résidence, quoiqu'il eût préféré l'emploi de missionnaire obscur dans les provinces. A peine fut-il arrivé, que l'empereur Kien-Long, qui avait vu la représentation d'un jet-d'eau dans une peinture, en demanda l'explication, et voulut que les missionnaires résidant à Pékin exécutassent une semblable pièce d'hydraulique. Aucun n'en connaissait la mécanique, et fort embarrassés ils jetèrent les yeux sur le P. Benoît, à qui les procédés de cet ouvrage n'étaient pas plus familiers ; cependant il consentit de s'en charger, et son essai fut couronné du succès. L'eau jaillissante, dont l'art n'était pas encore connu en Chine, excita les applaudissements du monarque et de sa cour. Quelque temps après, ce prince fit bâtir dans l'enceinte de ses jardins quelques palais à l'européenne, et désirant qu'on y prodiguât les constructions hydrauliques, il chargea le P. Benoît de leur direction. Ces travaux l'occupèrent pendant plusieurs années, et il déploya dans l'exécution les plus rares talents. Malgré ses grandes occupations, il trouva encore le temps de s'occuper d'astronomie, de physique et de géographie, et il fit connaître à l'empereur Kien-Long les usages du télescope à réflexion, et ceux de la machine pneumatique. Pour satisfaire aux questions qu'il lui faisait souvent sur la géographie, il entreprit de lui dessiner une grande mappemonde, où il marqua tous les pays récemment découverts, et où il rétablit la véritable position de beaucoup de lieux d'après les nouvelles observations. Il accompagna ce dessin d'un *Mémoire* dans lequel il donna les explications nécessaires sur le globe terrestre et sur ceux du ciel, et où il exposa les systèmes modernes sur le mouvement de la terre et sur ceux des planètes. L'empereur, satisfait de son travail, voulut lui faire graver sur cuivre, quoique ce genre de gravure ne fût pas connu à la Chine, une nouvelle carte générale de l'empire qu'il venait de faire dresser. En vain le missionnaire lui représenta qu'il n'avait aucune connaissance de cet art, il fallut obéir, et il se vit réduit, comme il l'avoue lui-même, de recourir aux livres d'Europe pour y étudier la manière de graver au burin et à l'eau forte. Il lui fallut ensuite former des graveurs et imaginer des presses propres à la taille douce, et accoutumer les imprimeurs en bois à en faire usage. L'ouvrage était immense ; cette carte se composait de 104 feuilles. Le travail fut suivi sans interruption, et terminé plus promptement que le missionnaire ne s'y était attendu. On parvint aussi à exécuter l'impression, et la carte fut présentée à l'empereur qui donna l'ordre d'en tirer 100 exemplaires.

A peine cette tâche fut-elle achevée, que le P. Benoît se vit chargé d'un autre tirage d'une bien plus difficile exécution ; je veux parler des batailles de l'empereur Kien-Long qui avaient été gravées et tirées en France aux frais de Louis XV, et envoyées à la cour de Pékin en 1772. L'empereur, qui avait admiré la perfection de ces gravures, voulut que ses ouvriers en tirassent de nouveaux exemplaires, toujours sous la direction du P. Benoît; mais le travail fini de ces planches exigeant bien d'autres précautions que le simple trait, il fallut inventer une nouvelle presse et combiner des procédés nouveaux pour perfectionner l'impression ; mais les soins, l'activité, l'esprit fécond en ressources du P. Benoît suffirent à tout. Ce tirage fut exécuté avec succès; et sans être aussi beau que celui de Paris, il mérita encore l'approbation de l'empereur. Ce premier essai de l'impression en taille-douce fut le dernier des travaux du Missionnaire, un coup de sang l'enleva subitement le 23 octobre 1774. Nous n'avons parlé jusqu'ici que de ses travaux scientifiques; ils ne l'empêchèrent point de se livrer avec ardeur à tous les exercices de son ministère. Il fut pleuré par tous les chrétiens de la capitale, et vivement regretté de l'empereur Kien-Long qui l'avait constamment honoré de la plus indulgente familiarité.

BENOIT (Pierre-Guillaume-François), né à Honfleur en 1759, curé de l'une des paroisses de cette ville et chanoine honoraire de Bayeux, est mort à l'âge de 75 ans, le 10 mai 1835. On a de lui la traduction d'un ouvrage anglais sur la morale chrétienne, intitulé : *Catéchisme pratique en cinquante-deux leçons pour tous les dimanches de l'année, avec un supplément pour les différents états*, 1 vol. in-12 de 500 pages. Il est revêtu de l'approbation de plusieurs archevêques et évêques, et a eu six éditions.

BENOIT (Vincent-Vernier), né à Dôle en 1769, fit ses études à Paris au séminaire de Saint-Lazare ; mais la lecture de quelques ouvrages irréligieux l'éloigna de l'état ecclésiastique, et il embrassa une autre carrière. Il se livra d'abord à l'enseignement, et fit une éducation particulière. Employé ensuite dans diverses administrations, il fut admis en 1805 dans les bureaux de la secrétairerie d'Etat, et obtint bientôt toute la confiance du duc de Bassano qui en était le chef. En 1815, après la bataille de Waterloo, il fut nommé directeur des bureaux du gouvernement provisoire, et avant de quitter son poste aux Tuileries, il eut soin de brûler un grand nombre de pièces qui auraient pu compromettre plusieurs personnes. Retiré en Suisse, il espérait y pouvoir vivre en repos ; mais la police de la Restauration obtint son extradition. Détenu pendant un assez long espace de temps dans les prisons de Bourg, il fut envoyé plus tard en surveillance à Orléans. Les autorités de cette ville lui furent favorables et le firent mettre en liberté. Il revint alors à Paris, où il est mort le 12 avril 1832 à la suite d'une attaque de choléra. On a de lui : *De la Liberté des cultes et des concordats*, Paris, 1818, in-8; *De la Liberté religieuse*, Paris, 1819, in-8. Dans ces deux écrits, Benoît attaque le clergé et son esprit de domination; il demande, au nom de la liberté des cultes, l'abolition de tous les concordats; mais comme il arrive toujours lorsque la passion et les préjugés dominent, en même temps qu'il réclame la liberté religieuse, il la refuse à ses adversaires : son style d'ailleurs est sec et lourd. Les ouvrages de Benoît n'ont eu quelques succès, dus seulement aux circonstances ; aujourd'hui ils sont entièrement tombés dans l'oubli.

BENOZZO GOZZOLI, célèbre peintre italien, né en 1400, mort vers l'an 1478. Il excellait particulièrement à représenter des édifices, des paysages et des animaux. Ses principaux ouvrages se trouvent à Florence, à Rome, et surtout à Pise, où il s'était fixé. On cite particulièrement son tableau de la *Dispute des docteurs*, ainsi que les immenses peintures à fresque qu'il exécuta au *Campo Santo*, dans l'espace de deux ans, et qui représentent la *Création du monde jour par jour*. Ces peintures, admirées de son temps, ont été, depuis, l'objet des études des plus célèbres artistes, même de Raphaël.

BENSERADE (Isaac de) naquit en 1612, à Lions-la-Forêt, petite ville de la Haute-Normandie. Il n'avait que huit ans, lorsque l'évêque, qui lui donnait la confirmation, lui demanda s'il ne voulait pas changer son nom hébreu d'Isaac, pour un nom chrétien ? « De tout mon cœur, répondit cet enfant, pourvu que je ne perde rien au change. » Le prélat, charmé de cette saillie, dit : « Il faut le lui laisser, il le rendra illustre. » Le cardinal de Richelieu, dont il se disait parent, lui donna une pension de 600 livres au sortir de ses études, qu'il perdit après la mort du ministre, par un mauvais bon mot. Le cardinal Mazarin lui en fit une de 2000 livres, et lui donna ensuite plusieurs autres pensions sur des bénéfices. On croit qu'elles montaient à plus de 12,000 livres, revenu qui certainement ne fut jamais destiné à payer des vers galants. Benserade plaisait beaucoup à la cour par sa conversation, assaisonnée d'une plaisanterie fine, et qui flattait ceux mêmes sur lesquels il l'exerçait. Il excella surtout dans les vers des ballets qu'il fit pour la cour, avant que l'opéra fût à la mode. Il avait un talent particulier pour ces pièces galantes. Il faisait entrer dans le rôle des personnages de l'antiquité, ou de la fable, des peintures vives et piquantes du caractère, des inclinations et des aventures de ceux qui les représentaient. Au commencement de l'inclination de Louis XIV pour la Vallière, cette demoiselle chargea Benserade d'écrire pour elle à son amant. On dit que le *grand* roi (ce n'est pas en cette conduite qu'il était *grand*), charmé de l'esprit de sa maîtresse, combla Benserade de faveurs et de bienfaits. Le poëte avait déjà mis *Esope* en quatrains; il entreprit, à l'invitation du roi, de mettre en roudeaux les *Métamorphoses d'Ovide*. Ce fut une véritable maladie de rondeaux : la dédicace est en rondeau; il n'est pas de métamorphose qui n'en subisse une seconde, et qui ne soit travestie en rondeau; le privilége du roi est en rondeau; en rondeau sont les *errata*. « Jamais on ne vit tant de rondeaux logés sous la même couverture, dit un écrivain en 1833, et nous sommes obligés d'avouer qu'on n'en vit jamais de plus absurdes. Si Ovide avait pressenti le sort qu'un grand poëte, nommé Benserade, devait infliger à son livre chéri sous la forme du rondeau, il eût ajouté sans doute une élégie de plus à ses *Tristes*. » Cependant, « c'est avec justesse, dit Auger, que l'abbé d'Olivet a observé que l'exécution de ces *Métamorphoses* n'était pas plus mauvaise que celle des autres ouvrages de Benserade; mais que le règne des jeux de mots était passé, lorsque ces rondeaux parurent; que, quant à l'entreprise, elle était folle en tout temps, puisqu'un livre tout entier de rondeaux devait fatiguer par son excessive uniformité. » Ce fut, avons-nous dit, par ordre du roi et pour l'usage du Dauphin, que Benserade entreprit d'exécuter les *Métamorphoses* en rondeaux. Les ordres des princes peuvent inspirer le zèle, mais ne donnent pas les talents. Cet ouvrage en est la preuve. Rien ne fut négligé pour le décorer de tout le luxe typographique. Il fut imprimé au Louvre sur le plus beau papier, et orné de figures magnifiques, pour lesquelles le roi donna dix mille livres. Tant de soins ne purent garantir de l'épigramme cet ouvrage vraiment pitoyable qui tomba dès qu'il parut (Paris, 1676, in-4.) Benserade fatigué du monde, moins goûté à la cour, se retira à Gentilly, où il passa le reste de sa vie dans les exercices de la piété, et consacra à la religion ses dernières poésies. Tourmenté de la pierre, il résolut de se faire opérer; mais un chirurgien, voulant faire une saignée de précaution, lui ouvrit l'artère, et, au lieu de chercher à arrêter le sang, prit la fuite. Il mourut quelques heures après, le 19 octobre 1691, âgé de près de 80 ans. On a cité avec éloge plusieurs de ses jeux de mots, de ses reparties et de ses pointes. Voici un mot qui est de Benserade, et non pas de Voltaire, à qui on en a fait honneur; ce dernier n'a que le mérite de l'avoir renouvelé : Un prédicateur, nommé Adam, prêchait au Louvre, et ses sermons ne réussissaient pas beaucoup; sur cela, Benserade dit qu'on avait raison de soutenir *qu'Adam n'était pas le premier homme du monde*; ce qui fut dit justement à l'époque où parut le livre des *préadamites*. Boileau disait à ses amis que le goût de Benserade pour les pointes ne l'abandonna pas même dans ses derniers moments. Quelques heures avant sa mort, son médecin lui ayant ordonné une poule bouillie : « Pourquoi du bouilli, répondit-il, puisque je suis frit ? » Ce mot est pitoyable, mais, a-t-on dit plaisamment, il faut bien pardonner quelque chose aux mourants. Benserade plaisantait sans pitié les grands, et n'épargnait pas même ses protecteurs les plus haut placés. Un jour, Mazarin jouait au piquet; il chercha chicane à son adversaire, et une discussion assez vive se trouva engagée; l'assemblée, qui faisait cercle, restait silencieuse et comme indifférente au débat dont elle devait être juge, lorsque Benserade entra. Mazarin s'étant adressé à lui pour décider le cas en litige : « Monseigneur, « lui dit-il, vous avez tort. — Eh! com- « ment peux-tu me condamner sans sa- « voir le fait, s'écria Mazarin, qui ne « le lui avait point encore expliqué ? — « Ha! vertubleu, Monseigneur, répon- « dit Benserade, le silence de ces mes- « sieurs m'instruit parfaitement : ils « crieraient en faveur de son Eminence « aussi haut qu'elle, si son Eminence « avait raison. » Quant au mérite littéraire de Benserade, écoutons La Harpe : « Benserade, dit-il, soignait ses vers un peu plus que Voiture. Il a plus de pensées, plus d'esprit proprement dit...

La querelle des deux sonnets, l'un de Benserade, l'autre de Voiture, a fait tant de bruit autrefois, qu'il faut bien en parler. Toute la France se partagea en *uranistes* et en *jobelins*; heureuse si jamais elle n'eût été partagée en d'autres sectes (c'est-à-dire si l'unité religieuse n'eût souffert aucune division, aucune *coupure*, ou s'il ne se fût point élevé d'hérésiarque ou chef de parti)! Les jobelins tenaient pour Benserade, qui avait fait un sonnet sur Job; les uranistes pour Voiture qui en avait fait un pour Uranie... Je ne sais de quel côté je me serais rangé, si j'avais été du temps où le prince de Condé était à la tête du parti des jobelins, et madame de Longueville à la tête de celui des uranistes; car qui peut savoir quel goût il y aurait eu il y a cent cinquante ans? Mais il me semble qu'aujourd'hui je serais jobelin. » Les deux sonnets, en effet, ne valent à peu près rien; mais celui de Benserade est moins mauvais que celui de Voiture. « Benserade, dit un autre critique postérieur à La Harpe, Benserade, pour avoir eu pendant sa vie une réputation au-dessus de son mérite, est aujourd'hui beaucoup moins estimé qu'il ne vaut. La prospérité devient toujours sévère à l'égard des auteurs dont les contemporains ont été trop légèrement enthousiastes. On ne peut refuser à Benserade une facilité singulière pour composer des vers sur toutes sortes de sujets. » Ses poésies ont été recueillies en 2 vol. in-12, 1697.

BENSI (Bernard), jésuite, né à Venise en 1688, d'une famille originaire du Piémont, professa longtemps la théologie morale, et publia quelques ouvrages, où l'on remarque des principes extrêmement relâchés, que le P. Concina, dominicain, attaqua vivement dans deux lettres qui ont été traduites en français. Ces ouvrages sont : *Praxis tribunalis conscientiæ*, Bologne, 1742; *Dissertatio de casibus reservatis*, Venise, 1743. Ils ont été mis à l'index à Rome le 16 avril 1744, et le 22 mai de l'année suivante. L'auteur fut obligé de se rétracter. Ses supérieurs l'envoyèrent à Padoue, où il mourut en 1760, après avoir composé d'autres ouvrages.

BENSON (Georges), docteur presbytérien, né à Great-Salkeld, dans la province de Cumberland, en 1699, mourut en 1763, après avoir beaucoup écrit contre les philosophistes. On a de lui en anglais : des *Commentaires sur les Epîtres de saint Paul;* des *Sermons;* la *Vie de Jésus-Christ;* la *Religion chrétienne conforme à la raison*, 2 vol. in-8; l'*Etablissement du Christianisme*, 1735, 2 vol. in-4.

BENTHAM (Jérémie), célèbre publiciste anglais, naquit à Londres en 1748. Placé d'abord au collège de Westminster, il fut admis ensuite à celui de la reine à Oxford. Quoique fort jeune encore, il soutint dans cette célèbre Université une thèse publique qui attira sur lui l'attention, et put faire présager dès lors ce qu'il deviendrait un jour. A vingt ans il était déjà maître-ès-arts, et en 1772 il débuta au barreau, où la réputation de son père l'avait précédé, et où ses propres talents devaient lui assurer une position brillante. Mais les ruses et les détours de la chicane lui inspirèrent bientôt une profonde répugnance, et il renonça à une carrière dans laquelle d'ailleurs il ne pouvait trouver à satisfaire son goût pour les études spéculatives. Dès qu'il eut quitté la pratique des affaires, il se livra tout entier à des travaux d'un ordre plus élevé, et se proposa de rechercher l'origine et les principes de la législation. Philosophe et publiciste beaucoup plus que jurisconsulte, il entreprit dès lors de réformer les lois de son pays, dont il avait reconnu les vices, et de leur en substituer d'autres plus rationnelles et moins arbitraires. Malheureusement Bentham était imbu des fausses et pernicieuses théories qui prévalaient alors dans les esprits en France et en Angleterre. Il avait lu avec avidité, avant même son entrée à l'Université d'Oxford, le fameux livre *de l'Esprit*, d'Helvétius, et il en avait adopté les principes. On sait que dans cet ouvrage Helvétius, en même temps qu'il professe le plus grossier matérialisme, ne reconnaît d'autre principe de morale que celui de l'*utilité*. Le seul devoir de l'homme en ce monde et sa principale occupation doivent donc être, selon lui, de rechercher ce qui est *utile*. Tel fut aussi le point de départ de Bentham, et tous ses écrits n'ont été que le développement de cette pensée fondamentale. Une semblable doctrine, qui place le principe même de moralité dans l'égoïsme, paraît au premier abord ne pouvoir produire que de funestes conséquences; mais comme le plus souvent il est utile de faire le bien, il s'ensuit que ce principe, faux en théorie, peut fournir dans l'application quelques heureux résultats. C'est ce qui arriva à Bentham; esprit sagace et clairvoyant, il scruta avec une rare pénétration les lois premières qui régissent l'humanité, il en sut tirer des inductions neuves et originales, et bientôt il mérita d'être placé au premier rang des publicistes modernes. Dès l'année 1776, il avait publié sous le voile de l'anonyme des *Fragments sur le gouvernement*, qui eurent un grand succès et furent généralement attribués aux plus habiles jurisconsultes de l'époque ; cet écrit se faisait surtout remarquer par la concision du style, par l'abondance et la force des pensées, ainsi que par les tendances métaphysiques qu'il révélait dans l'auteur. Après avoir étudié la théorie générale des lois, Bentham voulut connaître les législations diverses qui se partagent le globe, afin de pouvoir les comparer les unes aux autres. Dans ce but, il se décida à voyager ; il vint d'abord en France, où il retourna encore deux fois avant la révolution. De 1784 à 1788 il parcourut l'Europe, visita successivement l'Italie, la Turquie, la Russie, la Pologne, l'Allemagne et la Hollande. En 1791, Brissot, avec lequel il s'était lié, voulant lui témoigner sa reconnaissance d'un service éminent qu'il lui avait rendu, le fit proclamer citoyen français et membre de l'assemblée législative. Quelques années après, Bentham, ayant perdu son père, se trouva en possession d'une fortune qui assura son indépendance et lui permit de se livrer d'une manière exclusive à ses savantes études. C'est depuis cette époque, en effet, qu'il a publié la plus grande partie de ses ouvrages. Penseur original et profond, Bentham était un écrivain inhabile, il rédigeait avec peine et labeur. Aussi, le plus souvent il jetait sur des feuilles détachées, sans ordre et sans méthode, les résultats de ses méditations. Beaucoup de ses idées eussent été ainsi perdues pour la postérité, si le ministre genevois Dumont, avec lequel il fut mis en relation, n'avait consenti à les recueillir, à les rédiger, à les mettre en ordre et à les publier. Après le traité d'Amiens, en 1802, Bentham profita de la paix pour venir de nouveau à Paris. Pendant son séjour dans cette ville, l'Institut de France (classe des sciences morales et politiques) le reçut au nombre de ses membres. En 1825 il vint encore en France, et y reçut un accueil dont il dut être singulièrement flatté. On rapporte que le hasard l'ayant amené un jour à la cour de cassation, tous les membres du barreau se levèrent spontanément, et que la cour lui fit offrir un siége d'honneur. On le consultait alors de tous les coins de l'Europe : le comte de Toreno lui demandait son avis sur le code pénal dernièrement voté par les cortès d'Espagne ; le roi de Bavière, auquel il avait proposé un projet de code, lui faisait répondre que son plan avait été communiqué à une commission qui profiterait des pensées lumineuses répandues dans l'ouvrage. Arrivé à un âge avancé, Bentham jouissait cependant d'une excellente santé, et continuait à se livrer avec assiduité à la composition de ses écrits. Il venait même de terminer le troisième volume de son *Code constitutionnel*, lorsqu'il tomba malade, et mourut le 6 juin 1832. Quelques jours auparavant, il avait fait appeler trois de ses amis, et avait exigé d'eux la promesse de poursuivre avec fermeté, et malgré les oppositions qu'elle pourrait rencontrer, l'exécution d'une des dispositions de son testament, qu'il leur fit connaître en ces termes : « Elle « est relative, dit-il, à ce corps que la « vie est sur le point d'abandonner ; « j'exige qu'après sa mort il soit trans« porté à l'amphithéâtre, et soumis à la « dissection. » Cette pensée, d'ailleurs, était ancienne chez lui, il l'avait eue dès 1769, et il l'avait ainsi consignée dans un premier testament, en la justifiant ainsi : « Ce que j'ordonne ici ne « tient pas à une manie de singularité, « mon seul motif est d'être utile à l'hu« manité; puisque jusqu'ici j'ai eu si peu « d'occasion, qu'au moins je ne laisse « pas échapper celle-ci. » Ses amis remplirent leur promesse, et conformément à ses désirs, ses dépouilles mortelles furent solennellement transportées à l'école d'anatomie et de médecine de Webbstreet, où un discours fut prononcé par son médecin, et le lendemain le cadavre fut livré à la dissection. Bentham a été le plus illustre représentant de l'école utilitaire ; doué d'un génie original et fécond, il a présenté sur la législation civile et criminelle beaucoup d'idées neuves et vraies, dont la science doit faire son profit. Ses livres, cependant, doivent être lus avec beaucoup de réserve, parce que la doctrine qui les a inspirés est fausse, et qu'en plaçant dans l'égoïsme le mobile de toutes nos actions, elle tend à détruire tous les sentiments nobles et généreux qui se trouvent dans le cœur de l'homme. Bentham n'avait pu échapper dans la vie privée à l'influence pernicieuse de tels principes de morale. Il était philanthrope, mais comme il l'avoue lui-même, cette philanthropie était entachée d'égoïsme ; il avait d'ailleurs de la bonhomie dans le caractère, et quoiqu'il aimât à railler et à lancer des sarcasmes, il prenait soin d'éviter les paroles blessantes. Son amour de l'indépendance et son désintéressement étaient tels, qu'il refusa un présent de l'empereur Alexandre, dans la crainte, en l'acceptant, de ne pouvoir plus s'exprimer avec une entière liberté sur la Russie, s'il lui arrivait un jour d'avoir à en parler. A l'étude des lois, Bentham joignait celle de la chimie et de la botanique; il cultivait aussi la musique. Il a laissé de nombreux ouvrages, parmi lesquels nous citerons : *Introduction aux principes de morale et de jurisprudence*, Londres, 1789, in-4° ; 2e édition, Londres, 1823, 2 vol. in-8. Les questions de l'ordre le plus élevé sont traitées dans cet ouvrage sous une forme sévère, qui exige du lecteur une attention soutenue ; *Traités de législation civile et pénale*, Paris, 1802, 3 vol. in-8 ; 2e édition, 1820 ; *Théorie des peines et des récompenses*, Paris, 1812, 2 vol. in-8 ; 3e édition, 1826 ; *Pièces relatives à la codification et à l'instruction publique, comprenant une correspondance avec l'empereur de Russie et diverses autorités constituées des Etats-Unis d'Amérique*, Londres, 1817, 1 vol. in-8 ; *Traité des preuves judiciaires*, Paris, 1823, in-8 ; *De l'évidence judiciaire spécialement appliquée à la pratique anglaise*, Londres, 1827, 5 vol. in-8 ; *Code proposé à toutes les nations qui professent des idées libérales*, Londres, 1822 ; *Code constitutionnel*, Londres, 1830 ; *Essai sur la tactique des assemblées politiques, suivi d'un Traité des sophismes politiques*, Genève, 1816, 2 vol. in-8 ; 2e édition, Paris, 1822 ; *la Déontologie*, ou *Théorie des devoirs*, Paris, 1833 ; *Fragment sur le gouvernement*, Londres, 1776 ; *Défense de l'usure, ou Lettres sur l'inconvénient des lois qui fixent le taux de l'emprunt de l'argent*, Londres, 1787 ; *Esquisse d'un code pour l'organisation judiciaire de la France*, Londres, 1791 ; *Essai sur la tactique des corps politiques, contenant six règles principales que doit observer une assemblée pour former une décision motivée, avec une application comparative des principes à ce qui se pratique dans la Grande-Bretagne et en France*, Londres, 1791, in-4 ; *Considérations sur l'Eglise d'Angleterre et son Catéchisme*, 1817 ; *Bentham à ses concitoyens, les Français, sur la peine de mort; J. Bentham à la Chambre des pairs de France*, 1832. Tous ces ouvrages contiennent la même doctrine morale qui peut se résumer en ces termes : *Toute action utile est bonne, toute action nuisible est mauvaise.* (Voyez DUMONT Etienne.)

BENTIVOGLIO (Hercule) était né, vers 1507, à Bologne, d'une famille qui avait régné dans cette ville durant le siècle précédent. Il mourut à Venise en 1573. Ses *Poésies*, imprimées plusieurs fois, furent recueillies à Paris en 1719, in-12. On y trouve des *Satires*, des *Sonnets*, des *Comédies*, etc. Deux de ses comédies, *il Geloso* et *il Fantasmi*, ont été traduites en français par Jean Fabre, Oxford, 1731, in-8.

BENTIVOGLIO (Gui), né à Ferrare en 1579, de la même famille que Hercule, fut nonce en Flandre et en France, et fait cardinal par Paul V en 1621. De retour à Rome, Louis XIII le chargea de veiller aux intérêts de sa couronne, sous le titre de protecteur des affaires de France auprès du Saint-Siége. Sa probité, sa douceur, sa vertu, l'auraient fait nommer Pape après Urbain VII, son ami, s'il n'était pas mort pendant la tenue du conclave, le 7 septembre 1644. On a de lui : *Histoire des Guerres de Flandre*, en italien, 3 vol. in-12, Cologne, 1635-36-40, et à Paris, de l'imprimerie royale.

BÉRANGER (Jean-Pierre de) naquit à Paris le 19 août 1780, ainsi qu'il l'a rappelé lui-même dans une de ses chansons : *le Tailleur et la Fée* :

Dans ce Paris plein d'or et de misère,
En l'an du Christ mil sept cent quatre-vingt,
Chez un tailleur mon pauvre et vieux grand-père,
Moi nouveau-né, sachez ce qui m'advint.

Quoique son grand-père maternel fût tailleur, on a dit que Béranger était noble : nous ignorons ce qu'il en est, et il ne s'est guère inquiété d'éclaircir la question. Il trouva dans sa famille quelques vertus ; mais les mauvais exemples ne lui manquèrent pas non plus, et, dans son ensemble, l'éducation qu'il reçut ne le prépara que trop au rôle qu'il devait jouer. Après avoir passé sa première enfance à Paris et avoir assisté à la prise de la Bastille, il fut envoyé en province, où il servit en qualité de garçon dans une auberge, sous la surveillance d'une tante qui était républicaine ardente, mais aussi catholique sincère : ce fut d'elle qu'il prit le moins. Il se mit dès-lors à lire avec avidité tous les livres qu'il put se procurer, et commença même à faire des vers, quoiqu'il ignorât encore les règles de la prosodie. A douze ans il fut frappé de la foudre ; comme il n'en éprouva d'autre mal qu'un simple évanouissement, il tourna la chose en raillerie. Peu après, il entra comme apprenti dans une imprimerie de Péronne, où il continua de beaucoup lire, sans d'ailleurs essayer d'apprendre le latin, qu'il ne sut jamais. Ce fut là que son père vint le chercher pour le ramener à Paris. A la différence de sa tante, son père était voltairien et royaliste ; il conspirait même pour son parti, et se livrait en outre à des opérations de banque. Le jeune Béranger était chargé de tenir les comptes, ce dont il s'acquittait de meilleure grâce et avec plus de succès qu'on ne pourrait être porté à le croire. A une vive imagination il joignait un esprit net et précis, qui le rendait apte aux affaires. Quant à la politique, les intrigues royalistes, auxquelles il se trouvait mêlé sans y prendre part, l'éloignaient de cette cause loin de l'en rapprocher, et lorsque les amis de son père lui promettaient de le faire nommer un jour page de Louis XVIII, il tournait le dos en fredonnant des airs républicains. Lors du 18 brumaire, il applaudit au coup d'Etat, et voua dès-lors au jeune vainqueur de l'Italie une admiration qu'il conserva toujours. En même temps qu'il suivait son père à la Bourse, et l'aidait dans des affaires qui d'ailleurs étaient peu fructueuses, Béranger continuait à se livrer à la poésie, s'essayait dans tous les genres, l'élégie, la comédie, même le poème épique. Lucien Bonaparte fut son premier protecteur, et l'encouragea dans ses travaux en lui accordant des secours ; il trouva aussi, pendant plusieurs années, des moyens d'existence dans un emploi obscur chez le peintre Landon. La publication du *Génie du Christianisme* fit sur lui une vive impression, comme sur la plupart des hommes de son temps, et l'engagea même à faire quelques efforts pour revenir à la foi chrétienne. « Je lui consa- « crai, dit-il, mes essais poétiques, je « fréquentai les églises aux heures de « solitude, et me livrai à des études « ascétiques autres que l'Evangile, qui, « malgré ma croyance arrêtée, a tou- « jours été pour moi une lecture philo- « sophique et la plus touchante de toutes. « Hélas ! ces tentatives furent vaines. » Il n'y a pas lieu de s'en étonner beaucoup, c'était l'imagination plus que le cœur qui avait été touchée ; et outre que son instruction religieuse était peu solide, la vie de plaisirs et de désordres qu'il continuait de mener était seule un grand obstacle. Mais s'il ne revint pas à la foi, il persévéra dans sa vocation poétique, et se livra sur la langue, la versification, le rhythme, à des études suivies, qui, en attendant l'inspiration, le mirent en possession d'un instrument capable de la servir. Vers 1809, la protection du poète Arnault lui fit obtenir un emploi d'expéditionnaire dans les bureaux d'instruction publique. Son existence étant désormais assurée, il put s'abandonner avec plus de liberté à ses goûts, et, tout en retouchant ses poèmes,

ses comédies, ses pastorales, il commença à faire des chansons dont quelques-unes furent remarquées, celle des *Gueux*, entre autres, dont la vive allure exprimait trop bien le genre de vie vagabonde et insouciante que le poète menait depuis sa jeunesse. Mais si la chanson des *Gueux* appela déjà l'attention sur Béranger, ce fut celle du *Roi d'Yvetot* qui commença sa renommée. Ce qui ajouta au succès, ce fut la critique du gouvernement impérial qu'on crut y découvrir ; toutefois Napoléon, auquel on la dénonça, eut le bon esprit de ne pas s'en fâcher et la laissa circuler librement. Béranger avait enfin trouvé la muse qui convenait à son génie et devait faire sa célébrité. Malheureusement, il ne tarda pas à en faire le plus coupable abus. La première Restauration de 1814 le trouva froid, mais non hostile ; et, dans le premier *Recueil* qu'il publia en 1815, on rencontre à peine quelques allusions politiques : il est une chanson même, *le bon Français*, où il semble se rallier au gouvernement royal ; mais s'il n'est pas encore le poète du libéralisme, il est déjà le chantre de *Lisette* : les chants grivois et licencieux y abondent, et l'Université, dont il dépendait comme employé, crut devoir lui donner un sévère avertissement dont il ne tint aucun compte. A partir de 1815, Béranger entra décidément dans la vie politique, non par des actes, mais par des chansons qu'il fit d'abord circuler de main en main, et qui bientôt furent dans toutes les mémoires. En même temps qu'il jetait le ridicule et le sarcasme sur le gouvernement et la religion, il faisait vibrer dans les cœurs le sentiment national en célébrant les gloires de l'Empire et en déplorant les hontes de l'invasion. En 1821 il publia un second *Recueil*, où il avait réuni toutes les chansons qui se chantaient déjà dans les salons et dans les mansardes, mais qui n'avaient pas été encore imprimées. Un procès lui fut intenté, et malgré les efforts de ses défenseurs, Dupin, Barthe et Berville, il fut condamné à la prison et à l'amende. La sentence n'était que juste et n'excédait pas les bornes : il avait, de parti pris et avec calcul, déversé l'outrage et le mépris sur les hommes les plus honorables, sur les choses les plus dignes de respect. Mais l'opinion était pour lui, et sa popularité s'en accrut. Il faut reconnaître d'ailleurs que, sous le rapport littéraire, le nouveau recueil renfermait des beautés remarquables et d'un ordre élevé, des pièces qui ressemblaient plus à des odes qu'à des chansons. Nous citerons entre autres : *Mon* âme; *Mon habit; La bonne vieille; La petite fée; Le bon vieillard; Le retour dans la patrie; La sainte alliance des peuples; Les hirondelles; Les deux cousins; L'orage; L'exilé; Le cinq mai.* En même temps qu'il subissait une condamnation méritée, Béranger était privé de l'emploi d'expéditionnaire qu'il occupait dans les bureaux de l'instruction publique. Considéré dès-lors comme une victime du pouvoir, comme un martyr de la liberté, il devint un des représentants les plus autorisés du parti de l'opposition, et celui qui assurément exerça sur les esprits la plus grande et la plus funeste influence. Il continua de publier de nouvelles chansons, où la haine et l'outrage occupaient chaque jour plus de place. Il fut de nouveau poursuivi et condamné; mais ces rigueurs, si légitimes qu'elles fussent, ne faisaient qu'ajouter à son crédit. Son succès était d'autant plus grand que, aux moqueries et aux invectives les plus méchantes, il savait mêler de nobles et patriotiques inspirations. C'est de ce temps que sont *Le vieux sergent; Le chant du cosaque; Le tailleur et la fée; Le pigeon messager; Les adieux à la campagne.* La révolution de 1830, qu'il avait tant contribué à préparer, changea sa position. Comme il ne voulait ni honneurs, ni emplois, ni richesses, mais seulement conserver intacte sa popularité, il ne demanda rien au nouveau pouvoir, et même prit vis-à-vis de lui l'attitude de l'opposition, mais d'une opposition bénigne, qui ne le compromettait avec personne. Quoiqu'il eût dit que le temps des chansons était fini, il en fit encore quelques-unes, parmi lesquelles on cite : *Le refus; A mes amis devenus ministres;* et plus tard : *Le vieux vagabond; La pauvre femme; Jacques; Jeanne la rousse,* où il semble pencher vers le socialisme, sans d'ailleurs tomber dans des excès que son bon sens repoussait. On trouve encore dans ces dernières productions quelques beaux vers, mais la verve n'est plus la même : on sent que le poète commence à vieillir. L'Académie française fit des démarches auprès de lui pour qu'il consentît à se présenter à son choix; il refusa avec obstination, et il écrivit à ce sujet, au secrétaire perpétuel de cette Compagnie, une longue lettre qu'il terminait en disant : « Je suis chansonnier, « laissez-moi mourir chansonnier. » A partir de ce moment, Béranger ne sembla plus préoccupé que de deux choses : assurer le repos de sa vie, et veiller à ce que sa popularité ne reçût aucune atteinte. Il n'avait jamais aimé le monde, où il se sentait mal à l'aise, quoiqu'il y fût recherché et fêté; il résolut de s'en séparer entièrement. Dans ce but il quitta Paris et alla s'établir successivement à Passy, à Fontainebleau, à Tours, puis une seconde fois à Passy. Mais il ne se plut dans aucune de ces résidences, et finit par revenir à Paris. La solitude dans laquelle il vivait n'était pas telle, du reste, qu'il ne vît quelques amis, et même des hommes qui avaient suivi autrefois d'autres bannières que les siennes, et qui, devenus avides de popularité, venaient lui en demander un lambeau. C'est ainsi que M. de Châteaubriand, le chantre des *Méditations* et l'auteur de l'*Essai sur l'indifférence,* se firent admettre à son foyer pour lui payer le tribut de leur admiration. On voit, d'après ce qu'il en dit dans ses Mémoires, qu'il leur faisait un honorable accueil, mais qu'il riait sous cape du mobile secret qui les poussait vers lui. Après la révolution de 1848, les électeurs de Paris nommèrent Béranger représentant du peuple à l'Assemblée constituante; il assista à deux ou trois séances, puis envoya sa démission, qui ne fut acceptée qu'après un premier refus fait par l'Assemblée. Pendant les dernières années qu'il passa à Paris, Béranger montra des sentiments meilleurs que ceux qu'il avait eus jusque-là : s'il n'était pas croyant encore, il parlait de la religion avec respect; il tenait à rappeler qu'il avait toujours été spiritualiste. Il avait conservé des relations avec sa sœur, qui était religieuse et depuis longtemps retirée dans un couvent, où elle priait et expiait pour son frère; il s'était mis aussi en relation avec le curé de sa paroisse, qu'il chargeait de distribuer ses aumônes : car, quoique peu riche, il était bienfaisant. Lorsque sa dernière heure approcha, le prêtre et la religion vinrent au chevet du malade et furent bien reçus : il sortit de sa bouche des paroles sympathiques, chrétiennes même, et l'on peut croire qu'un retour à Dieu plus complet et plus consolant aurait eu lieu si de malheureux amis n'étaient intervenus pour l'empêcher. Il est mort à Paris, à l'âge de 77 ans, le 16 juillet 1857. Le Gouvernement se chargea des frais de ses funérailles, et voulut y présider lui-même, pour être mieux en mesure de contenir l'émotion populaire et de prévenir les troubles qui auraient pu s'ensuivre. On a publié depuis sa mort : *Dernières chansons;* la composition en est froide et laborieuse. Cependant deux de ces chansons : *Il n'est pas mort, Le cheval arabe,* rappellent l'ancienne inspiration.

Ma biographie : le poète y raconte sa vie avec charme et esprit, et y parle de plusieurs de ses contemporains avec justesse et non sans malice. Lorsqu'on veut juger avec impartialité l'œuvre politique et littéraire aussi bien que le caractère de Béranger, on éprouve quelque embarras : il y a des partis qu'on ne peut s'empêcher de louer, même d'admirer, et d'autres qu'on ne saurait trop flétrir. En politique, il a fait au gouvernement de la Restauration une guerre aussi violente qu'injuste, et il n'avait pas même pour excuse de fortes convictions politiques; il se donnait alors pour l'adepte fervent des libertés publiques, et depuis il a avoué qu'il se souciait assez peu de la liberté, et que ce qui dominait en lui, c'étaient les instincts démocratiques, l'admiration pour le héros des Pyramides, et surtout le patriotisme. Mais, alors, pourquoi rendre le gouvernement des Bourbons responsable de la honte de deux invasions que Napoléon seul avait provoquées par les excès de son ambition ? D'ailleurs, le but fût-il légitime, les moyens ont été odieux : il n'est jamais permis d'employer contre ses adversaires l'injure et la calomnie. La religion n'a pas été mieux traitée par lui : il n'a cessé pendant quinze ans de la poursuivre de ses sarcasmes et de ses moqueries, sans cependant avoir non plus, ce qui d'ailleurs ne serait pas une excuse, une forte passion irréligieuse. Nous avons vu que, lors de l'apparition du *Génie du Christianisme*, il avait été touché et avait eu même quelques velléités de revenir à la foi ; et depuis il a déclaré qu'il ne voulait pas qu'on le confondît avec Voltaire, qu'il n'avait jamais lu et qu'il n'aimait pas. Mais il est une parole de lui qui explique tout. Comme quelques-uns de ses amis lui conseillaient d'écarter de ses recueils les chansons grivoises et licencieuses : « Je m'en « garderais bien, répondit-il, ce sont « celles-là qui servent de passeport aux « autres. » Ainsi le succès, à ses yeux, justifiait tout. De plus, il avouait que sa cause était telle, que le meilleur moyen d'en assurer le triomphe c'était de corrompre et de pervertir. L'amour de la popularité a été d'ailleurs la passion dominante de sa vie, l'idole à laquelle il a tout sacrifié ; il est curieux même de voir que de soins et de calculs il a dépensés pour que le prestige qu'il avait su attacher à sa personne ne reçût aucune atteinte. Il était trop compromis avec le parti royaliste pour pouvoir espérer de rentrer en grâce auprès de lui : aussi ne lui a-t-il jamais fait aucune avance ; mais, avec toutes les autres nuances de l'opinion, il s'est montré plein de ménagement. Conservant l'attitude d'opposant, laissant les partis extrêmes s'autoriser de son nom, il s'abstenait cependant d'agir et de parler. On peut croire que ce fut là le véritable motif du refus qu'il fit d'entrer à l'Académie française et dans les assemblées publiques ; il eût fallu qu'il prît parti, et il ne le voulait pas : aussi l'indépendance dont il se targuait était plus apparente que réelle. Il n'avait jamais rien demandé au pouvoir, et avait refusé même ce qui lui était offert ; mais il poussait la complaisance pour l'opinion jusqu'à la servilité. Il excellait à caresser et à exciter les passions populaires ; mais il ne sut jamais élever la voix pour essayer de les contenir, même lorsqu'il en déplorait les excès. Cependant nous avons vu que la dernière moitié de sa vie avait mieux valu que la première. Sa vieillesse même n'a pas manqué de dignité. Simple dans ses goûts, il n'a jamais recherché la richesse, et a souvent partagé le peu qu'il avait avec de plus pauvres que lui. Ses sentiments, ainsi que nous l'avons dit, étaient devenus presque chrétiens. Au fond, c'est comme poète seulement que Béranger mérite d'être loué. Il a créé dans notre littérature un genre qui n'existait pas avant lui, la chanson lyrique ou l'ode chantée. Son style est toujours pur, correct, élégant, son vers souvent inspiré. Lorsqu'il raille, sa moquerie est fine et acérée ; lorsqu'il veut chanter les gloires ou les malheurs de la patrie, il élève et entraîne. Il sait aussi exprimer des sentiments plus tendres, et faire vibrer les fibres du cœur. Toutefois, même sous le rapport littéraire, il a été trop vanté. Comme chansonnier, il manque de gaîté ; son rire est amer, et n'a ni l'abandon ni l'entrain de celui de Désaugiers, son émule. Comme poète lyrique, il manque de souffle ; il a de l'inspiration, mais une inspiration qui dure peu, et ne va guère au-delà de la première ou de la seconde strophe. Les épithètes oiseuses et redondantes prennent trop souvent la place de la pensée, les chevilles mêmes n'y sont pas rares. Les refrains seuls sont toujours heureux, et viennent se graver d'eux-mêmes dans la mémoire. A tout prendre, Béranger est un poète, et un vrai poète, mais un poète qui doit encore à l'art et au travail qu'à la nature. Ses contemporains l'ont placé au premier rang, mais la postérité plus juste le fera descendre au second, qui seul lui appartient.

BÉRAUDIÈRE (François de la), né vers la fin du 16e siècle à Poitiers, fut d'abord conseiller au Parlement de Paris. Après la mort de sa femme, il embrassa l'état ecclésiastique, et devint évêque de Périgueux en 1614. Il y fit plusieurs fondations utiles, et mourut dans son diocèse en 1646. On a de lui un recueil sous le titre d'*Otium episcopale*, Périgueux, 1635, in-4.

BERAULD (Nicolas), *Beraldus*, natif d'Orléans, se distingua dans les premières années du 16e siècle, en l'Université de Paris, par sa connaissance des belles-lettres et des mathématiques. Il fut précepteur de l'amiral de Coligni et de ses deux frères. Il ne vécut pas beaucoup au-delà de 1539. Il ne pouvait donc être en 1571 principal du collége de Montargis, comme l'ont dit quelques lexicographes : cette place était alors occupée par François Bérauld, son fils, qui se fit calviniste. On a de Nicolas Bérauld une édition des *OEuvres de Guillaume*, évêque de Paris, 1516, in-fol.; une de l'*Histoire naturelle de Pline*, et d'autres ouvrages. Sa vertu et ses talents lui concilièrent l'amitié et l'estime d'Erasme, et de plusieurs autres personnages illustres.

BÉRAULT – BERCASTEL (Antoine-Henri), né dans l'évêché de Metz au commencement du 18e siècle, fut d'abord jésuite, puis curé d'Omerville, au diocèse de Rouen ; enfin chanoine de Noyon. Il est mort pendant la révolution, et a publié une *Histoire de l'Eglise*, en 24 vol. in-12, 1778, et années suivantes, qui lui donne de justes droits à l'estime publique, par l'art avec lequel il a su réunir ce qu'il y a de plus intéressant et de plus instructif dans l'histoire ecclésiastique, en évitant la fatigante prolixité de quelques-uns de ses prédécesseurs, et la sécheresse de quelques autres. Cette *Histoire*, qui va jusqu'au commencement du 18e siècle, est écrite avec ordre, méthode et précision, à l'exception des derniers volumes qui sont infiniment moins soignés. On dirait que l'auteur était pressé de terminer son travail ou que ces volumes ne sont pas de la même main. Cependant cette *Histoire* a eu du succès à cause des principes et du bon esprit par lequel elle est dirigée. Elle a été réimprimée à Toulouse en 1809, 12 vol. in-8. On en a fait plus tard une nouvelle édition in 8, avec une continuation. L'abbé Bérault avait donné auparavant un poëme en 12 chants sur *la Terre-Promise*, et quelques autres ouvrages qui eurent peu de succès et qui sont aujourd'hui entièrement oubliés. M. Henrion a donné une nouvelle édition de l'*Histoire de l'Eglise* par Bérault-Bercastel ; il y a fait des améliorations et l'a continuée jusqu'à notre époque. Malgré cela, cet ouvrage laisse encore beaucoup à désirer.

BERCHOUX (Joseph de) naquit, le 3 novembre 1765, dans la petite ville de Lay-lès-Saint-Symphorien (Loire), d'une ancienne famille de magistrature. Son père était juge-prévôt à Lay, sa mère mourut avant sa vingtième année. Berchoux étudia d'abord sous le toit paternel, et vint ensuite achever ses études chez les oratoriens de Lyon. Dès ses plus tendres années, il manifesta du goût pour la poésie et la musique ; ce qui détermina ses parents à l'envoyer à Paris, où il resta plusieurs années et excella dans l'un et l'autre talent, de manière à pouvoir figurer, avec avantage, sur la scène du monde. Il se lia avec quelques hommes de lettres, notamment avec Michaud. Lors de l'établissement des justices de paix, Berchoux fut nommé à celle de son canton, et remplit cette charge avec droiture et sagacité. Quand la révolution éclata, il chercha un abri sous les drapeaux français; on l'envoya à Nice, où il fut employé dans les bureaux de l'armée. Il ne quitta ce poste que lorsqu'il put, avec sécurité, rentrer dans son pays natal : c'était après le 9 thermidor. Ce fut, au moins, vers 1797 qu'il écrivit la satire *des Grecs et des Romains :* on la trouve dans un almanach de cette même année. En 1797 encore, il écrivit plusieurs articles dans la *Quotidienne*, sous le pseudonyme de *Nacone*; puis en 1814 et 1815, sous celui de *M. Musard*. On rencontre dans le *Spectateur français au* XIXe *siècle*, quelques-uns de ces articles, tous empreints d'une douce et pénétrante malice, et frondant avec gaîté les folies du siècle. En 1801, Berchoux publia la *Gastronomie*, poëme comico-didactique, dans lequel abondent les détails ingénieux et piquants, mais dont la disposition n'est presque rien, et où l'élocution, si vive par moment et si piquante, laisse bien souvent à désirer. L'auteur ne signa en toutes lettres qu'à la 3e édition, en 1803, ce badinage charmant qui, depuis, a été bien des fois réimprimé ; plusieurs vers sont devenus proverbes, et c'est un heureux indice pour l'art du poëte. En 1803, Berchoux publia le *Philosophe de Charenton*, roman satirique, dirigé contre le nouveau genre littéraire. Quatre ans après, il donna *la Danse* ou *la Guerre des dieux de l'Opéra*, poëme en six chants, qui offre des détails plaisants et spirituels, mais dont le sel a perdu beaucoup après l'à-propos de la circonstance. Il est écrit avec une facilité un peu négligée, habituelle à l'auteur, et qui se retrouve dans son *Voltaire*, ou *le Triomphe de la Philosophie moderne*, Paris, 1814, in-8, 2ᵉ édit., 1817. *L'Art politique*, poëme en quatre chants, que Berchoux fit paraître en 1819, est une satire et non pas un poëme. En 1817, parut l'*Enfant prodigue*, ou *les lumières vivantes*, histoire véritable, écrite par l'enfant lui-même ; 1 vol. in-18. Le héros de Berchoux est une petite merveille née en 89, parlant dès le berceau et faisant maintes prouesses du même genre ; c'est une satire de la Révolution et des changements venus à la suite. En 1821, *Six chapitres de l'Histoire du citoyen Benjamin Quichotte de la Manche*, *etc.*, in-8 ; *La Liberté*, poëme en 4 chants, par un petit neveu de Scaron, Paris, Dentu, 1833, in-8, est encore la continuation des représailles politiques et des profondes antipathies de Berchoux. On a généralement ignoré qu'il avait écrit différentes comédies, qui sont restées parmi ses papiers. Berchoux possédait le secret du vers comique, mais il n'avait pas celui de l'intrigue théâtrale ; la conduite de ses pièces est médiocre et languissante, et ce ne sont pas des vers spirituels, des scènes bien filées, des tirades heureuses qui peuvent seuls tenir en haleine le spectateur. La pièce des *Théophilanthropes* est dirigée contre le culte burlesque imaginé par Lareveillère-Lepeaux ; vient ensuite *Condor*, ou l'*Epreuve dramatique ;* puis les *Mœurs nouvelles*, ou l'*Ecole des prétendus ;* l'*Illusion champêtre et libérale ;* les *Avocats de village ;* le *Mariage du poëte ;* *Pénélope*, ou le *Retour d'Ulysse ;* ces différentes pièces sont toutes en vers, l'auteur en avait écrit de plus courtes en prose, qui sont également inédites. Berchoux avait acquis une propriété à Marcigny où il résida pendant les dernières années de sa vie, près du général de Précy, son oncle. Louis XVIII le nomma chevalier de la Légion-d'Honneur, avec une pension de 2,000 fr. Charles X, en 1827, le créa membre du bureau de censure, et Berchoux sut remplir cet office avec modération et sincérité. Ce fut à Marcigny (Saône-et-Loire) qu'il mourut, le 17 décembre 1838. Berchoux est tout entier dans sa *gastronomie*, c'est le seul de ses ouvrages qui soit appelé à une vie durable. Dans tous les autres, partout, dans la préface comme dans les notes, il a des traits comiques, des satires ingénieuses, mais sur un fond toujours le même, les travers politiques et littéraires. En 1841, il parut à Lyon, tirée à 100 exempl. avec portrait, une *Notice biographique et littéraire sur Joseph de Berchoux*, par F.-Z. Colombet, in-8, de 42 pages. C'est là que les OEuvres inédites de l'auteur de la *Gastronomie* ont été pour la première fois analysées. En 1844, à Lyon aussi, on publia, seulement à 50 exempl., *le Journal de Nacone*, œuvre inédite de Berchoux, in-8 de 34 pag. C'est la satire des journaux révolutionnaires et irréligieux, sous la forme même d'un journal.

BÉRENGER I, fils d'Ebérard, duc de Frioul, et de Gisèle, fille de Louis-le-Débonnaire, était un prince ambitieux, cruel et emporté. Vers l'an 891, il se fit déclarer roi d'Italie. Il eut pour concurrent Gui, duc de Spolette, qui le défit dans deux batailles rangées. Bérenger implora le secours de l'empereur Arnould, qui passa en Italie, où il soumit plusieurs villes en 894 et 896. En 898, les Italiens se soulevèrent contre Bérenger, que son orgueil et sa cruauté rendaient insupportable. Ils appelèrent Louis Boson, roi d'Arles et de Bourgogne, qui, s'étant engagé témérairement dans le pays ennemi, se vit surpris par Bérenger, auquel il demanda par grâce de lui permettre de retourner en son pays. L'année suivante, Boson repassa les Alpes, à la tête d'une puissante armée, à laquelle tout céda ; il s'avança jusqu'à Rome ; où il se fit couronner empereur et régna quatre ou cinq ans avec assez de bonheur : mais Bérenger le surprit à Vérone, et lui fit crever les yeux l'an 904 ; après quoi Bérenger se fit couronner empereur par le pape Jean IX, la même année, et par le pape Jean X en 915. L'année d'après, il joignit ses troupes à celles de ce Pape et des autres princes, et défit les Sarrasins qui faisaient de grands désordres en Italie. Mais aveuglé par ses succès, il irrita contre lui les grands, qui appelèrent Rodolphe II, roi de la Bourgogne transjurane. Bérenger, quoique surpris, ne négligea pas le soin de sa défense, et fit venir à son secours les Hongrois qui ravageaient alors l'Allemagne, et qui l'avaient remplie de carnage et d'incendies ; ils ne commirent pas moins d'excès en Italie, et Bérenger qui les y avait attirés y devint plus odieux que ces barbares mêmes. Tout le monde s'y ligua contre lui ; il perdit une bataille le 28 juin de l'an 923, près de Plaisance, contre Rodolphe. Il ne lui resta plus que Vérone où il s'enferma, et où il fut assassiné l'an 924 ; par la trahison de Flember. Il ne laissa qu'une fille unique, Gisle ou Gisèle, mère de Bérenger II, dit *le Jeune*.

BÉRENGER II, dit *le Jeune*, fils d'Albert, marquis d'Ivrée, et de Gisèle, fille le Bérenger I, se souleva vers l'an 939 contre Hugues, roi d'Italie et d'Arles ; mais il fut obligé de se sauver en Allemagne, vers l'empereur Othon, auquel il alla demander du secours. Depuis, étant revenu dans le temps que les Italiens avaient abandonné Hugues en 945, il se rendit maître d'une partie de l'Italie, et prit le titre de roi en 950, après la mort de Lothaire, fils du même Hugues. Le dessein de se maintenir lui avait fait envoyer l'historien Luitprand à Constantin VIII, empereur des Grecs ; mais ce fut inutilement. Il exerça une tyrannie si violente sur ses sujets, qu'ils furent contraints d'appeler Othon à leur secours. Adélaïde, veuve de Lothaire, que Bérenger voulait obliger d'épouser son fils Adelbert, fut encore un motif du voyage de l'empereur Othon en Italie. Il y prit l'an 964 Bérenger, qu'il envoya en Allemagne ; et ce prince y mourut deux ans après à Bamberg, ville de Franconie.

BÉRENGER, archidiacre d'Angers, trésorier et écolâtre de Saint-Martin de Tours, sa patrie, renouvela les erreurs de Jean Scot, surnommé Erigène, et soutenues ensuite, plusieurs siècles après, par les sacramentaires, quoiqu'avec moins d'égarement que plusieurs d'entre eux, et en s'éloignant moins de la doctrine de l'Eglise. « Il enseigna, dit l'abbé Pluquet « (*Dict. des Hérésies*, art. *Bérenger*), « que le pain et le vin ne se changeaient « point au corps et au sang de Jésus-« Christ ; mais il n'attaqua point la pré-« sence réelle. Il reconnaissait que l'Écri-« ture et la Tradition ne permettaient pas « de douter que l'Eucharistie ne contînt « vraiment et réellement le corps et le « sang de Jésus-Christ, et qu'elle ne fût « même son vrai corps. Mais il croyait que « le Verbe s'unissait au pain et au vin, et « que c'était par cette union qu'ils deve-« naient le corps et le sang de Jésus-« Christ, sans changer leur nature ou leur « essence physique, et sans cesser d'être « du pain et du vin. » Cette hérésie avait déjà bien des fauteurs, parmi lesquels on comptait Brunon, évêque d'Angers. Henri I, roi de France, se joignit au Pape, et fit condamner l'hérésiarque dans un concile, tenu à Paris en 1050, où ce prince assista lui-même, avec les plus considérables du clergé et de la noblesse. Le roi, en qualité d'abbé de Saint-Martin de Tours, donna ordre de ne point payer à Bérenger les revenus du canonicat qu'il possédait dans cette église. Bérenger se rétracta au concile de Tours en 1054, mais après le concile, il dogmatisa comme auparavant. Nicolas II assembla à Rome, en 1059, un concile de 113 évêques ; Bérenger y souscrivit une nouvelle abjuration, et une profession de foi dressée par le cardinal Humbert, dans laquelle il reconnaissait *que le pain et le vin, après la consécration, étaient le vrai corps et le vrai sang de Jésus-Christ*. Il brûla ses écrits, et le livre de Jean Scot ; mais à peine fut-il hors du concile, qu'il écrivit contre sa formule de foi, et accabla d'injures le cardinal qui l'avait rédigée. Il ne laissa pas de condamner encore ses erreurs au concile de Rouen, en 1063 ; et plus tard, à celui de Poitiers, où il manqua d'être tué. Grégoire VII le cita à Rome en 1078, à un concile qu'il célébrait alors : il y prononça encore sa rétractation. Deux ans après, il renonça de nouveau à ses erreurs dans un concile célébré à Bordeaux. Il mourut en 1088 repentant, suivant la plus commune opinion. Nous avons de lui plusieurs ouvrages relatifs à ces disputes. Tels sont une *Lettre* à Ascelin, une autre à Richard, trois professions de foi et une partie de son *Traité* contre la seconde profession de foi qu'on l'avait obligé de faire, dans le *Thesaurus anecdotorum* de Martenne, et dans les *OEuvres* de Lanfranc. Bérenger parlait avec peu de respect des Pères, parce qu'il les trouvait contraires à sa doctrine, et qu'ils avaient établi clairement et unanimement ce qu'il lui prenait la fantaisie de nier. La manière dont Mosheim (*Histoire ecclésiastique du dixième siècle*) a parlé de Bérenger, montre à quel point un homme, d'ailleurs instruit, peut porter l'aveuglement systématique. Il dit que Bérenger était renommé pour son savoir et pour la sainteté exemplaire de ses mœurs ; il n'a pas cru pouvoir se dispenser de donner quelques grains d'encens à un hérétique. Mais le savoir de Bérenger est fort mal prouvé par ce qui reste de ses écrits, et sa sainteté encore plus mal par trois parjures consécutifs.

BÉRENGER (Jean-Pierre), né à Genève en 1740, de parents étrangers à cette ville. Ayant pris part aux troubles de Genève, il fut exilé en 1770, et se retira à Lausanne, où il publia plusieurs ouvrages : *Histoire de Genève, depuis son origine jusqu'à nos jours* (1761), 6 vol. in-12. Il y donne les plus grands détails sur les dissensions politiques du 18e siècle, et n'y ménage pas le gouvernement de Genève ; aussi son ouvrage fut-il brûlé publiquement dans cette ville. *Géographie de Busching*, abrégée dans les objets les moins intéressants, augmentée dans ceux qui ont paru l'être ; recherchée partout et ornée d'un précis de l'histoire de chaque état, 1776, 12 vol. in-8 ; *Collection de tous les voyages faits autour du monde*, 1788, 9 vol. in-8, réimprimée en 1795; *Histoire de trois voyages autour du monde, par Cook, mise à la portée de tout le monde*, 1795, 3 vol. in-8; et autres ouvrages moins importants. Il est mort à Genève en juin 1807.

BÉRENGER (Laurent-Pierre), né à Riez en Provence, le 28 novembre 1749, était inspecteur de l'Académie de Lyon, lorsque la mort le surprit le 26 septembre 1822. Il a publié un très-grand nombre d'ouvrages, parmi lesquels on remarque : *la Morale en action*, 1785, in-12, très-souvent réimprimée : *le Peuple instruit par ses propres vertus*, ou *Cours complet d'instructions et d'anecdotes recueillies dans nos meilleurs auteurs*, 1787, 2 vol. in-12; 1805, 3 vol. in-12 ; *le Mentor vertueux, moraliste et bienfaisant*, 1788, in-12 ; *Recueil de prières*, contenant toutes celles qui se trouvent dans la *Bible*, pour faire suite au *Psautier* de La Harpe, 1803, in-12; *la Terreur et les Terroristes*, 1814, in-8; des *Poésies*.

BÉRENGÈRE, fille de Raymond IV, comte de Barcelone, fut célèbre par son esprit et par sa beauté. Alphonse VIII, roi de Castille, demanda sa main et l'obtint en 1128. Bérengère donna, en plusieurs rencontres, des preuves d'un mérite rare et d'une fermeté au-dessus de son sexe. S'étant renfermée dans Tolède, en 1139, pour défendre cette ville contre les Maures, elle parut sur les remparts, et traita de lâches des hommes qui venaient ainsi assiéger une femme, tandis que la gloire les appelait sous les murs d'Auréa, dont le roi de Castille, en personne, faisait le siège. Les chevaliers maures, par un esprit de galanterie qui donne une idée des mœurs de ce temps-là, ordonnèrent la retraite, et l'armée musulmane défila devant la reine, en célébrant ses vertus et sa beauté. Deux généraux mahométans ayant été tués quelque temps après, dans une bataille, Bérengère fit placer leurs corps dans de riches cercueils, et ordonna qu'on les portât à leurs épouses. Cette princesse, aimée de ses sujets, estimée des ennemis même, mourut le 3 février 1149, laissant deux fils, Sanche et Ferdinand, et une fille qui épousa le roi de Navarre.

BÉRÉNICE, fille de Ptolémée *Philadelphe*, et d'Arsinoé, épousa son frère Ptolémée *Evergète*, 246 ans avant J.-C. La même année, ce roi étant sur le point de faire la guerre à Séleucus roi de Syrie, Bérénice, pour obtenir que son mari retournât bientôt victorieux, voua sa chevelure à Vénus. A son retour, elle coupa ses cheveux, et les offrit dans un temple; mais comme on ne les y trouva pas le lendemain, un mathématicien, nommé Conon, assura qu'ils avaient été enlevés au ciel, et mis entre les astres. Effectivement, ils occupent encore aujourd'hui une place dans le ciel astronomique, sous le nom de *Coma Berenices*. Catulle les a célébrés par un poëme.

BÉRÉNICE, autre fille de Ptolémée *Philadelphe*, fut mariée par son père à Antiochus-le-Dieu, roi de Syrie, 257 ans avant J.-C. Ce dernier avait alors une autre femme nommée *Laodice*, et il en avait eu Séleucus, dit *Callinicus*, et Antiochus qu'on surnomma l'*Epervier*. Sept ou huit ans après, l'an 246 après J.-C., Antiochus rappela Laodice, laquelle, craignant l'esprit volage de ce prince, l'empoisonna, et fit assiéger Bérénice qui s'était retirée avec son fils, dans l'asile de Daphné, au faubourg d'Antioche. Ptolémée Evergète, son frère, se mit en campagne pour la secourir; mais avant son arrivée, le fils de Bérénice tomba entre les mains de Cénée, émissaire de Laodice, et fut massacré. Sa mère monta sur un chariot, poursuivit l'assassin, le tua d'un coup de pierre, et se renferma dans Antioche où elle fut prise et étranglée.

BÉRÉNICE de Chio, l'une des femmes de Mithridate Eupator. Ce prince, vaincu par Lucullus, craignant que le vainqueur ne prît un château où ses femmes étaient retirées, et ne les violât, leur envoya un eunuque pour les faire mourir. Bérénice donna à sa mère une partie du poison que l'eunuque lui offrait, et en ayant pris trop peu pour mourir assez tôt, ce barbare l'étrangla l'an 71 avant J.-C. « Cette « horrible action de Mithridate, dit un « historien, passerait encore aujourd'hui, « chez les Orientaux, pour un trait hé- « roïque ; chez nous, ce n'est qu'une « abomination, le fruit horrible de trois « passions réunies, la lubricité, la ja- « lousie et la cruauté. »

BÉRÉNICE, fille d'Agrippa-l'Ancien, et sœur aînée d'Agrippa-le-Jeune, roi des Juifs, née l'an 28 de J.-C., fut mariée à Hérode son oncle, à qui Claude donna le royaume de Chalcide ; c'est elle dont il est parlé au chapitre 25 des *Actes des Apôtres*, qui vit Paul dans les fers, et entendit la défense de ce grand homme. Elle demeura quelque temps veuve après la mort d'Hérode ; mais, pour étouffer le bruit très-bien fondé qu'elle avait un commerce incestueux avec son frère, elle épousa Polémon, roi de Cilicie, après l'avoir engagé à se faire circoncire. Elle le quitta ensuite pour son ancien amant. C'est elle qui conseilla aux Juifs de se soumettre aux Romains; mais n'ayant rien pu gagner sur ce peuple indocile, elle se rangea du côté de Titus, et s'en fit aimer. On dit que cet empereur voulut l'épouser et la faire déclarer impératrice; mais que la crainte des murmures du peuple romain l'obligea de la renvoyer, malgré lui et malgré elle, dès les premiers jours de son empire. Cette séparation de deux amants passionnés a été mise sur le Théâtre-Français par Corneille et Racine. De retour à Jérusalem, Bérénice fut adoptée, conjointement avec son frère Agrippa, par son oncle Agrippa II, et reçut le titre de reine.

BÉRÉNICE, fille de Costobare et de Salomé, sœur d'Hérode-le-Grand, épousa Aristobule, fils de ce prince. Elle vécut mal avec lui, et contribua à sa mort par ses intrigues. Elle se maria à Theudion, oncle d'Antipater, fils d'Hérode, après la mort duquel elle alla à Rome. Antonia, femme de Drusus, lui témoigna beaucoup d'amitié. Bérénice mourut quelque temps après. Son fils du premier lit, Agrippa, fit un voyage à Rome, l'an 36 de J.-C., où il reçut de grands services d'Antonia.

BÉRÉNICE, nommée aussi Cléopâtre, fille de Ptolémée Aulètes, fit étrangler son mari Séleucus, pour épouser Archélaüs, qui fut tué dans un combat. Ptolémée rétabli sur son trône, d'où ses sujets l'avaient chassé, la punit de mort l'an 55 avant J.-C. (Voyez SÉLEUCUS.)

BÉRÉTIN (Pierre), né à Cortone dans la Toscane, en 1596, montra d'abord peu de talent pour la peinture; mais ses dispositions s'étant développées tout à coup, il étonna ceux de ses compagnons qui s'étaient moqués de lui. Rome, Florence le possédèrent successivement. Alexandre VII le créa chevalier de l'éperon d'or. Le grand duc Ferdinand II lui donna aussi plusieurs marques de son estime. Un jour ce prince, admirant un enfant qu'il avait peint pleurant, ne fit que donner un coup de pinceau, et il parut rire; puis avec une autre touche, il le remit dans son premier état: *Prince*, lui dit Bérétin, *vous voyez avec quelle facilité les enfants pleurent et rient*. Il mourut de la goutte en 1668. Son commerce était aimable, ses mœurs pures, son naturel doux, son cœur sensible à l'amitié. Son génie était vaste, et demandait de grands sujets à traiter. Il mettait une grâce singulière dans ses airs de tête, du brillant et de la fraîcheur dans son coloris, de la noblesse dans ses idées; mais son dessin était peu correct, ses draperies peu régulières, et ses figures quelquefois lourdes. Il avait du talent dans l'architecture.

BERG (Jean-Pierre), théologien et orientaliste, mourut à Duisbourg, en 1800.

Son principal ouvrage est: *Specimen animadversionum philologicarum ad selecta Veteris Testamenti loca*, Leyde, 1761, in-8.

BERGALLI (Louise), femme célèbre par ses talents dans les lettres et les arts, née à Venise le 15 avril 1703. Elle étudia le dessin et la peinture sous le célèbre Rosalba, et se sentant un goût décidé pour la poésie dramatique, elle prit des leçons d'Apostolo Zeno, poëte alors attaché à la cour de Vienne. Ses principaux ouvrages sont: *Agide re di Sparta*, drame en musique, Venise, 1725; *L'Elenia*, drame en musique, 1730; *Le awenture del poeta*, comédie; *Elettra*, tragédie, 1743; *La Bradamante*, drame en musique, 1747; *La Teba*, tragédie, 1758; *Le commedie di Terenzio tradotte in versi sciolti*, in-8; Des *Traductions* en prose italienne des tragédies de Racine, du *Jonathas* et de l'*Absalon* de Duché, des *Machabées* de La Mothe. On lui doit encore un recueil intéressant sous ce titre: *Componimenti poetici delle più illustri rimatrici d'ogni secolo, raccolti da Luigia Bergalli*, etc., Venise, 1726, in-12; et beaucoup de *Canzoni*, et autres poésies insérées dans plusieurs recueils de son temps.

BERGASSE (Alexandre), frère du célèbre avocat Nicolas Bergasse, naquit à Lyon, en 1747, et s'adonna d'abord au commerce, qu'il quitta bientôt pour s'occuper, avec plus de liberté, de l'OEuvre des convulsions. Il était intimement lié avec Desfours de Genetière, et il le seconda de tout son zèle pour propager ses erreurs. Il fut du nombre de ceux qui ne voulurent point reconnaître le concordat de 1801. Il est mort à Lyon, le 19 février 1829. Il a composé et fait imprimer un livre intitulé: *Réfutation des faux principes et des calomnies avancées par les jacobins pour décrier l'administration de nos rois, et justifier les usurpateurs de l'autorité royale et du trône, par un vieux Français*, Lyon, 1816, in-8. La vente de cet ouvrage particulièrement dirigé contre la Charte fut défendue; et Bergasse consentit à sa suppression pour éviter les poursuites des tribunaux, de sorte qu'il est très-difficile d'en trouver des exemplaires.

BERGASSE (Nicolas), célèbre avocat, né à Lyon en 1750, mort le 29 mai 1832 (et non pas avant la révolution de Juillet 1830, comme le dit l'auteur de son article biographique dans le *Dictionnaire de la conversation*.) Il fit d'excellentes études au collège de l'Oratoire de Lyon, et acquit une grande réputation en 1781, par ses débats et sa lutte avec le fameux Beaumarchais, l'auteur du *Mariage de Figaro*, accusé d'avoir aidé à la séduction de Madame Kornman. » Bergasse imagina de se « faire le champion de cette femme malheureuse et persécutée, mais point innocente, dit M. Dufey de l'Yonne ; et « ce procès, le plus scandaleux des procès, devint un événement qui a longtemps occupé l'attention de la capitale et de toute la France. L'époux outragé « invoqua les conseils et la courageuse « éloquence de Bergasse. Le modeste avocat de Lyon se trouva en présence d'un « écrivain déjà célèbre, et dont le talent « et l'audace grandissaient avec les obstacles. Le procès se compliqua de plus » en plus et dura plusieurs années. Bergasse opposait aux sarcasmes, aux outrageantes personnalités de son spirituel adversaire, cette éloquence calme, « sévère et consciencieuse, qui puise « toute sa force dans la double autorité « des principes de la raison et des lois. « Les épigrammes de Beaumarchais « étaient applaudies dans les salons. Bergasse n'oubliait jamais la dignité de sa « cause, et restait sur le terrain des convenances et de la légalité. Il fit preuve, « dans ces longs et orageux débats, d'un « rare talent et d'une courageuse probité. Son procès avait été gagné au « tribunal de l'opinion avant que les magistrats eussent prononcé. Ses concitoyens ne l'oublièrent pas, et il fut élu « député aux Etats-Généraux de 1789. « Ce fut alors qu'il publia une brochure « intitulée : *Cahiers du Tiers-Etat à l'assemblée des Etats-Généraux*. C'était « l'œuvre d'un citoyen aussi probe qu'éclairé. » Nicolas Bergasse était un homme modéré à la constituante ; un de ses homonymes, député comme lui, Bergasse-Laziroule, était appelé par opposition, *Bergasse l'enragé*. Découragé par les folies dont il était témoin : *Monsieur*, dit-il un jour au comte de Montlosier, *vous êtes peut-être venu ici chercher la liberté, vous trouverez des tyrans ; ils sont là*. En effet, l'Assemblée exigea bientôt de ses membres le serment de maintenir la Constitution, qui n'était pas même achevée ; et Bergasse la quitta dès le mois d'octobre, déclarant qu'il ne voulait pas se soumettre à une constitution avant qu'elle existât. Jeté dans les prisons de Tarbes, où il avait été chercher un asile pendant la terreur, puis conduit à Paris comme justiciable du tribunal révolutionnaire, c'est à la Conciergerie qu'à la prière du jeune Darmaing, dont le père avait péri victime du conventionnel Vadier, Bergasse composa un de ses plus remarquables écrits, fit décréter d'accusation le conventionnel qu'il dénonçait,

et ordonner la restitution des biens aux familles des condamnés. La mort l'attendait, lorsque le 9 thermidor sauva sa vie sans briser ses fers. Rendu enfin à la liberté, il s'occupa tout entier d'un ouvrage intitulé : *Des Etres et de leurs destinées*, dont quelques fragments parurent sous l'empire, et devaient même le favoriser. Dans un *Mémoire* pour Le Mercier, Bergasse appelle Napoléon *le plus grand homme de son siècle*. On ne saurait trop concilier ce jugement avec l'opinion que l'auteur manifestait en 1789, et à laquelle il revint, depuis 1814 jusqu'à sa mort, de ne reconnaître de chartes que celles qui sont consacrées par le suffrage universel. A la Restauration, il publia un écrit où il signalait comme inconciliable avec le droit des Bourbons la monarchie contractuelle proposée par le sénat. La consécration des ventes de biens nationaux par la charte lui semblait aussi une injustice. Traduit sur les bancs de la cour d'assises à l'occasion de son *Essai sur la Propriété*, il y confessa sa foi politique, et son acquittement fut proposé même par le ministère public, le 28 avril 1821. Depuis lors, Bergasse n'exista plus que pour la religion. L'empereur Alexandre, qui voulut le voir en 1815, eut avec lui une sorte de correspondance qui contribua peut-être à quelques résolutions du congrès de Vérone, et qui le consolait de l'oubli de ses compatriotes. Charles X lui fit une pension que Louis XVIII ne lui avait pas accordée. Une des ordonnances du 25 juillet 1830 l'éleva même au rang de conseiller d'Etat. En résumé, Bergasse n'était guère orateur ; il était encore moins philosophe ; mais il était écrivain habile et publiciste conciencieux, quoique inconséquent. Il figurait parmi les notabilités dont s'honoraient la religion et la royauté. On peut dire qu'il est mort en véritable fidèle, déplorant des préjugés funestes, surtout ses illusions mesmériennes, tournant toutes ses pensées vers la religion et s'écriant : *Dieu seul est grand !* et nous savons que les sacrements de l'Eglise étaient devenus ses plus chères délices. La gloire de Bergasse la voilà : c'est la véritable. Bergasse a écrit une foule d'ouvrages, quelques-uns mauvais ou faibles, qu'il eût voulu n'avoir point écrits, les autres assez bons, et tous de circonstance. « Ils ont passé « avec elle, dit M. Dufey ; quelques-uns « cependant peuvent être utilement consultés, et beaucoup de bibliophiles « en conservent la collection ; ils appartiennent à l'histoire contemporaine, si « féconde en événements et en spéculations politiques. » Voici les titres de ces ouvrages : *Discours prononcé à l'Hôtel-de-Ville de Lyon sur cette question :* QUELLES SONT LES CAUSES GÉNÉRALES DES PROGRÈS DE L'INDUSTRIE ET DU COMMERCE, ETC., 1774, in-8 ; *Théorie du monde et des choses animées suivant les principes de Mesmer*, in-fol., 1784 ; tiré à cent exemplaires et réimprimé la même année à La Haye, sous le titre de *Considérations sur le magnétisme animal*, in-8 ; ses *Mémoires* dans l'affaire Kornmann ; *Lettres sur les États-Généraux*, in-8, 1784 ; *Discours sur les crimes et les tribunaux de haute trahison*, 1789, in-8 ; *Discours sur la manière dont il convient de limiter le pouvoir législatif dans une monarchie*, in-8, 1789 ; *De la liberté du commerce*, in-8, 1789, *Recherches sur le commerce, les banques et les finances*, in-8, 1789 ; *Protestation contre les assignats monnaies*, 1789, in-8 ; *Lettres à ses commettants au sujet de sa protestation*, 1790, in-8 ; *Réflexions sur le projet de constitution*, 1791, in-8 ; *Lettre relative au serment de la Constitution* ; *Lettre à M. Dinocheau*, auteur du *Courrier de Mâcon*, 1790 ; *Réplique à M. de Montesquiou*, 1791 ; *Réponse au Mémoire de Montesquiou sur les assignats*, 1791, in-8, *Fragments sur l'influence de la volonté et sur l'intelligence*, 1807 ; autre recueil de *Fragments*, in-8 ; *Observations préliminaires dans l'affaire de M. Le Mercier*, 1808 ; *Réflexions sur l'acte additionnel du sénat*, 1814 ; *Essai sur la propriété, ou Considérations morales et politiques sur la question de savoir s'il faut restituer aux émigrés les héritages dont ils ont été dépouillés durant le cours de la révolution* ; *Essais de philosophie religieuse*, ouvrage excellent, le plus beau de ses titres à la reconnaissance des hommes, et qui seul la lui mériterait.

BERGER (Jean-Eric), professeur de philosophie à l'Université de Kiel, né en Danemark vers 1775, mort le 23 février 1833, a publié : *Exposé philosophique de l'univers*, 1808 ; *Principes généraux de la science de la nature et de l'homme*. Ces ouvrages contiennent des idées nouvelles sur la philosophie.

BERGER (Théodore), professeur de droit et d'histoire à Cobourg, est connu par son *Histoire universelle synchronistique des principaux États de l'Europe, depuis la création du monde jusqu'à nos jours*, 1729, in-fol. (en allemand); histoire estimée qui a obtenu cinq éditions, et a été continuée par Wolfgang Jæger, professeur à Altdorf, Cobourg, 1781, in-folio

BERGER (Jean-Godefroi-Emmanuel), théologien luthérien, né en Lusace en 1773, mort le 20 mai 1803. On a de lui : *Histoire de la philosophie des religions, ou Tableau historique des opinions et de la doctrine des philosophes les plus célèbres sur Dieu et la religion*, Berlin, 1800, in-8 ; *Introduction pratique au Nouveau-Testament*, Leipsick, 1798, 2 vol. in-8; *Essai d'une introduction morale au Nouveau-Testament*, 1797, in-8. Tous ces ouvrages sont écrits en allemand. Il paraît que Berger était libre dans ses opinions.

BERGERET (Jean-Pierre), médecin et botaniste distingué, né à Lasseube, près Oléron, le 28 novembre 1751, mort à Paris le 28 mars 1813, a publié *Phytonomotechnie universelle*, c'est-à-dire, l'*Art de donner aux plantes des noms tirés de leurs caractères*, Paris, Didot, 1783 et années suivantes, 27 livraisons, formant 3 vol. in-fol. avec 328 planches. L'ouvrage n'est pas achevé, et la 21° livraison n'a jamais paru.—Il ne faut pas le confondre avec un autre médecin et professeur d'histoire naturelle du même nom, mort en 1814. Ce dernier était né à Morlans, dans les Basses-Pyrénées, dont il a publié une *Flore*, Pau, 1803, 2 vol. in-8, qui n'est pas terminée.

BERGHEM (Nicolas), peintre, excellent paysagiste, né à Amsterdam en 1624, montra dès son enfance les plus grandes dispositions pour la peinture. Le château de Benthem, où il demeura longtemps, lui offrait des vues agréables et variées, qu'il dessina d'après nature. Ses tableaux sont remarquables par la richesse et la variété de ses dessins, par un coloris plein de grâce et de vérité. Le roi de France en possède deux. Ce peintre mourut en 1683. La douceur et la timidité formaient son caractère, et l'avarice celui de sa femme. C'était à la fois une harpie et une mégère. Elle s'emparait de son argent, et le laissait à peine respirer : elle était dans une chambre au-dessous de son atelier, pour frapper au plancher toutes les fois qu'elle s'imaginait que son mari allait s'endormir. Le seul plaisir de Berghem était de peindre. Il disait en badinant que l'argent est inutile à qui sait s'occuper.

BERGIER (Nicolas) naquit à Reims en 1567. Il fut professeur dans l'Université de cette ville. Il s'adonna ensuite au barreau, et s'y fit un nom. Les habitants de Reims l'envoyèrent souvent à Paris, en qualité de député, pour les affaires de leur ville. Le président de Bellièvre lui procura une pension de 200 écus, et un brevet d'historiographe. Il mourut en 1623. On a de lui : les *Antiquités de Rheims*, 1635, in-4 ; l'*Histoire des grands chemins de l'empire Romain*, traduite en plusieurs langues, et réimprimée à Bruxelles, en 2 vol. in-4, 1729. Elle réunit tout ce qu'on pouvait dire de plus curieux sur cette matière. Les savants l'estiment beaucoup et avec raison. On trouve cet ouvrage en latin dans le 10ᵉ volume des *Antiquités romaines* de Grævius.

BERGIER (Nicolas-Silvestre), docteur en théologie, curé de Flangebouche, diocèse de Besançon, chanoine de la métropole de Paris, né à Darnay en Lorraine, le 31 décembre 1718, fut confesseur de Monsieur frère de Louis XVI, en 1774, s'est fait connaître par un grand nombre d'écrits utiles et savants. Après avoir prélude dans la carrière des lettres par quelques ouvrages légers, et remporté deux fois le prix d'éloquence à l'académie de Besançon, il s'élança dans un champ plus vaste, et fit bientôt servir sa plume à un objet plus noble et plus glorieux, celui de défendre la religion chrétienne contre les attaques multipliées des incrédules qui, plus acharnés que jamais à sa destruction, se flattaient déjà d'asseoir l'impiété sur ses ruines. *Le déisme réfuté par lui-même*, 4ᵉ édition, Paris, 1822, 2 volumes in-12, dont la 1ʳᵉ édition parut en 1765, fut le premier ouvrage que Bergier publia en sa faveur. Il y attaque particulièrement J.-J. Rousseau; il l'attaque avec ses propres armes et ne lui oppose pour l'ordinaire que ses propres sentiments établis dans quelques autres endroits de ses ouvrages. C'est là qu'il manie heureusement la comparaison de l'aveugle-né, pour expliquer le rapport de notre raison avec la nature et les ouvrages de Dieu; qu'il prouve la nécessité et l'existence de la révélation, la voie dont Dieu veut se servir pour nous la faire connaître; qu'il combat la tolérance, et justifie pleinement la religion des maux qu'on lui attribue; qu'il démontre l'inutilité et les faux principes du nouveau plan d'éducation tracé dans l'*Emile*, allie le christianisme avec la politique, réfute enfin d'une manière victorieuse l'Apologie de Rousseau contre le Mandement de l'archevêque de Paris, etc. Cet ouvrage fut bientôt suivi d'un autre. La *Certitude des preuves du christianisme* parut en 1767, nouvelle édition, Avignon, 1824, 2 volumes in-12. L'auteur l'opposa à l'*Examen critique des apologistes de la religion chrétienne*, ouvrage insidieux, longtemps connu en manuscrit, et qui avait fourni les matériaux à un grand nombre de livres impies, avant que Fréret le mît au jour. L'abbé Bergier dévoile la passion et la mauvaise foi de cet incrédule, que le masque de la modération pouvait déguiser; et sans s'étonner de ce groupe énorme de raisonnements spécieux, il les attaque en détail, fait voir l'illusion de chacun en particulier, et renverse ainsi l'édifice entier. Il donna en 1769 son *Apologie de la religion chrétienne*, Avignon, 1823, 2 volumes in-12, ouvrage plus étendu que les deux précédents; mais où l'on trouve la même précision, la même clarté, la même modération. L'auteur y combat le baron d'Holbach, auteur du *Christianisme dévoilé*, et quelques autres critiques. La *Suite* de cette *Apologie*, ou *Réfutation des principaux articles du Dictionnaire philosophique*, présente une précision, une énergie, un laconisme admirables. L'abbé Bergier, en revenant plusieurs fois aux mêmes objets où ses adversaires qui se répètent sans cesse le rappellent, paraît toujours armé de nouvelles raisons et de nouvelles autorités; et quoiqu'il satisfasse toujours, il ne s'épuise jamais et oppose à la monotonie des philosophes une fécondité et une variété qui forment un contraste peu avantageux au génie ou plutôt à la cause de ses adversaires. Le *Système de la nature* faisait beaucoup de ravages. Bergier lui opposa en 1771 son *Examen du matérialisme*, 2 vol. in-12. Dans le premier volume il détruit le matérialisme, et dans le second il justifie la religion, et traite de la Divinité, des preuves de son existence, de ses attributs, de la manière dont elle influe sur le bonheur des hommes, etc. Dans sa *Réponse aux conseils raisonnables* qu'il donna en 1772, il réfute quelques sophismes et sarcasmes de Voltaire. En 1780 parut son *Traité historique et dogmatique de la vraie religion, avec la réfutation des erreurs qui lui ont été opposées dans les différents siècles*, Paris, 1780, 12 volumes in-12, ou Besançon et Paris, 1820, 10 volumes in-8; ouvrage plein de choses, riche en observations de tous les genres: histoire, physique, géographie, politique, morale, philosophie, érudition sacrée, tout se réunit sous la plume du savant, éloquent et judicieux auteur, pour faire un tableau simple par son objet principal, quoique infiniment composé par la diversité de ses rapports et la multitude des parties qui concourent à former ce précieux ensemble. En 1788 et années suivantes, il publia son *Dictionnaire théologique*, 3 vol. in-4, faisant partie de l'*Encyclop. méthodique*, réimprimée à Liége, 1889, 8 volumes in-8, et à Toulouse, 1819, 8 volumes in-8; Besançon, Chalandre fils, 1826 et années suivantes, 8 volumes in-8. Une édition en a été donnée par M. l'abbé Gousset, évêque de Périgueux, Besançon, Chalandre fils, 1830, 9 volumes in-8; le 9e vol. renferme, outre le *Plan de la théologie par ordre de matière, suivant lequel il est à propos de lire le Dict. de théol.*, une *Notice biographique sur la vie et les ouvrages de l'auteur*, et plusieurs morceaux inédits. On y retrouve en général la vaste érudition, la logique rigoureuse, le style coulant, rapide, aisé des ses autres productions; mais çà et là, ainsi que dans l'ouvrage précédent, un peu trop d'indulgence ou de complaisance envers les gens d'une secte qui ne dédaignait point ses talents, une espèce d'égards pour des erreurs accréditées, et de composition avec quelques préjugés dominants. « Je crois quelquefois, a dit « un critique, entendre la Religion qu'il « a si savamment défendue, lui dire « avec un ton de tendresse et de plainte: « *Tu quoque, Brute!* » Il est certain que cette association a infiniment contribué à répandre un ouvrage pernicieux, vaste magasin d'erreurs de tous les genres, dont les lecteurs chrétiens avaient la plus grande aversion, et qui, depuis qu'il fut décoré du nom d'un auteur si sage et si religieux, trouva place dans les bibliothèques les plus scrupuleusement composées. Mais cette démarche imprudente où son zèle peut lui avoir fait illusion, n'empêchera pas qu'il ne soit considéré à juste titre pour un des plus zélés apologistes modernes du christianisme. Toutefois, des personnes judicieuses sont loin de souscrire aux reproches que Feller adresse ici au pieux et savant auteur du *Dictionnaire théologique*. Quelles sont, en effet, ces erreurs qu'il a ménagées, et dans quels articles de son Dictionnaire peut-on les saisir? Quant à son association aux encyclopédistes, elle avait des motifs plausibles, et il y a lieu de croire qu'il y avait été encouragé par les hommes les plus religieux, et en particulier par Mgr l'archevêque de Paris. Ce qui distingue particulièrement l'abbé Bergier, ce qui fait le caractère exclusif de ses ouvrages parmi les apologies de la religion, c'est une logique d'une précision et d'une vigueur étonnantes qui, se montrant dans une seule et même matière sous des formes absolument différentes, attaque le sophisme en tant de manières à la fois, le frappe si rudement sur les endroits où sa résistance paraissait le mieux assurée, que la victoire se décide toujours par cette lumière pleine et brillante qui ne laisse subsister aucun nuage de l'erreur. Il est difficile d'avoir plus de connaissances en tant de genres divers, mais particulièrement dans l'histoire, la théologie, la critique. C'est surtout dans ce genre d'argument qu'on appelle *rétorsion*, que Bergier excelle, c'est par lui ordinairement qu'il consomme son triomphe. A peine a-t-il repoussé les attaques des adversaires du christianisme, qu'il les attaque lui-même avec leurs propres armes, tournées contre eux avec une célérité et une adresse qui étonnent le lecteur, qui, mettant, pour ainsi dire, la religion hors de l'arène, y place le philosophisme, et l'accable de mille traits. Nous ne parlerons pas de son Traité sur l'*Origine des dieux du paganisme*, Paris, 1774, 2 volumes in-12; ouvrage où l'on ne trouve ni sa logique, ni la marche judicieuse de sa vaste érudition : il le répudia en quelque sorte lui-même par l'éloge qu'il fait plusieurs fois de l'*Histoire des temps fabuleux*, dont le résultat lui était tout-à-fait contraire. Bergier mourut à Paris le 9 avril 1790.

BERGIER (Antoine), frère du précédent, a traduit de l'anglais plusieurs ouvrages, dont nous mentionnerons : *Observations sur la religion, etc., etc., des Turcs*, 1769; *Dissertations sur les mœurs, la religion, la philosophie, et l'état des Indous*, 1 volume in-12, 1780, livre qui résume avec exactitude toutes les recherches des Anglais sur cette matière.

BERGIUS (Pierre-Jonas), médecin et professeur d'histoire naturelle à Stockholm, et membre de l'Académie des sciences de la même ville, se fit avantageusement connaître par plusieurs ouvrages utiles, parmi lesquels on distingue celui intitulé: *Descriptiones plantarum ex capite bonæ spei*, Stockholm, 1767, souvent cité, et plus connu sous le nom de *Flora Capensis*. Il a découvert un grand nombre de plantes exotiques, et a mérité que Linnée, son maître, lui consacrât un nouveau genre de plantes sous le nom de *Bergia*. Il mourut en 1791, laissant quelques autres ouvrages, dont le principal est *Materia medica è regno vegetabili, sistens simplicia officinalia pariter atque culinaria*, Stockholm, 1778, 2 vol. in-8, ouvrage dont Cullen, juge fort sévère, faisait cas. — Benoist BERGIUS, son frère, qui était commissaire à la banque de Stockholm, l'aida dans ses travaux, et composa plusieurs *Mémoires* sur divers sujets d'histoire naturelle insérés parmi ceux de l'académie, dont il était membre.

BERGLER (Etienne), savant du 18e siècle, mena une vie assez errante à Leipsick, à Amsterdam, à Hambourg.

et fut presque toujours aux gages des libraires. Une *Traduction* qu'il fit du *Traité des offices* du célèbre Maurocordato, despote de Moldavie et de Valachie, lui concilia la bienveillance de ce prince. Il quitta Leipsick pour se rendre à sa cour; mais ayant trouvé le despote mort, il passa en Turquie, où il vécut et mourut misérablement, après avoir abjuré la religion chrétienne. C'était un homme versé dans les langues grecque et latine ; mais d'un caractère dur, peu sociable et inquiet. Il fournit plusieurs articles aux journaux de Leipsick, mais il est principalement connu par des *Versions* et par des *Commentaires*, dont les uns ont été publiés sous son nom, et les autres sont anonymes. Nous ne possédons que ses *Notes* sur Aristophane, insérées dans l'*Aristophanis Comœdiæ undecim*, *græcè et latinè*, in-4, à Leyde, 1760. C'est à M. Burmann qu'on doit cette édition.

BERGMAN (Torbern), chevalier de l'ordre royal de Vase, professeur de chimie à Upsal, membre de l'Académie des sciences de la même ville, associé à celles de Paris, de Londres, de Stockholm, etc., né en 1735, à Catharineberg en Westrogothie, se distingua d'abord comme physicien et naturaliste, et fut disciple de Linnée. La chaire de chimie et de minéralogie que remplissait Wallérius, se trouvant vacante par sa retraite, Bergman se mit au nombre des concurrents, et sans avoir jusqu'alors annoncé aucun travail en chimie, il publia un *Mémoire sur la préparation de l'alun*, qui fut vivement attaqué dans les journaux, et que Wallérius lui-même critiqua. Le prince Gustave, depuis roi de Suède, son protecteur, parvint à le faire approuver par un comité de l'Université d'Upsal. Ce Mémoire fut suivi d'un grand nombre d'autres, où l'auteur traite souvent de matières utiles, mais où il s'abandonne aussi à des hypothèses et des plans de créations, dans lesquels il n'est pas plus heureux que les confiants spéculateurs qui ont couru dans la même carrière. Le principal de ses ouvrages est sa *Sciagraphia mineralis*, qui a été traduite en français, in-8. Il mourut à Upsal en 1776. L'Université a rendu à sa mémoire les honneurs les plus distingués, et l'académie de Stockholm lui a consacré une médaille.

BERING, ou BEERING (Vitus), né dans le Jutland, acquit dans sa patrie la réputation d'excellent marin; ce qui le fit rechercher par Pierre-le-Grand, lorsqu'il venait de se créer une marine. Il se distingua dans toutes les expéditions contre la Suède, et mérita l'honneur d'être choisi pour commander l'expédition de découvertes que la Russie envoya dans les mers du Kamtschatka. Dans ce voyage, terminé en 1728, il reconnut la plus grande partie des côtes septentrionales de cette grande presqu'île, et il s'assura de la séparation des deux continents d'Asie et d'Afrique; il restait à savoir si les terres, à l'opposé de la côte du Kamtschatka, faisaient partie de l'Amérique, ou si elles n'étaient que des îles intermédiaires entre les deux continents. Il fut chargé de décider cette question, et partit le 4 juin 1741 avec deux vaisseaux. Il parvint heureusement à la côte nord-ouest de l'Amérique; mais les tempêtes et le scorbut qui s'était mis dans son équipage, l'empêchèrent de poursuivre ses découvertes. Jeté sur une île déserte, étant dangereusement malade, il y périt misérablement le 8 décembre 1741. Cette île porte aujourd'hui son nom, ainsi que le détroit qui sépare les deux continents, et dont Cook a achevé la reconnaissance. On trouve dans le tome 3 de la collection historico-géographique de Muller un extrait des voyages de Bering. Cet ouvrage a été traduit en français sous le titre de *Voyage et découvertes faites par les Russes*, Amsterdam, 1766, 2 vol. in-12.

BERINGTON (Joseph), né dans le Shropshire, était frère puîné de Charles Berington, évêque et vicaire apostolique. Joseph fut envoyé à l'âge de onze ans au collège anglais de Saint-Omer, et acheva ses études à Douai. Il y reçut les ordres, et après avoir rempli pendant vingt ans les fonctions sacerdotales en France, il retourna dans son pays, et continua à y exercer le ministère. Il a publié plusieurs ouvrages où se trouvent des opinions hardies, et qui furent condamnées par ses supérieurs ; cependant il ne paraît pas qu'il ait cessé de remplir ses fonctions ecclésiastiques. Il eut pour principaux adversaires Milner et Plowden, qui défendirent contre lui les véritables doctrines. Son premier écrit paraît être celui qui a pour titre : *De l'état et de la conduite des catholiques anglais depuis la réforme*, 1780, in-12. L'auteur y fait remarquer le calme et la soumission des catholiques aux époques les plus fâcheuses. Il donne un aperçu de leur nombre et de leurs établissements. Il prétend qu'ils n'étaient pas alors plus de soixante mille : estimation sans doute trop faible, mais qu'il donnait peut-être dans de bonnes intentions, pour rassurer les anglicans toujours disposés à crier contre les *accroissements du papisme*, et qui, cette année-là même, avaient excité à Londres et ailleurs des émeutes contre les catholiques. Berington comptait en Angleterre environ trois cent soixante prêtres, dont cent-dix anciens Jésuites. Cet écrit est curieux sous plusieurs rapports ; c'était la première fois qu'on osait publier ainsi des renseignements sur l'état du catholicisme ; un protestant y répondit par des injures contre les catholiques, et en les accusant d'être les auteurs des troubles de 1780 et d'avoir mis eux-mêmes, le feu à leurs chapelles et à leurs maisons. On trouve dans cette brochure le germe des idées singulières que Berington devait développer par la suite. En 1784, il donna au public la *Vie d'Abailard et d'Héloïse*, in-4. L'auteur y soutenait que, dans le fond, Abailard *n'était coupable d'aucune erreur;* il attaquait saint Bernard, aux miracles duquel il refusait de croire ; il blâmait également *le respect superstitieux* rendu à sainte Geneviève. En 1785, Berington fit paraître ses *Réflexions adressées au révérend Jean Harwkins*. Dans ce nouvel ouvrage, les cérémonies, les pratiques et le gouvernement de l'Eglise sont l'objet de ses moqueries. Il parle en termes méprisants des images, il voudrait qu'on supprimât l'usage du latin dans la liturgie, il mettait en doute s'il ne vaudrait pas mieux abolir le célibat du clergé. L'*Histoire du règne de Henri II et de ses fils* est empreinte des mêmes idées ; il prend la défense des Albigeois, et se montre peu favorable à saint Thomas de Cantorbéry. On sait que de graves et longs différends éclatèrent, en 1789, entre les vicaires apostoliques et un comité catholique formé à Londres. Charles Berington, évêque d'Hiero-Césarée, était à la tête de ce comité, et se trouvait par-là en opposition avec ses collègues. Joseph prit parti pour son frère, et publia une *Adresse au clergé catholique d'Angleterre par le clergé catholique du comté de Strafford*, et un *Appel aux catholiques d'Angleterre par leurs frères du comté de Strafford* Il y attaquait la condamnation du serment faite par les évêques : « Nous croyons, disait-il, que le Pape est chef de l'Eglise, « suprême dans les choses spirituelles « par le choix du fils de Dieu, *suprême* « *en discipline par institution ecclésias-* « *tique* », proposition qui fut condamnée par les évêques dans leur synode du 24 août 1792. Berington a publié encore : une édition des *Mémoires de Grégoire Pauzani*, agent du Pape en Angleterre en 1634, 1635 et 1636, in-8. Ces *Mémoires* inédits étaient traduits de l'italien, et précédés d'une *Introduction* et d'un *Sup-* *plément* sur l'état des catholiques en Angleterre ; *Examen des événements appelés miraculeux tels qu'ils sont rapportés dans des lettres d'Italie*, 1796, dans lequel non-seulement il conteste les miracles dont il était question, mais il semble même dire que le pouvoir des miracles a cessé dans l'Eglise ; *Essai sur les écoles du dimanche*, où il demande la réforme du catéchisme catholique ; *Considérations adressées aux évêques et au clergé français résidant en Angleterre*, 1814, in-4. Il n'est pas certain que cet écrit soit de lui. Enfin il avait annoncé une *Histoire de l'origine, des progrès et du déclin du pouvoir papal*. Nous ne croyons pas qu'elle ait paru, et il est permis de ne pas la regretter. D'ailleurs Berington semble en avoir fait entrer quelque chose dans son *Histoire littéraire du moyen-âge*, publiée à Londres en 1814, in-4, traduite en partie par Boulard. Berington est mort le 1ᵉʳ décembre 1827 à Buckland, où il remplissait les fonctions de missionnaire et de curé ; on aime à penser qu'il avait reconnu ses erreurs et renoncé à les soutenir.

BERKELEY, ou BERKLEY (Georges), né à Kiberin, en Irlande, le 12 mars 1684, fut doyen de Derry, et ensuite évêque de Cloyne ou Méath, en 1733. Il commença à être connu en France, par le livre intitulé : *Alciphron*, ou *le Petit philosophe*, en 7 dialogues, contenant une apologie de la religion chrétienne contre ceux qu'on nomme esprits-forts. Cet écrit parut en français, l'an 1734, à Paris, 2 vol. in-12. On y trouve, comme dans tous les autres ouvrages de l'auteur, des opinions singulières. Les objections contre les vérités fondamentales de la religion y sont poussées avec une force capable de faire illusion ; et l'on a besoin de méditer les réponses pour en sentir la solidité. La *Théorie de la vision*, qui termine l'ouvrage, est fort estimée. Ses *Dialogues entre Hylas et Philonoüs*, traduits en français par l'abbé de Gua, 1751, in-12, firent du bruit. Il y soutint qu'il n'y a que des esprits et point de corps, et appuyait ce paradoxe particulièrement sur ce sophisme : « Le même « objet, vu par un verre, me paraît « quatre fois plus grand qu'à l'œil, et « quatre fois plus petit par un autre « verre. Or, un objet ne peut avoir 16, « 4 et 1 pied, ma vue ne m'apprend « donc rien de l'étendue de cet objet, et « je puis croire qu'il n'a pas d'étendue. » Voltaire a entrepris la réfutation de ce sophisme d'une manière à faire triompher Berkeley. M. Bergier a été plus heureux, (Voyez la suite de l'Apol. de la

Rel. art. Corps.) On a encore de lui un *Traité sur l'eau de goudron*, qu'on lit avec plaisir, malgré la sécheresse du sujet, et qui vaut mieux que toutes ses spéculations métaphysiques. Cantwel en a donné une bonne *Traduction* en français, in-12. Le style de Berkeley est méthodique, élégant et clair. Cet écrivain est mort le 14 janvier 1753.

BERKEN (Louis), né à Bruges; c'est lui qui a trouvé le moyen de tailler et de polir le diamant. On croit que le hasard le lui fit découvrir; mais ce n'était pas la première fois que ce hasard avait dû se rencontrer, et il est le premier qui ait su en profiter; il taillait un diamant avec un autre diamant, et il le polissait avec la poussière même du diamant. Il vivait vers l'an 1476 : depuis cette époque, cet art s'est beaucoup perfectionné.

BERKENHEAD (Jean), anglais, est auteur du *Cabinet de la cour*, qui commença en janvier 1642, lorsque la cour était retirée à Oxford pendant les troubles. Ce journal, assaisonné de plaisanteries et de beaucoup d'esprit, occasionna des désagréments à son auteur; quand le parti des parlements l'eut emporté, il fut mis en prison, d'où il sortit lorsque la tranquillité fut rétablie, pour être député au parlement. Il mourut le 4 décembre 1679.

BERKEY (Jean le Francq van), savant naturaliste, né à Leyde le 23 janvier 1729. Il n'apprit les langues grecque et latine qu'à 24 ans; cependant il fut reçu docteur en médecine en 1766. Son discours de réception qui a pour titre : *Expositio de structurâ florum qui dicuntur compositi*, a été imprimé à Leyde, in-4, 1761. En 1773, il fut nommé professeur d'histoire naturelle à l'Université de Leyde. Il mourut dans cette ville le 13 mars 1812, dans un tel dénûment, que sa famille fut obligée de pourvoir à ses derniers besoins. Son cabinet d'anatomie comparée était le plus célèbre de la Hollande. Ses principaux ouvrages, écrits en hollandais, ont été recueillis en 6 vol. in-8. On a encore de lui un grand nombre de *Mémoires*, insérés dans le *Recueil de l'académie de Flessingue et de Harlem*.

BERLIN (Jean-Daniel), habile organiste, né à Memel en 1710, mort en 1775. Il fut l'inventeur du monochorde moderne, et a publié : *Eléments de musique à l'usage des commençants*, 1744; *Instruction pour la tonométrie avec des détails sur le monochorde inventé et exécuté en 1752*, Leipsick, 1767; *Sonates pour le clavecin*, Augsbourg, 1751.

BERMUDE I, frère d'Aurélio, roi des Asturies, fut tiré du cloître et placé sur le trône après la mort de Mauregat qui avait usurpé la royauté sur Alphonse, fils de Froïla. Son élection ne peut être soupçonnée d'intrigue; car à peine fut-il monté sur le trône, qu'il invita Alphonse à venir auprès de lui, l'introduisit dans le conseil, et lui confia le commandement de l'armée, lorsqu'il s'aperçut que le peuple, qui d'abord avait paru le redouter, avait moins d'éloignement pour lui. L'ambition des Maures les ayant portés de nouveau à envahir le territoire des chrétiens, Bermude, accompagné d'Alphonse, marcha contre les infidèles, et les battit complètement dans une action qui eut lieu à Burgos. Alphonse y fit des prodiges de valeur, et fut reçu aux acclamations de tout le peuple. Le généreux Bermude saisit ce moment d'enthousiasme pour abdiquer la couronne en sa faveur, l'an 791. Alphonse, autant par affection que par reconnaissance, ne voulut pas souffrir que Bermude retournât dans sa retraite; il lui donna un appartement dans le palais, et lui témoigna jusqu'au moment de sa mort, arrivée vers l'an 800, les mêmes marques de respect que s'il eût encore été roi.

BERMUDE II, fils d'Ordogno III, roi de Léon et des Asturies, avait été proclamé par les grands, vers 982, au préjudice de Ramire III, qui avait succédé à don Sanche. Ce dernier marcha contre lui pour soutenir ses droits. On combattit de part et d'autre avec un acharnement incroyable, et la victoire resta indécise; mais Ramire crut devoir se retirer, et mourut peu de temps après. Bermude alors, reconnu unanimement, essaya de rétablir l'ordre dans ses États épuisés; mais l'invasion des Maures, commandés par Almansor, le contraignit à ne plus songer qu'à la guerre. Ayant été défait, il fut obligé de se retirer dans les Asturies, où, secouru par les rois de Navarre et de Castille, il remporta une victoire complète sur Almansor, l'an 998, dans les plaines d'Osma. Sa constitution naturellement faible ne lui permit pas d'achever la délivrance de son pays; il mourut de maladie environ un an après.

BERMUDE III, fils d'Alphonse V, roi de Léon et des Asturies, succéda à son père, en 1027. Son règne est remarquable par une révolution qui se fit alors en Espagne, et qui dut son origine à l'ambition de Sanche III, surnommé *le Grand*, roi de Navarre. Il avait déjà réuni à ses États plusieurs provinces considérables, sous le prétexte de venger le meurtre de don Garcie, comte de Castille, qui avait été indignement assassiné ; il entra dans cette contrée avec une armée nombreuse, fit saisir et exécuter les assassins et s'appropria les domaines de l'infortuné don Garcie. Bermude, qui voyait avec peine cet accroissement de puissance, se déclara ouvertement contre les prétentions de Sanche à la cité de Valence sur les frontières de l'Asturie. De là une guerre entre les monarques rivaux : tous deux pleins d'ardeur et d'ambition brûlaient de décider leur différend par la force des armes. Bermude avait déjà fait des pertes considérables, et il était parvenu à réunir une nouvelle armée pour s'opposer au vainqueur, lorsque les évêques de Navarre et de Léon, afin d'épargner le sang des chrétiens prêt à couler, engagèrent les deux princes à mettre fin à leur querelle, et y réussirent. Bermude, qui n'avait point d'enfant, consentit à céder ce qu'il avait déjà perdu de ses Etats (une partie des Asturies), à condition que sa sœur épouserait Ferdinand, fils de Sanche, en faveur duquel on érigeait la Castille en royaume. Cette réconciliation, opérée par la nécessité, ne dura que jusqu'à la mort de Sanche, qui partagea ses Etats entre ses enfants. Le roi de Léon, jugeant le moment favorable de recouvrer ce que la nécessité l'avait forcé de céder, assembla des troupes ; les jeunes princes, instruits de ses projets, s'avancèrent avec une armée considérable, et lui livrèrent bataille. Bermude, emporté par une valeur téméraire, poussa son cheval dans les rangs ennemis pour y découvrir ses rivaux, et fut tué d'un coup de lance en 1037. En lui finit la race masculine de Pélage et du grand Recarède, roi des Goths. Cette dynastie avait régné trois siècles. Les couronnes de Léon et de Castille furent réunies sur la tête de Ferdinand qui posséda ainsi toute l'Espagne chrétienne.

BERMUDEZ (Jean), patriarche d'Ethiopie, né en Portugal, passa en Abyssinie avec la qualité de médecin, et trouva le moyen de s'insinuer dans la faveur d'Emmanuel, roi des Abyssins, qui l'envoya en Portugal et à Rome pour y demander des secours contre les Maures. Pour y réussir plus facilement, il lui avait conféré les titres d'ambassadeur et de patriarche d'Ethiopie. Bermudez, qui n'était que séculier, se fit ordonner prêtre, et fut bien accueilli par le pape Paul III qui le sacra patriarche en 1538, Il fut également bien reçu par Jean III, roi de Portugal, qui ordonna au vice-roi des Indes d'envoyer des secours au roi d'Abyssinie. De retour dans cette contrée, le roi étant mort, et le parti des Maures ayant prévalu, il fut arrêté, et ne parvint qu'avec peine à s'échapper. De là il revint à Lisbonne, où il mourut vers 1575. Il a laissé sur l'Abyssinie une *Relation* écrite d'un style simple et digne de foi, qu'il dédia à Sébastien, roi de Portugal.

BERNADOTTE (Charles-Jean), roi de Suède et de Norvége, sous le nom de Charles XIV, naquit à Pau en Béarn le 26 janvier 1764, d'une famille de bourgeoisie honorable. A l'âge de seize ans, il interrompit son éducation pour entrer au service comme simple soldat au régiment de royal-marine. Il n'était encore que sergent en 1789 ; mais il monta alors rapidement de grade en grade, et en 1792 il était colonel. Ses premières campagnes sur le Rhin lui méritèrent l'estime et la recommandation du général Custine. Il servit ensuite sous le général Kléber, qui le fit nommer, en 1793, général de brigade. Nommé plus tard général de division, il servit en cette qualité dans l'armée de Sambre-et-Meuse et prit part à la bataille de Fleurus. En 1797, il passa avec sa division à l'armée d'Italie, et s'y distingua particulièrement au passage du Tagliamento, à la prise de Trieste et de la forteresse de Gradisla. Après le 18 fructidor, Bernadotte vint, au nom de l'armée, offrir ses services au Directoire pour punir les ennemis de la République. Son zèle en cette circonstance fut tel qu'il excita la jalousie et les défiances d'Augereau. Après le traité de Campo-Formio, il fut nommé ambassadeur à Vienne ; mais ses intrigues contre Thugut n'ayant pas réussi, il fut désavoué par le Directoire et rappelé. De retour à Paris, il y vivait dans la société de Joseph Bonaparte dont il avait épousé la belle-sœur, lorsque les Russes se mirent en mouvement. Nommé alors général en chef de l'armée d'observation, il commença la campagne par le bombardement de Philisbourg qu'il fit ensuite suspendre, assura le commerce de Manheim, protégea l'Université d'Heidelberg et effaça, par la sagesse de sa conduite, les impressions défavorables que les Français avaient laissées dans le pays. A la suite de la révolution du 30 prairial an VII (18 juin 1799), Bernadotte fut appelé au ministère de la guerre et y fit des améliorations importantes : il réorganisa la défense militaire, réprima les spoliations et donna à toutes les autorités civiles ou militaires avec lesquelles il était en rapport une puissante impulsion. Econduit ensuite par le directeur Sieyès comme trop démagogue, il demanda son traitement de réforme et se retira à la campagne. Quoique allié de

Joseph Bonaparte, il ne prit aucune part au 18 brumaire et chercha même à nouer quelques intrigues pour déjouer les conséquences de cette révolution. Cependant il fut nommé par le gouvernement consulaire conseiller d'état et général en chef de l'armée de l'Ouest. Il battit en plusieurs rencontres les royalistes insurgés, et empêcha, le 16 mai 1800, le débarquement des Anglais à Quiberon. Exilé l'année suivante pour avoir renoué quelques trames contre le gouvernement, il rentra en grâce peu après, et fut élevé en 1804 à la dignité de maréchal de l'empire. Il remplaça le maréchal Mortier dans le commandement de l'armée du Hanovre, et fut nommé chef de la 8ᵉ cohorte de la Légion-d'Honneur. Il reçut, à la même époque, plusieurs ordres étrangers ; et l'armée de Hanovre ayant été rappelée en Allemagne en 1805, Bernadotte arriva le 25 du même mois à Wurtzbourg, où il réunit à son corps d'armée les troupes bavaroises pour servir contre l'Autriche. Il entra à Munich le 21 octobre, et le 30 il occupa Salzbourg. A la mémorable bataille d'Austerlitz, le corps qu'il commandait occupait le centre où se trouvait Napoléon dont il mérita les éloges. Le 5 juin 1806, l'empereur le fit prince de Ponte-Corvo. La guerre contre la Prusse s'étant rallumée, il entra en campagne à la tête du premier corps. Le 9 octobre il défit à Schleitz un corps de dix mille Prussiens, et le lendemain il fut de nouveau vainqueur au combat de Saafeld. Chargé d'occuper les défilés de Kœsen, il refusa d'appuyer Davoust et compromit ainsi le salut de l'armée. Il répara cette criminelle conduite à Hall, dont il s'empara après avoir battu le prince de Wurtemberg. Après la capitulation de Magdebourg, à laquelle il prit une part honorable, il pénétra en Pologne, marcha à la rencontre des Russes qu'il tailla en pièces, remporta une nouvelle victoire le 26 février à Braumberg, et repoussa encore deux colonnes russes. Ayant reçu une blessure grave dans un des combats qu'il leur livra, il fut obligé de quitter son armée. En 1808, il commanda à Hambourg, et il s'acquit l'estime des habitants par sa justice, son humanité, son intégrité et la sagesse de son administration. En avril 1809, la guerre ayant éclaté de nouveau entre l'Autriche et la France, le prince de Ponte-Corvo commanda en Allemagne le 9ᵉ corps composé en grande partie de Saxons. Le 17 mai, il battit les Autrichiens en avant du pont de Lintz, continua ses mouvements et se trouva le 6 juillet à la bataille de Wagram. Placé à l'aile gauche, il vit bientôt les Saxons plier, se débander, et ne parvint qu'avec peine à les rallier. Le lendemain cependant il leur adressa une proclamation dans laquelle il louait leur courage et leur constance. Ce droit de proclamation qu'il s'était ainsi arrogé si mal à propos, irrita l'empereur qui lui fit des reproches sévères et lui retira son commandement. Arrivé à Paris, le prince de Ponte-Corvo fut chargé par Fouché de repousser les Anglais qui venaient de débarquer à Walcheren ; mais il ne conserva pas longtemps ce commandement, et fut obligé de le remettre au maréchal Bessières. Revenu dans sa famille, il s'y livrait au repos et aux soins qu'exigeaient sa santé, lorsqu'on vint lui offrir le trône de Suède. Le prince Schlewig-Augustembourg, désigné pour héritier de la couronne par les Etats de Suède après la déposition de Gustave-Adolphe, était mort le 26 mai 1810. Les Suédois, qui avaient conservé le souvenir de la conduite honorable de Bernadotte dans leur pays, et qui avaient besoin de l'épée d'un guerrier, firent choix de lui, et après s'être assurés de son consentement et de celui de l'empereur, ils le proclamèrent prince royal. Adopté immédiatement après par le roi de Suède, Charles XIII, Bernadotte prit, comme prince royal de Suède, congé de l'empereur Napoléon, qui lui adressa ces paroles : « J'espère que vous n'oublierez « jamais que vous êtes Français et que « vous devez votre couronne à la gloire « des armées françaises que vous avez « commandées. » Le prince répondit : « Je serai toujours glorieux d'être né « Français, et n'oublierai rien, Sire, en « devenant sujet d'un monarque étran- « ger. » L'empereur lui fit remettre un million de francs, puis le prince partit et se dirigea sur Stockholm, où il fit son entrée le 1ᵉʳ novembre suivant. En acceptant le trône de Suède, Bernadotte avait abjuré le catholicisme, et, dans un intérêt d'ambition, embrassé la religion réformée. Bientôt après, il sacrifia la France, sa patrie, aux intérêts de sa grandeur et de son élévation politique. Dès le 18 mars 1812, le prince royal de Suède signa, en effet, avec la Russie un traité par lequel il s'engageait à entrer en campagne et à réunir sous ses ordres un corps russe. Le 18 mai 1813, il débarqua à Stralsund, à la tête de trente mille hommes ; il y rencontra Moreau, et de concert avec lui il proposa aux rois alliés un plan de campagne qui fut adopté et amena les désastres de 1814. Nommé commandant en chef d'un corps d'armée de cent mille hommes, le prince royal de Suède remporta sur les maréchaux Ney et Oudinot un avantage qui sauva Berlin de nouveau menacé par les Français à la suite de la bataille de Dresde. Il prit ensuite une part importante à la bataille de Leipsick si funeste à nos armes, et poursuivit l'armée française jusqu'au Rhin; mais il s'arrêta à Cologne, et ne suivit pas les alliés sur le territoire français et demeura étranger aux opérations de cette campagne. On ignore quels ont été les motifs véritables de sa conduite en cette circonstance; on l'attribue généralement à un froissement d'amour-propre. Quoi qu'il en soit, après la capitulation de Paris, il vint dans cette capitale où il reçut du public des marques d'une improbation générale. De retour en Suède, il fut, au contraire, accueilli avec faveur par le roi et par la population. En août 1815, le prince royal alla visiter la Norwège avec le prince Oscar son fils. Enfin le roi Charles XIII étant mort le 5 février 1818, Bernadotte lui succéda et prit le nom de Charles XIV. En montant sur le trône, il signa l'acte exigé par la constitution et annonça la ferme résolution de gouverner les deux royaumes d'après leurs lois fondamentales. Il fut couronné comme roi de Suède à Stockholm le 11 mai 1848, et le 7 septembre suivant à Drontheim comme roi de Norwége. La politique du roi de Suède fut de se maintenir dans un juste équilibre entre l'influence russe et anglaise, et il réussit assez bien à conserver cette position périlleuse et difficile. A l'intérieur il montra une grande modération et s'acquit l'affection et l'estime du peuple suédois par la sagesse de son administration. Charles XIV est mort dans les premiers mois de 1844, laissant pour héritier son fils, le prince Oscar, qui a été proclamé roi de Suède à sa place.

BERNARD DE MENTHON (saint), né dans un château de ce nom en Genevois près d'Annecy, au mois de juin 923, d'une des plus illustres maisons de Savoie, montra dès son enfance beaucoup de goût pour les lettres et la vertu. Il se consacra, malgré ses parents, à l'état ecclésiastique. Pour se dérober à leurs sollicitations, il se retira à Aoste en Piémont, et y reçut les ordres sacrés. Nommé archidiacre de cette église, il fit des missions dans les montagnes voisines. Les habitants de ces déserts sauvages, attachés à d'anciennes superstitions, conservaient encore des monuments du paganisme. Bernard, animé d'un saint zèle, les renversa. Son cœur, non moins compatissant que son esprit était éclairé, fut vivement touché des maux que les pèlerins allemands et français avaient à souffrir, en allant à Rome pour rendre leur pieux hommage aux tombeaux des saints Apôtres. Il fonda pour eux deux hôpitaux, tous deux dans les Alpes : l'un sur le Mont-Joïen, nommé aussi Mont-Jou (*Mons Jovis*), montagne ainsi appelée, parce qu'il y avait un temple de Jupiter qu'il fit abattre; l'autre sur la colonne Joïenne, ou *Columna Jovis*, ainsi nommée à cause d'une colonne de Jupiter qui fut pareillement renversée. Ces deux hôpitaux, dits de son nom *le grand* et *le petit saint Bernard*, furent desservis avec autant d'exactitude que de générosité par des chanoines réguliers de saint Augustin. Bernard fut le premier prévôt, c'est le nom qu'ils donnaient à leur supérieur. Le saint fondateur, ayant assuré des secours aux pèlerins, alla porter la lumière de la foi aux peuples de Lombardie qui sont au levant du Mont-Joïen. Il en convertit un grand nombre, et après les avoir arrachés aux ténèbres de l'idolâtrie, il passa à Rome où il obtint la confirmation de son institut. Les priviléges que le Pape lui accorda ont été renouvelés par Jean XXII, Martin V, Jean XXIII, Eugène IV, etc. Saint Bernard, de retour en Lombardie, cultiva les fruits du christianisme qu'il y avait fait naître, et mourut à Novarre le 28 mai 1008, âgé de 85 ans. Ses vertus éminentes et ses miracles le firent canoniser l'année suivante. Les sectaires et les philosophes du jour s'accordent à faire l'éloge de cet homme zélé et charitable, ainsi que de ses disciples, qui ont conservé l'esprit primitif de leur institut, et exercent encore envers les voyageurs une charité aussi constante que désintéressée. « Quelques-uns de ces sublimes
« solitaires, dit un voyageur témoin de
« leurs travaux, gravissaient les pyra-
« mides de granit qui bordent le chemin,
« pour découvrir un convoi dans la dé-
« tresse, et pour répondre au cri de se-
« cours; d'autres frayaient le sentier en-
« seveli sous la neige fraîchement tom-
« bée, au risque de se perdre eux-mêmes
« dans les précipices, tous bravant le
« froid, les avalanches, le danger de
« s'égarer, presqu'aveuglés par les tour-
« billons de neige, et prêtant une oreille
« attentive au moindre bruit qui leur
« rappelait la voix humaine. Leur intré-
« pidité égale leur vigilance. Aucun mal-
« heureux ne les appelle inutilement;
« ils le raniment agonisant de froid et de
« terreur; ils le transportent sur leurs
« bras, tandis que leurs pieds glissent
« sur la glace où s'enfoncent dans les
« neiges : la nuit et le jour voilà leur mi-

« nistère ; leur sollicitude veille sur l'hu-
« manité dans ces lieux maudits de la
« nature, où ils présentent le specta-
« cle habituel d'un héroïsme qui ne sera
« jamais chanté par nos flatteurs. De
« grands chiens sont les compagnons in-
« telligents des courses de leurs maîtres;
« ces dogues bienfaisants vont à la piste
« des malheureux ; ils devancent les gui-
« des et le sont eux-mêmes : à la voix de
« ces auxiliaires, le voyageur transi re-
« prend de l'espérance ; il suit leurs ves-
« tiges toujours sûrs : lorsque les chutes
« de neige, aussi promptes que l'éclair,
« engloutissent un passager, les dogues
« de Saint-Bernard le découvrent sous
« l'abîme ; ils y conduisent les religieux
« qui retirent le cadavre, ou portent,
« s'il en est encore temps, des secours
« à ce malheureux. » Cet estimable institut avait autrefois plusieurs maisons,
et des biens considérables en différentes
provinces, et surtout en Savoie. En conséquence d'une difficulté survenue entre
le Suisses et les ducs de Savoie, pour la
nomination du prévôt, le pape Benoît
XII donna en 1752 une bulle qui accordait aux religieux la liberté de se choisir
un prévôt ; mais ils furent en même
temps dépouillés de tous les biens qu'ils
possédaient en Savoie, et qui furent trans-
férés à l'ordre hospitalier de Saint-Mau-
rice et de Saint-Lazare.

BERNARD (saint), né en 1091, dans
le village de Fontaine en Bourgogne,
d'une famille noble, se fit moine à l'âge
de 22 ans à Cîteaux, avec trente de ses
compagnons. Son éloquence énergique
et touchante leur avait persuadé de renoncer au monde. Clairvaux ayant été
fondé en 1115, Bernard, quoiqu'à peine
sorti du noviciat, en fut nommé le premier abbé. Cette maison, si opulente à
présent par une suite du travail de ses
premiers religieux, était si pauvre alors,
que les moines faisaient souvent leur po-
tage de feuilles de hêtre, et mêlaient
dans leur pain de l'orge, du millet et de
la vesce. Le nom de Bernard se répandit
bientôt partout. Il eut jusqu'à 700 novices. Le pape Eugène III, des cardinaux,
une foule d'évêques, furent tirés de son
monastère. On s'adressait à lui de toute
l'Europe. En 1128, on le chargea de dresser une règle pour les templiers, comme
le seul homme capable de la leur donner.
En 1430, un concile assemblé à la réquisition de Louis-le-Gros s'en rapporta à
lui pour examiner lequel d'Innocent II
ou d'Anaclet, élus tous les deux Papes,
était le pontife légitime. Bernard se déclara pour Innocent, et toute l'assemblée
y souscrivit. Quelque temps après, il fut
envoyé à Milan avec deux cardinaux,
pour réconcilier cette église qui s'était
jetée dans le parti de l'antipape Anaclet.
La foule fut si grande à sa porte tout le
temps qu'il resta dans cette ville, que son
tempérament délicat ne pouvant résister
aux empressements du peuple, il fut
obligé de ne se montrer plus qu'aux fe-
nêtres, et de donner de là sa bénédiction
aux Milanais. On voulut en vain l'engager
à accepter cet archevêché : il aima mieux
retourner en France. Il assista au concile
de Sens en 1140, et y fit condamner plusieurs propositions d'Abailard, théologien bel-esprit, qui se flattait d'être son
rival. Eugène III, son disciple, lui donna
bientôt une commission plus importante.
Il écrivit à son maître de prêcher la
croisade. Cet homme zélé et éloquent
persuada d'abord Louis-le-Jeune, roi
de France. Il l'engagea d'aller combattre en Asie des barbares qui menaçaient l'Europe, de leur enlever les
belles provinces qu'ils avaient envahies,
et de secourir des chrétiens qui gémis-
saient sous un joug aussi cruel qu'injuste.
Ce projet d'une sage politique, fruit naturel de la religion et de la charité, fut
combattu un moment par l'abbé Suger,
à raison des circonstances qui semblaient
s'opposer au départ du roi ; car ce ministre, qui avait formé aussi le plan d'une
croisade, ne désapprouvait point l'expédition en elle-même. (Voyez SUGER.) Le
sentiment de saint Bernard prévalut. Ses
conseils étaient des oracles pour les princes et pour le peuple. On dressa un échafaud en pleine campagne, à Vézelai en
Bourgogne, sur lequel l'humble cénobite
parut avec le roi. Il prêcha avec tant de
succès que tout le monde voulut être
croisé. Quoiqu'il eût fait une grande pro-
vision de croix, il fut obligé de mettre
son habit en pièces, pour suppléer à l'é-
toffe qui manquait. L'enthousiasme que
son éloquence inspira fut si véhément,
que Bernard écrivit au pape Eugène :
*Vous avez ordonné, j'ai obéi ; et votre au-
torité a rendu mon obéissance fructueuse.
Les villes et les châteaux deviennent déserts, et l'on voit partout des veuves dont
les maris sont vivants.* On voulut charger le prédicateur de la croisade d'en
être le chef ; mais soit humilité, soit horreur du tumulte des armes, il refusa une
dignité dangereuse et pénible que l'ermite Pierre n'avait pas craint d'accepter.
De France, il passa en Allemagne, détermina l'empereur Conrad III à prendre la
croix, et promit, de la part de Dieu, les
plus grands succès. On marcha de tous
les côtés de l'Europe vers l'Asie, et on
envoya une quenouille et un fuseau à

tous les princes qui refusaient de s'engager dans cette entreprise. Saint Bernard resté en Occident, tandis que tant de guerriers allaient chercher la victoire ou la mort en Orient, s'occupa à réfuter les erreurs de Pierre de Bruys, du moine Raoul qui exhortaient les peuples, au nom de Dieu, d'aller massacrer tous les Juifs; à confondre Gilbert de la Porée, Eon de l'Etoile, et les sectateurs d'Arnauld de Brescia. Quelque temps avant sa mort, il publia son *Apologie pour la Croisade* qu'il avait prêchée; car il se trouva des esprits peu justes qui voulaient le rendre responsable du mauvais succès qu'elle avait eu. Saint Bernard rejeta ce malheur sur les déréglements des soldats et des généraux qui la composaient. Fleury observe que la première croisade avait eu plus de succès, quoique les croisés eussent été aussi peu réglés; saint Bernard ne s'apercevait pas, ajoute-t-il, qu'une preuve qui n'est pas toujours concluante, ne l'est jamais. Mais cette réflexion est bien peu digne de ce judicieux historien. De ce que Dieu ne punit pas toujours, s'ensuit-il qu'il ne punit jamais? s'il punissait toujours, il aurait bientôt détruit le genre humain; s'il ne punissait jamais, la marche de sa providence s'obscurcirait trop à notre égard. Fleury ne pouvait ignorer que les Israélites avaient été quelquefois heureux, dans les temps où ils étaient plus coupables que lorsque Dieu les punissait. Son argument est d'ailleurs celui que Fabius Maximus appelait *eventus stultorum magister*. Quoi qu'il en soit, saint Bernard appuyait son *Apologie* de l'exemple de Moïse qui, après avoir tiré d'Égypte les Israélites, ne fit point entrer ces incrédules et ces rebelles dans la terre qu'il leur avait promise. Il parle ensuite avec beaucoup de modestie des miracles qui avaient autorisé ses prédications et ses promesses. On voit par les relations de ces voyages que les armées des croisés étaient non-seulement comme les autres armées, mais encore pires; et que toutes sortes de vices y régnaient, tant ceux qu'ils avaient apportés de leurs pays, que ceux qu'ils avaient pris dans les pays étrangers. Grand nombre d'ecclésiastiques et de moines se croisaient; quelques-uns poussés d'un véritable zèle, d'autres par l'amour de l'indépendance; tous se croyaient autorisés à porter les armes contre les infidèles. Ces grandes entreprises ne furent ni bien concertées, ni bien conduites. L'indulgence plénière et les grands priviléges que l'on accordait aux croisés attiraient une infinité de personnes. Ils étaient, sous la protection de l'Eglise, à couvert des poursuites de leurs créanciers qui ne pouvaient rien leur demander jusqu'à leur retour. Ils étaient déchargés des usures ou intérêts des sommes qu'ils devaient. Il y avait excommunication de plein droit, contre quiconque les attaquait en leurs personnes et en leurs biens. Mais comment faire observer une discipline exacte à tous ces croisés, rassemblés de différentes nations, et conduits par des chefs indépendants les uns des autres, sans qu'aucun eût le commandement général? Il est vrai que le Pape y envoyait un légat. Mais un ecclésiastique était-il capable de contenir de telles troupes? Ce fut cependant ce défaut de discipline qui aliéna totalement les Grecs, et les rendit les plus dangereux ennemis des croisés. On était d'ailleurs si mal instruit de l'état des pays qu'on allait attaquer, que les croisés étaient obligés de prendre des guides sur les lieux, c'est-à-dire de se mettre à la merci de leurs ennemis, qui souvent les égaraient exprès et les faisaient périr sans combat, comme il arriva à la seconde croisade. (Voyez GODEFROI DE BOUILLON, PIERRE l'Ermite, et l'*Histoire littéraire de saint Bernard*, Paris, 1773, p. 37 et suiv.) Saint Bernard mourut en 1153, après avoir fondé ou agrégé à son ordre 72 monastères, en France, en Espagne, dans les Pays-Bas, en Angleterre, en Irlande, en Savoie, en Italie, en Allemagne, en Suède, en Hongrie, en Danemarck, etc.; et s'il faut y comprendre les fondations faites de son temps par les abbayes dépendantes de Clairvaux, on doit en compter 160 et plus. « Il avait été donné à cet homme
« extraordinaire, dit un auteur célèbre,
« de dominer les esprits. On le voyait,
« d'un moment à l'autre, passer du fond
« de son désert au milieu des cours, ja-
« mais déplacé, sans titre, sans carac-
« tère, jouissant de cette considération
« personnelle qui est au-dessus de l'au-
« torité; simple moine de Clairvaux,
« plus puissant que l'abbé Suger premier
« ministre de France, et conservant sur
« le pape Eugène III qui avait été son
« disciple, un ascendant qui les honorait
« également l'un et l'autre. » Le grand reproche que l'on fait à saint Bernard est de s'être exprimé trop durement au sujet d'Abailard, dans les lettres qu'il écrivit à Rome et aux évêques de France à ce sujet; mais ce ne fut qu'après le refus que fit Abailard de s'expliquer et de se rétracter. Cette conduite dut persuader au saint abbé que ce novateur était un hérétique obstiné. Mosheim et Brucker disent que saint Bernard n'entendait rien aux subtilités de la dialectique de

son adversaire : mais celui-ci s'entendait-il lui-même ? On voit par les ouvrages du premier, qu'il était meilleur théologien que son antagoniste, et qu'Abailard aurait pu le prendre pour maître ou pour juge, sans se dégrader. Toujours est-il vrai que les soi-disant philosophes qui reprochent à l'abbé de Clairvaux la haine, la jalousie, la violence, l'injustice contre l'innocence persécutée, se rendent eux-mêmes coupables de tous ces vices. Lorsque Pierre-le-Vénérable, abbé de Cluny, eut donné à Abailard une retraite et l'eut converti, saint Bernard se réconcilia de bonne foi avec lui, et ne chercha point à troubler son repos ; il n'avait donc point de haine contre lui. Mais aux yeux des incrédules, les hérétiques ont toujours raison, les Pères de l'Eglise ont toujours eu tort. De toutes les éditions que nous avons des ouvrages de saint Bernard, la seule qui soit consultée par les savants, est celle de dom Mabillon, 1690, en 2 vol. in-fol., réimprimée en 1719. Cette seconde édition est moins estimée que la première. L'une et l'autre sont enrichies de préfaces et de notes. Le 1er volume renferme tous les ouvrages qui appartiennent véritablement à saint Bernard. Il est divisé en quatre parties : la première, pour les *Lettres*; la deuxième, pour les *Traités*; la troisième, pour les *Sermons* sur différentes matières; la quatrième, pour les *Sermons* sur le *Cantique des cantiques*. Le 2e volume contient les ouvrages attribués à saint Bernard, et plusieurs *pièces* curieuses sur sa vie et ses miracles. Il y a une autre édition du Louvre en 1642, 6 vol. in-fol. Dom Ant. de St-Gabriel, feuillant, a traduit tout saint Bernard en français, Paris, 1678, 13 vol. in-8. Ses *Lettres*, au nombre de plus de 400, ont été traduites depuis par Villefore, 1734, in-8, 2 vol.; et ses *Sermons choisis*, par le même, 1737, in-8. La vivacité, la noblesse, l'énergie et la douceur caractérisent le style de saint Bernard. Il est plein de force, d'onction et d'agrément. Son imagination féconde lui fournissait sans effort les allégories et les antithèses dont ses ouvrages sont semés. Quoique né dans le siècle des scolastiques, il n'en prit ni la méthode ni la sécheresse. Erasme, bon juge en matière de style, admirait l'éloquence et les agréments de celui de saint Bernard, autant que sa vaste et modeste érudition : *Bernardus et christianè doctus, et sanctè facundus, et piè festivus.* (Erasm. in cap. 1. Rom.) Très-postérieur aux siècles des Pères, il est néanmoins considéré comme tenant une place parmi eux. (Voyez le *Journal historique et littéraire*, 1er août 1806, page 178.) Les protestants, quoique opposés à sa doctrine, lui ont cependant rendu plus de justice que plusieurs des écrivains catholiques de notre siècle. Luther dit, par une espèce d'exagération, qu'il l'emporte sur tous les docteurs de l'Eglise; Bucer le nomme un *homme de Dieu*; OEcolampade le loue comme un théologien dont le jugement était plus exact que celui de tous les écrivains de son temps; Calvin l'appelle un pieux et saint écrivain, par la bouche duquel la vérité elle-même semble parler. « Au milieu des ténèbres, « dit Morton, Bernard brille tout à la « fois par la lumière de ses exemples et « de sa science. » « Plût à Dieu, dit Car- « leton, parmi beaucoup d'invectives con- « tre les saints, que nous en vissions au- « jourd'hui plusieurs, et même un tel « qu'il est certain qu'a été Bernard ! » Le beau et touchant cantique *Ave, maris Stella*, est de sa composition. Nous avons sa *Vie* par Le Maistre, Paris, 1649, in-8, et par Villefore, 1704, in-4. Celle-ci est la meilleure. Elle est précédée de son portrait, gravé d'après un ancien tableau qui le représente, et qui fut fait un an avant sa mort.

BERNARD (le *Bienheureux*), margrave de Bade, fils de Jacques de Bade, qu'Æneas Sylvius, depuis Pape sous le nom de *Pie II*, assure avoir été un des plus sages princes de son temps, naquit vers 1438, et ne tarda pas à donner l'exemple de toutes les vertus chrétiennes. Il avait été fiancé, du vivant de son père, à Madelone, fille de Charles VII, roi de France ; mais son amour pour la retraite et la chasteté lui fit refuser cette alliance honorable, et il céda même à Charles, son frère, en 1455, la partie du margraviat qui lui était échue. Il parcourut ensuite les différentes cours des princes de l'Europe, pour les engager à entreprendre une nouvelle croisade contre les Turcs, qui venaient de s'emparer de l'empire d'Orient. L'empereur Frédéric IV, qui avait donné en mariage Catherine d'Autriche, sa sœur, à Charles de Bade, frère de Bernard, mit ce dernier à la tête de l'entreprise. Bernard se rendit d'abord à la cour de Charles VII, roi de France, puis à celle de Louis, duc de Savoie. Il fut très-bien reçu par ces deux princes. Il partit de Turin au commencement de juillet de l'année 1458, pour aller à Rome trouver le pape Callixte II. Il tomba malade en route à Montiscalier, ville située sur le Pô, près de Turin. On le transporta dans le couvent des Franciscains, où il mourut en odeur de sainteté, le 25 de juillet, et il fut enterré dans la collégiale de Sainte-Marie de cette ville. Le pape Sixte IV nomma, le 23 de décembre de la même année, des commissaires pour informer sur la vie de Bernard, et les choses merveilleuses qu'on en rapportait. Il choisit de nouveau, le 4 août 1479, les évêques de Turin et de Carpentras pour continuer la procédure. Enfin, le même Pape publia, en 1481, le décret de la béatification du serviteur de Dieu, laquelle fut célébrée du vivant de la mère de Bernard, et d'une partie de ses frères. Christophe, margrave de Bade, fils de Charles, fit frapper dans les années 1501, 1512, 1513 et 1519, différentes médailles d'or et d'argent, où le bienheureux Bernard est représenté en casque et en cuirasse, la tête environnée d'une auréole, tenant d'une main l'étendard de Bade, et de l'autre l'écu de sa maison, avec cette inscription : *Beatus Bernardus Marchio*. Clément XIV confirma la bulle de béatification, de Sixte IV, et déclara le B. Bernard, patron du margraviat.

BERNARD DE THURINGE annonça, vers la fin du dixième siècle, que la fin du monde était prochaine. Il portait un habit d'ermite, et menait une vie austère. Il jeta l'alarme dans tous les esprits; et une éclipse de soleil étant arrivée dans ce temps-là, beaucoup de monde alla se cacher dans des creux de rocher, dans des antres et des cavernes. Le retour de la lumière ne calma pas les esprits. Il fallut que Gerberge, femme de Louis d'Outremer, engageât les théologiens à éclaircir cette matière. Ils décidèrent que rien ne prouvait la fin prochaine du monde, et que, selon toute apparence, le temps de l'antechrist était encore éloigné, et le monde subsista, et les rêveries de l'ermite Bernard se dissipèrent. Quelques ignorants n'ont pas rougi de prêter les songes de cet enthousiaste à saint Bernard, abbé de Cîteaux.

BERNARD (Ptolomée saint), instituteur des olivétains, d'une des premières maisons de Sienne, naquit en 1272. Il remplit avec tout le zèle et l'intégrité possibles les premières places de sa patrie; mais le danger des honneurs lui fit abandonner les dignités. Il vendit ses biens, en distribua le prix aux pauvres, se retira dans un désert à dix milles de Sienne, et y pratiqua des austérités incroyables. Quelques personnes s'étant jointes à lui, le Pape lui conseilla de choisir le genre de vie de quelque ordre religieux approuvé dans l'Eglise. Il adopta la règle de saint Benoît et l'habit blanc. Gui, évêque d'Arezzo, dans le diocèse duquel il était, confirma son choix, ainsi que ses constitutions, en 1319; et son ordre connu sous le titre de : *Congrégation de la Vierge Marie du Mont-Olivet*, fut successivement approuvé par plusieurs Papes. Le saint fondateur avait l'esprit de piété, dans un degré éminent. Il mourut le 20 août 1348. La congrégation des olivétains est nombreuse en Italie; leur principale maison est celle de Sainte-Françoise à Rome. Il y a aussi des religieuses du même ordre.

BERNARD (dom Laurent), né à Nevers, en 1573, bénédictin, prieur de Cluny, opéra dans son ordre une grande réforme qui produisit une nouvelle congrégation, dont la première maison fut établie au monastère des Blancs-Manteaux, à Paris, d'où elle s'étendit dans tout le royaume, sous le nom de Saint-Maur. Dom Bernard mourut à Cluny le 21 avril 1620, après avoir publié des *Pensées Chrétiennes, ou Sermons très-utiles à toutes personnes, tant laïques, ecclésiastiques que régulières*, Paris, 1616; un *Traité de l'esprit des ordres religieux, et spécialement de l'esprit de l'ordre de Saint-Benoît*, Paris, 1616, in-8; et un de la *Police régulière* tirée de la règle de saint Benoît, 1619.

BERNARD (Etienne), né à Dijon en 1553, avocat en 1574, fut élu député de sa province pour le Tiers-Etat de Blois en 1588, et y brilla par son éloquence. Il fut fait conseiller au Parlement de Dijon en 1594. Il suivit le parti de la Ligue, et fut très-utile au duc de Mayenne; mais il s'attacha ensuite à Henri IV, qui le choisit pour négocier la réduction de Marseille à son obéissance. Le roi, satisfait de sa négociation, le fit en 1599 lieutenant-général du bailliage de Châlons-sur-Saône, où il mourut en 1609.

BERNARD (Claude), appelé communément le *pauvre Prêtre* ou le *Père Bernard*, naquit à Dijon d'une famille noble, en 1588. Pierre Camus, évêque de Belley, voulut lui persuader d'entrer dans l'état ecclésiastique. Bernard lui répondit : « Je suis un cadet qui n'ai rien ; il « n'y a presque point de bénéfices en « cette province qui soient à la nomi- « nation du roi : pauvre pour pauvre, « j'aime mieux être pauvre gentil- « homme, que pauvre prêtre. » Il ne laissa pourtant pas de suivre le conseil de l'évêque de Belley. Il vécut quelque temps en ecclésiastique mondain ; mais Dieu l'ayant touché, il renonça au monde, résigna le seul bénéfice qu'il eût, et se consacra à la pauvreté et au service des pauvres. Il se dépouilla pour eux d'un héritage de près de 400 mille livres qui lui échut sans qu'il s'y attendît. Le cardinal de Richelieu l'ayant nommé à une abbaye du diocèse de Soissons, il ne voulut pas l'accepter. *Quelle apparence*, écrivit-il à ce cardinal, *que j'ôte le pain de la bouche des pauvres de Soissons pour le donner à ceux de Paris ?* Le cardinal le pressant de lui demander une grâce quelconque : « Monseigneur, dit Bernard, je prie votre Eminence d'ordonner que l'on mette de meilleures planches au tombereau dans lequel je conduis les criminels au lieu du supplice, afin que la crainte de tomber dans la rue ne les empêche pas de se recommander à Dieu avec attention. Il prêchait souvent plusieurs fois la semaine, et ses discours produisaient des fruits admirables, quoiqu'il parlât sans préparation. Il mourut en odeur de sainteté, le 23 mars 1641, et fut enterré dans l'église de l'hôpital de la Charité. La cour et le clergé de France ont souvent sollicité sa béatification. C'est le Père Bernard qui a établi le séminaire *des Trente-Trois* à Paris. Sa *Vie* a été écrite par M. Goffre, par le Père Giry, minime, et par le Père Lempereur, jésuite.

BERNARD (Edouard), né à Towcester en Northampton-Shire, le 2 mai 1638, professeur d'astronomie à Oxford en 1673, était un homme profond dans les mathématiques, la chronologie et la littérature ancienne. Il publia quelques ouvrages sur les sciences qu'il enseignait et sur la critique : *De Mensuris et Ponderibus*, à Oxford, 1688, in-8 ; *Litteratura à charactere Samaritano deducta* ; des *Notes sur Josèphe*, insérées dans l'édition qu'il a donnée en latin et en grec à Oxford, 1687 et 1700, in-fol.; quelques livres d'astronomie, qui sont estimés. Il mourut le 12 janvier 1696, après 6 ans de mariage. Smith a écrit sa *Vie*, à la fin de laquelle on voit le catalogue de ses ouvrages.

BERNARD (Jacques) naquit à Nions en Dauphiné, l'an 1658, d'un ministre protestant. Il exerça successivement le ministère en France, à Genève, à Lausanne, à Tergow et à Leyde, où il professa la philosophie. Il prêchait et parlait avec force, mais sans pureté de style, et se servait souvent des expressions les plus basses. Devenu journaliste en 1699, il continua les *Nouvelles de la république des Lettres*, par Bayle, depuis 1693 jusqu'en 1710, et depuis 1716 jusqu'en 1718, année de sa mort. On a encore de lui une *partie* du 20ᵉ et la *suite* jusqu'au 25ᵉ volume de la *Bibliothèque universelle* de Le Clerc ; un *Supplément au Moréri*, Amsterdam, 1716, 2 vol. in-fol. C'est une augmentation du supplément imprimé à Paris en 1714. Cet ouvrage de Bernard n'est qu'un recueil de bévues énormes, et c'est avec raison qu'on a dit dans le tome 15ᵉ de l'*Histoire critique de la république des Lettres*, que « la littérature, l'antiquité, l'érudition, la critique, étaient pour Bernard un pays inconnu, et qu'il n'avait pas même de goût pour les belles-lettres. » M. de Saas a prouvé ces assertions par des exemples multipliés, tirés de la seule lettre A. *L'Excellence de la Religion chrétienne*, 2 vol. in-8, 1714, remplie d'injures contre les catholiques, de même que son *Traité de la tolérance*, Goude, 1689, où il exhorte les souverains de permettre à tous les sectaires, déistes, idolâtres, mahométans, sociniens, etc., de s'établir dans leurs Etats ; et les avertit en même temps de ne point accorder la même liberté à une société d'athées, ni à une église de papistes. Le *Traité de la repentance tardive*, 1712, in-8 ; un *Recueil de Traités de paix*, La Haye, 1700, 4 vol. in-fol., etc. Tout ce qu'a fait Bernard est mal écrit, son style ne vaut pas mieux que sa logique, et son jugement est aussi faible que son érudition est bornée.

BERNARD (Samuel), mort à Paris, sa patrie, en 1687, âgé de 72 ans, professeur de l'académie royale de peinture, à Paris, s'est distingué principalement par ses ouvrages en miniature, et dans la manière que les Italiens nomment *a guazze*. On a de son pinceau grand nombre de tableaux d'histoire et de paysage qu'il copiait avec goût et exactitude d'après ceux des grands maîtres. Il a gravé l'*Histoire d'Attila*, peinte au Vatican par Raphaël, et quelques autres qui ne lui font pas moins d'honneur que ses peintures.

BERNARD, d'Arras, religieux capucin, a laissé les ouvrages suivants : *Le grand Commandement de la loi, ou le Devoir principal de l'homme envers le prochain*, 1734, in-12 ; *l'Ordre de l'Eglise, ou la Primauté et la subordination ecclésiastique selon saint Thomas*, 1735, in-12, supprimé par arrêt du 28 juillet 1734, à cause des disputes alors agitées à ce sujet ; le *Ministère de l'absolution*, Paris, 1740, in-12 ; le *Code des paroisses*, 1742, 2 vol. in-12 ; les *Ecarts des théologiens d'Auxerre sur la Pénitence et l'Eucharistie*, 1748, in-4 ; le *Ministère primitif de la pénitence, enseigné dans toute l'Eglise gallicane*, 1752, in-12. Il paraît que, dans les dernières années de sa vie, Fontenelle voyait beaucoup ce religieux et se préparait dans son entretien à ses derniers moments.

BERNARD (Pierre-Joseph), secrétaire-général des dragons, et bibliothécaire du cabinet du roi de France au château de Choisy, naquit l'an 1708 d'un sculpteur, à Grenoble en Dauphiné. On l'envoya au collége des Jésuites à Lyon, et il y fit des progrès rapides. Attiré à Paris par l'envie de paraître, et de faire briller son talent pour la poésie, il fut obligé de tenir la plume pendant deux ans chez un notaire en qualité de clerc. Les poésies légères qu'il donna par intervalle le dégoûtèrent de la pratique. Il assista, en 1734, à la campagne d'Italie. Bernard se trouva aux batailles de Parme et de Guastalla, et, quoique poëte, il s'en tira mieux qu'Horace. Ce fut là l'époque de sa fortune. Présenté au maréchal de Coigni qui y commandait, il sut lui plaire par son esprit et son caractère agréable. Ce guerrier le prit pour son secrétaire, l'admit dans sa plus grande familiarité, et lui procura, quelque temps après, la place de secrétaire-général des dragons. La reconnaissance l'attacha à son Mécène, jusqu'en 1759, que la mort le lui ravit. En 1771, sa mémoire, en s'aliénant tout à coup, mit fin à son bonheur. Il traîna depuis, dans la démence, une ombre de vie pire que la mort, et mourut dans cet état en 1776. Bernard aima les femmes avec excès, et, quoique volage et peu libéral, il s'en fit aimer par ce vernis voluptueux, cet épicurisme séduisant que respiraient ses vers et ses chansons, qui le fit appeler le *Gentil-Bernard*. Ses *Poésies* ont été rassemblées en 1776, en 1 vol. in-8. On y reconnaît un talent décidé pour la poésie légère; mais il est fâcheux que l'usage qu'il en fit s'accorde si peu avec les mœurs et la décence.

BERNARD (Catherine), de l'académie des *Ricovrati* de Padoue, naquit à Rouen, et mourut à Paris en 1712. L'Académie française et celle des jeux Floraux la couronnèrent plusieurs fois. Le Théâtre-Français représenta deux de ses tragédies, *Léodamie*, en 1689, et *Brutus*, en 1690, in-12. On croit qu'elle composa ces pièces conjointement avec Fontenelle, son ami et son compatriote. On a d'elle quelques autres ouvrages en vers, où il y a de la légèreté, et quelquefois de la délicatesse. On distingue son *Placet* à Louis XIV, pour demander les 200 écus dont ce prince la gratifiait annuellement; il se trouve dans le recueil de *Vers choisis* du Père Bouhours. Elle cessa de travailler pour le théâtre, à la sollicitation de madame la chancelière de Pont-Chartrain, qui lui faisait une pension. Elle supprima même plusieurs petites pièces qui auraient pu donner de mauvaises impressions sur ses mœurs et sur sa religion. On connaît encore de Catherine Bernard deux romans, le *Comte d'Amboise*, in-12, et *Inès de Cordoue*, in-12. Quelques littérateurs ont attribué à mademoiselle Bernard la *Relation de l'île de Bornéo*; mais on convient aujourd'hui qu'elle est de Fontenelle, et il paraît que c'est sans raison que l'abbé Trublet a voulu en douter. Cet écrit est d'ailleurs dans le genre de Fontenelle, et répond parfaitement à d'autres ouvrages de la même espèce, dont on ne trouve ni modèle ni pendant dans ceux de mademoiselle Bernard. On trouve son Eloge dans l'*Histoire du théâtre français*.

BERNARD (Thomas), avocat anglais, né à Lincoln en 1750. Il entra au barreau en 1780, et fut nommé en 1795 trésorier de l'hospice des Enfants-Trouvés; il en augmenta beaucoup les revenus par une administration sage et éclairée, et, l'année suivante, il fonda une société pour le soulagement des pauvres. On lui est redevable de plusieurs autres établissements de même nature. En 1809, il devint docteur en loi, chancelier de Burham, et mourut en 1818. Il a publié : *Observations sur la conduite des véritables amis de la liberté de la presse ; Moyens d'améliorer le sort des pauvres ; la nouvelle Ecole; Spurina*, ou *les Consolations de la vieillesse ; les Méditations du Solitaire ; Dialogue entre M. Français et John, anglais*.

BERNARD DE GIRMONT, ancien abbé du Port-du-Salut, près Laval, né en Lorraine le 26 juin 1758, d'une famille noble, avait fait profession dans l'abbaye de Morimont, ordre de Saint-Benoît, au diocèse de Langres. Chassé de son monastère par la révolution, il entra dans un ordre plus austère, et se joignit, en 1798, aux trappistes qui s'étaient établis à Dorsfeld en Westphalie ; il y fit profession le premier octobre 1799. Dom Bernard fut envoyé en France, à une époque où le gouvernement impérial paraissait plus favorable aux établissements religieux; et il gouverna, pendant quelque temps, la petite communauté qui s'était formée dans la forêt de Sérart. Lorsqu'elle eut été dissoute, dom Bernard se retira chez Le Clerc de la Roussière, son ami, et en 1815, à l'aide des ressources que ce dernier voulut bien lui fournir, il acheta un ancien prieuré de Genovéfains, appelé le Port-Ringeard, qui a pris depuis le nom du Port-du-Salut, et y fonda un monastère dont il fut le premier supérieur. Cette maison ayant plus tard été érigée en abbaye, dom Bernard en fut élu abbé. On avait observé à Dorsfeld des austérités plus grandes que celles des anciens trappistes; mais sur les observations du supérieur-général, et conformément à un rescrit du 10 octobre 1818, adressé par Pie VII à dom Bernard, le nouveau couvent reprit les règles déjà si sévères de l'abbé de Rancé. Dom Bernard contribua à l'établissement du monastère de Sainte-Catherine, près Laval, qui fut plus tard érigé en abbaye; les religieuses de Sainte-Catherine sont du même ordre que les trappistes, et pratiquent une règle adaptée à leur sexe. Dom Bernard avait donné depuis quelques années sa démission d'abbé, lorsqu'il est mort subitement au mois d'août 1834, à l'âge de 76 ans.

BERNARD (le P. J.-B.), chanoine régulier de Sainte-Geneviève, né à Paris en 1710, mort le 23 avril 1772. On lui doit : *Discours sur l'obligation de prier pour les rois*, Paris, 1779, in-8 ; les *Oraisons funèbres du duc d'Orléans, de Henri de Bourbon, prince de Condé* ; un *Panégyrique de Saint-Louis*, et quelques pièces de poésie.

BERNARD, né à Trans, en Provence, vers 1748, mort en 1816, mérita, par ses connaissances en astronomie, la place d'adjoint à l'Observatoire royal de Marseille. Il ne borna pas ses travaux à observer le cours des astres, mais il entreprit de réunir, sous le titre de *Mémoires pour servir à l'histoire naturelle de la Provence*, des dissertations sur les principales productions qui lui sont propres, sur sa minéralogie, la description des volcans éteints, celle des mines de charbon ; l'ouvrage devait être terminé par un essai sur les mœurs, le caractère et les usages des Provençaux. Les 3 premiers vol. parurent en 1787 ; mais cet ouvrage fut interrompu à l'époque de la Révolution. Bernard fut alors agrégé à l'Académie royale des sciences en qualité de correspondant. On lui attribue encore : *Principes (nouveaux) hydrauliques, appliqués à tous les objets d'utilité*, Paris, 1787, in-4 ; *Mémoires sur les avantages de l'emploi de la houille*, Paris, 1797, in-8.

BERNARD (Simon), ministre de la guerre, lieutenant-général du génie, pair de France, né à Dôle (Jura), le 28 avril 1779, fit ses premières études à l'école centrale de cette ville, fut admis à l'école polytechnique, et en sortit deux ans après pour entrer dans le corps du génie militaire. Après avoir servi plusieurs années en Italie et sur les bords du Rhin, où il reçut une blessure, il fut envoyé à Engostladt en Bavière avec le grade de chef de bataillon. Le débarquement des Anglais dans l'île de Walcheren, en 1809, ayant éveillé l'attention sur la ville d'Anvers, l'empereur choisit un ingénieur qui pût répondre aux grandes vues qu'il avait sur cette place de guerre importante et la mettre dans un état de défense formidable. Bernard, chargé de ce soin difficile, y exécuta d'immenses travaux et en fit une des places les plus fortes de l'empire. Nommé lieutenant-colonel peu de temps après, il fut attaché en 1813 à la personne de l'empereur avec le grade de colonel. Il suivit Napoléon dans la campagne de Saxe, eut une jambe cassée en tombant avec son cheval d'un pont sans parapet, et obtint le brevet de maréchal-de-camp de génie. Dans les Cent-Jours, nommé directeur du cabinet topographique de l'empereur, il l'accompagna en cette qualité et en celle d'aide-de-camp dans la campagne de 1815. Il le suivit encore à Rochefort, jusqu'au moment de son embarquement, et demanda à partager son exil à Sainte-Hélène. Cette faveur ne lui ayant pas été accordée, il se retira dans ses foyers, puis au bout de quelques mois il quitta la France pour se rendre en Amérique, avec l'autorisation du roi, qui lui conserva son grade. Nommé président du comité des fortifications aux Etats-Unis, il y exécuta d'importants travaux, et rendit ainsi de grands services à la république américaine. De retour en France après la révolution de 1830, il fut nommé lieutenant-général et aide-de-camp du roi. Lorsque le duc de Bassano fut chargé de former un ministère, il lui confia le portefeuille de la guerre ; mais cette administration s'étant dissoute au bout de huit jours, Bernard reprit ses fonctions d'aide-de-camp et fut nommé pair de France. Sous le ministère du 15 avril, il fut de nouveau chargé du portefeuille de la guerre ; et il s'acquit dans ce poste élevé, par sa loyauté et son dévouement aux affaires de l'Etat, l'estime même de ses adversaires politiques. En 1839, il quitta le ministère avec le comte Molé, et fut nommé par le roi gouverneur du Palais-Royal. Bernard est mort dans le cours de la même année, après avoir reçu les secours de la religion.

BERNARDIN (saint) naquit en 1380 à Massa-Carrara, d'une famille distinguée. Après ses études de philosophie, il entra dans la confrérie de l'hôpital de la Scala, à Sienne. Son courage et sa charité éclatèrent pendant la contagion de

1400. Deux ans après, il prit l'habit de Saint-François, réforma l'étroite observance, et fonda près de 300 monastères. Son humilité lui fit refuser les évêchés de Sienne, de Ferrare et d'Urbin. Il fut envoyé pour être le gardien du couvent de Bethléem. Les besoins de l'Europe le rappelèrent bientôt. Les dissensions des Guelphes et des Gibelins ne trouvèrent pas de pacificateur plus ingénieux ni plus heureux. L'empereur Sigismond eut pour lui le plus grand respect, et voulut qu'il assistât à son sacre. Après une vie remplie de travaux et de vertus, il mourut à Aquila, en 1444. Nicolas V le mit au nombre des saints, en 1450, c'est-à-dire, six ans après. Son corps, renfermé dans une double châsse, dont l'une est d'argent et l'autre de cristal, se garde chez les franciscains d'Aquila. Le P. Jean de La Haye donna, en 1636, une édition de ses ouvrages en 2 vol. in-fol. On y trouve des *Sermons*, que quelques critiques prétendent n'être pas de lui ; des *Traités de spiritualité* ; des *Commentaires sur l'Apocalypse* ; la *Vie* du Saint, et les divers éloges qu'il a mérités. On en a donné une nouvelle édition à Venise, en 1745.

BERNARDIN (le bienheureux), de Feltri, de l'ordre des Frères mineurs, persuada aux habitants de Padoue d'établir un Mont-de-Piété, pour s'affranchir des usures que les Juifs exerçaient en prêtant à vingt pour cent par année. Cet établissement est de l'année 1491. Les règlements de ce Mont-de-Piété furent réformés et perfectionnés en 1520. Le fondateur était un homme également illustre par sa science et par sa piété. Une simplicité aimable lui gagnait les cœurs. Il prêchait avec applaudissement, et dirigeait de même. On a longtemps disputé si les Monts-de-Piété n'étaient pas sujets au reproche d'usure, à cause de l'espèce d'intérêt qu'on y paie ; mais il est évident que ce n'est qu'une taxe légère, nécessaire au maintien de l'établissement qui, bien administré, ne peut être que de la plus grande utilité. Un des plus beaux d'Italie est celui de Ferrare, fondé en 1761, dont l'inscription exprime parfaitement la destination et le but charitable.

BERNARDIN DE PICQUIGNY (*Bernardinus à Piconio*), capucin, né à Picquigny en 1633, mort à Paris en 1709, a donné un bon *Commentaire sur les Evangiles*, in-fol. en latin, et une *Triple Explication*, aussi en latin ; des *Epîtres de saint Paul*, qui mérita les éloges du pape Clément XI, Paris, 1703, in-folio. La traduction française, 1714, 4 vol.

in-12, n'est pas recherchée. M. l'abbé Simonin a publié un abrégé de ce dernier ouvrage du Père Picquigny, sous ce titre : *Explication des Epîtres de saint Paul*, par une analyse qui découvre l'ordre et la liaison du texte ; par une paraphrase qui expose, en deux mots, la pensée de l'Apôtre ; par un commentaire avec des notes pour le dogme, la morale et les sentiments de piété, nouvelle édition, revue avec le plus grand soin, augmentée d'une table générale des matières, et enrichie de plusieurs Notes savantes tirées de la *Triple Explication*, 2 vol. in-12, Nevers, J. Pinet, 1839.

BERNARDIN DE CARPENTRAS (le Père), capucin, naquit dans cette ville, d'une famille distinguée, sous le nom d'André. Sa piété et son érudition lui firent un nom dans son ordre. Il mourut à Orange, en 1714. Nous avons de lui un ouvrage de philosophie, intitulé : *Antiqua priscorum hominum philosophia*, imprimé à Lyon en 1694. L'auteur assure dans sa préface, qu'il a secoué le joug de l'école, pour ne jurer sur la parole d'aucun maître. Sa physique est assez bonne pour le temps, et il y est, à certains égards, inventeur.

BERNARDIN DE SAINT-PIERRE. (Voyez SAINT-PIERRE.)

BERNAZZANO, de Milan, excellent paysagiste, réussissait à peindre les animaux ; mais comme il ne pouvait jamais venir à bout de dessiner la figure, il s'associa un dessinateur qui pût le seconder dans son travail. Ayant peint à fresque des fraises sur une muraille, des paons vinrent si souvent les becqueter, qu'ils en rompirent l'enduit. Il vivait dans le 16e siècle.

BERNDER (Pierre-Benhard), né en 1750 dans la province d'Uplande en Suède, mort en 1826, est auteur d'un *Mémoire* sur la question suivante proposée par l'Académie des sciences de Stockolm : *Lequel des deux systèmes serait le plus favorable au militaire et le plus économique pour le pays, ou d'une armée perpétuelle payée par les propriétaires, ou d'une armée renouvelée annuellement par la conscription ?* On lui doit aussi un *Projet d'épreuves sur le salpêtre*, et des *Traités* et *Mémoires* insérés dans les recueils scientifiques.

BERNHARD, allemand, organiste attaché à la chapelle du doge de Venise, vivait au 15e siècle. On lui doit le perfectionnement de l'orgue, dont il augmenta les tuyaux, et où il établit la distinction par registres ; mais il n'est pas l'inventeur des pédales.

BERNHOLD (Jean-Michel), médecin à Uffenheim, né en 1736, mort en 1797, avait la réputation d'un excellent praticien, et s'est fait connaître dans le monde savant par les éditions suivantes : *Dyonysii Catonis Distichorum de moribus ad filium lib. recensuit, varias lectiones, alia opuscula, indicemque adjecit*, 1784, in-8 ; *Scribonii Largi compositiones medicamentorum*, 1786, in-8 ; une édition de l'ouvrage d'Apicius : *De arte coquinariá* (Voyez APICIUS) ; *Theodori Prisciani archiatri quæ exstant*, tome I, Nuremberg, 1791, in-8.

BERNI, ou BERNIA (François), chanoine de Florence, né à Lamporrechio en Toscane, d'une famille noble, mais pauvre, originaire de Florence, mourut dans cette ville en 1543. Il se rendit à Rome, où il fut secrétaire particulier de Giberti, évêque de Vérone, dataire de Léon X. Il prit l'habit ecclésiastique ; mais voulant épancher sa verve et laisser déborder son esprit facétieux et ardent, que la sévérité de Giberti avait longtemps contenu, il se jeta dans l'académie des *Vignajuoli* (vignerons), composée de jeunes ecclésiastiques grands amateurs de poésie et de plaisirs. Le Berni sortit toujours vainqueur des luttes poétiques qui avaient lieu dans cette société. En 1526, Rome et le Vatican furent saccagés par le connétable de Bourbon ; et dans ce désastre, le Berni, ayant perdu tout ce qu'il possédait, se retira à Florence. « Il y vivait, sinon opulent, du moins heureux, dit un écrivain, quand la funeste amitié du cardinal Hippolyte de Médicis et du duc Alexandre de Médicis le perdit. Le premier mourut empoisonné par le duc son ennemi. Le poëte, invité par Alexandre à se charger de cet infâme office, avait précédemment repoussé avec indignation une proposition pareille. Le duc, redoutant les suites d'une telle confidence, empoisonna l'infortuné poëte, qui mourut à 40 ans, victime de ce double et lâche forfait.» Le Berni est au rang des poëtes les plus célèbres qui ont illustré l'Italie au 16e siècle. Il a donné son nom à une espèce de burlesque, qu'on appelle *Berniesque* en Italie. Il excellait dans ce genre; c'était le Scarron des Italiens. Il avait encore le dangereux talent de la satire. Quelques auteurs l'ont mis à la tête des poëtes burlesques italiens. On blâme avec raison la licence des poésies du Berni; mais de dire que cette licence n'est d'ailleurs qu'un reflet des mœurs de ce siècle, est-ce donc là une bonne excuse ? Son *Capitolo* ou chapitre le plus facétieux est celui de l'*Éloge de la peste ;* le plus mordant est celui qu'il composa contre Adrien VI. Son *Sonnet* contre l'Arétin est si licencieux qu'il rendit jaloux même ce dernier. En 1548, on recueillit ses poésies italiennes, avec celles du Varchi, du Mauro, du Dolce, etc., in-8, 2 vol. réimprimés à Londres, 1721 et 1724, sur l'édition de Venise. Ce recueil est recherché. Son *Orlando inamorato rifatto*, poëme fort estimé des Italiens pour la pureté et la richesse de la langue, est l'ouvrage du Boïardo, refait ou travesti en vers burlesques. La meilleure édition est celle de Venise, 1545, in-4. On en a une autre très-jolie, Paris, 1760, 4 vol. in-12. Il y a un autre recueil de ses poésies latines avec celles du Segni, du Varchi, etc. Florence, 1562, in-8.

BERNIER (François), natif d'Angers, médecin du grand Mogol pendant 17 ans, revint en France en 1620, passa en Angleterre en 1685, et mourut en 1688. Saint-Evremont disait qu'il n'avait point connu de plus joli philosophe : *Joli philosophe*, ajoutait-il, *ne se dit guère ; mais sa figure, sa taille, sa conversation, l'ont rendu digne de cette épithète*. On a de lui : Ses *Voyages*, en 2 vol. in-12, Amsterdam, 1699, qui ont un rang distingué parmi les relations des voyageurs, par plusieurs particularités curieuses ; mais il ne faut pas croire tout ce qu'il y raconte; il aime trop à parler de lui-même, pour qu'il puisse dire constamment la vérité : un *Abrégé de la philosophie de Gassendi*, son maître, en 7 vol. La prédilection qu'il avait pour le système des atomes ne l'empêchait pas d'être bon métaphysicien, de raisonner juste sur l'âme, et de détruire les creuses spéculations des matérialistes. « Quelque effort que nous
« puissions faire sur notre esprit, dit-il
« en écrivant à son ami Chapelle, nous
« ne saurions jamais concevoir comme
« quoi des corpuscules insensibles (*dénués de sensibilité*), il en puisse jamais rien résulter de sensible (*doué de sensibilité*), et qu'avec tous leurs ato-
« mes, quelque petits et quelque mobi-
« les qu'ils les fassent, en quelque mou-
« vement et quelque ordre, mélange et
« disposition qu'ils nous les puissent faire
« voir, et même quelque industrieuse
« main qui les conduise, ils ne sauraient
« jamais nous faire imaginer comment
« il en puisse résulter un composé, je
« ne dis pas qui soit raisonnable comme
« l'homme, mais qui soit seulement sen-
« sitif comme le pourrait être le plus vil
« et le plus imparfait vermisseau de terre
« qui se trouve. » *Traité du libre et du volontaire*, Amsterdam, 1685, in-12. Il a eu aussi quelque part à l'*Arrêt* de Boi-

leau, donné *pour le maintien de la doctrine d'Aristote.*

BERNIER (Jean), médecin à Blois, sa patrie, et ensuite à Paris, eut le titre de médecin de Madame. Nous avons de lui : *Histoire de Blois*, Paris, 1682, in-4; *Essais de médecine*, où il est traité de l'histoire de la médecine et des médecins, du devoir des médecins à l'égard des malades et de celui des malades à l'égard des médecins; de l'utilité des remèdes et de l'abus qu'on en peut faire, Paris, 1689, in-4; même édition, mais avec des changements, Paris, 1695, in-4. Cet ouvrage n'est point sans mérite, quoique le goût y manque. La 1re partie offre tout un chapitre intéressant, le IVe, où il est traité « de l'Excellence de la médecine « par elle-même et par les grands per- « sonnages qui l'ont professée ou qui en « ont fait estime; » c'est l'histoire chronologique des médecins célèbres dans leur art depuis Mercure-Trismégiste, de ceux qui se sont distingués par leur piété ou leur sainteté, et de ceux qui ont été papes, cardinaux, évêques, etc.; *Supplément au livre des Essais de médecine*, avec des corrections, etc.; plus deux *Lettres :* la première, d'un médecin à son ami, par laquelle il lui annonce qu'il abandonne sa profession, afin de n'être pas confondu avec d'indignes sujets qui la déshonorent; la seconde, d'un médecin à un abbé, dans laquelle il repousse des railleries injurieuses à la médecine, Paris, 1691, in-4; *Anti-Menagiana*, in-12; *Réflexions, pensées, etc.*, sous le nom de Popinacourt; *Jugement sur les OEuvres de Rabelais*, Paris, 1697, in-12. Sa qualité de médecin de Madame ne le tira pas de la pauvreté. Sa mauvaise fortune lui inspira une humeur chagrine qui perce dans tous ses ouvrages. Son érudition était fort superficielle, et Ménage l'appelle : *Vir levis armaturæ.* Il mourut en 1698, dans un âge très-avancé.

BERNIER (Nicolas), maître de musique de la Sainte-Chapelle, et ensuite de la chapelle du roi, naquit à Mantes-sur-Seine en 1664. Il mourut à Paris en 1734. Ses 5 livres de *Cantates*, à une et deux voix, dont les paroles sont en partie de Rousseau et de Fuselier, lui acquirent une grande réputation. On a aussi de lui les *Nuits de Sceaux* et beaucoup de *Motets.*

BERNIER, (Etienne-Alexandre-Jean-Baptiste-Marie), évêque d'Orléans, né à Daon, était, avant la Révolution, curé de Saint-Laud d'Angers, et refusa de prêter serment à la constitution civile du clergé. Il parvint néanmoins à éviter la déportation, et dès que la guerre de la Vendée eut éclaté au mois de mars 1793, il se rendit à l'armée, où il exerça les fonctions de son ministère, et fut un des membres les plus marquants du conseil supérieur des armées catholiques et royales. Après les déroutes du Mans et de Savenay, il se tint caché, et ne reparut à l'armée qu'en 1794, où il contribua beaucoup à réorganiser le parti royaliste. Stofflet ne faisait rien, dit-on, sans le consulter ; c'était lui qui rédigeait les proclamations, qui correspondait avec les émigrés et les puissances étrangères ; ce fut lui aussi qui négocia la paix. Il conserva encore de l'influence sous d'Autichamp ; mais en 1799, lorsque les Vendéens reprirent les armes, il ne joua pas un rôle aussi marquant ; il contribua cependant à la pacification opérée par le général Hédouville, et eut de fréquentes conférences avec le premier consul. Il fut encore du nombre des plénipotentiaires chargés de traiter du Concordat, et après sa signature il fut élevé au siége d'Orléans et sacré évêque par le cardinal Caprara, au commencement d'avril 1802. Il mourut dans son diocèse le premier octobre 1806. On lui attribue les paroles et la musique du *Réveil des Vendéens.*

BERNIÈRES-LOUVIGNY (Jean de), trésorier de France à Caen, né dans cette ville, en 1602, mort le 3 mai 1659, ne se maria point, et vécut dans les pratiques de la plus haute piété, dans l'exercice de toutes les bonnes œuvres. Il avait établi à Caen une société d'hommes pieux qui vivaient ensemble formant une espèce de communauté, unie par les liens de la ferveur et de l'oraison ; c'est ce qu'on appelait l'*Ermitage :* des ecclésiastiques et des laïques y étaient réunis. Bernières dirigeait cette société, et était le conseil de beaucoup de personnes pieuses. Il contribua à l'établissement d'hôpitaux, de séminaires, de couvents, et à la fondation de l'église du Canada. On a de lui : l'*Intérieur chrétien*, petit in-12 ; le *Chrétien intérieur*, ou *la Conformité intérieure que doivent avoir tous les chrétiens avec Jésus-Christ*, 1660, 2 vol. in-12; *OEuvres spirituelles*, 1670, in-8, en deux parties. C'est le P. d'Argentan qui fut le premier éditeur du *Chrétien intérieur*; une dernière édition en parut à Pamiers, en 1781, 2 vol. in-12, avec une nouvelle distribution des matières. Les *OEuvres spirituelles* ont été aussi réimprimées. Cet ouvrage et le *Chrétien intérieur* sont à l'index pour quelques expressions qui semblaient favoriser le quiétisme. On a encore *Pensées de M. de Bernières-Louvigny*, ou *Sentiments du Chrétien intérieur sur les principaux*

Mystères de la foi pour les plus grandes fêtes de l'année, Paris, 1676, in-12 de 76 pages. Bernières avait laissé en manuscrit des *Méditations* pour ceux qui commencent à tendre à la perfection ; la *Vie de la Foi et de la Grâce ; De l'Oraison et de ses degrés ; Les plus fâcheuses Difficultés dont la Vie mystique est combattue, et les moyens de les surmonter ;* sa *Vie* écrite par lui-même. Ses admirables ouvrages, il semblait les laisser faire à la Providence ; il est mort sans avoir pensé à les mettre au jour et, comme à Kempis, sans avoir prévu leur célébrité et leurs fruits abondants. Par une circonstance extraordinaire, il a eu pour éditeur un capucin aussi savant qu'humble lui-même, le père d'Argentan (c'est le nom de son pays, le sien nous étant inconnu), qui crut assez faire pour la gloire en recueillant les écrits de son modèle.

BERNIN, ou BERNINI (Jean-Laurent), appelé vulgairement le Chevalier Bernin, peintre, sculpteur et architecte, excella également dans ces trois genres. Il naquit à Naples en 1598. Ses premiers ouvrages parurent sous Paul V, qui prédit ce qu'il serait un jour. Grégoire XV l'honora du titre de Chevalier. Urbain VIII, Alexandre VII et Clément IX lui donnèrent des marques de leur estime. La reine Christine lui rendit quelques visites. Louis XIV l'appela de Rome à Paris en 1665, pour travailler au dessin du Louvre. Ce prince magnifique lui fit fournir des équipages pour son voyage, et lui donna, outre cinq louis par jour pendant huit mois qu'il y resta, un présent de 50 mille écus, avec une pension de 2000 écus, et une de 500 pour son fils. Ses dessins ne furent pas exécutés. On préféra ceux de Claude Perrault, si injustement et si vainement ridiculisé par Despréaux. On assure que Bernin, voyant les ouvrages de cet habile architecte, eut la modestie de dire, que « quand on avait de tels hommes chez soi, il n'en fallait pas aller chercher ailleurs. » L'auteur des *Essais historiques sur Paris* ne convient pas de cette anecdote. Selon lui, le chevalier Bernin, plus plein d'amour-propre qu'un autre, loin d'admirer les dessins de Perrault, marqua le plus grand empressement pour faire exécuter les siens par préférence. Il ajoute qu'on lui promit 3000 louis par an, s'il voulait rester ; ce qu'il refusa, aimant mieux aller mourir dans sa patrie ; que la veille de son départ on lui apporta cette somme, avec un brevet de 12,000 livres de pension, et qu'il reçut le tout assez froidement. Quoi qu'il en soit de ces rapports, dont on croit pouvoir douter, comme de beaucoup d'autres choses rapportées par cet auteur, le roi voulut avoir son portrait de la main de ce célèbre artiste, et lui en fit présent d'un enrichi de diamants. Il mourut à Rome en 1680. Ses mœurs étaient austères, et son caractère brusque. Rome compte parmi ses chefs-d'œuvre les ouvrages de ce grand maître. Les principaux sont : la *Fontaine de la place Navone;* l'*Extase de Ste Thérèse*, ouvrage supérieur pour l'expression ; la *Statue équestre de Constantin;* le *Maître-Autel*, le *Tabernacle*, la *Chaire de Saint-Pierre ;* et la *Colonnade* qui environne la place de cette église. On lui a reproché d'avoir affaibli la coupole, en pratiquant des escaliers dans les quatre gros massifs qui la soutiennent ; mais l'abbé May l'a bien justifié, et M. Patte encore mieux (*Voyez* MADERNO.) Versailles admirera toujours le buste de Louis XIV, où le caractère de ce grand prince est aussi bien marqué que les traits de son visage, et la statue équestre de *Marcus Curtius*, qui mérite d'être comparée aux plus beaux ouvrages de l'antiquité, etc., etc. Cette statue était destinée à représenter Louis XIV, mais comme elle était peu ressemblante, on lui donna le nom de Marcus Curtius. C'était un monument que la reconnaissance de Bernin destinait à ce prince ; il y travailla pendant 15 ans.

BERNINI (Joseph-Marie), capucin, né à Carignan (Piémont), mort dans l'Indoustan en 1753, est auteur d'une *Description de la province de Nerpale dans l'Inde*, traduite en anglais et insérée dans les *Asiatick Researches ;* de *Dialogues* en langue indienne. Parmi les manuscrits de la Propagande, à Rome, on lui attribue la *Traduction* de plusieurs ouvrages concernant la religion des Brames. Ses *Mémoires* ont été publiés à Vérone, 1767.

BERNIS (François-Joachim-Pierre de), cardinal et archevêque d'Albi, de l'Académie française, né en 1715 à Saint-Marcel-de-l'Ardèche, d'une famille noble et ancienne, mais peu douée des biens de la fortune. Il fut destiné dès son enfance à l'état ecclésiastique, et fut d'abord nommé chanoine de Brioude, ensuite comte de Lyon. En 1735, il se rendit à Paris. Une figure heureuse, des manières pleines de grâce et de politesse, un caractère aimable et enjoué, le talent de faire des vers faciles et agréables, le firent rechercher des meilleures compagnies. Cependant il resta plusieurs années sans rien obtenir. Le cardinal de Fleury, auquel sa conduite dissipée avait déplu, lui déclara qu'il n'obtiendrait de son vivant aucun bénéfice, on prétend qu'il lui répondit en faisant une prompte révérence : *Monseigneur, j'attendrai ;* d'autres disent que cette réponse fut faite à l'évêque de Mirepoix qui avait alors la feuille des bénéfices. Quoi qu'il en soit, il ne se présenta à la cour qu'après la mort du cardinal, et il obtint, par la protection de Mme de Pompadour, l'ambassade de Venise, où il se fit aimer et estimer. De retour à Versailles, il fut reçu à la cour avec les marques de la plus grande considération. Louis XV le nomma membre du Conseil, et le chargea de l'importante négociation qui avait pour but de former une alliance entre la France et l'Autriche. Quoique ce ne fût point son avis, il entreprit cette négociation, et il eut la gloire de proposer et de faire admettre le seul plan qui pouvait convenir dans cette circonstance. Les plus grandes faveurs furent la récompense de cette opération ; l'abbé de Bernis fut nommé au ministère des affaires étrangères, et le roi demanda pour lui le chapeau de cardinal. Cependant les suites funestes de l'alliance avec l'Autriche se firent bientôt sentir, et malgré la répugnance qu'il avait montrée à conclure ce traité, on lui en imputa tous les désastres, et il fut exilé en 1758, parce que, dit-on, il voulait conclure la paix contre l'opinion de Mme de Pompadour qui voulait la continuation de la guerre. Sa disgrâce, qui prouve qu'il était plus attaché à son pays qu'à la faveur, dura jusqu'en 1764 ; il fut rappelé et nommé archevêque d'Albi. L'habileté qu'il déploya dans le conclave de 1769 le fit nommer ambassadeur de France auprès de la cour de Rome, pour travailler à l'extinction des Jésuites, qu'il désapprouvait dans le fond du cœur. Après le conclave, il joignit à son titre d'ambassadeur celui de protecteur des églises de France. En 1791, les tantes de Louis XVI ayant quitté la France, il les reçut chez lui avec tous les honneurs dus à leur rang. Ayant refusé le serment, il fut dépouillé de son archevêché et de ses abbayes, et perdit 400,000 francs de rente. Se trouvant presque dans le dénûment, le chevalier d'Azara sollicita pour lui, et obtint une forte pension de la cour d'Espagne. Il mourut à Rome le 2 novembre 1794, généralement chéri et regretté des Romains et des étrangers, qui admiraient sa douceur, sa générosité, et sa politesse noble et facile. Des poésies légères qu'il avait faites dans sa jeunesse avaient commencé sa réputation, et lui avaient mérité, on ne sait trop pourquoi, l'honneur d'être admis à l'Académie française, car elles sont assez médiocres; lui-même n'aimait pas qu'on lui en parlât : elles flattaient peu son amour-propre comme poëte, et ne lui paraissaient pas exemptes de reproches, comme évêque et prince de l'Eglise. Ces poésies consistent dans quelques *Epîtres*, moitié sérieuses, moitié badines, mêlées d'affectations, de négligences et de quelques jolis vers. On vanta beaucoup autrefois l'*Epître aux dieux Pénates* ; elle est cependant aussi incorrecte qu'inégale, et remplie de mauvais vers. La versification est un peu meilleure dans les *Quatre parties du jour*, qu'il ne fallait pas appeler un poëme; ce sont quatre morceaux qui n'ont aucune liaison, et qui offrent des tableaux plus ou moins agréables pour le fond, mais plutôt enluminés que coloriés. Son petit poëme, intitulé : *Les quatre saisons*, est encore une suite de lieux communs de poésie descriptive, qui ne sont pas sans quelque mérite d'expression; mais il y a dans les images plus d'abondance que de choix, et plus de luxe que de richesse. Il prodigue trop les fleurs, et ne les varie pas assez ; c'est pour cela que Voltaire l'appelait *Babet la bouquetière*. Après sa mort, on a publié un poëme plus analogue à son état, intitulé : *La religion vengée*, très-belle édition, Parme, Bodoni, 1795, in-4 et in-folio. Le style n'est pas sans noblesse ni sans quelques beaux vers, riches surtout de pensées; mais il est pauvre de poésie, monotone, négligé, et le raisonnement y est porté jusqu'à l'argumentation métaphysique. Il ne peut qu'édifier les amis de la religion, mais il n'alarmera jamais ses ennemis. Il est bien inférieur à celui de Racine le fils sur le même sujet. Ses *OEuvres complètes* ont été publiées par Didot l'aîné, 1797, in-8. On a imprimé, en 1790, sa *Correspondance avec Paris-du-Verney*, et en 1799 *celle avec Voltaire*, depuis 1761 jusqu'en 1777. Cette correspondance fait honneur à son esprit, mais on est étonné qu'il ait conservé une liaison épistolaire aussi suivie avec un homme dont l'esprit était aussi opposé à son caractère.

BERNON, noble Bourguignon, fut le premier abbé de Cluny, et le réformateur de plusieurs autres monastères. Saint Hugues, moine de Saint-Martin d'Autun, maison alors très-régulière, travailla avec lui à rétablir la discipline monastique. Bernon donna sa démission en 926, et partagea les abbayes qu'il gouvernait, entre Vidon son parent, et Odon son disciple. Ce dernier a été proprement le premier fondateur de l'ordre de Cluny. Il mourut en 927, après avoir fait un *Testament* que nous avons encore.

BERNOULLI (Jacques), né à Bâle en 1654, fut d'abord destiné à être ministre; mais la nature l'avait fait mathématicien. Son père s'opposait fortement à son goût; mais ses progrès furent si rapides, quoique secrets, qu'il passa bientôt de la géométrie à l'astronomie. Pour célébrer cette espèce de triomphe, il fit un médaillon, dans lequel il représenta Phaéton conduisant le char du soleil, avec cette légende : « Je suis parmi les astres « malgré mon père. » Le symbole n'était pas judicieusement choisi, puisqu'il annonçait une chute que Bernoulli eût été bien fâché de voir arriver. Mais on sait que chez les géomètres le jugement est souvent en raison inverse de la science des calculs. (Voyez WOLF.) Dès l'âge de dix-huit ans, il résolut un problème chronologique qui aurait embarrassé un vieux savant. A vingt-deux, étant à Genève, il apprit à écrire, par un moyen nouveau, à une fille qui avait perdu la vue deux mois après sa naissance. Il publia, en 1682, un nouveau *Système des Comètes*, et une excellente *Dissertation sur la pesanteur de l'air*. Ce fut environ vers le même temps, que Leibnitz fit paraître, dans les journaux de Leipsick, quelques *Essais du nouveau Calcul différentiel*, ou *des infiniment petits*, dont il cachait la méthode. Jacques Bernoulli et Jean son frère, aussi grand géomètre que lui, devinèrent son secret. Cette méthode fut tellement perfectionnée sous leurs mains, que l'inventeur, assez grand homme pour être modeste, avoua qu'elle leur appartenait autant qu'à lui. Sa patrie, voulant s'attacher un citoyen qui l'illustrait, le nomma professeur de mathématiques. L'Académie des sciences de Paris se l'agrégea en 1699, et celle de Berlin en 1701. Il mourut en 1705, à 51 ans. Son tempérament était bilieux et mélancolique; sa marche dans les sciences, lente, mais sûre. Il ne donna rien au public, qu'après l'avoir revu et examiné plusieurs fois. Son Traité *De Arte conjectandi*, ouvrage posthume, imprimé dans le recueil de ceux de son frère, et séparément en 1713, in-4, et celui *des Infinis*, répandirent son nom dans toute l'Europe. Bernoulli voulut que l'on mît sur son tombeau une spirale logarithmique, avec ces mots : *Eadem mutata resurgo*, et exprima ainsi dans le langage de sa science favorite, la foi de la résurrection. Bernoulli joignit l'amour de la poésie à celui des mathématiques; il s'exerça à faire des vers allemands, latins et français, mais il y réussit fort mal. Les mathématiques ne sont point, pour l'ordinaire, le champ d'où s'élancent les grands poëtes (Voyez LEIBNITZ). Ses *OEuvres*, en y comprenant le *Traité de l'art de conjecturer*, forment 3 vol. in-4.

BERNOULLI (Jean), frère de Jacques, placé ci-dessus, professeur de mathématiques à Bâle, et membre des Académies des sciences de Paris, de Londres, de Berlin et de Pétersbourg, naquit à Bâle l'an 1667 et mourut en 1748. Il courut la même carrière que son frère, et ne s'y distingua pas moins. On a publié, en 1742, à Lausanne, le *Recueil* de tous les ouvrages de Jean Bernoulli, en 4 vol. in-4. D'Alembert avoue qu'il leur doit presque entièrement les progrès qu'il a faits dans la géométrie. A l'âge de 18 ans, il imagina le *calcul différentiel*, ou *des infiniment petits*, d'après les idées vagues que Leibnitz avait données de ce calcul intégral. (Voyez BERNOULLI Jacques). Cette découverte le mit en état de résoudre les problèmes les plus difficiles, et de faire les plus grandes choses. En 1690, cet habile homme vint à Paris pour y voir les savants. Il fit connaissance avec Mallebranche, Cassini, La Hire, Varignon, et le marquis de Lhôpital. Ce seigneur fut si charmé de l'entendre raisonner sur la géométrie, qu'il voulut le posséder tout seul. Il l'emmena dans sa terre, et résolut avec lui les problèmes les plus difficiles de la géométrie. C'est dans cette solitude, que Bernoulli inventa le *calcul exponentiel*. De retour, il proposa différents problèmes aux mathématiciens et décerna les couronnes à Newton, à Leibnitz, et au marquis de Lhôpital, c'est-à-dire, aux plus grands géomètres du siècle. Son frère concourut à ces prix, et lui demanda à son tour des solutions. C'était une espèce de défi, qui fit naître une querelle fort vive entre ces deux illustres savants. Elle ne fut terminée que par la mort de Jacques Bernoulli. Jean soutint aussi avec Hartsoeker, physicien célèbre, une guerre sur le baromètre, et vengea Leibnitz de l'espèce d'insulte que quelques Anglais, provoqués par Kheil, lui firent au sujet du *calcul différentiel*. Bernoulli écrivit sur la manœuvre des vaisseaux, et sur toutes les parties des mathématiques, et il les enrichit de grandes vues et de nouvelles découvertes. Son sentiment sur les *forces vives*, adopté aujourd'hui par une partie des géomètres, eut beaucoup de contradictions à essuyer. Ce mathématicien faisait quelquefois, comme son frère, des vers latins, peut-être aussi mal, dit un homme d'esprit, qu'un homme né à Pékin ferait des vers français. Il avait soutenu, à l'âge de 18 ans, une thèse en vers grecs sur cette question : « Que le prince est pour les sujets »; matière plus intéressante pour les peuples que toutes les spéculations de géométrie. Bernoulli eut des enfants dignes d'un tel père. Il disait, avec autant de foi que d'envie : « Le dieu de la géométrie a admis Leibnitz plus avant que moi dans son sanctuaire. » Les calvinistes de Groningue l'accusèrent de nier la résurrection ; mais il se récria et les réduisit au silence. « Les qualités de son cœur, dit Formey, n'étaient pas moins estimables que celles de son esprit. Il était juste, droit, sincère et pieux. Il a témoigné toute sa vie un profond respect pour la religion, qu'il connaissait parfaitement, et l'on a trouvé un journal des principales circonstances de sa vie, plein des expressions les plus vives de sa gratitude pour les bienfaits dont Dieu l'avait comblé. D'Alembert et Condorcet ont eux-même reconnu la foi de Bernoulli, et ils l'en ont loué : « Sincèrement attaché à la religion, il la respecta toute sa vie, sans bruit ni sans faste. On a trouvé parmi ses papiers des preuves de ses sentiments pour elle ; et il faudra augmenter de son nom la liste des grands hommes qui l'ont regardée comme l'*ouvrage de Dieu*, liste capable d'ébranler, *même avant l'examen*, les meilleurs esprits, mais suffisante au moins pour imposer silence à une foule de conjurés, ennemis impuissants de quelques vérités nécessaires aux hommes, que Pascal a défendues, que Newton croyait, que Descartes a respectées. »

BERNOULLI (Jérôme), naturaliste, naquit à Bâle en 1745, d'une famille dont les membres s'étaient déjà distingués dans la science. En même temps qu'il remplit avec distinction plusieurs fonctions publiques, il se livra à l'étude de l'histoire naturelle et particulièrement de la minéralogie. Les relations qu'il entretenait avec les savants de France, d'Allemagne et de Hollande lui permirent de réunir une riche collection de minéraux, qui a été cédée par ses héritiers au gouvernement, et qui fait partie du musée de Bâle. Bernoulli est mort en 1829 ; il avait été nommé président du conseil de Bâle.

BERNOULLI (Jean), fils de Jean Bernoulli, né à Bâle en 1744, mort à Berlin en 1807, où il avait été appelé, en 1763, comme astronome. Quelques années après, il obtint la permission de voyager, et visita successivement l'Allemagne, l'Angleterre, la France, l'Italie, la Suisse, la Russie et la Pologne. En 1779, il fut nommé directeur de la classe des mathématiques de l'Académie de Berlin.

Ses principaux ouvrages sont : *Recueil pour les Astronomes*, 3 vol. in-8 ; *Lettres sur différents sujets, écrites pendant le cours d'un voyage par l'Allemagne, la Suisse, la France et l'Italie*, en 1774 et 1775, 3 vol in-8 ; *Description d'un voyage en Prusse, en Russie et en Pologne*, en 1777 et 1778, 6 vol. en allemand ; idem, trad. en français ; *Recueil de voyages*, 16 vol. en allemand ; *Archives pour l'histoire et la géographie*, 8 vol. en allemand ; *Eléments d'algèbre d'Euler*, trad. de l'allemand, Lyon, 1785, 2 vol. in-8. — JACQUES, son frère, né en 1759, après avoir beaucoup voyagé, se fixa à Saint-Pétersbourg, et y périt d'un coup d'apoplexie en se baignant dans la Néva, le 3 juillet 1789. On trouve plusieurs *Mémoires* de lui dans les *Nova acta academ. Petropol.*, ainsi que son *Eloge*, suivi de la liste de ses *Ecrits*.

BÉROALD, ou BÉROALDE (Matthieu), mort en 1584, se fit connaître par un ouvrage intitulé : *Chronicon Sacræ Scripturæ auctoritate constitutum*, Genève, 1575, in-fol. Il embrassa la réformation avec Jules Scaliger et d'autres savants, fut arrêté à Coutances, à cause de ses opinions, et condamné à être brûlé. Il fut assez heureux pour échapper au supplice. En 1574, il se retira à Genève, y fut ministre, et y occupa une chaire de philosophie.

BÉROALD DE VERVILLE (François), fils de Mathieu, de protestant devenu catholique, et chanoine de Saint-Gratien de Tours, chercha la pierre philosophale, et déposa ses folies dans ses *Appréhensions spirituelles, Poëmes et autres OEuvres philosophiques, avec les Recherches de la pierre philosophale*, 1584, in-12. L'auteur y paraît aussi mauvais poète que mauvais philosophe. Il est plus connu par son *Moyen de parvenir*, dans lequel il s'efforce de tourner en ridicule tout le genre humain. C'est un recueil d'inutilités, de puérilités et d'ordures, mêlées de quelques traits naïfs. Un homme qui a pris la peine de le lire en parle en ces termes : « Ce mauvais livre fut imprimé clandestinement. On lit au bas de la première page : *Nulle part.* » En effet, cet ouvrage, *extrêmement licencieux*, comme l'avoue son éditeur anonyme, fut désavoué par l'auteur lui-même. A le croire, le *Moyen de parvenir* explique la raison de « tout ce qui a été, est, et sera. » Or, comment s'y prend-il pour réaliser cette colossale prétention ? A la manière de Rabelais ; car il se nomme disciple de cet illustre chef du *Pantagruélisme* (ou système d'impiétés et de débauches). Il débute par faire l'éloge du jeu et des qualités requises pour jurer. Ensuite viennent pêle-mêle, dans ces deux volumes, plus de trois cents titres dont beaucoup ne pourraient être cités à cause de leur obscénité. Depuis la première jusqu'à la dernière de ses 7 ou 8 cents pages, nous ne saurions transcrire une seule ligne pour le lecteur, tant les incongruités et les ordures rabelaisiennes s'y entassent à foison. L'auteur suppose une espèce de festin général où il introduit des gens de toute condition et de tous les siècles, où il fait dialoguer les plus célèbres philosophes d'une façon grotesque et dégoûtante. Il met dans leurs bouches les plaisanteries les plus mal séantes, les quolibets les plus sales qui soient jamais sortis du cloaque des dépravations humaines. — Dans sa revue des diverses conditions de la société, il s'acharne surtout après les ecclésiastiques. Les femmes elles-mêmes jouent, dans cette affreuse orgie, des rôles si honteux, que l'homme le moins honnête rougirait en les lisant... —Béroald de Verville est une éclatante preuve de la contagion mortelle des mauvais livres; car ce fut dans les lectures du Diogène de Meudon qu'il souilla son esprit avant de déshonorer son nom, en composant le *Moyen de parvenir*, dont je ne puis comparer la substance (le lecteur excusera la comparaison), qu'au plus hideux vomissement d'un débauché mort-ivre. Lorsque l'on se trouve obligé par le devoir de sa tâche de lire et d'analyser les mauvais livres de ce genre, on se sent possédé contre l'espèce humaine corrompue d'un plus profond mépris que pour le scarabée qui du moins ne fait pas de mal dans la création; tandis que l'homme dépravé, indigne de respirer, parce qu'il ne croit plus à son Créateur, ne peut être que nuisible à ses semblables; ayant perdu l'âme et tous les beaux sentiments dont elle est le foyer. Au milieu du monde, où sa langue et sa plume injectent du poison dans le bon sens de ses contemporains, il est, vivant, pire que mort; car son cadavre enterré, au lieu de produire de la débauche, des vices et des crimes, ferait pousser de l'herbe. Croirait-on que, malgré la honte de Béroald lui-même à s'avouer l'auteur du *Moyen de parvenir*, ce mauvais livre eut de nombreuses éditions? Que dis-je? il enrichit son libraire, qui avait compromis ses intérêts en imprimant d'autres ouvrages moins scandaleux de cet écrivain, restés sans débit. C'est bien le cas de dire que la foule humaine, pétrie de limon, logiquement aime la fange! » C'est fort triste; mais c'est plus vrai qu'on ne le penserait au premier abord, sans être pessimiste. Toutefois, nous pensons que bien des gens achetèrent ce livre, trompés par le titre, et ne croyant pas qu'il ne s'agît que du moyen de parvenir à se corrompre et à s'ennuyer, bien qu'il ait plu à un éditeur qui, l'ayant publié sous le titre de *Salmigondis*, Liége, 1698, in-12, ne le vendait pas, de lui donner celui de *Coupe-cu de la Mélancolie*, sous la rubrique de Parme, 1698, in-12. C'est en effet la même édition sous deux titres. On en a fait deux éditions dans le siècle de la philosophie, en 1732 et en 1754. Il est remarquable que les ouvrages qui déshonorent le plus le cœur et l'esprit humain, ont été publiés après la réforme. Elle seule pouvait produire des hommes assez dégradés pour les faire, les vendre et les lire. Quelques-uns prétendent que celui dont nous venons de parler n'est pas de Béroald; ils disent que cet écrivain, ayant fait un livre de morale, intitulé : *De la Sagesse et du Moyen de parvenir*, un libertin en prit occasion de faire un *Recueil* de contes libres et obscènes, sous ce titre : *Moyen de parvenir*, qu'il mit sur le compte de Béroald; c'est le sentiment de M. le marquis de Paulmy dans ses *Mélanges tirés d'une grande bibliothèque*, mais on continue de charger Béroald de cette infamie. Béroald, né à Paris en 1558, mourut vers l'an 1612. C'était un vrai original. Il affectait d'être instruit des secrets les plus cachés de la nature, comme non-seulement de la pierre philosophale, mais encore du mouvement perpétuel, de la quadrature du cercle, des effets de la sympathie, etc., etc.

BÉROALDO (Philippe), né à Bologne d'une famille noble, en 1453, mort en 1500, professa les belles-lettres dans sa patrie, et fut un homme très-érudit pour son temps, et l'un de ceux qui contribuèrent le plus à purger la langue latine de la rouille et de la barbarie des siècles d'ignorance, quoique sa latinité cependant ne soit pas un modèle. Il composa plusieurs ouvrages en prose, de divers genres, et quelques-uns en vers; mais il s'appliqua principalement à publier d'anciens auteurs grecs et latins avec des commentaires. On a de lui des *Commentaires sur Apulée*, Venise, 1501, in-fol., et sur d'autres écrivains; le *Recueil de ses OEuvres*, 1507 et 1513, 2 vol. in-4; sa *Vie* a été donnée en latin par Jean Pins, Bologne, 1505, in-4; Blanchini en a donné une autre en tête du *Suétone* de Béroalde, à Lyon, 1548, in-fol.

BÉROALDO (Philippe), neveu du précédent, mort en 1518, fut bibliothétaire du Vatican, sous Léon X. Il publia plusieurs pièces de vers estimées en son temps, dans les *Deliciæ Poetarum Italorum*.

BERONIE (Nicolas), jésuite et professeur au collége de Tulle, né dans cette ville en 1742, mort dans les derniers jours de 1820, a laissé un *Dictionnaire du patois du Bas-Limousin, et plus particulièrement des environs de Tulle*, in-4.

BÉROSE, prêtre du temple de Bélus à Babylone, auteur d'une *Histoire de Chaldée*, citée par les anciens, et dont on trouve quelques fragments dans Josèphe. Annius de Viterbe a publié sous le nom de cet historien un roman rempli de contes, auquel Bérose n'a pas songé. On ne sait si la perte de l'*Histoire* de Bérose est un grand malheur. En composant cet ouvrage, il n'avait pas oublié qu'il était babylonien. C'était alors la folie de tous les peuples, comme ce l'est encore aujourd'hui des Chinois et des Indous, de vouloir être regardés comme les plus anciens de la terre. Il fabriqua des Antiquités merveilleuses pour sa patrie, et étaya ses impostures comme il put. D'un autre côté, on trouve dans ce qui nous reste de son *Histoire*, des passages admirablement conformes à l'Ecriture-Sainte. C'est ainsi qu'il parle en termes exprès de l'arche qui s'arrêta vers la fin du déluge, sur une montagne de l'Arménie. Bérose était astrologue. Ses prédictions enchantèrent les Athéniens, au point qu'ils lui firent élever, dans leur gymnase, une statue avec une langue dorée. Sa fille, prophétesse comme lui, fut sibylle à Cumes. Il était contemporain d'Alexandre-le-Grand. On a imprimé sous son nom 5 livres d'Antiquités, à Anvers, 1545, in-8. Bareiros, savant portugais, en a fait une critique qui se trouve à la fin de l'édition qu'on en a donnée à Anvers en 1599.

BERQUIN (Louis), gentilhomme artésien du 16° siècle, fut accusé de donner dans les opinions de Luther, qui se répandaient alors, et dénoncé au Parlement de Paris. Ce tribunal ordonna que diverses propositions extraites de ses écrits seraient communiquées à la Faculté de théologie pour avoir son avis. Celle-ci les censura en 1523. On saisit sa bibliothèque. On y trouva le livre *De abrogandâ missâ*, divers écrits de Luther et de Mélanchthon. Le Parlement fit jeter au feu les ouvrages de Berquin, et le condamna à une abjuration publique ; le coupable, ne voulant pas obéir, fut condamné à garder la prison de l'officialité. François Ier, qui aimait beaucoup Berquin, le fit sortir de prison ; mais ce fanatique persistant toujours dans son erreur, ses juges le condamnèrent au feu. La sentence fut exécutée en place de Grève, le 12 avril 1529. Il avait traduit plusieurs ouvrages d'Erasme, dans lesquels il avait glissé ses erreurs.

BERQUIN (Arnauld), né à Bordeaux, mort à Paris dans le mois de février 1792, s'est fait connaître par divers ouvrages, parmi lesquels on distingue : *Idylles*, Paris, 1774, 2 vol. in-8. Elles sont au nombre de douze, dont six sont imitées de Gessner; une d'un autre poëte allemand ; une d'un auteur italien ; quatre sont de son invention. Il y en a qu'on lit avec plaisir : c'est le vrai ton des pastorales ; le simple, le naturel, le tendre, le délicat caractérisent la plume du Théocrite français; s'il avait été partout également sage, et qu'il n'eût pas mêlé aux plaisirs innocents de la vie champêtre, des images alarmantes pour les mœurs, on aurait la satisfaction de pouvoir l'admirer sans réserve. Il a donné en 1775 un second recueil d'*Idylles*, dont on doit porter le même jugement. La plupart sont prises de Wieland, Gessner et Métastase : l'imitateur outre quelquefois les traits de ses modèles, et ce n'est pas en faveur de la vertu; *Choix de tableaux, tirés de diverses galeries anglaises*, Paris, 1775, 1 vol. in-8. Ces tableaux n'existent que dans le cerveau de M. Berquin : s'il s'est persuadé qu'ils pouvaient paraître tirés des galeries anglaises, c'est qu'il a cru l'imagination des Anglais plus déréglée que celle des autres peuples. Les contes qu'il lui a plu d'appeler *Tableaux*, sont froids, puérils, indécents, et vraiment dignes de pitié ; *L'Ami des enfants*, Paris, 1782 ; ouvrage écrit avec un naturel et une naïveté qui en rendent la lecture agréable aux enfants. L'auteur leur présente toutes sortes de leçons sous la forme de Contes, et cette manière d'enseigner fait toujours sur le premier âge les impressions les plus sûres. Cependant parmi ces Contes, il en est qui ne sont pas bien choisis : il s'en trouve même quelques-uns dont la morale n'est pas exacte, d'autres où les leçons sont un peu verbiageuses et noyées dans des détails inutiles, d'autres enfin qui semblent manquer de justesse, et dont la conclusion ne se présente pas d'une manière assez sensible; *Lectures pour les enfants, ou Choix de petits contes et drames propres à les amuser et leur inspirer le goût de la vertu*, 1784; *L'Ami de l'adolescence, suite de l'Ami des enfants*, 1784; *Sandfort et Merton*, 1786; *Intro*-

duction familière à la connaissance de la nature, 1787 ; *Le petit Grandisson*, 1788; *Le livre de famille*, ou *Journal des enfants*, 1791. Tous ces ouvrages qu'il composa pour l'éducation de la jeunesse ont obtenu un grand nombre d'éditions, in-12 et in-18, et ornées de figures. Les meilleures sont celles de Paris, 1796, 28 vol. in-18 ; 1803, 20 vol. in-18, et 17 vol. in-12; 1802, 22 vol. in-18; 1807, 10 vol. in-12. Le *Choix de tableaux anglais* ne se trouve dans aucune de ces éditions. On a imprimé ses *OEuvres choisies* en 4 vol. in-18.

BERR DE TURRIQUE (Isaac), juif, né en 1743, demeurait à Nancy, et prit la défense de ses coreligionnaires au commencement de la Révolution. Il comparut à la barre de l'Assemblée constituante, et y prononça un discours sur cette matière. Berr a publié aussi plusieurs écrits sur l'organisation du culte israélite. Il est mort, au mois de novembre 1828, à Turrique, près Nancy. Il avait été autorisé, par une ordonnance royale, à joindre à son nom celui de cette terre qui lui appartenait.

BERR DE TURRIQUE (Michel), célèbre publiciste juif, peu aimé de ses coreligionnaires à cause de ses opinions trop favorables au catholicisme, naquit à Nancy en 1780, et se voua, le premier de ses coreligionnaires, à la profession d'avocat. En 1806, il siegea au Corps législatif, à côté de son père, et fit preuve d'une véritable éloquence. En 1817, il professa un cours de littérature allemande à l'Athénée; et, en 1819, il fut nommé traducteur pour les journaux allemands au ministère de la police générale, fonctions qu'il remplit jusqu'en 1823. Après la révolution de juillet 1830, il se retira à Nancy, où il mourut le 14 juillet 1843. On lui doit : *Abrégé de la Bible à l'usage des Israélites de France*, où il employa le mot *fusion* en parlant du judaïsme et du catholicisme ; *Notice sur Maimonide*, 1814; *Du Divorce chez les Israélites*, 1818 ; *De l'Immortalité de l'âme chez les Juifs anciens et modernes*, ou *Réponses à M. de Pradt*, 1822; *De la Littérature hébraïque et de la religion juive*, 1822; *Du Rabbinisme et des Traductions juives*; *De la Fête du nouvel an et du Jeûne des expiations ou grand pardon chez les Juifs*; et plusieurs *Articles* dans la *Biographie universelle* et dans l'*Encyclopédie des gens du monde*.

BERR (Frédéric), célèbre clarinette, né à Manheim, dans le grand duché de Bade, le 17 avril 1794, mort à Paris le 24 septembre 1838, vint à Paris en 1819, et fut nommé en 1831 professeur de cla-rinette au Conservatoire. Comme exécutant, Berr se faisait remarquer par la délicatesse et le fini de son jeu, par les sons doux et moelleux qu'il savait tirer de son instrument, et par une habileté peu commune. Comme compositeur, il s'est acquis une brillante réputation par un grand nombre de *Morceaux de musique militaire*, par des *Pièces d'harmonie* et des *OEuvres* pour le basson et pour la clarinette, avec accompagnement d'orchestre. On lui doit encore des *Méthodes* pour le trombone.

BERRI (Charles-Ferdinand d'Artois, duc de), second fils du comte d'Artois, depuis Charles X, et de Marie-Thérèse de Savoie, naquit à Versailles le 24 janvier 1778. Sa première enfance fut pénible. Il eut pour gouvernante la comtesse de Caumont, et pour gouverneur le duc de Sérent. L'abbé Marie et l'abbé Guénée furent ses sous-précepteurs. Le jeune duc de Berri montra de bonne heure du goût pour les arts ; par sa mère et sa bisaïeule, il tenait quelque chose du génie de l'Italie. On raconte plusieurs traits ingénieux de son enfance; nous citerons particulièrement celui-ci, parce qu'il fit connaître la bonté de son cœur, qui depuis ne s'est jamais démentie : Rochon, son maître d'écriture, venait d'éprouver une perte considérable par un incendie ; le duc de Berri pria son gouverneur de lui donner vingt-cinq louis pour le *pauvre Rochon*, ce fut son expression; le duc de Sérent y consentit, à condition qu'il satisferait son maître pendant quinze jours, sans lui parler des vingt-cinq louis. Le jeune prince travailla avec tant d'attention, qu'il obtint la somme promise au temps fixé, et la porta triomphant à Rochon. Celui-ci, ne sachant point si le gouverneur lui avait permis cette générosité, refuse de recevoir l'argent; l'enfant insiste, le maître refuse de nouveau. Enfin le jeune prince impatienté jette les vingt-cinq louis sur la table, en disant : « Prenez-les ; ils m'ont « coûté assez cher, c'est pour cela que « j'écris si bien depuis quinze jours. » Mais le temps des malheurs approchait; la famille royale fut obligée de s'expatrier. Le comte d'Artois partit le premier pour les Pays-Bas, et laissa à de Sérent le soin de lui amener ses deux fils. Ils arrivèrent heureusement hors de la frontière. Le gouverneur conduisit ses élèves à Turin. Le duc de Berri y amusait toute la cour par ses reparties et sa vivacité ; mais en même temps il prenait des leçons pour se former à l'art de la guerre. Il y avait une bonne école d'artillerie; le jeune duc en suivit les exercices, et passa par tous les grades, depuis le rang de simple canonnier jusqu'à celui de capitaine. Il chargeait, pointait, et tirait les pièces avec rapidité et précision. Le Piémont étant tombé au pouvoir des Français, il se rendit à l'armée des princes avec son frère, et vit le feu pour la première fois à Thionville. Son éducation militaire n'étant pas achevée, on le conduisit au château de Ham pour la perfectionner. Il y apprit à manier avec adresse des chevaux fougueux, et devint un excellent cavalier. A seize ans, il reçut la permission de se rendre à l'armée de Condé. Il s'y distingua par son amour pour la discipline et par son empressement à se soumettre aux règlements militaires. Il étudiait les champs de bataille, et ne manquait aucune action. Lorsqu'on lui représentait qu'il se ferait blesser, « Tant mieux, disait-il, cela fait « honneur à une famille. » Il passa successivement par tous les grades militaires, et prit, le 23 juillet 1796, le commandement de la cavalerie. A l'affaire de Steinstadt, il échappa aux officiers qui l'entouraient, et pénétra dans le village avec les premiers hussards qu'il rencontra. Il s'y maintint pendant plusieurs heures sous une pluie de bombes et de boulets. A la tête du pont d'Huningue, dont il visitait les ouvrages, il fut couvert de terre par un boulet, et ne fut sauvé que par le gabion même renversé sur lui. Aussi habile observateur que brave, il étudia tous les mouvements du général Moreau dans sa belle retraite, et sollicita la faveur de suivre le siége de Kell. Le chevalier de Franclieu y fut tué à ses côtés. La vivacité l'emportait quelquefois. Ayant tenu des propos durs à un officier général qui avait manqué d'exactitude à son service, il laissa partir la colonne, fit ensuite appeler l'officier, l'emmena dans un bois, et lui dit: « Je crains « de vous avoir offensé. Ici je ne suis « plus un prince, mais un simple gen- « tilhomme comme vous; me voici prêt « à vous donner toutes les satisfactions « que vous exigerez ; » et il mit l'épée à la main. L'officier tomba à ses genoux, et baisa la main qui voulait non faire une blessure, mais panser celle de l'honneur. Lorsque des négociations ou des trèves laissaient à l'armée quelques moments de repos, le duc de Berri en profitait pour visiter sa famille dispersée et pour étudier les mœurs des nations où la Providence l'avait jeté. Mais à peine avait-il quitté l'armée, qu'il brûlait d'y retourner. « Il faut, disait-il, que les « Bourbons se montrent, et que hors de « France, ils commencent par gagner « l'estime des Français avec leur amour. » Après la campagne de 1797, en suite d'un armistice, l'armée de Condé passa au service de la Russie et se retira en Volhinie; le duc de Berri en prit le commandement en l'absence du prince de Condé, et y organisa le régiment noble à cheval. Il montra, dans cette circonstance, des talents qui annonçaient en lui un des meilleurs officiers de cavalerie de l'Europe. La Russie s'étant décidée à porter la guerre en France, il se rendit avec l'armée à Constance; mais à peine y fut-il arrivé que les républicains pénétrèrent dans la ville: on s'y battit à la baïonnette. Ce fut la première et la dernière affaire de cette campagne. La division s'étant mise parmi les Russes et les Autrichiens, le maréchal Souvarow rentra en Pologne, et le duc de Berri reçut des mains de l'empereur Paul la grand'croix de l'ordre de Malte. Se trouvant sans occupations, il se rendit à Naples, où l'on négociait depuis quelque temps un mariage pour lui avec la princesse Christine. Il plut à la cour, et le mariage fut à peu près arrangé; mais les événements en disposèrent autrement. Ce prince qui ne respirait que la gloire, ayant appris que le corps de Condé s'avançait dans la Bavière pour reprendre l'offensive, quitta brusquement Rome, où il se trouvait alors, pour se rendre à l'armée. Il y arriva le 18 septembre 1800, et entra comme simple volontaire dans le régiment noble à cheval qu'il avait formé, et dont son frère, le duc d'Angoulême, avait pris le commandement. Il lui obéissait comme le moindre soldat, et il donna, en cette occasion, un nouvel exemple de cette soumission des membres de la famille royale les uns envers les autres. Cette campagne fut la plus malheureuse de toutes. Le corps de Condé, qui avait été placé en avant pour défendre le passage de l'Inn, n'ayant pas été secouru à temps, fut contraint de battre en retraite, après avoir fait des prodiges de valeur. Le prince de Condé fut obligé d'employer son autorité pour faire retirer les deux princes, qui s'exposaient inutilement dans une affaire peu importante. Enfin la paix d'Allemagne amena, le 16 avril 1801, le licenciement de l'armée de Condé qui se trouva sans ressource. La douleur était au comble parmi les militaires qui la composaient. La plupart ne savaient où aller reposer leurs têtes. Le duc de Berri s'efforça de les consoler, et partagea avec eux le peu d'argent qui lui restait. Mais il se trouva bientôt lui-même dans un extrême embarras; souvent il manquait de tout, et on le voyait néanmoins venir au secours de ses malheureux amis. Ne pouvant rester dans cette position, il partit pour rejoindre son père qui était alors en Angleterre. Il passa la plus grande partie de son temps à Londres, où il vécut éloigné de la société, au milieu de quelques amis dont il faisait les délices, partageant son temps entre eux et les beaux arts. Il se livra particulièrement à la science des médailles, dans laquelle il fit des progrès étonnants. Il retourna ensuite à la musique et à la peinture qu'il avait cultivées avec succès en Italie, et se perfectionna dans la connaissance des tableaux. Il fit aussi plusieurs voyages dans l'intérieur de l'Angleterre pour examiner les inventions des arts et leurs productions. Une vie aussi paisible convenait peu à son caractère. La guerre d'Espagne lui fit concevoir le projet de faire de nouvelles tentatives pour rentrer dans sa patrie, qu'il ne pouvait oublier. On lui avait insinué que, s'il se présentait dans la Normandie, sa présence y produirait une révolution; mais il fut détourné de ce projet par ses amis, qui avaient découvert que c'était un piège pour le faire périr. Cependant, après la déroute de Moscou, les princes quittèrent leur retraite pour se rapprocher de la France ; le duc de Berri se rendit à Jersey, où les vents contraires et la politique le retinrent pendant quelque temps. Enfin la ville de Cherbourg lui ayant envoyé une députation pour l'engager à vouloir bien descendre dans son port, il se rendit aux vœux des habitants, qui le reçurent avec des démonstrations de joie extraordinaires. Sur le point de quitter cette ville, on l'avertit qu'un régiment, dont l'esprit n'était pas encore changé, passait dans les environs, et on lui conseillait de l'éviter. Ce fut pour lui au contraire un motif de se présenter à cette troupe. En abordant les soldats, il leur dit : « Braves soldats, je suis le duc de Berri; « vous êtes le premier régiment français « que je rencontre ; je viens au nom du « roi recevoir votre serment de fidélité ; « jurons et disons ensemble : *Vive le « roi!* » Quelques soldats crièrent : *Vive l'empereur!* « Ce n'est rien, dit le prin« ce avec un sang-froid admirable ; c'est « le reste d'une vieille habitude. » Il tire son épée et crie de rechef : *Vive le roi!* Les soldats qui aiment le courage, répétèrent aussitôt : *Vive le roi!* Dans une autre occasion, des grenadiers lui témoignant leur admiration pour Bonaparte, il leur demanda ce qu'il faisait de si remarquable. « Il nous conduisait à « la victoire, répondirent-ils. — Belle « merveille, répliqua le prince, avec des « soldats comme vous! » C'est ainsi qu'il cherchait à les gagner pour s'attirer leur affection. Le reste de son trajet jusqu'à Paris ne fut qu'une suite de félicitations de la part des habitants. Arrivé à la barrière en avril 1814, il y fut complimenté par le corps municipal et les généraux. Son père l'attendait au château des Tuileries. Peu après il fut nommé colonel-général des chasseurs, et parcourut les départements du nord pour visiter les places et inspecter les troupes. En mars 1815, il protégea, à la tête des volontaires royaux et de la maison du roi, la retraite de Louis XVIII qui avait quitté sa capitale aux approches de Bonaparte, qui s'était échappé de l'île d'Elbe et avait entraîné dans son parti la plus grande partie des régiments. En quittant Béthune, il rencontra un de ces régiments parjures, qui l'accueillit au cri de: *Vive l'empereur!* On lui proposa d'en faire un exemple ; mais il s'y opposa et continua sa route. Quoique fugitif, et chassé de son pays par l'armée, il montra partout où il passa la même générosité. Les Pays-Bas étaient remplis de prisonniers français échappés de la bataille de Waterloo ; il s'empressa de les secourir, et pansa lui-même avec son mouchoir la main d'un grenadier blessé qu'il rencontra sur sa route. Après la seconde restauration, il épousa, le 17 juin 1816, la princesse Marie-Caroline-Thérèse, fille aînée du prince royal des Deux-Siciles. Les Chambres ayant ajouté 500,000 francs au million demandé par le ministre pour l'apanage du prince, le duc de Berri abandonna cette somme pendant cinq ans aux départements qui avaient le plus souffert de la guerre. Trois enfants naquirent de cette union pendant la vie du prince : une fille seulement, Mademoiselle, lui survécut ; mais la Providence voulut qu'il laissât un fils posthume, le duc de Bordeaux. Il était adoré des gens de sa maison, qu'il comblait de bienfaits. Quand ses domestiques plaçaient une somme à la caisse d'épargne, il doublait cette somme, afin de les encourager à l'économie, et de les rendre prévoyants pour l'avenir. Non moins généreux pour les malheureux quels qu'ils fussent, il prenait sur ses goûts pour les secourir. On lui avait annoncé une galerie précieuse de tableaux qui devait se vendre à Anvers; quoiqu'il en désirât plusieurs, il répondit : « Dans un temps où mes pau« vres attirent ma sollicitude, je me re« procherais d'acheter un plaisir dont je

« peux me passer. » Ses charités annuelles montaient à plus de cent mille écus, et il en faisait beaucoup d'autres cachées. Le matin même du jour où il fut assassiné, récapitulant avec la duchesse les fêtes du carnaval, il s'arrête tout à coup et dit : « C'est fort bon ; mais, pendant que les « riches s'amusent, il faut que les pauvres « vivent ; » et aussitôt il envoya mille francs aux bureaux de charité. Tous ses dons étaient accompagnés de soins qui en doublaient le prix. Souvent il visitait lui-même avec la princesse son épouse, non moins bienfaisante que lui, les malheureux sur lesquels ils répandaient leurs secours. Remplis de ces sentiments d'humanité qu'étouffe trop souvent la grandeur, on les vit descendre de leur voiture pour y faire monter un dragon de la suite du roi qui venait de se casser la cuisse en tombant de cheval, recommander de le conduire au pas à l'Élysée pour lui faire donner les secours nécessaires, et revenir eux-mêmes à pied par un soleil ardent. Souvent il faisait des promenades avec son épouse, sans aucune suite, croyant n'avoir rien à craindre des Français. Il allait aux incendies, travaillait, portait de l'eau, et ne se retirait que le dernier. Ami des arts, il les protégeait ; il visitait souvent les ateliers, et n'en sortait jamais sans laisser des marques de sa bienfaisance. Cependant le duc de Berri était assiégé de tristes pressentiments qu'augmentaient encore des lettres atroces qui lui étaient écrites sous le voile de l'anonyme. Comme Henri IV, il semblait présager pour lui-même quelque catastrophe. Le dimanche 13 février 1820, au sortir de l'opéra, le poignard de Louvel (voyez ce nom), dirigé sans doute par les sociétés secrètes, frappa le duc de Berri. « Je suis mort, « s'écria le prince ; vite, un prêtre ; ve- « nez, ma femme, que je meure entre « vos bras. » L'évêque de Chartres étant arrivé, le mourant lui tendit la main et demanda les secours de la religion, en exprimant les plus vifs sentiments de foi, de repentir et de résignation. Il soupirna le désir de donner sa bénédiction à sa fille, qui lui fut apportée. Levant sur elle sa main défaillante : « Pauvre en- « fant, lui dit-il, je souhaite que tu sois « moins malheureuse que ceux de ma « famille. » On eût dit qu'il prévoyait son exil. Il eut encore le courage d'avouer à la duchesse de Berri une liaison qu'il avait contractée en Angleterre, et lui témoigna le désir d'embrasser deux petites filles qui en étaient le fruit : « Serez-vous « assez bonne, lui dit-il, pour prendre « soin de ces orphelines ? » La princesse leur ouvrit ses bras, où elles se réfugièrent. Ensuite le duc se confessa, et voulut faire un aveu public de ses fautes : « Mon Dieu, ajouta-t-il, pardonnez- « moi, pardonnez à celui qui m'a ôté la « vie. » Enfin, le roi étant arrivé : « Mon « oncle, lui dit-il, je vous demande la « grâce de la vie de l'homme.... Le roi « ne dit pas oui, reprit le prince en in- « sistant, grâce au moins pour la vie de « l'homme, afin que je meure tranquille ; « la grâce de la vie de cet homme eût « pourtant adouci mes derniers mo- « ments ! » Souvent encore on l'entendit répéter avec effort : « Du moins si j'em- « portais l'idée que le sang d'un homme « ne coulera pas pour moi après ma « mort ! » Ce fut en s'occupant de cette idée qu'il s'affaiblit par degrés ; ses derniers mots furent : « Vierge sainte, faites- « moi miséricorde ! » Il expira le 14 février. Le corps du duc de Berri fut transporté à Saint-Denis, son cœur dans la chapelle de sa terre de Rosny, et ses entrailles à Lille, où l'on éleva à sa mémoire un monument que la révolution de 1830 a détruit. « Ce prince, dit Châteaubriand « dans ses *Mémoires sur le duc de* « *Berri*, avait la mine brave, l'air du « visage franc et spirituel : sa démarche « était vive, son geste prompt, son re- « gard assuré, intelligent et bon, son « sourire charmant. Il s'exprimait avec « élégance dans le commun discours, « avec clarté dans les affaires, avec élo- « quence dans les passions. On retrou- « vait dans le duc de Berri le prince, le « soldat, l'homme qui avait souffert ; et « l'on se sentait entraîné vers lui par « une certaine bonne grâce mêlée de « brusquerie attachée à toute sa per- « sonne. »

BERROYER (Claude), avocat au Parlement de Paris, mort en 1735, a donné : les *Arrêts de Bardet*, Paris, 2 vol. in-fol.; la *Coutume de Paris*, de Duplessis, Paris, 1709, in-fol. ; la *Bibliothèque des Coutumes* avec Laurière, Paris, 1699, in-4. Ce recueil est curieux. On y trouve entre autres choses, un *Catalogue historique des Coutumiers généraux*, et une *Liste alphabétique des textes et commentaires des Coutumes*. Le rédacteur, homme savant, fut fort employé à la consultation et obtint la confiance du public et l'estime des magistrats.

BERRUYER (Joseph-Isaac), né en 1681, d'une famille noble de Rouen, prit l'habit de jésuite et l'honora par ses talents. Après avoir professé longtemps les humanités, il se retira à la maison professe de Paris, et y mourut en 1758, le 18 février. Il était connu depuis 1728 par son *Histoire du peuple de Dieu*, tirée des seuls Livres saints, réimprimée avec des corrections en 1733, en 8 vol. in-4, et en 10 vol. in-12. Cette *Histoire* fit beaucoup de bruit dès le moment de sa naissance. Le texte sacré y est revêtu de toutes les couleurs des romans modernes. Berruyer se promettait que son *Histoire* paraîtrait un ouvrage neuf. Elle le parut effectivement, par les fleurs d'une imagination qui veut briller partout, dans les endroits même où les Livres saints ont le plus de simplicité. Rome censura cet ouvrage en 1734 et en 1757. La seconde partie parut longtemps après la première, en 1753, 4 vol. in-4, et 8 vol. in-12. Elle lui ressemble pour le plan; mais elle lui est, à quelques égards, inférieure pour les grâces, l'élégance et la chaleur du style. Benoît XIV la condamna par un bref du 17 février 1758, et Clément XIII par un autre bref du 2 décembre suivant. Ce bref condamne en même temps la *Troisième partie de l'Histoire du Peuple de Dieu*, ou *Paraphrase littérale des Epîtres des Apôtres*, 1757, 2 volumes in-4, et 5 volumes in-12; La dernière partie est remplie, comme les autres, d'idées singulières et condamnables. L'auteur les avait puisées à l'école de son confrère Hardouin, homme très-érudit, mais d'un jugement faible, écrivain paradoxal, s'il en fût jamais. « La principale de ses erreurs, dit un « théologien profond, est d'avoir séparé « l'humanité de J.-C. de sa divinité; en « considérant cette humanité du Sau- « veur directement et en elle-même, en « prétendant qu'en elle-même et direc- « tement elle devait être adorée. » On voit dans quel sens on a pu accuser le Père Berruyer de favoriser le nestorianisme, hérésie dont il était d'ailleurs aussi éloigné dans ses principes que dans la disposition de son cœur. Les jésuites désavouèrent publiquement le livre de leur confrère, et obtinrent de lui un acte de soumission, lu en Sorbonne en 1754. Le savant Père Tournemine, son confrère, est un de ceux qui combattirent ses paradoxes avec le plus de zèle. Le Parlement de Paris, 2 ans après, manda Berruyer pour être entendu sur plusieurs propositions de son histoire. Mais l'auteur s'étant trouvé malade, la cour envoya un commissaire, à qui l'historien remit une déclaration en forme de rétractation, qui fut déposée au greffe. Berruyer fit imprimer différentes *Apologies*, où, sans cesser de respecter sa condamnation, il justifiait ses intentions, et défendait surtout son attachement à la doctrine de l'Eglise catholique : elles ont cependant été mises à l'*index*. L'abbé Janson, connu par plusieurs ouvrages où la piété et l'exacte orthodoxie sont unies à l'érudition, a proposé en 1789 une espèce de triage des ouvrages de Berruyer. Saint Liguori, dans son Traité des Hérésies, intitulé : *le Triomphe de l'Eglise*, dont l'abbé Simonin a donné la traduction en 1833, réfute longuement les erreurs de Berruyer, et le traite, ainsi que le Père Hardouin, avec une grande sévérité.

BERRY. (Voyez BERRI.)

BERRYAT (Jean), médecin ordinaire du roi, intendant des eaux minérales de France, correspondant de l'académie des sciences, et membre de l'académie d'Auxerre, mort en 1754, a publié : les deux premiers volumes de la *Collection Académique*, Dijon, 1754, in-4, compilation avantageusement connue; des *Observations physiques et médicinales sur les eaux minérales d'Epoigny*, aux environs d'Auxerre, 1752, in-12.

BERRYER, célèbre avocat, plus célèbre encore par son fils l'un des plus éloquents orateurs de la Chambre des députés, naquit à Marseille, et mourut à Paris le 26 juin 1841. Il s'est particulièrement acquis de la réputation dans les affaires de prise maritime, qui sous l'empire étaient incessamment portées devant les tribunaux de commerce. On cite, parmi les autres causes qui lui furent confiées, celle du maire d'Anvers, accusé de malversation devant la cour d'assises de Bruxelles; il défendit son client avec courage et éloquence, et s'il succomba, c'est qu'il avait à lutter contre le gouvernement impérial. Chargé en 1815 d'une affaire plus importante encore, celle du maréchal Ney, devant la cour des pairs, il fut accusé d'avoir affaibli par trop de considérations subalternes l'intérêt qui s'attachait à son client; mais il a désavoué avec indignation de pareilles insinuations, et a montré que Bellart, avocat-général et commissaire du roi, avait eu seul le pouvoir de développer tout le plan de l'accusation, et que lui s'était vu contraint d'abandonner les puissants moyens qui eussent résulté de l'examen des considérations politiques liées à la cause. Peu de temps après, il publia un Mémoire remarquable par sa logique et son éloquence, ainsi intitulé : *Effets de la convention militaire du 5 juillet et du traité du 20 novembre 1815, relativement à l'accusation du maréchal Ney*. On a prétendu aussi qu'après la condamnation du maréchal, Berryer avait dit qu'il s'y attendait, *que ce linge était trop sale pour le blanchir;* mais il a démenti de telles paroles également injurieuses pour son caractère. Dans plusieurs causes importantes, Berryer a fait preuve d'un grand talent de discussion et d'une connaissance approfondie des matières judiciaires. Il a publié, outre plusieurs *Mémoires*, ses *Souvenirs de 1774 à 1838*, Paris, 1839, 2 vol. in-8.

BERSABÉE. (Voyez BETHSABÉE).

BERT (Pierre-Claude-François), né dans le Nivernais, et mort à Paris, le 12 septembre 1825, âgé d'environ 56 ans, a laissé : *D'une Alliance entre la France et l'Angleterre*, 1790, in-8 ; *Des Prêtres salariés par la nation, considérés dans leur rapport avec le gouvernement républicain*, 1793, in-8, brochure où il proclame l'indépendance de l'Eglise et de l'Etat.

BERTAIRE, ou BERCAIRE, élevé dans l'école de l'église de Verdun, y fut ordonné prêtre. Témoin d'un incendie qui en consuma les archives, et réduisit en cendres les chartes, papiers, registres, et autres monuments qui y étaient conservés, Bertaire qui les avait eus en sa garde, et en avait pris connaissance, résolut de réparer, autant qu'il était en lui, cette perte. Il rédigea une sorte d'*Histoire abrégée* des faits que lui rappelait sa mémoire, soit qu'ils fussent le fruit de ses lectures, ou qu'il les eût appris par tradition. Il y donna la *Suite de trente évêques de Verdun*, jusqu'à Dadon exclusivement, prélat dont il était chapelain et à qui il dédia son ouvrage. Il y rapporte les principaux événements de leur vie. Dom Senocq, bénédictin de la congrégation de Saint-Maur, qui découvrit le manuscrit de Bertaire, l'envoya à dom Luc d'Achery, qui l'inséra dans son *Spicilége*. Bertaire mourut sous l'épiscopat de Dadon, qui lui-même, selon dom Calmet, finit de vivre vers 923. On ne sait rien de plus précis sur la date de la mort de Bertaire.

BERTANO (Jean-Baptiste), architecte du duc de Mantoue Guillaume III, dans le 16e siècle, eut la direction des édifices publics sous ce prince. On admire encore la construction de l'église de Sainte-Barbe et de son haut clocher, décoré de quatre ordres d'architecture. Il a publié : *Gli oscuri è difficili passi dell' opera Ionica di Vitruvio alla chiara intelligenza tradotti*, Mantoue, 1558, in-fol.

BERTAUD (Jean), premier aumônier de la reine Catherine de Médicis, secrétaire de cabinet, et lecteur de Henri III, conseiller d'Etat, abbé d'Aulnai, et enfin évêque de Séez, naquit, non à Condé-sur-Noireau, mais à Caen, suivant M. Huet, l'an 1522, et mourut en 1611. Il était auprès de Henri III, lorsque ce prince fut assassiné, et eut beaucoup de part à la conversion de Henri IV. Bertaud, ami et contemporain de Ronsard et de Desportes, cultiva comme eux la poésie, et sut éviter leurs défauts. Quelques-unes de ses stances ont de la facilité et de l'élégance. On a de lui des *Poésies chrétiennes et profanes* : des *Cantiques*, des *Chansons*, des *Sonnets*, des *Psaumes*. Elles offrent quelques réflexions heureuses, mais que gâte parfois trop de recherches : il avait pris le goût des pointes dans Sénèque. Ses mœurs parurent très-réglées, dès qu'il fut élevé à l'épiscopat, et l'évêque rougit des productions du courtisan. Ses *OEuvres poétiques* ont été imprimées en 1620, in-8. Il a laissé aussi une *Traduction* de quelques livres de saint Ambroise, des *Traités* imparfaits de controverse, des *Sermons* sur les principales fêtes de l'année, et une *Oraison funèbre de Henri IV*. C'était l'oncle de madame de Motteville.

BERTAUX (Duplessis), graveur, mort vers 1815, orna beaucoup d'ouvrages célèbres des productions de son burin. Elles se font surtout remarquer dans les *Voyages de Grèce et d'Italie* par Choiseul, et dans *celui d'Egypte*. Il composa un grand nombre de petits sujets à la manière de Callot. On assure qu'à l'âge de 12 ans il avait imité si parfaitement à la plume la *Tentation de saint Antoine* de Callot, que les artistes mêmes pouvaient à peine distinguer l'original de la copie.

BERTAZZOLI (François), cardinal, évêque de Palestrine, né le 1er mai 1754, à Lugo, dans la Romagne. Pie VII, n'étant encore qu'évêque d'Imola, l'employa dans l'administration de son diocèse, et lorsqu'il eut été élu Pape, il le fit venir à Rome, le nomma archevêque d'Ephèse, chanoine de Sainte-Marie-Majeure, et son aumônier secret. Le nouveau prélat s'acquitta de ces emplois avec zèle et piété. Après l'invasion de Rome, en 1808, il fut contraint de se retirer à Lugo, qui était du royaume d'Italie ; plus tard il fut déporté en France et emprisonné ; mais on le rendit ensuite au Pape, dont il partagea la captivité. En 1814, il retourna à Rome et reprit les fonctions d'aumônier auprès du Saint-Père. Les services qu'il avait rendus et les preuves d'attachement qu'il avait données à Pie VII le firent élever au cardinalat, dans le consistoire du 10 mars 1823. Léon XII lui donna la place de préfet de la congrégation des études et le nomma protecteur de l'ordre des Carmes, du collége irlandais, et de toutes les églises d'Irlande, sur la demande des évêques de ce pays. L'évêché de Palestrine étant devenu vacant, le même pontife le força de l'accepter en décembre 1828. Pie VIII lui donna également des marques de sa bienveillance. Le cardinal Bertazzoli est mort le 7 avril 1832.

BERTELE (Georges-Augustin) naquit à Ingolstadt le 27 août 1767. Nommé professeur à l'Université de Landshut, il y enseigna la chimie, la minéralogie, la botanique, la matière médicale, etc. On a de lui : *Oratio additialis de influxu chimiæ in physicam et medicinam*, 1794, in-4; *Ueber salpeter plantagen*, 1794, in-8; *Versucheiner Lebenserhalt ungskunde*, 1803, in-8; *Hand buch der minerographie*, 1804, in-8.

BERTHAULT (Pierre), né vers 1600, à Sens, prêtre de l'Oratoire, et professeur de rhétorique dans sa congrégation, auteur du *Florus Gallicus*, in-12, et du *Florus Francicus*, in-12, qui ne valent point le *Florus Romanus*, mourut en 1681, chanoine et archidiacre de Chartres. Son Traité *de Arâ*, imprimé à Nantes en 1681, est savant et recherché.

BERTHE, ou BERTRADE, fille de Caribert comte de Laon, fut surnommée *Berthe au grand pied*, parce qu'elle était née avec un pied plus grand que l'autre. Elle épousa Pépin-le-Bref, roi de France, qui, contre l'usage reçu jusqu'alors, la fit asseoir avec ses deux fils sur le trône, lorsqu'il fut couronné à Soissons, en 741, pour inspirer, dit-on, plus de respect pour la princesse et pour les enfants qu'il en avait eus avant d'être roi. Berthe, douée d'un caractère au-dessus de son sexe, accompagna le roi dans ses voyages et ses expéditions, et lui servit souvent de conseil. Elle savait en même temps attirer les grands à la cour et les attacher à un gouvernement nouveau. Cependant on reproche à Pépin d'avoir voulu la répudier ; mais il fut détourné de ce projet par les remontrances du pape Etienne III. Après la mort de Pépin, en 769, elle conserva une grande influence sur ses deux fils, Carloman qui avait reçu en partage l'Austrasie, et Charles la Neustrie. Il fallut toute son adresse et l'attachement qu'ils lui portaient pour empêcher leur mésintelligence d'éclater ; mais elle n'employa pas des moyens toujours légitimes. Elle engagea Charles à répudier sa femme Hémiltrude pour lui faire épouser la fille de Didier, roi de Lombardie, pensant que cette union servirait à entretenir la paix entre ses enfants. Berthe mourut à Choisy dans un âge avancé, et fut enterrée à Saint-Denis auprès de son époux. — Il y a eu plusieurs autres princesses du même nom, entre autres une marquise de Toscane, fille de Lothaire, roi de Lorraine, qui fut célèbre par sa beauté, ses galanteries et son habileté dans les affaires. Cependant, quoique sa cour fût très-brillante, elle vivait dans son intérieur, dans une grande simplicité, travaillant avec ses femmes comme une mère de famille. C'est en faisant allusion à cette manière de vivre qu'est venu le proverbe *Al tempo che Berta filava* (du temps que Berthe filait), pour exprimer la simplicité, la franchise et les bonnes mœurs de ces bons vieux temps. Cette princesse mourut à Lucques en 925.

BERTHELET (Grégoire), bénédictin, né à Berain dans le duché de Bar-le-Duc en 1680, mort l'an 1754, était versé dans les antiquités ecclésiastiques. Il a donné un *Traité historique et moral de l'abstinence*, 1731, in-4, et plusieurs autres ouvrages sur les rits, etc. Voyez dom Calmet, *Bibliothèque de Lorraine*.

BERTHELIN (Pierre-Charles), né à Paris au commencement du 18e siècle, fut d'abord ecclésiastique, puis avocat au Parlement, et ensuite professeur à l'école royale militaire et associé de l'académie d'Angers. On a de lui une *Ode latine sur le siège de Berg-op-Zoom*, Paris, 1747, in-4; *Recueil d'énigmes, etc.*, ibid., in-12; *Recueil de pensées ingénieuses tirées des poëtes latins, avec la traduction ou l'imitation en vers français*, Paris, 1752, in-12; *Supplément au Dictionnaire de Trévoux*, ibid. in-fol., 1752; *Abrégé du même Dictionnaire*, 1763, 3 vol. in-4. Berthelin a aussi donné une édition du *Dictionnaire des rimes* du Père Richelet, 1751.

BERTHELOT (Jacques-Edmond), né à Nantes le 2 janvier 1772, se destina de bonne heure à l'état ecclésiastique ; mais la révolution l'obligea à rentrer dans le monde. Cependant il persévéra dans sa première vocation ; et lorsque des jours meilleurs eurent paru, il entra au séminaire de Saint-Sulpice, où il fut ordonné prêtre. Après avoir professé successivement la philosophie à Nantes et la théologie à Angers, il fut nommé supérieur du séminaire de Limoges ; il devint plus tard vicaire-général de Mgr Dubourg, évêque de cette ville. Ce fut en cette dernière qualité qu'il prit part à une polémique engagée entre Mgr Dubourg et

Tabaraud, auteur des *Principes sur la distinction du contrat et du sacrement de mariage*, et qu'il publia une brochure sous ce titre : *Observations sur le décret de Mgr l'évêque de Limoges et sur la lettre de Tabaraud*, 1818, in-8. L'abbé Berthelot est mort à Limoges, le 17 janvier 1835. Il a fourni plusieurs notices aux *Vies des saints du Limousin*.

BERTHELOT (Jean-François), avocat, naquit à Paris au mois de juin 1749. Il obtint au concours, en 1779, une place de docteur agrégé à la Faculté de droit de Paris, et publia principalement sur le droit romain plusieurs ouvrages qui lui acquirent la réputation d'un savant jurisconsulte. Après la suppression des Facultés de droit, Berthelot devint professeur de législation à l'école centrale du département du Gard. Lorsque plus tard les écoles de droit eurent été réorganisées, on lui donna à la Faculté de Paris une chaire de droit romain. Il l'occupa jusqu'en 1813 ; à cette époque, il parut atteint d'aliénation mentale, et on l'entendit dans ses cours tourner en dérision le droit romain, dont il avait fait une étude spéciale et dont il avait toujours défendu les avantages et l'importance scientifiques. Berthelot est mort à Paris le 13 février 1814. Ses principaux ouvrages sont : *Traité des évictions et de la garantie formelle*, Paris, 1784, 2 vol. in-12 ; *Réflexions sur la loi du Digeste de quæstionibus, relatives à la question dans l'empire romain, à son origine en France et à ses différents états jusqu'à nos jours*, Paris, 1785, in-8 ; une *Traduction des éléments du droit civil romain d'Heineccius*, avec le texte en regard, 2ᵉ édition, 1812, 4 vol. in 12. Berthelot avait été chargé de traduire les six derniers livres du *Digeste* pour compléter la traduction de Hulot, mais il n'a pu en terminer que quatre qui se trouvent dans le septième volume de cette publication.

BERTHEREAU (Georges-François), né à Belesme le 29 mai 1732, entra fort jeune dans la congrégation de Saint-Maur, devint d'abord professeur de grec et d'hébreu à l'abbaye de Saint-Lucien-de-Beauvais, puis à celle de Saint-Denis. Il fut ensuite associé aux travaux des religieux de sa congrégation, et chargé de concourir au Recueil des historiens de France dans la partie des croisades. Pour y travailler avec plus de succès, il se livra avec ardeur à l'étude de l'arabe, se mit à feuilleter les manuscrits de la bibliothèque du roi et de celle de Saint-Germain-des-Prés, et en fit de nombreux extraits, qu'il traduisit, les uns en latin, les autres en français. La révolution l'ayant empêché de terminer son travail, ses manuscrits, qui formaient 2 vol. in-fol. restèrent en la possession de sa famille, et le gouverneur refusa de les imprimer sous prétexte que la dépense serait trop considérable. Obligé de renoncer à la vie paisible du cloître et aux travaux qu'il affectionnait, Berthereau se trouva sans ressources et dans un état voisin de l'indigence ; enfin il succomba à ses peines le 26 mai 1794. M. Sylvestre de Sacy a donné, dans le *Magasin encyclopédique* (7ᵉ année, tom. 2, pag. 7), une notice curieuse et très-étendue sur la vie et les écrits de ce savant religieux.

BERTHET (Jean), né à Tarascon en Provence, l'an 1622, mort en 1692, se rendit célèbre par la connaissance des langues anciennes et modernes. Il entra dans la compagnie de Jésus, où il professa quelque temps les humanités. Ensuite il enseigna les sciences abstraites, rassemblant, à l'aide d'une mémoire immense et d'un génie souple et actif, plusieurs connaissances. On a de lui des *Dissertations* savantes sur différents sujets ; des *Odes* ; des *Sonnets* français, italiens, espagnols ; des *Chansons* provençales ; des *Vers* libres ; des *Épigrammes, Madrigaux*, et autres petites pièces en plusieurs langues.

BERTHIER (Guillaume-François), né à Issoudun en Berri, le 7 avril 1704, entra dans la Société des Jésuites en 1722, et s'y distingua par ses vertus et sa science. En 1745, on lui confia la rédaction du *Journal de Trévoux*, qu'il dirigea jusqu'à la dissolution de sa Compagnie en France, à la satisfaction du public et des véritables gens de lettres. « Jamais, dit « l'auteur des *Trois Siècles*, ce journal « n'a été plus intéressant et plus utile « que quand le P. Berthier y a travaillé. « Sa pénétration à démêler les pièges de « l'incrédulité, son courage à les mettre « au grand jour, son habileté à en parer « les coups, lui ont attiré les sarcasmes « de ces esprits forts contre tout, excep- « té ce qui blesse leur amour-propre ; « mais il a fait voir par ses lumières, au- « tant que par sa modération, combien « il est facile d'être supérieur à leurs « manéges, à leurs attaques et à leurs « insultes. » Sur la fin de 1762, il fut nommé garde de la Bibliothèque royale, et adjoint à l'éducation de Louis XVI et de Monsieur ; deux ans après, il se consacra à la retraite, et ne s'occupa plus que de l'étude et des exercices de la religion. Il mourut à Bourges le 15 décembre 1782. Le chapitre de la métropole rendit un hommage public à ses vertus et à ses talents, en lui donnant une sépulture distinguée dans son église. Le clergé de France venait de le gratifier d'une pension à son insu, sans doute pour le récompenser de sa *Continuation de l'Histoire de l'Eglise Gallicane*, commencée par le Père Longueval. On lui doit les six derniers volumes de cet ouvrage, écrits avec une critique, une modération, une netteté de style et une élégance peu communes. Tout y est déduit et discuté avec une noble aisance qui, en faisant disparaître la gêne du travail, annonce les connaissances les plus étendues et la plume la mieux exercée. L'abbé de Voisenon lui a rendu ce témoignage, lorsque la Société fut proscrite dans le ressort du Parlement de Paris : « L'au-« teur était savant, modeste, point in-« trigant, bon prêtre et honnête homme. « Le *Journal de Trévoux* perdit en lui « un bon littérateur, et Paris un homme « de bien. Il n'y a que les encyclopédis-« tes qui gagnent à son expulsion un « puissant adversaire de moins ». Après sa mort on a publié les *Psaumes* et *Isaïe*, traduits en français avec des *Réflexions* et des *Notes* : le premier en 8 vol., in-12, Paris, 1785, réimprimé en 1788 en 5 vol. sans notes : le second, Paris, 1788, 5 vol. in-12. Les *Réflexions* regardent surtout la morale : elles sont pleines d'onction et pénètrent un cœur droit ; les *Notes* expliquent le sens littéral du texte : l'auteur y étale une érudition peu commune, et se montre l'égal des plus habiles commentateurs. Comme il possédait parfaitement l'hébreu, il entre dans de savantes discussions, et il aplanit beaucoup de difficultés, de manière qu'il fait très-bien entendre le sens du texte. Le P. Berthier est clair, et surtout précis ; ce qui est la preuve d'un bon esprit. Le seul reproche qu'on puisse lui faire, c'est celui d'être un peu trop houbigantiste, et d'avoir dans les idées de cet hébraïsant, une confiance qu'elles ne méritent pas toujours. Peut-être jugera-t-on aussi qu'il s'arrête quelquefois trop à des discussions où le doute et l'ignorance valent mieux qu'une décision. On a encore de lui des *Réflexions spirituelles* en 5 vol., in-12, 1790, réimprimées en 1811 avec de nombreuses corrections. M. Montjoie a publié, en 1817, l'*Eloge du P.Berthier*, in-8.

BERTHIER (Alexandre), maréchal de l'empire, prince de Neuchâtel et de Wagram, né à Versailles, le 20 novembre 1753, fut destiné, dès l'enfance, à l'état militaire par son père qui était adjoint du gouverneur de l'hôtel de la guerre. Il entra d'abord en qualité d'officier dans le corps royal du génie, devint capitaine de dragons dans le régiment de Lorraine, passa en Amérique sous les ordres de Lafayette, et en revint avec le grade de colonel. S'étant montré partisan de la Révolution, il fut nommé major-général de la garde de Versailles. En 1791, il se rendit à Metz avec le titre d'adjudant-général. Il servit dans l'armée de Luckner comme chef d'état-major, passa ensuite dans la Vendée, et fut envoyé en 1796 à l'armée d'Italie, où il contribua beaucoup au succès de cette campagne, et se lia de la manière la plus intime avec Bonaparte, qui le chargea d'apporter, en 1797, le traité de Campo-Formio. Nommé, pendant l'absence de ce dernier, au commandement en chef de l'armée, il marcha contre Rome, et y entra le 14 janvier. Il y organisa un gouvernement consulaire, et se rendit en France pour passer en Egypte en qualité de chef d'état-major, emploi pour lequel il avait un véritable talent. Il se distingua en Egypte comme il l'avait fait en Italie, et revint avec Bonaparte en France, où il eut une part assez active à la révolution du 18 brumaire. Il fut, bientôt après, nommé au ministère de la guerre. On lui confia ensuite le commandement en chef de l'armée de réserve. Enfin il se rendit de nouveau en Italie en 1800, et y organisa le gouvernement provisoire du Piémont. Deux ans après, il passa en Espagne pour y préparer les voies à l'usurpation qui ne tarda pas à s'effectuer. A son retour à Paris, il reprit le portefeuille de la guerre, et lorsque Bonaparte eut été proclamé empereur, il fut élevé à la dignité de maréchal d'empire, et créé prince de Neuchâtel. Il suivit depuis l'empereur dans toutes ses campagnes, et il lui fut de la plus grande utilité. Il avait toute sa confiance, et c'est le seul général qui soit parvenu à le faire adhérer quelquefois à ses conseils. En 1814, il souscrivit, comme le plus grand nombre des généraux, aux décrets du sénat qui rappelaient en France la dynastie légitime, et il se rendit à Compiègne à la tête des maréchaux pour y prêter le serment de fidélité à Louis XVIII, et l'assurer de son dévouement pour les Bourbons. Il fut créé pair le 4 juin, et ensuite capitaine d'une des compagnies des gardes du corps. Lorsque Bonaparte revint en France en 1815, il suivit le roi à Gand ; mais il le quitta bientôt pour se rendre dans la Bavière. Son départ précipité donna lieu à plusieurs conjectures, et l'on apprit, quelques mois après, qu'il avait péri en se jetant d'une fenêtre du palais de Bamberg, le 1er juin 1815, à la suite, dit-on, d'une fièvre chaude.

BERTHIER DE SAUVIGNY, conseiller d'Etat et intendant de Paris, perdit ces places sous Necker, et y fut réintégré lorsque Louis XVI remplaça le ministère de Necker par un autre ministère dont Foulon, beau-père de Berthier, faisait partie. Durant la disette qui se fit sentir à Paris en 1789, le peuple accusa Berthier d'en être l'auteur. Celui-ci, après la prise de la Bastille, prévoyant le sort qui l'attendait, prit la fuite et se dirigea vers la Flandre. Des gardes nationaux l'atteignirent à Compiègne et le ramenèrent à Paris. Une multitude en fureur, déjà souillée du sang de Foulon, se porta sur son passage; on présenta à Berthier la tête de son beau-père, qu'il salua avec respect, et il fut amené à l'Hôtel-de-Ville au milieu de cet effrayant cortége. Ses défenseurs crurent calmer l'effervescence populaire, en ordonnant de le conduire en prison, et en promettant à la multitude forcenée justice et vengeance; mais Berthier fut arraché des mains de son escorte. Il s'empara du fusil d'un soldat, et voulut, mais inutilement, se défendre. Désarmé, saisi, et entraîné sous un réverbère, il y fut bientôt suspendu. On promena ensuite sa tête dans Paris; un dragon lui arracha le cœur, et le porta d'un air triomphant dans l'assemblée des électeurs.

BERTHOD (Claude), savant bénédictin, né à Rupt en 1732, mort à Bruxelles en 1788, recueillit dans les archives de cette ville des morceaux précieux relatifs à l'histoire de France, et particulièrement à celle de la Franche-Comté. Après la suppression des Jésuites, Berthod fut, en 1784, associé aux savants chargés de continuer la fameuse collection de *Acta sanctorum*, ou *Bollandistes*, et eut part au 51ᵉ volume de ce recueil important.

BERTHOLDE, BERNOLDE ou BERNALD, prêtre de Constance dans le 11ᵉ siècle, continua la *Chronique d'Hermannus Contractus*, moine de Reichenau, depuis l'an 1054 jusqu'en 1064. Il y ajouta l'histoire de son temps jusqu'à l'année 1066, qu'on croit être celle de sa mort. Cette *Chronique* se trouve avec les additions, dans le premier tome des *Anciennes Leçons* de Canisius. Il nous reste encore de Bertholde, des *Opuscules* en faveur de Grégoire VII dont il était grand partisan, et la vie d'*Hermannus Contractus* en manuscrit, dans l'abbaye de Muri, en Suisse.

BERTHOLET (Jean), jésuite, né à Salm dans le duché de Luxembourg, mort à Liége en 1755, est auteur d'une *Histoire de l'institution de la Fête-Dieu*, Liége, 1746, 1 vol. in-4, où l'on désirerait un peu plus de critique; et d'une *Histoire ecclésiastique et civile du duché du Luxembourg et comté de Chiny*, en 8 vol. in-4, ouvrage prolixe, écrit sans beaucoup de méthode, mais où l'on trouve de l'érudition et des choses intéressantes.

BERTHOLET-FLEMAEL (Barthélemy), né à Liége en 1614, peignit avec succès. On lui donna une place d'académicien et de professeur à Paris : les Grands-Augustins de cette ville ont de lui une *Adoration des Mages*; mais la plupart de ses tableaux sont à Liége : on admire surtout la *Conversion de saint Paul* qui est dans la collégiale de ce nom, dont Bertholet était chanoine; une *Assomption de la Vierge* dans l'église des dominicains; une *Résurrection de Lazare* à la cathédrale, etc. Il mourut à Liége en 1675.

BERTHOLLET (Louis, comte), docteur en médecine et célèbre chimiste, né à Talloire en Savoie vers 1756, devint membre de l'Académie des sciences en 1780, et fut envoyé l'an 1796 en Italie, pour présider au choix des divers monuments que Bonaparte voulait faire transporter en France. Il suivit ce général en Egypte, et revint avec lui en 1799. Après le 18 brumaire, il fut élu membre du sénat-conservateur, puis décoré du titre de comte et de grand-officier de la Légion-d'Honneur. On lui donna, en 1804, la sénatorerie de Montpellier; enfin, le 14 mai 1806, il fut président du collége électoral des Pyrénées-Orientales, et le 3 avril 1813, il fut élevé au rang de grand'croix de l'ordre de la Réunion. Il vota néanmoins en 1814, un des premiers, la déchéance de Bonaparte, et fut créé pair par le roi le 4 juin. Il est mort le 6 novembre 1822. C'est lui qui, le premier, a découvert le moyen de conserver sur mer l'eau pure et saine dans une longue navigation. Son procédé est bien simple : il s'agit de réduire en charbon toute la couche intérieure des tonneaux dans lesquels on la transporte. Il est particulièrement connu pour le perfectionnement qu'il a donné au blanchiment des substances végétales par l'acide muriatique oxigéné. Ses ouvrages sont : *Observations sur l'air*, Paris, 1776, in-12; *Observations sur quelques combinaisons de l'acide muriatique oxigéné*, 1786 et 1787; avec Lavoisier, Guyton-Morveau et Fourcroy, *Méthode de nomenclature chimique*, 1787, in-8; *Essai sur le Phlogistique et sur la constitution des acides*, traduit de l'anglais de Kirvan, avec *Notes*, 1788; *Précis d'une théorie sur la nature de l'acier, sur ses préparations*, etc., 1789, in-8; *Observations générales sur l'art de teindre, et sur l'union des parties astringentes et colorantes des plantes avec les terres métalliques*, 1790, in-8; *Éléments de l'art de la teinture*, 1791, in-8; 2ᵉ édition, 1804, 2 vol. in-8; *Description du blanchiment des toiles*, 1795, in-8; avec Desmarest, *Instruction sur l'art de la teinture, et particulièrement pour la teinture en laine*, traduite de l'allemand de Porner, revue et corrigée, Turin 1796; *Essai de statique chimique*, 1803, 2 vol. in-8; *Nouvelles Recherches sur les lois de l'affinité chimique*, 1806, in-8; *Cours de chimie des substances animales*, dans le *Journal de l'école polytechnique*; plusieurs *Mémoires* dans les *Annales de chimie* et dans les *Recueils de l'Académie des sciences et de l'Institut*. Berthollet avait été naturalisé français.

BERTHOLON (Nicolas), né à Lyon, où il mourut en 1799. Il entra jeune dans la maison de Saint-Lazare, et en sortit pour remplir à Montpellier la chaire de professeur de physique, et ensuite celle de professeur d'histoire à Lyon. Ami de Francklin, il profita de ses découvertes pour garantir les bâtiments de la foudre, et fit construire à Paris et à Lyon un grand nombre de paratonnerres. Chaque année, il remportait deux ou trois prix aux concours académiques. Ses principaux ouvrages sont : *Moyen de déterminer le moment où le vin en fermentation a acquis toute sa force*, 1781, in-4; *De l'électricité du corps humain dans l'état de santé et de maladie*, 1781, in-8; *De l'électricité des végétaux*, 1783, in-8; *Preuves de l'efficacité des paratonnerres*, 1783, in-4; *De l'électricité des météores*, 1787, 2 vol. in-8.

BERTHOUD (Ferdinand), célèbre horloger-mécanicien de la marine pour la construction et l'inspection des horloges à longitude, né en 1727, à Plancemont, dans le comté de Neuchâtel, mort en sa maison de Groslay, près de Paris, en 1807. Ses ouvrages sont : *l'Art de conduire et de régler les pendules et les montres*, 1760, in-12, souvent réimprimé; *Essais sur l'horlogerie*, 1763 et 1786, 2 vol. in-4; *Traité des horloges marines*, 1775, in-4; *De la mesure du temps*, ou *Supplément au Traité des horloges marines*, 1787, in-4; *Les longitudes par la mesure du temps*, 1775, in-4; *La mesure du temps appliquée à la navigation*, ou *Principes des horloges à longitude*, 1782, in-4; *Histoire de la mesure du temps par les horloges*, 1802, 2 vol. in-4; et quelques autres opuscules.

BERTI (Jean-Laurent), né le 28 mai 1696 à Serravezza, village de la Toscane, dans le capitanat de Pietra Santa, entra dans l'ordre des Augustins. Il fut envoyé à Rome, et devint assistant général d'Italie. Il y fit imprimer son *Cours complet de Théologie* en 8 vol. in-4, qu'il dédia au pape Benoît XIV. Comme il y soutint l'impossibilité de pure nature, quelques évêques de France, entre lesquels M. Languet, archevêque de Sens, condamnèrent sa doctrine; mais Benoît XIV l'absolva d'hérésie, et avec raison. Berti fit l'*Apologie* de sa doctrine en 2 vol. in-4. L'empereur François Iᵉʳ, grand-duc de Toscane, lui donna une chaire de professeur dans l'Université de Pise, avec une pension considérable. Ce fut dans cette ville que le Père Berti mourut le 26 mai 1766, après avoir publié : *Histoire ecclésiastique*, 7 vol. in-4; un *Abrégé de la même Histoire*, deux tomes en un vol. in-8. Pauvre compilation, sans ordre, sans choix, remplie de minuties, de faussetés, de partialité. Dans les premières éditions, entre autres dans celle de 1748, on trouve dans la préface de la 2ᵉ partie, une espèce de rétractation de ce qu'il avait dit dans la 1ʳᵉ, touchant le jansénisme. L'auteur essaie de réparer ses prétendus torts par un verbiage indigne d'un esprit solide et conséquent. Il exalte jusqu'au ciel les chefs et les promoteurs du parti; il ravale dans la boue ceux qui l'ont combattu. Il a cru que par ce moyen il tirerait son livre de la foule, et qu'il serait préconisé par tous les adeptes de la secte, en quoi il ne s'est pas trompé. « Cherchez-vous de la réputation? dit un orateur célèbre; attachez-vous à quelque faction, et après cela ne vous inquiétez de rien. » Bertin a encore publié des *Dissertations*, des *Dialogues*, des *Réponses*, des *Discours académiques*, etc. Tous ses ouvrages ont été recueillis dans une édition in-fol, à Venise.

BERTIER (Julien-Jacques), né dans le diocèse de Saint-Malô, fut arrêté pendant la Révolution, conduit à Rochefort, et placé avec huit cents autres prêtres sur les pontons dans la rade de l'île d'Aix. De retour dans son diocèse, après la persécution, l'abbé Bertier se réunit à quelques ecclésiastiques pour établir un collége qui, s'étant accru successivement, compta jusqu'à quatre cents élèves, et fournit au clergé un grand nombre de sujets. En 1808, il fut nommé curé d'une paroisse de Saint-Malô et vicaire général du diocèse. Il continua, cependant, à diriger le précieux établissement qu'il avait formé; mais, en 1830, il eut le chagrin de le voir dépérir par suite de l'interdiction qui lui fut faite de recevoir des externes. L'abbé Bertier a succombé le 22 janvier 1837, à l'âge de 80 ans. On a de lui une *Exposition des principes de la vraie religion* : c'est un précis des matières qu'il traitait dans ses fréquentes prédications.

BERTIN (saint), né dans le territoire de Constance sur le Haut-Rhin, était neveu de saint Omer, évêque de Térouane. Il aida son oncle à défricher les terres de cet évêché, qui étaient des déserts. Un gentilhomme de ce pays, nommé Adroalde, s'étant converti, donna sa terre de Sithieu pour y fonder un monastère. Bientôt il fut peuplé d'un nombre infini de religieux qui, sous la conduite de saint Bertin, menaient une vie angélique. Il fut leur abbé et leur modèle. Quelque temps avant sa mort, arrivée en 709, il se retira dans un petit ermitage, où il finit sa vie sainte dans de grands sentiments de piété, âgé de plus de cent ans. Si ceux qui envient aux monastères les terres qu'ils possèdent, avaient eu la charge de les défricher de leurs propres mains, comme les religieux de Saint-Bertin, nos plus belles campagnes seraient encore des bruyères. L'abbaye et l'église de l'île de Sithieu, qui sont un des plus beaux ornements de la ville de Saint-Omer, ont porté pendant plus de quatre cents ans le nom du prince des apôtres ; mais il y en a plus de cinq cents qu'elles portent celui de Saint-Bertin, à cause des reliques de ce saint, que l'on vient visiter de toutes parts. L'église est un des plus beaux édifices dans le goût gothique, qu'il y ait en France. Le trésor, qui est fort riche, est dû à la libéralité de Charlemagne, des autres empereurs, et d'un grand nombre de princes et de prélats célèbres.

BERTIN (Nicolas), peintre et disciple de Jouvenet et de Boullongne l'aîné, naquit à Paris en 1667. Son père était sculpteur. L'académie de peinture lui adjugea le premier prix à l'âge de 18 ans, et se l'associa ensuite. Louis XIV, l'électeur de Mayence, celui de Bavière, l'employèrent successivement à divers ouvrages. Il mourut à Paris en 1746, dans de grands sentiments de religion. Sa manière était pleine de force et de grâce; il excellait dans les petits tableaux.

BERTIN (Théodore-Pierre), mort en 1819, dans un âge très-avancé, concourut comme sténographe à la rédaction de plusieurs journaux pour les séances du Corps législatif et des tribunaux, et inventa une *Lampe docimastique*, utile pour l'essai des métaux. Il s'était livré presque exclusivement à la traduction d'ouvrages anglais, ou du moins prétendus tels, dans le choix desquels il n'a pas toujours été heureux, et qu'il a traduits plus vite que bien. Les principaux sont : *Système universel et complet de sténographie, inventé par Taylor, et adapté à la langue française*, 4e édition, 1803 ; *Le nouvel Ami des enfants, ou le Berquin anglais*, 1802, 4 vol. in-18 ; *Le Newton de la jeunesse*, 2e édition, 6 vol. in-18 ; *Les Matinées de l'enfance*, 1810, 4 vol. in-18; *Les Loisirs de l'enfance*, 1811, 4 vol. in-18 ; *Les Jeux de l'enfance*, 1811 et 1816, 2 vol. in-18 ; *Les Soirées de l'enfance*, 1811, 4 vol. in-18, etc., etc.

BERTIN (Pierre-Joseph) naquit, le 25 février 1748, à Amiens où il mourut le 28 avril 1830. Ordonné prêtre, Bertin fut nommé en 1779 principal du collège d'Abbeville. Pendant la Révolution il se retira en Angleterre ; il y publia des *Tableaux historiques* qui eurent un assez grand succès, et qui depuis ont été imités par Lascase dans son *Atlas* publié sous le nom de Lesage. Il obtint, bientôt après, une chaire de langue française à l'Université d'Oxford, où il reçut la visite de Louis XVIII et de la famille royale exilée. Rentré en France en 1815, il vécut dans la retraite, et se fixa à Abbeville, où il exerça les fonctions d'administrateur du collège et de président du Comité d'instruction primaire. Plus tard il fut nommé chanoine de la cathédrale d'Amiens. L'abbé Bertin a laissé des *Discours* littéraires et religieux.

BERTIN (Antoine), chevalier de Saint-Louis, capitaine de cavalerie, né à l'Île-Bourbon, le 10 octobre 1752. Il avait été amené en France dès l'âge de 9 ans, et il avait fait de brillantes études. Lié de l'amitié la plus intime avec le chevalier de Parny, il s'adonna comme lui à la poésie érotique, talent bien funeste et bien frivole, qui corrompt ordinairement le goût, et pervertit presque toujours le cœur, en séduisant par des images et des peintures dangereuses. On ne voit pas de poëtes érotiques s'élever à un genre plus sérieux et plus noble ; mais malheureusement on voit souvent des poëtes distingués s'abaisser à ce genre, où presque tous ceux qui s'y sont livrés ont obtenu des succès qui prouvent ou la facilité de ces sortes de productions, ou la perversité du siècle où ils ont écrit. A la fin de 1789, il passa à l'île Saint-Domingue pour épouser une jeune créole qu'il avait connue à Paris ; mais le jour même où la cérémonie nuptiale fut célébrée, il fut saisi d'une fièvre lente dont il mourut au bout de 17 jours. Ses *Œuvres* ont été recueillies en 2 vol. in-18, et plusieurs fois réimprimées. Outre ses poésies, qui sont inférieures à celles de Parny, on y trouve un *Voyage en Bourgogne* en prose et en vers, dans le genre de celui de Chapelle et Bachaumont. La Harpe, quoique son ami, n'a pas jugé convenable de parler de ce poëte dans son *Cours de littérature*.

BERTIN (Antoine), curé de la cathédrale de Reims, né en 1761, prêta serment à la constitution civile du clergé, fit sa rétractation, et mourut le 30 juillet 1823. Il a publié plusieurs ouvrages en faveur de la jeunesse : *Le jeune Cosmographe, ou Description de la terre et des eaux*, 1790, in-12; *Esquisse d'un tableau du genre humain, ou Introduction à la géographie*, in-12; *Eléments d'histoire naturelle extraits de Buffon, Valmont-de-Bomare, Pluche*, etc., in-12; *Eléments de Géographie extraits de Lacroix, Vosgien, Mentelle, Gutherie*, etc., 1802, in-12.

BERTIN l'aîné (Jean-François), né à Paris en 1770, se destina dans sa jeunesse à l'état ecclésiastique. La révolution changea ses dispositions. En 1795, il devint éditeur d'un journal intitulé *l'Éclair*, dans lequel il attaqua avec beaucoup de véhémence les principes révolutionnaires. Cette feuille ayant été supprimée après le 9 novembre 1799, Bertin s'associa au *Journal des Débats* qui prit plus tard le titre de *Journal de l'Empire*. En 1800 (an IX), Bertin se trouva impliqué dans une accusation de royalisme, fut détenu au Temple, déporté à l'île d'Elbe et ensuite à Florence. En 1805, il fut mis en liberté et revint à Paris. En 1814, le *Journal de l'Empire* ayant recouvré son ancien nom de *Journal des Débats*, il en fut l'un des principaux rédacteurs. Pendant les Cent-Jours, Bertin suivit Louis XVIII à Gand, et se chargea de rédiger dans cette ville un journal qui portait le titre de *Moniteur universel*, et qu'on a appelé plus tard le *Moniteur de Gand*. Après le second retour des Bourbons, en 1815, Bertin reprit la rédaction en chef du *Journal des Débats*, et continua, pendant plusieurs années, à défendre dans cette feuille les doctrines royalistes; mais sous le ministère de Villèle, après le renvoi de Châteaubriand, il passa dans le camp de l'opposition, et depuis lors il ne cessa de soutenir les doctrines libérales. Lorsque de Martignac fut appelé aux affaires, Bertin se montra favorable à la nouvelle administration qui venait de se former, et la défendit à la fois contre les royalistes et contre les hommes de la gauche. A l'avènement du ministère Polignac, le *Journal des Débats* publia un article finissant par ces mots : *Malheureux roi! malheureuse France !* qui fut incriminé. Quoiqu'il n'en fût pas l'auteur, Bertin en revendiqua la responsabilité légale, que d'ailleurs il n'eût pu décliner, fut condamné en première instance, mais acquitté en appel par la cour royale. Il avait prononcé, à cette occasion, un discours dans lequel il protestait de son dévouement à la dynastie des Bourbons. Lorsque parurent les ordonnances de juillet 1830, Bertin refusa de signer la protestation des journalistes; mais, après le triomphe de l'insurrection, il se prononça pour le nouvel état de choses. Le *Journal des Débats* devint depuis lors le principal organe du gouvernement. Bertin est resté jusqu'à l'époque de sa mort, arrivée le 13 septembre 1841, le rédacteur en chef de cette feuille, et n'a cessé de la signer comme gérant responsable. Il a publié : *Elisa, ou la Famille d'Esderland*, 1798, 4 vol. in-12; *La Caverne de la mort*, 1799, in-12; *L'Eglise de Saint-Siffrid*, 1799, 5 vol. in-18. Ces trois romans sont traduits de l'anglais.

BERTIN DE VAUX, frère du précédent, suivit pendant la Révolution la même carrière, et devint aussi copropriétaire du *Journal des Débats*. Plusieurs de ses articles ayant déplu au premier consul, on l'obligea à quitter ce journal. Il établit alors une maison de banque, devint juge au tribunal de commerce en 1805, et en fut le vice-président pendant plusieurs années. En septembre 1815, il obtint la présidence du collège électoral du deuxième arrondissement de Paris, qui le nomma membre de la Chambre des députés. Au mois d'octobre de la même année, il fut appelé aux fonctions de secrétaire-général du ministère de la police. En 1820, il présida de nouveau le collège électoral du deuxième arrondissement qui l'envoya encore à la Chambre, où il siégea au côté droit, et où il prononça, le 16 février 1821, un discours remarquable contre le projet de loi relatif aux annuités. En 1824, Bertin de Vaux fut nommé président du collège électoral de Versailles, et réélu député à une très-faible majorité. Il vota avec le ministère jusqu'au moment du renvoi de Châteaubriand; il donna alors sa démission de conseiller d'État, et fit, dans le *Journal des Débats*, une guerre d'opposition à ses anciens amis. En 1830, il se rallia au nouveau gouvernement et fut élevé à la pairie le 11 octobre 1832. Il est mort le 25 avril 1842, quelques mois seulement après son frère.

BERTIN (Jean-Victor), paysagiste célèbre, né à Paris le 20 mars 1775, mort en 1842, entra dans les ateliers de Valenciennes, et débuta par son tableau d'*Aristide recevant les députations de la*

Grèce. Bertin joignait la grâce et le sentiment au naturel; c'est lui qui est le fondateur de l'école de paysage historique, où se sont formés Michallon, Ténouf, Cognet, Boisselier et autres.

BERTIUS (Pierre), né à Béveren, petit village de Flandre, en 1565, professeur de philosophie à Leyde, fut dépouillé de son emploi, pour avoir pris le parti des arminiens. Il se rendit à Paris, où il abjura le protestantisme en 1620, et fut revêtu de la charge de cosmographe du roi, de la place de professeur royal surnuméraire en mathématiques, et du titre d'Historiographe de France. Il mourut en 1629, à 64 ans. Ses ouvrages de géographie sont plus estimés que tout ce qu'il a publié sur les gomaristes et les arminiens. On a de lui : *Commentarium rerum germanicarum libri tres*, in-12, Amsterdam, 1535. Il y a dans cet abrégé une assez bonne description de l'Allemagne, et une carte de l'empire de Charlemagne; *Theatrum Geographiæ veteris*, Amsterdam, 1618 — 1619, 2 vol. in-fol. Ce recueil qui renferme presque tous les anciens géographes, éclaircis par de savantes notes, est rare et recherché; il en a donné un abrégé, Paris, 1630, in-4; *Orbis terrarum ex mente Pomponii Melæ delineatus*, Paris, in-fol.; *Tabularum geographicarum contractarum lib. 7*, Amsterdam, 1618, in-4; *Veteris geographiæ tabulæ*, Paris, 1628, in-fol; *Notitia Episcopatuum Galliæ*, Paris, 1625, in-fol.; *De Aggeribus et Pontibus*, Paris, 1629, in-8 : traité fait à l'occasion de la digue de la Rochelle; *Introductio in universam Geographiam*, in-12. Tous ses ouvrages sont consultés par ceux qui cultivent la géographie, et qui écrivent sur cette science. Il est auteur de la *Préface* qui se trouve à la tête de quelques éditions du livre de Boëce. *De consolatione philosophiæ*, Leyde, 1638, in-24.

BERTOLA (l'abbé Aurélia), poëte italien, né à Rimini en 1728, mort en janvier 1797. Il avait voyagé en France, en Suisse, et à son passage à Zurich il s'était lié d'amitié avec le célèbre Gessner. Il en a prononcé l'éloge qui est un beau morceau d'éloquence. Le recueil de ses poésies a obtenu plusieurs éditions. On y remarque particulièrement des fables supérieures à celles de Pignotti pour la grâce et la naïveté, mais celui-ci l'emporte pour l'harmonie des vers et le coloris.

BERTOLI (J.-Dominique), antiquaire italien du XVIII° siècle, chanoine d'Aquilée, consacra ses revenus à recueillir les médailles, les inscriptions et les monuments des environs de cette ville, et publia le *Antichità di Aquileja profane e sacre*, Venise, 1739, in-fol.

BERTON (Henri-Montau), l'un des plus célèbres musiciens de notre époque, professeur d'harmonie au Conservatoire et membre de l'Institut, compositeur fin, spirituel, énergique, savant et populaire tout à la fois, naquit le 17 septembre 1766, à Paris, d'un père lui-même célèbre compositeur. Le jeune Berton montra, dès l'enfance, les plus heureuses dispositions pour la musique. Il entra, à l'âge de 13 ans, comme violon à l'orchestre de l'Opéra, et se livra avec ardeur à la composition. Malgré ses maîtres qui avaient décidé qu'il n'y réussirait pas, il parvint à se faire confier par Lamorlière son opéra de la *Dame invisible*. Son travail achevé, il hésitait à le faire connaître; on porta sa partition, sans le lui dire, à Sacchini qui prit le plus vif intérêt au jeune compositeur, l'invita à venir travailler auprès de lui, et ne cessa de le diriger dans ses études jusqu'à sa mort. Devenu l'un des plus célèbres musiciens de l'époque, Berton fit partie du Conservatoire, aussitôt après sa formation, comme professeur d'harmonie. En 1806, il prit la direction des Bouffes, la garda pendant deux ans, après lesquels il entra comme chef de chant à l'académie de musique, sous la direction de Picard. En 1815, Berton fut admis à l'Institut en même temps que Spontini; mais en 1816 il en fut exclu, et perdit ses places à l'Opéra, à la surintendance de la chapelle du roi, et au Conservatoire, à cause de ses opinions politiques. La seule attribution qui lui restât était d'examiner la partie musicale des compositions lyriques destinées à l'Opéra. Cependant, à la mort de Méhul, en 1817, il rentra au Conservatoire pour y remplacer cet illustre compositeur, et à l'Institut en remplacement de Monsigni; sa place de 6,000 francs à l'Opéra fut remplacée par une pension de 1,200 francs. Berton débuta comme compositeur aux Italiens, en 1786, par le *Premier navigateur*; depuis cette époque jusqu'à sa mort arrivée au mois de mai 1844, il a composé la musique d'un très-grand nombre d'opéras, dont voici les principaux : *Absalom*, oratorio, au concert spirituel; *David dans le Temple; Ponce de Léon*, paroles et musique de Berton, 1794; *Le Souper de famille*, 1796; *Le grand Deuil; Le Concert interrompu; La Reine de Golconde; Les trois garçons*, 1805; *Le Chevalier de Senanges*, 1807; *Françoise de Foix*, 1809; *Le Charme de la voix*, 1811; *L'Enfant prodigue*, ballet; *Valentin, ou le paysan romanesque; Roger de Sicile; Blanche de Provence*, avec Boïel dieu et Cherubini ; *Pharamond*, avec Boïeldieu et Kreutzer. On doit encore à Breton : *Système général d'harmonie* composé d'un *Arbre généalogique des accords*, d'un *Traité d'harmonie basé sur l'Arbre généalogique*, et d'un *Dictionnaire des accords*, Paris, 1815, 4 vol. in-4 ; *De la Musique mécanique et de la Musique philosophique*, 1822, in-8 ; *Epître à un célèbre compositeur français* (Boïeldieu), précédée de quelques observations sur la musique mécanique et sur la musique philosophique, 1826, in-8 ; des *Articles* de musique dans l'*Encyclopédie Courtin*, et les mots concernant ce même art dans le *Dictionnaire de l'Académie française*.

BERTON (Jean-Baptiste), maréchal-de-camp, né en 1774 à Francheval, près Sédan, d'une famille bourgeoise, entra à l'âge de 17 ans à l'école militaire de Brienne, et fut nommé, en 1792, sous-lieutenant dans la légion des Ardennes. Il fit avec ce corps les campagnes des armées de Sambre-et-Meuse, et obtint le grade de capitaine. Il se signala en plusieurs occasions, notamment à la Bataille de Friedland où il rendit d'importants services. Il passa ensuite en Espagne, et après la bataille de Spinosa, le maréchal Victor le présenta, à la revue de Burgos, à Bonaparte comme le premier chef d'escadron de l'armée pour la valeur et les talents. Peu après il fut nommé chef d'état-major, et enfin maréchal-de-camp. C'est en cette qualité qu'il commanda une brigade avec beaucoup de distinction à la bataille de Toulouse, le 10 avril 1814. Après la Restauration, le général Berton fut mis en demi-solde ; mais il reprit de l'activité pendant les Cent-Jours, et il commanda une brigade à la bataille de Waterloo. S'étant rendu à Paris après le retour du roi, il fut arrêté et détenu cinq mois à l'Abbaye ; cependant il fut mis en liberté sans avoir subi de jugement. On le vit alors se ranger dans le parti de l'opposition, et publier successivement plusieurs écrits qui le firent rayer des contrôles de l'armée. Il ne tarda pas à s'engager dans un complot contre le gouvernement, et le 24 mars 1822, il leva à Thouars l'étendard de la révolte, proclama un gouvernement provisoire, et se mit en route pour Saumur avec une centaine d'hommes à pied et vingt-cinq cavaliers qui furent joints en route par quelques personnes des villages environnants. L'avis en fut donné aux autorités de Saumur, qui firent aussitôt des préparatifs de défense. Berton, n'espérant plus pouvoir s'emparer du château-fort qui le domine, se décida à la retraite, et voulut se replier sur Thouars ; mais déjà on avait pris des mesures pour y empêcher son retour. Alors plusieurs des chefs prirent la fuite, et Berton erra plusieurs jours dans les départements des Deux-Sèvres et de la Charente-Inférieure. Enfin il disparut ; on crut qu'il était passé en Espagne, lorsqu'on apprit qu'il avait été arrêté à Laleu, commune de Saint-Florent, dans la maison de campagne de Delalande, notaire à Saint-Florent, par le sous-officier de carabiniers Wolfel, qui avait feint d'entrer dans ses projets pour pouvoir mieux le surprendre. Berton fut conduit à Saumur, et de là à Poitiers où il fut condamné à mort par la cour d'assises avec cinq de ses co-accusés, dont deux contumaces ; trente-deux furent condamnés à l'emprisonnement. Berton se pourvut en cassation, mais l'arrêt fut confirmé et exécuté le 5 octobre 1822. Outre les *Brochures* qui ont amené sa disgrâce, il a travaillé à la *Minerve Française*, aux *Annales des faits et sciences militaires*, et à l'ouvrage intitulé : *Victoires et Conquêtes des Français*.

BERTOUX (Guillaume), jésuite, né à Arras en 1723, a publié : *Histoire des poëtes français*, 1767, in-12, plusieurs fois réimprimée ; *Anecdotes françaises depuis l'établissement de la monarchie jusqu'au règne de Louis XV*, 1767, in-8, ouvrage plein d'intérêt et de choses curieuses ; *Anecdotes espagnoles et portugaises depuis l'origine de ces deux nations jusqu'à nos jours*, 1773, 2 vol. in-8, ouvrage rédigé sur le même plan que le précédent, mais d'un moindre intérêt. L'abbé Bertoux est mort à Clermont en Beauvoisis vers la fin de 1810.

BERTRADE, fille de Simon, comte de Montfort, épousa d'abord Foulques, comte d'Anjou, vieillard avare, fantasque et cruel. Elle se fit enlever en 1092 par Philippe I, roi de France. Yves de Chartres se récria fortement contre ce désordre ; mais il ne put arrêter ni l'ambition de cette femme, ni la passion du roi. Quelques prélats oublièrent leur devoir jusqu'à les marier, en 1093. Le pape Urbain II en fut si irrité, qu'il lança enfin l'excommunication qu'il avait suspendue jusque-là. Bertrade devint reine après la mort de Berthe, et finit par se retirer dans un couvent.

BERTRAM (Corneille-Bonaventure), ministre et professeur d'hébreu à Genève et à Lausanne, naquit à Thouars en Poitou, l'an 1531, et mourut à Lausanne en 1594. Il avait fait une étude particulière des langues orientales, et y était très-versé. Nous avons de lui : *Respublica Hebræorum*, Genève, 1850, Leyde, 1621, in-12 ; une *Révision de la Bible française de Genève*, faite sur le texte hébreu, Genève, 1588 ; il corrigea cette version en bien des endroits, mais dans d'autres il a trop suivi l'autorité des rabbins, et pas assez celle des anciens interprètes ; une édition du *Trésor de la langue sainte de Pagnin*, etc.

BERTRAND François. (Voyez GUESCLIN.)

BERTRAND (Pierre), né en Vivarais, professeur de jurisprudence à Avignon, à Montpellier, à Orléans et à Paris, ensuite évêque de Nevers, puis d'Autun, enfin cardinal en 1331, plaida si bien pour le clergé contre Pierre de Cugnières, que le roi Philippe de Valois prononça en sa faveur en 1329. Il était question d'établir jusqu'où devait s'étendre l'autorité du roi sur les choses spirituelles, et celle du clergé sur les choses temporelles. Son ouvrage fut imprimé à Paris en 1495, in-4, et dans les *Libertés de l'Eglise Gallicane*, Lyon, 1770, 5 vol. in-4. Il mourut à Avignon le 24 juin 1349. On trouve dans la *Bibliothèque des Pères* un traité de ce cardinal : *De origine et usu Jurisdictionum* ; il a été imprimé séparément à Venise en 1584, in-folio. Il fonda à Paris le collége d'Autun.

BERTRAND (Nicolas), avocat au Parlement de Toulouse, mort en 1527, a donné au public : *De Tolosanorum Gestis ab urbe condita*, Toulouse, 1515, in-folio, et ensuite en français, sous le titre de *Gestes des Toulousains*, Toulouse, 1517, in-4. Il y montre très-peu de critique, et on s'aperçoit facilement qu'il a profité des recherches de Guillaume de Puy-Laurens, et de Bernard de la Guionie, évêque de Lodève.

BERTRAND (Jean), sieur de Catourze, premier président au Parlement de Toulouse, s'est fait un nom par son livre *Bionomicon, sive de vitiis jurisperitorum*, que son fils François Bertrand donna au public en 1518, in-4, avec la *Vie* du président son père. Il mourut le premier novembre 1594.

BERTRAND (Philippe), sculpteur, né à Paris, en 1664, mourut dans cette ville en 1724, fut habile, mais il ne mérite point une place aux premiers rangs. On remarque dans ses ouvrages de l'ensemble et de l'expression.

BERTRAND (Jean-Baptiste), médecin et membre de l'académie de Marseille, né à Martigues le 12 juillet 1670, mourut le 10 septembre 1752. Il était bon praticien, et ne négligeait point la théorie. Il exerçait son art à Marseille, où il signala son zèle dans une fièvre contagieuse en 1709 et dans la peste de 1720. Le roi récompensa son admirable dévoument par une pension. Sa *Relation historique de la peste de Marseille*, in-12, 1721, n'est pas le seul ouvrage de ce savant médecin. On a encore de lui des *Lettres à M. Didier sur le mouvement des muscles*, 1732, in-12, et des *Dissertations sur l'air maritime*, 1724, in-4, où l'on trouve de bonnes observations.

BERTRAND (Thomas-Bernard), médecin, né à Paris le 22 octobre 1682, mort le 19 avril 1751, fut successivement professeur de chirurgie, de pharmacie et de matière médicale. On a de lui des *Thèses* soutenues sous sa présidence. Il entreprit l'histoire de la Faculté de médecine de Paris, et ce travail l'occupa toute sa vie; mais cette histoire n'a point été imprimée. Toutefois J.-Albert Hazon y a puisé en grande partie sa *Notus des hommes les plus célèbres de la famille de médecins de Paris, depuis 1110 jusqu'en 1750*, Paris, 1778, in-4; Thomas-Bernard Bertrand a écrit un assez grand nombre d'autres ouvrages, qui n'ont pas été publiés, même après sa mort, comme on l'a dit dans plusieurs éditions précédentes de Feller. On a dit aussi que : « élu doyen en 1640, il le demeura jusqu'à sa mort (édit. Perennès). » C'est une erreur : Bertrand, immédiatement après avoir été élu doyen, donna sa démission.

BERTRAND (François-Séraphique), avocat, né à Nantes en 1702, mourut dans cette ville en 1752. On a de lui des *Poésies diverses*, imprimées à Nantes en 1749, sous le titre de Leyde. Il y a d'assez jolis vers dans ce recueil, l'auteur imite assez heureusement plusieurs Odes d'Horace. Il a rédigé aussi le *Ruris deliciæ*, 1736, in-12, collection de vers latins et français qui sont d'un mérite fort inégal.

BERTRAND (Elie), pasteur et théologien, né à Orbe, en Suisse, en 1712, mort en 1785, se distingua par ses prédications, et cultiva avec zèle et succès les sciences naturelles. Il fut conseiller privé du roi de Pologne, et membre des académies de Stockholm, Berlin, Florence, Lyon, etc. Il a publié un grand nombre d'ouvrages. Les principaux sont : *Mémoire sur la structure intérieure de la terre*, 1752, in-8 ; *Essais sur les usages des montagnes, avec une lettre sur le Nil*, 1754, in-4 ; *Dictionnaire universel des fossiles propres et des fossiles accidentels*, 1763, 2 vol. in-8 ; *Morale de l'Evangile*, 1775, 7 vol. in-8 ; *le Thérinon, ou les journées de la montagne*, 1777, in-12, 1780, 2 vol. in-8.

BERTRAND (l'abbé), professeur de physique et d'astronomie à Dijon, est un de ces Bourguignons nombreux que le

Bourguignon Buffon avait suscités, et qui devinrent ses disciples et plus d'une fois ses égaux : les Guyton-Morveau, les d'Aubenton, les Guéneau et les Jacotot. L'abbé Bertrand fit partie de l'expédition que le gouvernement envoya à la recherche de Lapeyrouse, et y mourut. Il a laissé de belles *Considérations sur les Étoiles*, qui racontent la gloire de leur auteur.

BERTRAND (Jean-Baptiste), grammairien, né à Cernay-lez-Reims, le 8 septembre 1774, mort le 11 octobre 1830, a laissé : *Grammaire alphabétique française*, 1797, in-8 ; *Il y a des cas dans toutes les langues, et c'est une erreur de croire qu'il n'y en ait pas dans les noms français* ; *Raison de la syntaxe des participes de la langue française*, Paris, 1809, in 8.

BERTRAND (Le comte Henri-Gratien), grand-maréchal du palais, naquit à Châteauroux d'une famille honorable du Berri. Ses études furent dirigées vers le génie civil pour lequel il montra un talent distingué. Il servait comme garde national dans la journée du 10 août 1793, et se plaça dans un bataillon qui se portait volontairement aux Tuileries pour y défendre le roi. Il servit ensuite dans le génie, parcourut rapidement tous les grades militaires, fit l'expédition d'Égypte où il fortifia plusieurs places, et reçut presque à la fois les brevets de colonel et de général ; il se distingua à la bataille d'Austerlitz, et ramena après l'affaire un grand nombre de prisonniers et dix-neuf pièces de canon. Devenu aide-de-camp de Napoléon, il fut chargé d'attaquer Spandau en octobre 1807, et il obligea cette forteresse à capituler dès le 25 du même mois. Il se signala de nouveau à la bataille de Friedland, et reçut des éloges à cette occasion. Il fit la campagne de 1809 contre les Autrichiens, se distingua par ses talents en plusieurs circonstances et surtout par la construction des ponts sur lesquels l'armée française parvint à traverser le fleuve pour se porter à Wagram. Le général Bertrand fit aussi la campagne de Russie et de Saxe en 1812, et il s'acquit de plus en plus l'estime et l'affection de Napoléon, tellement qu'après la mort de l'infortuné Duroc il devint à sa place son plus intime confident, et fut nommé, comme lui, grand-maréchal du palais. Le général Bertrand commandait le quatrième corps à la bataille de Lutzen le 2 mai 1813. Le 19 mai il se distingua au combat de Weissing, et le 20 à la bataille de Bautzen. Le 6 septembre, il attaqua à Donewitz le corps d'armée dit de Berlin, commandé par le prince royal de Suède ; mais il fut repoussé avec perte ainsi que les autres corps que commandait le maréchal Ney. Le 16 octobre, il fut surpris par le général Blücher, et ne put défendre l'isthme de Warthemberg, où les Prussiens passèrent l'Elbe et lui firent éprouver une perte considérable. Le général Bertrand commandait un corps d'armée à Leipsick les 16 et 17 octobre. Le 18 il s'empara de Wussenfeld et du pont sur la Saale, et protégea ainsi la retraite de l'armée. Après la bataille de Hanau, du 30 octobre, il fut chargé de couvrir la retraite en occupant la position de Hochenheim entre Mayence et Francfort, et il commanda, quelque temps après le départ de Napoléon, les troupes qui avaient échappé aux désastres de Leipsick. Revenu à Paris dans le mois de janvier 1814, il fut nommé aide adjudant-général de la garde nationale de cette ville, et assista à toutes les batailles données dans la plaine de la Champagne et notamment à Montmirail. Ami dévoué de Napoléon, le général Bertrand le suivit à l'île d'Elbe, et fut peut-être, de tous ses partisans, celui qui fit le plus pour son retour en France. Depuis cette époque, fidèle à la bonne comme à la mauvaise fortune de Napoléon, il ne le quitta plus, le suivit dans son nouvel exil de Sainte-Hélène, partagea et adoucit ses infortunes, et ne songea à revenir en France qu'après avoir recueilli son dernier soupir. Bertrand avait été condamné à la peine de mort par contumace le 7 mai 1816. A son retour dans sa patrie en 1821, le roi Louis XVIII annula son jugement par ordonnance, et le réintégra dans tous ses grades militaires. Peu de temps après, il demanda sa retraite, et passa la plus grande partie de son temps à voyager. Sur tous les points du monde, en Amérique comme en Europe, il reçut de tous les peuples un accueil sympathique. Après la révolution de juillet, le général Bertrand fut nommé gouverneur de l'École polytechnique ; mais il conserva cette place peu de temps. Il a été aussi membre de la Chambre des députés, où il avait l'habitude de terminer tous ses discours par ces paroles : *Je vote pour la liberté illimitée de la presse*. Lorsqu'en 1840 le gouvernement envoya le prince de Joinville à Sainte-Hélène pour y chercher les restes mortels de l'empereur, le général Bertrand l'y accompagna et fut un des commissaires nommés pour présider à l'exhumation et à la reconnaissance du corps de Napoléon. Il est mort à Châteauroux au commencement de l'année 1844, après avoir reçu les sacrements de l'Eglise. Il a légué à Châteauroux et à la ville de Paris divers objets qui avaient appartenu à Napoléon. On a déjà parlé de la publication de *Mémoires* importants qu'il aurait laissés, et même quelques journaux en ont donné des fragments.

BERTRANDI (Jean-Ambroise-Marie), célèbre anatomiste, né à Turin, le 18 octobre 1713, d'un pauvre barbier qui le destinait à l'état ecclésiastique; mais un professeur de chirurgie l'en détourna en le nommant élève du collège dit *des Provinces*. Après trois années d'un travail assidu, on le fit répétiteur d'anatomie, et en 1747 il fut agrégé au collége de chirurgie. Le roi Charles-Emmanuel l'envoya à Paris fréquenter les hôpitaux, et il joignit bientôt aux connaissances qu'il avait déjà dans l'anatomie, la pratique la plus complète dans l'art de la chirurgie. De retour à Turin, le roi créa pour lui une chaire extraordinaire de chirurgie, et fit construire à sa sollicitation un amphithéâtre dans l'hôpital Saint-Jean. Peu de temps après, il fut nommé premier chirurgien du roi, et professeur de chirurgie pratique à l'Université. Il est mort à la fleur de l'âge, en 1765. Son principal ouvrage est: *Trattato delle operazioni di chirurgia*, Nice, 1763, 2 vol. in-8, traduit en français par Solier de La Rouillais, et précédé de l'éloge de l'auteur par Louis, Paris, 1769 et 1784, in-8. Tous les *Traités* qu'il dicta à l'Université de Turin ont été recueillis et livrés à l'impression, après sa mort, sous le titre d'*Œuvres posthumes*, Turin, 1786-87, 5 vol. in-8. Quelques-uns de ces *Traités* étaient restés incomplets: mais ils ont été complétés par des suppléments, et forment, avec son *Trattato delle operazione*, un cours presque complet de chirurgie.

BERTUCCIO (François), sicilien qui vivait dans le 16e siècle, prit l'habit des minimes et laissa un *Traité sur les êtres surnaturels et sur la conception*.

BERTUCH (Frédéric-Justin), géographe et compilateur saxon, né à Weimar le 29 septembre 1746. Il étudia d'abord la théologie; mais ne se sentant pas de goût pour l'état ecclésiastique, il entra chez le duc de Saxe-Weimar en qualité de secrétaire de cabinet, et il devint en 1785 conseiller de légation. Il se retira des affaires en 1796 pour se livrer exclusivement aux lettres, et il fut un des fondateurs d'une maison de librairie connue sous le nom de *Comptoir d'industrie*, d'où sont sortis un grand nombre d'ouvrages périodiques estimés, et de bonnes cartes géographiques exécutées sans luxe pour un prix modique. Il est mort le 3 août 1822. Ses principaux ouvrages sont: *Portefeuille des enfants*, mélange intéressant d'animaux, plantes, fruits, minéraux, costumes, antiquités, avec des explications en français, allemand, anglais, et italien, Weimar, 1790 à 1815, 160 cahiers, in-4, fig. noires ou coloriées; *Essai sur les hiéroglyphes*, ou *Nouvelles lettres à ce sujet*, Weimar, 1804, in-4; *Tables d'histoire naturelle*, Weimar, 1808, in-4. Il a publié avec M. S. Vater: *Archives pour l'ethnographie et la linguistique*, dont le premier numéro a paru en 1808; et continué avec A.-C. Gaspari les *Ephémérides géographiques*, commencées en 1798 par le major de Zach. Il a encore coopéré à plusieurs autres journaux littéraires.

BERULLE (Pierre), cardinal, né en 1575, au château de Sérilly, près de Troyes en Champagne, se distingua dans la fameuse conférence de Fontainebleau, où Du Perron combattit Du Plessis-Mornay, qu'on nommait *le Pape des huguenots*. Il fut envoyé par Henri IV, dont il était aumônier, en Espagne, pour amener quelques carmélites à Paris. Ce fut par ses soins que cet ordre fleurit en France. Quelque temps après, il fonda la congrégation de l'Oratoire de France, dont il fut le premier général. Cet institut, quoique semblable dans le fond à celui de saint Philippe de Néri, en est néanmoins distingué par des différences qui en font une congrégation particulière. Elle fut approuvée par une bulle de Paul V, en 1613, et produisit un grand nombre d'hommes illustres par la science et la vertu. Durant les disputes qu'un parti puissant suscita dans le monde chrétien, plusieurs de ses membres ne surent pas assez se défendre contre la nouveauté; mais la généralité de la congrégation resta toujours attachée à la doctrine de l'Eglise, et aux décrets de ses pontifes. Urbain VIII récompensa le mérite de Bérulle d'un chapeau de cardinal. Henri IV et Louis XIII avaient voulu, inutilement, lui faire accepter des évêchés considérables. L'autorité qu'il avait dans l'Eglise et dans l'Etat ne lui fit point abandonner son premier plan de vie. La simplicité, la modestie, la pauvreté, la tempérance furent toujours ses vertus favorites. Il ne passait aucun jour sans offrir le saint sacrifice. Il mourut d'apoplexie à l'autel, au moment où il prononçait les paroles de l'oblation, le 2 octobre 1629, à l'âge de 55 ans.

Saint François de Sales, César de Bus, le cardinal Bentivoglio, etc., avaient été ses amis et les admirateurs de ses vertus. On a une édition de ses OEuvres, publiée en 1644, in-fol., réimprimée en 1657, par les Pères Bourgoing et Gibieuf. On y trouve le zèle et l'onction, l'esprit de renoncement et d'humilité, et une tendre dévotion. Habert de Cerisi a écrit sa *Vie*, Paris, 1646, in-4. Il y en a une plus récente par l'abbé Goujet, 1767, in-12. Celle-ci, qui devrait être la meilleure, est beaucoup inférieure à l'autre, et se ressent de l'esprit du parti auquel l'auteur s'était voué. Tabaraud en a publié une troisième, à laquelle on fait le même reproche.

BERWICK. (Voyez FITZ-JAMES.)

BÉRYLLE, évêque de Bostres en Arabie vers 240, après avoir gouverné quelque temps son église avec beaucoup de réputation, tomba dans l'erreur. Il crut que Jésus-Christ n'avait point existé avant l'incarnation, et qu'il n'avait été Dieu, que parce que le Père demeurait en lui, comme dans les prophètes. Plusieurs évêques zélés s'assemblèrent en concile, afin de prévenir les suites d'un pareil scandale. Ils disputèrent contre Bérylle, et ne purent le réduire. On appela Origène qui ne réfuta pas seulement les erreurs de l'évêque arabe, mais accompagna ses raisonnements d'une douceur et d'une charité si admirables, qu'il lui fit reconnaître la vérité, et professer avec un éclat nouveau la foi pure qu'il avait abandonnée.

BERZÉ, ou BERSIL (Hugues de), poète satirique du 13ᵉ siècle, né à Berzé-le-Châtel, près de Mâcon. Il a été longtemps confondu avec Guyot de Provins, parce que, comme lui, il avait fait un poëme où il présente le tableau des désordres de son siècle, et, comme lui, il lui avait donné le titre de *Bible*. Berzé était peu lettré, mais il avait beaucoup voyagé, et avait acquis ainsi de l'expérience et de l'instruction. Son poëme se trouve dans l'édition des *Fabliaux* publiés par Méon.

BERZÉLIUS (J.-Jacob), célèbre ministre suédois. Il naquit en 1779, et fit ses études à l'Université d'Upsal, où il fut reçu docteur en médecine en 1804. Il devint professeur de chimie à Stockholm, en 1806; diverses découvertes importantes lui acquirent une grande réputation ; toutes les sociétés savantes de l'Europe et de l'Amérique se firent un honneur de le compter parmi leurs membres. Il a écrit un grand nombre de *Mémoires* et d'*Articles* dans les journaux scientifiques ; ses principaux ouvrages sont : l'*Essai sur la théorie des proportions chimiques et sur l'influence chimique de l'électricité*, in-8 ; *Nouveau système de minéralogie*, in-8 ; *Chimie du fer*, in-8 ; *Traité de chimie*, 8 vol. in-8. Ces ouvrages ont été traduits en français. Berzélius est mort le 9 août 1848.

BÉSÉLÉEL, fils d'Uri ou de Hur, et de Marie, sœur de Moïse, avait reçu de Dieu un talent extraordinaire pour travailler toutes sortes de métaux : il fut employé par le législateur hébreu aux travaux du tabernacle avec Ooliab.

BESENVAL (Pierre-Victor, baron de), lieutenant-général, grand'croix de l'ordre de Saint-Louis, inspecteur-général des Suisses et Grisons, né à Soleure en 1722, d'un lieutenant-général, colonel du régiment des gardes suisses, entra dans ce corps à l'âge de 9 ans, et fit à 13 sa première campagne. En 1748, il suivit le maréchal de Broglie en qualité d'aide-de-camp dans la campagne de Bohême. Il parvint rapidement aux premiers honneurs militaires, que son nom, sa valeur, une taille imposante, sa belle figure, et son esprit lui valurent plus sûrement peut-être que des talents supérieurs, dont il ne donna jamais des preuves. Il fut fait maréchal-de-camp en 1757, et se trouva aux combats d'Hasteinbech, de Filinghausen et de Clostercamp. Il se rendit à la cour après la paix de 1762, et il joua avec succès le rôle d'un adroit courtisan ; mais s'il eut l'ascendant qu'on lui a attribué dans l'intérieur de la famille royale, on peut lui reprocher de n'avoir pas employé ses talents et son esprit à donner de meilleurs avis. On lui confia le commandement de l'intérieur ; et dès lors, cet homme, auparavant si actif et si accoutumé à donner des conseils vigoureux, ne montra plus qu'une honteuse faiblesse, ne prit que des mesures timides, et finit par s'enfuir avec des passeports, lorsque peut-être un acte de vigueur eût pu sauver la France. Il mourut le 27 juin 1794.

BESLER (BASILE), apothicaire de Nuremberg, né en 1561, a donné au public : *Hortus Eystettensis*, 1613, in-fol. avec figures : la réimpression de 1640 est moins belle, celle de 1750 encore pire ; il y a 366 planches; *Icones florum et herbarum*, 1616, in-4. et la *continuation*, 1622, in-fol. — Le *Gazophylacium rerum naturalium*, Nuremberg, 1642, in-fol., est de Michel-Rupert Besler, fils de Basile, mort docteur en médecine l'an 1661. Ce livre a été réimprimé en 1716 ; mais cette édition est moins estimée que la précédente. Lochner a donné la *Description du C livret de Basile et de M. R. Besler*, 1716, qui est recherchée.

BESLY (Jean), avocat du roi à Fontenay-le-Comte en Poitou, né à Coulonges-les-Royaux, mourut en 1644, à 72 ans. On a de lui : *Histoire du Poitou*, Paris, 1647, in-fol., estimée ; *Les Évêques de Poitiers*, 1647, in-4 ; *Ad Petri Teudebodi historiam Præfatio*. C'était un homme versé dans les antiquités de France ; écrivain incorrect, mais historien exact et profond.

BESOGNE, ou BESOIGNE (Jérôme), docteur de Sorbonne, né à Paris en 1686, mort en 1763, se distingua par son savoir et essuya plusieurs lettres de cachet pour son opposition à la bulle. Il était un des dépositaires des fonds assignés pour le soutien de son parti. On a de lui : *Histoire de l'abbaye de Port-Royal*, 1752, 6 vol. in-12, trois pour les religieuses, trois pour les messieurs, remplie de détails très-peu intéressants pour quiconque *n'a d'autre parti*, comme s'exprime M. de Rancé, *que celui de J.-C.* ; *Vies des quatre évêques engagés dans la cause de Port-Royal*, 1756, 2 vol. in-12 ; *Principes de la perfection chrétienne*, 1749, in-12, ouvrage fort sec comme tous ses livres de piété. Il a eu cependant plusieurs éditions ; *Principes de la pénitence et de la conversion*, ou *Vies des pénitents*, 1762, in-12 ; *Principes de la justice chrétienne*, ou *Vies des justes*, 1762, in-12 ; *Concorde des livres de la Sagesse*, 1737, in-12 ; bon livre, et qui se ressent peu des préventions sur lesquelles l'auteur réglait sa manière d'écrire.

BESOMBES de SAINT-GENIÈS (Pierre-Louis de), conseiller de la cour des aides de Montauban, mort à Cahors en odeur de sainteté, le 20 octobre 1783, dans sa soixante-cinquième année, fut pendant quelque temps égaré par la philosophie anti-chrétienne ; mais son cœur n'était pas fait pour en goûter la doctrine et la morale. Il ouvrit les yeux à la vérité, et consigna sa conversion dans un ouvrage plein d'onction et de lumières, intitulé : *Transitus animæ revertentis ad jugum sanctum Christi Jesu*, traduit en français par l'abbé de Cassagne Peyronenc, sous le titre de *Sentiments d'une âme pénitente, revenue des erreurs de la philosophie moderne au joug de la religion*, Paris, 1787, in-12. M. de Saint-Geniés se délassait des travaux de son état en étudiant la Bible ; aussi chaque ligne de cette production annonce qu'il en était pénétré. Le traducteur compare cet ouvrage à celui de l'*Imitation de Jésus-Christ*, et essaie même de lui donner la préférence ; mais certainement le pieux auteur en portait un jugement plus modeste et plus vrai. L'*Imitation* peut être toujours le premier livre de piété, sans que l'ouvrage de M. de Saint-Geniés en soit moins estimable. Outre que le second rang serait encore beau à occuper, les rangs ne sont rien en un pareil sujet. Il ne faut pas confondre ce livre avec un autre qui a pour titre : *Sentiments d'une âme pénitente, sur le Psaume :* Miserere mei, Deus ; *et le retour d'une âme à Dieu, sur le Psaume :* Benedic, anima mea. Ce dernier est l'ouvrage d'une dame illustre, connue par sa piété et sa longue pénitence. (Voy. VALLIÈRE.)

BESPLAS (Joseph-Marie-Anne GROS de), docteur de Sorbonne, prédicateur et aumônier du roi, grand-vicaire de Besançon, né à Castelnaudari, le 13 décembre 1734, se livra à la prédication, et obtint parmi les orateurs de son temps un rang distingué. La Sorbonne s'étant chargée de fournir des ecclésiastiques pour assister jusqu'au gibet les condamnés au dernier supplice, il sollicita cet emploi et le remplit avec beaucoup de zèle. Ce ministère lui avait ouvert les prisons ; touché du tableau qu'elles lui présentèrent, il le produisit d'une manière éloquente dans un sermon prêché le jour de la Cène, devant Louis XV, et il eut le bonheur d'apprendre que ce prince avait donné des ordres pour que le traitement des condamnés fût adouci. L'abbé de Besplas est auteur de divers ouvrages : le *Rituel des esprits forts* (son habitude d'assister à la mort des hommes qui avaient secoué tout sentiment de religion lui avait fait remarquer que leurs derniers moments n'étaient pas exempts de troubles et de terreurs) ; *Discours sur l'utilité des voyages*, 1763, in-8 ; *Essai sur l'éloquence de la chaire*, 1767, in-12. Il en donna, l'année suivante, une troisième édition corrigée et augmentée, y joignit son *Sermon de la Cène*, et le *Panégyrique de saint Bernard* ; *Des causes du bonheur public*, 1748, in-8, 1754, vol. in-8 : sujet traité par Muratori. On a reproché quelques défauts au style de l'abbé de Besplas ; mais ses idées sont nobles, sa manière est riche et brillante, son éloquence vive et affectueuse.

BESSARION (Jean), patriarche titulaire de Constantinople, et archevêque de Nicée, naquit à Trébisonde, vers l'an 1393. Il souhaita, avec beaucoup d'ardeur, la réunion de l'Église grecque avec la latine, et engagea l'empereur Jean Paléologue à travailler à la consommation de cet ouvrage. Il passa en Italie, parut au concile de Ferrare, depuis transféré à Florence, harangua les Pères, et s'en fit admirer autant par ses talents que par sa modestie. Les Grecs schismatiques conçurent une si grande aversion pour lui, qu'il fut obligé de rester en Italie, où Eugène IV l'honora de la pourpre en 1439. Il fixa son séjour à Rome. Son mérite l'aurait placé sur le siége pontifical, si le cardinal Alain, Breton, ne se fût opposé à l'élection de l'illustre Grec, comme injurieuse à l'Eglise latine. Il fut employé dans différentes légations; mais celle de France lui fut désagréable. On dit que le légat ayant écrit sur l'objet de sa légation au duc de Bourgogne, avant que de faire sa visite à Louis XI, ce roi ombrageux et violent l'accueillit très-mal, et lui dit, en lui mettant la main sur sa grande barbe : *Barbara græca genus retinent quod habere solebant*. Cet affront, dit-on, causa tant de chagrin à ce cardinal, qu'il en mourut à son retour, en passant par Ravenne en 1472, à 77 ans. Ce récit est de Pierre Matthieu; mais d'autres historiens croient que Bessarion avait déplu au roi, par la demande qu'il lui avait faite de la grâce du cardinal Balue. Nicolas Perret attribue sa mort à la négligence de son médecin, ce qui paraît plus probable. Il est difficile de croire que ce grand cardinal eut la faiblesse de mourir de chagrin, pour avoir essuyé l'humeur d'un prince tel que Louis XI. Son corps fut porté à Rome, et enterré dans une chapelle de l'église de Saint-Pierre, où il avait préparé son tombeau, sur lequel on voit cette épitaphe :

Bessarion Episcopus Tusculanus,
S. R. ecclesiæ cardinalis,
Patriarcha Constantinopolitanus,
Nobili græciâ ortus oriundusque
Sibi vivens posuit.

Bessarion aimait les gens de lettres, et les protégeait. Argyrophile, Théodore de Gaza, le Pogge, Laurent Valla, Platine, etc., formaient dans sa maison une espèce d'académie. Sa bibliothèque était nombreuse et choisie. Le sénat de Venise, auquel il en fit présent, la conserve encore aujourd'hui avec soin. Ce cardinal a laissé plusieurs ouvrages qui tiennent un rang parmi ceux que produisit la renaissance des lettres. Les principaux sont : *Défense de la doctrine de Platon*, dont l'édition sans date, mais de 1470, in-fol., est rare; des *Lettres*, imprimées en Sorbonne, in-4; *Orationes contra il Turche*, 1471, in-4, et d'autres ouvrages dans la *Bibliothèque des Pères*.

BESSE (Pierre de), docteur de Sorbonne, et principal du collége de Pompadour à Paris, né au bourg de Rosier en Limousin, au milieu du 16° siècle, mourut à Paris en 1639. Il a publié 6 volumes de sermons sous le titre de *Conceptions théologiques*, qui furent très applaudis dans le temps, mais dont on ne pourrait aujourd'hui supporter la lecture. C'est un recueil d'amplifications du plus mauvais goût, pour le fond et pour le style. L'érudition y est prodiguée sans mesure, et les auteurs profanes cités avec les Pères de l'Eglise. Besse a laissé d'autres ouvrages, entre autres : *Concordantiæ Bibliorum*, Paris, 1611, in-fol.; le *Démocrite chrétien*; l'*Héraclite chrétien*; le *Bon Pasteur*.

BESSEL (Godefroi de), né le 5 septembre 1672, à Bucheim, près de Mayence, mort le 20 janvier 1749. Il était abbé du couvent des Bénédictins de Gottwich en Autriche. C'est lui qui a retrouvé et publié les deux *Lettres* de saint Augustin adressées à Optat de Milève, et intitulées : *De pœnis parvulorum qui sine baptismate decedunt*.

BESSET (Henri de), sieur de la Chapelle-Millon, inspecteur des beaux-arts sous le marquis de Villacerf et contrôleur des bâtiments, lorsque le grand Colbert fut nommé en 1683 surintendant des bâtiments. Il joignit à cette place celle de secrétaire de l'Académie des inscriptions et des médailles. On a de lui une *Relation des campagnes de Rocroi et de Fribourg*, en 1644 et 1645, in-12, écrite avec une simplicité élégante : c'est un modèle en ce genre. Il mourut en 1693.

BESSIÈRES, duc d'Istrie, maréchal d'empire, colonel-général de la garde et chevalier de l'ordre du Christ de Portugal, né à Pressac en 1769, s'éleva successivement du rang de soldat à celui de colonel. Il accompagna Bonaparte en Egypte, où sa valeur lui obtint le titre de général de brigade. Dévoué à son chef, il contribua à la révolution du 18 brumaire, parvint au commandement d'une division, et fut ensuite nommé maréchal d'empire. Il se distingua particulièrement aux batailles d'Austerlitz, d'Iéna et surtout à celle d'Eylau. Il fut envoyé en Espagne en 1810, mais il n'y obtint aucun succès. En 1813, il fit la campagne de Saxe, et fut tué le 1er mai 1813 dans un combat qui précéda la bataille de Lutzen. Son fils, encore enfant, a été créé pair par le roi le 25 août 1815.

BESSIN (dom Guillaume), bénédictin de la congrégation de Saint-Maur, naquit à Glos-la-Ferté au diocèse d'Evreux en 1654, et mourut à Rouen en 1726. On a de lui une édition des *Conciles de Normandie*, 1717, in-fol. Il a eu part à la nouvelle édition des *Œuvres de saint Grégoire-le-Grand*, donnée par les Pères de Sainte-Marthe.

BESSON (Jacques), ingénieur et mathématicien, natif du Dauphiné dans le 16e siècle, est l'inventeur de plusieurs machines dont Paschalis a publié la description sous le titre de : *Theatrum machinarum*, Lyon, 1578, in-fol. Besson avait publié lui-même : *De ratione extrahendi olea et aquas è medicamentis simplicibus*, Zurich, 1559, in-8 ; *Le Cosmolabe*, Paris, 1557, in-4 ; *Usage du compas d'Euclide*, Paris, 1571, in-4.

BESTOUGEY, littérateur russe, mort en 1807, était auteur de divers *Romans*, entre autres *Amulot-Bey*, publié sous le nom de *Marlinsky*.

BÉTENCOURT (Pierre-Louis-Joseph), né le 16 juillet 1743, mort à Paris en 1829, avait embrassé l'état ecclésiastique, avant la révolution. Depuis 1816 il était membre de l'Académie des inscriptions et belles-lettres. Il a publié, sous le voile de l'anonyme, l'ouvrage suivant : *Noms féodaux*, ou *Noms de ceux qui ont tenu des fiefs en France depuis le douzième siècle jusque vers le milieu du dix-huitième, extraits des archives du royaume*, Paris, 1826, 2 vol. in-8.

BETFORT. (Voyez BEDFORT.)

BETHENCOURT (Jean de), gentilhomme normand, découvrit le premier les îles Canaries, l'an 1402 ; il en conquit cinq avec le secours de Henri III, roi de Castille, qui lui en confirma la souveraineté avec le titre de roi, sous la condition d'hommage envers la couronne de Castille. Pierre de Béthencourt, un de ses descendants, mort l'an 1667, fonda, dans les Indes occidentales, une congrégation de religieux hospitaliers, sous le nom de *Bethléémites*.

BÉTHISY (Le comte de), lieutenant-général, gouverneur du château des Tuileries, né en janvier 1739, mort le 14 juin 1823, entra au service à l'âge de 11 ans, et reçut sa première blessure à Minorque, en montant à l'assaut du fort de la Reine ; il en reçut, depuis, six autres. Il fit avec distinction toutes les campagnes de la *guerre de sept ans*, et contribua au gain de la bataille de Gehanneberg. Commandant à Toulon, lorsque la révolution éclata, il fit rentrer dans le devoir deux régiments insurgés ; mais bientôt il fallut céder au torrent. Le comte de Béthisy se rendit à l'armée de Condé : on le vit à Bodenthal, à la tête de 500 hommes seulement, emporter à la baïonnette une montagne défendue par 3,000 hommes. Après la guerre, il se retira à Vienne. Bonaparte lui fit faire inutilement les offres les plus avantageuses ; fidèle à ses serments, il ne rentra en France qu'avec le roi. Le comte de Béthisy était le cinquième lieutenant-général de père en fils, et le plus ancien grand'croix de France. Il avait soixante-treize ans de service, et soixante-trois ans de croix de Saint-Louis.

BETHLEM-GABOR, c'est-à-dire, Gabriel Bethlem, prince de Transylvanie, d'une maison aussi ancienne que pauvre, gagna les bonnes grâces de Gabriel Battori, prince de Transylvanie. Ayant quitté cette cour pour passer à celle de Constantinople, il profita du crédit qu'il s'acquit chez les Turcs, pour faire déclarer la guerre à son ancien bienfaiteur. Battori, abandonné de ses sujets et de l'empereur, fut vaincu en 1613. Bethlem-Gabor prit plusieurs places en Hongrie, se fit investir de la Transylvanie par un pacha, et déclarer roi de Hongrie. L'empereur fit marcher des troupes contre lui en 1620. Le comte de Bucquoi, un de ses généraux, fut tué. Gabor, vainqueur, demanda la paix, et l'obtint à condition qu'il renoncerait au titre de roi de Hongrie, et qu'il se bornerait à celui de prince de l'empire. Ferdinand assura cette paix, en le reconnaissant souverain de la Transylvanie, et en lui cédant sept comtés qui contenaient environ 50 lieues. Cet homme inquiet ayant voulu faire revivre ses droits sur la Hongrie, Walstein le vainquit, et cette guerre finit par un traité qui assurait la Transylvanie et les terrains adjacents à la maison d'Autriche, après la mort de Gabor : elle arriva en 1629. Il y a encore en Transylvanie plusieurs comtes de Bethlem, qui se disent de cette famille.

BETHLEN (WOLFGANG, comte de), chancelier de Transylvanie, né en 1648, mort en 1679, est principalement connu par son *Historiarum Pannonico-Dacicarum libri X*, in-fol., depuis 1426 jusqu'à 1601, écrite en latin, qui fut réimprimée en 1796, avec une *Continuation* et des *Notes*. Cette Histoire est précieuse en ce qu'elle renferme beaucoup de faits d'après des monuments authentiques qui ne sont cités que par cet auteur. Le comte de Bethlen faisait imprimer cet ouvrage, lorsque les Tartares vinrent fondre sur son château de Kreusk en Transylvanie, qu'ils détruisirent, et le firent lui-même prisonnier. Mais il avait eu la précaution de jeter son ouvrage dans un caveau qu'il avait fait murer. Plus tard, un de ses descendants ayant voulu faire rebâtir le château, en retrouva les fragments épars, les recueillit, et en forma des exemplaires dont l'un fut déposé dans la bibliothèque du comte de Schaffgotsch, à Hermsdorff, et l'autre dans celle de Breslau.

BETHSABÉE, femme d'Urie, fut une occasion de péché pour David qui, après avoir fait périr son mari, l'épousa, et en eut Salomon.

BÉTHUNE. (Voyez SULLY.)

BÉTIS, gouverneur de Gaza pour Darius, défendit cette place avec valeur contre Alexandre-le-Grand. Ce prince, ayant été blessé au premier assaut, fit mourir cruellement Bétis après la prise de la ville, vers l'an 332 avant J.-C. Plus de dix mille hommes furent passés au fil de l'épée, et l'on punit lâchement un courage digne des plus grands éloges. Bétis fut attaché par les talons au char du héros Macédonien, et périt misérablement. Ce trait seul suffit pour rendre odieuse la mémoire de ce conquérant.

BETTINELLI (Xavier), célèbre littérateur italien, né à Mantoue le 18 juillet 1718, fit ses études chez les jésuites. et entra dans leur société en 1736. Après y avoir perfectionné ses talents, il professa les belles-lettres à Brescia, et s'y fit connaître avantageusement par quelques poésies composées pour les exercices scolastiques. Envoyé à Bologne pour y faire sa théologie, il cultiva en même temps son talent poétique, et se lia avec plusieurs savants qui illustraient alors cette ville. Il dirigea ensuite le collége des nobles à Parme, et fit en même temps, pour les affaires de sa compagnie, ou pour sa santé, plusieurs voyages à Venise, en Allemagne, et en France. C'est dans ce dernier voyage qu'il écrivit les fameuses *Lettres de Virgile*, imprimées à Venise avec ses *Sciolti*, qui firent beaucoup de bruit, et qu'il avait adressées à Voltaire. En passant à Genève, il voulut visiter ce personnage fameux pour lequel il avait conçu une trop grande admiration, mais dont il était loin de partager les principes. Après la destruction de son ordre, il se retira dans sa patrie, où il mourut le 12 septembre 1808, après avoir publié un très-grand nombre d'ouvrages. Les principaux sont : *Ragionamenti filosofici, con annotazioni*, dont il ne publia que deux volumes : ce sont des discours sur divers sujets de morale ; *Dell' entusiasmo delle belle arti*, 2 vol., ouvrage froid, quoiqu'il traite de l'enthousiasme, mais qui se fait remarquer par la pureté du style, la finesse des aperçus et l'élégance des expressions ; *Dialoghi d'amore*, 2 vol. L'auteur cherche dans ces dialogues l'influence que l'imagination, la vanité, l'honneur, etc., ont sur cette passion, et l'empire qu'elle exerce sur les productions des arts et de l'esprit ; *Risorgimento negli studj, nelle arti e ne' costumi dopo il mille*, 3 vol., ouvrage superficiel ; *Lettere dieci di Virgilio agli Arcadi*, 1 vol. Ces Lettres contribuèrent beaucoup à sa réputation, et lui firent en même temps bien des ennemis, parce qu'il y attaque les idées reçues sur les plus fameux poëtes de l'Italie. Elles ont été traduites en français, 1778, in-8 ; *Lettres italiennes d'une dame à son amie, sur les beaux-arts*, 3 vol. ; *Poésies*, 3 vol., précédées d'un bon *Discours* sur la poésie italienne ; *Tragédies*, 2 vol. ; *Lettere a Lesbia Cidonia sopra gli epigrammi*, 2 vol. En général, on trouve dans ses ouvrages plus d'esprit et de talent, que de chaleur et de génie. Ses opinions littéraires ne sont pas toujours bien fondées ; mais son style est pur, élégant et d'une rare précision.

BETTINI (Mario), savant jésuite, né à Bologne le 4 février 1582, mort le 16 novembre 1657, joignit à l'étude de la philosophie et de la théologie celle des mathématiques et de la physique, qu'il professa avec un égal succès. Il cultiva aussi la poésie latine, et laissa les ouvrages suivants : *Rubenus, hilaro-tragœdia pastoralis*, Parme, 1614, in-4, pièce traduite en plusieurs langues ; *Clodovœus, seu Ludovicus*, drame traduit en italien et en français, et dédié au roi de France Louis XIII, Paris, 1624, in-12 ; *Lycœum morale, politicum et poeticum*, 1626, in-4, 2 parties, l'une en prose et l'autre en vers. A la dernière partie sont jointes les *Urbanités poétiques* du même auteur, publiées depuis à part sous le titre de : *Eutrapœliarum, seu urbanitatum poeticarum libri quatuor*, Lyon, 1633, in-12, extrait aussi du *Lycœum*, 9ᵉ édition ; *Apiaria philosophiæ mathematicæ*, 2 tomes, *quibus accedit Euclides explicatus*, 1642 et 1645, in-fol. ; *Ærarium philosophiæ mathematicæ in tres tomos distributum*, Bologne, 1648, in-4.

BÉTULÉE (Sixte), grammairien, poète et philosophe, naquit à Memmingen en 1500. Son vrai nom était Birck. Il enseigna les belles-lettres et la philosophie avec réputation, et devint principal du collége d'Augsbourg, où il mourut en 1554. On a de lui divers ouvrages en vers et en prose. Ses pièces dramatiques de *Susanne*, de *Judith*, et de *Joseph* ont été assez estimées autrefois, quoiqu'elles soient bien éloignées de la perfection. On les trouve dans *Dramata sacra*, à Bâle, 1547, 2 vol. in-8.

BEUGNOT (Jacques-Claude) naquit à Bar-sur-Aube, en 1761. Lieutenant-général au présidial de cette ville avant la Révolution, il fut envoyé à l'assemblée législative en 1791, où il siégea sur les bancs du parti constitutionnel. Sa modération lui attira la haine des jacobins, et après le 10 août il cessa de paraître à l'assemblée. Incarcéré pendant la terreur, il sortit de prison au 9 thermidor, et devint le conseiller intime de Lucien Bonaparte après le 18 brumaire. Nommé ensuite préfet de Rouen, il fut chargé, en 1807, d'aller organiser le nouveau royaume de Westphalie, et il devint ministre des finances du roi Jérôme. L'année suivante, Beugnot fut mis à la tête du grand-duché de Berg, et reçut le titre de comte avec la croix de la Légion-d'Honneur. Obligé, après les désastres de 1813, de revenir en France, il fut appelé à la préfecture du Nord, et, en 1814, le gouvernement provisoire lui confia le ministère de l'intérieur. Au mois de mai de la même année, Louis XVIII le nomma directeur-général de la police, et, au commencement de 1815, lui confia le ministère de la marine. Pendant les Cent-Jours, Beugnot suivit le roi à Gand; et, après la seconde restauration, il devint successivement directeur-général des postes, ministre d'Etat, et membre du conseil privé. Elu membre de la Chambre des députés, il siégea au côté gauche, et il montra une grande indépendance de caractère en combattant tour-à-tour les excès des royalistes et des libéraux. C'est ainsi qu'il défendit avec chaleur, en 1819, le principe de la liberté de la presse, et vota cependant, en 1820, les lois répressives des abus de la presse. Peu de temps après, il donna sa démission de député, et le bruit courut qu'il allait être nommé pair de France; mais cet honneur ne lui fut pas accordé. Beugnot a vécu depuis cette époque dans une honorable retraite; il est mort le 24 juin 1835 à Bagneux près Paris, après avoir donné des preuves d'une foi vive et d'une piété sincère. Sa modération et la droiture de ses intentions l'avaient fait généralement aimer et estimer. Il est, à ce que l'on croit, l'auteur du Préambule de la Charte de 1814.

BEURNONVILLE (Pierre RIEL de), maréchal et pair de France, né à Champignolles (Aube), le 10 mai 1752, mort à Paris, le 23 avril 1821, fut destiné à l'état ecclésiastique; mais, entraîné par un penchant irrésistible vers l'état militaire, il fit, sous les ordres du bailli de Suffren, les campagnes de 1779 à 1781 dans les Indes. Lorsque la guerre éclata en 1792, il soutint près Maulde les efforts de l'ennemi, et Dumouriez lui apporta le brevet de lieutenant-général, que le roi ne donnait plus. Toutefois Beurnonville, plus révolutionnaire que son chef, s'était compromis avec les démagogues. Après avoir concouru au combat de Valmy, forcé les Autrichiens de lever le siège de Lille, contribué à la victoire de Jemmapes, il commanda l'armée de la Moselle, qui fut plusieurs fois battue par les Autrichiens. On le dénonça pour cause d'*incivisme;* mais, le 4 février 1793, la Convention le nomma ministre de la guerre. Dénoncé une seconde fois, il donna sa démission. Réélu le 14 mars par la faction des Girondins, il fut désigné aux poignards des anarchistes, auxquels il n'échappa qu'en se précipitant dans son jardin, dont il fut obligé d'escalader les murs. Après la malheureuse bataille de Nerwinde, Dumouriez se décidant à traiter avec les Autrichiens, communiqua ses projets à Beurnonville, qui transmit sa lettre au comité de sûreté générale. Il fut en conséquence chargé d'accompagner, auprès de Dumouriez, quatre commissaires de la Convention, avec l'instruction secrète de le faire arrêter. Dumouriez prévint leur dessein, en les arrêtant eux-mêmes. Il ne recouvra la liberté que par l'échange que l'on fit, au mois de novembre 1795, de lui et de ses compagnons contre *Madame*, fille de Louis XVI. Ministre à Berlin, après le 18 brumaire, ce fut par son entremise que l'on arrêta les émigrés français réunis à Bayreuth, et qu'on saisit leur correspondance. Deux ans après, il passa comme ambassadeur à Madrid, et entra au sénat en 1805. Il vota la déchéance de Bonaparte, et fut, en 1814, un des cinq membres du gouvernement provisoire sous l'influence du prince de Talleyrand. Le roi, à son arrivée, le fit ministre d'Etat et pair. Aussi Bonaparte, à son retour de l'île d'Elbe, l'excepta-t-il de son amnistie. Beurnonville rejoignit le roi à Gand, et rentra avec lui à Paris. Membre du conseil privé, maréchal de France, il fut en outre décoré du cordon bleu.

BEURRIER (Louis), né à Chartres, entra chez les Célestins de Paris en 1613, et mourut le 8 avril 1645, après avoir consacré ses loisirs aux études analogues à son état. On lui doit: une bonne *Histoire du monastère des Célestins de Paris*, 1634, in-4; *Vies des fondateurs et réformateurs des ordres religieux*, Paris, 1635, in-4, ouvrage médiocre, qui ne brille guère du côté de la critique; plusieurs livres de piété.

BEURRIER (Vincent-Toussaint), prêtre de la congrégation des Eudistes, né à Vannes en 1715, mort à Blois le 2 septembre 1782. C'était un homme instruit, plein de zèle et de piété. On lui doit: *Re-*

marques théologiques sur l'administration des sacrements; Conférences ecclésiastiques sur le sacerdoce, les fêtes, et les mystères, 1779, in-8, qui furent bien accueillies et qui furent suivies de dix-sept autres dirigées contre les ennemis de notre religion *Sermons sur les dimanches et fêtes de l'année et sur plusieurs points de morale.*

BEUVELET (Matthieu), né à Marles, dans le diocèse de Laon, en 1620, prêtre du séminaire de Saint-Nicolas-du-Chardonnet, y fit fleurir la science et la piété. Il est connu particulièrement par des *Méditations*, in-4, *sur les principales vérités chrétiennes et ecclésiastiques*, pour les dimanches, fêtes, et autres jours de l'année, et réimprimées en 1819, en 5 vol. in-12, avec des corrections, principalement pour en faire disparaître les expressions surannées qui en rendaient la lecture difficile ; par un *Manuel pour les ecclésiastiques*. Il laissa un autre ouvrage, donné au public après sa mort : c'est le *Symbole des Apôtres, expliqué et divisé en Prônes*, Paris, Georges Josse, 1668, in-8, écrit d'un style simple, familier, mais bas et incorrect.

BÉVÉRIDGE (Guillaume), *Beveregius*, évêque de Saint-Asaph en Angleterre, mort en 1708, à 71 ans, mérita l'estime des savants de sa patrie et des pays étrangers. Bossuet était en commerce de lettres avec lui. Ses principaux ouvrages sont : *Pandectæ Canonum Apostolorum et Conciliorum*, 1672, 2 vol. in-fol. : ce livre, qui n'est pas commun, est enrichi de remarques fort estimées ; *Codex canonum Ecclesiæ primitivæ vindicatus*, Londres, 1678, in-4 ; *Réflexions sur la religion*, Amsterdam, 1741, in-12 ; *Institutiones chronologiques*, en latin, Londres, 1669 et 1705, in-4. Ces ouvrages sont pleins d'érudition ; le style en est noble, et l'auteur y fait paraître beaucoup de modestie. Il est à regretter qu'avec tant de lumières l'auteur n'ait pas eu celle de la vraie foi qui les affermit toutes ; et que ce défaut l'ait entraîné dans des inconséquences et des préventions contre les catholiques.

BÉVÉRINI (Barthélemi), un des plus savants littérateurs du 17ᵉ siècle, naquit à Lucques, le 3 mai 1629, et mourut le 24 octobre 1686. Dès l'âge de 15 ans, il avait fait sur les principaux poètes du siècle d'Auguste, des commentaires et des notes qui lui obtinrent les suffrages des savants. A seize ans, il se rendit à Rome, entra dans la congrégation des clercs réguliers, dite de la Mère de Dieu, et y fit ses vœux en 1647. Il y professa pendant quatre ans la théologie, puis la rhétorique à Lucques, et fit honorablement subsister de ses appointements son vieux père et sa famille. Il était en correspondance avec différents personnages illustres, et Christine, reine de Suède, lui demandait souvent des vers de sa composition. On a de lui un grand nombre d'ouvrages, tant en latin qu'en italien, dont les principaux sont : *Sæculum niveum, Roma virginea, et Dies niveus*, trois petits recueils latins sur le même sujet ; *De nivibus Exquiliniis, sivè de sacris nivibus*, publiés à Rome, 1650, 1651, et 1652, contenant chacun deux discours ou harangues, une idylle latine et une italienne ; *Rime* (poésies), Lucques, 1654, in-12, 2ᵉ édition augmentée et dédiée à la reine Christine, 1666, in-12 ; *Discorsi sacri*, Lucques, 1658, in-12, 2ᵉ édition augmentée, Venise, 1682 ; *Eneide di Virgilio, trasportata in ottava rima*, Lucques, 1680, in-12, plusieurs fois réimprimée : cette traduction fut achevée en treize mois, mais l'auteur la retoucha depuis ; *Syntagma de ponderibus et mensuris*, etc., Lucques, 1711, in-8, ouvrage rempli d'érudition, et suivi d'un *Traité des comices des Romains*; plusieurs Manuscrits conservés à Lucques, entre autres les Annales de cette ville, écrites en latin : *Annalium ab origine Lucensis urbis libri XV*, dont plusieurs auteurs ont parlé avec éloge.

BEVERLAND (Adrien), disciple de Vossius, et docteur en droit, naquit à Middelbourg en Zélande, et mourut dans un état de démence, l'an 1712. Il s'annonça dans l'Europe littéraire par des infamies. Il fit paraître, en 1680, son traité *De stolatæ Virginitatis jure*, à Leyde, in-8. Il travaillait en même temps à un ouvrage encore plus licencieux, intitulé : *De prostibulis veterum*. Il aurait eu le front de le publier, sans les conseils de ses amis, qui l'empêchèrent de le faire. Vossius, son ami, en fit entrer une partie dans ses Notes sur Catulle. Le Traité de Béverland : *De peccato originali philologicè elucubrato*, 1678, in-12, 1679, in-8, traduit en français, 1714, in-12, dans lequel il renouvelait l'opinion d'Agrippa, lui mérita la prison (Voyez AGRIPPA Corneille, et RYSSEN Léonard). Ayant acheté chèrement sa liberté, il se déchaîna contre les magistrats et les professeurs de Leyde, dans un mauvais libelle, et passa ensuite en Angleterre, où il employait tout son argent à des peintures obscènes. On dit qu'il revint de ses égarements ; du moins son livre : *De fornicatione cavendâ*, à Londres, 1697, in-8, dans lequel il y a pourtant encore bien des traits lubriques, l'a fait penser. Il mourut en enfance, après avoir vécu en fou et en libertin. Sa folie était de croire qu'il était poursuivi par deux cents hommes qui avaient conjuré sa perte.

BEVERLEY (Jean de), savant archevêque d'Yorck, mourut en odeur de sainteté en 721 à Beverley, où il s'était retiré dans sa vieillesse. On lui doit: *Homiliæ in Evangelia; Epistolæ ad Hildam abbatissam*, etc.

BEVERWYCK (Jean de), *Beverovicius*, né à Dordrecht, le 17 septembre 1594, d'une famille noble. Elevé, dès son enfance, sous les yeux de Gérard Jean Vossius, il parcourut différentes Universités pour se perfectionner dans l'étude de la médecine, et se fit recevoir docteur à Padoue. Il exerça cette profession dans sa patrie, où il remplit aussi plusieurs emplois avec distinction. Il mourut le 19 janvier 1647, dans la 55e année de son âge. Ses principaux ouvrages sont: *Epistolica quæstio de vitæ termino, fatali an mobili, cum doctorum responsis*, Dordrecht, 1634, in-8, et Leyde, 1636, 1639, 1651, in-4; *De excellentia sexus feminei*, Dordrecht, 1636, 1639, in-12; *De calculo*, Leyde, 1638-1641, in-8; *Idea medicinæ veterum*, Leyde, 1637, in-8; *Traité du scorbut*, en flamand, Dordrecht, 1642, in-12.

BEXON (Scipion, ou mieux Gabriel-Léopold-Charles-Amé), né à Remiremont, en mars 1748, embrassa l'état ecclésiastique, et se fit connaître par deux ouvrages, l'un intitulé: *Le Système de la fermentation*, Nancy, 1773; l'autre: *Catéchisme d'agriculture*, Paris, 1777. M. de Buffon, qui le regardait gratuitement pour un habile naturaliste, l'associa à ses travaux. Il est aussi auteur d'une *Histoire de Lorraine*, dont il n'a paru que le premier volume, Paris, 1777, in-8. Il l'avait dédiée à la reine, qui en reconnaissance lui procura la place de grand-chantre à la Sainte-Chapelle à Paris, où il mourut le 15 février 1784. Si l'on en croit l'auteur d'une *lettre* insérée dans les Aff. et Ann. n° 20, 1784, M. l'abbé Bexon a bien fait de ne pas achever cet abrégé de l'histoire de Lorraine. Mais sa critique a paru un peu sévère; l'ouvrage est jugé avec plus d'indulgence dans le *Journal hist. et litt.* 15 mai 1777, p. 81. On a encore du même: *Oraison funèbre de la princesse Charlotte de Lorraine, abbesse de Remiremont*. Le nom de Scipion est celui sous lequel il a fait paraître son histoire de Lorraine, quoique ce ne fût pas le sien.

BEXON (Scipion-Jérôme), frère du précédent, et l'un des collaborateurs de Buffon, naquit à Remiremont vers l'an 1753, et se fit recevoir avocat. En 1787, il devint conseiller intime de la princesse Louise-Adélaïde de Bourbon, abbesse du chapitre royal de Remiremont. Au commencement de la Révolution, il fut successivement procureur de la commune, accusateur militaire, accusateur public, président du comité de bienfaisance à Caen, et enfin électeur de Paris. De 1796 à 1799, il présida le tribunal criminel de la Seine, et en 1800 il devint vice-président du tribunal de première instance. Son esprit d'indépendance et son amour pour la liberté, qui l'avaient mis en opposition avec le gouvernement impérial, le firent révoquer en mars 1808, par suite d'un décret qui ordonnait l'épuration des tribunaux; alors il reprit sa profession d'avocat, et s'occupa en même temps de la composition d'ouvrages de jurisprudence, où l'on trouve une connaissance approfondie de la théorie des lois, et où il règne beaucoup d'ordre et de méthode. Il est mort à Chaillot, près Paris, le 17 novembre 1825. Il a publié: *Journal de justice civile, criminelle, commerciale et militaire*, Paris, 1796, in-8; *Mémoire adressé au gouvernement français, sur la forme de la procédure par jurés, et sur l'utilité d'un tribunal de correction paternelle*, 1799, in-8; *Parallèle du code pénal d'Angleterre avec les lois pénales françaises, et Considérations sur les moyens de les rendre plus utiles*, 1800, in-8; *Développement de la théorie des lois criminelles par la comparaison de plusieurs législations anciennes et modernes*, Paris, 1802, 2 vol. in-8; *Application de la théorie de la législation pénale, ou Code de la sûreté publique et particulière, fondée sur les règles de la morale universelle et sur le droit des gens*, 1807, in-fol.; *Du Pouvoir judiciaire en France et de son inamovibilité*, 1814, in-8; *De la Liberté de la presse et des moyens d'en prévenir et d'en réprimer les abus*, 1814. Il a aussi donné un *Cours de législation* dans les *Annales de jurisprudence*.

BEYERLINK (Laurent), archidiacre d'Anvers, sa patrie, et directeur du séminaire, mourut le 7 juin 1627, à 49 ans. Il publia une nouvelle édition du *Magnum Theatrum vitæ humanæ* de Zwidghez, avec des augmentations considérables, en 7 vol. in-fol. On a encore de lui *Biblia sacra variarum translationum*, 3 vol. in-fol., à Anvers, et d'autres ouvrages.

BEYS (Gilles), imprimeur de Paris au 16e siècle, employa le premier les consonnes *j* et *v*, que Ramus avait distinguées, dans sa grammaire, de l'*i* et de l'*u* voyelles. Il mourut en 1595. Il avait épousé une fille du célèbre imprimeur Plantin.

BEYS (Charles de), poëte français, né à Paris vers 1670, était contemporain et ami de Scarron qui le comparait à Malherbe. Il y a aussi loin de l'un à l'autre que du *Virgile travesti* à l'*Enéide*. On a de lui plusieurs pièces de théâtre, dont aucune n'est restée sur la scène. Il mourut en 1650. Ses *OEuvres poétiques* parurent en 1651. in-8.

BÈZE (Théodore de) naquit à Vézelai en Bourgogne, le 24 juin 1519. Il fit ses premières études à Paris auprès d'un de ses oncles, conseiller au Parlement. On l'envoya ensuite à Orléans, puis à Bourges, où Melchior Wolmar lui donna des leçons de grec et de latin, et lui communiqua son goût pour les nouvelles erreurs. De retour à Paris, il s'y fit rechercher par les agréments de sa figure et de son esprit, et par ses talents pour la poésie. Ses épigrammes et ses pièces latines lui firent un nom parmi les jeunes libertins. Il chanta la volupté avec la licence de Pétrone. Ses poésies étaient l'image de ses mœurs. S'étant défait de son prieuré de Long-Jumeau, qu'il posséda quelque temps malgré ses liaisons publiques avec une femme, il se retira à Genève et ensuite à Lausanne, pour y professer le grec. Neuf ans après, Calvin, son maître, le rappela à Genève, et l'employa dans le ministère. En 1561, il se trouva à la tête de 13 ministres de la réforme, au colloque de Poissy. Ce fut lui qui porta la parole dans cette assemblée où Charles IX, la reine-mère et les princes du sang se trouvaient; mais ayant avancé que « Jésus-Christ était « aussi éloigné de l'Eucharistie, que « le ciel l'est de la terre, » ces paroles scandalisèrent l'auditoire et irritèrent la cour. Bèze eut honte de son peu de retenue, et adoucit ses expressions dans une lettre qu'il adressa à la reine. La guerre civile n'ayant pas été éteinte par ce colloque, Bèze s'arrêta auprès du prince de Condé, et se trouva avec lui à la bataille de Dreux en 1562. L'année d'après il se retira à Genève, et fut le chef de cette église, après la mort de Calvin, dont il avait été le coadjuteur le plus zélé et le disciple le plus fidèle. La qualité de chef de parti enfla son orgueil et aigrit son caractère. Il traita les rois, comme il traitait les controversistes : Antoine de Bourbon, roi de Navarre, était un *Julien;* Marie Stuart, une *Médée*. Il fut la trompette de la discorde durant les guerres civiles. De Genève il animait tous ses disciples répandus dans l'Europe. On l'accuse d'avoir suscité la Renaudie, pour former la conspiration d'Amboise, en 1560, d'avoir sollicité Poltrot à tuer le duc de Guise, en 1563, etc. Il tâcha de se défendre de ces accusations, mais ses raisons ne purent le justifier. En 1569, il vint en France pour pervertir une de ses sœurs qui était religieuse; mais elle lui reprocha ses impiétés, et refusa de l'écouter. Il avait travaillé aussi inutilement auprès de son père, auquel il avait envoyé sa confession de foi en français. Il fut appelé, plusieurs fois, pour assister à des conférences, à Berne et ailleurs. En 1571, il présida un synode tenu à la Rochelle. Il mourut à Genève en 1605, à l'âge de 86 ans, regardé comme un poëte licencieux et un théologien emporté. Il épousa dans sa vieillesse une jeune fille, et se trouva dans une telle pauvreté, qu'il ne subsistait que des libéralités qu'on lui faisait en secret. Il a achevé la traduction des *Psaumes*, que Marot avait entreprise ; mais le continuateur est moins heureux dans le tour et dans l'expression. Ses poésies latines furent publiées sous le titre de *Juvenilia Bezæ*, 1547, in-4, dont Barbou a donné une nouvelle édition, in-12, 1757, avec les poésies de Muret et de Jean Second. Dans un âge plus avancé, il en supprima plusieurs endroits licencieux, et publia ses Poésies sous le titre de *Poemata varia*, dont la meilleure édition est de Henri Etienne, 1597, in-4. Ce trait peut faire penser que ses mœurs ne furent pas toujours dépravées, ou du moins qu'il cessa de vouloir dépraver celles des autres. Ses principaux ouvrages en prose sont : *Traduction latine du Nouveau-Testament*, avec des notes ; *Traité du droit que les magistrats ont de punir les hérétiques*, traduit en français par Collandon, Genève, 1560, in-8, fait au sujet du supplice de Servet, et plus rare en français qu'en latin; *Confessio christianæ fidei*, 1560, in-8; *Mappemonde papistique*, 1567, in-4; *Histoire des églises réformées*, 1580, 3 in-8; *Réveille-matin des Français*, 1574, in-8 ; *Icones virorum illustrium*, 1580, in-4 ; *Vie de Calvin*, Genève, 1563, année de la mort de cet hérésiarque. On a de lui en vers français, très-inférieurs à ses poésies latines, la comédie du *Pape malade*, la tragédie du *Sacrifice d'Abraham*, *Caton le Censeur*, etc.

BEZONS (Jacques BAZIN comte de), maréchal de France, fils d'un conseiller d'Etat, commença à servir en Portugal, sous le comte de Schomberg, en 1667. Il se signala ensuite dans grand nombre de siéges et de combats, jusqu'à l'an 1709, qu'il obtint le bâton de maréchal de France. Il prit Landau en 1713, et mourut en 1733 à 88 ans.

BEZOUT (Etienne), célèbre mathématicien, de l'Académie des sciences, né à Nemours le 31 mars 1730, et mort en 1783, a publié : *Cours de mathématiques à l'usage des gardes du pavillon et de la marine*, 1764, 6 vol. in-8, y compris un *Traité de navigation* ; *Cours de mathématiques à l'usage de l'artillerie*, 4 vol. in-8, 1770. Ces deux cours d'études ; où l'on trouve de la méthode et de la clarté, ont obtenu un très-grand succès. Peyrard a réuni dans une même édition les applications particulières au cours à l'usage de l'artillerie, avec le cours à l'usage de la marine. Reynaud, Garnier et Le Prince ont publié quelques parties de ce cours avec des notes estimées ; *Théorie des équations algébriques*, 1779, in-4; plusieurs *Mémoires*.

BIAGI (Clément), né à Crémone dans l'Etat de Venise, entra dans l'Ordre des bénédictins, et fut nommé professeur de théologie à l'école de la Propagande. L'ouvrage qui lui a concilié le plus d'estime dans le monde savant est intitulé : *Tractatus de decretis Atheniensium*, Rome, 1785, in-4. Biagi y fait preuve d'une grande connaissance de tout ce qui concerne la législation et l'administration dans les républiques de la Grèce, et particulièrement dans celle d'Athènes: Quoique érudit et archéologue, on peut reprocher à Biagi une grande négligence dans sa manière d'écrire le latin. On a encore du même auteur les deux ouvrages suivants : *Ragionamento sopra un' antica statua singularissima, scoperta nell' agro romano*, Roma, 1772, in-8 ; *Monumenta græca et latina ex musœo Jac. Nanii, descripta à Cl. Biagi*, Romæ, 1787, in-4, fig. Biagi a traduit en italien le Dictionnaire de théologie de l'abbé Bergier, et y a ajouté des notes.

BIAGIOLI (Nicolas-Josaphat), grammairien et littérateur, né en 1768 à Vezzano, dans l'Etat de Gênes, professa longtemps en France avec succès, et mourut à Paris le 13 décembre 1830. On a de lui : *Grammaire italienne élémentaire et raisonnée*, suivie d'un *Traité de la poésie italienne*, in-8 ; *Grammatica ragionata della lingua francese*, in-8 ; une édition des *Poésies du Dante*, avec un nouveau commentaire ; une autre des *Lettres* du cardinal Bentivoglio, etc.

BIAMONTI (Joseph-Louis), membre honoraire de l'Institut impérial et royal de Milan, né vers 1730, à Vintimiglia, ville épiscopale du duché de Gênes, mort à Milan, le 13 octobre 1824, entra dans les ordres sacrés. Il devint successivement professeur d'éloquence à l'Université de Bologne, et de littérature italienne à celle de Turin. On a de lui : une *Grammaire italienne* ; un *Traité sur l'art oratoire* ; quelques *pièces de vers* ; deux tragédies : *Iphigénie en Tauride*, dont les hellénistes font beaucoup de cas, et *Sophonisbe* ; des *Traductions*, en prose italienne, de Sophocle, et de quelques morceaux d'Eschyle, de l'*Iliade*, des *Olympiques* de Pindare et de la *Poétique* d'Aristote. L'abbé Biamonti, qui connaissait bien l'hébreu ainsi que ses dialectes syriaque et chaldaïque, a laissé inachevée une *Traduction* du livre de Job.

BIANCHI (Jean-Baptiste), célèbre anatomiste italien, né à Turin le 12 septembre 1681. Docteur à l'âge de 17 ans, il enseigna son art à Turin où le roi de Sardaigne fit bâtir pour lui, en 1715, un amphithéâtre commode. En 1718 il professa aussi la pharmacie, la chimie et la pratique médicale ; il fut nommé membre de l'académie des *curieux de la nature*. Il mourut le 20 janvier 1761. Ses principaux ouvrages sont: *Ductus lacrymales novi, eorum anatome, usus, morbi curationes*, Turin, 1715, in-4, Leyde, 1725; *De lacteorum vasorum positionibus et fabricâ*, 1743, in-4 ; *De naturali in humano corpore vitiosâ et morbosâ generatione historia*, Turin, 1741; *Storia del mostro di due corpi che nacque sul pavese in gennaro*, 1748, Turin, 1749, in-8 ; *Description d'un fœtus monstrueux*, et l'un des meilleurs opuscules de Bianchi; *Littera sul'insensibilita ed irritabilita delle parti nelli nomini e nelli bruti*, ibid., 1755, dans laquelle il réfute Halley, trad. en fr. et insérée dans le *Journal de Médecine*, t. IV, pag. 46, ann. 1756 ; autre lettre sur le même sujet, pag. 163 du même volume ; *Historia hepatica, seu de hepatis structurâ, usibus et morbis*, Turin, 1710, in-4, 1716, in-4, Genève, 1725, 2 vol. in-4, le plus important des ouvrages de l'auteur. Bianchi a écrit des *Dissertations* curieuses dont quelques-unes sont insérées dans le *Théâtre anatomique* de Manget.

BIANCHI (Pierre) naquit à Rome en 1694. Ce peintre réussit également dans l'histoire, les paysages, les portraits, les marines et les animaux. Ses ouvrages sont à Rome où il mourut le 12 mars 1740. Il se distingua par la correction de son dessin, et par la vigueur de son coloris. Il perfectionna beaucoup les figures d'anatomie, en cire coloriée.

BIANCHI (Antoine), vénitien, simple garçon gondolier à Venise, au milieu du 18e siècle, composa deux poëmes où il y a de la poésie : *Il Davide, re d'Israele, poema-eroico-sagro, di Antonio Bianchi, servitor de gondola Veneziano*, canti *XII*, Venise, 1751, in-fol., réimprimé même année avec un oratorio dramatique intitulé : *Elia sul Carmelo*, ibid., in-8; *Il tempio, owero il Salomone*, canti *X*, Venise, 1753, in-4. On lui doit aussi un ouvrage de critique, intitulé : *Osservazioni contro-critiche di Antonio Bianchi, sovra un trattato della commedia italiana*, etc., Venise, 1752, in-8. C'est en vain que Joseph-Antoine Constantini, auteur de ce Traité sur la comédie italienne, répondant aux observations, avança qu'elles n'étaient pas du gondolier Bianchi, et que le poëme de David n'en était pas non plus.

BIANCHINI (François), né à Vérone le 13 décembre 1662, d'une famille distinguée, s'illustra dès sa jeunesse par l'établissement de l'académie des *Aletofili*, c'est-à-dire, des amateurs de la vérité. Cette compagnie, spécialement consacrée aux matières de mathématiques et de physique, recevait des lumières de son fondateur. Le cardinal Ottoboni, depuis Pape sous le nom d'Alexandre VIII, le fit son bibliothécaire. Il eut ensuite un canonicat dans l'église de Sainte-Marie de la Rotonde, et puis dans celle de Saint-Laurent in Damaso. Il fut secrétaire des conférences sur la réforme du Calendrier. Clément XI, qui connaissait tout son mérite, le nomma à cette place. Innocent XIII et Benoît XIII lui donnèrent des marques publiques de leur estime. En 1705, le sénat l'agrégea à la noblesse romaine, honneur qu'il étendit à tous ceux de sa famille, et à leurs descendants. Ce savant mourut en 1729, membre de plusieurs académies. Il y avait 8 ans qu'il s'occupait à faire des observations qui pussent le conduire à tracer une méridienne pour l'Italie. Les citoyens de Vérone lui firent ériger, après sa mort, un buste dans la cathédrale, distinction qu'ils avaient déjà rendue à la mémoire du cardinal Noris. On a de Bianchini : *Palazzo de' Cesari*, Vérone, 1738, in-fol. figures ; *Iscrizioni sepolcrali della casa di Augusto*, Rome, 1727, in-fol. Ces deux ouvrages prouvent qu'il connaissait bien les antiquités ; une Edition d'Anastase-le-Bibliothécaire : *De vitis Romanorum Pontificum*, 1718-1723, en 4 vol. in-fol., avec des notes, des dissertations, des préfaces, des prolégomènes et des variantes. L'érudition y est répandue avec profusion, mais le livre est plein de fautes typographiques ; des *Pièces* de poésie et d'éloquence ; *Histoire universelle*, en italien, imprimée à Rome, in-4, 1697, avec figures. Quoiqu'elle contienne quelques sentiments particuliers, elle est recherchée, parce que l'auteur s'appuie sur les monuments de l'antiquité ; *De Calendario et cyclo Cæsaris, ac de Paschali canone sancti Hippolyti martyris, dissertationes duæ*, Rome, 1703, in-fol., ouvrage savant et généralement estimé ; *De tribus generibus instrumentorum musicæ veterum organicæ*, Rome, 1743. C'était un savant universel.

BIANCO ou BIANCHO (André), géographe de Venise, né vers l'an 1430, a laissé un *Recueil de cartes hydrographiques*, restées longtemps en oubli dans la bibliothèque de Saint-Marc. Vincent Formaleoni, à qui l'abbé Morelli les fit connaître, en copia trois qui furent insérées dans l'ouvrage intitulé : *Saggio sulla nautica antica de' Veneziani*, Venise, 1783. Les *Cartes* de Bianco nous font connaître l'étendue de la navigation des Vénitiens, avant la découverte du Nouveau-Monde, et celle du cap de Bonne-Espérance ; les côtes de la Méditerranée et de la mer Noire y sont représentées avec exactitude.

BIARD (Pierre), célèbre sculpteur, né en 1559, mort à Paris, sa patrie, en 1609, âgé de 50 ans. Il avait fait le voyage de Rome, pour s'instruire dans son art d'après les grands modèles qu'offre cette ville fameuse ; il revint à Paris avec de riches connaissances. Le chef-d'œuvre de cet artiste était la statue équestre de *Henri IV*, qu'on voyait en bas-relief sur la grande porte qui est au milieu de la façade de l'Hôtel-de-Ville. En 1662 des séditieux l'endommagèrent. La figure de ce roi était si bien placée, son visage était si ressemblant et si majestueux, que, selon bien des connaisseurs, c'était le meilleur portrait que l'on en eût. Il fut détruit pendant la révolution.

BIAS, fils de Teutamus, natif de Priène, ville de Carie, l'un des *sept Sages* de la Grèce, et, suivant quelques anciens, *le plus sage*, ce qui cependant n'est pas beaucoup dire, florissait vers l'an 608 avant J.-C. Il commença à se faire connaître par le rachat de quelques filles captives. On lui attribue plusieurs bons mots. Quelqu'un lui ayant demandé ce qu'il y avait de plus difficile à faire, il dit que *c'était de supporter un revers de fortune*... S'étant trouvé au milieu d'une tempête furieuse, il entendit des impies qui priaient les dieux: *Taisez-vous*, leur dit-il, *de peur qu'ils ne s'aperçoivent que vous êtes sur ce vaisseau*... Il avait coutume de dire qu'*un homme qui ne pouvait supporter l'infortune était véritablement malheureux*... Une autre de ses sentences était celle-ci : *Puisque le monde est plein de méchanceté, il faut aimer les hommes comme si l'on devait les haïr un jour*. On rapporte que, durant le siége de sa patrie, il répondit à quelqu'un qui lui demandait pourquoi il était le seul qui se retirât de la ville sans rien emporter: *Je porte tout avec moi*... Diogène Laërce assure qu'il composa plus de deux mille vers sur l'Ionie, et qu'il expira entre les bras d'un fils de sa fille, en plaidant pour un de ses amis. Ses concitoyens, que ses leçons n'avaient pas rendus sages, eurent l'extravagance de lui consacrer un temple.

BIBERSTEIN (Le baron MARCHAL), conseiller d'Etat russe, né dans le pays de Wurtemberg en 1768, mort en 1828, a publié: *Flora Taurico-Causaïca*, dont la première édition renferme cent planches de la plus belle exécution.

BIBIENA, ou BIBBIENA (Ferdinand GALLI), peintre, architecte, naquit à Bologne en 1657. Il étudia les principes de son art sous Cignani, artiste distingué. Le maître produisit son disciple dans le monde. Ses talents pour l'architecture, pour les décorations de théâtre et pour la perspective, l'y firent bien recevoir. Le duc de Parme et l'empereur lui donnèrent le titre de leur peintre, et le comblèrent de bienfaits. On éleva, sur ses dessins, plusieurs édifices magnifiques. Ses morceaux de perspective sont pleins de goût. Il mourut aveugle en 1743, laissant des fils dignes de lui. Il est auteur de deux livres d'architecture.

BIBIENA, ou BIBBIENA (François GALLI), frère du précédent, né à Bologne en 1659, mort en 1739, fut comme lui peintre et architecte. Il dirigea, conjointement avec le marquis Maffei, la construction du théâtre de Vérone, qui est plus beau que celui qu'il construisit depuis à Rome. Il enseigna à Bologne les règles de l'architecture.

BIBLIANDER (Théodore), né à Bischops-Zell, professeur de théologie à Zurich, y mourut de la peste en 1564, âgé d'environ 65 ans, après avoir publié plusieurs ouvrages. Les principaux sont : *Apologia pro editione Alcorani*, edita à J. Fabricio, Rostoch, 1638, in-4; un *Recueil d'anciens écrits sur le mahométisme*, in-fol.; ce recueil, qui est curieux, renferme beaucoup de pièces sur la doctrine de l'imposteur de la Mecque, et est devenu rare; une édition de la *Bible de Léon de Juda*, Zurich, 1543, in-fol.; des *Commentaires* sur plusieurs livres de l'Ecriture-Sainte, etc.; *De ratione communi linguarum et litterarum omnium*, Zurich, 1548, in-4, où il fait des efforts pour montrer qu'il y a de l'analogie entre toutes les langues et toutes les lettres en usage dans le monde. Il était habile dans les langues orientales.

BICHAT (Marie-François-Xavier), célèbre professeur de l'école de Médecine, né à Thoirette dans l'ancienne Bresse, le 14 novembre 1771, était fils d'un médecin. De la douceur dans le caractère, un goût constant pour le travail, joints à une grande vivacité d'esprit, annoncèrent dans le jeune Bichat un sujet précieux. Il commença ses études médicales à Lyon sous Marc-Antoine Petit, qui l'associa bientôt à ses travaux et à ses succès. Obligé de fuir après le siége de Lyon, il se rendit à Paris, où il reprit le cours de ses études, et suivit les leçons du célèbre Desault, qui le distingua bientôt dans la foule de ses nombreux élèves, le fixa dans sa maison, et le regarda dès lors comme son fils et son émule. Bichat se livrait avec ardeur à la carrière qu'il avait embrassée sous un maître si habile, lorsque la mort vint le lui enlever en 1795. Il remplit alors l'honorable tâche de mettre au jour le fruit des observations de Desault, et publia le 4e volume de son *Journal de Médecine*. Ses succès, allant toujours croissant, le firent nommer, en 1800, médecin de l'Hôtel-Dieu, où il professait depuis 1797 l'anatomie et la chirurgie avec un égal succès. Une chute faite sur l'escalier de l'Hôtel-Dieu détermina une fièvre putride maligne dont il avait puisé le germe funeste au milieu des recherches cadavériques qui faisaient sa principale étude, et il succomba le 22 juillet 1802. La chirurgie lui doit plusieurs observations importantes, la perfection de quelques instruments, et particulièrement les progrès qu'a faits dans ces derniers temps l'anatomie pathologique. On a de lui : *Anatomie générale appliquée à la médecine et à la physiologie*, Paris, 1801, 4 vol. in-8: ouvrage entièrement neuf, fruit de recherches expérimentales multipliées et des méditations les plus profondes; *Traité des membranes en général*, 1799; *Traité d'anatomie descriptive*, 1801 et années suivantes, 5 vol. in-8; *Recherches physiologiques sur la vie et la mort*, 4e édition, 1805, in-8; plusieurs *Mémoires* dans le *Recueil de la Société médicale*.

BIDLOO (Godefroy), médecin et poète,

né à Amsterdam le 14 mars 1649, professeur d'anatomie à La Haye, d'anatomie et de chirurgie à Leyde, médecin de Guillaume III, roi d'Angleterre, mourut à Leyde au mois d'avril 1713. Ses poésies hollandaises ont été publiées à Leyde en 1719. Parmi ses autres ouvrages, le plus estimé est son *Anatomia corporis humani*, 105 *tabulis... demonstrata*, avec de très-belles figures de Lairesse, Amsterdam, 1685, in-fol. max., édition préférable à celle d'Oxford, 1697, in-fol. max., qui a cependant 114 planches, et a été publiée sous ce titre : *Anatomes of Human Bodies;* à celle de Leyde, 1739, in-fol., qui a aussi 114 planches, et à celle d'Utrecht, 1750, in fol. Cet ouvrage est d'une exécution admirable, mais il a quelques inexactitudes. Partout où il ne fallait que la fidélité de l'artiste, il approche de la perfection ; mais quand son œil ne pouvait suffire, l'anatomiste n'a pas pris soin de faire les préparations convenables. Il a été fait à Leyde, 1715, une édition de tous les ouvrages de Bidloo, excepté sa grande *Anatomie*; elle a pour titre : *Opuscula omnia anatomica-chirurgica edita et inedita*, in-4, fig.

BIEL (Gabriel), un des grands scolastiques de son siècle, est né, selon les uns, en Suisse, selon les autres, à Spire ou à Tubinge. Il enseigna longtemps la philosophie et la théologie à Tubinge, où il mourut vers l'an 1495. On a de lui : des *Commentaires sur les Livres des Sentences;* une *Exposition du Canon de la Messe*, etc., Haguenau, 1519. Il ne faut pas le confondre avec Louis de Biel, professeur de philosophie à Vienne, dont on a : *Utilitas rei nummariæ*, Vienne, 1733, 1 vol. in-8, avec fig.

BIELFELD (Jacques-Frédéric, baron de), né à Hambourg, le 31 mars 1717, accompagna, en qualité de secrétaire de légation, le comte de Truchsès, ambassadeur du roi de Prusse à la cour de Londres. En 1745, le roi de Prusse le nomma précepteur du prince Ferdinand son frère, curateur des Universités en 1747, et, l'année d'après, baron et conseiller-privé. Il se retira ensuite dans une de ses terres dans le pays d'Altembourg, où il passa le reste de ses jours, partageant son temps entre l'étude et les soins de sa famille. Durant sa dernière maladie, il se fit transporter à Altembourg, où il mourut le 5 avril 1770. Nous avons de lui plusieurs ouvrages : *Institutions politiques*, Liège, 1774, 3 vol. in-8. « S'il n'en est pas le créateur, dit l'auteur de son *Éloge*, il n'en est pas aussi le simple compilateur. » On y trouve une *Description géographique de l'Europe*, mêlée de réflexions politiques : il est facile de voir, en lisant les articles qui concernent l'Espagne, le Portugal, l'Italie, etc., qu'il écrit en bon protestant. On y lit des choses d'une fausseté évidente, que la passion seule lui a dictées. Par exemple, tom. 3. p. 16, il dit que « les Juifs de Portugal, que l'on y découvre, sont brûlés, et que leurs biens « confisqués passent à Rome. » Sa haine contre le clergé catholique va jusqu'à exclure les évêques, ces pasteurs des peuples, des assemblées nationales : opinion solidement réfutée par M. Necker, dans son *Traité de l'administration des Finances*. « Dans les nations Européennes, dit ce ministre, le clergé que les « donations des souverains et des peuples ont rendu propriétaire de grands « biens, et qui par là forme un corps « de citoyens opulents et puissants, semble dès lors avoir un droit acquis de « parler ou de se faire représenter dans « les assemblées nationales. D'ailleurs, « la confiance des peuples les met à « portée de voir de près leurs besoins et « de reconnaître leurs vœux. » Bielfeld convient cependant que Luther et surtout Calvin ont porté de trop fortes atteintes aux revenus et aux honneurs du clergé. On remarque aussi dans cet ouvrage des maximes qui flattent le despotisme, et qui ne peuvent que tendre à l'asservissement des nations; *Progrès des Allemands dans les Belles-Lettres*, 1 vol. in-8; mauvaise compilation, où le fanatisme protestant tient souvent lieu de critique. Si l'on devait juger des progrès des Allemands par la manière dont son livre est rédigé, il n'y aurait point de nation en Europe moins avancée ; *Amusements dramatiques*, qui n'amusèrent que lui ; *Lettres* familières qui furent un enfant de son loisir, mais un enfant gâté et beaucoup trop familier ; *Traits d'érudition universelle;* ce ne sont que des traits, l'ensemble manque ; une feuille périodique en allemand, intitulée : *l'Ermite*, ouvrage qui s'est soutenu pendant 3 ans. C'est beaucoup pour ce genre d'ouvrage qui n'a pas la vie longue, quand il est faible. Un de ses intimes amis a lu son éloge dans une assemblée publique de l'Académie de Berlin, en 1770; on comprend bien que l'auteur et ses ouvrages n'y sont pas sévèrement jugés.

BIENNÉ (Jean), célèbre imprimeur de Paris, fut l'émule des Morel et des Turnèbe, qu'il égala par la beauté de ses caractères, la correction de ses livres, et la bonté des ouvrages qui sont sortis de sa presse. Maittaire ne l'a point oublié dans ses *Vies des plus célèbres imprimeurs de Paris;* il prétend que ses impressions grecques et latines ne le cèdent point à celles d'aucun des meilleurs typographes. Voyez dans cet auteur le *Catalogue des impressions les plus renommées* de Jean Bienné. Cet imprimeur mourut à Paris en 1558.

BIERKANDER (Claude), naturaliste suédois, mort en 1795, à Gresback en Vestrogothie où il était pasteur. Il s'appliqua spécialement à l'étude des insectes et des phénomènes de la végétation. On lui doit l'*Horloge* et l'*Hygromètre de Flore*, ingénieuse application d'une idée de Linnée, dans laquelle l'épanouissement d'une fleur nouvelle indique chaque division du jour et de la nuit. Il a aussi laissé plusieurs *Observations* et *Mémoires* écrits en suédois, qui ont été insérés dans le *Recueil de l'Académie royale de Stockolm*, parmi lesquels on distingue ceux sur l'*Ulago* ou la *Brûlure des végétaux*, sur la *Transpiration des plantes*, sur la *Germination*.

BIÈS (Jean-Pierre), né à Limoges en 1785, étudia la médecine, et publia: *Observations sur la forme arrondie considérée dans les corps organisés et principalement dans le corps de l'homme*, in-8. Il renonça ensuite à cet art et s'occupa de littérature. Il est mort à Paris, en 1832, des suites du choléra. On a de lui: *Lettres sur l'harmonie du langage*, Paris, 1821, 2 vol. in-18; *Bibliothèque du promeneur*, 1823, in-12; *Histoire des quatre fils d'Aymon*, etc., etc.

BIET (Réné), chanoine régulier, abbé de Saint-Léger de Soissons, né vers 1700, mort le 29 octobre 1767, a publié un *Eloge du maréchal d'Estrées*, in-8, écrit faible et sans couleur, et une savante *Dissertation sur l'établissement des Francs dans les Gaules*, 1736, in-12. L'auteur prétend, contre l'opinion du Père Daniel, que les Francs s'établirent dans les Gaules avant Clovis, et fixe l'époque de cet établissement à l'an 531 de J.-C. Cet ouvrage, qui a remporté le prix de l'académie de Soissons, est suivi de deux autres *Dissertations* sur le même sujet.

BIÈVRE (Maréchal, marquis de), né en 1747, servit d'abord dans les mousquetaires, et se fit un nom par ses réparties et ses calembourgs, qu'on a recueillis en 1800, sous le titre de *Bievriana*, in-18. Après avoir publié quelques brochures peu dignes d'être citées, il s'adonna au théâtre, et fit représenter, en 1783, le *Séducteur*, comédie en 5 actes et en vers, qui eut du succès à Paris, quoiqu'il n'en eût point obtenu à la cour. « Cette « pièce, dit Laharpe, est mal conçue et « mal composée; ce n'est autre chose « qu'une mauvaise copie du *Lovelace* de « Richardson, et du *Cléon* de Gresset. « Le principal caractère, fait aux dépens « de tous les autres, est un contre-sens « continuel. Bièvre a confondu un sé- « ducteur avec un homme à bonnes for- « tunes. La versification, en général, « n'est ni dure ni incorrecte; mais elle « n'est nullement exempte de fautes, et « de fautes graves. » Le marquis de Bièvre mourut à Spa en 1789.

BIEZ (Oudard de), maréchal de France, d'une illustre maison originaire d'Artois. Après avoir servi avec distinction en Italie et ailleurs, il obtint en 1542 le bâton de maréchal de France. Mais ayant en 1544 rendu la ville de Boulogne aux Anglais qui l'assiégeaient, on lui fit son procès, et il fut condamné avec son gendre Jacques de Coucy-Vervins à perdre la tête: ce qui fut exécuté à l'égard de son gendre, et quant à lui, le roi Henri II lui ayant fait grâce de la vie, il fut enfermé dans le château de Loches. Quelques années après, il obtint sa liberté et revint à Paris, où il mourut accablé de chagrins en 1551. Sa mémoire, ainsi que celle de Jacques de Coucy, fut réhabilitée en 1575.

BIFFI (Jean) naquit au bourg de Mezago (Milanais), en 1464, embrassa l'état ecclésiastique, et cultiva la poésie avec assez de succès. Nous indiquerons ses principales compositions: *Miraculorum vulgarium beatissimæ Virginis Mariæ, in carmen heroicum traductio*, Rome, 1484, in-4; *Carmina in laudem Annuntiationis beatæ Virginis Mariæ*, Milan, 1493, in-4. Jean Biffi mourut vers 1515.

BIGELOT (François-Emmanuel-Siméon), né à Nancy le 18 février 1789, fut admis en 1810 dans l'administration des contributions indirectes comme simple surnuméraire, parvint en peu de temps au grade de chef de bureau, et acheta une charge de notaire dans sa ville natale en 1846. Sans oublier son étude, il se livra à des travaux poétiques. Il mourut le 14 juillet 1830. On a de lui: plusieurs *Morceaux de poésies* insérés dans le *Mercure de France*, 1816-1818; une *Ode sur la poésie*, 1816, in-8; une *Satire sur le dix-neuvième siècle*, 1817, in-8.

BIGEX (François-Marie), né le 24 septembre 1751 à la Balme-de-Thuy, dans le Genévois, fit ses études aux colléges d'Evian et de Thonon, et passa ensuite au séminaire d'Annecy, puis à celui de Saint-Sulpice à Paris. En 1782, il fut reçu docteur de la maison de Navarre, et plusieurs évêques français essayèrent de le retenir; mais Mgr de Biord, évêque de Genève, ne voulant pas priver son diocèse d'un sujet si distingué, le fit membre de son chapitre, et à la mort de ce prélat il fut nommé un des vicaires capitulaires. Lorsque les Français pénétrèrent dans la Savoie en 1792, il se retira à Lausanne, et il rendit des services importants, non seulement à son propre diocèse, mais encore à celui de Chambéry et aux catholiques des pays voisins; enfin le roi le nomma, en 1818, à l'évêché de Pignerol qu'on avait rétabli, et où tout restait à faire après les événements qui avaient détruit ce siége comme plusieurs autres. Il y déploya tout son zèle, et adressa à son troupeau une lettre pastorale remplie d'instructions solides pour les catholiques, et contenant une invitation pressante aux Vaudois de rentrer dans le sein de l'Eglise. Elle a été imprimée en France. Mgr Bigex passa à l'archevêché de Chambéry, lorsque Mgr Dessoles donna sa démission, et il mourut le 19 février 1827. On lui doit plusieurs ouvrages écrits d'un style simple et à la portée du peuple, qui furent très-utiles dans un temps où la religion était proscrite et les prêtres errants et fugitifs. On estime surtout ses *Etrennes catholiques* qu'il publia pendant douze ans, qui servirent à consoler, à instruire les fidèles, et qui furent supprimées en 1810, Bonaparte ne voulant permettre aucun écrit qui pût être favorable au chef de l'Eglise qui était alors prisonnier. Ce livre intitulé : *Le Missionnaire catholique*, ou *Instructions familières sur la religion*, 1796, in-8, obtint aussi un grand succès, et Boulogne en fit l'éloge dans les *Annales catholiques*. On a encore de lui : *Oraisons funèbres de Mgr de Biord*, évêque de Genève, Annecy, 1785, in-8; *Instructions à l'usage des fidèles du diocèse de Genève*, Lausanne, 1793, in-8; *de la Sanctification des fêtes et des dimanches*, 1799, in-8.

BIGNE (GACE de la), et non de la Vigne, comme l'appellent presque tous les biographes, né d'une famille noble du diocèse de Bayeux, fut chapelain de la chapelle du roi Jean, et suivit ce prince en Angleterre, après la malheureuse journée de Poitiers. Etant à Rochefort en 1349, il commença un poëme de la chasse, intitulé : *Le Roman des Oiseaux*, qu'il finit à son retour en France. Le roi le fit faire pour l'instruction de Philippe son fils, duc de Bourgogne. L'abbé Goujet attribue ce poëme à Gaston de Foix, parce qu'il est imprimé à la fin du *Miroir de la chasse* par ce prince; mais bien différent des manuscrits. On croit que Gace vécut au moins jusqu'en 1374.

BIGNE (Marguerin de la), docteur de Sorbonne, et grand-doyen de l'église du Mans, naquit en 1546 à Bernières-le-Patri en Normandie. Il publia : *Bibliotheca veterum Patrum et antiquorum scriptorum ecclesiasticorum latinè*, Paris, 1575, 8 vol. in-fol.; *Appendix, sive tomus nonus* 1579, in-fol., nouvelle édition, Paris, 1589, 9 vol. in-fol. C'est le premier qui ait entrepris un ouvrage de ce genre. Ph. Despont a donné une édition beaucoup plus complète de la *Bibliotheca max. veterum Patrum, etc.*, Lugduni, 1677, 27 vol. in-fol., à laquelle on joint : *Apparatus ad Bibl. max. veter. Patr., operâ et stud. Nic. Le Nourry*, Paris, 1703-15, 2 vol. in-fol., et l'*Index Bibl. max. veter. Patr. à Sam. à Sanctâ Cruce digestus*, Genuæ, 1707, in-fol. Cette collection ainsi complète, en 30 vol., était fort recherchée autrefois; mais, devenue commune, elle n'a presque plus de valeur. Il est également bon d'avoir le vol. intitulé : *Bibliotheca sanctorum Patrum primitivæ Ecclesiæ, etc.*, Lugd., 1680, in-fol. : il renferme des pièces curieuses. La Bigne se distingua aussi par ses *Harangues* et par ses *Sermons*. Il donna un *Recueil de statuts synodaux*, en 1578, in-8, et une édition d'Isidore de Séville en 1580, in-fol. Il mourut vers 1590.

BIGNOLTI (Vincent), né à Verceil en 1764, mort en 1831, chanoine de la métropole de Verceil, fut chargé en 1806 d'un *Discours sur le rétablissement de la religion* pour l'empereur Napoléon. On a de lui : *Collection de poésies diverses*, 1784 et 1787; *Le Baume salutaire*, ou *Réflexions philosophiques et morales*; *Eloge du bienheureux Amédée, duc de Savoie*.

BIGNON (Jean-Paul), petit-fils de Jérôme Bignon, abbé de St-Quentin, bibliothécaire du roi, l'un des 40 de l'Académie française, et honoraire de celles des sciences, des inscriptions et belles-lettres, mort à l'Ile-Belle sous Meulan en 1743, et à 81 ans, embrassa tous les genres de connaissances, et protégea tous les gens de lettres. On a de lui : *Vie du Père François Lévêque, prêtre de l'Oratoire*, Paris, 1684, in-12; les *Aventures d'Abdala, fils d'Hanif*, roman qu'il n'acheva pas, et qui néanmoins fut publié en un volume.

BIGNON (Jérôme) naquit à Paris, le 24 août 1589, d'une famille féconde en hommes illustres. Son père fut son maître. Ses progrès furent rapides; dès l'âge de dix ans, il était auprès du jeune prince de Condé, pour lui donner de l'émulation, et publia une assez bonne *Description ou Chorographie de la Terre-Sainte*, Paris, 1600, in-12. Trois ans après, c'est-à-dire, à 13 ans, il composa pour le jeune duc de Vendôme, auprès duquel Henri IV l'avait placé, un *Traité des antiquités romaines*, 1604; et à 14, son livre: *De l'élection des Papes*, 1605, in-8: matière neuve qu'il traita avec une érudition qui surprit les savants de son temps. Scaliger, Casaubon, Grotius, Pithou, de Thou, du Perron, Sirmond, etc., témoignèrent de l'estime pour ce jeune auteur. Henri IV, qui avait goûté sa conversation, le plaça en qualité d'enfant d'honneur auprès du Dauphin, depuis Louis XIII. Il allia dans cette place les manières aisées d'un courtisan à l'étude des sciences nécessaires à un bon citoyen. Un auteur espagnol ayant établi, dans un gros in-fol., la préséance des rois d'Espagne sur les autres souverains, il le réfuta dans son traité de l'*Excellence des rois et du royaume de France*, dédié à Henri IV, 1610, in-8. Il n'était alors que dans sa 19ᵉ année. Après la mort funeste de ce prince, il quitta la cour, et entreprit ensuite le voyage d'Italie. Paul V lui donna les marques les plus distinguées de son estime. Le fameux Fra-Paolo, enchanté de sa conversation et de ses ouvrages, le retint quelque temps à Venise. Bignon, de retour en France, devint avocat-général du grand conseil en 1620, conseiller d'Etat et avocat-général du Parlement de Paris en 1626, bibliothécaire du roi en 1642: ses descendants ont occupé cette dernière place avec autant d'honneur que d'intelligence. Il avait cédé sa charge d'avocat-général, peu de temps auparavant, à Etienne Briquet son gendre; mais celui-ci étant mort en 1645, il la reprit et l'exerça avec la même intégrité et le même zèle. La reine Anne d'Autriche l'appela pendant sa régence aux conseils les plus importants. Il mourut en 1656, dans de grands sentiments de religion. Outre les ouvrages dont nous avons parlé, il a fait encore: *De la grandeur et de la souveraine puissance*, 1615, in-8; il a donné une édition des *Formules de Marculphe*, avec des notes pleines d'érudition, 1613, in-8; 1655, in-4, réimp. par les soins de son fils, 1666, in-4. Il a aussi rédigé avec soin les *Voyages de François Pyrard de Laval aux Indes orientales, aux Moluques*, Paris, 1619, 2 vol. in-8. Nous avons une *Vie* de ce grand magistrat, in-12, en 1757, par l'abbé Pérau.

BIGNON (Edouard, baron), pair de France, naquit en Normandie en 1762, et commença par servir dans la 128ᵉ demi-brigade. Il fut ensuite secrétaire du général Huet, et entra dans la diplomatie sous le gouvernement directorial comme secrétaire de légation, d'abord auprès des républiques cisalpine et helvétique, puis à Berlin. En 1799, il devint ministre plénipotentiaire près de l'électeur de Hesse-Cassel. Après l'invasion de la Prusse, Napoléon le nomma son intendant dans ce royaume. Bignon fut ensuite ministre de France près le grand-duc de Bade, et enfin résident de France à Varsovie, le 25 décembre 1810. Le 1ᵉʳ juillet 1812, il fut envoyé à Wilna comme commissaire impérial près le gouvernement conventionnel de Lithuanie, chargé d'insurger les Polonais contre les Russes, et cette mission fut pleine de succès. Après les désastres de l'armée française en Russie, il rentra en France. Bignon, n'ayant pas voulu prendre de service sous la première restauration, fut nommé, aux Cent-Jours, directeur de la correspondance des affaires étrangères, et, dans le mois de mai suivant, député à la Chambre des représentants par le département de la Seine-Inférieure. Le 2 juillet, lorsque le gouvernement provisoire résolut d'envoyer aux généraux anglais et prussiens une commission spéciale chargée de proposer une convention militaire pour la remise de la ville de Paris, Bignon fit partie de cette commission, et il signa en cette qualité, à Saint-Cloud, la capitulation du 3 juillet. Membre de la Chambre des députés dès 1823, pair après 1830, il mourut en 1841. On a de lui: *Du Système adopté par le Directoire exécutif relativement à la république cisalpine*, 1799; *Exposé comparatif de l'état financier, militaire, politique et moral de la France et des principales puissances de l'Europe*, 1815, in-8; et plusieurs autres ouvrages.

BIGOT (Guillaume), né à Laval en 1502, cultiva avec le même succès la poésie latine et la poésie française, et passait pour un des hommes les plus savants de son siècle. Il n'a publié qu'un seul poëme français, imprimé à Lyon en 1540, avec les poésies de Charles de Ste-Marthe. On a de lui deux poëmes latins: *Catoptron*, ou *Le Miroir*, qu'il fit imprimer à Bâle, en 1536, avec quelques autres pièces, dont il donna une seconde édition avec des corrections, sous ce titre: *Guillelmi Bigottii, Lavallensis, christianæ philosophiæ præludium; opus tùm aliorum, tùm hominis substantiam luculentis expromens rationibus*, Tolosæ, 1539, in-4; *Somnium in quo imperatoris Caroli describitur ab regno Galliæ expulsio*; *explanatrix somnii epistola*, Paris, 1537.

BIGOT (Emery), né à Rouen l'an 1626, d'une famille de robe, ne s'occupa que de recherches d'érudition. Il mourut en 1689, à 64 ans, avec la réputation d'un des plus savants hommes de son siècle, quoiqu'il n'ait publié que la *Vie de saint Chrysostôme*, par Pallade, 1680, in-4, en grec et en latin. Ses mœurs étaient celles d'un homme entièrement consacré à l'étude. Il avait amassé une riche bibliothèque, vendue en 1706, et dont le *Catalogue*, imprimé cette même année, in-12, est recherché. L'abbé de Louvois en acheta les manuscrits pour la bibliothèque du roi.

BIGOT DE PRÉAMENEU (Félix-Julien-Jean, comte), né en Bretagne vers 1750, était avocat au Parlement de Paris avant la Révolution. Il en embrassa les principes avec modération, et fut élu, en 1790, juge au quatrième arrondissement de cette ville. Dans le mois de septembre de l'année suivante, il fut député à la législature, et le 7 janvier 1792 il prononça, malgré les huées des tribunes, un discours pour prouver à l'Assemblée qu'elle ne représentait pas seule le peuple, et que le roi avait aussi des droits à cette représentation. Le 22 mars, il obtint que la loi qui ordonnait le séquestre des biens des émigrés accordât un mois de délai à ceux qui, entraînés par la crainte ou égarés par le préjugé, voudraient rentrer dans leur patrie; et, le 25 avril suivant, il s'opposa à la loi proposée par Thuriot contre les prêtres insermentés. Le 10 août le fit disparaître de la scène politique, et il échappa, on ne sait trop comment, aux proscriptions de 1793 et 1794. Il ne reparut qu'après le 18 brumaire, et devint commissaire du gouvernement près le tribunal de cassation. A la fin d'avril 1800, il passa au Conseil d'État, et en cette qualité il fit plusieurs rapports sur le code civil. La même année, il fut nommé membre de l'Institut, et, en mai 1804, il fut élu candidat au sénat conservateur, et plus tard il reçut la croix de grand-officier de la Légion-d'Honneur et le titre de comte; enfin il parvint au ministère des cultes après la mort de Portalis, en janvier 1808, et il en exerça les fonctions jusqu'à la chute de Bonaparte. Quelques jours avant l'occupation de Paris par les troupes étrangères, il s'était retiré en Bretagne, et il resta sans emploi au retour du roi; mais, **pendant les Cent-Jours**, sa place lui fut rendue sous le titre de *Direction générale des cultes*. Il fut aussi créé membre de la Chambre des pairs. A la seconde restauration, il fut écarté définitivement des affaires; mais il fut maintenu au nombre des académiciens par l'ordonnance royale qui recréa l'Académie française en 1816. Il est mort le 31 juillet 1825. On a de lui : *Discours prononcé dans la séance publique tenue par l'Académie française pour la réception de l'évêque d'Hermopolis, le 8 novembre 1822*.

BILDERBEK (Christophe-Laurent), jurisconsulte hanovrien, et conseiller à Zell, traduisit en allemand l'excellent *Traité de la vérité de la religion chrétienne*, par Abbadie, avec des additions considérables. L'ouvrage d'Abbadie, justement estimé pour la force du raisonnement, a été accueilli en Allemagne comme dans le reste de l'Europe. Bilderbek mourut en 1749. On a aussi de lui des ouvrages de jurisprudence.

BILDERDYCK (Guillaume), hollandais, littérateur et savant, né en 1750 à Amsterdam, mort à Leyde le 20 décembre 1832, se fit recevoir docteur en droit, et débuta dans la carrière des lettres par une pièce de vers qui remporta, en 1776, le prix proposé par la Société poétique de Leyde, et qui a pour titre : *De l'Influence de la poésie sur l'art de gouverner un État*. En 1780, la même Société couronna encore son *Mémoire* sur cette question mise au concours : *La Poésie et l'Éloquence ont-elles des rapports avec la Philosophie, et quels sont les avantages que retirent de celle-ci l'une et l'autre?* Bilderdyck était avocat à La Haye, lors de l'invasion des Français. Attaché à la maison d'Orange, il se retira en Allemagne, puis en Angleterre, où il enseigna la poésie française. Il rentra en Hollande en 1799, et fut nommé membre de l'Institut des Pays-Bas; mais sa muse resta muette tant que sa patrie n'eut pas recouvré son indépendance. A la chute de Napoléon, il publia, de concert avec sa femme, Catherine-Wilhelmine, poète elle-même, un poème intitulé : *La Délivrance de la Hollande*, qui a beaucoup de mérite. La mort de onze enfants qu'il aimait tendrement jeta beaucoup d'amertume sur sa vie. Il a laissé, indépendamment des productions que nous venons de citer : *Le véritable Amour de la patrie*, poème, 1777; *Mes Loisirs*, poésies, 1779; *Recueil de poésies diverses*, 1799; *Poésies fugitives*, 1804. 4 vol.; *Maladies des savants*, poème, 1806; *Les Feuilles d'automne*, 1807, 2 vol.; *Tragédies*, 1807, 3 vol.; *Le Désastre de Leyde*, poème; *Les Fleurs d'hiver*, poésies

2811, 2 vol.; *Traité de botanique*; *Traité de géologie*; *Poésies nationales*, 1815; quelques autres ouvrages de poésie et de grammaire; des *Traductions*.

BILDERDYCK (Catherine-Wilhelmine), femme du grand poëte hollandais de ce nom, s'est fait connaître par plusieurs *Poésies* insérées dans les *OEuvres* de son mari, par la *Bataille de Waterloo* et l'*Inondation de la Gueldre* en 1809, par des *Poésies pour les enfants*, et par une belle *Traduction* du *Rodrigue* de Southey. Elle mourut le 16 avril 1830.

BILFINGER (Georges-Bernard), théologien luthérien, né à Canstadt dans le Wurtemberg, en 1693, professa la philosophie à Pétersbourg, et la théologie à Tubingen, où il mourut en 1750. On dit que toutes les personnes de sa famille naissaient avec douze doigts et douze orteils. Ce n'est pas ce qui distingua le plus Bilfinger. Ses écrits lui firent un nom en Allemagne. Le plus recherché est celui qui a pour titre : *Dilucidationes philosophicæ de Deo, animâ humanâ, mundo et generalibus rerum affectionibus*. Il était partisan de Leibnitz et de Wolf. Les Académies de Pétersbourg et de Berlin se l'associèrent.

BILHON (Jean-Joseph-Frédéric), né à Avignon le 2 février 1759, se destina d'abord au barreau; mais la Révolution vint changer ses premiers projets, et il entra au ministère des finances, où il devint, quelques années après, chef du contentieux. Mis à la retraite au mois de juillet 1814, il est mort à Paris au mois d'avril 1834. Il a publié : *Dissertation sur l'état du commerce des Romains*, 1788, réimprimé depuis sous le titre de *Discours historique sur l'état du commerce des Romains*, Paris, 1803, in-8; *De l'Administration des revenus publics chez les Romains*, Paris, 1803, in-8; *Le Gouvernement des Romains considéré sous le rapport de la politique, de la justice, des finances et du commerce*, Paris, 1807, in-8; *Principes d'administration et d'économie politique des anciens peuples, appliqués aux peuples modernes*, Paris, 1819, in-8.

BILLARD (Charles-Michel), né le 16 juin 1800 à Pelouaille près d'Angers, est mort prématurément le 31 janvier 1832 d'une phthisie pulmonaire. Il a publié : *Traité de la membrane muqueuse gastro-intestinale dans l'état sain et dans l'état morbide, etc.*; plusieurs *Traités*, *Observations*, *Atlas* relatifs aux maladies des enfants.

BILLAUD-VARENNES (François), né à La Rochelle en 1762, mort en 1819 au Port-au-Prince, dans l'île de Saint-Domingue, entra dans l'Oratoire, et devint préfet des études au collége de Juilly, où il eut pour confrères Fouché et Bailly de Juilly, ses complices à la Convention. A vingt-cinq ans, il quitta l'Oratoire, et vint à Paris pour y faire son droit. En 1790, il publia plusieurs pamphlets, et fit paraître le *Despotisme des ministres en France*; 3 vol. in-8. En 1791, il vanta le gouvernement fédératif dans une brochure intitulée : *Acéphalocratie*. Commissaire de la commune de Paris, il en dirigea les plus atroces opérations; pendant les massacres de septembre, on le vit encourager les assassins. Nommé à la Convention par la ville de Paris, il en fut l'un des membres les plus fougueux. Non seulement il défendit Robespierre contre Louvet, son éloquent accusateur; mais dans le procès du roi, il s'opposa même à ce qu'on lui donnât des conseils : il vota la mort et l'exécution dans les 24 heures. Il parcourut les départements d'Ille-et-Vilaine, du Nord et du Pas-de-Calais, traînant la terreur à sa suite. Devenu président de la Convention, il imposa silence aux girondins, et organisa le gouvernement révolutionnaire. On est pénétré d'un étonnement mêlé d'horreur en lisant le *Code révolutionnaire*, proposé par Billaud le 18 brumaire an II. Depuis cette époque, il fut incessamment l'organe de tant d'accusations, qu'il est difficile d'en transmettre le souvenir. Il était entré au comité de salut public; il en exagéra même les fureurs. Après le 9 thermidor, il fut, avec Collot-d'Herbois, déporté à Cayenne. Echappé du lieu de sa captivité en mai 1816, il se réfugia à New-Yorck; mais ne rencontrant partout que le mépris, il alla demander un asile au président d'Haïti, Pétion, qui le nomma son secrétaire. Après la mort de Pétion, Boyer, qui méprisait Billaud-Varennes, ne voulut pas l'employer. On a publié, en 1821, sous le nom de cet homme odieux, des *Mémoires*, 3 vol. in-8, qui ne sont pas de lui.

BILLAUT (Adam), connu sous le nom de *Maître Adam*, menuisier de Nevers, « qui, sans aucune littérature, dit Voltaire, devint poëte dans sa boutique, » naquit à Saint-Benin-des-Bois, en Nivernais, le 31 janvier 1602. Son père Pierre Billaut, et sa mère Jeanne More, étaient cultivateurs pauvres, mais gens de bien; à peine purent-ils lui procurer le moyen d'apprendre à lire et à écrire. Le jeune Billaut, ayant ensuite appris le métier de menuisier, s'établit à Nevers. Sa mère demeurait avec lui, lorsqu'une maladie contagieuse, qui désolait la ville, l'enleva à sa tendresse. Il est probable que jusque-là, dans ses moments de loisir, il avait suivi quelques études, celles de la mythologie, par exemple, et hasardé quelques timides essais. Mais la perte de sa mère lui inspira un chant de douleur qui révéla le poëte. D'autres pièces suivirent, et déjà les artisans s'entretenaient de celui d'entre eux qui faisait des choses comme en faisaient les savants. Bientôt la renommée du menuisier-poëte intéressa les seigneurs eux-mêmes; le prince de Gonzague voulut le voir et lui être utile. En 1638, Maître Adam se rendit à Paris pour suivre un procès contre le curateur de sa femme; mais, au lieu de s'occuper de cette affaire, il se mit à *raboter des vers*, à quoi, comme menuisier, il s'entendait mieux. Toutefois, ses vers parurent assez bien travaillés, puisqu'ils lui valurent des pensions de plusieurs grands personnages, notamment du duc d'Orléans et du cardinal de Richelieu; mais ces pensions furent fort mal payées, et le poëte, après de nombreuses déceptions, finit, un peu tard, il est vrai, par mépriser l'injurieuse ou stérile faveur des grands. Les poëtes contemporains de Maître Adam furent émerveillés de voir dans leurs rangs, leur Parnasse, un menuisier qui l'emportait sur plusieurs d'entre eux. Ils prodiguèrent à cet artisan, « si bien avec Apollon, » des éloges qui paraissent aujourd'hui pleins d'ironie, tant ils sont hyperboliques. Ce ne furent pas seulement les Benserade et les Scudéri qui enivrèrent le bon Maître Adam de leurs louanges irréfléchies et exagérées, le grand Corneille lui-même a payé au menuisier-poëte un tribut de louange et de conseil. D'autres, comme Mezerai, l'ont loué en latin, et d'autres encore en italien et en espagnol. On l'avait surnommé le *Virgile au rabot*. Tous ces éloges ne valaient pas une aisance tant soit peu confortable, et Maître Adam, trompé dans toutes ses espérances, revint à Nevers raboter des planches pour vivre, sans toutefois renoncer à raboter des vers. La princesse Marie de Gonzague, qui l'estimait, lui donna la place d'huissier à la chambre des comptes de Nevers, et ce fut en cette qualité qu'il accompagna, en 1653, le président de cette chambre en Italie. Ce fut peu avant ou peu après ce voyage qu'on lui offrit d'aller à la cour; mais, désabusé, il refusa ces offres avec dignité :

Va, ne me parle plus des grandeurs de la terre!
Le brillant des grandeurs est un éclat de verre,
Un ardent qui nous trompe aussitôt qu'on y court.
Ce n'est pas qu'en passant je ne te remercie,
Mais pourtant tu sauras que le bruit de ma scie
Me plaît mille fois mieux que le bruit de la cour.

Ainsi Maître Adam savait alors penser sainement sur les grandeurs; mais il était fâcheux pour lui de l'avoir appris à ses dépens. Ce poëte mourut à Nevers le 19 mai 1662, selon les uns, ou le 19 juin de la même année, selon les autres. On a de lui deux recueils de poésies : le premier, intitulé *Les Chevilles*, parut à Paris en 1644, in-4, par les soins de Michel de Marolles, abbé de Villeloin, qui y mit une préface; et, augmenté, à Rouen, en 1654, in-8. A la tête de ce recueil on avait mis, sous le titre d'*Approbation du Parnasse*, les éloges dont nous parlions tout à l'heure. Les jeux de mots y abondent, mauvais, pitoyables, sans doute; mais en voici un qui, s'il n'est pas bon, mérite d'être cité pour l'à-propos. Il est dans un sonnet fait à la gloire du menuisier-poëte par un pâtissier qui lui dit :

Avecque plus de bruit tu travailles sans doute,
Mais pour moi je travaille avecque plus de feu.

Le second recueil, qui a pour titre *Le Vilebrequin*, fut aussi publié à Paris, en 1663, in-12, par les soins de l'abbé Berthier, prieur de Saincaise, et ami constant de l'auteur. Noël-Laurent Pissot fit réimprimer les *Poésies de Maître Adam Billaut*, avec des notes et une notice historique sur l'auteur, Paris, 1805, in-12; ce sont seulement *Les Chevilles*. Une édition des OEuvres complètes de Maître Adam a paru en 1841; elle est précédée d'une *Notice* sur la vie et les ouvrages de Maître Adam, et accompagnée de notes estimées, par M. F. Wagnien, avocat, 1 vol. grand in-8. Quelques biographes ont avancé que le menuisier-poëte composa un autre recueil intitulé *Le Rabot*, et que ce recueil fut publié dans le format in-12. C'est une erreur. *Le Rabot*, s'il existe, est manuscrit, et c'est en vain que jusqu'ici on en a fait la recherche. Il paraît, d'après quelques vers d'une pièce qui fait partie du *Vilebrequin*, que Maître Adam avait entrepris un poëme dont l'empereur Constantin était le héros; mais on ne sait pas s'il a été achevé. On n'en connaît aucun fragment ni imprimé ni manuscrit. « Maître Adam, dit M. Madrolle, respecta toujours et chanta quelquefois la religion, dont il imita les *Psaumes* dans ses CHEVILLES, *vrai nom de poésies* : il avait pour confident et pour meneur de son rabot le prieur de Saincaise; et on a trouvé son nom sur le livre du pèlerinage à Notre-Dame-de-Lorette. » Voltaire cite de Maître Adam son rondeau sur la sciatique, « rondeau, dit-il, qui vaut mieux que beaucoup de rondeaux de Benserade. » — « Sauf une certaine rudesse d'expressions, dit un écrivain, un choix de locutions et d'images triviales, mais relevées par leur étrangeté même, dans un siècle galant et gourmé, les *OEuvres* du menuisier de Nevers se distingueraient difficilement des poésies des contemporains. Les éloges fastueux que ceux-ci ont donnés à Maître Adam sont évidemment inspirés la plupart par une ironie et un persiflage qui font ressortir la candeur du bon menuisier, bien plus que l'esprit de ces messieurs. J'avoue que ce n'est pas sans un sentiment de tristesse que je me représente ce brave homme, ne voulant plus être menuisier, et ne pouvant être poëte que par la permission de ces distributeurs de gloire, plus ignorés aujourd'hui que Maître Adam, et dont la maligne protection excitait une verve qui presque jamais ne s'exerçait que pour réclamer des secours d'argent que son métier lui eût fait gagner sans bassesse. » — « Les *Chevilles*, dit l'éditeur des *OEuvres complètes*, renferment des passages bien supérieurs en général à ce qu'on rencontre dans le *Vilebrequin*, qui se sent de la vieillesse et de la misère de l'auteur. C'est dans le premier recueil que se trouve la célèbre chanson : *Aussitôt que la lumière*, seul monument vraiment populaire en France d'un poëte sorti du peuple. Cette chanson si connue a subi de nombreuses altérations; elle est préférable telle que la fit l'auteur... Parmi les poésies de Maître Adam, il est peu de pièces, et même il n'en est point qu'on puisse citer en entier; mais il n'en est point aussi qui n'offre quelques beautés, et dans la plupart on trouve des fragments d'odes et d'élégies empreints du caractère le plus noble, le plus énergique et le plus touchant. Maître Adam était contemporain de Malherbe ; mais loin de vivre comme lui dans le monde lettré ou au milieu de la cour, un travail pénible et grossier prenait tous ses instants. S'il avait assez de loisir pour faire des vers, le temps lui manquait presque toujours pour leur donner cette pureté harmonieuse dont il avait si bien le sentiment. Néanmoins dans ses beaux morceaux, dans ceux où il est poëte par le cœur, Maître Adam est peut-être plus correct que Malherbe, et l'inspiration lui révèle tout à coup des secrets d'harmonie qu'une étude laborieuse apprenait lentement au rival de Ronsart. » Maître Adam n'était point, comme l'a répété Voltaire, « un poëte de cabaret. » Les grands, qui voulaient s'amuser à ses dépens en excitant sa verve, lui firent, dit-on, contracter l'habitude du vin ; et quand les chagrins remplirent son âme d'amertume, il cherchait dans le vin quelques douces consolations. Le portrait de ce poëte est exposé, avec celui de sa femme, dans une des salles de la mairie de Nevers. C'est de ce portrait que s'est servi le célèbre statuaire, M. David, pour reproduire en bronze le buste de Maître Adam. Une autre célébrité contemporaine, M. Eugène de Pradel, placé devant ce buste, a lu, dans une soirée qu'il a donnée le 9 mai 1841, un poëme improvisé quelques heures auparavant à l'*hommage* d'Adam Billaut. Il a terminé ce poëme par les vers qui suivent :

Signalons aujourd'hui l'injustice du sort :
Trop encensé vivant, l'oubli suivit sa mort.
Ainsi règne sur nous l'opinion légère,
La vérité nous blesse et souvent s'exagère ;
Mais il se lève enfin le jour de vérité,
Quand un nom appartient à la postérité.
Deux cents ans sonneront bientôt sur un hommage,
Que la reconnaissance apporte à ton image ;
Le talent créateur d'un Phidias français,
Dans le bronze animé rajeunit tes succès ;
Et nous, timidement, devant ton noble buste,
Dépouillant du laurier le poétique arbuste,
Bien plus digne de toi que ces informes vers,
Nous t'offrons ce tribut, Menuisier de Nevers.

Et l'improvisateur, au nom des habitants de la ville, a couronné de lauriers le buste du menuisier-poëte.

BILLECOCQ (Jean-Baptiste-Louis-Joseph), avocat, né à Paris le 31 janvier 1765, fit ses études avec le plus grand succès au collége Du-Plessis. Après avoir suivi son cours de droit, il fut reçu avocat. Il n'avait pas encore eu le temps de se faire remarquer, lorsque la Révolution éclata. Billecocq montra, pendant les temps difficiles, la plus grande prudence. En 1790, il fut nommé électeur, et l'année suivante député suppléant à l'assemblée législative ; mais il n'y siégea pas, et échappa ainsi aux proscriptions que ses opinions sages et modérées auraient sans doute attirées sur lui. Obligé de renoncer aux travaux du barreau, il se livra à des études littéraires et publia plusieurs ouvrages, entre autres une traduction de l'*Histoire de la conjuration de Catilina*. En 1798, lorsque le calme eut été rétabli, il reprit l'exercice de sa profession, et la première cause qu'il plaida fut celle d'une femme divorcée qui demandait à conserver son enfant. La pureté et l'élégance de sa parole, son éloquence douce et persuasive produisirent la plus grande impression sur les juges, et le triomphe fut complet. Parmi les affaires nombreuses dont il fut encore chargé, on cite son plaidoyer pour le marquis de Rivière, accusé de complicité avec Georges Cadoudal, et celui pour le fils de la première femme du duc de Montebello. Billecocq exerçait sur l'esprit des magistrats une influence d'autant plus grande qu'il ne plaidait qu'avec conviction, et alors seulement qu'il croyait l'affaire bonne en droit et en équité. En 1812, il rétablit les conférences du palais, où les jeunes avocats viennent se former aux luttes du barreau. Quoiqu'il eût vu avec plaisir le retour des Bourbons, Billecocq ne craignit pas cependant, en 1815, de reprocher au duc de Wellington la spoliation du musée de Paris, dans un petit écrit qu'il publia à cette époque. Membre d'abord du conseil des avocats, Billecocq en devint bâtonnier en 1821 et 1826, et il sut défendre avec fermeté et énergie les prérogatives de son ordre. Une surdité presque absolue, dont il fut atteint dans les dernières années de sa vie, l'obligea de renoncer à la plaidoirie. Il est mort, à la suite d'une longue maladie, le 15 juillet 1829. Il était membre de la Légion-d'Honneur depuis 1815, et chevalier de Saint-Michel. Un des fondateurs de la société pour l'amélioration du sort des prisonniers, il en avait été élu le secrétaire en 1827, et n'avait cessé de prendre part à ses travaux. Il a publié : *Quelques considérations sur les tyrannies diverses qui ont précédé la Restauration, sur le gouvernement royal et sur la dernière tyrannie impériale*, Paris, 1815, in-8; *De l'Influence de la guerre d'Espagne pour l'affermissement de la dynastie légitime et de la monarchie constitutionnelle en France*, Paris, 1823, in-8; *De la Religion chrétienne*, Paris, 1824 : cet ouvrage est important et mérite d'être lu ; *Coup-d'œil sur l'état moral et politique de la France à l'avénement du roi Charles X*, Paris, 1824 ; *Du Clergé en 1825* ; *Mémoire sur les effets désastreux pour les colonies françaises du système de fiscalité appliqué à leur commerce*, Paris, 1825 ; *Notice sur M. Bellart*, 1828, in-8; des *Mémoires* et des *Plaidoyers*, etc.

BILLI (Jacques de), né en 1534, à Guise dont son père était gouverneur, mourut à Paris chez Génébrard son ami, en 1581. Il possédait deux abbayes. On a de lui plusieurs *Ecrits* en vers et en prose, et surtout des *Traductions* des Pères grecs en latin. Les plus estimées sont celles de saint Grégoire de Nazianze, de saint Isidore de Péluse et de saint Jean-Damascène. Peu de savants ont mieux possédé la langue grecque. Il se distingua dans d'autres genres. Il composa quelques *Poésies françaises*, 1576, in-8, et donna de savantes *Observationes sacræ*, 1585.

BILLI (Jacques de), Jésuite, né à Compiègne en 1602, mort à Dijon en 1679, à 77 ans, a publié un grand nombre d'ouvrages de mathématiques, dont l'*Opus astronomicum*, Paris, 1661, in-4, est le plus connu.

BILLICK (Everard), né au village de ce nom, dans l'évêché de Munster, vers la fin du 15e siècle, entra dans l'ordre des Carmes, fut professeur en théologie à Cologne, et provincial dans son Ordre. Il résista avec courage aux efforts que fit l'archevêque Herman de Weyde, pour introduire le luthéranisme dans son diocèse. Il réfuta le livre *De la Réformation* de Mélanchthon, etc. Il fut député à l'empereur au nom du clergé et de l'Université de Cologne pour représenter les désordres qui régnaient dans cette ville ; il parla avec tant de force, que l'empereur déclara l'archevêque apostat déchu de la dignité électorale. Ce même prince l'employa en différentes conférences tenues à Worms, à Augsbourg et à Ratisbonne. Le nouvel archevêque de Cologne, Adolphe de Schauwenburg, allant au concile de Trente en 1551, le prit pour son théologien; il y parut avec distinction. De retour dans son pays, il employa son crédit auprès de la régence de Cologne pour y faire admettre les Jésuites, qui y vinrent à propos pour s'opposer aux progrès de l'hérésie. Le nouvel archevêque le fit son vicaire-général et son suffragant. Il mourut avant de prendre possession de cette dignité en 1557. On a de lui quelques ouvrages de controverse, et une *Oraison* sur la circoncision de Notre-Seigneur, qu'il prononça au concile de Trente, et qui se trouve dans les conciles du Père Labbe, tome 14e. Il avait fait une *Histoire du concile de Trente*, qui est restée manuscrite chez les Pères carmes à Cologne. Ce sont des Mémoires de ce qui s'était passé sous ses yeux au concile : ils méritent de voir le jour.

BILLON (François de) vivait à Rome dans le 16e siècle, avec la qualité de secrétaire du cardinal Jean du Bellay-Langey. On écrivait beaucoup de son temps pour et contre le beau sexe. Billon prit sa défense dans un ouvrage allégorique, intitulé : *La Forteresse inexpugnable de l'honneur et vertu des Dames, divisée en quatre bastions*, Paris, 1555, in-4, réimprimé en 1564 sous un nouveau titre. Il s'est fait quelques éditions de cette production originale, l'une des plus extravagantes qu'ait enfantées l'esprit humain, et qui, par cela même, a valu à son auteur une espèce de célébrité que personne sans doute ne sera jaloux de lui ravir.

BILLOT (Jean), prêtre du diocèse de Besançon, né à Dôle en Franche-Comté, l'an 1709, est connu par des *Prônes* qu'il composa pour les dimanches et fêtes principales de l'année, souvent réimprimés, et dont la meilleure édition est celle de Lyon, 1785, 5 vol. in-12 : ils ont été traduits en allemand, Augsbourg, 1774,

4 vol. in-8. Il est mort à Macherans, diocèse de Besançon, en 1767.

BILLUART (Charles-René), théologien, né le 8 janvier 1685, à Revin, petite ville sur la Meuse, à trois lieues de Rocroi, entra dans l'Ordre des dominicains où il enseigna avec réputation la théologie, et fut trois fois provincial. Il mourut à Revin le 20 janvier 1757. On a de lui un *Cours de Théologie*, Liége, 1746-1751, 19 vol. in-8; il a été réimprimé à Venise et à Wurtzbourg en 3 vol. in-fol. Le Père Billuart s'attache plus à la morale qu'à la théologie scolastique et à la théologie dogmatique; il y défend avec vivacité les différents sentiments de son Ordre. Sa *Théologie* aurait été plus généralement utile, s'il avait suivi le conseil d'un de ses plus savants confrères, de Melchior Canus (De Locis Theol. lib. 8, cap. 5). « Pro fide, etiam cum vitæ discrimine, pugna sit : pro his quæ fidei non sunt, sit pugna si itâ placet, sed incruenta sit tamen. » Cette *Théologie* est devenue excessivement volumineuse par les thèses sur l'Ecriture-Sainte et l'histoire ecclésiastique, qu'il y a insérées, et qu'il a empruntées en grand nombre de son confrère le Père Alexandre. Ces thèses sont omises dans l'*Abrégé* qu'il a donné de son *Cours de Théologie*, Liége, 1754, 6 vol. in-8. Le Père Billuart a encore donné différentes *Dissertations*, la plupart relatives aux opinions scolastiques. Les libraires Méquignon-Junior et Albanel, à Paris, ont donné récemment, chacun, une édition de la *Théologie* de Billuart.

BILLY (Nicolas-Antoine de), né à Vesoul en 1753, était grand-vicaire de l'évêché de Langres à l'époque de la Révolution. En 1808, il devint professeur d'histoire de la Faculté des lettres de l'Académie de Besançon. Il a publié des *Sermons*, et une *Histoire de l'Université du comté de Bourgogne*. L'abbé de Billy est mort à Besançon en 1825.

BILOTTA (Octave) est auteur d'une *Vie de Barthélemy Camérarius*, et d'une *Dissertation historique sur la patrie de saint Janvier*, Naples, 1636, in-fol.

BILSON (Thomas), évêque de Worcester, l'un des écrivains les plus clairs et les plus élégants de son temps, fut chargé conjointement avec Miles Smith de la révision de la *Traduction de la Bible* en anglais faite sous le règne de Jacques Ier. Il fut des plus ardents champions de l'Eglise anglicane, et mourut en 1616. Il a laissé quelques ouvrages. Le plus célèbre de tous est celui qu'il publia, en 1604, sur la *Descente de Jésus-Christ aux enfers, ou Tableau des souffrances de Jésus-Christ pour la rédemption du genre humain*.

BIMET (Pierre) naquit à Avignon, le 28 février 1687, d'un père négociant, qui le plaça au collége des Jésuites, où il fit ses études avec distinction. Dès l'âge de 16 ans, le 7 septembre 1703, Bimet entra dans la Société, et vint enseigner bientôt les basses classes à Lyon, puis la rhétorique. Le Père Bimet s'était déjà fait connaître par un poëme latin, en vers élégiaques ; la Compagnie littéraire qui s'organisait dans cette cité lui conseilla de le faire imprimer. Ce poëme a pour titre : *Physiognomia*, Lyon, Declaustre, 1708, in-12 de 23 pages. C'est une fiction dans laquelle l'auteur énumère les effets extérieurs des diverses pensées dont l'homme est affecté; de là, par le conseil de Minerve, il passe aux diverses parties qui le constituent, et conclut de leurs formes quelles sont les habitudes, quels sont les penchants bons ou mauvais qui dominent en lui. Le Père Bimet, en quittant la chaire de rhétorique, fut envoyé au collége Romain pour y enseigner la théologie; mais il dépérissait sous un ciel étranger, et revint en France, au bout de 3 ans, continuer, à Lyon, ses études accoutumées : il y soutint son dernier *Acte public*. On l'envoya enseigner la philosophie à Besançon, de là il passa à Dole; mais Lyon le revendiqua bientôt pour les hautes sciences, comme il avait fait pour les humanités. Le 3 avril 1742, il remplaça à l'Académie de Lyon le Père de Colonia (voyez ce nom). Bientôt, il lut dans ce corps littéraire quatre *Dissertations critiques sur la Théodicée de Leibnitz*, où il combattait les opinions de ce philosophe. Dans l'*Examen de l'Essai philosophique de Locke sur l'entendement humain*, il employa les raisons les plus fortes pour soutenir les idées innées que le philosophe anglais a prétendu détruire ; mais le but principal de Bimet, c'était d'établir la spiritualité et l'immortalité de l'âme. Le Père Bimet écrivit et lut à l'Académie de Lyon beaucoup d'autres *Dissertations*, qui n'ont pas été publiées. Une hydropisie de poitrine l'enleva le 17 mai 1760, à la veille de la suppression de sa Compagnie par la rage aveugle des Parlements et la folle complicité des rois. Outre le poëme de la *Physiognomia*, nous connaissons de lui une pièce : *In Obitum clarissimi viri DD. Ludovici de Puget Ecloga*, Lyon, 1710, in-8 de 26 pages. Il existe aux manuscrits de la bibliothèque de Lyon (n° 222) un ouvrage théologique du Père Bimet : *Tractatus de Incarnatione*, in-4 de 461 pages. C'est un livre très-médiocre. La garde du manuscrit présente une note d'une main ennemie, qui traite fort mal ce digne religieux.

BINER (Joseph), Jésuite allemand, mort vers l'an 1778, a donné un ouvrage excellent, intitulé: *Apparatus eruditionis ad jurisprudentiam præsertim ecclesiasticam, partes XII*. La cinquième édition en a été faite à Augsbourg, 1766-1767, en 7 vol. in-4. Ce sont des annales pleines de recherches et de faits qu'on ne trouve pas ailleurs, au moins rassemblés comme dans cet ouvrage.

BINET (Etienne), Jésuite, né à Dijon en 1569, successivement recteur des principales maisons de son Ordre en France, mourut à Paris le 4 juillet 1639. Rempli de zèle et de piété, il composa plusieurs ouvrages, parmi lesquels on distingue: *Essai sur les merveilles de la nature*, Rouen, 1621, in-4, livre qui eut plus de vingt éditions dans l'espace d'un siècle, et qui ne mérite pas l'abandon où on semble le laisser : l'auteur le publia, sous le nom de René François ; *Abrégé des vies des principaux fondateurs des religions de l'Eglise*, etc., Anvers, 1634, in-4, fig., traduit en latin et imprimé plusieurs fois dans les deux langues ; *Traités sur le salut d'Origène, et sur la question de savoir si chacun peut se sauver en sa religion ; Quel est le meilleur gouvernement, le rigoureux ou le doux?* Paris, 1636, in-8. Ce Jésuite, homme du plus grand mérite, a exercé la plume de Pascal qui critique, dans ses *Provinciales*, un passage de son livre de la *Marque de prédestination*.

BINET (Claude), poëte, admirateur et ami de Ronsard, qui le choisit pour donner une édition complète de ses *OEuvres*. Il en retrancha les satires contre les vices de la cour de Charles IX. Les *Poésies* de Binet n'ont jamais été réunies. On en trouve à la suite des *OEuvres de Jean de la Péruse*, Paris, in-16. On trouve aussi quelques pièces de sa façon dans le *Recueil sur la Puce de M*lle *des Roches*, et dans celui *sur la Main de Pasquier*. Lacroix-du-Maine et Duverdier donnent la liste des autres petites pièces qu'il avait composées en différentes circonstances. Son discours de la *Vie de Pierre Ronsard*, Paris, 1586, in-4, contient beaucoup de particularités curieuses. Binet a traduit en vers français, du latin de Jean Doral, les *Oracles des douze Sibylles, extraits d'un livre antique, avec les figures des Sibylles, portraits au vif par Jean Rabel*, Paris, 1586, in-fol. Claude Binet, né à Beauvais, mourut à Paris.

BINET (René), ancien recteur de l'Université de Paris, né le 23 janvier 1732 à Notre-Dame-du-Thill, diocèse de Beauvais, fit ses études avec succès au collége de Sainte-Barbe, et fut nommé professeur, d'abord à l'école militaire, ensuite au collége Du Plessis, où il enseigna la rhétorique jusqu'en 1793, époque de la suppression des colléges. Il perdit eu même temps la place de recteur de l'Université. Dévoué à l'instruction publique, il accepta alors une modeste chaire de grammaire à l'école centrale du Panthéon ; enfin il fut nommé proviseur du lycée Bourbon à Paris, où il est décédé le 31 octobre 1812. On lui doit : une bonne *Traduction des OEuvres d'Horace*, avec le texte en regard, 1783, 2 vol. in-12 ; 4e édition revue par Jannet, Paris, 1786, 2 vol. in-12 ; *Valère Maxime*, traduit du latin en français, 1796, 2 vol. in-8 ; une *Traduction des OEuvres de Virgile*, avec le texte en regard, 1805, 4 vol. in-12 : c'est la meilleure traduction que nous ayons de ce poëte ; *Histoire de la décadence des mœurs chez les Romains*, traduite de l'allemand de Meiners, 1793, in-12.

BING (Jean), amiral anglais, célèbre par ses malheurs, était fils du malheureux amiral Bing, mort en 1733, à 70 ans. Il se montra digne de son père dans plusieurs courses maritimes. Parvenu aux premiers grades de la marine militaire, il fut envoyé en 1756 contre l'escadre de France, commandée par de la Gallissionnière, pour empêcher la prise de Mahon. Il y eut un combat le 20 mai. Le chef de la flotte anglaise fut obligé de se retirer, et dès qu'il fut arrivé à Londres, on demanda sa tête au conseil de guerre, qui le condamna unanimement à être arquebusé. La sentence, confirmée par le conseil du roi, fut exécutée le 14 mars 1757. On lui reprochait d'avoir relâché en Portugal pour vendre différentes marchandises d'Angleterre, dont ses vaisseaux étaient chargés, de n'avoir canonné que de loin, et de ne s'être pas assez approché du vaisseau amiral de France.

BINGHAM (Joseph), savant anglais, dont nous avons un ouvrage sous ce titre : *Origines ecclésiastiques*, en anglais, Londres, 1708-22, 8 vol. in-8 ; ibid. 1726, 2 vol. in-fol. Il a été traduit en latin, Hall, 1724, et années suivantes, 11 tomes en 6 vol. in-4. Cet ouvrage est plein de recherches, mais aussi plein de préjugés et de mauvaise critique contre les dogmes, la liturgie et la discipline de l'Eglise catholique. Comme on avait déjà répondu à la plupart de ses critiques, et qu'elles sont d'ailleurs de la plus mince considération, il est difficile de ne pas soupçonner l'auteur de quelque mauvaise foi. Il mourut le 17 août 1723. On a encore de lui quelques autres ouvrages en anglais : *Apologie des Réformés de France*, in-8 ; *Pratique de l'Eglise dans le sacrement de Baptême*, 1712 ; *Sermons sur la miséricorde de Dieu envers les pénitents*.

BINGHAM (Georges), théologien anglican, né d'une famille noble en 1715, à Melcomb-Bingham, dans le comté de Dorset, et mort en 1800, à Pimpern, dont il était recteur, a laissé plusieurs ouvrages publiés par Peragrine Bingham, son fils, sous le titre de *Dissertations, Essais, et Sermons*, précédés d'une *Notice* sur sa vie, 1804, 2 vol. in-8. Les pièces dont ce recueil est composé sont : *Traité sur le Millenium*, ou l'*Opinion des millénaires*, 1712, sans nom d'auteur ; *Défense de la doctrine et de la liturgie d'Angleterre, occasionée par l'apologie de Théophile Lindsay*, 1774 ; *Dissertationes apocalypticæ*. L'auteur y soutient que saint Jean est le véritable auteur de l'Apocalypse ; que ce n'est point le Pape, mais Mahomet qui est l'Antechrist ; que ce n'est point Rome, mais Constantinople qui est la Babylone de la prophétie. Il partage l'opinion des millénaires, à cela près que, selon lui, le *Millenium* n'est point encore commencé.

BINI (Séverin), *Binius*, chanoine de Cologne, mort le 14 février 1641, donna une édition des conciles en 4 vol. in-fol ; puis en 1618, une autre en 9 vol., et une 3ᵉ en 1638, 10 vol. Elle a été effacée entièrement par celles qui ont paru après. (Voyez LABBE.)

BINOS (l'abbé de), né à St-Bertrand de Comminges, était chanoine de St-Bertrand, et mourut vers 1803, âgé de 74 ans. Il a publié un ouvrage estimé, intitulé : *Voyage par l'Italie en Egypte, au mont Liban, en Palestine ou Terre-Sainte*, 1787, 2 vol. in-12, fig.

BINSFELD (Pierre), évêque titulaire d'Azot et suffragant de Trèves, après avoir édifié l'Eglise par la régularité de ses mœurs, par son zèle et ses travaux, mourut à Trèves en 1606. Il a composé : *Enchiridion Theologiæ pastoralis*, Douai, 1667, ouvrage peu recherché aujourd'hui, parce qu'il en a paru de meilleurs depuis sur cette matière ; *Commentarius de Simonia*, Trèves, 1605, in-12, estimé ; *Tractatus de confessionibus maleficorum et sagarum*, Cologne, 1623, ouvrage entrepris dans un temps où l'on parlait beaucoup de sorciers ; il n'y manque point de critique pour un siècle où l'on était trop crédule sur les maléfices, mais il n'y en aurait pas assez aujourd'hui que l'on est peut-être trop incrédule sur cette matière (Voyez BRUN (le), etc.) ; un traité *De Tentationibus*, plein d'avis sages, utiles, et consolants, fruit de l'expérience et de l'étude des cœurs.

BION, de Smyrne, poëte grec, sous Ptolémée Philadelphe, florissait l'an 288 avant J.-C. Moschus, son disciple, dit qu'il mourut de poison. Ses *Idylles* offrent des images champêtres, rendues avec beaucoup de délicatesse, une poésie douce et facile, un style pur et élégant. Elles ont été traduites en vers par Longepierre, en 1686, in-12, peu commun. La traduction est à peine lisible, mais elle contient d'excellentes remarques : l'*édition de Commelin*, 1604, in-4, est estimée. Bion a aussi été traduit en vers, par Poinsinet de Sivry, à la suite de son *Anacréon*, et en prose, par Montonnet de Clairfons, avec sa traduction d'*Anacréon*, et par Gail, 1795, in-8.

BION, philosophe grec de Borysthène, disciple de Cratès, puis cynique, s'adonna à la poésie, à la musique, et prononça un grand nombre de sentences, les unes ingénieuses, les autres vides de sens, comme tous ces moralistes de fantaisie, qui prêchent sans sanction et sans principes bien affermis. Quelqu'un lui ayant demandé quel était de tous les hommes le plus inquiet : *C'est*, dit-il, *celui qui veut être le plus heureux et le plus tranquille...* Il disait en parlant du mariage, qu'*une femme laide était un supplice pour son mari, et que si une belle était un sujet de plaisir, c'était moins pour lui que pour ses voisins...* Un envieux lui paraissant avoir l'air triste et rêveur, il lui demanda *si sa tristesse venait de ses propres malheurs ou du bonheur des autres?* « L'impiété était, selon lui, une mauvaise « compagne de la sécurité ; parce qu'elle « la trahissait presque toujours. » C'est peut-être la plus sensée de ses maximes ; il la vérifia, dit-on, à sa mort. Étant sur mer avec des pirates qui disaient qu'ils étaient perdus, si on les reconnaissait : *Et moi aussi*, leur répondit-il, *si on ne me connait pas* Il n'y a presque pas une seule sentence de ces anciens sages où il n'y ait quelque trait de vanité et d'orgueil... Une maxime utile et pratique, mais que la philosophie profane ne réalisera jamais, était celle qu'il donnait à ses disciples : *Quand vous écouterez avec la même indifférence les injures et les compliments, vous pourrez croire que vous avez fait des progrès dans la vertu...* Il trouvait quelque chose de contradictoire dans les funérailles : *On brûle les gens*, disait-il, *comme s'ils étaient insensibles*, *et on les pleure comme s'ils étaient sensibles.* Sophisme ou calembourg peu digne d'un sage... Il quitta le manteau et la besace cynique, pour suivre les leçons de Théodore, surnommé l'*Athée*, et enfin de Théophraste : métamorphoses qui n'ont rien d'étonnant pour qui connaît la capricieuse mobilité de ces prétendus sages. On dit qu'à la mort il reconnut ses impiétés, et en demanda pardon à Dieu. Il recherchait les applaudissements par les plus puériles extravagances. On rapporte qu'étant à Rhodes, il fit habiller des matelots en écoliers, et se donna en spectacle avec cette brillante suite ; Bion florissait l'an 276 avant J.-C. — Il ne faut pas le confondre avec un autre BION, de la secte de Démocrite, et mathématicien d'Abdère. Celui-ci est le premier qui conjectura qu'il existait certaines régions où les jours et les nuits duraient six mois.

BION (Nicolas), mécanicien et ingénieur pour la construction des instruments de mathématiques et des globes, mourut à Paris en 1731, à 81 ans. On a de lui : *De la construction et des usages des instruments de Mathématiques*, Paris, 1752, in-4 ; *De l'usage des globes et des sphères*, Paris, 1751, in-8 ; deux bons *Traités* publiés par son fils.

BIONDO. (Voyez BLONDUS.)

BIORNSTAHL (Jacob-Jonas), né à Rotarbo en Sudermanie, lutta contre l'indigence pour faire ses études, s'appliqua particulièrement aux langues orientales, et se fit connaître en 1764 par la première partie de son *Dialogus hebraicus ex arabico dialecto illustratus*. Il entra ensuite en qualité de précepteur chez le baron de Rudbeck, maréchal de la cour de Suède, parcourut une partie de l'Europe avec ses élèves, et à son retour fut nommé professeur adjoint des langues orientales à Upsal, professeur de philosophie en 1776, et professeur des langues orientales et grecque en 1779, à Lunden. Ayant entrepris, par ordre du roi, un voyage en Turquie, il mourut à Salonique le 12 juillet 1779. On a de lui des *Lettres* écrites durant le cours de ses voyages, en suédois, traduites en allemand par M. Groskurd, Leipsick, 1779, in-8 ; et *Suite de ces Lettres*, 1781, in-8. Les premières présentent des choses intéressantes et des jugements impartiaux. On y trouve des anecdotes curieuses touchant Voltaire, qu'il avait vu à Ferney. La *Suite*, publiée après sa mort, mérite peu d'être lue, soit que les éditeurs aient altéré ces écrits posthumes, comme il n'arrive que trop souvent ; soit que le voyageur se soit lassé d'être sage et équitable : ses dernières *Relations* sont remplies de jugements faux, satiriques, calomnieux, dictés surtout par l'esprit de secte, et de préventions aussi ridicules qu'injustes contre les catholiques. Rien n'égale la légèreté avec laquelle le rapide voyageur (car il ne fait qu'arriver, regarder tout et partir) prononce pour ou contre un livre, pour ou contre un ouvrage de l'art. On peut en juger par la surprise qu'il témoigna de voir à Cologne, dans l'église de Saint-Pierre, le Christ peint la tête en bas, chef-d'œuvre de Rubens. Il faut être bien superficiel ou bien étourdi, pour ignorer que c'est saint Pierre qui est peint dans cette attitude, et que c'est ainsi que son martyre est toujours représenté.

BIRCH (Thomas), né à Londres le 23 novembre 1705, de parents quakers, docteur en théologie à Aberdeen en 1756, pasteur de Debden dans la province d'Essex, mourut le 9 janvier 1766. Il est particulièrement connu par son *Dictionnaire historique et critique*, en anglais, 10 vol. in-fol., 1734 à 1741, traduit en grande partie de Bayle. On peut dire de cette compilation, comme de tous les ouvrages de ce genre : *Sunt bona, sunt quædam mediocria, sunt mala plura.* On a encore de lui : *Vie de Bayle*, 1744, in-8 ; *Portraits des personnes illustres de la Grande-Bretagne*, gravés par Houbraken, avec leurs *Vies*, 1747-1752, 2 vol. in-fol. ; *Mémoires sur le règne de la reine Elisabeth*, 1754, 2 vol. in-4 ; *Histoire de la Société royale de Londres*, dont il avait été secrétaire, 1756, 4 vol. in-4.

BIREN (Jean-Ernest de), duc de Courlande et de Semigalle, né en 1687, était petit-fils d'un piqueur du duc de Courlande, et fils d'un paysan. La bassesse de son extraction ne l'empêcha pas de former des projets d'élévation qui eussent paru des chimères à tout homme sensé, et de s'élever en effet au comble des honneurs et de la puissance. Après quelques premières tentatives de fortune assez infructueuses, il s'insinua à la cour d'Anne Iwanowna, duchesse de Courlande. Son esprit et son extérieur agréable lui acquirent toutes les faveurs de cette princesse ; il ne put néanmoins se faire admettre parmi la noblesse qui le rejeta avec dédain. Lorsque Anne monta sur le trône de Russie en 1730, on lui imposa la condition de ne point appeler son favori auprès d'elle : mais, malgré sa promesse, elle ne tarda point à mander Biren, qui parut triomphant à la cour et se promit bien de se venger des grands, auxquels il avait fait ombrage. Cependant, pour ne pas trop aigrir les esprits, il feignit d'abord de ne se mêler de rien; mais peu à peu il s'insinua dans les affaires, et au bout de deux ans il gouverna l'Etat et sa souveraine elle-même. Il obtint les titres et les places les plus honorables, et devint enfin duc de Courlande en 1737 ; il fut reconnu en cette qualité par cette même noblesse qui l'avait dédaigné, et gouverna ce pays sans quitter la cour de l'impératrice. Si Biren eût voilé son origine par quelques vertus, on eût pu ne pas murmurer d'une si grande puissance ; il avait mis en vigueur toutes les parties de l'administration, et prouvé des talents ; mais sa cruauté ternira toujours sa mémoire. Le nombre des victimes sacrifiées à sa vengeance est incalculable : la famille des Dolgorouki, une des plus illustres de Russie, fut presque tout entière immolée à sa jalousie ; les princes Vasili et Iwan, qui avaient eu le plus de crédit, furent roués vifs; deux autres furent écartelés; trois eurent la tête tranchée. Le nombre des infortunés qu'il fit exiler en Sibérie s'élève, dit-on, à plus de 20 mille. L'impératrice elle-même ne pouvait calmer ses fureurs. Elle s'occupa cependant de sa fortune jusqu'au lit de la mort, et lui donna, par son testament, la tutelle du jeune Iwan, désigné pour lui succéder. Après la mort de la czarine, Biren fut solennellement déclaré régent par tous les ordres de l'Etat. Son ambition s'accrut avec sa puissance : il osa porter ses vues jusqu'au trône de Russie, et formait le projet d'y placer sa postérité, en faisant épouser à son fils aîné la princesse Elisabeth, fille de Pierre Iᵉʳ, et à sa fille le duc Holstein, depuis Pierre III. Une seule nuit renversa tous ses plans. Le maréchal de Munich, autre intrigant de cour, mécontent du régent, forma une conspiration pour faire passer la régence à la duchesse de Brunswick, mère du jeune czar. Biren fut arrêté dans son lit, enchaîné et conduit à la forteresse de Schlusselbourg. Une sentence le déclara criminel d'Etat. Il fut dépouillé de tous ses biens, et conduit avec sa famille en Sibérie, où on l'enferma dans une prison dont Munich avait donné le plan. Un an après, une nouvelle révolution plaça Elisabeth sur le trône, renversa Munich et adoucit le sort de Biren, à qui il fut permis d'aller s'établir à Jaroslaw. Par un de ces coups de la Providence, qui peut aussi punir l'oppresseur dont elle a fait l'instrument de sa justice, Munich, exilé à son tour, alla occuper la prison qu'il avait fait bâtir pour son ennemi. Lorsque Pierre III monta sur le trône, près de 30 ans après, il rappela ces deux rivaux, et Biren reparut à la cour. Ce caractère irascible n'était pas adouci par l'infortune. Irrité de ce que Pierre ne lui rendait pas son duché de Courlande, il se joignit au parti qui renversa ce prince et plaça Catherine II sur le trône. Cette princesse lui rendit la Courlande. Il gouverna ce pays avec assez de modération, et vécut loin des affaires jusqu'à l'époque de sa mort, arrivée à Mittau en 1772. Quatre ans après, Catherine enleva la Courlande à Pierre, son fils, qui lui avait succédé.

BIRGER de Bielbo, comte du palais et régent de Suède, né vers l'an 1210, de l'illustre famille des Folkungar, la plus puissante du royaume, avait épousé Ingeborg, sœur du roi Eric-le-Bègue, et obtint en 1238 la charge de *jarl*, répondant à celle de comte ou maire du palais. Une expédition heureuse contre les Danois, qui assiégeaient Lubeck, avait fait connaître ses talents comme guerrier, et le fit choisir par son souverain pour aller soumettre les Tavastiens, peuple de la Finlande, encore plongés dans l'idolâtrie, et dont les pirateries étaient un fléau pour la Suède. Birger fut victorieux, et acheva la conquête et la conversion au christianisme d'un pays où le roi saint Eric avait, le premier, fait connaître la foi. Le roi de Suède mourut pendant cette expédition, et les Etats nommèrent pour lui succéder Valdemar, fils de Birger, âgé de 13 ans. Le comte du palais, à son retour, mécontent d'être privé du titre de roi, fut obligé de dissimuler et de se contenter de la régence du royaume. Son administration fut sage et contribua beaucoup aux progrès de la civilisation des Suédois. Il réforma le code des lois, fit de nouveaux règlements pour toutes les villes, mit un frein aux vengeances particulières, protégea constamment la religion, et employa toutes sortes de moyens pour donner de la considération à la Suède, pour assurer le bonheur et la paix de ses compatriotes. Stockholm lui doit son origine ; il fit bâtir les premiers édifices de cette capitale, et jeta les fondements de la cathédrale d'Upsal. Au milieu de ses glorieux travaux, la tranquillité de Birger et de l'Etat fut quelque temps troublée par une faction formée dans sa famille pour détrôner Valdemar. Il en sortit vainqueur, mais on lui reprocha d'avoir, dans cette occasion, fait périr plusieurs des chefs, qui, sur la foi d'un traité, étaient venus dans son camp pour terminer la querelle à l'amiable; perfidie qui ne saurait être excusée et qui ternit la gloire de son gouvernement. Sur la fin de ses jours, il obtint du roi son fils des apanages considérables érigés en duchés souverains pour ses trois autres fils. Ce démembrement fut par la suite funeste à la Suède, par les troubles qu'il y excita. Birger mourut en 1266, chéri et respecté des peuples. Bottin a écrit sa *Vie*, et Bunberg son *Eloge*, en suédois. Ces deux ouvrages sont estimés.

BIRGER, roi de Suède, petit-fils de Birger de Bielbo et fils de Magnus-Ladislas, né en 1280, succéda à son père, à l'âge de 19 ans. On lui donna pour tuteur Torkel Canutson, maréchal du royaume, dont le premier acte fut d'ôter au clergé toutes les prérogatives que lui avaient accordées les prédécesseurs de Birger, sous prétexte qu'elles étaient onéreuses à l'Etat, tandis que dans la suite il engagea le roi à lever de nouvelles taxes pour soutenir le luxe excessif de sa cour. Le véritable motif de cette prétendue économie fut son aversion pour les ministres du culte et son peu de respect pour la religion. Quoiqu'on lui accorde des talents, il ne put affermir la paix dans l'Etat, ni l'intelligence entre Birger et ses frères, dont les dissensions continuelles furent une source de maux pour la Suède. A peine le roi fut-il sorti de minorité, qu'il se brouilla avec les ducs Eric et Valdemar ses frères, dont le parti devint si puissant, qu'il consentit à une réconciliation, à la suite de laquelle Torkel fut dépouillé de tous ses emplois, emprisonné et décapité à Stockholm. Sa mort ne mit point fin aux différends des princes : ils eurent de nouvelles contestations. Birger fut arrêté, et renfermé dans le château de Nikœping; il n'en sortit qu'en abandonnant une partie de ses Etats. Trop faible pour se venger par la force des armes, il feignit de vouloir tout oublier, invita les princes à un festin, les fit arrêter, charger de chaînes et jeter dans une prison, où ils moururent de faim. Ce trait de cruauté arma contre Birger une grande partie des Suédois; contraint de fuir, il se retira en Danemarck. Son fils, ayant osé reparaître en Suède, fut arrêté et immolé sans pitié, malgré sa jeunesse et son innocence. Cette terrible catastrophe fit la plus profonde impression sur Birger, et hâta sa mort, qui arriva l'an 1321. Son règne fut un des plus malheureux pour les Suédois, en butte, par sa faiblese, à toutes les fureurs des partis ou aux malheurs de l'anarchie.

BIROAT (Jacques), né à Bordeaux, entra dans la compagnie de Jésus, et passa ensuite dans l'ordre de Cluni. Son talent pour la chaire lui fit une réputation étendue. Il devint prieur de Beussan, conseiller et prédicateur du roi, et mourut vers l'an 1666. Nous avons de lui des *Sermons* et des *Panégyriques* en plusieurs vol. in-8.

BIROLI (Jean), médecin distingué, naquit à Pavie en 1764. Après avoir professé l'agriculture dans sa ville natale, il enseigna la médecine à Turin. En même temps il s'adonna à l'étude de la botanique, et dirigea le jardin d'agriculture fondé à Novare. Il est mort dans cette ville le 1er janvier 1825. On a de lui : *Flore économique de l'Agogne* (*Flora Aconiensis*), et un *Traité de la culture du riz*.

BIRON (Armand de GONTAULT, baron de), maréchal de France en 1577, avait mérité par sa valeur en divers sièges et combats la charge de grand-maître de l'artillerie en 1569. Après la mort funeste de Henri III, il fut un des premiers qui reconnut Henri IV. Il le servit utilement aux journées d'Arques, d'Ivry, etc., et lui soumit une partie de la Normandie. Il fut tué au siége d'Epernay en Champagne, d'un coup de canon, en 1592. Ce général avait composé des *Commentaires* dont de Thou regrette la perte. Il était fort zélé pour la religion catholique. Ce fut lui qui dissuada Henri IV de se retirer en Angleterre ou à La Rochelle, et qui lui persuada de tenir tête au duc de Mayenne. Il fut le parrain du cardinal de Richelieu, et lui donna son nom d'*Armand*. Il se glorifiait d'avoir passé par tous les grades, depuis celui de soldat jusqu'à celui de général ; et disait « que « c'était ainsi qu'il fallait devenir maré- « chal de France. » La sévérité est l'âme de la discipline. Le maréchal de Biron ne pardonnait jamais les fautes militaires, quoiqu'il dissimulât toutes les autres ; mais ce genre de sévérité allait souvent trop loin. Durant les guerres de religion, Biron voulut faire brûler une maison ; l'officier qu'il en chargeait, craignant d'être un jour recherché, demanda qu'on lui donnât l'ordre par écrit. « Ah ! cor- « bleu ! dit Biron, êtes-vous de ces gens « qui craignent tant la justice ? Je vous « casse ; jamais vous ne me servirez, car « tout homme de guerre qui craint une « plume, craint bien une épée. » Fausse et mauvaise maxime : on peut craindre les suites d'une injustice ou d'une violence, sans craindre une épée.

BIRON (Charles de GONTAULT, duc de), fils d'Armand, né en 1561, pair, amiral et maréchal de France, confident et favori de Henri IV. Ce monarque érigea en sa faveur la baronie de Biron en duché-pairie. Il se distingua dans toutes les occasions, à Ivry, aux sièges de Paris et de Rouen, et au combat d'Aumale en 1594. Il fut blessé la même année au combat de Fontaine-Française. Le roi le dégagea lui-même, dans cette journée, du milieu des arquebusades, le trouvant tout percé de coups d'épée. Il se signala encore contre l'Espagne, aux siéges d'Amiens et de Bourg-en-Bresse. Il fut ambassadeur en Angleterre, à Bruxelles et en Suisse. Le roi le combla de bienfaits; mais le maréchal eut la lâcheté de conspirer contre son maître. Il se ligua avec la Savoie et l'Espagne. Son dessein fut découvert par un gentilhomme, nommé Lafin, qui le dénonça. Dès que le maréchal fut arrêté, il désavoua les projets qu'on lui prêtait; et s'en déclara coupable ensuite avec une faiblesse qui ne répondait guère au courage qu'il avait montré. Il fut condamné à avoir la tête tranchée, et cet arrêt fut exécuté le 31 juillet 1602 à la Bastille. Sa passion pour le jeu était extrême. Il y perdit, dans une année, plus de 500 mille écus. Jamais homme ne fut plus vain. Il ne cessait de dire du bien de lui-même et du mal des autres. Il n'hésitait pas de se préférer aux plus grands capitaines de l'antiquité. Henri IV disait des deux maréchaux de Biron, qu'il avait eu beaucoup à souffrir de l'ivrognerie du père et des incartades du fils. Celui-ci parlait du roi sans aucun ménagement. Il disait, devant tous les courtisans, « qu'il était d'une avarice « épouvantable pour les choses néces- « saires, et d'une prodigalité sans exem- « ple pour ses amours. » Au siége d'Amiens, Biron lui dit tout haut, « qu'il « avait grand tort d'y avoir amené sa « maîtresse, et que ce scandale faisait « murmurer les soldats, et les rendait « moins ardents à le servir. » Il est à regretter qu'un homme qui avait une franchise si rare et si respectable dans un homme de cour, n'eût pas, dans un degré égal, les autres vertus, dont l'ensemble fait les grands hommes.

BIRON (Louis-Antoine de GONTAULT, duc de), pair et premier maréchal de France, chevalier des ordres du roi, colonel-général du régiment des gardes françaises, gouverneur et lieutenant-général pour le roi de la province de Languedoc, etc., né à Paris le 1er février 1701, s'est distingué par ses vertus militaires, et plus encore par ses qualités morales et chrétiennes. Quand il fut nommé, en 1745, colonel des gardes françaises, ce régiment n'était composé que de soldats sans discipline et sans mœurs; les gardes françaises étaient la terreur de tout Paris; on ne craignait rien tant que leur rencontre dans la nuit. De Biron entreprit de porter la réforme dans ce corps; il y réussit tellement, qu'il en forma un des corps les plus disciplinés et les plus sages. Aussi Frédéric II, roi de Prusse, disait qu'il ne connaissait que deux corps bien rangés à Paris, celui des curés et celui des gardes françaises. Il mourut le 29 octobre 1788, laissant de vifs regrets aux bons citoyens, et aux militaires un de ces derniers exemples, autrefois si fréquents, aujourd'hui si rares, où le courage guerrier brillait à côté de la religion et de la piété.

BISCIA (Le comte ANTOINE-REMEI), célèbre philologue oriental, naquit à Dovadola en Romagne en 1769, et mourut en octobre 1839. On a de lui : *la Storia dei mori* et *la Vita di Soliman*, traduites de l'arabe, in-8; *l'Opera di Achmet Teifaci sopra le pietre preziose*; *le Martyrologe arabe*, traduit de l'arabe.

BISSON (Louis-Charles), évêque de Bayeux, né en 1742, d'un père laboureur, fut d'abord curé de Saint-Louet, arrondissement de Saint-Lô, et prêta le serment exigé par l'assemblée constituante. Il devint ensuite grand-vicaire de l'évêque constitutionnel de Coutances, et fut enfermé dans une maison d'arrêt pour avoir refusé de remettre ses lettres de prêtrise. En 1799, il fut nommé évêque de Bayeux, et assista au concile national de 1801. La même année, il donna sa démission d'après la demande du Pape, et il fut nommé chanoine honoraire de Bayeux. Il est mort le 28 février 1820. On a de lui : *Almanach historique, ecclésiastique et politique du diocèse de Coutances, pour les années 1770 à 1776*, où l'on trouve des recherches curieuses sur les antiquités civiles et ecclésiastiques de ce diocèse : *Instructions sur le jubilé*, Caen, 1802, in-8; *Annuaire du Calvados pour 1803 et 1804*, Caen, in-18; *Méditations sur les vérités fondamentales de la religion*, Caen, 1807, in-12, sous le voile de l'anonyme; *Mémoire sur les changements que la mer a apportés sur le littoral du département du Calvados*, ouvrage qui a remporté le prix de l'académie de Caen, et qui se trouve dans le second volume des *Mémoires* de cette société, publié en 1846. On a encore de lui quelques brochures en faveur des prêtres assermentés. Il a laissé, en outre, plusieurs manuscrits, entre autres un *Dictionnaire biographique des trois départements de la Manche, du Calvados et de l'Orne*, fruit des recherches de sa vie entière, et renfermant les articles de plus de six cents auteurs normands, la plupart inédits.

BISSON (Hippolyte), enseigne de vaisseau, né le 3 février 1796, à Guéménée

(Morbihan), était à bord de la frégate la *Magicienne*, qui croisait dans l'archipel grec et venait de capturer un brick forban, le *Panaïoty*. Quinze matelots français, sous les ordres de Bisson, furent chargés de le monter, en suivant la frégate qui ralliait le pavillon du vice-amiral de Rigny. Un coup de vent ayant séparé les deux bâtiments, le *Panaïoty* fut contraint de chercher un abri dans le mouillage de l'île de Stanpalie. Quelques-uns des matelots prisonniers, parvenus à s'échapper, annoncent aux pirates de l'île que l'équipage français est trop faible pour défendre le brick. Bientôt on l'environne, mais Bisson ne veut point se rendre, il déclare qu'il fera plutôt sauter le bâtiment. Deux grands *misticks*, chargés de 60 à 70 hommes, fondent sur les 15 Français et en tuent 9. Bisson, grièvement blessé, se traîne dans la chambre des poudres, après avoir ordonné au pilote de se jeter à la mer avec ses autres compagnons. Quatre Français gagnent la terre ; le bâtiment saute, et le pilote Trémentin est jeté vivant sur le rivage, dans la nuit du 5 au 6 novembre 1827.

BISTAC (François), grammairien dont les *Rudiments* pour la langue latine étaient adoptés dans presque toutes les maisons d'instruction publique, avant ceux de Lhomond qui ont été eux-mêmes remplacés depuis. Il était né à Langres le 7 février 1677, et mourut en 1752. Il fut l'élève et le successeur d'Antoine Garnier, dont son ouvrage ne fut que le perfectionnement. Il a été réimprimé en 1816, in-8, et 1824, in-8, et traduit en italien par l'abbé François Pagès, Pérouse, 1813, in-8.

BITAUBÉ (Paul-Jérémie), de l'Académie de Berlin, membre de l'Institut et de la Légion-d'Honneur, né à Kœnisberg, d'une famille française que la révocation de l'édit de Nantes fit expatrier, se fit d'abord prédicateur par amour pour les lettres ; mais bientôt entraîné par son goût pour la littérature grecque, il s'y livra exclusivement, et entreprit de traduire *Homère*. Son premier essai fut une traduction libre de l'*Iliade*, Berlin, 1762, in-8. Recommandé à Frédéric II par d'Alembert, dont il s'était concilié l'estime dans un premier voyage qu'il fit en France, il fut reçu à l'Académie de Berlin, et obtint la permission de faire un second voyage pour perfectionner sa traduction. Il réussit assez bien pour éclipser tous ceux qui l'avaient devancé. Nous n'avions de traduction supportable que celle de la savante Mad. Dacier dont le style,

un peu sec, laisse beaucoup à désirer ; la sienne, qui réunit l'élégance à la fidélité, obtint beaucoup de succès. Il publia la première édition en 1764, 2 vol. in-8 ; la seconde en 1780, et la troisième en 1787. Il publia l'*Odyssée* en 1785, aussi en 2 vol. in-8. Cette dernière traduction est inférieure à la première. Dans l'*Iliade*, la force et la rapidité d'Homère soutiennent et entraînent nécessairement son interprète ; mais l'*Odyssée*, qui ne présente que des peintures de mœurs et des scènes domestiques, laisse froid son traducteur, surtout lorsqu'il veut tout rendre jusqu'aux plus petits détails ; et cet esclavage qu'il s'impose, l'entraîne dans des périphrases languissantes et dans des constructions étrangères au génie de la langue française ; son style manque de précision et de naturel, mais ses notes sont instructives, et décèlent un écrivain nourri de la littérature ancienne. Les autres ouvrages de Bitaubé sont : *Joseph*, poème où règne un fond de sentiments tendres et religieux qui touchent, parce qu'ils semblent sortir du cœur de l'écrivain. Il a obtenu un grand nombre d'éditions, et est devenu presque classique; on y trouve cependant des peintures dangereuses pour l'innocence. Le style, en outre, en est très-incorrect ; *Guillaume de Nassau*, autre poème qui manque d'invention, et n'a pas eu le même succès; *Herman et Dorothée*, petit poème où, parmi quelques détails pleins de charmes et de vérité, on trouve des scènes triviales comme sans originalité. Les *OEuvres* de Bitaubé ont été recueillies, en 1804, en 9 vol. in-8. Son *Iliade* et son *Odyssée* ont été réimprimées depuis en 4 vol. in-8 et in-12 ; et 8 vol. in-18. Bitaubé, malgré ses droits à la protection des partisans de la liberté, fut incarcéré avec son épouse en 1793, et ne recouvra sa liberté qu'après le 9 thermidor. Il mourut le 22 novembre 1800.

BITON, mathématicien, qui vivait vers 335 avant J.-C., a composé un *Traité des Machines de guerre*, que l'on trouve dans les *Mathematici Veteres*, Paris, 1593, in-fol.

BIZET (Charles-Jules), né en 1747, entra dans la congrégation des chanoines réguliers de Sainte-Geneviève. Obligé de quitter la France lors de la Révolution, il n'y rentra qu'après l'établissement du Consulat. En 1801, il fut attaché à la paroisse de Saint-Étienne-du-Mont, dont plus tard il fut nommé curé. L'abbé Bizet est mort le 18 juillet 1821, à l'âge de 84 ans ; il a laissé par testament 10,000 francs aux pauvres de sa paroisse. On a de lui : *Discussion épistolaire sur la religion entre G. W., protestant de l'Eglise anglicane, et M. T.-B. B.*, *catholique romain*, traduite de l'anglais par M.-T.-B. B., Paris, 1801, in-12. On passe en revue dans cet ouvrage tous les points qui divisent les deux Eglises.

BIZOT (Pierre), chanoine de Saint-Sauveur d'Hérisson, dans le diocèse de Bourges, est auteur de l'*Histoire métallique de la république de Hollande*, imprimée in-folio, à Paris, en 1687, et réimprimée par Pierre Mortier, à Amsterdam, 1688, en 3 vol. in-8. Cette édition est très-belle. L'*Histoire* de Bizot la méritait ; elle est curieuse et intéressante. Mais celle de Gérard Van Loon, 1732, 5 vol. in-fol., est beaucoup plus complète. Il mourut en 1696, âgé de 66 ans.

BLACAS (le duc de), naquit à Aulps en Provence, d'une famille noble, mais peu fortunée. Entré fort jeune au service, il était, à l'époque de la Révolution, simple capitaine de cavalerie. Il quitta la France lors de la première émigration, servit d'abord à l'armée des princes, ensuite en Vendée. Plus tard il passa en Italie, où il se trouva en relation avec Louis XVIII, qui l'honora bientôt d'une confiance toute particulière. Chargé par ce prince d'une mission en Russie, il obtint de Paul I un asile pour la famille des Bourbons ; mais ce dernier, réconcilié avec la France en 1801, expulsa de ses Etats les nobles proscrits. Blacas suivit Louis XVIII en Angleterre, et devint le plus cher des conseillers de ce prince. Il remplaça d'Avaray dans les fonctions de ministre, qu'il conserva jusqu'à l'époque de la restauration. En 1814, revenu en France avec la famille royale, il fut nommé ministre de la maison du roi, et sous ce titre exerça, assure-t-on, la plus grande influence sur les affaires du temps. Au retour de Napoléon de l'île d'Elbe, Blacas suivit le roi à Gand et négocia, à cette époque, le mariage du duc de Berri avec Marie-Caroline de Naples. Lors de la seconde restauration, il fut nommé ambassadeur de France près la cour de Rome. Après la révolution de 1830, Blacas suivit le roi Charles X, d'abord en Angleterre, ensuite en Allemagne, et mourut en 1839, laissant au duc de Bordeaux un million à prendre sur sa succession, qui lui était dû, disait-il, par son testament, puisque sa famille avait été la première cause de sa fortune. Blacas était un amateur des arts éclairés. Le catalogue de son riche cabinet, publié par Reinaut, de l'Institut, en est une grande preuve.

BLACKALL (Offspring), théologien, né à Londres en 1654, fut évêque d'Excester, et se fit estimer par sa candeur et sa probité. Il mourut dans son évêché en 1716. Il passe pour un des bons prédicateurs d'Angleterre. Ses *Sermons* ont été imprimés en 2 vol. in-fol.

BLACKSTONE (Guillaume), né à Londres en 1723, fut nommé professeur en droit à Oxford, où ses leçons lui attirèrent tant d'applaudissements, qu'il fut invité à en faire la lecture au prince de Galles (depuis Georges III) ; mais, comme son auditoire était très-nombreux, il crut ne pas pouvoir déférer à cette demande, et se contenta d'envoyer des copies de plusieurs de ses leçons au prince, qui, loin de se formaliser d'un refus dont le motif était si louable, fit remettre à Blackstone une récompense pour ses copies. Il mourut le 24 février 1780, laissant une veuve et une nombreuse famille, qui se ressentirent des bienfaits du roi. La célébrité de ce jurisconsulte est particulièrement due à un grand *Commentaire sur les lois anglaises*, 1765 et années suivantes, 4 vol. in-8 ; traduit en français sur la 4e édition anglaise d'Oxford, Bruxelles, 1774, 6 vol. in-8. Cette traduction est défigurée par beaucoup de contre-sens, et mutilée dans des choses essentielles ; la partie qui concerne la justice criminelle a été traduite plus exactement par l'abbé Coyer, 1775, 2 vol. in-8, et par M. Verninac de St-Maur sous le titre de *Recherches sur les cours et les procédures criminelles d'Angleterre*, extraites des commentaires de Blackstone, 1790, in-8. Quelques auteurs ont comparé cet ouvrage à l'*Esprit des Lois*, mais ils n'avaient pas le talent de saisir l'exactitude d'un parallèle : les deux objets sont trop disparates, pour se réunir sous quelque point de vue. « Jamais ouvrages, « dit un avocat célèbre, ne se sont moins « ressemblés que l'*Esprit des Lois* et le « *Commentaire sur les lois anglaises*. Le « premier est un amas d'idées incohé- « rentes, d'interprétations fausses, de « traits d'imagination, d'erreurs, de mé- « prises dans les faits et dans les raison- « nements ; un recueil qui n'apprend « rien, sinon que l'auteur avait beau- « coup d'esprit et lisait fort légèrement « (jugement un peu sévère). La seconde « est une compilation toute positive, « toute usuelle, qui comprend en effet, « mais sous une forme très-massive, la « véritable constitution britannique. » On a encore de Blackstone : *Rapports des cas jugés en différentes cours de Vest-*

minster-Hall, depuis 1746 jusqu'en 1779, Londres, 1781, 2 vol. in-fol. Son *Commentaire*, que Bentham appelle *étroit*, le fit élire à la Chambre, où il n'eut et ne mérita, dit Cobbett, aucune espèce d'influence. Cependant il définit la loi naturelle : *Une règle des actions humaines prescrites par le Créateur*; et, la loi divine, ou la révélation : *Une autre loi de la nature émanée de Dieu même.*

BLACKWAL (Antoine), ecclésiastique et savant critique anglais, né dans le comté de Derby, où il ouvrit une école. Plus tard il fut s'établir à Market-Bosworth, dans le comté de Leicester, où il continua à former d'excellents élèves. Il est mort en 1730. On a de lui : une nouvelle *Version des Sentences morales de Théognis*, avec des notes et des corrections, 1706, in-8 ; *Introduction aux classiques*, qui dans le temps obtint une grande réputation ; une *Grammaire latine*, qu'il composa pour ses élèves ; les *Classiques sacrés défendus et éclaircis*, 2ᵉ édition, 1728-1731, 2 vol. in-8 ; ouvrage estimé dont Wollius a publié à Leipsick, en 1736, une traduction latine.

BLACKWEL (Alexandre), savant médecin écossais d'Aberdéen, disciple de Boerhaave, exerça sa profession en Suède. Il y conçut le dessein de *saigner* des marais ; par une espèce d'équivoque assez plaisante, son projet fut approuvé, et on lui en confia l'exécution ; ce qu'il fit avec succès. Mais ayant été convaincu d'avoir trempé dans la conjuration du comte de Tessin, il fut décapité le 9 août 1748. On a de lui *Curious Herbal* (*Herbier curieux*), orné de figures gravées d'après nature par Elisabeth Blackwel, son épouse, habile dessinatrice, 1739, 2 vol. in-fol., dont elle a enluminé quelques exemplaires, qui sont fort recherchés. Le docteur Trew en fit faire une traduction allemande qu'il augmenta considérablement et qui est devenue un nouvel ouvrage, quoiqu'il porte le titre de *Herbarium Blacwelianum*. Cette édition dont le texte est en latin et en allemand parut à Nuremberg en 6 vol. in-fol.

BLACKWEL (Thomas), savant écossais, principal de l'Université d'Aberdéen, né dans cette ville en 1701, mort le 9 mars 1757 a donné : les *Mémoires de la cour d'Auguste*, 1752-55-57, 3 vol. in-4, dont le 1ᵉʳ vol. a été traduit par Palissot ; tout l'ouvrage l'a été par Feutry, 3 vol. in-12, 1781 : cet ouvrage contient des réflexions profondes, de bonnes maximes, et en même temps quelques vues fausses sur la constitution du gouvernement de l'ancienne Rome ; *Recherches sur la vie et les ouvrages d'Homère*, 1737, in-8, traduites en français par M. Quatremère de Roissy, 1799, in-8. On y trouve des vues nouvelles et souvent hasardées sur les fables de l'antiquité. Eidous les a traduites en français en 1771, in-12, et 1779, 2 vol. in-12.

BLACKWOOD (Adam), né à Dumferling en Ecosse vers 1539, mort à Poitiers en 1613, étudia en France, et fut pourvu à Paris d'une chaire de philosophie. Quelque temps après, la reine Marie-Stuart, femme du dauphin François, se l'attacha, et lui procura une place de conseiller au présidial de Poitiers. Lorsque cette reine fut mise en prison, Blackwood, membre de son conseil secret, fit plusieurs voyages en Angleterre pour son service. Jacques 1ᵉʳ, étant sur le trône d'Angleterre, reconnut son dévouement. On lui doit un poëme latin sous ce titre : *Caroli IX pompa funebris, versibus expressa*, Paris, 1554 ; *De Vinculo religionis et imperii, et de conjurationum insidiis, religionis fuco adumbratis*, livre dans lequel il attaque vivement le fameux traité de Richer, *De ecclesiasticâ et politicâ potestate*, et soutient le pouvoir absolu et l'indépendance des rois ; *Adversùs Buchanani dialogum de jure regni apud Scotos, apologia pro regibus*, Poitiers, 1581, et Paris, 1588 ; *Martyre de Marie-Stuart, reine d'Ecosse*, Anvers, 1588, in-8 ; *Sanctarum precationum præmia*, Poitiers, 1598 ; *Inauguratio Jacobi I, magnæ Britanniæ regis*, poëme ; *in Psalmum David quinquagesimum meditatio*, Poitiers ; *Varii generis poemata*, Poitiers, 1609. Gabriel Naudé a formé de tous ces ouvrages un recueil, imprimé en 1644, in-4, qu'il a fait précéder de l'*Eloge* de l'auteur.

BLAES ou BLASIUS (Gérard), médecin, né à Oostvliet, dans l'île de Cadsand, près de Bruges ; après avoir étudié la médecine à Copenhague et à Leyde, alla se fixer à Amsterdam, où il pratiqua son art et l'enseigna dans l'Université ; et fut nommé médecin de l'hôpital, et bibliothécaire de la ville. Il mourut en 1682, peu de temps après avoir été nommé membre de l'académie des *Curieux de la nature*. On a de lui plusieurs ouvrages d'anatomie et de médecine.

BLAEUW, que quelques-uns appellent aussi JANSSON (Guillaume), disciple et ami de Tycho-Brahé, s'est fait un nom par ses ouvrages géographiques et ses impressions. Il était né à Amsterdam en 1571. On a de lui : Un *Atlas*, ou *Théâtre du monde*, en 14 vol. in-fol., Amsterdam, 1638, y compris l'*Atlas céleste*, 1 vol. et l'*Atlas de mer*, 1 vol. ; un *Traité des Glo-*

bes, etc. Cet excellent imprimeur mourut à Amsterdam sa patrie, en 1638, âgé de 67 ans. — Ses deux fils Jean et Cornélis ont donné une nouvelle édition de l'*Atlas* de leur père : l'*Atlas* espagnol est en 10 vol. in-fol., le flamand en 9 ; celui qui est en latin est en 11, et le français en 12. Cette collection se vend fort cher, surtout l'*Atlas* français, lorsqu'il est complet. Un incendie, où Blaeuw perdit tout son fonds de librairie le 25 février 1672, a rendu ce livre extrêmement rare. Le 10ᵉ volume de l'*Atlas* espagnol ne se trouve presque plus. Jean Blaeuw est auteur des dessins du *Nouveau Théâtre d'Italie*, Amsterdam, 1704, 4 vol. avec figures. Quelques bibliographes prétendent que Jean Blaeuw et Jean Jansson sont deux imprimeurs différents et rivaux. On peut consulter la *Bibliothèque curieuse* de David Clément, tom. 3, p. 208.

BLAGRAVE (Jean), célèbre mathématicien anglais, mort le 9 août 1611, à Reading, est auteur de divers ouvrages qui prouvent qu'il a excellé dans le genre d'étude auquel il s'était dévoué. Tels sont : *Astrolabium uranicum generale*, 1596, in-4; *Bijou mathématique*, 1582, in-4 ; *Gnomonique*, 1609, 2 vol. in-4.

BLAINVILLE (Marie-Henri Ducrotay de), médecin et naturaliste, né à Arques, près Dieppe, le 12 septembre 1778, fut élève de l'école militaire de Beaumont (Calvados), et destiné, comme cadet de la famille, à suivre la carrière des armes à laquelle les événements de la Révolution l'obligèrent de renoncer : il quitta subitement l'école, vers 1792. Au péril de sa vie, il alla chercher un refuge à bord d'un bâtiment en croisière dans la Manche, y passa quelques mois, et prit part à plusieurs combats sérieux. Rentré en France, Blainville se livra, pendant les premières années de sa jeunesse, à l'étude des diverses branches de la littérature et des arts. A 27 ans, il flottait encore incertain sur son avenir, lorsqu'il vint à entendre, au collège de France, une leçon de Cuvier, et, frappé tout-à-coup de l'intérêt du sujet que traitait l'illustre savant, sortit de l'amphithéâtre avec la résolution arrêtée de se vouer aux sciences naturelles et de devenir professeur. Trois ans après, il faisait des cours d'anatomie humaine, et, deux ans plus tard, en 1810, il était docteur en médecine. En 1812, après avoir déjà suppléé Cuvier, au collège de France et au Muséum, il obtenait au concours de monter dans la chaire de zoologie, d'anatomie, et de physiologie de la Faculté des sciences. Les écrits de Blainville font preuve de la grande variété de ses connaissances. C'est à son tour particulier d'esprit, à l'influence de ses études scolastiques et théologiques qu'il faut attribuer l'usage si fréquent, dans ses démonstrations orales et écrites, de la méthode *à priori*. Les noms de Cuvier et de Blainville se sont souvent rencontrés, et il en devait être ainsi. Cuvier débuta par des travaux anatomiques sur les animaux inférieurs, publia ensuite ses belles leçons d'anatomie comparée, dota la zoologie d'une classification du règne animal fondée sur l'étude de l'organisation, traça le tableau des Faunes éteintes, et dicta de sa chaire une histoire des progrès de la science. Blainville aborda aussi l'étude anatomique des mollusques, entreprit la publication d'un Traité d'anatomie comparée, refit, sur de nouvelles bases, une classification du règne animal, s'appliqua avec ardeur à la paléontologie, et permit à un de ses disciples de reproduire ses savantes leçons sur l'histoire des sciences naturelles. Bien qu'il n'ait laissé dans les sciences ni des traces aussi profondes, ni des monuments aussi beaux que l'a fait Cuvier, ce n'est pas pour lui un faible honneur que d'avoir su briller à côté d'une pareille lumière. Blainville mourut à Paris, le 1ᵉʳ mai 1850. Quérard, dans sa *Littérature française contemporaine* (au mot BLAINVILLE), donne les titres de 128 Ouvrages ou Mémoires de ce savant zoologiste.

BLAIR (Jean), chronologiste écossais, membre de la société royale de Londres, et chapelain de la princesse douairière de Galles, mort à Londres vers 1782. On lui doit la *Chronologie et l'Histoire du monde, depuis la création jusqu'en 1753, exposées dans 56 tables*, Londres, 1754, réimprimées plusieurs fois. La dernière édition est de Londres, 1790, in-fol. Ces *tables*, qui sont très estimées, ont été traduites en français par Chantreau, qui les a continuées jusqu'en 1795 ; *Leçons sur les canons de l'Ancien-Testament*, publiées après sa mort.

BLAIR (Hugues), célèbre prédicateur et littérateur, né à Edimbourg le 7 avril 1718. Destiné, dès son enfance, à l'état ecclésiastique, il fut placé dans l'Université de cette ville : il était encore en logique, lorsqu'il composa un *Essai sur le beau*, qui obtint les suffrages de tous les professeurs, et qui fut désigné pour être lu publiquement à la fin de la session. Cette distinction fit une telle impression sur son esprit, qu'elle détermina son goût pour la belle littérature. En 1742, il entra dans les ordres sacrés et fut aussitôt nommé ministre à Collésie, dans le comté de Fise, ensuite à Edimbourg; enfin, en 1758, il fut nommé ministre de l'église cathédrale, l'une des plus éminentes dignités de l'Eglise anglicane. L'année auparavant, l'Université de Saint-André lui avait conféré le titre de docteur, et l'emploi de professeur, qu'il quitta pour occuper la chaire de rhétorique et de belles-lettres que le roi venait de créer à Edimbourg. Ses leçons furent suivies avec un empressement toujours croissant. Il remplissait en même temps tous les devoirs d'un ecclésiastique, et continua à prêcher avec un prodigieux concours, jusqu'à sa mort arrivée le 27 décembre 1800. On lui doit: une *Dissertation critique sur les poëmes d'Ossian*, qui parut en 1763, et eut un grand nombre d'éditions; des *Sermons*, dont le premier volume parut en 1777 et les autres successivement. Ils eurent le plus grand succès et obtinrent plusieurs éditions. La dernière est de Londres, 1801, 5 vol. in-8. Ils ont été contrefaits en Irlande et en Amérique. Il y en a deux traductions françaises : l'une par M. Froissart, Lausanne, 1791, in-12; l'autre par M. l'abbé de Tressan, Paris, 1807, 5 vol. in-8. On les a traduits en hollandais, en allemand, en esclavon et en italien. Ce qui les distingue particulièrement, est une éloquence douce et persuasive; son style, s'il n'est pas véhément, est toujours animé et rempli d'images heureuses; il paraît avoir pris pour modèle Massillon, celui de nos orateurs qu'il admirait le plus; un *Cours de rhétorique et de belles-lettres*, Londres, 1783, 3 vol. in-8, réimprimé plusieurs fois en Angleterre, en Amérique et en Irlande, et traduit dans plusieurs langues de l'Europe. Nous en avons deux traductions françaises : la première est de M. Cantwel, 1797, 4 vol. in-8; la seconde, de M. Prévôt, professeur de philosophie à Genève, 1808, 4 vol. in-8. Cette dernière paraît la meilleure pour l'exactitude et pour le style. Il est vrai que le nouveau traducteur a de grandes obligations à l'ancien, dont il adopta souvent des phrases entières et quelquefois d'assez longs morceaux. Quant à l'ouvrage anglais, il est digne de la plus haute estime. L'auteur y traite successivement du goût et de la source des plaisirs; de l'origine, des progrès et de la structure du langage; de la théorie générale du style et de ses différents caractères; de l'éloquence considérée dans tous les genres; enfin, des meilleures compositions en vers et en prose. Ses principes judicieux, présentés avec méthode et éclaircis par des applications heureuses, recommandent particulièrement cet ouvrage, écrit d'ailleurs avec beaucoup d'ordre et de clarté. Il n'est cependant pas exempt de défauts. On y remarque quelques traces de partialité nationale et des jugements quelquefois faux sur nos principaux écrivains. Par exemple, il proclame Voltaire le chef des historiens du dernier siècle, et c'est le genre où il a le moins réussi; il l'appelle aussi le plus religieux, le plus moral de tous les poëtes tragiques.

BLAKE (Robert), né à Bridgewater, dans la province de Sommerset, en 1599, fut amiral d'Angleterre pour les parlementaires en 1649, après le comte de Warwick, et se signala plusieurs fois contre les Hollandais. Il battit ensuite Tunis à coups de canon, brûla 9 vaisseaux turcs qui y étaient en rade, et ayant débarqué avec 1,200 hommes, il tailla en pièces 3,000 Tuniciens (1654). Il s'avança ensuite vers Alger et Tripoli, et fit donner la liberté à tous les esclaves anglais. Il mourut en 1657, après avoir battu la flotte espagnole, sur qui il prit les seuls trésors avec lesquels les Espagnols espéraient soutenir la guerre.

BLAMPIN (Thomas), né l'an 1640, à Noyon en Picardie, bénédictin de Saint-Maur en 1665, visiteur de la province de Bourgogne en 1708, mourut à Saint-Benoît-sur-Loire en 1710. C'est à lui qu'on doit la belle édition des *OEuvres de saint Augustin*. (Voyez l'article de ce Père.)

BLAMPOIX (Jean-Baptiste) naquit le 16 octobre 1740 à Mâcon. Après avoir reçu les ordres, il professa avec succès la philosophie à Mâcon. Nommé ensuite curé de Vandœuvre, près Troyes, il s'acquitta de ces nouvelles fonctions avec un zèle qui lui mérita le respect et l'affection de ses paroissiens. On rapporte que le seigneur de la commune, voulant lui donner un témoignage de la vénération qu'il lui avait inspirée, lui a conservé jusqu'à sa mort le payement des six cents francs attachés au service de la chapelle. En 1798, l'abbé Blampoix fut élu évêque de Troyes, et sacré à Paris le 4 novembre de la même année. Après avoir assisté au concile national de 1801, il donna sa démission, occupa pendant quelque temps la cure d'Arnay, dans le diocèse de Dijon, et revint dans sa ville natale. Il fut reçu par le pape Pie VII, en 1814, lors de son passage par Mâcon. Le Saint-Père, après s'être entretenu avec lui, le pressa affectueusement contre son sein, en lui disant : « Appuyez! appuyez! » Blampoix a publié des *Lettres pastorales ou Mandements*, et quelques *Articles* insérés dans les *Annales de la Religion*. Il est mort dans le mois de juin 1820.

BLANC (Thomas LE), pieux et savant jésuite de Vitry en Champagne, mort à Reims en 1666, après avoir été provincial. Nous avons de lui plusieurs ouvrages ascétiques, proportionnés à l'intelligence, et assortis aux devoirs de toutes les classes de citoyens, et par là d'une utilité sûre et générale: *Le Bon Valet; La Bonne Servante; Le Bon Vigneron; Le Bon Laboureur; Le Bon Artisan; Le Bon Riche; Le Bon Pauvre; Le Bon Ecolier; Le Soldat Généreux*, etc. Mais le livre qui lui a fait le plus de réputation est un grand Commentaire sur les Psaumes, sous ce titre : *Analysis Psalmorum Davidicorum*, Lyon, 1665, 6 vol. in-fol., Cologne, 1684. L'auteur ne se borne pas au sens littéral ; il discute aussi amplement le sens mystique.

BLANC (François LE), gentilhomme du Dauphiné, plein de feu et d'esprit, mais d'un caractère très-mélancolique, mort à Versailles en 1698, est connu par un *Traité des monnaies de France*, Paris, 1690, in-4, fig., qui est recherché. On y joint ordinairement la *Dissertation sur les monnaies de Charlemagne et de ses successeurs, frappées dans Rome*, qu'il avait fait paraître l'année précédente. L'un et l'autre ont été réimprimés à Amsterdam, 1692, in-4. Cette édition est moins estimée que celle de Paris. Les connaissances de Le Blanc l'avaient fait choisir pour enseigner l'histoire aux Enfants de France ; mais il mourut avant d'avoir rempli cet emploi.

BLANC (Jean-Bernard LE), né à Dijon en 1707, historiographe des bâtiments du roi de France, membre de plusieurs académies, mort en 1781, est auteur des *Lettres un Français sur les Anglais*, 1758, 3 vol. in-12; *Dialogues sur les mœurs des Anglais*, 1765 ; *Poëme sur les gens de lettres de Bourgogne*, 1726, in-8 ; *Observations sur les ouvrages de peinture et de sculpture de l'Académie*, 1753, in-12. Tous ces ouvrages et plusieurs autres, tels que sa tragédie de *Aben-Saïd*, qui ne lui ont point survécu, prouvent que le fait qu'il n'est qu'un auteur médiocre.

BLANCHARD (Jacques), peintre, né à Paris en 1600, mort dans cette ville en 1638, fut disciple de Nicolas Bolery, et peintre du roi. Il alla perfectionner ses talents à Rome et à Venise. L'étude assidue des chefs-d'œuvre du Titien, du Tintoret et de Paul Véronèse, formèrent son génie. De retour à Paris, il l'embellit de plusieurs de ses tableaux. Les *Bacchanales* du salon de M. Morin, et surtout le tableau de la *Descente du Saint-Esprit*, qu'on voit à Notre-Dame, l'ont mis à côté des plus grands peintres. L'ordonnance de ce dernier tableau est admirable. La lumière y est si vive et si bien répandue de tous côtés, qu'on s'imagine être dans le moment où l'Esprit saint descendit sur les Apôtres. Sa manière de colorier a un brillant et une fraîcheur qui l'ont fait nommer par quelques-uns le *Giorgion moderne* et le *Titien français*.

BLANCHARD (Guillaume), fils de François avocat à Paris, avocat comme son père, mais plus célèbre que lui, est connu par deux vol. in-fol. intitulés : *Compilation chronologique, contenant un Recueil des ordonnances, édits, déclarations et lettres-patentes des rois de France, qui concernent la justice, la police et les finances, depuis l'an 897 jusqu'à présent*, Paris, 1745, 2 vol. in-fol., édition défectueuse. Ce Recueil utile lui coûta beaucoup de recherches. Il mourut en 1724, avec la réputation d'un homme savant et laborieux.

BLANCHARD (Jean-Baptiste), professeur de rhétorique au collége des Jésuites de Metz, né dans les Ardennes, mort en 1797. On lui doit un excellent ouvrage d'éducation, intitulé : *L'École des mœurs*, 3 vol. in-12 : ce sont des réflexions morales et des traits historiques propres à développer les maximes de la sagesse ; le grand nombre d'éditions que cet ouvrage a obtenues prouve combien on l'avait jugé propre à former le cœur de la jeunesse et à y faire germer les principes de la saine morale et de la religion ; *Le Temple des Muses, ou Recueil des plus belles fables des fabulistes français; Préceptes pour l'éducation des deux sexes, à l'usage des familles chrétiennes*, mis au jour par M. Bruyset, 1803, 2 vol. in-12 ; *Éducation chrétienne*, 1806, 2 v. in-12.

BLANCHE DE CASTILLE, née en 1185, d'Alphonse IX, roi de Castille, et d'Éléonore d'Angleterre, fut mariée en 1200, à Louis, fils aîné de Philippe-Auguste, roi de France ; celui-ci étant mort le 14 juillet 1223, l'époux de Blanche monta sur le trône, sous le nom de Louis VIII. et fut couronné avec elle à Reims, au mois d'août de la même année. En 1226, Louis VIII mourut à son tour, et, suivant le témoignage de quelques évêques présents à sa mort, il attribua à la reine la tutelle de son fils (depuis Louis IX, ou saint Louis), et la régence du royaume. En conséquence, Blanche prit en main les rênes de l'État, qu'elle sut gouverner avec autant de prudence que de fermeté. Elle déconcerta et dissipa les ligues formées contre l'autorité royale, par les grands vassaux de la couronne, les maintint dans le respect, en usant selon les circonstances, tantôt des voies de la politique, tantôt de celles des armes. Elle continua la guerre contre les Albigeois, commencée sous Louis VIII, et fit en 1228 un traité avec Raimond, comte de Toulouse, qui procura la réunion des terres de la maison de Toulouse à la couronne de France. En 1229, elle fit assiéger au plus fort d'un hiver rude, Bellesme dans le Perche. se trouva au siége en personne à côté de son fils, pour animer les troupes, prit cette place, et contraignit le duc de Bretagne, ainsi que les autres rebelles, à rentrer dans le devoir. Tandis que cette grande reine établissait un si bon ordre dans les Etats de son fils, elle ne négligeait rien pour le rendre lui-même un grand roi; et pour imprimer profondément dans son âme les principes de la religion, elle lui disait souvent: *Mon fils, j'aimerais mieux vous voir mort que souillé d'un péché mortel.* Aussi ayant atteint sa majorité, conserva-t-il toujours pour sa mère le respect qui lui était dû, et ne fit-il rien sans son aveu. En 1248, lorsqu'il entreprit le voyage de la Terre-Sainte, Blanche fut nommée par lui régente du royaume, et elle s'acquitta des fonctions attachées à ce poste éminent avec le plus grand succès. Elle mourut l'an 1252, et fut enterrée à Maubuisson, abbaye qu'elle avait fondée en 1242. L'abbesse lui donna, avant sa mort, l'habit monastique. Les censeurs de la reine Blanche lui ont reproché des manières hautaines avec les grands, de l'humeur avec sa belle-fille, trop d'art pour conserver son ascendant sur son fils ; mais ils lui ont accordé, avec ses admirateurs, beaucoup de courage et de dextérité. C'est, sans contredit, une des plus illustres reines ; âme intrépide, esprit aussi solide que brillant, beauté parfaite. Quoiqu'elle eût plus de 40 ans, quand Thibaud, comte de Champagne, en devint amoureux, il l'aima jusqu'à la folie. La médisance attaqua sa réputation, parce qu'elle souffrit, par intérêt et pour des raisons d'Etat, les indiscrétions de ce prince, et les assiduités du cardinal romain, homme poli et bien fait, et d'un si bon conseil, qu'elle avait une entière confiance en lui ; mais les motifs de cette conduite la justifient pleinement, et l'idée de sa vertu ne fut point affaiblie dans l'esprit des gens équitables.

BLANCHE DE BOURBON, reine de Castille, fille de Pierre de Bourbon, naquit en 1338, et fut mariée à l'âge de 15 ans au roi de Castille, Pierre-le-Cruel. Cette union, dictée par la politique, n'offrit à cette princesse qu'une suite de malheurs, et entraîna des guerres cruelles et de terribles révolutions. Blanche, quoique douée d'une grande beauté et de toutes les grâces de la jeunesse, se vit abandonnée par son époux, le lendemain de ses noces. Pierre, enchaîné par un penchant coupable pour Maria de Padilla, et excité par des malveillants qui avaient cherché à lui donner des doutes sur la vertu de la princesse, n'avait consenti à la célébration de son mariage que pour ménager la cour de France, dont il craignait le ressentiment. La reine, méprisée et poussée par des conseils perfides, entra dans le parti des frères du roi, qui s'étaient révoltés. Dès lors Pierre ne connut plus de bornes ; il fit casser son mariage pour épouser Jeanne de Castro, qu'il ne tarda guère à quitter à son tour, et fit transférer Blanche à l'Alcazar, ou château de Tolède. En traversant la ville, elle parvint à échapper à ses gardes, se réfugia dans la cathédrale, déclara qu'elle n'en voulait plus sortir, et toucha tellement les habitants par ses larmes, qu'ils se soulevèrent en sa faveur. Pierre vint assiéger Tolède, et, s'étant rendu maître de cette ville, il fit enfermer l'infortunée Blanche à Médina-Sidonia, où cette princesse fut empoisonnée par son ordre ; d'autres disent que le chagrin seul hâta la fin de ses jours. Elle mourut âgée de 23 ans, en 1361. Les Français marchèrent en Espagne pour venger sa mort. Pierre périt par la main de Henri de Transtamare, son frère naturel, en 1368.

BLANCHE, femme d'un citoyen de Padoue, nommé Porta, peut être mise au rang des victimes de la chasteté. Son mari ayant été tué à la prise de Bassano dont il était gouverneur, cette héroïne, après des efforts redoublés de courage pour défendre la place, tomba au pouvoir du tyran Acciolin qui l'assiégeait. Les grâces et l'air majestueux de la prisonnière firent une si vive impression sur le brutal vainqueur, qu'il voulut la forcer de satisfaire ses désirs. Elle ne s'en garantit qu'en se jetant par une fenêtre. Le temps qu'exigea la guérison de ses blessures causées par la chute, n'éteignit point les feux impurs du tyran. Ayant épuisé toutes les ressources de la séduction, il la fit lier sur un lit pour assouvir sa passion effrénée. Cette femme outragée dissimula son désespoir, et demanda la liberté de revoir le corps de son mari. A peine le sépulcre est-il ouvert qu'elle s'y précipite, et par un effort extraordinaire, elle attire sur elle la pierre qui couvrait le tombeau, dont elle fut écrasée. Ce tragique événement arriva l'an 1233. Qu'est-ce que la faible et inconséquente Lucrèce, en comparaison de cette trop fidèle épouse ?

BLANCHET (Pierre), né à Poitiers en 1452, suivit d'abord le barreau, puis embrassa l'état ecclésiastique à 40 ans. Il est auteur de la farce de *Pathelin*, 1490, in-4, gothique, traduite en latin par Reuchlin, Paris, 1512, in-12, rajeunie par Brueys en 1715, et restée au théâtre.

BLANCHET (Thomas), peintre, né à Paris en 1617, disciple et ami du Poussin et de l'Albane, fut nommé professeur de peinture par l'Académie de Paris, quoiqu'absent, ce qui était contre l'usage ; mais Blanchet méritait qu'on s'écartât des règles établies. Le Brun présenta son tableau de réception, représentant *Cadmus qui tue un dragon*. Il passa une partie de sa vie à Lyon, et y mourut en 1689. Un plafond de l'hôtel de cette ville, dans lequel Blanchet avait déployé tous ses talents, fut consumé par un incendie. Ce peintre excella dans l'histoire et dans le portrait. Sa touche est hardie, agréable et facile, son dessin correct, son coloris excellent. On voit de ses tableaux à Paris et à Lyon.

BLANCHET (l'abbé N.), censeur royal, interprète à la bibliothèque royale, et garde des livres du cabinet du roi, quitta cette place pour aller vivre dans l'obscurité à Saint-Germain-en-Laye. C'est là qu'il mourut, en 1784, âgé d'environ 80 ans. Son caractère était aimable dans la société, où il paraissait peu ; mais il était sombre et mélancolique dans la solitude, à laquelle il s'était condamné. Des infirmités prématurées avaient considérablement altéré son humeur. Il était accablé de vapeurs, dont il souffrait seul, et dont il craignait toujours de faire souffrir les autres. C'est ce qui lui faisait aimer la retraite. *Tel que je suis*, disait-il, *il faut que je me supporte ; mais les autres sont-ils obligés de me supporter ?* Naturellement désintéressé, il se refusa à toutes les grâces et à tous les bienfaits, et il fallut forcer sa répugnance pour lui faire accepter quelque chose. L'avancement de ses amis ne lui était pas aussi indifférent que le sien ; il paraissait enchanté, lorsqu'ils parvenaient à quelque place utile ou agréable. L'abbé Blanchet n'a guère été connu du public qu'après sa mort. On a de lui des *Variétés morales et amusantes*, 1784, et des *Apologues* et *Contes orientaux*, 1785, in-8. Dans l'un et l'autre recueil, on voit un homme instruit, qui a le talent d'écrire avec beaucoup d'esprit, de philosophie et de goût. On a encore de lui plusieurs petits morceaux de poésie d'un genre délicat et agréable, dont la plupart furent attribués aux meilleurs poètes du temps, qui ne se défendaient pas trop d'en être les auteurs. L'Abbé Blanchet disait à ce sujet : *Je suis charmé que les riches adoptent mes enfants*.

BLANDINIERE. (Voy. COTELLE.)

BLANGINI (Joseph - Marie - Félix), compositeur, né à Turin le 8 novembre 1781, mort au mois de décembre 1841. Outre ses *Souvenirs* qu'il publia en 1834 en un volume in-8, on lui doit : cent soixante *Romances*, cent soixante-dix *Nocturnes à deux voix*, dix-sept recueils de *Canzonettes*, six *Motets*, quatre *Messes à quatre voix et orchestre*, et la musique de plusieurs *Vaudevilles* joués au théâtre des Nouveautés.

BLARU (Pierre de), *Petrus de Blarrorivo*, né à Peris ou Paris, au diocèse de Bâle, en 1437, chanoine de Saint-Dié, savant canoniste et poëte médiocre, mais bon latiniste, mourut en 1505. Nous avons de lui un Poëme sur la guerre de Nancy et la mort du duc de Bourgogne, en 6 livres, composé sur les Mémoires de René, duc de Lorraine. Il est intitulé : *Nanceidos opus, in pago S. Nicolai de Portu*, 1518, pet. in-fol., fig. en bois, rare : un exempl. sur peau de vélin existe à la bibliothèque de Besançon. Il a été traduit en vers français par N. C. Romain.

BLASCO-NUÑÈS-VÉLA, seigneur espagnol, reconnut les côtes du pays de Faria et d'Arien, dans l'Amérique méridionale, et découvrit, près du golfe d'Uraba, un isthme long de dix lieues qui sépare les deux grandes mers. Pour profiter de la commodité de ce passage, il fit bâtir quatre forteresses, après avoir gagné par présents quelques-uns des princes de ce pays, et vaincu les autres par la force des armes. Ce succès augmenta son ambition. Il fut accusé et convaincu d'avoir voulu usurper la souveraineté dans les terres qu'il avait conquises. On lui fit son procès, et il eut la tête tranchée par ordre du roi d'Espagne. Sans cette perfidie, il eût mérité une gloire immortelle pour avoir frayé le chemin du Pérou à François Pizarre et à Diego d'Almagro, qui y entrèrent en 1525.

BLAU (Félix-Antoine), né en 1754, professeur de théologie à Mayence, se montra chaud partisan de la Révolution française, ce qui le fit enfermer en 1793 dans la forteresse de Kœnigstein. Quand les Français furent maîtres de Mayence, ils le nommèrent juge au Tribunal criminel. Il mourut le 23 décembre 1798. On a de lui : *Histoire critique de l'infaillibilité ecclésiastique*, Francfort, 1791, in-8, ouvrage allemand, plein de violentes attaques contre l'Eglise romaine ; *Essai sur le développement moral de l'homme*, Francfort, 1795, in-8; *Critique des ordonnances relatives à la religion*, rendues en France depuis la Révolution, fondée sur les principes du droit politique et ecclésiastique, Strasbourg, 1799, in-8.

BLAURER (Ambroise), né à Constance en 1492, embrassa les erreurs de Luther, et les prêcha dans sa ville natale. Il travailla ensuite, avec Œcolampade et Bucer, à introduire cette secte dans la ville d'Ulm, et enfin avec Brentius et deux autres protestants, pour l'introduire dans le duché de Wirtemberg. Il mourut en 1567. On a de lui des ouvrages de piété, peu lus, même par ceux de sa secte.

BLAVET (Michel), musicien, né à Besançon le 13 mars 1700, se rendit à Paris en 1723, et y fut accueilli par tous les amateurs. Une place de musicien qu'il obtint à l'Opéra lui donna les moyens de perfectionner son talent, auquel rendit hommage le roi de Prusse lui-même, Frédéric II, en l'engageant à rester dans ses Etats. Blavet résista à ses propositions, revint à Paris, accepta d'abord une pension et un logement du prince de Carignan, puis resta attaché au comte de Clermont qui le fit surintendant de sa musique. Blavet est mort en 1768.

BLAYNEY (Benjamin), théologien, né à Oxford, professeur d'hébreu et, plus tard, recteur de Polshot (Wiltshire) où il mourut en 1801. Cet excellent critique a publié une *Dissertation sur les 70 semaines de Daniel;* une édition estimée de la *Bible d'Oxford;* des *Sermons* et des *Traductions de Jérémie et de Zacharie*.

BLÉMUR (Marie-Jacqueline BOUETTE de), religieuse bénédictine du St-Sacrement, naquit le 8 janvier 1648, de parents nobles et pieux. Remise, à l'âge de cinq ans, entre les mains d'une de ses parentes, religieuse dans l'abbaye de la Sainte-Trinité de Caen, et ployée, dès cet âge tendre, aux pratiques de la vie religieuse, elle sollicita à onze ans la grâce de recevoir l'habit du monastère, et prononça ses vœux dès que les lois ecclésiastiques le lui permirent. La ferveur qu'elle montrait dans tous les exercices la fit choisir pour maîtresse des novices. Elle fut par la suite élue prieure. La duchesse de Mekelbourg, ayant fondé un monastère de bénédictines à Châtillon, demanda à l'abbesse de la Trinité la mère Jacqueline de Blémur pour organiser la nouvelle communauté. Elle y passa avec joie, quoique la règle dût en être plus rigoureuse : elle y fut un modèle de piété et de pénitence. On a d'elle : *l'Année bénédictine*, 7 vol. in-4; les *Grandeurs de Marie*; les *Exercices de la mort;* l'*Eloge des personnes distinguées en vertus, qui ont vécu au dernier siècle, dans l'Ordre de Saint-Benoît*, 2 vol. in-4; la *Vie de plusieurs personnages pieux*, telle que celle de Pierre Fourrier de Matincourt, celle de dom Philippe-François et autres. Cette sainte fille mourut le 24 mars 1696.

BLETTERIE (Jean-Philippe-René de La), né à Rennes, le 26 février 1696, mort en 1772, entra de bonne heure dans la congrégation de l'Oratoire, et y professa avec distinction. Le réglement contre les perruques fut l'occasion qu'il prit pour en sortir; mais il conserva l'amitié et l'estime de ses anciens confrères. Il vint à Paris, où ses talents lui procurèrent une chaire d'éloquence au Collége royal et une place à l'académie des belles-lettres. Il publia divers ouvrages bien accueillis du public : *Histoire de Julien l'Apostat*, Paris, 1732, in-12 : ouvrage curieux, bien écrit, et où règnent à la fois l'impartialité, la précision, l'élégance et le jugement ; *Histoire de l'empereur Jovien*, et *Traduction de quelques ouvrages de l'empereur Julien*, 1748, Paris, 2 vol. in-12 : livre non moins estimable que le précédent, par l'art qu'a eu l'auteur de choisir, d'arranger et de fondre les faits ; par la sagesse et l'équité avec lesquels il justifie l'empereur Jovien, calomnié par les philosophes modernes, à cause de son attachement au christianisme ; *Traduction de quelques ouvrages de Tacite*, Paris, 1755, 2 vol. in-12. Les *Mœurs des Germains*, et la *Vie d'Agricola* sont les deux morceaux que comprend cette version, aussi élégante que fidèle ; ils sont précédés d'une *Vie de Tacite*, digne de cet écrivain, par la force des pensées et la fermeté du style; *Tibère, ou les six premiers livres des Annales de Tacite, traduits en français*, Paris, 1768, 3 vol. in-12. Cet ouvrage est écrit d'un style maniéré, et l'on n'y reconnaît que fort rarement l'élégant historien de Julien ; *Lettres au sujet de la relation du quiétisme de M. Phélippeaux*, 1733, in-12. Cette brochure, qui est rare et assez bien faite, renferme une justification des mœurs de Mme Guyon ; quelques *Dissertations dans les Mémoires de l'académie des belles-lettres*, très-estimées.... L'abbé de La Bletterie était un savant attaché à la religion, et dont les mœurs ne démentaient point les principes. Il avait des connaissances solides et variées, et c'est incontestablement un des meilleurs historiens des derniers temps : il excelle dans l'art de tracer des portraits ; celui de saint Athanase, dans la *Vie de Jovien*, est un chef-d'œuvre.

BLIN-DE-SAINMORE (Adrien-Michel-Hyacinthe), garde des archives et historiographe des ordres de Saint-Michel et du Saint-Esprit, né le 15 février 1733 de parents dont le système de Law avait occasionné la ruine, se consola, dans la retraite, des disgrâces de la fortune en s'essayant au travail de la composition. Il débuta dans la carrière politique par des *Héroïdes*, qui, malgré leur faiblesse, obtinrent quelques succès qui l'engagèrent à s'essayer dans le genre dramatique. En 1773, il donna *Orphanis*, ouvrage sagement conduit, où l'on remarque des caractères bien tracés et des situations intéressantes. Le style en est agréable, facile et coulant. Cette pièce qui eut le plus grand succès augmenta sa réputation. En 1776, il fut nommé censeur royal, et en 1786, garde des archives, et secrétaire et historiographe des ordres de Saint-Michel et du Saint-Esprit. Il avait en outre une pension sur la *Gazette de France;* la Révolution, à laquelle il paraît qu'il ne prit aucune part, le dépouilla de ses places et le réduisit dans un état voisin de la misère. La duchesse douairière de Russie, dont il était le correspondant littéraire, lui fit passer une somme de deux mille écus, et Bonaparte, en 1800, le nomma conservateur de la bibliothèque de l'Arsenal, ce qui améliora son sort. Il mourut le 26 septembre 1807. Il a publié plusieurs ouvrages, outre ses *Héroïdes* et sa tragédie d'*Orphanis*, parmi lesquels on distingue son *Epître à Racine*, celle à M. le cardinal de Bernis, ses imitations de plusieurs *Idylles* de Gessner, et quelques-unes de ses *Poésies fugitives*. C'est le genre où il a le mieux réussi, on y trouve du naturel et de la sensibilité ; mais on chercherait en vain la verve qui seule fait le poëte. On lui attribue les *Commentaires sur Racine*, publiés sous le nom de Luneau de Boisjermain.

BLIZARD (William), professeur d'anatomie et de chirurgie à Londres et à Edimbourg, né à Barnes dans le Surrey en 1742, mort à Briscton-Hill le 22 août 1835, a été l'un des praticiens les plus distingués de l'Angleterre. On a de lui de nombreux écrits sur divers sujets de la science médicale.

BLOCH (Marc-Eliézer), naturaliste juif, né à Anspach, en 1723, de parents très-pauvres il ne commença à étudier qu'à 19 ans ; mais il travailla avec tant d'ardeur, qu'il regagna bientôt le temps perdu, et il obtint en peu d'années le bonnet de docteur à Francfort-sur-l'Oder ; il alla pratiquer la médecine à Berlin où le célèbre naturaliste Martini le fit admettre dans la société des *Curieux de la nature*. Il mourut le 6 août 1799. Son principal ouvrage est une *Histoire naturelle des poissons*, particulièrement de ceux des Etats prussiens, Berlin, 1781, grand in-4. Il a écrit ensuite une *Histoire naturelle des poissons étrangers*, et quelques cahiers de l'*Histoire naturelle des poissons d'Allemagne*. Ces divers ouvrages ont été refondus sous le titre d'*Ichtyologie* ou *Histoire naturelle générale et particulière des poissons*, Berlin, 1782 et 1795, 12 vol. grand in-4, ouvrage magnifiquement exécuté ; il a été traduit en français par Laveaux en 12 vol. grand in-fol. et réimprimé en 15 vol. in-8, Berlin 1796.

BLOIS. (Voyez BLOSIUS.)

BLOM (Charles-Magnus), médecin et naturaliste suédois, né le 1er mars 1737, fut un des premiers médecins qui introduisirent la vaccine en Suède. Il mourut le 4 avril 1815, à Hedemora, laissant un grand nombre d'ouvrages : *Remède et préparations contre la dyssenterie ; Remède contre la fièvre de rhume et la fièvre putride ; Remède contre la fièvre bilieuse; Avis pour connaitre la qualité des médicaments*. Dans les *Mémoires de la Société des sciences*, à Bâle, on a inséré : *Descriptiones quorumdam insectorum nondùm cognitorum, etc.*, anno 1761, *detectorum* ; et l'on trouve dans les Annales de l'académie des sciences de Stockholm : *Essai de médecine*, avec Aconitrem Napellus ; *Rapport sur les plaies et taches gangréneuses survenues en mangeant la jusquiame*, et plusieurs autres Traités savants.

BLOND (Jehan le), seigneur de Branville, natif d'Evreux, fit de la poésie son amusement. Il en publia un recueil sous ce titre : *Le Printemps de l'humble espérant*, Paris, 1536, in-16. Les règles de la décence et de l'honnêteté n'y sont pas rigoureusement observées. La célébrité de Marot dont il était contemporain, excita sa bile. Il se déclara un de ses adversaires, mais la postérité a su mettre une grande différence entre ces deux poëtes.

BLONDE, avocat-canoniste de la seconde partie du 18e siècle, fameux par son association à Maultrot, Aubry, Mey, Camus, etc., les avocats-consultants de la petite Eglise. Ils se cotisèrent tous ensemble pour faire des *Mémoires* en faveur des pasteurs du second ordre, contre ceux du premier. Blonde était laborieux, érudit, de bonne foi comme les autres ; mais il manquait d'impartialité et d'esprit. Il a traduit le livre de Prestel sur le droit naturel. Lorsqu'il a voulu lutter contre le *Déisme réfuté par lui-même* de l'illustre Bergier, il n'a pas même eu l'honneur d'être lu par Jean-Jacques Rousseau, dont il s'était fait d'office l'avocat.

BLONDEAU (Claude), avocat au Parlement de Paris, commença en 1672, avec Gueret son confrère, le *Journal du Palais*, qui va jusqu'en 1700, 12 vol. in-4 ; et dont la dernière édition est de 1755, 2 vol. in-fol. Il avait donné en 1689, sous le nom de *Bibliothèque canonique*, la *Somme bénéficiale de Bouchel*, enrichie de beaucoup de notes et d'arrêts. Il mourut au commencement du 18ᵉ siècle. (V. GUERET.)

BLONDEL (David), né à Châlons-sur-Marne, l'an 1591, ministre protestant en 1614, était professeur d'histoire à Amsterdam en 1650. L'air de cette ville, joint à son application, lui fit perdre la vue. Il mourut en 1655. Peu de savants ont été plus profonds dans la connaissance des langues, de la théologie, de l'histoire civile et ecclésiastique. Sa mémoire était un prodige : aucun fait, aucune date ne lui échappait. Blondel était un excellent critique, mais un écrivain très-plat et très-lourd. On peut lui appliquer ce que Fontenelle dit de Van Dale : « Qu'il ne fait aucune difficulté « d'interrompre le fil de son discours, « pour y faire entrer quelqu'autre chose « qui se présente ; et dans cette paren- « thèse-là, il y enchâsse une autre paren- « thèse, qui même n'est peut-être pas la « dernière. » Les principaux ouvrages de Blondel sont : *Pseudo-Isidorus et Turrianus vapulantes*, Genève, in-4 : il prouve la fausseté, ou plutôt l'altération de plusieurs décrétales recueillies par Isidorus Mercator ; toutes les réflexions qu'il fait à ce sujet sont fausses et déplacées ; *Assertio Genealogiæ Franciæ*, 1655, in-fol., contre Chifflet qui faisait descendre nos rois de la 2ᵉ et 3ᵉ race d'Ambert, qui s'était marié, selon lui, à Blitilde, fille de Clotaire I : on s'imaginait trouver dans cette fable le renversement de la Loi Salique, qui exclut les femmes de la couronne ; *Apologia pro sententiâ S. Hieronymi de Presbyteris et Episcopis*, in-4 ; *De la primauté de l'Eglise*, Genève, 1641, in-fol. ; on doit bien sentir comme cette primauté de l'Eglise (il aurait parlé plus exactement s'il avait dit du chef de l'Eglise) est traitée par un protestant ; il parcourt tous les siècles pour trouver des faits contre l'autorité du Souverain Pontife ; un *Traité sur les Sibylles*, 1649, in-4 ; un autre contre la *Fable de la papesse Jeanne*, Amsterdam, 1647, in-8 : ouvrage d'une critique lumineuse et impartiale, qui souleva contre lui les fanatiques de sa communion ; des Ecrits de controverse.

BLONDEL (François), professeur royal de mathématiques et d'architecture, membre de l'académie des Sciences, directeur de celle d'architecture, maréchal-de-camp, et conseiller-d'Etat, né en 1617, mourut à Paris en 1686, à 68 ans. Il fut employé dans quelques négociations. On a de lui plusieurs ouvrages sur l'architecture et les mathématiques, qui ont été utiles. Les principaux sont : *Notes sur l'architecture de Savot* ; un *Cours d'architecture*, Paris, 1675, réimprimé en 1698, 2 vol. in-fol. ; *L'Art de jeter les bombes*, 1690, in-12 ; *Résolution des 4 principaux problèmes d'architecture*, au Louvre, 1673, in-fol. ; *Manière de fortifier les places*, 1683, in-4 ; *Histoire du Calendrier romain*, Paris, 1682, in-4, où l'on trouve les principes de la chronologie assez bien expliqués. Les portes ou arcs de triomphe de Saint-Denis et de Saint-Antoine ont été élevés sur les dessins de ce célèbre architecte. Blondel était aussi bon littérateur que bon mathématicien. On connaît sa *Comparaison de Pindare et d'Horace*.

BLONDEL (Pierre-Jacques), né à Paris, est auteur d'un livre qui a pour titre : *Les Vérités de la religion chrétienne, enseignées par principes*; et d'un *Mémoire*, in-fol., contre les *imprimeurs et leurs gains excessifs*. Il a publié la *Relation des séances de l'académie des belles-lettres et des sciences*, insérée dans les *Mémoires de Trévoux*. Il mourut en 1730.

BLONDEL (Laurent) naquit à Paris, et fut lié de bonne heure avec les solitaires de Port-Royal. Après avoir élevé quelques jeunes gens, il se chargea de la direction de l'imprimerie de M. Després, chez lequel il commença à demeurer en 1715. Il ne se contenta pas de revoir les manuscrits de cet imprimeur, il travailla à une nouvelle *Vie des Saints*, qui parut, en 1722, à Paris chez Després et Desessarts, in-fol. Il mourut à Evreux en 1740, après avoir publié divers ouvrages de piété.

BLONDEL (Jacques-François) naquit à Rouen en 1705, d'une famille distinguée dans l'architecture. Il se disposa à courir la même carrière, par la connaissance des belles-lettres, des mathématiques et du dessin. Instruit dans la pratique de cet art par son oncle, il fut en état d'en donner des leçons dès l'âge de 36 ans, et il est le premier qui en ait ouvert une école publique à Paris. Associé l'an 1755 à l'architecture, il fut choisi ensuite pour professeur à Paris. Il mourut le 9 janvier 1774, dans la 69e année de son âge. On a de lui : l'*Architecture moderne*, ou l'*Art de bien bâtir*, Paris, 1728, 2 vol. in-4, fig.; *De la distribution des maisons de plaisance*, Paris, 1737, 2 vol. in-4, fig.; *Architecture française*, ou *Recueil de plans, élévations, etc., des maisons royales, palais, etc.*, *de Paris*, Paris, 1722, 4 vol. in-fol. ; *Cours d'architecture*, ou *Traité de la décoration, distribution et construction des bâtiments*, 9 vol. in-8, 1771-1773 : c'est son meilleur ouvrage. Il ne mit au jour que les quatre premiers volumes de discours, avec deux de figures. Patte a donné, en 1777, le 5e volume de discours avec un volume de figures, d'après les manuscrits de Blondel. C'est lui qui a fourni à l'Encyclopédie tous les articles relatifs à l'architecture.

BLONDIN (Pierre), botaniste picard, né en 1682, mourut en 1713. Il avait été reçu de l'académie des sciences un an auparavant. Tournefort, démonstrateur de botanique au Jardin-Royal, connut les talents de Blondin. Il se reposait sur lui du soin de remplir sa place, lorsqu'il était malade. Le disciple travailla à égaler son maître. Il fit beaucoup de découvertes sur la botanique, et laissa à ses héritiers des herbiers fort exacts et des Mémoires très-curieux.

BLONDIN (Jean-Noël), grammairien, né à Paris, mort le 15 juin 1832, entra dans l'ordre des Feuillants, devint professeur de théologie et plus tard secrétaire-interprète de la bibliothèque du roi. Pendant la Révolution, il ouvrit gratuitement, au Louvre et à l'Oratoire, des cours de grammaire. Nous citerons de lui : *Grammaire française démonstrative*, 1822, in-8, 8e édition; *Grammaire polyglotte française, latine, italienne, espagnole, portugaise et anglaise; Grammaire latine démonstrative*, 1819 ; *Manuel de la pureté du langage*, 1823, in-8; *Casimir Delavigne cité au tribunal de la raison, de la langue et du goût*, ou *Critique raisonnée, grammaticale et littéraire de la messénienne sur lord Byron*, 1826, in-8 ; *Le Flambeau des principes*, 1828, in-8.

BLONDUS (Flavius), natif de Forli, secrétaire d'Eugène IV et de quelques autres Papes, mourut à Rome en 1463, à 75 ans. Quoiqu'il eût été à portée de faire une fortune considérable, il n'amassa pas de grands biens, et vécut toujours en philosophe. On a de lui: *Italia illustrata*, Rome 1774, in-fol. ; *Historiarum ab inclinatione Romani imperii ad annum 1440, Decades* III, à Venise, 1484, in-fol. Ces deux ouvrages se trouvent aussi dans le recueil de ses *OEuvres*, Bâle, 1531, in fol. « Il ne faut pas, dit « le P. Nicéron, se fier trop à ce Blon- « dus. Il a souvent suivi des guides « trompeurs, et il avait plus en vue de « ramasser beaucoup de choses, que « d'examiner si elles étaient véritables.» Son nom de famille était *Biondo*.

BLOSIUS, ou DE BLOIS (François-Louis), de la maison de Blois et de Châtillon, né en 1506, au château de don Etienne, dans la principauté de Liége près de Beaumont en Hainaut, passa ses premières années à la cour de Charles-Quint, et fut page de ce prince. Agé de 14 ans, il entra chez les bénédictins de l'abbaye de Liesses, près d'Avesnes en Hainaut, et se fit admirer par sa sagesse. Devenu abbé en 1530, il établit la réforme dans sa maison, y fit fleurir les sciences et toutes les vertus, et mourut saintement en 1566, à 59 ans, après avoir refusé l'archevêché de Cambrai et l'abbaye de Tournay. Son disciple Jacques Frojus publia ses ouvrages de piété réunis, en 1571, in-fol., avec sa *Vie*, qui fut un modèle de toutes les vertus. Le principal est son *Speculum Religiosorum*. Il a été traduit en français par le Père de la Nauze, jésuite, sous le titre de *Directeur des âmes religieuses*, Paris, 1726, in 8. On a donné, en 1741, une traduction de ses *Entretiens spirituels*, Valenciennes, in-12. Tous ces ouvrages sont écrits avec autant de jugement que de piété ; ils sont remplis de cette onction sainte qui agit sur le cœur en même temps que l'esprit s'ouvre à la conviction. Philippe II les choisit de préférence pour se préparer durant sa longue maladie à une mort chrétienne.

BLOUNT (sir Henri), chevalier, né à Tittenhanger, dans le comté d'Hertford en Angleterre, l'an 1602, se distingua par sa vertu et par ses talents, et eut diverses commissions importantes. Il hérita d'un bien considérable par la mort de son frère aîné (Thomas-Pope Blount, écuyer), et fut grand-shérif du comté d'Hertford. Il mourut le 9 octobre 1682, à 80 ans moins deux mois. On a de lui une *Relation* de son voyage au Levant, en anglais, 1636, in-4, plusieurs fois réimprimée, et qui fut traduite en français. Elle est peu estimée sous le rapport de l'exactitude. Il a publié encore des *Comédies*, et autres.

BLOUNT (Thomas), habile jurisconsulte, mort à Orleton en 1679, à 61 ans. On a de lui plusieurs ouvrages. Les principaux sont : *Académie d'éloquence, contenant une rhétorique anglaise complète; Glossographie*, ou *Dictionnaire des mots difficiles*, hébreux, grecs, latins, italiens, etc., à présent en usage dans la langue anglaise; *Dictionnaire juridique*, où l'on explique les termes obscurs et difficiles, qu'on trouve dans nos lois anciennes et modernes, dont la meilleure édition est de 1691, in-folio.

BLOUNT (sir Thomas POPE), fils aîné de sir Henri Blount, naquit à Upper-Halloway, province de Middlessex, en 1654. Il fut créé baronnet du vivant de son père, et fut plusieurs fois député au Parlement. Pendant les trois dernières années de sa vie, la Chambre des communes le nomma commissaire des comptes. Il mourut à Tittenhanger en 1697. Ses ouvrages ne sont que des recueils de passages mal liés. Le principal est : *Censura celebriorum auctorum, sive Tractatus, in quo varia virorum doctorum de clarissimis cujusque sæculi scriptoribus judicia redduntur*, Londres, 1690, in-fol. Dans les éditions de Venise, on a traduit en latin les passages des auteurs que le chevalier Blount avait donnés dans les langues modernes, dans lesquelles ils étaient écrits. On a encore de Thomas-Pope Blount une *Histoire naturelle*, Londres, 1692, in-4, et des *Essais* sur différents sujets in-8.

BLOUNT (Charles), frère du précédent, fameux déiste, né à Upper-Halloway en 1654, s'annonça d'une manière peu favorable à sa réputation par la traduction des deux premiers livres de la *Vie d'Apollonius de Thyane par Philostrate*, imprimée en 1680, in-fol. Les notes sont encore plus extravagantes que l'ouvrage traduit. Elles ne tendent qu'à défigurer la religion et tourner en ridicule les livres saints. Ce commentaire, déjà infamant par lui-même, devint une source d'ignominie quand on sut que c'était un plagiat; car ces notes que Blount donnait comme le fruit de son profond savoir sont presque toutes tirées des manuscrits d'Herbert, qui avait la même religion que lui, c'est-à-dire, qui n'en avait aucune. Son livre, traduit depuis en français, Berlin, 1774, 4 vol. in-12, fut proscrit en Angleterre même en 1698. Cette même année Blount étant devenu amoureux de la veuve de son frère, et n'espérant pas de pouvoir obtenir une dispense pour l'épouser, se tira d'embarras en se donnant la mort : fin naturelle d'un homme qui ne connaissait d'autre bien que la volupté, et qui se le voit enlever sans retour. On a encore de Blount les ouvrages suivants, où les égarements de la raison et les basses ressources du mensonge sont poussés aussi loin que dans ses notes sur Philostrate : *Anima mundi*, ou *Histoire des opinions des anciens, touchant l'état des âmes après la mort*, Londres, 1679, in-8; *La grande Diane des Éphésiens*, ou *l'Origine de l'idolâtrie, avec l'institution politique des sacrifices du paganisme*, 1680, in-8; *Janua scientiarum*, ou *Introduction abrégée à la géographie, la chronologie, la politique, l'histoire, la philosophie et toutes sortes de belles-lettres*, Londres, 1684, in-8. Il est le principal auteur du livre intitulé : *Les Oracles de la raison*, Londres, 1693, in-8, réimprimé en 1695, avec plusieurs autres pièces, sous le titre d'*OEuvres diverses de Charles Blount*, écuyer. Charles Gildon, éditeur de ces différentes pièces, réfuta depuis les opinions pyrrhoniennes qu'elles renferment, par un livre qu'il publia à Londres en 1705, sous ce titre : *Manuel des déistes*, ou *Recherches raisonnables sur la religion chrétienne*; *Religio Laïci*, Londres, 1683, in-12.

BLUCHER, prince de Wahlstadt, feld-maréchal prussien, né en 1742 à Rostock, dans le duché de Mecklembourg-Schwérin, était porte-enseigne d'un régiment suédois pendant la guerre de sept-ans; il fut fait prisonnier par les Prussiens, et incorporé par le général Belling qui s'était pris d'amitié pour lui, dans les troupes de Frédéric. Il était devenu capitaine, lorsque, à la suite d'une nouvelle promotion où il ne reçut point l'avancement qu'il se promettait, il donna sa démission, et reçut de Frédéric un congé conçu en ces termes : « Le capi-« taine Blucher est autorisé à quitter « son poste, et il peut aller au diable, « si cela lui convient. » Frédéric-Guillaume le rappela dans la suite, et Blucher obtint bientôt le grade de général, avec lequel il combattit à Kirveiller et à Kayserslautern. La guerre, suspendue par le traité de Bâle, se ralluma en 1806; le roi de Prusse avait porté son armée dans la direction de Hambourg, et occupait les défilés de Kœsen. Tout-à-coup le duc de Brunswick, qui croyait surprendre les Français, rencontra nos avant-postes et reconnut qu'il était coupé; un épais brouillard lui dérobait nos mouvements. Il proposa de se mettre en bataille et d'attendre que le temps s'éclaircit. Blucher voulait engager l'action sur-le-champ, et Frédéric applaudit. La cavalerie et l'infanterie prussienne furent extrêmement maltraitées dans cette journée, et Blucher fut entraîné dans la déroute générale. Le prince de Hohenlohe, qui s'était rendu à Ruppin et qui ne pouvait gagner Stettin sans cavalerie, lui ordonna de le rejoindre; le général refusa, et Hohenlohe fut forcé d'accepter la capitulation de Breslau. Cependant Blucher, chassé dans tous les sens, se jeta dans Lubeck, et livra ainsi une ville impériale et neutre à toutes les calamités de la guerre. Il se vit bientôt contraint d'en sortir et de rendre les armes. Echangé contre le maréchal Victor, il fut pourvu d'un nouveau commandement, lorsque la paix de Tilsitt vint mettre un terme à la guerre. La Prusse étant rentrée de nouveau, en 1813, dans la coalition contre la France, les opérations du centre de l'armée alliée furent confiées à Blucher, qui, battu à Lutzen et à Bautzen, fut cependant nommé général en chef de l'armée russo-prussienne dite de Silésie, forte de cent mille hommes. Le 26 août suivant, il obtint un avantage près de la Katzbach sur le maréchal Macdonald. Il entra sur le territoire français, en 1814, avec les armées alliées, et Napoléon commença par l'attaquer et le battre. Trois jours après sa défaite de Brienne, Blucher opéra sa jonction avec le prince de Schwartzemberg qui commandait l'armée austro-russe. A la tête de quatre-vingt-dix mille hommes, il résista, sans remporter toutefois de grands avantages, au choc de trente-six mille hommes commandés par Napoléon. Ce fait d'armes eut lieu à la Rothière, et il se renouvela sur les hauteurs de Laon. En 1815, à Waterloo, le mouvement opéré par la colonne prussienne et qui fut si fatal aux Français, était commandé par le général Bulow; Blucher n'arriva qu'à la fin de la bataille, et il y fit des prises considérables en hommes, en artillerie, et en équipages. Parvenu aux environs de Paris, il se montra très-difficile pour la capitulation de cette ville, et à peine y fut-il entré qu'il voulut faire sauter le pont d'Iéna, sous prétexte qu'il portait un nom injurieux à sa nation. Mais l'empereur Alexandre employa sa médiation pour empêcher l'exécution de ce dessein. Le général Blucher est mort en 1819, à la suite d'une longue maladie. Après la paix de 1814, il avait accompagné les souverains de Russie et de Prusse dans leur voyage en Angleterre. Sa *Vie* a été écrite en deux volumes in-8. On a aussi publié à Londres la *Vie et les campagnes du feld-maréchal prince Blucher*, ouvrage traduit en partie de l'allemand du général comte de Gneisenau, son chef d'état-major.

BLUMAUER (Aloys), poëte satirique et burlesque allemand, né à Steyer en Autriche en 1753, mort en 1798, avait une imagination originale et une gaîté piquante; mais on lui reproche du mauvais goût et de la trivialité presque inséparable de son genre. Ses *OEuvres complètes* furent imprimées à Leipsick, 8 vol. in-8, 1801. Les morceaux les plus estimés sont: l'*Adresse au diable*; l'*Eloge de l'âne*; l'*Enéide travestie*, fort répandue en Allemagne, 1784-88, et traduite en russe, Saint-Pétersbourg, 1791-93.

BLUMBERG (Chrétien-Gotthelf), théologien luthérien, naquit à Ophausen, dans le Querfurt, l'an 1664, étudia à Leipsick et à Iéna, remplit diverses fonctions, et mourut à Zwickau, en 1735, laissant un grand nombre d'ouvrages, dont voici les principaux: *Exercitium antibossentium de mysterio in coroná papali*; *Fundamenta linguæ copticæ*, 1716; *Linguæ arabicæ institutiones*; *Dictionarium hebraicum integritati suæ redditum*; une *Bible* complète, avec des remarques.

BLUMENBACH (Jean-Frédéric), savant médecin et naturaliste allemand, né dans le duché de Saxe-Gotha le 12 mai 1752, mort à Gœttingue le premier février 1840, fut nommé successivement conservateur du cabinet d'histoire naturelle de cette ville, professeur extraordinaire de médecine, et, en 1778, professeur en titre. En 1788, le roi d'Angleterre lui accorda le titre honoraire de conseiller d'Etat, et, en 1812, il fut créé membre de l'académie des sciences. Blumenbach fut nommé premier médecin à la Faculté de Gœttingue après 1815; il était membre honoraire de presque toutes les principales sociétés savantes de l'Europe. Parmi ses nombreux ouvrages nous citerons: *Dissertatio inauguralis de generis humani varietate nativá*, Gœttingue, 1775, in-4; *Introductio in historiam medicinæ litterariam*, 1786, in-8; *Ostéologie du corps humain*; une *Collection* de crânes de tous les peuples, la plus belle qui existe en Europe; *Specimen physiologiæ comparatæ inter animantia calidi et frigidi sanguinis*, 1787, in-4; *Physiologia comparata inter animantia calidi sanguinis vivipara et ovipara*, 1789, in-4; *Programma de vi vitali sanguini denegandá, titá autem propriá solidis quibusdam corporis humani partibus adscrendá*, 1795, in-4; *Specimen historiæ naturalis, antiquæ ar-*

tis monumentis illustratæ, eaque vicissim illustrantis, 1808, in-4; *Specimen historiæ naturalis ex auctoribus classicis præsertim poetis illustratæ, eosque vicissim illustrantis*, 1816, in-4; *Specimen archæologiæ telluris terrarumque imprimis hanoverarum alterum*, 1816, in-4. Blumenbach était encore un des plus laborieux collaborateurs des principaux recueils scientifiques de l'Allemagne, qu'il enrichit d'excellents *Mémoires*.

BLUTEAU (dom Raphaël), théatin, né à Londres, de parents français, en 1638, passa en France et se distingua à Paris comme savant et comme prédicateur. Il se rendit ensuite à Lisbonne, où il mourut en 1734, à 96 ans. On a de lui un *Dictionnaire portugais et latin*, en 8 vol. in-folio, Coïmbre, 1712 à 1721, avec un *Supplément*, Lisbonne, 1727 et 1728, 2 vol. in-folio. Deux docteurs de l'académie des *Appliqués* firent chacun un discours pour discuter ce problème : *S'il était plus glorieux à l'Angleterre d'avoir donné naissance à ce savant, ou au Portugal de l'avoir possédé?*

FIN DU PREMIER VOLUME.

EXTRAIT DU CATALOGUE.

PROJETS D'INSTRUCTIONS

POUR

LES DIMANCHES ET FÊTES DE L'ANNÉE,

Pour une mission ou retraite, pour diverses autres circonstances, et sur les devoirs ecclésiastiques :

OUVRAGE POSTHUME DE M. GUILLET,
Supérieur du séminaire de Chambéry ;

3 volumes in-12, troisième édition. — Prix : 7 fr.

PROJETS

D'INSTRUCTIONS FAMILIÈRES,

A L'USAGE DES ECCLÉSIASTIQUES, PAR M. GUILLET,
Supérieur du séminaire de Chambéry ;

Cinquième édition, revue par M. l'abbé BONNARDEL, et dans laquelle toutes les citations latines ont été traduites en français ;

4 vol. in-12, belle édition, gros caractère. Prix : 6 fr.

HOMÉLIES
SUR LES EPITRES ET LES ÉVANGILES

DE TOUS LES DIMANCHES ET FÊTES DE L'ANNÉE

Par l'abbé THIÉBAUT ;

4 forts volumes in-8. — Prix : 16 fr.

HISTOIRE
DE L'ASSEMBLÉE CONSTITUANTE,

PAR M. DEGALMIER,

2 vol. in-8° ornés de huit portraits. — Prix : 8 fr.

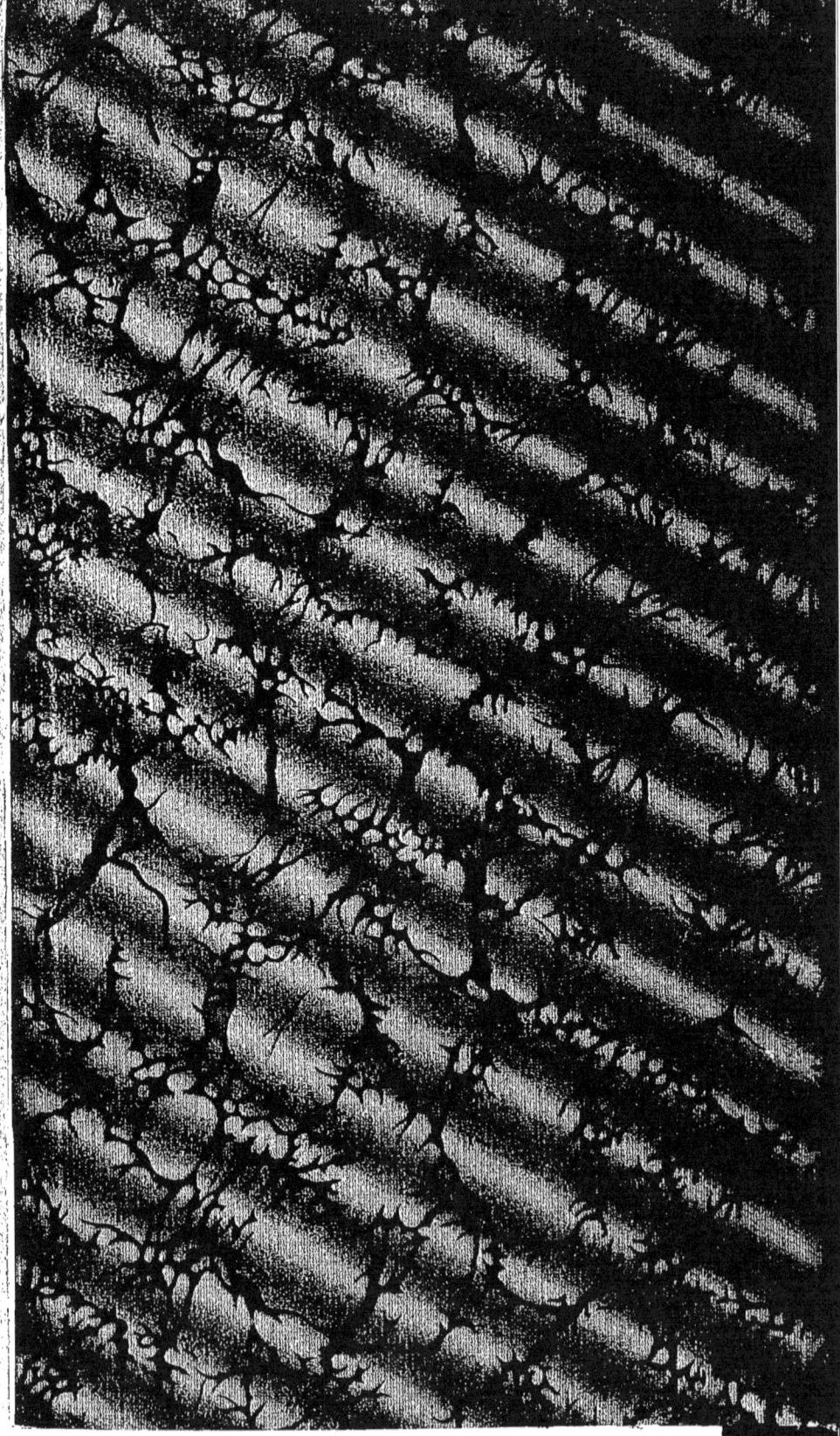

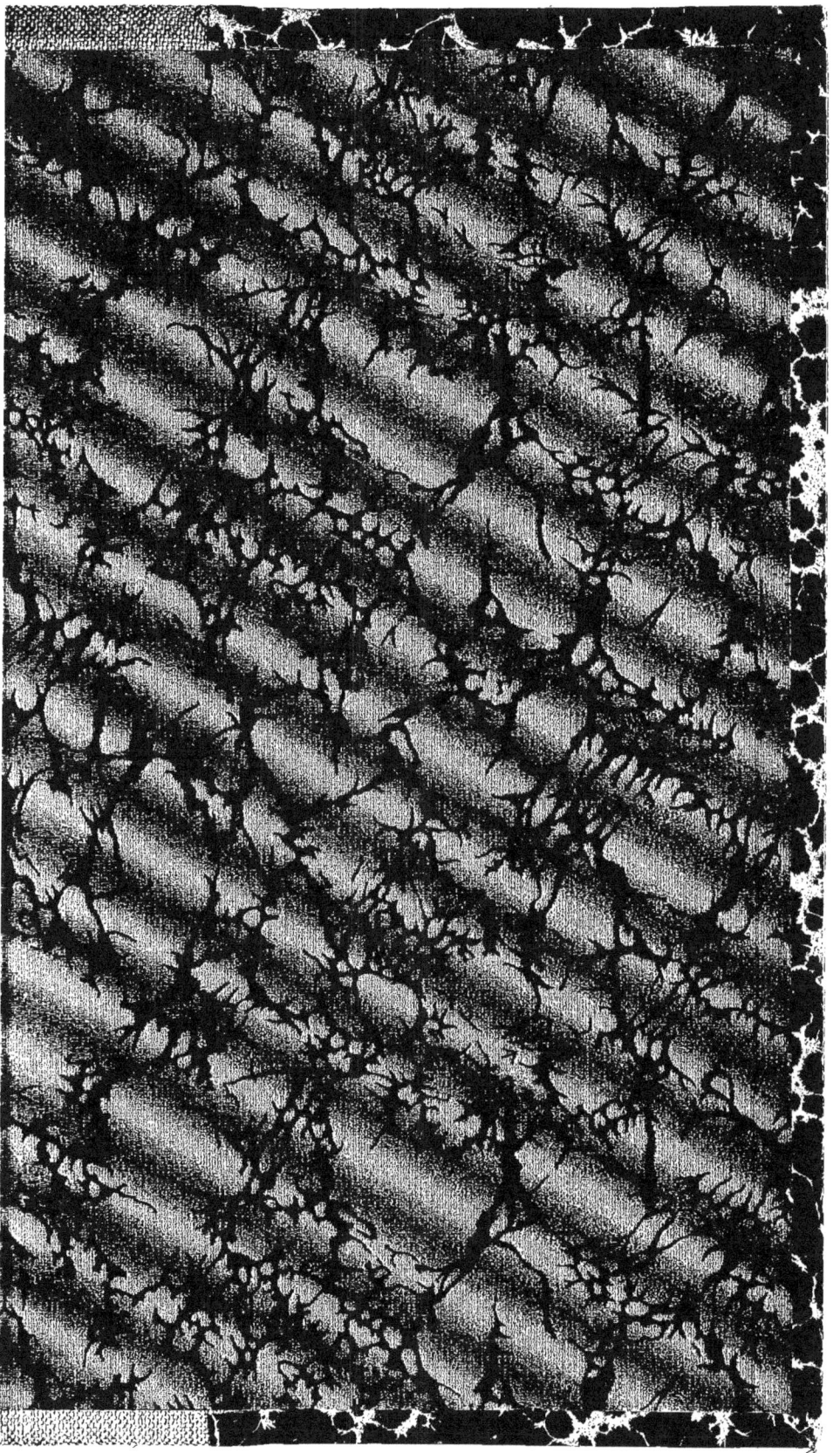

www.ingramcontent.com/pod-product-compliance
Lightning Source LLC
Chambersburg PA
CBHW071154230426
43668CB00009B/953